lonely planet

Australien

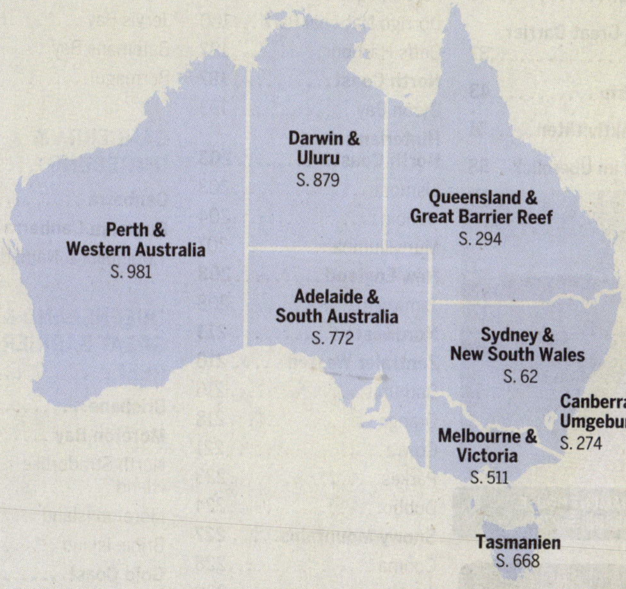

Charles Rawlings-Way, Meg Worby,
Brett Atkinson, Lindsay Brown, Jayne D'Arcy, Anthony Ham, Paul Harding,
Shawn Low, Virginia Maxwell, Tom Spurling, Steve Waters

REISEPLANUNG

ARTIE PHOTOGRAPHY / GETTY IMAGES ©

PARLIAMENT HOUSE, CANBERRA, S. 278

GRANT DIXON / GETTY IMAGES ©

SOUTHWEST NATIONAL PARK, TASMANIEN, S. 770

REISEZIELE IN AUSTRALIEN

Inhalt

REISEZIELE IN AUSTRALIEN

Inhalt

AUSTRALIEN VERSTEHEN

PRAKTISCHE INFORMATIONEN

SONDERSEITEN

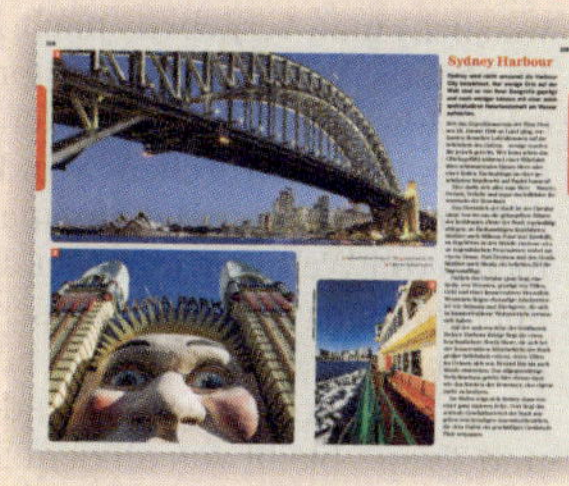

Willkommen in Australien

Australien ist das sechstgrößte Land auf dem blauen Planeten. Und es ist berauschend vielfältig – ein bunter Mix aus Bergen, Wüsten, Riffen, Wäldern, Stränden und multikulturellen Städten.

Hippe Städte

Die meisten Australier leben an der Küste, und die meisten davon in den großen Städten des Landes. Aus diesem Grund liegt Australien in der Rangliste der urbanisierten Länder an 18. Stelle. Klar, dass die Städte hier viel zu bieten haben! In Sydney sorgen Strände, Boutiquen und Bars für Glamour. Melbourne steht für Kunst, hübsche Gassen und Australian Rules Football. Das subtropische Brisbane ist im Aufschwung, Adelaide zeigt Anmut und lässige Selbstsicherheit. Das boomende Perth atmet Westküsten-Optimismus, und Canberra ist viel mehr als Politik. Das tropische Darwin im Norden und das entspannte, südliche Hobart könnten unterschiedlicher nicht sein.

Kunst & Kultur

In welche Stadt man auch kommt, nirgendwo sucht man vergebens nach Theater, Livebands, Vernissagen, Filmpremieren oder Musikfestivals. Australien war einst ein Land mit kulturellem Minderwertigkeitskomplex. Man glaubte, man könne nichts von Weltrang schaffen. Heute ist das überwunden (vielleicht überschätzen sich die Australier sogar ein bisschen). Doch die Kunst der Aborigines – besonders Malerei und Tanz – bleibt von all dem unbeeindruckt und ist so hinreißend wie eh und je.

Essen & Trinken

Australien, bekannt als „Mod Oz" (modernes Australien), serviert eine Multikultiküche mit europäischen Techniken und frischen Zutaten. Meeresfrüchte spielen eine Hauptrolle. Von den saftigen Bärenkrebsen der Moleton Bay zum köstlichen King George Whiting (eine Barschart) hat das Meer alles im Angebot. Natürlich gibt's beim Aussie-Barbecue zum leckeren Bier auch Rind, Lamm und Geflügel. Lieber kein Bier? Australische Weine sind weltbekannt: Barossa-Valley-Shiraz, Hunter-Valleys-Semillon und Sauvignon aus Tasmanien. Und für Koffeinjunkies gibt's nahezu überall Kaffee.

On the road again …

Das weite, braune Land ist mit allerhand Asphalt bedeckt. Ob von Margaret River nach Cooktown oder von Jabiru nach Dover: Der beste Weg, Australien zu würdigen, führt über die Straße. Ein Auto zu mieten, ist recht erschwinglich, der Straßenzustand ist meist gut, und außerhalb der Großstädte gibt's nicht viel Verkehr. Wer mit dem Wohnmobil unterwegs ist, findet gut ausgeschilderte Caravanparkplätze in vielen größeren Städten. Und Abenteuerlustige fahren mit dem Geländewagen querfeldein: Australiens Nationalparks sind maßgeschneidert für Campingtouren auf Schotterstraßen.

Warum wir Australien lieben

Von Charles Rawlings-Way und Meg Worby, Autoren

Wir beide leben seit mehr als 30 Jahren in diesem großartigen Land im Süden und haben es trotzdem noch immer nicht gänzlich erkundet. Das liegt aber nicht etwa daran, dass wir nur zu Hause sitzen, Popcorn essen und David Attenborough schauen würden – immerhin sind wir Reiseführerautoren! Australien ist einfach verdammt riesig. Und selbst wenn wir eine 30-jährige Rundreise durch Australien machen würden, wären da immer noch Überraschungen zu entdecken. Und das ist für rastlose Reisesüchtige wie uns eine sehr beruhigende Tatsache!

Mehr über unsere Autoren gibt's auf S. 1218.

Oben: Kakadu National Park, S. 916

Australien

INDONESIEN
SAWU-SEE
OST-TIMOR
TIMOR-SEE
Melville Island
Cobourg Peninsula
Bathurst Island
Darwin
Jabiru
Kakadu National Park
Darwin & Kakadu NP
Stadt und Land – tropische Wildnis (S. 879 & S. 916)
Cape Londonderry
Joseph Bonaparte Gulf
Victoria River
Katherine
Mataranka
INDISCHER OZEAN
Wyndham
Kununurra
Daly Waters
Cape Leveque
Kimberley
Derby
Fitzroy Crossing
Fitzroy River
Halls Creek
Broome
Tennant Creek
Broome & Northwest WA
Wundervolle Wüste und leuchtendes Meer (S. 1099)
NORTHERN TERRITORY
Port Hedland
Dampier
Karratha
The Pilbara
Uluru-Kata Tjuta NP
Echt große rote Felsen (S. 970)
North West Cape
Exmouth
MacDonnell Ranges
Alice Springs
Newman
Gibson Desert
Yulara
Little Sandy Desert
WESTERN AUSTRALIA
Uluru-Kata Tjuta National Park
Carnarvon
Shark Bay
Great Victoria Desert
Marla
SOUTH AUSTRALIA
Weinregionen South Australias
Top-Tropfen des Südens (S. 841)
Mt. Magnet
Coober Pedy
INDISCHER OZEAN
Geraldton
Nullarbor Plain
Kalgoorlie - Boulder
Eucla
Ceduna
Norseman
Perth
Fremantle
Große Australische Bucht
Bunbury
Wagin
Esperance
Busselton
Margaret River
Cape Leeuwin
Albany
Melbourne
Kunst, Sport und perfekter Kaffee (S. 517)
Great Ocean Road
Wahnsinns-Roadtrip (tolle Surfoptionen!) (S. 579)
HÖHENSTUFEN
2000 m
1500 m
1000 m
750 m
500 m
250 m
0
Perth & Fremantle
Wilder Westen mit Stränden, Bars und Lokalen (S. 987 & S. 1007)
Cradle Mountain
Fotogener Gipfel in der Wildnis Tasmaniens (S. 762)
SÜDPOLARMEER
MONA
Hobarts coole, kontroverse und stilvolle Galerie (S. 682)
10°S
15°S
20°S
25°S
30°S
35°S
40°S
110°O
115°O
120°O
125°O
130°O
135

0 500 km
ARAFURA-SEE
Torres Strait
Port Moresby
Thursday Island
Cape York
PAPUA-NEUGUINEA
SALOMONEN
Nhulunbuy
Arnhem Land
Weipa
Groote Eylandt
Cape York Peninsula
Cape Melville
KORALLEN-MEER
Golf von Carpentaria
Great Barrier Reef
Cooktown
Daintree Rainforest
Schmetterlinge, Strände und tropischer Urwald (S. 488)
Port Douglas
Cairns
Innisfail
Normanton
Great Barrier Reef
Schnorchelrevier mit vielen bunten Korallen (S. 453)
Ingham
Great Barrier Reef
Charters Towers
Townsville
Mt. Isa
Cloncurry
Bowen
Airlie Beach
Flinders River
Whitsunday Islands
Mackay
Winton
Longreach
Barcaldine
Great Dividing Range
Rockhampton
Great Barrier Reef Marine Park
Gladstone
Südlicher Wendekreis
Simpson Desert
Birdsville
QUEENSLAND
Bundaberg
Hervey Bay
Fraser Island
Charleville
Lake Eyre North
Gold Coast
Partyverrücktes Themenparkwunderland (S. 339)
Noosa
Maroochydore
Brisbane
St. George
Toowoomba
Surfers Paradise
Lake Eyre South
Tweed Heads
Coolangatta
Byron Bay
SÜD-PAZIFIK
Flinders Ranges
Barwon River
Bourke
Grafton
Broken Hill
Darling River
Armidale
Port Augusta
Coffs Harbour
NEW SOUTH WALES
Nyngan
Tamworth
Whyalla
Port Macquarie
Dubbo
Eyre Peninsula
Bathurst
Newcastle
Port Lincoln
Adelaide
Mildura
Griffith
Cowra
Katoomba
Lord Howe Island (NSW)
Hay
Sydney
Murray Bridge
Swan Hill
Wagga Wagga
Goulburn
Wollongong
Kangaroo Island
VICTORIA
Murray River
CANBERRA
Byron Bay
Hippies, Surf-Spots und Musikfestivals (S. 193)
Horsham
Albury
Batemans Bay
Shepparton
Wodonga
Mt. Gambier
Ballarat
Melbourne
TASMAN-SEE
Warrnambool
Geelong
Cape Otway
Wilsons Promontory
Bondi Beach
Der australische Strand schlechthin (S. 94)
King Island
Bass Strait
Flinders Island
Devonport
Sydney Opera House
Spektakuläre Architektur am Hafen (S. 74)
Launceston
Queenstown
TASMANIA
140°O
150°O
155°O
160°O
Hobart

Australiens Top 25

Sydney Opera House

1 Das grandiose Opernhaus (S. 74) am Sydney Harbour ist eine Attraktion für sich: Wie ein architektonisches Gedicht sticht Jørn Utzons Bau am Bennelong Point des Circular Quay aus dem herrlichen Hafenensemble mit der viel bewunderten Brücke, dem blau schimmernden Wasser und den fröhlich-grünen Fähren heraus. Und das Beste daran: Den Zauber hier kann jeder genießen – in einer Bar mit herrlicher Lage am Wasser, in einem ausgezeichneten französischen Restaurant, bei einer Führung durch das Opernhaus oder bei einer der regelmäßigen glanzvollen Vorstellungen.

Great Barrier Reef

2 Es zählt zum Welterbe der UNESCO, und sogar Oprah Winfrey ist bezaubert – das Great Barrier Reef (S. 453) ist einfach atemberaubend schön. Es erstreckt sich über mehr als 2000 km an der Küste vor Queensland und ist ein komplexes Ökosystem mit wundervollen Korallen, trägen Meeresschildkröten, dahinschwebenden Rochen, scheuen Riffhaien und bunten Tropenfischen aller Art und Größe. Ob man sich fürs Tauchen, Schnorcheln, einen Rundflug oder einen Trip mit Glasbodenboot entscheidet – das Unterwasserreich und die korallengesäumten Inseln sind unvergesslich.

1

MONA

3 Einen Fährtrip von Hobarts Hafen entfernt steht das innovative Museum of Old & New Art (MONA; S. 681) am Flussufer. Es ist Teil des Weinguts Moorilla Estate, das dem einheimischen Philanthropen David Walsh gehört, der das Museum von Weltrang als „subversives Disneyland für Erwachsene" bezeichnet. Die unterirdischen Galerien zeigen über 400 Kunstwerke – viele kontrovers und wohl nicht immer jedermanns Sache. Wer hier einmal Kunst genossen hat, wird aber garantiert intensive Diskussionen und Gespräche führen.

Uluru-Kata Tjuta National Park

4 Egal, wie oft man ihn schon auf Postkarten gesehen hat: Nichts kann einen auf den Anblick des Ayers Rock am Horizont des Outbacks vorbereiten. Die Wüstenlage, seine große kulturelle Bedeutung und die spektakuläre Natur – die sehr lange Anreise zum Uluru lohnt sich! Doch der Uluru-Kata Tjuta National Park (S. 970) bietet noch mehr: Die Olgas (Kata Tjuta), mystische Wanderrouten, Sonnenuntergänge und Zeugnisse alter Wüstenkulturen sind beeindruckend. Uluru

3

4

DAVID HANNAH / GETTY IMAGES ©

ALASTAIR POLLOCK PHOTOGRAPHY / GETTY IMAGES ©

STEVEN WARES / GETTY IMAGES ©

Melbourne

5 Warum die Schlange? Ach, weil alle das neueste Restaurant der Stadt (S. 516) ausprobieren wollen, für das man nicht reservieren kann! Die kommenden besten Lokale/Köche/Cafés/Imbissbuden mögen Stadtgespräch sein – aber es gibt Dinge, die Melbournern über alles gehen: die Parks und Gärten in den Innenstadtvierteln, die schwerfälligen Straßenbahnen, die die Anwohner im Norden nach St. Kilda am Meer befördern, und ihre für sportverrückte Städte typische Fantreue. Die weltbekannte Straßenkunstszene spiegelt die Ängste, Frustrationen und Freuden der Melbourner wider. Centre Place

Daintree Rainforest

6 Fächerpalmen, prähistorisch anmutende Farne und Mangroven prägen den üppig-grünen, uralten, zum Weltnaturerbe zählenden Daintree Rainforest (S. 487) vor weißem Strand. Umgeben von Vogelgezwitscher, Froschquaken und Insektengeschwirr erkundet man das Gebiet bei nächtlichen Tierbeobachtungstouren, Bergwanderungen, Streifzügen über Hochwege, Jeep-Trips, Ausritten, Kajaktouren, Krokodiltouren oder bei einer Führung durch Tropenfruchtplantagen. Und wer Glück hat, sichtet einen der unglaublich scheuen Kasuare!

Great Ocean Road

7 Die Twelve Apostles – Felsformationen im rauen Ozean – zählen zu Victorias schönsten Attraktionen. Eine möglichst langsame Anfahrt macht das Erlebnis noch viel toller: Die Route führt an den Superstränden der Bass Strait vorbei und durchquert dann landeinwärts Regenwälder mit vielen kleinen Ortschaften und großen Bäumen. Später warten entlang der Great Ocean Road (S. 579) noch mehr Geheimnisse, z. B. das maritime Juwel Port Fairy oder das versteckte Cape Bridgewater. Ultimativ langsam geht es dann auf dem Great Ocean Walk von der Apollo Bay zu den Apostles.

ROBERT FRANCIS / ROBERT HARDING / GETTY IMAGES ©

PATRICK OBEREM / GETTY IMAGES ©

ANDREW WATSON / GETTY IMAGES ©

Byron Bay

8 Mit all den Kängurus und den typisch australischen Akubra-Hüten ist das freundliche Byron Bay (auch nur Byron genannt; S. 193) eines der beständigsten Symbole der australischen Kultur. Die Bucht lockt mit fabelhaften Restaurants, entspanntem Flair, endlosen Stränden und unzähligen Aktivitätsangeboten Familien in den Schulferien, Surfer und Sonnenanbeter aus der ganzen Welt an, die sich bei Sonnenuntergang an der Küste versammeln. Kurz: Dies ist einfach einer der schönsten Küstenabschnitte des ganzen Landes.

Gold Coast

9 Frech, kitschig, hedonistisch und bejubelt – das ist Queenslands Gold Coast (S. 339). Wer Partys liebt, ist hier richtig! Und dann gibt es noch den Strand – unglaublich prächtige Küste mit sauberem Sand, warmem Wasser und Surf-Breaks. Die braungebrannten Götter der Brandung, die Rettungsschwimmer bzw. Rettungssurfer Australiens, halten am Strand Wache und treten bei Events u. a. im Meerschwimmen, Strandsprint und Rettungsbootrennen gegeneinander an. Hier liegen auch Australiens größte Themenparks – ein Paradies für Achterbahn-Fans! Surfers Paradise

Essen & Wein vom Feinsten

10 Köstliches für jeden Geldbeutel – Australien ist der Gourmethimmel: Es gibt Wein aus kühlem Klima plus Käse in Tasmanien, Kaffee und griechische sowie italienische Spezialitäten in Melbourne, Austern und Meeresfrüchte in Sydney, kräftige Rotweine und Riesling in South Australia, Krebse in Western Australia und Busch-Food im Northern Territory. Die Weinregionen des Landes pflegen eine feine Restaurantkultur mit regionalen Zutaten – wer durch die Weinkeller tourt, findet in der Nähe immer auch gestärkte Tischdecken und ein Mittagessen.

Die Whitsundays

11 Man kann sein Leben lang tropische Inseln erkunden und findet doch nirgendwo eine so reine tropische Schönheit wie auf die der Whitsundays (S. 417). Gut betuchte Traveller legen mit ihren Jachten im Party-Ort Airlie Beach ab und schippern langsam zwischen den üppig grünen Inselchen umher, um ihr eigenes Paradies zu finden (und das sicher an mehr als nur einer Stelle). Der Whitehaven Beach (S. 424) ist ein Muss – der Strand zählt zu den schönsten Australiens. Na, schon verzaubert?

Canberras Museen & Galerien

12 Canberra (S. 276) ist zwar erst 100 Jahre alt, aber die eigens erbaute Hauptstadt Australiens war schon immer voller Geschichte. Ihr größter Reiz sind die vielen Museen und Galerien, in denen sich das Selbstverständnis des Landes spiegelt. Institutionen wie die National Gallery of Australia, das National Museum of Australia, die National Portrait Gallery und das Australian War Memorial gewähren einen Einblick in Geschichte und Kultur. National Museum of Australia (S. 279)

11

12

13

RICHARD I'ANSON / GETTY IMAGES ©

14

Wilsons Promontory

13 Wilsons Promontory („The Prom"; S. 657), südlichster Punkt Victorias und schönster Küstennationalpark, ist ein Paradies für Buschwalker, Tierbeobachter, Surfer und Fotografen. Die Busch- und Küstenlandschaft hier wirkt wie aus einer anderen Welt, und selbst bei kurzen Wanderungen vom Hauptlager am Tidal River bietet sich ein toller Blick auf Strände und Buchten. Für die mehr als 80 km markierter Wanderwege durch Wälder, Sümpfe, Granitgebirge und über Strände braucht man festes Schuhwerk. Der Besuch lohnt sich!

Broome & nordwestliches Western Australia

14 Schroff, abgelegen und atemberaubend – Australiens äußerste Grenze verspricht Abenteuer. Hinter den Ebenen mit Spinifex und Affenbrotbäumen kommen Wasserfälle in Sicht, und einsame Strände säumen die Küste. Drei Welterbestätten wollen erkundet werden: Shark Bay (S. 1070), Ningaloo (S. 1077) und Purnululu (S. 1116). Dann gibt es noch Broome (S. 1099), wo sich Traveller treffen und die Sonne hinter den Kamelen und Touristen im Ozean versinkt. Broome

Perth & Fremantle

15 Perth (S. 987) ist vielleicht abgeschieden, aber keineswegs verschlafen! Hier warten raffinierte Mod-Oz-Lokale – manche in historischen Gebäuden im CBD – und schicke Cocktailbars in den Gassen. Den Gegenpol zu Perths Glitzergesicht am Swan River bilden unkonventionellere Viertel in der Innenstadt, in denen Gitarrensound und Wokgebrutzel zu hören sind. Flussabwärts servieren die Kneipen Fremantles (S. 1007) einige der besten Biere ganz Western Australias, und Kolonialgebäude erzeugen ein prächtiges viktorianisches Stadtbild. Perth

Cradle Mountain

16 Ein schroffer Felskamm, in Jahrtausenden von Eis und Wind geformt: Der halbmondförmige Cradle Mountain (S. 762) ist Tasmaniens markantester Berg. Die ganztägige Rundwanderung bzw. Klettertour zum Gipfel wird mit einem grandiosen Blick auf Tasmaniens Herz belohnt. Alternativ lässt sich der Cradle Mountain von unten bestaunen und quer über den Dove Lake aus perfekter Perspektive knipsen. Ist der Gipfel ganz in Nebel oder Wolken gehüllt? Dann am Kamin einer nahe gelegenen Lodge aufwärmen und am nächsten Tag wiederkommen!

ANDREW BAIN / GETTY IMAGES ©

Darwin & Kakadu National Park

17 Darwin (S. 885) wurde im Zweiten Weltkrieg und dann durch den Wirbelsturm Tracy zerstört – die Grenzstadt versteht also etwas davon, sich neu zu erfinden. Sie hat sich aus dem Tropendunst erhoben, um multikultureller Hedonistentreff und Tor zu einem der tollsten Wildnisgebiete zu werden: Zwei Stunden Fahrt gen Südosten führen zum Kakadu National Park (S. 916) mit indigener Felskunst und Naturpools am Fuß hoher Wasserfälle. Kakadu National Park

Südaustralische Weinbauregionen

18 Adelaide feiert seine drei weltberühmten Weinbauregionen: Das Barossa Valley (S. 841) im Norden bietet vollmundige Rote, alte Reben und deutsches Knowhow. Meer, Reben und Syrah geben dem McLaren Vale (S. 809) im Süden sein mediterranes Gesicht. Das Clare Valley (S. 847) steht für Riesling. Geheimtipps sind die Tropfen der kühlen Adelaide Hills (S. 786) und der Cabernet Sauvignon aus Coonawarra (S. 833). Weingut Penfolds (S. 844), Barossa Valley

17

18

TOM COCKREM / GETTY IMAGES ©

RICHARD I'ANSON / GETTY IMAGES ©

Indigene Kunst

19 Die Kunst der Aborigines (S. 1134) ist von der Traumzeit geprägt, einem Urahnen-Mythos. Insofern bildet sie eine Verbindung zwischen Vergangenheit und Gegenwart, Übernatürlichem und Irdischem, den Menschen und dem Land. Sehr schön sind die Malereien in Central Australia, die Schnitzereien und Stoffe der Tiwi-Insulaner, die Rindenwerke aus Arnhem Land und die Drucke, Webarbeiten und Schnitzereien der Torres-Strait-Insulaner. Größere Galerien besitzen Sammlungen indigener Werke. An Verkaufsstätten kann man sich beraten lassen. Kunsthandwerkerinnen, Arnhem Land (S. 931)

Sport pur

20 Australien ist sportbesessen, besonders vom Australian Rules Football (S. 1155). Der Höhepunkt der Saison der Australian Football League ist der Grand Final Day in Melbourne (Sept.). In Melbourne finden auch die Australian Open (Jan.), der Große Preis von Australien in der Formel 1 (März), das Pferderennen um den Melbourne Cup (Nov.) sowie das Test-Cricket-Spiel am 26. Dezember statt. In Queensland und New South Wales werden im Winter die Spiele der National Rugby League (NRL) ausgetragen. AFL Grand Final (S. 540), Melbourne

Südwestküste von Western Australia

21 Erbauliche Touren über die Weingüter auf von Eukalyptusbäumen gesäumten Landstraßen sind nur einige der Wonnen im Südwesten von Western Australia: Man kann auch Höhlen und historische Städte erkunden, Wildblumen bewundern oder die Weltklasse-Wellen rund um Margaret River (S. 1026) reiten. Und manch weißer Sandstrand ist völlig menschenleer! Wer am Ende des Winters aufs offene Meer blickt, sieht wahrscheinlich Wale, die dem „Humpback Highway" vor der Küste folgen. Lake Cave (S. 1029)

22

23

Fraser Island

22 Fraser Island (S. 372) ist die größte Sandinsel der Welt. Hier findet man Dingos, Wracks und alle möglichen Vögel. Geländewagen (normale Autos sind verboten) tuckern um die idyllischen Campingorte herum und an langen weißen Stränden entlang. An der Küste kann man zwischen Bächen und Süßwasserseen umherstreifen. Das Zelten am Strand unter den Sternen bringt einen zurück zur Natur. Nur eine kurze Fährfahrt entfernt liegt Hervey Bay, wo sich im Winter und Frühjahr vor der Küste Buckelwale zeigen.

Heimische Tiere

23 Bei Trips mit Tierbeobachtung wird's pelzig, knuddelig, wild und noch viel mehr: Im Süden gibt es Pelzrobben und kleine Pinguine, im Norden scheue Kasuare und Krokodile. Dazwischen lebt eine Vielzahl außergewöhnlicher endemischer Arten wie Koalas, Kängurus, Wombats und Schnabeltiere. Ansonsten lassen sich entlang der Küste Wale und an Queenslands Stränden nistende Meeresschildkröten sichten. Unvergesslich ist das Gackern des Kookaburra alias Jägerliest. Wombat

Tracks im Outback

24 Ob im Kombi auf dem Oodnadatta Track (S. 876) in South Australia oder im Jeep auf dem Birdsville Track (S. 409) – das Outback besucht man nicht, man wird ein Teil von ihm. Hier ist der Himmel blauer und der Staub roter als anderswo. Die Tage zählt man in Einheiten von Hunderten Kilometern und Spinifex-Gräsern, nachts träumt man unter Sternen. Einsamer noch sind die Gibb River Road (S. 1109) und die Duncan Road (S. 1115) in Western Australia – echte Outback-Abenteuer! Karijini National Park (S. 1090)

Bondi Beach

25 Bondi Beach (S. 94) ist einer der tollsten Strände der Welt, typisch Sydney und superhip. Surfer, Models und Backpacker ziehen durch die Bars und Restaurants an der Campbell Pde – und der Strand ist die zeitlose Konstante. Er liegt näher an der Stadt als jeder andere. Es gibt hier immer gute Wellen (und viele Surfer), und man kann auch gut baden. Nicht versäumen sollte man auch den Clifftop Walk von Bondi nach Coogee, der am Südende des Strandes beginnt. Clifftop Walk von Bondi nach Coogee (S. 95)

Gut zu wissen

Weitere Infos gibt's im Kapitel „Allgemeine Informationen" (S. 1163)

Währung

Australischer Dollar (AU$)

Sprache

Englisch

Visa

Alle Besucher brauchen ein Visum. Die elektronische Einreiseerlaubnis bzw. das eVisitor-Visum für je drei Monate kann man online beantragen.

Geld

Geldautomaten gibt es überall – vor allem aber in großen Städten. Kreditkarten werden in den meisten Hotels und Lokalen genommen.

Handys

Europäische Handys sind mit dem hiesigen Netz kompatibel. Möglich sind Roaming oder der Kauf einer lokalen Prepaid-SIM-Karte.

Zeit

Es gibt drei Hauptzeitzonen: Australian Eastern, Central und Western Standard Time. In Sydney lebt man nach AEST, also nach MEZ +10 Std.

Reisezeit

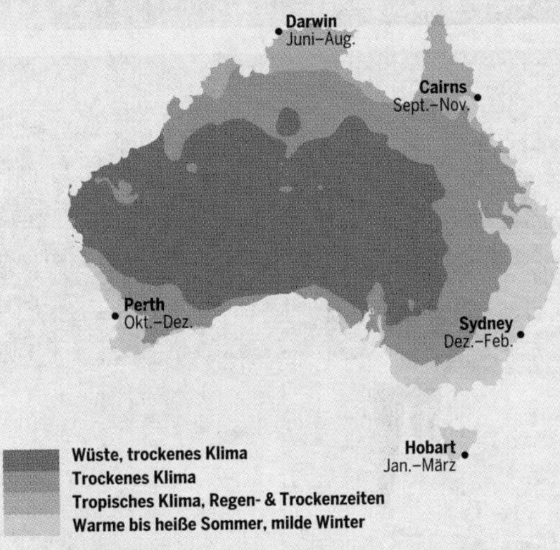

Hauptsaison
(Dez.–Feb.)

➡ Sommer: Ferien; volle Strände, Cricket.

➡ In großen Städten steigen die Übernachtungspreise um 25 %.

➡ In Zentralaustralien ist auch im Winter (Juni–Aug.) Hauptsaison, denn dann ist es mild und wenig feucht.

Zwischensaison
(Sept.–Nov.)

➡ Warm, klar, kürzere Warteschlangen.

➡ Das Personal in den Läden ist nicht so gestresst wie im Sommer.

➡ Der Herbst (März–Mai) ist auch Zwischensaison: In Victoria und Tasmanien ist es toll.

Nebensaison
(Juni–Aug.)

➡ Im Süden kühl und regnerisch; im Norden mild und sonnig.

➡ Wenige Touristen; die Sehenswürdigkeiten sind weniger lange geöffnet.

➡ Tolle Ziele sind die Wüsten, der tropische Norden und die verschneiten Gebiete.

Infos im Internet

Lonely Planet (http://www.lonelyplanet.de/reiseziele/australien/) Reiseinfos, Forum etc.

Tourism Australia (www.australia.com) Staatliche Tourismusseite.

Bureau of Meteorology (www.bom.gov.au) Wettervorhersagen für ganz Australien.

The Australian (www.theaustralian.com.au) Online-Zeitung.

Parks Australia (www.environment.gov.au/parks) Infos zu Nationalparks.

Coastalwatch (www.coastalwatch.com) Für Surfer; mit Web-Cams.

Wichtige Telefonnummern

Australische Telefonnummern beginnen mit einer zweistelligen Vorwahl, gefolgt von einer achtstelligen Nummer. Wer aus dem Ausland anruft, lässt die erste Null einfach weg.

Landesvorwahl	61
Vorwahl für internationale Gespräche	0011
Notfall (Krankenwagen, Feuerwehr, Polizei)	000
Auskunft	1223

Wechselkurse

Eurozone	1 €	1,42 AU$
	1 AU$	0,70 €
Schweiz	1 SFr	1,15 AU$
	1 AU$	0,87 SFr

Aktuelle Wechselkurse sind unter www.xe.com abrufbar.

Tagesbudget

Günstig – weniger als 100 AU$

- B im Schlafsaal: 25–35 AU$
- DZ im Hostel: ab 80 AU$
- Einfache Mahlzeit aus Pizza oder Pasta: 10–15 AU$
- Kurze Bus- oder Straßenbahnfahrt: 4 AU$

Mittleres Budget – 100–280 AU$

- DZ im Mittelklassehotel: 100–200 AU$
- Frühstück oder Mittagessen im Café: 20–40 AU$
- Kurze Taxifahrt: 25 AU$
- Mietwagen: ab 35 AU$/Tag

Teuer – mehr als 280 AU$

- DZ im Spitzenklassehotel: ab 200 AU$
- Drei-Gänge-Menü im schicken Restaurant: 80 AU$
- Nachtclub-Grundpreis: 10–20 AU$
- Inlandsflug von Sydney nach Melbourne: ab 100 AU$

Öffnungszeiten

Die Öffnungszeiten variieren von Bundesstaat zu Bundesstaat; hier allgemeine Richtlinien.

Banken Mo–Do 9.30–16, Fr bis 17 Uhr

Bars 16 Uhr–open end

Cafés 7–17 Uhr

Geschäfte Mo–Sa 9–17 Uhr

Kneipen 11–0 Uhr

Restaurants 12–14.30 & 18–21 Uhr

Supermärkte 7–20 Uhr; manche rund um die Uhr

Ankunft am ...

Sydney Airport (S. 135)

AirportLink-Züge fahren zwischen 4.50 und 0.40 Uhr alle zehn Minuten ins Zentrum. Vorgebuchte Shuttle-Busse bedienen die Stadthotels. Eine Taxifahrt in die Stadt kostet 40 bis 50 AU$ (30 Min.).

Melbourne Airport (S. 1179)

SkyBus-Fahrzeuge (24 Std.) bedienen die Stadt alle zehn bis 30 Minuten. Die Taxifahrt in die Stadt kostet 40 AU$ (25 Min.).

Brisbane Airport (S. 1179)

Airtrain-Züge fahren von 5.45 bis 22 Uhr alle 15 bis 30 Minuten ins Zentrum. Vorgebuchte Shuttle-Busse steuern die Stadthotels an. Für die Taxifahrt ins Zentrum werden 35 bis 45 AU$ fällig (25 Min.).

Unterwegs vor Ort

Australien ist das sechstgrößte Land der Welt – klar, dass es da nicht so einfach ist, von A nach B zu kommen.

Auto Man kann sein Reisetempo selbst bestimmen, abgelegene Gebiete erkunden und Regionen ohne Nahverkehr besuchen. Mietwagen gibt's in größeren Städten; es wird links gefahren.

Bus Verlässliche, regelmäßige Langstreckenverbindungen; nicht immer billiger als Fliegen.

Flugzeug Reisewege lassen sich durch die günstigen, regelmäßigen und schnellen Flüge zwischen großen Zentren abkürzen. Fürs grüne Gewissen zahlt man Klimakompensation.

Zug Langsam, teuer und unregelmäßig – aber die Landschaft ist toll! Schlafwagen sind bequemer als Overnighter Seats.

Mehr zu **Verkehrsmitteln & -wegen** gibt's auf S. 1179

Was gibt's Neues?

Kleine Bars in Brisbane & Sydney

Brisbane ist ein Mekka der kleinen Bars. Zu den neuen Kneipen zählen das Super Whatnot (S. 326), eine Mezzanin-Bar in einer unscheinbaren Gasse, und The End (S. 327), ein Hipster-Treff im West End. In Sydney gibt's stilvolle Kneipen natürlich schon seit Jahren: Top sind der Shady Pines Saloon (S. 128) in East Sydney, das Jester Seeds (S. 129) in Newtown und das schrullige Stitch (S. 127) im Zentrum.

Museum of Contemporary Art, Sydney

Bei der 53 Mio. AU$ teuren Renovierung des MCA sind ein neuer Eingang, Ausstellungsflächen, eine Skulpturenterrasse und ein Dachcafé hinzugekommen. Eine Neuerung ist auch ARTBAR, ein Performance-Event am letzten Freitag im Monat. (S. 75)

National Library of Australia, Canberra

Die neue Treasures Gallery der Bibliothek stellt wertvolle, in den letzten 100 Jahren gesammelte Werke aus, u.a. James Cooks Logbuch von der *Endeavour*. (S. 282)

Schnorcheln auf Magnetic Island, Queensland

Neu sind die Schnorcheltrips vor der Nelly Bay und der Geoffrey Bay. Man erreicht die Spots mit den Wracks und Riffen bequem vom Strand aus. (S. 432)

Beechworth Gaol, Victoria

In dem Gefängnis, das bis 2006 in Betrieb war und in dem einst der gefürchtete Ned Kelly einsaß, gibt es jetzt gruselige Führungen, bei denen man die Wachttürme, die Zellen und den Galgen besichtigt. (S. 644)

Gourmania Food Tours, Hobart

Kulinarischer Bummel durch Hobart: Man besucht Hersteller, Gastronomen und Weinexperten und merkt sich, was man später genauer anschauen möchte. (S. 683)

West Terrace Cemetery, Adelaide

Gruselig? Nö. Aber die neue Audio-Tour über den Friedhof am Rand von Adelaides CBD verspricht Erholung von den hektischen Straßen der Stadt. (S. 783)

Waterfront Precinct, Darwin

Darwins Uferviertel entwickelt sich ständig weiter. Neu hinzugekommen sind eine Wellenlagune und eine Lagune zum Baden, die von Rettungsschwimmern überwacht werden und von Rasenflächen und Restaurants gesäumt sind. (S. 889)

Brookfield Place, Perth

Durch die vorsichtige Restaurierung einer Reihe historischer Gebäude in der Innenstadt ist in Perth ein spannendes neues Gastronomieviertel mit vielen Restaurants, Cafés und Bars entstanden. (S. 998)

Margaret River Gourmet Escape, Western Australia

Die besten Köche, Restaurantkritiker und viele Gourmets strömen nach Margaret River, um die örtlichen Biere, Weine und kulinarischen Produkte zu feiern. (S. 32)

Weitere Tipps und Kritiken finden sich unter **www.lonelyplanet.de/forum**.

Wie wär's mit ...

Strände

Bondi Beach Ein unverzichtbares Sydney-Erlebnis: in der Brandung planschen oder am Strand umherschlendern und Leute beobachten! (S. 94)

Wineglass Bay Es lohnt sich, hier bergauf zu klettern und in den prächtigen Kessel voller tasmanischem Sand hinunterzusteigen. (S. 719)

Whitehaven Beach Die Perle unter den Whitsunday Islands Queenslands lockt mit weißem Sand und klarem Wasser. (S. 424)

Bells Beach Der bekannteste Surfstrand liegt in der Nähe Torquays an der Great Ocean Road in Victoria. (S. 583)

Hellfire Bay Die Bucht mit pudrigem Sand liegt in der Mitte des Cape Le Grand National Park in Western Australia, also mitten im Nichts. (S. 1048)

Carrickalinga Beach An dem kaum besuchten Strand südöstlich von Adelaide, nahe dem Weinbaugebiet McLaren Vale, kann man angeln und im seichten Wasser baden. (S. 812)

Avalon Der malerischste der prächtigen Northern Beaches in Sydney. (S. 99)

Crowdy Head In New South Wales finden sich goldene Strände vor einer Kulisse schroffer Felsformationen. (S. 167)

Inseln

Kangaroo Island Toll, um Wildtiere zu beobachten und frische Meeresfrüchte zu genießen. (South Australia; S. 817)

Bruny Island Das windige, dünn besiedelte Refugium südlich von Hobart bietet eine bezaubernde Küstenlandschaft. (S. 701)

Fraser Island Die größte Sandinsel der Welt besitzt gewaltige Sanddünen, Süßwasserseen und eine reiche Fauna. (S. 372)

Whitsunday Islands Man mietet sich in einem Top-Resort ein oder unternimmt eine Segeltour rund um den unberührten Archipel in Queensland. (S. 422)

North Stradbroke Island Brisbanes Spielwiese: Surfstrände und Walbeobachtung. (S. 333)

Rottnest Island Eine Fährfahrt von Fremantle (Western Australia) entfernt liegt dieses geschichtsträchtige Atoll. (S. 1014)

Lizard Island Ein Refugium im äußersten Norden Queenslands: Hier wohnt man in einem Resort oder entdeckt als Camper das einfache Leben. (S. 497)

Lady Elliot Island Auf der vom Great Barrier Reef umgebenen Insel kann man prima Robinson spielen. (Queensland; S. 388)

Wildnis

Australien ist 20-mal so groß wie Deutschland, hat aber nur ein Drittel der Einwohner – logisch, dass es da viel Wildnis gibt!

Blue Mountains National Park Das Sydney am nächsten gelegene Stück unberührter Natur lockt mit Canyons, Klippen und Eukalyptuswäldern. (S. 141)

Flinders Ranges National Park Die alten, schroff-schönen Felsen am Wilpena Pound in South Australia sind toll. (S. 867)

Nitmiluk (Katherine Gorge) National Park Der fünftägige Jatbula Trail in der Wildnis des Northern Territory führt an vielen Schwimmstellen zum Abkühlen vorbei. (S. 937)

Cradle Mountain-Lake St. Clair National Park Hier taucht man in die teilweise unwirtliche, aber sehr malerische Landschaft Tasmaniens ein. (S. 762)

WIE WÄR'S MIT ... THEMENPARKS?

An Queenslands Gold Coast gibt's ein halbes Dutzend riesiger Parks (Dreamworld, Warner Bros. Movie World, Wet'n'Wild usw.). Die sind zwar kitschig, aber Spaß macht ein Besuch doch. (S. 342)

The Kimberley In Kimberley (nördliches Western Australia) wollen tosende Wasserfälle, spektakuläre Schluchten, schroffe Gipfel und eine einsame Küste besucht werden. (S. 1095)

Daintree Rainforest Der Regenwald im Norden Queenslands hält für die wenigen Touristen viele Aktivitäten bereit. (S. 486)

Sturt National Park Der Park im äußersten Nordwesten von New South Wales hat eine vielfältige Fauna und ist ein gut zugängliches Stück Outback. (S. 255)

Luxusunterkünfte

Park Hyatt In diesem schicken Hotel am Hafen kann man sich am tollen Anblick des Opernhauses von Sydney freuen. (S. 106)

Hayman Island Immer noch die nobelste unter den vielen Resort-Inseln Queenslands. (S. 424)

Southern Ocean Lodge Betuchte lockt dieses architektonische Juwel auf die Kangaroo Island in South Australia. (S. 826)

Islington Hobarts bestes Boutiquehotel residiert in einem renovierten Herrenhaus von 1847. (S. 689)

Paperbark Camp In den Luxuszelten an der Jervis Bay fühlt man sich mitten im Busch von New South Wales wie auf einer Luxussafari in Afrika. (S. 264)

Acacia Chalets Hier übernachtet man wunderbar und verbringt den Tag auf den Weingütern rund um Margaret River. (Western Australia; S. 1030)

Sails in the Desert Luxusunterkunft bei Yulara am Uluru im Northern Territory. (S. 977)

Wein

Australiens Weinregionen haben dank einiger fabel-

(Oben) Art Gallery of South Australia (S. 780)
(Unten) Hayman Island (S. 424)

hafter Restaurants auch kulinarisch viel zu bieten.

Barossa Valley In dem Gebiet mit mehr als 80 Weingütern rund um einst deutsche Dörfer reifen Top-Rotweine. (South Australia; S. 841)

McLaren Vale Das mediterran anmutende Gebiet eine Stunde südlich von Adelaide ist ein Shiraz-Paradies. (S. 809)

Tamar Valley Das Tal gehört zu den wichtigsten kühlen Weinbaugebieten Tasmaniens und ist nur ein kurzes Stück von Launceston entfernt. (S. 735)

Clare Valley Aus dem Clare Valley in South Australia kommt toller Riesling. (S. 847)

Yarra Valley Das Gebiet eine Stunde außerhalb Melbournes ist *die* Adresse für süße Weiße und Cabernets. (S. 569)

Hunter Valley In der ältesten hiesigen Weinregion wird schon seit den 1820ern Wein angebaut – der Sémillon ist top! (S. 148)

Pubs & Livemusik

Northcote Social Club Der Club ist einer der besten Livemusiktreffs in Melbourne. Vorne gibt's eine wuselige Bar, hinten eine große Terrasse. (S. 558)

Venue 505 Sydneys beste kleine Jazzbar präsentiert Spitzenkünstler in trendigem Keller-Ambiente. (S. 131)

Governor Hindmarsh Hotel Der alte Rock-Schuppen in Adelaide bietet ordentliches Kneipenessen und Livemusik. (S. 800)

Knopwood's Retreat An einem kalten Abend in Hobart kommt der Kamin des „Knoppie's" gerade recht. (S. 692)

Sail & Anchor Die Kneipe in Fremantle bekennt sich zu dem Motto: „In der Gärung liegt die Wahrheit". (S. 1013)

WIE WÄR'S MIT ... KLETTERN AUF BRÜCKEN?

In Sydney (S. 71) und Brisbane (S. 313) kann man Brücken erklimmen und so aus der Vogelperspektive einen prächtigen Blick auf diese Städte werfen.

Corner Hotel Ein legendärer Rocktreff im Melbourner Stadtteil Richmond. (S. 839)

Breakfast Creek Hotel Die Location in Brisbane ist so populär, dass es schon an Kitsch grenzt. (S. 327)

Palace Hotel Die extravagante Kneipe in Broken Hill erlebt ein Revival. (S. 252)

Kunstgalerien

National Gallery of Australia Das Museum in Canberra besitzt mehr als 7500 Werke von Künstlern, die zu den Aborigines oder den Torres-Strait-Insulanern gehören. (S. 278)

Museum of Old & New Art (MONA) Australiens neueste und thematisch avantgardistischste Kunstgalerie ist in Hobart Stadtgespräch. (S. 682)

National Gallery of Victoria Internationale Sonderausstellungen von Weltrang (Monet, Dali, Caravaggio) machen hier Station – wer sie sehen will, muss sich in die Schlange der Melbourner einreihen. (S. 524)

Art Gallery of New South Wales Mit wechselnden Ausstellungen bleibt die altgediente Institution am Ball. Für Spannung und Kontroversen sorgt die Verleihung des Archibald Prize für Porträtmalerei. (S. 78)

Art Gallery of South Australia An der North Tce in Adelaide setzt diese Kunstgalerie progressive Akzente. (S. 780)

Ballarat Art Gallery Australiens älteste und größte regionale Kunstgalerie zeigt viele Werke bekannter australischer Künstler. (S. 618)

Museum & Art Gallery of the Northern Territory Darwins Galerie zeigt erstrangige Werke indigener Künstler. (S. 889)

Pro Hart Gallery In Broken Hill, New South Wales, werden hier Werke des Bergarbeiters gezeigt, der zu einem weltberühmten Künstler wurde. (S. 250)

Indigene Kultur

Kakadu National Park Überhänge mit ungewöhnlicher Felskunst finden sich in den Klippen von Nourlangie und Ubirr im Northern Territory. (S. 916)

Koorie Heritage Trust In Melbourne gibt diese Institution mit Führungen und Ausstellungen zeitgenössischer und traditioneller Kunst gute Einblicke in die Kultur der südöstlichen Aborigines. (S. 512)

Kuku-Yalanji Dreamtime Walks Von indigenen Führern geleitete Wanderungen durch die Mossman Gorge in Queensland. (S. 486)

Uluru-Kata Tjuta Cultural Centre Zu Füßen des Uluru informiert das Zentrum über Gesetze, Bräuche und Religion der örtlichen Aborigines. (S. 970)

Bookabee Tours Touren mit indigenen Führern durch Adelaide und die Flinders Ranges in South Australia. (S. 863)

Booderee National Park Die Besitzer dieses Parks in New South Wales veranstalten preisgekrönte Aktivitäten für Traveller und kümmern sich um

Mungo National Park (S. 247)

die Gärten und Wanderwege. (S. 265)

Ingan Tours Das Unternehmen befindet sich im Besitz von Aborigines, die Regenwaldtouren im tropischen Norden Queenslands veranstalten. (S. 441)

Carnarvon Gorge In den verwinkelten Schluchten in Queensland kann man Felskunst bestaunen. (S. 399)

Dampier Peninsula Auf der Halbinsel in Western Australia kommt man mit indigenen Gemeinden in Kontakt, kann mit dem Speer fischen und Krabben fangen. (S. 1106)

Outback-Abenteuer

Im australischen Outback ist es manchmal schon ein großes Abenteuer, von A nach B zu kommen. Wer auf eigene Faust mit einem Geländewagen unterwegs sein will, sollte sich gut vorbereiten. Besser macht man sich mit einem ortskundigen Führer auf die Reise.

Mit dem Geländewagen nach Cape York Ein großes Abenteuer ist die Tour abseits der Straßen zur Nordspitze Australiens. Man schließt sich einer Tour an oder wagt sich allein los. (S. 508)

Red Centre Way Bei einer Tour ab Alice Springs erkundet man die Wüste im Herzen Australiens mit den Gipfeln des Uluru und der Kata Tjuta. (S. 966)

Karijini National Park Bei der abenteuerlichen Tour in diesem abgelegenen westaustralischen Park klettert, hangelt, schlittert und taucht man durch Schluchten. (S. 1090)

Oodnadatta Track Die Tour, auf der man neben vielen Emus und Eidechsen auch den Lake Eyre (Kati Thanda) und einsame Pubs sieht, folgt einer historischen Bahnstrecke durch South Australia. (S. 876)

Nullarbor Plain Die ultimative Outback-Tour: 2700 km geht's von Adelaide nach Perth durch die Nullarbor-Ebene. (S. 1049)

Mungo National Park Das wunderbare Ziel im Outback von New South Wales lockt mit erstaunlichen Landformationen, Tieren und Touren zur Kultur der Aborigines. (S. 247)

Arnhem Land Von Jabiru im Kakadu National Park im Northern Territory kann man eine Tagestour ins abgelegene Arnhem Land unternehmen. (S. 916)

Purnululu National Park Der Nationalpark in Western Australia bezaubert mit uralten erodierten Felskuppeln, die an Bienenkörbe erinnern. (S. 1116)

Monat für Monat

TOP-EVENTS

Adelaide Fringe, Februar

Sydney Gay & Lesbian Mardi Gras, März

Melbourne International Film Festival, Juli

Tropfest, Februar

AFL Grand Final, September

Januar

Der Januar kommt in Fahrt, Australien erholt sich vom Weihnachtstrubel, und alle merken: „Es ist Sommer!“ Die Festival-Saison beginnt mit Musik-Events im Freien, und Melbourne richtet die Australian Open aus.

Sydney Festival

(www.sydneyfestival.org.au) „It's big“ sagt die Werbung. Und tatsächlich sind die drei tollen Sommerwochen mit Musik, Tanz, Diskussionsrunden, Theater und bildender Kunst (alles meist gratis und familienfreundlich) ein echtes Kunst-Event.

Big Day Out

(www.bigdayout.com) Headbangen, Sonne und Bier: Das Alternative-Rock-Festival macht je einen Tag in Sydney, Melbourne, Adelaide, Perth und an der Gold Coast Station. Mit dabei sind viele australische Talente und internationale Größen (früher z. B. Metallica, The Killers oder die Red Hot Chilli Peppers).

MONA FOMA

(www.mofo.net.au) Brian Ritchie (Bassist der Violent Femmes) fungiert als Kurator, wenn im MONA in Hobart jedes Jahr das Abenteuer zelebriert wird. Es gibt vielfältige aufregende Kunst-, Musik- und Kultur-Events. Stimmungsvolles Pendant im Winter ist seit Juni 2013 das Dark MOFO.

Tamworth Country Music Festival

(www.tamworthcountrymusicfestival.com.au) Bei dem Schwof im nördlichen NSW dreht sich Ende Januar alles um große Hüte, goldene Gitarren und eines der besten Country-Musik-Programme jenseits von Nashville (Tennessee). Auf der Bühne stehen zumeist Australier, aber auch ein paar internationale Stars.

Australia Day

(www.australia-day.com) Australiens „Geburtstag“ wird am 26. Januar, dem Tag, an dem die First Fleet 1788 anlegte, mit Barbecues, Feuerwerk, Fahnengeschwenke, Alkohol und Imponiergehabe gefeiert. Wenig Partystimmung herrscht bei den indigenen Australiern, die den Tag als Invasion Day oder Survival Day bezeichnen.

Februar

Der Februar ist der heißeste Monat. Im Norden sorgt die Regenzeit für Hitze. In Tasmanien und Victoria herrscht tolles Wetter. Für die Einheimischen geht's zurück zur Arbeit, zum Strand oder zum Cricket.

Tropfest

(www.tropfest.com.au) Das weltgrößte Kurzfilm-Festival findet an einem Sonntag Ende Februar in Sydney statt und hat kostenlose Vorführungen und berühmte Jurymitglieder (Joseph Fiennes, Salma Hayek) zu bieten. Um Betrug zu vermeiden und Kreativität zu fördern, müssen alle Beiträge ein bestimmtes Element enthalten (z. B. einen Kuss, ein Niesen, einen Ballon).

Adelaide Fringe

(www.adelaidefringe.com.au) Das einmonatige Fringe

rangiert direkt hinter dem in Edinburgh. Hierher kommen jene Künstler, die es nicht auf das hochintellektuelle Adelaide Festival schaffen (oder das nicht wollen). Zentrum des bunten Gemischs aus Comedy, Musik und Artistik ist der Garden of Unearthly Delights auf dem Parkgelände.

März

Im März findet in Australien die Weinlese statt, wobei es in diesem Herbstmonat in den letzten Jahren fast so heiß war wie im Januar und Februar. Auf Melbournes Straßen hält der Formel-1-Zirkus Einzug.

Sydney Gay & Lesbian Mardi Gras

(www.mardigras.org.au) Das einmonatige Fest endet am ersten Samstag im März mit einem Umzug auf der Oxford Street in Sydney, den 300 000 Leute verfolgen. Fitnessstudios leeren sich, Solarien und Enthaarungsstudios haben Konjunktur. Tickets für Aftershow-Partys sind begehrt.

WOMADelaide

(www.womadelaide.com.au) Das familienfreundliche Fest bietet an vier Tagen Weltmusik, Kunst, Essen und Tanz in Adelaides Botanic Park und lockt Menschen aus ganz Australien an. Auf acht Bühnen spielen Hunderte Künstler. Kaltes Bier kriegt man hier auch.

April

Melbourne und die Adelaide Hills schmücken Laubwälder, die sich golden verfärben. Im Norden lässt der Regen nach, und in der Wüste werden die Temperaturen erträglich. An Ostern steigen überall die Preise für Unterkünfte.

Apollo Bay Music Festival

(www.apollobaymusicfestival.com) An der herrlichen Great Ocean Road breitet sich das links angehauchte Alternative-Pop-Festival an der Küste südwestlich von Melbourne aus (gerade weit genug weg, um übernachten zu müssen). Die lokalen Kirchen, Säle und Cafés dienen dabei als Veranstaltungsorte.

Mai

Die Trockenzeit beendet im Northern Territory, im nördlichen Western Australia und in Far North Queensland den Regen. Eine tolle Zeit, um den Uluru (Ayers Rock) zu besichtigen!

Ord Valley Muster

(www.ordvalleymuster.com) Jedes Jahr im Mai richtet Kununurra (nördliches WA) das Ord Valley Muster aus. Den Sport-, Wohltätigkeits- und Kulturveranstaltungen folgt ein Open-Air-Konzert bei Vollmond am Ord River.

Walbeobachtung

Südkaper und Buckelwale ziehen an Australiens Südostküste (Mai–Okt.), um ufernah zu fressen und sich fortzupflanzen. Zu sehen sind sie dabei vor Hervey Bay (Queensland), Warrnambool (Victoria), Victor Harbor (SA), Albany (WA) und North Stradbroke Island (Queensland).

Juni

Der Winter kommt: In den Skiorten der Southern Alps gibt es Schnee und mit Beginn der Football-Saison füllen sich die Stadien. Im Norden herrscht Hauptsaison: Wasserfälle und Outback-Routen sind zugänglich, die Preise hoch.

Noosa Long Weekend Festival

(www.noosalongweekend.com) Die reiche kleine Strandenklave Noosa an der Sunshine Coast (Queensland) gibt sich mitunter leicht egozentrisch. Bei dem zehntägigen Festival können kunstliebende Besucher in Essen, Musik, Tanz, Lesungen und Workshops schwelgen.

Laura Aboriginal Dance Festival

(www.lauradancefestival.com) Im verschlafenen Laura, 330 km nördlich von Cairns auf der Cape York Peninsula in Far North Queensland, findet Australiens größte traditionelle Zusammenkunft von Aborigines statt. Gemeinschaften aus der Region versammeln sich zu Gesang, Tanz und gemeinsamen Zeremonien. Am folgenden Wochenende werden die „Laura Races and Rodeo“ ausgerichtet.

Skisaison

(www.ski.com.au) Mit dem Einbruch des Winters heißt es für alle Schneehasen Skier und Snowboards schnappen und auf in die Berge! In Victoria und NSW gibt's die bedeutendsten

Skiorte, in Tasmanien auch einige kleinere.

Juli

Kneipen mit Kaminen und gemütliche Cafés haben im Süden Hochkonjunktur; die Strände sind leer. Im Norden herrscht viel Andrang auf Märkte, Touren und Unterkünfte. Südlich von Alice Springs gehört warme Kleidung ins Gepäck, das MIFF ist ein Pflichttermin.

Melbourne International Film Festival

(MIFF; www.miff.com.au) Zahllose Kurz-, Spiel- und Dokumentarfilme flimmern jeden Winter über Leinwände in der ganzen Stadt: Das MIFF muss sich vor Toronto und Cannes nicht verstecken. Seit 1952 wird es ausgerichtet und erfreut sich großer Beliebtheit – die Tickets im Zentrum sind schnell vergriffen.

Beer Can Regatta

(www.beercanregatta.org.au) Der Festivalkalender des NT strotzt vor schrägen Events. Bei diesem hier liefern sich Hunderte „Boote" aus leeren Bierdosen ein Rennen auf dem Flachwasser am Mindil Beach (Darwin). Bechern und Lachen sind dabei weitaus wichtiger als nicht unterzugehen.

August

Im August fliehen die Bewohner Südaustraliens vor der winterlichen Tristesse ins sonnigere Queensland. Die letzte Chance für Touren ins tropische Top End und ins Outback, bevor's dort zu heiß und feucht wird.

Cairns Festival

(www.cairns.qld.gov.au/festival) Von Ende August bis Anfang September wird bei dem dreiwöchigen Kunst- und Kulturfestival ein erstklassiges Programm mit Musik, Theater, Tanz, Comedy, Filmen, Aborigine-Kunst und Ausstellungen gezeigt. Bei Freiluftveranstaltungen auf Plätzen, in Parks und in Gärten kommt Cairns tropische Kulisse zur Geltung.

September

Der Frühling überzieht das Outback in WA und SA mit blühenden Wildblumen, Canberra und andere Städten richten Blumenfeste aus. Die Football-Saison endet, der Pferderennzirkus beginnt.

Brisbane Festival

(www.brisbanefestival.com.au) Das Kunstfestival (S. 316) gehört zu den größten und vielfältigsten Australiens. An 22 Tagen im September wird in der Stadt ein tolles Programm mit Konzerten, Theaterstücken, Tanz und Randveranstaltungen geboten. Beendet wird das Ganze mit dem „Riverfire", einem eindrucksvollen Feuerwerk über dem Fluss.

AFL Grand Final

(www.afl.com.au) Höhepunkt der hiesigen Profi-Footballsaison ist jedes Jahr dieses Großspektakel, das Millionen begeisterter Aussies (im Fernsehen) verfolgen. Tickets für das Spiel in Melbourne sind sehr schwer zu kriegen. Viele Fans treffen sich aber zum Grillen nebst Halbzeit-Amateurkick im örtlichen Park.

Oktober

Das rundum gemäßigte Klima ist prima zum Campen oder Abhängen auf regionalen Weingütern – irgendeiner muss diesen schmutzigen Job ja machen ... Nach dem Football und vor dem Cricket haben Sportfans jetzt erstmal Leerlauf.

Jazz in the Vines

(www.jazzinthevines.com.au) In Australiens Weinbauregionen (Barossa, McLaren Vale, Yarra Valley etc.) finden ähnliche Wein- und Gourmetfeste statt. Die Nähe des Hunter Valley zu Sydneys Jazzszene garantiert gute Musik im Tyrrell's Vineyard.

November

Einige Strände des nördlichen Queensland, NT und WA sind z. T. wegen der Würfelquallen im Flachwasser gesperrt. Outdoor-Events haben Hochkonjunktur: An allen Küsten lassen Rettungsschwimmer die Muskeln spielen.

Melbourne Cup

(www.melbournecup.com) Am ersten Novemberdienstag wird beim landesweit (wenn nicht gar weltweit) wichtigsten Pferderennen in Melbourne der Rasen aufgerissen. Provinzstädte richten ihre eigenen Derbys nach diesem Tag aus, der von ganz Australien verfolgt wird und so die Nation praktisch lahmlegt.

Margaret River Gourmet Escape

(www.gourmetescape.com.au) Ein eindrucksvolles Aufgebot von Starköchen prägt Western Australias Beitrag zum nationalen Gourmet- und Weinfestkalender: Dutzende Gastro-Größen servieren absolute Spitzenküche. Die wahren Highlights sind aber die Lesen aus der Region Margaret River.

Sculpture by the Sea

(www.sculpturebythesea.com) Mitte November verwandeln australische wie internationale Künstler den Klippenpfad zwischen Bondi Beach und Tamarama (Sydney) in einen tollen Skulpturengarten. Die kreativsten, kuriosesten und lustigsten Werke erhalten hohe Preisgelder. Dasselbe passiert im März am Cottesloe Beach (Perth).

Wangaratta Jazz & Blues

(www.wangarattajazz.com) Das angesehene Jazz- und Bluesfestival lockt jedes Jahr viele fetzige, fingerschnippende Bebopper nach Wangaratta (17000 Ew.) im ländlichen Nordosten Victorias.

Dezember

Hurra, die Schule ist aus! Zwei Wochen vor Weihnachten beginnen die Schulferien, in den Städten ist Power-Shopping angesagt und das Klima ist warm. Im Norden kündigt sich bereits die Monsunsaison an: Nachmittägliche Stürme bringen Regenfälle mit sich.

Sydney to Hobart Yacht Race

(www.rolexsydneyhobart.com) Am Boxing Day (2. Weihnachtsfeiertag; 26. Dez.) füllt sich Sydneys Hafen anlässlich des Starts der anspruchsvollsten Jacht-Regatta auf offenem Meer weltweit (628 Seemeilen!) mit Teilnehmern und Zuschauern. Wenn das Teilnehmerfeld ein paar Tage später Hobart erreicht, wird dies von der Stadt mit Speis, Trank und Tanz gefeiert (s. S. 678).

Reiserouten

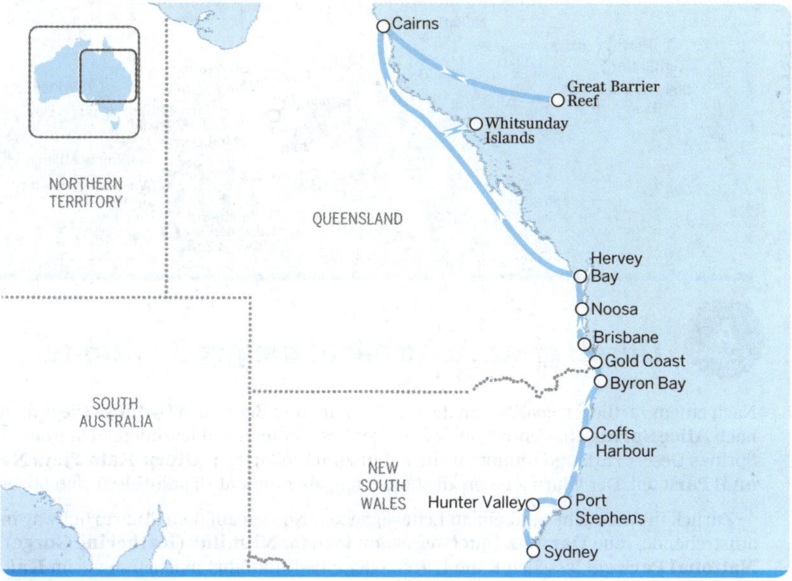

4 WOCHEN

Von Sydney nach Cairns

Die 2864 km lange Route an der Ostküste zwischen Sydney und Cairns ist die beliebteste. In zwei Wochen ist sie zu schaffen; wer sich vier Wochen Zeit lässt, kann gut entspannen.

Die ersten Tage lässt man sich von den Lichtern des glitzernden **Sydney** verzaubern, bevor die Reise weiter nach Norden über den Pacific Highway durchs zentrale und nördliche New South Wales (NSW) geht. Im **Hunter Valley** lässt man es bei gutem Wein langsamer angehen, und auch ein Sprung ins Meer muss drin sein – und zwar im familienfreundlichen **Port Stephens** und in **Coffs Harbour**, wo die kitschige „Big Banana" steht. Danach geht's nach **Byron Bay**, wo man sich vom New Age erwecken lassen und die tollen Strände genießen kann. Die Fahrt führt weiter nach Queensland an die party- und surfverrückte **Gold Coast**. Nach einer Pause im hippen **Brisbane** macht man sich auf den Weg zum wohlhabenden **Noosa** an der herrlichen Sunshine Coast.

Der Bruce Highway windet sich an der bezaubernden Küste entlang in den äußersten Norden von Queensland. Vor der Küste von **Hervey Bay** kann man vorüberziehende Wale sichten, und dann dringt man weiter nach Norden vor zu den himmlischen **Whitsunday Islands**, den zauberhaften Korallen des **Great Barrier Reef** und dem Mekka der Sporttaucher **Cairns**.

4 WOCHEN

Durch ganz Australien: die große Runde

Nach einem zärtlichen *goodbye* an die Lichter, Bars und Boutiquen **Sydneys** fliegt man nach **Alice Springs** in Central Australia. Hier besucht man den faszinierenden Alice Springs Desert Park und nimmt an einer Tour zum großartigen **Uluru-Kata Tjuta National Park** teil. Der Uluru kassiert die Lorbeeren, aber die Kata-Tjuta-Felsen sind höher.

Zurück in Alice geht's mit einem Leihwagen gen Norden auf dem Stuart Highway ins aufstrebende, raue **Darwin**. Unterwegs kann man im **Nitmiluk (Katherine Gorge) National Park** ein bisschen Kanu fahren oder eine Rundfahrt machen sowie im **Kakadu National Park** Krokodile beobachten und Felskunst der Aborigines bewundern.

Ab Darwin fliegt man ins selbstbewusste **Perth**. Nicht weit entfernt liegt die hübsche alte Hafenstadt **Fremantle**. Weiter südwärts kann man am **Margaret River** bei einem Wein Kräfte sammeln, bevor man die riesigen Weiten der **Nullarbor Plain** in Angriff nimmt. Wer keine Lust auf die lange Autofahrt zum feierfreudigen **Adelaide** hat, kann mit dem *Indian Pacific* fahren – die Bahnfahrt ist wirklich unvergesslich.

Rund um Adelaide locken erstklassige Weinbaugebiete (das **Barossa Valley** und das **McLaren Vale** sind beide nur eine Stunde entfernt). Die malerische **Great Ocean Road** führt ins sportbesessene **Melbourne**, wo man sich ein Australian-Rules-Football- oder ein Cricketspiel im Hexenkessel des Melbourne Cricket Ground anschauen sollte.

Wer noch ein paar Tage übrig hat, nimmt die Autofähre nach **Tasmanien**, wo sich Australien von seiner englischsten Seite zeigt. Der wunderbare Inselstaat beherbergt ein paar der ältesten Wälder des Landes und Gebirgsketten, die zum Weltnaturerbe gehören, wie den leicht zugänglichen, traumhaften **Cradle Mountain-Lake St. Clair National Park**.

Von Melbourne geht's weiter die Küste Victorias entlang zu den Pinguinen und Koalas auf **Phillip Island** und dem weißen Sand des abgeschiedenen **Wilsons Promontory National Park**. Nach einigen Tagen am **Ninety Mile Beach** kurvt man die südliche NSW-Küste hinauf zur idyllischen **Jervis Bay** (schon Wale gesichtet?). Zurück in **Sydney** findet man an einem der vielen Strände sicher ein ruhiges Plätzchen für sich.

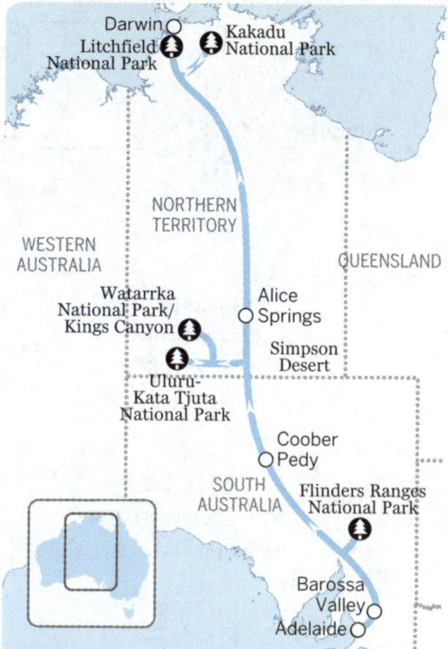

2 WOCHEN Von Adelaide nach Darwin

Die klassische, 3000 km lange Route auf dem Stuart Highway führt ins Herz der australischen Wüste.

Von **Adelaide** geht's nordwärts zum **Barossa Valley** und seinen tollen Rotweinen. Nächster Halt ist der rostfarbene **Flinders Ranges National Park** mit dem Ikara (Wilpena Pound).

Abseits des Stuart Highway liegen die Wohnhöhlen von **Coober Pedy**. Es geht weiter nach Norden gen Simpson Desert. Der Lasseter Highway führt zum **Uluru-Kata Tjuta National Park**. Die Wüstenschlucht des **Watarrka (Kings Canyon) National Park** ist 300 km nördlich.

Nach der Übernachtung in der Wüstenoase **Alice Springs** geht's nach Norden zu den Wasserfällen im **Litchfield National Park** und zu den Sümpfen und Felsformationen des **Kakadu National Park**, der zum Weltnaturerbe gehört.

Darwin ist längst mehr als nur eine raue Grenzstadt. Heute ist die Stadt so multikulturell wie ihr Mindil Beach Sunset Market. Das *Deckchair Cinema* und das *Museum & Art Gallery of the Northern Territory* nicht versäumen!

3 WOCHEN Perth, Pilbara & Kimberley

Lust auf Abenteuer? Vom fortschrittlichen **Perth** aus geht es im Geländewagen in die abgeschiedenen Regionen Pilbara und Kimberley in Western Australia.

Man hält im wunderschönen **Nambung National Park** und dann im **Kalbarri National Park** mit Schluchten und Klippen. Ein Treffen mit Delfinen gibt's am Strand von **Monkey Mia**, und danach kann man am **Ningaloo Reef** schnorcheln.

Im Landesinneren liegt das rostrote Pilbara. Abkühlen kann man sich im **Millstream-Chichester National Park** und mit Bier in **Marble Bar**, Australiens heißester Stadt. Schließlich besucht man am **Eighty Mile Beach** noch die Schildkröten.

Nördlich von **Broome**, einer Multikulti-Stadt mit schicken Resorts am Cable Beach, ist das große Nichts. In der Nähe lockt die **Dampier Peninsula** mit Stränden und Camping. Dann geht's ostwärts in das raue Herz Kimberleys auf die **Gibb River Road**.

In **Kununurra** werden die Vorräte aufgestockt und dann ab zum **Purnululu National Park**! Auf der **Duncan Road** fährt man ins Northern Territory – ab dem Asphalt ist die Partystadt **Darwin** nicht mehr weit.

10 TAGE Von Sydney nach Melbourne

Die meisten Leute fliegen nach Sydney, aber nur knapp 1000 km südlich liegt Melbourne, Sydneys schicker Konkurrent.

Am Hafen zeigt sich **Sydney** von seiner schönsten Seite: Das prächtige Sydney Opera House und die kolossale Sydney Harbour Bridge sind nicht zu übersehen. Blicke aus der Vogelperspektive bietet die Klettertour über den großen grauen Bogen. Lust auf schwimmen? Der Bondi Beach ist ein Muss!

Richtung Süden führt der **Grand Pacific Drive** durch **Wollongong** zum Küstenstädtchen **Kiama**. In der Nähe bahnt sich der Illawarra Fly Tree Top Walk seinen Weg durch die Baumkronen des Regenwalds.

Weiter geht es nach Süden durch **Ulladulla**, **Narooma** und das treffend benannte **Eden** an der Grenze zu Victoria. Die Straße von hier nach Melbourne ist wenig interessant. Für Abwechslung sorgen Buschwanderungen und Strände im **Wilsons Promontory National Park**.

Die Küstenstadt **Melbourne** ist bekannt für Kunst, den Australian Rules Football und Kaffee. Am besten schlendert man durch die Gassen und Galerien, gönnt sich ein Kneipenessen und lauscht Livemusik.

1 WOCHE Von Brisbane nach Byron Bay

Hier heißt es das Surfbrett auf den Dachträger schnallen und in den *Endless Summer* fahren, denn dieser Küstenabschnitt ist berühmt für seine Surfwellen.

Das einst verschlafene **Brisbane** boomt, und man verliert leicht den Überblick. Urbane Reize (tolle Restaurants, Kunst, Kultur, Kaffee und Bars) gehen hier quasi fließend in die Natur (Uferklippen, Parks und den geschlängelten Brisbane River) über.

Gen Süden Richtung Gold Coast zeigt sich die Skyline von **Surfers Paradise**, einem Ort voller Wohntürme und künstlich gebräunter Menschen. Ein Stopp lohnt sich, wenn man Kasinos, Themenparks und besoffene Backpacker mag. Entspannter sind der Surferort **Burleigh Heads** und das Rettungssurfer-Mekka **Coolangatta**.

Trotz Menschenmassen im Sommer und zunehmender Bebauung bleibt **Byron Bay** im nördlichen NSW eine Hippie-Stadt mit tollen Pubs, Restaurants, Stränden und den berühmten Surfwellen bei Pass Point. Nicht auslassen darf man Ausflüge ins Landesinnere – ins hübsche **Bangalow** und nach **Nimbin**, Australiens Oase des alternativen Lebensstils.

Reiseplanung

Trips zum Great Barrier Reef

Das größte Riffsystem der Erde erstreckt sich über 2000 km und besteht aus lebenden Organismen: Das Great Barrier Reef beginnt am südlichen Wendekreis nahe Gladstone und endet südlich von Papua-Neuguinea. Das Naturspektakel kann auf vielerlei Arten erlebt werden. Wer taucht oder schnorchelt, sieht die Meereslebewesen und schillernden Korallen von Nahem, und vom Glasbodenboot aus lässt sich die Unterwasserwelt trockenen Fußes beobachten.

Reisezeit

Die Hauptsaison geht von Juni bis Dezember. Zwischen August und Januar ist die Unterwassersicht meist am besten.

Das nördliche Queensland (nördlich von Townsville) erlebt von Dezember bis März eine Regenperiode mit drückender Hitze und viel Niederschlag. Trockener und kühler wird's von Juli bis September.

Die Whitsundays sind generell ganzjährig ein prima Ziel. Trotz eventuell angenehmer Wärme braucht man dort im Winter (Juni–Aug.) gelegentlich einen Pullover. Südlich der Whitsundays kann der Sommer (Dez.–März) heiß und feucht sein.

Der Winter im südlichen und zentralen Queensland ist mild genug fürs Tauchen oder Schnorcheln mit Nassanzug.

Reiseziele

Es gibt viele beliebte, außergewöhnliche Ausgangspunkte, von denen aus man zum Riff gelangt. Achtung: Das Wetter oder neu aufgetretene Riffschäden können mitunter zu veränderten Bedingungen an einzelnen Orten führen.

Tiere beobachten

Auf Lady Elliot oder Heron Island Meeresschildkröten beim Schlüpfen beobachten; beim Kajakfahren vor Green Island nach Riffhaien, Schildkröten und Rochen ausschauen; auf Magnetic Island Koalas und auf Fraser Island Wildtiere entdecken

Schnorchelspots

Knuckle Reef, Hardy Reef und Fitzroy Reef, vor Magnetic Island oder den Whitsunday Islands

Aussicht von oben

Panoramaflüge ab Cairns, Hamilton und den Whitsunday Islands; über Airlie Beach mit dem Fallschirm abspringen

Segeln

Von Airlie Beach zu den Whitsundays segeln; das Agincourt Reef von Port Douglas aus erforschen.

Infos im Internet

Dive Queensland (www.divequeensland.com.au)

Great Barrier Reef Marine Park Authority (www.gbrmpa.gov.au)

Queensland Department of National Parks (www.nprsr.qld.gov.au)

Zugang vom Festland

Vom Festland gibt es mehrere Zugänge zum Great Barrier Reef; jeder bietet ein wenig andere Erlebnisse und Aktivitäten. Hier eine Übersicht in Süd-Nord-Richtung.

Agnes Water und **Town of 1770** sind top für alle, die den Menschenmassen entfliehen wollen. Von beiden Ortschaften führen Touren zur Fitzroy Reef Lagoon, die dank bislang beschränkter Besucherzahl zu den am wenigsten berührten Bereichen des Riffs zählt. Die Lagune ist super zum Schnorcheln und auch vom Boot ein toller Anblick.

Gladstone ist etwas größer, aber immer noch recht klein. Es dient als nächster Zugang zu den südlichen Riffinseln, zu den Eilanden vor der Capricorn Coast und zu zahllosen Atollen (z. B. Lady Elliot Island) – super für Taucher und Schnorchler.

Airlie Beach ist eine Kleinstadt mit vielen Segelausrüstern. Hauptattraktion sind Bootstrips mit zwei oder mehr Bordtagen, die einige Korallen-Saumriffe der Whitsunday Islands zum Ziel haben. Egal ob die Finanzen null oder fünf Sterne zulassen: In Airlie gibt's etwas für jeden Geldbeutel und somit bestimmt eine passende Tour.

Townsville ist eine berühmte Ausgangsbasis für Tauchtrips. Hier macht man einen Abstecher zu den vielen Inseln und Winkeln des Riffs (4–5 Übernachtungen an Bord). Das Kelso Reef und das Wrack der *Yongala* sind besonders artenreich. Alternativ finden diverse Tagesausflüge mit Glasbodenbooten statt. Hier ist auch das **Reef HQ**, eine Aquariumsversion des Great Barrier Reef.

Mission Beach liegt näher am Reef als alle anderen Zugangspunkte. Von dieser ruhigen Kleinstadt führen einige Boots- und Tauchausflüge zu Abschnitten des Außenriffs. Das Angebot ist so klein wie die Besucherzahl.

Cairns mit seiner verwirrenden Zahl von Anbietern ist der Hauptausgangspunkt für Touren zum Great Barrier Reef. Hier wird alles angeboten, von relativ günstigen Tagesausflügen auf großen Booten bis hin zu luxuriösen fünftägigen Charterfahrten in traulicher Atmosphäre. Das Spektrum deckt einen großen Teil des Riffs ab. Manche Firmen schippern nordwärts bis nach Lizard Island. Günstigere Trips gehen eher zu Innenriffen, die oft stärker beschädigt sind. In Cairns starten auch Panoramaflüge.

Port Douglas ist ein schicker Ferienort. Von hier aus geht's zu den Low Isles und zum Agincourt Reef, einem äußeren Barriereriff mit kristallklarem Wasser und schönen Korallen. Tauch-, Schnorchel- oder Bootstrips sind hier vornehmer und teurer als in Cairns, weniger Menschen sind hier ebenfalls. Vor Ort beginnen Panoramaflüge.

Cooktown ist in der Nähe von Lizard Island, aber während der Regenperiode (Nov.–Mai) machen Stadt und Tourveranstalter den Laden dicht.

Inseln

Über das ganze Riff verteilt liegen zahlreiche Inseln, die ein paar der tollsten Zugänge bilden. Diese Übersicht nennt die besten Eilande von Süden nach Norden.

Weitere Infos zu einzelnen Inseln sind in den Abschnitten „Whitsunday Coast", „Capricorn Coast", „Von Townsville nach Mission Beach", „Cairns" und „Von Port Douglas nach Cooktown" zu finden.

Lady Elliot Island hat ein Korallenatoll. Es ist das südlichste der Southern Reef Islands und mit ca. 57 Piepmatzarten ein Paradies für Vogelfans. Auch Meeresschildkröten vermehren sich auf Lady Elliot, der obendrein wohl besten Riff-Location zum Beobachten von Mantarochen. Die Insel ist zudem ein berühmtes Tauchrevier. Sie kann ansonsten per Tagesausflug ab Bundaberg besucht werden.

Heron Island ist ein ruhiges Korallenatoll inmitten eines riesigen Riffbereichs. Dieses Tauchermekka ermöglicht auch Riffwanderungen und Schnorcheln. Heron Island ist die Heimat von ca. 30 Vogelarten und Nistplatz von Grünen Meeresschildkröten sowie Unechten Karettschildkröten. Die Insel hat nur ein Resort mit entsprechenden Preisen.

Hamilton Island, der „Vater der Whitsundays", hat ein weitläufiges, familienfreundliches Resort mit guter Infrastruktur, aber das Flair ist nicht gerade traulich. Dafür starten hier viele Touren zum äußeren Riff. Von hier kann man Riffabschnitte besuchen, die vom Festland nicht zugänglich sind.

Hook Island ist eine der äußeren Whitsundays und von Riffen umgeben. Die Bade- und Schnorchelmöglichkeiten sind super. Die Insel bietet auch viele Buschwanderungen. Leichte Erreichbarkeit ab Airlie Beach und bezahlbare Unterkünfte machen sie zum Topziel für Budgetreisende.

Orpheus Island ist ein Nationalparkgebiet und eines der exklusivsten, friedvollsten Romantikrefugien des Riffs. Es eignet sich toll zum Schnorcheln: Direkt vom Strand aus geht's hinein in die farbenfrohe Unterwasserwelt. Gruppen von Saumriffen sorgen zudem für viele Tauchmöglichkeiten.

Green Island ist ein weiteres echtes Korallenatoll des Great Barrier Reef. Seine umliegenden Saumriffe zählt man zu den schönsten der Welt: Die Tauch- und Schnorchelspots sind ziemlich spektakulär. Das ganze Eiland ist Nationalparkgebiet und von dichtem Regenwald bedeckt. Es gibt hier eine üppige Vogelwelt.

Riff-Highlights

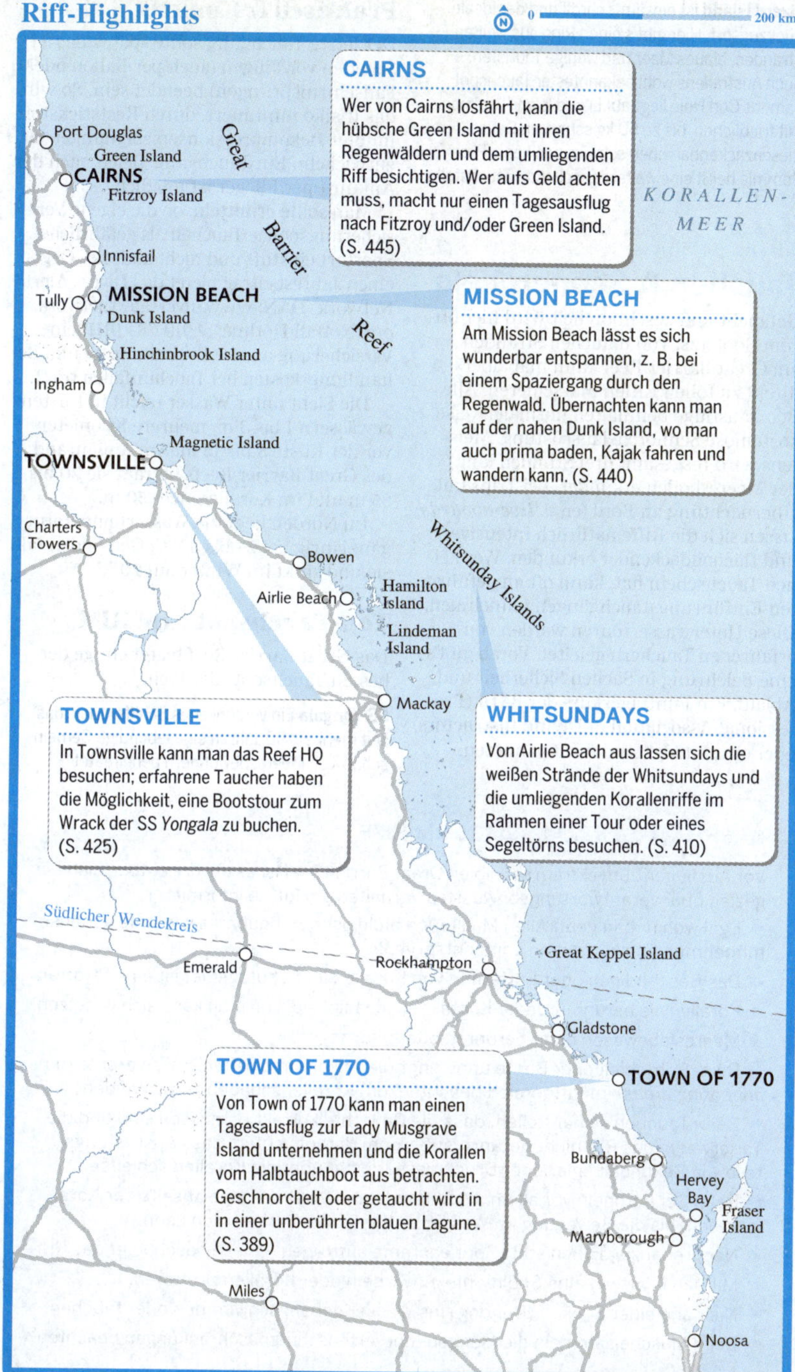

Lizard Island ist einsam, schroff und der ideale Rückzugsort. Hier gibt's einen Ring aus weißen Stränden, blaues Meer und wenige Touristen. Auch Australiens wohl bekanntester Tauchspot namens Cod Hole liegt auf Lizard Island, wo man mit friedlichen, bis zu 60 kg schweren Gefleckten Riesenzackenbarschen schwimmen kann. Pixie Bommie heißt eine weitere geschätzte Tauchstelle.

Tauchen & Schnorcheln

Getaucht und geschnorchelt wird hier oft vom Boot aus. Von manchen Stränden am Great Barrier Reef kann man aber direkt zu tollen Riffen marschieren. Alle Bootsausflüge beinhalten normalerweise kostenlose Schnorchelausrüstung. Meistens wird insgesamt drei Stunden lang der Meeresboden erkundet. Bei Trips mit Übernachtung an Bord (engl. *live-aboards*) lassen sich die Riffe natürlich intensiver und flächendeckender erkunden. Wer keinen Tauchschein hat, kann oft an geführten Einführungstauchgängen teilnehmen. Diese Unterwassertouren werden von erfahrenen Tauchern geleitet. Vorab gibt's eine Belehrung in Sachen Sicherheit und Ablauf. Ein Fünftageskurs der PADI (Professional Association of Diving Instructors) oder ein „Buddy" sind nicht vonnöten.

Praktisch & Konkret

Der letzte Tauchgang sollte spätestens 24 Stunden vor Flügen (auch per Ballon oder Fallschirmsprüngen) beendet sein. So wird das Risiko minimiert, durch Reststickstoff im Blut Dekompressionserscheinungen zu entwickeln. Ein Tauchgang gleich nach der Ankunft per Flieger ist möglich.

Man sollte ermitteln, ob die eigene Versicherungspolice Tauchen als gefährliche Sportart einstuft und nicht abdeckt. Gegen einen Jahresbeitrag bietet das Divers Alert Network (DAN; www.diversalertnetwork.org. Notfall-Hotline: ☎919 684 9111) eine Versicherung an, die Evakuierungs- und Behandlungskosten bei Tauchunfällen trägt.

Die Sicht unter Wasser reicht in Küstengewässern 1 bis 3 m, mehrere Kilometer vor der Küste 8 bis 15 m. Am Außenrand des Great Barrier Reefs beträgt sie 20 bis 35 m und im Korallenmeer 50 m.

Im Norden liegt die Wassertemperatur ganzjährig bei 24 bis 30 °C. Gen Süden fällt sie und sinkt im Winter auf 20 °C.

Top-Tauchspots am Riff

Das Great Barrier Reef bietet einige der besten Tauchspots der Welt.

SS Yongala Ein versunkenes Schiffswrack, das seit mehr als 90 Jahren eine lebendige Gemeinschaft von Meeresbewohnern beheimatet.

NACHHALTIGER TOURISMUS AM RIFF

Vor Ausflügen zum extrem sensiblen Great Barrier Reef ist es unverzichtbar, sich gezielt über verantwortungsbewusstes Verhalten am Riff zu informieren.

- Egal wohin man geht: Allen Müll (auch biologisch Abbaubares wie Apfelgehäuse) mitnehmen und korrekt an Land entsorgen!
- Das Beschädigen oder Entfernen von Korallen im Schutzgebiet ist eine Straftat.
- Korallen nie berühren: Jeder Kontakt beschädigt sie, und man kann sich verletzen.
- Meereslebewesen nicht berühren oder bedrängen.
- Beim Betrieb eigener Boote unbedingt die Ankervorschriften bzw. -verbote *(no anchoring areas)* im Riffbereich beachten, um Korallenschäden zu vermeiden.
- Beim Tauchen sicherstellen, dass die Gewichte korrekt bemessen sind und die Tarierweste das Riff nicht berührt; außerdem darauf achten, dass Ausrüstungsteile wie Sekundärregler oder Druckmesser nicht über die Korallen schleifen.
- Beim Schnorcheln vor allem als Anfänger zunächst so lange abseits der Korallen üben, bis die Bewegung im Wasser sicher kontrolliert werden kann.
- Neoprenanzug leihen statt Sonnencreme auftragen – diese beschädigt das Riff.
- Mit den Flossen keine Sedimente aufwirbeln oder Korallen zerstören.
- Nie nahe einer Seekuh (Dugong) ins Wasser gehen, schwimmen oder tauchen.
- Beim Muschelsammeln die Mengen- und Artenschutzbeschränkungen beachten.

TOP-SCHNORCHELSPOTS

Nichttaucher könnten sich fragen, ob es sich lohnt, das Great Barrier Reef „nur zum Schnorcheln" zu besuchen. Die Antwort ist „ja": Viele der üppigen, bunten Korallen sind leicht zugänglich – sie wachsen dicht unter der Wasseroberfläche, da sie zum Gedeihen helles Sonnenlicht brauchen. Die besten Schnorchelspots auf einen Blick:

- Fitzroy Reef Lagoon (Town of 1770)
- Heron Island (Capricorn Coast)
- Great Keppel Island
- Lady Elliot Island (Capricorn Coast)
- Lady Musgrave Island (Capricorn Coast)
- Hook Island (Whitsundays)
- Hayman Island (Whitsundays)
- Lizard Island (Cairns)
- Border Island (Whitsundays)
- Hardy Reef (Whitsundays)
- Knuckle Reef (Whitsundays)
- Michaelmas Reef (Cairns)
- Hastings Reef (Cairns)
- Norman Reef (Cairns)
- Saxon Reef (Cairns)
- Green Island (Cairns)
- Opal Reef (Port Douglas)
- Agincourt Reef (Port Douglas)
- Mackay Reef (Port Douglas)

Cod Hole Mit Gefleckten Riesenzackenbarschen.

Heron Island Farbenfrohe Fischschwärme direkt vor dem Strand.

Lady Elliot Island Mit 19 berühmten Tauchspots.

Pixie Bommie Nachttauchgänge offenbaren die „dunkle Seite des Riffs".

Bootsausflüge

Wer nicht auf einer Insel des Great Barrier Reef urlaubt, muss dessen Schönheit per Bootsausflug kennenlernen. Tagestrips starten an Inselresorts und in vielen Orten an der Küste. Sie beinhalten meist das Benutzen von Schnorchelausrüstung, Snacks, ein Mittagsbuffet und Tauchen als Extra. Manchmal halten auch Meeresforscher an Bord einen Vortrag zur Riffökologie.

Bootsausflüge unterscheiden sich in puncto Passagierzahl, Schiffstyp und Qualität, was sich im Preis zeigt. Vor der Entscheidung heißt's möglichst alle Details ermitteln. Auswahlkriterien wären z. B. Bootstyp (Motorkatamaran od. Segelboot), Passagierzahl (6–400), Ziel und eventuelle Extras. Außenriffe sind in der Regel weniger berührt, Innenriffe oft durch Menschenhand, Korallenbleiche oder korallenfressende Dornenkronenseesterne beschädigt. Einige Veranstalter organisieren Fahrten mit Halbtauch- und Glasbodenbooten.

Viele Boote verleihen Unterwasserkameras, die jedoch an Land günstiger auszuleihen sind. Oder man benutzt seine eigene Unterwasserkamera bzw. ein wasserdichtes Gehäuse. Teilweise sind auch Profifotografen mit an Bord, die Taucher begleiten und sie mit hoher Qualität ablichten.

Übernachten an Bord

Wer viel tauchen will, sollte *live-aboards* wählen: Man kann drei Tauchgänge bei Tageslicht machen und bei Gelegenheit nachts tauchen. Solche Exkursionen führen oft zu entlegeneren Bereichen des Riffs und beinhalten ein bis zwölf Übernachtungen. Zu den am häufigsten angebotenen Touren gehören Dreitagestrips mit drei Übernachtungen und bis zu elf Tauchgängen.

Ein genauer Check der Optionen lohnt sich: Einige Boote stimmen ihre Fahrten auf bestimmte Meereslebewesen (z.B. Zwergwale) oder die Korallenblüte ab. Andere besuchen entlegenere Reviere wie Pompey Complex, Coral Sea Reefs, Swain Reefs oder die Riffe im äußersten Norden.

Anbieter sollten zu Dive Queensland gehören, was einen Mindeststandard garantiert. Top ist ein Zertifikat von Ecotourism of Australia (www.ecotourism.org.au).

Beliebte Startpunkte von Übernachttrips inklusive Zielen, die besucht werden:

Bundaberg – Bunker Island Group mit Lady Musgrave und Lady Elliot Island; eventuell Fitzroy Reef, Llewellyn Reef und das kaum besuchte Boult Reef oder Hoskyn und Fairfax Island.

1770 – Bunker Island Group.

Gladstone – Swain Reefs und Bunker Island Group.

Mackay – Lihou Reef und Korallenmeer.

Airlie Beach – Whitsundays, Knuckle und Hardy Reef.

Townsville – Wrack der *Yongala* plus Canyons von Wheeler und Keeper Reef.

Cairns – Cod Hole, Ribbon Reefs, Korallenmeer und eventuell die Riffe im äußersten Norden.

Port Douglas – Osprey Reef, Cod Hole, Ribbon Reefs, Korallenmeer und die Riffe im Norden.

Tauchkurse

In Queensland kann man vielerorts tauchen lernen, Auffrischungskurse belegen oder seine Fähigkeiten ausbauen. Örtliche Tauchkurse haben hohe Standards. Alle Schulen vergeben Zertifikate der PADI (Professional Association of Diving Instructors) oder der SSI (Scuba Schools International). Wesentlich wichtiger als die Wahl des jeweiligen Zertifikat ist jedoch ein guter Tauchlehrer. Somit heißt's vor der Entscheidung für einen bestimmten Kurs unbedingt örtliche Empfehlungen einholen und den Tauchlehrer kennenlernen.

Cairns zählt zu den beliebtesten Orten für Tauchkurse. Dort gibt's z.B. günstige Varianten (4 Tage ab 490 AU$), die Pooltraining und Rifftauchen kombinieren. Am anderen Ende der Skala stehen intensivere Optionen mit Rifftauchen und Übernachtung (5 Kurstage inkl. 3 Tagen/2 Nächten an Bord kosten ab 700 AU$).

Auch hier geht's nach dem Tauchunterricht hinaus zum Great Barrier Reef: Airlie Beach, Bundaberg, Hamilton Island, Magnetic Island, Mission Beach, Port Douglas und Townsville.

Camping am Riff

Inselcamping ist eine einzigartige und günstige Methode, das Great Barrier Reef kennenzulernen: Man erlebt so Tropenidylle zum Bruchteil des Preises eines Fünf-Sterne-Inselresorts, das eventuell direkt neben dem Campingplatz liegt. Dessen Ausstattung kann von praktisch null bis zu Duschen, WCs, Picknicktischen und Infotafeln reichen. Die Abgeschiedenheit der meisten Inseln macht eine gute Vorbereitung auf allgemeine und medizinische Notfälle unerlässlich. Unabhängig vom Ziel muss man sich komplett selbst versorgen können und eigene Nahrungsmittel sowie Wasser mitbringen (5 l pro Tag). Da sich Abholtermine oft wetterbedingt verschieben, sind Zusatzvorräte für vier Tage empfehlenswert.

Man darf nur an ausgewiesenen Stellen campen, nur markierte Wege benutzen und muss alles Mitgebrachte wieder mitnehmen. Wegen des Feuerverbots ist ein Gas- oder anderer Campingkocher nötig.

Campinggenehmigungen für Nationalparks kann man im Voraus online über das Queensland Department of National Parks (☎13 74 68; www.nprsr.qld.gov.au) buchen. Unsere Favoriten:

Whitsunday Islands Über Hook, Whitsunday und Henning Island verteilen sich fast ein Dutzend herrlich gelegener Campingareale.

Capricornia Cays Stellplätze auf drei separaten Korallenatollen: Masthead Island, North West Island und das fantastische, unbewohnte Lady Musgrave Island für maximal 40 Camper.

Dunk Island Halb Resort, halb Nationalpark mit prima Bade-, Kajak- und Wandermöglichkeiten.

Fitzroy Island Resort plus Nationalpark mit Buschwanderpfaden und Korallen vorm Strand.

Frankland Islands Inselgruppe vor Cairns mit Korallen-Saumriffen und weißen Sandstränden.

Lizard Island Super Strände, klasse Korallen und riesige Tierwelt; aber die meisten Besucher kommen per Flieger.

Orpheus Island Abgeschiedene Insel mit hübschem Tropenwald und herrlichem Saumriff; per Flieger erreichbar.

Reiseplanung

Outback-Trip

Australiens Outback beginnt irgendwo im Nirgendwo – wo genau, ist geografisch kaum festzumachen. Man erkennt es aber, wenn man angekommen ist: Der Himmel scheint weiter zu werden, der Horizont ist erschreckend leer, und die wenigen Einheimischen, denen man begegnet, sind unvergleichlich robust und *sehr* australisch. Die Globalisierung hat das Outback noch nicht durchdrungen, deshalb können Abenteuerlustige hier zeitlose indigene Kultur, einmalige Natur und hinreißende Landschaften erleben.

Über das Outback

Das weite, nicht eindeutig begrenzte Outback erstreckt sich über die Mitte des Kontinents. Auch wenn die meisten Australier an der Küste leben, ist dieser schmale grüne Ring eher untypisch in Bezug auf die enorme Landmasse des Kontinents. Australien hat ein Wüstenherz.

Die Wetterlage variiert von Region zu Region – es gibt sandige, trockene Wüsten, halbtrockenen Busch und tropische Savannen – aber meist sind die Tage heiß und sonnig und die Nachthimmel klar. Der Horizont erstreckt sich meilenweit.

Reisezeit

Beste Reisezeiten

Von Juni bis Ende August schnieft sich der Südosten Australiens (und der Großteil der Bevölkerung) durch regnerische Tage, aber das Outback ist voll in Form. Regen ist hier zwar nicht unbekannt – in den letzten Jahren gab es ziemlich viel –, doch meist darf man mit wolkenlosem Himmel, moderaten Tagestemperaturen, kalten Nächsten und guten Straßenverhältnissen rechnen.

Im September und Oktober ist Frühling. Auch diese Monate sind gut für einen Trip ins Outback, vor allem wenn man auf Wildblumen steht. Ein Meer bunter Blüten bedeckt die MacDonnell Ranges in der

Beste(r) ...

Reisezeit

Winter (Juni–Aug.) Milde Tage, kühle Nächte und geringe Luftfeuchtigkeit.

Gepäckstücke

Sonnenmilch, Sonnenbrille, Hut, Insektenschutzmittel, viel Trinkwasser und gute Musik für die Autofahrt.

Outback-Route

Oodnadatta Track (S. 876) 620 km roter Staub, Emus, Eidechsen, Salzseen und Relikte historischer Bahnstrecken.

Indigene Kultur

Kakadu National Park (S. 916) In die tropische Wildnis des Top End locken uralte Felskunst und Kulturtouren mit indigenen Führern.

Outback-Nationalpark

Uluru-Kata Tjuta National Park (S. 916) Den weltberühmten Uluru (Ayres Rock) muss man einfach gesehen haben – aber die nahe gelegenen, weniger bekannten Kata Tjuta sind genauso eindrucksvoll.

Outback-Trips: Abseits der üblichen Pfade

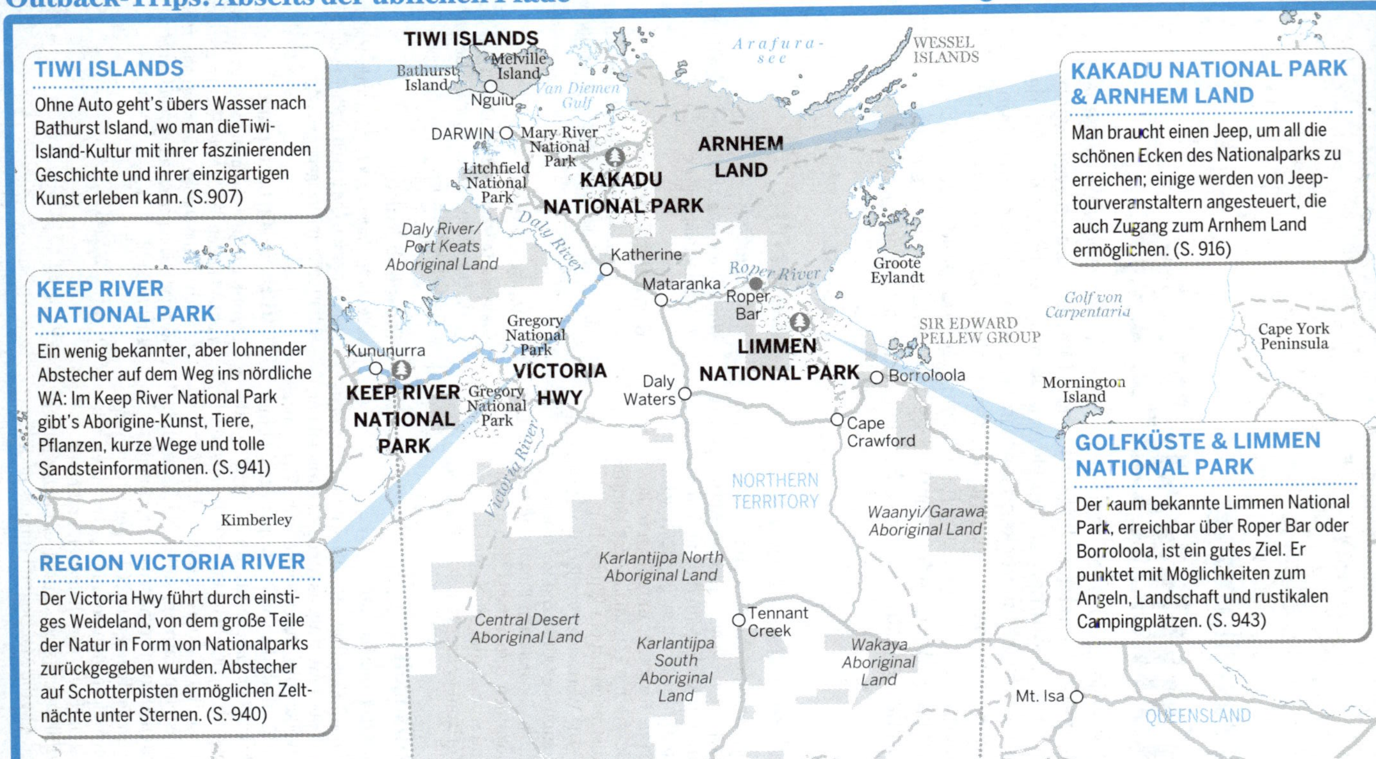

TIWI ISLANDS

Ohne Auto geht's übers Wasser nach Bathurst Island, wo man dieTiwi-Island-Kultur mit ihrer faszinierenden Geschichte und ihrer einzigartigen Kunst erleben kann. (S.907)

KEEP RIVER NATIONAL PARK

Ein wenig bekannter, aber lohnender Abstecher auf dem Weg ins nördliche WA: Im Keep River National Park gibt's Aborigine-Kunst, Tiere, Pflanzen, kurze Wege und tolle Sandsteinformationen. (S. 941)

REGION VICTORIA RIVER

Der Victoria Hwy führt durch einstiges Weideland, von dem große Teile der Natur in Form von Nationalparks zurückgegeben wurden. Abstecher auf Schotterpisten ermöglichen Zeltnächte unter Sternen. (S. 940)

KAKADU NATIONAL PARK & ARNHEM LAND

Man braucht einen Jeep, um all die schönen Ecken des Nationalparks zu erreichen; einige werden von Jeeptourveranstaltern angesteuert, die auch Zugang zum Arnhem Land ermöglichen. (S. 916)

GOLFKÜSTE & LIMMEN NATIONAL PARK

Der kaum bekannte Limmen National Park, erreichbar über Roper Bar oder Borroloola, ist ein gutes Ziel. Er punktet mit Möglichkeiten zum Angeln, Landschaft und rustikalen Campingplätzen. (S. 943)

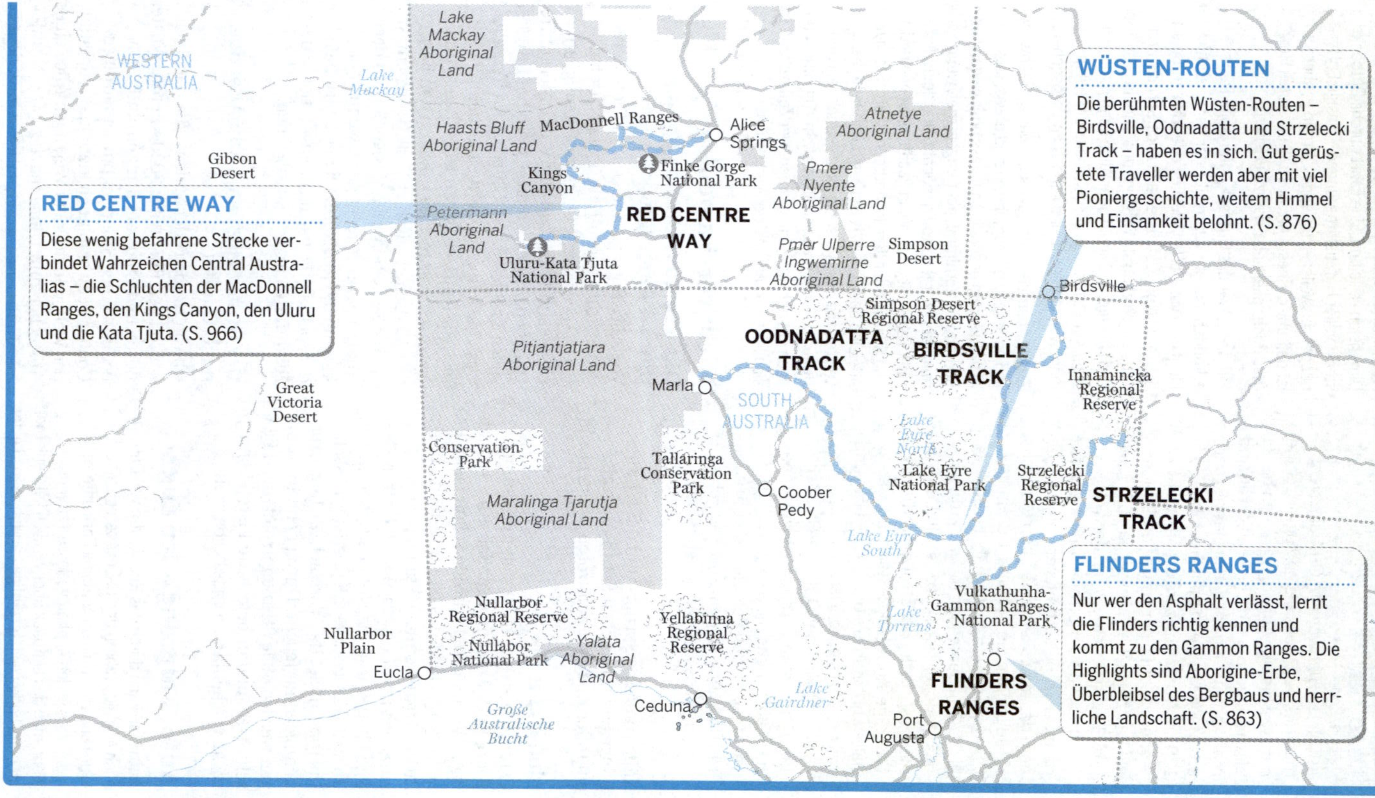

RED CENTRE WAY

Diese wenig befahrene Strecke verbindet Wahrzeichen Central Australias – die Schluchten der MacDonnell Ranges, den Kings Canyon, den Uluru und die Kata Tjuta. (S. 966)

WÜSTEN-ROUTEN

Die berühmten Wüsten-Routen – Birdsville, Oodnadatta und Strzelecki Track – haben es in sich. Gut gerüstete Traveller werden aber mit viel Pioniergeschichte, weitem Himmel und Einsamkeit belohnt. (S. 876)

FLINDERS RANGES

Nur wer den Asphalt verlässt, lernt die Flinders richtig kennen und kommt zu den Gammon Ranges. Die Highlights sind Aborigine-Erbe, Überbleibsel des Bergbaus und herrliche Landschaft. (S. 863)

ROAD TRAINS

Auf vielen Highways im Outback sieht man riesige Trucks – eine Zugmaschine mit zwei bis vier Anhängern – von bis zu 50 m Länge. Sie fahren nie links ran und man kommt sich vor wie in einer Szene aus *Mad Max*, wenn man einen bei 120 km/h auf sich zurauschen sieht. Wenn sich auf einer schmalen Straße ein Lastzug nähert, sollte man bremsen und Platz machen – wenn der Truck ein Stück von der Straße runter muss, damit er vorbeikommt, zertrümmert einem das anschließende Sperrfeuer aus Kieselsteinen die Scheibe. Bei einem Überholversuch sollte man die Strecke großzügig bemessen (etwa 1 km), um das Manöver sicher abzuschließen. Auf nicht asphaltierten Straßen wirbeln Lastzüge eine Menge Staub auf, deshalb fährt man am besten links ran und wartet, bis er vorbei ist.

Wenn man über Outback-Straßen fährt, darf man bei entgegenkommenden Fahrzeugen nie den „Buschgruß" vergessen – den Zeigefinger vom Lenkrad nehmen und dem anderen Fahrer zeigen, dass man ihn gesehen hat!

Nähe von Alice Springs und die Flinders Ranges im nördlichen South Australia – ein toller Kontrast zum roten Wüstensand.

Bloß nicht!

Central Australia heizt sich im Sommer (Dez.–Ende Feb.) unglaublich auf – in manchen Wüstenorten wurden schon fast 50 °C gemessen –, aber das ist noch nicht alles: Zu der Hitze kommen staubige Straßen, aufgeheizte Autos, erschöpfte Fahrer, lästige Fliegen und die Notwendigkeit hinzu, überall Wasser mitschleppen zu müssen. Im Top End ist das Vorspiel zur Regenzeit unangenehm feucht. Durch den Monsunregen werden viele Straßen urplötzlich abgeschnitten, und unbefestigte Pisten können sogar wochenlang unpassierbar sein.

Auto, Flugzeug oder Zug?

Auto Man kann durch das Red Centre von Darwin nach Adelaide fahren und dabei Abstecher zum Uluru und zum Kakadu National Park unternehmen, ohne je den Asphalt verlassen zu müssen. Wenn man das Outback aber wirklich kennenlernen möchte, finden sich unzählige Landstraßen, die der Floskel „abseits ausgetretener Pfade" eine neue Dimension verleihen. Eine Fahrt durchs Outback steckt voller Herausforderungen – riesige Entfernungen, bisweilen schwieriges Terrain –, aber sie ist definitiv die beste Art, Australiens „totes Herz" (das doch voller Leben ist) zu erleben.

Flugzeug Wer das Outback ohne lange Fahrt erkunden möchte, kann mit einer der großen Fluglinien von Perth, Adelaide oder den größeren Städten an der Ostküste nach Alice Springs und Yulara (gen zentrale Wüsten) und Darwin (gen Top End) fliegen. In Darwin oder Alice kann man sich einer geführten Tour anschließen oder einen Geländewagen mieten, und schon kann's losgehen.

Zug In Australien sind Zugreisen weder erschwinglich noch sinnvoll. Zugfahrten sind etwas, das man zu einem besonderen Anlass oder wegen der Romantik unternimmt, aber ungeeignet, wenn man schnell irgendwohin möchte. Und doch: Auf einer Fahrt mit dem Indian Pacific zwischen Perth und Sydney oder dem legendären Ghan zwischen Adelaide und Darwin reist man durch Teile des Landes, die man sonst nie sähe – einen relaxten Urlaub verbringt man so allemal. Im Zug kann man auch gut der Hitze entkommen. Wer Zeit hat und es sich leisten kann, sollte es versuchen!

Nicht versäumen!

Das Red Centre: Alice Springs, Uluru & Kings Canyon

Von Alice Springs sind es sechs Fahrtstunden bis zum Uluru-Kata Tjuta National Park. Alice ist eine Oase: groß genug, um ein paar gute Restaurants und Unterkünfte zu haben. Aber auch diese Oase hat ihre sozialen Probleme. Der Uluru ist für Traveller, was eine halbe Wassermelone beim Picknick für Ameisen ist: Zu jeder Tages- und Nachtzeit wimmelt es rund um den Berg von Menschen aus aller Welt. Trotzdem ist er eine Sensation. Der hiesige Stamm der Anangu sieht es nicht gern, wenn er erklommen wird. Nördlich des Uluru hat sich der spektakuläre Kings Canyon tief in die zerklüftete Landschaft gegraben.

Der Stuart Highway: Von Adelaide nach Darwin

Ob von Norden oder Süden – dies ist einer der tollsten Roadtrips: 3020 km rote Wüste, Busch und Emus am Straßenrand… Unbedingt einen Stopp im pockennarbigen Coober Pedy einplanen, der Opalhauptstadt der Welt, und auf dem Weg nach Alice einen Abstecher zum Uluru machen! Der Nitmiluk (Katherine Gorge) National Park liegt

CHECKLISTE: FAHREN & SICHERHEIT IM OUTBACK

Wer durchs Outback reist, muss wegen des Wassermangels, der Entfernungen zwischen den Tankstellen und der Einsamkeit besonders gut organisiert und wachsam sein, vor allem auf abgelegenen Sandstrecken. Hier ein paar praktische Tipps:

Kommunikation

➡ Die Route und den Zeitplan der Polizei, einem Freund oder Verwandten mitteilen.

➡ Handys sind abseits des Highways nutzlos. Man kann sich ein Satellitentelefon, ein Hochfrequenzfunkgerät, das auch das Signal der Stützpunkte des Royal Flying Doctor Service einfängt, oder eine Notrufbake (EPIRB) ausleihen.

➡ In einem Notfall sollte man beim Fahrzeug bleiben; es ist leichter zu erkennen als eine einzelne Person, und niemand kann literweise Wasser meilenweit schleppen.

➡ Wer liegen bleibt, sollte einen Ersatzreifen in Brand stecken (vorher die Luft rauslassen!) – die Rauchwolken sind kilometerweit zu sehen.

Das Fahrzeug

➡ Das Fahrzeug vor der Abfahrt gründlich durchchecken lassen.

➡ Gleichmäßig beladen: schwere Sachen ins Wageninnere, leichtere aufs Dach.

➡ Wenn möglich zusätzlichen Treibstoff in einem Benzinkanister mitnehmen.

➡ Wichtige Werkzeuge und Ersatzteile einpacken: einen Ersatzreifen (besser zwei), Keilriemen, Kühlerschlauch, Luftdruckmesser und Luftpumpe sowie eine Schaufel.

➡ Ein Offroad-Wagenheber kann nützlich sein, ebenso ein Berggurt oder Abschleppseil – falls man stecken bleibt (ein zweites Auto muss einen herausziehen).

Vorräte & Ausrüstung

➡ Ausreichend Wasser dabeihaben: bei warmem Wetter 5 l pro Person und Tag sowie eine Extraration für den Kühler; das Wasser auf mehrere Behälter verteilen.

➡ Für den Fall, dass man liegen bleibt, sollte man genug Verpflegung einpacken.

➡ Erste-Hilfe-Kasten, Karten, Taschenlampe, Ersatzbatterien, Kompass, GPS-Gerät.

Wetter- & Straßenbedingungen

➡ Vor der Abreise über die Straßenbedingungen informieren: Routen, die trocken (Mai–Okt.) passierbar sind, können in der Regenzeit unter Wasser stehen.

➡ Überflutete Brücken oder Kreuzungen nicht überqueren, wenn nicht klar ist, wie tief das Wasser ist und ob darunter irgendwelche Straßenschäden versteckt sind.

Fahren auf unbefestigten Straßen

➡ Den Reifendruck dem Terrain anpassen. Für die Wüste die Luft bis auf 1,3 bis 1,7 bar ablassen, um nicht stecken zu bleiben. Nicht vergessen, die Reifen wieder aufzupumpen, sobald man wieder auf festem Untergrund ist!

➡ Auf unbefestigten Straßen langsamer fahren, weil der Bremsweg länger ist.

➡ Unbefestigte Straßen sind oft uneben; in gleichbleibendem Tempo fahren.

➡ Sand behindert die Sicht. Stoppen und warten, bis sich der Staub gelegt hat!

➡ Bergauf einen niedrigen Gang nehmen und bergab im niedrigsten Gang fahren! Die Bremsen wenig einsetzen. Auf einem Hügel nicht seitwärts ausscheren.

Verkehrsrisiken

➡ Alle paar Stunden ist eine Pause angesagt: Ermüdung ist ein Sicherheitsrisiko.

➡ Rinder, Schafe, Emus, Kängurus, Kamele usw. sind im Outback ein Risiko für Autofahrer. Wachsamkeit ist angesagt – nicht nachts fahren, da viele einheimische Tiere erst dann aktiv sind! Viele Mietwagenfirmen verbieten Fahrten bei Dunkelheit.

➡ Road Trains sollte man Platz machen – sie sind einfach viel größer und stärker!

ebenfalls auf dem Weg: Hier gibt's fotogene karge Klippen und Wasserlöcher. Etwas weiter kommt dann der Kakadu National Park, dessen Feuchtgebiete zum Welterbe gehören. In Darwin kann man sich dann mit einem Bier belohnen und ins turbulente Nachtleben der Mitchell St stürzen.

Die Tropen: Darwin, Kakadu & Katherine

Das Outback im tropischen Top End verspricht ganz andere Erfahrungen als die Wüsten weiter südlich. Hier bestimmen die Regen- bzw. Trockenzeit, wie leicht es ist, von A nach B zu kommen. Während der Regenzeit werden die Straßen mitunter unpassierbar, und Krokodile bewegen sich frei durch die Feuchtgebiete. Nicht aufgeben: Dies ist auch eine Phase des Überflusses und der grandiosen Natur in den Parks – und die Kakadu-Resorts kosten fast nur noch die Hälfte! Darwin ist heutzutage eigentlich gar keine richtige Outback-Stadt mehr, vor allem wenn Backpacker aus aller Welt während der Trockenzeit die Bars und den Mindil Beach füllen. Katherine, drei Stunden weiter südlich, ist viel „ländlicher" und das Tor zum unglaublichen Nitmiluk (Katherine Gorge) National Park.

Der Victoria Highway: Von Katherine nach Kimberley

Der Victoria Highway ist ein wichtiges Teilstück des langen, von Cairns nach Broome führenden Savannah Way, der klassischen Route quer durch den australischen Norden. Hinter Katherine windet sich die Straße durch typisches Weideland – hier sind manche Farmen so groß wie kleinere europäische Länder. Man kann Geländewagen- und Wandertouren unternehmen, Campingplätze im Outback nutzen, Felskunst bewundern und Nationalparks, rote Schluchten und Krokodile sehen. In der Region liegen auch einige der besten Stellen zum Barramundi-Fischen im Top End. Den riesigen Gregory National Park, eine ehemalige Rinderfarm, erkundet man am besten im Geländewagen. In der Trockenzeit kommt man auch mit einem normalen Auto zu den meisten historischen Stätten, zu den Campingplätzen und in den Keep River National Park in der Nähe der Grenze zu Western Australia.

GENEHMIGUNGEN FÜR ABORIGINE-LAND

Wer im Outback über Weideland und durch das Gebiet der Aborigines fahren will, muss sich oft eine Genehmigung besorgen. Dies dient der eigenen Sicherheit: Viele haben sich schon allein an dieser rauen Landschaft versucht und konnten nur knapp gerettet werden, nachdem sie sich verfahren hatten oder ihr Wagen liegen geblieben war.

Genehmigungen werden von den Behörden ausgegeben, die für die Verwaltung des Aboriginal Land zuständig sind; weitere Infos stehen in den Regionenkapiteln. Die Bearbeitung des Antrags kann von ein paar Minuten bis zu mehreren Tagen dauern.

Service-Einrichtungen

Outback-Raststätten tauchen überraschend regelmäßig aus dem Dunst der Wüstenhitze auf. Es ist nie verkehrt, die Entfernung bis zur nächsten Tankstelle genau zu berechnen, doch selbst auf dem abgelegenen Oodnadatta Track bekommt man alle paar Hundert Kilometer Benzin und ein Bier. Die meisten Rasthöfe (viele rund um die Uhr geöffnet) verkaufen Benzin und haben ein Restaurant, in dem man ein ordentliches Steak oder ein Pfannengericht bekommt, auch wenn man hier keine *haute cuisine* erwarten darf. Für müde Fahrer gibt's hinten oft auch Unterkunft in Form von Stellplätzen, klimatisierten Motelzimmern und/oder einfachen Hütten.

Infos im Internet

Tourism NT (www.travelnt.com) Jede Menge Infos zum Outback im Northern Territory. Gibt auch das praktische Büchlein *The Essential NT Drive Guide* heraus, das Entfernungsangaben, Infos zum Outback und den Nationalparks sowie Tipps für Auto- und Geländewagentouren enthält.

Parks & Wildlife NT (www.nt.gov.au/parks) Allgemeine Tipps zu den Parks im Northern Territory: Anfahrt, Wanderwege, Campingplätze etc.

South Australian Tourism Commission (www.southaustralia.com) Das Wichtigste zum Outback in South Australia von den Flinders Ranges bis nach Coober Pedy.

Department of Environment, Water & Natural Resources (www.environment.sa.gov.au) Tipps, Landkarten und Campinggenehmigungen für die Nationalparks in South Australia.

RADFAHREN IM OUTBACK

Eine Radtour durch das Outback ist kein Vorhaben, das man auf die leichte Schulter nehmen sollte – und ganz sicher sollte man es nicht im Sommer angehen. Trotzdem sieht man hin und wieder einsame, drahtige, sonnengebräunte Menschen, die sich auf dem Stuart Hwy zwischen Adelaide und Darwin mit vollen Satteltaschen abmühen. Es kann ein Problem sein, an Trinkwasser zu kommen: Einzelne Wasserquellen (Bohrlöcher, Becken, Bäche usw.), die auf Karten verzeichnet sind, können ausgetrocknet oder das Wasser ungenießbar sein. Man sollte auf jeden Fall die notwendigen Ersatzteile dabeihaben und wissen, wie man einen Reifen repariert. Wer sich in abgelegene Gegenden aufmacht, sollte sich vorab bei den Einheimischen informieren und immer jemandem sagen, wohin die Reise geht. Wer die Tour gemeistert hat, kann versuchen, seine Geschichte zu verkaufen – das ist der Stoff, aus dem Abenteuerbücher sind.

Parks Australia (www.environment.gov.au/parks) Ausführliche Infos über die unter Bundesverwaltung stehenden Nationalparks Kakadu und Uluru-Kata Tjuta.

Organisierte Touren

Wer keine Lust auf die ganze Planung und Fahrerei hat, kann sich einer geführten Tour anschließen und so das Outback erkunden. Es gibt bierselige und feuchtfröhliche Backpacker-Trips, die von einer Kneipe zur nächsten führen, aber auch kulturlastige Aborigine-Touren. Auch mehrtägige Buschwanderungen sind im Programm.

Outback-Tracks

Das australische Outback wird zwar kreuz und quer von asphaltierten Highways durchzogen, aber interessanter fährt man von A nach B, wenn man Abstecher über historische Strecken macht, auf denen einst Vieh getrieben wurde, oder entlang alter Bahnstrecken fährt. Für manche dieser Straßen braucht man zwar nicht unbedingt einen Geländewagen, doch ist man in so einem robusten Gefährt allemal viel bequemer unterwegs. In jedem Fall muss man gut auf die Einsamkeit und fehlende Service-Einrichtungen vorbereitet sein.

Während der heißen Jahreszeit (Dez.–Ende Feb.) sollte man die raueren Routen meiden – neben einem Hitzschlag können hier auch einfache Pannen tödlich enden. Kurz nach sintflutartigen Regenfällen auf unbefestigten Straßen ins Outback aufzubrechen, ist eine sehr schlechte Idee.

Red Centre Way & Mereenie Loop Road

Die vielbefahrene Route beginnt in Alice Springs und ist eine gute Alternative, um zu den großen Attraktionen im Red Centre zu gelangen. Die Route folgt anfangs dem Larapinta und dem Namatjira Drive (beide asphaltiert) vorbei an den prächtigen MacDonnell Ranges bis zur Glen Helen Gorge. Dahinter trifft sie auf die Mereenie Loop Road, wo die Fahrt dann spannend wird. Für die Mereenie Loop Road braucht man eine Genehmigung (3,50 AU$). Die Straße ist so uneben, dass sie ein normales Auto durchrüttelt, bis dessen Schwachpunkt gefunden ist. Sie ist eine raue Abkürzung zum Kings Canyon und dem Watarrka National Park. Vom Kings Canyon hat man über die asphaltierte Luritja Road Anschluss zum Lasseter Highway und zum Uluru-Kata Tjuta National Park.

Oodnadatta Track

Der Großteil verläuft parallel zur alten Ghan-Bahnlinie durch das Outback von South Australia – die legendäre Strecke schließt an den westlich davon verlaufenden asphaltieren Stuart Hwy an. Auf dem Track sind es 429 km von Marree nach Oodnadatta, dann weitere 216 km bis zum Stuart Hwy in Marla. Solange es nicht regnet und der fahrbare Untersatz gut in Schuss ist, sollte man diese faszinierende Route mit jedem normalen Fahrzeug meistern können – mit einem Geländewagen fährt man aber definitiv komfortabler.

Birdsville Track

Die Route erstreckt sich über 517 km von Marree in South Australia bis nach Birdsville gleich hinter der Grenze von Queensland. Dieser alte Viehtreibertrack ist eine der bekanntesten Routen durch das australische Outback – allerdings ist die Landschaft nicht besonders spektakulär oder abwechslungsreich. In einem gut vorbereiteten normalen Auto kann man die Route fahren, doch ist ein Geländewagen zu empfehlen. Unterwegs ein Bier im Birdsville Hotel trinken!

Strzelecki Track

Dieser Track führt größtenteils durch dasselbe Gebiet in South Australia wie der Birdsville Track. Er beginnt südlich von Marree in Lyndhurst und erreicht nach 460 km Innamincka im Nordosten, nahe der Grenze zu Queensland. Innamincka ist auch der Ort, an dem die Entdecker Burke und Willis starben. Mit einem Geländewagen reist man am sichersten, aber dank der Arbeiten auf den Gasfeldern in Moomba hat sich der Zustand der Straße inzwischen verbessert.

Nathan River Road

Die Straße, die teilweise eher an einen Feldweg erinnert, ist ein malerischer Abschnitt des Savannah Way, jener zusammengeflickten Route, die sich von Cairns bis nach Broome erstreckt. Dieser bestimmte Abschnitt führt durch abgelegene Gebiete am Westrand des Golfs von Carpentaria zwischen Roper Bar und Borroloola, von denen viele zum Limmen National Park gehören. Nur Geländewagen mit großer Bodenfreiheit können diese Route befahren. Wegen der vielen scharfkantigen Felsbrocken empfiehlt es sich, zwei Ersatzreifen mitzunehmen. Hauptattraktion sind die ausgezeichneten Campingmöglichkeiten neben Wasserläufen und Wasserlöchern, in denen sich Barramundis und Krokodile tummeln.

Tanami Track

Diese 1000 km lange Route zweigt gleich nördlich von Alice Springs vom Stuart Hwy ab und führt Richtung Nordwesten durch die Tanami Desert nach Halls Creek in Western Australia. Dank Straßensanierungsarbeiten kommt man hier auch mit einem normalen Fahrzeug in der Regel gut zurecht, auf dem Abschnitt in WA gibt's jedoch ein paar sandige Streckenabschnitte, die ziemlich holprig sein können, wenn die Straße länger nicht eingeebnet wurde. In Alice Springs kann man sich über den aktuellen Streckenzustand informieren.

Plenty & Sandover Highway

Diese abgelegenen Routen zweigen nördlich von Alice Springs vom Stuart Hwy in östlicher Richtung nach Boulia oder Mt. Isa in Queensland ab. Der Plenty Highway verläuft am nördlichen Rand der Simpson Desert und bietet die Gelegenheit, in der Harts Range nach Edelsteinen zu suchen. Der Sandover Hwy verspricht eine denkwürdige, wenn auch eintönige Fahrt durch die Einöde – einem anderen Fahrzeug zu begegnen, ist hier fast schon eine Sensation. Beide Straßen sind nicht ganz ohne: Sie sind oft sehr holperig, man kommt kaum an Wasser, und viele Abschnitte sind sehr einsam. Siedlungen sind rar, und entsprechend groß sind die Abstände zwischen Service-Einrichtungen.

Finke & Old Andado Track

Der Finke Track (dessen erster Abschnitt die Old South Rd ist) folgt der Route der (längst abgebauten) alten *Ghan*-Eisenbahn, die einst Alice Springs mit der Aborigine-Siedlung Finke (Aputula) verband. Unterwegs kann man im Chambers Pillar Historical Reserve den farbenprächtigen Sandsteinturm bestaunen. Von Finke wendet sich die Straße nach Osten und folgt dem Verlauf des Goyder Creek, eines Nebenflusses des Finke River, bevor sie nach Norden zur Andado Station und dem 18 km weiter gelegenen Gehöft abbiegt. Ab Old Andado führt die Route geradewegs nach Norden zum 321 km entfernten Alice Springs. Der Old Andado Track bahnt sich den Weg durch die Simpson Desert und verbindet das Old Andado Homestead mit Alice Springs. Unterwegs passiert man das Mac Clark Conservation Reserve, das einen Hain einer seltenen Akazienart *(acacia Peuce)* schützt. Für die Fahrt braucht man auf jeden Fall einen Geländewagen mit jeder Menge Bodenfreiheit. Außerdem sollte man ein Kurzwellen-Funkgerät oder eine Notfunkbake (EPIRB) dabei haben.

Simpson Desert

Die Route, die von Mt. Dare in der Nähe von Finke durch die Simpson Desert nach Birdsville führt, ist eine echte Herausforderung für Fahrer und Fahrzeug. Für die Fahrt über die nicht instand gesetzte Piste braucht man unbedingt einen Geländewagen. Man sollte in einer Gruppe mit mindestens zwei weiteren Fahrzeugen unterwegs sein und unbedingt auch mit einem Satellitentelefon, einem Kurzwellen-Funkgerät und/oder einer Notfunkbake (EPIRB) ausgerüstet sein.

Blue Mountains National Park (S. 141)

Reiseplanung

Outdoor-Aktivitäten

In Australien hat man zwar viele Ausreden, um sich einfach zurückzulehnen und den Blick über die grandiose Landschaft schweifen zu lassen, aber eben diese Landschaft bietet sich auch für endlos viele Outdooraktivitäten an – ganz egal, ob man die Wanderwege und Berge oder die Wellen und Riffe in Angriff nimmt.

Reisezeit

September–Oktober

Mit dem Frühling neigt sich auch die Footballsaison ihrem Ende zu. Das heißt, dass es auf den Stadionrängen wieder ordentlich laut wird. Aktivere freuen sich über wärmere, sonnigere Tage – perfekt zum Buschwandern, Klettern oder um Tiere zu beobachten.

Dezember–Februar

Im Sommer strömen die Australier an den Strand. Jetzt wird gesurft, gesegelt, geschwommen, geangelt, geschnorchelt, Fallschirm gesprungen, Gleitschirm geflogen …

März–Mai

Der Herbst ist in Australien eine nostalgische Zeit mit kühlen Nächten und Kaminfeuern. Das perfekte Wetter für einen Bushwalk oder vielleicht eine Radtour – es ist nicht zu heiß und nicht zu kalt.

Juni–August

Wenn der Winter hereinbricht, heißt's schnurstracks auf ins Outback oder in den Schnee. Man schnappt sich ein Allradfahrzeug und startet zu einer Wanderung oder einem Rundflug in der Wüste. Oder man packt sein Snowboard und genießt in den Bergen ein bisschen pulvrigen Spaß.

Zu Lande

Bushwalking ist in allen Bundesstaaten und Territorien Australiens ein Evergreen der Freizeitbeschäftigung. Mit dem Rad kann man prima die Gegend erkunden – trotz der gigantischen Entfernungen. Außerdem kann man in den Bergen Ski fahren und fast überall Tiere beobachten.

Bushwalking

Bushwalking ist in Australien äußerst beliebt – weite Gebiete mit unberührtem Buschland und Wald bieten reichlich Gelegenheit dazu. Die Wanderungen variieren von 20-minütigen Abstechern an der Straße entlang bis hin zu wochenlangen Märschen durch die Wildnis. Die beste Zeit für eine Buschwanderung hängt vom jeweiligen Bundesstaat ab. Generell gilt aber: Je weiter nach Norden man geht, desto tropischer und feuchter wird das Klima. Juni bis August sind die besten Wandermonate im Norden; unten im Süden eignen sich der Sommer und der Frühherbst (Dez.–März) besser.

Lohnende Wanderwege sind u.a. der Overland Track und der South Coast Track in Tasmanien sowie der Australian Alps Walking Track, der Great Ocean Walk und der Great South West Walk in Victoria. Der Bibbulmun Track in Western Australia (WA) ist großartig, ebenso der Thorsborne Trail quer über die Hinchinbrook-Inseln sowie der Gold Coast Hinterland Great Walk in Queensland.

In New South Wales (NSW) kann man zwischen Sydney und Newcastle auf dem Great North Walk wandern oder den Coast Track im Royal National Park, den Six Foot Track in den Blue Mountains oder den höchsten Berg Australiens, den Mt. Kosciuszko, in Angriff nehmen. In South Australia (SA) kann man sich an ein Stück des 1200 km langen Heysen Trail wagen, während im Northern Territory (NT) der majestätische, 233,5 km lange Larapinta Trail und abgeschiedene Wege im Nitmiluk (Katherine Gorge) National Park warten.

Radfahren

Für Radfahrer gibt's in Australien jede Menge Radwege, auf denen sie tagelang, über das Wochenende oder sogar mehrere Wochen lang kreuz und quer durchs ganze Land fahren können. Man kann sich aber auch für ein paar Stunden ein Fahrrad für eine Stadtrundfahrt leihen.

Zu den schönsten längeren Touren zählen der Murray to the Mountains Rail Trail und der East Gippsland Rail Trail in Victoria. In WA hät der Munda Biddi Trail 900 km für Mountainbiker bereit. Der Mawson Trail in SA ist ungefähr genauso lang.

BESTE BUSHWALKS

- Thorsborne Trail, Queensland
- Great South West Walk, Victoria
- Overland Track, Tasmanien
- Heysen Trail, Deep Creek Conservation Park, South Australia
- Larapinta Trail, Northern Territory

Radfahren auf dem Murray to the Mountains Rail Trail (S. 647)

Bei den meisten Verleihern von Fahrrädern oder Mountainbikes zahlt man ab 20/40 AU$ pro Stunde/Tag (plus 50–200 AU$ Kaution, je nach Ausleihdauer). In den meisten Bundesstaaten gibt's Fahrradclubs, die Fahrradkarten und Tipps auf Lager haben.

Tiere beobachten

Die Natur ist einer der größten Tourismusmagneten Australiens – und das zu Recht. Am besten kann man die Tiere in den Nationalparks beobachten. Viele sind nachtaktiv, deshalb sollte man gut mit Taschenlampen umgehen können, um sie zu sehen.

Australien ist ein wahres Paradies für Vogelfreunde: Das Land bietet eine große Vielfalt an Lebensräumen und Vogelarten, besonders Wasservögel. Canberra verfügt über die artenreichste Vogelwelt aller australischen Hauptstädte. Auch im tropischen Norden dreht sich alles um Vögel. Besonders der Kakadu National Park in NT beheimatet eine erstaunliche Vogelwelt (ganz zu schweigen von Krokodilen).

Im New England National Park in NSW leben Schnabeltiere und Gleithörnchen und im Dorrigo National Park 120 Vogelarten. Im Border Ranges National Park leben ein Viertel aller australischen Vogelarten. Der zum Weltnaturerbe zählende Willandra National Park umfasst dichte, gemäßigte Feuchtgebiete und eine reiche Tier- und Pflanzenwelt. Rund um Port Macquarie gibt's viele Koalas. Auch in WA findet man viele gute Stellen, um Vögel zu beobachten.

In Victoria wimmelt es im Wilsons Promontory National Park nur so von Tieren – es scheint hier manchmal mehr Wombats zu geben als Menschen.

In SA fährt man am besten schnurstracks zum Flinders Chase National Park auf Kangaroo Island (KI), um Koalas, Kängurus und Schnabeltiere zu beobachten. Nördlich davon gibt's im Flinders National Park viele Emus. In Queensland locken Malanda mit einer reichen Vogelwelt, Schildkröten und Filandern sowie Cape Tribulation mit einer noch größeren Vogelvielfalt, Magnetic Island mit Koalas, Fraser Island mit Dingos und der Daintree Rainforest mit Kasuaren. In Tasmanien ist Maria Island ein weiteres Paradies für Vogelbeobachter. Und im Mt. William National Park und im Mt. Field National Park kann man prima die heimische Fauna (u. a. mit Beutelteufel) bewundern.

Tauchen, Great Barrier Reef (S. 37)

Ski & Snowboard fahren

In Australien gibt's eine kleine, aber enthusiastische Skiszene, und die Skigebiete erstrecken sich entlang der Grenze zwischen NSW und Victoria. Die Saison ist aber relativ kurz: Sie dauert ungefähr von Mitte Juni bis Anfang September, und auch der Schneefall ist ziemlich unvorhersehbar. In NSW liegen die besten Skiorte im Kosciuszko National Park in den Snowy Mountains, in Victoria am Mt. Buller, in Falls Creek und am Mt. Hotham im High Country. Auch in Tasmanien gibt's einige kleinere Skigebiete.

Zu Wasser

Wie Australiens Nationalhymne verkündet, ist das Land „von Meer umgeben". So sind Surfen, Angeln, Segeln, Tauchen und Schnorcheln hier Nationalsportarten. In den letzten Jahren erfreut sich auch das Beobachten von Meeressäugern wachsender Beliebtheit. Im Landesinneren bieten riesige Seen und lange Flüsse viele Gelegenheiten zum Rafting, Kanu- oder Kajakfahren und noch mehr Angelmöglichkeiten.

Surfen

Bells Beach, Cactus, Margaret River, Superbank – nennt man einen dieser Namen in der richtigen Gesellschaft, hört man garantiert endlose Geschichten diverser Surflegenden. Die Superbank ist alljährlich Austragungsort des ersten Events der Association of Surfing Professionals (ASP) World Tour, der Bells Beach der des zweiten (dienstälteste ASP-Location). Cactus umgibt die Verlockung geheimnisvoller Abgeschiedenheit, während Margaret River vor allem Surfer anspricht, die größeren Wellen nachjagen.

Auch wenn all diese Orte wahre Schmuckstücke sind, so sind sie doch nur winzige Sterne in Australiens Meeresuniversum. Kein Wunder – die endlose Küstenlinie grenzt an den Indischen, den Südlichen und den Südpazifischen Ozean. Bei so viel Brandungspotenzial, einer äußerst aufwendigen Küstenarchitektur und den richtigen Bedingungen bekommt man hier das volle Programm geboten: Von harmlosen Wogen bis hin zu rauen Riffen ist hier alles möglich, und das alles in unmittelbarer Nähe zu sechs australischen Landeshauptstädten.

Surfen, Burleigh Heads (S. 348)

New South Wales

➡ Manly bis Avalon, auch bekannt als Sydneys Nordstrände

➡ Byron Bay, Lennox Head und Angourie Point, ganz oben an der Nordküste

➡ Nambucca Heads und Crescent Head in der Mitte der Nordküste

➡ Die Gegend rund um Jervis Bay und Ulladulla an der Südküste

Queensland

➡ Die Superbank (eine 2 km lange Sandbank, die sich von Snapper Rocks bis Kirra Point erstreckt)

➡ Burleigh Heads bis Surfers Paradise an der Gold Coast

➡ North Stradbroke Island in der Moreton Bay

➡ Caloundra, Alexandra Heads in der Nähe von Maroochydore und Noosa an der Sunshine Coast

Victoria

➡ Bells Beach – die spirituelle Heimat des australischen Surfens; wenn die Wellen stimmen, steht der Ort bei allen ganz oben, aber die Brandung ist notorisch unbeständig

➡ Smiths Beach auf Phillip Island

➡ Point Leo, Flinders, Gunnamatta, Rye und Portsea auf der Mornington-Halbinsel

➡ An der Südwestküste Barwon Heads, Point Lonsdale, Torquay, und unzählige Spots entlang der Great Ocean Road

Tasmanien

➡ Marrawah an der ungeschützten Nordwestküste – oft riesige Wellen

➡ St. Helens und Bicheno an der Ostküste

➡ Eaglehawk Neck auf der Tasman-Halbinsel

➡ In der Nähe von Hobart, Cremorne Point und Clifton Beach

South Australia

➡ Cactus Beach, westlich von Ceduna am abgelegenen Point Sinclair – international für zuverlässig gute Wellen bekannt

➡ Streaky Bay und Greenly Beach auf der Westseite der Halbinsel Eyre

➡ Pennington Bay – die beständigste Brandung auf Kangaroo Island

➡ Pondalowie Bay und Stenhouse Bay auf der Yorke-Halbinsel im Innes National Park

➡ Victor Harbor, Port Elliot und Middleton Beach südlich von Adelaide

Western Australia

➡ Margaret River, Gracetown und Yallingup im Südwesten

➡ Trigg Point und Scarborough Beach, gleich nördlich von Perth

➡ Weiter nördlich in Geraldton und Kalbarri

➡ Im Süden in Denmark am Südlichen Ozean

SICHERHEITSTIPPS

Bevor man die Wanderschuhe schnürt, sollte man sich vergewissern, ob die Region und die Wanderwege auch den eigenen Fähigkeiten entsprechen und ob man einer längeren Wanderung gesundheitlich und von der Kondition her gewachsen ist. Vor dem Aufbruch immer bei den Behörden vor Ort Infos zu Wetterlage und Zustand der Wege einholen. Achtung: Wetter und Gelände können von Region zu Region stark variieren, und jahreszeitlich bedingte Einflüsse können jeden Track sehr stark verändern.

FLIP NICKLIN / GETTY IMAGES ©

Oben: Angeln, Adaminaby (S. 229)

Unten: Delfine beobachten, Monkey Mia (S. 1073)

Tauchen & Schnorcheln

Am Great Barrier Reef gibt's so viele atemberaubende Tauchspots, dass einem schwindlig werden könnte.

Das Ningaloo Reef in WA ist mindestens so interessant wie die Riffe an der Ostküste, aber hier gibt's viel weniger Touristen. Durch die gesunkenen Schiffe in Albany und Dunsborough sind außerdem spektakuläre künstliche Riffe entstanden.

Der Anleger an der Rapid Bay vor der Gulf-St.-Vincent-Küste in SA ist für seine Vielfalt an Meereslebewesen bekannt, und auch die Bay of Fires und Eaglehawk Neck in Tasmanien sind beliebte Ziele. In NSW empfehlen sich die Jervis Bay und die Fish Rock Cave vor South West Rocks.

Angeln

Im gesamten Top End ist Barramundi-Angeln äußerst beliebt, besonders rund um Borroloola im NT sowie in Karumba und auf dem Lake Tinaroo in Queensland.

Fischen im Meer kann man an der gesamten Küste, sei es direkt an den Pieren oder Stränden oder im Rahmen einer organisierten Hochseeangeltour. In Tasmanien kann man zudem Forellen in wunderschönen Gletscherseen und kristallklaren Flüssen angeln.

Bevor man seine Angel auswirft, sollte man wissen, dass in Australien strenge Grenzen bezüglich des Fangs und dessen Größe gelten; viele Fischarten sind bedroht und daher geschützt. In Anglerläden oder bei den Fischereibehörden der einzelnen Bundesstaaten kann man sich über die örtlichen Richtlinien informieren.

Wale, Delfine & andere Meerestiere beobachten

Südkaper und Buckelwale ziehen auf ihrer Wanderroute zwischen den antarktischen und wärmeren Gewässern ganz nah an Australiens Südküste vorbei. Die besten Orte für Walbeobachtungstouren sind Hervey Bay in Queensland, Eden im südlichen NSW, die mittlere Nordküste von NSW, Warrnambool in Victoria, Albany am Südwestkap von WA und zahlreiche Ecken in SA. Die Walbeobachtungssaison dauert etwa von Mai bis Oktober. Walhaie und Mantarochen kann man am besten im Ningaloo Marine Park in WA beobachten.

Delfine sieht man das ganze Jahr über an der Ostküste in Jervis Bay, Port Stephens und Byron Bay in NSW, vor der Küste von WA in Bunbury und Rockingham, vor North Stradbroke Island in Queensland und vor der Küste von Sorrento in Victoria, wo man sogar mit ihnen schwimmen kann. Zwergpinguine findet man auf Phillip Island in Victoria. In WA sichtete man auf Rottnest Island, in Esperance, Rockingham und Green Head hin und wieder Pelzrobben und Seelöwen, und in Monkey Mia leben alle möglichen wunderbaren Meerestiere (hier gibt's auch Seekühe!). Seelöwen besuchen gern die passend benannte (obwohl das nicht ganz korrekt ist ...) Seal Bay auf Kangaroo Island in South Australia.

TOP FIVE: WILDTIERE BEOBACHTEN

- Wale: Hervey Bay (Queensland)
- Graue Riesenkängurus: Namadgi National Park (Australian Capital Territory)
- Pinguine: Phillip Island (Victoria)
- Tasmanische Teufel: Tasmanien
- Delfine: Monkey Mia (WA)

Reiseplanung & Infos im Internet

Bicycles Network Australia (www.bicycles.net.au) Infos, News und Links.

Bushwalking Australia (www.bushwalkingaustralia.org) Website fürs ganze Land mit Links zu verschiedenen bundesstaatlichen und territorialen Bushwalkingclubs und -organisationen.

Coastalwatch (www.coastalwatch.com) Surfcams, Berichte und Wetterkarten für die besten Surfwellen.

Lonely Planet (www.lonelyplanet.com) Der Führer *Walking in Australia* bietet detaillierte Infos über Buschwanderungen im ganzen Land.

Dive-Oz (www.diveoz.com.au) Online-Infoquelle für Sporttaucher.

Fishnet (www.fishnet.com.au) Alles Wichtige rund ums Angeln in Australien.

Ski Online (www.ski.com.au) Kommerzielle Website mit Ferien-Sonderangeboten und Schneecams, Wettervorhersagen und Berichten.

Australien im Überblick

Sydney & New South Wales

Surfstrände
Essen
Wildnis

Surfen in Sydney
Sydneys Surfstrände sind unschlagbar. Alle Welt spricht vom Bondi Beach, aber dort herrscht großes Gedränge. Mehr Ellenbogenfreiheit hat man südlich in Maroubra und Cronulla oder nördlich in Manly.

Mod-Oz-Küche
Die moderne australische Küche – „Mod Oz“ genannt – ist der kulinarische Renner hier. Es handelt sich dabei um eine pan-pazifische Mischung von Stilen und Zutaten mit vielen Meeresfrüchten aus Sydney. Bekommt man dazu noch einen tollen Blick auf den Hafen, ist alles perfekt.

Nationalparks
In NSW befinden sich einige der besten Nationalparks Australiens. In der Umgebung von Sydney gibt es den Royal National Park mit tollen Wanderwegen und Stränden, den Ku-ring-gai Chase National Park mit Wasserläufen und Tieren und den Wollemi National Park in den Blue Mountains mit weiten Abschnitten heimischen Walds.

S. 62

Canberra & Umgebung

Geschichte & Kultur
Weingüter
Politik

Museen in Canberra
In Canberra gibt es die National Gallery mit asiatischen und australischen Sammlungen, darunter die Kunst der Aborigines und Torres-Strait-Insulaner, das National Museum mit einfallsreichen Ausstellungen, die Einblicke in das Herz und die Seele Australiens gewähren, das bewegende und faszinierende War Memorial sowie die National Portrait Gallery.

Weine aus kühlem Klima
Canberras Weinbranche ist jung, hat sich aber bereits mit guten Jahrgängen feiner Weine aus kühlem Klima einen Namen gemacht. Die Weingüter Canberras liegen eine einfache Fahrt vom Zentrum entfernt.

Parliamant House
In Canberra dreht sich alles um Politik. Bei der Fragestunde im Parlament kann man sich selber davon überzeugen. Sehenswert sind auch das Old Parliament House und das Museum of Australian Democracy.

S. 274

Queensland & Great Barrier Reef

Tauchen & Schnorcheln
Strände & Inseln
Urbane Kultur

Great Barrier Reef

Das in allen Farben schimmernde, fischreiche Great Barrier Reef in Queensland ist der ideale Ort für Tauch- und Schnorcheltrips. Man kann einen Tagesausflug machen, in einem Glasbodenboot die Unterwasserwelt bewundern oder vom Strand einer vom Riff gesäumten Insel eine Paddeltour machen.

Die Whitsundays

Queenslands Südküste und die von Riffen und Regenwald gesäumten Inseln weiter nördlich eignen sich zum Surfen. Aber weiße Sandstrände und türkisblaues Meer gibt's nur an den Whitsundays – einfach an Bord einer Jacht das Leben genießen!

Das boomende Brisbane

Sydney und Melbourne sollten aufpassen, denn Brisbane ist im Kommen! Hippe Bars, Restaurants und eine Kunst- und Kulturszene gibt es hier. „Australiens neue Weltstadt" ist progressiv und ein sehenswerter Ort.

S. 294

Melbourne & Victoria

Geschichte
Sport
Surfstrände

Orte des Goldrauschs

Die Straßen der während des Goldrauschs um 1850 boomenden Städte laden zu einem Bummel ein. Mit ihren von Ziergittern gesäumten Häusern erinnern Melbourne, Bendigo und Ballarat an den Reichtum Victorias zu jener Zeit.

Football & Cricket

Melbourne ist die spirituelle Heimat des Australian Rules Football. Wer mag, kann im Winter mit Freunden in einem der Stadtparks selber ein paar Bälle werfen. Der Sommer gehört ganz dem Cricket: Die Kids schauen sich entweder Cricket im Fernsehen an oder sie spielen es in den Straßen.

Surfen im Süden

Dank der unermüdlichen Wellen im Südpolarmeer gibt es in Victoria entlang der Great Ocean Road viele erstklassige (wenn auch kalte) Stellen zum Surfen. Australiens berühmteste Wellen finden sich am Bells Beach, wo jedes Jahr zu Ostern auch der Surfwettbewerb Rip Curl Pro stattfindet.

S. 511

Tasmanien

Essen
Tiere & Pflanzen
Geschichte

Gourmet-Reisen

In Tasmanien gibt es haufenweise gutes Essen und Getränke. Köche aus ganz Australien sind begeistert von Tasmaniens exzellenten frischen Produkten, darunter salzige, frische Lachse und Austern, Weine aus kühlem Klima, hopfenhaltige Biere sowie knackiges Obst und Gemüse.

Heimische Tierarten

Man wird zwar keinen Beutelwolf mehr zu Gesicht bekommen, dafür aber bei einer Wanderung durch den tasmanischen Busch Wallabys, Possums, Filander, den für Tasmanien typischen Beutelteufel und vielleicht auch eine oder zwei Schlangen. An der Küste kann man Wale, Robben und Pinguine beobachten.

Kolonialzeit

In Port Arthur und entlang des Heritage Hwy ist Tasmaniens düstere Kolonialgeschichte präsent. Sie wirkt umso eindrucksvoller angesichts der dramatischen Landschaft, die man in so einem kleinen Bundesstaat gar nicht erwarten würde.

S. 668

Adelaide & South Australia

Wein
Festivals
Nationalparks

Weinregionen in South Australia

Man kann kaum durch South Australia (SA) fahren, ohne durch eine Weinregion zu kommen. Vom Barossa Valley, Clare Valley und McLaren Vale hat man vielleicht schon gehört, aber was ist mit den unbekannten Weinregionen Langhorne Creek, Mt. Benson oder Adelaide Hills? Die Weine in diesen Gebieten lohnen einen Abstecher.

Der verrückte März in Adelaide

Ende des Sommers explodiert Adelaide förmlich mit seinen Festivals zu bildender Kunst, Weltmusik, Theater und dröhnenden V8-Motoren. Die einzige Frage ist, warum alles gleichzeitig stattfinden muss.

Flinders Ranges

Die Dünen und Lagunen des Coorong National Park sind umwerfend, aber so richtig majestätisch ist die Landschaft des Ikara (Wilpena Pound) im zerklüfteten Flinders Ranges National Park im zentralen SA.

S. 772

Darwin & Uluru

Tiere & Pflanzen
Indigene Kultur
Nationalparks

Tiere im Kakadu National Park

Je weiter nach Norden man in Australien reist, desto größer, gefährlicher und todbringender werden die Tiere. Im Kakadu National Park gibt es in den Wasserläufen kolossale Krokodile und an Land Australische Amethystpythons und Brolgakraniche, eine Art Pelikan auf Stelzen.

Kunst in Alice Springs

Das NT ist die Heimat des berühmten indigenen Desert Art Movement. In Alice Springs kann man die Geschichten hinter den Malereien kennenlernen und sich beim Kauf von Kunst beraten lassen.

Wüstenlandschaften

In Bezug auf typisch australische Landschaften steht der Uluru-Kata Tjuta National Park auf Platz eins, denn hier gibt es die größten Felsen, die man je gesehen hat. Weiter nördlich bieten der West MacDonnell National Park und der Watarrka (Kings Canyon) National Park ein paar spektakuläre Schluchten.

S. 879

Perth & Western Australia

Küstenlandschaft
Abenteuer
Tiere & Pflanzen

Ningaloo Marine Park

Endlose Strände säumen die spektakuläre, 12 500 km lange Küste von WA. Aber besonders schön sind die abgelegenen Sandstrände vor den seichten Lagunen des zum Weltnaturerbe zählenden Ningaloo Marine Park.

Abenteuer in Kimberley

Adrenalin pur: Ein Wahnsinnserlebnis ist die Fahrt über die Gibb River Road zu den außergewöhnlichen Mitchell Falls und dem abgelegenen Kalumburu. In einem Schnellboot geht's mit Karacho zu den Horizontal Waterfalls, dann im Kanu den Ord River hinunter.

Einheimische Tiere

An der zentralen Westküste von WA kann man Haie, Rochen, Schildkröten und Wale erspähen. Im Landesinneren sammeln sich die Vögel an den Oasen des Millstream-Chichester National Park, während sich Pythons und Felskängurus im Karijini National Park verstecken.

S. 981

Reiseziele in Australien

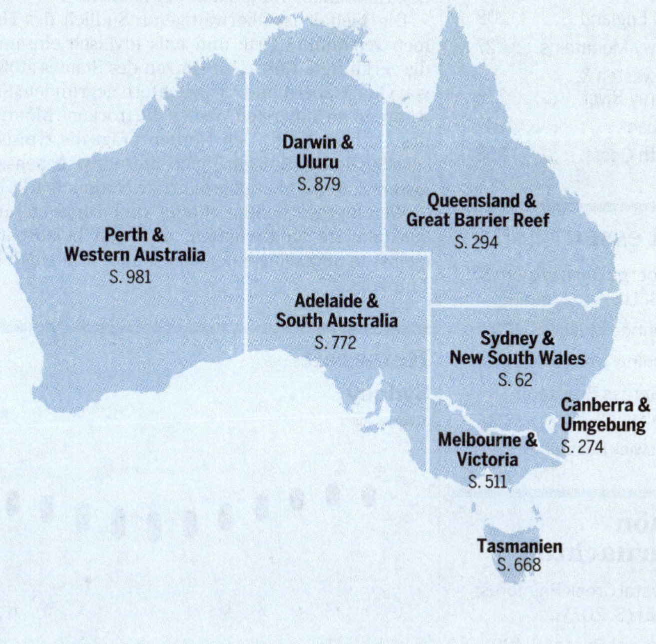

Sydney & New South Wales

Inhalt ➡

Gut essen

- Icebergs Dining Room & Bar (S. 116)
- Stunned Mullet (S. 172)
- Jaaning Tree (S. 178)
- Seagrass Brasserie (S. 265)
- Chiswick Restaurant (S. 115)

Schön übernachten

- Crystal Creek Rainforest Retreat (S. 207)
- Byron at Byron (S. 199)
- Thistle Hill (S. 153)
- Sydney Harbour YHA (S. 105)
- Yamba YHA (S. 190)

Auf nach Sydney & New South Wales!

New South Wales (NSW), die Wiege des modernen Australiens, ist eine geschichtsträchtige Region voller großartiger Landschaften und Kontraste. Hier liegt das kultivierte Sydney, Australiens Hauptstadt der Herzen.

Die Vielfalt ist überwältigend. Südlich des Hafens säumen verträumte Orte und teils idyllisch einsame Strände die zerklüftete Küste. Im Herzen des Staates stößt man auf von Goldgräbern und Viehzüchtern gegründete Siedlungen, während im äußersten Westen die trockene Mondlandschaft des Outback lockt. Den Norden prägt die typisch australische Surfkultur und ein Touch alternative Lebensart. Zudem lassen sich fast überall großartige Nationalparks erkunden.

Wer hierher kommt, findet drei Dinge garantiert vor: spektakuläre Landschaften, recht gut befahrbare Straßen (selbst in abgeschiedenen Gegenden) und einen herzlichen Empfang.

Reisezeit

Sydney

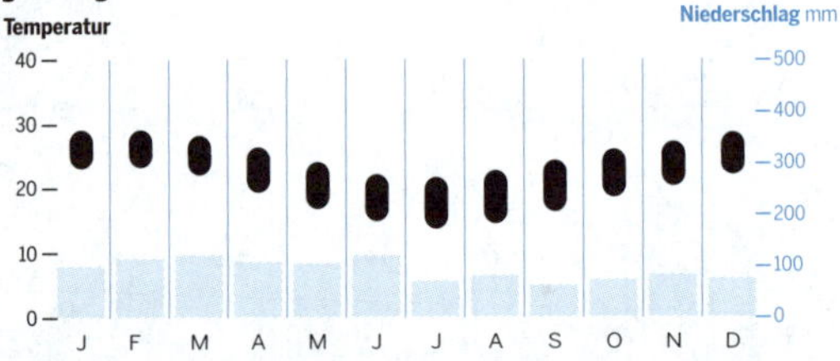

Feb. Der Höhepunkt von Sydneys Partysommer ist der Gay & Lesbian Mardi Gras.

Juli In den Blue Mountains oder im Hunter Valley kann man am Kaminfeuer köstlichen Wein genießen.

Okt. Jahreszeit der butterweichen Sydney-Felsenaustern, die bis März fangfrisch zu haben sind.

Tiere beobachten

Mit Wildtieren auf Tuchfühlung zu gehen, ist für viele Besucher von New South Wales ein Highlight. In Sydney bieten der **Taronga Zoo**, das **SEA LIFE Sydney Aquarium**, der **WILD LIFE Sydney Zoo** und das **Manly SEA LIFE Sanctuary** die Gelegenheit, einheimische Arten kennenzulernen, zu streicheln oder sogar mit ihnen zu schwimmen. Daneben locken im Buschland an der Küste, in den Wäldern und in über 800 Nationalparks und Naturschutzgebieten des Bundesstaats Kängurus, Wallabys, Koalas, Schnabeltiere, Wombats und andere possierliche Tierchen. Auf S. 177 ist nachzulesen, wie gut die Chancen stehen, Wildtiere zu sichten.

NICHT VERSÄUMEN!

Im ländlichen New South Wales gibt es jede Menge ausgelassene Feste. Im Januar kommen in Parks im zentralen Westen beim **Elvis Festival** (S. 223) Hunderte Männer mittleren Alters in Overalls zusammen, und jedes Jahr zu Ostern findet in der Opalstadt Lightning Ridge das **Great Goat Race** (S. 214) statt.

Im Oktober veranstaltet Deniliquin sein berühmtes **Ute Muster** (S. 246), bei dem Männer und Frauen im Kampf um die Titel „Chick's Ute" und „Feral Ute" gegeneinander antreten. Ebenfalls im Oktober finden in Wooli die **Australian National Goanna Pulling Championships** (S. 188) statt, bei denen Männer und Frauen langgestreckt auf dem Boden liegend und mit Ledergeschirren am Kopf eine Art Tauziehen machen. Da soll mal einer schlau draus werden!

Das größte Festival auf dem Land ist ein ernsthaftes Musikevent, das aber ausgesprochen eigentümliche Züge hat: Beim **Country Music Festival** (S. 210) in Tamworth finden immer im Januar mehr als 800 Events statt, darunter auch der ausgelassene „Longest Line Dance", bei dem 2009 mit der Teilnahme von 3392 gestiefelten Tänzern ein Weltrekord aufgestellt wurde.

Top 5: Strände

- **Tallow Beach, Byron Bay** (S. 193) Idyllischer 7 km langer Strand zwischen Cape Byron und Broken Head.
- **Bondi Beach, Sydney** (S. 94) An einem der bekanntesten Surfstadtstränden der Welt dreht sich alles ums Sehen und Gesehenwerden.
- **Crowdy Head** (S. 167) Einsamer Strand mit traumhaften Ausblicken.
- **Jervis Bay** (S. 264) Weiße Sandstrände, Buschland, Wald und ein geschützter Meerespark.
- **Tomaree Peninsula** (S. 161) Fast verlassene Strände, Nationalparks und eine außergewöhnliche Dünenlandschaft.

TOP-TIPP

Bei der Nutzung der öffentlichen Verkehrsmittel lässt sich mit den MyMulti Passes, dem Family Funday Sunday Pass und den Pensioner Excursion Travel Passes Geld sparen. Günstig kommt man zudem mit den außerhalb der Stoßzeiten gültigen Tagestickets für Züge weg.

Kurzinfos

- Bevölkerung: 6,9 Mio.
- Fläche: 800 642 km²
- Vorwahl: ☎02 (Broken Hill ☎08)
- Anzahl der überwachten Surfstrände: 176

Reiseplanung

- Unterkünfte weit im Voraus buchen, vor allem in den Sommermonaten!
- Nachzählen, wie viele Nationalparks auf der Reiseroute stehen – sind es mehr als sechs, lohnt sich der Kauf eines Multi-Parks-Passes (65 AU$)!
- Wer am Wochenende in besseren Restaurants speisen will, muss weit im Voraus reservieren.

Infos im Internet

- **City of Sydney** (☎9265 9333; www.cityofsydney.nsw.gov.au)
- **New South Wales** (www.visitnsw.com.au)
- **NSW National Parks & Wildlife Service** (NPWS; www.nationalparks.nsw.gov.au)

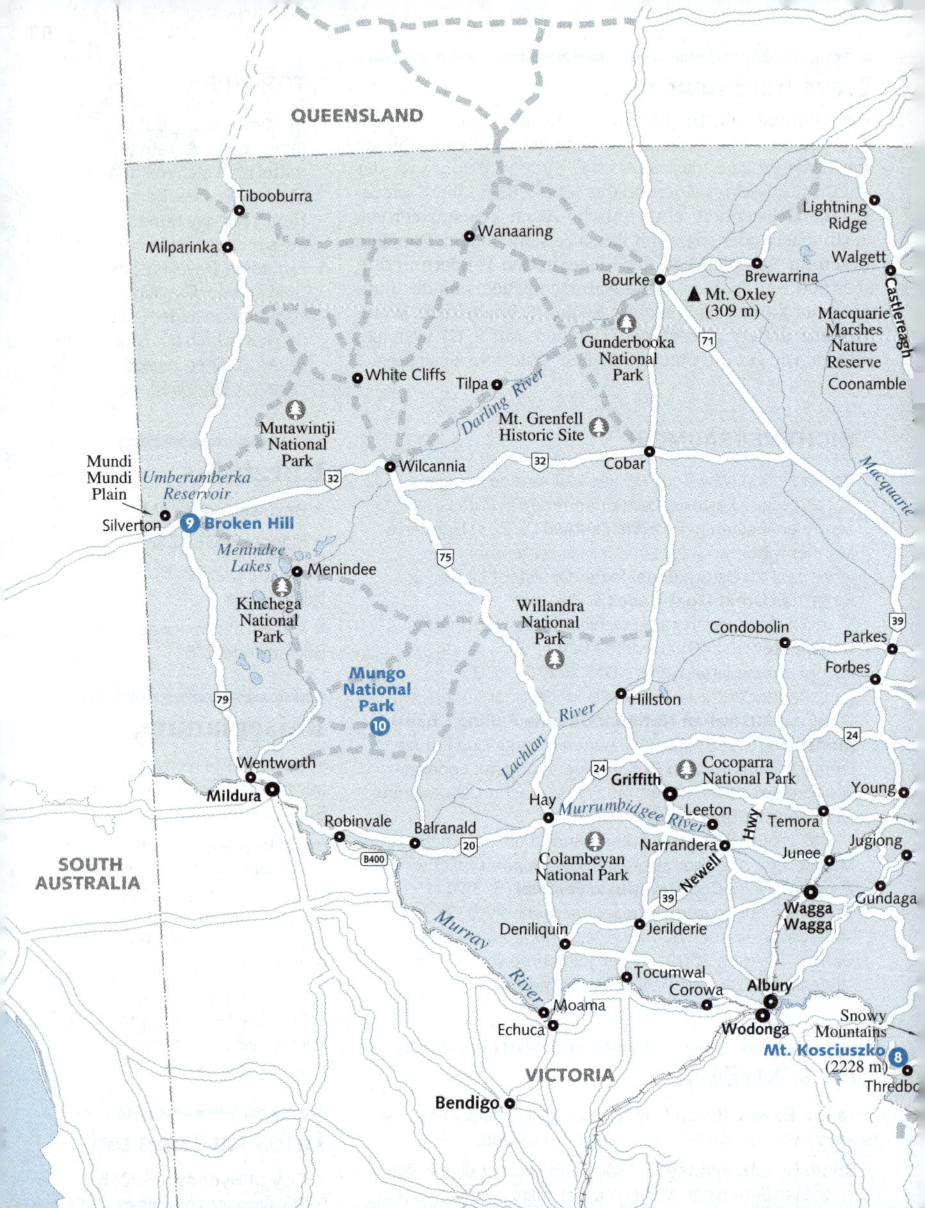

Highlights

1. Sich vom sexy **Sydney** (S. 71) verführen lassen
2. In den **Blue Mountains** (S. 140) unter dem dichten Blätterdach einen Buschweg abwandern
3. Sich im **Hunter Valley** (S. 148) kulinarisch verwöhnen lassen
4. Die Sanddünen der **Worimi Conservation Lands** (S. 161) erkunden
5. Einen herrlichen Roadtrip entlang des **Waterfall Way** (S. 181) von der Küste in die Regenwälder und zu den historischen Städten der Region unternehmen

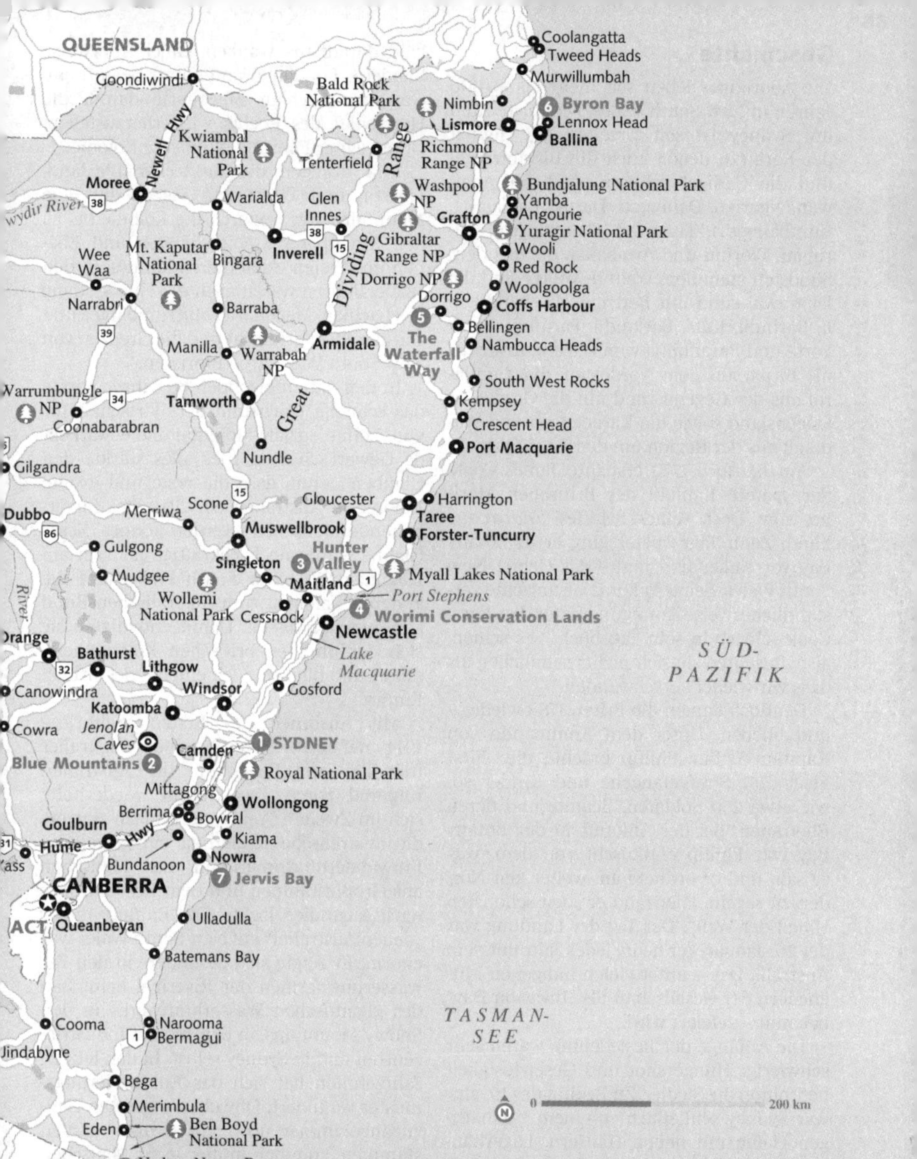

6 Die schönen Strände und den relaxten Lebensstil von **Byron Bay** (S. 193) genießen

7 Die Zehen an der **Jervis Bay** (S. 264) in den feinen Sand und ins Meer stecken

8 Inmitten alpiner Landschaft den höchsten Punkt Australiens, den **Mt. Kosciuszko** (S. 232), erklimmen

9 Sich von der dramatischen Kulisse und den eindrucksvollen Weiten von **Broken Hill** (S. 249) inspirieren lassen

10 Im **Mungo National Park** (S. 247) die Geschichte der Aborigines und die Walls of China entdecken

Geschichte

Die Aborigines leben seit mehr als 40 000 Jahren in New South Wales. Die Küste rund um Sydney ist seit Urzeiten die Heimat der Eora (zu denen auch die Birrabirragal und die Gadigal gehören) und der Anaiwan, Ngarigo, Dainggati, Darug, Badjalang, Kumbainggiri, Tharawal, Gandangara, Guringai, Worimi und Awabakal, die aus dem Südosten stammen. Weitere Völker sind die Dharawal rund um Berrima, die Bandjigali, Barindji, Kula, Barkindji, Parundji, Yorta Yorta und Baranbinja vom Darling Riverine, die Birpai aus dem Nordosten, die Kamilaroi aus der Gegend rund um die Grenze zu Queensland sowie die Karenggapa und Wadikali aus der Region um den Lake Eyre.

Am 19. April 1770 erspähte James Cook, der spätere Kapitän der Britischen Marine, vom Deck seines Schiffes *Endeavour* Land. Zehn Tage später ging er in Botany Bay vor Anker und taufte das Gebiet New South Wales. Seine Ankunft verursachte verständlicherweise Aufregung unter den Eora. Cook schrieb in sein Tagebuch: „Es schien, als wünschten sie sich nichts sehnlicher, als dass wir wieder verschwänden."

Dennoch kamen die Briten 1788 wieder – und blieben. Unter dem Kommando von Kapitän Arthur Phillip brachte die „First Fleet" 751 Strafgefangene und Kinder sowie etwa 250 Soldaten, Beamte und deren Ehefrauen. Bei der Ankunft in der Botany Bay war Phillip enttäuscht von dem, was er sah, und er ordnete an, weiter gen Norden zu segeln. Hier fand er „den schönsten Hafen der Welt". Der Tag der Landung war der 26. Januar, der heute jedes Jahr mit dem Australia Day – unter vielen indigenen Mitgliedern der Gesellschaft als „Invasion Day" bekannt – gefeiert wird.

Die Anfänge der Besiedelung waren sehr schwierig: Hungersnot und Gesetzlosigkeit bedrohten die Siedler. Zu Beginn des 19. Jhs. war Sydney schließlich zu einem geschäftigen Hafen mit neuen Häusern, Lagerhäusern und Straßen angewachsen. Das umliegende Buschland war für Gemüsefelder und Obstplantagen gerodet worden, sodass über der Kolonie nicht mehr das Damoklesschwert einer Hungersnot schwebte.

1793 war Phillip nach London zurückgekehrt, woraufhin eigennützig handelnde Militäroffiziere die Kontrolle über das Government House übernahmen. Die dynamische, neue Gesellschaft, die der erste Gouverneur in harter Arbeit etabliert hatte, geriert bald darauf ins Wanken. Glücklicherweise handelte London prompt und beauftragte Governor Lachlan Macquarie damit, die Herrschaft des Rechts wiederherzustellen. Unter seiner Führung blühte die Kolonie.

1813 drangen die Entdecker Blaxland, Lawson und Wentworth bis in die Blue Mountains vor, wodurch die Kolonie bis zu den fruchtbaren Gebirgshängen und Ebenen im Westen expandieren konnte. In den 1830er-Jahren waren auch die Flusssysteme des Lachlan, Macquarie, Murrumbidgee und Darling River erforscht und die Grenzen von New South Wales grob umrissen.

In den darauffolgenden 60 Jahren sorgte das schnelle Wachstum der Wirtschaft für gute Löhne, soziale Mobilität und erstarkende Gewerkschaften. Dies alles stärkte den Glauben daran, dass die erste und größte Kolonie in Australien ein „Paradies für arbeitende Menschen" werden könne. Dieser Glaube wurde noch bekräftigt, als sich am 1. Januar 1901 New South Wales und die anderen Kolonien zum Australischen Bund zusammenschlossen. Damit entledigten sie sich der direkten britischen Kolonialherrschaft und blieben doch ein Teil des British Empire.

Mit Ausbruch des Ersten Weltkriegs 1914 meldeten sich Tausende Australier freiwillig zum Einsatz in der Australian Imperial Force. Das Gleiche wiederholte sich im Zweiten Weltkrieg. Danach startete die australische Regierung ein gewaltiges Einwanderungsprogramm, das Menschen aus Großbritannien und dem Rest Europas nach Australien lockte. Der Einfluss dieser „neuen Australier" auf New South Wales war enorm. Er zeigte sich besonders in den Bewässerungsfarmen der Riverina, beim Bau des gigantischen Wasserkraftwerks in den Snowy Mountains, in den großen Industriezentren und in Sydney selbst. In den letzten Jahrzehnten hat sich das Einwanderungsmuster verändert: Obwohl die meisten Neuzugänge immer noch aus Großbritannien stammen, kommen immer mehr Menschen aus Asien und Nahost (vor allem Indien, China, Vietnam, Libanon) hierher, um sich in einer der großen multikulturellen Gesellschaften der Welt ein neues, erfolgreiches Leben aufzubauen.

Indigenes New South Wales

Die indigenen Völker und Stämme in New South Wales haben ihre eigenen Sprachen und Identitäten. Die Völker waren traditionsgemäß Halbnomaden, die sich innerhalb ihrer Territorien bewegten und als Fischer, Jäger und Sammler lebten. Das Land versorgte sie nicht nur mit Nahrungsmitteln, sondern bildete auch die Basis ihres spirituellen Lebens und der Traumzeit. Deshalb hatte die gewaltsam durchgesetzte Landnahme durch die Europäer für die Aborigines katastrophale Folgen.

Mit der Absicht, die Aborigines durch Terror zu unterwerfen, waren bei den Kolonisten Entführungen von Einheimischen und Strafmaßnahmen an der Tagesordnung. Die von den europäischen Invasoren eingeschleppten Pocken dezimierten die indigenen Einheimischen ebenfalls, die gegenüber einer solchen Krankheit keinerlei Abwehrkräfte hatten. Widerstand gab es aber in anderer Form: Unter den Aborigines bildeten sich Gruppen von Freiheitskämpfern. Angeführt wurden sie von indigenen Kriegern wie Pemulwuy (1750–1802) vom Volk der Bidjigal aus der Gegend rund um Botany Bay oder Musquito (um 1780–1825) vom Volk der Eora, deren Territorium das Nordufer von Port Jackson war. Die Freiheitskämpfer wurden letztendlich vernichtet, weil die Siedler zu immer barbarischeren Methoden griffen, um die vollständige Herrschaft zu erringen.

Bei der letzten Volkszählung (2011) lebten 172 625 Aborigines in New South Wales (das sind 31,5 % der indigenen Bevölkerung Australiens und etwas mehr als 1 % der Gesamtbevölkerung des Bundesstaats). Rund 40 % der Aborigines lebt im Großraum Sydney.

New South Wales bietet unzählige Möglichkeiten, einen Einblick in die indigene Kultur zu erhalten: In Sydney zeigen das Australian Museum, die Art Gallery of NSW, das Museum of Sydney, das Powerhouse Museum, das Rocks Discovery Museum und die Royal Botanic Gardens Ausstellungen und Programme, die sich dem Leben und der Kultur der Aborigines widmen. Wer sich für die alten Felsmalereien und -ritzzeichnungen der Aborigines rund um Sydney Harbour interessiert, sollte das Sydney Harbour National Parks Information Centre im Cadman's Cottage (The Rocks) besuchen. Aus nächster Nähe sieht man Felsritzzeichnungen am Manly Scenic Walkway und im Ku-ring-gai Chase National Park.

Leider gibt es nur sehr wenige Tourveranstalter, die sich auf Sydneys Aborigine-Kultur konzentrieren. Eine leicht zugängliche Option sind die Aboriginal Heritage Tours in den Sydney Royal Botanic Gardens.

Außerhalb von Sydney zeugen viele Stätten vom Erbe der Aborigines, darunter der Brisbane Water National Park bei Gosford, der Gunderbooka National Park, der Pilliga Forest, die Murramarang Aboriginal Area im gleichnamigen Nationalpark und die Mt. Grenfell Historic Site.

Zu den Tourveranstaltern zählt z. B. Blue Mountains Walkabout, das geführte Abenteuerwanderungen zu spirituellen und Aborigine-Themen veranstaltet. Muggadah Indigenous Tours offeriert geführte Wanderungen rund um den Echo Point bei Katoomba, die bedeutende Kulturstätten auf traditionellem Land zum Ziel haben. Aboriginal Cultural Concepts in Ballina organisiert eine Aboriginal Heritage Tour an der Bundjalung Coast. Weitere Optionen sind der Warrumbungle Tara Cave Walk im wunderschönen Warrumbungle National Park oder der Besuch des abgeschiedenen Mungo National Park unter der Führung von Aborigines, die das Unternehmen Harry Nanya Tours betreiben.

Außerdem gibt es diverse Kulturzentren, darunter das Muru Mittigar Aboriginal Cultural Centre (S. 144) in Castlereagh bei Penrith, das Aboriginal Cultural Centre & Keeping Place in Armidale, das Yarrawarra Aboriginal Cultural Centre in Red Rock, das Minjungbal Aboriginal Cultural Centre in Tweed Heads und das Umbarra Cultural Centre bei Bermagui.

Weitere Infos über die Aborigines in New South Wales sind unter www.visitnsw.com.au zu finden – hier den Links unter „Things to Do/Attractions" folgen – und auf der Website von www.indigenoustourism.australia.com, wo es Links zu von Aborigines betriebenen Tourveranstaltern und Unterkünften sowie zu Künstlern und Kunstorganisationen gibt. Allerdings können die Infos auf beiden Websites z. T. veraltet sein.

Nationalparks

In New South Wales gibt es über 800 außerordentlich vielfältige Nationalparks und Naturschutzgebiete, vom subtropischen Regenwald der Border Ranges und den weißen Gipfeln der Snowy Mountains bis hin zur eindrucksvollen, kargen Landschaft im Outback. Bei passablem Wetter sind die meisten dieser Gebiete mit normalen Fahrzeugen erreichbar; öffentliche Verkehrsmittel gibt es leider viel zu wenige.

Der **NSW National Parks & Wildlife Service** (NPWS; Karte S. 82; www.nationalparks.nsw.gov.au) leistet ausgezeichnete Arbeit.

Viele Parks haben ein Visitor Centre, in dem detaillierte Infos über die Gegend, Wanderwege und Campingmöglichkeiten erhältlich sind. Wo es keines gibt, kann man sich im nächstgelegenen NPWS-Büro schlau machen.

46 Parks verlangen tagesweise Eintrittsgebühren (normalerweise 7 AU$/Fahrzeug); welche das sind, erfährt man auf der NPWS-Website. Wer mehrere Parks besuchen will, kann eine Jahreskarte (65 AU$) kaufen, die uneingeschränkten Zugang zu allen Parks und Schutzgebieten von New South Wales gewährt; davon ausgenommen sind der Kosciuszko National Park und das Gebiet der Chowder Bay im Sydney Harbour National Park.

Viele Parks haben mit sanitären Anlagen ausgestattete Campingplätze; manche sind kostenlos, bei anderen kostet die Übernachtung 5 bis 10 AU$ pro Person. Beliebte Campingplätze sind während der Ferien oft ausgebucht. In manchen Parks ist auch Wildcampen gestattet; die Bestimmungen erfährt man im NPWS-Büro.

Aktivitäten

New South Wales bietet eine große Bandbreite von Aktivitäten aller Schwierigkeitsgrade und Fitnessstufen.

Bushwalking

So ziemlich jeder Nationalpark hat markierte und nicht markierte Wanderwege. Teils handelt es sich um kurze, leichte Spaziergänge, teils um längere, anspruchsvollere Treks.

In der Nähe von Sydney bietet der unberührte Royal National Park Gelegenheit für spektakuläre Klippenwanderungen, z.B. auf einem 28 km langen Weg entlang der Küste. Kürzere Buschwanderwege gibt es rund um die Meeresarme von Broken Bay im Ku-ring-gai Chase National Park.

Westlich von Sydney kann man in den Blue Mountains mit ihren Sandsteinfelsen, Eukalyptuswäldern und Wildblumen atemberaubende Wanderungen unternehmen, und im Kosciuszko National Park lockt der Aufstieg auf den höchsten Gipfel Australiens, den 2228 m hohen Mt. Kosciuszko.

Der im Nordwesten des Bundesstaats gelegene und mit Vulkangipfeln gesprenkelte Warrumbungle National Park hält einen mit seinen Wanderwegen von insgesamt mehr als 30 km Länge in Bewegung.

Der Yuraygir Coastal Walk ist eine 65 km lange, ausgeschilderte Wanderung von Angourie nach Red Rock auf den Spuren des Küstenemus, die sich aus mehreren Pfaden und Wanderwegen zusammensetzt. Vorbei an Stränden und Felsplateaus kommt man durch die Dörfer Brooms Head, Minne Water und Wooli.

Eifrige Wanderer sollten den 15 km langen Syndicate Ridge Walking Trail bei Bellingen, den 45 km langen Six Foot Track von Katoomba zu den Jenolan Caves und den 100 km langen World Heritage Walk im Washpool National Park an der Südküste angehen. Wer auch steilen Anstiegen gewachsen ist, kann den herausfordernden Aufstieg auf den 980 m hohen Pigeon House Mountain wagen. Großartige Wanderwege gibt's auch auf Lord Howe Island und auf Norfolk Island.

Die Website des NPWS bietet sehr viele Informationen über Wanderungen in den zugehörigen Parks und Reservaten. Die National Parks Association von NSW (www.npansw.org.au) veröffentlicht die sehr empfehlenswerten Bände *Bushwalks in the Sydney Region Volumes 1 & 2* von S. Lord und G. Daniel, die über die Website des Verbands erhältlich sind. Lohnend sind außerdem *Sydney's Best Bush, Park & City Walks* (Veechi Stuart) mit 50 Wanderungen und Wissenswertem zum Großteil der wichtigsten Nationalparks sowie *Blue Mountains: Best Bushwalks* vom selben Autor. Eine weitere gute Informationsquelle zu Buschwanderungen und Camping ist der Online-Guide Wildwalks (www.wildwalks.com) mit kostenlosen Karten und Routeninfos zu über 900 Wegen, der außerdem drei Führer zu Buschwanderungen veröffentlicht: *The Great North Walk, Best River & Alpine Walks around Mt Kosciuszko* und *Best Bush & Coastal Walks of the Central Coast.* Alle drei sind über die Website erhältlich.

Radfahren

Sydneys ständig wachsendes Radwegnetz ist ein zentraler Bestandteil der lobenswerten Initiative „Sustainable City 2030" der Stadtverwaltung. Details dazu gibt's unter http://sydneycycleways.net.

Beliebte Ziele für Radfahrer sind u.a. die Blue Mountains und die Great North Rd rund um den Hawkesbury River. Im Südosten macht bei warmem Wetter das Mountainbiken im Kosciuszko National Park und am südwestlich von Orange gelegenen Mt. Canobolas viel Spaß.

Die Website von Bicycle NSW (www.bicyclensw.org.au; auf „Resources" klicken) liefert Links zu Karten und Führern für Radtouren, einem praktischen Fahrradladen-Finder, Sicherheitstipps und dem Radlermagazin *PushOn*. Eine nützliche Infoquelle ist auch Lonely Planets *Cycling Australia*.

Rafting, Kajak- & Kanufahren

Gut zum Raften ist der obere Lauf des Murray River bei Jindabyne.

Byron Bay, Lord Howe Island, Batemans Bay und Eden eignen sich hervorragend zum Kajakfahren auf dem Meer. Kajaktouren sind auch im Sydney Harbour möglich.

Kanufahrer finden gute Bedingungen im Barrington Tops National Park, im Myall Lakes National Park, in Bellingen, in Coffs Harbour und im Kangaroo Valley.

Weitere Infos gibt's online bei Paddle NSW (www.paddlensw.org.au) und beim River Canoe Club of NSW (www.rivercanoeclub.canoe.org.au).

Scenic Drives

Es gibt eine Reihe von spektakulären Panoramastraßen in New South Wales: den Greater Blue Mountains Drive, die Bells Line of Road zwischen Richmond und Lithgow, den Waterfall Way, der unmittelbar südlich von Coffs Harbour beginnt und bis nach Armidale im Landesinneren führt, die Loop Rd von Gleniffer bei Bellingen bis zum Fuß der Hochebene von New England und den Alpine Way in den Snowy Mountains.

Skifahren & Snowboarden

An der Grenze zwischen New South Wales und Victoria gibt es überall Skigebiete. Die Saison dauert in der Regel von Anfang Juni bis Ende August, wobei manchmal auch bis Anfang Oktober Wintersport möglich ist. Eine Garantie für eine ausreichende Schneedecke gibt's allerdings nie. Skilanglauf ist beliebt und die meisten Resorts bieten entsprechende Kurse und Ausrüstung.

In den Snowy Mountains gibt es mehrere beliebte Resorts, z.B. Charlotte Pass, Perisher Blue, Selwyn und Thredbo.

Surfen

In Newcastle, Port Macquarie und Coffs Harbour kann man an seiner Surftechnik feilen (oder sich erst mal eine aneignen). Crescent Head ist in Sachen Longboard-Surfen Australiens Hauptstadt, die krassen Wellen am Angourie Point sind nur was für erfahrene Surfer (oder auch echte Spinner). Weiter nördlich kann man sich in Lennox Head und Byron Bay auf dem Surfbrett richtig verausgaben.

Die South Coast ist buchstäblich übersät mit tollen Surfstränden, besonders rund um Wollongong, Batemans Bay und Bermagui.

Die aktuelle Wellenlage und weitere Infos findet man unter www.coastalwatch.com.

Tauchen & Schnorcheln

Nördlich von Sydney sind die Broughton Island bei Port Stephens und die Fish Rock Cave vor den South West Rocks besonders feine Tauchspots. Bei Narooma kann man an der Seite von Sandtigerhaien und im Julian Rocks Marine Reserve vor der Küste von Byron Bay mit Leopardenhaien schwimmen. Gute Tauchschulen gibt es in Byron Bay und Coffs Harbour; die in Coffs Harbour organisieren auch Tauchgänge im Solitary Islands Marine Park, wo warme tropische Strömungen auf kühlere Zuflüsse aus dem Süden treffen, wodurch ein wunderbares Biotop mit Korallen, Korallenfischen und Seetang entstanden ist.

Beliebte Tauchreviere an der South Coast sind Jervis Bay, Montague Island und Bass Point bei Shellharbour.

Auch vor Lord Howe Island kann man prima tauchen und schnorcheln.

Vogelbeobachtung

Die Lord Howe Island ist für ihre große Vogelschar bekannt. Gleiches gilt für den Dorrigo National Park und das Macquarie Marshes Nature Reserve.

Wal- & Delfinbeobachtung

Jedes Jahr von Ende Mai bis Ende November ziehen Südkaper und Buckelwale an Australiens Südküste entlang. Bei einer Walbeobachtungstour kommt man den majestätischen Tieren ganz nah. Die besten Orte hierfür sind Eden im Süden von New South Wales und Coffs Harbour sowie Port Stephens an der mittleren Nordküste. Eden veranstaltet zudem jedes Jahr Anfang November ein richtiges Fest rund ums Whale Watching.

Delfine kann man das ganze Jahr über an vielen Orten an der Küste von New South Wales sehen, z.B. in Jervis Bay, Port Stephens und Byron Bay. Hin und wieder zeigen sie sich sogar vor den Eastern Beaches in Sydney.

Weingebiete

Das älteste und bekannteste Weinbaugebiet in New South Wales ist das Hunter Valley, das vor allem für seinen Sémillon und Shiraz (Syrah) berühmt ist. Lange galt das Tal unangefochten als wichtigste Winzerregion des Bundesstaates, in den letzten Jahrzehnten erhielt es jedoch ernsthafte Konkurrenz. Die Mitbewerber sind die Central Ranges Region mit dem Weinbaugebiet Cowra, das für seinen Chardonnay bekannt ist, Mudgee mit seinem Cabernet Sauvignon und Syrah sowie Orange, das eine Reihe unverschnittener Weine zu bieten hat, darunter die Rebsorten Shiraz, Cabernet Sauvignon, Chardonnay und Sauvignon Blanc.

Andere Weinregionen sind die Southern New South Wales Zone mit den Anbaugebieten Gundagai (bekannt für Chardonnay, Shiraz und Cabernet Sauvignon), Hilltops (Cabernet Sauvignon und Shiraz) und Tumbarumba (Pinot Noir, Chardonnay und Sekt).

Kleinere, weniger bekannte Gebiete sind die Riverina, Perricoota, die Shoalhaven Coast, die Southern Highlands, Hastings River, die Northern Slopes und die Western Plains.

Für Weinkenner lohnt sich ein Besuch der **Wine Week** (www.tasteorange.com.au/wineweek) in Orange Ende Oktober. Dann stehen zehn Tage lang Veranstaltungen und Aktivitäten rund um die besten Tropfen der Region auf dem Programm. Weitere Events zum Thema Wein sind außerdem der Hunter Valley Wine & Food Month im Juni, das **Mudgee Wine Festival** (www.mudgeewine.com.au) im September und das **UnWINEd in the Riverina Festival** (www.unwined-riverina.com) in Griffith Anfang Juni.

Yoga & alternative Heilverfahren

Wer auf Yoga oder alternative Heilverfahren aus ist, für den gibt es eigentlich nur ein besonders wichtiges Reiseziel: Byron Bay.

Geführte Touren

In New South Wales werden Touren für jeden Geschmack und Geldbeutel angeboten: Wein-, Walbeobachtungs- und Wandertouren, Aborigine-, Surf- und andere Touren.

Saisonarbeit

Die meiste Saisonarbeit fällt an, wenn im Herbst die Obsternte und die Weinlese anstehen.

Im Winter sind viele Jobs in den Skigebieten der Snowy Mountains zu vergeben.

Die staatliche Website **Harvest Trail** (☎1800 062 332; www.jobsearch.gov.au/harvesttrail) ist eine ausgezeichnete Infoquelle für Jobsuchende.

Anreise & Unterwegs vor Ort

Mit dem Auto oder Motorrad von Süden kommend, gelangt man in der Regel auf dem Hume Hwy (Rte 31) nach New South Wales; von Norden kommend ist üblicherweise der Pacific Hwy (Rte 1) die erste Wahl. Der Princes Hwy führt von Sydney aus gen Süden an der Südküste des Bundesstaates entlang.

BUS

Bei Reisen in die meisten Städte in New South Wales ist der Bus das wichtigste Verkehrsmittel. Wer auf dem Weg mehrere Zwischenstopps einlegen möchte, sollte sich nach preiswerteren Pauschalangeboten erkundigen, statt einzelne Busfahrkarten zu kaufen. In abgelegenen Gebieten sind oft Schulbusse die einzigen öffentlichen Verkehrsmittel; die Fahrer müssen einen nicht mitnehmen, tun es aber meist. Busfahrkarten sind online übrigens etwas günstiger als am Fahrkartenschalter.

Es gibt mehrere Anbieter, die Routen innerhalb des Bundesstaates und darüber hinaus bedienen.

Australia Wide (☎02-9516 1300; www.austwidecoaches.com.au) Von Sydney nach Orange und Bathurst.

Busways (☎02-9625 8900; www.busways.com.au) Hunderte Regionalrouten an der Nord- und Zentralküste sowie im Südwesten Sydneys.

Firefly (Karte S. 82; ☎1300 730 740; www.fireflyexpress.com.au) Von Sydney über Canberra und Melbourne nach Adelaide.

Greyhound (☎1300 4739 46863, 1300 GREYHOUND; www.greyhound.com.au) Verbindungen von Sydney nach Canberra, Melbourne, Wagga Wagga, Newcastle, Coffs Harbour, Byron Bay, Surfers Paradise und Brisbane.

Murrays (☎13 22 51; www.murrays.com.au) Verbindungen zwischen Sydney, Canberra und der South Coast das ganze Jahr über sowie zwischen Canberra und den Skigebieten in der Wintersportsaison.

Port Stephens Coaches (☎02-4982 2926; www.pscoaches.com.au) Von Sydney und Newcastle nach Port Stephens.

Premier (☎13 34 10; www.premierms.com.au) Von Sydney nach Coffs Harbour, Byron Bay, Gold Coast, Brisbane, Airlie Beach und Cairns.

Priors Scenic Express (☎1800 816 234; www.priorsbus.com.au) Von Parramatta über Bowral, Nowra und Batemans Bay nach Moruya.

FLUGZEUG

Die meisten Australienbesucher landen am Sydney Airport (S. 135), der zugleich der wichtigste Inlandsflughafen des Landes ist.

Qantas (☎13 13 13; www.qantas.com.au), **Jetstar** (☎13 15 38; www.jetstar.com.au), **Virgin Australia** (☎13 67 89; www.virginaustralia.com) und **Tiger Airways** (☎03-9335 3033; www.tigerairways.com/au/en) bieten regelmäßige Inlandsverbindungen nach bzw. ab Sydney. Qantas und kleinere Linien wie **Rex** (Regional

Express; (☎13 17 13; www.rex.com.au), **Brindabella Airlines** (☎1300 66 88 24; www.brindabellaairlines.com.au) und **Aeropelican** (☎13 13 13; www.aeropelican.com.au) fliegen ländliche Ziele in ganz New South Wales an.

ZUG

CountryLink (☎13 22 32; www.countrylink.info) Die staatliche Bahngesellschaft fährt viele größere Städte in New South Wales an, ab denen Busse zu verschiedenen Zielen verkehren. Tickets müssen vorab telefonisch, online oder persönlich in einem der CountryLink Travel Centres in Sydney, die auf der Website aufgelistet sind, gebucht werden. CountryLink hat Fahrkarten für die 1. Klasse und die Economy Class. Außerdem gibt es eine begrenzte Anzahl von ermäßigten Tickets und Fahrkarten mit Zwischenstopps: Mit dem Backtracker Pass, der nur für ausländische Besucher gültig ist, kann man unbegrenzt im gesamten Schienennetz von CountryLink reisen, zu dem Sydney, die ländlichen Gebiete in New South Wales, die Gold Coast, Brisbane, Canberra und Melbourne gehören (14 Tage/1 Monat/3 Monate/6 Monate ab 218/251/273/383 AU$).

CityRail (S. 137), das städtische Bahnnetz Sydneys, betreibt häufig verkehrende Pendlerzüge in Richtung Süden über Wollongong nach Bomaderry, in Richtung Westen über die Blue Mountains nach Katoomba und Lithgow, in Richtung Norden nach Newcastle und in Richtung Südwesten über die Southern Highlands nach Goulburn. Infos für Zugreisende gibt's an den CityRail-Informationsständen am Circular Quay sowie an der Central Station, Town Hall Station und Kings Cross Station.

SYDNEY

4,5 MIO. EW.

Australiens einzige wirklich internationale Stadt lässt die weltweite Konkurrenz alt aussehen und ist dabei entspannter als jede andere Metropole. Außer mit den drei Topattraktionen des Landes, der Harbour Bridge, dem Opera House und dem Bondi Beach, wartet sie mit vielen weiteren Highlights auf. Willkommen in der ältesten, größten und facettenreichsten Stadt des Staates, verwöhnt von der Sonne und geprägt von einer spektakulären Landschaft und dem Charme ihrer Bewohner!

Sehenswertes

Sydney Harbour

Sydneys herrlicher Naturhafen ist das schillernde Herzstück und die Seele der Stadt – und natürlich *der* Besuchermagnet. Er erstreckt sich vom Südpazifik 20 km landeinwärts bis zur Mündung des Parramatta River. Der Hafen bildet die ruhige Postkartenkulisse für das schnelllebige Sydney. Die Strände, Buchten, Inseln und die kleinen Nationalparks mit hübscher Flora und Fauna bergen zahllose Möglichkeiten zur Erholung. Das große, wundervolle Gebiet mit der Fähre zu erkunden, gehört sicher zu den schönsten Urlaubserlebnissen.

Der **North Head** und der **South Head** bilden das Tor zwischen Ozean und Hafen. Neben dem Hafen, auf der Seite des South Head, liegt das frühere Fischerdorf **Watsons Bay**. **Manly**, das beliebteste Tagesausflugsziel der Einwohner Sydneys, befindet sich auf einer Landzunge zwischen dem Hafen und dem Ozean in der Nähe vom North Head. Im Hafen – in fast der gleichen Distanz zu beiden Heads – liegt der **Middle Head** der North Shore, der von geschützten Buchten und schickeren Wohnvierteln geprägt ist.

Blickfang des inneren Hafens und wichtigster Verkehrsknoten der Stadt ist der **Circular Quay** mit dem Sydney Opera House und dem kürzlich renovierten Museum of Modern Art (MCA). Von hier aus kommt man zum zentralen Geschäftsviertel (CBD). Hier starten auch die Fähren zu Zielen an beiden Ufern des Hafens und zu ein paar der Hafeninseln.

Sydney Harbour National Park NATIONALPARK

(www.npws.nsw.gov.au) Der Sydney Harbour National Park schützt große Buschlandgebiete rund um den Hafen sowie mehrere **Hafeninseln** und wartet mit Wanderwegen, malerischen Aussichtspunkten, Felszeichnungen der Aborigines, Stränden und einer Handvoll historischer Stätten auf. Der Park umfasst den South Head und den Nielsen Park südlich des Hafens, der Großteil liegt jedoch an der North Shore mit Bradleys Head, Middle Head, Dobroyd Head und North Head. Kostenlose Broschüren mit Vorschlägen für Touren in Eigenregie gibt es beim Sydney Harbour National Park Information Centre (S. 135) in The Rocks.

Zum Parkgelände gehören die fünf Hafeninseln Clark Island vor Darling Point, Shark Island vor Rose Bay, Rodd Island in der Iron Cove nahe Birkenhead, Goat Island vor Balmain und das kleine befestigte Fort Denison vor Mrs. Macquaries Point. Drei davon können im Rahmen täglicher Touren

Sydney

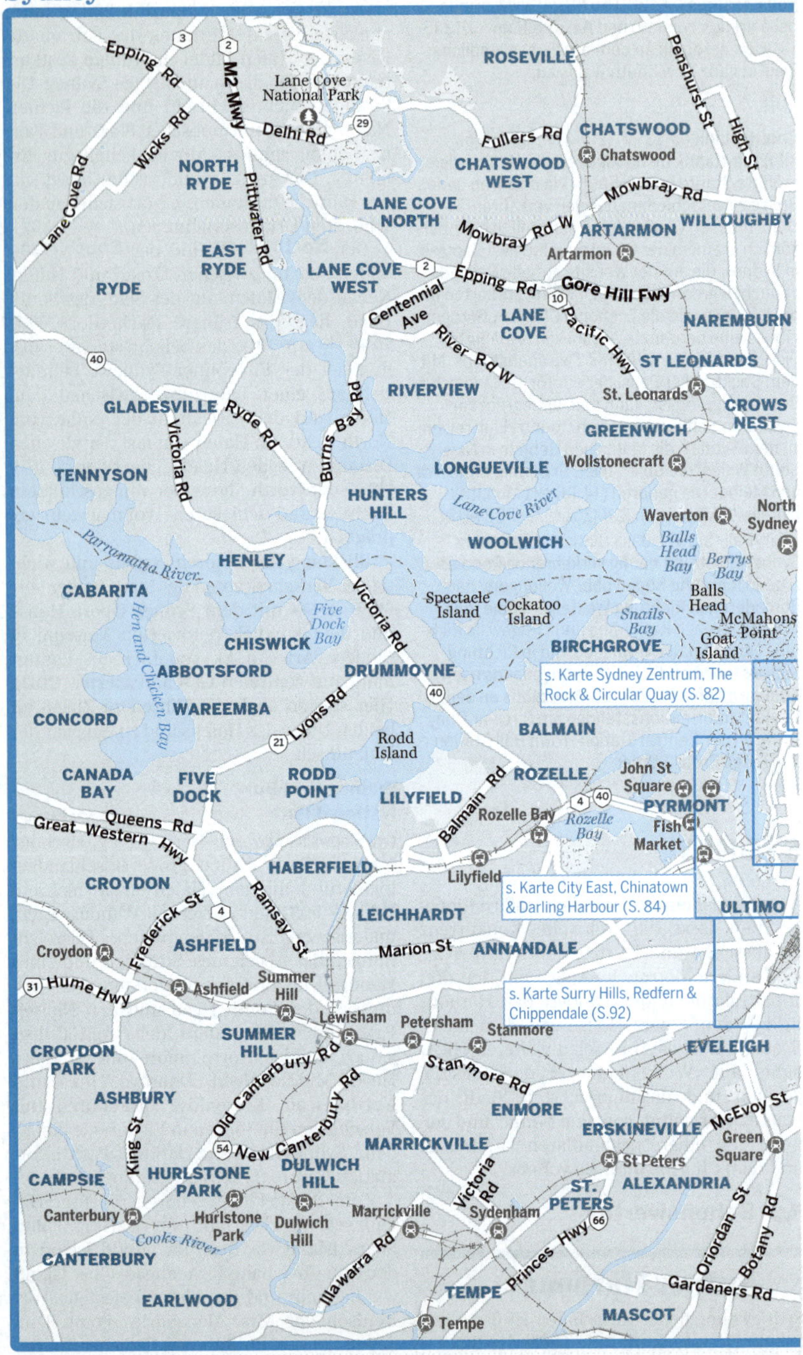
Epping Rd
3
2
M2 Mwy
Lane Cove National Park
Delhi Rd
29
ROSEVILLE
Penshurst St
High St
Fullers Rd
CHATSWOOD
Chatswood
CHATSWOOD WEST
Wicks Rd
Lane Cove Rd
NORTH RYDE
Pittwater Rd
EAST RYDE
LANE COVE NORTH
Mowbray Rd W
Mowbray Rd
ARTARMON
Artarmon
WILLOUGHBY
RYDE
LANE COVE WEST
Epping Rd
Gore Hill Fwy
10
Centennial Ave
LANE COVE
Pacific Hwy
NAREMBURN
40
River Rd W
ST LEONARDS
St. Leonards
RIVERVIEW
Burns Bay Rd
CROWS NEST
GLADESVILLE
Ryde Rd
Victoria Rd
GREENWICH
LONGUEVILLE
Wollstonecraft
TENNYSON
HUNTERS HILL
Lane Cove River
Waverton
North Sydney
WOOLWICH
Balls Head Bay
Berrys Bay
Parramatta River
HENLEY
CABARITA
Spectacle Island
Cockatoo Island
Balls Head
Five Dock Bay
Snails Bay
McMahons Point
Goat Island
Hen and Chicken Bay
CHISWICK
BIRCHGROVE
ABBOTSFORD
DRUMMOYNE
s. Karte Sydney Zentrum, The Rock & Circular Quay (S. 82)
WAREEMBA
Lyons Rd
CONCORD
21
Rodd Island
BALMAIN
CANADA BAY
FIVE DOCK
RODD POINT
LILYFIELD
Balmain Rd
ROZELLE
John St Square
4
PYRMONT
Rozelle Bay
Queens Rd
Great Western Hwy
Fish Market
HABERFIELD
Lilyfield
CROYDON
Ramsay St
s. Karte City East, Chinatown & Darling Harbour (S. 84)
LEICHHARDT
ULTIMO
Frederick St
Croydon
ASHFIELD
Marion St
ANNANDALE
31
Hume Hwy
Ashfield
Summer Hill
s. Karte Surry Hills, Redfern & Chippendale (S.92)
Lewisham
Petersham
Stanmore
SUMMER HILL
EVELEIGH
CROYDON PARK
Old Canterbury Rd
Stanmore Rd
ASHBURY
New Canterbury Rd
ENMORE
McEvoy St
King St
54
ERSKINEVILLE
Green Square
MARRICKVILLE
CAMPSIE
HURLSTONE PARK
DULWICH HILL
St Peters
Victoria Rd
ALEXANDRIA
ST. PETERS
Canterbury
Hurlstone Park
Dulwich Hill
Marrickville
Sydenham
66
Cooks River
Princes Hwy
Oriordan St
Botany Rd
CANTERBURY
Illawarra Rd
TEMPE
Gardeners Rd
EARLWOOD
MASCOT
Tempe

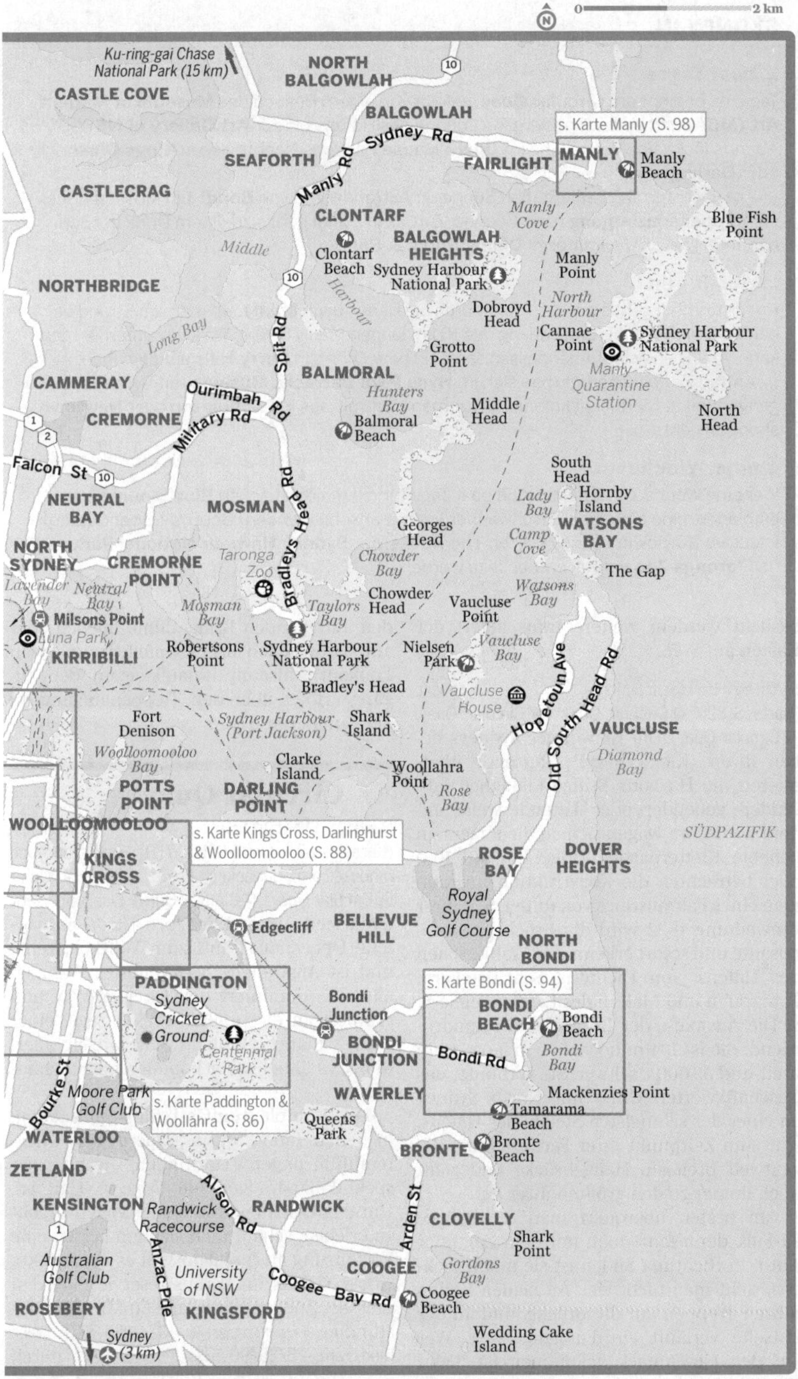
0
2 km
N
Ku-ring-gai Chase National Park (15 km)
NORTH BALGOWLAH
10
CASTLE COVE
BALGOWLAH
s. Karte Manly (S. 98)
Sydney Rd
SEAFORTH
FAIRLIGHT
MANLY
Manly Beach
Manly Rd
CASTLECRAG
CLONTARF
Manly Cove
Blue Fish Point
Middle
BALGOWLAH HEIGHTS
Clontarf Beach
Manly Point
NORTHBRIDGE
Sydney Harbour National Park
Harbour
North Harbour
Dobroyd Head
Long Bay
Spit Rd
Cannae Point
Sydney Harbour National Park
Grotto Point
Manly Quarantine Station
CAMMERAY
BALMORAL
Ourimbah Rd
Hunters Bay
Middle Head
North Head
CREMORNE
Military Rd
Balmoral Beach
1
2
Falcon St
South Head
NEUTRAL BAY
Bradleys Head Rd
Lady Bay
Hornby Island
MOSMAN
Georges Head
WATSONS BAY
NORTH SYDNEY
CREMORNE POINT
Taronga Zoo
Camp Cove
Chowder Bay
The Gap
Lavender Bay
Neutral Bay
Watsons Bay
Chowder Head
Mosman Bay
Taylors Bay
Vaucluse Point
Milsons Point
Luna Park
Vaucluse Bay
KIRRIBILLI
Robertsons Point
Sydney Harbour National Park
Nielsen Park
Bradley's Head
Vaucluse House
Hopetoun Ave
Fort Denison
Sydney Harbour (Port Jackson)
Shark Island
Old South Head Rd
VAUCLUSE
Woolloomooloo Bay
Clarke Island
Woollahra Point
Diamond Bay
POTTS POINT
DARLING POINT
Rose Bay
WOOLLOOMOOLOO
s. Karte Kings Cross, Darlinghurst & Woolloomooloo (S. 88)
SÜDPAZIFIK
KINGS CROSS
ROSE BAY
DOVER HEIGHTS
Royal Sydney Golf Course
Edgecliff
BELLEVUE HILL
NORTH BONDI
PADDINGTON
s. Karte Bondi (S. 94)
Sydney Cricket Ground
Bondi Junction
BONDI BEACH
Bondi Beach
Centennial Park
BONDI JUNCTION
Bondi Rd
Bondi Bay
Bourke St
Moore Park Golf Club
s. Karte Paddington & Woollahra (S. 86)
WAVERLEY
Mackenzies Point
Tamarama Beach
WATERLOO
Queens Park
BRONTE
Bronte Beach
ZETLAND
Alison Rd
KENSINGTON
Randwick Racecourse
RANDWICK
Arden St
CLOVELLY
Shark Point
Anzac Pde
Australian Golf Club
University of NSW
COOGEE
Gordons Bay
Coogee Bay Rd
Coogee Beach
ROSEBERY
KINGSFORD
Wedding Cake Island
Sydney (3 km)

SYDNEY IN ...

... zwei Tagen

Tag eins beginnt am **Circular Quay**, gefolgt von einem Besuch des **Museum of Modern Art (MCA)** und einem Spaziergang entlang des Hafens bis zur **Art Gallery of NSW**. Abends lockt eine Vorstellung im **Opera House** oder das Nachtleben in **Kings Cross** oder **Darlinghurst**.

Am nächsten Tag genießt man Sonne und Strandszene von **Bondi**. Ein Muss ist dabei ein **Klippenspaziergang** nach Coogee. Zurück in Bondi geht's zu einem Drink bei Sonnenuntergang in die **Icebergs Dining Room & Bar**.

... vier Tagen

Am dritten Tag geht's mit der Fähre durch die Heads nach **Manly**, wo man am Strand baden oder eine Wanderung entlang des 10 km langen Manly Scenic Walkway unternehmen kann. Am Abend steht Abendessen samt ein paar Drinks in **Surry Hills** auf dem Plan.

An Tag vier beschäftigt man sich im **Hyde Park Barracks Museum** mit Sydneys Vergangenheit als Sträflingskolonie, bevor man nachmittags in **Paddington** oder **Newtown** shoppen geht.

... einer Woche

Wer eine Woche Zeit hat, kann ein paar Tage für die majestätischen **Blue Mountains** einplanen, eine eintägige Buschwanderung mit anschließendem Gourmet-Abendessen inklusive. Zurück in Sydney warten **The Rocks**, der **Sydney Harbour National Park** und der **Taronga Zoo** darauf, entdeckt zu werden.

besucht werden; weitere Infos liefert der Kasten auf S. 75.

Sydney Harbour Bridge BRÜCKE

(Karte S. 82; Circular Quay, Circular Quay, Circular Quay) Die Einwohner Sydneys lieben ihren „Kleiderbügel". Tausende überqueren die Harbour Bridge tagtäglich fahrender-, gehender- oder skatenderweise, andere wiederum wagen sich an die ungemein beliebte Kletterpartie BridgeClimb (S. 103) oder betrachten die Konstruktion im Rahmen eines Fährausflugs von unten. Seit ihrer Einweihung 1932 wird die Brücke, das imposante und sofort erkennbare Wahrzeichen des Hafens, von Dichtern, Schriftstellern, Fotografen und Malern des Landes gefeiert.

Die Ausmaße der Brücke sind beeindruckend: Sie ist 134 m hoch, 502 m lang, 49 m breit und 53 000 t schwer. Sie verbindet das Geschäftsviertel (CBD) mit North Sydney an einer der schmalsten Stellen des Hafens, war zum Zeitpunkt ihrer Fertigstellung die weltweit breiteste Hängebrücke und zählt noch immer zu den größten ihrer Art.

Am besten überquert man die Brücke zu Fuß, denn fährt man mit dem Zug oder Auto (in Richtung Süden ist sie mautpflichtig), sieht man nicht viel. An beiden Enden führen Treppen auf die Brücke, und an der Ostseite verläuft ein Fußgängerweg. Wer auf den Geschmack gekommen ist, kann den aufregenden BridgeClimb buchen oder am südöstlichen Brückenpfeiler zum Pylon Lookout Museum hinaufsteigen; der Zugang erfolgt über den Treppenaufgang an der Cumberland St.

Circular Quay

Sydney Opera House WAHRZEICHEN

(Karte S. 82; 02-9250 7111; www.sydneyoperahouse.com; Bennelong Point; Circular Quay, Circular Quay, Circular Quay) Das von dem dänischen Architekten Jørn Utzon entworfene Opernhaus zählt zum Weltkulturerbe und ist Australiens berühmtestes Wahrzeichen. Es dominiert den Circular Way und erinnert an die prallen weißen Segel einer Jacht – manche Einheimische witzeln allerdings, es ähnele eher kopulierenden Schildkröten.

Der Komplex umfasst fünf Spielstätten, in denen Tanz-, Musik-, Opern- und Theateraufführungen stattfinden, wobei der spektakulärste Saal die Concert Hall ist. Um das Opernhaus in seiner vollen Pracht zu erleben, schaut man sich am besten eine Vorführung an (pro Jahr gibt es über 2000), wobei Tickets im Voraus reserviert werden müssen. Zudem gibt es alle 30 Minuten einstündige **Führungen** (02-9250 7777; Erw./Kind/Fam. 35/25/90 AU$; 9–17 Uhr) durch das Gebäude (in verschiedenen Sprachen). Bei der zweistündigen **Backstage Tour** (155 AU$; ⌚ tgl. 7 Uhr) erhalten Teilnehmer Einblicke hinter die Kulissen und ein Frühstück im Green Room. Über weitere Details informiert die Website.

Das Gebäude ist behindertengerecht gestaltet, wobei in einigen Bereichen das Personal helfen muss (im Voraus anrufen!).

★ Museum of Contemporary Art MUSEUM

(MCA; Karte S. 82; ☎ 02-9245 2400; www.mca.com.au; 140 George St; ⌚ tgl. 10–17, Do bis 21 Uhr; Circular Quay, Circular Quay, Circular Quay) GRATIS Das Museum für australische und internationale zeitgenössische Kunst ist in einem Art-déco-Gebäude nach Gotham-City-Art gegenüber dem Circular Quay West untergebracht. Vor Kurzem wurde es für 53 Mio. AU$ um eindrucksvolle neue Ausstellungsflächen und ein Café mit Skulpturenterrasse im Obergeschoss mit spektakulärem Ausblick erweitert. Täglich um 11 und 13 Uhr sowie donnerstags um 19 und am Wochenende um 15 Uhr werden Führungen unter ehrenamtlicher Leitung angeboten.

Die regelmäßig wechselnden Ausstellungen sind mit Schwerpunkt auf Multimediakunst zusammengestellt, wobei auch Gemälde und Skulpturen zu sehen sind. Zu den Highlights zählen die alljährliche Primavera-Ausstellung im Frühjahr mit Werken australischer Künstler unter 35 Jahren und die von Künstlern organisierte ARTBAR-Veranstaltung (Erw./erm. 20/15 AU$) am letzten Freitag jedes Monats. Diese zählt zu den angesagtesten Kunstevents der Stadt und bietet neben klassischer Kunst auch Design, Tanz und Performance Art.

Die Dauerausstellungen sind kostenlos, für Sonderausstellungen wird hingegen Eintritt erhoben.

Customs House WAHRZEICHEN

(Karte S. 82; ☎ 02-9242 8555; www.cityofsydney.nsw.gov.au/customshouse/thelibrary; 31 Alfred St; ⌚ Mo–Fr 10–19, Sa & So 11–16 Uhr; Circular Quay, Circular Quay, Circular Quay) GRATIS Gegenüber vom chaotischen Verkehrsknotenpunkt Circular Quay beherbergt dieses hübsche Gebäude von 1885 eine Zweigstelle der Sydney City Libraries. Besucher können über kostenloses WLAN oder an den biblio-

DIE HAFENINSELN BESUCHEN

Zu vier von Sydneys Hafeninseln verkehren Fähren:

Cockatoo Island Die Insel würde kürzlich zum Welterbe erklärt und ist die größte im Hafen. Im Visitor Centre ist eine günstige Broschüre mit vier Tourvorschlägen erhältlich, die faszinierende Einblicke in die interessante Strafkolonie- und Seefahrtsgeschichte der Insel gewähren. Zudem gibt es Audiotouren, geführte Ausflüge, ein ganzjährig geöffnetes Café, eine Freiluftbar (nur im Sommer), Picknickplätze, kostenlose Grillstellen, Unterkünfte in Häusern, Wohnungen und komfortablen Zelten sowie einen Campingplatz. Weitere Infos liefert www.cockatooisland.gov.au. Hierher gelangt man mit der Fähre (Paramatta River od. Balmain) ab der Wharf 5 beim Circular Quay.

Goat Island Der NSW National Parks and Wildlife Service (NPWS) veranstaltet Führungen zu den vielen Bauten auf der Insel aus der Zeit als Strafkolonie. Weitere Infos gibt's unter www.nationalparks.nsw.gov.au.

Fort Denison Täglich verkehrt eine Fähre von Matilda Cruises (S. 102) alle 30 bis 45 Minuten vom Pier 26 in Darling Harbour zur Insel und legt dabei einen Zwischenstopp an der Wharf 6 des Circular Quay ein. Für Erwachsene kostet die Fahrt 20 AU$, für Kinder (5–15 Jahren) 17 AU$; inbegriffen ist die NPWS-Eintrittsgebühr. Alternativ bietet der NPWS gelegentlich geführte Touren an. Die Insel hat ein Café und wartet mit spektakulären Panoramablicken auf den Hafen auf. Die historische Kanone des Forts wird täglich um 13 Uhr abgefeuert.

Shark Island Fünfmal täglich verkehrt eine Fähre von Captain Cook Cruises (S. 102) vom Pier 26 in Darling Harbour zur Insel und hält auf dem Weg an der Wharf 6 des Circular Quay. Für Erwachsene kostet die Fahrt 20 AU$, für Kinder (5–15 Jahre) 17 AU$; inbegriffen ist die NPWS-Eintrittsgebühr. Die Insel bietet tolle Ausblicke, einen kleinen Strand und Picknickplätze.

Zu den Inseln fahren auch Wassertaxis ab Darling Harbour und Circular Quay; weitere Details gibt's im Abschnitt „Unterwegs vor Ort" (S. 135).

ERMÄSSIGUNGEN

Für Geschichtsinteressierte lohnt sich der Kauf eines **Ticket Through Time** (☎02-8239 2211; www.hht.net.au/visiting/ticket_through_time; Erw./erm. & Kind/Fam. 30/15/60 AU$), das den Eintritt zu elf Anlagen umfasst, die vom Historic Houses Trust (HHT) verwaltet werden. Der Pass ist drei Monate gültig und online oder bei den meisten HHT-Anwesen erhältlich.

Der **Ultimate Sydney Pass** (Erw./Kind 95/70 AU$) wird beim Sydney Tower Eye verkauft, gilt 30 Tage lang und umfasst das Sydney Tower Eye und den Skywalk in Central Sydney sowie das SEA LIFE Sydney Aquarium, den WILD LIFE Sydney Zoo und Madame Tussaud's in Darling Harbour.

Der **4 Attraction Combo Pass** (Erw./Kind/Fam. 67,50/49,50/216 AU$) gilt für das Sydney Tower Eye, das Manly SEA LIFE Sanctuary, das SEA LIFE Sydney Aquarium und den WILD LIFE Sydney Zoo. Erhältlich ist er bei allen vier Attraktionen.

Die **Australian Travel Specialists** (ATS; ☎1800 355 537; www.atstravel.com.au; Ticketschalter an der Wharf 6, Circular Quay & Harbourside Shopping Centre, Darling Harbour) bieten ebenfalls verschiedene Ermäßigungen für Sehenswürdigkeiten und Attraktionen in und um Sydney an. Allerdings lohnen sie sich nicht in jedem Fall, deswegen sollte man sich vor dem Kauf gut informieren.

thekseigenen Rechnern (3 AU$/30 Min.) im Internet surfen, in einer großen Auswahl von Zeitungen und Magazinen schmökern, die Toiletten benutzen und im Foyer unter dem Glasboden ein Modell von Sydney im Maßstab 1:500 bestaunen.

Justice & Police Museum MUSEUM
(Karte S. 82; ☎02-9252 1144; www.hht.net.au; Ecke Albert St & Phillip St; Erw./Kind 10/5 AU$; ⌚Sa & So 10–17 Uhr; 🚉Circular Quay) Das gegenüber vom Circular Quay East in der ehemaligen Water Police Station (1858) untergebrachte kleine Museum dokumentiert die dunkle, anrüchige Vergangenheit der Stadt anhand regelmäßig wechselnder makabrer Ausstellungen.

The Rocks

Seit ihren Anfängen hat sich die erste europäische Siedlung auf Sydneys Boden bis zur Unkenntlichkeit weiterentwickelt: Die ersten Bewohner lebten hier dicht gedrängt in dreckigen Gassen mit offener Kanalisation. Matrosen, Walfänger und Rowdys zogen besoffen und krakeelend durch die Straßen und trieben in den unzähligen Hafenkneipen, Bordellen und Opiumhöhlen ihr Unwesen.

The Rocks blieb das Zentrum des Handels und Schiffsverkehrs, bis Ende des 19. Jhs. der Schiffsgüterverkehr vom Circular Quay wegverlagert wurde. Mit dem Ausbruch der Beulenpest 1900 beschleunigte sich der Verfall; und als in den 1920er-Jahren mit dem Bau der Harbour Bridge begonnen wurde, riss man am Südende der Brücke viele Gebäude und ganze Straßenzüge ab.

Erst in den 1970er-Jahren wurde man sich des kulturellen und architektonischen Erbes von The Rocks bewusst. Die folgende am Tourismus orientierte Sanierung rettete viele alte Gebäude, verwandelte aber das Gebiet östlich der Brückenautobahn in eine Touristenfalle, wo kitschige Cafés und Läden mit ausgestopften Koalas und gefakten Didgeridoos in der Überzahl sind. Trotzdem hat die Gegend etwas Faszinierendes und lässt sich gut zu Fuß erkunden.

Der **Argyle Cut** ist ein eindrucksvoller Tunnel, der einst von Sträflingen gegraben wurde. Dahinter liegt **Millers Point**, ein charmanter Bezirk mit Wohnhäusern aus der frühen Kolonialzeit. Spaziergänger genießen dort alles, was The Rocks ansonsten vermissen lässt. Der **Argyle Place** (Karte S. 82; Argyle St; 🚉Circular Quay) ist ein grüner Dorfplatz im englischen Stil. An seinem Rand steht mit der **Garrison Church** (Karte S. 82; ☎9247 1268; www.thegarrisonchurch.org.au; 62 Lower Fort St; ⌚9–17 Uhr; 🚉Circular Quay) von 1848 die älteste Kirche Australiens.

Die Kaianlagen rund um den Dawes Point erholen sich gerade schnell vom lange andauernden Verfall. Pier 4 an der Walsh Bay beherbergt mehrere Theaterensembles wie die renommierte Sydney Theatre Company. Gegenüber steht das eindrucksvolle Sydney Theatre.

The Rocks Discovery Museum MUSEUM
(Karte S. 82; ☎02-9240 8680; www.rocksdiscoverymuseum.com; 2–8 Kendall La; ⌚10–17 Uhr;

(Circular Quay, Circular Quay, Circular Quay) GRATIS Das exzellente Museum ist in vier chronologisch geordnete Ausstellungsbereiche aufgeteilt – Warrane (vor 1788), Colony (1788–1820), Port (1820–1900) und Transformations (1900–heute) – und erläutert mittels Artefakten die Geschichte von The Rocks. Besondere Aufmerksamkeit wird den ursprünglichen Bewohnern von The Rocks, den Gadigal, gewidmet.

SH Ervin Gallery KUNSTGALERIE
(Karte S. 82; 02-9258 0173; www.shervingallery.com.au; Watson Rd; Erw./erm./Kind unter 12 Jahren 7/5 AU$/frei; Di–So 11–17 Uhr; Wynyard) Die vom National Trust verwaltete Galerie hoch oben auf dem Observatory Hill im alten Gebäude der Fort St School (1856) zeigt historische und zeitgenössische australische Kunst mit Schwerpunkt auf den Werken von Künstler*innen*. Es gibt auch ein Café.

Sydney Observatory OBSERVATORIUM
(Karte S. 82; 02-9921 3485; www.sydneyobservatory.com.au; Watson Rd; Eintritt Gebäude & Gelände frei, Teleskop & 3D-Kino tagsüber Erw./erm. & Kind 8/6 AU$, abends Erw./erm. 18/14 AU$; 10–17 Uhr; Circular Quay, Circular Quay, Circular Quay) GRATIS Das in den 1850ern erbaute Observatorium Sydneys wird von einer Kuppel aus Kupfer gekrönt und liegt inmitten einer Gartenanlage mit Blick auf den Millers Point und den Hafen. Es beherbergt eine Sammlung alter Geräte, zu der Australiens ältestes funktionsfähiges Teleskop (1874) zählt, technologische Exponate, eine interaktive Ausstellung zur australischen Astronomie inklusive Aborigine-Erzählungen und Blick in den Sternenhimmel sowie ein 3D-Kino. Die abendlichen Teleskopsessions und Kinovorführungen müssen im Voraus gebucht werden.

Susannah Place Museum MUSEUM
(Karte S. 82; 02-9241 1893; www.hht.net.au; 58–64 Gloucester St; Erw./Kind 8/4 AU$; Führungen tgl. 14, 15 & 16 Uhr; Circular Quay, Circular Quay, Circular Quay) Der kleine Komplex von 1844 besteht aus vier Reihenhäusern und einem Laden, der historische Artefakte verkauft, und gibt faszinierende Einblicke in das innerstädtische Leben seit Kolonialzeiten. Zunächst wird Besuchern eine Dokumentation über die einstigen Bewohner (manche lebten bis 1990 hier) gezeigt, dann gibt es eine Führung durch die beengten Reihenhäuser, deren Einrichtungen verschiedene historische Epochen widerspiegeln.

City East

Schmale Gassen führen vom Circular Quay Richtung Südosten bergauf zu Sydneys historischem Parlamentsviertel an der Macquarie St. Weiter östlich erstrecken sich die großartigen Royal Botanic Gardens und The Domain, eine 34 ha große Parklandschaft.

Royal Botanic Gardens GÄRTEN
(Karte S. 82; 02-9231 8111; www.rbgsyd.nsw.gov.au; Mrs. Macquaries Rd; 7 Uhr–Sonnenuntergang; Circular Quay, Circular Quay, Circular Quay od. Martin Pl) GRATIS Vor der Ankunft europäischer Siedler wurde das Wattgebiet entlang Woccanmagully (Farm Cove) von den Gadigal (Cadigal) als rituelle Stätte genutzt. Danach diente es den Gouverneuren Phillip und Macquarie als Privatreservat. 1816 kam Allan Cunningham in der Kolonie an und wurde zum königlichen Botaniker ernannt. Bald löste ihn Charles Fraser ab, der 1817 damit begann, neben dem Gemüsegarten des Gouverneurs einen Botanischen Garten anzulegen. 1821 wurde Fraser offizieller Botaniker der Kolonialregierung und damit auch Leiter der neuen Botanischen Gärten der Kolonie. Ab 1831 ermöglichten Straßen und Wege durch The Domain Besuchern Zugang zu dem Gelände.

Zu den Highlights der 30 ha großen Stadtoase gehören der Rosengarten, der Wanderweg durch den Regenwald und der Palmenhain. Die Ausstellung Cadi Jam Ora erläutert die Geschichte der Gadigal und zeigt Pflanzen, die vor der Ankunft der europäischen Siedler auf dem Gelände wuchsen. Am besten lässt sich der Park im Rahmen der **Aboriginal Heritage Tour** (02-9231 8134; Erw./Student & Kind 36,50/16,50 AU$; Fr 10 Uhr) mit Bush-Food-Verköstigungen erkunden. Diese muss im Voraus gebucht werden.

Am nordöstlichen Ende der Gärten befindet sich der malerische Aussichtspunkt **Mrs. Macquaries Point**. Er wurde 1810 nach Elizabeth, der Frau von Governeur Macquarie, benannt, auf deren Wunsch ein Stuhl in den Felsen gemeißelt wurde, von dem aus sie den Hafen überblicken konnte. Im Sommer findet hier das OpenAir Cinema (S. 130) statt.

Ehrenamtliche Mitarbeiter bieten täglich um 10.30 Uhr kostenlose eineinhalbstündige **Führungen** durch die Gärten an; los geht's beim Infoschalter am Gartenladen. Von März bis November gibt es werktags um 13 Uhr zusätzliche Führungen. Wunderbare Blicke auf den Hafen bietet der Weg vom Opera House um die Farm Cove vorbei am Mrs. Macquarie's Point und entlang der Woolloomooloo Bay bis zur Art Gallery of NSW und zur Domain.

★ **Art Gallery of NSW** KUNSTGALERIE
(Karte S. 88; ☎1800 679 278; www.artgallery.nsw.gov.au; Art Gallery Rd, The Domain; ⌚Do–Di 10–17, Mi bis 21 Uhr; 🚉St. James) GRATIS In großartiger Lage über The Domain zeigt die bedeutende bundesstaatliche Galerie eine eindrucksvolle Sammlung australischer und internationaler Kunst. Zu den Highlights zählen die Werke der Aborigines und Torres-Strait-Insulaner in der Yiribana Gallery auf der unteren Etage 3, die zeitgenössischen Ausstellungen auf der unteren Etage 2 und die australischen Galerien im Erdgeschoss. Weitere Highlights sind (kostenpflichtige) Wechselausstellungen aus dem Ausland und aus anderen Bundesstaaten sowie der jährlich vergebene umstrittene Archibald Prize, der für Porträts von australischen Stars und Sternchen vergeben wird.

Zu den beliebten Veranstaltungen der Galerie zählen „Art After Hours" am Mittwochabend, Lesungen zu den Ausstellungen, Filmvorführungen und kostenlose Führungen ehrenamtlicher Mitarbeiter; genauere Infos sind auf der Website nachzulesen. Es gibt ein Café mit Außenterrasse in der unteren ersten Etage und ein Restaurant mit Ausblick auf die Woolloomooloo Bay im Erdgeschoss.

Government House HISTORISCHES GEBÄUDE
(Karte S. 82; ☎02-9931 5222; www.hht.net.au; Macquarie St; ⌚Gelände 10–16 Uhr, Führungen Fr–So 10.30–15 Uhr; 🚌Circular Quay, ⛴Circular Quay, 🚉Circular Quay) GRATIS Die im gotischen Stil erbaute Sandsteinvilla auf dem Gelände der Royal Botanic Gardens war von 1846 bis 1996 Sitz der Gouverneure von New South Wales. Der Gouverneur, der mittlerweile im Admiralty House an der North Shore (Sydneys bester Adresse) residiert, nutzt sie noch heute für wöchentliche Sitzungen und um Staatsoberhäupter und königlichen Besuch zu empfangen. Die Innenräume kann man nur im Rahmen einer Führung besichtigen; Eintrittstickets sind am Pförtnerhaus erhältlich.

Rund um den Hyde Park

In diesem sehr beliebten Bürgerpark am Südende der Macquarie St finden sich eine

Stadtspaziergang The Rocks

START THE ROCKS DISCOVERY MUSEUM
ZIEL CADMANS COTTAGE
LÄNGE 880 M
DAUER 2–3 STD.

In diesem Gebiet gingen die ersten europäischen Siedler am 26. Januar 1788 an Land. Bis heute ist es für Besucher die erste Anlaufstelle. Der Marsch beginnt im 1 **The Rocks Discovery Museum** (S. 76), das einen Überblick über die geschichtsträchtige Vergangenheit der Region gewährt. Vom Museum läuft man gen Norden die Kendall Lane hinauf bis zur 2 **Mill Lane**; diese ist benannt nach der dampfbetriebenen Mühle, die einst hier stand. Die um 1920 abgerissene Mühle war eines der vielen Gebäude aus dem 18. oder 19. Jh. vor Ort, die im 20. Jh. dieses Schicksal erlitten. Nach links (westwärts) in die Mill Lane einbiegen und bis zum 3 **The Rocks Square** an der Ecke zur Playfair St laufen! Hier gerieten 1973 Anwohner, Denkmalschützer, Sozialaktivisten und Gewerkschaftsmitglieder mit der Polizei aneinander. Die Demonstranten stellten sich den Bulldozern in den Weg, die die Gebäude abreißen sollten. So kämpften sie um die Erhaltung ihrer Straßen und Häuser, die den hiesigen Familien seit Generationen eine Heimat waren – ihr Kampf wurde in den Medien als „Battle for The Rocks" bekannt. Die Regierung von New South Wales, die anfangs die Investoren unterstützt hatte, beugte sich 1975 der öffentlichen Meinung und erklärte, dass alle historischen Gebäude nördlich des Cahill Expressway erhalten und restauriert werden sollten.

Weiter geht's nach links (Süden) in die Playfair St und vorbei an der 4 **Argyle Terrace** (1877) und den 5 **Argyle Stores** (1828–1913) auf der Rechten. Dann biegt man rechts ab und läuft gen Westen die Argyle St hinauf bis zum 6 **Argyle Cut** (S. 76). Die in den Sandstein gefräste Straße zwischen Circular Quay und dem Hafen bei Millers Point wurde zwischen 1830 und 1870 zunächst von Sträflingen, später von Steinmetzen geschaffen.

Biegt man links in die Cumberland St ein, sieht man an der Ecke zur Gloucester St das 1914 erbaute 7 **Australian Hotel** (S. 126). Das 8 **King George V. Recrea-**

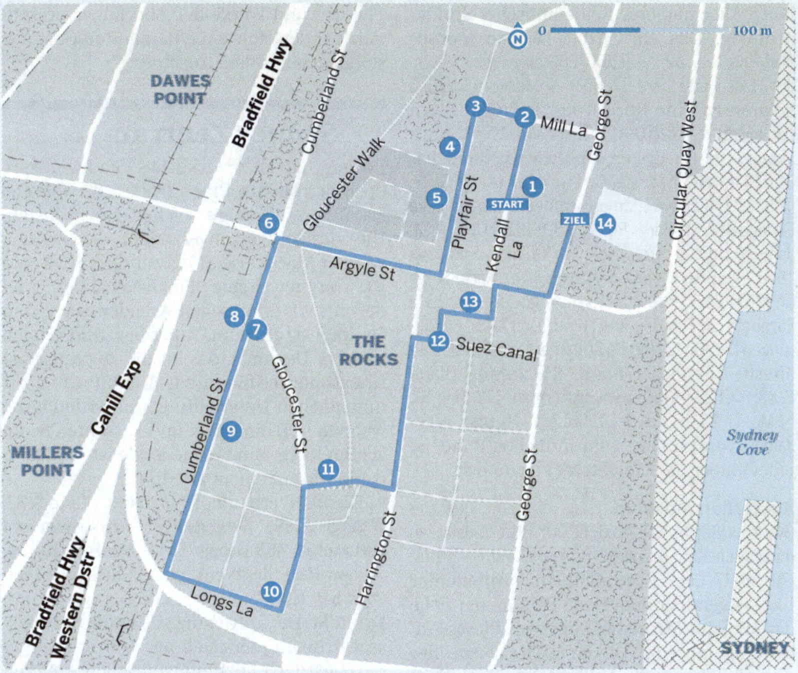

tion Centre gegenüber vom Hotel wurde von Lippmann Associates entworfen und 1998 eröffnet. Das moderne Bauwerk zwischen der Straße und der Grenzmauer zur höher gelegenen Autobahn ist eine architektonische Abwechslung in dem historischen Viertel.

Dann geht es die Cumberland St entlang. Links befindet sich das umweltfreundliche Hostel 9 **Sydney Harbour YHA** (S. 105) mit archäologischer Stätte. 1994 wurden hier die Reste von mehr als 30 Häusern, zwei Gassen, Läden und Kneipen freigelegt und dabei mehr als 750 000 Artefakte gefunden.

Nun geht's links in die Longs Lane bis zur Gloucester St. An der Nordwestecke der Straße liegt die zwischen 1855 und 1857 erbaute 10 **Jobbins Terrace**. Die Reihenhauszeile ist eine von zwei noch vorhandenen, im klassizistischen Stil errichteten Anlagen dieser Art in NSW. Das bescheidene Reihenhaus von 1844gegenüber, das heute das 11 **Susannah Place Museum** (S. 77) birgt, bildet einen interessanten Kontrast.

Vom Museumsladen, der eine bunte Auswahl skurriler Souvenirs verkauft, läuft man die Stufen zur Harrington St hinab, biegt dann links ab und geht nach Norden zum 12 **Suez Canal**, einer schmalen Straße auf der rechten Seite. Im 19. Jh. war dies eine der anrüchigsten Gegenden – die Arbeitsstätte von Prostituierten und der Gang Rocks Push, die von 1870 bis 1900 die Gegend beherrschte. Die Bandenmitglieder überfielen Polizisten und Fußgänger, z. B. indem die Frauen der Gang Betrunkene und Matrosen in dunkle Ecken lockten, wo sie ausgeraubt wurden.

Biegt man in den Suez Canal ein und geht nach links, kommt man in den Well Courtyard. Im Innenhof wurden früher Hunde- und Hahnenkämpfe veranstaltet. Die Stufen führen zur kopfsteingepflasterten Greenway Lane. Benannt ist sie nach dem Architekten Francis Greenway, einem Sträfling, der in der Nähe an der Kreuzung Argyle und George St wohnte.

Den Ausgang in die Argyle St nehmen, wo mit Nr. 45–47 das 13 **Gannon House** steht! Es wurde 1839 als Wohnhaus und Schreinerwerkstatt des ehemaligen Gefangenen und Sargtischlers Michael Gannon erbaut.

Weiter geht's rechts gen Hafen bis zur George St. Im Park gegenüber steht das winzige 14 **Cadmans Cottage**, das 1815/16 für John Cadman, dem von der Kolonialregierung beauftragten Steuermann, gebaut wurde. Es ist das einzige Originalgebäude des alten Werftviertels und das älteste Haus Sydneys.

lange Allee und eine Reihe hübscher Springbrunnen. Das ehrwürdige **Anzac Memorial** (Karte S. 82; ☎9267 7668; www.rslnsw.com.au; Hyde Park; ⏰9–17 Uhr; 🚇Museum) GRATIS beherbergt eine Kuppel mit je einem Stern für jeden der 120 000 Bürger von New South Wales, die im Ersten Weltkrieg gedient haben. Die **St. Mary's Cathedral** (Karte S. 82; ☎9220 0400; www.stmaryscathedral.org.au; Ecke College St & St. Marys Rd; ⏰6.30–18.30 Uhr; 🚇St. James) ragt östlich des Parks auf, Sydneys 1878 erbaute **Great Synagogue** (Karte S. 82; ☎9267 2477; www.greatsynagogue.org.au; 187a Elizabeth St; Führung Erw./Kind 10/5 AU$; ⏰Führungen Di & Do 12 Uhr; 🚇St. James) westlich. Die älteste Kirche der Stadt, **St. James** (Karte S. 82; ☎8227 1300; www.sjks.org.au; 173 King St; ⏰Mo–Fr 10–16, Sa 9–13, So 7.30–16 Uhr; 🚇St. James) von 1819, liegt am südlichen Rand, ist jedoch über die King Street zugänglich.

Australian Museum MUSEUM

(Karte S. 82; ☎02-9320 6000; http://australianmuseum.net.au; 6 College St; Erw./Kind 12/8 AU$; ⏰9.30–17 Uhr; 🚇Museum) In prominenter Lage gegenüber dem Hyde Park an der Ecke der William Street befindet sich dieses Naturkundemuseum. Das erste Tier wurde hier nur 40 Jahre nach Ankunft der First Fleet ausgestopft, und das Museum scheint im Lauf der Jahrhunderte seine Kuratoriumsphilosophie und seine Ausstellungen kaum verändert zu haben. Ausnahmen sind die Wechselausstellungen in der Galerie für indigene australische Kunst, in der oft aktuelle Themen und Werke der Aborigines präsentiert werden, sowie die namhaften Gastausstellungen aus dem Ausland.

AUSTRALIAN CONVICT SITES

Der neueste australische Eintrag in die Liste des UNESCO-Welterbes sind elf historische Stätten, die **Australian Convict Sites** (Sträflingsorte; www.environment.gov.au/heritage/places/world/convict-sites). Vier dieser Stätten befinden sich in oder rund um Sydney: das Old Government House und die Domain in Parramatta, die Hyde Park Barracks in Sydney, Cockatoo Island am Zusammenfluss des Parramatta River und des Lane Cove River in Sydney und die Old Great North Road, die man auf dem Weg ins Hunter Valley besichtigen kann.

Diese Stätten sind nur einige von vielen in New South Wales, die aus der frühen Kolonialzeit stammen; Beispiele sind auch in Port Macquarie, auf Norfolk Island und in Windsor zu finden.

Sydney Zentrum

Sydney hat kein wirkliches Stadtzentrum, doch der **Martin Place** (Karte S. 82; 🚇Martin Place) kommt einem solchen am nächsten. Die riesige Fußgängerzone erstreckt sich von der Macquarie St bis zur George St und ist von gewaltigen Finanzgebäuden und der mit viktorianischen Arkaden verzierten Hauptpost gesäumt. Überdies finden sich hier ein Denkmal, das an die australischen Kriegsopfer erinnert, ein Amphitheater zur mittäglichen Unterhaltung und viele Plätze, wo man sich hinsetzen und Passanten beobachten kann. Am Wochenende ist es hier so ruhig wie auf einem Friedhof.

Die 1874 erbaute **Town Hall** (Karte S. 82; ☎9265 9189; www.cityofsydney.nsw.gov.au/sydneytownhall; 483 George St; ⏰Mo–Fr 8–18 Uhr; 🚇Town Hall) liegt ein paar Blocks südlich vom Martin Pl an der Ecke George St und Druitt St. Der aufwendig gestaltete Sitzungssaal drinnen, der auch als Konzertsaal genutzt wird, passt zum prunkvollen Äußeren des Rathauses. Die benachbarte anglikanische **St. Andrew's Cathedral** (Karte S. 82; ☎9265 1661; www.cathedral.sydney.anglican.asn.au; Ecke George & Bathurst St; ⏰Mo, Di, Fr & Sa 10–16, Mi 8–20, Do 10–18.30, So 7.30–20 Uhr; 🚇Town Hall) entstand ungefähr zur selben Zeit. Direkt daneben nimmt das **Queen Victoria Building** (QVB; Karte S. 82; ☎9264 9209; www.qvb.com.au; 455 George St; Führung 15 AU$; ⏰So 11–17, Mo–Mi, Fr & Sa 9–18, Do 9–21 Uhr; 🚇Town Hall), Sydneys kostspieligstes Einkaufszentrum, einen ganzen Straßenblock ein. Der zweite Platz in Sachen Kostspieligkeit geht an die elegante Strand Arcade (S. 134) zwischen Pitt St Mall und George St, in der vor allem australische Designermode erhältlich ist. An der Ecke Pitt St und Market St befindet sich Westfield Sydney (S. 134), die glamouröseste Shoppingmall der Stadt. Hier ist auch der Zugang zum Sydney Tower Eye (S. 81).

Sydneys beliebte **Chinatown** (Karte S. 84; www.chinatown.com.au/eng; Dixon St; 🚇Town Hall) haucht dem südwestlichen Teil der Stadt mit ihren Restaurants, Läden, der Straßenkunst und den von Düften erfüllten Gassen Leben ein. Während des chinesischen Neujahrsfests Ende Januar bzw. Anfang Februar herrscht auf den Straßen ausgelassene Partystimmung; dafür sorgen Vorführungen, Musiker mit digitaler Unterstützung und Stände, deren Sortiment von Glücksanhängern bis zu Eiscreme-Burgern mit schwarzem Sesam reicht. Keine Angst: Wenn man nach dem Genuss Letzterer übermütig Feuer speiende Papierdrachen sieht, ist das kein halluzinogener Effekt durch den Sesam!

Sydney Tower Eye TURM

(Karte S. 82; ☎ 02-9333 9222; www.sydneytowereye.com.au; 100 Market St; Erw./Kind 26/15 AU$, Skywalk Erw./Kind 65/45 AU$; ⏲ 9–22.30 Uhr; 🚉 St. James) Der 309 m hohe Sydney Tower bietet von seiner Aussichtsplattform in 250 m Höhe eine traumhafte Rundumsicht. Bei gutem Wetter kann man westlich bis zu den Blue Mountains, im Süden bis zur Botany Bay und im Osten über den Hafen bis zum glitzernden Pazifik und über die Straßen der Stadt blicken. Ein Besuch beginnt mit der **4D Experience**, einem ziemlich coolen 3D-Kurzfilm, der die Stadt, den Hafen und die Unterwasserwelt aus der Vogelperspektive zeigt, Sprühnebel und Blubberblasen inklusive.

Mutige können sich in einem schicken „Skysuit" an den **Skywalk** wagen. Dabei geht's am Geländer festgeschnallt auf die zwei gläsernen Plattformen vor der Aussichtsterrasse des Sydney Tower in 268 m Höhe. Hier oben werden Yogakurse abgehalten; weitere Infos gibt's auf der Website.

Die hier aufgelisteten Preise gelten, wenn man direkt vor Ort bucht; online gibt's oft erhebliche Rabatte.

Museum of Sydney MUSEUM

(MoS; Karte S. 82; ☎ 02-9251 5988; www.hht.net.au; Ecke Phillip & Bridge St; Erw./erm. 10/5 AU$; ⏲ 10–17 Uhr; 🚌 Circular Quay, ⛴ Circular Quay, 🚉 Circular Quay) Das schicke Museum markiert die Stelle, an der es zur ersten Begegnung zwischen den britischen Kolonialisten und Sydneys Ureinwohnern, den Cadigal-Aborigines, kam. Auf einem Ehrenplatz im Vorhof steht die sinnträchtige Skulptur Edge of the Trees von Janet Laurence und Fiona Foley. Sie ist eines der vielen wichtigen Kunstwerke hier, ebenso wie Gordon Bennets Gemälde *Possession Island* von 1991, das die Besucher im Foyer begrüßt und eine ganz andere Sichtweise auf die Ankunft Cooks im Jahr 1770 und die britische Herrschaft eröffnet als die meisten Geschichtsbücher.

Das Museum wurde am Standort von Sydneys erstem (und für seinen strengen Geruch bekannten) Government House errichtet und zeigt schlichte Dauerausstellungen, die Sydneys frühe Kolonialgeschichte dokumentieren und sie mit Geschichten, Artefakten und modernen interaktiven Installationen zum Leben erwecken. In den beiden zeitgenössischen Galerien werden regelmäßig Wechselausstellungen gezeigt; zudem können Besucher glänzende Schubladen aus Stahl und Glas öffnen, die sich automatisch wieder schließen – unbedingt ausprobieren!

Macquarie Street HISTORISCHES VIERTEL

(Karte S. 82) Die Straße ziert eine Reihe prunkvoller Sandsteingebäude aus der Kolonialzeit. Viele der Gebäude wurden von Lachlan Macquarie, dem ersten Gouverneur von New South Wales, in Auftrag gegeben, der sich für Sydney eine bessere Zukunft als nur die einer Strafkolonie vorstellte. Er verpflichtete den Sträfling und Architekten Francis Greenway, ihm bei der Umsetzung seiner Pläne zu helfen. Gemeinsam setzten sie sehr hohe architektonische Maßstäbe, denen die Stadt danach allerdings nicht mehr gerecht werden konnte.

★ **Hyde Park Barracks Museum** MUSEUM

(Karte S. 82; ☎ 02-8239 2311; www.hht.net.au; Queens Sq, Macquarie St; Erw./erm. 10/5 AU$; ⏲ 10–17 Uhr; 🚉 St. James) Francis Greenway entwarf dieses einfache, elegante Gebäude im georgianischen Stil als Quartier für männliche Strafgefangene im frühen 19. Jh. Zwischen 1819 und 1848 saßen hier 50 000 Männer und Jungen ihre Strafen ab. Die meisten von ihnen waren von britischen Gerichten wegen irgendwelcher Eigentumsdelikte zu lebenslangen Haftstrafen verurteilt worden, was sieben oder 14 Jahren Gefängnis vor Ort entsprach. Ab 1830 fanden in dem Gebäude Anhörungen statt, bei denen Strafgefangene und ihre Arbeitgeber Gastrichtern ihre Beschwerden vorbrachten, woraufhin Letztere die verschiedene Strafen aussprachen. Dabei reichte die Bandbreite von der grausamen Tretmühle über Auspeitschen, Fußfesseln und Einzelhaft bis hin zu Zwangsarbeit beim Bau einer entfernten Straße und der Verbannung nach Cockatoo Island. Ab 1848 wurden hier neue Einwanderinnen sowie bedürftige Frauen untergebracht, dann wurde der Bau in ein öffentliches Gebäude umgewandelt. Seit 1990 dient dieses als Museum, das mittels Installationen und Ausstellungen faszinierende Einblicke in den Gefängnisalltag gibt.

Sydney Zentrum, The Rocks & Circular Quay

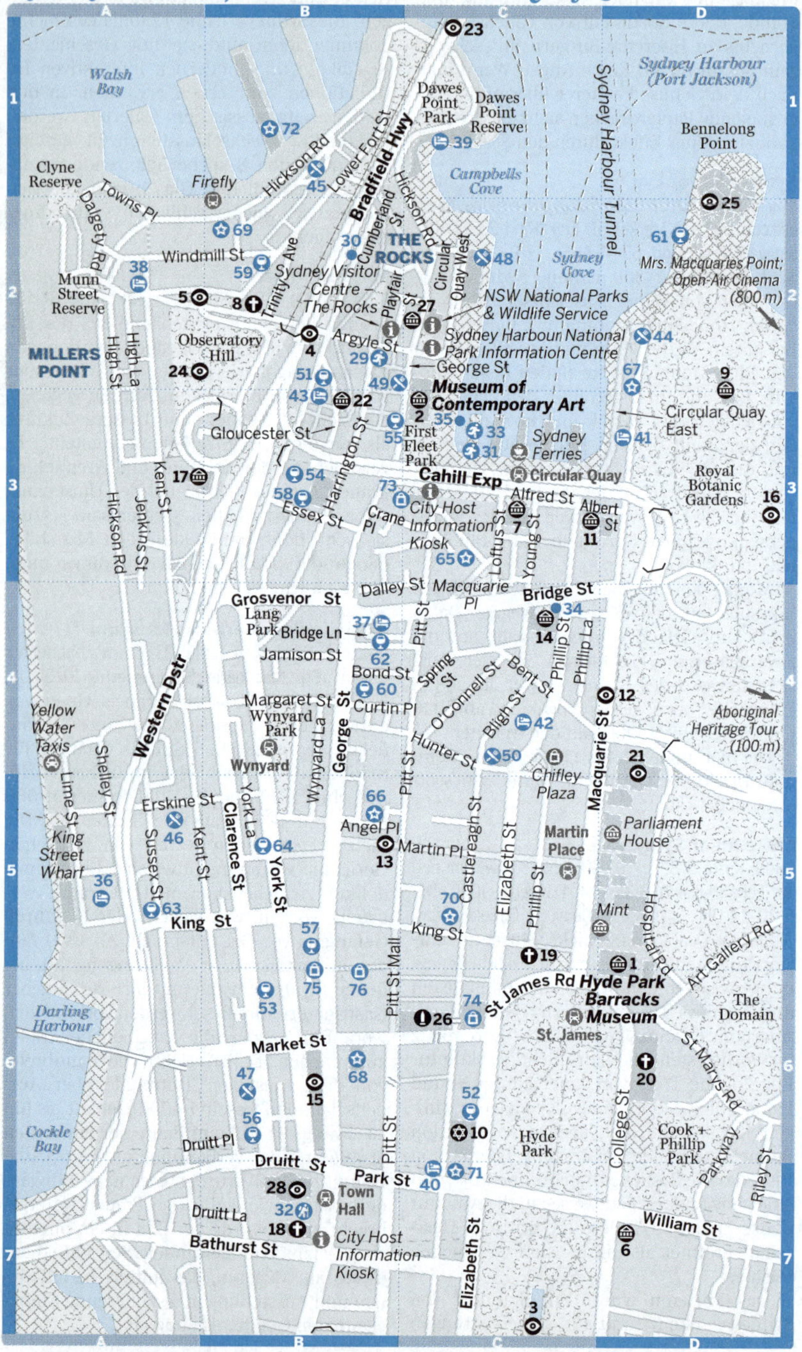

Sydney Zentrum, The Rocks & Circular Quay

State Library of NSW BIBLIOTHEK
(Karte S. 82; ☎02-9273 1414; www.sl.nsw.gov.au; Macquarie St; ⏱Mo–Do 9–20, Fr bis 17, Sa & So 10–17 Uhr; Martin Pl) GRATIS Neben über 5 Mio. literarischen Werken, darunter die Tagebücher von James Cook und Joseph Banks sowie das Logbuch von Captain Bligh von der HMAV *Bounty*, bietet die Staatsbibliothek Wechselausstellungen, kostenloses WLAN und Internetzugang an „Express-Computern".

Darling Harbour & Umgebung

Cockle Bay am westlichen Stadtrand war früher ein industrielles Hafenviertel voller

City East, Chinatown & Darling Harbour

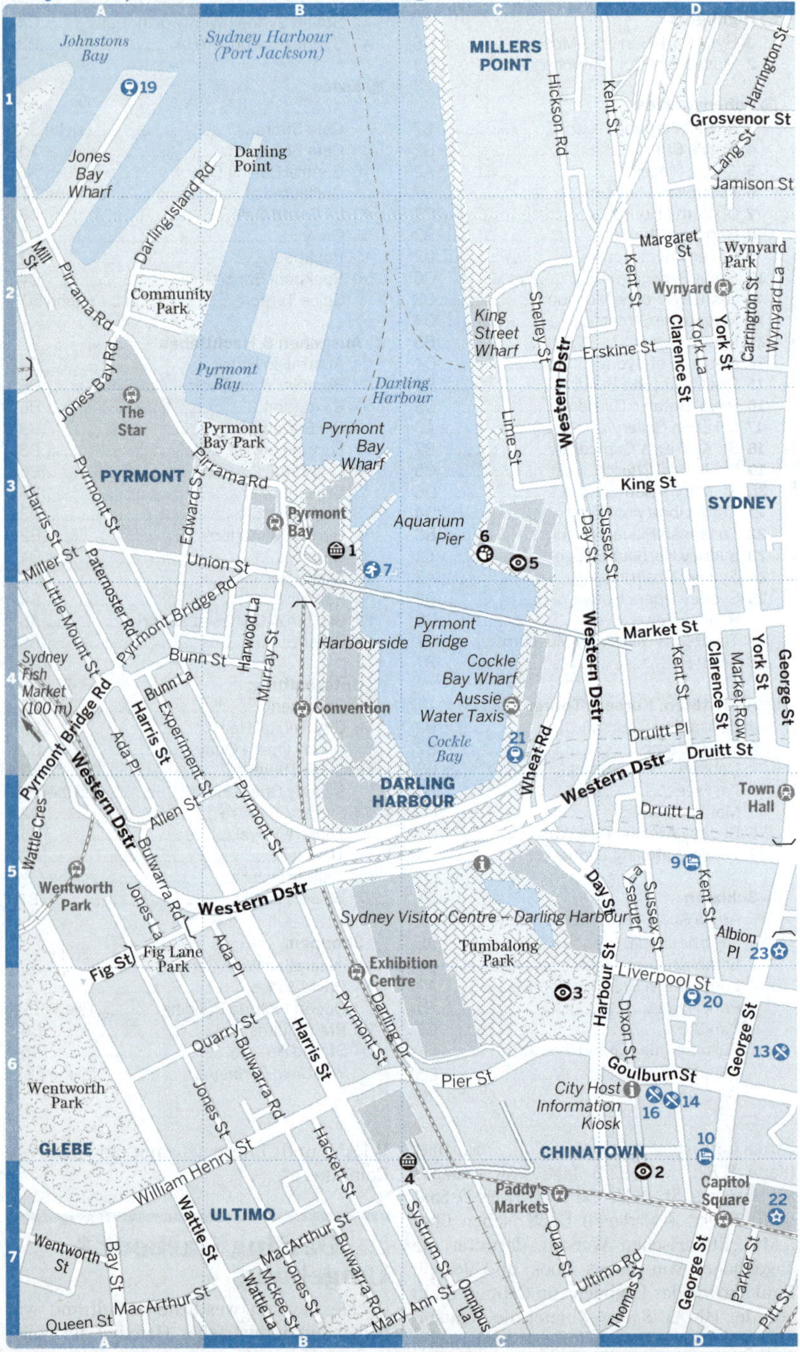

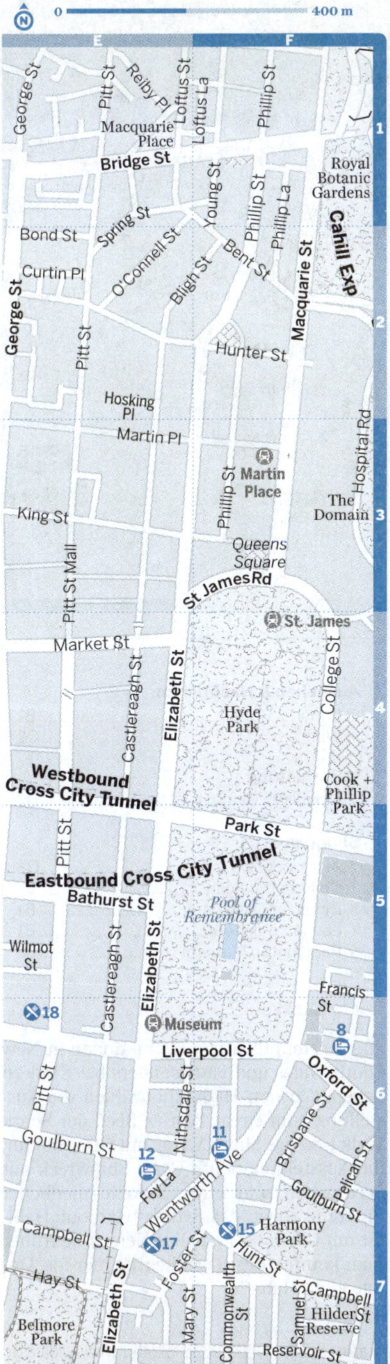

Fabriken, Lagerhäuser und Schiffswerften. Inzwischen wurde die Gegend zu einer weitläufigen, ausgesprochen kitschigen Touristenattraktion am Wasser (www.darlingharbour.com) umgestaltet, aus der nur das großartige Aquarium und das Schifffahrtsmuseum hervorstechen. Ende 2012 gab die Regierung des Bundesstaats bekannt, dass der Komplex umgebaut und 2016 neu eröffnet werden soll. Im Rahmen dieses Projekts soll die hässliche städtische Einschienenbahn an einen anderen Ort verlegt werden.

Aktuell werden Besucher mit grotesken Überführungen, einem hässlichen Konferenzzentrum, Kettenhotels und teuren Restaurants und Geschäften konfrontiert – nichts davon lädt zum Verweilen ein. Wer einen Kaffee trinken oder etwas essen möchte, sollte die überteuerten und wenig überzeugenden Lokalitäten an der **Cockle Bay Wharf** und der **King St Wharf** meiden und lieber die **Jones Bay Wharf** ansteuern, wo

City East, Chinatown & Darling Harbour

Sehenswertes

1 Australian National Maritime Museum B3
2 Chinatown D7
3 Chinese Garden of Friendship C6
4 Powerhouse Museum C7
5 SEA LIFE Sydney Aquarium C3
6 WILD LIFE Sydney Zoo C3

Aktivitäten, Kurse & Touren

7 Sydney by Sail B3

Schlafen

8 150 Apartments F6
9 Adina Apartment Hotel Sydney D5
10 Pensione Hotel D6
11 Travelodge Sydney F6
12 Vibe Hotel Sydney E6

Essen

13 Din Tai Fung D6
14 Golden Century D6
15 Longrain F7
16 Mamak D6
17 Spice I Am E7
18 Sydney Madang E6

Ausgehen & Nachtleben

19 Flying Fish A1
20 Good God Small Club D6
21 Home C4

Unterhaltung

22 Capitol Theatre D7
23 Metro Theatre D5

Paddington & Woollahra

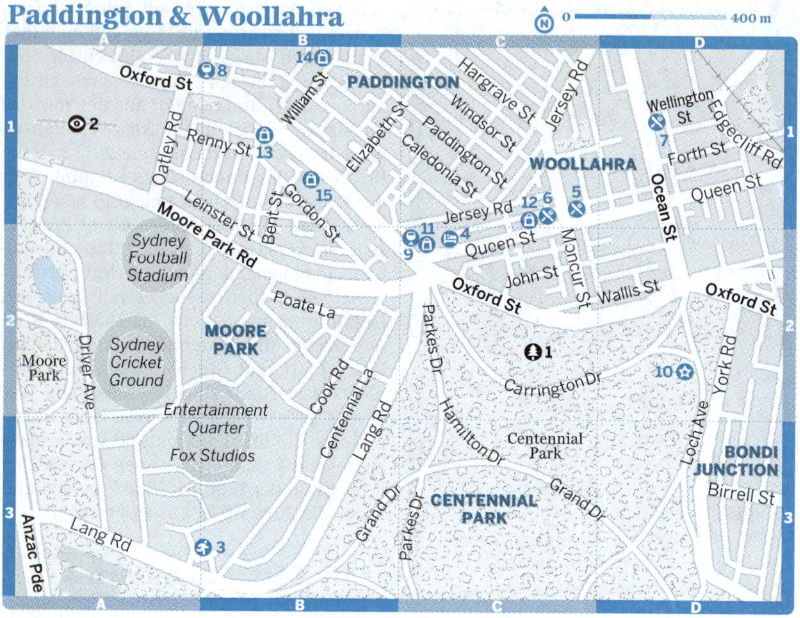

Paddington & Woollahra

Sehenswertes

1 Centennial Park C2
2 Victoria Barracks A1

Aktivitäten, Kurse & Touren

3 Centennial Parklands Equestrian Centre B3

Schlafen

4 Kathryn's on Queen C2

Essen

5 bills C1
6 Bistro Moncur C1
7 Chiswick Restaurant D1

Ausgehen & Nachtleben

8 Imperial Hotel B1
9 Wine Library C2

Unterhaltung

10 Moonlight Cinema D2

Shoppen

11 Akira Isogawa C2
12 Collette Dinnigan C1
13 Dinosaur Designs B1
14 Leona Edmiston B1
15 Paddington Markets B1

das exzellente Flying Fish Restaurant & Bar (S. 125) zu finden ist.

Alternativ bietet sich ein Spaziergang über die restaurierte **Pyrmont Bridge** an, die mit zeitloser Erhabenheit über dem ganzen Chaos thront. Sie führt nach **Pyrmont**, wo der Sydney Fish Market (S. 87) liegt.

Nach Darling Harbour und Pyrmont fahren Fähren und die Metro Light Rail (MLR).

SEA LIFE Sydney Aquarium AQUARIUM

(Karte S. 84; ☎02-8251 7800; www.sydneyaquarium.com.au; Darling Harbour; Erw./Kind 38/22 AU$; ⌚9–20 Uhr; Town Hall) Das Aquarium verzeichnet die höchsten Besucherzahlen aller kostenpflichtigen Attraktionen in New South Wales und ist besonders bei Kindern beliebt. Zu den Highlights zählen die Ausstellung zum Great Barrier Reef, der Shark Walk und das Shark Valley mit Gruselfaktor, die Ausstellung South Coast Shipwreck mit Seedrachen und einer Kolonie niedlicher Pinguine sowie das Sydney Harbour Habitat mit Clownfischen alias Nemos. Je früher man kommt, desto weniger ist hier los. Online gibt's Rabatte.

WILD LIFE Sydney Zoo ZOO

(Karte S. 84; ☎02-9333 9245; www.wildlifesydney.com.au; Darling Harbour; Erw./Kind 36/20 AU$;

9–17 Uhr; Town Hall) In dem überdachten Zoo neben dem Aquarium können Besucher mit einheimischen Tieren auf Tuchfühlung gehen, z. B. mit Koalas, Riesenkängurus, Felskängurus, Ameisenigeln, Tasmanischen Teufeln, einem Haarnasenwombat, Buschpythons und jeder Menge Käfer.

Powerhouse Museum MUSEUM
(Karte S. 84; 02-9217 0111; www.powerhousemuseum.com; 500 Harris St, Ultimo; Erw./Kind 12/6 AU$; 10–17 Uhr; Paddy's Markets) Einen kurzen Fußmarsch von Darling Harbour entfernt steht das frühere Elektrizitätswerk des Straßenbahnnetzes von Sydney, das heute dieses sensationelle Museum für Wissenschaft und Design beherbergt. Es begeistert Klein wie Groß und ermöglicht mit seinen durchdachten interaktiven Exponaten eine Reise durch die Erfindergeschichte.

Australian National Maritime Museum MUSEUM
(Karte S. 84; 02-9298 3777; www.anmm.gov.au; 2 Murray St, Darling Harbour; Erw./erm. & Kind 7/3,50 AU$; 9.30–17 Uhr; Pyrmont Bay) Unter einem Dach, das den aufgeblähten Segeln eines Schiffes ähnelt, widmet sich dieses Museum mittels thematisch geordneter Exponate Australiens engem Verhältnis zum Meer. Die Themen reichen von der Kultur indigener Inselbewohner über die Surfszene und kommerzielle Ozeankreuzer bis hin zur Navy. An den meisten Tagen gibt es kostenlose Führungen durch ehrenamtliche Mitarbeiter (Zeiten telefonisch erfragen!) sowie sonntags ein Kinderprogramm.

Mit dem „Big Ticket" (Erw./Kind 25/15 AU$) kann man auch die draußen vertäuten Schiffe besichtigen; dazu gehören das U-Boot HMAS *Onslow,* der Zerstörer HMAS *Vampire* und die *James Craig,* ein Großsegler von 1874. Manchmal liegt auch eine Replik von James Cooks *Endeavour* vor Anker.

Chinese Garden of Friendship GÄRTEN
(Karte S. 84; 02-9240 8888; Darling Harbour; Erw./Kind 6/3 AU$; 9.30–17 Uhr; Town Hall) Der idyllische Garten wurde 1988 anlässlich des 200. Geburtstags Australiens von aus Guangzhou (Sydneys Partnerstadt) stammenden Architekten nach taoistischen Grundsätzen entworfen. Auf dem Gelände findet man Pavillons, Wasserfälle, Seen, Wege und eine reiche Pflanzenwelt.

Sydney Fish Market MARKT
(02-9004 1100; www.sydneyfishmarket.com.au; Bank St, Pyrmont; 7–16 Uhr; Fish Market) Auf Sydneys Fischmarkt an der Blackwattle Bay werden jährlich über 15 Mio. t Meeresfrüchte umgeschlagen. Hier gibt's Einzelhandelsgeschäfte, Restaurants, eine Sushibar, eine Austernbar und eine renommierte Kochschule. Bei der täglichen Fischauktion kämpfen ab 5.30 Uhr Köche, Einheimische und überfütterte Möwen um Schlammkrabben, Bärenkrebse, Hummer und Lachs. Einen guten Überblick über das hektische Treiben bekommt man auf einer **Führung** (9004 1163/8; Erw./Kind 10–13 25/10 AU$; Mo, Do & Fr 6.40 Uhr) hinter die Kulissen. Zudem gibt's Kochkurse unter der Leitung eines Promikochs; weitere Infos stehen auf der Website.

Kings Cross

Unter einem riesigen beleuchteten **Coca-Cola-Schriftzug** (Karte S. 88) – Sydneys Äquivalent zum Hollywood-Schriftzug von Los Angeles – erstreckt sich „The Cross", das traditionell als Viertel des Lasters gilt. Im 19. und frühen 20. Jh. gab es hier prächtige Anwesen und schicke Apartments, bis der Bezirk in den 1930ern einen radikalen Wandel erlebte und weinselige Intellektuelle, Künstler, Musiker, Lebemänner und Tagediebe die Straßen eroberten. Besiegelt wurde der Ruf des Viertels während des Vietnamkriegs, als amerikanische Seeleute, die auf dem nahe gelegenen Marinestützpunkt auf Garden Island stationiert waren, Cross als Vergnügungsviertel nutzten.

Die Straßen versprühen noch immer ein gewisses hedonistisches Flair, allerdings erlebte das Viertel mittlerweile eine Art kultureller Renaissance. Diese Mischung aus Anrüchigkeit und Kultiviertheit ist in jedem Fall einen Abstecher wert!

Die prächtigen, von Bäumen gesäumten benachbarten Enklaven **Potts Point** und **Elizabeth Bay** sind beliebte Wohngegenden, seit hier Alexander Macleay, der Colonial Secretary von New South Wales, den Architekten John Verge in den 1830er-Jahren damit beauftragte, eine Villa mit Blick auf das Wasser zu bauen.

Über die **McElhone Stairs** (Karte S. 88; Victoria St; Kings Cross) in Cross erreicht man das darunter gelegene Viertel **Woolloomooloo** (vermutlich das weltweit einzige Wort mit acht Os). Einst war die Gegend ein Slum voller Betrunkener und – oft ebenfalls angeheiterter – Matrosen. Heute geht es hier gesitteter zu, so gibt es z. B. ein paar

Kings Cross, Darlinghurst & Woolloomooloo

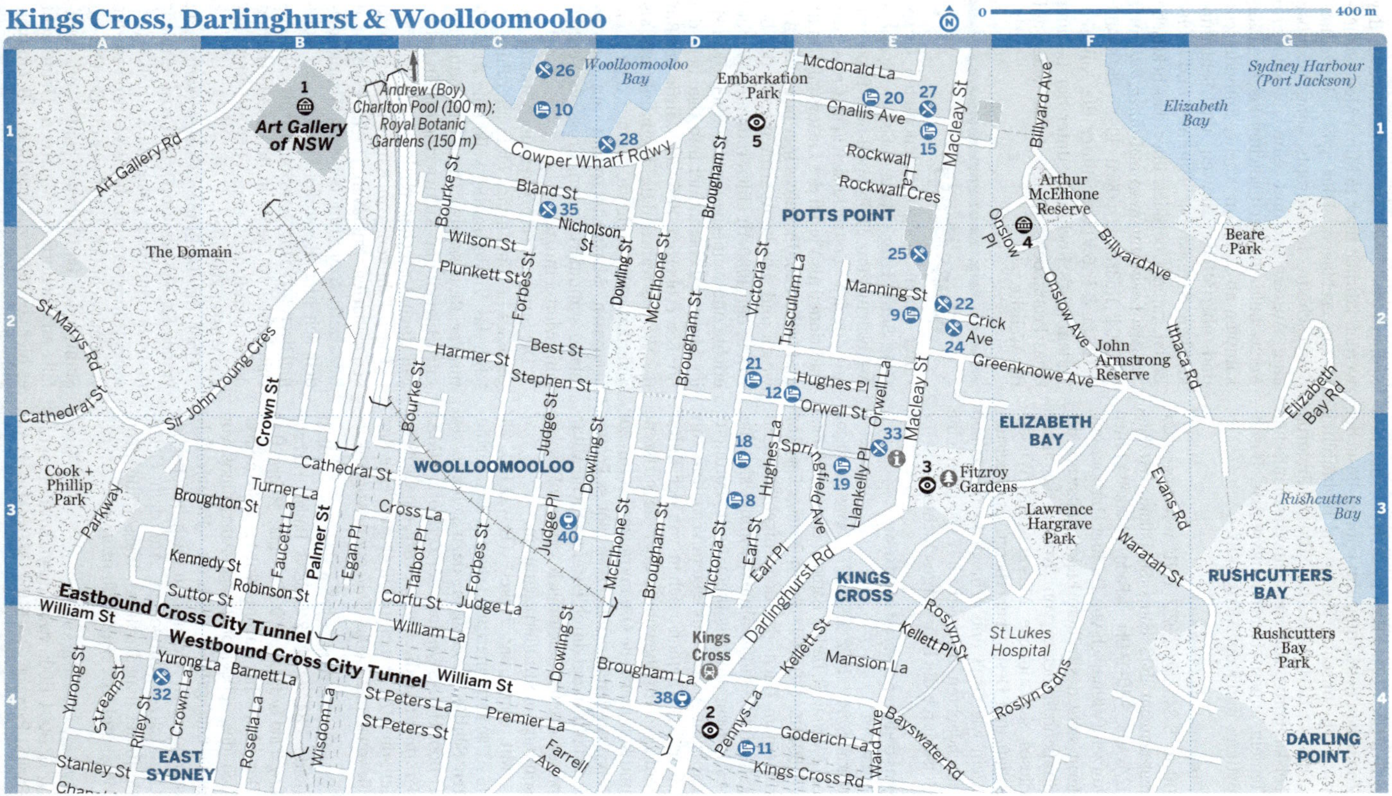

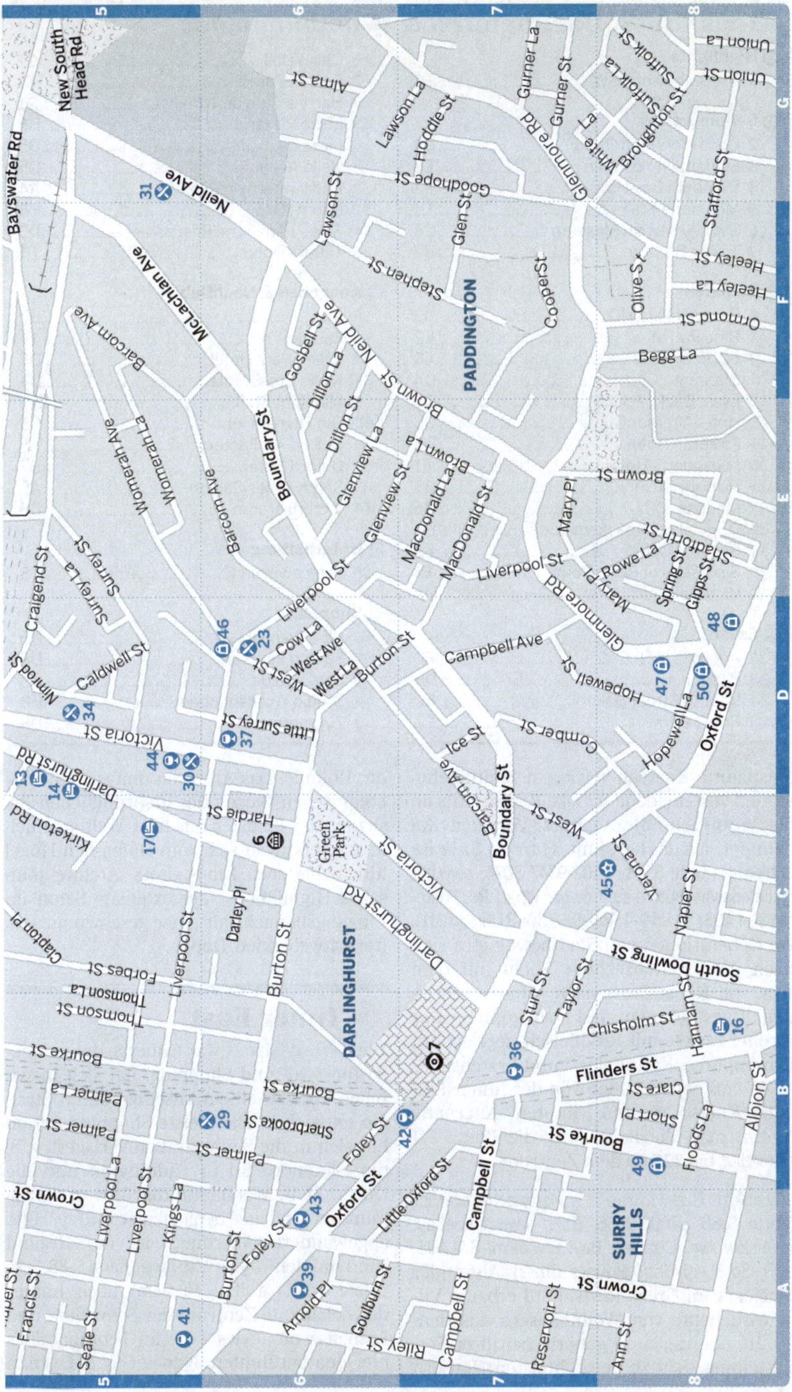

PADDINGTON
DARLINGHURST
SURRY HILLS
Green Park
New South Head Rd
Bayswater Rd
Neild Ave
Mclachlan Ave
Barcom Ave
Womerah Ave
Womerah La
Boundary St
Alma St
Lawson La
Lawson St
Hoddle St
Goodhope St
Glen St
Gurner La
Gurner St
Glenmore Rd
White La
Suffolk St
Suffolk La
Broughton St
Union La
Union St
Stafford St
Healey St
Healey La
Olive St
Ormond St
Begg La
Cooper St
Stephen St
Gosbell St
Dillon La
Dillon St
Brown St
Brown La
Glenview La
Glenview St
MacDonald La
MacDonald St
Mary Pl
Shadforth St
Rowe La
Spring St
Gipps St
Liverpool St
Campbell Ave
Hopewell St
Hopewell La
Oxford St
Comber St
Ice St
West St
Cow La
West Ave
West La
Burton St
Craigend St
Surrey La
Surrey St
Caldwell St
Nimrod St
Victoria St
Little Surrey St
Darlinghurst Rd
Kirketon Rd
Hardie St
Darley Pl
Burton St
Verona St
Napier St
South Dowling St
Sturt St
Taylor St
Chisholm St
Hannam St
Flinders St
Clare St
Short Pl
Bourke St
Floods La
Albion St
Clapton Pl
Forbes St
Thomson La
Thomson St
Bourke St
Palmer La
Palmer St
Sherbrooke St
Foley St
Crown St
Liverpool La
Kings La
Little Oxford St
Campbell St
Francis St
Seale St
Arnold Pl
Goulburn St
Riley St
Reservoir St
Ann St
5
6
7
8
A
B
C
D
E
F
G
6
7
13
14
16
17
23
29
30
31
34
36
37
39
41
42
43
44
45
46
47
48
49
50

Kings Cross, Darlinghurst & Woolloomooloo

Highlights
1 Art Gallery of NSW B1

Sehenswertes
2 Coca-Cola-Schriftzug D4
3 El Alamein Fountain E3
4 Elizabeth Bay House F2
5 McElhone Stairs D1
6 Sydney Jewish Museum C6
7 Taylor Square B7

Schlafen
8 Backpackers HQ D3
9 Blue Parrot E2
10 BLUE Sydney C1
11 Diamant D4
12 Eva's Backpackers D2
13 Hotel Altamont D5
14 Kirketon Hotel D5
15 Maisonette Hotel E1
16 Manor House B8
17 Medusa C5
18 Original Backpackers Lodge D3
19 Regents Court E3
20 Simpsons of Potts Point E1
21 Victoria Court Hotel D2

Essen
22 Apollo E2
23 bills D6
24 Bourke Street Bakery E2
25 Cafe Sopra E2
26 China Doll C1
27 Fratelli Paradiso E1
28 Harry's Cafe de Wheels D1
29 Lucio Pizzeria B6
30 Messina D5
31 Neild Avenue G5
32 Red Lantern on Riley A4
33 Room 10 .... E3
34 Spice I Am - The Restaurant D5
35 Tilbury Hotel C1

Ausgehen & Nachtleben
36 Arq B7
Eau-de-Vie .... (siehe 14)
37 Green Park Hotel D6
38 Kings Cross Hotel D4
39 Midnight Shift A6
40 Old Fitzroy Hotel C3
41 Oxford Art Factory A5
42 Oxford Hotel B7
43 Shady Pines Saloon A6
44 Victoria Room D5

Unterhaltung
45 Palace Verona C8

Shoppen
46 Blue Spinach D6
47 Easton Pearson D8
48 Sass & Bide D8
49 Studio Workshopped B8
50 Zimmermann D8

entspannte Kneipen sowie ein Boutiquehotel und verschiedene schicke Restaurants an der **Woolloomooloo Wharf**. Vor dem Kai befindet sich das berühmte **Harry's Cafe de Wheels** (Karte S. 88; ☎ 02-9347 3074; www.harryscafedewheels.com.au; Cowper Wharf Rd; Pasteten 3–4 AU$; ⏲ So 9–1, Mo–Sa 8.30–3 Uhr; 🚌 311), wo Generationen von Stadtbewohnern sich nach einer durchzechten Nacht auf dem Weg von Kings Cross nach Hause noch einen „Tiger" gönnten und noch gönnen: Das ist eine Pastete mit Rindfleisch, serviert mit Erbsenpüree, Kartoffelbrei und Bratensoße.

Zu Fuß benötigt man von der Innenstadt nach Kings Cross 15 Minuten. Alternativ nimmt man die Bahn oder die Busse 311 oder 323 bis 326 ab dem Zentrum.

Elizabeth Bay House HISTORISCHES GEBÄUDE
(Karte S. 88; ☎ 02-9356 3022; www.hht.net.au; 7 Onslow Ave, Elizabeth Bay; Erw./erm. 8/4 AU$; ⏲ Fr–So 11–16 Uhr; 🚉 Kings Cross) Alexander Macleays im Greek-Revival-Stil erbaute Villa wird heute von Wohnhäusern aus dem 20. Jh. überragt und gehörte bei ihrer Fertigstellung 1839 zu den schönsten Häusern der Kolonie. Das Anwesen umfasst eine Art botanischen Garten des ursprünglichen Besitzers, der Pflanzen aus aller Welt sammelte, und erstreckt sich vom Hafen den Hügel hinauf bis nach Kings Cross. Architektonisches Highlight ist der exquisite Salon im Eingangsbereich mit einer geschwungenen, frei schwebenden Treppe.

Inner East

Die **Oxford Street** war früher Sydneys Mekka für Spaß und Shopping, hat sich inzwischen aber zu einem kitschig-bunten Streifen entwickelt. Die meiste Shopping-Action hat sich in die Seitenstraßen verlagert, z. B. die Glenmore Rd in Paddington und die Queen St in Woollahra, die Bars und Restaurants sind ins benachbarte **Surry Hills** abgewandert. Allerdings ist die Gegend rund um den **Taylor Square** (Karte S. 88; Ecke Oxford & Bourke St; 🚉 Museum) noch immer das dekadente Zentrum der Schwulen- und Lesbenszene: Jedes Jahr im Februar gibt's hier den berühmten Sydney Gay & Lesbian

Mardi Gras und an den Wochenenden ist in den Schwulenkneipen und Clubs ordentlich was los. Um vom zentralen Geschäftsviertel (CBD) hierher zu gelangen, kann man vom Hyde Park aus laufen oder vom Railway Sq den Bus 378 bzw. vom Circular Quay den Bus 333, 380 oder 389 nehmen.

In **Darlinghurst** zwischen Oxford St und William St gibt es Cafés, Kneipen, Restaurants und Boutiquehotels. Bergabwärts liegt **East Sydney**.

Paddington alias „Paddo" ist ein wohlhabendes Wohnviertel mit restaurierten Reihenhäusern aus der viktorianischen Zeit, von denen viele mit kunstvoll gearbeiteten Ornamenten aus Schmiedeeisen geschmückt sind. Hier findet man auch eines der schönsten Beispiele gregorianischer Architektur in der Stadt, die zwischen 1840 und 1848 errichteten **Victoria Barracks** (Karte S. 86; ☎8335 5170; Oxford St; ⏲Führung Do 10 Uhr; 🚌380) GRATIS. Sie nehmen einen riesigen Block vor der Oxford St zwischen Greens Rd, Oatley Rd und Moore Park Rd ein und werden heute als Zentrale des Ausbildungslagers der australischen Armee genutzt.

Die von Jacaranda-Bäumen gesäumten Straßen und Gassen von Paddington erkundet man am besten samstags während des Paddington Market (S. 132).

Östlich von Paddington liegt das noble Viertel **Woollahra**. Unmittelbar südöstlich am oberen Ende der Oxford St erstreckt sich der 220 ha große **Centennial Park** (Karte S. 86; ☎9339 6699; www.centennialparklands.com.au; Oxford St; ⏲Fahrzeuge Sonnenaufgang–Sonnenuntergang; 🚉Bondi Junction) mit Lauf-, Rad-, Skate- und Reitwegen sowie Ententeichen, Grillstellen und Sportplätzen.

Sydney Jewish Museum MUSEUM
(Karte S. 88; ☎02-9360 7999; www.sydneyjewishmuseum.com.au; 148 Darlinghurst Rd, Dar-

KINGS CROSS IM WANDEL

In den frühen Jahren der Kolonie lebten in Kings Cross die wohlhabenden Bürger der Stadt, die den Hafenblick und die angenehme Distanz zu den Gerüchen und dem Lärm der Innenstadt zu schätzen wussten. Die prächtigen Villen, Farmanwesen und das vornehme Flair waren Welten von dem hektischen Trubel rund um den Circular Quay und in The Rocks entfernt.

Das ländliche Idyll hielt bis Anfang des 20. Jhs. an, dann wurden die Grundstücke aufgeteilt und die meisten Villen abgerissen (Ausnahmen waren Tusculum an der Manning St und das Elizabeth Bay House an der Onslow Ave). Sie wurden durch Wohnhäuser ersetzt, und bald lockten die günstigen Mieten und progressive Atmosphäre die Boheme-Szene der Stadt an. Dieser folgte bald Sydneys kriminelle Unterschicht, die hier unversteuerten Alkohol verkaufte sowie illegale Wettläden und Bordelle betrieb. Die Straßen gehörten nun Schriftstellern, Schauspielern, Dichtern, Journalisten, Künstlern, Kleinkriminellen und berüchtigten Bordellbesitzern wie Tilly Devine und Kate Leigh. In dem Viertel konnte sich der anrüchige Charme der einstigen Strafkolonie voll entfalten, wobei Kreativität und Kriminalität Hand in Hand gingen.

Während des Vietnamkriegs veränderte sich das Viertel. Heroin wurde aus Südostasien importiert, und Drogenbosse übernahmen das Ruder. Mit ihnen hielten der Drogenhandel, Prostitution und zwielichtige Nachtclubs Einzug, in denen Stripperinnen und Dealer ihre Dienste anboten. Die Boheme-Szene zog weiter und wurde von Drogenabhängigen, Straßenprostituierten, Kleinkriminellen und Gesetzeshütern abgelöst. Freitag- und samstagabends lockte das Nachtleben außerdem vergnügungssüchtige Stadtbewohner an. Die kulturelle Stadtführung City of Sydney (S. 134) gibt faszinierende Einblicke in diese Zeit.

Aber die Zeiten ändern sich. In den letzten Jahren kehrte die Künstlerszene zurück und mit ihr kam die aufstrebende junge Mittelschicht, die sich in den hippen Cafés, Bars, Lokalen und Livemusikclubs trifft, die in den Straßen und Gassen bei der Darlinghurst Rd aus dem Boden sprießen. Einen guten Eindruck von dieser Renaissance erhält man am Llankelly Pl – die Gasse war einst ein Sammelplatz für Dealer und wird heute von Künstlercafés wie dem Room 10 (S. 113) dominiert –, in den Restaurants an der Macleay St, am frisch sanierten und sehr beliebten **El Alamein Fountain** (Karte S. 88; Macleay St, Fitzroy Gardens; 🚉Kings Cross) in Form einer Pusteblume, in den Fitzroy Gardens oder bei einer Partynacht im angesagten FBi Social (S. 128) im Kings Cross Hotel.

Surry Hills, Redfern & Chippendale

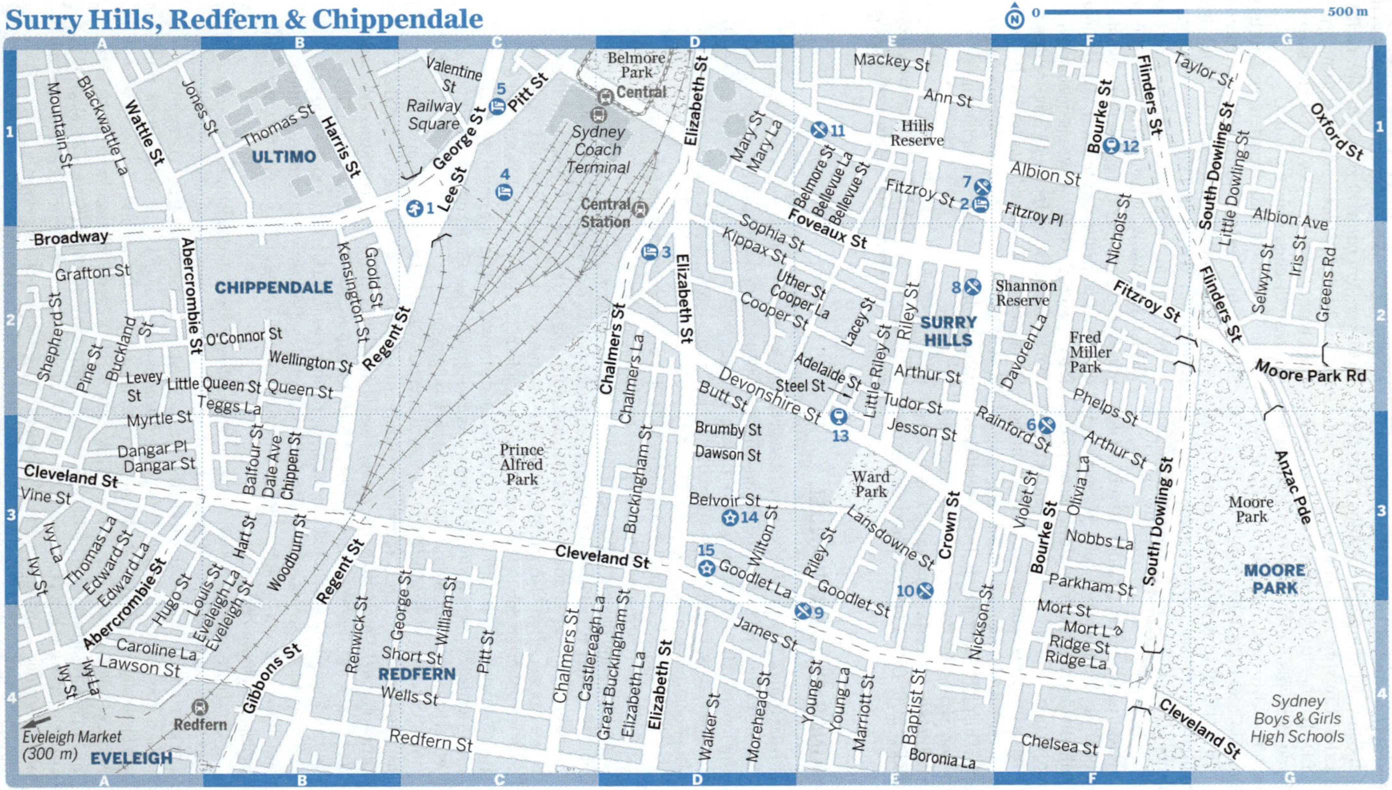

Surry Hills, Redfern & Chippendale

Aktivitäten, Kurse & Touren
1 Bicycle NSW C1

Schlafen
2 Adina Apartment Hotel Sydney E1
3 Bounce D2
4 Railway Square YHA C1
5 Wake Up! C1

Essen
bills .... (siehe 2)
Billy Kwong .... (siehe 7)
6 Carrington F3
7 Marque E1
8 Messina Gelato E2
9 Porteño E4
10 Red Lantern E3
11 Reuben Hills E1

Ausgehen & Nachtleben
12 Beresford Hotel F1
13 Shakespeare Hotel E3

Unterhaltung
14 Company B D3
15 Venue 505 .... D3

linghurst; Erw./Kind 10/6 AU$; So–Do 10–16, Fr bis 14 Uhr; Kings Cross) Das Museum dient vor allem als Holocaust-Gedenkstätte, beherbergt jedoch auch eine kleine Ausstellung zur australisch-jüdischen Geschichte, Kultur und Tradition von der Zeit der First Fleet (man weiß von 16 Juden an Bord) über die Jahre nach dem Zweiten Weltkrieg, als Australien gemessen an der Bevölkerungszahl nach Israel zu dem Land mit den meisten Holocaust-Überlebenden wurde, bis heute. Um alles zu sehen, sollte man mindestens zwei Stunden einplanen. Montags, mittwochs, freitags und sonntags finden um 12 Uhr kostenlose 45-minütige Führungen durch ehrenamtliche Mitarbeiter statt.

Östliche Vororte

Östlich von Kings Cross liegt nur fünf Gehminuten entfernt die hübsche **Rushcutters Bay** mit einem Park direkt am Hafen, wo man prima spazieren oder joggen kann. Von hier aus erstrecken sich die östlichen Vororte, eine etwas biedere Ansammlung elitärer Privatschulen, europäischer Luxuskarossen, überteuerter Boutiquen und hypothekenbelasteter Villen am Wasser. Die New South Head Rd schlängelt sich am ganzen Hafen entlang, führt durch **Double Bay** und **Rose Bay** und dann bergauf zur prächtigen Enklave **Vaucluse**. Dort findet man im schattigen **Nielsen Park** (Vaucluse Rd; tagsüber; 325) einen der besten Hafenstrände Sydneys mit einem durch ein Netz geschützten Schwimmbereich, einem sichelförmigen Sandstreifen, Picknickeinrichtungen und einem beliebten Café-Restaurant. Dies ist ein idyllisches Plätzchen, wo man einen ganzen Tag verbringen könnte – am besten werktags, denn an den Wochenenden sind hier naturgemäß Menschenmassen unterwegs.

Vom Park kann man einen einfachen, zehnminütigen Rundgang am Bottle Rock und Glass Rock unternehmen oder zum öffentlichen Park auf dem Gelände des nahe gelegenen **Strickland House** von 1856 schlendern. Der Blick auf den Hafen ist einfach wundervoll.

Watsons Bay am Hafeneingang bietet eine angenehme Meeresbrise und malerische Blicke auf Sydneys Skyline. Zudem locken die Fish & Chips zum Mitnehmen bei Doyles on the Wharf (S. 125) und das vornehme Anwesen des Dunbar House (S. 125). In der Nähe von **Camp Cove** liegt ein hübscher Strand, nahe South Head bei der **Lady Bay** gibt es zudem einen vor allem von Männern frequentierten FKK-Strand. **South Head** wartet mit tollen Ausblicken vom Hafeneingang bis nach North Head und Middle Head auf. Vom herrlichen Aussichtspunkt **Gap** auf einem Felsen aus lassen sich Sonnenuntergänge, Sonnenaufgänge, knutschende Pärchen und wagemutige Klippenspringer bewundern.

Vom Circular Quay fahren die Busse 324 und 325 über Kings Cross zu den östlichen Vororten (die beste Aussicht hat man von den Sitzplätzen auf der linken Seite). Bus 380 fährt über Paddington, North Bondi und Watsons Bay. Die Watsons-Bay-Fähre legt an der Wharf 4 vom Circular Quay ab und stoppt in Double Bay und Rose Bay.

Vaucluse House HISTORISCHES GEBÄUDE
(02-9388 7922; www.hht.net.au; Wentworth Rd, Vaucluse; Erw./erm. 8/4 AU$; Fr–So 11–16 Uhr; 325) Einen kurzen Fußmarsch vom Neilsen Park entfernt steht dieses imposante, mit Türmchen versehene Gebäude im Stil der australischen Neugotik inmitten einer 10 ha großen üppigen Gartenanlage. Von 1827 bis 1853 lebte hier der Entdecker und politische Agitator William Charles Went-

worth. Er war einer der Anführer der ersten europäischen Expedition in die Blue Mountains 1831 sowie ein engagierter Kämpfer für Bürgerrechte und politische Freiheit in der jungen Kolonie. Vor Ort gibt es einen hübschen Teesalon mit Blick auf den Garten.

Bondi

Bondis weltbekannter sichelförmiger, goldener Surfstrand wird von zerklüfteten Felsen und teuren Apartments gesäumt. Täglich vergnügen sich jede Menge sonnenverbrannter Backpacker und gebräunter Einheimischer im Sand, auf den umliegenden Klippenwegen und im angrenzenden Park. Vielleicht machen gerade die Widersprüche den Reiz dieses Ortes aus – nach Bondi passt jeder, der Badeklamotten, Sonnencreme und ein Lächeln im Gepäck hat. Dem Viertel selbst verleiht ein bunter Mix aus Angehörigen der traditionellen jüdischen Gemeinde, alteingesessenen Aussies, Travellern, die hier eine neue Heimat fanden, und ehrgeizigen jungen Karrieremenschen ein einzigartiges Flair. Kurz gesagt: Bondi heißt einfach

Bondi

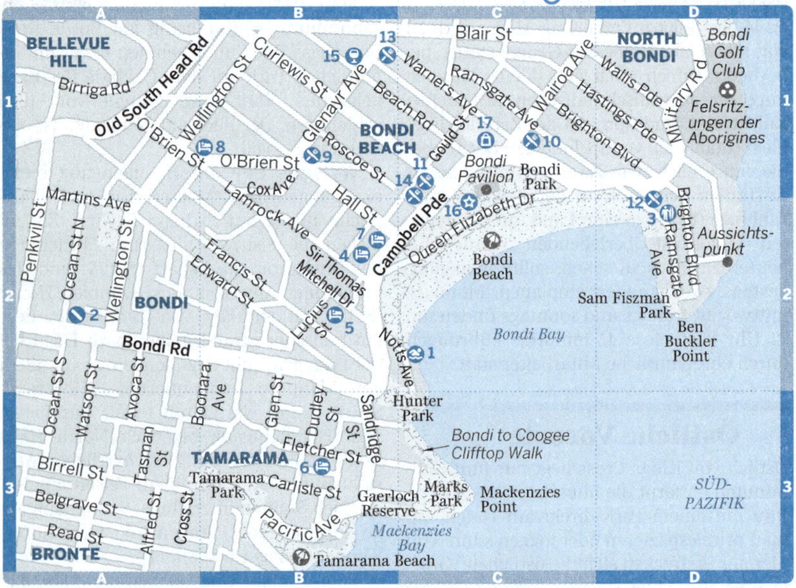

Bondi

Aktivitäten, Kurse & Touren
- 1 Bondi Icebergs Swimming Club C2
- 2 Dive Centre Bondi A2
- 3 Let's Go Surfing D2

Schlafen
- 4 Bondi Backpackers B2
- 5 Bondi Beach House B2
- 6 Bondi Beachouse YHA B3
- 7 Ravesi's B2
- 8 Ultimate Apartments B1

Essen
- 9 Bondi Picnic B1
- 10 Harry's Espresso Bar C1
- Icebergs Dining Room .... (siehe 1)
- 11 La Macelleria C1
- 12 North Bondi Italian Food D2
- 13 Organic Republic B1
- 14 Pompei's C1

Ausgehen & Nachtleben
- 15 Beach Road Hotel B1
- Icebergs Bar .... (siehe 1)
- North Bondi RSL .... (siehe 12)

Unterhaltung
- 16 Bondi Openair Cinema C2

Shoppen
- 17 Bondi Markets C1

Stadtspaziergang
Bondi to Coogee Coastal Walk

START BONDI ICEBERGS SWIMMING CLUB
ZIEL COOGEE BEACH
LÄNGE 5,5 KM
DAUER 2½ STD.

Anfang und Ende dieser tollen Route sind bequem mit dem Bus zu erreichen. Auch an der Strecke halten Busse, falls man wegen der Hitze nicht weiterlaufen möchte – alternativ hilft ein Bad an einem der Strände. Es gibt wenig Schatten, deshalb sind Sonnencreme und eine Kopfbedeckung ein Muss.

Ausgangspunkt ist der 1 **Bondi Beach**, wo am Südende der Notts Ave Treppen hinaufführen, vorbei am glitzernden 2 **Iceberg-Swimmingpool** (S. 100). Am Ende der Notts Ave stößt man auf den Klippenweg.

Nun geht's südwärts vorbei an dem kleinen Reservat Mark's Park; von hier bieten sich spektakuläre Blicke auf die dramatischen Sandsteinklippen und den wilden Pazifik (nach Delfinen, Walen und Surfern Ausschau halten!). Der kleine, aber perfekt geformte Strand 3 **Tamarama** überrascht mit einer im Gegensatz zu seiner überschaubaren Länge erstaunlich großen Breite.

Nun geht's von den Klippen hinunter zum 4 **Bronte Beach**. Hier locken ein erfrischendes Bad, ein Picknick unter den Norfolk-Tannen und eine koffeinhaltige Stärkung in einem Café. Nach der Pause kehrt man an der Südseite des Strands auf den Weg zurück.

Einige bekannte Australier fanden im eindrucksvollen 5 **Waverley Cemetery** am Klippenrand die letzte Ruhe. An klaren Tagen kann man hier wunderbar Wale beobachten.

Im Clovelly Bowling Club kann man Einheimischen bei einem Bier oder einer Runde Bowling Gesellschaft leisten, dann läuft man vorbei an Kakadus und knutschenden Pärchen durch den 6 **Burrows Park** zum geschützten 7 **Clovelly Beach**.

Nun führt der Weg über den Parkplatz entlang der Cliffbrook Pde und die Treppen hinab zu den Dingis, die 8 **Gordons Bay**, einen der besten Küstentauchspots, säumen.

Die Route passiert den 9 **Dolphin Point** und stößt dann auf den glamourösen 10 **Coogee Beach**. Zum Abschluss belohnt man sich im Coogee Bay Hotel mit dem einen oder anderen eisgekühlten Bier.

jeden willkommen und gibt den meisten das Gefühl, ein zweites Zuhause gefunden zu haben.

Der einfach großartige, 5,5 km lange **Bondi to Coogee Clifftop Walk** (S. 95) führt vom Bondi Beach nach Süden über die Klippen nach Coogee. Unterwegs passiert man Tamarama, Bronte und Clovelly, tolle Aussichtspunkte, überwachte Strände, Seebäder, Parks am Wasser und Schautafeln, auf denen Mythen und Geschichten der hiesigen Aborigines nachzulesen sind.

In Bondi liegen die meisten anständigen Kneipen, Bars und Restaurants am nördlichen Ende der Campbell Pde, an der Bondi Rd und der Glenayr Ave. Der berühmte Bondi Icebergs Swimming Club (S. 100) mit seinem Strandpool befindet sich am Südende des Strandes, am Startpunkt des Klippenwegs.

Hierher verkehren die Busse 389, 380 und 333 ab dem Circular Quay. Alternativ fährt man mit dem Bus oder mit dem Zug zum Umsteigebahnhof an der Bondi Junction und nimmt den Bus 382, 381, X84 oder X89 oder eine der zuvor genannten Linien. Alle diese Busse fahren nach North Bondi; um zum Strand zu gelangen, steigt man an der Ecke Hall St/Glenayre Ave (nach dem Café Bondi Picnic Ausschau halten!) aus und läuft ostwärts die Hall St entlang oder zur Endstation an der Umsteigebushaltestelle am Brighton Blvd und dann bergab.

Inner West

Westlich des Stadtzentrums auf der Halbinsel liegt der hübsche Vorort **Balmain**. Das einst berüchtigte raue Hafenarbeiterviertel ist heute eine Art Künstlerenklave mit wunderschön restaurierten viktorianischen Häusern, einladenden Kneipen, Cafés und hippen Läden. Am Wochenende werden auf dem Gelände der öffentlichen Schule im benachbarten Rozelle die beliebten Rozelle Markets (S. 132) abgehalten. Fähren verkehren ab der Wharf 5 am Circular Quay zum Kai im östlichen Balmain. Alternativ nimmt man Bus 433 ab der George St in The Rocks oder Bus 442 ab dem QVB; beide halten unterwegs in Rozelle.

Das einst lebendige Boheme-Viertel **Glebe** ist heute ein verschlafener Vorort und liegt unmittelbar südwestlich des Stadtzentrums nahe der Sydney University. Die Glebe Point Rd säumen ein paar gute Hostels und der beliebteste Buchladen der Stadt, **Gleebooks** (☎02-9660 2333; www.gleebooks.com.au; 49 Glebe Point Rd; ⌚So–Mi 9–19, Do–Sa 9–21 Uhr; 🚇Glebe). Stärken kann man sich in dem von Beryl Van-Oploo (alias Aunty Beryl) betriebenen **Bush-Tucker-Café** in dem historischen Gärtnerhaus im Victoria Park gegenüber der Broadway/Paramatta Rd. Samstags werden auf dem Gelände der Glebe Public School die hippen Glebe Markets (S. 132) aufgebaut. Glebe liegt zehn Gehminuten von der Central Station entfernt – man hält sich besser an die Seitenstraßen und meidet den von Abgasen erfüllten Broadway. Die Busse 431 und 433 fahren über die George St die Glebe Point Rd entlang. Die Linie 433 verkehrt weiter zum Gladstone Park in Balmain. Die MLR hält ebenfalls hier.

Südlich der Sydney University liegt **Newtown**, ein gesellschaftlicher Schmelztiegel für die verschiedensten sexuellen Orientierungen. Die King St, die Hauptstraße, säumen jede Menge hippe Boutiquen, Buchläden, Cafés und Bars. Hierher gelangt man mit der Bahn oder mit den Bussen 422, 423, 426 und 428 vom Circular Quay oder der Castlereagh St zur King St.

Südwestlich von Glebe liegt das überwiegend italienisch geprägte **Leichhardt**. An der Norton St trifft man sich zum Pizza- und Pastaessen sowie zu Diskussionen über die Vor- und Nachteile des Ferrari 458 Italia. In den Stadtteil fahren die Busse 436, 438 und 440 ab dem Circular Quay.

North Shore

Am nördlichen Ende der Harbour Bridge liegen direkt am Meer die überraschend ruhigen Viertel **Milsons Point** und **McMahons Point**. Beide bieten wunderbare Blicke über die Stadt und das glitzernde Wasser der **Lavender Bay**.

Unmittelbar östlich der Brücke erstreckt sich der würdevolle Vorort **Kirribilli**, wo das **Admiralty House** und das **Kirribilli House** stehen, die Residenzen des Generalgouverneurs bzw. des Ministerpräsidenten.

Nach Milsons Point, McMahons Point, Lavender Bay und Kirribilli gelangt man zu Fuß über die Brücke oder per kurzer Fährfahrt ab den Kais 4 und 5 vom Circular Quay.

Östlich von Kirribilli erstrecken sich die vornehmen Wohnviertel **Neutral Bay**, **Cremorne** und **Mosman**, bekannt für Buchten, Hafenparks und Damen beim Lunch. Im nördlichen Teil von Mosman befindet sich das malerische **Balmoral**, dessen Strand sich an der Hunters Bay ausbreitet. Hier gibt es einen durch ein Netz geschützten Schwimmbereich sowie das sehr beliebte Restaurant **Bathers' Pavilion** (02-9969 5050; www.batherspavilion.com.au; 4 The Esplanade, Balmoral Beach; Restaurant Hauptgerichte 48 AU$, Café 16–36 AU$; mittags & abends; ; 245) mit Café und Kiosk. Wer die Vororte an der North Shore besuchen möchte, nimmt am besten die Fähre von der Wharf 4 des Circular Quay.

Taronga Zoo ZOO

(02-9969 2777; www.taronga.org.au; Bradleys Head Rd, Mosman; Erw./Kind 4–15 Jahre 44/22 AU$; Mai–Aug. 9.30–16.30 Uhr, Sept.–April bis 17 Uhr; Taronga Zoo) Sydneys Bewohner scherzen oft, die Zootiere hätten das beste Grundstück der Stadt abbekommen. Leider finden Besucher hier nicht nur traumhafte Hafenblicke und herrliche Bäume vor, sondern auch teilweise viel zu kleine Gehege für die 4000 Zoobewohner. Zu den Highlights zählen das Habitat der nachtaktiven Schnabeltiere, der Bereich Great Southern Oceans, die Elefantenausstellung und die Robben.

Den ganzen Tag über können Besucher Shows und Fütterungen erleben sowie mit Tieren auf Tuchfühlung gehen. Im Sommer finden in der Dämmerung Konzerte statt, und im Rahmen der Tour „Roar and Snore" kann man hier sogar eine Nacht im Zelt verbringen. Details finden sich auf der Website.

Zu den Führungen zählt **Nura Diya** (02-9978 4782; 90-minütige Tour Erw./Kind 99/69 AU$; Mo, Mi & Fr 9.45 Uhr). Dabei bringen indigene Führer Teilnehmern einheimische Tiere und Legenden näher und geben Einblicke in das traditionelle Leben der Aborigines. Die Touren müssen vorab gebucht werden.

Vom Fähranleger fährt die Seilbahn Sky Safari zum Haupteingang; wer möchte, kann von dort bergab durch den Zoo zurück zur Fähre spazieren. Das Ticket ist im Eintrittspreis inbegriffen. Der Zoo-Pass (Erw./Kind/Fam. 51,50/25,50/144,50 AU$) beinhaltet Hin- und Rückfahrt (ab/zum Circular Quay) mit der Fähre und den Zoo-Eintritt. Der Ausflug ist auch für gehbehinderte Besucher möglich, selbst bei Anfahrt mit der Fähre; vor Ort gibt es Rollstühle.

Wendy Whiteley's Secret Garden GARTEN

(Milsons Point/Luna Park) GRATIS Die üppig grüne öffentliche Gartenanlage wurde von der Witwe des renommierten, aus Sydney stammenden Künstlers Brett Whiteley auf dem ehemaligen Gelände eines zugemüllten Rangierbahnhofs in Lavender Bay angelegt und wird noch immer von ihr verwaltet. Hier gibt es einheimische Pflanzen, riesige Feigenbäume, labyrinthartige Wege, Kunstwerke und wunderbaren Ausblick auf die Sydney Harbour Bridge. Der Eingang befindet sich im Clark Park bei der Lavender St.

Luna Park VERGNÜGUNGSPARK

(02-9922 6644; www.lunaparksydney.com; 1 Olympic Dr, Milsons Point; Einzelfahrt 10 AU$, Mehrfahrtenticket 20–50 AU$; Fr & Sa 11–22, So 10–18, Mo 11–16 Uhr; Milsons Point/Luna Park) Eine ziemlich geisteskrank dreinblickende Clownfigur begrüßt die Besucher am Eingang dieses Vergnügungsparks mit Blick auf den Sydney Harbour. Sie gehört zu verschiedenen Originalstücken aus den 1930ern, ebenso wie das Coney-Island-Gruselkabinett, ein hübsches Karussell und ein schwindelerregendes Riesenrad. Entweder zahlt man für jede Fahrt einzeln oder kauft sich ein Ticket zur unbegrenzten Nutzung aller Fahrgeschäfte (Mindestgröße erforderlich), das online günstiger ist. Während der Schulferien und an Feiertagen gelten längere Öffnungszeiten.

Manly

Das erfrischend entspannte Manly nimmt eine schmale Landzunge zwischen dem Ozean und den Hafenstränden bei North Head ein. Die ist die einzige Stelle in Sydney, an der man mit der Hafenfähre zum Baden an den Ozean fahren kann. Die Atmosphäre hier ist ganz anders als in Bondi: Man trifft weitaus mehr Einheimische als ausländische Touristen, und Bodyboards sind viel wichtigere Accessoires als Designer-Bikinis oder mehr ent- als verhüllende „Budgie Smuggler" (eng anliegende, knappe Männerbadehosen)!

Nach dem Strand ist der **Manly Scenic Walkway** (140, 143, 144, Manly) die größte Attraktion des Vororts. Er besteht aus zwei großen Teilen, dem 10 km langen Abschnitt im Westen zwischen Manly Cove und Spit Bridge in Mosman sowie der 9,5 km langen Route im Osten von Manly Cove nach North Head und zurück.

Wer die westliche Route laufen möchte, nimmt einen Bus der Linien E68, 70, 71, 78, 79 oder 169 ab der Haltestelle Wynyard oder die Busse 175, 178, 179, 180 bzw. 189 ab dem Queen Victoria Building oder Wynyard und

Manly

Manly

Sehenswertes
1 Manly SEA LIFE Sanctuary A2

Aktivitäten, Kurse & Touren
2 Dive Centre Manly B2

Schlafen
3 Boardrider Backpacker C2

Essen
4 Adriano Zumbo C3
5 Hugos Manly B3
6 Manly Phoenix B3

Ausgehen & Nachtleben
7 Barefoot Coffee Traders C3
8 Manly Wharf Hotel B3

steigt an der Spit Rd zwischen Spit Junction und Spit Bridge aus. Von der Brücke aus passiert der Weg Middle Harbour und North Harbours und führt dann vorbei an Villen am Meer, Hafenstränden, Aussichtspunkten, einer Stätte mit Felsritzungen der Aborigines und durch den zerklüfteten Sydney Harbour National Park nach Manly. Dort kann man noch einen Abstecher unternehmen oder mit der Fähre zurück in die Stadt fahren. Die Wanderung dauert etwa vier Stunden.

Für den 9,5 km langen Rundweg im Osten, auch North Head Circuit Track genannt, benötigt man drei bis vier Stunden. Vom Fähranleger folgt er der Eastern Esplanade und der Stuart St bis Spring Cove, führt dann zum North Head im Sydney Harbour National Park und durch Buschland zum spektakulären Fairfax Lookout auf North Head (für diesen Teil muss man mit etwa 45 Minuten rechnen). Wer um die Mitte des Jahres hier ist, entdeckt von hier aus eventuell vorbeiziehende Wale. Vom Aussichtspunkt aus geht's entlang des Fairfax Loop (1 km, 30 Min.) und zurück zum Fähranleger über den Cabbage Tree Bay Walk, der entlang der von Gischt erfüllten Küste über den winzigen Fairy Bower Beach und den malerischen Shelly Beach zurück nach Manly führt.

Eine Karte mit der kompletten Route steht unter www.manly.nsw.gov.au/attractions/walking-tracks/manly-scenic-walkway zum Download bereit. Informationen erteilt außerdem das hilfsbereite Personal des Visitor Centre vor der Manly Wharf.

Regelmäßig verkehren Fähren zwischen dem Circular Quay und Manly; die Fahrt zählt zu den beliebtesten in Sydney.

Manly SEA LIFE Sanctuary AQUARIUM

(Karte S. 98; ☎02-8251 7877; www.manlysealifesanctuary.com.au; West Esplanade; Erw./Kind 24/12 AU$; ⊙10–17.30, letzter Einlass 16.45 Uhr; ⛴Manly) Wer mit einem 3 m großen Sandtigerhai auf Tuchfühlung gehen möchte, meldet sich zum **Shark Dive Xtreme** (☎02-8251 7878; Tauchen für Anfänger ab 216 AU$) an. Dabei können Teilnehmer im Ozeanarium tauchen (keine Angst: Im Gegensatz zum Weißen Hai und zum Tigerhai kann diese Art kein Fleisch zerreißen – trotz der Zähne!). Zudem gibt es ein Gehege mit Zwergpinguinen – die niedlichen Tiere nutzen Manly zum Brüten – und einen interaktiven, bei Kindern beliebten Felspool-Bereich. Wer im Voraus online bucht, spart Bares.

Manly Quarantine Station HISTORISCHE STÄTTE

(☎02-9466 1500; www.qstation.com.au; North Head Scenic Dr; ⊙Visitor Centre Mo–Do 10–14, So bis 16, Fr & Sa bis 20 Uhr) Von 1832 bis 1984 wurden hier Einwanderer, die im Verdacht standen, unter ansteckenden Krankheiten zu leiden, unter Quarantäne gestellt. Heute ist die Station eine beliebte Touristenattraktion mit Visitor Centre, Café, Bar und Restaurant. Angeboten werden verschiedene Führungen: die zweistündige **Quarantine Station Story Tour** (Erw./Kind 35/25 AU$; ⊙Sa & So 14 Uhr), die gruselige **Ghost Tour** (Erw./erm. Mi–Fr & So 49/44 AU$, Sa 55/49 AU$; ⊙Mi–So 20 Uhr) für Erwachsene und die familienfreundliche **Family Ghosty Tour** (Erw./Kind/Fam. 36/28/120 AU$; ⊙Sommer Fr & Sa 19 Uhr, Winter Fr & Sa 18 Uhr). Alle drei Führungen müssen im Voraus gebucht werden. Wer noch weiter in die Materie eintauchen möchte, kann sogar hier übernachten. Weitere Infos gibt's auf der Website.

Hierher gelangt man zu Fuß oder mit dem Bus 135 ab dem Stand J vor der Manly Wharf.

Strände im Norden

Der 20 km lange Küstenstreifen zwischen Manly und dem wohlhabenden **Palm Beach** (wo die TV-Soap *Home and Away* gefilmt wurde) wird oft als bester innerstädtischer Surfspot der Welt beschrieben. Alle bronzebraunen Einheimischen, die an den Stränden von Manly, Collaroy, Freshwater, Dee Why, Narrabeen, Mona Vale, Newport, Bilgola, Avalon, Whale und Palm Beach schwimmen und wellenreiten, stimmen dem stolz zu.

Jeder dieser Strände hat ein eigenes Flair, das ihn von den anderen unterscheidet: Palm Beach und Whale Beach z. B. sind glamourös und relativ abgeschieden, Manly ist egalitär und immer voller Menschen, Avalon und Dee Why sind die beliebtesten Familienstrände, und Narrabeen ist bei eingefleischten Surfern der Hit.

Um den Collaroy, North Narrabeen (nach Narrabeen), Mona Vale, Newport, Bilgola, Avalon, Whale oder Palm Beach vom CBD aus zu erreichen, nimmt man Bus L90 oder 190 ab dem Queen Victoria Building. Von der Manly Wharf fährt der Bus 136 über Curl Curl und Dee Why nach Chatswood, Bus 156 über Dee Why, Collaroy, North Narrabeen und Mona Vale nach McCarrs Creek.

Ku-ring-gai Chase National Park NATIONALPARK

(www.nationalparks.nsw.gov.au; Auto 11 AU$/Tag, bei Zugang per Boot Erw./Kind 3/2 AU$) Der spektakuläre, 14 928 ha große Park liegt nur 24 km vom Stadtzentrum entfernt und bildet die nördliche Stadtgrenze Sydneys. Er bietet einen klassischen Mix aus Sandsteinfelsen, Buschland und Aussichtspunkten aufs Wasser und umfasst mehr als 100 km Küste am südlichen Rand der Broken Bay, wo sie in den Hawkesbury River übergeht.

Der Name des Ku-ring-gai stammt von den hiesigen Ureinwohnern, den Guringai, die nach der gewaltsamen Kolonisierung durch Übergriffe britischer Siedler oder durch eingeschleppte Krankheiten nahezu ausgelöscht wurden. In diesem Zusammenhang lohnt sich die Lektüre des für den Booker-Preis nominierten Romans *Der verborgene Fluss*, in dem Kate Grenville diese erschütternde Geschichte fesselnd veranschaulicht.

Überbleibsel der Aborigine-Kultur sind allerdings heute noch erkennbar – erhalten sind mehr als 800 Stätten, darunter Felsmalereien, Muschelhaufen und Höhlenmalereien. Wer mehr darüber und über die Flora und Fauna des Parks erfahren will, sollte den Parkeingang am Mt. Colah benutzen und das **Kalkari Discovery Centre** (☎02-9472 9300; Ku-ring-gai Chase Rd; ⊙9–17 Uhr) GRATIS besuchen, in dem Exponate und Videos zur australischen Fauna und zur Kultur der Aborigines zu sehen sind. Rund um das Zentrum gibt's einen kleinen Wanderweg, wo man Sumpfwallabys, Buschhühner, heimische Enten und Warane sehen kann.

Vom Picknickbereich „Resolute" am **West Head** schlendert man 100 m bis zur **Red Hands Cave**, wo schwach noch ein paar ockerfarbene Handabdrücke zu sehen sind.

Ungefähr 500 m weiter entlang des **Resolute Track** findet man nach einem kurzen steilen Abschnitt eine Aborigine-Stätte mit Felsritzzeichnungen. Von dort aus kann man umkehren oder die 3,5 km lange Schleife anfügen, die zum **Resolute Beach** führt, wo es noch eine weitere Aborigine-Stätte gibt. Der Blick vom **West Head Lookout** ist wahrlich spektakulär – man sollte sich ihn keinesfalls entgehen lassen.

Knappe 3 km westlich des Picknickbereichs entlang der West Head Rd liegt der leicht zu bewältigende **Basin Track**, der an einigen interessanten Felsritzzeichnungen vorbeiführt. Nach rund 2,5 km stößt man auf das Basin, einen flachen runden Meeresarm, an dem ein **Campingplatz** (www.nationalparks.nsw.gov.au/ku-ring-gai-chase-national-park/the-basin-campground/camping; Erw./Kind pro Nacht 28/7 AU$) mit Grillstellen, Duschen und Toiletten liegt. Hierher gelangt man über den Basin Track oder per Fähre bzw. Wassertaxi ab Palm Beach.

Infos erteilt das **Bobbin Inn Visitor Centre** (☎02-9472 8949; Bobbin Head, Bobbin Inn; ⏰10–12 & 12.30–16 Uhr), das vom NSW Parks & Wildlife Service betrieben wird. Vor Ort gibt es außerdem einen Jachthafen, Picknickstellen, Toiletten, ein Café und eine Uferpromenade durch die Mangroven. EcoTreasures (S. 102) veranstaltet empfehlenswerte geführte Touren durch den Park.

Den Park erreicht man per Auto oder mit der von Fantasea betriebenen **Palm Beach Ferry** (☎02-9974 2411; www.palmbeachferry.com.au; Erw./Kind 7,50/3,70 AU$; ⏰Mo–Fr 9–19, Sa & So bis 18 Uhr). Die Fähre verkehrt stündlich von Palm Beach über das Basin zum Mackerel Beach (20 Min.).

Für Autofahrer gibt es verschiedene Parkzugänge: vom Pacific Hwy auf die Ku-ring-gai Chase Rd in Mt. Colah, die Bobbin Head Rd in North Turramurra und die McCarrs Creek Rd in Terrey Hills.

Aktivitäten

Radfahren

Bicycle NSW (Karte S. 92; ☎02-9218 5400; www.bicyclensw.org.au; Level 5, 822 George St; ⏰Mo–Fr 9–17 Uhr; 🚉Central) gibt die Broschüre *Cycling Around Sydney* heraus, in der 30 Radtouren durch die Stadt beschrieben werden; sie ist über die Website erhältlich. Auf der Website Sydney Cycleways (http://sydneycycleways.net) des Sydney City Council gibt es Fahrradkarten, eine Liste der Fahrradvermietungen und jede Menge Infos.

Reiten

Centennial Parklands Equestrian Centre REITEN
(Karte S. 86; ☎02-9332 2809; www.cpequestrian.com.au; 114–120 Lang Rd, Centennial Park; geführter Ausritt durch den Park ab 80 AU$; 🚌372-374 & 391-397) Pferdeliebhaber können einstündige, 3,6 km lange Ausritte durch den von Bäumen gesäumten Centennial Park, Sydneys beliebteste Grünanlage, unternehmen. Die Reittouren werden von drei Ställen innerhalb des Zentrums angeboten; weitere Details liefert die Website.

Schwimmen

Sydney verfügt über mehr als 100 öffentliche Schwimmbäder sowie viele Strände mit geschützten Felsbecken. Die sicheren Hafenstrände sind durch Netze vor Haien geschützt. Aber die Wellen des Pazifiks toppen natürlich alles. Nur in den von Rettungsschwimmern überwachten und mit Flaggen markierten Bereichen baden und niemals die Strömung unterschätzen!

Andrew 'Boy' Charlton Pool SCHWIMMEN
(☎02-9358 6686; www.abcpool.org; 1c Mrs Macquaries Rd, The Domain; Erw./Kind 6/4,50 AU$; ⏰Mitte Sept.–April 6–20 Uhr) Sydneys bester Salzwasserpool liegt direkt neben dem Hafen und ist bei schwimmverrückten Schwulen, Heteros, Mamas und Trendsettern beliebt. Hier kommen ambitionierte Bahnenschwimmer auf ihre Kosten. Vor Ort gibt's erstklassige Umkleidekabinen und ein hippes Café.

Bondi Icebergs Swimming Club SCHWIMMEN
(Karte S. 94; ☎02-9130 4804; www.icebergs.com.au; 1 Notts Ave, Bondi; Erw./Kind 5,50/3,50 AU$; ⏰Mo–Mi & Fr 6–18.30, Sa & So 6.30–18.30 Uhr) Das bekannteste Schwimmbad der Stadt bietet die beste Aussicht in Bondi und ein charmantes kleines Café. Donnerstags ist wegen Reinigung geschlossen.

Dawn Fraser Baths SCHWIMMEN
(☎02-9555 1903; www.lpac.nsw.gov.au; Elkington Park, Fitzroy Ave, Balmain; Erw./Kind 4,40/3,10 AU$; ⏰Okt.–Nov. 7.15–18.30 Uhr, Dez.–Feb. 6.45–19 Uhr, März–April 7.15–18.30 Uhr) Der 1884 im spätviktorianischen Stil errichtete Gezeitenpool verfügt bei Ebbe über einen kleinen Strand und hat im Sommer Yogakurse (13,50 AU$) im Angebot.

North Sydney Olympic Pool SCHWIMMEN
(☎02-9955 2309; www.northsydney.nsw.gov.au; Alfred St South, Milsons Point; Erw./Kind

6,70/3,40 AU$; ⌚Mo–Fr 5.30–21, Sa & So 7–19 Uhr, Kinderkrippe Mo, Mi & Fr 9–12 Uhr) Neben dem Luna Park; großartiger Hafenblick: Zu der Anlage gehören ein 50 m langes Außenbecken, ein 25 m langer Innenpool, ein Fitnessstudio (inkl. Pool & Sauna 18,50 AU$), eine Kinderkrippe (4,10 AU$/Std.) und ein Café.

Wylies Baths SCHWIMMEN
(☎02-9665 2838; www.wylies.com.au; Neptune St, Coogee; Erw./Kind 4,50/1 AU$; ⌚Okt.–März 7–19 Uhr, April–Sept. 7–17 Uhr) Der großartige Gezeitenpool von 1907 richtet sich eher an Schwimmer als an den durchschnittlichen Strandgänger. Nach ein paar Runden kann man einen Yogakurs (15 AU$) belegen, sich massieren lassen oder im Kiosk bei großartigem Meerblick einen Kaffee trinken.

Segeln

In Sydney gibt es Dutzende Jachtclubs und Segelschulen.

EastSail SEGELN
(☎02-9327 1166; www.eastsail.com.au; d'Albora Marina, New Beach Rd, Rushcutters Bay) Niemand hat behauptet, dass das Segeln ein günstiger Sport wäre… Hier kann man den zweitägigen Anfängerkurs „Start Yachting" für 575 AU$ belegen oder ein Schiff chartern.

Sydney by Sail SEGELN
(Karte S. 84; ☎02-9280 1110; www.sydneybysail.com; 2 Murray St, Darling Harbour) Sydney by Sail bietet tägliche Segeltouren durch den Hafen (3 Std. 165 AU$, Kind halber Preis) an, die vor dem Maritime Museum beginnen, sowie Segeltörns an der Küste am Wochenende (6 Std., Erw./Kind 190/80 AU$). Zum Angebot zählen außerdem Segelkurse (Wochenendanfängerkurs 595 AU$).

Surfen

An der South Shore bieten Bondi, Tamarama, Coogee, Maroubra und Cronulla tolle Bedingungen. An der North Shore gibt es ein Dutzend Surfstrände zwischen Manly und Palm Beach, darunter Curl Curl, Dee Why, Narrabeen, Mona Vale und Newport.

Let's Go Surfing SURFEN
(Karte S. 94; ☎02-9365 1800; www.letsgosurfing.com.au; 128 Ramsgate Ave, North Bondi) Die renommierte Schule verleiht Ausrüstung (Surfbrett & Neoprenanzug 1 Std./2 Std./Tag/Woche 25/30/50/150 AU$) und veranstaltet Kurse. Das breit gefächerte Angebot richtet sich sowohl an Kinder zwischen sieben und 16 Jahren (1½ Std. 49 AU$) als auch an Erwachsene (2 Std. 99 AU$, auch reine Frauenkurse), zudem gibt's Privatunterricht (1½ Std. 175 AU$). North Bondi ist das perfekte Terrain für angehende Surfer.

Manly Surf School SURFEN
(☎02-9977 6977; www.manlysurfschool.com; North Steyne Surf Club, Manly) Bietet Gruppenkurse (1-/2-stündiger Kurs Erw. 70/110 AU$, Kind 55/90 AU$), Privatunterricht (1-stündiger Kurs Erw./Kind 90/70 AU$) und Surfsafaris zu den Stränden im Norden inklusive zwei Unterrichtseinheiten, Mittagessen, Ausrüstung und Abholservice (99 AU$).

Tauchen & Schnorcheln

Sydneys beste Tauchspots an der Küste findet man in der Gordons Bay nördlich von Coogee, am Shark Point in Clovelly und am Ship Rock in Cronulla. Außerdem beliebt sind North Bondi, Camp Cove und Bare Island. Für Tauchgänge vom Boot aus eignen sich die Wedding Cake Island vor Coogee, Sydney Heads und der Royal National Park besonders gut.

Schnorchler kommen vor den Stränden von Clovelly und Manly voll auf ihre Kosten. Der auf nachhaltigen Tourismus spezialisierte Anbieter EcoTreasures (S. 102) veranstaltet die beliebte Snorkel Walk & Talk Tour in Manly.

Dive Centre Bondi TAUCHEN
(Karte S. 94; ☎02-9369 3855; www.divebondi.com.au; 198 Bondi Rd, Bondi; ⌚Mo–Fr 9–18, Sa & So 7.30–18 Uhr) Das Fünf-Sterne-Zentrum der Professional Association of Diving Instructors (PADI) bietet Anfängerkurse (1 Tag 225 AU$, 3 Tage 495 AU$), geführte Tauchausflüge vor der Küste (2 Tauchgänge 120 AU$) und alle zwei Wochen Tauchtouren mit Boot (225 AU$) an.

Dive Centre Manly TAUCHEN
(Karte S. 98; ☎02-9977 4355; www.divesydney.com.au; 10 Belgrave St, Manly; ⌚Mo–Fr 9–18, Sa & So 8–18 Uhr) Einer der größten Tauchläden Sydneys. Ein zweitägiger PADI-Kurs für Einsteiger kostet 495 AU$, die täglich angebotenen Tauchausflüge vor die Küste 115/125 AU$ für 1/2 Tauchgänge. Zudem gibt's freitags, samstags und sonntags Tauchausflüge mit dem Boot für 175 AU$.

☞ Geführte Touren

In Sydney werden unzählige Touren angeboten. Viele davon kann man über die Sydney Visitor Centres in The Rocks oder Darling Harbour buchen.

SYDNEY MIT KINDERN

In den Schulferien (Dez./Jan., April, Juli & Sept.) gibt es jede Menge organisierte Aktivitäten für Kinder. Einfach einen Blick auf www.sydneyforkids.com.au, www.kidfriendly.com.au, www.au.timeout.com/sydney/kids oder www.webchild.com.au/sydneyschild/your-community werfen!

Die meisten Kinder lieben das SEA LIFE Sydney Aquarium (S. 86), den WILD LIFE Sydney Zoo (S. 86), das Australian National Maritime Museum (S. 87) in Darling Harbour und das Powerhouse Museum (S. 87) im benachbarten Ultimo. Toll sind zudem die „Tours for Tots" und das „GalleryKids Sunday Performance Program" der Art Gallery of NSW (S. 78) – weitere Infos finden sich auf der Website.

Zudem bieten sich Abstecher zum Taronga Zoo (S. 97) und zum Luna Park (S. 97) an. Auch Schwimmbadbesuche, Surfkurse und Ausritte auf Pferden oder Ponys kommen beim Nachwuchs immer gut an.

Wenn sich die Kleinen mal so richtig austoben sollen, ist der Nielsen Park (S. 93) in Vaucluse die richtige Adresse. Zudem kann man hier tolle Sandburgen bauen. Für Kinder geeignete Strände sind z. B. der Balmoral Beach, Shelly Beach und Dee Why an der North Shore sowie der Clovelly Beach, Bronte Beach und North Bondi Children's Pool im Osten.

Hafenrundfahrten

Captain Cook Cruises HAFENRUNDFAHRTEN

(Karte S. 82; ☎02-9206 1111, 1800 804 843; www.captaincook.com.au) Im Angebot sind hier die Hafenrundfahrt „Harbour Highlights" (Erw./Kind/Fam. 32/16/66 AU$) sowie der Harbour-Explorer-Pass (Erw./Kind/Fam. 42/24/84 AU$), mit dem man innerhalb von 24 Stunden beliebig oft an und von Bord gehen kann; Haltepunkte sind an der Watsons Bay, an der Shark Island, beim Taronga Zoo, am Fort Denison, am Circular Quay, beim Luna Park und in Darling Harbour. Beide Boote legen an der Wharf 6 des Circular Quay ab. In der entsprechenden Saison gibt's außerdem Walbeobachtungstouren.

Matilda Cruises HAFENRUNDFAHRTEN

(Karte S. 82; ☎02-8270 5188; www.matilda.com.au) Matilda bietet verschiedene Rundfahrten mit Segelkatamaranen, motorisierten Katamaranen und Hochgeschwindigkeitsbooten an. Zudem gibt es einen Hafenrundfahrtpass (Erw./Kind 42/24 AU$), mit dem man 24 Stunden lang beliebig oft ein- und aussteigen kann; das Boot startet am Pier 26 in Darling Harbour und stoppt außerdem an der Wharf 6 des Circular Quay.

Kajaktouren

Natural Wanders KAJAKFAHREN

(☎0427 225 072; www.kayaksydney.com; Touren 65–150 AU$) Veranstaltet aufregende morgendliche Kajakfahrten rund um Harbour Bridge, Lavender Bay, Balmain, Birchgrove, Kirribilli, Neutral Bay und Mosman – für Anfänger und Fortgeschrittene. Eine private zweieinviertelstündige Tour kostet 150/240 AU$ (1/2 Pers.); Gruppenausflüge gibt's ab 65 AU$ pro Person.

Sydney Harbour Kayaks KAJAKFAHREN

(☎02-9960 4389; www.sydneyharbourkayaks.com.au; Smiths Boat Shed, 81 Parriwi Rd, Mosman; ⌚Mo–Fr 9–17, Sa & So 7.30–17 Uhr) Verleiht Kajaks (1/5 Std. ab 20/70 AU$) und veranstaltet am Wochenende halbtägige Ökotouren (99 AU$); los geht's in der Nähe der Spit Bridge, die über den Middle Harbour führt.

Ökotouren

EcoTreasures SCHNORCHELN

(☎0415 121 648; www.ecotreasures.com.au) Hat verschiedene Touren für Kleingruppen im Programm, z. B. die Sydney Coastal Experience (8 Std., Erw./Kind 145/125 AU$). Die Tour umfasst einen einstündigen Stehpaddelkurs, eine 5 km lange geführte Buschwanderung im Ku-ring-gai Chase National Park, ein Bad im Meer, das Beobachten von Walen (in der Saison) und das Mittagessen. Zum Angebot gehören außerdem Küstenwanderungen, eine Snorkel-Walk-&-Talk-Tour in Manly und verschiedene Führungen zur Kultur der Aborigines mit indigenen Guides.

Panoramaflüge

Sydney Seaplanes PANORAMAFLÜGE

(☎1300 732 752, 02-9974 1455; www.seaplanes.com.au) Veranstaltet Panoramaflüge ab der Rose Bay Marina in einer restaurierten Havilland Canada DHC-2 Beaver oder einer 2007 Cessna Caravan. Zur Auswahl stehen ein 15-minütiger Flug über den Bondi Beach und den Sydney Harbour (200 AU$) sowie ein 30-minütiger Flug über die Strände im Norden (265 AU$).

Radtouren

Bike Buffs RADFAHREN
(☎0414 960 332; www.bikebuffs.com.au) Organisiert eine vierstündige Radtour (Erw./Kind/Fam. 95/70/290 AU$) zu den Sehenswürdigkeiten im Hafenviertel, ein Abstecher zur Harbour Bridge inklusive; die Abfahrt erfolgt täglich um 10.30 Uhr am Treffpunkt an der Ecke Argyle St/Lower Fort St in The Rocks. Man muss im Voraus buchen.

Bonza Bike Tours RADFAHREN
(Karte S. 82; ☎02-9247 8800; www.bonzabiketours.com; 30 Harrington St, The Rocks; Circular Quay) Hier gibt's dienstags, mittwochs, donnerstags und sonntags eine zweieinhalbstündige Tour zu den Attraktionen der Stadt sowie montags, mittwochs, freitags und samstags die Sydney-Classic-Tour (jeweils Erw./Kind/Fam. 99/79/290 AU$). Andere Ausflüge führen zur Harbour Bridge, nach Manly und zu den Hauptattraktionen Sydneys.

Stadtspaziergänge

BridgeClimb STADTSPAZIERGANG
(Karte S. 82; ☎02-8274 7777; www.bridgeclimb.com; 3 Cumberland St, The Rocks; Erw. 198–298 AU$, Kind 138–198 AU$; Circular Quay, Circular Quay) Mit Kopfhörer, Bauchgurt und schickem grauem Jumpsuit ausgerüstet kann man hier den aufregenden Aufstieg auf Sydneys berühmte Harbour Bridge wagen. Sicherheit wird großgeschrieben – ebenso wie Geschäftssinn: Oben ist bei den Fotosessions die Nutzung eigener Kameras untersagt.

I'm Free STADTSPAZIERGANG
(Karte S. 82; www.imfree.com.au; ⏲10.30 & 14.30 Uhr) GRATIS Offiziell sind die von enthusiastischen jungen Guides geführten Touren kostenlos, aber ein Trinkgeld ist üblich. Um 10.30 und 14.30 Uhr beginnt am Anker neben der Sydney Town Hall eine dreistündige Stadtführung, um 18 Uhr an der Cadman's Cottage eine eineinhalbstündige Tour durch The Rocks. Reservierungen sind nicht möglich – einfach auftauchen und nach einem Guide in hellgrünem T-Shirt Ausschau halten! Am besten überprüft man zuvor online, ob sich die Uhrzeiten geändert haben.

Sydney Architecture Walks STADTSPAZIERGANG, RADTOUR
(Karte S. 82; ☎0403 888 390; www.sydneyarchitecture.org; Stadtspaziergang Erw./erm. 35/25 AU$, Radtour 120/110 AU$) Zur Auswahl stehen eine fünfstündige Radtour und drei zweistündige Themenspaziergänge (die Stadt, Utzon & Sydney Opera House, Architektur am Hafen) unter der Leitung netter junger Architekturexperten. Treffpunkt ist das Museum of Sydney. Um zu reservieren und sich über die Startzeiten zu informieren, einfach eine E-Mail an info@sydneyarchitecture.org schreiben!

The Rocks Ghost Tours STADTSPAZIERGANG
(☎02-9241 1283; www.ghosttours.com.au; Erw. 42 AU$; ⏲April–Sept. 18.45 Uhr, Okt.–März 19.45 Uhr) Wer sich gerne mal so richtig gruseln möchte, bucht eine dieser zweistündigen Touren, die allabendlich am Cadman's Cottage beginnen. Die Führungen finden bei jedem Wetter statt (Regenjacken vorhanden) und müssen im Voraus reserviert werden.

Walbeobachtungstouren

Whale Watching Sydney WALBEOBACHTUNGSTOUREN
(Karte S. 82; ☎02-9583 1199; www.whalewatchingsydney.net) Regelmäßig schwimmen Buckelwale und Südkaper Sydneys Küste hinauf und hinunter und wagen sich manchmal bis in den Hafen vor. Dieser Anbieter veranstaltet die zweistündige „Adventure Cruise" (Erw./Kind 60/40 AU$) in einem Schnellboot sowie die dreistündige „Discovery Cruise" (Erw./Kind/Fam. 89/54/229 AU$) in einem großen Katamaran. Abfahrt ist an der Cockle Bar Marina in Darling Harbour und an der Campbells Cove am Circular Quay; die Saison dauert von Mai bis November.

Feste & Events

Sydney Festival KUNST
(www.sydneyfestival.org.au) Während des großen Festivals im Januar ist überall in der Stadt Kunst zu sehen, zudem gibt's kostenlose Freiluft-Konzerte in der Domain.

Big Day Out MUSIK
(www.bigdayout.com) Bei dem Open-Air-Konzert Mitte Januar treten viele lokale und internationale Musiker und Bands auf.

Chinesisches Neujahr KULTUR
(www.sydneychinesenewyear.com) Buntes Fest mit Essen, Feuerwerk und mehr. Das Datum richtet sich nach dem Mondkalender.

St. Jerome's Laneway Festival MUSIK
(www.lanewayfestival.com.au) Anfang Februar schallt Indie-Musik durch die Straßen rund um den Macquarie Pl.

Sydney Gay & Lesbian Mardi Gras SCHWULE & LESBEN
(www.mardigras.org.au) Das Highlight des weltberühmten Festivals im Februar ist die schrille, extravagante Parade durch die Oxford St, die mit einer wilden Party im Entertainment Quarter im Moore Park endet.

Tropfest FILM
(www.tropfest.com) Das größte Kurzfilmfestival der Welt findet an einem Februarabend in der Domain statt.

Biennale of Sydney KULTUR
(www.biennaleofsydney.com.au) Das namhafte kreative Kunstfestival wird zwischen März und Juni in Jahren mit gerader Jahreszahl abgehalten.

Royal Easter Show LANDWIRTSCHAFTSMESSE
(www.eastershow.com.au) Die zweiwöchige Landwirtschaftsmesse richtet sich eigentlich an Kinder und ist eine wunderbare Tradition Sydneys mit Fahrgeschäften, Werbegeschenken und Jahrmarktattraktionen.

SCHWULEN- & LESBENSZENE IN SYDNEY

Die Schwulen- und Lesbenszene ist ein lautstarker, wichtiger Bestandteil des gesellschaftlichen Lebens in Sydney. Der **Taylor Square** an der Oxford St ist das Zentrum der wohl zweitgrößten Schwulengemeinde der Welt nach der von San Francisco; in Newtown ist die hiesigen Lesbenszene angesiedelt.

Sydneys berühmter **Gay & Lesbian Mardi Gras** (www.mardigras.org.au) mit mehr als 10 000 Teilnehmern lockt über 300 000 Zuschauer an. Während des Mardi Gras Ende September/Anfang Oktober findet im Horden Pavilion im Moore Park auch der alljährliche **Sleaze Ball** (☎ 02-9568 8600; www.mardigras.org.au; 1 Driver Ave, Hordern Pavilion; 🚌 339) statt.

Zu den kostenlos zugänglichen Infoquellen für Schwule und Lesben gehören *SX* (www.gaynewsnetwork.com.au), der *Star Observer* (www.starobserver.com.au), *Lesbians on the Loose* (www.lotl.com) und *DNA* (www.dnamagazine.com.au).

Die meisten Hotels, Restaurants und Bars in Darlinghurst und Surry Hills sind sehr schwulenfreundlich. Wer in Partylaune ist, wird am Ende der Oxford St fündig oder steuert folgende Adressen an:

Arq (Karte S. 88; ☎ 02-9380 8700; www.arqsydney.com.au; 16 Flinders St; Eintritt frei–25 AU$; ⏲ Do–So 21 Uhr–open end; 🚆 Museum) Hier gibt's donnerstags ab 21 Uhr Drag-Shows, freitags und samstags Diskovergnügen auf zwei Tanzflächen sowie sonntags Kabarett, das Highlight der Woche.

Partys werden regelmäßig im Chinese Laundry (S. 127) veranstaltet.

Im Beresford Hotel (S. 129) herrscht sonntagnachmittags glamouröse Partystimmung.

Fag Tag (www.fagtag.com.au) Die organisierten Übernahmen von Hetero-Bars finden vor allem im Sommer statt und versprechen jede Menge kostenlosen Spaß.

Imperial Hotel (www.theimperialhotel.com.au; 35 Erskineville Rd; öffentliche Bar Eintritt frei, Club im Keller vor/nach 22 Uhr frei/10 AU$, Kabarett-Bar Fr/Sa 10/15 AU$; ⏲ 15 Uhr–open end; 🚆 Erskineville) Die Drag-Shows in diesem Art-déco-Schuppen dienten als Inspiration für *Priscilla – Königin der Wüste* (die Eröffnungsszene wurde hier gedreht). Freitags und samstags gibt's Kabarett, sonntags DJ-Musik und an den restlichen Tagen verschiedene Veranstaltungen.

In the Dark (www.inthedark.com.au) organisiert verschiedene Partys wie die Homesexual and Queer Nation oder DILF.

Midnight Shift (Karte S. 88; ☎ 02-9358 3848; www.themidnightshift.com.au; 85 Oxford St; Eintritt frei– 10 AU$; ⏲ Mo & Di 12–2, Mi, Do & So 12–4, Fr & So 12–6 Uhr; 🚆 Museum) Die Grande Dame der Szene an der Oxford St. In der Bar im Untergeschoss trifft sich eine bunt gemischte unprätentiöse Klientel, oben im Club (Fr & Sa ab 22 Uhr) geht's bei den ausgelassenen Drag-Shows frivoler zu.

Oxford Hotel (Karte S. 88; ☎ 02-8324 5200; www.theoxfordhotel.com.au; 134 Oxford St; ⏲ 10 Uhr–open end; 🚆 Museum) Durch den winzigen Kellerclub dröhnen am Wochenende Pop und Indie. Oben im Supper Club und in der Polo Lounge wird ein buntes Programm mit Kabarett und DJ-Musik geboten.

Vivid Sydney KULTUR
(www.vividsydney.com) Große Lichtinstallationen und Projektionen in der Stadt, Livemusik, Diskussionsrunden und Debatten im Mai und Juni.

City2Surf SPORT
(www.city2surf.com.au) Bei der Wohltätigkeitsveranstaltung am zweiten Sonntag im August laufen über 80 000 Menschen die 14 km lange Strecke zwischen dem Hyde Park und Bondi Beach.

Festival of the Winds DRACHEN
(Queen Elizabeth Dr, Bondi Pavilion; 380) Bei dem Festival in der zweiten Septemberwoche zieren spektakuläre Drachen in Tier- und Alienformen den Himmel über Bondi Beach.

Art & About KUNST
(www.artandabout.com.au) Spezialgefertigte Arbeiten lokaler und internationaler Künstler sind von Ende September bis Ende Oktober an ungewöhnlichen Plätzen in der ganzen Stadt zu bewundern.

Sculpture by the Sea KUNST
(www.sculpturebythesea.com) Von Ende Oktober bis Anfang November verwandelt sich der Klippenweg vom Bondi Beach nach Tamarama in einen Skulpturengarten.

Homebake MUSIK
(www.homebake.com.au) Bei dem eintägigen Musikfestival am ersten Samstag im Dezember treten in der Domain die bestens Bands Australiens und Neuseelands auf.

Bondi Christmas Bash WEIHNACHTEN
Sydneys internationale Traveller-Familie trifft sich traditionell am 25. Dezember am Bondi Beach. Meist findet eine Party im Pavilion statt.

Sydney-Hobart-Regatta SPORT
(www.rolexsydneyhobart.com) Am 26. Dezember verabschieden Hunderte Bootsleute im Sydney Harbour die Jachten, die an dem mörderischen Rennen teilnehmen.

Silvester FEUERWERK
(www.cityofsydney.nsw.gov.au/nye) Mit einem prächtigen Feuerwerk am Hafen wird die größte Party des Jahres gefeiert.

Schlafen

In Sydney kann man gut, aber eher nicht günstig übernachten. In den Wintermonaten gibt's manchmal Schnäppchen, von November bis Februar muss man allerdings mit Preissteigerungen um bis zu 40 % rechnen. Eigentlich herrscht in der Stadt das ganze Jahr über Betrieb, daher ist es ratsam, rechtzeitig zu reservieren und sich nach den besten Preisen umzuschauen.

Unterkünfte im Zentrum gewähren am Wochenende oft Rabatte, während Zimmer in Strandnähe dann teurer sind. Frühstück ist meist nicht inbegriffen und kann teuer werden – besser steuert man eines der hiesigen Cafés an. WLAN und Parkplätze kosten in der Regel extra.

In diesem Kapitel gelten folgende Kategorien: Budgetunterkünfte ($) bis 120 AU$ pro Übernachtung, Mittelklassehotels ($$) zwischen 120 und 250 AU$ pro Nacht sowie Spitzenklassehotels ($$$) ab 250 AU$ pro Nacht. In der Hauptsaison zwischen Weihnachten und Neujahr muss man sich auf massive Preissteigerungen einstellen.

Circular Quay & The Rocks

★ **Sydney Harbour YHA** HOSTEL $
(Karte S. 82; 02-8272 0900; www.yha.com.au; 110 Cumberland St, The Rocks; B 48–50 AU$, DZ 168–185 AU$, FZ 205 AU$; Circular Quay, Circular Quay, Circular Quay) Die Aussicht von der Dachterrasse und den Luxuszimmern dieses relativ neuen und außerordentlich gut geführten YHA-Hostels ist großartig – man blickt direkt über den Circular Quay bis zum Opera House. Die modernen Schlafsäle mit vier oder sechs Betten und die Privatunterkünfte sind hübsch und gemütlich; alle Zimmer verfügen über eigene Bäder. Das Gebäude wurde mit Augenmerk auf Nachhaltigkeit gestaltet und über einer archäologischen Ausgrabungsstätte errichtet.

Lord Nelson Brewery Hotel HISTORISCHES HOTEL $$
(Karte S. 82; 02-9251 4044; www.lordnelson.com.au; 19 Kent St, Millers Point; Zi. mit/ohne Bad 190/130 AU$; Circular Quay) Das schicke Gasthaus aus Sandstein schenkt seit 1841 Bier aus und beherbergt im Obergeschoss neun Zimmer mit freigelegtem Mauerwerk und Mansardenfenstern. Die meisten sind geräumig und haben eigene Bäder, außerdem gibt es günstigere kleinere Quartiere mit Gemeinschaftsbädern. Das hausgebraute Old Admiral Dark Ale ist großartig, insbesondere in Kombination mit

dem herzhaften Kneipenessen, das im Restaurant serviert wird.

Pullman Quay Grand Sydney Harbour APARTMENTS $$$

(Karte S. 82; 02-9256 4000; www.mirvachotels.com; 61 Macquarie St, Circular Quay East; 1-/2-Zimmer-Apt. ab 409/699 AU$; ; Circular Quay, Circular Quay, Circular Quay) Das architektonisch wenig eindrucksvolle Gebäude wird von Einheimischen auch „Toaster" genannt und beherbergt das Apartmenthotel mit der besten Lage der Stadt, direkt neben dem Opera House. Die Apartments bieten modernes Dekor, einen Balkon, separate Wohn- und Essbereiche, ein Bad mit Whirlpool und eine Küche mit Waschmaschine. Die Unterkünfte mit Hafenblick lohnen den Aufpreis.

Park Hyatt LUXUSHOTEL $$$

(Karte S. 82; 02-9256 1234; www.sydney.park.hyatt.com; 7 Hickson Rd, The Rocks; Zi. ab 795 AU$; @; Circular Quay, Circular Quay, Circular Quay) Im teuersten Hotel der Stadt trifft Luxus auf erstklassige Lage (mit dem Circular Quay auf der einen und dem Opera House auf der anderen Seite). Die kürzlich renovierten Zimmer, der Service und die Einrichtungen sind erstklassig, und das hauseigene Restaurant Dining Room genießt einen exzellenten Ruf.

Sydney Zentrum

Bounce HOSTEL $

(Karte S. 92; 02-9281 2222; www.bouncehotel.com.au; 28 Chalmers St; B 37–45 AU$, DZ 139–149 AU$; @; Central) Das Bounce beschreibt sich selbst als gehobenes Hostel, in dem „Budget auf Boutique trifft" – dem kann man nur zustimmen. Alle Schlafsäle und Zimmer sind klimatisiert, die Schlafsäle für Frauen verfügen über eigene Bäder, die Betten sind mit gut gefederten Matratzen bestückt und die Badezimmer blitzblank. Beim Barbecue auf der Dachterrasse kommt man in den Genuss von Garnelen und tollem Ausblick auf die Stadt.

Wake Up! HOSTEL $

(Karte S. 92; 02-9288 7888; www.wakeup.com.au; 509 Pitt St; B 34–40 AU$, EZ 98 AU$, DZ 108–118 AU$; @; Central) Das umgebaute Kaufhaus von 1900 oberhalb der geschäftigsten Kreuzung Sydneys richtet sich an anspruchsvolle Backpacker. Das gesellige, farbenfrohe, professionell geführte Hostel bietet 520 Betten, viele Aktivitäten, einen Tourschalter, 24-Stunden-Check-in, ein sonniges Café, eine Bar und ansteckende Partystimmung.

Railway Square YHA HOSTEL $

(Karte S. 92; 02-9281 9666; www.yha.com.au; 8–10 Lee St; B 33–44 AU$, Zi. 107–119 AU$; @; Central) Die ehemalige Abfertigungsstelle der Central Station wurde auf clevere Art in ein hippes Hostel mit Bahngleis verwandelt. Zur Auswahl stehen Schlafsäle in umgebauten Zugabteilen (Ohrenstöpsel mitbringen!) und im Hauptgebäude sowie Privatzimmer, teilweise mit eigenen Bädern.

Pensione Hotel BOUTIQUEHOTEL $$

(Karte S. 84; 02-9265 8888; www.pensione.com.au; 631–635 George St; EZ ab 110 AU$, DZ ab 135 AU$; ; Central) Die geschmackvoll umgebaute Postfiliale hat schicke Zimmer in neutralen Tönen mit Tee- und Kaffeekocher sowie Kühlschränken. Gäste können zudem Waschmaschinen und die Gemeinschafts-Lounge mit Küchenzeile nutzen. Das Hotel liegt in einer betriebsamen Gegend, und auch wenn die Fenster an der George St doppelt verglast sind, sollte man sich auf Straßenlärm einstellen. Die günstigeren Zimmer bieten ein gutes Preis-Leistungs-Verhältnis, die kostspieligeren sind überteuert.

Adina Apartment Hotel Sydney Harbourside APARTMENTS $$

(Karte S. 82; 02-9249 7000; www.adinahotels.com.au; 55 Shelley St, Kings Street Wharf, Darling Harbour; Studio ab 170 AU$, Apt. mit 1 B ab 200 AU$; P; Darling Harbour) Die recht neue Adresse abseits der King St Wharf verfügt über Apartments mit Küchen, Waschmaschinen und Balkonen sowie über Studios mit Küchenzeile. Zudem gibt's einen Pool, einen Fitnessraum und eine Sauna.

Adina Apartment Hotel Sydney APARTMENTS $$

(Karte S. 84; 02-9274 0000; www.adinahotels.com.au; 511 Kent St; Studio ab 180 AU$, Apt. mit 1/2 B ab 240/280 AU$; ; Town Hall) In der Nähe von Chinatown und Darling Harbour stehen Gästen in diesem Apartmenthotel geräumige, voll ausgestattete Apartments und kleinere Studios mit Küchenzeile zur Verfügung. Für eine ruhige Nacht sorgen doppelt verglaste Fenster. Das beste Preis-Leistungs-Verhältnis haben die größeren Apartments.

Vibe Hotel Sydney HOTEL $$

(Karte S. 84; 02-8272 3300; www.vibehotels.com.au; 111 Goulburn St; DZ/Suite ab 180/210 AU$;

❄@📶🏊; 🚉Central) Die geräumigen Zimmer dieses Mittelklassehotels in praktischer Nähe zu den Bahnhöfen Museum Station und Central Station am Rand von Surry Hills überzeugen mit fairen Preisen. Alle verfügen über einen Sitzbereich, einen Flachbild-TV, einen Schreibtisch und einen großen Schrank. Zudem gibt es ein Café und ein Fitnessstudio im Erdgeschoss, eine Sauna und einen großen Pool auf der Außenterrasse.

Travelodge Sydney HOTEL $$

(Karte S. 84; ☎02-8267 1700; www.travelodge.com.au/travelodge-sydney-hotel/home; Ecke Wentworth Ave & Goulburn St; DZ ab 110 AU$; ❄@📶; 🚉Museum, Central) Die tolle Lage nahe dem Hyde Park (genau zwischen Museum Station und Central Station) und saubere, komfortable, gut eingerichtete Zimmer mit einfacher Küchenzeile machen das Hotel zu einer attraktiven, wenn auch wenig charmanten Option. Besonders lohnend sind die Angebote im Internet, z. B. die Pauschalpakete mit drei bis fünf Übernachtungen. WLAN ist nur in den Zimmern in den oberen Etagen verfügbar.

Establishment Hotel BOUTIQUEHOTEL $$$

(Karte S. 82; ☎02-9240 3100; www.merivale.com.au; 5 Bridge La; Zi. ab 299 AU$; ❄@📶; 🚉Wynyard) Das Boutiquehotel versteckt sich an einer unscheinbaren Straße, legt Wert auf Privatsphäre und ist somit bei Promis, stilbewussten Pärchen und gut betuchten Managern in Begleitung ihrer Sekretärinnen beliebt. Was ihm an Einrichtungen fehlt, macht es mit Glamour wieder wett, der Lärm (aus angrenzenden Zimmern, den Fluren sowie den hauseigenen Bars und Restaurants) ist allerdings ein echtes Problem. Übernachtungsgäste haben VIP-Zugang zu allen Bars der Merivale-Kette.

QT Sydney BOUTIQUEHOTEL $$$

(Karte S. 82; ☎02-8262 0000; www.qtsydney.com.au; 49 Market St; B ab 380 AU$; ❄📶; 🚉Town Hall) In dem neuen Boutiquehotel lässt es sich bestens aushalten. Das theatralische Dekor und die offenen Mitarbeiter passen perfekt zu der Lage in den Gebäuden des historischen State Theatre, und die originellen Extras wie Material zum Martinismixen auf den Zimmer sind zusätzliche Pluspunkte. Zur Anlage gehören ein Spa mit Hamam, ein Friseur alter Schule sowie eine Bar und ein Grillrestaurant unter der Leitung eines der trendigsten Gastwirte der Stadt, Robert Marchetti.

Park8 BOUTIQUEHOTEL $$$

(Karte S. 82; ☎02-9283 2488; www.8hotels.com; 185 Castlereagh St; Zi. 225–275 AU$; ❄📶; 🚉Town Hall) Das Hotel in der Nähe des Haupteinkaufsbezirks versteckt sich hinter einem kleinen Café und bietet die perfekte Balance zwischen Komfort und Stil. Gehört zur eindrucksvollen 8-Hotel-Kette (Kirketon, Diamont, etc.).

Sofitel Sydney Wentworth LUXUSHOTEL $$$

(Karte S. 82; ☎02-9228 9188; http://sofitelsydney.com.au; 68–101 Phillip St; Zi. ab 390 AU$; P❄@📶; 🚉Martin Pl) Das Sofitel ist eines von mehreren gut ausgestatteten Fünf-Sterne-Hotels in den zum Circular Quay hinunterführenden Straßen und überzeugt mit geräumigen, luxuriösen Zimmern und Rabatten am Wochenende, die man auf Buchungswebsites findet. Leider sind Parkplätze und WLAN sehr teuer.

Kings Cross, Potts Point & Woolloomooloo

★ **Blue Parrot** HOSTEL $

(Karte S. 88; ☎02-9356 4888; www.blueparrot.com.au; 87 Macleay St, Potts Point; B 34–40 AU$; @📶; 🚉Kings Cross) Wer auf der Suche nach einem zweiten Zuhause ist, sollte dieses großartige Hostel ansteuern. Es liegt jenseits des zwielichtigen Epizentrums von Cross zwischen den charmanten Cafés, Bars und Restaurants, für die Potts Point bekannt ist. Allerdings ist es hier so gemütlich, dass manch ein Gast lieber vor Ort bleibt, in der Gemeinschaftsküche kocht und dann in einer der Hängematten zwischen den Bäumen des schattigen Hinterhofs entspannt. Die Schlafsäle bieten Platz für vier bis sechs Personen und verfügen über Schließfächer, Ventilatoren und Federkernmatratzen; die Bewohner der meisten teilen sich die Bäder (eine Dusche auf zehn Betten). Der schönste Schlafsaal hat Fenster zum Hof. WLAN und Internet sind kostenlos, zudem wird ein gutes Unterhaltungsprogramm geboten.

Eva's Backpackers HOSTEL $

(Karte S. 88; ☎02-9358 2185; www.evasbackpackers.com.au; 6–8 Orwell St, Kings Cross; B 29–36 AU$, DZ mit Gemeinschaftsbad 85–96 AU$; 📶; 🚉Kings Cross) Das Eva's ist das wohl sauberste Hostel Sydneys, was etwas heißen will, denn die Konkurrenz kann sich sehen lassen. Die Schlafsäle sind recht geräumig und verfügen über Schließfächer sowie teilweise über eigene Bäder und Klimaanlage.

Pluspunkte gibt's zudem für das kostenlose Frühstück und WLAN, die tolle Dachterrasse mit Grill und den geselligen Küchen- und Essbereich im unteren Stockwerk.

Original Backpackers Lodge HOSTEL $
(Karte S. 88; ☎02-9356 3232; www.originalbackpackers.com.au; 160–162 Victoria St, Kings Cross; B 22–34 AU$, EZ 65–85 AU$, DZ 70–95 AU$; Kings Cross) Die riesige Anlage nimmt zwei historische Villen ein und hat Dutzende Betten und einen tollen (wenn auch lärmgeplagten) Garten in der Mitte. Die Schlafsäle haben Schließfächer, hohe Decken, Kühlschränke, TV, Ventilatoren und Gemeinschaftsbäder und sind attraktiver als die kleinen Einzel- und Doppelzimmer. Es gibt eine große Gemeinschaftsküche, ein TV-Zimmer und ein umfassendes Unterhaltungsprogramm, zu dem der freitägliche Grillabend (5 AU$) zählt.

Backpackers HQ HOSTEL $
(Karte S. 88; ☎02-9356 4551; www.backpackershq.com.au; 174 Victoria St, Kings Cross; B 28–45 AU$, DZ ohne Bad 85–99 AU$, DZ 95–110 AU$; ; Kings Cross) Die neuen Besitzer ersetzten die Partyatmosphäre dieser Institution in der Victoria St durch Dekor im Designerstil und ruhiges Flair. Die Schlafsäle bieten Platz für vier bis zehn Personen, Schließfächer sowie teilweise Kühlschränke und eigene Bäder. Die Gemeinschaftsküche ist klein und einfach, das machen das kostenlose Internet und Frühstück jedoch wieder wett.

Diamant HOTEL $$
(Karte S. 88; ☎02-9295 8888; www.diamant.com.au; 14 Kings Cross Rd, Kings Cross; Zi. 159–375 AU$, Suite 315–425 AU$, Apt. 500–3200 AU$; P; Kings Cross) Das Designhotel thront hinter dem bekannten Coca-Cola-Schriftzug und hat faire Preise. Die schicken, geräumigen Zimmer und Apartments verfügen über extragroße Betten, hochwertige Bettwäsche, Schreibtische, riesige Plasma-TVs und iPod-Anschlüsse; manche sind behindertengerecht eingerichtet. Gäste können zwischen Blicken auf die Brücke, den Hafen oder die Stadt wählen.

Regents Court APARTMENTS $$
(Karte S. 88; ☎02-9331 2099; www.8hotels.com; 18 Springfield Ave, Kings Cross; 1-Zi.-Apt. ab 185 AU$; ; Kings Cross) Der Wohnblock an einer Nebenstraße im Zentrum von Cross, die allmählich modernisiert wird, beherbergt heute ein Boutiqueapartmenthotel der schicken hiesigen 8-Hotels-Kette. Zur Auswahl stehen 26 einfach ausgestattete Apartments für Selbstversorger mit Kochbereichen. Zu den Gemeinschaftsbereichen zählen eine Waschküche und ein Dachgarten.

Victoria Court Hotel B&B $$
(Karte S. 88; ☎02-9357 3200; www.victoriacourt.com.au; 122 Victoria St, Potts Point; EZ 99–132 AU$, DZ 110–280 AU$; ; Kings Cross) Kitschiger Charme prägt das verwohnte, aber gut geführte B&B mit 25 sauberen Zimmern, die sich auf zwei dreistöckige Reihenhäuser von 1881 verteilen. Die teureren Unterkünfte sind größer und haben Balkone.

Maisonette Hotel HOTEL $$
(Karte S. 88; ☎02-9357 3878; www.sydneylodges.com/lodges/the-maisonette-hotel/; 31 Challis Ave, Potts Point; EZ/DZ ab 59/98 AU$; ; Kings Cross) Hier, über der beliebtesten Café-Straße der Stadt, wird man vom Duft frischen Kaffees geweckt. Die Quartierauswahl reicht von kleinen, hellen Doppelzimmern mit eigenen Bädern bis hin zu kleinen Einzelzimmern mit Gemeinschaftsbädern; alle verfügen über Fernseher und Küchenzeile. Die auf der Straßenseite bekommen viel Lärm ab.

★ **BLUE Sydney** LUXUSHOTEL $$$
(Karte S. 88; ☎02-9331 9000; www.tajhotels.com/sydney; 6 Cowper Wharf Rdwy, Woolloomooloo; Zi. ab 252 AU$; @; 311) Das erstklassige Hotel wurde einst von der schicken Kette W Hotels eröffnet, wird jetzt jedoch von der sehr professionellen Taj Group betrieben und liegt im vorderen Teil der Finger Wharf in Woolloomooloo. Den Gemeinschaftsbereichen fehlt es an Charme, darüber trösten jedoch die geräumigen, luxuriösen Zimmer, der Innenpool, der Fitnessraum und die exzellenten Restaurants der Wharf hinweg.

Simpsons of Potts Point B&B $$$
(Karte S. 88; ☎02-9356 2199; www.simpsonshotel.com; 8 Challis Ave, Potts Point; Zi. ab 235 AU$; P@; Kings Cross) Die rote Backsteinvilla von 1892 mit ihrem charmant-altmodischen Dekor steht am ruhigen Ende einer geschäftigen Straße mit Cafés und erfreut sich großer Beliebtheit. Unten gibt es eine hübsche Lounge mit Frühstücksraum; die Zimmer sind komfortabel und sauber.

Inner East

Medusa BOUTIQUEHOTEL $$
(Karte S. 88; ☎02-9331 1000; www.medusa.com.au; 267 Darlinghurst Rd, Darlinghurst; Zi.

210–420 AU$; ❄@📶; 🚉Kings Cross) An dem schwulenfreundlichen Designhotel mit der Einrichtung im Theaterstil ist nichts auszusetzen. Die 18 stilvollen, komfortablen Zimmer mit einfachen Küchenzeilen sind um einen Innenhof mit einem erstaunlich lauten Wasserspiel (das nachts zum Glück abgeschaltet wird) angeordnet. Chihuahuas sind gern gesehen, Kinder hingegen weniger.

Adina Apartment Hotel Sydney APARTMENTS **$$**

(Karte S. 92; ☎02-8302 1000; www.adinahotels.com.au; 359 Crown St, Surry Hills; Apt. ab 190 AU$; P❄@📶🏊; 🚉Central) Zu den schönsten Beschäftigungen in Surry Hills gehört das Essengehen, deswegen werden Gäste die gut ausgestattete Küchenzeile der geräumigen, toll eingerichteten Apartments wohl wenig nutzen: Zu dem Komplex gehören drei namhafte Restaurants. Während des Mardi Gras sind der Fitnessraum, die Sauna und der schattige Pool gut besucht.

Kirketon Hotel BOUTIQUEHOTEL **$$**

(Karte S. 88; ☎02-9332 2011; www.kirketon.com.au; 229 Darlinghurst Rd; Zi. 160–280 AU$; ❄📶; 🚉Kings Cross) In den dunklen, mit Spiegeln geschmückten Fluren, die zu den 40 Zimmern auf zwei Stockwerken führen, fühlt man sich wie in einem David-Lynch-Film. Sogar die kleinen Standardzimmer sind mit hochwertigen Extras wie Spiegeln mit Goldrand, guter Bettwäsche und Plasma-TVs ausgestattet.

Hotel Altamont BOUTIQUEHOTEL **$$**

(Karte S. 88; ☎02-9360 6000; www.altamont.com.au; 207 Darlinghurst Rd, Darlinghurst; DZ 99–190 AU$; ❄📶; 🚉Kings Cross) Im Altamont in Darlinghurst leben die guten alten 1960er-Jahre mit Love & Peace wieder auf. Die 16 Zimmer mit hübscher, aber etwas verwohnter Einrichtung sind zu fairen Preisen zu haben; die Deluxe-Varianten sind am besten. Das Personal ist herzlich und The Cross liegt nah (aber nicht zu nah). Frühstück inklusive.

Kathryn's on Queen B&B **$$**

(Karte S. 86; ☎02-9327 4535; www.kathryns.com.au; 20 Queen St, Woollahra; Zi. 180–260 AU$; 🚌380) Das imposante Reihenhaus im viktorianischen Stil von 1888 am oberen Ende der Prachtstraße von Woollahra steht unter der professionellen Leitung der immer fröhlichen Kathryn. Zur Auswahl stehen zwei geschmackvolle Zimmer in Crème- und Weißtönen. Das üppige Frühstück wird im Garten serviert.

Manor House BOUTIQUEHOTEL **$$**

(Karte S. 88; ☎02-9380 6633; www.manorhouse.com.au; 86 Flinders St, Surry Hills; Zi. 160–245 AU$; ❄📶; 🚉Central) Das Herrenhaus aus den 1850ern abseits des Taylor Sq mit extravaganten Kronleuchtern, Stuckdecken, viktorianischen Fliesen und Springbrunnen im Garten versetzt Gäste quasi in die Vergangenheit. Rund um Mardi Gras ist das Hotel meist voll belegt, schließlich liegt es direkt an der Umzugsstrecke, einen Steinwurf von der großen Party entfernt.

150 Apartments APARTMENTS **$$$**

(Karte S. 84; ☎02-9280 1087, 1300 246 835; www.apartmenthotel.com.au; 150 Liverpool St, East Sydney; Apt. ab 339 AU$; P❄📶; 🚉Museum) Die von den Meistern des Minimalismus Engelen Moore im wild-modernen Stil gestalteten Apartments mit zwei oder drei Schlafzimmern in der Nähe des Hyde Park sind mit Küchen, Waschmaschinen sowie Designermöbeln und -dekor ausgestattet; nicht alle Zimmer sind klimatisiert. Bei längeren Aufenthalten gibt's Rabatte.

Bondi

Neben den hier aufgeführten Optionen ist im neuen Bezirk Boheme Bondi Beach an der Hall St ein Adina Apartment Hotel geplant. Infos gibt's unter www.adina.com.au.

Bondi Beachouse YHA HOSTEL **$**

(Karte S. 94; ☎02-9365 2088; www.yha.com.au; 63 Fletcher St; B 30–35 AU$, 2BZ/DZ ohne/mit Bad 80/100 AU$, FZ ohne/mit Bad 170/180 AU$; 📶; 🚌361 ab Bondi Junction) Einen kurzen, aber steilen Spaziergang vom Strand entfernt, bietet dieses 95 Betten fassende Hostel im Art-déco-Stil u. a. eine Tischtennisplatte, klimatisierte Fernsehzimmer, eine Gemeinschaftsküche und eine Dachterrasse mit Blick auf den Tamarama Beach. Gäste können kostenlos Bodyboards und Schnorchel ausleihen, zudem gibt's Surfbretter (6 Std. 15 AU$). Die Schlafsäle bieten Platz für vier bis acht Personen, und die Privatzimmer verfügen teilweise über Meerblick; alle sind sauber und gepflegt. Zum Unterhaltungsprogramm gehören der freitägliche Grillabend (5 AU$) und ein Pfannkuchenabend am Montag, der von Sydneys evangelikaler Christian Hillsong Church organisiert wird.

Bondi Backpackers HOSTEL **$**

(Karte S. 94; ☎02-9130 4660, 1800 304 660; www.bondibackpackers.com.au; 110 Campbell Pde; B

22–45 AU$, EZ ohne Bad 45–65 AU$, DZ ohne Bad 57–105 AU$; @; 389, 380 od. 333) Das heruntergekommene Hostel liegt in puncto Qualität hinter dem YHA, punktet jedoch mit seiner Lage direkt gegenüber dem Strand und der hochprofessionellen und hilfsbereiten Managerin Cherie Nelson. Die einfachen Schlafsäle, Zimmer und Bäder sind sauber, und im Preis sind Frühstück sowie 30 Minuten WLAN oder Internet pro Tag inbegriffen.

Bondi Beach House PENSION $$
(Karte S. 94; 0417 336 444; www.bondibeachhouse.com.au; 28 Sir Thomas Mitchell Rd; EZ 80–135 AU$, DZ 120–300 AU$, Suite 185–325 AU$; ; 389, 380 od. 333) Die charmante Pension steht in einer ruhigen Ecke hinter der Campbell Pde und wirkt sehr heimelig. Der Strand liegt nur fünf Gehminuten entfernt, doch die Versuchung ist groß, den ganzen Tag hier zu bleiben: Im Hof und auf der Terrasse kann man super relaxen. Sechs der neun Zimmer verfügen über Bäder, wobei die Suiten am hübschesten sind. Kinder unter zwölf Jahren sind unerwünscht. Ums Frühstück muss man sich selbst kümmern. Es gibt nur einen Parkplatz – früh buchen!

Ultimate Apartments APARTMENTS $$
(Karte S. 94; 02-9365 7969; www.apartmentsbondibeach.com; 59 O'Brien St; EZ & DZ 125–185 AU$; P; 389, 380 od. 333) Das altmodische Motel scheint den 1970er-Jahren entsprungen, ist jedoch sauber, sicher und ruhig. Die Zimmer verfügen über Küchenzeilen, es gibt jede Menge kostenlose Parkplätze, der Strand ist nur einen kurzen Fußmarsch entfernt, und zur Anlage gehören ein Waschautomat und ein Pool.

Ravesi's BOUTIQUEHOTEL $$$
(Karte S. 94; 02-9365 4422; www.ravesis.com.au; 118 Campbell Pde; DZ 209–389 AU$, Suite 289–549 AU$; ; 389, 380 od. 333) Das Boutiquehotel mag nicht zu Bondis alternativer Surfszene passen, bietet sich jedoch für ein romantisches Wochenende an. Die schicken Zimmer in Schoko- und Grautönen sind geräumig, wegen ihrer Lage über einer der betriebsamsten Bars der Campbell Pde aber meist lärmgeplagt. Die besten haben große Balkone mit Blick aufs Meer. Kein Frühstück.

Coogee

Coogee Beach House HOSTEL $
(02-9665 1162; www.coogeebeachhouse.com; 171 Arden St; B 25–35 AU$, DZ ohne Bad 80–95 AU$; @; 372, 374) Der freundliche Manager Daniel Harris ist stolz auf sein Hostel, und das aus gutem Grund. Die Schlafsäle mit vier oder sechs Betten, die Privatzimmer und die Gemeinschaftsbäder sind sehr sauber, zudem herrscht eine einladende, ruhige Atmosphäre (Gäste feiern außerhalb). Die Betten sind nicht die bequemsten, und bei unserem Besuch gab es keine Schließfächer, dafür entschädigen jedoch eine Grillterrasse, die Gemeinschaftsküche, kostenloses Frühstück und der Gratisverleih von Surfbrettern, Bodyboards und Rädern.

Dive Hotel BOUTIQUEHOTEL $$
(02-9665 5538; www.divehotel.com.au; 234 Arden St; Zi. 155–215 AU$, Zi. mit Meerblick 220–315 AU$; P@; 372, 374) Viele Hotels werden ihrem Namen („Grand", „Palace" bzw. „Central") nicht gerecht, der Name „Dive" (Spelunke) aber zum Glück auch nicht. Die 14 geräumigen Zimmer sind mit Küchenzeilen ausgestattet, wobei die an der Meerseite am schönsten sind. Frühstück wird in einer wunderschönen Lounge mit Innen- und Außenbereich serviert, über die zwei Hunde wachen. Kinder unter acht Jahren sind nicht erwünscht.

Glebe, Newtown & Enmore

Billabong Gardens HOSTEL $
(02-9550 3236; www.billabonggardens.com.au; 5–11 Egan St, Newtown; B 26–28 AU$, EZ 55–95 AU$, DZ 75–115 AU$; @; Newtown) Das exzellente Hostel nahe der betriebsamen King St und dem Royal Prince Alfred Hospital ist bei Backpackern, tourenden Rockbands, Medizinstudenten und Städtern aller Art beliebt. Es gibt Zimmer mit Bädern und ohne Bäder, von denen die meisten im Hauptgebäude und ein paar in einem Reihenhaus in der Nähe untergebracht sind. Im Fernsehraum, Grillbereich und am solarbeheizten Pool kommt man schnell mit anderen Gästen ins Gespräch.

Glebe Village HOSTEL $
(02-9660 8878; www.glebevillage.com; 256 Glebe Point Rd, Glebe; B 23–27 AU$, EZ/DZ 65/90 AU$; P@; 431) Das internationale Hostel mitten in Glebe nimmt drei Häuser aus viktorianischer Zeit ein und wirkt wie eine recht schmuddelige Ansammlung von Studentenbuden. Wer Geselligkeit dem Komfort vorzieht, wird sich hier wohlfühlen. Der Komplex umfasst Zimmer mit Gemein-

schafts- und eigenen Bädern sowie lebendige Gemeinschaftsbereiche drinnen und draußen. Das Frühstück ist inbegriffen – manchmal gibt's Pfannkuchen.

Glebe Point YHA HOSTEL $
(☎ 02-9692 8418; www.yha.com.au; 262–264 Glebe Point Rd, Glebe; B 28–45 AU$, EZ ohne Bad 70 AU$, DZ ohne Bad 84–105 AU$; @ 📶; 🚌 431) Entspanntes, hell gestrichenes Hostel mit anständigen Einrichtungen und einfachen, sauberen Zimmern mit Waschbecken. Gesellige Partystimmung herrscht auf der Dachterrasse, wenn Grillabende, Speed-Date-Veranstaltungen und Salsa-Events stattfinden.

Tara Guest House B&B $$
(☎ 02-9519 4809; www.taraguesthouse.com.au; 13 Edgeware Rd, Enmore; DZ mit/ohne Bad 205/175 AU$, Suite 205 AU$; 📶; 🚆 Newtown) Die Gastgeber Julian und Brom sind zwar nicht Scarlett O'Hara und Rhett Butler, arbeiten jedoch bestens zusammen und geben den Gästen ihres atmosphärischen B&Bs nahe Newton das Gefühl, hier zu Hause zu sein. Dass nur eines der vier Zimmer über eigenes Bad verfügt, ist nebensächlich, denn dafür entschädigen das riesige Gourmetfrühstück und der Border Collie Oscar (der Abschied fällt schwer). Gegen den Straßenlärm sollten unruhige Schläfer Ohrstöpsel mitbringen.

North Shore

Lane Cove River Tourist Park CAMPING $
(☎ 02-9888 9133; www.lcrtp.com.au; Plassey Rd, Macquarie Park, Lane Cove; Stellplatz f. 2 Pers. ohne/mit Strom 37/39 AU$, Hütte mit DZ/FZ ab 135/155 AU$; @ 📶 🏊; 🚆 North Ryde) 🍃 Ein Naturerlebnis in Stadtnähe bietet dieser vom Nationalpark betrieben Campingplatz, 14 km nordwestlich des Zentrums. Es gibt Wohnmobile, Hütten und einen Pool, der an heißen Tagen für Erfrischung sorgt. Zur Auswahl stehen zudem voll ausgestattete Stellplätze (DZ 90 AU$) und luxuriöse Zeltunterkünfte (DZ 200 AU$).

Vibe Hotel North Sydney HOTEL $$
(☎ 02-9955 1111; www.vibehotels.com.au; 88 Alfred St South, Milsons Point; Zi. ab 179 AU$; ❄ @ 🏊; ⛴ Milsons Point/Luna Park, 🚆 Milsons Point) Das schicke Hotel in den für die Vibe-Kette typischen Grün- und Lilatönen birgt 165 Zimmer und 36 Suiten; die besten bieten Blick auf die Lavender Bay oder Kirribilli. Werktags wohnen hier zahlungskräftige Geschäftsleute, an Wochenenden gibt's oft Rabatte.

Manly

Boardrider Backpacker HOSTEL $
(Karte S. 98; ☎ 02-9977 6077; www.boardrider.com.au; Rear 63, The Corso; B 26–40 AU$, DZ 97–150 AU$, DZ ohne Bad 75–135 AU$; 📶; ⛴ Manly) Von den beiden Hostels in Manly ist das Boardrider mit Abstand das Bessere. Die Schlafsäle und Privatzimmer sind bei Langzeitbesuchern sehr beliebt, allerdings wird Sauberkeit nicht wirklich großgeschrieben, und die Lage direkt am Corso ist für Gäste mit leichtem Schlaf ein Problem. Ansonsten gibt es ein umfangreiches Unterhaltungsprogramm, kostenloses WLAN und werktags gratis Frühstück.

101 Addison Road B&B $$
(☎ 02-9977 6216; www.bb-manly.com; 101 Addison Rd; Zi. 160–170 AU$; P 📶; ⛴ Manly) Das Cottage von 1880 an einer ruhigen Straße nahe dem Shelley Beach ist ganz einfach reizend. Zur Auswahl stehen zwei Zimmer, allerdings wird jeweils nur eine Buchung (1–4 Pers.) entgegengenommen – so hat man das mit Antiquitäten geschmückte Haus samt Privat-Lounge mit großem Piano und offenem Kamin für sich.

Essen

Wie die folgende Auswahl zeigt, servieren Sydneys Restaurants Gerichte aus aller Welt. Nimmt man all die wunderbaren, frischen Zutaten und einige der besten Köche der Welt hinzu, ergibt das Ganze eine herrliche, faszinierende Feinschmeckerstadt.

Wenn Telefonnummern angegeben sind, ist es ratsam, zu reservieren.

Sydney Zentrum, The Rocks & Circular Quay

Din Tai Fung TAIWANESISCH $
(Karte S. 84; www.dintaifungaustralia.com.au; L1, World Sq, 644 George St; Klöße 11–20 AU$, gedämpfte Hefebrötchen 3 AU$, Nudeln 12–19 AU$; ⏰ 11.30–14.30 & 17.30–21 Uhr; 🚆 Museum) Hier gibt's auch Nudeln und Hefebrötchen, es sind allerdings die Klöße, die die taiwanesische Kette berühmt gemacht haben. Schon beim ersten Biss in die in wunderbar aromatischer Brühe gekochten Köstlichkeiten erlebt man eine regelrechte Geschmacksexplosion – Xiao Long Bao ist besonders lecker. Am besten frühzeitig und hungrig kommen und sich darauf einstellen, den Tisch mit anderen Gästen zu teilen! Zur Kette gehö-

rige Imbissstände stehen im Food-Court im Westfield Sydney.

Sydney Madang KOREANISCH $

(Karte S. 84; 371a Pitt St; Suppen 12–17 AU$, Pfannkuchen 13–22 AU$, Dampfgerichte 40–55 AU$; ⌚11.30–1 Uhr; 🚉Museum) Das wunderbar authentische Grilllokal versteckt sich an einer recht düsteren Seitenstraße in Little Korea. Die Inneneinrichtung überzeugt weniger, dafür stimmen Qualität und Quantität der Speisen. Es geht laut, beengt und chaotisch zu, doch dafür entschädigen die Chili-Meeresfrüchte-Suppe, koreanische Pfannkuchen und leckere Dampfgerichte.

Mamak MALAYSISCH $

(Karte S. 84; www.mamak.com.au; 15 Goulburn St; Roti 5,50–11,50 AU$, Satay 9–16 AU$; ⌚tgl. 11.30–14.30 & 17.30–22, Fr & Sa bis 2 Uhr; 🚉Town Hall) Wer hier ohne Wartezeit einen Tisch ergattern will, muss früh kommen, denn das Lokal zählt zu den beliebtesten günstigen Schnellimbissen der Stadt. Das Satay wird auf Holzkohle zubereitet und ist zu einem flachen, goldbraun gebackenen Roti besonders lecker. Keine Reservierung möglich. Alkoholische Getränke selbst mitbringen!

Le Grand Café FRANZÖSISCH, CAFÉ $

(Karte S. 82; www.afsydney.com.au/about/le-grand-cafe; 257 Clarence St; Hauptgerichte 8–12 AU$; ⌚Mo–Do 8.30–18.15, Fr bis 17, Sa 8.30–14.30 Uhr; 🚉Town Hall) Oh lá lá – mehr muss man zu dem beliebten Café im Foyer des von Harry Seidler entworfenen Alliance-Française-Gebäudes nicht sagen. Die klassischen französischen Snacks (z. B. sämige Suppen, Quiche und Croque Monsieur) sind lecker, und das Ambiente ist sehr schick. Keine Reservierung möglich, nur Barzahlung.

Central Baking Depot BÄCKEREI $

(CBD; Karte S. 80; www.centralbakingdepot.com.au; 37-39 Erskine St; Sandwiches 8–9 AU$, Pasteten & Quiches 4,50–5,50 AU$; ⌚Mo–Fr 7–16.30, Sa 8–15 Uhr; 🚉Wynyard) Einst waren die besten Bäckereien der Stadt in den Vororten ansässig, mittlerweile verkauft das CBD jedoch leckeres Brot und Gebäck mitten im Zentrum. Neben herzhaften Snacks wie Pasteten, Würstchen im Schlafrock, Croissants, Pizzastücken und Sandwiches gibt's auch Süßes und Kaffee. Die Sitzgelegenheiten beschränken sich auf ein paar wenige Tische und eine Fensterbank.

Golden Century CHINESISCH, SEAFOOD $$

(Karte S. 84; ☎02-9212 3901; www.goldencentury.com.au; 393–399 Sussex St; Seafood-Hauptgerichte ab 23 AU$; ⌚12–4 Uhr; 🚉Town Hall) Die Fensterwand dieses hektischen kantonesischen Restaurants besteht aus einem Fischtank – das untermauert den Ruf des

DER KULT UM DIE STARKÖCHE

Bei der Restaurantwahl richten sich viele Sydneysiders nach prominenten Namen. In der Stadt steht eine beträchtliche Anzahl Köche hinter dem Herd, die durch Kochsendungen oder -bücher lokal oder sogar international bekannt sind. Dazu gehören:

➡ **Bill Granger** (Bills, S. 115) Lifestyle-Koch und Autor von zehn Kochbüchern. Nach Meinung vieler repräsentieren seine Kreationen und sein Stil Sydney schlechthin.

➡ **Kylie Kwong** (Billy Kwong, S. 115) Hat ihre eigenen Fernsehsendungen (z. B. *My China*) und ist Autorin einiger Kochbücher.

➡ **Luke Nguyen** (Red Lantern, S. 115) Hat eigene Fernsehsendungen (*Luke Nguyen's Vietnam*, *The Songs of Sapa*, *Luke Nguyen's Greater Mekong*) und ist Verfasser mehrerer Kochbücher.

➡ **Matt Moran** (**Aria**, Karte S. 82; ☎9252 2555; www.ariarestaurant.com; 1 Macquarie St; Hauptgerichte 48 AU$; ⌚Mo–Fr mittags, tgl. abends; 🚉Circular Quay; Chiswick Restaurant, S. 115) Ein Porträt von Matt Moran hängt in der National Portrait Gallery in Canberra. Er ist Millionen Australiern durch regelmäßige Auftritte bei *MasterChef Australia* bekannt.

➡ **Neil Perry** (Rockpool Bar & Grill, S. 113; **Rockpool**, Karte S. 82; ☎9252 1888; www.rockpool.com; 107 George St; 2 Kurse 100 AU$; ⌚Fr & Sa mittags, Di–Sa abends; 🚉Circular Quay; **Spice Temple**, Karte S. 82; ☎8078 1088; www.rockpool.com; 10 Bligh St; Gerichte 15–45 AU$; ⌚Mo–Fr mittags, Mo–Sa abends; 🚉Martin Place) Der Rockstar unter den Starköchen der Stadt mit standesgemäßem Pferdeschwanz. Die Liste seiner Kochbücher und Fernsehauftritte ist lang.

Golden Century, eines der besten Fischlokale Sydneys zu sein, natürlich. Wer sich einmal richtig etwas gönnen möchte, bestellt in Ingwer und Schalotten gekochten Hummer, der direkt aus dem Tank gefischt im Kochtopf landet.

Quay MODERN-AUSTRALISCH $$$
(Karte S. 82; ☎02-9251 5600; www.quay.com.au; L3, Overseas Passenger Terminal; Mittags-/Abendmenü ab 125/175 AU$; ⊙Di–Fr 12–14.30, tgl. 18–22 Uhr; Circular Quay, Circular Quay, Circular Quay) Das Quay bricht mit der goldenen Regel, dass ein schöner Ausblick oft mit schlechtem Essen einhergeht. Der Küchenchef Peter Gilmore ist international für seine ausgezeichnete modern-australische Küche bekannt (das Quay befindet sich auf der Top-50-Liste von San Pellegrino), die zu Traumaussicht serviert wird (wenn nicht gerade ein Kreuzfahrtschiff die Sicht versperrt). Man muss reservieren.

Rockpool Bar & Grill STEAK $$$
(Karte S. 82; ☎02-8078 1900; www.rockpool.com; 66 Hunter St; Hauptgerichte 25–115 AU$; ⊙Mo–Fr 12–15, Mo–Sa 18–23 Uhr; Martin Pl) Wer in diesem feinen Lokal des im Art-déco-Stil erbauten City Mutual Building diniert, fühlt sich wie ein Börsenmakler aus den 1930er-Jahren. Die Bar ist für Burger aus abgehangenem Wagyū-Rindfleisch bekannt, zu denen ganz wunderbar eine Portion von Hand geschnittener dicker Pommes Frites passt. Zu den Spezialitäten zählen außerdem saftige, über Holzkohle gegrillte Steaks und in einem Kohleofen zubereitete Meeresfrüchte.

Guillaume at Bennelong FRANZÖSISCH $$$
(Karte S. 82; ☎02-9241 1999; www.guillaumeatbennelong.com.au; Sydney Opera House; Menüs 150–195 AU$; ⊙Di–Sa 17.30 Uhr–open end, Do & Fr 12–15 Uhr; Circular Quay, Circular Quay, Circular Quay) Hier kommen Gäste in den Genuss von Traumblicken und der tollen Küche des renommierten Kochs Guillaume Brahimi. Seine Gerichte haben in der ganzen Stadt treue Fans. Vor Theaterbesuchen werden ein Abendmenü (2/3 Gänge 66/78 AU$) und ein Tapasmenü (4/6/8 Tapas 35/45/55 AU$) zu fairen Preisen in der Bar serviert.

Kings Cross, Potts Point & Woolloomooloo

Room 10 CAFÉ $
(Karte S. 88; 10 Llankelly Pl, Kings Cross; Hauptgerichte 8–12 AU$; ⊙Mo–Fr 7–16, Sa 8–16, So 9–14 Uhr; Kings Cross) Zählt zu einer Reihe hipper Bars, die Sydney gerade im Sturm erobern und sich durch wenig Platz, straßennahe Lage, ungemütliche Sitzgelegenheiten, exzellenten Kaffee sowie einfaches, aber leckeres Essen auszeichnen. Das Room 10 ist zudem ein tolles Beispiel für die Renaissance von The Cross. Auf einen Sitzplatz muss man warten, ansonsten bestellt man sich einfach einen Kaffee zum Mitnehmen.

Bourke Street Bakery CAFÉ $
(Karte S. 88; www.bourkestreetbakery.com.au; 46a Macleay St, Potts Point; Sandwiches 8 AU$, Kuchen & Quiches 5–6 AU$, Gebäck 3–5 AU$; ⊙Mo–Fr 7–17, Sa & So 8–17 Uhr; Kings Cross) Das Flaggschiff der Bäckereikette in Surry Hills ist eine regelrechte Institution Sydneys, deswegen reagierten die Bewohner von Potts Point begeistert auf die Eröffnung dieser Filiale in einer schattigen Nebenstraße. Die Pasteten, Quiches, Sandwiches, das Gebäck, der Kuchen und der gute Kaffee lassen sich im beengten Innenraum oder an einem der Tische an der Straße genießen. Der Eingang befindet sich an der Crick Ave.

Fratelli Paradiso ITALIENISCH $$
(Karte S. 88; www.fratelliparadiso.com; 12–16 Challis Ave, Potts Point; Hauptgerichte 22–31 AU$; ⊙Mo–Sa 7–23, So bis 18 Uhr; Kings Cross) Vor der schwach beleuchteten Trattoria stehen die Gäste Schlange, vor allem am Wochenende. Für den authentischen Touch sorgen perfekt zubereitete saisonale italienische Gerichte und exzellenter Espresso. Reservierungen sind nicht möglich.

Apollo GRIECHISCH $$
(Karte S. 88; ☎02-8354 0888; www.theapollo.com.au; 44 Macleay St, Potts Point; Mezze 5–22 AU$, Hauptgerichte 16–34 AU$; ⊙Mo–Do 18–22.30, Fr & Sa 12–22.30, So 12–21.30 Uhr; Kings Cross) Das Lokal für moderne griechische Küche zeichnet sich durch stilvoll-minimalistische Deko, faire Preise und geschäftiges Flair aus. Besonders bemerkenswert sind die Vorspeisen, vor allem das ofenfrische Pita-Brot, der gebratene Saganaki-Käse mit Honig und Oregano sowie die Pastete mit Wildkräutern und Käse.

Cafe Sopra ITALIENISCH $$
(Karte S. 88; www.fratellifresh.com.au; 81 Macleay St, Potts Point; Salate 18–20 AU$, Pasta 18–26 AU$, Hauptgerichte 26–28 AU$; ⊙12–22 Uhr; Kings Cross) Das zur äußerst eindrucksvollen Fratelli-Fresh-Kette gehörige Sopra serviert unprätentiöse italienische Küche in geschäf-

tiger Atmosphäre. Die riesige Speisenauswahl variiert je nach Saison; einige beliebte Klassiker wie die fabelhaften *rigatoni alla bolognese* gibt es jedoch immer. Weitere Filialen finden sich in der Danks St in **Waterloo** (☎9699 3174; 7 Danks St; Hauptgerichte 18–26 AU$; ⏲Sa morgens, tgl. mittags; 🚌M20, 355), in der Hickson Rd in **Walsh Bay** (Karte S. 82; 16 Hickson Rd; Hauptgerichte 18–26 AU$; ⏲mittags & abends; 🚆Wynyard) und in der Bridge St im **Stadtzentrum** (Karte S. 82; 11 Bridge Street, Sydney).

Tilbury Hotel GASTHAUS **$$**
(Karte S. 88; www.tilburyhotel.com.au; 12–18 Nicholson St, Woolloomooloo; Restaurant Hauptgerichte 28–36 AU$, Bar Hauptgerichte 12–18 AU$; ⏲Restaurant Di–Sa 12–15 & 18–22, So 12–17, Bar Mo–Do 11–23, Fr & Sa 11–24, So 12–22 Uhr; 🚌311) Der einstige feucht-fröhliche Treffpunkt gestandener Seeleute und Taugenichtse hat sich zu einem der besten Gasthäuser der Stadt gemausert. Hier speist eine gut situierte Klientel, die sich im luftigen Restaurant und im Garten (nur mittags geöffnet) moderne mediterrane Küche sowie in der Bar im vorderen Bereich Steaks, Gourmet-Burger und Fish & Chips schmecken lässt.

China Doll MODERN-ASIATISCH **$$$**
(Karte S. 88; ☎02-9380 6744; www.chinadoll.com.au; 4–6 Cowper Wharf Rdwy, Woolloomooloo; Hauptgerichte 26–45 AU$; ⏲12–14.30 & 18 Uhr–open end; 🚌311) Das gehobene Restaurant mit Blick auf den Jachthafen von Woolloomooloo und die Skyline der Stadt punktet mit geselligem Flair und experimenteller Küche. Die Gerichte spiegeln Einflüsse aus ganz Asien wider und sind für mehrere Esser gedacht, wobei auf Anfrage auch halbe Portionen für eine Person serviert werden. Reservierung erforderlich.

Inner East

★**Reuben Hills** CAFÉ **$**
(Karte S. 92; http://reubenhills.com.au; 61 Albion St, Surry Hills; Eier & Sandwiches 11–16 AU$, Hauptgerichte 11–18 AU$; ⏲Mo–Sa 7–16, So 8–16 Uhr; 🚆Central) Im hippen Reuben Hills erwarten den Gast Industriedekor und lateinamerikanische Küche. Neben sortenreinem Kaffee und Brathähnchen gibt's auch leckere Eier, Tacos und *baleadas* (Sandwiches).

Spice I Am THAI **$**
(Karte S. 84; www.spiceiam.com; 90 Wentworth Ave, Surry Hills; Hauptgerichte 8–26 AU$; ⏲11.30–15.30 & 17.45–22 Uhr; 🚆Central) Das Markenzeichen des äußerst beliebten Lokals am Stadtrand von Surry Hills sind köstlich-aromatische Gerichte zu niedrigen Preisen – logisch, dass es hier deshalb etwas länger dauert. Alkoholische Getränke sind selbst mitzubringen. Aufgrund der großen Popularität wurden weitere schickere Filialen mit Schanklizenz in **Balmain** (237 Darling St, Balmain; ⏲Mo–Mi 17.45–22.30, Do–So 11.30–15.30 & 17.45–22.30 Uhr; ⛴East Balmain) und **Darlinghurst** (Karte S. 88; ☎02-9280 0928; www.spiceiam.com; 296–300 Victoria St, Darlinghurst; Hauptgerichte 28–38 AU$; ⏲11.30–15.30 & 17.45–22.30 Uhr; 🍷; 🚆Kings Cross) eröffnet.

Messina EIS **$**
(Karte S. 88; www.gelatomessina.com; 241 Victoria St, Darlinghurst; Becher od. Waffel 4–7 AU$; ⏲12–23 Uhr; 🚆Kings Cross) Einfallsreiche sizilianische Kreationen sind das Gebot der Stunde in Messinas Eislabor mit Laden in der Victoria St. Die Einheimischen bekommen von Sorten wie Salzkaramell mit weißer Schokolade gar nicht genug. Es gibt eine zweite Filiale in **Surry Hills** (Karte S. 92; 389 Crown St, Surry Hills; ⏲12–23 Uhr; 🚆Central).

Carrington SPANISCH **$$**
(Karte S. 92; ☎02-9360 4714; http://the-carrington.com.au/; 563 Bourke St, Surry Hills; Frühstücksgerichte 6–20 AU$, Tapas 8–19 AU$, Hauptgerichte 18–28 AU$; ⏲Mo–Fr 12–22, Sa & So 9–22 Uhr; 🚆Central) Für viele ist das Carrington das beste Lokal Sydneys – und die klassische iberische Speisekarte verdient tatsächlich ein *olé*! Am Wochenende werden zum Frühstück z. B. Tortillas oder Rührei serviert, mittags Sandwiches und Salate und abends Tapas, Pintxos und Hauptgerichte.

Lucio Pizzeria PIZZA **$$**
(Karte S. 88; www.luciopizzeria.com; Shop 1, Republic 2 Courtyard, 248 Palmer St, Darlinghurst; Pizzas 17–22 AU$, Antipasti 21,50–26 AU$; ⏲Mi–Mo 18–22 Uhr; 🚆Museum) Das Lucio ist eines von mehreren Lokalen in einem hübschen Innenhof bei der Palmer St und steht für Italien pur: Die Pizzas werden im Holzofen zubereitet und sind authentisch neapolitanisch, gegen den Durst hilft Peroni, und an den Tischen draußen sieht man jede Menge coole Sonnenbrillen. Reservierungen sind nicht möglich, deswegen früh kommen oder mit Wartezeit rechnen!

Porteño ARGENTINISCH **$$**
(Karte S. 92; ☎02-8399 1440; www.porteno.com.au; 358 Cleveland St, Surry Hills; Gerichte

für mehrere Pers. 8–46 AU$; ⏲Di–Sa bis 18 Uhr; P; Central) Die Typen, die sich mit der äußerst beliebten rustikalen Tapasbar Bodega in Surry Hills einen Namen gemacht haben, kredenzen nun südamerikanische Spezialitäten, die sich ebenso einer großen Anhängerschaft erfreuen. Großen Hunger und Freunde mitbringen – Reservierungen werden nur ab fünf Personen entgegengenommen! Besonders empfehlenswert ist das großartige, acht Stunden über Holzfeuer gebratene Spanferkel.

Red Lantern VIETNAMESISCH **$$**
(Karte S. 92; 02-9698 4355; www.redlantern.com.au; 545 Crown St, Surry Hills; Hauptgerichte 28–40 AU$; ⏲Mo, Sa & So 18–22, Di–Fr 12–15 & 18–22 Uhr; ; Central) In dem stimmungsvollen Lokal unter der Leitung des beliebten Fernsehmoderators Luke Nguyen werden moderne Varianten klassischer vietnamesischer Gerichte serviert – und es ist verdientermaßen sehr populär. Es gibt eine zweite Filiale in **East Sydney** (Karte S. 88; 02-9698 4355; www.redlantern.com.au/riley; 60 Riley St, Darlinghurst; ⏲Di–Fr 12–15 & 18–22, Sa & So 18–22 Uhr; Museum od. Kings Cross).

Bills CAFÉ **$**
(Karte S. 88; www.bills.com.au; 433 Liverpool St, Darlinghurst; Frühstück 5,50–18,50 AU$, Mittagessen 7,50–26 AU$; ⏲Mo–Sa 7.30–15, So 8.30–15 Uhr) Bill Granger hat in Sydney fast im Alleingang den Hype um den gepflegten Brunch ausgelöst. Seine beiden berühmtesten Kreationen, Ricotta-Pfannkuchen und Zuckermaiskrapfen, haben eine riesige Fangemeinde. Mittlerweile gibt es noch weitere Filialen in **Surry Hills** (Karte S. 92; 02-9360 4762; 359 Crown St, Surrey Hills; ⏲7–22 Uhr; Central) und **Woollahra** (Karte S. 86; 02-9328 7997; www.bills.com.au; 118 Queen St, Woollahra; Hauptgerichte 14–26 AU$; ⏲morgens & mittags; 389).

Billy Kwong CHINESISCH **$$**
(Karte S. 92; 02-9332 3300; www.kyliekwong.org; 3/355 Crown St, Surry Hills; Hauptgerichte 24–49 AU$; ⏲Mo–Do 18–22, Fr & Sa 18–23, So 18–21 Uhr; ; Central) Das BK hält den Großteil seiner Tische für Laufkundschaft frei – das ist perfekt für Reisende, die nicht Wochen im Voraus reservieren können. Küchenchefin Kylie Kwong kredenzt moderne chinesische Küche aus hochwertigen biologisch angebauten Fair-Trade-Zutaten (lecker ist beispielsweise die Ente in Orangensauce) in einem beengten, lauten, aber geselligen Essbereich.

Longrain THAI **$$$**
(Karte S. 84; 02-9280 2888; www.longrain.com; 85 Commonwealth St, Surry Hills; Hauptgerichte 33–44 AU$; ⏲Mo–Do 18–23, Fr 12–15 & 18–22, Sa 17.30–23, So 17.30–22 Uhr; Central) Mit seinen duftenden modernen Thai-Gerichten und den lecker-fruchtigen Cocktails in hübschen Farben lockt das Longrain jede Menge Kundschaft an. Sitzen kann man gemeinsam mit anderen Gästen an Tischen oder an der Bar.

Marque MODERN-AUSTRALISCH **$$$**
(Karte S. 92; 02-9332 2225; www.marquerestaurant.com.au; 355 Crown St, Surry Hills; 5/8 Gänge 95/160 AU$; ⏲Mo–Do ab 18.30, Fr ab 12 & 18.30, Sa ab 18 Uhr; Central) Wegen der köstlichen innovativen, wunderschön angerichteten Gerichte von Mark Best – und sicherlich nicht wegen des etwas spießigen Ambientes oder der langweiligen Einrichtung – wurde das Marque in den letzten Jahren mehrmals ausgezeichnet. Freitags wird mittags ein Drei-Gänge-Menü mit exzellentem Preis-Leistungs-Verhältnis (45 AU$) serviert.

Paddington & Woollahra

★ **Chiswick Restaurant** MODERN-AUSTRALISCH **$$**
(Karte S. 86; 02-8388 8688; www.chiswickrestaurant.com.au; 65 Ocean St, Woollahra; Hauptgerichte 28–38 AU$; ⏲Mo–Do 12–14.30 & 18–22, Fr & Sa 12–15 & 17.30–22, So 12–15 & 17.30–21.30 Uhr; 389) Hier schwingt ein Promikoch, der aus dem Fernsehen bekannte Matt Moran, das Zepter, der eigentliche Star ist jedoch der hübsche Küchengarten, der den Speiseraum säumt und die Speisenauswahl vorgibt. Ein paar vegetarische Optionen stehen auf der Karte, es dominieren jedoch Gerichte mit Fleisch von der familieneigenen Farm Morans und Meeresfrüchte aus der Region.

Bistro Moncur FRANZÖSISCH **$$**
(Karte S. 86; 02-9327 9713; www.bistromoncur.com.au; 116 Queen St, Woollahra; Hauptgerichte 30–45 AU$; ⏲Di–So 12–15 & 18–22.30, Mo 18–22.30 Uhr; 389) Wichtige Herren und dinierende Damen verbringen lange Nachmittage unter der gewölbten Decke und neben dem in Schwarz-Weiß gehaltenen Wandgemälde des Bistro Moncur. Die Speisekarte ist saisonal geprägt, Spezialitäten wie das gegrillte Filet Café de Paris gibt's jedoch das ganze Jahr über. Auf der Terrasse im Obergeschoss werden einfachere Gerichte (Hauptgerich-

te 17–26 AU$) serviert, wobei klassische Kneipenküche dominiert. Donnerstag- und sonntagabends wird in der Bar und auf der Terrasse meist Livemusik gespielt. Reservierungen sind nicht möglich.

Four in Hand MODERN-AUSTRALISCH $$$
(☎02-9362 1999; www.fourinhand.com.au; 105 Sutherland St, Paddington; Restaurant Hauptgerichte 39 AU$; ⏲Restaurant Di–So 12–14.30 & 18.30–open end, Bar So & Mo 12–22, Di–Sa bis 23 Uhr; Edgecliff) In Paddington stößt man an jeder Ecke auf einen wunderschönen alten Pub mit großartiger Küche. Das Four in Hand ist unter allen der beste und für seine langsam geschmorten Fleischgerichte bekannt. Das Essen an der Bar (Hauptgerichte 18–28 AU$) ist bei Einheimischen besonders beliebt.

Bondi & Bronte

Bondi Picnic CAFÉ $
(Karte S. 94; 101 Hall St, Bondi; Frühstück 9–15 AU$, Sandwiches 10 AU$; ⏲6.30–16 Uhr; ; 389, 380 od. 333) Die Sitzplätze am Fenster im Innen- und Außenbereich verleihen dem entspannten Eckcafé ein passend luftiges Ambiente, in dem sich entspannte Einheimische gerne ein leckeres Frühstück schmecken lassen. Einfache, frische Speisen, kostenloses WLAN und exzellenter Kaffee!

Organic Republic BÄCKEREI $
(Karte S. 94; Ecke Glenayr & Warners Ave, Bondi; Gebäck 3–4 AU$, Sandwiches 7–10 AU$; ⏲5–18 Uhr; 389, 380 od. 333) Das Motto „Lasst das Brot sprechen" sagt alles: Fabelhafte Sandwiches mit hausgemachtem Biobrot (auch Dinkelbrot) sind das Markenzeichen der Bäckerei mit Café in einer friedlichen Ecke von Bondi. Es gibt auch köstliche Kuchen, Gebäck, Pasteten und Kekse, die man zum Free-Trade-Kaffee mit Biomilch genießen kann.

La Macelleria SANDWICHES $
(Karte S. 94; Ecke Curlewis & Gould Sts, Bondi; belegte Panini 9,90 AU$; ⏲10–20 Uhr; 389, 380 od. 333) Die Panini sind fast so groß wie die Wellenbrecher am nahe gelegenen Strand und ein beliebter Proviant. Der Besitzer Robert Marchetti stellt seine eigenen italienischen Wurstwaren her – Salami, Bresaola (luftgetrocknetes Rindfleisch) und Porchetta (Schweinebraten) sind exzellent!

Harry's Espresso Bar CAFÉ $
(Karte S. 94; 136 Wairoa Ave, North Bondi; Hauptgerichte 7–14 AU$; ⏲7.30–17 Uhr; 389, 380 od. 333) Wer Lust auf Kaffee hat, ist in diesem mit Graffitikunst geschmückten Café richtig, denn es serviert den besten an diesem Ende des Strandes. Für koffeinsüchtige Sonnenanbeter gibt's auch einen Take-away-Schalter. Das Essen ist mittelmäßig.

★ **North Bondi Italian Food** ITALIENISCH $$
(Karte S. 94; 118–120 Ramsgate Ave, North Bondi; Pasta 18–38 AU$, Hauptgerichte 18–34 AU$; ⏲Mo–Do 18–24, Fr–So 12–24 Uhr, Sommer Do ab 12 Uhr; 389, 380 od. 333) In der großartigen, lärmigen, schicken Trattoria im North Bondi RSL Building ist Geselligkeit Trumpf. Kredenzt werden einfache, aber *molto delizioso* Speisen. Achtung, die Philosophie lautet hier: Wer einen Tisch mit Strandblick möchte, muss früh kommen – Reservierungen sind nicht möglich! Es gibt eine weitere Filiale in Paddington, das **Neild Avenue** (Karte S. 88; ☎02-8353 4400; 10 Neild Ave, Paddington; Hauptgerichte 35–42 AU$; ⏲Fr–So 12–16 & 18–22, Mo–Do 18–22 Uhr; Edgecliff).

Pompei's ITALIENISCH $$
(Karte S. 94; ☎02-9365 1233; www.pompeis.com.au; 126–130 Roscoe St, North Bondi; Pizza 19–24 AU$, Hauptgerichte 24–34 AU$; ⏲Di–Do 16.30–23, Fr–So 11.30–23 Uhr; 389, 380 od. 333) Die Pizzas sind lecker, das eigentliche Highlight sind jedoch die hausgemachte Pasta und das ausgezeichnete Eis, das täglich frisch aus Biomilch und frischen Früchten hergestellt wird.

Three Blue Ducks CAFÉ $$
(www.threeblueducks.com; 141–143 Macpherson St, Bronte; Frühstück 7–19 AU$, Mittagessen 16–26 AU$, Abendessen f. mehrere Pers. 17 AU$; ⏲Di 7–16, Mi–Fr 7–16 & 18–22, Sa 7.30–15 & 18–22, So 7.30–15 Uhr; 378) „Die drei blauen Enten" sind einen ordentlichen Gänsemarsch vom Wasser entfernt, dennoch locken das berühmte Frühstück und das Mittagessen am Wochenende jede Menge Gäste in das mit Graffiti dekorierte Café. Das Essen ist toll, einen dicken Minuspunkt gibt's jedoch für den Kaffee.

★ **Icebergs Dining Room** ITALIENISCH $$$
(Karte S. 94; ☎02-9365 9000; www.idrb.com; 1 Notts Ave, Bondi; Hauptgerichte 36–95 AU$; ⏲Di–So 12–16.30 & 18.30–24 Uhr; 389, 380 od. 333) Das Icebergs wartet mit einem Traumblick über den Bondi Beach bis zum Meer auf. Die Speisekarte umfasst moderne Varianten italienischer Klassiker und eine erlesene Auswahl perfekt zubereiteten abgehangenen Rindfleischs. Am schönsten ist der Blick

(Fortsetzung auf S. 125)

Das ist Sydney

Der schimmernde Hafen mag vielleicht die bekannteste Sehenswürdigkeit der Stadt sein, die herrlichen Strände und das genusssüchtige Nachtleben sind aber genauso faszinierend. Sydney ist ein Reiseziel, bei dem sich die Aktivitäten drinnen und draußen sowie natürlich und künstlich, optimal die Waage halten – und diese Mischung ist in ihrer Kombination überraschenderweise noch zauberhafter als die einzelnen ohnehin schon großartigen Möglichkeiten.

Inhalte

Sydney Opera House (S. 74)

1

2

1. Sydney Harbour Bridge (S. 74) **2.** Luna Park (S. 97)
3. Fähre im Sydney Harbour

Sydney Harbour

Sydney wird nicht umsonst als Harbour City bezeichnet. Nur wenige Orte auf der Welt sind so von ihrer Geografie geprägt und noch weniger können mit einer solch spektakulären Naturlandschaft am Wasser aufwarten.

Seit das Expeditionsteam der First Fleet am 26. Januar 1788 an Land ging, verfassten Besucher Lobeshymnen auf die Schönheit des Hafens – wenige wurden ihr jedoch gerecht. Wer kann schon das Glücksgefühl während einer Fährfahrt über schimmerndes blaues Meer oder eines faulen Nachmittags an einer geschätzten Sandbucht auf Papier bannen?

Hier dreht sich alles ums Meer – Vororte, Freizeit, Verkehr und sogar das kollektive Bewusstsein der Bewohner.

Das Herzstück der Stadt ist der Circular Quay, von wo aus die grün-gelben Fähren der berühmten Flotte der Stadt regelmäßig ablegen: zu fünfminütigen Kurzfahrten hinüber nach Milsons Point und Kirribilli, zu Segeltörns in den Middle Harbour oder zu majestätischen Prozessionen vorbei am Opera House, Fort Denison und den Heads hinüber nach Manly, ein beliebtes Ziel für Tagesausflüge.

Östlich des Circular Quay liegt eine Reihe von Vororten, geprägt von Villen, Geld und einer konservativen Mentalität. Westwärts liegen ehemalige Arbeiterviertel wie Balmain und Birchgrove, die sich in kunstorientierte Wohnvierteln verwandelt haben.

Auf der anderen Seite der berühmten Sydney Harbour Bridge liegt die etwas beschaulichere North Shore, die sich bei der konservativen Mittelschicht der Stadt großer Beliebtheit erfreut, deren Villen im Grünen sich von Neutral Bay bis nach Manly erstrecken. Das allgegenwärtige Verkehrschaos gehört hier ebenso dazu wie das Streben der Bewohner, eine eigene Jacht zu besitzen.

Im Süden zeigt sich Sydney dann von einer ganz anderen Seite. Dort liegt das zentrale Geschäftsviertel der Stadt umgeben von trendigen Innenstadtbezirken, die dem Hafen ein geschäftiges Großstadt-Flair verpassen.

Sydney Harbour

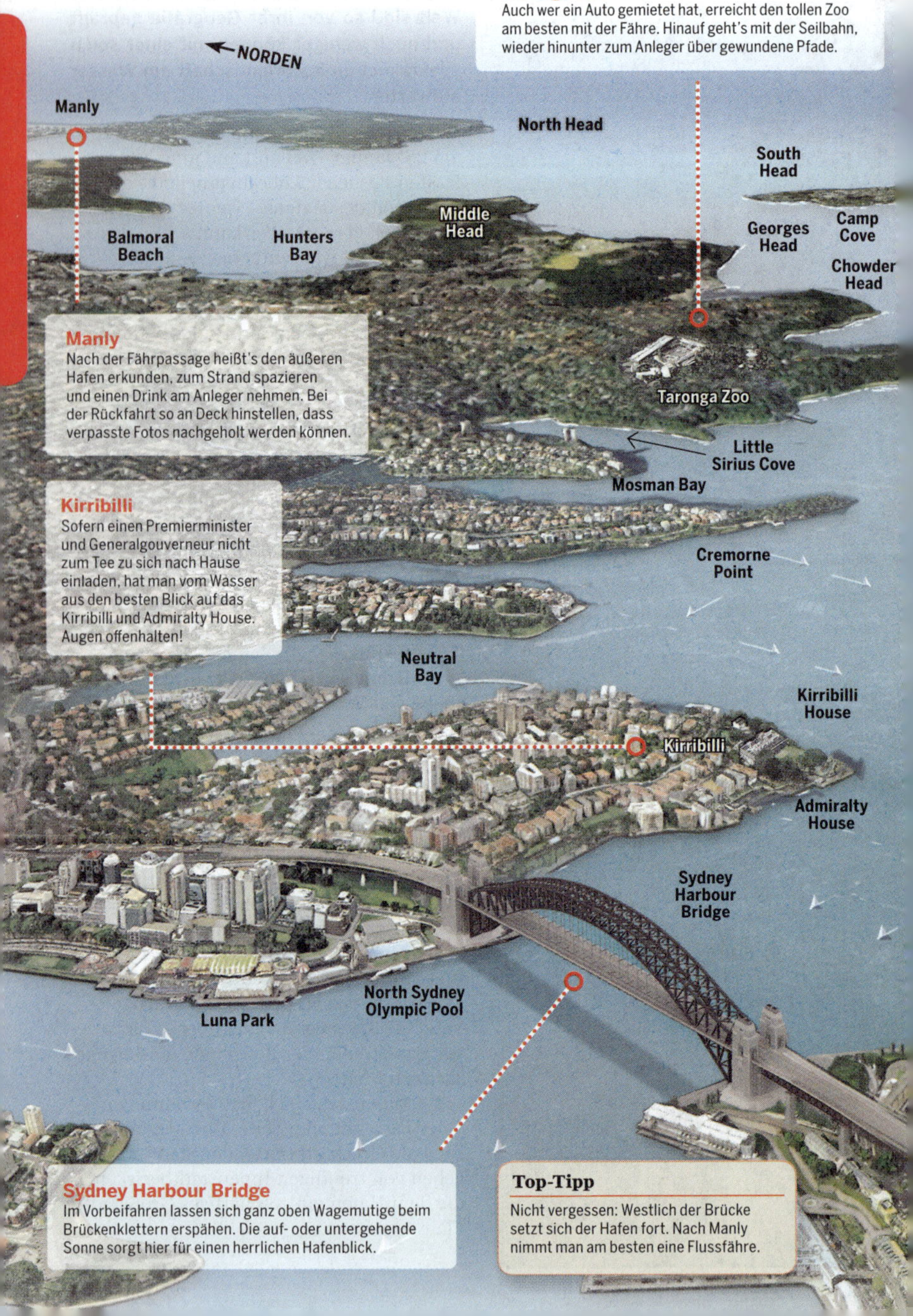

Taronga Zoo

Auch wer ein Auto gemietet hat, erreicht den tollen Zoo am besten mit der Fähre. Hinauf geht's mit der Seilbahn, wieder hinunter zum Anleger über gewundene Pfade.

Manly

Nach der Fährpassage heißt's den äußeren Hafen erkunden, zum Strand spazieren und einen Drink am Anleger nehmen. Bei der Rückfahrt so an Deck hinstellen, dass verpasste Fotos nachgeholt werden können.

Kirribilli

Sofern einen Premierminister und Generalgouverneur nicht zum Tee zu sich nach Hause einladen, hat man vom Wasser aus den besten Blick auf das Kirribilli und Admiralty House. Augen offenhalten!

Sydney Harbour Bridge

Im Vorbeifahren lassen sich ganz oben Wagemutige beim Brückenklettern erspähen. Die auf- oder untergehende Sonne sorgt hier für einen herrlichen Hafenblick.

Top-Tipp

Nicht vergessen: Westlich der Brücke setzt sich der Hafen fort. Nach Manly nimmt man am besten eine Flussfähre.

Watsons Bay

Beim Anlegen am geschützten Kai stelle man sich Watsons Bay als das einsame Fischerdorf von einst vor. Beim Schlendern über den South Head fällt der Blick auf den Hafen und meerumtoste Klippen.

Fort Denison

Die befestigte Insel (alias Pinchgut) war früher ein Ort grausiger Strafen. Zur Abschreckung wurden hier hingerichtete Häftlinge öffentlich hängengelassen. Die örtlichen Aborigines waren entsetzt.

Fähren

Der Circular Quay ist die Drehscheibe der staatlichen Sydney Fähren: Ab hier führen neun separate Routen zu insgesamt 38 Anlegern.

Sydney Opera House

Man kann es überall erklimmen und es komplett umrunden. Nichts schlägt jedoch den Anblick, wenn man mit der Fähre an seinen atemberaubenden Segeln vorbeigleitet – Kamera bereithalten!

Circular Quay

Seit die First Fleet hier ankerte (1788), steht der Circular Quay im Mittelpunkt des lokalen Lebens. Fährticket buchen, den richtigen Pier mithife der Anzeigetafel ermitteln und an Bord gehen.

Strände

Ein Tag am Strand in Sydney ist unschlagbar. Sonne, Sand und Surfvergnügen geben sechs Monate im Jahr den Ton an – für Einheimische unverzichtbar.

Sydneys schöne Strände erstrecken sich nördlich des Royal National Park bis nach Palm Beach. Sie locken Surfer, Schwimmer, Sonnenanbeter und Szenegänger mit goldenem Sand und den kräftigen Wellen des Südpazifiks.

Hier kommt niemand auf die Idee, Strände wie in Europa zu privatisieren: Hier kann man einfach nur das Handtuch auswerfen und sein kleines Paradies am Strand genießen. Manche Einheimische erfrischen sich gern vor oder nach der Arbeit bei einem Bad. Wer Glück hat, bleibt den ganzen Tag – jeder macht das Beste aus seiner verfügbaren Zeit am Strand.

Strände am Meer

Für ambitionierte Surfer eignen sich Cronulla im Süden, Maroubra, Bronte, Tamarama und North Bondi im Osten sowie Curl Curl, Narrabeen, Queenscliff, Harbord (Freshwater) und Manly im Norden. Bronte und Manly bieten sich außerdem zum Baden an und finden sich regelmäßig neben Coogee, Clovelly, Bondi, Bilgola, Whale und Palm auf der Liste der besten Strände wieder. Jeder dieser Strände hat eine treue Stammklientel – Familien steuern Clovelly, Bronte und Whale Beach an, braungebrannte Singles Coogee und Palm Beach. An den bekanntesten Stränden – Bondi und Manly – trifft sich eine Mischung aus blassen Ausländern, wettergegerbten Surfgurus oder Newbies (Surf-Anfänger) und betagten Einheimischen, die schon seit ewigen Zeiten an ihrer Surftechnik arbeiten. Beide Strände

OLIVER STREWE / GETTY IMAGES ©

2

KOKKAI NG / GETTY IMAGES ©

1. Bondi Icebergs Swimming Club (S. 100) **2.** Surfer in Bondi (S. 94)

sind stets gut besucht und ein Besuch lohnt sich, da sie die Stadt von ihrer schönsten und facettenreichsten Seite zeigen.

Pools am Meer

Wer einer tosenden Brandung nichts abgewinnen kann, dem stehen Sydneys berühmte Pools zur Verfügung. Entlang der Küste findet man 40 künstlich angelegte Pools am Meer. Zu den bekanntesten unter ihnen gehören Wylie's Baths, Giles Baths und der Ross Jones Memorial Pool in Coogee, der Bondi Icebergs Swimming Club sowie der Pool am Fairy Bower Beach in Manly.

Strände & Pools im Harbour

Lady Bay in South Head und Shark Beach im Nielsen Park in Vaucluse sind die besten und schönsten Strände im Sydney Harbour (Lady Bay ist ein FKK-Strand). In Cremorne Point am North Shore sowie Balmoral Beach in Middle Harbour werden die Schwimmbereiche und Pools am Meer von Netzen geschützt.

SYDNEYS STRÄNDE

- **Sydney Harbour** Zahlreiche versteckte Buchten; die besten liegen in der Nähe der Heads.
- **Von Bondi nach Coogee** Hohe Klippen umschließen eine Reihe von Surfstränden, die nie weit von einem guten Kaffee entfernt liegen.
- **Strände im Norden** Eine fast 30 km lange Aneinanderreihung von spektakulären Surfstrände.

Silvesterfeuerwerk, Sydney Harbour (S. 71)

Nachtleben

In den frühen Jahren der Kolonie bestand die einzige Unterhaltungsmöglichkeit darin, ein bis zwei Becher Rum zu leeren. Heute könnte die Situation unterschiedlicher kaum sein.

Bestes Beispiel dafür ist der Veranstaltungskalender der Harbour City: Los geht's zur Jahreswende mit einem gigantischen Feuerwerk über dem Circular Quay – und auch die kommenden Monate haben es gehörig in sich. Kaum hat das Sydney Festival mit seinen Vernissagen und Events geendet, fällt der Startschuss für die Mutter aller Partys, den berühmten Sydney Gay & Lesbian Mardi Gras. Im Winter dreht sich alles um Mode, Literatur, Filme und Kunst – überall stehen Premierenabende, Cocktailpartys und Literatur-Soireen auf dem Programm. Dann folgt eine kurze Verschnaufpause, bis schließlich die Magie des Sommers die Menschen auf die Straße lockt, um die langen Tage und angenehm lauen Nächte zu genießen.

Sydney hat für alles und jeden – für jede Neigung und Vorliebe – etwas parat, ob es nun eine Theater- oder Opernvorstellung, ein Biergarten oder eine Dachterrassenbar, Jazz oder eine Drag-Show, Open-Air-Kino oder ein Besuch im Nachtclub bis zum frühen Morgen ist.

Diese Stadt steht ihrem Ruf als Party-Garant also in nichts nach! Deshalb heißt's: Pläne schmieden, ein sexy Outfit anziehen und feiern bis zum Abwinken. Man wird dabei garantiert nicht alleine sein.

(*Fortsetzung von S. 116*)

mittags, toll ist es aber auch, bei Sonnenuntergang an der Bar einen Cocktail zu nehmen (rechtzeitig kommen!).

Strände im Osten

Dunbar House FRÜHSTÜCK, CAFÉ $
(☎02-9337 1226; www.dunbarhouse.com.au; 9 Marine Pde, Watsons Bay; Frühstücksgerichte 10–16 AU$; ⊙8–15.30 Uhr; ⛴Watsons Bay) Das sorgfältig restaurierte Herrenhaus aus den 1830ern lädt zu einem idyllischen Frühstück oder Brunch ein, insbesondere wenn man einen der Tische mit Hafenblick auf der Veranda ergattert. Fürs Wochenende muss man reservieren.

Doyles on the Wharf FISH & CHIPS $
(www.doyles.com.au; Fisherman's Wharf, Watsons Bay; Fish & Chips 14–19 AU$, halbes Dutzend Austern 13,50 AU$; ⊙So–Do 10.30–17, Fr & Sa 10.30–19 Uhr; ⛴Watsons Bay) Wer an dem Kiosk vor der Watsons Bay Warf ein Mittagessen bestellt, kriegt Traumausblicke gratis dazu. Auch im angrenzenden Park gibt's tolle Aussichtspunkte.

Inner West

Adriano Zumbo PATISSERIE $
(http://adrianozumbo.com; 114 Terry St, Rozelle; Kuchen 9 AU$, Gebäck 3,50–4,50 AU$, Zumbaron 2,50 AU$; ⊙Mo–Fr 6.30–16, Sa & So 7.30–16 Uhr; 🚌433, 442) Der geniale Konditor Adriano Zumbo steht jeden Morgen um 3 Uhr auf, um seine köstlichen *zumbarons* (Makronen), Pasteten und Tartes zuzubereiten. Die neun Stühle des Cafés in der Nähe der Rozelle Markets sind am Wochenende heiß begehrt. Es gibt noch weitere Filialen in **Balmain** (296 Darling St, Balmain; Backwaren 3–18 AU$; ⊙8–18 Uhr; ⛴Balmain) und **Manly** (Karte S. 98; Ecke East Esplanade & Wentworth St, Manly; ⊙Mo–Fr 7–19, Sa & So 8–17.30 Uhr), deren Sortiment allerdings nur zum Mitnehmen erhältlich ist.

Black Star Pastry BÄCKEREI $
(www.blackstarpastry.com.au; 277 Australia St, Newtown; Pies 8 AU$, Sandwiches 10 AU$, Kuchen 7 AU$; ⊙7–17 Uhr; 🚆Newtown) Die Feinschmeckerpasteten, Sandwiches und Kuchen dieses winzigen Cafés abseits der King St erfreuen sich bei Einheimischen großer Beliebtheit. Vor der Tür gibt es ein paar Sitzgelegenheiten, die meisten Kunden holen sich aber nur etwas zum Mitnehmen.

Riverview Hotel & Dining GASTHAUS $$
(☎02-9810 1151; www.theriverviewhotel.com.au; 29 Birchgrove Rd, Balmain; Braten des Tages 25 AU$, Pizza 20 AU$, Hauptgerichte 28–35 AU$; ⛴East Balmain) Sydneys Bewohner sind zu Recht stolz auf ihre Kneipenkultur, und „The Riv" zählt zu den besten Pubs der Stadt. Sonntagmittags lassen sich hier britische Ortsansässige den Braten des Tages schmecken. Die Pizzas, die abends in der Bar im unteren Stockwerk serviert werden, sind bei Einheimischen sehr beliebt. Andere (auch uns) begeistern die modernen europäischen Gerichte, die im eleganten Speisesaal oben kredenzt werden.

Bloodwood INTERNATIONAL $$
(www.bloodwoodnewtown.com; 416 King St, Newtown; Hauptgerichte 25–30 AU$; ⊙Mo, Mi & Do 17–open end, Fr & Sa 12–open end, So 12–22 Uhr; 🚆Newtown) In dem beliebten Bar-Bistro kann man sich bei ein paar Drinks und verschiedenen international inspirierten Gerichten entspannen. Die Einrichtung ist im Industrie-Schick gestaltet und das Flair alternativ – typisch Newtown!

Flying Fish COCKTAILBAR
(Karte S. 84; ☎9518 6677; www.flyingfish.com.au; Jones Bay Wharf; ⊙So 12–17, Mo–Sa 18–22.30 Uhr; 🚊The Star) Lust auf Barramundi-Curry nach Sri-Lanka-Art, serviert in einem glamourösen loftähnlichen Restaurant mit Meerblick? Oder vielleicht auf ein Glas Champagner mit frischen Austern und erstklassigem Sashimi in einer Freiluftbar? Das Flying Fish bietet beides und hat sogar ein Kindermenü (25 AU$).

North Shore & Manly

Bower Restaurant CAFÉ, MODERN-AUSTRALISCH $$
(☎02-9977 5451; www.thebowerrestauarnt.com.au; Ecke Marine Pde & Bower La, Manly; Frühstück 7,50–23,50 AU$, Mittagessen 20–33 AU$; ⊙8–15 Uhr; ⛴Manly) Folgt man der malerischen Promenade östlich von Manlys Strand Richtung Shelly Beach, stößt man bald auf dieses charmante Café in unmittelbarer Nähe zum Meer. Die Fish & Chips (16 AU$) und Panini (8 AU$) kann man vor Ort verspeisen oder zum Mitnehmen bestellen.

Hugos Manly ITALIENISCH $$
(Karte S. 98; ☎02-8116 8555; www.hugos.com.au; Manly Wharf, East Esplanade, Manly; Pizza 20–28 AU$, Hauptgerichte 30–40 AU$; ⊙12 Uhr–open end; ⛴Manly) Das Restaurant am Kai

hat eine tollere Lage als die Mutterfiliale in Kings Cross und serviert dieselben leckeren Pizzas, jedoch mit tollem Hafenblick. Gegen den Durst helfen professionell gemixte Cocktails oder eisgekühltes Bier.

Manly Phoenix CHINESISCH $$
(Karte S. 98; ☎02-9977 2988; www.phoenixrestaurants.com.au/manly-phoenix; Manly Wharf, East Esplanade, Manly; Yum Cha 28 AU$, Hauptgerichte 19–49 AU$; ⊙Mo–Sa 11–23, So 10–23 Uhr; Manly) Eine Fährfahrt mit anschließendem *yum cha* im Manly Phoenix ist mittlerweile ein beliebter Wochenendausflug vieler Stadtbewohner. Wer einen Tisch mit Ausblick möchte, sollte reservieren.

Palm Beach

Boathouse CAFÉ $$
(www.theboathousepb.com.au; Governor Phillip Park, Palm Beach; Frühstück 8–23 AU$, Mittagessen 16–45 AU$; ⊙7.30–16 Uhr; L90, 190) Im beliebtesten Café von Palm Beach haben Gäste die Wahl zwischen einem Platz auf der großen Holzterrasse mit Blick auf Pittwater oder einem Tisch auf dem Rasen davor. Das Essen ist fast so eindrucksvoll wie die Aussicht – und das will etwas heißen!

Barrenjoey House MODERN-AUSTRALISCH $$
(☎02-9974 4001; www.barrenjoeyhouse.com; 1108 Barrenjoey Rd, Palm Beach; Hauptgerichte 27–39 AU$; ⊙11.30 Uhr–open end; L90, 190) Das Lokal in Palm Beach gegenüber dem Fähranleger überblickt das malerische Pittwater und ist die perfekte Adresse für ein entspanntes Mittagessen. Das Angebot ist schlicht, aber gut, und trifft fast jeden Geschmack, sogar den von Kindern. Im oberen Stock gibt's ein paar B&B-Zimmer (ab 180 AU$).

Ausgehen & Nachtleben

Kneipen sind ein wesentlicher Bestandteil von Sydneys gesellschaftlichem Leben. Wer Lust auf einen *schooner* (in New South Wales: ein großes Glas) Bier hat, kann zwischen prächtigen Anwesen aus dem 19. Jh., höhlenartigen Art-dèco-Kneipen, kleinen, modernen Läden und allen möglichen Mischformen wählen. Bars sind in der Regel stylisher und urbaner und verlangen manchmal eine bestimmte Kleiderordnung.

Es gibt eine lebendige Livemusikszene in Kneipen, Konzerthallen und anderen Locations, gute Tanzclubs sind jedoch seltsamerweise Mangelware.

The Rocks & Circular Quay

Opera Bar BAR, LIVEMUSIK
(Karte S. 82; www.operabar.com.au; untere Halle, Sydney Opera House, Circular Quay; ⊙So–Do 11.30–24, Fr & Sa bis 1 Uhr; Circular Quay, Circular Quay, Circular Quay) Die Bar mit der spektakulärsten Lage Sydneys interpretiert das Konzept des Biergartens auf gänzlich neue, raffinierte Weise und ist die perfekte Adresse an einem lauen Abend. Werktags ab 20.30 Uhr sowie am Wochenende um 14 Uhr wird Livemusik gespielt.

Harts Pub KNEIPE
(Karte S. 82; www.hartspub.com; Ecke Essex St & Gloucester St, The Rocks; ⊙Mo–Mi 12–24, Do–Sa bis 1, So bis 23 Uhr; Circular Quay, Circular Quay) Die Auswahl von nach traditionellen Methoden gebrauten Biersorten, der Rugby-Tipp-Wettbewerb und die supergute Kneipenkost erfreuen sich bei Einheimischen großer Beliebtheit.

Hero of Waterloo KNEIPE, LIVEMUSIK
(Karte S. 82; www.heroofwaterloo.com.au; 81 Lower Fort St, The Rocks; ⊙Mo–Sa 9.30–23.30, So 12–22 Uhr Sun; Circular Quay, Circular Quay, Circular Quay) Die aus grobem Sandstein gehauene Kneipe von 1843 punktet mit geselliger einheimischer Klientel, freundlichem irischem Barpersonal sowie Livemusik am Freitag, Samstag und Sonntag in Form von Folk, altmodischem Jazz und keltischer Musik.

Fortune of War KNEIPE, LIVEMUSIK
(Karte S. 82; www.fortuneofwar.com.au; 137 George St, The Rocks; ⊙Mo–Fr 9–open end, Sa 11–open end, So 11–24 Uhr; Circular Quay, Circular Quay, Circular Quay) Die Kneipe von 1828 hat sich viel von ihrem ursprünglichen Charme bewahrt. Es gibt Livemusik am Freitag- und Samstagabend ab 20 Uhr sowie an Wochenenden ab 14 Uhr.

Australian Hotel KNEIPE
(Karte S. 82; www.australianheritagehotel.com; 100 Cumberland St, The Rocks; Circular Quay, Circular Quay, Circular Quay) Hier ist der Name Programm: Neben landestypischem Bier und Wein gibt's Pizza mit Känguru, Emu, Salzwasserkrokodil und anderen ungewöhnlichen Belägen (17–26 AU$).

Blu Bar on 36 COCKTAILBAR
(Karte S. 82; www.shangri-la.com; Level 36, 176 Cumberland St, The Rocks; ⊙Mo–Do 17–24, Fr &

Sa bis 1, So 17–23 Uhr; Circular Quay, Circular Quay, Circular Quay) Die Drinks sind zwar etwas teurer, aber der Blick vom Dach des Shangri-La Hotel, der bis nach Neuseeland zu reichen scheint, macht dies wieder wett. Der offizielle Dresscode ist schick-leger – wer jedoch zu leger kommt, wird eventuell abgewiesen.

Stadtzentrum

Stitch BAR

(Karte S. 82; www.stitchbar.com; 61 York St; Mo–Mi 16–24, Do–Sa 12–2 Uhr; Wynyard) Schwingtüren führen ins Stitch, das exemplarisch für Sydneys Hang zu Pseudo-Spelunken steht und an eine Schneiderei erinnert. Der erstaunlich große, immer gut besuchte Innenraum ist mit Schnittmustern und Singer-Nähmaschinenkästen aus Holz dekoriert.

Baxter Inn BAR

(Karte S. 82; www.thebaxterinn.com; 152–156 Clarence St; Mo–Sa 16–1 Uhr; Town Hall) Wer der dunklen Gasse folgt und die unbeschilderte Tür durchschreitet, findet sich in dieser selbst ernannten, jedoch höchst hippen „Spelunke“ wieder, in der vor allem Whisky serviert wird. Oft ist sie an der Warteschlange zu erkennen, ansonsten einfach nach dem Türsteher Ausschau halten!

Grasshopper BAR

(Karte S. 82; www.thegrasshopper.com.au; 1 Temperance Lane; Mo–Do & Sa 16–open end, Fr 12 Uhr–open end; St. James) Das Grasshopper in der Temperance Lane (wörtlich: Straße der Mäßigung – welch passender Name!) ist die älteste der vielen Schmuddelbars in der Innenstadt. Am meisten los ist in der coolen Bar im unteren Stock, oben gibt's Essen.

Grandma's COCKTAILBAR

(Karte S. 82; www.grandmasbarsydney.com; EG, 275 Clarence St; Mo–Fr 15–open end, Sa 17 Uhr–open end; Town Hall) Ein Hirschkopf begrüßt Gäste an der Treppe, die in eine winzige unterirdische Bar mit Papageientapete führt, in der es bunte Cocktails gibt. Das Grandma's bezeichnet sich selbst als „retrosexuelle Oase aus kosmopolitischem Kitsch und verblasst-altmodischem Glamour“ und trifft damit ins Schwarze.

O Bar COCKTAILBAR

(Karte S. 82; www.summitrestaurant.com.au; Level 47, Australia Sq, 264 George St; Sa–Di 17–open end, Mi–Fr 12 Uhr–open end; Wynyard) Die geradezu mörderisch coole sich drehende Bar à la Goldfinger in luftiger Höhe wartet mit Killer-Cocktails, bequemen Stühlen und traumhaftem Ausblick auf.

Bambini Wine Room WEINBAR

(Karte S. 82; www.bambinitrust.com.au; 185 Elizabeth St; Mo–Fr 15–22, Sa 17.30–23 Uhr; St. James) Keine Angst, die Bar verkauft keinen Wein an *bambini*, vielmehr geht's hier sehr erwachsen und europäisch zu. In dem winzigen holzgetäfelten Raum würde sich Oscar Wilde sicherlich wohlfühlen.

Palmer & Co BAR

(Karte S. 82; https://merivale.com.au/palmerandco; Abercrombie Lane; Sa–Mi 17–open end, Do 16–open end, Fr 12 Uhr–open end; Wynyard) Weiteres betont hippes Mitglied von Sydneys Kneipenszene und „legitimer Importeur belebender und stärkender Flüssignahrung“. Die Bar gehört zu Justin Hemmes' trendigem Kneipenimperium und zieht eine entsprechend finanzkräftige, modebewusste Klientel an.

Ash Street Cellar WEINBAR, CAFÉ

(www.merivale.com/#/ivy/ashstreetcellar; 1 Ash St; Mo–Fr 8.30–23 Uhr) Die europäisch angehauchte Weinbar an einer autofreien Seitengasse der George St gehört zum haarsträubend schicken Ivy-Komplex. Das Publikum besteht größtenteils aus Anzugträgern, aber auch alle anderen sind willkommen. Tagsüber bekommt man hier super Kaffee, abends noch bessere Tapas (8–32 AU$) und Wein.

Chinatown & Darling Harbour

Good God Small Club CLUB, LIVEMUSIK

(Karte S. 84; www.goodgodgoodgod.com; 55 Liverpool St, Chinatown; Frontbar Eintritt frei, Club Eintritt frei–20 AU$; Mi 17–1, Do 17–2, Fr 17–5, Sa 18–5 Uhr; Town Hall) Hinten im Good God, das in einer ehemaligen unterirdischen Taverne nahe Chinatown untergebracht ist, spielen Livebands im Club verschiedene Musikrichtungen, von Indie und jamaikanischem Reggae über Soul der 1950er und Rockabilly bis hin zu tropischem House. Punktet vor allem mit toller Musik, nicht mit glamourösem Ambiente!

Slip Inn & Chinese Laundry BAR, CLUB

(Karte S. 82; www.merivale.com; 111 Sussex St, Central Sydney; Club 15–25 AU$; Mo–Do 10–24, Fr bis 2, Sa 17–2 Uhr; Wynyard) In dem Labyrinth aus stimmungsvollen Räumen am Rand von Darling Harbour vergnügt sich eine junge Klientel. Es gibt Bars, Billardtische, ein Biergarten, Tanzflächen sowie Pizza und Tapas. Freitagabends durchdringen Bassklänge den angrenzenden Nachtclub Chinese Laundry an der Ecke King St/Sussex St, samstags wiederum sorgt ein Mix aus internationalem und lokalem Elektro, House und DJ-Techno für Stimmung.

Home CLUB, LIVEMUSIK
(Karte S. 84; www.homesydney.com; 1 Wheat Rd, Cockle Bay Wharf; Eintritt frei–55 AU$; Club Fr & Sa; Town Hall) Willkommen in diesem Vergnügungstempel im unteren Stockwerk des Tokio Hotel. Der dreistöckige Holz-Glas-Bau bietet Platz für 2100 Personen und verfügt über eine Tanzfläche, unzählige Bars, Außenbalkone und eine Sound-Anlage, die andere Clubs alt aussehen lässt. Dienstags bis samstags sorgen namhafte internationale DJs und Livebands für Stimmung.

Kings Cross, Potts Point & Woolloomooloo

★ **Kings Cross Hotel** KNEIPE, LIVEMUSIK
(Karte S. 88; www.kingscrosshotel.com.au; 244–248 William St, Kings Cross; So–Do 12–3, Fr & Sa bis 6 Uhr; Kings Cross) Die riesige Kneipe mit einer unterirdischen und fünf oberirdischen Etagen lockt mit feucht-fröhlicher Stimmung am Wochenende jede Menge Leute an. Am besten ist FBi Social; das Projekt eines alternativen Radiosenders im 2. Stock punktet mit unkonventioneller Livemusik. Die Dachbar bietet traumhafte Blicke auf die Stadt und DJs am Wochenende.

Old Fitzroy Hotel KNEIPE
(Karte S. 88; www.oldfitzroy.com.au; 129 Dowling St, Woolloomooloo; Mo–Fr 11–24, Sa 12–24, So 15–22 Uhr; Kings Cross) In der unprätentiösen Theaterkneipe in einer Nebenstraße Woolloomooloos trifft Islington auf Melbourne. Neben Tischen an der frischen Luft bietet das anständige altmodische Old Fitzroy einen Bereich im Obergeschoss mit Billardtisch und schmuddeligen Sofas.

Inner East

★ **Shady Pines Saloon** BAR
(Karte S. 88; www.shadypinessaloon.com; Shop 4, 256 Crown St, East Sydney; 16–24 Uhr; Museum) Der Eingang dieser Kellerbar ohne Schild oder Straßennamen, die bei der örtlichen Boheme-Szene beliebt ist, befindet sich in einer dunklen Nebenstraße – einfach nach einer weißen Tür vor dem Bikram Yoga in der Foley St Ausschau halten! Hier kann man inmitten von Wild-West-Memorabilia und ausgestopften Tieren mit Hipstern an Whisky nippen.

Imperial Hotel KNEIPE
(Karte S. 86; www.imperialhotelpaddington.com.au; 252 Oxford St, Paddington; Mo–Sa 10–24, So bis 22 Uhr; 380) Paddington gehört mit seiner tollen Lage, den grünen Straßen, hübschen Häusern und wunderbaren Kneipen zu den schönsten Vororten Sydneys. Das Imperial Hotel ist die beste Kneipe der Gegend und bietet neben stilvoller Einrichtung, aufmerksamem Service und einer großen Auswahl regionaler Weine auch akustische Livemusik am Sonntagnachmittag sowie großartiges Kneipenessen (Hauptgerichte 17–29 AU$).

Shakespeare Hotel KNEIPE
(Karte S. 92; 200 Devonshire St, Surry Hills; Central) Klassischer Pub (1879) mit gefliesten Wänden und Jugendstilmotiven, schäbigem Teppich, Pferderennen im Fernsehen und Speisen für 12,50 AU$. Glanz und Glamour spielen keine Rolle – so gehört sich das für eine Kneipe!

Wine Library WEINBAR
(Karte S. 86; www.wine-library.com.au; 18 Oxford St, Woollahra; Mo–Sa 11.30–23.30, So bis 22 Uhr; 380) Eine eindrucksvolle Auswahl von Weinen im Glas, schick-legeres Ambiente und Bargerichte mit mediterranem Touch machen das Library zu einer beliebten Adresse.

Eau-de-Vie COCKTAILBAR
(Karte S. 88; www.eaudevie.com.au; 229 Darlinghurst Rd, Darlinghurst; 18–1 Uhr; Kings Cross) Eine Tür mit der Aufschrift „Restrooms" auf der Rückseite der noblen Art Lounge des Kirketon Hotel führt zu dieser schicken Kneipe mit schwarzen Wänden, in der professionelle Barmixer mit Hemd und Krawatte erstklassige Cocktails kredenzen.

Green Park Hotel KNEIPE
(Karte S. 88; www.greenparkhotel.com.au; 360 Victoria St, Darlinghurst; Mo–Sa 10–2, So 12–24 Uhr; Kings Cross) In der schon lange bestehenden Rockerkneipe gibt's Billardtische, gemütliche Ledersofas, einen Biergarten

und eine riesige geflieste zentrale Bar, an der sich Urlauber, Schwule und gepiercte Einheimische treffen.

Victoria Room COCKTAILBAR
(Karte S. 88; ☎02-9357 4488; www.thevictoriaroom.com; Level 1, 235 Victoria St, Darlinghurst; ⌚Di–Do 18–24, Fr & Sa bis 1, Sa & So 12–17 Uhr; Kings Cross) In der sinnlichen Bar im Raja-Stil kann man auf Chesterfield-Sofas perfekt zubereitete Cocktails genießen oder sich am Wochenende High Tea für 45 bis 65 AU$ (leichte britische Mahlzeit am frühen Abend; muss vorbestellt werden) schmecken lassen.

Beresford Hotel KNEIPE, LIVEMUSIK
(Karte S. 92; www.theberesford.com.au; 354 Bourke St, Surry Hills; ⌚12–1 Uhr; Central) Das einst schmuddelige Beresford aus den 1870ern zieht heute eine hippe modebewusste Klientel an. Je nach Kleidungsstil fühlt man sich hier entweder fehl am Platz oder wie zu Hause. Es gibt eine große Bierauswahl und einen Clubbereich mit Livemusik im oberen Stock.

Oxford Art Factory BAR, LIVEMUSIK
(Karte S. 88; www.oxfordartfactory.com; 38–46 Oxford St, Darlinghurst; Eintritt & Öffnungszeiten variieren; Museum) Junge Indie-Fans vergnügen sich in der aus zwei Räumen bestehenden Oxford Art Factory im Warhol-Stil. Es gibt eine Galerie, eine Bar und eine Event-Location für internationale Bands und DJs. Das aktuelle Programm ist auf der Website nachzulesen.

Newtown

Courthouse Hotel KNEIPE
(202 Australia St; ⌚Mo–Sa 10–24, So bis 22 Uhr; Newtown) Ein großartiger Pub! Einen Block hinter der hektischen King St fühlt sich im 150 Jahre alten Courthouse eine bunt gemischte Klientel wohl, Billard spielende Lesben genauso wie gestandene Beamte. Auf die Gäste warten zudem ein Biergarten, spezielle Bierangebote, ein anständiger roter Hauswein und nicht zuletzt gutes Kneipenessen.

Jester Seeds COCKTAILBAR
(www.jesterseeds.com; 127 King St; ⌚Di–Sa 16–24, So bis 22 Uhr; Newtown) Das Jester Seeds ist durch und durch Newtown – ein bisschen düster, ein bisschen schmuddelig und sehr hip: mit Second-Hand-Möbeln, Graffiti, stumpfsinnigem Namen, Garten mit Kunstrasen und solider Musik.

Bank Hotel KNEIPE, DJ
(☎02-8568 1900; www.bankhotel.com.au; 324 King St, Newtown; ⌚10 Uhr–open end; Newtown) Nachdem hier ordentlich Geld reingesteckt wurde, zieht das Bank noch immer eine schräge Mischung aus Lesben (vor allem am Lady-L-Abend mittwochs), Studenten, Sportfans, Schwulen und allen möglichen anderen Gäste an. Es gibt eine Dachterrasse, eine Cocktailbar, ein thailändisches Restaurant und DJs.

Corridor COCKTAILBAR
(www.corridorbar.com.au; 153a King St; ⌚Di–Fr 15–24, Sa 13–24, So 13–22, Happy Hour Di–Fr 17–19 Uhr; Newtown) In der langgezogenen Bar mit dem recht passendem Namen servieren im unteren Stockwerk Barkeeper altmodische Cocktails und eine gute Weinauswahl, während Gäste im oberen Stock interessante und verkäufliche Kunstwerke betrachten und die winzige Terrasse betreten können.

Bondi & Coogee

Icebergs Bar BAR
(Karte S. 94; www.idrb.com; 1 Notts Ave, Bondi; ⌚Di–Sa 12–24, So bis 22 Uhr; 380, 389, 333) Die meisten Gäste kommen wegen des angeschlossenen Restaurants – dabei ist die Bar eine tolle Adresse für einen Drink! Die Hängesessel, die farbenfrohen Sofas und die noblen Cocktails sind schon für sich genommen großartig, das Highlight ist jedoch der Traumausblick nordwärts auf den Bondi Beach.

North Bondi RSL BAR
(Karte S. 94; www.northbondirsl.com.au; 120 Ramsgate Ave, North Bondi; ⌚Mo–Do 12–24, Fr–So 10–24 Uhr; 380, 389, 333) Die Bar der Returned & Services League (RSL; Organisation der Frauen und Männer, die in der australischen Armee gedient haben) ist nicht gerade nobel, dafür entschädigen jedoch die unschätzbare Aussicht und die günstigen Getränke. Man benötigt einen Ausweis, denn Nichtmitglieder müssen nachweisen, dass sie mindestens 5 km weit entfernt wohnen. Samstags gibt's meist Livemusik, dienstags Quizabende und mittwochs billige Steaks.

Beach Road Hotel KNEIPE, DJ
(Karte S. 94; www.beachroadbondi.com.au; 71 Beach Rd, Bondi; ⌚Mo–Sa 10–1, So bis 22 Uhr; 389, 380, 333) Am Wochenende geht's in der großen, schachtelartigen mehrstöckigen Kneipe ausgelassen und feucht-fröhlich zu.

Dabei vergnügen sich typische Bondi-People (braungebrannt, muskulös und grüblerisch) und schräge Gäste von außerhalb beim Billardspielen, Biertrinken und zu Live- und DJ-Musik.

Coogee Bay Hotel KNEIPE, CLUB
(www.coogeebayhotel.com.au; Ecke Coogee Bay Rd & Arden St, Coogee; ⌚Mo–Do 9–3, Fr & Sa bis 5, So bis 24 Uhr; 372-374) Die weitläufige laute Anlage gegenüber dem Strand ist wegen der Livemusik, der Open-Mike-Abende, der Comedy und der Sportübertragungen auf großen Leinwänden bei Backpackern beliebt.

Manly

Manly Wharf Hotel KNEIPE
(Karte S. 98; www.manlywharfhotel.com.au; Manly Wharf; ⌚Mo–Sa 11.30–24, So 11–22 Uhr; Manly) Hier kann man sich nach einem langen Surftag bei ein paar Gläsern Bier entspannen, bevor es mit der Fähre zurück in die Stadt geht. Beliebt sind die Sportübertragungen und die DJ-Nachmittage am Sonntag, zudem gibt's die ganze Woche über leckeres Kneipenessen mit Spezialangeboten.

Barefoot Coffee Traders CAFÉ
(Karte S. 98; Ecke East Esplanade & Wentworth St, Manly; ⌚Mo–Fr 6.30–17.30, Sa & So 7.30–17.30 Uhr; Manly) Im Original nahe der Ecke Whistler St/Sydney Rd und in dieser neuen Filiale in praktischer (oder gefährlicher?) Nähe zu Adriano Zumbos Patisserie gibt's den besten Kaffee in Manly – die Biobohnen von Toby's Estate sind fair gehandelt.

☆ Unterhaltung

Sydney hat eine bunte, innovative Kunst-, Unterhaltungs- und Musikszene. Für Familien gibt es Freiluftkinos und Sportstadien. Auch die Theaterszene der Stadt ist lebendig und dynamisch; Livemusik spielt überall.

Umfassende Veranstaltungsverzeichnisse enthält die Freitagsbeilage „Metro" des *Sydney Morning Herald*. Karten für die meisten Shows bekommt man direkt an den Veranstaltungsorten oder bei den Vorverkaufsstellen **Moshtix** (1300 438 849; www.moshtix.com.au), **Ticketmaster** (Karte S. 82; 136 100; www.ticketmaster.com.au) und **Ticketek** (Karte S. 82; 132 849; www.ticketek.com.au).

Kinos

In der Stadt gibt es jede Menge Kinos. Die meisten haben einen Kinotag, an dem die Karten rund ein Drittel günstiger sind. Im Sommer lohnt sich ein Besuch eines der tollen Freilufttheater.

OpenAir Cinema KINO
(1300 366 649; www.stgeorgeopenair.com.au; Mrs. Macquaries Rd, Royal Botanic Gardens; Tickets 35 AU$; ⌚Jan. & Feb.; Circular Quay, Circular Quay, Circular Quay) Das dreistöckige OpenAir-Kino direkt am Hafen bietet Surround-Sound, Sonnenuntergänge, den Blick auf die Skyline und ausgewählte Speisen samt Wein. Die meisten Karten werden im Vorverkauf angeboten, aber eine begrenzte Anzahl wird auch jeden Abend ab 18.30 Uhr am Kartenschalter verkauft. Infos gibt's auf der Website.

Bondi Openair Cinema KINO
(Karte S. 94; http://openaircinemas.com.au/bondi; Dolphin Lawn, neben dem Bondi Pavilion; Eintrittskarten 17–40 AU$; ⌚Jan.–März; 380, 389, 333) In dem Freiluftkino am Meer spielen vor der eigentlichen Vorführung Livebands. Eine Reservierung ist ratsam.

Dendy Opera Quays KINO
(Karte S. 82; 02-9247 3800; www.dendy.com.au; 2 Circular Quay East; 2-/3D Erw. 18/19 AU$; ⌚Vorführungen 10–21 Uhr; Circular Quay, Circular Quay, Circular Quay) Wenn die Sonne über dem Hafen erglüht und die krächzenden Möwen in der Überzahl sind, folgt man dem Duft von Popcorn, der in dieses dunkle, edle Kino führt. Es werden internationale Independent-Filme gezeigt. Freundliches Personal, Café und eine Bar gibt's auch. Es existiert eine weitere Filiale in der King St in Newtown.

Moonlight Cinema KINO
(Karte S. 86; 1300 551 908; www.moonlight.com.au; Belvedere Amphitheatre, Ecke Loch & Broome Aves; Erw. 18 AU$; ⌚Dez.–März; Bondi Junction) Mit einem Picknickkorb im Gepäck kann man sich unter den Sternen im großartigen Centennial Park neue Blockbuster, Art-House-Filme oder Klassiker ansehen. Der Eingang befindet sich am Woollahra Gate in der Oxford St.

Palace Verona KINO
(Karte S. 88; 02-9360 6099; www.palacecinemas.com.au; 17 Oxford St, Paddington; Erw. 11–18,50 AU$; ⌚Vorführungen 10–21.30 Uhr; 380) An der Wein- und Espressobar dieses städtischen Kinos kann man über den künstlerischen Anspruch der Independent-Streifen unterhalten.

Livemusik

Sydney Opera House KLASSISCHE MUSIK
(Karte S. 82; ☎ 02-9250 7777; www.sydneyoperahouse.com; Bennelong Point, Circular Quay; ⊙ Ticketschalter Mo–Sa 9–20.30 Uhr; 🚌 Circular Quay, ⛴ Circular Quay, 🚆 Circular Quay) Das Opernhaus ist nicht nur ein Wahrzeichen – hier gibt es Theater- und Tanzvorstellungen der Opera Australia, des Australian Ballet, der Sydney Symphony und des Bangarra Dance Theatre.

City Recital Hall KLASSISCHE MUSIK
(Karte S. 82; ☎ 02-8256 2222; www.cityrecitalhall.com; 2 Angel Pl, City Centre; ⊙ Ticketschalter Mo–Fr 9–17 Uhr; 🚆 Martin Pl) Der nach dem Vorbild einer klassischen europäischen Konzerthalle des 19. Jhs. gestaltete Bau bietet Platz für 1200 Personen und eine fast perfekte Akustik. Auf dem Programm stehen erstklassige Ensembles wie Musica Viva, das Australian Brandenburg Orchestra und das Australian Chamber Orchestra.

Metro Theatre ROCK
(Karte S. 84; ☎ 02-9550 3666; www.metrotheatre.com.au; 624 George St; 🚆 Town Hall) Die beste Adresse Sydneys, um sich in angenehmem klimatisiertem Ambiente lokale und internationale Alternative-Bands anzusehen. Außerdem gibt's Comedy, Kabarett und Tanzpartys.

Venue 505 LIVEMUSIK
(Karte S. 92; www.venue505.com; 280 Cleveland St, Surry Hills; ⊙ Mo–Sa ab 19.30 Uhr; 🚆 Central) Das kleine, entspannte Venue 505 unter der Leitung von Künstlern hat ein durchdachtes Programm mit Schwerpunkt auf Jazz, Roots Rock, Reggae, Funk, Gypsy und Latino-Musik. Fürs Ambiente sorgen gemütliche Sofas und Wandgemälde eines einheimischen Malers.

Basement LIVEMUSIK
(Karte S. 82; ☎ 02-9251 2797; www.thebasement.com.au; 7 Macquarie Pl, Circular Quay; 🚌 Circular Quay, ⛴ Circular Quay, 🚆 Circular Quay) Das Basement war einst ein reiner Jazzclub, mittlerweile treten hier jedoch internationale und lokale Musiker verschiedener Genres auf. Inhaber eines Dinner-&-Show-Tickets sitzen direkt vor der Bühne; die Sicht von den Stehplätzen im Barbereich ist um einiges schlechter.

Annandale Hotel LIVEMUSIK
(☎ 02-9550 1078; www.annandalehotel.com; 17 Parramatta Rd, Annandale; ⊙ Ticketschalter Di–Fr 9.30–17.30 Uhr; 🚌 436–440) Schon lange ist das Annandale die Speerspitze von Sydneys Livemusikszene. Hier gibt's Alternative Rock, Metal, Punk und Electronica.

Enmore Theatre ROCK, THEATER
(☎ 02-9550 3666; www.enmoretheatre.com.au; 130 Enmore Rd, Newtown; ⊙ Ticketschalter Mo–Fr 9–18, Sa 10–14 Uhr; 🚆 Newtown) Das ehemalige Schauspielhaus und Varieté beherbergt heute das elegant derangierte Enmore mit Platz für 2500 Gäste. Das Programm umfasst Konzerte, Theater und Comedy.

Theater

Theatervorstellungen finden im **Sydney Theatre** (Karte S. 82; ☎ 02-9250 1999; www.sydneytheatre.org; 22 Hickson Rd; 🚆 Wynyard), im **Wharf Theatre** (Karte S. 82; ☎ 02-9250 1777; www.sydneytheatre.com.au; Pier 4/5, 15 Hickson Rd; 🚆 Wynyard) 🍃 und im **Company B** (Karte S. 92; ☎ 02-9699 3444; www.belvoir.com.au; 25 Belvoir St) statt; im **Capitol Theatre** (Karte S. 84; ☎ 02-9320 5000; www.capitoltheatre.com.au; 13 Campbell St; 🚆 Central), im **Theatre Royal** (Karte S. 82; www.theatreroyal.net.au; 108 King St, MLC Centre) und im **State Theatre** (Karte S. 82; ☎ 136 100; www.statetheatre.com.au; 49 Market St; 🚆 St James) wiederum stehen Musicals und andere Veranstaltungen auf dem Programm.

Zuschauersport

Jedes Wochenende finden in Sydney Wettbewerbe in allen möglichen Ballsportarten statt – da wird gekickt, geschleudert und geschlagen, was das Zeug hält. Die Sydneysider sind leidenschaftliche Anhänger der **National Rugby League** (NRL; www.nrl.com.au; Karten über Ticketek ab 25 AU$). Die Saison beginnt im März in den Stadien der Vororte und endet im September mit dem Finale im ANZ Stadium.

Zur selben Zeit spielen die Heimmannschaften Sydney Swans und Greater Western Sydney (die Giants) in der **Australian Football League** (AFL; www.afl.com.au; Tickets 20–40 AU$). Die Swans sind auf dem Sydney Cricket Ground (SCG) zu sehen, die Giants im Sydney Showground Stadium im Olympic Park.

Die **Cricketsaison** (http://cricket.com.au) dauert von Oktober bis März. Auf dem Sydney Cricket Ground treten dann Teams aus verschiedenen Bundesstaaten beim Sheffield Shield gegeneinander an, daneben finden dort stets ausverkaufte internationale Testspiele, das Twenty20 und die Begegnungen der One Day International statt.

Shoppen

Die meisten Geschäfte sind montags bis mittwochs sowie freitags und samstags von 9.30 bis 18 Uhr sowie donnerstags bis 21 Uhr geöffnet. Auch sonntags kann man in vielen Geschäften einkaufen, wenn auch nicht so lange.

Ambitionierte Shopper können sich die nach Vierteln geordneten Shopping Guides von Urban Walkabout (www.urbanwalkabout.com/sydney) herunterladen. Gedruckte Versionen der Karten gibt's kostenlos in den Touristeninformationen und an Infoständen in der ganzen Stadt. Zudem existieren spezielle Führer (inklusive praktischer Karte) für das zentrale Geschäftsviertel (CBD), für The Rocks, Chinatown, Paddington, Woollahra, Surry Hills, Darlinghurst, Potts Point/Kings Cross, Bondi, Pyrmont/Ultimo, Redfern/Waterloo, Balmain/Rozelle, Newtown, Redfern/Waterloo, Glebe, Double Bay, Mosman, die Lower North Shore und Manly.

Am oberen Ende der Oxford St, der Glenmore Rd in Paddington und der Queen St in Woollahra findet man Sydneys Edelgeschäfte, zudem gibt es viele elegante Boutiquen im zentralen Geschäftsviertel und in Newtown.

SYDNEYS WOCHENENDMÄRKTE

Genauso sehr wie ihren Strand lieben die Sydneysider ihre lokalen Märkte – und das will etwas heißen. In vielen Stadtvierteln finden am Wochenende auf dem Gelände von Schulen und Kirchen Märkte statt, auf denen alles Mögliche von Bioprodukten bis zu Original-Designerklamotten angeboten wird. Zwangsläufig sind da auch allerlei Hippie-Krimskrams, haarsträubende Kunstwerke und überteuerter Touristenramsch dabei, dazwischen verstecken sich aber einige wirklich spannende Stücke. Die besten Märkte:

➡ **Bondi Markets** (Karte S. 94; ☎ 02-9315 8988; www.bondimarkets.com.au; Bondi Beach Public School, Campbell Pde; ⌚ Sa 9–13, So 10–16 Uhr; 🚌 380) Wenn sich die Kids sonntags am Strand vergnügen, füllt sich ihre Schule mit Leuten aus Bondi, die z. B. in Second-hand-Klamotten und -Büchern, Schmuck, Duftölen oder alten Schallplatten stöbern. Samstags findet auf dem Schulhof ein Bauernmarkt statt (9–13 Uhr).

➡ **Eveleigh Market** (www.eveleighmarket.com.au; 243 Wilson St, Darlington; ⌚ Bauernmarkt Sa 8–13 Uhr, Kunsthandwerksmarkt am 1. So des Monats 10–15 Uhr, 1.–15. Jan. geschl.; 🚆 Redfern) Mehr als 70 Standinhaber verkaufen regelmäßig ihre selbst angebauten Produkte auf dem besten Bauernmarkt Sydneys, der auf dem denkmalgeschützten Gelände einer Eisenbahnwerkstatt in den Eveleigh Railyards abgehalten wird. Am ersten Sonntag des Monats kommt ein Kunsthandwerksmarkt hinzu. Besucher können gleich auch noch das Kunst- und Kulturviertel CarriageWorks (www.carriageworks.com.au) besichtigen.

➡ **Glebe Markets** (www.glebemarkets.com.au; Glebe Public School, Ecke Glebe Point Rd & Derby Pl; ⌚ Sa 10–16 Uhr; 🚊 Glebe) Auf dem überfüllten Markt mit Hippie-Flair tummelt sich Sydneys barfüßige, mit Rastalocken geschmückte Alternativszene aus der Innenstadt.

➡ **Kirribilli Markets** (www.kirribillimarkets.com; Burton Street Tunnel & Bradfield Park Bowling Green, Kirribilli; ⌚ allgemeiner Markt Jan.–Nov. 4. Sa des Monats 7–15 Uhr, Dez. 1. & 3. Sa des Monats; Kunst-, Design- & Modemarkt 2. So des Monats 9–15 Uhr; 🚆 Milsons Point/Luna Park) Auf dem Markt am Hafen wird alles Mögliche verkauft, wobei der Schwerpunkt auf Second-Hand-Kleidern und Accessoires aller Art liegt. Am zweiten Sonntag im Monat wird hier zudem ein Kunst-, Design- und Modemarkt abgehalten.

➡ **Paddington Markets** (Karte S. 86; www.paddingtonmarkets.com.au; Paddington Public School, 395 Oxford St, Paddington; ⌚ Sa 10–16 Uhr; 🚌 380) Der Markt existiert seit den 1970er-Jahren. Damals war er vor allem bei der alternativen Szene beliebt, heute ist er kommerzieller, wegen der neuen und gebrauchten Kleider, des kreativen Kunsthandwerks und des Schmucks jedoch dennoch einen Besuch wert.

➡ **Rozelle Markets** (☎ 02-9818 5373; www.rozellemarkets.com.au; Ecke Darling & National St; ⌚ Sa & So 9–16 Uhr; 🚌 432-4) Einer der besten Märkte Sydneys für Schnäppchenjäger; sehr wenige Touristen. Zur Auswahl stehen Hippie-Schmuck, Second-Hand-Kleidung, Bücher und Krimskrams; fürs Flair sorgen traditionelle Livemusik, Handleser und exotische Imbissstände.

Aboriginal & Pacific Art KUNST & KUNSTHANDWERK
(www.2danksstreet.com.au; 2 Danks St, Waterloo; ⌚Di–Sa 11–17 Uhr; 🚌M20, 355) Eine von mehreren kommerziellen Galerien unter demselben Dach. Angeboten werden Kunst von Gemeinschaften der Aborigines und der Pazifischen Insulaner.

Akira Isogawa BEKLEIDUNG
(Karte S. 86; www.akira.com.au; 12a Queen St, Woollahra; 🚌380) Der in Japan geborene, in Australien lebende Designer stellt kunstvoll geschneiderte Damenmode aus wunderschönen Stoffen her. Es gibt ein zweites Geschäft in der Strand Arcade.

Annandale Galleries KUNST
(www.annandalegalleries.com.au; 110 Trafalgar St, Annandale; ⌚Di–Sa 11–17 Uhr; 🚌436, 438, 439, 440) Renommierte kommerzielle Galerie mit Kunst von Aborigine-Künstlern aus den Gemeinschaften der Maningrida und Yirrkala im North East Arnhem Land.

Australian Wine Centre WEIN
(Karte S. 82; www.australianwinecentre.com; Goldfields House, 1 Alfred St, Circular Quay; 🚆Circular Quay) In dem Weinkeller mit mehrsprachigem Personal gibt es jede Menge hochwertige australische Weine, Biere und Spirituosen. Besonders empfehlenswert ist der Sémillon aus dem Hunter Valley. Man kann sich die feinen Tropfen auch nach Hause liefern lassen.

Blue Spinach BEKLEIDUNG, ACCESSOIRES
(Karte S. 88; ☎02-9331 3904; www.bluespinach.com.au; 348 Liverpool St, Darlinghurst; 🚆Kings Cross) Hochwertige gebrauchte Kleider für schnäppchenverrückte Markenfans beiderlei Geschlechts. Wer die geradezu schockierend blaue Fassade passiert hat, wird mit Artikeln von Luxuslabels zu (relativ) günstigen Preisen belohnt.

Collette Dinnigan BEKLEIDUNG
(Karte S. 86; www.collettedinnigan.com.au; 104 Queen St, Woollahra; 🚌380) Die Königin australischer Mode entwirft wunderbare feminine Kleider mit erlesenen Applikationen.

David Jones KAUFHAUS
(Karte S. 82; www.davidjones.com.au; 86–108 Castlereagh St, Central Sydney; 🚆St. James) Das DJs ist Sydneys führendes Kaufhaus. In der Castlereagh St gibt's Damen- und Kindermode, in der Market St Männermode und einen eleganten Restaurantbereich. An der **Westfield Bondi Junction** (☎02-9947 8000; www.westfield.com.au; 500 Oxford St; ⌚Fr–Mi 9.30–18, Do bis 21 Uhr; 🚆Bondi Junction) findet sich eine weitere Filiale.

Dinosaur Designs SCHMUCK, HAUSHALTSWAREN
(Karte S. 86; www.dinosaurdesigns.com.au; 339 Oxford St, Paddington; 🚌380) Würden die Feuersteins einen Schmuckladen eröffnen, sähe er genau so aus: Neben übergroßen, bunten, transparenten Armreifen und anderen Accessoires aus Harz stechen farbenfrohe Vasen und Schalen ins Auge. Es gibt eine weitere Filiale in der Strand Arcade.

Easton Pearson BEKLEIDUNG
(Karte S. 88; www.eastonpearson.com; 30 Glenmore Rd, Paddington; 🚌380) Die Brisbaner Designer haben Ethno-Mode in Australien populär gemacht, die vor allem bei vollschlanken Frauen beliebt ist.

Leona Edmiston BEKLEIDUNG, ACCESSOIRES
(Karte S. 86; www.leonaedmiston.com; 88 William St, Paddington; 🚌380) Leona Edmiston hat sich auf Ausgehkleidung spezialisiert, vom kleinen Schwarzen über floral-verspielte Roben bis hin zu sexy Outfits. Filialen gibt's in den Einkaufszentren Westfield Bondi Junction, Westfield Sydney, Chifley Plaza und Strand Arcade.

Queen Victoria Building EINKAUFSZENTRUM
(QVB; Karte S. 82; www.qvb.com.au; 455 George St, Central Sydney; 🚆Town Hall) Das großartige fünfstöckige QVB nimmt einen ganzen Block ein und beherbergt fast 200 Geschäfte. Es ist ein viktorianisches Meisterwerk und zweifellos das schönste Einkaufszentrum Sydneys.

RM Williams BEKLEIDUNG, ACCESSOIRES
(Karte S. 82; www.rmwilliams.com.au; 389 George St, Central Sydney; 🚆Wynyard) Die robusten Outdoor-Klamotten finden bei Stadtcowboys und der ländlichen Bevölkerung reißenden Absatz. Zum Sortiment gehören Driza-Bone-Öljacken, Akubra-Hüte, Moleskin-Jeans und Lederstiefel. Es gibt weitere Filialen in The Rocks sowie in den Einkaufszentren Westfield Sydney und Chifley Plaza an der Ecke Phillip St/Hunter St.

Sass & Bide BEKLEIDUNG, ACCESSOIRES
(Karte S. 88; www.sassandbide.com; 132 Oxford St, Paddington; 🚌380) Die aus Brisbane stammenden Modedesignerinnen Heidi Middleton und Sarah-Jane Clarke sind für ihre schicken Low-Cut-Jeans für Damen, körperbetonte Jacken und Minikleider bekannt. Es gibt weitere Filialen in der Strand Arcade,

INDIGENE KUNST & ARTEFAKTE KAUFEN

Überall im Bundesstaat gibt es Läden und Galerien, die von Aborigines gefertigte Kunstwerke, Artefakte und Produkte verkaufen. Leider sind häufig auch aus China stammende Imitationen im Umlauf, durch die das kulturelle Urheberrecht der indigenen Künstler verletzt wird. Und es finden sich auch Schwarze Schafe unter den Galerien, die die Armut der Künstler ausnutzen und ihnen die Werke zu unverschämt niedrigen Preisen abkaufen. Daher sollte man möglichst nur Waren kaufen, die von gemeinnützigen und von Aborigines betriebenen Unternehmen produziert bzw. vermarktet werden.

Wer etwas bei einer Galerie erwerben möchte, sollte sicherstellen, dass diese Mitglied der Australian Indigenous Art Trade Association (www.arttrade.com.au) oder der Australian Commercial Galleries Association (www.acga.com.au) ist.

im Westfield Sydney und im Westfield Bondi Junction.

Strand Arcade EINKAUFSZENTRUM
(Karte S. 82; www.strandarcade.com.au; 412 George St, Central Sydney; St. James) Die 1891 erbauten Arkaden konkurrieren mit dem QVB um den Titel des schönsten Einkaufszentrums in Sydney. Der Schwerpunkt liegt auf australischer Designermode, zudem ist hier Strand Hatters ansässig, eine Institution der Stadt.

Studio Workshopped KUNSTHANDWERK
(Karte S. 88; www.workshopped.com.au; 417 Bourke St, Surry Hills; Mi–Sa 10.30–18 Uhr; 380) Nach einem Besuch der Ausstellungen des *Object: Australian Design Centre* (www.object.com.au) im oberen Stock kann man im Geschäft im Erdgeschoss von Hand hergestellte Andenken erwerben. Meist ist ein Künstler vor Ort (der Laden fungiert auch als Atelier), und es gibt eine tolle Auswahl von Schmuck und Haushaltwaren.

Utopia Art KUNST
(www.utopiaartsydney.com.au; 2 Danks St, Waterloo; Di–Sa 10–17 Uhr; M20, 355) Das Utopia, eine weitere Galerie in dem Komplex in der 2 Danks St, zeigt Aborigine-Kunst und andere Werke in zeitgenössischem Kontext.

Westfield Sydney EINKAUFSZENTRUM
(Karte S. 82; www.westfield.com.au/sydney; Ecke Pitt St Mall & Market St, Central Sydney) Das riesige Einkaufszentrum schließt den Sydney Tower mit ein und verfügt über einen exzellenten Food-Court. Ansässig sind Mainstream-Ketten wie Zara und Gap.

Zimmermann BEKLEIDUNG
(Karte S. 88; www.zimmermannwear.com; 2–16 Glenmore Rd, Paddington; 380) Schicke, freche Alltagsmode und Badebekleidung für Frauen von den Schwestern Nicky und Simone Zimmermann. Es gibt weitere Filialen im Westfield Sydney und Westfield Bondi Junction.

Praktische Informationen

GELD

Geldautomaten gibt es in der ganzen Stadt. Wechselstuben finden sich in Kings Cross und rund um Chinatown, den Circular Quay und die Central Station.

INFOS IM INTERNET

Art Almanac (www.art-almanac.com.au) Umfangreiche Liste der öffentlichen und privaten Galerien.

City of Sydney (02-9265 9333; www.cityofsydney.nsw.gov.au) Fantastische Website mit jeder Menge Infos über die Stadt.

RealSurf (www.realsurf.com) Informiert über die Surfbedingungen vor Ort.

Time Out Sydney (www.timeoutsydney.com.au) Adresslisten und Artikel des monatlich erscheinenden Magazins.

Sydney Morning Herald (www.smh.com.au) Gute Website für anstehende Veranstaltungen sowie Restaurant- und Barempfehlungen. Nah am Puls der Stadt.

TwoThousand (www.twothousand.com.au) Überblick über Sydneys Subkultur.

INTERNETZUGANG

In den meisten Hotels und Hostels können Traveller surfen, manchmal sogar kostenlos. Die City of Sydney Libraries in Kings Cross, Haymarket, Newtown, Surry Hills, Glebe, in der Town Hall und im Customs House am Circular Quay bieten alle kostenlosen Internetzugang; weitere Infos gibt's unter www.cityofsydney.nsw.gov.au/explore/libraries/about-the-network/computers-and-internet.

MEDIZINISCHE VERSORGUNG

Kings Cross Clinic (02-9358 3066; www.kingscrossclinic.com.au; 13 Springfield Ave, Kings Cross; Mo–Fr 9–13 & 14–18, Sa 10–13 Uhr; Kings Cross) Allgemeinmediziner mit Schwerpunkt auf Reisekrankheiten; zum

Service gehören Impfungen, Tauchmedizin und Informationen zu sexuell übertragbaren Krankheiten.

Royal Prince Alfred Hospital (RPA; ☎ 02-9515 6111; www.sswahs.nsw.gov.au/rpa; Missenden Rd, Camperdown; ⏲ 24-Std.-Notaufnahme; Ⓡ Macdonaldtown)

St. Vincent's Hospital (☎ 02-8382 1111; wwwsvh.stvincents.com.au; 390 Victoria St, Darlinghurst; ⏲ 24-Std.-Notaufnahme; Ⓡ Kings Cross)

Sydney Hospital (☎ 02-9382 7111; www.seslhd.health.nsw.gov.au/SHSEH; 8 Macquarie St, Central Sydney; ⏲ 24-Std.-Notaufnahme)

NOTFALL

In Notfällen erreicht man unter der Telefonnummer ☎ 000 Polizei, Ambulanz und Feuerwehr.

Lifeline (☎ 13 11 14; www.lifelinesydney.org; ⏲ 24 Std.) Rund um die Uhr erreichbarer telefonischer Beratungsdienst, auch zur Suizidprävention.

Polizei Eine Liste aller Polizeidienststellen in New South Wales findet sich unter www.police.nsw.gov.au; einfach auf „your police" klicken!

Rape Crisis Centre (☎ 1800 424 017; www.nswrapecrisis.com.au; ⏲ 24 Std.) Rund um die Uhr erreichbarer telefonischer Beratungsdienst für Opfer sexueller Übergriffe.

TOURISTENINFORMATION

City Host Information Kiosks (www.cityofsydney.nsw.gov.au) Circular Quay (Karte S. 82; Ecke Pitt & Alfred St; ⏲ 9–17 Uhr; Ⓡ Circular Quay); Town Hall (Karte S. 82; George St, Town Hall; ⏲ 9–17 Uhr; Ⓡ Town Hall); Haymarket (Karte S. 84; Dixon St; ⏲ 11–19 Uhr; Ⓡ Town Hall) Die freundlichen, hilfsbereiten Mitarbeiter halten Karten, Broschüren und Informationen bereit.

Kings Cross Tourist Information Kiosk (Karte S. 88; Ecke Darlinghurst Rd & Macleay St, Kings Cross; ⏲ So–Do 9–17, Fr & Sa 9–23 Uhr; Ⓡ Kings Cross) Karten, Broschüren, Wanderkarten und Informationen zu Verkehrsmitteln.

Manly Visitor Information Centre (Karte S. 98; ☎ 02-9977 1430; www.manlytourism.com.au; Manly Wharf; ⏲ Mo–Fr 9–17, Sa & So 10–16 Uhr; ⛴ Manly) Sehr freundliche ehrenamtliche Mitarbeiter; es gibt Broschüren, Karten und Transportinformationen.

Sydney Harbour National Park Information Centre (Karte S. 82; ☎ 02-9253 0888; www.environment.nsw.gov.au; Cadman's Cottage, 110 George St; ⏲ Mo–Fr 9.30–16.30, Sa & So 10–16.30 Uhr; Ⓡ Circular Quay) Hat Wanderkarten zu verschiedenen Parkabschnitte auf Lager und organisiert Touren zu den Hafeninseln.

Sydney Visitor Centres (☎ 02-9240 8788; www.sydneyvisitorcentre.com) Darling Harbour (Karte S. 84; ☎ 9240 8788; www.darlingharbour.com; ⏲ 9.30–17.30 Uhr; Ⓡ Town Hall); The Rocks (Karte S. 82; ☎ 9240 8788; www.sydneyvisitorcentre.com; Ecke Argyle & Playfair St; ⏲ 9.30–17.30 Uhr; Ⓡ Circular Quay) Beide Filialen bieten eine große Auswahl von Broschüren und buchen Unterkünfte, Touren und Ausflüge zu Sehenswürdigkeiten.

ℹ An- & Weiterreise

BUS

Alle privat betriebenen Fern- und Regionalbusse kommen am **Sydney Coach Terminal** (Karte S. 92; ☎ 9281 9366; Eddy Ave, Central Station; ⏲ Mo–Fr 6–18, Sa & So 8–18 Uhr) an der Ecke Eddy Ave/Pitt St vor der Central Station an.

FLUGZEUG

Der **Sydney Airport** (SYD; www.sydneyairport.com.au) ist Australiens betriebsamster Flughafen, Verspätungen sind daher keine Seltenheit. Er liegt nur 10 km südlich vom Stadtzentrum und ist relativ einfach zu erreichen. Der Terminal T1 (für internationale Flüge) und die Terminals T2 und T3 (für Inlandsflüge) liegen 4 km voneinander entfernt; zwischen ihnen verkehren Busse (5,50 AU$, 10 Min.) und Züge (5 AU$, 2 Min.) – der Flughafen wird privat betrieben, weshalb der Transfer von einem Terminal zum anderen hier nicht kostenlos ist wie auf den meisten Flughäfen der Welt, sondern als Profitgeschäft betrachtet wird. Qantas betreibt für seine Fluggäste vom internationalen Terminal zum Inlandsterminal (und umgekehrt) einen kostenlosen Shuttle. Virgin Australia bietet einen ähnlichen Service.

ZUG

CountryLink (☎ 13 22 32; www.countrylink.info) bietet Fern- und Regionalverbindungen nach/ab Sydney. Als Hauptbahnhof dient die **Central Station** (☎ 24 Std. Transportinfos 13 15 00, Reservierung 13 22 32; www.countrylink.info; Eddy Ave; ⏲ Fahrkartenschalter 6.15–20.45 Uhr, Fahrkartenautomaten 24 Std.).

ℹ Unterwegs vor Ort

In Sydney gibt es eine große Anzahl öffentlicher Verkehrsmittel, allerdings ist ihre Nutzung nicht ganz unkompliziert. Wer mehr als einen Tag in der Stadt unterwegs ist, wird die Folgen der Überlastung und der Unterfinanzierung des Transportsystems am eigenen Leib erfahren. Die Fähren, Züge und viele Busse werden zwar von derselben Behörde betrieben, doch jede der Sparten agiert, als ob es die anderen nicht gäbe. Infolgedessen gibt es nur eine allgemein gültige Fahrkarte, den MyMulti Pass.

Sonntags können Familien das Family Funday Ticket nutzen, das den ganzen Tag lang für das gesamte öffentliche Nahverkehrssystem Sydneys gültig ist und 2,50 AU$ pro Person (min. 1

MYZONE-FAHRKARTEN

Es gibt drei Ermäßigungskarten für den öffentlichen Nahverkehr Sydneys, den MyMulti Day Pass, den MyMulti Pass und das TravelTen Ticket. Erhältlich sind diese im Zeitschriftenhandel, an Zeitungsständen und an den Fahrkartenschaltern der Bus-, Fähr- und Zugbetriebe. Weitere Infos finden sich auf www.myzone.nsw.gov.au.

MyMulti Day Pass Das Ticket (Erw./Kind 22/11 AU$) berechtigt einen Tag lang zur unbegrenzten Nutzung aller staatlich betriebenen Busse, Fähren, MLR-Bahnen und Züge innerhalb Sydneys, in den Blue Mountains, im Hunter Valley, an der Central Coast, in Newcastle und in Illawarra.

MyMulti Passes Ermöglichen eine Woche lang die unbegrenzte Nutzung der Verkehrsmittel innerhalb der Stadt (Erw. 44–52 AU$, Kind 22–26 AU$) oder im Umland Sydneys, in den Blue Mountains, im Hunter Valley, an der Central Coast, in Newcastle, an der South Coast, in den Southern Highlands und in Port Stephens (Erw./Kind 61/30,50 AU$).

MyBus, MyTrain & MyFerry TravelTen Tickets Die Fahrkarten gewähren zehn ermäßigte Fahrten, können jedoch nur für ein Transportmittel genutzt werden.

Erw. & 1 Kind) kostet. Für australische Senioren wiederum gibt es ein Ganztagesausflugsticket für 2,50 AU$.

Infos zu staatlichen Bussen, Fähren und Zügen erteilt die **Transport Infoline** (☎13 15 00; www.131500.com.au).

AUTO & MOTORRAD

Ein Auto ist top für einen Tagesausflug ins Umland, in der Stadt selbst ist es jedoch der reinste Klotz am Bein. Das Verkehrsaufkommen ist groß und Parkplätze sind spärlich gesät und sehr teuer (ca. 30 AU$/Tag).

Autokauf oder -verkauf

Der Automarkt **Sydney Travellers Car Market** (www.sydneytravellerscarmarket.com.au; Level 2, Kings Cross Car Park, Ward Ave, Kings Cross; ⏲9–16.40 Uhr; 🚆Kings Cross) befindet sich im Kings Cross Car Park abseits der Ward Ave. Hier bekommt man nützliche Informationen über den für den Kauf, Verkauf und die Anmeldung von Fahrzeugen erforderlichen Papierkram. Verkäufer können ihre Autos montags bis donnerstags kostenlos auf dem Automarkt unterstellen; von Freitag bis Sonntag gelten die üblichen Parkgebühren. Es ist übrigens untersagt, in einem parkenden Auto zu übernachten! Illegal ist es außerdem, auf den Straßen von Sydneys Innenstadt ein Fahrzeug zu verkaufen.

Maut

Die Maut für die Sydney Harbour Bridge und den Tunnel in südlicher Richtung beträgt 4 AU$, die für den Eastern Distributor in nördlicher Richtung 6 AU$, die für den Cross City Tunnel 2,30 bis 4,90 AU$ und die für den Lane Cove Tunnel 3 AU$. Sydneys große Autobahnen (M2, M5 South-West & M7) sind ebenfalls gebührenpflichtig (0,62–7,30 AU$). Weitere Informationen zum Mautsystem gibt's unter www.sydneymotorways.com.

Das Mautsystem funktioniert elektronisch, d. h. man muss sich unter www.roamcom.au, www.roamexpress.com.au oder www.myetoll.com.au eine elektronische Plakette oder einen Visitors' Pass besorgen. Mittlerweile bekommt man bei den meisten Autovermietungen elektronische Plaketten.

Mietwagen

Die Yellow Pages (www.yellowpages.com.au) listen Autovermietungen auf; manche haben sich auf die Vermietung klappriger Wracks zu Tiefstpreisen spezialisiert – das Kleingedruckte lesen! Wer einen Wohnwagen mieten möchte, ist in der William St in Kings Cross richtig. Dort sind Unternehmen wie **Jucy** (☎1800 150 850; www.jucy.com.au) ansässig.

BUS

Sydney Buses (☎131 500; www.sydneybuses.info) hat ein umfangreiches Netz; Routen- und Fahrplaninfos gibt's online. Nach Betriebsschluss der herkömmlichen Busse gegen Mitternacht kommen Nachtbusse zum Einsatz, die aber nur selten fahren.

Die wichtigsten Bushaltestellen sind Circular Quay, Wynyard Park (York St), Queen Victoria Building (QVB; York St) und Railway Sq. In vielen Bussen muss werktags vorab bezahlt werden – Fahrkarten (je nach Zone 2,20/3,60/4,60 AU$) bekommt man bei Zeitungsläden und in Bus TransitShops. Am Wochenende kann man in der Regel im Bus eine Fahrkarte kaufen. Ein Bus TransitShop ist z. B. am Circular Quay, im Queen Victoria Building, am Railway Sq und in der Wynyard Station vorhanden.

Die mit einem X beginnenden Buslinien sind Expressbusse, die nicht überall halten; auch die Busse mit einem L haben weniger Haltepunkte. Der kostenlose CBD-Shuttle (Bus 555) pendelt alle 20 Minuten (Mo–Mi & Fr 9.30–15.30, Do bis 21, Sa & So 9.30–18 Uhr) zwischen Circular Quay und Central Station mit Halt am Martin Pl, an den Bahnhöfen St. James und Museum, in Chinatown, an der Town Hall, am QVB und an der Wynyard Station.

VOM/ZUM FLUGHAFEN

Vom bzw. zum Flughafen geht's am einfachsten mit einem Shuttle-Service. Die meisten Hotels und Hostels organisieren diesen für ihre Gäste.

Der **Airport Link** (☎ 13 15 00; www.airport link.com.au; einfache Strecke Domestic Station–Central Sydney Erw./Kind 15,90/11,40 AU$, International Station–Central Sydney 16,70/11,80 AU$; ⏱ 4.30–0.40 Uhr) ist eine merkwürdige Einrichtung: Es handelt sich um einen normalen Pendlerzug, doch man zahlt Wucherpreise, um an den Flughafenhaltestellen aussteigen zu können (Fahrgäste nach Wolli Creek, eine Haltestelle *hinter* dem Flughafen, zahlen nur 3,60 AU$). Die Fahrt von der Central Station zum Flughafen dauert nur rund zehn Minuten.

Die Buslinie 400 verkehrt zwischen der Bondi Junction und Burwood und hält auf dem Weg am nationalen und internationalen Busbahnhof. Ein Ticket kostet 4,60 AU$.

Eine Taxifahrt vom Flughafen ins Zentrum kostet ungefähr 40 AU$ (22–6 Uhr 45 AU$), nach Bondi 40 AU$ (22–6 Uhr 45 AU$) und nach Manly 75 AU$ (22–6 Uhr 90 AU$).

METRO LIGHT RAIL (MLR)

Die Züge der **Metro Light Rail** (MLR; www.metrolightrail.com.au) verkehren zwischen der Central Station und dem Sydney Convention Centre in Darling Harbour über Chinatown (Zone 1) und jenseits von Darling Harbour nach Lilyfield über Pyrmont, das Star City Casino, die Fish Markets, Glebe und Rozelle (Zone 2). Zwischen der Central Station und Star City gibt es rund um die Uhr alle zehn bis 15 Minuten Verbindungen; andere Linie verkehren von 6 bis 23 Uhr (Fr & Sa bis 24 Uhr).

SCHIFF/FÄHRE

Die Hafenfähren und RiverCats (nach Parramatta) werden von **Sydney Ferries** (Karte S. 82; www.sydneyferries.info) betrieben und legen am Circular Quay ab. Die meisten Fähren verkehren zwischen 6 und 24 Uhr; die Fähren zu Touristenattraktionen haben allerdings kürzere Betriebszeiten.

Die einfache Fahrt mit einer normalen Fähre innerhalb des Hafenbereichs kostet 5,80/2,90 AU$ (Erw./erm.), die einfache Fahrt nach Manly oder Parramatta 7,20/3,60 AU$.

Die einfache Fahrt nach Manly mit **Manly Fast Ferry** (☎ 02-9583 1199; www.manlyfastferry.com.au) schlägt mit 9/6 AU$ (Erw./Kind) zu Buche. Die Fähren legen werktags von 6.40 bis 19.30 Uhr sowie am Wochenende von 10.10 bis 18.40 Uhr an der Wharf 6 des Circular Quay ab.

Wassertaxis bedienen bestimmte Routen. Die Fahrt zu anderen Hafenanlegestellen oder zurück kann vorab reserviert werden.

Aussie Water Taxis (Karte S. 84; ☎ 02-9211 7730; www.aussiewatertaxis.com; Cockle Bay Wharf) Fährt von Darling Harbour zum Circular Quay (einfache Strecke/hin & zurück Erw. 15/25 AU$, Kind 10/15 AU$) und von Darling Harbour zum Taronga Zoo (einfache Strecke/hin & zurück Erw. 25/40 AU$, Kind 15/25 AU$); bietet zudem eine Hafenrundfahrt und die Nightlight Tour (Erw./Kind 35/25 AU$) an, die jeweils 45 Minuten dauern.

Yellow Water Taxis (Karte S. 82; ☎ 02-9299 0199; www.yellowwatertaxis.com.au) Fährt vom Circular Quay nach Darling Harbour (Erw./Kind 15/10 AU$). Für andere Routen gelten Festpreise für vierköpfige Gruppen; Details liefern die Websites.

TAXI

Taxis und Taxistände gibt es in Sydney fast an jeder Straßenecke. Die Grundgebühr beträgt 3,50 AU$, zusätzlich kostet jeder Kilometer 2,14 AU$ (22–6 Uhr zzgl. 20 %). Bei Wartezeiten zahlt man 0,92 AU$ pro Minute. Für die Nutzung mautpflichtiger Brücken, Tunnel und Straßen müssen die Fahrgäste aufkommen (selbst wenn auf dem Hinweg keine Maut fällig wird, muss der Taxifahrer sie ja auf dem Rückweg bezahlen).

Bei folgenden großen Firmen kann man telefonisch ein Taxi bestellen (Gebühr 2,40 AU$):

Legion (☎ 13 14 51; www.legioncabs.com.au)

Premier Cabs (☎ 13 10 17; www.premiercabs.com.au)

Taxis Combined (☎ 13 33 00; www.taxiscombined.com.au)

ZUG

Sydneys Vorstadt-Bahnnetz wird von **CityRail** (☎ 131 500; www.cityrail.info) betrieben. Die Bahnlinien verlaufen vom unterirdischen City Circle, der sich über sieben Bahnhöfe im Stadtzentrum und Kings Cross erstreckt, in verschiedene Richtungen. Es gibt jedoch keine Verbindungen zu den Stränden im Norden, Süden und Osten sowie nach Balmain/Rozelle und Glebe. Alle Vorstadtzüge halten an der Central Station und normalerweise auch mindestens an einem der City-Circle-Bahnhöfe.

Die Züge verkehren von ca. 5 bis 24 Uhr. Werktags nach 9 Uhr, also außerhalb der Stoßzeit, kann man ein Hin- und Rückfahrticket kaufen, das bis 24 Uhr gültig ist und 30 % weniger kostet als den Standardtarif.

An den meisten Bahnhöfen gibt es Fahrkartenautomaten, die rund um die Uhr in Betrieb sind. Wer Hilfe benötigt, wird für gewöhnlich aber auch einen geöffneten Fahrkartenschalter vorfinden. Wenn man unterwegs umsteigen muss, sollte man eine Fahrkarte bis zur Zielstation lösen. Beim Umsteigen aber nicht den Bahnhof verlassen, sonst verliert der Fahrschein seine Gültigkeit!

Auf der Website von CityRail gibt es einen praktischen Tarifrechner.

RUND UM SYDNEY

Sydneys ausgedehntes Stadtgebiet wird von Buschland gesäumt. Im Süden erstreckt sich der Royal National Park, der zweitälteste Nationalpark der Welt, mit einsamen Stränden, Regenwaldinseln und schroffen Felshängen. Im Westen gehen die bewaldeten Ausläufer der Great Dividing Range in den großartigen Blue Mountains National Park über. Im Nordwesten wiederum bahnt sich der Hawkesbury River seinen Weg durch die Nationalparks Dharug, Marramarra und Brisbane Waters.

Royal National Park

Der 15 080 ha große **Royal National Park** (☎02-9542 0648; www.environment.nsw.gov.au; Auto/Fußgänger & Radfahrer 11 AU$/frei; ⏲Torschluss tgl. 20.30 Uhr) wurde 1879 gegründet – nach dem US-amerikanischen Yellowstone National Park ist er damit der zweitälteste weltweit. Der Park umfasst subtropischen Regenwald, windzerzaustes Buschwerk an der Küste, Sandsteinschluchten mit Eukalyptusbäumen, Süß- und Salzwassergebiete und abgelegene Strände. Als traditionelle Heimat der Tharawal beherbergt das Gebiet auch viele indigene Stätten und Artefakte.

Der Nationalpark beginnt am Port Hacking, 32 km südlich von Sydney, und erstreckt sich von dort 20 km weiter nach Süden. Die Hauptstraße schwenkt nach Bundeena ab, einem kleinen Ort am Port Hacking. Hier beginnen Kajaktouren durch den Park und der spektakuläre, 26 km lange **Coast Track**, für den man zwei Tage benötigt. Einzelheiten zu anderen Wanderungen im Park findet man auf der Website.

Innerhalb des Parks gibt's geschützte Salzwasserbadestellen bei Wattamolla, Jibbon, Little Marley und Bonnie Vale, Süßwasserbadestellen am Karloo Pool (rund 2 km östlich der Heathcote Station), am Deer Pool und bei Curracurrang. Surfer zieht es an den Garie Beach, nach North Era, South Era und Burning Palms an der Südküste im Park. Im historischen **Audley Boat Shed** (☎02-9545 4967; www.audleyboatshed.com; 6 Farnell Ave) werden Ruderboote, Kanus und Kajaks (Std./Tag 20/45 AU$), Aquabikes (15 AU$/30 Min.) und Fahrräder (Std./Tag 16/34 AU$) verliehen. Von hier kann man den Kangaroo Creek oder den Hacking River hinaufpaddeln.

Die **Parkverwaltung** (☎02-9542 0648; 159 Farnell Ave, Audley Heights; ⏲Mo–Fr 9–16.30 Uhr) hilft mit Karten, Broschüren, Genehmigungen fürs Zelten und Infos zu Wanderstrecken weiter.

Bei Bonnie Vale in der Nähe von Bundeena gibt's einen über Straßen erreichbaren **Campingplatz**; die Stellplätze muss man über die Parkverwaltung reservieren (pro Nacht Erw./Kind 28/7 AU$). Wanderer können bei North Era am Küstenweg und bei den Uloola Falls im Westen des Parks campieren; die Genehmigung dafür (pro Nacht Erw./Kind 5/3 AU$) stellt die Parkverwaltung aus.

ℹ An- & Weiterreise

Von Sydney kommend, nimmt man den Princes Hwy, biegt südlich von Loftus auf die Farnell Ave ab und erreicht so nach insgesamt ungefähr 45 Minuten die nördliche Grenze des Parks. Wer von Wollongong aus in nördlicher Richtung unterwegs ist, sollte auf keinen Fall die berühmte geschwungene, 665 m lange Sea Cliff Bridge verpassen; sie befindet sich in dem Abschnitt des Lawrence Hargrave Dr zwischen Clifton und Coalcliff.

Landschaftlich am reizvollsten ist die Anreise mit der CityRail (Linie Eastern Suburbs und Illawarra) bis Cronulla (einfache Strecke Erw./Kind 4,60/3,20 AU$) und dann weiter mit der **Cronulla National Park Ferry** (☎02-9523 2990; www.cronullaferries.com.au; Cronulla Wharf) nach Bundeena (einfache Strecke Erw./Kind 5,80/2,90 AU$, 30 Min., 5.30–18.30 Uhr stündl., Winter So bis 17.30 Uhr). Die Cronulla Wharf liegt abseits der Tonkin St gleich unterhalb des Bahnhofs. Der gleiche Betreiber veranstaltet auch die dreistündigen **Port Hacking Scenic Cruises** (Erw./Kind 25/20 AU$; ⏲Sept.–Mai tgl. 10.30 Uhr, Juni–Aug. So, Mo, Mi & Fr 10.30 Uhr) – wer teilnehmen will, sollte reservieren.

Die Bahnhöfe Loftus, Engadine, Heathcote, Waterfall und Otford liegen an der Grenze des Parks. Von ihnen aus führen Wanderwege in den Park. Loftus liegt der Parkverwaltung am nächsten (6 km).

Hawkesbury River

Der Hawkesbury River ist nicht einmal eine Stunde von Sydney entfernt und ein

Rund um Sydney

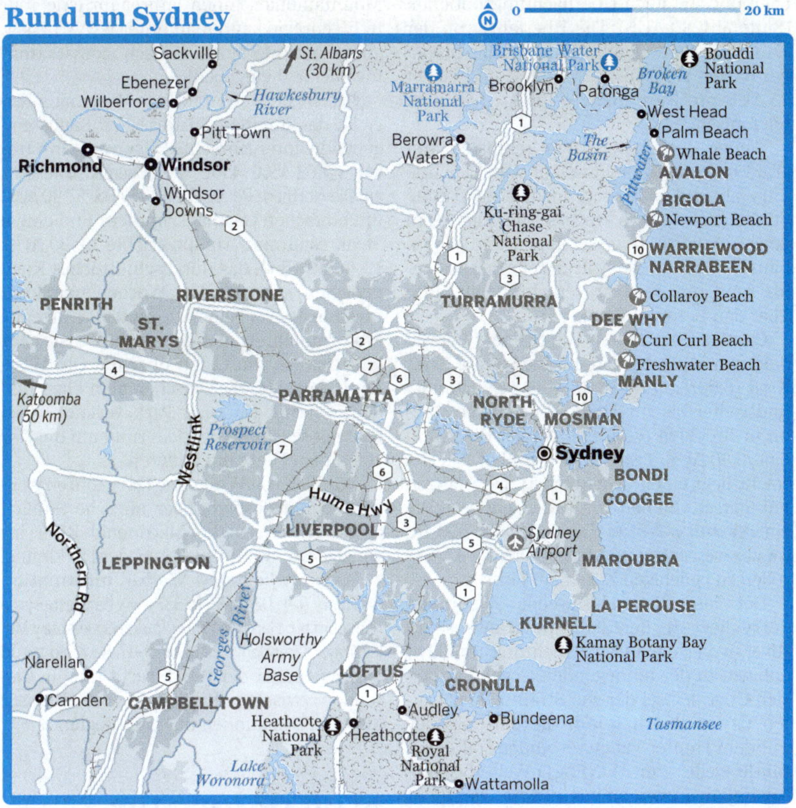

beliebtes Wochenendziel für die Stadtbevölkerung. Der Fluss gehört zu den längsten Fließgewässern im Osten Australiens und fließt vorbei an honigfarbenen Klippen, historischen Städtchen und Dörfern sowie durch mehrere Nationalparks. Er formt auf dem Weg kleinere und größere Buchten.

Entlang des Ufers erstreckt sich fruchtbares Ackerland mit Weingütern, Gemüse- und Blumenfarmen sowie Alpakazuchtstationen. **Hawkesbury Harvest** (☎0406 237 877; www.hawkesburyharvest.com.au) informiert über Wanderungen zu Weingütern und Farmen.

In der Gegend sind viele Kunsthandwerker ansässig. Wer ihre Galerien, Geschäfte und Ateliers besuchen möchte, wendet sich an Hawkesbury Artists & Artisans Trail (www.haat.com.au).

Das **Riverboat Postman** (☎02-9985 9900, 0400 600 111; www.riverboatpostman.com.au; Brooklyn Public Wharf, Dangar Rd; Erw./Kind/Senior 50/15/44 AU$; ⏲Mo–Fr 10 Uhr) ist das letzte Postboot, das in Australien noch im Einsatz ist. Es fährt von der Brooklyn Wharf neben der Hawkesbury River Railway Station über 40 km den Lower Hawkesbury hinauf bis nach Marlow; zurück nach Brooklyn geht's um 13.15 Uhr. Beliebt ist die Tour vor allem bei Senioren, die den Ausblick, den morgendlichen Tee und das Ploughman's Lunch – eine kalte Mahlzeit mit Brot, Käse und Essiggurken – zu schätzen wissen (alles inkl.).

In der Nähe von Brooklyn liegt das einzigartige **Peats Bite** (☎02-9985 9040; http://peatsbite.com.au; Sunny Corner; Menü ohne Wein 130 AU$/Pers.; ⏲Sa & So mittags, Juli & Aug. geschl.), das seit 1981 von derselben Familie geführt wird. In entspannter Atmosphäre wird hier mittags ein auf vier Stunden angelegtes Sieben-Gänge-Menü serviert. Die Gäste sollen sich beim Essen Zeit lassen, können sich zwischen den Gängen im Pool abkühlen und eine flotte Sohle aufs Tanzparkett legen, wenn Betreiberin Tammy zu singen beginnt. Das Restaurant ist nur per Boot zu erreichen und hat auch Übernachtungsoptionen (Suite ab 280 AU$). Die Überfahrt von der Kangaroo Point Public Wharf nahe Brooklyn dauert zehn bis 15 Minuten und kostet 25 AU$ pro Nase; nähere Infos erhält man telefonisch.

Weiter oben zweigt ein schmaler, von Wald eingerahmter Flusslauf vom Hawkesbury ab und plätschert in das entspannte Städtchen **Berowra Waters**. Hier gibt es ein paar Geschäfte, Bootsschuppen und Wohnhäuser rund um die Anlegestelle der kostenlos rund um die Uhr verkehrenden Fähre über den Berowra Creek.

CityRail-Züge fahren von Sydneys Central Station nach Berowra (einfache Strecke Erw./Kind 6,60/3,30 AU$, 45 Min., ca. stündl.) und weiter bis zur Hawkesbury River Station in Brooklyn (einfache Strecke Erw./Kind 6,60/3,30 AU$, 1 Std.). Der Bahnhof von Berowra liegt einen ordentlichen 6 km langen Fußmarsch von Berowra Waters entfernt. Die **Hawkesbury Water Taxis** (☎0400 600 111; www.hawkesburycruises.com.au; Fahrt ab 80 AU$) rollen zu beliebigen Zielen am Fluss.

Der lebendige Flussweiler **Wisemans Ferry** liegt an der Stelle des Hawkesbury River, wo er nach Osten Richtung Brooklyn abbiegt. In der umliegenden Gegend finden sich Überbleibsel der von Sträflingen gebauten **Great North Road**, die einst Sydney mit dem Hunter Valley verbinden sollte und mittlerweile zur UNESCO-Welterbestätte Australian Convict Sites gehört. Heute ist sie eine hübsche Nebenstraße nach Norden. Rund 15 km der ursprünglichen Straße sind erhalten – eine ausgezeichnete Strecke für Mountainbiker. Einen Führer für eine Tour in Eigenregie kann man unter www.rta.nsw.gov.au herunterladen; einfach „convict trail" ins Suchfeld eingeben!

Geselliger Treffpunkt von Wisemans Ferry ist das in einem historischen Sandsteingebäude untergebrachte **Wisemans Inn Hotel** (☎02-4566 4301; www.wisemanshotel.com.au; Old Northern Rd; DZ & 2BZ 75 AU$, FZ 90 AU$) mit einfachen Gasthauszimmern und einem Steakrestaurant (Hauptgerichte 13–30 AU$, 12–20.30 Uhr), das durchschnittliches Kneipenessen serviert. Am Wochenende lockt Livemusik (vor allem Country) Dutzende Motorradfahrer an. Die malerischste Anfahrt ist die von Osten über die Old Wisemans Ferry Rd, die zwischen dem Fluss und dem Dharug National Park verläuft. Zwei kostenlose Fähren pendeln rund um die Uhr von einem Ufer zum anderen.

Nördlich von Wisemans Ferry führen weitgehend unbefestigte, aber hübsche Straßen an beiden Ufern des Macdonald River ins winzige **St. Albans** im Gebiet der Darkinung.

Das **Hawkesbury Visitor Information Centre** (☎ 02-4578 0233; www.hawkesburytourism.com.au; Ham Common Park, Hawkesbury Valley Way, Clarendon; ⊙Mo–Fr 9–17, Sa & So bis 16 Uhr) gegenüber der RAAF-Vertretung in Clarendon zwischen Richmond und Windsor bietet Informationen über die Region.

BLUE MOUNTAINS

Als Region von großer natürlicher Schönheit waren die Blue Mountains ein nahe-

HAUSBOOTE AUF DEM HAWKESBURY RIVER

Am besten lernt man den Hawkesbury River auf einem voll ausgestatteten Hausboot kennen. Im Sommer und während der Schulferien schnellen die Preise gewaltig in die Höhe, aber bei den meisten Anbietern gibt's in der Nebensaison, werktags oder bei längerer Mietdauer durchaus günstige Sonderangebote. Zwischen September und Anfang Dezember muss man für drei Übernachtungen auf einem Boot mit zwei/vier/sechs Kojen mit etwa 650/740/1100 AU$ aufwärts rechnen; zwischen Weihnachten und Neujahr sowie das ganze Jahr über an Wochenenden und Feiertagen verdoppeln sich die Preise.

Verleiher sind in Brooklyn, Wisemen's Ferry und Lower Portland ansässig. Beispiele für große Unternehmen:

- **Able Hawkesbury River Houseboats** (☎02-4566 4308, 1800 024 979; www.hawkesburyhouseboats.com.au; 3008 River Rd, Wisemans Ferry)
- **Brooklyn Marina** (☎02-9985 7722; www.brooklynmarina.com.au; 45 Brooklyn Rd, Brooklyn)
- **Holidays Afloat** (☎02-9985 5555; www.holidaysafloat.com.au; 87 Brooklyn Rd, Brooklyn)
- **Ripples Houseboats** (☎02-9985 5555; www.ripples.com.au; 87 Brooklyn Rd, Brooklyn)

liegender Kandidat, als die UNESCO um Vorschläge für Welterbestätten in Australien bat – im Jahr 2000 erhielten sie schließlich diesen bedeutsamen Status. Der schieferblaue Dunst, dem die Berge ihren Namen verdanken, stammt von dem feinen Ölnebel, den die riesigen Eukalyptusbäume ausscheiden. Diese bilden ein dichtes Blätterdach über einer Landschaft aus tiefen, oft unzugänglichen Tälern und klar umrissenen Sandsteinfelsen.

Die Gebirgsausläufer beginnen 65 km von Sydney entfernt im Binnenland und steigen schließlich zu einem 1100 m über dem Meeresspiegel liegenden Sandsteinplateau an, in das die Erosion im Verlauf der Jahrtausende zahlreiche Täler gegraben hat. In der Region gibt es acht miteinander verbundene Naturschutzgebiete, darunter den **Blue Mountains National Park** (☎02-4787 8877; www.environment.nsw.gov.au/nationalparks; nur im Bereich Glenbrook 7 AU$/Auto) mit seiner wunderbaren Landschaft voller Canyons und Klippen, ausgezeichneten Wandermöglichkeiten und Felsritzzeichnungen der Aborigines. Von den drei Nationalparks in der Gegend ist dieser der beliebteste und am leichtesten zugängliche. Zu seinen wunderschönen Aussichtspunkten zählen Evan's und Govett's Leap bei Blackheath, der Sublime Point in Leura oder der Echo Point und der Cahill's Lookout in Katoomba.

Der **Wollemi National Park** (☎02-4787 8877; www.environment.nsw.gov.au/nationalparks) nördlich der Bells Line of Road ist das größte unberührte Waldgebiet in New South Wales und erstreckt sich bis hin nach Denman im Hunter Valley.

Sechs Völker bzw. Sprachgruppen der Aborigines sind mit dieser Region schon seit uralter Zeit verbunden. Es handelt sich um die Völker der Tharawal und Gandangara (im Süden), der Wiradjuri (im Westen und Nordwesten) sowie der Wonnarua, Darkinjung und Darug (im Nordosten).

Die Blue Mountains lasen sich zwar im Rahmen eines Tagesausflugs ab Sydney besuchen, es lohnt sich aber durchaus, mindestens eine Übernachtung einzuplanen, damit man ein paar der Ortschaften erkunden, wenigstens eine Wanderung unternehmen und ein Abendessen in einem der ausgezeichneten Restaurants in Blackheath oder Leura genießen kann.

Da die Hügel ganzjährig überraschend kühl sein können, sollte man eine Jacke oder Decke im Gepäck haben.

FEUERALARM

Die ätherischen Öle, die die Eukalyptusbäume ausdünsten, begünstigen Waldbrände in den Blue Mountains. Der Eukalyptus selbst profitiert vom Feuer: Die Bäume treiben schneller neu aus als andere Pflanzen und können daher frei gewordenen Platz erobern. Für die Menschen und ihre Siedlungen sind die regelmäßigen Brände jedoch eine große Gefahr. Im Herbst 2013 drohte das Feuer an zahlreichen Brandherden außer Kontrolle zu geraten und sogar Sydney zu gefährden. Viele Gebäude wurden zerstört – bis wann sie wieder aufgebaut sind, ist fraglich. Und neue Brände sind, insbesondere in den australischen Sommermonaten, sehr wahrscheinlich.

Sehenswertes

Von Glenbrook nach Blackheath

Von Sydney kommend, ist Glenbrook (4945 Ew.) die erste Ortschaft in den Blue Mountains, die man erreicht. Von hier aus gelangt man zu Fuß oder per Auto in den Blue Mountains National Park; es ist der einzige Teil des Parks, in dem eine Eintrittsgebühr erhoben wird. 6 km vom Tor des Parkeingangs entfernt befindet sich der **Mt. Portal Lookout**, von dem aus man einen Rundblick über die Glenbrook Gorge, den Nepean River und bis nach Sydney hat. In diesem Teil des Nationalparks sieht man oft Kängurus.

Der Künstler, Schriftsteller und Lebemann Norman Lindsay, berüchtigt für seine gewagten Bilder, jedoch geliebt für das Kinderbuch *Der Zauberpudding,* lebte von 1912 bis zu seinem Tod 1969 in Faulconbridge, 14 km von Glenbrook entfernt, auf einem Berg. Sein gut erhaltenes Wohnhaus und das Atelier werden vom National Trust verwaltet und beherbergen das **Norman Lindsay Gallery and Museum** (☎02-4751 1067; www.normanlindsay.com.au; 14 Norman Lindsay Cres, Faulconbridge; Erw./Kind 12/6 AU$; ⌚10–16 Uhr) mit einer beträchtlichen Sammlung seiner Bilder, Aquarelle, Zeichnungen und Skulpturen.

Weiter oben auf dem Berg lockt die Ortschaft **Wentworth Falls** (5934 Ew.) mit tollem Ausblick gen Süden über das ma-

Blue Mountains

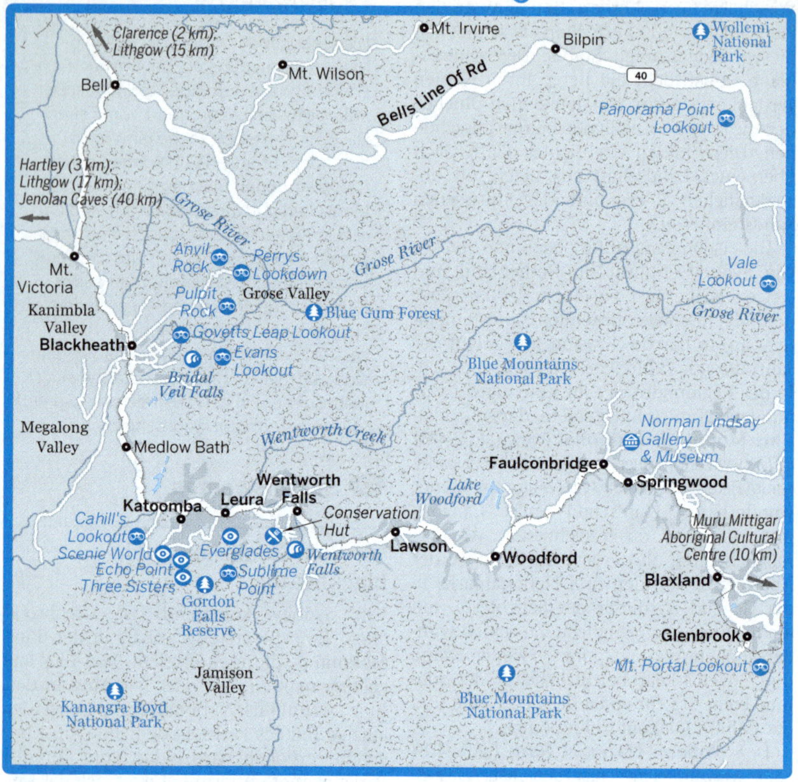

jestätische Jamison Valley. Eine der besten Buschwanderrouten der Blue Mountains, der National Pass Walk, beginnt an der **Conservation Hut** (www.conservationhut.com.au; Fletcher St; Hauptgerichte mittags 21–29 AU$, Sandwiches 8,50–18 AU$; ⏲ Mo–Fr 9–16, Sa & So bis 17 Uhr), wo man sich mit Karten, Informationen, Wasser und Essen versorgen kann. Der Weg passiert den Aussichtspunkt Queen Victoria und das wunderschöne Valley of the Waters mit den Wasserfällen Empress, Silvia und Lodore. Dann führt er den historischen Grand Stairway hinauf, der Anfang des 20. Jhs. mittels reiner Muskelkraft errichtet wurde, und stößt schließlich auf die Wentworth Falls und die Jamison-Aussichtspunkte, die traumhafte Ausblicke bieten.

Das nahe gelegene **Leura** (4365 Ew.) ist ein charmantes Städtchen mit gewundenen Straßen, historischen Häusern und üppigen Gärten. Das Zentrum bildet die Mall, eine von Bäumen gesäumte Hauptstraße mit Boutiquen, Galerien und Cafés. Das wichtigste denkmalgeschützte Anwesen ist das vom National Trust verwaltete **Everglades** (☎ 02-4784 1938; www.everglades.org.au; 37 Everglades Ave, Leura; Erw./erm./Kind 10/8/4 AU$; ⏲ Frühling & Sommer 10–17 Uhr, Herbst & Winter 10–16 Uhr). Das in den 1930er-Jahren errichtete Haus wird von einem der schönsten Landschaftsgärten im Land umgeben.

Gleich außerhalb der Ortschaft erstreckt sich das **Gordon Falls Reserve**, ein idyllisches Fleckchen für ein Picknick mit Grillstellen. Von hier aus kann man den steilen Prince Henry Cliff Walk in Angriff nehmen oder auf dem Cliff Drive 4 km westwärts an den Leura Cascades vorbei nach **Katoomba** (8016 Ew.) fahren. Die oft nebelverhangenen, abschüssigen Straßen dieses wichtigsten Ortes der Region säumen Art-déco-Gebäude. Die hiesige Bevölkerung ist ein seltsamer Mix aus Hinterwäldlern, Hippies, Sydneysiders, die vor den hohen Immobilienpreisen geflüchtet sind, und Anhängern der messianischen Sekte Twelve Tribes (alias

Community of Believers) mit Hauptsitz in Tennessee, die in einer Kommune leben, einen traditionellen Lebensstil pflegen und in der Hauptstraße das Common Ground Café betreiben. Erstaunlicherweise scheinen alle gut miteinander auszukommen, Und anscheinend stört sich auch niemand an den vielen Touristen, die im Rahmen von Bustouren oder mit dem eigenen Auto kommen, um von den Aussichtsplattformen am **Echo Point** die spektakuläre Aussicht auf das Jamison Valley und die Felstürme der **Three Sisters** zu genießen.

Wer raus aus den Besuchermassen möchte, folgt den kurzen Wanderwegen, die vom Echo Point ausgehen. Parkplätze sind teuer (3,80 AU$ für die erste, 4,40 AU$ für alle folgenden Stunden); will man deshalb lieber im Ortszentrum losmarschieren, verläuft der schönste Weg über die Lurline St.

3 km vom Ortszentrum Katoombas entfernt befindet sich die **Scenic World** (☎02-4780 0200; www.scenicworld.com.au; Ecke Violet St & Cliff Dr, Katoomba; Seilbahn, Fußweg & Skyway Erw./Kind/Fam. 28/14/70 AU$; ⏲9–17 Uhr) mit Rummelatmosphäre und einer modernen Seilbahn, die mit einem Gefälle von 52° bis zum Talboden fährt. Vor Ort befindet sich auch der Scenic Skyway, eine Seilbahn mit Glasboden, die über das Tal schwebt.

Nördlich von Katoomba liegen die Ortschaften **Medlow Bath** (517 Ew.) und **Blackheath** (4353 Ew.). Blackheath ist eine gute Basis für Ausflüge nach Grose, Kanimbla und in die Megalong Valleys.

Östlich des Ortes gibt es Aussichtspunkte am **Govett's Leap** (genauso spektakulär wie die Three Sisters, jedoch sehr viel weniger überlaufen), bei den **Bridal Veil Falls** (dem höchsten Wasserfall in den Blue Mountains) und beim **Evan's Lookout**. Im Nordosten finden sich der **Pulpit Rock**, **Perry's Lookdown** sowie der **Anvil Rock**, zu erreichen über die Hat Hill Rd. Von Govett's Leap führen steile Wege ins Grose Valley; erfahrene Wanderer können sich an die 5 km lange (5½ Std.) Route von Perry's Lookdown in den zauberhaften **Blue Gum Forest** heranwagen; für die leichtere, 1,5 km lange Wanderung zum Evan's Lookout braucht man eineinhalb Stunden (einfache Strecke).

Mt. Victoria, Hartley & Lithgow

Mt. Victoria (896 Ew.) liegt auf 1043 m Höhe und ist damit der höchstgelegene Ort in den Bergen. Zu sehen gibt es hier historische Gebäude wie die **St. Peter's Church** (1874) und das **Toll Keepers Cottage** (1849).

Das in einem alten Versammlungssaal untergebrachte, 130 Plätze umfassende **Mount Vic Flicks** (☎02-4787 1577; www.mountvicflicks.com.au; Harley Ave, Mount Victoria; Erw./Kind 11/9 AU$; ⏲Do–So) verspricht mit seiner Lollybar, an der süße Leckereien, Choc-Tops und Scones mit Marmelade und Sahne verkauft werden, ein nostalgisches Kinoerlebnis.

Der mit Abstand beste Pub in der Gegend ist das 1878 erbaute **Imperial Hotel** (☎02-4787 1878; 1 Station St; ⏲11–22 Uhr), das anständige Kneipenkost (Hauptgerichte 18–23 AU$) serviert.

Rund 12 km hinter Mt. Victoria stehen an den westlichen Hängen des Gebirgszugs die Sandsteingebäude der winzigen Geisterstadt **Hartley** (299 Ew.). Diese florierte in den 1830ern, erlebte jedoch 1887 ihren Niedergang, weil sie nicht an die neu gebaute Eisenbahnstrecke angeschlossen wurde. Die Siedlung ist gut erhalten und wartet mit einigen historischen Gebäuden auf, darunter mehrere Wohn- und Gasthäuser.

Weitere 14 km hinter Hartley folgt in den westlichen Ausläufern der Blue Mountains die düstere Bergbausiedlung **Lithgow** (5651 Ew.). Ein Zwischenstopp lohnt sich nur wegen des **Donnybrook Hotel** (☎02-6351 3065; Great Western Highway, Lithgow; Hauptgerichte 15–25 AU$; ⏲Gerichte Mi–Sa 12–14 & 18–20.30 Uhr), einer altmodischen Kneipe mit exzellenter Kneipenkost.

Jenolan Caves

Die Entdeckung der **Jenolan Caves** (☎1300 763 311; www.jenolancaves.org.au; Jenolan Caves Rd; Eintritt inkl. Führung Erw./Kind ab 30/21 AU$; ⏲Führungen 9–17.30 Uhr) gehört zu den Geschichten, die zu Legenden werden: Der Viehzüchter James Whalan stieß einst auf diese prähistorischen Höhlen, in denen er den entflohenen Sträfling und Viehdieb James McKeown vermutete.

Die von den Gandangara ursprünglich Binoomea („dunkle Orte") genannten Höhlen entstanden vor mehr als 400 Mio. Jahren und gehören zu den größten und komplexesten Kalksteinhöhlensystemen weltweit.

In der Region gibt es mehr als 350 Höhlen, von denen aber nur ein paar für die Öffentlichkeit zugänglich sind. Ihre Besichtigung ist nur im Rahmen von **Führungen** möglich. Es gibt eine ganze Menge solcher Touren von ganz unterschiedlichem Schwie-

ABSTECHER

MURU MITTIGAR ABORIGINAL CULTURAL CENTRE

Auf dem Weg von Sydney in die Blue Mountains lohnt sich ein Stopp beim **Muru Mittigar Aboriginal Cultural Centre** (☎02-4729 2377; www.murumittigar.com.au; 89–151 Old Castlereagh Rd, Castlereagh; ⏲Mo–Fr 9–16 Uhr) in Castlereagh nahe Penrith. Dieses wurde 1998 als Treffpunkt der Aborigines gegründet, um die Rolle der Darug als traditionelle Hüter der Region ins Bewusstsein zu rücken. Das Zentrum zeigt Kunst und Erzählungen der Darug und erläutert die reiche Vielfalt der indigenen Völker Australiens. Zum Angebot gehört eine vierstündige kulturelle Führung (Erw./Kind 45/26 AU$), die meist einen Vortrag über den Glauben und die Geschichten der Aborigines, einen kurzen Bumerang-Wurfkurs, eine Bush-Tucker-Route, eine Maldemonstration und eine kleine Didgeridoo-Vorführung umfasst. Auf dem Gelände serviert ein Café Bush-Tucker-Frühstück (9 AU$).

Das Zentrum liegt eine einstündige Autofahrt westlich von Sydney bzw. eine Stunde östlich von Katoomba. Es ist ratsam, sich vorab anzumelden.

rigkeitsgrad – das Personal im Ticketverkauf versorgt Travellern mit den nötigen Infos, um die geeignete zu wählen. Bei der **Plughole Adventure Tour** (80 AU$; ⏲tgl. 13.15 Uhr) kann man beispielsweise einen Overall überziehen und sich, nur mit einer Stirnlampe ausgerüstet, durch enge Tunnel zwängen.

Die Höhlen befinden sich 30 km abseits des Great Western Hwy (Rte 4) und sind 75 Minuten Fahrtzeit von Katoomba entfernt. Die enge Jenolan Caves Rd ist zwischen 11.45 Uhr und 13.15 Uhr eine Einbahnstraße, die von den Höhlen aus im Uhrzeigersinn durch Oberon führt.

Es gibt zwar einige wenige Unterkünfte in Jenolan Village und im umliegenden Gebiet, aber keine verdient wirklich eine Empfehlung.

Aktivitäten

Abenteueraktivitäten & -touren

Die meisten Anbieter haben Büros in Katoomba. Die Konkurrenz ist sehr groß, es lohnt sich also, nach günstigen Angeboten zu fahnden.

Australian School of Mountaineering ABENTEUERTOUR
(ASM; ☎02-4782 2014; www.asmguides.com; 166 Katoomba St, Katoomba) Ganztägige Klettertouren (195 AU$) sowie Canyoning (180–220 AU$) und Abseilkurse.

Blue Mountains Walkabout ABORIGINESTOUR
(☎0408 443 822; www.bluemountainswalkabout.com; 95 AU$) Das von Aborigines betriebene Unternehmen bietet ganztägige Abenteuertouren mit indigenen Guides und spirituellem Schwerpunkt. Sie beginnen am Bahnhof Faulconbridge und enden an der Haltestelle Springwood.

High 'n' Wild Mountain Adventures ABENTEUERTOUR
(☎02-4782 6224; www.highandwild.com.au; 3/5 Katoomba St, Katoomba) Geführte Abseiltouren (125–189 AU$), Kletterausflüge (249–349 AU$) und Canyoning (179–225 AU$).

Life's an Adventure ABENTEUERTOUR
(☎02-9913 8939; www.lifesanadventure.com.au; halb- & ganztägige Tour Erw. 145–299 AU$, Kind 105–199 AU$) Veranstaltet geführte ganztägige Kajak-, Wander-, Jeep- und Mountainbiketouren sowie eine dreitägige Wanderung mit Camping auf dem Six Foot Track (479–649 AU$).

Muggadah Indigenous Tours ABORIGINESTOUR
(☎02-4782 2413, 0423 573 909; kathleen@muggadahtours.com.au; Erw./Kind 50/25 AU$) Der indigene Anbieter veranstaltet geführte Wanderungen zu bedeutenden kulturellen Stätten in dem traditionellen Gebiet rund um Echo Point.

River Deep Mountain High ABENTEUERTOUR
(☎02-4782 6109; www.rdmh.com.au; 2/187 Katoomba St, Katoomba) Zum Angebot gehören halbtägige Abseiltouren (130 AU$), ganztägige Canyoning-Ausflüge (190 AU$), ganztägige Pauschalangebote für Canyoning und Abseilen (180 AU$) sowie verschiedene geführte Wanderungen und Jeeptouren.

Tread Lightly Eco Tours ÖKOTOUR
(☎02-4788 1229; www.treadlightly.com.au) Bietet eine große Auswahl von Wandertouren bei Tag und Nacht (65–135 AU$) mit Schwerpunkt auf dem Ökosystem der Region.

Autotouren

Der **Greater Blue Mountains Drive** (www.greaterbluemountainsdrive.com.au) ist eine 1200 km lange Autoroute, die Sydney mit der Blue-Mountains-Region verbindet. Sie umfasst 18 sogenannte Discovery Trails – in sich abgeschlossene Ausflugsstrecken, von denen die beliebteste der einstündige, 36 km lange Blue Mountains Drive Discovery Trail ist. Dieser beginnt in Katoomba und am Picknickplatz bei den Wentworth Falls im Valley of the Waters.

Die besten Straßenkarten sind die *Blue Mountains Touring Map* (7,95 AU$) und die *Greater Blue Mountains Drive Touring Map* (7,95 AU$) von Gregory. Beide Karten sind bei den Visitor Informationen Centres erhältlich.

Bushwalking

Die Entdecker Wentworth, Blaxland und Lawson lösten einen Hype um die Erkundung des Gebiets aus, als sie 1813 als erste Europäer die majestätischen Berge durchquerten. Glücklicherweise gibt es heute Wanderstrecken jeder erdenklichen Länge und jedes erdenklichen Schwierigkeitsgrads, sodass alle in diesen Genuss kommen können. Die beiden beliebtesten Areale für Wanderungen durch das Unterholz sind das Jamison Valley südlich von Katoomba und das Grose Valley nordöstlich von Katoomba bzw. östlich von Blackheath. Weitere tolle Wandermöglichkeiten finden sich in der Gegend südlich von Glenbrook, im Kanangra Boyd National Park (zu erreichen über Oberon oder die Jenolan Caves) sowie im Wollemi National Park nördlich der Bells Line of Road. Eine der schönsten Wanderungen ist der dreitägige, 45 km lange **Six Foot Track** von Katoomba durch das Megalong Valley zum Cox's River und weiter zu den Jenolan Caves; an der Strecke gibt es Campingplätze.

Das außerordentlich hilfreiche **NPWS Visitor Centre** (☎02-4787 8877; bluemountains.heritagecentre@environment.nsw.gov.au; Govetts Leap Rd, Blackheath; ⏲9–16.30 Uhr) in Blackheath, rund 2,5 km abseits des Great Western Hwy und 10 km nördlich von Katoomba, hilft einem bei der Auswahl der Wanderstrecke und gibt Tipps zur Sicherheit und zum Campen. Achtung: Der Busch ist hier ziemlich dicht, man kann sich deshalb leicht verirren – es sind auch bereits Wanderer tödlich verunglückt. Daher sollte man stets seinen Namen und die geplante Wanderroute bei der Polizei in Katoomba, im Büro des NPWS oder in einem der Visitor Information Centres hinterlassen; die Polizei in Katoomba, das Echo Point Visitor Centre und das NPWS-Büro stellen Wanderern Notfunkbaken kostenlos zur Verfügung.

Man sollte unbedingt auch sauberes Trinkwasser mitführen, da das Wasser der Gebirgsbäche aufgrund der Nähe zur Stadt verschmutzt ist.

NPWS-Beschreibungen der Wanderrouten und Karten (3–7 AU$) sind im NPWS-Büro und bei den Touristeninformationen in Glenbrook und Katoomba erhältlich. Bei allen drei Stellen bekommt man auch die Wanderkarte *Blue Mountains* von Hema (10,50 AU$) sowie Veechi Stuarts empfehlenswertes Buch *Blue Mountains: Best Bushwalks* (32 AU$).

Radfahren

Die Berge sind auch ein beliebtes Ausflugsziel für Radler. Viele fahren mit ihren Rädern per Zug bis Woodford und radeln von dort bergab nach Glenbrook (2–3 Std.). Radkarten (7 AU$) erhält man bei den Visitor Information Centres in Glenbrook und Katoomba.

Feste & Events

Yulefest FEST
(www.bluemts.com.au) Aus der Zeit gefallene Weihnachtsfeierlichkeiten zwischen Juni und August.

Winter Magic GEMEINDEFEST
(www.wintermagic.com.au) Im Rahmen des eintägigen Fests anlässlich der Wintersonnenwende im Juni finden sich auf Katoombas Hauptstraße Marktstände und kostümierte Einheimische; Vorführungen gibt's auch.

Leura Garden Festival GARTENFEST
(www.leuragardensfestival.com) Im Oktober strömen Touristen mit grünem Daumen nach Leura, um die vielen Gärten der Stadt in voller Blüte zu erleben.

Schlafen

In den Blue Mountains gibt es gute Unterkünfte; im Winter und für die Wochenenden muss man jedoch im Voraus buchen – die Einwohner Sydneys verbringen gerne ein romantisches Wochenende hier draußen. Backpacker steigen in der Regel in Katoomba ab, wo sich die Hostels befinden, während Urlauber mit eigenem Auto Leura und Blackheath bevorzugen, weil es da bessere Restaurants und Cafés gibt.

Übrigens: Das berühmte **Hydro Majestic Hotel** (www.hydromajestic.com.au), ein prächtiges Art-déco-Haus am Steilhang in Medlow Bath, soll schon seit Jahren renoviert werden, die Arbeiten hatten jedoch bei unserem

Besuch noch nicht begonnen. In der Zwischenzeit bleibt es geschlossen.

No. 14 HOSTEL $
(02-4782 7104; www.no14.com.au; 14 Lovel St, Katoomba; B 25–28 AU$, DZ 75–85 AU$, DZ ohne Bad 65–75 AU$; @) Das saubere, gepflegte Hostel erinnert mit seinem netten Flair an ein einladendes Mehrgenerationenhaus, hat aber zu wenige Bäder (drei Duschen bei 26 Betten). In den Schlafsälen stehen drei bis vier Betten, und die Doppelzimmer im Dachgeschoss sind gemütlich. Im Preis enthalten sind ein einfaches Frühstück, Internet und WLAN.

Flying Fox HOSTEL $
(02-4782 4226; www.theflyingfox.com.au; 190 Bathurst Rd, Katoomba; Stellplatz 19 AU$/Pers., B 26–30 AU$, DZ ohne Bad 74–82 AU$; @) Die Besitzer des einfachen Hostels, Ross und Wendy, lieben es zu reisen und geben ihren Gästen das Gefühl, hier zu Hause zu sein. Partystimmung gibt es hier nicht, dafür aber Glühwein und Schokolade in der freundlichen Lounge und einmal pro Woche einen Pasta-Abend. Geboten werden zudem eine gut ausgestattete Gemeinschaftsküche und ein geselliger Aufenthaltsraum mit Holzofen, jedoch ohne TV. Internet und WLAN sind kostenlos. Es gibt allerdings nur wenige Bäder.

Blue Mountains YHA HOSTEL $
(02-4782 1416; www.yha.com.au; 207 Katoomba St, Katoomba; B 30–32 AU$, DZ mit/ohne Bad 100/90 AU$, FZ mit/ohne Bad 140/126 AU$; @) Hinter der nüchternen Fassade dieses beliebten 200 Betten fassenden Hostels verbergen sich gemütliche, helle, saubere Schlafsäle und Familienzimmer. Gäste kommen außerdem in den Genuss eines Aufenthaltsraums mit offenem Kamin, einer Zentralheizung, eines großen Fernsehzimmers, eines Billardtischs, einer ausgezeichneten Gemeinschaftsküche und eines Außenbereichs mit Grillplätzen. Die Zutaten fürs Frühstück, das man sich selbst zubereitet, gibt's für 3 bis 6,50 AU$.

Glenella Guesthouse PENSION $$
(02-4787 8352; www.glenellabluemountainshotel.com.au; 56–60 Govetts Leap Rd; Zi. 110–170 AU$, FZ 220–260 AU$;) Das würdevolle Glenella wird bereits seit 1912 als Pension betrieben und heute mit Begeisterung und Sachkenntnis von einem jungen Paar geführt, das dafür sorgt, dass sich Gäste rundum wohl fühlen. Es gibt sieben komfortable Gästezimmer, eine hübsche Lounge und einen großartigen Speisesaal, in dem das wirklich ausgezeichnete Frühstück serviert wird.

Waldorf Leura Gardens HOTEL $$
(02-4784 4000; www.leuragardensresort.com.au; 20–28 Fitzroy St, Leura; DZ 107–199 AU$;) Das resorttypische Angebot (beheizter Pool und Spa, Tischtennis, Fitnessraum, Squashplätze und Billard), die Gartenumgebung und die Lage gegenüber Leuras 18-Loch-Golfplatz machen die motelähnliche Unterkunft zu einer beliebten Adresse für Familien und Rentner. Die Zimmer sind gemütlich und sauber, die Mitarbeiter freundlich, und es gibt gute Last-Minute-Angebote sowie Rabatte für Frühbucher.

Broomelea Bed & Breakfast B&B $$
(02-4784 2940; www.broomelea.com.au; 273 Leura Mall, Leura; Zi. 160–225 AU$; @) Das grüne Leura gilt als recht überkandidelt, doch wenn stört's, wenn B&Bs so edel sind wie dieses Exemplar von 1909 im edwardianischen Stil? Zu den vielen Highlights zählen die gepflegten Gärten, Rattanmöbel auf der Veranda, ein offener Kamin und eine gemütliche Lounge. Das Cottage für Selbstversorger (160–205 AU$) eignet sich für Familien.

Greens of Leura B&B $$
(02-4784 3241; www.thegreensleura.com.au; 24–26 Grose St, Leura; Zi. 162–205 AU$; @) Das hübsche Holzhaus an einer ruhigen Straße, die parallel zur Mall verläuft, steht in einem charmanten Garten und verfügt über fünf nach englischen Schriftstellern (Browning, Austen, etc.) benannte Zimmer. Sie sind individuell gestaltet und teilweise mit Himmelbetten und Whirlpool ausgestattet. Pluspunkte gibt's für den im Preis inbegriffenen Nachmittagstee. Es gilt ein Mindestaufenthalt von zwei Nächten.

Lilianfels LUXUSHOTEL $$$
(02-4780 1200; www.lilianfels.com.au; Lilianfels Ave, Katoomba; DZ 250–715 AU$, Suite 425–725 AU$; @) Ach, das Leben kann so schön sein! Das Luxusresort bietet 85 Zimmer, das beste Restaurant der Region (Darley's; 3 Gänge 125 AU$) und tolle Freizeitanlagen, zu denen ein Spa, beheizte Innen- und Außenpools, ein Tennisplatz, Billard- und Spielezimmer, eine Bibliothek und ein Fitnessraum gehören. Es ist auf einem historischen Farmanwesen inmitten gepflegter Gärten neben Echo Point zu finden und steht regelmäßig auf der Liste der

besten Hotels Australiens. Wer spontan oder nur ein Zimmer ohne Nutzung der Anlagen bucht, kann viel Geld sparen.

Essen

Anonymous CAFÉ $
(www.anonymouscafe.com.au; 237–238 Great Western Hwy, Blackheath; Sandwiches 10 AU$, Ploughman's Lunch 14–17 AU$; ⌚Mo–Fr 6–16, Sa & So 7–17 Uhr) Die hippe Kaffeekulturszene in Sydneys Zentrum hat es in Form dieses niedlichen Cafés gegenüber dem Bahnhof bis nach Blackheath geschafft, und die Einheimischen sind begeistert. Der Kaffee (gemischte und sortenreine Varianten) wird mit Sorgfalt und Sachverstand zubereitet, und die saisonale Speisekarte wechselt jede Woche.

Sanwiye Korean Cafe KOREANISCH $
(☎0405 402 130; 177 Katoomba St, Katoomba; Nudelsuppe 10–12 AU$, Klöße 10–12 AU$, herzhafte Pfannkuchen 12–14 AU$; ⌚Di–So 11–21.30 Uhr) Dies ist das einzige Lokal in Katoombas mittelmäßiger, überteuerter Restaurantszene (und das ist noch eine freundliche Umschreibung!), das eine Empfehlung verdient. Es ist zwar schlicht und wird sicherlich keine Preise gewinnen, dafür ist das Essen frisch und wird mit Liebe von den koreanischen Besitzern zubereitet. Reservierungen sind ratsam (es ist winzig); Kreditkarten werden nicht akzeptiert.

Blue Mountains Food Co-op SELBSTVERSORGER $
(www.bluemtnsfood.asn.au; Ha'penny Lane, Shops 1 & 2, Katoomba; ⌚Mo–Fr 9–18, Sa 8.30–17, So 10–16.30 Uhr) Der ideale Laden für überzeugte Selbstversorger und Wanderer auf der Suche nach Proviant. Zum Sortiment gehören biologisch erzeugte, vegane und glutenfreie lokale Produkte.

Solitary MODERN-AUSTRALISCH $$
(☎02-4782 1164; www.solitary.com.au; 90 Cliff Dr, Leura Falls; Hauptgerichte mittags 15–32 AU$, Sandwiches 14–18 AU$, Scones 13 AU$; ⌚Mi, Do, So & Mo 10.30–16.30, Fr & Sa 10.30–16.30 & 18.30–22 Uhr, 2 Wochen im Jan. geschl.) Die saisonalen Gerichte des Restaurants stehen der tollen Lage über den Leura Cascades kaum nach. Mittagessen und Devonshire Tea werden im altmodischen Speisebereich und auf dem Rasen vor dem Haus serviert.

Leura Garage MEDITERRAN $$
(☎02-4784 3391; www.leuragarage.com.au; 84 Railway Pde, Leura; Frühstück 9–19 AU$, Gerichte für mehrere Pers. 9–31 AU$, Pizzas 21–29 AU$; ⌚Mo, Do & Fr 11.30–open end, Sa & So 8 Uhr–open end) Ausrangierte Schalldämpfer und stapelweise alte Reifen weisen auf die frühere Funktion dieses äußerst beliebten Lokals am oberen Ende der Leura Mall hin. Die Stimmung ist hipp, der Hauswein süffig und die Gerichte für mehrere Personen wie Pizza mit superleckerem Belag sind sehr großzügig portioniert.

Silk's Brasserie MODERN-AUSTRALISCH $$
(☎02-4784 2534; www.silksleura.com; 128 Leura Mall, Leura; Hauptgerichte mittags 24–39 AU$, Hauptgerichte abends 30–39 AU$; ⌚Mo–Sa 12–14.30 & 18–21 Uhr) In Leuras schon lange bestehendem nettem Diner erwartet Gäste eine herzliche Begrüßung. Bei den Gerichten tut die Küche manchmal des Guten zu viel, dafür sind die Portionen groß und die Aromen gut aufeinander abgestimmt. Freitag- und samstagabends muss man mindestens zwei Gänge bestellen.

Ashcrofts MODERN-AUSTRALISCH $$$
(☎02-4787 8297; www.ashcrofts.com; 18 Govetts Leap Rd, Blackheath; 2/3 Gänge 78/88 AU$; ⌚Do–Sa 18–22, So 12–15 & 18–22 Uhr) Chefköchin Corinne Evatt verwöhnt bereits seit einem Jahrzehnt Einheimische und Besucher mit ihrer aromatischen global inspirierten Küche. Die Weinkarte zählt zu den besten in den Bergen und der Service ist professionell.

Escarpment MODERN-AUSTRALISCH $$$
(☎02-4787 7269; www.escarpmentblackheath.com; 246 Great Western Hwy, Blackheath; Hauptgerichte abends 31–39 AU$, 2-Gänge-Mittagsmenü 37 AU$; ⌚Fr & Mo 18–22, Sa & So 12–15 & 18–22 Uhr) Ansprechende Kunstwerke und eine altmodische Espressomaschine verleihen dem einfachen Bistro Flair. Die Speisekarte ist weder altmodisch noch gewollt ausgefallen, und setzt auf regionale Gerichte und Produkte aus der Region.

Ausgehen & Unterhaltung

Alexandra Hotel KNEIPE
(www.alexandrahotel.com.au; 62 Great Western Hwy, Leura; ⌚Gerichte 12–14 & 17.30–21 Uhr) In der großartigen Kneipe werden montags Billardturniere, mittwochs Pokerabende, freitags Schwulenpartys und samstags Discoevents mit DJ-Musik veranstaltet. Zudem kann man sich im Restaurant (Hauptgerichte 18–27 AU$) oder in der Bar (15–19 AU$) in entspannter Stimmung exzellente Kneipenkost schmecken lassen.

Old City Bank Bar & Brasserie BAR
(Katoomba St, Katoomba; ⌚Mo–Do 7–2, Fr & Sa bis 3 Uhr, So 10–22 Uhr; 📶) Die vom renommierten Carrington Hotel betriebene beliebte Adresse verfügt über eine nette Bar im Erdgeschoss und einen Speisesaal im oberen Stockwerk, in dem Pizzas (15–19 AU$) und Kneipengerichte (Hauptgerichte 19–26 AU$) serviert werden. Freitag- und samstagabends gibt's meist Livemusik.

True to the Bean CAFÉ
(123 Katoomba St, Katoomba; Waffeln 7 AU$; ⌚Mo–Sa 7–17, So 8–16 Uhr) Sydneys Leidenschaft für sortenreinen Kaffee hat mit dieser winzigen Espressobar Einzug in Katoombas Hauptstraße gehalten. Naschkatzen bestellen eine Portion Waffeln mit Ahornsirup und Eis dazu.

Edge Cinema KINO
(www.edgecinema.com.au; 225 Great Western Hwy, Katoomba; Eintrittskarten 16 AU$; ⌚9.30 Uhr–open end) Auf der Großleinwand werden Mainstream-Filme gezeigt. Am Kinodienstag kostet eine Eintrittskarte nur 10 AU$.

Praktische Informationen

Es gibt Visitor Information Centres am Great Western Hwy in **Glenbrook** (☎1300 653 408; www.visitbluemountains.org; Great Western Highway; ⌚Mo–Sa 8.30–16, So 8.30–15 Uhr) und am Echo Point in **Katoomba** (☎1300 653 408; www.visitbluemountains.com.au; Echo Point, Katoomba; ⌚9–17 Uhr). Beide versorgen Traveller mit vielen Infos und buchen Unterkünfte, Touren und Sehenswürdigkeiten.

Die Notaufnahme des **Blue Mountains District Anzac Memorial Hospital** (☎02-4784 6500; www.wsahs.nsw.gov.au/bluemountains/index.htm; Ecke Woodlands Rd & Great Western Hwy, Katoomba; ⌚24-Std.-Notaufnahme) in Katoomba ist rund um die Uhr geöffnet.

Anreise & Unterwegs vor Ort

Auf der Straße geht's von Sydney aus über die Parramatta Rd in die Blue Mountains. In Strathfield wechselt man auf die mautfreie M4. Westlich von Penrith wird diese zum Great Western Hwy, der in alle Orte der Blue-Mountains-Region führt. Die Fahrt aus dem Zentrum von Sydney nach Katoomba dauert etwa eineinhalb Stunden.

Blue Mountains Bus (☎02-4751 1077; www.bmbc.com.au) Regionalbusse fahren von Katoomba zu den Wentworth Falls (Linie 685 & 690K), zur Scenic World (Linie 686), nach Leura (Linie 685 & 690K) und Blackheath (Linie 698). Die Fahrpreise betragen zwischen 2 und 4,30 AU$.

Blue Mountains Explorer Bus (☎1300 300 915; www.explorerbus.com.au; 283 Bathurst Rd, Katoomba; Erw./Kind 38/19 AU$; ⌚9.45–16.54 Uhr) Bietet auf der Rundtour Katoomba/Leura einen Service mit 26 Möglichkeiten zum beliebigen Aus- und Zusteigen. Die Busse fahren vom Bahnhof Katoomba im Abstand von 30 bis 60 Minuten ab.

Blue Mountains ExplorerLink (☎13 15 00; www.cityrail.info/tickets/which/explorerlink; Tageskarte Erw./Kind ab 49,60/24,80 AU$, Dreitageskarte Erw./Kind ab 71,60/35,80 AU$) Die Tickets gelten für die Zugfahrt hin und zurück zwischen Sydney und den Blue Mountains sowie für den Explorer Bus.

CityRail (☎13 15 00; www.cityrail.info) Der Zug fährt von Sydneys Central Station in die Blue Mountains (einfache Strecke Erw./Kind 8,40/4,20 AU$, Nebensaison hin & zurück Erw./Kind 11,60/5,80 AU$, 2 Std., stündl.) und hält unterwegs in den Ortschaften am Great Western Hwy, u. a. in Glenbrook, Faulconbridge, Wentworth Falls, Leura, Katoomba, Medlow Bath, Blackheath, Mt. Victoria, Zig Zag und Lithgow.

Trolley Tours (☎4782 7999; www.trolleytours.com.au; 76 Bathurst Rd, Katoomba; Ticket 25 AU$; ⌚9.45–17.42 Uhr) Recht lieblos als Straßenbahn aufgemachter „Hop-on, Hop-off"-Bus; bedient 29 Haltestellen in Katoomba und Leura.

HUNTER VALLEY

Ein filigranes Netz aus schmalen Landstraßen zieht sich kreuz und quer durch das grüne Tal. Die meisten Besucher sind aber weniger an landschaftlich reizvollen Fahrten interessiert, sondern wollen vor allem eines: schlemmen. Das Hunter Valley ist nämlich ein einziges Fest für Gourmets: Gute Weine, Spezialbiere, Schokolade, Käse, Oliven u. v. m. – Bacchus würde sich hier wahrlich wohlfühlen.

Und da gutes Essen und Wein auch der Libido förderlich sein sollen, ist die Region ein beliebtes Wochenendziel für Pärchen aus Sydney. An jedem Freitag fallen sie ein wie ein Schwarm Heuschrecken in Ralph-Lauren-Poloshirts. Und entsprechend steigen dann auch die Preise.

Das Hunter Valley ist das älteste Weinanbaugebiet Australiens und für seinen Sémillon und Shiraz (Syrah) bekannt. Wein wurde hier erstmals um 1820 angebaut, und bis in die 1860er-Jahre war die Anbaufläche schon auf 20 km² angewachsen. Danach allerdings erlebten die Weingüter einen langsamen, aber andauernden Niedergang, und

ABSTECHER

BELLS LINE OF ROAD

Der Straßenabschnitt zwischen Richmond und Lithgow ist die malerischste Route durch die Blue Mountains und sehr zu empfehlen, wenn man über ein eigenes Fahrzeug verfügt. Von den Kurrajong Heights an den östlichen Flanken des Gebirges bieten sich tolle Ausblicke auf die Küste, rund um Bilpin erstrecken sich Obstplantagen (hauptsächlich Apfelbäume) und auf dem ganzen Weg bis nach Lithgow kann man Sandsteinklippen und Buschlandschaft bewundern.

Auf halber Strecke zwischen Bilpin und Bell liegt der herrliche **Blue Mountains Botanic Garden Mount Tomah** (☎ 02-4567 3000; www.rbgsyd.nsw.gov.au; Bells Line of Road; ⏲ Mo–Fr 9–17.30, Sa & So 9.30–17.30 Uhr) GRATIS, die Abteilung für Pflanzen kühler Klimazonen der Royal Botanic Gardens in Sydney. Neben einheimischen finden sich hier auch exotische Arten, darunter einige prachtvolle Rhododendren. Teile der Parkwege sind barrierefrei ausgebaut.

Will man in Bilpin zu Mittag oder Abend essen, sollte man die **Apple Bar** (☎ 02-4567 0335; www.applebar.com.au; 2488 Bells Line of Road, Bilpin; Pizza 26–29 AU$, Hauptgerichte 30–43 AU$; ⏲ Fr–So 12–15 & 18–22, Mo 12–15 Uhr) ansteuern, die in einer Bretterhütte inmitten der Apfelplantagen von Bilpin untergebracht ist und super Pizzas und Grillgerichte aus dem Holzofen serviert. Wenn dort geschlossen ist, bleibt das charmante Café **Tutti Frutti** (http://tuttifruitti.com.au; 1917 Bells Line of Road, Bilpin; ⏲ Do & Mo 10–16, Fr–So 9.30–17 Uhr), das in einem Rosengarten Devonshire Teas, Kaffee, hausgemachte Kuchen (u. a. einen sensationellen Apfelkuchen) und Eis mit Beeren kredenzt. Die **Bilpin Markets** werden jeden Samstag von 10 bis 12 Uhr im Gemeindesaal abgehalten.

Zur Bells Line of Road gelangt man von Sydney über die Parramatta Rd, dann geht's weiter über die Windsor Rd in nordwestlicher Richtung nach Windsor. Westlich von Richmond geht die Richmond Rd aus Windsor in die Bells Line of Road über. In Kurrajong trifft die Straße auf die State Route 69, die durch die Nationalparks Wollemi und Yengo bis ins Hunter Valley führt.

erst ab 1960 wurde der Weinanbau wieder zu einem wichtigen Wirtschaftszweig. Heute ist das Hunter Valley zwar nicht mehr das Kronjuwel der australischen Weinbranche, bringt aber immer noch einige ausgezeichnete Tropfen hervor.

Und das Hunter Valley hat ein wichtiges Ass im Ärmel: Seine Weingüter verzichten auf Attitüde und heißen Weinkenner und Neulinge gleichermaßen willkommen. Das Personal wird einen nur selten scheel anschauen, wenn man sein Glas etwas zu sehr schwenkt oder nicht kennerisch das Bouquet erschnüffelt. Auch wer sich nur beiläufig für Wein interessiert, sollte sich hier ruhig umschauen: Umgeben von Nationalparks punktet diese reizende Region zudem mit sehr vielen Freizeitmöglichkeiten.

Sehenswertes & Aktivitäten

Die meisten Attraktionen finden sich in dem Gebiet zwischen dem New England Hwy im Norden und der Wollombi/Maitland Rd im Süden. Den Großteil der Weingüter und Restaurants findet man rund um die Broke Rd in **Pokolbin** (694 Ew.). Der wichtigste Ort der Gegend ist **Cessnock** (13 673 Ew.) im Süden. Der Wine Country Dr führt geradewegs von Cessnock nach **Branxton** (1826 Ew.). Für etwas Verwirrung sorgt, dass die zweite Hälfte der Route teilweise Allandale Rd, das obere Ende jedoch Branxton Rd genannt wird.

Im Nordwesten gibt es weitere Weingüter rund um **Broke** und **Singleton**.

Weingüter

Im Tal gibt es über 140 Weingüter, von kleinen Familienbetrieben bis hin zu Großunternehmen. Die meisten bieten kostenlose Verkostungen an, ein paar der schickeren erheben dafür eine kleine Gebühr. Besucher sollten sich bewusst machen, dass die Weingüter diese Weinproben nicht aus reiner Nächstenliebe veranstalten und dass von den Teilnehmern erwartet wird, dass sie zumindest eine Flasche kaufen.

Nachdem man sich eine Ausgabe des kostenlosen *Hunter Valley Visitors Guide* im Information Centre in Pokolbin besorgt hat, legt man sich mithilfe der praktischen Karte eine Route zurecht. Alternativ folgt man einfach seiner Nase, um versteckte, kleine Produzenten aufzuspüren.

Hunter Valley

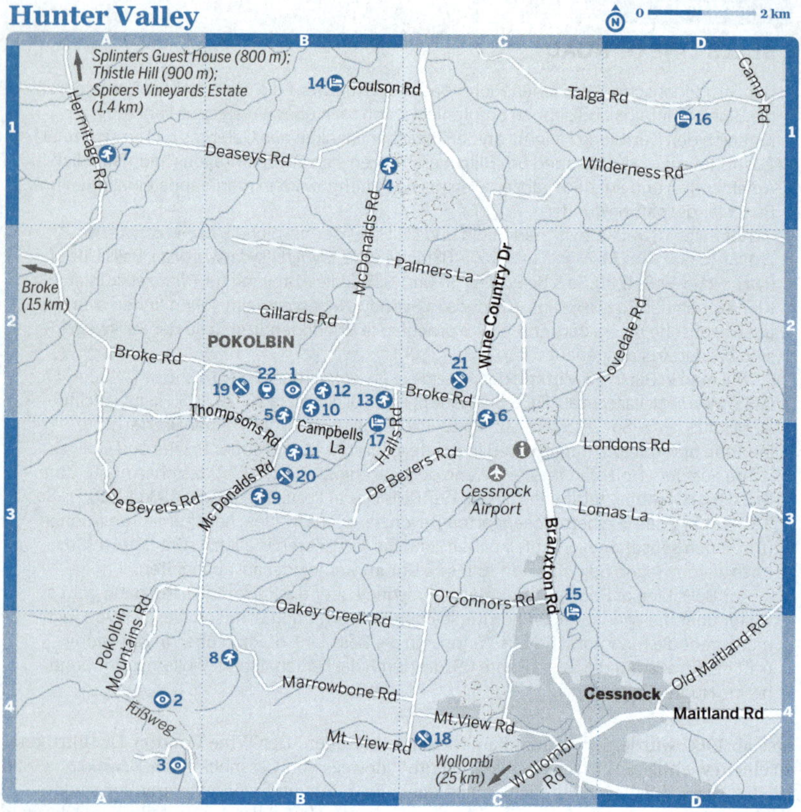

Hunter Valley

Sehenswertes

1 Hunter Valley Gardens ... B2
2 Aussichtspunkt ... A4
3 Mt. Bright Lookout ... A4

Aktivitäten, Kurse & Touren

4 Bimbadgen Estate ... B1
5 Brokenwood ... B2
6 Hungerford Hill ... C2
7 Keith Tulloch Winery ... A1
8 McWilliams Mount Pleasant ... B4
9 Pooles Rock Wines ... B3
10 Small Winemakers Centre ... B2
11 Tamburlaine ... B3
12 Tempus Two ... B2
13 Tower Estate ... B2

Schlafen

14 Buffs at Pokolbin ... B1
15 Hunter Valley YHA ... C3
16 Tonic ... D1
17 Tower Lodge ... B3

Essen

18 Bistro Molines ... C4
19 Café Enzo ... B2
20 Hunter Olive Centre ... B3
Hunter Valley Cheese Company ... (siehe 1)
21 Hunter Valley Chocolate Company im Peterson House ... C2
Hunter Valley Smelly Cheese Shop ... (siehe 12)
Muse Restaurant ... (siehe 6)

Ausgehen & Nachtleben

22 Harrigan's ... B2

Bimbadgen Estate WEINGUT
(☎ 02-4998 4600, Restaurant 02-4998 4666; www.bimbadgen.com.au; 790 McDonalds Rd, Pokolbin; ⊙ So–Do 10–17, Fr & Sa bis 19 Uhr) Das an einem Hügel gelegene Weingut verfügt über ein ausgesprochen gutes Restaurant (Hauptgerichte 32–45 AU$, Nachmittagstee 20 AU$; tgl. mittags & nachmittags, Do–Sa abends) mit Traumausblick über die Weinberge. Zudem gibt es Unterkünfte in zwei Häusern mit Platz für acht bzw. vier Personen. Für weitere Infos kann man sich an das Weingut wenden.

Brokenwood WEINGUT
(www.brokenwood.com.au; 401–427 McDonalds Rd, Pokolbin; ⊙ Mo–Sa 9.30–17, So 10–17 Uhr) Eines der renommiertesten Weingüter des Hunter Valley.

Hungerford Hill WEINGUT
(www.hungerfordhill.com.au; 2450 Broke Rd, Pokolbin; ⊙ So–Do 10–17, Fr & Sa 10–18 Uhr) Dieses Weingut markiert den Beginn der Broke Rd. Dank eines Gebäudes, das einem riesigen Fass mit geöffnetem Deckel gleicht, ist es nicht zu verfehlen. Hier befindet sich auch das viel gelobte Restaurant Muse (S. 154).

Keith Tulloch Winery WEINGUT
(☎ 02-4998 7500; http://keithtullochwine.com.au; Ecke Hermitage & Deasys Rds, Pokolbin; Weinprobe 5 AU$ (wird bei Weinkauf zurückerstattet); ⊙ 10–17 Uhr) Das Weingut verfügt über ein Gourmet-Café (Mi–So 12–15 Uhr) und ein Zwei-Zimmer-Apartment (320–860 AU$/Nacht) für vier Erwachsene.

Macquariedale Estate WEINGUT
(www.macquariedale.com.au; 170 Sweetwater Rd, Rothbury; ⊙ 10–17 Uhr) Ein kleiner Produzent für erlesene und zertifizierte Bioweine. Hier wird auch Knoblauch angebaut.

Margan WEINGUT
(www.margan.com.au; 1238 Millbrodale Rd, Broke; ⊙ 10–17 Uhr) Super Lage, eleganter Verkostungsraum und das tolle Restaurant Margan (S. 154).

McWilliams Mount Pleasant WEINGUT
(www.mountpleasantwines.com.au; 401 Marrowbone Rd, Pokolbin; ⊙ 10–16.30 Uhr) Eines der ältesten (von 1880) und bekanntesten Weingüter des Tals.

Pooles Rock Wines WEINGUT
(www.poolesrock.com.au; DeBeyers Rd, Pokolbin; ⊙ 9.30–17 Uhr) Ein großes Weingut, das die mittelteure Marke Cockfighter's Ghost und eine Reihe weiterer ausgezeichneter Weine hervorbringt.

Small Winemakers Centre WEINVERKAUF
(www.smallwinemakerscentre.com.au; 426 McDonalds Rd, Pokolbin; ⊙ 10–17 Uhr) Verkaufsstelle für die Produkte von sechs kleineren Weingütern; Australian Regional Food Store.

Stonehurst Cedar Creek WEINGUT
(www.cedarcreekcottages.com.au; 1840 Wollombi Rd, Wollombi; ⊙ 10–17 Uhr) Eines von sechs Weingütern im malerischen Wollombi Valley. Das Gut setzt auf ökologischen Weinanbau und bietet auch einfache Unterkünfte in Hütten an.

Tamburlaine WEINGUT
(www.tamburlaine.com.au; 358 McDonalds Rd, Pokolbin; ⊙ 9–17 Uhr) Ein ausgezeichneter Produzent mit dem Schwerpunkt auf nachhaltigem Weinanbau.

Tempus Two WEINGUT
(www.tempustwo.com.au; Ecke McDonalds & Broke Rd, Pokolbin; ⊙ 10–17 Uhr) Das große Weingut ist eine beliebte Anlaufstelle bei Bustouren, deren Teilnehmer in die thailändischen und japanischen Restaurants vor Ort einfallen und sich Leckeres aus dem Smelly Cheese Shop holen.

Tower Estate WEINGUT
(www.towerestatewines.com; Ecke Halls & Broke Rd, Pokolbin; ⊙ 10–17 Uhr) Das von dem verstorbenen Len Evans, einer der bedeutendsten Persönlichkeiten der australischen Weinbranche, gegründete Gut besitzt die meiste Klasse im Hunter Valley und bietet auch die elegantesten Unterkünfte vor Ort.

Wyndham Estate WEINGUT
(☎ 02-4938 3444; www.wyndhamestate.com; 700 Dalwood Rd, Dalwood; ⊙ 9.30–16.30 Uhr) Das 1828 gegründete Weingut in Dalwood nahe Branxton ist für seinen Shiraz bekannt. Zudem ist hier das viel gelobte Olive Tree Restaurant (Frühstücksgerichte 16–24 AU$, Hauptgerichte mittags 32–35 AU$; Sa 12–15 & So 10–15 Uhr) ansässig.

Noch mehr Sehenswertes

Hunter Valley Gardens GARTEN
(www.hvg.com.au; Broke Rd; Erw./Kind/Fam. 25/15/65 AU$; ⊙ 9–17 Uhr) Ja, er erinnert ein bisschen an Disney World. Dieser relativ neue, 24 ha große Park zeigt eindrucksvolle Blumenschauen und Landschaftseindrücke. Hier findet das berühmte **Christmas Lights Spectacular** (⊙ Mitte Nov.–Anfang Jan.) statt,

Australiens allergrößte Weihnachtslichter-Schau.

Abenteuer-Aktivitäten & Geführte Touren

Findet man keinen Freiwilligen, der nüchtern bleiben und fahren will, kann man sich immer noch an die vielen Weintouren halten. Einige Anbieter sammeln ihre Gäste in Sydney oder Newcastle zu einer langen Tagestour ein. Das Personal in den Visitor Centres und die Unterkunftsvermieter sollten in der Lage sein, Touren nach den jeweiligen Bedürfnissen zu buchen.

Aussie Wine Tours WEINTOUR
(☎0402 909 090; www.aussiewinetours.com.au) Bei diesen privaten Touren mit Chauffeur legt man selbst die Reiseroute fest.

Balloon Aloft BALLONFAHRT
(☎1800 028 568, 02-4991 1955; www.balloonaloft.com; Ballonfahrt ab 299 AU$) Heißluftballonfahrten bei Sonnenaufgang über die Weinberge.

Hunter Valley Boutique Wine Tours WEINTOUR
(☎02-4990 8989; www.huntervalleytours.com.au) Touren in kleinen Gruppen. Für einen halben Tag werden 65 AU$ pro Person fällig, für einen ganzen Tag mit Mittagessen zahlt man ab 99 AU$.

Hunter Valley Wine Tasting Tours WEINTOUR
(☎02-9357 5511; www.huntervalleywinetastingtours.com.au) Bei den ganztägigen Touren geht's im Minivan von Sydney (110–153 AU$), Newcastle (80–105 AU$) oder dem Hunter Valley (75–100 AU$) zu fünf Weingütern.

GENUSS MIT MASS

Australiens National Health and Medical Research Council empfiehlt, dass Autofahrer in der ersten Stunde nicht mehr als zwei Standardgetränke und höchstens ein weiteres Standardgetränk pro folgender Stunde zu sich nehmen sollten. Bei Frauen steigt der Alkoholgehalt im Blut schneller an als bei Männern, deswegen sollten sie in der ersten Stunde nur ein Standardgetränk konsumieren. Bei Weinverkostungen werden in der Regel Proben zu 20 ml ausgeschenkt – fünf davon entsprechen einem Standardgetränk.

Hunter Wine Helicopters HUBSCHRAUBERFLUG
(☎02-4991 7352; www.hunterwinehelicopters.com.au; ab 80 AU$/Pers.) Zum Angebot gehören der zehnminütige Flug Vineyard Spectacular (80 AU$), die 15-minütige Brokenback Tour (110 AU$) sowie verschiedene Angebote mit Mittagessen.

Tex Tours WEINTOUR
(☎0410 462 540; www.textours.com.au) Veranstaltet unterhaltsame eintägige Touren zu Weingütern im Hunter Valley (ab 65 AU$, für Backpacker gibt's Rabatte) ab Newcastle und Maitland.

Wine Rover WEINTOUR
(☎02-4990 1699; www.rovercoaches.com.au) Die Busse brechen von Cessnock oder Pokolbin (werktags/Wochenende 45/55 AU$), Branxton (55/65 AU$), Newcastle (60/70 AU$) oder dem Bahnhof von Morisset (55/65 AU$) aus zu einem eintägigen Ausflug zu Weingütern und anderen Attraktionen auf.

Feste & Events

In den warmen Sommermonaten lassen sich bei Konzerten am Wochenende regelmäßig Superstars auf den großen Weingütern blicken. Steht ein besonderes Event an, sind die Unterkünfte schnell im Voraus ausgebucht. Welche Events ihre Schatten vorauswerfen, erfährt man unter www.winecountry.com.au.

A Day on the Green MUSIK
(www.adayonthegreen.com.au) Im Sommer auf dem Gelände des Bimbadgen Estate.

Lovedale Long Lunch ESSEN
(www.lovedalelonglunch.com.au) Sieben Weingüter und Chefköche kredenzen im Mai großzügig portionierte Mittagsgerichte, dazu gibt's Musik und Kunst.

Hunter Valley Wine & Food Month WEIN, ESSEN
(www.huntervalleyuncorked.com.au/hunter-valley-food-and-wine) Im Juni.

Jazz in the Vines JAZZ
(www.jazzinthevines.com.au) Findet im Oktober bei Tyrrell's Vineyard statt.

Opera in the Vineyards OPER
(www.4di.com.au) Im Oktober auf dem Gelände des Wyndham Estate.

Schlafen

Am Freitag- und Samstagabend explodieren die Preise geradezu, und vielerorts gilt ein

Mindestaufenthalt von zwei Nächten. In vielen Unterkünften sind Kinder nicht willkommen.

Hunter Valley YHA HOSTEL $

(02-4991 3278; www.yha.com.au; 100 Wine Country Dr, Nulkaba; Wohnmobilstellplatz ohne Strom 15 AU$, B 27–34 AU$, DZ mit Bad 86–95 AU$, DZ ohne Bad 74–82 AU$;) Im Februar ist das in einem Weingut untergebrachte familiengeführte Hostel voller Gäste, die in ihren Ferien bei der Weinlese helfen. Am Ende eines langen Tages sorgen ein Pool, eine Sauna, saubere Anlagen und geselliges Flair in der Gemeinschaftsküche und rund um den Grillplatz und den Pizzaofen unter freiem Himmel für Entspannung, zudem werden am Wochenende beliebte Weintouren (45 AU$) angeboten. Negativ ins Gewicht fällt der Umstand, dass es in den Zimmern manchmal schrecklich heiß ist. Nach telefonischer Vereinbarung holt das Personal Gäste am Busbahnhof in Cessnock ab.

★ Thistle Hill PENSION $$

(02-6574 7217; www.thill.com.au; 591 Hermitage Rd, Pokolbin; DZ So–Do 200 AU$, Fr & Sa 270 AU$, Cottage So–Do 210 AU$, Fr & Sa 520 AU$;) Die idyllische, 10 ha große Anlage von Peter und Carol verfügt über Rosengärten, Limettenbäume, einen Weinberg, ein Selbstversorger-Cottage für bis zu fünf Personen und eine luxuriöse Pension mit sechs Zimmern, die eigene Bäder haben. Die Unterkünfte und Aufenthaltsbereiche sind im eleganten provenzalischen Stil gehalten, und es gibt einen großartigen Pavillon mit Pool, Lounge und Frühstücksraum.

Buffs at Pokolbin HÜTTEN $$

(02-4998 7636; www.buffsatpokolbin.com.au; 47 Coulson Rd, Pokolbin; Hütte mit 1 Schlafzi. werktags/ Wochenende 150/225 AU$, mit 2 Schlafzi. werktags 180–240 AU$, Wochenende 280–320 AU$;) Die vier makellos sauberen, frei stehenden Hütten befinden sich auf einem beschaulichen, 40 ha großen Grundstück, auf dem Kängurus unter den Eukalyptusbäumen herumspringen und vom Damm kühle Brisen herüberwehen. Die Hütten sind komfortabel und preislich scharf kalkuliert. Eine fantastische Wahl für Familien und Paare!

Splinters Guest House B&B $$

(02-6574 7118; http://splinters.com.au; 617 Hermitage Rd, Pokolbin; DZ 180–220 AU$, Apt. 240–280 AU$;) Die gesellige Besitzerin Bobby Jory führt ihr B&B mit viel Elan, gibt gerne Auskünfte über die Region und verwöhnt ihre Gäste mit Gourmetfrühstück, Portwein und Schokolade auf dem Zimmer sowie Wein- und Käsesnacks auf der Terrasse nach einem langen Tag auf den Weingütern. Zur Auswahl stehen drei schicke B&B-Doppelzimmer mit gemütlichen Betten und zwei rustikale Cottages für Selbstversorger.

Tower Lodge LUXUSHOTEL $$$

(02-4998 7022; www.towerestatewines.com/ tower-lodge; Halls Rd, Pokolbin; DZ werktags/ Wochenende ab 450/650 AU$;) Das Weingut-Hotel verfügt über zwölf luxuriöse Zimmer, die mit Antiquitäten und Kunstwerken geschmückt sind. Nach einer Tour durch das Tal kann man in der wunderbaren Lounge einen kostenlosen Nachmittagstee oder Aperitif genießen, bevor man in dem hauseigenen Roberts Restaurant (Hauptgerichte mittags 25–45 AU$, abends 42–65 AU$) zu Abend speist.

Spicers Vineyards Estate RESORT $$$

(1300 192 868; www.spicersgroup.com.au; 555 Hermitage Rd, Pokolbin; Suite 395–495 AU$;) Das Spicers bezeichnet sich als „das ultimativ intime einzigartige Weingut" und bietet acht moderne Suiten mit breiten Doppelbetten, einer Lounge mit offenem Kamin und einem Bad mit Whirlpool. Zur Anlage gehören auch das exzellente Restaurant Botanica (Mi–So abends, Sa & So mittags, 2/3 Gänge 65/75 AU$), ein Pool mit Wellnessbereich, ein Tennisplatz und ein 9-Loch-Golfplatz.

Tonic BOUTIQUEHOTEL $$$

(02-4930 9999; www.tonichotel.com.au; 251 Talga Rd, Lovedale; DZ inkl. Frühstück 425 AU$, Apt. 850 AU$;) Stilbewusste Sydneysider lieben dieses Boutiquehotel mit sechs Doppelzimmern und einem Zwei-Zimmer-Apartment. Sie sind bewusst schnörkellos gehalten: polierte Betonböden, bunte Farben, modernes Mobiliar. Gäste können mit bereitgestellten Zutaten Frühstück zubereiten.

Essen

Werktags sind Reservierungen ratsam, am Wochenende auf jeden Fall unumgänglich. Schnäppchenpreise sind Mangelware – ist das Reisebudget klein, sollte man auf einen Restaurantbesuch verzichten.

An viele Weingüter sind Restaurants angeschlossen; entsprechende Empfehlungen finden sich im Abschnitt „Weingüter".

Café Enzo CAFÉ $$

(www.enzohuntervalley.com.au; Peppers Creek, Ecke Broke & Ekerts Rds, Pokolbin; Frühstücksgerichte 9–23 AU$, Hauptgerichte mittags 18–36 AU$; ⌚Mo–Mi 9–16, Sa & So bis 17 Uhr) Das beliebte Lokal im Pepper Creek Village kredenzt großzügige Portionen rustikaler Gerichte, die sich im Winter an einem der Tische am Kamin und im Sommer am besten im Garten genießen lassen. Gleich nebenan gibt es einen verführerischen Feinkostladen.

★ Margan MODERN-AUSTRALISCH **$$$**
(☎02-6579 1372; www.margan.com.au; 1238 Milbrodale Rd, Broke; Frühstücksgerichte 12–18 AU$, Hauptgerichte mittags 36–38 AU$, 2-/4-/5-Gänge-Probiermenü 65/80/95 AU$; ⌚Fr & Sa 12–15 & 18–21.30, So 9–11 & 12–15 Uhr) Bei der Auswahl an verführerischen Gerichten in diesem Winzerrestaurant kann man mächtig über die Stränge schlagen! Viele der Zutaten stammen aus dem restauranteigenen Garten, der Rest wird – wenn möglich – von Anbietern aus der Region bezogen. Wer hier speist, hat Ausblick über die Weinberge auf die Brokenback Range.

Bistro Molines FRANZÖSISCH **$$$**
(☎02-4990 9553; www.bistromolines.com.au; 749 Mt View Rd, Mt. View; Hauptgerichte 35–41 AU$; ⌚Do & Mo 12–15, Fr & Sa 12–15 & 19–21 Uhr) Das französische Restaurant im Weingut Tallavera Grove hat eine großartige saisonale Speisenauswahl, die fast so eindrucksvoll ist wie der Ausblick in die Weinberge.

Muse Restaurant MODERN-AUSTRALISCH **$$$**
(☎02-4998 6777; www.musedining.com.au; Hungerford Hill Vineyard, 1 Broke Rd, Pokolbin; Hauptgerichte mittags 26–36 AU$, 2-/3-Gänge-Abendmenü 75/95 AU$, 5-Gänge-Probiermenü 110 AU$; ⌚Mi–Sa 10–17 & 18.30–22, So 10–17 Uhr) Das Muse fungiert tagsüber als kultiviertes Café und abends als gehobenes Restaurant. Die Auswahl reicht von mittelmäßiger Kost bis zu kreativ-exotischer Küche. Sydneys Gourmets lieben den Laden – für uns verspricht er mehr, als er hält.

Feinkost

Hunter Olive Centre OLIVEN
(www.pokolbinestate.com.au; 298 McDonalds Rd, Pokolbin Estate Vineyard; ⌚10–17 Uhr) Verkauft Oliven, Öl, Tapenade, *dukkah* (eine Mischung aus gemahlenen Nüssen und Gewürzen), Marmelade, Chutney und Lavendelprodukte.

Hunter Valley Cheese Company KÄSE
(www.huntervalleycheese.com.au; McGuigans Winery, 447 McDonalds Rd; ⌚9–17.30 Uhr) Das engagierte Personal plaudert sehr gern über Käsespezialitäten, insbesondere während des täglichen „Cheese Talk“ um 11 und 15 Uhr. Das Käsesortiment ist bemerkenswert.

Hunter Valley Chocolate Company im Peterson House SCHOKOLADE
(www.hvchocolate.com.au; Peterson House, Ecke Broke & Branxton Rds, Pokolbin; ⌚9–17 Uhr) In einer Fabrik in Lovedale werden Schokolade, Süßwaren und andere Leckereien hergestellt und dort, hier und in einem Geschäft in den Hunter Valley Gardens verkauft.

Hunter Valley Smelly Cheese Shop FEINKOST
(www.huntervalleysmellycheeseshop.com.au; Tempus Two Winery, 2144 Broke Rd, Pokolbin; ⌚9–17.30 Uhr) Der sehr beliebte Laden ist vollgepackt mit Produkten regionaler und anderer Anbieter. Im klimatisierten Käseraum stapeln sich die Köstlichkeiten, außerdem gibt's hier Brot, Relishes, Fleisch und Oliven – kurz: alles für ein Picknick im Wine Country. Eine Filiale befindet sich in Pokolbin Village, 2188 Broke Rd.

Ausgehen

Wollombi Tavern KNEIPE
(www.wollombitavern.com.au; Old North Rd, Wollombi; ⌚10 Uhr–open end) Die strategisch günstig an der Kreuzung in Wollombi gelegene fabelhafte kleine Kneipe ist der Stammsitz von Dr. Jurd's Jungle Juice, einem gefährlichen Gebräu aus Portwein, Brandy und Wein. Weniger Wagemutige – oder sollte man sagen: Durchgeknallte? – können sich auch für ein Glas eines ausgezeichneten Weines aus der Region entscheiden, z. B. einen Chambourcin von Stonehurst oder einen Sémillon oder Shiraz von Undercliff. An den Wochenenden machen hier gerne Motorradfahrer Rast (aber zum Glück nicht die von der bedrohlichen Sorte).

Harrigan's KNEIPE
(Broke Rd, Polkobin) Ein gemütlicher irischer Pub mit Beef-und-Guinness-Pasteten auf der Karte, Livebands an den meisten Wochenenden und viel Gelegenheit, das Tanzbein zu schwingen.

Praktische Informationen

Hunter Valley Visitor Information Centre
(☎02-4990 0900; www.winecountry.com.au; 455 Wine Country Dr, Pokolbin; ⌚Mo–Sa 9–17, So bis 16 Uhr) Das Besucherzentrum hält jede Menge Broschüren sowie Informationen zu Unterkünften, Attraktionen und Restaurants im Hunter Valley bereit.

An- & Weiterreise

Wenn man von Sydney aus mit dem Auto herkommt, ist es eine Überlegung wert, von der M1 die Ausfahrt Peats Ridge Rd Richtung Norden zu nehmen und dann über die von Sträflingen gebaute Great North Rd in das charmante Kolonialstädtchen Wollombi und von dort weiter entweder nordwärts nach Broke oder ostwärts nach Cessnock über die Wollombi Rd zu fahren. Pokolbin erreicht man über beide Routen.

CityRail betreibt von Newcastle aus eine Zuglinie durch das Hunter Valley (Erw./Kind 6,60/3,30 AU$, 55 Min.); einfach in Morisset in einen der Rover Coaches nach Cessnock (Erw./Kind 4,50/2,20 AU$, 50 Min.) umsteigen! Züge aus Sydney (Erw./Kind 8,40/4,20 AU$, 3¾ Std.) halten ebenfalls in Morisset.

Rover Coaches (☎ 02-4990 1699; www.rovercoaches.com.au) verkehrt regelmäßig zwischen Cessnock und Newcastle (4,50 AU$, 1½ Std.). **Hunter Valley Day Tours** (☎ 02-4951 4574; www.huntervalleydaytours.com.au) betreibt einen Shuttledienst zwischen dem Newcastle Airport und den Hotels im Hunter Valley (125 AU$ für 1–2 Pers.).

Unterwegs vor Ort

Die Gegend ohne Auto zu erkunden, ist nicht ganz unproblematisch. Das YHA-Hostel vermietet Fahrräder (22 AU$/Tag), ebenso wie **Grapemobile** (☎ 02-4998 7660, 0418 404 039; www.grapemobile.com.au; Pokolbin Brothers Wines, Ecke Palmers Lane & McDonalds Rd, Pokolbin; 25 AU$/Tag) und **Hunter Valley Cycling** (☎ 0418 281 480; www.huntervalleycycling.com.au; Tandem 50 AU$/Tag, Mountainbike 45 AU$/2 Tage).

Der **Vineyard Shuttle** (☎ 02-4991 3655; www.huntervalleyclassiccarriages.com.au) fährt zu den verschiedenen Restaurants.

NEWCASTLE

308 308 EW.

Sydney mag mit Glanz und Glamour prunken, die zweitgrößte Stadt im Bundesstaat punktet hingegen mit bodenständigem rauem Charme. In Newcastle gehen die Leute schon mal barfuß einkaufen, in der Mittagspause surfen und kommen in den Bars schnell mit dem Nebenmann ins Gespräch.

Die lockere, unbekümmerte Haltung hat mit der wilden Vergangenheit der Stadt zu tun, die von Sträflingen und Bergarbeitern geprägt war. Bis heute ist Newcastle der weltweit größte Exporthafen für Kohle und hat zudem eine bekannte florierende Kneipen- und Surfkultur.

Sehenswertes

Museen, Galerien & historische Stätten

Newcastle Regional Museum MUSEUM

(☎ 02-4974 1400; www.newcastlemuseum.com.au; Workshop Way, Honeysuckle Precinct; ⏲ Di–So 10–17 Uhr) GRATIS Das im Mai 2011 mit viel Tamtam eröffnete Museum ist in den restaurierten Honeysuckle Rail Workshops im Ufergebiet untergebracht und widmet sich der Geschichte und dem industriellen Erbe der Stadt. Die Exponate richten sich vor allem an Schulkinder.

Newcastle Art Gallery KUNSTGALERIE

(☎ 02-4974 5100; www.nag.org.au; Ecke Laman & Darby St; ⏲ Di–So 10–17 Uhr; kostenlose Führungen Sa & So 11 Uhr) GRATIS Die wichtigste kulturelle Einrichtung der Stadt hat ein ausgesprochen hässliches, monströses Gebäude bezogen, das während unseres Besuchs gerade umfassend renoviert wurde. Zu sehen sind eine kleine Dauerausstellung von australischen Werken (besonders interessant sind die Bilder von John Brack, Charles Blackman, Fred Williams und Euan Macleod sowie die Stücke der wachsenden Sammlung indigener Kunst) und Sonderausstellungen.

Fort Scratchley HISTORISCHE STÄTTE

(☎ 02-4974 5033; www.fortscratchley.com.au; Nobby's Rd; Eintritt auf die Plattform frei, Führung durch die Anlage & Tunnels Erw./Kind 15/7,50 AU$; ⏲ Mi–Mo 10–16 Uhr, letzte Führung 14.30 Uhr) Das kürzlich restaurierte Fort thront hoch über Newcastle Harbour und wurde während des Krimkriegs errichtet, um die Stadt vor einer möglichen Invasion zu schützen. Im Zweiten

NOBBY'S HEAD

Die Landzunge am Eingang von Newcastles Hafen war ursprünglich eine Insel – 1770 beschrieb Cook sie als „kleinen Inselklumpen nahe der Küste". Dann wurde sie durch einen Wellenbrecher aus Stein mit dem Festland verbunden, der zwischen 1818 und 1846 von Strafgefangenen errichtet wurde. Viele von ihnen verloren dabei im stürmischem Meer ihr Leben. Ein Spaziergang entlang der Sandbank zu dem historischen **Leuchtturm** (Dez.–März So 10–16 Uhr) und der Wetterstation ist ein großartiges Erlebnis: Die Wellen dröhnen einem in den Ohren! Allerdings muss man sich gegen die vielen Jogger behaupten.

Newcastle

0
400 m
Nobbys Beach
Nobby's Head (1,2 km)
Wharf Rd
Nobbys Rd
Parnell Pl
Stevenson Pl
Scott St
Bond St
Shortland Esp
Newcastle Beach
Pacific St
Ocean St
Hunter St
Watt St
Bolton St
Newcomen St
Hunter St Mall
King St
Church St
Tyrrell St
Wolfe St
Perkins St
Brown St
Stockton (500 m)
Queens Wharf Tower
Stockton-Fähre
Newcastle
Port Hunter
HONEYSUCKLE PRECINCT
Merewether St
Darby St
Kitchener Pde
High St
Reserve Rd
Obelisk
King Edward Park
Bather's Way
Susan Gilmore Beach (1 km);
Bar Beach (1,5 km);
Merewether Surfhouse (3 km);
Merewether Beach (3 km)
SÜD-PAZIFIK
Newcastle Harbour
Lee Wharf
Lee Wharf Rd
Honeysuckle Dr
Civic
Civic Park
Laman St
Backpackers Newcastle (1,6 km);
3 Bean Espresso (2,3 km);
Boulevard on Beaumont (2,3 km);
Hamilton Heritage B&B (2,9 km)
COOKS HILL
Council St
Bull St
Bruce St
Dawson St
Darby St
Nesca Pde
Brooks St
Centennial Park
1
2
3
4
5
6
7
8
9
10
11
12
13
14
15
16
17
18
A
B
C
D
E
F
G

Newcastle

Sehenswertes
- 1 Fort Scratchley ... G1
- 2 Lock Up ... E2
- 3 Maritime Centre ... B1
- 4 Newcastle Art Gallery ... B2
- 5 Newcastle Regional Museum ... B1

Aktivitäten, Kurse & Touren
- 6 Bogey Hole ... D4
- 7 Ocean Baths ... G2

Schlafen
- 8 Backpackers by the Beach ... E2
- 9 Crowne Plaza ... B1
- 10 Newcastle Beach YHA ... E2

Essen
- 11 Bacchus ... C2
- 12 Bocados ... E2
- 13 Estabar ... F2
- 14 Restaurant Mason ... E2
- 15 Sprout Dining ... A1

Unterhaltung
- 16 Brewery ... D1
- 17 Honeysuckle Hotel ... A1
- 18 MJ Finnegans ... B2

Weltkrieg war dies eine der wenigen australischen Artilleriestellungen mit ernsthafter Bedeutung: Am 8. Juni 1942 tauchte ein japanisches U-Boot auf und nahm die Stadt unter Granatfeuer. Fort Scratchley erwiderte den Beschuss und setzte der Bedrohung mit vier Salven ein Ende. Einzelheiten über diesen Angriff erfährt man bei der Führung durch das Fort und die Tunnel.

Lock Up KULTURZENTRUM
(☎02-4925 2265; www.thelockup.info; 90 Hunter St; ⏲Mi–So 10–16 Uhr) GRATIS Heute sind Künstlerstipendiaten und nicht mehr Gefangene die Insassen der Polizeiwache von 1861. Vor Ort gibt es eine Galerie, Künstlerateliers und ein kleines Justizmuseum.

Maritime Centre MUSEUM
(☎02-4929 2588; www.maritimecentrenewcastle.org.au; 3 Honeysuckle Dr, Lee Wharf; Erw./Kind 10/5 AU$; ⏲Di–So 10–16 Uhr) Das Museum in einem restaurierten Werftgebäude am Ufer ist Newcastles nautischer Vergangenheit und seinem Hafen gewidmet, der noch immer in Betrieb ist, .

Naturschutzgebiete

Blackbutt Reserve NATURSCHUTZGEBIET
(☎02-4904 3344; www.newcastle.nsw.gov.au/recreation/blackbutt_reserve; Carnley Ave, Kotara; ⏲9–17 Uhr) GRATIS Das von der Stadt verwaltete Naturschutzgebiet umfasst einen Streifen Buschland mit vielen Wanderwegen und Picknickplätzen. Hier leben u.a. Koalas, Kängurus, Wallabys und Wombats sowie unzählige, lärmende Vögel. Mit den Bussen 224 oder 317 gelangt man zum Parkrand (30 Min.); von dort ist es 1 km zum Eingang.

Hunter Wetlands Centre NATURSCHUTZGEBIET
(☎02-4951 6466; www.wetlands.org.au; 412 Sandgate Rd, Shortland; Erw./Kind 10/5 AU$; ⏲9–16 Uhr) In dem sumpfigen Wunderland leben über 200 Vogel- und Tierarten. Man kann das Gebiet per Kanu (14,90 AU$/2 Std.) erkunden oder ein Netz ins Wasser tunken und sich den Inhalt unter einem Vergrößerungsglas anschauen. Unbedingt an Insektenschutzmittel denken, wenn man nicht auf schmerzhafte Weise Teil des Ökosystems werden möchte! Um hin zu kommen, den Pacific Hwy Richtung Maitland nehmen und am Friedhof links abbiegen! Alternativ nimmt man vom Bahnhof den Bus 106 oder 107 (40 Min.) und steigt an der King St aus.

Aktivitäten

Schwimmen & Surfen

Am **Newcastle Beach** (östliches Stadtende) kommen Schwimmer und Surfer auf ihre Kosten. Wer übergroße Angst vor Haien hat, ist in den **Meereswasserbecken** aus Beton gut aufgehoben, die in eine wunderbar farbenfrohe Architektur von 1922 eingebettet sind. Für Kleinkinder gibt es auch ein flaches Becken. Die attraktive Kulisse bilden hohe Meereswellen und vorbeituckernde Frachter. Surfer sollten sich zum **Nobby's Beach** gleich nördlich des Schwimmbads aufmachen – am nördlichen Ende dieses Strandes läuft der Wedge auf, ein schneller Left-Hand-Break.

Südlich vom Newcastle Beach befindet sich unterhalb vom King Edward Park Australiens ältestes Meerwasserbecken, das von Sträflingen gebaute **Bogey Hole**. Hier kann man schön herumplanschen, während die Brandung über den Rand hineinklatscht.

Die bei Surfern beliebteste Brandung gibt's am **Bar Beach**, 1 km weiter südlich. Kraxelt man über die Felsen am Nordende, gelangt man zum oft nur bei Ebbe zugänglichen **Susan Gilmour Beach**, wo man (inoffiziell) auch ohne Bikini oder Badehose ins Wasser hüpfen kann. Im Meerwasserbecken am nahen **Merewether Beach** wird die winterliche Badesaison mit Eisblöcken eingeleitet, die ins Wasser gekippt werden, damit die unerschrockenen Freaks des Merewether Mackerels Winter Swimming Club ihre Show abziehen können. Aus dem zentralen Geschäftsviertel fahren häufig städtische Busse südwärts bis zum Bar Beach, aber nur die Busse 201, 225 und 310 fahren weiter bis Merewether.

Das **Surfest** (www.surfest.com) ist das berühmte Surferfest der Stadt und findet alljährlich im Februar oder März statt.

Wander- & Radtouren

Im Visitor Centre gibt es viele Broschüren mit Vorschlägen für thematische Spaziergänge und Fahrradtouren in Eigenregie durch die Stadt. Dazu zählt der **Bather's Way**, der den Nobby's und den Merewether Beach miteinander verbindet; auf dem Weg informieren Schilder über die Geschichte der Aborigines und der Sträflinge sowie über die Natur. Der **Newcastle East Heritage Walk** wiederum führt zu Highlights aus der Kolonialzeit im Zentrum.

Die ebenfalls im Visitor Centre erhältliche Broschüre *Newcastle By Design* beschreibt einen kurzen Spaziergang bei der Hunter St, bei der man einige der interessanten Gebäude der Innenstadt zu sehen bekommt.

Schlafen

Newcastle hat eine aufstrebende Backpacker-Szene, die mit jeder Menge Partys in den Kneipen im Zentrum, z.B. im Great Northern und im Brewery, einhergeht. Unglaublich, aber wahr: Die Lieblingsbeschäftigung dienstagabends ist Bingo im Grand Hotel.

Newcastle Beach YHA HOSTEL **$**
(☎02-4925 3544; www.yha.com.au; 30 Pacific St, Newcastle East; B/EZ/DZ/FZ 35/59/85 AU$; @ 📶) Das denkmalgeschützte Gebäude liegt nicht weit vom Newcastle Beach entfernt. Von innen erinnert es mit seinen offenen Räumen und hohen Decken an eine englische Schule (allerdings ohne demütigende Aufnahmerituale). Es gibt einen tollen Aufenthaltsraum mit Billardtisch und großem TV, moderne Einrichtungen wie Klimaanlage, Ventilatoren oder effiziente Heizung sind hingegen Fehlanzeige. Gäste können kostenlos Bodyboards ausleihen.

Backpackers by the Beach HOSTEL **$**
(☎02-4926 3472, 1800 008 972; www.backpackersbythebeach.com.au; 34 Hunter St, Newcastle East; B 34 AU$, DZ ohne Bad 78 AU$) Das kleine Hostel nahe dem Hauptstrand ist schnörkellos gestaltet. Gäste wohnen in kleinen Schlafsälen oder Zimmern, waschen sich in sauberen Bädern, kochen in der Gemeinschaftsküche und genießen die freundliche Atmosphäre. Es gibt einen kostenlosen Bodyboard- und Surfbrettverleih sowie Tee und Kaffee.

Backpackers Newcastle HOSTEL **$**
(☎1800 33 34 36, 02-4969 3436; www.backpackersnewcastle.com.au; 42–44 Denison St, Hamilton; B 29 AU$, DZ 70 AU$, DZ ohne Bad 55 AU$; @ 🏊) Das ungünstig in einem Vorort gelegene Hostel (bei unserem Besuch setzten sich Anwohner für dessen Schließung ein) ist ziemlich heruntergekommen. Es nimmt zwei Häuser ein und bietet u.a. einen kleinen Pool, einen Hof mit Hängematten, eine einfache Gemeinschaftsküche sowie Tischtennis- und Billardtische. Minuspunkte gibt's für die Entfernung zum Strand und das Fehlen von Schließfächern und WLAN.

Stockton Beach Holiday Park CAMPING **$**
(☎02-4928 1393; www.stocktonbeach.com; 3 Pitt St, Stockton; Stellplatz ohne Strom 28–44 AU$, Stellplatz mit Strom 33–55 AU$, Hütte DZ 130–203 AU$, Villa DZ 145–250 AU$; @ 📶) Verlässt man in dieser Campinganlage hinter den Dünen in Stockton sein Zelt oder sein Wohnmobil, steht man quasi im Meer. Es gibt Grillplätze, eine einfache Küche, Kinderspielplätze, eine voll ausgestattete Waschküche sowie kostenloses WLAN und Internet. Die Hütten und klimatisierten Villen sind frisch renoviert und bieten u.a. Küchen und Fernseher mit DVD-Playern.

Hamilton Heritage B&B B&B **$$**
(☎02-4961 1242; www.accommodationinnewcastle.com.au; 178 Denison St, Hamilton; EZ 95 AU$, DZ 145–170 AU$, FZ 170–320 AU$; ❄ 📶) In dem Gebäude aus der Föderationszeit nahe der von Cafés gesäumten Beaumont St dominieren dekotechnisch Blumen und Rüschen. Die drei Zimmer (2 DZ & 1 FZ f. max. 5 Pers.) verfügen über altmodische Privatbäder, Kühlschränke sowie Tee- und Kaffeekocher, zudem gibt es einen Aufenthaltsraum mit Fernseher, eine Gästeküche und einen Grillplatz. Haustiere sind willkommen.

Boulevard on Beaumont APARTMENT **$$**
(☎02-4940 0088; www.boulevardonbeaumont.com.au; 131 Beaumont St, Hamilton; Studio 159–179 AU$, 2-B-Apt. 189–210 AU$; P ❄ 📶) Die Apartments in einem geschäftigen Vorort

von Hamilton nördlich des Stadtzentrums verfügen über eine Waschmaschine, einen Trockner, eine Küche mit Geschirrspülmaschine und einen Lounge-/Essbereich. Beworben werden sie als Boutiqueunterkünfte, was sie definitiv nicht sind, aber immerhin sind sie sauber, komfortabel und für einen fairen Preis zu haben.

Crowne Plaza HOTEL **$$$**
(☎ 02-4907 5000; www.crowneplaza.com.au/newcastle; Ecke Merewether St & Wharf Rd, Newcastle; Zi. 185–355 AU$; P ❄ @ ☎ ≋) Das große beigefarbene, moderne Hotel am Ufer ist die mit Abstand beste Unterkunft der Stadt. Der Service ist exzellent und der Pool ein großes Plus. Das Frühstück kostet 20 bis 33 AU$.

Essen

Die meisten Cafés findet man an der Darby St in Cooks Hill; die dortigen Restaurants sind jedoch wenig überzeugend. Dasselbe gilt für die recht schäbigen Läden an der Honeysuckle Wharf und am Ufer. Der **Newcastle City Farmers Market** (www.newcastlecityfarmersmarket.com.au) findet fast an jedem Sonntag von 8 bis 13 Uhr im Newcastle Showground in der Griffiths Rd, Broadmeadows, statt.

Estabar CAFÉ **$**
(61 Shortland Esplanade, Newcastle East; Frühstücksgerichte 6–15 AU$, leichtes Mittagessen 15 AU$; ⏲ 6.30–18 Uhr) In dem betriebsamen Café kann man mit einem Frühstück mit Blick auf den Newcastle Beach in den Tag starten. Der Toast aus Sauerteig wird mit hausgemachter Marmelade aus saisontypischen Früchten serviert, und viele der Gerichte werden aus regionalen Bioprodukten hergestellt. Auf der Tafel sind Tagesangebote angeschrieben. Es gibt auch Eis.

3 Bean Espresso CAFÉ **$**
(103 Tudor St, Hamilton; Frühstück 7–16 AU$, Hauptgerichte mittags 18–21 AU$; ⏲ Mo–Fr 6.15–17, Sa bis 15 Uhr) 🍃 Die Stadtbewohner steuern am Wochenende gerne Frühstückslokale an, wobei dieses lebendige Café zu ihren Lieblingsadressen zählt. Besonders populär sind die verschiedenen Eierspeisen, doch auch der Kaffee und der fruchtige Eistee sind gut. Der Eingang befindet sich bei der Beaumont St.

Bocados SPANISCH **$$**
(☎ 02-4925 2801; www.bocados.com.au; 25 King St, Newcastle East; Tapas 7–20 AU$, Raciones 17–33 AU$; ⏲ Di 18 Uhr–open end, Mi–Sa 12–15 & 18 Uhr–open end, So 17 Uhr–open end) Nur einen Katzensprung vom Newcastle Beach entfernt serviert das Bocado von der iberischen Halbinsel inspirierte Tapas und *raciones* (größere Tapasportionen). Auf der Karte finden sich viele spanische Weine, wer möchte, kann dienstags und mittwochs zudem seine eigenen alkoholischen Getränke mitbringen (Korkgebühr 7 AU$/Flasche).

Restaurant Mason MODERN-AUSTRALISCH **$$**
(☎ 02-4926 1014; www.restaurantmason.com; 3/35 Hunter St, Newcastle; Hauptgerichte 27–34 AU$; ⏲ Di–Do 12–15.30 & 18 Uhr–open end, Fr 8–11.30 & 12 Uhr–open end, Sa 8–11.30 & 18 Uhr–open end, So 8–11.30 & 12–15 Uhr) Newcastles Mall ist nicht gerade hübsch, dafür entschädigt jedoch dieses luftige Strandrestaurant am Ende der Straße. Diniert wird draußen an Tischen unter Platanen und im offenen Hauptspeisebereich mit legerem Sommerflair. Die einfachen Gerichte werden als ganze und halbe Portionen serviert und setzen ganz auf farbenfrohe frische Zutaten aus der Region.

Das **Café Mason** nebenan bietet eine günstigere, aber ebenso sättigende Auswahl, zu der hausgemachtes Gebäck, Pasteten, Quiches und exzellenter Kaffee zählen, und ist täglich morgens und mittags geöffnet.

Merewether Surfhouse MODERN-AUSTRALISCH **$$**
(☎ 02-4918 0000; www.surfhouse.com.au; Henderson Pde, Merewether; Restaurant Hauptgerichte 29–40 AU$, Pizza in der Bar 19 AU$, Cafégerichte 13–20 AU$, Frühstücksgerichte 7–20 AU$; ⏲ Café 7–15 Uhr, Restaurant Di–So 12–15 & 18–21 Uhr, Terrassenbar 11.30 Uhr–open end) Von dem neuen architektonisch eindrucksvollen Komplex hat man einen tollen Blick auf den Trubel am Merewether Beach. Zur Auswahl stehen Pizzas in der Terrassenbar im Obergeschoss, gehobene modern-australische Küche im angrenzenden Restaurant, Frühstück und Fish & Chips im Café an der Strandpromenade sowie ein Eis am Kiosk. Die Aussicht ist toll – auch ein Drink in der Bar oder ein Heißgetränk im Café lohnt sich!

Sprout Dining MODERN-MEDITERRAN **$$**
(☎ 02-4023 3565; http://sproutcatering.com.au; 1/2 Honeysuckle Drive, Newcastle; Hauptgerichte 32 AU$; ⏲ Mi 18–21, Do–Sa 12–14 & 18–21, So 12–14 Uhr) Das leger-elegante Bistro gegenüber dem Maritime Museum an der Honeysuckle Wharf kredenzt wöchentlich wechselnde Speisen. Die verlässliche Konstante ist aber die hausgemachte Pasta (große/kleine Portion 16/27 AU$). Neben beliebten klassischen Hauptgerichten gibt es viele verschiedene Weine aus der Region.

Bacchus MODERN-AUSTRALISCH $$$
(☎02-4927 1332; www.bacchusnewcastle.com.au; 141 King St, Newcastle; Hauptgerichte abends 45–49 AU$, Verkostungsmenü 90–140 AU$; ⏰Di–Sa 18–23 Uhr) Ein dekadenter römischer Gott hat diese frühere Methodistenmission in einen stimmungsvollen Ort für Schlemmer verwandelt. Das Ambiente ist äußerst elegant, die Weinkarte ausgezeichnet, und die Speisen sind köstlich.

Ausgehen & Unterhaltung

MJ Finnegan's KNEIPE
(www.finneganshotel.com.au; 21–23 Darby St, Newcastle; ⏰Mo–Sa) Ein Pub mit Backpacker-Lieblingsspeisen, Quiz- und Billardwettbewerben sowie mit Livebands und DJs an den Wochenenden.

Brewery KLEINBRAUEREI
(http://qwb.com.au; 150 Wharf Rd, Newcastle) Tische im Freien und tolle Aussicht: Das Brauhaus an der Queens Wharf ist bei einheimischen Angestellten und Studenten gleichermaßen beliebt. Es gibt passables Essen und mittwochs bis sonntags regelmäßig Livemusik.

Honeysuckle Hotel KNEIPE
(www.honeysucklehotel.com.au; Lee Wharf, Honeysuckle Dr, Newcastle; ⏰Mo–Do 10–23, Fr & Sa bis 24, So bis 22 Uhr) Das Lokal am Ufer im trendigen Viertel Honeysuckle bietet sich mit seiner Terrasse für einen Drink bei Sonnenuntergang an. Im Sommer legt sonntags zwischen 16 und 19 Uhr ein DJ auf.

Praktische Informationen

Wer einen WLAN-tauglichen Laptop im Gepäck hat, kann in der Beaumont St in Hamilton oder in der Hunter St Mall zwischen Tudor St und Donald St eine Stunde kostenlos im Internet surfen.

John Hunter Hospital (☎02-4921 3000; Lookout Rd, New Lambton Heights) Die Notfallaufnahme ist rund um die Uhr geöffnet.

Visitor Centre (☎1800 654 558; www.visitnewcastle.com.au; Lee Wharf, 3 Honeysuckle Dr, Newcastle; ⏰Di–So 10–16 Uhr) Das ehrenamtliche Personal ist zwar engagiert, besonders hilfreich ist das Visitor Centre im Foyer des Maritime Centre aber nicht.

An- & Weiterreise

BUS

Fast alle Fernverkehrsbusse halten hinter dem Bahnhof von Newcastle. **Greyhound** (☎1300 GREYHOUND, 1300 4739 46863; www.greyhound.com.au) fährt nach Forster (51 AU$, 3 Std., tgl.) und Port Macquarie (77 AU$, 4 Std., 2-mal tgl.), **Premier Motor Service** (☎13 34 10; www.premierms.com.au) einmal täglich ab bzw. nach Sydney (34 AU$, 2½ Std.) und Brisbane (76 AU$, 14 Std.).

Rover Coaches (☎02-4990 1699; www.rovercoaches.com.au) fährt nach Cessnock (4,50 AU$, 1½ Std.) im Hunter Valley. **Port Stephens Coaches** (☎02-4982 2940; www.pscoaches.com.au) ist regelmäßig mit Bussen zwischen Nelson Bay und Newcastle (4,60 AU$, 1¾ Std.) unterwegs. **Busways** (☎1800 043 263; www.busways.com.au) betreibt die Route ab/nach Hawks Nest über Tea Gardens (20 AU$, 1½ Std., 3-mal tgl.).

FLUGZEUG

Der **Newcastle Airport** (☎02-4928 9800; www.newcastleairport.com.au) befindet sich in Williamtown, 23 km nördlich der Stadt.

Virgin Australia (☎13 67 89; www.virginaustralia.com) und **Jetstar** (☎13 15 38; www.jetstar.com) fliegen nach Brisbane und Melbourne. Brindabella Airlines (S. 71) bedient Canberra, Aeropelican (S. 71) fliegt nach Sydney und Rex (S. 70) nach Ballina und Sydney.

ZUG

Eine bessere Alternative zum Bus sind die regelmäßigen Zugverbindungen von **CityRail** (☎13 15 00; www.cityrail.info) zwischen Newcastle und Sydney (Erw./Kind 8,40/4,30 AU$, 3 Std.).

Unterwegs vor Ort

BUS

Newcastle verfügt über ein umfangreiches **Stadtbusnetz** (☎13 15 00; www.newcastlebuses.info). Ein kostenloser Shuttle-Bus (Nr. 555) bedient werktags von 9 bis 14.40 Uhr sowie am Wochenende von 9 bis 17.40 Uhr eine 20-minütige Rundstrecke vom Bahnhof Newcastle nach Honeysuckle, Hamilton mit seiner Cafékultur und zur King St. Ansonsten richten sich die Tarife nach der Fahrzeit (1 Std./4 Std./ganzer Tag 3,60/7/10,50 AU$); Tickets verkauft der Busfahrer. Der zentrale Busbahnhof befindet sich neben dem Bahnhof von Newcastle.

VOM & ZUM FLUGHAFEN

Die Port Stephens Coaches (S. 160) der Linie 130 fahren auf dem Weg nach Nelsons Bay häufig den Flughafen von Williamtown (5 AU$, 40 Min.) an.

Die Fahrt mit dem Shuttle-Bus vom Flughafen nach Newcastle kostet ungefähr 35 AU$ pro Person (45 AU$/2 Pers.). Diesen und weitere Shuttle-Dienste zu Zielen in der Gegend bucht man über **Newcastle Airport Information Services** (☎02-4928 9822; ⏰7–19 Uhr).

Ein Taxi ins Zentrum von Newcastle kostet rund 65 AU$.

SCHIFF/FÄHRE

Die **Fähre nach Stockton** (Erw./Kind 2,50/ 1,20 AU$) legt freitags und samstags zwischen 5.15 und 24 Uhr, montags bis donnerstags bis 23 Uhr und sonntags bis 22 Uhr alle halbe Stunde an der Queens Wharf ab. Der Ticketverkauf erfolgt an Bord.

ZUG

Nach Stopps an den Bahnhöfen von Broadmeadow, Hamilton, Wickham und Civic enden die Zugstrecken am Bahnhof von Newcastle.

MID-NORTH COAST

Von Newcastle nach Taree

Von Newcastle und dem benachbarten Hunter Valley aus kann man Richtung Norden entweder den Pacific Hwy nehmen oder – eine weitaus nettere Variante – auf verschlungenen Wegen an der Küste entlangfahren.

Port Stephens

28100 EW.

Die wunderbar geschützte Bucht liegt ungefähr eine Autostunde nördlich von Newcastle und ist eigentlich ein Tal, das sich mehr als 20 km ins Binnenland erstreckt und überflutet wurde. Das südliche Ende markiert die schmale **Tomaree Peninsula**, die nahezu menschenleere Strände, Nationalparks und ein außerordentliches Dünensystem zu bieten hat. Im Hauptort **Nelson Bay** gibt's eine Fischereiflotte und eine Armada von Touristenbooten, weil die Leute aus dem Status als „Delfinhauptstadt Australiens" Kapital schlagen wollen.

Unmittelbar östlich von Nelson Bay und praktisch mit dem Ort verschmolzen folgt das kaum kleinere **Shoal Bay** mit einem langen Strand, der ideal zum Baden ist (allerdings nur vormittags, denn nachmittags frischt der Wind auf). Die Straße endet ein kurzes Stück weiter südlich bei **Fingal Bay**, wo es einen weiteren hübschen Strand am Rand des **Tomaree National Park** gibt. Der Park erstreckt sich westwärts um den **Samurai Beach**, eine beliebte Stelle zum Surfen und Baden (auch FKK), und den prächtigen **One Mile Beach** mit wunderbar feinem Sand und blauem Wasser, der bei Surfern, Strandgängern und ruheliebenden Romantikern besonders beliebt ist.

Der Park endet in dem verschlafenen Stranddorf **Anna Bay** vor der Kulisse der unglaublich schönen Worimi Conservation Lands. Die Gan Gan Rd verbindet Anna Bay, den One Mile Beach und den Samurai Beach mit der Nelson Bay Rd.

Sehenswertes

In den **Worimi Conservation Lands** befinden sich bei Stockton Bight die längsten Wanderdünen der südlichen Hemisphäre – sie erstrecken sich über 35 km. Im Zentrum kann man so vom gleißenden Sand umgeben sein, dass man weder das Meer noch irgendwelche Lebewesen sieht – ungeheuer eindrucksvoll! Am äußersten westlichen Ende des Strandes liegt das Wrack der *Sygna* im Wasser.

Dank der Großzügigkeit der Worimi, denen das Land gehört, darf man hier herumlaufen (sofern man den Stätten der Aborigines mit Respekt begegnet), innerhalb einer Entfernung von 100 m von der Flutmarkierung zelten (tragbare Toilette erforderlich), am Strand entlangfahren (nur mit Geländewagen – Genehmigung erforderlich) und in dem ausgewiesenen Bereich für Freizeitfahrzeuge die Sanddünen aufwühlen. Die Genehmigung (3 Tage 10 AU$) kann beim Port Stephens Visitor Centre (S. 163) oder beim NPWS-Büro in Nelson Bay (S. 163) beantragt werden; sie wird einem nach spätestens sieben Tagen zugeschickt.

Tomaree National Park NATIONALPARK
(www.environment.nsw.gov.au/nationalparks) Der wunderbar unberührte Nationalpark schützt mehrere bedrohte Arten, darunter den Riesenbeutelmarder und den Riesenkauz. Wenn man die Augen offen hält, stehen die Chancen gut, Koalas oder Wallabys zu entdecken. Am östlichen Ende der Shoal Bay führt ein kurzer Weg zur Brandung des nicht von Rettungsschwimmern bewachten **Zenith Beach**. Achtung: Es gibt Brandungsrück- und starke Tiefenströmungen! Wer sich an den anspruchsvollen **Tomaree Head Summit Walk** (1 km, hin & zurück 1 Std.) wagt, wird mit eindrucksvollen Meerblicken belohnt. Ornithologen können nach dem Weißflügel-Sturmvogel Ausschau halten – die küstennahen Inseln Cabbage Tree und Boondelbah sind das weltweit einzige Nistgebiet der bedrohten Art. Längere Wanderungen beschreibt die Broschüre *Bushwalks Around Port Stephens* (5,95 AU$), die im NPWS-Büro und im Visitor Centre erhältlich ist.

DAS LAND DER WORIMI

Das Gebiet von der Tomaree Peninsula bis nach Forster und gen Westen bis nach Gloucester ist das Land der Worimi, die seit Tausenden Jahren in der Region leben. Heute gehört ihnen davon nicht mehr viel – immerhin aber wurden ihnen 2001 die Sanddünen von Stockton Bight zurückgegeben und die Worimi Conservation Lands geschaffen. Die Worimi stimmten einer Vereinbarung zu, nach der sie das Gebiet gemeinsam mit dem NPWS verwalten.

Heilige Stätten und bewohnte Plätze verteilen sich über die ganze Region. Der **Dark Point Aboriginal Place** im Myall Lakes National Park ist für die Worimi seit rund 4000 Jahren eine bedeutsamer Ort. Laut mündlicher Überlieferung soll sich hier im späten 19. Jh. eines der vielen Massaker an Aborigenes ereignet haben, als weiße Siedler eine Gruppe von Ureinwohnern zu den Felsen trieben und sie von oben hinunterstürzten.

Mehr Infos gibt's in der Broschüre *Worimi Conservation Lands*, herausgegeben vom Ministerium für Umwelt und Klimawandel des Bundesstaats New South Wales.

Heritage Light House Cottage HISTORISCHES GEBÄUDE
(☎02-4984 2505; ⏲10–16 Uhr) GRATIS Das restaurierte, 1875 errichtete Heritage Light House Cottage am Nelson Head beherbergt ein kleines Museum mit Exponaten zur Geschichte der Gegend und eine Teestube. Der Blick über Port Stephens ist fantastisch.

Aktivitäten

Imagine Cruises DELFINBEOBACHTUNG
(☎02-4984 9000; www.imaginecruises.com.au; Dock C, d'Albora Marinas) Ökotouren, u. a. dreieinhalbstündige Segel-, Bade-, Schnorchel- und Delfintouren (Erw./Kind 60/30 AU$, Dez.–März), 90-minütige Delfinbeobachtungsfahrten (26/14 AU$, Dez.–April), dreistündige Walbeobachtungstouren (60/25 AU$, Mitte Mai–Mitte Nov.), zweistündige Bootsfahrten mit Seafood-Dinner (39/20 AU$; Dez.–April) und dreieinhalbstündige Schwimmsessions mit Delfinen (229 AU$; Wochenende).

Anna Bay Surf School SURFEN
(☎0411 419 576; www.annabaysurfschool.com.au; Hannah Pde, One Mile Beach Holiday Park; Einführungskurs/2-/3-tägiger Unterricht 60/110/165 AU$) Surfunterricht und Surfbrettverleih (1/2 Std. 17/28 AU$).

Moonshadow DELFINBEOBACHTUNG
(☎02-4984 9388; www.moonshadow.com.au; Shop 3, 35 Stockton St) Delfin- (Erw./Kind 20,80/10,80 AU$) und Waltouren (Erw./Kind 48/20 AU$, Mai–Nov.) sowie Bootsfahrten mit Abendessen (Erw./Kind 69/25,50 AU$). Ökozertifiziert.

Blue Water Sea Kayaking KAJAKFAHREN
(☎0405 033 518; www.kayakingportstephens.com.au) Bietet eine Palette von Kajaktouren auf dem Meer an, darunter einstündige für Anfänger (Erw./Kind 30/20 AU$), eineinhalbstündige Sonnenuntergangstouren (35/25 AU$) und zweieinhalbstündige Entdeckungstouren (45/35 AU$).

Port Stephens 4WD Tours JEEPTOUR
(☎02-4984 4760; www.portstephens4wd.com.au; Shop 3, 35 Stockton St) Eineinhalbstündige Strand- und Dünentour (Erw./Kind 49/29 AU$) und Sandboarding (Erw./Kind 26/19 AU$).

Schlafen

Am besten in Anna Bay oder One Mile Beach übernachten, um von der ruhigen Lage in der Nähe toller Strände zu profitieren!

★ **Port Stephens YHA Samurai Beach Bungalows** HOSTEL $
(☎02-4982 1921; www.samuraiportstephens.com; Frost Rd; B 34–40 AU$, DZ 89–121 AU$; @ 📶 🏊) Die hübsch möblierten Hütten mit Holzböden liegen um einen Swimmingpool herum. Auf dem Buschgelände gibt es sogar Koalas und asiatische Skulpturen. Gästen stehen eine Buschküche mit Grillstellen und ein improvisierter Spieleschuppen mit Billardtisch zur Verfügung.

★ **Melaleuca Surfside Backpackers** HOSTEL $
(☎02-4981 9422; www.melaleucabackpackers.com.au; 2 Koala Pl; Stellplatz 20 AU$/Pers., B 32–35 AU$, DZ ab 100 AU$; @ 📶) Die von einem Architekten entworfenen Holzhütten dieser freundlichen, gut geführten Anlage stehen auf einem friedlichen, mit Sträuchern bewachsenen Gelände, auf dem sich Koalas und Kookaburras (Jägerlieste) blicken las-

sen. Es gibt einen einladenden Lounge-Bereich und eine Küche. Die Betreiber veranstalten Dünensurfen und andere Tagesausflüge. Ebenfalls eine fabelhafte Option!

Wanderers Retreat HOTEL **$$**
(☎02-4982 1702; www.wanderersretreat.com; 7 Koala Pl; Hütte DZ 125–260 AU$, Baumhaus DZ 195–285 AU$;) In den drei luxuriösen Baumhäusern dieser friedlichen Anlage können Gäste Robinson Crusoe spielen. Hinzu kommen sieben Hütten mit je zwei Schlafzimmern.

Bali at the Bay APARTMENTS **$$$**
(☎02-4981 2964; www.baliatthebay.com.au; 1 Achilles St; DZ 260–300 AU$;) Die zwei ausgesprochen hübschen, separaten Apartments sind voller von Blumengirlanden umschlungener Buddhas und Holzschnitzereien und werden dem Namen der Anlage völlig gerecht. Die Badezimmer sind ausgezeichnet. Wellnessbehandlungen gibt's auch.

Essen

Oh je! Die gastronomischen Optionen in diesem Teilabschnitt der Küste sind meist lächerlich ehrgeizig (und überteuert). Glücklicherweise bieten alle Unterkünfte, die oben empfohlen wurden, alle erforderlichen Einrichtungen für Selbstversorger.

Red Ned's Pies FAST FOOD **$**
(www.redneds.com.au; Shop 3/17-19 Stockton St; Pies 6–8 AU$; ⏲6–17 Uhr) Pastetenmacher Barry Kelly lernte sein Handwerk in erstklassigen internationalen Hotels. Sein Rezept ist einfach: Es gibt ihm den Kick, wenn die Leute ungläubig auf die Tafel mit den Spezialitäten starren – wie wär's mit Krokodil mit Petersilie und Schalotten in Weißweinsauce?

Point MODERN-AUSTRALISCH **$$**
(☎02-4984 7111; www.thepointrestaurant.com.au; Soldiers Point Marina, Sunset Blvd; Hauptgerichte mittags 19–28 AU$, abends 34–45 AU$; ⏲Di–So mittags & abends) Zu romantischen Anlässen steuern Einheimische dieses Restaurant im Jachthafen am Soldiers Point an. Der Ausblick von Balkon und verglastem Speisesaal ist toll, und auf der Karte stehen leckere Seafood-Gerichte. Empfehlenswert ist die gemischte Grill-Meeresfrüchteplatte. Das Point liegt 9 km westlich von Nelson Bay.

Praktische Informationen

NPWS-Büro (☎02-4984 8200; www.nationalparks.nsw.gov.au; 12b Teramby Rd; ⏲Mo–Fr 8.30–16.30 Uhr)

Visitor Centre (☎1800 808 900; www.portstephens.org.au; Victoria Pde; ⏲9–17 Uhr)

Anreise & Unterwegs vor Ort

Busse von **Port Stephens Coaches** (☎02-4982 2940; www.pscoaches.com.au) verkehren regelmäßig zwischen den zu Port Stephens gehörenden Ortschaften, Newcastle und dem dortigen Flughafen (4,60 AU$, 1¾ Std.).

Dreimal täglich fährt die Fähre von **Port Stephens Ferry Service** (☎0412 682 117) von Nelson Bay nach Tea Gardens und zurück (hin & zurück Erw./Kind 22/11 AU$, einfache Strecke 1 Std.).

Tea Gardens & Hawks Nest

TEA GARDENS 2100 EW., HAWKS NEST 1123 EW.

Tea Gardens und Hawks Nest liegen gegenüber von Nelson Bay, am Nordufer von Port Stephens. Die beiden ruhigen Ortschaften mit den sprechenden Namen im Great-Lakes-Distrikt, an der Mündung des Myall River, sind durch die elegant gewölbete Singing Bridge miteinander verbunden. Tea Gardens hat einen ruhigen, entspannten Charme. Man ist hier gesetzter und vornehmer und ganz dem Fluss zugewandt, während sich in Hawks Nest alles um die Strände dreht. Am **Jimmys Beach** findet man glasklares Wasser und die hübsche Kulisse des gegenüberliegenden Nelson Bay vor, der atemberaubende **Bennetts Beach** blickt auf den Ozean und Richtung Broughton Island.

Schlafen & Essen

Tea Gardens Hotel Motel HOTEL **$**
(☎02-4997 0203; www.teagardenshotelmotel.com.au; Ecke Marine Dr & Maxwell St; Zi. ab 65 AU$;) Die beliebte Kneipe am Ufer hat einfache Zimmer rund um einen Garten mit kleinem Spielbereich für Kinder.

Tea Gardens Boat Shed CAFÉ **$**
(☎02-4997 0307; www.teagardensboatshed.com.au; 110 Marine Dr; Frühstücksgerichte 5–17 AU$, Hauptgerichte mittags 17–27 AU$, abends 16,50–29,50 AU$; ⏲Mi–Sa 8.30–11, 12–14.30 & 18–21, So–Di 8.30–11 & 12–14.30 Uhr) Wer sich für dieses Café in einer ehemaligen Bootshütte direkt am Wasser entscheidet, muss auf den einen oder anderen Schrei eines Pelikans gefasst sein. Kein Wunder, dass diese verärgert sind, denn hier schmeckt alles köstlich! Der Kaffee ist gut, und die Terrasse eignet sich bestens, um bei einem Drink den Sonnenuntergang zu genießen.

Praktische Informationen

Tea Gardens Visitor Centre (02-4997 0111; www.greatlakes.org.au; Myall St; 10–16 Uhr) In der Nähe der Brücke.

Anreise & Unterwegs vor Ort

Tea Garden und Hawks Nest sind zwar Luftlinie nur 5 km von Nelson Bay entfernt, aber per Auto muss man über Medowie zum Pacific Hwy fahren und wieder zurück zur Küste kurven: eine Strecke von 81 km! Die Alternative ist die Fähre vom Port Stephens Ferry Service (S. 163).

Für die Weiterfahrt gen Norden empfiehlt sich die herrliche Panoramaroute durch den Myall Lakes National Park, die eine kurze Fährpassage bei Bombah Point umfasst.

Busways (1800 043 263; www.busways.com.au) betreibt Busse ab/nach Newcastle (20 AU$, 1½ Std., 3-mal tgl.).

Myall Lakes National Park

An einem hinreißend schönen Abschnitt der Küste liegt dieser große **Nationalpark** (www.environment.nsw.gov.au/nationalparks; Eintritt 7 AU$/Fahrzeug), der Seen, Inseln, dichte Küstenregenwälder und Strände umfasst. Die Seen sind die Lebensgrundlage für eine unglaublich artenreiche Vogelschar. Hier leben beispielsweise Laubenvögel, Weißbauchseeadler und Eulenschwalme. Bei **Mungo Brush** im Süden führen Wege durch den Küstenregenwald und an Stranddünen vorbei – ein ideales Gelände, um Wildblumen, Kängurus, Wallabys und Nasenbeutler zu erspähen.

Die besten Strände und Wellen finden sich im Norden rund um das schöne, abgelegene **Seal Rocks**, einen von Büschen umrahmten Weiler an der Sugarloaf Bay. Hier gibt es einen tollen Strand mit smaragdgrünen Felsenpools, einem weiten Blick aufs Meer und goldenem Sand. Die herrliche Aussicht lohnt den kurzen Spaziergang zum **Sugarloaf Point Lighthouse**. Auf dem Weg liegen eine vom Wasser überflutete Schlucht und die Abzweigung zum einsamen **Lighthouse Beach**, einem beliebten Surfspot. Der Pfad rund um den Leuchtturm führt zu einem Aussichtspunkt mit Blick auf die Seal Rocks: Die Inselchen, nach denen der Ort benannt ist, bieten der nördlichsten Kolonie der australischen Unterart des Südafrikanischen Seebären Unterschlupf. Wenn die Robben im Sommer ihre Jungen werfen, ist hier viel los, sodass man unbedingt ein Fernglas dabeihaben sollte. Auf ihrer jährlichen Wanderung ziehen auch **Buckelwale** an den Seal Rocks vorbei; manchmal kann man sie auch vom Strand aus erblicken.

> **GESCHICHTEN DER ABORIGINES**
>
> Zu den interessantesten Tourismusprojekten im Küstengebiet von New South Wales der letzten Jahre zählt die Sammlung verschiedener Geschichten der Aborigines aus der Region. Dabei reicht die Bandbreite von Traumzeit-Legenden bis zu Erzählungen von Geschehnissen sehr viel jüngeren Datums. Nachzulesen sind sie unter www.pacificcoast.com.au – einfach auf „Saltwater Freshwater Aboriginal Stories“ klicken!

Die per Boot etwa eine halbe Stunde von Nelson Bay entfernte **Broughton Island** ist, abgesehen von Kurzschwanz-Sturmtauchern, Zwergpinguinen und einer enormen Vielfalt von Fischspezies drum herum, völlig unbewohnt. Die Tauchstellen hier sind spitze und die Strände herrlich einsam.

Schlafen & Essen

Campingplätze CAMPING $
(www.nationalparks.nsw.gov.au; Stellplatz Erw. 7,50–10 AU$, Kind 3,50–5 AU$) Im Park gibt es mehrere Campingplätze. Reservierungen sind nicht möglich.

Seal Rocks Holiday Park CAMPING $
(02-4997 6164; www.sealrocksholidaypark.com.au; Kinka Rd, Seal Rocks; Stellplatz ohne Strom 28–35 AU$, Stellplatz & Wohnmobilstellplatz mit Strom 32–40 AU$, Hütte 75–205 AU$;) Die tolle Anlage bietet verschiedene preisgünstige Optionen, darunter grasbewachsene Zelt- und Wohnmobilstellplätze direkt am Wasser.

Lighthouse Keepers' Cottages HISTORISCHES HOTEL $$$
(02-4997 6590; www.sealrockslighthouseaccommodation.com.au; Cottage 340–450 AU$;) In den drei alten Leuchtturmwärterhäuschen am Sugarloaf Point können Gäste ein schönes Wochenende verbringen. Wem die Wellenbrecher und die Natur nicht genug Unterhaltung bieten, der findet in den Cottages schmale Doppelbetten, Plasmafernseher, DVD-Player und Grillplätze vor.

Bombah Point Eco Cottages BUNGALOW $$$
(02-4997 4401; www.bombah.com.au; 969 Bombah Pt Rd; DZ 220–275 AU$;) Zur Auswahl stehen von Architekten gestaltete hübsche

ABSTECHER

NORFOLK ISLAND

Norfolk Island (2302 Ew.) ist ein von Norfolk-Tannen bewachsenes Fleckchen im Ozean, 1600 km nordöstlich von Sydney und 1000 km nordwestlich von Auckland. Es ist das größte Eiland einer Gruppe von drei Inseln, die sich auf der ansonsten unter Wasser liegenden Norfolk Ridge, die sich von Neuseeland bis nach Neukaledonien erstreckt, aus dem Meer erheben. Das fast 700 km nördlich gelegene Neukaledonien ist die nächste Landmasse.

Rund 800 Jahre vor der Ankunft von Kapitän Cook (1774) war Norfolk von Polynesiern besiedelt. Zwischen 1788 – nur Wochen, nachdem die „First Fleet" Port Jackson erreicht hatte – und 1855 wurde die Insel zweimal als Strafkolonie genutzt und war als „Hölle im Pazifik" berüchtigt. Hier sollten die Häftlinge „die schwerste Bestrafung" erleiden, nur „unwesentlich milder als die Todesstrafe".

Nach 1855 wurden die Gefangenen nach Vandiemensland (Tasmanien) verbracht. Königin Victoria überließ die Norfolkinsel den Nachkommen der Meuterer von der *Bounty*, für die die Insel Pitcairn inzwischen zu klein geworden war. Rund ein Drittel der heutigen Bevölkerung stammt von den 194 Pitcairnern ab, die mit ihren tahitianischen Frauen am 8. Juni 1856 auf der Norfolkinsel ankamen.

Die Insel ist nur 8 km lang und 5 km breit, die Küste überwiegend von Klippen geprägt. **Kingston** liegt an der Slaughter Bay an der Südküste. Das Versorgungszentrum **Burnt Pine** liegt im Inselinnern unweit des Flugplatzes; der **Norfolk Island National Park** (www.environment.gov.au/parks/norfolk) umfasst den hügligeren Nordteil der Insel.

Der 650 ha große Nationalpark empfängt Besucher mit Buschwanderwegen und wunderbaren Ausblicken von den Gipfeln des Mt. Pitt (316 m) und des Mt. Bates (318 m). An der Emily Bay im Süden gibt's einen geschützten Strand. Hier legen Glasbodenboote ab, von denen aus man einen Blick auf die Korallen unter Wasser werfen kann.

Schnorcheln lohnt sich rund um den Wellenbrecher in Kingston; Ausrüstung kann man in Burnt Pine mieten. Mehrere Firmen bieten Schnorchel-, Tauch- und Angeltouren an.

Norfolks Hauptattraktion ist jedoch **Kingston**, das von den Sträflingen der zweiten Kolonie errichtet wurde. Viele historische Gebäude sind restauriert – die bedeutendsten an der **Quality Row** beherbergen heute noch den Sitz der Inselverwaltung und vier kleine, aber interessante **Museen** (www.museums.gov.nf; Einzel-/Kombiticket 10/25 AU$, Kinder frei; ⏲ Mo–Sa 11–15 Uhr; Pier Store Museum auch So).

Am Strand finden sich die Ruinen eines frühen fünfeckigen Gefängnisses, eine Kalkgrube, in die ermordete Sträflinge geworfen wurden, und der **Sträflingsfriedhof**.

Das **Bounty Folk Museum** (Middlegate Rd; Eintritt 10 AU$; ⏲ 10–16 Uhr) ist mit einem Sammelsurium von Relikten aus der Sträflingskoloniezeit und mit Souvenirs der *Bounty* vollgestopft. Ein 360°-Panoramagemälde namens **Fletcher's Mutiny Cyclorama** (www.norfolkcyclorama.nlk.nf; Queen Elizabeth Ave; ab 11,50 AU$/Pers.; ⏲ Mo–Sa 9–17, So 10–15 Uhr) stellt hier die Meuterei auf der *Bounty* und die Geschichte der Norfolkinsel dar.

Auf Norfolk Island gibt's zwar viele Unterkünfte (Verzeichnis unter www.norfolkisland.com.au/accommodation), aber keine der Budgetkategorie. Alle Optionen müssen im Voraus gebucht werden. Die meisten Besucher buchen Pauschalangebote, manchmal inklusive Mietwagen und Frühstück.

Das **Visitor Centre** (☎ 6723-22 147; www.norfolkisland.com.au; Taylors Rd, Burnt Pine; ⏲ Mo, Di, Do & Fr 8.30–17, Mi 8.30–16, Sa & So 8.30–15 Uhr) befindet sich neben der Post. Infos im Internet gibt's unter www.norfolkbedbank.com und www.gonorfolkisland.com.

Norfolk liegt zweieinhalb Flugstunden von Australiens Ostküste und eindreiviertel Flugstunden von Auckland entfernt. **Air New Zealand** (☎ in Neuseeland 0800 737 000; www.airnewzealand.co.nz) fliegt einmal pro Woche ab Auckland hierher (hin & zurück ab 475 NZ$). Zudem besteht vergleichsweise häufig Verbindung ab/nach Sydney (ab 558 AU$), Melbourne (ab 980 AU$), Newcastle (ab 980 AU$) und Brisbane (ab 508 AU$).

Alle Besucher brauchen einen gültigen Pass, ein Rückflugticket und ein australisches Einreisevisum. Die auf der Insel gültige Zeit beträgt MEZ plus zehneinhalb Stunden – sie liegt damit Sydney eineinhalb Stunden (im Sommer 30 Min.) voraus.

Cottages für Selbstversorger für fünf bis sechs Personen. Das „Öko" im Namen ist durchaus gerechtfertigt: Das Abwasser wird einem Bioreaktorsystem zugeführt, der Strom kommt von Solarzellen, und Regenwassertanks mit Filter sorgen für das Nutzwasser.

An- & Weiterreise

In Bombah Broadwater setzt die **Bombah-Point-Fähre** (5 AU$/Auto) zwischen 8 und 18 Uhr alle halbe Stunde über; die Fahrt dauert fünf Minuten. Der 10 km lange Abschnitt der Bombah Point Rd, die bei Bulahdelah zum Pacific Hwy führt, ist unbefestigt.

Pacific Palms

685 EW.

Das versteckt zwischen den Nationalparks Myall Lakes und Booti Booti liegende Pacific Palms gehört zu den Orten, in die sich gut betuchte Städter gerne am Wochenende zurückziehen. Wer in einem der Parks zeltet, wird das Städtchen wohl dann ansteuern, wenn der Kaffeedurst einsetzt – vor Ort gibt es ein paar exzellente Cafés.

Die meisten Häuser stehen am **Blueys Beach** und am **Boomerang Beach**, zwei langen, bei Surfern beliebten goldenen Sandstränden. Der populärste und auch der einzige von Rettungsschwimmern überwachte Badestrand in der Gegend ist der **Elizabeth Beach** am südlichen Rand des nahe gelegenen Booti Booti National Park

Schlafen & Essen

Mobys Beachside Retreat RESORT **$$**

(☎02-6591 0000; www.mobysretreat.com.au; 4 Red Gum Rd, Boomerang Beach; Apt. mit 1/2/3 Schlafzi. 180–240/250–300/300–380 AU$; ❄📶🏊) Die Ferienanlage liegt direkt gegenüber dem Boomerang Beach und umfasst 75 auf recht kleinen Raum gedrängte separate Apartments mit schicker Deko und ausgezeichneter Ausstattung. Vor Ort gibt's einen Tennisplatz, einen Pool, einen Kinderspielplatz und ein gutes Restaurant (Hauptgerichte 25–28 AU$).

Twenty by Twelve CAFÉ **$**

(Shop 8, 207 Boomerang Dr; Frühstücksgerichte 4–13 AU$, Wraps 9,50 AU$, Burger & Pasteten 14,50 AU$; ⏲7.30–15 Uhr) Zelten ist ja eine feine Sache, aber einen so guten Kaffee wird man im Campingkessel bestimmt nicht hinkriegen. Hier gibt's auch kleine Gerichte, regionale Bioprodukte und Delikatessen.

Recky AUSTRALISCH **$$**

(The Lakes Way; Hauptgerichte 14–23 AU$; ⏲11 Uhr–open end) Der offizielle Name des Recky lautet Pacific Palms Recreation Club, und es ist einer jener Clubs, in denen Mitgliedern billiger Alkohol, ein Bistro und gelegentlich Livemusik geboten wird. Das Motto „Get wrecked at the Recky" (sich im Recky volllaufen lassen) sollte man durchaus als Warnung auffassen …

Praktische Informationen

Visitor Centre (☎02-6554 0123; Boomerang Dr; ⏲10–16 Uhr)

An- & Weiterreise

Der Bus von **Busways** (☎1800 043 263; www.busways.com.au) hält auf der Fahrt von Taree/Forster nach Newcastle am Blueys Beach.

Booti Booti National Park

Der 1567 ha große **Nationalpark** (www.environment.nsw.gov.au/nationalparks; Eintritt 7 AU$/Fahrzeug) erstreckt sich über eine schmale Halbinsel, an deren Ostseite der **Seven Mile Beach** und an deren Westseite der **Wallis Lake** liegen. Der nördliche Abschnitt des Parks wird von Küstenregenwald geprägt und vom 224 m hohen **Cape Hawke** überragt. Auf der dortigen Landspitze befindet sich eine **Aussichtsplattform**: Der schweißtreibende Aufstieg über mehr als 420 Stufen wird mit einem herrlichen Ausblick belohnt.

Die interessante **Green Cathedral** (geweiht 1940) mit Seeblick besteht aus hölzernen Kirchenbänken unter Palmen.

Am Südende des Seven Mile Beach befinden sich ein **NPWS-Büro** (☎02-6591 0300; ⏲8.30–16.30 Uhr) und der **Ruins Campground** (Stellplatz Erw. 10–14, Kind 5–7 AU$) mit Selbstregistrierung. Das **Lakeside Escape B&B** (☎02-6557 6400; www.lakesideescape.com.au; 85 Green Point Dr, Green Point; EZ/DZ ab 145/185 AU$; @) im Fischerdorf Green Point am westlichen Parkrand hat drei Zimmer mit Blick auf den Wallis Lake und eine Freiluftterrasse mit beheiztem Whirlpool. Achtung: Kinder sind hier nicht willkommen!

Von Taree nach Port Macquarie

Hinter Forster-Tuncurry führt der Pacific Hwy ins Landesinnere nach Taree im fruchtbaren Manning Valley. Weiter westlich im

ABSTECHER

BARRINGTON TOPS NATIONAL PARK

Der zum Welterbe zählende **Nationalpark** (www.environment.nsw.gov.au/nationalparks) liegt auf dem rauen Barrington Plateau in einer Höhe von bis zu 1600 m. Hier trifft der tropische Regenwald des Nordens auf die Hartlaubvegetation des Südens und erzeugt eines der vielfältigsten Ökosysteme Australiens mit riesigen Würgefeigen, moosbedeckten Scheinbuchen und klaren Teichen, die von Regenwald eingefasst sind. Und zwischen den Bäumen hüpfen niedliche Filander umher, kleine Kängurus, die man am liebsten in die Tasche stecken und mit nach Hause nehmen würde, wenn das nicht verboten wäre.

Im Nationalpark werden Wanderungen, Mountainbiketouren, Ausritte sowie Kanu-, Angel- und Geländewagenausflüge angeboten. Für Touren im Geländewagen bietet sich besonders der **Barrington Trail** an, der aber von Juni bis September gesperrt ist, wenn Kälteeinbrüche und sogar Schneefälle jederzeit möglich sind.

Das **Barrington Outdoor Adventure Centre** (☎02-6558 2093; www.boac.com.au; 126 Thunderbolts Way; 1-/2-tägige Kajaktouren 160/385 AU$, 1-tägige Mountainbiketour 170 AU$, 2-tägige Mountainbike-/Kajaktour 395 AU$) ist auf Down-Hills mit dem Mountainbike und Wildwasser-Kajakfahrten spezialisiert. Das Unternehmen verleiht außerdem Mountainbikes, Kanus und Kajaks (Mountainbike/Kanu/Kajak pro Tag 60/85/65 AU$).

Campingplätze (Erw./Kind pro Nacht 5–10/3–5 AU$) gibt's überall im Park. Die Plätze Devils Hole, Wombat Creek, Polblue, Horse Swamp und Gloucester River sind mit normalen Autos zugänglich, für die Plätze Little Murray, Gummi Falls und Junction Pools braucht man ein Gefährt mit Allradantrieb.

Das **Dam It Getaway** (☎02-6558 4272; www.damitgetaway.com; 81 Kia Ora Hill Rd, Gloucester; Hütte mit 2 B ab 170 AU$, zzgl. 50/25 AU$ pro zusätzl. Erw./Kind) vermietet einfache, aber gepflegte Unterkünfte in der Nähe von Gloucester.

Der Park ist von Scone, Dungog und Gloucester aus zugänglich. Weitere Infos erhält man beim NPWS-Büro in **Gloucester** (☎02-6538 5300; 59 Church St, Gloucester; ⌚Mo–Fr 8.30–16.30 Uhr).

Tal liegt das **Wingham Brush Nature Reserve**, ein Stück idyllischer Regenwald mit riesigen, fremdartig wirkenden Großblättrigen Feigen und unzähligen Flughunden. Die nahe gelegene Ortschaft **Wingham** verbindet englischen County-Charme mit einer rauen Holzfällervergangenheit – eine faszinierende Mischung! Ein Zwischenstopp lohnt sich aus zwei Gründen: wegen einer Mahlzeit im **Bent on Food** (www.bentonfood.com.au; Hauptgerichte 9,90–25 AU$; ⌚Mo–Fr 8–17, Sa 8–15, So 9–15 Uhr), einem der besten Cafés im ländlichen New South Wales mit Leckereien wie warmem Schweinebauch mit Zitronensalat und Walnüssen, und wegen einer Übernachtung im **Bank Guesthouse** (☎02-6553 5068; www.thebankandtellers.com.au; 48 Bent St; Zi. 165–185 AU$; ❄📶). Die freundliche Pension bietet stilvoll eingerichtete Zimmer in einem aus den 1920ern stammenden Haus eines Bankmanagers und ein Gästehaus-Cottage für Selbstversorger hinten im Garten. Züge von **CountryLink** (☎02-8202 2000; www.countrylink.info) aus Sydney halten in Taree und Wingham (57 AU$, 5½ Std., 2-mal tgl.) und fahren weiter nach Coffs Harbour (38 AU$, 3½ Std., 2-mal tgl.).

Wieder auf dem Pacific Hwy folgt nach einer halben Stunde Fahrt Richtung Norden die Abzweigung zum kleinen Dorf **Harrington**. Das noch kleinere Fischernest **Crowdy Head** liegt 6 km nordöstlich von Harrington am Rand des **Crowdy Bay National Park** (www.environment.nsw.gov.au/nationalparks; Eintritt 7 AU$/Fahrzeug). Angeblich erhielt die Landzunge ihren Namen, weil James Cook hier 1770 eine größere Versammlung von Aborigines sichtete. Der Ausblick vom 1878 errichteten **Leuchtturm** ist atemberaubend: hinaus aufs grenzenlose Meer, hinunter auf die verlassenen Strände und nach hinten auf die Wildnis der Küstenebene und der Berge. Man könnte fast glauben, Cook habe das alles hier niemals entdeckt.

Der hiesige 10 001 ha große Nationalpark ist für seine Felsformationen und rauen Klippen bekannt und erstreckt sich über einen langen, schönen Strand in einem Bogen vom Crowdy Head bis zur Landzunge **Diamond Head** im Norden. Über diese führt ein hübscher, zweistündiger bzw. 4,8 km langer Rundweg.

Die Straßen im Park sind unbefestigt und mit Schlaglöchern übersät. Doch das herrliche Lichterspiel in den Eukalyptusbäumen macht die holprige Fahrt schnell vergessen. Einfache **Campingplätze** (☎02-6582 3355; Stellplatz Erw./Kind 10/5 AU$) gibt es am Diamond Head, am Indian Head, bei Kylie's Hut und beim Kylie's Beach sowie im südlichen Teil des Parks bei der **Crowdy Gap** (☎02-6552 4097; Stellplatz Erw./Kind 10/5 AU$). Überall muss man eigenes Wasser mitbringen.

Verlässt man den Nationalpark über die Diamond Head Rd, geht die Fahrt weiter über Laurieton und die winzige Ortschaft Kew, wo man vom Highway auf den Ocean Dr wechseln und auf diesem bis nach Port Macquarie fahren kann. Unterwegs kommt man am **Dooragan National Park** vorbei, dessen Highlight der **North Brother Mountain** mit Aussichtspunkten und fabelhaftem Ausblick ist. In nächster Nähe liegt mit **North Haven** ein traumhafter Surfstrand.

Port Macquarie

41 491 EW.

Spaß hat schon lange die Bestrafung als Hauptdaseinszweck von Port Macquarie abgelöst. 1821 wurde der Ort als Arbeitslager für Sträflinge eingerichtet, die auch nach der Deportation nach Sydney wieder straffällig geworden waren, und war damit die dritte Siedlung, die auf dem australischen Festland gegründet wurde. Heutzutage ist Port, wie man die Stadt kurz nennt, ganz überwiegend auf den Tourismus ausgerichtet – kein Wunder, angesichts der Lage am Beginn der subtropischen Küste, der Surfstrände und der entspannten Kaffeekultur!

Sehenswertes

Port wartet mit traumhaften Stränden auf. Ausgezeichnet surfen kann man am **Town Beach**, am **Flynns Beach** und am **Lighthouse Beach**, die alle im Sommer von Rettungsschwimmern überwacht werden. Am **Shelly Beach** und am **Miners Beach** reicht der Regenwald bis zum Strand. An Letzterem wird inoffiziell auch nackt gebadet.

Die Strecke von der Town Wharf bis zum Lighthouse Beach lässt sich zu Fuß zurücklegen. Auf dem Weg stößt man auf den **Uferdamm** am Stadtrand, der in eine Projektionsfläche für ein gemeinschaftliches Guerillakunst-Objekt verwandelt wurde. Die kunstvoll ausgearbeiteten Felsmalereien reichen von wunderschönen Werken, die an Verstorbene erinnern, bis hin zu trivialen Partysprüchen.

Abseits des Zentrums steht zwischen dem Miners Beach und dem Lighthouse Beach das kleine **Tacking Point Lighthouse** (1879) auf einer Landzunge und bietet einen weiten Blick über die Küste. Hier kann man wunderbar beobachten, wie die Wellen auf den langen schönen Lighthouse Beach zurollen.

Neben den folgenden Attraktionen gibt es jeden zweiten Samstag im Monat von 8 bis 13 Uhr einen **Markt an der Küste**, auf dem Kunsthandwerk und Lebensmittel verkauft werden. Er findet im Westport Park an der Ecke Buller St und Park Street statt.

Das Visitor Centre (S. 173) hat eine Liste lokaler Weingüter, die im Rahmen eines Tagesausflugs besucht werden können.

★ **Koala Hospital** NATUR
(www.koalahospital.org.au; Lord St; Eintritt gegen Spende; ⏲8–16.30 Uhr) Für Koalas, die in der Nähe städtischer Gebiete leben, sind der Verkehr und Haustiere eine ständige Bedrohung; mehr als 200 Tiere landen jedes Jahr in diesem Tierkrankenhaus. Man kann sich die Gehege den ganzen Tag lang anschauen, mehr über die Tiere erfährt man jedoch bei den Führungen (15 Uhr). Bei manchen der Tiere, die längerer Behandlung bedürfen, erzählen Texttafeln deren Geschichte. Wer möchte, kann sich zur „Adoption" eines Koalas anmelden. Einzelheiten über Freiwilligenjobs erfährt man auf der Website.

★ **Sea Acres Rainforest Centre** NATURSCHUTZGEBIET
(www.nationalparks.nsw.gov.au; Pacific Dr; Erw./Kind 8/4 AU$; ⏲9–16.30 Uhr) Das 72 ha große

ABSTECHER

FÜR DIE LIEBEN KLEINEN: TIMBERTOWN

Rund 18 km westlich von Port Macquarie bietet die kleine Ortschaft Wauchope eine der Top-Attraktionen für Kinder im ländlichen Australien. **Timbertown** (www.timbertown.com.au; Oxley Hwy, Wauchope; Erw./Kind 19,50/16 AU$; ⏲9.30–16 Uhr) ist ein Nachbau einer australischen Binnenstadt des 19. Jhs. mit originalgetreuer Architektur sowie ehrenamtlichen Mitarbeitern in entsprechenden Kostümen. Mit Ochsengespannen, Dampfloks, einem historischen Spielplatz und Geschäften, die den frühen Pioniergeist aufleben lassen, ist dies ein tolles Ziel.

Areal wurde kürzlich zum Nationalpark erklärt und schützt die größte Fläche Küstenregenwald im gesamten Bundesstaat. Hier leben Vögel, Warane, Buschhühner, aber leider auch jede Menge Mücken (Insektenschutzmittel werden gestellt). Highlight ist ein großartiger, 1,3 km langer Plankenweg durch den Wald, der auch für Rollstühle und Kinderwagen geeignet ist. Im Preis enthalten sind faszinierende einstündige Führungen unter der Leitung sachkundiger ehrenamtlicher Helfer. Die Termine für die von Aborigines geführten Bush-Tucker-Touren telefonisch erfragen!

★ Glasshouse Cultural Centre KUNSTZENTRUM

(www.glasshouse.org.au; Ecke Clarence & Hay St; ⏲ Mo–Fr 9–17.30, Sa & So bis 16 Uhr) Das imposante Glasshouse wurde im Juli 2009 im Herzen von Port eröffnet und steht auf dem Gelände der alten Aufseherhäuser; im Foyer sind viele archäologische Fundstücke der ursprünglichen Gebäude ausgestellt. Der originelle Bau wurde nach hohen Umweltstandards entworfen und beherbergt die **Regional Art Gallery**, ein Theater mit 600 Plätzen, die Touristeninformation, einen Laden für Kunsthandwerk aus der Region, ein Museum und zwei Schauspielbühnen.

Billabong Koala & Wildlife Park NATURSCHUTZGEBIET

(61 Billabong Dr; Erw./Kind 22,50/13 AU$; ⏲ 9–17 Uhr) Noch mehr Koalas gibt's gleich westlich der Kreuzung von Pacific Hwy und Oxley Hwy. Unbedingt zum Koala-Streicheln vorbeischauen (10.30, 13.30 & 15.30 Uhr)! Im Park befindet sich auch eine Koalazuchtstation, aber wirklich spannend geht's hier nicht zu. Koala-Rendezvous bestehen nämlich hauptsächlich darin, scheinbar gleichgültig und verschlafen herumzusitzen. Im Parks gibt's außerdem noch eine ganze Menge anderer australischer Tiere.

Kooloonbung Creek Nature Park NATURSCHUTZGEBIET

(Ecke Gordon & Horton St) GRATIS In dem 50 ha großen Park nahe dem Stadtzentrum mit Buschland und Sümpfen leben viele Vögel. Wanderwege und barrierefreie Plankenwege erschließen ihn. Zum Park gehört auch der **Port Macquarie Historic Cemetery.**

Port Macquarie Historical Society Museum MUSEUM, HISTORISCHES GEBÄUDE

(22 Clarence St; Erw./Kind 5/2 AU$; ⏲ Mo–Sa 9.30–15.30 Uhr) Zu den verschiedenen Kolonialgebäuden im Zentrum zählt dieses ockerfarbene Backsteingebäude von 1836, das das Port Macquarie Historical Society Museum beherbergt. In dem Labyrinth aus verschiedenen Räumen wird u.a. eine Kostümsammlung gezeigt.

Gerichtsgebäude HISTORISCHES GEBÄUDE

(Erw./Kind 2/0,50 AU$; ⏲ Mo–Fr 10–15.30, Sa bis 13 Uhr) Das Gerichtsgebäude, eines der schönsten Häuser von Port, wurde 1869 errichtet und bis 1986 genutzt. Noch immer hält hier das 48. Regiment am ersten Samstag im Monat eine Parade ab und schießt Salut; genaue Zeiten lassen sich beim Visitor Centre erfragen.

St. Thomas' Anglican Church HISTORISCHES GEBÄUDE, KIRCHE

(Hay St; Eintritt gegen Spende; ⏲ Mo–Fr 9.30–12 & 14–16 Uhr) Das 1824 von Sträflingen erbaute Gotteshaus zählt zu den ältesten noch genutzten Kirchen Australiens. Erhalten sind die Kirchenbänke und der mit Zinnen bewehrte Turm, der an die normannischen Kirchen in Südengland erinnert.

Roto House MUSEUM, HISTORISCHES GEBÄUDE

(Lord St; Eintritt gegen Spende; ⏲ 10–16.30 Uhr, wenn ehrenamtliches Personal anwesend) Die hübsche historische Kolonialvilla im viktorianischen Stil von 1891 neben dem Koala Hospital im Macquarie Nature Reserve zeigt interessante Exponate über die ursprünglichen Besitzer, deren Anwesen sich bis zum Meer erstreckte.

Maritime Museum MUSEUM

(6 William St; Erw./Kind 5/2 AU$; ⏲ 10–16 Uhr) Das alte Lotsenhaus über dem Town Beach wurde zu einem kleinen Schifffahrtsmuseum umfunktioniert. Eine noch kleinere Nebenstelle befindet sich im **Pilot's Boatshed** (☎ 02-6584 2987; ⏲ Di & Do) aus den 1890er-Jahren an der Town Wharf.

Observatorium OBSERVATORIUM

(www.pmobs.org.au; William St; Erw./Kind 8/5 AU$; ⏲ Mi & So 19.30–20.30 Uhr, Sommer 20.15–21.15 Uhr) An den Tagen, an denen das astronomische Observatorium für Besucher geöffnet ist, können Sternfans einen Blick durch das Teleskop werfen.

Little Brewing Company BRAUEREI

(☎ 02-6581 3949; www.thelittlebrewingcompany.com.au; Unit 1/58 Uralla Rd; ⏲ Mo–Sa 10–16 Uhr) Die preisgekrönte kleine Brauerei veranstaltet Verköstigungen und verkauft ihre Erzeugnisse.

Port Macquarie

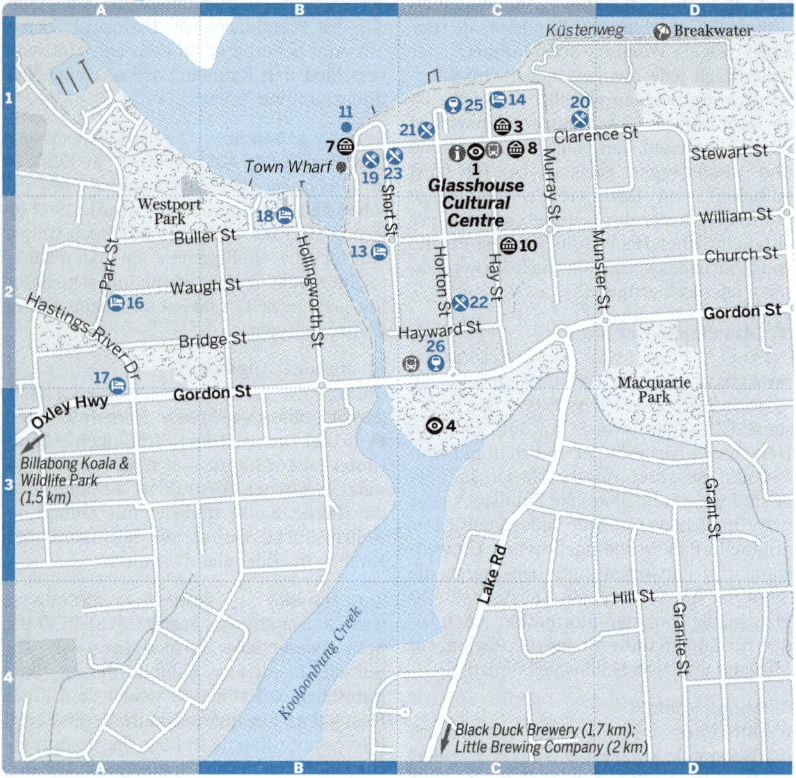

Port Macquarie

Highlights

1 Glasshouse Cultural Centre C1
2 Koala Hospital E4

Sehenswertes

3 Gerichtsgebäude C1
4 Kooloonbung Creek Nature Park C3
5 Maritime Museum E2
6 Observatorium E2
7 Pilot's Boatshed Museum B1
8 Port Macquarie Historical Society Museum C1
9 Roto House E4
10 St. Thomas' Anglican Church C2

Aktivitäten, Kurse & Touren

11 Port Macquarie Cruise Adventures B1
12 Port Macquarie Surf School F4
Port Sea Kayak Adventures ....(siehe 18)

Schlafen

13 Mantra Quayside B2
14 Northpoint Apartments C1
15 Observatory E2
16 Ozzie Pozzie Backpackers A2
17 Port Macquarie Backpackers A2
18 Waters Edge Boutique Hotel B2

Essen

19 Cedro B1
20 Corner Restaurant Cafe C1
21 Crèma Espresso Bar C1
22 Fusion 7 .... C2
23 Macquarie Seafoods B1
Milkbar Town Beach .... (siehe 15)
24 Stunned Mullet E2

Ausgehen & Nachtleben

25 Beach House C1
26 Finnian's C2

Black Duck Brewery BRAUEREI
(www.blackduckbrewery.com.au; 6B Acacia Ave; ⌚Do & Fr 10–18, Sa & So bis 16 Uhr) Namhafte kleine Brauerei mit Verkaufsstelle.

Aktivitäten

Port Macquarie Surf School SURFEN
(☎02-6584 7733; www.portmacquariesurfschool.com.au; Kurse ab 40 AU$) Bietet eine große Bandbreite von Kursen zu verschiedenen Preisen.

Port Sea Kayak Adventures KAJAKFAHREN
(☎0409 776 566; www.portkayak.com.au; Buller St Bridge; 2-/6-stündige geführte Touren 35/75 AU$) Veranstaltet eine zweistündige Fluss- und Mangroventour sowie eine sechsstündige Tour zu den Freshwater Rapids und verleiht Kajaks (15 AU$/Pers. & Std.).

Port Macquarie Camel Safaris KAMELREITEN
(☎0437 672 080; www.portmacquariecamels.com.au; Matthew Flinders Dr; 30-minütiger Ritt Erw./Kind 30/25 AU$; ⌚So–Fr 9.30–13 Uhr) Kamelritte am südlichen Ende des Lighthouse Beach.

River Cruises on Port Venture BOOTSFAHRTEN
(☎1300 795 577; www.portventure.com.au; Erw./Kind ab 17/10 AU$) Bootsfahrten bei Sonnenuntergang, inklusive Mittagessen oder mit Schwerpunkt Naturgeschichte; Delfinsichtungen inklusive. Manche Ausflüge finden an Bord einer nachgebauten chinesischen Dschunke statt.

Port Macquarie Cruise Adventures BOOTSFAHRTEN
(☎0414 897 444; www.cruiseadventures.com.au; 74 Clarence St, Town Wharf; Erw./Kind/erm. ab 25/10/22 AU$) Bietet Bootsfahrten in die Nationalparks sowie Touren mit Devonshire-Tea-Sessions, Mittagessen, bei Sonnenuntergang, durch den Fluss und durch das Sumpfgebiet an.

Soul Surfing SURFEN
(www.soulsurfing.com.au; Kurse ab 50 AU$) Gute Surfschule, die sich vor allem für Anfänger eignet.

Geführte Touren

Historic Port Macquarie Walking Tours STADTSPAZIERGANG
(☎0447 429 016; www.pmheritage.com.au; 29 AU$/Pers.; ⌚Mi–Sa 9.30 Uhr) Veranstaltet zweieinhalbstündige historische Stadtspaziergänge durch Port, die am Glasshouse beginnen. Mittwochs und samstags um 14 Uhr wird zudem eine 90-minütige Friedhofsführung (19 AU$) angeboten.

Port by Night Tours STADTSPAZIERGANG
(☎0412 217 060; www.portbynight.com.au; Erw./erm. 28/24 AU$; ⌚Jan. Di, Do & Sa 20 Uhr, Feb.–Dez. Do & Sa 18.30 od. 20 Uhr (Sommerzeit)) Bei dem Stadtspaziergang erzählt Bruce Thompson, der von einem Sträfling der First Fleet abstammt, wunderbar gruselige Geistergeschichten.

Schlafen

Ozzie Pozzie Backpackers HOSTEL $
(☎02-6583 8133; www.ozziepozzie.com; 36 Waugh St; B/EZ/DZ ab 28/60/88 AU$; @📶🏊) Das in einem etwas seltsamen Komplex aus drei umgewandelten Vorstadthäusern untergebrachte Hostel hat saubere Zimmer, unbequeme Betten und eine ausgeprägte Partyatmosphäre. Ein bunte Palette von Freizeitaktivitäten steht hier zur Auswahl, außerdem gibt es Billard- und Tischtennistische, kostenloses Internet und kostenlose

Leih-Bodyboards. Fahrräder (5 AU$/Tag) und Surfbretter/Neoprenanzüge (20 AU$/Tag) werden gebührenpflichtig verliehen.

Port Macquarie Backpackers HOSTEL $
(☎ 02-6583 1791; www.portmacquariebackpackers.com.au; 2 Hastings River Dr; B/DZ ab 23/70 AU$; @ ᯤ ≋) Das denkmalgeschützte Haus mit engagiertem Inhaber/Manager hat Wandverkleidungen aus Prägeblech, bequeme Stockbetten sowie einen neuen Dusch- und Toilettenblock. Der Verkehrslärm ist mitunter etwas heftig.

Flynns Beach Caravan Park WOHNMOBILPARK $
(☎ 02-6583 5754; www.flynnsbeachcaravanpark.com.au; 22 Ocean St; Stellplatz ohne/mit Strom 22/28 AU$, Hütte ab 80 AU$) Hübscher schattiger Park am südlichen Stadtrand gegenüber der Straße am Flynns Beach.

Observatory HOTEL $$
(☎ 02-6586 8000; www.observatory.net.au; 40 William St; Zi./Apt. ab 145/169 AU$; ❄ ᯤ ≋) In dem ausgezeichneten modernen Hotel gegenüber vom Town Beach werden Gäste freundlich empfangen. Die Zimmer und Apartments sind komfortabel und gut ausgestattet; viele haben Balkone mit Blick aufs Wasser. Dank der Nähe zum Strand, guten Cafés und Lokalen braucht man nicht weit umherirren.

Waters Edge Boutique Hotel HOTEL $$
(☎ 02-6583 2955; www.watersedgeboutiquehotel.com.au; 1 Buller St; DZ 109–149 AU$; ❄ ᯤ ≋) Das neuere Hotel gegenüber der Brücke ist nicht wirklich „Boutique", dennoch sind die Zimmer nett gestaltet und zu einem fairen Preis zu haben. Zudem gibt es einen hübschen Pool, einen Kinderspielplatz und ein Bar-Restaurant am Meer.

Mantra Quayside APARTMENTS $$
(☎ 02-6588 4000; www.mantraquayside.com.au; Ecke William & Short St; Apt. 150–240 AU$; ❄ @ ᯤ ≋) Top für Selbstversorger, die nahe dem Strand und der Cafés wohnen wollen.

Northpoint Apartments APARTMENTS $$
(☎ 1800 210 222, 02-6583 8333; www.northpointapartments.com.au; 2 Murray St; Apt. mit 2/3 Schlafzi. ab 180/220 AU$; ❄ ᯤ ≋) Große hochwertige und moderne Apartments, teils mit großartiger Aussicht, die extra kostet.

Essen

Milkbar Town Beach CAFÉ $
(Shop 2, 40 William St; Hauptgerichte mittags 9–16 AU$; ⌚ Mo–Fr 7.30–15, Sa & So bis 12 Uhr) Das schick-legere Café im Erdgeschoss eines modernen Wohnblocks (des Observatory) ist für hausgemachtes Eis am Stiel, sortenreinen Kaffee und Surf-Klientel bekannt.

Cedro CAFÉ $
(72 Clarence St; Hauptgerichte 10,50–18,50 AU$; ⌚ Di–Sa 7.30–14.30, So 7.30–12 Uhr) An sonnigen Tagen kann man hier an der Straße zwischen Palmen sitzen, das großzügige Frühstück des Hauses bestellen, einen guten Kaffee schlürfen und darüber nachdenken, ob es nun an den Strand gehen soll oder ob ein zweiter Kaffee angesagt ist. Bei der Entscheidungsfindung hilft Fettgebackenes mit Mais, Koriander und grünem Chili.

Macquarie Seafoods FISH & CHIPS $
(☎ 02-6583 8476; 68 Clarence St; Fish & Chips ab 12 AU$; ⌚ 11–20.30 Uhr) Bei der Frage nach den besten Fish & Chips der Stadt gehen die Meinungen auseinander, wegen des luftigen Teiges ist jedoch dieser Laden im Zentrum unser Favorit.

Corner Restaurant Cafe CAFÉ $$
(cornerrestaurant.com.au; Ecke Clarence & Munster St; Hauptgerichte mittags 13–27 AU$, abends 29–35 AU$; ⌚ 7–21 Uhr) Der schicke Laden im Erdgeschoss eines Blocks mit Ferienwohnungen bietet Sydney-Flair und gute Cafékost, die auch in Surry Hills bestehen könnte. Zur Auswahl zählen dabei gemischte Meeresfrüchteplatten und Graupenrisotto.

Fusion 7 MODERN-AUSTRALISCH $$
(☎ 02-6584 1171; www.fusion7.com.au; 124 Horton St; Hauptgerichte 29–35 AU$; ⌚ Di–Sa 18–21 Uhr) Chefkoch Lindsey Schwab arbeitete mit Peter Gordon, dem Vater der Fusion-Küche, in London zusammen. Trotz dieses Werdegangs und des Restaurantnamens ist die Küche eher modern-australisch – wie wär's mit gebratenem Salzwasser-Barramundi? Besonders köstlich sind die Desserts.

Crèma Espresso Bar CAFÉ $$
(Ecke Horton & Clarence St; Hauptgerichte 10,50–16,50 AU$; ⌚ Mo–Fr 7–17, Sa 8–17, So 8–15 Uhr) Hier ist der Kaffee so vorzüglich, dass man darüber fast das leckere Essen übersieht. Empfehlenswert ist der thailändische Rindfleischsalat, zudem gibt's Sandwiches und guten Service. Für Unterhaltung sorgt der alte Space-Invaders-Spielautomat in der Ecke.

★ **Stunned Mullet** MODERN-AUSTRALISCH $$$
(☎ 02-6584 7757; www.thestunnedmullet.com.au; 24 William St; Hauptgerichte 28–38 AU$;

(⌚12–14.30 & 18–20.30 Uhr) Australisch für Anfänger: *to look like a stunned mullet* bedeutet so viel wie „verwirrt aus der Wäsche gucken" – und genau das kann einem passieren, wenn man versucht, aus den leckeren Mod-Oz-Gerichten und dem großen Weinangebot im besten Restaurant von Port Macquarie seine Auswahl zu treffen. Von den asiatischen und französischen Einflüssen abgesehen liegt der Schwerpunkt auf frischen, hochwertigen Zutaten, die perfekt verarbeitet sind.

Ausgehen & Unterhaltung

Finnian's KNEIPE
(⌚11 Uhr–open end) Der irische Pub nahe dem neuen Busbahnhof ist bei Backpackern schwer angesagt. Werktags stehen Tombolas und Quiz auf dem Programm, freitags und samstags herrscht Partystimmung mit Livemusik ab 20 Uhr.

Beach House KNEIPE
(Horton St; ⌚11 Uhr–open end) Die beneidenswerte Lage direkt am grasbewachsenen Ufer macht diese schöne Kneipe zum idealen Ort für einen entspannten Drink am Nachmittag. Am späteren Abend wird drinnen gemeinsam Bier gebechert.

Praktische Informationen

Visitor Centre (☎02-6581 8000; www.portmacquarieinfo.com.au; The Glasshouse, Ecke Hay & Clarence St; ⌚Mo–Fr 9–17.30, Sa & So 9–16 Uhr)

An- & Weiterreise

BUS

Busse von **Greyhound** (☎1300 4739 46863; www.greyhound.com.au) halten auf dem Weg zwischen Sydney (58–89 AU$, 6½ Std.) und Brisbane (74–122 AU$, 9½ Std.) dreimal täglich in der Stadt.

Premier Motor Service (☎13 34 10; www.premierms.com.au) fährt täglich nach Sydney (60 AU$, 6½ Std.), Newcastle (47 AU$, 4 Std.) und Brisbane (67 AU$, 9½ Std.).

FLUGZEUG

Der **Port Macquarie Airport** (☎02-6581 8111; Boundary St) liegt 5 km außerhalb des Stadtzentrums (Taxi 18–20 AU$).

Qantas (☎13 13 13; www.qantas.com.au) und **Virgin Australia** (☎13 67 89; www.virginaustralia.com) fliegen täglich nach Sydney. Das Unternehmen Brindabella Airlines (S. 71) hat Verbindungen nach Brisbane, Coffs Harbour und Newcastle im Flugplan.

Unterwegs vor Ort

Die **Settlement Point Ferry** (5 AU$/Auto) ist rund um die Uhr in Betrieb. Die zehnminütige Fahrt mit dem flachen Kahn bringt einen nach North Beach.

Von Port Macquarie nach Coffs Harbour

Kempsey

10 374 EW.

Rund 45 km nördlich von Port Macquarie liegt die große ländliche Ortschaft Kempsey, das Versorgungszentrum für die Farmen im Macleay Valley. Attraktionen sind hier rar gesät, wer sich für australische Ikonen interessiert, findet jedoch gleich zwei vor.

Der berühmte Akubra-Hut (www.akubra.com.au), die Lieblingskopfbedeckung von Generationen australischer Landbewohner, stammt aus Kempsey. Die Fabrik selbst ist zwar nicht für die Öffentlichkeit zugänglich, wer eines der typischen Aussie-Souvenirs kaufen möchte, wird aber im örtlichen Warenhaus fündig.

Die verstorbene Countrymusik-Legende Slim Dusty, der ebenfalls gerne Akubras trug, wurde in Kempsey geboren. Die Eröffnung eines **Slim Dusty Heritage Centre** (www.slimdustycentre.com.au; Old Kempsey Showgrounds) ist in Planung, allerdings kommt die Sache nicht so recht in Gang.

Das **Kempsey Visitor Centre** (☎02-6563 1555; www.macleayvalleycoast.com.au; Pacific Hwy) befindet sich an einer Raststätte im Süden des Ortes. Im selben Gebäude ist das **Schafscherermuseum** (Erw./Kind 5/2,50 AU$; ⌚10–16 Uhr) untergebracht.

Die Abzweigung nach Crescent Head liegt nahe dem Visitor Centre von Kempsey. Wer

ABSTECHER

UNBEFESTIGTE STRASSEN & FLÜSSE

Wer Lust auf ein kleines Abenteuer hat, kann die teilweise unbefestigte, aber gut in Schuss gehaltene Loftus Rd von Crescent Head nach South West Rocks entlang der malerischen Flüsse Belmore und Macleay nehmen. Die Straße macht einen Schlenker durch das wunderschöne am Fluss gelegene **Gladstone** mit einer Kneipe und charmanten Cafés.

von Norden her kommt, kann über die malerische Belmore Rd fahren, die bei Seven Oaks vom Pacific Hwy abgeht und dem Macleay River folgt.

Busse von **Cavanaghs** (☎02-6562 7800; www.cavanaghs.com.au) fahren vom Kempsey Medical Centre (Belgrave St) nach South West Rocks.

Crescent Head & Umgebung

979 EW.

Dieses kleine Refugium 18 km südöstlich von Kempsey ist einer dieser Orte, in die man sich gern zurückzöge, wenn man ein Buch schreiben wollte. Und wenn daraus nichts wird, könnte man wenigstens lernen, mit dem Longboard zu surfen – schließlich ist Crescent Head eine von Australiens Longboard-Hauptstädten, seit das Surfbrett aus Malibu in den 1960er-Jahren hier Einzug hielt.

Heute kommen viele Besucher einfach, um den Longboard-Surfern auf den gewaltigen Wellen von **Little Nobby's Junction** zuzuschauen. Gute Stellen für Shortboard-Surfer gibt's abseits der Plomer Rd. Der freie **Killick Beach** erstreckt sich 14 km nach Norden.

Schlafen & Essen

Crescent Head Holiday Park CAMPING $
(☎02-6566 0261; Pacific St; Stellplatz/Hütte ab 22/92 AU$; @) Der direkt am Strand gelegene Crescent Head Holiday Park ist ein hübsches Fleckchen, um sein Zelt aufzuschlagen. Der Rezeptionsbereich ist zugleich das Creso Café, das Espresso, Wraps, Sandwiches und deftige Brötchen mit Ei und Schinken serviert. Verleiht auch Surfbretter (1 Std./halber Tag/ganzer Tag 15/30/40 AU$).

★ **Bush and Beach Motel** MOTEL $$
(Surfari Central; ☎1800 007 873, 02-6566 0009; www.surfaris.com; 353 Loftus Rd; B 30 AU$, DZ 60–120 AU$; @ ≋) Die Betreiber hatten die Sydney-Byron-Surftouren ins Leben gerufen und haben ihren Sitz nun nach Crescent Head verlegt, weil es hier „garantiert jeden Tag gute Wellen gibt". Die sauberen und komfortablen Zimmer besitzen Bäder. Ein paar abgefahrene Wandmalereien zieren die Wände. Es gibt Pauschalangebote für Übernachtungen plus Surfen.

Sun Worship Eco Apartments APARTMENTS $$$
(☎1300 664 757; www.sunworship.com.au; 9 Belmore St; Apt. 190–280 AU$;) Die schicken, neuen Villen aus Pisé sind nachhaltig entworfen: mit umweltfreundlichen Klimatisierungstechniken, einer Ausrichtung der Gebäude zur Sonne und Warmwasserzubereitung mit Solarenergie. Und geräumig sind die Öko-Villen auch noch.

★ **Mongrel's** SEAFOOD $
(7 Main St) Hier gibt's fangfrische Sydney-Felsenaustern. Das Dutzend kostet 7 AU$ bzw. 9,50 AU$, wenn man sie ohne Schale möchte – ein idealer Snack für den Strand.

Crescent Tavern KNEIPE, AUSTRALISCH $$
(www.crescentheadtavern.com.au; 2 Main St; Hauptgerichte 15–26 AU$; ⌚12–14 & 17.30–20 Uhr) Kaltes Bier, eine sonnige Terrasse und exzellentes Essen – was will man mehr? Zur Auswahl zählen Fish & Chips, Chili-Knoblauch-Garnelen und Schnitzel.

An- & Weiterreise

Busways (☎1800 043 263; www.busways.com.au) Die Busse von Busways fahren von Crescent Head nach Kempsey.

Hat Head National Park

Dieser 7458 ha große **Park** (www.environment.nsw.gov.au; 7 AU$ pro Auto & Tag) liegt an der Küste und erstreckt sich aus der Nähe von Hat Head im Norden bis zum **Smoky Cape** südlich von Arakoon. Er umfasst Buschland, Sümpfe und ein paar ausgezeichnete Strände vor einem der größten Dünensysteme in New South Wales.

Das wunderbar abgeschiedene Dorf **Hat Head** ist von dem Nationalpark umgeben. Es ist viel kleiner und ruhiger als Crescent Head und hat seine ganz eigene, natürliche Schönheit. Am Ortsende führt eine malerische, aus Holz errichtete Fußgängerbrücke über den grünen Salzmarschmeeresarm. Das Wasser ist so klar, dass man die Fische darin herumflitzen sehen kann. Der **Hat Head Holiday Park** (☎02-6567 7501; www.4shoreholidayparks.com.au; Stellplatz/Hütte ab 21/85 AU$) liegt nahe der geschützten Bucht und der Fußgängerbrücke und bietet Backpacker-Rabatt. Campen (Erw./Kind 5/3 AU$) kann man am **Hungry Gate** 5 km südlich vom Hat Head sowie am Smoky Cape, gleich unterhalb des **Smoky Cape Lighthouse**.

Hat Head und der Nationalpark sind über den Weiler Kinchela zu erreichen, der an der Straße von Kempsey nach South West Rocks liegt.

ABSTECHER

LORD HOWE ISLAND

Lord Howe Island (350 Ew.) ist einer der am besten gehüteten Geheimtipps vor der australischen Küste. Die prächtige subtropische Insel liegt rund 600 km nordöstlich von Sydney auf demselben Breitengrad wie Port Macquarie, ist weitgehend unberührt und gehört wegen der seltenen Vogel- und Pflanzenarten zum Weltnaturerbe. Sie wird von Ökotouristen und Travellern besucht, die einmal richtig abschalten wollen – es dürfen sich jedoch nur maximal 400 Besucher zeitgleich auf der Insel aufhalten. Die meisten schätzen die zwanglose Gastfreundschaft, die einsamen Strände und die lauen Brisen.

Die sichelförmige Lord Howe Island umgibt eine von Korallenriffen gesäumte Lagune und wird von drei Gipfeln dominiert: dem **Mt. Lidgbird** (777 m) und dem **Mt. Gower** (875 m) im Süden sowie von der erstaunlichen Felsnadel **Ball's Pyramid** (551 m), die 23 km südöstlich der Insel aus dem Meer aufragt.

Von September bis April prägen das Flattern und Gackern nistender Meeresvögel die ganze Insel. Bei Buschwanderungen an der Küste, über die Hügel und durch den Regenwald kann man die Vogelwelt näher kennenlernen. Der Aufstieg auf den Mt. Gower (hin & zurück 8–10 Std.) gehört zu den schönsten Tageswanderungen in Australien. Auf der steilen Strecke, die man nur in Begleitung eines lizenzierten Führers in Angriff nehmen darf, wird man entweder Höhenangst entwickeln oder auf immer von ihr geheilt werden.

Beim Fischefüttern wird das flache Wasser am Ned's Beach ganz schön aufgewühlt, und direkt vor der Küste kann man inmitten von Korallen und munteren tropischen Fischen schnorcheln. Taucherbrille, Schnorchel, Schwimmflossen und Neoprenanzüge kann man am Strand ausleihen – den Geldbetrag wirft man einfach in die Box. Gut surfen lässt es sich am Blinky Beach. Vor der Westküste der Insel liegt das südlichste Korallenriff der Welt, das von einer weiten, bei Kajakfahrern beliebten Lagune abgeschirmt wird. Die Unterwasserwelt lässt sich auch von Bord eines Glasbodenboots betrachten, wenn man nicht selbst als Taucher für kurze Zeit Teil von ihr werden will.

Die Insel selbst ist rund 11 km lang und 3 km breit; die meisten Unterkünfte und Einrichtungen finden sich in dem flachen Gebiet nördlich des Flugplatzes. Die Uhrzeit auf der Insel beträgt MEZ plus neuneinhalb Stunden – sie ist also Sydney (außer im Sommer) 30 Minuten voraus. Die Anreise ist nur per Boot oder Flieger möglich. Restaurants und Unterkünfte sind vor Ort teuer und nur begrenzt vorhanden. Im Winter sinken die Preise jedoch stark.

Zelten ist auf der Insel verboten. Alle Unterkünfte müssen vorab gebucht werden. Es gibt 18 Betreiber, die Zimmer in Lodges und separate Apartments vermieten (im Winter z. T. geschl.). Reservierungen bei Restaurants sind unverzichtbar. Man sollte die Augen offen halten nach den „Fish Fries", die es an verschiedenen Abenden in verschiedenen Resort-Restaurants sowie im Bowlingclub und auf dem Golfplatz gibt – dabei kann man so viele Fische frisch vom Boot verdrücken, wie man schafft (die Makrelen sind toll!).

Auf der Website des **Visitor Centre** (☎1800 240 937, 02-6563 2114; www.lordhoweisland.info; Ecke Lagoon & Middle Beach Rd; ⌚Mo–Fr 9.30–14.30, So bis 14 Uhr) finden sich Links zu Pauschalangeboten mit Flug und Übernachtung. Das Visitor Centre befindet sich innerhalb des **Lord Howe Island Museum**, einer guten Quelle zur Geografie und Naturkunde der Insel. Hier gibt es auch einen Internetzugang.

Rund um South West Rocks

4816 EW.

South West Rocks am Ende einer Landzunge ist ein hübscher Ort am Meer – ideal für ein Wochenende, bei dem stramme Strandspaziergänge, Rotwein und erstklassiges Essen den Tag prägen. Der spektakuläre Strand ist zudem einer der wenigen Orte an der Ostküste, wo man den Sonnenuntergang über dem Meer erleben kann.

Sehenswertes & Aktivitäten

Die imposante Trial Bay, ein Ort voller Geschichte, nimmt den westlichen Landvorsprung der Ortschaft ein und wird vom **Trial Bay Gaol** (☎02-6566 6168; Erw./Kind 8/5 AU$; ⌚9–16.30 Uhr) dominiert. Die armen Kerle, die im 19. Jh. hier einsaßen, hatten einen atemberaubenden Blick aufs Meer, auf die Wälder und die ihnen versagte Freiheit. Die meiste Zeit stand das Gefängnis allerdings leer, abgesehen von einem kurzen Intermezzo im Zweiten Weltkrieg, als hier einige Deutsche eingesperrt waren. Heute ist die Anlage ein lohnendes Museum. Das Gebiet drum herum steht als **Arakoon State Conservation Area** unter Schutz; dort gibt es einen beliebten Campingplatz.

Südöstlich von South West Rocks thront das **Smoky Cape Lighthouse** (☎02-6566 6301; www.smokycapelighthouse.com) auf einem windigen Kap hoch über dem Ozean. Für Führungen vorher anrufen!

Die Gegend um South West Rocks ist ein Paradies für Taucher, besonders gilt das für die **Fish Rock Cave** südlich vom Smoky Cape. Das **South West Rocks Dive Centre** (☎02-6566 6474; www.southwestrocksdive.com.au; 5/98 Gregory St; 1-/2-tägige Bootstrips mit je 2 Tauchgängen pro Tag 140/265 AU$) und das **Fish Rock Dive Centre** (☎02-6566 6614; www.fishrock.com.au; 134 Gregory St; 2/4 Tauchgänge 130/250 AU$) bieten jeweils Tauchen plus Unterkunft an.

Der **Little Bay Beach** ist eine gute Stelle zum Baden, beäugt von Kängurus. An dem Strand beginnen auch ein paar hübsche Wanderwege.

Schlafen

★ Trial Bay Camping Area CAMPING $
(☎02-6566 6168; www.nationalparks.nsw.gov.au; Stellplatz ab 28 AU$/Nacht) Der großartige Campingplatz liegt hinter dem Gefängnis auf der Halbinsel. Die meisten Stellplätze hier bieten tolle Ausblicke auf den Strand, und zu den Service-Einrichtungen zählen Warmwasserduschen und Grills mit Münzeinwurf.

★ Smoky Cape Lighthouse B&B $$
(☎02-6566 6301; www.smokycapelighthouse.com; EZ/DZ ab 150/220 AU$, Hütte ab 500 AU$/2 Nächte) Richtiggehend romantisch wird es, wenn der Wind scharf um das robuste weiße Haus des Leuchtturmwärters herumtost, das nur ein paar Meter neben dem Leuchtturm steht. Auch der Ausblick ist einfach phänomenal.

Heritage PENSION $$
(☎02-6566 6625; www.heritageguesthouse.com.au; 21-23 Livingstone St; Zi. inkl. Frühstück 120–175 AU$; ❄) Das renovierte Haus aus den 1880er-Jahren hat hübsche, altmodische Zimmer, von denen einige auch mit einem Whirlpool aufwarten können. Unten liegen die einfacheren, oben die aufwendiger eingerichteten Zimmer mit Meerblick.

Essen & Ausgehen

Seabreeze Hotel KNEIPE $$
(☎02-6566 6909; www.seabreezebeachhotel.com.au; Livingstone St; Hauptgerichte 13–23,50 AU$; ⏲12–20.30 Uhr) Hier gibt's gute Kneipenkost, von Würstchen mit Kartoffelbrei bis zu rotem Thai-Curry, die auf hübschen Terrassen serviert wird. Die Tagesangebote kosten 10 AU$.

Geppys MEDITERRAN $$
(☎02-6566 6169; Ecke Livingstone & Memorial St; Hauptgerichte 32 AU$; ⏲18.30–21 Uhr) Das kosmopolitische Restaurant hat sich der Slow-Food-Bewegung verschrieben. Die Gäste laben sich an Kalbsmedaillons mit Erdbeermus oder an frischem Fisch mit Salsa Verde. Man kann hier aber auch nur was trinken.

Surf Club SURFCLUB
(⏲Dez.–Feb. Fr–So 16–21 Uhr) Dieser Club an der Horseshoe Bay ist der beste Ort, wenn man ein Bier trinken und dabei aufs Meer blicken will. Die einfachen Gerichte (Braten & Shepherd's Pie) sind sonntags ein Muss.

Praktische Informationen

Visitor Centre (☎1800 642 480; www.macleayvalleycoast.com.au; Boatman's Cottage; ⏲9–16 Uhr)

An- & Weiterreise

Busways (☎1300 555 611; www.busways.com.au) bietet von Montag bis Samstag zwei bis drei tägliche Verbindungen nach/ab Kempsey (Belgrave St, 13,50 AU$, 50 Min.).

Nambucca Heads

6220 EW.

Das idyllische Nambucca breitet sich über eine dramatisch geschwungene Landzunge aus, die von den Mündungsarmen des Nambucca River durchzogen ist. Die Gegend ist weitläufig, verschlafen und unberührt – und somit eines der schönsten Uferareale an dieser Küste.

Sehenswertes & Aktivitäten

Vom Visitor Centre erstreckt sich der **Gulmani Boardwalk** 3 km am Küstenvorland entlang; er führt durch Parks und Buschland und über unberührte Sandflächen und Wasserläufe hinweg.

Es gibt zahlreiche Aussichtspunkte. Am schönsten ist wohl der **Captain Cook Lookout**; von dort hat man einen 180°-Blick auf die Umgebung.

LEITFADEN ZUR TIERWELT VON NEW SOUTH WALES

Weitere Informationen und eine detaillierte Liste der relevanten Gebiete liefert *The Complete Guide to Finding the Mammals of Australia*, den CSIRO (www.csiro.au) im Dezember 2013 veröffentlicht hat.

Wem folgende Tiere nicht in freier Wildbahn über den Weg laufen, der kann sie und andere Arten im Western Plains Zoo (S. 224) in Dubbo und im Potoroo Palace (S. 271) nahe Merimbula in Gefangenschaft beobachten.

Kängurus

- **Östliche Graue Riesenkängurus** sind in Wäldern mit Grasflächen in den meisten Nationalparks und an Campingplätzen nahe der Küste zu finden, z. B. in **Jervis Bay** und **South West Rocks**. In **Pambula** nahe **Merimbula** sieht man eigentlich immer welche.
- **Rote Riesenkängurus** leben vor allem im Outback von New South Wales, z. B. im **Mungo National Park** und im **Sturt National Park**.

Wallabys

- **Sumpfwallabys** leben in dichten Wäldern, vor allem in der Nähe von Wasserläufen, und sind an der Küste weit verbreitet. **Rotnackenwallabys** bevorzugen trockenere offenere Wälder. Beide Arten sieht man häufig am Straßenrand, insbesondere am frühen Morgen an ruhigen Seitenstraßen.
- In **Potato Point** nahe Tuross südlich von Bateman's Bay gibt es Rotnackenwallabys und Graue Riesenkängurus.

Koalas

Koalas leben vor allem an der Küste zwischen Sydney und der Grenze zu Queensland; kleinere Populationen findet man südlich von Sydney.

- **Gunnedah** westlich von Tamworth gilt als Koalahochburg Australiens. In der Regel sind die Tiere in der Nähe des Visitor Centres zu sehen. Weitere relevante Plätze listet die Website www.visitnsw.com/destinations/country-nsw/tamworth-area/gunnedah/attractions/koalas-in-gunnedah auf.
- Gute Chancen, Koalas zu sichten, hat man außerdem u. a. am Robinson's Lookout (S. 203) in Lismore, in **Byron Bay** und **Port Macquarie**.

Schnabeltiere

Schnabeltiere sind scheu und am besten am frühmorgens zu entdecken, vor allem im Winter, wenn die Männchen sehr aktiv sind. Gute Chancen hat man an folgenden Orten:

- Einen Versuch wert ist der Abschnitt der Slacks Creek Road, an dem diese den Murrumbidgee River überquert, rund 10 km **nordwestlich von Cooma**.
- Mitten in **Bombala** südlich von Cooma an der Brücke, an der der Monaro Hwy über den Bombala River führt, und beim Bombala Platypus Reserve 4,5 km südwestlich von Bombala an der Straße nach Delegate könnten Schnabeltiere zu sehen sein.
- **Tucki Tucki Creek** in Lismore ist einen Versuch wert.
- Im Murrumbidgee River nahe dem Visitor Centre in **Wagga Wagga**.

Liquid Assets Adventure Tours (S. 183) in Coffs Harbour veranstaltet Touren.

Wombats

Die besten Chancen, Wombats zu entdecken, hat man in dem hügeligen, bewaldeten Gebiet im südöstlichen New South Wales, an der Küste sind sie hingegen selten. Folgende Orte sind dabei zu empfehlen:

- In den **Snowy Mountains** entdeckt man eventuell einen, z. B. am Alpine Way zwischen Jindabyne und Thredbo sowie in der Abenddämmerung an Nebenstraßen durch die Berge, insbesondere im Winter.
- Der **Bendeela-Picknickplatz** im Kangaroo Valley ist ein gutes Plätzchen.

Der einzige beaufsichtigte Stadtstrand ist der **Main Beach**. Die Strände **Beilby's** und **Shelly** liegen im Süden und sind näher an der Flussmündung; dort herrschen beste Surfbedingungen. Auf dem Weg hierher kommt man am Captain Cook Lookout vorbei.

In der Nähe des Küstenvorlands befindet sich die **V-Wall**, ein interessantes Zeugnis des modernen Lebens. Frischvermählte junge Leute und Traveller haben hier ihre Spuren in Form bunter Graffitis hinterlassen. Wer mag, kann es ihnen gleichtun – einfach einen Pinsel schnappen und losmalen!

Headland Historical Museum MUSEUM
(www.here.com.au/museum; Liston St; Erw./Kind 3/0,50 AU$; ⊙ Mi, Sa & So 14–16 Uhr) Das Museum mit Exponaten zur lokalen Geschichte zeigt u. a. eine Sammlung von über 1000 Fotos und ist einen Besuch wert.

Schlafen

White Albatross Holiday Resort WOHNWAGENPARK
(☎ 02-6568 6468; www.whitealbatross.com.au; Wellington Dr; Stellplatz/Wohnwagen/Hütte ab 39/65/80 AU$) Die große Ferienanlage liegt rund um eine geschützte Lagune in der Nähe der Flussmündung. Einen Steinwurf entfernt gibt's eine weitere Lagune, in der man baden kann. Zu den Stränden und zur V-Wall Tavern ist der Weg nicht weit.

Riverview Boutique Hotel PENSION $$
(☎ 02-6568 6386; www.riverviewlodgenambucca.com.au; 4 Wellington Dr; EZ/DZ ab 120/130 AU$; ❄) Das 1887 errichtete alte Gasthaus war viele Jahre eines der wenigen Gebäude auf einem Hügelchen mit Blick auf das Küstenvorland. Der alte, charmante Zweistöcker aus Holz hat heute acht stilvolle Zimmer mit Kühlschränken und z. T. toller Aussicht.

Marcel Towers APARTMENTS $$
(☎ 02-6568 7041; www.marceltowers.com.au; Wellington Dr; DZ ab 120 AU$; ❄ @) Die Deko dieser Ferienwohnungen ist zwar überholt, aber der Blick vom Balkon auf das von Restaurants gesäumte Küstengelände macht diesen Makel wett. In den sauberen Apartments kann man nur einmal oder auch mehrfach übernachten.

Essen

Bookshop Café CAFÉ $
(Ecke Ridge & Bowra St; Gerichte 8–16 AU$; ⊙ 8–17 Uhr) Das angesagteste Plätzchen für ein Frühstück in der Stadt sind die Verandatische dieses Cafés. Die Frucht-Smoothies sind exzellent.

★ **Jaaning Tree** MODERN-AUSTRALISCH $$
(☎ 02-6569 4444; www.jaaningtree.com.au; Shop 8, 1 Wellington Drive; Hauptgerichte 23–38 AU$; ⊙ Fr & Sa 12–15 & 18–21, Mi, Do & Sa 12–15 Uhr) Das großartige Restaurant direkt am Meer kredenzt kreativ interpretierte australische Klassiker. Wie wär's mit der Spezialität des Hauses: Känguru mit Schokoladen-Jus und Roter Bete?

★ **Matilda's** SEAFOOD $$$
(☎ 02-6568 6024; Wellington Dr; Hauptgerichte 28–42 AU$; ⊙ Mo–Sa 18–21 Uhr) Wer sich ein Festessen mit Meeresfrüchten gönnen will, ist hier genau richtig. Der kecke, kleine Schuppen verbindet altmodischen Strandcharme mit gutem Essen und prima Service. Alkoholische Getränke sind mitzubringen.

Praktische Informationen

Nambucca Heads Visitor Centre (☎ 02-6568 6954; www.nambuccatourism.com.au; Ecke Riverside Dr & Pacific Hwy; ⊙ 9–17 Uhr) Das Visitor Centre fungiert auch als zentraler Busbahnhof.

An- & Weiterreise

Fernbusse halten am Visitor Centre. **Premier** (☎ 13 34 10; www.premierms.com.au) verlangt jeweils 63 AU$ für Fahrten nach Sydney und Brisbane (beide 8–9 Std.). Bei **Greyhound** (☎ 1300 GREYHOUND, 1300 4739 46863; www.greyhound.com.au) kostet ein Ticket nach Sydney (9 Std.) 106 AU$ und die etwas schnellere Verbindung nach Brisbane 110 AU$.

Busways (☎ 1300 555 611; www.busways.com.au) fährt montags bis samstags zwei- bis dreimal über Urunga nach Bellingen (9 AU$, 1 Std.) und Coffs Harbour (9,75 AU$, 1 Std.).

CountryLink (☎ 13 22 32; www.countrylink.info) bietet drei Zugverbindungen nordwärts nach Coffs Harbour (6 AU$, 40 Min.) und darüber hinaus sowie südwärts nach Sydney (81 AU$, 8 Std.).

Bellingen

3038 EW.

Das prachtvolle Städtchen liegt inmitten üppiger Vegetation an einem Hügel an den Ufern des Bellinger River. Hier herrscht ein besonderes Lebensgefühl, das Künstler, Akademiker und Menschen anlockt, die ihr Leben im Einklang mit der Natur leben wollen. Bellingen hat viele Gourmetlokale, Unterkünfte und eine gewisse Hippie-Atmosphäre – allerdings ohne all den Blödsinn drum herum. Zwischen Dezember und März fällt eine große Kolonie von Flughunden auf **Bat Island** ein.

Sehenswertes & Aktivitäten

Hammond & Wheatley Emporium HISTORISCHES GEBÄUDE
(Hyde St) Eine erste Anlaufstelle ist dieses tolle, wunderbar restaurierte Gebäude, ein früheres Warenhaus. Heute befinden sich darin ein Klamottenladen, eine Kunstgalerie und ein Café.

Märkte MARKT
(www.bellingenmarkets.com.au) Am dritten Samstag im Monat findet im Bellinger Park ein Gemeindemarkt statt, der mit mehr als 250 Ständen eine Hauptattraktion der Region ist. Am zweiten und vierten Samstag im Monat gibt's in den Bellingen Showgrounds einen Bauernmarkt.

Heartland Didgeridoos MUSIK
(www.heartlanddidgeridoos.com.au; 2/25 Hyde St) Hier wurde das Aussie-Instrument erstmals vermarktet – die indigenen Eigentümer sind mittlerweile weltweit bekannt.

Old Butter Factory HISTORISCHES GEBÄUDE
(www.bellingen.com/butterfactory; 1 Doepel St; 9–17 Uhr) In der historischen Anlage gibt's Kunstgewerbeläden, eine Galerie, Opalverkäufer, einen Massagesalon und ein tolles Café.

Bellingen Canoe Adventures KANUFAHREN
(02-6655 9955; www.canoeadventures.com.au; 4 Tyson St; Tagestour Erw./Kind 90/60 AU$) Der Anbieter veranstaltet wunderbare geführte Kanutouren auf dem Bellinger River, darunter auch Touren bei Vollmond (Erw./Kind 25/20 AU$).

Feste & Events

Camp Creative KUNST
(www.campcreative.com.au; Mitte Jan.) Einwöchiges Kunstfestival.

Bellingen Jazz & Blues Festival JAZZ
(www.bellingenjazzfestival.com.au; Mitte Aug.) Stelldichein namhafter Jazzmusiker.

Schlafen

★ **Bellingen YHA** HOSTEL $
(02-6655 1116; www3.yha.com.au; 2 Short St; B/DZ ab 27/70 AU$; @) Das renovierte zweistöckige Schindelhaus über dem unberührten Flusstal lockt Backpacker per Mundpropaganda an und hält sie dann mit seiner ruhigen, angenehmen Atmosphäre. Es gibt auch Stellplätze für Camper.

Federal Hotel HOTEL $
(02-6655 1003; www.federalhotel.com.au; 77 Hyde St; B/DZ mit Gemeinschaftsbad 40/80 AU$; Relish Bar & Grill mittags & abends; @) Das schöne, alte Gasthaus beherbergt renovierte, holzvertäfelte Zimmer, die an einem Balkon mit tollem Blick auf die Hauptstraße liegen. Im Erdgeschoss gibt's eine gesellige Kneipe und ein exzellentes Restaurant.

Rivendell PENSION $$
(02-6655 0060; www.rivendellguesthouse.com.au; 12 Hyde St; EZ/DZ ab 130/150 AU$;) Im Gegensatz zu vielen anderen Unterkünften liegt das Rivendell mitten im Ort. Die drei Zimmer verfügen über Veranden mit Blick auf den rund um einen Pool angelegten grünen Garten. Das Dekor ist dezent, aber gemütlich, wofür man in einem B&B immer dankbar sein kann.

Maddefords Cottages APARTMENTS $$
(02-6655 9866; www.maddefordscottages.com.au; 224 North Bank Rd; DZ 145 AU$;) Die sauberen Berghütten beherbergen gemütliche Zimmer mit Landhausmöbeln und großen Fenstern, die viel Licht einlassen. Die Holzbalkone überblicken ein steiles Tal. Nach der ersten Übernachtung gibt's einen guten gefüllten Frühstückskorb. Insgesamt ein ausgezeichnetes Preis-Leistungs-Verhältnis!

Bellingen Valley Lodge LODGE $$
(www.bellingenvalleylodge.com.au; 1381 Waterfall Way; EZ/DZ/2BZ ab 100/110/120 AU$;) In der hübschen 1 km von Bellingen entfernten Lodge erwarten Gäste ansprechende Zimmer im Hotelstil mit Ausblick ins Tal. Im Restaurant brennt im Winter ein Kaminfeuer. Das ländliche Ambiente wird hier voll ausgenutzt.

Essen & Ausgehen

★ **Vintage Nest Espresso** CAFÉ $
(62 Hyde St; Sandwiches 9 AU$; Mo–Fr 7.30–17, Sa 9–13.30 Uhr) In dem Second-Hand-Laden wird inmitten allerlei Kuriositäten exzellenter Kaffee serviert. Neben gebrauchten Kleidern sorgen alte Bücher, Schallplatten und Möbel sowie Küchengeräte aus den 1970ern für den Nostalgiefaktor. Die herzhaften Sandwiches sind aber zum Glück aus erster Hand ...

Tuckshop Bellingen CAFÉ $
(63 Hyde St; Hauptgerichte 8–15 AU$; ⌚ Mo–Sa 7.30–13 Uhr) Toller Kaffee, leckeres Frühstück und gute vegetarische Gerichte.

Bellingen Gelato Bar CAFÉ $
(101 Hyde St; ⌚ 10–18 Uhr) Das Café im amerikanischen Stil der 1950er-Jahre verkauft hausgemachtes Eis.

Lodge 241 CAFÉ, BAR $$
(www.bellingen.com/thelodge; Hyde St; Hauptgerichte 12–25 AU$; ⌚ Mi–So 8.30–17.30 Uhr, Fr & Sa abends) Ein Platz in diesem ausgezeichneten Café ist Gold wert. Am Sonntag versammeln sich hier Schachspieler und genießen die Atmosphäre, während die Einheimischen am Gemeinschaftstisch sitzen und an dem großartigen Kaffee nippen. Das Café hat auch eine Schanklizenz, sodass man sich auch einen Drink genehmigen kann.

No 2 Oak St MODERN-AUSTRALISCH, FRANZÖSISCH $$$
(☎ 02-6655 9000; www.no2oakst.com.au; 2 Oak St; Hauptgerichte 35–45 AU$; ⌚ Mi–Sa 18.30–21.30 Uhr) Das Restaurant feiert die reiche Fülle lokaler Produkte. Während Toni Urquart die Gäste umsorgt, zaubert Ray Urquart in der Küche. Ein Tisch auf der Veranda des 1910 erbauten Landhauses verspricht einen zauberhaften Abend, vor allem wenn man sich für den unwiderstehlichen Positano-Meeresfrüchteeintopf entscheidet. Vorab reservieren!

Praktische Informationen

Unter www.bellingen.com erreicht man die ausgezeichnete Website der Gemeinde.
Waterfall Way Visitor Centre (29–31 Hyde St; ⌚ 9–17 Uhr)

An- & Weiterreise

Busways (☎ 1300 555 611; www.busways.com.au) bietet montags bis samstags zwei bis drei Busverbindungen von Nambucca Heads (11 AU$, 40 Min.) und Coffs Harbour (9,50 AU$, 70 Min.) über Urunga nach Bellingen.

Zweimal pro Woche verkehren Busse von **Keans** (☎ 1800 625 587) westwärts nach Dorrigo und Tamworth.

Rund um Bellingen

In den umliegenden Tälern warten einige wunderschöne Stellen darauf, entdeckt zu werden. Am leichtesten zu erreichen ist das Dörfchen **Gleniffer**, das 6 km weiter nördlich liegt und von North Bellingen aus sorgfältig ausgeschildert ist. Eine gute Badestelle am **Never Never River** befindet sich an der Kreuzung hinter der kleinen Gleniffer School of Arts. Ferner lohnt sich eine Fahrt auf der **Loop Road**, die einen bis an den Fuß der Hochebene von New England bringt – eine unglaublich schöne Strecke.

Dorrigo National Park

Von Australiens zum Weltnaturerbe zählenden Regenwäldern ist dieser 11 902 ha große und schlicht atemberaubende Nationalpark am leichtesten zugänglich. Er bietet rund 120 Vogelarten ein Zuhause und kann auf vielen Wanderwegen erkundet werden. Die Abzweigung zum Park liegt gleich südlich von Dorrigo. Im **Rainforest Centre** (Dome Rd; ⌚ Mo–Fr 8.30–16.30, Sa & So 9–16.30 Uhr) am Parkeingang erhält man Informationen über die verschiedenen Ökosysteme im Park und Ratschläge, welche Wege sich anbieten. Ein leichter Spaziergang ist der 400 m lange **Walk with the Birds Track**, aber das eigentliche Highlight ist der **Skywalk**, ein Baumwipfelpfad durch den Regenwald mit atemberaubendem Ausblick auf die Berghänge der Umgebung.

Dorrigo

1072 EW.

Das hübsche Städtchen Dorrigo liegt an der T-Kreuzung zweier sehr breiter Straßen. Man hat den Eindruck, in Sachen Essen und Wein könnte hier das nächste Bellingen entstehen, wenngleich das noch etwas dauern wird. Auf den gewundenen Straßen, die von Armidale, Bellingen und Coffs Harbour aus in den Ort führen, durchfährt man eine der malerischsten Landschaften des Bundesstaats, die von Regenwald, Gebirgspässen und Wasserfällen geprägt ist.

Sehenswertes

Die Hauptattraktionen vor Ort sind das Dorrigo Rainforest Centre (S. 180) und die **Dangar Falls**, wo das Wasser über mehrere Felsbänke in eine unberührte Schlucht stürzt. Ein Weg führt zu einem eindrucksvollen Aussichtspunkt, zudem kann man unter dem Wasserfall baden, sofern einen das eiskalte Wasser nicht abschreckt.

Red Dirt Distillery BRAUEREI
(☎ 02-6657 1373; www.reddirtdistillery.com.au; 51–53 Hickory St; ⌚ Mo–Fr 8.30–16.30, Sa bis 14 Uhr)

David Scott, der Inhaber der Red Dirt Distillery, zeigt bei der Herstellung seiner Wodkas und Liköre viel Kreativität, beispielsweise werden bestimmte Sorten aus Kartoffeln gebrannt, die in Dorrigos roter Erde wachsen. Wer Lust auf ein Picknick hat, kauft sich einfach ein Fläschchen und ein paar der Feinkostsnacks. Alternativ kann man sich außerdem einen Vorspeisenteller kredenzen lassen.

Schlafen & Essen

★ **Tallawarra Retreat B&B** B&B **$$**
(☎02-6657 2315; www.tallawalla.com; 113 Old Coramba Rd; EZ/DZ inkl. Frühstück 105/140 AU$;) Das idyllische B&B inmitten malerischer Gärten und Wälder liegt etwa 1 km von Dorrigos Zentrum entfernt. Die Gastgeber Paul und Di sind freundlich, die Zimmer gemütlich und wunderbar ruhig. Im Sommer gibt es hier außerdem ein hübsches Teehaus und Café.

Dorrigo Hotel/Motel HOTEL **$$**
(☎6657 2017; www.hotelmoteldorrigo.com.au; Ecke Cudgery & Hickory St; B 35 AU$, DZ 60–95 AU$;) Die teils mit eigenen Bädern ausgestatteten Zimmer versprühen nach einer geschmackvollen Renovierung idyllisch-ländliches Flair. Flügeltüren führen zu der breiten eingefassten Veranda mit weiten Blicken auf die Hauptstraße. Im Angebot sind auch Motelzimmer.

Dragonfly CAFÉ **$$**
(18–20 Cudgery St; Hauptgerichte 10–20 AU$; Mo–Sa 8–15.30 Uhr) Der Feinschmeckertreffpunkt des Ortes präsentiert sich als Café mit Buchladen in minimalistisch-schicken Räumlichkeiten mit großem, sonnigem Speisebereich im hinteren Teil. Die kreativen Salate, Sandwiches und vegetarischen Spezialitäten überzeugen, auch wenn die Bedienung zuweilen ein bisschen langsam erfolgt.

33 on Hickory PIZZA **$$**
(☎02-6657 1882; www.thirtythreeonhickory.com.au; 33 Hickory St; kleine/große Pizza ab 15/20 AU$; Mi–So 17–21 Uhr) Das prächtige Schindelhaus aus den 1920er-Jahren schmücken Buntglasfenster, geschmackvolle Antiquitäten und ein blühender Garten. Zu essen gibt's hauptsächlich Pizzas aus Biosauerteig, die stilvoll auf weißer Tischwäsche mit funkelndem Silberbesteck neben einem gemütlich prasselnden Kaminfeuer serviert werden.

Praktische Informationen

Visitor Centre (☎02-6657 2486; www.dorrigo.com; 36 Hickory Street; 9–17 Uhr)

An- & Weiterreise

Zweimal wöchentlich fahren Busse von **Keans** (☎1800 043 339) nach Bellingen, Coffs Harbour und Armidale.

ABSTECHER

SCENIC DRIVES: VON COFFS HARBOUR NACH ARMIDALE

Der Waterfall Way verspricht eine atemberaubende Fahrt von südlich von Coffs Harbour an der Küste bis nach Armidale im Landesinneren. Die Route führt durch verschiedene Nationalparks, die zum UNESCO-Welterbe zählen, und durch charmante alte Ortschaften wie das überaus malerische Bellingen und das verschlafene Dorrigo in den Bergen.

Ausgangspunkt ist **Coffs Harbour**, von wo es den recht eintönigen Pacific Hwy hinabgeht. Nach 22 km folgt man der Abzweigung nach **Bellingen**, das 12 km und gefühlte Welten von der touristischen Küste entfernt liegt. Hier verbringt man so viel Zeit, wie man erübrigen kann, und fährt dann weiter nach Nordwesten. Recht bald steigt die Straße steil an und schlängelt sich durch traumhafte Regenwaldgebiete bis zur Ostwand der Great Dividing Range. Etwa 27 km hinter Bellingen bietet **Dorrigo** verschiedene Möglichkeiten für Abstecher in den Regenwald.

Rund 48 km hinter Dorrigo, 2 km westlich von Ebor, lohnt sich ein Umweg zu den spektakulären **Ebor Falls**, wo der Guy Fawkes River in die Tiefe stürzt. 7 km nach der Abzweigung führt die Point Lookout Rd in den **New England National Park**, eine UNESCO-Welterbestätte. Abseits der Zugangsstraße verlaufen viele Wanderwege in den dunstigen Regenwald. Nach weiteren 30 km auf der Point Lookout Rd hält man nach den 260 m in die Tiefe stürzenden **Wollomombi Falls** Ausschau, einem Highlight des ebenfalls zum Welterbe gehörenden Oxley Wild Rivers National Park. Von hier führt eine hübsche 32 km lange Straße durch leicht bewaldete Hügel ins historische Armidale.

Coffs Harbour

45 580 EW.

Coffs Harbour musste schon immer hart an seinem Image arbeiten. Andere Städte am Meer rühmen sich einer hübschen Hauptstraße direkt am Ufer, während Coffs' Zentrum abseits des Wassers liegt und der Großteil der Stadt dem Ozean die kalte Schulter zu zeigen scheint. Dafür gibt's hier eine Reihe wunderbarer Strände und unzählige Möglichkeiten, Wassersport und andere actionreiche Sportarten zu betreiben sowie wilde Tiere zu beobachten. Dadurch hat sich der Ort zu einem unglaublich beliebten Reiseziel für Familien, Backpacker und die australische Mittelschicht entwickelt.

Sehenswertes

Zu den Stadtstränden zählen u.a. der Park Beach und der geschützter gelegene, für Familien besser geeignete **Jetty Beach**. Der **Diggers Beach**, zu dem nahe dem Big Banana eine Straße vom Highway abzweigt, hat auch einen FKK-Bereich. Surfer finden hier sowie am **Macauleys Headland**, wo sich die Wellen 1 bis 1,5 m hoch auftürmen, gute Bedingungen.

★ Park Beach STRAND

Der lange, hübsche Sandstrand mit Picknicktischen wird, wenn viel los ist, im Bereich des Surfclubs von Rettungsschwimmern überwacht. Nicht außerhalb der mit Flaggen markierten Bereiche schwimmen, da es dort einen starken Sog geben kann! Hinter dem Strand verdecken Dünen und dichtes Strauchwerk den Blick auf die urbane Verschandelung. Der Strand ist besonders toll, um bei Sonnenuntergang ein wenig spazieren zu gehen.

North Coast Botanic Gardens GARTEN

(www.coffsbotanicgarden.com.au; Hardacre St; Eintritt gegen Spende; ⌚9–17 Uhr) In diesem bota-

Coffs Harbour

nischen Garten mit seinen kleinen, aber üppigen Regenwaldbeständen und zahlreichen bedrohten Arten kann man in eine subtropische Vegetation eintauchen. Der 6 km lange **Coffs Creek Habitat Walk** führt mittendurch. Er beginnt gegenüber dem Rathaus in der Coff St und endet nahe dem Ozean.

★ Muttonbird Island NATURSCHUTZGEBIET
Dieses ökologische Paradies ist seit 1935 über die spektakuläre nördliche Mole mit Coffs Harbour verbunden. Von Ende August bis Anfang April nisten rund 12 000 Keilschwanz-Sturmtaucher-Paare auf der Insel, und ihre niedlichen Küken sind im Dezember und Januar zu sehen. Ein 500 m langer und auf den letzten Metern recht steiler Weg nach oben wird mit einem weiten Blick über die Küste belohnt. Die Insel bildet die südliche Grenze des Solitary Islands Marine Park, in dem tropische Gewässer und südlichere Meeresströmungen aufeinandertreffen. Es können abendliche Inseltouren organisiert werden (Erw./Kind 20/10 AU$). Infos dazu gibt's beim Visitor Centre oder unter www.environment.nsw.gov.au/NationalParks.

Big Banana VERGNÜGUNGSPARK
(www.bigbanana.com; Pacific Hwy; ⏲9–16.30 Uhr) Der 1964 erbaute Park mit der großen Banane löste den australischen Hype rund um die „Big Things" aus – nur damit mal klar ist, wem die Schuld zuzuschreiben ist bzw. wer die Lorbeeren dafür ernten darf. Der Eintritt ist frei, für die einzelnen Attraktionen wie die Eislaufbahn, die Rodelabfahrt oder die Wasserrutsche muss jedoch extra bezahlt werden.

Bunker Cartoon Gallery GALERIE
(www.coffsharbour.nsw.gov.au; John Champion Way; Erw./Kind 2/1 AU$; ⏲Mo–Sa 10–16 Uhr) In einem Bunker aus dem Zweiten Weltkrieg werden im Wechsel Stücke aus einer 18 000 Cartoons umfassenden Sammlung gezeigt.

Aktivitäten

Kanus, Kajaks und Stehpaddelbretter können z. B. bei Mangrove Jack's (S. 186) geliehen werden.

Jetty Dive Centre TAUCHEN
(☎02-6651 1611; www.jettydive.com.au; 398 Harbour Dr; 2 Tauchgänge ab 125 AU$) Hier bekommt man sein PADI-Zertifikat zu einem guten Preis. Die Tauch- und Schnorchelmöglichkeiten rund um den Solitary Islands Marine Park sind überaus spektakulär. Zwischen Juni und Oktober werden auch Walbeobachtungstouren angeboten.

Liquid Assets Adventure Tours ABENTEUERSPORT
(☎02-6658 0850; www.surfrafting.com; 328 Harbour Dr; Halbtagestouren ab 60 AU$) Auf dem Programm stehen Wassersportaktivitäten aller Art: Surf-Kayaking, Wildwasser-Raf-

Coffs Harbour

Highlights
1 Coffs Creek Habitat Walk C3
2 Park Beach D2

Sehenswertes
3 Bunker Cartoon Gallery B4
4 North Coast Botanic Gardens B3

Aktivitäten, Kurse & Touren
5 Coffs City Skydivers A4
6 Coffs Coast Camel Rides D4
7 Coffs Jetty Stand Up Paddle Board Hire D3
8 Jetty Dive Centre C3
9 Lee Winkler's Surf School D2
10 Liquid Assets Adventure Tours D3
11 Spirit of Coffs Harbour Cruises D3

Schlafen
12 Aussitel Backpackers C3
13 Caribbean Motel C3
14 Coffs Harbour YHA C3
15 Coffs Tourist Accommodation Centre C1
16 Hoey Moey Pub D1
17 Observatory Holiday Apartments C3
18 Pacific Marina Luxury Apartments D3
19 Park Beach Holiday Park C2

Essen
20 Cafe Aqua C1
Caffé Fiasco .... (siehe 18)
21 Cocoa A2
22 Crying Tiger C3
23 Fisherman's Co-op D3
24 Mangrove Jacks C3
25 OP81 .... D1
Urban Espresso Lounge .... (siehe 22)
Water Surf Art Cafe .... (siehe 22)
26 Yknot Bistro D3

Ausgehen & Nachtleben
27 Coast Hotel A2
28 Coffs Hotel A2
Hoey Moey Pub .... (siehe 16)
Pier Hotel .... (siehe 22)
29 Plantation Hotel A2

ting, Kajakfahren im Meerespark, Schnabeltiertouren und mehr.

Valery Horse Trails REITEN
(☎02-6653 4301; www.valerytrails.com.au; 758 Valery Rd; 2-stünd. Ausritt Erw./Kind 60/50 AU$) Reitstall mit 60 Pferden und vielen Hektar Land.

Coffs Jet Ski JETSKI
(☎0418 665 656; www.coffsjetskihire.com.au; Park Beach; 15/30/60 Min. ab 60/100/160 AU$) Verleiht Jetskis am Park Beach.

Coffs City Skydivers FALLSCHIRMSPRINGEN
(☎02-6651 1167; coffsskydivers.com.au; Coffs Harbour Airport; Tandemsprung 229–495 AU$) Die richtige Adresse für alle, die sich immer schon mal aus einem Flugzeug stürzen wollten. Unterricht gibt's auch.

Coffs Jetty Stand Up Paddle Board Hire WASSERSPORT
(☎0422 391 951; www.coffsjettysup.com.au; Single-/Familienbrett pro Std. 20/50 AU$; ⊙Sa & So 9–16 Uhr, im Sommer tgl.) Verleih von Stehpaddelbrettern am Bootsanleger.

Lee Winkler's Surf School SURFEN
(☎02-6650 0050; www.leewiklerssurfschool.com.au; Park Beach; ab 50 AU$) Eine der ältesten Surfschulen in Coffs.

East Coast Surf School SURFEN
(☎02-6651 5515; www.eastcoastsurfschool.com.au; Diggers Beach; Unterricht ab 55 AU$) Diese Surfschule ist besonders frauenfreundlich. Kein Wunder – denn sie wird von der bekannten Ostküsten-Surferin Helene Enevoldson betrieben. Das Motto lautet „You will stand up!"

Dorrigo Freefall ABENTEUERSPORT
(☎0412 444 469; www.runningwild.com.au; ⊙halber Tag 97 AU$) Dieser Anbieter für actiongeladene Aktivitäten holt die Teilnehmer in Coffs Harbour ab und bringt sie hinauf nach Dorrigo. Von dort geht's zum Dorrigo Rainforest Centre und dann eine der steilsten Straßen von NSW hinunter bis zur Küste. Fahrräder werden gestellt.

Pacific Explorer Whale Watching WALBEOBACHTUNG
(☎0422 210 338; www.pacificexplorer.com.au; 2–3 Std. ab 40 AU$) Ein 10 m langer Katamaran für maximal 23 Passagiere.

Coffs Coast Camel Rides KAMELRITT
(☎0448 822 635; www.coffscoastcamels.com.au; Erw./Kind 30/25 AU$; ⊙Dez. & Jan. tgl., Feb.–April Di, Do & Sa, übriges Jahr kürzer) Kamelritte am Strand.

WALE BEOBACHTEN

Die Walmigrationen entlang der Ostküste Australiens gehören zu den größten marinen Wanderbewegungen unseres Planeten. Die Tiere – vor allem Buckelwale – wandern gen Norden in die wärmeren Gewässer nahe dem Äquator, um zu kalben. Ihre Rückreise in den Süden beginnt im Juli und dauert bis November an. Im Norden ist die Walbeobachtungssaison somit meist früher zu Ende, an der Südküste von New South Wales beginnt sie erst im September. In diesem Kapitel sind zahlreiche Anbieter von Walbeobachtungstouren aufgeführt, die Meeressäuger können aber auch von Land aus beobachtet werden. Im Folgenden sind einige der besten Aussichtspunkte aufgelistet:

- Cape Byron Lighthouse, Byron Bay
- Diggers Headland oder Brooms Head, Wooli
- Pilot Hill oder Pippi Beach, Yamba
- Shelley Beach, Ballina
- Aussichtspunkt Port Morton, Lennox Head
- Aussichtspunkt, Eden

Spirit of Coffs Harbour Cruises WALBEOBACHTUNG
(☎02-6650 0155; www.gowhalewatching.com.au; Shop 5, Coffs Harbour Jachthafen; 45 AU$/Pers.; ⊙Mai–Nov. 9.30 Uhr) Walbeobachtungen (45 AU$) und Bootsrundfahrten.

Feste & Events

Pittwater to Coffs Yacht Race SEGELREGATTA
(www.pittwatertocoffs.com.au) Am Neujahrstag. Startet in Sydney und endet hier.

Sawtell Chilli Festival ESSEN
(www.sawtellchillifestival.com.au) Dieses Chili-Fest findet Anfang Juli statt.

Coffs Harbour International Buskers' Festival MUSIK
(www.coffsharbourbuskers.com) Dieses Festival der Straßenkünstler Ende September sollte man sich nicht entgehen lassen. Es ist gleichzeitig ein Comedy-Festival mit zahlreichen Stand-up-Comedians.

Schlafen

Die Motels konzentrieren sich an zwei Stellen: draußen am Pacific Hwy beim Visitor Centre, wo sie die anlocken, die Touren mit dem Auto unternehmen, und unten am Park Beach, wo sich vor allem Strandliebhaber einquartieren.

Eigentlich gibt es aber keinen wirklichen Grund, draußen am Pacific Hwy zu übernachten.

Zu den vielen Unternehmen, die Ferienwohnungen vermieten, zählt **Pacific Property & Management** (02-6652 1466; www.coffsaccommodation.com.au; 101 Park Beach Rd). Das Personal des Visitor Centres kann Unterkünfte buchen.

Coffs Harbour YHA HOSTEL $
(02-6652 6462; www3.yha.com.au; 51 Collingwood St; B/DZ 27/77 AU$;) Die Schlafsäle und die Doppelzimmer mit Bad sind geräumig und modern, das Fernsehzimmer und die Küche sind makellos. Verleiht Surfbretter und Fahrräder.

Aussitel Backpackers HOSTEL $
(02-6651 1871, 1800 330 335; www.aussitel.com; 312 Harbour Dr; B/DZ 25/65 AU$;) Das Äußere sollte einen nicht abschrecken. Das geräumige Ziegelgebäude mit gemütlichen Schlafsälen und einem schattigen Hof ist ein Treffpunkt für Backpacker jeglicher Couleur. Vor Ort gibt's auch einen Tauchveranstalter (PADI-Kurse ab 395 AU$).

Hoey Moey Pub HOSTEL $
(02-6652 3833; www.hoeymoey.com.au; 90 Ocean Pde; B/DZ ab 26/72 AU$) In diesen Backpacker-Zimmern im Motelstil, nett zwischen der Kneipe und dem Hauptstrand gelegen, hört man das Rauschen der Brandung – man hört allerdings auch den Lärm aus dem Biergarten. Die renovierten Zimmer sind ein bisschen teurer.

Park Beach Holiday Park WOHNWAGENPARK $
(02-6648 4888; www.coffsholidays.com.au; Ocean Pde; Zeltplatz/Hütte ab 30/69 AU$;) Riesiger Park mit 332 Zelt- bzw. Stellplätzen und 55 Hütten. Liegt gleich gegenüber vom Strand. Gutes Angebot für Kinder.

Observatory Holiday Apartments APARTMENTS $$
(02-6650 0462; www.theobservatory.com.au; 30-36 Camperdown St; Apt. 140–180 AU$, Stadthaus mit 3 Schlafzi. 230 AU$;) Die Apartments mit ein, zwei oder drei Schlafzimmern in diesem attraktiven, modernen Komplex sind hell und luftig und haben gut ausgestattete Küchen. Alle verfügen über Balkone mit Meerblick, manche auch über Whirlpools mit Blick aus dem Fenster. Zwischen dem Strand und dem Komplex verlaufen Eisenbahnschienen.

Pacific Marina Luxury Apartments APARTMENTS $$
(1800 127 466, 02-6651 7955; www.pacificmarina.com.au; 22 Orlando St; Apt. mit 1/2/3 Schlafzi. ab 170/220/260 AU$;) Große, moderne Apartments in bester Lage nicht weit von Geschäften, Restaurants und dem Strand entfernt.

Caribbean Motel MOTEL $$
(02-6652 1500; www.caribbeanmotel.com.au; 353 Harbour Dr; DZ/Apt. ab 128/161 AU$;) Nahe dem Coffs Creek und der Landungsbrücke liegt dieses geschmackvoll renovierte Motel mit 24 Wohneinheiten. Es gibt ein Frühstücksbuffet und Tische draußen am Pool. Die besten Zimmer punkten mit Balkonen, einem schönen Ausblick und einem Whirlpool. Die Wohneinheiten mit einem Schlafzimmer und Küchennischen bieten ein hervorragendes Preis-Leistungs-Verhältnis.

Aanuka Beach Resort RESORT $$
(02-6652 7555; www.aanuka.com.au; 11 Firman Dr; Zi. ab 149 AU$;) Die Anlage liegt etwas außerhalb inmitten üppigen Grüns. Die Studios und Apartments dieses schon fast luxuriösen Resorts sind ausgezeichnet, schick eingerichtet und mit Whirlpools ausgestattet. Das Resort befindet sich an einer ruhigen Ecke des Diggers Beach und hat Tennisplätze und ein preisgekröntes Restaurant.

Novotel Pacific Bay RESORT $$$
(02-6659 7000; www.novotelpacificbayresort.com.au; Ecke Pacific Hwy & Bay Dr; Zi. ab 155 AU$;) Das Pacific Bay hat alles, was eine große Ferienanlage braucht: Tennisplätze, einen Golfplatz, Wanderwege, einen Kinderclub, einen Wellnessbereich und ein Fitnesscenter. Die 180 Zimmer der riesigen Anlage besitzen Balkone, viele auch eine Küche. Das Resort liegt 3 km nördlich von Coffs.

Essen

Unten am Bootsanleger kann man gut essen, aber auch der Harbour Dr (High St) mit seinen zahlreichen Restaurants ist eine gute Adresse. Im Stadtzentrum lässt es sich gut zu Mittag essen oder einen Kaffee trinken, abends sind aber die meisten Lokale geschlossen.

Cocoa CAFÉ $
(36/35 High St; Hauptgerichte 8–13 AU$; ⌚ morgens & mittags) Ein beliebter Treffpunkt der Geschäftsleute und Kinderwagenschieber. Tolles Frühstück!

Fisherman's Co-op FISH & CHIPS $
(www.coffsfishcoop.com.au; 69 Marina Dr; Hauptgerichte 8–15 AU$; ⌚ Winter 9–18 Uhr, Sommer bis 20 Uhr) Fisch aus frischem Fang direkt vom Boot. Perfekter Proviant für ein Picknick auf Muttonbird Island.

★ **Mangrove Jacks** MODERN-AUSTRALISCH $$
(www.mangrovejackscafe.com.au; Promenade Centre, Harbour Dr; Frühstück 10–15,50 AU$, Hauptgerichte mittags 15–26,50 AU$, Hauptgerichte abends 21–30 AU$; ⌚ tgl. morgens & mittags, Di–Sa abends) Eines von zwei Restaurants in herrlicher Lage an einer ruhigen Biegung des Coffs Creek. Gekocht wird fast ausschließlich mit Zutaten aus der Region. Hier gibt's Coopers vom Fass und täglich leckere Mittagsgerichte wie etwa ein Kokoscurry mit Meeresfrüchten oder edlere Dinneroptionen wie Filet vom Kohlegrill mit Kartoffel-Kürbis-Rösti.

Urban Espresso Lounge CAFÉ $$
(www.urbanespressolounge.com.au; 384a Harbour Dr; Hauptgerichte 14–22,50 AU$; ⌚ tgl. morgens & mittags, Do–Sa abends) Ein stylisher, kleiner Kaffeeladen auf der Restaurantmeile. Das UEL ist zur Straße hin offen und dabei klassisch und lässig zugleich. Weder Essen noch Service lassen Wünsche offen – unbedingt den Kürbissalat mit in Honig gerösteter Rote Beete und Ziegenkäse probieren! Der köstliche Kaffee rundet den perfekten Eindruck ab.

Water Surf Art Cafe CAFÉ $$
(☎ 02-6651 4500; www.watersurfartcafe.com; 370 Harbour Dr; Hauptgerichte 9,50–13 AU$; ⌚ 7–15 Uhr) Dies ist vielleicht das coolste Café im Ort, mit zeitgenössischer Kunst an den Wänden, freundlichem Service und frischen kulinarischen Ideen wie etwa dem Chicken-Teriyaki-Burger oder der Avocado-Feta-Bruschetta.

Crying Tiger THAI $$
(☎ 02-6650 0195; 382 Harbour Dr; Hauptgerichte 18–27 AU$; ⌚ abends) Im Crying Tiger mit seinen 1000 köstlichen Aromen werden anspruchsvolle Gäste mit Gerichten wie rotem Entencurry, Schweinebauch und Jungle-Curry verwöhnt. Das Chilimeter kann nach eigenen Wünschen nach unten oder oben gesetzt werden.

Yknot Bistro BISTRO $$
(www.yknotbistro.com.au; 30 Marina Dr; Hauptgerichte 18–39 AU$; ⌚ morgens, mittags & abends) Das gut besuchte Restaurant gehört zum Coffs Harbour Yacht Club und hat eine Bar, in der Meeresfrüchte, Steaks und Pasta im typischen Kneipenstil serviert werden. Die Vorspeisen mit Meeresfrüchten sind besonders lecker. Es gibt außerdem zahlreiche Sitzgelegenheiten im Freien mit Blick aufs Meer – gar nicht so häufig in Coffs!

Cafe Aqua CAFÉ $$
(☎ 02-6652 5566; www.cafeaqua.com.au; 57 Ocean Pde; Hauptgerichte 13–20 AU$; ⌚ 7–15 Uhr) Ein reizendes Café am nördlichen Ende von Coffs. Zum Frühstück gibt's Sunrise Burger (mit Speck und Ei) und Pancakes, mittags werden Roastbeef-Sandwiches und gerösteter Tintenfisch serviert.

OP81 MODERN-AUSTRALISCH $$
(81 Ocean Pde; Hauptgerichte mittags ab 15 AU$; ⌚ Di–So morgens & mittags, Fr abends) Moderne Deko, zeitgenössisches Essen und eine große Frontveranda.

Caffé Fiasco ITALIENISCH $$$
(www.fiascorestaurant.com.au; 22 Orlando St; Hauptgerichte 19–37 AU$; ⌚ Di–Sa abends) Die klassischen italienischen Gerichte werden in einer offenen Küche zubereitet, um die in großzügigen Abständen die Tische angeordnet sind. Hier werden leckere Pastagerichte und Köstlichkeiten wie schonend gegarte Milly-Hill-Lammschulter mit cremigem Polenta-Brokkoli-Püree serviert. Dabei kommen auch Kräuter aus dem eigenen Garten zum Einsatz. Die Portionen könnten allerdings größer sein.

Ausgehen & Nachtleben

Die Livemusik-Veranstaltungen sind in der Donnerstagsausgabe des *Coffs Harbour Advocate* aufgelistet.

Coast Hotel KNEIPE
(www.coasthotel.com.au; 2 Moonee St; ⌚ 11 Uhr–open end) Das frühere Old Fitzroy Hotel wurde speziell für diejenigen renoviert, die gern einen lässigen Nachmittag im Biergarten verbringen. Es gibt eine gepflegte Terrasse und coole Bereiche zum Relaxen, wo man sich auf Sofas lümmeln kann, wenn einem danach ist. Auch das Essen ist prima.

Hoey Moey Pub KNEIPE
(www.hoeymoey.com.au; 90 Ocean Pde; ⏲10 Uhr–open end) Der riesige „Biergarten" im Haus lässt erahnen, was hier im Sommer los ist. Billardturniere, super Livemusik und grausige Karaoke-Abende sind die Regel.

Coffs Hotel KNEIPE
(www.coffsharbourhotel.com; Ecke Pacific Hwy & West Harbour Dr; ⏲11 Uhr–open end) Ein irischer Pub mit Bands, mehreren Bars, DJs und feuchtfröhlichen Freitagabenden.

Pier Hotel KNEIPE
(www.pierhotelcoffs.com.au; 365 Harbour Dr) Renoviert und mit sonniger Terrasse hinten.

Plantation Hotel KNEIPE
(www.plantationhotel.com.au; ⏲11 Uhr–open end) Ein typischer Pub mit Bier, Live-Rock und ordentlichen Steaks.

ℹ Praktische Informationen

Visitor Centre (☎02-6648 4990, 1300 369 070; www.coffscoast.com.au; Pacific Hwy; ⏲9–17 Uhr)

ℹ An- & Weiterreise

BUS

Fern- und Regionalbusse fahren von einem Unterstand neben dem Visitor Centre ab.

Premier (☎13 34 10; www.premierms.com.au) fährt mehrmals täglich gen Norden, u. a. mitten in der Nacht nach Byron Bay (50 AU$, 5¼ Std.) und südwärts über Nacht nach Sydney (66 AU$, 8½ Std.). **Greyhound** (☎1300 4739 46863; www.greyhound.com.au) hat günstigere Abfahrtszeiten, dafür aber höhere Preise.

Busways (☎1300 555 611; www.busways.com.au) fährt montags bis samstags zwei- bis dreimal täglich nach Nambucca Heads (9,75 AU$, 1 Std.) und über Urunga nach Bellingen (9,70 AU$, 50 Min.).

FLUGZEUG

Der Coffs Harbour Airport liegt südlich der Stadt. **Virgin Australia** (☎13 67 89; www.virginaustralia.com) und **Qantas** (☎13 13 13; www.qantas.com.au) bieten Flüge nach Sydney an.

ZUG

Züge von **CountryLink** (☎13 22 32; www.countrylink.info) fahren zweimal täglich nach Norden in Richtung Brisbane (59 AU$, 6½ Std.) sowie südwärts nach Sydney (67 AU$, 9 Std.).

ℹ Unterwegs vor Ort

Wenn Fernbusse oder Züge ankommen, warten immer auch schon von Hostels bereitgestellte Shuttles auf die Passagiere.

Coffs Bike Hire (☎02-6652 5102; Ecke Orlando St & Collingwood St; 30 AU$/Tag) vermietet Mountainbikes.

Coffs District Taxi Network (☎13 10 08) hat einen 24-Stunden-Taxiservice.

NORTH COAST

Von Coffs Harbour nach Byron Bay

Nördlich von Coffs Harbour verläuft der Pacific Hwy für eine Strecke von 30 km nahe, aber nicht in Sichtweite der Küste. Man sollte nach Abzweigungen zu kleinen Stränden Ausschau halten, die oft ziemlich einsam sind. Später dann biegt die Straße ins Binnenland ab und führt nach Grafton, wobei sie den Yuraygir National Park und den abgelegenen Küstenort Wooli streift.

Woolgoolga

4718 EW.

Dieses Küstenstädtchen gleich nördlich von Coffs bietet sich als Zwischenstopp an. Der Ort ist für seine Surfer- und seine Sikh-Gemeinde bekannt. Selbst wenn man nur auf dem Highway vorbeifährt, ist der eindrucksvolle Guru-Nanak-Tempel, einen *gurdwara* der Sikhs, kaum zu übersehen.

Fährt man direkt durch den Ort, hat man auch einen prächtigen Blick auf die aus fünf Inseln bestehende Inselgruppe des **Solitary Islands Marine Park**, in dem warme tropische und kältere Ströme aus dem Süden zusammentreffen und so die Lebensgrundlagen für Korallen, Rifffische und Seetang schaffen. Die Tauchanbieter in Coffs Harbour veranstalten Touren dorthin.

SCHLAFEN & ESSEN

Woolgoolga Beach Caravan Park WOHNWAGENPARK $
(☎02-6654 1373; www.coffscoastholidayparks.com.au; Beach St; Stellplatz mit Strom ab 30 AU$, Hütte 97–258 AU$) Wohnwagenpark direkt am Strand.

Waterside Cabins HÜTTEN $$
(☎02-6654 1644; www.watersidecabins.com.au; Ecke Pacific Hwy & Hearnes Lake Rd; Hütte ab 93 AU$; 🏊) Diese stilvollen Luxushütten mit zwei Schlafzimmern sind ein wunderschöner Ausgangspunkt zur Erkundung der Coffs Coast. Aus manchen der Hütten hat

man einen hübschen Blick auf einen See. Es gibt einen Privatweg zum Strand, sechs Tennisplätze und einen Grillbereich.

Bluebottles Brasserie CAFÉ, MODERN-AUSTRALISCH $$$

(Ecke Wharf St & Beach St; Hauptgerichte 24–30 AU$; ⏲ So–Do 7.30–15, Fr & Sa 7 Uhr–open end) In der Bluebottles Brasserie ist immer was los. Es werden feine Meeresfrüchte serviert und Livejazz-Sessions veranstaltet.

Red Rock

310 EW.

Red Rock ist ein verschlafenes Dorf, 3 km abseits des Highways an einem traumhaften Meeresarm und in wunderschöner Umgebung. Der Ort ist den Gunawarri-Aborigines heilig. Beim Campen im **Red Rock Caravan Park** (☎02-6649 2730; www.redrock.org.au; 1 Lawson St, Red Rock; Stellplatz ohne/mit Strom 30/35 AU$, Hütte 109–143 AU$) kann man entspannt in der Sonne dösen oder angeln. Das **Yarrawarra Aboriginal Cultural Centre** (☎02-6640 7100; yarrawarra.org; 170 Red Rock Rd, Corindi Beach) bietet Führungen zum Thema Buschmedizin (18 AU$/Pers.) sowie traditionelle Korbflecht- und Kunstkurse an. Außerdem gibt's ein Café mit typischem Busch-Food, in dem Krokodil, Känguru und Emu serviert werden. Vorher telefonisch erfragen, was gerade auf dem Programm steht!

Der 53 500 ha große **Yuraygir National Park** (www.environment.nsw.gov.au; Fahrzeug 7 AU$/Tag) nimmt den 60 km langen Küstenstreifen nördlich von Red Rock ein. Die abgelegenen Strände lassen sich am besten auf dem **Yuraygir Coastal Walk** erkunden, einem 65 km langen beschilderten Wanderweg von Angourie nach Red Rock auf den Spuren des Küstenemus. Unterwegs geht es über Waldwege, Pfade, Strände und Felsplateaus und durch die Ortschaften Brooms Head, Minne Water und Wooli.

Wanderer können entlang der Strecke auf sieben einfachen **Zeltplätzen** (ab 10 AU$/Pers.) übernachten. Am besten geht man den Weg von Norden nach Süden, da man dann die Sonne im Rücken hat. Infos und eine Karte zum Herunterladen gibt's beim **NPWS** (☎02-6641 1500; www.environment.nsw.gov.au; ⏲ Mo–Fr 8.30–16.30 Uhr) in Grafton.

Wooli

493 EW.

Wooli liegt auf einer langgezogenen Landenge mit einer Flussmündung auf der einen und dem Pazifik auf der anderen Seite, was ihm den Charme der Abgeschiedenheit verleiht. Hier finden Anfang Oktober die **Australian National Goanna Pulling Championships** (www.goannapulling.com.au) statt. Dabei werden nicht etwa, wie der Name vielleicht vermuten ließe, Warane entzweigerissen. Vielmehr begeben sich hier die Teilnehmer, ausgestattet mit ledernen Gurten am Kopf, auf alle Viere und liefern sich ein Tauziehen der besonderen Art.

Solitary Island Marine Park Resort (☎1800 003 031, 02-6649 7519; www.solitaryislandsresort.com.au; North St; Stellplatz/Strandhütte/Hütte ab 28/48/99 AU$) hat reizende Hütten auf einem mit Sträuchern überwucherten Gelände.

Grafton

16 598 EW.

Grafton ist wie ein leiser Lufthauch, der aus einer unbeschwerten Vergangenheit in die Gegenwart herüberweht. Die Stadt liegt an einer ruhigen Biegung des Clarence River, und in ihren charmanten, breiten Straßen finden sich großartige Kneipen und prächtige, alte Häuser. Obwohl hier 1963 das Drachenfliegen erfunden wurde, wird es heute nirgends mehr angeboten.

Nicht von all den Werbetafeln am Highway in die Irre führen lassen: Das Zentrum der Stadt erreicht man über die imposante, 1932 errichtete, zweistöckige Brücke (für Autos und Züge)!

Sehenswertes & Aktivitäten

Die Victoria St ist das historische Zentrum der Stadt. Hier bekommt man einen Eindruck von der faszinierenden Architektur des 19. Jhs., z. B. am **Gerichtsgebäude** (1862), am **Roches Family Hotel** (1870) und an der **anglikanischen Kathedrale** (1884).

Auf **Susan Island** in der Mitte des Flusses ist die größte Flughundkolonie der Südhalbkugel beheimatet. Ihr abendliches Ausschwärmen im Sommer ist ein Spektakel.

Die örtliche Kunstszene hat ihren Auftritt beim **Grafton Artsfest** (graftonartsfestival.org), das zweimal jährlich mit Workshops und Ausstellungen lockt.

Grafton Regional Gallery GALERIE

(☎02-6642 3177; www.graftongallery.nsw.gov.au; 158 Fitzroy St; Eintritt gegen Spende; ⏲ Di–So 10–16 Uhr) Die Grafton Regional Gallery zeigt qualitativ hochwertige Werke aus Galerien des gesamten Bundesstaates.

RUSSELL CROWES KURIOSITÄTEN

Warum befindet sich Russell Crowes *Gladiator*-Kostüm in einer alten Bretterscheune in der winzigen Ortschaft Nymboida, 30 Minuten südwestlich von Grafton? Und das neben goldenen Schallplatten von Johnny Cash und Kappen von Don Bradman? Die Antwort: Weil sich hier das „Museum of Interesting Things" befindet, dessen Eigentümer niemand geringer als Crowe ist.

Der Aussie-Superstar wuchs im nahe gelegenen Nana Glen auf, wo seine Eltern heute noch leben. Als er das benachbarte **Coaching Station Inn** (☎ 02-6649 4126; www.coachingstation.com; 3970 Armidale Rd; EZ/DZ 110/140 AU$) kaufte, ließ er die alte Scheune aufmöbeln, um dort seine große Sammlung von altem Männerspielzeug aufzunehmen – von Erinnerungsstücken aus der Musik- und Filmbranche über Sporttrophäen bis hin zu alten Motorrädern. Das **Museum** (Mi–Fr 11–15, Sa 11–17, So 10–15 Uhr) GRATIS sammelt auch Artefakte aus der langen Pioniergeschichte, eine Ehrenbezeugung an die Tage, als von Pferden gezogene Wagen von Cobb & Co hier beim Wolltransport auf der Straße von Armidale nach Grafton eine Pause einlegten.

Abgesehen von den Fotos in der Hauptbar des Inns wird man von dem VIP wohl nichts zu sehen bekommen. Der Barmann versichert aber, er tauche manchmal unangekündigt auf. „Mit dem Helikopter braucht er nur elf Minuten vom Haus seiner Eltern bis hierher."

Schlafen & Essen

Roches Family Hotel HOTEL $
(☎ 02-6644 2866; www.roches.com.au; 85 Victoria St; EZ/DZ mit Gemeinschaftsbad inkl. Frühstück 35/55 AU$) In dem fantastischen historischen Hotel gibt es herausgeputzte Zimmer, ein Café und einen Biergarten. Es lohnt sich auch, nur kurz vorbeizuschauen, um sich das Krokodil in der Bar anzusehen.

Annies B&B B&B $$
(☎ 0421 914 295; www.anniesbnbgrafton.com; 13 Mary St; Zi. 140–280 AU$; WLAN) In dem schönen, alten, weitläufigen viktorianischen Eckhaus mit Garten gibt's Privatzimmer, die von der Wohnung der Familie getrennt sind.

Clocktower Hotel PUB $$
(www.clocktowerhotel.com.au; 93 Princes St; Hauptgerichte 12–30 AU$; 10–21 Uhr) Das Clocktower serviert eine hervorragende Auswahl australischer Lieblingsgerichte wie Steaks, Burger, Pasta und Chicken Parma. Das Essen ist lecker, und die Preise sind angemessen.

No 1 Duke Street PIZZA, MODERN-AUSTRALISCH $$
(☎ 02-6643 1010; www.dukestreet.com.au; 1 Duke St; Hauptgerichte mittags 18–30 AU$, Hauptgerichte abends 30–35 AU$; Sa & So 8–15, Mi–Sa 17–21 Uhr) Holzofenpizza, gelegentlicher Live-Jazz und die Lage am Fluss machen das No 1 zu einer echten Bereicherung für Graftons Restaurantszene.

Georgies at the Gallery CAFÉ $$
(☎ 02-6642 6996; 158 Fitzroy St; Hauptgerichte 8–23 AU$; Mi–Sa 10–15 & 18–22, Di & So 10–15 Uhr) Das Café in der Grafton Regional Gallery ist mit Abstand das beste Café im Ort. Es befindet sich in dem wunderschönen Innenhof der Galerie, wo Graftons Kulturbegeisterte den guten Kaffee genießen und sich Salat, Quiche und Kuchen schmecken lassen.

Praktische Informationen

Clarence River Visitor Centre (☎ 02-6642 4677; www.clarencetourism.com; Ecke Spring St & Pacific Hwy; 9–17 Uhr) Südlich der Stadt.

NPWS-Büro (☎ 02-6641 1500; Level 3, 49 Victoria St)

An- & Weiterreise

Busse von **Busways** (☎ 1300 555 611; www.busways.com.au) fahren nach Yamba (13,50 AU$, 1¼ Std., 6-mal tgl.) und Maclean (11,40 AU$, 45 Min.).

Greyhound (☎ 1300 GREYHOUND, 1300 4739 46863; www.greyhound.com.au) und **Premier** (☎ 13 34 10; www.premierms.com.au) halten auf ihrer Fahrt gen Süden nach Sydney (121 AU$, 11 Std.) und gen Norden nach Byron (66 AU$, 3½ Std.) am Bahnhof.

Grafton ist außerdem ein Halt an der Nordküstenstrecke von **CountryLink** (☎ 13 22 32; www.countrylink.info). Täglich fahren drei Züge nach Sydney (87 AU$, 10 Std.).

Yamba & Angourie

YAMBA 6032 EW., ANGOURIE 184 EW.

Das einst verschlafene kleine Fischerdorf Yamba wird bei Besuchern immer beliebter und hat eine relaxte Atmosphäre sowie hervorragende Restaurants.

ABSTECHER

VON GRAFTON NACH YAMBA

Fährt man auf dem Pacific Hwy weiter gen Norden, lohnt sich der kleine Umweg nach **Ulmarra** (435 Ew.). Dies ist eine denkmalgeschützte Ortschaft mit einem Flusshafen. An einem Ende steht das idyllische, alte **Ulmarra Hotel** (☎02-6644 5305; www.ulmarrahotel.com.au; 2 Coldstream St; EZ/DZ ab 40/60 AU$) mit einer schmiedeeisernen Veranda, Gästezimmern und einem üppig grünen Biergarten (Hauptgerichte 9–26 AU$), der sich bis hinunter zum Fluss erstreckt. Letzteren kann man 1 km nördlich vom Ort mit einer Autofähre überqueren. Ein Stück weiter folgt die pittoreske kleine Ortschaft **Maclean** (2600 Ew.), in der das schottische Erbe allgegenwärtig ist.

Sein Nachbar im Süden, das kleine, tiefenentspannte Angourie, kann sich des ersten nationalen Surfschutzgebiets in NSW rühmen und ist schon immer ein beliebter Treffpunkt für die Experten unter den Surfern gewesen. Abgesehen von der Brandung ist hier nicht viel los. Das einzige Anzeichen für einen gewissen Fortschritt ist Gordon Merchants Anwesen an der Pacific St. Der Gründer der Surfermarke Billabong ist hier aufgewachsen – und rennt Erzählungen zufolge noch immer mit Boardshorts durch die Gegend.

Sehenswertes & Aktivitäten

Die echten Könner surfen am **Angourie Point**, aber Yambas Strände haben auch für alle anderen was zu bieten. Bei flachem Wellengang ist **Pippi's Beach** ganz nett, vor allem, wenn sich gerade mal wieder Delfine blicken lassen. Der **Main Beach** ist der lebhafteste Strand. Hier gibt es einen Meerespool, Bananenpalmen und eine Liegewiese für diejenigen, die keine Lust auf Sand in der Hose haben. Der **Convent Beach** ist ein Paradies für Sonnenanbeter, und der durch einen Wellenbrecher geschützte **Turner's Beach** ist ideal für Surfunterricht.

Angourie ist der Ausgangspunkt des Yuraygir Coastal Walk.

Iluka Nature Reserve NATURSCHUTZGEBIET
Das zum Welterbe zählende Naturschutzgebiet ist vom Highway eine kurze Strecke oder eine Fährfahrt entfernt; es bildet das südliche Ende des weitgehend unberührten **Bundjalung National Park** (www.environment.nsw.gov.au; pro Fahrzeug & Tag 7 AU$), den man am Besten per Geländewagen erkunden. Zu den Highlights zählen der Ten Mile Beach, dessen Name wörtlich zu verstehen ist, und die Hell Hole Lagoon, bei der das Gott sei Dank nicht zutrifft. Die nur Personen befördernde **Clarence River Ferry** (☎02-6646 6423; www.clarenceriverferries.com; Erw./Kind 7/3,50 AU$) fährt mindestens viermal täglich.

Blue Pools NATURSCHUTZGEBIET
Die von Quellen gespeisten Wasserlöcher sind die Überreste des Steinbruchs, der für den Bau des Hafendamms genutzt wurde. Einheimische und Wagemutige klettern an den Klippenwänden der „Chalk-Line", „Tree-Line" oder „Death-Line" hoch und stürzen sich von oben in die Tiefe. Vernünftigere Leute lassen sich einfach geräuschlos ins klare Wasser gleiten, das von Busch umgeben und nur ein paar Meter vom Surfstrand entfernt ist.

Yamba River Markets MARKT
Am vierten Sonntag im Monat am Clarence River.

Story House Museum MUSEUM
(☎02-6646 2316; www.pyhsmuseum.com.au; River St; Erw./Kind 3 AU$/frei; ⏲Di–Do 10–16.30, Sa & So 14–16.30 Uhr) Seefahrerkultur und Schiffswracks.

Yamba-Angourie Surf School SURFEN
(☎02-6646 1496; www.yambaangouriesurfschool.com.au; Surfunterricht 2 Std./3 Tage 50/120 AU$) Der Unterricht wird vom ehemaligen australischen Surf-Champion Jeremy Walters gegeben.

Yamba Kayak KAJAKFAHREN
(☎02-6646 1137; www.yambakayak.com.au; Parkplatz Whiting Beach; 3/5 Std. 70/90 AU$) Dieser Anbieter ist auf halb- und ganztägige Kajaktouren mit Abstechern in die Waldgebiete der Umgebung spezialisiert.

Xtreme Cycle & Skate RADFAHREN, WANDERN
(☎02-6645 8879; 34 Coldstream St; Erw. halber/ganzer Tag 15/25 AU$, Kind halber/ganzer Tag 10/15 AU$) Vermietet Fahrräder.

Schlafen

★ **Yamba YHA** HOSTEL $
(☎02-6646 3997; www3.yha.com.au; 26 Coldstream St; B ab 27 AU$;) Das super-

moderne und schicke, eigens errichtete Hostel hat im Erdgeschoss eine ausgezeichnete Bar und ein Restaurant (Hauptgerichte 9–29 AU$). Oben gibt's eine Dachterrasse, einen Pool und einen Grillbereich. Die Anlage wird von einer Familie geführt und ist sehr einladend. Nach einer von Bucks „Willkommenstouren" für 10 AU$ wird man bestimmt länger bleiben wollen.

Pacific Hotel KNEIPE, HOTEL $
(☎02-6646 2466; www.pacifichotelyamba.com.au; 18 Pilot St; B 20–35 AU$, Zi. mit/ohne Bad 120/70 AU$) Der sagenhafte Pub mit Blick auf den Ozean hat helle Schlafsäle und hübsche Hotelzimmer. Die Aussicht ist grandios. Doch auch das Essen ist außergewöhnlich und eine ganze Klasse besser als die üblichen Kneipengerichte.

Calypso Holiday Park WOHNWAGENPARK $
(☎02-6646 2468; www.calypsoyamba.com.au; Harbour St; Stellplatz ab 28 AU$, Hütte ab 80 AU$; @ 🏊) Dies ist der am besten gelegene Campingplatz. Er ist vom Stadtzentrum und von allen Stränden nur einen kurzen Fußweg entfernt. Es gibt 162 Stellplätze und 32 teils richtig schicke Hütten, die alle nah am Wasser stehen.

★Angourie Rainforest Resort RESORT $$
(☎02-6646 8600; www.angourieresort.com.au; 166 Angourie Rd; Apt. mit 1/2 Schalfzi. ab 135/170 AU$; ❄ @ 📶 🏊) Ein kleines Stück vom Paradies und nebendran 600 üppig grüne Hektar Wald: Zu den luxuriösen Einrichtungen gehören ein Pool, ein Tennisplatz, ein Restaurant und ein Wellnessbereich. Gratis gibt's den frischen Duft des Regenwalds sowie Vögel und Eidechsen als nächste Nachbarn.

Essen & Ausgehen

★Beachwood NAHÖSTLICH $$
(☎02-6646 9781; www.beachwoodcafe.com.au; 22 High St; Hauptgerichte 15 AU$; ⏲Di–So 7–15 Uhr) Hier soll's nicht nur das beste Frühstück im Ort geben, auch die Mittagsangebote – Gerichte mit türkischem Touch – haben eine treue Fangemeinde. Zudem gibt's guten Kaffee.

Frangipan MEDITERRAN $$
(☎02-6646 2553; www.frangipan.com.au; 11-13 The Crescent; Hauptgerichte 19–32 AU$; ⏲Di–Sa 18.30–22 Uhr) Im klassischen Speisebereich mit seiner historischen Surferdeko werden Zwei-Gänge-Menüs für 25 AU$ aufgetischt – vielleicht der beste Deal an NSWs Küste. Am besten ist der knusprig gebratene Lachs.

El Pirata TAPAS $$
(☎02-6646 3276; 6 Clarence St; Gerichte 9–18 AU$; ⏲Di–So 18–21.30 Uhr) Eine fabelhafte Tapas-Bar mit authentischen warmen und kalten spanischen Gerichten, darunter *jamon* (Schinken), Chorizo, Garnelen in Öl und Knoblauch und mit Käse gefüllte Paprika. Am besten ist es hier im Sommer, wenn die in Sydney lebenden Besitzer nach dem Rechten schauen.

Yamba Bar & Grill STEAK $$
(☎02-6646 1155; 15 Clarence St; Hauptgerichte 15–34 AU$; ⏲Di–So 18–21.30 Uhr) Das stilvolle Lokal ist geräumig und bietet hinten eine große Terrasse mit guter Aussicht. Die Speisekarte ist etwas für passionierte Steakliebhaber; dazu gibt's mit Pommes und Rucolasalat typische Kneipenbeilagen. Wenn viel los ist, dauert alles ziemlich lange. In der gleichen Straße befinden sich noch ein paar andere Restaurants.

An- & Weiterreise

Busse von **Busways** (☎1300 555 611; www.busways.com.au) fahren nach Maclean (6,75 AU$, 30 Min.) und Grafton (12,50 AU$, 1¼ Std., Mo–Sa mehrere), Busse von **CountryLink** (☎13 22 32; www.countrylink.info) nach Byron Bay (17 AU$, 3 Std., tgl.) und Grafton, wo es Anschluss nach Sydney (91 AU$, 11½ Std.) gibt. **Greyhound** (☎1300 GREYHOUND, 1300 4739 46863; www.greyhound.com.au) hält hier auf der Fahrt nach Sydney (142 AU$, 11½ Std.) im Süden und Byron (37 AU$, 2 Std.) im Norden.

Ballina

15 963 EW.

Ballina liegt an der Mündung des Richmond River und ist mit weißen Sandstränden und kristallklaren Gewässern gesegnet. Wenn der Ort nicht so nahe bei Byron läge, wäre er wahrscheinlich ein touristischer Hotspot.

Sehenswertes & Aktivitäten

An der Norton St stehen eindrucksvolle Gebäude aus dem späten 19. Jh., als Ballina eine reiche Holzfällerstadt war. Wer abgefahrenere Architektur sehen will, findet 1 km westlich der Stadt die verfallene Big Prawn, deren Zustand mal geändert werden sollte.

Der **Shelly Beach** ist wie alle guten Strände ein weißer Sandstrand. Hier patrouillieren Rettungsschwimmer. Die ruhige **Shaws Bay Lagoon** ist bei Familien beliebt. Der **South Ballina Beach** ist ein gutes Ausflugsziel, zu erreichen mit der **Autofähre** an der Burns Point Ferry Rd.

Naval & Maritime Museum MUSEUM
(☎02-6681 1002; www.ballinamaritimemuseum.com.au; Regatta Ave; Eintritt gegen Spende; ⌚9–16 Uhr) Hinter der Touristeninformation warten hier die tollen Überreste eines Balsaholz-Floßes, das 1973 im Rahmen der Las-Balsas-Expedition von Ecuador aus über den Pazifik trieb.

Richmond River Cruises BOOTSFAHRT
(☎02-6687 5688; www.rrcruises.com.au; Regatta Ave; 2-stünd. Fahrt Erw./Kind 30/15 AU$; ⌚Mi & So 10 & 14 Uhr) Die Bootstouren des renommiertesten Anbieters im Ort sind für Rollstuhlfahrer geeignet.

Aboriginal Cultural Concepts INDIGENE TOUR
(☎0405 654 280; www.aboriginalculturalconcepts.com; halb-/ganztägige Touren pro Pers. 80/160 AU$; ⌚Mi–Sa 10–14 Uhr) Bei diesen Touren geht es zu den mythischen Stätten der Bundjalung Coast. Dabei erhält man Einblick in diese Gegend aus der Sicht der Ureinwohner. Sehr beliebt ist die dreistündige Bush-Tucker-Tour, auf der es was zu essen gibt.

Jack Ransom Cycles FAHRRADVERLEIH
(16 Cherry St; 20 AU$/Tag) Vermietet Fahrräder zur Erkundung des Orts und der Umgebung.

Schlafen & Essen

Ballina Travellers Lodge HOTEL $
(☎02-6686 6737; www.ballinatravellerslodge.com.au; 36-38 Tamar St; EZ/DZ/2BZ 65/95/115 AU$; ❄📶🏊) Diese Lodge ist eine Mischung aus Motel und Hostel, sie ist sauber, komfortabel, und die Besitzer haben viele Tipps parat.

★ **Ballina Manor** HISTORISCHES HOTEL $$$
(☎02-6681 5888; www.ballinamanor.com.au; 25 Norton St; Zi. 165–377 AU$; ❄📶) Diese Grande Dame der Gastlichkeit war einst ein Schulgebäude, ist aber inzwischen eine luxuriöse Pension voller restaurierter Möbel, Teppiche und Vorhänge aus den 1920er-Jahren. Alle Zimmer sind pompös; das beste von ihnen hat ein Himmelbett und einen Whirlpool.

La Cucina di Vino ITALIENISCH $$
(2 Martin St; Hauptgerichte 13–26 AU$; ⌚Mi–So 12–15 & 17–21, Mo & Di 17–21 Uhr) Der Blick aufs Meer und die offenen Räumlichkeiten machen dieses italienische Restaurant zu einer exzellenten Adresse für ein ausgedehntes Mittagessen. Auch Pizza ist im Angebot.

Ballina Gallery Cafe CAFÉ $$
(☎02-6681 38888; www.ballinagallerycafe.com.au; 46 Cherry St; Hauptgerichte 14–29 AU$) Frühstück, Salate und Sandwiches schmecken serviert in den raffinierten Räumlichkeiten des Ballina Gallery Cafe besonders gut. Der Laden ist im ehemaligen Rathaussaal untergebracht und das beste Café der Stadt.

Praktische Informationen

Ballina Visitor Centre (☎02-6686 3484; www.discoverballina.com; Ecke Las Balsas Plaza & River St) Am östlichen Ende der Stadt.

An- & Weiterreise

Wer weiter nach Byron Bay fährt, nimmt die Küstenstraße über Lennox Head. Die Strecke ist viel schöner als der Pacific Hwy, und es ist weniger Verkehr.

BUS

Greyhound (☎1300 GREYHOUND, 1300 4739 46863; www.greyhound.com.au) fährt nordwärts nach Byron (5,60 AU$, 40 Min.) und Brisbane (61 AU$, 4–5 Std.) und südwärts nach Sydney (152 AU$, 12 Std.). Busse von **Premier** (☎13 34 10; www.premierms.com.au) fahren ebenfalls nach Sydney (92 AU$, 13 Std.).

Blanch's Bus Service (S. 203) bietet täglich mehrere Verbindungen vom Flughafen und von der Bushaltestelle in der Tamar St nach Lennox Head (7,80 AU$, 30 Min.), Byron Bay (12 AU$, 70 Min.) und Mullumbimby (11 AU$, 85 Min.) an.

FLUGZEUG

Der Flughafen von Ballina (BNK) liegt nur 30 km nördlich von Byron Bay und ist die beste Möglichkeit, den Ort zu erreichen. Es gibt einen Mietwagenschalter und viele Nahverkehrsoptionen. Ballina wird immer häufiger angeflogen.

Jetstar (☎13 15 38; www.jetstar.com.au) Fliegt nach Sydney.

Regional Express (☎13 17 13; www.regionalexpress.com.au) Fliegt nach Sydney.

Virgin Australia (☎13 67 89; www.virginaustralia.com) Fliegt nach Melbourne mit Zwischenstopp in Sydney.

SHUTTLE

Zahlreiche Shuttleanbieter warten am Flughafen und bringen die Passagiere nach Ballina, Byron Bay und in andere Orte der Umgebung. Die Preise liegen durchschnittlich bei 15 bis 20 AU$.

Airport Express (☎0414 660 031; www.stevestours.com.au)

Byron Easy Bus (☎02-6685 7447; www.byronbayshuttle.com.au)

Lennox Head

5764 EW.

Lennox Head ist eine geschützte National Surfing Reserve. An der malerischen Küste gibt es gute Wellen, darunter auch lange Right-Hand-Breaks. Dank der blühenden Restaurantszene bei entspannter Atmosphäre ist der Ort eine ruhigere Alternative zum lauten, stark von Touristen frequentierten Byron Bay, das 17 km weiter nördlich liegt.

Sehenswertes & Aktivitäten

Der umwerfend schöne **Seven Mile Beach** verläuft parallel zur Hauptstraße. Die besten Badestellen finden sich in der Nähe des Surfclubs am nördlichen Ende und am südlichen Ende im Channel. Vom Aussichtspunkt **Port Morton** aus kann man Wale und Delfine beobachten.

Das Wasser des **Lake Ainsworth**, einer Lagune gleich hinter dem Surfclub, ist vom Tannin der an den Ufern wachsenden Teebäume braun gefärbt. Ein Bad hier tut auch der Haut gut. Bei **Wind & Water Action Sports** (☎0419 686 188; www.windnwater.net; Surfkurs 80 AU$/Std.) gibt's Unterricht im Kiteboarden, Windsurfen und Surfen; auch Ausrüstung wird verliehen. Mit **Seabreeze Hang Gliding** (☎0428 560 248; www.seabreezehanggliding.com; Tandem-Drachenflug ab 145 AU$) kann man Tandemflüge vom Lennox Headland wagen.

Schlafen & Essen

Die **Professionals** (☎02-6687 7579; www.lennoxheadaccom.net.au; 66 Ballina St) sind eine gute Adresse für Ferienwohnungen.

Lennox Head Beach House HOSTEL $
(☎02-6687 7636; www.yha.com.au; 3 Ross St; B/DZ 30,50/70 AU$; @) Dieses YHA-Hostel liegt nur 100 m vom Strand entfernt und hat makellose Zimmer und eine prima Atmosphäre. Leihsurfbretter, -sailboards und -fahrräder kosten 5 AU$.

Lake Ainsworth Holiday Park WOHNWAGENPARK $
(☎02-6687 7249; www.ballinabeachside.com.au; Pacific Pde; Stellplatz mit Strom 33 AU$, Hütte ab 80 AU$; 📶) Familienfreundliche Anlage gleich gegenüber dem Strand.

O-pes MEDITERRAN $$
(☎02-6687 7388; 90-92 Ballina St; Hauptgerichte 25–32 AU$; ⏲12–15 & 17.30–21, Sa & So auch 9.30–11.30 Uhr) Die Strandatmosphäre und den Ausblick genießt man hier auf gemütlichen Sofas an niedrigen Tischen. Die Speisekarte ist eine gelungene Mischung aus einfachen Tapas und schickeren Gerichten à la carte.

An- & Weiterreise

Blanch's Bus Service (S. 203) bietet eine Verbindung nach Ballina (7,80 AU$), Mullumbimby (10,50 AU$) und Byron Bay (8,50 AU$) an.

Byron Bay

4959 EW.

Bondi, Bell's Beach und Byron Bay – dem kultigen australischen Strand eilt sein Ruf voraus: Byron Bay ist ein traumhafter Ort, wo zwischen immergrünem Hinterland und einer schier endlosen Küste mit Surfmöglichkeiten der Inbegriff des relaxten New-Age-Jüngers sein Aussteiger-Dasein führt – natürlich streng ökologisch verträglich.

Das einzige Problem ist das erste Eintauchen in diese Traumwelt. Wenn man gemeinsam mit der scheinbar gesamten Backpacker-Community der Ostküste hier ankommt, wird man sich unwillkürlich fragen, warum um den Ort eigentlich solch ein Theater gemacht wird. Er versprüht aber tatsächlich ein einzigartiges Flair, und die langen Tage, das angenehme Klima, die endlosen Strände, die schönen Unterkünfte, das gute Essen, das ausufernde Nachtleben und die gemütliche Lebensart werden auch den hartgesottensten Skeptiker in ihren Bann ziehen.

Byron macht süchtig, und es fällt schwer, Abschied zu nehmen – und deshalb bleiben viele einfach da. Urplötzlich wird aus einem Wochenende eine Woche, dann ein Monat… Und ehe man sich's versieht, lässt man sich auch ein paar Dreads machen.

Sehenswertes

Der **Main Beach** unmittelbar vor der Stadt ist prima zum Leutegucken und Baden. Am **Belongil Beach** am westlichen Stadtrand kann man dies auch nackt tun. Surfen kann man am **Clarkes Beach** am östlichen Ende des Main Beach, die besten Wellen gibt's aber an den nächsten Stränden namens **Pass**, **Wategos** und **Little Wategos**.

Wunderbar ist auch der **Tallow Beach**, der sich von Cape Byron 7 km nach Süden bis zu einem felsigeren Küstenabschnitt um **Broken Head** erstreckt. Dort folgen ein paar kleine Strände, bevor sich die Küste zum **Seven Mile Beach** öffnet, der sich bis hinüber nach Lennox Head erstreckt.

3 km südlich der Stadt beginnt der Vorort **Suffolk Park** (mit mehr, vor allem im Winter guten Surfstränden). Der bei Schwulen beliebte **Kings Beach** liegt gleich abseits

Byron Bay

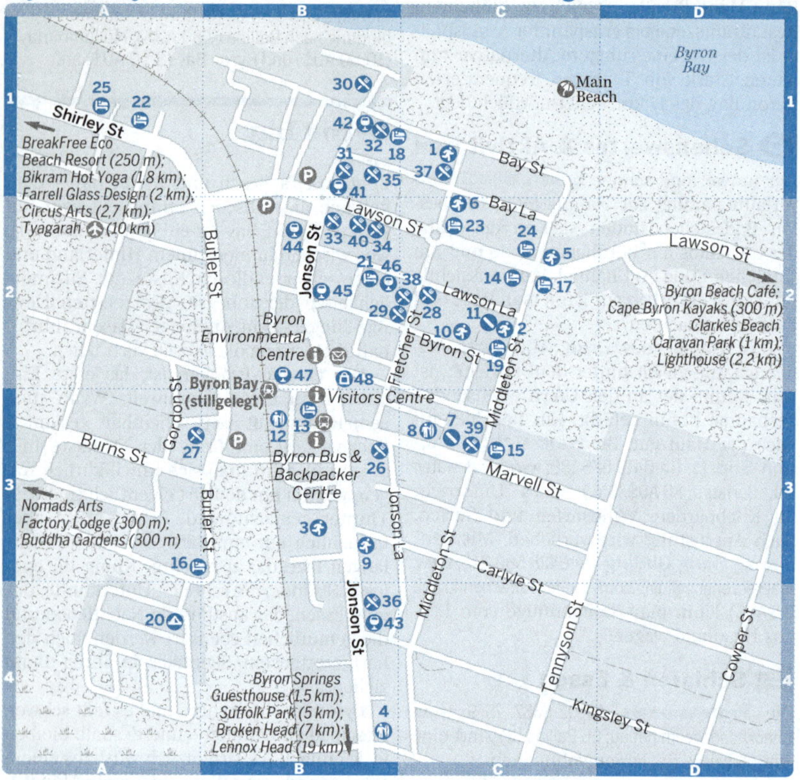

der Seven Mile Beach Rd nahe dem Broken Head Holiday Park.

Cape Byron

Der Großvater des Dichters Lord Byron war in den 1760ern ein bekannter Seefahrer, und so beschloss James Cook, dieses Fleckchen Erde – den östlichsten Punkt des australischen Festlands – nach ihm zu benennen.

Die Aussicht von oben ist spektakulär, besonders, wenn man den anstrengenden Weg vom Clarkes Beach hinauf zum Kap erstmal geschafft hat. Der Pfad, der sich wie ein Band um die Landzunge legt, führt (vor allem) auf und (seltener) ab bis zum Leuchtturm. Im Juni und Juli tummeln sich im Meer Delfine und Buckelwale. Über all dem thront der 1901 erbaute **Leuchtturm** (☎02-6685 6585; Lighthouse Rd; ⌚8 Uhr–Sonnenuntergang), der am östlichsten gelegene und leistungsstärkste seiner Art in Australien. Von hier führt der Cape Byron Walking Track um die Nordostseite des Kaps herum und in den **Cape Byron State Conservation Park**, in dem Buschhühner und Wallabies leben. Unterwegs lässt sich vom **Captain Cook Lookout** ein Traumblick genießen. Es ist möglich, mit dem Auto zum Leuchtturm zu fahren. Fürs Parken werden 7 AU$ fällig. Wer sein Auto 300 m weiter unten abstellt, parkt gratis.

Aktivitäten

In Byron Bay gibt's jede Menge Optionen, Abenteuersportart zu betreiben. Die meisten Anbieter holen einen kostenlos an den Unterkünften ab. Vor allem Surfen und Tauchen sind hier Trumpf.

Alternative Therapien

Byron ist eine Hochburg alternativer Heilverfahren. Im Visitor Centre gibt's eine umfangreiche Liste aller Angebote.

Ruth Smith Healing GESUNDHEIT & FITNESS
(Abundatia; ☎02-6685 8008; www.ruthsmithhealing.com; 6-7 Byron St; Behandlung ab 150 AU$)

Byron Bay

Man trete mit seinem Geist in Verbindung, um die Heilung auf den Weg zu bringen.

Bikram Yoga YOGA
(☎02-6685 6334; www.bikramyogabyronbay.com.au; 8 Grevillea St; ungezwungene Sitzung von 90 Min. 20 AU$) Gehört zu den angeseheneren Yogaschulen in Byron.

Buddha Gardens WELLNESS
(☎02-6680 7844; www.buddhagardensdayspa.com.au; 1 Skinners Shoot Rd, Arts Factory Village; Massage ab 120 AU$; ⏱10–18 Uhr) Tagesspa im balinesischen Stil.

Byron Ayurveda Centre GESUNDHEIT & FITNESS
(☎02-6632 2244; www.ayurvedahouse.com.au; Shop 6, Middleton St; Behandlung ab 45 AU$; ⏱Mi–So 10–17 Uhr) Ein ruhiges Ayurveda-Zentrum, das sich an die Massen richtet und vorwiegend Peelingbehandlungen anbietet.

Relax Haven GESUNDHEIT & FITNESS
(☎02-6685 8304; www.relaxhaven.com.au; 3/107 Jonson St; ⏱9–20.30 Uhr) Massagen, Kinesiologie und Entspannungsbecken, die bei Travellern wahre Begeisterungsstürme auslösen.

Cocoon GESUNDHEIT & FITNESS
(☎02-6685 5711; 6/11 Fletcher St; Massage ab 70 AU$) Verspricht „wohltuende Erholung" vom Familienurlaub.

Shambala GESUNDHEIT & FITNESS
(☎02-6680 7791; www.shambala.net.au; 4 Carlyle St; Behandlung ab 55 AU$; ⏱9–19 Uhr) Herkömmliche Massagen, Reflexzonenmassagen und Akupunktur.

Fliegen

Byron Airwaves GLEITSCHIRMFLIEGEN
(☎02-6629 0354; www.byronair.com) Tandemflüge (145 AU$) und Kurse (ab 1500 AU$).

Byron Bay Ballooning BALLONFAHREN
(☎1300 889 660; www.byronbayballooning.com.au; Tyagarah Airport; Erw./Kind 325/175 AU$) Ballonfahrten bei Sonnenaufgang inklusive Feinschmeckerfrühstück.

Byron Gliding PANORAMAFLUG
(☎02-6684 7627; www.byrongliding.com; Flug ab 120 AU$) Mit dem Segelflugzeug hoch über der Erde durch die Lüfte gleiten.

Byron Bay Microlights ULTRALEICHTFLUGZEUG
(☎0407 281 687; www.byronbaymicrolights.com.au; Tyagarah Airport; 15-/30-/45-minütiger Flug 100/180/245 AU$) Bietet eine Reihe von Panoramaflügen an.

Skydive Byron Bay FALLSCHIRMSPRINGEN
(☎1800 800 840, 02-6684 1323; www.skydivebyronbay.com; Tyagarah Airport; Tandemsprung 264–504 AU$) Die Preise für Tandemsprünge hängen von der Absprunghöhe und der Dauer des freien Falls (20–60 Sek.) ab.

Skydive the Beach FALLSCHIRMSPRINGEN
(☎1800 302 005; www.skydivethebeachbyronbay.com; pro Pers. 249–299 AU$) Tandemsprünge aus bis zu 14 000 Fuß (4267 m) Höhe.

Kajakfahren

Extrovertierte Delfine verleihen den Halbtageskajaktouren im und rund um den Cape Byron Marine Park den besonderen Reiz.

Cape Byron Kayaks KAJAKFAHREN
(☎02-6680 9555; www.capebyronkayaks.com; Erw./Kind 59/69 AU$; ⏲Touren 8.30 & 13 Uhr) Bietet großartige halbtägige Kajaktouren im und rund um den Cape Byron Marine Park an. Die Hauptattraktion auf den Paddeltouren sind die zutraulichen Delfine, die es unterwegs zu sehen gibt (wer keine sieht, darf kostenlos ein zweites Mal mitfahren).

Gosea Kayaks KAJAKFAHREN
(☎0416 222 344; www.goseakayakbyronbay.com.au; Erw./Kind 69/59 AU$; ⏲Touren 9.30 & 14 Uhr) Wenn man Pech hat und weder Wale noch Delfine noch Schildkröten sieht, bekommt man sein Geld zurück. Manche Touren werden von Aborigines geführt.

Surfen

Die Wellen in Byron Bay sind oft recht zahm. Viele Hostels stellen ihren Gästen kostenlose Surfbretter zur Verfügung.

Surfunterricht gibt's ab 60 AU$ pro halbem Tag.

Blackdog Surfing SURFEN
(☎02-6680 9828; www.blackdogsurfing.com; 4/5-11 Byron St) Unterricht in kleinen Gruppen und speziell für Frauen.

Byron Bay Surf School SURFEN
(☎1800 707 274; www.byronbaysurfschool.com; 127 Jonson St) Bietet auch Surfcamps.

Byron Surf Kool Katz SURFEN
(☎02-6685 5169; www.koolkatzsurf.com) Bietet u. a. Halbtageskurse an.

Mojosurf Adventures SURFEN
(☎1800 113 044; www.mojosurf.com; Marvell St; 1/2 Kurseinheiten 69/119 AU$, 2-/3-tägige Touren 280/445 AU$) Lange Surftouren.

Surfing Byron Bay SURFEN
(☎02-6685 7099; www.gosurfingbyronbay.com; 84 Jonson St) Hat auch Kurse für Kinder. Anders als bei manch anderem Anbieter wird in Byron Bay gesurft, nicht in Ballina.

Soul Surf School SURFEN
(☎1800 089 699; www.soulsurfschool.com.au) Besonders gut für Anfänger.

Surfaris SURFEN
(☎1800 634 951; www.surfaris.com; 3-/4-/5-Tagestouren 450/550/650 AU$) Tolle mehrtägige Touren zwischen Sydney und Byron Bay; Camping und Verpflegung sind inbegriffen.

Tauchen & Schnorcheln

Das **Julian Rocks Marine Reserve** liegt rund 3 km vor der Küste. Hier treffen kalte Strömungen aus dem Süden auf warme Wassermassen aus dem Norden – der daraus resultierende Artenreichtum lockt die Taucher in Scharen an.

Dive Byron Bay TAUCHEN
(☎02-6685 8333, 1800 243 483; www.byronbaydivecentre.com.au; 9 Marvell St) Vermietung und Verkauf von Tauchgerät, PADI-Kurse ab 495 AU$, Tauchgänge ab 95 AU$.

Sundive TAUCHEN
(☎02-6685 7755; www.sundive.com.au; 8 Middleton St; Schnorcheltour 55 AU$; ⏲Touren 8, 10.45 & 13 Uhr) Tauchgänge und tägliche Schnorcheltouren.

Blue Bay Divers TAUCHEN, SCHNORCHELN
(☎1800 858 155; www.bluebaydivers.com.au; 2 Tauchgänge mit Leihflasche 115 AU$) Kleine Gruppen; die Chance, mit Delfinen und Schildkröten zu tauchen oder zu schnorcheln.

Noch mehr Aktivitäten

Byron Surf & Bike Hire FAHRRADVERLEIH
(☎02-6680 7066; 1-3 31 Lawson St) Verleiht Fahrräder (20 AU$/Tag), Kajaks (45 AU$/halber Tag), Surfbretter (30 AU$/Tag) und auch Ausrüstung für andere Aktivitäten.

Bay Beach Hire FAHRRADVERLEIH
(☎1800 089 699; 3/14 Bay St; Fahrrad- oder Surfbrettverleih halber/ganzer Tag 20/30 AU$)

Verleiht Fahrräder, Surfbretter, Stehpaddelbretter, Neoprenanzüge und Schnorchelausrüstung.

Byron Bay Bicycles FAHRRADVERLEIH
(☎02-6685 6067; www.byronbaybicycles.com.au; The Plaza, 85 Jonson St; 4/8 Std. 14/22 AU$; ⊙Mo–Fr 8.30–17.30, Sa 9–16 Uhr) Fahrradverleih in der Nähe des Zentrums.

Circus Arts KURS
(☎02-6685 6566; www.circusarts.com.au; 17 Centennial Circuit) Rund 2 km westlich der Stadt. Bietet auch Ferienkurse für Kinder an.

Farrell Glass Design GLASBLÄSEREI
(☎02-6685 7044; www.farrellglassdesign.com; 6 Acacia St; ⊙Di–So 10–16 Uhr) Für Glasbläservorführungen vorher anrufen!

Geführte Touren

Zahlreiche Veranstalter bieten Touren nach Nimbin (S. 204) und zu anderen interessanten Orten im Hinterland an. Die meisten holen die Teilnehmer in deren Unterkünften ab.

Aboriginal Cultural Concepts INDIGENE TOUR
(☎0405 654 280; www.aboriginalculturalconcepts.com; halb-/ganztägige Touren 80/160 AU$; ⊙Mi–Sa 10–13 Uhr) Traditionelle Touren zur Erkundung der mythisch bedeutsamen Stätten an der Bundjalung Coast. Sehr empfehlenswert!

Byron Bay Eco Tours ÖKOTOUR
(☎02-6685 4030; www.byron-bay.com/ecotours; Tour 85 AU$; ⊙9 Uhr) Ganztägige Touren in den nahe gelegenen Regenwald mit ausgezeichneten Erläuterungen.

Byron Bay Wildlife Tours NATUR
(☎0429 770 686; www.byronbaywildlifetours.com; Erw./Kind 70/35 AU$) Wer nicht mindestens sieben Säuger zu Gesicht bekommt, erhält sein Geld zurück. Im Sommer (ab Nov.) werden Tierbeobachtungstouren an Land angeboten, von Juni bis Oktober ist dann Walbeobachtung angesagt.

Mountain Bike Tours MOUNTAINBIKEN
(☎0429 122 504; www.mountainbiketours.com.au; halb-/ganztägige Touren 75/125 AU$; ⊙9 Uhr) Umweltfreundliche Radtouren im Regenwald und entlang der Küste.

Vision Walks NATUR
(☎02-6687 4237; www.visionwalks.com; Erw./Kind Nachtwanderung 99/75 AU$, sonstige Touren ab 45/28 AU$) Auf dem Night Vision Walk bekommt man nachtaktive Tiere in ihrem natürlichen Lebensraum zu Gesicht. Es werden auch andere hervorragende Touren zur Beobachtung wilder Tiere angeboten.

Byron Bay Adventure Tours TOUR, WANDERN
(☎1300 120 028; www.byronbayadventuretours.com.au) Tageswanderungen und mehrtägige Touren zum Mount Warning.

Feste & Events

East Coast International Blues & Roots Music Festival MUSIK
(www.bluesfest.com.au) Über Ostern treten bei diesem internationalen Event hochkarätige Künstler aus aller Welt und lokale Größen auf. Frühzeitig Karten besorgen!

Byron Bay Writers Festival LITERATUR
(www.byronbaywritersfestival.com.au) Ende Juli/Anfang August kommen hier australische Top-Autoren und deren Fans zusammen.

Byron Bay Surf Festival SURFEN
(www.byronbaysurffestival.com) Hier wird Ende Oktober zu Ehren der Surfkultur gefeiert.

Schlafen

Im Januar muss man hier ohne Reservierung erst gar nicht anrücken. Auch die „Schoolies Week" Ende November, wenn die Schüler Ferien haben, ist nicht gerade die beste Zeit für einen Besuch in Byron. In dieser Zeit ist es fast unmöglich, ein Zimmer nur für eine Nacht zu buchen.

Die Motels sind vorwiegend in der Stadt und im Süden entlang der Bangalow Rd zu finden. B&Bs und Apartments gibt's vor allem am Belongil Beach.

NICHT VERSÄUMEN

EINE NACHT IN DER NATUR

Die direkt beim Leuchtturm von Byron Bay gelegenen, historischen **Lighthouse Keepers Cottages** (☎02-6685 6552; www.nationalparks.nsw.gov.au; 3 Tage ab 1200 AU$) von 1901 wurden renoviert und mit glänzenden Parkettböden und hübschen Möbeln ausgestattet, sodass hier heute Gäste übernachten können. Die Aussicht ist unglaublich, und nach Einbruch der Dunkelheit hat man dieses Fleckchen Erde für sich allein. Entlang der Ostküste gibt es noch weitere Übernachtungsmöglichkeiten dieser Art.

Das vom Visitor Centre betriebene **Accommodation Booking Office** (☎02-6680 8666; www.byronbayaccom.net) ist eine großartige Anlaufstelle für Zimmerreservierungen.

Ferienhäuser bucht man bei **Professionals** (☎02-6685 6552; www.byronbaypro.com.au; Ecke Lawson St & Fletcher St).

Nomads Arts Factory Lodge HOSTEL, CAMPING $
(☎02-6685 7709; nomadsworld.com/arts-factory; Skinners Shoot Rd; Stellplatz 18 AU$, B/DZ ab 35/80 AU$; @ 📶 🏊) *Die* Byron-Erfahrung schlechthin: In einer relaxten, hippiemäßigen Umgebung an einem malerischen Sumpf werden Didgeridoo-Unterricht sowie Yoga- und Meditationsworkshops angeboten. Zur Wahl stehen farbenfrohe Schlafsäle mit sechs bis zehn Betten, ein Cottage, Tipis oder Waggons. Wer zu zweit unterwegs ist, nimmt eines der „Cube"-Zimmer (quadratisch, praktisch, gut), eine einfache Hütte am See (Island Retreat) oder eine der etwas teureren Love Shacks mit Bad.

Nomads HOSTEL $
(☎02-6680 7966; www.nomadsbyronbay.com.au; 1 Lawson Lane; B 25 AU$, DZ 90 AU$, DZ ohne Bad 105 AU$; @ 📶) Byrons größte Backpackerbleibe punktet mit ihrem schicken Designer-Dekor und den abgefahrenen Möbeln. Das Gebäude wurde zu Anfang als Hostel konzipiert, und so sind die zehn Schlafsäle picobello sauber. Noch besser sind die „King Rooms", die ein eigenes Bad, Kühlschrank und Plasma-TV haben.

Aquarius HOSTEL $
(☎02-6685 7663; www.aquarius-backpackers.com.au; 14-16 Lawson St; B/DZ/DZ im Motel ab 32/75/150 AU$; ❄ @ 🏊) Energiegeladene, geradezu hyperaktive Gäste bringen Schwung in diese Backpackerherberge im Motelstil. Es gibt viele Gemeinschaftsbereiche – darunter eine Bar –, sodass auch alleinreisende Traveller schnell Anschluss finden. Im Angebot sind auch in sich abgeschlossene Wellness-Suiten (DZ ab 170 AU$).

Cape Byron YHA HOSTEL $
(☎1800 652 627, 02-6685 8788; www3.yha.com.au; Ecke Middleton St & Byron St; B/DZ ab 32/105 AU$; ❄ @ 🏊) Modern, sauber und zentral.

Clarkes Beach Caravan Park WOHNWAGENPARK $
(☎02-6685 6496; www.northcoastparks.com.au/clarkes; abseits der Lighthouse Rd; Stellplatz ohne Strom/Hütte ab 42/140 AU$; @) Dicht beieinander liegende Hütten und Stellplätze umgeben von Busch.

Glen Villa Resort WOHNWAGENPARK $
(☎02-6685 7382; www.glenvillaresort.com.au; Butler St; Hütte für 2 Pers. ab 95 AU$; ❄ @ 📶 🏊) Auf dieser gepflegten Anlage sind pro Hütte nur zwei Personen erlaubt, was fast schon auf militante Weise durchgesetzt wird. Das Gelände befindet sich abseits der Durchgangsstraße, sodass sich hier oft noch ein Plätzchen findet, wenn anderswo schon alles ausgebucht ist.

Atlantic PENSION $$
(☎02-6685 5118; www.atlanticbyronbay.com.au; 13 Marvell St; Zi. ab 155 AU$; ❄ 📶 🏊) Was so eine Renovierung ausmachen kann! Der kleine Wohnkomplex hat sich in eine leuchtend weiße Oase am Meer verwandelt. Hier trifft Byrons Surferkultur auf Karibikfeeling.

Bamboo Cottage PENSION $$
(☎02-6685 5509; www.byron-bay.com/bamboocottage; 76 Butler St; Zi. ab 120 AU$; 📶) Diese Pension bietet ihren Gästen neben kosmopolitischem Charme und hübschen Wandbehängen drei individuell gestaltete Zimmer mit asiatischem Flair und pazifischem Inseltouch – eine Atmosphäre so richtig zum Wohlfühlen. Das Cottage liegt auf der etwas ruhigeren Seite der Schienen. Die günstigeren Zimmer haben Gemeinschaftsbäder.

Oasis Resort & Treetop Houses APARTMENTS $$
(☎02-6685 7390, 1800 336 129; byronoasis.com.au; 24 Scott St; Apt./Baumhaus ab 200/360 AU$; ❄ 🏊) Die von Palmen eingerahmte, kompakte Anlage abseits des Stadtzentrums verfügt über Apartments mit großen Balkons. Die besten Optionen sind jene hoch in den Baumwipfeln. Sie haben einen Whirlpool im Freien und Meerblick.

Byron Springs Guesthouse PENSION $$
(☎0457 808 101; www.byronsprings.com.au; 2 Oodgeroo Garden; EZ mit Gemeinschaftsbad ab 75 AU$, DZ ohne/mit Bad ab 95/110 AU$; ❄ 📶) Wer dem Trubel entkommen möchte, der ist in dieser Unterkunft in grüner Lage mit poliertem Holzfußboden und weißer Bettwäsche genau richtig. Von hier bis ins Zentrum sind's zu Fuß 20 Minuten.

Bay Beach Motel MOTEL $$
(☎02-6685 6090; www.baybeachmotel.com.au; 32 Lawson St; Zi. 140–200 AU$, Apt. mit 2 Schlafzi. ab 340 AU$; ❄ 📶 🏊) Das unprätentiöse, aber flotte, weiße Backsteinhotel mit Möbeln im

Schweden-Look liegt in Strand- und Stadtnähe, aber wiederum nicht so nahe, dass einen das Partyvolk am Schlafen hindert.

BreakFree Eco Beach Resort SELBSTVERSORGER $$
(☎02-6639 5700; www.ecobeachbyron.com.au; 35-37 Shirley St; DZ 186 AU$, Apt. mit 1/2 Schlafzi. 219/404 AU$) Eine schicke Anlage, die sowohl preislich als auch qualitativ am oberen Ende der Mittelklasse angesiedelt ist. Es gibt luftige Studios und Apartments, die alle irgendwie an ein gewisses schwedisches Möbelhaus erinnern. Die Einrichtung ist somit zwar schlicht, aber sehr modern.

Wollongbar Motor Inn SELBSTVERSORGER $$
(☎02-6685 8200; www.wollongbar.com; 19-21 Shirley St; EZ/DZ/FZ ab 129/149/179 AU$) Die Zimmer hier sind sehr geräumig, und jedes Familienzimmer hat sogar eine Spielkiste für die Kleinen. Der Strand liegt ein paar Gehminuten entfernt durch den Busch (auf Buschhühner achten!).

★ **Byron at Byron** RESORT $$$
(☎02-6639 2000, 1300 554 362; www.thebyronatbyron.com.au; Zi. ab 305 AU$;) Höchsten Luxus bietet dieses Resort mit 92 Suiten auf einem 18 ha großen Gelände mit subtropischem Regenwald, in dem Wildtiere und bedrohte Arten heimisch sind. Das Resort versteht sich als umweltfreundlich und präsentiert online seine Öko-Visitenkarte. Wenn man nicht gerade am Infinity Pool abhängt, kommt man zu Fuß in zehn Minuten über ein paar wunderschöne Plankenwege zum Tallow Beach.

Beach Hotel Resort RESORT $$$
(☎02-6685 6402; www.beachhotelresort.com.au; Bay St; Zi. inkl. Frühstück ab 440 AU$;) In Byrons Zentrum lockt dieses Wahrzeichen am Ufer Leute mit etwas mehr Stil und Contenance an als der riesige Hotelbiergarten nebenan. Die Zimmer im Erdgeschoss öffnen sich zu üppigen Gartenanlagen und einem beheizten Pool, an dem Eidechsen in der Sonne liegen. Aus den Zimmern in den Obergeschossen hat man Meerblick.

Rae's on Watego's HOTEL $$$
(☎02-6685 5366; www.raes.com.au; Marine Pde; Zi. ab 540 AU$;) Diese leuchtend weiße, mediterrane Villa zählte einst zu den 25 Spitzenhotels der Welt und gehört zweifellos zu den Spitzenunterkünften in Australien. Die Zimmer besitzen eine künstlerische, aber zwanglose Eleganz, bei der man den Luxus kaum bemerkt. Das Restaurant allein ist die Reise schon fast wert.

Outrigger Bay Resort APARTMENTS $$$
(☎02-6685 8646; www.outriggerbay.com; 9 Shirley St; Apt. mit 2/3 Schlafzi. 223/284 AU$;) Die Wohneinheiten dieses Apartmentkomplexes haben ein, zwei oder drei Schlafzimmer. Alle verfügen über offene Küchen und liegen schön schattig an einem Pool. Zum Strand sind's nur 50 m.

Waves APARTMENTS $$$
(☎1800 040 151; www.wavesresorts.com.au; 35 Lawson St; DZ-Apt. 180–400 AU$;) gemütliche, zentral gelegene Penthouse- und Studioapartments in Boutiquequalität.

Essen

Bay Leaf Café MODERN-AUSTRALISCH $
(Marvell St; Hauptgerichte 9–17 AU$; ⏲6.30–17 Uhr) Das winzige, unkonventionelle Café bietet wenige, dafür aber ausgezeichnete Gerichte an, die in der geschäftigen offenen Küche zubereitet werden. Neben der frischen, hausgemachten Pasta ist das Frühstück die beste Mahlzeit des Tages.

Fishheads SEAFOOD, FISH & CHIPS $
(www.restaurantbyronbay.com; 1 Jonson St; Hauptgerichte 9,50–22 AU$; ⏲7.30–21 Uhr;) Direkt am Strand liefert dieser fabelhafte Takeaway-Imbiss traditionell panierten Fisch mit Pommes (9,80 AU$). Eine Preisklasse höher liegt der Tintenfisch mit Chili, Knoblauch und asiatischem Krautsalat. Auch das dazugehörige Restaurant ist nett, aber warum nicht einfach gleich am Strand essen?

Twisted Sista BÄCKEREI $
(Shop 1, 4 Lawson St; Hauptgerichte 10–19 AU$; ⏲7.30–15 Uhr) Unter den zahlreichen Backwaren finden sich z. B. riesige Muffins, Lachs-Bruschetta und dick belegte Sandwiches aus wunderbarem Brot. Durch die netten Tische im Freien herrscht hier meist eine beschwingte Stimmung – und mancher kuriert hier seinen Kater vom Vortag aus.

Mongers FISH & CHIPS $
(☎02-6680 8080; www.mongers.com.au; Bay Lane; Hauptgerichte 13–20 AU$; ⏲12–21 Uhr) Hinter dem Beach Hotel versteckt sich dieses Fish-&-Chips-Lokal mit treuer Fangemeinde. Die Qualität ist spitze – da stört man sich auch an den Tischen in der engen Seitengasse nicht. Wem der Sinn nach etwas Leichterem steht, der sollte den Salat mit den gegrillten Tintenfischringen probieren.

Espressohead CAFÉ $
(Shop 7, Middleton St) Die Einheimischen zieht es wegen des ausgezeichneten Kaffees, der Bagels, der frischen Pasta und der Salate hierher.

Byron Farmers Market SELBSTVERSORGER $
(www.byronfarmersmarket.com.au; Butler St Reserve; ⏲Do 7–11 Uhr) Ein Freiluft-Tempel für regionale Produkte.

Dip MEDITERRAN $
(21 Fletcher St; Tapas 4,50–21 AU$; ⏲8–15 Uhr) Coole Bar mit einfallsreichen Gerichten.

Mokha MEDITERRAN, NAHÖSTLICH $
(Shop 2, Lawson St; Hauptgerichte 9–32 AU$; 📶) Vielseitiger Mix aus europäischen und nahöstlichen Gerichten. Mit einer großen Weinauswahl.

★ **St. Elmo** MEDITERRAN, BAR $$
(☎02-6680 7426; www.stelmodining.com; Ecke Fletcher St & Lawson Lane; Hauptgerichte 14,50–26 AU$; ⏲Mo–Do 16–open end, Fr–So 12 Uhr–open end) Die Hocker von Kartell zeigen, wie viel Liebe zum Detail (und zum Design) in dieser Bar steckt. Wer seinen Hintern auf einem dieser Hocker platziert, wird von durchtrainierten, braun gebrannten und fachkundigen Barkeepern mit Feinschmecker-Cocktails versorgt. Zum Abendessen eignen sich die Portionen für zwei (23 AU$) hervorragend als Eisbrecher. Unter den Gerichten sind z. B. kurz angebratene Jakobsmuscheln und mit Chorizo gefüllte Paprika sowie Krabben-Paella.

Kinoko Sushi Bar JAPANISCH $$
(7/23 Jonson St; Hauptgerichte 13,80–25 AU$; ⏲12–21 Uhr) Hier gibt's Sushi am laufenden (Fließ-)Band. Alternativ bereitet der japanischen Koch aber auch frisches Sashimi zu. Die lebhafte Location ist auch eine gute Adresse, wenn man nur mal Lust auf ein Asahi-Bier hat.

Balcony MEDITERRAN $$
(☎02-6680 9666; www.balcony.com.au; Ecke Lawson St & Jonson St; Hauptgerichte mittags 13,50–25 AU$, Hauptgerichte abends 24–32 AU$; ⏲8–21 Uhr; 📶) Der Name ist Programm: Um das gesamte Gebäude zieht sich ein Balkon mit perfektem Blick auf das Treiben in der Stadt und den stets verstopften Kreisverkehr. Serviert wird mediterrane Fusion-Küche mit Einflüssen aus aller Welt. Es gibt Käseplatten, Tapas und fischlastige Gerichte. Die Getränkekarte kann sich ebenfalls sehen lassen.

Byron Beach Cafe CAFÉ $$
(☎02-6685 8400; www.byronbeachcafe.com.au; Lawson St, Clarkes Beach; Hauptgerichte 17–34 AU$; ⏲7.30–22 Uhr) Westlich des Ortskerns liegt dieses tolle Café mit Blick auf den Clarkes Beach – der perfekte Ort für einen Kaffee, ein Frühstück oder ein deftigeres Essen vor der Kulisse des rauschenden Meeres! Im Angebot sind Meerbrassen-Pasteten, knuspriger Schweinebauch oder kurz angebratene Jakobsmuscheln mit Apfel-Blumenkohl-Püree.

Italian at the Pacific ITALIENISCH $$
(☎02-6680 7055; italianatthepacific.com.au; Bay St; Hauptgerichte 26–35 AU$; ⏲18–22 Uhr) Das beste italienische Restaurant in Byron findet sich nur wenige Meter vom Strand entfernt. Das reizende Ambiente passt perfekt zu den feinen Gerichten, die hier serviert werden, etwa Kingfish-Carpaccio mit Roter Bete.

Orient Express THAI, VIETNAMESISCH $$
(☎02-6680 8808; www.orientexpresseatery.com.au; 1/2 Fletcher St; Yum Cha 7,50 AU$/Stück, Hauptgerichte 15–35 AU$; ⏲Fr–So 11–21.30, Mo–Do 17.30–21.30 Uhr) Nicht selten wird dieses Lokal mit einem asiatischen Einrichtungshaus oder einem Teehaus verwechselt. Tatsächlich ist es aber eines der besten Restaurants in Byron. Es wird von Tippy Heng geführt. Die moderne Speisekarte ist zwar kurz, dafür aber voller leckerer Speisevorschläge. Das Yum Cha am Wochenende ist einfach traumhaft. Auf längeres Warten einstellen!

Targa CAFÉ, ITALIENISCH $$
(☎02-6680 9960; www.targabyronbay.com; 11 Marvell St; Mittagsgerichte 5–12 AU$, Hauptgerichte abends 25–32 AU$; ⏲7–23 Uhr) Ein reizendes, äußerst beliebtes italienisches Café mit Weinbar, das sich in genau der richtigen Entfernung zum Trubel der Hauptstraße befindet. Morgens und zur Mittagszeit herrscht eine recht lockere Atmosphäre, während es abends etwas nobler zugeht.

Orgasmic NAHÖSTLICH $$
(11 Bay Lane; Hauptgerichte 14–23 AU$; ⏲10–22 Uhr) Ein kleines Lokal mit einfachen Sitzgelegenheiten in einer Seitenstraße, das eine Kategorie oberhalb eines Imbisses angesiedelt ist. Die großen Vorspeisen-Teller gibt's auch zum Mitnehmen – ideal für ein schnelles Picknick!

One One One MEDITERRAN $$
(☎02-6680 7388; 1/111 Jonson St; Hauptgerichte 22–36 AU$; ⏲tgl. 8–15, Fr & Sa auch 17.30–21 Uhr;

☎) *Die* Adresse für Slow-Food-Liebhaber. Die Zutaten kommen alle aus der Region, und auf der Speisekarte stehen vorwiegend vegetarische Gerichte. Die meisten Optionen haben einen nahöstlichen Touch – unbedingt das traditionelle jemenitische Gebäck oder die als „der ohnmächtige Priester" bekannte, schonend gegarte Aubergine probieren! Ideal auch für zwei Personen.

Earth 'n' Sea ITALIENISCH $$
(☎ 02-6685 6029; www.earthnsea.com.au; Ecke Fletcher St & Byron St; Pasta 15–18 AU$, Pizza ab 17,50 AU$; ⌚ Mo–Fr 12–14.30 & 17–21, Sa & So 12–21 Uhr) Die Pizzakarte dieses alteingesessenen Favoriten ist lang und abwechslungsreich. Auch Pastagerichte sind im Angebot. Auf der Bierkarte stehen u.a. einige hervorragende Gebräue der Northern Rivers Brewing Co.

Fresh CAFÉ $$
(☎ 02-6685 7810; www.byronfresh.com.au; 7 Jonson St; Gerichte 17–35 AU$; ⌚ 7–23 Uhr) Hervorragende Adresse für ein leckeres Pancake-Frühstück! Abends kann man im Freien sitzen und Gerichte wie etwa den Zen Burger oder den Paradise Salad genießen. Toll, um Leute zu beobachten! Keine Reservierung möglich.

Petit Snail FRANZÖSISCH $$$
(☎ 02-6685 8526; www.thepetitsnail.com.au; 5 Carlyle St; Hauptgerichte 31–45 AU$; ⌚ Mi–Sa 18.30–21.30 Uhr) Ein sehr familiäres Restaurant abseits des Trubels, in dem man sich eher wie in Bordeaux als wie in Byron fühlt. Das französische Personal serviert traditionelle gallische Speisen wie Tatar, Kaninchenterrine, Entenconfit und viel Käse. Es gibt auch einen Sitzbereich draußen auf der Veranda. Vorab reservieren!

Rae's on Watego's MODERN-AUSTRALISCH $$$
(☎ 02-6685 5366; www.raes.com.au; Marine Pde; Hauptgerichte 30–45 AU$; ⌚ 12–17 & 18–23.30 Uhr) Hier werden auf einer Terrasse zum angenehmen Klang des Meeres ausgezeichnete Gerichte serviert. Die Karte wechselt täglich, überrascht aber immer wieder aufs Neue mit seiner unkonventionellen Zusammenstellung der Zutaten und Gewürze. Vorab reservieren!

Ausgehen & Nachtleben

Byron Bay hat ein vielseitiges Nachtleben, und es wird stets bis in die Puppen gefeiert. Veranstaltungshinweise gibt's donnerstags in den *Byron Shire News*, im Radio auf Bay 99.9 FM oder online unter www.byronbayentertainment.com.

★ **Balcony** BAR
(www.balcony.com.au; Ecke Lawson & Jonson St; ⌚ 8–23 Uhr) Mit der unter Palmen hervorlugenden Veranda ist dieses nette Bar-Restaurant prima für einen Boxenstopp. Man sitzt auf Hockern, Stühlen oder Sofas. Die Cocktailkarte macht einen schon beim Lesen beschwipst.

Railway Friendly Bar KNEIPE
(Jonson St; ⌚ 11 Uhr–open end) Diese Kneipe mit Plätzen drinnen und draußen lockt von krebsroten britischen Touristen und zugedröhnten Hippies bis hin zu lebenslustigen Vollweibern alle möglichen Leute an. Der alte Bahnhof bildet den gemütlichen Innenraum. Im Biergarten davor, der zu einer nachmittäglichen Sause einlädt, gibt's an den meisten Abenden Livemusik.

Great Northern KNEIPE
(www.thenorthern.com.au; Byron St; ⌚ 12 Uhr–open end) In dieser lauten, bierseligen Kneipe braucht keiner den feinen Zwirn anzulegen. An den meisten Abenden wird Livemusik gespielt, je lauter, desto besser (vor allem, wenn bekannte Bands spielen). Die Folgen des Alkohols mildert die Holzofenpizza ein bisschen ab.

Beach Hotel KNEIPE
(beachhotel.com.au; Ecke Jonson & Bay St; ⌚ 11 Uhr–open end) Die Mutter aller Kneipen liegt nahe dem Main Beach und verbreitet eine ansteckend gute Stimmung, durch die man schnell mit allen gut Freund ist. An einigen Abenden gibt's Livemusik und DJs.

St. Elmo BAR
(www.stelmodining.com; Ecke Fletcher St & Lawson Lane; ⌚ Mo–Do 16–open end, Fr & Sa 12–open end, So 12 Uhr–22 Uhr) Cocktailbar für echte Feinschmecker.

Cocomangas NACHTCLUB
(www.cocomangas.com.au; 32 Jonson St; ⌚ Mo–Sa 12–3 Uhr) Der älteste Club in Byron. Montags ist Backpacker-Party angesagt.

La La Land NACHTCLUB
(www.lalalandbyronbay.com.au; 6 Lawson St; ⌚ 21–3 Uhr) Einer der besseren Nachtclubs im Ort.

Cheeky Monkeys NACHTCLUB
(www.cheekymonkeys.com.au; 115 Jonson St; ⌚ 19–3 Uhr) Das reinste Backpacker-Paradies – inklusive Wet-T-Shirt-Wettbewerben …

ABSTECHER

BANGALOW

Gerade mal 14 km von Byron Bay entfernt liegt das hübsche Bangalow (1520 Ew.) mit Boutiquen, guten Restaurants, Buchläden und einem ausgezeichneten Pub. Der Ort mit seiner charaktervollen Hauptstraße lockt sogar eingefleischte Städter aus Sydney an.

Es gibt einen guten wöchentlichen **Bauernmarkt** (Byron St; ⌚Sa 8–11 Uhr) und eine hoch gelobte **Kochschule** (☎02-6687 2799; www.leahroland.com/bangalow-cooking-school).

Das stattliche alte **Bangalow Guesthouse** (☎02-6687 1317; bangalowguesthouse.com.au; 99 Byron St; Zi. 165–285 AU$) steht am Flussufer; beim Frühstück sieht man hier Schnabeltiere und übergroße Eidechsen. Ein Traum von einem B&B!

Rund 4 km weiter nördlich liegt die **Possum Creek Eco Lodge** (☎02-6687 1188; www.possumcreeklodge.com.au; Cedarvale Rd; Bungalow ab 198 AU$; 🏊), von der aus man einen hübschen Ausblick über üppig grüne Täler genießt. Das Wort „Öko" kommt hier nicht von ungefähr: Es wird Wasser aufbereitet, Regenwasser wird gesammelt und genutzt, und der Strom stammt teilweise aus Solarenergie.

Im Bangalow Hotel befinden sich auch die **Bangalow Dining Rooms** (www.bangalowdining.com; Byron St; Hauptgerichte 17–36 AU$; ⌚12–15 & 17.30–21 Uhr), ein Restaurant mit Klasse und genau dem richtigen Maß Coolness. Wer keinen Tisch im Speisesaal reserviert hat, kann auf der Terrasse sitzen und von einer preiswerteren Karte mit typischem Kneipenessen wie Gourmet-Burgern und dergleichen wählen.

Das **Uptown** (☎02-6687 2555; townbangalow.com.au; 33 Byron St; 5-Gänge-Menü 85 AU$; ⌚Do–Sa 18.30–21.30 Uhr) gehört zu den besten Restaurants an der Küste von NSW, und auf der Speisekarte stehen Leckereien aus hiesigen Zutaten. Vorab reservieren! Im Untergeschoss befindet sich das **Downtown** (☎02-6687 1010; townbangalow.com.au; 33 Byron St; ⌚Mo–Sa 7.30–15, So 9–15 Uhr), das von denselben Leuten betrieben wird und hervorragenden Kaffee und tolles Frühstück serviert. Auch hier sollte man im Voraus reservieren.

Blanch's Bus Service (S. 203) fährt nach Ballina (9 AU$) und Byron Bay (7,80 AU$).

Shoppen

Generell gilt: Kunstboutiquen findet man in der Fletcher St, nördlich der Marvell St, Klamotten gibt's rund um den Kreisverkehr zwischen der Lawson St und der Fletcher St, und alles andere (von Unterwäsche bis zu New-Age-Krimskrams) bekommt man am ehesten westlich davon und im Süden auf der Jonson St.

Planet Corroboree KUNST & KUNSTHANDWERK
(1/69 Jonson St; ⌚10–18 Uhr) Eine riesige Auswahl von Aborigine-Kunst.

Happy High Herbs KRÄUTER
(☎02-6680 8856; www.happyhighherbs.com; 1/5-7 Byron St; ⌚Mo–Fr 11–17, Sa 10.30–17, So 11–15 Uhr) Kräuter und Naturheilmittel. Zutritt nur für Erwachsene.

Praktische Informationen

Hilfreiche Infos gibt's auf der Website www.byron-bay.com. Der *Pink Guide* ist eine vor Ort erscheinende Zeitung, die sich an schwule und lesbische Traveller richtet. Auch die zugehörige Website ist eine gute Informationsquelle (www.byronbaypinkguide.blogspot.com.au).

GELD

Atlas Currency Exchange (www.atlascurrency.com.au; Central Arcade, 4/47 Byron St) Geldwechsel, Überweisungen, Internetzugang.

INTERNETZUGANG

In Byron gibt's überall Internetcafés, in denen man auf kleinstem Raum zusammengepfercht wird, um auf noch kleinere Bildschirme zu starren. Diese Läden kommen und gehen. Mittlerweile haben aber viele Cafés und die meisten Hotels WLAN oder einen öffentlichen Computer.

MEDIZINISCHE VERSORGUNG

Bay Centre Medical Clinic (☎02-6685 6206; www.byronmed.com.au; 6 Lawson St; ⌚Mo–Do 8–17.30, Fr bis 17, Sa bis 12 Uhr) Allgemeinchirurgie.

Byron Bay Hospital (☎02-6685 6200; www.ncahs.nsw.gov.au; Ecke Wordsworth St & Shirley St; ⌚24 Uhr) Für medizinische Notfälle.

ChemCoast Pharmacy (☎02-6685 6274; 20 Jonson St; ⌚8–20 Uhr)

TOURISTENINFORMATION

Backpackers World (☎02-6685 8858; www.backpackersworld.com.au; Shop 6, 75 Jonson St) In erster Linie ein Reisebüro.

Byron Bus & Backpacker Centre (☎ 02-6685 5517; 84 Jonson St; ⌚7.30–19 Uhr) Neben der Bushaltestelle. Bucht Bus- und Zugtickets sowie Unterkünfte und Aktivitäten. Hat auch Schließfächer für Gepäck (7 AU$).

Byron Environmental Centre (www.byronenvironmentcentre.asn.au; Bahnhof Mullumbimby, 2 Prince St) Die Öffnungszeiten ändern sich ständig, nicht jedoch die Begeisterung der vor Ort aktiven Umweltschützer.

Visitors Centre (☎ 02-6680 8558; www.visitbyronbay.com; Stationmaster's Cottage, Jonson St; ⌚9–17 Uhr) Erste Adresse für Reiseinfos jeglicher Art. Wenn viel los ist, wird's hier schnell ganz schön eng.

ℹ An- & Weiterreise

BUS

Die Fernbusse von **Greyhound** (☎ 1300 4739 46863; www.greyhound.com.au) und **Premier** (☎ 13 34 10; www.premierms.com.au) halten an der Jonson St. Hier die ungefähren Preise und Fahrzeiten beider Unternehmen: Brisbane (30 AU$, 2¾ Std.), Coffs Harbour (50 AU$, 5¼ Std.) und Sydney (ab 92 AU$, 12–14 Std.).

Blanch's Bus Service (☎ 02-6686 2144; www.blanchs.com.au) fährt täglich vom Flughafen nach Lennox Head (8,50 AU$, 25 Min.), Ballina (Haltestelle in der Tamar St, 12 AU$, 70 Min.) und Mullumbimby (11,75 AU$, 35 Min.).

Sonstige Verbindungen:

➡ **Byron Easy Bus** (S. 192) Von Byron Bay zu den Flughäfen von Brisbane (54 AU$) und zur Gold Coast (39 AU$)

➡ **Express Bus Service** (☎ 1300 363 123; www.byronbayexpress.com.au) Von Byron Bay nach Coolangatta und Surfers Paradise (einfache Strecke/hin & zurück 30/55 AU$)

FLUGZEUG

Der nächste und praktischste Flughafen befindet sich in Ballina. Sein Flugbetrieb wächst rasant an, und es stehen Shuttle-Verbindungen und Mietwagen zur Verfügung.

Der Flughafen Coolangatta an der Gold Coast wird zwar häufiger angeflogen, die Fahrt von hier nach Byron führt jedoch meist durch dichten Verkehr. **Byron Bay Shuttle** (www.byronbayshuttle.com.au) fährt zu beiden Flughäfen: Coolangatta (36,10 AU$) und Ballina (17,10 AU$).

ZUG

Viele trauern noch der beliebten eingestellten CountryLink-Zugverbindung nach Sydney nach. Der bekannte Film *Derailed* (2008) dokumentiert diesen verkehrspolitischen Schwachsinn.

ℹ Unterwegs vor Ort

Am Flughafen von Ballina können Autos gemietet werden.

Byron Bay Taxis (☎ 02-6685 5008; www.byronbaytaxis.com.au) 24-Std.-Rufservice.

Earth Car Rentals (☎ 02-6685 7472; www.earthcar.com.au; 3a/1 Byron St) Wirbt für sich als Australiens erste CO_2-neutrale Autovermietung.

Infos zu Fahrradverleihen gibt's auf S. 196.

HINTERLAND DER NORTH COAST

In nur wenigen Minuten von Byron Bay aus findet man sich in einer smaragdgrünen Landschaft wieder, die einem fein gewirkten Teppich aus Regenwald, Weideland, kleinen Obstplantagen und Hainen aus Eukalyptusbäumen gleicht. Das Gelände ist von hübschen, gewundenen Straßen durchzogen.

Das beliebteste Nest im Landesinneren ist die Hippie-Hochburg Nimbin. Aber auch Orte wie Bangalow mit seinen guten Läden und Restaurants sind Zeugnisse für den Trend, ländliche Lebensart mit dem urbanen Komfort der Großstädte zu kombinieren.

Im Hinterland liegen zudem die Nationalparks The Border Ranges, Wollumbin (inkl. des ehemaligen Mt. Warning National Park) und Nightcap, die zum Weltnaturerbe Central Eastern Rainforest Reserves gehören. Insgesamt nehmen die Parks eine Fläche von 43 926 ha ein. Das Paradies für alle, die gern wandern und zelten, hat auch noch jede Menge Aborigine-Geschichte(n) und -Kultur zu bieten.

Lismore

27 474 EW.

Lismore, das Wirtschaftszentrum des Hinterlands, fügt sich harmonisch in die grüne, unberührte Landschaft ein. Die Stadt nutzt ihre Lage am Wilson River noch nicht adäquat aus. Dafür gibt es aber eine Menge denkmalgeschützter historischer und Art-déco-Gebäude und eine blühende Künstlergemeinde. Zum Stadtbild tragen auch die Studenten der Southern Cross University bei.

Sehenswertes & Aktivitäten

Der **Tucki Tucki Creek** ist bei Sonnenauf- und -untergang ein hervorragendes Plätzchen, um Schnabeltiere in freier Wildbahn zu beobachten. Zum nördlichen Ende der Kadina St gehen und von dort weiter zum Bach! Koalas lassen sich oft am **Robinson's Lookout** (Robinson's Ave, Girards Hill) blicken.

Der Wanderweg am Wilson River beginnt im CBD, dem zentralen Geschäftsviertel. Unterwegs kommt man an einem **Bush-Tucker Garden** vorbei, in dem das wächst, wovon sich einst die Widjabal, die ursprünglichen Eigentümer des Landes, ernährten.

Rund um die Kreuzung der Carrington und Magellan St finden sich über ein halbes Dutzend Läden mit gebrauchten Büchern.

Der **Bauernmarkt** (Sa 8–11 Uhr) und der **Biomarkt** (Di 8–11 Uhr) werden auf dem Ausstellungsgelände abseits der Nimbin Rd abgehalten.

Lismore Regional Art Gallery GALERIE
(www.lismoregallery.org; 131 Molesworth St; Di, Mi & Fr 10–16, Do bis 18, Sa & So bis 14 Uhr) GRATIS Die winzige Kunstgalerie bietet gerade einmal Platz für zwei – meist hervorragende – Wanderausstellungen.

Koala Care Centre TIERSCHUTZGEHEGE
(www.friendsofthekoala.org; Range Rd; pro Pers./Fam. 5/10 AU$; Führungen Mo–Fr 10 & 14, Sa 10 Uhr) In diesem sehenswerten Koalazentrum werden kranke Tiere wieder aufgepäppelt.

Schlafen & Essen

Lismore Palms WOHNWAGENPARK $
(02-6621 7067; www.lismorepalms.com.au; 42 Brunswick St; Stellplatz/Hütte ab 22/72 AU$;) Der beste Wohnwagenpark der Stadt liegt direkt am Fluss und hat 13 freistehende Hütten.

Karinga MOTEL $$
(02-6621 2787; www.karingamotel.com; 258 Molesworth St; Zi. 148 AU$;) Das Karinga wurde geschmackvoll renoviert und hebt sich von den anderen Motels durch seine komplett neu eingerichteten Zimmer, den coolen Pool und einen Whirlpool ab.

Fire in the Belly PIZZA $
(02-6621 4889; www.fireinthebelly.com.au; 109 Dawson St; Hauptgerichte 12–20 AU$, Pizza 14–34 AU$) Die Gourmetpizzas aus dem Holzofen gehören zu den besten in Nord-NSW.

Mecca CAFÉ, BAR $
(meccacafe.com.au; 80 Magellan St; Gerichte 9–16 AU$; Mo–Mi 7–17 Uhr, Do–Sa bis open end) Das einst traurige alte Café hat sich zu einem hippen Szene-Treffpunkt im Retro-Look gewandelt. Die Musiker, die tagsüber an den Tischen auf dem Bürgersteig sitzen und den hervorragenden Kaffee genießen, drehen bei den Jam-Sessions am Wochenende, die bis in die Puppen dauern, so richtig auf.

★ **Howard's** CAFÉ, FEINKOST $
(www.howardsdeli.com.au; 106 Keen St; Hauptgerichte 12–26 AU$; Mo–Mi 7.30–17, Do & Fr 7.30–18, Sa 7.30–14, So 9–13 Uhr) Dieses Feinkostgeschäft mit Café und angeschlossener Metzgerei hat eine köstliche Palette gesunder Salate, Lasagne (mit Fleisch) und herzhafter Frittata im Angebot. Fürs Picknick holt man sich Gourmet-Chutneys, Öl und Kaffee. Camper freuen sich über die hausgemachten Würstchen.

Praktische Informationen

Lismore Visitor Centre (1300 369 795; www.visitlismore.com.au; Ecke Molesworth St & Ballina St) Hier gibt's jede Menge Infos über Lismore, Nimbin und die Umgebung sowie eine Ausstellung über den Regenwald (1 AU$). Kinder können sich auf dem Spielplatz im Heritage Park und im Skatepark austoben, der gleich neben dem Visitor Centre liegt.

An- & Weiterreise

Busse von **Kirklands** (02-6622 1499) fahren nach Byron Bay (16,80 AU$, 50 Min., 2–3-mal tgl.). **Waller's** (02-6687 8550) bedient Nimbin (10,75 AU$, 70 Min.).

Nimbin

468 EW.

Willkommen in der Hippie-Hochburg Australiens! Der seltsame kleine Ort ist das Überbleibsel eines sozialen Experiments, bei dem alles erlaubt ist – Kiffen, Rastas und Batikhemden inklusive sowie einer andauernden Kampagne zur Legalisierung von Hanf. Wer nur einen Tag lang hier ist, der wird nicht so richtig mitkriegen, was Sache ist. Wer über Nacht bleibt, kann sich ein besseres Bild der Lage machen.

Sehenswertes & Aktivitäten

Auch wenn sich viele Einheimische hartnäckig dagegen wehren, klare Öffnungszeiten festzulegen aus Angst, dies könnte dem Ruf Nimbins schaden, haben die meisten Läden doch von 10 bis 17 Uhr geöffnet. An jedem vierten und fünften Sonntag gibt es in Nimbin einen spektakulären **Markt** (Nimbin Community Centre; 9–14.30 Uhr), auf dem Lebensmittel und Kunstwerke verkauft werden und wo die Einheimischen ihre Kultur feiern.

Hemp Embassy KRIMSKRAMS
(www.hempembassy.net; 51 Cullen St) Dieser Laden setzt sich für die Legalisierung von

ABSTECHER

TWEED HEADS

Der Pacific Hwy setzt sich nach Norden bis nach Tweed Heads an der Grenze zu Queensland fort. Wenn man gemütlich durch die Gegend zuckeln will, bietet sich ein Abstecher zu den Ortschaften **Mullumbimby** („Mullum"; 3164 Ew.) und **Brunswick Heads** (1450 Ew.) an. Erstere ist eine beschauliche Mischung aus Küstenstadt und Hinterlanddorf mit Palmen, typischer Tropenarchitektur und einer Reihe kosmopolitischer Cafés, Bistros und Pubs. Entlang des Brunswick River führt zudem ein Pfad durch ein tropisches Waldgelände, auf dem Schilder stehen, auf welchen Geschichten der Aborigines nachzulesen sind. Das **Mullum Music Festival** (www.mullummusicfestival.com; ⌚ Ende Nov.) ist ein super Anlass für einen Besuch.

Das hübsche Brunswick Heads liegt nur wenig nördlich von Mullum am Old Pacific Hwy. Der Ort ist für frische Austern und Mangrovenkrabben bekannt, die in den Buchten des friedlichen Brunswick River gefangen werden. Das aus den 1940er-Jahren stammende **Hotel Brunswick** (☎ 02-6685 1236; www.hotelbrunswick.com.au; Mullumbimby St; EZ/DZ/FZ 55/85/110 AU$) ist prachtvoll anzuschauen und mit seinem wunderschönen Biergarten unter blühenden Flammenbäumen eine echte Sehenswürdigkeit. Im Haus gibt's ordentliche Gästezimmer und an den Wochenenden Livemusik.

Tweed Heads (55 553 Ew.) markiert das südliche Ende der Gold Coast. Vor der Weiterreise hinüber in den „Sunshine State" lohnt das **Minjungbal Aboriginal Cultural Centre** (☎ 02-5524 2109; Ecke Kirkwood & Duffy St; ⌚ Mo–Fr 9–16 Uhr) einen Besuch. Es befindet sich in einem Hain aus alten Eukalyptusbäumen am Tweed River. Ein Weg führt hier über das Wasser und einen **Plankenweg** durch die Mangroven.

Marihuana ein und liefert alle Accessoires und Utensilien, um high zu werden (oder zumindest, um das Interesse der Polizei zu wecken). Das Embassy organisiert jeden Mai das Mardi-Grass-Festival. Raucher sind in der winzigen Hemp Bar nebenan willkommen – anzünden muss man den Glimmstengel allerdings draußen.

Nimbin Candle Factory KUNST & KUNSTHANDWERK
(☎ 02-6689 1010; www.nimbincandles.com.au; ⌚ Mo–Fr 9–17 Uhr) Vom Ort aus 400 m den Hügel hinunter liegt abseits der Straße nach Murwillumbah die Old Butter Factory, in der heute ein paar kleine Unternehmen ansässig sind, darunter die Kerzenfabrik, in der Tausende handgemachte Paraffinkerzen verkauft werden.

Nimbin Museum MUSEUM
(www.nimbinmuseum.com; 62 Cullen St; Eintritt gegen Spende von 2 AU$) Ein informatives und ausdrucksstarkes Museum mit einer abwechslungsreichen Sammlung von Werken regionaler Künstler, die in einem einfachen Raum ausgestellt werden. Das Ganze ist eher künstlerisch als historisch angehaucht.

Nimbin Artists Gallery GALERIE
(49 Cullen St; ⌚ 10–16 Uhr) Nimbin ist so etwas wie ein künstlerischer Verkehrsknotenpunkt, und in dieser kleinen Galerie sind zahlreiche Werke hier lebender Künstler zu sehen. Die Bilder können auch gleich käuflich erworben werden.

Nimbin Craft Gallery GALERIE
(☎ 02-6689 1375; www.nimbincraftgallery.com.au; 1 Sibley St; ⌚ 10–17 Uhr) Der Übergang von Galerie zu Laden ist hier fließend. Dies ändert allerdings nichts an der Tatsache, dass das ausgestellte Kunsthandwerk von Künstlern aus der Region echt sehenswert ist.

Schlafen

Über 100 Farmen rund um Nimbin nehmen gerne Freiwillige auf, die Unkraut jäten oder sonstwie mit anpacken wollen. Die internationale Organisation Willing Workers on Organic Farms (www.wwoof.com.au) vermittelt viele solcher „willigen Arbeitskräfte".

Nimbin Rox YHA Hostel HOTEL $
(☎ 02-6689 0022; www.nimbinrox.com; 74 Thornburn St; B/2BZ/DZ ab 23/50/61 AU$; @ ≋) Hier gibt's Hängematten, Permakultur-Gärten, Kunstworkshops, Livebands, Thai-Massagen, Jurten, Tipis, Campingmöglichkeiten und einen beheizten Pool.

Rainbow Retreat Backpackers HOSTEL $
(☎ 02-6689 1262; www.rainbowretreat.net; 75 Thorburn St; Stellplatz/B/EZ/DZ 15/25/40/60 AU$, Bungalow ab 120 AU$) Eine sehr einfache Unterkunft ganz im Geiste des Aquarius-Erbes:

DIE NIMBIN-STORY

Bis in die 1970er-Jahre war Nimbin wie so viele andere Orte auch ein hübsches, wenn auch unscheinbares Dorf im Hinterland. Im Mai 1973 sollte sich dies für immer ändern, als hier das dritte (und letzte) Aquarius Festival gefeiert wurde, das Unmengen Studenten, Hippies und Anhänger einer nachhaltigen Lebensweise anzog. Als das Festival nach zehn Tagen vorüber war, blieben einige der Teilnehmer einfach in dem Versuch hier, die Ideale, über die während des Festivals so viel gesprochen wurde, zu leben – das war das Ende des alten Nimbin. Aquarius wird aber auch aus einem anderen Grund in Erinnerung bleiben: Es war eines der ersten Festivals in ganz Australien, bei der die indigenen Ureinwohner, in diesem Fall die Bundjalung, vorab formell um Erlaubnis gebeten wurden, das Festival auf ihrem Land ausrichten zu dürfen.

Ein weiterer, weniger bekannter Meilenstein der Geschichte Nimbins ist der Terania Creek Battle von 1979. Dabei handelte es sich um eine vier Wochen andauernde Auseinandersetzung zwischen Umweltschützern und Holzfällerunternehmen aus der Nähe von Nimbin. Es war das erste Mal in der modernen Geschichte Australiens, dass der Umweltzerstörung in großem Maß der Kampf angesagt wurde, und es wird oft dem Sieg der Umweltschützer zugeschrieben, dass in NSW auch heute noch so große Stücke Regenwald zu finden sind.

chillen und relaxen! Übernachtet wird in abgefahrenen kleinen Hütten, in Zigeunerwagen oder auf dem Campingplatz. Ein kostenlos nutzbarer Shuttle-Bus holt Gäste in Byron Bay ab.

Nimbin Hotel & Backpackers HOTEL, HOSTEL **$**
(☎ 02-6689 1246; www.nimbinhotel.com.au; 53 Cullen St; B/DZ 35/70 AU$; @) Die Zimmer mit zwei bzw. vier Betten in diesem Oldie unter den Gasthäusern im Ort sind sauber und öffnen sich zu einer klassischen, schattigen Veranda.

Granny's Farm HOSTEL **$**
(☎ 02-6689 1333; www.nimbingrannysfarm.com; 112 Cullen St; Stellplatz/B/DZ/Suite 15/25/50/60 AU$) Das älteste Hostel Nimbins bietet einfache Backpacker-Unterkünfte.

Black Sheep Farm PENSION **$$**
(☎ 02-6689 1095; www.blacksheepfarm.com.au; DZ 195 AU$; ❄) Diese frei stehende Hütte am Rande des Regenwalds befindet sich in der Nähe des Nightcap National Park und macht Gästen mit dem Meerwasserpool und der finnischen Sauna die Abreise nicht gerade einfach. Hier haben bis zu sieben Personen Platz (je zusätzliche Pers. 20 AU$). Es gibt auch noch ein kleineres, billigeres Cottage.

Essen & Ausgehen

Nimbin Hotel MODERN-AUSTRALISCH **$**
(☎ 02-6689 1246; Cullen St; Gerichte 12–18 AU$; ⌚ Mo–Fr 10–22, Sa & So 11–23 Uhr) Diese klassische Dorfkneipe serviert in ihrem Restaurant, dem Hummingbird Bistro, überraschend hochwertige Gerichte. Hier gibt's wirklich alles, vom Salat bis zum Barramundi. Von einer großen, überdachten Veranda überblickt man ein grünes Tal. Freitagabends wird hier oft Livemusik gespielt.

Rainbow Café CAFÉ **$**
(☎ 02-6689 1997; 64a Cullen St; Hauptgerichte 8–17 AU$; ⌚ 7.30–15 Uhr) Wandmalereien schmücken die Wände in diesem gut besuchten Lokal, einer echten Institution in Nimbin, wo großzügig bemessene Burger, Wraps, Nachos und Salate serviert werden. In dem grünen Hof herrscht eine familiäre Atmosphäre.

Nimbin Trattoria & Pizzeria ITALIENISCH **$**
(☎ 02-6689 1427; 70 Cullen St; Hauptgerichte 12–15 AU$, Pizza 12–20 AU$; ⌚ 18–21 Uhr) Dieser Italiener hat nur abends geöffnet, serviert dann aber ausgezeichnete Pizzas und leckere Pasta. Donnerstags wird meistens auch noch Livemusik gespielt.

Praktische Informationen

Visitor Centre (☎ 02-6689 1388; www.visitnimbin.com.au; 46 Cullen St; ⌚ 10–16 Uhr) Großartig für Infos über den Ort.

An- & Weiterreise

Verschiedene Veranstalter in Byron Bay haben Tagestouren nach Nimbin im Programm, teilweise mit anderen Zwischenstopps in der Umgebung. Die meisten starten um 10 Uhr und enden gegen 18 Uhr. Hier einige Anbieter:

➜ **Nimbin Shuttle** (☎ 0413 217 153; www.nimbintours.com.au; einfache Strecke/hin &

zurück am selben Tag 14/25 AU$, Rückfahrt offen 26 AU$)

➡ **Grasshoppers** (☎ 0438 269 076; www.grasshoppers.com.au; hin & zurück inkl. Mittags-BBQ 45 AU$)

➡ **Jim's Alternative Tours** (☎ 0401 592 247; www.jimsalternativetours.com; geführte Tour 40 AU$; ⏲10 Uhr)

Von Montag bis Freitag fahren täglich zwei Busse nach Murwillumbah (14,40 AU$, 1 Std.). Nähere Auskunft gibt das Visitor Centre.

Murwillumbah

8523 EW.

Murwillumbah ist glücklicherweise ganz unprätentiös. Der ruhige Ort an den Ufern des Tweed River ist eine erstklassige Basis zur Erkundung der Flusslandschaft, des Wollumbin-Mt. Warning National Park und der umliegenden Border Ranges an der Grenze zwischen New South Wales und Queensland. Das Städtchen ist ein wichtiges Agrarzentrum der Region und verströmt mit seiner charmanten Main Street und den historischen, sich an die Hügel schmiegenden Gebäuden ein altmodisches Flair. Fast hinter jeder Ecke öffnet sich der Blick zum Wollumbin-Mt. Warning National Park.

Sehenswertes

Tropical Fruit World GARTEN

(☎ 02-6677 7222; www.tropicalfruitworld.com.au; Duranbah Rd; Erw./Kind 44/25 AU$; ⏲10–16.30 Uhr) Der Park liegt gleich nördlich vom Ort und besitzt angeblich die weltweit größte Sammlung tropischer Früchte. Man kann an Plantagensafaris, Verkostungen und einer Dschungelfahrt teilnehmen. Mindestens einen halben Tag einplanen, damit sich der deftige Eintritt auch rentiert!

Tweed River Regional Art Gallery KUNSTGALERIE

(www.tweed.nsw.gov.au/artgallery; Ecke Mistral Rd & Tweed Valley Way; ⏲Mi–So 10–17 Uhr) GRATIS Die außergewöhnliche Galerie ist ein architektonisches Schmuckstück und birgt ein paar hervorragende Arbeiten australischer Künstler aus den unterschiedlichsten Sparten. Darunter ist auch eine besonders gute Porträtsammlung.

Murwillumbah Museum MUSEUM

(☎ 02-6672 1865; 2 Queensland Rd; Erw./Kind 2/1,50 AU$; ⏲Mi–Fr & am 4. So des Monats 11–15 Uhr) Das kleine Museum ist in einem schönen alten Gebäude untergebracht, informiert solide über die Lokalgeschichte und hat einen interessanten Funkraum.

Schlafen & Essen

Mount Warning-Murwillumbah YHA HOSTEL $

(☎ 02-6672 3763; www3.yha.com.au; 1 Tumbulgum Rd; B/DZ ab 29/64 AU$) Das am Ufer stehende frühere Wohnhaus eines Flusskapitäns wurde in ein farbenfrohes Hostel mit Acht-Bett-Schlafsälen umgewandelt. Abends gibt's kostenlos Eis. Es können Kanus und Fahrräder ausgeliehen werden. Die Touren zum Mt. Warning sind ein guter Grund, hier zu übernachten.

Murwillumbah Motor Inn MOTEL $$

(☎ 02-6672 2022; www.murwillumbahmotorinn.com.au; 17 Byangum Rd; EZ/DZ 102/112 AU$; ❄ @ 📶 🏊) Abseits vom Ortszentrum sind diese sauberen und komfortablen Zimmer eine prima Alternative. Die Deluxe-Zimmer haben Flachbild-TV. Hinten gibt es einen schönen Hof.

Sugar Beat CAFÉ $

(☎ 02-6672 2330; Shop 2, 6–8 Commercial Rd; Hauptgerichte 7–16 AU$; ⏲Mo–Fr 7.30–17, Sa 7.30–14 Uhr) Man sitzt am Fenster, pflanzt sich in die Ecke der langen Bank oder beobachtet von den Tischen auf dem Bürgersteig aus die Szenerie. Es gibt cafétypische Fusion-Gerichte und vor Ort gerühmte Backwaren.

New Leaf Café VEGETARISCH $

(☎ 02-6672 2667; Shop 10, Murwillumbah Plaza; Gerichte 12–25 AU$; ⏲Mo–Sa 8–15.30 Uhr) Die vegetarischen Gerichte sind kreativ, wobei

EIN HÄUSCHEN IM WALD

Das Küstenhinterland von Murwillumbah ist von außerordentlicher Schönheit, und es gibt zwei Orte mitten im Wald, die all das vereinen, was diese Gegend so besonders macht. Das **Crystal Creek Rainforest Retreat** (☎ 02-6679 1591; www.ccrr.com.au; Brookers Rd, Upper Crystal Creek; DZ 385–645 AU$) nordwestlich von Murwillumbah hat luxuriöse Holzbungalows mit Whirlpools und Balkonen, während das **Mount Warning Forest Hideaway** (☎ 02-6679 7277; www.foresthideaway.com.au; 460 Byrrill Creek Rd, Uki; DZ 90–200 AU$; 🏊) eine rustikalere, aber ebenso abgeschiedene Option ist.

solche mit nahöstlichem Touch und Salate die erste Geige spielen. Man isst drinnen oder draußen, kann die Speisen aber auch mitnehmen.

Praktische Informationen

Murwillumbah Visitor Centre (02-6672 1340; www.tweedcoolangatta.com.au; Ecke Alma St & Tweed Valley Way; Mo–Sa 9–16.30, So 9.30–16 Uhr) Die Touristeninformation kann mit Infos zum Nationalpark aufwarten.

An- & Weiterreise

Greyhound (1300 GREYHOUND, 1300 4739 46863; www.greyhound.com.au) und **Premier** (13 34 10; www.premierms.com.au) fahren mehrmals täglich in Richtung Sydney (92–108 AU$, 15–19¼ Std., über Byron Bay) und gen Norden Richtung Brisbane (25–33 AU$, 2–3¼ Std.).

Die Busse von **Waller's** (02-6622 6266) fahren an Schultagen nach Nimbin (1 Std.) und Lismore.

NEW ENGLAND

New England hat zwar nicht die Weite zu bieten, durch die die Wüsten und Küsten Australiens verzaubern, aber seine grünen Hügel und Felder, das bunte Herbstlaub und die großen, offenen Wälder sind genauso sehenswert.

Der grünen Landschaft verdankt die Region den Namen, den ihr 1839 die ersten Siedler gaben. Insbesondere über den nördlichen „Highlands" liegt auch heute noch ein Hauch von Großbritannien: Um die kühlen Gipfel und in den Hochtälern hängt der Nebel, kleine Kirchen stehen inmitten eichengesäumter Felder und kleine Straßen führen kurvenreich durch die unglaublich grüne Landschaft.

In der Region gibt's mehrere Nationalparks, die mit einer schroffen Landschaft locken, darunter der Bald Rock und der Washpool National Park im Norden. Am Waterfall Way, der Armidale mit Coffs Harbour verbindet, liegen die Nationalparks Guy Fawkes River, Cathedral Rock, New England und Oxley Wild Rivers, die ihre Besucher alle mit Felsvorsprüngen aus Granit, unvergesslich tiefen Schluchten und hohen Wasserfällen verzaubern.

Inmitten dieser Natur gibt es zwei größere Orte, Tamworth und Armidale, die mit traditioneller Architektur aufwarten. Zudem ist Tamworth eines der weltweit bedeutendsten Zentren der Countrymusic, während Armidale mit guten Restaurants punktet.

Tamworth

36 131 EW.

Diese Stadt steht ganz im Zeichen der Country-Musik, vor allem wenn hier Ende Januar das entsprechende Festival gefeiert wird. Während des restlichen Jahres ist das geschäftige Tamworth nicht mehr als eine gewöhnliche Provinzstadt mit einer hübschen, von Bäumen gesäumten Hauptstraße – irgendwoher tönt aber immer Country-Musik. Die Weinszene ist hier auf dem Vormarsch, die Restaurant- und Cafékultur hinkt allerdings extrem hinterher.

In Tamworth wird mehr Wert auf anständige Kleidung gelegt als anderswo in der Region.

Sehenswertes & Aktivitäten

★ Australian Country Music Foundation MUSEUM
(www.acmf.org.au; 93 Brisbane St; Erw./Kind 6/4 AU$; Mo–Fr 10–16, Sa bis 14 Uhr) Wem die Namen Tex Morton, Buddy Williams und Smoky Dawson etwas sagen, der ist in diesem Museum richtig. Es ist eine Art Hall of Fame des Country mit Fotos, altem Video- und Filmmaterial, Musik und Souvenirs.

Walk a Country Mile Museum MUSEUM
(Ecke Peel St & Murray St; Erw./Kind 5/4,50 AU$) Eine der besseren Ausstellungen in Tamworth zum Thema Country-Musik. Die kompakte Sammlung zeigt Videos und Fotos, gibt Erläuterungen zu Tamworths historischer Verbindung zum Country und stellt Erinnerungsstücke der großen Stars aus. Zu finden ist sie im Visitor Centre.

Big Golden Guitar Tourist Centre MUSEUM
(02-6765 2688; www.biggoldenguitar.com.au; New England Hwy) Dieses Infozentrum umfasst ein Café und einen Laden, in dem man sich ein „Golden Guitar"-Eis holen kann. Danach lohnt auch noch ein kurzer Besuch im **Wax Museum** (Erw./Kind 10/4 AU$).

Oxley Scenic Lookout AUSSICHTSPUNKT
(Scenic Rd) Mit einer Flasche Wein im Gepäck folgt man der von Jacarandabäumen gesäumten White St bis hinauf zu diesem Aussichtspunkt. Ein toller Ort für einen Sonnenuntergang mit Blick auf Tamworth und die Liverpool Ranges!

ABSTECHER

DER FOSSICKERS WAY

Die Route (www.fossickersway.com) durch das Edelsteingebiet beginnt 60 km südöstlich von Tamworth in Nundle. Sie passiert Tamworth und führt 191 km gen Norden nach Warialda und 124 km gen Osten durch Inverell. Endpunkt ist Glen Innes.

Nundle

Das Dorf (597 Ew.) liegt zwischen der Great Dividing Range und dem Peel River. Man kann ein Bergbaumuseum, alte Geschäfte und eine **Wollmühle** (1 Oakenville St; ⏲10–16 Uhr) GRATIS besuchen; im ganzen Land gibt es nur zwei. Der **Peel Inn** (☎02-6769 3377; www.peelinn.com.au; EZ/DZ mit Gemeinschaftsbad 45/80 AU$, mit Bad 60/90 AU$) ist top: Zu den angebotenen Gerichten gehört köstliche Forelle aus hiesigen Gewässern. Das **Visitor Centre** (☎02-6769 3026; www.nundle.info/nundle; Jenkins St; ⏲9–16 Uhr) liegt an der Jenkins St.

Manilla

Im Februar finden hier die **australischen Paragliding-Meisterschaften** statt. **Manilla Paragliding** (☎02-6785 6545; www.flymanilla.com) bietet Tandemflüge an. Der einst prächtige Ort ist heruntergekommen, die drei Pubs an der Hauptstraße gibt's aber noch. Im **North Manilla Store** bekommt man Köder und die nötige Genehmigung, um im **Lake Keepit** oder im **Warrabah National Park** (Stellplatz Erw./Kind 5/3 AU$) zu fischen. Das **Visitor Centre** (☎02-6785 1207; 197 Manilla St; ⏲9–16 Uhr) ist sehr hilfreich.

Barraba

Das in den 1830ern besiedelte Barraba mit den breiten Straßen wurde während des Goldrauschs Ende des 19. Jhs. berühmt. Fährt man 3 km nach Norden und biegt rechts in die Woodsreef Rd ein, gelangt man zum **Ironbark Goldfield and Woodsreef Reserve**. Dort kann man mit Schaufel, Pickel und Pfanne selbst Gold schürfen. In **Millie's Park Vineyard** gibt's Wein, einen Grill und einen Wanderweg. Ob zum Übernachten, zum Essen, zum Schachspielen oder auf ein Schwätzchen: Besucher sind in **Andy's Backpackers** (☎02-6782 1916; www.andysbackpackers.com.au; 98 Queen St; B 28 AU$; @) willkommen. Das **Visitor Centre** (☎02-6782 1255; 116 Queen St; ⏲9–16 Uhr) hat Infos für Goldschürfer.

Bingara

Das Örtchen am Gwydir River ist super für Ausritte. Eine gute Adresse ist **Gwydir River Trail Rides** (Jackaroo Jillaroo; ☎02-6724 1562; www.jackaroojillaroodownunder.com.au; 17 Keera St; Ausritt 2 Std. 55 AU$, Kanuverleih 30 AU$/halber Tag). Wer Lust auf Abenteuer hat, kann sich an das fünftägige Jackeroo/Jillaraoo Adventure (670 AU$) wagen. Das **Fossickers Way Motel** (☎02-6724 1373; www.bingaramotel.com.au; 2 Finch St; EZ/DZ 75/85 AU$; ❄) ist eines der wenigen Hotels zwischen Tamworth und Warialda. Das **Visitor Centre** (☎02-6724 0066; www.bingara.com.au; 74 Maitland St) ist im Roxy Theatre, einem Art-déco-Kino mit griechischen Elementen, das nach wie vor in Betrieb ist. Es gibt auch Führungen.

Inverell

Was Inverell an Ästhetik vermissen lässt, machen die Saphire wett. Im **Visitor Centre** (☎02-6728 8161; www.inverell.com.au; Campbell St; ⏲9–16 Uhr) erhält man eine Schürfkarte. Außerdem ist das Olivenöl von **Olives of Beaulieu** (www.olivesofbeaulieu.com.au; 439 Copeton Dam Rd; ⏲Mi–So 11–16 Uhr) toll. In einem Herrenhaus aus dem frühen 20. Jh. ist das **Blair Athol Estate B&B** (☎02-6722 4288; www.babs.com.au/blairathol; Warialda Rd; DZ 90–150 AU$), zu dem ein Grundstück mit vielseitiger Flora gehört.

Glen Innes

Der Ort (5173 Ew.) pflegt sein schottische Erbe. Das **Visitor Centre** (☎02-6730 2400; www.gleninnestourism.com; ⏲Mo–Fr 9–17, Sa & So 9–15 Uhr) liegt am New England Hwy. Abseits des Gwydir Hwy ragen **Menhire** auf. Das **Land of the Beardies History House** (www.beardieshistoryhouse.info; Ecke West Ave & Ferguson St; ⏲Mo–Fr 10–12 & 13–16, Sa & So 13–16 Uhr) GRATIS ist in einem alten Krankenhaus. Wer mag, meldet sich zum **Pub Crawl on Horseback** (☎02-6732 1599; www.pubcrawlsonhorseback.com.au; Bullock Mountain Homestead; Ausritt 2/3 Tage 465/685 AU$), einer Pubtour hoch zu Ross, an.

TAMWORTHS COUNTRY-MUSIK IM ÜBERBLICK

Ob man nun schon seit Jahren zu den eingefleischten Country-Musik-Fans zählt oder einfach nur mal schauen will, was es mit dieser Musik auf sich hat, die Tamworth so begeistert – hier sind einige Möglichkeiten aufgelistet, um das meiste aus der Zeit in der Stadt rauszuholen.

➡ **Beste Reisezeit** Ende Januar während des Country Music Festival (S. 210)

➡ **Beste Museen** Australian Country Music Foundation (S. 208) und Walk a Country Mile Museum (S. 208)

➡ **Bester CD-Verkauf** Big Golden Guitar Tourist Centre (S. 208)

➡ **Angesagteste Livemusik** Infos in der Donnerstagsausgabe des *Northern Daily Leader*

➡ **Hands of Fame** Über 200 Handabdrücke von Stars an der Ecke Kable Ave und Bridge St

➡ **Abgefahrenste Attraktion** Die Nasenparade „Noses of Fame" im Joe Maquire's Hotel in der Peel St

Tamworth Regional Gallery GALERIE
(www.tamworthregionalgallery.com.au; 466 Peel St; ⌚Di–Fr 10–17, Sa bis 16 Uhr) GRATIS Gleich neben der Bücherei ist in einem neuen Gebäude diese Galerie untergebracht, in der einige interessante Werke einheimischer Künstler sowie modernere Wanderausstellungen zu sehen sind.

Tamworth Marsupial Park ZOO
(Endeavour Dr; ⌚8–16.45 Uhr) GRATIS Superfreundliche Kakadus und andere einheimische Tiere tummeln sich hier rund um die Grill- und Picknickplätze. Der Park grenzt an den **Kamilaroi-Wanderweg** an – eine Karte und ein Infoblatt dazu gibt's beim Visitor Centre.

Leconfield Jackaroo & Jillaroo School LANDLEBEN
(☎02-6769 4328; www.leconfield.com; „Bimboola", Kootingal; 5-tägiger Kurs 625 AU$) Lust darauf, Tiere zusammenzutreiben, zu melken, zu scheren oder zu beschlagen? Hier lernt man schnell, was einen echten Cowboy vom Weichei unterscheidet.

Feste & Events

Country Music Festival MUSIK
(www.tamworthcountrymusicfestival.com.au) Ende Januar steigt New Englands größte Party des Jahres: das zehntägige Country Music Festival. Es gibt über 800 Vorführungen, von denen der Großteil kostenlos ist. Braucht man doch ein Ticket, so kosten diese zwischen 15 und 50 AU$. Das Visitor Centre kann manchmal bei der Suche nach einem Zimmer helfen, Festival-Pakete gibt's hier aber immer. Der „Festival Express" pendelt zwischen den verschiedenen Locations und den meisten Hotels hin und her und kostet einmalig 10 AU$.

Schlafen

Sofern man nicht schon Monate im Voraus gebucht hat, muss man schon eine Portion Glück haben, um während des Festivals noch ein Bett oder einen Stellplatz zu erhaschen. Zudem erreichen die Übernachtungspreise schwindelerregende Höhen. Die Stadt gibt allerdings große Flächen am Fluss zum Zelten frei – eine rustikale, aber lustige Erfahrung.

Tamworth YHA HOSTEL $
(☎02-6761 2600; www.yha.com.au; 169 Marius St; B/DZ ab 26/58 AU$; ❄@) An einer stark befahrenen Straße, aber wirklich nett gemacht. Hat Verbindungen zur Jackaroo & Jillaroo School.

★ **Quality Hotel Powerhouse** HOTEL $$
(☎02-6766 7000; www.qualityhotelpowerhouse.com.au; New England Hwy; Zi. 172–219 AU$; ❄📶🏊) Die Zimmer haben Klasse, versprühen das Flair der guten alten Zeit und wurden mit großer Liebe zum Detail eingerichtet. Außerdem gibt's stilvolle, moderne Bäder. Das Restaurant ist hervorragend.

Edward Parry Motel MOTEL $$
(☎02-6765 9075; www.edwardparrymotel.com; 261 Goonoo Goonoo Rd; DZ/FZ 134/164 AU$, Apt. mit 2 Schlafzi. ab 205 AU$; ❄📶🏊) Ein Vier-Sterne-Motel mit ganz annehmbaren Zimmern. Eine besonders gute Wahl für Familien sind die großzügigen Apartments mit zwei Schlafzimmern.

Retreat B&B $$$
(☎02-6766 3353; www.froogmoorepark.com.au; 78 Bligh St; Zi. inkl. Frühstück ab 225 AU$; 📶) Dieses Avantgarde-B&B hat individuell gestaltete Zimmer mit Namen wie „Marokkanische Fantasie" oder „Der Kerker" und gehört zu

den schrulligeren und luxuriöseren Übernachtungsoptionen der Stadt. Die Zimmer sind groß und strotzen nur so vor Charakter. Das Frühstücksangebot ist gut, wenn nicht sogar das beste in ganz Tamworth.

Essen

Tamworth Hotel KNEIPE $

(☎02-6766 2923; 147 Marius St; Hauptgerichte 8,50–22 AU$) Mit seiner traditionellen Farbgestaltung und dem 1930er-Jahre-Design ist dieser Pub eine der ästhetischeren Adressen in Tamworth. Man kann entweder im eleganten, mit weißen Tischdecken und glänzenden Gläsern ausstaffierten Speiseraum sitzen oder den Bistro-/Brasseriebereich wählen und dort Chicken Parma, Steaksandwiches und einfache Leckereien aus der Pfanne genießen.

Rocks on Peel MODERN-AUSTRALISCH $$

(Peel St; Hauptgerichte 17–27 AU$; ⏲Mo–Fr 11–21, Sa & So 9–21 Uhr) In einem reizenden historischen Gebäude mit hohen Decken ist dieses lässige Restaurant untergebracht, das eine gute Adresse für einen Kaffee, aber auch für ein erstklassiges Rinderfilet oder leckeren Tintenfisch mit Salz und Pfeffer ist.

Banjos AUSTRALISCH $$

(☎02-6765 7588; www.wtlc.com.au; Phillip St; Hauptgerichte 19–35 AU$; ⏲12–14 & 18–21 Uhr) Wer auf der Suche nach einer echten Portion Aussi-Kultur ist, der sollte in diesem Bistro im West Tamworth League Club vorbeischauen. Hier ist es laut, man muss eine vorübergehende Mitgliedschaft eingehen und sich auf dem Weg ins Bistro an den Pokermaschinen vorbeizwängen – das Essen ist aber gut, der Haloumi-Salat mit geröstetem Kürbis und der Barramundi auf einem Püree aus Zitrone und Myrte sind sogar ein echter Traum. Auch Kinder fühlen sich hier wohl.

Praktische Informationen

Visitor Centre (☎02-6767 5300; www.visittamworth.com.au; Ecke Peel St & Murray St)

An- & Weiterreise

Qantas (☎13 13 13; www.qantas.com.au) fliegt nach Sydney (125 AU$, 1 Std.).

Busse von **Greyhound** (☎1300 GREYHOUND, 1300 4739 46863; www.greyhound.com.au) fahren jeden Tag über den New England Hwy nach Armidale (32 AU$, 1½ Std.) und weiter nach Sydney (71 AU$, 6½ Std.). **CountryLink** (☎13 22 32; www.countrylink.info) fährt täglich nach Armidale (14 AU$, 2 Std.) und Sydney (59 AU$, 6¼ Std.).

Armidale

19 818 EW.

Die historischen Gebäude, Gärten und moosbedeckten Kirchen von Armidale wären die ideale Kulisse für ein Drama aus längst vergangener Zeit. Wenn sich dann im Herbst auch noch die Blätter bunt färben, strömen die Besucher in Scharen hierher. Armidale ist eine der wichtigsten Städte in der Region und von einigen der fruchtbarsten Weiden Australiens umgeben. Tolle Feinschmeckerläden und Cafés weisen auf eine Restaurantszene hin, deren Erkundung sich lohnt. Von hier führt eine spektakuläre Route hinunter zur Küste bei Coffs Harbour (s. Kasten S. 181).

Sehenswertes & Aktivitäten

Im Visitor Centre erhält man eine Broschüre für einen historischen Stadtspaziergang.

New England Regional Art Museum MUSEUM

(www.neram.com.au; Kentucky St; ⏲Di–Fr 10–17, Sa & So 10–16 Uhr) GRATIS Das „Neram" liegt auf einem hübschen Gelände am südlichen Stadtrand und beherbergt eine ständige Sammlung von ansehnlicher Größe sowie gute Ausstellungen zeitgenössischer Kunst. Hier sind außerdem das **Museum of Printing** (Druckereimuseum), ein Café und ein Souvenirladen untergebracht.

Aboriginal Cultural Centre & Keeping Place GALERIE

(www.acckp.com.au; 128 Kentucky St; Kunstausstellung 2–5 AU$; ⏲Mo–Fr 9–16, Sa 10–14 Uhr) Gleich neben dem New England Regional Art Museum liegt diese Galerie, die einen Einblick in die Kunst der Aborigines vermittelt. Ein Künstler hilft Kindern bei der Gestaltung eigener Werke.

Heritage Bus Tours BUSTOUR

(☎1800 627 736, 02-6770 3888; ⏲10 Uhr) GRATIS Kostenlose Stadtrundfahrt von zweieinhalb Stunden Dauer. Abfahrt ist am Visitor Centre. Reservierung erforderlich.

Schlafen & Essen

Pembroke Tourist & Leisure Park & YHA HOSTEL $

(☎02-6772 6470; www.pembroke.com.au; 39 Waterfall Way; Stellplatz ohne/mit Strom 28/33 AU$,

Hütte 72–132 AU$; @ ≋) Freundlicher Campingplatz im Grünen mit Hostelkomplex.

★ **Lindsay House** B&B $$
(☎02-6771 4554; www.lindsayhouse.com.au; 128 Faulkner St; Zi. 145–205 AU$; ☜) Hier zu übernachten ist, als würde man eine Reise in eine Zeit unternehmen, als Himmelbetten, Stuckdecken und opulente Möbel noch das normalste der Welt waren und abends ein Gläschen Portwein serviert wurde. Das hübsche, große alte Haus versprüht eine gemütliche und entspannende Atmosphäre.

★ **Petersons Guesthouse** PENSION $$$
(☎02-6772 0422; www.petersonsguesthouse.com.au; Dangarsleigh Rd; Zi. ab 200 AU$; ❄☜) Nach einer umfassenden Renovierung erstrahlt das stattliche Anwesen wieder in altem, britisch-opulentem Glanz. Die sieben Suiten sind mit altmodischen Bädern und herrlichen Antiquitäten ausgestattet. Die Gastgeber verwöhnen in ihren privaten Räumlichkeiten die Gäste am Kamin mit Wein und Essen. Am Wochenende kann man im Schatten der Bäume zu Mittag essen.

Bottega Café & Delicatezza CAFÉ, FEINKOST $
(☎02-6772 6262; 2/14 Moore St; Hauptgerichte 12–22 AU$; ⊙Di–Sa morgens & mittags) Nicht nur für Gourmets, sondern auch für Leute mit ordentlichem Kohldampf: In den Regalen stapeln sich die Leckereien, und man kann hochwertiges Fleisch und Käse kaufen oder an einem der Tische Platz nehmen. Das Frühstück ist legendär.

★ **Bistro on Cinders** EUROPÄISCH, ASIATISCH $$
(☎02-6772 4273; www.bistrooncinders.com; 14 Cinders Lane; Hauptgerichte 18–34 AU$; ⊙Mo–Sa 8.30–15 Uhr) Das schlichte Ziegelsteingebäude hinter der Post hat einen kleinen Hof und beherbergt ein fantastisches Restaurant. Es ist modern, aber nicht protzig. Man kann einen schnellen Kaffee trinken oder den kompletten Abend hier verbringen und die schicken Kronleuchter und Kunstwerke bewundern.

ℹ Praktische Informationen

Visitor Centre (☎02-6772 3888; www.armidaletourism.com.au; 82 Marsh St; ⊙9–17 Uhr) Beim Busbahnhof.

ℹ Anreise & Unterwegs vor Ort

Der Flughafen befindet sich 5 km südöstlich der Stadt. **Qantas** (☎13 13 13; www.qantas.com.au) fliegt nach Sydney (125 AU$, 1¼ Std.).

Greyhound (☎1300 GREYHOUND, 1300 4739 46863; www.greyhound.com.au) Fährt nach Tamworth (32 AU$, 1½ Std.) und Sydney (107 AU$, 8 Std.).

CountryLink (☎13 22 32; www.countrylink.info) Hat tägliche Verbindungen nach Tamworth (14 AU$, 2 Std.), Newcastle (56 AU$, 5¾ Std.) und Sydney (66 AU$, 8¼ Std.).

Rund um Armidale

Dramatische Landschaft, bewaldete Berge und kaum berührte Natur: Die **Gibraltar Range** und der **Washpool National Park** (www.environment.nsw.gov.au; pro Fahrzeug 7 AU$/Tag) liegen südlich und nördlich des Gwydir Hwy, etwa 80 km östlich von Glen Innes an der Straße nach Grafton. Es gibt zwei Campingplätze; **Mulligans** (Erw./Kind 10/5 AU$) befindet sich in der Nähe des Little Dandahra Creek, der super zum Baden geeignet ist. Unter den zahlreichen Wanderungen sticht besonders der 100 km lange **World Heritage Walk** hervor.

Weiter im Nordwesten erstreckt sich am Zusammenfluss des Macintyre und des Severn River der **Kwiambal National Park** (Eintritt frei) – „kai-*äm*-bäl“ gesprochen. Das Gelände ist weitestgehend unerschlossen und ein wichtiges Schutzgebiet für die beiden Eukalyptusarten *Eucalyptus dealbata* und *Eucalyptus caleyi*.

Tenterfield & Umgebung

2997 EW.

Dort, wo der New England und der Bruxner Hwy aufeinandertreffen, liegt Tenterfield, der Knotenpunkt dieser Region, in der eine Vielzahl charakteristischer Dörfer und zehn Nationalparks liegen. Im Ort kann man historische Bauten und die älteste Korkeiche Australiens besichtigen.

Von Oktober bis Mai gibt es auf den umliegenden Farmen viel Arbeit für Erntehelfer. Nähere Infos gibt's im Visitor Centre.

⊙ Sehenswertes & Aktivitäten

Tenterfield Saddler WAHRZEICHEN, GESCHÄFT
(www.tenterfieldsaddler.com; 123 High St; ⊙10–16 Uhr) Die Sattlerei, die auch heute noch geöffnet ist, wird von dem aus Tenterfield stammenden Peter Allen in seinem gleichnamigen Lied besungen.

Thunderbolt's Hideout WAHRZEICHEN
An der Straße, die nach Norden in Richtung Lisbon führt, ist nach 12 km das einstige

Versteck des Bush-Rangers Captain Thunderbold erreicht. Auf dem Weg dorthin kann man sich unweit der Bäder den **Tenterfield Weather Rock** anschauen.

Kurrajong Downs Winery WEINGUT
(www.kurrajongdownswines.com; Kurrajong Downs Rd; ⏲Do–Mo 10–16 Uhr) Eines der wenigen Weingüter in der Gegend; hat auch ein Restaurant.

Bald Rock National Park NATURSCHUTZGEBIET
(Fahrzeug 7 AU$/Tag) Etwa 29 km nordöstlich von Tenterfield kann man auf den größten Granitmonolithen Australiens hinaufwandern (er sieht aus wie ein gestreifter Mini-Uluru). In der Nähe seines Fußes gibt es auch einen Zeltplatz (Erw./Kind 10/5 AU$).

Richmond Range National Park NATIONALPARK
(Eintritt frei) In diesem 15 721 ha großen Park östlich von Tambulam gedeiht einer der am besten geschützten, uralten Regenwaldbestände von NSW. Er ist Teil des Weltnaturerbes und vermittelt einen Eindruck davon, wie diese Ecke Australiens vor der Besiedlung durch die Europäer ausgesehen hat.

Schlafen

Tenterfield Lodge & Caravan Park WOHNWAGENPARK $
(☎02-6736 1477; www.tenterfieldbiz.com/tenterfieldlodge; 2 Manners St; Stellplatz ohne/mit Strom 25/28 AU$, B ab 35 AU$, Hütte 65–100 AU$; @) Nette Adresse mit verschiedenen Übernachtungsoptionen.

Tenterfield Cottage B&B $$
(☎0439 769 998; www.tenterfield.com.au; 121 Rouse St; Zi. ab 155 AU$; ❄) Mit Feuerstellen, Heizdecken in den Betten und einer Küche versprüht diese 2010 eröffnete Hütte ein heimeliges Flair. Es gibt eine Mindestaufenthaltsdauer von zwei Nächten, die allerdings kein Problem darstellen sollte, da man hier eigentlich sowieso nie wieder weg will.

Praktische Informationen

Visitor Centre (☎02-6736 1082; www.tenterfield.com; 157 Rouse St; ⏲Mo–Sa 9–17 Uhr) Hat Infos zu Buschwanderungen und nimmt Buchungen für Touren in die nahe gelegenen Nationalparks vor.

An- & Weiterreise

Die Busse fahren an Tenterfields **Community Centre** (Gemeindezentrum; Manners St) ab. **Greyhound** (☎1300 GREYHOUND, 1300 4739 46863; www.greyhound.com.au) fährt nach Tamworth (66 AU$, 4 Std.) und Sydney (138 AU$, 10½ Std.). **Northern Rivers Buslines** (☎02-6626 1499; www.nrbuslines.com.au) hat Verbindungen nach Lismore (39 AU$) mit Anschluss nach Byron Bay im Programm.

CountryLink (☎13 22 32; www.countrylink.info) bietet Busverbindungen gen Süden nach Glen Innes (12 AU$, 1¼ Std.) sowie nach Armidale (25 AU$, 2¾ Std.) an, wo man nach Sydney (75 AU$, 8¼ Std.) umsteigen kann.

NORDWESTEN

Viele Leute rasen durch diese typisch australische Flachlandschaft hindurch – die träumen dann eventuell bereits von Queenslands Stränden.

Der Newell Hwy (Route 39), der in Victoria beginnt, führt durch Coonabarabran, wo man Sterne gucken kann, und durch das aufstrebende Aborigine-Kunstzentrum Moree. Schließlich erreicht er die Grenze bei Goondiwindi.

Wenn Queensland nicht auf dem Programm steht, dann vielleicht Lightning Ridge. Für die Bergbaugemeinde sind nicht nur Edelsteine, sondern auch echte australische Originale charakteristisch.

Westlich von Coonabarabran erstreckt sich der beliebte Warrumbungle National Park. Man kann zelten, wandern, Sterne gucken und mehr über die Geschichte und Kultur der Aborigines lernen. Auch Moree wartet mit ein paar faszinierenden Aborigine-Stätten auf, die bislang nur von wenigen Touristen besucht werden.

Castlereagh Highway

Im hübschen **Gilgandra** zweigt der Castlereagh Hwy (Route 55) vom Oxley Hwy ab und führt dann durch **Walgett**, **Coonamble** und die raue „Opalregion" von Lightning Ridge nach Queensland.

Nördlich von Gilgandra kann man an der Stelle vom Highway abfahren, an der John Oxley 1818 einen Tobsuchtsanfall bekommen haben soll. Eigentlich hatte er gehofft, hier einen riesigen Binnensee zu entdecken – stattdessen fand er heraus, dass sich der Macquarie River in einem Sumpf verliert. Die Stadt war Ausgangspunkt des Coo-ee March nach Sydney, eines Rekrutierungsmarschs während des Ersten Weltkriegs, der von einem Metzger und seinem Bruder angeführt wurde.

Westlich davon liegt das 19824 ha große Vogelparadies des **Macquarie Marshes Nature Reserve**. Am besten besucht man es in der Nistzeit (normalerweise im Frühling, allerdings hängt dies vom Wasserstand ab).

Lightning Ridge

1496 EW.

Was sind ein *ratter*, ein *rough* und ein *blower*? Na, wer weiß es? Das ist Opal-Kauderwelsch, jawohl! In der Bergbaustadt nahe der Grenze zu Queensland fühlt man sich wie ein Pionier. Hier leben exzentrische Künstler und unerschütterliche Buschbewohner. Insgesamt ist die Gemeinde ein eher unkonventioneller Haufen. Dies ist einer der wenigen Orte weltweit, wo schwarze Opale vorkommen.

„Ridge" ist nach einem Unglück benannt, das sich 1963 ereignete. Damals wurden eine Herde Schafe, ihr Hirte und der Hütehund vom Blitz *(lightning)* erschlagen. Die verbrannten, wolligen Körper qualmten noch, als die Stadt auf den Namen Lightning Ridge getauft wurde.

Sehenswertes & Aktivitäten

Verschiedene unterirdische Opalminen und Verkaufsräume sind öffentlich zugänglich.

Black Queen MUSEUM
(☎ 02-6829 0980; www.blackqueen.com.au; Erw./Fam. 25/75 AU$) Das schräge Lampenmuseum ist in einem Gebäude untergebracht, das aus 14000 Flaschen besteht. Das Highlight ist das preisgekrönte „Outback-Theater" in drei Akten (Vorführungen um 9, 13 & 15 Uhr). Reservieren!

Chambers of the Black Hand KUNSTGALERIE
(www.wj.com.au/whatto/blackhand.html; 3 Mile Rd, Yellow Car Door 5) Eine 40 Fuß tiefe Grubengalerie voller Felsskulpturen (Dinosaurier, Aborigine-Darstellungen, Pharaos u.v.m.), geschaffen vom Künstler und Minenarbeiter Ron Canlin.

Walk-In Mine MINE
(☎ 02-6829 0473; www.walkinmine.com.au; Bald Hill; Erw./Kind 20/6 AU$; ⏲ April–Okt. 9–17 Uhr, Nov.–März 8.30–12.30 Uhr) In dieser Mine kann man sich ein Bild vom typischen Arbeitsalltag eines Opalschürfers machen.

Black Opal Tours GEFÜHRTE TOUR
(☎ 02-6829 0368; www.blackopaltours.com.au; Erw./Kind 30/12 AU$; ⏲ Führungen 8.30, 9.30 & 13.30 Uhr) Bei den täglichen geführten Touren dieses Anbieters kann man, z.B. beim Opalschürfen, selbst aktiv werden. Die Preise hängen davon ab, wie viel Action man in seine Tour packen möchte.

Hot Artesian Bore Baths THERMALQUELLEN
(Pandora St; ⏲ 24 Std.) GRATIS Viele Traveller nehmen sich die Zeit, in dem warmen artesischen Wasser zu baden. Die Bäder werden montags, mittwochs und freitags von 10 bis 12 Uhr gereinigt.

Feste & Events

Es ist zwar nicht klar, wie groß die Opalfunde sind (gibt es überhaupt noch welche?!), aber die Stadt feiert zum Auftakt der Schürfersaison trotzdem ein großes Fest (Osterwochenende). Ein großer Spaß ist das **Great Goat Race** (großes Ziegenrennen): Man schnappe sich ein wolliges Vieh, gebe ihm Rennunterricht und lasse es dann gegen 50 andere Artgenossen antreten. Ach so, wetten muss man natürlich auch! Anfang Juli steigt ein **Edelsteinfestival**.

Schlafen & Essen

Glengarry Hilton HOTEL $
(☎ 02-6829 3983; inkl. Frühstück 20 AU$/Pers.) Etwa 80 km südlich der Stadt erstrecken sich die Opalfelder Grawin und Glengarry, die auch Teil der echten Tenterfield-Erfahrung sind. Das Hilton ist nicht mehr als ein Pub in einer Blechhütte und zählt ein paar echte Originale zu seinen Stammgästen. Es gibt vier Schlafsäle und ein Doppelzimmer. Zum Zeitpunkt der Recherche stand das Hilton gerade zum Verkauf, was die Dinge hier ändern könnte – aber hoffentlich nicht zu sehr.

Black Opal Holiday Units MOTEL $$
(☎ 02-6829 0222; www.blackopalholidayunits.com.au; Morilla St; Zi. ab 90 AU$; ❄) Man kann sich streiten, ob die Deko der Zimmer nun retro oder einfach nur alt ist, für ein oder zwei Nächte ist dieses Motel aber eine ganz gute Option.

Chats On Opal CAFÉ $
(4 Opal St; Hauptgerichte 8–17 AU$; ⏲ 7.30–15 Uhr) Ein farbenfrohes Café, in dem Gourmet-Sandwiches, Kuchen und guter Kaffee serviert werden. Ein netter Ort, um die Seele baumeln zu lassen.

Praktische Informationen

Visitor Centre (☎ 02-6829 1670; Morilla St; ⏲ 9–16 Uhr)

An- & Weiterreise

Air Link (02-6884 2435; www.airlinkairlines.com.au) bietet Charterflüge nach Walgett, Coonamble und Sydney über Dubbo an. Die Busse von **CountryLink** (13 22 32; www.countrylink.info) fahren nach Dubbo (47 AU$, 4½ Std.).

Newell Highway

Coonabarabran

2576 EW.

Der Newell Hwy geht in Coonabarabran (für die Einheimischen einfach „The Bran"), dem Tor zur Warrumbungle Range (Warrumbungles), für kurze Zeit in den von Tamworth kommenden Oxley Hwy über. Das hilfsreiche **Visitor Centre** (02-6849 2144; www.coonabarabran.com/vic; Newell Hwy) liegt südlich des Uhrenturms. Entlang des Highways gibt's mehrere Hotels.

Nur 27 km westlich der Stadt ist die Warrumbungle Range erreicht. Dort beherbergt das **Siding Spring Observatory** (02-6842 6211; National Park Rd; Erlebniszentrum Erw./Kind 6/4 AU$) einige der weltweit größten (und Australiens größte) Teleskope. Im Visitor Centre sind Infos zu Besichtigungsterminen erhältlich.

Zwischen Coonabarabran und Narrabri erstreckt sich zu beiden Seiten des Highways der **Pilliga Forest**. Wer diese berühmte halbtrockene Landschaft mit ihren Sandsteinhöhlen voller Aborigine-Felsritzungen besser kennenlernen möchte, wendet sich an das **Discovery Centre** (02-6843 4011; 50-58 Wellington St) westlich des Highways in Baradine.

Moree

7720 EW.

In diesem etwas größeren Ort am Gwydir River tummeln sich die Einheimischen im 42 °C warmen Wasser des **Hot Artesian Pool Complex** (Ecke Anne St & Gosport St; Erw./Kind 7/4,50 AU$; Mo–Fr 6–20.30, Sa & So 7–19 Uhr). Die Öffnungszeiten können variieren; aktuelle Infos dazu hat das **Visitor Centre** (02-6575 3350; www.moreetourism.com.au). Auch viele Unterkünfte bieten Bademöglichkeiten in artesischem Wasser an.

Die **Moree Plains Gallery** (www.moreeplainsgallery.org.au; Ecke Frome St & Herber St; Mo–Fr 10–17, Sa 10–13 Uhr) GRATIS zeigt eine tolle Sammlung von Aborigine-Kunst von einigen der besten Künstler Australien, darunter Arone Meeks, Dorothy Napangardi, Elizabeth Nyumi Nungurrayi und Judy Watson. Arbeiten von Künstlern aus der Region sind bei **Yaama Maliyaa Arts** (29 Herber St) zu sehen. Der nette Besitzer gibt auch gerne Auskunft zu Aborigine-Stätten in der Umgebung.

Das **Café 2400** (123 Balo St; Hauptgerichte 10–16 AU$; Mo–Fr 8–17, Sa 8–13 Uhr) würde auch in einem der trendigen Vororte Sydneys nicht weiter auffallen. Serviert werden gesunde (auch glutenfreie) Speisen und guter Kaffee.

Von März bis Mai sind Fachkräfte im Bereich der Baumwollindustrie gefragt. Ungelernte Kräfte werden von November bis Januar zum Stutzen der Baumwollpflanzen und von April bis August bei der Pekannussernte gebraucht. Zum Zeitpunkt der Recherche gab es gerade eine Ausschreibung für die Koordination des Bewerbungs-

ABSTECHER

WARRUMBUNGLES

Die spektakulären Granitkuppeln des **Warrumbungle National Park** (www.environment.nsw.gov.au; pro Fahrzeug 7 AU$/Tag) entstanden beim Ausbruch des Warrumbungle-Vulkans vor über 13 Mio. Jahren. Der 23 311 ha große Park liegt 33 km westlich von Coonabarabran und ist von einem 43 km langen Netz von Buschwanderwegen durchzogen. Im Frühling sind die bunten Wildblumen ein Fest fürs Auge. Dies alles macht den Park zu einem der schönsten in New South Wales. Leider fegte Anfang 2013 ein großer Buschbrand über Teile des Parks hinweg; es wird Jahre dauern, bis sich die Vegetation erholt hat.

Die Parkgebühren müssen beim **NPWS Visitor Centre** (02-6825 4364) im Park bezahlt werden; Zelten ist teilweise kostenpflichtig (Erw./Kind ab 5/3 AU$). Die Wandermöglichkeiten erstrecken sich vom 1,1 km langen **Wambelong Nature Track** bis zum unvergleichlichen **Breadknife and High Tops Walk** (12,5 km). Unterwegs kann man Östliche Graue Riesenkängurus, Rotnackenwallabys und Emus sowie zahllose Vogelarten erspähen.

prozesses. Einfach beim Visitor Centre nachfragen, wo man sich melden muss!

ZENTRALER WESTEN

Die relative Nähe des zentralen Westens zu Sydney mit seiner umtriebigen Bevölkerung, die gerne Wochenendurlauber und Ferienhausbesitzer spielt, hat den landwirtschaftlich geprägten Städten unmittelbar jenseits der Blue Mountains den Aufschwung beschert. Die Universitätsstadt Bathurst ist zugleich ein Tummelplatz für Motorsportbegeisterte, Orange kann eine Menge hochgepriesene Chefköche und Restaurants vorweisen, die Kleinstadt Mudgee hat einen guten Riecher für Wein, und Dubbo wartet mit einem ziemlich neuen Kulturzentrum auf.

Stattliche Gebäude, breite Straßen, große Parks und betriebsame, gepflegte englische Gärten sind ihnen allen gemein, ebenso wie eine von Goldschürferei und Bush-Ranger-Folklore geprägte Vergangenheit. Am authentischsten spürt man den Hauch der Geschichte in den kleinen Hügeldörfern, die neben Häusern mit breiten Veranden und alten Pubs oft auch ein ordentliches Café oder Restaurant und ein nettes B&B zu bieten haben.

Mit Forbes und Parkes weiter im Westen verband man vor allem das Parkes-Radioteleskop, das durch den Film *The Dish – Verloren im Weltall* berühmt wurde, bis das Elvis-Fieber letztgenannte Ortschaft packte und sie von Forbes abhob. Fährt man noch weiter gen Westen, beginnt die noch rauere Outback-Landschaft des äußersten Westens.

Bathurst

31294 EW.

Bathurst ist die älteste australische Siedlung im Binnenland. Sie wartet mit europäischer Flora, einem kühlen Klima und einem wunderschön gepflegten zentralen Platz auf. Dieser wird von prächtigen viktorianischen Bauten flankiert, die den Betrachter in längst vergangene Zeiten zurückversetzen. Bathurst kann aber auch anders: Es ist die Hochburg des australischen Motorsports und jedes Jahr der Austragungsort verschiedener Veranstaltungen.

Sehenswertes & Aktivitäten

Im Visitor Centre bekommt man Infos über **Weingüter**, **Wanderwege** und **Panoramastraßen** in der Region.

Australian Fossil & Mineral Museum MUSEUM
(www.somervillecollection.com.au; 224 Howick St; Erw./Kind 10/5 AU$; Mo–Sa 10–16, So bis 14 Uhr) Hier ist Australiens einziges vollständiges Skelett eines *Tyrannosaurus Rex* ausgestellt. Außerdem gibt's hier die international angesehene **Somerville Collection** zu sehen, eine beeindruckende private Sammlung von über 6000 Fossilien aus sämtlichen Erdzeitaltern.

Bathurst Regional Art Gallery KUNSTGALERIE
(www.bathurstart.com.au; 70-78 Keppel St; Di–Sa 10–17, So 11–14 Uhr) GRATIS Die abwechslungsreiche Sammlung umfasst Werke lokaler Künstler, es sind aber auch tolle Wechselausstellungen zu sehen.

Courthouse HISTORISCHES GEBÄUDE, MUSEUM
(www.bathursthistory.org.au; Russell St; Historisches Museum Erw./Kind 4/2 AU$; Historisches Museum Di, Mi & Sa 10–16, So 11–14 Uhr) Unter Bathursts historischen Gebäuden ist dieses hier am beeindruckendsten. In dem von 1880 stammenden Bau ist auch das kleine **Historical Museum** untergebracht. Vorab kann man sich im Visitor Centre das Infoblatt *Bathurst Courthouse* holen.

Chifley Home HISTORISCHES GEBÄUDE
(www.chifleyhome.org.au; 10 Busby St; Erw./Kind 10/6 AU$; Führungen Sa–Mo 10 & 12 Uhr) Ben Chifley, von 1945 bis 1949 Australiens Premierminister, wohnte einst hier. Das bescheidene Haus kann heute besichtigt werden. Es gibt auch ein Bildungszentrum.

Abercrombie House HISTORISCHES GEBÄUDE
(www.abercrombiehouse.com.au; 311 Ophir Rd; Erw./Kind 15/5 AU$; Führungen Sa & So 11.15 Uhr) Dieses außergewöhnliche Herrenhaus im tudorgotischen Stil hat 52 Zimmer und liegt nördlich des Zentrums. Es zählt zu Bathursts beeindruckenderen Gebäuden. Zuerst folgt man der Durham St nach Nordwesten und dann den Schildern.

National Motor Racing Museum MUSEUM
(www.nmrm.com.au; Pit Straight, Murrays Corner, Mt. Panorama; Erw./Kind/Fam. 10,50/4,50/25,50 AU$; 9–16.30 Uhr) Der 6,2 km lange Mt. Panorama Motor Racing Circuit wird das Herz eines jeden Autofans höher schlagen lassen. Hier findet jedes Jahr im Oktober das berühmte **Bathurst 1000** statt. Man kann selbst eine Runde auf der Strecke drehen, allerdings nur mit einer wenig prickelnden Maximalgeschwindig-

ABSTECHER

SCENIC DRIVE: VON BATHURST NACH GULGONG

Die Region nördlich von Bathurst mit ihrer schönen Landschaft, den Parks, Naturschutzgebieten und den niedlichen Städtchen lässt sich wunderbar mit dem Auto erkunden.

Vom Stadtzentrum **Bathursts** aus einfach der Ausschilderung in Richtung Lithgow folgen und dann die Abzweigung nach Sofala nehmen! Die Straße schlängelt sich durch eine immer hügeliger werdende Landschaft und führt 43 km nordöstlich von Bathurst hinunter in ein Tal. Kurz bevor man die Brücke überquert, führt eine bezaubernde, leicht holprige Straße mitten hinein nach **Sofala**, das ein hübsches Überbleibsel aus den Tagen des Goldrauschs ist. Wer genügend Zeit hat, sollte den 105 km langen, nur teilweise asphaltierten Umweg nach Mudgee über **Hill End**, ein anderes Goldgräberstädtchen, in Betracht ziehen. Anderenfalls folgt man ab Sofala der Straße weitere 28 km bis Ilford und fährt ab dort wieder auf der Hauptstraße von Lithgow nach Mudgee weiter. Auf dem Weg nach Nordwesten kommt man am hübschen **Lake Windamere** vorbei. Sobald dann die schmuddeligen Vororte von **Mudgee** in Sicht kommen, diese einfach ignorieren und zuerst auf der Church St, dann auf der Ulan Rd in Richtung Zentrum fahren! Die Straße führt an einigen der besten Weingüter der Gegend vorbei und weiter in Richtung Nordwesten wieder aus der Stadt hinaus. Etwa 11 km hinter Mudgee bietet sich ein Abstecher ins **Munghorn Lake Nature Reserve** an, wo der beliebte Castle Rock Wanderweg (8 km hin & zurück) dazu verlockt, sich die Beine zu vertreten. Im Schutzgebiet lebt der vom Aussterben bedrohte Warzenhonigfresser.

Zurück auf der Hauptstraße nach Ulan folgt 29 km hinter Mudgee eine Abzweigung nach Gulgong. Diese wie auch jene, die nach weiteren 3 km zum Nationalpark führt, sollte man zunächst ignorieren und 10 km durch eine zerfurchte, von einer Tagebaumine geprägten Landschaft weiterfahren. Schließlich erreicht man die Abzweigung zu „The Drip" im **Goulburn Ranges National Park**. Dieser 3 km lange Weg gehört zu den schöneren Kurzwanderungen in der Region und beginnt am Parkplatz rund 200 m abseits der Straße gleich neben einem sehr beliebten Badeteich. Er führt zwischen einem Steilhang und dem Flussufer entlang und passiert auf halber Strecke einige überhängende Felsen auf der anderen Seite des Flusses, die mit Aborigine-Felszeichnungen bemalt sind. Auch Wallabys, Kängurus und Wombats sind hier zu sehen.

Zurück auf der Straße nach Ulan folgt man den Schildern ins historische **Gulgong**, das 24 km entfernt mitten im dichten, von Buschfeuern gezeichneten Wald liegt.

keit von 60 km/h. Es gibt einen guten Aussichtspunkt und oben auf dem Hügel einen Spielplatz ganz im Zeichen des Rennsports. Alle Straßen führen hierher, darunter auch die William St (gen Südwesten). Das Visitor Centre hält Infoblätter zur Rennstrecke und ihrer Geschichte bereit.

Schlafen

Jack Duggans Irish Pub HOTEL $
(☎ 02-6331 2712; www.jackduggans.com.au; 135 George St; B/EZ/DZ 25/45/65 AU$) Das kürzlich renovierte ehemalige Comercial Hotel im Zentrum hat unten ein lebhaftes Lokal mit Bar und oben kleine, einladende Zimmer, die Türen zu einer Veranda aufweisen. Die Preise steigen am Wochenende.

Big4 Bathurst Holiday Park WOHNWAGENPARK $
(☎ 02-6331 8286; www.bathurstholidaypark.com.au; Sydney Rd; Stellplatz mit Strom f. 2 Pers./Hütte ab 34/98 AU$; ❄ ≋) Dieser gut ausgestattete Wohnwagenpark ist die gängigste Option für Camper und Wohnwagen-Traveller. Außerdem gibt's nette Wellblechhütten mit roten Dächern. Während der Rennen klettern die Preise in die Höhe.

Accommodation Warehouse APARTMENTS $$
(☎ 02-6332 2801; www.accomwarehouse.com.au; 121a Keppel St; EZ/DZ 95/125 AU$) In dem hohen historischen Ziegelgebäude mit Bogenfenstern und Balkons à la Romeo und Julia kann man sich in einem der drei hübschen separaten Apartments einquartieren. Das kontinentale Frühstück ist im Preis schon enthalten.

Rydges Mount Panorama HOTEL $$
(☎ 02-6338 1888; www.rydges.com/bathurst; 1 Conrod Straight; DZ/FZ 150/175 AU$; ᯤ) Aus diesem großen, kürzlich erst renovierten Hotel kann man direkt über die Rennstrecke blicken.

Essen

★Church Bar PIZZA **$$**
(www.churchbar.com.au; 1 Ribbon Gang Lane; Pizza 17–24 AU$; ⌚12 Uhr–open end) In dieser restaurierten Kirche aus den 1850er-Jahren findet heutzutage eine ganz andere Art der Verehrung statt: Die Besucher der Church Bar lieben die leckere Holzofenpizza. Mit der hohen Decke und dem begrünten Hof in einer Seitenstraße der William St ist die Church Bar nicht nur eines der besten Restaurants der Region, sondern auch ein hervorragender Ort, um mit neuen Leuten ins Gespräch zu kommen.

Hub CAFÉ **$$**
(52 Keppel St; Hauptgerichte 14–21 AU$; ⌚Mo–Sa 7–17, So bis 15 Uhr) Dieses gut besuche Café unter roten Schirmen und grünen Blättern ist der ideale Ort für ein Mittagessen im Freien. Der Cajun-Chicken-Burger und der vietnamesische Krabbensalat sind ein echter Gaumenschmaus. Donnerstagabends wird Livejazz gespielt.

Elie's Café MODERN-AUSTRALISCH **$$**
(☎02-6332 1707; 108 William St; Hauptgerichte 28 AU$; ⌚Mo–Mi 7.30–18, Do–Sa 7.30–open end, So 7.30–16 Uhr) Im Erdgeschoss des ehemaligen Royal Hotel, einem tollen historischen Gebäude, ist dieses bezaubernde Café untergebracht, das auch einige Tische draußen an der Straße hat. Der Innenbereich ist ebenfalls sehr schön. Der Service ist freundlich, und die Speisen sind zwar einfallsreich, aber nicht übertrieben ausgefallen: Hier zeigt sich die modern-australische Küche von ihrer besten Seite.

Thai Buddha THAI **$$**
(1/35 William St; Hauptgerichte 13–26 AU$; ⌚11–21 Uhr) Neben authentischer Thai-Küche gibt's hier auch einige chinesische Gerichte sowie Sushi.

Praktische Informationen

Visitor Centre (☎1800 681 000; www.visitbathurst.com.au; Kendall Ave)

An- & Weiterreise

Rex (☎13 17 13; www.rex.com.au) fliegt nach Sydney (119 AU$, 45 Min.).

Der *Sydney Express* von **Australia Wide Coaches** (☎02-6362 7963; www.austwidecoaches.com.au) macht sich jeden Tag auf den Weg nach Sydney (34 AU$, 3½ Std.). **CountryLink** (☎13 22 32; www.countrylink.info) lässt Züge nach Sydney (8,40 AU$, 4¼ Std. über Lithgow) fahren. Der XPT-Zug von CountryLink hält auf seinem Weg zwischen Sydney (38 AU$, 3¾ Std.) und Dubbo (34 AU$, 3 Std.) jeden Tag auch in Bathurst.

Orange

34 992 EW.

Orangen? In den Hainen ringsum wachsen Birnen, Äpfel und Steinfrüchte – woher also der Name Orange? Tatsächlich wurde die Stadt nach Wilhelm VI. von Oranien (engl. Orange) benannt. Die beiden großen Leidenschaften der Einwohner sind Essen und Wein, und es gibt vier kulinarische Feste – eines pro Jahreszeit. Die Stadtparks und -gärten erstrahlen das gesamte Jahr über in den unterschiedlichsten Farben, in den kalten Wintermonaten fällt allerdings gelegentlich etwas Schnee. Der berühmteste Sohn der Stadt ist der „Buschdichter" A. B. „Banjo" Paterson.

Sehenswertes & Aktivitäten

Mt. Canobolas NATURSCHUTZGEBIET
In diesem Naturschutzgebiet südwestlich von Orange finden sich Wasserfälle, schöne Aussichtspunkte, Fahrrad- und Wanderwege. Der **Lake Canoblas** ist ein guter Ausgangspunkt und wartet mit zahlreichen Picknicktischen sowie einem Kinderspielplatz direkt am See auf. Die Straße zum See zweigt 8 km westlich der Stadt von einer Verlängerung der Coronation Rd ab.

Orange Regional Gallery GALERIE
(www.org.nsw.gov.au; Civic Sq; ⌚Di–Sa 10–17, So 12–16 Uhr) GRATIS Die Galerie neben dem Visitor Centre veranstaltet ehrgeizige, abwechslungsreiche Ausstellungen und zeigt auch einige Werke bekannter australischer Künstler.

Feste & Events

Oranges Ruf als „Gourmethochburg" stützt sich auf vier **Feste** (www.tasteorange.com.au), eines pro Jahreszeit, bei denen die regionalen Erzeuger im Rampenlicht stehen: **Slow Summer** ist Anfang Februar, die **F.O.O.D Week** (www.orangefoodweek.com.au) Mitte April, das **Frost Fest** Anfang August und die **Wine Week** Ende Oktober.

Obst und Gemüse aus der Region bekommt man auf dem beliebten **Bauernmarkt** (www.orangefarmersmarket.org.au; Orange Regional Gallery North Ct; ⌚8.30–12 Uhr), immer am zweiten Samstag des Monats. Von Mai bis September bzw. bei Regen findet der Markt im Orange Showground statt.

WEINGÜTER RUND UM ORANGE

Orange ist bekannt für seine unverwechselbaren Weine aus kühlem Klima, und es gibt zahlreiche preisgekrönte Weingüter. Im Visitor Centre oder auf www.tasteorange.com.au bekommt man die Broschüre *Orange & District Wine & Food Guide*. Geführte Touren werden z. B. von **Orange Taxi Tours** (www.orangetaxis.com.au; je Fahrzeug 60 AU$/Std.) oder **Central West Getaways** (☎ 0413 551 212; www.centralwestgetaways.com; 2-/3-/4-stündige Touren pro Pers. 55/75/105 AU$) angeboten. Hier einige der besten Weingüter mit Direktverkauf:

- **Brangayne of Orange** (☎ 02-6365 3229; www.brangayne.com; 837 Pinnacle Rd; ⏱ Mo–Fr 11–13 & 14–16, Sa 11–17, So 11–16 Uhr)
- **De Salis Wines** (☎ 0403 956 295; www.desaliswines.com.au; 125 Mount Lofty Rd; ⏱ Sa & So 11–17 Uhr)
- **Orange Mountain Wines** (☎ 02-6365 2626; www.orangemountain.com.au; Ecke Forbes Rd & Radnedge Lane; ⏱ Sa & So 9–17 Uhr)
- **Printhie** (www.printhiewines.com.au; 439 Yuranigh Rd; ⏱ Mo–Fr 10–16, Sa 12–16 Uhr)
- **Stockman's Ridge** (☎ 02-6365 6212; www.stockmansridge.com.au; 21 Boree Lane; ⏱ Sa & So 10–17 Uhr)
- **Word of Mouth Wines** (☎ 02-6365 3509; www.wordofmouthwines.com.au; 790 Pinnacle Rd; ⏱ So, Mo & Mi–Fr 10.30–15, Sa bis 17 Uhr)

Schlafen

Auf **Stay Orange** (www.stayorange.com.au) sind 31 Unterkünfte in und um Orange aufgelistet.

★ **De Russie Suites** BOUTIQUEHOTEL $$
(☎ 02-6360 0973; www.derussiehotels.com.au; 72 Hill St; Zi. ab 151 AU$; ❄ 📶) Dieses Hotel erfüllt sämtliche Voraussetzungen für das Attribut „Boutique" und könnte genauso gut irgendwo in Sydney stehen. Es bietet allen erwartbaren luxuriösen Komfort und hat auch separate Suiten im Angebot. Das Frühstück ist im Preis enthalten und kann mit auf die Zimmer genommen werden.

Templers Mill Motel MOTEL $$
(☎ 02-6362 5611; www.oesc.com.au; 94 Byng St; EZ/DZ ab 102/126 AU$; ❄ 📶) Dieses gut geführte Motel wurde kürzlich erst renoviert und bietet stilvolle Zimmer. Es liegt nur einen kurzen Fußweg von den Restaurants und der Hauptstraße entfernt.

Arancia B&B B&B $$
(☎ 02-6365 3305; www.arancia.com.au; 69 Wrights Lane; Zi. ab 200 AU$; ❄ 📶) Die Ausstattung des von grünen Hügeln umgebenen B&B steht der eines Hotels in nichts nach. Die großzügigen Zimmer warten mit großen Betten und eigenen Bädern auf, es gibt Tee und stilvolles Mobiliar. Das Frühstück ist legendär; Kinder sind hier allerdings nicht erwünscht. Es wird ein Übernachtungspaket angeboten, in dem das Essen und sogar eine Weintour enthalten sind.

Essen

★ **Byng Street Local Store** CAFÉ $
(☎ 02-6369 0768; www.byngstreet.com.au; 47 Byng St; Hauptgerichte 6–18 AU$; ⏱ Mo–Sa 6–19, So 6–16 Uhr) Ein wundervolles, kleines Eckcafé und die vielleicht beste Adresse, um in Orange essen zu gehen – und das will hier etwas heißen! Das Brot wird vor Ort frisch gebacken, das Frühstück ist überraschend lecker, und zu Mittag kann aus einer Reihe warmer Gerichte gewählt werden, die immer an die Jahreszeit angepasst sind. Absolute Highlights hier sind die Salate und Sandwiches.

Mills Cafe CAFÉ $
(Byng St; Hauptgerichte ab 5,80 AU$; ⏱ Mo–Fr 6–20, Sa bis 15 Uhr) Das gut besuchte Mills ist halb Cafeteria, halb cooles Café und serviert die besten Burger der Stadt. Auch Fish & Chips und Salate sind im Angebot.

Union Bank WEINLOKAL $$
(☎ 02-6361 4441; www.unionbank.com.au; Ecke Sale St & Byng St; Hauptgerichte 12–22 AU$; ⏱ Mo–Sa 12–15 & 16–21 Uhr) Ein gehobenes und dennoch cooles Weinlokal mit Verkaufsraum, in dem über 500 verschiedene edle Tropfen angeboten werden. Dazu können auch Käse- oder Antipasti-Platten bestellt werden.

Racine at La Colline Winery MODERN-AUSTRALISCH, FRANZÖSISCH **$$$**
(☎ 02-6365 3275; www.racinerestaurant.com.au; 42 Lake Canobolas Rd; 2-/3-Gänge-Menü 65/75 AU$; ⏲ Fr & Sa 12–15 & 18–21, Do 18–21, So 12–15 Uhr) Erstklassige Kochkunst und ein elegantes, ländliches Ambiente sind das Geheimrezept dieses reizenden Weinguts abseits der Straße zum Lake Canoblas. Im Angebot sind Gerichte wie zweifach gegarter Schweinebauch oder marinierte Blaue Schwimmkrabbe.

Lolli Redini MODERN-AUSTRALISCH **$$$**
(☎ 02-6361 7748; www.lolliredini.com.au; 48 Sale St; 2-/3-Gänge-Menü 65/80 AU$, Hauptgerichte ab 30 AU$; ⏲ Di–Sa 18–21 Uhr) Das Lolli ist immer gut besucht, und ohne Reservierung geht hier gar nichts. Zu den Hauptgängen wird immer der sorgfältig ausgewählte, passende Wein serviert, und einige der Gerichte (wie etwa das Gruyere-Gorgonzola-Käsesouffle als Vorspeise) sind ausgezeichnet. Allerdings sind die Hauptgerichte teilweise enttäuschend und somit den hohen Preis eigentlich nicht wert.

ℹ Praktische Informationen

Orange Visitor Centre (☎ 02-6393 8226, 1800 069 466; www.visitorange.com.au; 151 Byng St; ⏲ 9–17 Uhr)

Verto (☎ 02-6361 5300; www.verto.org.au) Kann bei der Suche nach Arbeit als Erntehelfer behilflich sein. Im Visitor Centre gibt's auch Infos zu Betrieben mit Übernachtungsmöglichkeiten.

ℹ An- & Weiterreise

Rex (☎ 13 17 13; www.rex.com.au) fliegt nach Sydney (ab 153 AU$, 50 Min.). Der Flughafen liegt 13 km südöstlich von Orange.

Australia Wide Coaches (☎ 02-6362 7963; www.austwidecoaches.com.au) betreibt den täglich verkehrenden *Sydney Express* (38 AU$, 4¼ Std.). **CountryLink** (☎ 13 22 32; www.countrylink.info) lässt Züge nach Sydney (ab 31 AU$, 5 Std.) und Dubbo (22,50 AU$, 1¾ Std.) rollen.

Millthorpe

Das Pionierdorf mit seinen historischen Gebäuden ist nur 20 Minuten von Orange entfernt und scheint Besucher in die Zeit um den Anfang des 19. Jhs. zu entführen. Millthorpe ist so reizend, dass der gesamte Ort vom National Trust unter Denkmalschutz gestellt wurde. Er ist eine ruhige Alternative zum geschäftigen Orange.

Sehenswertes

Millthorpe Wine Centre WEINGUT
(www.millthorpewinecentre.com.au; Bahnhof von Millthorpe; ⏲ Sa & So 10–17 Uhr) Der alte Bahnhof wurde kunstvoll in einen Verkaufsraum für zwei Weine aus der Region – Edgecome und Coffee Hill – umfunktioniert.

Angullong WEINGUT
(www.angullong.com.au; Ecke Park St & Victoria St; ⏲ Sa & So 11–17 Uhr) Das vielseitige Weingut veranstaltet am Wochenende Weinverkostungen. Auch der Verkaufsraum ist samstags und sonntags geöffnet.

Schlafen & Essen

Millthorpe Bed & Breakfast B&B
(☎ 02-6366 3967; www.millthorpebedandbreakfast.com.au; 11 Morley St; Zi. ab 175 AU$) In einer ruhigen Straße liegt dieses B&B, dessen Zimmer mit jedem Hotel mithalten können.

Old Mill Cafe CAFÉ **$$**
(☎ 02-6366 3188; 12 Pym St; Hauptgerichte ab 15 AU$; ⏲ 9–16.30 Uhr) Die Highlights hier sind Kaffee und Kuchen in elegant-rustikaler Atmosphäre; von Donnerstag bis Montag gibt's aber auch warme Mittagsgerichte.

Gerry's@The Commercial MODERN-AUSTRALISCH **$$**
(☎ 02-6366 3999; gerryatthecommercial@gmail.com; 29 Park St; Hauptgerichte 22–29 AU$; ⏲ Mi–Sa 12–15 & 18–21, Di 18–21, So 12–15 Uhr) Tolles Kneipenessen, offene Kamine, lokale Weine und weit und breit nicht ein einziger Fernseher oder Spielautomat! Im ländlichen NSW ist dies eine der besten Adressen für Kneipenkost. Die gemischte Fleischplatte mit fünf Fleischsorten oder die Bangers and Mash (Würstchen mit Kartoffelbrei) schmecken besonders gut zu einem Angullong-Rotwein (S. 220) aus der Region.

Tonic MODERN-AUSTRALISCH **$$**
(☎ 02-6366 3811; www.tonicmillthorpe.com.au; Ecke Pym St & Victoria St, Millthorpe; Hauptgerichte 30 AU$; ⏲ Sa 10–15 & 18.30–21.30, So 10–15, Do & Fr 18.30–21.30 Uhr) Weiße Tischdecken, polierte Gläser und moderne Gerichte wie etwa Barramundi aus der Pfanne oder Schweinebraten. Die beste Adresse für ein Abendessen mit Stil!

ℹ An- & Weiterreise

Ab Orange der Straße nach Bathurst folgen und kurz hinter Lucknow nach Millthorpe abbiegen! Von dort sind es noch 8 km.

Canowindra

1424 EW.

Das winzige, 32 km nördlich von Cowra gelegene Canowindra (der Name bedeutet in der Sprache der lokalen indigenen Bevölkerung „Zuhause“ oder „Kampierstelle“) ist das perfekte Ziel für einen Wochenendausflug. Auf seiner denkmalgeschützten Hauptstraße finden sich überraschend viele Kunstgalerien und alte Geschäfte, die zum Bummeln einladen.

Sehenswertes & Aktivitäten

Age of Fishes Museum MUSEUM
(www.ageoffishes.org.au; Ecke Gaskill St & Ferguson St; Erw./Kind 10/5 AU$) Diese faszinierende Ausstellung informiert über die Geheimnisse des nahe gelegenen Fossilienfundorts. Zu sehen gibt es die Überreste von Fischen, die noch älter sind als die Dinosaurier.

Tom's Waterhole Winery WEINGUT
(www.tomswaterhole.com.au; Longs Corner Rd; ⌚10–16 Uhr) Weingut mit Weinverkauf und einem Café, in dem als Mittagessen Vesperplatten angeboten werden.

Swinging Bridge WEINGUT
(www.swingingbridge.com.au; 33 Gaskill St; ⌚Fr–So 11–18 Uhr) Preisgekröntes Weingut mit Weinverkauf.

Taste Canowindra WEINGUT
(www.tastecanowindra.com.au; 42 Ferguson St; ⌚So–Do 10–19, Fr & Sa bis 22 Uhr) Weinverkostungen mit Weinen aus der Region, Kunst- und Kunsthandwerksausstellungen sowie – gelegentlich – Livemusik.

Aussie Balloontrek PANORAMAFLÜGE
(☎02-6361 2552; www.aussieballoontrek.com.au; Nanami Lane; 30-/45-/60-minütiger Flug pro Pers. 180/230/320 AU$) Mit Aussie Balloontrek geht es bei einem Champagner-Frühstück hoch hinaus.

Balloon Joy Flights PANORAMAFLÜGE
(www.balloonjoyflights.com.au; Erw./Kind 280/200 AU$) Balloon Joy Flights hat seinen Sitz in der Tom's Waterhole Winery und bietet ebenfalls Ballonfahrten an.

Schlafen & Essen

Old Vic Inn HOTEL $$
(☎02-6344 1009; www.oldvicinn.com.au; 56 Gaskill St; Zi. mit/ohne Bad inkl. Frühstück ab 130/90 AU$; ❄) Das Old Vic Inn ist in einem hübschen, alten Gebäude untergebracht, das früher einmal als Kneipe fungierte. Es gibt ein gemütliches Restaurant (Do–Sa) und B&B-Unterkünfte.

Everview Retreat B&B $$$
(☎02-6344 3116; www.everview.com.au; 72 Cultowa Lane; DZ ab 220 AU$; ❄) Etwas mehr Platz und Romantik bietet dieses B&B. Die luxuriösen Hütten sind mit Whirlpool und DVD-Playern ausgestattet. Zu finden ist die Anlage unmittelbar abseits der Straße zwischen Canowindra und Cowra.

Praktische Informationen

Visitor Centre (☎02-6344 1008; Ecke Gaskill St & Ferguson St; ⌚10–16 Uhr)

Cowra

8107 EW.

Geschichtsfans kommen in Cowra mit seiner einzigartigen Vergangenheit voll auf ihre Kosten. Im August 1944 brachen über 1000 Japaner aus einem Kriegsgefangenenlager aus. Bei der Flucht kamen 231 japanische Gefangene und vier Australier ums Leben. Seither hat Cowra ein besonderes Verhältnis zu Japan und setzt sich für den Weltfrieden ein. Das Visitor Centre (S. 223) zeigt einen hervorragenden neunminütigen Holografiefilm über den Ausbruch. Kein Geringerer als Bill Bryson ist darüber voll des Lobes.

Sehenswertes & Aktivitäten

An der Ecke Darling St und Kendall St steht die **Millenniumsglocke (World Peace Bell)**, eine Nachbildung der Glocke, die vor dem Sitz der Vereinten Nationen steht. Sie ist die einzige ihrer Art in ganz Australien.

Japanischer Garten GARTEN
(www.cowragarden.com.au; Binni Creek Rd; Erw./Kind 13,50/7,50 AU$; ⌚8.30–17 Uhr) Der Japanische Garten erinnert an Cowras besondere Beziehung zu Kriegsgefangenen aus Japan, wobei weder der Krieg oder der Ausbruch irgendwo offen erwähnt werden. An das friedliche, 5 ha große Gelände grenzt ein Kulturzentrum, in dem eine Sammlung von *ukiyo-e*-Bildern ausgestellt ist, die Alltagsszenen aus dem vorindustriellen Japan zeigen. Ein Besuch lohnt sich! Audioguides helfen dabei, die Pflanzen im Garten zu identifizieren.

Australischer & Japanischer Kriegsfriedhof FRIEDHÖFE
Diese gepflegten Friedhöfe sind von der Straße zwischen Orange und Cowra gut

ausgeschildert. Sie liegen etwa 5 km südlich der Stadt. Viele der hier bestatteten Kriegsgefangenen waren noch erschreckend jung.

Kriegsgefangenenlager GEDENKSTÄTTE
(Evans Rd) Der Weg vom Friedhof hierher ist sehr gut ausgeschildert. Ein Denkmal kennzeichnet die Stelle, an der der Ausbruch der japanischen Gefangenen stattfand. Vom Wachturm erklingt eine Stimme aus dem Off, die die Geschichte des Ausbruchs erzählt. Das Fundament des Gefangenenlagers ist noch zu sehen.

Mill WEINGUT
(www.windowrie.com.au; 6 Vaux St; 11–17 Uhr) Mitten im Herzen der Stadt steht die *mill*, das älteste Gebäude Cowras. Der Mühlstein der Mühle hier wurde erstmals 1861 in Bewegung gesetzt. Der hiesige Chardonnay hat schon so manchen Gaumen beglückt. In der Mill kann man ihn zu einer Käseplatte genießen.

Darby Falls Observatory OBSERVATORIUM
(02-6345 1900; Observatory Rd; Erw./Kind 10/7 AU$; Sommer 20.30–23, restliches Jahr 19–22 Uhr) Für Sternegucker einer der besten – weil einer der dunkelten – Orte in Australien. Der Straße zu den Darby Falls folgen! Nach 22 km ist der Weg ausgeschildert.

Cowra Regional Art Gallery KUNSTGALERIE
(www.cowraartgallery.com.au; 77 Darling St; Di–Sa 10–16, So 14–16 Uhr) GRATIS Hat eine ständige Sammlung sowie wechselnde Ausstellungen. Wer Kunst unter freiem Himmel betrachten möchte, findet unter der Brücke über den Lachlan River Wandmalereien der Aborigine-Künstlerin Kim Freeman.

Feste & Events

Kirschblütenfest STADTFEST
(3. Wochenende im Sept.) Das *sakura matsuri* (Kirschblütenfest) ist ein weiterer Beweis für Cowras starke Bande mit Japan.

Cowra Cork & Fork ESSEN & WEIN
(Anfang Nov.) Das kulinarische Fest mit Wein und Essen ist den hiesigen Produkten gewidmet.

Schlafen & Essen

Entlang der Hauptstraße (Kendal St) finden sich zahlreiche Imbissbuden (darunter zwei Thai-Imbisse) und Cafés.

Vineyard Motel MOTEL $$
(02-6342 3641; www.vineyardmotel.com.au; Chardonnay Rd; EZ/DZ ab 115/135 AU$;) Die Aussicht auf den Weinberg Lachlan Valley ist so schön, dass man großzügig über die Plastikblumen und Spitzendeckchen hinwegsieht. Das ruhige Motel liegt 4 km außerhalb der Stadt.

Breakout Motor Inn MOTEL $$
(02-6342 6111; www.breakoutmotel.com.au; 181 Kendal St; Zi. ab 115 AU$;) Eine moderne, bezaubernde Unterkunft am östlichen Rand des Stadtzentrums mit stimmungsvoller Einrichtung in Schiefer-, Blau- und Beigetönen. Es gibt auch eine Handvoll Apartments.

Neila GRIECHISCH, CHINESISCH $$$
(02-6341 2188; www.neila.com.au; 5 Kendal St; Hauptgerichte 36 AU$; Do–Sa 18.30–22 Uhr) Dieses Kleinod an Cowras Hauptstraße ist eine Ode an die hohe Qualität der hiesigen Produkte. Die Besitzer bauen den Großteil der Zutaten selbst an. Das Neila hat zehn Jahre in Folge Auszeichnungen bekommen. Alkohol kann mitgebracht werden.

Quarry MODERN-AUSTRALISCH $$
(02-6342 3650; www.thequarryrestaurant.com.au; 7191 Boorowa Rd; Hauptgerichte mittags 19–

KIRSCHERNTE IN YOUNG

Young, 69 km südwestlich von Cowra, ist die Kirschhauptstadt Australiens und einer der besten Orte im Bundesstaat, um bei der Obsternte Geld zu verdienen. Die Kirschen werden im November und Dezember geerntet. Dieser Termin fällt nicht von ungefähr mit dem **Cherry Festival** am ersten Dezemberwochenende zusammen. Im Januar ist dann anderes Steinobst bereit für die Ernte, und im Februar sind schließlich auch die Pflaumen reif. **Verto** (Harvest Labour Services; 1300 364 445; www.verto.org.au) kann bei der Vermittlung helfen, aber auch das **Visitor Centre** (02-6382 3394; www.visityoung.com.au; Lovell St; 9.30–16 Uhr) hat Infos dazu. Teilweise kommt man direkt auf der Plantage, auf der man arbeitet, unter. Sonst ist der **Young Tourist Park** (02-6382 2190; Zouch St; Stellplatz mit Strom 30 AU$/Erw., Hütte 55–91 AU$;) eine gute Option. Alternativ kann das Visitor Centre auch hier oft weiterhelfen. **CountryLink** (13 22 32; www.countrylink.info) hat tägliche Verbindungen nach Sydney (67 AU$, 8 Std.) über Cootamundra.

30 AU$, Hauptgerichte abends 33 AU$; ⌚Do & So mittags, Fr & Sa mittags & abends) Dieses Restaurant mit Weinkeller liegt 4 km vom Zentrum entfernt am Stadtrand an der Boorowa Rd. Es ist von Weinbergen umgeben, und die Küche bekommt gute Kritiken. Mittags bieten sich etwa das Cowra-Lamm oder Pfefferminzwürstchen auf einem cremigen Kartoffelbrei mit Chilimarmelade nach Art des Hauses an. Abends ist die schonend gegarte Entenbrust auf einem Wasabi-Spinatbett mit einer Sauce aus Rote Beete und Orange eine Sünde wert.

Praktische Informationen

Visitor Centre (☎02-6342 4333; www.cowratourism.com.au; Olympic Park, Mid Western Hwy)

An- & Weiterreise

CountryLink (☎13 22 32; www.countrylink.info) hat tägliche Verbindungen nach Sydney (37 AU$, 6 Std.), eventuell mit Umstiegen in Lithgow.

Parkes

10 026 EW.

Parkes ist gleich aus zwei Gründen richtig berühmt. Zum einen steht hier ein riesiges Radioteleskop, das durch den Film *The Dish – Verloren im Weltall* Bekanntheit erlangte. Zum anderen feiern hier jedes Jahr in der zweiten Januarwoche Hunderte Elvis-Imitatoren den Geburtstag ihres Kings, und die Einwohnerzahl steigt schlagartig auf das Doppelte an. Ansonsten ist Parkes ein eher verschlafenes ländliches Dorf im Hinterland.

Sehenswertes

Sir Henry Parkes Visitor Centre MUSEUM
(Newell Hwy; Eintritt 10 AU$; ⌚Mo–Fr 9–17, Sa & So 10–16 Uhr) Das Visitor Centre beherbergt gleich vier Museen in einem: das Moat Cottage, einen Nachbau des **Geburtshauses von Sir Henry Parkes**, die **King's Castle Elvis Exhibit**, ein **Automobilmuseum** (einschließlich eines Elvis-Cadillac) sowie ein **Museum für alte Maschinen**.

Radioteleskop TELESKOP
Das Teleskop wurde 1961 von der Commonwealth Scientific & Industrial Research Organisation (CSIRO) aufgestellt. Es steht 6 km östlich des Newell Hwy und ca. 19 km nördlich von Parkes. Es ist eines der besten Radioteleskope weltweit und hat die Australier zu international führenden Radioastronomen gemacht. So konnten 600 Mio. Menschen die Bilder von der Mondlandung der *Apollo 11* verfolgen. Das **Dish CSIRO Visitor Centre** (www.parkes.atnf.csiro.au; ⌚8.30–16.15 Uhr) GRATIS hat interaktive Ausstellungen; den ganzen Tag über werden 3D-Filme gezeigt (Erw./Kind 7,50/5 AU$).

> ABSTECHER
>
> **HOLDEN UTES ART INSTALLATION**
>
> Etwa 70 km von Parkes entfernt findet man an der Straße nach Condobolin die **Holden Utes Art Installation** (www.utesinthepaddock.com.au; Mulgutherie Lane), eine außergewöhnliche Kunstinstallation und Ode an das Leben im Outback. Die Nutzfahrzeuge genannter Marke haben eine kreative Überarbeitung erhalten. Unbedingt nach der Flasche Bundaburg-Rum und Dame Edna Everage auf dem stillen Örtchen Ausschau halten!

Feste & Events

Elvis Festival ELVIS
(www.parkeselvisfestival.com.au) Am zweiten Wochenende im Januar findet in Parkes eines der schrägsten und exzentrischsten Festivals des ganzen Landes statt. Elvis-Imitatoren strömen in Scharen herbei, um den Geburtstag des King mit Umzügen, Konzerten, Talentshows und Straßenmusik zu feiern – die „Blue Suede Shoes" einstecken!

Schlafen & Essen

Coachman Hotel Motel MOTEL $
(☎02-6862 2622; www.coachman.com.au; 48-54 Welcome St; EZ/DZ ab 70/75 AU$; ❄@📶🏊) Unmittelbar an der Hauptstraße steht dieses gut geführte Motel mit recht durchschnittlichen Standardzimmern.

Old Parkes Convent B&B $$
(☎02-6862 2385; www.parkesconvent.com.au; 33 Currajong St; EZ/DZ 140/180 AU$; ❄) Ein reizendes altes Gebäude mit zwei tadellosen Apartments voller Antiquitäten (eines davon mit offenem Kamin). Eines befindet sich im ehemaligen Gästehaus, das andere im historischen Hauptgebäude.

Bellas CAFÉ $$
(☎02-6862 4212; 245 Clarinda St; Gerichte 17–25 AU$; ⌚Di 7.30–15, Mi–Sa bis 20.30 Uhr) Ein

ausgezeichnetes Restaurant mit farbenfrohen Sitzecken sowie leckerer Pizza und Pasta. Ein schnelles Frühstück auf die Hand ist z.B. das Bananenbrot (7 AU$). Ansonsten werden herzhafte, moderne Gerichte mit australisch-italienischem Touch und offene Weine serviert.

Dish Café CAFÉ $$
(☎02-6862 1566; Telescope Rd, Radioteleskop Parkes; Hauptgerichte mittags 14–20 AU$; ⊙8.30–15.30 Uhr) Im Schatten des Teleskops liegt dieses Café mit Blick auf seinen großen Namensgeber. Auf den Tisch kommen gesunde Frühstücksoptionen und Mittagsgerichte, darunter auch der Dish-Burger und der himmlische Hühnchen-Wrap mit Brie und Avocado. Es gibt auch Sitzgelegenheiten im Freien.

Praktische Informationen

Visitor Centre (☎1800 624 365; www.visitparkes.com.au; Newell Hwy) In einem neuen Gebäude am Newell Hwy im Norden des Ortes untergebracht.

An- & Weiterreise

CountryLink (☎13 22 32; www.countrylink.info) bietet täglich drei Busverbindungen nach Sydney an (ab 49 AU$, 7–10 Std.).

Dubbo

32 327 EW.

Dubbo ist ein bedeutendes ländliches Zentrum und liegt an einer der wichtigsten Nord-Süd-Verbindungsstraßen im Hinterland von NSW. Gleichzeitig ist es eine Art Tor zum Outback und hat zwei wichtige Attraktionen: den Western Plains Zoo und das Western Plains Cultural Centre.

Sehenswertes

Western Plains Zoo ZOO
(☎02-6681 1400; www.taronga.org.au; Obley Rd; 2-Tages-Pass Erw./Kind/Fam. 45/22/109 AU$; ⊙9–16 Uhr) Mit über 1500 Tieren ist der Zoo die Hauptattraktion der Stadt und gleichzeitig einer der besten Zoos in dieser Ecke Australiens. Es gibt einen 6 km langen Weg, den man zu Fuß oder mit dem Leihfahrrad (15 AU$) erkunden kann. Alternativ kann man sich natürlich auch in die im Schneckentempo vorwärts kriechende Autoschlange einreihen. Geführte Spaziergänge (Erw./Kind 15/7,50 AU$) werden am Wochenende (sowie in den Schulferien mittwochs und freitags) um 18.45 Uhr angeboten. Spezialführungen, bei denen man mit den Tieren auf Tuchfühlung gehen kann, sollten hingegen vorab reserviert werden (☎02-6881 1488).

Western Plains Cultural Centre MUSEUM
(☎02-6801 4444; www.wpccdubbo.org.au; 76 Wingewarra St; ⊙Mi, Do & Sa–Mo 10–16, Fr bis 20 Uhr) GRATIS Das Kulturzentrum einschließlich dem **Dubbo Regional Museum and Gallery** ist in einem eleganten Komplex untergebracht, der auf clevere Weise in die Haupthalle von Dubbos früherer High School integriert wurde. Auf diese Weise entsteht der passende Rahmen für die hier gezeigten sowohl modernen als auch historischen Ausstellungen. Es gibt eine innovative Galerie speziell für Kinder.

Old Dubbo Gaol MUSEUM
(www.olddubbogaol.com.au; 90 Macquarie St; Erw./Kind 15/5 AU$; ⊙9–16 Uhr, geführte Touren Mo–Fr 15, Sa & So 11, 14 & 15 Uhr) In diesem ehemaligen Kerker erzählen animierte Figuren ihre Geschichten, darunter ein Mann, der zum Tod am Galgen verurteilt wurde. Am Wochenende treten auch echte Darsteller auf, und auf Anfrage werden Nachtführungen angeboten. Gruselig, aber authentisch!

Dubbo Observatory OBSERVATORIUM
(www.dubboobservatory.com.au; 17 Camp Rd; Erw./Kind/Fam. 20/10/50 AU$; ⊙Dez.–Feb. 21 Uhr, März, Okt. & Nov. 20.30 Uhr, April 20 Uhr, Mai–Sept. 19.30 Uhr) Eine tolle Möglichkeit zum Sternegucken, für die unbedingt eine Vorausbuchung erforderlich ist. Wird bei schlechtem Wetter abgesagt.

Dundullimal HISTORISCHES GEBÄUDE
(☎02-6885 3022; 23L Obley Rd; Erw./Kind 8/4 AU$; ⊙Di–Fr 12–16, Sa 11–14 Uhr) Etwa 2 km hinter dem Western Plains Zoo steht dieses denkmalgeschützte, mit Holztafeln verkleidete Gehöft aus den 1840er-Jahren. Hier kann man sehen, wie die ersten europäischen Siedler in NSW gelebt haben.

Schlafen

Entlang der Cobra St finden sich jede Menge Hotels.

Dubbo City Holiday Park CAMPING $
(☎02-6882 4820; www.dubbocityholidaypark.com.au; Whylandra St; Stellplatz mit Strom/Hütte ab 26/105 AU$; ❄📶) Am Flussufer. Hat mehrere Hütten, die zwischen den Bäumen verstreut liegen.

No 95 Dubbo MOTEL $$
(☎ 02-6882 7888; www.no95.com.au; 95 Cobra St; Zi. 135 AU$; ❄@📶🏊) Hinter einer unspektakulären Fassade verstecken sich erstklassige Zimmer mit hochwertigen Möbeln, guter Bettwäsche und diversen Extras. Eine der schönsten Optionen der Stadt.

Westbury Guesthouse PENSION $$
(☎ 02-6884 9445; www.westburyguesthouse.com.au; Ecke Brisbane St & Wingewarra St; EZ/DZ 125/150 AU$; ❄📶) Hübsches historisches Wohnhaus von 1910 mit geräumigen Zimmern (alle mit Bad) sowie Gemeinschaftsküche und -Lounge.

Essen & Ausgehen

Artology + Café CAFÉ $
(209 Darling St; Hauptgerichte 11–16 AU$; ⌚ Mo–Fr 8–16, Sa 9–15 Uhr) Der neueste Koffeinpalast der Stadt wird über eine schwarz-rote Terrasse betreten. Der Innenraum ist recht unkonventionell; es gibt Kaffeetassen von Bodum und Sitzwürfel. Das Speisenangebot ist recht simpel: Man bekommt Brötchen, Quiche, Muffins etc.

Red Earth Estate Vineyard WEINGUT $
(www.redearthestate.com.au; 18 Camp Rd; ⌚ Do–Di 11–17 Uhr) Etwa 4,5 km hinter dem Western Plains Zoo liegt das Red Earth, eines von vier Weingütern in Dubbo. Es gibt Mittagessen und kostenlose Weinverkostungen.

Village Bakery Cafe CAFÉ & BÄCKEREI $
(www.villagebakerycafe.com.au; 113a Darling St; ⌚ 6–17.30 Uhr) Preisgekrönte Pasteten (etwa Känguru-Cranberry), Sandwiches und eine lässige Atmosphäre machen die „Dorfbäckerei" zu einer guten Adresse, wenn man mal nur einen kleinen Snack für zwischendurch braucht.

★ **Two Doors Tapas & Wine Bar** TAPAS $$
(☎ 02-6885 2333; www.twodoors.com.au; 215b Macquarie St; Hauptgerichte mittags 12–15 AU$, Hauptgerichte abends 16–28 AU$; ⌚ Di–Sa 10–21 Uhr) Hier kann man im begrünten Hof etwas unterhalb des Straßenniveaus mit einem Drink in der Hand relaxen und von einer langen Speisekarte wählen, z. B. Paella, frittierten Ziegenkäse oder schonend gegarten Schweinbauch.

Praktische Informationen

Visitor Centre (☎ 1800 674 443, 02-6801 4450; www.dubbo.com.au; Ecke Macquarie St & Newell Hwy; ⌚ 9–17 Uhr) Am nördlichen Stadtrand.

Anreise & Unterwegs vor Ort

Rex (☎ 13 17 13; www.rex.com.au) und **Qantas** (☎ 13 13 13; www.qantas.com.au) fliegen nach Sydney (ab 137 AU$, 1 Std.).

Die XPT-Züge von **CountryLink** (☎ 13 22 32; www.country link.info) fahren auch nach Sydney (ab 52 AU$, 6¾ Std.).

Mudgee

9830 EW.

Mudgee ist das Aborigine-Wort für „Nest in den Hügeln" – und der Name passt wirklich gut! Die niedliche, kleine Stadt ist ringsum von Weinbergen und sanft geschwungenen Hügeln umgeben. Und auch hier bewahrheitet sich die Regel, dass dort, wo es Weingüter gibt, auch hervorragende Restaurants vorzufinden sind. Kein Wunder, dass Mudgee ein beliebtes Wochenendausflugsziel ist, bei dem die Gaumenfreuden eindeutig im Mittelpunkt stehen!

Sehenswertes

Die 44 Weingüter rund um Mudgee gruppieren sich nördlich und südöstlich der Stadt. Somit können sie gut mit dem Rad abgeklappert werden, vorausgesetzt, man kostet unterwegs nicht allzu viele der edlen Tropfen. Da Mudgee höher liegt als das Hunter Valley, findet auch die Weinlese hier später statt, dennoch wird der hiesige Wein in Kennerkreisen sehr geschätzt. Die Region ist bekannt für ihren Shiraz (Syrah), den Cabernet Sauvignon und den Verschnitt aus eben diesen Rebsorten.

Logan WEINGUT
(www.loganwines.com.au; 33 Castlereagh Hwy; ⌚ 10–17 Uhr) Eine beeindruckende Kellerei mit tollen Weinen. Es gibt Panoramafenster, eine schicke Terrasse und auf Wunsch auch Käseplatten und Kaffee.

Pieter Van Gent WEINGUT
(☎ 02-6376 3030; www.pvgwinery.com.au; 141 Black Springs Rd; ⌚ Mo–Sa 9–17, So & Feiertag 10.30–16 Uhr) Ein himmlischer Muskat, Weintouren mit dem Rad (inkl. Mittagspicknick), Degustationen im Fasskeller (Sa 11.30 Uhr) sowie ein paar nette Übernachtungsmöglichkeiten.

Petersons of Mudgee WEINGUT
(www.petersonswines.com.au; Black Springs Rd; ⌚ Mo–Sa 9–17, So 10–17 Uhr) Kleineres Anwesen mit einer reizenden Terrasse und Blick auf die Weinberge.

Vinifera Wines WEINGUT
(www.viniferawines.com.au; 194 Henry Lawson Dr; ⌚Mo–Sa 10–17, So 11–17 Uhr) Krocket-Tage, Barbecues und Tapas und außerdem noch gute Musik.

Burnbrae Winery WEINGUT
(www.burnbraewines.com.au; 548 Hill End Rd; ⌚Mo–Fr 9–17, So 10–16 Uhr) Hier werden unter einem alten Pfefferbaum renommierte Weine und Mittagsessen serviert.

Willow Lane WEINGUT
(www.thewillowlane.com.au; Eurunderee Lane; ⌚Fr & So 11–16, Sa 10.30–17 Uhr) Bekannt für seine Chardonnay- und Shiraz-Variationen.

Lowe Wines WEINGUT
(☎03-6372 0800; www.lowewine.com.au; 327 Tinja Lane) Bioweine und eine offenkundige Leidenschaft für die Weinherstellung.

Schlafen

Wildwood Guesthouse PENSION $$
(☎02-6373 3701; www.wildwoodmudgee.com.au; Henry Lawson Dr; Zi. ab 200 AU$) In und rund um Mudgee gibt es zahlreiche elegante Pensionen und B&Bs, darunter auch diese luxuriöse Adresse inmitten einer schönen Landschaft. Wärmstens zu empfehlen!

De Russie Suites BOUTIQUEHOTEL $$
(☎02-6372 7650; www.derussiehotels.com.au; Ecke Perry St & Gladstone St; Suite ab 151 AU$; ❄📶) Diese atemberaubenden Apartmentsuiten gehören zu den anspruchsvollsten Optionen der Stadt.

MUDGEES WEINE IM ÜBERBLICK

➡ **Beste Informationsquelle** Das Visitor Centre (S. 227). Hier gibt's auch den Weingutführer *Pull-Out Guide to the Wineries*

➡ **Netteste Weintouren** **Mudgee Wine & Country Tours** (☎02-6372 2367; www.mudgeewinetours.com.au; halb-/ganztägige Touren 50/95 AU$) und der **Mudgee Tourist Bus** (☎0428 669 945; www.mudgeetouristbus.com.au; Tour zu 5/9 Weingütern 40/60 AU$)

➡ **Schönste Weinbar** Roth's (S. 227)

➡ **Beste Reisezeit** September während des **Weinfests** (www.mudgeewine.com.au).

Cobb & Co Boutique Hotel BOUTIQUEHOTEL $$
(☎02-6372 7245; www.cobbandcocourt.com.au; 97 Market St; Zi. ab 155 AU$) Im Stadtzentrum liegt das Cobb & Co, dessen moderner Komfort auf elegante Weise auf den altmodischen Stil abgestimmt ist.

Mudgee Homestead Guesthouse PENSION $$$
(☎02-6373 3786; www.mudgeehomestead.com.au; 3 Coorumbene Court; EZ/DZ inkl. Frühstück ab 195/220 AU$) Diese wunderschön gepflegte Pension, fünf Minuten außerhalb der Stadt und inmitten eines über 16 ha großen Grundstücks, bietet einen wunderschönen Ausblick ins Grüne. Am Wochenende steigen die Preise, ein schickes Abendessen ist aber im Preis inbegriffen.

Essen & Ausgehen

★**Butcher Shop Café** CAFÉ $
(49 Church St; Hauptgerichte 10–17 AU$; ⌚Mo–Fr 8–17, Sa & So bis 16 Uhr) Schickes Restaurant in einer alten Metzgerei mit Buntglasfenstern, altmodischer Deko und zeitgenössischen Kunstwerken an den Wänden. Das Essen ist absichtlich schlicht gehalten – es gibt u.a. Salate und Gourmetburger –, aber köstlich, und der Kaffee wird vor Ort geröstet.

High Valley Wine & Cheese Co CAFÉ, FEINKOST $$
(www.highvalley.com.au; 137 Ulan Rd; Hauptgerichte 10–21 AU$; ⌚Mo–Fr 10–17, Sa & So 8.30–17 Uhr) In einem wunderschönen Gebäude aus Stein und Wellblech ist dieses Café mit Verkaufsecke untergebracht: ein Paradies für Gourmets. Auf der von Wein umrankten Veranda machen sich die Gäste über Kaffee, Antipasti-Platten (für 2 Pers.), tolle Käseteller und zum Nachtisch über Chai Latte samt Käsekuchen her.

Sajo's MODERN-AUSTRALISCH $$
(☎02-6372 2722; www.sajos.com.au; 22 Church St; Hauptgerichte mittags 16–18 AU$, Hauptgerichte abends 35 AU$; ⌚Mo–Sa 12–14 & 18–21 Uhr) Das Sajo's, das mit seinen Buntglasfenstern jede Menge Charakter verströmt, wird von den Gastrokritikern von NSW in höchsten Tönen gelobt. Außer ein gutes Restaurant – abends ist das gebratene Känguru in Gewürzkruste empfehlenswert – ist das Sajo's auch eine hervorragende Lounge-Bar.

Mudgee Brewery KLEINBRAUEREI
(www.mudgeebrewery.com.au; Church St; ⌚Mo–Mi 8–17.30, Do–So 8 Uhr–open end) Neben guten, leichten Gerichten, die den ganzen Tag über

serviert werden, gibt's hier donnerstags um 18.30 Uhr, freitags um 19 Uhr und sonntags (sehr gesittet) um 16.30 Uhr Livemusik. In dem luftigen Ambiente werden Fassbiere wie Mudgee Brewery Lite und Mudgee Mud Imperial Stout ausgeschenkt.

★ Roth's WEINBAR
(www.rothswinebar.com.au; 30 Market St; ⌚ Mi–Sa 17 Uhr–open end) Die älteste Weinbar in NSW (seit 1923) versteckt sich hinter der historischen Fassade eines kleinen Gebäudes. Hier kommen tolle hiesige Weine sowie leckere, einfache Gerichte auf den Tisch. Auch die Livemusik ist hervorragend. Einfach spitze!

Praktische Informationen

Visitor Centre (☎ 02-6372 1020; www.visitmudgeeregion.com.au; 84 Market St; ⌚ 9–17 Uhr) Hier gibt's den Besucherführer *Mudgee Mud Map*.

Anreise & Unterwegs vor Ort

Die Busse von **CountryLink** (☎ 13 22 32; www.countrylink.info), die nach Lithgow fahren, stellen in Mudgee den Anschluss an die Züge nach Sydney (45 AU$, 5 Std.) her. **Aeropelican** (☎ 02-4928 9600; www.aeropelican.com.au) fliegt täglich nach Sydney (ab 140 AU$, 50 Min.).

Countryfit (6-42 Short St; 1–4 Std. 25 AU$, 30 AU$/Tag) verleiht Räder.

Gulgong

1866 EW.

Dieser wunderbare Ort (www.gulgong.net) scheint in einer Zeitschleife stecken geblieben zu sein. Eine Ortsansicht war einst zusammen mit dem Schriftsteller Henry Lawson auf dem Zehn-Dollar-Schein abgebildet. Heute sind die engen, hübschen Straßen des Ortes unter Denkmalschutz gestellt. Nicht zuletzt das ist der Grund dafür, dass sie sich ihren einstigen Charme bewahrt haben.

Hier findet an einem langen Wochenende im Juni auch das **Henry Lawson Heritage Festival** statt, mit Konzerten im Opera House und anderen Festivitäten.

Sehenswertes

Henry Lawson Centre MUSEUM
(147 Mayne St; Erw./Kind 5/3 AU$; ⌚ Mo–Sa 10–15.30, So bis 13 Uhr) Der Schriftsteller Henry Lawson verbrachte einen Teil seiner Kindheit hier, und das Henry Lawson Centre widmet sich seinen Kindheitserinnerungen an Gulgong.

Gulgong Pioneer Museum MUSEUM
(www.gulgong.net/museum.htm; 73 Herbert St; Erw./Kind 10/3,50 AU$) Das riesige Gulgong Pioneer Museum beherbergt eine der vielseitigsten und gleichzeitig chaotischsten Sammlungen von Artefakten des ganzen Bundesstaats.

Opera House HISTORISCHES GEBÄUDE, THEATER
(☎ 02-6374 1162; 99-101 Mayne St) Das ursprünglich aus Baumrinde erbaute Opera House ist eines der ältesten noch erhaltenen Theater Australiens. Hier finden jedes Jahr noch einige Vorstellungen statt. Infos dazu gibt's beim Visitor Centre.

Schlafen & Essen

Ten Dollar Town MOTEL $$
(☎ 02-6374 1204; www.tendollartownmotel.com.au; Ecke Mayne St & Medley St; Zi. ab 110 AU$) Das Ten Dollar Town ist ein Motel mit historischer Fassade und einem nach hinten gelegenen Garten mit hübschem Sitzbereich. Wer hier zu Gast ist, fühlt sich ganz wie zu Hause.

Butcher Shop Café CAFÉ $
(113 Mayne St; Hauptgerichte 10–15 AU$; ⌚ Mo–Fr 8–16, Sa 8–14, So 9–14 Uhr) Eine nette, kleine ehemalige ... äh ... Metzgerei, die mit viel Geschick in ein hübsches Café umgewandelt wurde. Hier werden deftige Gerichte angeboten, die auf der Kreidetafel angeschrieben stehen. Besonders lecker sind die getoasteten Sandwiches mit Käse.

Praktische Informationen

Gulgong Visitor Centre (☎ 02-6374 1202; 66 Herbert St; ⌚ Do–Mo 10–15 Uhr)

An- & Weiterreise

CountryLink (☎ 13 22 32; www.countrylink.info) hat täglich Busse nach Mudgee (5 AU$, 30 Min.).

SNOWY MOUNTAINS

Die „Snowies", wie sie von den Einheimischen genannt werden, sind Teil der Great Diving Range, die hier entlang der Grenze zwischen NSW und Victoria verläuft. Zudem befindet sich hier der Mt. Kosciuszko (sprich: kos-si-*os*-ko), der mit 2228 m höchste Berg auf dem australischen Festland. Das Gebiet ist die einzige wirklich alpine Region des Kontinents, und zwischen Anfang Juni

PREISE FÜRS SKIFAHREN

- In der Hauptsaison bezahlt man als Erwachsener in Thredbo für einen Zwei-/Fünf-/Sieben-Tages-Skipass 165/362/499 AU$. Kinder zahlen 90/209/291 AU$. Die Preise für zwei Tage Skiunterricht in der Gruppe (inkl. Skipass) beginnen bei 234/166 AU$ für Erwachsene/Kinder.
- Während der Hauptsaison bezahlen Erwachsene in Perisher Blue für einen Zwei-/Fünf-Tages-Skipass 230/415 AU$. Für Kinder muss man 129/295 AU$ berappen.
- In der Hauptsaison kostet ein Skipass für Erwachsene am Charlotte Pass für einen Tag/drei Tage 106/293 AU$. Kinderpässe schlagen mit 65/180 AU$ zu Buche.
- Skischuhe, Ski und Stöcke bzw. Snowboards und Boots können für 55/45 AU$ je halbem Tag ausgeliehen werden. Für sieben Tage muss man für Erwachsene/Kinder 200/115 AU$ zahlen.

und Ende August fällt hier Schnee. Die Skisaison dauert etwa von Juni bis September.

Der Kosciuszko National Park, der größte Nationalpark im Bundesstaat (673 492 ha), ist das ganze Jahr über das Highlight der Snowies. Auf der Fahrt auf dem Snowy Mountains Hwy und dem Alpine Way, die sich ihren Weg durch den Park bahnen, kommt man durch eine spektakuläre Landschaft und gelangt zu den kleinen Ortschaften am berühmten Snowy Mountain Scheme. Im Winter werden die größeren Ortschaften Jindabyne und Cooma zu quirligen Zentren: Dann kommen hier Tagesausflügler und Urlauber auf dem Weg nach Thredbo und Perisher Blue vorbei.

An- & Weiterreise

Cooma ist das östliche Tor zu den Snowy Mountains. Wer zum Skifahren nur an einen Ort fährt, kann dies durchaus mit den öffentlichen Verkehrmitteln bewerkstelligen. Ansonsten braucht man ein Auto, weil man nur so die Möglichkeit hat, die Region in ihrer ganzen Schönheit zu erleben. Während der Skisaison gibt es gewisse Zufahrtsbeschränkungen für Autos im Nationalpark. Bevor man hineinfährt, sollte man sich beim NPWS oder bei den Visitor Centres in Cooma und Jindabyne danach erkundigen.

Der Flughafen liegt etwa 10 km südwestlich von Cooma am Snowy Mountains Hwy. Er ist wieder in Betrieb, und Brindabella Airlines bietet Flüge nach Sydney (ab 120 AU$, 1¼ Std.) an.

Busse von **Murrays** (☎13 22 51; www.murrays.com.au) fahren von Canberra über Cooma, Jindabyne und Bullocks Flat (je 55 AU$) nach Thredbo (60 AU$). Außerdem gibt es Busse, die morgens hin- und abends zurückfahren. Ziele sind Thredbo (85 AU$) und Perisher Blue (65 AU$). Pauschalangebote mit Liftpass und Ausrüstung exisitieren. Der **Greyhound Ski Express** (☎1300 GREYHOUND, 1300 4739 46863; www.greyhound.com.au) hat ähnliche Routen und Pauschalangebote im Programm.

Snowliner Coaches (☎02-6452 1584; www.snowliner.com.au) betreibt einen Schulbus, der auch von anderen Fahrgästen genutzt werden kann. Dieser fährt nach Jindabyne (Erw./Kind 15/8 AU$) und wieder zurück.

CountryLink (☎132 232; www.countrylink.info) fährt das ganze Jahr über nach Canberra (14 AU$, 1¼ Std.) und zum Zentrum Sydneys (53 AU$, 7 Std.). Snowboards und Skier dürfen in den Bussen allerdings nicht transportiert werden.

Cooma

6301 EW.

Während im Sommer in Cooma tote Hose ist, spielt die Kleinstadt im Winter aufgrund der Nähe zu den Skigebieten in einer ganz anderen Liga. Sie verkörpert die besten Eigenschaften eines Landnests: Das Zentrum ist hübsch, es gibt nette Lokale, und die Atmosphäre ist superentspannt.

Sehenswertes & Aktivitäten

Das **Snowy Mountains Scheme Information Centre** (☎1800 623 776; www.snowyhydro.com.au) GRATIS am Monaro Hwy, 2 km nördlich vom Zentrum, liefert jede Menge Infos zu dem Wasserwerk, dessen Bau 25 Jahre dauerte und mehr als 100 000 Arbeitskräfte beschäftigte.

Cooma Monaro Railway (☎02-6452 7791; www.cmrailway.org.au; Bradley St; ⌚Okt.–Juni Sa & So 11, 13 & 14 Uhr, Mitte Juni–Sept. So 13 & 14 Uhr) An Bord eines restaurierten CPH Railmotor-Zugs von 1923 geht's zur Snowy Junction (Erw./Kind 6/4 AU$), nach Bunyan (12/8 AU$) und Chakola (18/12 AU$). Die Fahrpläne für Ausflüge werktags können telefonisch erfragt werden.

Neben dem Gefängnis von Cooma befindet sich das **NSW Department of Corrective Services Museum** (1 Vagg St; ⌚Di–Fr 12.30–15.30, Sa 9.15–15.30 Uhr) GRATIS. Die Exponate illustrieren die Strafgefangenen-Ära bis hin zum heutigen Strafvollzug. gefängnisinsassen führen durch das Museum und verkaufen außerdem selbst hergestelltes Kunsthandwerk.

Schlafen

Royal Hotel HOTEL $

(☎02-6452 2132; www.royalhotelcooma.com; 59 Sharp St; EZ/DZ 45/75 AU$) Die ist Coomas ältestes Hotel mit Ausschanklizenz. In dem alten Sandsteingebäude stehen Gästen ordentliche Zimmer, Kamine, Gemeinschaftsbäder und eine tolle Veranda zur Verfügung. Der renovierte **Lambies Grill** ist eine gute Anlaufstelle, wenn man Lust auf ein gegrilltes Steak und Bier hat.

Snowtels WOHNWAGENPARK $

(☎02-6452 1828; www.snowtels.com.au; 286 Sharp St; Stellplatz ohne/mit Strom 24/29 AU$, Hütte mit 1/8 Kojen ab 50/135 AU$, Hütte ab 65 AU$) Am Highway befindet sich 1,5 km westlich der Stadt diese große, gut ausgestattete Anlage. Im Winter zahlt man etwas mehr.

★ **Alpine Hotel** HOTEL $$

(☎02-6452 1466; www.alpinehotel.com.au; 170 Sharp St; DZ 145 AU$, EZ/DZ mit Gemeinschaftsbad 70/100 AU$) Die Zimmer in dem frisch renovierten Art-déco-Pub sind, wenn man den günstigen Preis bedenkt, wirklich komfortabel. Im sauberen Bistro unten (mit hübschen Holzelementen) gibt's typische Kneipengerichte. Man kann auch draußen sitzen.

ABSTECHER

SCENIC DRIVE: HIGH COUNTRY

Das Hochland rund um Cooma ist zwar vor allem als Wintersportgebiet bekannt, aber auch im Sommer ist es wunderschön – dann kann man Australiens wichtigsten alpinen Waldbestand erkunden. Auf den 247 km zwischen Thredbo und Cooma gibt es gerade mal zwei Tankstellen (Adaminaby und Khancoban), und die Preise können bis zu 15 Cent pro Liter höher sein als in Cooma. Alle Entfernungen hier sind ab Cooma angegeben.

Los geht's in Cooma. Der Sharp St in Richtung Westen folgen und 7 km außerhalb der Stadt die Abzweigung nach Tumut nehmen! Die Straße führt zunächst durch das Örtchen mit dem herrlichen Namen **Adaminaby** (51 km; 1017 m), und nach weiteren 13 km geht das hügelige Weideland in das dichtere Waldgebiet des **Koscuiszko National Park** über. Schon nach kurzer Zeit öffnet sich die Landschaft wieder ein wenig, und die ersten gruseligen Baumstämme (Überreste eines Waldbrands von 2003) kommen in Sicht. Bei Km 86 ist **Permanent Creek** (87 km) ausgeschildert. Hier den Wagen einfach am Straßenrand stehen lassen und hinauf zu den ergreifenden Hügelgräbern des **Kiandra Cemetery** steigen! Zwischen 1891 und 1912 wurden 47 Menschen in diesem abgelegenen Goldgräberterritorium beerdigt, 19 von ihnen waren jünger als drei Jahre, und nur sechs starben an Altersschwäche.

Die Straße steigt weiter an und passiert auf 1400 m Höhe die Ruinen von **Kiandra**. Kurz hinter Km 89 und noch einmal bei Km 104 erreicht man die Abzweigungen nach Cabramurra. **Cabramurra** selbst kommt nach weiteren 4 km in Sicht. Es liegt auf 1488 m und ist damit der höchste Ort Australiens. Die steil abfallende Straße hinter Cabramurra gehört zu den hübschesten Abschnitten dieser Strecke: Kurz bevor es hinunter zum Damm geht, passiert man eine gruselig Reihe weißer Baumstämme, die Spalier zu stehen scheinen. Rund 124 km hinter Cooma lohnt ein Fotostopp an der kultigen Wellblechhütte **Bradleys & O'Briens Hut**. Auf dem Weg nach Südwesten kommt man an mehreren Rastplätzen und Ausgangspunkten von Wanderwegen vorbei. Dabei immer dem Schild in Richtung Khancoban folgen! Bei Km 192 ist es Zeit für einen Halt mit hübscher Aussicht am **Scammell's Ridge Lookout**.

Auf der **Geehi Rest Area**, die nach 204 km erreicht ist, kann man sich ein nettes Plätzchen direkt am Swampy Plains Creek suchen, aber auch die **Tom Groggin Rest Area** 20 km dahinter liegt an einem Fließgewässer. Die Chancen, hier Kängurus anzutreffen, stehen gar nicht schlecht. Die **Leather Barrel Rest Area** ist nach 233 km erreicht. Sie liegt inmitten beeindruckender, hoch aufragender Baumstämme und ist auch ein tolles Plätzchen für eine Pause. Nach insgesamt 243 km erreicht man den höchsten Punkt der Straße, und ein Schild verkündet: „Great Dividing Range 1580 m". Anschließend geht's hinunter ins Tal und hinein nach Thredbo.

Essen

Kettle & Seed CAFÉ $
(☎02-6452 5882; 47 Vale St; Hauptgerichte ab 7,50 AU$; ⏲Mo–Fr 7–16, Sa 8–16 Uhr) Ein Café, das auch in einem gehobenen Vorort von Sydney nicht fehl am Platz wäre. Hier werden die Bohnen vor Ort geröstet, und das schmeckt man. Die leichten Gerichte (Sandwiches, Spinatpasteten) sind gut, schmecken aber erst mit einer Tasse Kaffee so richtig lecker.

★ **Lott Food Store** BÄCKEREI, CAFÉ $$
(☎02-6452 1414; www.lott.com.au; 177 Sharp St; Hauptgerichte 13,50–17,50 AU$; ⏲Mo–Do 7–16, Fr 7–21, Sa & So 8–16 Uhr) In einem gut ausgestatteten Eckladen ist Coomas kleiner Feinschmeckertempel untergebracht. Es gibt hervorragenden Kaffee, herzhafte Snacks, leichte Mittagsgerichte und Backwaren. Zudem bekommt man hier alles, was man für ein perfektes Picknick braucht, von Küchenutensilien bis zu Leckereien, die einem Feinschmecker würdig sind.

Praktische Informationen

Im **Visitor Centre** (☎02-6455 1742; www.visitcooma.com.au; 119 Sharp St) können Unterkünfte gebucht werden.

An- & Weiterreise

Victorias **V/Line** (☎13 61 96; www.vline.com.au) fährt zweimal pro Woche von Melbourne über Cooma (9¼ Std.). nach Canberra. Das erste Stück bis Bairnsdale wird mit dem Zug zurückgelegt, danach muss man dann in den Bus umsteigen.

Jindabyne

1727 EW.

Jindabyne hat eine gespaltene Persönlichkeit: Aufgrund der Nähe zu den größten Skiorten im Kosciuszko National Park quartieren sich hier im Winter mehr als 20 000 Besucher ein, im Sommer herrscht dagegen Kleinstadtalltag pur. In dieser Zeit ist Angeln der Einheimischen liebster Zeitvertreib.

Sehenswertes & Aktivitäten

Paddy Pallin ABENTEUERSPORT
(☎1800 623 459; www.paddypallin.com.au; Ecke Kosciuszko Rd & Thredbo Rd; ⏲Sommer 9–16 Uhr, Winter Sa–Do 7–19, Fr 7–24 Uhr) Gut ausgestattetes Abenteuerzentrum, 2,5 km von Jindabyne entfernt. Es liegt unmittelbar hinter der Abzweigung der Thredbo Rd.

REITEN IN DEN SNOWY MOUNTAINS

Eine der spektakulärsten Möglichkeiten, das Hochland der Snowy Mountains zu erkunden, ist es, dies auf dem Rücken eines Pferdes zu tun. Hier einige Optionen:

Snowy River Horseback Adventure (☎02-6457 8393; www.snowyriverhorsebackadventure.com.au; Ausritt halber Tag/1 Tag/2 Tage 120/215/780 AU$; ⏲Okt.–Mai)

Reynella Kosciusko Rides (☎02-6454 2386, 1800 029 909; www.reynellarides.com.au; 669 Kingston Rd, Adaminaby; Ausritt 3/4/5 Tage ab 1200/1555/1870 AU$)

Snowy Wilderness (☎1800 218 171; www.snowywilderness.com.au; Barry Way; Ausritt 1/2/7 Tage 295/690/2080 AU$) 29 km südwestlich von Jindabyne.

Discovery Holiday Parks BOOTSFAHRT
(☎02-6456-2099; www.discoveryholidayparks.com.au; Ecke Kosciuszko Rd & Alpine Way) Verleiht Kanus, Motor- und Paddelboote.

Schlafen

Wenn im Winter die „Schneehasenflut" anrollt, schießen die Preise ordentlich in die Höhe; man sollte also im Voraus buchen. Agenturen für Ferienunterkünfte sind z.B. das **Jindabyne & Snowy Mountains Accommodation Centre** (☎1800 527 622; www.snowaccommodation.com.au) und **Visit Snowy Mountains** (☎02-6457 7132; www.visitsnowymountains.com.au). In vielen Lodges gibt's Pauschalangebote für Übernachtungen und Leihausrüstung.

Snowy Mountains Backpackers HOSTEL $
(☎1800 333 468; www.snowybackpackers.com.au; 7–8 Gippsland St; Sommer B/DZ 25/60 AU$, Winter B 30–50 AU$, DZ 90–140 AU$, FZ 180–240 AU$; @) Der Laden läuft wie geschmiert. Dies ist vermutlich Jindabynes beste Option im Winter: saubere Zimmer (teilweise mit Bädern), ein Café, Internetzugang, nettes Personal und Tipps zu Aktivitäten. Genau so sollte ein Backpacker-Hostel sein!

Carinya Alpine Village SKILODGE $
(☎02-6456 2252; www.carinya-village.com.au; Carinya Lane; Winter Zi. mit Stockbetten 30–50 AU$/Pers., Apt. ab 175 AU$/Pers.) Abseits des Snowy River Way. In den Budgetapartments ste-

hen vier bis zehn Betten. Das Ambiente ist gemütlich, aber einfach – genau richtig für Leute, die mehr Wert aufs Skifahren legen als auf schickes Mobiliar. Mit Ski- und Snowboardverleih.

Banjo Paterson Inn HOTEL **$$**
(☎ 02-6456 2372; www.banjopatersoninn.com.au; 1 Kosciuszko Rd; Zi. Sommer 100–130 AU$, Winter 130–230 AU$) Die besten Zimmer in dieser Unterkunft punkten mit Balkonen und Seeblick auf. Außerdem gehören eine lärmige Bar und eine Brauerei zu der Anlage. Im Sommer wirkt das Banjo eher ein bisschen verlassen, aber im Winter brummt der Laden ordentlich.

Lake Jindabyne Hotel/Motel HOTEL, MOTEL **$$**
(☎ 1800 646 818; www.lakejindabynehotel.com.au; Kosciuszko Rd; Zi. 105–190 AU$; 🏊) Zentrumsnahe, große Unterkunft beim See, die mit einem beheizten Pool, einer Sauna, einer Bar und einem Spa aufwartet.

Essen

Angie's Italian Kitchen ITALIENISCH **$$**
(☎ 02-6456 2523; Snowy Mountains Plaza; Hauptgerichte 18–23 AU$; ⏲ 12–14.30 & 18–21 Uhr) Dieses gemütliche italienische Restaurant mit Terrasse und Seeblick gibt es schon seit mehr als 20 Jahren. Auf der Karte stehen Muscheln mit Tomaten und Knoblauch, hausgemachte Ravioli und Pizzas aus dem Holzofen.

Café Darya PERSISCH **$$**
(☎ 02-6457 1867; Snowy Mountains Plaza; ⏲ Di–Sa 18–21 Uhr) Versteckt im Obergeschoss eines Hauses liegt dieses persische Restaurant. Wer das Gebäude gefunden hat, kann sich wirklich glücklich schätzen! Wie wär's mit gewürzten Lammkeulen mit Rosenblättern oder, etwas leichter, drei verschiedenen Dips?

Eboshi JAPANISCH **$$**
(☎ 02-6456 1326; www.eboshi.com.au; Gippsland St; Hauptgerichte 12–27 AU$; ⏲ 11.30–14 & 18 Uhr–open end) Hier bekommt man japanisches Bier (u. a. Yebisu) sowie köstliche japanische Klassiker. Ab 12 Uhr gibt's Bento-Lunchboxen zum Mitnehmen.

Kosciuszko Brewery KLEINBRAUEREI, BAR
(www.banjopatersoninn.com.au; 1 Kosciuszko Rd, Banjo Paterson Inn) In dieser Bar wird das leicht trübe „Kosciuszko Pale" (Ale) ausgeschenkt.

Lake Jindabyne Hotel/Motel BAR
(www.lakejindabynehotel.com.au; Kosciuszko Rd) Eine riesige Bar in einem neuen Gebäude, wie gemacht für durstige Menschenmassen.

Praktische Informationen

Snowy Region Visitor Centre (☎ 02-6450 5600; www.environment.nsw.gov.au; Kosciuszko Rd; ⏲ 9–16 Uhr) Wird vom NPWS betrieben. Es gibt kleine Ausstellungsflächen, ein Kino und ein gutes Café.

An- & Weiterreise

Verschiedene Unternehmen bieten einen Shuttle-Service vom Visitor Centre zu den Skipisten an.

Kosciuszko National Park

Das Kronjuwel unter den Nationalparks in NSW bedeckt eine Fläche von 673 492 ha Land und hat eine Nord-Süd-Ausdehnung von 150 km. Die Palette der Highlights ist so vielfältig, dass man die volle Schönheit des Parks erst erfasst hat, wenn man zu jeder Jahreszeit einmal hier war.

Er ist das ganze Jahr über ein Wunderland alpiner und subalpiner Flora und Fauna. Nirgendwo sonst auf der Welt leben z. B. die sehr seltenen Bergbilchbeutler. Im Frühling und Sommer kann man den fast unberührten Wanderwegen und Zeltplätzen einen Besuch abstatten, während überall spektakuläre Alpenblumen blühen. Außerdem gibt es zauberhafte Höhlen, Kalksteinschluchten, historische Berghütten und Gehöfte zu entdecken. Der Park ist auch bei Radfahrern und Mountainbikern sehr beliebt.

Wer den Park mit dem Auto nur einmal schnell durchquert, der muss keine Gebühren bezahlen. Wer aber über Nacht bleibt oder hinter Jindabyne weiter hinauf in Richtung Charlotte Pass fährt, der muss pro Fahrzeug und Tag (24 Std.) 16 AU$ berappen. Nähere Infos zur Panoramastraße durch den Park finden sich im Kasten auf S. 229.

Schlafen

Zu den Zimmervermittlungen zählen u. a. das **Jindabyne & Snowy Mountains Accommodation Centre** (☎ 1800 527 622; www.snowaccommodation.com.au), das **Snowy Mountains Holiday Centre** (☎ 1800 641 064; www.smhc.com.au), das **Snowy Mountains Reservation Centre** (☎ 1800 020 622; www.snowholidays.com.au), **Thredbo Accommo-**

dation (☎02-9929 7944; www.accommodationthredbo.com.au) und das **Thredbo Resort Centre** (☎1300 020 589; www.thredbo.com.au).

Praktische Informationen

Das wichtigste NPWS-Visitor-Centre für den Park befindet sich in Jindabyne. Das **Bildungszentrum** (☎02-6451 3700) in Sawpit Creek (15 km von Jindabyne entfernt) bietet während der Schulferien ein besonderes Programm. Weitere Touristeninformationen gibt es in Khancoban im Westen des Parks, an den Yarrangobilly Caves sowie in Tumut im Norden.

Die Zufahrt zum Nationalpark kostet im Winter 27 AU$ pro Auto und Tag (24 Std.), während des restlichen Jahres zahlt man 16 AU$. Wer länger bleiben möchte, sollte die Jahreskarte für 190 AU$ kaufen. Damit hat man uneingeschränkten Zugang zu sämtlichen Nationalparks in NSW.

Anreise & Unterwegs vor Ort

Mehrere Anbieter betreiben Shuttle-Dienste vom **Snowy Region Visitor Centre** (☎1800 004 439, 02-6450 5600; www.environment.nsw.gov.au) in Jindabyne zu den Skipisten.

Im Winter kann man normalerweise bis Perisher Valley fahren, in Autos ohne Allradantrieb müssen aber – selbst wenn kein Schnee liegt – Schneeketten mitgeführt und bei entsprechender Beschilderung angelegt werden. Ohne Schneeketten erwischt zu werden, ist richtig teuer! Am einfachsten und sichersten kommt man im Winter mit dem Skitube-Zug nach Perisher Valley und Smiggin Holes.

Thredbo

471 EW.

Thredbo wird häufig als bester Skiort Australiens gepriesen. Er liegt auf 1370 m und hat die längsten und ein paar der schönsten Skipisten des Landes. Verglichen mit anderen australischen Skiresorts ist das Dorf mit seinen blauen, grünen und grauen Chalets und Lodges, die sich harmonisch in die Umgebung mit Schnee-Eukalypten und anderen Berggewächsen einfügen, eine echte Augenweide. Und in Thredbo herrscht natürlich auch im Sommer nicht tote Hose.

Thredbo war aber auch Schauplatz einer der schlimmsten Tragödien der jüngeren Geschichte in Australien, als im Juli 1997 die Böschung des Kosciuszko Alpine Way, die oberhalb des Dorfes verlief, absackte und zwei Schneehütten sowie 2000 m^3 aufgeweichten Erdreichs mit sich riss. Einziger Überlebender war Stuart Diver, der 65 Stunden lang neben seiner toten Frau verschüttet war. Am Ende waren 18 Opfer zu beklagen; im Ort erinnern drei Denkmäler an jene schlimmen Ereignisse.

Sehenswertes

Thredbo Ski Museum MUSEUM
(www.thredboskimuseum.com; ⏲ Juli, Aug. & Jan. 13–17 Uhr, Feb.–April Sa & So 13–17 Uhr) GRATIS
Eine kleine, faszinierende Sammlung, die sich mehr den Snowy Mountains als dem Skifahren an sich widmet. Eine nette Ab-

AUSTRALIENS HÖCHSTEN BERG ERKLIMMEN

Die Besteigung des höchsten Berges Australiens ist kein Hexenwerk, der Weg ganz hinauf zum Gipfel kann aber trotzdem recht anstrengend sein. Die Strapazen werden jedoch reichlich belohnt. Die Wanderung ist möglich, sofern kein Schnee liegt.

Wer sich einer geführten Wanderung anschließen möchte, wendet sich z. B. an **Mt. Kosciuszko Day Walk** (www.thredbo.com.au; Erw./Kind/Fam. 42/28/84 AU$; ⏲ Ende Okt.–Ende April Sa, So, Di & Do 10–15.30 Uhr) oder macht die unvergessliche **Sunset Tour** (www.thredbo.com.au; Erw. 85 AU$; ⏲ Ende Dez.–Ende April Mi 15.30 Uhr) mit. Folgende drei Optionen gibt es für alle, die auf eigene Faust losziehen möchten:

Mt. Kosciuszko Track Von Thredbo aus geht es mit dem Sessellift Kosciuszko Express (Tageskarte Erw./Kind 32/17 AU$; 9.30–16 Uhr) zur Bergstation. Von dort ist es ein 13 km langer, steiler Weg bis zum Gipfel und zurück.

Summit Walk Oberhalb des Charlotte Pass kann man mit dem Auto bis zum Ende der asphaltierten Straße fahren. Von dort führt ein breiter Kiesweg (hin & zurück 18 km) hinauf zum Gipfel. Bis 1976 konnte man noch mit dem Auto hochfahren. Das letzte Stück ist recht steil, und unterwegs kommt man an der Seaman's Hut vorbei, die für die vielen Wildblumen bekannt ist. Mountainbiker können bis zum Rawson Pass fahren.

Main Range Track Auch diese Wanderung beginnt oberhalb des Charlotte Pass. Auf dem 20 km langen Rundweg müssen einige kleinere Bäche überquert werden.

wechslung zu den ganzen sportlichen Aktivitäten hier! Zu finden ist das Museum an der Nordseite des Thredbo Alpine Hotel.

Aktivitäten

In Thredbo sind ca. 16 % der Pisten für Anfänger, 67 % für Fortgeschrittene und 17 % für Cracks geeignet und es gibt „Schneeparks" passend zu den einzelnen Kategorien. Der **Supertrail** (3,7 km) beginnt an der höchsten Liftstation Australiens und endet 670 m weiter unterhalb. Die Landschaft ist traumhaft! Dort oben startet auch der einfache **Village Trail** nach Friday Flats (5 km); oder man nimmt die schwarze Piste von **Karels T-Bar** nach Friday Flats (5,9 km). Diese Hänge an der Rückseite des Tals sucht man am besten morgens auf; am Nachmittag sind die Pisten an der Vorderseite die bessere Wahl.

In Friday Flats findet im Juli und August von 16.30 bis 19.30 Uhr das kostenlose **Abendskifahren** (nur mit gültigem Skipass, Do & Sa) statt.

Tipps für das Besteigen des Mt. Kosciuszko gibt's im Kasten auf S. 232.

Kosciuszko Express Chairlift SESSELLIFT
(Tageskarte Erw./Kind hin & zurück 32/17 AU$) Der Sessellift überwindet auf einer Strecke von über 1,8 km 560 Höhenmeter und ist eine hervorragende Option, den tollen Ausblick zu genießen. Von der Bergstation aus kann der Mt. Kosciuszko erklommen werden.

Bobbahn ABENTEUERSPORT
(1/6/10 Fahrten 7/34/48 AU$; ⌚10–16.30 Uhr) Eine Rodelbahn, die sich auf 700 m den Berg hinunterschlängelt.

Thredbo Leisure Centre ABENTEUERSPORT
(☎02-6459 4138; Friday Dr; Erw./Kind 7,90/5,90 AU$, Aktivitäten extra; ⌚Hauptsaison 7–19 Uhr, sonst 12–19 Uhr) Organisiert im Sommer wie im Winter sämtliche Arten von Unternehmungen, z. B. Wandern, Mountainbiken, Kanufahren, Raften, Abseil-Touren und sogar Ausritte.

Thredbo Snow Sports Outdoor Adventures ABENTEUERSPORT
(☎02-6459 4044; www.thredbo.com.au) Bietet verschiedene actiongeladene Aktivitäten, darunter Schneeschuhwanderungen, Eisklettern, Telemarken und alpine Skitouren. Auch eine coole Fünf-Sterne-Camping-Expedition im Schnee steht auf dem Programm. Dabei geht's mit Schneeschuhen zu versteckten Zeltplätzen, und man kann – nach einem Feinschmeckerabendessen, versteht sich – seine Überlebenschancen bei einer Übernachtung im Schnee erproben.

Kosciuszko Cross Country Ski School ABENTEUERSPORT
(☎0421 862 354; www.k7adventures.com) Langlauf, Eisklettern, Schneeschuhwanderungen, Wandern, Höhlenklettern und noch vieles mehr.

Feste & Events

Thredbo Blues Festival MUSIK
(www.thredbo.com.au/thredboblues; ⌚Mitte Jan.) Dieses anspruchsvolle Bluesfestival erweckt Thredbo aus seinem Sommerschlaf.

Schlafen

Thredbo YHA Lodge HOSTEL $
(☎02-6457 6376; www.yha.com.au; 8 Jack Adams Path; Sommer 2BZ 83 AU$, B/2BZ ohne Bad 29/70 AU$; @) Die beste Budgetoption oben auf dem Berg ist gut ausgestattet und hat tolle Gemeinschaftsbereiche, eine prima Küche und einen Balkon. Im Winter zahlt man fünfmal so viel für eine Übernachtung wie im Sommer; Erwachsene müssen einen YHA-Ausweis vorlegen.

Candlelight Lodge LODGE $$
(☎1800 020 900, 02-6457 6318; www.candlelightlodge.com.au; 32 Diggings Tce; EZ/DZ im Winter ab 190/250 AU$, im Sommer ab 110/150 AU$; 📶) Diese Hütte à la Tirol wurde von ungarischen Immigranten gebaut. Tolle Zimmer mit netter Aussicht! Im Winter gibt's im Restaurant ein superleckeres Fondue.

Lake Crackenback Resort RESORT, LODGE $$$
(☎02-6451 3000; www.lakecrackenback.com.au; 1650 Alpine Way; Zi. ab 250 AU$; ❄@📶≋) Auf etwa halbem Weg zwischen Thredbo und Jindabyne befindet sich dieses Kurhotel, das zur Novotel-Kette gehört. Es ist eine der hübschesten Übernachtungsoptionen in den gesamten Snowy Mountains. Die klassischen Quartiere (Apartments od. Chalets) sind groß, das Restaurant ist hervorragend und die Umgebung atemberaubend.

Thredbo Alpine Hotel HOTEL $$$
(☎1800 026 333; Friday Dr; Winter/Sommer DZ inkl. Frühstück ab 199/169 AU$; ❄@≋) Angemessen schicke Zimmer.

Aneeki Lodge LODGE $$$
(☎0417 479 581; www.aneeki.com.au; 9 Bobuck Lane; Winter DZ 300–375 AU$, Sommer DZ 90–175 AU$) Einfache, unspektakuläre, aber

komfortable Zimmer. Manche von ihnen sind mit Kiefernholz verkleidet.

Ski In Ski Out LODGE $$$
(☎02-6457 7030; www.skiinskiout.com.au; Zi. ab 380 AU$; 📶) Fünf-Sterne-Lodge.

Essen & Ausgehen

Gourmet 42 CAFÉ $
(100 Mowamba Pl, Village Sq; Hauptgerichte 12–17 AU$; ⏰7.30–15 Uhr) Hier erholen sich verkaterte Wintersportler und müdes Kneipenpersonal bei hervorragendem Kaffee, Suppe und Pasta von der vorherigen Nacht.

Knickerbocker MODERN-AUSTRALISCH, BAR $$
(☎02-6457 6844; www.theknickerbocker.com.au; Diggings Tce; Hauptgerichte 28–32 AU$; ⏰18–23 Uhr) Thredbos neueste Reminiszenz an die guten alten Zeiten begrüßt Gäste mit alpiner Gemütlichkeit. Auf der Terrasse draußen hat man eine tolle Aussicht, und es gibt ein „Holz"-Feuer. Nach der Happy Hour (16–18 Uhr) schmecken die hochwertigen Feinschmeckergerichte besonders gut.

Altitude 1380 CAFÉ $$
(☎02-6457 6190; Village Sq; Hauptgerichte 14–18 AU$; ⏰7–16 Uhr) Gutes Lokal mit verlässlichen Gerichten.

Aprés Bar BAR
(☎02-6457 6222; www.thedenman.com.au; Diggings Tce, Denman Hotel; Hauptgerichte ab 25 AU$; ⏰18 Uhr–open end) In uriger Ü25-Atmosphäre machen es sich die Gäste hier auf gemütlichen Sofas und purpurroten Ledersitzsäcken bequem. Die offenen Weine sind erschwinglich. Die Musik passt zum Ambiente.

Berntis Bar BAR
(☎02-6457 6332; 4 Mowomba Pl; Tapas/Hauptgerichte ab 11/28 AU$; ⏰18 Uhr–open end) Eine Tapas-Bar, die im Winter auch als Steakhaus fungiert. Ein guter Ausgangspunkt für einen gelungenen Abend – von den Einheimischen wird die Bar wärmstens empfohlen.

Praktische Informationen

Thredbo Visitor Centre (☎02-6459 4294; www.thredbo.com.au; Friday Dr; ⏰Sommer 9–17 Uhr, Winter 8–18 Uhr) Gute Anlaufstelle bei der Suche nach einer Unterkunft.

Perisher Blue

1680 M

Das riesige Skiresort **Perisher Blue** (☎02-6459 4495, 1300 369 909; www.perisherblue.com.au) umfasst Perisher Valley, Smiggin Holes, Mt. Blue Cow und Guthega. In Guthega (1640 m) und Mt. Blue Cow (1640 m) herrscht eigentlich nur tagsüber Betrieb; diese Orte sind weniger überlaufen und kleiner. Der **Skitube** (☎1300 655 822; hin & zurück am selben Tag Erw./Kind 52/29 AU$, mit Rückfahrt an anderem Tag 79/40 AU$) fährt nach Mt. Blue Cow. Dass der Skytube nach Perisher fährt, ist ein Vorteil, der oft unterschätzt wird. Man stellt den Wagen in Bullocks Flat ab, kauft sich ein Ticket für den Zug und ist in gerade mal 15 Minuten auf der Piste. Blue Cow hat nicht das gemütliche Dorfflair von Thredbo, bietet aber Talabfahrten, Langlaufloipen und Snowboardpisten (cool!).

Fortgeschrittene und erfahrene Ski- und Snowboardfahrer können sich einer **kostenlosen Tour** (⏰Mo, Do & Sa 10 Uhr) mit einem der Bergführer in orangefarbener Jacke anschließen. Treffpunkt ist unter dem Trail-Guide-Schild an der Mittelstation des Perisher Quad Express.

Der Experte für Abenteuer im Hinterland ist **Wilderness Sports** (☎02-6456 2966; www.wildernesssports.com.au) mit ein- bis fünftägigen Touren.

Schlafen

Die meisten Unterkünfte finden sich in Perisher Valley und Smiggin Holes. Meist sind im Preis entweder Frühstück und Mittagessen oder Frühstück und Abendessen enthalten. Die Unterkünfte gibt's nur im Winter!

Sundeck Hotel HOTEL $$$
(☎02-6457 5222; www.sundeckhotel.com.au; Kosciuszko Rd; DZ & 2BZ 210–350 AU$/Pers.; 🍴) Das am höchsten gelegene Hotel Australiens ist gleichzeitig eine der ältesten Berghütten in Perisher. Zur Anlage gehört eine gemütliche Bar, und man hat einen tollen Ausblick über den Quad 8 Express. Zudem ist es möglich, mit den Skiern direkt bis vor die Tür zu fahren. Die Zimmer mit Ausblick kosten am meisten.

Heidi's Chalet APARTMENTS $$$
(☎1800 252 668; www.heidis.com.au; Munyang Rd, Smiggin Holes; 2 Nächte im Apt. 1200–1800 AU$) Apartments für vier Personen ganz in der Nähe des Skilifts.

Charlotte Pass

1780 M

Am Fuße des Mt. Kosciuszko liegt **Charlotte Pass** (www.charlottepass.com.au), eines der äl-

SKIFAHREN

Thredbo hat zwar eine kurze Skisaison (Anfang Juni–Ende Aug.), aber gerade die Installation von Schneekanonen im Wert von 6 Mio. AU$ abgeschlossen (der Großteil der Hänge an den Tälern und in halbhohen Lagen wird konstant mit Schnee versorgt sein). Und Perisher Blue ließ die Anlagen modernisieren, um eine bessere Verbindung zwischen den Hauptsesselliften zu gewährleisten. Auch wenn es immer noch keine 100%ige Schneegarantie gibt, ist man hier doch auf einem guten Weg.

Abseits der Skipisten bieten die Snowy Mountains ein buntes Nachtleben, tolle Restaurants und jede Menge familiengerechte Einrichtungen und Aktivitäten. Sowohl in Thredbo als auch in Perisher Blue gibt es Kinderkrippen und Skiprogramme speziell für Kinder.

Leider sind die Skiorte gerade an den Wochenenden vollkommen überlaufen und die Preise sehr hoch, weil die Anbieter wegen der kurzen Saison schnell Profit machen müssen.

Schlafen

Im Sommer eine Unterkunft zu finden, ist mittlerweile ganz einfach, vor allem in Thredbo, dessen Hotels das ganze Jahr über geöffnet haben. Auch entlang des Alpine Way zwischen Jindabyne und Thredbo finden sich zahlreiche niedliche B&Bs und Resorts. Die Preise sinken in der Nebensaison beträchtlich, teilweise sogar um über 50 %.

Der einzige echte Campingplatz ist **Kosciuszko Mountain Retreat** (☎ 02-6456 2224; www.kositreat.com.au; Sawpit Creek; Stellplatz ohne/mit Strom ab 23/33 AU$, Van/Hütte ab 58/78 AU$). Im Park liegen jedoch auch 48 einfache Zeltplätze verstreut, die fast alle auch ohne Allradantrieb erreichbar und mit Toiletten, Picknicktischen und Grillstellen ausgestattet sind. Die meisten werden vom **NPWS** (www.environment.nsw.gov.au) verwaltet, das auch einige historische Gehöfte betreibt.

Saisonarbeit

In Thredbo arbeiten das ganze Jahr über ca. 200 Vollzeitkräfte, im Winter sind es 750. Wer einen Job sucht, sollte **Snowy Staff** (☎ 02-8005 6219; www.snowystaff.com.au; Nuggets Crossing, Jindabyne) kontaktieren. Ebenfalls hilfreich ist die Seite www.totallyintoit.com.au. Am Schwarzen Brett im Supermarkt im Zentrum von Thredbo findet man ebenfalls Stellenanzeigen und Infos zu Unterkünften.

Wer als Erntehelfer in Perisher Blue arbeiten möchte, könnte einen Blick auf www.perisherjobs.com.au werfen. Ausländer benötigen ein Arbeitsvisum (www.immi.gov.au); manche Arbeitgeber helfen ihren Angestellten beim Beantragen eines Visums (Stichwort *sponsorship*). Bewerbungen für die Wintersaison werden normalerweise bis Anfang April angenommen.

Auch in Charlotte Pass gibt's Jobs (www.charlottepass.com.au; auf „Employment" am Seitenende klicken).

Praktische Informationen

Infos zur Schnee- und zur Straßenlage gibt's beim Visitor Centre in **Thredbo** (☎ 02-6459 4100; www.thredbo.com.au) oder **Perisher Blue** (☎ 1900 926 664). Man kann aber ebenso online auf www.rta.nsw.gov.au, www.bom.gov.au oder auf www.ski.com.au nachschauen. Außerdem existieren zwei Radiosender: 97.7 Snow FM und (im Norden des Parks) 96.3 FM.

testen und entlegensten Skiresorts Australiens. Im Winter muss man die letzten 8 km dorthin ab Perisher Valley mit Schneemobilen zurücklegen (ca. 55 AU$/Strecke; reservieren!). Fünf Lifte transportieren einen zu kurzen, aber herrlich einsamen Pisten hinauf. Ein tolles Terrain für Skiwanderungen! Auch im Sommer wird hier viel geboten.

Übernachten können Traveller beispielsweise im stattlichen **Kosciuszko Chalet** (☎ 1800 026 369; www.charlottepass.com.au; Fr & Sa Zi. f. 2 Nächte inkl. VP, Transfer & Skipass 769–1019 AU$/Pers.) oder aber in der ein bisschen günstigeren **Alitji Alpine Lodge** (☎ 02-6457 5024; www.ski.com.au; Zi. f. 2 Nächte 465–720 AU$/Pers.).

SÜDWESTEN & MURRAY RIVER

Der Hume Hwy zwischen Sydney und Albury wird von einer Reihe charaktervoller, alter Städtchen gesäumt, die alle für irgendetwas berühmt sind, seien es nun Bush-Ranger, Dürreperioden, fruchtbares Weideland oder alter Geldadel.

Nordwestlich des Highways wird die Landschaft zunehmend flacher, roter und trockener. Der Murray River und der Murrumbidgee River gehören zum Riverina-Bezirk. Sie lockern nicht nur das karge Landschaftsbild etwas auf, sondern sind auch die Lebensadern der auf Bewässerung basierenden Landwirtschaft und der wachsenden Tourismusbranche, die in Orten wie Griffith beispielsweise ganz im Zeichen der Gastronomie steht.

Hume Highway

Wie alle großen, vierspurigen Asphaltpisten kann auch der fast 900 km lange Hume Hwy zwischen Sydney und Melbourne nicht gerade mit Ästhetik punkten. Allerdings bieten viele ausgeschilderte malerische Nebenstrecken die Möglichkeit, auch die kleineren historischen Ortschaften abseits des Highways zu entdecken.

Auf einem großen Teil des Hume herrscht ein Tempolimit von 110 km/h, das die Polizei mit Blitzanlagen und Streifenwagen am Fahrbahnrand auch rigoros durchsetzt. Die Bußgelder für zu schnelles Fahren sind ganz schön saftig.

Von Sydney nach Goulburn

Mittagong & Bowral

MITTAGONG & BOWRAL 19 726 EW.

Die beiden großen Orte Mittagong und Bowral schließen direkt aneinander an und liegen unmittelbar abseits des Hume Hwy. Sie sind gemeinsam mit Moss Vale die wichtigsten Städte in den **Southern Highlands**. Diese hübsche Region ist immer noch *very british*.

Sehenswertes

International Cricket Hall of Fame MUSEUM
(☎02-4862 1247; www.internationalcrickethall.com.au; St Jude St, Bowral; Erw./Kind 20/10 AU$; ⏰10–17 Uhr) Der verstorbene großartige Cricketspieler Sir Donald Bradman, einer der größten sportlichen Helden Australiens und eine wahre Legende, verbrachte in Bowral seine Kindheit. Vor Ort gibt es einen Cricketplatz, und im **Bradman Museum of Cricket** (www.bradman.com.au) können Fans ihrem Idol huldigen. Selbst Leute, die sonst nichts mit Cricket am Hut haben, gestehen nach einem Besuch nicht selten ein, dass die fesselnde Sammlung, in der die Urne und einige Erinnerungsstücke „Dons" zu sehen sind, echt beeindruckend ist.

Feste & Events

Bowral Tulip Time Festival
(www.tuliptime.net.au) Ein Festival der Frühlingsblumen, das Ende September und/oder Anfang Oktober gefeiert wird.

Schlafen & Essen

Dieser Abschnitt des Hume ist besonders bei Tagesausflüglern und Übernachtungsgästen aus Sydney beliebt. Er wartet mit einer guten Restaurantszene auf und hat zahlreiche tolle B&Bs. Gute Adressen zum Mittagessen sind u.a. das schicke Restaurant der **Centennial Vineyards** (☎02-4861 8700; www.centennialrestaurant.com.au; Centennial Rd; Hauptgerichte 33,50–42 AU$; ⏰Mi–Mo 10–17 Uhr) oder das gute Café von **Southern Highland Wines** (☎02-4686 2300; www.shw.com.au; Oldbury Rd; Hauptgerichte 28–40 AU$; ⏰Do–Mo 12–15 Uhr). **McVitty Grove Estate** (☎02-4878 5044; www.mcvittygrove.com.au; Wombeyan Caves Rd; Tapas 9–26 AU$, Hauptgerichte 26–32 AU$; ⏰Do–So 10–16 Uhr) kann mit einer tollen Aussicht und seinen Tapas (nur am Wochenende) punkten.

Links Manor PENSION $$$
(☎02-4861 1977; www.linkshouse.com.au; 17 Links Rd, Bowral; Zi. 190–340 AU$; ❄📶) Diese Boutiquepension hat eine reizende Bibliothek, einen Salon, einen Hof im Garten, und das Personal scheint direkt aus dem Film *Was vom Tage übrig blieb* entsprungen zu sein. Die Übernachtungspreise sind freitags und samstags am höchsten.

Biota Dining MODERN-AUSTRALISCH $$$
(☎02-4862 2005; biotadining.com; 18 Kangaloon Rd; Hauptgerichte 35–42 AU$; ⏰So 9–14, Mo & Mi–Sa 12–14.30 & 18–21.30 Uhr) Der minimalistische Schick dieses Restaurants passt perfekt zu den hier angebotenen wechselnden Speisen. In der Vergangenheit wurden hier schon Leckereien wie gegrilltes Fleisch von jungem Geflügel in Haselnusskruste ange-

HÖHLEN DER SOUTHERN HIGHLANDS

Die verschachtelten, spektakulären Kalksteinhöhlen **Wombeyan Caves** (☎02-4843 5976; www.nationalparks.nsw.gov.au; Wombeyan Caves Rd; Figtree Cave Erw./Kind 18/12 AU$, 2 Höhlen & Führung „Discovery Pass" 30/23 AU$; ⌚9–16 Uhr) liegen am Ende einer unbefestigten Bergstraße 65 km nordwestlich von Mittagong. In der Nähe gibt es einige Wanderwege und einen Campingplatz mit Hütten (72–90 AU$), einem Schlafsaal (65 AU$) sowie einem Cottage (72–95 AU$). Außerdem wimmelt es hier nur so von Wildtieren.

Die berühmten **Abercrombie Caves** (☎02-6368 8603; abercrombiecaves.com; Touren auf eigene Faust/geführte Touren 15/20 AU$; ⌚9–16 Uhr) sind über eine Abzweigung von der Hauptstraße 72 km südlich von Bathurst zu erreichen. Zum Höhlensystem gehört einer der größten natürlichen Tunnel der Welt, der Grand Arch.

Etwa 57 km südöstlich von Yass liegt in Wee Jasper die Kalksteinhöhle **Careys Cave** (☎02-6227 9622; www.weejaspercaves.com; Erw./Kind 15,40/9,90 AU$; ⌚Führungen Sa & So 12, 13.30 & 15, Fr & Mo 12 & 13.30 Uhr). Ein paar der Straßen auf dem Weg dorthin sind unbefestigt. Wer eine Führung mitmachen möchte, muss vorab anrufen.

Auch die Jenolan Caves (S. 143) befinden sich in der Region.

boten. Die Weinkarte sowie der Sonntags-Brunch sind hervorragend.

Praktische Informationen

Southern Highlands Visitors Centre (☎02-4871 2888; www.southern-highlands.com.au; 62-70 Main St, Mittagong; ⌚Mo–Fr 9–17, Sa & So bis 16 Uhr)

Berrima & Bundanoon

BERRIMA 246 EW., BUNDANOON 2419 EW.

Ein Stück südlich von Mittagong und ebenfalls am Hume Hwy liegt das winzige Berrima. Das 1829 gegründete Örtchen gehört zum nationalen Kulturerbe und ist noch Teil der Southern Highlands. Es strotzt nur so vor Kunstgalerien, Antiquitätenläden (Achtung: Touristenfallen!), historischen Gebäuden, leckerem Essen und gutem Wein und bildet den besten Zwischenstopp an diesem Abschnitt des Highways.

Sehenswertes & Aktivitäten

Die Southern Highlands sind stolz auf ihr literarisches Erbe, und zahlreiche Buchläden laden zum Stöbern und Schmökern ein (www.booktown.com.au). Einer befindet sich 3 km nördlich von Berrima: **Berkelouw's Book Barn & Café** (☎02-4877 1370; www.berkelouw.com.au; Old Hume Hwy; ⌚Mo–Fr 9.30–16.30, Sa & So bis 17 Uhr) beherbergt über 200 000 gebrauchte und teilweise auch antiquarische Bücher. Mittwochs um 16 Uhr gibt's Livejazz.

Südlich von Berrima liegt das nette, kleine Bundanoon, eines der Tore zum weitläufigen, wilden **Morton National Park** mit seinen tiefen Schluchten und den hohen Sandsteinplateaus der Budawang Range. Das **NPWS Visitor Centre** (☎02-4887 7270; www.nationalparks.nsw.gov.au; Nowra Rd, Fitzroy Falls) am Eingang zum Park informiert über Spazier- und Wanderwege.

Schlafen & Essen

Bundanoon YHA HOSTEL $

(☎02-4883 6010; www.yha.com.au; 115 Railway Ave; B/DZ 28/68,50 AU$) Das Bundanoon YHA ist in einem aufwendig restaurierten Gebäude aus der Edwardischen Epoche untergebracht. Dazu gehören eine schattige Veranda und tonnenweise Gingham-Stoffe.

Josh's Café CAFÉ $$

(☎02-4877 2200; 9 Old Hume Hwy; Hauptgerichte 25–32 AU$; ⌚Mi 12–15, Do–Sa 12–15 & 18–21, So 9–15 Uhr) In diesem vielseitigen Café kommt alles auf den Grill, vom Champignon bis zum Fleisch, und nicht selten haben die Gerichte einen türkischen Touch.

Eschalot MODERN-AUSTRALISCH $$$

(☎02-4877 1977; www.eschalot.com.au; 24 Old Hume Hwy; Hauptgerichte 32–41 AU$; ⌚Mi 18–21, Do–Sa 12–14.30 & 18–21, So 12–14.30 Uhr) Diese historische Hütte aus Standstein ist die perfekte Adresse für moderne australische Küche vom Feinsten – von Barramundi bis Schweinefleisch aus Bangalow – mit jeder Menge überraschender kleiner Abwandlungen. Die Desserts sind ein Traum.

An- & Weiterreise

CountryLink (☎13 22 32; www.countrylink.info) bietet Verbindungen von Bundanoon nach Wollongong (8,50 AU$, 2 Std.) und zum Sydney Central (21 AU$, 2 Std.) an.

ABSTECHER

BUNGONIA STATE CONSERVATION AREA

Etwa 40 km südöstlich von Goulburn grenzt die **Bungonia State Conservation Area** (☎02-4844 4277; www.nationalparks.nsw.gov.au; 838 Lookdown Rd) an den Morton National Park an. Bungonia wartet mit einer atemberaubenden bewaldeten Schlucht, tiefen Höhlen, gut ausgeschilderten Wanderwegen und einem schattigen Zeltplatz mit Warmwasserduschen, Toiletten, einer Gemeinschaftsküche und Gasgrills auf.

Goulburn & Umgebung

21484 EW.

Goulburn rühmt sich damit, die älteste Stadt im australischen Inland zu sein. Außerdem verzeichnet sie ein enormes Wachstum. Im Stadtzentrum stehen ein paar historische Gebäude. Außerdem gibt es eine Reihe Cafés mit Sitzgelegenheiten im Freien.

Sehenswertes & Aktivitäten

Big Merino MUSEUM

(www.thebigmerino.com.au; Ecke Hume St & Sowerby St; ⏲8.30–17.30 Uhr) GRATIS Eine dreistöckige Ode an die Wolle und die Scherkultur Australiens. Das Big Merino findet sich in der Nähe der südlichen Highway-Ausfahrt nach Goulburn.

Old Goulburn Brewery BRAUEREI

(☎02-4821 6071; goulburnbrewery.servebeer.com; 23 Bungonia Rd; Erw./Kind 15 AU$/frei; ⏲11–16 Uhr, Führungen Fr–So 10 & 15 Uhr) In der Old Goulburn Brewery erhält man einen Einblick in die Bierherstellung und – vielleicht noch interessanter – kann ein Gläschen des Endprodukts kosten. Es gibt auch eine Übernachtungsmöglichkeit in einem günstigen, freundlichen Cottage aus den 1830er-Jahren.

Praktische Informationen

Goulburn Visitor Centre (☎02-4823 4492, 1800 353 646; www.igoulburn.com; 201 Sloane St; ⏲Mo–Fr 9–17 Uhr, Sa & So bis 16 Uhr) Hier erhält man Informationen zu Weingütern mit Weinverkauf in der Gegend.

An- & Weiterreise

Country Link hat Züge nach Sydney (28,50 AU$, 2¼ Std.).

Yass & Umgebung

5591 EW.

Dank der Umgehungsstraße ist das hübsche Yass nicht von Verkehrslärm geplagt. Historische Bauten, Geschäfte und Kneipen mit ausladenden Veranden schaffen eine tolle Atmosphäre.

Das **Yass Valley Visitor Centre** (☎02-6226 2557; www.yassvalley.com.au; 259 Comur St; ⏲Mo–Fr 9.30–16.30, Sa & So 10–16 Uhr) befindet sich im Coronation Park. Nebenan steht das **Yass & District Museum** (☎02-6226 2577; www.yasshistory.org; Erw./Kind 5/1 AU$; ⏲Sommer Sa & So 10–16 Uhr) mit einem Modell der Stadt, wie sie in den 1890er-Jahren aussah. Das **Cooma Cottage** (☎02-6226 1470; Erw./Kind 7/5 AU$; ⏲Do–So 10–16 Uhr) stammt von 1835 und liegt am Yass Valley Way (Fahrtrichtung Sydney).

Der **Hume & Hovell Walking Track** folgt der Route, die der Entdecker Hamilton Hume und sein zeitweiliger Begleiter William Hovell bei ihrer Erkundungstour wählten. Halbtägige sowie längere Wanderungen beginnen am Cooma Cottage. Im Visitor Centre bekommt man Broschüren mit weiteren Wandervorschlägen.

Anfang November wird das **Wine, Roses & All That Jazz Festival** gefeiert. Auf dem Programm stehen Livemusik, Feinschmeckerspeisen und Weinproben in 25 Weinkellern der Umgebung.

Die zweifellos beste Unterkunft hier ist das elegante, alte **Globe Inn** (☎02-6226 3680; www.theglobeinn.com.au; 70 Rossi St; EZ/DZ ab 130/160 AU$).

Gundagai

1926 EW.

Das entspannte Gundagai liegt am Ufer des Murrumbidgee River und gehört mit seinem Ranger- und Aborigine-Erbe zu den interessanteren Städtchen entlang des Hume Hwy. Es ist der perfekte Ort, um auf dem langen Weg zwischen Melbourne und Sydney einen Zwischenstopp einzulegen.

Sehenswertes

Hauptattraktion des Ortes ist die auffällige **Prince Alfred Bridge**. Sie ist schon längere Zeit für den Verkehr und seit einigen Jahren aufgrund von Flutschäden auch für Fußgänger gesperrt. Sie führt über das Überschwemmungsgebiet des Murrumbidgee River. Unterhalb der Brücke verläuft ein

Abschnitt der längsten aus Holz erbauten Bahnstrecke in NSW.

Die **Green Dog Gallery** (www.greendoggallery.com.au; Sheridan St; ⌚Sept.–Juli Do–Sa 10.30–17.30 Uhr) und die **Lannigan Abbey & Bandamora Art Gallery** (☎02-6944 2852; www.laniganabbey.com.au; 72 First Ave; ⌚9–17 Uhr) sind einen kurzen Abstecher wert.

Weder der Goldrausch noch die Busch-Ranger sind aus der ereignisreichen Geschichte des Ortes wegzudenken. Der berüchtigte Ranger Captain Moonlite wurde 1859 im Gerichtsgebäude von Gundagai verurteilt und nach seiner Hinrichtung auf dem **nördlichen Friedhof** der Gemeinde beigesetzt. Wenn man schon mal dort ist, kann man sich auch das Grab von Yarri ansehen. Der Aborigine rettete Anfang des 19. Jhs. fast 50 Einheimische vor einem Hochwasser.

Am **Mt. Parnassus Lookout** gibt's Picknicktische und einen wunderbaren Panoramablick über den Ort und die Umgebung. Die steile Hanley St führt (zu Fuß begeh- oder mit dem Auto befahrbar) dorthin. Nicht weniger schön ist der Ausblick vom malerischen **Rotary Lookout** auf der gegenüberliegenden Flussseite in South Gundagai. Infos dazu gibt's im Visitor Centre.

Das berühmteste Denkmal Gundagais ist der **Dog on the Tuckerbox**, 8 km östlich des Ortes. Die Skulptur ist eine der Hauptattraktionen am Hume Hwy. Sie zeigt einen Hund, der in einer Busch-Ballade aus dem 19. Jh. besungen wird. Die meisten, die hier anhalten, tun das vor allem, um sich wieder mit Sprit und Würstchen einzudecken.

Nur 6 km außerhalb des Ortes liegt **Gundagai Wines** (☎0419 220 711; www.gundagaiwines.com; Nangus Rd; ⌚Fr–So 10.30–16.30 Uhr), das in einer alten Wollscheune in einem Rosengarten untergebracht ist.

Feste & Events

Der **Snake Gully Cup** Mitte November ist ein hochdotiertes, zweitätiges Pferderennen.

Freunde keltischer Klänge kommen beim **Turning Wave Festival** (www.turningwave.org.au) im September bei jeder Menge traditioneller Folkmusik auf ihre Kosten.

Schlafen & Essen

Gundagai River Caravan Park WOHNWAGENPARK, HÜTTEN $
(☎02-6944 1702; www.gundagairivercaravanpark.com.au; Stellplatz ohne/mit Strom 18/28 AU$, Hütte ab 86 AU$) Anlage in reizender Lage direkt am Fluss.

Poet's Recall MOTEL $$
(☎02-6944 1777; Ecke West St & Punch St; EZ/DZ 85/100 AU$; 📶🏊) Nette Extras wie ein Swimmingpool, ein Whirlpool und eine Bar machen das Poet's Recall zum besten Motel des Ortes. Im Restaurant gibt's Gebratenes und sonstige Hausmannskost.

Hillview Farmstay APARTMENTS $$
(☎02-6944 7535; www.hillviewfarmstay.com.au; Hume Hwy; Cottage mit 1/2/4 Schlafzi. 145/175/450 AU$; ❄) Etwa 34 km südlich des Ortes sind diese hübschen Cottages vom Highway aus ausgeschildert. Sie liegen auf einer über 400 ha großen Farm. Man kann hier besonders gut Vögel und andere Tiere beobachten.

Gundagai Bakery BÄCKEREI $
(184 Sheridan St; Pies ab 4 AU$; ⌚Mo–Sa 6–16, So 9–14 Uhr) Die Bäckerei an der Hauptstraße beansprucht für sich, die älteste noch betriebene Bäckerei ganz Australiens zu sein. Sie stammt von 1864 – dem Verkaufsraum ist dieses historische Erbe allerdings nicht anzumerken. Die Pasteten sind so gut, wie es bei solch einer langen Erfahrung zu erwarten ist.

Family Hotel KNEIPE $$
(213 Sheridan St; Hauptgerichte 15–24 AU$; ⌚Mo–Mi 12–13.45, Do–Sa 12–13.45 & 18–20.30 Uhr) In dieser traditionellen Country-Kneipe kommen Gerichte wie Hähnchenschnitzel mit Sauce oder T-Bone-Steaks auf den Tisch.

Praktische Informationen

Visitor Centre (☎02-6944 0250; www.visitgundagai.com.au; 249 Sheridan St; ⌚8.30–17 Uhr) Im selben Gebäude ist auch **Rusconis Marble Masterpiece** (Eintritt 5 AU$) untergebracht, ein aufwendig gearbeitetes Miniaturgebäude aus Marmor, aus dem unaufhörlich das Lied „Along the Road to Gundagai" ertönt. Viel Spaß mit dem Ohrwurm …

Albury

45 627 EW.

Albury ist ein wichtiger Knotenpunkt in der Region. Es liegt direkt am Murray River, der hier die Grenze zu Victoria bildet. Auf der anderen Flussseite befindet sich Wodonga. Albury ist ein guter Ausgangspunkt für Ausflüge zu den Skipisten, ins Hochland von Victoria und NSW sowie für Erkundungstouren am oberen Murray River. Außerdem lässt sich hier die Fahrt von Sydney nach Melbourne gut unterbrechen.

Sehenswertes & Aktivitäten

Library Museum MUSEUM
(☎ 02-6023 8333; Ecke Kiewa St & Swift St; ⊙ Mo, Mi & Do 10–19, Di & Fr bis 17, Sa bis 16, So 12–16 Uhr) GRATIS Alburys großartiges Vorzeigemuseum wird von den Einheimischen gern als „Wohnzimmer" bezeichnet. Hier kann man nicht nur Bücher ausleihen und in Zeitschriften blättern, sondern auch im Internet surfen, Ausstellungen besuchen und mehr über die Lokalgeschichte erfahren (z. B. über die Aborigine-Kultur und die Einwanderungswellen im 20. Jh.).

Albury Art Gallery KUNSTGALERIE
(☎ 6043 5800; 546 Dean St; ⊙ Mo–Fr 10–17, Sa 10–16 Uhr, So 12–16 Uhr) GRATIS Diese Galerie umfasst eine kleine Dauerausstellung mit Arbeiten von Russell Drysdale und Fred Williams, zeitgenössische australische Fotografie, einen Leseraum und einen Laden.

Botanic Gardens GARTEN
Der 4 ha große botanische Garten am nördlichen Ende der Straße Wodonga Pl ist eine alte Parkanlage und wunderschön. Im Visitor Centre gibt's Infos zu einem historischen Parkspaziergang.

Ettamogah Pub BEMERKENSWERTES GEBÄUDE
(☎ 02-6026 2366; www.ettamogah.com; Wagga Rd, Tabletop) Eine lebensgroße Nachbildung des berühmten australischen Cartoon-Pubs, der aus der Feder des in Albury geborenen Ken Maynard stammt.

Aktivitäten

Noreuil Park PARK
Ein erfrischendes Bad im Fluss gefällig? Wenn man kurz vor dem Lincoln Causeway rechtes nach Albury abbiegt, gelangt man zu einem schattigen Plätzchen mit Platanen und einer **Flussbadestelle**. Der **Loop** ist eine 20-minütige Runde, bei der man sich auf dem Rücken um eine große Flussbiegung treiben lässt und nicht weit von der Stelle aus dem Wasser steigt, an der man eingestiegen ist.

Wonga Wetlands NATURSCHUTZGEBIET
(Riverina Hwy, Splitters Creek) Ein innovatives Projekt zur Wiederherstellung der hiesigen Feuchtgebiete. Hier kann man über 154 Vogelarten beobachten und auf einem von den Wiradjuri angelegten Zeltplatz übernachten. Die Umgebung mit den hübschen Roten Eukalypten kann auf Spazierwegen von 0,5 km, 1,2 km und 2,5 km Länge erkundet werden. Das Schutzgebiet liegt 6 km westlich der Stadt am Padmore Drive.

Schlafen

Albury Motor Village YHA HOSTEL $
(☎ 02-6040 2999; www3.yha.com.au; 372 Wagga Rd; Stellplatz mit Strom/B/DZ 27/63/77 AU$; @ 🏊) Etwa 4,5 km nördlich des Zentrums befindet sich an der Straße nach Sydney diese Jugendherberge mit einigen Hütten, feststehenden Vans und Betten in sauberen Schlafsälen.

Briardale B&B B&B $$
(☎ 02-6025 5131; 396 Poplar Dr; Zi. ab 121 AU$; ❄) Ein elegantes B&B in North Albury mit einigen hübsch dekorierten Zimmern voller alter Möbel.

Quest Albury APARTMENTS $$
(☎ 02-6058 0900; www.questalbury.com.au; 550 Kiewa St; Zi. ab 155 AU$; ❄ 📶) Großräumige Studiosuiten sowie Apartments mit zwei oder drei Schlafzimmern machen diese Unterkunft zu der wohl komfortabelsten Adresse der Stadt. Die Unterkunft ist eine Mischung aus klassisch, lässig und modern, mit warmen Farbtönen und dunklen Holzmöbeln.

Chifley MOTEL $$
(☎ 02-6021 5366; www.chifleyhotels.com; Ecke Dean St & Elizabeth St; Zi. ab 105–192 AU$; ❄ 📶 🏊) Das beliebteste Hotel Alburys liegt an der Hauptstraße und ist zugleich auch das höchste Gebäude der Stadt. Hier gibt's allen möglichen Komfort sowie ein Restaurant und eine Cocktailbar.

Essen & Ausgehen

Die lange Dean St ist gesäumt von zahlreichen Imbissbuden, Cafés, Restaurants und Ausgehoptionen.

Baan Sabai Jai THAI $
(☎ 02-6021 2250; 459 Smollett St; Hauptgerichte 15–23 AU$; ⊙ mittags & abends) Exzellentes Restaurant mit traditionellem Imbisswagen auf dem Bürgersteig vor der Tür. Die authentischen Thai-Gerichte sind auch bei den Einheimischen ein Renner. Man kann die Gerichte auch mitnehmen.

★ **Green Zebra** CAFÉ $$
(☎ 02-6023 1100; www.greenzebra.com.au; 484 Dean St; Hauptgerichte 13–17,50 AU$; ⊙ Mo–Fr 8–18.30 Uhr) Besonders beliebt sind die hausgemachte Pasta, die Salate und andere vegetarische Gerichte, aber egal was auf

den Tisch kommt – Walnuss-Kürbis-Ravioli mit Schimmelkäse und Feigenchutney oder Lamm mit Kichererbsensalat –, es ist immer lecker. Auf einer kleinen Tafel steht mit Kreide angeschrieben, welche Zutaten am jeweiligen Tag aus dem eigenen Garten stammen. Und es ist eine *lange* Liste.

Kinross Woolshed HOTEL **$$**
(www.kinrosswoolshed.com.au; Old Sydney Rd, Thurgoona; Hauptgerichte 11–26 AU$; ⌚Mo–Sa morgens & mittags) Die Fahrt zu dieser hervorragenden ländlichen Kneipe, die in einer alten Wollscheune aus den 1890er-Jahren untergebracht ist, lohnt sich allemal (alternativ fährt auch ein **Shuttle-Bus**; ☎02-6043 1155). Samstags wird Livemusik (meist Country) gespielt. Nirgendwo sonst gibt's günstigeres Frühstück: Brötchen mit Speck und Ei kosten gerade mal 2 AU$ (Sa 7–11 Uhr). Es gibt auch Specials wie etwa jeden Dienstag das „Moo and Brew", ein Rib-Eye-Steak (300 g) inkl. Getränk für 11 AU$.

Border Wine Room MODERN-AUSTRALISCH **$$**
(www.borderwineroom.com.au; 492a Dean St; Hauptgerichte 29–37 AU$; ⌚Di–Sa 16–24 Uhr) Der Border Wine Room ist mehr Restaurant als Bar – und die coolste kulinarische Adresse in Albury. Er befindet sich im Obergeschoss eines Gebäudes in der Dean St, aus dessen Erkerfenstern man die Hauptstraße überblicken kann. Besonders lecker ist u.a. das Schweinefleisch-Trio im Elsässer Stil (Kassler, Hachse und Würstchen).

Praktische Informationen

Albury Touristeninformation (☎1300 252 879; www.visitalburywodonga.com.au; Railway Pl; ⌚9–17 Uhr) Gegenüber dem Bahnhof.

An- & Weiterreise

Der **Flughafen** (Borella Rd) liegt zehn Minuten außerhalb der Stadt. **Rex** (☎13 17 13; www.rex.com.au), **Virgin Australia** (☎13 67 89; www.virginaustralia.com) und **Qantas** (☎13 13 13; www.qantas.com.au) fliegen nach Sydney (ab 109 AU$, 1¼ Std.) und Melbourne (ab 106 AU$, 1 Std.).

Greyhound (☎1300 GREYHOUND, 1300 4739 46863; www.greyhound.com.au) schickt seine Busse nach Melbourne (49 AU$, 3¾ Std.), Wagga Wagga (34 AU$, 2½ Std.) und Sydney (ab 75 AU$, 8½–10 Std.).

XPT-Züge von **CountryLink** (☎13 22 32; www.countrylink.info) fahren gen Norden nach Wagga (26,50 AU$, 1¼ Std.) und Sydney (ab 102,50 AU$, 8 Std.) sowie gen Süden nach Melbourne (67 AU$, 3½ Std.). CountryLink-Busse fahren dreimal die Woche von der Bushaltestelle am Bahnhof nach Echuca (45 AU$, 4¼ Std.). Züge von **V/Line** (☎13 61 96; www.vline.com.au) rollen nach Melbourne (30 AU$, 3¾ Std.).

Wagga Wagga

46 913 EW.

Der Murrumbidgee River windet sich um das Nordende von „Wagga" wie eine Schlange auf einem Aborigine-Gemälde. Die Eukalyptusbäume mit den dicken Stämmen und die Sandbänke prägen die Flusslandschaft. In der größten Binnenstadt von NSW findet man breite, von Bäumen gesäumte Straßen und hübsche Gärten vor. Übrigens: Wagga Wagga bedeutet in der Sprache der Wiradjuri „Ort der vielen Krähen".

Sehenswertes & Aktivitäten

Botanic Gardens GARTEN
(Macleay St; ⌚Sonnenaufgang–Sonnenuntergang) Zu diesem hübschen botanischen Garten gehört auch ein kleiner **Zoo** mit Kängurus, Wombats und Emus, in dem es auch eine große Voliere gibt. Ganz in der Nähe verläuft der Lord Baden Powell Dr, der zu einem guten Aussichtspunkt und dem malerischen **Captain Cook Drive** führt.

Museum of the Riverina MUSEUM
(www.wagga.nsw.gov.au/museum; Baden Powell Dr; ⌚Di–Sa 10–17, So 12–16 Uhr) GRATIS Ein Teil des Museums befindet sich im Civic Centre. Der

WEINE & ÖLE AUS WAGGA

Harefield Ridge (www.cottontailwines.com.au; 562 Pattersons Rd; ⌚Do–So 10 Uhr–Schließung) Weinverkostung und Verkauf sowie Essen.

Wagga Wagga Winery (☎02-6922 1221; Oura Rd; ⌚Mi–So 11–22 Uhr) Weinverkauf und gutes Essen.

Charles Sturt University Winery (www.csu.edu.au/winery; McKeown Dr; ⌚Mo–Fr 11–17, Sa & So bis 16 Uhr) Preisgekrönte Weine, Olivenöl und Käsedegustationen.

Wollundry Grove Olives (☎02-6924 6494; www.wollundrygroveolives.com.au; 15 Mary Gilmore Rd) Preisgekröntes natives Olivenöl extra und Tafeloliven. Für Führungen und Verkostungen vorher anrufen!

ABSTECHER

JUNEE

Junee ist eine nette, kleine Provinzstadt, 33 km nördlich von Wagga Wagga gelegen, die mit zahlreichen beeindruckenden Gebäuden aufwartet.

Das 1884 errichtete Herrenhaus **Monte Cristo** (☎02-6924 1637; www.montecristo.com.au; Monte Cristo Rd; Erw./Kind 9,50 AU$/frei; ⏲10–16 Uhr) kann ohne Führung auf eigene Faust erkundet werden. Dort wird auch die britische Spezialität „Devonshire Tea" (Tee mit Gebäck und Sahne) serviert. Es heißt, hier spuke noch immer der frühere Besitzer des Hauses herum. Im Ort existieren auch drei hübsche, alte ländliche Kneipen: das **Junee Hotel** (Seignior St) (1876), das **Commercial Hotel** (Ecke Lorne St & Waratah St) (1915) und das **Loftus on Humphreys** (6 Humphreys St). Letzteres ist Junees größtes Hotel und nimmt einen ganzen Straßenblock ein. Es wurde zum Zeitpunkt der Recherche gerade umfassend renoviert. Der Film *The Crossing* mit Russell Crowe wurde hier gedreht.

Weitere Attraktionen sind das **Railway Roundhouse** (☎02-6924 2909; www.rhta-junee.org; Harold St; Erw./Kind 6/4 AU$; ⏲Mo–Fr 12–16.30, Sa & So ab 9.30 Uhr) von 1947, eine gigantische, drehbare Eisenbahnwerkstätte mit 42 Gleisbuchten. Sie ist die einzige erhaltene noch genutzte Anlage ihrer Art im Land. Die **Junee Liquorice & Chocolate Factory** (☎02-6924 3574; www.greengroveorganics.com; 45-61 Lord St; Erw./Kind 4/2,50 AU$; ⏲9.30–16.30 Uhr) ist in Junees alter Mühle von 1935 untergebracht. Hier kann man zuschauen, wie Lakritze und Schokolade zubereitet werden.

Bei Fragen hilft das kleine **Visitor Centre** (www.visitjunee.com.au; Lorne St, Aquatic Centre) weiter, das allerdings nicht immer besetzt ist.

andere Teil im botanischen Garten stellt die Bewohner, Events und Orte Waggas in den Vordergrund. Dort ist auch die **Sporting Hall of Fame** untergebracht.

Wagga Wagga Art Gallery KUNSTGALERIE
(☎02-6926 9660; www.waggaartgallery.org; Morrow St, Civic Centre; ⏲Di–Sa 10–17, So 12–16 Uhr) GRATIS Highlight dieser hervorragenden Galerie mit Werken hiesiger und nationaler Künstler ist die wunderbare **National Art Glass Gallery**.

Viehmärkte LANDWIRTSCHAFT
(Industriegebiet Boman) Wagga ist ein bedeutender Viehumschlagplatz. Montags (7–etwa 12 Uhr) kann man den Landwirten dabei zusehen, wie sie in einer Art Amphitheater ihre Rinder verkaufen. Donnerstags (ab 8 Uhr) wechseln dann Schafe zu Tausenden den Besitzer.

Wiradjuri Walking Track WANDERN
(www.lands.nsw.gov.au) Dieser 30 km lange, sehr lohnende Rundweg beginnt am Visitor Centre. Unterwegs passiert man schöne Aussichtspunkte und wichtige Aborigine-Stätten. Mit etwas Glück und jeder Menge Geduld kann man vielleicht auch einige der äußerst scheuen Schnabeltiere sichten, die hier leben. Es gibt auch eine kürzere Wanderstrecke von 12 km. Eine Karte bekommt man am Visitor Centre.

Wagga Beach STRAND
Am Ende der Tarcutta St erstreckt sich dieser gute Badestrand am Fluss.

Schlafen

Romano's Hotel HOTEL $
(☎02-6921 2013; www.romanoshotel.com.au; Ecke Fitzmaurice St & Sturt St; DZ 85 AU$, EZ/DZ ohne Bad 45/55 AU$) Altes, hübsches Pub, in dem Gästen ganz gute Zimmer mit hohen Decken, großen Betten und schon recht betagten Bädern zur Verfügung stehen. In den Zimmern im 2. Stock wohnt man etwas ruhiger.

Wagga Wagga Beach Caravan Park WOHNWAGENPARK $
(☎02-6931 0603; www.wwbcp.com.au; 2 Johnston St; Stellplatz 22 AU$/Erw., Hütte 65–120 AU$; ❄📶) Hier gibt's einen eigens angelegten Badestrand am Fluss, jede Menge Grün und nette Hütten.

Townhouse HOTEL $$
(☎02- 6921 4337; townhousewagga.com.au; 70 Morgan St; Zi. ab 139 AU$; ❄📶🏊) Eine elegante Option im Ort, die das Flair eines Boutiquehotels versprüht und einen umfassenden Service bietet, den man sonst eher in einem Businesshotel erwarten würde. Die Zimmer sind groß und stilvoll eingerichtet; allerdings haben nicht alle ein Fenster nach draußen.

Dunns B&B B&B $$
(☎02-6925 7771; www.dunnsbedandbreakfast.com.au; 63 Mitchelmore St; EZ/DZ 130/140 AU$; ❄📶) Ein hübsch aufgemachtes Wohnhaus aus der Föderationszeit mit drei Zimmern mit jeweils eigenem Bad. Außerdem haben Gäste Zugang zu einem Balkon und einem Salon. Das B&B liegt außerhalb des Stadtzentrums in der Nähe des botanischen Gartens.

Essen

Mates Gully Organics CAFÉ $$
(www.matesgully.com.au; 32 Fitzmaurice St; Hauptgerichte 14–33 AU$; ⏲So–Di 8–16, Mi–Sa bis 21.30 Uhr; 📶) 🌿 Lange Holztische und Kunst an den Wänden schaffen eine nette Atmosphäre. Die Besitzer des coolsten Cafés der Stadt bevorzugen regionale Zutaten, und vieles stammt aus eigenem Anbau. Gelegentlich wird Livemusik gespielt.

Three Chefs Cafe CAFÉ $$
(☎02-6921 5897; www.threechefs.com.au; 97 Fitzmaurice St; Hauptgerichte mittags 16–23 AU$, Hauptgerichte abends 31–39 AU$; ⏲Di–Sa 9–21.30 Uhr) Dieses beliebte Café ist zum Bürgersteig hin offen und zieht mit seinen leichten, aber sättigenden Mittagsgerichten und der etwas formelleren Dinner-Atmosphäre eine Schar treuer Anhänger an. Mittags ist das Wildpilzrisotto mit Rucola sehr lecker.

★ **Magpies Nest** MEDITERRAN $$$
(☎02-6933 1523; 20 Pine Gully Rd; Hauptgerichte 28–40 AU$, Menü 55 AU$; ⏲Di–Sa 17.30–21 Uhr) Ein herrlich entspanntes Restaurant in einem restaurierten, aus Stein erbauten Stall aus den 1860er-Jahren, umgeben von Olivenhainen und Weinbergen und mit Blick auf die Auen des Murrumbidgee River. Die regionaltypische Küche weist leichte toskanische Einflüsse auf und ist traumhaft lecker. Ein interessantes Gericht ist z. B. die „Lammschulter, lange und schonend gegart, geheimnisvoll gewürzt und in Kurkuma- und Rosenwassersauce".

Praktische Informationen

Visitor Centre (☎1300 100 122; www.visitwagga.com; 183 Tarcutta St; ⏲9–17 Uhr)

An- & Weiterreise

Qantas (☎13 13 13; www.qantas.com.au) fliegt nach Sydney (ab 85 AU$, 1 Std.), **Rex** (☎13 17 13; www.rex.com.au) hat Flieger nach Melbourne (ab 121 AU$, 1¼ Std.) und Sydney (ab 115 AU$, 1¼ Std.).

CountryLink (☎13 22 32; www.countrylink.info) lässt Busse am **Bahnhof von Wagga** (☎13 22 32, 02-6939 5488) abfahren. Dort gibt's auch die Tickets dafür. Die XPT-Züge von CountryLink fahren nach Albury (26,50 AU$, 1¼ Std.), Melbourne (89 AU$, 5 Std.) und zum Sydney Central (89 AU$, 6¾ Std.).

Griffith

17 616 EW.

In Griffith trifft man wahrscheinlich auf ähnlich viele Inder wie Italiener. Die kleine Stadt ist für ihre kulturelle Vielfalt bekannt. Die breite, von Bäumen gesäumte Hauptstraße wird nicht von historischen Bauten eingerahmt wie andere Städte in der Region. Dafür versteckt sich hinter den Ladenfassaden ein Paradies für Gourmet. Griffith ist die Wein-und-FeinschmeckerHauptstadt der Riverina.

Sehenswertes & Aktivitäten

Pioneer Park Museum MUSEUM
(☎02-6962 4196; Ecke Remembrance Dr & Scenic Dr; Erw./Kind 10/6 AU$; ⏲9.30–16 Uhr) Auf einem Hügel nördlich des Stadtzentrums lässt sich ein Nachbau eines alten Riverina-Dorfs besichtigen, zu dem ein altes Krankenhaus, ein Musikzimmer und einige andere faszinierende Ausstellungen in Originalgebäuden gehören.

Sir Dudley de Chair Lookout AUSSICHTSPUNKT
Folgt man dem Scenic Dr noch für ein kleines Stückchen, gelangt man zu diesem hübschen Aussichtspunkt in der Nähe der **Hermit's Cave**.

McWilliam's Hanwood Estate WEINGUT
(www.mcwilliamswine.com; Jack McWilliam Rd, Hanwood; ⏲Verkostungen Di–Sa 10–16 Uhr) Dies ist das älteste Weingut der Region, es stammt von 1913.

De Bortoli WEINGUT
(www.debortoli.com.au; De Bortoli Rd; ⏲Mo–Sa 9–17, So bis 16 Uhr) Eines der bekanntesten Weingüter Australiens.

Catania Fruit Salad Farm FARM
(☎02-6963 0219; www.cataniafruitsaladfarm.com.au; Farm 43 Cox Rd, Handwood; ⏲Feb.–Nov. 13.30 Uhr) Die netten Besitzer führen Besucher in einem unterhaltsamen Rahmen über ihre Farm. Verkostet werden können Pflaumen, Marmelade, eingelegtes Gemüse und Relish-Saucen.

Feste & Events

UnWINEd ESSEN & WEIN
(www.unwined-riverina.com) Anfang Juni steigt an mehreren Veranstaltungsorten dieses Wein- und Gastronomiefestival mit von Kennern begleiteten Verkostungen, ausgedehnten Mittagessen und Livemusik.

Schlafen

★ **Myalbangera Outstation** HOSTEL $
(☎ 0428 130 093; Rankin Springs Rd, Farm 1646, Yenda; B 19–25 AU$, DZ 40–45 AU$; ❄) Hervorragende Backpacker-Unterkunft, ca. 12 km außerhalb der Stadt in einer typisch australischen Landschaft gelegen. Die Besitzer kennen die Gegend wie ihre Westentasche, helfen bei der Jobsuche und organisieren Abholservices.

Shearer's Quarters at Pioneer Park Museum HOSTEL $
(☎ 0429 300 126; Remembrance Dr; pro Pers. Nacht/Woche 23/130 AU$) Die günstigste Übernachtungsoption vor Ort liegt oben am Pioneer Park.

Hotel Victoria HOTEL $
(☎ 02-6962 1299; www.hotelvictoria.com.au; 384 Banna Ave; EZ/DZ inkl. Frühstück 90/105 AU$; ❄ 📶) Helle Flure, freundliche Zimmer und gute Bäder. Unten ist ein Bistro mit Kohlegrill. Eine Buchung ist nur über das Visitor Centre möglich.

Grand Motel MOTEL $$
(☎ 02-6969 4400; www.grandmotelgriffith.com.au; 454 Banna Ave; EZ/DZ ab 125/135 AU$; ❄ 📶 🏊) Die eleganteste Schlafgelegenheit in Griffith zeichnet sich durch hohe Decken, helle, moderne Zimmer und ein imposantes Foyer aus. Nette Extras sind Parkplätze, ein Fitnessstudio und ein Wellness-Bereich sowie der Zimmerservice (mit Essen aus Marco's Restaurant). Die Zimmer ohne Fenster sollte man aber besser nicht nehmen.

Essen

Entlang der Banna Ave findet man eine ganze Reihe italienischer Imbisse, die Pizza und Pasta auftischen.

★ **La Scala** ITALIENISCH $$
(☎ 02-6962 4322; 455b Banna Ave; Hauptgerichte 26–30 AU$; ⌚ Di–Sa abends) Am Ende einiger Stufen und hinter ein paar alten braunen Türen versteckt liegt dieser riesige Keller mit zahllosen Wandmalereien. Er ist eine echte Institution in Griffith. Die Speisen sind passenderweise recht „konservativ" gehalten. Der weiße *vino della casa* kostet 5 AU$ pro Glas. Großartig!

Marco's Restaurant MODERN-AUSTRALISCH $$
(☎ 02-6964 3438; www.marcosgriffith.com.au; 10/454 Banna Ave; Hauptgerichte 19–27 AU$; ⌚ Di–Fr 12–15 & 18–21, Mo & Sa 18–21 Uhr) Eine der eleganteren Optionen der Stadt mit Gerichten wie gegrilltem Lachs, T-Bone-Steaks und Pavlova auf der Speisekarte. Das Lokal liegt am Ende einer kurzen Treppe, nur ein paar Meter vom dazugehörigen Grand Motel entfernt.

La Tavola ITALIENISCH $$
(☎ 02-6962 7777; 188 Banna Ave; Hauptgerichte 18–29 AU$; ⌚ 12–14.30 & 18–21 Uhr) Die kitschige Dekoration ist Teil der echten Italien-Feelings in diesem Restaurant. Auf der Karte stehen *chicken ai funghi,* Pfeffersteak, Saltimbocca, eine verdammt leckere La-Tavola-Spezialpizza und ähnliche Leckereien. Die Mittagsangebote sind deutlich günstiger.

Shoppen

Riverina Grove LEBENSMITTEL
(☎ 02-6962 7988; www.riverinagrove.com.au; 4 Whybrow St) Dies ist ein Lebensmittelparadies mit einer riesigen Auswahl, von mariniertem Feta über Pastasauce und Olivenöl bis hin zu hausgemachter Marmelade und verschiedenen Chutneys.

NICHT VERSÄUMEN

ITALIENISCHE KLASSIKER IN GRIFFITH

- Beste Cannoli (Gebäck) – **Bertoldo's Bakery** (324 & 150 Banna Ave; ⌚ morgens & mittags)
- Beste Foccaccia – **La Piccola Italian Deli** (444a Banna Ave; ⌚ Mo–Fr 8.30–17.30, Sa 8.30–13, So 9–12 Uhr) Riesig und mit Schinken, Käse, Oliven und halbgetrockneten Tomaten gefüllt
- Bester Cappuccino – **Dolce Dolce** (449 Banna Ave; ⌚ Mi–Sa 8–16, So 8.30–14 Uhr) In einer Straße mit mehreren Art-déco-Geschäften
- Beste Pizza – **Belvedere** (494 Banna Ave; Pizza ab 12 AU$; ⌚ Di–So 12–24 Uhr) Unter neuem Management; somit kann hierüber bisher noch nicht viel gesagt werden

Praktische Informationen

Das ganze Jahr über werden Helfer für die Ernte von Trauben und Co. gebraucht, in manchen Monaten ist der Bedarf an Hilfskräften aber kleiner als in anderen. Am besten zuerst im Visitor Centre nachfragen, bevor man alle Farmen, Obsthaine und Weingüter abklappert! Stellenausschreibungen finden sich auch in den *Area News*.

NPWS-Büro Riverina (☎ 02-6966 8100; www.nationalparks.nsw.gov.au; 200 Yambil St) Infos zu den Nationalparks der Umgebung.

Visitor Centre (☎ 02-6962 4145; www.visitgriffith.com.au; Ecke Banna Ave & Jondaryan Ave)

Anreise & Unterwegs vor Ort

Rex (☎ 13 17 13; www.rex.com.au) fliegt nach Sydney (ab 125 AU$, 1¼ Std.).

Alle Busse fahren am **Griffith Travel & Transit Centre** (☎ 02-6962 7199; Banna Ave) ab, das im selben Gebäude wie das Visitor Centre untergebracht ist. Eine Ausnahme sind die Busse von CountryLink. Sie fahren am Bahnhof ab. Täglich geht es über Cootamundra und Mildura (72 AU$, 6 Std.) nach Melbourne (98 AU$, 9½ Std.) und Sydney (88 AU$, 10¼ Std.).

Deniliquin & Umgebung

7494 EW.

Das hübsche Deniliquin – auch einfach nur „Deni" genannt – ist die vollkommene australische Binnenstadt. Sie liegt an einer weitläufigen Biegung des Edwards River und wartet mit vielen netten Spazierwegen entlang des Wassers auf, das von Roten Eukalyptusbäumen gesäumt wird. Zudem ist Deni der Veranstaltungsort eines berühmten Festivals, das sich der verrückten australischen Leidenschaft rund um die *utes* (von *utility*; Nutzfahrzeuge) widmet.

Sehenswertes & Aktivitäten

Island Sanctuary NATURSCHUTZGEBIET

(Erw./Kind 180/135 AU$) Das 16 ha große Island Sanctuary liegt dort, wo der Edwards River und der Tarrangle Creek zusammenfließen, und besitzt einen hübschen, von Roten Eukalyptusbäumen gesäumten Wanderweg, der am Ufer entlangführt. Man kann zahlreiche Wildtiere wie etwa Östliche Graue Riesenkängurus beobachten, außerdem ist beinahe ein Fünftel aller in Australien lebenden Vogelarten hier vertreten. Der Zugang zum Naturschutzgebiet erfolgt über eine Fußgängerbrücke, die in der Nähe des südöstlichen Endes der Hauptstraße (Cressy St) zu finden ist.

McLean Beach STRAND

Am nördlichen Ende des Ortes liegt der sandige McLean Beach, einer der schönsten Flussstrände Australiens. Dort gibt es Picknicktische und einen Wanderweg.

Feste & Events

Blues & Roots Festival MUSIK

(denibluesfestival.com; Osterwochenende) Das Musikfestival mit Starbesetzung von Santana bis zur Steve Miller Band und Chris Isaak wurde 2013 erstmals ausgerichtet und scheint sich zum festen Bestandteil von Denis Veranstaltungskalenders zu entwickeln.

Deni Matchmakers Festival LOKALES FESTIVAL

(www.denimatchmakers.com.au) Wer Single ist, möchte eventuell im März bei dieser vier Tage andauernden Kuppelveranstaltung vorbeischauen.

Schlafen & Essen

Riverside Caravan Park WOHNWAGENPARK $

(☎ 03-5881 1284; www.deniliquinriversidecaravanpark.com.au; 20 Davidson St; Hütte 75–130 AU$, Stellplatz ohne/mit Strom pro Pers. ab 20/28 AU$;) Der am Fluss gelegene Campingplatz verfügt über komfortable Hütten, einen Swimmingpool und einige winzige Spielplätze für die Kleinen. Er ist nur ein paar Minuten Fußmarsch von der Hauptstraße entfernt.

Riverview Motel MOTEL $

(☎ 03-5881 2311; www.riverviewmotel.com.au; 1 Butler St; EZ/DZ 82/92 AU$;) Die meisten der eher durchschnittlichen Zimmer dieses Hotels am nördlichen Ortsende gewähren Zugang zu Gemeinschaftsveranden mit Blick auf den McLean Beach und den Edward River. Das angeschlossene Restaurant **Rinaldi's** (Hauptgerichte 18–35 AU$) gehört zu den besseren im Ort und hat eine gute Steakkarte.

★ **Cottages on Edward** B&B $$

(☎ 0407 815 641; www.cottagesonedward.com.au; 304 River St; Cottage inkl. Frühstück So–Do 135 AU$, Fr & Sa 165 AU$) Diese beiden reizenden Cottages werden von ihren ebenso reizenden Besitzern Richard und Pat verwaltet. Sie sind eine tolle Alternative zu den Motels anderswo im Ort. Die Zimmer sind unaufdringlich mit Antikmöbeln und Whirlpools ausgestattet und weisen ein unglaublich heimeliges Flair auf. Zu finden sind sie auf der anderen Flussseite am östlichen Ortsrand.

EINE ODE AN DEN UTE

Am langen NSW-Labour-Day-Wochenende im Oktober feiert Deniliquin das **Ute Muster** (www.deniutemuster.com.au), eine sehr australische Liebeserklärung an das Nutzfahrzeug. Dazu kommen Besucher aus dem ganzen Land in ihren *utes* und verbringen hier ein actiongeladenes Wochenende. Beim bisherigen Rekordfestival im Jahr 2010 waren es 10152 Fahrzeuge! Es gibt Rodeos, Kettensägen-Skulpturenwettbewerbe, Holzhack-Challenges, Helikopterflüge sowie Angebote für Kinder. Das Ute Muster ist Teil des **Play on the Plains Festival** (☎03-5881 3388), auf dem sich viele Größen der australischen Musikindustrie blicken lassen. In den letzten Jahren waren z. B. Cold Chisel, Hoodoo Gurus und Crowded House mit dabei. Der Startschuss fällt am Freitagabend, und Schluss ist am Sonntag gegen Mittag.

★Crossing Café MODERN-AUSTRALISCH **$$**
(☎03-5881 7827; 295 George St; Hauptgerichte 14–26 AU$; ⏲Di–Do 8–16, Fr 8–open end, Sa 8.30–open end, So 8.30–16 Uhr) Von der Terrasse überblickt man eine idyllische Flusslandschaft. Die Speisekarte setzt mehr auf Qualität als auf Quantität. Im Angebot sind z. B. Rindfleischsalat oder Calamares mit Salz und Pfeffer.

ℹ Praktische Informationen

Visitor Centre (☎1800 650 712; www.denitourism.com.au; George St; ⏲9–16 Uhr)

ℹ An- & Weiterreise

Fernbusse halten an der Whitelock St, gegenüber vom Gorman Park. Busse von **CountryLink** (☎13 22 32; www.countrylink.info) fahren nach Albury (25,48 AU$, 3½ Std.), wo Anschluss an den XPT-Zug zum Sydney Central (98 AU$, 12 Std.) besteht. **V/Line** (☎13 61 96; www.vline.com.au) schickt seine Busse nach Melbourne (24,90 AU$, 4 Std.).

Wentworth

1227 EW.

Der kolonialzeitliche Binnenhafen Wentworth liegt am Zusammenfluss des Murray River und des Darling River. Hier gibt's eine Reihe hübscher, alter Gebäude zu sehen. Außerdem ist Wentworth das Tor zum Mungo National Park.

Sehenswertes

Historische Gebäude ARCHITEKTUR
Zum bescheidenen Nachbau der **Werft** aus der Kolonialzeit gehört auch ein kleiner Zollschuppen. Wentworth war einst, nach Newcastle und Sydney, der drittgrößte Hafen von New South Wales. Im Ortskern stehen das **Old Post Office** (Altes Postamt; 1899) mit einem hübschen Lattenzaun und das schicke, aus Ziegelstein erbaute **Wentworth Court House** (Gerichtsgebäude; 1880). Im Nordwesten des Ortes befindet sich der **Old Wentworth Gaol** (Kerker; ☎03-5027 3337; Beverley St; Erw./Kind 8/4 AU$; ⏲10–17 Uhr), der Besucher in die Vergangenheit entführt. Gegenüber sind im interessanten **Folk Museum & Pioneer World** (☎03-5027 3160; Erw./Kind 5/2 AU$; ⏲10–16 Uhr) 176 Fotos von Raddampfern zu sehen.

Murray-Darling FLUSS
Vom südwestlichen Ende des Ortes ist die Stelle sichtbar, an der der Darling River in den Murray River fließt. Der Park direkt am Fluss ist über die Cadell St erreichbar. Hier stehen riesige, Schatten spendende Rote Eukalyptusbäume, und es gibt auf einer Erhöhung einen Aussichtpunkt.

Perry Sand Hills AUSSICHTSPUNKT
Folgt man von Wentworth aus zuerst der Straße nach Broken Hill und dann nach Renmark, sind etwa 6 km nördlich des Ortes diese nicht sehr hohen, aber wunderschönen, orangefarbenen Sanddünen ausgeschildert, die bereits 40 000 Jahren alt sind. Eine interessante Information: Das Gebiet unmittelbar hinter den Dünen war Anfang des 20. Jhs. in der Endauswahl jener Orte, die für die Gründung der neuen australischen Hauptstadt infrage kamen. Am schönsten ist es hier bei Sonnenaufgang bzw. Sonnenuntergang.

Geführte Touren

Harry Nanya Tours KULTURTOUR
(☎03-5027 2076; www.harrynanyatours.com.au; 384 Silver City Hwy; Erw./Kind ab 180/110 AU$) Harry Nanya Tours bietet 8-stündige Touren in den Mungo National Park mit Aborigine-Guides an. Sie finden entweder tagsüber (April–Okt.) oder bei Sonnenuntergang (Nov.–März) statt. Man kann sich abholen lassen oder mit dem eigenen Auto fahren (Erw./Kind 90/45 AU$).

Discover Mildura INDIGENE TOUR
(☎0419 127 995; www.discovermildura.com.au; inkl. Mittagessen 150 AU$/Pers.) Geführte Tagesausflüge in den Mungo National Park.

Wentworth River Cruises BOOTSTOUR
(☎0408 647 097; www.wentworthcruises.com.au; Erw. 20–38 AU$, Kind 15–20 AU$; ⏲Mi 14 & 20, So 12.30 Uhr) Die drei unterschiedlichen Touren auf dem Fluss sind ein tolles Angebot für alle, die das Wasser nicht immer nur vom Ufer aus betrachten wollen.

Schlafen & Essen

Hausboote sind eine Übernachtungsoption der anderen Art. Zu empfehlen sind **Sunraysia Houseboats** (☎03-5027 3621; www.sunraysiahouseboats.com), **Adelora Houseboat** (☎03-5027 3512; www.adelora.com.au; 44 Cadell St) und **Murray Darling Houseboats** (☎03-5027 3235; www.murraydarlinghouseboats.com.au; 6/58 Wentworth St). Rund um den Ortskern finden sich zahlreiche günstige Restaurants, von denen jedoch keines besonders erwähnenswert ist.

Wentworth Grande Resort HOTEL $$
(☎03-5027 2225; www.wentworthgranderesort.com.au; 61-79 Darling St; Zi. 99–159 AU$, FZ/Suite 160/200 AU$; ❄📶🏊) Die wohl beste Option im Ortszentrum ist dieses große Hotel am Darling River mit einer Reihe großzügiger und gut in Schuss gehaltener Zimmer.

★ **Avoca-On-Darling** HISTORISCHES HOTEL $$$
(☎03-5027 3020; sites.google.com/site/avocaondarling; abseits der Low Darling Rd; Übernachtung auf dem Gehöft inkl. Verpflegung 140 AU$/Pers.) Eine Übernachtung in dieser reizenden Pension ist wie eine Zeitreise. Das historische, Anfang des 19. Jhs. erbaute Anwesen liegt 26 km von Wentworth entfernt am von Eukalyptusbäumen gesäumten Zusammenfluss zweier Flüsse. Im Angebot sind ein voll ausgestattetes Cottage (160 AU$), sogenannte Jackeroo-Unterkünfte (25 AU$(Pers.) und Stellplätze (mit/ohne Strom 25/15 AU$). Um den Bauernhof zu erreichen, fährt man zunächst auf der Straße nach Broken Hill 6 km nach Norden und biegt dann auf die Lower Darling Rd ab. Nach weiteren 18,5 km kommt ein weißes Wagenrad in Sicht. Dort abbiegen!

Praktische Informationen

Visitor Centre (☎03-5027 5080; www.wentworth.nsw.gov.au; 66 Darling St; ⏲Mo–Fr 9–17, Sa & So bis 13 Uhr)

An- & Weiterreise

Die Busse von Busesrus (www.busesrus.com) verkehren dreimal pro Woche zwischen Wentworth und Broken Hill (3½ Std., 84 AU$).

OUTBACK

Die westlichste Ecke von NSW wird viel zu wenig beachtet, dabei hat das Outback hier so einiges zu bieten. Graue Salzpflanzen und roter Sand vermitteln schnell den Eindruck, im größten Aborigine-Punktgemälde der Welt gelandet zu sein, dessen Leinwand sich bis zum Horizont erstreckt.

Die Bergarbeiterstadt Broken Hill ist das einzigartige Herzstück der Region und liegt ganz in der Nähe der vielfach fotografierten Ortschaft Silverton. Im äußersten Westen des Bundesstaats finden sich auch einige der faszinierendsten Nationalparks Australiens, und ganz am äußersten Rand der Landkarte liegen Tibooburra und Cameron Corner an der unfassbar abgeschiedenen Grenze zwischen NSW, Queensland und South Australia (SA). Weiter draußen liegt White Cliffs, wo es unter Tage mehr zu erkunden gibt, als über der Erdoberfläche.

Mungo National Park

Dieser abgelegene, wunderschöne und bedeutsame Nationalpark umfasst ein 27850 ha großes Areal der UNESCO-Welterbestätte Willandra Lakes und ist eines der schönsten und am unkompliziertesten zugänglichen Outback-Gebiete in ganz Australien.

TOP 5: OUTBACK-ERLEBNISSE IN NSW

- Eine Runde Two-Up in der Main Bar des Palace Hotel von Broken Hill (S. 249)
- Die lange, einsame Straße nach Tibooburra im Sturt National Park (S. 255)
- Die Walls of China im Mungo National Park (S. 247)
- Historische Aborigine-Stätten im Mutawintji National Park (S. 254)
- Eine unterirdische Übernachtung in White Cliffs (S. 255)

Sehenswertes

Aus dem ausgetrockneten **Lake Mungo** stammen die ältesten archäologischen Funde Australiens. Außerdem ist die Geschichte der Aborigines nirgendwo so lange kontinuierlich dokumentiert wie hier (hier fand man die weltweit ältesten Hinweise auf eine Feuerbestattung).

Die stetigen Westwinde haben einen 25 km langen Halbkreis aus hohen Sanddünen aufgeworfen, die als **Walls of China** bekannt sind. Vom Visitor Centre führt eine gute, unbefestigte Straße quer über den ausgetrockneten Grund des einstigen Sees zu den Walls of China. Seit den heftigen Regenfällen im Jahr 2011 ist es nur noch den Teilnehmern geführter Touren vorbehalten, die Formationen aus nächster Nähe zu bestaunen. Alle anderen Besucher müssen sich mit dem Blick von der **Aussichtsplattform** zufrieden geben. Hinter dem dazugehörigen Parkplatz führt die Straße weiter bis zum hübschen **Red Top Lookout**, von dem man auch einen tollen Ausblick hat. Dahinter geht sie in eine Einbahnstraße über, die rund um die Walls herum und wieder zurück zum Visitor Centre führt. In Letzterem gibt's auch Broschüren zur Erkundung der Stätte auf eigene Faust (und mit eigenem fahrbarem Untersatz). Insgesamt ist die Strecke 70 km lang.

Im Visitor Centre erhält man Infos zum 2,5 km langen **Grassland Nature Trail**, der direkt am Main Camp startet, zum 2,5 km langen **Foreshore Walk**, dessen Ausgangspunkt am Visitor Centre ist, sowie zum neuen **Heritage Trail**, einem Rundweg, der zu Fuß (6 km) oder mit dem Auto (12 km) zurückgelegt werden kann.

MUNGO NATIONAL PARK IM ÜBERBLICK

Reisezeit Ganzjährig, vor allem aber April bis Oktober

Zugänge Balranald, Wentworth und Broken Hill

Hauptattraktionen Die Landschaftsformation der Walls of China, die Einsamkeit des Outbacks, Wildtiere, Stätten der Aborigines

Straßen Die unbefestigten Zugangsstraßen in den Park sind, außer nach Niederschlägen, auch ohne Allradantrieb befahrbar.

Geführte Touren

Der NPWS organisiert zweieinhalbstündige „Entdeckungstouren" im Ufergebiet, Ausflüge mit dem eigenen Auto und nächtliche Exkursionen (Erw./Kind 10/5 AU$). Infos dazu gibt's beim Visitor Centre.

Harry Nanya Tours INDIGENE TOUR
(☎03-5027 2076; www.harrynanyatours.com.au; Erw./Kind 180/110 AU$ ab Wentworth oder Mildura) Bietet achtstündige Touren mit Aborigine-Guides an. Sie finden entweder tagsüber (April–Okt.) oder bei Sonnenuntergang (Nov.–März) statt.

My Country Enterprise Tours INDIGENE TOUR
(☎0401 919 275; www.mycountryenterprises.com) Von Aborigines geführte Wanderungen durch den Park; auch mehrtägig.

Schlafen

Main Camp CAMPING $
(Erw./Kind 5/3 AU$, Auto 7 AU$) Liegt 2 km vom Visitor Centre entfernt.

Belah Camp CAMPING $
(Erw./Kind 5/3 AU$, Auto 7 AU$) Abgeschiedener Campingplatz östlich der Dünen.

Shearers' Quarters HÜTTE $
(EZ/DZ 50/60 AU$, Kind 10 AU$) Ein ehemaliges Schafscherer-Quartier. Es gibt fünf Zimmer, eine Gemeinschaftsküche und ein Gemeinschaftsbad sowie einen Grillbereich. Bettzeug muss selbst mitgebracht werden.

Turlee Station Stay CAMPING, PENSION $
(☎03-5029 7208; www.turleestationstay.com.au; Zeltplatz/Schafscherer-Quartier/Bungalow/Hütte 8/50/80/150 AU$) Camping, einfache Schafscherer-Unterkünfte, schlichte Bungalows und Vier-Sterne-Hütten stellen sicher, dass hier für jeden was dabei ist. Die gut geführte Farm liegt an der unbefestigten Straße, die von Balranald in den Ort hineinführt.

Mungo Lodge LODGE $$$
(☎03-5029 7297; www.mungolodge.com.au; DZ ab 270 AU$; ❄📶) Die Mungo Lodge liegt an der Straße nach Mildura, rund 4 km vom Visitor Centre entfernt, und hat hübsche, moderne, gut ausgestattete Hütten sowie ein elegantes Restaurant (vorab reservieren!).

Praktische Informationen

Der Parkeintritt beträgt 7 AU$ pro Fahrzeug. Er muss im Visitor Centre entrichtet werden.

Visitor Centre (☎03-5021 8900; www.visitmungo.com.au; ⏲tgl. ca. 8–16 Uhr)

NPWS-Büro (☎03-5021 8900) An einer Kreuzung des Sturt Hwy in Buronga, nahe Mildura.

An- & Weiterreise

Mungo liegt 110 km von Mildura und 150 km von Balranald entfernt. Die unbefestigten Straßen sind sehr gut und können auch mit Zweiradantrieb bewältigt werden, bei Regen werden sie jedoch sofort unpassierbar. Die nächsten Tankstellen befinden sich in Balranald, Mildura, Wentworth und Menindee; in Pooncarie gibt's keinen Kraftstoff.

In den Visitor Centres der Zugangsorte sollte man sich erkundigen, ob die Straßen nach Mungo geöffnet *und* mit Zweiradantrieb passierbar sind. Man kann auch anrufen (☎132 701 od. ☎03-5027 5090) oder online nachsehen (wentworth.nsw.gov.au/services/roadclosures.php).

Broken Hill

18 430 EW.

Die riesige Schutthalde, die die Kulisse für das Zentrum von Broken Hill bildet, unterstreicht den einzigartigen Charakter dieser Grenzstadt in der Wüste. Trotz seiner Abgeschiedenheit wartet sie mit guten Einrichtungen und interessanten Attraktionen auf und erscheint fast wie eine kleine Oase am Ende der Welt. Ganz in der Nähe liegen einige der besten Nationalparks von NSW sowie eine faszinierende Geisterstadt.

Geschichte

Der ursprünglich aus Stuttgart stammende Pionier Charles Rasp schuf in Broken Hill die Grundvoraussetzungen dafür, dass sich Australien von einem Agrar- zu einem Industrieland entwickeln konnte. 1883 entdeckte er eine Silberader und gründete die Broken Hill Proprietary Company (heute BHP Billiton), die zu Australiens größtem Unternehmen und einem internationalen Konzern wurde.

Zu Anfang herrschten in der Mine schreckliche Bedingungen. Hunderte Bergleute starben, noch viele mehr bekamen Bleivergiftungen und Staublungen. Das gab den Gewerkschaften als zweiter wichtiger Kraft in Broken Hill Auftrieb. Viele Arbeiter waren Einwanderer, aber sie alle einte der Kampf um bessere Arbeitsbedingungen. Mit einem großen Streik (1919/20), der 18 Monate lang dauerte, setzten die Arbeiter schließlich die 35-Stunden-Woche und das Ende des Trockenbohrens durch.

Heute werden hier immer noch die weltweit reichsten Vorkommen von Silber, Blei und Zink abgebaut. Allerdings ebbt der Bergbaubetrieb langsam ab.

Sehenswertes

Day Dream Mine MINE

(☎08-8088 5682; Touren unter Tage Erw./Kind 30/10 AU$, Touren über Tage 8/4 AU$; ⏲Führungen März–Nov. 10–15 Uhr, Dez.–Feb. 10 & 11.30 Uhr) Die ersten Minen waren der Horror – man spazierte mit seinem Werkzeug einfach hinein und begann zu graben. In dieser historischen Mine zwängt man sich im flackernden Lichtschein der Helmlampe durch enge Gänge. Festes Schuhwerk ist ein Muss. Von der Straße nach Silverton geht's 20 Minuten über einen unbefestigten Weg (28 km von Broken Hill entfernt).

★Line of Lode Miners Memorial DENKMAL & AUSSICHTSPUNKT

(Federation Hill; Erw./Kind 2,50 AU$/frei; ⏲10–17 Uhr) Die beeindruckende, schlichte Stahlkonstruktion auf der riesigen Schutthalde erinnert auf bewegende Weise an die 900 Grubenarbeiter, die in den Minen von Broken Hill ihr Leben verloren haben – eine schreckliche Liste grausamer Tode! Der Iodide St nach Süden folgen und die Bahnschienen überqueren! Ab dort ist das Denkmal ausgeschildert.

Broken Hill Regional Art Gallery KUNSTGALERIE

(www.bhartgallery.com.au; 404–408 Argent St; Eintritt gegen Goldmünzenspende; ⏲10–17 Uhr) Die sehenswerte Galerie ist im wunderbar restaurierten Sully's Emporium untergebracht. Die ständige Sammlung der ältesten Regionalgalerie von New South Wales umfasst 1500 Arbeiten.

Royal Flying Doctor Service MUSEUM

(☎08-8080 3714; www.flyingdoctors.org; Aerodrome; Erw./Kind 7/3,70 AU$; ⏲Mo–Fr 9–17, Sa & So 10–15 Uhr) Die Ausstellung zu dieser durch und durch australischen Institution umfasst auch das faszinierende **Mantle of Safety Museum** mit vielen grotesken Details und Exponaten.

★Palace Hotel HISTORISCHES GEBÄUDE & WANDGEMÄLDE

(☎08-8088 1699; Ecke Argent St & Sulphide St) Diese beeindruckende alte Kneipe von 1888 ist einer der Schauplätze im australischen Film *Priscilla – Königin der Wüste*. Seine aufwendig gefertigte gusseiserne Veranda ist die längste ihrer Art im Bundesstaat und wurde zum nationalen Kulturerbe erklärt.

Broken Hill

Auch die Wandmalereien sind wirklich beeindruckend. Zum Zeitpunkt unserer Recherche wurde der Bereich der Hauptbar gerade renoviert. Den besten Eindruck bekommt man, wenn man sich hier einfach ein Bier bestellt und alles auf sich wirken lässt. Es werden auch Zimmer vermietet (S. 252).

★ Pro Hart Gallery KUNSTGALERIE

(www.prohart.com.au; 108 Wyman St; Erw./Kind 4/2 AU$; ⏲ Mo–Sa 9–17, So 10–17 Uhr) Der ehemalige Minenarbeiter Pro Hart gilt als einer der besten Maler aus dem australischen Outback. Er starb Anfang 2006, und seine Arbeiten sind hier auf drei Stockwerken ausgestellt. In seiner nachgebauten Werkstatt kann man sein letztes Bild noch auf der Staffelei betrachten. Zudem wird eine beeindruckende Videopräsentation über sein Leben und seine Arbeit gezeigt. Auf der Kaolin St in Richtung Norden fahren und nach 2 km in die Argent St einbiegen!

Bells Milk Bar & Museum MILCHBAR, MUSEUM

(www.bellsmilkbar.com.au; 60 Patton St; ⏲ 10–17.30 Uhr) Diese alte Milchbar in South Broken Hill (um hin zu kommen, auf der Crystal St vom Bahnhof aus nach Westen gehen!) ist eine nostalgische Reminiszenz an die 1950er-Jahre. An den Kunststofftischen werden bei einem Glas des typischen „Soda Spider" (Speiseeis in Sirup) Erinnerungen an die gutenalten Zeiten wach. Sehr authentisch!

School of the Air KULTURGEBÄUDE

(www.schoolair-p.schools.nsw.edu.au/; Lane St; Eintritt 4,40 AU$; ⏲ Ausstrahlung an Schultagen ab 8.30 Uhr) Hier kann man wieder die Schulbank drücken und bei einer Unterrichtsstunde anwesend sein, die für die Kinder auf den abgeschiedenen Farmen gesendet wird. Besucher müssen sich mindestens einen Tag im Voraus anmelden. Logischerweise ist hier während der Schulferien total tote Hose.

Broken Hill

Albert Kersten Mining & Minerals Museum MUSEUM
(Ecke Bromide St & Crystal St; Erw./Kind 5/4 AU$; Mo–Fr 10–16.45, Sa & So 13–16.45 Uhr) Dieses interaktive Geologiemuseum ist den Themen Minen und Mineralien gewidmet. Zu sehen sind wunderschöne, seltene Mineralien und Kristalle sowie jede Menge Exponate, die man sogar anfassen darf. Auch ein 42 kg schwerer Silberklumpen wird hier ausgestellt.

Photographic Recollections GALERIE
(Eyre St, Old Central Power Station; Erw./Kind 5/2,50 AU$; Mo–Fr 9.30–13, Sa 13–16 Uhr) Eine wunderbare Ausstellung in South Broken Hill, die anhand von Fotografien die Geschichte der Stadt zum Leben erweckt. Das Highlight sind die Bilder der Argent St, die über die Jahre hinweg aufgenommen wurden. Zum Zeitpunkt unserer Recherche spielte der Besitzer Cliff Braes mit dem Gedanken, sich zur Ruhe zu setzen. Am besten im Visitor Centre nachfragen!

Silver City Mint & Art Centre KUNSTGALERIE
(www.silvercitymint.com.au; Chloride St; Eintritt Big Picture 7 AU$; Mo–Sa 10–16, So 13–16 Uhr) Hier sind eine Schokoladenfabrik und das Big Picture untergebracht: Das 100 x 12 m große Diorama zeigt das Outback rund um Broken Hill und ist die längste durchgehende Leinwand Australiens (glaubt man dem Kunstzentrum, sogar die längste der Welt).

Geführte Touren

Broken Hill Walk Tours STADTSPAZIERGANG
(gegen Spende; März–Dez. Mo, Mi & Fr 10 Uhr) Die Stadtrundgänge durch Broken Hill beginnen am Visitor Centre.

City Sights Outback Tours JEEPTOUR
(08-8087 2484, 1800 670 120; www.bhoutbacktours.com.au) Das Unternehmen bietet Tagesausflüge und Halbtagestouren rund um Broken Hill, Silverton, die Menindee Lakes und White Cliffs an.

Minen-Touren MINE
(08-8087 2484) Jeden Tag werden Ausflüge zur Day Dream Mine und nach Silverton angeboten. Los geht's um 9.30 Uhr. Wegen einer Reservierung und für Informationen zum Treffpunkt vorab anrufen oder im Visitor Centre nachfragen!

Tri State Safaris GEFÜHRTE TOUR
(08-8088 2389; www.tristate.com.au) Ein- bis 19-tägige Touren zu Zielen wie dem Mutawinji National Park, Corner Country, Birdsville oder der Simpson Desert.

Feste & Events

St. Pats Day Races PFERDERENNEN
(www.stpatricks.org.au) Das Pferderennen ist ein Event mit Kultstatus, das jedes Jahr im März stattfindet.

Schlafen

★ **Caledonian B&B** B&B $
(08-8087 1945; www.caledonianbnb.com.au; 140 Chloride St; DZ 130 AU$, EZ/DZ mit Gemeinschaftsbad inkl. Frühstück 79/89 AU$, Selbstversorger-Cottage f. 2 Pers. 140 AU$, zusätzl. Pers. 15 AU$;) Das hübsche B&B ist in einer umgebauten Kneipe von 1898 untergebracht, die „The Cally" genannt wird. Die Besitzer Hugh und Barb sind extrem gastfreundlich und die Zimmer liebevoll hergerichtet. Spätestens wenn man beim Aufwachen den Duft von Hughs Espresso in der Nase hat, wird man dem Cally verfallen sein.

TELEFON, UHRZEIT & FOOTBALL

Die Regierung von NSW weigerte sich, verschiedene Service-Optionen in Broken Hill einzurichten, und begründete diesen Entschluss damit, dass die Stadt nicht mehr als ein bisschen Fliegendreck auf der Karte sei. Daraufhin drehte der Barrier Industrial Council den Spieß um und erklärte, dasselbe gelte für Sydney, und Broken Hill gehöre von nun an zu South Australia (SA). Da Broken Hill eine der wichtigsten Säulen der Wirtschaft von New South Wales war, wurde der Stadt offiziell mitgeteilt, dass sie gefälligst auch weiterhin Teil von NSW zu sein hätte. Doch die Einwohner stellten ihre Uhren auf Central Standard Time (CST), übernahmen die Telefonvorwahl von SA und spielten von da an Australian Rules Football.

Für Traveller bedeutet diese Tatsache: Die Uhren gehen in Broken Hill gegenüber den umliegenden Orten mit Eastern Standard Time (EST) 30 Minuten nach, die Vorwahl ist die 08 und im Pub sollte man besser nicht über Rugby sprechen.

Imperial PENSION **$$**
(☎08-8087 7444; 88 Oxide St; Zi./Apt. ab 170/260 AU$; ❄📶🏊) Eine der besten Pensionen in Broken Hill ist dieser umgebaute, historische Pub mit einer genialen schmiedeeisernen Veranda. Er wurde umfassend renoviert, und man hat nicht mit komfortablen Einrichtungen gegeizt. In der „Hauptbar" steht ein großer Billardtisch – perfekt zur Unterhaltung.

Palace Hotel HISTORISCHES HOTEL **$$**
(☎08-8088 1699; www.thepalacehotelbrokenhill.com.au; 227 Argent St; Zi. 85–135 AU$, B/EZ/DZ mit Gemeinschaftsbad 30/45/65 AU$, Priscilla Suite 135 AU$; ❄) Das Palace Hotel ist eine alternde Institution des Ortes, die sich mittlerweile unter neuer Leitung befindet und eine einzigartige Hotelerfahrung im Outback verspricht – auch wenn diese vielleicht nicht nach jedermanns Geschmack ist. Die Zimmer sind mit Absicht im Retro-Stil gehalten, und die Wandgemälde in den Gemeinschaftsbereichen sind auch alles andere als gewöhnlich. Wer sich das volle Programm geben will, sollte sich in der Priscilla Suite einmieten.

Red Earth Motel MOTEL **$$**
(☎08-8088 5694; www.redearthmotel.com.au; 469 Argent St; Suite 140 AU$, Apt. mit 2/3 Schlafzi. 200/240 AU$; ❄📶🏊) Die familiengeführte Unterkunft gehört zu den besten Motels im ländlichen New South Wales und bietet geräumige, stilvolle Zimmer, denen viele der Hotels in Broken Hill nicht das Wasser reichen können. Jedes Zimmer verfügt über ein großes Bett, einen abgetrennten Sitzbereich und eine Küche mit Kühlschrank und Mikrowelle. Es gibt eine Waschküche für Gäste und die Apartments sind eine tolle Wahl, wenn man einen längeren Aufenthalt plant.

Royal Exchange Hotel HOTEL **$$$**
(☎08-8087 2308; www.royalexchangehotel.com; 320 Argent St; Zi. 89–150 AU$; ❄📶) In einem wunderschön restaurierten Gebäude aus den 1930er-Jahren ist dieses Hotel untergebracht, das ein gewisses Art-déco-Flair versprüht. Eine echte Oase mitten im Zentrum der Stadt!

Essen & Ausgehen

Thom, Dick & Harry's CAFÉ **$**
(www.thomdickharrys.com.au; 354 Argent St; Baguette 8,50 AU$; ⏲Mo–Do 9–17.30, Fr bis 18, Sa bis 14 Uhr) Ein schmaler Laden voller trendiger Küchenutensilien und Feinschmeckerlebensmittel. Den guten Kaffee und die leckeren Baguettes kann man entweder mitten im Laden oder an den Tischen draußen an der Straße genießen.

★ **Broken Earth Café & Restaurant** MODERN-AUSTRALISCH **$$**
(☎08-8087 1318; www.brokenearthrestaurant.com.au; Federation Hill; Hauptgerichte mittags 18,50–22 AU$, Hauptgerichte abends ab 37,50 AU$; ⏲10 Uhr–open end) Mit dem atemberaubenden Blick über Broken Hill, einem luftigen, modernen Design und seinem vielseitigen Angebot von Gourmet-Gerichten verdient sich dieses Restaurant ein dickes Lob und eine vorbehaltlose Empfehlung. Mittags schmeckt z.B. das Riesengarnelen-Risotto besonders lecker; Kaffee und Kuchen gibt's den ganzen Tag über. Abends sollte man besser reservieren.

Café Alfresco's MODERN-AUSTRALISCH **$$**
(☎08-8087 5599; 397 Argent St; Hauptgerichte 14–29 AU$; ⏲12–14.30 & 18–21 Uhr) Der Service ist auf ein gemütliches Outback-Tempo heruntergedrosselt. Wer das nicht so eng sieht, kann sich auf Pfannenkuchen, Braten, Fein-

schmecker-Salate, Pastagerichte und Pizza freuen.

Royal Exchange Hotel MODERN-AUSTRALISCH $$
(320 Argent St; Hauptgerichte 28–36 AU$; ⌚ Mo–Sa 18–21.30 Uhr) Wer ein hochwertiges Abendessen in gehobener Atmosphäre genießen möchte, bekommt hier die Gourmet-Varianten australischer Klassiker wie etwa mit Pancetta umhüllte Jakobsmuscheln serviert. Die Portionen sind für ihren Preis allerdings etwas zu klein.

★ **Palace Hotel** KNEIPE
(227 Argent St; ⌚ 10 Uhr–open end) Die Hauptbar in dieser stimmungsvollen Location – dies ist eine der berühmtesten Kneipen im Outback – wurde zum Zeitpunkt unserer Recherche gerade frisch renoviert. Nach der Neueröffnung soll hier Two-up gespielt werden dürfen, ein Kasino-Glücksspiel, bei dem zwei Münzen geworfen werden. Es wäre die erste Lizenz in ganz Australien, die dafür vergeben würde. Zum Palace Hotel passen würde das aber.

Praktische Informationen

NPWS-Büro (☎ 08-8080 3200; 183 Argent St; ⌚ Mo–Fr 8.30–16.30 Uhr) Hat Informationen zu Straßensperrungen und zur Buchung von Unterkünften.

ABENDDÄMMERUNG & MORGENGRAUEN IM OUTBACK

Eine der unvergesslichen Erfahrungen in Broken Hill ist es, den Sonnenaufgang oder -untergang vom **Sculpture Symposium** (Nine Mile Rd; Eintritt 5 AU$; ⌚ 6–20.30 Uhr) aus zu erleben. Es liegt auf dem höchsten Hügel in der Umgebung, 9 km von der Stadt entfernt. Die Skulpturen wurden von zwölf internationalen Künstlern geschaffen, die die riesigen Sandsteinblöcke vor Ort bearbeiteten. Das Symposium ist Teil der 2400 ha großen **Living Desert**, zu der auch ein 2 km langer Kulturlehrpfad durch geschützte, einheimische Flora, eine Ausstellung zur australischen Wüstenerbse, ein Aborigine-Totempfahl und ein Grillbereich mit Picknicktischen gehören. Man kann bis hinauf zum höchsten Punkt fahren oder auf dem unteren Parkplatz parken und die letzten 20 Minuten zu Fuß gehen.

Visitor Centre (☎ 08-8088 3560; www.visitbrokenhill.com.au; Ecke Blende St & Bromide St)

An- & Weiterreise

Rex (☎ 13 17 13; www.rex.com.au) fliegt nach Adelaide (125 AU$, 1¼ Std.), Sydney (ab 205 AU$, 2¾ Std.) und Melbourne (ab 223 AU$, 2 Std.).

Busse halten am Visitor Centre an. **CountryLink** (☎ 13 22 32; www.countrylink.info) betreibt den *Broken Hill Outback Explorer* nach Sydney (118 AU$, 13½ Std.). Der **CountryLink-Fahrkartenschalter** (☎ 08-8087 1400; ⌚ Mo–Fr 8–17 Uhr) ist am Bahnhof zu finden.

Der **Indian Pacific** (☎ 13 21 47; www.trainways.com.au) fährt gen Osten nach Sydney (ab 128 AU$, 16 Std.), gen Süden nach Adelaide (ab 123 AU$, 6¾ Std.) und gen Westen nach Perth (ab 351 AU$, 47 Std.).

Rund um Broken Hill

Silverton

CA. 100 EW. & 2 ESEL

Silverton (www.silverton.org.au) ist ein ehemaliger Bergwerksort mit einer Silbermine und heute eine Geisterstadt mitten im Outback, die einem Gemälde von Drysdale entsprungen sein könnte. Der Höhepunkt von Silvertons Blütezeit war 1885 erreicht, als die Bevölkerung auf 3000 Menschen angewachsen war. Die Mine wurde 1889 jedoch geschlossen, und die Bewohner zogen (teilweise mitsamt ihren Häusern) nach Broken Hill um.

Silverton diente als Kulisse für Filme wie *Mad Max II* und *Marsch durch die Hölle*. Im beliebten **Silverton Hotel** (☎ 08-8088 5313; Layard St; ⌚ 9–21 Uhr) sind Erinnerungsstücke an die Dreharbeiten zu sehen sowie eine bunte Mischung allerlei sonderbarer Dinge, die typisch für den etwas raueren australischen Humor sind. Der nachgebaute „Interceptor" aus Mad Max parkte jahrelang vor dem Hotel und steht mittlerweile ein paar Meter weiter.

Es fällt schwer zu glauben, dass es im winzigen **Old Silverton Gaol** (Erw./Kind 4/1 AU$; ⌚ 9.30–16 Uhr) tatsächlich 14 Zellen gab. Heute dient das Gebäude als Museum mit Fotos und Erinnerungsstücken aus den Anfangszeiten des Gefängnisses. Noch mehr Geschichtsunterricht bekommt man im **School Museum** (Erw./Kind 2,50/1 AU$; ⌚ Mo, Mi, Fr & Sa 9.30–15.30 Uhr).

Quer über dem Wellblechdach der **Silverton Tea Rooms** (☎08-8088 6601; Hauptgerichte 8 AU$; ⏲8–17.30 Uhr) verkündet ein Schild: „Café". Hier bekommt man Gerichte mit originellen Namen wie Gun Shearers Pie oder Bushman's Burger sowie Törtchen mit Quandong (einer hiesigen Frucht) oder Eiscreme. Das **Mad Max 2 Museum** (Erw./Kind 7,50/5 AU$; ⏲10–16 Uhr) nebenan ist der bisherige Höhepunkt der lebenslangen Obsession des Engländers Adrian Bennett für dieses Thema.

Praktische Informationen

Visitor Centre (☎08-8088 7566) Zu finden ist die Touristeninformation im Laden mit der Bezeichnung „Beyond 39 Dips", dessen Name eine Anspielung auf die achterbahnartige Fahrt von Broken Hill hierher ist.

An- & Weiterreise

Von Broken Hill führt eine 25 km lange, asphaltierte Straße ins weiter westlich gelegene Silverton.

Mundi Mundi

Hinter Silverton führt die einsame Straße auf den scheinbar endlosen Horizont zu. Die Fahrt zum **Mundi Mundi Lookout** lohnt sich wegen des einmaligen Blicks über die Mundi Mundi Plain jedoch allemal. Diese ist so weitläufig, dass man sogar die Krümmung der Erdoberfläche sehen kann.

Mutawintji National Park

Dieser außergewöhnliche, 69 000 ha große Park liegt in der Byngnano Range, bei der es sich um erodierte Reste eines 400 Mio. Jahre alten Meeresgrunds handelt. In den atemberaubenden Schluchten und Felsbecken leben zahllose Tiere, und die Mulga-(Akazien-)Ebenen erstrecken sich, so weit das Auge reicht.

Die Malyangapa und Bandjigali bewohnen diese Gegend schon seit über 8000 Jahren, und es gibt Felsritzungen, Malereien und weitere Spuren ihres alltäglichen Lebens zu sehen. Die meisten dieser Stätten sind nur im Rahmen einer geführten Tour zugänglich. Gute Anbieter sind **Silver City Tours** (☎08-8087 6956; www.silvercitytours.com.au; 380 Argent St) und Tri State Safaris (S. 251). Die Parkbroschüre, die man im NPWS-Büro (S. 253) in Broken Hill bekommt, beinhaltet auch eine einfache Karte mit acht Wanderwegen bzw. Autorouten durch den Park.

Am **Homestead Creek** (Erw./Kind 5/3 AU$) kann gezeltet werden, Proviant muss aber selbst mitgebracht werden.

Solange es nicht regnet, ist der Park auch mit Fahrzeugen mit Zweiradantrieb zugänglich, man sollte aber immer gut vorbereitet sein und jemanden über die geplante Route informieren. Im Jahr 2012 starb hier ein Mann, nachdem er die Orientierung verloren und sich von seinem Auto entfernt hatte.

ABSTECHER

MENINDEE LAKES & KINCHEGA NATIONAL PARK

Die Menindee Lakes sind neun natürliche Seen ohne Abfluss unmittelbar neben dem Darling River. Im flachen Wasser stehen tote Bäume, die sich hervorragend als Fotomotiv eignen. Das Personal des **Visitor Centre** (☎08-8091 4274; www.menindeelakes.com; 27 Yartla St) in Menindee ist sehr hilfsbereit, und **River Lady Tours** (☎0427 195 336; river.boat@bigpond.com; ab 32,50 AU$/Pers.). veranstaltet verschiedene Flussfahrten: tagsüber, bei Sonnenuntergang oder Dinner-Cruises mit Abendessen aus dem Campingofen. Abgelegt wird am Wehr des Lake Wetherell.

Der **Kinchega National Park** (Eintritt pro Fahrzeug 7 AU$) liegt nicht weit von Menindee entfernt. Es gibt drei gut ausgeschilderte Autorouten, die durch den Park führen, es werden aber auch NPWS-Entdeckungstouren (Erw./Kind 10/5 AU$) angeboten, bei denen zusammen mit Aborigine-Ältesten *billy tea* getrunken wird. Eine Übernachtungsoption sind die **Schafscherer-Quartiere** (Erw./Kind 20/10 AU$), die über das NPWS-Büro in Broken Hill gebucht werden können (S. 253). Es gibt außerdem vier **Zeltplätze** (Erw./Kind 5/3 AU$) direkt am Fluss. Gleich südlich des Kinchega National Park befindet sich die tolle, alte **Bindara Station** (☎02-8091 7412; www.bindarastation.com; DZ inkl. HP 95 AU$/Pers., Cottage 110 AU$), eine Rinderfarm, die immer noch immer in Betrieb ist und Gästen B&B-Unterkünfte, einen Zeltplatz, Jillaroos-Quartiere und ein Cottage zur Verfügung stellt.

Infos zu Straßensperrungen lassen sich unter ☎08-8082 6660, ☎13 27 01 oder ☎08-8091 5155 einholen.

Corner Country

Die Welt hier draußen ist anders. Sie ist sowohl harsch als auch friedlich, und sie erstreckt sich in ihrer endlosen Weite bis zum Horizont. Der äußerste Westen von New South Wales ist von einer Halbwüste mit roten Ebenen geprägt, voller Hitze, Staub und Fliegen. Diese faszinierende Ecke des Outbacks verkörpert den ganzen Zauber, den die Abgeschiedenheit des australischen Buschs ausübt.

Tibooburra

Das winzige Tibooburra ist die heißeste Stadt im Bundesstaat und ein typischer Grenzort mitten im Outback. Es gibt zwei rustikale Kneipen aus Sandstein und ein kleines Autokino. Die riesigen, roten Felsformationen ringsum sind als *gibbers* bekannt. Der **Keeping Place** (☎08-8091 3435) wartet mit Aborigine-Artefakten und Kunst der Wadigali, Wangkumara und Malyangaba auf. Wenn er geschlossen hat, einfach am Visitor Centre nachfragen!

Sturt National Park

Im Norden und Nordwesten von Tibooburra erstreckt sich der riesige Sturt National Park, der eine 325 329 ha große Fläche typischen Outbacks umfasst. Unmittelbar hinter dem Ort liegt im Park der tolle Mt. Wood Historic Homestead, eine gute Einstimmung auf die echte Outback-Erfahrung. Dead Horse Gully ist ein einfacher, vom NPWS betriebener Zeltplatz 1 km nördlich von Tibooburra. Trinkwasser selbst mitbringen (das gilt im Prinzip für die gesamte Gegend)!

Der Park dehnt sich weiter nach Nordosten bis nach Cameron Corner aus, das über eine gut ausgeschilderte, unbefestigte Straße erreichbar ist. Die Fahrt dorthin dauert etwa zwei Stunden. Ein kleiner Außenposten markiert die Stelle, an der Queensland, South Australia und New South Wales aufeinandertreffen. In der zu Queensland gehörenden Ecke steht der mit Weinreben überwucherte Cameron Corner Store. Hier bekommt man Benzin, Essen, Unterkunft und Infos zu den Straßenbedingungen.

Die meisten Straßen im Park können, außer nach Regenfällen, mit normalen Autos befahren werden. Die einzige Ausnahme bildet die Middle Rd, die nur für geländegängige Fahrzeuge geeignet ist.

Schlafen & Essen

Wer campen möchte, kann dies im **Mt. Wood Homestead** (☎08-8091 3308; Stellplatz Erw./Kind 5/3 AU$, Hütte ab 50 AU$) tun. Der **Granites Motel & Caravan Park** (☎08-8091 3477; Brown St; Stellplatz ohne/mit Strom 6/18 AU$, Hütte 55–90 AU$, Motel EZ/DZ ab 75/90 AU$) bietet mehrere unterschiedliche Übernachtungsoptionen.

Praktische Informationen

NPWS-Büro (☎08-8091 3308; Briscoe St) Das große Parkbüro ist gleich neben dem Courthouse Museum untergebracht.

An- & Weiterreise

Der Silver City Hwy verbindet Tibooburra mit Broken Hill (331 km) und führt auch an Milparinka vorbei. Die Straße ist teils asphaltiert, teils unbefestigt und kann nach (seltenen) Regenfällen gefährlich (oder gar gesperrt) sein. Infos zu den Straßenbedingungen gibt's im Visitor Centre (S. 253) oder im NPWS-Büro (S. 253) in Broken Hill. Man kann aber auch im TJ's Roadhouse in Tibooburra anrufen (☎08-8091 3477).

Nördlich von Tibooburra ist der Silver City Hwy (Rte 79) überwiegend befestigt, aber auch diese Strecke ist nach starken Regenfällen der reinste Albtraum. Entlang der Grenze zu Queensland zieht sich ein 5400 km langer Dingo-Zaun, der täglich von Boundary Riders patrouilliert wird.

White Cliffs

Es gibt nur wenige Orte in Australien, die ähnlich schräg sind wie die winzige Opalstadt White Cliffs, die ca. 93 km nordwestlich von Wilcannia liegt. Ringsum erstreckt sich eine extrem ungastliche Outback-Szenerie, und viele Bewohner sind in unterirdische Behausungen umgezogen, um den mörderischen Temperaturen (bis 50 °C) zu entfliehen.

Wer mag, kann auch an den alten Schürfstellen nach Opalen suchen. Dort stehen Infotafeln. Kinder sollte man stets im Blick behalten – die Gruben sind nicht eingezäunt und ziemlich tief!

Der **Paroo Darling National Park** (178 052 ha) östlich der Stadt umfasst die malerischen Einzugsgebiete des Paroo River und des Darling River. **Campen** (Erw./Kind 5/3 AU$) kann man nahe den Ruinen des Coach and Horses Pub.

Schlafen

PJ's Underground B&B B&B $$
(☎08-8091 6626; pjsunderground@bigpond.com; Dugout 72, Turley's Hill; EZ/DZ 130/170 AU$) Dieses unter der Erdoberfläche gelegene B&B ist eine saubere und komfortable Wüstenoase mit einem netten Garten. Es gibt auch eine Bibliothek, man kann auf dem „Dach" nach Opalen suchen und es werden Minentouren angeboten (8 AU$/Pers.).

White Cliffs Underground Motel MOTEL $$
(☎08-8091 6677; www.undergroundmotel.com.au; Zi. inkl. Frühstück 135 AU$; @ ≋) Dieses unterirdische Motel wurde mit einer Tunnelbaumaschine in den Boden gefräst. Die Flure sind breit, es gibt einen netten Speisesaal und angenehm ruhige, komfortable Zimmer. Gute Nachrichten für Klaustrophobie-Geplagte: Es gibt auch zwei Zimmer über der Erde.

Praktische Informationen

NPWS-Büro (☎08-8083 7900; www.nationalparks.nsw.gov.au; Keraro St; Führungen Erw./Kind 8/4 AU$)

Bourke

2047 EW.

Der australische Dichter Henry Lawson sagte einmal: „Wer Bourke kennt, der kennt Australien". Auch der Ausdruck „back of Bourke" ist im australischen Sprachgebrauch fest verankert. Es bedeutet so viel wie „mitten im Nirgendwo". Der Ort liegt am Darling River und damit an der äußersten Grenze des Outbacks, meilenweit vom nächsten Ort entfernt. Verbrechen sind hier leider keine Seltenheit, weshalb man seine Wertsachen immer gut im Auge behalten sollte.

Sehenswertes

Der imposante, dreistöckige Kai am nördlichen Ende der Sturt St ist ein originalgetreuer Nachbau der ursprünglichen Werft von 1897. Im **Visitor Centre** (☎02-6872 1222; www.visitbourke.com; Anson St; ⌚im Sommer So geschl.) erhält man Infos über Raddampferfahrten auf dem Fluss. Dort gibt's auch das hervorragendes Faltblatt *Bourke Mud Map Tours*, in dem einige Wanderungen und Autorouten in der Umgebung genau beschrieben werden.

Wer die Aborigine-Stätten im Gunderbooka National Park besichtigen will, wendet sich an das **NPWS-Büro** (☎02-6872 2744; 51 Oxley St). Möglichkeiten zum Zelten bietet der Dry Tank (Erw./Kind 5/3 AU$); es gibt aber auch Schafscherer-Quartiere (DZ 80 AU$).

Back O' Bourke Exhibition Centre MUSEUM
(☎02-6872 1395; www.backobourke.com.au; Kidman Way; Erw./Kind 20/10 AU$; ⌚Mo–Fr 9–16 Uhr) Anhand interaktiver Installationen vermittelt diese besuchenswerte Ausstellung einen Einblick in die Legenden – sowohl in die der indigenen Bevölkerung als auch in die der Siedler – über diese abgeschiedene Region.

Bourke's Historic Cemetery FRIEDHOF
(Kidman Way) Auf diesem historischen Friedhof sprechen zahlreiche Grabinschriften von einem Tod im Busch. Hier liegt auch der international renommierte Augenarzt Prof. Fred Hollows begraben, der so vielen Menschen das Augenlicht gerettet hat.

Schlafen & Essen

★ **Bourke Riverside Motel** MOTEL $$
(☎02-6872 2539; www.bourkeriversidemotel.com; 3 Mitchell St; EZ/DZ ab 110/125 AU$; ❄ @ ≋) Das weitläufige, historische Motel ist eine wahre Wüstenoase mit einem hübschen Garten am Flussufer. Es gibt eine bunte Mischung von Zimmern, die mit alten Möbeln und Kunstwerken ausgestattet sind. Neben einigen guten Werken sind aber auch ganz schön miese dabei.

Morrall's Bakery BÄCKEREI, CAFÉ $
(☎02-6872 2086; 37 Mitchell St; ⌚Mo–Fr 6–16, Sa bis 14 Uhr) Hier kann man sich u.a. eine „Back o' Bourke"-Lammpastete, ein rustikales Viehtreiber-Frühstück oder einen Cappuccino genehmigen.

An- & Weiterreise

Busse von **CountryLink** (☎13 22 32; www.countrylink.info) fahren nach Dubbo (57 AU$, 4½ Std.).

SOUTH COAST

Wer Lust auf einen Roadtrip hat, der ist hier genau richtig. Die Südküste ist atemberaubend und einfach extrem. Die Fahrt führt auf einer Länge von 400 km zur Grenze zu Victoria; man passiert dabei hügeliges Weideland, historische Städtchen, beeindruckende Nationalparks und zerklüftete Küstenlandschaft. Der Princes Hwy (Rte

66), die Hauptverkehrsstraße, verläuft zwar an der Küste entlang, um die Südküste jedoch in ihrer vollen Schönheit zu erleben, sollte man die ausgetretenen Pfade ab und an verlassen. Es sind die Nebenstraßen und Seitenwege, die zu einsamen Stränden, abgeschiedenen Zeltplätzen und abgelegenen Leuchttürmen führen.

Auch die Boxenstopps an der Südküste haben ihren Reiz, darunter die vor Urlaubern nur so wimmelnden Küstenorte Wollongong, Kiama, Batemans Bay, Narooma und Merimbula. Beschaulicher geht es in hübschen, kleinen Strandorten wie Jervis Bay, Bermagui und Eden zu, in denen ein ruhigeres Publikum Wert auf städtischen Komfort, gediegene Angelausflüge und leckeren Espresso legt. Die weiter im Inland gelegene Ortschaft Kangaroo Valley kann in Sachen Spitzenklasserestaurants, historische Gebäude und Weinberge problemlos mit den Destinationen an der Küste mithalten.

Auch Wale finden die South Coast klasse und lassen sich hier von September bis Ende November blicken.

Wollongong

245 942 EW.

„The Gong" liegt 80 km südlich von Sydney und wird von vielen Städten neidisch beäugt. Gut, hier gibt es Restaurants, Bars, Kunst, Kultur und Entertainment, aber das ist ja nichts Besonderes. Besonders ist jedoch die entspannte Strandatmosphäre, die andere Orte im Landesinneren vermissen lassen. Und um noch eins drauf zu setzen: Sydney ist auch nicht weit – man muss sich nur einfach in den nächsten Nahverkehrszug setzen!

Es gibt 17 überwachte Strände und einen spektakulären Steilhang aus Sandstein, der sich vom Royal National Park in südlicher Richtung über Wollongong bis nach Port Kembla zieht. Bei einer Fahrt auf dem Grand Pacific Dr wird die ganze Schönheit der Landschaft sichtbar. Dies alles lädt zu zahlreichen Outdoor-Aktivitäten ein: eine hervorragende Brandung zum Surfen, sichere Strände zum Schwimmen, ein ausgedehntes Buschgebiet zum Wandern, der hohe Himmel, aus dem man sich in die Tiefe stürzen kann, etc. Der einzige Haken sind die Fabriken, die in der Ferne ihren Rauch in die Luft blasen und so den Blick auf die anderen Strandorte etwas vernebeln.

Sehenswertes

Die Fischereiflotte von Wollongong liegt im **Belmore Basin** am südlichen Ende des Hafens vor Anker. Dort gibt es auch eine Fischergenossenschaft (inkl. Fischmarkt und einigen Cafés) und vorne am Wasser einen **Leuchtturm** von 1872. In der Nähe steht auf einer Landzunge das neuere **Breakwater Lighthouse**.

Unmittelbar am Highway steht der **Nan Tien Buddhist Temple** (☎02-4272 0600; www.nantien.org.au; Berkeley Rd, Berkeley; ⏰Di–So 9–17 Uhr). Hier kann man sich ein Wochenende lang zurückziehen oder einen vegetarischen Kochkurs besuchen. Es werden auch Meditation und Tai Chi angeboten.

Aktivitäten

Taupu Surf School SURFEN
(☎02-4268 0088; www.taupusurfschool.com; 1-/3-mal Unterricht 65/160 AU$; ⏰Mo–Sa) Diese Surfschule gibt Kurse in Thirroul und North Wollongong. Weiter südlich, am Seven Mile Beach, gibt's auch Surfcamps.

Pines Surfing Academy SURFEN
(pinessurfingacademy.com.au; North Beach; 3-tägiger Kurs 120 AU$, Surfbrettverleih 1/3 Std. 20/30 AU$; ⏰Mitte Dez.–Ende Jan.) Surfunterricht; nur im Sommer.

Skydive the Beach ABENTEUERSPORT
(☎1300 663 634; www.skydivethebeach.com; Stuart Park; Tandemsprung Mo–Fr/Sa & So 285/339 AU$) Fallschirmsprünge aus knapp 4300 m Höhe mit einer sanften Landung im Sand.

Sydney Hang Gliding Centre ABENTEUERSPORT
(☎0400 258 258; www.hanggliding.com.au; Tandemflug ab 175 AU$; ⏰7–19 Uhr) Einen traumhaften Blick auf die Küste aus der Vogelperspektive bekommt man beim Sydney Hang Gliding Centre, das Tandemflüge vom atemberaubenden Bald Hill im Stanwell Park anbietet.

HangglideOz ABENTEUERSPORT
(☎0417 939 200; www.hangglideoz.com.au; ab 180 AU$) Ein verlässlicher Anbieter von Drachenflügen.

Schlafen

Coledale Beach Camping Reserve CAMPING $
(☎02-4267 4302; www.coledalebeach.com.au; Beach Rd; Stellplatz ohne/mit Strom ab 25/32 AU$) Kleiner Platz gleich am Strand. Einer der

Wollongong

Wollongong

Sehenswertes
1 Belmore Basin ... D3
2 Breakwater Lighthouse ... D3
3 Alter Leuchtturm ... D3

Aktivitäten, Kurse & Touren
4 Pines Surfing Academy ... C1
5 Skydive the Beach ... B1

Schlafen
6 Beach Park Motor Inn ... B1
7 Keiraleagh ... B3
8 Novotel Northbeach ... B2

Essen
9 Caveau ... A3
10 Diggies ... C1
11 Lee & Me ... B4
12 Lorenzo's Diner ... A3

Ausgehen & Nachtleben
13 Hotel Illawarra ... A4
14 Illawarra Brewery ... C4

besten Campingplätze in Stadtnähe an der Küste!

Keiraleagh HOSTEL $
(☎ 02-4228 6765; www.backpack.net.au; 60 Kembla St; B/EZ/DZ ab 20/45/65 AU$; @ 📶) Dieses weitläufige, historische Gebäude strotzt nur so vor Atmosphäre (verzierte Metallzimmerdecken, Rosen am Gesims und hübsch gestrichene Zimmer). Die einfachen Schlafsäle findet man im hinteren Gebäudeteil, genauso wie die große Terrasse im balinesischen Stil und den Grillbereich.

Beach Park Motor Inn HOTEL $$
(☎ 02-4226 1577; www.beachparkmotorinn.com.au; 16 Pleasant Ave; Zi. 88–185 AU$; ❄ 📶) Die freundlichen Besitzer sorgen dafür, dass die

etwas kitschigen Zimmer in dem Haus mit den weißen Ziegeln tipptopp sauber sind. Das Inn ist in der Stadt gelegen, bis zum Strand ist es jedoch nur ein kurzer Fußweg.

Novotel Northbeach HOTEL $$$
(☎ 02-4226 3555; www.novotelnorthbeach.com.au; 2-14 Cliff Rd; Zi. ab 199 AU$; ❄@📶🏊) Die schickste Unterkunft in Wollongong hat wirklich Klasse. Zu den geräumigen, komfortablen Zimmern gehören Balkone mit Meer- oder Klippenblick.

Essen

★ Lee & Me CAFÉ $
(www.leeandme.com.au; 87 Crown St; Frühstück 11–16 AU$, Hauptgerichte mittags 13–19 AU$; ⊙ Mo–Fr 7–16, Sa & So 8–16 Uhr) Das Café mit einem angeschlossenen Kunst- und Klamottenladen ist in einem zweistöckigen historischen Gebäude aus dem späten 19. Jh. untergebracht. Es gibt nichts Schöneres, als auf dem sonnenbeschienenen Balkon zu sitzen und Buttermilch-Malz-Pfannkuchen (zum Frühstück) oder einen Salat aus langsam geschmortem Schweinebauch, frischem Pfirsich und gesalzenen Pistazien (zum Mittagessen) zu genießen und anschließend gut gestärkt eine Runde zu shoppen.

Diggies CAFÉ, BAR $$
(☎ 02-4226 2688; www.diggies.com.au; 1 Cliff Rd; Hauptgerichte mittags 18–25 AU$, Hauptgerichte abends 18–32 AU$; ⊙ Fr & Sa 6.30–22, So–Do bis 16 Uhr) Der ideale Ort, um sich – egal zu welcher Tageszeit – etwas Leckeres zu essen zu gönnen und dabei hinaus aufs Meer zu blicken. Freitag- und samstagabends gibt's Tapas, es werden aber auch vollwertige Hauptgerichte angeboten. Im Sommer bekommt man sonntags ab 16 Uhr Cocktails auf der Terrasse serviert, und es wird angesagte Musik gespielt.

★ Caveau MODERN-AUSTRALISCH $$$
(☎ 02-4226 4855; www.caveau.com.au; 122-124 Keira St; 2-/3-/7-Gang-Degustation 64/79/95 AU$; ⊙ Di–Do 18–22.30, Fr & Sa bis 23 Uhr) Ganz unscheinbar reiht sich dieses hoch gelobte Restaurant mit seiner sanften, bernsteinfarbenen Beleuchtung zwischen den anderen Läden entlang der Keira St ein, obwohl hier hochwertige Gourmetgerichte wie etwa gebratene Hummerschwänze oder Jacobsmuschel-Gnocchi serviert werden.

Lorenzo's Diner ITALIENISCH $$$
(☎ 02-4229 5633; www.lorenzosdiner.com.au; 119 Keira St; Hauptgerichte 38–45 AU$; ⊙ Do & Fr 12–14.30 & 18–21, Di, Mi & Sa 18–21 Uhr) Die Betreiber dieses gehobenen, modernen italienischen Restaurants sind wirklich supernett. Das Essen (z. B. das Meeresfrüchterisotto) ist ebenso fantastisch wie der Service. Reservierung empfohlen.

Ausgehen & Nachtleben

Hotel Illawarra KNEIPE
(www.hotelillawarra.com.au; Ecke Market St & Keira St; ⊙ 11 Uhr–open end) Diese Kneipe bildet die perfekte Kulisse für ihre Cocktails schlürfenden, durchgestylten Gäste. Sie ist im selben Komplex untergebracht wie die in Rottönen gehaltene Bar Amber und das Restaurant Cucina Illawarra, in dem mediterrane Gerichte im Tapas-Stil auf den Tisch kommen. Die ausgedehnte Happy Hour dauert von 17 bis 21 Uhr.

Illawarra Brewery BAR
(www.brewery.net; WIN Entertainment Centre, Ecke Crown St & Harbour St; ⊙ Mo–Do 11–24, Fr & Sa 10–1 Uhr, So 10–24 Uhr) Eine elegante Bar mit sechs Hausbieren vom Fass sowie einem jede Saison wechselnden neuen Bier. Es werden auch Produkte anderer Kleinbrauereien aus dem ganzen Land angeboten – man bekommt also einen wunderbaren Einblick in die Bandbreite der australischen Biere. Es gibt auch typische Bistro-Gerichte.

Praktische Informationen

NPWS-Büro (☎ 02-4223 3000; Market St, EG, State Government Office Block; ⊙ Mo–Fr 9–15 Uhr)

Visitor Centre (☎ 1800 240 737; www.visitwollongong.com.au; 93 Crown St; ⊙ Mo–Sa 9–17, So 10–16 Uhr)

Wollongong Visitors Centre (☎ 02-4227 5545; www.visitwollongong.com.au) 20 Minu-

WOLLONGONG: WAS HINTER DEM NAMEN STECKT

Es ist nicht ganz klar, woher der Name „Wollongong" stammt. Eine der am weitesten verbreiteten Theorien besagt jedoch, dass er auf eine Szene aus dem 18. Jh. zurückgeht, als die einheimische indigene Bevölkerung zum ersten Mal ein britisches Segelschiff sichtete und zwar von der Stelle aus, an der Wollongong heute liegt. Es heißt, die Ureinwohner hätten „Nywoolyarngungh" ausgerufen, was in ihrer Sprache soviel heißt wie: „Schau! Die Monster kommen!"

ten vom CBD entfernt am Princes Hwy in Bulli Tops gelegen. Kann Unterkünfte buchen.

An- & Weiterreise

Alle Fernbusse fahren am **Fernbusbahnhof** (☎02-4226 1022; Ecke Keira St & Campbell St) ab.

- **Premier** (☎13 34 10; www.premierms.com.au) lässt Busse nach Sydney (18 AU$, 2 Std.) und Eden (69 AU$, 8 Std.) fahren.
- **Murrays** (☎13 22 51; www.murrays.com.au) fährt nach Canberra (41 AU$, 3½ Std.).

Unterwegs vor Ort

Ein Fahrrad ist hier eine gute Fortbewegungsmöglichkeit (es kann von Sydney im Zug mitgenommen werden). Vom Stadtzentrum Wollongongs führt ein Radweg gen Norden nach Bulli und gen Süden nach Port Kembla.

Ein Taxi lässt sich unter ☎02-4229 9311 rufen.

Von Wollongong nach Nowra

Diese Region kann mit ein paar tollen Stränden, staatlichen Wäldern und im bergigen Westen mit dem großen **Morton National Park** aufwarten. Der **Lake Illawarra** steht bei Wassersportlern hoch im Kurs.

Kiama & Umgebung

Kiama muss nicht viel tun, um die Herzen der Besucher zu erobern. Die direkt am Wasser gelegene Stadt hat tolle Strände und Surfbedingungen und ist einer der nettesten Orte an der Südküste. Die Touristeninformation liegt am Blowhole Point; dort befindet sich tatsächlich ein **Blowhole** (Spritzloch): Das Wasser schießt bis zu 60 m hoch.

Sehenswertes & Aktivitäten

Auf dem Saddleback Mountain befindet sich ein netter **Aussichtspunkt**. Tolle Wellen donnern gegen den **Surf Beach** und den **Bombo Beach**. Zwischen Love's Bay in Kiama Heights und dem Nordende des Werri Beach verläuft ein neuer, 6 km langer **Küstenwanderweg**, vorbei an jeder Menge Felsbrocken, Stränden, Grotten und Felswänden.

Ca. 14 km landeinwärts von Kiama kann man in einer Höhe von 500 m auf dem **Illawarra Fly Tree Top Walk** (☎1300 362 881; www.illawarrafly.com.au; 182 Knights Hill Rd, Knights Hill; Erw./Kind/Fam. 24/10/59 AU$; ⌚9–17 Uhr) die Flora und Fauna der Southern Highlands genießen; der Blick auf das Meer, den Wald und die Illawarra-Region ist wirklich grandios.

In der Nähe befinden sich im tollen **Budderoo National Park** (www.environment.nsw.gov.au; 11 AU$/Auto) das **Minnamurra Rainforest Centre** mit zwei Naturwanderwegen und ein **NPWS Visitor Centre** (☎02-4236 0469). Unterwegs kommt man durch das alte Dorf **Jamberoo**. Dort befindet sich ein netter Pub.

Schlafen & Essen

Grand Hotel KNEIPE $
(☎02-4232 1037; www.grandhotelkiama.com.au; 49 Manning St; ab 49 AU$/Pers.) Eine gute Backpackerunterkunft mit einfachen, aber sauberen Zimmern und Gemeinschaftsbad.

Bellevue PENSION $$
(☎02-4232 4000; bellevueaccommodation.com.au; 21 Minnamurra St; Zi. ab 140 AU$) Diese charmante Pension mit Meerblick bietet ihren Gästen in einem zweistöckigen Herrenhaus aus den 1890er-Jahren luxuriöse Apartments. Sie liegt nur einen kurzen Fußweg von der Hauptstraße entfernt. Am Wochenende ziehen die Preise ganz schön an.

★ **Kiama Harbour Cabins** HÜTTEN $$$
(☎02-4232 2707; Blowhole Point; Hütte mit 1/2/3 Schlafzi. ab 210/225/285 AU$; ❄) Die sehr hübschen Hütten in toller Lage haben Frontveranden mit Grills und Blick auf den Strand sowie einen Meerespool.

SURFEN AM NORTH BEACH & WOLLONGONG CITY BEACH

Die Wellen am **North Beach** und am **Wollongong City Beach** werden Surfern aller Leistungsklassen zusagen. Die Strände sind nicht weit vom Stadtzentrum entfernt. Auf der Suche nach einer Herausforderung? Dann empfehlen wir das Acids Reef am North Beach. Die Küste rauf ist weniger los, und man hat mehr Auswahl: Beach Breaks bieten **Coledale** und **Bulli**, Reef Breaks findet man an den Stränden **Sharkies** (ebenfalls in Coledale) und **Headlands**. Das Risiko, am Sharkies Beach einem Hai zu begegnen, ist gering, einige Surfer haben jedoch berichtet, dass hin und wieder Buckelwale in Küstennähe auftauchen.

Alle Infos zu den lokalen Surfbedingungen bietet www.wannasurf.com.

NICHT VERSÄUMEN

TRAUMHAFTE AUSSICHT

Das prächtige, alte **Scarborough Hotel** (www.thescarboroughhotel.com.au; 383 Lawrence Hargrave Dr, Scarborough; ⏲Mo–Do 9–17, Fr & Sa 8.30–21, So 8.30–18 Uhr) wurde 1886 erbaut und ist mittlerweile unter Denkmalschutz gestellt worden. Es wurde kürzlich erst renoviert, und seit seiner Wiedereröffnung können Besucher nun erneut in einem der schönsten Biergärten von New South Wales (wenn nicht sogar von ganz Australien) sitzen. Von den Holzbänken aus hat man einen derart bombastischen Blick aufs Meer, dass man sich selbst mit einem warmen Bier arrangieren könnte. Das Bier ist aber zum Glück schön gekühlt, und auch das Essen (Hauptgerichte 15–35 AU$) schmeckt super.

Chachi's ITALIENISCH $$
(☎02-4233 1144; www.chachisrestaurant.com.au; 32 Collins St; Hauptgerichte 14–31 AU$; ⏲Mi–Fr 12–14 & 17.30–21, Mo, Di & Sa 17.30–21 Uhr) Das Chachi's liegt in einer Straße mit historischen Reihenhäusern. Es ist bei den Einheimischen sehr beliebt, da man hier italienische Gerichte in lockerer Atmosphäre im Freien genießen kann, und auch, weil das Speiseangebot an die jeweilige Jahreszeiten angepasst wird.

Praktische Informationen

Visitor Centre (☎02-4232 3322, 1300 654 262; www.kiama.com.au; Blowhole Point Rd; ⏲9–17 Uhr)

An- & Weiterreise

Premier (☎13 34 10; www.premierms.com.au) schickt täglich zwei Busse nach Berry (18 AU$, 30 Min.), Eden (69 AU$, 6 Std.) und Sydney (25 AU$, 2½ Std.). **Kiama Coachlines** (☎02-4232 3466; www.kiamacoachlines.com.au) fährt nach Gerroa, Gerringong und Minnamurra (über Jamberoo).

Die Züge von **CityRail** (☎13 15 00; www.cityrail.info) fahren häufig nach Wollongong, Sydney und Bomaderry/Nowra.

Berry

1690 EW.

Berry hat sich von einem kleinen Rentnerdomizil zu einem beliebten Zwischenstopp für Traveller gemausert, die abseits der South Coast unterwegs sind. Es stellt sich allerdings die Frage, ob vor lauter Chintz das historische Flair einer Stadt verloren gehen kann. Das liegt wohl im Auge des Betrachters. Infos gibt's unter www.berry.net.au.

Schlafen & Essen

Hotel Berry HOTEL $
(☎02-4464 1011; www.berryhotel.com.au; 120 Queen St; EZ 50–75 AU$, DZ 80–100 AU$) Diese beliebte Kneipe bietet auch einfache, aber große Gästezimmer. Im Speisesaal im hinteren Teil des Gebäudes werden Steaks vom Grill und sonstige Kneipenkost serviert. Es lassen sich Kurztrips zu den Weingütern der Umgebung organisieren.

Village Boutique MOTEL $$
(☎02-4464 3570; www.berrymotel.com.au; 72 Queen St; Zi. 160–240 AU$; ❄📶🏊) Stilvolle Zimmer (einige mit Whirlpool). Der Swimmingpool erinnert in Sachen Größe eher an einen Springbrunnen.

Berry Woodfired Sourdough BÄCKEREI $
(Prince Alfred St; Hauptgerichte 6–15 AU$; ⏲Mi–So 7–16 Uhr) Neben köstlichem, frisch gebackenem Brot gibt's hier auch leichte Gerichte.

Hungry Duck ASIATISCHE FUSION-KÜCHE $$
(☎02-4464 2323; hungryduck.com.au; 85 Queen St; Hauptgerichte 17–34 AU$; ⏲Mi–Mo 18–21.30 Uhr) 🌿 Moderne, asiatische Gerichte, die in Form von Tapas serviert werden. Lecker sind das frittierte Tempura-Alpaka-Filet und die Krabbenravioli. Vorab reservieren!

An- & Weiterreise

Von Berry aus führen malerische Straßen ins hübsche Kangaroo Valley. **Premier** (☎13 34 10; www.premierms.com.au) hat Busse nach Kiama (18 AU$, 30 Min.), Nowra (18 AU$, 25 Min.) und Sydney (25 AU$, 3 Std., 2-mal tgl.).

Die Züge von **CityRail** (☎131 500; www.cityrail.info) fahren ab dem **Bahnhof von Berry** (☎02-4464 1022; Station Rd) häufig nach Wollongong (6,60 AU$, 1¼ Std.), wo Anschluss nach Sydney besteht.

Kangaroo Valley

298 EW.

Das unglaublich malerische Kangaroo Valley ist umringt von einer mit Regenwald überwucherten Festung aus Klippen, während der Boden des Tals von Weideland, Eukalyptusbäumen und blubbernden Bächen geprägt ist. Das entspannte, gleichnamige Dorf Kangaroo Valley wartet mit einem tollen Pub, einer Bäckerei und einem kleinen Laden auf. Außerdem gibt's noch eine Handvoll Galerien und Geschäfte, in denen sich wohlhabende Wochenendausflügler aus Sydney glücklich shoppen können.

Das offizielle „Tor" zum Tal ist die aus Eisen und Sandstein erbaute **Hamden Bridge** von 1898, die ein paar Kilometer nördlich des Ortes liegt. Der Strand unmittelbar unter der Brücke ist top zum Baden.

Sehenswertes & Aktivitäten

Pioneer Museum Park MUSEUM
(☎ 02-4465 1306; www.kangaroovalleymuseum.com.au; Moss Vale Rd, Hampden Bridge; Erw./Kind 7/5 AU$; ⏲ Okt.–Ostern Fr–Mo 10–16 Uhr, Ostern–Sept. Fr–Mo 11–15 Uhr) Neben der Brücke lädt der Pioneer Museum Park zu einem Spaziergang ein und gewährt einen Einblick in den Alltag auf dem Land Ende des 19. Jhs.

Kangaroo Valley Explorer WANDERN & TREKKEN
(www.kvexplorer.com.au) Hat Informationen zu den Wanderwegen in der Region wie etwa im benachbarten Morton National Park sowie zu dem historischen Rundgang durch den Ort.

Flavours of the Valley KOCHKURS
(☎ 02-4465 2010; www.flavoursofthevalley.com.au; ab 130 AU$/Pers.) Mediterran geprägter Kochunterricht und eine Reihe weiterer verlockender Angebote für Feinschmecker. Von der Straße zum Bendeela-Picknickplatz ausgeschildert.

Kangaroo Valley Adventure Co ABENTEUERSPORT
(☎ 02-4465 1372; www.kvac.com.au; Glenmack Park Camp Site) Kombinierte Rad- und Wandertouren (halber Tag 60 AU$), Kanutrips inklusive Zelten (ab 75 AU$/Nacht) sowie Rad-, Wander- und Kajakausflüge (ganzer Tag 100 AU$).

Kangaroo Valley Safaris ABENTEUERSPORT
(☎ 02-4465 1502; www.kangaroovalleycanoes.com.au; 2210 Moss Vale Rd) Vermietet Kanus und Kajaks (35–140 AU$/Tag) und organisiert Kanu- (105 AU$) und Seekajaktrips (140 AU$) mit Übernachtungen im Zelt.

Schlafen

Wer im Busch campen möchte, kann dies auf dem **Bendeela-Picknickplatz** nördlich vom Ort tun. Er ist ausgeschildert.

Glenmack Park WOHNWAGENPARK, CAMPING $
(☎ 02-4465 1372; www.glenmack.com.au; 215 Moss Vale Rd; Stellplatz ohne/mit Strom 12/28 AU$, Hütte 55–150 AU$) Entweder stellt man sein Zelt auf der vorgesehenen Grünfläche auf oder man mietet sich eine Hütte, wenn man es gerne etwas komfortabler hat. Lagerfeuer sind erlaubt (eine Seltenheit!).

Kangaroo Valley Holiday Cabins HÜTTEN $$
(☎ 02-4465 1628; www.bigbellfarm.com.au; 1666 Kangaroo Valley Rd; Hütte 85–250 AU$) Einfache Hütten für vier Personen auf einer 9,7 ha großen Farm.

Hamden Cottage B&B $$$
(☎ 02-4465 1502; www.kangaroovalleyaccommodation.com.au; 2210 Moss Vale Rd; DZ inkl. Frühstück Mo–Do/Fr–So 210/265 AU$) Der Garten hinter diesem hübschen, kleinen Cottage nahe der Hamden Bridge lockt immer wieder Wallabys an. Die stilvollen Zimmer sind mit Möbeln aus dunklem Holz ausgestattet.

Cloud Song B&B $$$
(☎ 02-4465 1194; www.cloudsonginkangaroovalley.com.au; 170 Moss Vale Rd; DZ ab 220 AU$) Wunderschön gestaltete, moderne Hütten mit offenem Kamin und teilweise auch mit Balkon. Mitten im Stadtzentrum abseits der Hauptstraße.

Minimbah Farm Cottages PENSION $$$
(☎ 02-4465 1056; www.minimbah.com.au; 48 Nugents Creek Rd; Zi. 270–420 AU$) Hier, in den Hügeln 1,5 km außerhalb des Ortes, kommen in einem Cottage acht bis 13 Personen unter.

Essen

Jing Jo MODERN-AUSTRALISCH, THAI $$
(☎ 02-4465 1314; 2038 Moss Vale Rd; Hauptgerichte 13–25 AU$; ⏲ Do & Fr 10–14.30 & 18–21, Sa & So ab 9 Uhr) Eine Kombination, die besticht: Zum Mittagessen gibt's sorgfältig zubereitete australische Klassiker, und abends kommen authentische Thai-Gerichte auf den Tisch. Das Jing Jo ist in einem hübschen Gebäude mit großer Veranda gleich hinter der Brücke außerhalb des Ortskerns untergebracht.

Friendly Inn Hotel KNEIPE $$
(☎ 02-4465 1355; 159 Moss Vale Rd; Hauptgerichte 15–23 AU$; ⏲ 11.30–21 Uhr) Hier schlägt das Herz von Kangaroo Valley. Die klassisch-ländliche Kneipe wurde mit Sorgfalt restauriert, damit so wenig wie möglich von ihrer ursprünglichen, lokalen Atmosphäre verloren geht. Der Biergarten auf der Wiese hinterm Haus bietet einen tollen Ausblick, die sonnige Veranda vor dem Haus lädt zum Leutegucken ein.

Café Bella CAFÉ **$$**
(151 Moss Vale Rd; Hauptgerichte 9–21 AU$; ⌚Do 12–14.30, Fr–So 6.30–21.30 Uhr) Ein paar Meter neben der Kneipe kann man in diesem verwinkelten Café in einem der ausliegenden Bücher blättern und in heimeliger Atmosphäre einfach mal entspannt einen leckeren Kaffee trinken.

An- & Weiterreise

Kennedy's Bus Service (☎1300 133 477; www.kennedystours.com.au) Tägliche Busverbindungen nach Moss Vale über die Fitzroy Falls sowie über Cambewarra nach Nowra.

Nowra

27 988 EW.

Das etwa 17 km abseits der Küste gelegene Nowra ist die größte Stadt im Shoalhaven-Bezirk. Es gibt natürlich Strandorte, die weitaus hübscher sind, Nowra ist aber ein guter Ausgangspunkt für Ausflüge zu den Stränden und Dörfern der Umgebung.

Sehenswertes

Der sehr entspannte **Ben's Walk** beginnt an der Brücke nahe dem Scenic Dr und verläuft am Südufer des Shoalhaven River entlang (hin & zurück 6 km). Nördlich des Flusses führt der 5,5 km lange Rundweg **Bomaderry Creek Walking Track** durch Sandsteinschluchten. Ausgangspunkt der Wanderung ist das Ende der Narang Rd.

Infos zu guten Surfspots findet man in dem Heftchen *Shoalhaven Surfing Guide*, das im Visitor Centre erhältlich ist. In ihm werden 17 gute Locations zum Surfen an der Küste beschrieben.

Nowra Wildlife Park TIERRESERVAT
(☎02-4421 3949; www.nowrawildlifepark.com.au; Rock Hill Rd, North Nowra; Erw./Kind 18/10 AU$; ⌚9–17 Uhr) Der 6,5 ha große Nowra Wildlife Park am Nordufer des Shoalhaven River wird von Säugern, Vögeln und Reptilien bevölkert.

Shoalhaven City Arts Centre GALERIE
(www.shoalhavenartscentre.com.au; 12 Berry St; ⌚Di–Fr 10–16, Sa 11–15 Uhr) GRATIS Eine exzellente Galerie, in der Werke von Arthur Boyd, einigen indigenen Künstlern und auch weniger bekannten Malern zu sehen sind. Es gibt auch gute Wechselausstellungen.

Shoalhaven River Cruises BOOTSFAHRT
(☎0429 981 007; www.shoalhavenrivercruise.com; 2-/3-stündige Bootsfahrt 29/44 AU$) Hier werden auf dem wunderschönen Shoalhaven River Bootsrundfahrten flussaufwärts (2 Std.) oder flussabwärts (3–3½ Std.) angeboten. Abgelegt wird vom Landeplatz gleich östlich der Brücke. Die genauen Zeiten findet man auf der Website.

ABSTECHER

DAS LEBEN AM FLUSS

Östlich von Nowra schlängelt sich der Shoalhaven River durch fruchtbares Weideland, und seine Verästelungen schaffen weite Feuchtgebiete, bevor er bei Crookhaven Heads („Crooky" genannt) ins Meer mündet. Rund um die Mündung kann man gut surfen. Das hübsche, ruhige Fischerdorf **Greenwell Point** liegt an einem Meeresarm ca. 15 km östlich von Nowra. Die hiesige Spezialität sind **frische Austern**. An dem kleinen Kiosk bei der Pier gibt's Fish & Chips. Gleich nördlich des Surfstrands erstreckt sich bis nach **Gerroa** der umwerfende **Seven Mile Beach National Park** – ein idyllisches Plätzchen für ein Picknick.

Kurz vor Shoalhaven Heads passiert man **Coolangatta**, die älteste europäische Siedlung an diesem Küstenabschnitt. Das elegante Weingut **Coolangatta Estate** (☎02-4448 7131; www.coolangattaestate.com.au; Zi. ab 140 AU$; ⌚Weingut 10–17 Uhr) wartet mit einem Golfplatz, einem guten Restaurant und einigen Schlafgelegenheiten in einem einst von Strafgefangenen errichteten Gebäude auf.

Schlafen & Essen

George Bass Motor Inn MOTEL **$$**
(☎02-4421 6388; www.georgebass.com.au; 65 Bridge Rd; EZ/DZ ab 109/129 AU$; ❄📶) Ein unauffälliges, aber gut ausgestattetes Motel in einem einstöckigen Gebäude. Es bietet saubere und helle Zimmer. Die teureren Quartiere sind etwas neuer.

Whitehouse PENSION **$$**
(☎02-4421 2084; www.whitehouseguesthouse.com; 30 Junction St; DZ/3BZ ab 102/151 AU$; 📶) Das Whitehouse ist eine heimelige und familienfreundliche Pension.

Red Raven MODERN-AUSTRALISCH **$$**
(☎02-4423 3433; 55 Junction St; Hauptgerichte 21–32 AU$; ⌚Di–Fr 11.30–14.30 & 18–open end, Sa

18 Uhr–open end) Im Red Raven kommen in einem alten Feuerwehrhaus typische Aussie-Klassiker wie etwa gebratenes Kängurufilet mit Polenta-Pommes auf die Tische.

Praktische Informationen

NPWS-Büro (02-4423 2170; 55 Graham St)
Shoalhaven Visitor Centre (1300 662 808; www.shoalhavenholidays.com.au; Princes Hwy; 9–17 Uhr) Gleich südlich der Brücke.

An- & Weiterreise

Die Busse von **Premier** (13 34 10; www.premierms.com.au) halten auf ihrem Weg nach Sydney (25 AU$, 3 Std.) über Berry (18 AU$, 20 Min.) und über Ulladulla (18 AU$, 1 Std.) nach Melbourne (82 AU$, 14 Std.) auch in Nowra.

Der Bahnhof liegt 3 km nördlich der Stadt in Bomaderry. Häufig fahren Züge von **City Rail** (131 500; www.cityrail.info) nach Wollongong (8,40 AU$, 1¼ Std.) über Berry (4,40 AU$, 10 Min.); dort hat man Anschluss nach Sydney.

Jervis Bay

Die Jervis Bay liegt südlich von Nowra. Der Küstenabschnitt mit seinen weißen Sandstränden, dem Buschland, dem Wald und dem Meeresschutzgebiet ist eine landschaftliche Perle und ein absolutes Muss für Reisende. **Huskisson** (1593 Ew.) ist einer der ältesten Orte in der Bucht und ein wichtiger Verkehrsknotenpunkt. Dort finden Traveller ein paar tolle Restaurants vor, und es werden verschiedene Outdoor-Aktivitäten angeboten. Ein netter Ort in hübscher Umgebung für einen Zwischenstopp von ein oder zwei Nächten!

Sehenswertes & Aktivitäten

Lady Denman Heritage Complex MUSEUM
(02-4441 5675; www.ladydenman.asn.au; Dent St; Erw./Kind 10/5 AU$; 10–16 Uhr) In dem Komplex erfährt man alles mögliche Interessante über die Geschichte von Jervis Bay, außerdem gibt es hier ein Meeresmuseum und ein kleines Visitor Centre. Am ersten Samstag jedes Monats findet ein **Bauernmarkt** statt.

Dolphin Watch Cruises BOOTSTOUR, WILDTIERE
(02-441 6311; www.dolphinwatch.com.au; 50 Owen St; Delphin-/Wal-/Robben-Beobachtungstour 35/60/80 AU$) Ein viel gelobter Anbieter für Delfin- und Waltouren (Juni–Nov.); hat auch Trips zu den nahe gelegenen Robbenkolonien im Programm.

Dive Jervis Bay TAUCHEN & SCHNORCHELN
(02-4441 5255; www.divejervisbay.com; 64 Owen St; 1/2 Tauchgänge 100/170 AU$) Ein zuverlässiger Anbieter.

Hire Au Go-Go RADFAHREN
(02-4441 5241; hireaugogo.com; 1 Tomerong St; 1 Std./Tag 19/60 AU$) Verleiht Elektrofahrräder zur Erkundung der Radwege am Ufer.

Jervis Bay Kayaks KAJAKFAHREN
(02-4441 7157; www.jervisbaykayaks.com; 13 Hawke St; Kajakverleih 3 Std./1 Tag 60/75 AU$, geführte Tour halber/ganzer Tag 96/150 AU$) Kajakverleih in Huskisson.

JB Surf School SURFEN
(0449 266 994; www.jbsurfschool.com.au; Gruppen-/Einzelunterricht pro Pers. ab 50/90 AU$) Surfkurse in der Jervis Bay und im Sussex Inlet.

Jervis Bay Eco Adventures BOOTSTOUREN
(www.jervisbayecoadventures.com.au; 58 Owen St, Huskisson; 55–85 AU$/Erw., 30–45 AU$/Kind; Touren 10.30 & 13 Uhr) Zweistündige Bootstrips in der Jervis Bay.

Schlafen & Essen

Die Jervis Bay liegt nahe genug an Sydney, um Wochenendausflügler anzulocken.

★ **Paperbark Camp** CAMPING $$$
(1300 668 167; www.paperbarkcamp.com.au; 571 Woollamia Rd; EZ/DZ ab 325/370 AU$; Mitte Juni–Aug. geschl.) Ökotourismus mal richtig luxuriös: Die Fünf-Sterne-Unterkunft bietet nicht nur zwölf Zelte im Safaristil mit Outdoor-Duschen, auf dem Gelände befindet sich auch das **Gunyah Restaurant** (02-4441 7299; Hauptgerichte 35 AU$; abends), das hoch oben in den Baumwipfeln thront.

Huskisson B&B B&B $$$
(02-4441 7551; www.huskissonbnb.com.au; 12 Tomerong St; Zi. 195–245 AU$;) Ein niedliches Holzhaus mit hellen, luftigen und individuellen Zimmern, in denen komfortable Betten stehen. Die Handtücher sind herrlich flauschig.

Supply CAFÉ $
(02-4441 5815; www.supplyjervisbay.com.au; Shop 1, 54 Owen St; Hauptgerichte 12–17 AU$; Mo–Sa 7.30–17, So bis 15 Uhr) Frisch zubereitete Sandwiches und leckerer Caesar Salad sind nur zwei von vielen leckeren und gesunden Optionen. Die Säfte werden aus frischem Obst und Gemüse gepresst, das auch im Laden verkauft wird.

NICHT VERSÄUMEN

BOODEREE NATIONAL PARK

Dieser beeindruckende **Park** (www.booderee.gov.au; 2-Tages-Pass Auto od. Motorrad 10 AU$) nimmt die südöstliche Landzunge von Jervis Bay ein. Hier gibt es Heideland, kleine Regenwaldbestände, glitzerndes Wasser, weiße Sandstrände und sogar einen botanischen Garten. Heute verwaltet die Aborigine-Gemeinde von Wreck Bay den weitläufigen Park, nachdem ihr die Landansprüche 1995 richterlich zugesichert wurden. Es gibt jede Menge Wanderwege, einfache Zeltplätze und Strände sowie einen botanischen Garten mit Küstenpflanzen, die einst von den hiesigen indigenen Bevölkerungsgruppen zur Zubereitung von Nahrung und Medikamenten verwendet wurden. Einen Plan und weitere Infos über Aborigine-Stätten im Park gibt's im **Booderee Visitor Centre** (☎02-4443 0977; www.booderee.gov.au; Jervis Bay Rd) gleich am Eingang zum Park.

★ **Seagrass Brasserie** SEAFOOD **$$$**
(☎02-4441 6124; www.seagrass.net.au; 13 Currambene St; Hauptgerichte 34,50 AU$; ⏲6–21 Uhr) Das Personal dieses Restaurants mit Holzlamellen an den Fenstern und blütenweißen Tischdecken serviert Gästen die leckeren Gerichte drinnen oder draußen auf der Terrasse. Die Meeresfrüchte mit asiatischen Zutaten sind ein echter Renner, ebenso wie die Bloody-Mary-Austern aus dem Schnapsgläschen.

Wild Ginger ASIATISCH **$$**
(☎02-4441 5577; www.wild-ginger.com.au; 42 Owen St; Hauptgerichte 31,50 AU$; ⏲Di–So 16.30 Uhr–open end) Eine aufregende neue Location mit demselben Management wie die Seagrass Brasserie. Das Wild Ginger lässt sich vor allem von der thailändischen Küche inspirieren, aber auch japanische und südostasiatische Gerichte sind dabei.

Anreise & Unterwegs vor Ort

Busse des Unternehmens **Jervis Bay Territory** (☎4423 5244) bedienen die Gemeinden der Jervis Bay und fahren von Huskisson nach Nowra (Mo–Fr 3-mal tgl., Sa & So 1-mal tgl.). **Nowra Coaches** (☎02-4423 5244; www.nowracoaches.com.au) betreibt einen Bus (Route 733), der dienstags und freitags rund um die Jervis Bay verkehrt und auch nach Nowra (70 Min.) tuckert.

Rund um die Jervis Bay

Ulladulla selbst hat nicht viel zu bieten. Allerdings ist der nahe gelegene **Mollymook Beach** nördlich der Stadt ein netter Bade- und Surfstrand.

Das ★ **Cupitt's Winery & Restaurant** (☎02-4455 7888; www.cupittwines.com.au; 60 Washburton Rd, Ulladulla; Hauptgerichte 32–38 AU$; ⏲Mi, Do & So 12–14.30, Fr & Sa 12–14.30 & 18–20.30 Uhr) ist ein kleines Stück Provence mitten in New South Wales, das die beste Cuisine südlich von Sydney zu bieten hat und mit kreativen Gerichten die kulinarische Essenz der australischen Küste einfängt. Weinproben finden in der restaurierten Molkerei von 1851 statt. Mitten in den Weinbergen gibt es auch Übernachtungsgelegenheiten im Boutiquestil.

Batemans Bay

11 334 EW.

Der Fischereihafen mit seinem grünen Mündungsgebiet hat sich aufgrund seiner schönen Strände zu einem der größten Ferienorte an der Südküste entwickelt. Die Stadt und der Uferbereich sind allerdings ziemlich unspektakulär, und die Restaurantszene ist auch noch nicht richtig durchgestartet.

Sehenswertes & Aktivitäten

Der **Corrigans Beach** liegt dem Stadtzentrum am nächsten. Weiter südlich säumen ein paar kleinere Strände die felsige Küste. Surfer tummeln sich an den Stränden **Surf Beach**, **Malua Bay** und **Broulee**, wo man eine kleine Welle findet, auch wenn das Meer überall sonst glatt ist. Wer schon etwas mehr Erfahrung mitbringt, der findet an den **Pink Rocks** (bei Broulee) die besten Surfgelegenheiten in der Region.

Im Visitor Centre gibt's Broschüren und Tipps zu Wanderungen in der Umgebung.

Mogo Zoo ZOO
(☎02-4474 4855; www.mogozoo.com.au; 222 Tomakin Rd, Mogo; Erw./Kind 28/15 AU$; ⏲9–17 Uhr) Rund 10 km südlich von Batemans Bay liegt dieser gute Zoo. Hier leben ein weißer Löwe, Tiger, Geparden und Schneeleoparden sowie das eine oder andere Känguru.

Soulrider Surf School SURFEN
(☎02-4478 6297; www.soulrider.com.au; 1 Std. Erw./Kind 45/40 AU$) Gute Surfschule mit einigen Paketangeboten.

Surf the Bay Surf School SURFEN
(☎0432 144 220; www.surfthebay.com.au; Gruppen-/Einzelunterricht 40/75 AU$) Surfunterricht in Batemans Bay und in Broulee.

Broulee Surf School SURFEN
(☎02-4471 7370; www.brouleesurfschool.com.au; Erw./Kind 45/40 AU$) Surfschule mit langjähriger Erfahrung. Etwas weiter südlich an der Küste in Broulee.

Total Eco Adventures WASSERSPORT
(☎02-4471 6969; www.totalecoadventures.com.au; 7/77 Coronation Drive, Broulee) Bei diesem Unternehmen kann man Kajak fahren, schnorcheln, stehpaddeln und surfen.

Merinda Cruises BOOTSFAHRT
(☎02-4472 4052; Boatshed, Clyde St; 3-stündige Bootsfahrt Erw./Kind 28/15 AU$; ⌚11.30 Uhr) Vom Fähranleger östlich der Brücke geht's mit dem Boot hinein in das Mündungsgebiet des Clyde River. Kreditkarten werden nicht akzeptiert.

Region X KAJAKFAHREN
(☎0400 184 034; www.seakayakingnsw.com.au; Kajakverleih 1/2/3 Std. 20/30/40 AU$, Tour 60–125 AU$) Hier können Kajaks für die Erkundung der umliegenden Wasserwege ausgeliehen werden.

Bay & Beyond KAJAKFAHREN
(☎02-4478 7777; www.bayandbeyond.com.au; Kajaktour 50–120 AU$/Pers.) Geführte Kajaktouren entlang der Küste und rund um das nahe gelegene Mündungsgebiet.

Schlafen

Wer eine etwas andere Alternative zu den traditionellen Unterkünften sucht, der trommelt ein paar Leute zusammen und mietet sich ein Hausboot. Die Boote von **Bay River Houseboats** (☎02-4472 5649; www.bayriverhouseboats.com.au; Wray St; 4 Nächte ab 650 AU$) haben jeweils vier Schlafzimmer, **Clyde River Houseboats** (☎02-4472 6369; www.clyderiverhouseboats.com.au; 3 Nächte 700–1350 AU$) vermietet Boote mit sechs bzw. zehn Kojen.

Shady Willow Holiday Park HOSTEL, WOHNWAGENPARK $
(☎02-4472 6111; www.shadywillows.com.au; Ecke South St & Old Princes Hwy; Stellplatz mit Strom 26 AU$, B/DZ 28/58 AU$, Wohnwagen ab 58 AU$; ❄📶🏊) Eine Jugendherberge zwischen Palmen. Hier herrscht eine unkonventionelle Atmosphäre. Feststehende Wohnwagen werden ebenfalls vermietet.

Lincoln Downs HOTEL $$
(☎1800 789 250; www.lincolndowns.com.au; Princes Hwy; Zi. ab 115 AU$; ❄📶🏊) Gäste übernachten in hervorragenden Zimmern im Motelstil; viele bieten Ausblick auf den anlageneigenen See. Unter den Bewohnern des Lincoln Downs ist auch ein Pfau.

Clyde River Motor Inn MOTEL $$
(☎02-4472 6444; www.clydemotel.com.au; 3 Clyde St; EZ 95–140 AU$, DZ 99–140 AU$; ❄📶🏊) Zentral gelegenes Motel mit exzellentem Preis-Leistungs-Verhältnis. Es werden Zimmer mit Flussblick, Stadthäuser und Apartments mit bis zu drei Schlafzimmern vermietet.

Essen

★**Innes Boatshed** FISH & CHIPS $
(1 Clyde St; Fish & Chips 13 AU$; ⌚Mi–Mo 9–21, Di bis 15 Uhr) Diesen Imbiss gibt es schon seit den 1950er-Jahren, und er gehört zu den beliebtesten Anlaufstellen für Fish & Chips an der South Coast. Auch Sushi und Austern sind hier im Angebot. Nach hinten raus gibt es eine hübsche Terrasse mit einigen Tischen.

North St CAFÉ & BAR $
(☎02-4472 5710; 5 North St; Hauptgerichte 10–18 AU$; ⌚So–Do 8–16, Fr & Sa 8 Uhr–open end) Ein erfrischend unkonventioneller kleiner Laden mit gutem Kaffee und einer Auswahl leckerer Frühstücksoptionen, Salate, Sandwiches und leichter Mittagsgerichte. Das North St ist auch eine nette Location für ein Gläschen Wein.

Blank Canvas MODERN-AUSTRALISCH $$
(☎02-4472 5016; www.blankcanvasrestaurant.com.au; Annetts Arcade, Orient St; Hauptgerichte 15,50–23,50 AU$; ⌚Mi–Mo 12–21 Uhr) Unmittelbar am Wasser gelegen und innen mit flippigen Sofas ausgestattet: Tagsüber ist das Blank Canvas ein nettes Café, abends verwandelt es sich in ein Restaurant mit persönlicher Atmosphäre. Der Riesengarnelen-Cocktail mit Kokosnuss und die Roulade mit Blauer Schwimmkrabbe sind klasse. Der Laden liegt einen Häuserblock westlich der Orient St; von Letzterer ist er ausgeschildert.

Starfish Deli AUSTRALISCH $$
(☎02-4472 4880; starfishdeli.com.au; 1 Clyde St; Hauptgerichte mittags 16–23 AU$, Hauptgerichte abends 23–34 AU$; ⌚9–21 Uhr) Fish & Chips, Muscheln und Holzofenpizza sind die Spezialitäten in diesem Restaurant am Wasser, das immer gerammelt voll ist. Es ist gut möglich, dass man auf einen Tisch warten

ABSTECHER

PIGEON HOUSE MOUNTAIN

Den Pigeon House Mountain (720 m) im äußersten Süden des Morton National Park hochzukraxeln, ist eine der schönsten Wanderungen an der South Coast.

Die Hauptzugangsstraße knickt 8 km südlich von Ulladulla vom Highway ab. Danach geht es über eine steinige, 26 km lange Straße zu einem Picknickbereich am Ausgangspunkt des Wanderwegs. Die Wanderung dauert insgesamt drei bis vier Stunden, man sollte aber mehr Zeit einplanen – vom Gipfel hat man einen bombastischen Blick in alle Richtungen.

An klaren Tagen erspäht man den Gulaga (Mt. Dromedary) im Süden und Point Perpendicular im Nordwesten. Dazwischen liegt die Vegetation des Nationalparks wie eine Decke über dem Land, die ein paar Falten wirft (das sind die steilen Schluchten, die der Clyde River ins Gestein gegraben hat). Sie glätten sich auf den Plateaus Byangee Walls und The Castle wieder.

Wer Höhenangst hat, sollte den letzten Abschnitt besser auslassen. Ausreichend Wasser mitnehmen!

muss, weshalb es sich im Sommer empfiehlt, für mittags und abends zu reservieren.

On the Pier MEERESFRÜCHTE $$$

(☎02-4472 6405; onthepier.com.au; 2 Old Punt Rd; Hauptgerichte 28–35 AU$; ⏲Mo & Di 6–22, Do–So 12–14.30 & 18–22 Uhr) Beim Anblick von Gerichten wie knusprigem Schweinebauch und gegrillten Jakobsmuscheln wird schnell klar, warum dies das berühmteste Restaurant in Batemans Bay ist.

Praktische Informationen

Visitor Centre (☎1800 802 528; Princes Hwy; ⏲9–17 Uhr) Verkauft Werke lokaler Künstler.

An- & Weiterreise

Busse von **Murrays** (☎13 22 51; www.murrays.com.au) fahren täglich nach Canberra (27 AU$, 2½ Std.) und Narooma (22 AU$, 2 Std.). **Premier** (☎13 34 10; www.premierms.com.au) nimmt hier auf dem Weg von bzw. nach Sydney (45 AU$, 6 Std.), Eden (46 AU$, 3½ Std.) und Wollongong (43 AU$, 4 Std.) neue Passagiere auf.

Narooma

2409 EW.

Narooma ist ein verschlafenes Küstenstädtchen mit großer Rentnergemeinde, die einen erheblichen Beitrag zu dem sehr gemächlichen Alltagstempo leistet. Es ist einer der hübscheren Orte in der Gegend, liegt unmittelbar am Zugang zum Wagonga River Inlet und ist noch relativ wenig zugebaut.

Sehenswertes & Aktivitäten

Narooma ist das Tor zu den Nationalparks Deua, Gulaga und Wadbilliga.

Die **Mystery Bay** zwischen dem Cape Dromedary und Corunna Point ist felsig, aber super geeignet zum Surfen, genauso wie der **Handkerchief Beach**. Entspannt baden kann man am südlichen Ende des **Bar Beach**. Auf der anderen Mündungsseite des Wagonga Inlet (400 m Luftlinie entfernt) gewährt der Aussichtspunkt **Bar Rock** einen Blick auf Montague Island. In dem klaren Wasser rund um die Insel kann man gut tauchen bzw. schnorcheln, insbesondere von Februar bis Juni, wenn es hier von Seelöwen wimmelt.

Mills Bay Boardwalk SPAZIERGANG

Überquert man die Brücke in nördlicher Richtung und biegt dann zweimal rechts ab, gelangt man zu diesem 5 km langen Bohlenweg, der auch für Rollstühle und Kinderwägen geeignet ist. Unterwegs gibt es Meeresvögel, Fischschulen und Stachelrochen zu sehen.

Island Charters Narooma TAUCHEN, WALBEOBACHTUNG

(☎02-4476 1047; www.islandchartersnarooma.com; Bluewater Dr) Der beliebte Anbieter hat Tauch- (95 AU$) und Schnorcheltrips (75 AU$) sowie Walbeobachtungen (Erw./Kind 77/60 AU$) im Programm. In der Gegend sind Ammenhaie und Seebären sowie das Wrack der SS *Lady Darling* zu sehen. Touren können im Visitor Centre gebucht werden.

Wagonga Princess BOOTSFAHRT

(☎02-4476 2665; www.wagongainletcruises.com; Erw./Kind 35/25 AU$; ⏲Abfahrt 3-stündige Bootstour Feb.-Dez. So, Mi & Fr 13 Uhr, Jan. tgl.) Eine um die 100 Jahre alte, elektrische Fähre, die den Wagonga River hinauffährt.

Narooma Bike Hire FAHRRADVERLEIH
(☎0403 157 290; 8 Noorooma Cres; Verleih halber/ganzer Tag 25/40 AU$) Verleiht Fahrräder zu vernünftigen Preisen. Perfekt, um die Küste zu erkunden!

Schlafen

Narooma YHA HOSTEL $
(☎02-4476 3287; www3.yha.com.au; 243 Princes Hwy; B/DZ ab 26/62 AU$; @) Eine alteingesessene Jugendherberge mit komfortablen, sauberen Zimmern im Motelstil und coolen Besitzern.

Horizon Holiday Apartments APARTMENTS $$
(☎02-4476 5200; www.horizonapartmentsnarooma.com.au; 147 Princes Hwy; Apt. mit 1/2 Schalfzi. ab 119/179 AU$) Hier wohnen Gäste in modernen, schlichten Apartments; manche Quartiere bieten Ausblick aufs Meer.

Whale Motor Inn MOTEL $$
(☎02-4476 2411; www.whalemotorinn.com; 104 Wagonga St; DZ 125–215 AU$;) Vom Whale Motor Inn hat man den besten Panoramablick über Narooma, und nicht zuletzt deshalb ist es auch mit Abstand das beste Motel vor Ort. Die großen, renovierten Zimmer sind sauber und haben Balkone. Es gibt auch ein exzellentes Restaurant.

Essen

Taylor's Seafood FISH & CHIPS $
(Riverside Dr; Hauptgerichte 7–16 AU$; ⏲Di–So mittags & abends) Bei Taylor's gibt's die besten Fish & Chips in Narooma. Der Laden liegt direkt am Wasser.

Quarterdeck Marina SEAFOOD $$
(13 Riverside Dr; Hauptgerichte 22 AU$; ⏲Do–Mo 8–15 Uhr) Das Quarterdeck ist bunt und vielseitig dekoriert und tischt auf einer großen, geschützten Terrasse über dem Fluss herzhaftes Frühstück sowie Mittagsgerichte mit frischen Meeresfrüchten auf.

Na Siam THAI $$
(☎02-4476 5002; 1/26 Princes Hwy; Hauptgerichte 15–20 AU$; ⏲Di–So 12–14.30 & 17–21.30 Uhr, Dez.–April tgl. geöffnet) Das Na Siam liegt an der Hauptstraße, die durch den Ort führt, und verwöhnt seine Gäste mit überdurchschnittlich leckerer Thai-Küche.

Praktische Informationen

NPWS-Büro (☎02-4476 0800; www.nationalparks.nsw.gov.au; Ecke Graham St & Burrawang St)

Visitor Centre (☎02-4476 2881, 1800 240 003; www.eurobodalla.com.au; Princes Hwy; ⏲9–17 Uhr)

Anreise & Unterwegs vor Ort

Premier (☎13 34 10; www.premierms.com.au) hat Verbindungen nach Eden (41 AU$, 2½ Std.) und nach Sydney (58 AU$, 7 Std.) über Wollongong (56 AU$, 5 Std.). Die Busse halten vor dem Lynch's Hotel. **Murrays** (☎13 22 51; www.murrays.com.au) bedient Batemans Bay (20 AU$, 2 Std.) und Canberra (41,20 AU$, 4½ Std.).

Rund um Narooma

Am Princes Hwy liegt das urtümliche, alte Örtchen Cobargo. Ganz in der Nähe befindet sich die Hauptzufahrtsstraße für normale Autos zum schroffen Wadbilliga National Park, einem 98 530 ha großen, subalpinen Wildnisgebiet.

Montague Island

Etwa 10 km vor Narooma liegt Montague Island. Die Insel ist heute ein Naturschutzgebiet und war einst für die Aborigines der Gegend (die sie Barunguba nannten) eine wichtige Bezugsquelle für Nahrungsmittel. Hier nisten Zwergpinguine, die besonders im Frühling gut beobachtet werden können. Auf der Insel sind noch viele weitere Meeresvögel und Hunderte Seebären zu Hause, außerdem gibt es hier einen historischen Leuchtturm.

Montague Island Nature Reserve Tours (☎1800 240 003; 120–155 AU$/Pers.) organisiert je nach Nachfrage und Wetterlage morgens, nachmittags und abends zwei- bis vierstündige Bootstouren. Wenn man Zwergpinguine dabei beobachten will, wie sie aus dem Meer an Land watscheln, sollte man die Abendtour buchen. Reservierungen nimmt das Narooma's Visitor Centre (S. 268) entgegen. Dieses kann auch für Gruppen Übernachtungen in Leuchtturmhütten auf der Insel organisieren. Mehr dazu auf www.montagueisland.com.au.

Tilba

Abseits des Highways liegt 15 km südlich von Narooma an den Hängen des Gulaga (Mt. Dromedary; 797 m) die hübsche Goldgräbersiedlung Central Tilba. Sie erlebte im 19. Jh. eine Blütezeit und gehört zu den reizendsten Örtchen ihrer Art im ganzen Bundesstaat. Infos und einen Stadtführer bekommt man im Bates Emporium. Am Anfang der Hauptstraße kann man sich eine der hervorragenden kostenlosen Broschüren *Tilba - 175 Years of Living History* mitnehmen. Entlang der Straße gibt es mehrere Kunsthandwerks-, Antiquitäten- und Souvenirläden, Galerien und Restaurants. Es gibt zwei Ortteile, die etwa 2 km auseinander liegen. Central Tilba ist der schönere Teil.

Tilba Valley Wines (☎02-4473 7308; www.tilbavalleywines.com; 947 Old Hwy; ⏲Okt.–April 10–17 Uhr, Mai–Juli & Sept. Mi–So 11–16 Uhr) schmiegt sich ans Ufer des Lake Corunna in der Nähe von Tilba.

An der Hauptstraße in Central Tilba liegt die **ABC Cheese Factory** (www.southcoastcheese.com.au; ⏲9–17 Uhr), in der man bei der Herstellung von Cheddar zuschauen kann.

Schlafen & Essen

Infos zum Ort und zu mindestens 13 Unterkünften in der Region finden sich auf www.tilba.com.au.

Green Gables B&B $$
(☎02-4473 7435; www.greengables.com.au; 269 Corkhill Drive; Zi. ab 160 AU$) Umwerfende Zimmer in herrlicher Umgebung.

Bryn at Tilba B&B $$
(www.thebrynattilba.com.au; 91 Punkalla-Tilba Rd; Zi. 170–250 AU$) Wunderschöne Zimmer, in denen sich die blütenweiße Bettwäsche von den dunklen Holzmöbeln abhebt.

Two-Storey B&B B&B $$
(☎02-4473 7290; www.tilbatwostory.com; Bate St; Zi ab 150 AU$) Direkt an der Hauptstraße gelegen und mit Blümchen und Rüschen dekoriert.

Premium Cheese Shop CAFÉ $
(☎02-4473 7659; www.southcoastcheese.com; 1 Bate St; Hauptgerichte 5–13 AU$; ⏲9–17 Uhr) Ein Käseladen, der neben leichten Gerichten auch Dutzende lokal hergestellte Käsesorten verkauft.

Bermagui

1473 EW.

Südlich des Vogelparadieses des Wallaga Lake gelangt man abseits des Princes Hwy in das hübsche Bermagui, das viel kleinstädtische Zufriedenheit ausstrahlt. Architektonisches Prunkstück ist die neue, raffinierte **Fishermen's Wharf** (Lamont St), die von dem bekannten, vor Ort lebenden Architekten Philip Cox gestaltet wurde.

NICHT VERSÄUMEN

MURRAMARANG NATIONAL PARK

Der herrliche **Küstenpark** (www.environment.nsw.gov.au; pro Auto & Tag 7 AU$) beherbergt wilde Kängurus, viele Vogelarten und die geschützte **Murramarang Aboriginal Area**, wo uralte Müllgruben und andere Zeichen indigener Kultur warten. Die Zeltplätze auf dem Parkgelände liegen am herrlichen **Pretty Beach** (☎02-4457 2019; Stellplatz ohne Strom Erw./Kind 10/5 AU$, mit Strom 14/7 AU$), am **Pebbly Beach** (☎02-4478 6023; Erw./Kind 10/5 AU$) und am **Depot Beach** (☎4478 6582) und sind sehr idyllisch – Surfer haben es zudem nicht weit bis zu den Wellen (Pebbly ist am beliebtesten). Am einfachsten zugänglich ist der Pretty Beach. Am Pebbly Beach sind keine Wohnwagen erlaubt.

Man kann mehrere **Wanderungen** unternehmen, z.B. entlang der Küste gen Norden zum **Camel Rock** (6 km) und zum Wallaga Lake (weitere 2 km). **Surfen** kann man am Camel Rock und am Cuttagee Beach. Der **Shelly Beach** eignet sich super für Familien mit Kindern. Wenn man 1 km um die Landspitze herumgewandert ist, erreicht man den **Blue Pool**, ein Meerwasserbecken, das in die Klippen hineingebaut wurde.

Schlafen & Essen

Ferienwohnungen können bei **Julie Rutherford Real Estate** (☎02-6493 3444; www.julierutherford.com.au) gemietet werden.

Zane Grey Park WOHNWAGENPARK $
(☎02-6493 4382; www.zanegreytouristpark.com.au; Lamont St; Stellplatz mit/ohne Strom 28/25 AU$, Hütte 80–220 AU$) In bester Lage am Dickson's Point, nur einen Frisbeewurf von Horseshoe Bay entfernt.

★**Bermagui Beach Hotel** HOTEL $$
(☎02-6493 4206; www.bermaguibeachhotel.com.au; 10 Lamont St; B 35 AU$, DZ/Suite ab 80/95 AU$; ❄) Ein tolles altes Hotel mit der allerbesten Aussicht vom Balkon vor Ort. Wer hier übernachtet, bekommt einen Einblick ins leben der Einheimischen. Die Suiten sind mit Whirlpools ausgestattet.

Harbourview Motel MOTEL $$
(☎02-6493 5213; www.harbourviewmotel.com.au; 56-58 Lamont St; EZ 130–175 AU$, DZ 140–185 AU$;

) Gute Zimmer im Motelstil, nicht weit vom Ufer.

★ **Bluewave Seafoods** FISH & CHIPS $
(02-6493 5725; www.bluewaveseafood.com.au; Fishermen's Wharf; Fish & Chips 12 AU$; Mo–Mi 9–19.30, Do–So 9–20 Uhr) Hervorragend: Hier gibt's vielleicht sogar die besten Fish & Chips der Südküste.

Il Passaggio ITALIENISCH $$
(02-6493 5753; ilpassaggio.com.au; Fishermen's Wharf; Hauptgerichte 29 AU$; Di–Do 12–14, Fr–So 12–14 & 18–21.30 Uhr) Die exzellenten italienischen Gerichte werden mit frischen, lokalen Zutaten zubereitet und in modernem Ambiente (weiße Wände, rotes Leder) serviert. Eine tolle Kombination, egal ob man Fisch, Steak oder Ricotta-Gnocchi bestellt!

Mimosa Dry Stone MODERN-AUSTRALISCH $$$
(02-6494 0164; www.mimosawines.com.au; 2845 Bermagui-Tahtra Rd; Hauptgerichte 30–36 AU$, Pizza 20–28 AU$; Do–Sa 12–15 & 18–21 Uhr, Sommer So–Mi 12–15 Uhr, übriges Jahr kürzer) Dieses Weingut auf halbem Weg zwischen Bermagui und Tathra hat ein renommiertes Restaurant, das in einem atemberaubend schönen Gebäude untergebracht und oft schon Monate im Voraus für Hochzeiten ausgebucht ist. Vorab anrufen!

Ausgehen & Nachtleben

Mister Jones CAFÉ
(www.misterjones.com.au; 1/4 Bunga St; Mo–Sa 7–12 Uhr) Coole Mischung aus Espressobar und Kunstatelier, an der man geradewegs vorbeimarschieren würde, wenn draußen nicht die Koffeinjunkies sitzen und an ihren mit Schokostückchen bestreuten Cappuccinos nippen würden.

Horse & Camel Wine Bar WEINBAR
(www.horseandcamel.com.au; Fishermen's Wharf; Do–So 15–22 Uhr, Jan. tgl.) Hier kann man aus über 200 Weinen seinen Lieblingstropfen wählen. Am nettesten ist es sonntagnachmittags, wenn zuweilen ab 16 Uhr Livemusik gespielt wird.

Praktische Informationen

Visitor Centre (02-6493 3054; www.bermagui.net; Bunga St; 10–16 Uhr)

An- & Weiterreise

Premier (13 34 10; www.premierms.com.au) hält hier einmal täglich auf dem Weg von/nach Sydney (60 AU$, 11 Std.), Narooma (11 AU$, 40 Min.) und Eden (31 AU$, 1¾ Std.) und fährt über Merimbula (22 AU$, 1¼ Std.).

Richtung Süden zur Grenze von Victoria

Über 20 km erstreckt sich entlang einer wunderschönen Küste der **Mimosa Rocks National Park** (Eintritt frei), ein 5802 ha großes Paradies aus dichtem, abwechslungsreichem Busch, Höhlen, Landzungen und Stränden mit kristallklarem Wasser. Es gibt einfache **Campingplätze** (Erw./Kind 10/5 AU$) am **Aragunnu Beach**, am **Picnic Point** sowie am **Middle** und **Gillards Beach**. Weitere Infos erteilt das **NPWS-Büro** (02-4476 0800; www.nationalparks.nsw.gov.au) in Narooma.

Den größten Teil der Küste zwischen Merimbula und Tathra höher im Norden (am schönen Sapphire Coast Dr) nimmt der **Bournda National Park** (7 AU$/Auto) ein. In dem 2654 ha großen Park gibt es hübsche Strände, Süßwasserlagunen und mehrere Wanderwege. **Campen** (Erw./Kind 10/5 AU$) kann man am Hobart Beach am südlichen Ufer der großen **Wallagoot Lagoon**. Mehr Infos gibt's im **NPWS-Büro** (02-6495 5000) in Merimbula.

Merimbula

6873 EW.

Die vielen nichtssagenden Hotels und Ferienapartments entlang der Hauptstraße können der Schönheit des Meeresarms (bzw. Sees) von Merimbula nichts anhaben. Mit den schaukelnden Bootsmasten auf dem himmelblauen Wasser ist dieser beliebte Ferienort eine echte Augenweide. Außerdem ist er ein Paradies für passionierte Angler.

Sehenswertes & Aktivitäten

Merimbula Aquarium AQUARIUM
(www.merimbulawharf.com.au; Lake St; Erw./Kind 13/8 AU$; 10–17 Uhr) Das kleine Aquarium liegt direkt am Kai am Ostende des Ortes. In der Nähe hat man einen schönen Blick über den See. Der Pier ist bei Anglern beliebt.

Steg SPAZIERGANG
Westlich der Brücke, ein Stück abseits vom Damm, führt ein 1,75 km langer Steg zu Mangroven, Austernfarmen und Myrtenheiden. Toll für Naturliebhaber und Frühaufsteher! Im Tourist Information Centre gibt's eine gute Broschüre dazu.

TIERBEOBACHTUNG RUND UM MERIMBULA

Neben den hier aufgeführten Tieren kann man von September bis November auch noch Wale sehen.

Kängurus & Wallabies Auf dem Pambula-Merimbula Golf Course und am Pambula Beach (vom Princes Hwy abfahren und an der Straße nach Eden der Beschilderung folgen!); die Tiere können hier zu jeder Tageszeit auftauchen, in der Dämmerung und bei Sonnenuntergang (ab 16.30 Uhr) liegen die Chancen fast bei 100 %.

Sonstige einheimische Tiere Im **Potoroo Palace** (☎02-6494 9225; www.potoroopalace.com; 2372 Princes Hwy; Erw./Kind 17/10 AU$; ⏲10–16 Uhr) leben zahlreiche Ameisenigel (Echidnas), Kängurus, Dingos, Koalas, Kaninchenkängurus (Potoroos) und einheimische Vögel. Die Anlage liegt 9 km nördlich von Merimbula an der Straße nach Bega.

Wasservögel Im Schutzgebiet Panboola (www.panboola.com) in Pambula führen Wanderwege durch das gleichnamige Feuchtgebiet.

Merimbula Divers Lodge TAUCHEN
(☎02-6495 3611; www.merimbuladiverslodge.com.au; 15 Park St; 1/2 Tauchgänge an der Küste 77/120 AU$ zzgl. 55 AU$ für Ausrüstung, PADI-Zertifizierungskurs 499 AU$) Hier werden Tauchkurse sowie Tauchausflüge zu drei verschiedenen Wracks und ein Höhlentauchgang veranstaltet.

Coastlife Adventures SURFEN
(☎02-6494 1122; www.coastlife.com.au; Surfunterricht Gruppe/privat 60/90 AU$, 2-stündige Kajaktour 50–60 AU$) Morgendlicher Surf- und Stehpaddelunterricht sowie Kajaktouren auf dem Meer.

Cycle n Surf FAHRRADVERLEIH
(☎02-6495 2171; Shop 1B Marine Pde; Fahrrad 1/4/24 Std. 10/20/30 AU$, Surfbrettverleih halber/ganzer Tag 40/60 AU$) Ein freundlicher Laden, der Fahrräder und Surfbretter verleiht.

Merimbula Marina BOOTSFAHRT
(☎02-6495 1686; www.merimbulamarina.com; Merimbula jetty; Erw. 45–69 AU$, Kind 20–40 AU$) Das Personal des kleinen Kiosks organisiert Touren zum Riff sowie zur Delfin- und Walbeobachtung.

Schlafen

Wandarrah YHA Lodge HOSTEL $
(☎02-6495 3503; www3.yha.com.au; 8 Marine Pde; B/FZ ab 28/135 AU$; @) Saubere Unterkunft mit einer guten Küche und netten Gemeinschaftsbereichen zum Relaxen. Der Surfstrand und die Bushaltestelle sind ganz in der Nähe. Nach vorheriger Absprache kann man sich abholen lassen. Wer spätabends ankommt, sollte das die Angestellten wissen lassen.

Merimbula Beach Holiday Park CAMPING, WOHNWAGENPARK $
(☎02-6495 3381; www.merimbulabeachholidaypark.com.au; 2 Short Point Rd; Stellplatz 30–43 AU$, Hütte 110–315 AU$;) Am Short Point Beach. Eine kinderfreundliche Anlage mit vielen Bäumen und einem Café.

Coast Resort APARTMENTS $$
(☎02-495 4930; www.coastresort.com.au; 1 Elizabeth St; 1-/Apt. mit 2/3 Schlafzi. ab 170/195/240 AU$;) Man kann sich darüber streiten, ob die Dekoration dieses riesigen, eleganten Apartmentkomplexes nun ultramodern oder einfach nur nüchtern ist. Trotzdem: Komfortabel ist die Anlage allemal, und die beiden Pools, der Tennisplatz und die Nähe zum Strand sind doch sehr verlockend.

Merimbula Lakeview Hotel MOTEL $$$
(☎02-6495 1202; www.merimbulalakeview.com.au; Market St; Zi. ab 85 AU$;) Das Hotel am Ufer hat schicke Zimmer mit allem, was zu einem typischen Motel gehört. Im Sommer hat der nahe gelegene Biergarten geöffnet – was gut oder schlecht sein kann.

Essen

Original Fix CAFÉ $
(☎02-6495 3800; Shop 5/17 Merimbula Dr; leichte Gerichte 9–15 AU$; ⏲So–Do 9–17, Fr & Sa 9 Uhr–open end) Dieses Café ist vor allem für seine leckeren, hausgemachten Schokoladen- und Eisvariationen bekannt, mittags gibt's aber auch Panini, Nachos, Salate, gebratenen Kürbis und ein Bohnen-Basilikum-Curry.

★ **Zanzibar** MODERN-AUSTRALISCH $$
(☎02-6495 3636; zanzibarmerimbula.com.au; Ecke Main St & Market St; Hauptgerichte 25–33 AU$, 2-/3-Gänge-Menü 60/75 AU$; ⏲Di, Mi & Sa 18–21, Fr & Sa 12–14 & 18–21 Uhr) Man sollte mindestens einmal in diesem Gastroparadies zu Abend gegessen haben, das besonders stolz auf seine Meeresfrüchte aus der

Region und die von Hand verlesenen Zutaten ist. Hier schmeckt eigentlich alles gut, von den Krabben-Ravioli bis zur Shitake-Schweinebacken-Consommé.

Waterfront Cafe CAFÉ, SEAFOOD $$
(☎ 02-6495 7684; www.thewaterfrontcafe.net.au; Shop 1, The Promenade; Hauptgerichte 19–30 AU$; ⏲ 8–22 Uhr) Eines der wenigen Lokale Merimbulas, die die tolle Lage am See ausnutzen. Das Waterfront ist eine echte Institution; die hiesigen Austern gehören zu den besten, die man an der South Coast kriegen kann.

Cantina SPANISCH $$
(☎ 02-6495 1085; 56 Market St; Tapas 7–15 AU$, Hauptgerichte 25–30 AU$; ⏲ Mo–Sa 11.30–open end, So 14.30–22 Uhr) In dem stimmungsvollen, kleinen Restaurant im Zentrum werden leckere Tapas-Platten zum Teilen serviert. Das Zwei-Gänge-Mittagsmenü mit einem Glas Wein für 25 AU$ ist ein unschlagbares Angebot.

Praktische Informationen

NPWS-Büro (☎ 02-6495 5000; www.environment.nsw.gov.au; Ecke Merimbula Dr & Sapphire Coast Dr; ⏲ Mo–Fr 9–16 Uhr)
Visitor Centre (☎ 02-6495 1129; www.sapphirecoast.com.au; Ecke Market St & Beach St; ⏲ 9–17 Uhr)

An- & Weiterreise

BUS

Die Busse halten vor der Commonwealth Bank an der Market St. **Premier** (☎ 13 34 10; www.premierms.com.au) bietet tägliche Busverbindungen über Narooma (31 AU$, 2 Std.) nach Sydney (69 AU$, 10 Std.) an. **CountryLink** (☎ 13 22 32; www.countrylink.info) schickt täglich einen Bus nach Canberra (33 AU$, 4 Std.).

Deanes Buslines (☎ 02-6495 6452; www.deanesbuslines.com.au) fährt nach Bega (11,50 AU$, 1 Std., 6-mal tgl.) und Eden (9,25 AU$, 40 Min., 5-mal tgl.).

FLUGZEUG

Der **Flughafen** (www.merimbulaairport.com.au) liegt 1 km außerhalb der Stadt an der Straße nach Pambula. **Rex** (☎ 13 17 13; www.rex.com.au) fliegt täglich nach Melbourne (ab 155 AU$, 1½ Std.) und Sydney (ab 156 AU$, 1¾ Std.).

Eden

3000 EW.

Eden wird seinem Namen absolut gerecht. Dieses hübsche Küstenstädtchen war einst das Terrain von Fischern und Holzfällern, heute wird es von Reisenden angesteuert, die einen Tag lang faul am 1,5 km langen Stadtstrand liegen oder die umliegenden Nationalparks erkunden wollen. Walbeobachtungen sind eine hiesige Hauptattraktion. Das alljährliche **Whale Festival** (www.edenwhalefestival.com.au; ⏲ Anfang Nov.) bringt richtig Leben in den Ort.

Sehenswertes Aktivitäten

Killer Whale Museum MUSEUM
(94 Imlay St; Erw./Kind 9/2,50 AU$; ⏲ Mo–Sa 9.15–15.45, So 11.15–15.45 Uhr) Hier ist das Skelett von Killerwal Old Tom ausgestellt, um den sich zahllose Legenden ranken.

Cat Balou Cruises BOOTSFAHRT
(☎ 0427 962 027; www.catbalou.com.au; Main Wharf; Erw./Kind 75/60 AU$) Im Oktober und November organisiert das Unternehmen Cat Balou Cruises Walbeobachtungen. Zu anderen Zeiten werden kürzere Fahrten durch die Bucht angeboten, bei denen man Delfine, Seebären und Seevögel vor die Linse bekommt (Erw./Kind 35/20 AU$).

Ocean Wilderness KAJAKFAHREN
(☎ 0405 529 214; www.oceanwilderness.com.au; 4-/6-stündige Tour ab 80/100 AU$) Ocean Wilderness veranstaltet halbtägige Kajaktrips durch den Ben Boyd National Park und in der Twofold Bay sowie Tagestouren zur Davidson Whaling Station. Manchmal gibt's auch mehrtägige Ausflüge. Einfach mal nachfragen!

Sapphire Coast Marine Discovery Centre WANDERN, SCHNORCHELN
(☎ 02-6496 1699; www.sapphirecoastdiscovery.com.au; Main Wharf; Erw./Kind 7/2 AU$; ⏲ Mi–Sa 10–15 Uhr) Hier kann man sich durch die Scheibe eines Aquariums die felsige Unterwasserlandschaft eines Riffs anschauen und sich hinterher noch zu einer Wanderung entlang der Felsenküste (Erw./Kind 10/8 AU$) oder einem Schnorcheltrip in der Gruppe (25 AU$) anmelden.

Schlafen & Essen

Great Southern Hotel HOTEL $
(☎ 02-6496 1515; www.greatsoutherninn.com.au; 121 Imlay St; B/EZ/DZ ab 30/70/90 AU$) Das Great Southern Hotel hat Schlafsäle im Pensionszimmerstil, die aber ein sehr gutes Preis-Leistungs-Verhältnis aufweisen, sowie frisch renovierte Backpacker-Unterkünfte. Im Pub unten gibt's herzhafte Gerichte, und

die Terrasse hinterm Haus ist ebenfalls eine tolle Sache.

Eden Tourist Park WOHNWAGENPARK $
(☎ 02-6496 1139; www.edentouristpark.com.au; Aslings Beach Rd; Stellplatz ohne/mit Strom ab 25/28 AU$, Hütte ab 65 AU$) Ordentlicher und gepflegter Wohnwagenpark in Toplage an einer Landzunge zwischen dem atemberaubenden Aslings Beach und dem Lake Curalo.

Seahorse Inn BOUTIQUEHOTEL $$
(☎ 02-6496 1361; www.seahorseinn.com.au; DZ ab 175 AU$; ❄ 📶) In Boydtown, 6 km südlich von Eden, steht dieses noble Boutiquehotel mit allen Schikanen und einem hübschen Blick auf die Twofold Bay.

Taste of Eden CAFÉ $$
(Main Wharf; Hauptgerichte 14–28 AU$; ⏲ 8–15 Uhr) Stimmungsvolles, winziges Café mit mariner Deko. Es gibt eine gute Auswahl von Meeresfrüchten wie frische Muscheln in Weißweinsauce mit Chili und Zitrone.

Wharfside Café CAFÉ $$
(www.wharfsidecafe.com.au; Main Wharf; Hauptgerichte 11–27 AU$; ⏲ 8–15 Uhr) Dieses Eckcafé ist die ideale Ort für einen gemütlichen Kaffee in der Sonne oder ein leckeres Gericht mit Meeresfrüchten. Am besten sind die einfachen Speisen, z. B. der gegrillte Fisch.

ℹ Praktische Informationen

Visitor Centre (☎ 02-6496 1953; www.visiteden.com.au; Mitchell St; ⏲ Mo–Sa 9–17, So 10–16 Uhr)

ℹ An- & Weiterreise

Premier (☎ 13 34 10; www.premierms.com.au) lässt Busse nach Sydney (71 AU$, 9 Std.) rollen, die auch in den meisten Ortschaften dazwischen anhalten. Busse von **Deane's** (☎ 02-6495 6452; www.deanestransitgroup.com.au) fahren über Merimbula (9,25 AU$, 40 Min.) nach Bega (14,50 AU$, 1¼ Std.). Sie halten gegenüber der Caltex-Tankstelle.

Ben Boyd National Park & Umgebung

Auf dem 10 485 ha großen Gelände dieses Nationalparks befinden sich Überreste von Benjamin Boyds (in Schottland geborener Pionier und Unternehmer) längst erloschenem Wal-Imperium. Der Nationalpark erstreckt sich nördlich und südlich von Eden an der Küste entlang. Er umfasst Buschland und tolle Wanderwege. Die südliche Zufahrtsstraße ist die asphaltierte Edrom Rd, die 19 km südlich von Eden vom Princes Hwy abgeht.

Die Wonboyn Rd, die gut 4 km südlich der Edrom Rd vom Hwy 1 abzweigt, führt zum **Nadgee Nature Reserve**, einem 20 671 ha großen Wildnisareal, das von der südlichen Spitze des Ben Boyd National Park bis zur Grenze zu Victoria reicht, und nach **Wonboyn**, einem kleinen Ort am Wonboyn Lake (am nördlichen Ende des Schutzgebiets). Viele Straßen in den Parks sind abschnittsweise unbefestigt; bei Regen kann es rutschig werden.

Canberra & Umgebung

Inhalt ➡

Gut essen

- Ottoman (S. 288)
- Silo Bakery (S. 287)
- Lanterne Rooms (S. 286)
- Italian & Sons (S. 286)
- Dieci e Mezzo (S. 287)

Schön übernachten

- East Hotel (S. 285)
- Diamant Hotel (S. 284)
- Hyatt Hotel Canberra (S. 285)
- Canberra City YHA (S. 284)
- Burbury Hotel (S. 285)

Auf nach Canberra!

Canberra wurde geschaffen, um die ungeheure Weite, den gewaltigen Reichtum und die festen demokratischen Ideale der neu entstandenen Nation unter Beweis zu stellen. Hier werden viele der Entscheidungen getroffen, die Australiens Zukunft prägen, außerdem wurden in Canberra zahlreiche wichtige kulturelle Institutionen eingerichtet. Merkwürdig nur, dass die Stadt so unpersönlich wirkt – in vielerlei Hinsicht könnte man die Zeit, in der man sie besucht, besser anderswo im Land zubringen.

Andererseits kann es nicht schaden, die Hauptstadt Australiens einmal besucht zu haben. Die wichtigen Museen und Galerien – vor allem das Australian War Memorial, die National Gallery of Australia, die National Portrait Gallery und das National Museum of Australia – sammeln die Kunstwerke und Artefakte, die die moderne Geschichte und Eigenart Australiens definieren und sind damit die Hüter und Vermittler des australischen Selbstbewusstseins.

Reisezeit

Canberra

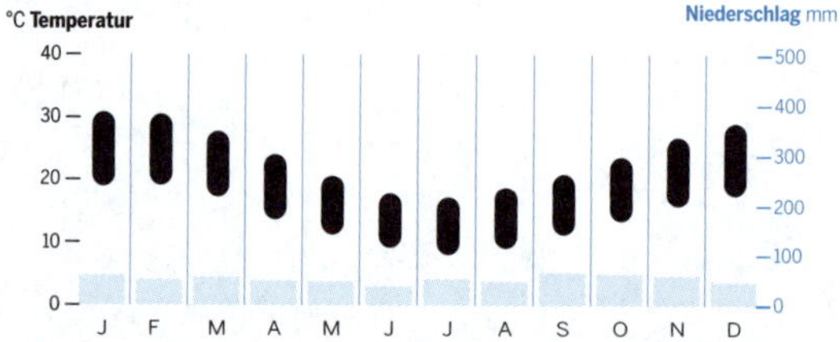

April Beim Canberra District Wine Harvest Festival öffnen die Weingüter ihre Türen.

Sept. Blumen und Spaß stehen beim Floriade Festival im Mittelpunkt.

Dez.–Jan. Schul- und Parlamentsferien sorgen für weniger Besucher; die Hotelpreise sinken.

Highlights

1 In der **National Gallery of Australia** (S. 278) australische und internationale Kunst bewundern

2 Am **Australian War Memorial** (S. 277) über jene Kriege nachsinnen, durch die Australien zu einer Nation wurde

3 Im **Parliament House** (S. 278) Demokratie live erleben

4 Am **Lake Burley Griffin** (S. 277) paddeln, radeln, skaten, spazieren oder joggen

5 In der **National Portrait Gallery** (S. 279) die Bilder bestaunen

6 Im **Namadgi National Park** (S. 293) Kängurus beobachten und Felskunst der Aborigines bewundern

7 Die preisgekrönten Tropfen probieren, die von den vielen **Weingütern** (S. 292) in dieser recht kühlen Region stammen

CANBERRA

168 500 EW.

Canberra wurde von dem visionären US-amerikanischen Architekten Walter Burley Griffin und seiner Frau Marion Mahony Griffin geplant und präsentiert sich mit weiten, offenen Flächen, einer von der Arts-and-Crafts-Bewegung des 19. Jhs. beeinflussten Ästhetik und einer glatten Verbindung von Gebäuden und Natur. Leider ist die Stadt ganz auf das Auto ausgerichtet: Mit öffentlichen Verkehrsmitteln lässt sie sich nur schlecht und zu Fuß praktisch nicht erkunden. Man braucht wirklich vier (oder zwei) Räder, um Canberra und seine malerische Umgebung einigermaßen kennenzulernen.

Obwohl die architektonische Symbolik im Vordergrund steht und Spontaneität zu fehlen scheint, tut sich hinter der sterilen Fassade doch viel. Die kulturellen Institutionen haben tolle Besucherprogramme, es gibt wenige, aber teilweise ausgezeichnete Restaurants und auch eine muntere Kneipenszene, unterhalten von den Studenten der Universität. Während der Parlamentssitzungen sorgt die Landespolitik für einigen Wirbel, während der Semesterferien, vor allem rund um Weihnachten und Neujahr, kann Canberra aber wie ausgestorben wirken.

Geschichte

Die Ngunnawal nannten den Ort Kanberra, was in ihrer Sprache „Versammlungsstätte" bedeutet haben soll. Der Name ging wahrscheinlich auf die großen, stammesübergreifenden Treffen zurück, die hier alljährlich während der Bogong-Falter-Saison stattfanden, wenn das Gebiet von diesen nachtaktiven Insekten nur so wimmelte.

Wie die der meisten Ureinwohner wurde auch die traditionelle Lebensweise der Ngunnawal im Verlauf der europäischen Besiedlung ab 1820 gewaltsam gestört, aber Nachkommen des Volkes, das in den letzten Jahrzehnten wieder gewachsen ist und sich stärker profilieren konnte, leben noch heute.

1901 schlossen sich die separaten Kolonien im Australischen Bund zusammen und wurden zu Bundesstaaten. Die starke Rivalität zwischen Sydney und Melbourne hatte zur Folge, dass keine von ihnen Hauptstadt des neuen Staates werden konnte. Deswegen wurde ungefähr auf halber Strecke zwischen den beiden Städten in den Limestone Plains ein Territorium aus New South Wales herausgenommen, um dort eine Hauptstadt zu bauen. 1913 erhielt sie den offiziellen Namen Canberra. 1927 zogen Parlament und Regierung aus Melbourne nach Canberra um, aber der wirkliche Ausbau der Stadt erfolgte erst in den Jahrzehnten nach dem Zweiten Weltkrieg.

Sehenswertes

Die meisten wichtigen Gebäude, Museen und Galerien liegen rund um den Lake Bur-

EIN VERLÄNGERTES WOCHENENDE IN CANBERRA

Samstag

Nach dem Einchecken im Hotel heißt es erst einmal die Sammlungen der **National Gallery of Australia** und der **National Portrait Gallery** bewundern. Dann geht's zum High Tea ins **Hyatt Hotel** oder zum Radeln oder Bummeln an den **Lake Burley Griffin**. Den krönenden Abschluss bildet ein Abendessen in einem der fantastischen Restaurants der Stadt, z. B. im **Aubergine**, im **Ottoman** oder im **Lanterne Rooms**.

Sonntag

Auf einen köstlichen Brunch in der **Silo Bakery** folgen ein Bummel über die **Old Bus Depot Markets** und dann der Besuch des **Australian War Memorial**, wo man einen Einblick in die bedeutende und bewegende militärische Vergangenheit des Landes gewinnt. Der Tag endet mit einem zwanglosen italienischen Essen im **Bicicletta Restaurant**.

Montag

Falls das Parlament tagt, bucht man einen Platz bei der einzigen großen „Sport"-Veranstaltung der Stadt – der **parlamentarischen Fragestunde**. Auf dem Weg zur Sitzung am Nachmittag wirft man einen kurzen Blick auf die Exponate im **Museum of Australian Democracy** im Old Parliament House und genießt ein Mittagessen im zugehörigen Café **Kitchen Cabinet**. Beim Abendessen im **Italian & Sons** oder im **Dieci e Mezzo** lässt man die Erlebnisse des Aufenthalts Revue passieren.

ley Griffin. Die meisten Sehenswürdigkeiten sind auch für Rollstuhlfahrer zugänglich.

Achtung: Zwischen April und Oktober werden die im Folgenden genannten Einrichtungen von Schülergruppen auf Ausflügen gestürmt! Das Gedränge und der Lärm können durchaus stören.

★ Australian War Memorial MUSEUM

(Karte S. 280; ☎02-6243 4211; www.awm.gov.au; Treloar Cres, Campbell; ⏲10–17 Uhr) GRATIS Das War Memorial vermittelt faszinierende Einsichten, wie der Krieg Australiens nationale Identität formte, und ist deswegen das denkwürdigste museale Erlebnis, das Canberra zu bieten hat. Der Zugang erfolgt über der **Gedenkhof**, wo die Namen der australischen Kriegstoten auf einer Ehrentafel verewigt sind. Im Verlauf der Jahre haben Familienangehörige leuchtend rote Mohnblumen aus Papier für ihre gefallenen Verwandten angebracht, die der Stätte eine melancholische Schönheit verleihen. Die Blumen sind eine Anspielung auf die Blumen, die im Frühjahr 1915 auf den Schlachtfeldern in Belgien, Nordfrankreich und auf der Halbinsel Gallipoli blühten.

Hinter dem Gedenkhof folgt die mit Mosaiken verzierte **Halle der Erinnerung** mit dem **Grabmal des unbekannten australischen Soldaten**, das symbolisch für all jene Australier steht, die im Krieg ihr Leben lassen mussten.

In dem Museum gibt es Säle über den Ersten und den Zweiten Weltkrieg sowie über die kriegerischen Konflikte von 1945 bis zur Gegenwart. Es gibt auch einen Saal zum Luftkrieg mit vielen Exponaten, die eine ideale Vorbereitung auf die Sound-&-Light-Shows in der eindrucksvollen **Anzac Hall** sind. Die interessantesten dieser Shows heißen *Striking by Night* – die Nachgestaltung eines nächtlichen Fliegerangriffs auf Berlin im Jahr 1943 – und *Over the Front: the Great War in the Air*.

Freiwillige veranstalten kostenlose 90-minütige Führungen: Sie beginnen um 10, 10.15, 10.30, 11, 12, 13, 13.30, 14, 14.30 und 15 Uhr in der **Orientation Gallery** neben dem Haupteingang; 45-minütige Führungen gibt es um 10.45 und 13.15 Uhr. Alternativ kauft man die mit einer Karte ausgestattete Broschüre *Self-Guided Tour* (5 AU$).

Das **Terrace Café** (Treloar Cres, Australian War Memorial; Frühstück 5–17 AU$, Mittagessen 12–20 AU$; ⏲Mo–Fr 8.30–16.30, Sa & So 8–16.30 Uhr) der Gedenkstätte findet sich in einem attraktiven Glaspavillon gleich neben dem Hauptgebäude. Hier gibt's drinnen und draußen Kaffee und ordentliches Essen.

CANBERRA MIT KINDERN

Kinder lieben Canberra, weil es hier für sie viele coole Attraktionen gibt. Die meisten Museen und Galerien haben Kinderprogramme und viele auch spezielle Führungen und Events – Einzelheiten stehen auf der jeweiligen Website.

Interaktives gibt's im Questacon (S. 282), im National Museum of Australia (S. 279), im National Film & Sound Archive (S. 281), im Australian Institute of Sport (S. 282) sowie im Canberra Space Centre (S. 292). Im National Zoo & Aquarium (S. 282) kann man sogar kleine Geparden knuddeln oder einen Panda streicheln.

Frische Luft und Bewegung versprechen eine Radtour um den Lake Burley Griffin oder Abstecher in das Tidbinbilla Nature Reserve (S. 293) oder den Namadgi National Park (S. 293).

Lake Burley Griffin WAHRZEICHEN

(Karte S. 280) An dem 35 km langen Seeufer konzentrieren sich die meisten kulturellen Einrichtungen der Stadt und der Großteil der möglichen Freizeitaktivitäten. Der See entstand 1963 durch die Errichtung des 33 m hohen Scrivener Dam, durch den der Molonglo River aufgestaut wird. Benannt wurde das Gewässer nach dem US-amerikanischen Architekten Walter Burley Griffin, der 1911 gemeinsam mit seiner Ehefrau und Mitarchitektin Marion den internationalen Planungswettbewerb für die neue Hauptstadt Australiens gewann.

Die 1970 anlässlich des 200. Jahrestags von Cooks Landung geschaffene **Captain Cook Memorial Water Jet** am Regatta Point spritzt eine 6 t schwere Wasserfontäne hoch in die Luft. Am Point gibt es auch noch einen **Globus** aus einem Metallgeflecht, auf dem die drei Weltreisen Cooks markiert sind.

Auf Aspen Island erhebt sich das 50 m hohe **National Carillon**, ein Geschenk Großbritanniens zum 50. Geburtstag der Stadt (1963). Im Turm, einem der größten Musikinstrumente der Welt, hängen 55 Bronzeglocken mit einem Gewicht von 7 kg bis 6 t. Täglich gibt es Vorführungen – die Termine im jeweiligen Monat finden sich auf der Website www.nationalcapital.gov.au.

Canberra

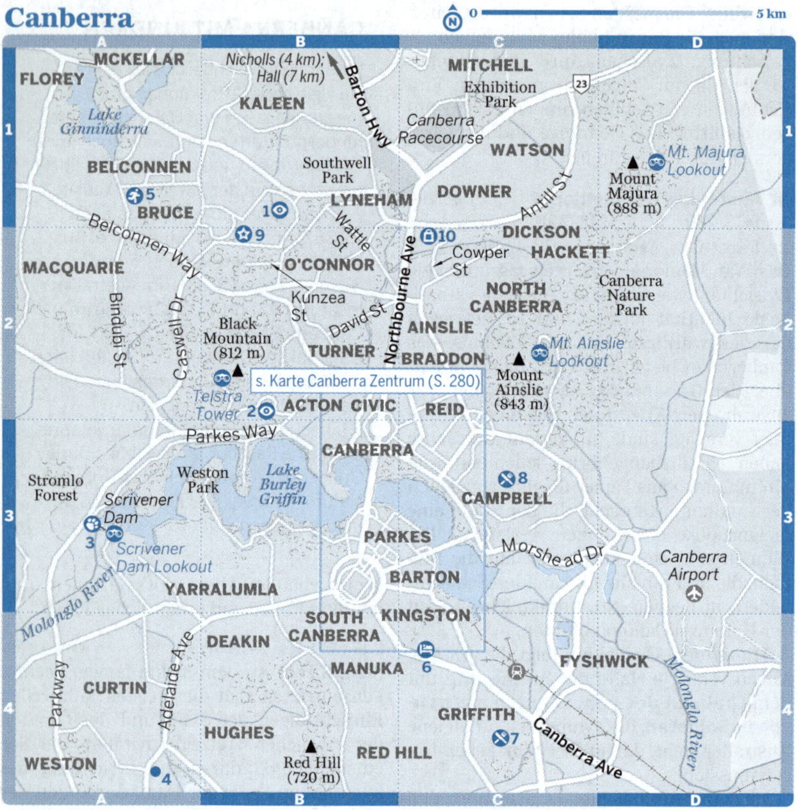

★ National Gallery of Australia

KUNSTGALERIE

(Karte S. 280; ☎ 02-6240 6502; www.nga.gov.au; Parkes Pl, Parkes; Dauerausstellung Eintritt frei; ⌚ 10–17 Uhr) GRATIS Beim Betreten der Galerie erblickt man gleich eines der eindrucksvollsten Exponate, das Aboriginal Memorial aus dem zentralen Arnhem Land, das 1988 zur 200-Jahres-Feier der Nation entstand. Dieser von 43 Künstlern geschaffene „Wald der Seelen" besteht aus 200 bemalten hohlen Baumstämmen (einer traditionellen Begräbnisform der Aborigines), die für die 200 einzelnen Jahre und die in dieser Zeit erloschenen Volksstämme stehen. Das Werk ist nur eines von vielen Kunstobjekten der Aborigines und der Torres-Strait-Insulaner in der Galerie.

Zu sehen sind ferner Werke australischer Kunst von der Kolonialzeit bis zur Gegenwart und drei Säle mit Kunst vom indischen Subkontinent, aus Südostasien und aus China, Japan und Zentralasien, die zusammen die wichtigste und umfassendste Sammlung asiatischer Kunst in Australien bilden. Es gibt außerdem noch eine wichtige Sammlung von Kunst aus dem pazifischen Raum. Auch die europäische und die amerikanische Kunst sind mit ein paar herausragenden Werken vertreten.

Im Erdgeschoss wurden ein Café und ein Museumsshop eingerichtet, wo man bestimmt ein, zwei geschmackvolle Souvenirs entdeckt. Hinter dem Gebäude befinden sich ein etwas ungepflegter Skulpturengarten und ein Restaurant (Mi–So 12–14 Uhr).

Infos zu kostenlosen Führungen stehen auf der Website. Achtung: Für Sonderausstellungen wird normalerweise Eintritt erhoben!

★ Parliament House

GEBÄUDE

(Karte S. 280; ☎ 02-6277 5399; www.aph.gov.au; ⌚ Sitzungstage Mo & Di ab 9, Mi & Do ab 8.30 Uhr, sonstige Tage 9–17 Uhr) GRATIS Das 1988 nach zehn Jahren für 1,2 Mrd. AU$ fertiggestell-

Canberra

Sehenswertes

Aktivitäten, Kurse & Touren

Schlafen

Essen

Unterhaltung

Shoppen

te Landesparlament ist in den Capital Hill hineingegraben. Das Dach ist mit Rasen bedeckt und wird von einem 81 m hohen Fahnenmast gekrönt. Die Rasenfläche auf dem Dach kann betreten werden. Sie umfasst ein 23 ha großes, landschaftsgärtnerisch gestaltetes Gelände mit tollem Rundblick auf die Stadt. Darunter befindet sich ein Komplex aus fünf Gebäuden mit 17 Höfen, einem eindrucksvollen Foyer, einer großen Halle, den Sälen von Repräsentantenhaus und Senat und 2300 km Korridoren. Der gesamte Komplex kann im Rahmen kostenloser Führungen besichtigt werden (30 Min. an Sitzungstagen, 45 Min. in der sitzungsfreien Zeit; tgl. 10, 13 & 15 Uhr).

Besucher können auch die öffentlichen Galerien aufsuchen und von dort den Debatten lauschen. Die Eintrittskarten für die Fragestunde (an Sitzungstagen 14 Uhr) im Repräsentantenhaus sind kostenlos, müssen aber beim **Sergeant at Arms** (☎02-6277 4889) gebucht werden; für die Sitzungen des Senats braucht man keine Eintrittskarte. Die Sitzungstage der beiden Kammern des Parlaments sind auf der Website angebeben.

★National Portrait Gallery KUNSTGALERIE
(Karte S. 280; ☎02-6102 7000; www.portrait.gov.au; King Edward Tce, Parkes; ⏲10–17 Uhr) GRATIS Die Galerie zeichnet die Geschichte Australiens anhand der Gesichter der Menschen nach – von Wachsbildern von Aborigine-Stammesangehörigen über kolonialzeitliche Porträts von Australiens Gründerfamilien bis hin zu zeitgenössischen Werken wie Howard Arkleys Neon-Porträt des Musikers Nick Cave.

Das eigens für diesen Zweck errichtete Gebäude wurde von dem Architekten Richard Johnson vom Sydneyer Büro Johnson Pilton Walker entworfen; alle Flächen – von den Ausstellungssälen bis hin zu der hübschen Café-Terrasse – sind hervorragend gestaltet.

Museum of Australian Democracy MUSEUM
(Karte S. 280; ☎02-6270 8222; www.moadoph.gov.au; Old Parliament House, 18 King George Tce, Parkes; Erw./erm./Fam. 2/1/5 AU$; ⏲9–17 Uhr) Das Gebäude fungierte von 1927 bis 1988 als Parlamentssitz und präsentiert damit Besuchern neben den Exponaten auch viele Erinnerungsstücke an die parlamentarische Arbeit im vorigen Jahrhundert. Nichtaustraliern sagt das naturgemäß wenig, aber allen, die sich mit australischer Geschichte beschäftigt oder die theatralischen Reden und Mätzchen in Canberra über die Jahrzehnte verfolgt haben, kommen hier viele bedeutsame Ereignisse der noch recht jungen parlamentarischen Demokratie in den Sinn. Die Ausstellungen bieten Infos zu den australischen Premierministern, zur Geschichte der Demokratie im allgemeinen und der australischen im Besonderen sowie zu örtlichen Protestbewegungen. Man kann auch die alten Sitzungssäle des Senats und des Repräsentantenhauses, die Parlamentsbibliothek und das alte Büro des Premierministers besichtigen.

Vor dem Eingangsfoyer serviert das Kitchen Cabinet (S. 287), ein wundervolles kleines Café, Pies, Quiches, Sandwiches und ausgezeichneten Kaffee.

Auf dem Rasen vor dem Old Parliament House steht die **Aboriginal Tent Embassy** – der Zeltbau ist eine wichtige Stätte im Kampf der indigenen Australier um Gleichheit und politische Mitwirkung. Unten am Ufer des Lake Burley Griffin befindet sich der **Reconciliation Place**, wo Kunstwerke den Willen der Nation bekunden, die Versöhnung zwischen indigenen und nichtindigenen Australiern zu fördern.

National Museum of Australia MUSEUM
(Karte S. 280; ☎02-6208 5000; www.nma.gov.au; Lawson Cres, Acton Peninsula; Führung Erw./Kind/Fam. 10/5/25 AU$; ⏲9–17 Uhr) GRATIS Die nationale Identität eines Landes zu dekonstruieren und zu untersuchen, ist ein lo-

Canberra Zentrum

Canberra Zentrum

Highlights
1 Australian War Memorial ... D2
2 National Gallery of Australia ... C5
3 National Portrait Gallery ... C5
4 Parliament House ... A6

Sehenswertes
5 Aboriginal Tent Embassy ... B5
6 Australian National University ... A1
7 Canberra Museum & Gallery ... B2
8 Captain Cook Memorial Water Jet ... B3
9 High Court of Australia ... C4
10 Lake Burley Griffin ... C4
11 Museum of Australian Democracy ... B5
12 National Archives of Australia ... B5
13 National Capital Exhibition ... B3
14 National Carillon ... C4
15 National Film & Sound Archive ... A2
16 National Library of Australia ... B4
17 National Museum of Australia ... A4
18 Questacon ... B4
19 Reconciliation Place ... B4

Aktivitäten, Kurse & Touren
20 Canberra Olympic Pool ... B3
21 Lake Burley Griffin Boat Hire ... B3
22 Manuka Swimming Pool ... C7
23 Mr. Spokes Bike Hire ... B3
24 Southern Cross Yacht Club ... A4

Schlafen
25 Brassey ... C6
26 Burbury Hotel ... C6
27 Canberra City YHA ... B2
28 Diamant Hotel ... A2
29 Hotel Realm ... B6
30 Hyatt Hotel Canberra ... A5
31 Mercure Canberra ... D1
32 The York Canberra ... C7
33 University House ... A2

Essen
Artespresso ... (siehe 32)
Bicicletta Restaurant ... (siehe 28)
34 Courgette ... B1
35 Cream ... B6
36 Dieci e Mezzo ... B6
37 Gus' Café ... B7
Italian & Sons ... (siehe 38)
Kitchen Cabinet ... (siehe 11)
38 Lonsdale Street Roasters ... B1
Malamay ... (siehe 26)
39 Ottoman ... C5
40 Sammy's Kitchen ... B6
41 Silo Bakery ... C7
The Tea Lounge ... (siehe 30)
42 Tosolini's ... B7
43 Urban Food ... B2

Ausgehen & Nachtleben
ANU Union Bar ... (siehe 6)
44 Benchmark Wine Bar ... A7
45 Cube ... B7
46 Honky Tonks ... B7
47 King O'Malley's ... B7
48 Knightsbridge Penthouse ... B1
49 Little Brussels Belgian Beer Café ... C7
50 Mooseheads ... B7
51 Phoenix ... B7
52 Tongue & Groove ... B6
Transit Bar ... (siehe 27)
53 Wig & Pen ... A7

Unterhaltung
Arc Cinema ... (siehe 15)
Canberra Theatre Centre ... (siehe 7)
54 Palace Electric Cinema ... A2
55 Ticketek ... B2

Shoppen
56 Canberra Centre ... C2
Craft ACT ... (siehe 7)
57 Electric Shadows Bookshop ... B1
National Library Bookshop ... (siehe 16)
58 Old Bus Depot Markets ... D6

benswertes Unterfangen, auf das sich dieses Museum engagiert stürzt. Das mit Exponaten vollgestopfte Museum verzichtet dabei auf beliebte Ausstellungskonventionen wie die chronologische Anordnung. Manche Besucher finden das erfrischend, andere ärgerlich; Kindern gefällt's. Im Zentrum der Ausstellung stehen u.a. die Umweltveränderungen, die Kultur der Aborigines und nationale Wahrzeichen. Unbedingt anschauen sollte man sich den Einführungsfilm, der am Beginn des Rundgangs in dem kleinen, sich drehenden **Circa Theatre** gezeigt wird.

Aus Civic kommt man mit Bus 7 hierher. Am Wochenende und an Feiertagen fährt regelmäßig ab 10.30 Uhr ein kostenloser Bus von Plattform 7 des Civic-Busbahnhofs über die Alinga St, East Row und die Mort St.

National Film & Sound Archive MUSEUM, KINO
(Karte S. 280; ☎02-6248 2000; www.nfsa.gov.au; McCoy Circuit, Acton; ⊙Mo–Fr 9–17, Sa & So 10–17 Uhr) GRATIS Das in einem hübschen Art-déco-Gebäude untergebrachte Archiv bewahrt australische Film- und Tonaufnahmen für die Nachwelt auf. Die Ausstellung *Sights + Sounds of a Nation* ist nur prima, sofern

nicht allzu viele Besucher da sind, sonst aber unglaublich nervig, weil es keine Schallabschirmung um die einzelnen audiovisuellen Exponate gibt. Wechselausstellungen, Vorträge und Filmvorführungen gibt's im **Arc Cinema** (Karte S. 280; Erw./erm. 11/9 AU$; ⏲ Do 14 & 19, Sa 14, 16.30 & 19.30, So 14 & 16.30 Uhr). Im Innenhof serviert das Teatro Fellini Café Kaffee und einfache Mittagsgerichte.

Australian National Botanic Gardens GARTEN
(Karte S. 278; ☎ 02-6250 9540; www.anbg.gov.au; Clunies Ross St, Acton; ⏲ Feb.–Dez. 8.30–17 Uhr, Jan. Sa & So bis 20 Uhr, Besucherzentrum 9.30–16.30 Uhr) GRATIS Der der Pflege, Erforschung und Förderung der pflanzlichen Artenvielfalt in Australien gewidmete Park erstreckt sich über 90 ha an den unteren Hängen des Black Mountain. Zu den Lehrpfaden, die man auf eigene Faust erkunden kann, zählt der Joseph Banks Walk, an dem farbenfrohe Pflanzen die Vielfalt der australischen Flora illustrieren. Nahe dem Eukalyptushain (mit 600 Arten dieses typisch australischen Baumes) zweigt ein Rundweg (hin & zurück 90 Min.) vom Hauptweg ab, der zunächst in die höher gelegenen Teile des Parks und dann weiter durch den Black Mountain Nature Park auf den Berggipfel führt.

Das **Visitors Centre** ist Ausgangspunkt der von ehrenamtlichen Helfern geleiteten kostenlosen **Führungen** um 11 und 14 Uhr. An den Wochenenden bricht ein zwölfsitziger Elektrobus vom Visitors Centre zur **Flora Explorer Tour** (Erw./Kind 6/3 AU$; ⏲ Sa & So 13 Uhr) auf.

Canberra Museum & Gallery MUSEUM, GALERIE
(Karte S. 280; ☎ 02-6207 3968; www.museumsandgallery.act.gov.au; Ecke London Circuit & Civic Sq, Civic; ⏲ Mo–Fr 10–17 Uhr, Sept.–Mai Sa & So 12–16 Uhr) GRATIS Das Museum mit Kunstgalerie widmet sich der Sozialgeschichte und bildenden Kunst Canberras. Es zeigt eine Sammlung maßgeblicher Werke von Sidney Nolan, von dessen Gemälden jene am berühmtesten sind, die den im 19. Jh. berüchtigten Straßenräuber Ned Kelly darstellen.

National Library of Australia BIBLIOTHEK
(Karte S. 280; ☎ 02-6262 1111; www.nla.gov.au; Parkes Pl, Parkes; ⏲ Treasures Gallery 10–17 Uhr) GRATIS Seit ihrer Gründung im Jahr 1901 hat die Bibliothek schon über 6 Mio. Bücher und Medien gesammelt, von denen die meisten in den Lesesälen eingesehen werden können. Unbedingt anschauen sollte man sich die neue **Treasures Gallery**, in der Kostbarkeiten wie Kapitän Cooks Tagebuch von der *Endeavour* oder Kapitän Blighs Meutererliste in einer immer wechselnden Ausstellung gezeigt werden – kostenlose 40-minütige Führungen, veranstaltet von ehrenamtlichen Helfern, gibt es täglich um 10.30 Uhr sowie zusätzlich montags, mittwochs und freitags um 11.30 Uhr.

Australian Institute of Sport SPORT
(AIS; Karte S. 278; ☎ 02-6214 1010; www.ausport.gov.au/tours; Leverrier St, Bruce; Führung Erw./Student/Kind/Fam. 18/13/10/49 AU$; ⏲ Führungen 10, 11.30, 13 & 14.30 Uhr) Im AIS trainieren die Elite und die Nachwuchstalente des australischen Sports. In Rahmen der 90-minütigen **Führungen** informieren lokale Sportler u. a. über Trainings- und Ernährungspläne. Es gibt Exponate zu australischen Champions sowie zu den Olympischen Spielen von Sydney und außerdem interaktive Geräte, an denen man sich in diversen Sportarten blamieren bzw. seine Wurfsicherheit, Geschwindigkeit, Stärke und Reaktionszeit am Ball testen kann.

Questacon MUSEUM
(Karte S. 280; ☎ 02-6270 2800; www.questacon.edu.au; King Edward Tce, Parkes; Erw./Kind & erm./Fam. 23/17,50/70 AU$; ⏲ 9–17 Uhr) Das interaktive Wissenschafts- und Technikmuseum zieht mit seinen lebensnahen, lehrreichen und lustigen Exponaten vor allem Kinder magisch an. Hier können die Kinder viel über die physikalischen Grundlagen von Sport, Leichtathletik und Vergnügungsparks erfahren, Tsunamis heraufbeschwören und üben, sich vor Zyklonen und Erdbeben in Sicherheit zu bringen. Die spannenden Wissenschaftsdemonstrationen, Vorführungen und Puppentheater sind im Eintrittspreis enthalten.

National Capital Exhibition MUSEUM
(Karte S. 280; ☎ 02-6272 2902; www.nationalcapital.gov.au; Barrine Dr, Commonwealth Park; ⏲ Mo–Fr 9–17, Sa & So 10–16 Uhr) GRATIS In dem bescheidenen Museum nahe dem Regatta Point kann man etwas über die indigene Bevölkerung der Region erfahren und Kopien der fein ausgeführten Planzeichnungen des Stadterbauers Burley-Griffin bestaunen.

National Zoo & Aquarium ZOO, AQUARIUM
(Karte S. 278; ☎ 02-6287 8400; www.nationalzoo.com.au; 999 Lady Denman Dr, Yarralumla; Erw./Student & Senior/Kind/Fam. 38/31/21,50/105 AU$, Führung Wochenende/werktags 135/110 AU$; ⏲ 10–17 Uhr) Hinter dem Scrivener Dam liegt

dieser Zoo samt Aquarium mit jeder Menge faszinierender Tiere. Man muss im Voraus buchen, wenn man einen Geparden knuddeln (165 AU$), eine relativ nahe Begegnung mit einem Kleinen Panda, einem weißen Löwen oder einer Giraffe erleben (50 AUS) oder bei einer **Führung** hinter den Kulissen selbst einmal die Löwen, Tiger und Bären (110 AU$) füttern will. Bus 81 vom Busknoten in Civic hält in der Nähe des Zoos; er fährt aber nur am Wochenende.

Mt. Ainslie AUSSICHTSPUNKT
Im Nordosten der Stadt bietet der 843 m hohe Mt. Ainslie bei Tag und Nacht eine schöne Aussicht. Wanderwege beginnen hinter dem War Memorial, führen den Mt. Ainslie hinauf und enden am **Mt. Majura** (888 m).

Aktivitäten

Canberras Seen, Berge und sein Klima bieten reichlich Gelegenheit zum Bushwalking, Schwimmen, Radfahren und zu anderen Freizeitaktivitäten.

Bootsfahrten

Lake Burley Griffin Boat Hire BOOTSVERLEIH
(Karte S. 280; ☎02-6249 6861; www.actboathire.com; Acton Jetty, Civic; ⌚Mo–Fr 9–17, Sa & So 8.30–18 Uhr, Mai–Aug. geschl.) Verleih von Kanus, Kajaks und Tretbooten (15–30 AU$/Std.).

Bushwalking

Im Tidbinbilla Nature Reserve (S. 293) südwestlich der Stadt gibt es Wander- und Radwege, einen Eukalyptuswald und ein Schnabeltierhabitat. Ein weiteres tolles Gebiet für Buschwanderungen ist der Namadgi National Park (S. 293) 30 Fahrtminuten südlich vom Stadtzentrum.

Radfahren

Canberra verfügt über eines der am besten ausgebauten Radwegenetze in den Städten Australiens. In der Touristeninformation erhält man die beiden nützlichen, kostenlosen Broschüren *Lake Burley Griffin Cycle Routes* sowie die *Walking & Cycling Map*, herausgegeben von **Pedal Power ACT** (http://pedalpower.org.au).

Mr. Spokes Bike Hire FAHRRADVERLEIH
(Karte S. 280; ☎02-6257 1188; www.mrspokes.com.au; Barrine Dr, Acton; ⌚Mi–So 9–17, in den Schulferien tgl.) In der Nähe des Fähranlegers im Acton Park; Fahrräder kosten pro Stunde/halbem/ganzem Tag 20/30/40 AU$.

Row'n'Ride FAHRRADVERLEIH
(☎0410 547 838; www.realfun.com.au) Toller Service: Die Räder werden einem bis vor die Haustür gebracht (Tag/Woche 45/95 AU$).

Schwimmen

Canberra International Sports & Aquatics Centre SCHWIMMBAD
(Karte S. 278; ☎02-6251 7888; www.cisac.com.au; 100 Eastern Valley Way, Bruce; Erw./Kind 5,50/4 AU$; ⌚Mo–Fr 6–21, Sa & So 7–19 Uhr) Beheizte Schwimmbecken mit 25- und 50-m-Bahnen.

Canberra Olympic Pool SCHWIMMBAD
(Karte S. 280; ☎02-6248 6799; www.canberraolympicpool.com.au; Ecke Allara St & Constitution Ave, Civic; Erw./Kind 6/4 AU$; ⌚Mo–Di 6–20.30, Fr 6–20, Sa 7–18, So 8–18 Uhr) Hier gibt's drei Becken (darunter eine beheizte 50-m-Bahn), ein Café und ein Fitnesscenter.

Manuka Swimming Pool SCHWIMMBAD
(Karte S. 280; ☎02-6295 1910; NSW Cres, Manuka; Erw./Kind 5,50/4,50 AU$; ⌚Nov.–März Mo–Fr 6.30–19, Sa & So 8–19 Uhr, April–Okt. meist geschl.) Schwimmbad mit 30-m-Bahn aus der Art-déco-Ära.

Geführte Touren

Balloon Aloft RUNDFLUG
(Karte S. 278; ☎02-6285 1540; www.canberraballoons.com.au; Fahrten Erw./Kind ab 290/210 AU$) Bietet ruhigere Rundflüge mit dem Heißluftballon über Canberra an.

Canberra Day Tours STADTRUNDFAHRT
(☎0418 455 099; www.canberradaytours.com.au; Erw./Kind 35/20 AU$) Hop-on-Hop-off-Service. Start des Red-Explorer ist am Melbourne Building, Northbourne Ave, Civic. Der erste Bus fährt um 9.30 Uhr, der letzte um 15 Uhr. Den aktuellen Fahrplan kann man online einsehen.

Southern Cross Yacht Club BOOTSFAHRT
(Karte S. 280; ☎02-6273 1784; www.cscc.com.au; 1 Mariner Pl, Yarralumla) Die MV Southern Cross veranstaltet Sightseeing-Touren sonntags mit Mittagessen und donnerstags mit Abendessen (Erw./Kind 70/25 AU$). Jeden Sonntag um 15 Uhr gibt's außerdem noch eine verkürzte einstündige Tour (15/9 AU$).

Lake Burley Griffin Cruises BOOTSFAHRT
(☎0419 418 846; www.lakecruises.com.au; Erw./Kind 15/8 AU$) Zwischen Mitte Oktober und Mitte Mai finden täglich informative Bootsfahrten auf dem See statt.

Feste & Events

Einen praktischen Kalender mit all den Festen und besonderen Events im Hauptstadt-Territorium findet man unter www.events.act.gov.au.

Australia Day Live LIVEMUSIK
(www.australiaday.org.au) Das Livekonzert auf dem Rasen des Parliament House findet alljährlich am 25. Januar statt.

National Multicultural Festival KULTUR
(www.multiculturalfestival.com.au) Wird im Februar gefeiert.

Royal Canberra Show LANDWIRTSCHAFTSSCHAU
(www.rncas.org.au/showwebsite/main.html) Ende Februar begegnen sich hier Stadt und Land.

Enlighten KULTUR
(www.enlightencanberra.com.au) Im März bleiben viele Kultureinrichtungen abends länger geöffnet. Dann gibt es Events, die „Canberra in einem ganz neuen Licht" zeigen wollen.

Canberra Festival KUNST, KULTUR
(www.events.act.gov.au) Am 12. März feiert die Stadt einen Tag lang mit Essen, Trinken und einem Kunstfest ausgiebig ihren Geburtstag.

Canberra Balloon Spectacular BALLONFAHRT
An einem Wochenende im März heben Heißluftballons vom Rasen vor dem Old Parliament House in die Lüfte ab.

National Folk Festival KUNST, KULTUR
(www.folkfestival.asn.au) Jedes Jahr findet zu Ostern eines der landesweit größten Folkfestivals statt.

Canberra District Wine Harvest Festival WEIN
(www.canberrawines.com.au) Im April organisiert die Canberra District Wine Industry Association ein Wochenende mit Wein, Essen und Musik auf den Weingütern in der Hauptstadtregion.

Anzac Day NATIONALFEIERTAG
Der Nationalfeiertag am 25. April wurde zu Ehren der Streitkräfte eingerichtet. Am Australian War Memorial finden morgendliche Gottesdienste und Paraden statt.

Canberra International Music Festival MUSIK
(www.cimf.org.au) Im Mai gehen Musiker von lokalem, australischem und internationalem Rang überall in der Stadt in bekannten Räumen auf die Bühne.

Floriade GARTENSCHAU
(www.floriadeaustralia.com) Canberras größtes Festival findet im September bzw. Oktober statt und widmet sich der spektakulären Frühlingsblütenpracht der Stadt.

Schlafen

Canberras Unterkünfte sind am stärksten während der Sitzungstage des Parlaments belegt. Zu dieser Zeit sind die Hotels werktags am teuersten, während die Preise an den Wochenenden fallen. Spitzenpreise werden auch während der Gartenschau Floriade gefordert.

In diesem Kapitel gilt die Budgetkategorie (gekennzeichnet mit $) für Zimmer, die weniger als 120 AU$ kosten, die Mittelklassekategorie ($$) für Zimmer, bei denen man mit 120 bis 250 AU$ rechnen muss, und die Spitzenklassekategorie ($$$) für Zimmer, für die man mehr als 250 AU$ pro Nacht hinzulegen hat. Leider gibt es nur sehr wenige Budget- und Unterkünfte der unteren Mittelklasse, die eine Empfehlung verdienen.

Bei den meisten Unterkünften ist im einfachen Zimmerpreis kein Frühstück enthalten. Wenn doch, ist das in der Beschreibung vermerkt.

Nördlich vom Lake Burley Griffin

Canberra City YHA HOSTEL $
(Karte S. 280; ☎02-6248 9155; www.yha.com.au; 7 Akuna St, Civic; B 32–39 AU$, DZ & 2BZ 110 AU$, FZ 175 AU$; ❄@☎≋) Schülergruppen stellen den Hauptanteil der Gäste in diesem gut geführten Hostel. Die meisten Zimmer und Schlafsäle sind mit Gemeinschaftsbädern ausgestattet, die Familienzimmer mit eigenen Bädern. In den Schlafsälen gibt es Stockbetten und Schließfächer, in den privaten Zimmern Kaffee- und Teemaschinen. Zu den Einrichtungen und Extras zählen ein Fahrradverleih (25 AU$/Tag), ein kleines Hallenbad, eine Sauna, eine Küche für Selbstversorger, eine Außenterrasse, auf der freitags gegrillt wird, und ein Café.

★**Diamant Hotel** BOUTIQUEHOTEL $$
(Karte S. 280; ☎02-6175 2222; www.diamant.com.au; 15 Edinburgh Ave, Civic; Zi. 160–320 AU$, Apt. 350–650 AU$; P❄☎) Das in dem aufstrebenden New Acton in der Nähe von Civic gelegene Hotel zeigt ein wenig Sydneyer Eleganz. Acht Arten von Zimmern und Wohnungen finden sich in dem Apartment-

STUDENTENWOHNHEIME

Einige der Studentenwohnheime der ANU, die sich auf dem grünen Campus verstecken, vermieten in der vorlesungsfreien Zeit von Ende November bis Ende Februar ihre Zimmer. Die meisten sind recht ähnlich ausgestattet. Zimmer gibt's ab ca. 65 AU$.

Einzelheiten findet man unter www.visitcanberra.com.au/Accommodation/Residential-colleges.aspx.

block von 1926, alle sind renoviert und mit Einrichtungen wie ipod-Anschlüssen, CD-Playern von B&O und geräumigen Badezimmern mit Regenduschen ausgestattet. Das Personal ist diensteifrig, und vor Ort gibt es einen Fitnessraum, die beliebte Library Bar sowie das Bicicletta Restaurant.

University House HOTEL $$
(Karte S. 280; ☎ 02-6125 5211; www.anu.edu.au/unihouse; 1 Balmain Cres, Acton; EZ ohne Bad 99 AU$, DZ & 2BZ mit Bad 144–159 AU$, Apt. 190 AU$; P ❄ ☎) Das Gebäude aus den 1950er-Jahren mit passenden Möbeln und Ambiente steht auf dem grünen Gelände der Australian National University (ANU) und wird von durchreisenden Wissenschaftlern und Forschern sowie von dem einen oder anderen Politiker frequentiert. Die geräumigen Zimmer und die Apartments mit zwei Schlafzimmern sind schlicht, aber recht komfortabel. Es gibt einen netten Hinterhof, ein Restaurant und ein Café.

Mercure Canberra HOTEL $$
(Karte S. 280; ☎ 02-6243 0000; www.accorhotels.com; Ecke Ainslie Ave & Limestone Ave, Braddon; DZ Standard 159–209 AU$, Superior 189–269 AU$; ❄ ☎) Das Hauptgebäude des gut besuchten Geschäftshotels ist ein denkmalgeschützter Bau von 1927 ganz nah am War Memorial. Die späteren Anbauten liegen um einen Hof mit Garten und haben die besten Zimmer – wenn möglich, sollte man ein Superior-Zimmer mit Balkon nehmen.

Südlich vom Lake Burley Griffin

★ East Hotel HOTEL $$$
(Karte S. 278; ☎ 02-6295 6925, 1800 816 469; www.easthotel.com.au; 69 Canberra Ave, Kingston; Wohnstudio 265–320 AU$, Apt. 315–270 AU$; P ❄ @ ☎) Als geschickt eingerichtetes Zwischending aus Boutique- und Geschäftshotel bietet die neue Unterkunft durchdacht geplante und stilvoll eingerichtete Zimmer. Im Foyer finden sich eine Multimedia-Installation, eine Reihe von Apple-Rechnern, ein Lounge-Bereich (mit einer super Zeitschriftenauswahl) und ein Café; gleich nebenan liegen die schicke Ox Eatery und eine Bar. Zu den Einrichtungen der Zimmer gehören ein Arbeitstisch, ein iPod-Anschluss, eine Espressomaschine und eine voll ausgestattete Küche. Besonders beeindruckten uns die sogenannten Luxe Studios und die Familienzimmer, in denen man auch auf eine Xbox und Sitzsäcke nicht verzichten muss.

Burbury Hotel HOTEL $$$
(Karte S. 280; ☎ 02-6173 2700; www.burburyhotel.com.au; 1 Burbury Close, Barton; Zi. 195–240 AU$, Suite 210–300 AU$, 2-Bett-Suite 240–380 AU$; P ❄ @ ☎) Das Geschäftshotel bietet Zimmer, Suiten mit ein oder zwei Schlafzimmern und Zugang zu den Freizeiteinrichtungen im benachbarten Realm Hotel. Die Zimmer und Suiten sind zwar unpersönlich eingerichtet, aber gut geschnitten und angenehm hell. Die technische Ausrüstung ist eindrucksvoll: Man findet iPod-Anschlüsse und Mini-Macs vor. Das Frühstück (20 AU$) genießt man oben auf der Terrasse mit toller Aussicht.

Brassey HOTEL $$$
(Karte S. 280; ☎ 02-6273 3766; www.brassey.net.au; Ecke Belmore Gardens & Macquarie St, Barton; Zi. 190–245 AU$, FZ 280–300 AU$; P ❄ @) Das bezaubernd altmodische Brassey wirkt wie eine Pension und ist sehr beliebt bei Konferenzteilnehmern und älteren Touristen, die die Bar im Haus, das Restaurant und den Biergarten zu schätzen wissen. Auf Stil wurde in den Zimmern zwar gar kein Wert gelegt, aber sie sind sauber und komfortabel. Das Fehlen von WLAN werden manche Gäste als Nachteil empfinden, aber das großzügige kostenlose Frühstücksbuffet ist eine gute Entschädigung.

Hyatt Hotel Canberra LUXUSHOTEL $$$
(Karte S. 280; ☎ 02-6270 1234; www.canberra.park.hyatt.com; 120 Commonwealth Ave, Yarralumla; Zi. 250–700 AU$, Suite 695–1200 AU$; P ❄ @ ☎ ≋) Im Foyer nach anwesenden Staatsoberhäuptern zu spähen, ist eine beliebte Freizeitbeschäftigung in Canberras luxuriösestem historischen Hotel. Angesichts von mehr als 200 Zimmern, gut ausgelasteten Tagungsräumen und der beliebten Tee-

Lounge herrscht im Gebäude ein ständiges Kommen und Gehen. Die Zimmer sind groß, kürzlich renoviert und extrem gut ausgestattet. An Einrichtungen gibt es u.a. ein Hallenbad, ein Spa, eine Sauna und ein Fitnesscenter.

The York Canberra APARTMENT **$$$**
(Karte S. 280; ☎ 02-6295 2333; www.yorkcanberra.com.au; 31 Giles St, Kingston; Zi. 250 AU$, Apt. 1/2 Schlafzi. 275 AU$/350 AU$; P ❄ ☜) Das im Zentrum der populären Café- und Restaurantmeile von Kingston gelegene York ist eine ausgezeichnete Wahl für Geschäftsreisende und Familien. Es bietet eine Auswahl großzügiger Suiten und Apartments, einige davon mit voll ausgestatteter Küche und Waschmaschine bzw. Trockner, die übrigen mit Kochnischen. Frühstück gibt's nicht, aber in der Nähe befinden sich viele Cafés.

Hotel Realm HOTEL **$$$**
(Karte S. 280; ☎ 02-6163 1800; www.hotelrealm.com.au; 18 National Circuit, Barton; Zi. 215–285 AU$, Suite 250–315 AU$; ❄ ☜ ≋) Vom hohen Atrium im Foyer bis hin zu den geräumigen Zimmern mit Blick auf den Capital Hill ist dieses hauptsächlich von Geschäftsreisenden frequentierte Hotel unweit des Parliament House und der Museen an der King Edward Tce ganz darauf angelegt, seine Gäste zu beeindrucken. Es gibt ein Spa und ein Fitnesscenter mit Langbahnschwimmbecken, Sporthalle, Sauna und Schwitzraum. Die Ansammlung beliebter Restaurants und Bars unten macht es einem leicht, den passenden Ort für das Abendessen oder einen Drink zu finden.

Essen

Zu den Restauranthochburgen zählen Civic, Kingston, Manuka und Griffith. Eine Reihe populärer asiatischer Lokale findet sich an der Woolley St in Dickson. Achtung: Viele Restaurants sind sonntags und montags geschlossen!

Nördlich vom Lake Burley Griffin

Lonsdale Street Roasters CAFÉ **$**
(Karte S. 280; http://lonsdalestreetroasters.com; Shop 3, 7 Lonsdale St, Braddon; Panini 6–13 AU$; ⏲ Mo–Fr 6.30–16, Sa 6.30–15 Uhr) Fragt man die Einwohner nach dem Café mit dem besten Kaffee in Canberra, wird fast unweigerlich dieses schäbig-schicke Café genannt. Neben sehr gutem Kaffee aus frisch gerösteten Bohnen gibt es auch eine Auswahl leckerer Panini.

Gus' Café CAFÉ **$**
(Karte S. 280; ☎ 02-6248 8118; www.guscafe.com.au; Ecke Garema Pl & Bunda St; Frühstück 4–18 AU$; ⏲ 7.15–21 Uhr) Augustin Petersilka (alias Gus), ein Wiener mit Heimweh, gründete dieses Café im Jahr 1967, das seither zu einer Institution in Canberra geworden ist. Mittags bekommt man auch Sandwiches, Wraps und Burger, vor allem aber kommen die Leute wegen des ganztägig servierten Frühstücks und der köstlichen saftigen Kuchen (den Schokokuchen probieren!) hierher.

Urban Food CAFÉ **$**
(Karte S. 280; Ecke Marcus Clarke St & Edinburgh Ave, Civic; ⏲ 7.30–15.30 Uhr, Lebensmittelgeschäft bis 20 Uhr) Hier kann man frischen Saft, Smoothies oder Biokaffee von einer einzigen Plantage genießen und gleichzeitig über das kostenlose WLAN seine E-Mails checken. Beim Hinausgehen bietet es sich an, sich im angeschlossenen Lebensmittel- und Spirituosenladen mit Lebensmitteln einzudecken.

★ **Lanterne Rooms** MALAYSISCH **$$**
(Karte S. 278; ☎ 02-6249 6889; http://lanternerooms.chairmangroup.com.au; Shop 3, Blamey Pl, Campell Shops; Hauptgerichte 30–34 AU$; ⏲ Di–Fr 12–14.30 & 18–22.30, Sa 18–22.30 Uhr) Das Restaurant mag zwar in einem schmuddeligen Einkaufszentrum in Campbell liegen, das ist aber auch schon das einzige Vorstädtische an diesem stimmungsvollen Lokal. Es serviert ausgezeichnet zubereitete Peranakan-Gerichte (Küche eines Volkes, das auf der Malayischen Halbinsel lebt) in farbenfrohem Ambiente, das an Bauernhäuser auf der malaysischen Insel Penang aus der Kolonialzeit erinnert und gleichermaßen elegant und einladend ist.

Italian & Sons ITALIENISCH **$$**
(Karte S. 280; ☎ 02-6162 4888; www.italianandsons.com.au; Shop 7, 7 Lonsdale St, Braddon; Hauptgerichte 24–33 AU$; ⏲ Mo–Sa 18–22, Di–Fr 12–14.30 & 18–22 Uhr) Das angesagteste Restaurant in Canberra ist die Trattoria, die ihrer treuen Kundschaft Pizzas mit dünnem Boden, *al dente* gekochte Pasta und jeweils ein Tagesgericht auftischt. Vorher reservieren!

Bicicletta Restaurant ITALIENISCH **$$**
(Karte S. 280; ☎ 02 6262 8683; www.8hotels.com/canberra-hotel/diamant-hotel/bicicletta; Diamant Hotel, 15 Edinburgh Ave, Civic; Panini 12–18 AU$,

Pasta 20–28 AU$, Pizzas 20–25 AU$; ⌚7–11, 12–15 & 18–22 Uhr) Die Köche in diesem zwanglosen Lokal innerhalb des Diamant Hotel im Stadtteil New Acton holen alles aus den saisonalen, regionalen und nachhaltig angebauten Zutaten heraus. Zu Mittag gibt es einfache Gerichte (Panini, Salate, Pizza & Pasta), abends stehen zusätzlich noch ein paar Grillspeisen auf der Karte. Man kann drinnen und draußen sitzen, was besonders im Sommer schön ist. Dienstagabends gibt's draußen ein Freiluftkino.

Cream CAFÉ, BAR $$
(Karte S. 280; ☎02-6162 1448; www.creamcafebar.com.au; Ecke Bunda & Genge St, Civic; Frühstück 7–18 AU$, Mittagssnacks 11–24 AU$, Hauptgerichte 23–36 AU$; ⌚Mo–Fr 7.30–22, Sa & So 8–22 Uhr) Die Bunda St ist der Mittelpunkt von Canberras Unterhaltungsviertel, und dieser riesige, vom Art déco inspirierte Treffpunkt war zur Zeit unseres Besuchs besonders angesagt. Rund um die Bar in der Mitte essen Damen zu Mittag, treffen Geschäftsleute Vereinbarungen und legen Shoppende eine Verschnaufpause ein. Nach der Arbeit genehmigt man sich hier gerne einen Cocktail.

Tosolini's ITALIENISCH $$
(Karte S. 280; ☎02-6247 4317; www.tosolinis.com.au; Ecke London Circuit & East Row, Civic; Frühstück 15–17 AU$, Panini 9 AU$, Pasta 20–28 AU$; ⌚7.30 Uhr–open end) Das bereits sehr lange bestehende Tosolini versorgt Angestellte und shoppende Traveller schon seit Jahrzehnten und hat nichts von seinem etwas behäbigen Charme verloren. Getoastete Panini, Bruschetta und Focaccia sind mittags beliebt, abends steht Pizza nach Hausfrauenart im Mittelpunkt.

Sammy's Kitchen MALAYSISCH $$
(Karte S. 280; ☎02-6247 1464; Shop FG09 North Quarter, Canberra Centre, Bunda St, Civic; Hauptgerichte 10–25 AU$; ⌚11–22 Uhr) Das Lokal ist bei den Einwohnern des Viertels schon lange sehr beliebt, nicht zuletzt wegen seiner billigen und in reichlichen Portionen servierten chinesischen und malaysischen Gerichte. Hier geht's fröhlich zu – auch wenn auf Ambiente und Schnickschnack verzichtet wurde.

Dieci e Mezzo ITALIENISCH $$
(Karte S. 280; ☎02-6248 3142; www.dieciemezzo.com.au; AGL House, Ecke Bunda St & Mort St; Hauptgerichte 29–34 AU$; ⌚Mo–Fr 8.30–22, Sa 18–22 Uhr) Die Lage in einem Büro-Foyer ist ein bisschen seltsam, aber die skandinavisch beeinflusste Einrichtung dieses Restaurants ist sehr stilvoll – und das Essen absolut delikat. Die Gerichte entstammen der italienischen Küche, sind aber auf modern-australische Art wunderbar mit regionalen und saisonalen Zutaten zubereitet. Dazu gibt's eine durchdachte Auswahl australischer und ausländischer Weine. Das Mittagsmenü (1/2/3 Gänge zzgl. 1 Glas Wein 29/39/49 AU$) ist ein tolles Schnäppchen.

Courgette MODERN-AUSTRALISCH $$$
(Karte S. 280; ☎02-6247 4042; www.courgette.com.au; 54 Marcus Clarke St, Civic; 4-Gänge-Abendmenü 75 AU$, 3-Gänge-Mittagsmenü 55 AU$; ⌚Mo–Fr 12–15 & 18.30–23, Sa 18.30–23 Uhr) Einheimische, die eine größere Feier ausrichten, kommen wegen der französisch beeinflussten Gerichte und der guten Weine häufig in dieses Restaurant in Civic. Das Ambiente ist nicht besonders toll (insbesondere nicht im Seitenbereich), und das Essen mögen manche als überkandidelt empfinden. Angeboten werden ausschließlich Menüs.

Südlich vom Lake Burley Griffin

★ **Silo Bakery** BÄCKEREI, CAFÉ $
(Karte S. 280; ☎02-6260 6060; http://silobakery.com.au/; 36 Giles St, Kingston; Frühstück 3,50–22 AU$, Mittagessen 12–24 AU$; ⌚Di–Sa 7–16 Uhr) Warum kann dieses Lokal nicht gleich bei uns um die Ecke eine Filiale aufmachen? Das Sauerteigbrot, die Pies, Tarts und Backwaren sind ideal zum Frühstück, und mittags werden Gäste mit gefüllten Baguettes, rustikalen Hauptgerichten und Käseplatten verwöhnt. Guter Kaffee und eine klug ausgewählte Weinkarte vervollständigen das nahezu perfekte Angebot. Wer zum Mittagessen kommen möchte, muss reservieren.

Kitchen Cabinet CAFÉ $
(Karte S. 280; www.thekitchencabinet.com.au; King George Terrace, Parkes, Old Parliament House; Sandwiches, Pies & Quiches 8 AU$; ⌚9–17 Uhr) Die Belegschaft des im Foyer des Old Parliament House (daher der lustige Name) residierenden wundervollen Cafés serviert Sandwiches, Pies, Quiches, ein Tagesgericht und wirklich ausgezeichneten Kaffee, sodass sich die Parlaments- und Museumsangestellten aus der Gegend hier nur so drängen. Es gibt einen kleinen Essbereich drinnen sowie ein paar Tische auf der Terrasse.

★ Ottoman TÜRKISCH $$

(Karte S. 280; ☎ 02-6273 6111; www.ottomancuisine.com.au; Ecke Broughton & Blackall St, Barton; Hauptgerichte 33 AU$, 7-Gänge-Verkostungsmenü 75 AU$; ⊙ Di–Fr 12–15 & 18–22, Sa 18–22 Uhr) In dem seltsam aussehenden Glaspavillon in der Mitte von Barton wurde dieses ausgezeichnete türkische Restaurant eingerichtet – die Location ist ein bisschen überraschend. Auf der Karte stehen viele traditionelle Gerichte (Meze, Dolma, Kebab), die aber von Küchenchef Erkin Esen geschickt modern-australisch abgewandelt wurden. Die preisgünstigen Weine sind klug ausgewählt; der Service ist ausgezeichnet.

Artespresso MODERN-AUSTRALISCH $$

(Karte S. 280; ☎ 02-6295 8055; 31 Giles St, Kingston; Frühstück 6–20 AU$, Hauptgerichte 26–36 AU$; ⊙ Mo–Fr 12–14.30 & 18–22, Sa & So 9–14 Uhr) Die Wände des als Bistro aufgemachten Lokals ziert zeitgenössische Kunst, aber die Kundschaft, die sich zum Frühstück auf üppige Eiergerichte und abends auf die köstlichen Hauptgerichte stürzt, widmet den Bildern nur wenig Aufmerksamkeit.

Aubergine MODERN-AUSTRALISCH $$$

(Karte S. 278; ☎ 02-6260 8666; www.aubergine.com.au; 18 Barker St, Griffith; 2-/3-/5-Gänge-Menü 65/80/95 AU$; ⊙ Mo–Sa 18–22 Uhr) Das Lokal wird zwar von Restaurantkritikern geliebt, geht damit aber nicht großartig hausieren. Und das hat es auch nicht nötig: Alle, die hier gegessen haben, gehen mit dem Eindruck, dass es Ben Willis wunderbar versteht, bei seinen Menüs genau die richtigen Knöpfe zu drücken – sie sind köstlich, faszinierend und perfekt ausbalanciert. Die Bedienung und die Präsentation der Speisen sind top, für eine leicht dramatische Inszenierung sorgt der Speisesaal mit seinen großen Fenstern.

Malamay CHINESISCH $$$

(Karte S. 280; ☎ 02-6162 1220; http://malamay.chairmangroup.com.au; 1 Burbury Close, Barton, Burbury Hotel; Bankett mittags 46,50 AU$, abends 68,50 AU$; ⊙ Di–Fr 12–14.30 & 18–22.30, Sa 18–22.30 Uhr) Die würzigen Aromen der Sichuan-Küche erfüllen dieses neue Restaurant. Der glamouröse Speisesaal weckt Erinnerungen an das Shanghai der Zeit um 1930 – das ideale Ambiente für das Festbankett (was anderes gibt's hier nicht).

The Tea Lounge CAFÉ $$$

(Karte S. 280; 120 Commonwealth Avenue, Parkes, Hyatt Hotel; High Tea 43 AU$; ⊙ Sa & So 14.30–17 Uhr) Fein aufbrezeln (steife Strohhüte und Federboas sind hier durchaus nicht fehl am Platz!) und in die Lounge des Hyatt Hotel einschweben: Zur Teestunde wird hier ein üppiges Buffet mit Sandwiches, Scones, Kuchen und Schnitten aufgebaut; dazu gibt's ein Glas Sekt (im Preis inbegriffen). Reservierung erforderlich!

Ausgehen

Die Kneipen und Bars konzentrieren sich überwiegend in Civic, es gibt aber auch einige in den nördlichen Vorstädten Dickson und O'Connor sowie jenseits des Sees in Kingston. Im Sommer, wenn die Studenten in den Ferien sind, ist allerdings praktisch gar nichts los.

Knightsbridge Penthouse COCKTAILBAR

(Karte S. 280; ☎ 02-6262 6221; www.knightsbridgepenthouse.com.au; 34 Mort St, Braddon; ⊙ Di & Mi 17–24, Do 16–1, Fr & Sa 16–3 Uhr) Der Name mag nach einem teuren Bordell klingen, tatsächlich handelt es sich aber um einen Gin-Schuppen mit viel Klasse, der sein Ziel, für gute Stimmung zu sorgen, mit einer künstlerischen, schwulenfreundlichen Atmosphäre und ausgezeichneten Cocktails erreicht.

Phoenix KNEIPE

(Karte S. 280; ☎ 02-6247 1606; www.lovethephoenix.com; 23 East Row, Civic, ⊙ Mo–Mi 12–1 Uhr, Do–Sa 12–3 Uhr) Die Stammgäste denken nicht weiter darüber nach – sie kehren sofort in diese Kneipe zurück, kaum dass sie den Kater nach einer durchzechten Nacht überwunden haben. Hier treten in relaxter Atmosphäre regelmäßig junge Musiker aus der Region auf. Die rustikale Deko und die Polstersessel sind der Grund dafür, dass man hier schnell mal bis spät in die Nacht hängenbleibt.

King O'Malley's IRISH PUB

(Karte S. 280; ☎ 02-6257 0111; www.kingomalleys.com.au; 131 City Walk, Civic; ⊙ 11–24 Uhr) Der bei Backpackern beliebte Laden gehört zu einer Reihe Irish Pubs in Canberra und ist unter diesen der beste. Es gibt Guinness und Kilkenny vom Fass sowie ein großes Unterhaltungsprogramm (Quiz am Montag, irische Musik am Donnerstag und Sonntag, französisches Parlieren am Mittwoch und Livebands donnerstags, freitags und samstags). Einen Grundpreis gibt's hier nicht; vornehmes Getue kommt nicht gut an.

Tongue & Groove BAR, CLUB

(Karte S. 280; www.tandg.com.au; Ecke Genge & Bunda Sts, Civic; ⊙ Mo–Do 17.30–21.30, Fr & Sa

12–2, So 12–21.30 Uhr) Jeden Abend gibt es im T&G was anderes: Tapas am Montag, Pizza am Dienstag, Livemusik am Donnerstag, einen DJ, der nach alter Schule Gemischtes auflegt, am Freitag usw. Am Freitag- und Samstagabend verwandelt sich die Bar in einen Club.

Benchmark Wine Bar WEINBAR
(Karte S. 280; ☎02-6262 6522; www.benchmarkwinebar.com.au; 65 Northbourne Ave, Civic; ⏰Mo–Fr 11.30–15 & 17 Uhr–open end, Sa 17 Uhr–open end) Tapas den ganzen Tag, Leckeres aus der Brasserie und jährlich eine neue Weinkarte mit mehr als 500 Flaschenweinen sind die Markenzeichen der Bar. Wer hier zu Abend essen will, sollte reservieren.

Honky Tonks BAR
(Karte S. 280; www.drinkhonkytonks.com.au; 17 Garema Pl, Civic; ⏰Mo–Do 16 Uhr–open end, Fr–So 14 Uhr–open end) Canberras Szene trifft sich hier, um Tacos zu essen, Margaritas zu trinken und dem Musikmix zu lauschen, den der DJ auflegt. Man kann hier viel Spaß haben.

Mooseheads KNEIPE, CLUB
(Karte S. 280; www.mooseheads.com.au; 105 London Circuit, Civic; ⏰Mo–Mi 11–3, Do–Sa 11–5 Uhr) Viele Biere vom Fass (darunter die Hausmarke) und niedrige Preise sorgen dafür, dass diese Kneipe beliebt ist. Unten gibt's Billardtische und Kneipenessen, oben eine Tanzfläche mit DJ.

ANU Union Bar KNEIPE
(Karte S. 280; ☎02-6125 2446; www.anuunion.com.au; Union Ct, Acton; Grundpreis 5–20 AU$; ⏰Gigs ab 20 Uhr) Als feste Stütze von Canberras Musikszene sorgt die „Uni Bar" (auf dem Campus der ANU) während des Semesters dreimal pro Woche für Livemusik – und angesäuselte Studenten hören zu. Für die Gigs gibt's in der Regel einen Studentenrabatt. Man kann hier aber auch prima Billard spielen und etwas trinken.

Wig & Pen KNEIPE
(Karte S. 280; ☎02-6248 0171; Ecke Alinga St & West Row, Civic; ⏰Mo–Fr 12–24, Sa & So 14–24 Uhr) Die zwei Räume der Kneipe der Kleinbrauerei sind am Freitagabend voller Büroangestellter, die sich das herzhafte Kneipenessen schmecken lassen. Die Brauerei produziert verschiedene Biersorten, darunter auch echt englisches Ale.

Little Brussels Belgian Beer Café KNEIPE
(Karte S. 280; ☎02-6260 6511; http://belgiumbeercanberra.com.au; 29 Jardine St, Kingston; ⏰Mo & So 12–22, Di–Do bis 23, Fr & Sa bis 24 Uhr) Das Kneipenpersonal schenkt mehr als 40 belgische Biere aus und serviert auch jede Menge belgischer Gerichte (z. B. Muscheln), sodass man hier nicht nur seinen Durst löschen, sondern sich auch kulinarisch weiterbilden kann.

Cube NACHTCLUB
(Karte S. 280; ☎02-6257 1110; www.cubenightclub.com.au; 33 Petrie Plaza, Civic; ⏰Do–So 22 Uhr–open end) Die Partypeople in diesem heterofreundlichen Schwulenclub werfen sich auf die riesigen Sofas, wenn sie eine Pause vom Tanzen brauchen. Donnnerstags gibt's billige Drinks, freitags tummeln sich hier ausgelassene Jungs.

Transit Bar BAR
(Karte S. 280; ☎02-6162 0899; http://transitbar.com.au; 7 Akuna St, Civic; ⏰Mo–Sa 12–22, So 14–20 Uhr) Die Bar liegt versteckt unter einer Jugendherberge. Dienstags gibt's Karaoke, mittwochs Quiz und am Wochenende Livemusik.

☆ Unterhaltung

Canberra hat seltsamerweise schon immer viele musikalische Talente hervorgebracht, und überall in der Stadt gibt's Livemusik. Veranstaltungskalender finden sich in der Donnerstagsausgabe der *Canberra Times* und auf der Website von **BMA** (www.bmamag.com). **Ticketek** (Karte S. 280; ☎02-6219 6666; www.ticketek.com.au; Akuna St, Civic) verkauft Tickets für alle größeren Events.

Kino

Palace Electric Cinema KINO
(Karte S. 280; ☎02-6222 4900; www.palacecinemas.com.au/cinemas/electric/; 2 Phillip Law St, New Acton Nishi) Das brandneue Kino im glamourösen NewActon-Komplex zeigt künstlerisch anspruchsvolle neue Independent-Filme und -Dokumentationen.

Theater

Canberra Theatre Centre THEATRE
(Karte S. 280; ☎Kartenschalter 02-6275 2700; www.canberratheatre.org.au; London Circuit, Civic Sq, Civic; ⏰Kartenschalter Mo–Fr 9–17, Sa 10–14 Uhr) Das Zentrum bildet den Mittelpunkt der Theaterszene in Canberra. Das Angebot reicht von Shakespeare über den Circus Oz bis zu indigenen Tanztruppen.

Sport

Die Canberra Raiders sind das heimische Rugby-League-Team. Sie spielen während der Saison (März–Sept.) regelmäßig im **Canberra Stadium** (Karte S. 278; ☎ 02-6256 6700; www.canberrastadium.com; Battye St, Bruce). Hier sind außerdem die ACT Brumbies, das Rugby-Union-Team der Stadt, zu Hause, das in der internationalen Super-15-Liga antritt (Feb.–Mai).

Shoppen

Nach geschmackvollen Souvenirs kann man sich in den Museumsshops der National Gallery of Australia (S. 278), der National Portrait Gallery (S. 279) und des National Museum of Australia (S. 279) umschauen. In der Stadt sind die Geschäfte freitagabends länger geöffnet.

Canberra Centre EINKAUFSZENTRUM
(Karte S. 280; ☎ 02-6247 5611; www.canberracentre.com.au; Bunda St, Civic; ⏲ Mo–Do 9–17.30, Fr 9–21, Sa 9–17, So 10–16 Uhr) Das größte Einkaufszentrum der Stadt verfügt über Modeboutiquen, Food-Courts, Schmuckläden, einen Kinokomplex und die Warenhäuser David Jones und Myer. Rollstühle und Kinderwagen sind am Informationsschalter ausleihbar.

Craft ACT HAUSHALTSWAREN, SCHMUCK
(Karte S. 280; ☎ 02-6262 9993; www.craftact.org.au; 1. Stock, North Bldg, 180 London Circuit, Civic; ⏲ Di–Fr 10–17, Sa 12–16 Uhr) Ein Besuch des Ladens lohnt sich: Hier werden wunderbare zeitgenössische Arbeiten verkauft, darunter topmoderne Taschen, Anhänger, Schüsseln und Drucke.

Electric Shadows Bookshop BUCHLADEN
(Karte S. 280; ☎ 02-6248 8352; www.electricshadowsbookshop.com.au; 40 Mort St, Braddon; ⏲ Mo–Do 9–19, Fr & Sa 9–20, So 11–18 Uhr) Canberras bester Buchladen hat eine besonders große Auswahl von Büchern zu Theater und Film sowie zu Schwulen und Lesben. Außerdem findet man ein ausgezeichnetes DVD-Angebot mit anspruchsvollen Filmen vor.

Old Bus Depot Markets MARKT
(Karte S. 280; ☎ 02-6292 8391; www.obdm.com.au; 21 Wentworth Ave, Kingston; ⏲ So 10–16 Uhr) In der beliebten, seit zehn Jahren bestehenden Markthalle gibt es hauptsächlich Kunsthandwerk und regionale Spezialitäten, darunter auch die Erzeugnisse der mehr als 20 Weingüter des Hauptstadtdistrikts.

National Library Bookshop BUCHLADEN
(Karte S. 280; ☎ 02-6262 1424; http://bookshop.nla.gov.au; Parkes Pl, Parkes; ⏲ 9–17 Uhr) Hier besteht das Sortiment ausschließlich aus australischen Büchern, darunter ist auch eine erstklassige Romanauswahl.

Praktische Informationen

INFOS IM INTERNET

Canberra & Region Bed & Breakfast Network (www.canberrabandb.net.au) B&B-Angebote in und rund um Canberra.

Events ACT (www.events.act.gov.au) Ein Führer zu den Festen und Events vor Ort.

Visit Canberra (www.visitcanberra.com.au) Was man in Canberra essen, trinken und tun kann. Bucht auch Unterkünfte.

INTERNETZUGANG

In Teilen der Innenstadt von Canberra gibt's kostenloses WLAN – wo, erfährt man auf der städtischen Website. Kostenlosen Internetzugang genießt man auch im Canberra Museum & Gallery, in der National Library of Australia, im Parliament House sowie im Café des National Museum of Australia.

MEDIZINISCHE VERSORGUNG

Canberra Hospital (☎ Notaufnahme 02-6244 2222; http://health.act.gov.au/health-services/canberra-hospital; Yamba Dr, Garran; ⏲ Notaufnahme 24 Std.)

Travel Doctor (☎ 02-6222 2300; www.traveldoctor.com.au; Suite 14, Lena Karmel Lodge, 1 Childers Ln, Civic; ⏲ Mo & Fr 8.30–17, Di–Do 8.30–19.30 Uhr) Reiseimpfungen aller Art – Terminvereinbarung erforderlich!

NOTFALL

Krankenwagen, die Feuerwehr und die Polizei sind unter 000 erreichbar.

Canberra Rape Crisis Centre (☎ 02-6247 2525; http://crcc.org.au) Rund um die Uhr Hilfe für Opfer sexueller Gewalt.

Lifeline (☎ 13 11 14) Krisenberatung rund um die Uhr.

TOURISTENINFORMATION

Canberra & Region Visitors Centre (☎ 1300 554 114, 02-6205 0044; www.visitcanberra.com.au; 330 Northbourne Ave, Dickson; ⏲ Mo–Fr 9–17, Sa & So bis 16 Uhr) Das Zentrum nördlich von Civic hat Infos zu Stadt und Region. Die **City Information Booth** (Karte S. 280; ⏲ Mo–Sa 10–16 Uhr) nahe dem Garema Pl in Civic ist von September bis April geöffnet.

Citizens Advice Bureau ACT (Karte S. 280; ☎ 02-6248 7988; www.citizensadvice.org.au; Griffin Centre, 20 Genge St, Civic; ⏲ Mo, Di, Do & Fr 10–16, Mi bis 13 Uhr) Das hilfsbereite Personal versorgt Traveller mit vielen Infos zu den kommunalen Einrichtungen und Dienstleistungen im ACT.

An- & Weiterreise

Auto & Motorrad

Der Hume Hwy, der Sydney und Melbourne verbindet, führt 50 km nördlich an Canberra vorbei. Der Federal Hwy geht nach Norden und hat in der Nähe von Goulburn Anschluss an den Hume Hwy, der Barton Hwy (Rte 25) kreuzt Letzteren in der Nähe von Yass. Richtung Süden verbindet der Monaro Hwy Canberra mit Cooma.

Bus

Der **Interstate Bus Terminal** befindet sich am Jolimont Centre. Hier gibt es Duschen, Gepäckschließfächer, öffentlichen Internetzugang und kostenlose Telefonverbindungen zur Touristeninformation und zu einigen Budgetunterkünften.

Von hier aus fährt **Greyhound Australia** (Karte S. 280; ☎1300 4739 46863, GREYHOUND 1300; ⊙Zweigstelle Jolimont Centre 6–21.30 Uhr) häufig nach Sydney (36-42 AU$, 3½–4½ Std.), Adelaide (175 AU$, 19¾ Std.) und Melbourne (75-85 AU$, 8-9 Std.). In Winter fahren auch Busse nach Cooma, Jindabyne und Thredbo.

Ebenfalls vom Busbahnhof betreibt **Murrays** (Karte S. 280; ☎13 22 51; www.murrays.com.au; ⊙Zweigstelle Jolimont Centre 7–19 Uhr) täglich Expressbusse nach Sydney (Erw. 33–39 AU$, 3½ Std.) sowie Busse nach Batemans Bay (28 AU$, 2½ Std.), Narooma (42 AU$, 4½ Std.), Wollongong (42 AU$, 3½ Std.) und zu den Skigebieten.

Transborder (☎02-6241 0033; www.transborder.com.au) fährt täglich nach Yass (11 AU$, 50 Min.). In der Skisaison gibt's auch einen Bus über Jindabyne nach Thredbo.

Flugzeug

Qantas (☎13 13 13, TTY 1800 652 660; www.qantas.com.au; Northbourne Ave, Jolimont Centre, Civic) und **Virgin Australia** (☎13 67 89; www.virginaustralia.com) fliegen vom **Canberra Airport** (Karte S. 278; ☎02-6275 2226; www.canberraairport.com.au) zu den Hauptstädten aller australischen Bundesstaaten. **Brindabella Airlines** (☎1300 668 824; www.brindabella-airlines.com.au) fliegt nach Newcastle.

Zug

Der **Bahnhof Kingston** (Wentworth Ave) ist die Endstation für den Zugverkehr. Züge und Anschlussbusse bucht man im Bahnhof im **CountryLink Travel Centre** (☎13 22 32, 02-6295 1198; ⊙Mo–Sa 6–17, So 10.30–17.30 Uhr).

Die CountryLink-Züge fahren von/nach Sydney (29–40 AU$, 4½ Std., 2- bis 3-mal tgl.). Einen direkten Zug nach Melbourne gibt es nicht; ein CountryLink-Bus fährt nach Cootamundra (14 AU$, 2½ Std.), wo man Anschluss an die Züge von Sydney nach Melbourne (67 AU$, 6 Std.) hat. **V/Line** (☎13 61 96; www.vline.com.au) betreibt den täglichen Canberra Link, bestehend aus der Zugfahrt von Melbourne nach Albury-Wodonga und der anschließenden Busfahrt nach Canberra (54 AU$, 8½ Std.).

Unterwegs vor Ort

Auto & Motorrad

Canberras Straßennetz ist so verworren wie die Antworten von Politikern auf einfache Fragen. Aber dank der breiten, selbst zu den sogenannten Stoßzeiten relativ freien Hauptstraßen kommt man gut voran. Eine Straßenkarte ist unverzichtbar.

Parkplätze sind billig und reichlich vorhanden.

Vom/Zum Flughafen

Der Canberra Airport liegt in Pialligo, 8 km südöstlich der Stadt. Eine Taxifahrt ins Stadtzentrum kostet rund 35 AU$ (zw. 21 & 6 Uhr 37 AU$). Der **Airport Express** (☎1300 368 897; www.royalecoach.com.au; einfache Strecke 10 AU$) fährt vom Flughafen zur West Row in Civic (20 Min., Mo–Fr 7–17.50, Sa & So 8.10–18.40 Uhr).

Öffentliche Verkehrsmittel

Canberras öffentliches Verkehrsunternehmen ist das **ACT Internal Omnibus Network** (Action; ☎13 17 10; www.action.act.gov.au). Die wichtigsten Bushaltestellen befinden sich an der Alinga St, der East Row und der Mort St. Am **Informationskiosk** (East Row, Civic; ⊙Mo–Fr 7.30–17.30 Uhr) gibt's kostenlose Netz- und Fahrpläne.

Es gibt Einzelfahrscheine (Erw./erm. 4/2 AU$), aber billiger fährt man mit einer Tageskarte (Erw./erm. 7,60/3,80 AU$). Die vor der Fahrt zu kaufenden Fahrscheine bekommt man bei Action-Verkaufsstellen (u. a. im Visitors Centre und bei einigen Zeitungshändlern) oder auch direkt beim Busfahrer.

Werktags fahren die Busse regelmäßig; an den Wochenenden ist der Fahrplan stark ausgedünnt.

Action betreibt auch einige Linien speziell für Touristen (Linie 33, 34, 40 und 80), mit denen man die meisten Attraktionen Canberras erreicht.

Taxi

Canberra Elite Taxis (☎13 22 27; www.canberracabs.com.au)

Cabxpress (☎02-6260 6011; www.cabxpress.com.au)

RUND UM CANBERRA

Infos und Karten zu den Sehenswürdigkeiten rund um Canberra, u.a. zum noch sehr ursprünglichen Busch gleich jenseits der Stadtgrenzen, bekommt man im Canberra & Region Visitors Centre.

An den Ufern des Murrumbidgee River

Der **Murrumbidgee River** fließt 66 km weit durch das Australian Capital Territory (ACT) und weist – ebenso wie die beiden Nebenflüsse **Molonglo River** und **Cotter River** – großartige Picknick- und Bademöglichkeiten an den Ufern auf. Mithilfe der Karte und der Broschüre des Canberra Visitors Centre sind folgende Orte einfach zu finden: **Uriarra Crossing**, 24 km nordwestlich der Innenstadt, liegt am Murrumbidgee River nahe dem Zusammenfluss mit dem Molonglo River. **Casuarina Sands**, 19 km westlich des Stadtzentrums, bezeichnet den Zusammenfluss von Cotter River und Murrumbidgee River. Der Badeplatz **Kambah Pool Reserve** liegt 14 km weiter flussaufwärts am Murrumbidgee River. Am **Cotter Dam**, 23 km westlich der Innenstadt am Cotter River, gibt's einen Campingplatz. **Pine Island** und **Point Hut Crossing** liegen vom Kambah Pool Reserve aus flussaufwärts. Und schließlich sind da noch die **Gibraltar Falls**, die etwa 45 km südwestlich der Stadt zu finden sind.

Am Ufer des Murrumbidgee, 20 km südlich von Canberra, liegt die nette **Lanyon Homestead** (☎02-6235 5677; www.museumsandgalleries.act.gov.au/lanyon; Tharwa Dr, Tharwa; Erw./erm./Fam. 7/5/15 AU$; ⏲Di–So 10–16 Uhr), ein schönes, restauriertes bäuerliches Anwesen aus den 1850er-Jahren. Man kann in dem weitläufigen Garten picknicken oder im Café ein Päuschen einlegen.

Tidbinbilla & Namadgi

Canberra Space Centre MUSEUM

(☎02-6201 7880; www.cdscc.nasa.gov; 421 Discovery Dr, abseits Cotter & Paddys River Rds; Tidbinbilla; ⏲9–17 Uhr) GRATIS Das Canberra Space Centre befindet sich auf dem Gelände des

WEINGÜTER IM AUSTRALIAN CAPITAL TERRITORY

Canberras Weinregion wird langsam weltweit für ihre Rebsorten anerkannt, die in dem kühl-gemäßigten Hochland gedeihen. Besonders gut sind der Riesling und der Shiraz (Syrah) aus diesem Gebiet.

Eine Liste der Weingüter, die man besuchen kann, findet sich unter www.canberrawines.com.au; im Visitors Centre von Canberra kann man sich den *Canberra District Wineries Guide* mit Karte geben lassen. Für den Einstieg empfehlen sich:

Brindabella Hills Winery (☎02-6230 2583; www.brindabellahills.com.au; Woodgrove Cl, Hall; ⏲Verkostung & Verkauf Sa & So 10–17 Uhr) Das große Weingut liegt auf einem reizvollen Bergkamm in der Nähe von Hall. Auf Anfrage bekommt man zur Verkostung auch eine Käseplatte.

Clonakilla Wines (☎02-6277 5877; www.clonakilla.com.au; Crisps Ln, Murrumbateman; ⏲Verkostung & Verkauf 10–17 Uhr) Die kleine, aber feine Winzerei produziert einige heiß begehrte Sorten, darunter einen preisgekrönten Shiraz Viognier.

Eden Road Wines (☎02-6226 8800; www.edenroadwines.com.au; 3182 Barton Hwy, Murrumbateman; Verkostung & Verkauf Mi–So 11–16 Uhr) Das neue Weingut produziert einen fantastischen Shiraz.

Helm Wines (☎02-6227 5953; www.helmwines.com.au; 19 Butts Rd, Murrembateman; ⏲Verkostung & Verkauf Do–Mo 10–17 Uhr) In der hübschen Weinstube des Guts – einem ehemaligen Schulhaus von 1888 – kann man den besten Riesling der Region probieren.

Lark Hill (☎02-6238 1393; www.larkhillwine.com.au; 521 Bungendore Rd, Bungendore; ⏲Verkostung & Verkauf Do–Mo 10–17 Uhr) Das in den Hügeln des Lake George Escarpment über dem Dorf Bungendore gelegene Weingut produziert biologisch-dynamisch angebaute Weine und verfügt über ein Restaurant.

Wily Trout Vineyard (☎02-6230 2487; www.poacherspantry.com.au; 431 Nanima Rd, Hall; ⏲Verkostung & Verkauf 10–17 Uhr, Café Fr 12–15 & 18–22, Sa 10–15 & 18–22, So 10–15 Uhr) Hier befindet sich das Poachers Pantry and Smokehouse Café, das beste Restaurant in dieser Region.

Canberra Deep Space Communication Complex, 45 km südwestlich der Stadt. Der ganze Stolz der Anlage ist die Deep Space Station 43, eine Parabolantenne mit einem Durchmesser von 70 m, über die mit *Voyager 1* und *2, Galileo* und verschiedenen Marssonden kommuniziert wurde. Hier kann man Raumschiffe und die Technologie der Deep-Space-Bodenstationen sowie ein Stück Mondgestein bewundern, das von der Besatzung der Apollo 11 im Jahr 1969 mitgebracht wurde. Zudem laufen ständig Kurzfilme über die Erforschung des Weltalls.

Tidbinbilla Nature Reserve NATURSCHUTZGEBIET
(☎ 02-6205 1233; www.tidbinbilla.com.au; abseits der Paddy's River Rd, zu erreichen über die Cotter Rd, Weston Creek oder Point Hut Crossing, Gordon; Tageskarte 10 AU$/Auto, Fahrgenehmigung 6,50 AU$; ⏲ Visitor Centre 9–16.30 Uhr) Durch das nur 45 km südwestlich der Stadt gelegene Naturschutzgebiet ziehen sich viele Wanderwege. Im Park leben Kängurus und Emus; in der Abenddämmerung kann man auch Schnabeltiere und Leierschwänze beobachten. Wer hier ist, sollte sich nach den von Rangern geleiteten Aktivitäten erkundigen, die an den Wochenenden und während der Schulferien angeboten werden.

Namadgi National Park NATIONALPARK
(www.tams.act.gov.au/parks-recreation/parks_and_reserves/namadgi_national_park) Namadgi ist die Bezeichnung der Aborigines für die Berge südwestlich von Canberra. In diesem Park erheben sich acht Gipfel, die höher als 1700 m sind. Es gibt ausgezeichnete Möglichkeiten zum Bushwalking, Mountainbiken, Angeln, Reiten und zur Erkundung von Felskunst der Aborigines. Weitere Infos bekommt man im **Namadgi Visitor Centre** (☎ 02-6207 2900; Naas Rd, Tharwa; ⏲ Mo–Fr 9–16, Sa & So bis 16.30 Uhr), 2 km südlich der Ortschaft Tharwa. **Campen** (Stellplatz ohne Strom 3–5 AU$/Pers.) kann man am Honeysuckle Creek, am Mt. Clear und am Orroral River; die Plätze sind über das Visitor Centre zu buchen.

Umliegende Orte & Dörfer

Gleich hinter der Grenze zu New South Wales liegen ein paar Orte, die untrennbar mit der Landeshauptstadt verbunden sind. In vielen von ihnen findet man Unterkunft im ländlichen Stil, gutes Essen und Wein.

In nur 15 Fahrtminuten gelangt man aus der Innenstadt von Canberra über den Barton Hwy in die Ortschaft **Hall**. Dorthin lockt das Restaurant **Poachers Pantry** (☎ 02-6230 2487; www.poacherspantry.com.au; Nanima Rd, Hall; ⏲ Verkostung & Verkauf 10–17 Uhr) am Wily Trout Vineyard mit seinem Pökelfleisch Gourmets aus der gesamten Region.

Eine Reihe großartiger Weingüter finden sich in **Murrumbateman** (30 Fahrtminuten von Canberra über den Barton Hwy). Nach einem Tag voller Verkostungen kann man im einladenden **Schönegg Guesthouse** (☎ 02-6227 0344; www.schonegg.com.au; 381 Hillview Dr, Murrumbateman; EZ 120–230 AU$, DZ 140–250 AU$; ❄📶) übernachten.

Bungendore ist ein sehr schönes Dorf 35 km östlich von Canberra, in dem es am Wochenende von Besuchern wimmelt, während es werktags verschlafen wirkt. Es gibt jede Menge Kunstgalerien und Antiquitätenläden, die die Strickjackenträger bei Laune halten, aber das eigentliche Highlight ist die **Bungendore Wood Works Gallery** (☎ 02-6238 1682; http://bungendorewoodworks.com.au; Ecke Malbon & Ellendon St, Bungendore; ⏲ 9–17 Uhr), die erstklassiges Kunsthandwerk aus australischem Holz zeigt. Die beste Unterkunft vor Ort ist das mit Antiquitäten angefüllte, romantische **Old Stone House** (☎ 02-6238 1888; www.theoldstonehouse.com.au; 41 Molonglo St, Bungendore; Zi. 220 AU$; ❄).

Queensland & Great Barrier Reef

Inhalt ➡

Abseits der Touristenpfade

➡ Lizard Island (S. 497)

➡ Lamington National Park (S. 352)

➡ Torres Strait Islands (S. 503)

➡ Mt. Isa (S. 402)

➡ Rainbow Beach (S. 377)

Schön übernachten

➡ Azjure Studio Retreat (S. 369)

➡ Svendsen's Beach (S. 398)

➡ Bowen Terrace (S. 320)

➡ Reef House Resort & Spa (S. 470)

➡ Hillcrest Guest House (S. 495)

Auf nach Queensland!

Von den Stränden der Gold Coast bis zu den Regenwäldern von Daintree bietet dieser riesige Bundesstaat verwirrend viele Attraktionen. Queenslands Hauptmagnet ist das 2000 km lange Great Barrier Reef. Eine weitere Spezialität sind Inseln: Von korallengesäumten Schönheiten bis hin zu schroffen Eilanden aus Sand ist für jeden etwas dabei.

Apropos Abenteuer – die bietet der Sunshine State zuhauf. So kann man im Ozean schnorcheln und tauchen, Wildwasser-Rafting genießen, die Küstenline per Kajak erkunden, an klassischen Point Breaks surfen oder Regenwälder und Schluchten beim Buschwandern erkunden. Obendrein füllen Flora und Fauna das Fotoalbum des Beobachters, z. B. mit Tropenvögeln, Walen, Kasualen oder Krokodilen.

Wenn der Tag zu Ende geht, bettet sich Queensland nicht zur Ruhe: Vor allem Brisbane wartet dann mit Seafood-Schlemmen, Livebands und pulsierenden Clubs auf. Das größte Problem ist hier die Qual der Wahl …

Reisezeit

Cairns

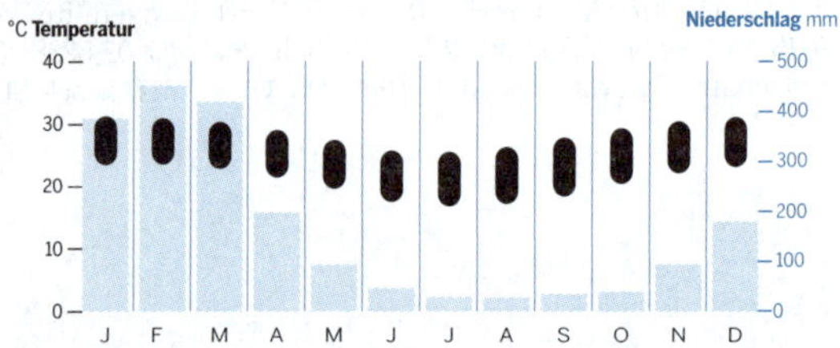

Jan. Die Regenzeit bringt im Norden Niederschläge; andernorts herrscht schwüle Sommerhitze.

Juni–Aug. Touristen-Hauptsaison in den Tropen: Milde Tage, kühle Nächte (Jacke nicht vergessen).

Sept. Der warme Frühling lässt sich perfekt in Brisbane oder einsam an der Gold Coast genießen.

Lieblingsplätze

Manchmal möchte man einfach nur ein malerisches Strandnest finden, den Rucksack ablegen und eine Auszeit nehmen. Nach vielen Reisetagen ist Mission Beach der perfekte Ort, um wieder Kraft zu tanken. Hierbei helfen wunderschöne Strände, Regenwaldwanderungen und eine relaxte Atmosphäre. In Cairns, Surfers Paradise und Airlie Beach tummeln sich zahllose Backpacker – wer gern feiert, ist hier am Ziel. Das hippe Port Douglas gleich nördlich von Cairns hat eine lange, reizvolle Küstenlinie und ist eine entspannte Ausgangsbasis für regionale Erkundungen. Passionierte Surfer legen wohl lieber weiter südlich einen Zwischenstopp ein: Noosa bietet von allem etwas – Strände, Brandung, Nationalparks und Unterkünfte bzw. Restaurants aller Preisklassen. Burleigh Heads und Coolangatta mit ihren vielen tollen Wellen sind sogar noch relaxter. In Brisbanes West End laden die Säulen der kultivierten Gesellschaft zum mehrtägigen Abschalten ein: Bars, Buchläden und toller Kaffee.

TOUREN IN DER REGION

Geführte Touren zu den Hauptattraktionen (oder zu entlegenen Gebieten) eignen sich super, um im gigantischen Queensland einiges Terrain zu erkunden.

Viele Veranstalter bieten Jeeptouren ab der Cape York Peninsula, die den Nordzipfel des australischen Festlands bildet. Oft geht's dabei optional per Auto hin und per Flieger oder Schiff wieder zurück.

Fraser-Island-Touren ab Noosa oder Hervey Bay erkunden eines von Queenslands Naturwundern auf stressfreie Weise – vor allem, wenn man sich Offroad-Fahren (hier selbst für Erfahrene schwierig) allein nicht zutraut.

In puncto Segeln suchen die Whitsunday Islands ihresgleichen. In Airlie Beach werden vielerorts Törns angeboten. Wer lieber sein eigenes Ding dreht, stellt eine Gruppe zusammen und chartert selbst eine Jacht.

Top-Plätze für Tierbeobachtungen

- **Buckelwale** Zu sehen vor Hervey Bay während ihrer jährlichen Wanderung (Ende Juli–Anfang Nov.).
- **Kasuare** Rund um Mission Beach und das Cape Tribulation.
- **Koalas** Auf Magnetic Island.
- **Krokodile** Als weltgrößte Krokodilart bevölkern Leisten- bzw. Salzwasserkrokodile die tropische Nordküste Queenslands. Sie lassen sich z. B. bei Bootstrips auf dem Daintree River knipsen.
- **Meeresschildkröten** Erscheinen von November bis März bei Mon Repos aus der Tiefe, um am Strand zu nisten; ein paar Wochen später flitzen dann die winzigen Jungtiere Richtung Wasser.
- **Schnabeltiere** Im Eungella National Park.

NICHT VERSÄUMEN!

Bauernmärkte bieten eine tolle Möglichkeit, Queenslands kulinarische Vielfalt zu kosten und dabei lokale Landwirte zu unterstützen. Unsere Favoriten finden sich in Brisbane, Noosa und im kleinen Eumundi, dessen Markt fast größer ist als der Ort selbst.

Kurzinfos

- Bevölkerung: 4,56 Mio.
- Fläche: 1852642 km² (etwas größer als Alaska und Griechenland zusammen)
- Vögel: 630 Arten

Top-Tipps

- In der Seewespen-Saison (Nov.–Mai) nicht an Stränden im Norden schwimmen.
- Bei Anfälligkeit für Seekrankheit unbedingt Ingwertabletten einpacken, bevor der Bootstrip zum Great Barrier Reef startet.

Infos im Internet

- Lonely Planet (www.lonelyplanet.com/australia/queensland) Geführte Touren, Hotels, Geschichte, Essen, Ausgehen, regionale Verkehrsinfos …
- Courier Mail (www.couriermail.com.au) Brisbanes Tageszeitung im Internet; wer hat beim Rugby gewonnen?
- Queensland Holidays (www.queenslandholidays.com.au) Super für die Reiseplanung.

Highlights

1. Mit Kaffee im West End, dem Besuch der Gallery of Modern Art und ein paar Bierchen im Fortitude Valley (S. 303) einen perfekten Tag in **Brisbane** verbringen
2. Durch die Schluchten und Regenwälder des **Lamington National Park** (S. 352) wandern
3. Im ökobewussten **Australia Zoo** (S. 361) mit Kängurus entspannen
4. Nach dem Wandern, Surfen oder Kajakfahren ein schickes Abendessen in **Noosa** (S. 353) genießen
5. Die Sandlandschaft von **Fraser Island** (S. 372) erkunden

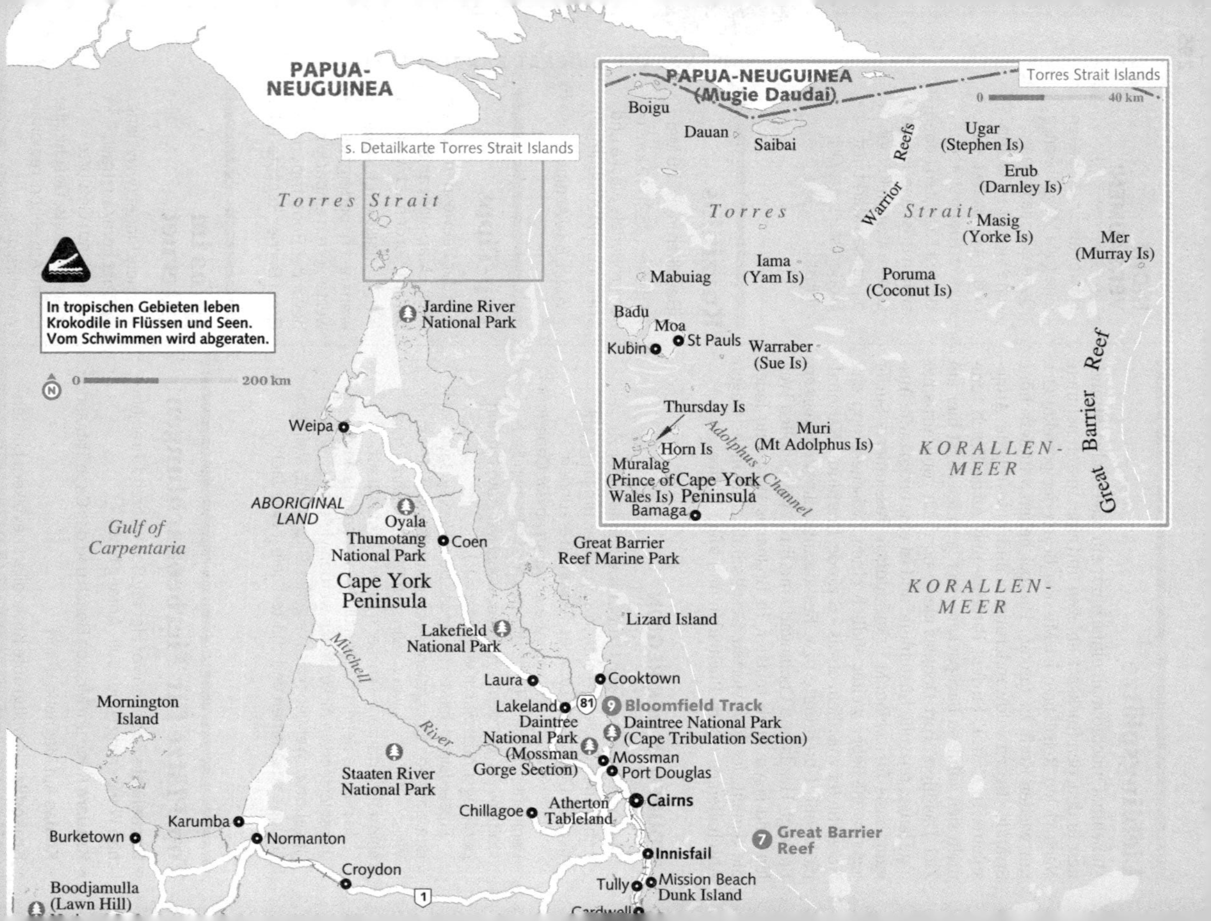

6 Eine Jacht über die azurblauen Gewässer der **Whitsunday Islands** (S. 422) steuern

7 Vor Cairns oder Port Douglas (S. 449) am berühmten **Great Barrier Reef** schnorcheln

8 Uralte Felskunst im gewundenen Sandsteincanyon der **Carnarvon Gorge** (S. 399) entdecken

9 Per Geländewagen dem ruppigen **Bloomfield Track** von Cape Trib nach Cooktown (S. 493) folgen

10 Früh aufstehen, um am Point Break bei **Burleigh Heads** (S. 348) zu surfen

Geschichte

Die ersten Europäer in Queensland waren niederländische, portugiesische und französische Seefahrer, die in den 1600er-Jahren den Nordosten der Region erkundeten. 1770 nahm Kapitän James Cook die Ostküste in Besitz. Um 1825 entstand im Gebiet von Brisbanes heutigem Zentrum eine Strafkolonie für unfügsame Gefangene. Trotz heftigen Widerstands der Aborigines wurde das Gebiet später besiedelt – die ersten weißen Siedler Queenslands tätigten eine der größten Landräubereien aller Zeiten. 1859 trennte sich der Staat als unabhängige Kolonie von New South Wales (NSW). Seitdem hat Queensland ein dynamisches Wachstum und große Fortschritte erlebt. Dazu beigetragen haben u.a. der erfolgreiche Zuckerrohranbau oder die Entdeckung von Bodenschätzen wie Gold in den 1860er- und 1870er-Jahren. Bis heute sind Bergbau und Landwirtschaft die wichtigsten Wirtschaftfaktoren des Bundesstaats. Auch Naturkatastrophen (verheerende Wirbelstürme und Überflutungen) konnten den Australiern ihren Appetit auf Queensland nicht verderben. Wie kaum eine andere australische Großstadt boomt Brisbane mit jugendlichem Überschwang und künstlerischem Flair.

Die Aborigines von Queensland

Bevor die Europäer hier ankamen, lebten in Queensland über 200 der 600 bis 700 in Australien ansässigen Aborigine-Völker. Untereinander sprachen sie mindestens 90 Sprachen und Dialekte. Wie in vielen Ländern haben die kulturellen und geographischen Grenzen des indigenen Australiens vor der Kolonialisierung wenig mit den heutigen Grenzlinien zwischen den Bundesstaaten gemeinsam. Jene Aborigine-Völker, die die blutige Besiedlung Queenslands – mit einigen der brutalsten Massaker in der Geschichte Australiens – überlebt hatten, waren um die Wende zum 20. Jh. weitgehend von ihrem Land vertrieben worden. Die weißen Behörden hatten immer kleiner werdende Reservate als Lebensraum für die Überlebenden geschaffen. Einige von ihnen wurden nach gut gemeinten (wenn auch unangebrachten) missionarischen Idealen geleitet. Die Mehrheit der Reservate waren aber konfliktgeladene Orte, an denen Menschen aus verschiedenen Gegenden und Kulturen willkürlich zusammengewürfelt wurden und, wie Gefangene behandelt, ein unglückliches Dasein fristeten.

Heute ist der Ausdruck „Murri" ein Sammelbegriff für die Aborigines Queenslands. Die indigenen Torres-Strait-Insulaner stammen von den Inseln nördlich der Küste von Cape York. Da sie vor allem von den indigenen Völkern Papua-Neuguineas und den Einwohnern der Pazifikinseln beeinflusst wurden, unterscheiden sie sich in kultureller Hinsicht von den Aborigine-Stämmen des australischen Festlands. Traditionell sind sie ein Volk von Seefahrern, das mit den Völkern der umliegenden Inseln, mit Papua-Neuguinea und den Aborigines des australischen Festlands Handel trieb. Heute sind auf den Inseln der Meeresenge noch etwa 6800 Torres-Strait-Insulaner verblieben; geschätzte 42 000 leben im Norden von Queensland.

Felskunst

Die Felskunst ist ein Tagebuch menschlicher Aktivitäten, das über Zehntausende von

VOM REGEN ZUR FLUT: LAND UNTER IN BRISBANE (2011 & 2013)

Im Januar 2011 und 2013 verursachten starke tropische Unwetter gewaltige Überschwemmungen, die viele Orte in Queensland unter Wasser setzten und von der Außenwelt abschnitten. Auch Brisbane blieb nicht verschont: 2011 erlebte die Stadt ihr schlimmstes Hochwasser seit 1974. Der normalerweise idyllische Brisbane River wurde zu einem wirbelnden Malstrom aus braunem Wasser, der Boote, Stege und Trümmer flussabwärts spülte. Uferrestaurants und -bars, die South Bank Parklands sowie die Uferbereiche des CBD wurden überschwemmt, Fähranleger weggerissen; in tiefer gelegenen Vororten ragten nur noch die Dächer aus dem Wasser. Zerstört wurde auch Brisbanes berühmter schwimmender Uferpfad namens Riverwalk. In vielen Stadtteilen war aber schon ein paar Monate später nicht mehr viel von der Katastrophe zu sehen. Dann regnete es 2013 erneut: Dieses Mal überschwemmten die Ausläufer des Tropenzyklons Oswald viele derselben Gebiete. Die dabei entstandenen Schäden waren zwar vergleichsweise geringer, aber dennoch extrem deprimierend für alle, die ihre Häuser und Geschäfte erst zwei Jahre zuvor neu aufgebaut hatten.

Jahren von den indigenen Völkern Australiens geführt wurde. In Queensland gibt's zahlreiche Stätten, die vor allem ganz oben im Norden liegen. Die Erfahrung, Felskunst in der Umgebung zu bestaunen, in der sie angefertigt wurde, ist weit beeindruckender, als sie in einer Galerie zu betrachten.

Eine der spektakulärsten Stätten Queenslands ist in der Carnarvon Gorge zu finden, wo erstaunliche Fels- und Schablonenkunstwerke zu sehen sind, die vor über 19 000 Jahren entstanden.

Die Quinkan-Felskunst unterscheidet sich grundlegend von allen anderen Kunststilen Nordaustraliens und rund um Laura auf der Cape York Peninsula finden sich Hunderte von alten Quinkan-Stätten. Unter ihnen ist Split Rock die am einfachsten zugängliche Stätte.

Geführte Touren & Kulturerfahrungen

Zusätzlich zu den Stätten mit wunderschöner Felskunst vermittelt die Gemeinde Hopevale (s. Guurrbi Tours, S. 495) nördlich von Cooktown einen lebendigen Eindruck von der Aborigine-Kultur. Touren unter indigener Leitung besuchen die Mossman Gorge und die Malanda Falls. Das Gab Titui Cultural Centre auf Thursday Island ist ein einzigartiges Entwicklungsprojekt der Torres Strait Islanders. Im Tjapukai Cultural Park bei Cairns tritt an den meisten Tagen eine preisgekrönte Aborigine-Tanzgruppe vor Touristen auf. Als Teil des Woodford Folk Festival präsentiert das kunterbunte Dreaming Festival alljährlich indigene Kunst aus dem ganzen Land.

Wohl am spannendsten ist jedoch das Laura Aboriginal Dance Festival, das im Juni jedes ungeradzahligen Jahres auf der Cape York Peninsula stattfindet.

Nationalparks

In Queensland gibt's etwa 220 Nationalparks und State Forests. Einige bestehen nur aus einem einzigen Hügel oder See, andere dagegen sind endlose Wildnisgebiete. Viele Inseln, Wasserflächen und Küstenabschnitte stehen als Nationalparks unter Schutz.

Drei der spektakulärsten Nationalparks im Landesinneren sind: Lamington am bewaldeten Ausläufer eines urzeitlichen Vulkans an der Grenze zu New South Wales, Carnarvon mit einer 30 km langen, dramatischen Schlucht südwestlich von Rockhampton und das Regenwaldgebiet Eungella in der Nähe von Mackay, in dem es von wilden Tieren nur so wimmelt.

KRÖTENINVASION

Agakröten (engl. *cane toads*) wurden 1935 in Australien ausgesetzt, um den lästigen Zuckerrohrkäfer zu bekämpfen. Mit ihren Hautwarzen, schwulstigen Augen und Giftdrüsen wirken die Tiere nicht gerade hübsch. Zudem haben sie sich als absolut nutzlos erwiesen – die eigene Vermehrung ist ihnen wichtiger als Käferfressen. So leben heute 200 Mio. Agakröten in Australien; diese weithin verhasste Invasion hat bereits ganze Populationen von einheimischen Schlangen und Echsen verdrängt. Doch offenbar verflucht nicht jeder die Hüpfer: Queenslands Rugby-Auswahl hat die Kröte zu ihrem inoffiziellen Maskottchen erkoren. Der National Trust of Queensland führt sie sogar als Bundesstaatssymbol (inkl. Warzen usw.).

An der Küste bildet ein beeindruckendes Gewirr aus Mangroven, Flüssen und Wäldern den Great Sandy National Park (Cooloola). Und dann ist da natürlich auch noch das Juwel von Queensland schlechthin: der Great Barrier Reef Marine Park.

Der Queensland Department of National Parks informiert auf seiner Erholung, Sport & Rennsport Website (www.nprsr.qld.gov.au) über die einzelnen Parks, Buschwanderungen und andere Aktivitäten, sicheres Reisen und Geschichte der einzelnen Parks, außerdem findet man Details zu Genehmigungen für Camping und Offroad-Fahrten.

Aktivitäten

Bushwalking

Queenslands größere Nationalparks haben kilometerlange Netze von markierten, ganzjährig begehbaren Wanderwegen. Auch kleinere State- und Nationalparks sind tolle Bushwalking-Reviere. Viele der beliebtesten Routen gehören zu den **Great Walks of Queensland** (Details unter www.nprsr.qld.gov.au/experiences/great-walks). Die Regierung des Bundesstaats hat diese zehn Wege gezielt angelegt, damit Besucher die Regenwälder und Buschlandschaften ohne Störung des Ökosystems erkunden können – z. B. auf den Whitsundays, an und hinter der Sunshine Coast, in den Mackay Highlands, auf Fraser Island, im Hinterland der Gold Coast, in der Carnarvon Gorge oder im tropischen Norden Queenslands.

In Angriff genommen werden können ansonsten auch der berühmte Thorsborne Trail auf Hinchinbrook Island, der Wooroonooran-Nationalpark mit Queenslands höchstem Berg (Mt. Bartle Frere; 1657 m) oder die traditionellen Pfade der indigenen Jirrbal und Mamu.

Camping

Queensland bietet einige Top-Campingmöglichkeiten. In vielen State- oder Nationalparks gibt's Campingplätze mit Toiletten, Duschen und z. T. auch Elektrogrills. An Nationalparkrändern liegen oft privat geführte Campingplätze, Motels und Lodges.

Camping in einem Nationalpark oder State Forest erfordert eine Genehmigung (pro Pers./Fam. 5,45/21,80 AU$/Nacht), die in den meisten Fällen vorab zu erwerben ist. Am einfachsten geht das über den ParksQ-Service auf der Website des Queensland Department of National Parks, Recreation, Sport & Racing (www.nprsr.qld.gov.au). Nur bei einer Handvoll Plätze kann man sich auch selbst registrieren. In der Urlaubszeit sind beliebte Parks oft ausgebucht – darum rechtzeitig reservieren!

Extremsport

Queensland bietet viele Möglichkeiten für Adrenalinjunkies – darunter Bungeejumping in Touristenhochburgen wie Airlie Beach und Cairns oder Achterbahnfahren in den Themenparks der Gold Coast. In Caloundra, Airlie und Mission Beach sind auch Fallschirmsprünge aus tadellosen Flugzeugen möglich.

Rafting, Kanu- und Kajakfahren

Der Tully und der North Johnstone River zwischen Townsville und Cairns sind die beliebtesten Reviere fürs Wildwasser-Rafting. Jeweils inklusive Shuttles werden z. B. viertägige Trips auf dem North Johnstone River (ab ca. 1400 AU$) oder Tagestouren auf dem Tully River (ab 155 AU$) angeboten.

Auch Kanu- und Kajakfahren sind in Queensland sehr beliebt. Geführte Paddeltouren erkunden hier z. B. Wasserwege und Seen im Landesinneren. Andere führen durch die geschützten Gewässer des Great Barrier Reef und dabei manchmal vom Festland zu vorgelagerten Inseln hinaus. Viele Veranstalter bieten auch Touren entlang der Gold oder Sunshine Coast.

Segeln & Angeln

Freizeitkapitäne können vielerorts (Segel-) Boote und/oder Surfbretter mieten. Die größten Zentren sind dabei wohl Manly bei Brisbane und Airlie Beach, das Tor zu den Whitsundays: Dort gibt's jeweils alles, mit dem man herumschippern kann. Viele Buchten und ruhiges Wasser machen die Whitsundays besonders beliebt. Im Angebot sind z. B. Tagestörns (ab ca. 100 AU$), Trips mit Übernachtung (ab ca. 250 AU$) und Bareboat-Charters für Selbstsegler (ab ca. 500 AU$/Tag).

Angeln gehört in Queensland zu den populärsten Sportarten. So lassen sich Angelausrüstung und/oder -boote an vielen Orten ausleihen. Fraser Island, Karumba, Cooktown und North Stradbroke Island sind prima Reviere. Die **Great Barrier Reef Marine Park Authority** (☎ 07-4750 0700; www.gbrmpa.

KAJAK-REVIERE

ORT	ANBIETER	ZU SEHEN GIBT'S ...
North Stradbroke Island	Straddie Adventures (www.straddieadventures.com.au)	Schöne Küste, Delfine, Meeresschildkröten, Rochen, Schnorchelmöglichkeiten
Great Sandy National Park	Elanda Point (www.elanda.com.au)	Hohe Dünen, Wildblumen, Mangroven, Regenwald
Whitsunday Islands	Salty Dog (www.saltydog.com.au)	Ausflüge (1 oder mehrere Tage) nach South Molle Island und dem Whitehaven Beach, Korallenriffe, Delfine, Meeresschildkröten, Seeadler
Noosa	Noosa Ocean Kayak (www.noosakayaktours.com)	Seekajakausflüge zwischen Delfinen und Schildkröten; Noosa-River-Kajaktouren
Magnetic Island	Magnetic Island Sea Kayaks (www.seakayak.com.au)	Malerische Buchten rund um die Insel
Mission Beach	Coral Sea Kayaking (www.coralseakayak.com)	Tagestouren zur und rund um die Dunk Island, mehrtägige Ausflüge zur Hinchinbrook Island

TAUCHEN & SCHNORCHELN AUSSERHALB DES GREAT BARRIER REEF

ORT	ANBIETER	ZU SEHEN GIBT'S ...
North Stradbroke Island	Manta Lodge (www.mantalodge.com.au)	Mantarochen, Buckelwale, Schildkröten, Delfine, Leoparden- & Sandtigerhaie, Stein- & Weichkorallen
Moreton Island	Diveworld (www.diveworld.com.au)	Die Tangalooma Wrecks; toller Schnorchelspot
Southport	Diving the Gold Coast (www.divingthegoldcoast.com.au)	Üppige Unterwasserwelt (u.a. Rochen, Haie, Schildkröten und 200 Fischarten)
Mooloolaba	Scuba World (www.scubaworld.com.au)	Kriegsschiffs-Wrack der HMAS *Brisbane* vor der Küste
Hervey Bay	Dive Hervey Bay (www.diveherveybay.com.au)	Seichte Höhlen, Wracks, Großfisch-Schulen, Schildkröten, Seeschlangen, Steinfische, Rochen, Stachelmakrelen
Rainbow Beach	Wolf Rock Dive Centre (www.wolfrockdive.com.au)	Sandtigerhaie, Schildkröten, Mantarochen und Riesenzackenbarsche zwischen vulkanischen Felsnadeln
Bundaberg	Bundaberg Aqua Scuba (www.aquascuba.com.au)	Wracks, Zackenbarsche, Schildkröten und Rochen per Taucherboot mit Bordübernachtung

gov.au), in Townsville informiert detailliert über die strengen Fischereivorschriften am Great Barrier Reef.

Surfen

An der Südostküste Queenslands rauschen einige fantastische Wellen auf die Küste zu. Die besten Breaks findet man in Coolangatta, Burleigh Heads, Surfers Paradise, North Stradbroke Island, Noosa und Town of 1770. In den Surfshops der Region werden meist Surfbretter verliehen und auch gebrauchte Bretter können erstanden werden. Wer sich erstmals auf einem Surfbrett in die Wellen stürzt, sollte vorher besser ein paar Unterrichtsstunden nehmen.

Schwimmen

Nördlich von Fraser Island liegen die Strände im Schutz des Great Barrier Reef. Das bedeutet: Keine Brandung, tolles Schwimmen. Zudem eignen sich Flüsse und Teiche im ganzen Bundesstaat hervorragend zum Baden im Süßwasser. Nördlich von Rockhampton besteht ernstzunehmende Gefahr durch Seewespen (Würfelquallen; Okt.–April). Zudem muss man sich an den dortigen Flüssen und Küstengewässern vor Leisten- bzw. Salzwasserkrokodilen (*salties*) hüten – unbedingt die Warnschilder beachten!

Tauchen & Schnorcheln

An der Küste Queenslands gibt's viele spektakuläre Tauchreviere. Die beliebtesten Orte sind aber Airlie Beach, Cairns und Townsville. Das Great Barrier Reef bietet einige der besten Tauch- und Schnorchelmöglichkeiten der Welt und es gibt Dutzende von Anbietern, die darum wetteifern, den Travellern das Tauchen beizubringen und die ultimative Tauch-Safari anzubieten. Vor der Küste Queenslands liegen außerdem um die 1600 Schiffswracks mit lebhaften und dicht besiedelten Unterwasser-Lebensräumen, die sich hervorragend erkunden lassen. Die meisten großen Küstenstädte haben eine oder mehrere Tauchschulen

In Queensland ist das Schnorcheln so gut wie überall möglich – der Aufwand ist minimal und jeder kann es probieren. Viele Tauchreviere eignen sich auch zum Schnorcheln.

Tauchen ist im Allgemeinen das ganze Jahr über sehr gut möglich, wobei in der Regenzeit (normalerweise Dez.–März) Überflutungen Schlamm hinaus ins Meer spülen können, was Tauchern und Schnorchlern teilweise die Sicht vernebelt. Zudem muss man sich wie bei allen Wasseraktivitäten auch beim Tauchen und Schnorcheln vor Seewespen (Würfelquallen) in Acht nehmen, die in Agnes Water und überall nördlich davon an Queenslands Küste zwischen November und Mai zu finden sind.

Weinregionen

Wie bitte? Weingüter in Queensland? Das **Granite Belt Wine Country** (www.granitebeltwinecountry.com.au) ist in Australien größtenteils und international praktisch völlig unbekannt. Es liegt ein paar Stunden südwestlich von Brisbane und macht sich allmählich einen Namen. Wegen größerer Höhe (max. 954 m) ist die Gegend kühler als Queenslands Küste. So bauten sizilianische Einwanderer hier in den 1800er-Jahren die ersten Weinreben an. Als Tor zum Granite Belt hat Stanthorpe heute über 50 Boutique-Winzer, die eine beeindruckende Vielfalt an Lesen keltern. Trauben aus Italien, Südafrika, Portugal, Spanien und Frankreich gedeihen hier gleichermaßen gut.

Geführte Touren

In Queensland herrscht kein Mangel an geführten Touren zu speziellen Themen. Meist steht dabei eine bestimmte Aktivität (z.B. Bushwalking, Reiten) oder eine Region (u.a. das Great Barrier Reef, Cape York per Geländewagen) im Mittelpunkt.

Zumeist ab Cairns oder Port Douglas führen Dutzende Touren hinaus zum Great Barrier Reef. So kann man z.B. mit einem Wasserflugzeug zu einsamen Korallenriffen fliegen, mit einem schnellen Katamaran zum Außenriff schippern, entlegenere Riffteile per Tauchboot besuchen und dabei an Bord übernachten oder bei Tagesausflügen zu hübschen Inseln an Korallengärten schnorcheln und in der Sonne liegen.

Im äußersten Norden Queenslands fährt die Kuranda Scenic Railway zu den Märkten von Kuranda. Außerdem können die Besucher das Atherton Tableland erkunden, Geländewagentouren zum Cape Tribulation buchen, Bootsfahrten auf dem Daintree River unternehmen, Wildwasser-Rafting ausprobieren oder die indigenen Felskunst-Galerien am Cape York bewundern.

Ab der Gold Coast geht's zu den Nationalparks Lamington und Springbrook. Von Brisbane aus klappern viele Touren die Sunshine und Gold Coast oder die Inseln der Moreton Bay ab.

Übersichten gibt's in den Abschnitten zu den jeweiligen Gebieten.

Saisonarbeit

In der Umgebung von Stanthorpe, Childers, Bundaberg und sogar Cairns werden saisonabhängig viele Arbeitskräfte für die Obst- oder Gemüseernte gesucht. Zur Erntezeit ziehen diese Städte massenhaft Backpacker an, die z.B. Tomaten für etwas Bares pflücken wollen. Stanthorpe und Childers bestehen quasi nur aus einer Hauptstraße und bieten so gut wie gar kein Nachtleben – kein Problem, wenn man hier nur arbeiten will. Wer aber auch etwas Atmosphäre sucht, ist in Bundaberg wohl am besten aufgehoben.

Die meisten Backpacker besorgen sich ihren Job direkt über ihr Hostel, das dann auch das tägliche Pendeln zum Arbeitsplatz organisiert. Dies ist ein großer Vorteil, da keine öffentlichen Verkehrsmittel zu den Farmen fahren. Zudem kann die Verbindung zu einem Hostel nützlich sein, wenn es mal Probleme mit dem Farmchef geben sollte.

Praktische Informationen

Umfangreiche regionale Infos gibt's im Lonely Planet Band *Queensland & the Great Barrier Reef*. Die offizielle Tourismus-Website **Queensland Holidays** (www.queenslandholidays.com.au) hilft super bei der Reiseplanung. Offizielle Touristeninformationen findet man auch in den meisten Städten des Bundesstaats. Weitere nützliche Infoquellen:

Sunlover Holidays (www.sunloverholidays.com) Bucht Unterkünfte und geführte Touren.

Queensland Department of National Parks, Recreation, Sport & Racing (NPRSR; www.nprsr.qld.gov.au)

Royal Automobile Club of Queensland (RACQ; www.racq.com.au)

Anreise & Unterwegs vor Ort

Als Hauptdrehscheibe für Flüge nach Queensland hat Brisbane den größten internationalen Flughafen des Bundesstaats. Auslandsverbindung besteht aber auch in Cairns oder Coolangatta (Gold Coast).

AUTO & MOTORRAD

Queenslands Straßen sind in gutem Zustand – vor allem die Küsten-Highways und die Hauptstrecken im Hinterland oder Outback. In abgelegenen Ecken des Bundesstaats werden daraus aber oft schlecht gewartete Asphaltstraßen oder unbefestigte Pisten. Besonders am Freitag- oder Sonntagabend kann der Verkehr zwischen Brisbane und der Gold Coast die Hölle sein. In Brisbane sind Mietwagen generell am günstigsten.

BUS

Greyhound Australia (www.greyhound.com.au) Australiens größte Busfirma unterhält nicht nur in Queensland ein umfangreiches Streckennetz. Verschiedene Greyhound-Pässe sparen Bares bei ausgedehnten Trips.

Premier Motor Service (www.premierms.com.au) Bedient die Route zwischen Melbourne, Sydney, Brisbane und Cairns zwar seltener, aber oft günstiger als Greyhound.

FLUGZEUG

Die nationalen Großgesellschaften **Qantas** (www.qantas.com.au), **Jetstar** (www.jetstar.com.au) und **Virgin Australia** (www.virginaustralia.com) verbinden ganz Australien mit Queenslands Großstädten.

Mit **Tiger Airways** (www.tigerairways.com) geht's ab Melbourne oder Sydney nach Brisbane, Cairns und Mackay. Bedient werden auch Coolangatta (Gold Coast) und die Route Maroochydore–Melbourne.

Parallel decken kleinere Airlines die ganze Küste, die gesamte Cape York Peninsula und Ziele im Outback ab (teilweise mit Charterflügen). **Skytrans** (www.skytrans.com.au) und **Regional Express** (REX; www.rex.com.au) steuern bestimmte Orte in Queenslands Norden an.

ZUG

Zu den zahlreichen Regionalverbindungen der **Queensland Rail** (www.queenslandrail.com.au) gehört z. B. die Hauptstrecke Brisbane–Cairns. Darauf verkehrt neben dem sehr schnellen *Tilt Train* (3-mal wöchentl.) auch der gemächlichere *Sunlander* (3-mal wöchentl.). Landeinwärts rollen weitere Züge ab Brisbane nach Charleville oder Longreach und ab Townsville nach Mt. Isa. Hinzu kommt eine regelmäßigere *Tilt-Train*-Verbindung zwischen Brisbane und Rockhampton. Von NSW aus bedient CountryLink (S. 1172) die Route Brisbane–Sydney.

BRISBANE

2,15 MIO. EW.

Ist das dynamisch boomende, aufstrebende Brisbane die am meisten unterschätzte Stadt Australiens? Zwischen die Schleifen des Brisbane River quetschen sich hier hübsche Parks, historische Gebäude und Restaurants – ergänzt durch leckeren Kaffee, pulsierendes Nachtleben und eine umtriebige Kunstszene.

Die Einheimischen sind gern draußen: Ihre allgemeine Fitness ist so hervorragend wie das örtliche Wetter. So stehen sichtbar Sportliche hier früh auf, um zu joggen, zu schwimmen, zu radeln, zu paddeln, zu klettern oder einfach nur mit dem Hund Gassi zu gehen. Doch in Brisbane ist nicht alles rein oberflächlich: Coole Buchläden, kosmopolitische Restaurants, Cafés, Bars und viele Bandproberäume bescheren der Stadt auch eine starke Subkultur.

2011 und 2013 verursachte der Brisbane River vor Ort viel Kummer durch Hochwasser. Doch vielleicht verleiht erst er selbst der Stadt ihr Profil: Die natürlichen Windungen des Flusses unterteilen die Stadt in einen Flickenteppich aus urbanen Dörfern, von denen jedes seinen eigenen Stil und seine eigene Topografie hat: das unkonventionelle, tief gelegene West End, das hippe Paddington in Hügellage, das exklusive New Farm auf einer breiten Halbinsel und das geschniegelte, spitz zulaufende Kangaroo Point. Wer die ganze Vielfalt dieser exzentrischen und lebendigen Hauptstadt richtig genießen will, zieht daher am besten von Viertel zu Viertel.

Geschichte

Die Aborigines aus vorkolonialer Zeit nannten diese Gegend Mian-jin, was soviel bedeutet wie „Ort in der Form eines Stachels". Die erste weiße Siedlung wurde 1824 in Redcliffe an der Moreton Bay als Strafkolonie für Härtefälle aus der Kolonie Botany Bay in New South Wales gegründet. Nachdem es einige Probleme mit der Wasserversorgung und feindseligen Aboriginestämmen gegeben hatte, wurde die Strafkolonie in sicherere Gefilde am Ufer des Brisbane River verlegt, bevor die Idee der Kolonie 1839 schließlich ganz aufgegeben wurde.

Moreton Bay wurde 1842 für freie Siedler geöffnet. Seitdem gewann Brisbane immer mehr an Bedeutung, was für die Aborigines der Region aber der Anfang vom Ende war.

Sehenswertes

Zentrum

Commissariat Store Museum MUSEUM
(Karte S. 308; www.queenslandhistory.org; 115 William St; Erw./Kind/Fam. 5/3/10 AU$; Di–Fr 10–16 Uhr) Das frühere staatliche Lagerhaus wurde 1829 von Sträflingen errichtet und ist Brisbanes ältestes bewohntes Gebäude. Das tadellos präsentierte kleine Museum im Inneren widmet sich der lokalen Strafvollzugs- und Kolonialgeschichte. Die „Sträflingsfinger" und die Ausstellung zu Italienern in Queensland nicht verpassen!

Roma Street Parkland PARK
(Karte S. 308; www.romastreetparkland.com; 1 Parkland Blvd; 24 Std.) GRATIS Der wunderbar gepflegte Innenstadtpark (16 ha; eröffnet 2001) auf einem früheren Markt- und Eisenbahngelände gehört zu den größten subtropischen Stadtgärten der Welt. Auf gewisse Weise ähnelt er einem Labyrinth: leicht zugänglich, aber schwer wieder zu verlassen. Hierfür sor-

Großraum Brisbane

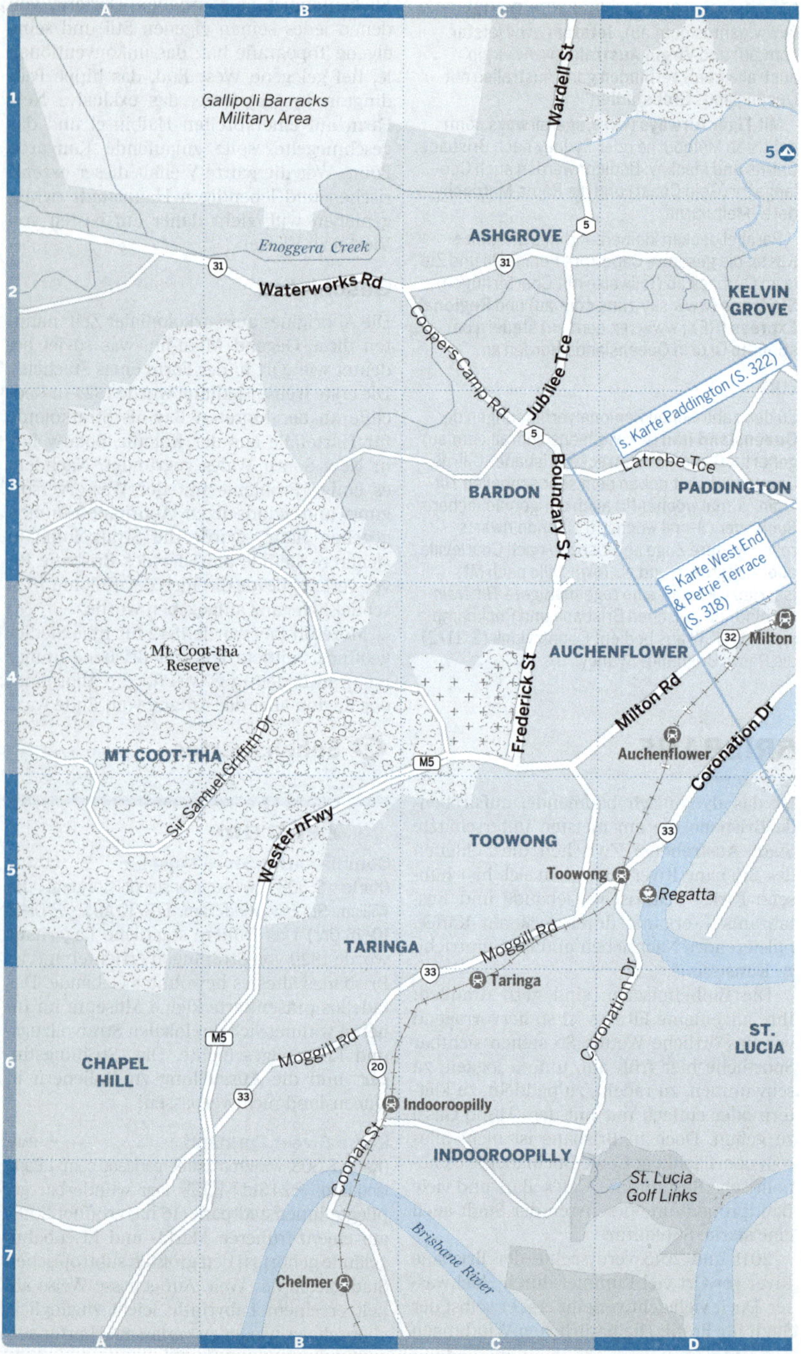

0
1 km
Flughafen (10 km)
Newmarket
NEWMARKET
Wilston
Windsor
BREAKFAST CREEK
9
Bretts Wharf
3
Breakfast Creek Rd
A3
26
Kelvin Grove Rd
HERSTON
BOWEN HILLS
BULIMBA
RNA Showgrounds
NEWSTEAD
Bulimba
Oxford St
Queensland University of Technology
Victoria Park Golf Course
Victoria Park
10
Teneriffe
77
Fortitude Valley
Wickham St
25
TENERIFFE
6
31
HERSTON
Inner City Bypass
M3
Water St
26
FORTITUDE VALLEY
15
4
SPRING HILL
Brunswick St
10
NEW FARM
HAWTHORNE
PETRIE TERRACE
Petrie Tce
Story Bridge
Hawthorne
Roma St
Central Station
s. Karte Fortitude Valley & New Farm (S. 312)
New Farm Park
Brisbane Powerhouse
Ann St
2
1
15
M3
CITY
Elizabeth St
12
33
10
Mary St
KANGAROO POINT
New Farm Park
23
Montague Rd
Alice St
Norman Park
South Brisbane
Wynnum Rd
Merivale St
Lytton Rd
WEST END
SOUTH BANK
Pacific Mwy
s. Karte Brisbane Zentrum, Kangaroo Point & South Bank (S. 308)
10
Vulture St
South Bank
EAST BRISBANE
41
Main St
WOOLOONGABBA
8
HIGHGATE HILL
11
Dornoch Tce
7
10
Stanley St
41
M3
Coorparoo
University of Queensland
Gladstone Rd
COORPAROO
Park Rd
Buranda
22
University of Queensland
Cleveland Rd
CAMP HILL
Dutton Park
15
Pacific Mwy
Brisbane River
GREENSLOPES
Fairfield
Ipswich Rd
Surfers Paradise (70 km)
E
F
G
H
1
2
3
4
5
6
7

Großraum Brisbane

gen einheimische Bäume, ein See, Aussichtspunkte, Wasserfälle, ein Spielplatz, Grillstellen und zahllose Tempelbäume.

QUT Art Museum MUSEUM
(Karte S. 308; www.artmuseum.qut.edu.au; 2 George St; Di–Fr 10–17, Sa & So 12–16 Uhr) GRATIS Das tolle kleine Museum auf dem Campus der Queensland University of Technology zeigt regelmäßig Wechselausstellungen mit australischer Gegenwartskunst und den Werken von Brisbaner Kunststudenten.

City Botanic Gardens PARK
(Karte S. 308; www.brisbane.qld.gov.au; Alice St; 24 Std.) GRATIS Brisbanes beliebteste Grünanlage besteht aus vielen Rasenflächen am Fluss. Dazwischen führen sanfte Hänge voller Großblättriger Feigen, Queensland-Araukarien und Macadamia-Bäume zum Campus der Queensland University of Technology hinauf. Von Montag bis Samstag starten Gratisführungen an der Rotunde (11 & 13 Uhr).

Old Government House HISTORISCHES GEBÄUDE
(Karte S. 308; www.ogh.qut.edu.au; George St; So–Fr 10–16 Uhr) GRATIS Der staatliche Stararchitekt Charles Tiffin entwarf dieses Juwel von 1862 einst als angemessen vornehme Residenz für Sir George Bowen, Queenslands ersten Gouverneur. Führungen durch das prächtige Innere (2009 restauriert) besuchen auch die oben befindliche Galerie mit ein paar Landschaftsgemälden von William Robinson.

Parliament House HISTORISCHES GEBÄUDE
(Karte S. 308; www.parliament.qld.gov.au; Ecke Alice & George St; Führungen 13, 14, 15 & 16 Uhr an sitzungsfreien Tagen) GRATIS Der schöne, blassweiße Steinbau (erb. 1868) im französischen Renaissancestil gehört zu Brisbanes wertvollsten historischen Wahrzeichen. Auf Anfrage finden Gratisführungen statt (an parlamentarischen Sitzungstagen nur um 14 Uhr).

City Hall HISTORISCHES GEBÄUDE
(Karte S. 308; www.brisbane.qld.gov.au; zw. Ann & Adelaide St) Der schöne Sandsteinbau am King George Sq stammt aus den 1930er-Jahren und wird vorn von einer Reihe korinthischer Riesensäulen flankiert. Die Glocken des 85 m hohen Uhrenturms streuen ihr Geläut stündlich über die Dächer der Stadt. Inzwischen müsste die dreijährige Renovierung eigentlich abgeschlossen sein. Falls ja, sind die **Aussichtsplattform** und das **Museum of Brisbane** (Karte S. 308; www.museumofbrisbane.com.au) eventuell auch wieder geöffnet.

Treasury Building HISTORISCHES GEBÄUDE
(Karte S. 308; www.treasurybrisbane.com.au; Ecke Queen & William St; 24 Std.) GRATIS Das herrliche Treasury Building im italienischen Renaissancestil (erb. 1889) steht am Westende der Queen St Mall. Statt Steuereintreiber beherbergt es heute nur Brisbanes Kasino.

Gegenüber erhebt sich das gleichermaßen großartige Fünfsternehotel Treasury im früheren **Land Administration Building** am Rand eines Rasenplatzes.

South Bank

Gegenüber vom CBD liegt Brisbanes kulturelles Epizentrum gleich jenseits der Victoria Bridge in South Bank: Das riesige **Queensland Cultural Centre** beherbergt vier Museen, die Queensland State Library und diverse Konzert- bzw. Theatersäle.

★ **Gallery of Modern Art** KUNSTGALERIE
(GOMA; Karte S. 308; www.qagoma.qld.gov.au; Stanley Pl; Mo–Fr 10–17, Sa & So 9–17 Uhr) GRATIS Die

GOMA besteht ganz aus verwinkeltem Glas, Beton und schwarzem Metall. Ein Besuch ist Pflicht: Hier steht australische Kunst von den 1970er-Jahren bis heute im Mittelpunkt. Die ständig wechselnden, oft den Besucher fordernden Ausstellungen reichen von Malerei, Bildhauerei und Fotografie bis hin zu Videos, Installationen und Filmen. Hinzu kommen ein künstlerisch geprägter Buchladen, Erlebnisräume für Kinder, ein Café und Gratisführungen (11 & 13 Uhr).

★ South Bank Parklands — PARK

(Karte S. 308; www.visitsouthbank.com.au; Russell St; ⏲ Sonnenaufgang–Sonnenuntergang) GRATIS Diese schöne Grünanlage liegt eigentlich am Westufer des Brisbane River. Sie empfängt Besucher mit Veranstaltungsbühnen, Skulpturen, Straßenkünstlern, Restaurants, Bars, kleinen Regenwaldhainen, Grillplätzen, versteckten Rasenflächen, Lauben voller Bougainvilleen und zwei Hauptattraktionen: Der Streets Beach (S. 315) ist ein kitschiger künstlicher Badestrand im Stil einer Tropenlagune. Das **Wheel of Brisbane** (Karte S. 308; www.thewheelofbrisbane.com.au; Russell St; Erw./Kind/Fam. 15/10/42 AU$; ⏲ Mo–Do 11–21.30, Fr & Sa 10–23, So 10–22 Uhr) erinnert an das Londoner Riesenrad und wartet in 60 m Höhe mit Rundumblick auf. Während der klimatisierten (!), ca. zehnminütigen Fahrt ist ein Audiokommentar zu hören.

Queensland Museum & Sciencentre — MUSEUM

(Karte S. 308; www.southbank.qm.qld.gov.au; Ecke Grey & Melbourne St; Museum Eintritt frei, Sciencentre Erw./Kind/Fam. 13/10/40 AU$; ⏲ 9.30–17 Uhr) Interessante Ausstellungen geben hier einen Überblick über die Geschichte des Bundesstaats: Zu sehen gibt's z. B. Queenslands eigenen Dinosaurier (den *Muttaburrasaurus* alias Mutt) oder die winzige *Avian Cirrus*, mit der Bert Hinkler aus Queensland den ersten Alleinflug von Australien nach England absolvierte (1928). Im Freien bietet die „Whale Mall" Snacks und Walgesänge.

Zum Museum gehört auch das unterhaltsame **Sciencentre**, das Wissenschaftliches und Technologisches mithilfe von über 100 interaktiven Exponaten zum Anfassen vermittelt. In den Schulferien sorgt dies für lange Warteschlangen.

Queensland Art Gallery — KUNSTGALERIE

(QAG; Karte S. 308; www.qagoma.qld.gov.au; Melbourne St; ⏲ Mo–Fr 10–17, Sa & So 9–17 Uhr) GRATIS Die hervorragende Dauerausstellung zeigt

BRISBANE MIT KINDERN

Vom Kleinkind bis hin zum Teenager beschäftigt Brisbane den Nachwuchs auf vielerlei Art (und macht nebenbei auch Eltern glücklich).

Ein guter erster Anlaufpunkt sind die grünen Innenstadtparks: In den South Bank Parklands (s. oben) warten Rasenflächen, Grill- und Spielplätze sowie das langsam rotierende Wheel of Brisbane (s. oben) – ein echter Hit für Kinder unter 15 Jahren. Hier ist auch der bewachte Streets Beach (S. 315) mit einem flachen Planschbereich für die Allerkleinsten. Zum schönen **New Farm Park** am Fluss gehört eine Reihe baumhausartiger Verbindungsplattformen zwischen mächtigen, schattigen Moreton Bay Figs (Großblättrige Feigen).

Wenn es zu schwül für einen Parkbesuch ist, empfiehlt sich das klimatisierte **Queensland Cultural Centre** am Südufer (South Bank). Während der Schulferien veranstaltet das hiesige Queensland Museum (S. 307) ein paar tolle Mitmach-Programme für jüngere Kids. Auch das dazugehörige **Sciencentre** steht für viel interaktive Action. Außerdem bieten die State Library of Queensland (S. 331), die Gallery of Modern Art (S. 306) und das Children's Art Centre der Queensland Art Gallery (s. oben) ganzjährig regelmäßige Kinderprogramme an.

C!RCA (Karte S. 312; ☎ 07-3852 3110; www.circa.org.au; L3, 420 Brunswick St, Fortitude Valley) im Judith Wright Centre bietet bewegungsintensive „Zirkuskurse" (Purzelbäume, Balancieren, Springen, Trapezkunststücke) für angehende Jungartisten.

Zudem ist der Fluss ein großer Pluspunkt: Fähren befahren ihn z. B. im Stadtzentrum oder schippern hinaus zum Lone Pine Koala Sanctuary (S. 311), wo Kinder die Tiere knuddeln können. Und wer auf dem Weg zum Mt. Coot-tha ist, sollte sich eine Vorführung im Sir Thomas Brisbane Planetarium (S. 311) anschauen.

Tagesbetreuungen und Babysitter vermitteln z. B. **Dial an Angel** (☎ 1300 721 111, 07-3878 1077; www.dialanangel.com) oder **Care4Kidz** (☎ 07-3103 0298; www.careforkidz.com.au).

Brisbane Zentrum, Kangaroo Point & South Bank

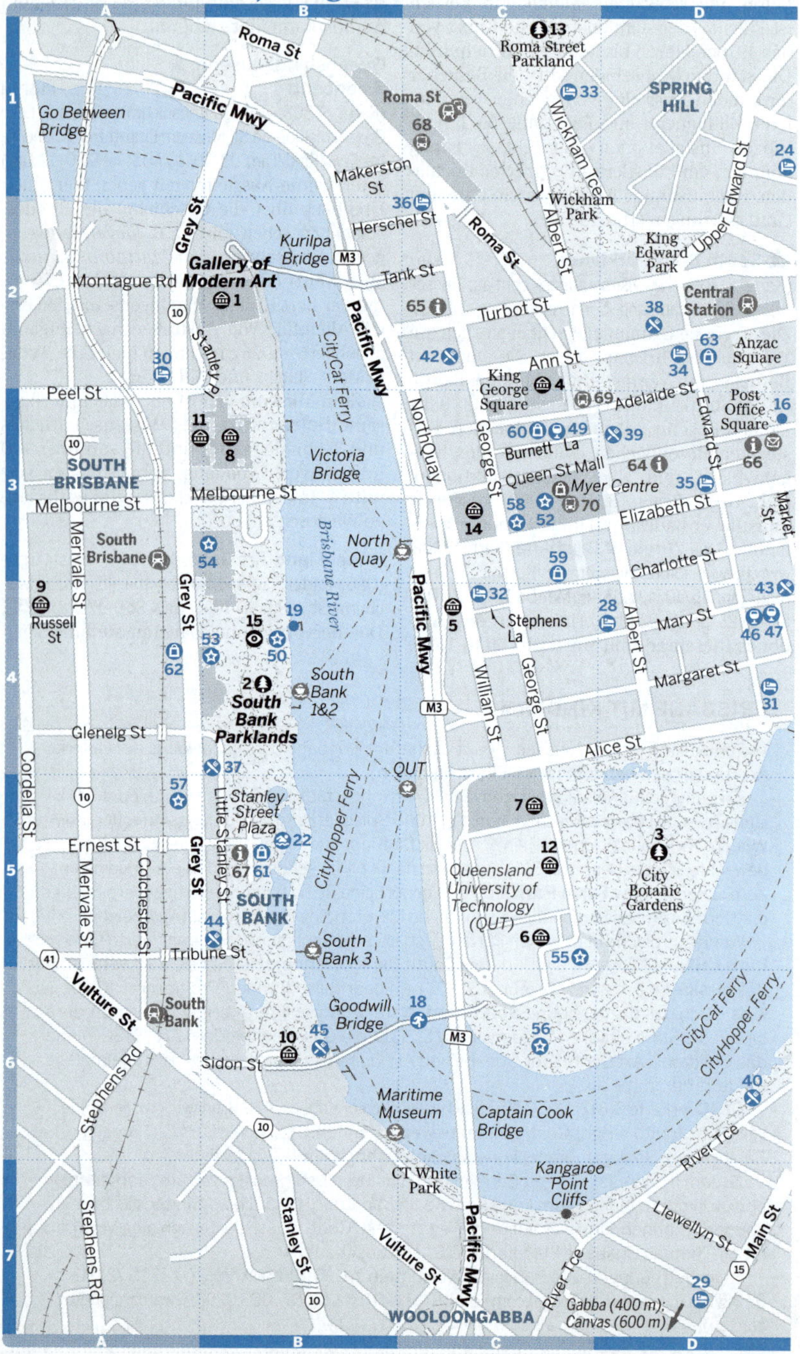

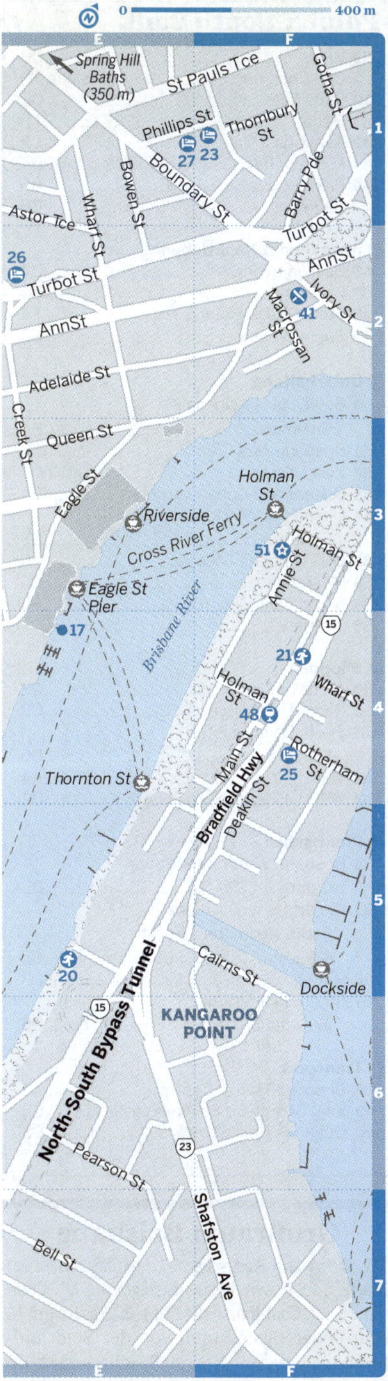

u.a. australische Kunst aus der Zeit zwischen den 1840er- und 1970er-Jahren (z.B. berühmte Meisterwerke von Sir Sydney Nolan, Arthur Boyd, William Dobell oder George Lambert). Um 13 Uhr finden Gratisführungen statt.

Queensland Centre for Photography KUNSTGALERIE

(Karte S. 308; www.qcp.org.au; Ecke Russell & Cordelia St, West End; ⏲Mi–Sa 10–17, So 11–15 Uhr) GRATIS Gegen die Hitze auf der Straße hilft ein Abstecher in diese coole und kühle Kleingalerie gleich außerhalb von South Bank. Unter der Leitung eines Künstlers finden hier pro Jahr etwa zehn Ausstellungen mit zeitgenössischer australischer Fotografie statt.

Queensland Maritime Museum MUSEUM

(Karte S. 308; www.maritimemuseum.com.au; Stanley St; Erw./Kind/Fam. 12/6/28 AU$; ⏲9.30–16.30 Uhr) Highlight des malerischen alten Museums am Südrand der South Bank Parklands ist eine riesige, restaurierte Fregatte aus dem Zweiten Weltkrieg: Die HMAS *Diamantina* kann von Besuchern geentert und erkundet werden.

Fortitude Valley & New Farm

★ **Brisbane Powerhouse** KUNSTZENTRUM

(Karte S. 304; www.brisbanepowerhouse.org; 119 Lamington St; ⏲Mo–Fr 9–17, Sa & So 10–16 Uhr) Das Powerhouse am Ostrand des New Farm Park ist ein einstmals baufälliges Elektrizitätswerk, das zum Zentrum für Gegenwartskunst umgebaut wurde. Seine Backsteinmauern beherbergen Graffiti-Reste, alte Industriemaschinen und willkürlich platzierte Kopfhörer mit Geräuschfetzen. Hinzu kommen zwei Restaurants mit toller Aussicht und diverse Veranstaltungen (oft gratis).

Institute of Modern Art KUNSTGALERIE

(IMA; Karte S. 312; www.ima.org.au; 420 Brunswick St, Fortitude Valley; ⏲Di–Sa 11–17, Do 11–20 Uhr) GRATIS Die nichtkommerzielle Spitzengalerie im Judith Wright Centre of Contemporary Arts zeigt Werke von Lokalgrößen und ist die freche kleine Cousine der GOMA: Im Industrie-Ambiente wartet hier gewagte, progressive Experimentalkunst für Erwachsene.

Chinatown STADTVIERTEL

(Karte S. 312; Duncan St) Brisbanes Chinatown säumt nur eine einzige Straße, ist aber genauso kunterbunt und vielfältig duftend wie

Brisbane Zentrum, Kangaroo Point & South Bank

Highlights
1 Gallery of Modern Art B2
2 South Bank Parklands B4

Sehenswertes
3 City Botanic Gardens D5
4 City Hall C2
5 Commissariat Store Museum C4
Museum of Brisbane .... (siehe 4)
6 Old Government House C5
7 Parliament House C5
8 Queensland Art Gallery B3
9 Queensland Centre for Photography A4
10 Queensland Maritime Museum B6
11 Queensland Museum & Sciencentre A3
12 QUT Art Museum C5
13 Roma Street Parkland C1
14 Treasury Building C3
15 Wheel of Brisbane B4

Aktivitäten, Kurse & Touren
Brisbane Greeters .... (siehe 64)
16 CitySights D3
17 Kookaburra River Queens E4
18 Planet Inline C6
19 River City Cruises B4
20 Riverlife Adventure Centre E5
21 Story Bridge Adventure Climb F4
22 Streets Beach B5

Schlafen
23 Dahrl Court F1
24 Diamant Hotel D1
25 Il Mondo F4
26 Inchcolm Hotel E2
27 Kookaburra Inn E1
28 M on Mary D4
29 Queensland Motel D7
30 Riverside Hotel A2
31 Stamford Plaza Brisbane D4
32 Treasury C4
33 Urban Brisbane C1
34 X-Base Brisbane Central D2
35 X-Base Brisbane Embassy D3
36 X-Base Brisbane Uptown C2

Essen
37 Ahmet's B4
38 Bleeding Heart Gallery D2
39 Brew D3
Cha Cha Char .... (siehe 17)
40 Cliffs Cafe D6
41 E'cco F2
42 Java Coast Cafe C2
43 Merlo Coffee D4
44 Piaf B5
45 Stokehouse B6

Ausgehen & Nachtleben
46 Belgian Beer Cafe D4
47 Laneway D4
48 Story Bridge Hotel F4
49 Super Whatnot C3

Unterhaltung
50 Ben & Jerry's Openair Cinemas B4
51 Brisbane Jazz Club F3
52 Event Cinemas C3
53 Queensland Conservatorium B4
54 Queensland Performing Arts Centre B3
55 QUT Gardens Theatre C5
56 Riverstage C6
57 South Bank Cinema A5
58 Ticketek C3

Shoppen
59 Archives Fine Books C3
60 Record Exchange C3
61 South Bank Lifestyle Markets B5
62 Title A4
63 World Wide Maps & Globes D2

Praktisches
64 Brisbane Visitor Information Centre D3
65 Department of National Parks, Recreation, Sport & Racing C2
66 RACQ D3
67 South Bank Visitor Information Centre B5

Transport
68 Brisbane Transit Centre C1
69 King George Sq Bushaltestelle C3
70 Queen St Bushaltestelle C3

seine Pendants in Sydney oder Melbourne. Glasierte Pekingenten hängen hier hinter beschlagenen Scheiben, während die Aromen von thailändischem, chinesischem, vietnamesischem, laotischem und japanischem Essen in der Luft hängen. Im Sommer gibt's kostenloses Freiluftkino; beim chinesischen Neujahrsfest (Feb.) ist stets die Hölle los.

Großraum Brisbane

Mt. Coot-tha Reserve NATURSCHUTZGEBIET
(Karte S. 284; www.brisbane.qld.gov.au; Mt. Coot-tha Rd, Mt. Coot-tha; 24 Std.) GRATIS Rund 15 Auto- oder Busminuten von der Stadt entfernt liegt dieses riesige Buschreservat im

Schatten des Mt. Coot-tha (mit 287 m wohl eher Hügel als Berg). An dessen Hängen findet man einen botanischen Garten, ein Planetarium und den großartigen **Mt. Coot-tha Lookout** (www.brisbanelookout.com; 1012 Sir Samuel Griffith Dr; ⌚24 Std.) GRATIS, von wo aus der Blick an klaren Tagen bis hinüber zu den Inseln der Moreton Bay reicht. Zudem gibt's dort auch ein Café und ein schickes Restaurant.

Gleich nördlich der Zufahrtsstraße zum Aussichtpunkt zweigen vom Samuel Griffith Dr der Fußweg zu den **JC Slaughter Falls** (700 m) und der **Aboriginal Art Trail** (1,5 km) ab. Letzterer führt an acht Stätten mit Werken lokaler Aborigine-Künstler vorbei. Wer möchte, kann auch von den Wasserfällen zum Aussichtpunkt wandern (hin & zurück ca. 4 km; Vorsicht, steil!).

Die **Brisbane Botanic Gardens** (www.brisbane.qld.gov.au/botanicgardens; Mt. Coot-tha Rd; ⌚8–17.30 Uhr) GRATIS am Fuß des Mt. Coot-tha beherbergen zahllose Mini-Ökosysteme (u.a. Regenwälder, Trockengebiete, Kakteen-, Bonsai- oder Kräutergärten). So durchqueren Besucher scheinbar die Vegetationspracht des ganzen Planeten – optional per Gratisführung (Mo–Sa 11 & 13 Uhr) oder kostenloser Minibustour (Mo–Do 10.45 Uhr).

Ebenfalls in den Gärten steht Australiens größtes Planetarium: Das **Sir Thomas Brisbane Planetarium** (☎07-3403 2578; www.brisbane.qld.gov.au/planetarium; Mt. Coot-tha Rd) zeigt regelmäßig Himmelsshows und bietet auch eine tolle Sternwarte. Zum Zeitpunkt der Recherche war es gerade wegen Renovierung geschlossen (für neue Öffnungszeiten und Eintrittspreise s. Website).

Von Brisbane fährt Bus 471 hierher (4,80 AU$, 25 Min.); er startet an der Adelaide St gegenüber vom King George Sq. Unterwegs kann man am Parkplatz des Aussichtspunkts und vor den Brisbane Botanic Gardens aussteigen.

Newstead House HISTORISCHES GEBÄUDE
(Karte S. 304; www.newsteadhouse.com.au; Ecke Breakfast Creek Rd & Newstead Ave, Newstead; Erw./Kind/Fam. 6/4/15 AU$; ⌚Mo–Do 10–16, So 14–17 Uhr) Brisbanes ältestes Haus (erb. 1846) thront auf einem luftigen Hügel über dem Fluss und bietet eine hübsche Aussicht auf denselben. In dem schlichten, L-förmigen Bau in Pfirsichtönen kann man schmucke viktorianische Möbeln, Antiquitäten, Kleidungsstücke u.a. aus dieser Ära bestaunen. Er ist von gepflegten Gärten umgeben, in denen auch eine große Transformatorenstation steht – ein Horror für Hochzeitsfotografen. Am Sonntagnachmittag gibt's Gratiskonzerte.

Lone Pine Koala Sanctuary NATURSCHUTZGEBIET
(☎07-3378 1366; www.koala.net; 708 Jesmond Rd, Fig Tree Pocket; Erw./Kind/Fam. 33/22/80 AU$; ⌚9–17 Uhr) Rund 12 km südlich vom Zentrum erstreckt sich das Lone Pine Koala Sanctuary auf einem Stück Parkland am Fluss. Neben australischen Tierarten wie Kängurus, Opossums, Wombats oder Vögeln beheimatet es auch ca. 130 Koalas. Letztere sind so unsagbar süß, dass die meisten Be-

ABSTECHER

D'AGUILAR RANGE NATIONAL PARK

Wer den Vorstadtkoller hat, kann seine Gier nach Wildnis im **D'Aguilar Range National Park** (www.nprsr.qld.gov.au/parks/daguilar; Mount Nebo Rd, The Gap) stillen. Dessen 50 000 ha liegen zwar nur 10 km, aber gefühlte Lichtjahre nordwestlich vom Zentrum. Zu den örtlichen **Wanderwegen** (wenige Hundert Meter bis 13 km lang) gehören beispielsweise der Morelia Track (6 km) am Picknickplatz Manorina oder der Greene's Falls Track (4,3 km) am Mt. Glorious. Parkbesucher können auch MTB-Touren unternehmen und abgeschiedene, reservierungsfreie **Zeltplätze** (☎13 74 68; www.qld.gov.au/camping; 5,45 AU$/Pers.) im Busch nutzen.

Das **Walkabout Creek Visitor Information Centre** (☎07-3512 2300; www.nprsr.qld.gov.au; 60 Mt. Nebo Rd, The Gap; Wildlife Centre Erw./Kind/Fam. 6,40/4,35/16 AU$; ⌚9–16.30 Uhr) am Parkeingang verteilt Übersichtskarten. Im South East Queensland Wildlife Centre nebenan kann man Schildkröten, Echsen, Pythons, Gleitbeutler und eines der im Park lebenden Schnabeltiere aus nächster Nähe bewundern. Hinzu kommen ein Café und eine tolle begehbare Vogelvoliere.

Bus 385 fährt von der Roma Street Station zum Besucherzentrum (6,70 AU$, 30 Min.; letzter Bus in Gegenrichtung Werktag/Wochenende 16.48/15.53 Uhr).

Fortitude Valley & New Farm

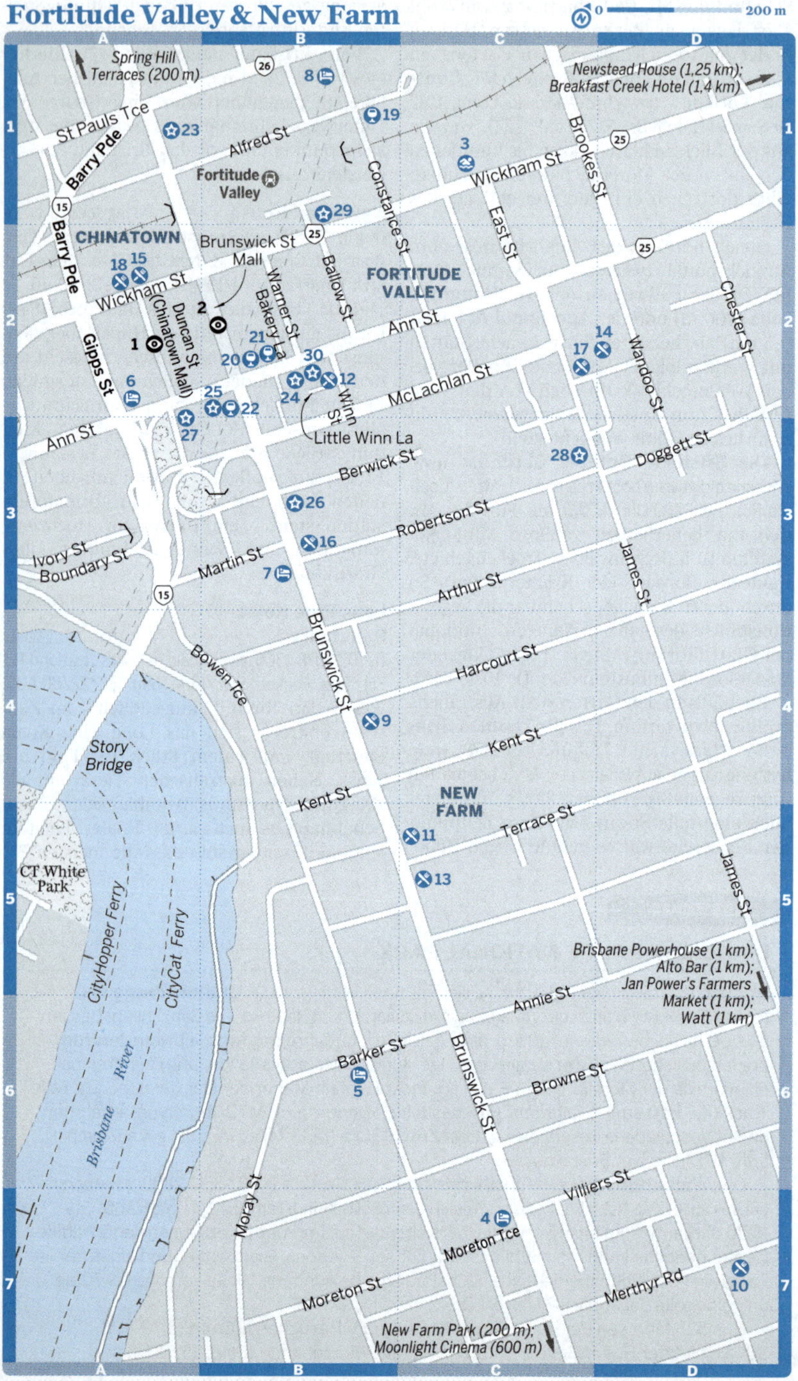

Fortitude Valley & New Farm

Sehenswertes
1 Chinatown ... A2
Institute of Modern Art ... (siehe 26)
2 Valley Walk of Fame ... B2

Aktivitäten, Kurse & Touren
C!RCA ... (siehe 26)
3 Valley Pool ... C1

Schlafen
4 Allender Apartments ... C7
5 Bowen Terrace ... B6
6 Bunk Backpackers ... A2
7 Central Brunswick Apartments ... B3
8 Limes ... B1

Essen
9 Burger Urge ... B4
10 Cafe Bouquiniste ... D7
11 Café Cirque ... C5
12 Flamingo ... B2
13 Himalayan Cafe ... C5
14 James Street Market ... D2
15 Kuan Yin Tea House ... A2
16 Ortiga ... B3
17 Spoon Deli Cafe ... C2
18 The Vietnamese ... A2

Ausgehen & Nachtleben
19 Alfred & Constance ... B1
20 Bowery ... B2
Cru Bar & Cellar ... (siehe 17)
21 La Ruche ... B2
22 Press Club ... B2

Unterhaltung
23 Alloneword ... A1
24 Beat MegaClub ... B2
Birdees ... (siehe 6)
25 Cloudland ... B2
26 Judith Wright Centre of Contemporary Arts ... B3
27 Oh Hello ... A3
28 Palace Centro ... C3
29 Wickham Hotel ... B1
30 Zoo ... B2

Shoppen
Blonde Venus ... (siehe 30)

sucher gern die 16 AU$ für ein Knuddelfoto hinblättern. Den ganzen Tag über finden auch Tierpräsentationen statt.

Vom Busbahnhof an der Queen St geht's mit Bus 430 hierher (6,70 AU$, 45 Min.). Alternativ folgt die **Mirimar II** (☎0412 749 426; www.mirimar.com; inkl. Parkeintritt pro Erw./Kind/Fam. 65/38/190 AU$) dem Brisbane River zum Schutzgebiet (tgl. hin 10, zurück 13.45 Uhr); sie legt in South Bank vom Cultural Centre Pontoon an der Victoria Bridge ab.

Aktivitäten

Örtliche Touristeninformationen verteilen mit dem *Brisbane City Walk* eine Broschüre für Stadtspaziergänge auf eigene Faust (inkl. Roma Street Parkland, South Bank Parklands und City Botanic Gardens).

Fallschirmspringen & Ballonfahren

Jump the Beach Brisbane FALLSCHIRMSPRINGEN
(☎1800 800 840; www.jumpthebeachbrisbane.com.au; Fallschirmsprung ab 344 AU$) Holt Kunden im CBD ab und bietet Tandemsprünge über Brisbane, die am Strand von Redcliffe landen.

Fly Me to the Moon BALLONFAHREN
(☎07-3423 0400; www.brisbanehotairballooning.com.au; 299 AU$/Pers inkl. Transfer & Frühstück) Einstündige Heißluftballonfahrten über Brisbane.

Inlineskating

Das Riverlife Adventure Centre (S. 313) verleiht Skates und Ausrüstung.

Planet Inline INLINESKATING
(Karte S. 308; ☎07-3217 3571; www.planetinline.com; Goodwill Bridge; Touren 15 AU$) Veranstaltet u.a. Frühstückstouren am Samstagmorgen und CBD-Skatingtrips vom oberen Ende der Goodwill Bridge aus (Mi 19.15 Uhr). Vorher anrufen oder online buchen.

Klettern & Abseilen

Story Bridge Adventure Climb BRÜCKENKLETTERN
(Karte S. 308; ☎1300 254 627; www.sbac.net.au; 170 Main St, Kangaroo Point; Erw./Kind ab 99/85 AU$) Ob tagsüber, nachts oder in der Morgen- bzw. Abenddämmerung: Brückenklettern in Brisbane ist Pflicht und bietet einen unschlagbaren Blick auf die Stadt. Der Aufstieg an der südlichen Brückenhälfte (2½ Std.; Mindestalter 10 Jahre) erfolgt 80 m über dem kurvigen, schlammigen Brisbane River. Abseilen von der Story Bridge ist ebenfalls im Angebot.

Riverlife Adventure Centre KLETTERN
(Karte S. 308; ☎07-3891 5766; www.riverlife.com.au; Naval Stores, Kangaroo Point Bikeway, Kangaroo Point; ⏲9–17 Uhr) Nahe den 20 m hohen Felsen am Kangaroo Point bietet Riverlife u.a. Klettern (ab 49 AU$), Abseilen (39 AU$)

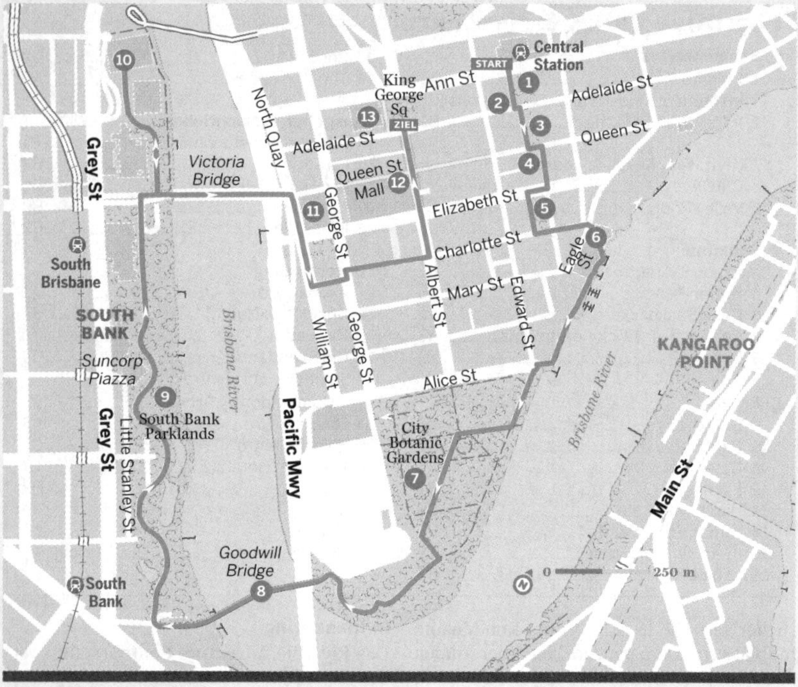

Stadtspaziergang
CBD und South Bank

START CENTRAL STATION
ZIEL KING GEORGE SQ
LÄNGE 5 KM
DAUER 2 STD.

Zuerst die Ann St südlich der Central Station überqueren, um den ernüchternden 1 **Shrine of Remembrance** zu besuchen. Dieser erhebt sich am Nordrand des 2 **Anzac Square** mit zwiebelförmigen Affenbrotbäumen und umherstolzierenden Ibissen.

Dann am südlichen Platzrand eine der Fußgängerbrücken über die Adelaide St nehmen, um zum 3 **Post Office Square** zu gelangen. An dessen Südende steht Brisbanes stattliches 4 **GPO** aus Stein. Nun der Gasse zwischen den Postamtsflügeln zur Elizabeth St folgen, diese überqueren und einen Blick in die 5 **St. Stephen's Cathedral** werfen.

Über den Hof hinter der Kathedrale geht's zur Charlotte St. Links abbiegen, die Eagle St überqueren und dem 6 **Eagle Street Pier** am Fluss folgen, wobei der Blick nach links auf die Story Bridge fällt. Die Stufen zur Uferpromenade hinunterlaufen und südwärts halten.

An der Ecke Edward/Alice St einen Abstecher durch die 7 **City Botanic Gardens** (S. 306) machen, über den Fluss auf die Felsen am Kangaroo Point schauen und hinter der Brisbane Riverstage zur 8 **Goodwill Bridge** laufen. Von dieser aus nach links auf die HMAS *Diamantina* im Queensland Maritime Museum blicken, dann in die 9 **South Bank Parklands** (S. 307) hineingehen.

Bei genug Zeit jetzt die 10 **Gallery of Modern Art** (S. 306) besichtigen, sonst gleich über die Victoria Bridge zurück ins Zentrum gehen: Direkt südlich des 11 **Treasury Building** (S. 306) an der William St führt eine namenlose Gasse zur George St. Diese in Richtung Charlotte St überqueren, letzterer folgen und dann entlang der Albert St nach links ins moderne CBD hineinlaufen.

Der Albert St weiter folgen und die Einkaufsmeile 12 **Queen Street Mall** überqueren – ebenso die Adelaide St, um zur 13 **City Hall** (S. 306) am Südwestrand des King George Sq zu gelangen. Nach dem Bewundern des Platz-Panoramas geht's zurück zur Mall, um eine verdiente Stärkung zu genießen.

und Flusstouren mit dem Kajak (ab 39 AU$). Hinzu kommt ein Verleihservice (Fahrrad/Inlineskates pro 4 Std. 30/40 AU$, Kajak 33 AU$/2 Std.).

Urban Climb KLETTERN, ABSEILEN

(Karte S. 318; ☎07-3844 2544; www.urbanclimb.com; 2/220 Montague Rd, West End; Erw./Kind 18/16 AU$; ⊙Mo–Do 12–22, Fr 12–21, Sa & So 10–18 Uhr) Riesige Indoor-Kletterwand mit über 200 Routen.

Radfahren

Brisbane Radwegnetz (über 900 km) umfasst auch Routen entlang des Brisbane River. Auf der Website der Stadtverwaltung (www.brisbane.qld.gov.au) gibt's Karten und Infos. Das Riverlife Adventure Centre (S. 313) verleiht ebenfalls Drahtesel.

Bicycle Revolution FAHRRADVERLEIH

(Karte S. 318; www.bicyclerevolution.org.au; 294 Montague Rd, West End; pro Tag/Woche 35/100 AU$; ⊙Mo 9–17, Di–Fr 9–18, Sa 8–14 Uhr) Freundlicher kommunaler Laden mit großer Flotte von generalüberholten Sperrmüll-Stadträdern.

Gardens Cycle Hire FAHRRADVERLEIH

(☎0408 003 198; www.brisbanebicyclehire.com; pro Tag/Woche 40/90 AU$) Bringt Bikes auch direkt zu Kunden.

CityCycle FAHRRADVERLEIH

(☎1300 229 253; www.citycycle.com.au; pro Std./Tag 2,20/165 AU$; ⊙Ausleihe 5–22 Uhr, Rückgabe 24 Std.) Wer auf Brisbanes Bikesharing-Programm zurückgreifen möchte, meldet sich auf der Website an (Tag/Woche/3 Monate 2/11/27,50 AU$) und nutzt dann gegen zusätzliche Gebühr eine der über 100 Verleihstationen im Zentrumsbereich – prima für Kurztrips, aber teuer bei Tagestouren. Schutzhelm und Schloss sind selbst mitzubringen.

Schwimmen

Streets Beach SCHWIMMEN

(Karte S. 308; www.visitsouthbank.com.au; South Bank; ⊙tagsüber) GRATIS Der künstlich angelegte Streets Beach in zentraler South-Bank-Lage ermöglicht schnelles, kostenloses Baden im Fluss. Mit Rettungsschwimmern, kreischenden Kindern, Strandschönheiten, posenden Muskelmännern und Eiskarren bietet er das komplette Programm.

Spring Hill Baths SCHWIMMEN

(Karte S. 304; www.bluefitbrisbane.com.au; 14 Torrington St, Spring Hill; Erw./Kind/Fam. 4,90/3,50/14,90 AU$; ⊙Mo–Do 6.30–19, Fr 6.30–18, Sa & So 8–17 Uhr) Wunderbar altmodisches Schwimmbad (eröffnet 1886) mit einem 25-m-Becken inmitten von reizenden Umkleiden aus Holz.

Valley Pool SCHWIMMEN

(Karte S. 312; www.valleypool.com.au; 432 Wickham St, Fortitude Valley; Erw./Kind/Fam. 4,90/3,50/10,30 AU$; ⊙Mo–Fr 5.30–19.30, SA & So 7.30–18 Uhr) Großes und sauberes Freibad, das bei Schnöseln jeder Couleur sehr beliebt ist.

☞ Geführte Touren

CityCat FLUSSFÄHRE

(☎13 12 30; www.translink.com.au; einfache Strecke 5,60 AU$; ⊙5.25–23.50 Uhr) Für einen optimalen Sightseeing-Trip in Brisbane empfiehlt sich statt Auto oder Bus eine der eleganten CityCat-Flussfähren: Auf deren Freiluftdecks stehend, gleitet man unter der Story Bridge hindurch Richtung South Bank und Zentrum. Die Kähne pendeln zwischen der University of Queensland im Südwesten und der Apollo Rd nördlich der Stadt (alle 15–30 Min.). Unterwegs legen sie an insgesamt 14 Stationen an – darunter New Farm Park, North Quay (gen CBD), South Bank und West End.

XXXX Brewery Tour BRAUEREI

(Karte S. 318; ☎07-3361 7597; www.xxxxbrewerytour.com.au; Ecke Black & Paten St, Milton; Erw./Kind 25/16 AU$; ⊙Mo–Fr 11–16 Uhr stündl., Sa 12.30, 13 & 13.30, So 11, 12 & 12.30 Uhr) Wer die Schwüle mit XXXX-Gerstensaft bekämpfen will und volljährig ist, bekommt bei den Führungen hier ein paar Ales umsonst (und lässt das Auto darum besser zu Hause). Angeboten werden auch Touren mit Bier und Barbecue (Erw./Kind 38/29 AU$ inkl. Abend- bzw. Mittagessen; Mi/Sa abends/tagsüber). Anhaltender Durst lässt sich in der hauseigenen Bierstube stillen. Alle Führungen erfordern geschlossenes Schuhwerk und sind online oder per Telefon reservierbar. Die Brauerei liegt 20 Gehminuten westlich der Roma Street Station; alternativ nimmt man einen Zug zur Milton Station.

CitySights GEFÜHRTE TOUR

(Karte S. 308; www.citysights.com.au; Tagesticket Erw./Kind/Fam. 35/20/80 AU$; ⊙9–15.45 Uhr) Diese Bustouren mit beliebigem Aus- und Zusteigen besuchen 19 von Brisbanes wichtigsten Attraktionen (u. a. CBD, Mt. Coot-tha, Chinatown, South Bank, Story Bridge). Sie starten alle 45 Minuten am Post Office

Sq (Queen St). Dasselbe Ticket ermöglicht auch beliebig viele CityCat-Fährfahrten.

Brisbane Greeters GEFÜHRTE TOUR
(Karte S. 308; ☎ 07-3006 6290; www.brisbanegreeters.com.au; Touristeninformation Brisbane, Queen St Mall; ⏲ 10 Uhr) GRATIS Freundliche Freiwillige leiten diese persönlichen Brizzy-Einführungstouren für Kleingruppen. Zu den Themenschwerpunkten gehören z. B. öffentliche Kunst (Mo), Queenslander Architektur (Di), Kirchen (Mi) oder der Fluss (So). Per Telefon erfährt man das Programm und kann sich auch eine individuelle Tour zusammenstellen lassen. Reservierung erforderlich.

Brisbane Lights Tours GEFÜHRTE TOUR
(☎ 07-3822 6028; www.brisbanelightstours.com; Erw./Kind ab 65/30 AU$) Diese Abendtouren (3 Std.) mit Abholung am Hotel beginnen täglich um 18.30 Uhr. Sie beinhalten ein Dutzend lokale Wahrzeichen, einen CityCat-Fährtrip (20 Min.) und Abendessen bzw. einen Snack am Mt. Coot-tha Lookout.

River City Cruises BOOTSFAHRT
(Karte S. 308; ☎ 0428 278 473; www.rivercitycruises.com.au; South Bank Parklands Jetty A; Erw./Kind/Fam. 25/15/60 AU$) Kommentierte Flussfahrten von South Bank (Start 10.30 & 12.30 Uhr, Sommer auch 14.30 Uhr; 1½ Std.) nach New Farm und zurück.

Kookaburra River Queens BOOTSFAHRT
(Karte S. 308; ☎ 07-3221 1300; www.kookaburrariverqueens.com; Eagle St Pier; Fahrt mit Mittag-/Abendessen pro Pers. ab 42/79 AU$) Hier schippert man mit einem hölzernen Raddampfer den Fluss auf und ab. Das Essen besteht aus einem Drei-Gänge-Menü mit Seafood und Grillfleisch-Buffet. Bei der Mittagsfahrt am Sonntag erklingt Livejazz.

BRISBANE FESTIVAL

Als größtes örtliches Kunstevent des Jahres verwandelt das dreiwöchige Brisbane Festival (Sept.) die Straßen der Stadt in einen wilden Mix aus Farben, Flair, Feuerwerk und Gerüchen. Über 300 Aufführungen und ca. 60 Veranstaltungen locken dabei mehr als 2000 Künstler aus aller Welt an. Ausstellungen, Tanz, Theater, Oper, Symphonien, Zirkusartisten, Straßen- und Varietékünstler sind Teil der Vielfalt – ebenso viele kostenlose Konzerte und Straßenevents in der ganzen Stadt. Hinzu kommt als Highlight die gigantische Feuerwerksshow Riverfire, die nebst synchronisiertem Soundtrack über dem Brisbane River inszeniert wird – es gibt spezielle Aussichtspunkte in South Bank, West End und dem Zentrum.

Feste & Events

Brisbane International TENNIS
(www.brisbaneinternational.com.au) Profi-Tennisturnier mit Weltklassespielern, das kurz vor den Australian Open (Melbourne) im Queensland Tennis Centre stattfindet.

Chinesisches Neujahrsfest KULTUR-EVENT
(www.chinesenewyear.com.au; ⏲ Feb.) Wird entlang der Chinatown Mall (Duncan St; Fortitude Valley) mit Feuerwerk, tanzenden Drachen und tollem Essen gefeiert.

Brisbane Comedy Festival COMEDY
(www.briscomfest.com; ⏲ März) Vierwöchiges Festival mit einheimischen und internationalen Komikern im Brisbane Powerhouse.

Urban Country Festival MUSIK
(www.urbancountry.com.au; ⏲ Mai) Das viertägige Country-Musikfestival lockt bis zu 500 Gitarrenspieler und näselnde Barden nach Caboolture. Dort wuchs einst Keith Urban (hat nichts mit dem Festivalnamen zu tun!) rund 45 Minuten nördlich von Brisbane auf.

Brisbane Winter Carnival PFERDERENNEN
(www.horseracinginfo.com.au; ⏲ Mai & Juni) Wichtigstes Derby bei Queenslands größten Pferderennen ist das Stradbroke Handicap (Anfang Juni).

Out of the Box KUNST
(www.outoftheboxfestival.com.au; ⏲ Juni in geradzahligen Jahren) Sechstägiges Kinderfestival für darstellende und bildende Kunst, das viele interaktive und kostenlose Veranstaltungen umfasst.

Brisbane International Film Festival FILM
(www.biff.com.au; ⏲ Juli) Zeigt zwölf Tage lang anspruchsvolle Filme in Brisbanes Kinos.

Queensland Music Festival MUSIK
(QMF; www.queenslandmusicfestival.org.au; ⏲ Juli in ungeradzahligen Jahren) Zweiwöchiges Festival mit Konzerten (meist gratis) von klassisch bis modern in ganz Queensland.

„Ekka" Royal Queensland Show LANDWIRTSCHAFT
(www.ekka.com.au; ⏲ Aug.) Das Ekka (früher Brisbane Exhibition) vereint Stadt und Land

als Queenslands größtes Jahresevent. Jungtiere, Wundertüten, gruselige Schausteller, Schafschur-Demonstrationen, Fahrgeschäfte und Kinder mit Zucker-Überdosis en masse!

Brisbane Festival KUNST
(www.brisbanefestival.com.au; ⌚ Sept.) Brisbanes größtes Kunstfestival (s. Kasten S. 316) dauert drei Wochen.

Brisbane Pride Festival SCHWUL-LESBISCH
(www.brisbanepridefestival.com.au; ⌚ Sept.) Brisbanes vierwöchiges Schwulen- und Lesbenfestival mit ein paar Extra-Events im Juni (z. B. der berühmte Queen's Ball).

Brisbane Writers Festival KUNST
(BWF; www.brisbanewritersfestival.com.au; ⌚ Sept.) Seit 50 Jahren dreht sich bei Queenslands größtem Literaturevent alles um Worte, Bücher und Autoren.

Valley Fiesta MUSIK
(www.valleyfiesta.com.au; ⌚ Okt.) Bei Brisbanes größtem Gratis-Musikfestival beschallen Rockbands plus DJs drei Tage lang die Brunswick St und die Chinatown Malls in Fortitude Valley.

Schlafen

Brisbane hat ein großartiges Unterkunftsangebot. Die meisten Optionen liegen außerhalb des Zentrums (dort gibt's größtenteils Businesshotels), sind aber meist zu Fuß oder leicht mit dem Nahverkehr erreichbar. Spring Hill ist sehr ruhig, Fortitude Valley etwas für Partygänger. Paddington empfiehlt sich für Cafés oder Boutiquen, Petrie Terrace für Hostels und das schwulenfreundliche New Farm für Restaurants. In West End warten Bars und Buchläden.

Zentrum

X-Base Brisbane Central HOSTEL $
(Karte S. 308; ☎ 07-3211 2433, 1800 242 273; www.stayatbase.com; 398 Edward St; B 27–33 AU$, EZ/DZ/2BZ 55/70/70 AU$; ❄@📶) Dieses Riesenhostel befindet sich in einem verschnörkelten historischen Bau, der früher ein Billighotel der Heilsarmee war. Es hat einfache Zimmer (teilweise ohne Klimaanlage), eine Dachterrasse mit Stadtblick, einen klapprigen alten Aufzug und eine Erdgeschossbar. In der Nähe gibt's zwei Ableger: Das **X-Base Brisbane Embassy** (Karte S. 308; ☎ 07-3166 8000; 214 Elizabeth St; B 31–35 AU$, DZ mit/ohne Bad 99/79 AU$; ❄@📶) ist deutlich ruhiger, aber etwas seelenlos. Das **X-Base Brisbane Uptown** (Karte S. 308; ☎ 07-3238 5888; 466 George St; B 22–36 AU$, DZ & 2BZ 130–140 AU$; ❄@📶) vermietet schallgedämmte Quartiere mit eigenen Bädern und rangiert irgendwo dazwischen.

Diamant Hotel BOUTIQUEHOTEL $$
(Karte S. 308; ☎ 07-3009 3400; www.8hotels.com; 52 Astor Tce; DZ ab 139 AU$; P❄📶) Die sieben Stockwerke hinter der ultramodernen, schwarz-weißen Fassade beherbergen zeitgemäße, kompakte Zimmer mit schicken Tapeten und angenehmen Extras (u. a. Originalkunst, iPod-Anschlüsse, Gratis-WLAN). Die größeren Suiten haben Kochecken und Wohnbereiche. Im Erdgeschoss befindet sich eine Restaurantbar. Parken 28 AU$.

Urban Brisbane HOTEL $$
(Karte S. 308; ☎ 07-3831 6177; www.hotelurban.com.au; 345 Wickham Tce; DZ ab 150 AU$; ❄@📶🏊) Das Urban wurde 2008 für 10 Mio. AU$ renoviert und wirkt immer noch sexy: Die stilvollen Zimmer punkten mit maskulinen Farbtönen, Balkonen und erstklassiger Ausstattung (z. B. superbequeme Betten, große TVs, flauschige Bademäntel). Hinzu kommen ein beheizter Freiluftpool und eine Bar. Unter den Gästen sind viele uniformierte Flugbegleiter. Parken 15 AU$.

Inchcolm Hotel HISTORISCHES HOTEL $$
(Karte S. 308; ☎ 07-3226 8888; www.theinchcolm.com.au; 73 Wickham Tce; Zi. 160–250 AU$; P❄📶🏊) Das denkmalgeschützte Inchcolm (Aussprache wie „Malcolm") entstand in den 1930er-Jahren als Ärztewohnhaus und hat sich Elemente aus seiner Vergangenheit bewahrt – besonders toll ist der alte Fahrstuhl. Im neueren Flügel bieten die renovierten Zimmer mehr Platz und Licht; der alte Flügel hat dagegen mehr Charakter. Das Hotel besitzt auch einen Dachpool und ein Restaurant. Parken 30 AU$.

Treasury LUXUSHOTEL $$$
(Karte S. 308; ☎ 07-3306 8888; www.treasurybrisbane.com.au; 130 William St; Zi. ab 230 AU$; P❄@📶) Brisbanes prächtigstes Hotel steckt hinter der ebenso schönen Fassade des früheren Land Administration Building. Alle Zimmer haben hohe Decken und sind individuell mit historischen Elementen gestaltet. Ihre elegante Einrichtung umfasst gerahmte Kunstwerke und polierte Holzmöbel. Von den besten Varianten schaut man auf den Fluss. Super effizienter Service; Parken 20 AU$.

West End & Petrie Terrace

Stamford Plaza Brisbane HOTEL **$$$**
(Karte S. 308; ☎07-3221 1999; www.stamford.com.au; Ecke Edward & Margaret St; Zi. ab 269 AU$; P❄@📶🏊) Das hohe Stamford im südlichen CBD hat eine Lobby mit Klassik-Soundtrack und eine Auffahrt voller Mercedes-Benz. Die opulenten Zimmer mit Riesenbetten haben einen leicht antiken Touch (nicht negativ gemeint). Zudem gibt's mehrere Bars, Restaurants und Salons. Parken 40 AU$.

M on Mary APARTMENTS **$$$**
(Karte S. 308; ☎07-3503 8000; www.monmary.com; 70 Mary St; Apt. mit 1/3 Schlafzi. ab 200/

West End & Petrie Terrace

419 AU$; P❄☎) Dieser 43-stöckige Turm, sehr nah bei den Botanic Gardens, vermietet moderne, komfortable Apartments mit einem oder drei Schlafzimmern – teuer, aber bei längeren Aufenthalten dank Rabatt vergleichsweise günstiger. Die besten Quartiere haben Balkone, während die schlechteren Varianten etwas düster sind. Parken 30 AU$.

South Bank & West End

Brisbane Backpackers Resort HOSTEL $
(Karte S. 318; ☎07-3844 9956, 1800 626 452; www.brisbanebackpackers.com.au; 110 Vulture St, West End; B 27–34 AU$, 2BZ/DZ/3BZ 110/120/135 AU$; P❄@☎≋) Gibt's sowas wie „Backpacker-Kitsch"? Falls ja, ist das Riesenhostel mit tollem Pool- und Barbereich wohl ein entsprechender Kandidat: Sein seltsames Marketing wirbt u.a. damit, was „böse Mädchen" so alles tun und lassen… Wer auf Party steht, ist hier aber genau richtig. Die einfachen Zimmer sind allgemein gut in Schuss.

Somewhere to Stay HOSTEL $
(Karte S. 318; ☎07-3846 2858, 1800 812 398; www.somewheretostay.com.au; 47 Brighton Rd; B 19–27 AU$, EZ 49–54 AU$, DZ 59–79 AU$; P@☎≋) Der gewaltige weiße Queenslander (in Wirklichkeit mehrere Gebäude) wartet mit über 50 Zimmern und extrem entspannter Atmosphäre auf. Günstig, zwanglos, schäbig und nichts für Pingelige.

Riverside Hotel HOTEL $$
(Karte S. 308; ☎1800 301 101, 07-3846 0577; www.riversidehotel.com.au; 20 Montague Rd, South Bank; DZ/Apt. mit 1 Schlafzi. ab 109/149 AU$; P❄☎≋) Dieses weitläufige Hotel in mehreren grau-braunen Gebäuden hat für seine Größe überraschend freundliches Personal. Highlight ist die Lage direkt gegenüber von South Bank und der GOMA: Wer von den Zimmern im Motelstil nicht zuviel erwartet, wird zufrieden sein.

Petrie Terrace

Aussie Way Backpackers HOSTEL $
(Karte S. 318; ☎07-3369 0711; www.aussiewaybackpackers.com; 34 Cricket St; B/EZ/DZ/FZ/4BZ 26/55/68/78/104 AU$; ❄☎≋) Der malerische, zweistöckige Queenslander an der reizvoll benannten Cricket St erinnert eher an eine behagliche Pension als an ein Hostel. Ein prima Pool für schwüle Brisbaner Nachmittage ergänzt die geräumigen, geschmackvoll möblierten Quartiere. Die Doppelzimmer im separaten hinteren Gebäude sind genauso nett. Ab 22.30 Uhr herrscht Nachtruhe.

Brisbane City YHA HOSTEL $
(Karte S. 318; ☎07-3236 1004; www.yha.com.au; 392 Upper Roma St; B 33–38 AU$, 2BZ & DZ mit/ohne Bad 114/97 AU$, FZ 132 AU$; P❄@☎≋) Das blitzblanke, gut geführte Hostel hat einen Dachpool und eine Sonnenterrasse mit unglaublichem Flussblick. Zudem punktet es mit sehr guten Sicherheitsvorkehrungen, Aktivitäten, geführten Touren und geräumigen Küchen (viele Kühlschränke!). Die Schlafsäle haben meist eigene Bäder und sind mit maximal sechs Betten nicht zu groß. In der Cafébar finden Quizabende und Happy Hours

ROCK 'N' ROLL IN BRISBANE

Weit weg vom Hollywood Blvd feiert Fortitude Valley die erfolgreichsten Musiker der Stadt mit einem **Valley Walk of Fame** (Karte S. 312). Die zehn Plaketten am oberen Ende der Brunswick St Mall ehren Künstler, die zumindest während ihrer ersten Erfolgsjahre in Brisbane gelebt haben – z. B. die **Bee Gees** vor *Saturday Night Fever*, die legendäre Punkband **The Saints**, den Queenslander Import **Keith Urban**, die Rocker von **Powderfinger** (15-malige Gewinner des ARIA Award), die Indie-Band **Custard** oder die 1990er-Elektrorocker **Regurgitator**. Brisbane rockt!

statt. Dennoch ist dies ein YHA-Haus und kein Partytempel. Parken 10 AU$.

Chill Backpackers HOSTEL $
(Karte S. 318; ☎1800 851 875, 07-3236 0088; www.chillbackpackers.com; 328 Upper Roma St; B 29–35 AU$, DZ/3BZ 89/105 AU$; P ❄ @ ☎) Dieser grell aquamarinblaue Bau am Rand des CBD hat kleine, saubere und moderne Zimmer. Wie beim etwas höher gelegenen YHA weiter oben an der Straße kommt eine Dachterrasse mit tollem Flussblick hinzu. Falls die 150 Betten komplett ausgebucht sein sollten, empfiehlt sich das zugehörige Brisbane City Backpackers als nahe Alternative.

Spring Hill

Kookaburra Inn PENSION $
(Karte S. 308; ☎07-3832 1303, 1800 733 533; www.kookaburra-inn.com.au; 41 Phillips St; EZ/DZ ohne Bad ab 59/76 AU$; ❄ @ ☎) Die beiden Stockwerke der kleinen, einfachen Pension beherbergen schlichte Quartiere mit Waschbecken, Kühlschränken und sauberen Gemeinschaftsbädern. Allerdings sind nur wenige Doppelzimmer klimatisiert. Das unscheinbare Gebäude hat auch eine Lounge, eine Gästeküche und eine Freiluftterrasse. Anständige Budgetoption, wenn man von Schlafsälen die Nase voll hat.

Dahrl Court APARTMENTS $$
(Karte S. 308; ☎07-3831 9553; www.dahrlcourt.com.au; 45 Phillips St; Apt. ab 155 AU$; P ❄ @) Die 13 Apartments in einer ruhigen, grünen Ecke von Spring Hill haben alle Küchen und ein tolles Preis-Leistungs-Verhältnis. Die historische Gestaltung wirkt eventuell etwas kitschig, umfasst aber schöne alte Holzgeländer und Decken im Art-déco-Stil.

Spring Hill Terraces MOTEL $$
(Karte S. 304; ☎07-3854 1048; www.springhillterraces.com; 260 Water St; DZ 95–145 AU$, Wohneinheit 175 AU$; P ❄ ☎ ≋) Zehn Gehminuten von Fortitude Valley entfernt warten hier guter Oldschool-Service, prima Sicherheitsvorkehrungen, ein Minipool und Zimmer im Motelstil. Hinzu kommen größere Terrassen-Wohneinheiten mit Balkonen und grünen Privathöfen.

Fortitude Valley

Bunk Backpackers HOSTEL $
(Karte S. 312; ☎07-3257 3644, 1800 682 865; www.bunkbrisbane.com.au; Ecke Ann & Gipps St; B 21–33 AU$, EZ 60 AU$, DZ/Apt. ab 80/180 AU$; P ❄ @ ☎ ≋) Diese alte Kunstakademie wurde 2006 als Hostel wiedergeboren – und die Party geht weiter! Die 55 Zimmer des gewaltigen Fünfstöckers sind meist Schlafsäle mit acht Betten; ganz oben befinden sich zudem ein paar tolle Apartments. In nächster Nähe zum Valley-Nachtleben gibt's hier obendrein eine Bar (Birdees; S. 326) und eine mexikanische Cantina.

Central Brunswick Apartments APARTMENTS $$
(Karte S. 312; ☎07-3852 1411; www.centralbrunswickhotel.com.au; 455 Brunswick St; Zi. 140–180 AU$; P ❄ ☎) Die 60 Apartments im Backsteingemäuer einer alten Brauerei sind bei Geschäftsleuten sehr beliebt und haben jeweils komplett ausgestattete Küchen. Hinzu kommen Gratis-WLAN, ein hauseigener Fitnessraum und ein Grillbereich auf dem Dach. Parken 10 AU$/Nacht.

Limes BOUTIQUEHOTEL $$$
(Karte S. 312; ☎07-3852 9000; www.limeshotel.com.au; 142 Constance St; DZ ab 230 AU$; ❄ ☎) Stilvoller Chic im Valley: Die 21 Zimmer machen viel aus wenig Platz. Sie punkten jeweils mit vornehmen Möbeln, Kochnischen und praktischen Extras (iPod-Anschlüsse, Gratis-WLAN, kostenloser Fitnessraumpass). Die Dachbar mit Kino (!) ist zauberhaft.

New Farm

★ **Bowen Terrace** PENSION $
(Karte S. 312; ☎07-3254 0458; www.bowenterrace.com.au; 365 Bowen Tce; B/EZ/DZ ohne Bad 35/60/85 AU$, DZ/FZ mit Bad 99/145 AU$; P @

) Dieser wunderschön restaurierte, 100 Jahre alte Queenslander steht in einer ruhigen Ecke von New Farm. Alle Zimmer haben TVs, Barkühlschränke, hochwertige Bettwäsche und hohe Decken mit Ventilatoren. Die Terrasse hinten grenzt an einen einladenden Pool. Das Ganze ist nicht klimatisiert, bietet aber echten Gegenwert fürs Geld und hat weit mehr Klasse als ein Durchschnittshostel.

Allender Apartments APARTMENTS $$
(Karte S. 312; 07-3358 5832; www.allenderapartments.com.au; 3 Moreton St; DZ 135 AU$, Apt. mit 1 Schlafzi. 160–170 AU$;) Qualitativ eine bunte Mischung: Der schlichte Hauptbau aus gelbem Backstein beherbergt einfach eingerichtete, aber saubere Zimmer. Vergleichsweise attraktiver sind die historischen Apartments im benachbarten Fingal House (erb. 1918), einem Queenslander mit polierten Holzböden, Eichenmöbeln und Zugang zu einer eigenen Veranda bzw. einem Hof.

Kangaroo Point

Il Mondo HOTEL $$
(Karte S. 308; 07-3392 0111, 1300 665 526; www.ilmondo.com.au; 25 Rotherham St; Zi. 160 AU$, Apt. mit 1/3 Schlafzi. 250/500 AU$;) In wunderschöner Lage nahe der Story Bridge steht dieser postmodern wirkende Siebenstöcker mit feschen, geräumigen Zimmern und Apartments. Deren minimalistisches Design wird durch hochwertige Einbau-Elemente ergänzt. Die größten Apartments nehmen bis zu sechs Personen auf.

Queensland Motel MOTEL $$
(Karte S. 308; 07-3391 1061; www.queenslandmotel.id.au; 777 Main St; DZ/3BZ/FZ 120/150/185 AU$;) Dieses spartanische, freundliche Oldschool-Motel nahe dem Gabba-Kricketstadion liegt 20 Gehminuten vom Zentrum entfernt. Am besten ein Zimmer im obersten Stock nehmen, wo Palmwedel vor den Fenstern rascheln.

Paddington & Umgebung

Newmarket Gardens Caravan Park CAMPING $
(Karte S. 304; 07-3356 1458; www.newmarketgardens.com.au; 199 Ashgrove Ave, Newmarket; Stellplatz ohne/mit Strom 38/39 AU$, Hütte 125–150 AU$, Standwohnwagen/Budgetzi. 56/64 AU$;) Der peppige Wohnwagenpark liegt nur 4 km nördlich der Stadt und ist mit dem Bus oder Zug erreichbar. Neben vielen Wohnwagen- bzw. Zeltstellplätzen gibt's hier auch sechs einfache Budgetzimmer ohne und fünf saubere Hütten mit Klimaanlage. Zu den wenigen Bäumen gehören auch Mangobäume – Vorsicht vor fallenden Früchten!

Casabella Apartment APARTMENTS $$
(Karte S. 322; 07-3217 6507; www.casabella-apartment.com; 211 Latrobe Tce, Paddington; Apt. 185 AU$;) Das Untergeschoss des fuchsienfarbigen Gebäudes am ruhigen Ende von Paddos Hauptstraße wurde zu einer sehr komfortablen Wohneinheit für Selbstversorger umgebaut. Darin warten zwei Schlafzimmer für insgesamt drei Personen, Böden aus Recyclingholz und warme mediterrane Farbtöne. Anstelle einer Klimaanlage weht ein laues Lüftchen durch viele Jalousien herein – herrlich! Gratisparken an der Straße.

Fern Cottage B&B $$
(Karte S. 322; 07-3511 6685; www.ferncottage.net; 89 Fernberg Rd, Paddington; EZ/DZ 135/165 AU$;) Dieser renovierte, senffarbene Queenslander vermietet insgesamt drei gemütliche, aber teilweise kitschig gestaltete Suiten (zwei für max. 3 Pers. sowie ein DZ). Hinzu kommen eine Gemeinschaftsküche und eine Grillterrasse hinter dem Haus. Gratisparken an der Straße.

★ **Latrobe Apartment** APARTMENT $$$
(Karte S. 322; 0448 944 026; www.stayz.com.au/77109; 183a Latrobe Tce, Paddington; Apt. 200 AU$;) Unter einer Chiropraxis im reichen Paddington liegt dieses exzellente Apartment mit zwei Schlafzimmern und zwei Bädern. Maximal vier Personen werden hier von polierten Bodendielen, reizvoller Beleuchtung, einer tollen Grillterrasse und elegantem, modernem Einrichtungsdesign empfangen. Ob Bettwäsche, Toilettenartikel, Küchengeschirr, TV, iPod-Anschluss oder Wohnzimmermöbel mit Lederbezug – alles ist vom Feinsten. Oben an der Straße findet man Cafés und kann kostenlos parken.

Essen

Wie die meisten anderen Erfahrungen werden in Brisbane auch kulinarische Erlebnisse weitgehend vom jeweiligen Viertel bestimmt. Das Zentrum wartet mit Spitzenrestaurants und kleinen Cafés auf, Fortitude Valley mit Chinatown und günstigen Cafés.

Paddington

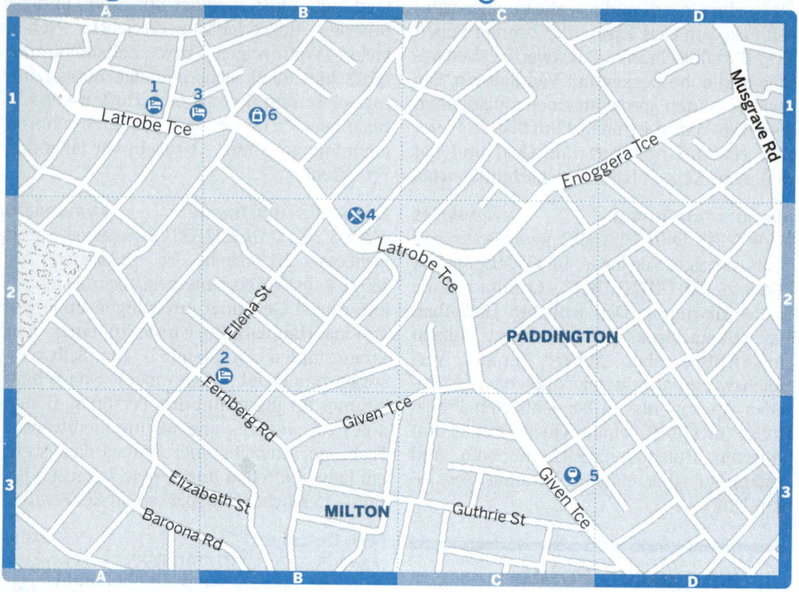

Paddington

Schlafen
1 Casabella Apartment A1
2 Fern Cottage B2
3 Latrobe Apartment............................. A1

Essen
4 Il Posto.. B2

Ausgehen & Nachtleben
5 Lark.. C3

Shoppen
6 Paddington Antique Centre B1

Im benachbarten New Farm gibt's viele multikulturelle und preisgekrönte Lokale. West End strotzt vor Künstlercafés, während South Bank zwischen Mainstream und teuer schwankt. Überall kann man im Freien essen.

Zentrum

★ Brew CAFÉ, WEINBAR $
(Karte S. 308; ☎07-3211 4242; www.brewgroup.com.au; Lower Burnett La; Hauptgerichte 6–12 AU$; ⊙Mo 7–17, Di & Mi 7–22, Do & Fr 7–23.30, Sa 9–23.30, So 9–15 Uhr) Ein derart subkulturelles Underground-Café erwartet man in Seattle oder Berlin – aber in Brisbane? Das Brew bringt das schwarze Gold in die Gassen und Queensland eine ganz neue Form der Cafékultur. Zum Koffein serviert es einfache Kost wie Tapas, Sandwiches oder Nudelgerichte. Wer Lust auf andersartiges Gebräu hat, bestellt Wein oder Flaschenbier.

Bleeding Heart Gallery CAFÉ $
(Karte S. 308; ☎07-3229 0395; www.bleedingheart.com.au; 166 Ann St; Hauptgerichte 5–10 AU$; ⊙Mo–Fr 7–17 Uhr) Abseits der hektischen Ann St ist dieser geräumige Mix aus Café und Galerie in einem Gebäude für Bedienste (Es stammt von 1865 und ist Brisbanes drittältestes Gebäude!) untergebracht. Im Hippie-Ambiente finden hier Kunstausstellungen, gelegentliche Konzerte und andere Events statt. Alle Gewinne gehen an kommunale Sozialprojekte.

Merlo Coffee CAFÉ $
(Karte S. 308; ☎07-3221 2616; www.merlo.com.au; 10 Market St; Snacks 4–8 AU$; ⊙Mo–Fr 6.30–16 Uhr) Als Kombination aus Rösterei und Café ist das lokale Erfolgsprojekt Merlo gleich mehrfach in Brisbane vertreten. Diese Filiale im Stadtzentrum stärkt das Businessvolk mit großartigen Snacks (Croissants, Kuchen, Sandwiches). Hauptmagnet ist jedoch der Kaffee – er ist stark genug, um jeden durch das nächste Meeting zu bringen.

Java Coast Cafe CAFÉ $

(Karte S. 308; ☎07-3211 3040; www.javacoastcafe.com.au; 340 George St; Hauptgerichte 11–20 AU$; ⏲Mo–Fr 6.30–15 Uhr) Eine Oase an der Kaffee-Küste: Hinter einem schäbigen Rolltor im Zentrum führt hier eine schmale Gasse zu einem versteckten Cafégarten mit Springbrunnen, Buddhastatuen und subtropischen Pflanzen. Auf den Tisch kommen hervorragender Kaffee, Tee, Sandwiches, Salate und kleine Gerichte mit asiatischem Touch.

E'cco MODERN-AUSTRALISCH $$$

(Karte S. 308; ☎07-3831 8344; www.eccobistro.com; 100 Boundary St; Hauptgerichte 43 AU$; ⏲Di–Fr 12–15, Di–Sa 18–22 Uhr) Das preisgekrönte E'cco zählt zu Queenslands besten Restaurants und ist Pflicht für Feinschmecker. Unter den kulinarischen Meisterwerken von Küchenchef Philip Johnson ist z. B. Schweinebauch mit Lakritzaroma, karamellisierten Pfirsichen, Zwiebelgelee und Kipfler-Kartoffeln. Die entsprechend noble Inneneinrichtung ist ganz in Schwarz, Weiß und Edelstahl gehalten.

Stokehouse MODERN-AUSTRALISCH $$$

(Karte S. 308; ☎07-3020 0600; www.stokehouse.com.au; River Quay, Sidon St, South Bank; Hauptgerichte 34–62 AU$; ⏲10–1 Uhr) Wer ein Nobelrestaurant für einen Heiratsantrag sucht, ist bei diesem verwinkelten, mit dunklem Holz vertäfelten Betonbunker am Fluss richtig. Den Anfang macht am besten die Spannerkrabbe mit Apfelgelee, gefolgt von Daintree-Barramundi mit weißen Venusmuscheln und Sauerkraut. Wenn er oder sie dann „Ja" gesagt hat, empfiehlt sich Schampus in der glamourösen Stoke Bar nebenan.

Cha Cha Char STEAK $$$

(Karte S. 308; ☎07-3211 9944; www.chachachar.com.au; Shop 5, 1 Eagle St Pier; Hauptgerichte 38–95 AU$; ⏲Mo–Fr 12–23, Sa & So 18–23 Uhr) Diese alteingesessene Institution hat schon viele Preise gewonnen und serviert neben Brisbanes besten Steaks auch hervorragendes Seafood oder Wildbraten. Der vornehme, halbrunde Speiseraum im Eagle Street Pier hat deckenhohe Fenster mit Flussblick.

South Bank & Kangaroo Point

Piaf FRANZÖSISCH $$

(Karte S. 308; ☎07-3846 5026; www.piafbistro.com.au; 5/182 Grey St, South Bank; Hauptgerichte morgens 6–18 AU$, mittags & abends 24–28 AU$; ⏲7 Uhr–open end) Das entspannte, vertrauliche Bistro mit treuen Stammgästen serviert eine kleine Auswahl an preiswerter, moderner Kost mit französischem Einschlag (zumeist nur fünf Hauptgerichte, ein paar Salate und andere leichte Snacks). Dazu gibt's offenen Wein aus Frankreich.

Cliffs Cafe CAFÉ $$

(Karte S. 308; www.cliffscafe.com.au; 29 River Tce; Hauptgerichte 12–20 AU$; ⏲7–17 Uhr) Vom Ufer geht's steil hinauf zu diesem zwanglosen Freiluft-Pavillon, der am oberen Klippenrand mit tollem Blick auf Fluss und Skyline aufwartet. Unter den Menühighlights sind saftige Burger, panierter Barramundi mit Pommes, Salate, Desserts und prima Kaffee.

Ahmet's TÜRKISCH $$

(Karte S. 308; ☎07-3846 6699; www.ahmets.com; Shop 10, 168 Grey St, South Bank; Hauptgerichte 19–34 AU$, Banketts 34–46 AU$/Pers.; ⏲11.30–15 & 18 Uhr–open end; 🅥) An der restaurantreichen Grey St liegt das kunterbunte Ahmet's mit breiter Straßenterrasse und regelmäßiger Livemusik. Zwischen Wandbildern vom Großen Basar oder Bosporus serviert es leckeres türkisches Essen wie probierenswertes Sucuk-*pide* (türkisches Fladenbrot mit türkischer Salami, Ei Tomate und Mozzarella).

Fortitude Valley & Chinatown

James Street Market MARKT, SELBSTVERSORGER $

(Karte S. 312; www.jamesstmarket.com.au; 22 James St; ⏲Mo–Fr 8.30–19, Sa & So 8–18 Uhr) Ein Paradies für Feinschmecker: Auf dem kleinen, aber bestens sortierten Markt findet man leckeren Käse, eine Bäckerei/Konditorei, Obst, Gemüse, Blumen und viele hochwertige Süßigkeiten. Hinzu kommt eine Seafood-Theke mit tollem Sushi und Sashimi.

The Vietnamese VIETNAMESISCH $

(Karte S. 312; ☎07-3252 4112; www.thevietnameserestaurant.com.au; 194 Wickham St; Hauptgerichte 10–20 AU$; ⏲11–15 & 17–22 Uhr) Das einfallslos, aber passend benannte Lokal ist in der Tat *die* örtliche Adresse für vietnamesische Küche. Seine hervorragend zubereiteten Gerichte mit großartigem Preis-Leistungs-Verhältnis sorgen stets für ein volles Haus. Am besten einer „Empfehlung des Küchenchefs" („Chef's Recommendation") folgen und beispielsweise die knusprigen Rindfleischstreifen mit Honig und Chili oder den Garnelen-Feuertopf mit Austernsauce bestellen.

Flamingo CAFÉ **$**

(Karte S. 312; ☎ 07-3252 7557; www.facebook.com/pages/flamingo-cafe/362822247134; 5b Winn St; Hauptgerichte 10–15 AU$; ⏲ Mo–Sa 7.30–16, So 8.30–16 Uhr) Das brummende Minicafé mit schwarz-rosa Wänden versteckt sich in einer winzigen Nebengasse der Ann St. In unkonventioneller Atmosphäre kredenzen fröhlich-flapsige Kellner hier z. B. vegetarische Burger oder Bananen-Dattel-Kuchen.

Kuan Yin Tea House CHINESISCH, VEGETARISCH **$**

(Karte S. 312; ☎ 07-3252 4557; www.kuanyinteahouse.blogspot.com.au; 198 Wickham St; Hauptgerichte 6–12 AU$; ⏲ Mo, Mi & Do 11.30–19.30, Fr 11.30–20, Sa 11.30–17, So 11.30–15 Uhr; 🖉) Die Gäste des kleinen, grell herausgeputzten Lokals mit künstlicher Holzvertäfelung und Bambus an den Decken müssen ihren Alkohol selbst mitbringen. Auf den Tisch kommen aromatische vegetarische Nudelsuppen, Klöpse und Reisgerichte mit Fleischersatz. Zudem gibt's eine tolle Teeauswahl. Der Tofu-Salat ist zu empfehlen.

Ortiga SPANISCH **$$**

(Karte S. 312; ☎ 07-3852 1155; www.ortiga.com.au; 446 Brunswick St; Tapas 6–50 AU$, Hauptgerichte 18–32 AU$; ⏲ Fr 12.30–15, Di–So 18 Uhr–open end) Eines von Brisbanes besten Restaurants beherbergt im Obergeschoss eine stilvolle, fleischlastige Tapasbar mit einer Sitzbank am Fenster und einer Deckenverkleidung aus Pressblech. Im Keller befindet sich dagegen ein eleganter Speiseraum mit offener Küche. Zu den Highlights gehören baskische Schweinswürste, *pulpo a gallega* (geschmorter Tintenfisch auf galicische Art) und langsam gegarte Lammschulter am Stück. Hinzu kommen äußerst leckere Cocktails.

Spoon Deli Cafe CAFÉ **$$**

(Karte S. 312; ☎ 07-3257 1750; www.spoondeli.com.au; Shop B3, 22 James St; Frühstück 7–20 AU$, Hauptgerichte 18–30 AU$; ⏲ Mo–Fr 6.30–18, Sa & So 7–17 Uhr) Das gehobene Deli im James Street Market tischt herrlich gehaltvolle Nudelgerichte, Salate, Suppen, Riesen-Paninis und Lasagnestücke auf. Die frischgepressten Säfte sind bereits Flüssigmahlzeiten für sich. Die Feinkost in den Wandregalen (u. a. Essig, Öl, Kräuter, Fresskörbe) heizt den Hunger schon beim Hereinkommen an.

New Farm

Cafe Bouquiniste CAFÉ **$**

(Karte S. 312; 121 Merthyr Rd; Hauptgerichte 8–12 AU$; ⏲ Mo–Fr 7.30–17, Sa 8.30–17, So 8.30–13 Uhr; 🖉) Dieser Mix aus Künstlercafé und Buchladen versteckt sich in einer Nebenstraße hinter einer winzigen alten Ladenfassade. Das Ganze ist zwar nicht sonderlich geräumig, aber ungemein charmant und punktet mit freundlichem Service. Die Preise für den fantastischen Kaffee, das Frühstück, die getoasteten Sandwiches und die leckeren Kuchen bzw. Törtchen sind angemessen. Tipp: die Pastete mit Kürbis, Ziegenkäse und Salbei.

Himalayan Cafe NEPALESISCH **$**

(Karte S. 312; ☎ 07-3358 4015; 640 Brunswick St; Hauptgerichte 15–25 AU$; ⏲ Di–So 17.30–22 Uhr; 🖉) Dieses zwanglose Restaurant mit gutem Karma strotzt vor Gebetsfahnen und bunten Kissen. Unter den authentischen Gerichten aus Tibet und Nepal ist z. B. zartes *fhaiya darkau* (Lamm mit Gemüse, Kokosmilch und Gewürzen). Und immer schön das Mantra des Hauses wiederholen: „Möge positive Energie mit jedem Lebewesen sein."

Burger Urge BURGER **$**

(Karte S. 312; www.burgerurge.com.au; 542 Brunswick St; Hauptgerichte 10–21 AU$; ⏲ Mo–Do 12 Uhr–open end, Fr–So 11.30 Uhr–open end) Eine von mehreren örtlichen Burger-Urge-Filialen serviert hier ihre brillanten Brötchen mit zahllosen Belagoptionen (u. a. Lamm, Huhn, Käse, Chili, Steak, vegetarisch, griechisch oder türkisch). Gäste können auf dem Bürgersteig zu dröhnender Rockmusik oder drinnen vor Tapeten mit Comicmotiven speisen.

Café Cirque CAFÉ **$$**

(Karte S. 312; 618 Brunswick St; Hauptgerichte 14–17 AU$; ⏲ 7–16 Uhr; 🖉) Dieses brummende Café bietet ganztägig Frühstück und gehört diesbezüglich zu Brisbanes besten Adressen. Auf den Tisch kommen auch starker Kaffee und Tagesgerichte; mittags gibt's Gourmetsalate und belegte Schnitten. Durch die Faltfenster des spartanischen kleinen Raums blickt man auf die Straße.

Watt MODERN-AUSTRALISCH **$$**

(Karte S. 304; ☎ 07-3358 5464; www.wattrestaurant.com.au; Brisbane Powerhouse, 119 Lamington St; Hauptgerichte 9–25 AU$; ⏲ Mo–Fr 9 Uhr–open end, Sa & So 8 Uhr–open end) Das zwanglose, luftige Watt auf der Uferebene des Brisbane

Powerhouse serviert z. B. Rucola-Entensalat mit süßem Chili und Orange oder Terrine mit geräucherter Schweinshaxe, Linsen und Gewürzgurken. Gäste genießen auch offenen Wein und DJ-Sounds am Sonntagnachmittag. Die Skulptur „Flood“ (Flut) vor dem Eingang war wohl kürzlich etwas zu realistisch ...

Paddington

Il Posto ITALIENISCH **$$**

(Karte S. 322; ☎07-3367 3111; www.ilposto.com.au; 107 Latrobe Tce; Hauptgerichte 20–29 AU$; ⌚Di–So 12–16 & 17.30 Uhr–open end; 👪) Pizza und Pasta wie in Rom werden hier auf einer Piazza im Freien aufgetischt (bei zu schwülem Wetter auch drinnen). Die knusprigen Pizzen mit dünnen Krusten gibt's entweder *rosse* oder *bianche* (mit oder ohne Tomatensauce auf dem Teig). Der kinderfreundliche Laden punktet zudem mit hervorragendem Personal und Peroni-Bier vom Fass.

West End

George's Seafood FISH & CHIPS **$**

(Karte S. 318; ☎07-3844 4100; 150 Boundary St; Gerichte 8–10 AU$; ⌚Mo–Fr 9.30–19.30, Sa & So 10.30–19.30 Uhr) Dieses alte Fish & Chips-Lokal füllt sein Schaufenster schon seit ewigen Zeiten mit frischen Schlammkrabben, ganzen Schnappern, weißen Garnelen und Felsenaustern aus der Moreton Bay. Hauptbesuchsgrund ist aber „Kabeljau & Chips“ (8 AU$) – unschlagbar!

The Burrow CAFÉ **$**

(Karte S. 318; ☎07-3846 0030; www.theburrowwestend.com.au; 37 Mollison St; Hauptgerichte 10–20 AU$; ⌚Di–So 7 Uhr–open end; 📶) Das zwanglose Burrow im offenen Untergeschoss eines ramponierten alten Queenslanders wirkt wie ein Mix aus Baja-California-Cantina und studentischer Gemeinschaftsbude. Dafür sorgt ein relaxtes, strandmäßiges Ambiente mit Surfer-Wandbildern und waberndem Pink-Floyd-Soundtrack. Ein Kater lässt sich hier mit prima Kaffee und dem Frühstückstaco El Desperados (Pulled Pork, Ei und Jalapeño-Salsa) killen.

Blackstar Coffee Roasters CAFÉ **$**

(Karte S. 318; www.blackstarcoffee.com.au; 44 Thomas St; Snacks 6–12 AU$; ⌚Mo–Sa 7–17, So 7–20 Uhr) West Ends beliebte, eigene Kaffeerösterei serviert hervorragende Koffeingetränke zu einfachem Frühstück (Wraps, Eier Benedikt, Avocado-Toast) und dem klagend klingenden Roy Orbison. Am Samstagabend ist Livejazz zu hören. An heißen Tagen empfiehlt sich eine der kaltgebrühten Kaffeevarianten.

★Gunshop Café CAFÉ, MODERN-AUSTRALISCH **$$**

(Karte S. 318; ☎07-3844 2241; www.thegunshopcafe.com; 53 Mollison St; Hauptgerichte 17–33 AU$; ⌚Mo 6.30–14, Di–Sa 6.30 Uhr–open end, So 6.30–14.30 Uhr) Nach dem Umbau wartet der frühere Waffenladen nun friedlich mit cooler Musik, interessanter Kunst, fröhlichem Personal, freiliegenden Backsteinwänden, raffinierten Deckenlampen und hinten mit einem einladenden Garten auf. Das Menü aus einheimischen Zutaten wechselt täglich; Lasagne mit Räucherhuhn, Baguette mit Pulled Pork und Wildpilz-Risotto sind aber immer zu haben. Hinzu kommen Boutique-Bier, australische Spitzenweine und süße Muntermacher am Nachmittag.

Mondo Organics MODERN-AUSTRALISCH **$$**

(Karte S. 304; ☎07-3844 1132; www.mondo-organics.com.au; 166 Hardgrave Rd; Hauptgerichte 25–36 AU$; ⌚Sa & So 8.30–11.30, Fr–So 12–14.30, Mi–Sa 18 Uhr–open end) 🌿 Das Mondo Organics verwendet hochwertigste Bio-Zutaten und erntet begeisterte Kritiken für sein leckeres saisonales Menü. Unter den letzten Volltreffern waren z. B. Entenbrust mit Feigen, Salbei und Erdbeeren oder Kartoffel-Parmesan-Gnocchi mit Goldschalotten, Zucchini und Grüner Sauce. Auf der Website stehen Details zur zugehörigen Kochschule.

Little Greek Taverna GRIECHISCH **$$**

(Karte S. 318; ☎07-3255 2215; www.littlegreektaverna.com.au; Shop 5, 1 Browning St; Hauptgerichte 15–30 AU$, Bankette 35–42 AU$/Pers.; ⌚11–21 Uhr; 👪) Die flotte, kinderfreundliche und stets brummende LGT in bester West-End-Lage eignet sich hervorragend für einen griechischen Festschmaus nebst Leute beobachten. Garnelen-Saganaki-Salat oder klassisches Lammgyros werden hier mit starkem griechischem Kaffee hinuntergespült.

Caravanserai TÜRKISCH **$$**

(Karte S. 304; ☎07-3217 2617; www.caravanserairestaurant.com.au; 1 Dornoch Tce; Hauptgerichte 25–35 AU$; ⌚Fr & Sa 12–14.30, Di–So 18 Uhr–open end) Gewebte Tischtücher, rote Wände und Kerzen auf den Tischen verleihen dem herausragenden türkischen Lokal eine gemütliche Atmosphäre. Zu empfehlen sind die leckere osmanische Mezze-Platte (u. a.

Halloumi, Chorizo, Knoblauch-Garnelen, Ziegenkäse mit Mandelkruste) oder die hervorragende geschmorte Lammhüfte.

Ausgehen & Nachtleben

Seine Lounges, Livemusik-Bars und Nachtclubs machen Fortitude Valley zu Brisbanes Ausgehpflaster Nummer Eins. Die meisten hiesigen Clubs haben von Mittwoch bis Samstag geöffnet; manche verlangen keinen Grundpreis, andere bis zu 20 AU$. Schick anziehen und Ausweis mitnehmen! Im CBD bechert das After-Work-Publikum, während sich Innenstadt-Hipster in den coolen Bars von West End tummeln.

Zentrum

★ Super Whatnot BAR

(Karte S. 308; www.superwhatnot.com; 48 Burnett La; ⌚ Di–Sa 15 Uhr–open end) Das unkonventionelle Super Whatnot mit Zwischengeschoss und im Boden versenkter Lounge versprüht sein futuristisches Industrieflair an einer kleinen Gasse. Getränke: australische Boutique-Flaschenbiere und Cocktails wie der probierenswerte Penicillin (heilt so ziemlich alles). Essen: Barsnacks mit US-Touch (Hotdogs, Nachos, Mini-Burritos). Musik: DJs mit Funk-, Soul- und Hiphop-Platten (Do–Sa) oder akustische Livesounds (Mi). Eine Top-Kombination!

Laneway BAR

(Karte S. 308; www.urbanerestaurant.com/the-laneway; 181 Mary St; ⌚ Mo–Fr 12–24, Sa 18–24 Uhr) Diese freche Cocktailbar voller modebewusster Großstadt-Yuppies liegt über dem Restaurant Euro. Hinein geht's entweder über dessen Innentreppe oder von der namengebenden Spencer La aus durch die Hintertür. Am besten zuerst eine kräftige Clementina (Tequila plus Mandarinensaft) bestellen und anschließend deren Wirkung mithilfe eines Wagyu-Burger kompensieren.

Belgian Beer Cafe BAR

(Karte S. 308; www.belgianbeercafebrussels.com.au; Ecke Mary & Edward St; ⌚ 11.30 Uhr–open end) Holzvertäfelte Wände und Art-déco-Lampen verleihen der brummenden Bar trotz Stevie-Wonder-Songs aus den 1980er-Jahren den Charme der Alten Welt. Serviert werden hier noble Bistrokost und jede Menge Hoegaarden. Im Biergarten hinter dem Haus sitzen After-Work-Angeber vor Großbild-Leinwänden.

Fortitude Valley

★ Alfred & Constance BAR

(Karte S. 312; www.alfredandconstance.com.au; 130 Constance St; ⌚ 10–3 Uhr) Wow! Das herrlich abgefahrene A&C in zwei alten Schindelhäusern lockt gleichermaßen Anzugsträger, Surfertypen, tätowierte Lesben und Erdarbeiter in Leuchtkleidung an. Bei Streifzügen zwischen Tiki-Bar, Dachterrasse, Cafébereich und den diversen Lounges bewundert das Publikum die wunderbar verrückte Einrichtung (u.a. Kronleuchter, Skelette, Surfbretter, alte Hi-Fi-Geräte). Tolles Bier, Essen und leckere Cocktails.

Bowery COCKTAILBAR

(Karte S. 312; www.thebowery.com.au; 676 Ann St; ⌚ Di–So 17 Uhr–open end) Die lange, schmale Bar mit freiliegendem Backstein, vergoldeten Spiegeln, Separees und ausgetretenen Bodendielen bringt etwas Klasse ins zwanglose Tal. Ihre erstklassigen Cocktails und Weine sind entsprechend teuer. Musik: Livejazz bzw. -dub (Di–Do) und DJs (Wochenende).

Press Club COCKTAILBAR

(Karte S. 312; www.pressclub.net.au; 339 Brunswick St; ⌚ Di–So 17 Uhr–open end) Bernsteintöne, Ledersofas, Ottomanen, Lüster, Laternen mit Stoffbezug: Hier wirkt alles auf noble Weise marrokanisch und erinnert zugleich leicht an die verrückte Cantina in *Star Wars*. Livemusik (Jazz, Funk, Rockabilly) am Donnerstag und DJs am Wochenende.

La Ruche COCKTAILBAR

(Karte S. 312; www.laruche.com.au; 680 Ann St) La Ruche (frz. „der Bienenstock") brummt in der Tat: Gut angezogene Gäste quasseln hier bei Custom-Cocktails und Tapas-Tellern durcheinander. Die Einrichtung mixt *Alice im Wunderland* mit dem mexikanischen Tag der Toten. Hinten befindet sich ein Raucherhof, oben ein anheimelndes Separee.

Cru Bar & Cellar WEINBAR

(Karte S. 312; www.crubar.com; 22 James St; ⌚ Mo–Fr 11 Uhr–open end, Sa & So 10 Uhr–open end) Elegante Weinbar mit verwirrend großer Auswahl (Hunderte Sorten; offen oder als halbe bzw. ganze Flasche), selbstbewusst stolzierendem Personal, glänzendem Marmortresen und Faltfenstern hin zur Straße.

Birdees NACHTCLUB

(Karte S. 312; www.birdees.com.au; 608 Ann St; ⌚ Mo–Do 16 Uhr–open end, Fr & Sa 12–5, So 1

Uhr–open end) Als Teil des weitläufigen Bunk Backpackers ist das unterhaltsame Birdees natürlich ein Tummelplatz von feierwütigen Rucksacktouristen. Im oben gelegenen Aviary finden Comedy-Abende statt (Do).

Oh Hello NACHTCLUB
(Karte S. 312; www.ohhello.com.au; 621 Ann St; ⌚Do–Sa 21–5 Uhr) Oh hallo! Wie schön, Dich hier zu sehen! Dieser gesellige, schlichte Laden ist ideal für alle Clubbing-Fans, die von der Realität etwas ernüchtert sind: Gäste können im T-Shirt einlaufen und tolle handgebraute Biere schlürfen. Zudem wirken die coolen Kids hier nicht allzu arrogant.

Cloudland NACHTCLUB
(Karte S. 312; www.katarzyna.com.au/venues/cloudland; 641 Ann St; ⌚Do & Fr 17 Uhr–open end, Sa & So 12 Uhr–open end) Mit diesem mehrstöckigen Club scheint man einen surrealen Nebelwald zu betreten: Die Riesenlobby mit Glasdach zieren viele Pflanzen, eine Wasserfall-Wand und Sitzecken, deren schmiedeeiserne Gitter an Vogelkäfige erinnern. Auch Nicht-Clubber sollten tagsüber mal durch die Fenster spähen – das Design ist umwerfend!

Alloneword NACHTCLUB, BAR
(Karte S. 312; www.alloneword.com.au; 188 Brunswick St; ⌚Fr & Sa 20 Uhr–open end) Der skurrile Kellerladen in einer schäbigen Ecke von Brunswick lässt statt Techno guten alten Funk, Soul und Hiphop laufen. Hinzu kommen ein schöner Freiluftbereich und Independent-Abende (1-mal monatl.). Könnte ruhig häufiger geöffnet haben!

Beat MegaClub NACHTCLUB, SCHWUL-LESBISCH
(Karte S. 312; www.thebeatmegaclub.com.au; 677 Ann St; ⌚Mo & Di 21–5, Mi–So 20–5 Uhr) Fünf Räume, sieben Bars, drei Chillout-Bereiche plus Hard House/Elektro/Retro/Techno ergeben den perfekten Tanztempel. Das Ganze ist auch wegen der regelmäßigen Travestieshows bei Schwulen und Lesben beliebt.

Wickham Hotel NACHTCLUB, SCHWUL-LESBISCH
(Karte S. 312; www.thewickham.com.au; 308 Wickham St; ⌚10 Uhr–open end) Brisbanes beliebtester schwul-lesbischer Treff mit Regenbogenfahnen, Travestieshows und Gloria-Gaynor-Dröhnung.

West End

Archive Beer Boutique BAR
(Karte S. 318; www.archivebeerboutique.com.au; 100 Boundary St; ⌚11 Uhr–open end) Interessantes Bier, interessante Bar: Willkommen im Archive, einem Biertempel mit vielen schaumigen Spitzensorten vom Fass (unbedingt das Evil Twin West Coast Red Ale probieren). Der tolle Tresen besteht aus Büchern; das Essen (Steaks, Muscheln, Pasta) macht ebenfalls einen hervorragenden Eindruck. Das **Loft West End** (Karte S. 318; www.loftwestend.com) im Obergeschoss ist ein mondäner Mix aus Cocktailbar und Restaurant.

The End BAR
(Karte S. 318; www.73vulture.com; 1/73 Vulture St; ⌚15–24 Uhr) Im Fall von The End wurde eine modern-industrielle Ladenfassade in Flussnähe zum echten, trendigen Treff der Einheimischen umgebaut. Zu hören gibt's Morissey auf Vinyl, DJs und akustische Livemusik. Käseplatten und Blackstar Mocha Stout (geliefert von der örtlichen Kaffeerösterei) sorgen für gute Laune an regnerischen Nachmittagen.

Lychee Lounge COCKTAILBAR
(Karte S. 318; www.lycheelounge.com.au; 94 Boundary St; ⌚So–Do 15–24, Fr & Sa 15–1 Uhr) Ist diese orientalisch-exotische Loungebar mit stimmungsvoller Beleuchtung und entspannten Beats eine echte Opiumhöhle? Versunken in bequemem Mobiliar starrt man hier zu makabren Kronleuchtern aus Puppenköpfen hinauf oder durch die offene Front hinaus zur Boundary St.

New Farm & Umgebung

Breakfast Creek Hotel KNEIPE
(Karte S. 304; www.breakfastcreekhotel.com; 2 Kingsford Smith Dr, Albion; ⌚10 Uhr–open end) Diese historische Kneipe (erb. 1889) im verspielten Stil der französischen Renaissance ist ein Brisbane-Klassiker. Unter den verschiedenen Bar- und Essbereichen befinden sich z. B. ein Biergarten und eine Art-déco-„Privatbar", in der es frisch Gezapftes aus dem Holzfass gibt. Die stilvolle, hauseigene Rumbar Substation No. 41 serviert auch Cocktails und schmackhafte Steaks.

Alto Bar BAR, RESTAURANT
(Karte S. 304; www.baralto.com.au; Brisbane Powerhouse, 119 Lamington St, New Farm; ⌚Di–So 11 Uhr–open end) Das flotte Barrestaurant im Obergeschoss des kunstbegeisterten Powerhouse hat einen riesigen Balkon mit klobigen Holztischen und Flussblick – zu jeder Tageszeit ein toller Aussichtspunkt.

Kangaroo Point & Umgebung

Story Bridge Hotel KNEIPE

(Karte S. 308; www.storybridgehotel.com.au; 200 Main St, Kangaroo Point; ⏲9 Uhr–open end) Die hübsche Biergartenkneipe von 1886 ist hervorragend für einen Humpen nach einem langen Sightseeing-Tag. Unter der Brücke am Kangaroo Point wartet sie mit Livejazz (So ab 15 Uhr) und vielen verschiedenen Bar- bzw. Restaurantbereichen auf.

Canvas WEINBAR

(Karte S. 304; www.canvasclub.com.au; 16b Logan Rd, Woolloongabba; ⏲Di–Fr 15–24, Sa & So 11.30 Uhr–open end) Zwischen den Restaurants, Bars und Antiquitätenläden der aufstrebenden Logan Rd geht's hinunter ins hippe, kompakte und künstlerisch angehauchte Canvas im Schatten des Gabba-Cricketstadions. Erst in Ruhe das verrückte Wandgemälde bewundern, dann einen „Guerilla Warfare" beim schnauzbärtigen Barkeeper bestellen.

Paddington & Petrie Terrace

Cabiria BAR

(Karte S. 318; www.cabiria.com.au; 6 The Barracks, 61 Petrie Tce, Petrie Terrace; ⏲Mo 7–10.30, Di–Sa 7 Uhr–open end) Highlight des Restaurant- und Barkomplexes in Brisbanes früherer Polizeikaserne ist das coole Cabiria. In einem schmalen Raum mit Schummerlicht warten hier Spiegel, super Sandwiches à la NYC und schimmernde Regale voller Alkohol (u. a. 35 verschiedene Tequilasorten!).

Lark BAR

(Karte S. 322; www.thelark.com.au; 267 Given Tce, Paddington; ⏲Mi–Fr 16–24, Sa 13–24, So 13–22 Uhr) In einem anheimelnden, zweistöckigen Terrassenbau aus Backstein serviert das Lark einfallsreiche Fusionküche und kunstvolle Cocktails. Auf den Tapas-Tellern für mehrere Personen liegen Hits wie Wagyu-Miniburger oder Pilze mit Parmesankruste. Hinuntergespült wird das Essen mit Cocktails (Tipp: der Cherry Bourbon Smash), handgebrautem Bier und Weinen aus aller Welt. Was für ein Spaß!

Normanby Hotel KNEIPE

(Karte S. 318; www.thenormanby.com.au; 1 Musgrave Rd, Brisbane; ⏲10–15 Uhr) Am Ende der Petrie Tce steht diese schmucke rote Backsteinkneipe (erb. 1889) mit einem Biergarten unter einem mächtigen Feigenbaum. Bei den „Sunday Sessions" (Bechern zum Ausklang des Wochenendes) herrscht hier Hochbetrieb.

☆ Unterhaltung

Die meisten berühmten Bands aus aller Welt spielen in Brisbane, während die hiesigen Clubs regelmäßig Top-DJs engagieren. Die Kinos, Theater und anderen Bühnen der Stadt gehören zu den größten und besten Australiens.

Time Off (www.timeoff.com.au) und *Scene* (www.scenemagazine.com.au) gehören zu den kostenlosen Veranstaltungskalendern. *Q News* (www.qnews.com.au) informiert die Schwulen- und Lesbenszene. Die Tagesausgaben der *Courier Mail* (www.news.com.au/couriermail) oder der *Brisbane Times* (www.brisbanetimes.com.au) enthalten ebenfalls Kultur- und Veranstaltungsverzeichnisse.

Die zentrale Buchungsagentur **Ticketek** (Karte S. 308; ☎13 28 49; www.ticketek.com.au; Ecke Elizabeth & George St; ⏲9–17 Uhr) reserviert Karten für alle Großevents (u. a. Sport, Aufführungen). **Qtix** (☎13 62 46; www.qtix.com.au) empfiehlt sich für vornehmere Kulturveranstaltungen.

Livemusik

Lock 'n' Load LIVEMUSIK

(Karte S. 318; www.locknloadbistro.com.au; 142 Boundary St, West End; ⏲Mo–Fr 10 Uhr–open end, Sa & So 7 Uhr–open end) Jazzer und Bands mit eigenen Songs locken euphorische Musikfans zur kleinen Bühne im vorderen Bereich dieser Gastro-Kneipe. Konzertbesucher können hier auch am nächsten Morgen frühstücken: Die gegrillten Sardinen sind prima Kater-Killer.

Hi-Fi LIVEMUSIK

(Karte S. 318; www.thehifi.com.au; 125 Boundary St, West End) Diese modern-minimalistische Rock-Location schließt an die Bar Retro Vinyl an. Drinnen hat man freien Blick auf ein tolles Line-Up aus einheimischen und internationalen Talenten (Gin Blossoms bis Suicidal Tendencies).

Zoo LIVEMUSIK

(Karte S. 312; www.thezoo.com.au; 711 Ann St, Fortitude Valley; ⏲Mi–So 19.30 Uhr–open end) Das schäbige Zoo hat etwas musikalischen Boden an das Hi-Fi verloren. Dennoch spielen hier immer noch Rock-, Hip-Hop-, Akustik-, Reggae- und Elektrokünstler (darunter viele wilde lokale Talente).

Brisbane Jazz Club JAZZ

(Karte S. 308; ☎07-3391 2006; www.brisbanejazzclub.com.au; 1 Annie St, Kangaroo Point; ⌚Do–Sa 18.30–23, So 17.30–21.30 Uhr) Der Minischuppen am Fluss (Grundpreis 12–20 AU$) scheint direkt aus den US-Südstaatensümpfen zu stammen und ist seit 1972 das Jazzmekka der Stadt. Alle Szenegrößen spielen hier, wenn sie in Brisbane weilen.

Riverstage LIVEMUSIK

(Karte S. 308; www.brisbane.qld.gov.au/facilities-recreation/arts-and-culture/riverstage; 59 Gardens Point Rd) In dieser tollen Freiluftarena an der Südspitze von Brisbanes zentraler Halbinsel stehen internationale Stars wie die Rolling Stones oder der Gitarrengott Slash auf der Bühne.

Beetle Bar LIVEMUSIK

(Karte S. 318; www.beetlebar.com.au; 350 Upper Roma St; ⌚Do–Sa 19 Uhr–open end) Lokale Newcomer und australische Alternative-Rocker spielen hier vor trinkfesten Backpackern aus den umliegenden Hostels. Das Dach des Ladens ziert ein kreativ umgestalteter VW Käfer.

Kinos

Moonlight Cinema KINO

(Karte S. 304; www.moonlight.com.au; Brisbane Powerhouse, 119 Lamington Rd, New Farm; Erw./Kind 16/12 AU$; ⌚Mi–So 19 Uhr) Von Dezember bis Februar gibt's Freiluftkino im New Farm Park hinter dem Powerhouse. Wer einen guten Platz ergattern will, sollte früh kommen.

Palace Barracks KINO

(Karte S. 318; www.palacecinemas.com.au; 61 Petrie Tce, Petrie Terrace; Erw./Kind 17,50/13 AU$; ⌚10 Uhr–open end) Das vornehme Palace Barracks nahe der Roma Street Station zeigt Hollywoodstreifen und Arthouse-Filme auf insgesamt sechs Leinwänden. Und es gibt auch eine Bar!

Ben & Jerry's Openair Cinemas KINO

(Karte S. 308; www.openaircinemas.com.au; Cultural Forecourt, South Bank Parklands, South Bank; Erw./Kind bei Onlinebuchung 17/12 AU$, an der Tageskasse 22/17 AU$; ⌚Mo–Fr ab 18, Sa & So ab 16 Uhr) Von Mitte Oktober bis Ende November laufen Kinoklassiker unter den Sternen (oder Wolken) auf einer Großleinwand in South Bank. Sitzsack ausleihen oder Picknickdecke mitbringen.

Palace Centro KINO

(Karte S. 312; www.palacecinemas.com.au; 39 James St, Fortitude Valley; Erw./Kind 17,50/13 AU$; ⌚10 Uhr–open end) Präsentiert Kunstfilme und veranstaltet ein französisches Kinofestival (März/April).

Event Cinemas KINO

(Karte S. 308; www.eventcinemas.com.au; L3, Myer Centre, Elizabeth St; Erw./Kind 17/12,50 AU$; ⌚10 Uhr–open end) Zeigt actionreiche Mainstream-Blockbuster und ist auch von der Queen Street Mall aus zugänglich.

South Bank Cinema KINO

(Karte S. 308; www.cineplex.com.au; Ecke Grey & Ernest St, South Bank; Erw./Kind ab 9/5 AU$; ⌚10 Uhr–open end) Brisbanes günstigstes Mainstream-Großkino.

Theater

Brisbane Powerhouse THEATER

(Karte S. 304; www.brisbanepowerhouse.org; 119 Lamington St, New Farm) Unter den vielen Veranstaltungen im Powerhouse (oft gratis) sind z. B. national wie international anerkannte Theater-, Tanz-, Comedy- oder Musikproduktionen. In großartiger Lage am Brisbane River findet man hier auch coole Restaurantbars.

Queensland Performing Arts Centre THEATER

(QPAC; Karte S. 308; www.qpac.com.au; Queensland Cultural Centre, Ecke Grey St & Melbourne St, South Bank; ⌚Tageskasse Mo–Sa 9–20.30 Uhr) Brisbanes größtes Zentrum für anspruchsvolle darstellende Kunst zeigt Aufführungen aller Art (u. a. Konzerte, Theater, Tanz) in drei verschiedenen Sälen. Das Programm reicht dabei von Flamenco und dem Australian Ballet bis hin zu Reinszenierungen der West Side Story.

Queensland Conservatorium LIVEMUSIK

(Karte S. 308; www.griffith.edu.au/music/queensland-conservatorium; 140 Grey St, South Bank; ⌚Tageskasse Mo–Fr 7–22, Sa & So 8–18 Uhr) Das Conservatorium gehört zur Griffith University. Neben Opern gibt's hier auch tourende Künstler aus den Bereichen Klassik, Jazz, Rock und Weltmusik zu sehen (oft gratis).

Judith Wright Centre of Contemporary Arts THEATER

(Karte S. 312; www.judithwrightcentre.com; 420 Brunswick St, Fortitude Valley; 📶) Avantgardistische Aufführungen in einem mittelgroßen Saal (max. 300 Zuschauer).

BRISBANES MÄRKTE

➡ **Jan Power's Farmers Market** (Karte S. 304; www.janpowersfarmersmarkets.com.au; Brisbane Powerhouse, 119 Lamington St, New Farm; ⏲ am 2. & 4. Sa des Monats 6–12 Uhr) Lust auf violette Karotten oder blaue Bananen? Die über 120 Stände des großartigen Bauernmarkts bieten neben derlei Ungewönhlichem auch Blumen, Käse, Kaffee und Fisch in konventionelleren Farben.

➡ **Davies Park Market** (Karte S. 318; www.daviesparkmarket.com.au; Davies Park, West End; ⏲ Sa 6–14 Uhr) Hippiemarkt mit Bio-Lebensmitteln, Gourmetfrühstück, Kräutern, Blumen, Nippes und Straßenkünstlern, der unter mächtigen Großblättrigen Feigen am Flussufer von West End stattfindet.

➡ **South Bank Lifestyle Markets** (Karte S. 308; www.southbankmarket.com.au; Stanley St Plaza, South Bank; ⏲ Fr 17–22, Sa 10–17, So 9–17 Uhr) Dieser touristisch angehauchte Markt am Flussufer bietet eine tolle Auswahl an Bekleidung, Kunst, (Kunst-)Handwerk und Souvenirs. Einfach die lackierten Bumerangs ignorieren!

Brisbane Arts Theatre THEATER
(Karte S. 318; www.artstheatre.com.au; 210 Petrie Tce) Kleines kommunales Schauspielhaus (erb. 1936) mit Improvisationen, Kindertheater und klassischen Stücken.

QUT Gardens Theatre THEATRE
(Karte S. 308; www.gardenstheatre.qut.edu.au; Queensland University of Technology, 2 George St; ⏲ Tageskasse 10–16 Uhr) Zwar auf dem Uni-Campus, aber keinesfalls amateurhaft: Hier treten Australiens beste Theaterprofis auf.

Sport

Wie die meisten anderen Australier sind auch Brisbanes Einwohner Sportfanatiker. Im **Gabba-Stadion** (Brisbane Cricket Ground; Karte S. 304; www.thegabba.org.au; 411 Vulture St, Woolloongabba) südlich von Kangaroo Point finden nationale und internationale Cricket-Begegnungen statt (Okt.–März).

Das Gabba ist auch die Heimat der Brisbane Lions, deren Spiele in der **Australian Football League** (AFL; www.afl.com.au) oft abends bei Flutlicht verfolgt werden können (März–Sept.).

Auch die **National Rugby League** (NRL; www.nrl.com.au) ist ein großer Zuschauermagnet. Die daran teilnehmenden Brisbane Broncos tragen ihre Winterheimspiele im **Suncorp Stadium** (Karte S. 318; www.suncorpstadium.com.au; 40 Castlemaine St, Milton) aus.

Dort ist zudem das Fußballteam Queensland Roar zuhause, dessen Leistung in der **A-League** (www.footballaustralia.com.au/aleague) über die letzten Jahre riesige Zuschauerscharen angelockt hat. Das runde Leder wird vor Ort von August bis Februar getreten.

Shoppen

Die **Queen Street Mall** und das **Myer Centre** im CBD beherbergen Filialen großer Ketten, Edel-Outlets und die üblichen Läden mit Touristenkitsch. Kleinere, eigenständige Fachgeschäfte gibt's in Fortitude Valley und Paddington.

Title BÜCHER
(Karte S. 308; www.titlespace.com; 1/133 Grey St, South Bank; ⏲ Mo–Sa 10–18, So 10–16 Uhr) Unkonventionelle und alternative Kunst, Bücher über Fotografie oder Film plus Schallplatten, DVDs und CDs: South Bank braucht exakt diese hochwertige Dosis subversive, links angehauchte Aufsässigkeit!

Record Exchange MUSIK
(Karte S. 308; www.recordexchange.com.au; L1, 65 Adelaide St, Brisbane; ⏲ 9–17 Uhr) „Brisbanes interessantester Laden" (Eigenbezeichnung) führt neben einem eindrucksvollen Schallplatten-Spektrum auch CDs, DVDs, Poster und anderen Kram für Rockfans.

Blonde Venus BEKLEIDUNG
(Karte S. 312; www.blondevenus.com.au; 707 Ann St, Fortitude Valley; ⏲ Mo–Sa 10–18, So 11–16.30 Uhr) Das Blonde Venus ist seit über 20 Jahren im Geschäft und gehört zu Brisbanes besten Boutiquen (davon gibt's an diesem Abschnitt der Ann St übrigens noch mehr). Sein sorgfältig ausgewähltes Sortiment besteht aus Indie- und Couture-Labeln.

Archives Fine Books BÜCHER
(Karte S. 308; www.facebook.com/archivesfinebooks; 40 Charlotte St, Brisbane; ⏲ Mo–Fr 10–19, Sa 9–17, So 11–17 Uhr) Auf knarrenden Bodenbrettern kann man hier stundenlang stöbern: In den wackligen Regalen stehen

mindestens eine halbe Million gebrauchte Bücher.

Paddington Antique Centre ANTIQUITÄTEN
(Karte S. 322; www.paddingtonantiquecentre.com.au; 167 Latrobe Tce; ⏲10–17 Uhr) In Brisbanes größtem Antiquitätenkaufhaus (ein Theater von 1929) verkaufen über 50 Händler Schätze und Ramsch aus vergangenen Zeiten – darunter Bekleidung, Schmuck, Puppen, Bücher, Lampen, Musikinstrumente, Spielzeug, Hawaiihemden aus den 1960er-Jahren und deutsche Stahlhelme aus dem Zweiten Weltkrieg.

Avid Reader BÜCHER
(Karte S. 318; www.avidreader.com.au; 193 Boundary St, West End; ⏲Mo–Fr 8.30–20.30, Sa 8.30–18, So 8.30–17 Uhr) Alle möglichen Bücher, eine kleine Café-Ecke und regelmäßige Literaturevents wie Lesungen: ein echter Kulturtreff à la West End.

World Wide Maps & Globes BÜCHER
(Karte S. 308; www.worldwidemaps.com.au; Shop 30, Anzac Sq Arcade, 267 Edward St, Brisbane; ⏲Mo–Do 9–18, Fr 9–20, Sa 10–16 Uhr) Gute Auswahl an Karten, Reise-, Camping- und Wanderführern.

ℹ Praktische Informationen

Geld

American Express (☎1300 139 060; www.americanexpress.com; 260 Queen St, Brisbane; ⏲Mo–Do 8.30–16, Fr 9–17 Uhr) In der Westpac-Bank.

Travelex (☎07-3210 6325; www.travelex.com.au; Shop 149F, Myer Centre, Queen St Mall, Brisbane; ⏲Mo–Do & Sa 9–17, Fr 9–20, So 10–16 Uhr) Geldumtausch.

INTERNETZUGANG

State Library of Queensland (www.slq.qld.gov.au; Stanley Pl, South Bank; ⏲Mo–Do 10–20, Fr–So 10–17 Uhr) Schnelle Terminals (max. 20 Min.) und Gratis-WLAN.

Brisbane Square Library (www.brisbane.qld.gov.au; 266 George St, Brisbane; ⏲Mo–Do 9–18, Fr 9–19, Sa & So 10–15 Uhr) Kostenloser Terminal- und WLAN-Zugang.

MEDIZINISCHE VERSORGUNG

Pharmacy on the Mall (☎07-3221 4585; www.pharmacies.com.au/pharmacy-on-the-mall; 141 Queen St, Brisbane; ⏲Mo–Do 7–21, Fr 7–21.30, Sa 8–21, So 8.30–18 Uhr)

Royal Brisbane & Women's Hospital (☎07-3636 8111; www.health.qld.gov.au/rbwh; Ecke Butterfield St & Bowen Bridge Rd, Herston; ⏲Notaufnahme 24 Std.)

CBD Medical Centre (☎07-3211 3611; www.cbdmedical.com.au; L1, 245 Albert St, Brisbane; ⏲Mo–Fr 7.30–19, Sa 8.30–17, So 9.30–16 Uhr) Allgemeinärztliche Behandlungen und Impfungen.

Travel Doctor (TMVC; ☎07-3815 6900; www.traveldoctor.com.au; 75 Astor Tce, Spring Hill) Reisemedizinischer Dienst.

NOTFALL

Polizei, Feuerwehr & Rettungsdienst (☎000) Brisbanes Hauptpolizeiwache liegt im Stadtzentrum (200 Roma St).

Lifeline (☎13 11 14; www.lifeline.org.au) Beratung in Krisensituationen.

RACQ (Karte S. 308; ☎13 11 11; www.racq.com.au) Leistet Pannenhilfe für Auto- und Motorradfahrer.

POST

Hauptpost (General Post Office, GPO; Karte S. 308; www.auspost.com.au; 261 Queen St, Brisbane; ⏲Mo–Fr 7–18, Sa 10–13.30 Uhr)

TOURISTENINFORMATION

Brisbane Visitor Information Centre (Karte S. 308; ☎07-3006 6290; www.visitbrisbane.com.au; Queen St Mall, Brisbane; ⏲Mo–Do 9–17.30, Fr 9–19, Sa 9–17, So 10–17 Uhr) Zwischen der Edward St und der Albert St gibt's hier tolle Runduminfos zu Brisbane.

South Bank Visitor Information Centre (Karte S. 308; www.visitsouthbank.com.au; Stanley St Plaza, South Bank; ⏲9–17 Uhr) Details und Verkehrsinformationen zu South Bank plus Buchungsservice (z. B. Unterkünfte, geführte Touren, Tickets für Unterhaltungsevents).

Department of National Parks, Recreation, Sport & Racing (Karte S. 308; ☎1300 130 372, Genehmigungen für Geländwagen ☎13 74 68; www.nprsr.qld.gov.au; L3, 400 George St, Brisbane; ⏲Mo–Fr 8.30–16.30 Uhr) Karten, Broschüren und Bücher zu Nationalparks bzw. State Forests sowie Campinginfos und Genehmigungen für Fraser Island.

ℹ An- & Weiterreise

Auto & Motorrad

Queensland Motorways (☎13 33 31; www.qldmotorways.com.au) betreibt in Brisbane fünf große Schnellstraßen (Motorways; M1–M5). Im reinen Transitverkehr von Norden nach Süden oder umgekehrt nimmt man am besten den Gateway Motorway (M1), der das Zentrum umgeht (Mautgebühr 4,05 AU$; für Bezahloptionen im Voraus oder Nachhinein s. Website).

Die großen Autovermieter **Avis** (www.avis.com.au), **Budget** (www.budget.com.au), **Europcar** (www.europcar.com.au), **Hertz** (www.hertz.com.au) und **Thrifty** (www.thrifty.com.

au) sind am Brisbane Airport sowie in der Stadt vertreten.

Kleinere Verleihfirmen mit Filialen in Flughafennähe (und Kundenshuttles dorthin):

Ace Rental Cars (☎1800 620 408; www.acerentals.com.au; 330 Nudgee Rd, Hendra)

Apex Car Rentals (☎1800 121 029; www.apexrentacar.com.au; 400 Nudgee Rd, Hendra)

East Coast Car Rentals (☎1800 028 881; www.eastcoastcarrentals.com.au; 504 Nudgee Road, Hendra)

BUS

Als Brisbanes Hauptbusbahnhof und Buchungszentrum für Fernbusse oder -züge liegt das **Brisbane Transit Centre** (Roma Street Station; Karte S. 308; www.brisbanetransitcentre.com.au; Roma St, Brisbane) ca. 500 m westlich der Innenstadt. **Greyhound** (www.greyhound.com.au) und **Premier Motor Service** (www.premierms.com.au unterhalten hier Reservierungsschalter.

Beispiele für beliebte Routen (inkl. Preise):

ZIEL	DAUER (STD.)	EINFACHE STRECKE (AU$)
Byron Bay	4	30–35
Sydney	16–17	105–180
Airlie Beach	19–24	220–240
Cairns	29–34	290–340
Hervey Bay	5–7	45–75
Mackay	16½–20	205–215
Noosa	2½–3	30–35
Rockhampton	11–16	150–175
Surfers Paradise	1½	20–25
Townsville	23–27	255–275

FLUGZEUG

Der **Brisbane Airport** (www.bne.com.au) befindet sich ca. 16 km nordöstlich vom Zentrum in Eagle Farm. Seine Terminals für Inlands- und Auslandsflüge liegen etwa 2 km auseinander und sind über den **Airtrain** (☎07-3215 5000; www.airtrain.com.au) miteinander verbunden (5 AU$/Pers., 5.45–22 Uhr alle 15–30 Min.).

ZUG

Die Roma Street Station (alias Brisbane Transit Centre) ist Brisbanes Hauptbahnhof für Fernzüge. Das **Queensland Rail Travel Centre** (☎13 16 17, 07-3235 1323; www.queenslandrail.com.au; 305 Edward St, Central Station) liefert Infos und reserviert Tickets. Ab Brisbane geht's z. B. zu folgenden Zielen in Queensland:

Spirit of the Outback Brisbane–Longreach über Rockhampton (Economy-Sitzplatz/Dreier-Schlafwagenkabine/Einzel-Schlafwagenkabine 229/305/485 AU$, 24 Std.; Di & Sa).

Sunlander Brisbane–Cairns über Townsville (Economy-Sitzplatz/Economy-Schlafwagen/1.-Klasse-Schlafwagen 265/340/480 AU$, 31 Std.; Di, Do & Sa).

Tilt Train Brisbane–Cairns (Sitzplatz in Business Class 360 AU$, 24 Std.; Mo & Fr).

Westlander Brisbane–Charleville (Economy-Sitzplatz/Dreier-Schlafwagenkabine/Einzel-Schlafwagenkabine 144/210/309 AU$, 17 Std.; Di & Do).

CountryLink (☎13 22 32; www.countrylink.info) Brisbane–Sydney (Economy Class/1. Klasse/Sleeper Class 131/184/263 AU$, 13–14 Std.; tgl.).

ℹ Unterwegs vor Ort

TransLink (☎13 12 30; www.translink.com.au) betreibt die Busse, Züge und Fähren von Brisbanes hervorragendem Nahverkehrsnetz.

Preise Für Bus-, Zug- und Fährtarife gilt ein Zonensystem. Die meisten Innenstadtviertel liegen in Zone 1 (Einzelfahrt Erw./Kind 4,80/2,40 AU$).

Go Card Rund 30 % Rabatt pro Einzelfahrt gibt's mit der *Go Card* (Startguthaben 5 AU$). Diese lässt sich bei Transitstationen oder Zeitungshändlern sowie per Telefon oder Internet erwerben (und aufladen).

NightLink Spezielle Busse, Züge und Festpreistaxis, die nachts in Fortitude Valley oder der Innenstadt starten (Details unter www.translink.com.au).

AUTO & MOTORRAD

Im CBD und in den Innenstadtvierteln kann man gebührenpflichtig an vielen Straßen parken (2 Std.), sollte dabei aber die Schilder beachten: Brisbanes Politessen kennen keine Gnade. In South Bank und West End parkt es sich günstiger als im Zentrum – abends im CBD sogar gratis.

Das natürlich gewachsene und verschlungene Straßennetz macht ein Navigationssystem sehr sinnvoll.

BUS

Die kostenlosen Translink-Buslinien City Loop und Spring Hill Loop umrunden den CBD bzw. Spring Hill (werktags 7–18 Uhr alle 10 Min.). Unterwegs stoppen sie an wichtigen Zielen wie der QUT, der Queen Street Mall, den City Botanic Gardens, der Central Station und dem Roma Street Parkland.

Die Haupthaltestellen für Stadtbusse sind die unterirdische **Queen Street Bus Station** (Karte S. 308) und die **King George Square Bus Station** (Karte S. 308). Auch entlang der Adelaide St zwischen George und Edward St kann häufig eingestiegen werden.

Von Montag bis Freitag verkehren die Busse von ca. 5–23 Uhr alle 10 bis 30 Minuten; dieser Takt gilt auch am Samstagmorgen ab 6 Uhr. Ansonsten ist der Betrieb reduziert und ruht sonntags ab 21 Uhr (an anderen Tagen ab 24 Uhr). Die Services CityGlider und BUZ bedienen stark genutzte Routen mit hoher Frequenz.

VOM/ZUM FLUGHAFEN

Der Airtrain (Erw./Kind 15/7,50 AU$, 5.45–22 Uhr alle 15–30 Min.) verbindet den Flughafen mit wichtigen Zielen wie Fortitude Valley, der Central Station oder der Roma Street Station (Brisbane Transit Centre). Zum Brisbane Airport geht's auch von Citytrain-Haltestellen an der Gold Coast (alle 30 Min.).

Bei erwünschter Direktabholung empfehlen sich die Shuttlebusse von **Coachtrans** (☎ 07-5556 9888; www.coachtrans.com.au), die regelmäßig zwischen dem Flughafen und Hotels im CBD (Erw./Kind 20/10 AU$) oder an der Gold Coast (Erw./Kind 46/23 AU$) pendeln.

Ein Taxi vom Zentrum zum Flughafen kostet 35 bis 45 AU$.

SCHIFF/FÄHRE

Translink betreibt nicht nur die schnellen CityCat-Fähren (S. 315), sondern schickt auch die Cross River Ferries von Kangaroo Point zum CBD und vom New Farm Park zum Norman Park am Nachbarufer. Teneriffe und Bulimba weiter nördlich werden ebenfalls bedient. Auch hierbei gelten jeweils die ortsüblichen Nahverkehrspreise und -zonen.

Die kostenlosen (!) CityHopper Ferries pendeln kreuz und quer zwischen North Quay, South Bank, CBD, Kangaroo Point und der Sydney St in New Farm.

Alle genannten Zusatzverbindungen stehen von etwa 6 bis 23 Uhr zur Verfügung.

TAXI

Im Zentrum gibt's Taxistände an der Roma Street Station und am oberen Ende der Edward St (Kreuzung mit der Adelaide St). In Fortitude Valley sind Taxis zu später Stunde mitunter nur schwer zu ergattern: Am einzigen Stand nahe der Ecke Brunswick/Ann St ist stets mit langen Warteschlangen zu rechnen.

Black & White (☎ 13 32 22; www.blackandwhitecabs.com.au)

Yellow Cab Co (☎ 13 19 24; www.yellowcab.com.au)

ZUG

Die sechs Hauptlinien des schnellen Citytrain-Netzes fahren nordwärts bis nach Gympie (Sunshine Coast) und gen Süden bis nach Varsity Lakes (Gold Coast). Alle Züge halten an der Roma Street, Central und Fortitude Valley Station. Auch die South Bank Station ist praktisch.

MORETON BAY

Die flache Moreton Bay an Brisbanes Rand beheimatet zahllose Meerestiere wie die namengebenden Moreton Bay Bugs (eine Hummerart). Zudem umschließt sie ein paar verblüffend schöne Inseln, die vom Festland aus leicht erreichbar sind: Tolle Surfstrände, Meeresleben und lässiges Urlaubsfeeling machen North Stradbroke Island zum echten Hit. Moreton Island lockt mit wilden Delfinen und Schiffswracks.

☞ Geführte Touren

Buckelwale bevölkern die Bucht regelmäßig auf dem Weg zu bzw. von ihren Nahrungsgründen im Süden (Juni–Nov.). Zudem lebt hier die weltweit größte Population von Großen Tümmlern (über 300 Tiere).

Redlands Kayak Tours KAJAKFAHREN
(☎ 1300 529 258; www.redlandskayaktours.com.au; pro Pers./Fam. 69/246 AU$) Organisiert neben kürzeren Paddeltouren auch dreistündige Kajaktrips für Kinder und Erwachsene, die die Bucht ab diversen Startpunkten auf dem Festland erkunden.

Robinson Cruises BOOTSFAHRT
(☎ 0408 872 316; www.robinsoncruises.com; Raby Bay Harbour, Cleveland; ab 99 AU$/Pers.) Abendliche Jachttörns auf der Bucht mit Tierbeobachtungen und üppigem Sonnenuntergangsgenuss.

North Stradbroke Island

2000 EW.

30 gemütliche Fährminuten von Cleveland entfernt wirkt diese bodenständige Ferieninsel wie ein Mix aus Noosa und Byron Bay: Hier warten Superstrände mit weißem Pulversand, eine spitzenmäßige Brandung und ein paar hervorragende Unterkünfte bzw. Restaurants. Zudem kann man vor Ort wunderbar Delfine, Schildkröten, Mantarochen und auch Hunderte Buckelwale (Juni–Nov.) beobachten. Außerdem bietet „Straddie“ einige Süßwasserseen und Geländewagen-Routen.

Die wenigen kleinen Inselsiedlungen mit ihrer Handvoll Unterkünfte und Restaurants liegen zumeist nahe dem **Point Lookout**. An der Westküste machen Fähren in **Dunwich** fest. Das Nest **Amity** befindet sich am Nordwestzipfel des Eilands. Der Süden ist größtenteils für Besucher gesperrt, da hier Sand abgebaut wird.

Brisbane & Moreton Bay

Sehenswertes

Der atemberaubende, leicht zu meisternde **North Gorge Headlands Walk** (hin & zurück 20 Min.) am Point Lookout ist ein absolutes Highlight: Zum Zirpen der Zikaden umrundet man die Landspitze auf Stegen und kann dabei z. B. nach Schildkröten, Delfinen oder Mantarochen im offenen Meer Ausschau halten. Die Aussicht entlang des Main Beach ist überwältigend.

Rund um den Point Lookout liegen auch mehrere tolle **Strände**. Der bewachte Cylinder Beach zwischen Home und Deadman's Beach ist bei Familien sehr beliebt. Weiter um das Kap herum findet man mit dem Frenchman's Beach noch ein ruhiges und einsames Fleckchen, an dem sich jedoch mitunter ein paar FKK-Fans tummeln. Cylinder und Frenchman's Beach punkten auch mit Surf Breaks. Nahe dem Headlands Walk suchen Surfer und Bodyboarder am **Main Beach** nach der perfekten Welle. Angler fahren mit Geländewagen (Genehmigung erforderlich) Richtung **Eighteen Mile Swamp** weiter unten am Strand.

Rund 4 km östlich von Dunwich liegt der **Brown Lake** mit Picknicktischen, Grills und einer Toilette. Sein taninhaltiges Wasser hat die Farbe abgestandenen Tees, ist aber zum Baden einwandfrei. Etwa 4 km weiter nördlich zweigt von derselben Straße die 2,6 km lange Buschpiste zum **Blue Lake** (40 Min.) im **Naree Budjong Djara National Park** (www.nprsr.qld.gov.au/parks/naree-budjong-djara) ab. Unterwegs sieht man mitunter Waldvögel und schreckhafte Eidechsen. Weiter nördlich in Richtung Point Lookout erstrecken sich mit **The Keyholes** mehrere Süßwasserseen und Lagunen, die auch per Geländewagen vom Strand aus zugänglich sind (erforderliche Genehmigung 38,25 AU$ bei Straddie Camping).

Das kleine, aber eindrucksvolle **North Stradbroke Island Historical Museum** (☎07-3409 9699; www.stradbrokemuseum.com.au; 15-17 Welsby St, Dunwich; Erw./Kind 3,50/1 AU$;

Di–Sa 10–14, So 11–15 Uhr) im früheren Dunwich Benevolent Asylum (eine Art Armenhaus) informiert heute über Schiffswracks und qualvolle Seereisen. Zudem führt es Besucher in die vielfältige indigene Geschichte der Insel ein, die von den hier ursprünglich beheimateten Quandamooka-Aborigines „Minjerribah" genannt wird. Zu sehen gibt's u.a. auch die Originallinse des Point-Lookout-Leuchtturms und den Schädel eines Pottwals, der 2004 am Main Beach angeschwemmt wurde.

Aktivitäten

North Stradbroke Island Surf School SURFEN
(0407 642 616; www.northstradbrokeislandsurfschool.com.au; Kurse ab 50 AU$; tgl.) Kleingruppenkurse (90 Min.) auf Straddies warmen Wellen.

Straddie Adventures SEEKAJAKFAHREN, SANDBOARDEN
(0417 741 963, 07-3409 8414; www.straddieadventures.com.au; 132 Dickson Way, Point Lookout; tgl.) Verleihservice (Surfbretter, Fahrräder, Schnorchelausrüstung) plus Seekajaktrips (Erw./Kind 60/45 AU$) und Sandboarding-Sessions (Erw./Kind 30/25 AU$).

Bob Minty Surfboards SURFEN
(07-3409 8334; www.bobmintysurfboards.com; 9 Mooloomba Rd, Point Lookout; Surfbrett/Bodyboard pro Tag 35/20 AU$; tgl.) Surfbrettverleih nahe dem Main Beach.

Straddie Super Sports FAHRRADVERLEIH
(07-3409 9252; 18 Bingle Rd, Dunwich; Mo–Fr 8.30–16.30, Sa 8–15, So 9–14 Uhr) Vermietet Mountainbikes (pro Std./Tag 6,50/30 AU$) und alle mögliche Angelausrüstung.

Manta Scuba Centre TAUCHEN
(07-3409 8888; www.mantalodge.com.au; 132 Dickson Way, Point Lookout) Im YHA gibt's hier zweistündige Schnorcheltouren per Boot (85 AU$ inkl. Komplettausrüstung), Ausflüge für zertifizierte Taucher (196 AU$ inkl. zwei Tauchgänge und Komplettausrüstung), Tauchkurse (ab 253 AU$) und ausleihbare Schnorchelausrüstung (25 AU$).

Geführte Touren

North Stradbroke Island 4WD Tours & Camping Holidays AUTO-TOUR
(07-3409 8051; www.stradbroketourism.com; Erw./Kind halber Tag 35/20 AU$, ganzer Tag 85/55 AU$) Bei den Jeeptouren im Bereich des Point Lookout sieht man viel Buschland, Strände, Tiere und Pflanzen. Zudem kann vom Strand aus geangelt werden (Erw./Kind 45/30 AU$).

Straddie Kingfisher Tours AUTO-TOUR
(07-3409 9502; www.straddiekingfishertours.com.au; Erw./Kind inkl. Abholen auf der Insel 80/40 AU$, inkl. Abholen in Brisbane oder an der Gold Coast 195/145 AU$) Bietet sechsstündige Jeep- oder Angeltouren und in der Saison auch Walbeobachtungen an; hinzu kommen Kajaktrips und Sandboarding.

Schlafen

Straddie Camping CAMPING $
(07-3409 9668; www.straddiecamping.com.au; 1 Junner St, Dunwich; Jeep-Stellplatz ab 16,50 AU$, Stellplatz ohne/mit Strom ab 37/44 AU$, Hütte ab 115 AU$; Buchungsbüro 8–16 Uhr) Unter den acht Inselcampingplätzen dieser Firma sind zwei reine Geländewagen-Camps am Strand (erforderliche Genehmigung 38,25 AU$). Die besten Optionen liegen rings um den Point Lookout: **Adder Rock** und **Home Beach** bieten Aussicht auf den Sand; **Cylinder Beach** säumt einen der besten Straddie-Strände. Gäste genießen gute Wochentarife, müssen aber unbedingt rechtzeitig buchen.

Manta Lodge YHA HOSTEL $
(07-3409 8888; www.mantalodge.com.au; 1 East Coast Rd, Point Lookout; B/DZ 32/82 AU$; @) Das dreistöckige, zitronengelbe Hostel in toller Strandlage hat saubere, aber langweilige Zimmer. Hinzu kommen ein dschungelartiger hinterer Bereich mit Hängematten und eine Tauchschule im Untergeschoss.

Straddie Views B&B $$
(07-3409 8875; www.northstradbrokeisland.com/straddiebb; 26 Cumming Pde, Point Lookout; Zi. ab 150 AU$) Ein freundliches einheimisches Ehepaar vermietet hier zwei geräumige Suiten in einem Untergeschoss. Das warme Frühstück gibt's oben auf einer Terrasse mit wunderbarem Meerblick.

Stradbroke Island Beach Hotel HOTEL $$$
(07-3409 8188; www.stradbrokehotel.com.au; East Coast Rd, Point Lookout; DZ ab 235 AU$;) Straddies einziges Hotel hat zwölf coole, einladende Zimmer mit muschelfarbenen Fliesen, hellem Holz, Balkonen und technischen Highend-Extras. Schicke Apartments mit drei oder vier Betten sind ebenfalls vorhanden. Auf dem Weg zum Strand bietet sich ein Abstecher in die offene Erdgeschossbar (Hauptgerichte 15–36 AU$; morgens, mittags & abends) an.

Allure APARTMENTS $$$
(☎1800 555 200, 07-3415 0000; www.allurestradbroke.com.au; 43 East Coast Rd, Point Lookout; Apt. ab 216 AU$; ❄📶🏊) Die großen, ultramodernen Apartments auf grünem Gelände sind eigentlich Villen (bzw. „Shacks", falls sie nur ein Schlafzimmer haben). Sie punkten mit üppigem Farbdekor im Strandstil, Originalkunst und eigenen Grillterrassen im Freien. Obwohl zwischen den Quartieren nicht viel Platz ist, sorgt das clevere Design für genug Privatsphäre. Bei mehr als einer Übernachtung gibt's kräftig Rabatt.

Pandanus Palms Resort APARTMENTS $$$
(☎07-3409 8106; www.pandanuspalmsresort.com; 21 Cumming Pde, Point Lookout; Apt. mit 2/3 Schlafzi. ab 350/450 AU$; @📶🏊) Diese Stadthäuser hoch über dem Strand haben jeweils zwei oder drei Schlafzimmer. Sie sind nicht klimatisiert und erinnern etwas an die 1990er-Jahre, wirken aber geräumig. Die besten Varianten warten mit Meerblick, privaten Höfen und Grills auf. Zur Anlage gehört auch ein Tennisplatz.

Essen

Oceanic Gelati EIS $
(☎07-3415 3222; 19 Mooloomba Rd, Point Lookout; Eiscreme ab 3 AU$; ⏲9.30–17 Uhr) „Oh mein Gott! Das beste Eis aller Zeiten!" – so ein zufriedener Kunde, dem wir komplett zustimmen. Probierenswert sind z. B. die Sorten Tropical (milchfrei), Zitrone (erfrischend) oder Vanille (klassisch).

Island Fruit Barn CAFÉ $
(16 Bingle Rd, Dunwich; Hauptgerichte 10–14 AU$; ⏲Mo–Fr 7–17, Sa & So 7–16 Uhr; 🌱) Das zwanglose Café an der Hauptstraße in Dunwich stellt tolles Frühstück, Smoothies, Salate und Sandwiches aus hochwertigen Zutaten auf ein paar wenige Tische. Am besten eine Spinat-Feta-Rolle bestellen und dann im hauseigenen Feinkostladen einkaufen.

Look MODERN-AUSTRALISCH $$
(☎07-3415 3390; www.lookcafebar.com; Ecke East Coast Rd & Mintee St, Point Lookout; Hauptgerichte 22–38 AU$; ⏲tgl. 8–15, Do–Sa 18–21 Uhr) Tagsüber ist dies der Treffpunkt schlechthin am Point Lookout. Hierfür sorgen gute Musik, luftige Open-Air-Tische mit Meerblick, viele offene Weine und pikante Chili-Garnelen.

Point Lookout Bowls Club KNEIPENESSEN $$
(☎07-3409 8182; www.pointlookoutbowlsclub.com.au; East Coast Rd, Point Lookout; Hauptgerichte 9–25 AU$; ⏲11.30–14 & 18–20 Uhr) Der örtliche Bowls Club empfiehlt sich für günstiges Kneipenessen in zwangloser Atmosphäre. Der französische Küchenchef könnte wohl kaum weiter weg von seiner Heimat arbeiten.

Fishes at the Point SEAFOOD $$
(www.fishesatthepoint.com.au; East Coast Rd, Point Lookout; Hauptgerichte 10–25 AU$; ⏲Sa–Do 8–20, Fr 8–21 Uhr; 📶) Das Fishes mit seinen Freilufttischen gegenüber vom North Gorge Headlands Walk serviert erwartungsgemäß Fish & Chips – zwar etwas dick paniert, aber genau richtig nach dem Surfen.

ℹ Praktische Informationen

Die Insel ist über den Großteil des Jahres recht ruhig, aber zu Weihnachten, Ostern und während der Schulferien stark besucht. Unterkünfte und Campinggenehmigungen sollten deshalb rechtzeitig gebucht werden.

Wer Geländewagen fahren will, bekommt entsprechende Infos und Genehmigungen (38,25 AU$) bei Straddie Camping (S. 335).

ℹ An- & Weiterreise

Das Tor zu North Stradbroke Island ist der Küstenvorort Cleveland. Am dortigen Bahnhof halten regelmäßig **Citytrain-Züge** (www.translink.com.au) ab der Central und Roma Street Station in Brisbane (9,50 AU$, 1 Std.). Darauf abgestimmt besteht Busanschluss zum Fähranleger (4,80 AU$, 10 Min.).

Big Red Cat (☎1800 733 228, 07-3488 9777; www.bigredcat.com.au; Fahrzeug inkl. Passagiere hin & zurück 146 AU$, ohne Fahrzeug Erw./Kind 20/10 AU$; ⏲Mo–Sa 5.15–18, So 7–19 Uhr) Zusammen mit Stradbroke Ferries bedient diese Auto- und Passagierfähre im Katzenlook die Route Cleveland–Dunwich (ca. 8-mal tgl., 45 Min.).

Stradbroke Ferries (☎07-3488 5300; www.stradbrokeferries.com.au; Fahrzeug inkl. Passagiere hin & zurück 146 AU$, ohne Fahrzeug Erw./Kind 20/10 AU$; ⏲Mo–Sa 5.15–18, So 7–19 Uhr) In Kooperation mit der Big Red Cat pendelt Stradbroke Ferries zwischen Cleveland und Dunwich (Passagierfähre 25 Min., Passagier-/Autofähre 45 Min.).

Gold Cats Stradbroke Flyer (☎07-3286 1964; www.flyer.com.au; Middle St, Cleveland; hin & zurück Erw./Kind/Fam. 19/10/50 AU$) Passagierboote zwischen Cleveland und der One Mile Jetty in Dunwich (ca. 12-mal tgl., 30 Min.).

ℹ Unterwegs vor Ort

Um das große Straddie anständig zu erkunden, empfehlen sich eigene vier Räder. Alternativ wartet **Stradbroke Island Buses** (☎07-3415 2417; www.stradbrokebuses.com) in Dunwich auf die Fähren und fährt dann jeweils zum Point Lookout (über Amity; hin & zurück 9,60 AU$; letzter Bus nach Dunwich um 18.20 Uhr). Auch die Taxis des **Stradbroke Cab Service** (☎ 0408 193 685) bedienen diese Route (ca. 60 AU$).

Moreton Island

250 EW.

Man kann sich sicher sein, dass Moreton Islands Reichtum an Sandstränden, Buschlandschaften, Vogelarten, Dünen und Traumlagunen gut geschützt ist: 95 % der Insel sind als Nationalpark ausgewiesen (Details unter www.nprsr.qld.gov.au/parks/moreton-island).

Die lange Inselgeschichte reicht von frühen indigenen Siedlungen bis hin zur Gründung von Queenslands erster und einziger Walfangstation bei Tangalooma (in Betrieb 1952–1962). Heute beschäftigen sich Besucher mit Schwimmen, Schnorcheln und Offroad-Fahren – hier sind sowieso nur Geländewagen erlaubt. In **Tangalooma** befindet sich nun das einzige Resort der Insel. An der Westküste liegen drei weitere kleine Orte: **Bulwer** nahe der Nordwestspitze, **Cowan Cowan** zwischen Bulwer und Tangalooma sowie **Kooringal** nahe der Südspitze.

Sehenswertes & Aktivitäten

Bei Tangalooma im Zentrum der Westküste findet jeden Abend zu Sonnenuntergang eine **Delfinfütterung** statt. Dabei schwimmt etwa ein halbes Dutzend der Tiere vom Meer herein und futtert Fisch aus den Händen von Freiwilligen. Obwohl nur Gäste des Tangalooma Island Resort mitmachen dürfen, sind Zuschauer willkommen. Das Resort organisiert auch **Walbeobachtungen** per Boot (Juni–Okt.).

Gleich nördlich davon liegen die **Tangalooma Wrecks** vor der Küste – 15 versunkene Schiffe, die einen geschützten Bootsankerplatz mit hervorragenden Möglichkeiten zum **Schnorcheln** bilden. Entsprechende Ausrüstung kann beim Resort geliehen werden. Alternativ bietet **Tangatours** (☎ 07-3410 6927; www.tangatours.com.au; Tangalooma Island Resort) geführte Schnorcheltrips zu den Wracks (45 AU$), **Paddleboarding-Touren** (59 AU$) und **Kajakausflüge** in der Dämmerung (49 AU$).

Zu den lokalen **Bushwalking-Routen** gehören z. B. der Wüstentrail ab dem Resort (2 Std.) oder der anstrengende, aber lohnenswerte Aufstieg am Mt. Tempest (280 m). Dessen Startpunkt liegt 3 km landeinwärts vom Eagers Creek und ist nur mit einem eigenen bzw. selbst organisierten Verkehrsmittel erreichbar.

Das **Cape Moreton Lighthouse** (erb. 1857) an der Nordspitze der Insel ist Queenslands ältester noch betriebener Leuchtturm. In der Saison hat man hier einen sehr guten Blick auf vorbeiziehende Wale.

Geführte Touren

Dolphin Wild ABENTEUERTOUR
(☎ 07-3880 4444; www.dolphinwild.com.au; Newport Marina, Scarborough; Erw./Kind/Fam. inkl. Mittagessen 125/75/325 AU$) Diese ganztägigen Ökotouren nach Moreton Island werden von einem Meeresbiologen kommentiert. Auf Wunsch können Teilnehmer auch an den Tangalooma Wrecks schnorcheln (Erw./Kind 20/10 AU$) und sich in Brisbane oder an der Gold Coast abholen lassen.

Adventure Moreton Island ABENTEUERTOUR
(☎ 1300 022 878; www.adventuremoretonisland.com; Tagestour ab 129 AU$) Diese Touren ab Brisbane werden zusammen mit Tangatours im Tangalooma Island Resort veranstaltet. Sie beinhalten verschiedene Aktivitäten (z. B. Paddleboarden, Schnorcheln, Segeln, Kajakfahren, Angeln) und sind auch im Rahmen von Pauschalangeboten buchbar (Tour plus Resortübernachtung ab 288 AU$).

Sunrover Tours ABENTEUERTOUR
(☎ 07-3203 4241, 1800 353 717; www.sunrover.com.au; Tagestour Erw./Kind 145/125 AU$ zzgl. Nationalparkgebühr 30 AU$) Jeeptour-Anbieter mit Tagestouren und zwei- bis dreitägigen Campingausflügen; das Programm umfasst Schnorcheln, Schiffswracks, Bushwalking und Delfinbeobachtungen. Los geht's jeweils in Brisbane.

Moreton Bay Escapes ABENTEUERTOUR
(☎ 1300 559 355; www.moretonbayescapes.com.au; Tagestour Erw./Kind ab 179/129 AU$, 2-tägige Campingtour Erw./Kind 309/179 AU$) Veranstalter mit Öko-Zertifikat und Tagestrips per Jeep, die neben Schnorcheln oder Kajakfahren auch Sandboarden, ein Mittagspicknick und das Beobachten von Meerestieren beinhalten. Bei der Option mit Camping sieht man noch mehr von der Insel.

Micat AUTO-TOUR
(☎ 07-3909 3333; www.micat.com.au; Tagestour Erw./Kind ab 159/130 AU$) Geführte Jeeptouren mit Schwerpunkt auf Natur oder Abenteuer.

Schlafen

In Kooringal, Cowan Cowan und Bulwer können ein paar Ferienwohnungen bzw. -häuser gemietet werden (Verzeichnisse unter www.moretonisland.com.au).

Zudem gibt's im Nationalpark insgesamt zehn **Campingplätze** (☎13 74 68; www.nprsr.qld.gov.au/experiences/camping; Stellplatz pro Erw./Kind/Fam. 5,45/3/21,80 AU$) mit Wasser, Toiletten und kalten Duschen (fünf davon am Strand). Am besten rechtzeitig vor Ankunft per Telefon oder Internet buchen!

Tangalooma Island Resort HOTEL, APARTMENTS $$$
(☎07-3637 2000, 1300 652 250; www.tangalooma.com; Pauschalangebote mit 1 Übernachtung ab 370 AU$; ❄@📶🏊) Das wunderschön gelegene Resort mit mehreren Restaurants ist das einzige Inselhotel und bietet alle möglichen Quartiere: Am günstigsten sind die einfachen Hotelzimmer. Dann folgen u.a. moderner eingerichtete Wohneinheiten und Suiten mit Strandzugang. Am meisten kosten die Luxusapartments mit zwei bis vier Schlafzimmern. Der Übernachtungspreis beinhaltet An- und Rückfahrt per Fähre sowie den lokalen Transfer vom bzw. zum Anleger.

Praktische Informationen

Das Resort hat Cafés, Restaurants, Bars und einen kleinen Gemischtwarenladen. Ansonsten bleibt nur das Mitbringen eigener Vorräte vom Festland.

Auf Moreton Island (örtliche Infos unter www.visitmoretonisland.com) gibt's keine befestigten Straßen; normale Autos sind nicht erlaubt. Allerdings können Geländewagen am Strand und auf einigen Pisten im Inselinneren fahren. Dafür notwendige Genehmigungen (42,15 AU$) sind über die Fährbetreiber und online oder telefonisch beim Department of National Parks, Recreation, Sport & Racing (S. 331) erhältlich. Achtung: Das Mitnehmen eines eigenen Fahrzeugs mit der Fähre erfordert zwingend eine Reservierung!

Anreise & Unterwegs vor Ort

Mehrere Fähren verbinden das Festland mit der Insel. Für Erkundungen vor Ort empfiehlt sich das Mitbringen eines eigenen Geländewagens. Eine Alternative sind geführte Touren, die zumeist in Brisbane starten und die An-/Rückfahrt per Fähre beinhalten.

Tangalooma Flyer (☎07-3268 6333, Shuttlebus 07-3637 2000; www.tangalooma.com; hin & zurück Erw./Kind 45/25 AU$) Der schnelle Katamaran vom Tangalooma Island Resort holt Passagiere an der Holt Street Wharf in Brisbane ab (für Wegbeschreibung s. Website; Überfahrt 75 Min., 3-mal tgl.). Dorthin flitzen Shuttlebusse ab dem CBD oder Flughafen (einfache Strecke Erw./Kind 20/10 AU$, Reservierung erforderlich).

Micat (www.micat.com.au; 14 Howard Smith Dr, Port of Brisbane; hin & zurück Erw./Kind 50/35 AU$, Fahrzeug inkl. 2 Pers. 195–230 AU$) Autofähren vom Port of Brisbane nach Tangalooma (75 Min., ca. 8-mal wöchentl.; für Weg zum Anleger s. Website).

Amity Trader (☎0487 227 437, 07-3820 6557; www.amitytrader.com; Fahrzeug inkl. Passagiere einfache Strecke/hin & zurück 135/250 AU$) Lust auf Insel-Hopping? Diese Autofähre fährt zwischen Amity Point auf North Stradbroke Island und Kooringal an Moreton Islands Südspitze (30 Min., ca. 4-mal wöchentl.).

Bribie Island

16 200 EW.

Queenslands einziges vorgelagertes Eiland mit Brückenverbindung zum Festland liegt 70 km nördlich von Brisbane am oberen Ende der Moreton Bay. Wie Stradbroke oder Moreton ist Bribie eine Sandinsel mit geschütztem Buschland, aber vergleichsweise viel stärker erschlossen (mit anderen Worten: man fühlt sich wie in einer Vorstadt).

Dennoch warten an der West- und Nordküste noch immer ein paar schöne Strände sowie einsame Campingplätze unter Verwaltung des Department of National Parks, Recreation, Sport & Racing (S. 331). Diese erfordern Reservierung und zwecks Erreichbarkeit obendrein einen Geländewagen. Die wiederum dafür nötige Genehmigung (40,35 AU$/Woche) bekommt man über die Website des Departments (www.nprsr.qld.gov.au) oder bei **Gateway Bait & Tackle** (☎07-5497 5253; www.gatewaybaitandtackle.com.au; 1383 Bribie Island Rd, Ningi; ⏲Mo–Fr 5.30–17.30, Sa 4.30–18, So 4.30–17 Uhr) auf der Festlandseite der Verbindungsbrücke. Allgemeine Inselinfos erteilt das **Bribie Island Visitor Information Centre** (☎07-3408 9026; www.bribie.com.au; Benabrow Ave, Bellara; ⏲9–16 Uhr).

Keine Lust auf Camping? Das neue, schicke und mehrstöckige **On the Beach Resort** (☎07-3400 1400; www.onthebeachresort.com.au; 9 North St, Woorim; Apt. mit 2/3 Schlafzi. 205/275 AU$; ❄🏊) mit schönem Strandblick ist die luxuriöseste Bleibe der Insel. Der **Surf Club Bribie Island** (☎07-3408 2141; www.thesurfclubbribie.com.au; 2 First Ave, Woorim; Hauptgerichte 14–30 AU$; ⏲11.30–15 & 17.30–21

ÜBERRASCHENDE SCHÄTZE: DAS ABBEY MUSEUM

Das **Abbey Museum** (☎ 07-5495 1652; www.abbeymuseum.com; 63 The Abbey Pl, Caboolture, abseits der Old Toorbul Point Rd; Erw./Kind/Fam. 8,80/5/19,80 AU$; ⏲ Mo–Sa 10–16 Uhr) mit seiner eindrucksvollen Kunst- und archäologischen Sammlung befindet sich 6 km hinter der Abzweigung vom Bruce Hwy an der Straße nach Bribie Island. Die frühere Privatsammlung des Engländers John Ward kann mit allen berühmten Museen des Planeten mithalten und erstaunt einen mit Exponaten aus aller Welt (u. a. jungsteinzeitlichen Werkzeugen, mittelalterlichen Manuskripten, Stücken aus dem alten Rom, Griechenland, Mexiko oder Japan). Die Kirche des Anwesens ziert mehr Original-Buntglas aus der Kathedrale von Winchester als dort selbst noch erhalten ist. Im Juli kann man hier zusammen mit 37 000 anderen Geschichtsfans das größte Mittelalterfest Australiens feiern (Details unter www.abbeytournament.com).

Uhr) empfiehlt sich für hervorragendes Kneipenessen und jede Menge kaltes Bier.

Citytrain-Züge fahren regelmäßig von Brisbane nach Caboolture, wo **Bribie Island Coaches** (www.bribiecoaches.com.au) zur Insel startet. Dabei gelten die normalen Tarife von Brisbane Translink (einfache Strecke 13,90 AU$).

GOLD COAST

Wer sich der Gold Goast aus der Ferne nähert, reibt sich eventuell gleich zweimal die Augen: Hinter diesem kultigen Surfstrand-Streifen erhebt sich eine Stadt aus Apartment-Hochhäusern, die im krassen Gegensatz zur Landschaft steht. Drunten auf Straßenhöhe locken Restaurants, Bars und Themenparks einen stetigen Strom von sonnenverbrannten Urlaubern an. Die unumstrittene Spaßhochburg ist Surfers Paradise, das einen mit atemberaubendem Nachtleben in seinen Bann zieht und dann erschöpft wieder ausspuckt. Doch abseits davon ebbt der Hype sehr stark ab: Broadbeachs Chic und der Küstencharme von Burleigh Heads mischen sich dort sanft mit Coolangattas relaxtem Surfer-Ethos.

Feste & Events

Big Day Out MUSIK
(www.bigdayout.com; ⏲ Ende Jan.) Internationales Monster-Musikfestival.

Tropfest FILM
(www.tropfest.com/au/surfers-paradise; ⏲ Feb.) Internationales Kurzfilm-Festival.

Quicksilver Pro SURFEN
(www.aspworldtour.com; ⏲ Mitte März) Beim ersten Wettbewerb der jährlichen World Tour starten die weltbesten Surfer.

Surf Life-Saving Championships RETTUNGSSCHWIMMER
(www.sls.com.au; ⏲ April) Mit unglaublich trainierten Läufern, die sehr wenig anhaben.

Gold Coast Marathon MARATHON
(www.goldcoastmarathon.com.au; ⏲ Juli) Recht schmerzvolle 42 km.

Gold Coast 600 MOTORSPORT
(www.surfersparadise.v8supercars.com.au; ⏲ Okt.) Verwandelt die Straßen von Surfers drei Tage lang in eine Rennstrecke für V8-Supercars.

Coolangatta Gold RETTUNGSSCHWIMMER
(www.sls.com.au/coolangattagold; ⏲ Okt.) Kräftezehrender Wettbewerb mit Surfski-Rennen, Strandsprinten, Schwimmen im Meer, Stehpaddeln und einem abschließenden Langstreckenlauf am Strand.

Schoolies SCHULABGÄNGER
(www.schoolies.com/gold-coast ⏲ Mitte Nov.–Mitte Dez.) Vier hormongesteuerte Partywochen für Schulabgänger.

ℹ Anreise & Unterwegs vor Ort

Der **Gold Coast Airport** (www.goldcoastairport.com.au) mit In- und Auslandsverbindungen liegt 25 km südlich von Surfers Paradise in Coolangatta.

Der **Gold Coast Tourist Shuttle** (☎ 07-5574 5111, 1300 655 655; www.gcshuttle.com.au; einfache Strecke Erw./Kind 20/12 AU$) erwartet Passagiere am Flughafen und bringt sie direkt zu den meisten Unterkünften an der Gold Coast (Reservierung erforderl.). **Con-X-ion Airport Transfers** (☎ 1300 266 946; www.cxn.com.au; einfache Strecke Erw./Kind ab 20/12 AU$) bietet einen ähnlichen Service.

Citytrain-Züge verbinden Brisbane mit dem Bahnhof Varsity Lakes an der Gold Coast (20,10 AU$, 75 Min., ca. alle 30 Min.). Nördlich von Brisbane führt dieselbe Linie weiter zum

Gold Coast & Hinterland

Brisbane Airport (einfache Strecke Brisbane Airport–Varsity Lakes 36,10 AU$, 1¾ Std.). **Surfside Buslines** (www.surfside.com.au) schickt regelmäßig Shuttlebusse vom Bahnhof Varsity Lakes hinunter nach Surfers (6,70 AU$) und bedient auch andere Ziele wie die Themenparks. Zu letzteren geht's u. a. beliebig oft mit dem Freedom Pass von Surfside Buslines (Erw./Kind 70/36 AU$, 3 Tage gültig), der zusätzlich die Shuttles vom/zum Gold Coast Airport und unbegrenzte Regionalbusfahrten beinhaltet.

Coachtrans (☎ 07-3358 9700, 1300 664 700; www.coachtrans.com.au) pendelt zwischen dem Brisbane Airport und den meisten Unterkünften an der Gold Coast (einfache Strecke Erw./Kind 46/23 AU$).

Inzwischen hat **Gold Coast Rapid Transit** (www.goldlinq.com.au) eventuell schon seine neue Straßenbahnstrecke zwischen Southport und Broadbeach (13 km, 16 Haltestellen) in Betrieb genommen. Falls nicht, sind die Translink-Busse weiterhin die beste Nahverkehrsoption.

Southport & Main Beach

28 300 EW.

Als nördliches Tor zur Gold Coast ist Southport etwas unpassend benannt. Eine lange Sandbank namens The Spit schützt die Wohn- und Geschäftsviertel der bodenständigen Stadt vor dem offenen Ozean; zudem gibt es hier mit Sea World einen der großen Themenparks. Gleich südöstlich davon liegt Main Beach mit seinem goldfarbenen Superstrand. Dort beginnt auch das grausame Apartment-Gebirge in Richtung Surfers Paradise.

Sehenswertes & Aktivitäten

Die Seeseite von The Spit in Main Beach ist eine beliebte **Angelstelle**, an der man über den Kanal hinweg auf South Stradbroke Island schaut. Gegenüber vom Eingang zu Sea World beginnt am Parkplatz des Phillip Park der hübsche **Federation Walk** (3,7 km). Dieser führt durch Küstenregenwälder zum 36 km langen **Gold Coast Oceanway** (www.goldcoast.qld.gov.au/thegoldcoast/oceanway-156.html), auf dem Wanderer nach Coolangatta gelangen.

Gourmet Farmers Market MARKT
(☎07-5555 6400; www.facebook.com/marinamiragefarmersmarket; Marina Mirage, 74 Seaworld Dr, Main Beach; ⏲Sa 7–11 Uhr) Am Samstagmorgen verkaufen Stände u.a. saisonales Obst und Gemüse, Backwaren, Eingelegtes, Öl, Essig, Seafood oder Pasta zwischen den Boutiquen der schicken Shoppingmeile.

Gold Coast Watersports PARASAILING
(☎0410 494 240; www.goldcoastwatersports.com; Mariners Cove Marina, 60 Seaworld Dr, Main Beach; ab 65 AU$/Pers.) Bietet täglich Parasailing, Jetboot- und Jetskifahren an.

Adventure Outlet SEEKAJAKFAHREN
(☎07-5571 2929; www.adventureoutlet.com.au; Shop 5, 3 Jackman St, Southport; Halbtagstouren inkl. Shuttles 89 AU$) Seekajaktrips zur sandigen South Stradbroke Island (inkl. viele Tierbeobachtungen).

Spirit of Gold Coast WALBEOBACHTUNG
(☎07-5572 7755; www.goldcoastwhalewatching.com; Mariners Cove Marina, Main Beach; 2½- bis 3-stündige Touren Erw./Kind 99/59 AU$) Zwischen Juni und November.

Jet Ski Safaris JETSKIFAHREN
(☎0409 754 538, 07-5526 3111; www.jetskisafaris.com.au; Mariners Cove Marina, 60 Sea World Dr, Main Beach; ½-/1-/2-stündige Touren ab 120/220/360 AU$) Flitzt über die Gewässer vor Main Beach oder bis hinaus zur South Stradbroke Island; keine Erfahrung erforderlich.

Schlafen

Surfers Paradise YHA at Main Beach HOSTEL $
(☎07-5571 1776; www.yha.com.au; 70 Sea World Dr, Main Beach; B 31 AU$, DZ & 2BZ 79 AU$; @☰) Das vorbildlich geführte Hostel mit himmelblauen Schlafsälen, Gratis-Shuttlebus und Grillabenden (Fr) liegt in nächster Nähe zur Fisherman's Wharf Tavern (S. 342). Vom 1. Stock aus schaut man direkt auf den Jachthafen: Gleich unter dem Balkon warten alle möglichen Touren, Bootstrips und Wassersport-Aktivitäten.

Trekkers HOSTEL $
(☎07-5591 5616, 1800 100 004; www.trekkersbackpackers.com.au; 22 White St, Southport; B 30 AU$, DZ & 2BZ 75 AU$; @☰≋) Den freundlichen Vibe des geselligen alten Queenslanders könnte man in Flaschen abfüllen und damit ein Vermögen verdienen. Der Bau wirkt etwas betagt, bietet aber gemütliche Gemeinschaftsbereiche und eine Mini-Oase in Gartenform. Weder groß noch schick, aber spaßig und relaxt.

Main Beach Tourist Park WOHNWAGENPARK $
(☎07-5667 2720; www.gctp.com.au/main; 3600 Main Beach Pde, Main Beach; Stellplatz mit Strom ab 44 AU$, Hütte & Villa ab 121 AU$; ❄@☰≋) Gleich gegenüber vom Strand liegt dieser Familien-Favorit vor einer Phalanx aus Hochhäusern. Der Abstand zwischen den Stellplätzen ist recht klein; dafür sind die Einrichtungen anständig.

Harbour Side Resort APARTMENTS $$
(☎07-5591 6666; www.harboursideresort.com.au; 132 Marine Pde, Southport; Apt. mit 1/2 Schlafzi. 130/170 AU$; ❄@☰≋) Obwohl „Resort" leicht übertrieben ist und man über die Lage an einer verkehrsreichen Straße hinwegsehen muss: Dieser renovierte Dreistöcker vermietet motelartige Zimmer mit gut ausgestatteten Küchen und hat einen tollen Pool.

DIE THEMENPARKS DER GOLD COAST

Die Achterbahnen und Wasserrutschen dieser Themenparks nach US-Vorbild besiegen die Schwerkraft derart schwindelerregend, dass das Mittagessen nur mit Mühe im Magen bleibt. Die meisten Touristeninformationen der Gold Coast verkaufen vergünstigte Tickets. Der VIP Pass (110 AU$/Pers.) gewährt unbegrenzten Zugang zu Sea World, Warner Bros Movie World und Wet'n'Wild. Tipp: Wer nicht vom hintersten Ende des Parkplatzes herlaufen will, erscheint überall möglichst früh.

➡ **Dreamworld** (☎1800 073 300, 07-5588 1111; www.dreamworld.com.au; Dreamworld Pkwy, Coomera; Erw./Kind 95/75 AU$, bei Onlinebuchung 90/70 AU$; ⏲10–17 Uhr) In der Heimat der „Big 8 Thrill Rides" (z. B. Giant Drop, Tower of Terror II) kann man sich auch mit australischen Tieren oder auf Tiger Island sogar mit einem Königstiger fotografieren lassen. Das Ticket gilt auch für die WhiteWater World.

➡ **Sea World** (☎13 33 86, 07-5588 2222; www.seaworld.com.au; Sea World Dr, The Spit, Main Beach; Erw./Kind 83/50 AU$; ⏲9.30–17.30 Uhr) Wasserpark mit Eisbären, Haien, Seehunden, Pinguinen, ganztägigem Tiershow-Programm (u. a. mit Delfinen) und den obligatorischen Achterbahnen bzw. Wasserrutschen.

➡ **Warner Bros Movie World** (☎13 33 86, 07-5573 3999; www.movieworld.com.au; Pacific Hwy, Oxenford; Erw./Kind 83/50 AU$; ⏲9.30–17 Uhr) Shows, Rides und Attraktionen mit Film-Hintergrund (z. B. Batwing Spaceshot, Justice League 3D Ride oder Scooby-Doo Spooky Rollercoaster); durch die Besucherscharen streifen Batman, Austin Powers, Porky Pig und Co.

➡ **Wet'n'Wild** (☎13 33 86, 07-5556 1660; www.wetnwild.com.au; Pacific Hwy, Oxenford; Erw./Kind 60/35 AU$; ⏲10–17 Uhr) Die ultimative Wasserrutsche des Riesenparks heißt Kamikaze und lässt zweisitzige Schläuche 11 m tief mit 50 km/h zu Tal schießen. Hinzu kommen diverse Rutschen im Dunkeln, Wildwasserbahnen und Wellenbecken.

➡ **WhiteWater World** (☎1800 073 300, 07-5588 1111; www.whitewaterworld.com.au; Dreamworld Parkway, Coomera; Erw./Kind 95/75 AU$, bei Onlinebuchung 90/70 AU$; ⏲10–16 Uhr) Gehört zu Dreamworld (Eintritt im Ticket enthalten) und hat Wasserrutschen wie Temple of Huey oder Cave of Waves; Besucher können sogar Surfen lernen!

Essen & Ausgehen

★ **Providore** CAFÉ $
(☎07-5532 9390; www.facebook.com/miragemarket; Shop 27 Marina Mirage, 74 Sea World Dr, Main Beach; Hauptgerichte 9–16 AU$; ⏲So–Mi 7–18, Do–Sa 7–22 Uhr) Durchgängige Fenster mit Einfassungen aus italienischen Mineralwasserflaschen, umgedreht aufgehängte Schreibtischlampen an der Decke, gutaussehende Touristen aus Europa, offene Weine, Brotregale, Käse-Kühlschränke und Körbe, die mit frischen Agrarprodukten gefüllt sind: Dieser Spitzenmix aus Café und Feinkostladen hat viele Pluspunkte. Für einen souveränen Start in den Tag sorgen z. B. das Bircher-Müsli oder die Polenta mit Eiern.

Peter's Fish Market SEAFOOD, FISH & CHIPS $
(☎07-5591 7747; www.petersfish.com.au; Sea World Dr, Main Beach; Gerichte 9–16 AU$; ⏲9–19.30 Uhr, Küche ab 12 Uhr) Schlichter Fischmarkt, der rohes und gekochtes Seafood aller Art zu hervorragenden Preisen verkauft; das fangfrische Angebot stammt von den Kuttern, die vor dem Eingang ankern.

Sunset Bar & Grill MODERN-AUSTRALISCH $$
(☎07-5528 2622; www.sunsetbarandgrill.com.au; Shop 31, Marina Mirage, 74 Sea World Dr, Main Beach; Gerichte 12–28 AU$; ⏲Mo–Fr 7–18, Sa & So 7–19 Uhr) Familienfreundliches Uferlokal mit erschwinglichen (wenn auch eher standardmäßigen) Steaks, Salaten, Burgern und Seafood-Gerichten unter Sonnenschirmen.

Fisherman's Wharf Tavern KNEIPE
(☎07-5571 0566; www.fishermanswharftavern.com.au; Shop 40, Mariners Cove, Main Beach; ⏲10 Uhr–open end, Küche am Wochenende morgens, tgl. mittags & abends) In der lärmigen Hafenkneipe auf einem Pier über dem Wasser wird schon ab 10 Uhr morgens Bier geschlürft; am Wochenende geht's abends dann richtig hoch her. Die Küche (Hauptgerichte 15–29 AU$) serviert neben verlässlich guten Burgern oder Fish & Chips auch Currys, Steaks und üppige Salate.

Surfers Paradise & Broadbeach

Obwohl manchen zufolge die Surfer nun andere Strände bevorzugen und das Paradies hier auf tragische Weise verloren gegangen sei, zieht diese wilde und kitschige Partyzone zweifellos unglaublich viele Besucher an (bis zu 20 000/Tag!). Reiche Touristen strömen nach Surfers Paradise (19 670 Ew.), um in einem berauschenden Mix aus Clubs, Bars und Einkaufszentren zu schwelgen; danach bekämpfen sie vielleicht noch kurz ihren Kater am Strand. Viele tätowierte Backpacker mit freiem Oberkörper und mehr tiefe Ausschnitte als im Grand Canyon sorgen hier für eine aufreizende Atmosphäre. Substanz sucht man besser woanders; einzige bemerkenswerte Ausnahme ist das Arts Centre.

Unmittelbar südlich liegt jedoch das weitaus ruhigere Broadbeach (4650 Ew.) mit seinem goldfarbenen Superstrand und ein paar schicken Restaurants.

Sehenswertes & Aktivitäten

SkyPoint Observation Deck AUSSICHTSPUNKT
(www.skypoint.com.au; Level 77, Q1 Bldg, Hamilton Ave, Surfers Paradise; Erw./Kind/Fam. 21/12,50/54,50 AU$; So–Do 7–20.30, Fr & Sa 7–23.30 Uhr) Die Sehenswürdigkeiten von Surfers liegen zumeist auf Strandtüchern. Wer aber alles auch mal von oben betrachten will, saust mit dem Aufzug hinauf zu dieser Aussichtsplattform auf dem Dach des Q1 (Nr. 27 der welthöchsten Gebäude). In 230 m Höhe führt hier zudem der **SkyPoint Climb** (Erw./Kind ab 69/49 AU$) über weitere 30 m ganz nach oben zur Spitze.

Cheyne Horan School of Surf SURFEN
(1800 227 873; www.cheynehoran.com.au; 2-stündiger Kurs 49 AU$, 3/5 Kurseinheiten 129/189 AU$; 10 & 14 Uhr) Der Ex-Profisurfer Cheyne Horan bringt Kunden das Wellenreiten bei und verleiht auch Bretter (30 AU$/Tag).

Go Ride a Wave SURFEN
(1300 132 441; www.gorideawave.com.au; Shop 189, Centro Centre, Cavill Ave, Surfers Paradise; 2-stündiger Kurs ab 65 AU$, 3/5 Kurseinheiten 180/260 AU$; 9–17 Uhr) Surfkurse (auch speziell für Kinder) plus Verleihservice (Surfbrett/Kajak pro Tag 45/80 AU$).

Balloon Down Under BALLONFAHREN
(07-5500 4797; www.balloondownunder.com; 1-stündige Ballonfahrt Erw./Kind 299/240 AU$) Sonnenaufgangstouren über der Gold Coast, die mit einem Schampus-Frühstück enden.

GEHEIMTIPP

EX-PROFISURFER LUKE EGAN

Die Gold Coast gehört zu den fünf besten Surfgebieten weltweit. Das Einzigartige an der Goldy ist, dass die meisten Wellen auf Sand brechen.

Beste Surfstrände

An den berühmten Surfspots Burleigh Heads, Kirra, Rainbow Bay und Snapper Rocks kann man endlos lange auf den Wellen reiten – daher ist die Gold Coast einfach ein Muss für jeden passionierten Surfer.

Für Anfänger

Die Wellen am Greenmount Point und in Currumbin geben Neulingen genügend Zeit, in aller Ruhe auf die Füße zu kommen und dabei dennoch einen langen Wellenritt zu erleben. Wer an einem dieser beiden Strände das Surfen lernt, hat dafür wohl die beste Location in Australien, wenn nicht weltweit gewählt.

Die beste Erfahrung

Nach einem langen Surftag fühlt man sich komplett „ausgesurft" – ein besseres Gefühl gibt es nicht! Obwohl ich nicht mehr an internationalen Wettbewerben teilnehme, stürze ich mich dennoch jeden Tag so in die Wellen, als ob es mein letzter wäre.

Außer Surfen ...

...fahre ich in den Hügeln rund um den Mt. Warning gern Mountainbike und treffe mich in den zahlreichen tollen Cafés und Restaurants der Gold Coast mit Freunden.

Surfers Paradise

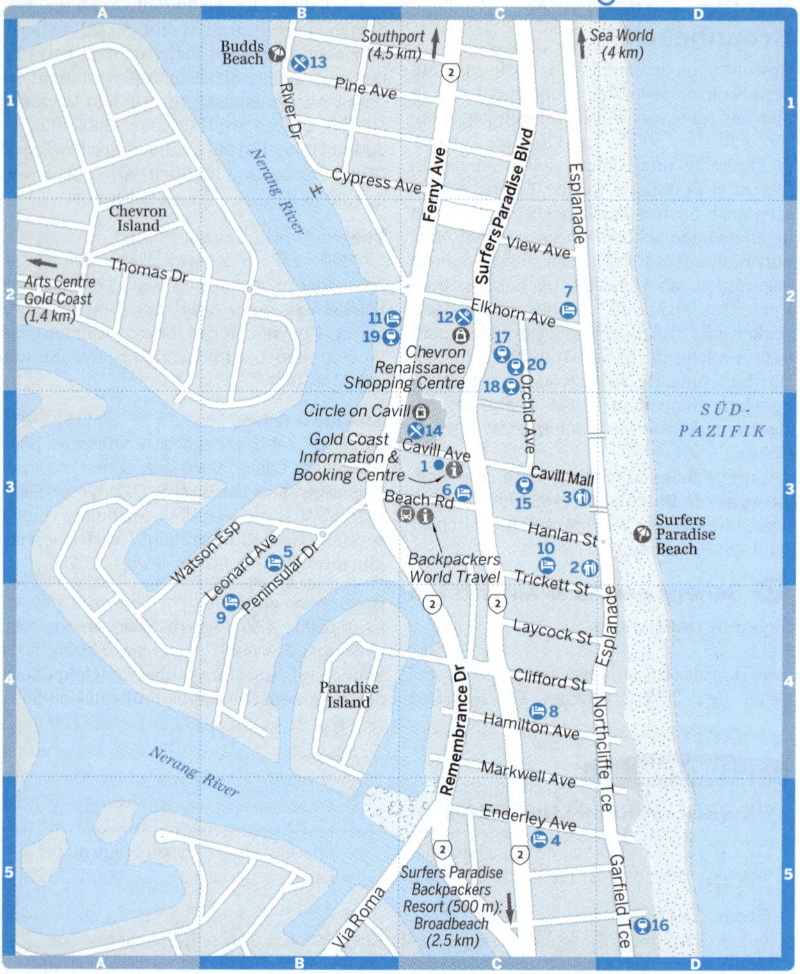

Geführte Touren

Aqua Duck BOOTSFAHRT
(07-5539 0222; www.aquaduck.com.au; 36 Cavill Ave, Surfers Paradise; Erw./Kind/Fam. 35/26/95 AU$; 10–17.30 Uhr alle 75 Min.) Die einstündigen Touren im Amphibienboot erkunden Surfers zu Wasser und zu Land; los geht's vor der Centre Arcade am Surfers Paradise Blvd.

Schlafen

Gold Coast Accommodation Service UNTERKUNFTSSERVICE
(07-5592 0067; www.goldcoastaccommodation service.com) Tipps zu und Buchungen für Unterkünfte an der Gold Coast (vor allem während der Schoolies-Wochen nützlich!).

Sleeping Inn Surfers HOSTEL $
(07-5592 4455, 1800 817 832; www.sleeping inn.com.au; 26 Peninsular Dr, Surfers Paradise; B 28–32 AU$, DZ & 2BZ 68–114 AU$; @) Der alte Wohnblock abseits vom Zentrum lässt Gäste – wie der Name andeutet – potentiell ruhig einschlafen. Es gibt Pizza- und Grillabende sowie Shuttleservice per Oldtimer-Limousine.

Backpackers in Paradise HOSTEL $
(07-5538 4344, 1800 268 621; www.backpackers inparadise.com; 40 Peninsular Dr, Surfers Paradise;

Surfers Paradise

Sehenswertes
SkyPoint Observation Deck ..... (siehe 8)

Aktivitäten, Kurse & Touren
1 Aqua Duck C3
2 Cheyne Horan School of Surf C3
3 Go Ride a Wave C3

Schlafen
4 Artique C5
5 Backpackers in Paradise B3
6 Breakfree Cosmopolitan C3
7 Chateau Beachside Resort C2
8 Q1 Resort C4
9 Sleeping Inn Surfers B4
10 Surfers International Apartments C3
11 Vibe Hotel B2

Essen
Absynthe ..... (siehe 8)
12 Baritalia C2
13 Bumbles Café B1
14 Kamikaze Teppanyaki C3
Surfers Sandbar ..... (siehe 7)

Ausgehen & Nachtleben
15 Beergarden C3
16 BMD Northcliffe Surf Club D5
17 Shuffle C2
18 Sin City C2
19 Titanium Bar B2
20 Vanity C2

B 25–33 AU$, DZ 80 AU$; @📶🏊) Dieses Party-Hostel ist ideal, um in Surfers einen Krieg gegen den Schlaf zu führen. Die Zimmer rund um einen Hof mit Kunstrasen haben eigene Bäder und sind größtenteils frisch gestrichen. In der Bar kann man sich vor dem Feiern mit preiswertem Abendessen stärken.

Surfers Paradise Backpackers Resort HOSTEL $
(☎07-5592 4677, 1800 282 800; www.surferspara disebackpackers.com.au; 2837 Gold Coast Hwy, Surfers Paradise; B ab 29 AU$, DZ& 2BZ ab 74 AU$; @📶🏊) Der motelartige Backsteinbau an einer verkehrsreichen Straße steht einen guten Fußmarsch von der Action entfernt. Er bietet eine sportliche Atmosphäre (u.a. dank Billardraum, Tennisplatz), Schlafsäle mit eigenen Bädern, überraschend nette Apartments für Selbstversorger und Gratis-Busshuttles vom/zum Transit Centre.

Vibe Hotel HOTEL $$
(☎07-5539 0444, 13 84 23; www.vibehotels.com.au; 42 Ferny Ave, Surfers Paradise; DZ 100–250 AU$; ❄@📶🏊) Elegant, aber erschwinglich: Das hellgrün-schokofarbene Hochhaus am Nerang River wirkt inmitten der tristen Hotel- und Apartmentmassen von Surfers wie ein lebendiges Juwel. Von einigen der dezent schicken Zimmern schaut man auf den Fluss und das Meer. Der Pool ist super für Sundowner.

Chateau Beachside Resort APARTMENTS $$
(☎07-5538 1022; www.chateaubeachside.com.au; Ecke Elkhorn Ave & Esplanade, Surfers Paradise; DZ/Apt. mit 1 Schlafzi. ab 170/200 AU$; ❄@📶🏊) Dieses „Küstenschloss" (in Wirklichkeit ein 18-stöckiges Hochhaus) mit hervorragendem 18-m-Pool ist mehr Las Vegas als Loire-Tal, aber eine tolle Wahl. Die renovierten Wohnstudios und Apartments punkten allesamt mit Meerblick. Zwei Mindestübernachtungen.

Surfers International Apartments APARTMENTS $$
(☎07-5579 1299, 1800 891 299; www.surfersinter national.com.au; 7–9 Trickett St, Surfers Paradise; Apt. mit 1 Schlafzi. 100–180 AU$, mit 2 Schlafzi. 150–250 AU$; 📶🏊) Die großen, komfortablen Apartments des 20-stöckigen Hochhauses gleich hinter dem Strand warten zumeist mit freiem Meerblick auf. Obwohl das Dekor etwas an die frühen 2000er-Jahre erinnert, wohnt man hier anständig und nahe an der Action.

Breakfree Cosmopolitan APARTMENTS $$
(☎07-5570 2311; www.breakfree.com.au; Ecke Surfers Paradise Blvd & Beach Rd, Surfers Paradise; Apt. mit 1/2 Schlafzi. ab 125/155 AU$; ❄📶🏊) Der Komplex mit Grillbereich, zwei Pools und Gratisparkplätzen liegt abseits vom Strand, aber dennoch zentral. Seine 55 Apartments für Selbstversorger befinden sich in Privatbesitz und sind von ihren jeweiligen Eigentümern mehr oder weniger stilvoll eingerichtet worden. Zwei Mindestübernachtungen im Sommer.

Wave APARTMENTS $$$
(☎07-5555 9200; www.thewavesresort.com.au; 89–91 Surf Pde, Broadbeach; Apt. mit 1/2/3 Schlafzi. ab 290/405/480 AU$; ❄@📶🏊) Das unkonventionelle Hochhaus mit seiner kurvig gewellten Fassade ragt unübersehbar am glamourösen Broadbeach empor. Die vornehmen Quartiere profitieren vom Panoramablick auf die Küste, der vom Dachpool (34. Stock) aus besonders schön ist. Drei Mindestübernachtungen.

Artique APARTMENTS $$$
(☎1800 454 442, 07-5564 3100; www.artiqueresort.com.au; Ecke Surfers Paradise Blvd & Enderley Ave, Surfers Paradise; Apt. mit 1/2 Schlafzi. ab 240/290 AU$;) Das Artique gehört zu einigen neuen Apartment-Türmen am Südende von Surfers und wirkt definitiv nicht antik: Hinter der geschwungenen Fassade mit verglasten Brüstungen findet man noble Küchen, plätschernde Springbrunnen und gedeckte Farben (u.a. Hellgrau, Beige). Normalerweise drei Mindestübernachtungen.

Q1 Resort APARTMENTS $$$
(☎07-5630 4500, 1300 792 008; www.q1.com.au; Hamilton Ave, Surfers Paradise; Apt. mit 1/2/3 Schlafzi. ab 318/325/666 AU$;) Dieses elegante Resort (Nr. 27 der welthöchsten Gebäude) empfängt Gäste mit einem modernen Mix aus Metall, Glas und herrlichem Rundumblick. Alle Wohneinheiten haben verglaste Balkone. Wer sich am Strand noch nicht genug ausgetobt hat, kann dies im Lagunenpool und im Fitnessraum tun. Das flotte französische Restaurant **Absynthe** (☎07-5504 6466; www.absynthe.com.au; Hauptgerichte 48 AU$; ⊙Di–Sa 18–22 Uhr) gehört ebenfalls zum Haus.

Essen

Broadbeachs Restaurantszene liegt eine Qualitätsstufe über der von Surfers, wo Quantität oft über Qualität geht.

Bumbles Café CAFÉ $
(☎07-5538 6668; www.bumblescafe.com; 21 River Dr, Surfers Paradise; Hauptgerichte 9–27 AU$; ⊙Fr–Mi 7–15, Do 7–22 Uhr) Relaxtes, grau gestrichenes Eckcafé gegenüber vom flachen Budds Beach am Nerang River; am besten einen FAT (Feta, Avocado und Tomate auf Toast) plus etwas Zeit abseits vom Trubel genießen.

Burrito Bar MEXIKANISCH $
(☎07-5538 0370; www.theburritobar.com.au; Shop 113, Wave Bldg, 88–91 Surf Pde, Broadbeach; Gerichte 4–11 AU$; ⊙10 Uhr–open end;) Wer sich richtig vollstopfen möchte, bestellt von den Gerichten à la mexikanischer Straßenimbiss (u.a. Fischtacos auf Baja-Art, Nachos mit Pulled Pork, Burritos mit Chipotle-Steak) idealerweise gleich mehrere. Abgefahrene Wandbilder im Inneren!

Baritalia ITALIENISCH $$
(☎07-5592 4700; www.baritaliagoldcoast.com.au; Shop 15, Chevron Renaissance Bldg, Ecke Elkhorn Ave & Surfers Paradise Blvd, Surfers Paradise; Hauptgerichte 15–35 AU$; ⊙7.30 Uhr–open end) Die italienische Restaurantbar mit toller Freiluftterrasse und hippem Personal aus aller Welt eignet sich perfekt zum Leute beobachten. Zu empfehlen sind z.B. die leckeren Pizzas, die Nudel- und Risottogerichte oder die Seafood-Suppe mit Moreton Bay Bugs, Chili, Safran und Kapern. Dazu gibt's guten Kaffee und anständige offene Weine (zumeist aus Neuseeland, Süd- und Westaustralien).

Surfers Sandbar MODERN-AUSTRALISCH $$
(www.facebook.com/surferssandbar; Ecke Elkhorn Ave & Esplanade, Surfers Paradise; Hauptgerichte 12–32 AU$; ⊙6.45 Uhr–open end) Mit Burgern, Fish & Chips, Steaksandwiches und Pizza ist das Menü nichts wirklich Besonderes. Dafür sticht diese Cafébar die meisten anderen Restaurants in Surfers mit ihrer Lage direkt am Strand aus. Am besten das kneipenmäßige Innere meiden und auf der Terrasse futtern: Dort hört man, wie die Rettungsschwimmer gegenüber mit gedankenlosen Schwimmern schimpfen.

Koi MODERN-AUSTRALISCH $$
(☎07-5570 3060; www.koibroadbeach.com.au; Wave Bldg, Ecke Surf Pde & Albert Ave, Broadbeach; Hauptgerichte morgens 14–21 AU$, mittags & abends 18–40 AU$; ⊙7 Uhr–open end) Die lässige Cafébar mit flinken Kellnern in schwarzen Klamotten ist das beste Lokal an der Surf Pde in Broadbeach. Auf die Teller kommen hier z.B. Risotto, Pasta, Gourmetpizzas, Tapas, Seafood oder Bohnen nach Art des Hauses (mit pochierten Eiern, Chorizo, knusprigen Zwiebeln und Balsamico-Reduktion).

Kamikaze Teppanyaki JAPANISCH $$
(☎07-5592 0888; www.kamikaze.net.au; Shop 12A, Circle on Cavill, 55 Cavill Ave, Surfers Paradise; Gerichte 8–33 AU$; ⊙11.30 Uhr–open end) Beliebtes japanisches Freiluftrestaurant; die Gäste können direkt neben dem eierwendenden Küchenchef am Herd oder draußen vor Sportsendungen auf Großleinwänden sitzen.

Moo Moo STEAK $$$
(☎07-5539 9952; www.moomoorestaurant.com; Broadbeach on the Park, 2486 Gold Coast Hwy, Broadbeach; Hauptgerichte 29–69 AU$; ⊙12–15 & 18 Uhr–open end) Unter den Supersteaks dieses Fleischtempels sind viele Wagyu-Optionen und 50 Tage lang gereiftes Rib Eye mit Knochen (400 g). Seafood und Pasta werden ebenfalls serviert. Klasse Rindsleder-Bar!

Ausgehen & Nachtleben

Die Clubs von Surfers (Grundpreis meist 10–20 AU$) liegen größtenteils an der Orchid Ave. Mittwochs und samstags steigt die große Sause. Bei den „Club Crawls" von **Plan B Party Tours** (☎1300 721 570; www.planbtours.com; Ticket 60 AU$) kann man sich anderen trinkfesten Backpackern anschließen: Das Ticket gewährt Zugang zu fünf Clubs und gestaltet das Ganze stressfrei. Die ähnlichen Angebote von **Big Night Out** (www.goldcoastbackpackers.net; Ticket 30 AU$) und **Wicked Club Crawl** (☎07-5504 7025; www.wickedclubcrawl.com.au; Ticket 30–50 AU$) gelten jeweils nur für vier Clubs.

Titanium Bar BAR
(www.titaniumbar.com.au; 30–34 Ferny Ave, Surfers Paradise; ⏲10 Uhr–open end) Sofern man nicht auf Irish Pubs steht, eignet sich diese Bar im Metall-Look vor Ort am besten zum Bechern – sie ist ideal für ein paar Bierchen, während man zusieht, wie die Sonne über dem Nerang River versinkt.

Beergarden BAR
(www.surfersbeergarden.com.au; Cavill Ave, Surfers Paradise; ⏲10–17 Uhr) Das Beergarden ist weniger ein Garten, sondern eher ein schwarz gestrichener Bierschuppen mit Blick auf die Cavill Ave. Clubber können hier mit ein paar kalten Humpen vorglühen und Livebands (Sa abends) oder Reggae (So nachmittags) lauschen.

BMD Northcliffe Surf Club SURFCLUB
(www.northcliffesurfclub.com.au; Ecke Garfield Tce & Thornton St, Surfers Paradise; ⏲7.30 Uhr–open end) Ein kleines Stück südlich der Cavill Mall liegt dieser große, laute Surfclub mit gutem Essen direkt am Strand. Wie Surfers selbst bietet er keinerlei Privatsphäre; allerdings passt der weite Blick auf die Brandung prima zu einem Bier an heißen Tagen.

Sin City NACHTCLUB
(www.sincitynightclub.com.au; 22 Orchid Ave, Surfers Paradise; ⏲21 Uhr–open end) Sexy Personal, DJ-Größen und kamerascheue Promis auf Stippvisite: Dieser Sündenpfuhl im Vegas-Stil ist der richtige Ort für Schandtaten.

Shuffle NACHTCLUB
(www.platinumnightclub.com.au/shuffle-nightclub; Shop 15b, The Forum, 26 Orchid Ave, Surfers Paradise) Eher bodenständig als glamourös: Das anheimelnde Shuffle wartet mit dreckigem Underground-House und vielen Backpackern unter den Gästen auf.

Vanity NACHTCLUB
(www.vanitynightclub.com.au; 26 Orchid Ave, Surfers Paradise; ⏲5–17 Uhr) Das Vanity gehört zu den glamourösesten Clubs der Stadt und gräbt tief in der sexy Marketing-Trickkiste. Hier dreht sich alles um Sehen-und-Gesehen-werden – konkret: Keine sichtbaren Tattoos und Aufdonnern bis zum Anschlag.

Unterhaltung

Arts Centre Gold Coast THEATER, KINO
(☎07-5588 4000; www.theartscentregc.com.au; 135 Bundall Rd, Surfers Paradise; ⏲Tageskasse Mo–Fr 8–21, Sa 9–21, So 11–19 Uhr) Zu dieser Kultur- und Benimmbastion am Nerang River gehören u. a. zwei Kinos, ein Restaurant, eine Bar und die Gold Coast City Gallery. Im Theater mit 1200 Plätzen sind regelmäßig eindrucksvolle Produktionen zu sehen (z. B. Comedy, Oper, Jazz- oder Kinderkonzerte).

Praktische Informationen

Gold Coast Information & Booking Centre (☎1300 309 440; www.visitgoldcoast.com; Cavill Ave, Surfers Paradise; ⏲Mo–Sa 8.30–17, So 9–16 Uhr) Haupttouristeninformation der Gold Coast; liefert auch Nahverkehrsdetails und verkauft Themenpark-Tickets.

Backpackers World Travel (☎07-5561 0634; www.backpackerworldtravel.com; Islander Resort, 6 Beach Rd, Surfers Paradise; ⏲Mo–Fr 10–18.30, Sa 10–17, So 10–16 Uhr) Unterkunfts-, Verkehrsmittel- und Tourbuchungen plus Internetzugang.

Gold Coast Hospital (☎07-5519 8211; www.health.qld.gov.au/goldcoasthealth; 108 Nerang St, Southport)

Surfers Paradise Day & Night Medical Centre (☎07-5592 2299; 3221 Surfers Paradise Blvd, Surfers Paradise; ⏲6–23 Uhr) Allgemeinmedizinisches Zentrum mit Apotheke; Termin vereinbaren oder direkt vorbeischauen.

Paradise Medical Centre (☎07-5592 3999; Centro Surfers Paradise, Cavill Mall, Surfers Paradise; ⏲Mo–Fr 8–16, Sa 8.30–23 Uhr) Allgemeinmedizinische Behandlungen auf Termin.

Anreise & Unterwegs vor Ort

Fernbusse halten am **Surfers Paradise Transit Centre** (10 Beach Rd, Surfers Paradise). Mit **Greyhound** (www.greyhound.com.au) und **Premier Motor Service** (www.premierms.com.au) bestehen u. a. regelmäßige Verbindungen nach/ab Brisbane (26 AU$, 90 Min.) und Byron Bay (30 AU$, 2½ Std.).

Bike Hire Gold Coast (☎1800 130 140; www.bikehiregoldcoast.com.au; halber/ganzer Tag 25/30 AU$) Bringt hochwertige Leih-MTBs auch beim Kunden vorbei und hat gute Wochentarife.

East Coast Car Rentals (☎1800 028 881, 07-5592 0444; www.eastcoastcarrentals.com.au; 80 Ferny Ave, Surfers Paradise) Mietwagen ab ca. 35 AU$ pro Tag.

Gold Coast Cabs (☎13 10 08; www.gccabs.com.au) Taxiservice.

Red Back Rentals (☎07-5592 1655; www.redbackrentals.com.au; Transit Centre, 10 Beach Rd, Surfers Paradise) Mietwagen ab ca. 50 AU$ pro Tag.

Scooter Hire Gold Coast (☎07-5511 0398; www.scooterhiregoldcoast.com.au; 3269 Surfers Paradise Blvd, Surfers Paradise) Miet-Motorroller mit 50 ccm ab ca. 65 AU$ pro Tag.

Burleigh Heads

9200 EW.

Das relaxte Surferstädtchen Burleigh Heads steht für die echte, sandige Essenz der Gold Coast und verzaubert jedermann. Hierfür sorgen fröhliche Cafés, der wunderschöne Strand mit Restaurants, der berühmte Right Hand Point Break und der kleine Nationalpark auf einer felsigen Landzunge. Das benachbarte Currumbin bietet ebenfalls eine tolle Brandung.

Sehenswertes & Aktivitäten

Burleigh Head National Park NATIONALPARK
(www.nprsr.qld.gov.au/parks/burleigh-head; Goodwin Tce; ⌚24 Std.) GRATIS Ein Fußmarsch im 27 ha großen Regenwaldschutzgebiet auf der Landzunge ist Pflicht für jeden Besucher: Hier warten Wanderwege, viele Vogelarten und eine Aussicht auf Burleighs Brandung.

Currumbin Wildlife Sanctuary TIERPARK
(☎07-5534 1266, 1300 886 511; www.cws.org.au; 28 Tomewin St, Currumbin; Erw./Kind/Fam. 49/33/131 AU$; ⌚8–17 Uhr) Hier kann man in Australiens größter Regenwaldvoliere kunterbunte Allfarbloris von Hand füttern und sich mit Koalas oder Krokodilen fotografieren lassen. Zudem gibt's KänguruFütterungen, Reptilienshows und indigene Tanzvorführungen. Nach 15 Uhr ist der Eintritt günstiger. Die Website informiert über Busshuttles aus Richtung Norden oder Süden (hin & zurück ab 15 AU$).

David Fleay Wildlife Park TIERPARK
(☎07-5576 2411; www.nprsr.qld.gov.au/parks/david-fleay; Ecke Loman La & West Burleigh Rd, West Burleigh; Erw./Kind/Fam. 19/9/48 AU$; ⌚9–17 Uhr) Der Gründer des Naturparks war Dr. David Fleay, dem als Erstem die erfolgreiche Zucht von Schnabeltieren gelang. Rund 3 km landeinwärts von Burleigh Heads führt hier ein 4 km langes Wegenetz durch Mangroven- und Regenwälder. Auch dank vieler lehrreicher Infoshows (ganztägig) ist dies eine hervorragende Möglichkeit, um Australiens Tierwelt zu erleben.

Jellurgal Cultural Centre INDIGENE KULTUR
(☎07-5525 5955; www.jellurgal.com.au; 1711 Gold Coast Hwy; ⌚Mo–Sa 8–16, So 9–14 Uhr) GRATIS Das neue Aborigine-Kulturzentrum am Fuß von Burleighs Landzunge beleuchtet das örtliche Leben vor vielen Jahrhunderten mit zahlreichen Kunstwerken und Artefakten. Hinzu kommen Führungen (gegen Gebühr) und ein multimedialer Lehrpfad.

Currumbin Rock Pools SCHWIMMEN
(www.gcparks.com.au/park-details.aspx?park=1751; Currumbin Creek Rd, Currumbin Valley; ⌚24 Std.) GRATIS Diese natürlichen Schwimmlöcher versprechen Abkühlung an heißen Sommertagen. Zwischen den Grillplätzen am grasbewachsenen Ufer springen Teenager von den Felskanten. Von der Küste führt die Currumbin Creek Rd hierher (14 km).

Surfing Services Australia SURFEN
(☎07-5535 5557; www.surfingservices.com.au; Erw./Kind 35/25 AU$) Veranstaltet jedes Wochenende Surfkurse in Currumbin (während der Schulferien tgl.).

Hotstuff Surfboards SURFEN
(☎07-5535 6899; www.goldcoastsurf.com.au; 1709 Gold Coast Hwy; ⌚9–17 Uhr) Surfbrettverleih mit Minimal-, Soft- und Bodyboards (halber/ganzer Tag 30/40 AU$).

Gold Coast Skydive FALLSCHIRMSPRINGEN
(☎07-5599 1920; www.goldcoastskydive.com.au; Tandemsprünge ab 345 AU$) Ein Sprung aus 3600 m Höhe? Los geht's! Motivation ist alles!

Schlafen

Burleigh Beach Tourist Park WOHNWAGENPARK $
(☎07-5667 2750; www.goldcoasttouristparks.com.au; 36 Goodwin Tce; Stellplatz ohne/mit Strom ab 30/41 AU$, Hütte 151–219 AU$; ❄@📶🏊) Kommunal verwalteter, gemütlicher und gut geführter Park in toller strandnaher Lage. Am besten eine der drei blauen Hütten im vorderen Bereich nehmen.

Burleigh Palms Holiday Apartments APARTMENTS $$
(☎07-5576 3955; www.burleighpalms.com; 1849 Gold Coast Hwy; Apt. mit 1 Schlafzi. pro Übern./Wo-

che ab 150/550 AU$, Apt. mit 2 Schlafzi. pro Übern./Woche ab 180/660 AU$;) Diese großen, komfortablen Apartments für Selbstversorger liegen zwar am Highway, haben aber ein gutes Preis-Leistungs-Verhältnis. Durch die Gasse hinten geht's flott zum Strand, während die Eigentümer viele lokale Infos liefern. Zudem reinigen sie die Quartiere selbst, um die Preise klein zu halten.

Hillhaven Holiday Apartments APARTMENTS $$
(07-5535 1055; www.hillhaven.com.au; 2 Goodwin Tce; Apt. mit 2 Schlafzi. ab 180 AU$;) Von der Landzunge neben dem Nationalpark hat man hier einen Traumblick auf Burleigh Heads und die Brandung. Die renovierten Apartments (am besten: die Variante „Gold Deluxe", 300 AU$/Nacht) sind extrem ruhig und liegen nur 150 m vom Strand entfernt.

Wyuna APARTMENTS $$
(07-5535 3302; www.wyunaapartments.com.au; 82 The Esplanade; Apt. mit 2/3 Schlafzi. pro Woche ab 675/950 AU$;) Eines der allerersten Hochhäuser an der Gold Coast! Die großen, altmodischen Apartments in toller Lage gegenüber vom Strand haben verschiedene Eigentümer und sind daher nicht einheitlich eingerichtet. Wochenmiete wird bevorzugt.

Essen & Ausgehen

★ **Borough Barista** CAFÉ $
(www.facebook.com/pages/borough-barista/236745933011462; 14 The Esplanade; Hauptgerichte 10–17 AU$; 6–14.30 Uhr) Kleine, offene Cafébude mit cooler Musik, netter Atmosphäre, einfachem Menü (Burger, Salate) und einer offensichtlichen Passion für Koffeingetränke. Der Burger mit gegrilltem Halloumi, Pilzen, karamellisierten Zwiebeln und Chutney könnte einen glatt zum Vegetarier machen.

Bluff Café CAFÉ $$
(07-5576 6333; Old Burleigh Theatre Arcade, 1/66 Goodwin Tce; Hauptgerichte 15–23 AU$; Mo & Di 7–15, Mi–So 7–21 Uhr) Das fröhliche, luftige Café im alten Burleigh Theatre serviert z. B. prima Pizzas, Pasta und üppiges Frühstück (Tipp: die spanischen Eier). Gegenüber vom Strand kann man hier sogar in Badekleidung essen!

Oskars SEAFOOD $$$
(07-5576 3722; www.oskars.com.au; 43 Goodwin Tce; Hauptgerichte 38–43 AU$; 10–24 Uhr) Dieses großartige Restaurant mit weitem Küstenblick bis hinauf nach Surfers gehört zu den besten der Gold Coast. Direkt am Strand serviert es preisgekröntes Seafood wie das empfehlenswerte Spannerkrabben-Soufflé oder Grillspieße mit grünen Garnelen.

Fish House SEAFOOD $$$
(07-5535 7725; www.thefishhouse.com.au; 50 Goodwin Tce; Hauptgerichte 36–46 AU$; Mi–So 12–15 & 18–21 Uhr) Der stilvolle rote Backsteinbau gegenüber vom Strand bringt viel Meeresgetier auf den Tisch (u. a. Wittling, Stachelmakrele, Schwert- und Petersfisch) – jeweils vor Ort gefangen oder aus der Region. Anständig anziehen und auf lautes Unterhalten einrichten.

Pointbreak Bar & Grill BAR
(07-5535 0822; www.pointbreakburleigh.com; 43 Goodwin Tce; 12 Uhr–open end) In der schicken Restaurantbar am Ufer heißt's gut gekleidet bei Tapas (12–14 AU$) und einem Sundowner relaxen.

Coolangatta

5200 EW.

Diese entspannte Küstenstadt an Queenslands Südgrenze bietet tolle Surferstrände und intensives Gemeinschaftsgefühl. Wer abseits der Partyszene ein paar Wellen genießen oder am Strand relaxen will, ist in „Cooly" richtig. Nördlich der Landspitze wartet Kirra mit anspruchsvoller Brandung vor einem langen und schönen Strand auf.

Aktivitäten

Cooly Surf SURFEN
(07-5536 1470; www.surfshopaustralia.com.au; Ecke Marine Pde & Dutton St; 9–17 Uhr) Bietet Surfkurse (45 AU$/2 Std.) und verleiht Surfboards (halber/ganzer Tag 30/45 AU$) oder Stehpaddel-Bretter (halber/ganzer Tag 40/55 AU$).

Walkin' on Water SURFEN
(WoW; 0418 780 311, 07-5534 1886; www.walkinonwater.com; 50 AU$/Pers.) Zweistündige Surfkurse an Coolys Hauptstrand.

Rainforest Cruises BOOTSFAHRT
(07-5536 8800; www.goldcoastcruising.com; 2-stündige Bootsfahrten ab 40 AU$) Bootstouren vom Krabbenfangen bis hin zu Regenwaldfahrten auf dem Tweed River (inkl. Mittagessen mit Fleisch und Seafood).

Schlafen

★ **Komune** HOTEL, HOSTEL $
(07-5536 6764; www.komuneresorts.com; 146 Marine Pde; B ab 45 AU$, Apt. mit 1/2 Schlafzi. ab

105/145 AU$, Penthouse ab 245 AU$;) Ein Hostel der anderen Art: Unkonventionelles Stranddekor, ein Poolbereich à la Bali und eine extrem relaxte Atmosphäre machen das umgebaute, achtstöckige Apartmenthaus zum ultimativen Refugium für Surfer. Es gibt Schlafsäle, Apartments und ein hippes Penthouse, das nach Party schreit.

Kirra Beach Tourist Park WOHNWAGENPARK **$**
(07-5667 2740; www.goldcoasttouristparks.com.au; 10 Charlotte St; Stellplatz ohne/mit Strom 30/37 AU$, Hütte ab 138 AU$;) Großer, kommunal verwalteter Park mit vielen Bäumen, umherziehenden Ibissen, gut ausgestatteter Open-Air-Campingküche und preiswerten Selbstversorgerhütten. Zum Strand sind's nur ein paar hundert Meter.

Coolangatta Sands Hostel HOSTEL **$**
(07-5536 7472; www.coolangattasandshostel.com.au; Ecke Griffith & McLean St; B/DZ ab 30/80 AU$;) Dieses Gewirr aus Zimmern und Fluren liegt über dem bierseligen Coolangatta Sands Hotel. Auf dem tollen umlaufenden Balkon über der Straße ist jedoch kein Alkohol erlaubt – den muss man unten in der Kneipe bechern. Für Regentage gibt's einen TV-Raum mit roten Chesterfield-Sofas.

Coolangatta YHA HOSTEL **$**
(07-5536 7644; www.yha.com.au; 230 Coolangatta Rd, Bilinga; B 27–34 AU$, EZ/DZ ab 42/67 AU$;) Dieses YHA-Hostel in einem Industriegebiet neben dem lärmigen Flughafen steht einen *seeehr* langen Fußmarsch (4 km) von der Action entfernt. Dafür entschädigt es mit einem Gratisfrühstück, kostenlosen Shuttles nach Cooly, einem Verleihservice (Surfbrett/Fahrrad pro Tag 20/25 AU$) und der Lage gleich gegenüber vom Strand.

Nirvana APARTMENTS **$$$**
(07-5506 5555; www.nirvanabythesea.com.au; 1 Douglas St; Apt. mit 2/3 Schlafzi. ab 205/365 AU$) Der schicke neue Apartmentturm gegenüber vom Kirra Beach ist eine Art Salzwasser-Nirwana mit Meerblick und allen Schikanen (u.a. zwei Swimmingpools, Fitnessraum, Kino-Raum, diverse Salons).

Essen & Ausgehen

Burger Lounge BURGER **$**
(07-5599 5762; www.burgerlounge.com.au; Ecke Musgrave & Douglas St; Hauptgerichte 10–17 AU$; Do–Di 10–21, Mi 11–21 Uhr) Das dreieckige Restaurant im Erdgeschoss des Nirvana-Apartmentturms bereitet Gästen ein tolles Burgerfest – die Variante mit Huhn, Mango und Chili ist hitverdächtig! Den Durst stillen Krüge mit Sangria und viele gute Bier-, Wein- oder Cocktailsorten.

Bread 'n' Butter TAPAS, BAR **$$**
(07-5599 4666; www.breadnbutter.com.au; 76 Musgrave St; Tapas 13–22 AU$, Pizzen 19–25 AU$; 17.30 Uhr–open end) Der Balkon mit stimmungsvoller Beleuchtung und relaxter Musik macht diese Bar ideal für Tapas, Pizzas oder Drinks (bzw. Kombinationen daraus). Die Bar verwendet einheimische oder selbst angebaute Zutaten und recycelt exakt 78 % seines Abfalls. Am Freitag- und Samstagabend legen DJs auf.

Coolangatta Hotel KNEIPE
(www.thecoolyhotel.com.au; Ecke Marine Pde & Warner St; 10 Uhr–open end) Im Zentrum von Coolys Nachtleben spielen Bands wie Grinspoon, The Reubens oder Dinosaur Jr. gleich gegenüber vom Strand. Ansonsten wartet der Riesenpub u.a. mit Würstchengrillen, Poolbillard-Turnieren, Quizabenden, Akustik-Gejamme, Kneipenessen und ausgedehnten Sunday Sessions auf.

GOLD COAST HINTERLAND

Wer die Wellen, Sandstrände und halbnackten Körper der Gold Coast landeinwärts hinter sich lässt, fühlt sich in den dicht bewaldeten Bergen der McPherson Range wie in einer anderen Welt. Hier liegen ein paar herrliche Nationalparks mit subtropischem Dschungel, Wasserfällen, Aussichtspunkten und wilden Tieren. Der Springbrook National Park mit kühler Luft und dichten Wäldern soll der feuchteste Ort im Südosten Queenslands sein. Vogelbeobachter und Wanderer schätzen den Lamington National Park. Kunsthandwerks- und Hüttenfans zieht es am Wochenende zum Tamborine Mountain.

Geführte Touren

Bushwacker Ecotours ÖKOTOUR
(07-3848 8806, 1300 559 355; www.bushwacker-ecotours.com.au; Erw./Kind ab 125/95 AU$) Hinterland-Ökotouren mit Regenwaldwandern im Springbrook National Park.

Mountain Coach Company GEFÜHRTE TOUR
(1300 762 665, 07-5524 4249; www.mountaincoach.com.au) Dieser Veranstalter besucht

den Tamborine Mountain (Erw./Kind 59/49 AU$), den Lamington National Park (Erw./Kind 84/54 AU$) und den Springbrook National Park (Erw./Kind 89/57 AU$) täglich von der Gold Coast aus; von dort aus werden auch reine Shuttles angeboten (Tamborine Mountain Erw./Kind 30/20 AU$, Lamington National Park Erw./Kind 50/20 AU$).

Araucaria Ecotours ÖKOTOUR
(☎ 07-5544 1283; www.learnaboutwildlife.com) Ökologisch geprägte Tagestouren wie Vogelbeobachtungen (154 AU$) oder Abstecher nach Tamborine Mountain (165 AU$).

JPT Tour Group GEFÜHRTE TOUR
(☎ 07-56301602; www.daytours.com.au; Erw./Kind ab 99/57 AU$) Diverse Tagesausflüge ab Brisbane und der Gold Coast – z. B. zum Lamington National Park über den Tamborine Mountain oder nächtliche Glühwürmchen-Touren zur Natural Bridge.

Tamborine Mountain

Der Tamborine Mountain (525 m) liegt nur 36 km nordwestlich von Southport. Das gedrungene Plateau ist für seine malerischen Kitschläden bekannt, die selbstgemachte Süßigkeiten und geschmacklose Aussie-Souvenirs verkaufen. Ein paar Weinkeller gibt's hier ebenfalls; die eigentlichen Weingüter sind aber zumeist 200 km weiter südwestlich in Stanthorpe ansässig.

Das **Tamborine Mountain Visitor Information Centre** (☎ 07-5545 3200; www.tamborinemtncc.org.au; Doughty Park, Main Western Rd, North Tamborine; ⌚ Mo–Fr 10–16, Sa & So 9.30–16 Uhr) befindet sich in North Tamborine.

Sehenswertes & Aktivitäten

Tamborine National Park NATIONALPARK
(www.nprsr.qld.gov.au/parks/tamborine) Auf 1500 ha warten hier wunderschöne Plätzchen wie die eindrucksvollen Witches Falls, Cedar Creek Falls und Curtis Falls. Diese Wasserfälle sind jeweils über leicht zu meisternde Wanderwege erreichbar.

Mt. Tamborine Brewery BRAUEREI
(☎ 07-5545 2032; www.mtbeer.com; 165 Long Rd, Eagle Heights; ⌚ Mo–Do 9.30–17, Fr–So 9.30 Uhr–open end) Durstig? Dann auf zur Mt. Tamborine Brewery für ein Rainforest Lager oder ein Probiertablett mit vier Biersorten (10 AU$). Auch Mittagessen in einem Bistro (Hauptgerichte 13–23 AU$) ist möglich.

Witches Chase Cheese Company KÄSEREI
(www.witcheschasecheese.com.au; 165 Long Rd, Eagle Heights; ⌚ 10–16 Uhr) Dasselbe Gebäude aus Stahl und dunklem Holz beherbergt neben der Mt. Tamborine Brewery auch die Witches Chase Cheese Company. Besucher können gratis probieren (Tipp: der Dreifachrahm-Brie) oder Brettchen mit Brot und Käse (25 AU$) genießen.

Skywalk WANDERN & TREKKEN
(☎ 07-5545 2222; www.rainforestskywalk.com.au; 333 Geissman Dr, North Tamborine; Erw./Kind/Fam. 19,50/9,50/49 AU$; ⌚ 9.30–16 Uhr) Beim Skywalk spaziert man in maximal 30 m Höhe durch die Regenwaldwipfel. Der Pfad führt dann hinunter zum Waldboden und weiter zum Cedar Creek. Unterwegs heißt's nach seltenen Richmond-Vogelfaltern spähen.

Schlafen

Tamborine Mountain Caravan & Camping CAMPING $
(☎ 07-5545 0034; www.tamborine.info; Cedar Creek Falls Rd, Tamborine; Stellplatz ohne/mit Strom 20/28 AU$, Safarizelt 85–100 AU$) Der bewaldete Campingplatz mit nettem Personal, hübschen Safarizelten und einem Süßwasser-Badeloch liegt fünf Gehminuten flussaufwärts am Cedar Creek.

Polish Place HÜTTEN $$$
(☎ 07-5545 1603; www.polishplace.com.au; 333 Main Western Rd, North Tamborine; Hütte ab 259 AU$; ❄📶) Die Geschäftswelt von Tamborine Mountain hat oft einen ausgesprochen kitschigen Touch im bayerischen oder polnischen Stil. Trotz der Vermarktung ist das Polish Place jedoch annehmbar geschmackvoll: Die fünf holzvertäfelten Selbstversorgerhütten punkten mit Schlafzimmern unterm Dach und tollem Blick von den Veranden vorne.

Springbrook National Park

Rund 40 Autominuten westlich von Burleigh Heads erhebt sich mit dem **Springbrook National Park** (www.nprsr.qld.gov.au/parks/springbrook) ein steiler Überrest des riesigen Tweed-Schildvulkans, dessen Zentrum vor über 20 Mio. Jahren der heutige Mt. Warning in NSW war. Großartige Pfade führen hier durch gemäßigte, subtropische und Eukalyptuswälder. Auch Schluchten, Felsen und Wasserfälle machen das Gebiet zum Paradies für Wanderer.

Der Springbrook Park ist in vier Bereiche unterteilt: Zum **Springbrook Plateau** (900 m) gehören Wasserfälle wie die 106 m hohen Purling Brook Falls und atemberaubende Aussichtspunkte wie den Canyon Lookout oder den Best of All Lookout. Der Traumblick von letzterem ist tatsächlich überwältigend. Auf dem Weg dorthin passiert man ein paar uralte und knorrige Antarktische Buchen. Nahe dem unbesetzten **Informationszentrum** am Ende der Old School Rd liegt der **Settlement Campground** (☎13 74 68; www.nprsr.qld.gov.au/parks/springbrook/camping.html; pro Pers./Fam. 5,45/21,80 AU$) mit elf grasbewachsenen Stellplätzen (Reservierung erforderlich). Eine Alternative ist das **Mouses House** (☎07-5533 5192; www.mouseshouse.com.au; 2807 Springbrook Rd, Springbrook; Zi. ab 250 AU$, 2 Übern. ab 430 AU$; ❄📶), dessen zwölf reizende Regenwaldhütten aus Holz über Stege miteinander verbunden sind.

Der malerische Sektor mit der **Natural Bridge** erstreckt sich abseits der Straße von Nerang nach Murwillumbah. Er ist zu Fuß auf einem Rundweg (1 km) erkundbar, der zu einem mächtigen Felsbogen führt. In der vom Wasser ausgespülten Höhle darunter lebt eine leuchtende Glühwürmchen-Kolonie.

Der Bereich **Mount Cougal** ist über die Currumbin Creek Rd zugänglich. Hier gibt's mehrere Wasserfälle und Schwimmlöcher (Vorsicht vor versunkenem Totholz und rutschigen Felsen!). Im Norden liegt der vierte, dicht bewaldete Parksektor namens **Numinbah.**

Lamington National Park

Der **Lamington National Park** (www.nprsr.qld.gov.au/parks/lamington) westlich von Springbrook ist ein riesiges ökologisches Juwel: Seine 205 km² bilden landesweit das größte naturbelassene Gebiet mit dichtem subtropischem Regenwald. Letzterer prägt auch den größten Parkbereich auf einem 900 m hohen Plateau mit schönen Schluchten, Wasserfällen und Bushwalking-Routen (insgesamt 160 km).

Die Gebiete **Binna Burra** und **Green Mountains** sind am leichtesten zugänglich: Von Canungra aus geht's jeweils über lange, schmale Kurvenstraßen dorthin (schwierig für große Wohnmobile). Binna Burra ist auch ab Nerang erreichbar.

Die **Bushwalking-Routen** des Parks reichen von kurzen Wanderwegen bis hin zu mehrtägigen Abenteuer-Touren. Der Gold Coast Hinterland Great Walk für erfahrene Wanderer verbindet den Sektor Green Mountains mit dem Springbrook Plateau (3 Tage, 54 km). Ebenfalls sehr beliebt: Der tolle Tree Top Canopy Walk (Green Mountains) führt über Hängebrücken aus Planken und Seilen, während der Border Track (21 km; Binna Burra–Green Mountains) dem Bergrücken an der Grenze zwischen NSW und Queensland folgt.

Wanderführer gibt's bei den **Rangerstationen** (⏲Mo–Fr 7.30–16, Sa & So 9–15.30 Uhr) von Binna Burra und Green Mountains.

Schlafen & Essen

Green Mountains Campground CAMPING $
(☎13 74 68; www.nprsr.qld.gov.au/parks/lamington/camping.html; Stellplatz pro Pers./Fam. 5,45/22 AU$) Unterhalb vom O'Reilly's liegt dieser Nationalpark-Campingplatz mit Toiletten- und Duschhäuschen. Viele Zelt- und Wohnmobilstellplätze verteilen sich hier auf mehrere Ebenen. Genehmigungen sind vorab per Telefon oder Internet zu erlangen.

Binna Burra Mountain Lodge PENSION $$$
(☎1300 246 622, 07-5533 3622; www.binnaburralodge.com.au; 1069 Binna Burra Rd, Beechmont; Stellplatz ohne/mit Strom 28/35 AU$, Safarizelt ab 55 AU$, DZ inkl. Frühstück mit/ohne Bad 300/190 AU$, Apt. ab 295 AU$) Das stimmungsvolle Bergrefugium lässt Gäste in rustikalen Blockhütten, schicken neuen Apartments, Zelten im Wald oder einer Lodge nächtigen. Das zentral gelegene Restaurant (Hauptgerichte 20–40 AU$; morgens, mittags & abends) bietet einen tollen Blick auf den Nationalpark und wird ein paar hundert Meter weiter oben an der Straße vom hauseigenen Café Teahouse (Hauptgerichte 14–18 AU$; 9–15 Uhr) ergänzt. Die Pension offeriert zudem Aktivitäten wie Abseilen, geführte Wanderungen, Flying-Fox-„Flüge" und nächtliche Naturexkursionen. Auf Wunsch arrangiert sie auch die An- und Abreise.

O'Reilly's Rainforest Retreat PENSION $$$
(☎1800 688 722, 07-5502 4911; www.oreillys.com.au; Lamington National Park Rd, Green Mountains; EZ/DZ ab 163/278 AU$, Villa mit 1/2 Schlafzi. ab 400/435 AU$; @📶🏊) Die berühmte Pension (gegr. 1926) im Parkbereich Green Mountains wird bis heute von der Familie O'Reilly geführt. Das ursprüngliche Haupthaus wirkt inzwischen etwas betagt, hat sich aber einen rustikalen Charme und die sensationelle Aussicht bewahrt. Zudem stehen luxuriöse

Villen und ziemlich neue „Bergblick“-Doppelzimmer zur Auswahl. Hinzu kommen ein Day-Spa, ein Café, eine Bar und ein Restaurant (Hauptgerichte 25–40 AU$; morgens, mittags & abends). Unter den täglichen Aktivitäten des **Discovery Centre** sind nächtliche Naturführungen (gratis) und geführte Jeeptouren, Glühwürmchen- oder Regenwaldwanderungen (jeweils gegen Aufpreis).

NOOSA & SUNSHINE COAST

Von der Spitze der Bribie Island aus führt die „Sunny Coast“ über 100 goldene Kilometer nordwärts bis zur Cooloola Coast, die gleich hinter dem begrünten Nobelferienort Noosa beginnt. Die Sunshine Coast ist ideal zum Surfen und Schwimmen. Ein beliebter Strand, Freiluftrestaurants und Cafés machen Mooloolaba zum festen Favoriten australischer Urlauberfamilien.

Die herrliche Hintergrundkulisse des spektakulären Küstenabschnitts bilden die himmlischen Glass House Mountains. Etwas weiter nördlich liegt das Sunshine Coast Hinterland. Zu letzterem gehört die Blackall Range mit ihren bewaldeten Gebirgshängen bzw. -kämmen, Schluchten, Wasserfällen, grünen Weiden und malerischen Dörfern.

Mit dem kultigen Australia Zoo findet man an der Sunshine Coast zudem eines von Australiens großartigsten Tierreservaten.

ℹ An- & Weiterreise

BUS

Greyhound Australia (☎1300 473 946; www.greyhound.com.au) fährt täglich von Brisbane nach Caloundra (25 AU$, 2 Std.), Maroochydore (25 AU$, 2 Std.) und Noosa (29 AU$, 2½ Std.). Auch **Premier Motor Service** (☎13 34 10; www.premierms.com.au) bedient Maroochydore und Noosa von Brisbane aus.

FLUGZEUG

Der Sunshine Coast Airport bei Mudjimba liegt 10 km nördlich von Maroochydore und 26 km südlich von Noosa. **Jetstar** (☎13 15 38; www.jetstar.com.au) und **Virgin Australia** (☎13 67 89; www.virginaustralia.com) steuern ihn täglich von Sydney oder Melbourne aus an.

ℹ Unterwegs vor Ort

Mehrere Shuttlefirmen verbinden den Sunshine Coast Airport (20–25 AU$) und Brisbane (40–50 AU$) mit Zielen entlang der Küste.

Die blauen Minibusse von **Sunbus** (☎13 12 30) pendeln oft zwischen Caloundra und Noosa. Ab Noosa fährt Sunbus auch regelmäßig hinüber zum Bahnhof Nambour (über Eumundi; 5 AU$, 1 Std.).

Col's Airport Shuttle (☎07-5450 5933; www.airshuttle.com.au)

Henry's (☎07-5474 0199; www.henrys.com.au)

Noosa Transfers & Charters (☎07-5450 5933; www.noosatransfers.com.au)

Sun-Air Bus Service (☎07-5477 0888, 1800 804 340; www.sunair.com.au)

ZUG

Citytrain bietet Bahnverbindung von Nambour nach Brisbane (22 AU$, 2 Std.). Weitere Züge halten nahe dem Australia Zoo in Beerwah (12 AU$, 1½ Std.).

Noosa

9110 EW.

Früher war Noosa ein wenig bekannter Surfertreff. Heute ist es ein stilvoller Ferienort und eine von Queenslands Hauptattraktionen. Eine herrliche Naturlandschaft aus makellosen Stränden und tropischen Regenwäldern mischt sich hier perfekt mit einem schicken Boulevard (Hastings St) sowie einer kleinen Schar kultivierter, elitärer Strandbesucher. An langen Wochenenden oder in den Schulferien wird die Schar jedoch zur Invasion und verstopft die schmale Hastings St mit zähfließendem Verkehr.

Hinter dem Glamour liegt ein Lebensraum von großartiger Naturschönheit voller wildwachsender Büsche und Strandabenteuer.

Sehenswertes

Eines der hiesigen Highlights bedeckt die Landzunge: Zur tollen Küstenlandschaft des reizenden **Noosa National Park** (☎07-5447 3243; Hastins St; ⏲9–15 Uhr) gehören prima Wanderwege und eine Reihe von Buchten, deren Wellen Surfer aus ganz Australien anlocken. Auf der Ostseite ist Kleidung nur optional: Die Alexandra Bay ist ein inoffizieller FKK-Strand.

Die Küstenpromenade ab der Stadt bietet den schönsten Zugang zum Nationalpark. Im **Queensland Parks & Wildlife Service (QPWS) Centre** (⏲9–15 Uhr) am Parkeingang kann man Karten mit Wanderrouten bekommen. In den Bäumen nahe der Tea Tree Bay sieht man oft schläfrige Koalas, während sich von den Felszungen an der

Sunshine Coast

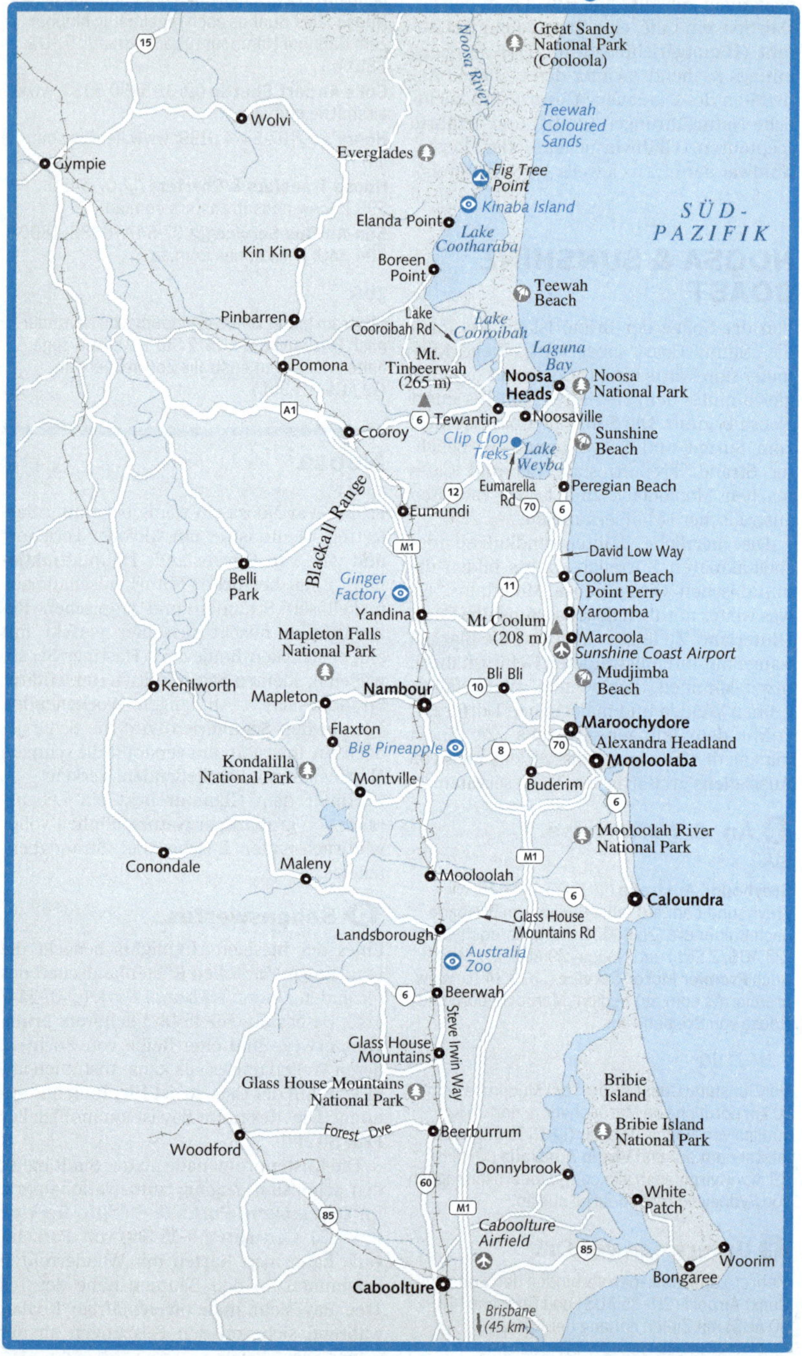

Alexandria Bay aus häufig Delfine beobachten lassen.

Für einen Panoramablick auf den Park kann man zum Laguna Lookout (300 m vom Viewland Dr) von der Noosa Junction aus hinaufgehen oder -fahren.

Aktivitäten

Der Noosa River ist ein tolles Kanu- und Kajakrevier. Vorbei an hübschen Wohnhäusern können Paddler dem Fluss nordwärts durch die Seen Cooroibah und Cootharaba bis zur Cooloola Section des Great Sandy National Park gleich südlich der Rainbow Beach Rd folgen. **Noosa Ocean Kayak Tours** (☎0418 787 577; www.noosakayaktours.com; 2-stündige Touren 66 AU$, Leihkajak 55 AU$/Tag) bietet Leihkajaks plus Seekajaktouren im Noosa National Park oder auf dem Noosa River.

Vergleichsweise ruhiger sind Touren mit der **Noosa Ferry** (☎07-5449 8442; 20 AU$/Pers.), die bei ihrer beliebten Sonnenuntergangsfahrt (Alkohol selbst mitbringen) den Noosa Sound durchpflügt. Das Schiff schippert zudem vom Sheraton Jetty nach Tewantin (hin & zurück 90 Min.). Auf Anfrage absolviert es nun auch ökologisch geprägte „Biosphären“-Touren (45 AU$, 2½ Std., 10 Uhr) mit morgendlicher Teepause.

Segelkurse am Sonntagmorgen werden vom **Noosa Yacht & Rowing Club** (☎07-5440 7407; www.nyrc.com.au; Chaplain Park, Gympie Tce) und weiter flussabwärts in Boreen Point angeboten.

Zahlreiche Firmen wie **Merrick's Learn to Surf** (☎0418 787 577; www.learntosurf.com.au; 2-stündiger Kurs 60 AU$; ⏲9 & 13.30 Uhr), **Go Ride A Wave** (☎1300 132 441; www.goride awave.com.au; 2-stündiger Kurs 65 AU$, Leihgebühr Surfbrett 25 AU$/2 Std., Stehpaddelbrett 30 AU$/Std.) oder **Noosa Kite Surfing** (☎0458 909 012; www.noosakitesurfing.com.au; 2-stündiger Kurs 95 AU$) bieten Surfkurse und Leihbretter.

Geführte Touren

Mit mehreren Tourveranstaltern geht's über die Cooloola Coast von Noosa nach Fraser Island.

Fraser Island Adventure Tours ABENTEUERTOUR
(☎07-5444 6957; www.fraserislandadventuretours.com.au; Tagestour 165 AU$) Die sehr beliebte Tagestour zum Eli Creek und Lake McKenzie ist so intensiv wie eine zweitägige Tour.

Offbeat Ecotours ÖKOTOUR
(☎1300 023 835; www.offbeattours.com.au; Tagestour Erw./Kind 155/110 AU$) Diese schwungvollen Tagestrips in Noosas „Sauerstofftank“ (Hinterland) machen dem Gedränge an der Hastings St mit Baden am Wasserfall, uralten Pflanzen aus nächster Nähe betrachten und leckerem Mittagessen Konkurrenz.

Sunset Safaris AUTO-TOUR
(☎1300 553 606; www.sunsetsafaris.com.au; 3-tägige Safaris 389 AU$/Pers.) Großer Anbieter mit jugendorientierten Touren.

Discovery Group AUTO-TOUR
(☎07-5449 0393; www.thediscoverygroup.com.au; Tagestour Erw./Kind 169/125 AU$) Die Fraser-Island-Touren in einem Allrad-Lkw beinhalten geführtes Regenwaldwandern bei Central Station und Abstecher zu den Seen Birrabeen bzw. McKenzie. Weitere Tagesausflüge erkunden die Noosa Everglades mit Jeep und Boot (ohne/mit Übernachtung 99/135 AU$).

Feste & Events

Noosa Food & Wine Festival ESSEN, WEIN
(www.noosafoodandwine.com.au) Vier Tage im Mai als Hommage an tolle Gerichte und Getränke.

Noosa Long Weekend ESSEN, MODE
(www.noosalongweekend.com) Zehn frivole Juni- oder Julitage voller Mode und Kunst.

Noosa Jazz Festival JAZZ
(www.noosajazz.com.au) Viertägiges Festival, das Ende August talentierte Musiker aus aller Welt anzieht.

Schlafen

Accom Noosa UNTERKUNFTSSERVICE
(☎1800 072 078; www.accomnoosa.com.au; Shop 5, Fairshore Apartments, Hastings St, Noosa Heads) Sehr gute Hilfe bei der Suche nach Feriendomizilen für kürzere Aufenthalte.

YHA Halse Lodge HOSTEL $
(☎1800 242 567; www.halselodge.com.au; 2 Halse Lane; YHA-Mitglieder/Nichtmitglieder B 29/32 AU$, DZ 78/86 AU$; @📶) Der Independent-Ruf des restaurierten Queenslanders mit freundlichem Personal hat die Gentrifizierung von Noosa Heads überlebt. Der erhöhte Standort inmitten von Gebüsch täuscht über die unmittelbare Nähe zum Main Beach hinweg. Die Schlafsäle wirken teilweise muffig, sind aber sauber. Das Essen in der Bar (10–15 AU$) bietet das beste Preis-Leistungs-Verhältnis der Stadt.

Noosa Heads

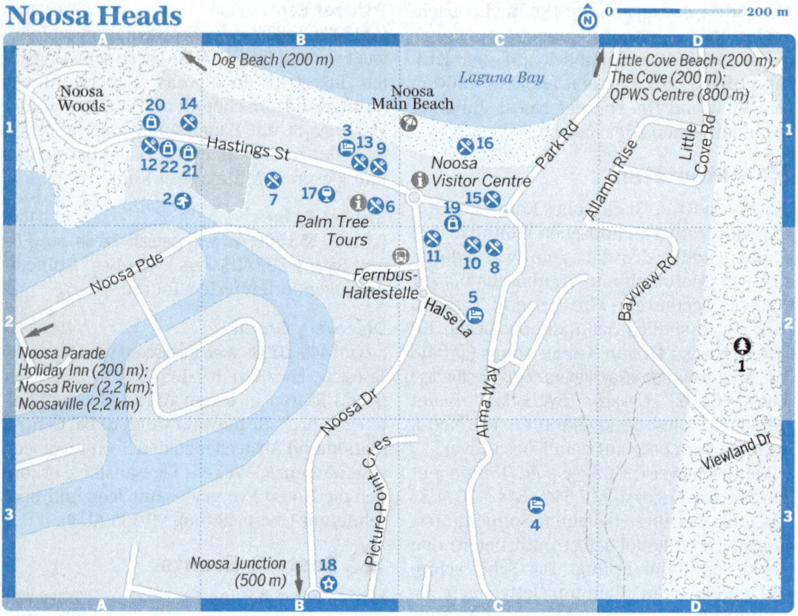

Noosa Heads

Sehenswertes
1 Noosa National Park ... D2

Aktivitäten, Kurse & Touren
2 Noosa Ferry ... A1

Schlafen
3 Accom Noosa ... B1
4 Outriggers Little Hastings ... C3
5 YHA Halse Lodge ... C2

Essen
6 Aromas ... B1
7 Bay Village Shopping Centre Food Court ... B1
8 Berardo's ... C2
9 Bistro C ... B1
10 Café Le Monde ... C2
11 Gaston ... C2
12 Kaali ... A1
13 Laguna Bakery ... B1
14 Lindoni's ... A1
15 Massimo's ... C1
16 Noosa Heads SLSC ... C1

Ausgehen & Nachtleben
17 Zachary's ... B1

Unterhaltung
18 Reef Hotel ... B3

Shoppen
19 Dwyer's Bookstore ... C1
20 Lamington ... A1
21 Streets of Harlem ... A1
22 Summer & Salt ... A1

Flashpackers HOSTEL $
(☎ 07-5455 4088; www.flashpackersnoosa.com; 102 Pacific Ave, Sunshine Beach; B/DZ ab 25/65 AU$;) Die Eröffnung dieser hippen neuen Budget-Bleibe unter Leitung einer Familie hat der Backpackerszene am Sunshine Beach einen Aufschwung beschert: Das Flashpackers fordert den lokalen Gammelstandard mit blitzblanken Schlafsälen und luftigem Tropendesign heraus. Zu den praktischen Extras gehören Standspiegel, jede Menge Steckdosen und kostenloses Würstchengrillen am Freitagabend.

Nomads Backpackers HOSTEL $
(☎ 07-5447 3355; www.nomadshostels.com; 44 Noosa Dr; B ab 28 AU$; @) Die berühmt-berüchtigte Nomads-Kette steht nicht unbedingt für ruhigen Schlaf; zum Glück ist die Bar dieses Ablegers ein Riesenspaß. Die Schlafsäle mit mindestens acht Betten werden durch viele Gemeinschaftsbereiche und

nicht ganz so saubere Küchen ergänzt. Das Personal ist lebhaft und kompetent und der Schalter für Tourbuchungen nützlich. Allerdings lassen sich eigene Abenteuer wohl genauso leicht selbst arrangieren.

Noosa River Holiday Park WOHNWAGENPARK **$**
(☎ 07-5449 7050; www.sunshinecoastholidayparks.com; 4 Russell St; Stellplatz ohne/mit Strom 34/42 AU$; 📶) Als der Stadt am nächsten gelegene Campingmöglichkeit belegt dieser Park ein hübsches Plätzchen am Noosa River. Wegen der strengen Bestimmungen überlegt man es sich aber eventuell zweimal, hier sein Zelt aufzuschlagen.

Anchor Motel Noosa MOTEL **$$**
(☎ 07-5449 8055; www.anchormotelnoosa.com.au; Ecke Anchor St & Weyba Rd; Zi. ab 110 AU$; ❄📶🏊) Schiff ahoi, ein echtes Schnäppchen! Die blitzsauberen Zimmer mit maritimem Dekor sind nicht protzig, haben aber eigene Bäder, kleine Balkone und teilweise auch Doppelbetten. Der Gemeinschaftsbereich rund um den Pool und den Grill ist eine tolle Ausgangsbasis für einen Ausgehabend in Noosaville.

Islander Noosa Resort RESORT **$$**
(☎ 07-5440 9200; www.islandernoosa.com.au; 187 Gympie Tce; Villa mit 2/3 Schlafzi. 200/250 AU$; ❄@📶🏊) Diese Hauptstütze von Noosavilles tropischer Resortszene eignet sich am besten für Familien mit wasserbegeisterten Kindern oder für Hotelhocker, die auf üppige Gärten stehen. Manche Zimmer sind etwas abgenutzt, die drei Pools dagegen nobel. Das resorteigene Moondoggy's Cafe ist eine Institution und heißt Haustiere willkommen.

The Cove APARTMENTS **$$**
(☎ 5447 4111; www.thecovenoosa.com.au; Ecke Park Rd & Little Cove Rd; Apt. mit 2 Schlafzi. ab 200 AU$; P❄🏊) Das gut geführte, bodenständige Resort gegenüber vom reizenden Little Cove Beach vermietet große und helle Apartments, die sich mit ihren kürzlich renovierten Bädern gut für längere Aufenthalte eignen. Die Fliesenböden und luftigen Schlafzimmer sind super an heißen Tagen. Im Innenhof wartet ein hervorragender Pool; die beliebten Penthouse-Suiten haben Whirlpools im Freien. Bergab sind's nur fünf Gehminuten bis zur Hastings St.

Noosa Parade Holiday Inn APARTMENTS **$$**
(☎ 07-5447 4177; www.noosaparadeholidayinn.com; 51 Noosa Pde; Zi. 125 AU$; ❄📶🏊) Die hellen, ruhigen und komfortablen Apartments haben sicher nicht das Potential für Hochglanzmagazine, liegen aber in erträglicher Laufentfernung zur Hastings St.

Noosa River Retreat APARTMENTS **$$**
(☎ 07-5474 2811; www.noosariverretreat.net; Ecke Weyba Rd & Reef St; Wohnstudio 110 AU$; ❄@📶🏊) Trotz der ungünstigen Lage mit starkem Verkehrslärm ist dieser Komplex eine anständige Unterkunft. Hierfür sorgen tolle Zimmer- und Einrichtungen sowie rundum viel Platz. Kleine Naturgärten umgeben die besseren Wohneinheiten an den Ecken.

Outriggers Little Hastings RESORT **$$$**
(☎ 07-5449 2277; www.outrigger.com; Viewland Dr, nach 19 Uhr Zugang über die Little Cove Rd; Apt. mit 1/2 Schlafzi. 269/339 AU$) Am Ende einer Sackgasse liegt Noosas neuestes Luxusresort relativ abgeschieden auf der Hastings-St-Seite des Nationalparks. Auch hier regiert

EUMUNDI

Das malerische Eumundi ist ein reizendes kleines Bergdorf, dessen schräge New-Age-Atmosphäre vor allem an den berühmten Markttagen deutlich spürbar wird.

➡ Die über 300 Stände der **Eumundi Markets** (🕒 Sa 6.30–14, Mi 8–13 Uhr) ziehen Tausende Besucher an. Das riesige Angebot reicht von handgefertigten Möbeln, Schmuck- und Kleidungsstücken bis hin zu alternativen Heilmitteln. Dazu gibt's Essen und Livemusik.

➡ An der Straße nach Noosa 400 m von Eumundi entfernt liegt der hübsche Queenslander **Hidden Valley B&B** (🕒 07-5442 8685; www.eumundibed.com; 39 Caplick Way; Zi. 175–195 AU$; 📶🏊). Es hat kunterbunt gestaltete Themenzimmer mit Balkonen.

➡ **Gridley Homestead** (☎ 07-5442 7197; www.gridley.com.au; 1 Sale St, Eumundi; DZ ab 185 AU$) ist eine weitere schicke Übernachtungsmöglichkeit in einem schönen Haus.

Von Noosa Heads (4,20 AU$, 40 Min.) und Nambour (5,10 AU$, 30 Min.) aus fährt Sunbus stündlich nach Eumundi. Von Noosa aus besuchen auch mehrere Touranbieter die hiesigen Märkte.

überall der typische Stil mit klaren Linien und sanften Farben. Die Balkone und Fenster bieten Aussicht auf dichtes Grün. Zudem gibt's genug Platz für eine Cocktailparty nach dem Erklimmen des Hügels.

Essen

Noosa hat eine hervorragende Gastro-Szene. Im Food-Court des **Bay Village Shopping Centre** (Hastings St, Noosa Heads) gibt's prima Imbissgerichte (ca. 10 AU$). Selbstversorger können im Noosa Fair Shopping Centre einkaufen.

Noosa Heads & Hastings Street

Für nobles Speisen empfehlen sich Noosa Heads und die Hastings St. Noosaville gewinnt langsam an Profil, während Noosa Junction erschwinglicher ist.

Laguna Bakery BÄCKEREI $
(☎ 07-5447 2606; 3/49 Hastings St) Freundliche Bäckerei mit starkem Kaffee und Köstlichkeiten zum Mitnehmen.

Massimo's EIS $
(Hastings St; Eiscreme 2–4 AU$; ⏲ 9–22 Uhr) Definitiv eine der besten Eisdielen in Queensland.

Café Le Monde MODERN-AUSTRALISCH $$
(Hastings St; Hauptgerichte 15–28 AU$; ⏲ morgens, mittags & abends) Gegenüber vom Surfclub (aber mit traumhaftem Straßenblick) futtert man hier klassisch à la Noosa: Das familienfreundliche und trotzdem trendige Le Monde punktet mit attraktivem, aufmerksamem Personal, regelmäßiger Livemusik und einem umfangreichen Ganztagsmenü (die Burger sind am besten). Bei der Happy Hour für Drinks ist ordentlich was los.

Bistro C MODERN-AUSTRALISCH $$
(☎ 07-5447 2855; Hastings St, On the Beach Resort; Hauptgerichte 25–35 AU$; ⏲ morgens, mittags & abends) Während der Service zu Spitzenzeiten etwas hektisch wirken kann, sind die Lage und die Qualität des Essens in Noosa immer noch unübertroffen. Das Frühstück (Tipp: Eier Benedikt mit Maispuffern) ist genauso gut wie die alkoholfreien Cocktails am späten Nachmittag oder die abendliche Seafood-Pasta.

Noosa Heads SLSC INTERNATIONAL $$
(Hastings St; Hauptgerichte 12–33 AU$; ⏲ Sa & So morgens, tgl. mittags & abends) In der Hauptsaison herrscht hier ein höllischer Betrieb – manche schrecken eventuell vor der Warteschlange zurück. Allerdings ist das Essen hervorragend und reicht von Seafood bis zu Steaks oder Wok-Gerichten. Auch dem perfekten Strandblick von der Terrasse kann man kaum widerstehen.

Gaston MODERN-AUSTRALISCH $$
(5/50 Hastings St; Hauptgerichte 17–25 AU$; ⏲ morgens, mittags & abends) Das Gaston ist nicht so muffig wie manche der stärker besuchten Lokale an der Hastings St und brilliert mit schlichten Bistro-Essen. Das Mittags- (Hauptgericht inkl. Getränk 17 AU$) und das Abendmenü (zwei Hauptgerichte inkl. einer Flasche Wein 50 AU$) bieten jeweils ein hervorragendes Preis-Leistungs-Verhältnis.

Kaali INDISCH $$
(☎ 07-5474 8989; 2/2 Hastings St; Hauptgerichte 19–29 AU$) Das beliebte Kaali verpasst der Gastroszene an der Hastings St einen willkommenen Schuss Subkontinent: Es serviert üppige indische Gerichte mit typischer Aromenvielfalt. Das Goa-Fischcurry und die Lammkeule schmecken jeweils super. Alternativ empfehlen sich die Tagesspecials.

Aromas CAFÉ $$
(32 Hastings St; Hauptgerichte 10–28 AU$; ⏲ morgens, mittags & abends) Dieser tolle Treffpunkt im Herzen der Menschenmassen ist prima für Kaffee, Kuchen und Tratsch belauschen unter Kronleuchtern. Die kleinen Gerichte sind recht annehmbar.

Lindoni's ITALIENISCH $$$
(☎ 07-5447 5111; Hastings St; Hauptgerichte 20–50 AU$; ⏲ abends) Perfekte Italo-Romantik könnte an der Sunshine Coast leicht untergehen. Trotzdem erregt das beliebte Lokal an der Hastings St immer noch Aufmerksamkeit mit Spitzenküche und -service. Das Essen à la Positano und Amalfiküste strotzt vor *amore*. Am besten das Saltimbocca und irgendetwas von der Weinkarte bestellen.

Berardo's MODERN-AUSTRALISCH $$$
(☎ 07-5447 5666; Hastings St; Hauptgerichte 30–42 AU$; ⏲ abends) Das Berardo's ist immer noch Noosas gefeiertstes Restaurant und ein Musterbeispiel für moderne Küche mit traditionellen Einflüssen. Klassisch ausgebildete Musiker und untadelige Kellner machen es zum idealen Ort für vertrauliches Feiern. Zu den Menühighlights gehören Brust von der Freilandente, Thunfisch-*tataki* und Filet

vom Kilcoy-Rind. Fast alle Zutaten stammen aus der Umgebung.

Noosaville & Umgebung

Hier sollte man die Restaurantmeilen an der Thomas und Gibson St abklappern. Alkohol muss oft selbst mitgebracht werden – darum Bier und Wein vorab besorgen!

Burger Bar BURGER $
(4 Thomas St; Burger 10–15 AU$; ⏲11–21 Uhr; 🖉) Der zwanglose, schräge Laden serviert leckere Burger – hormonfrei, vegetarisch, ungewöhnlich und wunderbar. Probierenswert ist der Afterburner mit viel Chili.

Gusto MODERN-AUSTRALISCH $$
(☎07-5449 7144; 257 Gympie Tce; Hauptgerichte 25–35 AU$; ⏲mittags & abends) Das luftige Gusto kommt seiner lokalen Nobelkonkurrenz mit ungezwungenem Stil, überragendem Service und Flussblick gleich. Sein Mod-Oz-Menü umfasst u.a. Kalbsfilet, Jakobsmuscheln aus der Hervey Bay, Garnelen aus Mooloolaba oder einheimischen Tintenfisch aus der Pfanne.

Humid MODERN-AUSTRALISCH $$
(☎07-5449 9755; 195 Weyba Rd; Hauptgerichte 25–30 AU$; ⏲Mi–So mittags & abends; 🖉) Das Humid nahe des Footballstadions ist in einem schlichten, umgebauten Lagerhaus mit zwei Stockwerken untergebracht: Unten gibt's Alkohol, oben locken erschwingliche Köstlichkeiten. Die beiden Inhaberinnen sind für ihre Kreativität bekannt und servieren z.B. Kaninchenpastete, gebratenen Barramundi oder Einfallsreiches ohne Fleisch.

Embassy XO CHINESISCH $$
(☎07-5455 4460; 56 Duke St, Sunshine Beach; Hauptgerichte 25–35 AU$) Dieser neue, heiße noble Zusatz zur bescheidenen Gastroszene rund um die Duke St rangiert mindestens eine Stufe über einem chinesischen Standardlokal. Das exquisite Bankett (55 AU$/Pers.) oder das *yum cha* am Wochenende ermöglichen einen guten Einstieg. Parallel gibt's hier erfindungsreiche Gerichte wie Schnapper in Reiskruste oder Meerforelle mit fünf verschiedenen Gewürzen.

Wasabi JAPANISCH $$
(☎07-5449 2443; 2 Quamby Pl; Hauptgerichte 20–33 AU$; ⏲Di–So abends, Fr & Sa mittags) Direkt am Noosa River werden hier *oshinagaki* (Vorspeisen) wie rohes Wildfleisch oder Tempura mit Riesengarnelen serviert. Darauf folgen dann z.B. *futari* (Gerichte für zwei Personen) wie braun-graue Soba-Nudeln oder Teryaki mit Spatchcock-Hähnchen (eine spezielle Zubereitungsart, bei der Rückgrat und Brustbein vor dem Garen entfernt werden).

iPazzi ITALIENISCH $$
(☎07-5412 2841; 28-30 Sunshine Beach Rd, Noosa Junction; Hauptgerichte 16–30 AU$) Ein engagiertes Ehepaar aus Sizilien betreibt dieses authentische kleine Restaurant im wenig stilvollen Noosa Junction. Das hausgemachte italienische Essen besteht größtenteils aus Bio-Zutaten und lockt viele einheimische Stammgäste an.

Thomas Corner MODERN-AUSTRALISCH $$
(Ecke Thomas St & Gympie Tce; Hauptgerichte 16–33 AU$; ⏲mittags & abends) An einer hübschen Straßenecke in Noosaville betreibt ein hochverehrter einheimischer Chefkoch nun dieses relaxte, zwanglose Freiluftlokal mit Betonwänden und Holzdekor. Ähnliches Understatement prägt die rundum leckere Küche aus regionalen Zutaten (z.B. Baguettes mit Schweineschulter, Wagyu-Rinderbrust oder marinierte Sardinen).

Ausgehen & Unterhaltung

Zachary's BAR
(30 Hastings St) Auch die neuen Ableger in Noosaville und Peregian Beach ködern all diejenigen, die tagsüber in Cocktails und spätabends in Pizzas schwelgen. Das Original an der Hastings St ist aber immer noch am besten.

KB's BAR
(44 Noosa Dr, Noosa Junction) Die Koala Bar ist immer noch die erste Wahl für junge Weltbürger, die auf Bier in Plastikbechern und Musik mit Endlos-Refrains stehen. Man packe seine Schmutzwäsche auf der Tanzfläche aus oder erinnere sich an kofferlose Zeiten.

Noosa Yacht Club JACHTCLUB
(Gympie Tce) Das Kneipenessen ist ganz o.k. Doch Läden, die günstige *stubbies* (Bierflaschen mit 375 ml) mit Blick auf eine natürliche Wasserfläche servieren, sind sowieso immer einen Besuch wert. Sonntags werden Segelkurse angeboten.

J LIVEMUSIK
(☎07-5455 4455; www.thej.com.au; 60 Noosa Dr, Noosa Junction) Das vielfältige Kunst-, Kultur- und Musikprogramm des J (alias Junction)

reicht von World Music und Rock bis hin zu Klassik. Die Website informiert über aktuelle Veranstaltungen.

Reef Hotel LIVEMUSIK
(☎07-5447 4477; 9 Noosa Dr; ⌚So–Do 11–24, Fr & Sa 11–3 Uhr) Unter der Woche spielen Livebands im etwas lieblos renovierten Reef. Der Nachtclub im Untergeschoss pulsiert am Freitag- und Samstagabend bis 3 Uhr.

Noosa Arts Theatre THEATER
(www.noosaartstheatre.org.au; 163 Weyba Rd, Noosaville) Freundliches Kommunaltheater mit Programm von anspruchsvollen Dramen bis hin zu pompösen Adaptionen.

Noosa 5 Cinemas KINO
(☎07-5447 5130; www.noosacinemas.com.au; 29 Sunshine Beach Rd, Noosa Junction) Vornehmes, bequemes Kino, das die neuesten Blockbuster zeigt.

Shoppen

Summer & Salt BEKLEIDUNG
(7/14 Hastings St; ⌚9.30–17 Uhr) Für die meisten anspruchsvollen Strandfreaks ist ein „Rashie" wohl ein peinliches No-Go. Trotzdem hat ein örtlicher Designer eine stilvolle Palette der hautengen Sonnenschutz-Shirts herausgebracht und eine Filiale in Noosa eröffnet.

Lamington GESCHENKE
(☎07-5447 5773; www.lamington.net.au; 1/5 Hastings St; ⌚9.30–17 Uhr) Charmante Adresse für reizvolle Geschenke, die einem bislang unbekannt waren.

Streets of Harlem BEKLEIDUNG
(☎07-5455 4109; 8 Hastings St; ⌚9.30–17 Uhr) Hier gibt's urbane Jugendmode und guten Kaffee. Das Industriedesign wirkt recht düster – aber selbst die Sonne kann mitunter lästig sein.

Noosa Marina Sunday Markets MARKT
(⌚8–14 Uhr) Hinunter zu Tewantins brummendem Wochenendmarkt mit Livemusik, einheimischen Produkten und günstigen Kleidern geht's am besten mit der Noosa River Ferry.

Dwyer's Bookstore BÜCHER
(Shop 5, Laguna, Hastings St) Gute Auswahl an neuer Belletristik.

River Read BÜCHER
(☎07-5473 0483; 6 Thomas St, Noosaville; ⌚9.30–16.30 Uhr) Freundlicher Buchladen mit Café und sehr guter Kinderabteilung.

Praktische Informationen

Da die fortschrittlich denkende Stadtverwaltung vor ein paar Jahren alle Ampeln abgeschafft hat, gibt's hier ungewöhlich viele Kreisverkehre – immer auf die richtige Ausfahrt achten! Noosa besteht grob aus drei Bereichen: Noosa Heads (rund um Laguna Bay bzw. Hastings St), Noosaville (entlang des Noosa River) und Noosa Junction (Verwaltungszentrum).

Noosa Visitor Centre (☎07-5430 5020; www.visitnoosa.com.au; Hastings St, Noosa Heads; ⌚9–17 Uhr)

Palm Tree Tours (☎07-5474 9166; www.palmtreetours.com.au; Bay Village Shopping Centre, Hastings St; ⌚9–17 Uhr) Nützlicher Touranbieter, der auch Unterkünfte und Bustickets bucht.

Post (91 Noosa Dr)

Urban Mailbox (Ocean Breeze, Noosa Dr; 3 AU$/15 Min.; ⌚8–20 Uhr) Internetzugang.

Anreise & Unterwegs vor Ort

Fernbusse nutzen die Haltestelle nahe der Ecke Noosa Dr und Noosa Pde. Bis auf die nur 100 m entfernte YHA Halse Lodge holen die meisten Hostels ihre Gäste gratis dort ab. Seit 2012 fungiert die topmoderne Noosa Junction Station als Regionalbusbahnhof.

Sunbus fährt regelmäßig nach Maroochydore (5 AU$, 1 Std.) und zum Bahnhof Nambour (5 AU$, 1 Std.).

Während der Haupturlaubszeiten (26. Dez.–10. Jan. und über Ostern) starten kostenlose Shuttlebusse an der Weyba Rd gleich außerhalb von Noosa Junction. Auf dem Weg nach Tewantin halten sie unterwegs fast überall.

Noosa Bike Hire (☎07-5474 3322; www.noosabikehire.com; pro 4 Std./Tag 23/39 AU$) verleiht Fahrräder vor Ort an mehreren Stellen (u. a. im Nomads Backpackers oder Flashpackers) und bringt Bikes auch gratis bei Kunden vorbei.

Scooter Style (☎07-5449 7733; www.scooterstyle.com.au; 207 Gympie Tce, Noosaville; ab 65 AU$/Tag) vermietet flotte Motorroller.

Noosa Ferry betreibt Fähren zwischen Noosa Heads und Tewantin (einfache Strecke Erw./Kind/Fam. 13/4,50/30 AU$, Tageskarte 20/6/49 AU$, 30 Min.).

Bei **Noosa Car Rentals** (☎0429 053 728; www.noosacarrentals.com.au) gibt's Leihwagen ab ca. 50 AU$ pro Tag.

Glass House Mountains

Hoch über dem grünen, subtropischen Hinterland ragen die 16 Vulkanfelsen in den Himmel, die unter dem Namen Glass House Mountains bekannt sind. Der Mt. Beerwah (556 m), der höchste dieser unwirklich an-

DER AUSTRALIA ZOO

Gleich nördlich von Beerwah liegt eine der berühmtesten Touristenattraktionen von Queensland, wenn nicht sogar von ganz Australien: Der **Australia Zoo** (☎07-5494 1134; www.australiazoo.com.au; Steve Irwin Way, Beerwah; Erw./Kind/Fam. 59/35/172 AU$; ⏱9–17 Uhr) ist eine angemessene Hommage an seinen verstorbenen Gründer, den ulkigen Promi-Naturfreak Steve Irwin. Neben allerhand Schleimigem und Schuppigem beherbergt er auch tolle Wildtiergehege – darunter den Tiger Temple im kambodschanischen Stil, das asiatisch gestaltete Elephantasia und das berühmte Crocoseum. Zu sehen gibt's Aras, Raubvögel, Riesenschildkröten, Schlangen, Otter, Kamele sowie unvorstellbar viele Krokodile und Kleintiere. Somit sollte für diesen großartigen Tierpark ein ganzer Tag eingeplant werden.

Diverse Firmen bieten geführte Touren ab Brisbane und der Sunshine Coast an. Zudem starten zooeigene Gratis-Shuttlebusse in mehreren Küstenstädten und am Bahnhof Beerwah (Reservierung erforderlich).

mutenden Felsen, ist die Mutter, wie es in der Traum-Mythologie so schön heißt.

Wanderer haben die Qual der Wahl. Am besten besorgt man sich bei der **EPA** (☎07-5494 3983; 61 Bunya St, Maleny; ⏱7–15.30 Uhr) in Maleny eine Karte. Wer wenig Zeit hat, sollte den **Glass House Mountains Lookout** ansteuern. Von hier hat man einen schönen Blick auf die Gipfel und die in der Ferne sichtbaren Strände. Der **Lookout Circuit** (800 m), ein kurzer, steiler Spazierweg quer durch Eukalyptuswälder, führt eine feuchte Schlucht hinunter, bevor es wieder zurückgeht.

Zu kurz? Dann kann man sich an dem 1,4 km (hin & zurück) langen Weg zum Gipfel des **Mount Ngungun** (253 m) versuchen. Die Strecke ist eine kleine Herausforderung, die aber durch beeindruckende Blicke auf die vier Hauptgipfel belohnt wird. Wer mit Kindern unterwegs ist, sollte gut auf sie aufpassen: Der steile Pfad führt nahe am Abgrund vorbei und kann rutschig sein.

Einen Berg-*parkour*, auch „bouldering" genannt, kann man auf den Gipfeln des **Tibrogargan** (hin & zurück 3 km) und **Beerwah** (2,6 km hin & zurück) unternehmen. Hierzu braucht man festes Schuhwerk und ordentlich Muskeln in den Beinen, um über das lose Felsgestein springen zu können.

Den Glass House Mountains National Park erreicht man über eine Reihe von asphaltierten Straßen und Schotterwegen und schließlich über den Steve Irwin Dr. Vom Bruce Hwy kommend, muss man die Ausfahrt Landsborough nehmen.

🛏 Schlafen & Essen

Glass House Mountains Ecolodge LODGE $$
(☎07-5493 0008; www.glasshouseecolodge.com; 198 Barrs Rd, Glass House Mountains; Zi. 45–185 AU$) Dieses neue Refugium nahe dem Australia Zoo wird von einem engagierten Umweltschützer geleitet und ist die ideale Ausgangsbasis für regionale Erkundungen. Zu den diversen Quartieren mit gutem Preis-Leistungs-Verhältnis gehören z. B. der gemütliche Orchard Room (105 AU$) oder das umgebaute Church Loft (175 AU$), die jeweils mit polierten Bodendielen und Traumblick auf den Mt. Tibrogargan punkten. Auf Wunsch werden Gäste am Bahnhof Glass House Mountains abgeholt.

Glasshouse Mountains Holiday Village CAMPING $
(☎07-5496 9338; www.glasshousemountainsholidayvillage.com.au; 778 Steve Irwin Way, Glass House Mountains; Stellplatz ohne/mit Strom 25/35 AU$, Hütte ab 110 AU$; ❄🏊) Die komfortablen Selbstversorgerhütten und unebenen Stellplätze mit spektakulärem Blick gehören zur begrenzten Unterkunftsauswahl des Parks.

Glasshouse Mountains Tavern KNEIPE $$
(10 Reed St, Glass House Mountains; Hauptgerichte 15–25 AU$; ⏱mittags & abends) Prima Landschänke mit gutem Kneipenessen und eiskaltem Bier.

Caloundra

20 200 EW.

Die südlichste Siedlung der Sunshine Coast ist eine weitläufige Küstengemeinde. Deren sieben Brandungsstrände verbindet eine Promenade, die nordwärts bis nach Currimundi verläuft. Wegen den vielen Strandcafés – und den herrlichen Glass House Mountains – ist Caloundra bei den Familienurlaubern und den Wochenendausflüglern aus Brisbane sehr beliebt.

Sehenswertes & Aktivitäten

Da sich Caloundras Strände rund um die Landzunge erstrecken, findet man bei jeder Windstärke ein geschütztes Plätzchen. Der **Bulcock Beach** gleich unterhalb der Hauptstraße liegt in nächster Nähe zur Nordspitze von Bribie Island. Sein guter „Windkanal" ist bei Kitesurfern beliebt. Die hübsche Uferpromenade setzt sich bis hinüber zum **Kings Beach** fort, wo kindgerechte Erlebniswasserspiele und ein Gratis-Salzwasserpool auf den Felsen warten. Wenn die Bedingungen stimmen, haben **Moffat Beach** und **Dickey Beach** die besten Surfbreaks.

Caloundra Surf School SURFEN
(☎0413 381 010; www.caloundrasurfschool.com; Surfkurse ab 45 AU$/Pers.) Die beste örtliche Surfschule verleiht auch Bretter.

Blue Water Kayak Tours KAJAKFAHREN
(☎07-5494 7789; www.bluewaterkayaktours.com; Halbtages-/Tagestouren 80/150 AU$, mind. 4 Pers.) Begeistert Bewegungshungrige u.a. mit tollen Tagestrips zur Nordspitze von Bribie Island.

Caloundra Cruise BOOTSFAHRT
(☎07-5492 8280; www.caloundracruise.com; Erw./Kind/Fam. 20/10/52 AU$) Bietet u.a. eine sehr gute Öko-Kreuzfahrt durch die Pumicestone Passage (1½ Std.).

Sunshine Coast Skydivers FALLSCHIRMSPRINGEN
(☎07-5437 0211; www.sunshinecoastskydivers.com.au; Caloundra Aerodrome; Tandemsprünge ab 249 AU$) Beliebte Firma, die einem Caloundra aus der Vogelperspektive zeigt.

Schlafen

In der Hauptsaison werden oft drei Mindestübernachtungen gefordert.

Caloundra Backpackers HOSTEL $
(☎07-5499 7655; www.caloundrabackpackers.com.au; 84 Omrah Ave; B/DZ 28/65 AU$; @📶) Diese zweckmäßige, ruhige Budgetoption in praktischer Lage hat eine beliebte Lounge, zwei anständige Küchen und etwas langweilige Schlafsäle. Gäste können Fahrräder, Surf- und Stehpaddelbretter gratis ausleihen.

Dicky Beach Family Holiday Park CAMPING $
(☎07-5491 3342; www.dicky.com.au; 4 Beerburrum St; Stellplatz ohne/mit Strom 32/35 AU$, Hütte ab 90 AU$; ❄📶🏊) Noch näher zu einem von Caloundras populärsten Stränden geht nicht. Die Backsteinhütten sind so sauber und ordentlich wie das Gelände mit einem kleinen Kinderpool.

City Centre Motel MOTEL $$
(☎07-5491 3301; www.mymotel.net.au; 20 Orsova Tce; DZ 109–129 AU$; ❄) Das am nächsten zum Zentrum gelegene Motel gehört zur Golden-Chain-Kette und vermietet sieben einfache, komfortable Zimmer.

Rumba Resort RESORT $$$
(☎07-5492 0555; www.rumbaresort.com.au; Leeding Tce, Bulcock Beach; Zi. ab 260 AU$) Das neue Fünfsterne-Resort mit angenehm lebhaftem Personal ist für die örtlichen Verhältnisse äußerst trendig. Die Zimmer und der Poolbereich werden dem Hype gerecht.

Essen & Ausgehen

Viele Freiluftcafés und -restaurants mit perfektem Meerblick säumen die Promenade am Bulcock Beach.

Saltwater@Kings CAFÉ $$
(☎07-5437 2260; 8 Levuka Ave, Kings Beach; Hauptgerichte 16–38 AU$; ⏲morgens, mittags & abends) Im bekanntesten Restaurant der Stadt haben uns der Gnocchi-Pudding mit Käse und Krebsfleisch sowie die gefüllte Hähnchenbrust sehr gut geschmeckt. Andere Gäste sind von den köstlichen Desserts begeistert.

La Dolce Vita ITALIENISCH $$
(☎07-5438 2377; Shop 1, Rumba Resort, 10 Leeding Tce; Hauptgerichte 20–35 AU$; ⏲morgens, mittags & abends) Das moderne italienische Lokal ist stilvoll in Schwarz und Weiß gehalten. Am besten setzt man sich aber draußen hinter das große Separee mit Glasfenstern, um an der frischen Luft bei herrlichem Meerblick zu speisen.

Tides SEAFOOD $$$
(☎07-5438 2304; 26 Esplanade, Bulcock Beach; Hauptgerichte 35–50 AU$; ⏲mittags & abends) In diesem Spitzenrestaurant passt die Aussicht auf die Pumicestone Passage perfekt zum Seafood und den Steaks. Das wirkt sich allerdings auch auf den Preis aus.

CBX KNEIPE
(12 Bulcock St) Lokaler Partyschuppen mit Kneipenessen, Livebands und DJs am Wochenende.

Praktische Informationen

Sunshine Coast Visitor Centre (☎07-5478 2233; 7 Caloundra Rd; ⏲9–17 Uhr) Steht beim

Kreisverkehr am Stadteingang und betreibt auch einen Kiosk an der Hauptstraße.

An- & Weiterreise

Der **Busbahnhof** (Cooma Tce) liegt einen Block hinter dem Bulcock Beach. Die Shuttlebusse von **Sunbus** (☎13 12 30) fahren über Maroochydore (3,70 AU$, 50 Min.) nach Noosa (6,60 AU$, 1½ Std.). Mit **Greyhound** (☎1300 473 946; www.greyhound.com.au) besteht Verbindung nach/ab Brisbane (36 AU$, 2 Std.).

Maroochy

47 000 EW.

Die an der Sunshine Coast gelegenen Vororte Maroochydore, Alexandra Headland und Mooloolaba (zusammen Maroochy genannt) waren früher Bastionen der australischen Surferszene. Heute weicht ihr Küstencharme jedoch allmählich einer konstant voranschreitenden Urbanisierung und den damit verbundenen hässlichen Hochhaus-Bauprojekten.

Die eigentlichen Strände sind aber immer noch faszinierend. Als vielleicht hippster Ort der Region hat Mooloolaba die längsten Strände und die konstantesten Wellen – ergänzt durch zahllose Cafés, Läden und farbenfrohe Mietshäuser.

Maroochydores Name ist eine Ableitung des lokalen Aborigine-Ausdrucks *murukutchi-da* („Heimat des schwarzen Schwans").

Sehenswertes & Aktivitäten

Underwater World AQUARIUM
(☎07-5458 6280; www.underwaterworld.com.au; Wharf, Mooloolaba; Erw./Kind/Fam. 35/23/96 AU$; ⏲9–17 Uhr) Zu den Neuheiten in Queenslands größtem Ozeaneum gehören die Attraktionen Turtle Temple (Schildkrötentempel) und Bay of Rays (Rochenbucht). Ansonsten werden hier Groß und Klein beispielsweise von Seehundshows, diversen Lehrvorträgen oder einem Streichelbecken unterhalten.

Scuba World TAUCHEN
(☎07-5444 8595; www.scubaworld.com.au; Wharf, Mooloolaba; Tauchgänge ab 119 AU$; ⏲Mo–Sa 9–17, So 10.30–16 Uhr) Scuba World offeriert Haitauchen in der Underwater World (zertifizierte/nicht zertifizierte Taucher 195/245 AU$), Korallentauchen vor der Küste, Wracktauchen an der HMAS *Brisbane* und Kurse der Professional Association of Diving Instructors (PADI).

Steve Irwin's Whale One WALBEOBACHTUNG
(☎1800 942 531; www.whaleone.com.au; The Wharf, Parkyn Pde Erw./Kind/Fam. 119/79/320 AU$) Wer es nicht nordwärts nach Hervey Bay schafft, kann mit diesem recht luxuriösen Kahn Wale beobachten (Sept. & Okt.).

Robbie Sherwell's XL Surfing Academy SURFEN
(☎07-5478 1337; www.robbiesherwell.com.au; 1 Std. Einzel-/Gruppenunterricht 95/45 AU$) Der legendäre Surfer Robbie Sherwell unterrichtet selbst an seiner renommierten Schule in Mooloolaba.

Sunshine Coast Bike & Board Hire SURFBRETTVERLEIH
(☎0439 706 206; www.adventurehire.com.au) Verleiht Surfbretter (25 AU$/Tag), Fahrräder (30 AU$/Tag) und Bodyboards (30 AU$/Tag).

Hire Hut KAJAKVERLEIH
(☎07-5444 0366; www.oceanjetski.com.au; Wharf, Parkyn Pde, Mooloolaba) Vermietet Kajaks (25 AU$/2 Std.), Stehpaddelbretter (35 AU$/2 Std.), Jetskis (100 AU$/Std.) und Boote (1 Std./halber Tag 42/75 AU$).

Schlafen

Mooloolaba Beach Backpackers HOSTEL $
(☎07-5444 3399; www.mooloolababackpackers.com; 75 Brisbane Rd; B/DZ 28/70 AU$; @📶🏊) Die einzige echte Backpacker-Bleibe der Gegend wirkt recht heruntergekommen, liegt aber nur 500 m vom Strand entfernt. Am besten die Einrichtungen für Selbstversorger ignorieren und intensiv vom Gratis-Verleihservice (Fahrräder, Kajaks, Surf- und Stehpaddelbretter) Gebrauch machen.

Mooloolaba Beach Caravan Park CAMPING $
(☎07-5444 1201; www.maroochypark.qld.gov.au; Parkyn Pde; Stellplatz mit Strom ab 35 AU$) Kleines Juwel am reizenden Mooloolaba Beach.

Kyamba Court Motel MOTEL $$
(☎07-5444 0202; www.kyambacourtmotel.com.au; 94 Brisbane Rd; DZ Mo–Fr 95 AU$, Sa 130 AU$; ❄📶🏊) Für die überteuerte Region Mooloola hat das Kyamba ein außergewöhnlich gutes Preis-Leistungs-Verhältnis. In kurzer Laufentfernung zu Stadt und Strand liegen seine großen, komfortablen Zimmer direkt am Kanal.

Landmark Resort RESORT $$
(☎07-5444 5555; www.landmarkresort.com.au; Ecke Esplanade & Burnett St; Wohnstudio/Apt.

mit 1 Schlafzi. ab 170/230 AU$;) Das verlässliche Hochhaus punktet mit einer Traumaussicht, einem beheizten Lagunenpool und einem Wellnessbereich nebst Grill auf dem Dach. Auch die Lage ist großartig: Bis zur Cafémeile an Mooloolabas Strand sind's gerade einmal 20 m.

Coral Sea Apartments APARTMENTS **$$**
(07-5479 2999; www.coralsea-apartments.com; 35–37 Sixth Ave; Apt. mit 1/2 Schlafzi. ab 160/190 AU$;) Von den geschmackvoll eingerichteten, hübsch gelegenen Apartments mit Balkonen ist es nicht weit bis zum Strand und zum Maroochy Surf Club.

Essen

Nude CAFÉ **$**
(Shop 3, Mooloolaba Esplanade; Gerichte 6–18 AU$; morgens & mittags) Nach seiner erfolgreichen Zeit im Cotton Tree ist das Freiluftcafé nun an der Esplanade präsent. Bei Meerblick, Latte und frisch gemachten Sandwiches kann man hier ideal Leute beobachten.

Raw Energy CAFÉ **$**
(Mantra, Esplanade; Gerichte 6–18 AU$; morgens & mittags) Das attraktive, junge Personal des beliebten Strandcafés serviert „spritzige" Säfte zu Tofu, Tempeh und glutenfreiem Essen. Muffin-Fans wähnen sich hier wohl im Paradies.

Mojo's CAFÉ **$**
(07-5443 3341; 2/1 King St, Cotton Tree; Sandwiches 6–9 AU$) Das Mojo's ist eines der Surfercafés, die Australiens Ostküste mit gesunden Shakes, Säften, Salaten und Sandwiches verköstigen. Auf beiden Seiten der Theke sind die Leute hier hübsch, fit und hungrig nach mehr. Hier wird größtenteils mit Bio-Produkten gekocht und das Essen berücksichtigt auch bestimmte Ernährungsbedürfnisse.

Boat Shed SEAFOOD **$$**
(07-5443 3808; Esplanade, Cotton Tree; Hauptgerichte 25–35 AU$; tgl. mittags, Mo–Sa abends) Die Lage am Maroochy River passt bestens zur verführerischen Vorspeisenkarte mit Seafood. Bei unserem Besuch konnte der Service da allerdings nicht mithalten. Am besten schlürft man einen Sundowner unter den Baumwollsträuchern und knabbert bei Bedarf an den sautierten Jakobsmuscheln oder dem Thunfisch-Carpaccio (19 AU$).

Karma Waters MODERN-AUSTRALISCH **$$**
(Mantra, Esplanade; Hauptgerichte 21–32 AU$; morgens, mittags & abends) Als weiteres Freiluftlokal an der Esplanade tischt das Karma Waters moderne Aussie-Küche mit portugiesischem Touch auf.

Bella Venezia ITALIENISCH **$$$**
(07-5444 5844; 95 Esplanade; Hauptgerichte 25–38 AU$; mittags & abends) In diesem Restaurant mit Weinbar treffen sich Einheimische unter Bogengängen bei australo-italienischen Köstlichkeiten und rein italienischen Weinen. Sehr empfehlenswert sind der Entensalat, die Kalbsklößchen und das ganze *secondi*-Menü.

Ausgehen & Nachtleben

★ **Mooloolaba SLSC** SURFCLUB
(Esplanade; So–Do 10–22, Fr & Sa 10–24 Uhr) Mooloolabas kultiger Surfclub liegt direkt am Strand und serviert auch sehr gutes Essen. Die deckenhohen Fenster bieten tagsüber einen tollen Blick aufs Meer. In Gegenrichtung schaut man abends auf gebräunte Tanzflächen-Clowns.

Club WT NACHTCLUB
(Wharf, Parkyn Pde; Di & Do–Sa) Im früheren Friday's regieren immer noch Hightech und dieselben Tanzflächen-Possen. Der Club gehört zur ansonsten familienfreundlichen Wharf Tavern.

Praktische Informationen

Sunshine Coast Visitor Information Centre
(1800 644 969; www.maroochytourism.com; 9–17 Uhr) Maroochydore (Ecke Sixth Ave & Melrose St); Mooloolaba (Ecke Brisbane Rd & First Ave); Flughafen (Sunshine Coast Airport, Friendship Dr)

Anreise & Unterwegs vor Ort

Fernbusse halten vor dem Sunshine Coast Visitor Information Centre in Maroochydore. **Sunbus** (13 12 30) fährt häufig von Mooloolaba nach Maroochydore (2 AU$) und dann weiter nach Noosa. Der Regionalbusbahnhof liegt an der Sunshine Plaza.

Rund um Maroochy

Bei guter Brandung sind **Coolum** und **Peregian Beach** bei einheimischen Surfern gleichermaßen beliebt. **Point Perry** ist ein herrlicher Aussichtspunkt, an dem sich typisch australische Sommerbilder knipsen lassen. Unerschrockene Fotografen und andere Wagemutige klettern stattdessen auf den **Mount Coolum** (208 m), um den Blick aus der Vogelperspektive zu genießen. Details liefert die **Touristeninformation** (David Low Way; ⏲ Mo–Fr 9–17, Sa 10–16 Uhr) abseits der Hauptstraße, die von Maroochy in Richtung Coolum und Peregian führt.

Schlafen

Villa Coolum MOTEL $
(☎ 07-5446 1286; www.villacoolum.com; 102 Coolum Tce, Coolum Beach; Zi. 79–99 AU$;) Geräumige, motelartige Zimmer an einem langen Balkon.

Coolum Beach Caravan Park CAMPING $
(☎ 1800 461 474; David Low Way, Coolum; Stellplatz ohne/mit Strom 32/35 AU$) Schlichter Strandcampingplatz mit vielen Rasenflächen, auf denen man sich den Sand aus der Unterwäsche schütteln kann.

Retreat Beach Houses FERIENHÄUSER $$
(☎ 07-5448 1922; www.theretreat.com.au; 390 David Low Way, Peregian Beach; Ferienhaus ab 165 AU$; P) Von den tollen modernen Häusern zwischen den Sanddünen führt ein Privatweg zum Peregian Beach.

Essen

Spirit House THAI $$
(☎ 07-5446 8977; www.spirithouse.com.au; 20 Ninderry Rd, Yandina; Hauptgerichte 20–25 AU$;) Unter Feinschmeckern gilt das neue, moderne Asia-Restaurant mit eigener Kochschule landesweit als eines der besten seiner Art.

Pitchfork MODERN-AUSTRALISCH $$
(☎ 07-5471 3697; 5/4 Kingfisher Dr, Peregian Beach; Hauptgerichte 25–35 AU$) Dieser stille Held der SC-Gastroszene liegt am Rand des Peregian Beach Square. Bei unserem Besuch waren die knusprig gebratenen Weichkrabben (17 AU$) und die pikanten Räucherlachs-Linguine (29 AU$) gleichermaßen hervorragend. Am allerbesten: Alkohol ist selbst mitzubringen – und direkt nebenan gibt's einen Spirituosenladen!

Cooloola Coast

Die wunderbar unberührte, 50 km lange Cooloola Coast erstreckt sich von Noosa im Süden bis zum Rainbow Beach im Norden. Wilde Tiere gibt's in dieser Gegend zuhauf. Da aber eine Menge Geländewagen durchfahren, kann manchmal die nächtliche Ruhe unter dem Sternenhimmel etwas getrübt werden.

Nichtsdestotrotz macht eine Fahrt in Richtung Norden wirklich Spaß. Bei Ebbe kann man die geteerten Straßen verlassen und die „Strandautobahn" nehmen. Dabei kommt man an den Teewah Coloured Sands und dem Wrack der *Cherry Venture* vorbei, das 1973 an Land gespült wurde.

Lake Cooroibah

Überraschend dichtes Buschland befindet sich an der Stelle, an der sich der Noosa River zu dem erstaunlichen Lake Cooroibah verbreitert – ein bei Naturfreaks beliebtes Plätzchen.

Der Lake Cooroibah liegt etwa 2 km nördlich von Tewantin. Vom Ende der Moorindil St in Tewantin kann man mit normalen Autos die **Noosa North Shore Ferry** (☎ 07-5447 1321; einfache Strecke Fußgänger/Auto 1/6 AU$; ⏲ So–Do 5.30–22.20, Fr & Sa 5–12.20 Uhr) hinauf zum See nehmen und dann an bestimmten Strandabschnitten campen.

Das **Gagaju Backpackers** (☎ 1300 302 271, 07-5474 3522; www.tripod.com/gagaju; 118 Johns Dr, Tewantin; Stellplatz ohne Strom/B 10 AU$/15 AU$; @) ist ein Öko-Wildniscamp am Fluss mit einfachen Schlafsälen, die aus alten Holzbalken zusammengezimmert wurden. Das Management lässt sich kaum blicken – außer, wenn eine gute Fete steigt! Lebensmittel und Insektenspray nicht vergessen. Ein kostenloser Shuttlebus fährt zweimal täglich nach Noosa und zurück.

Einen Hauch mehr Luxus gibt's im **Noosa North Shore Retreat** (☎ 07-5447 1225; www.noosanorthshoreretreat.com.au; Beach Rd; Stellplatz ohne/mit Strom ab 15/24 AU$, Zi. ab 145 AU$, Hütte ab 65 AU$; @). Übernachtet wird im Zelt oder in einem der schönen Motelzimmer. Der Tag wird mit Paddeltouren auf dem See, Wanderungen durch den Busch und dem Aufspüren von Beuteltieren zugebracht. Hier gibt's auch das vor kurzem renovierte **Great Sandy Bar & Restaurant** (Noosa North Shore Retreat; Hauptgerichte 10–25 AU$; ⏲ mittags & abends; P), ein toller Platz um eine längere Pause zu machen oder ihn als Start- und Endpunkt für ein Jeep-Abenteuer zu nutzen.

Lake Cootharaba

Der Lake Cootharaba liegt etwas weiter nordwestlich von Tewantin. Als Tor zu den Noosa Everglades bietet er Möglichkeiten zum Kanufahren, Buschwandern und -campen. Der hübsche See ist ca. 10 km lang und 5 km breit. Man erreicht ihn gut über die

NEUJAHRSMUSIK IN WOODFORD

Beim berühmten **Woodford Folk Festival** (www.woodfordfolkfestival.com) spielen über 2000 Künstler aus Australien und aller Welt z. B. Folk-, Welt-, indigene oder traditionell irische Musik. Zum äußerst vielfältigen Programm gehören auch Straßenkünstler, Bauchtänzer, Kunsthandwerksmärkte, Performances, Umweltdiskussionen und eine Besuchergruppe tibetischer Mönche. Das Festival steigt alljährlich (27. Dez.–1. Jan.) nahe Woodfort, das 35 km nordwestlich von Caboolture liegt. Auf dem Gelände gibt's auch Campingmöglichkeiten. Bei Regen ist jedoch mit Schlammbädern zu rechnen. Zwischen dem Bahnhof von Caboolture und dem Festivalgelände pendeln regelmäßig Shuttlebusse.

entspannte kleine Gemeinde **Boreen Point**, die mehrere Unterkünfte und Restaurants bietet.

Von Boreen Point führt eine unbefestigte Straße (5 km) hinauf zum **Elanda Point**.

Für Kajakliebhaber bietet **Kanu Kapers** (☎07-5485 3328; www.kanukapersaustralia.com; 11 Toolara St, Boreen Point; Leihkajaks 65 AU$/Tag) Touren an, die die Everglades mit oder ohne Führer (75 AU$/Pers., Tour mit Übernachtung 115 AU$) erkunden. **Lake Escapades** (☎07-5641 4473; www.lakeescapades.com.au; 49 Laguna St, Boreen Point; Leihkanu pro Tag 99 AU$/ Pers., 3-tägige Campingsafaris 139 AU$) verleiht Kanus bzw. Kajaks für Touren auf eigene Faust und schickt zudem ein Wassertaxi nach Kinaba (einfache Strecke/hin & zurück 15/30 AU$).

Große Eukalyptusbäume und natürliches Buschland prägen den ruhigen, einfachen **Boreen Point Camping Ground** (☎07-5485 3244; Teewah St, Dun's Beach, Boreen Point; Stellplatz ohne/mit Strom 15/22 AU$) am Fluss. Die **Lake Cootharaba Gallery Units** (☎07-5485 3153; 64 Laguna St, Boreen Point; Zi. ab 99 AU$;) vermieten zwei behagliche, zweckmäßige Wohneinheiten für Selbstversorger.

Das **Apollonian Hotel** (☎07-5485 3100; Laguna St, Boreen Point; Hauptgerichte 12–30 AU$; ⌚mittags & abends) ist ein toller alter Pub mit stabilen Holzwänden, schattigen Veranden und wunderschön erhaltener Inneneinrichtung. Sein leckeres Kneipenessen hat viele Fans. Besonders empfehlenswert ist der berühmte Spießbraten am Sonntag und es gibt immer Livemusik mit lokalen Gruppen. Man kann hier sehr bequem in restaurierten Eisenbahnunterkünften (65 AU$) übernachten.

Great Sandy National Park (Cooloola)

Der 54 000 ha große Nationalpark bietet eine facettenreiche Wildnis mit Mangroven, Wäldern und Heideland, die vom Noosa River durchschnitten werden. Man kann mit einem Geländewagen durch den kompletten Park bis hinauf zum Rainbow Beach im Norden fahren. Alternativ kann man Kajak fahren oder die wunderbaren Wanderwege nutzen, die beim Elanda Point am Lake Cootharaba beginnen. Darunter sind z. B. der Cooloola Wilderness Trail (46 km) zum Rainbow Beach oder der Weg zu Kinabas unbemanntem QPWS-Informationszentrum (7 km).

Vor dem Start empfiehlt sich ein Abstecher zum **QPWS Great Sandy Information Centre** (☎07-5449 7792; 240 Moorindil St, Tewantin; ⌚8–16 Uhr), das über Zugangsmöglichkeiten, Gezeiten und Feuerverbote im Park informiert. Das Zentrum erteilt auch Auto- bzw. Campinggenehmigungen für Fraser Island und den Great Sandy National Park.

Am beliebtesten sowie am besten ausgestattet sind Fig Tree Point am Lake Cootharaba (Nordende), Harry's Hut (ca. 4 km flussaufwärts) und Freshwater an der Küste (ca. 6 km südlich des Double Island Point). Bei Fahrten hinauf zum Rainbow Beach ist auch Strandcamping (Stellplatz pro Pers./ Fam. 5,85/21,80 AU$) an ausgewiesenen Stellen erlaubt. Bis auf Harry's Hut, Freshwater und Teewah Beach sind alle Plätze nur zu Fuß oder über den Fluss erreichbar.

Sunshine Coast Hinterland

Landeinwärts von **Nambour** bildet die Blackall Range ein malerisches Küstenhinterland mit rustikalen aber recht kitschigen Dörfern. Die idyllische Straße von Mapleton nach Maleny folgt dem Kamm des Bergrückens und passiert die Regenwälder des **Mapleton Falls National Park**, der 4 km nordwestlich von Mapleton liegt. Man sollte unbedingt bis zum Fuß der Mapleton-Wasserfälle laufen und dort wird man dann mit einem sehr erfrischenden Bad belohnt.

Der **Kondalilla National Park** beginnt 3 km nordwestlich von Montville. Die Wasserfälle von Mapleton und Kondalilla stürzen jeweils über 80 m tief ins Tal. An beiden gibt's Aussichtspunkte mit herrlichem Waldblick.

Der größte Ort der Gegend ist das grüne und malerische **Maleny**. Die Bergstadt ist für ihre Unkonventionalität bekannt und beheimatet mit der **Maleny Lodge** (07-5494 2370; www.malenylodge.com; 58 Maple St; EZ/DZ ab 180/200 AU$;) ein Gästehaus im viktorianischen Stil, sorgfältig ausgestattet mit Stilmöbeln. Der **Up Front Club** (07-5494 2592; 31 Main St; Gerichte 12–24 AU$; morgens, mittags & abends) ist ein kleiner Laden, in dem Folk-Musik gespielt wird und der einen Besuch wert ist.

Auf halber Strecke zwischen Mapleton und Maleny liegt **Montville**. Das niedliche Örtchen ist besonders bei Leuten beliebt, die für kurze Zeit der brodelnden Küste entkommen wollen. Hier gibt's einen Laden für alte Uhren, Schautafeln zur Süßigkeitenherstellung, Cafés, Kneipen und einen Parkplatz, der damit wirbt, die beste Aussicht zu haben, die ein Parkplatz überhaupt nur bieten kann. Etliche B&Bs nehmen Gäste auf; bei der **Touristeninformation** (07-5478 5544; 198 Main St; 10–16 Uhr) sind aktuelle Listen über Unterkünfte und freie Zimmer erhältlich.

Etwas weiter westlich der Blackall Ranges liegt im Mary River Valley **Kenilworth**, ein freundlicher, bei Frischluftfanatikern beliebter Ort.

DARLING DOWNS

Queenslands Brotkorb ist ein dichter, ländlicher Teppich aus hügeligen Wiesen und sanften Farbtönen, der relaxte Abstecher von der Küste aus ermöglicht. Das fruchtbare, malerische Terrain des Granite Belt nährt eine aufstrebende Weinindustrie sowie einen florierenden Obstanbau, der die Fähigkeiten junger Wanderarbeiter nutzt. Die spektakuläre, felsige Buschlandschaft der Nationalparks Girraween und Sundown lockt gleichermaßen Wanderer wie Wildblumensucher an. Die ansehnliche Stadt Toowoomba ist indes für ihre Gärten bekannt.

Weiter nördlich liegt der Bunya Mountains National Park mit vielen hochgewachsenen Queensland-Araukarien und prähistorischen Gräsern am Rand der Great Dividing Range. Landeinwärts erstrecken sich riesige Schaffarmen und Baumwollplantagen Richtung Westen hinein ins Outback, wo man den höchsten Gang einlegen und hinaus in unbekannte Weiten rollen kann.

An- & Weiterreise

Greyhound Australia (1300 473 946; www.greyhound.com.au) verbindet Brisbane mit Toowoomba (26 AU$, 2 Std.), Roma (86 AU$, 8 Std.) und Stanthorpe (75 AU$, 4½ Std.).

Als größte regionale Busfirma fährt **Crisps' Coaches** (07-4661 8333; www.crisps.com.au) von Brisbane nach Stanthorpe (60 AU$, 3½ Std.).

Der *Westlander* der **Queensland Rail** (13 22 32, 1300 131 722; www.traveltrain.com.au) fährt dienstags und donnerstags von Brisbane nach Charleville (Economy-Sitzplatz/Schlafwagen 112/177 AU$, 17 Std.). Mittwochs und freitags verkehrt der Zug in Gegenrichtung. Unterwegs hält er in Toowoomba (ab 35 AU$, 4 Std.) und Roma (Economy-Sitzplatz/Schlafwagen 82/148 AU$, 11 Std.).

Stanthorpe

5385 EW.

Queensland buchstäblich kühlste Stadt liegt auf 915 m Höhe und hat ein ausgeprägtes Vierjahreszeiten-Klima: Stanthorpe ist ein Winterrefugium, in dem sich ansonsten hitzegeplagte Queenslander vor dem offenen Feuer entspannen oder einen Roten genießen – produziert von einem der 50 regionalen Edelweingüter.

Alljährlich steigt hier das **Brass Monkey Festival** (Juni–Aug.), das viele Gastro- und Musikevents in der Stadt und auf diversen Weingütern umfasst.

Der **Strange Bird Alternative Wine Trail** ist interessant: Dieser ermöglicht die Verkostung von Tempranillo, Barbera, Viognier und anderen Rebsorten, die besser zum Klima des Granite Belt passen wie viele traditionelle Sorten. Karten gibt's beim Besucherzentrum oder online unter www.granitebeltwinecountry.com.au.

Rund 17 km südlich von Stanthorpe liegt der **Girraween National Park** mit mächtigen Granitfelsen, unberührten Wäldern, herrlicher Wildblumenpracht im Frühling und mehreren guten Wanderwegen. Der kürzeste Weg (3 km) führt hinauf auf die 1080 m hohen Pyramids. Der Klassiker unter den hiesigen Routen ist jedoch der 10,4 km lange Marsch zum Gipfel des Mt. Norman (1267 m).

Schlafen

Country Style HÜTTEN, CAMPING $
(☎ 07-4683 4358; www.countrystyleaccommodation.com.au; 27156 New England Hwy; Stellplatz für Zelt/Wohnmobil 20/25 AU$, Hütte 100 AU$; @) Dieses 5 ha große Buschgelände liegt 10 km südlich von Stanthorpe am Highway nach Ballandean. Die einfachen Hütten im Motelstil haben kleine Küchen und Holzöfen. Sie werden durch ruhige, stromlose Stellplätze am Severn River ergänzt.

Briar Rose Cottages HÜTTEN $
(☎ 07-4683 6334; www.briarrosecottages.com.au; 66 Wallangarra Rd; DZ So–Do 95 AU$, Fr & Sa 110 AU$) Kleine, reizende Hütten mit hohem Romantikfaktor.

Diamondvale B&B Cottages HÜTTEN $$
(☎ 07-4681 3367; www.diamondvalecottages.com.au; 26 Diamondvale Rd; DZ ab 170 AU$;) Charmante Inhaber und die Lage auf einem Stück Buschland außerhalb von Stanthorpe bescheren dem Diamondvale viele Stammgäste. Die vier Cottages präsentieren sich jeweils mit bezaubernd altmodischen Details. Entlang des Baches geht's zu Fuß in die Stadt (2 km).

Commercial Hotel HOTEL $$
(☎ 07-4681 2244; www.stanthorpeaccommodation.com; Maryland St, Stanthorpe; DZ 100 AU$; ⊙ nur Fr & Sa) Die kompakten Kneipenzimmer mit geschmackvollem Dekor und kleinen Schreibtischen sind hervorragend für ein wildes Wochenende geeignet. Im Untergeschoss befindet sich die Weinbar 1915.

Ballandean Tavern Motel MOTEL $$
(☎ 07-4684 1044; www.ballandeantavern.com.au; Ecke St. Jude's & Eukey Rd, Ballandean; DZ ab 120 AU$; P ❄) Das neue Backsteinmotel neben der tollen älteren Kneipe bietet das beste Preis-Leistungs-Verhältnis der Stadt. Die großen Doppelzimmer verfügen über eigene Bäder und moderne, höchst funktionelle Möbel.

TOP-WEINGÜTER & DELIKATESSEN IM GRANITE BELT

Neben Pinot und Cabernet bringt der heiße, trockene Granite Belt auch ein paar unbekanntere iberische Sorten wie Tempranillo oder Gouveio hervor. Angesichts Dutzender Weingüter mit Gratisverkostungen könnte man locker eine Woche oder mehr damit verbringen, die Weine der Region zu probieren. Alle folgenden Adressen sind auf der Gratiskarte der Touristeninformation Stanthorpe (S. 370) vermerkt.

➜ **Summit Estate** (☎ 07-4683 2011; www.summitestate.com.au; 291 Granite Belt Drive, Thulimbah; ⊙ tgl. 10–16.30 Uhr) Gehört einer Weinkennergruppe aus Brisbane und wird von einem renommierten Winzer aus Argentinien geleitet. Der Pinot Noir ist Pflicht!

➜ **Symphony Hill** (☎ 07-4684 1388; www.symphonyhill.com.au; 2017 Eukey Rd, Ballandean; ⊙ 10–16 Uhr) Familienbetrieb mit einigen interessanten Rotweinen.

➜ **Ballandean** (☎ 07-4684 1226; www.ballandeanestate.com; 354 Sundown Rd, Ballandean) Eines von Queenslands ältesten Weingütern; Gratisführungen (11, 13 & 15 Uhr) plus Restaurant.

➜ **Pyramids Road** (☎ 07-4684 5151; www.pyramidsroad.com; 25 Wyberba Rd, Balladean; ⊙ Do–Mo 10–16.30 Uhr) An der Straße zum Girraween National Park.

➜ **Robert Channon** (☎ 07-4683 3260; www.robertchannonwines.com; 32 Bradley Lane, Stanthorpe; ⊙ Mo, Di & Fr 11–16, Sa & So 10–17 Uhr) Preisgekrönter Gouveio und ein tolles Mittagslokal mit Seeblick.

➜ **Vincenzo's** (☎ 07-4683 2033; New England Hwy, Stanthorpe; ⊙ 8.30–17 Uhr) Riesiges Feinkost-Kaufhaus mit großartigem Café.

➜ **Granite Belt Dairy** (☎ 07-4685 2277; 4 Duncan Lane, Thulimbah; ⊙ 10–16 Uhr) Was wäre Wein ohne Käse? Hier kann man beides probieren. Hinzu kommen leckere Milchshakes, Käsekuchen, Brotsorten und andere Picknickkost.

➜ **Bramble Patch** (☎ 07-4683 4205; 381 Townsend Rd, Stanthorpe; ⊙ 10–16 Uhr) Besuchenswerte Beerenfarm; serviert z. B. Eiscreme mit hausgemachtem Beerenkompott oder Waffeln mit Beeren und frischen Früchten (Nov.–April).

Murray Gardens MOTEL, HÜTTEN $$
(☎07-4681 4121; www.murraygardens.com.au; 10 Pancor Rd; Motelzi. 95–125 AU$, Hütte 189–239 AU$; ❄📶) Diese 8 ha natürliches Buschland am Stadtrand eignen sich sehr gut für Familien mit Kindern. Zur Auswahl stehen Motelzimmer und komplett ausgestattete Selbstversorgerhütten mit offenem Kamin oder Gasheizung.

★ **Azjure Studio Retreat** BOUTIQUEHOTEL $$$
(☎0405 127 070; www.azjure.com.au; 165 Sundown Rd, Ballandean; Zi. ab 275 AU$; P❄📶) In der Villa mit zwei Schlafzimmern und den drei geräumigen Wohnstudios mit Whirlpools trifft der Queenslander Landhausstil auf modernes Design. Die gut gepflegten Quartiere liegen weit über dem üblichen Granite-Belt-Standard (u. a. dank der umfangreichen Bücher- und DVD-Sammlung). Von den Whirlpools aus blickt man auf grasende Kängurus, während die Inhaber mit vielen Infos zur örtlichen Weinszene aufwarten.

Vineyard Cottages HÜTTEN $$$
(☎07-4684 1270; www.vineyardcottages.com.au; 28126 New England Hwy, Ballandean; Hütte ab 230 AU$) Höchst empfehlenswerte Hütten auf einem früheren Kirchengelände am Highway.

Girraween Environmental Lodge HÜTTEN $$$
(☎07-4684 5138; www.girraweenlodge.com.au; Pyramids Rd; Hütte 280 AU$; ❄) 🍃 Ein umweltfreundliches Refugium mit Freiluft-Whirlpool und Tauchbecken auf 162 ha Buschland am Rand des Nationalparks.

Essen & Ausgehen

Patty's on McGregor MODERN-AUSTRALISCH $$
(☎07-4681 3463; 2 McGregor Tce; Hauptgerichte 28–36 AU$; ⏲Do–Sa abends) Ein anheimelnder und künstlerischer Vibe durchweht dieses unscheinbare kleine Lokal in einem Wohngebiet. Für die etwas höheren Preise entschädigen der Spitzenservice und das wechselnde Menü, das größtenteils aus Bio-Zutaten besteht.

Queensland College of Wine Tourism MODERN-AUSTRALISCH $$
(☎07-4685 5050; Ecke New England Hwy & Caves Rd; Hauptgerichte 15–34 AU$; ⏲Di–So 10–15 Uhr) Das elegante Varias serviert die leckeren Werke von Chefkoch-Anwärtern des College. Das viergängige Probiermenü (Medley of Mains; 40 AU$) beinhaltet auch Wein und Kaffee. Durch die deckenhohen Fenster fällt der Blick der Gäste auf den örtlichen Weinberg.

Barrel Room MODERN-AUSTRALISCH $$
(☎07-4684 1326; Ballandean Estate Wines, Sundown Rd; Hauptgerichte 18–29 AU$; ⏲Mi–Mo 10–16, Fr & Sa 18–20 Uhr) Das gemütliche Restaurant ist die beste Adresse unter den vielen Winzereilokalen. Vom Boden bis zur Decke wird es von 140 Jahre alten Weinfässern eingerahmt.

Anna's Restaurant ITALIENISCH $$
(☎07-4681 1265; Ecke Wallangarra Rd & O'Mara Tce; Hauptgerichte 19–33 AU$; ⏲Di–Sa abends) Das von einer Familie geführte italienische Restaurant in einem hübschen Queenslander ist vor Ort für seine Wochenendbuffets (30–35 AU$) bekannt. Alkohol muss man selbst mitbringen.

Shiraz MODERN-AUSTRALISCH $$$
(☎07-4684 1000; 28200 New England Hwy; Hauptgerichte 33–35 AU$; ⏲Mi–So mittags & abends) Gegenüber der Triceratops-Saurierstatue in Ballandean versteckt sich das kleine Shiraz hinter einer Hecke. Seinen hervorragenden Ruf genießt es zur Recht: Das herzliche, relaxte Personal stimmt die Weine passend auf das Essen ab. Die Fischgerichte und das Filet vom Angusrind ernten viel Aufmerksamkeit. Unsere Favoriten waren jedoch die Pilzravioli und die Desserts.

Bar 1915 WEINBAR
(Maryland St, Stanthorpe; ⏲Fr & Sa 18–24 Uhr) Die hübsche Weinbar im wunderschön renovierten Commercial Hotel besteht auf angemessene Kleidung.

ABSEITS DER ÜBLICHEN PFADE

DER STORM KING DAM

Der Storm King Dam liegt 10 km südlich von Stanthorpe. Um ihn zu erreichen, biegt man nach links in die Eukey Rd ein, fährt zwischen Weinbergen und Granitbrocken hindurch, kurvt durch die Serpentinen in der Graslandschaft und folgt dann den alten Blechschildern. Am Stausee angekommen heißt's dann picknicken, schwimmen, von einem Steg springen und den Ausblick genießen. Danach geht's direkt zum Hintereingang des Giraween National Park. Gefühlsmäßig liegt die normale Welt nun Lichtjahre entfernt.

Praktische Informationen

Stanthorpe Visitors Centre (07-4681 2057; www.granitebeltwinecountry.com.au; 28 Leslie Pde; 9–17 Uhr)

Toowoomba

96 568 EW.

Rund 700 m über dem atemberaubenden Lockyer Valley klebt Toowoomba am Rand eines Plateaus der Great Dividing Range. Trotz ihrer tollen Lage hat die größte Stadt im Inneren Queenslands nur wenige Aktivitäten zu bieten. Allerdings verdankt sie dem kühleren örtlichen Klima einige herrliche Gärten, die beim großartigen **Carnival of Flowers** (Blumenkarneval; Sept.) besonders intensiv ins Rampenlicht rücken.

Am östlichen Stadtrand wartet der **Picnic Point** mit einer traumhaften Aussicht und einem netten Wanderweg auf.

Sehenswertes

Cobb & Co Museum MUSEUM
(27 Lindsay St; Erw./Kind 12,50/6,50 AU$; 10–16 Uhr, Führungen 10.30 Uhr) Dieses stetig wachsende Museum, das auch einen Spielbereich für Kinder bietet, ist mehr als nur eine reine Sammlung von Fuhrwerken und Fallen aus den Tagen der Pferdekutschen: Es informiert zusätzlich auch über die indigenen und multikulturellen Gemeinschaften der Stadt.

Queen's Park GARTEN
(Ecke Lindsay & Campbell St) Der Queen's Park beherbergt die botanischen Gärten und bietet viele schattige Picknick-Plätzchen. Seine großen Freiflächen sind bei Sportlern sehr beliebt.

Ju Raku En Japanese Garden GARTEN
(West St; 7 Uhr–Sonnenuntergang) Ein wunderschöner Garten mit Wasserfällen, Bächen und einem 3 km langem Wegenetz.

Toowoomba Regional Art Gallery KUNSTGALERIE
(07-4688 6652; 531 Ruthven St; Di–Sa 10–16, So 13–16 Uhr) GRATIS Die kleine Galerie zeigt neben den schönen Gemälden, Zeichnungen und Kunstwerken der Lionel Lindsay Art Collection auch eine interessante Sammlung von seltenen Büchern.

Schlafen

Der Carnival of Flowers (Sept.) macht rechtzeitiges Reservieren ratsam.

Toowoomba Motor Village Tourist Park CAMPING, HÜTTEN $
(07-4635 8186; www.toowoombamotorvillage.com.au; 821 Ruthven St; Stellplatz 20–31 AU$, Hütte & Wohneinheit 55–100 AU$) Ein großartiger moderner Park mit Traumaussicht, der 2,5 km südlich vom Zentrum liegt.

Vacy Hall PENSION $$
(07-4639 2055; www.vacyhall.com.au; 135 Russell St; DZ 120–197 AU$;) Das herrliche Anwesen aus den 1880er-Jahren steht gleich oberhalb vom Stadtzentrum. Seine zwölf historischen Zimmer strotzen vor altmodischem, romantischem Charme. Die übers ganze Haus verteilte Kunst- und Antiquitätensammlung könnte eine kleine Galerie füllen.

James Cottage B&B $$
(07-4637 8377; www.jamescottage.com; 128 James St; DZ 150–165 AU$) Das elegante B&B in einem Queenslander aus dem frühen 20. Jh. hat zwei schöne Gästeschlafzimmer und einen offenen Kamin. Bis in die Stadt ist's nur ein kurzer Fußmarsch.

City Golf Club Motel MOTEL $$
(07-4636 9999; www.citygolfmotel.com.au; 775 Ruthven St; DZ ab 169 AU$;) Die 45 neuen Mini-Apartments in kurzer Laufentfernung zur Stadt wirken wie ein normaler Wohnkomplex. Gäste haben WLAN-Zugang, es gibt einen Whirlpool, einen Grillbereich und einen tollen Pool (bahnentauglich). Golfplatzbenutzung ist zum ermäßigten Preis möglich. Im Clubhaus gibt's ein gutes Restaurant.

Ecoridge Hideaway HÜTTEN $$
(07-4630 9636; www.ecoridgehideaway.com.au; 712 Rockmount Rd, Preston; Zi. ab 130 AU$) Diese angenehme Alternative zum zum ansonsten eher langweiligen Unterkunftsangebot in Toowoomba liegt 15 km außerhalb der Stadt an der Straße nach Gatton. Die drei stilvollen Selbstversorgerhütten sind in Einklang mit der umliegenden Great Dividing Range gestaltet.

Park Motor Inn MOTEL $$
(07-4632 1011; www.parktoowoomba.com.au; 88 Margaret St; EZ/DZ 120/130 AU$;) Praktisch: Das komfortable, ruhig gelegene Motel steht gegenüber vom grünen Queens Park und in der Nähe von ein paar beliebten Cafés.

Central Plaza Hotel HOTEL $ $
(07-4688 5333; www.toowoombacentralplaza.com.au; 523 Ruthven St; Apt. ab 175 AU$;)

Preisgekrönter Hotelkomplex mit Dachpool, Café, außergewöhnlichen Executive-Suiten und farbenfrohen, hübsch gestalteten Apartments.

Essen & Ausgehen

Park House Cafe MODERN-AUSTRALISCH $$
(☎07-4638 2211; 92 Margaret St; Hauptgerichte 19–29 AU$; ⏱tgl. morgens & mittags, Mi–Sa abends) Queenslander Schlichtheit prägt dieses relaxte Cottage-Café mit Veranda- und Terrassentischen. Mittags empfehlen sich die Burger; abends gibt's Grillfleisch, Seafood und Pasta von verlässlich guter Qualität.

Qi'lin CHINESISCH $$
(☎07-4613 1233; Shop 29, 187 Hume St; Hauptgerichte 12–21 AU$; ⏱Di–So mittags & abends) Das funkelnde chinesische Restaurant serviert sein äußerst leckeres Menü am Parkplatzrand eines Einkaufszentrums. Hiesige Highlights sind schnörkelloses, aromatisches Seafood und Tofugerichte. Die Buffets (mittags/abends 19/29 AU$) stehen bei einheimischen Schlemmern sehr hoch im Kurs.

Oxygen Café CAFÉ $$
(Ecke Ruthven & Little St; Hauptgerichte 10–24 AU$; ⏱Di–So morgens & mittags, Do–Sa abends; 🖉) Qualitativ hochwertiges Bio-Essen beschert dem farbenfrohen Café an der Ruthven St eine treue Stammkundschaft. Das leckere Frühstück fällt etwas spärlich aus. Dafür sind die Sandwiches und Burger (u.a. vegetarisch oder mit Gelbflossen-Thun) jeweils eine super Mittagsoption. Seit Kurzem hat das Oxygen auch abends geöffnet und serviert dann u.a. Probierenswertes mit indischem Touch.

Cube Hotel BAR, NACHTCLUB
(☎07-4632 4747; Ecke Margaret & Neil St) Zu dem eindrucksvollen Unterhaltungskomplex gehören ein Restaurant mit „Steingrill", ein ganztägig geöffnetes Café, eine Cocktailbar und zwei Disco-Ebenen. Am Wochenende verzehnfacht sich der Lautstärke-Level.

Spotted Cow KNEIPE
(Ecke Ruthven St & Campbell St) Eine sich an der Jugend orientierende Kneipe mit diversen Biersorten und gutem Liverock.

Praktische Informationen

Toowoombas Zentrum konzentriert sich auf den Bereich von Margaret St und Ruthven St (Teil des New England Hwy bzw. der Rte 61 in Nord-Süd-Richtung).

Das nützliche **Toowoomba Visitor Centre** (86 James St) liegt südöstlich vom Zentrum an der Kreuzung James/Kitchener St.

Westlich von Toowoomba

Rund 45 km westlich von Toowoomba zeigt der **Jondaryan Woolshed Complex** (☎07-4692 2229; www.jondaryanwoolshed.com; 264 Evanslea Rd; Erw./Kind 13/8 AU$; ⏱10–16 Uhr) alte Traktoren und obskure Landwirtschaftsgeräte. Hinzu kommen tägliche Vorführungen von Schmieden und Schafscherern (für Details s. Website). Echtes Pionierfeeling vermittelt eine Übernachtung in den Schafscherer-Quartieren (17 AU$) oder Selbstversorgerhütten (95–150 AU$). Alternativ ist Pseudo-Camping in fest aufgestellten Safarizelten mit Matratzen möglich (29–36 AU$).

Etwa 167 km weiter westlich vereint das 1,6 Mio. AU$ teure Gemeindeprojekt **Dogwood Crossing** (☎07-4628 5566; www.dogwoodcrossing.com; ⏱Mo–Fr 9–17, Sa & So 10–16 Uhr) bildende Kunst, Sozialgeschichte und Literatur an der Hauptstraße in Miles. Der Komplex beherbergt ein Museum, eine Galerie, eine Bibliothek und ein Multimediazentrum. Zum **Possum Park** (☎07-4627 1651; Leichhardt Hwy; DZ ab 90 AU$) gehört ein Campingplatz. Besucher können dort aber auch in einem umgebauten Truppentransportzug nächtigen – oder unterirdisch in einem restaurierten Munitionsbunker, der im Zweiten Weltkrieg Teil von Australiens letzter potentieller Verteidigungslinie gegen die vorrückenden Japaner war.

Rund 350 km westlich von Toowoomba erreicht man mit Roma eine der ältesten Siedlungen Queenslands, die heute das Zentrum einer Schaf- und Viehzuchtregion ist. Örtliches Wahrzeichen ist der **Big Rig Complex** (☎07-4622 4355; www.thebigrig.com.au; Warrego Hwy; Erw./Kind 10/7 AU$, inkl. Abendshow 16/11 AU$; ⏱Museum 9–17 Uhr, Abendshow um 19 Uhr April–Nov. tgl., Dez.–März Mi & So) rund um den alten, dampfbetriebenen Ölbohrtum am östlichen Stadtrand. Dieses Museum zur Geschichte der Öl- und Gasgewinnung veranstaltet abends eine Sound- und Lightshow. Die **Touristeninformation** (☎07-4622 8676; 2 Riggers Rd; ⏱9–17 Uhr) an gleicher Stelle vermittelt Unterkünfte – besonders praktisch, wenn man hier auf dem Weg zur Carnarvon Gorge übernachten möchte.

Mit **Easter in the Country** (Ende März oder Anfang April) feiert Roma alljährlich eine Woche lang mit Countrymusik das Leben im Westen von Queensland.

FRASER ISLAND & FRASER COAST

Diese Welterbestätte ist ein geheimnisvolles Land aus riesigen Dünen, uralten Regenwäldern und glitzernden Seen.

Am anderen Rand der ruhigen Great Sandy Strait befindet sich eines der Sprungbretter zur Insel: Hervey Bay riecht zwar leicht nach aufkeimender Strandcafé-Kultur, ist aber im Grunde eine entspannte Küstengemeinde, die von den jährlichen Buckelwalwanderungen profitiert. Weiter südlich liegt mit dem ursprünglichen Nest Rainbow Beach ein zweites Tor zu Fraser Island am Ozean.

Landeinwärts erstrecken sich Weide- und Ackerflächen rund um altmodische Provinzstädte. Bei Bundaberg wogt ein Meer aus Zuckerrohr: Die größte Stadt der Region ist bekannt für ihren goldenen, feurigen Rum, der garantiert ein paar Magen- und Gehirnzellen zerschießt!

Fraser Island

400 EW.

Fraser Island sucht weltweit seinesgleichen: Die größte Sandinsel des Planeten (120 km lang, 15 km breit) ist zugleich der einzige Ort, an dem Regenwälder auf Sand wachsen. Die Butchulla nennen es „K'Gari" (Paradies) – und dieses Paradies wurde bereits vor über Hunderttausend Jahren von der Ostküste des australischen Festlands hierhergespült.

Die Vegetation im Inselinneren reicht von dichtem, tropischem Regenwald, natürlichem Heideland und Feuchtgebieten bis hin zum Wallum. Parallel treffen riesige „Sandblows" (über 200 m hohe Dünen), mineralhaltige Bäche und Süßwasserseen auf lange Sandstrände mit donnernder Brandung. Auf Fraser Island sind auch zahllose Vogel- und Tierarten beheimatet wie z. B. die ursprünglichste Form des australischen Dingos. Zudem tummeln sich Dugongs, Delfine, Haie und wandernde Buckelwale draußen vor der Küste.

Immer mehr Allradfahrzeuge zerstören dieses Erlebnis. Angesichts von über 350 000 jährlichen Besuchern wirkt Fraser Island manchmal wie ein riesiger Sandkasten mit eigener Hauptverkehrszeit und verstopfter Strandautobahn.

Vor der Fährpassage ab Rainbow Beach oder Hervey Bay heißt es zudem sicherstellen, dass das eigene Fahrzeug genügend Bodenfreiheit bzw. Federweg besitzt. Fürs Camping sind ausreichende Essens-, Wasser und Benzinvorräte wichtig. Obwohl das Fahren auf der Insel in Werbeprospekten immer schön relaxt aussieht, können einen z. B. plötzliche Gezeitenwechsel oder übersehene Schlaglöcher in große Gefahr bringen.

Geschichte

Ihren europäischen Namen verdankt Fraser Island James und Eliza Fraser: Der Kapitän der *Stirling Castle* und seine Frau erlitten im Jahr 1836 Schiffbruch an der Nordwestküste. Während James dort starb, überlebte Eliza dank der Hilfe der Einheimischen.

Als europäische Siedler den hohen Wert des Inselholzes entdeckten, wurde derselbe indigene Stamm gewaltsam vertrieben. Dann rodete man Teile des Regenwalds auf der Suche nach wasserfestem Satinay-Holz, das Schiffsbauer sehr schätzen. Viele Jahre lang wurde zudem der mineralhaltige Inselsand abgebaut.

Ende des 20. Jhs. verlagerte sich das Interesse von Ausbeutung auf Naturschutz: Die Sandgewinnung endete 1975, das Abholzen 1991. Seit 1992 gehört Fraser Island zum Weltnaturerbe.

Sehenswertes & Aktivitäten

Der **Seventy-Five Mile Beach** säumt die ganze Ostküste der Insel und eine faszinierende Landschaft. Bei Fahrtbeginn an Frasers Südspitze empfiehlt es sich, statt am Strand zu fahren, zunächst den Weg über den Hochwassersteg zwischen Hook Point und **Dilli Village** zu nehmen. Von dort aus fungiert der Oststrand dann als Hauptroute. Im nahegelegenen **Eurong** kann man seine Vorräte auffüllen. Dort beginnt auch die Sandpiste, die landeinwärts über die Central Station nach Wanggoolba Creek führt (wo die Fähre nach River Heads ablegt).

Die **Central Station** in der Inselmitte ist Ausgangspunkt vieler Wanderwege. Über ausgeschilderte Pfade geht's zu den herrlichen **Seen McKenzie**, **Jennings**, **Boomanjin** und **Birrabeen** (dort sind weniger Touristen unterwegs). Bei diesen Seen handelt es sich eigentlich um riesige Regenpfützen, die sich auf einer dünnen, undurchdringlichen Schicht aus verrottenden Zweigen und Blättern gebildet haben. Stark mineralhaltiger Sand verleiht dem Seewasser angeblich Anti-Aging-Qualitäten.

Rund 4 km nördlich von Eurong beginnt am Strand ein ausgeschilderter Wanderweg zum **Lake Wabby**, der allerdings einfacher vom Aussichtspunkt an der Inlandspiste aus erreichbar ist. Dieser See wird auf drei Seiten von Eukalyptuswäldern eingerahmt. Am vierten Ufer nimmt ihm eine riesige Sanddüne etwa 3 m pro Jahr ab. Achtung: Das sehr seichte Wasser macht Hechtsprünge lebensgefährlich! Unter den Bäumen am Ostufer sieht man oft Schildkröten und mächtige Welse.

Wer dem Strand nun weiter Richtung Norden folgt, passiert **Happy Valley** mit vielen Unterkünften und gelangt schließlich zum **Eli Creek**. Regenfälle verwandeln diesen hübschen Bach in einen reißenden, kristallklaren Fluss, der einen mühelos mitträgt. Im ansonsten knietiefen Wasser watet so ziemlich jeder am Ufer entlang. Etwa 2 km vom Eli Creek entfernt liegt das Wrack der *Maheno*. Während des Abschleppens zu einem japanischen Abwrackplatz wurde das Passagierschiff 1935 von einem Wirbelsturm an Land gespült.

Rund 5 km nördlich der *Maheno* findet man mit den **Pinnacles** eine Ansammlung bunter Sandklippen. Nach weiteren 10 km kommt **Dundubara** in Sicht. Der daraufhin folgende Strandabschnitt (20 km) führt zu einer Felszunge mit dem besten Aussichtspunkt der Insel: Von der Spitze des **Indian Head** fällt der Blick häufig auf Haie, Mantarochen, Delfine und (saisonal) wandernde Wale.

Beim Indian Head zweigt der Weg ins Inselinnere ab und passiert mit den **Champagne Pools** Frasers einzige Stelle, die sicheres Schwimmen im Meer ermöglicht. Dann geht's zurück zum **Waddy Point** und zur letzten Inselsiedlung namens **Orchid Beach.** Nördlich von hier sind viele Wege aus Gründen des Naturschutzes gesperrt. Der 30 km lange Strandabschnitt zum **Sandy Cape** – Frasers Nordspitze mit Leuchtturm – ist für Mietautos tabu. Generelles Fahrzeugverbot herrscht am Strand zwischen Sandy Cape und Rooney Point sowie auf der Straße von Orchid Beach zur **Platypus Bay** an der Westküste.

Auf der Insel starten **MI Helicopters** (☎07-4125 1599, 1800 600 345; www.mihelicopters.com.au; 25-minütige Flüge 230 AU$) und **Air Fraser** (☎1800 600 345, 07-4125 3600; www.airfraserisland.co.au; Hin- & Rückflug am selben Tag von Hervey Bay 125 AU$) zu Rundflügen.

> **FRASER ISLAND GREAT WALK**
>
> Der 2004 eröffnete Fraser Island Great Walk (90 km) ist eine tolle Option, um die ganze Vielfalt dieser rätselhaften Insel zu erleben. Durch deren Inneres windet sich der Weg vom Dilli Village nach Happy Valley. Die einzelnen Abschnitte (6–16 km) der Route werden durch diverse Abzweigungen ergänzt und folgen den Pfaden der indigenen Butchulla. Dabei geht's durch Regenwälder und Wanderdünen sowie an einigen der Inselseen entlang.
>
> Vor dem Start sollte man sich die Broschüre *Fraser Island Great Walk* besorgen (bei QPWS-Büros oder als Download unter www.derm.qld.gov.au) und Infos zu den aktuellen Wanderbedingungen einholen. Campingplätze im Voraus buchen

Schlafen & Essen

Camping beschert einem bei weitem das beste Inselerlebnis. Allerdings empfiehlt sich entsprechende Vorbereitung, da Lebensmittel auf der Insel sehr teuer sind. Auf QPWS-Plätzen und an allen öffentlich zugänglichen Orten (z. B. am Strand) erfordert Camping eine Genehmigung. Am Oststrand, an dem es keine Einrichtungen gibt, darf man an ausgewiesenen Stellen campieren. Offenes Feuer ist nur an den öffentlichen Feuerstellen von Waddy Point und Dundubara erlaubt.

Dilli Village Fraser Island CAMPING $
(☎07-4127 9130; Stellplatz ohne/mit Strom 20/30 AU$, B/Hütte 40/100 AU$) Der gepflegte Platz auf einer leichten Anhöhe wird von der University of the Sunshine Coast geleitet.

QPWS Camping Grounds CAMPING $
(Stellplatz pro Pers./Fam. 5,85/21,80 AU$) Die QPWS-Campingplätze mit den meisten Einrichtungen findet man bei **Waddy Point**, Dundubara und **Central Station**. Dort gibt's jeweils Toiletten, Grillstellen und Warmwasserduschen mit Münzautomaten. Selbstfahrer können auch die kleineren, einfacheren Gelände am **Lake Boomanjin** bzw. bei **Ungowa** und **Wathumba** an der Westküste ansteuern. Abseits der Hauptcampingplätze säumen zudem reine Wanderercamps

Fraser Island

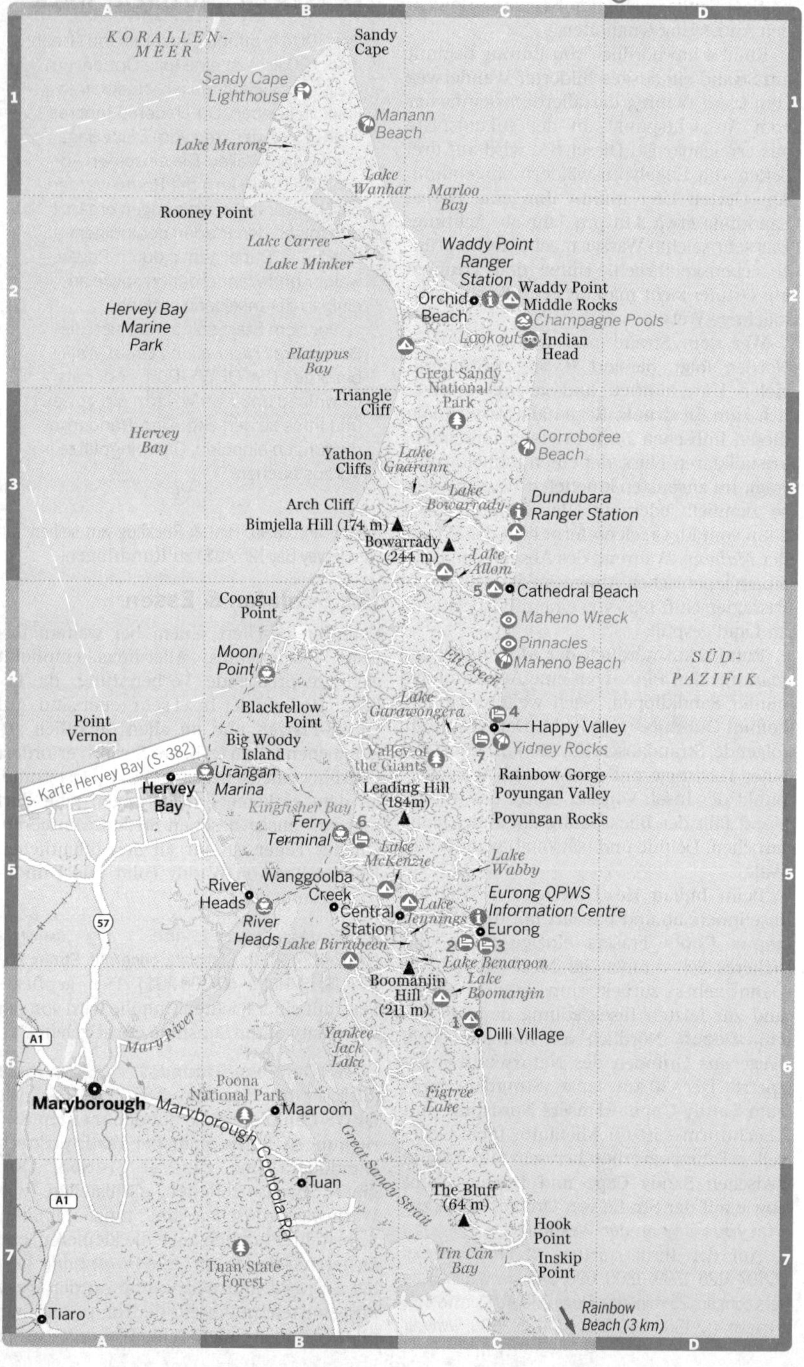

Fraser Island

Schlafen

den Fraser Island Great Walk (für Lage und Einrichtungen s. Wegekarte).

Fraser Island Retreat HÜTTEN **$$**
(☎07-4127 9144; www.fraserisretreat.com.au; Happy Valley; Hütte 330 AU$/2 Übern.; @ 📶 ≋) Die frühere Backpacker-Lodge mit eigenem Restaurant und Laden bietet eines der besten Preis-Leistungs-Verhältnisse auf Fraser Island. Die neun Holzhütten für maximal vier Personen besitzen zwar keine Einrichtungen für Selbstversorger, sind aber hell und luftig. Das Gelände punktet mit dichter Tropenvegetation und großer Nähe zur Wildnis des Happy Valley Beach.

Fraser Island Beachhouses FERIENHÄUSER **$$**
(☎07-4127 9205, 1800 626 230; www.fraserislandbeachhouses.com.au; Eurong Second Valley; 2 Übernachtungen im Wohnstudio 300 AU$, in Ferienhaus mit 2 Schlafzi. ab 700 AU$; ≋) Die sonnigen Wohneinheiten für Selbstversorger sind ein Riesenspaß für Kleingruppen, die auf gewisse Privatsphäre nebst Meerblick stehen. Die Ausstattung umfasst u.a. poliertes Holz und Kabel-TV.

Eurong Beach Resort RESORT **$$**
(☎07-4120 1600, 1800 111 808; www.eurong.com.au; Eurong; Zi./Apt. mit 2 Schlafzi. 135/185 AU$, Hauptgerichte 18–40 AU$; ⏲morgens, mittags & abends; ❄ @ ≋) Das freundliche Mittelklasseresort an der Ostküste vermietet Motelzimmer und Apartments mit anständigem Preis-Leistungs-Verhältnis. Bei beiden Optionen wählt man idealerweise ein Quartier mit Blick aufs Korallenmeer. Zum Gelände gehören auch ein Getränkeshop, eine Tankstelle, ein ziemlich gutes Restaurant im Kneipenstil und ein Lagunenpool. An Letzterem geht's wie in der hauseigenen Beach Bar sehr gesellig zu.

Kingfisher Bay Resort RESORT **$$**
(☎07-4194 9300, 1800 072 555; www.kingfisherbay.com; Kingfisher Bay; DZ/Villa mit 2 Schlafzi. 188/228 AU$; ❄ @ ≋) 🍃 In der Hauptsaison (dann 3 Mindestübernachtungen) verzeichnet das auch ansonsten leicht überlaufene Resort zahllose Tagesbesucher. Nichtsdestotrotz bieten die Zimmer eigene Balkone, moderne Küchen und großzügige Ausstattung. Die Holzvillen am Strand sind sogar echte Juwelen. Zudem gibt's hier Restaurants, Bars, Läden und tägliche Inseltouren (Erw./Kind 155/105 AU$).

Frasers@Cathedral Beach CAMPING **$$**
(☎07-4127 9177; www.cathedralsonfraser.com.au; Cathedral Beach; Stellplatz ohne/mit Strom 39/45 AU$, Hütte mit/ohne Bad 220/180 AU$; @) Weitläufiger, privat geführter Familien-Favorit mit vielen flachen Rasenstellplätzen.

Sailfish on Fraser APARTMENTS **$$$**
(☎07-4127 9494; www.sailfishonfraser.com.au; DZ ab 230–250 AU$, zzgl. 10 AU$/weitere Pers.; ≋) Die sehr geräumigen Apartments mit jeweils zwei Schlafzimmern, Whirlpools und modernen Extras wirken etwas abgenutzt, sind aber immer noch ungemein komfortabel und haben teilweise deckenhohe Glastüren. Hinzu kommen ein guter Pool und eine Waschstelle für Geländewagen.

ℹ Praktische Informationen

Läden in Cathedral Beach, Eurong, Kingfisher Bay, Happy Valley und Orchid Beach verkaufen Lebensmittel sowie teures Benzin.

Das **Eurong QPWS Information Centre** (☎07-4127 9128) in Eurong ist die Rangerzentrale. Weitere Stationen gibt's in **Dundubara** (☎07-4127 9138) und **Waddy Point** (☎07-4127 9190).

Der **Fraser Island Taxi Service** (☎07-4127 9188) bedient die ganze Insel. Die einfache Strecke Kingfisher Bay–Eurong kostet 80 AU$.

Wer eine Fahrzeugpanne hat, ruft beim **Abschleppdienst** (☎07-4127 9449, 0428 353 164; Eurong) an.

GENEHMIGUNGEN

Die obligatorischen Genehmigungen für Fahrzeuge (pro Monat/Jahr 42,15/211,30 AU$) und fürs Camping (pro Pers./Fam. 5,85/21,80 AU$) müssen bereits vor der Ankunft gekauft werden – am besten online (www.derm.qld.gov.au) oder direkt beim **QPWS** (☎13 74 68). Genehmigungen sind an folgenden Stellen erhältlich (für private Campingplätze bzw. Resorts sind keine Genehmigungen erforderlich):

Bundaberg QPWS Office (☎07-4131 1600; 46 Quay St)

Great Sandy Information Centre (☎07-5449 7792; 240 Moorinidil St; ⏲8–16 Uhr) Nahe Noosa.

Marina Kiosk (☎07-4128 9800; Buccaneer Ave, Urangan Boat Harbour, Urangan; ⏰6–18 Uhr)

Maryborough QPWS Office (☎07-4121 1800; 20 Tennyson St; ⏰Mo–Fr 8.30–17 Uhr)

Rainbow Beach QPWS Office (☎07-5486 3160; Rainbow Beach Rd)

River Heads Information Kiosk (☎07-4125 8485; ⏰6.15–11.15 & 14–15.30 Uhr) Südlich von Hervey Bay am Fähranleger River Head

ℹ An- & Weiterreise

Autofähren verbinden Fraser Island mit River Heads (ca. 10 km südlich von Hervey Bay) oder dem weiter südlich gelegenen Inskip Point bei Rainbow Beach.

Fraser Island Barges (☎1800 227 437; www.fraserislandferry.com.au) schippert jeden Tag von River Heads nach Wanggoolba Creek an

SAFARIS IM SAND: FRASER ISLAND ERKUNDEN

Fraser Island kann nur im Geländewagen erkundet werden. Dabei hat man drei Möglichkeiten: Selbstfahrer-Touren mit Guide, geführte Touren oder Mietwagen.

Bitte immer den eigenen Einfluss auf diese kostbare Landschaft bedenken – und daher beim Wählen einer Besuchsoption nicht vergessen: Je mehr Einzelfahrzeuge auf der Insel unterwegs sind, desto größer die Schäden an Natur und Umwelt!

Selbstfahrer-Touren mit Guide

Bei diesem Backpacker-Favoriten verteilt sich jeweils eine Touristengruppe auf eine Jeepkolonne hinter einem Führungsfahrzeug mit erfahrenem Chauffeur bzw. Guide.

Vorteile: Flexibilität und die Chance, schnell neue Freunde zu finden.

Nachteile: Bei Gruppen, die nicht harmonieren, können drei Tage sehr lang werden. Unerfahrene Allradpiloten bleiben ständig im Sand stecken (was aber ein Teil des Vergnügens sein kann).

Drei Pauschaltage mit zwei Übernachtungen kosten ca. 300 bis 320 AU$ (zzgl. Benzin, Essen und Alkohol).

Geführte Touren

Geführte Pauschaltrips starten in Hervey Bay, Rainbow Beach und Noosa. Programm: Regenwälder, Eli Creek, Lake McKenzie und Wabby, die Pinnacles und das Wrack der *Maheno*.

Vorteile: Minimaler Aufwand, professioneller Begleitkommentar und optionaler Endpunkt (Rainbow Beach oder Noosa).

Nachteile: Bis zu 40 andere Teilnehmer in der Hauptsaison.

In Hervey Bay sind weitere Touranbieter ansässig.

➡ **Fraser Explorer Tours** (☎1800 249 122, 07-4194 9222; www.fraserexplorertours.com.au; 1-/2-tägige Touren 175/319 AU$) Beliebte Budgetoption.

➡ **Dropbear Tours** (☎1800 061 156, 0487 333 606; www.dropbearadventures.com.au; 3-tägige Tour 350 AU$) Neuer Veranstalter mit interessanter Dreitagestour; im Flashpackers (S. 356) zu finden.

➡ **Fraser Experience** (☎1800 689 819, 07-4124 4244; www.fraserexperience.com; 1-/2-tägige Touren 180/327 AU$) Kleine Gruppen und vergleichsweise flexiblerer Tourplan.

Mietwagen

Jeeps gibt's in Hervey Bay, Rainbow Beach und direkt auf Fraser Island. Planungsrelevant: Im Inselinneren kommt man durchschnittlich mit 20 km/h, am Oststrand mit ca. 40 km/h voran. Die meisten Jeepvermieter verleihen auch Campingausrüstung und helfen beim Organisieren von Fährpassagen oder Genehmigungen.

Vorteile: Absolute Erkundungsfreiheit, jederzeit Flucht vor Touristenscharen möglich.

Nachteile: Strand- und Pistenbedingungen, die selbst geübten Fahrern Probleme bereiten können.

Je nach Fahrzeugtyp beträgt der Mindesttarif bei mehrtägiger Mietdauer ca. 185 AU$ pro Tag. **Aussie Trax 4WD** (☎07-4124 4433, 1800 062 275; www.fraserisland4wd.com.au; Kingfisher Bay Resort; ab 227 AU$/Tag) verleiht Jeeps vor Ort.

Fraser Islands Westküste (Auto inkl. 4 Pers. hin & zurück 155 AU$, 30 Min., 8.30, 10.15 & 16 Uhr, in Gegenrichtung 9, 15 & 17 Uhr).

Die **Kingfisher Vehicular Ferry** (☎1800 072 555; www.fraserislandferry.com) bringt Autos und Passagiere täglich von River Heads zur Kingfisher Bay (Fußgänger Erw./Kind hin & zurück 50/25 AU$, Auto inkl. 4 Pers. hin & zurück 155 AU$, 50 Min., 6.45, 9, 12.30, 15.30, 18.45 & 21.30 Uhr, in Gegenrichtung 7.50, 10.30, 14, 17, 20.30 & 23 Uhr).

Nach dem Ablegen in Rainbow Beach pendeln **Rainbow Venture & Fraser Explorer** (☎07-4194 9300; Fußgänger/Auto hin & zurück 10/80 AU$) und **Manta Ray** (☎07-5486 8888; Auto hin & zurück 90 AU$) jeweils auf der Route Inskip Point–Hook Point (15 Min.; tgl. ca. 7–17.30 Uhr, durchgängig).

Air Fraser Island (☎07-4125 3600; www.airfraserisland.com.au) fliegt vom Flugplatz Hervey Bay zum Oststrand der Insel (hin & zurück 125 AU$, einfache Strecke 20 Min.).

Gympie

18 602 EW.

In den 1860er-Jahren verhinderte Gympies Gold den drohenden Bankrott Queenslands. Seit damals ist hier aber nicht mehr allzu viel passiert. Trotz ein paar historischer Hauptstraßengebäude fahren die meisten Traveller einfach auf dem Bruce Hwy am Zentrum vorbei.

Jeden August pilgern australische Country-Fans zum **Gympie Muster** (www.muster.com.au), das zudem Nichtkenner prima an diese Musik heranführt. Jeden Oktober findet obendrein das einwöchige **Gold Rush Festival** (www.goldrush.org.au) statt.

Das **Woodworks Forestry & Timber Museum** (Ecke Fraser Rd & Bruce Hwy; Eintritt 5 AU$; ⏲Mo–Sa 10–16 Uhr) am Highway südlich der Stadt zeigt ein paar interessante Erinnerungsstücke aus hiesigen Holzfällertagen. Der **Valley Rattler** (☎07-5482 2750; www.thevalleyrattler.com; Halbtagestour Erw./Kind 34/10 AU$, Tagestour 50/25 AU$; ⏲Halbtagestouren 9.30, 11.30 & 13.45 Uhr) ist ein restaurierter Dampfzug von 1923, der mittwochs und sonntags um 10 Uhr an der Tozer St abfährt.

Das renovierte **Royal Hotel** (☎07-5482 1144; www.theroyalgympie.com.au; 190 Mary St; DZ/3BZ 120/130 AU$; P ❄ 📶) mit seinem beliebten Barrestaurant vermietet auch hübsche Kneipenzimmer. **The Decks** (☎07-5483 8888; 250 Mary St; Hauptgerichte 12–34 AU$; ⏲tgl. morgens & mittags, Mi–Sa abends) verköstigt alle Gesellschaftsschichten mit gutbürgerlichem Frühstück.

Greyhound Australia (☎1300 473 946; www.greyhound.com.au) und **Premier Motor Service** (☎13 34 10; www.premierms.com.au) bedienen Gympie ab Noosa (28 AU$, 2 Std.) oder Hervey Bay (31 AU$, 1¼ Std.). Alle Fernbusse halten vor dem Wartehäuschen am Jaycee Way hinter der Mary St. **Polley's Coaches** (☎07-5480 4500; Pinewood Ave) schickt Busse von Gympie nach Rainbow Beach (18 AU$, 1¾ Std., werktags 13.15 Uhr), die vor dem Sovereign Cinema an der Ecke Monkland/O'Connell St starten.

Rainbow Beach

1100 EW.

Beim großartigen Nest Rainbow Beach am Fuß der Inskip Peninsula erheben sich spektakuläre, kunterbunte Sandsteinklippen hinter einem weißen Sandstrand mit wogender Brandung. Der entspannte Ort ist bislang nur mittelstark besucht und bietet Bewegungshungrigen jede Menge Möglichkeiten. Mit leichtem Zugang zu Fraser Island (nur 15 Min. mit der Fähre) und zur Cooloola Section des Great Sandy National Park gilt er nunmehr als Juwel unter Queenslands schönen Küstensiedlungen.

Rainbow Beach ist nach seinen **bunten Sandsteinklippen** benannt, die mit einem Strandspaziergang (2 km) erreichbar sind. Am Südende des Cooloola Dr führt ein Fahrweg (600 m) entlang der Klippen zur spektakulären **Carlo Sandblow**, einer 120 m hohen Düne.

Aktivitäten

Zu den diversen **Campingplätzen** (www.derm.qld.gov.au; pro Pers./Fam. 5,15/20,60 AU$) in der Cooloola Section des **Great Sandy National Park** (S. 366) gehört auch ein herrlicher Abschnitt des Teewah Beach. Interessenten sollten online reservieren und benötigen zudem eine Genehmigung für Geländewagen (www.derm.qld.gov.au; pro Tag/Woche/Monat 10/25/40 AU$).

Den ganzen Nationalpark durchziehen Buschwanderwege wie der **Cooloola Wilderness Trail** (46,2 km), der abseits der Rainbow Beach Rd am Mullens-Parkplatz beginnt und nahe dem Lake Cooloola endet. Karten gibt's beim **QPWS** (☎07-5486 3160; Rainbow Beach Rd).

Surf & Sand Safaris AUTO-TOUR
(☎07-5486 3131; www.surfandsandsafaris.com.au; Erw./Kind 75/40 AU$) Wer kein eigenes

Fahrzeug hat und die Gegend über den eigentlichen Rainbow Beach hinaus erkunden möchte, kann mit diesen tollen Halbtagestouren durch den Nationalpark zum Double Island Point fahren.

Rainbow Beach Dolphin View Sea Kayaking KAJAKFAHREN
(☎0408 738 192; Shop 1, 6 Rainbow Beach Rd; 3-stündige Touren 65 AU$/Pers.) Kajaktouren ab dem Rainbow Beach Surf Centre.

Rainbow Beach Surf School SURFEN
(☎0408 738 192; www.rainbowbeachsurfschool.com; 3-stündiger Surfkurs 55 AU$) Die Inhaber der Kajakfirma ermöglichen auch Hang-Ten-Surfmanöver auf einem langen, sicheren Beach Break.

Rainbow Paragliding GLEITSCHIRMFLIEGEN
(☎0418 754 157, 07-5486 3048; www.paragliding rainbow.com; Gleitschirmflug 180 AU$) Tandemflüge mit einem renommierten Anbieter.

Skydive Rainbow Beach FALLSCHIRMSPRINGEN
(☎0418 218 358; www.skydiverainbowbeach.com; Fallschirmsprünge aus 2438/4267 m Höhe 299/369 AU$) Für einen Erstversuch so gut wie jede andere Fallschirmfirma auf der Welt.

Wolf Rock Dive Centre TAUCHEN
(☎0438 740 811, 07-5486 8004; www.wolfrockdive.com.au; Chartertouren mit 2 Tauchgängen ab 210 AU$) Sandtigerhaie und viele gruselige Felskanten an einem von Australiens besten Tauchspots.

Schlafen

Die meisten Unterkünfte liegen an der Spectrum St und bergaufwärts Richtung Carlo Sandblow. Die drei größten Hostels organisieren Jeeptouren nach Fraser Island.

Rainbow Beach Hire-a-Camp CAMPINGVERLEIH
(☎07-5486 8633; www.rainbow-beach-hire-a-camp.com.au; pro Tag/Übernachtung 30/50 AU$) Behebt den Mangel an Campingausrüstung mit Kompetenz und Stil.

★ **Debbie's Place** B&B $
(☎07-5486 3506; www.rainbowbeachaccommoda tion.com.au; 30 Kurana St; DZ/Suite ab 99/109 AU$, Apt. mit 3 Schlafzi. ab 260 AU$; ❄) Diese menschen- und haustierfreundliche lokale Institution in einem hölzernen Queenslander bietet ein super Preis-Leistungs-Verhältnis. Die namengebende Inhaberin tut alles dafür, dass sich ihre Gäste in den Selbstversorgerzimmern mit eigenen Eingängen wohlfühlen. Ein Pluspunkt sind auch die Gemeinschaftsküchen in den Freiluftbereichen.

Pippies Beach House HOSTEL $
(☎1800 425 356; www.pippiesbeachhouse.com.au; 22 Spectrum St; B/DZ 24/65 AU$; ❄@📶🏊) Im familiengeführten Pippies kann man in Outdoor-Pausen prima Kontakte knüpfen. Das kostenlose Frühstück, Gratis-WLAN und der Boogieboard-Verleih sind willkommene Extras. Wie so oft an diesem Küstenabschnitt wirken die Bäder bzw. Küchen auch hier etwas beengt und gammlig.

Fraser's on Rainbow YHA HOSTEL $
(☎1800 100 170; www.frasersonrainbow.com; 18 Spectrum St; B/DZ ab 25/65 AU$; @🏊) Die sauberen, gefliesten Zimmer im Motelstil sind ziemlich charakterlos. Dafür ist in der Freiluftbar auch an den meisten Abenden immer ordentlich was los. Essen wird hier ebenfalls serviert.

Rainbow Beach Holiday Village CAMPING $
(☎1300 366 596; www.beach-village.com; 13 Rainbow Beach Rd; Stellplatz ohne/mit Strom ab 27/34 AU$, Hütte ab 90 AU$; ❄🏊) Hervorragender, beliebter Park (2 ha) mit Blick auf Strand und Meer.

Plantation Resort APARTMENTS $$$
(☎07-5486 9000; www.plantationresortatrainbow.com.au; 1 Rainbow Beach Rd; Apt. mit 1 Schlafzi. ab 199 AU$; ❄@🏊) Die noblen Apartments mit perfektem Meerblick verbreiten ihren eleganten Strandchic direkt im Ortszentrum. Korbmöbel im Freien und Zimmer im Plantagenstil lassen Gäste direkt nach dem nächstbesten Gin Tonic greifen.

Rainbow Sea Resort APARTMENTS $$$
(☎07-5486 3555; www.rainbowsea.com.au; 3 Oceanview Pde; DZ ab 270 AU$; P❄📶🏊) Der neue mehrgeschossige Apartmentkomplex profitiert stark von seinem erhöhten Standort mit Blick auf den nahen Rainbow Beach. Die geräumigen, hellen Suiten punkten mit riesigen Balkonen. Allerdings wirken manche Möbelstücke, als ob sie bald das Zeitliche segnen würden.

Essen

An der Rainbow Beach Rd finden Selbstversorger einen Supermarkt.

Creme de la Creme EIS $
(☎07-5486 8889; Shop 2, 1 Rainbow Beach Rd; 3 AU$/Eiskugel) Bananensplit, Spider (Eis-

creme-Soda) und Slushies (halbgefrorene Erfrischungsgetränke) runden hier einen perfekten Strandtag ab.

Waterview Bistro MODERN-AUSTRALISCH $$
(☎ 07-5486 8344; Cooloola Dr; Hauptgerichte 26–35 AU$; ⏲ Mi–Sa mittags & abends, So mittags) Sundowner sind Pflicht in diesem schicken Hügelrestaurant, das mit einem traumhaften Blick auf Fraser Island aufwartet. Am besten das Mittagsmenü (19 AU$ inkl. ein Glas Wein) oder die sämige Seafood-Suppe nach Art des Hauses (22 AU$) ausprobieren.

Rainbow Beach Hotel KNEIPE $$
(1 Rainbow Beach Rd; Hauptgerichte 15–35 AU$; ⏲ mittags & abends) Der herausgeputzte Pub präsentiert den Plantagenstil mit Palmen, Deckenventilatoren, Holzfußböden und Korbmöbeln. Probierenswert sind beispielsweise die Seafood-Paella (28 AU$) oder die Spaghettini mit Chili (22 AU$). Der oben gelegene Balkon is hervorragend für Sundowner geeignet.

Cafe Jilarty CAFÉ $$
(12 Rainbow Beach Rd; Hauptgerichte 10–30 AU$; ⏲ morgens, mittags & abends) Trotz Namenbzw. Inhaberwechsels sind Kaffee, Kuchen und Snacks hier genauso lecker wie zuvor.

Rainbow Beach SLSC SURFCLUB $$
(☎ 07-5486 3249; Wide Bay Esplanade; Hauptgerichte 15–25 AU$; ⏲ mittags & abends; P ❄) Der Service des urig-klassischen Einheimischentreffs mit Gammelteppichen ist mitunter ein wenig lahm. Dafür gibt's hier herausragendes Essen wie gemischte Fajitas (26 AU$), leckere Fischburger (15 AU$) oder Fisch mit Macadamia-Nüssen und Mangosauce (23 AU$).

ℹ Anreise & Unterwegs vor Ort

Greyhound Australia (☎ 1300 473 946; www.greyhound.com.au) und **Premier Motor Service** (☎ 13 34 10; www.premierms.com.au) fahren täglich von Brisbane (46 AU$, 5 Std.), Noosa (30 AU$, 3 Std.) oder Hervey Bay (26 AU$, 2 Std.) aus hierher.

Die meisten Geländewagenvermieter verleihen auch Campingausrüstung und helfen beim Organisieren von Fährpassagen oder Genehmigungen. Dies gilt z. B. für **All Trax 4WD Hire** (☎ 07-5486 8767; www.fraserisland4x4.com.au; Rainbow Beach Rd, Shell-Tankstelle; ab 120 AU$/Tag) und **Rainbow Beach Adventure Centre 4WD Hire** (☎ 07-5486 3288; www.adventurecentre.com.au; Rainbow Beach Rd; ab 150 AU$/Tag).

Maryborough

1100 EW.

Das 1847 gegründete Maryborough gehört zu Queenslands ältesten Siedlungen. Im 19. Jh. schwankten Tausende freier Siedler am hiesigen Hafen von Bord, um ein besseres Leben in der neuen Heimat zu beginnen. Tradition und Geschichte sind die Stärken von Maryborough, dessen wunderschön restaurierte Kolonialbauten und würdevolle Queenslander-Häuser den Rhythmus der guten alten Zeit verkörpern.

Das bescheidene alte Provinzstädtchen ist auch der Geburtsort der Autorin P. L. Travers, die mit Mary Poppins das beliebteste aller schirmschwingenden Kindermädchen erfand. In wirtschaftlicher Hinsicht geht es Maryborough heute jedoch relativ schlecht.

Die Grünflächen, Museen und 13 denkmalgeschützten Gebäude von **Portside** (101 Wharf St; ⏲ Mo–Fr 10–16, Sa & So 10–13 Uhr) zeichnen ein anderes Bild der bunten Stadtgeschichte, indem sie z. B. von Raufbolden, Bordellen und Opiumhöhlen erzählen. Der **Brennan & Geraghty's Store** (64 Lennox St; Erw./Kind/Fam. 5,50/2,50/13,50 AU$; ⏲ 10–15 Uhr) ist ein Gemischtwarenladen aus dem 19. Jh., der zum Museum umgebaut wurde. Am Rathaus starten kostenlose **Stadtführungen** (Mo–Sa 9 Uhr).

Im Queen's Park gibt's Fahrten mit der **Mary Ann** (Erw./Kind 3/2 AU$, Do & letzter So des Monats), einem 1:1-Nachbau von Queenslands erster Dampflok. Letztere wurde 1873 in Maryborough gebaut.

Das hervorragende **Maryborough/Fraser Island Visitor Centre** (Kent St; ⏲ Mo–Fr 9–17, Sa & So 9–13 Uhr) befindet sich im 100 Jahre alten Rathaus.

Wer übernachten möchte, hat mit dem **Eco Queenslander** (☎ 0438 195 443; www.ecoqueenslander.com; 15 Treasure St; Ferienhaus 140 AU$) ein ganzes Wohnhaus zur Verfügung. Der grüne **Wallace Caravan Park & Units Motel** (☎ 07-4121 3970; www.wallacecaravanpark.com; 22 Ferry St; Stellplatz ohne/mit Strom 20/25 AU$, Hütte 75–85 AU$; ❄ ≋) liegt sehr praktisch. **McNevin's Parkway Motel** (☎ 1800 072 000; www.mcnevins.com.au; 188 John St; Zi. ab 125 AU$; ❄ @ ≋) punktet mit hellen, komfortablen Motelzimmern und einer äußerst hilfreichen Rezeption.

Das elegante Restaurant **Port Residence** (☎ 07-4123 5001; Wharf St, Customs House; Hauptgerichte 15–30 AU$; ⏲ Do–So morgens, mittags & abends) bietet Aussicht auf den Mary River, während das **Milosc** (☎ 07-4122 1741; Level 3, 333 Kent St; Kaffee/Kuchen 3/3 AU$; ⏲ Mo–Sa morgens & mittags) das bei Weitem beste Café der Stadt ist. Ein Ausgehabend beginnt am besten in der **Lounge 1868** (116 Wharf St; ⏲ Fr & Sa abends) im Customs House Hotel. Das reizende **Post Office Hotel** (☎ 07-4121 3289; Ecke Bazaar St & Wharf St) wurde 1889 von einem italienischen Architekten entworfen und ist ein beliebter After-Work-Treff.

Der Bahnhof Maryborough West bietet Anschluss nach Brisbane (60 AU$, 5 Std. mind. 4-mal wöchentl.) und liegt etwa 7 km westlich der Stadt an der Lennox St. Direkt nebenan befindet sich der Hauptbusbahnhof.

Wer nur nach Hervey Bay (8 AU$, 1 Std.) möchte, steigt vor dem Rathaus in einen der häufig verkehrenden Busse von Wide Bay Transit.

Hervey Bay

76 403 EW.

Als Haupttor zu Fraser Island hat sich Hervey Bay vom eher unbekannten Küsten-Kurort zum bodenständigen Touristenziel gemausert. Verantwortlich dafür sind eine hübsche Sandbucht mit milder Meeresbrise, stetige Resortentwicklung und große Schulen von Buckelwalen.

Sobald sich die Bars am Abend füllen, prägt das Gefühl jugendlicher Vorfreude die ungemein lange und oft verschlafen wirkende Promenade.

Angeblich ist dies die weltbeste Region zum Bewundern von Buckelwalen. Während deren großer Wanderung (Juli–Okt.) werden hier schlichte Fischerboote deshalb zu hochmodernen Beobachtungsfahrzeugen umgerüstet.

Vor allem am Ende der Zephyr St in Scarness ist die ruhige, flache Bucht ein sehr sicheres Schwimm- und Schnorchelrevier. Somit fallen saisonal auch viele Familien in Hervey Bay ein.

Sehenswertes

Reef World AQUARIUM
(☎ 07-4128 9828; Pulgul St, Urangan; Erw./Kind 18/9 AU$, Haitauchen 50 AU$; ⏲ 9.30–16 Uhr) In recht einfallslos gestalteten Räumlichkeiten sorgt hier sachkundiges, engagiertes Personal für ein anständiges Familienerlebnis. Besucher können Schildkröten füttern und mit harmlosen Haiarten wie Bronze- oder Zitronenhaien tauchen.

Botanic Gardens GARTEN
(Elizabeth St, Urangan; ⏲ 6.30–20.30 Uhr) Über 80 Vogelarten, Spazierwege und Teiche unter dichtem Laubwerk.

Fraser Coast Discovery Sphere MUSEUM
(☎ 07-4197 4207; www.frasercoastdiscoverysphere.com.au; 166 Old Maryborough Rd, Pialba; Erw./Kind/Fam. 7,50/5,50/20,50 AU$; ⏲ 10–16 Uhr) Die vielen Bildungsaktivitäten mit regionalem Bezug sind ideal für Kinder und neugierige Erwachsene.

Aktivitäten

Angeln

Die Angelmöglichkeiten im Bereich von Hervey Bay sind hervorragend. Viele Boote bieten Touren für Petrijünger an. Bei den Trips mit **MV Fighting Whiting** (☎ 07-4124 6599; www.fightingwhiting.com.au; Erw./Kind/Fam. 70/35/170 AU$) ist ein Mittagessen im Preis enthalten.

Bootsfahrten

Krystal Klear BOOTSFAHRT
(☎ 07-4128 9800; 5-stündige Touren Erw./Kind 90/50 AU$) An der Urangan Marina startet dieses 12,2 m lange Glasbodenboot zu Tagestouren mit Schnorcheln, Korallen bestaunen und tropischem Inselgrillen.

Fraser Island

Allrad-Abenteuer auf Fraser Island lassen sich in Hervey Bay sehr gut organisieren. Manche Hostels stellen Gruppen für Selbstfahrertrips zusammen. Dabei folgen maximal fünf Geländewagen einem Führungsjeep mit erfahrenem Chauffeur bzw. Guide. Dreitägige Campingausflüge mit zwei Übernachtungen kosten 300 bis 320 AU$ (zzgl. Essen, Benzin und Alkohol). Zu den Anbietern gehören z. B. **Fraser Roving** (☎ 1800 989 811, 07-4125 6386; www.fraserroving.com.au), **Nomads** (☎ 1800 354 535, 07-4125 3601; www.nomadshostels.com), **Next Backpackers** (☎ 07-4125 6600; www.nextbackpackers.com.au), **Palace Adventures** (☎ 1800 063 168; www.palaceadventures.com.au) und **Colonial Village YHA** (☎ 1800 818 280; www.cvyha.com).

Alternativ kann man mit einem Mietwagen auf eigene Faust losziehen (Achtung: Nichts für unerfahrene Offroad-Fahrer!).

Wassersport

Aquavue WASSERSPORT
(☎ 07-4125 5528; www.aquavue.com.au; The Esplanade) Aquavue bietet ausleihbare SeaKarts (Mix aus Windsurfbrett und Katamaran;

50 AU$/Std.), Kajaks (20 AU$/Std.) und Jetskis (50 AU$/15 Min.) sowie geführte Jetski-Touren nach Fraser Island (320 AU$) an. Zudem hat man hier die Chance, als erster im eigenen Freundeskreis das futuristische „Flyboarding“ auszuprobieren.

Enzo's on the Beach WASSERSPORT
(☎07-4124 6375) Hier gibt es Kurse im Kitesurfen (130 AU$/2 Std.) oder Stehpaddeln (1/2 Std. 30/40 AU$) plus Leihkajaks und -surfskis.

Noch mehr Aktivitäten

Skydive Hervey Bay FALLSCHIRMSPRINGEN
(☎0458 064 703; www.skydiveherveybay.com.au) Tandemsprünge aus 3658 m Höhe (325 AU$).

Susan River Homestead REITEN
(☎07-4121 6846; www.susanriver.com; Hervey Bay–Maryborough Rd; 2-stündige Ausritte 85 AU$) Auf halbem Weg zwischen Maryborough und Hervey Bay.

Feste & Events

Hervey Bay Whale Festival WALE
(www.herveybaywhalefestival.com.au; ⏲Anfang Aug.) Dieses Festival feiert die Rückkehr der Wale.

Schlafen

★ **Flashpackers** HOSTEL $
(☎07-4124 1366; www.flashpackersherveybay.com; 195 Torquay Tce, Torquay; B 25–30 AU$, DZ 70 AU$; ❄📶🏊) Dieses Hostel steht eine Straße hinter dem Strand und sollte eigentlich nicht nur in Hervey Bay als neue Messlatte für Backpacker-Bleiben dienen: Hier gibt's komfortable Schlafsäle mit viel Platz, Zimmer mit eigenen Bädern, zahlreiche Steckdosen, Leselampen, kraftvolle Duschen, ein

WALE BEOBACHTEN IN HERVEY BAY

Jedes Jahr (Aug.–Anfang Nov.) machen Tausende Buckelwale (*Megaptera novaeangliae*) in den geschützten Gewässern vor Hervey Bay Station, bevor sie ihre anstrengende Wanderung Richtung Süden bzw. Antarktis fortsetzen. Nach Paarung und Geburt in wärmeren Gefilden vor Nordostaustralien erreichen die Wale Hervey Bay in Verbänden von ca. zwölf Tieren (Schulen), die sich dann in zwei- oder dreiköpfige Kleingruppen aufteilen. Während ihres Aufenthalts vor Ort trinken die neugeborenen Walkälber jeweils ca. 600 l Milch pro Tag. So entwickeln sie ihre dicke Speckschicht, die in den eisigen Gewässern des Südens überlebenswichtig ist.

Das Beobachten dieser majestätischen Geschöpfe ist einfach atemberaubend: Buckelwale sind verspielte Kunstschwimmer, die mit den Brustflossen wedeln, ihre Schwänze herabklatschen lassen, hoch aus dem Meer schießen oder einfach „blasen“ (Atem ausstoßen). Neben den Tourbooten legen sie sich oft auf die Seite und heben ein Auge ganz aus dem Wasser – wer da dann wohl wen beobachtet?

Von der Urangan Marina aus fahren die Beobachtungsboote hinaus auf die Platypus Bay und flitzen dort von Schule zu Schule, um die aktivsten Wale zu finden. In dieser konkurrenzstarken Branche gibt's z. B. halbtägige Trips mit Frühstück oder Mittagessen (Erw./Kind ca. 115/60 AU$, 4 Std.). Die größeren Kähne ermöglichen Tagestouren (6 Std.) und bieten mehr Extras, erreichen die Platypus Bay aber erst nach ca. zwei Stunden. Beispiele für empfehlenswerte Anbieter:

- **Spirit of Hervey Bay** (☎1800 642 544; www.spiritofherveybay.com; ⏲8.30 & 13.30 Uhr) Größtes Boot mit den meisten Passagieren; Unterwasser-Horchgerät und -beobachtungsfenster.
- **That's Awesome** (☎1800 653 775; www.awesomeadventure.com.au; ⏲7, 10.30 & 14.30 Uhr) Das starre Schlauchboot erreicht die Wale schneller als alle anderen. Dank des niedrigen Decks ist man fast auf Augenhöhe mit den Meeresriesen.
- **Freedom Whale Watch** (☎1300 879 960; www.freedomwhalewatch.com.au; Erw./Kind 125/80 AU$; ⏲8.30 Uhr). Der preisgekrönte Anbieter bietet sechsstündige Touren an.
- **MV Tasman Venture** (☎1800 620 322; www.tasmanventure.com.au; ⏲8.30 & 13.30 Uhr) Maximal 80 Passagiere; Unterwassermikros und -beobachtungsfenster.
- **Blue Dolphin Marine Tours** (☎07-4124 9600; www.bluedolphintours.com.au; Erw./Kind 120/90 AU$ ⏲7.30 Uhr) Maximal 20 Passagiere auf einem 10 m langen Katamaran.

Hervey Bay

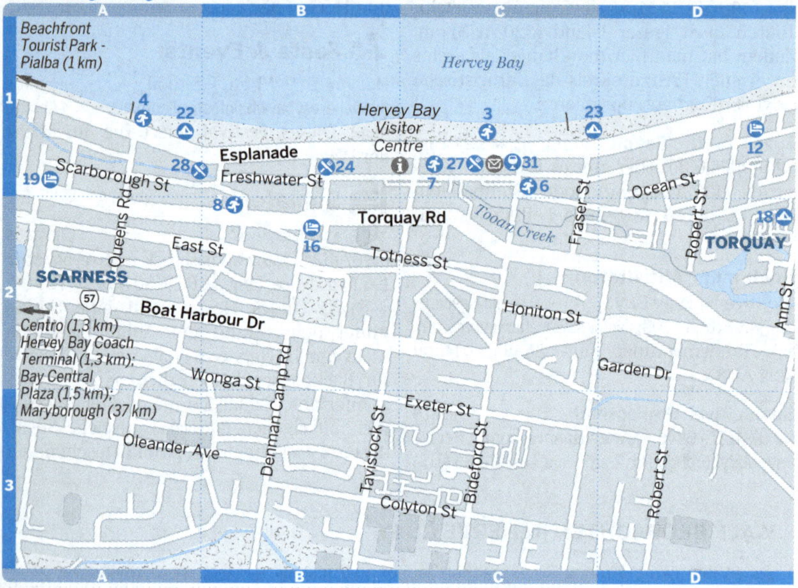

Hervey Bay

Sehenswertes
1 Botanic Gardens F2
2 Reef World H2

Aktivitäten, Kurse & Touren
3 Aquavue C1
Blue Dolphin Marine Tours .... (siehe 9)
4 Enzo's on the Beach A1
5 Krystal Klear H3
MV Tasman Venture .... (siehe 9)
6 Next Backpackers C1
7 Nomads C1
8 Palace Adventures B2
9 Spirit of Hervey Bay H2
That's Awesome .... (siehe 9)

Schlafen
10 Akama H3
11 Alexander Lakeside B&B E2
12 Australis Shelly Bay Resort D1
13 Bay B&B F1
14 Boat Harbour Resort G3
15 Colonial Village YHA G3
16 Flashpackers B2
17 Grange Resort F1
18 Happy Wanderer Village D2
19 Mango Eco Hostel A1
20 Peppers Pier Resort G1
21 Quarterdecks Harbour Retreat G3
22 Scarness Beachfront Tourist Park A1
23 Torquay Beachfront Tourist Park C1

Essen
Aquavue .... (siehe 3)
24 Black Dog Café B1
25 Boat Club H3
26 Café Balaena H2
27 Café Tapas C1
Enzo's on the Beach .... (siehe 4)
28 Hoolihan's A1
29 Pavilion by the Pier G1
30 Pier Restaurant E1

Ausgehen & Nachtleben
31 Viper C1

Gemeinschaftskühlraum und brandneue, blitzsaubere Gemeinschaftsbereiche.

Beachfront Tourist Parks CAMPING $
(www.beachfronttouristparks.com.au; Stellplatz ohne/mit Strom 25/36 AU$) Pialba (☎07-4128 1399; The Esplanade, Pialba); Scarness (☎07-4125 1578; The Esplanade, Scarness); Torquay (☎07-4125 1578; The Esplanade, Torquay) Dank ihrer direkten Lage an Hervey Bays herrlichem langen Sandstrand punkten die drei schattigen Parks alle mit dem bestmöglichem

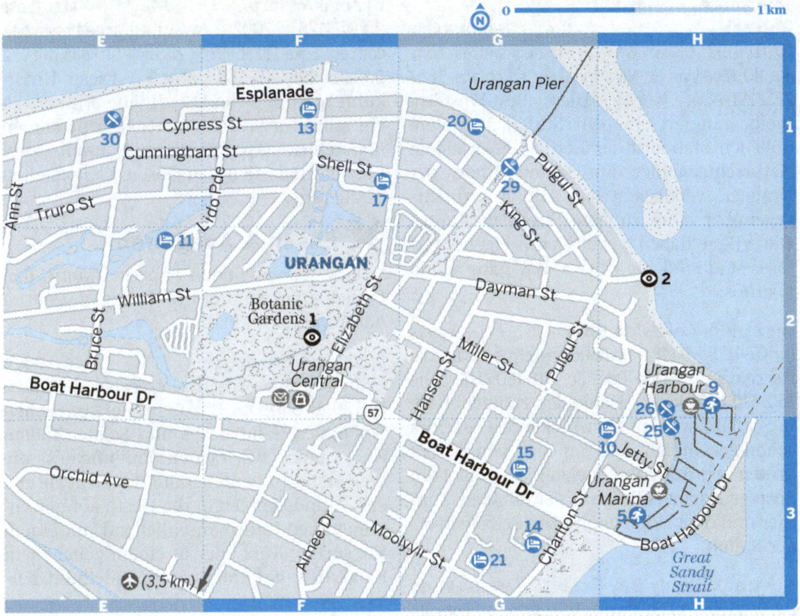

Meerblick. Torquay liegt mitten im Herzen der Action.

Colonial Village YHA HOSTEL $
(☎1800 818 280; www.cvyha.com; 820 Boat Harbour Dr; B/DZ/Hütte ab 32/56/70 AU$; ❄@🏊) Das sehr gut geführte, schön gestaltete Hostel auf 8 ha ruhigem Buschland steht nahe am Jachthafen und nur 50 m vom Strand entfernt. Zum freundlichen, bodenständigen Gemeinschaftsgefühl tragen viele Vögel, Musik in den Aufenthaltsbereichen und Zusatzeinrichtungen wie Basketball- oder Tennisplätze bei.

Mango Eco Hostel HOSTEL $
(☎07-4124 2832; www.mangohostel.net; 110 Torquay Rd, Mango Hostel; B/DZ 28/60 AU$; P❄📶) Wohl nichts für Pauschalurlauber: So vertraulich wie außergewöhnlich ist das kleine, farbenfrohe Hostel eine Art Traveller-Schlupfwinkel der alten Schule. Es wird von einem engagierten Einheimischen geleitet, der die Ausbeutung Fraser Islands offen verurteilt. Zur Auswahl stehen ein Schlafsaal mit vier Betten und zwei gemütliche Doppelzimmer. Die umlaufende Veranda mit Essbereich im Freien sorgt für Tropenfeeling.

Happy Wanderer Village CAMPING $
(☎07-4125 1103; www.happywanderer.com.au; 105 Truro St; Stellplatz ohne/mit Strom ab 30/35 AU$, Hütte/Villa ab 64/121 AU$; ❄📶🏊) Gepflegter Rasen und ein dichtes Eukalyptus-Blätterdach zeichnen die Zeltstellplätze des großen Parks aus.

Akama APARTMENTS $$
(☎07-4197 0777, 1800 770 661; www.akamaresort.com.au; 625 Charlton; Apt. mit 1/2 Schlafzi. ab 175/220 AU$; P❄🏊) Der moderne Großkomplex an einer ziemlich verkehrsreichen Straße in der Nähe des Jachthafens übertrifft sich innen selbst: Die riesigen Apartments warten mit weißer Einrichtung, eleganten Bädern und offenem Grundriss direkt aus dem Designkatalog auf. Hinzu kommen außergewöhnlich gutes Personal, ein ausgezeichneter Pool- und Grillbereich sowie breite Balkone mit Blick auf die ferne Fraser Island.

Bay B&B B&B $$
(☎07-4125 6919; www.baybedandbreakfast.com.au; 180 Cypress St; EZ 100 AU$, DZ 125–140 AU$; ❄@🏊) Das bodenständige B&B mit sehr gutem Preis-Leistungs-Verhältnis ist charmant genug, um mit den vielen regionalen Resorts konkurrieren zu können. Inhaber ist ein freundlicher, weit gereister Franzose nebst Ehefrau und Hund. Die Gästezimmer befinden sich in einem komfortablen Anbau hinter dem Haus, während das berühmte Frühstück in einem Tropengarten serviert wird.

Quarterdecks Harbour Retreat APARTMENTS **$$**
(☎07-4197 0888; www.quarterdecksretreat.com.au; 80 Moolyyir St; Villa mit 1/2/3 Schlafzi. 185/225/290 AU$; ❄📶🏊) Diese Best-Western-Bleibe rangiert ein paar Stufen über dem üblichen Standard der Kette: Neben einem Naturschutzgebiet am stillen Ende der Urangan verstecken sich die Apartments gegenüber eines ruhigen Strandabschnitts. Die Villen haben jeweils eine eigene Terrasse und sind für Hervey Bay ganz schön luxuriös.

Alexander Lakeside B&B B&B **$$**
(☎07-4128 9448; www.herveybaybedandbreakfast.com.au; 29 Lido Pde; Zi. 140–150 AU$, Suite 160–170 AU$; ❄📶) Dank der ruhigen Lage in Seenähe werden frühstückende Gäste des schön gestalteten Refugiums oft von Schildkröten begrüßt. Ein beheizter Whirlpool am Seeufer ergänzt die zwei geräumigen Zimmer und die beiden luxuriösen Selbstversorger-Suiten.

Australis Shelly Bay Resort APARTMENTS **$$**
(☎07-4125 4533; www.shellybayresort.com.au; 466 The Esplanade; Wohneinheit mit 1/2 Schlafzi. 180/195 AU$; ❄@🏊) Die in sich abgeschlossenen Wohneinheiten haben eine Spitzenlage an The Esplanade und bieten alle eine großartige Aussicht. Zudem gibt's hier freundliches, unaufdringliches Personal und kräftige Rabatte bei mehreren Übernachtungen.

Boat Harbour Resort APARTMENT **$$**
(☎07-4125 5079; www.boatharbourresort.net; 651–652 Charlton St; Wohnstudio/Bungalow ab 120/150 AU$; ❄📶🏊) Die hölzernen Behausungen liegen nahe der Hervey Bay Marina auf einem schönem Gelände. Die Wohnstudios haben große Terrassen, während sich die geräumigen Bungalows mit je zwei Schlafzimmern gut für Familien eignen.

Peppers Pier Resort RESORT **$$$**
(☎1300 737 444, 4194 9700; www.peppers.com.au/pier-resort; The Esplanade, Urangan; Suite mit 1/2 Schlafzi. ab 184/259 AU$; P❄🏊) Das neue Resort in einer aufstrebenden Stadtecke am Ende der Esplanade ist das Prunkstück unter Hervey Bays Spitzenklassehotels. Das reduzierte Peppers-Dekor und die intelligente Platzausnutzung lassen die Apartments mit Zimmerservice ziemlich opulent wirken. Der Pool ist der beste vor Ort, während sich das Restaurant an der Straße wohl nur für Sundowner empfiehlt.

Grange Resort RESORT **$$$**
(☎07-4125 2002; www.thegrange-herveybay.com.au; Ecke Elizabeth St & Shell St; Villa mit 1/2 Schlafzi. 195/225 AU$; ❄📶🏊) Diese Unterkunft in Strand- und Stadtnähe erinnert an ein stilvolles Wüstenresort. Hierfür sorgen u.a. schicke Apartments mit jeweils zwei Ebenen und allen luxuriösen Kleinigkeiten des Lebens.

Essen & Ausgehen

Selbstversorger finden Supermärkte in den Einkaufszentren Centro, Urangan Central und Bay Central Plaza.

Enzo's on the Beach CAFÉ **$**
(351A The Esplanade; Hauptgerichte 8–20 AU$; ⏲6.30–17 Uhr) Das Enzo's brilliert in Sachen Smoothies, Sandwiches und Salate. Zudem ist es eines der beiden Freiluftcafés, die Wassersport-Abenteuer auf der Straßenseite des Strands anbieten: die Gäste können ihren starken Kaffee anschließend mit einem Kitesurfing-Kurs oder in einem geliehenem Kajak bzw. auf einem Stehpaddelbrett herausschwitzen.

Aquavue CAFÉ **$**
(415 The Esplanade; Hauptgerichte 8–15 AU$; ⏲morgens & mittags) Von den beiden entspannen Lokalen mit Aqua-Aktivitäten soll dieses hier das preiswertere Frühstück servieren. Viele ausleihbare Wasserspielzeuge.

Black Dog Café FUSION **$$**
(☎07-4124 3177; 381 The Esplanade; Hauptgerichte 14–33 AU$; ⏲mittags & abends) Gegenüber vom Strand genießt man hier frische, kreative Seafood-Gerichte wie Fischcrêpes, Hummersalat oder japanischen *ebi okinoyami* (Garnelenpfannkuchen) bei entspanntem Service und fröhlicher Musik. Alternativ gibt's Schnitzel und Sandwiches ohne Meeresfrüchte zu jeweils erschwinglichen Preisen.

Boat Club KNEIPE **$$**
(☎07-4128 9643; Buccaneer Dve, Urangan; Hauptgerichte 17–29 AU$; ⏲mittags & abends) Ein Abend in The Hervey Bay Boat Club beweist Besuchern: Die Cafékultur an der Promenade hat wohl niemals eine Chance gegen das einheimische Faible für Mehrzweck-Unterhaltungstempel, die an Wasserflächen mit günstigen Getränken und Chancen bei kleinen Wetten vor Großbildleinwänden aufwarten. Auf die üppigen Kneipengerichte (fast immer mit Pommes) muss man eventuell eine Weile warten.

Café Tapas TAPAS $$
(417 The Esplanade; Tapas 7 AU$; ⏲mittags & abends) Cooler Schummerlicht-Laden mit asiatisch angehauchten Tapas, leckeren Cocktails, abgefahrenen Kunstwerken, roten Couches und niedrigen Tischen, auf denen bunte Lampen flackern.

Café Balaena CAFÉ $$
(☎07-4125 4799; Shop 7, Terminal Bldg, Buccaneer Ave; Hauptgerichte 10–25 AU$; ⏲tgl. morgens & mittags, Do–Mo abends) Im definitiv besten Ufercafé am Jachthafen reicht die breite Menüpalette von vielen erschwinglichen Seafood-Gerichten bis hin zu hervorragenden Fruchtsäften.

Pier Restaurant SEAFOOD $$
(☎07-4128 9699; 573 The Esplanade; Hauptgerichte 20–40 AU$; ⏲Mo–Sa abends) Obwohl dieses À-la-carte-Lokal am Wasser liegt, macht es nur wenig aus seinem Meerblick. Dennoch ist sein interessantes Seafood-Menü (u.a. Krokodil mit Jakobsmuscheln aus der Hervey Bay) verdientermaßen beliebt.

Hoolihan's KNEIPE $$
(382 The Esplanade; Hauptgerichte 16–27 AU$) Wie alle guten Irish Pubs ist das Hoolihan's vor allem bei Backpackern beliebt. Vielleicht liegt das ja an der alkohlgeschängerten Atmosphäre und den servierten Kalorienbomben.

Pavilion by the Pier MODERN-AUSTRALISCH $$$
(☎07-4125 2288; 1 Pier St; Hauptgerichte 19–39 AU$; ⏲Di morgens & mittags, Mi–So morgens, mittags & abends) Hervey Bays nobelste Adresse für ein Abendessen: In der Parklandschaft am alten Urangan-Pier wartet hier stilvoll präsentierte Küche bei netterAussicht.

Viper NACHTCLUB
(410 The Esplanade, Torquay; ⏲Mi, Fr & Sa 22–3 Uhr) Der neue Nachtclub mit pulsierendem Sound und energiegeladenem Publikum ist ein Rohdiamant, der sein Potential vor allem im Sommer zeigt.

ℹ Praktische Informationen

Hervey Bay Visitor Centre (☎1800 649 926; 401 The Esplanade; Internet 4 AU$/Std.) Freundliches, privat geführtes Buchungsbüro mit Internetzugang.

Hervey Bay Visitor Information Centre (☎1800 811 728; www.herveybaytourism.com.au; Ecke Urraween Rd & Maryborough Rd) Hilfreiche Touristeninformation am Stadtrand.

Mad Travel (☎07-4125 3601; 408 The Esplanade; Internet 4 AU$/Std.) Im Nomads ansässige Buchungsagentur für Touren und Aktivitäten; mit Internetzugang.

ℹ An- & Weiterreise

BUS

Am **Hervey Bay Coach Terminal** (☎07-4124 4000; Central Ave, Pialba) besteht regelmäßig Fernbusverbindung nach bzw. ab Brisbane (70 AU$, 5½ Std.), Maroochydore (45 AU$, 3½ Std.), Bundaberg (25 AU$, 1½ Std.) und Rockhampton (92 AU$, 6 Std.) Von der Urangan Marina fährt **Wide Bay Transit** (☎07-4121 3719) nach Maryborough (8 AU$, 1 Std.; werktags stündl., Wochenende seltener).

SCHIFF/FÄHRE

Fähren nach Fraser Island legen in River Heads (ca. 10 km weiter südlich) und an der Urangan Marina ab. Geführte Touren beginnen meist am Urangan Harbour.

ℹ Unterwegs vor Ort

Seega Rent a Car (☎07-4125 6008; 463 The Esplanade) vermietet Kleinwagen (ab 45–60 AU$/Tag).

Viele Anbieter machen Hervey Bay zum besten Ort, um Jeeps für Fraser Island auszuleihen:

Aussie Trax (☎1800 062 275; 56 Boat Harbour Dr, Pialba)

Fraser Island 4WD Hire (☎07-4125 6612; www.fraser4wdhire.com.au; 5 Kruger Ct, Urangan)

Hervey Bay Rent A Car (☎07-4194 6626) Verleiht auch Motorroller (30 AU$/Tag).

Safari 4WD Hire (☎1800 689 819; www.safari4wdhire.com.au; 102 Boat Harbour Dr, Pialba)

Childers

1630 EW.

Das hübsche Zuckerrohrstädtchen Childers ist eine der schöneren Zwischenstationen am stark befahrenen Bruce Hwy. Zwischen lakritzfarbenen Häusern und obstpflückenden Jugendlichen vertreten sich Traveller hier meist die Beine oder machen eine Kaffeepause draußen auf dem Land.

Etwas außerhalb des Ort bietet der **Sugarbowl Caravan Park** (☎07-4126 1521; 4660 Bruce Hwy; Stellplatz ohne/mit Strom 20/22 AU$, Hütte 66 AU$; @≋) einen spektakulären Blick auf die Umgebung, jede Menge Platz und viel Grün zwischen den Stellplätzen. Hier übernachten viele Backpacker, die auf Farmen arbeiten. Besser ist jedoch das freundliche, sehr saubere und nur mit dem Auto erreichbare **Childers Tourist Park & Camp** (☎07-4126 1371; 111 Stockyard Rd; pro 2

Pers. Stellplatz ohne/mit Strom 24/25 AU$, Standwohnwagen 66 AU$).

Rund 4 km südlich der Stadt steht das **Mango Hill B&B** (☎07-4126 1311; www.mangohillcottages.com; 8 Mango Hill Dr; EZ/DZ 90/120 AU$;) für herzliche, typisch ländliche Gastlichkeit: Handgefertige Holzmöbel, Country-Dekor und bequeme Betten geben seinen reizenden Hütten (früher von Zuckerrohrerntern bewohnt) viel romantischen Charme. Zum Haus gehört auch ein Bio-Weingut.

Das **Kape Centro** (65 Churchill St; Hauptgerichte 10–18 AU$; ⌚morgens & mittags) ist ein entzückendes Café in der alten Post. Südlich der Stadt führt eine Abzweigung zum **Mammino's** (115 Lucketts Rd; ⌚9–17 Uhr), das selbstgemachte Eiscreme mit echten Macadamia-Nüssen verkauft.

Childers liegt 50 km südwestlich von Bundaberg. **Greyhound Australia** (☎1300 473 946) und **Premier Motor Service** (☎13 34 10) halten an der Shell-Tankstelle nördlich des Orts. Beide bieten täglich Verbindungen nach/ab Brisbane (84 AU$, 6½ Std.), Hervey Bay (17 AU$, 1 Std.) und Bundaberg (24 AU$, 1½ Std.).

Bundaberg

60 000 EW.

„Bundy" wird von den meisten Travellern immer noch ignoriert – trotz des sehr guten Klimas, der korallengesäumten Strände und der wogenden Zuckerrohrfelder. Letztere sind die Basis für den berühmten Bundaberg-Rum. Dieser starke Gehirnvernebler ist zugleich eine heimliche australische Ikone.

Viele Backpacker kommen als Obstpflücker oder Farmhelfer nach Bundy. Urlauberfamilien und passionierte Surfer oder Taucher sind dagegen meist nur auf schneller Durchreise: Zu ihren Zielen gehören nahegelegene Küstendörfer wie **Bargara** (16 km weiter östlich) bzw. die atemberaubende Korallenbank bei den Barolin Rocks im Woongarra Marine Park

Anfang 2013 wurden Bundabergs ruhige, palmgesäumte Straßen von verheerenden Überflutungen heimgesucht. Viele Einheimische kämpfen bis heute mit den Folgen.

Sehenswertes

Bundaberg Rum Distillery BRENNEREI
(☎07-4131 2999; www.bundabergrum.com.au; Avenue St; ohne Führung Erw./Kind 15/7,50 AU$, mit Führung Erw./Kind 25/12,50 AU$; ⌚Mo–Fr 9–15.30, Sa & So 9–14.30 Uhr) Wer den Geruch von Melasse am Morgen liebt, kann bei den rollstuhlgerechten Werksführungen (1 Std., geschlossenes Schuhwerk erforderlich) jeweils zur vollen Stunde den ganzen Produktionsprozess verfolgen. Teilnehmer über 18 Jahren dürfen auch den fertigen Rum verkosten.

Botanic Gardens GARTEN
(Mt. Perry Rd; ⌚6–18.30 Uhr) Rund 2 km nördlich vom Zentrum bilden die botanischen Gärten eine grüne Oase mit Tropensträuchern, hohen Bäumen und Blumengärten rund um ein paar kleine Seen. Mittagspicknick mitbringen!

Hinkler Hall of Aviation MUSEUM
(www.hinklerhallofaviation.com; Mt. Perry Rd, Botanic Gardens; Erw./Kind/Fam. 15/10/40 AU$; ⌚9–16 Uhr) Dieses Museum in den botanischen Gärten empfängt Besucher mit Multimedia-Exponaten, einem Flugsimulator und informativen Ausstellungen zu Bert Hinkler. Ihm gelang 1928 der erste Alleinflug zwischen England und Australien.

Schlafen

Bundabergs Hostels sind auf arbeitende Backpacker eingestellt und vermitteln meist auch Erntehelferjobs. Der Standard variiert jedoch beträchtlich.

Bundaberg Spanish Motor Inn MOTEL $
(☎07-4152 5444; www.bundabergspanishmotorinn.com; 134 Woongarra St; EZ/DZ 95/105 AU$;) Das am besten geführte Budget-Motel der Stadt liegt ruhig abseits der Hauptstraße. Obwohl der Haciendastil etwas übertrieben wirkt, sind die in sich abgeschlossenen Wohneinheiten rund um einen Pool höchst komfortabel.

Bigfoot Backpackers HOSTEL $
(☎07-4152 3659; www.footprintsadventures.com.au; 66 Targo St; P) Das komfortable, freundliche Hostel im Zentrum organisiert neben jeder Menge Obstpflückerjobs auch hervorragende Schildkrötentouren nach Mon Repos. Etwas frische Farbe und eine vergleichsweise entspanntere Atmosphäre heben das Hostel von seinen vielen Konkurrenten ab.

Cellblock Backpackers HOSTEL $
(☎1800 837 773; Ecke Quay & Maryborough St; B pro Übern./Woche ab 28/165 AU$, DZ 70 AU$; @) Dieses „gerade so legale" Hostel in

einem denkmalgeschützten Ex-Gefängnis ist etwas für Hartgesottene: Die sieben restaurierten Zellen sind natürlich fensterlos, aber im Notfall komfortabel genug. Die wahre Action steigt jedoch am Pool, wo sich der Inhaber bis frühmorgens unter seine Gäste in der belebten Bar mischt. Wer sich auf all dies einstellt, wird es höchstwahrscheinlich lieben.

★Inglebrae B&B $$
(☎07-4154 4003; www.inglebrae.com; 17 Branyan St; Zi. inkl. Frühstück 120–150 AU$; ❄) Den wunderschön restaurierten Queenslander mit hervorragendem Preis-Leistungs-Verhältnis prägt mehr als nur ein Hauch Historie: Hier warten Buntglas, alter Krimskrams und erhöht stehende Himmelbetten auf die Gäste. Auch die Toilettenartikel, die Bettwäsche und das Frühstück auf der Veranda sind vom Feinsten.

Burnett Riverside Motel MOTEL $$
(☎07-4155 8777; www.burnettmotel.com.au; 7 Quay St; DZ 150–200 AU$; ❄) In zentraler Lage am Fluss empfängt Bundys teuerste Bleibe ihre Gäste mit dem beliebten Restaurant H2O und diversen Einrichtungen wie Sauna oder Fitnessraum. Die Zimmer sind für ihren Preis aber etwas zu muffig; auch das Mobiliar könnte eine Überholung vertragen.

Essen & Ausgehen

Rosie Blu FEINKOST $
(☎07-4151 0957; 90A Bourbong St; Hauptgerichte 9–19 AU$) Das schmale Feinkostcafé im Stadtzentrum verspricht prima Erholung von Bundys heißen Straßen. Zwischen Blumentapeten und Vintage-Möbeln unterhalten sich hier viele Einheimische leise bei hausgemachter Lasagne sowie bei Sandwiches, Pies oder Salaten.

Spicy Tonight FUSION $
(☎07-4154 3320; 1 Targo St; Gerichte 12–20 AU$; ⌚Mo–Sa mittags & abends; ✎) Diese Institution an einer Straßenecke verköstigt Fans der panasiatischen Küche mit scharfen Currys, Vegetarischem und Gerichten aus dem Wok oder Tandur. Die hohen Decken und der große Abstand zwischen den Tischen sind im Sommer sehr angenehm.

Indulge CAFÉ $
(80 Bourbong St; Gerichte 9–16 AU$; ⌚morgens & mittags) Lockt Gästescharen mit sehr gutem Kaffee und verlässlich gutem Essen (u.a. leckeren Backwaren, prima Frühstück).

DIE FEINEN DAMEN DER TIEFE

Am stillen Strand von Mon Repos (15 km nordöstlich von Bundaberg) kriechen Unechte Karettschildkröten mitten in der Nacht mühsam auf den Sand, um mit ihren Schwimmflossen flache Löcher zu schaufeln und diese mit ca. 100 Eiern zu füllen. Nach dem Bedecken der Gruben verschwinden sie wieder im Meer. Etwa acht Wochen später buddeln sich ihre Nachkommen in Scharen an die Oberfläche und wuseln im Schutz der Dunkelheit so schnell zum Wasser, wie es ihre Flossen erlauben. Das **Mon Repos Visitor Centre** (☎07-4153 8888; 271 Bourbong St) liefert Informationen zum Schildkrötenschutz und veranstaltet während der Brutsaison (Nov.–März) allabendlich geführte Touren (Erw./Kind 10/5,25 AU$; ab 19 Uhr). Buchungen sind obligatorisch und beim Bundaberg Visitor Centre oder online (www.bookbundabergregion.com.au) möglich.

Teaspoon CAFÉ $
(10 Targo St; Hauptgerichte 5–10 AU$; ⌚Mo–Sa 8–17 Uhr) Unkonventionelles kleines Café mit Bundys bestem Kaffee.

Les Chefs INTERNATIONAL $$
(☎07-4153 1770; 238 Bourbong St; Hauptgerichte 27 AU$; ⌚Di–Fr mittags, Mo–Sa abends) Bundys beliebtestes Restaurant serviert internationale Küche in riesigen Portionen. Auf der langen Karte stehen u.a. Hühnchen-Enchiladas (22 AU$), gegrillter Fisch (24 AU$), Kalbsschnitzel (25 AU$) und leckere Desserts. Alkohol ist selbst mitzubringen; der häufig sehr starke Betrieb macht eine Reservierung ratsam.

Spinnaker Restaurant & Bar MODERN-AUSTRALISCH $$
(☎07-4152 8033; 1A Quay St; Gerichte 10–40 AU$; ⌚Di–Fr mittags, Di–Sa abends) Nach hochwasserbedingter Renovierung serviert das Barrestaurant am Fluss nun wieder leckere Pizzas, anständige Tapas und starke Cocktails.

Restaurant MODERN-AUSTRALISCH $$
(☎07-4154 4589; Ecke Quay & Toonburra St; Hauptgerichte 25–35 AU$; ⌚Di–Sa abends) Dieses Barrestaurant am Fluss serviert schlichte Mod-Oz-Kost in einem einstigen Ruderbootschuppen. Das Innere wirkt etwas düster, während sich die Freilufttische auf der Holz-

terrasse sehr gut für einen ruhigen Drink eignen. Am Wochenende gibt's Livemusik.

Restaurant 55 ITALIENISCH $$
(☎07-4151 3038; 55-57 Walker St; Hauptgerichte 19–35 AU$; ⏲Di–Sa mittags & abends) Spitzenmäßiges Speisen ist nun auch in Bundy möglich: Die moderne italienische Küche des 55 liegt absolut auf Großstadtniveau. Hausgemachte Nudeln werden hier großartig mit frischem, einheimischem Seafood kombiniert. Die Gerichte mit Fisch und Lamm vom Grill sind so aromatisch wie appetitlich angerichtet. Zum Schluss genießt man am besten die Crème brûlée (13 AU$).

Club Hotel KNEIPE
(Ecke Tantitha & Bourbong St) Lounge-Bar mit relaxten Sitzecken und entspannter Musik.

Central Hotel NACHTCLUB
(18 Targo St) In Bundys heißestem Nachtclub kann man seine Tanzküste zeigen.

ℹ Praktische Informationen

Bundaberg Email Centre (197 Bourbong St; 4 AU$/Std.; ⏲10–22 Uhr) Internetzugang.

Bundaberg Visitor Centre (☎07-4153 8888, 1300 722 099; www.bundabergregion.info; 271 Bourbong St; ⏲9–17 Uhr)

QPWS (☎07-4131 1600; Targo St)

ℹ An- & Weiterreise

Von Bundabergs Fernbusbahnhof an der Targo St fahren sowohl **Greyhound Australia** (☎1300 473 946; www.greyhound.com.au) als auch **Premier Motor Service** (☎13 34 10; www.premierms.com.au) täglich nach Brisbane (95 AU$, 7 Std.), Hervey Bay (24 AU$, 1½ Std.) und Rockhampton (75 AU$, 4 Std.).

Die Busse von **Duffy's Coaches** (☎07-4151 4226) rollen nach Bargara (5 AU$, 35 Min.). Sie starten hinter dem Target (Woongarra St).

Im Dienste der **Queensland Rail** (☎13 12 30; www.queenslandrail.com.au) fahren *Sunlander* (68 AU$, 7 Std., 3-mal wöchentl.) und *Tilt Train* (68 AU$, 5 Std., So–Fr) auf ihrem jeweiligen Weg nach Cairns bzw. Rockhampton von Brisbane nach Bundaberg.

Bundabergs **Hinkler Airport** (Takalvan St) liegt ca. 4 km südwestlich vom Zentrum. **QantasLink** (☎13 13 13; www.qantas.com.au) fliegt drei oder vier Mal täglich nach Brisbane.

CAPRICORN COAST

Die pulvrigen, weißen Superstrände und aquamarinblauen Gewässer rund um die Tropeninseln bzw. Korallenatolle der Capricorn Coast erfüllen perfekt das Ansichtskarten-Image. Die friedvollen Eilande des südlichen Great Barrier Reef (vor allem Heron und Lady Elliot Island) bieten einige der besten Tauch- und Schnorchelmöglichkeiten Queenslands. Vom reizenden Byfield bis zum charmanten Town of 1770 säumen zudem entlegene Strände und windgepeitschte Nationalparks die gesamte Küstenlinie.

Landeinwärts überragen die verwitterten Hochplateaus der Great Dividing Range das Tiefland. Ihre spektakulären Steilstufen aus Sandstein prägen vor allem die Nationalparks Carnarvon und Blackdown Tableland, wo viele tiefe Schluchten, Wasserfälle und Felsbilder der Aborigines warten.

Southern Reef Islands

Eines der Highlights der Capricorn Coast findet sich 80 km nordöstlich von Bundaberg. Üppig bewachsene, goldfarbene Inseln liegen im spiegelglatten, azurblauen Meer. Immer mehr clevere Urlauber entscheiden sich für diesen Teil des Great Barrier Reef – und das aus gutem Grund. Rund um Lady Elliot und Lady Musgrave kommen abenteuerlustige, erfahrene Taucher auf ihre Kosten, während man vor der abgeschiedenen Heron Island quasi durchs Unterwasserparadies waten kann.

Die meisten Besucher nutzen Town of 1770 und außerdem Hervey Bay oder Bundaberg als Sprungbrett für einen Besuch der Inseln. Organisierte Touren (ab 175 AU$) besuchen verschiedene Strände und zum Schnorcheln geeignete Abschnitte; ein Mittagessen ist im Preis enthalten. Alternativ kann man auf Lady Musgrave zelten oder es sich im Resort auf Lady Elliot mal so richtig gut gehen lassen.

Lady Elliot Island

Die 40 ha große Lady Elliot Island am Südrand des Great Barrier Reef ist ein bewachsenes Korallenatoll, das von Tauchern, Schnorchlern und brütenden Meeresschildkröten geschätzt wird. Hier brüten und nisten auch viele tropische Seevogelarten. Das Highlight ist aber die atemberaubende Unterwasserwelt: Direkt vom Strand aus können Taucher einen Meeresboden voller Schiffswracks, Korallengärten, Bommies (einzeln stehende Korallenfelsen bzw. -säulen) und Spritzlöcher erkunden. Der große maritime Artenreichtum umfasst z.B. Barrakudas, riesige Mantarochen und harmlose Leopardenhaie.

Lady Elliot Island ist kein Nationalpark. Wegen des Campingverbots bleibt zum Übernachten nur das **Lady Elliot Island Resort** (☎1800 072 200; www.ladyelliot.com.au; 147–350 AU$/Pers.). Das Resort ist zwar die einzige Unterkunft auf der Insel, hat aber für eine Bleibe am Rand des Paradieses ein hervorragendes Preis-Leistungs-Verhältnis. In nächster Nähe zum Sand gibt's hier Zelthütten, einfache Wohneinheiten im Motelstil und teurere Selbstversorger-Suiten mit zwei Schlafzimmern. Die Preise beinhalten jeweils Frühstück, Abendessen, Schnorchelausrüstung und sogar noch einige geführte Touren.

Lady Musgrave Island

Möchtegern-Robinsons müssen nicht länger suchen. Rund 100 km nordöstlich von Bundaberg liegt dieses winzige Atoll (15 ha) am Westrand einer tollen türkisblauen Rifflagune, die für sicheres Schwimmen, Tauchen und Schnorcheln bekannt ist. Ein makelloser weißer Sandstrand säumt hier dichte Pisonienwälder voller Schwarmvögel (z.B. Seeschwalben, Sturmtaucher, Weißkopfnoddis). Die Vögel brüten von Oktober bis April, die Schildkröten von November bis Februar.

Die unbewohnte Insel gehört zum Capricornia Cays National Park. Der QPWS-Campingplatz auf der Westseite hat außer Buschtoiletten nicht viel zu bieten. Die Nutzer müssen sich komplett selbst versorgen und sogar ihr eigenes Trinkwasser mitbringen. Da maximal 40 Camper gleichzeitig erlaubt sind, heißt es rechtzeitig eine Genehmigung beim **QPWS** (☎13 74 68) zu beantragen oder online buchen (www.qld.gov.au/camping; unter „Capricornia Cays National Park"). Das Feuerverbot auf der Insel macht zudem einen Gaskocher erforderlich.

Tagesausflüge nach Lady Musgrave Island starten am Jachthafen von Town of 1770.

Heron & Wilson Island

Mit seinem direkt vom Strand aus zugänglichen maritimen Riffleben ist Heron Island ein berühmtes Tauch- und Schnorchelrevier, doch kostet ein Besuch des dicht mit Pisonien bewachsenen und von einer 24 km² großen Riffzone umgebenen Inselchens eine schöne Stange Geld. Im nordöstlichen Drittel der Insel gibt es ein Resort und eine Forschungsstation; der Rest ist als Nationalpark ausgewiesen.

Die ehemalige Fünf-Sterne-Unterkunft **Heron Island Resort** (☎07-4972 9055, 1800 737 678; www.heronisland.com; EZ/DZ mit Frühstücksbüffet ab 398/499 AU$) hat schon bessere Tage gesehen, was aber gewiss kein Grund ist, der Insel fernzubleiben. Die Point Suites bieten immer noch die beste Aussicht, und die Familienzimmer sind immerhin so komfortabel, dass sie einem das Inselerlebnis nicht verleiden. Allerdings ist das Restaurant (der einzige Ort, an dem man etwas zu essen bekommt) hinsichtlich Service und Qualität des Essens unzulänglich, zumal angesichts der hohen Preise. Die Anreise ab Gladstone per Boot (Erw./Kind 200/100 AU$) oder Hubschrauber (790/430 AU$) kostet extra.

Wilson Island (www.wilsonisland.com; EZ/DZ ab 853/1100 AU$) gehört ebenfalls zu einem Nationalpark und ist ein exklusives Wildnis-Refugium mit sechs fest aufgestellten Zelten und solarbeheizten Duschen. Das im Preis eingeschlossene Essen ist hervorragend; die Strände sind toll, insbesondere zum Schnorcheln. Die Insel ist nur von Heron Island aus zugänglich. Besucher müssen ein Wilson-Heron-Pauschalangebot buchen und mindestens zwei Nächte auf Wilson Island bleiben.

Agnes Water & Town of 1770

Umringt von Nationalparks, Sandstränden und dem blauen Pazifik gehören die Zwillingsstädte Agnes Water und Town of 1770 zu den schönsten Zielen an der Küste von Queensland.

Das winzige Nest Agnes Water hat einen reizenden weißen Sandstrand und den nördlichsten Surfstrand der australischen Ostküste. Das noch kleinere Town of 1770 ist wenig mehr als ein Jachthafen und markiert Kapitän Cooks ersten Landgang in Queensland. Dieses Gebiet bietet guten Zugang zum Südende des Great Barrier Reef (inkl. Fitzroy Reef Lagoon). Die „Discovery Coast" ist ein beliebtes Revier zum Surfen, Angeln oder Bootfahren abseits der Massen. Um die Orte zu erreichen, fährt man bei Miriam Vale (70 km südlich von Gladstone) Richtung Osten vom Bruce Hwy ab. Nun sind es noch 57 km bis Agnes Water und weitere 6 km bis Town of 1770.

Capricorn Coast

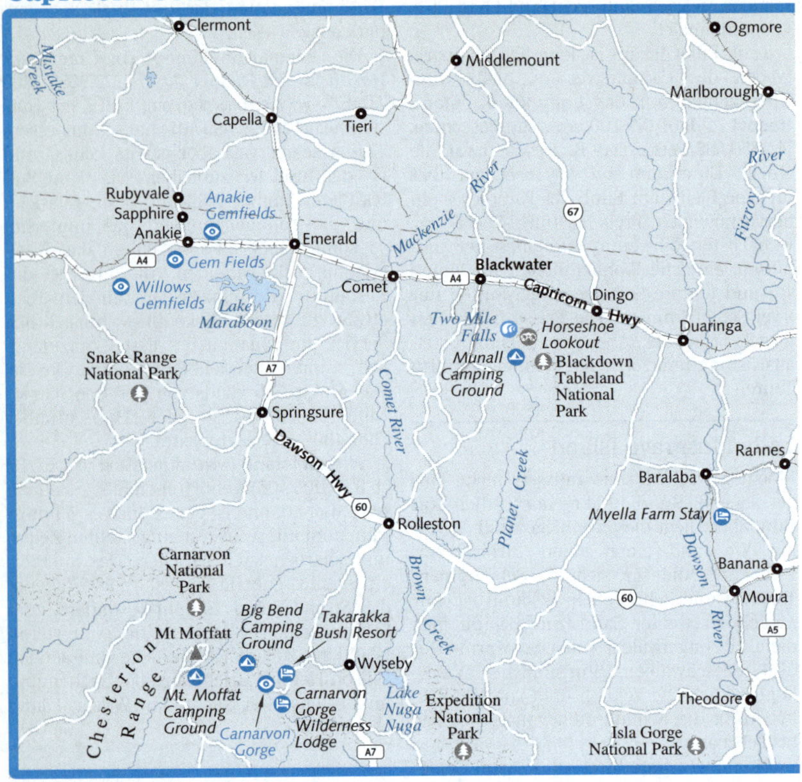

Aktivitäten

Die Aktivitäten drehen sich hier ums Wasser. Agnes Water gilt als Queenslands nördlichster Surfstrand mit oft guten Breaks an der Küste. Der Hauptstrand wird von den Rettungsschwimmern eines Surfclubs überwacht.

Reef 2 Beach Surf School SURFEN
(☎07-4974 9072; www.reef2beachsurf.com; 1/10 Round Hill Rd, Agnes Water) Bei dieser sehr renommierten Surfschule kann man in den leichten Wellen am Hauptstrand das Surfen lernen. Ein dreistündiger Gruppenunterricht kostet 17 AU$, Surfbretter werden verliehen (20 AU$/4 Std.).

1770 Liquid Adventures KAJAKFAHREN
(☎0428 956 630; www.1770liquidadventures.com.au; Kajakverleih 40 AU$/2 Std.) Das Unternehmen veranstaltet eine spektakuläre Kajaktour, die in der Abenddämmerung stattfindet (55 AU$).

1770 Underwater Sea Adventures TAUCHEN
(☎1300 553 889; www.1770underseaadventures.com.au) Vor der Ankunft prüfen, ob noch ein Platz frei ist. Die Kurse, Riffausflüge und Tauchgänge zu Wracks sind alle gut machbar.

Scooteroo MOTORRAD FAHREN
(☎07-4974 7696; www.scooterrootours.com; 21 Bicentennial Dr, Agnes Water; Motorradtour 60 AU$/3 Std.) Eine coole und fesselnde, 60 km lange Fahrt durchs Umland.

Geführte Touren

1770 Larc Tours TOUR
(☎07-4974 9422; www.1770larctours.com.au; Erw./Kind $148/88) Ein rosa Amphibienfahrzeug, das aus den Gewässern rund um Bustard Head und den Eurimbula National Park auftaucht, klingt auf den ersten Blick nicht gerade nach Ökotourismus, aber die Einstellung der Leute stimmt. Wem eine Ta-

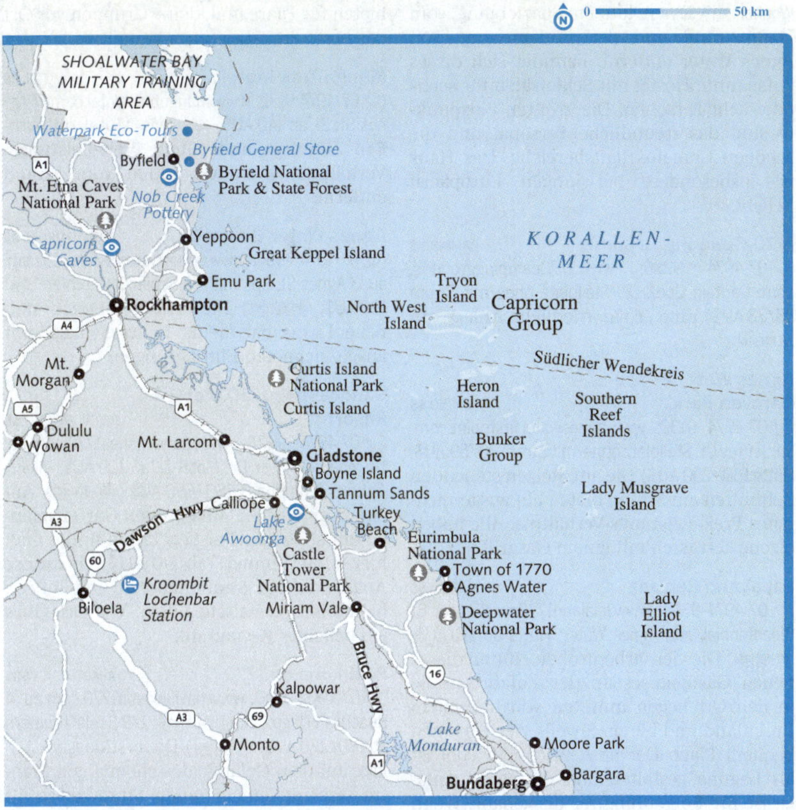

gestour zu lang ist, der begnügt sich mit der einstündigen Fahrt zum Sonnenuntergang (38 AU$) oder hält sich an die Sandboarding-Safaris (120 AU$/Pers.).

Lady Musgrave Cruises BOOTSFAHRT
(☎07-4974 9077; www.1770reefcruises.com; Captain Cook Dr; Erw./Kind 175/85 AU$) An Bord der *Spirit of 1770* kann man tolle Tagesausflüge nach Lady Musgrave Island unternehmen. Der Preis beinhaltet Schnorcheln, Angelausrüstung, Mittagessen, Snacks und Korallengucken per Halbtauchboot. Für Camper gibt's reine Inselshuttles (hin & zurück 320 AU$/Pers.).

ThunderCat 1770 ABENTEUERTOUR
(☎0427 177 000; Erw./Kind 85/65 AU$) Man jagt in einem 4 m langen Renn-Schlauchboot über die Wellen oder besucht einsame Strände, erfährt etwas über die örtliche Geschichte und erkundet die unberührten Gewässer und Nationalparkküsten um die Town of 1770.

Schlafen

Backpackers 1770 HOSTEL $
(☎07-4974 9132; www.the1770backpackers.com; 7 Agnes St; B/DZ 25/55 AU$; @) Das kleine, freundliche Hostel liegt 700 m vom Strand.

1770 Southern Cross Tourist Retreat HOSTEL $
(☎07-4974 7225; www.1770southerncross.com; 2694 Round Hill Rd; B/DZ mit Frühstück 25/85 AU$; @ ❄) Das luxuriöse Budget-Refugium liegt 2,5 km außerhalb des Orts inmitten von 6,5 ha Buschland. Buddhistische Statuen, ein Meditationspavillon und ein zum Baden geeigneter See voller Fische sind ideal, um den Gedanken nachzuhängen oder den Kater der letzten Nacht zu verschlafen. Die Zimmer sind südostasiatisch angehaucht und die Schlafsäle kilometerweit die besten.

Cool Bananas HOSTEL $
(☎1800 227 660, 07-4974 7660; www.coolbananas.net.au; 2 Springs Rd; B 26/140 AU$ pro Nacht/

Woche; @) Einen kurzen Spaziergang vom Hauptstrand und der Einkaufszone von Agnes Water entfernt, befindet sich dieses entspannte Hostel mit Schlafsälen für sechs oder acht Personen. Die größten Pluspunkte sind das freundliche Personal und die schönen Gemeinschaftsbereiche. Das Haus ist insbesondere bei jungen Europäern beliebt.

1770 Camping Grounds CAMPING $

(☎ 07-4974 9286; www.1770campinggrounds.com; Captain Cook Dr; Stellplatz ohne/mit Strom 33/38 AU$) Eine große, friedliche Anlage am Strand.

Agnes Water Beach Caravan Park CAMPING $$

(☎ 07-4974 9132; www.agneswaterfirstpoint.com.au; Jeffrey Ct; Stellplatz ohne/mit Strom 30/59 AU$, Hütte 160–250 AU$) Die auf Stelzen stehenden Zelthütten am Strand bieten ein ausgezeichnetes Preis-Leistungs-Verhältnis. Alle haben eigene Terrassen mit einem Gasgrill.

LaLaLand Retreat REFUGIUM $$

(☎ 07-4974 9554; www.lalaland1770aw.com.au; 61 Bicentennial Dve, Agnes Water; Hütte ab 170 AU$; P ❄ ≋) Die vier farbenfrohen Hütten dieses neuen Gästehauses an der Zufahrtsstraße in den Ort liegen inmitten von hübschem Buschland und bieten jeweils vier Personen bequem Platz. Der ausgezeichnete Pool ist als Lagune gestaltet, und die ganze Anlage ist für Rollstuhlfahrer ausgebaut. Wenn man nicht gerade laute Nachbarn hat, fühlt man sich hier ganz von der Zivilisation abgeschieden.

Beach Shacks APARTMENTS $$

(☎ 07-4974 9463; www.1770beachshacks.com; 578 Captain Cook Dr; DZ ab 190 AU$) Die beste Unterkunft innerhalb der eigentlichen Town of 1770 wird von einer charmanten Kanadierin geführt. Die „Schuppen" sind viel mehr als bescheidene Strandhütten: Sie sind außen mit Schilf, Bambus und Holz verkleidet und zeigen innen ein modernes Dekor. Nach dem Light House fragen.

Captain Cook Holiday Village CAMPEN, HÜTTEN $$

(☎ 07-4974 9219; www.1770holidayvillage.com.au; 384 Captain Cook Dve; Stellplatz ohne/mit Strom ab 35/41 AU$, Hütte ab 109 AU$, Villa ab 149 AU$; P ≋) In gleicher Entfernung zur Town of 1770 und zu Agnes Water liegt diese schöne, im Sommer gut besuchte Ferienanlage. Die Hütten sind komfortabel und gepflegt und bieten für Paare und kleine Gruppen vor Ort das beste Preis-Leistungs-Verhältnis.

Mango Tree Motel MOTEL $$

(☎ 07-4974 9132; www.mangotreemotel.com; 7 Agnes St; Zi. ab 140 AU$; ❄) Das Motel mit großen Zimmern und gutem Preis-Leistungs-Verhältnis liegt etwa 100 m vom Strand entfernt.

Agnes Water Beach Club APARTMENTS $$

(☎ 07-4974 7355; www.agneswaterbeachclub.com.au; 3 Agnes St; Apt. mit 1/2 Schlafzimmern ab 145/190 AU$; ❄ @ ≋) Die Anlage bietet brandneue Luxusapartments in toller Lage mit ausgezeichneten Einrichtungen.

Sandcastles 1770 Motel & Resort MOTEL, RESORT $$

(☎ 07-4974 9428; www.sandcastles1770.com.au; 1 Grahame Colyer Dr; Motel-Zi. ab 120 AU$, Villa & Apt. im Strandhaus 160–650 AU$; ❄ @ ≋) Auf einem gepflegten, 4 ha großen Gartengelände mit subtropischer Vegetation findet man hier Motelzimmer (ab 90 AU$), luxuriöse Apartments in Strandhäusern und luftige, balinesisch gestaltete Villen. Vor Ort gibt's ein beliebtes Restaurant.

Pavillions on 1770 APARTMENTS $$$

(☎ 07-4902 1000; www.pavillionson1770.com.au; 4 Beaches Village Circuit; Apt. mit 1/2 Schlafzimmern ab 180/220 AU$; P ❄ ≋) Die erstklassige Anlage auf dem Gelände des ehemaligen Mantra steht an einem rauen Strandabschnitt und wirkt ein wenig wie eine Seniorenresidenz. Die Apartments sind aber wunderbar: Sie haben große Bäder, topmoderne Küchen, große Betten und zwei Balkone. Die Gartenanlagen erinnern mit den zwei exquisiten Pools ein bisschen an Palm Springs. Die Betreiber sind sehr freundlich.

Sovereign Lodge PENSION $$$

(☎ 07-4974 9257; www.1770sovereignlodge.com; 1 Elliot St; DZ 185–310 AU$; ❄ ≋) Die erst kürzlich renovierte Boutique-Unterkunft der Spitzenklasse hat ein Spa und makellose Zimmer, von denen einige dank ihrer Lage hoch auf dem Hügel einen wunderbaren Ausblick bieten. Die beste Option ist das „Lombok 1".

Essen

★ **1770 Beach Hotel** MODERN-AUSTRALISCH $$

(☎ 07-4974 7446; 576 Captain Cook Dr; Hauptgerichte $14-38; ⌚ morgens, mittags & abends) Makelloser Service, hervorragende Meeresfrüchte und eine Lage, bei der man den Urlaub am Meer mit Sicherheit genießen kann, machen dieses Restaurant zu einem der besten an der Capricorn Coast. Die Bar vorne ist ein Schmuckstück voller Seefahrtsromantik, die elegantere Stehbar drinnen ist ideal für einen Drink zum Sonnenuntergang. Es gibt auch Alkohol zum Mitnehmen.

Getaway Garden Café MODERN-AUSTRALISCH $$
(☎07-4974 9232; 303 Bicentennial Dr; Hauptgerichte 8–27 AU$; ⏲So–Do morgens, mittags & abends, Fr morgens & mittags) Das luftige Gartencafé liegt unweit mehrerer einsamer Strände und serviert seinen Gästen köstliche Kuchen zum Nachmittagstee.

Bustards CAFÉ $$
(7 Agnes St; Hauptgerichte 12–25 AU$; ⏲morgens, mittags & abends) Das angesagteste Frühstückslokal von Agnes Water liegt nahe dem Hauptstrand und ist zu Recht wegen seiner vor Ort geernteten Meeresfrüchte und seiner kleinen Mittagsgerichte beliebt. Das Personal ist eifrig bei der Sache.

Kahunas Pizza Bar & Grill MODERN-AUSTRALISCH $$
(☎07-4974 9428; 1 Grahame Colyer Dr; Hauptgerichte 15–38 AU$; ⏲abends) Das in einer kleinen Ferienanlage zu findende Kahunas ist bei den Einheimischen wegen des Biers und der sagenhaften Holzofenpizza beliebt.

Agnes Water Tavern PUB $$
(☎07-4974 9469; 1 Tavern Rd; Hauptgerichte 15–30 AU$; ⏲mittags & abends) Der nette Mehrzweck-Pub hat viele Plätze im Freien und täglich mittags und abends besondere Tagesgerichte.

Praktische Informationen

Agnes Water Visitor Information Centre
(☎07-4902 1533; 71 Springs Rd; ⏲Mo–Fr 9–16.30 Uhr) Das brandneue, für 1 Mio. AU$ errichtete Gemeindezentrum liegt 700 m von der Hauptkreuzung entfernt und hat sehr freundliches, hilfsbereites Personal.

An- & Weiterreise

Nur einer von mehreren **Greyhound-Bussen** (☎13 20 30; www.greyhound.com.au) auf dem Bruce Hwy biegt täglich nach Agnes Water ab. Der Direktbus ab Bundaberg (25 AU$, 1½ Std.) hält um 18.10 Uhr gegenüber vom Cool Bananas. Weitere Busfirmen wie **Premier Motor Service** (☎13 34 10; www.premierms.com.au) setzen Passagiere an der Fingerboard Rd ab.

Rockhampton

61724 EW.

Wer breitkrempige Hüte, Cowboystiefel und V8-Pickups nicht von vornherein meidet, wird am Rand der australischen „Rindfleischhauptstadt" von großen Stierstatuen begrüßt. Trotz der rustikalen Atmosphäre haben Rockhamptons leicht heruntergekommene Art-déco- und Queenslander-Häuser, das cowboymäßige Kneipenleben oder der strenge tropische Wind am mächtigen Fitzroy River einen gewissen Reiz. „Rocky" hat ein paar Sehenswürdigkeiten, dient aber am besten als Tor zu den wunderschönen Küstenzielen Yeppoon und Great Keppel Island.

Sehenswertes

Botanic Gardens GARTEN
(☎07-4922 1654; Spencer St; ⏲6–18 Uhr) Rockhamptons wundervoller botanischer Garten ist eine Oase mit japanischen Gärten, Teichen und gepflegten Rasenflächen. In dem behindertengerechten Park gibt's auch einen Kiosk und ein schönes Picknickgelände.

Rockhampton Zoo ZOO
(Botanic Gardens, Spencer St; ⏲8–16.30 Uhr) GRATIS Der Zoo zeigt einheimische Tiere und Pflanzen. Man kann bei der Fütterung zuschauen.

Dreamtime Cultural Centre KULTURZENTRUM
(☎07-4936 1655; www.dreamtimecentre.com.au; Bruce Hwy; Erw./Kind 14/6,50 AU$; ⏲Mo–Fr 10–15.30, Führungen 10.30 Uhr) Rund 7 km nördlich vom Stadtzentrum gibt das Dreamtime Cultural Centre leicht verständliche Einblicke in Geschichte und Kultur der Aborigines bzw. Torres Strait Islanders. Die großartigen Führungen zum Mitmachen (90 Min; inkl. Bumerangwerfen!) eignen sich für alle Altersklassen.

Rockhampton City Art Gallery GALERIE
(62 Victoria Pde; ⏲Di–Fr 10–16, Sa & So 11–16 Uhr) GRATIS Die eindrucksvolle australische Gemäldesammlung zeigt z. B. Werke von Sir Russell Drysdale, Sir Sidney Nolan und Albert Namatjira.

Schlafen

Wer gern in den eleganteren Straßen am Fitzroy River spazieren gehen will, sollte sich irgendwo in der Altstadt südlich vom Fluss einquartieren.

GEFÄHRLICHE QUALLEN

Ein sogenannter Stinger Suit ist weder besonders schick noch bequem, bietet aber im Meer den einzig wirkungsvollen Schutz gegen Queenslands tödliche Quallen sowie schädliche UV-Strahlen. Zwei Nesseltierarten sind gefährlich: Die seltene, winzige Irukandji-Qualle (Durchmesser 1–2 cm) und die Würfelqualle (alias Seewespe oder Stinger). Beide Spezies bevölkern saisonal (ca. Okt.–April; variierend) die Küstengewässer nördlich von Rockhampton, treten aber manchmal auch weiter südlich auf.

Wenn jemand gestochen wurde, ist sofort ein Rettungswagen oder -schwimmer zu rufen: Das Opfer muss eventuell künstlich beatmet werden. Bis medizinische Hilfe eintrifft, sollten die Wunden mit Essig beträufelt werden. Diesen gibt's an vielen Stränden oder bei nahegelegenen Häusern.

Unbedingt immer bei Rettungsschwimmern nachfragen, ob Stingers gesichtet wurden. Falls ja: An den Hotelpool halten!

Rockhampton YHA HOSTEL $
(☎07-4927 5288; www.yha.com.au; 60 MacFarlane St; B/DZ 22/60 AU$; ❄@≋) Das gepflegte Hostel verfügt über einen geräumigen Aufenthalts- und Essbereich, Schlafsäle, private Doppelzimmer und Hütten. Das Hostel veranstaltet Touren, holt die Gäste kostenlos vom Busbahnhof ab, verkauft Bustickets und bietet auch einen kostenlosen Fahrradverleih.

Heritage Hotel HOTEL $
(☎07-4927 6996; www.theheritagehotel.com.au; 228 Quay St; B/EZ/DZ 25/56/107 AU$; P❄@📶) Der alte Pub mit schmiedeeisernen Balkongeländern hat eine stilvolle Cocktaillounge mit Blick auf den Fluss und Tischen im Freien. Die Zimmer sind für den Preis ordentlich. Sie haben Gemeinschaftsbäder und einen schönen, umlaufenden Balkon. An den Wochenenden kann es laut werden. Ein guter Ort für einen Drink.

Southside Holiday Village CAMPING $
(☎1800 075 911; www.sshv.com.au; Lower Dawson Rd; Stellplatz ohne/mit Strom/mit Bad 25/32/42 AU$, Hütte 62–102 AU$; ❄≋) Der ausgezeichnete Wohnwagenpark mit Hütten, Villen und großen, grasbewachsenen Stellplätzen liegt rund 3 km südlich vom Zentrum. Ein kostenloser Shuttlebus bringt einen hin.

Criterion HOTEL $$
(☎07-4922 1225; www.thecriterion.com.au; 150 Quay St; Zi. 60–85 AU$, Motel-Zi. 130–160 AU$; ❄) Nachdem der Geist des lästigen Zimmermädchens offenbar vertrieben ist, präsentiert sich das Criterion als ein prächtiges altes Hotel am Fitzroy River. Das Foyer hat viel Charme, und in der Bar und im Bistro drängen sich die Einheimischen. Die historischen Zimmer im Obergeschoss sind unterschiedlich, man sollte sich also erst ein paar anschauen.

Denison Hotel BOUTIQUEHOTEL $$
(☎07-4923 7378; www.denisonhotel.com.au; 233 Denison St; Zi. 105–165 AU$; ❄@) Das frisch renovierte, viktorianische Hotel von 1885 liegt nur ein paar Gehminuten von der Quay St entfernt. Seine herrschaftlichen Zimmer haben Himmelbetten und Plasma-TVs. Es gibt einen hauseigenen Rolls Royce für Bahnhof- und Flughafenabholungen!

The Bridge Motor Inn MOTEL $$
(☎07-4927 7488; www.thebridgemotorinn.com.au; 31 Bolsover St; Zi. 95–130 AU$; P❄📶≋) Das an der Straße in die Stadt liegende Bridge gehört zu den besseren Motels in Rockhampton. Der Swimmingpool ist ideal, um sich zu erfrischen, und die Zimmer sind sauber und ruhig.

Coffee House MOTEL, APARTMENT $$
(☎07-4927 5722; www.coffeehouse.com.au; 51 William St; Zi. 160–189 AU$; ❄≋) Diese Unterkunft hat wunderschön gestaltete Motelzimmer, Suiten mit Whirlpool und Apartments mit eigenen Eingängen. Hinzu kommt eine beliebte, schicke Mischung aus Café, Restaurant und Weinbar.

✖ Essen & Ausgehen

Saigon Saigon ASIATISCH $$
(☎07-4927 0888; www.saigonbytheriver.com; Quay St; Hauptgerichte 15–20 AU$; ⏲Mi–Mo mittags & abends; 🌶) Das einzige Restaurant an der dem Fluss zugewandten Seite der Quay St residiert in einer zweistöckigen Bambushütte. Die vietnamesischen und chinesischen Gerichte können sich sehen lassen, und die Currys sind ausgezeichnet. Auch Vegetarier finden eine große Auswahl.

Bistro 98 MEERESFRÜCHTE, STEAKHAUS $$
(☎07-4927 5322; www.98.com.au; 98 Victoria Pde; Hauptgerichte 18–46 AU$; ⏲tgl. morgens, Mo–Fr mittags, Mo–Sa abends) Das Restaurant mit Alkohollizenz präsentiert in seinem Speisesaal modern-australische Gerichte mit Känguru, Lamm und Meeresfrüchten sowie Steaks. Man sitzt drinnen oder auf der Terrasse mit Blick auf den Fluss.

Pacino's ITALIENISCH $$$
(☎07-4922 5833; Ecke Fitzroy St & George St; Hauptgerichte 25–40 AU$; ⏲Di–So abends) Die Preise sind etwas hoch für das recht durchschnittliche italienische Essen. Das Personal ist aber sehr freundlich, und die Steinböden, Holztische und eingetopften Feigenbäume verströmen römischen Charme.

Great Western Hotel BAR
(www.greatwesternhotel.com.au; 39 Stanley St) Man trinkt Rum und Bier, isst ausgezeichnete Steaks und kann sich am Mittwoch- und Freitagabend in der Rodeoarena im Bullenreiten versuchen.

Shoppen

Mavericks KLEIDUNG
(☎07-4921 0622; 161 Canning St) Der Laden verkauft hochwertige Gürtelschnallen, Akubra-Hüte, Cowoboypeitschen und andere ländliche Accessoires.

Praktische Informationen

Rockhampton Visitor Information Centre (208 Quay St) Die Touristeninformation befindet sich im schönen alten Zollhaus.

An- & Weiterreise

BUS

Greyhound Australia (☎13 20 30; www.greyhound.com.au) verbindet Rockhampton regelmäßig mit Mackay (59 AU$, 4 Std.), Brisbane (151 AU$, 11 Std.) und Cairns (189 AU$, 18 Std.). Alle Busse halten am **Mobil Roadhouse** (91 George St). **Premier Motor Service** (☎13 34 10; www.premierms.com.au) hält auf der Strecke Brisbane–Cairns ebenfalls in Rockhampton.

FLUGZEUG

Rockhampton wird von **Qantas** (☎13 13 13; www.qantas.com.au) und **Virgin Australia** (☎13 67 89; www.virginaustralia.com) angeflogen.

ZUG

Queensland Rail (☎1800 872 467; www.queenslandrail.com.au) betreibt den *Tilt Train*, der Rockhampton mit Brisbane (ab 130 AU$, 7½ Std., So–Fr) und Cairns (ab 229 AU$, 16 Std., 2-mal wöchtl.) verbindet. Der Bahnhof liegt 450 m südwestlich vom Stadtzentrum.

Rund um Rockhampton

Rund 23 km nördlich von Rockhampton liegen in der Berserker Range die eindrucksvollen **Capricorn Caves** (☎07-4934 2883; www.capricorncaves.com.au; 30 Olsens Caves Rd; Erw./Kind 27/14 AU$; ⏲9–16 Uhr). Die beleuchteten Kalksteingänge sind besonders spektakulär um die Sommersonnenwende (1. Dez.–14. Jan.) herum, wenn die Sonnenstrahlen senkrecht durch das Dach der Belfry Cave fallen. Führungen gibt es jeweils zur vollen Stunde.

Neu sind die ausgezeichneten **Capricorn Caves Cabins** (☎07-4934 2883; www.capricorncaves.com.au; 30 Olsens Caves Rd; Stellplatz mit Strom 34 AU$, Hütte ab 140 AU$) im Buschland neben den Höhlen. Die Campingeinrichtungen sind recht bescheiden.

Myella Farm Stay (☎07-4998 1290; www.myella.com; Baralaba Rd; 2/4 Tage 260/480 AU$, Tagestouren 120 AU$; ❄@≋). Auf der 1040 ha großen Rinderranch 120 km südwestlich von Rockhampton gibt es ein komplett renoviertes Farmhaus mit Hartholzböden und nach Kiefern duftenden modernen Einrichtungen. Man kann Ausritte unternehmen, sich in der Känguru-Pflegestation um verwaiste Jungtiere kümmern oder einfach nur die Natur hier draußen fast schon im Outback genießen. Im Preis ist die kostenlose Abholung aus Rockhampton inbegriffen.

Einen netten Farmaufenthalt verspricht auch die **Kroombit Lochenbar Station** (☎07-4992 2186; www.kroombit.com.au; B 27 AU$, DZ mit/ohne Bad 84/68 AU$, Pauschalangebot inkl. 2 Übernachtungen, Mahlzeiten & Aktivitäten 280 AU$/Pers.; ❄@≋), die sich 35 km östlich von Biloela befindet.

Yeppoon

13 500 EW.

Der hübsche Küstenort Yeppoon ist das Tor zur Great Keppel Island. Bei Byfield gehen seine schönen Strände in unberührte Regenwälder über. In Richtung Süden passiert man zuerst Rosslyn Bay, wo die Fähren nach Great Keppel Island ablegen. Dann folgt das reizende kleine Emu Park, bevor sich die Straße an einer malerischen Küstenlinie entlangwindet.

Schlafen

Emu's Beach Resort & Backpackers HOSTEL $
(☎1800 333 349; www.emusbeachresort.com; 92 Pattison St, Emu Park; B 25–28 AU$, DZ/3BZ/4BZ 80/95/105 AU$; ❄@≋) Das Emu Beach Resort ist ein beschauliches Refugium am Strand für junge Familien, die Platz und Ruhe suchen, oder für Backpackers, die sich von der Partyszene an der East Coast erholen wollen. Die Schlafsäle und Doppelzimmer sind gepflegt und liegen rund um einen hübschen Pool mit Grillplatz. Wer sich von der neuen Bar losreißen kann, findet jenseits der Straße einen schönen, einsamen Strand. Die Anlage befindet sich 19 km südlich von Yeppoon.

Beachside Caravan Park CAMPING $
(☎07-4939 3738; Farnborough Rd; Stellplatz ohne Strom 25 AU$, Stellplatz mit Strom 30–34 AU$) Der sehr einfache Campingplatz nördlich vom Ortszentrum empfiehlt sich nur wegen der schönen Lage am Strand.

Surfside Motel MOTEL $$
(☎07-4939 1272; 30 Anzac Pde; Zi. 110–140 AU$; ❄@☰≋) Die Motelanlage aus den 1950er-Jahren wirkt mit ihren lindgrünen Häuschen wie der Inbegriff von Sommerferien am Meer. Die Zimmer sind wegen des fairen Preises, der Nähe zum Strand (gleich über die Straße) und des freundlichen Personals sehr begehrt.

Coast Motel MOTEL $$
(☎07-4930 2325; www.thecoastmotel.com.au; 52 Scenic Hwy; Zi. ab 135 AU$; P❄☰≋) Die etwas außerhalb der Ortschaft, aber noch am Strand gelegene brandneue Unterkunft hat minimalistisch gestaltete weiße Zimmer in einer erhöht liegenden typischen Motelanlage.

While Away B&B B&B $$
(☎07-4939 5719; www.whileawaybandb.com.au; 44 Todd Ave; EZ/DZ inkl. Frühstück 115/140 AU$; ❄) Ein friedvolles Refugium mit vier ordentlich großen Zimmern und üppigem Frühstück in einem blitzsauberen Haus.

Villa Mar Colina BOUTIQUEHOTEL $$$
(☎07-4939 3177; www.villamarcolina.com.au; 34 Adelaide St; Villa ab 210 AU$; P❄☰≋) Der Ausblick aus diesen mediterran anmutenden Villen hoch oben auf dem Bluff Point, nur einen kurzen, steilen Aufstieg von den Läden in Yeppoon entfernt, ist atemberaubend. Die freundlichen Betreiber, die aus Victoria hierher ans Meer gezogen sind, halten die Anlage makellos gepflegt und könnten sich erfolgreich um den Preis für die „Beste Aussicht vom Pool" bewerben.

Essen & Ausgehen

The Shore Thing CAFÉ $
(☎07-4939 1993; 1/6 Normanby St; Hauptgerichte 10–16 AU$; ⏲So–Do 7.30–17 Uhr) Das freundliche, selbstbewusste Lokal ist wegen der prompten Bedienung und des leckeren Frühstücks das beste Café vor Ort.

Shio Kaze JAPANISCH $$
(☎07-4939 5575; 18 Anzac Pde; Menü rund 70 AU$/2 Pers.; ⏲Mi–So mittags & abends) Dieses Restauraunt gegenüber vom Strand bietet köstliches Sushi. Das ist allerdings nicht billig (25 AU$ für einen ziemlich kleinen Teller für eine Person), und die Bedienung gab sich bei unserem Besuch etwas hochnäsig. Die Bento-Boxen (22–29 AU$) sind mittags die preisgünstigere Alternative. Alkohol selber mitbringen.

Thai Take-Away THAI $$
(24 Anzac Pde; Hauptgerichte 12–25 AU$; ⏲abends) Gäste des zurecht beliebten Lokals (Alkohol selbst mitbringen) können ihre Gelüste nach Chili und Kokos im Freien befriedigen. Das flotte Personal serviert auch eine große Auswahl an Meeresfrüchten.

Megalomania FUSION $$$
(☎07-4939 2333; Arthur St; Hauptgerichte 22–36 AU$; ⏲Di–Sa mittags & abends, So mittags) Die Stimmung einer urbanen Insel herrscht in Yeppoons bestem Restaurant, das eine australisch-asiatische Fusionküche mit dem Schwerpunkt auf Meeresfrüchten bietet. Barramundi-Frühlingsrollen (18 AU$) oder Laksa mit Kokosmilch und Garnelen (36 AU$) sind (auch preislich) typische Gerichte zum Mittag- und Abendessen. Livemusik ohne Verstärker und samtige Cocktails runden das Erlebnis ab.

Strand Hotel PUB
(2 Normanby St) Das vom Umbau bedrohte Strand ist derzeit noch ein abgewetzter alter Laden, der seiner Kundschaft, die ebenfalls einen ramponierten Charme besitzt, Thekengerichte für 10 AU$ vorsetzt.

Praktische Informationen

Capricorn Coast Information Centre (☎1800 675 785; www.capricorncoast.com.au; Scenic Hwy; ⏲9–17 Uhr) bietet Informationen über die Gegend.

ABSTECHER

BYFIELD

Der vielfältige und schöne Byfield National Park besteht aus gewaltigen Sanddünen, dichtem, nahezu tropischen Regenwald, Feuchtgebieten und Felsnadeln. Die vielen Wanderwege machen den Park zu einem guten Ziel für den Sonntagsnachmittagsausflug, und einsame Strände verlocken zu einem längeren Aufenthalt. Die fünf **Campingplätze** (☎13 74 68; www.derm.qld.gov.au/camping; Stellplatz 5,85/21,80 AU$ pro Pers./Fam.) müssen alle vorab gebucht werden. Die Campingplätze am Nine Mile Beach und bei Five Rocks liegen am Strand und sind nur mit Geländewagen erreichbar. Bei guten Bedingungen gibt's am Nine Mile Beach ordentliche Surfwellen. Der **Byfield General Store** (☎07-4935 1190; Byfield Rd, Byfield; ⏲Mi–Mo 8–18, Di bis 14 Uhr) fungiert zugleich als Touristeninformation. Außerdem bekommt man hier Benzin und wunderbare vegetarische Burger (10 AU$).

Die Gegend ist auch für den hoch umstrittenen Truppenübungsplatz Shoalwater Bay bekannt, der an den Wald und den Park grenzt und militärisches Sperrgebiet ist.

Bei einer Tour mit **Waterpark Eco-Tours** (☎07-4935 1171; www.waterparkecotours.com; 201 Waterpark Creek Rd; 2- bis 3-stündige Tour 25 AU$, Hütte 120 AU$) kann man in einem lautlosen Elektroboot den Regenwald auf sich wirken lassen.

Die **Nob Creek Pottery** (☎07-4935 1161; 216 Arnolds Rd; ⏲9–17 Uhr) GRATIS ist eine Töpferei und Galerie, die sich im grünen Regenwald versteckt. Die Galerie zeigt mundgeblasene Glaswaren, Holzschnitzereien und Schmuck, besonders schön sind die handgefertigten Keramiken.

Die vielseitigen Eigentümer der Nob Creek Pottery haben auch das **Byfield Mountain Retreat** (☎07-4935 1161; www.byfieldmountainretreat.com; 220/1200 AU$ pro Nacht/Woche) geschaffen. Das Haus mit Platz für 12 Personen steht auf einem 27 ha großen Gelände voll herrlich duftenden Regenwalds und blickt auf einen Staudamm. Innen präsentiert sich das Haus mit balinesischem Dekor, Holzfeuer und großen Betten. Vom Haus gehen Wanderwege aus, und der Ausblick von der Veranda ins Hinterland ist berauschend.

Gleich nördlich von Byfield weist ein Schild den Weg zur einsamen Buschoase **Ferns Hideaway** (☎07-4935 1235; www.fernshideaway.com.au; 67 Cahills Rd, Byfield; Stellplatz ohne Strom 24 AU$, DZ 150 AU$; ❄🏊), wo es Doppelzimmer, Stellplätze, Kanutrips und Naturspaziergänge gibt. In dem aus Holz gezimmerten Haupthaus befindet sich ein gutes Restaurant (Hauptgerichte 18–32 AU$; So morgens, Mi–So mittags & Nachmittagstee, Sa abends) mit Gerichten à la carte und Livemusik an den Wochenenden.

Die **Byfield Creek Lodge** (☎07-4935 1117; www.byfieldcreeklodge.com.au; 32 Richters Rd, Byfield; DZ mit Frühstück ab 150 AU$; ❄) ist ein afrikanisch aufgemachtes B&B auf einem 3,2 ha großen Regenwaldgelände am Byfield Creek.

Great Keppel Island

Great Keppel Island ist eine wunderschöne Insel mit felsigen Landzungen und bewaldeten Hügeln, die von pulvrig weißem Sand gesäumt wird und inmitten der azurblauen See liegt. Zahlreiche „Robinsonstrände" verteilen sich um die Küsten der 14 km² großen Insel, deren Inneres zu 90% von Buschland bedeckt ist. Eine Reihe von Hütten und anderen Unterkünften finden sich hinter den Bäumen, die den Hauptstrand säumen, aber diese Bauten sind schlicht und stören das Bild nicht. Die Insel liegt nur 13 km vor der Küste des Festlands.

Im Kiosk des Great Keppel Island Holiday Village gibt es zwar ein paar lebenswichtige Dinge, wer kochen will, muss sich seine Vorräte aber selber mitbringen.

Sehenswertes & Aktivitäten

Die Inselstrände gehören zu den besten, die Queensland zu bieten hat. Wer einen kurzen Spaziergang vom **Fisherman's Beach** (Hauptstrand) unternimmt, findet schnell seinen eigenen menschenleeren Streifen weißen Sandes. Vor allem zwischen Great Keppel und Humpy Island im Süden ergänzen recht gute Korallenbestände den Fischreichtum. Ein Marsch in Richtung Süden (30 Min.) führt rund um die Landzunge zum **Monkey Beach**, der großartige Schnorchelspots bietet. Vom Südrand des Flugplatzes erstreckt sich ein Pfad zum vielleicht besten Strand der Insel namens **Long Beach**.

Am Fisherman's Beach starten mehrere Buschwanderwege. Die längste und eventuell schwierigste Route führt zum 2,5 m hohen „Leuchtturm" beim **Bald Rock Point** auf der anderen Inselseite (hin & zurück 3 Std.).

Keppel Reef Scuba Adventures TAUCHEN
(☎07-4939 5022, 0408 004 536; www.keppeldive.com; Putney Beach) Das Unternehmen bietet Schnuppertauchgänge (200 AU$), Schnorcheltouren (50 AU$/Pers.) und vermietet Schnorchelausrüstung (15 AU$/Tag).

Watersports Hut WASSERSPORT
(☎07-4925 0624; Putney Beach; ⊙Wochenenden & Schulferien) Die Watersports Hut ist einer der wenigen Vermieter von Surfbrettern, Katamaranen, Motorbooten und Schnorchelausrüstung. Außerdem werden hier Wasserski, Parasailing und Kamelritte angeboten.

Schlafen & Essen

★ **Svendsen's Beach** HÜTTEN $
(☎07-4938 3717; www.svendsensbeach.com; Hütte 330 AU$/Pers. &3 Übernachtungen) Von dem Augenblick an, in dem einen das Wassertaxi am Putney Beach aufsammelt, fühlt man, wie die Sorgen des Festlands von einem abfallen. Bushwalking, Schnorcheln, Vogelbeobachtungen und einfaches Herumgammeln sind hier sehr zu empfehlen. Die beiden luxuriösen Zeltbungalows stehen auf separaten Holzplattformen und bieten jeweils eine kleine Küche. Sein Essen muss man selber mitbringen und mindestens drei Tage bleiben.

Great Keppel Island Backpackers & Holiday Village HOSTEL, HÜTTEN $$
(☎07-4939 8655; www.gkiholidayvillage.com.au; B 35 AU$, Zelt EZ/DZ 90 AU$, Hütte 150 AU$, Haus mit 2 Schlafzi. ab 850 AU$/5 Übernachtungen) Der gut geführte Betrieb ist so etwas wie der Brennpunkt der (bescheidenen) Traveller-Community auf der Insel. Die Gemeinschaftseinrichtungen sind ausgezeichnet, und die ganze Anlage ist sauber und ordentlich. Die meisten Gäste entscheiden sich für die großen „Zelte", wenn man aber zu mehreren unterwegs ist, bieten die kürzlich renovierten Häuser ein tolles Preis-Leistungs-Verhältnis.

Keppel Lodge PENSION $$
(☎07-4939 4251; www.keppellodge.com.au; Fisherman's Beach; DZ 110 AU$) Das schöne Haus hat einen offenen Grundriss. Vier große Schlafzimmer gehen von einem großen Gemeinschaftsbereich mit Küche ab. Man kann das ganze Haus (440 AU$) oder eines der motelartigen Zimmer mit Bad mieten.

Island Pizza PIZZA $
(☎07-4939 4699; The Esplanade; Gerichte 6–30 AU$) Das freundliche Lokal rühmt sich seiner leckeren Pizzas mit vielen Belägen. Die Öffnungszeiten stehen am Schwarzen Brett.

An- & Weiterreise

Freedom Fast Cats (☎07-4933 6244, 1800 336 244; www.freedomfastcats.com) startet jeden Morgen von der Keppel Bay Marina in Rosslyn Bay (7 km südlich von Yeppoon) nach Great Keppel Island und kehrt am gleichen Nachmittag zurück (hin & zurück Erw./Kind/Fam. 50/30/145 AU$; die genauen Abfahrtzeiten telefonisch erfragen). Wer eine Unterkunft gebucht hat, sollte sicherstellen, dass jemand kommt, der einem am Strand mit dem Gepäck hilft.

Weitere Inseln in der Keppel Bay

Von Great Keppel Island aus sind Tagesausflüge zu den Korallenriffen von Middle Island oder **Halfway Island** möglich (in der eigenen Unterkunft oder im Great Keppel Island Holiday Village nachfragen). Auf mehreren Inseln des Nationalparks, darunter auf **Humpy Island**, **Middle Island**, **North Keppel Island** und **Miall Island** kann man auch **campen** (Stellplatz pro Pers./Fam. 5,85/21,80 AU$). Alle Vorräte, auch das Trinkwasser, muss man selbst mitbringen. Infos und Genehmigungen bekommt man beim **QPWS** (☎13 74 68; www.qld.gov.au/camping) oder bei **Rosslyn Bay Marine Parks** (☎07-4933 6595).

Der Brauereigigant XXXX aus Queensland hat kürzlich die sehr glamouröse **Pumpkin Island** bis 2015 gepachtet. Wenn man nicht mit einem „besonderen" Kasten Bier Glück hat, darf man die Insel nicht mehr besuchen.

Von Rosslyn Bay aus veranstaltet **Funtastic Cruises** (☎0438 909 502; Bootsfahrt Erw./Kind 90/75 AU$) Tagestouren zu den Inseln und setzt bzw. holt Camper dort ab.

Hinterland der Capricorn Coast

In den Central Highlands westlich von Rockhampton finden sich zwei ausgezeichnete Nationalparks. Der Blackdown Tableland National Park hat melancholische, gewaltige Landschaften, der Carnarvon National Park lockt vor allem mit seiner spektakulären Schlucht. In Emerald, 270 km im Binnenland, kann man sich in der Hitze schinden und sein Glück als Edelsteinsucher im Geröll versuchen. Die Gegend besucht man besser in den kühleren Monaten (April–Nov.).

Blackdown Tableland National Park

Der spektakuläre und gleichzeitig ein wenig gruselige Blackdown Tableland National Park ist ein 600 m hohes Sandsteinplateau, das plötzlich aus der flachen Ebene von Zentral-Queensland aufragt. Die einzigartige Tier- und Pflanzenwelt und eine starke künstlerische und spirituelle Präsenz der Aborigines bilden eine traumhafte Kulisse für grandiose Buschwanderungen. Der Weg zum Blackdown Tableland zweigt 11 km westlich von Dingo und 35 km östlich des Kohlebergbauzentrums Blackwater ab. Die 23 km lange Schotterstraße, die am Fuß des Hochplateaus beginnt, eignet sich nicht für Wohnmobile und -wagen und kann bei Regen ziemlich gefährlich werden – die ersten 8 km sind steil, kurvenreich und oft rutschig. Oben angekommen trifft man auf den atemberaubenden **Horseshoe Lookout** (mit Picknicktischen, Grillplätzen und Toiletten). Hier beginnt zudem ein Wanderweg, der nach **Two Mile Falls** (2 km) führt.

Der **Munall Camping Ground** (☎13 74 68; www.qld.gov.au/camping; pro Pers./Fam. 5,45/21,80 AU$) liegt etwa 8 km vom Horseshoe Lookout entfernt. Es gibt Plumpsklos und Feuerstellen. Wasser, Feuerholz und/oder einen Campingkocher muss man mitbringen. Es ist notwendig, vorab zu reservieren.

Edelsteinfelder

Westlich von **Emerald** (das nach dem Emerald Creek benannt ist, der wiederum nach einem örtlichen Prospektor namens Jack Emerald heißt) befinden sich auf einem Gebiet von 640 km² Edelsteinfelder, die regelmäßig hartgesottene Edelsteinsucher anlocken. Diese verdienen sich hier mühselig ihren Lebensunterhalt, bis sie den Jackpot holen oder bis sie von einem Sonnenstich aus dem Rennen geworfen werden. Von Zeit zu Zeit gelangen hier kostbare und seltene Rubine, Saphire und Zirkone an die Oberfläche, vor allem nach starken Regenfällen.

Um auf Schatzsuche zu gehen, braucht man eine Lizenz (Erw./Fam. 6,85/9,80 AU$), die man in den Gemischtwarenläden und Postämtern der Gegend erhält. Wer nur mal etwas probieren will, kauft an einem der Edelsteinfelder einfach einen Eimer „Wash" (in Wasser gelöster Minenstaub) und siebt den von Hand durch.

Anakie, 42 km westlich von Emerald, bezeichnet sich als „Tor zu den Edelsteinfeldern". Aber die öden, leeren Straßen wirken vernachlässigt, was vielleicht auch an der einseitigen Ausrichtung des hiesigen Geschäftslebens liegt.

Vom 18 km entfernten **Rubyvale**, der größten Ortschaft in der Region, sind es noch 2 km bis zur ausgezeichneten **Miners Heritage Walk-in Mine** (☎07-4985 4444; Heritage Rd, Rubyvale; Erw./Kind 13/5 AU$; ⏲9–17 Uhr). Den ganzen Tag über finden hier informative, 30-minütige Führungen statt, bei denen man in das Tunnellabyrinth 18 m unter der Erdoberfläche eintaucht.

In Anakie, Rubyvale und Willows Gemfields gibt's Wohnmobilparks.

Das von ein paar erfahrenen Travellern geführte, adrette **Sapphire Caravan Park Retreat** (☎07-4985 4281; www.sapphirecaravanpark.com.au; 57 Sunrise Rd, Sapphire; Stellplatz ohne/mit Strom 25/29 AU$, Minenarbeiterhütte/Cottage/Suite 75/115/125 AU$) liegt nahe beim Ortszentrum. Es gibt eine Reihe von Unterkunftsoptionen, darunter schicke Suiten und Minenarbeiterhütten. Die Gemeinschaftseinrichtungen sind für diese Region überdurchschnittlich.

Pat's Gems (☎07-4985 4544; 1056 Rubyvale Rd; Hütte 85 AU$; ⏲Café 8.30–17 Uhr; ❄) bietet vier saubere Hütten, die bei Stammgästen und Familien begehrt sind. Es gibt einen Grillplatz, eine Küchenzeile und ein Café. Die Eigentümerin Pat ist entzückend.

Carnarvon National Park

Die **Carnarvon Gorge** ist ein spektakuläres Beispiel für die Schönheit der australischen Landschaft. Inmitten der uralten Felsmalereien versteckten sich einst entflohene Sträflinge. Das Gebiet wurde 1932 zum Nationalpark erklärt, nachdem Farmern ihre Weiderechte aberkannt worden waren.

Die 30 km lange, 200 m hohe Schlucht wurde über Jahrmillionen vom Carnarvon Creek und seinen Nebenflüssen durch das weiche Sedimentgestein gegraben. Von der kargen Umgebung abgeschirmt, entstand so eine blühende, paradiesische Oase. In der Schlucht wachsen Palmfarne, Königsfarngewächse, Kasuarinen, Eukalyptusbäume und Livistona-Palmen. Man findet auch tiefe Teiche. Im Fluss tummeln sich Schnabeltiere.

Für die meisten Besucher ist die Carnarvon Gorge praktisch mit dem Carnarvon National Park identisch, weil die anderen Abschnitte des Parks – darunter Mt. Moffatt (an dem schon vor 19 000 Jahren Menschen lebten), Ka Ka Mundi und Salvator Rosa – lange nur schlecht zugänglich waren.

Von Rolleston kommend, fährt man über eine Straße, die zunächst 75 km asphaltiert und dann 20 km unbefestigt ist. Die Straße von Roma über Injune und das Homestead Wyseby ist die ersten 215 km asphaltiert, auf den letzten 30 km aber unbefestigt und sehr holprig. Nach starken Regenfällen können beide Straßen unpassierbar werden.

Die Zufahrtsstraße führt zu einem **Informationszentrum** (☎07-4984 4505; ⌚8–10 & 15–17 Uhr) und einem malerischen Picknickplatz. In der Ferienzeit gibt's am Eingang eine begrenzte Zahl von Stellplätzen. Hier beginnt auch der Hauptwanderweg, der dem Carnarvon Creek durch die Schlucht folgt und von dem Wege zu verschiedenen interessanten Punkten abgehen, u. a. zum **Moss Garden** (3,6 km vom Picknickplatz entfernt), dem **Ward's Canyon** (4,8 km), der **Art Gallery** (5,6 km) und der **Cathedral Cave** (9,3 km). Für einen Besuch sollte man mindestens einen ganzen Tag einplanen. Grundnahrungsmittel und Eis sind im Takarakka Bush Resort erhältlich. Benzin bekommt man nirgendwo in der Schlucht, daher in Rolleston oder Injune auftanken.

Von der Carnarvon Gorge aus kann man in andere Abschnitte des Parks nicht mit dem Auto fahren. Der wunderschöne Mt. Moffatt ist jedoch von Injune aus über eine unbefestigte Straße (nur für Geländewagen) erreichbar.

Sunrover Expeditions (☎1800 353 717; www.sunrover.com.au; 950 AU$/Pers. inkl. alle Mahlzeiten) veranstaltet zwischen März und Oktober fünftägige Campingsafaris in die Carnarvon Gorge.

Der reservierungspflichtige **Big Bend Camping Ground** (☎13 74 68; www.qld.gov.au/camping; Stellplatz pro Pers./Fam. 5,85/21,80 AU$) ist ein abgelegener Campingplatz in der Schlucht, zu dem man 10 km wandern muss. Auf dem ebenfalls reservierungspflichtigen **Mt. Moffatt Camping Ground** (☎13 74 68; www.qld.gov.au/camping; Stellplatz pro Pers./Fam. 5,85/21,80 AU$) müssen die Camper sich selbst versorgen. Erreichbar ist dieser Platz nur mit einem Geländewagen.

Das **Takarakka Bush Resort** (☎07-4984 4535; www.takarakka.com.au; Wyseby Rd; Stellplatz ohne/mit Strom ab 38/45 AU$, Hütte 195–228 AU$) wirkt etwas ungepflegt, ist aber immer noch bei Familien und Bushwalkern beliebt. Die überteuerten Safarizelte (132 AU$) sind in Ordnung, wenn man schlecht ausgerüstet kommt. Die Hütten mit angeschlossenem Bad werden im Verlauf der Saison immer unansehnlicher, bieten aber Platz für vier Personen und haben daher ein akzeptables Preis-Leistungs-Verhältnis. Die Rezeption verkauft Grundnahrungsmittel, Karten, Alkohol und Eis und verleiht frische Bettwäsche (10 AU$). Das Resort liegt 5 km hinter dem Eingang zur Schlucht.

Outback-Schick kennzeichnet die tief im Busch gelegene, hübsche **Carnarvon Gorge Wilderness Lodge** (☎1800 644 150; www.carnarvon-gorge.com; Wyseby Rd; DZ ab 220 AU$; ⌚Nov.–Feb. geschl.; ❄). Im Angebot sind ausgezeichnete geführte Touren sowie die Unterbringung mit Vollpension (155–300 AU$/Pers.).

Da keine Busse zur Schlucht fahren, kommt man entweder mit dem Mietwagen oder bucht an der Küste eine Tour mit Übernachtung.

OUTBACK

Das Outback ist das mythische Grenzland, in dem die Siedler sich ihren Weg durch die rostrote Erde bahnten und mit Mut und Elan eine Nation begründeten. Hinter der Great Dividing Range wird der Himmel weit, das Land hart, unerbittlich und schön, und die alten Lieder fallen einem ein. Traveller kommen, um Australien von seiner exotischen und intimen Seite zu erleben; ihre Rastlosigkeit wird von der unermesslichen Weite, den leuchtenden Farben und der Stille dieser Region gezähmt.

Das Outback ist zwar nur dünn besiedelt, aber trotzdem gut durch Fernstraßen erschlossen: den Overlander's Way (Flinders und Barkly Hwy – Rte 78 und Rte 66), den Matilda Hwy (Landsborough Hwy, Rte 71) und die Burke Developmental Rd (Rte 83). Abseits dieser Hauptverkehrsadern sind die Straßenverhältnisse aber schlecht und

Tankstellen und Werkstätten selten. Man ist ganz auf sich allein gestellt, und muss unbedingt Ersatzteile, Benzin und Trinkwasser dabeihaben. Auch einige Planung ist erforderlich, weil manche Sehenswürdigkeiten und Unterkünfte (insbesondere die Farmen im Outback) in der heißesten Jahreszeit (Nov.–März) geschlossen sind.

Es gibt aber einige sehr muntere und freundliche örtliche Gemeinden, und Abenteuerlustige kommen in dieser Region sicher auf ihre Kosten.

Von Charters Towers nach Cloncurry

Von Charters Towers führt der Flinders Hwy über mörderische, aber überwiegend flache 775 km nach Westen ins kleine Cloncurry. Der Highway war früher eine Postkutschenroute von Cobb & Co; die kleinen Orte am Weg entstanden als Kutschenstationen. Die wichtigsten Ortschaften sind Prairie (200 km westlich von Charters Towers), Hughenden, Richmond sowie Julia Creek, von wo aus man die asphaltierte Wills Developmental Rd nordwärts nach Burketown (467 km) nehmen kann.

Im **Kronosaurus Korner** (☎07-4741 3429; www.kronosauruskorner.com.au; 91 Goldring St, Richmond; Erw./Kind 20/10 AU$; ⏲8.30–16 Uhr) kann man die beste Sammlung versteinerter Meerestiere in der Region bewundern; die meisten Stücke wurden von örtlichen Grundbesitzern gefunden. Besondere Highlights sind das fast komplette, 4,25 m lange Skelett eines Pliosauriers – einer der bedeutendsten Wirbeltierfunde Australiens – und das Teilskelett eines *Kronosaurus queenslandicus*, des größten bekannten Meeresreptils, das jemals in dieser Gegend lebte.

Der relativ grüne **Porcupine Gorge National Park** (☎13 74 68; www.qld.gov.au/camping; Stellplatz pro Pers./Fam. 5,85/21,80 AU$) ist eine Oase in der trockenen Gegend nördlich von Hughenden. Die beste Anlaufstelle ist der Pyramid Lookout, etwa 70 km nördlich von Hughenden, wo man an einem Bach campen und von dort in die Schlucht wandern kann.

In Prairie, 200 km westlich von Charters Towers, befindet sich das freundliche und stimmungsvolle, mit Erinnerungsstücken angefüllte **Prairie Hotel** (☎07-4741 5121; Flinders Hwy; Stellplatz ohne/mit Strom 15/20 AU$, EZ/DZ ab 60/90 AU$; ❄), in dem es angeblich spukt.

F.J. Holden's (☎07-4741 5121; Ecke Brodie St & Flinders Hwy, Hughenden; Gerichte 5–24 AU$; ⏲Mo–Sa 8–20, So 9–20 Uhr) ist ein ausgezeichneter Burgerladen. Hier gibt's auch eine interessante Ausstellung von Dinosaurierfossilien.

Cloncurry

3428 EW.

„Curry", 121 km östlich von Mt. Isa, war die Geburtsstätte des Royal Flying Doctor Service (RFDS). Im 19. Jh. war Cloncurry der größte Kupferproduzent des britischen Weltreichs. Heute ist der Ort ein geschäftiges Zentrum der Weidewirtschaft mit neu belebter Bergbauindustrie. Aus dem Ort stammt auch der schillernde Provinzpolitiker Bob Katter, der kürzlich seine eigene Partei gründete.

John Flynn Place (☎07-4742 4125; Ecke Daintree & King St; Erw./Kind 8,50/4 AU$; ⏲April–Okt. Mo–Fr 8–16.30, Sa & So 9–15 Uhr). Das Haus erinnert an Dr. Flynn, den Gründer des unverzichtbaren Royal Flying Doctor Service. Zum Haus gehören eine Kunstgalerie, ein Kulturzentrum und ein Theater.

Die beste Unterkunft ist das saubere und komfortable **Wagon Wheel Motel** (☎07-

FARMAUFENTHALTE IM OUTBACK

Zu den besten Wegen, das westliche Queensland kennenzulernen, gehört der Aufenthalt auf einer der riesigen Ranches. Hier erhält man einen hautnahen Einblick in die Lebensweise im Outback – und in sein wirtschaftliches Rückgrat. Die meisten dieser Betriebe bieten geführte Touren und andere Aktivitäten. Aus diversen ökonomischen Gründen geht dieses touristische Angebot aber derzeit zurück.

Carisbrooke Station (☎07-4657 0084; www.carisbrookestation.com.au; Winton; Stellplatz ohne Strom DZ/FZ 17/25 AU$, DZ ab 90 AU$). Die Carisbrooke Station am Rand von Winton ist der ganze Stolz der Familie Phillott. Vor den in sich abgeschlossenen Unterkünften breitet sich die unglaubliche Buschlandschaft aus. Auf dem Anwesen gibt es unendlich viele Wanderwege und die Möglichkeit, nach Dinosaurierfossilien zu graben.

4742 1866; 54 Ramsay St; EZ/DZ ab 85/96 AU$; ❄ ≋), das auch über eine freundliche Bar verfügt.

Mt. Isa

22 091 EW.

„The Isa" ist eine der ältesten Bergbaustädte im Bundesstaat und ein Zentrum des Lebensstils und der Traveller im zentralen Queensland. Selbst bei Nacht glüht und zischt es in den umliegenden Hügeln, denn die Arbeit ruht hier nie. Die stolzen Einheimischen teilen sich staubige Hitze, geografische Abgeschiedenheit und ein paar Bier. Es herrscht ein spürbares Gemeinschaftsgefühl.

Die angenehmste Überraschung für all jene, die zum ersten Mal hier sind, ist die Schönheit der kahlen, roten Landschaft. Bizarre Felsformationen, hie und da mit olivgrünen Spinifex-Gräsern bewachsen, säumen den Stadtrand, und der tiefblaue Sonnenuntergang verdrängt die künstliche Beleuchtung. In der Nähe gibt's ein paar wenig besuchte Campingplätze. Aufgelassene Bergwerksstraßen sind ideal für Tagesausflüge, bei denen man mit Einbruch der Dunkelheit in die „Zivilisation" zurückkehren kann.

Die beste Reisezeit ist Mitte August, wenn in der Stadt Australiens größtes Rodeo stattfindet.

Sehenswertes & Aktivitäten

Outback at Isa MUSEUM
(☎1300 659 660; www.outbackatisa.com.au; 19 Marian St; ⌚8.30–17 Uhr) Die mit dem Australian Tourism Award ausgezeichnete Anlage gehört für die meisten Urlauber aus gutem Grund zum Pflichtprogramm. Das interaktive, klimatisierte Museum gibt einen interessanten, gut verständlichen Überblick über den Bergbau, die Besiedlung und die Geschichte der Region. Es umfasst mehrere Galerien und Einrichtungen wie die Hard Times Mine und das faszinierende Riversleigh Fossil Centre sowie den Outback Park. Ein günstiges Angebot ist der zwei Tage lang gültige DiscoveryTourPass (59 AU$), der für alle Attraktionen gilt.

Schwimmbad SCHWIMMEN
(☎07-4743 2137; Ecke Isa St & Fourth Ave; Eintritt 4 AU$) Hier kann man der drückenden Hitze entkommen oder morgens ein paar Runden ziehen.

Schlafen

Travellers Haven HOSTEL $
(☎07-4743 0313; www.travellershaven.com.au; 75 Spence St; B/EZ/DZ 29/50/66 AU$; ❄ @ ≋) Die Zimmer sind recht bescheiden und die Gemeinschaftseinrichtungen etwas abgewetzt, aber der Pool gehört zu den besten in Mt. Isa und die Lounge ist ein toller Treffpunkt. Die nette britische Eigentümerin macht keinen Hehl aus ihrer Liebe zur Region. Wer vorher anruft, wird abgeholt.

Mt. Isa Caravan Park WOHNMOBILPARK $
(☎07-4743 3252; www.mtisacaravanpark.com.au; 112 Marian St; Stellplatz ohne/mit Strom 27/35 AU$, abgestelltes Wohnmobil 70 AU$, Villa 100 AU$; P ≋) Das eindrucksvolle Touristendorf bietet eine ganze Reihe von Optionen, darunter auch in sich abgeschlossene Wohneinheiten (140 AU$). Der Pool ist groß, und es gibt viele schattige, mit Gras bewachsene Plätzchen.

Fourth Avenue Motor Inn MOTEL $$
(☎07-4743 3477; www.fourthavemotorinn.com; 14 Fourth Ave; DZ ab 135 AU$; P ❄ ≋) Das freundliche, farbenfrohe Motel in einem ruhigen Wohnviertel wurde kürzlich renoviert. In einem gepflegten Außenbereich gibt es einen Meerwasserpool. Die Zimmer liegen etwas über dem Durchschnitt. Bei längerem Aufenthalt nach Rabatt fragen.

Spinifex Motel MOTEL $$
(☎07-4749 2944; www.spinifexmotel.com.au; 79 Marian St; Zi. 160–200 AU$; ❄ @ ≋) Die feine, kleine Anlage hat große, geflieste Zimmer mit geschmackvollen Möbeln, Schreibtischen und privaten Außenterrassen. Das Personal ist einfühlsam und höflich. Das Motel liegt ein paar Blocks den Barkly Hwy hinunter.

Central Point Motel MOTEL $$
(☎07-4743 0666; www.centralpoint-motel.com; 6 Marian St; EZ/DZ 130/150 AU$; ❄ ≋) Einen kurzen, schweißtreibenden Weg außerhalb der Stadt bietet dieses Motel tropische Atmosphäre und sonnige Zimmer mit gut ausgestatteten Kochnischen.

Red Earth Hotel HOTEL $$$
(☎1800 603 488; www.redearth-hotel.com.au; Rodeo Dr; DZ 180–250 AU$; ❄ @) Das Hotel erinnert mit seinen weiten Fluren, Stilmöbeln (darunter große Schreibtische) und Badewannen mit Klauenfüßen an die wohlhabende Ära des alten Westens. Es lohnt sich, den kleinen Aufpreis für einen eigenen Balkon, einen Whirlpool und einen großen

Mt. Isa

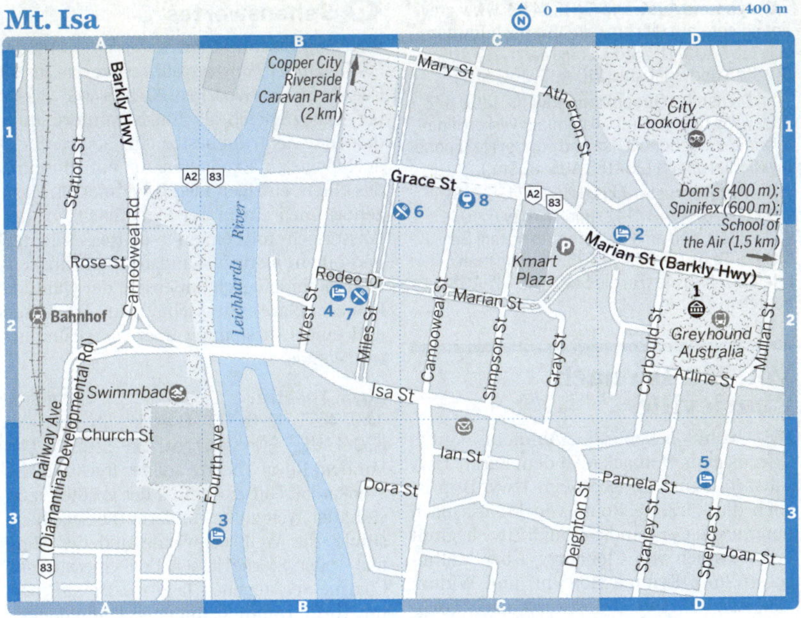

Mt. Isa

Sehenswertes
1 Outback at Isa D2

Schlafen
2 Central Point Motel..................................D2
3 Fourth Avenue Motor Inn........................B3
4 Red Earth Hotel..B2
5 Travellers Haven D3

Essen
6 Livingstone's C1
7 Rodeo Bar & Grill B2

Ausgehen & Nachtleben
8 Buffs Club C1

Fernseher zu zahlen. Im Foyer gibt es ein ausgezeichnetes Restaurant. Der Besitzer ist respekteinflößend kenntnisreich.

Essen & Ausgehen

Livingstone's MODERN-AUSTRALISCH $$
(1800 603 488; 26 Miles St; Hauptgerichte 15–38 AU$; tgl. mittags & abends, Sa & So früh) Das schickste Restaurant der Stadt wird von einem Küchenchef aus Sydney geführt, der sich mit Soufflés besonders gut auskennt. Mittags werden Gourmet-Sandwichs und Salate serviert, abends gibt's ein formaleres Menü. Bei unserem Besuch mundeten das Rib-Eye-Steak mit Riesengarnelen (36 AU$) und der Barramundi (34 AU$) ausgezeichnet. Die Bedienung ist sehr freundlich, und die Cocktails sind ausnehmend gut.

Rodeo Bar & Grill STEAKHAUS $$
(07-4749 8888; Rodeo Dr; Hauptgerichte 25–32 AU$; 10 Uhr–open end) Im Erdgeschoss des neu renovierten Isa Hotel residiert dieser Tempel für Fleischesser. Das Frühstück in der Sitzecke ist überraschend gut, auf der Terrasse draußen kann man Pizzas oder Tapas knabbern.

Buffs Club BAR, CLUB
(www.buffs.com.au; Ecke Grace & Camooweal St; So & Mo 10–24, Fr & Sa bis 2 Uhr) Isas zentralster Nachtclub bietet die gut besuchte Billabong Bar, eine Sonnenterrasse und Live-Unterhaltung am Wochenende.

Irish Club BAR, CLUB
(07-4743 5678; 1 Nineteenth Ave) Der Mehrzwecktreff umfasst eine riesige Bar, einen aufgemotzten, am Wochenende stets vollen Club, Pokerautomaten und ein ziemlich gutes Restaurant.

Anreise & Unterwegs vor Ort

Rex (13 17 13; www.rex.com.au) fliegt direkt von Mt. Isa nach Townsville.

Greyhound Australia (☎13 14 99; www.greyhound.com.au) fährt regelmäßig nach Townsville (157 AU$, 11½ Std.), Longreach (113 AU$, 8½ Std.) und Brisbane (210 AU$, 26½ Std.).

Im Dienst der **Queensland Rail** (☎1800 872 467; www.queenslandrail.com.au) verkehrt der *Inlander* zwischen Mt. Isa und Townsville (Economy/Schlafwagen 125/188 AU$, 21 Std.).

Die Autovermieter **Avis** (☎07-4743 3733), **Hertz** (☎07-4743 4142) und **Thrifty** (☎07-4743 2911) sind am Flughafen vertreten. Bei **Mt. Isa Taxis** (☎07-4743 2333) kann man telefonisch ein Taxi in die Stadt (25–35 AU$) bestellen.

Von Mt. Isa nach Charleville

Die wohl beliebteste Autotour durch Queenslands Outback folgt dem Barkly Hwy ostwärts zum Landsborough Hwy. Dies ist auch die kürzeste Route von Mt. Isa nach Longreach. Der Landsborough Hwy beginnt 14 km östlich von Cloncurry. Über McKinlay (91 km), Kynuna (168 km) und Winton (339 km) führt er südostwärts nach Longreach (516 km), Barcaldine (621 km) und Charleville (1020 km).

Der schauderhafte Aussie-Komödienklassiker *Crocodile Dundee* wurde teilweise im Nest **McKinlay** gedreht, das ansonsten für sein **Walkabout Creek Hotel** (☎07-4746 8424; Landsborough Hwy; Stellplatz ohne/mit Strom 22/25 AU$, EZ 88 AU$; P ❄) bekannt ist. Der Wellblechbau mit vielen cineastischen Erinnerungsstücken und australischem Krimskrams kann sich stark aufheizen. Ein Block westlich vom Pub gibt's kleine, einfache Moteleinheiten und dahinter liegt ein Campingplatz.

Winton

1320 EW.

Winton ist ein Zentrum der Rinder- und Schafzucht, in dem Touristen jede Menge Käse serviert wird. Die gemächliche Hauptstraße soll an die Pionierzeit erinnern. Der Charme vergangener Tage wirkt zwar aufgesetzt, ist aber mächtig ansteckend. Bei einem kurzen Besuch kann man sich die denkmalgeschützten Häuser anschauen und australische Buschpoesie hören. Wenn man die Stadt gesehen hat, kann man sich auf die Spur der Dinosaurier machen (s. Kasten S. 407).

Das **Outback Festival** (www.outbackfestival.org) Ende September ist eine ausgelassene Sache.

Sehenswertes

Waltzing Matilda Centre MUSEUM
(☎07-4657 1466; www.matildacentre.com.au; 50 Elderslie St; Erw./Kind/Fam. 20/1/49 AU$; ⏲9–17 Uhr) Das zugleich als Touristeninformation dienende Zentrum besitzt eine überraschende Menge an Exponaten für ein Museum, das einem einzigen Lied gewidmet ist. Dazu gehört auch ein in der Halle nachgebautes Wasserloch mit einem Squatter, Soldaten und einem lustigen Landstreicher. Im Zentrum befindete sich außerdem der Qantilda Pioneer Place mit vielfältigen Artefakten und einer Ausstellung über die Gründung von Qantas.

Royal Theatre KINO, MUSEUM
(☎07-4657 1296; 73 Elderslie St; Erw./Kind 6,50/4 AU$; ⏲Vorstellungen April–Sept. 20 Uhr) Vor dem Royal Theatre auf der Rückseite des Wookatook Gift & Gem ist der größte Liegestuhl der Welt zu bewundern. Die Segeltuchstühle, die Wellblechwände und der Himmel voller Sterne lassen den cineastischen Charme vergangener Tage wieder aufleben. Im Vorführraum befindet sich ein kleines Museum; gezeigt werden alte Klassiker.

Arno's Wall SKULPTUR
(Vindex St) Arno's Wall, hinter dem North Gregory Hotel, ist Wintons skurrilste Sehenswürdigkeit: Das 70 m lange Work in Progress des Künstlers Arno Grotjahn besteht aus allen möglichen Maschinen und Haushaltsgeräten, von Fernsehgeräten bis zu Motorrädern, die allesamt einzementiert sind.

Schlafen & Essen

★ **North Gregory Hotel** HOTEL
(☎07-4657 1375; 67 Elderslie St; Zi. mit Bad 80–90 AU$, ohne Bad 60 AU$; ❄) Das historische Art-déco-Hotel mitten im Outback erlebt seine umfassendste Renovierung seit den 1950er-Jahren. Das Foyer wirkt wie die glamouröse Kulisse eines Film Noir, die Zimmer sind stilistisch irgendwo zwischen originialgetreu und dem Brisbane des 20. Jhs. angesiedelt. Es gibt im Haus eine ausgezeichnete Bar und ein Restaurant der gehobenen Preiskategorie. *Waltzing Matilda* soll in dem Hotel am 6. April 1895 seine Uraufführung erlebt haben.

Tattersalls Hotel PUB
(78 Elderslie St; Hauptgerichte 8–25 AU$; ⏲11–21 Uhr) Der freundliche, holzgezimmerte Pub an der Ecke ist erstaunlicherweise ein Ziel

für Gourmets: Die vernünftig ausgepreisten Pub-Gerichte werden mit Buschkräutern zubereitet. Man speist am besten auf der Holzterrasse mit Blick auf die Straße.

An- & Weiterreise

Greyhound Australia (☎13 14 99; www.greyhound.com.au) verbindet Winton mit Brisbane (178 AU$, 20 Std.), Mt. Isa (98 AU$, 6 Std.) und Longreach (40 AU$, 2 Std.).

Longreach

3700 EW.

Das wohlhabende Outback-Städtchen auf dem südlichen Wendekreis war Anfang des letzten Jahrhunderts der Sitz von Qantas. Heute ist es gleichermaßen für das Stockman's Hall of Fame & Outback Heritage Centre berühmt, einer der größten Sehenswürdigkeiten im Outback von Queensland. Zudem kommen über 1 Mio. Rinder und Schafe hier durch.

Sehenswertes

Australian Stockman's Hall of Fame & Outback Heritage Centre MUSEUM
(☎07-4658 2166; www.outbackheritage.com.au; Landsborough Hwy; Erw./Kind/Fam. 29,50/15/70 AU$; ⊙9–17 Uhr; Dez.–Mitte Feb. geschl.) Das Australian Stockman's Hall of Fame & Outback Heritage Centre ist eine Hommage an die frühen Entdecker und Siedler; sehenswert sind die hübschen Landkarten. Eine Reihe von Sälen sind der Kultur der Aborigines und der Ankunft der Europäer gewidmet. Das Zentrum liegt 2 km östlich der Stadt an der Straße nach Barcaldine. Die Eintrittskarte ist zwei Tage gültig.

Qantas Founders Outback Museum MUSEUM
(☎07-4658 3737; www.qfom.com.au; Landsborough Hwy; Erw./Kind/Fam. 21/11/49,50 AU$; ⊙9–17 Uhr) Das Qantas Founders Outback Museum zeigt mit dem maßstabsgetreuen Nachbau einer Avro 504K das erste Flugzeug der damals frisch gegründeten Airline. Interaktiv und multimedial erzählt das Museum die Geschichte von Qantas. Im originalen Qantas-Hangar von 1921 steht nebenan eine nahezu neuwertige DH-61. Zudem überragt eine blitzende **Boeing 747-200B Jumbo** (Erw./Kind/Fam. 19/10/45 AU$; Museums- & Jumbo-Führung Erw./Kind/Fam. 34/18/75 AU$; Flügelbegehung Erw./Kind 85/55 AU$, Reservierung erforderlich; ⊙Führungen 9.30, 11, 13 & 15 Uhr) mit begehbaren Flügeln den ganzen Komplex.

Geführte Touren

Kinnon & Co Longreach BOOTSFAHRT, TOUR
(☎07-4658 1776; www.kinnonandco.com.au; 115a Eagle St) Der wichtigste Tourveranstalter in Longreach bietet eine Bootsfahrt bei Sonnenuntergang auf dem Thomson River, an die sich ein Abendessen unter den Sternen mit einem Unterhaltungsprogramm am Lagerfeuer anschließt (Erw./Kind/Fam. 75/50/225 AU$). Die Tour „Gallop thru the Scrub" von Cobb & Co (Erw./Kind/Fam. 79/52/236 AU$) verbindet eine Kutschfahrt mit Theater, einem Mittagessen und einem Film.

Outback Aussie Tours TOUR, ZUGFAHRT
(☎07-4658 3000; www.oat.net.au; Landsborough Hwy) Direkt am Bahnsteig bietet das Unternehmen diverse mehrtägige Touren an, u.a. die fünftägige Tour von Longreach nach Winton (ab 1699 AU$), Touren zu Gärten im Outback sowie Zugfahrten.

Schlafen & Essen

An der Eagle St gibt's mehrere Pubs mit gutem preiswerten Essen.

Longreach Tourist Park CAMPING $
(☎07-4658 1781; www.longreachtouristpark.com.au; 12 Thrush Rd; Stellplatz ohne/mit Strom 30/35 AU$, Hütte 98 AU$, Villa 135 AU$; ❄≋) Der heiße, staubige Platz hat freundliche Besitzer und komfortable Hütten, solange die Wohnmobile nicht dazwischen kommen.

Commercial Hotel PUB, MOTEL $
(☎07-4658 1677; 102 Eagle St; EZ/DZ mit Bad 70/90 AU$, ohne Bad 28/45 AU$, Hütte 80–120 AU$; ❄≋) Das Hotel hat schlichte, aber gemütliche Zimmer. In dem freundlichen, mit Bougainvilleen geschmückten Biergarten gibt's abends Steaks zu Schnäppchenpreisen.

Old Time Cottage FERIENHAUS $$
(☎07-4658 1550; 158 Crane St; Zi. 105 AU$; ❄) Das malerische kleine Wellblechhaus steht frei in einem hübschen Garten. Es ist komplett möbliert, bietet Platz für bis zu fünf Personen und ist daher gut für Reisegruppen und Familien geeignet.

Longreach Motor Inn MOTEL $$
(☎07-4658 2322; 84 Galah St; Zi. 124–134 AU$; ❄≋) Das beliebte Motel am Ende der Einkaufszone des Orts hat riesige Zimmer mit entsprechenden Balkonen und professionelles Personal. An dem geschützten Pool und in dem schattigen Garten lässt sich

der Nachmittag gut verbringen. Das ansässige Restaurant Harry's (Hauptgerichte 20–30 AU$) ist das beste in Longreach.

Eagle's Nest Bar & Grill MODERN-AUSTRALISCH **$$**
(110 Eagle St; Gerichte 20–33 AU$; ⌚Mi–So 11–21, Sa & So 8–20 Uhr) Das Restaurant ist am Wochenende ein idealer Ort zum Frühstücken.

Praktische Informationen

Die **Touristeninformation** (☎07-4658 3555; 99 Eagle St; ⌚Mo–Fr 8.30–17, Sa & So 9–12 Uhr, Okt.–März Sa & So geschl.) befindet sich an der Eagle St.

An- & Weiterreise

Greyhound Australia (☎1300 473 946; www.greyhound.com.au) fährt jeweils einmal täglich über Charleville (64 AU$, 6¾ Std.) nach Brisbane (169 AU$, 18 Std.) sowie über Winton und Cloncurry nach Mt. Isa. Die Busse halten hinter dem Commercial Hotel.

Die Busse von **Paradise Coaches** (☎1300 300 156; www.paradisecoaches.com.au) rollen zweimal pro Woche nach Rockhampton und über Emerald wieder zurück. Sie stoppen vor Outback Aussie Tours neben dem Bahnhof.

Die **Queensland Rail** (☎1300 131 722; www.traveltrain.com.au) schickt den *Spirit of the Outback* von Longreach nach Brisbane (über Rockhampton; 2-mal wöchentl.).

Barcaldine

1500 EW.

Barcaldine (ausgesprochen „Bar- *call* -din") ist ein bunter kleiner Ort mit Pubs an der Kreuzung des Landsborough Hwy und des Capricorn Hwy (Rte 66), 108 km östlich von Longreach.

Der Ort schrieb 1891 in Australien Geschichte, als er das Zentrum eines großen Streiks der Schafscherer wurde. Der Konflikt trug zur Gründung der Australian Workers' Party bei, der heutigen Australian Labor Party. Treffpunkt der Streikführung war der Tree of Knowledge, ein Eukalyptusbaum, der in der Nähe des Bahnhofs stand und lange ein Denkmal für den Kampf der Arbeiter um ihre Rechte war. Der Baum wurde 2006 mit einem Herbizid vergiftet und ging ein. Heute sorgt hier ein radikales neues Denkmal für politische Aufregung.

Die ursprünglichen Bewohner der Gegend waren die Inningai, die bald nach der Ankunft des Entdeckers Thomas Mitchell (1824) „verschwanden".

Sehenswertes & Aktivitäten

★**Tree of Knowledge Memorial** DENKMAL
Die 5000 AU$ teure moderne Kunstinstallation – die ein missmutiger Einheimischer als den „umgestülpten Getränkekasten von Premierministerin Gillard" bezeichnete – schaut man sich am besten nachts an, wenn gesprenkeltes Licht durch das hölzerne Windglockenspiel fällt. Ob sie es nun schön finden oder nicht – die Kunden in den Pubs gegenüber haben jedenfalls ein Gesprächsthema.

Australian Workers Heritage Centre MUSEUM
(☎07-4651 2422; www.australianworkersheritagecentre.com.au; Ash St; Erw./Kind/Fam. 12/7,50/28 AU$; ⌚Mo–Sa 9–17, So 10–17 Uhr) Das Zentrum gibt einen Überblick über die sozialen, politischen und gewerkschaftlichen Organisationen der australischen Arbeiterklasse. Hier befindet sich auch das Australian Bicentennial Theatre.

Artesian Country Tours GEFÜHRTE TOUR
(☎07-4651 2211; www.artesiancountrytours.com.au; Erw./Kind 145/65 AU$; ⌚Mi & Sa, wetterabhängig) Das Unternehmen veranstaltet eine sehr zu empfehlende historische Tour zu den Lavahöhlen, Rinderfarmen und Stätten mit Aborigine-Felskunst in der Gegend.

Schlafen & Essen

Blacksmith's Cottage COTTAGE **$**
(☎07-4651 1724; 7 Elm St; DZ/3BZ/4BZ 70/80/90 AU$) Das kleine, aus Holz und Wellblech errichtete Blacksmith's Cottage stammt aus dem späten 19. Jh. Drinnen gibt's Antiquitäten und kuriosen Schnickschnack.

Barcaldine Country Motor Inn MOTEL **$**
(☎07-4651 1488; 1 Box St; EZ/DZ 89/99 AU$; ❄) Die sehr anheimelnden Zimmer sind gut eingerichtet, kühl und sauber. Gleich um die Ecke liegen die attraktiven Pubs an der Hauptstraße.

3Is Bar & Bistro KNEIPENESSEN **$$**
(Hauptgerichte 15–25 AU$) Aufschneider, schräge Typen und Legenden rumoren in dem rustikalen, offenen Restaurant mit Holzbänken, an dessen Wänden Farmarbeiterseile und Brandeisen hängen. Setz dich hin und iss dein Steak, Kumpel!

Praktische Informationen

Die **Touristeninformation** (☎07-4651 1724; Oak St) befindet sich neben dem Bahnhof.

AUF DEN SPUREN DER DINOSAURIER

Vor etwa 95 Mio. Jahren – plus/minus ein paar Millionen – stob eine Herde kleiner Dinos auf der Flucht vor einem Raubsaurier auseinander. In einem Bachbett hinterließ die daraus resultierende Stampede Tausende Fußabdrücke, die Mutter Natur bemerkenswerterweise als Fossilien konservierte. Die **Lark Quarry Dinosaur Trackways** (☎07-4657 1188; www.dinosaurtrackways.com.au; 55-minütige Führungen Erw./Kind 11/6 AU$; ⏲Führungen 10, 12 & 14 Uhr) bilden einen winzigen *Jurassic Park* in Queenslands Outback. Rund 110 km südwestlich von Winton sind dort die Spuren der prähistorischen Massenpanik in einem Schutzgebäude mit Laufstegen zu sehen. Die Stätte kann nur in einer Führung besichtigt werden. Unterkünfte oder Restaurants sind nicht vorhanden. Der gut ausgeschilderte Zugang erfolgt über die unbefestigte, aber sehr gut präparierte Outback-Straße von Winton nach Jundah (für normale Autos geeignet). Das Waltzing Matilda Centre (S. 404) in Winton bietet geführte Touren an.

Das **Australian Age of Dinosaurs** (☎07-4657 0778; http://aaodl.com; Führungen Erw./Kind 22/11 AU$; ⏲8.30–17, Führungen 9, 11, 13 & 15 Uhr) ist ein faszinierendes, interaktives, wissenschaftliches Museum, das zu einer regionalen Rinderfarm auf einem schroffen Plateau mit sensationeller Aussicht gehört. Fossilienfans können sich einen Tag (60 AU$) oder eine Woche lang an lohnenswerten Ausgrabungen beteiligen (Reservierung erforderlich). Um das Zentrum zu erreichen, dem Landsborough Hwy ab Winton ostwärts folgen (15 km, ca. 20 Min. mit dem Auto).

Charleville

3728 EW.

Charleville liegt 760 km westlich von Brisbane und ist die wichtigste Stadt im zentralen Queensland und die größte in den Mulga Lands. Dank der günstigen Lage am Warrego River war sie eine wichtige Station der frühen Entdecker. Cobb & Co unterhielten hier ihre größte Postkutschenwerkstatt. Als wichtiges Zentrum der australischen Wollproduktion ist der Ort auch heute noch relativ wohlhabend.

Durch ein Hochleistungsteleskop kann man unter Anleitung von Experten im **Cosmos Centre** (☎07-4654 3057; www.cosmoscentre.com; Pers./Fam. 7/21 AU$, nächtliche Himmelsbeobachtung Erw./Kind/Fam. 27/18/65 AU$; ⏲10–16 Uhr, Observatorium 19.30 Uhr) einen spektakulären Blick in den Himmel genießen. Die 90-minütige Sternenbeobachtung startet bald nach Sonnenuntergang. Das Zentrum liegt 2 km südlich der Ortschaft abseits des Airport Dr.

Der QPWS betreibt in Charleville ein Zuchtprogramm für die gefährdeten Bilbys (Großen Kurznasenbeutler). Nach Buchung im Cosmos Centre kann man die Tiere im Rahmen der **Bilby Experience** (07-4654 4717; 1 Park St; Eintritt 5 AU$; ⏲April–Okt.) bewundern.

Wer übernachten möchte, sollte im **Hotel Corones** (☎07-4654 1022; 33 Wills St; Zi. 40–95 AU$; ❄) statt der Motelzimmer lieber eines der Zimmer im restaurierten Obergeschoss nehmen. Sie haben Bleiglasfenster, offene Kamine und sind mit eleganten australischen Antiquitäten eingerichtet. Essen kann man in dem prächtigen Speisesaal (Hauptgerichte 15–20 AU$) oder mit dem einfachen Volk in der öffentlichen Bar (Hauptgerichte 10–12 AU$).

Die Touristeninformation (☎07-4654 3057; Sturt St) liegt an der Südostseite des Orts.

Channel Country

Outback gefällig? Das Channel Country verkörpert es in seiner reinsten Form – und das gleich meilenweise! In der unbarmherzigen, über weite Teile unbewohnten Region wird die Landschaft von roten Sandhügeln, Wildblumen, bizarren Lichtspielen und grasenden Rindern dominiert. Die vielen Kanäle sind durch Wasser entstanden, das sich nach den Monsunregen seinen Weg südwärts zu den Flüssen Georgina, Hamilton und Diamantina und dem Cooper Creek bahnt. Die sengende, staubige Hitze macht einen Besuch der Region in den Sommermonaten (Okt.–April) unerträglich.

ℹ Anreise & Unterwegs vor Ort

Im Channel Country fahren weder Züge noch Busse; die nächste Autovermietung befindet sich in Mt. Isa. Wer nicht aufpasst, ist hier draußen schnell verloren – mit eventuell lebensgefährlichen Folgen. Die Straßen sind nur schlecht beschildert und man kann sich leicht verirren.

Bevor man aufbricht, muss man deshalb seinen Namen, das Ziel und das geplante Rückkehrdatum am Schwarzen Brett des jeweiligen Ausgangspunktes vermerken. Einige der Straßen, die von Osten nach Norden bis an die Grenzen des Channel Country verlaufen, sind befestigt. Zwischen Oktober und Mai werden sie jedoch mitunter von schlammigem Morast bedeckt und sind dann nicht befahrbar. Man benötigt in jedem Fall ein robustes Fahrzeug mit großer Bodenfreiheit und guter Federung; für Touren abseits der größeren Straßen ist zudem ein Allradantrieb erforderlich. Und immer ausreichend Trinkwasser und Benzin mitnehmen!

Die Hauptstraße durch die Region ist die Diamantina Developmental Rd. Sie verläuft von Mt. Isa zunächst südwärts durch Boulia nach Bedourie, und führt dann ostwärts über Windorah und Quilpie nach Charleville. Die 1340 km lange, einsame Straße ist fast durchgängig asphaltiert, in einigen Abschnitten aber nur einspurig (an die Seite fahren, wenn Laster kommen). Besondere Vorsicht ist in der Abenddämmerung geboten, wenn der warme Asphalt wilde Kamele und Kängurus anlockt.

Von Mt. Isa nach Boulia

Eine befestigte, rund 300 km lange Straße führt von Mt. Isa südwärts nach Boulia. Ein Gasthaus und ein Rathaus bei **Dajarra** sind die einzigen Einrichtungen entlang der Strecke.

Boulia

300 EW.

Das hübsche kleine, weit abgelegene Örtchen kurz vor der gewaltigen Simpson Desert ist die inoffizielle Hauptstadt des Channel Country und zugleich die letzte Station der längsten Poststrecke der Welt, die in 3000 km Entfernung in Port Augusta im Süden Australiens ihren Anfang nimmt. Mitte Juli finden in Boulia die bedeutendsten Kamelrennen des Landes, die **Desert Sands Camel Races**, statt.

Die bekanntesten „Bewohner" Boulias sind die Min Min Lights, ein mysteriöses Naturereignis: Wenn die Temperaturen nach Einbruch der Dunkelheit sinken, tauchen umherirrende Lichter am ungewöhnlich flachen Horizont auf.

Sind sie nun da draußen? Jedenfalls gibt es viel Science-Fiction-Accessoires und schaurige Beleuchtung bei der stündlichen „Alienshow" im **Min Min Encounter** (☎07-4746 3386; Herbert St; Erw./Kind/Fam. 15,60/12,50/36,50 AU$; ⏲Mo–Fr 8.30–17, Sa & So 8–17 Uhr), einer typischen, kitschigen Touristenattraktion. Im Haus befindet sich auch die Touristeninformation.

Das **Stone House Museum** (Ecke Pituri & Hamilton St; Erw./Kind 5/3 AU$; ⏲Mo–Fr 8–12 & 13–16, Sa & So 8–12 Uhr) umfasst neben dem 1888 erbauten Haus der Pionierfamilie Jones (dem Stone House) Schuppen mit Outback-Kram, Weltraumschrott, Zeugnisse der Ortsgeschichte und Artefakte der Aborigines.

Die beste Unterkunft vor Ort ist das **Desert Sands Motel** (☎07-4746 3000; www.desertsandsmotel.com.au; Herbert St; EZ/DZ 115/125 AU$; ❄) mit modernen, geräumigen Zimmern.

Von Boulia aus führt die asphaltierte Kennedy Developmental Rd (Rte 62) über 369 km ostwärts nach Winton. Der einzige Halt unterwegs ist **Middleton**, 175 km hinter Boulia, wo es einen Pub und eine Tankstelle gibt.

Bedourie

120 EW.

Von Boulia aus führt eine weitgehend unbefestigte Straße südwärts über 200 km nach Bedourie, dem Verwaltungssitz des riesigen Diamantina Shire. Eine große Attraktion ist das kostenlose öffentliche Schwimmbad mit einem **artesischen Wellenbad**.

Das charmante **Bedourie Hotel** (☎07-4746 1201; www.bedouriehotel.com; Herbert St; Zi. ab 88 AU$; ❄) wurde in den 1880er-Jahren aus Lehmziegeln erbaut und bildet den geselligen Mittelpunkt der Region. Nach hinten hinaus gibt's sehr gemütliche Motelzimmer. Im Speisesaal werden Steaks und Barramundi in gewaltigen Portionen aufgetischt.

Einen Wohnmobilpark und komfortable Motelzimmer bietet die **Simpson Desert Oasis** (☎07-4746 1291; 1 Herbert St; Stellplatz ohne/mit Strom kostenlos/26 AU$, Hütte 103–139 AU$, Motelzi. 114–156 AU$; ❄), eine Raststätte mit Tankstelle, Supermarkt und Restaurant.

Birdsville

120 EW.

Bevor man Birdsville nicht besucht hat, ist man nicht wirklich abseits ausgetretener Pfade gereist, denn das uraustralische Nest am Rand der Simpson Desert ist Queenslands entlegenste „Kleinstadt". Am ersten Septemberwochenende lockt der **Birdsville**

ABSEITS DER ÜBLICHEN PFADE

BIRDSVILLE, QUILPIE & UMGEBUNG

Die Birdsville Developmental Rd führt ostwärts aus Birdsville hinaus und trifft nach 277 km auf der rauen Schotter- und Sandpiste auf die Diamantina Developmental Rd. Autofahrer müssen ausreichend Benzin und Wasser für die 395 km lange Strecke bis zum nächstgelegenen Ort Windorah mitnehmen.

Windorah, gleich westlich des Cooper Creek, hat einen Pub, einen Gemischtwarenladen und einen einfachen Wohnmobilpark. Das 1878 gegründete **Western Star Hotel** (07-4656 3166; www.westernstarhotel.com.au; 15 Albert St; Pub EZ/DZ 50/60 AU$, Motel EZ/DZ 90/100 AU$; ❄) ist ein wundervolles Landgasthaus mit köstlichem Essen und ausgezeichneten Motelzimmern in einem separaten Gebäude. Am Mittwoch vor dem Renntag in Birdsville gibt's hier ein **Flusskrebsrennen**.

In **Quilpie** wird nach Opalen geschürft und Rinder werden zum Transport zur Küste in die Bahn verfrachtet. Südlich von Quilpie und westlich von Cunnamulla liegen die abgeschiedenen **Yowah Opal Fields** und der Ort **Eulo**, der Ende August zusammen mit Cunnamulla die **Weltmeisterschaft im Eidechsenrennen** ausrichtet. In **Thargomindah**, 130 km westlich von Eulo, gibt es ein paar Motels und ein Gasthaus. Weitere 145 km weiter westlich gibt es in **Noccundra** gerade einmal ein Hotel mit schlichter Unterkunft, Mahlzeiten und einer Zapfsäule. Wer über einen Geländewagen verfügt, kann über den rauen und steinigen Strzelecki Track noch weiter Richtung Westen bis nach Innamincka in South Australia fahren. Dabei passiert man die Stätte des berühmten **Dig Tree**, unter dem William Brahe während der gescheiterten Expedition von Burke und Wills (1860–1861) Vorräte vergrub.

Cup (www.birdsville-races.com) jedes Jahr bis zu 7000 Pferderennfans aus dem ganzen Land hierher. Dann wird drei Tage lang getanzt, gebechert und gewettet, während Kleinflugzeuge gratis parken.

Im **Birdsville Studio** (07-4656 3221; www.birdsvillestudio.com.au; Graham St; Juni–Sept. 9–22 Uhr) kann man sich die Outback-Werke des außergewöhnlichen hiesigen Künstlers Wolfgang John ansehen und kaufen.

Das allseits beliebte **Birdsville Hotel** (07-4656 3244; www.theoutback.com.au; Adelaide St; EZ/DZ 140/160 AU$; ❄) aus Sandstein behauptet sich seit 1884. Man kann in geschmackvollen, großen Moteleinheiten relaxen oder im überraschend schicken **Restaurant** (Hauptgerichte 15–30 AU$) speisen.

Birdsville Track

Südlich von Birdsville führt der 517 km lange Birdsville Track nach Maree in South Australia. Dabei durchquert er die einsame Gegend zwischen der Simpson Desert im Westen und der Sturt Stony Desert im Osten. Für den ersten Abschnitt ab Birdsville gibt's zwei verschiedene Routen. Momentan ist aber nur der längere und weiter östlich verlaufende Outside Track befahrbar. Vor dem Start ist es ratsam, Freunde oder Verwandte von den geplanten Etappen in Kenntnis setzen. Dies ermöglicht wertvolle Hinweise an die Behörden, falls man sich nicht wie vorgesehen zurückmeldet.

Man sollte sich im **Wirrarri Centre** (07-4656 3300) über den Straßenzustand informieren, auftanken, sich mit Snacks eindecken und irgendjemand eine E-Mail schicken, dass man dort war.

Simpson Desert National Park

Die riesige, wasserlose Simpson Desert (200 000 km²) im Herzen Australiens erstreckt sich über die Grenzen von Queensland, von South Australia und des Northern Territory. Im äußersten Südwesten Queenslands steht sie unter dem Schutz des entlegenen, ausgedörrten Simpson Desert National Park (10 000 km²) mit hohen roten Sanddünen, Spinifex- und Wüstengräsern.

Bei trockenen Bedingungen ist der Birdsville Track gerade noch mit normalen Autos befahrbar. Die Durchquerung der Simpson Desert erfordert aber Allradantrieb und deutlich mehr Vorbereitung. So sollte man sich ausschließlich in Gruppen von mindestens zwei Geländewagen auf den Weg machen und unbedingt geeignete Kommunikationsmittel (z. B. einen EPIRB-Sender) für Notrufe dabeihaben. Alternativ verleiht die **Polizei in Birdsville** (07-4656 3220) Satellitentelefone, die man bei der **Polizei in Maree** (08-8675 8346; South Australia) zurückgibt.

Die obligatorische Campinggenehmigung für den ganzen Park ist online (www.qld.gov.au/camping), beim **QPWS** (☎07-4650 1990) in Birdsville bzw. Longreach oder bei Tankstellen in Birdsville erhältlich. Die separat zu erlangende Genehmigung für Touren in südaustralische Wüsten- bzw. Parkbereiche gibt's beim **South Australian National Parks & Wildlife Service** (☎1800 816 078).

WHITSUNDAY COAST

Herrlich schimmerndes, jadegrünes Wasser und weiße Sandstrände säumen die bewaldeten Kuppeln dieser „versunkenen" Berge, auf denen man in abgeschiedenen Buchten als moderner Schiffbrüchiger zelten, in tropischen Inselresorts faulenzen, schnorcheln und tauchen oder die Segel zu einer Bootstour durch das atemberaubende Archipel setzen kann. Unter dem glitzernden Meer warten tropische Fischschwärme und der größte Korallengarten der Welt, der Great Barrier Reef Marine Park. Das Tor zu den Inseln, Airlie Beach, ist ein lebendiges Backpacker-Mekka mit einem pulsierenden Nachtleben.

Etwas weiter nördlich liegen die unberührten Küstenschätze Hydeaway Bay und Cape Gloucester. Südlich von Airlie befindet sich das üppig-grüne Hinterland bei der Finch Hatton Gorge und beim Eungella National Park, in denen Schnabeltiere in freier Wildbahn herumtollen.

Mackay

85 399 EW.

Die hübsche, ländliche Küstenstadt mit Art-déco-Gebäuden und Nationalparks in ihrer Umgebung steht bei Touristen nicht allzu hoch in Kurs, sondern ist eher ein Versorgungszentrum für die umliegende Landwirtschaft und den Bergbau. Im 6,5 km nordöstlich vom Zentrum gelegenen Jachthafen kann man nett inmitten der Segler speisen; die Strände im Norden sind weitgehend unbebaut und einsam.

Sehenswertes & Aktivitäten

Mackay verdankt seine eindrucksvolle **Art-déco-Architektur** in großen Teilen einem verheerenden Wirbelsturm, der 1918 viele Gebäude zerstörte. Fans dieser Architektur sollten sich in der Touristeninformation im Rathaus die Broschüre *Art Deco Mackay* holen.

Vom **Mt. Basset Lookout** sowie vom **Rotary Lookout** in North Mackay hat man einen guten Blick hinunter auf das Hafengelände.

Unweit des Jachthafens finden sich durchaus ein paar schöne Strände, doch die besten – **Blacks Beach, Eimeo** und **Bucasia** – liegen ungefähr 16 km nördlich der Stadt.

Artspace Mackay GALERIE
(☎07-4957 1775; www.artspacemackay.com.au; Gordon St; ⌚Di–So 10–17 Uhr) GRATIS Die Galerie am Rand des Verwaltungsviertels ist des guten Rufs würdig, den die regionalen Kunstgalerien in Queensland haben. Nachdem man sich die Werke regionaler und überregionaler Künstler angeschaut hat, stärkt man sich im **Foodspace** (⌚Di–So 9–15 Uhr), dem hauseigenen Café mit Alkohollizenz.

Mackay Regional Botanical Gardens GARTEN
(Lagoon St) Dieses kleine Tropenparadies liegt 3 km südlich vom Zentrum.

Bluewater Lagoon SEE
(⌚9–17.45 Uhr) GRATIS Der nette, künstlich angelegte See nahe dem Caneland Shopping Centre bietet Wasserfontänen, Wasserrutschen, Grasflächen, auf denen man picknicken kann, und ein Café.

Geführte Touren

Hinter Mackays Meer aus Zuckerrohrfeldern wartet ein grandioser Regenwald-Nationalpark.

Reeforest Adventure Tours KULTURTOUR
(☎1800 500 353; www.reeforest.com) Bietet eine große Palette an geführten Touren, darunter eine Tour in den Regenwald auf der Suche nach Schnabeltieren (115 AU$) und Ausflüge zur Farleigh Sugar Mill (22 AU$).

Farleigh Sugar Mill GEFÜHRTE TOUR
(☎07-4959 8360; 2-std. Führung 22 AU$/Pers.; ⌚Juni–Nov. 9, 11 & 13 Uhr) Während der Zuckerrohrernte kann man zusehen, wie die süßen Kristalle entstehen. Die Fabrik liegt 10 km nordwestlich von Mackay.

Feste & Events

Wintermoon Folk Festival MUSIK
(☎07-4958 8390; www.wintermoonfestival.com; Tagesticket Erw./Kind 90 AU$/frei) Jedes Jahr ist ungefähr im Mai Cameron's Pocket, 70 km

Whitsunday Coast

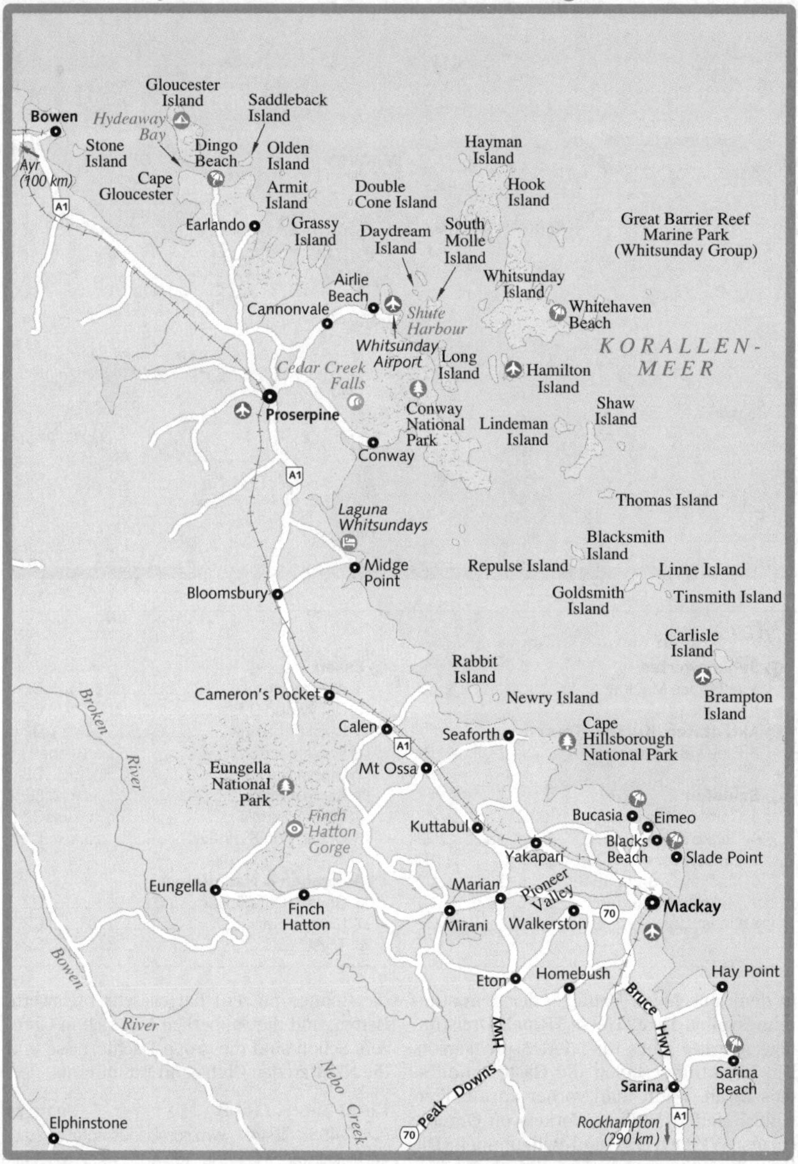

nördlich von Mackay, Schauplatz dieses Folkfestivals.

Schlafen

Die Hotels in Mackay sind wegen des ständigen Zustroms von Minenarbeitern oft ausgebucht, daher vorab reservieren.

Stoney Creek Farmstay FARMSTAY $
(☎ 07-4954 1177; www.stoneycreekfarmstay.com; Peak Downs Hwy; B/Cottage 25/145 AU$) Am Ende einer rauen Piste abseits des Peak Downs Hwy befindet sich diese wundervolle Farmunterkunft, die von einem engagierten Alleskönner geführt wird. Man wohnt

Mackay

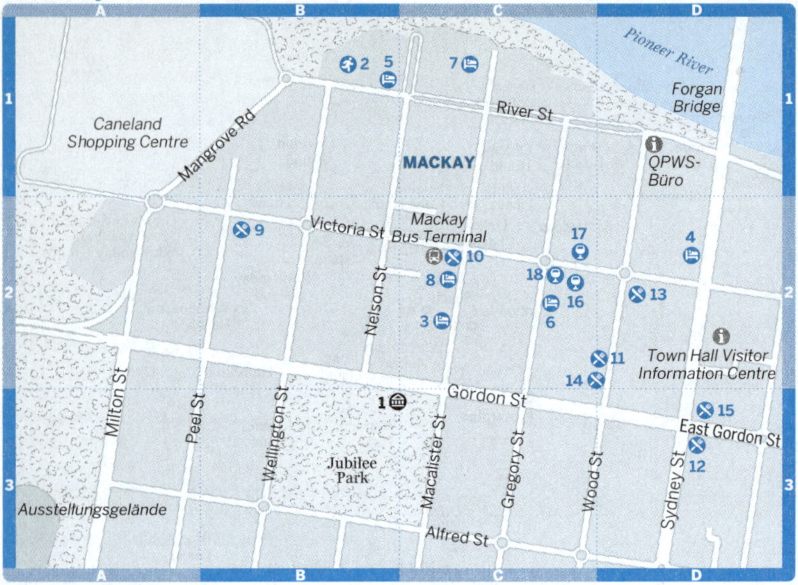

Mackay

Sehenswertes
1 Artspace Mackay B3

Aktivitäten, Kurse & Touren
2 Bluewater Lagoon B1

Schlafen
3 Coral Sands Motel C2
4 Gecko's Rest D2
5 Lanai Riverside Apartments B1
6 Mackay Grande Suites C2
7 Mid City Motor Inn C1
8 Quest C2

Essen
9 Austral Hotel B2
10 Bollywood Bites C2
11 Burp Eat Drink D2
Foodspace .... (siehe 1)
12 Global Burgers D3
13 Kevin's Place D2
14 Montezuma's C2
15 Oscar's on Sydney D3

Ausgehen & Nachtleben
16 Gordi's Cafe & Bar C2
17 Mainstreet C2
18 Tryst C2

in dem lauschigen Cottage oder dem stimmungsvollen Dead Horse Hostel. Dreistündige Ausritte gibt's für 95 AU$ pro Person. Die Eigentümer holen die Gäste (mindestens 2) ab, wenn man vorher anruft. Freiwillige Helfer (Willing Workers on Organic Farms; WWOOFers) sind willkommen. Die Farm liegt 32 km südlich von Mackay.

Gecko's Rest HOSTEL $

(☎07-4944 1230; www.geckosrest.com.au; 34 Sydney St; B/DZ/FZ 24/55/90 AU$; ❄@) Das Gecko's ist ungeschliffen und birst geradezu von abenteuerlustigen Minenarbeitern. Als einziges Hostel vor Ort (Unternehmer sollten die Chance nutzen) hat es sehr preiswerte Betten, und die Sauberkeit hält sich in Grenzen. Schön sind die große Dachterrasse und die Nähe zu den Clubs und Restaurants.

Coral Sands Motel MOTEL $$

(☎07-4951 1244; www.coralsandsmotel.com.au; 44 Macalister St; Zi. 130–165 AU$; ❄📶🏊) Das wundervolle kleine Motel im Zentrum hat freundliche Betreiber und tropisch-kitschig gestaltete Motelzimmer.

Ocean Resort Village RESORT $$

(☎1800 075 144; www.oceanresortvillage.com.au; 5 Bridge Rd; Apt. 95–105 AU$, 2-Zi.-Apt. 140 AU$; ❄🏊) Dieses preiswerte StrandResort besteht aus 34 Selbstversorger-Apartments und liegt inmitten üppig grüner, tropischer Gärten. Das kühle, schattige Anwesen umfasst zwei Pools, Grillbereiche und Halfcourt-Tennisplätze. Es liegt 4 km südöstlich des Zentrums (entlang der Gordon zur Goldsmith und dann zur Bridge).

Mid City Motor Inn MOTEL **$$**
(07-4951 1666; stay@midcitymotel.com.au; 2 Macalister St; Zi. 114–180 AU$;) Das alte Motel hat eine beneidenswerte Lage am Flussufer gegenüber einer Schule und bietet, gemessen am hiesigen Standard, ein gutes Preis-Leistungs-Verhältnis.

Mackay Grande Suites HOTEL **$$$**
(07-4969 1000; www.mackaygrandsuites.com; 9 Gregory St; Zi. ab 169 AU$;) Die Downtown von Mackay hat sich endlich ein schickes Hotel mit entsprechend professionellem Service zugelegt. Die zentral gelegenen Suiten mögen etwas größenwahnsinnig sein, aber sie sind komfortabel und auch tatsächlich größer als in den meisten anderen Fällen. Die Betten sind sehr stabil und die Badezimmer sehr geräumig.

Clarion Hotel Mackay Marina LUXUSHOTEL **$$$**
(07-4955 9400; www.mackaymarinahotel.com; Mulherin Dr; DZ 189–275 AU$;) Das einladende Luxushotel im beschaulichen Hafenviertel hat ein ausgezeichnetes Restaurant und einen riesigen Swimmingpool. Es befindet sich 6,5 km nordöstlich vom Zentrum (die Sydney St nach Norden nehmen und die Forgan Bridge überqueren.)

Quest APARTMENTS **$$$**
(07-4829 3500; www.questmackay.com.au; 38 Macalister St; Einzimmerwohnung 195 AU$, Apt. mit 1/2 Schlafzimmern ab 220/350 AU$;) Die Wohnungen sind zwar etwas klein angesichts des Preises, aber jedenfalls sehr modern und gepflegt. Die Kochnischen sind nur für die Zubereitung einfacher Speisen geeignet, und aus den meisten Zimmern blickt man nur auf andere Zimmer. Der größte Pluspunkt ist der Pool.

Lanai Riverside Apartments APARTMENTS **$$$**
(07-4957 4401; www.lanaiapartments.com.au; 20 River St; Zi. ab 220 AU$;) Die Anlage hat eine erstklassige Lage am Fluss, und die Zimmer sind schick und neu. Die Verwaltung arbeitet allerdings von anderswo, so dass die alltäglichen Arbeiten etwas nachlässig verrichtet werden können.

Essen

★ **Comet Coffee** CAFÉ **$**
(0423 420 195; 43 Victoria St; Sandwiches 7–9 AU$; Mo–Fr 5.30–14.30, Sa & So 9–12 Uhr) Unseren Kaffee tranken wir in Mackay am liebsten in der alten Garage im ruhigen Teil der Stadt. Das Café bietet eine tolle Auswahl an Zeitschriften, bequeme Sofas und köstliche Muffins.

Global Burgers BURGER **$**
(07-4951 4555; Sydney St; Burger 12–15 AU$; mittags & abends) In Mackays Filiale dieser kleinen Kette herrscht täglich großer Andrang. Auch die Salate lohnen das Anstehen.

Kevin's Place ASIATISCH **$$**
(07-4953 5835; Ecke Victoria St & Wood St; Hauptgerichte 18–25 AU$; Mo–Fr mittags & abends, Sa abends) In dem mit Palmwedeln dekorierten und Erinnerungen ans kolonialzeitliche Singapur weckenden Restaurant geht es hurtig zu: Den ganzen Tag und die halbe Nacht rufen die jungen Angestellten die Bestellungen in die Küche und tischen die brutzelnden Straßengerichte flott auf.

Bollywood Bites INDISCH **$$**
(07-4957 8785; 141 Victoria St; Hauptgerichte 12–25 AU$; mittags & abends;) Das lustige, authentische kleine Curry-Lokal befindet sich an einer hell erleuchteten Ecke. Es gibt die typischen indischen Gerichte mit vielen vegetarischen Angeboten.

Montezuma's MEXIKANISCH **$$**
(07-4944 1214; 94 Wood St; Hauptgerichte 12–24 AU$; mittags & abends) Das mexikanisch beeinflusste Restaurant hat eine gemütliche Atmosphäre und schnuckelige Sitzecken.

Austral Hotel KNEIPE **$$**
(07-4951 3288; 189 Victoria St; Hauptgerichte 17–31 AU$, Steak 23–41 AU$; mittags & abends) Hier gibt's überteuerte, aber sehr verlässliche Kneipengerichte in einer Atmosphäre, die bestens für Familien geeignet ist.

Oscar's on Sydney FUSION **$$**
(07-4944 0173; Ecke Sydney & Gordon St; Hauptgerichte 10–21 AU$; früh & mittags) Das Lokal ist bei Mackays Cafébesuchern sehr beliebt. Die köstlichen *poffertjes* (authentisch holländische Pfannkuchen mit diversen Füllungen) sind der Renner.

Burp Eat Drink MODERN-AUSTRALISCH **$$$**
(07-4951 3546; 86 Wood St; Hauptgerichte 32–40 AU$; Di–Fr mittags & abends, Sa abends) Das Spitzenklasserestaurant mit zwanglos

SEGELN IN DEN WHITSUNDAYS

Neben Tagesausflügen werden auch Segeltourenpakete mit drei Tagen und zwei Nächten oder zwei Tagen und zwei Nächten angeboten. Auch hier sollte man unbedingt vorher genau vergleichen. Einige Unternehmen stechen erst am Nachmittag des ersten Tages in See und kehren am letzten Tag schon mittags zurück, während andere ihre Segel früh morgens setzen und erst spät wieder einlaufen. Man sollte genau wissen, worauf man sich einlässt – wer entspannen möchte, sollte kein Partyschiff buchen. Wer terminlich flexibel ist, kann sich die oft viel preiswerteren Last-Minute-Angebote ansehen, und außerdem weiß man bei kurzfristiger Buchung auch besser über die Wetteraussichten Bescheid.

Die meisten Boote bieten Schnorcheln an den rund um die Inseln liegenden Riffen an. Die Weichkorallen sind hier oft noch farbenprächtiger und üppiger als in den äußeren Riffen. Man sollte aber vorab klären, ob Schnorchelausrüstung, Stingersuits (Quallenschutzanzüge) und Riffsteuer im Preis enthalten sind. Tauchen kostet normalerweise extra.

Sobald man die passende Tour gefunden hat, kann man sie bei einem der zahlreichen Reisebüros in der Stadt buchen, z. B. beim Whitsundays Central Reservation Centre (S. 421), einer Agentur wie **Whitsunday Sailing Adventures** (☎ 07-4940 2000; www.whitsundaysailing.com; Shute Harbour Rd) oder bei **Explore Whitsundays** (☎ 07-4946 5782; www.explorewhitsundays.com; 4 The Esplanade).

Zu den empfehlenswerten Touren gehören:

➡ **Camira** (Tagestour 175 AU$) Der Segel-Katamaran von Cruise Whitsundays (S. 417) gehört zu den schnellsten der Welt und hat sich inzwischen zu einem lila angestrichenen Whitsunday-Wahrzeichen gemausert. Die Tagestour ist ihren Preis wert: Sie umfasst die Fahrt zum Whitehaven Beach, Schnorcheln, Tee am Vor- und Nachmittag, mittags ein Barbecue sowie sämtliche Erfrischungen (inkl. Wein und Bier).

➡ **SV Domino** (Tagestour 150 AU$) Eine Kooperative lokaler Anbieter bringt Gruppen von höchstens acht Personen zur Insel Bali Hai, einem wenig besuchten „Geheimtipp" unter den Whitsunday Islands. Im Preis inbegriffen sind ein Mittagessen und zwei Stunden Schnorcheln.

➡ **Whitehaven Xpress** (Tagestour 160 AU$) Schon seit mehr als einem Jahrzehnt macht das von Einheimischen geführte Unternehmen größeren Anbietern mit seinen Touren zum Hill Inlet und nach Whitehaven Konkurrenz.

➡ **Wings 2** (2-tägige Tour mit 2 Übernachtungen ab 475 AU$) Komfortabler, gut instandgehaltener Katamaran für alle, die segeln, tauchen und neue Bekanntschaften schließen wollen.

➡ **Solway Lass** (3-tägige Tour mit 3 Übernachtungen ab 559 AU$) Hier bekommt man etwas für sein Geld geboten – drei komplette Tage auf dem 28 m langen Schiff, dem einzigen Großsegler in Airlie Beach. Das Angebot ist bei Backpackern beliebt.

➡ **Atlantic Clipper** (2-tägige Tour mit 2 Übernachtungen ab 455 AU$) Hier gibt's ein junges, schönes und bierseliges Publikum und keine Chance, dem Spaß zu entgehen. Ein Highlight ist das Schnorcheln (oder auch nur das sich von der Party Erholen) auf Langford Island.

Auf einem Boot anheuern

Abenteuerlustige, die in Hostels, Jachthäfen oder Jachtclubs in Airlie Beach (S. 415) ein „Crew Wanted"-Schild sehen, begeistert möglicherweise die Vorstellung, als Anhalter übers Meer zu segeln. Im Austausch für eine kostenlose Koje, Verpflegung und ein Segelabenteuer darf man das Hauptsegel hissen und das Ruder übernehmen und bekommt so richtig den Kopf frei. Hier kann man eine Erfahrung fürs Leben machen – ob sie gut oder schlecht ist, hängt jedoch sehr vom Schiff, vom Skipper, den anderen Crewmitgliedern (sofern es welche gibt) und der eigenen Einstellung ab. Hier steckt man, mehrere Kilometer vom Festland entfernt, auf einem 10 m langen Boot mit Leuten fest, die man nicht kennt, bevor man sich tatsächlich selbst findet.

tropischem Ambiente hat raffinierte, sehr schmackhafte Speisen. Der angehende Meisterkoch Adrian Connors liefert z. B. weiße Sardellen in Zitronensauce und Ente mit Honigglasur. Im Restaurant ist es laut und voll, aber nur, weil das Essen so gut ist.

Ausgehen & Nachtleben

Gordi's Cafe & Bar KNEIPE
(85 Victoria St) Eine Straßenkneipe, die allgemein als der ideale Treff vor der Party oder nach der Arbeit angesehen wird.

Tryst CLUB
(99 Victoria St; ⌚22–3 Uhr) Das Tryst veranstaltet Underground-Dance-Music-Partys, die erstaunlich viel Klasse haben. Man kann hier handverlesene Maestros der Szene erleben, die die Masse fest im Griff haben.

Satchmo's at the Reef BAR
(Mulherin Dr) Segler sind in dieser wunderbaren Wein- und Tapasbar unten am Jachthafen häufig zu Gast. Am Sonntagnachmittag gibt's Livemusik.

Sails Sports Bar BAR
(Mulherin Dr) In dieser Themenbar am Jachthafen wird es an manchen Abenden recht laut. Am Sonntagnachmittag gibt's Livemusik und viele Drinks zu Sonderpreisen.

Mainstreet CLUB
(148 Victoria St; ⌚Do–Sa) Für Einheimische und Saisonarbeiter ist dieser Club mit Livemusik und DJs eine feste Adresse, wenn sie abends ausgehen wollen.

Praktische Informationen

Mackay Queensland Parks & Wildlife Service (QPWS; ☎07-4944 7800; www.derm.qld.gov.au; 30 Tennyson St)

Mackay Visitor Centre (☎07-4944 5888; www.mackayregion.com; 320 Nebo Rd; ⌚Mo 9–17, Di–Fr 8.30–17, Sa & So 9–16 Uhr) Diese Touristeninformation liegt rund 3 km südlich vom Zentrum. Hier gibt's auch Internetzugang.

QPWS-Büro (☎07-4944 7800; Fax 07-4944 7811; Ecke Wood St & River St)

Town Hall Visitor Information Centre (☎07-4951 4803; townhall@mackayregion.com; 63 Sydney St; ⌚Mo–Fr 9–17, Sa & So bis 12 Uhr) Die Touristeninformation im Rathaus bietet ebenfalls Internetzugang.

An- & Weiterreise

BUS

Busse halten am **Mackay Bus Terminal** (☎07-4944 2144; Ecke Victoria & Macalister St; ⌚Mo–Fr 7–18, Sa bis 16 Uhr), wo man auch Tickets kaufen kann. **Greyhound Australia** (☎13 20 30; www.greyhound.com.au) und **Premier Motor Service** (☎13 34 10; www.premierms.com.au) fahren zwischen Brisbane (207 AU$, 17 Std.) und Cairns (152 AU$, 13 Std.) die Küste rauf und runter und halten auch in Mackay.

FLUGZEUG

Der Flughafen liegt 3 km südlich des Zentrums. **Jetstar** (☎13 15 38; www.jetstar.com.au) und **Virgin Australia** (☎13 67 89; www.virginaustralia.com) fliegen nach/von Brisbane, **Tiger Airways** (☎03-9999 2888; www.tigerairways.com.au) nach/von Melbourne. **Qantas** (☎13 13 13; www.qantas.com.au) bietet Direktflüge zwischen Mackay und Brisbane, Rockhampton und Townsville.

TAXI

Mackay Taxis (☎13 10 08) fährt für ca. 25 AU$ zum Flughafen, zum Jachthafen und zum Bahnhof.

ZUG

Der *Tilt Train von* **Queensland Rail** (☎1300 13 17 22; www.traveltrain.com.au) verbindet Mackay mit Brisbane (240 AU$, 13 Std.), Townsville (110 AU$, 5½ Std.) und Cairns (190 AU$, 12 Std.). Der langsamere Sunlander tut dasselbe: Brisbane (Economy-Sitzplatz/Schlafwagen 160/220 AU$, 17 Std.). Der Bahnhof liegt in Paget, 5 km südlich des Zentrums.

Airlie Beach

3000 EW.

Airlie ist einer dieser Orte, wo Menschen die Nähe zur Schönheit der Natur zum Anlass für wilde Partys nehmen. Die relativ winzige Stadt wirkt manchmal so geschäftig wie Brisbane und zieht einen Strom von Rucksacktouristen, Segelfreunden (die der Komfort des Festlands lockt), Familien (die sich in den feinen Restaurants und Boutiquehotels sammeln) sowie von gewieften, oft aber auch kurzsichtigen Bauunternehmern an.

Die Abel Point Marina liegt etwa 1 km westlich an einer hübschen Uferpromenade, und der Shute Harbour ungefähr 12 km östlich. Das neue Viertel Port of Airlie gibt dem Ort einen großstädtischen Anstrich.

Aktivitäten

Segeln in all seinen Variationen ist hier die beliebteste Freizeitbeschäftigung. Zahlreiche **Segeltouren** sind im Angebot, wer sich aber für eine echte Teerjacke hält, ist mit einem **Bareboat Charter** (Boot ohne Besatzung) vielleicht besser bedient. In der Haupt-

Airlie Beach

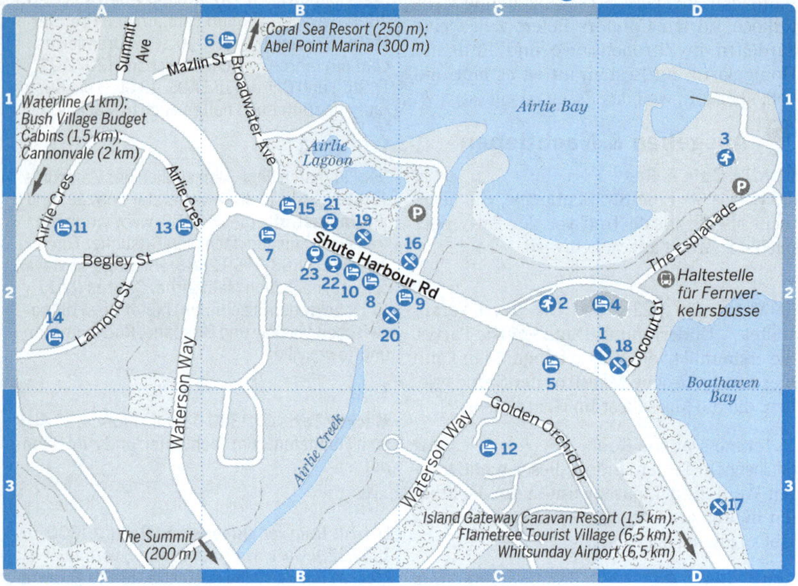

Airlie Beach

Aktivitäten, Kurse & Touren
1 Whitsunday Dive Adventures D2
2 Whitsunday Marine Academy C2
3 Whitsunday Sailing Club D1

Schlafen
4 Airlie Beach Hotel D2
5 Airlie Beach YHA C2
6 Airlie Waterfront B&B B1
7 Base Airlie Beach Resort B2
8 Beaches Backpackers............................ B2
9 Magnums Backpackers C2
10 Nomads Backpackers............................ B2
11 Sunlit Waters A2
12 Water's Edge Resort.............................. C3
13 Waterview A2
14 Whitsunday Organic B&B A2
15 Whitsundays Central Reservation Centre B2

Essen
16 Airlie Supermarket C2
Deja Vu..(siehe 12)
17 Denman Cellars Beer Cafe D3
18 Fish D'vine D2
19 Mr Bones B2
20 Village Cafe B2
Whitsunday Sailing Club .... (siehe 3)

Ausgehen & Nachtleben
Magnum's.................................. (siehe 9)
21 Mama Africa B2
22 Paddy's Shenanigans B2
23 Uber..B2

saison (Sept.–Jan.) zahlt man zwischen 500 und 800 AU$ pro Tag für eine Jacht, auf der bequem vier bis sechs Personen unterkommen. Airlie Beach ist auch ein wunderbarer Ort, um das Segeln zu erlernen.

Air Whitsunday Seaplanes RUNDFLUG
(☎07-4946 9111; www.airwhitsunday.com.au) Der Veranstalter organisiert dreistündige Riff-Abenteuer (Erw./Kind 360/280 AU$), eine Whitehaven-Tour (240/210 AU$) und die bekannte vierstündige Panorama-Tour (475/390 AU$) mit Flug zur Hardy Lagoon, wo man schnorcheln oder eine Fahrt mit einem Halbtaucherboot machen kann, bevor man zum mittäglichen Picknick zum Whitehaven Beach fliegt. Außerdem werden Tagesausflüge zur exklusiven Hayman Island angeboten (245 AU$).

Charter Yachts Australia SEGELN
(☎1800 639 520; www.cya.com.au; Abel Point Marina) Ein ausgezeichnetes Unternehmen, wenn man eigenständig im Gebiet der

Whitsunday Islands segeln will. Jachten gibt's ab 500 AU$ pro Tag (mind. 5 Tage).

Whitsunday Escape SEGELN
(☎1800 075 145; www.whitsundayescape.com; Abel Point Marina) Das Unternehmen ist auf die Vermietung von Booten ohne Besatzung spezialisiert – man schippert also ganz alleine herum. Auf Anfrage kann das Unternehmen einen Segel-Guide, Vorräte und einen Koch stellen.

Scamper CAMPING
(www.destinationairliebeach.com.au) Vermietet Stellplätze auf Dutzenden von Inseln.

Island Transfers CAMPING
(☎07-4967 7355; www.islandtransfers.com) Das Unternehmen bringt einen zu dem Campingplatz seiner Wahl auf Whitsunday Island, Hook Island oder zu einem der Molle Islands.

Whitsunday Rent A Yacht SEGELN
(☎1800 075 000; www.rentayacht.com.au; Trinity Jetty, Shute Harbour) Vermietet Jachten ohne Besatzung. Mindestzeit: fünf Tage.

Whitsunday Marine Academy SEGELKURS
(☎1800 810 116; www.explorewhitsundays.com; 4 The Esplanade) Der Kurs wird von Explore Whitsundays veranstaltet.

Whitsunday Sailing Club SEGELKURS
(☎07-4946 6138; Airlie Point) Veranstaltet Segeltouren und führt einen Terminkalender zu Segel-Events und Segelkursen.

Whitsunday Dive Adventures TAUCHEN, SCHNORCHELN
(☎07-4948 1239; www.whitsundaydivecentre.com; 303 Shute Harbour Rd) Bietet eine Reihe von Kursen, darunter auch PADI-zertifizierte Open-Water-Tauchgänge (660 AU$). Halbtägige Tauchausflüge kosten 175 AU$. Auch zahlreiche Bootstouren werden angeboten.

Salty Dog Sea Kayaking KAJAKFAHREN
(☎07-4946 1388; www.saltydog.com.au; halb-/ganztägige Tour 80/130 AU$) Veranstaltet geführte ganztägige Touren und vermietet Kajaks (halber/ganzer Tag 50/70 AU$). Darüber hinaus gibt's auch längere Kajak-/Campingexkursionen (z.B. die anspruchsvolle Sechstagestour für 1490 AU$). Eine wirklich charmante und gesunde Art, die Inseln zu erkunden.

Skydive Airlie Beach FALLSCHIRMSPRINGEN
(☎07-4946 9115; www.skydiveairliebeach.com.au) Tandemsprünge ab 249 AU$.

HeliReef RUNDFLUG
(☎07-4946 9102; www.helireef.com.au) Veranstaltet Hubschrauberflüge zum Riff mit einem Mittagspicknick am Whitehaven Beach (349 AU$).

Geführte Touren

All jene, für die Schnorcheln, faul am Strand liegen und Erkundungstouren durch den Regenwald der Whitsunday Islands einladend klingen, müssen eigentlich nur noch die zu ihnen passende Tour finden.

Die meisten Touren starten an der Abel Point Marina, aber die, die in Shute Harbour ablegen, holen ihre Teilnehmer mit dem Bus in Airlie Beach und Cannovale ab. Es fahren auch Busse nach Shute Harbour.

Voyager 4 Island Cruise BOOTSTOUR
(☎07-4946 5255; www.wiac.com.au; Erw./Kind 140/80 AU$) Die preisgünstige Tagestour beinhaltet Schnorcheln vor Hook Island, Sonnenbaden und Schwimmen am Whitehaven Beach sowie die Erkundung von Daydream Island. Zusätzlich kann man noch einen Rundflug unternehmen (60 AU$ extra).

Cruise Whitsundays BOOTSTOUR
(☎07-4946 4662; www.cruisewhitsundays.com) Der größte Anbieter vor Ort veranstaltet Schnellboot-Ausflüge zur Barrier Reef Marine Base (210 AU$), einem Ponton in der Knuckle Reef Lagoon, wo man schnorcheln, tauchen oder einfach etwas auf dem Wasser herumfahren kann.

Ocean Rafting BOOTSTOUR
(☎07-4946 6848; www.oceanrafting.com.au; Erw./Kind/Fam. 124/81/374 AU$) Bei den schnellen Tagestouren badet man am Whitehaven Beach, bewundert Höhlenmalereien der Aborigines im Nara Inlet und schnorchelt am Riff in der Mantaray Bay oder vor Border Island.

Big Fury BOOTSTOUR
(☎07-4948 2201; Erw./Kind/Fam. 130/70/350 AU$) In einem offenen Rennboot geht's rasant zum Whitehaven Beach, anschließend gibt's ein Mittagessen und einen Schnorchelausflug zu einem nahen, einsamen Riff.

Whitsunday Crocodile Safari TOUR
(☎07-4948 3310; www.proserpineecotours.com; Erw./Kind 120/60 AU$) Bei der Tour hat man die einmalige Gelegenheit, Krokodilen in freier Wildbahn nachzuspüren, einsame Mündungsgebiete zu erkunden und echtes „Bush Tucker" zu essen.

Schlafen

Whitsundays Central Reservation Centre UNTERKUNFTSVERMITTLUNG
(☎1800 677 119; www.airliebeach.com; 259 Shute Harbour Rd) Die Vermittlung ist sehr nützlich, um ganz ohne Stress eine passende Unterkunft zu finden.

Bush Village Budget Cabins HOSTEL $
(☎1800 8098 256; www.bushvillage.com.au; 2 St Martins Rd; B ab 30 AU$, DZ 93 AU$; ❄@≋) Die Boutique-Backpackerhütten nur 1,5 km westlich von Airlie, wurden aufgehübscht und sind eine gute und preisgünstige Budgetunterkunft. Die Schlafsäle und Doppel-

ABSTECHER

PIONEER VALLEY

Die **Finch Hatton Gorge** ist eine schöne, abgeschiedene Schlucht 32 km nordwestlich von Mackay. Die Abzweigung liegt 1,5 km vor dem Örtchen Finch Hatton. Bis zur Schlucht sind es 9 km, die letzten 3 km fährt man auf guten, aber unbefestigten Straßen, wobei der Zugang durch starken Regen erschwert oder sogar unmöglich werden kann. Eine der meistunterschätzten Extremaktivitäten ist **Forest Flying** (☎07-4958 3359; www.forestflying.com; Fahrt 60 AU$). Man kommt sich vor wie ein Affe, wenn man, in einem Geschirr festgeschnallt, das an einem 340 m langen Drahtseil befestigt ist, durch die Baumkronen des Regenwalds „fliegt". Vorsicht vor der Flughundkolonie (Aug.–Mai). Vorab buchen.

Nach einem entspannten, 1,6 km langen Spaziergang durch den Regenwald erreicht man das atemberaubende natürliche Schwimmbecken unter den **Araluen Falls**. Alternativ führt ein 2,6 km langer Wanderweg zum **Wheel of Fire Falls**. Wer eine echte Zurück-Zur-Natur-Erfahrung sucht, sollte im **Platypus Bushcamp** (☎07-4958 3204; www.bushcamp.net; Finch Hatton Gorge; Stellplatz DZ 7,50/75 AU$) absteigen. Das teure **Rainforest B&B** (☎07-4958 3099; www.rainforestbedandbreakfast.com.au; 52 Van Houweninges Rd; Hütte 300 AU$) versprüht in dieser zurückgezogenen Regenwaldumgebung etwas balinesisches Flair. Die **Finch Hatton Gorge Cabins** (☎07-4958 3281; www.finchhattongorgecabins.com.au; DZ 95 AU$; ❄) für Selbstversorger sind ziemlich schlicht, bieten aber einen wunderschönen Blick auf den Wald. Man kann auf der großen Terrasse des **River Rock Cafe** (Hauptgerichte 15–25 AU$; ⏲Di–So morgens & mittags) einen Happen essen, während man dem Gezwitscher der Vögel lauscht.

Nach weiteren 20 km kommt man zum **Eungella National Park** (*jang*-gulla). Das „Land der Wolken" liegt in den Clark Ranges; der höchste Gipfel ragt 1280 m in die Höhe. Der älteste und größte Streifen subtropischen Regenwalds in Australien ist seit etwa 30 000 Jahren von anderen Regenwaldgebieten abgeschnitten. Deshalb konnten sich jede Menge seltsame Kreaturen entwickeln und erhalten, die es so sonst nirgendwo gibt: etwa orangefarbene Skinke und der Eungella-Frosch, der seine Eier im Magen ausbrütet und die Kaulquappen dann ausspuckt!

Die eigentliche Attraktion auf den Wegen zwischen Eungella und dem **Broken River** ist aber eines der knuffigsten und scheuesten Kloakentiere (eierlegende Säugetiere) der Welt. Von der Aussichtsplattform in der Nähe des Flusses hat man gute Chancen, Schnabeltiere zu erspähen. Optimal ist die Zeit direkt nach Sonnenaufgang oder in der Abenddämmerung. Man muss sich allerdings in Geduld üben und man sieht nur selten welche.

Im **Broken River Mountain Resort** (☎07-4958 4000; www.brokenrivermr.com.au; DZ 105–160 AU$; ❄@令≋) fühlen sich auch die ortsansässigen Warane und Fuchskusus pudelwohl. Es bietet gemütliche Hütten aus Zedernholz, und eine holzverkleidete Lounge.

Außerdem gibt's den **QPWS Fern Flat Camping Ground** (pro Person/Fam. 5,15/21 AU$), der ausschließlich Wandercampern zur Verfügung steht. Er befindet sich in der Nähe des (normalerweise unbesetzten) **QPWS-Büro** (☎07-4958 4552). Man muss sich selbst anmelden.

Das schön ländlich gelegene kleine Café **Pinnacle Coffee Devine** (☎07-4958 5167; Mackay-Eungella Rd, Pinnacle; ⏲8–16 Uhr) bietet einen tollen Ausblick in die Zuckerrohrfelder.

Busse fahren nicht nach Finch Hatton oder Eungella, man kommt nur mit einem Auto oder im Rahmen einer organisierten Tour von Mackay aus hin.

zimmer sind in 17 freistehenden Hütten inmitten einer grünen Gartenanlage untergebracht. Es gibt einen hauseigenen, kostenlosen Shuttlebus in die Stadt.

Magnums Backpackers HOSTEL $
(1800 624 634; www.magnums.com.au; 366 Shute Harbour Rd; Stellplatz Zelt/Wohnmobil 22/24 AU$, B/DZ 22/56 AU$, Hütte 24 AU$/Pers.;) Die Anlage wächst und wuchert immer weiter. Im Bereich an der Bar geht es derb zu, aber glücklicherweise befinden sich die meisten Schlafstellen weiter hinten in dem tropischen Garten. Mit dem Personal am Empfang sollte man Geduld haben, denn in der Hauptsaison ist der Andrang enorm. Die Privatzimmer sind erstaunlich ruhig.

Backpackers by the Bay HOSTEL $
(07-4946 7267, 1800 646 994; www.backpackersbythebay.com; 12 Hermitage Dr; B/DZ & 2BZ 27/70 AU$;) Rund 10 Gehminuten außerhalb der Stadt findet sich diese ausgezeichnete Alternative zu den dicht gedrängten, hektischen Hostels im Zentrum. Die hiesige Kundschaft ist ganz auf Entspannung eingestellt; aufgehängte Hängematten, ein guter Pool und die Abwesenheit lauter Musik kennzeichnen das Ambiente. Die sehr ordentlichen Zimmer verfügen über eine Klimaanlage, und das Personal ist sehr freundlich.

Base Airlie Beach Resort HOSTEL $
(1800 242 273, 07-4948 2000; www.stayatbase.com; 336 Shute Harbour Rd; Stellplatz 12,50 AU$, B ab 26 AU$, EZ/DZ 45/90 AU$;) Die recht neue Anlage auf einem eindrucksvollen Gelände mitten im Zentrum des Getümmels ist ein gutes Standbein zur Erkundung der Whitsundays. Es gibt einen kleinen Pool (in dem während unseres Besuchs Unsinn aller Art getrieben wurde) und die besten Zimmer, die wir zu diesem Preis finden konnten. Das Personal könnte freundlicher sein, aber wer will schon in der Sommerhitze arbeiten?

Nomads Backpackers HOSTEL $
(07-4999 6600; www.nomadsairliebeach.com; 354 Shute Harbour Rd; B/DZ 29/92 AU$;) Einige hübsche Grasflächen geben dieser Nomads-Filiale einen leichten Wettbewerbsvorteil gegenüber der Budget-Konkurrenz. Insbesondere die Stellplätze genießen etwas Schatten, aber die Schlafsäle sind recht primitiv. Die Privatzimmer sind mit TV, Kühlschrank und einer Kochnische ausgestattet. Die Gemeinschaftseinrichtungen waren bei unserem Besuch schmuddelig.

Beaches Backpackers HOSTEL $
(1800 636 630; www.beaches.com.au; 356 Shute Harbour Rd; B/DZ 22/70 AU$;) Warnung: Hier geht die Party ab. Unter keinen Umständen sollte man sich über die laute Musik aus der Bar beschweren, die durch die dünnen Schlafzimmerwände dringt – die Beschwerden stoßen auf taube Ohren, denn Schlaf ist hier etwas für Schwächlinge. Das Essen ist ganz ordentlich, und man lernt im Handumdrehen neue Leute kennen.

Flametree Tourist Village WOHNMOBILPARK $
(07-4946 9388; www.flametreevillage.com.au; Shute Harbour Rd; Stellplatz ohne/mit Strom 21/27 AU$, Hütte ab 79 AU$;) Die geräumigen Stellplätze verteilen sich über einen schönen Garten voller Vögel, und es gibt eine gute Lagerküche sowie einen Grillbereich. Die Anlage befindet sich 6,5 km westlich von Airlie.

Airlie Beach YHA HOSTEL $
(1800 247 251, 07-4946 6312; airliebeach@yha.com.au; 394 Shute Harbour Rd; B 26,50 AU$, DZ 69,50–77,50 AU$;) Die zentral gelegene, einigermaßen ruhige Jugendherberge ist qualitativ nichts Besonderes, aber der Pool liegt über dem Durchschnitt.

Island Gateway Caravan Resort CAMPING $
(07-4946 6228; www.islandgateway.com.au; Shute Harbour Rd; Stellplatz ohne/mit Strom 30/37 AU$, Hütte 80–135 AU$, Chalet 145–225 AU$;) Die große Anlage 1,5 km östlich von Airlie bietet diverse Unterkunftsoptionen und ein entsprechend gemischtes Publikum.

★ **The Summit** APARTMENT $$
(1800 463 417; www.summitairliebeach.com.au; 15 Flame Tree Court; Apt. mit 1/2 Schlafzimmern ab 160/190 AU$;) Hoch über Airlie Beach liegen diese außergewöhnlichen Apartments, die eine besonders schöne Aussicht auf die Whitsunday Islands und das Hinterland bieten. Man sollte möglichst eines in den 600er-Nummern nehmen. Die Ausstattung und die Möblierung sind ebenfalls spitze. In dem schattigen Erholungsbereich am Pool gibt's kostenloses WLAN und einen spektakulären Ausblick.

Waterview APARTMENT $$
(07-4948 1748; www.waterviewairliebeach.com.au; 42 Airlie Cres; Wohnstudio/1-Zi.-Wohneinheit ab 135/149 AU$;) Dank ihrer Lage und des herrlichen Komforts eine ausgezeichnete

Wahl – diese Boutique-Unterkunft liegt an der Hauptstraße und bietet einen tollen Blick auf die Bucht. Die Zimmer sind modern, luftig und großzügig und haben sogar eine Küchenzeile für Selbstversorger.

Club Crocodile HOTEL $$
(☎07-4946 7155; www.clubcroc.com.au; DZ ab 119 AU$; P❄≋) An der Straße zwischen Cannovale und Airlie Beach liegt diese ausgezeichnete Budgetunterkunft, die bei einheimischen Touristen und jungen Familien sehr beliebt ist. Der Swimmingpool steht im Zentrum des Geschehens: Er besitzt olympische Ausmaße und hat sogar einen Wasserfall. Wirklich nett.

Sunlit Waters APARTMENT $$
(☎07-4946 6352; www.sunlitwaters.com; 20 Airlie Cres; Einzimmerwohnung ab 92 AU$, Apt. mit 1 Schlafzi. 115 AU$; ❄≋) Die großen Einraumwohnungen gehören zu den Angeboten mit dem besten Preis-Leistungs-Verhältnis in Airlie Beach. Sie bieten alles, was man begehrt, darunter eine in sich abgeschlossene Küche und einen sagenhaften Ausblick von den langgestreckten Balkonen.

Airlie Beach Hotel HOTEL $$
(☎1800 466 233; www.airliebeachhotel.com.au; Ecke The Esplanade & Coconut Grove; Motel EZ/DZ 135/145 AU$, Hotel Zi. 179–289 AU$; ❄ᯤ≋) Die geräumigen Zimmer mit Meerblick im Hotel sind viel besser als die tristen Motelzimmer. Die Rezeption ist bis 21 Uhr besetzt.

Water's Edge Resort APARTMENT $$$
(☎07-4948 4300; www.watersedgewhitsundays.com.au; 4 Golden Orchid Dr; Apt. mit 1/2 Schlafzi. 210–260 AU$/275–345 AU$; ❄≋) Das elegante Resort ist zu Fuß von der Stadt aus schnell zu erreichen. Die ermüdende Hitze ebbt ab, sobald man die Rezeption betritt, und auch die Zimmer enttäuschen nicht: Pastell- und Cremefarben, Bett-Kopfenden aus Bambusrohr und hitzeabweisende Sonnenblenden sorgen für ein echtes Tropenerlebnis. Der abgestufte Poolbereich ermöglicht maximale Entspannung.

Coral Sea Resort RESORT $$$
(☎1800 075 061; www.coralsearesort.com; 25 Ocean View Ave; DZ 220–370 AU$, 1-Zi.-Apt. 330 AU$, 2-Zi.-Apt. 350–400 AU$; ❄@ᯤ≋) Am Ende einer flachen Landzunge liegt das Coral Sea Resort gleich westlich des Zentrums direkt am Wasser – mit die beste Lage der Umgebung. Viele Zimmer bieten einen atemberaubenden Ausblick.

Airlie Waterfront B&B B&B $$$
(☎07-4946 7631; www.airliewaterfrontbnb.com.au; Ecke Broadwater Ave & Mazlin St; DZ 259–285 AU$; ❄@) Eine absolut traumhafte Aussicht und makellos von Kopf bis Fuß – dieses aufwendig eingerichtete B&B hat wirklich Klasse und ist vom Zentrum aus in nur fünf Gehminuten über die Promenade zu erreichen.

Whitsunday Organic B&B B&B $$$
(☎07-4946 7151; www.whitsundaybb.com.au; 8 Lamond St; EZ/DZ 155/210 AU$) Die beliebte Pension wird ganz schön hochgejubelt, aber das Bio-Frühstück wird der Reklame gerecht. Frieden findet man außerhalb der kleinen Zimmer in den von Leben wimmelnden Gartenanlagen.

Essen

Marino's Deli FEINKOST $
(Whitsunday Shopping Centre, Cannonvale; Gerichte 7–16 AU$; ⏲Mo–Sa 11–20 Uhr) An seinem neuen Standort in Cannonvale ist das Marino's bei Einheimischen, die köstliche hausgemachte Pasta und große Salate schätzen, immer noch die erste Wahl. Das preiswerte, gute italienische Essen gibt's auch zum Mitnehmen.

Village Cafe CAFÉ $
(☎07-4946 5745; 351 Shute Harbour Rd; Hauptgerichte 10–21 AU$; ⏲7.30–21 Uhr) Das sehr verlässliche, preisgünstige Lokal ist bekannt für sein Frühstück, starken Kaffee sowie mittags und abends für seine Gerichte auf dem heißen Stein (26–34 AU$).

Airlie Supermarket SUPERMARKT $
(277 Shute Harbour Rd) Selbstversorger können sich hier eindecken.

★ **Mr. Bones** PIZZA, TAPAS $$
(☎0416 011 615; Shop 8, Lagoon Plaza, 263 Shute Harbour Rd; Teller für 2 Pers. 12–17 AU$, Pizza 15–23 AU$; ⏲Di–Sa 9–21 Uhr) Das Lokal ist die neue Adresse in Airlie Beach für schickes, günstiges Essen. Die Lage am See ist gastronomisch reizvoll, und die Kundschaft schätzt die schnelle Bedienung und die einfallsreichen Gerichte. Die Pizzas mit dünnem Boden sind erstklassig – empfehlenswert sind die mit Garnelen und Harissa. Die Snacks, z. B. Auberginenschnitzel (15 AU$) oder gewürzte Sardinen (17 AU$) wirken verspielt und passen prima zur Urlaubsstimmung.

Fish D'vine MEERESFRÜCHTE $$
(☎07-4948 0088; 303 Shute Harbour Rd; Hauptgerichte 14–28 AU$; ⏲mittags & abends) Der Mix

aus Zuckerrohrschnaps und Meeresfrüchten in dieser beliebten Institution des Ortes klingt seltsam, geht aber gut auf. Zur Ergänzung der in großen Portionen aufgetischten gegrillten Riesengarnelen (26 AU$) und der leckeren Fischplatte mit vier verschiedenen Fischen (27 AU$) stehen mehr als 200 Rumsorten zur Auswahl.

Denman Cellars Beer Cafe TAPAS $$
(☎07-4948 1333; Shop 15, 33 Port Dr; Hauptgerichte 12–26 AU$; ⏲Mo–Fr 11–22, Sa & So 8–23 Uhr) Das Angebot an solidem modern-australischen Essen (z. B. Lammbuletten, sehr kleine Meeresfrüchte-Vorspeisen und Frühstücksgerichte) verblasst angesichts des riesigen Biersortiments. Hier kann man in der Sonne viel Spaß haben!

Waterline MODERN-AUSTRALISCH $$
(☎07-4948 1023; 1 Shingley Dr; Hauptgerichte 20–30 AU$; ⏲Mi–So mittags & abends, So früh) Mit dem wundervollen Blick auf den Jachthafen ist das Restaurant im Shingley Beach Resort eine der besten Adressen für ein Essen am Ufer. Tropenstrand-Schick bestimmt das Ambiente. Einheimische empfehlen das Restaurant für guten Service und gleichbleibend sehr gutes Essen.

Whitsunday Sailing Club KNEIPE $$
(☎07-4946 7894; Airlie Point; Hauptgerichte 14–32 AU$; ⏲mittags & abends) Die Terrasse des Lokals (nicht drinnen sitzen!) ist ein prima Ort, um etwas zu essen (die üblichen Schnitzel und Steaks), einen Drink zu nehmen und die Aussicht aufs Meer zu genießen.

Alain's Restaurant FRANZÖSISCH $$$
(☎07-4946 5464; 44 Coral Esplanade; Hauptgerichte 25–35 AU$; ⏲Do–Sa abends) Das unprätentiöseste Spitzenklasserestaurant der Region ist dieses französische Lokal gegenüber dem Strand in Cannonvale. Das *table d'hôte*-Menü mit sechs Gängen schmeckt allen. Die Bedienung ist höflich und aufmerksam. In der Hauptsaison vorab reservieren.

Deja Vu FUSION $$$
(☎07-4948 4309; Golden Orchid Dr; Hauptgerichte Mittagessen 15–21 AU$, Hauptgerichte Abendessen 27–40 AU$; ⏲Mi–So mittags, Mi–Sa abends) Dieses Restaurant mit polynesischem Motto gehört zu den besten in Airlie und serviert moderne Gerichte mit asiatischen und mediterranen Einflüssen. Das berühmte ausgiebige Mittagessen am Sonntag (8 Gänge für 40 AU$/Pers.) sollte man sich nicht entgehen lassen.

Ausgehen & Nachtleben

Wenn man den Einheimischen glaubt, ist Airlie Beach eine Trinkerstadt mit einem Segelproblem. Die Bars im Magnums und Beaches, den beiden großen Backpackern im Zentrum, sind immer überfüllt.

Uber BAR
(350 Shute Harbour Rd; ⏲Di–Do 14–23, Fr & Sa bis 2 Uhr) Diese ultracoole Bar mit Restaurant hat in der ganzen Stadt am meisten Klasse. Man kann sich einen Cocktail gönnen, in einer gemütlichen Ecke auf der Terrasse entspannen oder einfach das Mega-Ambiente genießen.

Paddy's Shenanigans BAR
(352 Shute Harbour Rd; ⏲17–3 Uhr) Das Paddy's bietet spätabends Livemusik und ermutigt seine Gäste, sich die irische Neigung zum ausgiebigen Alkoholkonsum zu eigen zu machen.

Mama Africa CLUB
(263 Shute Harbour Rd; ⏲22–5 Uhr) Dieser Nachtclub im afrikanischen Safari-Stil liegt nur einen Stolperer von den wichtigsten Party-Bars entfernt auf der anderen Straßenseite und lockt mit einem dröhnenden Beat, dem Jäger wie Beute nur schwer widerstehen können.

Magnum's IRISH PUB
(☎07-4946 6266; Shute Harbour Rd; ⏲11–24 Uhr) In dem großen Freiluftlokal mit billigem Sekt und billigen Betten hüpfen an die fünfhundert sonnenverbrannte Mitzwanziger herum: Das Magnum's verspricht die typische Backpacker-Party – wer darauf Lust hat, sollte herkommen.

Praktische Informationen

Entlang der Shute Harbour Rd übertrumpfen sich Privatunternehmen gegenseitig mit touristischen Angeboten – am besten schaut man sich vorher erst mal um und vergleicht.

Destination Whitsundays (☎07-4946 7172; 297 Shute Harbour Rd) Bucht Touren.

QPWS (☎07-4967 7355; www.derm.qld.gov.au; Ecke Shute Harbour Rd & Mandalay Rd; ⏲Mo–Fr 9–16.30 Uhr) 3 km in Richtung Shute Harbour gelegen. Wer sich über Inselcamping und diverse Wanderungen informieren möchte, sollte auf jeden Fall hier vorbeischauen.

Whitsundays Central Reservation Centre (☎1800 677 119; www.airliebeach.com; 259 Shute Harbour Rd; ⏲7–19 Uhr) Hilfreiche, familiengeführte Tour-Agentur. Bietet auch Internetzugang.

Anreise & Unterwegs vor Ort

Die nächsten größeren Flughäfen befinden sich in Proserpine und auf Hamilton Island. Der kleine **Whitsunday Airport** (☎07-4946 9180, 07-4946 9933) liegt 6 km südöstlich der Stadt.

Greyhound (☎13 20 30; www.greyhound.com.au) und **Premier Motor Service** (☎13 34 10; www.premierms.com.au) bieten Busverbindungen nach Brisbane (230 AU$, 19 Std.), Mackay (38 AU$, 2 Std.), Townsville (58 AU$, 4½ Std.) und Cairns (140 AU$, 11 Std.). Langstreckenbusse halten an der Esplanade zwischen dem Segelclub und dem Airlie Beach Hotel.

Whitsunday Transit (☎07-4946 1800) verbindet Proserpine (Flughafen Proserpine), Cannonvale, Abel Point, Airlie Beach und Shute Harbour. Die Busse verkehren zwischen 6 Uhr und 22.30 Uhr.

Mietwagenfirmen: **Avis** (☎07-4951 1266), **Europcar** (☎07-4946 4133; 398 Shute Harbour Rd), **Fun Rentals** (☎07-4948 0489; 344 Shute Harbour Rd) und **Hertz** (☎07-4946 4687; 342 Shute Harbour Rd)

Whitsunday Islands

Tatsächlich sind die 74 Inseln dieses atemberaubenden Archipels die Gipfel eines Gebirges, die aus dem Korallenmeer emporragen. Von ihren sandigen Rändern aus erstreckt sich der Ozean bis zum Horizont. Da das Wasser hier im Schutz des Great Barrier Reef liegt, eignet es sich perfekt zum Segeln.

Unter den unzähligen Traumstränden und abgeschiedenen Buchten ragt der Whitehaven Beach dank seines feinen weißen Sandes ganz besonders hervor. Er ist zweifellos der schönste Strand der Whitsundays, und vielleicht sogar einer der schönsten der Welt.

Nur auf sieben der Inseln befinden sich Touristenresorts, die Reisende aller Budgets und Vorlieben glücklich machen – von den schlichten Unterkünften auf Hook Island bis zum exklusiven Luxus auf Hayman Island. Die meisten der Inseln sind unbewohnt, und einige bieten die Möglichkeit einer umfassenden Zurück-Zur-Natur-Erfahrung, inklusive Campingplätzen an Naturstränden und Buschwanderungen.

Schlafen

Bei den für die meisten Resorts angegebenen Preisen handelt es sich um die Standardraten, man sollte sich aber besser auch nach preiswerteren Pauschalangeboten umsehen.

QPWS (www.derm.qld.gov.au) unterhält die Campingplätze des Whitsunday Islands National Park auf diversen Inseln. Campingberechtigungen sind online, im QPWS-Büro von Whitsunday und am Whitsunday Information Centre in Proserpine erhältlich und kosten 5,28/21,80 AU$ pro Person/Familie.

Man muss sich selbst versorgen, und es empfiehlt sich, pro Person und Tag 5 l Wasser sowie eine Zusatzration für drei Tage mitzunehmen, falls man irgendwo festsitzen sollte. Außerdem braucht man einen Gaskocher; Lagerfeuer sind auf allen Inseln verboten.

Man erreicht die Inseln mit **Whitsunday Island Camping Connections – Scamper** (☎07-4946 6285; www.whitsundaycamping.com.au). Startpunkt ist Shute Harbour, die Passagiere werden auf South Molle, Denman oder Planton Island (65 AU$ hin & zurück), auf Whitsunday Island (105 AU$ hin & zurück), am Whitehaven Beach (155 AU$ hin & zurück) oder auf Hook Island (160 AU$ hin & zurück) abgesetzt. Zum Camping-Transferservice gehören auch eine kostenlose Schnorchelausrüstung und Wasserbehälter. Außerdem kann man sich eine Campingausrüstung leihen (40 AU$/Nacht) und für eine Extragebühr auch Lebensmittel liefern lassen.

Anreise & Unterwegs vor Ort

Die beiden wichtigsten Flughäfen für die Whitsundays befinden sich auf Hamilton Island und in Proserpine, 36 km südwestlich von Airlie Beach. **Virgin Australia** (☎13 67 89; www.virginaustralia.com) und **Jetstar** (☎13 15 38; www.jetstar.com.au) verbinden Hamilton Island mit Brisbane, Sydney und Melbourne. **QantasLink** (☎13 13 13; www.qantas.com.au) fliegt von Cairns dorthin.

Cruise Whitsundays (☎07-4946 4662; www.cruisewhitsundays.com; eine Strecke Erw./Kind 30/20 AU$) bietet Transfers zwischen Abel Point Marina und den Inseln Daydream, Long, Hamilton bzw. South Molle an.

Long Island

Long Island bietet einige der schönsten Strände der Whitsundays und obendrein rund 13 km Wanderwege. Ein 500 m breiter Kanal trennt die 9 km lange und 1,5 km breite Insel vom Festland. Tagesausflügler können die Einrichtungen im Long Island Resort benutzen.

Es gibt einen vom Nationalpark unterhaltenen **Campingplatz** an der Sandy Bay.

CONWAY NATIONAL PARK

Die Berge dieses Nationalparks und die Whitsunday Islands sind Teil derselben Küstengebirgskette. Die steigenden Meeresspiegel nach der letzten Eiszeit haben die tieferen Täler überflutet und nur die höchsten Gipfel als Inseln zurückgelassen, die heute vom Festland abgeschnitten sind.

Die Straße von Airlie Beach nach Shute Harbour führt durch den nördlichen Teil des Parks. In der Nähe des Picknickbereichs beginnen mehrere **Wanderwege**. 1 km hinter dem Picknickbereich beginnt die 2,4 km lange Wanderung hinauf zum **Aussichtspunkt am Mt. Rooper**, der einen schönen Blick auf die Whitsunday Passage und die Inseln bietet. Weiter entlang der Hauptstraße, in Richtung Coral Point (vor Shute Harbour), beginnt ein 1 km langer Weg hinunter zum **Coral Beach** und zum **Aussichtspunkt The Beak**. Dieser Weg wurde mit Unterstützung der Giru Dala angelegt, den traditionellen Hütern des Whitsunday-Gebiets. Eine Broschüre, die am Startpunkt des Weges erhältlich ist, erklärt, wozu die örtlichen Indigenen die Pflanzen nutzen, die hier wachsen.

Um die wunderschönen **Cedar Creek Falls** zu erreichen, muss man an der Straße von Proserpine nach Airlie Beach 18 km südwestlich von Airlie auf die Conway Rd abbiegen. Von dort sind es noch 15 km bis zum Wasserfall; die Strecke ist gut ausgeschildert. Die Fälle sind ein beliebter Platz für ein Picknick und zum Baden – vorausgesetzt, es gibt ausreichend Wasser!

Paradise Bay (☎07-4946 9777; www.paradisebay.com.au; 3-Nächte-Pauschale ab 1500 AU$/Pers.) Die einsame, ruhige und umweltfreundliche Lodge an der Paradise Bay bietet zehn geräumige Bungalows aus australischem Hartholz. Man muss mindestens drei Nächte lang bleiben, Kinder und Motorboote sind verboten. Im Preis inbegriffen sind der Hubschrauberflug von/nach Hamilton Island, Segeltouren, die Mahlzeiten und Bier.

Long Island Resort (☎1800 075 125; www.oceanhotels.com.au/longisland; DZ inkl. aller Mahlzeiten 260–380 AU$;) ist eine Ferienanlage mit Zimmern unterschiedlichen Komforts, die besten sind die am Ufer. Auch Kinder sind willkommen. Es gibt schöne, kurze Wanderwege und jede Menge Aktivitäten.

South Molle Island

Wer Vögel und lange Sandstrände liebt, wird sich auf der größten Insel des Molle-Archipels wohlfühlen. Beinahe 15 km wunderbarer Spazierwege durchziehen die bergige, 4 km² große Insel. Ihr höchster Punkt ist der Mt. Jeffreys (198 m), aber die Wanderung auf den Spion Kop lohnt sich ebenfalls.

In der Sandy Bay im Süden und in der Paddle Bay in der Nähe des sehr verschlafenen Resorts gibt's Nationalpark-**Campingplätze**.

Daydream Island

Die kürzlich von chinesischen Investoren gekaufte Daydream Island wirkt eher künstlich angelegt als natürlich. Die Insel ist nur 15 Fährminuten vom Festland entfernt und daher vor allem bei Familien mit Kindern sowie bei Tagesausflüglern beliebt. Wassersportausrüstung aller Art kann hier ausgeliehen werden.

Das **Daydream Island Resort & Spa** (☎1800 075 040; www.daydreamisland.com; DZ ab 328 AU$;) mutet ein wenig wie ein Insel-Themenpark an, hält sich aber immer noch etwas auf den ausgezeichneten Service sowie die bemerkenswert gut gepflegten Gebäude und Anlagen zugute. Es gibt drei Swimmingpools, Tennisplätze, Katamarane, künstliche Strände und einen Kinderclub.

Hook Island

Hook Island ist die zweitgrößte Insel der Whitsundays. Der Großteil ihrer 53 km² ist Nationalparkgebiet, und am Hook Peak erhebt sie sich bis auf 450 m. Hook Island bietet ein paar der besten Tauch- und Schnorchelplätze der Whitsundays.

Wer's auch gern mal etwas wilder mag, kann im **Hook Island Wilderness Resort** (☎07-4946 9380; www.hookislandresort.com; Stellplatz 20 AU$/Pers., DZ mit/ohne Bad 120/100 AU$;) absteigen, einer ziemlich heruntergekommenen Unterkunft mit schlichten Zimmern und einem lizensierten **Restaurant** (Hauptgerichte 16–27 AU$).

Auf den schlichten Nationalpark-**Campingplätzen** in Maureen Cove, Steen's Beach, Bloodhorn Beach, Curlew Beach und

Crayfish Beach gibt's gute Möglichkeiten, ein Zelt aufzuschlagen.

Whitsunday Island

Der **Whitehaven Beach** auf Whitsunday Island ist ein 7 km langer, sehr legendenumwobener, ursprünglicher Strandstreifen mit atemberaubend weißem Sand, der sich zwischen üppig-grüner tropischer Vegetation und dem glitzernden blauen Meer erstreckt. Am Hill Inlet am Nordende des Strands zeichnet das wirbelnde Muster aus reinem weißem Sand, der sich durch türkisblaues Wasser zieht, ein wahrhaft magisches Bild. Am Südende kann man sehr gut schnorcheln.

Am Dugong, Nari's und Joe's Beach im Westen, in der Chance Bay im Süden, am Südende des Whitehaven Beach und in der Peter Bay im Norden gibt's Nationalpark-**Campingplätze**.

Hamilton Island

Hamilton Island ist die „bewohnbarste" der Whitsunday Islands. Es gibt hier eine Schule, einen neuen Jachthafen, einen Golfplatz, einen viel genutzten Inlandsflugplatz und, trotz der Menschenmassen, ein Gefühl von Exklusivität.

Über die Insel führen einige **Wanderwege**. Der schönste beginnt hinter dem Reef View Hotel und bringt einen hinauf zum Passage Peak (230 m) in der Nordostecke der Insel.

Das **Hamilton Island Resort** (☎07-4946 9999; www.hamiltonisland.com.au; DZ ab 370 AU$; ❄@☎≋) bietet sehr viel Auswahl, darunter Bungalows, luxuriöse Villen, schicke Hotelzimmer und separate Apartments. Im Hochpreissektor heimst das **Qualia** (☎07-4948 9222, 1300 780 959; www.qualia.com.au; DZ ab 1510 AU$) regelmäßig internationale Auszeichnungen ein.

Hamilton Island lässt sich von Shute Harbour aus leicht bei einem Tagesausflug besuchen; man kann auch einige der Resort-Einrichtungen nutzen.

Lindeman Island

Die Insel mit ihren einsamen Buchen und 20 km an eindrucksvollen Wanderwegen ist überwiegend Nationalpark. Naturfotografen locken der abwechslungsreiche Baumbestand und der herrliche Blick vom Mt. Oldfield (210 m). Der **Boat Port** ist die beste Stelle zum Campen.

Hayman Island

Die nördlichste der Whitsunday Islands ist gerade einmal 4 km² groß und erhebt sich bis zu 250 m über den Meeresspiegel. Sie besitzt bewaldete Hügel, Täler, Strände und ein Fünf-Sterne-Resort.

Eine Allee großer Dattelpalmen führt zum **Hayman Island Resort** (☎07-4940 1234, 1800 075 175; www.hayman.com.au; Zi. mit Frühstück 466–8000 AU$; ❄@≋), einer der luxuriösesten Anlagen am Great Barrier Reef überhaupt.

Nichtgäste können Hayman Island nur auf dem Luftweg zu einem Tagesausflug besuchen. Näheres erfährt man bei **Air Whitsunday Seaplanes** (☎07-4946 9111; 195 AU$/Pers.).

Weitere Whitsunday-Inseln

Die nördlichen Inseln der Whitsunday-Gruppe sind unerschlossen und sehen nur selten Besucher, die mit dem Schiff oder im Wassertaxi anreisen. Auf ein paar von ihnen – Gloucester, Saddleback, Olden und Armit Island – gibt's Nationalpark-**Campingplätze**. Das **QPWS-Büro** (☎07-4946 7022; www.derm.qld.gov.au), 3 km südlich von Airlie Beach, stellt Campinggenehmigungen aus und weiß, welche Inseln man besuchen kann und wie man dort hinkommt.

Bowen

10 260 EW.

Bowen präsentiert sich heute noch wie ein typisches Queensland-Küstenstädtchen in den 1970er-Jahren: mit breiten Straßen, niedrigen Gebäuden, Queenslander-Häusern aus Holz und lässigen, freundlichen Einwohnern. Der Uferbereich mit seiner landschaftsarchitektonisch gestalteten Promenade, den Picknicktischen und Grillstellen ist gewissermaßen das Zentrum des Orts. Traveller, die länger bleiben, können an der Obsternte teilnehmen (April–Nov.). Ansonsten gibt es hinreißende Strände und Buchten nordöstlich vom Zentrum.

Die Hostels öffnen und schließen je nach Saison relativ regelmäßig.

Schlafen & Essen

Barnacles Backpackers HOSTEL $
(☎07-4786 4400; www.barnaclesbackpackers.com; 18 Gordon St; B ab 30 AU$) Das Hostel ist sauber, aber der Service lässt zu wünschen

übrig. Während unseres Besuchs in Bowen war es das einzige, das geöffnet hatte.

Rose Bay Resort RESORT $$
(☎ 07-4786 9000; www.rosebayresort.com.au; 2 Pandanus St; Zi. 150–270 AU$; ❄@☒) Diese großzügigen Wohnstudios und gemütlichen Wohneinheiten liegen wunderschön direkt am Strand und bieten neben herrlicher Ruhe ein gutes Preis-Leistungs-Verhältnis. Mindestaufenthalt zwei Nächte.

360 on the Hill CAFÉ $
(☎ 07-4786 6360; Margaret Reynolds Dr; Hauptgerichte 6–16 AU$; ⏲ Sa–Do 8–16, Fr 8–21 Uhr) Das Café hoch oben auf dem Flagstaff Hill serviert köstliche Gerichte und bietet einen hinreißenden Panoramablick.

Food Freaks CAFÉ $
(☎ 07-4786 5133; 18-20 Herbert St; Hauptgerichte 10–18 AU$; ⏲ 8–16 Uhr) Das Café serviert kilometerweit das beste Frühstück und hat die freundlichste Bedienung an der ganzen Küste von Queensland. Smoothies, Baguettes und Muffins sind die ewigen Renner.

Cove CHINESISCH, MALAYSISCH $$
(☎ 07-4791 2050; Coral Cove Apartments, Horseshoe Bay Rd; Hauptgerichte 15–25 AU$; ⏲ Di–So mittags & abends) Serviert eine interessante Fusion-Küche aus chinesischen und malaysischen Gerichten. Hinzu kommt noch ein spektakulärer Meerblick von der Holzterrasse aus.

Grandview Hotel PUB $$
(☎ 07-4786 6360; Hauptgerichte 8–25 AU$; ⏲ 11–21 Uhr) Riesige Eckkneipe, die dank ihrer leckeren Gerichte und großzügigen Portionen von Einheimischen gern empfohlen wird.

ℹ An- & Weiterreise

Langstreckenbusse halten vor **Bowen Travel** (☎ 07-4786 2835; 40 William St), wo man auch Tickets buchen und kaufen kann. **Greyhound Australia** (☎ 13 20 30; www.greyhound.com.au) und **Premier Motor Service** (☎ 13 34 10; www.premierms.com.au) bieten häufig Verbindungen nach/von Rockhampton (110 AU$, 8 Std.), Airlie Beach (28 AU$, 1½ Std.) und Townsville (50 AU$, 4 Std.).

VON TOWNSVILLE NACH MISSION BEACH

Nördlich der Whitsunday Coast findet man Gebirgsketten, authentische Outback-Städte und Inseln, die einen Besuch lohnen. Townsvilles Uferbereich erstreckt sich über viele Kilometer und ist von Hotels und Kneipen gesäumt. Magnetic Island liegt direkt vor der Küste, und mit ihren 22 Buchten ist die Insel der perfekte Ort für wunderschöne Spaziergänge von einem einsamen Strand zum nächsten. Nordwestlich von Townsville liegt der von Nebeln umhüllte Regenwald des Paluma Range National Park, seines Zeichens der südlichste Punkt des fantastischen Weltnaturerbes der Wet Tropics World Heritage Area.

Weitere Highlights sind die bewaldeten Inseln Hinchinbrook und Dunk sowie das charmante Mission Beach, das von tropischem Regenwald umgeben ist.

Townsville

189 931 EW.

Vor der Kulisse eines riesigen roten Hügels ist Townsville ein unterschätztes regionales Zentrum, das umfangreich umgestaltet wurde und nichts von seiner Bedeutung für Bergbau und Militär verrät. Eine unendliche Esplanade erstreckt sich am Korallenmeer, durch das Fähren hinüber zur Magnetic Island pflügen, während Taucher seine Tiefen erkunden.

Bei einem kurzen Spaziergang erleben die Besucher interessante Museen, farbenfrohe historische Gebäude, ein großes Aquarium und sportverrückte, sonnengebräunte Einheimische. In Townsville scheint durchschnittlich 320 Tage im Jahr die Sonne. Ein Dach über der Tribüne des Dairy Farmers Stadium wurde als unnötig erachtet, da es während der Saison der Rugby League praktisch kaum einmal regnet.

Das kompakte Stadtzentrum lässt sich leicht zu Fuß erkunden. Gleich östlich der Fußgängern vorbehaltenen Victoria Bridge (Autofahrer nehmen die Dean St) liegt South Townsville, das wichtigste Restaurant- und Barviertel der Stadt, dessen Mittelpunkt die wieder aufgemöbelte Palmer St ist.

Sehenswertes

★ **Reef HQ Aquarium** AQUARIUM
(www.reefhq.com.au; Flinders St E; Erw./Kind 26,50/12,80 AU$; ⏲ 9.30–17 Uhr) Townsvilles ausgezeichnetes Aquarium ist ein lebendiges Riff an Land. Unfassbare 2,5 Mio. Liter strömen durch das Korallenriff-Aquarium, in dem Haie, Rochen sowie mehr als hundert weitere Fischarten inmitten der

Townsville

leuchtend bunten Korallen leben. Im Schildkröten-Hospital haben die Kinder ihren Spaß, denn hier können sie die Tiere nicht nur sehen, sondern auch anfassen und füttern.

Castle Hill AUSSICHTSPUNKT

Wenn die Temperaturen stimmen (sprich: wenn der Asphalt nicht schmilzt) lohnt es sich, auf den Gipfel dieses 286 m hohen, roten Hügels (ein alleinstehender rosafarbener Monolith) zu klettern und die Aussicht zu genießen. Man erreicht den Castle Hill über den unbefestigten „Ziegenpfad" vom Hillside Cres aus (einfache Strecke 2 km). Wer ein Auto hat, kann über die Gregory St oder die Stanley St auch auf den Hügel hinauf fahren.

Botanic Gardens GARTEN

(Sonnenaufgang–Sonnenuntergang) GRATIS

Townsvilles botanische Gärten erstrecken sich über drei Standorte: jeder hat seinen ganz eigenen Charakter, aber alle bieten tropische Pflanzen und sind herrlich grün. Die eher formellen, verschnörkelten **Queens Gardens** (Ecke Gregory & Paxton St) liegen 1 km nordwestlich der Stadt am Fuß des Castle Hill und dem Zentrum am nächsten.

Townsville

Highlights
1 Reef HQ Aquarium ... C3

Sehenswertes
2 Cultural Centre ... C3
3 Maritime Museum of Townsville ... C4
Museum of Tropical Queensland ..(siehe 2)
4 Perc Tucker Regional Gallery ... B3
5 Queens Gardens ... A2

Aktivitäten, Kurse & Touren
6 Adrenalin Dive ... A4
7 Remote Area Dive ... C4
8 Sky Dive Townsville ... B3
9 Tobruk Memorial Baths ... C2
10 Water Playground ... B2

Schlafen
11 Aquarius on the Beach ... A1
12 Coral Lodge ... A3
13 Historic Yongala Lodge Motel ... B2
14 Holiday Inn ... B4
15 Mariners North ... C2
16 Oaks Gateway on Palmer ... C4
17 Oaks Hotel M ... D4
Orchid Guest House ... (siehe 12)
18 Reef Lodge ... C3

Essen
19 A Touch of Salt ... B4
20 Benny's Hot Wok ... C4
21 Bountiful Thai ... A1
22 Cafe Bambini ... A2
23 Cbar ... B1
24 Harold's Seafood ... B1
25 Longboard Bar & Grill ... B1
26 Salt Cellar ... C4
Souvlaki Bar ... (siehe 24)
27 The Sweatshop ... B4
TUBE ... (siehe 21)

Ausgehen & Nachtleben
28 Brewery ... B3
29 Coffee Dominion ... B4
30 Consortium ... C3
31 Molly Malones ... C3
32 Seaview Hotel ... B1
33 Watermark Hotel ... A1

Unterhaltung
34 Flynns ... C3
35 Jupiters Casino ... D2

Billabong Sanctuary NATURSCHUTZGEBIET
(www.billabongsanctuary.com.au; Bruce Hwy; Erw./Kind 30/19 AU$; 9–16 Uhr) Nur 17 km südlich von Townsville bietet dieser Naturpark mit Ökosiegel Begegnungen mit australischen Wildtieren (von Dingos bis zu Kasuaren) in ihrer natürlichen Umgebung – und das aus allernächster Nähe. Etwa jede halbe Stunde stehen Fütterungen, Shows und Vorträge auf dem Programm.

Australian Institute of Marine Science FORSCHUNGSINSTITUT
(AIMS; 07-4753 4444; www.aims.gov.au) Dieses Meeresforschungsinstitut am Cape Ferguson bietet kostenlose zweistündige **Touren** (März–Nov. Fr 10 Uhr) an, die nicht nur über die Forschungsarbeiten des Instituts (z.B. die Korallenbleiche oder der Erhalt des Great Barrier Reef), sondern auch darüber informieren, welche Bedeutung sie für die Allgemeinheit haben; Vorabbuchungen erforderlich. Die Ausfahrt auf dem Bruce Hwy liegt 35 km südöstlich von Townsville.

Museum of Tropical Queensland MUSEUM
(www.mtq.qld.gov.au; 70-102 Flinders St E; Erw./Kind 15/8,80 AU$; 9.30–17 Uhr) In detaillierten Modellen stellt das Museum mit interaktiven Geräten historische Szenen nach. Um 11 und um 14.30 Uhr wird, ganz wie im 18. Jh., eine Kanone geladen und abgefeuert. Zu den Ausstellungen gehören das kindgerechte Wissenschaftszentrum MindZone, Exponate zu den Regenwäldern im nördlichen Queensland und als Neuheit eine Schau, die den Tieren des uralten Südkontinents Gondwana gewidmet ist.

Maritime Museum of Townsville MUSEUM
(www.townsvillemaritimemuseum.org.au; 42-68 Palmer St; Erw./Kind 6/3 AU$; Mo–Fr 10–15, Sa & So 12–15 Uhr) Das recht kleine Museum zeigt u.a. Erinnerungsstücke zu Leuchttürmen und ein Modell des Wracks der *Yongala*. Jetzt hat auch die HMAS *Townsville* hier auf Dauer angedockt.

Cultural Centre Townsville KULTURZENTRUM
(07-4772 7679; www.cctownsville.com.au; 2-68 Flinders St E; 9.30–16.30 Uhr) Zeigt die Geschichte, Traditionen und Bräuche der indigenen Kulturen der Wulgurkaba und der Bindal; die Zeiten der geführten Touren telefonisch erfragen.

Perc Tucker Regional Gallery GALERIE
(www.townsville.qld.gov.au; Ecke Denham St & Flinders St; Mo–Fr 10–17, Sa & So bis 14 Uhr) Eine zeitgenössische Kunstgalerie im stattlichen Gebäude einer ehemaligen Bank von

1885. Die Ausstellungen hier konzentrieren sich auf Künstler aus dem Norden von Queensland.

Aktivitäten

Townsvilles von Palmen gesäumter Uferbereich (der Strand) erstreckt sich über 2,2 km und ist mit Parks, Schwimmbädern und Cafés gespickt. Von November bis Mai wird der goldene Sandstrand mit zwei Barrieren vor den gefährlichen Seewespen geschützt und überwacht.

An der Nordspitze befindet sich der **Rock Pool** (24 Std.), GRATIS ein riesiges künstliches Schwimmbecken, das von Grünflächen und Sandstränden umgeben ist. Alternativ kann man auch die chlorgetränkte Sicherheit des Schwimmbads in den **Tobruk Memorial Baths** (www.townsville.qld.gov.au; Strand; Erw./Kind 2,50/1,50 AU$; Mo–Do 5.30–19, Fr bis 18, Sa 7–16, So 8–17 Uhr) genießen, das noch dazu olympische Ausmaße bietet und unter Denkmalschutz steht.

Außerdem gibt's einen tollen kleinen **Water Playground** (Dez–März 10–20, Sept.–Nov., April & Mai bis 18, Juni–Aug. bis 17 Uhr) GRATIS für Kinder.

Woodstock Trail Rides REITEN
(07-4778 8888; www.woodstocktrailrides.com.au; Jones Rd; Ausritt 90 Min./halber Tag 80/100 AU$; Viehtreiben 150 AU$) Dieses riesige Anwesen ungefähr 43 km südlich von Townsville bietet halb- und ganztägige Ausritte sowie Viehtreiben für aufstrebende Cowboys und -girls an.

Sky Dive Townsville FALLSCHIRMSPRINGEN
(07-4772 4889; www.skydivetownsville.com.au; Tandemsprünge ab 3950 AU$) Wer Townsville von oben bis unten sehen möchte, kann einen Tandemsprung buchen und mitten auf dem sandigen Strand landen.

Tauchen

Die Touristeninformation hält eine Liste der in Townsville ansässigen Unternehmen bereit, die PADI-zertifizierten Tauchunterricht anbieten. Die Preise beginnen bei ca. 615 AU$.

Adrenalin Dive TAUCHEN
(07-4724 0600; www.adrenalinedive.com.au) Tagesausflüge zur *Yongala* (ab 220 AU$) und zum Wheeler Reef (ab 280 AU$), beide mit zwei Tauchgängen. Bietet außerdem Schnorcheln (ab 180 AU$) am Wheeler Reef, Touren mit Übernachtung an Bord und Tauchzertifizierungskurse an.

Remote Area Dive TAUCHEN
(RAD; 07-4721 4424; www.remoteareadive.com; 16 Dean St) Veranstaltet Tagesausflüge (ab 220 AU$) zu den Inseln Orpheus und Pelorus sowie Touren mit Übernachtung an Bord und Tauchkurse.

Salt Dive TAUCHEN
(07-4721 1760; www.saltdive.com.au; 2/276 Charters Towers Rd, Hermit Park) Tagestauchausflüge zur *Yongala* und zum Riff (ab 199 AU$) an Bord eines Schnellboots; Tauchkurse sind ebenfalls möglich.

SeaLink FÄHRE
(07-4771 3855; www.sealinkqld.gov.au; Sir Leslie Thiess Dr; ab 145 AU$/Pers.) Veranstaltet Tagesausflüge zum Great Barrier Reef. Ein zertifizierter oder ein Anfängertauchgang kosten zusätzlich rund 70 AU$.

Yongala Dive TAUCHEN
(07-4783 1519; www.yongaladive.com.au; 56 Narrah St) Tauchgänge am Wrack der *Yongala* (259 AU$ inkl. Ausrüstung) von Alva Beach aus, 104 km südöstlich von Townsville. Von hier aus sind es nur 30 Minuten bis zum Wrack, von Townsville dauert die Bootsfahrt 2½ Stunden. Die Übernachtung in der dazugehörigen Backpacker-Unterkunft in der **Dive Lodge** (B/DZ 25/05 AU$; @) am Ufer muss man vorab buchen.

Geführte Touren

Kookaburra Tours GEFÜHRTE TOUR
(0448 794 798; www.kookaburratours.com.au) Zu den sehr empfehlenswerten Tagesausflügen gehören die Stadtführung „Heritage and Highlights" (Erw./Kind 50/25 AU$), die Wallaman-Falls-Tour (Erw./Kind 125/55 AU$) und Regenwald-Touren im Mount Spec National Park (Erw./Kind 125/55 AU$).

Townsville Ghost Tours GEFÜHRTE TOUR
(0404 453 354; www.townsvilleghosttours.com.au) Fünf gruselige Optionen, von unheimlichen Stadterlebnissen an Bord des „Geisterbusses" (ab 65 AU$) bis hin zu einem Ausflug mit Übernachtung in Ravenswood (250 AU$ inkl. Mahlzeiten und Unterkunft).

Schlafen

Coral Lodge B&B $
(07-4771 5512; www.corallodge.com.au; 32 Hale St; EZ/DZ ohne Bad 70/90 AU$, Wohneinheit ab 85 AU$;) Am Fuß des Stanton Hill liegt dieses freundliche australische Familienwohnhaus, das schon fast ein Jahrhundert lang Gäste beherbergt. Man sollte den

kleinen Aufpreis für eine der in sich abgeschlossenen Wohneinheiten zahlen, denn diese bieten ein exzellentes Preis-Leistungs-Verhältnis. Die Lodge ist nur einen kurzen Spaziergang von Townsvilles Sehenswürdigkeiten entfernt, wer vorher anruft, wird aber auch abgeholt.

Reef Lodge HOSTEL $
(07-4721 1112; www.reeflodge.com.au; 4 Wickham St; B 22–26 AU$, DZ mit/ohne Bad 80/62 AU$;) Townsvilles bestes Hostel hat nicht viel Konkurrenz, und dementsprechend sind die Zimmer und der Service ziemlich einfach. Immerhin gibt's einige nette Details: buddhistische Skulpturen und Hängematten im Garten, Skulpturen am Teich und ein abgefahrenes Spielezimmer im Stil der 1980er-Jahre.

Orchid Guest House PENSION $
(07-4771 6683; www.orchidguesthouse.com.au; 34 Hale St; B 27 AU$, mit/ohne Bad EZ 75/55 AU$, DZ 85/65 AU$;) Entspannte Backpacker und Wanderarbeiter finden in diesem ruhigen, gut geführten Gästehaus helle und freundliche Budgetzimmer. Die Inhaber kennen ihre Kundschaft und versorgen sie bergeweise mit Infos über die Region. Das Haus erkennt man an der himmelblauen Fassade.

Rowes Bay Caravan Park CAMPING $
(07-4771 3576; www.rowesbaycp.com.au; Heatley Pde; Stellplatz ohne/mit Strom 26/36 AU$, Hütte mit/ohne Bad ab 98/65 AU$, Villa 105 AU$;) Der grüne Platz liegt direkt gegenüber dem Strand von Rowes Bay. Die brandneuen Villen sind kleiner, aber schicker als die Hütten.

Classique B&B B&B $$
(0407 699 748; www.classiquebnb.com.au; 495 Sturt St; Zi. 165–185 AU$;) Dass das wunderbar gepflegte B & B auf dem Weg zum Castle Hill vielfach ausgezeichnet wurde, überrascht nicht. Das historische Queenslander-Haus prunkt mit verzierten Metalldecken und Fußböden aus Araukarienholz. Es gibt einen kleinen Pool und ein Snooker-Zimmer. Zur Wahl stehen nur drei Zimmer, alle mit angeschlossenem Bad und einem kleinen Wohnbereich.

Historic Yongala Lodge Motel MOTEL $$
(07-4772 4633; www.historicyongala.com.au; 11 Fryer St; Motelzi. 99–105 AU$, Apt. mit 1 Schlafzi. 115–120 AU$;) Das historische Gebäude aus dem späten 19. Jh. liegt ideal in der Nähe des Strands und des zentralen Geschäftsviertels. Die Motelzimmer sind etwas klein, aber der Preis ist mehr als angemessen. Das griechische Restaurant (Hauptgerichte 20–38 AU$, Mo–Sa abends) vor Ort ist bei den Einheimischen beliebt.

Aquarius on the Beach HOTEL $$
(1800 622 474; www.aquariusonthebeach.com.au; 75 The Strand; DZ 110–150 AU$;) Nur ein kurzes Stück vom Zentrum entfernt liegt, am schicken Ende des Strands, dieses monströse Gebäude. Von den Balkonen, die die ganze Fassade einnehmen, hat man einen wunderbaren Ausblick auf Magnetic Island. Das Dekor behauptet sich gut, wenn man das Alter des Gebäudes bedenkt, und der Service ist clever. Das Hotel ist eine ideale Wahl für Familien.

Oaks Gateway on Palmer HOTEL $$
(07-4753 2900; www.oakshotelsresorts.com; 2 Dibbs St; Zi. ab 129 AU$;) Der ausgezeichnete neue Oaks-Ableger steht am Ufer. Die Zimmer sind modern und bieten einen Ausblick aufs Wasser oder ins Hinterland. Es gibt einen Infinity Pool, und das Personal ist sehr kompetent.

Holiday Inn HOTEL $$
(07-4772 2477; www.townsville.holiday-inn.com; 334 Flinders St; DZ 110–189 AU$;) Das runde, 20 Stockwerke hohe Gebäude von 1976, ist als der „Zuckerstreuer" ein Wahrzeichen von Townsville. Der Pool auf der Dachterrasse macht allein den Aufenthalt schon lohnend. Die Zimmer sind viel luxuriöser, als die Betonfassade vermuten lässt.

Oaks Hotel M HOTEL $$
(1800 760 144; www.oakshotelsresorts.com; 81 Palmer St; DZ 144–189 AU$;) Das 11-geschossige Hotel hat topmoderne Zimmer, ausgezeichnete Einrichtungen und von den teureren Zimmern aus einen betörenden Ausblick.

Mariners North APARTMENTS $$$
(07-4722 0777; www.marinersnorth.com.au; 7 Mariners Dr; Apt. mit 2/3 Schlafzi. ab 250/390 AU$;) Die erstklassige Lage am städtischen Ende des Strands und der sagenhafte Ausblick vom Pool auf das Korallenmeer sind echte Pluspunkte dieses Apartmentkomplexes. Die Anlage ist ideal für Familien mit Kindern, allerdings ist die Verwaltung gelegentlich etwas ruppig. Die Gäste können den Pool und Fitnessraum des Tobruk nutzen.

Essen

★ The Sweatshop CAFÉ $
(☎ 0435 845 237; 181 Flinders St; Waffeln 7 AU$, Burger 12 AU$, Kaffee 3,50 AU$; ⏲ Mo–Mi 7.30–16, Do 7.30–20, Fr & Sa 7.30–24, So 9–15 Uhr) Das ironisch-künstlerische Café serviert einfaches, sehr gutes Essen und den besten Kaffee in Townsville. Wen die Würfelquallen und die Hitze deprimieren, kann hier den ganzen Tag lang gemütlich wieder auftanken.

TUBE BURGER $
(☎ 07-4772 2856; 2/58 The Strand, North Ward; Burger 10–14 AU$; ⏲ Mo–Do 11–20, Fr & Sa 11–21, So 8–22 Uhr) Das ansprechendste Billiglokal in North Ward ist „The Ultimate Burger Experience" (TUBE). Das schlichte Burgerrestaurant mit Alkohollizenz bietet kreative Variationen wie das „Reef & Beef" und „My Big Fat Greek Burger".

Cafe Bambini CAFÉ $
(46 Gregory St; Hauptgerichte 11,50–20 AU$; ⏲ Mo–Fr 5.30–17, Sa & So 6.30–16 Uhr; ✎) Der Betrieb hat vier Filialen in der Stadt und arbeitet mit ungebremstem Elan. Die Spezialität sind Frühstücksgerichte und frisches Essen zum Mitnehmen.

Harold's Seafood MEERESFRÜCHTE $
(Ecke The Strand & Gregory St; Gerichte 4–10 AU$; ⏲ mittags & abends) Dieser Imbiss bietet Burger mit Moreton Bay Bugs.

Souvlaki Bar GRIECHISCH $
(Shops 3 & 4, 58 The Strand; Hauptgerichte 6,50–17,50 AU$; ⏲ Mo–Fr 10.30–21, Sa & So bis 22 Uhr) Hier bekommt man ein großes griechisches Frühstück mit Speck, Eiern, Wurst, Souvlaki, Grilltomaten, Halloumi und Pita.

Coffee Dominion CAFÉ $
(www.coffeedominion.com.au; Ecke Stokes St & Ogden St; ⏲ Mo–Mi 6–17, Do & Fr bis 17.30, Sa & So 7–13 Uhr) 🍃 Umweltbewusstes Café.

Longboard Bar & Grill MODERN-AUSTRALISCH $$
(☎ 07-4724 1234; The Strand, gegenüber der Gregory St; Hauptgerichte 15–34 AU$; ⏲ 11.30–15 & 17.30–Open End) Das einzige Restaurant am Ufer ist zu einem Brauhaus und Grill geworden, in dem der hungrigen Kundschaft, die vor allem am Wochenende massenhaft kommt, Meeresfrüchte, Steaks und zum Bier passende Kleinigkeiten wie scharfe Hühnerflügel oder Fisch-Tacos aufgetischt werden.

Benny's Hot Wok ASIATISCH $$
(☎ 07-4724 3243; 17-21 Palmer St; Hauptgerichte 14–29 AU$; ⏲ Fr & So mittags, tgl. abends) Die Cocktailbar und das schwül-tropische Ambiente sind allein schon Grund genug, dieses im ganzen nördlichen Queensland beliebte Lokal aufzusuchen. Geboten wird die komplette Palette asiatischer Speisen, allerdings mit gemischtem Erfolg.

A Touch of Salt MODERN-AUSTRALISCH $$
(☎ 07-4724 4441; Ecke Stokes & Ogden St; Hauptgerichte 30–36 AU$; ⏲ Do & Fr mittags, Di–Sa abends) Das zwanglosere (allerdings auch weniger interessante) der beiden Salt-Restaurants.

Cbar CAFÉ $$
(The Strand, gegenüber der Gregory St; Hauptgerichte 16–26 AU$; ⏲ 7–22 Uhr; ✎) Das sehr verlässliche und angenehme Lokal serviert den ganzen Tag über Hauptgerichte, von Kokos-Krabben mit Mango-Salsa bis zu Rindfleisch-Tajine auf marokkanische Art.

Bountiful Thai THAILÄNDISCH $$
(Shop 1, 52 Gregory St; Hauptgerichte 13–21 AU$; ⏲ Mo–Fr mittags, tgl. abends) Hier gibt's sehr schnell und zum Mitnehmen riesige Portionen von Nudel- und Reisgerichten, Currys und Suppen.

Salt Cellar MODERN-AUSTRALISCH $$$
(☎ 07-4724 5866; www.thesaltcellar.com.au; 13 Palmer St; Hauptgerichte 30–40 AU$; ⏲ Mo–Sa 17.30 Uhr–open end) Der neueste Zuwachs der Salt-Gruppe ist jetzt der Favorit unter den Restaurants der Palmer St. Der umfangreiche Weinkeller des Restaurants bringt Vorspeisen wie Fasanen-Tortellini (21 AU$) oder Garnelen mit Tamarinde (19 AU$) erst so richtig zur Geltung. Als Hauptgang gefiel uns die Hirschlende (40 AU$). Der Service ist erstklassig.

Ausgehen & Nachtleben

★ Brewery KLEINBRAUEREI
(252 Flinders St; Hauptgerichte 17–36 AU$; ⏲ Mo–Sa, Restaurant Mo–Sa mittags & abends) Biere aller Art, von Witbier bis Stout, werden in Townsvilles hübsch restauriertem ehemaligen Postamt aus den 1880er-Jahren gebraut. Die kann man bei einem Essen in dem schicken Restaurant probieren.

Watermark Hotel BAR
(72-74 The Strand) In der Taverne geht's sonntags eher derb zu, es gibt hier aber auch eine etwas teurere Bar und ein ausgezeichnetes Restaurant mit modern-australischer Küche (Hauptgerichte 28–36 AU$, tgl. mittags & abends, So morgens).

RAVENSWOOD & CHARTERS TOWERS

Man muss sich gar nicht so weit ins Landesinnere vorwagen, um das trockene, staubige Outback Queenslands zu erleben, das einen starken Kontrast zur herrlich grünen Küste darstellt. Diese Tour ist von Townsville aus leicht als Tagesausflug zu bewerkstelligen, aber wenn man Zeit hat, lohnt auch eine Übernachtung.

88 km südwestlich von Townsville führt eine Abfahrt vom Flinders Hwy in Mingela 40 km Richtung Süden in das winzige Goldgräberstädtchen **Ravenswood** (150 Ew.), in dem ein paar Pubs aus dem frühen 20. Jh. locken, in denen man auch übernachten kann.

Von Mingela aus 47 km weiter entlang des Flinders Hwy liegt die historische Stadt **Charters Towers** (8100 Ew.) aus der Zeit des Goldrauschs; die „Towers" sind die umliegenden *tors* (Hügel). William Skelton Ewbank Melbourne (WSEM) Charters war hier während des Goldrauschs, als die Stadt die zweitgrößte und wohlhabendste in Queensland war, der Goldbeauftragte. Mit ihren fast 100 Minen, etwa 90 Pubs und einer eigenen Börse wurde sie bald nur noch „The World" genannt.

Heute gehört ein Spaziergang, bei dem man den Geistergeschichten der Einheimischen lauscht, während man an den eindrucksvollen Fassaden vorbeischlendert, die an die Pracht dieser aufregenden Zeit erinnern, zu den Highlights eines Besuchs in Towers.

Aus den Mauern der **Stock Exchange Arcade** neben dem **Charters Towers Visitor Centre** (☎07-4752 0314; www.charterstowers.qld.gov.au; 74 Mosman St; ⌚9–17 Uhr) von 1890 quillt die Geschichte förmlich hervor. Am Visitor Centre gibt's eine kostenlose Broschüre, die den **One Square Mile Trail** beschreibt, auf dem man die schön erhaltenen Gebäude aus dem 19. Jh. im Zentrum der Stadt näher kennenlernt. Es hilft außerdem bei der Buchung von Touren in der Stadt, u. a. zur **Venus Gold Battery** (Millchester Rd; Touren Erw./Kind 12/6 AU$; ⌚10–15 Uhr), wo goldhaltiges Erz zerkleinert und verarbeitet wurde; während des **Gold Fever Festivals** Mitte Juni erwacht sie knarzend zum Leben.

In der Abenddämmerung bildet der Panoramahügel Towers Hill, die Stelle des ersten Goldfundes, den stimmungsvollen Hintergrund für das kostenlose **Open-Air-Kino**, in dem der 20-minütige Film *Ghosts After Dark* gezeigt wird – am Visitor Centre erfährt man die saisonalen Vorstellungszeiten.

Zu den Unterkünften in der Stadt gehört auch das mit Möbeln aus der Jahrhundertwende vollgestellte **Royal Private Hotel** (☎07-4787 8688; 100 Mosman St; EZ/DZ ohne Bad 45/55 AU$, DZ mit Bad 90–115 AU$; ❄📶), ein ehemaliger Pub. Kein Ausflug nach Charters Towers ist komplett ohne den Genuss eines der preisgekrönten Kuchen der **Towers Bakery** (114 Gill St; Kuchen 3,90–4,30 AU$; ⌚Mo–Fr 5–15, Sa bis 13 Uhr).

Greyhound Australia (☎1300 473 946; www.greyhound.com.au) bietet wöchentlich vier Verbindungen zwischen Townsville und Charters Towers (36 AU$, 1¾ Std.).

Der *Inlander* von **Queensland Rail** (☎1300 131 722; www.traveltrain.com.au) verkehrt zweimal pro Woche zwischen Townsville und Charters Towers (28 AU$, 3 Std.).

Seaview Hotel KNEIPE
(Ecke The Strand & Gregory St; Restaurant Hauptgerichte 21–44 AU$; ⌚Restaurant mittags & abends) Die weitläufige Kneipe gewinnt die Herzen der Pub-Liebhaber mit ihrem Meerblick, dem Feigenbaum-Ambiente und gelegentlicher lauter Livemusik.

Molly Malones KNEIPE, NACHTCLUB
(87 Flinders St E; ⌚The Shed Di, Fr & Sa 20–5 Uhr) In dem munteren Irish Pub gibt's Freitag- und Samstagabend Livemusik. Abtanzen kann man gleich daneben im Nachtclub **The Shed**.

Consortium NACHTCLUB
(159 Flinders St E; ⌚Di & Do–So 21–5 Uhr) Hauseigene DJs, DJ Competitions und Events wie der „Fetisch und Phantasie"-Ball machen den Laden mit Großstadtflair zu Townsvilles angesagtestem Nachtclub.

☆ Unterhaltung

Flynns LIVEMUSIK
(101 Flinders St E; ⌚Di–So 17 Uhr–Open End) Der lustige Irish Pub bemüht sich nicht allzu angestrengt darum, irisch zu wirken. Dank seiner Bierkrüge für 8 AU$ und der allabendlichen Livemusik – außer mittwochs, dann ist Karaoke angesagt – ist der Laden allseits beliebt.

The Venue LIVEMUSIK
(www.thevenue.com.au; 719 Flinders St W) Ein Laden auf mehreren Ebenen mit vier Bars

und regelmäßigen Gigs australischer Bands (Grinspoon & Co.).

Jupiters Casino CASINO
(Sir Leslie Thiess Dr) In diesem Casino am Meer kann man den Puls ein bisschen in die Höhe treiben.

Praktische Informationen

Internet Den (277 Flinders St; 5 AU$/90 Min.; 8–22 Uhr) Internetzugang.

QPWS (13 74 68; www.derm.qld.gov.au; 1-7 Marlow St)

Touristeninformation (07-4721 3660; www.townsvilleonline.com.au; Ecke Flinders & Stokes St) Hier gibt's ausführliche Infos zu Townsville, Magnetic Island und den nahegelegenen Nationalparks.

An- & Weiterreise

BUS

Busse von **Greyhound Australia** fahren hier ab; sie halten am **Fährterminal von Sunferries Breakwater** (2/14 Sir Leslie Thiess Dr; Schließfach 4–6 AU$/Tag) in Townsville

ZIEL	PREIS ($)	DAUER (STD.)
Airlie Beach	71	4½
Brisbane	270	23
Cairns	83	6
Charters Towers	36	1½
Mackay	96	6
Mission Beach	63	4
Rockhampton	149	12

Premier Motor Service (13 34 10; www.premierms.com.au) bietet täglich eine Verbindung nach/von Brisbane und Cairns, die auch in Townsville am **Autofährterminal von Fantasea** (Ross St, South Townsville) hält.

Flugzeug

Virgin Australia (13 67 89; www.virginaustralia.com), **Jetstar** (13 15 38; www.jetstar.com.au) und **Qantas** (13 13 13; www.qantas.com.au) fliegen alle nach Townsville.

Unterwegs vor Ort

Townsvilles Flughafen liegt 5 km nordwestlich der Stadt in Garbutt. Ein Taxi kostet 20 AU$; das **Airport Shuttle** (07-4775 5544; einfache Strecke/hin & zurück 10/18 AU$) verbindet Reisende mit allen ankommenden und startenden Flügen und sammelt Passagiere im ganzen CBD ein bzw. lädt sie dort ab (Buchungen erforderlich).

Sunbus (07-4725 8482; www.sunbus.com.au) fährt durch die ganze Stadt; Infos gibt's an der Touristeninformation.

Taxis versammeln sich in der Nähe des Sunbus-**Busbahnhofs** (Ecke Flinders St & Stokes St), oder man bestellt bei **Townsville Taxis** (13 10 08) einfach telefonisch eines.

Magnetic Island

2500 EW.

„Maggie", wie sie liebevoll genannt wird, ist eine „echte" Insel. Hier leben und arbeiten tatsächlich ein paar Leute, und einige pendeln sogar jeden Tag nach Townsville. Über die Hälfte der 52 km² dieser bergigen, dreieckigen Insel ist Nationalparkgebiet und lockt mit hübschen Wanderwegen und einer vielfältigen Tier- und Pflanzenwelt, darunter auch die höchste Dichte wilder Koalas in Australien. An den tollen Stränden kann man beim Wassersport den Adrenalinspiegel hochjagen oder „nur" in der Sonne liegen. Jedes der vier winzigen Stranddörfer hat einen einzigartigen Charakter, und die Granitfelsen, Araukarien und Eukalypten bieten eine willkommene Abwechslung von den typischen tropischen Inselparadiesen rundum.

Sehenswertes & Aktivitäten

Eine Hauptstraße führt quer über die Insel – von Picnic Bay über Nelly Bay und Geoffrey Bay bis nach Horseshoe Bay. Nahverkehrsbusse sind regelmäßig auf der Straße unterwegs.

Auf Magnetic Island gibt's viele Wanderwege; **DERM** (13 74 68; www.derm.qld.gov.au) gibt eine Broschüre über die ausgezeichneten Bushwalking-Tracks der Insel heraus. Die meisten Wanderwege liegen an der Ostküste und variieren in der Länge von einer halben Stunde bis zu einem halben Tag.

Festung FESTUNG
1942 war Townsville ein wichtiger Militärstützpunkt, und auf Magnetic Island wurde eine **Festungs**-Anlage erbaut, um mithilfe zweier Suchscheinwerfer, die eine Lichtstärke von 3 Mio. Kerzen hatten, nach feindlichen Flugzeuge Ausschau zu halten. Wenn man hier nur eine einzige Wanderung machen will, dann ist der **Festungsweg** (2,8 km, hin & zurück 1½ Std.) ein Muss. Er beginnt nahe der Abzweigung zur Radical Bay, aber man kann auch über die holprige, unbefestigte Straße weiter nach Norden zur Radical Bay fahren. Dort beginnen Wanderwege zu den einsamen Buchten **Arthur Bay** und **Florence Bay** (den besten Schnorchelplätzen der Insel).

Picnic Bay BUCHT

Picnic Bay erholt sich langsam von dem einige Jahre zurückliegenden Verlust seines Fährhafens. Traveller schätzen die Abgeschiedenheit am Ende der Insel, die Brachvögel, die sich hier niedergelassen haben, und den nächtlichen Blick auf Townsville.

Hier kann man in dem vor Seewespen geschützten Bereich **schwimmen** (Nov.–Mai) oder auf dem Neun-Loch-Golfplatz des **Magnetic Island Country Club** (☎07-4778 5188; www.magneticislandgolf.com.au; Hurst St; ⌚ab 8 Uhr) ein paar Bälle schlagen. Weiter westlich liegt die **Cockle Bay**, in der das Wrack der HMS *City of Adelaide* liegt. Anschließend folgt **West Point** mit zauberhaften Sonnenuntergängen und einem abgeschiedenen Strand. Um die Ostspitze herum kommt man zur **Rocky Bay**, wo ein kurzer, steiler Weg hinunter zu einem wunderschönen, geschützten Strand führt.

Nelly Bay BUCHT

In diesem lebendigen Hafen beginnt und endet das Insel-Erlebnis für alle, die mit der Passagier- oder Autofähre anreisen. Die Nelly Bay bietet eine breite Palette an Restaurants und Unterkünften und einen recht anständigen Strand. In der Nähe des Nordendes des Strands gibt's einen Kinderspielplatz, und im Korallenriff vor der Küste kann man prima schnorcheln.

Arcadia Village DORF

Das Dörfchen Arcadia verfügt inselweit über die höchste Dichte an Läden, Restaurants und Unterkünften. Am Südende seines Hauptstrands in der **Geoffrey Bay** liegt ein Riff (DERM rät von Riff-Spaziergängen ab). Sein mit Abstand hübschester Strand ist die kleine Bucht **Alma Bay**, in der riesige Felsbrocken im Meer liegen. Hier gibt's jede Menge Schatten, und obendrein Picknicktische und einen Kinderspielplatz.

Wenn man am Bremner Point, zwischen der Geoffrey und Alma Bay, um 17 Uhr bis ans Ende der Straße geht, fressen einem **wilde Felswallabys** – die sich inzwischen daran gewöhnt haben, jeden Tag zur selben Zeit gefüttert zu werden – im wahrsten Sinne des Wortes aus der Hand.

Radical Bay BUCHT

In der Radical Bay stand früher ein Resort, und ein Ersatz ist bereits in Planung. Bis dahin ist die Bucht ein herrlich friedlicher Ort. Man kann über die Landzunge zur Horseshoe Bay spazieren und unterwegs einen Abstecher zum inoffiziellen FKK-Strand in der **Balding Bay** (3,4 km hin & zurück) machen.

Horseshoe Bay BUCHT

Dieser Strand ist mit Abstand der schönste der zugänglichen Strände der Insel. Er bietet eine Seewespen-Absperrung, einen Verleih für Wassersportausrüstung, eine Reihe von Cafés und einen guten Pub. Das Bungalow Bay Koala Village hat einen eigenen **Naturpark** (Erw./Kind 19/10 AU$; ⌚2-stündige Touren 10, 12 & 14.30 Uhr), in dem man Koalas knuddeln kann (14 AU$ inkl. Fotos), oder man gönnt sich in aller Ruhe ein **Gourmet-Frühstück frisch aus der Natur** (Erw./Kind 25/12,50 AU$). Allmonatlich findet am Strand ein **Kunsthandwerkermarkt** (⌚letzter So im Monat 9.30–14 Uhr) statt.

Pleasure Divers TAUCHEN

(☎1800 797 797; www.pleasuredivers.com.au; 10 Marine Pde, Arcadia; Open-Water-Kurse 349 AU$/Pers.) Bietet sämtliche PADI-Kurse und Riff-, Wrack- und Inseltauchgänge an.

Magnetic Island Hire Boats BOOTSVERLEIH

(☎07-4778 5327) Verleiht Boote (220 AU$/Tag plus Treibstoff), die bis zu acht Personen Platz bieten – toll zum Angeln, Schnorcheln oder für die Suche nach der ganz privaten Bucht.

Horseshoe Bay Ranch REITEN

(☎07-4778 5109; www.horseshoebayranch.com.au; 38 Gifford St, Horseshoe Bay; 2-stündige Ausritte 100 AU$) Unvergessliche Ausritte durch den Busch und über den Strand.

Geführte Touren

Providence V BOOTSFAHRT

(☎07-4778 5580; www.providencesailing.com.au) Sechsstündige Segeltouren an Bord eines 18 m langen Schoners (129 AU$ inkl. Schnorchelausrüstung) sowie 2½-stündige Champagner-Rundfahrten bei Sonnenuntergang.

Magnetic Island Sea Kayaks KAJAKFAHREN

(☎07-4778 5424; www.seakayak.com.au; 93 Horseshoe Bay Rd; Tour ab 85 AU$) Die Touren mit Öko-Zertifikat starten morgens und bei Sonnenuntergang in Horseshoe Bay. Das Unternehmen vermietet auch Kajaks (ab 75 AU$/Tag).

Reef Ecotours SCHNORCHELN

(☎0419 712 579; www.reefecotours.com; Erw./Kind 80/70 AU$) Die familienfreundlichen einstündigen Schnorcheltrips werden von einem Meeresbiologen geführt.

Tropicana Tours GELÄNDEWAGENTOUR
(☎07-4758 1800; www.tropicanatours.com.au; ganzer Tag Erw./Kind 198/99 AU$) Die Geländewagentouren führen durch die Natur. Im Preis inbegriffen sind das Mittagessen in einem Café und ein Cocktail zum Sonnenuntergang.

Schlafen

Die meisten Unterkünfte auf der Insel sind Ferienhäuser – zu mieten über **First National Real Estate** (☎07-4778 5077; 21 Marine Pde, Arcadia) oder **Smith & Elliott** (☎07-4778 5570; 4/5 Bright Ave, Arcadia).

Picnic Bay

Tropical Palms Inn MOTEL $$
(☎07-4778 5076; www.tropicalpalmsinn.com.au; 34 Picnic St; EZ/DZ 100/110 AU$;) Die in sich abgeschlossenen Motelzimmer sind hell und gemütlich. Gleich vor der Tür lockt ein herrlicher kleiner Swimmingpool. An der Rezeption kann man auch einen Geländewagen mieten (ab 75 AU$/Tag).

Nelly Bay

Base Backpackers HOSTEL $
(☎1800 242 273; www.stayatbase.com; 1 Nelly Bay Rd; Stellplatz 12 AU$/Pers., B 25–30 AU$, DZ mit/ohne Bad ab 120/70 AU$; @) Hierher kommt man wegen der Island Bar und der Vollmondpartys und nicht wegen der recht schäbigen Hütten und des flapsigen Personals. In Townsville kann man das Pauschalangebot (Unterkunft, Mahlzeiten & Transport) buchen.

Canopy Chalets CHALET $$
(☎0417 030 630; www.canopymagneticisland.com.au; 42 Yates St; DZ ab 160 AU$; P) Die diskrete, ausschließlich Paaren vorbehaltene Unterkunft bietet Zimmer mit topmoderner Einrichtung, darunter Lofts mit schicken Einbauküchen. Der Pool ist luxuriös. Die Chalets stehen zehn Gehminuten vom Fährhafen in Nelly Bay entfernt.

Shambhala Retreat REFUGIUM $$
(☎0448 160 580; www.shambhala-retreat-magnetic-island.com.au; 11-13 Barton St; DZ 115 AU$;) Das ausschließlich mit Ökostrom versorgte Anwesen umfasst drei kleine Wohneinheiten mit je eigenen, von Bäumen eingerahmten Terrassen, von denen aus man die Natur beobachten kann. Zwei haben Freiluftduschen im Hof und alle eine komplett eingerichtete Küche sowie eine Waschmaschine. Die Unterkunft gehört zu denen mit dem besten Preis-Leistungs-Verhältnis auf der Insel. Mindestaufenthalt zwei Nächte.

Grand Mercure Apartments APARTMENTS $$$
(☎07-4758 2100; www.accorhotels.com; Sooning St; DZ ab 260 AU$; P) Die schicken Spitzenklasse-Apartments am Fährhafen wurden erst kürzlich renoviert und bieten mit den besten Ausblick in der Region.

Arcadia

Arcadia Beach Guest House PENSION $$
(☎07-4778 5668; www.arcadiabeachguesthouse.com.au; 27 Marine Pde; B 35–40 AU$, Zelt 55 AU$, DZ ohne Bad 85–100 AU$, DZ mit Bad 130–160 AU$;) Das frühere Schwesternheim ist alles andere als steril. Man hat die Auswahl zwischen farbenfrohen Zimmern, Safarizelten und Schlafsälen. Vom Balkon aus lassen sich Schildkröten beobachten; Kanus, Mokes (Buggys) und Geländewagen werden vermietet. Gäste werden kostenlos von der Fähre abgeholt.

Hotel Arcadia HOTEL $$
(☎07-4778 5177; www.hotelarcadia.com.au; 7 Marine Pde; Zi. 99–145 AU$; @) Das frisch überholte Hotel Arcadia hat schicke Zimmer; am besten eines mit Meerblick nehmen. Der gesellige Mittelpunkt des Arcadia ist die Barbistro Island Tavern (Hauptgerichte 20–28 AU$, mittags & abends), die die Kundschaft mit Bierkrügen zu 10 AU$, Agakrötenrennen am Mittwochabend und einem großen öffentlichen Pool bei Laune hält.

Horseshoe Bay

Bungalow Bay Koala Village HOSTEL $
(☎1800 285 577, 07-4778 5577; www.bungalowbay.com.au; 40 Horseshoe Bay Rd; Stellplatz ohne/mit Strom 12,50/15 AU$/Pers., B 28 AU$, DZ mit/ohne Bad 90/74 AU$; @) Das Koala Village ist nicht nur ein YHA-Hostel im Resort-Stil, sondern zugleich noch ein Natur-Wunderland (mit eigenem Wildpark). Weniger als fünf Gehminuten vom Strand entfernt, verteilen sich die Nurdach-Hütten über das grüne, an den Nationalpark grenzende Gelände. Man entspannt in der Freiluftbar, bowlt mit Kokosnüssen und stürzt sich im Restaurant (Hauptgerichte 16–24 AU$, mittags & abends) auf ein Curry.

Shaws on the Shore APARTMENTS $$$
(☎07-4778 1900; www.shawsontheshore.com.au; 7 Pacific Dr; Apt. mit 1/2/3 Schlafzi. 175/265/320 AU$;) Die Anlage wird keinen Innenarchitektur-Wettbewerb einheimsen, aber die Lage gegenüber der Horseshoe Bay ist unschlagbar, und die geräumigen Apartments bieten mit das beste Preis-Leistungs-Verhältnis auf der Insel. Zudem sind sie leichter zu buchen als die über die Makler.

Essen

Die besten Lokale sind in Horseshoe Bay.

Picnic Bay

Bluelephant Thai THAI $$
(☎07-4758 1101; 4/8 The Esplanade; Hauptgerichte 11–18 AU$) Spottbillige, ehrliche Thaigerichte locken die Massen zurück nach Picnic Bay. Abends kann es voll werden, daher vorab reservieren, sonst kann man von den dampfenden, nach Zitronengras, Koriander und Chili duftenden Schüsseln nur träumen.

Picnic Bay Hotel PUB $$
(Picnic Bay Mall; Hauptgerichte 11–26 AU$; 10 Uhr–Open End) Bei einem Drink kann man auf die funkelnden Lichter von Townsville jenseits der Bucht blicken. In der R&R Cafe Bar gibt's den ganzen Tag Gerichte à la carte und riesige Salate, darunter Cajun-Krabbensalat.

Nelly Bay

Man Friday MEXIKANISCH, INTERNATIONAL $$
(☎07-4778 5658; 37 Warboy St; Hauptgerichte 14–39 AU$; Mi–Mo abends;) Tex-Mex-Gerichte mögen auf einer Insel etwas seltsam wirken, aber die brutzelnden Fajitas und würzigen Steaks sind bei Familien und Backpackern der Renner. Seinen Wein bringt man selber mit. Vorher reservieren, sonst findet man vielleicht keinen Platz.

Le Paradis FRANZÖSISCH $$
(☎07-4778 5044; Ecke Mandalay Ave & Sooning St; Hauptgerichte 20–35 AU$; Fr–So 11.30–15, Di–Sa 11.30–21 Uhr) Dieses französische Restaurant bietet erlesene Speisen und aufmerksame Bedienung. Alkohol muss man selbst mitbringen. Im angeschlossenen „Kiosk" gibt's u.a. frische Baguettes.

Arcadia

Butler's Pantry CAFÉ, FEINKOST $
(Shop 2-3, 5 Bright Ave; Hauptgerichte 15–21 AU$; Mi–Mo morgens & mittags;) In diesem Feinschmeckerladen mit Café bekommt man das beste Frühstück auf der Insel, darunter Pfannkuchen, Eier auf jede erdenkliche Art und jede Menge vegetarische Optionen. Es gibt auch gute Mittagsgerichte.

Caffè dell' Isola ITALIENISCH $$
(Shop 1, 7 Marine Pde; Hauptgerichte 15–26 AU$; Di, Do & So morgens & mittags, Mi, Fr & Sa morgens, mittags & abends, tgl. während der Schulferien) Die Bedienung ist zwar etwas brüsk, aber wenn die Pizza mit dünnem Boden vor einem auf dem Tisch im Hof steht, hält man gern die andere Wange hin. Nur Barzahlung.

Banister's Seafood SEAFOOD $$
(☎07-4778 5700; 22 McCabe Cres; Hauptgerichte 10–22 AU$; mittags & abends) Man kann sich in diesem Meeresfrüchte-Restaurant (Alkohol selber mitbringen) ganz gediegen an einen Tisch setzen und etwas von der Karte auf der Tafel bestellen, oder man nimmt sich einfach was mit und macht es sich an einem der nahen Strände gemütlich.

Arcadia Night Market MARKT $$
(Hayles Ave, Arcadia; Fr 17–20 Uhr) Kleiner, aber belebter Nachtmarkt neben dem RSL, mit brutzelndem indonesischem Essen und Meeresfrüchten zum Selberkochen.

Horseshoe Bay

Cafe Nourish CAFÉ $
(☎07-4778 1885; 3/6 Pacific Dr; Hauptgerichte 9–15 AU$) Das sehr freundliche Café ist bei den Einheimischen beliebt. Es bietet eine große Auswahl an Zeitschriften und Spielen, mit denen man sich befassen kann, während man einen großen Smoothie schlürft oder leckere Wraps futtert.

Beach Bar & Bistro INTERNATIONAL $$
(7 Pacific Dr; Hauptgerichte 12–25 AU$) Das beste Restaurant in Horseshoe ist ein schlichtes Lokal mit einer bunt zusammengestellten Karte und einem sehr versierten Chefkoch. Die Burger bestehen tatsächlich aus gegrilltem Fleisch in Brot, und die Pies und die asiatischen Gerichte können sich sehen lassen. Coole Bedienung und coole Musik sorgen für gute Laune.

Marlin Bar PUB $$
(3 Pacific Dr; Hauptgerichte $16-24; mittags & abends) Ein kleines Bier bei Sonnenuntergang im Marlin gehört zu einer Reise nach Maggie schon dazu. Herzhafte Meeresfrüchte, ein Steak oder ein spätes Frühstück hel-

fen über das eine Bier zu viel hinweg. An den Wochenenden kann es voll werden.

Barefoot MODERN-AUSTRALISCH $$
(☎07-4758 1170; 5 Pacific Dr; Hauptgerichte 16–30 AU$; ⏲Do–Mo mittags & abends) Maggies großstädtischstes Restaurant hat eine lange Weinkarte, ansprechende Mittagsmenüs, erstklassige Meeresfrüchte und leckere Desserts. In der Galerie kann man Kunstwerke betrachten und beim Verdauen seinen Gedanken nachhängen. Die Bedienung ist auf Draht.

ℹ Praktische Informationen

Auf Magnetic Island gibt's kein offizielles Besucherzentrum, aber die Touristeninformation in Townsville bietet massenhaft Informations- und Kartenmaterial und hilft bei der Suche nach einer Unterkunft.

Geldautomaten sind über die ganze Insel verstreut, obwohl es keine Banken gibt. Im **Postamt** (Sooning St, Nelly Bay) gibt's ebenfalls einen Geldautomaten.

ℹ An- & Weiterreise

Alle Fähren von und nach Maggie fahren zum bzw. vom Terminal in der Nelly Bay.

Sealink (☎07-4726 0800; www.sealinkqld.com.au) bietet häufige Passagierfähren zwischen Townsville und Magnetic Island (Erw./Kind hin & zurück 29/15 AU$), die Fahrt dauert etwa 20 Minuten. Die Fähren fahren in Townsville vom Sunferries Breakwater Terminal an 2/14 Sir Leslie Thiess Dr ab.

Fantasea (☎07-4796 9300; www.magnetic-islandferry.com.au; Ross St, South Townsville) bietet achtmal täglich (7-mal am Wochenende) eine Autofähre von der Südseite von Ross Creek an; die Fahrt dauert 35 Minuten. Sie kostet 178 AU$ (hin & zurück) für ein Auto und bis zu drei Personen, Fußgänger zahlen 29/17 AU$ für Erw./Kinder. Buchungen erforderlich. Der Fahrradtransport ist kostenlos.

An beiden Terminals in Townsville gibt's einen Parkplatz.

ℹ Unterwegs vor Ort

BUS

Der **Magnetic Island Bus Service** (☎07-4778 5130) pendelt täglich mindestens 18-mal zwischen Picnic und Horseshoe Bay, bietet Anschluss an alle Fähren und hält an den wichtigsten Unterkünften. Ein Tagespass kostet 6 AU$.

FAHRRAD

Magnetic Island eignet sich hervorragend zum Radfahren, aber ein paar der Hügel haben es wirklich in sich. In den meisten Unterkünften kann man sich ein Fahrrad für etwa 20 AU$ pro Tag leihen, und ein paar Häuser bieten sie ihren Gästen auch kostenlos an.

MOKE & ROLLER

Verleihs für Mokes (Buggys) und Roller gibt's auf der Insel zuhauf. Man muss mit ca. 75 AU$ pro Tag für einen Moke rechnen, muss über 21 Jahre alt sein, einen gültigen internationalen oder australischen Führerschein vorlegen und ein Pfand per Kreditkarte entrichten. Ein Leihroller kostet ab ca. 35 AU$ pro Tag. Bei **MI Wheels** (☎07-4778 5491; 138 Sooning St, Nelly Bay) gibt's einen klassischen „Oben ohne"-Moke (mit offenem Dach), und **Roadrunner Scooter Hire** (☎07-4778 5222; 3/64 Kelly St, Nelly Bay) verleiht Roller und Enduros.

NÖRDLICH VON TOWNSVILLE

Paluma Range National Park

Der Paluma Range National Park umfasst ein Gebiet, das ungefähr von Ingham nach Townsville reicht. 62 km nördlich von Townsville sollte man sich unbedingt den wunderschönen Abschnitt zwischen dem Mount Spec und dem Big Crystal Creek anschauen. Regenwald mit herrlichem Küstenpanorama und viele Wanderwege warten darauf, entdeckt zu werden.

Vom Bruce Hwy aus liegt die 4 km lange Straße (Spiegelhauer Rd) zum **Big Crystal Creek** 2 km nördlich der Mt. Spec Rd. Vom Parkplatz sind es dann nur 100 m Fußweg zum **Paradise Waterhole** mit Sandstrand und fantastischem Blick auf die Berge in der Ferne. Es gibt einen **QPWS-Campingplatz** (pro Pers./Fam. 5,15/21 AU$) mit Selbstregistrierung, Gasgrills, Toiletten und Trinkwasser (vor dem Trinken das Wasser unbedingt abkochen!).

Zu den **Jourama Falls** legt man 6 km auf einer gut asphaltierten Straße zurück, die vom Highway abzweigt; allerdings kann der Fluss bei der Zufahrt unpassierbar sein. Der Weg zum Aussichtspunkt ist steil; hier kann man nach Ulysses-Faltern, nachtaktiven Nasenbeutlern und vom Aussterben bedrohten Mahogany Gliders (eine Gleitbeutlerart) Ausschau halten. Die Badestellen im Felsen eignen sich gut für eine kurze Erfrischung und es gibt jede Menge Schildkröten zu entdecken. Der QPWS-Campingplatz hat Toiletten und Grillplätze.

Oben im winzigen Dörfchen Paluma liegt das coole **Paluma Rainforest Inn** (☎ 07-4770 8688; www.rainforestinnpaluma.com; 1 Mt. Spec Rd; DZ 125 AU$; ❄) mit stilvollen, durchdesignten Zimmern, hübschen Gärten und einem sehr zu empfehlenden lizensierten **Restaurant** (Hauptgerichte 19–29 AU$; ⏲ mittags Mi–Mo, morgens & abends mit Reservierung).

14 km westlich von Paluma (die letzten 4 km entlang einer holprigen unbefestigten Straße) liegen die **Hidden Valley Cabins** (☎ 07-4770 8088; www.hiddenvalleycabins.com.au; DZ ohne Bad 89 AU$, Hütten 159/229 AU$;) , eine CO_2-neutrale Öko-Oase mit Solarstrom. Hier findet man ein paar relativ dicht beisammen stehende Holzhütten und eine neue Luxusoption. Täglich wird außerdem eine Reihe von zweistündigen **Touren** (20 AU$), u. a. Safaris mit Schnabeltiersichtung und Nachtwanderungen, angeboten. Das **Restaurant** (Hauptgerichte 24–31 AU$; ⏲ morgens, mittags & abends;) serviert landestypische Hausmannskost; beide stehen nur Übernachtungsgästen zur Verfügung.

In Paluma gibt's keine Tankstelle, man sollte also nicht vergessen, vorher vollzutanken.

Ingham & Umgebung

Das entspannte Ingham ist der stolze Hüter der sich stetig ausweitenden **Tyto Wetlands** (Tyto Wetlands Information Centre; ☎ 07-4776 4792; www.hinchinbrooknq.com.au; Ecke Cooper St & Bruce Hwy; ⏲ Mo–Fr 8.45–17, Sa & So 9–16 Uhr), die 4 km an Wanderwegen bieten und etwa 230 Vogelarten anziehen, darunter auch weit gereiste Gäste aus Sibirien und Japan sowie – in der Morgen- und Abenddämmerung – Hunderte von Wallabys. Es gibt dort eine schöne regionale Galerie und eine eigenen Bibliothek.

Mitte Mai feiert das **Australian Italian Festival** (www.australianitalianfestival.com.au) die Tatsache, dass 60 % der Einwohner Inghams italienischer Abstammung sind. Dann gibt's drei Tage lang endlose Pasta, Wein in Strömen und wunderbare Musik.

Ingham ist der Startpunkt für einen Ausflug zum schönen **Wallaman Falls** – mit 305 m der höchste Einzelwasserfall Australiens. Der Wasserfall liegt im **Girringun National Park**, 51 km südwestlich der Stadt (nur 10 km der Straße sind unbefestigt, für Wohnwagen nicht geeignet) und sieht bei Regen am besten aus, aber spektakulär ist er immer. Ganz in der Nähe hat der **QPWS-Campingplatz** (pro Pers./Familie 5,15/21 AU$) mit Selbstanmeldung Duschen und Grillbereiche; das Badeloch wird auch gelegentlich von Schnabeltieren aufgesucht. Am Wasserfall beginnen auch zwei- und dreitägige Wanderrouten mit Campingmöglichkeiten – im Tyto Wetlands Information Centre gibt's die Broschüre *Wallaman Falls Section Girringun National Park*.

Die **Mungalla Station** (☎ 07-4777 8718; www.mungallaaboriginaltours.com.au; Forrest Beach, Allingham; 2-stündige Tour Erw./Kind 40/10 AU$) , 15 km östlich von Ingham, organisiert aufschlussreiche, von Aborigines geführte Touren mit Bumerangwerfen und Geschichten über die lokale Nywaigi-Kultur. Man sollte auf jeden Fall das traditionelle Mittagessen **Kup Murri** (Erw./Kind inkl. Tour 80/20 AU$) mitbuchen, bei dem Fleisch und Gemüse in Bananenblätter gewickelt und in einem unterirdischen Erdofen gegart werden. Selbstversorger mit Wohnwagen oder Campingbus können auch über Nacht **campen** (10 AU$/Fahrzeug).

Inghams wunderschönes **Noorla Heritage Resort** (☎ 07-4776 1100; www.hotelnoorla.com.au; 5-9 Warren St; Stellplatz ohne/mit Strom 15/22 AU$, B 28 AU$, DZ mit/ohne Bad 139/89 AU$, ❄) aus den 1920er-Jahren war früher die Residenz italienischer Bambusschneider und bietet traumhaft schön renovierte Zimmer mit hohen Decken sowie preiswertere, containerartige Zimmer im Garten. Eine Fotomontage lokaler Begebenheiten ziert die Wände und erweckt die Geschichte der Stadt zum Leben – ebenso wie die Geschichten, die in der aquamarin gekachelten, nur für Gäste zugänglichen Bar des Resorts erzählt werden. Zudem gibt's regelmäßig Kup-Murri-Dinner (1-/2-Gänge-Gerichte 24,50/33 AU$; ⏲ Mo–Sa abends) und auch ein Transport zur Mungalla Station kann auf Anfrage organisiert werden.

Lucinda ist eine zuckersüße Hafenstadt mit einem hervorstechenden Merkmal – einem 6 km langen Steg, der für den Zuckertransport genutzt wird.

Der **Lucinda Jetty Store & Take-Away** (☎ 07-4777 8280; 2 Rigby St; Hauptgerichte 15,50–19,50 AU$; ⏲ 6–19 Uhr), serviert großartige Barramundi, panierte Schnitzel und Königslachs und verkauft Burger und belegte Brötchen zum Mitnehmen.

Cardwell

12 000 EW.

Cardwell erstreckt sich entlang von kilometerweiten, von Krokodilen heimgesuchten

Gewässern – selbst auf dem Schild des öffentlichen Schwimmbads prunkt eine Panzerechse. Der Ort ist das Tor zum grandiosen Hinchinbrook Island National Park, besitzt aber selber ein Flair von Strandleben und Krabbenburgern, an das man sich gern anpasst. Die Port Hinchinbrook Marina, 2 km außerhalb der Stadt, wirkt zwar gespenstisch ruhig, nachdem der Zyklon Yasi sie verwüstet hat, sie ist aber immer noch der Fährhafen hinüber nach Hinchinbrook Island. Hinter Cardwell beginnt der 26 km lange **Cardwell Forest Drive**, auf dem man unterwegs in diversen Quellen und Spas planschen kann.

Das sehr moderne, an ein Lagerhaus erinnernde **Cardwell Backpackers Hostel** (07-4066 8404; www.cardwellbackpackers.com.au; 6 Brasenose St; B 20 AU$;) wird von sympathischen Einheimischen geführt und liegt weiter über dem Durchschnitt der Saisonarbeiterunterkünfte. Das ganze Jahr über gibt's Arbeit auf den Bananen- und Ananasfarmen.

Der **Cardwell Beachcomber Motel & Tourist Park** (07-4066 8550; www.cardwellbeachcomber.com.au; 43a Marine Pde; Stellplatz ohne/mit Strom 25/30 AU$, Motel-DZ 75–100 AU$, Hütte & Einzimmerwohnung 90–110 AU$;) ist nach dem Sturm wieder zum Leben erwacht. Das schöne, familiengerechte Resort bietet eine große Auswahl an Unterkünften, darunter brandneue Villen am Ozean. Das Restaurant (Hauptgerichte 24,50–36,50 AU$; tgl. morgens, Mo–Sa mittags & abends) hat eine Schanklizenz und ist das beste vor Ort; es serviert u. a. Lammbraten mit Rosmarinkruste, langsam gegartes Schwein, süßsauren Fisch und Pizzas.

Auf einem grünen, von Bäumen beschatteten Gelände von 1,2 ha bietet der gut geführte **Kookaburra Holiday Park** (07-4066 8648; www.kookaburraholidaypark.com.au; 175 Bruce Hwy; Stellplatz ohne/mit Strom 22/29 AU$, B/EZ/DZ ohne Bad 25/45/50 AU$, Hütte ohne Bad 65 AU$, Wohneinheit 85–105 AU$;) diverse Unterkunftsmöglichkeiten, darunter luftige Schlafsäle in einem großen Queenslander-Haus im hinteren Teil. Man kann Angelruten, Krabbennetze und -töpfe ausleihen, um sich sein Abendessen zu fangen, sowie Zelte, wenn man einmal draußen im Busch campen will.

Das im Eigenbau aus Lehmziegeln, Holz und Stein errichtete **Mudbrick Manor** (07-4066 2299; www.mudbrickmanor.com.au; Lot 13, Stony Creek Rd; EZ/DZ 90/120 AU$;) ist ein Familienwohnhaus mit sehr großen, schön geschnittenen Zimmern, die sich um einen Hof mit einem Springbrunnen gruppieren. Auf der Veranda oder im großen Loungebereich kann man lange, faule Abende verbringen. Im Preis inbegriffen ist das warme Frühstück; das köstliche Drei-Gänge-Abendmenü (30 AU$/Pers.) muss man mindestens ein paar Stunden im Voraus bestellen.

Die Hütten im **Port Hinchinbrook Resort** (07-4066 2000; www.porthinchinbrook.com.au; Bruce Hwy; DZ 130–225 AU$;) verteilen sich um den Kai, von dem die Boote zur Hinchinbrook Island ablegen, und sind eher Luxusvillen mit offenem Grundriss und Schiebetüren, die sich weit öffnen lassen, um die Meeresbrise hineinzulassen. Das zum Resort gehörende Marina Restaurant (Hauptgerichte 18–38 AU$, ganzjährig tgl. mittags & abends, Ostern–Sept. morgens) tischt Meeresfrüchte und Rindfleisch auf und bietet einen Ausblick auf die vertäuten Boote am Kai.

Das **Vívía Café** (135 Victoria St; Hauptgerichte 9–20 AU$; 7–16 Uhr;) ist ein netter Ort, um während eines Ausflugs bei Gourmetsandwiches, Salaten, Pasta und Meeresfrüchten etwas zu verweilen. Auch der Kaffee ist erstklassig. Das **Gourmet Grub** (93 Victoria St; Hauptgerichte 8–16 AU$; Mo–Do 8–15, Fr bis 20, Sa & So 9–15 Uhr;), ein cooles Café mit Bohème-Atmosphäre, serviert gutes Frühstück und Soja-Smoothies mit Eis.

Im **Rainforest and Reef Centre** (07-4066 8601; www.portofhinchinbrook.com.au; April–Okt. Mo–Fr 8.30–17, Sa & So 9–15 Uhr, Nov.–März Sa & So bis 13 Uhr) neben der Anlegestelle von Cardwell gibt's detaillierte Infos über die Transportmöglichkeiten zur Hinchinbrook Island und zu weiteren Nationalparks in der Region.

An- & Weiterreise

Die Busse von **Greyhound Australia** (1300 473 946; www.greyhound.com.au) und **Premier Motor Service** (13 34 10; www.premierms.com.au) halten auf der Strecke Brisbane–Cairns in Cardwell. Bei beiden Unternehmen kostet die Fahrt nach Cairns 48 AU$ und nach Townsville 36 AU$.

Cardwell liegt an der Bahnstrecke Brisbane–Cairns; detaillierte Informationen gibt's bei **Queensland Rail** (1300 131 722; www.traveltrain.qr.com.au).

Die Boote zur Hinchinbrook Island legen an der Port Hinchinbrook Marina, 2 km südlich der Stadt ab.

Hinchinbrook Island National Park

Australiens größter Insel-Nationalpark bleibt der heilige Gral für Wanderer und die Freunde einsamer Natur. Granitberge ragen dramatisch aus dem Meer; der höchste Gipfel der Insel ist der zerklüftete, 1121 m hohe Mt. Bowen. Die Festlandsseite ist dicht mit üppiger Tropenvegetation bewachsen, während rund um das Ostufer lange Sandstrände und Mangroven zu finden sind. Die 399 km² große Insel ist vollständig Nationalpark und besitzt eine reiche Tierwelt, darunter Hübschgesichtwallabys und leuchtend blaue Odysseusfalter.

Das Highlight der Insel ist der **Thorsborne Trail** (oder East Coast Trail), eine 32 km lange Küstenstrecke, die von der Ramsay Bay über die Zoe Bay mit ihrem schönen Wasserfall bis nach George Point an der Südspitze führt. Entlang der Route finden sich **DERM-Campingplätze** (☎13 74 68; www.derm.qld.gov.au; 5,15 AU$/Pers.). Es empfiehlt sich, drei Nächte für den Trail einzuplanen, damit man genug Zeit zum Baden und Ausruhen hat. Rundwanderungen auf einzelnen Streckenabschnitten sind ebenfalls möglich. Hier ist man wirklich in der Wildnis: Man braucht viel Insektenschutzmittel, muss seine Nahrungsmittel vor gefräßigen Ratten schützen, sich sein Wasser unterwegs aus den Bächen schöpfen (verlässliche Wasserstellen gibt's in der Nina, der Little Ramsay und der Zoe Bay) und rund um die Mangrovenwälder immer mit Krokodilen rechnen. Der Weg ist nicht begradigt und stellenweise ziemlich schwierig.

Auf dem Weg sind jeweils nur 40 Personen gleichzeitig zugelassen, man sollte also vorab buchen. DERM empfiehlt, einen Platz in der Hauptsaison ein Jahr im Voraus zu reservieren, zu anderen Zeiten mindestens sechs Monate vorher. Wer spät dran ist, kann mit Glück den Platz eines Wanderers einnehmen, der abgesagt hat. Im Rainforest and Reef Centrein Cardwell erhält man die unerlässliche Broschüre *Thorsborne Trail*.

Wanderer, die auf dem Thorsborne Trail unterwegs sind, können sich von **Hinchinbrook Wilderness Safaris** (☎07-4777 8307; www.hinchinbrookwildernesssafaris.com.au) in George Point am Südende des Weges zurück zum Festland bringen lassen (einfache Strecke 50 AU$).

Boote zur Insel legen regelmäßig von Port Hinchinbrook in Cardwell ab.

Tully

2500 EW.

Von Bananenplantagen umgeben, liegt die Zuckermühlen-Stadt Tully 44 km nördlich von Cardwell und ist stolz auf ihren Ruf als nassester Ort Australiens. Der große, 7,9 m hohe **goldene Gummistiefel** am Eingang der Stadt verweist stolz auf die 7,9 m Regen, die im Jahr 1950 in Tully fielen. Dank all dieses Regens sind jede Menge Stromschnellen für Rafting-Fans auf dem nahen Tully River garantiert.

Am **Tully Visitor & Heritage Centre** (☎07-4068 2288; Bruce Hwy; ⏲Mo–Fr 8.30–16.30, Sa & So 9–14 Uhr) gibt's eine Broschüre, die einen **Stadtspaziergang** in Eigenregie beschreibt, der an 17 Informationstafeln vorbeiführt – eine davon ist sogar den UFO-Sichtungen in Tully gewidmet.

An der Touristeninformation kann man während der Verarbeitungssaison außerdem eine 90-minütige **Tully Sugar Mill Tour** (Erw./Kind 17/11 AU$; ⏲Ende Juni–Anfang Nov. tgl.) buchen.

Außerdem sind in der Touristeninformation Wanderkarten zu Touren auf Forstwegen durch jenen Teil der **Misty Mountains** (www.mistymountains.com.au) erhältlich, der von Tully aus zugänglich ist. Sie führen zum 640 m hohen **Mt. Tyson** und in den **Tully Gorge National Park**, 40 km westlich der

RAFTING AUF DEM TULLY RIVER

Dank des vielen Regens und seiner Fluttore (zur Stromerzeugung) bietet der Tully das ganze Jahr über nervenaufreibende Rafting-Möglichkeiten. Die Rafting-Zeiten werden jeden Tag so festgelegt, dass sie mit der Öffnung der Tore zusammenfallen, wodurch Grad-4-Stromschnellen entstehen, über die man durch eine atemberaubende Regenwald-Szenerie rauscht. Tagesausflüge mit **Raging Thunder Adventures** (☎07-4030 7990; www.ragingthunder.com.au/rafting.asp; Standard-/„Xtreme"-Touren 185/215 AU$) oder **R'n'R White Water Rafting** (☎07-4041 9444; www.raft.com.au; Touren 185 AU$) schließen ein Barbecue zum Mittagessen und den Transport von Tully oder von der nahen Mission Beach ein. Mit Abholung bis aus Palm Cove im Norden kostet es zwischen 215–230 AU$.

Stadt. Im Tully Gorge gibt's Picknickmöglichkeiten, aber in der Gegend leben auch Krokodile. Wer baden möchte, sollte dies 7 km nördlich der Stadt im krokodil- (und alligatorenfreien) **Alligator's Nest** tun, das über die Murray St erreichbar ist.

Alle Unterkünfte in Tully bieten günstige Wochenraten an und man hilft dort bei der Suche nach Arbeit auf Bananenplantagen. An der Touristeninformation gibt's eine Liste, aber man kann es auch in den ausgezeichneten **Banana Barracks** (07-4068 0455; www.bananabarracks.com; 50 Butler St; B mit/ohne Bad 28/24 AU$, Bungalows 40 AU$;) mitten im Zentrum versuchen, die von Wellblech dominiert werden und Billardtische sowie anständige Schlafsäle und Bungalows im hinteren Bereich bieten. Sie sind das Herz von Tullys Nachtleben.

Für alle, die nicht arbeiten wollen, ist die einzige echte Alternative das eher businessorientierte **Tully Motel** (07-4068 2233; www.tullymotel.com; Bruce Hwy; DZ 89–110 AU$;) mit großen, gut ausgestatteten Zimmern in altmodischen Farben und Tullys einzigem Restaurant, dem **Plantations** (Hauptgerichte 27–38 AU$; Mo–Fr abends).

Busse von **Greyhound Australia** (1300 473 946; www.greyhound.com.au) und **Premier Motor Service** (13 34 10; www.premierms.com.au) halten auf der Route Brisbane–Cairns auch in der Stadt; die Fahrt kostet mit Greyhound/Premier 29 AU$ nach Cairns und 39 AU$ nach Townsville.

Mission Beach

4000 EW.

Keine 30 km östlich der Zuckerrohr- und Bananenplantagen des Bruce Hwy liegen in einem Weltnaturerbe-Regenwald versteckt mehrere Weiler, die gemeinsam den Namen Mission Beach tragen. Der Wald erstreckt sich bis zum Korallenmeer, und manchmal fühlt man sich auf diesem 14 km langen, von Palmen gesäumten Küstenstreifen mit seinen abgeschiedenen Buchten und weiten, menschenleeren Stränden wie ein Schiffbrüchiger auf einer tropischen Insel.

Auch wenn die ganze Gegend allgemein nur Mission Beach oder einfach „Mission" genannt wird, besteht sie aus einer Reihe einzelner kleiner Weiler, die sich entlang der Küste aneinanderreihen. **Bingil Bay** liegt 4,8 km nördlich des eigentlichen **Mission Beach** (manchmal auch North Mission genannt). **Wongaling Beach** befindet sich 5 km südlich; von hier sind es weitere 5,5 km Richtung Süden bis **South Mission Beach**. Die meisten Einrichtungen findet man in Mission Beach und Wongaling Beach; South Mission Beach und Bingil Bay sind vorwiegend Wohngegenden.

Mission Beach ist einer der nächstgelegenen Ausgangspunkte für Touren zum Great Barrier Reef und das Tor nach Dunk Island. Rund um Mission gibt's malerische Wanderwege, auf denen man ganz ausgezeichnet Tiere beobachten kann, darunter auch Kasuare – tatsächlich weisen die umliegenden Regenwälder die höchste Kasuardichte (etwa 40) in Australien auf.

Wer eine unerwartete Begegnung mit einem Kroko oder einer Seewespe vermeiden möchte, sollte nicht wild in den Gewässern in Mission Beach baden – am besten hält man sich an die eingezäunten Badebereiche.

Sehenswertes & Aktivitäten

Adrenalinjunkies strömen nach Mission Beach, um sich die Zeit mit Extrem- und Wassersport zu vertreiben, u. a. Wildwasser-Rafting auf dem nahen Tully River.

In der Gegend kann man wunderbar **wandern**. In der Touristeninformation gibt's Wanderführer mit detaillierten Wegbeschreibungen. Von der David St im Zentrum von Mission Beach führt der 2 km lange **Ulysses Link** – benannt nach dem hier heimischen leuchtend blauen Odysseusfalter – als leichter Uferspaziergang zum Clump Point. Der **Bicton Hill Track** (4 km, hin & zurück 2 Std.) durch den Clump Mountain National Park lockt mit fabelhaften Ausblicken. Der wunderbare **Kennedy Track** (7 km, hin & zurück 4 Std.) führt an der Küste entlang, vorbei am abgeschiedenen Lovers Beach und einem Aussichtspunkt an der Lugger Bay. Im **Licuala State Forest** stehen diverse Wege durch den Regenwald zur Auswahl, darunter ein zehnminütiger Wanderweg für Kinder, der mit den Fußspuren von Kasuaren markiert ist, und der **Rainforest Circuit & Fan Palm Boardwalk** (1,2 km, hin & zurück 30 Min.), ein Lehrpfad mit Infotafeln und einer Kausar-Ausstellung.

★ **Babinda Kayak Hire** KAJAKFAHREN
(07-4067 2678; www.babindakayakhire.com.au; 330 Stager Rd, Babinda; halber/ganzer Tag 42/75 AU$) Leichte, aber atemberaubend

schöne Kajaktouren auf ständig Wasser führenden Gebirgsbächen im Wooroonooran National Park. Ein unverzichtbares Erlebnis, wenn man in der Gegend ist.

★ Ingan Tours INDIGENE TOUR
(☎1300 728 067; www.ingan.com.au; Erw./Kind 120/60 AU$) Ein indigener Veranstalter mit makellosen Referenzen sorgt mit der Tour „Geist des Regenwaldes" (Erw./Kind 120/60 AU$, Di, Do & Sa) für Aufregung.

Jump the Beach FALLSCHIRMSPRINGEN
(☎1800 444 568; www.jumpthebeach.com.au; Tandemsprung aus 2700/3300/4200 m 284/345/369 AU$) Mission Beach ist einer der beliebtesten Orte in Queensland für Fallschirmspringer. Jump the Beach verspricht seinen Kunden „Australiens höchsten Fallschirmsprung".

Skydive Mission Beach FALLSCHIRMSPRINGEN
(☎1800 800 840; www.skydivemissionbeach.com; Tandemsprung aus 2700/3300/4200 m 249/310/334 AU$) Skydive Mission Beach gehört zu einem erfahrenen, landesweit tätigen Unternehmen.

Calypso Dive TAUCHEN
(☎07-4068 8432; www.calypsodive.com.au; ab 245 AU$/Pers.) Erfahrene Taucher können sich einem Ausflug zum Wrack der *Lady Bowen* anschließen. Calypso bietet außerdem Rifftauchen und Open Water PADI-Kurse (625 AU$) sowie Schnorcheln im Riff (169 AU$).

Coral Sea Kayaking KAJAKFAHREN
(☎07-4068 9154; www.coralseakayaking.com; halber/ganzer Tag 77/128 AU$) Das Unternehmen wird von einem echten Traveller-Paar geführt, das Paddler zur Dunk Island und wieder zurück geleitet.

Fishin' Mission ANGELN
(☎07-4088 6121; www.fishinmission.com.au; halber/ganzer Tag 130/190 AU$) Entspannte, aber absolut professionelle Bootstouren zum Angeln vor Dunk Island oder ein paar „Riff-Geheimtipps".

Mission Beach Charters TOUREN
(☎07-4068 7009; www.missionbeachcharters.com.au; 1349c El Arish-Mission Beach Rd) Der gewitzte Veranstalter bietet eine ganze Palette flexibler Produkte, darunter den Transport nach Dunk Island (inkl. der unverzichtbaren Campinggenehmigung) und in der Saison auch Walbeobachtungstouren.

Mission Beach Adventure Centre AUSRÜSTUNGSVERLEIH
(☎0429 469 330; www.missionbeachadventurecentre.com.au; Seaview St, Mission Beach) Die „Hütte am Strand" verleiht Fahrräder (20 AU$/halber Tag), Kajaks (Einer-/Doppelkajak 15/30 AU$ pro Std.) und bei ausreichend Wind auch Blokarts (30/50 AU$ pro halbe/ganzeStd.).

Schlafen

In der Touristeninformation gibt's eine Liste der Vermittler von Ferienwohnungen. Hostels bieten einen kostenlosen Abholservice mit dem Bus an.

Wongaling Beach

★ Scotty's Mission Beach House HOSTEL $
(☎1800 665 567; www.scottysbeachhouse.com.au; 167 Reid Rd; B 24–29 AU$, DZ 61–71 AU$; ❄@📶🏊) Das Hostel wird von Leuten geführt, die ihre Arbeit lieben und ihre Begeisterung den Gästen mitteilen. Zur Anlage gehören makellose Schlafsäle und ein grüner Poolbereich. Das muntere Barrestaurant Scotty's Bar & Grill (Hauptgerichte 10–30 AU$, abends) steht auch Nichtgästen offen.

Hibiscus Lodge B&B B&B $$
(☎07-4068 9096; www.hibiscuslodge.com.au; 5 Kurrajong Cl; Zi. 105–120 AU$) Das B&B hat nur drei Zimmer, aber sehr nette Gastgeber. Das luxuriöse Interieur über dem Garten voller Vögel lässt einen nicht vergessen, wozu man eigentlich nach Mission gekommen ist. Aufrappeln muss man sich allerdings zum Drink beim Sonnenuntergang und vielleicht auch noch zum Frühstück, welches zum Besten vor Ort gehört.

Licuala Lodge B&B $$
(☎07-4068 8194; www.licualalodge.com.au; 11 Mission Circle; EZ/DZ 99/135 AU$; 📶🏊) Das schön gestaltete B&B wird von Mick und Sue geführt. Das Haus auf Holzpfählen bietet fünf hotelartige Zimmer mit Dielenboden, die sich zu einer prächtigen gemeinsamen Veranda öffnen. Bier, Limo und Fruchtsäfte gibt's für die Gäste kostenlos.

Absolute Backpackers HOSTEL $
(☎07-4068 8317; www.absolutebackpackers.com.au; Wongaling Beach Rd; B 22–26 AU$, DZ 58 AU$; ❄@📶🏊) Das beliebte Hostel nahe dem Busbahnhof wirkt wie ein entspanntes Resort und nicht wie ein Partytreff. Es befindet

sich auf einem großen Grundstück und wird von aufmerksamem, professionellen Personal geführt. Die Küche ist rund um die Uhr geöffnet, die Schlafsäle sind makellos.

Mission Beach

Mission Beach Retreat HOSTEL $
(☎07-4088 6229; www.missionbeachretreat.com.au; 49 Porters Promenade; B 21–24 AU$, DZ 56 AU$; ❄@☎🏊) Das Hostel hat schon bessere Tage gesehen, aber das gilt für die meisten Unterkünfte in dieser von Stürmen geplagten Region. Das Bettzeug ist ausgezeichnet, und es herrscht eine entspannte, anheimelnde Hostel-Atmosphäre. Die hiesige Gastfreundschaft ist einfach entwaffnend.

Mission Beach Ecovillage HÜTTE $$
(☎07-4068 7534; www.ecovillage.com.au; Clump Point Rd; DZ 135–220 AU$; ❄☎🏊) Das ruhige, familienfreundliche Resort liegt auf einem 8000 m² großen Gelände voller Regenwald und Bananenbäume, das bis zum Strand reicht. Es ist eine verführerische Einladung nach Mission Beach. Das Restaurant (Hauptgerichte 19 AU$, Di–Sa abends) ist zu Recht beliebt. Einige Bungalows haben Whirlpools.

Rainforest Motel MOTEL $$
(☎07-4068 7556; www.missionbeachrainforestmotel.com; 9 Endeavour Ave; EZ/DZ 98/119 AU$; ❄@☎🏊) Das Motel mit einem tollen Preis-Leistungs-Verhältnis ist nur einen kurzen Spaziergang von den Läden in Mission Beach entfernt, liegt aber versteckt im Grün des Regenwalds. Die freundlichen Inhaber präsentieren voller Stolz die kühlen, gefliesten Zimmer. Fahrräder werden kostenlos vergeliehen.

Castaways Resort & Spa RESORT $$$
(☎1800 079 002; www.castaways.com.au; Pacific Pde; DZ 145–185 AU$, Wohneinheiten mit 1/2 Schlafzi. 205/295 AU$; ❄@☎🏊) Die preiswertesten Zimmer haben keine Balkone, deshalb lohnt es sich, den Aufpreis für eines der „Korallenmeer"-Zimmer mit größerer Terrasse und einem breiten Sofa zu zahlen. Die Wohneinheiten sind auch etwas klein, dafür gibt es aber zwei längliche Pools, ein luxuriöses **Spa** (www.driftspa.com.au) und Liveunterhaltung im Barrestaurant (Hauptgerichte 12–32 AU$, morgens, mittags & abends).

Sejala on the Beach HÜTTEN $$$
(☎07-4088 6699; http://missionbeachholidays.com.au/sejala; 26 Pacific Pde; DZ 260 AU$; ❄🏊) Die drei Hütten – am besten eine der beiden mit Strandblick wählen – bieten intimen Regenwald-Schick und sind für Paare ideal. Alle haben Terrassen mit einer eigenen Grillstelle.

Bingil Bay

Sanctuary HÜTTEN $
(☎1800 777 012, 07-4088 6064; www.sanctuaryatmission.com; 72 Holt Rd; B 35 AU$, EZ/DZ einfache Hütte 65/70 AU$, Hütte 145/165 AU$; ⊙Mitte April–Mitte Dez.; @☎🏊) 🌿 Hier schläft man, einzig von einem Moskitonetz umgeben, auf einer Plattform in einer schlichten Hütte oder entscheidet sich für eine der luxuriöseren, aus deren Duschen mit deckenhohen Glaswänden sich ein toller Blick auf den Regenwald bietet. Man kann wandern, an einem Yoga-Kurs teilnehmen (15 AU$) und sich eine Massage (80 AU$/Std.) gönnen. Es gibt eine Küche für Selbstversorger und gesundes Essen im Restaurant (Hauptgerichte 19–33 AU$, morgens, mittags & abends). Zum Umweltschutz gehören hier ein eigenes Abwassersystem, das Sammeln von Regenwasser und die Verwendung biologisch abbaubarer Reinigungsmittel. Das Resort ist vom Parkplatz aus über einen steilen, 600 m langen Fußweg erreichbar, man kann sich dort aber auch von einem Geländewagen abholen lassen.

Treehouse HOSTEL $
(☎07-4068 7137; Frizelle Rd; Stellplatz ohne Strom 12 AU$, B/DZ 25/55 AU$; @☎🏊) Musikinstrumente und kein Fernseher – die entspannte Atmosphäre in diesem aus Holz gezimmerten YHA-Hostel hoch oben im Regenwald ist garantiert.

Essen

Wongaling Beach

★**Cafe Rustica** ITALIENISCH $$
(☎07-4068 9111; Wongaling Beach Rd; Hauptgerichte 18–25 AU$; ⊙Mi–Sa 17 Uhr–open end, So 10 Uhr–open end; 🖉) Wir liebten die hausgemachte Pasta und die knusprigen Pizzas, die das freundliche Paar in diesem Strandschuppen in Wongaling zubereitet.

Na Na Thai THAILÄNDISCH $$
(☎07-4068 9101; 165 Reid St; Hauptgerichte 16–26 AU$; ⊙Di–So 17–20.30 Uhr) Das Na Na serviert ausgezeichnete nordthailändische Gerichte in einem entspannten Ambiente. Ein freundlicher Australier führt das Lokal, geht

von Tisch zu Tisch und kann die Speisekarte bis ins kleinste Detail erläutern.

Mission Beach

Early Birds Cafe CAFÉ $

(Shop 2, 46 Porter Promenade; Hauptgerichte 6–15 AU$; ⌚6–15 Uhr, Mi geschl.;) Das beste Frühstückscafé ist immer gut besucht.

New Deli CAFÉ, FEINKOST $

(Shop 1, 47 Porter Promenade; Hauptgerichte 8–16 AU$; ⌚Mo–Fr 9.30–18 Uhr;) Hier deckt man sich für ein leckeres Picknick ein.

The Garage MODERN-AUSTRALISCH $$

(07-4088 6280; Donkin Lane; Vorspeisenteller 17 AU$; ⌚7 Uhr–open end;) Das angesagteste neue Lokal in Village Green serviert köstliche „Sliders" (Mini-Burger), tolle Cocktails (14 AU$), guten Kaffee, Kuchen und Tapas. Die Gäste sitzen an dunklen Holztischen im Hof. Zu den Spitzenzeiten gibt's Livemusik.

Shrubbery Taverna SEAFOOD $$

(07-4068 7803; David St; Hauptgerichte 19–36 AU$; ⌚Mo–Do 9–21, Fr–So 9 Uhr–open end) Das verlässlichste Restaurant in South Mission ist ein echter Treff für Einheimische und auf Meeresfrüchte spezialisiert. Die Bedienung war bei unserem Besuch etwas saumselig, aber der schattige Bambusgarten ist ein prima Ort zum Entspannen. Freitagabends und sonntagnachmittags gibt's Livemusik.

Bingil Bay

Bingil Bay Cafe CAFÉ $$

(29 Bingil Bay Rd; Hauptgerichte $14-23; ⌚morgens, mittags & abends;) Das farbenfrohe Eck-Café mit guter Stimmung und jeder Menge Musik und Kulturaktivitäten auf der Veranda ist gar nicht zu übersehen. Das Essen ist bunt gemischt, am besten ist das Frühstück. Die lässige Bedienung nicht unnötig herumhetzen!

Praktische Informationen

Das effiziente **Mission Beach Visitor Centre** (07-4068 7099; www.missionbeachtourism.com; Porters Promenade; ⌚Mo–Sa 9–16.45, So 10–16 Uhr) hält jede Menge Infomaterial in verschiedenen Sprachen bereit.

DER KASUAR

Der flugunfähige Kasuar ist so groß wie ein ausgewachsener Mann, hat drei Zehen, einen blau-violetten Kopf, rote Kehllappen, ein helmartiges Horn und ungewöhnliche schwarze Federn, die eher wie strubbeliges Haar aussehen. Man könnte ihn durchaus mit einem alternden Rocker verwechseln. Die traditionellen Geschlechterrollen sind vertauscht: das Männchen brütet die Eier aus und zieht die Jungen alleine auf. Der australische Kasuar wird auch Südlicher Kasuar genannt, obwohl er nur im Norden Queenslands anzutreffen ist. Dies klingt schon sinnvoller, wenn man weiß, dass andere Arten in Papua-Neuguinea zu finden sind – nördlich von Australien.

Der Kasuar ist ein wichtiger Bestandteil des Ökosystems im Regenwald. Er ist das einzige Tier, das die Samen von über 70 Baumarten verteilen kann, deren Früchte so groß sind, dass sie andere Tiere des Regenwalds weder verdauen noch ausscheiden können.

Der Kasuar gehört zu den bedrohten Tierarten; es gibt nur noch knapp 1000 Tiere. Seine größte Bedrohung ist der Verlust seines Lebensraumes, und Eier und Jungtiere sind leichte Beute für Hunde und Wildschweine. Es kommt auch immer wieder zu Zusammenstößen von Vögeln und Autos – daher: unbedingt die Straßenschilder beachten, die Autofahrer vor Kasuaren warnen. Am größten stehen die Chancen, einen Kasuar zu sehen, in der Gegend rund um Mission Beach und im Gebiet von Cape Tribulation im Daintree National Park. Die Tiere können recht aggressiv sein, besonders, wenn sie Junge haben. Man darf sich ihnen nicht nähern und wenn man bedroht wird, nicht wegrennen – dem Vogel den Vortritt lassen und versuchen, irgendetwas Solides zwischen sich und das Tier zu bringen, vorzugsweise einen Baum.

Neben der Touristeninformation in Mission Beach zeigt das **Wet Tropics Environment Centre** (07-4068 7197; www.wettropics.gov.au; Porter Promenade, Porter Promenade; ⌚10–16 Uhr), in dem Freiwillige der **Community for Cassowary & Coastal Conservation** (C4; www.cassowaryconservation.asn.au) arbeiten, eine Ausstellung zur Erhaltung der Kasuare. Die Einnahmen aus dem Souvenirladen werden in den Erwerb von Kasuar-Habitaten investiert. Die Website www.savethecassowary.org.au ist ebenfalls eine gute Informationsquelle.

Anreise & Unterwegs vor Ort

Die Busse von **Greyhound Australia** (☎1300 473 946; www.greyhound.com.au) und **Premier Motor Service** (☎13 34 10; www.premierms.com.au) halten in Wongaling Beach neben dem gewaltigen „Riesenkasuar". Bei beiden Unternehmen kostet die Fahrt nach Cairns 26 AU$ und nach Townsville 40 AU$.

Das Mission Beach Adventure Centre vermietet Fahrräder (halber/ganzer Tag 10/20 AU$).

Taxis bestellt man unter ☎13 10 08.

Wassertaxis (☎07-4068 8310; 71 Banfield Pde, Wongaling Beach; hin & zurück am gleichen Tag 35 AU$, 3-stündige 3-Insel-Tour 50 AU$ Mi & Fr 12.30 Uhr) legen in Wongaling Beach um 9, 10 und 11 Uhr ab und kehren um 12 und 15.30 Uhr von Dunk Island zurück.

Dunk Island

Die Djiru-Aborigines nannten die Insel Coonanglebah (Insel des Friedens und der Fülle), und Dunk ist tatsächlich ein echtes tropisches Inselparadies. Die **Regenwald-Wanderwege** sind erquicklich, und während einige Leute schnell den ganzen Rundweg um die Insel angehen (9,2 km), kann man sich auf der stellenweise schwierigen Strecke durchaus Zeit lassen, um die einsamen Strände zu genießen. Vom Mt. Kootaloo (271 m, 5,6 km) hat man einen schönen Blick auf den Hinchinbrook Channel.

Das Inselresort ist derzeit wegen der Schäden durch den Zyklon geschlossen, der Campingplatz hat aber schon wieder geöffnet. Die Genehmigung für den **DERM-Campingplatz** (☎13 74 68; www.derm.qld.gov.au; 5,15 AU$) muss man sich über **Mission Beach Charters** (☎07-4068 7009; www.missionbeachcharters.com.au) besorgen.

Mission Beach Dunk Island Water Taxi (☎07-4068 8310; Banfield Pde, Wongaling Beach; Erw./Kind hin & zurück 35/18 AU$) fährt von Wongaling Beach zur Dunk Island (20 Min.).

Von Mission Beach nach Cairns

Berge, Zuckerrohrfelder, Eisenbahnschienen und Wälder säumen die Straße von Mission Beach nach Cairns. Alternativ kann man auch auf der Route des „Canecutter Way" über die netten Städtchen Silkwood und Mena Creek nach Innisfail fahren – 42 km reines Zuckerrohr-Land.

Mena Creeks Hauptattraktion ist der ungewöhnliche **Paronella Park** (☎07-4065 0000; www.paronellapark.com.au; Japoonvale Rd; Erw./Kind 38/197 AU$; ⏲9–19.30 Uhr), in dem auch die Ruinen eines spanischen Schlosses zu sehen sind, das in den 1930er-Jahren errichtet wurde. Durch Überschwemmungen, Brände und das feuchte tropische Klima wirken die bemoosten Überreste fast mittelalterlich. Im Eintritt sind kostenloses Campen im angeschlossenen Wohnwagenpark und je eine Tages- und Nachttour enthalten; außerdem kann man Holz-**Hütten** (DZ 80 AU$; ❄) mieten.

Weiter nördlich in **South Johnstone** lockt die charmante kleine Kunstgalerie **Off the Rails** (Hynes St; Hauptgerichte 8–18 AU$; ⏲Mi–So 10–17 Uhr; 🖉) mit Café und Secondhand-Buchladen mit großartigem Kaffee, und für die köstlichen Gerichte, etwa die Platte mit mariniertem Gemüse, werden lokale Zutaten verwendet.

Innisfail

10 143 EW.

Durch dieses geschäftige Agrarstädtchen schlängelt sich eine wunderschöne Hauptstraße zum breiten Johnstone River. Hier stehen jede Menge Art-déco-Gebäude, da viele Häuser in den 1920er- und 1930er-Jahren durch Wirbelstürme zerstört und die neuen Gebäude im Stil der damaligen Zeit errichtet wurden. So gilt Innisfail heute als Art-déco-Hauptstadt Australiens. In der **Touristeninformation** (☎07-4061 2655; www.innisfailtourism.com.au; Ecke Eslick St & Bruce Hwy; ⏲Mo–Fr 9–17, Sa & So 10–12.30 Uhr) gibt's eine Karte, mit deren Hilfe man eine selbstgeführte Art-déco-Tour machen kann.

Die beste Unterkunft in Innisfail, das **Barrier Reef Motel** (☎07-4061 4988; www.barrierreefmotel.com.au; Bruce Hwy; EZ/DZ 110/120 AU$, Wohneinheiten 150–170 AU$; ❄@📶≋), bietet 42 luftige, geflieste Zimmer, ein **Restaurant** (Hauptgerichte 28–30,50 AU$; ⏲morgens & abends) und eine Bar. Die **Codge Lodge** (☎07-4061 8055; www.codgelodge.com; 63 Rankin St; B 30 AU$; ❄@📶≋) ist ein fröhliches Hostel, das in einem stimmungsvollen Queenslander mit breiter Holzveranda untergebracht ist. Viele Farmarbeiter machen es sich hier längere Zeit gemütlich, aber Gäste für eine Nacht sind genauso willkommen.

Im **Monsoon Cruising** (☎0427 776 663; 1 Innisfail Wharf; Hauptgerichte 10–16 AU$; ⏲März–Dez Mi–Sa 10–17 Uhr; 🖉), einer vor Anker liegenden Jacht, wird alles aus lokalen Bio-Zutaten zubereitet, z. B. frisch auf dem Boot gebackenes Brot und schwarze Riesengarnelen direkt vom Kutter. **Oliveri's Continental Deli** (41 Edith St; Sandwiches 9–9 AU$; ⌚Mo–Fr 8.30–17.30, Sa bis 13 Uhr; 🅿) ist eine echte Innisfail-Institution und serviert sensationelle Sandwiches.

Greyhound Australia (☎1300 473 946; www.greyhound.com.au) fährt auf der Strecke Brisbane–Cairns auch nach Innisfail; täglich halten sechs Busse in der King George St. **Premier Motor Service** (☎13 34 10; www.premierms.com.au) bietet auf derselben Strecke täglich eine Verbindung nach Innisfail.

Rund um Innisfail

Von Innisfail schlängelt sich der Palmerston Hwy nach Westen hinauf zum magischen Atherton Tableland und führt durch den Regenwald des **Wooroonooran National Park** mit Bächen, Wasserfällen, malerischen Wanderwegen und einem **Campingplatz** (Henrietta Creek; pro Pers./Familie 5,85/21,80 AU$) mit Selbstanmeldung in Henrietta Creek (38 km von Innisfail), gleich abseits der Straße.

27 km weiter auf dem Palmerston Hwy (4 km nordwestlich von Innisfail ausgeschildert) kann man im **Mamu Rainforest Canopy Walkway** (Palmerston Hwy; Erw./Kind 20/10 AU$; ⌚9.30–17.30, letzter Einlass 16.30 Uhr) von einem 37 m hohen Turm mit 100 Stufen einen Blick aus der Vogelperspektive genießen. Man sollte sich mindestens eine Stunde für den 2,5 km langen, rollstuhlgerechten Rundgang Zeit nehmen.

In der Südostecke des Parks bietet der **Crawford's Lookout** einen tollen Blick auf den wilden North Johnstone River, aber der Weg nach unten für einen Blick aus der Nähe lohnt sich auf jeden Fall. Zu den Wanderungen im Park gehört auch der hübsche Rundweg zu den **Nandroya Falls** (7,2 km, 3–4 Std.), der auch an einem Badeloch vorbeiführt. Im Park sind mehrere Ecken ausgeschildert, in denen man Schnabeltiere sehen kann; die größten Chancen hat man in der Morgen- oder Abenddämmerung.

Wer's etwas anspruchsvoller mag, kann Queenslands höchsten Gipfel besteigen, den **Mt. Bartle Frere** (1657 m). Er befindet sich im Wooroonooran National Park und gehört zur dramatischen Gebirgskette Bellenden Ker, der der Bruce Hwy zwischen Innisfail und Cairns folgt. Erfahrene Wanderer können sich an den **Mt. Bartle Frere Summit Track** (15 km, 2 Tage hin & zurück) wagen, der vom Parkplatz an den Josephine Falls zum Gipfel führt. Außerdem gibt's einen 10 km langen Rundweg nach Broken Nose (8 Std.). In den Touristeninformationen der Gegend oder bei **QPWS** (☎13 13 04; www.epa.qld.gov.au) bekommt man einen Wanderführer. Entlang des Weges ist **campen** (pro Pers./Familie 5,85/21,80 AU$) mit Selbstanmeldung erlaubt.

Der Palmerston Hwy führt Richtung Westen weiter nach Millaa Millaa, vorbei am Startpunkt des Waterfall Circuit direkt vor der Stadt.

CAIRNS & UMGEBUNG

Mit seiner spektakulären Unterwasserwelt und den vielen korallengesäumten Inseln vor der Küste ist Cairns vor allem als Tauch- und Schnorchelparadies bekannt, aber auch als Partymetropole des tropischen Nordens von Queensland. Die Stadt ist zudem umgeben von üppigem Regenwald, rauschenden Wasserfällen, stillen Kraterseen und unzähligen Badeorten. Auf den Farmen und Obstplantagen der fruchtbaren Atherton Tablelands werden feinste Lebensmittel erzeugt. Im herrlichen Daintree National Park, der sich die ganze Küste entlang erstreckt, zieht sich der Regenwald bis hinab zu den strahlend weißen Sandstränden. Weiter nördlich führt der Bloomfield Track vom Cape Tribulation nach Cooktown. Er gehört zu den großartigsten Offroad-Pisten Australiens.

Cairns

163 000 EW.

Aus der schwer schuftenden Zuckerrohrstadt ist längst eine Touristen-Metropole geworden. Einen Strand hat Cairns zwar nicht zu bieten, doch die Sumpfgebiete und Mangrovenwälder des Küstenvorlands wurden in millionenschwere Ferienparks und eine beeindruckende Meerwasserlagune verwandelt. Und so blickt man nun von den erstklassigen Restaurants an der Esplanade direkt auf den glitzernden Jachthafen. Wer unbedingt im Sand buddeln möchte, fährt einfach mit dem Stadtbus oder dem Auto an einen der Strände im Norden von Cairns.

So wimmelt es in Cairns, das für viele Besucher entweder der Endpunkt oder (nach der Landung auf dem internationalen Flughafen) der Startpunkt ihrer Reise entlang der Ostküste ist, auch nur so von Bars und Nachtclubs, Unterkünften und Restaurants in allen Preisklassen. Die Menschen tragen hier eher Shorts als Anzug, und es ist kein

Problem, morgens aus dem Nachtclub direkt an die Pier zu gehen und sich mit dem Boot zum Tauchen oder Schnorcheln ins Riff oder auf eine Insel bringen zu lassen.

Sehenswertes

Küstenvorland & Lagune UFER

(Lagune Do–Di 6–22, Mi 12–22 Uhr) GRATIS Statt an den nicht vorhandenen Strand strömen die Sonnenhungrigen in Cairns an die seichte, aber spektakuläre **Badelagune** an dem der See abgerungenen Küstenvorland. Die künstliche 4800 m² große Meerwasserlagune wird von Rettungsschwimmern überwacht und ist nachts beleuchtet.

Nordwestlich der Lagune beginnt die **Promenade**, ein fast 3 km langer Plankenweg. Hier säumen Picknickbereiche, kostenlose Grillstellen und Spielplätze das Ufer.

Flecker Botanic Gardens GARTEN

(www.cairns.qld.gov.au; Collins Ave; Mo–Fr 7.30–17.30, Sa & So 8.30–17.30 Uhr, Informationszentrum Mo–Fr 9–16.30, Sa & So 10–14.30 Uhr) Tropisches Grün und Regenwaldpflanzen in Hülle und Fülle bietet der wunderschöne botanische Garten. In einem Bereich finden sich essbare Pflanzen des Urwalds; der Gondwanan Evolutionary Garden geht der 415 Mio. Jahre umfassenden Geschichte der tropischen Pflanzenwelt nach. Kostenlose Führungen starten dienstags bis freitags um 10 Uhr am **Informationszentrum**. Im Park gibt es das gute **Wild Bean Cafe** (Hauptgerichte 9–18 AU$, 7–16.30 Uhr). Zum botanischen Garten fährt der Bus 131.

Gegenüber vom Garten führt der **Rainforest Boardwalk** zum **Saltwater Creek** und den **Centenary Lakes**. Oberhalb des botanischen Gartens führen im **Mt. Whitfield Conservation Park** zwei Wanderwege durch den Regenwald zu Aussichtspunkten hoch über der Stadt. Zur Wahl stehen der Red Arrow Circuit (1,5 km, 1 Std.) und der anspruchsvollere Blue Arrow Circuit (6,6 km, 4-5 Std.).

Tanks Arts Centre GALERIE, THEATER

(www.tanksartscentre.com; 46 Collins Ave; Galerie Mo–Fr 10–16 Uhr) Aus drei riesigen Treibstofftanks aus dem Zweiten Weltkrieg entstanden Ateliers sowie Galerien, in denen australische Künstler ihre Arbeiten zeigen, und eine inspirierende Spielstätte (mit einigen tollen Bands). Ein besonderes Highlight ist der muntere **Markt** (April–Nov. jeweils letzter So).

Cairns Regional Gallery GALERIE

(www.cairnsregionalgallery.com.au; Ecke Abbott & Shields St; Erw./Kind unter 16 Jahre 5 AU$/frei;

CAIRNS & UMGEBUNG IN ...

... zwei Tagen

Früh aufstehen, um durch die **Flecker Botanic Gardens** und das **Tanks Art Centre** zu schlendern. Den Nachmittag spart man sich für die Aborigine-Kultur im **Tjapukai Cultural Park** auf. Anschließend hebt man inmitten von Einheimischen und anderen Travellern ein Glas in der ausladenden Freiluftbar des **Gilligan's**. Dort kann man auch eine Kleinigkeit essen, wenn man sich nicht lieber in der Stadt nach einem Restaurant seiner Wahl umschauen möchte.

Am zweiten Tag steht eine ganztägige Bootstour zum **Great Barrier Reef** auf dem Programm. Beim Schnorcheln oder Tauchen kann man sich die Korallengärten und leuchtend bunten Fische und Meerestiere aus der Nähe betrachten. Wer trocken bleiben will, genießt den Blick in die Unterwasserwelt von einem Glasbodenboot aus. Abends trifft man sich mit anderen Riff-Enthusiasten zum Essen und Trinken im **Salt House**.

... vier Tagen

Am dritten Tag sonnt man sich auf einer Insel. Man schnorchelt im Riff und erkundet den Regenwald auf **Green Island**, genießt den Blick vom Berggipfel auf **Fitzroy Island** oder spielt auf den von Korallen umsäumten **Frankland Islands** Robinson. Wieder auf dem Festland schlendert man am frühen Abend über die **Cairns Esplanade** und gönnt sich anschließend ein üppiges Mahl im **Ochre** oder der **Fetta's Greek Tavern**.

Am vierten Tag steht eine Fahrt mit der Panoramabahn nach **Kuranda** an. Im **Australian Butterfly Sanctuary** betrachtet man die flatternden Falter und nimmt auf dem Rückweg den **Skyrail**, um den Regenwald aus der Vogelperspektive zu erleben. Alternativ schließt man sich einer geführten Tour mit Ökosiegel zum **Atherton Tableland** oder zum **Cape Tribulation** und dem zauberhaften **Daintree Rainforest** an.

⌚ Mo–Fr 9–17, Sa 10–17, So 10–14 Uhr) In einem mit Kolonnaden verzierten historischen Gebäude von 1936 zeigt die renommierte Galerie Ausstellungen, die das Selbstverständnis des tropischen Nordens widerspiegeln. Im Mittelpunkt stehen die Arbeiten von Aborigine- und regionalen Künstlern, hinzu kommen erstklassige Sonderausstellungen, z. B. die Radierungen Goyas.

Tjapukai Cultural Park KULTURZENTRUM
(☎ 07-4042 9999; www.tjapukai.com.au; Kamerunga Rd; Erw./Kind 36/18 AU$, Tjapukai by Night Erw./Kind 99/49,50 AU$; ⌚ 9–17 Uhr, Tjapukai by Night 19–21.30 Uhr) Diese Kultureinrichtung, die den indigenen Djabugay bzw. Tjapukai gehört, besteht aus dem Creation Theatre, das mit riesigen Hologrammen und Darstellern die Schöpfungsgeschichte der Aborigines nacherzählt, aus dem Tanztheater und einer Galerie. Außerdem gibt es Bumerang- und Speerwurf-Demonstrationen sowie Kurse im Didgeridoo-Spielen. Ein traditionelles Corroboree am Lagerfeuer steht im Mittelpunkt von **Tjapukai by Night**, einer Veranstaltung mit Abendessen und Show.

Der Park befindet sich ca. 15 km nördlich vom Zentrum gleich abseits des Captain Cook Hwy und nahe der Endstation des Skyrail; gegen Aufpreis kann man einen Transportdienst nutzen.

Centre of Contemporary Arts GALERIE, THEATER
(www.coca.org.au; 96 Abbott St; ⌚ Mo–Sa 10–17 Uhr) GRATIS Zum CoCA gehören die Galerie **KickArts** (www.kickarts.com.au), die zeitgenössische bildende Kunst aus der Region präsentiert, das **Jute Theatre** (www.jute.com.au) und der **End Credits Film Club** (www.endcredits.com.au). Im Museumsshop gibt es eine riesige Auswahl an Drucken, Kunsthandwerk und Schmuck australischer Künstler zu vernünftigen Preisen.

Crystal Cascades & Lake Morris WASSERFALL, SEE
Etwa 20 km von Cairns entfernt befinden sich die **Crystal Cascades**, die aus mehreren herrlichen Wasserfällen und (krokodilfreien) Badebecken bestehen. Der Zugang erfolgt über einen 1,2 km langen Fußweg (30 Min.). Von den Crystal Cascades führt ein *sehr* steiler **Wanderweg** (hin & zurück 3 Std.) durch den Regenwald zum Lake Morris, dem Wasserreservoir von Cairns. Der Weg beginnt beim Picknickplatz der Crystal Cascades und steigt beständig steil an, bevor er in die Lake Morris Rd mündet, die etwa 300 m vom Copperlode Dam entfernt ist (nach rechts gehen).

Reef Teach INFORMATIONSZENTRUM
(☎ 07-4031 7794; http://reefteach.wordpress.com; 2. OG, Main Street Arcade, 85 Lake St; Erw./Kind 18/9 AU$; ⌚ Vorträge Di–Sa 17.30–20.30 Uhr) Bevor man zum Riff aufbricht, kann man in diesem ausgezeichneten Informationszentrum sein Wissen darüber vertiefen. Meeresexperten erklären, wie man die verschiedenen Korallen- und Fischarten erkennt und wie man sich dem Riff gegenüber umweltbewusst verhält.

Aktivitäten

Unzählige Anbieter veranstalten Abenteuertouren ab Cairns, meistens mit dem Transport von der/zur Unterkunft.

AJ Hackett Bungee & Minjin BUNGEEJUMPING
(☎ 1800 622 888; www.ajhackett.com; McGregor Rd; Bungeejumping 169 AU$, Minjin-Schaukel 89 AU$, beides 225 AU$; ⌚ 10–17 Uhr) Hier springt man am Seil von dem eigens errichteten Turm oder schwingt sich an Gurten aufgehängt in der Minjin-Schaukel durch die Bäume. Der Transport ist im Preis inbegriffen.

Cable Ski WASSERSKI
(☎ 07-4038 1304; www.cableskicairns.com.au; Captain Cook Hwy; Erw./Kind pro Std. 39/34 AU$, pro Tag 69/64 AU$; ⌚ 10–18 Uhr) In diesem Wassersportpark nahe dem Skyrail kann man Wasserskilaufen, Wakeboarden und Kneeboarden lernen. Man wird von einem Seil (nicht von einem Boot) gezogen.

Cairns Golf Club GOLF
(☎ 07-4037 6777; www.cairnsgolfclub.com.au; Grundy St, Woree) Der malerische 18-Loch-Golfplatz liegt 7 km südlich vom Zentrum und wurde 1923 eröffnet. Ausrüstung wird verliehen, die Preise sind vom Tag und der Tageszeit abhängig.

Fishing Cairns ANGELN
(☎ 0448 563 586; www.fishingcairns.com.au) Angeltouren zum Fluss, zum Riff und zum Sportfischen.

Geführte Touren

In Cairns starten jeden Tag mehr als 600 Touren per Bus, Boot, Flugzeug oder Auto. Büros von Anbietern gibt's praktisch an jeder Ecke der Stadt. Beliebte Ziele sind Green Island, Fitzroy Island und die Frankland Islands, hinzu kommen Tagesausflüge zur Lizard Island.

Cairns

0 500 m
Edge Hill (2 km); Cairns Airport (4 km); Smithfield (13 km)
NORTH CAIRNS
Smith St
Sheridan St
McKenzie St
The Esplanade
Trinity Bay
Little St
Cairns Cemetery
James St
Thomas St
Digger St
Lake St
Charles St
Grove St
Grafton St
Martyn St
McLeod St
Upward St
Water St
Gatton St
MANUDA
Minnie St
Munro Park
Florence St
Abbott St
Aplin St
Lagoon
Pierpoint Rd
Pier Marina
Cairns Harbour
Detailplan
Destination Cairns
Cairns & Tropical North Visitor Information Centre
Taxi-stand
Lake St Transit Centre
Sunbus
CAIRNS
Main St Arcade
Shields St
Spence St
0 200 m

Great Barrier Reef

Im Preis für die Touren zum Riff sind in der Regel Transport, Mittagessen und Schnorchelausrüstung enthalten. Bei vielen Touren besteht die Möglichkeit zu tauchen, wobei eine kurze Einführung gegeben und keinerlei Taucherfahrung vorausgesetzt wird. Kriterien für die Auswahl einer Tour sollten die Art des Schiffes (Katamaran oder Segelschiff), die Zahl der Passagiere (6–300 Pers.), die Ziele und die im Preis enthaltenen Extras sein. Die äußeren Riffe sind noch weitgehend intakt, die inneren Riffe in Küstennähe weisen zum Teil schon beträchtliche Schäden auf – verursacht von Menschen, der Korallenbleiche und den Dornenkronenseesternen. Meistens bekommt man das, wofür man bezahlt hat. Einige Veranstalter bieten auch teurere Touren mit Glasboden- und Halbtauchbooten an.

Die meisten Boote legen gegen 8 Uhr morgens an der Pier Marina oder dem Reef Fleet Terminal ab und kehren gegen 18 Uhr wieder zurück. Neben den beliebten Tagesausflügen bieten viele Veranstalter auch mehrtägige Touren an Bord von Booten (*live-aboard tours*) an, bei denen auch besondere Tauchgänge (z. B. Nachttauchen) durchgeführt werden. Auch Tauchschulen organisieren solche Touren.

Verschiedene Tauchboote bieten Ausflüge mit Helmtauchen an (ab 140 AU$). Bei dieser Variante erfolgt die Luftzufuhr über Schläuche am Helm, sodass man ganz normal atmen kann, während man auf einer Plattform unter Wasser „spazieren geht". Diese Art des Tauchens ist ideal für Nichtschwimmer, Kinder ab zwölf Jahren und alle, die keine nassen Haare mögen.

Coral Princess BOOTSFAHRT

(☎1800 079 545, 07-4040 9999; www.coralprincess.com.au) Angeboten werden drei- bis siebentägige Kreuzfahrten von Cairns zur Pelorus Island und Lizard Island (hin & zurück ab 1347 AU$/Pers., 2-Bett-Kabine).

Great Adventures SCHNORCHELN, TOUR

(☎07-4044 9944; www.greatadventures.com.au; Reef Fleet Terminal, 1 Spence St; Erw./Kind ab 201/101 AU$) Im Angebot sind hier Tagesausflüge mit einem schnellen Katamaran zu einer schwimmenden Plattform, wo man schnorchelt. Optional kommt ein Halt auf Green Island (ab 222/111 AU$) hinzu. Man kann auch mit einem Halbtauch- oder Glasbodenboot ins Riff fahren. Gegen Aufpreis gibt es auch Tauchgänge.

Cairns

Sehenswertes

1 Cairns Foreshore ... F4
2 Cairns Regional Gallery ... G1
3 Centre of Contemporary Arts ... E4
4 Reef Teach ... F2

Aktivitäten, Kurse & Touren

5 Cairns Dive Centre ... G1
6 Cairns Seaplanes ... G6
7 Deep Sea Divers Den ... C5
8 Down Under Dive ... D6
9 Great Adventures ... G5
10 Mike Ball Dive Expeditions ... E5
11 Passions of Paradise ... G5
12 Pro-Dive ... F2
13 Skydive the Reef Cairns ... E2
14 Tusa Dive ... G1

Schlafen

15 201 Lake Street ... D3
16 Acacia Court ... D2
17 Balinese ... D3
18 Bay Village ... D3
19 Cairns Central YHA ... E3
20 Cairns Girls Hostel ... E4
21 Cairns Holiday Park ... A3
22 Cairns Sharehouse ... D6
23 Dreamtime Travellers Rest ... E6
24 Floriana Guesthouse ... D2
25 Floriana Villas ... D2
26 Gilligan's ... F2
27 Global Backpackers ... F1
28 Global Backpackers (Waterfront) ... F5
29 Hotel Cairns ... E4
30 Inn Cairns ... F2
31 Mid City ... E6
32 Northern Greenhouse ... E2
33 Shangri-La ... G5
34 Travellers Oasis ... D6
35 Tropical Queenslander ... C2
36 Villa Vaucluse ... E5
37 Waterfront Terraces ... C2

Essen

38 Asian Foods Australia ... F2
Cairns Central Shopping Centre ... (siehe 63)
Charlie's ... (siehe 16)
39 Cherry Blossom ... G2
40 Dolce & Caffe ... G1
41 Fetta's Greek Taverna ... F2
42 Fusion Organics ... E1
43 Ganbaranba ... G2
44 Green Ant Cantina ... E6
45 La Fettuccina ... F2
46 Marinades ... G3
47 Meldrum's Pies in Paradise ... F2
48 Night Markets ... F5
49 Ochre ... E2
Perrotta's at the Gallery ... (siehe 2)
50 Rusty's Markets ... F3
51 Sushi Paradise ... F2

Ausgehen & Nachtleben

52 Court House Hotel ... G1
Gilligan's ... (siehe 26)
53 Grand Hotel ... E3
54 Heritage Nightclub ... G2
Hotel Cairns ... (siehe 29)
55 PJ O'Briens ... F2
56 Salt House ... G4
57 The Jack ... F3
58 Vibe Bar & Lounge ... G2
59 Woolshed Chargrill & Saloon ... F1

Unterhaltung

60 12 Bar Blues Jazz ... E2
BCC Cinemas ... (siehe 63)
61 Event Cinemas Cairns ... F1
Jute Theatre ... (siehe 3)
62 Pullman Reef Hotel Casino ... G5

Shoppen

Absells Chart Map Centre ... (siehe 4)
63 Cairns Central Shopping Centre ... E6
64 Mud Markets ... G4
Night Markets ... (siehe 48)
65 Woolworths ... G2

Passions of Paradise TAUCHEN, SCHNORCHELN
(☎1800 111 346, 07-4041 1600; www.passions.com.au; Erw./Kind 139/89 AU$) Mit dem schicken Segel-Katamaran geht es zur Michaelmas Cay und zum Paradise Reef.

Silverswift TAUCHEN, SCHNORCHELN
(☎07-4044 9944; www.silverseries.com.au; Erw./Kind ab 180/130 AU$) Der beliebte Katamaran steuert drei äußere Riffe zum Schnorcheln oder Tauchen an.

Spirit of Freedom TAUCHEN
(☎07-4047 9150; www.spiritoffreedom.com.au; 3-/4-/7-tägige Tour ab 1475/1800/3025 AU$) Touren nach Cod Hole und zu den Ribbon Reefs auf einen Schiff mit drei Decks.

Sunlover TAUCHEN, SCHNORCHELN
(☎07-4050 1333; www.sunlover.com.au; Erw./Kind/Fam. 180/65/425 AU$) Der schnelle, familienfreundliche Katamaran-Ausflug führt zu einer schwimmenden Plattform am äußeren Moore Reef. Dort kann man u.a. im Halbtauchboot fahren oder Helmtauchen.

Rundflüge

Great Barrier Reef Helicopters RUNDFLÜGE
(☎07-4081 8888; www.gbrhelicopters.com.au; 20-/60-min. Flug ab 260/559 AU$) Die Helikopter

starten von Green Island (148 AU$/10 Min.) zu einem einstündigen Flug über das Riff und den Regenwald.

Cairns Seaplanes RUNDFLÜGE

(☎07-4031 4307; www.cairnsseaplanes.com; 2/3 Abbott St; 30-minütiger Flug ab 269 AU$) Rundflüge über das Riff und nach Green Island.

Wildwasser-Rafting

Wie aufregend eine Rafting-Tour auf dem Barron, dem Russell und dem North Johnstone River wird, hängt von der Jahreszeit ab: je feuchter das Wetter, desto wilder das Wasser. Auf dem Tully River gibt's das ganze Jahr Stromschnellen (s. S. 439). Die Touren reichen vom gemütlichen Dahingleiten (Grad I) bis zu atemberaubendem Nervenkitzel (Grad V).

Foaming Fury RAFTING

(☎07-4031 7460, 1800 801 540; www.foamingfury.com.au) Ganztägige Fahrten auf dem Russell River (149 AU$) und halbtägige auf dem Barron (129 AU$), bei denen auch Kinder ab zehn Jahren mitfahren dürfen.

Raging Thunder RAFTING

(☎07-4030 7900; www.ragingthunder.com.au; Raftingtour ab 133 AU$) Ganztägige Touren auf dem Tully (Standardtour 195 AU$, „Extremtour" 225 AU$) und halbtägige auf dem Barron (133 AU$).

Tubing

Aussie Drifterz TUBING

(☎0401 318 475; www.aussiedrifterz.net; halbtägige Tour Erw./Kind 69/49 AU$) Man gleitet in einem Riesenreifen gemütlich durch die wunderschöne Behana Gorge.

Ballonfahren

Am Morgenhimmel schweben über Cairns und dem Hochland viele Ballone in der Luft. Die meisten Fahrten starten in der Mareeba-Region im Atherton Tableland. Nach der Landung gibt's ein Sektfrühstück.

Hot Air Cairns BALLONFAHREN

(☎07-4039 9900; www.hotair.com.au; 30-minütiger Flug ab 235 AU$) Ballonfahrten über das üppige Atherton Tableland; der An- und Abtransport sind im Preis enthalten.

TAUCHKURSE

Cairns ist die Hauptstadt des Sporttauchens am Great Barrier Reef und ein beliebter Ort, um den Open-Water-Tauchschein der Professional Association of Diving Instructors (PADI) zu machen. Unzählige Kurse werden angeboten, von preisgünstigen Viertageskursen mit Training im Pool und Tauchen am Riff bis zu fünftägigen Kursen, bei denen man zwei Tage lang am Pool die Theorie lernt und dann drei Tage an Bord eines Schiffes geht, um an weniger stark frequentierten Teilen des Riffs zu tauchen. Viele Veranstalter sind mehrsprachig.

Alle Veranstalter verlangen eine ärztliche Bescheinigung der Tauchtauglichkeit, die sie vermitteln können (ca. 60 AU$). Auch muss eine Riff-Abgabe (40–80 AU$) entrichtet werden. Viele Veranstalter bieten auch Kurse für fortgeschrittene Taucher mit Tauchschein an. Hier einige Tauchschulen:

- **Cairns Dive Centre** (☎07-4051 0294; www.cairnsdive.com.au; 121 Abbott St) Der schon lange existierende Veranstalter gehört zu Scuba Schools International (SSI), nicht zur PADI. Angeboten werden Kurse mit Unterkunft auf einem Schiff (4/5 Tage 680/820 AU$), Schiffstouren (ab 310 AU$) und Tagesausflüge (180 AU$).
- **Deep Sea Divers Den** (☎07-4046 7333; www.diversden.com.au; 319 Draper St) Die schon lange bestehende Tauchschule bietet mehrtägige Kurse und Touren mit Unterkunft auf einem Schiff ab 445 AU$.
- **Down Under Dive** (☎07-4052 8300, 1800 079 099; www.downunderdive.com.au; 287 Draper St) Das Unternehmen bietet vier- bis fünftägige Open-Water-Tauchkurse mit Unterkunft an Bord (450–660 AU$).
- **Pro-Dive** (☎07-4031 5255; www.prodivecairns.com; Ecke Grafton & Shields St; Tour mit Unterkunft an Bord ab 1250 AU$, Open-Water-Tauchkurs ab 880 AU$) Der Veranstalter gehört zu den erfahrensten in Cairns und hat ausgezeichnetes Personal. Angeboten werden ein umfassender, fünftägiger Tauchlehrgang mit dreitägiger Tour an Bord für 880 AU$ und Tauchtouren mit Unterkunft an Bord ab 1250 AU$.
- **Tusa Dive** (☎07-4047 9100; www.tusadive.com; Ecke Shields St & The Esplanade) Die günstigen viertägigen Tauchkurse (670 AU$) beinhalten Tauchausflüge an zwei Tagen.

SAISONARBEIT

Cairns ist einer der beliebtesten Orte an der Ostküste, um im Tourismus oder Gastgewerbe ein paar Dollar zu verdienen. Wer neben Englisch auch Deutsch, Japanisch, Mandarin oder Koreanisch spricht, kann als Dolmetscher oder Reiseleiter arbeiten. Und natürlich ist Cairns auch ein Mekka für Tauchlehrer und dergleichen.

Wer einen Monat oder länger in Cairns bleiben und dort arbeiten, tauchen oder studieren will, sollte sich nach einem Zimmer im **Cairns Sharehouse** (07-4041 1875; www.cairns-sharehouse.com; 17 Scott St; EZ ab 130 AU$/Woche, 2BZ & DZ ab 110 AU$/Pers. & Woche;) umsehen.

Fallschirmspringen

Skydive the Reef Cairns FALLLSCHIRMSPRINGEN
(1800 800 840; www.skydivethereefcairns.com.au; 59 Sheridan St; Tandemsprung aus 2700/4200 m 264/349 AU$) Bei einem Sprung aus 2700 m Höhe fällt man bis zu 28 Sek. im freien Fall, aus 4200 m dauert das Vergnügen länger als eine Minute.

Atherton Tableland

Food Trail Tours ESSEN
(07-4041 1522; www.foodtrailtours.com.au; Erw./Kind ab 159/80 AU$; Mo–Sa) Die Feinschmeckertour führt zu Farmen auf dem Hochplateau, die Macadamianüsse, tropische Obstweine, Käse, Schokolade und Kaffee erzeugen.

On the Wallaby OUTDOORAKTIVITÄTEN
(07-4033 6575; www.onthewallaby.com; Tagestour/mit Übernachtung 99/169 AU$) Bei diesen sehr guten Touren stehen Radfahren, Wandern und Kanufahren auf dem Programm.

Uncle Brian's Tours GEFÜHRTE TOUR
(07-4033 6575; www.unclebrian.com.au; Tour 109 AU$; Mo–Mi, Fr & Sa) Bei den munteren Tagesausflügen in kleinen Gruppen entdeckt man Wälder, Wasserfälle und Seen.

Cape Tribulation & Daintree

Nach dem Great Barrier Reef ist Cape Tribulation das beliebteste Ziel von Tagesausflügen, die üblicherweise mit einer Bootsfahrt auf dem Daintree River verbunden sind. Eine gut ausgeschilderte und asphaltierte Straße bildet die Zufahrt, man kann also ruhig mit dem Mietwagen kommen.

Billy Tea Bush Safaris ÖKOTOUR
(07-4032 0077; www.billytea.com.au; Tagestour Erw./Kind 185/135 AU$) Spannende Ökotouren nach Cape Tribulation und über den Bloomfield Track (nur Geländewagen) zum Emmagen Creek. Weitere Touren führen nach Chillagoe, Cooktown und Cape York.

BTS Tours OUTDOORAKTIVITÄTEN
(07-4099 5665; www.btstours.com.au; Tagestour Erw./Kind 165/120 AU$) Kleingruppentouren, u.a. zum Baden und Kanufahren in der Mossman Gorge und auf dem Daintree River.

Cape Trib Connections GEFÜHRTE TOUR
(07-4032 0500; www.capetribconnections.com; Tagestour Erw./Kind 119/99 AU$) Der Veranstalter bietet u.a. Touren zur Mossman Gorge und dem Cape Tribulation Beach sowie Touren mit Übernachtung (ab 135 AU$).

Trek North Safaris GEFÜHRTE TOUR
(07-4041 4333; www.treknorth.com.au; Erw./Kind 160/110 AU$) Ganztägigen Touren zur Mossman Gorge mit Bootstrip auf dem Fluss.

Tropical Horizons Tours ÖKOTOUR
(07-4035 6445; www.tropicalhorizonstours.com.au; Tagestour ab 117 AU$) Tagestouren zum Cape Tribulation und dem Daintree River; auch Touren mit Übernachtung.

Tropics Explorer GEFÜHRTE TOUR
(07-4031 3460, 1800 801 540; www.tropicsexplorer.com.au; Tagestour ab 99 AU$) Unterhaltsame Tagestour zum Cape Tribulation; auch Touren mit Übernachtung.

Cooktown & Cape York

Adventure North Australia JEEPTOUR
(07-4028 3376; www.adventurenorthaustralia.com; Tagestour Erw./Kind 250/200 AU$) Geländewagentouren über die Küstenstraße nach Cooktown und zurück im Binnenland. Im Angebot sind auch zwei- und dreitägige Touren, Kombinationen aus Flug und Autofahrt sowie Touren zur Aborigine-Kultur.

Undara-Lavaröhren

Undara Experience GEFÜHRTE TOUR
(07-4097 1411; www.undara.com.au; 2-tägige Tour Erw./Kind ab 289/195 AU$) Die Tour führt zu den Lavaröhren von Undara (Bus & Zug).

Stadtführungen

Cairns Discovery Tours GEFÜHRTE TOUR
(07-4028 3567; www.cairnsdiscoverytours.com; Erw./Kind 69/35 AU$; Mo–Sa) Gartenbauex-

(Fortsetzung auf S. 459)

PATRICK DANCEL / GETTY IMAGES ©

Das Great Barrier Reef

Jedes Jahr kommen mehr als 1,5 Mio. Besucher zu dieser UNESCO-Welterbestätte, die sich auf mehr als 2000 km entlang der Küste erstreckt. Tauchen und Schnorcheln sind nur zwei der vielen Möglichkeiten, dieses wunderbare und vielfältige Ökosystem zu erleben. Man kann Segeltouren und Rundflüge unternehmen und wundervolle Tage damit zubringen, die Ortschaften und hinreißenden Inseln rund um das Riff zu erkunden.

Inhalte

Luftaufnahme des Great Barrier Reefs

Wege zum Riff

Es gibt viele Wege zur Erkundung von Australiens tollem Unterwasserreich. Entweder man sucht einen der beliebten Ferienorte auf und schließt sich einer Tour an, oder man nimmt an einer mehrtägigen Segel- bzw. Tauchexkursion teil und erkundet die weniger besuchte Außenseite des Riffs. Wer will, kann auch zu einer abgelegenen Insel fliegen und hat das Riff fast für sich allein.

Whitsunday Islands

Türkisfarbenes Wasser, Korallengärten und palmengesäumte Strände zeichnen die Whitsunday Islands aus. Hier gibt's viele Möglichkeiten, das Riff zu entdecken: Man übernachtet auf einer der Inseln, unternimmt eine Segeltour oder wohnt in Airlie Beach und macht Tagestrips von Insel zu Insel.

Cairns

Als beliebtester Startpunkt für Touren zum Riff verfügt Cairns über Dutzende von Veranstaltern, die eintägige Bootstouren zum Schnorcheln und mehrtägige Rifferkundungen an Bord eines Schiffes anbieten. Cairns ist auch der richtige Ort, um Tauchen zu lernen.

Port Douglas

Das eine Fahrtstunde nördlich von Cairns gelegene Port Douglas ist ein ruhiger Badeort, von dem aus Boote ein Dutzend Tauchstellen ansteuern, z. B. recht unberührte Außenriffe wie das Agincourt Reef.

Townsville

Australiens größte tropische Stadt liegt zwar weit entfernt vom äußeren Riff (2½ Std. Bootsfahrt), hat aber außergewöhnliche Attraktionen zu bieten: Zugang zu Australiens Hot-Spot zum Wracktauchen, ein tolles Aquarium, Meeresmuseen sowie mehrtägige Bootstouren für Taucher.

Southern Reef Islands

Wer Ruhe sucht, bucht einen Ausflug auf eine der abgelegenen Koralleninseln am Südrand des Great Barrier Reefs. Direkt vor den Inseln kann man prima schnorcheln und tauchen.

1

1. Clownfisch **2.** Airlie Beach (S. 415) **3.** Reef HQ Aquarium (S. 425), Townsville

3

ULLA LOHMANN / GETTY IMAGES ©

1

2

TANYA PUNTTI / GETTY IMAGES ©

1. Whitehaven Beach (S. 424) **2.** Hubschrauber-Rundflug über die Whitsunday Islands (S. 422) **3.** Schnorcheln, Cairns (S. 451)

Begegnungen am Riff

Am besten erkundet man das Great Barrier Reef und seine einmalige Unterwasserwelt mit Maske und Flossen. Eine Tour im Glasbodenboot, ein Rundflug oder Riffwanderungen sind aber auch nicht zu verachten.

Tauchen & Schnorcheln

Die klassische Art, das Great Barrier Reef zu erkunden, ist ein Tag an Bord eines Katamarans und der Besuch mehrerer Korallenriffe. Es gibt nichts, was den ersten Unterwasserblick – ausgerüstet mit Schnorchel oder Tauchequipment – toppen könnte!

Halbtauchboote

Viele Veranstalter (vor allem rund um Cairns) bieten Touren in Halbtauch- oder Glasbodenbooten an. So hat man einen Panoramablick auf die Korallen, Fische, Rochen, Schildkröten und Haie, ohne mit dem Wasser in Berührung zu kommen.

Segeln

Wer die Massen hinter sich lassen will, macht einen Segeltörn, um die spektakuläre Unterwasserwelt zu genießen. Erfahrene Skipper können eine Jacht chartern, alle anderen an einer mehrtägigen Tour teilnehmen. Beides wird in Airlie Beach oder Port Douglas angeboten.

Riffwandern

Viele Riffe am südlichen Great Barrier Reef liegen bei Ebbe trocken, sodass man auf Sandwegen zwischen den Korallen herumlaufen kann. Eine tolle Art, etwas über die Fauna zu erfahren – vor allem, wenn ein Guide Erklärungen dazu gibt!

Panoramaflüge

Auf einem Panoramaflug kann man das weitläufige Korallenriff mit all seinen Atollen und Inseln aus der Vogelperspektive bewundern. Angeboten werden Flüge in Hubschraubern (Cairns) oder in Wasserflugzeugen (einen Flug über die Whitsundays vergisst man so schnell nicht mehr).

Meeresschildkröte

Ein Themenpark der Natur

Das Great Barrier Reef mit dem größten Artenreichtum aller Ökosysteme der Welt ist ein wahres Unterwasserwunderland. Hier gibt's mehr als 30 Spezies von Meeressäugetieren sowie unzählige Fisch-, Korallen-, Weichtier- und Schwammarten. Auf den Inseln und Atollen fand man 200 Vogel- und 118 Schmetterlingsarten.

Zu den häufigsten Fischarten gehören die (eigentlich tiefdunkelblauen) Schwarzen Falterfische mit ihrem schwefelgelb umrahmten Maul und Schwanz, die großen, in Pastellfarben schimmernden Lippfische, kleine, leuchtend blaue, gefleckte Saphir-Riffbarsche und Sechsbinden-Kaiserfische mit blauem Schwanz, gelbem Körper und Tigerstreifen. Man sollte sich unbedingt die Rochen anschauen, vor allem den gefleckten Adlerrochen!

Das Riff ist außerdem eine Oase für Meeressäugetiere wie Wale, Delfine und Dugongs. Dugongs, von denen viele in den Gewässern Nordaustraliens leben, stehen unter Artenschutz; 15 % der Weltpopulation sind im Riff beheimatet. Buckelwale ziehen von der Antarktis in die warmen Gewässer um das Riff, wo sie zwischen Mai und Oktober ihre Jungen aufziehen. Minkwale sind im Juni und Juli vor der Küste von Cairns bis Lizard Island zu sehen. Auch Tümmler, Killer- und Grindwale sind hier zu Hause.

Zu den beliebtesten aller Riffbewohner gehört die Meeresschildkröte. Sechs der sieben (gefährdeten) Arten leben hier und legen entweder im Frühjahr oder im Sommer ihre Eier an den sandigen Stränden der Inseln ab und sorgen so für die nächste Schildkrötengeneration.

(Fortsetzung von S. 452)

perten führen die Teilnehmer einen Nachmittag lang u.a. durch den Botanischen Garten und Palm Cove. Der Transport von den Stränden im Norden kostet 5 AU$ extra.

Schlafen

Die Zimmervermittlungen führen aktuelle Listen und können bei der Suche nach der geeigneten Bleibe helfen. Das **Accommodation Centre** (1800 807 730, 07-4051 4066; www.accomcentre.com.au) informiert u.a. über Hostels, Ferienwohnungen und Hotels.

Als Backpackerhochburg hat Cairns rund 40 Hostels – von intimen umgebauten Wohnhäusern bis zu riesigen Resorts. Die Konkurrenz ist so groß, dass viele Hostels Gutscheine fürs Abendessen ausgeben. Die vielen in sich abgeschlossenen Unterkünfte eignen sich gut für Reisegruppen und Familien, hinzu kommen Dutzende praktisch identischer Motels an der Sheridan St. Die meisten Tourveranstalter holen ihre Gäste auch von den Strandunterkünften im Norden von Cairns ab.

Dreamtime Travellers Rest HOSTEL $
(07-4031 6753, 1800 058 440; www.dreamtimehostel.com; Ecke Bunda & Terminus St; DZ 24–26 AU$, 2BZ ohne Bad 59 AU$, DZ ohne Bad 58–62 AU$;) Das entspannte Hostel am Stadtrand bietet in einem alten Queenslander-Haus gemütliche Zimmer und freundliches Personal. In der charmanten Anlage gibt's viele Ecken, wo man es sich mit einem Buch gemütlich machen kann. Billige Pizza und Grillabende runden das Angebot ab.

Tropic Days HOSTEL $
(1800 421 521, 07-4041 1521; www.tropicdays.com.au; 26-38 Bunting St; Stellplatz 12 AU$, Zelt 16 AU$, B 26–27 AU$, DZ ohne Bad 64–74 AU$;) Das gut ausgelastete Hostel hinter dem Festplatz hat einen kostenlosen Shuttlebus in die Stadt und ist eine tropische Oase mit Hängematten, einem Billardtisch und einer entspannten Atmosphäre. Die Schlafsäle haben drei bis vier richtige Betten (keine Stockbetten), die Doppelzimmer teilen sich makellose Bäder, die Küche ist mit Gewürzen bestückt, und auch Nichtgäste können sich für den montäglichen Grillabend mit Krokodil-, Emu- und Kängurufleisch anmelden (12 AU$ inkl. Didgeridoo-Vorführung).

Cairns Girls Hostel HOSTEL $
(07-4051 2016; www.cairnsgirlshostel.com.au; 147 Lake St; B/2BZ 20/48 AU$;) Mit drei gut ausgestatteten Küchen, geräumigen Lounge-Bereichen und einer Hausmutter, die sich rührend um ihre Gäste kümmert, ist das pieksaubere, kurz nach 1900 errichtete Haus eine der ansprechendsten Budgetunterkünfte vor Ort. Männer müssen draußen bleiben.

Cairns Coconut Caravan Resort CAMPING $
(07-4054 6644; www.coconut.com.au; Ecke Bruce Hwy & Anderson Rd; Stellplatz mit Strom/mit Bad 46/64 AU$, Hütte mit Bad 130–175 AU$, Villa 250–340 AU$;) Der Wohnmobilpark mit Fünf-Sterne-Luxus liegt 8 km südlich vom Zentrum. Neben vielfältigen Unterkunftsmöglichkeiten bietet er Spas, einen Wasserpark, einen Spielplatz und ein Freiluftkino.

Travellers Oasis HOSTEL $
(07-4052 1377; www.travellersoasis.com.au; 8 Scott St; B 27 AU$, EZ ohne Bad 45 AU$, DZ ohne Bad 64–74 AU$;) Handgearbeitete Holzmöbel, Skulpturen, bunte Farben und ein Grillbereich machen dieses nette Backpackerhostel mit 50 Betten zu einem entspannten Ort, wo man gut mit gleichgesinnten Travellern abhängen kann. Die Schlafsäle haben keine Stockbetten, und die Gemeinschaftsbäder sind sauber.

Global Backpackers HOSTEL $
(07-4031 7921, 1800 819 024; www.globalbackpackerscairns.com.au; 9b Shields St; B ab 18 AU$, DZ ab 60 AU$;) In dem schicken, zentral gelegenen Hostel steht die Lage im Vordergrund. Die Gemeinschaftsbereiche sind in dunklen Farben gehalten, und die Zimmer sind schlicht, aber gemütlich. Das ist aber nicht so wichtig, weil die meisten Gäste ohnehin auf dem Balkon oder am Pool abhängen. Es gibt noch eine **Filiale am Ufer** (www.globalbackpackerscairns.com.au; 67 The Esplanade; B ab 18 AU$, DZ ab 60 AU$;) mit ähnlichen Preisen.

Gilligan's HOSTEL $
(07-4041 6566; www.gilligansbackpackers.com.au; 57-89 Grafton St; B 25–37 AU$, DZ 130 AU$;) Das Hostel ist teuer, unpersönlich und sehr laut, aber alle Zimmer dieses Flashpacker-Resorts haben ein Bad und die meisten auch einen Balkon. Die teureren bieten zusätzlich auch Kühlschrank und TV. Partygänger brauchen das Haus nicht zu verlassen, denn jeden Abend gibt's Unterhaltung wie Proll-Bingo, Gelee-Ringen, Livemusik und DJs. Im Komplex befinden sich mehrere Bars, ein Schönheitssalon und ein Fitnessraum, in dem man gegen den Bierbauch angehen kann.

Cairns Holiday Park CAMPING $
(☎1800 259 977, 07-4051 1467; www.cairnscamping.com.au; 12-30 Little St; Stellplatz ohne/mit Strom/mit Bad 34/41/52 AU$, Hütte mit/ohne Bad 88/63 AU$; P ❄ @ ☰ ≋) Der Wohnmobilpark liegt 3,5 km nördlich vom Zentrum und ist damit der, der am nächsten bei der Stadt liegt. Die Hütten sind ordentlich, die smarten Bäder und Lagerküchen sauber, und der Internetzugang ist kostenlos.

Cairns Central YHA HOSTEL $
(☎07-4051 0772; www.yha.com.au; 20-26 McLeod St; B 25–30 AU$, EZ/DZ/FZ 40/80/117 AU$; ❄ @ ≋) Das helle, makellos saubere Hostel hat einen guten Ruf und professionelles Personal. Es ist dank seiner Lage eine gute Option für Traveller, die nicht unbedingt Party machen wollen.

Northern Greenhouse HOSTEL $$
(☎07-4047 7200, 1800 000 541; www.friendlygroup.com.au; 117 Grafton St; B/2BZ/Apt. 28/95/140 AU$; P ❄ @ ☰ ≋) Mit seinen Schlafsälen und der entspannten Stimmung passt diese freundliche Unterkunft in die Budgetkategorie, geht aber mit seinen gepflegten, großen Einraum-Apartments, die Küche und Balkon haben, darüber hinaus. Die zentrale Terrasse, der Pool und das Spielezimmer sind ideal, um mit anderen Travellern Kontakt zu bekommen. Kostenlose Extras sind das Frühstück und der sonntägliche Grillabend.

Floriana Guesthouse PENSION $$
(☎07-4051 7886; www.florianaguesthouse.com; 183 The Esplanade; EZ 75 AU$, DZ 89 & 140 AU$; ❄ @ ☰ ≋) In der von der charismatischen Jazzmusikerin Maggie geführten Pension lebt das alte Cairns weiter. Das alte Haus besitzt noch seine auf Hochglanz polierten Dielen und die Art-déco-Einrichtung. Eine geschwungene Treppe führt zu zehn individuell gestalteten Zimmern, die entweder Balkone oder Erkerfenster mit Sitzbänken haben.

Floriana Villas APARTMENTS $$
(☎0403 339 000; www.florianavillas.com.au; 187-189 The Esplanade; Apt. mit 1/2 Schlafzi. 110–150/200 AU$; ❄ ☰ ≋) Der markante weißblaue Komplex neben dem Floriana Guesthouse wurde in den 1940er-Jahren von einer Familie aus Malta errichtet und bietet heute riesige und moderne Ferienwohnungen. Man muss mindestens drei Nächte buchen. Zu den netten Extras gehören der kostenlose Fahrradverleih, ein schattiger Pool mit Massagedüsen und der schön gestaltete Grillplatz.

Inn Cairns APARTMENTS $$
(☎07-4041 2350; www.inncairns.com.au; 71 Lake St; Apt. 125–188 AU$; P ❄ @ ☰ ≋) Hinter der bescheidenen Fassade verbergen sich schicke Innenstadtwohnungen. Mit dem Aufzug gelangt man zum Pool im 1. Stock und zum Dachgarten, wo man gut einen Sundowner nehmen kann. Die eleganten, in sich abgeschlossenen Apartments haben separate Schlaf- und Wohnbereiche. Das Personal ist freundlich, sodass man sich gleich wie zu Hause fühlt.

Balinese MOTEL $$
(☎07-4051 9922, 1800 023 331; www.balinese.com.au; 215 Lake St; DZ ab 110 AU$; ❄ @ ☰ ≋) In dem kleinen, niedrigen Komplex mit authentischen balinesischen Holzmöbeln und Keramiken fühlt man sich ganz wie auf Bali. Fehlen nur noch die Perlen im Haar.

Bay Village RESORT $$
(☎07-4051 4622; www.bayvillage.com.au; Ecke Lake St & Gatton St; DZ 150–330 AU$; ❄ @ ≋) Die smarten Wohneinheiten dieses weitläufigen Resorts verteilen sich um einen Pool. Die Anlage ist bei Pauschaltouristen beliebt, was ihr aber keinen Abbruch tut. Die teureren Zimmer sind in sich abgeschlossene Apartments mit Küche und Wohnbereich. Vor Ort bereiten balinesische Köche aromatische Gerichte im **Bay Leaf Restaurant** (Hauptgerichte 16–31 AU$, Mo–Fr mittags, tgl. abends). Gäste werden kostenlos vom Flughafen abgeholt.

Mid City APARTMENTS $$
(☎07-4051 5050; www.midcity.com.au; 6 McLeod St; Apt. mit 1/2 Schlafzimmern 175/225 AU$; ❄ @ ☰ ≋) Die makellos sauberen, mit Terrakotta gefliesten Apartments in diesem schneeweißen Gebäude sind komplett eingerichtet. Sie haben gute Küchen, Waschmaschinen und Trockner sowie einen Balkon, auf dem man die lauen Abende genießen kann.

Villa Vaucluse APARTMENTS $$
(☎07-4051 8566; www.villavaucluse.com.au; 141-143 Grafton St; Apt. mit 1 Schlafzi. 258 AU$; ❄ ☰ ≋) In den ziemlich luxuriösen Apartments begegnen sich mediterranes Dekor und tropisches Ambiente. Die Anlage hat ein zentrales Atrium und einen abgesonderten Meerwasserpool. Bei Onlinebuchung gibt's rund 50 % Rabatt.

Tropical Queenslander RESORT $$
(☎07-4051 0122; www.queenslanderhotels.com.au; 287 Lake St; Apt. ab 130 AU$; ❄ @ ☰ ≋) In der Anlage kann man in zwei Pools baden. Die

schicken Apartments mit Kochnische, Bad und Balkon laden zur Entspannung ein.

Acacia Court HOTEL $$
(☎ 07-4051 1501; www.acaciacourt.com; 223-227 The Esplanade; DZ 120–170 AU$; P ❄ 📶 🏊) Das etwas abseits der Stadt am Ufer gelegene Hochhaus hat leicht abgewohnte Zimmer, aber bei Online-Buchung genießt man die traumhafte Aussicht zum Schnäppchenpreis. Die meisten Zimmer haben einen eigenen Balkon. Im Erdgeschoss befindet sich das weithin bekannte Büffetrestaurant Charlie's (S. 462).

★ **201 Lake Street** HOTEL $$$
(☎ 07-4053 0100, 1800 628 929; www.201lakestreet.com.au; 201 Lake St; Zi. 120–260 AU$, Apt. 215–260 AU$) Der Apartmentkomplex wirkt wie den Seiten eines Trendmagazins entstiegen. In der Rezeption duftet es nach Zitronengras, der Pool ist toll, und über allem liegt ein Hauch Exklusivität. Strahlendes Weiß ist die vorherrschende Farbe. Neben schicken Hotelzimmern gibt's moderne Apartments mit Bewirtungsbereich, Plasma-TV und Balkon.

Shangri-La HOTEL $$$
(☎ 07-4031 1411; www.shangri-la.com/cairns; Pierpoint Rd; Zi. ab 270 AU$; P ❄ @ 📶 🏊) Die Lage am Wasser, hoch über dem Jachthafen, ist unschlagbar. Das superschicke Fünf-Sterne-Hotel ist das beste Haus am Platz und erzielt Bestnoten in puncto Lage, Ausblick, Einrichtungen (Fitnessraum, Bar am Pool etc.) und aufmerksamem Personal. Besonders nobel sind die „Horizon Club"-Zimmer. In der Nebensaison bekommt man bei Online-Buchung ein Zimmer schon für 170 AU$.

Hotel Cairns HOTEL $$$
(☎ 07-4051 6188; www.thehotelcairns.com; Ecke Abbott St & Florence St; DZ 195–265 AU$; ❄ 📶 🏊) Das im Stil eines traditionellen Queenslander-Pflanzerhauses errichtete große, strahlend weiße Hotel versprüht echten Tropencharme. Die modernen Zimmer sind unaufdringlich elegant. Die großen Zimmer und Suiten im „Turm" sind mit Korbmöbeln und eigenem Balkon besonders luxuriös.

Waterfront Terraces APARTMENTS $$$
(☎ 07-4031 8333; www.cairnsluxury.com; 233 The Esplanade; Apt. mit 1/2 Schlafzimmern 212/289 AU$; ❄ 📶 🏊) Die Luxusapartments befinden sich in niedrigen Gebäuden inmitten einer tropischen Umgebung. Sie haben hübsch möblierte, separate geflieste Wohn- und Küchenbereiche und alle Einrichtungen, u. a. große Balkone mit Blick aufs Meer.

🍴 Essen

Dass Cairns multikulturell ist, beweisen auch seine zahlreichen Restaurants, die Gerichte aus vielen Ländern, oft mit tropisch-australischen Abwandlungen, anbieten. Für preisbewusste Backpacker gibt's in manchen Pubs erstaunlich billige Mahlzeiten, die noch gar nicht einmal so schlecht sind.

Am Ufer vor dem Pier Marketplace teilen sich ein halbes Dutzend internationaler Restaurants den Promenadenweg mit Blick auf den Jachthafen – einfach herumschlendern und sich für das entscheiden, was einem gefällt. Auch bei einem Spaziergang auf der Esplanade entdeckt man alles, von Meeresfrüchterestaurants bis zu Steakhäusern.

Sushi Paradise JAPANISCH $
(☎ 07-4028 3452; 111 Grafton St; Sushi 3–15 AU$; ⏲ Mo–Sa 11–18.30 Uhr) Billig und nett lautet die Devise dieses beliebten Sushi-Imbisses. Man nimmt sich einen Plastikstuhl, greift zu Wasabi und Sojasauce und stürzt sich auf die frischen Rollen, Sashimi und Sushi. Ein nettes Extra ist der kostenlose grüne Tee.

Ganbaranba JAPANISCH $
(☎ 07-4031 2522; 12-20 Spence St; Ramen 10–15 AU$; ⏲ tgl. 11–22 Uhr) Es ist ein gutes Zeichen, dass Stammgäste (die die Kellner mit Vornamen ansprechen) immer wieder kommen, um sich an den sättigenden Schalen hausgemachter Ramen zu laben. Man kann viele Brühen und Einlagen wählen; alles wird authentisch japanisch zubereitet.

Meldrum's Pies in Paradise BÄCKEREI $
(97 Grafton St; Pies 4,70–5,90 AU$; ⏲ Mo–Fr 7–17, Sa bis 14.30 Uhr; 🌿) Diese Institution von Cairns backt gut 40 einfallsreiche Varianten schlichter australischer Pies – mit Hühnchen und Avocado genauso wie mit Kürbis-Gnocchi oder Thunfisch mit Mornay-Sauce. Ein idealer Laden für ein billiges Mittagessen.

Fusion Organics CAFÉ $
(www.fusionorganics.com.au; Ecke Aplin St & Grafton St; Gerichte 4–19,50 AU$; ⏲ Mo–Fr 7–15, Sa bis 14 Uhr; 🌿) In dem Eckhof des historischen Backsteingebäudes von 1921, das früher als Unfallstation diente, sitzen die Gäste auf Korbstühlen, während die emsigen Köche Bio-Produkte, die sicher keine Allergien auslösen, zu Quiches, Frittata, Maisfladen und gefülltem Brot verarbeiten. Zum Abschluss gönnt man sich einen frischen Saft.

Vanilla Gelateria EISCREME $
(Pierpoint Rd; Waffel oder Becher 4–6 AU$; ⏲9.30–23 Uhr) Eiskalte Gemische in Geschmacksrichtungen wie Toblerone, Zitrone, Limette oder Magenbitter – sogar Red Bull! Ideal an einem heißen Tag.

Night Markets FOOD-COURT $
(The Esplanade; Gerichte 10–15 AU$; ⏲tgl. 17–23 Uhr) Wer auf die Schnelle etwas Preiswertes essen will, ist in dem asiatisch ausgerichteten, wimmelnden Food-Court des Nachtmarkts (zw. Alpin St und Shields St) genau an der richtigen Adresse.

Fetta's Greek Taverna GRIECHISCH $$
(☎07-4051 6966; www.fettasgreektaverna.com.au; 99 Grafton St; Gerichte 13–25 AU$; ⏲Mo–Fr 11.30–15, tgl. 17.30 Uhr–open end) Die weißen Mauern und blau akzentuierten Fenster erinnern einen unwillkürlich an Santorin, aber im Mittelpunkt stehen die klassischen griechischen Gerichte. Für Unentschlossene bietet das Menü für 35 AU$ die ganze Palette: Dip, Saganaki, Mousakas, Salat, gegrilltes Fleisch, Tintenfisch, Baklava und Kaffee. Am Ausgabeschalter für Essen zum Mitnehmen gibt's günstiges Gyros mit Tsatsiki für 9 AU$.

Ochre MODERN-AUSTRALISCH $$
(☎07-4051 0100; www.ochrerestaurant.com.au; 43 Shields St; Hauptgerichte 23–37 AU$; ⏲Mo–Fr 11–15, tgl. 18–22.30 Uhr; 🖉) Der Speisesaal des innovativen Restaurants ist in Ocker- und pflaumenfarbenen Tönen gehalten. Auf der ständig wechselnden Karte stehen heimische Tiere und Pflanzen, z. B. Krokodil mit australischer Paprika, Känguru mit Quandong-Chili-Glasur, Wattleseed-Brot mit Erdnussöl und australischer Daqqa-Würze oder auch Zitronen-Myrte-Panacotta. Krokodilburger und Wallaby-Braten runden die Karte ab. Unentschlossene wählen das Verkostungsmenü.

Green Ant Cantina MEXIKANISCH $$
(☎07-4041 5061; www.greenantcantina.com; 183 Bunda St; Hauptgerichte 15–40 AU$; ⏲tgl. 18 Uhr–open end; 🖉) Das abgefahrene kleine Stück Mexiko hinter dem Bahnhof lohnt den Besuch wegen der hausgemachten Quesadillas, Enchiladas und Barramundi in Corona-Bierteig. Hinzu kommen eine tolle Cocktailkarte, coole Musik und gelegentlich eine Liveband.

Marinades INDISCH $$
(☎07-4041 1422; 43 Spence St; Hauptgerichte 14–30 AU$; ⏲11–14.30, Di–So 18–22 Uhr; 🖉) Mit seiner langen Speisekarte voll aromatischer Gerichte wie in Cashewpaste marinierter Hummer oder Garnelencurry aus Goa und dem zurückhaltend dekorierten Speisesaal ist das Marinades das beste indische Restaurant in Cairns. Die Mittagsthalis (10–12 AU$) haben ein gutes Preis-Leistungs-Verhältnis und sind zum Mitnehmen sogar noch 10 % billiger.

Perrotta's at the Gallery MEDITERRAN $$
(☎07-4031 5899; 38 Abbott St; Hauptgerichte 14–36 AU$; ⏲tgl. 8.30–23 Uhr; 🖉) Das luftige Lokal neben der Cairns Regional Gallery lockt mit leckerem Frühstück, Kaffee und mediterranen Gerichten (mittags & abends) die Gäste auf seine mit schmiedeeisernen Tischen und Stühlen ausstaffierte überdachte Terrasse. Die überraschend mürrische Bedienung ist allerdings weniger erfreulich.

Dolce & Caffe CAFÉ $$
(Shop 1, Mantra Esplanade, Shields St; Gerichte 6,50–18 AU$; ⏲tgl. 6–17 Uhr; 🖉) Bei gutem Kaffee und superfrischen Salaten kann man hier sehen und gesehen werden.

La Fettuccina ITALIENISCH $$
(☎07-4031 5959; www.lafettuccina.com; 41 Shields St; Hauptgerichte 26–31 AU$; ⏲tgl. 18–22.30 Uhr) Hausgemachte Saucen und Pasta sind die Spezialität des kleinen, stimmungsvollen italienischen Restaurants. Man sollte versuchen, einen Platz auf dem kleinen schmiedeeisernen Innenbalkon zu bekommen. Das Lokal hat eine Schanklizenz, man kann den Alkohol aber auch selber mitbringen.

Charlie's SEAFOOD $$
(☎07-4051 5011; 223-227 The Esplanade; Büffet 23,50 AU$; ⏲tgl. 18–22.30 Uhr) Das Lokal im Acacia Court Hotel ist nicht gerade das schickste im Ort, aber bekannt für sein allabendliches Meeresfrüchtebüffet mit beliebigem Nachschlag, das mehr Masse als Klasse bietet. Man lädt sich den Teller mit Garnelen, Austern, Muscheln oder warmen Speisen voll und isst dann draußen auf der Terrasse am Pool.

Cherry Blossom JAPANISCH $$$
(☎07-4052 1050; Ecke Spence & Lake St; Hauptgerichte 29–53 AU$; ⏲Di–Fr 12–14, Mo–Sa 17–23 Uhr) In dem Restaurant im 1. Stock stehen sich zwei Köche wie bei einem Kochduell gegenüber und bereiten mit viel Theater Sushi und Teppanyaki zu. Der Speisesaal könnte mal renoviert werden.

Selbstversorger

Der größte Lebensmittelmarkt von Cairns ist **Rusty's Markets** (Grafton St; ⏲Fr 5–18, Sa

6-15, So 6-14 Uhr) zwischen der Shields und der Spence St.

Asian Foods Australia SELBSTVERSORGER $
(101 Grafton St) Der Laden bietet eine große Auswahl an Lebensmitteln aus Asien.

Cairns Central Shopping Centre SELBSTVERSORGER
(www.cairnscentral.com.au; McLeod St; ⌚Mo-Mi, Fr & Sa 9-17.30, Do bis 21, So 10-16.30 Uhr) In dem riesigen Einkaufszentrum gibt's eine Fleischerei und mehrere Supermärkte, u.a. Coles.

Ausgehen

Mit unzähligen Bars und Nachtclubs ist Cairns die Partyhochburg an der Nordküste Queenslands. Die meisten Lokale bieten neben Essen und alkoholischen Getränken auch irgendeine Form von Unterhaltung an. Überall findet man Biergärten oder Schankterrassen, um die lauen Abende zu genießen.

★ **Salt House** BAR
(www.salthouse.com.au; 6/2 Pierpoint Rd; ⌚Fr-So 9-2, Mo-Do 11-2 Uhr) Die schick-maritime Bar neben dem Jachtclub von Cairns hat sich zur angesagtesten Bar der Stadt entwickelt. Zu den tollen Cocktails gibt's gelegentlich Livemusik oder Auftritte von DJs. Das Restaurant bietet tolle modern-australische Gerichte, z.B. frisch geangelten Fisch oder saftige Steaks. Hier kann man gut nach dem Sundowner hin pilgern.

Vibe Bar & Lounge BAR
(☎07-4052 1494; 39 Lake St; ⌚Mo, Mi & Fr 11 Uhr-open end, Sa ab 17, So ab 18 Uhr) Ein frischer Anstrich hat dem mittelgroßen Barrestaurant neues Leben eingehaucht. Das Kneipenessen ist passabel, die Besucher kommen aber hauptsächlich wegen der vielen Drinks und der munteren Tanzfläche (ab 21 Uhr).

Gilligan's BAR, CLUB
(www.gilligansbackpackers.com.au; 57-89 Grafton St; ⌚9 Uhr-open end) Im größten Backpacker-Resort ist angesichts von gut 400 Travellern immer etwas los. Aber auch Einheimische lieben den riesigen Biergarten, die Livebands, die DJs, die House auflegen und die Cocktailbar im Obergeschoss.

Court House Hotel PUB
(38 Abbott St; ⌚9 Uhr-open end) Der Pub im schneeweißen, früheren Gerichtsgebäude von 1921 prunkt mit einer Theke aus poliertem Holz und einer Statue der Justitita. Mittwochs gibt's Agakröten-Rennen, und freitags legen DJs auf. An allen anderen Tagen sitzt man am besten draußen in dem ruhigen Biergarten.

The Jack BAR
(☎07-4051 2490; www.thejack.com.au; 48 Spence St; ⌚tgl. Open End) Der riesige Biergarten mit Fässern als Tischen, Großleinwänden und einer Musikbühne ist die Hauptattraktion in diesem vage irisch daherkommenden, an ein Backpacker-Hostel angeschlossenen Pub. Zur Unterhaltung gibt's Livebands, DJs, Ultimate-Fighting im TV und Bikini-Wettbewerbe.

Pier Bar & Grill BAR
(www.pierbar.com.au; Pierpoint Rd; ⌚11.30 Uhr-open end) Die lokale Institution am Ufer serviert auch preisgünstiges Essen. Ein Muss ist die Musik-Session an jedem Sonntag.

Grand Hotel KNEIPE
(www.grandhotelcairns.com; 33 McLeod St; ⌚11-1 Uhr) In diesem entspannten Lokal kann man sein Bier auf einem 11 m langen Krokodil abstellen – es ist aus Holz und dient als Theke.

PJ O'Briens IRISH PUB
(Ecke Lake & Shields St; ⌚tgl. open end) Der Teppich ist versifft, und es riecht nach abgestandenem Guinness, aber in diesem Pub gibt's spottbilliges Essen, Mädels, die an der Stange tanzen und immer Party.

Woolshed Chargrill & Saloon BAR
(☎07-4031 6304; www.thewoolshed.com.au; 24 Shields St; ⌚tgl. open end) Noch ein Backpacker-Magnet (wohl auch weil viele Hostels Woolshed-Essensgutscheine verschenken), wo junge Traveller und Tauchlehrer sich volllaufen lassen und auf den Tischen tanzen.

Hotel Cairns BAR
(www.thehotelcairns.com; Ecke Abbott St & Florence St; ⌚tgl. open end) Die Bar des altehrwürdigen Hotels ist eine entspannte Alternative zum Halligalli der Partyszene. Hier wird abends Klavier und Kontrabass gespielt.

Heritage Nightclub CLUB
(☎07-4031 8070; www.theheritagecairns.com; Ecke Spence St & Lake St; ⌚Do 21-3, Sa & So 22-5 Uhr) Wenn der DJ auflegt, stürzen die energiegeladenen Partygänger ihre Cocktails hinunter und strömen auf den riesigen Balkon im ersten Stock. Es kann chaotisch werden, aber die Party ist garantiert.

Unterhaltung

Livemusik gibt's überall in der Stadt. Im Tanks Arts Centre treten bekannte Pop-,

Rock-, Indie- und Folk-Musiker auf. Jazzfans sollten einen Blick auf den wöchentlichen Veranstaltungskalender unter www.tropicjazz.org.au werfen. Da die Nachtclub-Szene ständig im Wandel ist, fragt man am besten Einheimische, was gerade in (und out) ist. Die Clubs schließen in der Regel um 3 Uhr oder später, und meist wird ein Grundpreis verlangt.

Wo etwas los ist, erfährt man auf der Website www.entertainmentcairns.com und in den kostenlosen Backpacker-Zeitschriften, die in den meisten Hostels ausliegen.

12 Bar Blues Jazz JAZZ
(☎07-4041 7388; 62 Shields St; ⌚Mi–So 19 Uhr–Open End) Die nette Bar ist mit Jazz, Blues und Swing der beste (vielleicht einzige) Ort in Cairns für swingende Livemusik. Donnerstags ist Open Mike für Liedermacher, sonntags Open Mike für alle.

Pullman Reef Hotel Casino CASINO, BAR
(www.reefcasino.com.au; 35-41 Wharf St; ⌚Mo & Di 16–23, Mi–So 16 Uhr–open end) In Cairns' Casino gibt's Spieltische und Hunderte von Pokerautomaten. Außerdem finden sich hier drei Restaurants und vier Bars, darunter die **Vertigo Bar & Lounge** mit kostenloser Livemusik, kostenpflichtigen Shows und einer riesigen Sportbar (wo zweimal pro Woche kostenlos Filme gezeigt werden). Während Mum mit den Kindern den **Wildlife Dome** im Haus inspiziert, verspielt Daddy am Spieltisch das Familieneinkommen.

Starry Night Cinema KINO
(www.endcredits.org.au; Flecker Botanic Gardens, Collins Ave, Edge Hill; Eintritt 10 AU$; ⌚Juni–Okt.) Im tropischen Ambiente des Botanischen Gartens flimmern an jedem dritten Mittwoch im Monat ab etwa 18.30 Uhr Filmklassiker über die im Freien aufgebaute Leinwand.

Jute Theatre THEATER
(☎07-4050 9444; www.jute.com.au; CoCA, 96 Abbott St; Karten ab 20 AU$) Das Theater im Centre of Contemporary Arts spielt zeitgenössische australische Autoren und Indie-Stücke.

Rondo Theatre THEATER
(☎07-4031 9555, 1800 855 835; www.cairnslittletheatre.com; Greenslopes St; Karten 18–22 AU$) Das Theater gegenüber den Centenary Lakes zeigt örtliches Theater und Musicals. Es befindet sich 4,5 km nordwestlich vom Zentrum (die Sheridan St bis zur Greenslopes St fahren).

Event Cinemas Cairns KINO
(www.eventcinemas.com.au; 108 Grafton St) Das Kino zeigt Mainstream-Streifen, gelegentlich aber auch ausländische und anspruchsvolle Filme. Dienstags ist Kinotag.

BCC Cinemas KINO
(☎07-4052 1166; Cairns Central Shopping Centre, McLeod St) Das Kino zeigt Mainstream-Streifen. Dienstags ist Kinotag.

Shoppen

Die Einkaufsmöglichkeiten in Cairns reichen von Edelboutiquen wie Louis Vuitton bis zu schrecklich kitschigen Souvenirschuppen. Egal, ob eine Dose Macadamianüsse, getrocknetes Emu- oder Krokodilfleisch, gefälschte Designersonnenbrillen oder tropische Fische als Magnete für den Kühlschrank – hier gibt's wirklich alles.

Mud Markets MARKT
(Pier Marketplace; ⌚Sa & So 9–15 Uhr) Auf dem Markt gibt's Live-Unterhaltung, Kunsthandwerk und Bio-Lebensmittel. Wer unbedingt ein T-Shirt mit der Aufschrift „Cairns Australia" haben will, geht auch nicht leer aus.

Cairns Central Shopping Centre EINKAUFSZENTRUM
(www.cairnscentral.com.au; McLeod St; ⌚Mo–Mi, Fr & Sa 9–17.30, Do bis 21, So 10–16.30 Uhr) In dem riesigen Einkaufszentrum findet man in den vielen Läden alles von Büchern bis Bikinis.

Woolworths SUPERMARKT
(103 Abbott St; ⌚tgl. 9–21 Uhr) Die Supermarktkette hat ein gewaltiges, auf Traveller ausgerichtetes Sortiment (Sonnencreme, SIM-Karten etc.).

Night Markets MARKT
(www.nightmarkets.com.au; The Esplanade; ⌚16.30–24 Uhr) Hier gibt's kitschige Souvenirs, Modeschmuck und billige Massagen.

Absells Chart Map Centre BÜCHER, KARTEN
(Main Street Arcade, 85 Lake St) Der Laden führt eine eindrucksvolle Auswahl an Umgebungs-, topografischen und Seekarten.

Praktische Informationen

GELD

Fast alle größeren Banken haben Filialen mit Geldautomaten und Wechselschaltern. Die privaten Wechselstuben an der Esplanade sind länger offen.

American Express (☎1300 139 060; 63 Lake St) In der Westpac Bank.

Travelex (☎07-4041 6043; Shop 73, Cairns Central Shopping Centre; ⏲Mo–Mi & Sa 9–17, Do 9–19, So 10–16 Uhr)

INTERNETZUGANG

Die meisten Büros von Tourveranstaltern und Unterkünfte haben internettaugliche Computer und WLAN; Internetcafés finden sich in der Abbott St zwischen der Shields St und der Aplin St.

MEDIZINISCHE VERSORGUNG

Cairns Base Hospital (☎07-4050 6333; The Esplanade) Die Notfallstation ist rund um die Uhr geöffnet.

Cairns City 24 Hour Medical Centre (☎07-4052 1119; Ecke Florence St & Grafton St) Allgemeinmedizinische Praxis und medizinische Tauchercheck s.

Cairns Travel Clinic (☎07-4041 1699; www.ctlmedical.com.au; 15 Lake St; ⏲Mo–Fr 8.30–17.30, Sa 9–12 Uhr) Impfungen und Heilmittel, z. B. gegen Malaria.

NOTFALL

Rettungsdienste, Feuerwehr & Polizei (☎000; ⏲24 Std.)

Polizei (☎07-4030 7000; 5 Sheridan St)

POST

Post (☎07-4051 3099; Shop 115, Cairns Central Shopping Centre; ⏲Mo–Fr 9–17, Sa 9–12 Uhr)

TOURISTENINFORMATION

Viele Läden schmücken sich mit dem „i"-Zeichen und nennen sich „Informationszentren", doch handelt es sich bei ihnen im Grund nur um Tourveranstalter. Alle Hostels haben einen Buchungsschalter und können Infos liefern.

Cairns & Tropical North Visitor Information Centre (☎1800 093 300; www.cairns-greatbarrierreef.org.au; 51 The Esplanade; ⏲tgl. 8.30–18.30 Uhr) Die staatliche Touristeninformation berät neutral und kann Unterkünfte und Touren buchen.

Cairns Discount Tours (☎07-4055 7158; www.cairnsdiscounttours.com.au) Kundige Agentur für Tagesausflüge und geführte Touren, die auf Last-Minute-Angebote spezialisiert ist.

Destination Cairns (☎1800 807 730, 07-4051 4055; Ecke Sheridan St & Aplin St) Das auch für Rollstuhlfahrer zugängliche Büro bietet Infos und bucht Touren.

Far North Queensland Volunteers (☎07-4041 7400; www.fnqvolunteers.org; 68 Abbott St) Das Büro vermittelt Freiwilligenjobs bei gemeinnützigen Organisationen.

Royal Automobile Club of Queensland (RACQ; ☎07-4042 3100; www.racq.com.au; 537 Mulgrave Rd, Earlville) Karten und Infos zum Straßenzustand im ganzen Bundesstaat bis hinauf zum Cape York. Der Straßenzustandsbericht ist unter ☎1300 130 595 rund um die Uhr abrufbar.

ℹ An- & Weiterreise

AUTO & MOTORRAD

Alle großen Autovermieter haben Filialen in Cairns und am Flughafen, daneben gibt es überall in der Stadt Anbieter, die billig Autos und Wohnmobile vermieten. Ein Kleinwagen neueren Modells kostet etwa ab 45 AU$ und ein Geländewagen ab 80 AU$ pro Tag. Die großen Unternehmen wie **Hertz** und **Europcar** sitzen am **Cairns Square** (Ecke Shields St & Abbott St). Wer länger unterwegs sein will, sollte einen Blick auf das Schwarze Brett in der Abbott St werfen, wo Traveller gebrauchte Wohnmobile und Autos annoncieren.

Britz Australia (☎07-4032 2611, 1800 331 454; www.britz.com.au; 419 Sheridan St) Vermietet Wohnmobile.

East Coast (☎1800 028 881, 07-5592 0444; www.eastcoastcarrentals.com.au; 146 Sheridan St)

Choppers Motorcycle Tours & Hire (☎0408-066 024; www.choppersmotorcycles.com.au; 150 Sheridan St) Eine Harley kostet ab 190 AU$/Tag, eine kleinere Maschine ab 75 AU$. Motorradtouren werden ebenfalls angeboten.

BUS

Cairns ist der Knotenpunkt des Busverkehrs in Far North Queensland.

Greyhound Australia (☎1300 473 946; www.greyhound.com.au) Viermal täglich fahren Busse vom Reef Fleet Terminal am Südende der Esplanade die Küste entlang über Townsville (59 AU$, 6 Std.), Airlie Beach (130 AU$, 11 Std.) und Rockhampton (190 AU$, 18 Std.) nach Brisbane (295 AU$, 29 Std.). Mit einem Buspass kann die Fahrt günstiger werden.

Premier Motor Service (☎13 34 10; www.premierms.com.au) Das Unternehmen fährt einmal täglich von der Haltestelle D im Lake St Transit Centre über Innisfail (19 AU$, 1½ Std.), Mission Beach (19 AU$, 2 Std.), Tully (26 AU$, 2½ Std.), Cardwell (30 AU$, 3 Std.), Townsville (55 AU$, 5½ Std.) und Airlie Beach (90 AU$, 10 Std.) nach Brisbane (205 AU$, 29 Std.). Es gibt auch günstigere Buspässe.

Trans North (☎07-4095 8644; www.transnorthbus.com; Cairns Central Rail Station) Fünf Busse fahren täglich von Cairns in die Atherton Tablelands, darunter nach Kuranda (8 AU$, 30 Min., 5-mal tgl.), Mareeba (18 AU$, 1 Std., 1- bis 3-mal tgl.) und Atherton (23,40 AU$, 1¾ Std., 1- bis 3-mal tgl.). Verbindungen nach Ravenshoe und Chillagoe vor Ort erfragen. Die Busse fahren am Bahnhof (Cairns Central

Rail Station) ab; die Fahrkarte kauft man beim Einsteigen.

John's Kuranda Bus (☎0418 772 953) Das Unternehmen fährt zwei- bis fünfmal täglich vom Lake Street Transit Centre in Cairns nach Kuranda (5 AU$, 30 Min.).

Sun Palm (☎07-4087 2900; www.sunpalmtransport.com) Die Busse nach Norden starten am Flughafen oder in der Innenstadt und fahren über Palm Cove und die nördlichen Strände (ab 20 AU$) sowie Mossman (45 AU$, 1¾ Std.) nach Port Douglas (40 AU$, 1½ Std.).

Country Road Coachlines (☎07-4045 2794; www.countryroadcoachlines.com.au) Ein Bus fährt täglich vom Reef Fleet Terminal in Cairns nach Cape Tribulation (50 AU$) und Cooktown (80 AU$). Abhängig vom Reisetag und vom Straßenzustand nimmt er entweder die Küstenstrecke (den Bloomfield Track über Port Douglas und Mossman) oder die Route durchs Binnenland (über Mareeba).

FLUGZEUG

Qantas (☎13 13 13; www.qantas.com.au), **Virgin Australia** (☎13 67 89; www.virginaustralia.com) und **Jetstar** (☎13 15 38; www.jetstar.com.au) sind in Cairns mit Flügen von/nach Brisbane, Sydney, Melbourne, Darwin (auch über Alice Springs) und Townsville vertreten. Internationale Flüge gibt es von/nach China und Singapur.

Skytrans (☎1300 759 872, 07-4040 6799; www.skytrans.com.au) Skytrans fliegt Cape York und abgelegene Orte in Nord-Queensland an.

Hinterland Aviation (☎07-4040 1333; www.hinterlandaviation.com.au) Hinterland fliegt ein- bis dreimal täglich (außer So) von/nach Cooktown (einfache Strecke 410 AU$, 40 Min.).

ZUG

Der *Sunlander* startet dienstags, donnerstags und samstags vom **Bahnhof** (Bunda St) in Cairns zur Fahrt nach Brisbane (einfache Strecke ab 200 AU$, 31½ Std.); die Scenic Railway fährt täglich von/nach Kuranda. Infos gibt's bei **Queensland Rail** (☎13 16 17; www.traveltrain.com.au).

> **BAMA WAY**
>
> Zwischen Cairns und Cooktown hat man auf dem **Bama Way** (www.bamaway.com.au) Gelegenheit, das Land mit den Augen der Aborigines zu erleben. *Bama* (ausgesprochen Bamma) bedeutet „Mensch" in den Aborigine-Sprachen Guugu Yalandji und Guugu Yimithirr. Zu den Highlights gehören Touren mit indigenen Führern, z. B. die Bloomfield-Track-Tour der Familie Walker oder die interessante Einsichten vermittelnden Guurrbi-Touren, die Willie Gordon in Cooktown anbietet. In den Touristeninformationen ist eine Karte des Bama Way erhältlich.

Unterwegs vor Ort

VOM/ZUM FLUGHAFEN

Der Flughafen liegt rund 7 km nördlich vom Zentrum; viele Unterkünfte bieten einen kostenlosen Abholservice an. Ein Shuttlebus von Sun Palm (s. links), dessen Fahrplan auf die Ankunftszeiten der Flugzeuge abgestimmt ist, fährt ins Zentrum (Erw./Kind 12/6 AU$). Einen Transfer vom/zum Flughafen kann man auch für die nördlichen Strände von Cairns (20 AU$), für Palm Cove (20 AU$), Port Douglas (40 AU$) und Mossman (45 AU$) buchen. Die Fahrt mit einem **Black & White Taxi** (☎13 10 08) kostet rund 30 AU$.

BUS

Sunbus (☎07-4057 7411; www.sunbus.com.au; Lake St Transit Centre) betreibt den lokalen Busverkehr in und rund um Cairns. Die Busse fahren vom Lake St Transit Centre, wo der Fahrplan aushängt. Zu den nützlichen Haltestellen gehören u. a.: Flecker Botanic Gardens/Edge Hill sowie Machans Beach (Bus 131), Holloways Beach und Yorkeys Knob (Bus 112, 113 und 120), sowie Trinity Beach, Clifton Beach und Palm Cove (Bus 110 und 111). Die meisten Busse nach Norden fahren über Smithfield. Die genannten Ziele werden auch vom Nachtbus (N) angefahren. In Richtung Süden fährt der Bus 140 bis nach Gordonvale.

FAHRRAD

Auch einige Unterkünfte vermieten Fahrräder.

Bike Man (☎07-4041 5566; www.bikeman.com.au; 99 Sheridan St; 15/60 AU$ pro Tag/Woche) verleiht, verkauft und repariert Fahrräder.

Cairns Bicycle Hire (☎07-4031 3444; www.cairnsbicyclehire.com.au; 47 Shields St; 25/65 AU$ pro Tag/Woche, Motorroller ab 85 U$/Tag) vermietet gute Fahrräder und Motorroller.

TAXI

Die Black & White Taxis haben einen Stand nahe der Kreuzung Lake und Shields St sowie einen weiteren an der McLeod St vor dem Cairns Central Shopping Centre.

Die Inseln vor Cairns

Green Island, Fitzroy Island und der Frankland Islands National Park eignen sich von Cairns aus gut zu einem Tagesausflug, um sich zu sonnen, zu schnorcheln und das Leben zu genießen.

Green Island

Der lange, abgewinkelte Landungssteg von Green Island ächzt unter den Bootsladungen von Tagesausflüglern, die am späteren Nachmittag wieder abfahren und den Resort-Gästen die Idylle überlassen. Die schöne Koralleninsel liegt nur 45 Minuten von Cairns entfernt. Im Inneren ziehen sich Wanderwege mit Infotafeln durch den Regenwald, ein weißer Sandstrand säumt die Küste, vor der man gut schnorcheln kann. Eine Wanderung rund um die Insel dauert rund 30 Minuten.

Die Insel und die umliegenden Gewässer sind als National- und Meerespark geschützt.

Im **Marineland Melanesia** (☎07-4051 4032; www.marinelandgreenisland.com.au; Erw./Kind 18/8 AU$) gibt's ein Aquarium mit Fischen, Schildkröten, Rochen und Krokodilen sowie eine Sammlung melanesischer Artefakte.

Das luxuriöse **Green Island Resort** (☎07-4031 3300, 1800 673 366; www.greenisland resort.com.au; Suite 570-670 AU$; ❄@🏊) bietet große, geschmackvolle, mit Holz ausgekleidete Zimmer. Man kann das Frühstück, den Drink zum Sonnenuntergang und geführte Wanderungen buchen und Kajaks ausleihen. Schnorchelausrüstung wird kostenlos gestellt. Der Transport von/zur Insel ist im Preis inbegriffen. Das Resort steht auch Ta-

Rund um Cairns

VON CAIRNS NACH COOKTOWN – DIE INLANDSROUTE

Von Cairns nach Cooktown sind es 332 km, also gut vier Stunden mit dem Auto, vorbei an Kühen, Kakadus und Krokodilen. Entweder fährt man in Mareeba oder kurz vor Mossman auf den Mulligan Hwy. Er führt vorbei an zerfleddert wirkenden Eukalyptusbäumen und von Rindern zertrampeltem Weideland, bis er in Lakeland auf die Cooktown Developmental Rd trifft. Von dort sind es noch 80 km bis Cooktown.

Das kleine Städtchen **Mt. Molloy** bildet den Beginn des Mulligan Hwy. Das **National Hotel** (☎ 07-4094 1133; www.mountmolloynationalhotel.com.au; Main St, Mt. Molloy; EZ/DZ 40/80 AU$, Hauptgerichte 12–24 AU$; ⏰ mittags & abends) vermietet Zimmer und bietet typisches Pub-Essen, während es im **Mt. Molloy Cafe & Takeaway** (☎ 07-4094 1187; Hauptgerichte 6–15 AU$), das auch als „Lobo Loco" bekannt ist, von Dim Sum über Burritos und Cornflakes bis hin zu einem Bourbon on the Rocks alles gibt.

Während des Goldrausches am Palmer River (1873–1883), der gut 70 km weiter westlich stattfand, boomten die Städte Palmerville und Maytown, von denen heute nur noch wenig übrig ist. Im **Palmer River Roadhouse** (☎ 07-4060 2020; Stellplatz ohne/mit Strom 15/20 AU$, EZ/DZ 45/55 AU$, Hauptgerichte 15–25 AU$; ⏰ morgens, mittags & abends; @) gibt's Essen und Benzin. Man kann auch sein Zelt aufschlagen, das Wohnmobil parken oder in einem Safarizelt des Roadhouse mit Blick auf den Fluss übernachten.

Südlich von Cooktown passiert die Straße die düsteren und geheimnisvollen Steinhaufen des **Black Mountain National Park**. Das Felsmassiv entstand vor 260 Mio. Jahren aus Tausenden von Granitbrocken. Rund um den Black Mountain, den die Indigene Kalkajaka nennen, was soviel wie „Ort der Speere" bedeutet, leben einmalige Arten von Fröschen, Glattechsen und Geckos.

gesausflüglern teilweise offen (für sie gibt es einen eigenen Swimmingpool). Auch wer nicht hier wohnt, kann die Restaurants, Bars und die Eisdiele besuchen und die Wassersporteinrichtungen nutzen.

Great Adventures (☎ 07-4044 9944; www.greatadventures.com.au; 1 Spence St, Cairns; Erw./Kind 79/37,50 AU$) und **Big Cat** (☎ 07-4051 0444; www.greenisland.com.au; Erw./Kind ab 79/37,50 AU$) veranstalten Tagesausflüge, bei denen Fahrten mit einem Glasboden- oder Halbtauchboot zusätzlich möglich sind.

Alternativ segelt man mit **Ocean Free** (☎ 07-4052 1111; www.oceanfree.com.au; Erw./Kind ab 140/95 AU$) zur Insel. Das Boot legt dort zu einem kurzen Zwischenstopp an; den Rest des Tages verbringt man vor der Küste am Pinnacle Reef.

Fitzroy Island

Die Insel ragt wie eine steile Bergspitze aus dem Meer und ist von Korallenstränden gesäumt. Durch den dichten Regenwald führen Wanderwege, und hier steht auch der letzte noch besetzte Leuchtturm Australiens. Der beste Platz zum Schnorcheln ist zwischen den Felsen am **Nudey Beach** (1,2 km vom Resort entfernt), der aber, trotz seines Namens, kein Nacktbadestrand ist.

Auf dem **Fitzroy Island Camping Ground** (☎ 07-4044 6700; Stellplatz 33 AU$), der vom Cairns Regional Council verwaltet wird, kann man sein Zelt aufschlagen. Es stehen Duschen, Toiletten und Grillstellen zur Verfügung. Die Stellplätze müssen im Voraus gebucht werden.

Im renovierten **Fitzroy Island Resort** (☎ 07-4044 6700; www.fitzroyisland.com; Studio 195 AU$, Hütte 369 AU$, Suite mit 1/2 Schlafzi. 350–515 AU$ ❄ 🏊) kann man zwischen einem Studioapartment und einer Hütte am Strand oder ein Zweizimmerapartment wählen. Das Restaurant, die Bar und der Kiosk stehen auch Tagesausflüglern offen.

Raging Thunder (www.ragingthunder.com.au) organisiert Tagesausflüge von Cairns aus (Erw./Kind 60/30 AU$).

Frankland Islands

Wer einfach nur auf einer von fünf unbewohnten Koralleninseln abhängen, durch die fantastische Unterwasserwelt schnorcheln und am traumhaft weißen Sandstrand faulenzen will, besteigt ein Boot und lässt sich zum Frankland Group National Park schippern.

Auf den Inseln High und Russell kann man im Regenwald campen, muss den Platz aber bei der Umweltbehörde **Queensland National Parks** (☎ 13 74 68; www.nprsr.qld.gov.au; Genehmigung 5,45 AU$) vorher reservieren. Das Büro informiert auch über saisonale

Einschränkungen, falls man auf die Idee kommt, sich hier länger niederzulassen.

Frankland Islands Cruise & Dive (07-4031 6300; www.franklandislands.com.au; Erw./Kind ab 149/79 AU$) veranstaltet tolle Tagestouren, zu denen auch eine Bootsfahrt auf dem Mulgrave River gehört. Schnorchelausrüstung und Mittagessen sind inklusive. Ebenfalls im Angebot: Schnorcheltouren, die von einem Meeresbiologen geführt werden, und Tauchausflüge. Wer auf Russel Island campen will, kann sich hinbringen und wieder abholen lassen. Die Boote legen in Deeral ab. Der Transfer von Cairns und den Stränden im Norden kostet 16 AU$ pro Person.

Um nach High Island zu kommen, muss man sich selbst um ein Boot kümmern oder eines chartern.

Die Strände nördlich von Cairns

Da Cairns keinen eigenen Strand hat, strömen Einheimische und Touristen auf die sandigen Inseln vor der Küste oder fahren nach Norden. Fast jede Abfahrt des Captain Cook Highway führt zu einem der kleinen Badeorte, in denen das Leben so herrlich geruhsam verläuft. Überall herrscht sonnige Ferienstimmung, dennoch hat jeder Ort seinen ganz eigenen Charakter: Yorkeys ist bei Seglern sehr beliebt, Trinity bei Familien, und Palm Cove ist ein schickes Paradies für die Flitterwochen. Campingplätze gibt's nur in Ellis Beach und Palm Cove.

Von Sunbus aus werden die Strände die ganze Woche über angefahren.

Holloways Beach

Im ruhigen Holloways Beach stößt das Korallenmeer auf einen groben Sandstrand. Das Gelände ist größtenteils eine Wohngegend mit Strandhäusern und ein paar Unterkünften für Touristen.

Pacific Sands (07-4055 0277; www.pacificsandscairns.com; 1-19 Poinciana St; DZ 109–145 AU$;) Der Komplex aus hellen, in sich abgeschlossenen Apartments mit zwei Schlafzimmern erstreckt sich einen Block abseits des Strands.

Die großen Blocks aus Einzimmerapartments im **Cairns Beach Resort** (07-4037 0400, 1800 150 208; www.cairnsbeachresort.com.au; 129 Oleander St; DZ 185–230 AU$;) zeichnen sich durch schickes Tropenambiente aus und stehen direkt am Strand.

Das **Strait on the Beach** (100 Oleander St; Hauptgerichte 15–20 AU$; tgl. 7.30–20.30 Uhr) ist ein luftiges Café mit einer klobigen, auf den Strand blickenden Holzterrasse – ein idealer Ort, um sich beim Frühstück oder einem Kaffee in die Zeitung zu vertiefen.

Yorkeys Knob

Yorkeys Knob ist der ansprechendste Ort an den Stränden im Norden von Cairns, eine weitläufige, bescheidene Siedlung an einem weißen Sandstrand. In der halbmondförmigen Half Moon Bay befindet sich der Jachthafen, in dem ca. 200 Boote vor Anker liegen.

Kite Rite (07-4055 7918; www.kiterite.com.au; Shop 9, 471 Varley St; 80 AU$/Std.) bietet Unterricht im Stehpaddeln, Kite- und Windsurfen und vermietet Ausrüstung. Ein zweitägiger Kurs mit Zertifikat kostet 499 AU$.

Das ungefähr einen Block vom Strand entfernte **Villa Marine** (07-4055 7158; www.villamarine.com.au; 8 Rutherford St; DZ 99–139 AU$;) ist die Unterkunft mit dem besten Preis-Leistungs-Verhältnis vor Ort. In den einstöckigen, voll ausgestatteten Apartments im Retro-Stil, die sich um einen Pool verteilen, fühlt man sich dank des freundlichen Besitzers Peter gleich wie zu Hause.

Der **Yorkeys Knob Boating Club** (07-4055 7711; www.ykbc.com.au; 25-29 Buckley St; Hauptgerichte 17–28 AU$; tgl. 12–15 & 18–21, Sa & So 8–10 Uhr;) ist ein echtes Juwel. Das Restaurant serviert Meeresfrüchte, Burger und Steaks. Man sollte den Kabeljau wählen, wenn er auf der Karte steht, oder auch die perfekt zubereiteten Tintenfische. Dazu passt ein großes Bier (oder auch zwei – es fährt ein kostenloser Shuttlebus). Man sitzt auf der Terrasse und träumt davon, mit einer der Luxusjachten, die vor einem vertäut am Kai liegen, in die Ferne zu segeln.

Trinity Beach & Umgebung

Hochhäuser verschandeln den langen, windgeschützten weißen Sandstrand, aber Urlauber lieben ihn trotzdem: Sie drehen den Gebäuden den Rücken zu und genießen einen der schönsten Strände im Norden von Cairns. Am Strand gibt's viele Unterkünfte.

Nur ein paar Schritte vom Strand entfernt bietet **Castaways** (07-4057 6699; www.castawaystrinitybeach.com.au; Ecke Trinity Beach Rd & Moore St; Apt. mit 1/2 Schlafzimmern 110/135 AU$;) Ferienwohnungen, drei Pools, Wellnessbecken, tropische Gartenanlagen und gute Vor-Ort-Preise.

L'Unico Trattoria (☎07-4057 8855; www.lunico.com.au; Hauptgerichte 16–44 AU$; ⏲tgl. 12 Uhr–open end; 🍷) Das ringsum von einer Holzterrasse umgebene italienische Restaurant bietet stilvolle italienische Gerichte wie Kalbsbraten mit Brei aus Süßkartoffeln, hausgemachte Gnocchi mit Vier-Käse-Sauce oder Holzofenpizza. Daneben gibt es auch Spezialitäten wie Moreton Bay Bugs in Wein und Knoblauch. Das Lokal liegt am Ufer und hat zudem eine tolle Weinkarte.

Clifton Beach

Das nachbarschaftlich-entspannte Clifton Beach zeichnet sich durch eine gute Mischung aus Wohnhäusern und Unterkünften und Einrichtungen für Feriengäste aus. Von hier aus kann man gen Norden am Strand entlang fast 2 km bis nach Palm Cove spazieren.

Vor einer grünen Hügelkulisse präsentieren sich die freistehenden, einstöckigen Apartments des **Clifton Palms** (☎07-4055 3839; www.cliftonpalms.com.au; 35-41 Upolu Esplanade; Apt. mit 1/2 Schlafzi. 90/145 AU$; ❄@🏊); ein großer Grillbereich am Pool komplettiert die Anlage.

Gegenüber dem Clifton Palms findet sich das bei Einheimischen hoch geschätzte **Clifton Capers Bar & Grill** (☎07-4059 2311; www.cliftoncapers.com; 14 Clifton Rd; Hauptgerichte 18–38 AU$; ⏲Di–Fr 15 Uhr–open end, Sa & So 11.30 Uhr–open end). Das Lokal bietet eine Auswahl an Pizza, Pasta und Meeresfrüchten, ein nettes, entspanntes Ambiente und Livemusik am Donnerstag und Sonntag.

Palm Cove

Palm Cove ist gemütlicher als Port Douglas, aber weit mondäner als seine Nachbarorte im Süden. Palm Cove ist eigentlich eine einzige breite Promenade an der Williams Esplanade mit einem Streifen groben, weißen Sands und Spitzenklasserestaurants, die die Sonnenanbeter aus ihren Luxusresorts hervorlocken. Angeblich soll Sir Elton John hier an der Landspitze ein Haus mit Aufnahmestudio haben.

Strandspaziergänge, Shoppen und entspanntes Baden stehen hier im Vordergrund, man kann aber auch aufs Wasser hinaus. **Palm Cove Watersports** (☎0402 861 011; www.palmcovewatersports.com; Kajakverleih 33 AU$/Std.) organisiert morgendliche 1½-stündige Ausflüge im Seekajak (53 AU$) und halbtägige Paddeltouren zur vor der Küste von Palm Cove liegenden Double Island (Erw./Kind 93/73 AU$).

Gleich westlich von Palm Cove kann man im **Cairns Tropical Zoo** (☎07-4055 3669; www.cairnstropicalzoo.com.au; Captain Cook Hwy; Erw./Kind 33/16,50 AU$, Cairns Night Zoo Erw./Kind 97/48,50 AU$; ⏲tgl. 8.30–16 Uhr) wilde Tiere wie Krokodile und Schlangen aus der Nähe erleben, sich mit Koalas fotografieren lassen und Kängurus füttern. Shuttles gibt's aus Palm Cove, Port Douglas, Cairns und den Strandorten nördlich davon.

Die meisten Unterkünfte in Palm Cove verlangen mindestens zwei Übernachtungen. Der von der Gemeinde geführte **Palm Cove Camping Ground** (☎07-4055 3824; 149 Williams Esplanade; Stellplatz ohne/mit Strom 19/27 AU$) liegt nahe beim Jachthafen und bietet einen Grillbereich und einen Waschsalon. Hütten gibt's hier nicht, aber der Platz ist die einzige billige Unterkunft in Palm Cove.

Die hellen, komplett ausgestatteten Ferienwohnungen des **Silvester Palms** (☎07-4055 3831; www.silvesterpalms.com.au; 32 Veivers Rd; Apt. mit 1/2/3 Schlafzi. 110/135/195 AU$; ❄📶🏊) sind eine erschwingliche Alternative zu den riesigen Resorts von Palm Cove und gut für Familien geeignet.

Das **Reef House Resort & Spa** (☎07-4080 2600; www.reefhouse.com.au; 99 Williams Esplanade; DZ ab 279 AU$; ❄@📶🏊) war früher das private Anwesen eines Brigadegenerals und ist intimer und unaufdringlicher als die meisten anderen Resorts in Palm Cove. Weiße Wände, Korbmöbel und große, romantisch mit Musselinvorhängen drapierte Betten schaffen ein elegantes Flair. An der Bar des Generals bedient man sich und zahlt auf Vertrauensbasis; in der Dämmerstunde gibt's einen kostenlosen Punsch beim Kerzenschein. Das Restaurant und das Spa im Haus haben beide einen guten Ruf. In der Nebensaison sinken die Preise, was für zusätzliche Attraktivität sorgt.

Durch die große Lobby des **Peppers Beach Club & Spa** (☎1300 987 600, 07-5665 4426; www.peppers.com.au; 123 Williams Esplanade; DZ ab 175 AU$; ❄@📶🏊) gelangt man in eine Pool-Wunderwelt: Es gibt hier einen Lagunenpool mit Sandstrandeinfassung, einen Regenwald-Pool im Grünen und eine schwimmende Bar, zusätzlich Tennisplätze und Spa-Anwendungen. Selbst die Standardzimmer haben ein eigenes Wellnessbad auf dem Balkon, die Penthouse-Suiten (ab 549 AU$) ihren eigenen Pool auf dem Dach. Und der Service übertrifft alle Erwartungen.

Das charmante **Melaleuca Resort** (☎1800 629 698; www.melaleucaresort.com.au; 85-93 Williams Esplanade; DZ 195–250 AU$; ❄≋) bietet 24 Einzimmer-Apartments, die alle mit Küche, Balkon und Waschmaschine ausgestattet sind.

An der Esplanade von Palm Cove gibt es einige gute Restaurants und Cafés. Und alle Resorthotels haben schicke Restaurants, die auch für Nichtgäste geöffnet sind.

Hipster stemmen Pints im **The Rising Sun** (☎07-4059 0889; 95 Williams Esplanade; Gerichte 16–36 AU$, Drinks ab 6 AU$; ⏲tgl. 11–24 Uhr), einer kecken luftigen Strandbar mit Bistro. Wer zu viel geladen hat, torkelt am besten gleich durch die Bars ins angeschlossene Boutiquehotel Sarayi und schläft seinen Rausch aus.

Der **Surf Club Palm Cove** (☎07-4059 1244; 135 Williams Esplanade; Gerichte 14–30 AU$; ⏲18 Uhr–open end) ist ein toller Ort, um in der sonnigen Gartenbar einen Drink zu nehmen. Zudem gibt es hier günstige Meeresfrüchte und ordentliche Gerichte für Kinder.

Im verrückten Innenraum des **Apres Beach Bar & Grill** (☎07-4059 2000; www.apresbeachbar.com.au; 119 Williams Esplanade; Hauptgerichte 23–39 AU$; ⏲tgl. 7.30 Uhr–Open End) hängt allerlei Schnickschnack an der Decke. Regelmäßige Livemusik und Karaoke-Abende halten das Publikum bei Laune.

Das preisgekrönte **Nu Nu** (☎07-4059 1880; www.nunu.com.au; 123 Williams Esplanade; Hauptgerichte 31–47 AU$; ⏲Mo–Fr 11 Uhr–open end, Sa & So ab 8.30 Uhr) gehört zu den bekanntesten Restaurants an der Küste, deshalb muss man reservieren, wenn man im Designer-Ambiente speisen will. Die modern-australischen Gerichte kombinieren das Beste der asiatischen und mediterranen Küche. Bei Gerichten wie Barramundi mit rotem Curry und Cape-Grim-Filet mit pochierten Pilzen fällt die Entscheidung schwer; aber die Verkostungsmenüs (ab 95 AU$) sind ihren Preis wert.

Ein rustikales Strandhaus nahe dem Jachthafen bildet das Ambiente für die aromatischen asiatischen Gerichte des **Beach Almond** (☎07-4059 1908; www.beachalmond.com; 145 Williams Esplanade; Hauptgerichte 28–59 AU$; ⏲Sa & So 11–15, tgl. 18–22 Uhr). Zu den geschmacksintensiven, frisch zubereiteten Kreationen gehören z. B. Garnelen mit schwarzem Pfeffer, Schweinebauch mit Ingwer, Mangrovenkrabben aus Singapur und balinesischer Barramundi. Der Livejazz am Sonntag hilft einem über die stolzen Preise hinweg.

Im zweistöckigen, bonbonfarbenen **Paradise Village Shopping Centre** (113 Williams Esplanade) ist ein Postamt (mit Internetzugang für 4 AU$/Std.), ein kleiner Supermarkt und ein Zeitungskiosk.

Ellis Beach

Ellis Beach ist der letzte Strandort im Norden von Cairns. Er liegt dem Highway am nächsten, der direkt daran vorbeiführt. An der langen, traumhaft schönen, von Palmen gesäumten geschützten Bucht gibt's einen von Rettungsschwimmern überwachten und im Sommer durch ein Netz gegen Seewespen abgesicherten Badestrand. Ab hier wird die Fahrt die Küste hinauf nach Port Douglas erst richtig interessant.

Hartley's Crocodile Adventures (☎07-4055 3576; www.crocodileadventures.com; Erw./Kind 33/17,50 AU$; ⏲tgl. 8.30–17 Uhr) veranstaltet täglich Führungen über die Krokodilfarm, kombiniert mit Fütterungen und „Krokodilangriffs"-Shows sowie Bootsfahrten auf der Lagune.

Ellis Beach Oceanfront Bungalows (☎1800 637 036, 07-4055 3538; www.ellisbeach.com; Captain Cook Hwy; Stellplatz ohne Strom32 AU$, Stellplatz mit Strom 35–46 AU$, Hütte ohne Bad 95–115 AU$, Bungalow 155–210 AU$; ❄@≋) präsentiert sich als ein von Palmen umsäumtes Strandparadies mit Stellplätzen, Hütten und topmodernen Bungalows, die einen weiten Blick aufs Meer bieten.

Auf der anderen Straßenseite lockt **Ellis Beach Bar 'n' Grill** (Captain Cook Hwy; Hauptgerichte 15–28 AU$; ⏲tgl. 8–20 Uhr) mit gutem Essen, Livemusik am Sonntagnachmittag und Flipperautomaten. Der Laden ist das einzige Restaurant vor Ort, ansonsten ist man auf Selbstversorgung angewiesen.

ATHERTON TABLELANDS

Wasserfälle, saftig grüne Wiesen, gutgenährte Milchkühe und Reste des zurückgedrängten Regenwalds kennzeichnen das Hochplateau. Die Randgebiete sehen jedoch ganz anders aus: Hier trifft man auf trockenes, raues Buschland und wesentlich magerere Rinder. In einigen Regionen erreicht das Plateau eine Höhe von mehr als 1000 m, deswegen ist das Gebiet auch hinsichtlich der Wetterbedingungen eines der angenehmsten zum Herumreisen. Viele Menschen erkunden die Gegend auf eigene Faust mit dem Auto, da die meisten Ortschaften aber dicht beieinander liegen, sind auch Fahrradtouren beliebt.

Anreise & Unterwegs vor Ort

Von Cairns fahren Busse (werktags generell drei, samstags zwei und sonntags einer) zu den größeren Ortschaften, jedoch nicht zu den kleineren und zu den interessanten Stellen im Umfeld der Kleinstädte. Es empfiehlt sich also, ein Auto zu mieten.

Die regelmäßig in die Tablelands fahrenden Busse von Trans North (S. 474) starten in Cairns an der Central Rail Station und bedienen Kuranda (8 AU$, 30 Min.), Mareeba (16,80 AU$, 1 Std.), Atherton (22 AU$, 1¾ Std.) und Herberton (28 AU$, 2 Std.).

John's Kuranda Bus (☎ 0418 772 953) fährt zwei- bis fünfmal täglich zwischen Cairns und Kuranda (5 AU$, 30 Min.).

Kerry's (☎ 0427 841 483) fährt nach Ravenshoe (33 AU$, 2½ Std.). Die Busse der beiden letztgenannten Anbieter starten in Cairns vom Lake St Transit Centre.

Kuranda

3000 EW.

Kuranda ist nur einen Katzensprung von Cairns entfernt, aber die Fahrt dorthin ist ein Abenteuer – egal, ob mit der historischen Eisenbahn, der Seilbahn in schwindelnder Höhe oder dem Bus auf kurvigen Straßen. Das Dorf selbst besteht nur aus verschiedenen Märkten, die sich in der spektakulären Regenwaldlandschaft ausbreiten und auf denen man von Aborigine-Kunstwerken made in China bis zu Emuöl alles bekommt. Die freundlichen Einheimischen sind bestens auf die Massen von Touristen eingestellt, die jeden Morgen hier einfallen und pünktlich um 15.30 Uhr mit vollen Bäuchen, Taschen und Fotospeicherkarten wieder abziehen. Es lohnt sich eher nicht, über Nacht zu bleiben, denn es ist ein reines Tagesausflugsziel.

Sehenswertes & Aktivitäten

In den Märkten gibt's mehrere ausgeschilderte **Wege**. Ein kurzer Wanderweg (der Jumrum Walk) führt durch den **Jumrum Creek Conservation Park** (abseits der Barron Falls Rd) zu einer großen Flughund-Kolonie.

Weiter südlich teilt sich die Barron Falls Rd: Die linke Abzweigung führt zu einem für Rollstuhlfahrer zugänglichen **Aussichtspunkt** über den Barron Falls, der rechte wird zu einem Abschnitt des Jungle-Walk-Wanderwegs und führt hinunter zum Barron River. Von dort bringt einen der River Walk hinauf zum Bahnhof der Scenic Railway und zurück in den Ort.

Kuranda Original Rainforest Markets MARKT
(www.kurandaoriginalrainforestmarket.com.au; Therwine St; ⌚9–15 Uhr) Der ursprüngliche Markt wurde 1978 eröffnet, die Holzplankenwege, die terrassenförmig im Regenwald angelegt wurden, sind inzwischen erneuert. Der nach Räucherstäbchen duftende Markt ist immer noch die erste Adresse für Produkte aus Hanf, Kunsthandwerk und örtliche Lebensmittel wie Honig oder Fruchtweine.

Heritage Markets MARKT
(www.kurandamarkets.com.au; Rob Veivers Dr; ⌚9–15 Uhr) Auf der anderen Seite stapeln sich in den Heritage Markets Souvenirs und Kunsthandwerk, z. B. Keramiken, außerdem Emuöl, Schmuck, Kleidung, Second-Hand-Bücher und Kuriosa wie Flaschenöffner in Form eines Känguru-Skrotums.

Rainforestation ZOO
(☎ 07-4085 5008; www.rainforest.com.au; Kennedy Hwy; Erw./Kind 40/21 AU$; ⌚9–16 Uhr) Zu den Attraktionen des Freizeitparks östlich der Stadt zählen Wildgehege, Bootsfahrten auf dem Fluss und eine Aborigine-Show.

Shambala Animal Kingdom ZOO
(☎ 07-4093 7777; www.shambalaanimalkingdom.com.au; Kennedy Hwy; Erw./Kind 28/14 AU$, morgendliche Fütterungstour 50/30 AU$; ⌚tgl. 9–16.30 Uhr) 9 km westlich von Kuranda kann man Tiere bei einer Safari erleben und morgens eine Tour zur Löwenfütterung mitmachen.

Kuranda Koala Gardens ZOO
(☎ 07-4093 9953; www.koalagardens.com; Heritage Markets, Rob Veivers Dr; Erw./Kind 16,50/8,25 AU$; ⌚tgl. 9.45–16 Uhr) In der Anlage kann man jede Menge australischer Tiere wie Koalas, Wallabys, Wombats und Reptilien sehen.

Australian Butterfly Sanctuary SCHMETTERLINGSHAUS
(☎ 07-4093 7575; www.australianbutterflies.com; 8 Rob Veivers Dr; Erw./Kind 18/9 AU$; ⌚tgl. 9.45–16 Uhr) Hier gibt es zahllose hübsche, flatternde Falter. Es werden auch halbstündige Führungen angeboten.

Birdworld VOGELPARK
(☎ 07-4093 9188; www.birdworldkuranda.com; Heritage Markets, Rob Veivers Dr; Erw./Kind 16,50/8,25 AU$; ⌚9–16 Uhr) Auf dem Gelände der Heritage Markets sind hier 80 Vogelarten zu sehen.

Kuranda

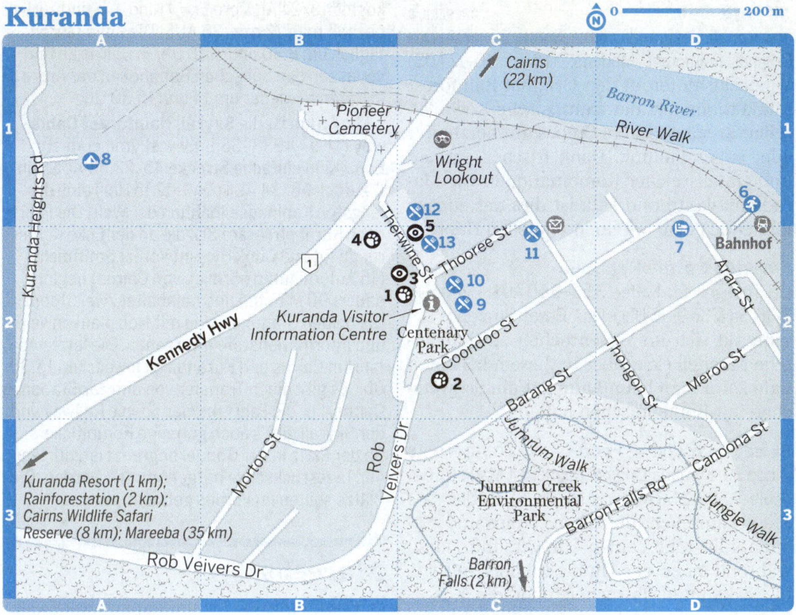

Kuranda

Sehenswertes
- 1 Australian Butterfly Sanctuary C2
- 2 Australian Venom Zoo C2
- Birdworld .... (siehe 3)
- 3 Heritage Markets C2
- 4 Kuranda Koala Gardens B2
- 5 Kuranda Original Rainforest Markets C2

Aktivitäten, Kurse & Touren
- 6 Kuranda Riverboat D1

Schlafen
- 7 Kuranda Hotel Motel D2
- 8 Kuranda Rainforest Park A1

Essen
- 9 Annabel's Pantry C2
- 10 German Tucker C2
- 11 Kuranda Coffee Republic C2
- 12 Petit Cafe C1
- 13 Sweet Leaf Living Foods C2

Australian Venom Zoo ZOO
(07-4093 8905; www.tarantulas.com.au; 8 Coondoo St; Erw./Kind 16/10 AU$; tgl. 10–16 Uhr) Für Freunde von Giftschlangen, Spinnen und ähnlichen Krabbeltieren.

Kuranda Riverboat BOOTSFAHRT
(07-4093 7476; Erw./Kind 15/7 AU$; stündl. 10.45–14.30 Uhr) Hinter dem Bahnhof starten die gemütlichen, 45-minütigen Bootsfahrten auf dem Barron River.

Schlafen & Essen

Kuranda Rainforest Park CAMPING $
(07-4093 7316; www.kurandarainforestpark.com.au; 88 Kuranda Heights Rd; Stellplatz ohne/mit Strom 28/30 AU$, EZ/DZ ohne Bad 30/60 AU$, Hütte 95–110 AU$;) Mit grasbewachsenen Stellplätzen im Regenwald wird die ausgezeichnete, gepflegte Anlage ihrem Namen gerecht. Die einfachen, aber gemütlichen privaten „Backpackerzimmer" öffnen sich zu einer Holzterrasse mit Blechdach, und die Hütten blicken zum Pool oder in den Garten. Vor Ort gibt's ein Restaurant (Hauptgerichte 14–36 AU$, Mi–So 18–22 Uhr). Vom Ort kommt man über einen Waldweg in 10 Minuten hierher.

Kuranda Hotel Motel MOTEL $$
(07-4093 7206; www.kurandahotel.com.au; Ecke Coondoo & Arara St; DZ 120 AU$;) Das vor Ort als „unterer Pub" bekannte Kuranda Hotel Motel (Pub tgl. mittags, Do–Sa abends) hat hinten geräumige Motelzimmer im Stil der 1970er-Jahre mit unverputzten Backsteinwänden und getöntem Riffelglas.

★ Petit Cafe CRÊPERIE $
(www.petitcafekuranda.com; Shop 35, Kuranda Original Rainforest Markets; Crêpes 10–17 AU$) Versteckt hinten in den Original Rainforest Markets serviert der französische Koch Aurelien Breguet leckere Crêpes mit herzhafter oder süßer Füllung. Dank frischer Zutaten und einfallsreicher Kombinationen wie Macadamia-Pesto und Feta ist dies das einzige lohnende Lokal für einen schnellen Happen.

Kuranda Coffee Republic CAFÉ $
(10 Thongon St; Kaffee 3,50–5,50 AU$; ⌚Mo–Fr 8–16, Sa & So 9–16 Uhr) Das Essensangebot beschränkt sich im Wesentlichen auf italienische Mandelkekse, aber in diesem beliebten Café kann man beim Latte gut ein Schwätzchen mit Einheimischen halten.

Sweet Leaf Living Foods BIO, VEGANISCH $
(Shop 39, Kuranda Original Rainforest Markets; Gerichte 9,50–12,50 AU$; ⌚Mi–So 10–15 Uhr; 🖉) Mit veganischen Bio-Säften -Wraps und -Salaten stillt man seinen Hunger und Durst, während einen der Hippie-Inhaber mit wenig bekannten Tatsachen über die Kokosnussbäume Australiens bekannt macht.

German Tucker DEUTSCH, AUSTRALISCH $
(Therwine St; Gerichte 6–16 AU$, Bier ab 6 AU$; ⌚tgl. 10–14.30 Uhr) Emu-, Krokodil- oder Känguruwürstchen mit Sauerkraut? In dem Lokal gibt's extreme australisch-deutsche Kombinationen und deutsches Bier.

Annabel's Pantry BÄCKEREI $
(Therwine St; Pies 4,50–5 AU$; ⌚tgl. 10–15 Uhr; 🖉) Mit rund 25 Pie-Varianten, darunter mit Känguru sowie Spinat mit Feta, ist das Lokal hervorragend für ein billiges Mittagessen geeignet.

ℹ Praktische Informationen

Das **Kuranda Visitor Centre** (☎07-4093 9311; www.kuranda.org; Centenary Park; ⌚10–16 Uhr) ist im zentral gelegenen Centenary Park.

ℹ An- & Weiterreise

Die Busse von **Trans North** (☎07-4095 8644; www.trans-northbus.com) fahren fünfmal täglich von Cairns Hauptbahnhof nach Kuranda (8 AU$, 30 Min.). Dies ist die preiswerteste Art, hierher zu kommen, es geht aber auch spektakulärer.

Über 34 km schlängelt sich die historische **Kuranda Scenic Railway** (☎07-4036 9333; www.ksr.com.au) von Cairns durch malerische Berge und 15 Tunnel. Kein Wunder, dass es fünf Jahre dauerte, bis sie 1891 endlich fertiggestellt war. Die einfache Fahrt dauert 1¾ Stunden und kostet 48/24 AU$ pro Erw./Kind, hin und zurück bezahlt man 72 bzw. 36 AU$. Die Züge fahren täglich um 8.30 und 9.30 Uhr in Cairns ab und verlassen den hübschen Bahnhof an der Arara St in Kuranda wieder um 14 und 15.30 Uhr.

Mit 7,5 km ist die **Skyrail Rainforest Cableway** (☎07-4038 1555; www.skyrail.com.au; Erw./Kind einfache Strecke 45/22,50 AU$, hin & zurück 68/34 AU$; ⌚9–17.15 Uhr) eine der längsten Kabinenseilbahnen der Welt. Die Fahrt nach Kuranda (Arara St), die an der Ecke Kemerunga Rd und Cook Hwy im Vorort Smithfield (15 Autominuten nördlich von Cairns) beginnt, dauert 90 Minuten und beinhaltet zwei Stopps. Die beiden Stationen sind mit Holzplankenwegen und Informationstafeln versehen. Die letzte Abfahrt in Cairns und Kuranda ist jeweils um 15.30 Uhr. Es gibt einen Transfer von und zur Station in Cairns. Für die Fahrt mit der Scenic Railway *und* der Skyrail gibt's auch günstige Kombitickets. Da der Platz in der Gondel begrenzt ist, dürfen nur Tagesrucksäcke mitgenommen werden. Die Plätze sollten im Voraus gebucht werden.

Mareeba

10 200 EW.

Als Zentrum der Fleisch-, Kaffee- und Zuckerproduktion ist Mareeba im Wesentlichen die Verwaltungs- und Versorgungsstadt für die nördlichen Tablelands und Teile der Cape York Peninsula. Die Hauptstraße prunkt mit ein paar hübschen alten Hausfassaden (die einen an Städte im mittleren Westen der USA denken lassen). Ein typisches Beispiel für die Naturschönheit der Region sind die weiten Feuchtgebiete im Norden. Mareeba selber gehört allerdings zum Wüstengebiet, nicht zum Hochplateau, aber unweit der Stadt gibt es einige wundervolle Attraktionen. Wer Mitte Juli hier ist, sollte die Cowboystiefel anziehen und sich zum **Mareeba Rodeo** (www.mareebarodeo.com.au) im Kerribee Park aufmachen.

Saisonarbeiter finden viel Beschäftigung: Von Januar bis März steht die Mango- und von Februar bis März die Avocado-Ernte an. Infos gibt's auf der QITE-Website (www.qite.com.au).

👁 Sehenswertes & Aktivitäten

Im **Mareeba Heritage Museum & Tourist Information Centre** (☎07-4092 5674; www.mareebaheritagecentre.com.au; Centenary Park, 345 Byrnes St; ⌚8–16 Uhr) GRATIS informiert hilfsbereites Personal. In dem großen Raum befindet sich eine Ausstellung über die Wirtschaft der Region einst und heute sowie über die Natur in der Umgebung.

Mareeba Wetlands PARK
(☎07-4093 2514; www.mareebawetlands.org; Erw./Kind 15/7,50 AU$; ⌚April–Jan. 9–16.30 Uhr) Das 20 km² große, aus Wald, Grasland, Sümpfen und der weiten Clancy's Lagoon bestehende Reservat ist ein Paradies für Vogelbeobachter. 12 km an Wanderwegen ziehen sich durch das Feuchtgebiet. Werktags gibt es Safaritouren (ab 38 AU$), darüber hinaus kann man an einer halbstündigen Öko-Bootstour teilnehmen (Erw./Kind 15/7,50 AU$) oder im Kanu paddeln (15 AU$/Std.). Im Park hat die **Jabiru Safari Lodge** (☎07-4093 2514; ww.jabirusafarilodge.com.au; Hütte mit Frühstück 128–150 AU$/Pers., mit VP 198–229 AU$/Pers.) mit Solarstrom versorgte Zelthütten und ein Spa. In Biboohra, 7 km nördlich von Mareeba, in die Pickford Rd abbiegen.

Granite Gorge Nature Park PARK
(☎07-4093 2259; www.granitegorge.com.au; Erw./Kind 7,50/2 AU$) Im privaten Granite Gorge Nature Park finden sich gewaltige Granitfelsen, Felskängurus, Wanderwege und ein Wasserfall mit einer krokodilfreien Schwimmstelle. Es gibt Picknickbereiche, einen Campingplatz (Stellplatz ohne/mit Strom inkl. Parkeintritt 12/14 AU$ pro Pers.) und freistehende Hütten (95 AU$). Der Park liegt 12 km südwestlich von Mareeba, zu erreichen über die Chewko Rd, von der die nach rechts abgehende Zufahrtsstraße ausgeschildert ist.

Mt. Uncle Distillery DESTILLERIE
(☎07-4086 8008; www.mtuncle.com; 1819 Chewko Rd, Walkamin; ⌚tgl. 10–16.30 Uhr) In dieser Destillerie werden Whisky, Rum, Wodka mit Honig und saisonal auch Liköre (Verkostung 10 AU$) produziert. Nicht verpassen sollte man ein Essen in dem bescheidenen **Bridges Cafe** (Hauptgerichte 10–19 AU$), das die Besitzer in Handarbeit aus dem Holz einer früheren örtlichen Brücke gezimmert haben. Die Holzofenpizzen sind köstlich. Das Café liegt 15,5 km südlich von Mareeba und ist von der Chewko Rd aus beschildert.

Schlafen & Essen

Kerribee Park Camping Grounds CAMPING $
(☎07-4092 1654; www.mareebarodeo.com.au; Mareeba Rodeo Grounds, 614 Dimbulah Rd; Stellplatz ohne/mit Strom 10/14 AU$) Billige Stellplätze, aber kein Schatten.

Jackaroo Motel MOTEL $$
(☎07-4092 2677; www.jackaroomotel.com; 340 Byrnes St; DZ 130 AU$; ❄📶🏊) Mareebas bestes Motel hat einen Meerwasserpool und einen Grillbereich.

Mareeba Lodge MOTEL $$
(☎07-4092 2266; www.mareebalodge.com.au; 21 Byrnes St; EZ 90–100 AU$, DZ 100–110 AU$; ❄) Das freundliche Motel liegt zentral.

Ant Hill Hotel & Steakhouse STEAKHAUS $$
(☎07-4092 2147; 79 Byrnes St; Hauptgerichte 15–30 AU$; ⌚mittags & abends) In diesem Pub im Zentrum gibt's neben leckeren Tagesgerichten die üblichen Klassiker – Barramundi, Burger und Steaks – und ein Barmenü zum Schnäppchenpreis (Hauptgerichte 10 AU$).

Chillagoe

350 EW.

Selbst bei einem Tagesausflug ab Cairns erfüllt das stimmungsvolle, einst prosperierende Bergbaustädtchen Chillagoe, das rund 140 km westlich von Mareeba liegt, alle romantischen Vorstellungen vom Outback. Doch angesichts der langen Anreise ist eine Übernachtung hier allemal anzuraten.

Chillagoes sehr gute Touristeninformation, der **Hub** (☎07-4094 7111; www.chillagoehub.com.au; Queen St; ⌚Mo–Fr 8.30–17, Sa & So 8–15.30 Uhr) zeigt interessante historische Exponate. Die kundigen Mitarbeiter weisen den Weg zu **Stätten mit indigener Felskunst**, zur **Badestelle**, zur alten **Schmelzhütte**, zur bunt gemischten Sammlung des kleinen **Geschichtsmuseums**, in dem Stummfilme mit Klavierbegleitung gezeigt werden, und zu dem exzentrischen Einheimischen, der eine tolle **Sammlung alter Ford-Automobile** besitzt. In der Touristeninformation kann man auch von Rangern geführte Touren durch die hinreißenden, sehenswerten **Kalksteinhöhlen** (Erw./Kind 31/16,50 AU$) buchen. Drei der mehr als 500 Höhlen sind für Besucher erschlossen: **Donna** (⌚9 Uhr), **Trezkin** (⌚11 Uhr) und **Royal Arch** (⌚13.30 Uhr). Mehrere andere Höhlen kann man auf eigene Faust erkunden, braucht dafür aber unbedingt eine Taschen- oder Stirnlampe und festes Schuhwerk.

Das **Chillagoe Rodeo** (www.chillagoerodeo.com.au) findet alljährlich im Mai statt.

Außen rustikal, innen modern: So präsentieren sich die ehemaligen Bergarbeiterhütten von **Chillagoe Cabins** (☎07-4094 7206; www.chillagoe.com; Queen St; EZ/DZ 108/140 AU$; ❄🏊), deren Besitzer einen kleinen Park mit Rettungsstation für Wildtiere unterhält und Stadtführungen anbietet (ab 20 AU$). Es gibt eine Campingküche und einen Grillplatz, man kann sich aber auch mit Hausmannskost versorgen lassen. Chillagoes früheres Postamt ist heute das **Chillagoe Guesthouse** (07-4222 1135; www.chillagoeguesthouse.com.au; 16-18 Queen St; DZ 120–140 AU$, Wohneinheiten 140–300 AU$;). Im Preis enthalten sind WLAN und ein Frühstückskorb.

Die Busse des **Chillagoe Bus Service** (07-4094 7155; Erw./Kind 38/29 AU$) fahren montags, mittwochs und freitags von Chillagoe nach Mareeba und kehren am gleichen Tag zurück. **Billy Tea Bush Safaris** (www.billytea.com.au; Tour Erw./Kind 195/140 AU$) veranstaltet Tagestouren ab Cairns.

Atherton

7300 EW.

Die „Hauptstadt" des Tafellandes ist ein von der Landwirtschaft geprägter Ort, der wenig mehr als eine Ruhepause im Reiseprogramm zu bieten hat – es sei denn, man will bei der das ganze Jahr über stattfindenden Obst- und Gemüseernte mithelfen. Das **Atherton Tablelands Information Centre** (07-4096 7405; www.athertontablelands.com.au; Ecke Main St & Silo Rd) hat nützliches Informationsmaterial für alle, die die Gegend auf eigene Faust erkunden wollen. Außerdem können Touren und andere Aktivitäten in ganz Australien gebucht und aktuelle Auskünfte über Saisonarbeit eingeholt werden.

Kommt man von Herberton im Südwesten nach Atherton, fährt man am **Hou-Wang-Tempel** (www.houwang.org.au; 86 Herberton Rd; Erw./Kind 10/5 AU$; Mi-So 11–16 Uhr) vorbei. Er erinnert an die vielen chinesischen Einwanderer, die Ende des 19. Jhs. auf der Suche nach Gold in die Region kamen, und ist der einzige chinesische Tempel in Australien, der aus Wellblech gebaut wurde. Er steht auf dem Gebiet von Athertons früherer Chinatown.

Die **Crystal Caves** (07-4091 2365; www.crystalcaves.com.au; 69 Main St; Erw./Kind 23/15 AU$; Mo–Fr 8.30–17, Sa 8.30–16, So 10–16 Uhr, im Feb. geschl.) sind ein mineralogisches Museum in einer künstlich angelegten Höhle, die sich einen Block weit unter den Straßen von Atherton erstreckt. Sie ist vollgestopft mit riesigen Rosenquarzen, umwerfend blauen Topasen und verschiedenen Fossilien. Glanzstück der Ausstellung ist die weltweit größte Amethystdruse. Der 3,25 m hohe und 2,7 t schwere Koloss wurde in einer Mine in Uruguay gefunden.

Das **Barron Valley Hotel** (07-4091 1222; www.bvhotel.com.au; 53 Main St; EZ/DZ ohne Bad 40/60 AU$, mit Bad 60/85 AU$;) ist ein schönes, denkmalgeschütztes Art-déco-Gebäude, dessen ordentliche Zimmer bei Langzeitgästen beliebt sind; in seinem Restaurant bekommt man herzhafte Mahlzeiten (Hauptgerichte 18–35 AU$).

Auf dem Hallorans Hill thront das **Atherton Blue Gum B&B** (07-4091 5149; www.athertonbluegum.com; 36 Twelfth Ave; DZ 130–180 AU$;), von dessen Veranda man eine herrliche Aussicht hat. Die Zimmer sind mit Kiefernholz vertäfelt und haben große Fenster; es gibt einen beheizten Pool und ein Wellnessbad. Eine zugehörige neuere Unterkunft liegt ein Stück die Straße hinauf.

Dank seines Wasserfall-Badeteichs und des Spielplatzes ist der **Woodlands Tourist Park** (07-4091 1407; www.woodlandscp.com.au; 141 Herberton Rd; Stellplatz ohne/mit Strom 27/35 AU$, Hütte 90–140 AU$;) bei Familien sehr beliebt. Außerdem gibt's hier renovierte Bergarbeiterhütten mit polierten Dielenböden, Gemeinschaftsküchen und kostenloses WLAN. Der Campingplatz liegt 1,5 km südlich des Zentrums.

Lake Tinaroo & Umgebung

Lake Tinaroo ist das Paradies für alle Australier, die nichts mehr lieben als ihr Zelt aufzuschlagen, die Kühlbox neben sich zu stellen und den ganzen Tag zu angeln. Der riesige Stausee wurde ursprünglich für das Wasserkraftwerk am Barron River angelegt. Von den dabei untergegangenen Bäumen ragen noch einige Spitzen aus dem Wasser. Die größte Siedlung, **Tinaroo Falls**, liegt am nordwestlichen Ufer des Sees.

Das **Angeln von Barramundi** in dem krokodilfreien See gehört zum Pflichtprogramm und ist das ganze Jahr über erlaubt. Angelscheine (7,45/37 AU$ pro Woche/Jahr, Kinder zahlen nichts) für alle Stauseen in Queensland gibt's ganz unbürokratisch bei allen Unternehmen und Unterkünften vor Ort oder im Internet unter **Queensland's Department of Primary Industries** (www.dpi.qld.gov.au/fishweb). An Bord der superbequemen „schwimmenden Lounge" von **Lake Tinaroo Cruises** (0457 033 016; www.laketinaroocruises.com.au; Bootscharter 200/300 AU$ für 2/4 Std) kann man ebenfalls angeln – oder einfach nur den Sonnenuntergang mit einem Glas Wein genießen. Die Preise gelten jeweils für das ganze Boot (max. 12 Pers.).

Bei Vollmond Mitte Oktober findet der alljährliche Angelwettbewerb **Barra Bash** (www.tinaroobarrabash.com.au) statt. Das Großereignis zieht Scharen von Leuten an.

Am Nordufer des Sees schlängelt sich der **Danbulla Forest Drive** durch Regenwald und Nadelbaumplantagen. An der 28 km langen Straße, die zwar unbefestigt, aber in gutem Zustand ist, liegen mehrere Picknickplätze und Sehenswürdigkeiten, wie der hübsche **Lake Euramoo** und die **Cathedral Fig**, eine riesige Würgefeige, die über und über mit anderen Pflanzen bedeckt ist. Die befestigte Straße, die zum Baum führt, ist ab dem Gillies Hwy ausgeschildert. Das letzte Stück geht man auf einem Holzplankenweg. Im Danbulla State Forest befinden sich fünf **Queensland Parks Campingplätze** (☎13 74 68; www.derm.nprsr.gov.au; Genehmigung 5,45 AU$). Auf allen gibt's Wasser, Toiletten und Grillstellen, und die Stellplätze müssen im Voraus gebucht werden.

In Tinaroo Falls liegt der moderne, gut ausgestattete und schattige Campingplatz **Discovery Lake Tinaroo Holiday Park** (☎07-4095 8232; www.discoveryholidayparks.com.au; 3 Tinaroo Falls Dam Rd; Stellplatz ohne/mit Strom 27/31 AU$, Hütte 89–129 AU$; ❄@📶🏊), der eine Tankstelle, einen kleinen Laden und ein **Café** (Hauptgerichte 10,50–17 AU$) bietet. Zudem werden kleine Aluminiumboote (90 AU$/½ Tag) und Kanus (10 AU$/Std.) vermietet.

Yungaburra

1150 EW.

Nur 12 km von Atherton entfernt liegt dieses freundliche Städtchen mit charmanten Cafés, tollen Restaurants, Tages-Wellnessangeboten und Unterkünften, die zu den besten in der Region gehören. Die Einheimischen und die Architektur geben dem Ort einen dörflich-idyllischen Charakter. Hier kann man gut seinen Rucksack packen, um von hier aus die Gegend zu erkunden. Infos zum Ort und zur Region bekommt man im **Yungaburra Information Centre** (☎07-4095 2416; www.yungaburra.com; 16 Cedar St).

Das **Tablelands Folk Festival** (http://tff.fnqnet.org/festival; Tickets 55 AU$, Stellplatz 22,50 AU$) ist ein sagenhaftes kommunales Event, das jedes Jahr im Oktober ein ganzes Wochenende lang in Yungaburra und Herberton mit Musik, Workshops, Vorführungen und einem Markt gefeiert wird. Die **Yungaburra Markets** (www.yungaburramarkets.com; Gillies Hwy; ⌚7.30–12.30 Uhr) finden am vierten Samstag jeden Monats statt – dann belegen die Liebhaber von Kunsthandwerk und gutem Essen den Ort mit Beschlag. Rund 3 km außerhalb des Ortes steht eine unbedingt sehenswerte, 500 Jahre alte **Würgefeige**. Der Baum wirkt mit seinen Luftwurzeln, die einen Vorhang bilden, wie ein Requisit aus *Der Herr der Ringe*.

Yungaburra besitzt zwei **Schnabeltier-Beobachtungsplattformen** am Peterson Creek. Die eine befindet sich an der Brücke des Gillies Hwy, die andere weiter westlich am sogenannten „Allumbah Pocket“ (der ursprüngliche Name des Orts). Beide verbindet ein 2 km langer, am Fluss entlangführender **Wanderweg**, der sich nach Osten bis zur Bahnbrücke fortsetzt.

On the Wallaby (☎07-4095 2031; www.onthewallaby.com; 34 Eacham Rd; Tour ab 99 AU$, nächtliche Kanufahrt 30 AU$) veranstaltet ausgezeichnete halbtägige Fahrrad- und Kanutouren, u.a. auch nächtliche Kanufahrten zur Tierbeobachtung. Auch Nichtgäste sind willkommen. **Tableland Adventure Guides** (☎0448 517 979; www.tablelandadventureguides.com.au; halbtägige Tour ab 95 AU$; Min. 2 Teilnehmer) bietet geführte Radtouren auf unbefestigten Wegen und Bahnstrecken, Kajakausflüge auf dem Lake Tinaroo und Wanderungen in dem zum Weltnaturerbe gehörenden Regenwald.

Schlafen

On the Wallaby HOSTEL $
(☎07-4095 2031; www.onthewallaby.com; 34 Eacham Rd; Stellplatz 10 AU$, B/DZ mit Gemeinschaftsbad 24/55 AU$; @) Dank der handgefertigten Holzmöbel und Mosaiken fühlt man sich in den makellosen Zimmern (ohne TV) wie zu Hause. Täglich werden Ausflüge in die Natur angeboten; Pauschalangebote mit Tour und Anreise (einfache Strecke 30 AU$) können auch in Cairns gebucht werden.

Kookaburra Lodge MOTEL $
(☎07-4095 3222; www.kookaburra-lodge.com; Ecke Oak St & Eacham Rd; EZ/DZ 80/90 AU$; ❄) Die stilvollen, kleinen Zimmer öffnen sich zu einem erholsamen tropischen Garten.

Williams Lodge B&B $$$
(☎07-4095 3449; www.williamslodge.com; Cedar St; DZ 170–275 AU$; ❄@📶🏊) Das 1911 im typischen Queenslander-Stil erbaute Gebäude ist immer noch im Besitz der Familie Williams, die auch die Pension führt. Die riesigen Suiten, die alle auf die Veranda hinausgehen, sind mit Originalmöbeln der damaligen Zeit und richtigen Himmelbetten einge-

richtet, einige haben auch ein Wellnessbad. Grandiose Extras sind die Pianola-Bar, die Weinstube und der Billardtisch. Kinder unter 12 Jahren dürfen hier nicht übernachten.

Foxwell Park B&B $$$
(☎07-4096 6183; www.foxwellpark.com.au; Foxwell Rd; Zi. 200–250 AU$; @📶) Die Luxuspension in der hügeligen Landschaft, 7 km südwestlich von Yungaburra, verteilt sich auf zwei Häuser. In den gut 100 Jahre alten, schön restaurierten Holzbauten sind noch die ursprünglichen Fliesen und Zimmerdecken aus Zinnblech erhalten. Jede Suite hat eine eigene, breite Veranda, von der man einen tollen Blick auf das 24 ha große Anwesen hat. Auch das französisch angehauchte **Restaurant** (Hauptgerichte 25–35 AU$; ⏱Mi–So abends, für Hotelgäste jeden Abend) ist ausgezeichnet.

Mt. Quincan Crater Retreat HÜTTE $$$
(☎07-4095 2255; www.mtquincan.com.au; Peeramon Rd; DZ 245–320 AU$; 📶) In den luxuriösen Pfahlbauten und Baumhäusern im tiefsten Regenwald lässt sich das ländliche Leben in vollen Zügen genießen. Zur Ausstattung gehören Wellnessbadewannen für zwei, Innen- und Außenduschen, Holzfeueröfen und ein sagenhafter Ausblick. Kinder sind hier nicht erlaubt. Die Anlage befindet sich 3 km südlich der Stadt, an der Straße nach Peeramon. Die Abzweigung ist ausgeschildert.

Essen & Ausgehen

Whistlestop Cafe CAFÉ $
(☎07-4095 3913; 36 Cedar St; Hauptgerichte 9–15 AU$; ⏱Mo–Fr 9.30–15.30, Sa 8–15, So 8–12 Uhr; 🌿) Das Gartencafé serviert Frühstück, Reisfladen und vegetarische Lasagne. Sehr zu empfehlen ist der souffléartige toskanische Schokoladenkuchen zum Nachtisch.

★ **Flynn's** MEDITERRAN $$
(☎07-4095 2235; 17 Eacham Rd; Hauptgerichte mittags 6–19 AU$, abends 30 AU$, 3-Gänge-Menü 50 AU$; ⏱Fr–Di 11–14.30 & 17.30–22.30 Uhr) Obwohl der neuseeländische Küchen-Maestro Liam draußen sein Gemüse selber erntet und auch das Lokal fast ganz alleine führt, ist es ihm gelungen, Yungaburra einen Platz auf der Feinschmecker-Landkarte zu sichern. Die Speisekarte wechselt täglich, bietet aber mit Gerichten wie Entenleberpastete in Cognac und fangfrischem Fisch immer eine Mischung aus italienischer, französischer und mediterraner Küche. Die Mittagsgerichte sind einfacher, aber genauso gut.

Nick's Restaurant SCHWEIZERISCH, ITALIENISCH $$
(☎07-4095 9330; www.nicksrestaurant.com.au; 33 Gillies Hwy; Hauptgerichte 16,50–36,50 AU$; ⏱Sa & So 11.30–15, Di–So 17.30–23 Uhr; 🌿) Die schweizerische Berghütte verspricht mit kostümierten Kellnerinnen, Bierkrügen, Klavier- und Akkordeonmusik sowie dem einen oder anderen Jodler einen lustigen Abend. Zu essen gibt's u. a. Schnitzel, Bratwurst und Pasta sowie einige vegetarische Gerichte. Nick gehört auch die **Pizzeria** nebenan.

Lake Eacham Hotel KNEIPE
(☎07-4095 3515; 6-8 Kehoe Pl; ⏱Bar 11–23 Uhr) Im „Yungaburra Pub" kann man ein Bier trinken und dabei die geschwungene Holztreppe des prächtigen alten Hotels bewundern.

Crater Lakes National Park & Umgebung

Die von dichtem Regenwald umgebenen Kraterseen Lake Eacham und Lake Barrine sind beide spiegelglatt, krokodilfrei und Teil der Wet Tropics World Heritage Area. Leicht über befestigte Straßen vom Gillies Hwy aus zu erreichen. Zelten ist nicht erlaubt.

Der größere der beiden Seen, der **Lake Barrine**, liegt versteckt im dichten, alten Regenwald. Am Ufer verläuft ein 5 km langer Wanderweg, für den man etwa 1½ Stunden benötigt. Direkt am See liegt das **Lake Barrine Rainforest Tea House** (☎07-4095 3847; www.lakebarrine.com.au; Gillies Hwy; Hauptgerichte 7,50–18 AU$; ⏱tgl. 8–15 Uhr). Wenn man im Obergeschoss seinen Devonshire-Tee genießt und das Essen bestellt, könnte man meinen, an Bord eines Kreuzfahrtschiffes zu sein. Wer tatsächlich an Bord eines Schiffes gehen will, bucht am Schalter im Erdgeschoss eine 45-minütige **Bootsfahrt** (Erw./Kind 16/8 AU$; ⏱ 9.30, 11.30, 13.30 Uhr). Etwa 100 m entfernt stehen zwei riesige Kauri-Bäume, die gut 1000 Jahre alt sind.

Im glasklaren Wasser des **Lake Eacham** kann man herrlich baden und Schildkröten beobachten. Am Ufer gibt's überdachte Picknickplätze, eine Schwimmplattform und eine Sliprampe für Boote. Der 3 km lange Spazierweg um den See ist in weniger als einer Stunde zu schaffen. Einen Zwischenstopp sollte man im **Rainforest Display Centre** (McLeish Rd; ⏱Mo, Mi & Fr 9–13 Uhr) der Rangerstation einlegen, um sich über die Gegend zu informieren.

Der bezaubernde **Lake Eacham Caravan Park** (☎07-4095 3730; www.lakeeachamtourist

park.com; Lakes Dr; Stellplatz ohne/mit Strom 19/22 AU$, Hütte 90–110 AU$; @), der 1 km entfernt vom Lake Eacham an der Straße nach Malanda liegt, hat gemütliche Hütten und im Café bekommt man Frühstück, ein kleines Mittagessen und Tee.

Crater Lakes Rainforest Cottages (07-4095 2322; www.craterlakes.com.au; Lot 17, Eacham Cl, Lake Eacham; DZ 240 AU$; ❄ @) Die vier individuell gestalteten Holzhütten, die jeweils auf einer eigenen Parzelle im Regenwald stehen, haben ein eigenes Wellnessbad und eine komplett ausgestattete Küche. Kerzen, Blumen und Holz für den Kaminofen machen die romantische Atmosphäre perfekt. Der Frühstückskorb enthält nicht nur Schinken, Eier und Pralinen, sondern auch Obst, um die Vögel anzulocken. Hier gibt's keine Mindestaufenthaltsdauer, aber eigentlich will man hier gar nicht mehr weg. Die Hütten liegen unweit vom Lakes Drive.

Rose Gums (07-4096 8360; www.rose-gums.com.au; Land Rd, Butcher's Creek; DZ 297–342 AU$) In den umweltfreundlichen Baumhäusern mit Wellnessbad, Holzofen und Kingsize-Betten ist man völlig ungestört. Dank Frühstückskörbchen, Küche und Grill kann man sich selbst versorgen oder aber mit mediterranen Köstlichkeiten im hoteleigenen **Restaurant** (Hauptgerichte 30–35 AU$; 17.30–22 Uhr) verwöhnen lassen. Mindestaufenthaltsdauer sind zwei Nächte.

Malanda & Umgebung

2050 EW.

Der kleine Ort, 15 km südlich vom Lake Eacham, bildet die östliche Spitze des Dreiecks Atherton–Yungaburra–Malanda. Bekannt ist Malanda für das **Majestic**. Das Kino wurde 1927 gegründet und ist damit das älteste ständig genutzte Filmtheater Australiens. Darüber hinaus sind die Einwohner stolz, dass die australische Cricket-Legende Sir Donald Bradman hier im Ort gespielt hat.

Wanderungen durch den Regenwald (15 AU$/Pers.), die von Ngadjonji-Aborigines geführt werden, lassen sich über Malandas **Besucherzentrum** (07-4095 1234; www.malandafalls.com) im **Malanda Dairy Centre** (07-4095 1234; www.malandadairycentre.com; 8 James St; Tour Erw./Kind 11/7 AU$; Mo–Fr 10 & 11 Uhr) organisieren. Die Molkerei bietet auch 40-minütige Werksführungen inklusive Käseteller oder Milchshake. Das zugehörige **Café** (Hauptgerichte 14–28 AU$;) hat eine Schanklizenz und ist das beste Restaurant vor Ort.

An der Straße nach Atherton liegen am Rand des Ortes die **Malanda Falls**, wo man Sägezahnpanzerschildkröten und Rotbeinfilander sehen kann. Gleich neben den Malanda Falls und noch in deren Hörweite bietet der **Malanda Falls Caravan Park** (07-4096 5314; www.malandafalls.com.au; 38 Park Ave; Stellplatz ohne/mit Strom 18/22 AU$, Hütte 75–85 AU$) ordentliche Hütten und Stellplätze. Kinder freuen sich über das Tiergehege.

An der Millaa Millaa Rd liegt 10 km von Malanda entfernt das winzige Dorf **Tarzali**, in dem es einige Unterkünfte gibt, darunter das hübsche **Tarzali Pewtermill B&B** (07-4094 1122; www.tarzalipewtermill.com; 52 Sheehan Rd, Tarzali; DZ 95–110 AU$; ❄). In den künstlichen Seen des **Tarzali Lakes Fishing Park** (07-4097 2713; www.tarzalilakes.com; Millaa Millaa Rd, Tarzali; Angeln 2 Std./Tag 20/40 AU$; Do–Di 10–16 Uhr) schwimmen Jadebarsche und Barramundis. Man kann die Fische selbst angeln oder kauft den vor Ort geräucherten Fang einfach im Café (Hauptgerichte 10,50–36 AU$). In der Anlage gibt es auch viele Vögel zu sehen und außerdem Schnabeltier-Beobachtungstouren (5 AU$).

Die wundervoll gestalteten Holzhäuser des **Canopy** (07-4096 5364; www.canopytreehouses.com.au; Hogan Rd, Tarzali, über Malanda; DZ 229–349 AU$;) stehen auf Pfählen in einem unberührten, uralten Regenwald. Man muss mindestens zwei Nächte buchen. Umgeben von Wald bietet das **Rivers Edge Rainforest Retreat** (07-4095 2369; www.riversedgeretreat.com.au; DZ ab 298 AU$; ❄ @) am Johnstone River zwei einsame Blockhäuser mit vielen luxuriösen Details, z. B. einer Glasschiebetür im Whirlpoolbad und einem Kamin (mind. 2 Nächte).

Das **Travellers Rest** (07-4096 6077; 1720 Millaa Millaa Rd, Tarzali; EZ/DZ ohne Bad mit Frühstück 60/95 AU$), ein Farmhaus im englischen Stil 5 km südlich von Malanda, ist eine gemütliche Budgetunterkunft mit einem Billardzimmer, einem eleganten Speisesaal und frisch wirkenden Zimmern mit Blumentapete. Für die Krimi-Nacht am Samstagabend muss man vorab reservieren.

Millaa Millaa & der Waterfall Circuit

Warum sich mit einem Wasserfall begnügen, wenn man auf dem 16 km langen „Wasserfall-Rundweg" nahe Millaa Millaa, 24 km südlich von Malanda, gleich vier besuchen kann? Am besten beginnt man, indem man

1 km östlich von Millaa Millaa vom Palmerston Hwy in die Theresa Creek Rd abbiegt. Der größte der Fälle sind die **Millaa Millaa Falls**; hier gibt's eine Badestelle, Umkleidekabinen und einen grasbewachsenen Picknickplatz. Als nächste Station folgen die **Zillie Falls**, wo der Teresa Creek in die Tiefe stürzt. An Farnen vorbei geht's hinunter zu den felsigen **Ellinjaa Falls** und dann auf den Palmerston Hwy zurück, gerade einmal 2,5 km außerhalb von Millaa Millaa. Nach weiteren 5,5 km auf dem Palmerston Hwy folgt die Abzweigung zu den **Mungalli Falls**, die 5 km abseits des Highways liegen.

In der ländlichen **Mungalli Creek Dairy** (☎07-4097 2232; www.mungallicreekdairy.com.au; 251 Brooks Rd; Gerichte 18 AU$; ⏲10–16 Uhr, Feb. geschl.), 3 km abseits des Palmerston Hwy, kann man Käse und sahnigen Joghurt probieren und dann eine Drei-Käse-Pie oder ein Stück sizilianischen Käsekuchen genießen.

Wieder zurück auf dem Palmerston Hwy folgt ein Stück weiter der Mamu Rainforest Canopy Walkway (S. 445).

Im **Falls Teahouse** (☎07-4097 2237; www.fallsteahouse.com.au; Palmerston Hwy; EZ/DZ mit Frühstück 65/120 AU$; ⏲tgl. 10–17 Uhr) kann man am Kanonenofen oder auf der Veranda hinten mit Blick auf das hügelige Farmland sitzen und sich an Gerichten wie in der Pfanne gebratenem Barramundi oder Rindfleisch-Pies (Gerichte 7–23 AU$) laben. Die drei Gästezimmer sind individuell mit Stilmöbeln ausstaffiert. Das Haus steht an der Abzweigung zu den Millaa Millaa Falls.

Herberton

2164 EW.

Das hübsche Städtchen mit den Jacarandabäumen klebt an einem Hügel an der Grenze zum Outback. Herrliche historische Gebäude säumen die Hauptstraße, die zu einem ehemaligen Zinnbergwerk am Ufer des Flusses führt. Die Hauptsehenswürdigkeit ist das **Herberton Historic Village** (☎07-4097 2002; www.herbertonhistoricvillage.com.au; 6 Broadway; Erw./Kind 25/12 AU$; ⏲9–17 Uhr, letzter Einlass 15.30 Uhr), das aus 50 Gebäuden besteht, die bis zu 150 Jahre alt sind. Sie wurden aus verschiedenen Orten hierher gebracht, wieder aufgebaut und mit faszinierenden Ausstellungsstücken gefüllt. Zu den Highlights gehören der Pub, die Schmiede, Ada's Modegeschäft, das Schulhaus und der Krämerladen.

Auf dem Gelände der ehemaligen Zinngrube steht das **Herberton Mining Museum & Information Centre** (☎07-4096 3473; www.herbertonvisitorcentre.com.au; 1 Jacks Rd, Great Northern Mining Centre; Museum Erw./Kind 5/3 AU$; ⏲9–16 Uhr), das mit einer aufschlussreichen Ausstellung die Geologie und Geschichte des Bergbaus in der Region dokumentiert. Zu sehen ist auch eine große Mineraliensammlung. Im Besucherzentrum gibt's Karten für mehrere **historische Wanderwege**, die beim Museum beginnen und zwischen einem und 12 km lang sind.

Das beste Restaurant vor Ort ist die entspannte **Jacaranda Coffee Lounge** (☎07-4096 2177; 52 Grace St; Gerichte 6–18 AU$; ⏲Di–Fr 9.30–19.30 Uhr), in der man Fischburger, Steaksandwichs und sogar asiatische Gerichte bekommt.

Unterkünfte gibt es kaum. Versuchen kann man es im alten Postamt, in dem nun das **Herberton Heritage Cottage B&B** (☎0427 962 670; www.herbertonheritagecottage.com.au; 2 Perkins St; Zi. 155 AU$; ❄) zwei historisch gestaltete Zimmer mit modernen Extras wie Whirlpool und DVD-Player vermietet.

Mt. Hypipamee National Park

Zwischen Atherton und Ravenshoe führt der Kennedy Hwy am unheimlichen und kaum auszusprechenden **Mt. Hypipamee Crater** vorbei. Der schwindelerregend tiefe Krater scheint direkt aus einem Science-Fiction-Film zu stammen. Ein schöner, 700 m langer Rundweg führt vom Picknickplatz an den **Dinner Falls** vorbei zu dem engen, 138 m tiefen Krater, an dessen Grund sich ein düsterer See gebildet hat.

Ravenshoe

1442 EW.

In Ravenshoe (ausgesprochen „Reiwenshou" nicht „Reiwenschu") ist „Queenslands höchstgelegener Pub": Tatsächlich thront das **Hotel Tully Falls** auf stolzen 930 m über dem Städtchen. Im **Ravenshoe Visitor Centre** (☎07-4097 7700; www.ravenshoevisitorcentre.com.au; 24 Moore St; ⏲tgl. 9–16 Uhr), dessen Personal hilfsbereit ist, befindet sich das **Nganyaji Interpretive Centre**, das über den traditionellen Lebensstil der Jirrbal informiert. 6 km nordöstlich bieten die 20 **Windräder** der Windy Hill Wind Farm aus der Nähe einen faszinierenden Anblick.

Zu den (nicht zum Baden geeigneten) Wasserfällen in der Gegend zählen die **Little**

Millstream Falls, 3 km südlich von Ravenshoe, und die **Tully Falls** rund 20 km weiter südlich an der Tully Falls Rd (die nicht bis nach Tully weiterführt). Die 13 m hohen **Millstream Falls** sind vom Savannah Way in Richtung Innot Hot Springs ausgeschildert, von wo es noch 1 km bis zum Parkplatz ist. Bei hohem Wasserstand soll dieser Wasserfall der breiteteste in Australien sein

Vom Kennedy Hwy führt eine unbefestigte Straße über 4,5 km zum **Possum Valley B&B** (☎07-4097 8177; www.bnbnq.com.au/possumvalley; Evelyn Central, über Ravenshoe; EZ/DZ 60/75 AU$), das aus zwei Cottages am Rand des zum Weltnaturerbe zählenden Regenwalds besteht. Der Strom wird mit Solarzellen und Wasserkraft erzeugt, das Regenwasser in Tanks gesammelt.

VON PORT DOUGLAS NACH COOKTOWN

Port Douglas

3205 EW.

Port Douglas (oder einfach nur „Port") ist die schicke Spielwiese des tropischen Nordens von Queensland. Die kultivierte, familiäre Atmosphäre ist das ideale Kontrastprogramm zur umtriebigen Backpackerszene in Cairns. Außerdem liegen die wunderschönen, weißen Sandstrände hier direkt vor der Haustür und das Great Barrier Reef ist weniger als eine Stunde von der Küste entfernt.

Unterkünfte gibt's überall in der Gegend, wobei die größeren Ferienanlagen vor allem an der 6 km langen Port Douglas Rd liegen, die vom Captain Cook Hwy ins Zentrum führt. Die geschäftige Macrossan Street führt vom Bootsanleger quer durchs Zentrum zum Four Mile Beach der Trinity Bay.

Sehenswertes & Aktivitäten

An einem sonnigen, ruhigen Tag ist der Four Mile Beach atemberaubend und bietet Sand und Palmen, so weit das Auge reicht. Vom Aussichtspunkt **Flagstaff Hill** (Island Point Rd) hat man einen wundervollen Rundblick.

An der Abzweigung des Cooktown Hwy zeigt das **Wildlife Habitat Port Douglas** (☎07-4099 3235; www.wildlifehabitat.com.au; Port Douglas Rd; Erw./Kind 32/16 AU$; 8–17 Uhr) heimische Tiere, z. B. Baumkängurus, in Gehegen, die deren natürlichen Habitaten genau nachgebildet sind. Der Wildpark liegt am Stadteingang abseits des Captain Cook Hwy, rund 6 km vom Zentrum entfernt.

Jeden Sonntag verschwindet der grüne Küstenstreifen des Anzac Park unter den vielen Ständen der ausgezeichneten **Port Douglas Markets** (Ende der Macrossan St; So 8–13.30 Uhr), die Kunst, Kunsthandwerk, Schmuck, tropische Früchte und Gerichte anbieten. Es gibt sogar Zelte, in denen man sich massieren lassen kann.

Der **Port Douglas Yacht Club** (☎07-4099 4386; www.portdouglasyachtclub.com.au; 1 Spinnaker Cl) bietet mittwochnachmittags kostenlose Segeltörns mit Clubmitgliedern an – eine tolle Möglichkeit, hinaus aufs Wasser zu kommen und Einheimische kennenzulernen.

Mehrere Unternehmen bieten Open-Water-PADI-Tauchkurse mit Zertifikat und Tauchzertifikate für Fortgeschrittene an, darunter **Blue Dive** (☎0427 983 907; www.bluedive.com.au; Open-Water-Tauchkurs ab 750 AU$/4-5 Tage). Wegen Einzelunterricht wendet man sich an die **Tech Dive Academy** (☎07-3040 1699; www.tech-dive-academy.com; Open-Water-Tauchkurs ab 1090 AU$/4 Tage).

Port Douglas Boat Hire BOOTSFAHRTEN
(☎07-4099 6277; Berth C1, Marina Mirage; 33–43 AU$/Std.) Das Unternehmen vermietet diverse Boote, darunter Jollen (33 AU$/Std.) und überdachte, familienfreundliche Pontonboote (43 AU$/Std.), mit denen man auf dem Meeresarm herumschippern kann. Auch Angelausrüstung ist vorhanden.

St. Mary's by the Sea KIRCHE
(6 Dixie St) GRATIS Die weiße Holzkirche lohnt einen kurzen Blick ins Innere. Sie wurde 1911 erbaut und 1989 an ihren jetzigen Standort am Meer umgesetzt.

Wind Swell WASSERSPORT
(☎0427 498 042; www.windswell.com.au; ab 149 AU$) Kitesurfen, Paddleboarding und Wakeboarding für alle, vom Anfänger bis zum Brettartisten.

Geführte Touren

Der Besucherstrom hat im Riff vor Port Douglas bereits deutliche Spuren hinterlassen. Farbenfrohe Korallen und buntes Meeresleben sind zwar immer noch zu bewundern, aber an manchen Stellen ist das Riff schwer beschädigt. Die Tourveranstalter fahren in der Regel zu zwei bis drei Tauchstellen im Outer Reef und bei den Ribbon Reefs wie St. Crispins, Agincourt, Chinaman und Tongue. Im Tourenpreis inbegriffen sind meist der

Port Douglas

Port Douglas

Sehenswertes
1 Flagstaff Hill D2
2 St. Mary's by the Sea B2

Aktivitäten, Kurse & Touren
3 BTS Tours C3
4 Port Douglas Boat Hire A3
5 Port Douglas Yacht Club A4
6 Tech Dive Academy B2

Schlafen
7 Accommodation Port Douglas C3
8 By the Sea Port Douglas D3
9 Global Backpackers C2
10 Hibiscus Gardens C3
11 ParrotFish Lodge C3

Essen
12 2 Fish B2
13 Coles Supermarket B2
14 Harrisons Restaurant B2
15 Nautilus C2
16 On the Inlet A3
17 Original Mocka's Pies B2
18 Salsa Bar & Grill B2
19 Seafood House B2

Ausgehen & Nachtleben
20 Court House Hotel B2
21 Iron Bar B2
22 Origin Espresso B3
Port Douglas Yacht Club .... (siehe 5)
23 Tin Shed A2

Shoppen
24 Port Douglas Markets B1

Transfer von der jeweiligen Unterkunft, die Riffgebühr, Mittagessen, Getränke und Schnorcheln. Ein Schnuppertauchgang kostet 250 AU$ extra. Zertifizierte Taucher bezahlen für zwei Tauchgänge inklusive der gesamten Ausrüstung ebenfalls 250 AU$.

Einige Veranstalter schippern auch zur Koralleninsel Low Isles, auf der ein Leuchtturm steht. In der Lagune rund um die Insel kann man herrlich schnorcheln und mit etwas Glück entdeckt man auch die Eiablagestellen von Schildkröten. Die Boote legen vor dem Einkaufskomplex Marina Mirage an.

Viele Veranstalter organisieren auch Tagesausflüge zum Cape Tribulation, bei denen u. a. die Mossman Gorge besucht wird. Starten die Touren von Cairns aus, werden die Teilnehmer meist auch in Port Douglas abgeholt.

BTS Tours GEFÜHRTE TOUR
(☎07-4099 5665; www.btstours.com.au; 49 Macrossan St; Daintree Erw./Kind 150/115 AU$, Mossman Gorge 48/26 AU$) Geführte Touren zum Daintree Rainforest, zum Cape Tribulation und zur Mossman Gorge; auch Kanutouren.

Calypso SCHNORCHELN
(☎07-4099 6999; www.calypsoreefcruises.com; Erw./Kind 195/154 AU$) Der große Katamaran steuert drei äußere Riffe an.

Fishing Norseman ANGELN
(☎07-4099 6668; www.mvnorseman.com.au; Closehaven Marina; Tagestour Erw./Kind 215/195 AU$) An Bord der modernen, 18 m langen *Norseman* kann man Forellenbarschen, roten Kaiserfischen und anderen Meerestieren nachstellen. Man kann auch das ganze Boot mieten.

Haba SCHNORCHELN
(☎07-4098 5000; www.habadive.com.au; Marina Mirage; Erw./Kind 175/99 AU$) Der seit langem bestehende örtliche Tauchveranstalter hat auch 25-minütige Touren mit Glasbodenbooten (Erw./Kind 16/8 AU$) im Angebot.

Lady Douglas River Cruise BOOTSFAHRT
(☎07-4099 1603; www.ladydouglas.com.au; Marina Mirage; Erw./Kind 30/15 AU$) Auf dem Bootsausflug auf dem nahegelegenen Dickson Inlet kann man Krokodile und andere Wildtiere erspähen.

Poseidon SCHNORCHELN
(☎07-4099 4772; www.poseidon-cruises.com.au; Erw./Kind 210/145 AU$) Die freundliche Familie veranstaltet mit ihrem Luxus-Katamaran Ausflüge zum Agincourt Reef.

Quicksilver BOOTSFAHRT
(☎07-4087 2100; www.quicksilver-cruises.com; Erw./Kind 212/106 AU$) Der größere Veranstalter fährt mit Schnellbooten zum Agincourt Reef. Angeboten werden auch Helmtauchen (142 AU$) und Helikopter-Rundflüge von dem Ponton am Riff (148 AU$, mind. 2 Pers.).

Reef & Rainforest Connections ÖKOTOUR
(☎07-4035 5566; www.reefandrainforest.com.au; Erw./Kind ab 163/105 AU$) Angeboten werden naturfreundliche Tagesausflüge, z. B. zum Cape Tribulation und den Bloomfield Falls, nach Kuranda und zur Mossman Gorge.

Sail Tallarook SEGELN
(☎07-4099 4070; www.sailtallarook.com.au; halbtägige Segeltour Erw./Kind 99/75 AU$) Mit der historischen, 27 m langen Jacht werden die Low Isles angesteuert. Bei der Kreuzfahrt zu Sonnenuntergang gibt es eine Käseplatte; alkoholische Getränke selber mitbringen.

Sailaway SEGELN, SCHNORCHELN
(☎07-4099 4772; www.sailawayportdouglas.com; Erw./Kind 205/125 AU$) Die Segel- und Schnorcheltouren zu den Low Isles sind bei Familien sehr beliebt. Es gibt auch 90-minütige Segeltörns vor der Küste von Port Douglas in der Abenddämmerung (50 AU$).

Synergy SEGELN, SCHNORCHELN
(☎07-4084 2800; www.synergyreef.com.au; Erw./Kind 275/205 AU$) Die *Synergy* segelt zu den äußeren Riffen (max. 12 Pers.).

Tropical Fishing & Eco Tours ANGELN, TOUR
(☎07-4099 4272; www.fishingecotours.com; Angeltour ab 90 AU$; Inlet-Tour ab 30 AU$) Halbtägige Angel- und Tierbeobachtungstouren.

Wavelength SCHNORCHELN
(☎07-4099 5031; www.wavelength.com.au; Erw./Kind 225/165 AU$) In Begleitung eines Meeresbiologen wird an drei Stellen in den äußeren Riffen (nur) geschnorchelt (max 30 Pers.).

Schlafen

In Port Douglas wimmelt es von Unterkünften, meist sind es komplett eingerichtete Ferienwohnungen oder Resorts der gehobenen Preiskategorie gleich außerhalb der Stadt. **Accommodation Port Douglas** (☎07-4098 5522; www.accomportdouglas.com.au) ist eine nützliche Adresse, wenn man eine Ferienwohnung mieten will.

Dougies HOSTEL $
(☎07-4099 6200, 1800 996 200; www.dougies.com.au; 111 Davidson St; Zelt-Stellplatz 13 AU$/

Pers., B 26 AU$, DZ mit Gemeinschaftsbad 34 AU$; ❄@📶🏊) Das entspannte Hostel lädt dazu ein, den Tag auf dem weitläufigen Anwesen in der Hängematte und den Abend an der Bar zu verbringen. Essen kann man im Restaurant Zai. Wer dennoch einmal das Gelände verlassen möchte, kann an der Rezeption ein Fahrrad oder Angelausrüstung leihen; dort werden auch Lebensmittel verkauft. Gäste werden in Cairns kostenlos abgeholt.

Global Backpackers HOSTEL $
(☎07-4099 5641, 1800 682 647; www.globalportdouglas.com.au; 38 Macrossan St; B 27–32 AU$, DZ 80 AU$; ❄@📶) Ports am zentralsten gelegenes Hostel hat zwar keinen Pool, liegt aber direkt auf halber Höhe der Macrossan St über dem Barrestaurant Rattle n Hum. Die modernen Zimmer präsentieren sich in schicken Dunkelbraun-Tönen, die Doppelzimmer haben alle ein eigenes Bad, und die Küche und der Gemeinschaftsraum öffnen sich zu einem großen Balkon.

ParrotFish Lodge HOSTEL $
(☎1800 995 011, 07-4099 5011; www.parrotfishlodge.com; 37-39 Warner St; B 25–33 AU$, DZ mit/ohne Bad 80/70 AU$; ❄@🏊) Die muntere Backpackerbleibe bietet extremes Stranddekor und viele kostenlose Extras, darunter das Frühstück und die Abholung aus Cairns.

Pandanus Caravan Park CAMPING $
(☎07-4099 4034; www.pandanuscp.com.au; 97-107 Davidson St; Stellplatz ohne/mit Strom 35/42 AU$, Hütte 80–90 AU$, Wohneinheit 105 AU$; ❄@📶🏊) Fünf Gehminuten vom Strand bietet der große, schattige Platz eine gute Auswahl an Hütten und kostenlose Gasgrills.

Port o' Call Lodge HOSTEL $
(☎07-4099 5422; www.portocall.com.au; Ecke Port St & Craven Cl; B 38 AU$, DZ 110–129 AU$; ❄@📶🏊) 🍃 Das entspannte, mit Sonnen- und Windenergie versorgte YHA-Hostel hat ein gutes Bistro (Hauptgerichte 17–26 AU$).

Pink Flamingo BOUTIQUEHOTEL $$
(☎07-4099 6622; www.pinkflamingo.com.au; 115 Davidson St; Zi. 125 & 185 AU$; ❄@📶🏊) Die leuchtend lila, purpurrot und orange gestrichenen Zimmer öffnen sich zu privaten, ummauerten Höfen (mit Hängematten, Bad und Dusche im Freien). Unter freiem Himmel ist auch die tolle Bar mit Discokugel. Abends gibt's Freilichtkino. Ein Fitnessraum und der Fahrradverleih runden das Angebot ab. Das von Schwulen geführte Hotel nimmt gern auch Heteros auf, aber Kinder sind unerwünscht.

By the Sea Port Douglas APARTMENTS $$
(☎07-4099 5387; www.bytheseaportdouglas.com.au; 72 Macrossan St; DZ ab 185 AU$; ❄@📶🏊) Das Haus nahe dem Strand und dem Zentrum bietet auf drei Stockwerken 12 Apartments – von den höher gelegenen blickt man durch Palmen auf den Strand. Die frisch renovierten, komplett eingerichteten Zimmer sind in neutralen Farben gehalten. Bei Online-Buchung günstige Preise.

★ **QT Resort** RESORT $$$
(☎07-4099 8900; www.qtportdouglas.com.au; 87-109 Port Douglas Rd; DZ 240–260 AU$, Villa 290–410 AU$; ❄@📶🏊) Mit cool-modernem Dekor und einem DJ, der in der Cocktailbar Lounge-Musik auflegt, ist Port Douglas' neuestes Resort zugleich auch das schickste. Das Restaurant Bazaar vor Ort bietet ein gutes Büffet. Das freundliche Personal geleitet die Gäste zu den stilvollen, mit Flachbild-TVs und luxuriösen Betten ausgestatteten Zimmern. Im QT ist auch das Moonlight Cinema. Online gibt's günstige Pauschalangebote.

Sea Temple Resort & Spa RESORT $$$
(☎07-4084 3500, 1800 833 762; www.mirvachotels.com.au; Mitre St; DZ ab 300 AU$; ❄@📶🏊) Port Douglas' luxuriösestes Fünf-Sterne-Hotel liegt mitsamt dem zugehörigen, für Meisterschaften geeigneten Golfplatz in einer üppig-tropischen Gartenanlage nahe dem südlichen Ende des Four Mile Beach. Das Zimmerangebot reicht von Einraumwohnungen mit Whirlpool bis zu einem opulenten Penthouse mit direktem Zugang zu dem riesigen Lagunenpool. Bei Online-Buchung gibt's ein Zimmer schon ab 199 AU$.

Hibiscus Gardens RESORT $$$
(☎1800 995 995; www.hibiscusportdouglas.com.au; 22 Owen St; DZ 145–385 AU$; ❄@🏊) Mit balinesisch beeinflussten Teakmöbeln und Verkleidungen, Falttüren, Rollläden und hie und da einer Buddhafigur besitzt das stilvolle Resort ein exotisches Flair. Man kann sich in dem hauseigenen Wellnesszentrum, das auf indigene Heilverfahren spezialisiert ist, wunderbar verwöhnen lassen.

Essen

Original Mocka's Pies IMBISS $
(☎07-4099 5295; 9 Grant St; Pies 4,50–6 AU$; ⏰8–16 Uhr) Der Laden ist zu einer Institution geworden. Er serviert tolle australische Pies mit Zutaten wie Krokodil oder Känguru. Das Steak-Pie ist mit saftigen, langsam gegarten Stücken vom Black-Angus-Rind gefüllt.

Four Mile Seafood & Takeaway SEAFOOD, BURGER $
(Four Mile Beach Plaza, Barrier St, Four Mile Beach; Gerichte 8–15 AU$; ⏲ Mo–Sa 9–20, So 11–20 Uhr) An diesem Imbiss bekommt man Fish and Chips und schmackhafte Burger.

Salsa Bar & Grill MODERN-AUSTRALISCH $$
(☎ 07-4099 4922; www.salsaportdouglas.com.au; 26 Wharf St; Hauptgerichte 20–37 AU$; ⏲ 11.30–15 & 17.30–22.30 Uhr; 🖉) Das Restaurant in dem weißen Queenslander ist in der schnelllebigen Gastro-Szene der Stadt ein Anker der Stabilität. Empfehlenswert sind u. a. das Cajun-Jambalaya (Reis mit Garnelen, kleinen Flusskrebsen, Tintenfisch, Krokodilwürstchen und geräuchertem Hühnchen) oder die Kängurulende mit Süßkartoffel-Auflauf.

On the Inlet SEAFOOD $$
(☎ 07-4099 5255; www.portdouglasseafood.com; 3 Inlet St; Hauptgerichte 24–40 AU$; ⏲ 11.30–22 Uhr) In diesem, in das Dickson Inlet vorspringenden Restaurant warten die Gäste an den Tischen auf der stimmungsvollen Terrasse auf George, den 250 kg schweren Riesenzackenbarsch, der hier täglich gegen 17 Uhr zur Fütterung erscheint. Von 15.30 bis 17.30 Uhr gibt's für 18 AU$ einen Eimer voll Garnelen und ein Getränk. Ansonsten kann man sich im Wasserbecken selber seine Mangrovenkrabben oder Langusten aussuchen.

Beach Shack MODERN-AUSTRALISCH $$
(☎ 07-4099 1100; www.the-beach-shack.com.au; 29 Barrier St, Four Mile Beach; Hauptgerichte 23–34 AU$; ⏲ 11.30–15 & 17.30–22 Uhr; 🖉) Es gäbe einen empörten Aufschrei, wenn dieser Lokalfavorit die Aubergine mit gehackten Macadamia-Nüssen (sowie gegrilltem Gemüse, Ziegenkäse und Rucola) von der Karte nehmen würde. Schon das Ambiente des sandigen, von Laternen beleuchteten Freiluftlokals lockt die Gäste ans südliche Ende des Four Mile Beach. Neben guten Fischen vom Riff und Pizzen gibt's auch leckere Tagesgerichte.

★ Harrisons Restaurant MODERN-AUSTRALISCH $$$
(☎ 07-4099 4011; www.harrisonsrestaurant.com.au; 22 Wharf St; Hauptgerichte 38–56 AU$, 4-/ 6-Gänge-Menü 75/100 AU$) Chefkoch und Inhaber Spencer Patrick, der bei Marco Pierre White gelernt hat, zaubert kulinarische Köstlichkeiten, die zu den besten Australiens gehören. Die frisch lokalen Zutaten werden zu Gerichten wie Kaninchenfleisch-Kroketten mit Ziegenquarkfondant oder Rib-Eye-Steaks vom Angus-Rind mit Fritten und sämiger Marksauce verwandelt. Das Verkostungsmenü ist ein Schnäppchen. Das Lokal ist wohl der einzige Ort in Port Douglas, wo die Gäste in Schuhen statt Badelatschen kommen.

Nautilus MODERN-AUSTRALISCH $$$
(☎ 07-4099 5330; www.nautilus-restaurant.com.au; 17 Murphy St; Hauptgerichte 33–50 AU$; ⏲ abends) Sobald man den steilen Hügel bewältigt hat, findet man in diesem Restaurant, das schon lang eine Institution für feines Essen ist, intime, weiß eingedeckte Tische unter hohen Palmen. Die Speisekarte umfasst Meeresfrüchte und Steaks mit Gerichten wie Mangrovenkrabben in einer Sauce aus Kokosmilch, Ei und Kaffernlimetten. Das Prunkstück ist das Sieben-Gänge-Verkostungsmenü (115 AU$; 170 AU$ mit passenden Weinen). Kinder unter acht Jahren haben keinen Zutritt.

2 Fish SEAFOOD $$$
(☎ 07-4099 6350; www.2fishrestaurant.com.au; 7/20 Wharf St; Hauptgerichte 29–40 AU$; ⏲ 11.30–15 & 17.30–22 Uhr) Das Meeresfrüchterestaurant verspricht eine echte Schlemmerei: Über 15 Fischarten, vom Juwelenbarsch über Kaiserschnapper bis hin zum wilden Barramundi, werden kreativ zubereitet. Sehr zu empfehlen ist die dekadente Meeresfrüchteplatte für zwei (160 AU$).

Selbstversorger

Lebensmittel bekommt man in dem großen **Coles Supermarket** (11 Macrossan St) im Einkaufszentrum Port Village. Frisch gefangene Meeresfrüchte, darunter Garnelen, Mangrovenkrabben und viele Fischarten, sind im **Seafood House** (11 Warner St; Meeresfrüchteteller ab 45 AU$; ⏲ 9.30–17 Uhr) erhältlich.

Ausgehen & Nachtleben

Essen und Trinken gehen in Port Douglas Hand in Hand. Schon bevor das Essbesteck verschwindet, geht man in vielen Restaurants zum gemütlichen Teil über.

Tin Shed CLUB MIT ALKOHOLAUSSCHANK
(www.thetinshed-portdouglas.com.au; 7 Ashford Ave; Drinks ab 4 AU$; ⏲ 10–22 Uhr) Port Douglas' Combined Services Club ist ein Geheimtipp. Hier kann man günstig am Ufer essen, und sogar die Drinks sind preiswert. Einfach in die Mitgliederliste eintragen, sich anstellen und einen Tisch auf der Terrasse mit Blick auf den Fluss oder den Strand besetzen.

Origin Espresso CAFÉ
(☎ 07-4099 4586; Ecke Grant St & Warner St; Kaffee 3,50–4 AU$; ⏲ tgl. 8–16 Uhr) Der einzige Ort für

einen samtigen Latte oder einen starken Espresso ist dieses Café.

Iron Bar PUB
(☎07-4099 4776; www.ironbarportdouglas.com.au; 5 Macrossan St; Hauptgerichte 15–30 AU$; ⏲11–3 Uhr) Abgefahrenes Schafschererschuppen-Ambiente wie direkt aus dem Outback ist in Queensland nie fehl am Platz. Mit grobem Eisen und altem Holz wirkt es hier ziemlich echt. Nachdem man sein gut abgehangenes Steak verputzt hat, schnappt man sich ein Bier und geht nach oben zum aufregenden Agakrötenrennen (5 AU$).

Court House Hotel PUB
(☎07-4099 5181; www.courthouseportdouglas.com.au; Ecke Macrossan St & Wharf St; ⏲11 Uhr–open end) Im munteren „Courty", das ein erstklassiges Eckgrundstück besetzt, spielen am Wochenende Coverbands.

Port Douglas Yacht Club CLUB MIT ALKOHOLAUSSCHANK
(www.portdouglasyachtclub.com.au; 1 Spinnaker Cl; ⏲Bar Mo–Fr 16–22, Sa & So 12–22 Uhr) Ebenfalls ein Lieblingslokal der Einheimischen. Hier gibt's abends preiswerte Mahlzeiten in einem lustig-maritimen Ambiente.

☆ Unterhaltung

Moonlight Cinema KINO
(www.moonlight.com.au; 87-109 Port Douglas Rd, QT Resort, Port Douglas; Karten Erw./Kind 16/12 AU$; ⏲Juni–Okt.) Zum Freiluftkino am Abend bringt man sich ein Picknick mit und leiht sich einen Sitzsack aus.

ℹ Praktische Informationen

Das **Port Douglas Tourist Information Centre** (☎07-4099 4540; www.tourismportdouglas.com.au; 50 Macrossan St; ⏲8–18.30 Uhr) hat Karten und nimmt Tourbuchungen vor.

ℹ An- & Weiterreise

Sun Palm (☎07-4087 2900; www.sunpalmtransport.com) verkehrt täglich häufig zwischen Port Douglas und Cairns (35 AU$, 1½ Std.) über die nördlichen Strandorte und den Flughafen. Busse fahren außerdem die Küste hinauf nach Mossman (10 AU$, 20 Min.), zur Fähranlegestelle in Daintree Village (20 AU$, 1 Std.) sowie zum Cape Tribulation (48 AU$, 3 Std.).

Airport Connections (☎07-4099 5950; www.tnqshuttle.com; Erw./Kind 36/18 AU$; ⏲3–17 Uhr) betreibt einen Shuttlebus (36 AU$, 4-mal tgl.) zwischen Port Douglas, den Strandorten nördlich von Cairns und dem Flughafen Cairns mit Weiterfahrt ins Zentrum von Cairns.

Country Road Coachlines (☎07-4069 5446; www.countryroadcoachlines.com.au) betreibt dreimal wöchentlich einen Bus zwischen Port Douglas und Cooktown, der die Küstenroute über das Cape Tribulation befährt (70 AU$; wetterabhängig).

ℹ Unterwegs vor Ort

AUTO & MOTORRAD

In Port Douglas gibt's viele kleine ortsansässige Autovermieter sowie große internationale Ketten wie **Budget** (☎07-4099 5702; www.budget.com.au; 2/11 Warner St) und **Thrifty** (☎07-4099 5555; www.thrifty.com.au; 50 Macrossan St). Die Stadt ist die letzte Möglichkeit vor Cooktown, einen Geländewagen zu mieten. Ein Kleinwagen kostet rund 65 AU$ pro Tag, ein Geländewagen 130 AU$, jeweils zuzüglich Versicherung.

BUS

Ein Bus von Sun Palm fährt zwischen 7 und 24 Uhr ungefähr halbstündlich einen Rundkurs vom Wildlife Habitat Port Douglas zum Marina Mirage mit regelmäßigen Haltestellen unterwegs. Wer mitfahren will, gibt dem Fahrer an den markierten Haltestellen ein Handzeichen.

FAHRRAD

Port Douglas Bike Hire (☎07-4099 5799; www.portdouglasbikehire.com.au; Ecke Wharf & Warner St; 19 AU$/Tag) verleiht eine große Auswahl an Fahrrädern und kann Ratschläge zu Radtouren geben.

TAXI

Port Douglas Taxis (☎13 10 08) 24-Std.-Service.

Mossman

1733 EW.

Das unscheinbare Mossman wird kreuz und quer von den Gleisen der Zuckerrohrbahn durchzogen und hat die wundervolle **Mossman Gorge** (☎07-4099 7000; www.mossmangorge.com.au; Mossman Gorge Centre; Shuttlebus Erw./Kind 5/2,50 AU$; ⏲8–18.30 Uhr) zu bieten, die Busladungen mit Touristen anlockt. Es gibt hier einen tollen 2,4 km langen Wanderweg, und man kann auch baden, was aber nach starken Regenfällen gefährlich ist.

Um die kulturelle Bedeutung der Schlucht zu erfassen, sollte man über das **Mossman Gorge Centre** eine der von Aborigines geführten, 1½-stündigen **Kuku-Yalanji Dreamtime Walks** (www.yalanji.com.au; Erw./Kind 50/25 AU$; ⏲9, 11, & 15 Uhr) buchen. Das Zentrum ist das schicke neue Tor zur Schlucht mit einer Kunstgalerie, einem Shop sowie einem Restaurant, das Bush Tucker anbietet.

Die von Aborigines geführte **Janbal Gallery** (☎07-4098 3917; www.janbalgallery.com.au; 5 Johnston Rd; ⏲Di–Sa 10–17 Uhr) ist ein toller Ort, um eindrucksvolle Kunstwerke zu bewundern und zu kaufen.

Die Zimmer im **Mossman Gorge B&B** (☎07-4098 2497; www.bnbnq.com.au/mossgorge; Lot 15, Gorge View Cres; Zi. 130–150 AU$) sind mit dunklen Holzböden, Motivwänden und Antiquitäten ausgestattet. Die Gästebereiche sind behaglich, und der Ausblick und die vielen Vögel vor Ort einfach herrlich. Das Frühstück ist im Preis enthalten. Weiter die Straße hinauf ist das **Papillon** (☎07-4098 2760; www.papillonstays.com.au; 36 Coral Sea Dr, Mossman; Zi. ab 130 AU$; ❄≋), Mossmans beste Unterkunft. Das sagenhafte B&B bietet einen Pool, einen Wohnbereich mit Mezzaningeschoss und moderne, komfortable Zimmer.

Das von einem talentierten französisch-australischen Team geführte **Mojo's** (☎07-4098 1202; www.mojosbarandgrill.com.au; 41 Front St; Hauptgerichte 20–29 AU$; ⏲Mo–Fr 11.30–14, Mo–Sa 18 Uhr–open end; 🍷) serviert ausgezeichnete Fusion-Gerichte wie Gnocchi mit Blauschimmelkäse und karamellisierter Birne, Risotto mit Königskrabben und Zuckermais, Frühlingsrollen mit Schweinebauch sowie Steaks und Koteletts.

BTS (☎07-4099 5665; www.portdouglasbus.com; 49 Macrossan St, Port Douglas) bietet Shuttlebusse von Port Douglas zur Mossman Gorge mit Rückfahrt (Erw./Kind 22/15 AU$, 8.15 & 12.15 Uhr) und Tagesausflüge zur Schlucht an. **Coral Reef Coaches** (☎07-4098 2800; www.coralreefcoaches.com.au) fährt mit Bussen aus Cairns (Erw./Kind 40/20 AU$); vorab reservieren.

Daintree Village

146 EW.

Trotz des üppigen Regenwalds in der Umgebung liegt **Daintree Village** inmitten von Weideland, das zu den großen Rinderfarmen gehört, die sich am Daintree River erstrecken. Da die meisten Touristen wegen der vielen Krokodile im Fluss hierher kommen, bieten verschiedene kleine Veranstalter Bootsfahrten zur Beobachtung der Reptilien an. Ansonsten kann man nicht viel mehr machen.

DER DAINTREE NATIONAL PARK DAMALS UND HEUTE

Fast der ganze Daintree-Regenwald steht als Teil des Daintree National Park unter Naturschutz. Das Gebiet hat eine von Kontroversen geprägte Geschichte hinter sich. Gegen den massiven Widerstand von Umweltschützern wurde 1983 der Bloomfield Track vom Cape Tribulation zum Bloomfield River mitten durch den küstennahen Regenwald geschlagen. Die immense internationale Beachtung, die dieses Projekt fand, veranlasste die australische Bundesregierung indirekt, den feuchttropischen Regenwald von Queensland für die Aufnahme in die Liste des Weltnaturerbes vorzuschlagen. Dies wiederum führte zu heftigen Protesten seitens der Holzindustrie von Queensland. Doch 1988 wurde das Gebiet tatsächlich zum Weltnaturerbe erklärt – und damit war das kommerzielle Abholzen des Regenwaldes ab sofort verboten.

Da die Aufnahme in die Liste des Weltnaturerbes keinerlei Auswirkungen auf die Eigentums- oder Kontrollrechte hat, bemühen sich die Regierung von Queensland und Umweltschutzorganisationen seit den 1990er-Jahren, Grundbesitz zurückzukaufen und Eigentumsrechte wieder herzustellen, um das Land zum Daintree National Park hinzuzufügen und Infozentren einrichten zu können. Als mit dem Ausbau der Straße zum Cape Tribulation 2002 die schnelle Besiedelung der Region begann, wurden Hunderte von weiteren Grundstücken zurückgekauft. In Verbindung mit einer kontrollierten Entwicklungspolitik führen diese Anstrengungen dazu, dass sich der Regenwald nun wieder erholen kann. Weitere Informationen gibt's bei **Rainforest Rescue** (www.rainforestrescue.org.au).

Artenvielfalt

Der feuchttropische Regenwald im äußersten Norden von Queensland weist eine verblüffende Artenvielfalt auf. Die Wet Tropics World Heritage Area, die von Townsville bis nach Cooktown reicht, erstreckt sich auf einer Fläche von insgesamt 8944 km² über die Küstenregion und das Hinterland, diverse Sumpfgebiete, Mangroven-, Eukalyptus- und tropische Regenwälder. Das entspricht zwar nur 0,01 % der Gesamtfläche Australiens, aber dennoch leben hier 36 % aller Säugetierarten, 50 % der Vogel-, rund 60 % der Schmetterlings- und 65 % der Farnarten.

Geführte Touren

Bruce Belcher's Daintree BOOTSFAHRT
(☎07-4098 7717; www.daintreerivercruises.com; 1-std. Bootsfahrt Erw./Kind 25/10 AU$) Einstündige Flussfahrt in einem überdachten Boot.

Daintree Argo Rainforest Tours TOUR
(☎0409 627 434; www.daintreeadventuretours.com.au; Upper Daintree Rd; 1-std. Tour 45 AU$) Ausflug in den Regenwald und zu den Viehweiden in einem offenen Amphibienfahrzeug.

Daintree River Wild Watch BOOTSFAHRT
(☎07-4098 7068; www.daintreeriverwildwatch.com.au; 2-stündige Bootsfahrt Erw./Kind 55/35 AU$) Bei Sonnenaufgang starten die informativen Ausflüge für Vogelbeobachter, bei Sonnenuntergang kommen Naturfotografen auf ihre Kosten.

Schlafen & Essen

Daintree Riverview CAMPING $
(☎0409 627 434; www.daintreeriverview.com; Stewart St; Stellplatz ohne/mit Strom 10/30 AU$, Hütte 99–110 AU$) Der Platz am Fluss bietet Stellplätze und gute Hütten.

Red Mill House B&B $$$
(☎07-4098 6233; www.redmillhouse.com.au; 11 Stewart St; EZ/DZ 160/220 AU$; ❄@≋) Die große Veranda mit Blick auf den Garten im Regenwald ist ideal, um Vögel zu beobachten. Das Haus bietet vier gut ausgestattete Zimmer, einen großen Gemeinschaftsbereich mit Bibliothek und eine Familienwohnung mit zwei Schlafzimmern (ab 270 AU$). Auf Anfrage werden geführte Vogelbeobachtungstouren veranstaltet.

Croc Eye Cafe CAFÉ $$
(☎07-4098 6229; www.croceyecafe.com; 3 Stewart St; Hauptgerichte 17–40 AU$; ⏲8–15 Uhr) Das Restaurant serviert Fish and Chips, Burger und (natürlich) auch Krokodilgerichte; darüber hinaus gibt's Spaghetti und *san choi bao*.

Rund ums Cape Tribulation

Regenwald, Strände, Kasuare, Fledermäuse und diverse Autotouren für Hartgesottene sind einige der Dinge, die einen in dieser hinreißenden Region erwarten, in der der tropische Regenwald auf das Meer trifft. Sie ist nur mit der Seilfähre (oder von Cooktown aus mit einem Geländewagen) zu erreichen. Zur geheimnisvollen Stimmung trägt bei, dass die Unterkünfte im Regenwald immer schnell von der umliegenden Vegetation überwuchert werden und kaum ein Sonnenstrahl durch das dichte Blattwerk dringt.

Rund 11 km vor Daintree Village und 24 km nördlich von Mossman befindet sich die Ausfahrt zur **Daintree River Cable Ferry** (einfache Strecke Auto/Motorrad/Fahrrad & Fußgänger 13/6/1 AU$; ⏲6–24 Uhr), die ungefähr viertelstündlich ablegt und zwei Minuten zur Fahrt über den Fluss hinüber zum Gebiet des Cape Tribulation benötigt. Von dort sind es noch einmal 34 km auf einer asphaltierten Straße bis zum Cape Tribulation und der gleichnamigen Siedlung.

Als Teil der Wet Tropics World Heritage Area ist die Region nördlich des Daintree River bis hinauf zum Cape Tribulation berühmt für ihren uralten Regenwald und die zerklüfteten Gipfel des **Thornton Peak** (1375 m) und des **Mt. Sorrow** (770 m).

Strom wird in dieser Region mithilfe von Generatoren und Solarzellen erzeugt, und nur wenige Unterkünfte haben eine Klimaanlage. Cape Tribulation ist ein beliebtes Ziel von Tagesausflügen von Port Douglas und Cairns aus, doch der Tourismus hat in den letzten Jahren nachgelassen. Während der Hauptsaison empfiehlt es sich aber immer noch, seine Unterkunft vorab zu buchen.

Benzin und einige Lebensmittel erhält man im **Rainforest Village** (☎07-4098 9015; www.rainforestvillage.com.au; Cape Tribulation Rd; ⏲7–19 km), 16 km von der Fährstelle entfernt.

Der erste Abschnitt der Route vom Daintree River zum Cape Tribulation reicht von Cape Kimberley bis Noah Beach.

Cape Kimberley

Rund 3 km hinter der Fähre über den Daintree River führt eine 5 km lange, unbefestigte Straße zum Cape Kimberley Beach, einem schönen, ruhigen Strand mit Blick auf Snapper Island. Die von einem Riff umsäumte Insel liegt gleich vor der Küste, ist als Nationalpark ausgewiesen und nur mit einem privaten Boot zugänglich; **Crocodylus Village** (www.crocodyluscapetrib.com) veranstaltet zweitägige Seekajaktouren dorthin (299 AU$; Mo, Mi & Fr). Für den **Campingplatz** (☎13 74 68; www.nprsr.qld.gov.au; Genehmigung 5,45 AU$) an der Südwestseite von Snapper Island braucht man eine Genehmigung. Der Platz ist mit einer Toilette und Picknicktischen ausgestattet. Man sollte einen Gaskocher mitnehmen, denn offenes Feuer ist verboten.

Cow Bay

Von der Hauptstraße führt ein Fußweg zur schönen Cow Bay, wo die Bäume des Regenwalds weit in den korallenreichen Sandstrand ausgreifen. Die Bucht ist auch eine beliebte Stelle zum Angeln.

Vor der Abzweigung zum Jindalba Boardwalk liegt der **Aussichtspunkt Walu Wugirriga (Alexandra Range)**, der einen fabelhaften Ausblick auf die Alexandra Range und Snapper Island gewährt.

Die **Hochstege** im **Daintree Discovery Centre** (☎07-4098 9171; www.daintree-rec.com.au; Tulip Oak Rd; Erw./Kind mit 7 Tage gültigem Zutritt 32/16 AU$; ⏲8.30–17 Uhr) bringen einen hinauf ins Blätterdach des Waldes. Es gibt hier noch ein paar kurze Naturlehrpfade und ein kleines Kino, das Filme über Kasuare, Krokodile, Naturschutz und den Klimawandel zeigt. Der (im Preis inbegriffene) Audioguide liefert eine ausgezeichnete Führung aus der Sicht der Aborigines.

Hinter dem Zentrum läuft der **Jindalba Boardwalk** auf einem 700 m und 2,7 km langen Rundkurs durch den Regenwald.

Cow Bay Horse Rides (☎07-4098 9202; www.cowbayhorserides.com.au; 1507 Cape Tribulation Rd; ½-stündiger Ausritt 65/120 AU$) bietet maßgeschneiderte Ausritte für ein bis vier Personen auf dem bewaldeten Anwesen.

Das eigentliche Highlight von Cow Bay liegt natürlich am Ende der Straße: Der **Cow Bay Beach** kann es mit seinem wunderbar weißen Sand mit jedem anderen Strandparadies aufnehmen.

Das entspannte **Epiphyte B&B** (☎07-4098 9039; www.rainforestbb.com; 22 Silkwood Rd; EZ/DZ/Hütte mit Frühstück 70/85/140 AU$) befindet sich auf einem üppigen, 6 ha großen Anwesen und bietet individuell gestaltete Zimmer von verschiedener Größe, aber immer mit eigener Veranda. Noch besser ist die geräumige, ganz abgeschiedene Hütte mit Patio, Einbauküche und abgesenktem Bad.

An der asphaltierten Buchanan Creek Rd (die oft auch Cow Bay Rd genannt wird) lassen sich die schlichten grünen Leinwand-Safarihütten des YHA-Hostels **Crocodylus Village** (☎07-4098 9166; www.crocodyluscapetrib.com; Buchanan Creek Rd; B 25 AU$ DZ 70–85 AU$; @ 📶 ≋) kaum vom Grün der Vegetation unterscheiden. Wer feste Wände vorzieht, wählt ein Bett in einem der Schlafsäle mit vier bis sechs Betten oder ein eigenes Zimmer. Die Bar und das Restaurant (Hauptgerichte 15 AU$, 8–10 & 18–21 Uhr) stehen auch Nichtgästen offen; das gleiche gilt für die Aktivitäten, z. B. halbtägige Kajaktouren (79 AU$) oder die anspruchsvolleren zweitägigen Meerkajaktouren zur Snapper Island.

Die freistehenden Holzhütten der **Daintree Rainforest Bungalows** (☎07-4098 9229; www.daintreerainforestbungalows.com; Lot 40, Spurwood Rd; DZ 110 AU$) sind schlicht, aber stilvoll mit lila und fliederfarbenen Stoffen dekoriert. Sie bieten überdachte Terrassen mit Blick in den Regenwald und eine Kochnische mit Campingkocher. Man muss mindestens zwei Nächte bleiben.

Von der Hauptstraße abgesetzt mitten im Wald präsentiert sich das **Daintree Rainforest Retreat Motel** (☎07-4098 9101; www.daintreeretreat.com.au; 1473 Cape Tribulation Rd; Zi. 145–240 AU$, Hütte 470 AU$; ≋) in kräftigen Tropenfarben und glänzendem Holz. Einige Zimmer haben Kochnischen; die auf Stelzen stehende Hütte mit vier Schlafzimmern bietet einen Whirlpool mit Blick zum Strand.

Wem es nach einem Kneipenessen und einem Bier gelüstet, der findet im **Cow Bay Hotel** (☎07-4098 9011; Cape Tribulation Rd; Hauptgerichte 12–25 AU$; ⏲11–15 & 18–21.30 Uhr) neben der Abzweigung zum Strand den einzigen „echten" Pub in der Daintree-Region. Man bekommt hier auch alkoholische Getränke zum Mitnehmen. Zum Pub gehört der angrenzende Block mit schlichten Motelzimmern (EZ/DZ 77/99 AU$).

Von der Cow Bay zum Cooper Creek

Der Abschnitt der Straße bis zum Cooper Creek ist kurvenreich, aber leicht befahrbar und bietet mehrere lohnende Zwischenstopps. Die **Daintree Ice Cream Company** (☎07-4098 9114; Lot 100, Cape Tribulation Rd; Eis 6 AU$; ⏲11–17 Uhr) serviert jeden Tag vier andere exotische Eissorten. Ob Wattleseed (Akaziensamen), Schwarze Sapote, Macadamia, Mango, Kokosnuss oder Jakobsfrucht – alle sind köstlich. Die Kalorien kann man dann bei einem 20-minütigen Spaziergang durch den Obstgarten abarbeiten.

Das familienfreundliche **Lync-Haven Rainforest Retreat** (☎07-4098 9155; www.lynchaven.com.au; Lot 44, Cape Tribulation Rd; Stellplatz ohne/mit Strom 14/32 AU$, DZ 99–160 AU$; ❄) befindet sich auf einem 16 ha großen Anwesen an der Hauptstraße rund 5 km nördlich von Cow Bay. Hier gibt's Wanderwege, zahme Kängurus und das Krokodil Boris. Das Restaurant (Hauptgerichte 14–28 AU$, 8–22 Uhr) serviert deftige Steaks, Burger,

Rund ums Cape Tribulation

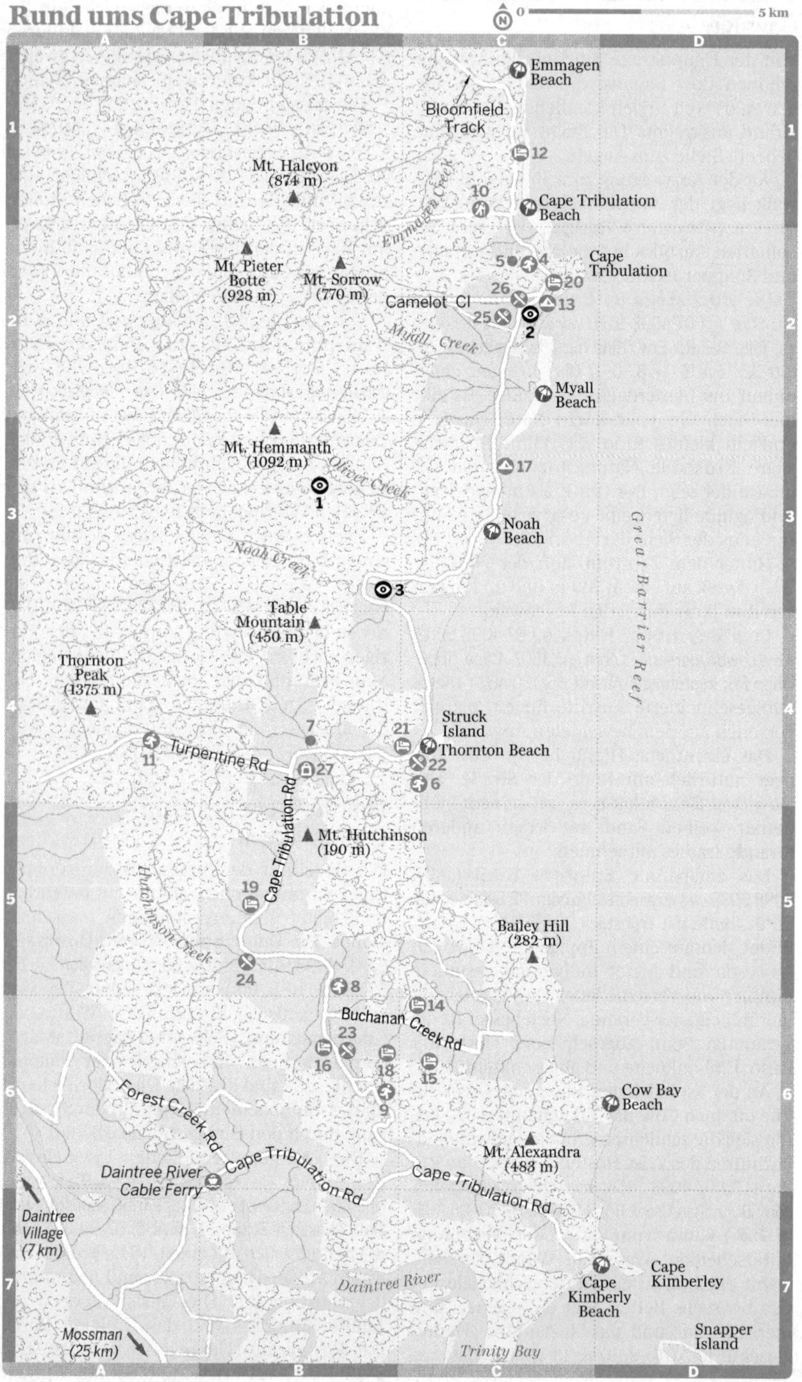

Rund ums Cape Tribulation

Sehenswertes
1 Daintree Rainforest B3
2 Dubuji Boardwalk C2
3 Marrdja Botanical Walk B3

Aktivitäten, Kurse & Touren
4 Bat House C2
5 Cape Trib Exotic Fruit Farm C2
6 Cape Tribulation Wilderness Cruises C4
7 Cooper Creek Wilderness B4
8 Cow Bay Horse Rides B5
9 Daintree Discovery Centre B6
Mason's Tours ..... (siehe 25)
10 Mt. Sorrow Ridge Walk C1
11 Prema Shanti A4

Schlafen
12 Cape Trib Beach House C1
Cape Trib Exotic Fruit Farm Cabins ..... (siehe 5)
13 Cape Tribulation Camping C2
14 Crocodylus Village C6
15 Daintree Rainforest Bungalows C6
16 Daintree Rainforest Retreat Motel B6
17 DERM Campground C3
18 Epiphyte B&B B6
19 Lync-Haven Rainforest Retreat B5
20 PK's Jungle Village C2
21 Thornton Beach Bungalows C4

Essen
22 Cafe on Sea C4
23 Cow Bay Hotel B6
24 Daintree Ice Cream Company B5
IGA Supermarket ..... (siehe 20)
Jungle Bar ..... (siehe 20)
25 Mason's Store & Cafe C2
26 Whet Restaurant & Cinema C2

Shoppen
27 Rainforest Village B4

Pasta und Fisch; abends werden draußen Filme gezeigt.

Cooper Creek

In der Biegung des Cooper Creek am Fuß des spektakulären Thornton Peak ist einiges zu entdecken.

Gleich südlich vom Fluss kann man sich im **Rainforest Village** (07-4098 9015; www.rainforestvillage.com.au; 7–19 Uhr) mit Lebensmitteln, Eis und Benzin eindecken und auf dem kleinen **Campingplatz** (Stellplatz ohne/mit Strom 24/32 AU$) übernachten.

Zu den Wanderungen mit **Cooper Creek Wilderness** (07-4098 9126; www.ccwild.com; Cape Tribulation Rd; geführte Wanderung 55–240 AU$) muss man sich vorab anmelden. Nach dem Marsch durch den Daintree-Regenwald wird im Cooper Creek gebadet. Nachtwanderungen und Tagestouren werden ebenfalls angeboten.

Cape Tribulation Wilderness Cruises (0457 731 000; www.capetribcruises.com; Cape Tribulation Rd; Erw./Kind 30/20 AU$) veranstaltet tagsüber und nachts Bootsfahrten durch den Mangrovenwald des Cooper Creek, bei denen man nach Krokodilen Ausschau hält.

Prema Shanti (07-4098 9006; www.premashanti.com; Turpentine Rd; Kurs 18 AU$/Std.) ist eine friedliche Yoga-Oase mit Yoga für alle, die hineinschneien, Meditationskursen (mit Anmeldung) und Massageanwendungen.

Thornton Beach

Nur ein schmaler Grünstreifen trennt den tollen, halbmondförmigen Strand von der Cape Tribulation Rd. Vor der Küste liegt eine kleine Felseninsel, die zum Schnorcheln einlädt. Das Beste aber ist das nur eine Handtuchlänge vom Thornton Beach entfernte **Cafe on Sea** (07-4098 9118 Cape Tribulation Rd; Hauptgerichte 12–25 AU$; 9–16 Uhr), in dem auch Alkohol ausgeschenkt wird.

Direkt gegenüber stehen die **Thornton Beach Bungalows** (07-4098 9179; www.thorntonbeach.com; Cape Tribulation Rd; Hütte/Haus 85/250 AU$), die zwei kleine Hütten und ein Strandhaus für vier Personen umfassen. Mindestaufenthaltsdauer sind zwei Nächte.

Noah Beach & Umgebung

Der **Marrdja Botanical Walk** ist ein schöner, 1,2 km langer Plankenweg (45 Min.) mit Informationstafeln, der dem Lauf des Flusses durch den Regenwald voller Fächerpalmen und Mangroven bis zu einem Aussichtspunkt folgt. Man braucht Insektenschutzmittel, um die Mücken abzuwehren.

Noah Valley Mountain Treks (07-4098 9292; noahvalleymountaintreks@activ8.net.au; halbtägige Tour/Nachtwanderung 60/40 AU$) veranstaltet umweltbewusste, anspruchsvolle Wanderungen durch das Noah Valley.

Der **Noah Beach Campground** (13 74 68; www.nprsr.qld.gov.au; Cape Tribulation Rd; 5,45 AU$/Pers.) bietet 100 m vom Strand 15 Stellplätze unter Bäumen mit roten Stämmen. Es gibt Toiletten, aber keine Duschen, und man muss sich vor Krokodilen hüten.

Cape Tribulation

Die indigenen Kuku Yalanji nannten das Gebiet Kulki; den Namen Cape Tribulation bekam es von Captain Cook, nachdem sein Schiff am Endeavour Reef auf Grund gelaufen war. Das paradiesische Fleckchen Erde wirkt immer noch wie Grenzland: Die Infrastruktur ist bescheiden, Straßenschilder warnen vor querenden Kasuaren, und Strandspaziergänge sind wegen der überall lauernden Krokodile nicht wirklich entspannend.

Der Regenwald reicht bis hinab zu den beiden prächtigen weißen Sandstränden von Myall Beach und Cape Tribulation, die durch ein knorrig aufragendes Kap voneinander getrennt sind. Die Siedlung Cape Tribulation liegt am Ende der Straße und am Beginn der nur für Geländewagen geeigneten Küstenroute über den Bloomfield Track nach Cooktown und darüber hinaus.

Gesunde und geübte Wanderer stehen früh auf, um den anstrengenden, aber lohnenden **Mt. Sorrow Ridge Walk** (7 km, hin & zurück 5–6 Std., Start spätestens um 10 Uhr) in Angriff zu nehmen. Der Ausgangspunkt des markierten Weges befindet sich rund 150 m nördlich vom Parkplatz der Kulki Picnic Area auf der linken Seite. Weniger Hartgesottene eilen zum **Myall Beach**, wo der 1,2 km lange **Dubuji Boardwalk** durch die Mangrovensümpfe führt.

Sehenswertes & Aktivitäten

Jungle Surfing SEILRUTSCHE, WANDERN
(☎07-4098 0043; www.junglesurfing.com.au; Seilrutsche 90 AU$, Nachtwanderung 40 AU$; ⏲Nachtwanderung 19.30 Uhr) Jungle Surfing bietet eine aufregende Seilrutsche durch das Blätterdach des Regenwalds mit fünf auf Bäumen angebrachten Plattformen. Außerdem werden geführte **Nachtwanderungen** durch den Wald veranstaltet. Im Preis ist die Abholung aus Cape Tribulation enthalten.

Bat House TIERBEOBACHTUNG
(☎07-4098 0063; www.austrop.org.au; Cape Tribulation Rd; Eintritt 4 AU$; ⏲Di–So 10.30–15.30 Uhr) Freiwillige der örtlichen Umweltschutzorganisation Austrop betreiben das Bat House, eine Aufzuchtstation für Flughunde.

Ocean Safari SCHNORCHELN
(☎07-4098 0006; www.oceansafari.com.au; Erw./Kind 119/76 AU$; ⏲9 & 13 Uhr) Das Unternehmen veranstaltet Bootstouren zum Schnorcheln für kleine Gruppen (max. 25 Pers.) am Great Barrier Reef, das nur eine halbe Stunde vor der Küste liegt. Die Teilnehmer werden kostenlos von ihrer Unterkunft in Cape Tribulation abgeholt.

Cape Trib Horse Rides REITEN
(☎07-4098 0030; www.capetribhorserides.com.au; 89 AU$/Pers.; ⏲8 & 14.30 Uhr) Das Unternehmen veranstaltet gemütliche Ausritte am Strand. Die Teilnehmer werden kostenlos von ihrer Unterkunft abgeholt.

Geführte Touren

Paddle Trek Kayak Tours KAJAKFAHREN
(☎07-4098 0043; www.capetribpaddletrek.com.au; Kajak 16–55 AU$/Std., Tour ab 69 AU$) Das Unternehmen veranstaltet geführte Kajaktouren und verleiht Kajaks. Die Teilnehmer werden kostenlos von ihrer Unterkunft abgeholt.

D'Arcy of the Daintree JEEPTOUR
(☎07-4098 9180, www.darcyofdaintree.com.au; Tour Erw./Kind ab 119/80 AU$) Die unterhaltsamen Geländewagenfahrten führen den Bloomfield Track hinauf zu den Wujal Wujal Waterfalls und bis nach Cooktown sowie auf der Cape Tribulation Rd nach Süden. Die Teilnehmer werden kostenlos aus Cape Tribulation und Cow Bay abgeholt.

Mason's Tours WANDERN, TOUR
(☎07-4098 0070; www.masonstours.com.au; Mason's Store, Cape Tribulation Rd; Tour 300–1250 AU$) Lawrence Mason führt informative Wanderungen (2 Std.–1 Tag). Ebenfalls angeboten werden Geländewagentouren auf dem Bloomfield Track nach Cooktown. Voranmeldung erforderlich.

Cape Trib Exotic Fruit Farm FÜHRUNG
(☎07-4098 0057; www.capetrib.com.au; Lot 5, Nicole Dr; Führung 25 AU$; ⏲14 Uhr) Für die 90-minütige Führung (mit Kostproben) durch die prächtigen Obstplantagen der Cape Trib Exotic Fruit Farm muss man sich vorab anmelden.

Schlafen & Essen

Die Restaurants der Unterkünfte von Cape Tribulation stehen auch Nichtgästen offen.

Cape Trib Beach House HOSTEL $
(☎07-4098 0030; www.capetribbeach.com.au; B 26–32 AU$, DZ 75 AU$, Hütte 130–180 AU$; ❄@📶🏊) Auf dem bescheidenen Anwesen am Strand stehen Hütten, in denen man ein Bett, ein Zimmer oder das ganze Gebäude mieten kann. Es gibt eine ordentliche Gemeinschaftsküche und ein **Restaurant** mit Terrasse, Schanklizenz (Hauptgerichte 7–34 AU$,

8–22.30 Uhr) und billigen Drinks. Auch Fahrräder werden verliehen (20 AU$/Tag).

PK's Jungle Village HOSTEL $
(☎07-4098 0040; www.pksjunglevillage.com; Cape Tribulation Rd; Stellplatz ohne Strom 15 AU$/Pers., B 25–28 AU$, DZ 95 & 125 AU$;) Von dieser lange bestehenden Backpackerunterkunft führt ein Plankenweg zum Myall Beach. Die zugehörige **Jungle Bar** (Hauptgerichte 15–25 AU$; ⌚Restaurant mittags & abends, Bar 12–24 Uhr) ist der Mittelpunkt des Nachtlebens von Cape Tribulation.

Cape Tribulation Camping CAMPING $
(☎07-4098 0077; www.capetribcamping.com.au; Cape Tribulation Rd; Stellplatz ohne/mit Strom 40 AU$/2 Pers., Safarihütte EZ/DZ 45/70 AU$; @) Ein geselliger Platz am Strand mit nächtlichen Lagerfeuer, freundlichen Betreibern und Kajakverleih (60–70 AU$/Tag). Die Sand Bar (11–20.30 Uhr) serviert Getränke und leckere Holzofenpizzas (14–24 AU$).

★**Cape Trib Exotic Fruit Farm Cabins** HÜTTEN $$
(☎07-4098 0057; www.capetrib.com.au; Lot 5, Nicole Dr; DZ 185 AU$) Mitten in den Obstplantagen der Cape Trib Exotic Fruit Farm stehen die zwei aufgestelzten Hütten mit Böden, Decken und Terrassen aus unbehandeltem Holz. Die Hütten sind mit elektrischen Kühlboxen ausgestattet. Im Preis enthalten ist ein Frühstückskorb mit tropischen Früchten von der Farm. Man muss mindestens zwei Nächte buchen, und das unbedingt im Voraus.

Rainforest Hideaway B&B $$
(☎07-4098 0108; www.rainforesthideaway.com; 19 Camelot Cl; DZ 130–140 AU$) In Queenlands skurrilster Unterkunft blicken einen gleich am Eingang zwei riesige Osterinsel-Köpfe entgegen. Das farbenfrohe B&B wurde von dem Inhaber, Künstler und Bildhauer „Dutch Rob" eigenhändig gebaut – selbst die Möbel und Betten sind Handarbeit. Zimmer 1092 bietet eine offene Dusche/Toilette mit Blick in den Regenwald. Ein schöner Skulpturenpfad schlängelt sich durch das Anwesen; das Frühstück ist im Preis inbegriffen.

Mason's Store & Café CAFÉ, SELBSTVERSORGER $
(Cape Tribulation Rd; Hauptgerichte 15 AU$; ⌚So–Do 10–16, Fr & Sa 10–19 Uhr) Das entspannte Café tischt Krokodil-, Emu- und Känguru-Burger auf, und Büffel und Kamel sollen noch hinzukommen. Im Laden gibt's ein begrenztes Angebot an Lebensmitteln, Souvenirs und alkoholischen Getränken. Ruhig ein Badetuch mitnehmen, denn hinter dem Laden ist eine Badestelle (Eintritt gegen Spende).

IGA Supermarket SUPERMARKT $
(☎07-4098 0015; PK's Jungle Village; ⌚8–18 Uhr) Der größte Supermarkt der Daintree-Region.

Whet Restaurant & Cinema AUSTRALISCH, INDISCH $$
(☎07-4098 0007; www.whet.net.au; 1 Cape Tribulation Rd; Hauptgerichte 21,50–33 AU$, Filmvorführung 10 AU$; ⌚11.30–15 & 17.30–21.30 Uhr) Das Restaurant bietet eine ordentliche Palette leckerer modern-australischer Gerichte, darunter Barramundi in Ingwer. Wer gern scharf isst, kommt am Freitagabend, wenn indische Gerichte auf der Karte stehen (Hauptgerichte 16–18 AU$). Das Lokal ist das einzige in der Gegend, wo man nach 20 Uhr noch etwas zu essen bekommt. Filmvorführungen (10 AU$) gibt's um 14, 16 und 20 Uhr.

An- & Weiterreise

Country Road Coach Lines (☎07-4045 2794; www.countryroadcoachlines.com.au) befährt die Küstenroute von Cairns nach Cooktown über Cape Tribulation (Erw./Kind 49/24,50 AU$, Mo, Mi & Fr, Abfahrt in Cairns 7 Uhr). Von Cape Tribulation nach Cairns zurück geht's dienstags, donnerstags und samstags um 10.10 Uhr.

Nach Norden bis Cooktown

Abgesehen vom Fliegen führen zwei Wege aus Richtung Süden nach Cooktown: die Küstenstrecke vom Cape Tribulation über den **Bloomfield Track**, der nur mit einem Geländewagen befahrbar ist, und die Inlandsroute über die Peninsula Developmental Rd und die Cooktown Developmental Rd, die durchweg asphaltiert sind.

Der Bloomfield Track ist eine der Grenzlandstraßen Australiens. Erst seitdem die umstrittene Schneise 1983 durch die Daintree-Region geschlagen worden ist, kann man überhaupt von Cooktown nach Cape Tribulation an der Küste entlang fahren. Die Beschränkung auf Geländewagen hat gute Gründe: Es ist eine unbefestigte Straße, die durch überflutete Furten führt, sich an äußerst steilen, rutschigen Hügeln hinaufwindet und in der Regenzeit meist völlig unpassierbar ist. Bevor man losfährt, sollte man sich im Mason's Store & Cafe über die aktuellen Straßenverhältnisse informieren.

30 km nördlich von Cape Tribulation befinden sich die absolut sehenswerten

Bloomfield Falls oder Wujal Wujal Falls (nach der Überquerung des Bloomfield River links abbiegen). Im Fluss leben Krokodile, und der Wasserfall ist den Einwohnern der indigenen Gemeinde Wujal Wujal heilig, die gleich nördlich des Flusses liegt. Die **Familie Walker** (☎07-4040 7500; www.bamaway.com.au; Erw./Kind 25/12,50 AU$; ⌚nach Vereinbarung), die in Wujal Wujal lebt, veranstaltet sehr empfehlenswerte halbstündige Führungen zum Wasserfall und durch den umliegenden Wald.

Nördlich von Wujal Wujal führt der Track auf 46 km durch die winzigen Siedlungen **Ayton (Bloomfield)**, **Rossville** (eine ehemalige Hippie-Kommune mit einem Markt an jedem zweiten Samstagmorgen) und **Helenvale**, bis er 28 km südlich von Cooktown auf die asphaltierte Cooktown Developmental Rd trifft.

Das **Lion's Den Hotel** (☎07-4060 3911; www.lionsdenhotel.com.au; 398 Shiptons Flat Rd, Helenvale; Stellplatz ohne/mit Strom 10/26 AU$, EZ/DZ 45/65 AU$, Safarizelt DZ 80 AU$; ❄ ≋) ist eine bekannte Kneipe, deren Wellblechwände mit Graffiti übersät sind und deren Theke aus ungehobelten Holzbrettern besteht. Man kann sein eigenes Zelt aufschlagen oder in einem Safarizelt mit erhöhtem Boden schlafen. Man bekommt hier auch gutes Kneipenessen (Hauptgerichte 12–23 AU$, 12–14.30 & 18–19.30 Uhr) und Benzin.

Cooktown

2339 EW.

Der kleine Ort mit dem großen Namen liegt in der südöstlichen Ecke der Cape York Peninsula. Jahrtausendelang hatten die Aborigines der Guugu Yimithirr und Kuku Yalanji hier in Waymbuurr ihre Versammlungen abgehalten, bevor am 17. Juni 1770 ein gewisser Lieutenant (und späterer Kapitän) Cook sein Schiff *Endeavour* in den Sand der Flussmündung setzte. Cook und seine Crew ließen sich für 48 Tage hier nieder, um die *Endeavour*, die zuvor vor der Küste des Cape Tribulation auf ein Riff gelaufen war, wieder flott zu machen. So entstand, wenn auch nur vorübergehend, die erste, nicht-indigene Siedlung auf dem australischen Kontinent.

Cooktown ist auch ein beliebter Ort für Angler, die in der Hoffnung kommen, hier einen oder mehrere riesige Barramundis zu fangen. Auf den Bananenplantagen gibt's oft Saisonjobs.

Sehenswertes & Aktivitäten

Cooktown fällt von November bis April in den Sommerschlaf; viele Attraktionen und Tourveranstalter arbeiten nur eingeschränkt oder schließen ganz.

James Cook Museum MUSEUM
(☎07-4069 5386; Ecke Helen & Furneaux St; Erw./Kind 10/3 AU$; ⌚9.30–16 Uhr) Das im imposanten St. Mary's Convent aus den 1880er-Jahren untergebrachte Museum widmet sich Cooktowns faszinierender Vergangenheit. Von einem traditionellen Auslegerkanu bis zum Anker der *Endeavour* kann man hier allerlei interessante Exponate bewundern.

Grassy Hill AUSSICHTSPUNKT
(162 m) Auf dem Hügel mit dem ungenutzten Leuchtturm bietet sich ein vor allem bei Sonnenaufgang spektakulärer Rundblick. Zum Gipfel führen eine kurvenreiche Straße oder ein sehr steiler, 20-minütiger Aufstieg. Cook erklomm einst diesen Hügel, um eine Durchfahrt durch das Riff zu erspähen. Ein weiterer Weg (einfache Strecke 800 m, 25 Min.) führt vom Gipfel hinunter zum Strand der Cherry Tree Bay. Der Hügel befindet sich am nördlichen Ende der Stadt.

Nature's Powerhouse INFORMATIONSZENTRUM
(☎07-4069 6004; www.naturespowerhouse.com.au; abseits der Walker St; Eintritt gegen Spende; ⌚9–17 Uhr) In dem Umweltinformationszentrum befinden sich zwei ausgezeichnete Galerien: die **Charlie Tanner Gallery**, in der man eingelegte und konservierte Krabbeltiere sehen kann, und die **Vera Scarth-Johnson Gallery**, die botanische Illustrationen heimischer Pflanzen aus der Region zeigt.

Cooktown Botanic Gardens GARTEN
(abseits der Walker St; ⌚24 Std.) GRATIS Cooktowns 62 ha großer Botanischer Garten prunkt mit heimischen und exotischen Tropenpflanzen, u.a. seltenen Orchideen. Der Park gehört zu den ältesten und schönsten Australiens und befindet sich hinter dem Nature's Powerhouse.

Bicentennial Park PARK
Im Bicentennial Park steht das meist fotografierte Objekt der Stadt, die **Bronzestatue des Captain Cook**. Nicht weit davon entfernt erzählt die 12 m lange **Milbi Wall** (Geschichtenwand) in bunten Mosaiken die Geschichte Australiens von der Schöpfung über den ersten Kontakt der Europäer mit den hiesigen Aborigines der Gungarde (oder Guugu Yimithirr) bis zum Zweiten Welt-

krieg und den Versuchen der Versöhnung mit den Ureinwohnern in der jüngsten Vergangenheit.

Cooktown Reef Charters ANGELN & SCHNORCHELN
(☎07-4069 5396; www.reefcharters.com.au; ab 240 AU$/Pers.) Bei den Tagestouren zum Sportfischen darf zusätzlich auch noch geschnorchelt werden.

Gone Fishing ANGELN, TOUR
(☎07-4069 5980; www.fishingcooktown.com; Angeln halber/ganzer Tag 115/230 AU$, Naturtour 60 AU$) Das Unternehmen bietet Angeltouren auf dem Fluss und zweistündige Bootsfahrten zur Beobachtung von Wildtieren.

Geführte Touren

Geführte Touren ab Cooktown finden zwischen Mai und Oktober regelmäßig statt, von November bis April geht das Angebot merklich zurück.

★ **Guurrbi Tours** INDIGENE KULTUR
(☎07-4069 6043; www.guurrbitours.com; 2-/4-stündige Tour 85/120 AU$, Selbstfahrer 65/95 AU$; ⏲Mo–Sa) Der Nugal-Warra-Familienälteste Willie Gordon veranstaltet aufschlussreiche Touren, bei denen er die natürliche Landschaft zum Verständnis der spirituellen Landschaft der Aborigines, ihrer Kultur und ihres Brauchtums nutzt. Die Teilnehmer werden von ihrer Unterkunft in Cooktown abgeholt; der Treffpunkt mit den Selbstfahrern liegt in der Nähe der Aborigine-Gemeinde Hopevale. Vorab buchen.

Maaramaka Walkabout Tours INDIGENE KULTUR
(☎07-4060 9389; irenehammett@hotmail.com; 1/2-std. Tour 84/42 AU$) Bei den telefonisch zu vereinbarenden Touren werden traditionelle Geschichten der Aborigines erzählt, man wandert durch den Regenwald, isst Bush Tucker und trinkt Tee – und alles in einem grandiosen Ambiente nahe von Hopevale.

Feste & Events

Cooktown Discovery Festival HISTORISCHES EVENT
(www.cooktowndiscoveryfestival.com.au; ⏲Anfang Juni) Am Geburtstagswochenende der Queen (Anfang Juni) wird zur Erinnerung an Captain Cooks Landung (1770) die Szene von kostümierten Darstellern nachgespielt. Dazu gibt's einen Umzug mit fantasievollen Kostümen, indigene Workshops und ein traditionelles Corroboree.

Schlafen

Cooktown Holiday Park CAMPING $
(☎07-4069 5417; www.cooktownholidaypark.com.au; 31-41 Charlotte St; Stellplatz mit Strom 44 AU$, Hütte ohne Bad 100 AU$, Motel-Wohneinheit ab 130 AU$, Hütte mit Bad 140–160 AU$; ❄@📶🏊) Der am besten ausgestattete Wohnmobilpark Cooktowns bietet Hütten, eine Lagerküche und einen großen Meerwasserpool.

Endeavour Falls Tourist Park CAMPING $
(☎07-4069 5431; www.endeavourfallstouristpark.com.au; Endeavour Valley Rd; Stellplatz ohne/mit Strom 24/28 AU$, Hütte 115 AU$; ❄🏊) Der gut geführte, friedliche Campingplatz liegt 32 km nordwestlich von Cooktown, an der Straße nach Hopevale (15 km nicht asphaltiert). Im Hintergrund rauschen die paradiesischen Endeavour Falls, in deren Badebecken man besser nicht schwimmt – will man nicht Bekanntschaft mit dem dort lebenden Krokodil machen. Zum Campingplatz gehört eine Tankstelle und ein gut sortiertes Ladengeschäft, in dem es auch Essen zum Mitnehmen (6,50–13,50 AU$) gibt.

Pam's Place Hostel & Cooktown Motel HOSTEL, MOTEL $
(☎07-4069 5166; www.cooktownhostel.com; Ecke Charlotte St & Boundary St; B/EZ/DZ 27,50/55/60 AU$, Motel DZ 100 AU$; ❄@📶🏊) Cooktowns YHA-Hostel ist langweilig, aber die Zimmer sind sauber und funktional. Zudem ist die Unterkunft wohl die billigste Bleibe vor Ort. Die Verwaltung kann bei der Vermittlung von Erntejobs helfen.

★ **Hillcrest Guest House** B&B $$
(☎07-4069 6308; 130 Hope St; Zi. mit Gemeinschaftsbad 75–90 AU$, Motelzi./Apartment 110/135 AU$; ❄🏊) Alle Zimmer des in einem Queenslander aus den 1880er-Jahren residierenden B&Bs sind komfortabel, anheimelnd und makellos, aber die Hauptattraktion ist der Pool, der erste, der in Cooktown gebaut wurde. Nach dem morgendlichen Bad gibt's in der Gemeinschaftsküche ein Frühstück mit echtem Kaffee. Die Motelzimmer befinden sich neben einer Wiese, auf der am Abend scheue Wallabys grasen.

Milkwood Lodge HÜTTEN $$
(☎07-4069 5007; www.milkwoodlodge.com; Annan Rd; DZ 140 AU$; ❄🏊) In einem kleinen Regenwaldgebiet, 2,5 km südlich der Stadt, stehen sechs wunderschön gestaltete Hütten. Von den privaten Balkonen blickt man hinaus ins Buschland.

Alkoomie Cattle Station Mountain Retreat FARM $$
(☎ 07-4069 5463; www.alkoomie.com.au; Alkoomie Station; Zelt 80 AU$, abgeschlossene Wohneinheit 100 AU$, DZ inkl. Mahlzeiten 199–225 AU$; ❄ ≋) Zu der 180 km² großen, voll bewirtschafteten Viehstation 45 km westlich von Cooktown kommt man nur mit dem Geländewagen. Einmal dort, kann man reiten, beim Füttern der Tiere helfen, unter einem Wasserfall baden, Sterne gucken und Tagesausflüge unternehmen.

Seaview Motel MOTEL $$
(☎ 07-4069 5377; www.cooktownseaviewmotel.com.au; 178 Charlotte St; DZ 99–175 AU$, Reihenhaus 235 AU$; ❄ 📶 ≋) In toller Lage gegenüber dem Kai gibt es sehr verschiedene Unterkünfte (darunter Reihenhäuser und einige mit eigenem Balkon). Im Preis ist ein kontinentales Frühstück enthalten.

Sovereign Resort Hotel HOTEL $$$
(☎ 07-4043 0500; www.sovereign-resort.com.au; Ecke Charlotte St & Green St; DZ 180–220 AU$, 3BZ & 4BZ 210–280 AU$; ❄ @ 📶 ≋) Cooktowns nobelste Unterkunft liegt direkt an der Hauptstraße und bietet eine Menge luftiger, leicht betagter Zimmer tropischen Stils mit Holzjalousien und gefliesten Böden.

Essen & Ausgehen

Gill'd & Gutt'd FISH & CHIPS $
(☎ 07-4069 5863; Fisherman's Wharf, Webber Esplanade; Hauptgerichte 7–12 AU$; ⏲ 11.30–21 Uhr) Fish & Chips wie sie sein sollen: frisch und direkt am Kai.

The Italian ITALIENISCH $
(☎ 07-4069 6338; Charlotte St; Hauptgerichte 13–22 AU$; ⏲ Mo–Sa 17–21.30 Uhr) Das beliebte italienische Restaurant serviert australische Pizzas alter Schule in einem munteren Ambiente. Alles auch zum Mitnehmen.

Cornett's IGA SUPERMARKT $
(Ecke Helen & Hogg St; ⏲ Mo–Fr 8–19, Sa 8–18, So 9–17 Uhr) Lebensmittel.

Balcony Restaurant MODERN-AUSTRALISCH $$
(☎ 07-4069 5400; Sovereign Resort, Ecke Charlotte St & Green St; Hauptgerichte 25–33 AU$; ⏲ 7–9.30 & 18–22 Uhr) Im Obergeschoss serviert das elegante Balcony im Sovereign Resort französisch inspirierte, modern-australische Gerichte wie Entenconfit mit Süßkartoffelpüree oder Lammkarree mit Pistazienkruste (sowie selbstverständlich auch Meeresfrüchte). Die **Cafe-Bar** (Hauptgerichte 11–23 AU$; ⏲ 11–20 Uhr; @ 🖋) hat Meeresfrüchte, Pizzas und Sandwiches zu vernünftigen Preisen, Billardtische und kostenlosen Internetzugang.

Cooktown Bowls Club CLUB MIT ALKOHOLAUSSCHANK $$
(☎ 07-4069 5819; Charlotte St; Hauptgerichte 15–25 AU$; ⏲ Mi–Fr 11.30–14.30, tgl. 17.30–22 Uhr; 👪) Nach dem Bistroessen (mächtige Portionen) wird am Mittwoch- und Samstagnachmittag gebowlt, am Mittwochabend sogar barfuß.

Restaurant 1770 MODERN-AUSTRALISCH $$$
(☎ 07-4069 5440; 7 Webber Esplanade; Frühstück 19 AU$, Hauptgerichte mittags & abends 30–39 AU$; ⏲ Di–Sa 7.30–9.30, 11.30–14 & 18–21.30 Uhr; 🖋) In dem Restaurant mit einer romantischen Terrasse am Wasser direkt neben dem Kai steht frischer Fisch – z. B. Barramundi in Bierteig oder Leoparden-Forellenbarsch – ganz oben, man sollte sich aber für die leckeren Desserts Platz lassen.

Cooktown Hotel KNEIPE
(☎ 07-4069 5308; www.cooktownhotel.com; 96 Charlotte St; ⏲ 10–24 Uhr) Das zweistöckige Holzhaus des „Top Pub" ist ein örtliches Wahrzeichen an der südlichen Spitze der Charlotte St mit viel Ambiente, vielen Einheimischen und einem Biergarten an der Seite, in dem man bei Bier, Pizza und Kneipenessen gut sitzen kann.

Praktische Informationen

Infos zur Stadt und der umliegenden Region gibt's unter www.cooktownandcapeyork.com.

Cooktown Travel Centre (☎ 07-4069 5446; 113 Charlotte St) Informationen zu geführten Touren, Verkehrsmitteln und Unterkünften, die hier auch gebucht werden können.

Nature's Powerhouse (☎ 07-4069 6004; www.naturespowerhouse.com.au; Walker St; ⏲ 9–17 Uhr) In diesem Informationszentrum gibt's Broschüren, die einige der sehr guten Wanderwege in der Gegend beschreiben, z. B. Wege zu den Stränden am Korallenmeer an der Finch Bay (25 Min.) und der Cherry Tree Bay (1 Std.).

Anreise & Unterwegs vor Ort

Der Flugplatz von Cooktown liegt 10 km westlich der Stadt an der McIvor Rd. **Hinterland Aviation** (☎ 07-4035 9323; www.hinterlandaviation.com.au;) fliegt ein- bis viermal täglich außer sonntags von und nach Cairns (einfache Strecke 410 AU$, 40 Min.).

Country Road Coachlines (☎ 07-4045 2794; www.countryroadcoachlines.com.au) verkehrt einmal täglich zwischen Cairns und Cooktown (79 AU$). Ob der Bus die Küstenstraße (auf dem

Bloomfield Track über Port Douglas) oder die Inlandsroute (über Mareeba) nimmt, ist abhängig von Reisezeit und Straßenzustand.

Wer ein **Taxi** braucht, wählt ☎07-4069 5387.

Lizard Island

Lizard Island ist Teil einer Gruppe spektakulärer Inseln (Lizard Island Group), die dicht an dicht 27 km vor der Küste liegen und etwa 100 km von Cooktown entfernt sind. Die den indigenen Dingaal heilige Insel Jiigurru (Lizard Island) ist trocken, felsig und bergig, aber von einem weitgehend unberührten Riff umgeben, in dem man gut schnorcheln und tauchen kann. Als weitere Aktivitäten bieten sich Bushwalking oder Baden an den strahlend weißen Stränden an. Mit Ausnahme des Geländes, auf dem sich das Luxusresort befindet, ist die ganze Insel als Nationalpark ausgewiesen und steht damit jedem offen, der sich die Mühe macht, herzukommen.

Direkt vor der Insel gibt's gute Tauchgründe, aber das Outer Barrier Reef ist keine 20 km entfernt. Dort befinden sich mit Cod Hole und Pixie Bommie zwei der bekanntesten Tauchreviere Australiens. Dementsprechend bietet das Lizard Island Resort seinen Gästen das ganze Spektrum an Tauchmöglichkeiten. Auch einige Veranstalter von Live-Aboard-Tauchtouren schippern von Cairns nach Cod Hole.

Doch Lizard Island eignet sich auch gut zum Wandern, denn innerhalb von Minuten kommt man von Mangrovensümpfen durch Regenwald in trockenes Felsengebiet. Für die herrliche Wanderung auf den 368 m hohen Inselberg **Cook's Look** sollte man hin und zurück mit drei Stunden rechnen. Der Weg beginnt am Nordende der Watson's Bay, in der Nähe des Campingplatzes.

An Unterkünften gibt's nur einen Campingplatz und ein Fünf-Sterne-Luxusresort: Das **Lizard Island Resort** (☎1300 863 248; www.lizardisland.com.au; Anchor Bay; DZ ab 1444 AU$;) bietet luxuriöse Ferienhäuschen, ein erstklassiges Restaurant und Wellness-Behandlungen. Kinder dürfen hier nicht rein, sondern müssen auf dem **Campingplatz** (5,45 AU$/Pers.) übernachten, der 10 Gehminuten entfernt vom Resort am nördlichen Ende der Watson's Bay liegt. Fürs Campen braucht man eine Genehmigung von **Queensland Parks** (☎13 74 68; www.nprsr.qld.gov.au) und man sollte vorher unbedingt überprüfen, ob Wasserpumpe, Toiletten und Gasgrill wirklich funktionieren. Camper müssen sich selbst versorgen, dürfen aber in der Bar des Resorts ein Gläschen trinken.

Flüge von und nach Cairns (hin & zurück 590 AU$) müssen über das Resort gebucht werden. Die Flugzeit beträgt eine Stunde. **Daintree Air Services** (☎1800 246 206, 07-4034 9400; www.daintreeair.com.au) bietet Tagestouren mit Flug an, die um 8 Uhr in Cairns starten (ab 750 AU$). Im Preis enthalten sind das Mittagessen, die Schnorchelausrüstung, alle Transfers und ein Führer vor Ort.

GULF SAVANNAH

Hier erstrahlt die Welt in anderen Farben: Vom Grün der wolkenverhangenen Berge und riesigen Zuckerrohrfelder an der Ostküste bis zum Rot der staubigen Landschaft aus endlosem Weideland, struppigen Wäldern und Mangroven, die von einem dichten Netz von oft ausgetrockneten Flüssen und vor Krokodilen wimmelnden Wasserläufen durchzogen sind, die alle schließlich in den Golf von Carpentaria münden. Vor allem Barramundis kann man hier besser angeln als irgendwo sonst. Die Saison dauert von Mitte Januar bis Ende September.

Fast die ganze Region liegt am – oder nahe des – legendären Savannah Way, der quer durch den Norden Australiens von Cairns nach Broome führt. Bei jedem Stopp in einem der angerosteten Roadhouses trifft man auf Menschen, die eine Geschichte zu erzählen haben, aber niemanden, der ihnen zuhören könnte – selbst Handyempfang ist vielerorts nicht möglich. Dafür braucht man in dieser Gegend keinen Geländewagen, sondern nur etwas Abenteuerlust.

ℹ Praktische Informationen

Informationen finden sich unter www.gulf-savannah.com.au und www.savannahway.com.

ℹ Anreise & Unterwegs vor Ort

AUTO & MOTORRAD

Die asphaltierte Gulf Developmental Rd, die von Cairns nach Normanton führt, ist der erste Teil des Savannah Way. Von hier aus kann man auf dem Asphalt bis nach Karumba fahren oder über die Schotterpiste des Gulf Track nach Burketown und weiter ins Northern Territory (NT) holpern.

Die unbefestigte Straße führt von Burketown in Richtung Süden über Gregory Downs und den Boodjamulla (Lawn Hill) National Park nach Camooweal. Dabei kreuzt sie die Straße von Nardoo

HOPE ISLANDS

Wer das echte Abenteuer sucht, spielt Robinson Crusoe im Hope Islands National Park, wo nur ein gelegentlich vorbeikommendes Boot die einsame Idylle stört. Bei den winzigen Inseln **East Hope** und **West Hope** handelt es sich um Sandbänke, die 37 km südostlich von Cooktown und gut 10 km vom Festland entfernt sind. Beide sind als Nationalparks ausgewiesen, um die zähen Mangrovenwälder und das Buschland zu schützen. Da auf West Hope zudem eine große Kolonie von Schieferrücken-Fruchttauben nistet, ist die Insel vom 1. September bis 31. März für Besucher gesperrt. Schnorcheln kann man vor beiden Inseln sehr gut, am besten aber auf der Leeseite des Inselriffs von East Hope. Hier kann es jedoch zu starken Strömungen kommen. Auf East Hope gibt's drei **Campingplätze** (Campen 5,45 AU$/Pers.), die über Toiletten, Esstische und Feuerstellen verfügen. Der Aufenthalt ist auf sieben Tage begrenzt, die erforderliche Genehmigung zum Campen ist bei **Queensland Parks** (☎13 74 68; www.nprsr.qld.gov.au) erhältlich. Unbedingt Trinkwasser, Lebensmittel und Gaskocher mitnehmen.

Auf die Inseln zu kommen, ist nicht billig. **Bloomfield River Water Sports** (☎07-4060 8252; flyingfox@animalaware.net; Ecke West St & First St, Ayton; 180 AU$/Pers.) hat Reiseinfos und kann die Überfahrt (hin & zurück) zum Hope Islands National Park organisieren.

nach Burketown, die beim Burke & Wills Roadhouse in die Burke Developmental Rd einmündet. Viele befestigte Straßen sind nur einspurig.

BUS

Trans North (☎07-4096 8644; www.transnorthbus.com) fährt montags, mittwochs und freitags von Cairns nach Karumba (148 AU$, 11 Std.) mit Halt an der Abzweigung nach Undara (65 AU$, 5 Std.), in Georgetown (84 AU$, 6½ Std.), Croydon (107 AU$, 8½ Std.) und Normanton (143 AU$, 10½ Std.). In Gegenrichtung fahren die Busse dienstags, donnerstags und samstags.

Zwischen Normanton und Mt. Isa oder Burketown fahren keine Busse.

FLUGZEUG

Skytrans (☎1300 759 872; www.skytrans.com.au) fliegt mehrmals pro Woche zwischen Cairns und Normanton (ab 190 AU$) und Burketown (ab 200 AU$) sowie zwischen Mt. Isa und Burketown (ab 190 AU$).

GEFÜHRTE TOUREN

Mehrere Unternehmen bieten geführte Touren ab Cairns, z. B. **Wilderness Challenge** (☎07-4035 4488, 1800 354 486; www.wilderness-challenge.com.au; 9-tägige Tour mit Übernachtung in festen Unterkünften ab 3195 AU$, 11-tägige Camping-Safari ab 3195 AU$).

ZUG

Der historische **Savannahlander** (☎1800 793 848, 07-4053 6848; www.savannahlander.com.au; einfache Strecke/hin & zurück 227/355 AU$), auch *Silver Bullet* genannt, fährt entlang einer traditionellen Bergbaubahn von Cairns nach Forsayth und zurück. Abfahrt in Cairns ist mittwochs um 6.30 Uhr, Rückkehr samstags um 18.40 Uhr. Die verschiedenen Fahrten – mit Abstechern nach Chillagoe, Undara und in die Cobbold Gorge – sowie die entsprechenden Unterkünfte können online gebucht werden.

Der ebenfalls historische **Gulflander** (☎07-4745 1391; www.gulflander.com.au; einfache Strecke/hin & zurück 67/111 AU$) fährt einmal pro Woche von Normanton nach Croydon und zurück. Der pittoreske Zug mit der flachen Schnauze rattert entlang der Gulf Developmental Rd auf den 1891 verlegten Schienen der früheren „Goldtransportbahn". Abfahrt in Normanton ist mittwochs um 8.30 Uhr, in Croydon donnerstags um 8.30 Uhr.

Savannah Way

Undara Volcanic National Park

Vor rund 190 000 Jahren brach der Undara-Schildvulkan aus, und die Lava ergoss sich über die umliegende Landschaft. Während die Oberfläche der Lava abkühlte und erstarrte, strömte die heiße Lava unten weiter und hinterließ das größte, wenn auch teilweise eingestürzte, Lavaröhrensystem der Erde.

Die Röhren sind insgesamt über 160 km lang, aber nur ein Teil kann (im Rahmen von geführten Touren) besichtigt werden. Die meisten Touren veranstaltet **Undara Experience** (☎07-4097 1900, 1800 990 992; www.undara.com.au; 2- bis 4-stündige Tour 50–90 AU$). Die Touren finden nur in der Trockenzeit statt. Touren mit Übernachtung gibt's in Cairns; **Bedrock Village Caravan Park & Tours** (☎07-4062 3193; www.bedrockvillage.com.au; ganzer Tag Erw./Kind 124/62 AU$, halber Tag 76/38 AU$) veranstaltet Touren ab Mt. Surprise.

Die den Lavaröhren und dem Nationalpark nächstgelegene Unterkunft ist **Undara Experience** (☎1800 990 992; www.undara.com.au; Stellplatz ohne/mit Strom 11/16 AU$, DZ Swag-Zelt 42 AU$, Hütte DZ 194 AU$, EZ im Zugwaggon ohne Bad 79 AU$, DZ im Zugwaggon mit/ohne Bad 179/158 AU$;), eine Art Resort mit zu komfortablen Zimmern (teilweise mit eigenem Bad) umgebauten stimmungsvollen, alten Bahnwaggons. Vor Ort gibt's Grillstellen und Unterhaltung am Lagerfeuer. Es gibt auch ein Lagerfeuer-Buschfrühstück (Erw./Kind 25/12,50 AU$) und ein Bistro (Mittagsbüffet Erw./Kind 25/12,50 AU$, Hauptgerichte abends 18–34 AU$). Mahlzeiten müssen vorab bestellt werden.

Die Abzweigung nach Undara liegt 81 km südwestlich von Innot Hot Springs; von dort sind es noch 15 km auf einer asphaltierten Straße.

Von Undara nach Croydon

Zurück auf der Gulf Developmental Rd erreicht man 39 km hinter der Abzweigung nach Undara das „Kleinstadtjuwel" **Mt. Surprise** (306 Ew.), das seinem Namen gerecht wird, denn hier gibt's Edelstein-, Schlangen- und sogar Miniaturpferdsammlungen. Der Ort ist ein guter Ausgangspunkt, wenn man auf den Edelsteinfeldern rundum auf Schatzsuche gehen will. Pete und Pam von **Mt. Surprise Gems** (☎07-4062 3055; www.thegemden.com.au; Garland St) bieten **Schürftouren** (halber Tag inkl. Transport/Selbstfahrer 76/60 AU$; April–Sept.), vermieten Gerät (25 AU$/Tag) und stellen Schürflizenzen aus (6,85 AU$/Monat, gelten in ganz Queensland).

Im **Planet Earth Adventures** (☎07-4062 3127; p.e.a.@bigpond.com.au; Stellplatz ohne/mit Strom 10/17 AU$ pro Pers., Gerichte 5–12 AU$) betreibt Russell Dennis ein **Schlangenmuseum** (Eintritt gegen Spende), in dem man extrem giftige Taipane und Mulgaschlangen und kostenlose **Schlangen-Vorführungen** (So 10 Uhr) sehen kann – inklusive Unterweisung über das Verhalten bei Schlangenbissen. Die Vorführung wird nach Vereinbarung für 10 AU$ auch zu anderen Terminen gezeigt. Neben dem schlichten Campingplatz gibt es vor Ort auch ein Café mit einfachen Dingen wie Kaffee, Burgern und Sandwiches.

Im schattigen **Mt. Surprise Tourist Van Park, Motel & BP Roadhouse** (☎07-4062 3153, 1800 447 982; 23 Garland St; Stellplatz ohne/mit Strom 17/24 AU$, Hütte 55–89 AU$;) traben Miniaturpferde herum. Das Café (Hauptgerichte 5–19 AU$, 7–19 Uhr, Alkohol selber mitbringen) bietet Sandwiches, Burger und dergleichen. Im ausgezeichneten **Bedrock Village Caravan Park & Tours** (☎07-4062 3193; www.bedrockvillage.com.au; Garnet St; Stellplatz ohne/mit Strom 20/28 AU$, Hütte 90–112 AU$) gibt's Hütten mit eigenem Bad sowie auf Anfrage auch Mahlzeiten. Pizza-Abende und Touren in die Umgebung komplettieren das Angebot.

Rund 32 km weiter westlich dreht der teilweise asphaltierte **Explorers' Loop** (Straßenzustand checken) eine 150 km lange Schleife durch alte Goldgräbersiedlungen. In **Einasleigh** kann man im einzigen Pub des Ortes einen Drink nehmen und sich die Puppenstubensammlung des Wirts anschauen, bevor man zur Schlucht hinüber spaziert. Weiter geht's an **Forsayth** vorbei zu der privaten, von einer Quelle gespeisten Oase der **Cobbold Gorge**. Das **Cobbold Gorge Village** (☎07-4062 5470, 1800 669 922; www.cobboldgorge.com.au; Stellplatz ohne/mit Strom/mit Bad 12/34/49 AU$, Hütte 90–112 AU$; April–Okt.; @) veranstaltet dreistündige **Buschwanderungen** (Erw./Kind 75/37,50 AU$; April–Okt.), deren Höhepunkt eine Bootsfahrt durch die hinreißende Schlucht ist. Dabei kann man nach Krokodilen spähen, die sich auf den Felsen sonnen. Der Infinity-Pool mit schwimmender Bar (!) des Village ist in dieser trockenen Landschaft hochwillkommen. Vor Ort bekommt man auch Mahlzeiten (Hauptgerichte abends 25 AU$) und den ganzen Tag Snacks (7–12 AU$).

Zu den Touren durch die Cobbold Gorge kann man auch in **Georgetown** (244 Ew.) abgeholt werden, dem Endpunkt der Straßenschleife wieder am Savannah Way. Abgesehen von einem ortsansässigen Waran, einem kostenlosen Schwimmbad und dem schicken **Terrestrial Centre** (☎07-4062 1485; Mai–Sept. 8–17 Uhr, Okt.–Mai Mo–Fr 8.30–16.30 Uhr) gibt es hier nicht viel. In letzterem befinden sich das **Besucherzentrum** und die glitzernde, 4500 Exponate umfassende **Ted Elliot Mineral Collection** (Erw./Kind 11/9 AU$).

Croydon

313 EW.

Es ist kaum zu glauben, dass das winzige Croydon einst der größte Ort am Golf war. 1885 wurde in Croydon Gold entdeckt, doch am Ende des Ersten Weltkriegs waren die Lagerstätten erschöpft, und der Ort wurde nahezu zu einer Geisterstadt.

Croydons **Besucherinformation** (☎07-4745 6125; Samwell St; April–Okt. tgl. 9–16.30

Uhr, Nov.–März Mo–Fr) zeigt gut gemachte historische Videos und weiß alle Einzelheiten über die verbliebenen historischen Gebäude des Orts und den 4 km nördlich vom Zentrum gelegenen Lake Belmore, in dem sich Barramundis tummeln.

Das 1887 errichtete **Club Hotel** (07-4745 6184; Ecke Brown St & Sircom St; Hauptgerichte 20–30 AU$; mittags & abends;) ist als einziger Pub aus der Blütezeit des Bergbaus übrig geblieben. Man genießt hier Essen in großen Portionen, ein eiskaltes Bier und den Blick von der Veranda in den Sonnenuntergang.

Im **Croydon General Store** (07-4745 6163; Sircom St; Mo–Fr 7–19, Sa & So 9–19.30 Uhr) behauptet ein Schild er wäre der „älteste Laden Australiens, gegründet 1894". Wir haben das nicht nachgeprüft, aber das Innere mit den Holzdielen stammt sicher aus ferner Zeit. Die kleine Sammlung von historischem Krimskrams lohnt einen Blick.

Camper können ihr Zelt im **Croydon Caravan Park** (07-4745 6238; caravanpark@croydon.qld.gov.au; Ecke Brown St & Alldridge St; Stellplatz ohne/mit Strom 15/30 AU$, Hütte 95 AU$;) aufstellen.

Normanton

1469 EW.

Während des Goldrauschs in Croydon diente Normanton als Hafen, heute besteht der Ort im Wesentlichen nur aus einer langen Hauptstraße. Im Norman River leben gewaltige Barramundis; der **Barra Bash** lockt an Ostern große Menschenmassen an, ebenso das **Normanton Rodeo & Show** (Mitte Juni) und die **Normanton Races** (Sept.).

Infos zum Ort erhält man im **Visitor Information & Heritage Centre** (07-4745 1065; www.carpentaria.qld.gov.au; Ecke Caroline St & Landsborough St; Mo–Fr 9–16, Sa bis 12 Uhr) und in Normantons viktorianischem **Bahnhof**.

Unterkunft und ein Bad in einem artesischem Brunnen bietet der freundliche, auf einem schattigen Grundstück gelegene **Normanton Tourist Park** (07-4745 1323; www.normantontouristpark.com.au; 14 Brown St; Stellplatz ohne/mit Strom 24/32 AU$, Hütte mit/ohne Bad 100/65 AU$;).

Karumba

POP 587

Ay Karumba! Wenn die Fische beißen, und die Sonne blutrot im Gulf of Carpentaria versinkt, erlebt man ein kleines Stück vom Outback-Paradies. Aber auch für Nichtangler lohnt der Abstecher zum einzigen Ort an der ganzen Golfküste, der auf einer asphaltierten Straße erreichbar ist.

Der eigentliche Ort befindet sich am Norman River, während Karumba Point – der beste Ort zum Wohnen – ca. 6 km die Straße weiter am Strand liegt. Karumbas **Besucherinformation** (07-4745 9582; www.carpentaria.qld.gov.au; Walker St, Karumba Town; April–Okt. Mo–Fr 9.30–13 & 14–16.30, Sa 9–12, So 12–15 Uhr, Nov.–März Di–Fr 9.30–14.30 Uhr) hat alle Infos zu Charterbooten zum Fischen und Touren zu Barramundi-Zuchtfarmen.

Die Einrichtungen im **Karumba Point Sunset Caravan Park** (07-4745 9277; www.sunsetcp.com.au; 53 Palmer St, Karumba Point; Stellplatz ohne/mit Strom 33/40 AU$, Hütte ohne Bad 101 AU$, Villa mit angeschlossenem Bad 121 AU$;) sind blitzsauber. Das luftige, stilvolle **End of the Road Motel** (07-4745 9599; www.endoftheroadmotel.com.au; 26 Palmer St, Karumba Point; DZ 145–190 AU$;) befindet sich gleich neben der **Sunset Tavern** (07-4745 9183; The Esplanade, Karumba Point; Hauptgerichte 15–30 AU$; 10–24 Uhr) – dem idealen Ort zum Genießen des Sonnenuntergangs mit einem eiskalten Bier. **Ash's Holiday Units** (07-4745 9132; www.ashsholidayunits.com.au; 21 Palmer St; EZ/DZ 90/95 AU$;) bietet Ferienwohnungen und ein Café mit großartigen Fish & Chips.

Von Normanton nach Cloncurry

Die asphaltierte, 378 km lange Straße von Normanton nach Cloncurry ist überwiegend einspurig, und die vielen Hinweisschilder auf Hochwasserableitungskanäle vermitteln einen Eindruck davon, was einen in der Regenzeit hier erwartet. Das trockene Grasland weicht langsam kleinen Hügeln und dicht an dicht stehenden Termitenbauten.

Im **Burke & Wills Roadhouse** (07-4742 5909; Stellplatz ohne/mit Strom 20/25 AU$, DZ 75 AU$; 5.30–24 Uhr, Restaurant bis 21 Uhr;) legen alle einen Zwischenstopp ein, um sich inmitten lärmender Gimpelhäher ein kühles Getränk zu genehmigen. Hier kann man auch auftanken.

Das **Quamby Hotel** (07-4742 5952; Matilda Hwy; EZ/DZ 50/70 AU$, Hauptgerichte 15–25 AU$; Abendessen 18–21 Uhr;) folgt 135 km hinter dem Roadhouse und befindet sich 43 km nördlich von Cloncurry. Man kann hier auf Nachfrage auch Campen, aber eine Möglichkeit zum Auftanken gibt es nicht.

Von Normanton ins Northern Territory

Bevor man sich auf die unbefestigte, staubige Straße von Normanton ins NT begibt, sollte man kurz beim düsteren **Burke & Wills Camp 119** vorbeischauen. Es war das nördlichste Lager der unglücklichen, miserabel ausgerüsteten Expedition von 1861, bei der Burke und Wills bis auf 5 km an den Golf herankamen. Das ausgeschilderte Lager liegt 37 km westlich von Normanton.

Neben legendären Angelgründen bietet das einsame **Burketown** (202 Ew.) auch das weltweit einzigartige Phänomen der „Morning Glory Cloud" (s. Kasten rechts).

Der **Burketown Pub** (☎07-4745 5104; www.burketownpub.com; Beames St; EZ/DZ 65/85 AU$, Wohneinheiten 100–140 AU$; ❄) ist Herz und Seele von Burketown. Das Gebäude wurde in den 1860er-Jahren als das örtliche Zollhaus errichtet und kürzlich nach einem Brand wieder aufgebaut. Im Biergarten oder bei einer Mahlzeit (Hauptgerichte 9–30 AU$, 11–14 & 18–21 Uhr) kann man mit Einheimischen und anderen Travellern Geschichten austauschen. Im nahen **Burketown Caravan Park** (☎07-4745 5118; www.burketowncaravanpark.net.au; Sloman St; Stellplatz mit Strom 30 AU$, DZ & Hütte ohne Bad 70–90 AU$, Hütte mit Bad 120 AU$; ❄) steht ein **Imbisswagen** (Hauptgerichte 9–25 AU$; ⏲12–14 & 18–21 Uhr), der üppiges Frühstück und Barramundi-Burger auftischt.

Die einzige Tankstelle an der 486 km langen Straße zwischen Burketown und Borroloola (NT) befindet sich in der **Doomadgee Aboriginal Community** (☎07-4745 8188). Traveller dürfen Benzin und Lebensmittel kaufen, aber für den Zugang ins Dorf ist eine Genehmigung des Gemeinderats erforderlich, und der Alkoholverkauf unterliegt Beschränkungen.

Nach weiteren 80 km durch Myrtenheidengestrüpp ist das **Hell's Gate Roadhouse** (☎07-4745 8258; Stellplatz ohne Strom 20 AU$) erreicht, das nur noch 50 km von der Grenze zum Northern Territory entfernt ist. Hier gibt es Benzin, Stellplätze (ohne Strom) und Snacks (d.h. Pies), aber alles nur gegen Bares – keine Kartenzahlung.

AUF WOLKEN SURFEN

Von August bis November strömen tollkühne Wolkensurfer nach Burketown, um auf den häufig (aber völlig unberechenbar) auftauchenden Morning Glory Clouds zu surfen. Bei diesem seltenen meteorologischen Phänomen rollen bis zu acht lange Wolkenröhren wie Wellen am Himmel entlang. Jede dieser Röhren kann bis zu 1000 km lang und 2 km hoch werden und eine Geschwindigkeit von bis zu 60 km/h erreichen. Sobald die Sonne aufgeht, heben die Segelflugzeuge ab und versuchen, eine davon zu erreichen. Mit etwas Glück und Überredungskunst darf man mitfliegen. Auch aus den Leichtflugzeugen der in der gesamten Golfregion tätigen Charterfluggesellschaft **Savannah Aviation** (☎07-4745 5177; www.savannah-aviation.com; 1-stündiger Flug mit bis zu 4 Pers. 650 AU$) kann man einen Blick auf die Wolken werfen.

Von Burketown nach Camooweal

Die 334 km lange, unbefestigte Straße von Burketown nach Gregory (bis April 2013 Gregory Downs) ist die direkteste Verbindung zum wunderschönen Boodjamulla (Lawn Hill) National Park. Wer mit einem normalen Auto unterwegs ist, nimmt nach Gregory besser die asphaltierte Straße, die vom Burke & Wills Roadhouse ausgeht.

Der Parkeingang befindet sich 100 km westlich von **Gregory** (40 Ew.) am hübschen Gregory River. Benzin bekommt man im **Gregory Downs Hotel** (☎07-4748 5566; Stellplatz 15 AU$/Pers., Motel DZ 100 AU$; ❄), einem entspannten Ort, um seinen Durst zu stillen und sich ein ordentliches Kneipengericht zu gönnen (Hauptgerichte 10–25 AU$, tgl. 12–14, Mo–Sa 18–21 Uhr).

Boodjamulla (Lawn Hill) National Park

Eine Reihe von flammend roten Sandsteinschluchten, durch die frisches Quellwasser fließt und die von Palmen gesäumt sind, machen diese Outback-Oase zu einem Paradies für Tiere und Pflanzen. Seit gut 30 000 Jahren leben die Waanyi-Aborigines hier, wovon die vielen Felsmalereien zeugen. Unterkünfte müssen im Voraus gebucht werden.

Im südlichen Teil des Parks befinden sich die berühmten **Fossilienfelder von Riversleigh** (Erw./Kind 12/7,50 AU$), die zum Weltnaturerbe der UNESCO gehören, und ein kleiner **Campingplatz** (☎13 74 68; www.derm.qld.gov.au; 5,45 AU$/Pers.; ⏲März–Okt.). Die

Fossilienfunde reichen von Riesenschlangen über fleischfressende Kängurus bis hin zu winzigen Koalas.

Wanderwege mit einer Gesamtlänge von ungefähr 20 km durchziehen das Gebiet rund um die Lawn Hill Gorge. Im smaragdgrünen Wasser zwischen den hoch aufragenden, roten Felswänden kann man herrlich schwimmen oder mit dem Kanu paddeln.

Mittelpunkt des Parks ist **Adel's Grove** (☎07-4748 5502; www.adelsgrove.com.au; Stellplatz ohne Strom/Zelt/DZ 34/100/130 AU$; ⏰ganzjährig Camping, Ostern–Ende Okt. sonstige Unterkünfte und Einrichtungen). Die Mini-Ferienanlage, die 10 km östlich des Parkeingangs liegt, bietet eine Bar und ein **Restaurant** (Frühstück 12,50 AU$, mittags Hauptgerichte 10–15 AU$, abends 2-Gänge-Menü 30 AU$). Zudem kann man sich mit Benzin, Konserven und Grundnahrungsmitteln eindecken. Faszinierende Touren zu den Fossilienfeldern von Riversleigh (Halbtagestour 75 AU$) werden ebenso angeboten wie Leihkanus (ab 20 AU$/Std.).

CAPE YORK PENINSULA

Die zerklüftete und abgeschiedene Cape York Peninsula ist einer der wildesten tropischen Landstriche des Planeten. Die Great Dividing Range bildet den Rücken des Kaps. Auf der Ostseite locken tropische Regenwälder und von Palmen gesäumte Strände, im Westen findet man weite Baumsavannen, Eukalyptuswälder und Mangroven an der Küste. Diese ungezähmte Landschaft durchläuft alljährlich eine unglaubliche Wandlung, wenn die sintflutartigen Regenfälle und über die Ufer tretende Flüsse während der monsunähnlichen Regenzeit große Feuchtgebiete schaffen und die Region völlig isolieren.

Die Überland-Pilgerfahrt zur nordöstlichsten Spitze Australiens ist eine der großartigsten Geländerouten auf dem Kontinent und eine erhebende Reise in Australiens letzte große Wildnis. Raue, unebene Straßen, schwierige Bachüberquerungen und Flüsse voller Krokodile – alle Teil des Abenteuers – fordern Mensch und Maschine, doch die reiche Vogelwelt und unberührte Natur des Kaps sind der Lohn der Mühen.

Unbedingt meiden sollte man die Regenzeit (Nov.–März), wenn durch sintflutartige Niederschläge viele Straßen für lange Zeit unpassierbar werden. Die beste Reisezeit ist zu Beginn der Trockenzeit, also ab Anfang Juni, wenn es tagsüber warm und nachts noch kühl ist.

Geführte Touren

Viele Veranstalter organisieren Touren auf die Halbinsel. Meist starten sie in Cairns, einige aber auch in Cooktown. Die meisten Touren dauern sechs bis vierzehn Tage und haben fünf bis 20 Teilnehmer. Die Touren finden generell zwischen April und Oktober statt, doch können sich diese Termine durch eine früher oder später einsetzende Regenzeit verschieben. Unterwegs werden Orte wie Laura, die Split Rock Gallery, der Lakefield National Park, Coen, Weipa, das Eliot River System (mit den Twin Falls), Bamaga, Somerset und Cape York besucht; der Abstecher nach Thursday und Horn Island ist meist gegen Aufpreis möglich. Viele Veranstalter transportieren die Teilnehmer per Jeep, Boot und Flugzeug in unterschiedlichen Kombinationen. Übernachtet wird im Zelt oder in Motels. Im Preis enthalten sind die Mahlzeiten, die Unterkunft und die Anfahrt aus Cairns.

Heritage Tours TOUR
(☎1800 77 55 33, 07-4054 7750; www.heritagetours.com.au; 7-tägige Tour mit Flugzeug & Jeep ab 2199 AU$; ⏰Mai–Okt.) Bei dem großen Angebot hat man die Wahl zwischen Touren per Flugzeug und Auto, dem Schiffs- und Landweg sowie zwischen Zelt und fester Unterkunft.

Wilderness Challenge TOUR
(☎1800 354 486, 07-4035 8888; www.wilderness-challenge.com.au; 7-tägige Campingtour 2095 AU$, 7-tägige Tour mit Flugzeug & Jeep mit fester Unterkunft 3195 AU$; ⏰Mai–Okt.) Das Unternehmen hat kundige Führer und bietet eine Reihe von fünf- bis zwölftägigen Touren mit Flugzeug-Auto-Boot-Kombinationen und Übernachtung in Zelten oder fester Unterkunft.

Oz Tours Safaris TOUR
(☎1800 079 006; www.oztours.com.au; 7-tägige Tour mit Flugzeug & Jeep ab 1995 AU$, 16-tägige Landtour ab 3500 AU$) Zahlreiche sieben- bis 16-tägige Touren mit Transport auf der Straße, dem Luft- oder Seeweg und Übernachtung in Zelt oder Motel.

Cape York Motorcycle Adventures MOTORRADFAHREN, TOUR
(☎07-4059 0220; www.capeyorkmotorcycles.com.au; 8-tägige Tour 5445 AU$) Diese Motorradtour (alles inkl.) führt von Cairns über Cape Tribulation und andere Orte bis zur Spitze der Halbinsel.

Aurukun Wetland Charters KULTURTOUR (☎07-4058 1441; www.aurukunwetlandcharters.com; 3- bis 5-tägige Tour ab 750 AU$/Tag) Die von Aborigines der Auruhun-Gemeinde geführte Tour widmet sich der Kultur und Natur im entlegenen westlichen Teil des Kaps. Die Teilnehmer übernachten an Bord der MV *Pikkuw* (max. 8 Pers.). In den Sümpfen lassen sich ausgezeichnet Vögel beobachten.

ℹ Praktische Informationen & Genehmigungen

Das Wichtigste bei einem Abstecher zum Kap ist die gute Vorbereitung. Man sollte unbedingt Ersatzteile, Werkzeug und Ausrüstung mitnehmen und den **RACQ-Straßenzustandsbericht** (☎13 19 40; www.racq.com.au) abfragen. An der Hauptstrecke kann Wasser knapp sein, und die Roadhouses haben nur einfache Grundnahrungsmittel auf Lager.

Nördlich vom Dulhunty River braucht man für das Campen auf Aboriginal Land eine **Genehmigung** (☎13 74 68; www.nprsr.qld.gov.au; Genehmigung 5,45 AU$) – und dabei handelt es sich praktisch um das ganze Land nördlich des Flusses. Die Injinoo sind die traditionellen Hüter dieses Landes. Die Injinoo Aboriginal Community betreibt die Fähre über den Jardine River; im Fährpreis ist die Camping-Genehmigung enthalten.

Wer anderswo auf Aborigine-Land am Kap unterwegs ist, braucht eventuell zusätzliche Genehmigungen, die man beim Rat der zuständigen Gemeinde erhält. Einzelheiten erfährt man auf der Website von Cape York Sustainable Futures (www.cypda.com.au). Die Ausstellung der Genehmigung kann bis zu sechs Wochen dauern.

Achtung: Das Handy-Netz (ausschließlich Telstra) ist extrem löchrig.

ALKOHOLBESTIMMUNGEN

Auf dem Weg zum Kap stehen überall Schilder, die auf die strengen Alkoholbestimmungen hinweisen, die auch für alle Besucher gelten. In einigen Gemeinden ist Alkohol gänzlich verboten, und alkoholische Getränke dürfen nicht eingeführt werden. In der Northern Peninsula Area (das Gebiet nördlich des Jardine River) sind maximal 11,25 l Bier (oder 9 l an alkoholischen Mixgetränken) und 2 l Wein pro Fahrzeug (nicht pro Person!) erlaubt. Die Geldstrafen für die Übertretung dieser Bestimmungen sind empfindlich – sie können bis zu 41 250 AU$ betragen. Aktuelle Infos gibt's auf www.datsima.qld.gov.au.

KARTEN & BÜCHER

Am besten sind die Karten *Cape York & Lakefield National Park* von Hema und *Cairns/Cooktown/Townsville* sowie *Cape York Peninsula* des RACQ. *Cape York – an Adventurer's Guide* von Ron und Viv Moon ist ein umfassender Führer für alle, die mit dem Geländewagen oder als Camper hier unterwegs sind.

ℹ An- & Weiterreise

AUTO & MOTORRAD

Die kürzeste und anspruchsvollste Strecke von Cairns zur Spitze der Halbinsel ist 952 km lang. Die ersten 175 km auf der Peninsula Developmental Rd von Mareeba nach Lakeland sind noch asphaltiert, die 600 km lange Straße von Lakeland nach Weipa ist zwar breit und in recht gutem Zustand, aber unbefestigt und voller Furchen. Nördlich von Weipa beginnt dann das Abenteuer. Auf der Telegraph Rd (oder auch Overland Telegraph Track), die bis zum Cape York hinaufführt, werden die Flussüberquerungen immer häufiger und anspruchsvoller und sind auch für Geländewagen eine echte Herausforderung. Noch weiter nördlich kann man dann entweder auf der Telegraph Rd weiterfahren oder auf die besseren Nebenstraßen ausweichen.

FLUGZEUG

QantasLink (☎13 13 13; www.qantas.com.au) fliegt täglich von Cairns nach Weipa und Horn Island. **Skytrans** (☎1300 759 872; www.skytrans.com.au) fliegt täglich von Cairns nach Bamaga.

SCHIFF/FÄHRE

Die Frachtfähre **MV Trinity Bay** (☎07-4035 1234; www.seaswift.com.au; 2 Tage in 2BZ-Kabine inkl. Mahlzeiten ohne Bad einfache Strecke 710 AU$/Pers., 5 Tage mit Bad hin & zurück 1590 AU$) fährt einmal wöchentlich nach Thursday Island und Seisia und nimmt bis zu 38 Passagiere mit. Sie legt jeden Freitag in Cairns ab und kehrt am Montag aus Seisia zurück.

Lakeland

In Lakeland wird die Peninsula Developmental Rd (oder kurz PDR) zu einer breiten, recht gut zu befahrenden Schotterpiste, die Richtung Nordwesten bis zum Kap hinaufführt. In dem Ort gibt's einen Gemischtwarenladen mit Benzinverkauf, einen kleinen Wohnwagenpark und ein Motel mit Pub.

Wenn man Lakeland verlassen hat, ist man im Quinkan-Land, so benannt nach den mythischen Wesen der Aborigines, die in den Felsmalereien der Region dargestellt sind. Für die UNESCO gehören diese Felsmalereien zu den zehn bedeutendsten der Welt. Öffentlich zugänglich sind nur die Malereien von **Split Rock**, die man über eine Abzweigung etwa 50 km nördlich von Lakeland erreicht. Die überhängenden Sandsteinfelsen sind über und über mit Malereien bedeckt, die bis zu 14 000 Jahre alt sind.

Cape York Peninsula

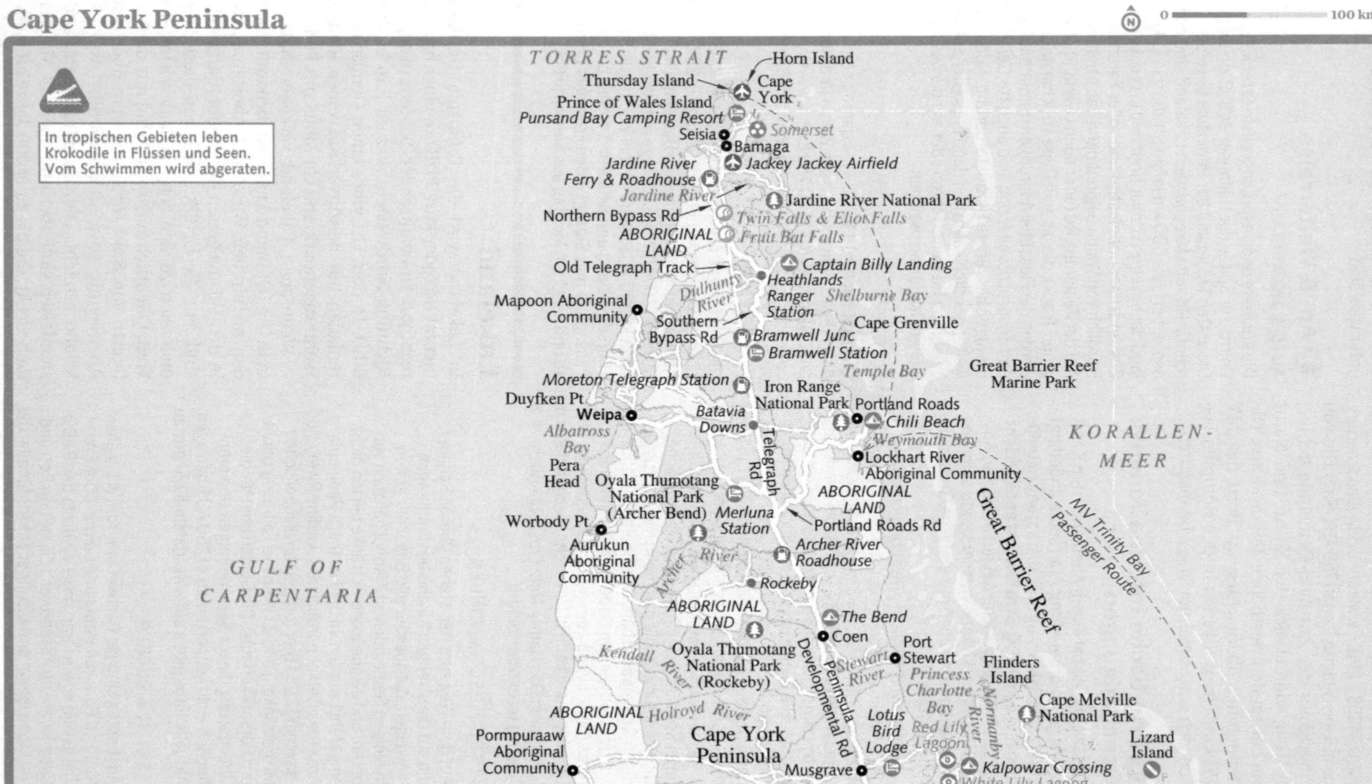

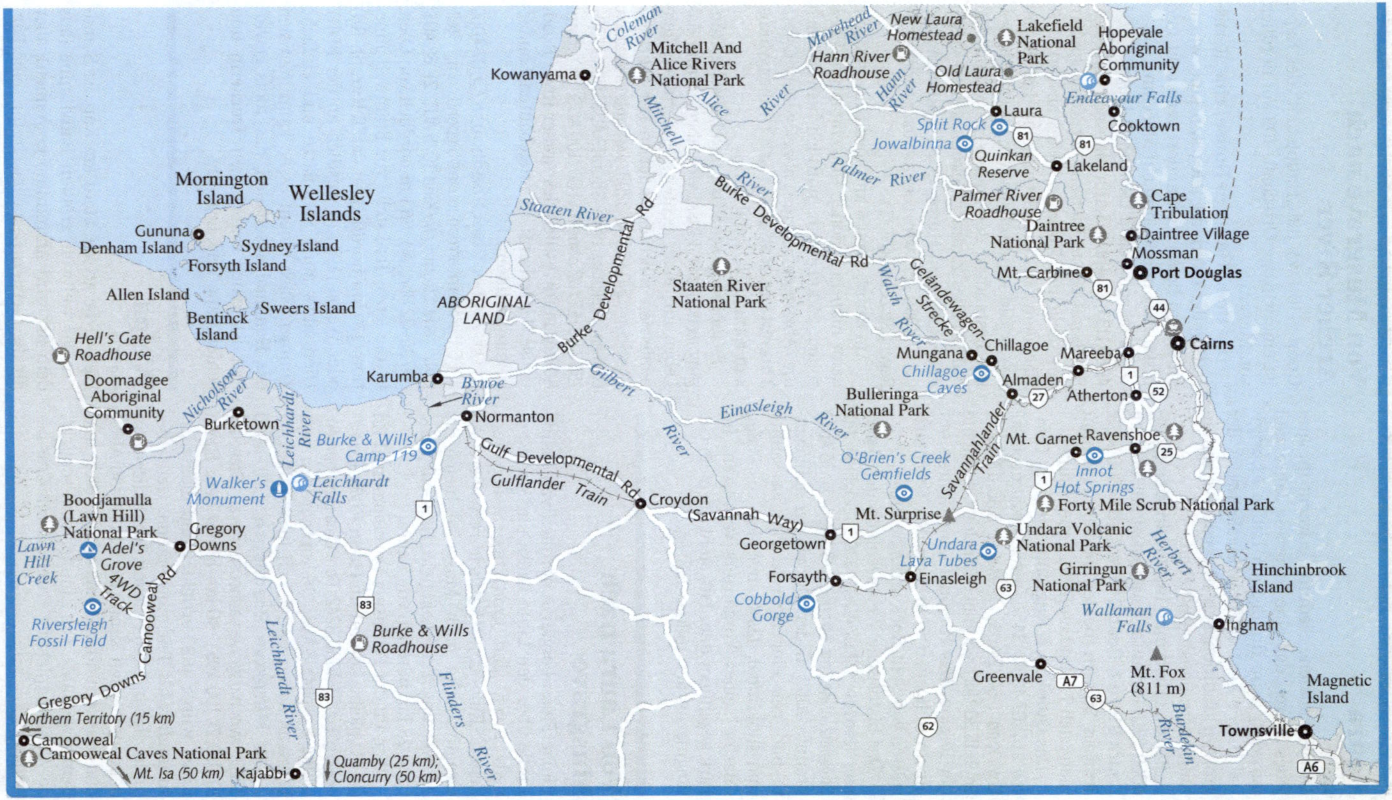
Kowanyama
Coleman River
Mitchell And Alice Rivers National Park
Mitchell
Alice
River
Morehead River
New Laura Homestead
Hann River Roadhouse
Hann River
Old Laura Homestead
Lakefield National Park
Hopevale Aboriginal Community
Endeavour Falls
Laura
Cooktown
Split Rock
Jowalbinna
Quinkan Reserve
Lakeland
Palmer River
Palmer River Roadhouse
Cape Tribulation
Daintree National Park
Daintree Village
Mossman
Port Douglas
Mt. Carbine
Mornington Island
Wellesley Islands
Gununa
Denham Island
Sydney Island
Forsyth Island
Allen Island
Bentinck Island
Sweers Island
Staaten River
Burke Developmental Rd
Staaten River National Park
Walsh River
Geländewagen-Strecke
ABORIGINAL LAND
Hell's Gate Roadhouse
Doomadgee Aboriginal Community
Nicholson River
Burketown
Leichhardt River
Karumba
Bynoe River
Normanton
Gilbert River
Einasleigh River
Mungana
Chillagoe
Chillagoe Caves
Mareeba
Cairns
Almaden
Atherton
Bulleringa National Park
Burke & Wills' Camp 119
Walker's Monument
Leichhardt Falls
Gulf Developmental Rd
Gulflander Train
Croydon
(Savannah Way)
O'Brien's Creek Gemfields
Savannahlander Train
Mt. Garnet
Ravenshoe
Innot Hot Springs
Forty Mile Scrub National Park
Mt. Surprise
Boodjamulla (Lawn Hill) National Park
Lawn Hill Creek
Adel's Grove
4WD Track
Gregory Downs
Camooweal Rd
Georgetown
Undara Lava Tubes
Undara Volcanic National Park
Herbert River
Forsayth
Einasleigh
Girringun National Park
Hinchinbrook Island
Cobbold Gorge
Riversleigh Fossil Field
Burke & Wills Roadhouse
Leichhardt River
Flinders River
Wallaman Falls
Ingham
Mt. Fox (811 m)
Greenvale
Gregory Downs
Northern Territory (15 km)
Camooweal
Camooweal Caves National Park
Mt. Isa (50 km)
Kajabbi
Quamby (25 km); Cloncurry (50 km)
Burdekin River
Magnetic Island
Townsville
1
25
27
44
52
62
63
81
83
A6
A7

Laura

120 EW.

Die verschlafene Siedlung erwacht im Juni jedes Jahres, das eine ungerade Jahreszahl aufweist, beim dreitägigen **Laura Aboriginal Dance Festival** (www.laurafestival.tv), der größten traditionellen Aborigine-Versammlung Australiens, zum Leben.

Benzin erhält man im **Roadhouse** (☎07-4060 2211; Peninsular Development Rd) und im **Laura Store & Post Office** (☎07-4060 3238; Terminus St). An beiden Stellen bekommt man auch Eis und einfache Lebensmittel.

Das **Quinkan & Regional Cultural Centre** (☎07-4060 3457; www.quinkancc.com.au; Erw./Kind 5,50/2 AU$; ⌚Mo–Fr 8.30–17, Sa & So 9–15.30 Uhr) widmet sich der Geschichte der Region. Das Personal kann Touren mit einem indigenen Führer zu den Felskunststätten von Split Rock arrangieren.

Das historische Wellblechhaus des **Quinkan Hotel** (☎07-4060 3393; Deighton Rd; Stellplatz ohne/mit Strom 23/30 AU$, Zi. 75 AU$) brannte 2002 nieder. Der wieder aufgebaute und neu eingerichtete Pub ist sauber und funktional, lässt aber den rustikalen Charme seines Vorgängers vermissen. Im Park gegenüber dem Pub steht noch ein Gefängnis aus den 1880er-Jahren.

Von Laura nach Musgrave

Einige Flussübergänge nördlich von Laura, so die über den Little Laura und den Kennedy River, sind großartige Stellen zum Zelten. Eine landschaftlich reizvollere Alternativstrecke nach Musgrave bietet die Abzweigung zum Lakefield National Park, rund 28 km nördlich von Laura.

Wer auf der Peninsula Developmental Rd (PDR) bleibt, kommt im **Hann River Roadhouse** (☎07-4060 3242; Peninsula Developmental Rd; Stellplatz 8 AU$) 76 km nördlich von Laura an Lebensmittel, Benzin (und Bier).

Das **Musgrave Roadhouse** (☎07-4060 3229; www.musgraveroadhouse.com.au; Stellplatz 10 AU$, Zi. 100 AU$), 80 km hinter dem Hann River, wurde 1887 errichtet und diente ursprünglich als Telegrafenstation. Heute befindet sich hier ein Café mit Schanklizenz, in dem man essen kann (Gerichte 5–30 AU$) und das Grundnahrungsmittel, Bier und Benzin verkauft. Die Zimmer sind schlicht, der Campingplatz ist grün und mit Gras bewachsen.

Von Musgrave nach Archer River

Coen (416 Ew.), die „Hauptstadt" des Kaps, ist eine winzige Ortschaft, 108 km nördlich von Musgrave.

Das **Coen Heritage House**, eine Relaisstation der Overland Telegraph Line, wurde an seinen heutigen Standort verbracht und restauriert und ist nun ein Museum.

Im legendären **S'Exchange Hotel** (☎07-4060 1133; Regent St) kann man sich den roten Staub mit einem Bier aus der Kehle spülen; ein schlichtes Zimmer kostet ab 100 AU$. Nachdem ein paar Betrunkene das „S" auf das Schild gepinselt hatten, ist es zum festen Bestandteil des Ladens geworden. Ein ordentliches Zimmer bekommt man gleich nebenan im **Homestead Guesthouse** (☎07-4060 1157; www.coenguesthouse.com.au; 37 Regent St; Zi. ab 90 AU$).

Am **Bend**, rund 5 km nördlich von Coen, kann man in schöner Umgebung am Fluss zelten. 25 km weiter nördlich befindet sich die Abzweigung zum abgelegenen **Oyala Thumotang National Park** (früher Mungkan Kandju National Park).

Es gibt viele schattige und hübsche Campingstellen am Fluss, wer aber einmal das Leben auf einer echten Rinderranch kennenlernen möchte, findet in der **Merluna Station** (☎07-4060 3209; www.merlunastation.com.au; Stellplatz ohne Strom13 AU$, Hütte 130–150 AU$, EZ/DZ ohne Bad 80/100 AU$; ❄), rund 80 km nordwestlich des Archer River Roadhouse, Unterkunft in umgebauten Landarbeiterquartieren.

Das **Archer River Roadhouse** (☎07-4060 3266; archerriverroadhouse@bigpond.com; Stellplatz ohne Strom Erw./Kind 10/5 AU$, Zi. 68 AU$; ⌚7.30–22 Uhr; ❄), 66 km nördlich von Coen, ist die letzte Tankstelle vor Bramwell Junction (170 km nördlich an der Telegraph Rd) oder Weipa (197 km westlich an der PDR). Hier gibt's auch Stellplätze und einfache Zimmer. Nach einem Essen kann man sich das Denkmal anschauen, das Toots gewidmet ist, einer raubeinigen Truckerin und echten Cape-York-Legende.

Weipa

3344 EW.

Weipa, die größte Stadt am Kap, ist Standort der weltweit größten Bauxitmine (aus dem Erz wird Aluminium gewonnen), aber für die meisten Besucher ein für seine Bar-

ABSTECHER

LAKEFIELD NATIONAL PARK

Der Lakefield National Park ist der zweitgrößte Nationalpark in Queensland und bekannt für seine ausgedehnten Flussgebiete, spektakulären Sümpfe und artenreiche Vogelwelt. Der mehr als 5370 km² große Park erstreckt sich über die üppige, vielfältige Landschaft in den Überflutungsgebieten der Flüsse Normanby, Kennedy, Bizant, Morehead und Hann. Am nördlichen Rand des Parks münden die riesigen Wasserläufe in die Princess Charlotte Bay.

Das **Old Laura Homestead** in der Nähe der Kreuzung zwischen der PDR und der Battle Camp Rd aus Cooktown wurde gebaut, als der Goldrausch am Palmer River von 1874 gerade zu Ende war. In New Laura, das 25 km nördlich der Kreuzung liegt, ist auch die **Rangerstation** (07-4060 3260) zu finden.

Der beste Campingplatz (mit Toiletten und Duschen) ist der am **Kalpowar Crossing** (5,45 AU$/Pers.) am Ufer des Laura River. Genehmigungen kann man online bei **Queensland Parks** (13 74 68; www.nprsr.qld.gov.au; Genehmigung 5,45 AU$) bestellen.

In den idyllischen Lagunen **Red Lily** und **White Lily**, die sich 8 km nördlich der Rangerstation von Lakefield erstrecken, leben Riesenstörche, Brolgakraniche, Spaltfußgänse und unendlich viele andere Vogelarten. Der rote Tigerlotus in der Red Lily Lagoon ist am schönsten in den frühen Morgenstunden, wenn die Blüten noch ganz geöffnet sind.

Kurz hinter der Furt über den Hann River durchquert man die flache, baumlose Landschaft der Nifold Plain, die sich bis zum Horizont erstreckt und deren spektakuläre Monotonie nur von weitem Grasland und riesigen Termitenhügeln unterbrochen wird.

Etwa 26 km vor Musgrave bietet die **Lotus Bird Lodge** (07-4060 3400; www.lotusbird.com.au; Marina Plains Rd; EZ/DZ inkl. Mahlzeiten 440/6000 AU$; nur Mai–Nov.;) gemütliche Blockhäuser mit Blick auf eine idyllische Lagune.

ramundis berühmtes Fischerstädtchen. In allen Unterkünften von Weipa kann man diverse Touren und Charterboote für Angelausflüge buchen.

Der **Weipa Caravan Park & Camping Ground** (07-4069 7871; www.campweipa.com; Stellplatz ohne/mit Strom 30/35 AU$, Hütte ohne Bad 50–100 AU$, mit Bad 120–140 AU$, Lodge Zi. 165–180 AU$;) nimmt ein schattiges Gelände am Ufer ein und dient zugleich als inoffizielle Touristeninformation der Stadt, die Minenbesichtigungen und Angeltouren organisiert. Die Anlage befindet sich in Gehweite vom Supermarkt und von anderen Läden. Angeboten wird eine Stadt- und Minenführung (Erw./Kind 40/12 AU$), bei der man sich von dem ungeheuren Umfang des Bergbaus überzeugen kann: Täglich werden 22 000 t Bauxit abgebaut und umgehend auf die wartenden Schiffe im Hafen verladen.

Weipa Air (07-4069 7807) bietet Charter- und Rundflüge über die Küste und Cape York.

Von Archer River zur Bramwell Junction

Rund 36 km nördlich vom Archer River Roadhouse führt eine Abzweigung über 135 km durch den **Kutini-Payamu National Park** (früher Iron Range National Park) bis zur winzigen Küstensiedlung Portland Roads. Der Park enthält die größten verbliebenen Küstenregenwaldgebiete Australiens; hier leben viele Tiere, die weiter südlich auf dem Kontinent nicht vorkommen. Ein beliebter Campingplatz befindet sich am **Chili Beach**, südlich von Portland Roads. Wer etwas Luxus in der Wildnis genießen will, kann im **Portland House** (07-4060 7193; www.portlandhouse.com.au; 85 AU$/Pers.) absteigen, einer Strandhütte für Selbstversorger.

Vom Archer River führt die Peninsula Developmental Rd weiter in Richtung Weipa; nach 48 km zweigt die **Telegraph Road** nach Norden ab und zieht sich über 22 raue und holprige Kilometer bis zum Übergang über den **Wenlock River**. Dort zeigt eine Markierung am Baum eine Hochwassermarke von 14,30 m.

Am Nordufer des Wenlock gibt's in der **Moreton Telegraph Station** (07-4060 3360; www.moretonstation.com.au; Stellplatz ohne Strom 10 AU$/Pers., Safarizelt EZ/DZ 158/194 AU$, Hütte EZ/DZ 243/298 AU$), die früher eine Station der Overland Telegraph Line war, einen Lagerplatz mit Safarizelten. Hier erhält man Benzin, Mahlzeiten und Bier und kann einfache Reparaturen vornehmen lassen.

Das **Bramwell Junction Roadhouse** (☎07-4060 3230; Stellplatz ohne Strom 12 AU$/Pers.) steht an der Kreuzung der neuen Southern Bypass Rd und des historischen Old Telegraph Track. Das ist die letzte Möglichkeit, vor der (nur von 8 bis 17 Uhr fahrenden) Jardine River Ferry Benzin und Lebensmittel zu kaufen. 15 km vor dem Roadhouse passiert man die Abzweigung zu Australiens nördlichster Rinderranch, der **Bramwell Station** (☎07-4060 3300; bramwelltouristpark@harboursat.com.au; Stellplatz 10 AU$/Pers.), die einfache Unterkünfte, Stellplätze und Mahlzeiten anbietet.

Von der Bramwell Junction zum Jardine River

Nach der Bramwell Junction gibt's zwei Routen zur Fähre am Jardine River. Die längere Strecke über die unbefestigten, aber recht gut präparierten Pisten der Southern Bypass Rd und der Northern Bypass Rd spart Zeit und meidet die meisten Bäche und Flüsse zwischen Wenlock River und Jardine River.

Auf dem direkteren, aber anspruchsvolleren Weg über den **Old Telegraph Track** – gemeinhin OTT oder „the Track" genannt – beginnt das wahre Cape-York-Abenteuer.

Der OTT folgt den Überresten der Overland Telegraph Line, die in den 1880er-Jahren errichtet wurde und die Kommunikation zwischen Cairns und dem Kap über eine Reihe von Verstärkerämtern und eine Unterwasserkabelverbindung nach Thursday Island ermöglichte. Der OTT ist ein grandioses Jeep-Abenteuer mit tiefen Schlaglöchern, pudrigem Sand und heiklen Bachdurchquerungen (besonders über den **Dulhunty River**).

2 km nördlich vom Dulhunty zweigt eine Straße vom OTT ab und führt – vorbei an der schwierigen Überquerung des Gunshot Creek – zur **Heathlands Ranger Station** (☎07-4060 3241). Wieder auf dem OTT, wird die Straße für eine kurze Strecke sandig, bevor sie auf die Southern Bypass Rd trifft.

Nach 9 km führt die Northern Bypass Rd nach Westen zur Fähre am Jardine River; wer noch 3 km weiterfährt, erreicht die Abfahrt zu den **Fruit Bat Falls**. Nach weiteren 7 km auf dem OTT kommt man zu den **Twin Falls & Eliot Falls**. Die Wasserfälle und das tiefe, smaragdgrüne Badeloch sind spektakulär und einen ausgedehnten Besuch wert. Der **Campingplatz** (5,45 AU$/Pers.) ist der beliebteste Ort auf dem Weg nach Norden.

Die Stelle, an der Fahrzeuge auf dem OTT den Jardine River früher überquerten, ist geschlossen. Die einzige Möglichkeit, die Jardine-River-Fähre zu erreichen ist über die Northern Bypass Rd.

Jardine River

Der Jardine River ist Queenslands größter ganzjährig Wasser führender Fluss – er transportiert mehr Süßwasser ins Meer als jeder andere in Australien. Das **Jardine River Ferry & Roadhouse** (☎07-4069 1369; Stellplatz ohne Strom 10 AU$/Pers.; ⏲8–17 Uhr), das von den Injinoo-Aborigines geführt wird, verkauft Benzin und unterhält in der Trockenzeit eine Fähre (hin & zurück 88 AU$, plus 11 AU$ für Wohnwagen). Im Preis ist die Erlaubnis zum Campen im Buschland zwischen Dulhunty River und Jardine River und in ausgewiesenen Gebieten nördlich des Jardine inbegriffen.

Von der Hauptstraße erstreckt sich die undurchdringliche Landschaft des **Jardine River National Park** in Richtung Osten bis zur Küste. Im Quellgebiet von Jardine River und Escape River wurde der Entdecker Edmund Kennedy 1848 von Aborigines getötet.

Northern Peninsula Area

Die gesamte Region nördlich des Jardine River wird als Northern Peninsula Area (oder von den Einheimischen kurz als NPA) bezeichnet.

Bamaga & Seisia

Die erste Siedlung, 45 km nördlich des Jardine River, ist **Bamaga** (1046 Ew.), die Heimat der größten Gemeinde von Torres-Strait-Insulanern auf der Cape York Peninsula. Im Ort gibt's ein kleines Einkaufszentrum, einen Getränkemarkt, ein Hospital und einen Flugplatz.

5 km nordwestlich von Bamaga blickt der kleine Ort **Seisia** (204 Ew.) auf die Torres Strait; er ist ein prima Ausgangspunkt zur Erkundung der Landspitze.

Cape York Adventures (☎07-4069 3302; www.capeyorkadventures.com.au; Charterboot ab 800 AU$/Tag, 5- bis 7-tägige Tour ab 3500 AU$) bietet halb- und ganztägige Angelausflüge und Bootsfahrten in den Sonnenuntergang sowie geführte Touren von Cairns hinauf nach Bamaga an.

Der **Seisia Holiday Park** (☎07-4069 3243; Stellplatz ohne/mit Strom 12/15 AU$ pro Pers.,

Lodge EZ/DZ 80/120 AU$, Cottage 180–240 AU$, Villa 210–240 AU$;) neben dem Kai in Seisia ist ein beliebter Campingplatz mit guten Einrichtungen und einem Restaurant (Gerichte ab 15 AU$). Auf dem Platz kann man auch Rundflüge, Geländewagentouren und die Fähre zur Thursday Island buchen.

Im **Loyalty Beach Campground & Fishing Lodge** (07-4069 3372; www.loyaltybeach.com; Stellplatz ohne/mit Strom 12/28 AU$, Lodge EZ/DZ 125/150 AU$, Strandlodge 260 AU$) am Strand, 3 km vom Kai entfernt, geht es ruhiger zu. Abends werden Mahlzeiten serviert, und die Verwaltung kann bei der Buchung von Touren und Charterbooten für Angelausflüge helfen.

Peddells Ferry Service (07-4069 1551; www.peddellsferry.com.au; Erw./Kind 56/28 AU$; Juni–Sept. Mo–Sa 8 & 16 Uhr, Okt.–Mai Mo, Mi & Fr) betreibt eine Fähre vom Landungssteg in Seisia zur Thursday Island.

The Tip

Von Bamaga führt die Straße nach Norden zum **Lockerbie Homestead**. Das **Croc Tent** (07-4069 3210; www.croctent.com.au; 7.30–18 Uhr) auf der anderen Straßenseite verkauft Souvenirs und fungiert als inoffizielle Touristeninformation. Dahinter windet sich die Straße durch den nördlichsten Regenwald Australiens, den **Lockerbie Scrub**, bevor sie eine Y-Kreuzung erreicht.

Der Weg rechts führt zum hübschen Ufer von **Somerset** mit Campingplatz. Über die linke Route erreicht man nach 10 km die mittlerweile stillgelegte Pajinka Wilderness Lodge. Ein 1 km langer Spaziergang durch den Wald und über den Strand (bei Flut über die Landspitze) führt zum **Cape York**, der nördlichsten „Spitze von Australien".

An deren Westseite befindet sich das wunderschöne **Punsand Bay Camping Resort** (07-4069 1722; www.punsand.com.au; Stellplatz ohne/mit Strom 10/15 AU$, Zelt 140–200 AU$, Hütte mit Klimaanlage pro Pers. inkl. Mahlzeiten 220 AU$;), ein einsamer Hafen mitten in der Wildnis. Ein Bad im Pool oder ein kühles Bier im luftigen Restaurant machen den Aufenthalt an der Spitze spitzenmäßig.

Thursday Island & Torres Strait Islands

Australiens nördlichstes Grenzgebiet besteht aus mehr als 100 Inseln, die sich wie Trittsteine über 150 km von der Spitze der Cape-York-Halbinsel bis Papua-Neuguinea aneinanderreihen. Die Inseln reichen von den felsigen Nordausläufern der Great Dividing Range bis zu kleinen Koralleninseln und mit Regenwald bewachsenen Vulkanerhebungen.

Die Torres-Strait-Insulaner wanderten vor über 2000 Jahren aus Melanesien und Polynesien kommend ein und schufen eine einzigartige Kultur, die sich von der Kultur in Papua-Neuguinea und jener der australischen Aborigines unterscheidet.

Auch wenn die **Prince of Wales Island** die größte Insel der Gruppe ist, dient die winzige, nur 3 km² große **Thursday Island** 30 km vor dem Kap als Verwaltungshauptstadt der Inseln. Obwohl sie selbst keine Süßwasserversorgung hat, wurde Thursday Island (2610 Ew.) wegen ihres tief liegenden, geschützten Hafens und ihrer Nähe zu den wichtigsten Schifffahrtsstraßen ausgesucht. Als eine von 17 bewohnten Inseln der Gruppe war „TI" (wie sie von den Einheimischen genannt wird) früher ein wichtiges Perlenzentrum. Das Erbe dieser Industrie ist eine kulturelle Mischung aus Asiaten, Europäern und Insulanern.

Horn Island (539 Ew.) ist der Knotenpunkt des Flugzeug- und Fährverkehrs in der Region mit Anschlussfähren zur Thursday Island. **Erub** (auch als Darnley Island bezeichnet) gehört zu den östlichen Inseln. Als Vorreiter im Kampf um die Gleichberechtigung der Torres-Strait-Insulaner rückte sie ins Licht der Öffentlichkeit.

Regelmäßige Fähren verbinden Seisia mit Thursday Island und Horn Island. Will man andere bewohnte Inseln der Torres Strait Islands besuchen, braucht man eine Genehmigung des Inselrats und wendet sich deshalb an den **Torres Strait Regional Council** (07-4048 6200; www.tsirc.qld.gov.au; Torres Strait Haus, 46 Victoria Pde, Thursday Island)

Sehenswertes & Aktivitäten

Auf Thursday Island ist im **Gab Titui Cultural Centre** (07-4069 0888; www.gabtitui.com.au; Ecke Victoria Pde & Blackall St; Eintritt 6 AU$; Mo–Sa 10–17.30, So nach Vereinbarung) eine moderne Galerie untergebracht, in der eine Ausstellung zur Kulturgeschichte der Torres Strait zu sehen ist. Außerdem finden dort kulturelle Veranstaltungen und Ausstellungen örtlicher Künstler statt; das Open-Air-Café Ilan ist sehr beliebt.

Zur Zeit des „Perlenbooms" von TI ereigneten sich tödliche Tauchunfälle. Das

Japanese Pearl Divers Memorial auf dem Friedhof wacht über die vielen japanischen Taucher, die hier begraben sind. Die Kriegsgeschichte von TI kann man bei einem Besuch des **Green Hill Fort** kennenlernen, das 1893 aus Angst vor einer russischen Invasion erbaut wurde. Im **Torres Strait Museum** in der Festung sind Ausstellungsstücke zum Thema Krieg und vor Ort gefundene Artefakte zu sehen. Die Festung und das Museum kann man mit einer Bustour von Peddells besuchen.

Die **Quetta Memorial Church** wurde 1893 erbaut und erinnert an die 134 Menschen, die ihr Leben ließen, als die Quetta auf ein unbekanntes Riff lief und innerhalb von drei Minuten sank. In der Kirche sind Erinnerungsstücke mehrerer Schiffswracks zu sehen, u.a. ein mit Korallen bedecktes Bullauge, das 1906 aus der Quetta geborgen wurde.

Die **Heritage Museum & Art Gallery** (☎07-4069 2222; www.torresstrait.com.au; Horn Island; Erw./Kind 7/4 AU$) am Gateway Torres Strait Resort auf Horn Island ist eine wahre Fundgrube von Infos zur Geschichte der Region im Zweiten Weltkrieg.

Geführte Touren

Peddells Ferry Island Tourist Bureau BUS, TOUR
(☎07-4069 1551; www.peddellsferry.com.au; Erw./Kind 31/16 AU$; ⌚8.30–17 Uhr) Bei den 90-minütigen Bustouren über Thursday Island werden alle wichtigen Sehenswürdigkeiten angesteuert. Außerdem werden Tagestouren im Geländewagen zum Cape York und die Besichtigung von Stätten des Zweiten Weltkriegs auf Horn Island angeboten.

Tony's Island Adventures ANGELN, TOUR
(☎07-4069 1965; www.tonysislandadventures.com.au; 10 Pearl St, Thursday Island) Das Unternehmen veranstaltet Angelausflüge und Touren zu verschiedenen der Torres Strait Islands, darunter nach Friday Island (Gialug), Hammond Island (Keriri) und Goods Island (Palilug).

Schlafen & Essen

Gateway Torres Strait Resort HOTEL $$
(☎07-4069 2222; www.torresstrait.com.au; 24 Outie St, Horn Island; Zi. ab 180 AU$; ❄@≋) Das Hotel hat annehmbare Zimmer und in sich abgeschlossene Wohnungen. In der Anlage befinden sich auch ein Museum und ein Restaurant, das während der Trockenzeit Mittagsgerichte und abends ein Büffet anbietet. Das Hotel ist fünf Gehminuten vom Kai auf Horn Island entfernt.

Grand Hotel HOTEL $$$
(☎07-4069 1557; www.grandhotelti.com.au; 6 Victoria Pde, Thursday Island; EZ 200–210 AU$, DZ 235–260 AU$; ❄@) Auf einem Hügel hinter der Anlagestelle von Thursday Island bietet das Grand moderne Zimmer mit Meer- und Bergblick. Das Restaurant (Hauptgerichte 15–30 AU$, Mo–Sa abends) hat einen Balkon mit sagenhafter Aussicht. Im Preis ist das Frühstück inbegriffen.

Thursday Island Motel MOTEL $$$
(☎07-4069 1569; Ecke Jardine St & Douglas St, Thursday Island; EZ/DZ mit Frühstück 200/215 AU$; ❄@) Die komfortablen Motelzimmer an der Rückseite des Federal Hotel sind eine gute Wahl.

Torres Strait Hotel PUB $$
(☎07-4609 1141; Ecke Normaby St & Douglas St, Thursday Island; Gerichte 12–28 AU$) In „Australiens nördlichstem Pub" kann man saftige Krebs-Pies essen und hinterher damit prahlen, hier gewesen zu sein.

Anreise & Unterwegs vor Ort

QantasLink (☎13 13 13; www.qantas.com.au) fliegt täglich von Cairns nach Horn Island. **West Wing Aviation** (www.westwing.com.au) verbindet Horn Island mit anderen Inseln.

Peddells Ferry Service (☎07-4069 1551; www.peddellsferry.com.au; Engineers Jetty) betreibt einen regelmäßigen Fährdienst zwischen Seisia und Thursday Island. Von Juni bis September gibt's montags bis samstags täglich zwei Fahrten (einfache Strecke Erw./Kind 56/28 AU$, 70 Min.); von Oktober bis Mai fährt die Fähre nur montags, mittwochs und freitags. Die Fähre legt um 6.30 und 14.30 in Thursday Island nach Seisia und um 8 und 16 Uhr in Seisia zur Thursday Island ab.

McDonald Charter Boats (☎1300 664 875; www.tiferry.com.au) Das Unternehmen unterhält einen Fährdienst zwischen Thursday Island und Horn Island (einfache Strecke Erw./Kind 24/12 AU$, 15 Min., 6.10–18.30 Uhr ungefähr stündl.), Wassertaxis zwischen anderen der Torres Strait Islands sowie einen Bus vom und zum Horn Island Airport.

Rebel Marine (☎07-4069 1586; www.rebeltours.com.au) betreibt ein Wassertaxi zwischen Thursday Island und dem Horn Island Airport und ist dort bei allen Flügen von QantasLink zur Stelle (einfache Strecke 20 AU$).

Melbourne & Victoria

Inhalt ➡

Gut essen

- Koonwarra Store (S. 656)
- Lake House (S. 632)
- Royal Mail Hotel (S. 600)
- Stefano's Restaurant (S. 607)

Schön übernachten

- Ovolo (S. 541)
- Art Series (Cullen) (S. 544)
- YHA Eco Beach (S. 587)
- Theatre Royal Back Stage (S. 627)

Auf nach Melbourne & Victoria!

Melbourne, Australiens zweitgrößte Stadt, ist das Zentrum des Bundesstaats und in Sachen Kunst und Kultur der Knotenpunkt des Landes. Hier kommen Kultur- und Kulinarikfans auf ihre Kosten, denn es gibt Kunst, Musik, Theater und Küche für jeden Geldbeutel.

Die Great Ocean Road ist einfach der absolute Wahnsinn! Sie windet sich um Buchten und Klippen, und vorbei an der Brandung fährt man durch mystische Orte und streift verschiedene Nationalparks.

Im High Country wechseln sich leuchtende Herbstfarben, Schnee und verschlafene Orte voller bleicher Gummibaumgerippe ab. Im Winter fährt man Ski, im Sommer steigt man aufs Rad oder Pferd und verbringt die Wochenenden hier.

Wer Wildnis mag, wird den Grampians National Park lieben. Er liegt in den trockenen Ebenen des Western Districts. An der Südspitze des Festlands liegt der Wilsons Promontory National Park.

Reisezeit

Melbourne

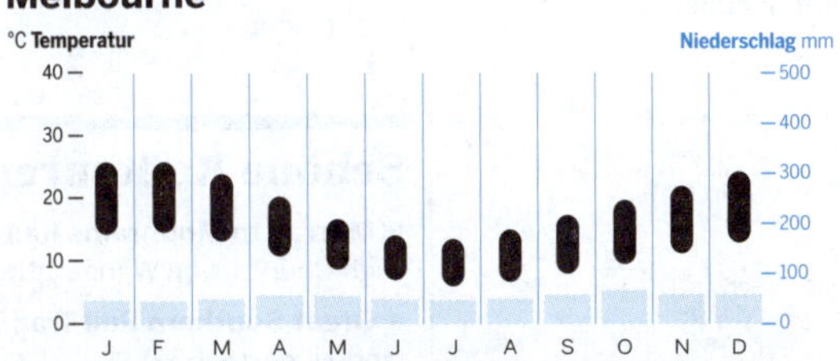

Feb. Ferienende – die Massen sind weg, das gute Wetter zum Baden und Wandern bleibt.

April Ruhige Küsten und Campingplätze. Beim Apollo Bay Music Festival gibt's was für die Ohren.

Nov. Wandern im Blütenmeer des Spätfrühlings, und in Melbourne freut man sich auf den Melbourne Cup.

TOP-TIPPS

- In Küstenstädten heißt es: Ab an den Kai und frische Meeresfrüchte direkt vom Boot kaufen!
- **Half Tix** (www.halftixmelbourne.com) verkauft günstige Tickets für Tagesausflüge ab Melbourne (z. B. zu Weingütern oder Pinguinkolonien) sowie für Theatervorstellungen in Melbourne.

Kurzinfos

- Bevölkerung: 5,6 Mio.
- Fläche: 227 500 km²
- Küste: 2000 km
- Zahl der Weingüter: 850

Reiseplanung

- Zwischen Weihnachten und Ende Januar sowie rund um Ostern sollte man die Küste besser meiden. In den Schulferien sind die Strände überlaufen, die Unterkünfte ausgebucht und beliebte Wanderwege haben Zugangsbeschränkungen. Unter www.education.vic.gov.au stehen die Termine der Schulferien.

Great Ocean Road

Die Great Ocean Road ist eine der beliebtesten Straßen für eine Tour durch Australien, und das zu Recht. Man sollte sich Zeit nehmen – mindestens eine Woche sollte man haben –, um das Beste aus dieser Region herauszuholen.

Los geht's im Surfermekka Torquay, wo man sich in die Wellen am Bells Beach stürzt. Es folgt ein Aufenthalt in Anglesea, wo Kängurus auf dem Golfplatz grasen. Und dann auf zum Aireys Inlet – nach der Besichtigung des Leuchtturms steht eine Übernachtung in Lorne an. Als Abwechslung zum vielen Meer gibt's jetzt einen Abstecher in die Regenwälder der Otway Ranges. Zurück auf der Great Ocean Road folgen relaxte Tage im Fischerdorf Apollo Bay. Bis zum Port Campbell National Park und seinen berühmten Twelve Apostles ist es ein weiter Weg. Deshalb nicht versäumen, die Apostel zu zählen und in Port Campbell zu übernachten, um die Gegend ein wenig kennenzulernen. Nachdem man an der Küste in Warrnambool nach Walen Ausschau gehalten hat, geht es ins stark irisch geprägte Port Fairy. Wenn noch Zeit bleibt, lohnt sich das winzige Cape Bridgewater mit seiner Seebärenkolonie.

NICHT VERSÄUMEN!

Wer kann schon dem Anblick der niedlichen Zwergpinguine widerstehen, die in **Phillip Island** abends aus dem Meer über den Strand zu ihren Schlafplätzen watscheln? Die mehr als 3 Mio. Touristen, die jedes Jahr hierher kommen, können es jedenfalls nicht. Auf der Insel in der Western Port Bay gibt es außerdem tolle Surfstrände, den Motor Racing Circuit für den Australian Motorcycle Grand Prix und diverse Naturparks.

An Naturschönheit hat **Wilsons Promontory** allerhand zu bieten. Der in die Bass Strait vorspringende Nationalpark ist zwar abgelegen, aber durchaus zugänglich und besticht mit herrlichen Stränden und Wanderwegen, die zu den schönsten im Bundesstaat zählen. Angesichts des gut gepflegten Netzes an Wegen und Campingplätzen im Busch muss man sich nur eine Karte schnappen, den Rucksack umschnallen und kann gleich in die Wildnis abtauchen.

Schöne Radtouren

- **Murray to Mountains Rail Trail** Schöne Tour durch das High Country von Wangaratta nach Bright (S. 647)
- **Great Southern Rail Trail** Tour durch die South-Gippsland-Hügel (S. 657)
- **Goldfields Track** Sagenhafter Radweg durch die Berge von Ballarat nach Daylesford (S. 625)
- **Mt. Buller** Die besten Mountainbike-Touren Victorias: bergab und querfeldein (S. 641)
- **East Gippsland Rail Trail** Radweg im äußersten Osten von Victoria (S. 661)

Geschichte

1803 landete eine Gruppe von Sträflingen, Soldaten und Siedlern in Sorrento (am Südrand der Port Phillip Bay) an, aber ihre Siedlung gaben sie schnell wieder auf. Die erste dauerhafte europäische Niederlassung in Victoria wurde 1834 in Portland (im Western District) von der Familie Henty aus dem tasmanischen Van Diemen's Land gegründet, rund 46 Jahre nach der Kolonisierung Sydneys. 1851 erreichte Victoria die Unabhängigkeit von New South Wales. Im selben Jahr entdeckte man hier reichhaltige Goldfelder, die Einwanderer aus aller Welt anzogen. Kleinstädte wie Beechworth und Ballarat erlebten ihren Boom während des Goldrauschs – heute sind sie museumsreif. Melbourne wurde 1835 von abenteuerlustigen Tasmaniern gegründet und hat bis heute viel vom Charme des viktorianischen Zeitalters und der Goldrauscharchitektur der 1880er-Jahre bewahrt.

In der zweiten Hälfte des 20. Jhs. gab es einen gewaltigen Zustrom von Einwanderern nach Victoria, besonders nach Melbourne. Die Stadt gilt heute weithin als die multikulturellste Australiens. Sie hat einen der größten griechischen Bevölkerungsanteile weltweit und ist außerdem stark von italienischer, osteuropäischer und südostasiatischer Kultur beeinflusst.

In den 1990er-Jahren und im 21. Jh. setzte eine rasche Weiterentwicklung ein, die bis heute anhält. Das zentrale Geschäftsviertel (Central Business District, kurz CBD) hat sich stark verändert und ist mit dem Bau der Docklands beträchtlich gewachsen, und neue architektonische Wahrzeichen wie der Federation Square sind hinzugekommen.

Aborigines in Victoria

Seit schätzungsweise 40 000 Jahren leben Aborigines im Gebiet von Victoria. Sie unterteilten sich in 38 verschiedene Dialektgruppen, die zu 10 verschiedenen Sprachen gehörten. Diese Gruppen waren weiter in Clans und Unterclans untergliedert, die jeweils eigene Sitten und Gesetze hatten und bestimmte Gebiete des Landes für sich beanspruchten. Vor der britischen Kolonisierung lebten in der Yarra-Valley-Region die sogenannten Wurundjeri, Mitglieder des Woiworung-Clans vom Volk der Kulin.

Vor der Ankunft der Europäer lebten bis zu 100 000 Aborigines in Victoria; bis 1860 war ihre Zahl auf 2000 geschrumpft. Heute leben rund 27000 Koori (die Selbstbezeichnung der Aborigines im Südosten Australiens) in Victoria und mehr als die Hälfte davon in Melbourne.

Es gibt eine starke Bewegung zur Wiederbelebung der Aborigine-Kultur in Victoria. Überall im Bundesstaat existieren Kulturzentren, darunter das ausgezeichnete Brambuk Cultural Centre und das Gariwerd Dreaming Theatre, beide in Halls Gap im Grampians National Park. Diese Zentren werden von örtlichen Koori-Gemeinden betrieben, vermitteln Einblicke in die Geschichte, Kultur, Kunst, Musik sowie den Tanz der Koori und veranstalten Führungen zu örtlichen Stätten mit Felskunst.

In Bairnsdale gibt es den Krowathunkoolong Keeping Place, ein Koori-Kulturzentrum, das sich der Erforschung des Alltagslebens der Kurnai vor und nach der Besiedlung durch die Weißen widmet.

In Mildura veranstaltet Harry Nanyas Graham Clarke hochgelobte Touren in den Lake Mungo National Park, bei denen man sehr viel über die ursprünglichen Besitzer des Landes erfährt.

In Melbourne besitzt das Ian Potter Centre der NGV Australia eine bedeutende Sammlung von Kunst der Aborigines und der indigenen Bewohner der Torres Strait Islands. Auf dem Aboriginal Heritage Walk lernt man die Geschichte der Boonwurrung und Woiworrung kennen, auf deren angestammtem Land sich heute die Royal Botanic Gardens befinden.

Melbourne selber ist zwischen den Wurundjeri und den Boonwurrung aufgeteilt. Beide Völker stehen unter Führung von weiblichen Stammesältesten – Aunty Joy Murphy und Aunty Carolyn Briggs.

Weitere Informationen zur Geschichte der Ureinwohner Victorias gibt's im Koorie Heritage Trust Cultural Centre sowie im interessanten und informativen Bunjilaka Indigenous Centre im Melbourne Museum.

Willkommenszeremonien, die von Aborigines abgehalten werden – dabei kann es sich um eine Ansprache, einen traditionellen Tanz oder eine Rauchzeremonie handeln – sind heute überall im Bundesstaat üblich. Bei Diskussionsforen wiederum ist eine „Anerkennungszeremonie“ verbreitet, bei der der erste Redner den einstigen Eigentümern des Landes seinen Respekt bezeugt. Bei festlichen Essen und anderen besonderen Events erfüllt die weit verbreitete „Eukalyptusblattzeremonie“ eine ganz ähnliche Funktion.

Highlights

1. Sich in der Wildnis des **Croajingolong National Park** (S. 667) verlieren
2. Die ebenso kurvige wie magische **Great Ocean Road** (S. 579) in Richtung Port Campbell National Park entlang zuckeln
3. Mit Skiern im **High Country** (S. 635) herumsausen
4. Sich auf den Musikfestivals in **Apollo Bay** (S. 587), **Lorne** (S. 585) und **Port Fairy** (S. 594) amüsieren
5. Tolle Wanderungen und die Kultur der Aborigines im **Grampians National Park** (S. 596) erleben

6 Auf einem Raddampfer in **Mildura** (S. 603) den Murray runterschippern

7 Die Vorstädte Melbournes anschauen, sich in **Fitzroy** (S. 526) amüsieren, in **St. Kilda** (S. 532) die Sonne genießen und sich in **South Yarra** (S. 529) aufstylen

8 In der Nähe der Stadt in den Mineralquellen des **Spa Countrys** (S. 630) baden

9 Im **Wilsons Promontory National Park** (S. 657) wandern

10 Die putzigen Pinguine auf **Phillip Island** (S. 574) beobachten

Auf der Website von **Visit Victoria** (www.visitvictoria.com) gibt es einen empfehlenswerten Link zu Geschichte, Kultur und dem Erbe der Aborigines wie auch zu deren Stätten im Bundesstaat. Eine weitere gute Quelle im Internet ist **Aboriginal Tourism Victoria** (www.aboriginaltourismvictoria.com).

Aboriginal Melbourne – The Lost Land of the Kulin People von Gary Presland (Neuausgabe 2001) und *Aboriginal Victorians, A History Since 1800* von Richard Broome (2005) vermitteln wertvolle Einblicke in die Kultur und das Leben der Ureinwohner der Region.

MELBOURNE

4 MIO. EW.

In dieser 4-Millionen-Stadt kann man wahrlich viel Spaß haben. Kaffee, Kulinarisches, Kunst und Mode werden sehr ernst genommen, aber nicht als Geheimnisse nur für Eingeweihte behandelt: Wenn man gut essen, einen Barbummel oder eine Einkaufstour unternehmen will, braucht man nur ein bisschen Geld und die Fähigkeit, die versteckten Treppen in den von Graffiti bedeckten Seitengassen zu entdecken.

MELBOURNE MIT KINDERN

Ian Potter Children's Garden (S. 531) mit natürlichen Tunneln durch den Regenwald, einem Küchengarten und Planschbereichen.

Australian Centre for the Moving Image (S. 517) Der freie Zugang zu Computerspielen und Filmen ist sicher nicht uneingeschränkt zu empfehlen, aber an regnerischen Tagen kann man sich hier prima vergnügen.

Royal Melbourne Zoo (S. 528) Eine ganze Menge interessanter Wildtiere können in naturähnlichen Gehegen bewundert werden.

National Sports Museum (S. 526) Schon beim Reingehen in dieses Museum schlagen die Herzen kleiner Sportler höher.

Melbourne Museum (S. 528) In diesem Museum sind die Kleinen von der Kinder-Galerie begeistert, wo sie die Ausstellungsstücke selbst in die Hand nehmen können.

In vieler Hinsicht macht die Indie-Szene den eigentlichen Reiz von Melbourne aus. Ihre Spuren finden sich vor allem im Zentralen Geschäftsviertel (CBD), in St. Kilda, Fitzroy, Collingwood, Brunswick und, weiter nördlich, in Northcote, aber auch in den Ecken und Winkeln der inneren Vorstädte kann man sie entdecken.

Das braune Wasser des Yarra River trennt die nördlichen Vorstädte Fitzroy, Collingwood und Carlton von jenen im Süden, zu denen Prahran, South Yarra und St. Kilda gehören. Der Fluss bildet gewissermaßen auch eine kulturelle Grenze, die allerdings vom Sport überbrückt wird. Die Melbourner sind begeisterte und laute Sportfans, wobei je nach Saison AFL („Footy"), Pferderennen oder Cricket im Vordergrund stehen.

Geschichte

Im Mai 1835 „kaufte" John Batman rund 2400 km² Land von den Aborigines der Kulination, den ursprünglichen Eigentümern. Da der Kultur der Aborigines das Konzept des Kaufs und Verkaufs von Land völlig fremd war, erhielten sie bei diesem absolut einseitigen Tauschgeschäft als „Bezahlung" nicht mehr als einige Werkzeuge und etwas Mehl und Kleidung.

1840 lebten schon mehr als 10 000 Europäer im Gebiet um das heutige Melbourne. Die Stadt wuchs und gedieh mit dem Reichtum der Goldwäscherei. Der Wohlstand von „Marvellous Melbourne" hielt bis zur Wirtschaftskrise Ende der 1880er-Jahre an.

Nach dem Zweiten Weltkrieg führte der Zustrom von Menschen aus aller Welt zu einer starken Bereicherung des gesellschaftlichen und kulturellen Gefüges der Stadt. Mehrere Baubooms veränderten das optische Erscheinungsbild der Stadt, die sich heute als eine eindrucksvolle Mischung aus prächtig verzierten Gebäuden des 19. Jhs., hohen Wolkenkratzern und einer wachsenden Zahl moderner Apartmentkomplexe präsentiert (zu denen kurzzeitig auch das weltweit höchste Wohnhaus zählte).

So finden sich hier heute hochgeschätzte, imposante Bauten aus der Ära des Goldrauschs, Industriearchitektur (deren Erscheinungsbild so beliebt ist, dass Cafés und Restaurants in brandneuen Gebäuden den rauen, unverputzten Look imitieren) und neue Wohnanlagen, die die urbane Ausbreitung der Stadt hinauszögern sollen (was nicht wirklich gelingt). Die inneren Vorstädte, einst eine Brutstätte der Unterwelt, sind

MELBOURNE IN ...

... zwei Tagen

Zunächst nimmt man bei einem Stadtspaziergang die Melbourner Straßenkunst in Augenschein, dann folgt ein Mittagessen bei **Cumulus Inc** in der von Kunstgalerien gesäumten Flinders Lane. In einer Dachterrassenbar genießt man die Aussicht und eine flüssige Spezialität aus einer örtlichen Brauerei, bis es Zeit wird zu einer abendlichen Kajaktour auf dem Yarra River. Am zweiten Tag steht ein Einkaufsbummel auf dem **Queen Victoria Market** auf dem Programm. Ein Picknick nimmt man sich in die **Flagstaff Gardens** mit. Dann geht's mit der Straßenbahn nach **St. Kilda**, wo man bei einem Spaziergang am Strand und am Kai den Sonnenuntergang fotografieren kann. Und nachdem man sich die Zwergpinguine am Hafendamm von St. Kilda angeschaut hat, verbringt man den Abend in einer Bar in der munteren **Acland Street**.

... einer Woche

Nach dem Besuch der **NGV Australia** und des **ACMI** geht's nach **Fitzroy** und **Collingwood**. Hier unternimmt man eine Shoppingtour in der **Gertrude Street** und speist bei **Cutler & Co**, einem Ableger von Cumulus Inc. Und weil man schon mal in der Nähe des **Melbourne Museums** ist, sollte man ein paar Stunden dort verbringen und sich dann in der **Lygon Street** mit einem Kaffee stärken. Wieder zurück im zentralen Geschäftsviertel stehen abends Klöße in der **HuTong Dumpling Bar** in Chinatown oder gleich auf der anderen Straßenseite ein Essen im **Flower Drum** auf dem Speiseplan. Am nächsten Tag kann man die Modeläden in den munteren Vierteln **Prahran** und **South Yarra** unter die Lupe nehmen. Im Winter bietet sich danach der Besuch eines Footballmatchs im **MCG** an, bevor man in einer Bar in den Gassen der Stadt Entspannung sucht. Nun ein bisschen Zeit auf der Dachterrasse von Fitzroy's **Naked for Satan** genießen, und danach hört man Livemusik im **Northcote Social Club** in Northcote oder im **Corner Hotel** in Richmond.

heute als Wohnviertel schwer angesagt und mächtig teuer (und dabei immer noch auch ein Tummelplatz der Unterwelt).

Sehenswertes

Stadtzentrum

★ Federation Square AREAL

(Fed Square; Karte S. 522; www.fedsquare.com.au; Ecke Flinders St & Swanston St; 1, 3, 5, 6, 8, 16, 64, 67, 72, Flinders St) Der eindrucksvolle Fed Square ist *der* Ort für Feierlichkeiten, Demos, Entspannung und Partys. Der unebene Vorplatz aus Kimberley-Stein greift die Platzgestaltung in europäischen Städten auf. Kostenlose Führungen über den Platz werden montags bis samstags um 11 Uhr angeboten. Gratis-WLAN gibt's hier ebenfalls.

Ian Potter Centre: NGV Australia GALERIE

(Karte S. 522; 03-8662 1555; www.ngv.vic.gov.au; Federation Sq; Eintrittspreis je nach Ausstellung; Di–So 10–17 Uhr; 1, 3, 5, 6, 8, 16, 64, 67, 72, Flinders St) GRATIS In diesem Zentrum ist eine Sammlung von Gemälden, Kunstgewerbe, Fotografien, Drucken, Zeichnungen, Skulpturen, Mode, Textilien und Schmuck aus Australien untergebracht. Im Erdgeschoss der Galerie dominiert die indigene Sammlung, die die Vorstellungen vom „Authentischen" hinterfragen will. Auch die zeitgenössischen Werke im Obergeschoss sind einen Besuch wert.

Australian Centre for the Moving Image MUSEUM

(ACMI; Karte S. 522; 03-8663 2200; www.acmi.net.au; Federation Sq; 10–18 Uhr; 1, 3, 5, 6, 8, 16, 64, 67, 72, Flinders St) GRATIS Das ACMI will gleichermaßen informieren, begeistern und unterhalten. Hier gibt's genug Spiele und Filme für ganze Tage, ja Monate. Die Ausstellung *Screenworld* widmet sich überwiegend dem australischen Film und Fernsehen. Die separate Australian Mediatheque im Obergeschoss zeigt Filme und Produktionen aus den Beständen des National Film and Sound Archive sowie des ACMI.

Birrarung Marr PARK

(Karte S. 522; zw. Federation Sq & Yarra River; 1, 3, 5, 6, 8, 16, 64, 67, 72, Flinders St) Im Birrarung Marr mit seinen Hügelchen, Uferpromenaden und der wohl durchdachten Bepflanzung mit einheimischen Arten befinden sich auch die Skulpturen der musikalischen **Fed-**

Melbourne

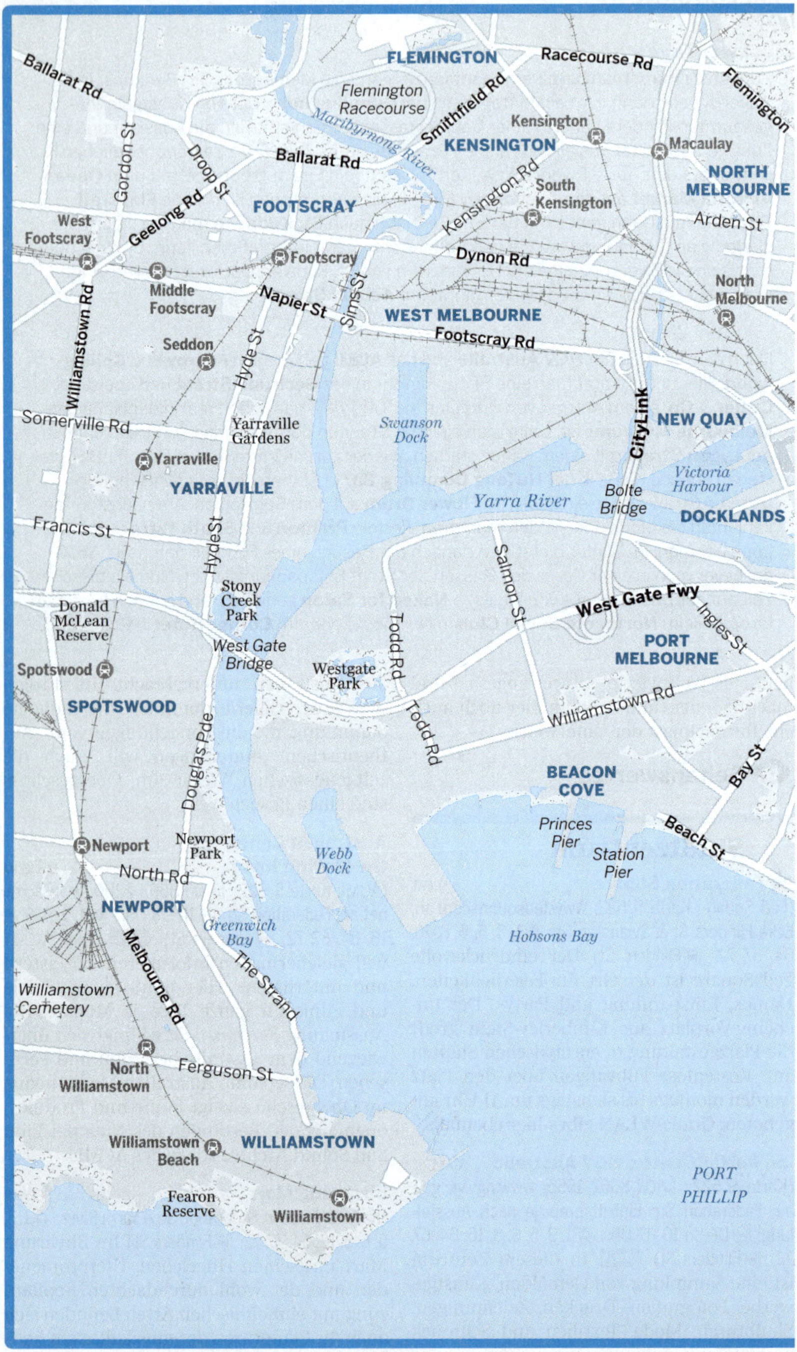
FLEMINGTON
Racecourse Rd
Flemington
Ballarat Rd
Flemington Racecourse
Maribyrnong River
Smithfield Rd
Kensington
KENSINGTON
Macaulay
NORTH MELBOURNE
Gordon St
Droop St
Ballarat Rd
FOOTSCRAY
Kensington Rd
South Kensington
Arden St
West Footscray
Geelong Rd
Footscray
Dynon Rd
Middle Footscray
Napier St
Sims St
North Melbourne
WEST MELBOURNE
Williamstown Rd
Seddon
Hyde St
Footscray Rd
Swanson Dock
Somerville Rd
Yarraville Gardens
CityLink
NEW QUAY
Yarraville
YARRAVILLE
Victoria Harbour
Yarra River
Bolte Bridge
DOCKLANDS
Francis St
Hyde St
Salmon St
Stony Creek Park
West Gate Fwy
Donald McLean Reserve
Todd Rd
Ingles St
West Gate Bridge
PORT MELBOURNE
Spotswood
Westgate Park
SPOTSWOOD
Todd Rd
Williamstown Rd
Douglas Pde
Bay St
BEACON COVE
Princes Pier
Beach St
Newport
Newport Park
Webb Dock
Station Pier
North Rd
NEWPORT
Greenwich Bay
Hobsons Bay
Melbourne Rd
The Strand
Williamstown Cemetery
North Williamstown
Ferguson St
Williamstown Beach
WILLIAMSTOWN
PORT PHILLIP
Fearon Reserve
Williamstown

0
2 km
FAIRFIELD
Melbourne General Cemetery
Royal Park
Yarra Bend Park
s. Karte Fitzroy & Umgebung (S. 527)
s. Karte Carlton & Umgebung (S. 529)
Eastern Fwy
Yarra Bend Public Golf Course
Gatehouse St
Rd
Royal Pde
Elgin St
Johnston St
Victoria Park
Studley Park
Grattan St
Swanston St
CARLTON
FITZROY
Abbotsford Convent
Hoddle St
Queensberry St
Collingwood
Gertrude St
Langridge St
ABBOTSFORD
s. Karte Melbourne Zentrum (S. 522)
La Trobe St
Victoria Pde
North Richmond
Victoria St
Parliament
Russell St
Fitzroy Gardens
EAST MELBOURNE
Flagstaff
Melbourne Central
Treasury Gardens
West Richmond
RICHMOND
Bourke St
Wellington Pde
Jolimont
Collins St
Flinders St
Bridge Rd
Melbourne Cricket Ground (MCG)
Church St
Burnley St
Southern Cross (Spencer St)
Alexandra Gardens
Melbourne Park
Richmond
Swan St
Burnley
Polly Woodside
City Rd
Government House
East Richmond
BURNLEY
Royal Botanic Gardens
Herring Island Park
Kings Way
Shrine of Remembrance
Monash Fwy
Alexandra Ave
SOUTH MELBOURNE
South Yarra
SOUTH YARRA
Albert Rd
Toorak Rd
Williams Rd
TOORAK
Albert Park Golf Course
St. Kilda Rd
Fawkner Park
Punt Rd
Gunn Island
Queens Rd
Hawksburn
Commercial Rd
Kerferd Rd
Albert Park
Albert Park Lake
Malvern Rd
ALBERT PARK
Canterbury Rd
Chapel St
Prahran
PRAHRAN
Toorak
Beaconsfield Pde
High St
Windsor
WINDSOR
St. Kilda Junction
s. Karte South Yarra, Prahran & Windsor (S. 530)
Dandenong Rd
Fitzroy St
St. Kilda Cemetery
Alma Rd
Orrong Rd
St Kilda Rd
ST KILDA
ST. KILDA EAST
Inkerman St
Carlisle St
Balaclava
Balaclava Rd
BALACLAVA
s. Karte St. Kilda (S. 533)
Glen Eira Rd

eration Bells (http://federationbells.com.au), die nach wechselndem Zeitplan erklingen.

★ Hosier Lane STRASSE

(Karte S. 522; Hosier Lane; 75, 70) Melbournes bekanntester Ort für Straßenkunst. Durch die Kopfsteinpflastergasse schieben sich ohne Unterlass mit Fotoapparaten bewaffnete Massen. Es gibt fast täglich Neues. Einiges genügt hohen Ansprüchen, aber auch Kurioses – wie eine Zementkanone – ist zu finden.

Young & Jackson's HISTORISCHES GEBÄUDE

(Karte S. 522; www.youngandjacksons.com.au; Ecke Flinders & Swanston St; Tourist Shuttle, City Circle, 1, 3, 5, 6, 8, 16, 64, 67, 72, Flinders St) Der Pub ist mehr für das Aktgemälde der jungen *Chloe* als für Bier bekannt. Im Pariser Salon von 1875 war die von Jules Joseph Lefebvre geschaffene *Chloe* ein Hit. Den prüden Melbournern aber erschien es so anstößig, dass es aus der National Gallery of Victoria entfernt wurde. Ein Gastwirt kaufte das Gemälde und hängte es im Young & Jackson's auf, wo *Chloe* bis heute bewundert werden kann.

Block Arcade HISTORISCHES GEBÄUDE

(Karte S. 522; www.theblockarcade.com.au; 282 Collins St; 109) Die Arkaden mit einer Decke aus Glas und wunderschönem Mosaikfußboden wurden 1891 errichtet. Im Melbourne des 19. Jhs. war es ein beliebt, um den „Block" zu laufen – es war der Ort zum Shoppen und Gesehenwerden. Die **Hopetoun Tea Rooms** (Karte S. 522; 03-9650 2777; www.hopetountea rooms.com.au; 282 Collins St; Gerichte 13–21 AU$; 8–17 Uhr) sind nicht nur für Warteschlangen, sondern auch für Baisers bekannt.

Royal Arcade HISTORISCHES GEBÄUDE

(Karte S. 522.; www.royalarcade.com.au; 335 Bourke St Mall; 86, 96) Diese Einkaufspassage Pariser Art wurde 1869/1870 errichtet und ist die älteste Melbournes. An den oberen Wandteilen sind viele Details aus der Entstehungszeit erhalten. Der in einem schwarzweißen Schachbrettmuster gepflasterte Weg führt zu Figuren der mythischen Riesen Gog und Magog, die mit ihren Hämmern über dem Ausgangsportal an der Little Collins Street thronen.

Melbourne Aquarium AQUARIUM

(Karte S. 522; 03-9923 5925; www.melbourne aquarium.com.au; Ecke Flinders & King St; Erw./Kind/Fam. 35/22/92 AU$; 9.30–18 Uhr, letzter Einlass 17 Uhr; 70, 75) Im 2,2 Mio. l Wasser fassenden Aquariumbecken tummeln sich Rochen, Zackenbarsche und Haie. Durch die gläsernen Wände des Tunnels, der durch das Becken führt, können Besucher die schwimmenden Zeitgenossen aus der Nähe beobachten. Im Eintrittspreis enthalten sind Vorträge und das Zuschauen bei Fütterungen.

Immigration Museum MUSEUM

(Karte S. 522; 13 11 02; www.museumvictoria.com.au/immigrationmuseum; 400 Flinders St; Erw./Kind 10 AU$/frei; 10–17 Uhr; 70, 75) Das Immigration Museum erzählt mit Augenzeugenberichten, Äußerungen von Gemeinden sowie anhand von Bildern und Zeugnissen die vielen Geschichten der Einwanderung und bietet ergreifende Wechselausstellungen. Passenderweise befindet sich das Museum im alten Customs House (1858–70).

Bourke Street Mall STRASSE

(Karte S. 522; Bourke St, zw. Swanston & Elizabeth St; 1, 3, 5, 6, 8, 16, 64, 67, 72, 86, 96) Westlich der Swanston Street beginnt die Bourke Street Mall. Hier wimmelt es von Straßenbahnen, peruanischen Straßenmusikanten, Marktschreiern und Einkaufslustigen. Wie schon

ABSTECHER

HEIDE

Wenn ein Ort außerhalb von Melbourne einen Nachmittagsausflug wert ist, dann ist es **Heide** (03-9850 1500; www.heide.com.au; 7 Templestowe Rd; Museum Erw./Kind 14 AU$/frei; Di–So 10–17 Uhr; 903, Heidelberg). Das ehemalige Wohnhaus von John und Sunday Reed ist jetzt eine große Kunstgalerie mit einem wunderschönen Park voller Skulpturen und einem Gemüsegarten, den Sunday Reed besonders liebte. Im Haus gibt es Wechselausstellungen mit Werken von Künstlern, die einige Zeit hier lebten.

Heute werden Besucher außerdem in Shannon Bennetts Café Vue (ehemals Vue de Monde; S. 547) verwöhnt. Man speist entweder drinnen oder nimmt sich eine Lunchbox (18 AU$) und isst draußen auf dem Gelände am Ufer des Yarra. Kostenlose Führungen vor Ort sind eine hervorragende Einführung in die frühe Geschichte der Malerei in Melbourne. Das Museum ist vom Eastern Freeway aus ausgeschildert.

vor 60 Jahren stehen die Leute zwischen November und Anfang Januar (manchmal stundenlang) vor den **Weihnachtsschaufenstern** von **Myer** an, um einen Blick auf die animierte Weihnachtsdeko zu erhaschen.

Chinatown STADTVIERTEL
(Karte S. 522; Little Bourke St, zw. Spring & Swanston St; 🚋1, 3, 5, 6, 8, 16, 64, 67, 72) Auf der Suche nach dem „neuen Goldberg" kamen chinesische Bergleute in die Stadt und ließen sich in dem Abschnitt der Little Bourke Street nieder, der heute von roten Toren flankiert ist. Hier findet man tolle Bars und Restaurants, u. a. das Flower Drum (S. 547), eins der besten Lokale der Stadt. Man kommt zum *yum cha* oder spätabends, um Klöße oder Cocktails zu genießen.

Koorie Heritage Trust KULTURZENTRUM
(Karte S. 522; www.koorieheritagetrust.com; 295 King St; Eintritt gegen Spende; ⌚Mo–Fr 9–17 Uhr; 🚉Flagstaff) Dieses Zentrum widmet sich der Kultur der Aborigines des Südostens und sorgt für die Erhaltung von Artefakten und die Weitergabe mündlicher Überlieferungen. Ausgestellt werden zeitgenössische und traditionelle Werke. Den Mittelpunkt bilden das Modell eines „Narbenbaums" und eine Dauerausstellung über die Geschichte der Koori. Im Shop gibt's Bücher, CDs, Kunsthandwerk und Bushfood-Proviant.

Queen Victoria Market MARKT
(www.qvm.com.au; 513 Elizabeth St; ⌚Di & Do 6–14, Fr 6–17, Sa 6–15, So 9–16 Uhr; 🚌Tourist Shuttle, 🚋19, 55, 57, 59) Bevor sich hier 1878 ein Markt etablierte, war das Gelände ein Friedhof. Jetzt kommen die Melbourner her, um Obst und Gemüse zu kaufen. Es gibt auch eine Halle für Feinkost, Fleisch und Fisch sowie einen Restaurantbereich. Von November bis Februar findet mittwochabends ein Nachtmarkt mit Imbissständen, Bars und Musik statt.

Flagstaff Gardens PARK
(Karte S. 522; William St, zw. La Trobe, Dudley & King St; 🚌Tourist Shuttle, 🚋City Circle, 🚉Flagstaff) Einst war der Park als Burial Hill bekannt – hier fanden die meisten frühen Siedler ihre letzte Ruhestätte. Wenn ein britisches Schiff vorbei kam, wurde eine Flagge gehisst. Auch die Wurundjeri hatten hier bereits Ausschau gehalten. Im Park gibt's Großblättrige Feigen, Gefleckten, Zucker- und Roten Eukalyptus.

State Library of Victoria BIBLIOTHEK
(Karte S. 522; ☎03-8664 7000; www.slv.vic.gov.au; 328 Swanston St; ⌚Mo–Do 10–21, Fr–So 10–18 Uhr; 🚋1, 3, 5, 6, 8, 16, 64, 67, 72, 🚉Melbourne Central) In der 1856 eröffneten Bibliothek musste man sich anfangs ins Besucherbuch eintragen, mindestens 14 Jahre alt sein und saubere Hände haben. Heute reicht es, seine Tasche im Schließfach zu verstauen (2–3 AU$/4 Std.) und sich einigermaßen still zu verhalten. Der überwältigende, achteckige **La Trobe Reading Room** stammt von 1913. Man sollte sich unbedingt Ned Kellys Rüstung anschauen.

NICHT VERSÄUMEN

FOOTSCRAY

Westlich der noch bestehenden Dockanlagen der Stadt liegen Footscray und die Zentrale von Lonely Planet. Fast die Hälfte der Footscrayer ist nicht in Australien geboren – die meisten stammen aus Vietnam, Afrika, China, Italien und Griechenland. Der **Footscray Market** (Ecke Hopkins & Leeds St; ⌚Di, Mi & Sa 7–16, Do 7–18, Fr 7–20 Uhr; 🚉Footscray), gleich rechts neben dem Bahnhof Footscray, ist ein gutes Beispiel für die Vielfalt dieser Gegend. Übrigens: Hier geht kein Weg vorbei an einer vietnamesischen *pho* (Nudelsuppe) im **Hung Vuong** (☎03-9689 6002; 128 Hopkins St; Hauptgerichte 9 AU$; 🚌402, 🚉Footscray).

Parliament House HISTORISCHES GEBÄUDE
(Karte S. 522; ☎03-9651 8568; www.parliament.vic.gov.au; Spring St; ⌚Führungen Mo–Fr 9.30, 10.30, 11.30, 13.30, 14.30, 15.45 Uhr; 🚋City Circle, 86, 96, 🚉Parliament) GRATIS Auf der imposanten Freitreppe des 1856 errichteten Parlamentsgebäudes von Victoria posieren oft lächelnde Bräute oder ernst dreinblickende Demonstranten. Drinnen künden der aufwendige Einsatz von Stuck, Schablonenverzierungen und Vergoldungen vom Stolz und Optimismus der Goldrausch-Ära. Direkt unter dem Dach sind Schießscharten, aus denen allerdings nie geschossen wurde. In den Parlamentspausen gibt's kostenlose halbstündige Führungen.

Old Melbourne Gaol HISTORISCHES GEBÄUDE
(Karte S. 522; ☎03-8663 7228; www.oldmelbournegaol.com.au; Russell St; Erw./Kind/Fam. 25/14/55 AU$; ⌚9.30–17 Uhr; 🚋City Circle) Dieses abschreckende Denkmal des Justizwesens im 19. Jh. ist heute ein Museum. Das Gebäude wurde 1841 aus Blaustein errichtet und diente bis 1929 als Gefängnis. In den trostlosen Zellen sind Totenmasken von Menschen ausgestellt, die hier gehenkt wurden – ein gruseliges Nebenprodukt des bis zur Besessen-

Melbourne Zentrum

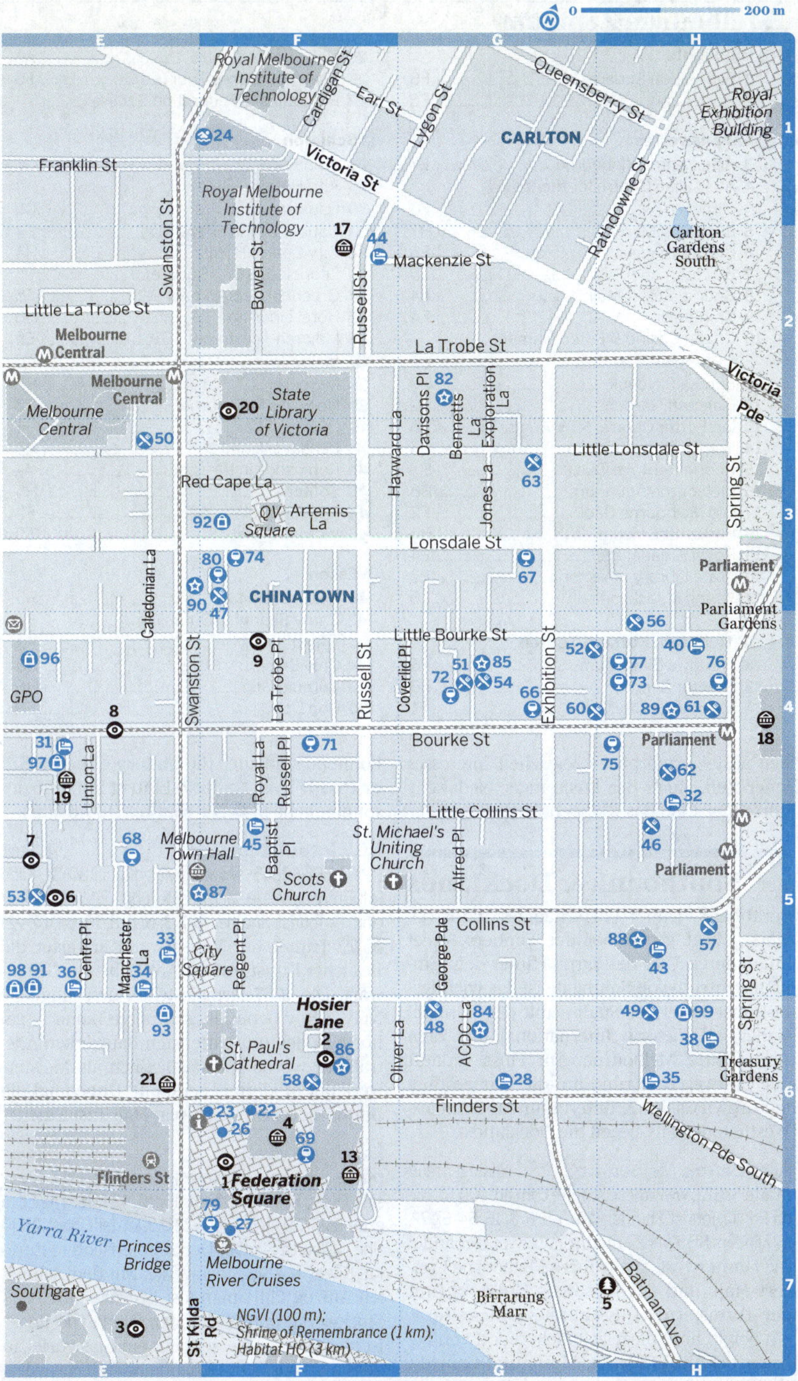
0
200 m
E
F
G
H
1
2
3
4
5
6
7
Royal Melbourne Institute of Technology
Cardigan St
Earl St
Lygon St
Queensberry St
Royal Exhibition Building
CARLTON
24
Franklin St
Victoria St
Royal Melbourne Institute of Technology
Swanston St
Bowen St
17
44
Mackenzie St
Rathdowne St
Carlton Gardens South
Little La Trobe St
Melbourne Central
Russell St
La Trobe St
Melbourne Central
Melbourne Central
20
State Library of Victoria
Davisons Pl
82
Bennetts La
Exploration La
Victoria Pde
Hayward La
50
Little Lonsdale St
63
Red Cape La
Jones La
Spring St
92
QV Square
Artemis La
Lonsdale St
80
74
67
Parliament
90
47
CHINATOWN
Caledonian La
Parliament Gardens
56
Little Bourke St
9
Swanston St
La Trobe Pl
Russell St
Coverlid Pl
Exhibition St
52
77
40
96
51
85
72
54
73
76
GPO
66
60
89
61
8
18
31
97
71
Bourke St
Parliament
19
Union La
Royal La
Russell Pl
75
62
32
Little Collins St
7
68
Melbourne Town Hall
45
Baptist Pl
St. Michael's Uniting Church
Alfred Pl
46
Parliament
Scots Church
53
6
87
Collins St
George Pde
57
88
43
33
City Square
Regent Pl
98
91
36
Centre Pl
Manchester La
34
Spring St
Hosier Lane
48
84
49
99
93
2
Oliver La
ACDC La
38
St. Paul's Cathedral
86
Treasury Gardens
21
58
28
35
Flinders St
23
22
Wellington Pde South
26
4
69
13
Flinders St
1 Federation Square
79
27
Yarra River
Princes Bridge
Melbourne River Cruises
Birrarung Marr
5
Batman Ave
Southgate
3
St Kilda Rd
NGVI (100 m);
Shrine of Remembrance (1 km);
Habitat HQ (3 km)

Melbourne Zentrum

Highlights
1 Federation Square F6
2 Hosier Lane F6

Sehenswertes
3 Arts Centre Melbourne E7
4 Australian Centre for the Moving Image F6
5 Birrarung Marr H7
6 Block Arcade E5
7 Block Arcade E5
8 Bourke Street Mall E4
9 Chinatown F4
10 Crown Casino & Entertainment Complex B7
11 Eureka Skydeck D7
12 Flagstaff Gardens B1
13 Ian Potter Centre: NGV Australia F6
14 Immigration Museum C6
15 Koorie Heritage Trust B3
16 Melbourne Aquarium B6
17 Old Melbourne Gaol F2
18 Parliament House H4
19 Royal Arcade E4
20 State Library of Victoria F2
21 Young & Jackson's E6

Aktivitäten, Kurse & Touren
22 Freddy's Bike Tours F6
23 Greeter Service F6
24 Melbourne City Baths F1
25 Neighbours Centre A6
26 Peek Tours Free Tour F6
27 Rentabike @ Federation Square F7

Schlafen
28 Adina Apartment Hotel G6
29 Alto Hotel on Bourke A4
30 Causeway 353 .... D5
31 Causeway Inn on the Mall E4
32 City Centre Hotel H4
33 Econolodge City Square E5
34 Greenhouse Backpacker E5
35 Hotel Lindrum H6
36 Majorca Apartment 401 .... E5
37 Melbourne Central YHA A6
38 Mercure H6
39 Nomad's Melbourne C2
40 Ovolo H4
41 Pensione Hotel A6
42 Robinsons in the City A1
43 Sofitel H5
44 Space Hotel F2
45 Victoria Hotel F5

Essen
46 Bar Lourinhã H5
47 Camy Shanghai Dumpling Restaurant F3
48 Chin Chin G6
49 Cumulus Inc H6
50 Don Don E3

heit gesteigerten phrenologischen Interesses jener Zeit. Auch der Bushranger Ned Kelly hörte hier 1880 das Klappen der Falltür.

Southbank & Docklands

Southbank, früher ein schäbiges Industrieviertel, liegt gegenüber der Flinders Street am anderen Ufer des Yarra. Hinter dem Einkaufszentrum von Southgate ist das wichtigste Kunstviertel der Stadt – mit der National Gallery of Victoria International und dem Arts Centre Melbourne. Am Fluss verläuft der Uferweg zum rund um die Uhr geöffneten Crown Casino & Entertainment Complex. Westlich der City liegen die Docklands.

Arts Centre Melbourne KUNSTZENTRUM
(Karte S. 522; www.theartscentre.com.au; 100 St. Kilda Rd; Tourist Shuttle, 1, 3, 5, 6, 8, 16, 64, 67, 72, Flinders St) Das Zentrum hat zwei Gebäude: die **Hamer Hall**, die frühere Melbourne Concert Hall, und das **Theatres Building** (mit der Turmspitze). Das **Famous Spiegeltent**, ein belgisches Spiegelzelt, beherbergt von Februar bis April Cabaret, Musik und Comedy.

Lohnend sind auch die **Gallery 1**, die **St. Kilda Road Foyer Gallery** (Eintritt frei) und der sonntägliche **Makers' Market** (10–16 Uhr).

NGV International GALERIE
(03-8662 1555; www.ngv.vic.gov.au; 180 St. Kilda Rd; Eintrittspreis je nach Ausstellung; Mi–Mo 10–17 Uhr; Tourist Shuttle, 1, 3, 5, 6, 8, 16, 64, 67, 72) GRATIS Hinter der Wasserwand erwartet die Besucher Kunst von der Antike bis zur Gegenwart. Die 1967 fertiggestellte, ursprüngliche NGV – Roy Grounds „schrullige Ikone" – gehörte zu den umstrittensten Bauwerken Australiens, wurde aber schließlich als Meisterwerk der Moderne anerkannt. Unbedingt die Buntglasdecke in der Great Hall anschauen!

Eureka Skydeck AUSSICHTSPUNKT
(Karte S. 522; www.eurekaskydeck.com.au; 7 Riverside Quay; Erw./Kind/Fam. 19/10/42 AU$, The Edge extra 12/8/29 AU$; 10–22 Uhr, letzter Einlass 21.30 Uhr; Tourist Shuttle) Der 2006 errichtete Eureka Tower hat 92 Stockwerke. Mit dem schnellen Aufzug fährt man fast bis zur Spitze – 88 Stockwerke in 38 Sekunden. Und „The Edge" ist kein Bandname, sondern ein Glaswürfel, in dem man aus dem Gebäude befördert wird.

51	Flower Drum	G4	
52	Gingerboy	G4	
53	Hopetoun Tea Rooms	E5	
54	HuTong Dumpling Bar	G4	
55	Huxtaburger	D5	
56	Longrain	H4	
57	Mamasita	H5	
58	MoVida	F6	
59	Movida Aqui	C4	
	Movida Next Door	(siehe 58)	
60	Pellegrini's Espresso Bar	G4	
61	Red Pepper	H4	
62	The Waiters Restaurant	H4	
63	Trunk	G3	
64	Vue de Monde	B5	

Ausgehen & Nachtleben

65	1000£Bend	D3
66	1806	G4
67	Aylesbury	G3
68	Bar Americano	E5
69	Beer DeLuxe	F6
70	Brother Baba Budan	D4
71	Carlton Hotel	F4
72	Croft Institute	G4
73	Double Happiness	H4
74	Ferdydurke	F3
	Lui Bar	(siehe 64)
75	Madame Brussels	H4
76	Melbourne Supper Club	H4
77	New Gold Mountain	H4
78	Ponyfish Island	D7
79	Riverland	F7
80	Section 8	F3
	Siglo	(siehe 76)
81	Workshop	D2

Unterhaltung

82	Bennetts Lane	G2
83	Brown Alley	B3
84	Cherry	G6
85	Ding Dong Lounge	G4
86	Forum Theatre	F6
87	Half Tix Melbourne	E5
	Hamer Hall	(siehe 3)
88	Kino Cinemas	H5
89	Palace Theatre	H4
90	Rooftop Cinema	E3
	Toff in Town	(siehe 90)

Shoppen

91	Aesop	E5
92	Aesop	F3
93	Alice Euphemia	E6
94	Captains of Industry	D4
95	Crumpler	D4
96	Fat	E4
97	Hunter Gatherer	E4
98	Polyester Records	E5
99	Shop	H6

Crown Casino & Entertainment Complex KASINO

(Karte S. 522; ☎03-9292 8888; www.crowncasino.com.au; 8 Whiteman St; Tourist Shuttle, 96, 109, 112) Der Crown-Komplex erstreckt sich über zwei Blocks und umfasst drei Luxushotels, Spitzenrestaurants und ein immer geöffnetes Kasino – eine Welt ohne natürliches Licht, in der die Zeit wie im Flug vergeht. Als Zugabe gibt's Wasserfälle, Feuerbälle, einen gigantischen Kinokomplex und diverse Nachtclubs.

Polly Woodside MUSEUM

(☎03-9699 9760; www.pollywoodside.com.au; 2a Clarendon St; Erw./Kind/Fam. 16/10/43 AU$; Do–So 10–16 Uhr; 96, 109, 112) Die *Polly Woodside*, ein restauriertes Handelsschiff von 1885 mit Eisenrumpf, kann am Yarra River bewundert werden. Beim Blick auf die Takelage kann man sich gut vorstellen, wie es im 19. Jh. auf dem Yarra ausgesehen haben mag, als unzählige Schiffe vor Anker lagen.

Docklands STADTVIERTEL

(www.docklands.vic.gov.au; Tourist Shuttle, 70, 86, City Circle) Bis in die Mitte der 1960er-Jahre war dieses Areal das wichtigste Industrie- und Hafengelände der Stadt. In den 1990ern wurde hier ein Atelierkomplex errichtet, dem Wohnungen, Läden und Restaurants folgten. Am interessantesten ist der **New Quay** mit Kunst im öffentlichen Raum und Spazierwegen. Die **Waterfront City** hat Gastronomie, Geschäfte und ein beliebtes Riesenrad.

Australian Centre for Contemporary Art (ACCA) GALERIE

(ACCA; ☎03-9697 9999; www.accaonline.org.au; 111 Sturt St; Di–Fr 10–17, Sa & So 11–18 Uhr; 1) GRATIS Eine der spannendsten Galerien zeitgenössischer Kunst in Australien! In dem Gebäude, das wie eine Skulptur wirkt, werden australische und internationale Künstler präsentiert. Die rostbraune Fassade erinnert an die Fabriken, die einst hier standen. Das Innere ist schick, wandelbar und hoch.

Melbourne Recital Centre KUNSTZENTRUM

(☎03-9699 3333; www.melbournerecital.com.au; Ecke Southbank Blvd & Sturt St; Tourist Shuttle, 1) Das (für die Akustik) preisgekrönte Gebäude sieht wie eine Honigwabe aus, ist aber Sitz des Chamber Orchestra und vieler kleiner Ensembles. Von der Haltestelle Flinders Street aus die Yarra-Brücke nehmen und rechts zum Southbank Boulevard abbiegen.

East Melbourne & Richmond

An den breiten Straßen East Melbournes stehen prachtvolle viktorianische Reihenhäuser und Villen im italienischen Stil. Hier ist auch der gewaltige Melbourne Cricket Ground (MCG). Auf der anderen Seite der ständig verstopften Punt Road/Hoddle Street liegt die Vorstadt Richmond. Dort gibt's an der Victoria Street etliche muntere vietnamesische Restaurants, Mode-Outlets in der Bridge Road und gute Bars in der Church Street.

Melbourne Cricket Ground STADION
(MCG; ☎03-9657 8888; www.mcg.org.au; Brunton Ave; Führung Erw./Kind/Fam. 20/10/50 AU$; ⏲10–15 Uhr; 🚌Tourist Shuttle, 🚋48, 75, 🚆Jolimont) Für viele Australier ist das „G" gewissermaßen heilig. 1858 fand hier das erste Spiel des Australian Rules Football (Aussie Rules) statt, und 1877 wurde das erste Cricket-Test-Match zwischen Australien und England ausgetragen. Mit einer Führung kommt man aufs Gelände. Fußgänger erreichen das Stadion vom CBD über die William Barak Bridge.

1956 war das MCG das zentrale Stadion der Olympischen Spiele und 2006 Austragungsort der Commonwealth Games.

National Sports Museum MUSEUM
(NSM; ☎03-9657 8879; www.nsm.org.au; Brunton Ave; Erw./Kind/Fam. 20/10/50 AU$; ⏲10–17 Uhr) Hier kann man den Laufanzug, den Cathy Freeman bei den Olympischen Spielen in Sydney trug, und weitere Stücke aus Australiens sportlicher Vergangenheit bewundern. Die interaktive Galerie ist der Renner bei Kids: Hier können sie kicken und Körbe werfen. Wer eine MCG-Führung und ein Ticket fürs NSM kauft, bekommt Preisnachlass.

Fitzroy Gardens PARK
(Wellington Pde, zw. Lansdowne & Albert St; 🚌Tourist Shuttle, 🚋75, 🚆Jolimont) Östlich der Spring Street weicht die Stadt plötzlich Melbournes grünem Hinterhof, den Treasury and Fitzroy Gardens. Die Wege sind von Englischen Ulmen gesäumt. Es gibt Blumenbeete, weitläufigen Rasen, merkwürdige Springbrunnen, eine fotogene Sternwarte und ein Flüsschen.

Cooks' Cottage HISTORISCHES GEBÄUDE
(☎03-9419 5766; www.cookscottage.com.au; Erw./Kind/Fam. 5/2,50/13,50 AU$; ⏲9–17 Uhr) Dieses 1755 von den Eltern von Captain James Cook in Yorkshire errichtete Gebäude wurde in 253 Kisten verpackt und 1934 hier wieder aufgebaut. In der Nähe steht der **Fairies' Tree** mit den skurrilen Schnitzereien von Ola Cohn. 1932 wurde der 300 Jahre alte Baumstumpf mit Feen, Kängurus, Emus und Opossums verziert. Dem **Scarred Tree** (ein Stumpf) in den Fitzroy Gardens wurde einst von den Aborigines für ein Kanu die Rinde entfernt.

Fitzroy & Umgebung

Fitzroy, Melbournes erste Vorstadt, hatte einst den Ruf von Schmutz und Laster. Heute ist dieses Viertel längst aufgewertet – eine

Fitzroy & Umgebung

Sehenswertes
1 Centre for Contemporary Photography ... C3

Aktivitäten, Kurse & Touren
2 Fitzroy Swimming Pool ... C1

Schlafen
3 Brooklyn Arts Hotel ... C7
4 Home@The Mansion ... A7
5 Nunnery ... A5
6 Tyrian Serviced Apartments ... B3

Essen
7 Babka Bakery Cafe ... B2
8 Birdman Eating ... C6
9 Charcoal Lane ... B6
10 Commoner ... B3
11 Cutler & Co ... A6
12 Huxtaburger ... D6
13 Marios ... B3
14 Vegie Bar ... B2

Ausgehen & Nachtleben
15 De Clieu Cafe ... C6
16 Little Creatures Dining Hall ... B4
17 Naked for Satan ... B3
18 Napier Hotel ... C4
19 Polly ... B2
20 Proud Mary ... D5
21 The Standard ... A4

Shoppen
22 Aesop ... D6
23 Crumpler ... D6
24 Fat ... B4
25 Hunter Gatherer ... B3
26 Polyester Records ... B2
27 Rose Street Artists' Market ... B2
28 SpaceCraft ... C6
29 Third Drawer Down ... C6

Fitzroy & Umgebung

Mischung aus Wohntürmen, schicken Restaurants, Cafés und Boutiquen. Die Gertrude Street, vor deren Betreten die Großmütter einst warnten, ist Melbournes angesagteste Straße. Die Smith Street hat zwar noch raue Ecken, aber heute spricht man nicht mehr von ihrer einstigen Verkommenheit, sondern von ihren smarten Restaurants. Und hier ist seit Jahrhunderten ein Treffpunkt der Aborigines – bis heute.

Wenn es in der High Street in Northcote Abend wird, versammeln sich die Food Trucks am Ruckers Hill. Die Straße quillt über vor Vergnügungslustigen, die Converse-Schuhe tragen und etwas Spaß suchen.

Centre for Contemporary Photography GALERIE

(CCP; Karte S. 527; ☎03-9417 1549; www.ccp.org.au; 404 George St; ⌚Mi–Fr 11–18, Sa & So 12–17 Uhr; 🚋86) GRATIS Das gemeinnützige Zentrum zeigt in vier Galerien wechselnde Ausstellungen zu moderner Fotografie. Ein Besuch nach Einbruch der Dunkelheit ist wegen des Projektionsfensters besonders lohnend.

Abbotsford Convent HISTORISCHE STÄTTE

(☎03-9415 3600; www.abbotsfordconvent.com.au; 1 St Heliers St; ⌚7.30–22 Uhr; 🚌200, 201, 207, 🚆Collingwood) GRATIS Die 1861 erbaute Klosteranlage erstreckt sich über 7 ha Uferland und ist nur 4 km vom CBD entfernt. Jetzt findet man hier anstelle von Nonnen Künstlerateliers und Gemeinschaftsorganisationen. In der **Convent Bakery** erhält man die Zutaten für ein Picknick; Shadow Electric (S. 558) sorgt für Getränke und bietet im Sommer Kino unterm Sternenhimmel an. An vielen Wochenenden findet hier ein Markt statt.

Yarra Bend Park PARK

(www.parkweb.vic.gov.au; 🚌200, 201, 207, 🚆Victoria Park) Etwa 4 km nordöstlich des CBD fließt der Yarra durch Buschland: den allseits beliebten Yarra Bend Park. Hier kreischen Kakadus, und in den Bäumen ruhen Graukopf-Flughunde – kaum zu glauben, dass man nur einige Minuten von den Bürotürmen im CBD entfernt ist. In der Boathouse Road steht das Studley Park Boathouse (S. 537) aus den 1860er-Jahren, wo es einen Kiosk, ein Restaurant, Grillplätze, Enten und eine Boots- und Kanuvermietung gibt.

Carlton & Umgebung

Die Lygon Street führt durch das grüne North Carlton bis ins boomende Brunswick. Hier findet man einen munteren Mix aus Studenten, alteingesessenen Familien und neu eingetroffenen Migranten. Die zentrale Lebensader von Brunswick, die Sydney Road, ist ständig von Autos verstopft und hat jede Menge nahöstlich geprägter Lebensmittelgeschäfte und Restaurants. Die Lygon Street in East Brunswick kommt immer mehr in Mode; hier findet man eine allerhand Restaurants, Brauereien und Bars.

★ Melbourne Museum MUSEUM

(Karte S. 529; ☎13 11 02; www.museumvictoria.com.au; 11 Nicholson St; Erw./Kind & Student 10 AU$/frei, Ausstellungen extra; ⌚10–17 Uhr; 🚌Tourist Shuttle, 🚋City Circle, 86, 96, 🚆Parliament) Dieses moderne Museum mixt altvertraute Objektpräsentationen mit interaktiv gestalteten Themenbereichen und bietet einen großartigen Einblick in die Naturkunde und die Kulturgeschichte Victorias. Man wandert durch eine Gasse, die das Leben im 19. Jh. nachstellt, oder man taucht in die Legende vom Rennpferd Phar Lap ein. Die Ausstellung Bunjilaka im Erdgeschoss vermittelt Geschichte und Geschichten der australischen Ureinwohner anhand von Objekten und Berichten der Aborigines.

Royal Exhibition Building HISTORISCHES GEBÄUDE

(Karte S. 529; ☎13 11 02; www.museumvictoria.com.au/reb; Nicholson St; Führungen Erw./Kind 5/3,50 AU$; 🚌Tourist Shuttle, 🚋City Circle, 86, 96, 🚆Parliament) Das für die International Exhibition von 1880 errichtete viktorianische Bauwerk gehört seit 2004 zum UNESCO-Welterbe und kündet von den großen Tagen der Industriellen Revolution, des Empire und von der wirtschaftlichen Vormachtstellung Melbournes im 19. Jh. 1901 tagte hier das erste Parlament Australiens; heute finden an dieser Stelle kulinarische Veranstaltungen, Hot-Rod- und Design-Shows statt. An den meisten Tagen gibt es Führungen, die um 14 Uhr am Melbourne Museum starten.

Royal Melbourne Zoo ZOO

(☎03-9285 9300; www.zoo.org.au; Elliott Ave; Erw./Kind 26,10/13 AU$; ⌚9–17 Uhr; 🚌505, 🚋55, 🚆Royal Park) Dieser große Zoo hat sich dem „Kampf gegen das Aussterben" verschrieben, und das ist auf dem grünen Gelände überall zu spüren. Das Elefantengehege ist einfach nur fantastisch – genau wie das Tropenhaus, in dem unzählige Schmetterlinge herumschwirren. Viele einheimische Tierarten leben hier in einer naturnah gestalteten

Carlton & Umgebung

Carlton & Umgebung

Highlights
1 Melbourne Museum D3

Sehenswertes
2 Royal Exhibition Building D3

Schlafen
3 169 Drummond.....................................C2
4 Downtowner on Lygon B3

Essen
5 Abla's C1
6 Tiamo B1

Ausgehen & Nachtleben
7 Campos C1

Unterhaltung
8 Cinema Nova.......................................C1
9 Imax C3

Shoppen
10 Readings...B1

Buschwelt, außerdem gibt es ein Schnabeltier-Aquarium. Von Ende Januar bis März finden die Zoo Twilights statt; dann wird bei Sonnenuntergang Livemusik geboten.

South Yarra, Prahran & Windsor

Dieses Viertel ist der Inbegriff von Glanz und Glamour; hier wohnt man nicht einfach nur südlich, sondern man lebt auf der „richtigen" Seite des Flusses (auf der die Grundstücksparzellen seit eh und je größer sind).

Jener Abschnitt der Chapel Street in South Yarra rühmt sich als Mode- und Designermeile, auf der Autokorsos allabendlich mit lauter Techno-Musik die Geräuschkulisse liefern. In der Gegend um die Claremont Street mussten Fabriken den Wohnblocks, viel besuchten Restaurants, Cafés und Hotels weichen. Prahran und Windsor sind tolle Viertel mit guten Restaurants, Bars und einigen

South Yarra, Prahran & Windsor

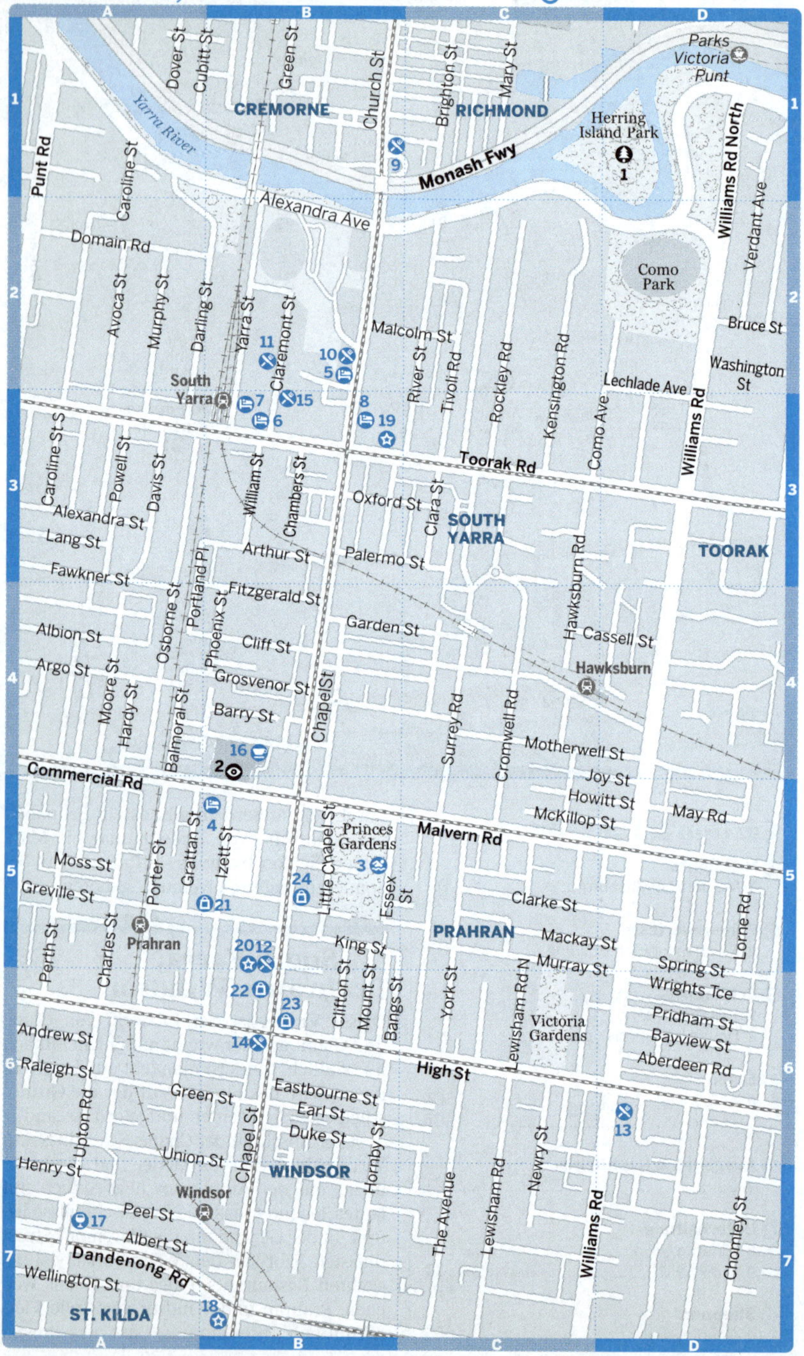

South Yarra, Prahran & Windsor

Sehenswertes
1 Herring Island Park ... D1
2 Prahran Market ... B4

Aktivitäten, Kurse & Touren
3 Prahran Aquatic Centre ... B5

Schlafen
4 Art Series (Cullen) ... B5
5 Art Series (The Olsen) ... B2
6 Hotel Claremont ... B3
7 Punthill South Yarra Grand ... B3
8 The Como Melbourne ... B3

Essen
9 Baby ... B1
10 Burch & Purchese Sweet Studio ... B2
11 Claremont Tonic ... B2
12 Colonel Tan's ... B5
HuTong Dumpling Bar ... (siehe 4)
13 Jacques Reymond ... D6
14 Lucky Coq ... B6
15 Two Birds One Stone ... B3

Ausgehen & Nachtleben
16 Market Lane ... B4
17 Windsor Castle Hotel ... A7

Unterhaltung
18 Astor ... B7
19 Palace Como ... B3
20 Revolver Upstairs ... B5

Shoppen
21 Aesop ... B5
22 Chapel Street Bazaar ... B6
23 Crumpler ... B6
24 Fat ... B5

erfrischend originellen Geschäften. In der Commercial Road befindet sich der Prahran Market, auf dem sich die Anwohner mit Obst, Gemüse und Delikatessen eindecken.

Modeboutiquen mit angesagten Klamotten findet man auch im Hawksburn Village auf dem Hügel an der Malvern Road und in der High Street in Armadale.

Royal Botanic Gardens GARTEN
(www.rbg.vic.gov.au; 7.30 Uhr–Sonnenuntergang; Tourist Shuttle, 8) GRATIS Der wunderschön gestaltete Garten präsentiert Pflanzen aus aller Welt und überraschend viele Tiere, u.a. Enten, Schwäne und andere Wasservögel, Aale (vor denen sich die Kinder gruseln), Kakadus und Opossums. Die Kleinen lieben außerdem den natürlich gehaltenen **Ian Potter Children's Garden** (Children's Garden, geöffnet Mi–So, im 3. Schultrimester geschl.). Der Garten wird vom **Tan** umgeben, einer 4 km langen früheren Reitbahn, auf der sich heute Jogger tummeln. Im Sommer gibt's im botanischen Garten das Moonlight Cinema (S. 558).

Shrine of Remembrance DENKMAL
(www.shrine.org.au; Birdwood Ave; 10–17 Uhr; Tourist Shuttle, 3, 5, 6, 8, 16, 64, 67, 72) GRATIS Neben der St. Kilda Road steht der gewaltige Shrine of Remembrance, der als Denkmal für jene Einwohner Victorias gebaut wurde, die im Ersten Weltkrieg gefallen sind. Zehntausende besuchen am Anzac Day (25. April) den bewegenden Morgengottesdienst. Das architektonisch ausgefeilte Besucherzentrum erinnert an die vielen düsteren Schicksale. Vom CBD aus der Swanston Street bis zur St. Kilda Road folgen.

Governor La Trobe's Cottage & Government House HISTORISCHES GEBÄUDE
(03-8663 7260; www.nationaltrust.org.au; Kings Domain; Führungen Erw./Kind 20/10 AU$; Tourist Shuttle) Östlich des Shrine steht das **Governor La Trobe's Cottage** (Ecke Birdwood Ave & Dallas Brooks Dve; www.nationaltrust.org.au; Erw./Kind 5/3 AU$; Okt.–April So 14–16 Uhr; Tourist Shuttle), das erste Regierungsgebäude am Ort. Es wurde 1840 in vorgefertigten Einzelteilen direkt aus England hierher transportiert. Einen starken Kontrast dazu bildet der im italienischen Stil gehaltene Koloss des **Government House** (03-8663 7260; www.nationaltrust.org.au; Government House Dr; Tourist Shuttle), einer Replik von Königin Victorias Palast auf der Isle of Wight. Das Gebäude dient seit 1872 als Wohnsitz der jeweils amtierenden Gouverneure von Victoria. Führungen durch beide Gebäude finden montags und donnerstags statt.

Herring Island Park PARK
(Karte S. 530; http://home.vicnet.net.au/~herring; Alexander Ave; 8, 78, Burnley) Wenn man zwischen all den Skulpturen in dieser Buschlandschaft steht, kann man sich eigentlich kaum vorstellen, dass diese winzige Insel im Yarra einst als Müllhalde diente. Heute ist die Insellandschaft ganz im Stil von vor 1835 gehalten. Es ist allerdings nicht ganz unkompliziert, hierher zu kommen. Wenn man es aber dennoch geschafft hat, sollte man ein Picknick oder BBQ genießen. In unregelmäßigen Abständen schippert ein **Parks Victoria Punt** (Karte S. 530; 13 19 63; 2 AU$/Pers.; Dez.–März Sa & So 11.30–17 Uhr) von der Alexander Avenue hinüber zur Insel.

Prahran Market MARKT
(Karte S. 530; www.prahranmarket.com.au; 163 Commercial Rd; Di, Do & Sa 7–17, Fr 7–19, So 10–15 Uhr; 72, 78, Prahran) Der Prahran Market ist seit seiner Eröffnung im Jahre 1864 eine Institution und einer der besten Obst- und Gemüsemärkte der Stadt. Außerdem gibt's hier allerhand Stände, die Kaffee, Schokolade und erlesene Feinkost anbieten.

St. Kilda & Umgebung

Wer die Meeresbrise schnuppern möchte, auf dem Uferweg wandern, laufen, Rollschuh oder Rad fahren will, gern der anrüchigen Vergangenheit nachspürt oder einfach nur Leute beobachtet, ist in St. Kilda richtig.

St. Kildas Palmen, der Blick auf die Bucht und die rosafarbenen Sonnenuntergänge sind einfach herzerweichend schön. An den Wochenenden wird es hier lebhafter, der Verkehr quält sich durch die Straßen, und Partystimmung macht sich breit. Der westliche Abschnitt der Acland Street mit den vielen Konditoreien ist angenehm grün und ein nostalgisch anmutendes Wohnviertel. Viele Alteingesessene haben sich jedoch dem östlichen Abschnitt der Carlisle Street zugewandt. Dies war einst ein orthodox-jüdisches Viertel, und ist inzwischen für seine Wein- und Bierstuben sowie seine Cafés bekannt, in denen man den ganzen Tag über frühstücken kann.

Luna Park VERGNÜGUNGSPARK
(Karte S. 533; 03-9525 5033; www.lunapark.com.au; 18 Lower Esplanade; Erw./Kind Ticket für eine Fahrt 10/8 AU$, Ticket für unbegrenzt viele Fahrten 46/36 AU$; 16, 96) Der vor 100 Jahren eröffnete Luna Park hat sich die Atmosphäre eines schönen, altmodischen Vergnügungsparks bewahrt. Schon am Eingang kann man sich vor Mr. Moons weit aufgerissenem Rachen richtig schön gruseln. Es gibt eine denkmalgeschützte Panoramabahn und das komplette Angebot an modernen Fahrgeschäften, die man mit weichen Knien verlässt. Bei Erwachsenen können der Lärm und das Fehlen von Grün und Schatten aber schnell für Überdruss sorgen. Angaben zu den Öffnungszeiten gibt's auf der Website.

St. Kilda Foreshore STRAND
(Karte S. 533; Jacka Blvd; 16, 96) Obwohl es hier palmengesäumte Promenaden, einen als Park gestalteten Abschnitt und einen langen Sandstrand gibt, darf man hier keine Strände wie in Bondi oder Noosa erwarten. St. Kilda erinnert eher an das englische Brighton als an *Baywatch*, woran auch die schicken Neubauten der letzten 30 Jahre nichts ändern. Und genau so mögen es

St. Kilda

Sehenswertes
1 Luna Park ... C5
2 St. Kilda Foreshore ... A5
3 St. Kilda Pier ... A4
4 Veg Out Community Gardens ... C5

Aktivitäten, Kurse & Touren
Kite Republic ... (siehe 7)
5 Port Phillip Eco Centre ... D6
6 St. Kilda Bowling Club ... C2
7 St. Kilda Sea Baths ... A4
Stand Up Paddle Boarding ... (siehe 7)
Sunset Eco Penguin Tour ... (siehe 7)

Schlafen
8 Base ... D5
9 Hotel Tolarno ... B2
10 Hotel Urban ... B3
11 Prince ... B3
12 Ritz ... D2

Essen
13 Banff ... C2
14 Cafe di Stasio ... B3
15 Cicciolina ... D5
16 Claypots ... D6
17 Galleon Cafe ... C5
18 I Carusi II ... D6
19 La Roche ... D6
20 Lentil as Anything ... D6
Radio Mexico ... (siehe 17)
21 Stokehouse Cafe ... B5

Ausgehen & Nachtleben
22 George Public Bar ... C2
23 Veludo ... D6
24 Vineyard ... C5

Unterhaltung
25 Esplanade Hotel ... B4
26 Official Neighbours Trivia Night ... D2
27 Palais Theatre ... C5
28 Pure Pop Records ... D6
29 St. Kilda Open Air Cinema ... B4

Shoppen
30 Dot Herbey ... D6
31 Esplanade Market ... B4
32 Hunter Gatherer ... C5
Readings ... (siehe 15)

St. Kilda

MELBOURNE & VICTORIA SEHENSWERTES

die Melbourner: ein Ort mit ausgeprägtem Charakter und Allwettercharme, mit stürmischen Tagen an der Bucht, spektakulären Wolkengebilden und heftigen, kleinen Wellen sowie recht sicher vorhersagbaren Sommertagen mit strahlend blauem Himmel.

St. Kilda Pier PIER
(Karte S. 533; Jacka Blvd; 🚊16, 96) Die Mole am Ende des Piers wurde in den 1950er-Jahren gebaut. Hier tummeln sich mehr als 1000 Zwergpinguine. Man kann die Pinguine bei Sonnenuntergang (Freiwillige helfen dabei, sie ausfindig zu machen) besuchen oder im Rahmen einer Paddeltour (S. 538) ganz dicht an ihnen vorbeigleiten. Beim Fotografieren der kleinen, bläulich gefiederten Kerlchen aber bitte auf Blitzlicht verzichten!

Veg Out Community Gardens GARTEN
(Karte S. 533; www.vegout.asn.au; Ecke Shakespeare Grove & Chaucer St; ⏲Bauernmarkt 1. Sa im Monat 8.30–13 Uhr) Der fröhliche, farbenfrohe, von Freiwilligen verwaltete Garten versteckt sich in der Acland Street in der Nähe des Luna Parks. Obwohl die Anwohner hier ihre eigenen Parzellen bepflanzen, gibt es ein echtes Gemeinschaftsgefühl. Auf dem Bauernmarkt kann man sich mit frischem Obst und Gemüse versorgen, und am ersten Sonntag im Monat sind helfende Hände gern gesehen.

Jewish Museum of Australia MUSEUM
(☎03-9834 3600; www.jewishmuseum.com.au; 26 Alma Rd; Erw./Kind/Fam. 10/5/20 AU$; ⏲Di–Do 10–16, So 10–17 Uhr; 🚊3, 67) Eine interaktive Ausstellung erzählt die Geschichte der jüdischen Gemeinde Australiens seit den frühen Tagen der europäischen Besiedelung, während die Dauerausstellungen über die vielen Feiertage im Judentum informieren. Von der St. Kilda Junction der St. Kilda Road folgen, dann links in die Alma Road abbiegen.

South Melbourne, Port Melbourne & Albert Park

South Melbourne lohnt den Besuch wegen seines großen Obst- und Gemüsemarkts, seiner Haushaltswarenläden und seiner

EIN LEBEN FÜR DEN SPORT

Nicht wenige behaupten, Sport sei eigentlich der Inbegriff der Kultur in Victoria. Aber bei all dem Beifall, den Anfeuerungsrufen und laut angestimmten Vereinssongs werden ihre Stimmen nicht einmal gehört. Die Leute aus Victoria nehmen das Spektakel im Stadion ausgesprochen ernst. Hier treffen Menschen aus allen Schichten zusammen und machen ihren Überzeugungen Luft. Und Spaß macht das Ganze auch noch – die Leute sind mit solcher Begeisterung dabei, dass die Menge manchmal selbst das größte Schauspiel ist.

Sportevents

Melbourne ist die Geburtsstätte des Australian Rules Football und Austragungsort einer überproportional großen Anzahl von internationalen Sportereignissen, u.a. der Australian Open (Tennis), der Australian Formula One Grand Prix und des Melbourne Cup (Pferderennen). Die Stadien, Rennbahnen und Sportplätze der Stadt zählen weltweit zu den besten und bestgelegenen. Großveranstaltungen gibt es aber auch noch anderswo in Victoria, z.B. die Rip Curl Pro (alias Bells Beach Surf Classic), den Australian Motorcycle Grand Prix auf Phillip Island, den Stawell Gift sowie zahlreiche Pferderennen – u.a. das stimmungsvolle Rennen am Hanging Rock.

Australian Rules Football (Footy)

Unter dem Designerzwirn des typischen Melbourners schlägt trotz kultivierten Geredes das Herz für die eine große Liebe: den Footy. Wer etwas von Australian Rules Football (AFL oder Footy) versteht, kommt schnell mit Einheimischen ins Gespräch, insbesondere während der Wintersaison. Melbourne ist das landesweite Zentrum dieses Sports; die in Melbourne ansässige **Australian Football League** (AFL; www.afl.com.au) ist als Dachverband für den nationalen Spielbetrieb zuständig.

Während der Footy-Saison (März–Sept.) sind die meisten Einwohner Victorias wie besessen – sie schließen am Arbeitsplatz Wetten ab, diskutieren Leistenzerrungen und Spielersperren am Wasserspender und verschlingen bergeweise Zeitungsartikel über die historischen Siege, demütigenden Niederlagen und Skandälchen, die sich dieser oder jener Spieler gerade auf dem Spielfeld oder abseits davon geleistet hat.

NICHT VERSÄUMEN

WILLIAMSTOWN

Williamstown ist ein Juwel voller Jachten. Der Ort ist nur eine kurze Bootsfahrt (bzw. Auto- oder Bahnfahrt) von Melbournes CBD entfernt und bietet einen sagenhaften Blick auf die Stadt. An der Promenade gibt es eine Reihe von Touristenläden, und im Park am Jachthafen kann man wunderbar picknicken oder sich mit Fish & Chips eindecken.

Am Gem Pier werden die Passagiere ein- und ausgeladen, die mit dem Schiff nach Williamstown kommen. Angesichts des maritimen Ambientes ist diese Form der Anreise besonders passend. **Williamstown Ferries** (☎03-9517 9444; www.williamstownferries.com.au; einfache Fahrt Williamstown–CBD Erw./Kind 15/7,50 AU$) fährt täglich durch die Hobsons Bay. Unterwegs gibt's Zwischenstopps am Southgate und an einer Reihe weiterer Orte, z. B, an den Docklands. Die Schiffe von **Melbourne River Cruises** (Karte S. 522; ☎03-8610 2600; www.melbcruises.com.au; einfache Fahrt Williamstown–CBD Erw./Kind 22/11 AU$) legen ebenfalls am Gem Pier an; sie fahren den Yarra River hinauf nach Southgate. Fahrpläne sind in dem sehr nützlichen Besucherzentrum in Williamstown oder am Federation Square und direkt bei den Schifffahrtsunternehmen erhältlich. Reservierung empfohlen.

erstklassigen Cafés (man scheint sich hier einen Wettbewerb um den besten Kaffee zu liefern). Albert Park Lake ist prima für Freizeitsport und Erholung, und alljährlich wird hier auch noch der Formel 1 Grand Prix ausgetragen. Albert Park und das nahegelegene Middle Park haben elegante, schöne Zentren. Im nahen Port Melbourne befindet sich der Station Pier, wo die Passagierfähren von Melbourne nach Tasmanien ablegen.

South Melbourne Market MARKT

(www.southmelbournemarket.com.au; Ecke Coventry & Cecil St; ⌚Mi, Sa & So 8–16, Fr 8–17 Uhr; 🚊96) Dieser Markt ist ein wahrer Irrgarten, vollgestopft mit skurrilen Ständen, an denen eigentlich alles von Teppichen bis hin zu *bok choy* (Chinakohl) verkauft wird. Die als Katerfrühstück beliebten Dim Sims sind schwer berühmt und werden in diversen Cafés in und um Melbourne unter dem Namen „South Melbourne Market Dim Sims" angeboten. Man sollte unbedingt bei **Clement** (www.clementcoffee.com; Stall 89, 116-136 Cecil St; ⌚7.30–16.30 Uhr) einen leckeren Kaffee trinken!

Albert Park Lake SEE

(zw. Queens Rd, Fitzroy St, Aughtie Dr & Albert Rd; 🚊96) Prächtige Schwäne begrüßen einen auf dem 5 km langen Weg um einen künstlich angelegten See. Joggen, Radfahren, Spazierengehen und lärmende Spiele sind jene Beschäftigungen, denen die Menschen hier nachgehen. Der Lakeside Drive wurde in den 1950er-Jahren als Motorsport-Rennstrecke genutzt; seit 1996 dient die neu ausgebaute Strecke als Austragungsort des jeden März stattfindenden Australian Formula One Grand Prix (S. 540).

Station Pier HISTORISCHES BAUWERK

(www.portofmelbourne.com; 🚊109) Der Station Pier ist Melbournes wichtigster Passagierhafen. Hier liegen die *Spirit of Tasmania*, Kreuzfahrtschiffe und die Schiffe der Kriegsmarine. Der Pier ist seit 1854 in Betrieb. Und für viele Einwanderer, die in den 1950er- und 1960er-Jahren mit dem Schiff nach Australien kamen, sowie für Soldaten des Zweiten Weltkriegs hat der Hafen auch eine nostalgische Bedeutung. In der Nähe des Jachthafens kämpfen zahlreiche schicke Restaurants um Gäste.

Aktivitäten

Im Sommer locken die städtischen Sandstrände. Besonders beliebt sind die Strände von St. Kilda, Middle Park und Port Melbourne sowie jene in den Vorstädten Brighton (mit den fotogenen Badehäuschen) und Sandringham. Auch die öffentlichen Schwimmbäder erfreuen sich großer Beliebtheit.

Karten mit Radwegen gibt's im Melbourne Visitor Information Centre am Federation Square und bei **Bicycle Victoria** (www.bicyclenetwork.com.au). Auf den Straßen ist man als Radfahrer mit Sicherheit nicht allein – von Langsamradlerinnen mit Stöckelschuhen bis hin zu Rasern ist hier alles vertreten. In Australien herrscht für Radfahrer Helmpflicht (Achtung: Wer ohne Helm fährt und erwischt wird, muss 176 AU$ Strafe löhnen!). Es gibt öffentliche und private Fahrradverleihstationen, an denen auch „Oldtimer" zu bekommen sind.

Früher mögen Boccia-Clubs die Domäne von Rentnern in weißen Anzügen mit Bügelfalte gewesen sein, aber heute werden sie von jungen Leuten förmlich überrannt – und

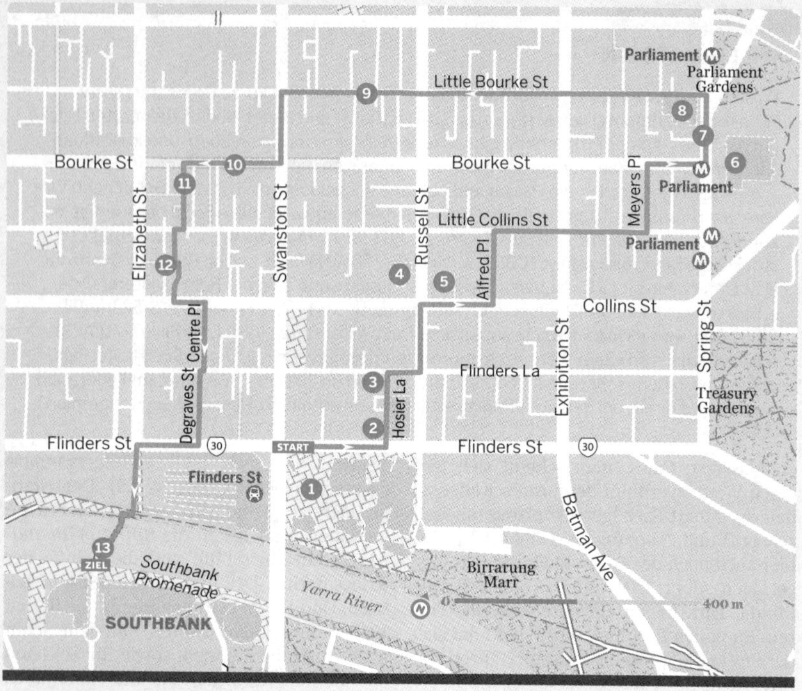

Spaziergang durch **Melbournes CBD**

START FEDERATION SQUARE
ZIEL PONYFISH ISLAND
LÄNGE 3,5 KM
DAUER 2½ STD.

Melbournes CBD ist ein Labyrinth aus charmanten Gassen und Sträßchen. Als Ausgangspunkt für den Streifzug bietet sich der 1 **Federation Square** (S. 517) an. Los geht's auf der Flinders Street gen Osten, dann links in die 2 **Hosier Lane** (S. 520). Wer hungrig ist, sollte im 3 **MoVida** (S. 545) Tapas kosten. Rechts in die Flinders Lane abbiegen, dann links in die Russell Street und schließlich rechts in die Collins Street. Es lohnt sich, die 4 **Scots Church** und die 5 **St. Michael's Uniting Church** zu besuchen. Dann läuft man weiter ostwärts auf dem „Pariser" Abschnitt der Collins Street.

Etwas Erholung von der Hauptstraße findet man, wenn man nach links zum Alfred Place abbiegt, rechts in die Little Collins Street geht und dann links auf den Meyers Place läuft. Von dort geht's rechts in die Bourke Street zum Ostrand CBD, wo das 6 **Parliament House** (S. 521) steht, das man von der Dachterrassenbar 7 **Siglo** (S. 554) aus gut sieht.

Von dort aus biegt man links in die Spring Street und wieder links in die Little Bourke Street ein und passiert das 8 **Princess Theatre**. Über die Little Bourke Street kommt man ins Herz von 9 **Chinatown** (S. 521).

Links in die Swanston Street, dann rechts in die Bourke Street abbiegen und schon ist man in der 10 **Bourke Street Mall** (S. 520). Nachdem man das bunte Treiben bewundert hat, schlendert man durch die alte 11 **Royal Arcade** (S. 520). In einer Kurve geht's von der Little Collins zur 12 **Block Arcade** (S. 520). Nun die Collins Street überqueren und über den Centre Place und die Degraves Street mit Cafés und Boutiquen bummeln.

Die Flinders Street überqueren und durch den Fußgängertunnel die Bahngleise unterqueren, um den Yarra zu erreichen. Die Fußgängerbrücke nehmen und in der Mitte die Treppe direkt zu 13 **Ponyfish Island** (S. 554) runtergehen. Hier endet der Spaziergang mit einem wohlverdienten Bier.

die sind meist barfuß und haben in der einen Hand ein Bier und in der anderen die Kugel.

Studley Park Boathouse KANUFAHREN
(☎03-9853 1828; www.studleyparkboathouse.com.au; 1 Boathouse Rd, Kew) Man packt einen Picknickkorb und mietet sich am Bootshaus ein Kanu oder Kajak für zwei Personen (36 AU$/erste Std.).

Humble Vintage FAHRRADVERLEIH
(☎0432 032 450; www.thehumblevintage.com) Hier kann man aus einer Sammlung alter Rennräder, Stadträder und Damenräder wählen. Die Ausleihe kostet 30 AU$ pro Tag bzw. 80 AU$ pro Woche. Im Preis enthalten sind Fahrradschloss, Helm und eine erstklassige Wegekarte. Die Räder können in St. Kilda, Fitzroy und im CBD abgeholt werden.

Rentabike@ Federation Square FAHRRADVERLEIH, RADTOUR
(Karte S. 522; ☎0417 339 203; www.rentabike.net.au; Federation Sq; Radmiete Std./Tag/Woche 15/35/100 AU$; Flinders St) Verleiht Räder mit Kindersitzen und „Tagalongs" (Fahrräder für Kinder, die hinten am Fahrrad eines Erwachsenen befestigt werden). Es werden auch geführte Radtouren angeboten.

North Fitzroy Bowls BOCCIA
(☎03-9481 3137; www.barefootbowling.com.au; 578 Brunswick St; 112) Hier haben Hipster jede Menge Spaß. Es gibt Flutlicht, sodass man auch abends spielen kann, Grillstellen und preiswertes Bier. Öffnungszeiten telefonisch erfragen, Reservierung empfohlen. Von Fitzroy die Brunswick Street nach Norden gehen und die Alexander Parade überqueren – die Anlage befindet sich auf der rechten Seite.

St. Kilda Bowling Club BOCCIA
(Karte S. 533; ☎03-9534 5229; www.stkildabowlingclub.com.au; 66 Fitzroy St; Di–So 12 Uhr–Sonnenuntergang; 16, 96) Der einzige Dress-Code in diesem beliebten Club heißt: Schuhe aus! Und schon geht's mit all den anderen Barfüßigen hinaus in die Natur, in der einen Hand ein Bier (8 AU$), in der anderen die Kugel. Ein Spiel kostet 20 AU$ pro Person.

Stand Up Paddle Boarding STEHPADDELN
(Karte S. 533; ☎0416 184 994; www.supb.com.au; St. Kilda Sea Baths, 10–18 Jacka Blvd; 25 AU$/Std.; 96) Hier bekommt man sämtliches fürs Stehpaddeln erforderliche Equipment, um auf diese Art die Bucht am St. Kilda Beach zu erkunden.

Kite Republic KITESURFEN
(Karte S. 533; ☎0418 583 233; www.kiterepublic.com.au; St. Kilda Sea Baths, 10–18 Jacka Blvd; ab 50 AU$; 96) Wenn der Wind bläst, treffen sich unzählige Kitesurfer in der Port Phillip Bay in St. Kilda. Mit Unterstützung von Kite Republic kann man selbst losdüsen.

Fitzroy Swimming Pool SCHWIMMEN
(Karte S. 527; ☎03-9205 5180; 160 Alexandra Pde; Erw./Kind 5/3 AU$; 11, 112) Zwischen den Schwimmrunden sonnen sich die Einheimischen hier gerne auf den Tribünen oder dem Rasen. Das italienische Warnschild „Aqua Profonda" wurde 1953 gemalt – auf Initiative des Bademeisters, der häufig Kinder von Einwanderern retten musste, die die englischen Schilder nicht verstanden. Das Schild steht unter Denkmalschutz; auch der Schreibfehler – richtig heißt es „Acqua".

Melbourne City Baths SCHWIMMEN
(Karte S. 522.; ☎03-9663 5888; 420 Swanston St, Erw./Kind 6/3 AU$; Mo–Do 6–22, Fr 6–20, Sa & So 8–18 Uhr; Melbourne Central) Das Stadtbad wurde 1860 eröffnet, um die Menschen dazu zu bringen, nicht mehr in dem stark verschmutzten Yarra River zu baden. Es ist ein Vergnügen, in der wunderschönen, denkmalgeschützten Halle von 1903 zu schwimmen.

Prahran Aquatic Centre SCHWIMMEN
(Karte S. 530; ☎03-8290 7140; 41 Essex St; Erw./Kind 5,50/3 AU$; 72, 78, Prahran) Das schicke, 50 m lange, beheizte Schwimmbecken ist von einer großzügigen Rasenfläche umgeben und verfügt über eine Terrasse mit Sonnenstühlen. Das dazugehörige Café ist ein Muss für die Einheimischen, die – ob im Badedress oder nicht – ohne ihren *caffè latte* nicht auskommen.

Geführte Touren

Aboriginal Heritage Walk ABORIGINES
(☎03-9252 2300; www.rbg.vic.gov.au; Royal Botanic Gardens, Birdwood Ave, South Yarra; Erw./Kind 25/10 AU$; Di–Fr & 1. So im Monat 11 Uhr; Tourist Shuttle, 8) Die Royal Botanic Gardens befinden sich auf einem traditionellen Lager- und Versammlungsplatz der Aborigines. Im Rahmen der 90-minütigen Führungen erfährt man viel über ihre Geschichte, ihre Traumpfade und ihr Wissen über Pflanzen.

City Circle Trams STRASSENBAHNFAHRT
(☎1800 800 007; www.ptv.vic.gov.au; 35) GRATIS Kostenlose Straßenbahnfahrten in historischen Wagen, die einen gemütlich durch die

Stadt kutschieren (und sogar bis in die Tiefen der Docklands). Täglich von 9 bis 18 Uhr.

Freddy's Bike Tours RADTOUR
(Karte S. 522; ☎0431 610 431; www.freddysbiketours.com.au; Federation Sq; geführte Touren 39 AU$; ⊙10.30 Uhr) In kleinen Gruppen entdeckt man auf knallroten Rädern – so bekommt man wenigstens keine Blasen – die Highlights der Stadt. Wer sein Rad mag, kann es auch käuflich erwerben.

Greeter Service STADTSPAZIERGANG
(Karte S. 522; ☎03-9658 9658; Melbourne Visitor Centre, Federation Sq) GRATIS Die kostenlose zweistündige „Orientierungstour" startet täglich um 9.30 Uhr am Federation Square (Reservierung erforderlich). Als Führer agieren freiwillige „Botschafter", die gern ihr Wissen teilen. Der Stadtspaziergang soll Besuchern der Stadt einen Überblick über Melbourne und seine Sehenswürdigkeiten verschaffen.

Hidden Secrets Tours STADTSPAZIERGANG
(☎03-9663 3358; www.hiddensecretstours.com; Spaziergang 70–195 AU$) Veranstaltet diverse Stadtspaziergänge mit Themen wie Gassen und Arkaden, Wein, Architektur, Kaffee und Cafés oder das alte Melbourne.

Kayak Melbourne KAJAKTOUR
(☎0418 106 427; www.kayakmelbourne.com.au; Tour 99 AU$; 🚌11, 31, 48) GRATIS Kent führt die Teilnehmer vorbei an den neuesten Bauprojekten Melbournes, berichtet aber auch über die älteren Bauten. Am stimmungsvollsten sind die Mondscheinfahrten, bei denen ein Fish-&-Chips-Abendessen inbegriffen ist. Die Touren starten an der North Wharf Road, Shed 2, Victoria Harbour.

Melbourne By Foot STADTSPAZIERGANG
(☎0418 394 000; www.melbournebyfoot.com; geführte Tour 35 AU$) Mit Dave unternimmt man einen mehrstündigen, entspannten und informativen Spaziergang. Themen sind u. a. Straßenkunst und Politik sowie Einblicke in die Geschichte und Vielfalt Melbournes. Dave bietet abends auch sehr empfehlenswerte Biertouren (80 AU$) an.

Melbourne City Tourist Shuttle STADTRUNDFAHRT
(Tourist Shuttle; www.thatsmelbourne.com.au; ⊙9.30–16.30 Uhr) GRATIS Der kostenlose Hop-on-Hop-off-Touristenshuttle braucht 90 Minuten für seine Fahrt rund um die Stadt und die inneren Vorstädte. Er hält 13 Mal, u. a. in der Lygon Street, am Queen Victoria Market, an den Docklands, am Melbourne Museum, am MCG und am Shrine of Remembrance.

Melbourne Street Art Tours KUNSTTOUR
(☎03-9328 5556; www.melbournestreettours.com; geführte Tour 69 AU$; ⊙Di, Do & Sa) Bei einem dreistündigen Stadtspaziergang erkundet man die Melbourner Straßenkunst. Im Preis ist ein Getränk enthalten. Die Führer sind selbst Straßenkünstler, sodass man einen guten Einblick in die Kunstszene bekommt.

Peek Tours Free Tour STADTSPAZIERGANG
(Karte S. 522; www.peektours.com.au; Federation Sq; gegen Trinkgeld; 🚊Flinders St) Diese kostenlosen, für Melbourne noch neuen Touren werden durch die Trinkgelder der Teilnehmer finanziert. Nach dem dreistündigen Stadtspaziergang bezahlt man seinen Führer also mit einem Trinkgeld. Es sind einfache Touren mit gelegentlichen Sticheleien über Melbourne (liegt das vielleicht daran, dass Peek Tours ursprünglich aus Sydney stammt?).

Port Phillip Eco Centre STADTSPAZIERGANG
(Karte S. 533; ☎03-9534 0670; www.ecocentre.com; 55a Blessington St, St. Kilda) 🍃 GRATIS Im Sommer wird auf den beliebten kostenlosen Sonnenuntergangsspaziergängen die Vielschichtigkeit des Küstenstreifens von St. Kilda erklärt.

Sunset Eco Penguin Tour STEHPADDELTOUR
(Karte S. 533; ☎0416 184 994; www.supb.com.au; Tour 130 AU$; 🚌96) 🍃 Hier erlebt man St. Kildas Pinguinkolonie als Stehpaddler (im Preis enthalten sind der Unterricht und das Leihen eines Neoprenanzugs).

Feste & Events

Wenn's ums Feiern geht, ist man in Melbourne nicht zimperlich. Winterkälte oder Sommerhitze sind für die Melbourner wirklich keine Entschuldigung, sich nicht das ganze Jahr über mit Gleichgesinnten bei Freiluftevents, in Kinos, Theatersälen oder Sportstätten zu versammeln.

Australian Open TENNIS
(www.australianopen.com; National Tennis Centre) Die Topspieler der Welt und gut gelaunte Zuschauermassen treffen sich im Januar zu Australiens Grand-Slam-Tennisturnier.

Midsumma Festival SCHWUL, LESBISCH
(www.midsumma.org.au) Das von Mitte Januar bis Mitte Februar stattfindende schwul-lesbische Kunstfestival bietet mehr als 100 Events. Den Abschluss bildet der Pride March.

Big Day Out MUSIK
(www.bigdayout.com; Flemington Racecourse; Tickets 165 AU$) Das nationale Rockfestival immer am Australia Day (26. Januar) statt.

Chinese New Year KULTUR
(www.chinatownmelbourne.com.au; Little Bourke St) Seit die Little Bourke Street in den 1860er-Jahren Chinatown wurde, feiert Melbourne jeden Februar das sich nach dem Mondkalender richtende Chinesische Neujahr.

St. Kilda Festival MUSIK
(www.stkildafestival.com.au; Acland & Fitzroy St) GRATIS Das einwöchige Fest endet am zweiten Sonntag im Februar mit einem stadtteilübergreifenden Straßenfest.

St. Jerome's Laneway Festival MUSIK
(www.lanewayfestival.com.au; Footscray Community Arts Centre, 45 Moreland Rd) Das kultige Indie-Fest im Februar mit internationalen Musikern ist über die CBD-Gasse, in der seine Anfänge lagen, herausgewachsen und findet jetzt am Fluss in Footscray statt.

Sustainable Living Festival UMWELT
(www.festival.slf.org.au) Auf diesem Fest dreht sich alles um „grünes Leben". Es steigt im Februar mit vielen Buden auf dem Federation Square. Weiteres steht auf der Website.

Melbourne Bikefest FAHRRAD
(www.melbournebikefest.com.au) Das Bikefest wird von Mitte Februar bis Mitte März auf Melbournes Straßen zelebriert. Es gibt Märkte, Picknicks und Fahrradtouren.

Melbourne Fashion Festival MODE
(www.mff.com.au; März) Auf diesem im März stattfindenden Festival dreht sich alles um Mode. Bei Shows und Präsentationen kann man die neuen Kreationen der etablierten Designer bestaunen.

Melbourne Food & Wine Festival ESSEN
(www.melbournefoodandwine.com.au) Im März werden überall in der Stadt (und im ganzen Bundesstaat) zwei Wochen lang Marktbesuche, Weinproben, Kochkurse und Vorführungen bekannter Köche angeboten.

Moomba FESTIVAL
(www.thatsmelbourne.com.au; Alexandra Gardens) Ein Festival am Flussufer, das in ganz Melbourne für die verrückte Birdman Rally berühmt ist, bei der sich die Teilnehmer mit selbstgebauten Flugmaschinen in den

FÜR FANS DER SERIE „NACHBARN"

Wer liebt sie nicht, die *Nachbarn*? Ein Besuch in Melbourne wäre nicht komplett ohne einen Abstecher zur legendären Ramsay Street. Der Pin Oak Court in Vermont South ist jene Vorstadtstraße, in der die australische Seifenoper *Neighbours* seit fast 30 Jahren gedreht wird (in Deutschland wurden zwischen 1989 und 1995 844 Folgen ausgestrahlt).

Die **Official Neighbours Tour** (03-9629 5866; www.neighbourstour.com.au) ist von den Produzenten der Serie und den Anwohnern des Pin Oak Court abgesegnet. Wer Glück hat, ist beim Dreh vor Ort dabei und kann ein Foto mit Autogramm ergattern. Angeboten werden zwei verschiedene Touren: Die 50 AU$-Tour findet montags bis freitags zweimal täglich statt und führt zur Ramsay Street, wo man die Möglichkeit hat, einen der Darsteller zu treffen. Die zweite, längere Tour kostet 68 AU$. Man besucht die Straße und die Sets der Außendreharbeiten im Lassiters' Complex, bei Carpenter Mechanics und Charlie's Bar. Diese Tour wird an den Wochenenden und während der Weihnachtsferien angeboten. Offizielle Fan-Artikel sind im Rahmen dieser Touren und im **Neighbours Centre** (Karte S. 522; 570 Flinders St) erhältlich.

Wenn man auf eigene Faust kommen will, sollte man sich die Melway-Karte 62 (Ref. E8) anschauen. Wer kein eigenes Fahrzeug hat, nimmt den Zug bis zum Bahnhof Glen Waverley und vor dort den Bus 888 oder 889 in Richtung Norden bis zum Vision Drive in der Nähe des Burwood Highway. Mit der Straßenbahnlinie 75 kommt man von der Flinders Street direkt zur Kreuzung Burwood Highway und Springvale Road. Von dort ist es nur noch ein kurzer Spaziergang gen Süden bis zum Weeden Drive – der Pin Oak Court ist die dritte Straße links.

Die **Official Neighbours Trivia Night** (Karte S. 533; Reservierung 03-9629 5866; www.neighboursnight.com.au; Elephant & Wheelbarrow, 169 Fitzroy St; Tickets 40 AU$) findet jeden Montagabend statt. Dann hat man Gelegenheit, den Nachbarn-Schauspielern zu begegnen und sich mit ihnen fotografieren zu lassen. Die Veranstaltung beinhaltet auch ein einstündiges Konzert von Waiting Room mit Alan Fletcher (alias Dr. Karl Kennedy).

Yarra stürzen. Begleitet wird das Ganze von Musik, Feuerwerk und Fahrgeschäften. Das Festival findet im März am langen Labour-Day-Wochenende statt.

Australian Formula One Grand Prix AUTORENNEN
(☎1800 100 030; www.grandprix.com.au; Albert Park; Tickets ab 55 AU$) Der 5,3 km lange Parcours um den sonst so beschaulichen Albert Park Lake (S. 535) ist für seinen glatten Belag bekannt. An vier spannungsreichen Tagen im März haben die dröhnenden Motoren die Stadt (und die Ohren) voll im Griff.

Melbourne International Comedy Festival COMEDY
(www.comedyfestival.com.au; Melbourne Town Hall) Von Ende März bis Ende April ist vier Wochen lang Lachen angesagt. Ein riesiges Aufgebot heimischer und internationaler Comedians!

Good Beer Week BIER
(www.goodbeerweek.com.au) Auf dem einwöchigen Fest im Mai dreht sich alles um australisches (und internationales) Bier.

Great Australasian Beer SpecTAPular BIER
(www.gabsfestival.com.au) An einem Wochenende im Mai stellen mehr als 60 Brauereien ihren besten Gerstensaft vor.

Melbourne Jazz JAZZ
(www.melbournejazz.com) Internationale Jazzgrößen schließen sich den einheimischen Könnern an. Statt findet das Ganze beispielsweise in der Bennetts Lane, am Federation Square sowie im Melbourne Recital Centre.

ABSTECHER

SAFARI-SPASS!

Der **Werribee Open Range Zoo** (☎1300 966 784; www.zoo.org.au; K Rd; Erw./Kind 26,10/13 AU$; ⏲9–17 Uhr, letzter Einlass 15.30 Uhr) liegt etwa 30 Minuten südwestlich von Melbourne und bietet auf 225 ha eine Safari-Erfahrung im afrikanischen Stil. Erdmännchen begrüßen die Besucher am Eingang, und im Eintrittspreis ist eine Safaritour im offenen Bus enthalten. Hier sieht man jede Menge Strauße, Bisons, mongolische Wildpferde, Nilpferde, Nashörner, Zebras und Giraffen in der Savanne grasen.

Melbourne International Film Festival FILM
(MIFF; www.melbournefilmfestival.com.au) Filmfans in schwarzen T-Shirts strömen in Massen zu diesem dreiwöchigen Filmfest im Winter – von Ende Juli bis Mitte August.

Melbourne Writers Festival LITERATUR
(www.mwf.com.au) Ob man es nun glaubt oder nicht: Melbourne ist eine UNESCO-„Literaturstadt" und stolz auf seine Autoren und Leser. Das Writers Festival beginnt in der letzten Augustwoche. Foren und Events gibt's an verschiedenen Orten in der Stadt, darunter auch im **Wheeler Centre** (☎03-9094 7800; www.wheelercentre.com; 176 Little Lonsdale St).

AFL Grand Final FOOTBALL
(www.afl.com.au; MCG) Es ist leichter, ein Tor aus dem Aus zu schießen, als ein Ticket für das Grand Final zu ergattern, das seit eh und je am letzten Samstag im September stattfindet. Aber das Endspielfieber lässt sich überall in Melbourne (vor allem in Pubs) erleben.

Melbourne Fringe Festival KUNST
(www.melbournefringe.com.au) Von Ende September bis Anfang Oktober stehen Experimentelles aus Theater, Musik und bildender Kunst im Mittelpunkt.

Melbourne International Arts Festival KUNST
(www.melbournefestival.com.au) An verschiedenen Veranstaltungsorten der Stadt präsentiert das Festival im Oktober ein zum Nachdenken anregendes Programm mit nationalem und internationalem Theater, Oper, Tanz, bildender Kunst und Musik.

Melbourne Cup PFERDERENNEN
(www.springracingcarnival.com.au) Der Spring Racing Carnival, dessen Höhepunkt der prestigeträchtige Melbourne Cup bildet, ist sowohl ein sportliches als auch ein gesellschaftliches Ereignis. Cup Day ist der erste Dienstag im November – ein Feiertag in Melbourne.

Boxing Day Test CRICKET
(www.mcg.org.au; MCG) Der Boxing Day (26. Dezember) ist in Melbourne der Stichtag in puncto Testmatch und zieht die Massen geradezu an. Besonders auf Bay 13 ist einiges los.

Schlafen

Wer im CBD übernachtet, ist schnell bei den wichtigsten Sehenswürdigkeiten. Man kann aber natürlich auch in den innerstädtischen Randgebieten wie dem schrillen Fitzroy, dem am Meer gelegenen St. Kilda oder dem netten South Yarra Quartier beziehen.

Zentrum

Melbourne Central YHA HOSTEL $
(Karte S. 522; 03-9621 2523; www.yha.com.au; 562 Flinders St; B/DZ 34/100 AU$; 70) Das unter Denkmalschutz stehende Gebäude wurde von den YHA-Leuten umgestaltet. Es gibt schöne Zimmer, zwei Küchen und eine umwerfende Dachterrasse. Wer das Besondere liebt, entscheidet sich für eins der beiden Dachzimmer für zwei.

Greenhouse Backpacker HOSTEL $
(Karte S. 522; 03-9639 6400; www.greenhousebackpacker.com.au; 6/228 Flinders Lane; B/EZ/DZ inkl. Frühstück 35/80/90 AU$; Flinders St) Im extrem gut geführten Greenhouse herrscht eine lustige Stimmung – hier weiß man, was Backpacker zum Glücklichsein brauchen. Dazu gehören kostenlose Extras wie Internetzugang, Grillvorrichtungen auf dem Dach, Gepäckaufbewahrung und Stadtspaziergänge. Es ist einer saubere Unterkunft mit hilfsbereitem Personal. In den gemischten Schlafsälen gibt's Doppelstockbetten für Paare. Nach Geschlechtern getrennte Schlafsäle sind auch vorhanden.

City Centre Hotel HOTEL $
(Karte S. 522; 03-9654 5401; www.citycentrebudgethotel.com.au; 22 Little Collins St; EZ/DZ/FZ 75/92/140 AU$; ; Parliament) Hier passt eigentlich nichts wirklich zusammen, selbst die Farben beißen sich – aber dafür stimmt der Preis in diesem 38-Zimmer-Hotel. Es liegt am schöneren Ende der Stadt, in einer „kleinen" Straße (es geht einige Treppen hinauf) in einem unscheinbaren Gebäude. Die Zimmer haben Gemeinschaftsbäder, sind lichtdurchflutet und verfügen über Fenster, die sich öffnen lassen. Als Extras gibt es kostenloses WLAN und eine Waschküche.

★ **Ovolo** BOUTIQUEHOTEL $$
(Karte S. 522; 03-8692 0777; www.ovologroup.com; 19 Little Bourke St; Zi. inkl. Frühstück 195 AU$; 96, Parliament) Pssst – nicht weitersagen, aber es gibt in jedem Zimmer eine Minibar mit kostenloser Selbstbedienung und eine Happy Hour mit Gratisdrinks. Aber eigentlich man sollte man es doch weiterempfehlen, denn dieses neue, freundliche, lustige Boutiquehotel gehört zu den besten Melbournes. Trendige, lichtdurchflutete Zimmer mit schönem Ausblick.

Urban Central Backpackers HOSTEL $$
(03-9639 3700, 1800 631 288; www.urbancentral.com.au; 334 City Rd; B/DZ/FZ inkl. Frühstück ab 31/125/155 AU$; 55, 112) Das Hostel in dem zweckmäßigen grauen Kasten ist innen überraschend gemütlich, farbenfroh und hell. Die Schlafsäle sind ordentlich und sauber. Unten gibt's eine tolle (preiswerte) Bar und wer will, kann sich am Seil vom Dach (drei Jumps kosten 79 AU$) stürzen. Freundliches, hilfsbereites Personal.

Nomad's Melbourne HOSTEL $$
(Karte S. 522; 03-9328 4383; www.nomadshostels.com; 198 A'Beckett St; B 20–36 AU$, DZ 120 AU$; Flagstaff) Hostel mit 4- bis 14-Bett-Schlafräumen (Gruppen können ein Vierbettzimmer mit Bad nehmen). Es gibt eine Dachterrasse und Grillplätze, eine Bar und allerhand Schickes (vor allem in dem Frauen vorbehaltenen „Princess Wing").

Space Hotel HOSTEL $$
(Karte S. 522; 1800 670 611, 03-9662 3888; 380 Russell St; B/DZ 35/105 AU$; 24, 30) Die Überwachungskameras in der Eingangshalle sind nur ein Teil des hohen Technikstandards in diesem Hostel. Auf dem Dach ist ein Wellnessbereich, es gibt eine riesige Küche und ein kleines Kino. In der Bar unten ist immer was los. Genau die richtige Unterkunft für alle, die einen sauberen und sicheren Schlafplatz suchen.

Econolodge City Square HOTEL $$
(Karte S. 522; 03-9654 7011; www.citysquaremotel.com.au; 67 Swanston St; inkl. Frühstück EZ 90–100 AU$, DZ 125–145 AU$; Flinders St) Die Lobby ist nichts Besonderes, aber dafür sind die Zimmer wirklich günstig, und das Personal ist einfach nur reizend. Die Isolierglasfenster schützen vor dem Lärm der Straßenbahn. Brot, Butter und Vegemite gibt's zum Frühstück im Zimmer.

Pensione Hotel HOTEL $$
(Karte S. 522; 03-9621 3333; www.pensione.com.au; 16 Spencer St; Zi. 125 AU$; 96, 109, 112) Das Pensione übertreibt nicht, wenn es einige Zimmer als „klein" bezeichnet – sie sind winzig. Doch was einem an Platz versagt bleibt, wird durch Stil und günstige Preise mehr als wett gemacht. Für Zimmer in der Nähe der Backpacker-Szene nebenan gibt's „Sweet-Dreams"-Pakete.

Alto Hotel on Bourke HOTEL $$
(Karte S. 522; 03-8608 5500; www.altohotel.com.au; 636 Bourke St; Zi. ab 140 AU$;

(🚊86, 96) 🍃 Dieses rundum umweltbewusste Hotel hat wassersparende Duschen, Isolierglasfenster, die sich öffnen lassen, einen eigenen Bienenstock und eine hauseigene Recyclinganlage. Außerdem sind die Zimmer gut ausgestattet, hell und neutral dekoriert.

Adina Apartment Hotel APARTMENTS MIT SERVICE **$$**
(Karte S. 522; ☎03-8663 0000; www.adinahotels.com.au; 88 Flinders St; Apt. ab 165 AU$; P ❄ 📶; 🚊City Circle, 70, 75) Diese coolen, in monochromen Tönen gehaltenen Apartments sind extra groß und luxuriös. Wer einen tollen Ausblick auf die wunderbare Parklandschaft genießen möchte, sollte ein Zimmer nach vorne raus wählen. Aus den riesigen Wohnstudios mit Dielenboden hat man hingegen einen Blick über die Gassen Melbournes. Alle Apartments besitzen vollständig eingerichtete Küchen.

Mercure HOTEL **$$**
(Karte S. 522; ☎03-9205 9999; www.accorhotels.com.au; 13 Spring St; Zi. ab 189 AU$; P ❄ @ 📶 🏊) Das freundliche Personal und vor allem der perfekte Sonntags-Checkout um 14 Uhr sind neben den erst kürzlich renovierten Zimmern die Pluspunkte dieses Hotels. Die Bäder sind blitzeblank und in jedem ist eine ganze Wand mit einer Melbourner Szene versehen. Von den teureren Zimmern aus hat man einen wunderbaren Blick auf die hübschen Treasury Gardens.

Robinsons in the City BOUTIQUEHOTEL **$$**
(Karte S. 522; ☎03-9329 2552; www.ritc.com.au; 405 Spencer St; Zi. inkl. Frühstück ab 165 AU$; P ❄ 📶; 🚊75, 96) Das Robinsons ist ein Schmuckstück mit sechs großen Zimmern und freundlichem Service. Das Gebäude – eine ehemalige Bäckerei von 1850 – hat jetzt einen modernen, erlesenen Look bekommen. Zu den meisten Zimmern gehört ein eigenes Bad.

Causeway Inn on the Mall HOTEL **$$**
(Karte S. 522; ☎03-9650 0688; www.causeway.com.au; 327 Bourke St Mall; Zi. inkl. Frühstück 153 AU$; ❄ @ 📶; 🚊86, 96) Das Causeway Inn ist stets gut besucht und oft sogar ausgebucht. Zu den Pluspunkten zählen das hilfsbereite Personal, die Tageszeitung und die Lage mitten in der Stadt. Der Eingang befindet sich am Causeway.

Victoria Hotel HOTEL **$$**
(Karte S. 522; ☎03-9669 0000; www.victoriahotel.com.au; 215 Little Collins St; EZ 99–110 AU$, DZ 125–145 AU$; P ❄ @ 📶 🏊) Das alte Vic öffnete bereits 1880 seine Pforten, aber keine Angst: Die Sanitäranlagen wurde zwischenzeitlich erneuert. Die etwa 400 Zimmer sind alle unterschiedlich. Die Heritage-Zimmer sind teurer, alle anderen wurden zum Zeitpunkt der Recherchen gerade renoviert. Zu den Einrichtungen gehört auch ein Tauchbecken.

Causeway 353 HOTEL **$$**
(Karte S. 522; ☎03-9668 1888; www.causeway.com.au; 353 Little Collins St; Zi. inkl. Frühstück ab 164 AU$; P ❄ @ 📶; 🚊86, 96) Wer braucht schon Ausblick, wenn man in einer Gasse wohnt? Nach einer Nacht in den einfachen, aber stilvollen Zimmern mit schicken Ledermöbeln und übergroßen Betten mit dunkelbraunen Kopfteilen fühlt man sich jedenfalls bestimmt gut erholt.

Majorca Apartment 401 APARTMENT MIT SERVICE **$$$**
(Karte S. 522; ☎03-9428 8104; www.apartment401.com.au; Majorca Building, 258 Flinders Lane; Apt. ab 250 AU$; ❄ 📶; 🚆Flinders St) Hier wohnt man wie die Melbourner. Das Apartment – es gibt nur eins – befindet sich in einem der schönsten Art-déco-Gebäude der Stadt. Es ist mit nachgemachten Antiquitäten eingerichtet, hat Holzdielen und riesige Fenster. Vom Balkon aus hat man einen schönen Blick auf das Gewusel in den Gassen. Der Mindestaufenthalt beträgt zwei Tage.

Crown Metropol HOTEL **$$$**
(☎03-9292 6211; www.crownhotels.com.au; 8 Whiteman St; Zi. ab 295 AU$; 🏊; 🚊96, 109, 112) Die Gäste dieses Hotels können sich im außergewöhnlichsten Infinity-Pool Melbournes abkühlen. Hier kann man in der 27. Etage seine Schwimmübungen machen und sich dabei von oben ansehen, was man besichtigen will. Am preiswertesten sind die wunderschön eingerichteten Luxuszweibettzimmer, in denen man auch zu viert übernachten kann.

Sofitel HOTEL **$$$**
(Karte S. 522; ☎03-96530000; www.sofitelmelbourne.com.au; 25 Collins St; Zi. ab 270 AU$; P ❄ @ 📶 🏊; 🚊11, 48, 109, 112, 🚆Parliament) Die Gästezimmer im Sofitel liegen alle in der 36. Etage aufwärts, ein schwindelerregender Ausblick ist also garantiert. In den Zimmern gibt's viel Marmor und Holz und vor allem interessante Fensterläden. Das „No 35" ist ein ausgezeichnetes Restaurant und liegt im – welch eine Überraschung – 35. Stock.

Hotel Lindrum BOUTIQUEHOTEL $$$
(MGallery Accor; Karte S. 522; ☎03-9668 1111; www.hotellindrum.com.au; 26 Flinders St; Zi. ab 245 AU$; P ❄ 📶; 🚋70, 75) Das attraktive Hotel war einst der Billardsaal des legendären und buchstäblich unschlagbaren Walter Lindrum. Es ist eins der interessantesten Boutiquehotels Melbournes. In den Deluxe-Zimmern hat man von den Bogen- oder Erkerfenstern einen fantastischen Blick auf die Stadt. Einen Billardtisch gibt's natürlich auch.

Fitzroy & Umgebung

Home@The Mansion HOSTEL $
(Karte S. 527; ☎03-9663 4212; www.homemansion.com.au; 80 Victoria Pde, East Melbourne; B 29–34 AU$, DZ 90 AU$; @ 📶; 🚋City Circle, 30, 96, 🚆Parliament) In dem stattlich aussehenden, denkmalgeschützten Haus gibt es 92 Betten in Schlafsälen und einige Doppelzimmer. Alle Zimmer sind hell und bunt und haben wunderbar hohe Decken. Es gibt zwei kleine Bereiche mit Playstation und TV, einen nach vorn liegenden Hof und eine sonnige Küche.

Collingwood Backpackers HOSTEL $
(☎0420 804 208; www.collingwoodbackpackers.com; 137–139 Johnston St, Collingwood; B 28 AU$; P @ 📶; 🚌200, 201, 207, 🚋86, 🚆Victoria Park) Das Collingwood Backpackers hat nichts zu tun mit dem Trend zu Glanz und Hightech, dem sich einige Hostels hier verschrieben haben. Vorher anrufen, um ein Zimmer zu buchen (Gäste, die unangemeldet hereinplatzen, sind nicht besonders gern gesehen). Das Hostel hat die dunstige, freundliche Atmosphäre eines Gemeinschaftshauses. Die Zimmer haben WLAN und wie der Betreiber jede Menge – sagen wir mal – Charakter. Das Hostel liegt in der Johnston Street östlich der Smith Street.

Nunnery HOSTEL $$
(Karte S. 527; ☎03-9419 8637; www.nunnery.com.au; 116 Nicholson St, Fitzroy; B inkl. Frühstück 32 AU$, EZ/DZ 90/120 AU$; @ 📶; 🚋96) Die Nunnery strahlt mit ihren großen Treppenhäusern und vielen originalen Klosterdetails viel Atmosphäre aus. An den Wänden hängt christliche Kunst, und es gibt prächtige Buntglasfenster. Besondere Freude bereiten auch die großen, gemütlichen Lounges und die Gemeinschaftsbereiche.

Brooklyn Arts Hotel B&B $$
(Karte S. 527; ☎03-9419 9328; www.brooklynartshotel.com.au; 50 George St, Fitzroy; EZ/DZ inkl. Frühstück 95/135 AU$; 📶; 🚋86) In diesem urigen B&B gibt es sieben sehr unterschiedliche Zimmer. Die Betreiberin Maggie scheint geradezu nach Künstlervolk gesucht zu haben und eben dieses fühlt sich hier wohl. Man kann sich also beim kontinentalen Frühstück auf angeregte Gespräche freuen. Die Zimmer sind sauber (aber mit Sicherheit nicht steril!), farbenfroh und schön dekoriert. In einem steht sogar ein Klavier.

Tyrian Serviced Apartments APARTMENTS MIT SERVICE $$
(Karte S. 527; ☎03-9415 1900; www.tyrian.com.au; 91 Johnston St, Fitzroy; Zi. ab 200 AU$; P ❄ 📶; 🚋112) Die geräumigen, modernen Apartments für Selbstversorger haben einen Fitzroy-Promi-Schick, den man schon beim Gang durch den gedämpft beleuchteten Korridor zur Rezeption spürt. Schwere Sofas, Flachbild-TVs und Balkone verstärken diesen Eindruck nur noch.

Carlton

Downtowner on Lygon HOTEL $$
(Karte S. 529; ☎03-9663 5555; www.downtowner.com.au; 66 Lygon St; Zi. ab 174 AU$; P ❄ @ 📶 🏊; 🚋1, 8) Das Downtowner ist ein überraschender Komplex mit Zimmern verschiedener Größe, darunter auch Zimmer, die sich verbinden lassen und somit ideal sind für Familien oder Gruppen. Die Zimmer mit viel Tageslicht sind am schönsten. Das Hotel liegt ideal zwischen dem CBD und den Restaurants in der Lygon Street.

169 Drummond B&B $$
(Karte S. 529; ☎03-9663 3081; www.169drummond.com.au; 169 Drummond St; DZ inkl. Frühstück 135–145 AU$; 🚋1, 8) Die privat geführte, sehr freundliche Pension hat Zimmer mit Bad in einem renovierten Reihenhaus aus dem 19. Jh. Die Unterkunft liegt nördlich des Zentrums und nur einen Block von der belebten Lygon Street entfernt.

South Yarra, Prahran & Windsor

Hotel Claremont PENSION $
(Karte S. 530; ☎03-9826 8000; www.hotelclaremont.com; 189 Toorak Rd, South Yarra; B/DZ inkl. Frühstück 42/89 AU$; @ 📶; 🚋8, 🚆South Yarra) Das Claremont in seinem großen, denkmalgeschützten Gebäude von 1886 bietet mit komfortablen Zimmern, hohen Decken und

Gemeinschaftsbädern ein gutes Preis-Leistungs-Verhältnis. Ein aufwendiges Dekor darf man hier allerdings nicht erwarten. Es handelt sich einfach nur um eine saubere, einladende Budgetunterkunft.

★ **Art Series (Cullen)** BOUTIQUEHOTEL **$$**
(Karte S. 530; ☎ 03-9098 1555; www.artserieshotels.com.au/cullen; 164 Commercial Rd, Prahran; Zi. ab 189 AU$; ❄ @ 📶; 🚋 72, 78, 79, 🚆 Prahran) Die glamourösen, lichtundurchlässigen Trennwände zwischen Zimmer und Bad verleiten die Gäste zu Visionen des schießenden Ned Kelly, denn das belebte Hotel ist mit vielen Werken des aus Sydney stammenden Künstlers Adam Cullen geschmückt. Wenn man den „Cullen Car" (55 AU$/Tag) oder ein Kronan-Rad (5 AU$/Std.) mietet, weiß ganz Melbourne gleich, wo man abgestiegen ist.

Punthill South Yarra Grand APARTMENT **$$**
(Karte S. 530; ☎ 1300 731 299; www.punthill.com.au; 7 Yarra St, South Yarra; Zi. ab 180 AU$; P ❄ 📶; 🚋 8, 78, 🚆 South Yarra) Es sind die kleinen Dinge – wie eine Schiefertafel und Kreide in der Küche, um Nachrichten zu hinterlassen, oder die Schokolade am Bett –, die in diesem modernen Apartmenthotel für ein so freundliches Ambiente sorgen. Alle Apartments sind mit Waschmaschinen ausgestattet und haben je einen Balkon, auf dem die Gäste von einem Zinn-Hund auf Kunstrasen begrüßt werden. Die Unterkunft befindet sich im Claremont-Kiez.

Art Series (The Olsen) BOUTIQUEHOTEL **$$**
(Karte S. 530; ☎ 03-9040 1222; www.artserieshotels.com.au/olsen; 637 Chapel St, South Yarra; Zi. ab 200 AU$; P ❄ 📶 🏊; 🚋 8, 78, 🚆 South Yarra) Der Künstler John Olsen zeichnet für dieses noch immer glitzernde Hotel am Yarra River in der Chapel Street verantwortlich. Hier übernachten internationale Berühmtheiten und man kann sich schon denken, warum: Das Personal ist aufmerksam, die schicke Lobby ist eine Pracht und die Zimmer mit offenem Wohnbereich und viel Kunst an den Wänden haben alles, was man sich wünschen kann (sogar eine kleine Küche). Ach ja, vom Hotelpool aus genießt man übrigens den Blick auf die Chapel Street. Hier muss man einfach übernachten!

The Como Melbourne HOTEL **$$$**
(MGallery Collection; Karte S. 530; ☎ 03-9825 2222; www.mirvachotels.com; 630 Chapel St, South Yarra; Zi. ab 275 AU$; P ❄ @ 📶 🏊; 🚋 8, 78, 🚆 South Yarra) Das Como Melbourne mit der pinkfarbenen Hotelhalle und den vielen Wasserspielen, den Zimmern mit Spiegeln, die vom Boden fast bis an die Decke reichen, und den fantastischen Bädern hat wahrhaft fünf Sterne verdient. Es versteht sich von selbst, dass auch Service und Stil hier erstklassig sind.

St. Kilda & Umgebung

St. Kilda ist zwar eine Enklave für Budget-Traveller, aber dennoch gibt es nur ein paar Schritte vom Strand entfernt auch einige deutlich stilvollere Alternativen.

Ritz HOSTEL **$**
(Karte S. 533; ☎ 03-9525 3501; www.ritzbackpackers.com; 169 Fitzroy St, St. Kilda; B/DZ inkl. Frühstück 26/80 AU$; 📶; 🚋 3a, 16, 79) Das Ritz hat eine ausgezeichnete Lage direkt über einer Eckkneipe, die für die unglaublich populären *Neighbours*-Quiz-Abende bekannt ist. Gegenüber befinden sich ein innerstädtischer See und ein Park, und das Zentrum von St. Kilda ist auch nur fünf Gehminuten entfernt. Wenn an den Wochenenden im Erdgeschoss Livemusik gespielt wird, kann es allerdings recht laut werden.

Habitat HQ HOSTEL **$**
(☎ 1800 202 500, 03-9537 3777; www.habitathq.com.au; 333 St. Kilda Rd, St. Kilda; B inkl. Frühstück ab 32 AU$, DZ 89–99 AU$; P ❄ @ 📶; 🚋 3, 67, 79) Hier gibt's einfach alles: offen gestaltete Gemeinschaftsbereiche, einen Biergarten, ein Reisebüro und einen Billardtisch. Die Zimmer in dieser witzigen, geselligen, gut geführten Unterkunft könnten allerdings mal wieder eine Grundreinigung vertragen. Das Hostel befindet sich in der St. Kilda Road zwischen der Inkerman und der Carlisle Street.

Base HOSTEL **$$**
(Karte S. 533; ☎ 03-8598 6200; www.stayatbase.com; 17 Carlisle St, St. Kilda; B/Zi. 30/115 AU$; P ❄ @ 📶; 🚋 3a, 16, 79, 96) Das gesellige Base hat funktionelle Schlafsäle mit Bad sowie schicke Doppelzimmer. Es gibt für Frauen an den Wochenenden morgens kostenlos Tee und Kaffee. Sollen damit vielleicht die Spätschaden des kostenlosen Champagners „für Ladies" unter der Woche behandelt werden? Abends sorgt Livemusik für gute Stimmung.

Hotel Tolarno HOTEL **$$**
(Karte S. 533; ☎ 03-9537 0200; www.hoteltolarno.com.au; 42 Fitzroy St, St. Kilda; Zi. ab 155 AU$; ❄ @ 📶; 🚋 3a, 16, 96, 112) Das Tolarno ist ein Kunsthotel wie es im Buche steht. Der Be-

treiber kauft jedes Jahr neue Gemälde, und selbst Georges Moras hatte hier einst seine einflussreiche Galerie Tolarno. Das Restaurant im Erdgeschoss trägt heute den Namen seiner künstlerisch tätigen Frau Mirka. Farbenfrohe und mit erlesenen Möbeln eingerichtete Zimmer.

Hotel Urban HOTEL $$
(Karte S. 533; ☎03-8530 8888; www.urbanstkilda.com.au; 35-37 Fitzroy St, St. Kilda; Zi. ab 165 AU$; P ❄ @ ☜ ≋; 🚋16, 79, 96, 112) Helles Holz und der weiße Anstrich lassen die einfachen, hellen und ruhigen Zimmer im Hotel Urban größer wirken. Zwei Zimmer haben einen kreisförmigen Grundriss mit frei im Zimmer stehendem Whirlpool. Gäste können die St. Kilda Sea Baths kostenlos benutzen.

Prince HOTEL $$
(Karte S. 533; ☎03-9536 1111; www.theprince.com.au; 2 Acland St, S.t Kilda; Zi. inkl. Frühstück ab 169 AU$; P ❄ @ ☜ ≋; 🚋3a, 16, 96, 112) Das Prince hat eine umwerfende Lobby, und die Zimmer sind ein interessanter Mix aus Pubbestandteilen, natürlichen Materialien und cooler Ästhetik. In den größeren Zimmern und Suiten stehen sorgfältg ausgesuchte Vintage-Möbel.

Middle Park Hotel PUB $$
(☎03-9690 1958; www.middleparkhotel.com.au; 102 Canterbury Rd, Middle Park; Zi. inkl. Frühstück ab 160 AU$; ❄ @ ☜; 🚋96) Wenn man das nicht jugendfreie „Intimacy Pack" (70 AU$) in den Händen hält, fragt man sich, was man hier eigentlich gebucht hat. Aber keine Angst – die über eine Holztreppe zu erreichenden Zimmer sind luxuriös und modern, sie haben Dockingstations für iPods und in den Bädern gibt's Duschen mit Regenkopfbrause. Im Erdgeschoss befinden sich eine moderne Kneipe und ein Restaurant. Das Gourmet-Frühstück ist eine wahre Gaumenfreude.

Art Series (Blackman) BOUTIQUEHOTEL $$$
(☎1800 278 468, 03-9039 1444; www.artserieshotels.com.au/blackman; 452 St. Kilda Rd, Melbourne; Zi. ab 239 AU$; ❄ ☜; 🚋3, 5, 6, 8, 16, 64, 67, 72) Das Art-Series-Hotel besitzt zwar kein einziges Originalgemälde von Blackman (dafür aber jede Menge Drucke seiner Werke und Blackman-Aufkleber), bietet aber eine hervorragende Aussicht (am besten eine Ecksuite mit Blick auf den Albert Park Lake und die Skyline der Stadt nehmen), luxuriöse Betten und dunkle Vorhänge für erholsamen Schlaf. Das Hotel ist auf Geschäftsreisende eingerichtet, aber auch für Luxusurlauber geeignet.

Essen

Zentrum

Don Don JAPANISCH $
(Karte S. 522; 198 Little Lonsdale St; Hauptgerichte 6–8 AU$; ⏲Mo–Fr 11–15.30 Uhr; 🚋City Circle, 🚉Melbourne Central) Das neue Don Don ist zwar groß, aber trotzdem schnell voll. Doch zum Glück gibt es die Boxen mit scharfem, schmackhaftem japanischen Essen, die man mitnehmen und auf der Wiese der State Library verputzen kann.

Red Pepper INDISCH $
(Karte S. 522; 14-16 Bourke St; Hauptgerichte 10–13 AU$; ⏲9–2.30 Uhr; 🚋86, 96, 🚉Parliament) Für weniger als 10 AU$ bekommt man anderswo nur selten eine so ordentliche Mahlzeit. Die hiesige indische Gemeinde weiß aber, dass das Essen gut ist und kommt vor allem wegen des frisch zubereiteten *naan* und *daal* hierher. Die Mango-Lassis sind köstlich. Das Lokal ist fast immer geöffnet.

Camy Shanghai Dumpling Restaurant CHINESISCH $
(Karte S. 522; 23-25 Tattersalls Lane; Gerichte 6,50 AU$; ⏲11.30–22 Uhr) Schick ist es hier nicht: Man holt sich einen Tee im Plastikbecher aus der Maschine und probiert dann die verschiedenen Klöße mit Gemüse. Doch wen der miese Service nicht stört, der hat einen der wenigen Orte der Stadt gefunden, an denen man für weniger als 10 AU$ satt wird.

★ **MoVida** SPANISCH $$
(Karte S. 522; ☎03-9663 3038; www.movida.com.au; 1 Hosier Lane; Tapas 4–6 AU$, Raciones 10–24 AU$; ⏲12 Uhr–open end; 🚋70, 75, 🚉Flinders St) Genug gesehen von der Straßenkunst in der Gegend? Dann nichts wie ran an die Bar oder an einen der kleinen Tische am Fenster! Wer reserviert hat, kann an einem der Tische im Speiseraum Platz nehmen. Das **MoVida Next Door** (Karte S. 522; Ecke Flinders St & Hosier Lane; ⏲Di–Do 17 Uhr –open end, Fr & Sa 12–24, So 14–21 Uhr) ist ideal für Tapas. Im Anwaltsviertel der Stadt gibt es auch noch das größere **MoVida Aqui** (Karte S. 522; 1. OG, 500 Bourke St; ⏲Mo –Fr 12 Uhr–open end, Sa 18 Uhr–open end) mit einer hübschen Terrasse und dem geselligen Paco's Tacos (Tacos 6 AU$).

Mamasita MEXIKANISCH $$
(Karte S. 522; ☎03-9650 3821; www.mamasita.com.au; Level 1, 11 Collins St; Hauptgerichte 15–28 AU$; ⏲Mo–Do 12–24, Fr & Sa 12–2, So 12–22

RESERVIEREN NICHT NÖTIG!

In Melbournes Restaurantszene – vor allem in den In-Restaurants – zeichnet sich ein neuer Trend namens „Reservieren-nicht-nötig" *(no bookings)* ab. Diese lieb gewonnene, aber auch viel kritisierte Bewegung soll für mehr Flexibilität und Spontaneität sorgen. Für viele Besucher der Stadt stehen kulinarische Highlights ganz oben auf der To-Do-Liste. Vor den besten Restaurants bilden sich daher oft lange Schlangen – aber das Warten lohnt sich.

Das Longrain (S. 547) war eines der ersten Restaurants, das sich dem gemeinschaftlichen Abendessen verschrieben hat und nur noch Reservierungen für Gruppen annimmt. Die Begründung lautet: „Reservierungen sind zu kompliziert und nicht in Einklang zu bringen mit der Atmosphäre, die uns vorschwebt". Der Nachteil ist aber, dass man bis zu 1½ Stunden warten muss, wenn man nach 18 Uhr kommt. Man kann sich aber die Wartezeit mit einem Drink und Häppchen an der Cocktailbar versüßen. Cumulus Inc (S. 546) sieht sich selbst „nicht so sehr als Restaurant, sondern vielmehr als Esshaus und Bar" und nimmt gar keine Reservierungen an. Es ist den ganzen Tag über geöffnet, sodass man dort jederzeit antanzen kann.

Auch das Chin Chin (s. unten) ist dank der Reservieren-nicht-nötig-Politik ein Lokal mit besonders lebendiger Atmosphäre. Die dazugehörige GoGo Bar, wo man die Wartezeit mit einem Drink verbringen kann, rundet das Ganze ab. Das MoVida Next Door (S. 545) und das Mamasita (S. 545) sind seit Langem so beliebt, dass Wartezeiten fast unumgänglich sind. Aber keine Angst, man wird hundertfach belohnt. Lobenswerterweise notieren sich die meisten Lokale die Handy-Nummer der Gäste und rufen an, wenn ein Platz frei wird, sodass man nicht endlos lange vor dem Restaurant rumstehen muss.

Kate Morgan

Uhr; 🚊 City Circle, 11, 31, 48, 109, 112) Wenn man um 19 Uhr die Schlange in der Collins Street sieht, stellt man sich die Frage: Lohnt sich das? Aber das Mamasita hat es geschafft, dass die Melbourner hier seit Jahren geduldig warten – und die Schlange wird von Jahr zu Jahr länger. Folglich lautet die Antwort: ja! Es gibt 180 unterschiedliche Tequilas, und die kleinen *tostaditas* sind mit köstlichen Zutaten wie Shrimps oder Schweineschulter dick belegt. Unbedingt probieren sollte man den Maiskolben vom Grill.

Cumulus Inc MODERN-AUSTRALISCH **$$**
(Karte S. 522; www.cumulusinc.com.au; 45 Flinders Lane; Hauptgerichte 21–38 AU$; ⌚ Mo–Fr 7–23, Sa & So 8–23 Uhr; 🚊 City Circle) In diesem coolen Restaurant mit annehmbaren Preisen kann man die Melbourner beobachten, wie sie gelangweilt mit ihrem Handy spielen. Der Schwerpunkt liegt auf erstklassigen Lebensmitteln und einfacher, aber gekonnter Zubereitung. Ein besseres Frühstück (16 AU$ inkl. hervorragendem Kaffee) gibt's in keinem Melbourner Hotel.

Chin Chin THAI **$$**
(Karte S. 522; ☎ 03-8663 2000; www.chinchinrestaurant.com.au; 125 Flinders Lane; Hauptgerichte 19–33 AU$; ⌚ 11 Uhr–open end) In dem viel besuchten Restaurant in einem alten Haus in der Flinders Lane werden feurige Thai-Gerichte serviert. Die Speisekarte ist lang, und die Currys sind zum Umfallen lecker. Alles, was auf die Teller kommt, ist knackig frisch und ein Fest für die Geschmacksnerven. Reservieren kann man hier nicht, aber in der GoGo Bar unten kann man prima auf einen Tisch warten.

HuTong Dumpling Bar CHINESISCH **$$**
(Karte S. 522; www.hutong.com.au; 14-16 Market Lane; Hauptgerichte 15–22 AU$; ⌚ 11.30–15 & 17.30–22.30 Uhr) Aus den Fenstern des HuTong schaut man auf das berühmte Flower Drum. Wegen seines Rufs, göttliche *xiao long bao* (mit Fleisch und Brühe gefüllte Klöße) zuzubereiten, ist es schwierig, in dem dreigeschossigen Gebäude mittags einen Tisch zu ergattern. Unten schaut man den Köchen bei der Zubereitung der delikaten Klöße zu und kann nur hoffen, dass diese einem nicht zuschauen, wenn man sich beim Essen ungeschickt anstellt. Es gibt auch noch eine Filiale in **Prahran** (Karte S. 530; 162 Commercial Rd).

Bar Lourinhã TAPAS **$$**
(Karte S. 522; ☎ 03-9663 7890; www.barlourinha.com.au; 37 Little Collins St; Tapas 12–24 AU$; ⌚ Mo–Do 12–23, Fr 12–1, Sa 16–1 Uhr; 🚊 Parliament) Die nordspanisch-portugiesischen Spezialtäten von Matt McConnell kommen mit dem Stolz und der Ehrlichkeit eines ibe-

rischen Schäfers daher, haben dabei aber einen großstädtischen Touch. Anfangen sollte man mit einer zarten Makrele mit Pancetta. Den Abschluss bildet die hausgemachte Chorizo oder die gebackene *morcilla* (Blutwurst).

Trunk AMERIKANISCH, ITALIENISCH **$$**
(The Diner; Karte S. 522; ☎ 03-9663 7994; www.trunktown.com.au; 275 Exhibition St; Hauptgerichte 18–26 AU$; ⏲ 7.30–16 Uhr) In dem Diner à la Amerika – hier sind Burger und Hotdogs angesagt – ist immer viel los und es herrscht eine muntere Stimmung. In der ehemaligen Synagoge nebenan werden abends italienische Klassiker und Drinks serviert.

The Waiters Restaurant ITALIENISCH **$$**
(Karte S. 522; ☎ 03-9650 1508; 1. OG, 20 Meyers Pl; Hauptgerichte 15–24 AU$; ⏲ Mo–Fr 12–12.30 & Mo–Sa 18 Uhr–open end; Ⓡ Parliament) Ein paar Stufen in einer Gasse hinauf liegt dieses Restaurant, dessen Interieur den Eindruck erweckt, als wäre man in einer anderen Epoche gelandet. Das 1947 eröffnete Lokal besitzt noch immer Vorhänge, Holzvertäfelungen und Laminex-Tische aus den 1950er-Jahren. Früher konnten hier nur italienische und spanische Kellner nach getaner Arbeit entspannen, heute kann jeder die herzhaften Pastagerichte mit roter Sauce sowie die täglich wechselnden Specials genießen.

Pellegrini's Espresso Bar ITALIENISCH, CAFÉ **$$**
(Karte S. 522; ☎ 03-9662 1885; 66 Bourke St; Hauptgerichte 16–18 AU$; ⏲ Mo –Sa 8–23.30, So 12–20 Uhr) Dieses Lokal ist eine Ikone – das italienische Pendant eines klassischen Diners der 1950er-Jahre. Seit Jahrzehnten hat sich im Pellegrini's quasi nichts geändert. Man stellt sich sein Essen aus den diversen Pastasorten und Saucen zusammen und genießt die freundliche Atmosphäre. Im Sommer bietet sich als Dessert eine Portion Wassermelonen-Granita für 3 AU$ an.

Longrain THAI **$$**
(Karte S. 522; ☎ 03-9671 3151; www.longrain.com; 44 Little Bourke St; Hauptgerichte 25-40 AU$; ⏲ Fr 12–15 & Mo–Do abends 18 Uhr–open end, Fr–So ab 17.30 Uhr; Ⓡ Parliament) Die perfekt zubereiteten Gerichte werden in dem Speisesaal oder der lauten Bar nebenan serviert. Auch hier kann man nicht reservieren. Um sich die Wartezeit zu versüßen, kann man vorab aber schon mal einen Drink bestellen.

Gingerboy ASIATISCH **$$$**
(Karte S. 522; ☎ 03-9662 4200; www.gingerboy.com.au; 27-29 Crossley St; Gerichte zum Teilen 32–50 AU$; ⏲ Mo–Fr 12–14.30 & 17.30 Uhr–open end, Sa nur abends; Ⓑ 86, 96) Man sollte den Verlockungen der trendigen Umgebung und der Partyszene trotzen, denn der talentierte Teague Ezard hat den Dreh raus, auffallend leckere Imbissgerichte zuzubereiten. Empfehlenswert sind Entenschenkel in rotem Curry und knusprig gebratener Tintenfisch mit Chili. Eine Reservierung ist erforderlich.

Flower Drum CHINESISCH **$$$**
(Karte S. 522; ☎ 03-9662 3655; www.flower-drum.com; 17 Market Lane; Hauptgerichte 35–55 AU$; ⏲ Mo–Sa 12–15 & 18–23, So 18–22.30 Uhr) Das Flower Drum ist nach wie vor Melbournes meist gelobtes China-Restaurant. Nur die besten und frischsten Zutaten werden hier mit Liebe zum Detail verarbeitet. Wen wundert es also, dass diese Institution in Chinatown immer schon Wochen im Voraus ausgebucht ist. Die aufwendigen, aber scheinbar einfachen kantonesischen Gerichte werden mit jenem einwandfreien Service dargereicht, den man in einer solch eleganten Umgebung wohl erwarten darf.

Vue de Monde FRANZÖSISCH, MODERN-AUSTRALISCH **$$$**
(Karte S. 522; ☎ 03-9691 3888; www.vuedemonde.com.au; Rialto, 525 Collins St; Probiermenü 200–250 AU$; ⏲ Reservierungen Di–Fr & So 12–14, Mo–Sa 18–21.15 Uhr; Ⓑ 11, 31, 48, 109, 112, Ⓡ Southern Cross) Melbournes beliebtester Ort für feierliches Dinieren bietet vom 55. Stockwerk des Rialto aus ein grandioses Panorama. Dank des visionären Shannon Bennett erwartet einen hier eine erstklassige Cuisine. Beim Design dominieren Kängurufell und maßangefertigte Einrichtung. Rechtzeitig buchen. Wer keinen Tisch ergattert, schlürft in der Lui Bar (S. 552) einen leckeren Cocktail.

North Melbourne

Auction Rooms CAFÉ **$**
(107 Errol St; Hauptgerichte 8–19 AU$; ⏲ Mo–Mi & So 7–17, Do–Sa 7–22 Uhr; Ⓑ 57) Dieses beliebte Café serviert Small-Batch-Kaffee und kreative Hauptgerichte, und manchmal fragt man sich, ob hier immer noch Auktionen stattfinden (oder warum sehen alle so ... geschniegelt aus?). Vom Queen Victoria Market nimmt man die Victoria Street gen Westen, dann biegt man rechts in die Errol Street ab.

Courthouse Hotel KNEIPENESSEN **$$**
(☎ 03-9329 5394; www.thecourthouse.net.au; 86 Errol St; Hauptgerichte 22–37 AU$; ⏲ Mo–Sa 12–15

& 18–22 Uhr; 🚋 57) Dieser Eckpub konnte sich Gemütlichkeit und familiäres Flair bewahren, und dennoch wird das Essen sowohl im Pub selbst als auch in dem formelleren Speisesaal sehr ernst genommen. Im Angebot sind Hauptgerichte wie englisch gebratenes bzw. gepökeltes Kängurufleisch sowie einfacheres (und preiswerteres) Kneipenessen.

Richmond

Wer vietnamesisch liebt, ist in der Victoria Street (östlich von Collingwood und der Victoria Parade in Fitzroy) gut aufgehoben.

Pacific Seafood BBQ House CHINESISCH **$$**
(☎ 03-9427 8225; 240 Victoria St; Hauptgerichte 15–25 AU$; ⏲ 10.30–22.30 Uhr; 🚋 24, 31, 109, 🚆 North Richmond) Meeresfrüchte in Wasserbecken und handgeschriebene Speisekarten versprechen ein authentisches, schnelles kulinarisches Erlebnis. Die frischen Fische werden einfach zubereitet, z. B. mit Ingwer und Gemüse. Dazu passt ein chinesisches Bier. Wer nicht reserviert hat, muss mit langen Warteschlangen rechnen.

Richmond Hill Cafe & Larder CAFÉ **$$**
(☎ 03-9421 2808; www.rhcl.com.au; 48-50 Bridge Rd; Mittagessen 12–26 AU$; ⏲ 8.30–17 Uhr; 🚋 75, 🚆 West Richmond) Die einstige Domäne der bekannten Köchin Stephanie Alexander trumpft noch immer mit einem hübschen Käseraum und einfachen, sättigenden Speisen wie Käsetoast auf. Für Wagemutige gibt's Frühstückcocktails. Die Bridge Road ist die Verlängerung der Wellington Parade im CBD.

Baby PIZZA **$$**
(Karte S. 530; ☎ 03-9421 4599; www.babypizza.com.au; 631-633 Church St; Hauptgerichte 17 AU$; ⏲ 7–23 Uhr; 🚋 70, 78, 🚆 East Richmond) Die leicht anrüchige Leuchtreklame sollte man einfach ignorieren (wer tagsüber hierher kommt, sieht sie sowieso nicht). Das Essen, z. B. leckere Pizza, und die Stimmung sind fantastisch! Manchmal bekommt man neben angesagten Leuten auch einen Aussie-TV-Star zu sehen. In dem vom Restaurantkönig Christopher Lucas (Chin Chin) betriebenen und folglich selbst für einen Pizza-Laden ziemlich genialen Lokal ist immer viel los.

Fitzroy & Umgebung

Huxtaburger BURGER **$**
(Karte S. 527; ☎ 03-9417 6328; www.huxtaburger.com.au; 106 Smith St, Collingwood; Burger ab 8,50 AU$; ⏲ Mo–Do & So 11.30–22, Fr & Sa 11.30–23 Uhr; 🚋 86) Das Huxtaburger sieht zwar aus wie ein typisch australischer Fish-&-Chips-Shop, ist in Wahrheit aber ein Burger-Laden. Die Burger und die knusprigen Pommes Frites verputzt man an Tischen am Rand der Straße. Es gibt auch noch eine weitere **Filiale** (Karte S. 522; Fulham Pl, an der Flinders Lane; ⏲ Mo–Sa 11.30–22 Uhr).

Vegie Bar VEGETARISCH **$**
(Karte S. 527; www.vegiebar.com.au; 380 Brunswick St, Fitzroy; Hauptgerichte 14–16 AU$; ⏲ Mo–Fr 11 Uhr–open end, Sa & So ab 9 Uhr; 🖉 🚋 112) Gäste genießen schmackhafte, vegetarische Currys, Burger, Rohkost und Suppen mit saisonaler Einlage entweder draußen in der fantastischen Brunswick Street oder drinnen im geräumigen Speisesaal an großen Tischen.

Babka Bakery Cafe BÄCKEREI, CAFÉ **$**
(Karte S. 527; 358 Brunswick St, Fitzroy; Hauptgerichte 10–16 AU$; ⏲ Di–So 7–19 Uhr; 🚋 112) Die liebevoll zubereiteten Frühstücks- und Mittagsgerichte erinnern irgendwie an Russland. Und der Duft nach Zimt und frisch gebackenem Brot macht selbst das Anstehen für einen Kaffee zum Vergnügen. Die Kuchen sind berühmt und können auch im Ganzen gekauft und mitgenommen werden.

Moroccan Soup Bar NORDAFRIKANISCH, VEGETARISCH **$$**
(☎ 03-9482 4240; 183 St Georges Rd, Fitzroy North; Bankett 20 AU$; ⏲ Di–So 18–22 Uhr; 🖉 🚋 112) Hier heißt es Schlange stehen, bevor man von Hana einen Platz zugewiesen bekommt, und die einem auch gleich die Speisekarte erläutert. Am besten nimmt man das Bankett, das mit seinen drei Gängen ausgesprochen preisgünstig ist. Für den himmlischen Kichererbsenauflauf stellen sich die Einheimischen mit eigenen Gefäßen an, um eine Portion mitzunehmen. Von Fitzroy aus nimmt man die Brunswick Street nach Norden und überquert die Alexander Parade.

Charcoal Lane MODERN-AUSTRALISCH **$$**
(Karte S. 527; ☎ 03-9418 3400; www.charcoallane.com.au; 136 Gertrude St, Fitzroy; Hauptgerichte 27–35 AU$; ⏲ Di–Sa 12–15 & 18–21 Uhr; 🚋 86) 🍃 Dieses Restaurant, in dem Aborigines und benachteiligte junge Menschen ausgebildet werden, gehört zu den besten Lokalen, um die einheimische Flora und Fauna genüßlich zu verkosten. Auf der Speisekarte stehen u. a. Wallaby-Tartar und mit Tanami gewürztes Känguru.

Marios CAFÉ $$
(Karte S. 527; 303 Brunswick St, Fitzroy; Hauptgerichte 17–30 AU$; ⌚7–21.30 Uhr; 🚋112) Bei Marios abzuhängen gehört in Melbourne zum Grundkurs. Die Frühstücksgerichte sind groß und werden den ganzen Tag angeboten, der Service ist fix und der Kaffee so stark, wie es sich gehört.

Commoner MODERN-BRITISCH $$
(Karte S. 527; ☎03-9415 6876; www.thecommoner.com.au; 122 Johnston St, Fitzroy; Hauptgerichte 13–30 AU$; ⌚Fr–So 12–15 Uhr, Mi–So 18 Uhr–open end; 🚋112) Wer sich von den ernsthaften Absichten dieses Restaurants abseits der Hauptstraße überzeugen will, sollte das sonntags angebotene Fleisch vom Holzkohlegrill probieren. Es gibt auch ein hervorragendes Fünf-Gänge-Menü namens „Feed me". In der Bar im Obergeschoss kann man eine Verschnaufpause einlegen.

Birdman Eating TAPAS $$
(Karte S. 527; ☎03-9416 4747; www.birdmaneating.com.au; 238 Gertrude St, Fitzroy; Hauptgerichte 12–18 AU$; ⌚7–18 Uhr; 🚋86) Ob das Lokal bekannt ist? Was für eine Frage! Es ist nach der berühmt-berüchtigten Birdman Rally benannt, die in Melbourne während des Moomba Festivals stattfindet. Glücklicherweise muss man sich aber nicht von einer Brücke stürzen, um in der Gertrude Street gemütlich zu sitzen und sich an Käsetoast oder Lauchpastete zu laben.

Cutler & Co MODERN-AUSTRALISCH $$$
(Karte S. 527; ☎03-9419 4888; www.cutlerandco.com.au; 55 Gertrude St, Fitzroy; Hauptgerichte 39–47 AU$; ⌚Fr & So 12 Uhr–open end, Mo–Do 18 Uhr–open end; 🚋86) Dies ist das Restaurant von Andrew McConnell, in dem man absolut hervorragend speist. Das Dekor wirkt vielleicht etwas überladen, aber das aufmerksame, sachkundige Personal und die Gaumenfreuden verheißenden Gerichte haben das Restaurant binnen kürzester Zeit zu einem der besten in Melbourne gemacht.

Carlton & Umgebung

Die marktschreierischen Lokale in Carltons Lygon Street sollte man links liegen lassen und über die Grattan Street weiter nach Norden laufen, wo sich einige der hübschesten Cafés und Restaurants der Stadt befinden. Aber auch die Lygon Street hat interessante Restaurants, die allerdings schon in dem zu East Brunswick gehörenden Abschnitt liegen.

Tiamo ITALIENISCH $
(Karte S. 529; 303 Lygon St, Carlton; Hauptgerichte 9–24 AU$; ⌚Mo–Sa 7–22.30, So 7–22 Uhr; 🚌Tourist Shuttle) Wenn man von Kaffee aus dem Presskännchen und von Filterkaffee gleichermaßen die Nase voll hat, ist man hier in dem original italienischen Café-Restaurant genau richtig. Es herrscht jene heitere Stimmung und Lebensfreude, die man nur in einem alteingesessenen Lokal findet.

Abla's LIBANESISCH $$
(Karte S. 529; ☎03-9347 0006; www.ablas.com.au; 109 Elgin St, Carlton; Hauptgerichte 27 AU$; ⌚Do & Fr 12–15, Mo–Sa 18–23 Uhr; 🚌205, 🚋1, 8, 96) Die Küche wird von Abla Amad geführt. Seine authentischen, fantastisch gewürzten Gerichte erfreuen sich bereits seit 1979 größter Beliebtheit. Einfach eine Flasche seines Lieblingsweins mitbringen und sich am Freitag- oder Samstagabend an der Banketttafel (60 AU$) niederlassen.

Rumi NAHÖSTLICH $$
(☎03-9388 8255; 116 Lygon St, East Brunswick; Hauptgerichte 17–23 AU$; ⌚18–22 Uhr; 🚋1, 8) Das wunderbar konzipierte Restaurant serviert einen Mix aus traditioneller libanesischer Küche und modernen Varianten altpersischer Gerichte. Die *sigara boregi* (Gebäckstücke mit Käse und Pinienkernen) hier sind heiß begehrt. Neben schmackhaften Hauptgerichten wie langsam gegartem Lammfleisch gibt es auch eine interessante Auswahl an vegetarischen Speisen. Von Carlton die Lygon Street in Richtung Norden bis nach East Brunswick nehmen.

Hellenic Republic GRIECHISCH $$
(☎03-9381 1222; www.hellenicrepublic.com.au; 434 Lygon St, East Brunswick; Hauptgerichte 16–30 AU$; ⌚Fr 12–16, Sa & So 11–16, Mo–So 17.30 Uhr–open end; 🚋1, 8) Auf dem Iron-Bark-Grill in George Calombaris Restaurant brutzeln ständig Pita, Riesengarnelen, Snapper aus der Region sowie zartes Lammfleisch. Von Carlton die Lygon Street in Richtung Norden bis nach East Brunswick nehmen.

Bar Idda ITALIENISCH $$
(☎03-9380 5339; www.baridda.com.au; 132 Lygon St, East Brunwsick; Hauptgerichte 15–21 AU$; ⌚Mo–Sa 18 Uhr–open end; 🚋1, 8) Die im Diner-Stil eingedeckten Tische halten nicht wirklich mit den leckeren sizilianischen Gerichten hier mit. Unbedingt das 18 Stunden in Rotwein marinierte Lamm oder die vegetarisch gefüllte Aubergine probieren. Von Carlton die Lygon Street Richtung Norden nehmen.

South Yarra, Prahran & Windsor

Burch & Purchese Sweet Studio SÜSSIGKEITEN $
(Karte S. 530; ☎ 03-9827 7060; www.burchandpurchese.com; 647 Chapel St, South Yarra; ab 3 AU$; ⏰ 10–18.30 Uhr; 🚊 78) Die Leute, die hier in der Nähe arbeiten, sind wirklich nicht zu beneiden, denn sie müssen Tag für Tag an diesem unglaublichen Süßigkeitenladen vorbei – welch eine Versuchung! Ein heißer Tipp sind die salzigen Karamellprodukte ...

Lucky Coq PIZZA $
(Karte S. 530; www.luckycoq.com.au; 179 Chapel St, Windsor; Hauptgerichte 4 AU$; ⏰ 12–3 Uhr; 🚊 6, 78, 🚆 Prahran) Pizza zum Schnäppchenpreis und DJs am späten Abend machen diesen Laden zu einem guten Start- oder Endpunkt eines Abends in der Chapel Street. Anzug und Jackett sind hier nicht angesagt (yeah!).

Two Birds One Stone CAFÉ $$
(Karte S. 530; ☎ 03-9827 1228; www.twobirdsonestonecafe.com.au; 12 Claremont St, South Yarra; Hauptgerichte 15–19 AU$; ⏰ Mo–Fr 7–16, Sa & So 8–16 Uhr; 🚊 8, 78, 🚆 South Yarra) Das Café im neuen Industrie-Schick in der belebten Claremont Street serviert perfekten Kaffee und (für ein Café) ungewöhnliches Essen, z. B. Pita mit Königsweißfisch und selbstgemachte Marmelade auf französischem Toast.

Colonel Tan's THAI $$
(Karte S. 530; www.coloneltans.com.au; 229 Chapel St, Prahran; Hauptgerichte 16 AU$; ⏰ Di–Do & Sa 17–23, Fr 12–23 Uhr; 🚊 78, 🚆 Prahran) In diesem Mehrzweck-Restaurant hängen die Lampen verkehrt herum neben Kronleuchtern an der Decke – und trotz dieser Beleuchtung ist man kaum in der Lage, die einseitige Speisekarte zu entziffern und die Speisen zu erkennen. An den Wochenenden mutiert das Restaurant zur Disko. Gut zubereitete Thai-Gerichte! Rechtzeitig kommen, sonst ist das Essen nicht mehr richtig warm.

Claremont Tonic ASIATISCH $$
(Karte S. 530; ☎ 03-9827 0399; www.claremont-tonic.com.au; 15a Claremont St, South Yarra; Hauptgerichte 18–38 AU$; ⏰ Di–Fr 12–14.30 & 18 Uhr–open end, Sa ab 18.30 Uhr; 🚊 78, 🚆 South Yarra) Hier sollte man das South Yarra Fried Chicken oder einen der fantastischen Säfte an der langen Bar probieren. Das Rock'n'Roll-Gehabe des Personals ist vielleicht etwas übertrieben, aber die leckeren asiatischen Gerichte entschädigen dafür.

Jacques Reymond MODERN-AUSTRALISCH $$$
(Karte S. 530; ☎ 03-9525 2178; www.jacquesreymond.com.au; 78 Williams Rd, Prahran; Probiermenü ab 140 AU$; ⏰ Do & Fr 12–13.30, Di–Sa 18.30–21 Uhr; 🚊 6) Jacques Reymond ist der Melbourner Pionier in puncto Probiermenüs. Jetzt gibt es davon auch noch eine innovative vegetarische Variante. Man kann sich auf eine französisch beeinflusste Speisekarte mit asiatischen Akzenten und nette Details wie hauseigene Butter freuen.

St. Kilda & Umgebung

Lentil as Anything VEGETARISCH $
(Karte S. 533; www.lentilasanything.com; 41 Blessington St, St. Kilda; Bezahlung nach Ermessen der Kunden; ⏰ 11–21 Uhr; 🌿; 🚊 16, 96) Für die Zubereitung der vegetarischen Gerichte werden nur Bio-Zutaten verwendet. Hier bezahlt

FOOD TRUCKS

Schon lange gibt es in Melbourne Imbissstände auf Rädern. Und ein Football-Match ohne warme, mit Marmelade gefüllte Donuts, heiße Fleischpasteten und warme Pommes aus einem vor Fett triefenden, rollenden Imbiss ist eigentlich kein Football-Match. Und was wäre ein Strandausflug ohne Eiswagen mit plärrender Musik? Man wäre irgendwie gar nicht dort gewesen! Aber erstklassiges Essen aus einem Lieferwagen ist da schon eine ganz andere Sache. Angeregt durch „Pop-up"-Shops und -Bars (Outlets, die urplötzlich irgendwo auftauchen und genauso schnell wieder verschwinden, wenn der Hype vorbei ist) gehören die fabelhaften Food Trucks jetzt fast schon zu Melbournes Straßenbild. Jeden Tag geben die verschiedenen Trucks ihren Standort über Twitter und Facebook bekannt – hungrige Fans und Freunde sollen schließlich wissen, wo man steht. Zu Melbournes beliebtesten Food Trucks gehören Taco Truck (@tacotruckmelb), Gumbo Kitchen (Speisen à la New Orleans; @GumboKitchen) und Beatbox Kitchen (umwerfende Gourmet-Burger und Pommes; @beatboxkitchen). Meistens stehen die rollenden Imbissstände am Nordrand des Parks – einer der beliebtesten Orte ist Ruckers Hill in Northcote.

jeder so viel, wie er sich leisten kann. Dieser einmalige, gemeinnützige Betrieb bietet benachteiligten Menschen Ausbildungsmöglichkeiten. Eine weitere Filiale gibt's im **Abbotsford Convent** (1 St Heliers St).

Banff PIZZA $
(Karte S. 533; www.banffstkilda.com; 145 Fitzroy St, St. Kilda; Hauptgerichte 9 AU$; ⌚8–22 Uhr; 🚊3a, 16) Nicht nur die tägliche Happy Hour von 15 bis 18 Uhr, sondern auch die Pizza für 9 AU$ (mittags nur 6 AU$) sorgen dafür, dass die Tische des Banff in der Fitzroy Street fast immer besetzt sind.

Galleon Cafe CAFÉ $
(Karte S. 533; 9 Carlisle St, St. Kilda; Hauptgerichte 10 AU$; ⌚7–17 Uhr; 🚊3a, 16, 79) Freundliche Leute, ausreichende Ellbogenfreiheit und leise Musik machen dieses Lokal zu einem netten, entspannten Ort für einen Kaffee oder einen Mittagsimbiss im belebten St. Kilda. Den Abend kann man nebenan im **Radio Mexico** (Karte S. 533; ☎03-9534 9990; www.radiomexico.com.au; 11-13 Carlisle St) verbringen.

Batch Espresso CAFÉ $
(320 Carlisle St, Balaclava; Hauptgerichte 16 AU$; ⌚9–17 Uhr; 🚊3, 3a, 16, 🚉Balaclava) Die Wände sind mit Krimskrams dekoriert, den Einheimische gespendet haben, die Aussie-Essen mit Retro-Touch lieben. Um für den ganztägig angebotenen Brunch am Wochenende einen Platz zu ergattern, braucht man allerdings eine große Portion Glück. Die Carlisle Street geht östlich von der St. Kilda Road ab.

Mart 130 CAFÉ $
(☎03-9690 8831; 107 Canterbury Rd, Middle Park; Gerichte 6–20 AU$; ⌚7.30–17 Uhr; 🚊96) Wo heute die Straßenbahn fährt, gab es früher eine richtige Eisenbahnstrecke mit einer Reihe von Bahnhöfen. Das Mart 130 serviert in einem dieser Bahnhöfe mit Blick über den Park frittierte Maisplätzchen und Bircher-Müsli. An den Wochenenden ist hier immer eine Menge los.

La Roche KNEIPE $
(Karte S. 533; ☎03-9534 1472; www.laroche.net.au; 185 Acland St, St. Kilda; Hauptgerichte 13 AU$; ⌚8–1 Uhr; 🚊96) In dieser bei Backpackern beliebten Kneipe bekommt man Riesenportionen für unter 15 AU$. Hier kann man gar nichts falsch machen!

Cicciolina MEDITERRAN $$
(Karte S. 533; www.cicciolinastkilda.com.au; 130 Acland St, St. Kilda; Hauptgerichte 19–40 AU$; ⌚mittags & abends; 🚊16, 96) Der freundliche Raum mit dunkler Holzvertäfelung, gedämpfter Beleuchtung und Bleistiftzeichnungen an den Wänden ist eine Institution in St. Kilda. Die modernen, mediterran angehauchten Gerichte sind lecker und kommen in großen Portionen daher. Nette Bedienung! Reservierungen werden nicht entgegengenommen. Entweder man kommt früh genug oder wartet in der stimmungsvollen kleinen Bar hinten, bis ein Tisch frei wird. Das Schwesterrestaurant **Ilona Staller** (☎03-9534 0488; www.ilonastaller.com.au; 282 Carlisle St; Hauptgerichte 38–41 AU$; ⌚12 Uhr–open end; 🚊3, 16, 🚉Balaclava) ist ganz in der Nähe.

Stokehouse Cafe ITALIENISCH $$
(Karte S. 533; ☎03-9525 5445; www.stokehouse.com.au; 30 Jacka Blvd, St. Kilda; Platten zum Teilen 6–25 AU$; ⌚Di–Fr 12 Uhr –open end, Sa–Mo 7.30 Uhr–open end; 🚊3a, 16, 96) Die Lage dieses legendären Restaurants am Strand ist eigentlich kaum zu toppen. Nach den Renovierungsarbeiten hat sich das Café unten zu einem modernen Lokal gemausert, in dem man sich die Gerichte mit mehreren teilen kann. Im Obergeschoss wird edel gespeist, dort kostet ein Hauptgericht um die 36 AU$.

Claypots SEAFOOD $$
(Karte S. 533; ☎03-9534 1282; 213 Barkly St, St. Kilda; Hauptgerichte 25–35 AU$; ⌚12–15 & 18–1 Uhr; 🚊96) In diesem Lieblingslokal der Einheimischen gibt's Meeresfrüchte aus dem Tontopf – wie könnte es bei diesem Namen auch anders sein? Früh kommen, um einen Platz und die besten Leckereien zu ergattern, denn die besonders beliebten Gerichte sind schnell ausverkauft!

I Carusi II PIZZA $$
(Karte S. 533; ☎03-9593 6033; 231 Barkly St, St. Kilda; Pizzas 16–21 AU$; ⌚18–23 Uhr; 🚊16, 96) Das in einem nostalgischen Eckladen abseits des in der Acland Street herrschenden Chaos gelegene I Carusi II serviert Pizza mit besonders schmackhaftem Teig. Beim Belag lautet die Devise: Weniger ist mehr. Neben erstklassigem Mozzarella und Pecorino gibt es nur wenige andere Beläge. Reservierung wird empfohlen. Unbedingt auch einen Blick in die Bar im Obergeschoss werfen!

★ **Attica** MODERN $$$
(☎03-9530 0111; www.attica.com.au; 74 Glen Eira Rd, Ripponlea; 8-Gänge-Probiermenü 175 AU$; ⌚Di–Sa 18.30 Uhr–open end; 🚊67, 🚉Ripponlea) Das Attica verdankt seinen Ruhm der Tatsache, dass es Melbournes einziges Restaurant ist, das sich regelmäßig einen Platz auf der

San-Pellegrino-Liste der besten Restaurants erkocht. Ben Shewry serviert in seinem Vorstadtrestaurant kreative Gerichte zum Verkosten. Die köstlichen kleinen Portionen – wie die in Erde gebackenen Kartoffeln – sind eine wahre Gaumenfreude. Um her zu kommen, der Brighton Road nach Süden bis zur Glen Eira Road folgen.

Cafe di Stasio ITALIENISCH $$$
(Karte S. 533; ☎03-9525 3999; www.distasio.com.au; 31a Fitzroy St, St. Kilda; Hauptgerichte 26–43 AU$; ⏱12–15 & 18–23 Uhr; 🚊16, 96, 112) Kapriziöse Kellner in weißen Jackets, ein düsteres Foto von Bill Henson und Jazzmusik geben die Stimmung an. Das täglich wechselnde Mittagsspecial für 35 AU$ ist ausgezeichnet – genau wie die Bar nebenan mit ihrem Marmor-„Altar".

Ausgehen & Nachtleben

Melbournes Bars sind legendär. Sie reichen von kleinen, in Nebenstraßen versteckten Kneipen bis hin zu messingblinkenden Etablissements, die eine ganze Straßenecke einnehmen. Es dürfte also kein Problem sein, seine Lieblingslocation mit passendem Ambiente und Getränkeangebot zu finden.

Zentrum

★ **Bar Americano** COCKTAILBAR
(Karte S. 522; www.baramericano.com; 20 Pesgrave Pl, beim Howey Pl; ⏱8.30–1 Uhr) Hier bekommt man für sein Geld die besten Cocktails der Gegend. Diese kleine Bar ist einfach einsame Spitze!

SPITZENCAFÉS

Es gibt einen Grund, warum Melbournes Kaffee so hoch gelobt wird (zumindest von den Melbournern): Der Großteil wird vor Ort geröstet. Matt Holden, Herausgeber des *Age Good Cafe Guide* hat das dunkle Gebräu in mehr als 150 Cafés probiert. Hier seine Lieblingssorten und wo man sie genießen kann.

- **Seven Seeds** De Clieu Cafe (S. 556), Brother Baba Budan (S. 552)
- **Padre** Brunswick East Project (S. 556)
- **Market Lane** (S. 554)
- **Small Batch** Auction Rooms (S. 547)

Lui Bar COCKTAILBAR
(Karte S. 522; www.vuedemonde.com.au; Level 55, Rialto, 525 Collins Street; ⏱Mo 17.30–24, Di–Fr 12–24, Sa 17.30 Uhr–open end, So mittags–abends) In der schicken Bar im 55. Stockwerk des Rialto geht es sehr kultiviert zu. Die Cocktails sind von „gestern" und „morgen" und als Snacks bekommt man u.a. Kichererbsenküchlein und Apfelkrapfen mit Zimt. Eine echte Erfahrung, für die man sich etwas aufbrezeln sollte. Sonntags wird Livemusik geboten.

Carlton Hotel BAR
(Karte S. 522; www.thecarlton.com.au; 193 Bourke St; ⏱16 Uhr–open end) Hier präsentiert sich einmal mehr das überladene „Melbourner Rokoko" (z.B. Giraffenköpfe über einem glänzend schwarzen Raum) und nötigt einem ein Lächeln ab. Im Palmz auf der Dachterrasse fühlt man sich wie in Miami – oder genießt einfach nur die grandiose Aussicht.

Madame Brussels BAR
(Karte S. 522; www.madamebrussels.com; Level 3, 59-63 Bourke St; ⏱12–1 Uhr) Wer genug vom Melbourner Schick und dunklem Holz hat, ist hier an der richtigen Adresse. Diese Bar ist zwar nach einer berühmten Bordellwirtin des 19. Jhs. benannt, wirkt aber mit seinem Kunstrasen und den à la Country Club ausstaffierten Barkeepern wie ein psychedelischer Schuppen der 1960er-Jahre.

Brother Baba Budan CAFÉ
(Karte S. 522; www.sevenseeds.com.au; 359 Little Bourke St; ⏱Mo–Fr 7–18, Sa 8–17, So 9–17 Uhr; 🚊19, 57, 59) Die Sitze baumeln an der Decke – was wohl bedeuten soll, dass man seinen Seven-Seeds-Kaffee gerne mitnehmen kann.

1000£Bend BAR
(Karte S. 522; www.thousandpoundbend.com.au; 361 Little Lonsdale St; ⏱Mo–Mi 8.30–23.30, Do–Sa 8.30–1 Uhr; 📶) Frühstück, Mittagessen und Abendessen sowie allerhand flippige Leute, die das kostenlose WLAN benutzen – und das ist noch nicht alles, was dieser Unterhaltungs-Hotspot zu bieten hat. Es ist außerdem ein toller Veranstaltungsort für Kunstausstellungen und Schauspiel.

Riverland BAR
(Karte S. 522; ☎03-9662 1771; www.riverlandbar.com; Vaults 1-9 Federation Wharf, unter der Princes Bridge; ⏱10 Uhr–open end; 🚉Flinders St) Dieses Schmuckstück aus Blaustein, direkt am Wasser unter der Princes Bridge, setzt auf Schlichtheit und bietet guten Wein, vier Biere vom Fass und bartypische Snacks.

TRINKEN UNTER FREIEM HIMMEL

In Melbourne mag es ja etliche supercoole Bars geben, die sich in den kleinen Gassen der Stadt verstecken, aber kaum strahlt die Sonne am Himmel und die Sommerzeit verlängert den Tag, ist es an der Zeit, frische Luft und Sonnenlicht zu tanken. Je nach Lust und Laune kann man mit dem Fahrstuhl hoch hinauf in eine Dachterrassenbar fahren oder sich in einem Biergarten ein, zwei Gläser genehmigen. Hier einige der beliebtesten Open-Air-Locations.

Dachterrassenbars

Madame Brussels (S. 552) mit ihrer Gartenpartystimmung und dem Blick über die Bourke Street ist perfekt für einen Krug hausgemachten Pimms. Etwas weiter in der gleichen Straße tummeln sich Backpacker und Anzugträger im tropisch angehauchten Palmz des Carlton Hotel (S. 552). Den schicken Newcomer **Aylesbury** (Karte S. 522; ☎ 03-9077 0451; 103 Lonsdale St; ⌚ 12 Uhr–open end) erreicht man über einen Fahrstuhl, der einen direkt auf die tolle Terrasse mit dem umwerfenden Blick auf die Turmspitzen der St. Patrick's Cathedral bringt. Die Rooftop Bar (S. 558) zieht ein hippes Publikum an, das sich burgerfutternd und cocktailschlürfend einen Film im Open-Air-Kino unterm Sternenhimmel anschaut. Die legendäre Terrasse des Siglo (S. 554) bietet Pariser Flair, Rauchschwaden von Zigarren und starke Drinks.

Ein heißer Tipp für einen tollen Blick über die Innenstadt ist übrigens die neue Dachterrassenbar des Naked for Satan (S. 555). Von der Rundumterrasse mit den Liegestühlen reicht der Blick über Fitzroys Zinndächer, Schornsteine und historische Gebäude bis hin zu den glitzernden Hochhäusern im CBD – ein wunderschöner Anblick bei Sonnenuntergang.

Open-Air-Bars & Biergärten

Wer Hinterhof-Kneipenatmosphäre sucht, ist im begrünten Biergarten des stets zuverlässigen **The Standard** (Karte S. 527; ☎ 03-9419 4793; 293 Fitzroy St; ⌚ Mo & Di 15–23, Mi–Sa 12–23, So 12–21 Uhr; 🚋 96, 112) in Fitzroy oder auf der anderen Flussseite im Windsor Castle (S. 554) an der richtigen Adresse. Das Riverland (S. 552) – erbaut aus Blaustein – hat eine schöne Lage am Yarra, wohingegen das **Boatbuilders Yard** (☎ 03-9686 5088; 23 South Wharf Promenade; ⌚ 7 Uhr–open end) einen Streifen der South Wharf ganz in der Nähe des historischen Schiffs *Polly Woodside* in Anspruch nimmt. Hier kann man es sich unter Sonnenschirmen in Liegestühlen auf Kunstrasen gemütlich machen oder Boccia spielen (für Gäste gratis). In Brunswick kann man **The Retreat** (☎ 03-9380 4090; 280 Sydney Rd; ⌚ 12–open end; 🚋 19, 🚉 Brunswick) und, besonders wegen seiner Lage unter einer Fußgängerbrücke in der Mitte des Yarra, das **Ponyfish Island** (S. 554)empfehlen.

Kate Morgan

Section 8 BAR
(Karte S. 522; www.section8.com.au; 27-29 Tattersalls Lane; ⌚ Mo–Fr 10 Uhr–open end, Sa & So 12 Uhr–open end) Die neueste Parkhaus-Bar. Inmitten von Versandpaletten genießen die Leute hier ihr Feierabendbier (Mountain Goat). Das **Ferdydurke** (Karte S. 522; ☎ 03-9639 3750; www.ferdydurke.com.au; Levels 1 & 2, 31 Tattersalls Lane Ecke Lonsdale St; ⌚ 12–1 Uhr) nebenan ist eine Dachterrassenbar, die von den gleichen verrückten Typen betrieben wird.

Beer DeLuxe BAR
(Karte S. 522; www.beerdeluxe.com.au; Federation Sq, Flinders St; ⌚ So–Mi 11–23, Di–Sa 11 Uhr–open end; 🚌 Tourist Shuttle, 🚋 City Circle, 🚉 Flinders St) In dieser sehr zentral gelegenen Location gibt's 14 Biere vom Fass. Die Zapfer helfen gern weiter, wenn man nicht weiß, für welches Bier man sich entscheiden soll.

Double Happiness BAR
(Karte S. 522; ☎ 03-9650 4488; www.double-happiness.org; 21 Liverpool St; ⌚ Mo–Mi 16–1, Do & Fr 16–3, Sa 18–3, So 18–1 Uhr; 🚋 86, 96, 🚉 Parliament) Der stylische Winzling begnügt sich nicht nur mit chinesischer Deko, er hat auch chinesische und vietnamesische Biere im Angebot. Empfehlenswert sind das Beer Hanoi und der Great-Leap-Forward-Cocktail.

New Gold Mountain BAR
(Karte S. 522; ☎ 03-9650 8859; www.newgoldmountain.org; Level 1, 21 Liverpool St; ⌚ Di–Do 18

Uhr–open end, Fr & Sa 18–5 Uhr; 86, 96, Parliament) Die absolut übertriebene China-Deko im nicht ausgeschilderten New Gold Mountain ist zunächst ein Schock: Die beiden Stockwerke sind vollgestopft mit Sitznischen, die durch Paravents getrennt sind, und die Dekoration ist so lustig-gruselig überzogen, dass man meint, in der Traumsequenz eines Kunstfilms gefangen zu sein.

Melbourne Supper Club BAR

(Karte S. 522; 03-9654 6300; Level 1, 161 Spring St; So–Do 17–4, Fr & Sa 17–6 Uhr; 95, 96, Parliament) Der ach so schicke Supper Club ist bis spät in die Nacht hinein geöffnet und *die* After-Work-Location für Künstler und Leute aus der Gastronomie. Man macht es sich auf einem Chesterfield-Sofa gemütlich, blättert in der enzyklopädisch anmutenden Weinkarte und relaxt – die Sommeliers sorgen schon dafür, dass die Kehle nicht trocken bleibt. Die Dachterrassenbar **Siglo** (Karte S. 522; 03-9654 6300; Level 2, 161 Spring St; 17–3 Uhr) ist umwerfend. Das ein- und ausfahrbare Dach ist typisch für Melbourne und der Blick aufs Parliament House ruft Erinnerungen an Europa wach.

Ponyfish Island CAFÉ, BAR

(Karte S. 522; www.ponyfish.com.au; unter der Yarra Pedestrian Bridge; 8–1 Uhr) Was ist das bloß für ein Ding, das da so geheimnisvoll unter einer Brücke über den braunen Yarra steht? Ein privater Schwimmclub? Mitnichten. Einfach die Treppe in der Mitte der Brücke runtergehen – und schon steht man mitten in Melbournes ungewöhnlichstem Lokal. Hier gibt's Bulmers vom Fass – aber das steht hier nicht im Mittelpunkt, sondern mehr die frische Brise; es handelt sich ja schließlich um eine Open-Air-Bar.

1806 COCKTAILBAR

(Karte S. 522; www.1806.com.au; 169 Exhibition St; Mo–Do 17–2, Fr & Sa 17–5, So 19–2 Uhr) In dieser Mainstream-Cocktailbar werden die Shaker erst in den frühen Morgenstunden zur Seite gelegt. Nicht nur, dass die Cocktailkarte irre lang ist (man kann dieses „Buch" sogar käuflich erwerben), es werden hier auch Kurse für angehende Mixologen angeboten (145 AU$).

Workshop BAR

(Karte S. 522; www.theworkshopbar.com.au; 413 Elizabeth St; Mo–Fr 10 Uhr–open end, Sa & So 13 Uhr–open end; 19, 57, 59, Melbourne Central) In dieser Bar mit Industrie-Design gibt's mittags gesunde Gerichte, abends sorgen Livebands oder DJs für Musik. Und immer genießt man vom Außenbereich aus den perfekten Blick auf die Elizabeth Street.

Croft Institute BAR

(Karte S. 522; 03-9671 4399; www.thecroftinstitute.com; 21-25 Croft Alley; Mo–Do 17–1, Fr & Sa 20–3 Uhr) Im Inneren der sozusagen in der Seitengasse einer Seitengasse gelegenen Bar sieht es aus wie in einem Labor. Darin kann man testen, wie trinkfest man ist und sich im Untergeschoss selbst ein Glas des vor Ort destillierten Wodkas verschreiben. Freitag- und samstagabends beträgt der Eintritt 10 AU$.

Alumbra CLUB

(www.alumbra.com.au; 161 Harbour Esplanade, Shed 9, Central Pier; Do 18 Uhr–open end, Fr & Sa 16–3, So 16–1 Uhr; Tourist Shuttle, 70, City Circle) Die tolle Musik und die sagenhafte Location beeindrucken – was man allerdings von der Deko, die irgendwo zwischen Bali und Marokko angesiedelt ist, nicht sagen kann.

Brown Alley CLUB

(Colonial Hotel; Karte S. 522; 03-9670 8599; www.brownalley.com; 585 Lonsdale St; Do–So 21 Uhr–open end; Flagstaff) Hinter dem historischen Pub verbirgt sich ein echter Nachtclub mit Schanklizenz rund um die Uhr. Der Laden ist riesig und besitzt verschiedene Räume, die bis zu 1000 Personen fassen.

Richmond, Prahran & Windsor

Windsor Castle Hotel KNEIPE

(Karte S. 530; 89 Albert St, Windsor; 5, 64, Windsor) Gemütliche Ecken, in den Boden eingelassene Sitzgelegenheiten, Kamine, ein beliebter Biergarten und gutes Kneipenessen sorgen dafür, dass man sich gern in der Kneipe abseits der Hauptgeschäftsstraße trifft.

Mountain Goat Brewery BRAUEREI

(www.goatbeer.com.au; Ecke North & Clark St, Richmond; nur Mi & Fr ab 17 Uhr; 48, 75, Burnley) Diese Kleinbrauerei residiert in einem riesigen Braukomplex. Man kann die hier gebrauten Biere genießen und dabei an seiner Pizza knabbern oder am Mittwochabend an der kostenlosen Brauereiführung teilnehmen. Der Richmond's Bridge Road folgen, links in die Burnley Street und dann rechts in die North Street einbiegen.

Market Lane CAFÉ

(Karte S. 530; 03-9804 7434; www.marketlane.com.au; Shop 13, Prahran Market, 163 Commercial

Rd; ⌚ Di, Do–Sa 7–17, Mi 7–16, So 8–17 Uhr; 🚋 72, 78, 🚆 Prahran) In diesem Café mitten im Marktgewirr kann man ein aus frisch gerösteten Bohnen zubereitetes Tässchen Kaffee genießen. Freitags und samstags um 10 Uhr gibt's eine Gratis-Verkostung.

Revolver Upstairs CLUB
(Karte S. 530; www.revolverupstairs.com.au; 229 Chapel St, Prahran; ⌚ Mo–Fr 12–4, Sa–Mo 24 Std.; 🚋 6, 🚆 Prahran) Das laute Revolver mag wie eine riesige Version des eigenen Wohnzimmers wirken, doch bei 54 Stunden Musik nonstop von Samstagabend bis Montagfrüh ist man doch ganz froh, dass es das nicht ist.

Fitzroy & Umgebung

★ **Naked for Satan** BAR
(Karte S. 527; ☎ 03-9416 2238; www.nakedforsatan.com.au; 285 Brunswick St, Fitzroy; ⌚ So–Do 12–12, Fr & Sa 12–1 Uhr; 🚋 112) Die muntere, laute Bar erweckt eine Legende der Brunswick Street wieder zum Leben (ein Typ mit dem Spitznamen Satan, der in einer Wodka-Schwarzbrennerei unter dem Laden schmutzig und heruntergekommen und wegen der Hitze auch nackt herumgelaufen sein soll). Auf jeden Fall kommen die Gäste aber wegen der beliebten *pintxos* (mundgerechte Sandwich-Häppchen; 1–2 AU$) und der Getränke mit den witzigen Namen her. Die Bar auf der Dachterrasse ist einfach toll.

Proud Mary CAFÉ
(Karte S. 527; ☎ 03-9417 5930; 172 Oxford St, Collingwood; ⌚ Mo–Fr 7.30–16, Sa & So 8.30–16 Uhr; 🚋 86) Das für seinen samtweichen Kaffee bekannte Eckcafé im Industriestil bietet auch sehr ordentliches Frühstück und Mittagessen (z. B. selbst geräucherter Lachs). Oft bilden sich deshalb ellenlange Warteschlangen.

NICHT VERSÄUMEN

BIERMANIA

Australiens Bierszene erlebt im Moment eine Revolution. Es geht dabei nicht um die herkömmlichen Marken, sondern vielmehr um eine Welle von Hausbieren. Neue Mikrobrauereien schießen jeden Monat im ganzen Land wie Pilze aus dem Erdboden, und eigentlich überall findet man Bierbars und Bierläden, die sich auf die neuesten Sorten spezialisiert haben.

Aber nirgendwo hat die Revolution so stark Einzug gehalten wie in Melbourne. Selbst Luxusrestaurants bieten jetzt australische und internationale Hausbiere an. In Melbourne finden auch die beiden größten Bierfeste Australiens statt – die Good Beer Week (S. 540) und das Great Australasian Beer SpecTAPular (S. 540) – welche selbst im Ausland Aufmerksamkeit erregen.

Drei Brauereien

- **Mountain Goat Brewery** (S. 554)
- **Temple Brewery & Brasserie** (S. 556)
- **Matilda Bay Brewery** (☎ 03-9673 4545; 89 Bertie St, Port Melbourne; ⌚ Di–Do 12–21, Fr & Sa 12–23 Uhr)

Drei Bars mit fantastischem Bier

- **Great Northern Hotel** (S. 556)
- **The Local Taphouse** (www.thelocal.com.au; 184 Carlisle St, St. Kilda; ⌚ 12 Uhr–open end; 🚋 16, 78, 🚆 Balaclava)
- **Slow Beer** (☎ 03-9421 3838; 468 Bridge Rd, Richmond; ⌚ 12–21 Uhr; 🚋 48, 75)

Drei Biermarken, die man probieren sollte

- **Mountain Goat Hightail**
- **Temple Saison**
- **Moon Dog Love Tap**

James Smith ist der Autor von craftypint.com, einem Online-Führer für Biertrinker in Melbourne.

Napier Hotel KNEIPE
(Karte S. 527; ☎ 03-9419 4240; www.thenapierhotel.com; 210 Napier St, Fitzroy; ⏰ Mo–Do 15–23, Fr & Sa 13–1, So 13–23 Uhr; 🚊 112, 86) Das Napier gibt es an dieser Ecke bereits seit mehr als 100 Jahren – hier sind schon so manche Bierchen die Kehlen hinuntergeflossen, während sich das Antlitz des Viertels verändert hat. Das Essen ist aber nach wie vor gut.

De Clieu Cafe CAFÉ
(Karte S. 527; 187 Gertrude St, Fitzroy; ⏰ Mo–Sa 7–18.30, So 8–18.30 Uhr; 🚊 86) Das De Clieu ist ein nettes Café im Industriestil mit polierten Betonböden, einer kurzen Speisekarte und viel Humor. Man sollte sich einen Platz auf der Fensterbank schnappen und beobachten, wie halb Fitzroy vorbeizieht.

Little Creatures Dining Hall BIERHALLE
(Karte S. 527; www.littlecreatures.com.au; 222 Brunswick St, Fitzroy; ⏰ 8 Uhr–open end; 📶; 🚊 112) Mit kostenlosen Leihfahrrädern für Gäste, Gratis-WLAN und (jedenfalls tagsüber) einer kinderfreundlichen Stimmung ist diese große Bierhalle der perfekte Ort, um eine Pizza (18 AU$) und dazu ein Gläschen Wein oder Bier aus der Gegend zu genießen.

Polly COCKTAILBAR
(Karte S. 527; ☎ 03-9417 0880; 401 Brunswick St, Fitzroy; ⏰ So–Mi 17–1, Do 17 Uhr–open end, Fr–Sa 17–3 Uhr; 📶) Im ruhigen Polly verschmelzen Luxus und eleganter Service mit vielen dekorativen Holzschnitzereien und edlem Samt. Man lässt sich in der Lounge nieder und studiert geruhsam die ausführliche Getränkekarte – so schnell wird man wohl nicht wieder aufbrechen. Abends gibt's ein paar Cocktail-Specials für 14 AU$.

Carlton & Umgebung

Campos CAFÉ
(Karte S. 529; ☎ 03-9347 7445; www.camposcoffee.com; 144 Elgin St, Carlton; ⏰ Mo–Sa 7–16 Uhr; 🚌 Tourist Shuttle, 250, 251, 253) Sydneys Kaffee-Institution Campos ist bis Little Italy in Carlton vorgedrungen und ein absoluter Hit. Der Kaffee ist wunderbar und an den langen Tischen kann man sich leckeres Mittagessen und köstlichen Kuchen schmecken lassen.

Gerald's Bar WEINBAR
(386 Rathdowne St, North Carlton; ⏰ Mo–Sa 17–23 Uhr; 🚌 253, 🚊 1, 8) Hier gibt's einen guten Wein ins Glas. Hinter der kurvigen Holzbar im Gerald's werden alte Schallplatten aufgelegt. Wer hungrig ist, bekommt ein paar leckere Häppchen (die Schlachterei nebenan und ein Obst- und Gemüseladen gehören den gleichen Betreibern).

Brunswick East Project CAFÉ
(☎ 03-9381 1881; www.padrecoffee.com.au; 438 Lygon St, East Brunswick; ⏰ Mo–Sa 7–16, So 8–16 Uhr; 🚊 1, 8) „Daddy's Girl" gehört hier zu den meistverkauften Kaffeesorten, aber auch „Hey Buddy!" ist nicht übel. Soviel zu den Namen der verschiedenen Sorten. In diesem tollen Café, in dem man nicht nur etwas zu trinken, sondern auch Essen bekommt, ist der Padre-Kaffee sozusagen zu Hause. Im South Melbourne Market (S. 535) und Queen Victoria Market (S. 521) gibt's Filialen.

Temple Brewery BRAUEREI
(☎ 03-9380 8999; www.templebrewing.com.au; 122 Weston St, East Brunswick; ⏰ Mi & Do 17.30–23, Fr & Sa 12–23, So 12–21 Uhr; 🚊 1, 8) In dieser sehr klassischen Brauerei mit Brasserie sollte man eins der saisonalen Biere testen (von denen acht Fassbiere sind). Wer will, kann auch gleich fünf für 19 AU$ probieren. Einen Besuch hier sollte man nicht verpassen!

Great Northern Hotel BAR
(☎ 03-9380 9569; www.gnh.net.au; 644 Rathdowne St, North Carlton; ⏰ Di–Sa 11–1, So 11–23 Uhr; 🚌 253, 🚊 1, 8) Klar, im Great Northern (in Carlton, wo sonst?) trinkt man Carlton Draught's vom Fass. Aber in dieser großen Eckkneipe gibt's noch 16 weitere hiesige Biersorten vom Fass. In dem dazugehörigen großen Biergarten mit den vielen Palmen kann man seinen Hunger mit einem der 12 AU$-Specials stillen.

St. Kilda & Umgebung

Carlisle Wine Bar WEINBAR
(☎ 03-9531 3222; www.carlislewinebar.com.au; 137 Carlisle St, Balaclava; ⏰ Mo–Fr 15–1, Sa & So 11–1 Uhr; 🚊 3, 16, 🚆 Balaclava) Die Einheimischen lieben dieses ziemlich chaotische Weinlokal, das früher eine Fleischerei war. Die Bedienung behandelt einen gleich wie einen Stammgast, schenkt einem irgendetwas Besonderes ein und findet inmitten des ganzen Wochenendtrubels noch die Zeit, einen Cocktail zu mixen. Die Carlisle Street geht östlich von der St. Kilda Road ab.

George Public Bar BAR
(Karte S. 533; www.georgepublicbar.com.au; Basement, 127 Fitzroy St, St. Kilda; 🚊 96, 16) In diesem Gebäude gibt es fünf Bars. Hinter den edwardianischen Bogenfenstern des George

Hotel befinden sich der Melbourne Wine Room und vorne eine große Bar, in der sich die Leute nach der Arbeit treffen. Im Keller des Gebäudes ist die George Public Bar, die früher als „Snakepit" (Schlangengrube) bezeichnet wurde, jetzt aber ein etwas klassischeres Erscheinungsbild hat.

Veludo BAR
(Karte S. 533; www.veludo.com.au; 175 Acland St, St. Kilda; ⏲ Mi & Do 16–2, Fr–So 12–3 Uhr; 🚋 96) Das Veludo ist groß, voller Messing und hat eine Bar auf der Dachterrasse. Da diese Location relativ lange geöffnet hat, trifft sich halb St. Kilda hier auf einen Absacker. Im Obergeschoss gibt es an den meisten Abenden Livemusik.

Vineyard BAR
(Karte S. 533; www.thevineyard.com.au; 71a Acland St, St. Kilda; 🚋 3a, 16, 96) Die perfekte Ecklage und der Grillplatz im Hof locken massenweise Backpacker und leicht bekleidete Einheimische an, denen es sogar gelingt, die benachbarte Panoramabahn zu übertönen.

☆ Unterhaltung

Kinos

Multiplex-Kinos sind über die ganze Stadt verteilt, und es gibt auch ein paar hervorragende unabhängige Kinos – sowohl im CBD als auch in den umliegenden Gebieten. Mit einem Choc-Top (in Schokolade getauchtes Eis) bewaffnet sollte man sich einen Film in einem der folgenden Kinos anschauen:

Astor KINO
(Karte S. 530; ☎ 03-9510 1414; www.astortheatre.net.au; Ecke Chapel St & Dandenong Rd, St. Kilda; Erw./Kind 15/13 AU$; 🚋 5, 64, 78, 🚆 Windsor) Dieses Kino mit Art-déco-Nostalgie ist ein Muss. Allabendliche Doppelvorstellungen mit Filmklassikern älteren und neueren Datums. Mittwochs ist Kinotag, dann kosten die Karten nur 10 AU$.

Cinema Nova KINO
(Karte S. 529; www.cinemanova.com.au; 380 Lygon St, Carlton; Erw./Kind 18/11 AU$; 🚌 Tourist Shuttle, 🚋 1, 8) Im Nova laufen aktuelle Filme. Montags vor 16 Uhr kosten die Karten nur 6 AU$, danach 9 AU$.

Kino Cinemas KINO
(Karte S. 522; ☎ 03-9650 2100; www.palacecinemas.com.au; Collins Pl, 45 Collins St; Erw./Kind 19,50/14,50 AU$; 🚋 11, 31, 48, 109, 112) Das Kino mit Schanklizenz im CBD ist auf künstlerisch anspruchsvolle Filme spezialisiert. In der Nähe gibt's tolle Bars, in denen man anschließend bei einem Drink über das Gesehene reden kann.

Imax KINO
(Karte S. 529; ☎ 03-9663 5454; www.imaxmelbourne.com.au; Melbourne Museum, Carlton Gardens; Erw./Kind 18/13,50 AU$; 🚌 Tourist Shuttle, 🚋 86, 96) Dieses Kino befindet sich im gleichen Komplex wie das Melbourne Museum und zeigt Filme im superbreiten 70-mm-Format.

Palace Como KINO
(Karte S. 530; ☎ 03-9827 7533; www.palacecinemas.com.au; Como Centre, Ecke Toorak Rd & Chapel St, South Yarra; Erw./Kind 19/13,50 AU$; 🚋 8, 78, 🚆 South Yarra) Das Palace Como ist ein wirklich glamouröses Kino, in dem auch Filmfestivals stattfinden. Montags und freitags lohnt sich der Besuch besonders, denn dann gibt's ab 18 Uhr Cocktails und Tapas zum halben Preis. Dienstags kosten die Karten nur 12,50 AU$.

SCHWULEN- & LESBENSZENE IN MELBOURNE

Melbournes Schwulen- und Lesbenszene ist sehr gut in die Gesamtbevölkerung integriert. Hier ein paar Highlights der Stadt:

- Das **Midsumma Festival** (S. 538) bietet ein vielfältiges Programm mit ca. 150 Kultur-, Szene- und Sportveranstaltungen.
- **MCV** (http://gaynewsnetwork.com.au) ist eine kostenlose Wochenzeitung, die auch online erscheint.
- Der schwul-lesbische Radiosender **JOY 94.9 FM** (www.joy.org.au) ist eine weitere wichtige Infoquelle für Besucher und Einheimische.
- Schwule sind im Nachtclub **Peel Hotel** (☎ 03-9419 4762; www.thepeel.com.au; 113 Wellington St, Collingwood; ⏲ Do–Sa 21 Uhr–Morgengrauen; 🚋 86) besonders gern gesehen. Und das **169 Drummond** (S. 543) ist seit nunmehr 20 Jahren eine schwulenfreundliche Unterkunft.

Freiluftkinos

Im Sommer sind in Melbourne Freiluftkinos sehr beliebt. Die saisonalen Öffnungszeiten und Programme erfährt man auf den jeweiligen Websites. Häufig werden Filmklassiker gezeigt, aber auch neue Produktionen sind im Angebot. Die Karten kosten im Allgemeinen 20 AU$ und sind meistens ziemlich schnell ausverkauft.

St. Kilda Open Air Cinema KINO
(Karte S. 533; www.openaircinemas.com.au; South Beach Reserve, Jacka Blvd, St. Kilda; 🚊79, 96) Vor dem Film wird hier oftmals Livemusik geboten. Die salzige Meeresluft gibt's gratis dazu.

Rooftop Cinema KINO
(Karte S. 522; www.rooftopcinema.com.au; Level 6, Curtin House, 252 Swanston St) Hier gibt's eine grandiose Aussicht über die Stadt, eine Burgerbude und eine Bar.

Moonlight Cinema KINO
(www.moonlight.com.au; Gate D, Royal Botanic Gardens, Birdwood Ave) Mit Decke, Kissen und Zutaten fürs Moonlight-Dinner bewaffnet kann man es sich mitten im Botanischen Garten so gemütlich wie in einem zweiten Wohnzimmer einrichten.

Shadow Electric KINO
(www.shadowelectric.com.au; Abbotsford Convent, 1 St Heliers St, Abbotsford; 🚌200, 201, 207, 🚆Collingwood) Dieses Kino unterm Sternenhimmel befindet sich auf einem ehemaligen Klostergelände. Hier gibt's auch allerhand Pop-up-Shops.

Theater

In Melbourne gibt es keinen Theaterbezirk – die einzelnen Kompanien und Theater sind über die ganze Stadt verteilt. Verbilligte Eintrittskarten bekommt man bei **Half Tix Melbourne** (Karte S. 522; www.halftixmelbourne.com; Melbourne Town Hall, 90-120 Swanston St; ⏲Mo 10–14, Di–Fr 11–18, Sa 10–16 Uhr; 🚆Flinders St). Dazu muss man am Tag der Aufführung (für Sonntagsvorstellungen bereits am Samstag) persönlich im Half-Tix-Büro erscheinen und die Karten bar bezahlen.

Malthouse Theatre THEATER
(☎03-9685 5111; www.malthousetheatre.com.au; 113 Sturt St, Southbank; 🚊1) Die Malthouse Theatre Company zeigt wirklich spannendes Theater. Vom Bahnhof Flinders Street die Princes Bridge überqueren und der St. Kilda Road folgen, dann rechts in die Grant Street und danach links in die Sturt Street abbiegen.

Melbourne Theatre Company THEATER
(MTC; ☎03-8688 0800; www.mtc.com.au; 140 Southbank Blvd, Southbank; 🚊1) Melbournes älteste Theatertruppe stellt jährlich 15 Produktionen auf die Beine, von zeitgenössischen und modernen Stücken (u.a. viele neue Werke australischer Autoren) bis hin zu Shakespeare und anderen Klassikern.

Livemusik

Northcote Social Club LIVEMUSIK
(☎03-9489 3917; www.northcotesocialclub.com; 301 High St, Northcote; ⏲Mo 16 Uhr–open end, Di–Do & So 12 Uhr–open end, Fr & Sa 12–3 Uhr; 🚊86, 🚆Northcote) An diesem fantastischen Veranstaltungsort treten große und weniger große Stars aus dem In- und Ausland auf. Wer einfach nur etwas trinken will, kann das in der Bar vorne tun, die jeden Abend proppevoll ist. Für faule Nachmittage bietet sich die große Terrasse hinten an – ein idealer, allseits beliebter Treff. Die Hoddle Street nach Norden bis zur High Street gehen.

Corner Hotel LIVEMUSIK
(☎03-9427 9198; www.cornerhotel.com; 57 Swan St, Richmond; ⏲Di & Mi 16 Uhr–open end, Do–So 12 Uhr–open end; 🚊70, 🚆Richmond) In dieser mittelgroßen Location hat es über die Jahre hinweg viele laute Livekonzerte gegeben. Wer den Ohren eine Pause gönnen will, kann in die riesige Dachterrassenbar gehen und den Blick über die Stadt genießen. Von den Leuten oben sind viele spießiger als die Musikfans unten. Der Quizabend am Mittwoch (ab 19.30 Uhr, Reservierung unter ☎03-9427 7300) hat Kultstatus.

Bennetts Lane LIVEMUSIK
(Karte S. 522; www.bennettslane.com; 25 Bennetts Lane; Tickets ab 15AU$; ⏲21 Uhr–open end) Das Bennetts Lane ist schon seit langer Zeit der Jazz-Hotspot Melbournes. Hier tritt die Crème de la Crème der nationalen und internationalen Talente auf, und das Publikum weiß, wann ein Applaus angesagt ist. Hinter der gemütlichen Bar vorn befindet sind ein weiterer Raum, in dem große Gigs stattfinden.

Ding Dong Lounge LIVEMUSIK
(Karte S. 522; www.dingdonglounge.com.au; 18 Market Lane; ⏲Mi–Sa 19 Uhr–open end) Das Ding Dong ist ganz groß in Sachen Livemusik und eine gute Location, um Melbourner Bands und tourende Gruppen zu hören. Freitagabends wird Indie-Musik gespielt, samstags hingegen ist Disko-Time bis zum Morgengrauen.

SPITZENACTS

Wenn die Götter des Rock (oder häufiger Pop-, R&B- und Hip-Hop-Stars) in die Stadt einfallen und die in Melbourne so beliebten mittelgroßen Veranstaltungsorte wie das Corner Hotel oder der Northcote Social Club zu klein sind, kommen für einen Auftritt vor allem folgende Locations in Frage:

Festival Hall (www.festivalhall.com.au; 300 Dudley St; 🚋24, 30, 34, 70) Das alte Boxstadion ist ein beliebter Veranstaltungsort für Livekonzerte.

Palace Theatre (Karte S. 522; www.palace.com.au; 20-30 Bourke St) Hier bieten Stars von Reggae bis Indie so ziemlich alles.

Forum Theatre (Karte S. 522; ☎Karten 13 61 00; www.marrinertheatres.com.au; 150-152 Flinders St; 🚆Flinders St) Das Forum Theatre ist nicht nur eine der stimmungsvollsten Konzertstätten, sondern dient während des Melbourne Film Festivals auch als Kino. Hinter der arabisch anmutenden Fassade verbirgt sich ein ebenso interessantes Interieur: An der Kuppeldecke ist der südliche Sternenhimmel abgebildet.

Hamer Hall (S. 524) Die Umbauarbeiten sind abgeschlossen, und die Konzerthalle ist jetzt ein wunderschöner, zentral gelegener Veranstaltungsort.

Palais Theatre (Karte S. 533; ☎03-9525 3240, Karten 13 61 00; www.palaistheatre.net.au; Lower Esplanade, St. Kilda) Das Palais steht anmutig neben dem Luna Park und ist ein Wahrzeichen von St. Kilda. Nicht nur, dass es sich dabei um eine wunderschöne alte Spielstätte handelt, hier werden auch einige herausragende Gigs geboten.

Rod Laver Arena (www.mopt.com.au; Batman Ave; 🚋70) Die riesige Mehrzweckarena mit dem gewaltigen Sonnendach ist Schauplatz von Megakonzerten (von den Eagles bis zu den Chemical Brothers) und den Australian Open (Tennis). Besonders stimmungsvoll ist es hier zwar nicht, das machen aber die jeweiligen Events wieder wett. Gleiches gilt für die nahegelegene **Hisense Arena** (Melbourne Park).

Sidney Myer Music Bowl (www.theartscentre.net.au) Das wunderschöne Amphitheater in den Kings Domain Gardens wird für allerlei Open-Air-Events genutzt – von der Neujahrsfete **Summerdayze** bis hin zu Konzerten des Melbourne Symphony Orchestra.

Esplanade Hotel LIVEMUSIK
(Karte S. 533; ☎03-9534 0211; www.espy.com.au; 11 The Esplanade, St. Kilda; ⏰Mo–Mi & So 12–1, Do & Fr 12–3, Sa 8–3 Uhr; 🚋96, 16) Rockfans werden begeistert sein. Das Espy ist nach wie vor herrlich schäbig und offen für alle. An den meisten Abenden spielen Bands in den diversen Räumen und auch in der Bar. An der Seite gibt's außerdem ein schickes Lokal im Diner-Stil. Und für den Preis eines Biers bekommt man einen Platz in der ersten Reihe mit Blick auf den rosaroten Sonnenuntergang über St. Kilda dazu.

Pure Pop Records LIVEMUSIK
(Karte S. 533; ☎03-9525 5066; www.purepop.com.au; 221 Barkly St, St. Kilda; 🚋96) Was soll man tun, wenn sich die Nachbarn über Lärm beschweren? Der Betreiber dieses Plattenladens hat viele innovative Ideen, u.a. das „Kauf-einen-Ziegelstein-Projekt", wodurch man dazu beiträgt, dass der kleine Veranstaltungsort eine bessere Schalldämmung bekommt. Bands treten Samstag- und Sonntagnachmittag auf. Der Eintritt ist meist frei.

Toff in Town LIVEMUSIK
(Karte S. 522; ☎03-9639 8770; www.thetoffintown.com; Level 2, Curtin House, 252 Swanston St; ⏰So–Do 17 Uhr–open end, Fr 15 Uhr–open end) Der stimmungsvolle Veranstaltungsort mit intimer Atmosphäre eignet sich gut für Kabarett, aber auch für Gigs von Indie-Bands und DJs. Unten befinden sich das Cookie und oben die offene Rooftop Bar mit schöner Aussicht.

Tote LIVEMUSIK
(www.thetotehotel.com; Ecke Johnston & Wellington St, Collingwood; ⏰Di–So 16 Uhr–open end; 🚋86) Die Schließung des Tote im Jahr 2010 war eine Zäsur für Melbourne. Auf den Straßen im CBD demonstrierten die Leute gegen die Schanklizenzverordnung, die für die Schließung verantwortlich gemacht wurde, und im Radio hagelte es Unmutsbekundungen. Die Protestler gewannen: Das Gesetz wurde geändert, und das Tote widmet sich seit seiner Wiedereröffnung seiner alten Tradition, Livebands auftreten zu lassen, die guten, schmutzigen Rock spielen.

Cherry LIVEMUSIK
(Karte S. 522; www.cherrybar.com.au; AC/DC Lane; ⌚Mo & Di 18–24, Mi 17–3, Do–Sa 17–5, So 13–24 Uhr) In diesem Rock'n'Roll-Schuppen gibt's bis 23.30 Uhr Livemusik, danach steht ein DJ am Plattenteller. Die im Voraus geheim gehaltenen Performances sind sehr beliebt, besonders wenn bekannte Bands in der Stadt sind. Draußen bildet sich oft eine lange Schlange, drinnen herrscht eine relaxte, etwas zügellose Stimmung.

Tanz

Australian Ballet BALLETT
(☎1300 369 741; www.australianballet.com.au; 2 Kavanagh St, Southbank) Das in Melbourne ansässige und mittlerweile mehr als 40 Jahre bestehende Australian Ballet führt traditionelle und neue Werke des Tanztheaters im Arts Centre Melbourne auf.

Chunky Move TANZ
(www.chunkymove.com; 111 Sturt St, Southbank) Das Chunky Move mit Stammsitz in Melbourne führt in aller Welt „Gattungsgrenzen sprengendes" Tanztheater auf. Wenn die Truppe vor Ort ist, geht sie im CUB Malthouse auf die Bühne.

Shoppen

Zentrum

Captains of Industry BEKLEIDUNG
(Karte S. 522; ☎03-9670 4405; www.captainsofindustry.com.au; Level 1, 2 Somerset Pl; ⌚Mo–Do 8–21, Fr 8–23 Uhr; 🚋19, 57, 59) Wo bekommt man schon einen Haarschnitt, einen Maßanzug und Schuhe an einem Ort? Natürlich hier! Und darüber hinaus bieten die emsigen Leute im Captains auch noch Hausmacherfrühstück, einfallsreiche Mittagsgerichte und bierlastige Abendessen an. Das soll erst mal jemand nachmachen.

Shop KUNSTHANDWERK, DESIGN
(Craft Victoria; Karte S. 522; www.craft.org.au; 31 Flinders Lane; ⌚Mo–Sa 10–17 Uhr; 🚋70, 75, City Circle) Dieser Shop, der Laden von Craft Victoria, hat hauptsächlich handgemachte Dinge im Angebot. Die große Auswahl an Schmuck, Textilien, Accessoires, Glas- und Keramikwaren verbindet handwerkliches mit künstlerischem Können. Hier findet man wirklich wunderbare Mitbringsel, die einen noch in der Heimat an Melbourne erinnern. Außerdem warten drei interessante Galerieräume auf Besucher.

Alice Euphemia MODE, SCHMUCK
(Karte S. 522; Shop 6, Cathedral Arcade, Nicholas Building, 37 Swanston St; ⌚Mo–Sat 10–18 & So 12–17 Uhr; 🚉Flinders St) Bei den meisten der hier verkauften Marken ist der künstlerische Anspruch unverkennbar, und der Schmuck bewegt sich zwischen schockierend und berauschend schön. Alle Artikel sind „made in Australia".

Aesop KOSMETIK
Diese Melbourner Kosmetikfirma hat sich auf Produkte aus einfachen Zutaten in ebenso einfachen Verpackungen spezialisiert. Große Auswahl an Produkten, die aus Pflanzenextrakten hergestellt sind! Filialen gibt's in **QV** (Karte S. 522; 35 Albert Coates Lane), in der **Flinders Lane** (Karte S. 522; 268 Flinders Lane), in **Fitzroy** (Karte S. 527; 242 Gertrude St) und **Prahran** (Karte S. 530; 143 Greville St).

Fitzroy

Third Drawer Down DESIGN
(Karte S. 527; www.thirddrawerdown.com; 93 George St; ⌚Mo–Sa 11–17 Uhr; 🚋86) Hier bekommt man alles, was das Leben ungewöhnlich macht – von Mühlen für Sesamsamen über Strandtücher mit „Beer-o'clock"-Aufdruck bis hin zu Schildern mit der Aufschrift „Come in, we're closed".

Crumpler ACCESSOIRES
(Karte S. 527; ☎03-9417 5338; www.crumpler.com.au; 87 Smith St Ecke Gertrude St; ⌚10–18 Uhr; 🚋86) Mit Crumplers Fahrradkuriertaschen fing alles an. Heute findet man das zeitlose, praktische Design in aller Welt. Inzwischen gibt's auch Taschen für Fotoapparate, Laptops und iPods. Weitere Filialen befinden sich im **CBD** (Karte S. 522; ☎03-9600 3799; 355 Little Bourke St; ⌚10–18, Fr 10–20 Uhr) und in **Prahran** (Karte S. 530; ☎03-9529 7837; 182 Chapel St; ⌚10–18, Fr 10–20 Uhr).

SpaceCraft HAUSHALTSARTIKEL, MODE
(Karte S. 527; www.spacecraftaustralia.com; 255 Gertrude St; ⌚Mo–Fr 11–18, Sa 10–18, So 11–17 Uhr) Ein ausgezeichneter Ort, um ein in Melbourne hergestelltes Souvenir zu erwerben, das nicht hinten im Schrank endet. Die Pflanzen- und Architekturmuster des Textilkünstlers Stewart Russell zieren alles – von Hockern über Socken bis zu Daunendecken.

Polyester Records MUSIK
(Karte S. 527; 387 Brunswick St; ⌚10–21 Uhr; 🚋112) Dieser grandiose Plattenladen verkauft den Melbournern schon seit Jahrzehn-

MELBOURNES BESTE MÄRKTE

➡ **Rose Street Artists' Market** (Karte S. 527; www.rosestmarket.com.au; 60 Rose St, Fitzroy; ⏲ Sa 11–17 Uhr; 🚊 112) Einer der besten und beliebtesten Kunsthandwerksmärkte Melbournes liegt einen kurzen Spaziergang von der Brunswick Street entfernt.

➡ **Camberwell Sunday Market** (www.sundaymarket.com.au; Station St, hinter der Kreuzung Burke & Riversdale Rd, Camberwell; Eintritt gegen Spende; ⏲ So 7–12.30 Uhr; 🚊 70, 75, 🚆 Camberwell) Auf diesem Markt bieten die Melbourner ihren Trödel den Antiquitätenjägern an.

➡ **Esplanade Market** (Karte S. 533; www.esplanademarket.com; zw. Cavell & Fitzroy St, St. Kilda; ⏲ So 10–17 Uhr; 🚊 96) Schick Shoppen am Meer? Auf diesem Markt stehen die Tische einen ganzen Kilometer lang. Zu haben gibt es allerhand Handwerksprodukte – von Spielzeug über Bioseife bis hin zu großen, Fischwesen darstellenden Metallskulpturen.

➡ **Queen Victoria Market** (S. 521) Diesen 130 Jahre alten Markt mit seiner Fleischhalle und den großen Abteilungen für Feinkost und Obst und Gemüse sollte man sich nicht entgehen lassen. Im Sommer findet hier mittwochs außerdem ein munterer Abendmarkt (17.30–22 Uhr) mit Livemusik statt.

ten Independent-Musik aus aller Welt sowie Konzertkarten. Ein Ableger befindet sich im **CBD** (Karte S. 522; 288 Flinders Lane).

Carlton

Readings BUCHLADEN

(Karte S. 529; www.readings.com.au; 309 Lygon St; 🚌 Tourist Shuttle, 🚊 16) Beim Schmökern in diesem florierenden Indie-Buchladen kann schnell mal ein ganzer Nachmittag draufgehen. Es gibt einen vollgepackten Tisch mit (günstigen) Sonderangeboten, hellwache Mitarbeiter und das ganze Sortiment von Lacan bis *Charlie and Lola*. Eine Filiale befindet sich u. a. in **St. Kilda** (Karte S. 533; ☎ 03-9525 3852; 112 Acland St; 🚊 96).

South Yarra, Prahran & Windsor

Chapel Street Bazaar VINTAGE

(Karte S. 530; ☎ 03-9521 3174; 217-223 Chapel St, Prahran; ⏲ 10–18 Uhr; 🚊 78, 🚆 Prahran) Wenn man dies ganz bürokratisch als eine „überdachte, ständige Ansammlung von Marktständen" bezeichnen würde, wüsste wohl keiner so richtig, was einen hier Tolles erwartet. Die alte Einkaufspassage ist der Renner bei allen Retro-Liebhabern. Ob man nun Küchenbehälter oder Noddy-Eierbecher sucht – hier wird man fündig.

Fat MODE, ACCESSOIRES

(Karte S. 530; www.fat4.com; 272 Chapel St, Prahran; 🚊 78, 🚆 Prahran) Das Fat-Modeimperium kleidet die Melbournerinnen auf eine neue Art und Weise ein und eine junge Generation von Designern bringt frischen Modewind in die Stadt, u. a. P.A.M und Kloke. Weitere Filialen gibt's im **CBD** (Karte S. 522; GPO, 350 Bourke St) und in **Fitzroy** (Karte S. 527; 209 Brunswick St).

St. Kilda

Dot Herbey MODE, ACCESSOIRES

(Karte S. 533; www.dotandherbey.com; 229 Barkly St) Von einem übergroßen Foto lächeln Grandma Dot und Grandpa Herb auf den winzigen Eckladen herab und fühlen sich offenbar zwischen all den japanischen Textilien und italienischen Seidenstoffen ganz und gar zu Hause.

Hunter Gatherer MODE

(Karte S. 533; 82a Acland St; 🚊 96) Von den etwa 26 Secondhand-Läden der Wohlfahrtsorganisation Brotherhood of St. Laurence ist dieser am meisten auf Retro eingestellt. Weitere Filialen findet man u. a. in **Fitzroy** (Karte S. 527; 274 Brunswick St; ⏲ 10.15–17.45, Fr 10.15–20 Uhr) und im **CBD** (Karte S. 522; Royal Arcade).

ℹ Praktische Informationen

GEFAHREN & ÄRGERNISSE

Gelegentlich wird von Schlägereien unter Alkoholeinfluss in einigen Teilen von Melbournes CBD berichtet, insbesondere in der King Street.

Radeln ohne Helm ist streng verboten. Die Polizei verlangt bei einem Verstoß 176 AU$. Helme (5 AU$, 3 AU$ Pfand werden bei Rückgabe erstattet) gibt's in 7Eleven-Läden.

Einige Straßen mit Parkmöglichkeiten werden in der Rushhour zu Schnellstraßen – also unbedingt auf die entsprechenden Schilder achten, denn Geldstrafen und Abschleppkosten können bis zu 400 AU$ betragen.

GELD

Überall in Melbourne findet man Geldautomaten. Geld wechseln kann man in größeren Hotels und in den meisten Banken während der Öffnungszeiten. Eine Reihe von Wechselstuben gibt es auch in der Swanston Street.

INFOS IM INTERNET

Lonely Planet (lonelyplanet.com/melbourne) Nützliche Links und Stadtinfos.

That's Melbourne (www.thatsmelbourne.com.au) Stadtpläne zum Download, Infos und Podcasts von der City of Melbourne.

Three Thousand (www.threethousand.com.au) Zusammenfassung der Events der Woche.

Visit Victoria (www.visitvictoria.com.au) Highlights und Events in Melbourne und Victoria.

INTERNETZUGANG

Kostenloses WLAN gibt es an zentralen Stellen im CBD, u. a. am Federation Square. Die Hotels berechnen für WLAN-Zugang oft zwischen 3 und 20 AU$ pro Stunde. Wer weder Laptop noch Smartphone hat, kann seine Mails in den vielen Internetcafés checken (ab 2 AU$/Std.).

MEDIEN

Die *Age* (www.theage.com.au) und die *Herald Sun* (www.heraldsun.com.au) berichten über das Geschehen in der Region, in Australien und in der ganzen Welt. Das *Broadsheet* (www.broadsheet.com.au) ist in Cafés erhältlich.

Infos über die Musikszene stehen in den kostenlosen Straßenblättern *Beat* (www.beat.com.au) und *Inpress*.

MEDIZINISCHE VERSORGUNG

Mulqueeny Midnight Pharmacy (☎ 03-9510 3977; Ecke Williams Rd & High St, Windsor; ⊙ 8–24 Uhr; 🚊 6)

Royal Melbourne Hospital (☎ 03-9342 7000; www.rmh.mh.org.au; Ecke Grattan St & Royal Pde; 🚊 19, 59) Zentral gelegenes, öffentliches Krankenhaus mit Notaufnahme.

Tambassis Pharmacy (☎ 03-9387 8830; Ecke Sydney & Brunswick Rds; ⊙ 8–24 Uhr; 🚊 19)

Travel Doctor (TVMC; ☎ 03-9935 8100; www.traveldoctor.com.au; Level 2, 393 Little Bourke St) Ist auf Impfungen spezialisiert.

NOTFALL

Polizei, Ambulanz und Feuerwehr erreicht man unter ☎ 000.

Centre Against Sexual Assault (CASA; ☎ 1800 806 292)

Poisons Information Centre (☎ 13 11 26)

Translating & Interpreting Service (☎ 13 14 50) Rund um die Uhr erreichbar.

POST

Melbourne GPO (Karte S. 522; ☎ 13 13 18; www.auspost.com.au; 250 Elizabeth St, Ecke Little Bourke St; ⊙ Mo–Fr 8.30–17.30, Sa 9–17 Uhr)

TOURISTENINFORMATION

Melbourne Visitor Centre (MVC; Karte S. 522; ☎ 03-9658 9658; Federation Sq; ⊙ 9–18 Uhr; 📶) Prima Touristeninformation mit ausgezeichneten Infos und Tipps für Reisende mit Behinderungen.

ℹ An- & Weiterreise

BUS

Southern Cross Station (www.southerncrossstation.net.au, Spencer St) Dies ist der Hauptbusbahnhof für Fernbusse. Gepäckaufbewahrung (12 AU$/24 Std.).

Firefly (Karte S. 522; ☎ 1300 730 740; www.fireflyexpress.com.au) Fährt nach Adelaide und Sydney.

Greyhound (☎ 1300 473 946; www.greyhound.com.au) Australienweit.

V/Line (☎ 1800 800 007; www.vline.com.au; Southern Cross Station) Ziele in Victoria.

FLUGZEUG

Melbourne hat zwei Flughäfen: **Avalon** (☎ 1800 282 566, 03-5227 9100; www.avalonairport.com.au) und **Tullamarine** (☎ 03-9297 1600; www.melbourneairport.com.au). Avalon wird allerdings im Moment nur von **Jetstar** (☎ 13 15 38; www.jetstar.com) benutzt. Jetstar startet und landet aber auch am Tullamarine Airport, wo auch **Tiger** (☎ 03-9034 3733; www.tigerairways.com), **Qantas** (☎ 13 67 89; www.qantas.com), **Virgin Australia** (☎ 13 13 13; www.virginaustralia.com) und andere Fluggesellschaften vertreten sind. **Sharp Airlines** (☎ 1300 556 694; www.sharpairlines.com) fliegt hingegen von dem kleineren, regionalen Essendon Airport nach Portland und Hamilton.

Im Tullamarine Airport gibt's eine **Gepäckaufbewahrung** (Terminal 2, International Arrivals, EG; 15 AU$/24 Std.; ⊙ 5.30–12.30 Uhr).

SCHIFF / FÄHRE

Spirit of Tasmania (☎ 1800 634 906; www.spiritoftasmania.com.au) Die *Spirit of Tasmania* fährt immer mindestens einmal pro Nacht über die Bass Strait von Melbourne Richtung Devonport in Tasmanien; in der Hauptsaison wird Tasmanien aber auch tagsüber angesteuert. Die Überfahrt dauert ganze elf Stunden, und wer mit will, muss sich am Station Pier in Port Melbourne einfinden.

ZUG

Fernzüge nutzen den Bahnhof **Southern Cross Station** (www.southerncrossstation.net.au, Spencer St).

Unterwegs vor Ort

AUTO & MOTORRAD

Autovermietung

Avis (☎13 63 33; www.avis.com.au)

Budget (☎13 27 27; www.budget.com.au)

Europcar (☎1300 131 390; www.europcar.com.au)

Hertz (☎13 30 39; www.hertz.com.au)

Rent a Bomb (☎13 15 53; www.rentabomb.com.au)

Thrifty (☎1300 367 227; www.thrifty.com.au)

Car-Sharing

Zu den Car-Sharing-Unternehmen in Melbourne gehören u. a. **Green Share Car** (☎1300 575 878; www.greensharecar.com.au), **Go Get** (☎1300 769 389; www.goget.com.au) und **Flexi Car** (☎1300 363 780; www.flexicar.com.au). Man mietet die Autos pro Stunde oder Tag; das Benzin ist im Preis bereits enthalten. Die Preise variieren je nach Beitrittsgebühren (zwischen 25 und 40 AU$) und der Art der Abrechnung (pro Std./pro Km). Die Autos sind im und rund um den CBD auf ausgewiesenen „Car-Share"-Parkplätzen abgestellt. Je nach dem gewählten Angebot kostet Car-Sharing etwa 15 AU$ pro Stunde.

Parken

Die Kontrollen sind im CBD besonders streng. Die meisten Parkplätze am Straßenrand sind parkscheinpflichtig; bei Überschreiten der Parkzeit erhält man eine Geldstrafe (70–141 AU$). Auch sollte man darauf achten, dass man nicht in Straßen parkt, die in der Rushhour zu Schnellstraßen werden. Wenn das Auto abgeschleppt wurde, wird einem nur gegen Zahlung von 400 AU$ gesagt, wo es steht. In der Stadt gibt es viele Parkhäuser – die von der City of Melbourne betriebenen sind im Allgemeinen am preiswertesten (10 AU$/2 Std.). Motorräder dürfen auf dem Bürgersteig abgestellt werden.

> **RICHTIG ABBIEGEN**
>
> Für alle Ortsfremden sind die Melbourner „Hook Turns" ungewohnt (allerdings unproblematisch, wenn man erst einmal das Prinzip verstanden hat). An vielen Kreuzungen in der Stadt kann man nur aus der linken Spur nach rechts abbiegen, damit die Straßenbahn nicht behindert wird. Wenn man das Schild „Right Turn from Left Only" sieht, das oft an Straßenbahn-Oberleitungen hängt, sich in die linke Spur einordnen, den Blinker nach rechts setzen und warten. Wenn die Ampel für die Straße, in die man einbiegen will, grün zeigt, nach rechts abbiegen.

Mautpflichtige Straßen

Autofahrer müssen sich einen Mautpass kaufen, wenn sie eine der beiden mautpflichtigen Straßen benutzen wollen (den CityLink bzw. den EastLink, der von Ringwood bis fast nach Frankston führt). Motorräder fahren auf dem CityLink mautfrei.

Citylink (☎13 26 29; www.citylink.com.au)

Eastlink (☎13 54 65; www.citylink.com.au)

FAHRRAD

Melbourne Bike Share (☎1300 711 590; www.melbournebikeshare.com.au) Melbourne Bike Share startete 2010 und lief nur zäh an, was vor allem auf die in Victoria herrschende Helmpflicht zurückgeführt wurde. Subventionierte Schutzhelme gibt's jetzt in 7Eleven-Läden im ganzen CBD (5 AU$, Pfand (3 AU$) wird bei Rückgabe erstattet). Will man das Rad einen Tag (2,70 AU$) oder eine Woche (8 AU$) nutzen, benötigt man eine Kreditkarte und muss eine Kaution von 50 AU$ hinterlegen. Die erste halbe Stunde ist jeweils frei.

VOM/ZUM FLUGHAFEN

Tullamarine Airport

Zum Tullamarine Airport fahren weder Züge noch Straßenbahnen.

Am billigsten kommt man so nach Tullamarine: Mit der Bahn bis Broadmeadows, wo man in Bus 901 umsteigt, der bis zum Flughafen fährt. Mit der Myki Card kostet die Fahrt ca. 6 AU$ (dauert aber mindestens 40 Min.).

Taxis nehmen für die Fahrt in Melbournes CBD ab 45 AU$. Eine Alternative bietet der **SkyBus** (Karte S. 522; ☎03-9335 2811; www.skybus.com.au; Erw./Kind einfache Fahrt 17/7 AU$; 🚇 Southern Cross Station), ein Expressbus, der alle 20 Minuten vom/zum Bahnhof Southern Cross Station fährt.

Ein Teil der Strecke vom Tullamarine Airport nach Melbourne ist mautpflichtig und wird von **CityLink** (☎13 26 29; www.citylink.com.au) unterhalten. Wer die Strecke fahren will, braucht einen Tulla Pass (5,15 AU$), den man online oder telefonisch bekommt. Wer viel Zeit, aber nur wenig Geld hat, nimmt die Ausfahrt Bell Street und fährt dann über die Nicholson Street in den CBD.

Avalon Airport

Avalon Airport Transfers (☎03-9689 7999; www.sitacoaches.com.au; Southern Cross Station; einfache Fahrt 22 AU$) Avalon Airport

ABSTECHER

MACEDON RANGES & HANGING ROCK

Die Macedon Ranges sind ein kurzer Abstecher vom Calder Freeway (Rte M79) und liegen weniger als eine Fahrtstunde nördlich von Melbourne. Hügel, Wälder und Weingüter prägen diese schöne Landschaft. Zu dem Gebiet gehören die Ortschaften Gisborne, Woodend, Lancefield, Romsey und Kyneton sowie der legendäre Hanging Rock.

Der **Mt. Macedon** ist ein 1010 m hoher, erloschener Vulkan mit zahlreichen Wanderwegen. Die malerische Mt. Macedon Road führt gipfelwärts an Landhäusern mit schönen Gärten vorbei. Oben gibt es ein Café, Aussichtspunkte und das 21 m hohe Gipfelkreuz.

Hinter dem Abzweig zum Gipfel führt die Straße ins reizende **Woodend**, nach rechts geht eine ausgeschilderte Straße zum **Hanging Rock** (www.visitmacedonranges.com; 10 AU$/Fahrzeug; ⌚9–17 Uhr) ab, einer heiligen Stätte der Wurundjeri. Der Felsen war einst ein Banditenversteck; Ruhm erlangte er durch Joan Lindsays Roman *Picknick am Valentinstag* (und den darauf beruhenden Film von Peter Weir) über das mysteriöse Verschwinden einiger Schulmädchen. In Woodend, das mit dem V/Line-Zug von Melbourne aus gut zu erreichen ist, bietet das ausgezeichnete **Holgate Brewhouse** (☎03-5427 2510; www.holgatebrewhouse.com; 79 High St; DZ 135–185 AU$; Hauptgerichte 19–29 AU$; ⌚mittags–abends) einige vor Ort fabrizierte Ales und Lagerbiere, die nach englischer Art gezapft werden. Eine Probierkelle (10 AU$) lohnt sich. Die Küche liefert dazu herzhafte modern-australische Bistrogerichte.

Weiter nördlich folgt **Kyneton**, das früher eine Postkutschenstation zwischen Melbourne und den Goldfeldern war. In dem historischen Viertel um die Piper Street stehen alte Gebäude aus Basalt, in denen heute Antiquitätenläden und fabelhafte Cafés und Restaurants residieren.

Transfers bedient alle Jetstar-Flüge am Avalon Airport. Los geht's an der Southern Cross Station, die Fahrt dauert ca. 50 Minuten. Die genauen Zeiten sind der Website zu entnehmen. Eine Reservierung ist nicht erforderlich.

ÖFFENTLICHE VERKEHRSMITTEL

Die Flinders Street Station ist der zentrale Bahnhof, der die Stadt mit den Vorstädten verbindet. Der City Loop verläuft unterirdisch und verbindet die vier „Ecken" der Stadt.

Das ausgedehnte Straßenbahnnetz erreicht jeden Zipfel Melbournes. Die Straßenbahnen fahren in den meisten Hauptstraßen der Stadt in Nord-Süd- sowie in Ost-West-Richtung. Montags bis freitags verkehren sie ungefähr alle 10 Minuten, samstags alle 10 bis 15 Minuten und sonntags alle 20 Minuten. Bei **Public Transport Victoria** (PTV; ☎1800 800 007; www.ptv.vic.gov.au; Southern Cross Station, Spencer St; 🚉Southern Cross) sind weitere Infos erhältlich. Lohnend ist auch die kostenlose City-Circle-Straßenbahn (S. 537), die ums Stadtzentrum fährt, und der Melbourne City Tourist Shuttlebus (S. 538).

Die **Myki** Card(www.myki.com.au) gilt in Melbournes Bussen, Straßenbahnen und Zügen und muss beim Ein- und Aussteigen entwertet werden. Man muss sich eine Myki Card aus Plastik (6 AU$) kaufen und vor Fahrtantritt aufladen, was für Touristen etwas problematisch sein kann. Einige Hostels haben Mykis von ihren Gästen, die Melbourne verlassen. Am besten kauft man sich aber gleich bei der Ankunft am Flughafen, Skybus-Terminal oder PTV Hub an der Southern Cross Station ein Myki Visitor Pack (14 AU$).

Myki Cards können in 7Eleven-Läden, an den Geräten auf den meisten Bahnhöfen und an einigen Straßenbahnhaltestellen im CBD aufgeladen werden (wer seine Karte online aufladen will, sollte daran denken, dass die Bearbeitungszeit bis zu 24 Stunden betragen kann). Wer ohne gültige Myki Card erwischt wird, muss 207 AU$ hinlegen – die Kontrollettis sind erbarmungslos.

Die Preise für Fahrten in der Zone 1, die für die meisten Traveller ausreichen dürfte, betragen 3,50 AU$ für 2 Stunden bzw. 7 AU$ für einen Tag.

TAXI

Taxis sind mit Taxameter ausgestattet. Bei Fahrten zwischen 22 und 5 Uhr muss vor Fahrtantritt der geschätzte Fahrpreis bezahlt werden. Eine Differenz wird nach Erreichen des Ziels gezahlt bzw. erstattet. Mautgebühren werden auf den Fahrpreis aufgeschlagen. Ein kleines Trinkgeld ist üblich, aber nicht zwingend erforderlich.

QUEENSCLIFF & DIE BELLARINE PENINSULA

Die Hügel der Bellarine Peninsula sind von neuen Weingütern gesäumt, aber schon seit Jahrhunderten kommen Besucher wegen der Atmosphäre eines Küstendorfs hierher. Die Bellarine Peninsula und die Mornington Peninsula sind sich sehr nah – nur ein 3,5 km langer Wasserstreifen trennt Point Nepean auf der Mornington Peninsula und Point Lonsdale auf der Bellarine Peninsula. Neben dem Beobachten von Schiffen – wie sie durch diesen Wasserkanal manövrieren – kann man seine Zeit auch damit verbringen, leckeres Essen zu probieren, am Strand zu entspannen, zu tauchen oder zu schnorcheln oder durch die Dörfer zu schlendern.

Die Unterkunftspreise schnellen zwischen Weihnachten und Ende Januar in die Höhe, und viele Campingplätze haben dann eine Mindestverweildauer. Wochenenden – auch im tiefsten Winter – sind immer teuer.

ℹ An- & Weiterreise

AUTO & MOTORRAD

Die Bellarine Peninsula ist von Melbourne aus leicht über den Princess Freeway (M1) nach Geelong zu erreichen. Anstatt die Umgehungsstraße zu nehmen, kann man auch durch Geelong zum Bellarine Highway (Route 91) fahren.

BUS

McHarry's Buslines (☎ 03-5223 2111; www.mcharrys.com.au) Die Busse von McHarry's Buslines fahren von Geelong zu den meisten Orten auf der Halbinsel, darunter Barwon Heads (30 Min.), Ocean Grove (45 Min.), Portarlington (45 Min.), Queenscliff (1 Std.) und Point

Rund um Melbourne

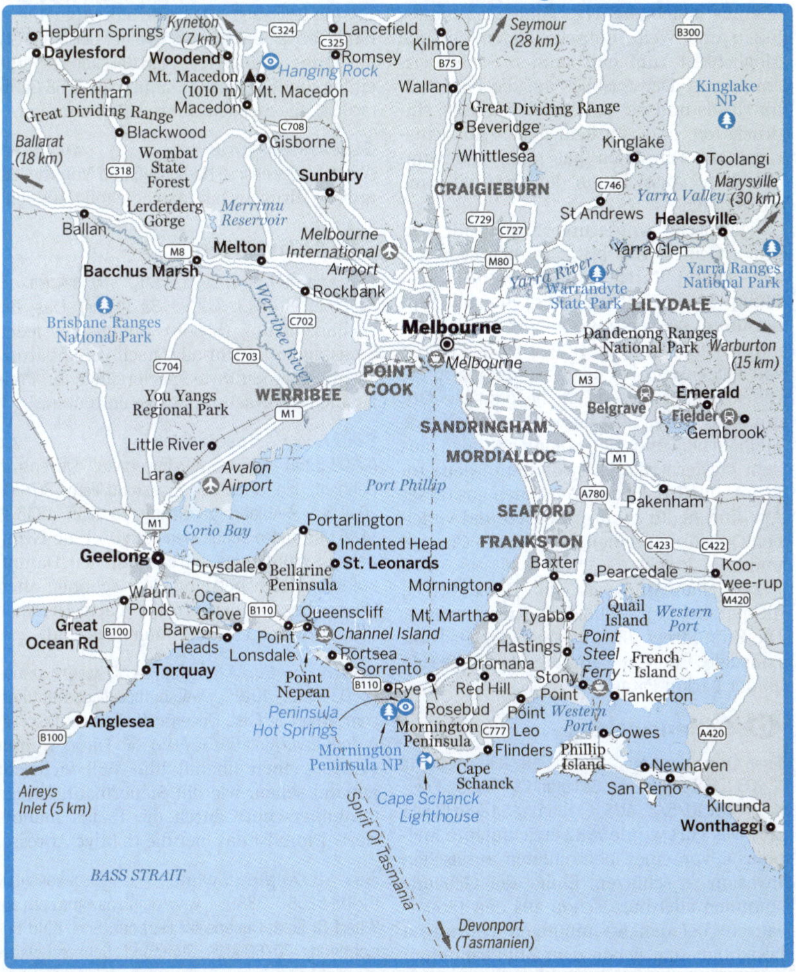

Lonsdale (55 Min.). Eine Myki-Karte kostet 3,50 AU$ für zwei Stunden und 7 AU$ für den ganzen Tag.

FÄHRE

Queenscliff Sorrento Ferry (☎03-5258 3244; www.searoad.com.au; einfache Strecke ohne Auto Erw./Kind 10/8 AU$, 2 Erw. & Auto 69 AU$; ⏲stündl. 7–18 Uhr) Diese Passagier- und Autofähre verkehrt zwischen Queenscliff und Sorrento.

Queenscliff

1420 EW.

Das historische Queenscliff ist ein sehr hübsches Flecken, das bei Tagesausflüglern und Übernachtungsgästen aus Melbourne überaus beliebt ist. Hier findet man gutes Essen und Wein, hübsche Läden und die Möglichkeit zum entspannten Schlendern am Strand. Der Ausblick auf die Port Phillip Heads und die Bass Strait ist recht eindrucksvoll, und von dem neuen Aussichtsturm am Fährhafen hat man eine wunderschöne Aussicht auf den Ort und seine Umgebung.

Queenscliff wurde ursprünglich für Lotsen errichtet, die bis zum heutigen Tag alle Schiffe durch die trügerischen Port Phillip Heads steuern. Diese als „the Rip“ bekannte Wasserstraße gehört zu den gefährlichsten der Welt. In den 1850er-Jahren war Queenscliff bei jenen Goldgräbern, die Glück gehabt hatten, ein bevorzugter Ort, um sich niederzulassen, und wohlhabende Melbourner und die Squatter-Könige aus dem Western District strömten in den Ort. Prunkvolle Hotels und Pensionen aus dieser Ära sind heute noch in Betrieb und verleihen Queenscliff seinen historischen Charme und seine Pracht.

Die Hauptstraße ist die Hesse Street, die parallel zur Gellibrand Street verläuft. Die King Street führt weiter bis nach Point Lonsdale, und der Fährhafen befindet sich an der Larkin Parade.

Sehenswertes

Fort Queenscliff HISTORISCHE STÄTTE
(☎03-5258 1488; Ecke Gellibrand & King St; Erw./Kind/Fam. 10/5/25 AU$; ⏲Führung Sa & So 13 & 15 Uhr) Das Fort wurde 1882 errichtet, um Melbourne vor einer befürchteten russischen Invasion zu schützen. Einige der Gebäude stammen allerdings schon aus den 1860er-Jahren. Bei den 90-minütigen Führungen besichtigt man neben dem Militärmuseum auch den Pulverturm, die Zellen und das Black Lighthouse.

Marine & Freshwater Discovery Centre AQUARIUM
(☎03-5258 3344; www.dpi.vic.gov.au/mdc; 2a Bellarine Hwy; Erw./Kind 8/5 AU$; ⏲Mo–Fr 11–15 Uhr) Im Fühlbecken des Meereszentrums kommt man im wahrsten Sinne des Wortes auf Tuchfühlung mit den Meereslebewesen von Victoria. Während einen neugierige Schleim- und Tintenfische begutachten, wird man von freiwilligen Helfern mit ausgezeichneten Informationen versorgt.

Gellibrand Street STRASSE
Historische Gebäude säumen die Gellibrand Street. Sehenswert sind das alte **Ozone Hotel** (42 Gellibrand St), heute ein Apartmenthaus, ferner **Lathamstowe** (44 Gellibrand St), das **Queenscliff Hotel** (16 Gellibrand St) und einige alte **Lotsenhäuschen** (66 & 68 Gellibrand St), die aus dem Jahre 1853 stammen.

Observation Tower WAHRZEICHEN
(Wharf St, Queenscliff Harbour) GRATIS Von diesem großen Turm aus hat man eine tolle Aussicht.

Aktivitäten

Queenscliff Heritage Walk STADTSPAZIERGANG
(☎03-5258 4843; $12; ⏲Sa 14 Uhr) Das Besucherzentrum (S. 568) organisiert jeden Samstag um 14 Uhr oder nach Vereinbarung 45-minütige geführte Spaziergänge. Im Preis ist auch der Nachmittagstee enthalten.

Bellarine Peninsula Railway ZUG
(☎03-5258 2069; www.bpr.org.au; Queenscliff Bahnhof; hin & zurück Erw./Kind/Fam. 30/20/70 AU$; ⏲Abfahrt ganzjährig So 11.15, 13.15 & 14.45 Uhr, in den Schulferien auch Di) Eine Gruppe von fröhlichen, ehrenamtlichen Dampfzugliebhabern betreibt diese schönen alten Züge, die auf der Strecke nach Drysdale (hin & zurück 1¾ Std.) unterwegs sind.

South Bay Eco Adventures ABENTEUERTOUR
(☎03-5258 4019; www.southbayecoadventures.com; Wharf St East, Queenscliff Harbour; Discovery Tour Erw./Kind 65/35 AU$) Diese Touren bringen einen überall hin. Will vielleicht jemand sehen, wie ein Steuermann riesige Containerschiffe durch die Heads manövriert? Dann ist das hier die richtige Adresse.

Sea-All Dolphin Swims SCHNORCHELN
(☎03-5258 3889; www.dolphinswims.com.au; Wharf St East, Queenscliff Harbour; Erw./Kind Besichtigung 70/60 AU$, 3½-stünd. Schnorchelaus-

flug 135/115 AU$; ⏲ Okt.–April 8 & 13 Uhr) Veranstaltet Besichtigungsfahrten und Schwimmen mit Seehunden und Delfinen (passende Kleidung inklusive) in der Port Phillip Bay.

Dive Victoria TAUCHEN
(☎ 03-5258 1188; www.divevictoria.com.au; Wharf St East, Queenscliff Harbour; ab 130/65 AU$ pro Tauchgang mit/ohne Ausrüstung) Bringt zertifizierte Taucher zur kürzlich versenkten HMAS *Canberra* und zu anderen Schiffswracks.

Feste & Events

Queenscliff Music Festival MUSIK
(☎ 03-5258 4816; www.qmf.net.au) Am letzten Novemberwochenende treten hier australische Musiker mit einem Faible für Folklore und Blues auf.

Blues Train MUSIK
(www.thebluestrain.com.au; Tickets 95 AU$) Der unregelmäßig fahrende Blues Train lässt einen im Takt mitwippen. Auf der Fahrt gibt's Roots-Musik und etwas zu essen. Wann der Zug fährt und welche Künstler mitwirken, erfährt man auf der Website.

Schlafen

Dive Victoria HOSTEL $
(☎ 03-5258 4188; www.divevictoria.com.au; 37 Learmonth St; B mit Frühstück 35 AU$; ❄) Dieser Tauchveranstalter bietet Hostelunterkünfte in seinem Büro in der Learmonth Street an. Die Gemeinschaftsküche und der Wohnbereich sind hell und luftig in einem zentralen Innenhof gelegen. Die einfachen Zimmer befinden sich im hinteren Bereich. Eigenes Bettzeug mitbringen!

Queenscliff Inn HOTEL $
(☎ 03-5258 4600; www.queenscliffinn.com; 59 Hesse St; DZ/FZ ohne Bad 90/140 AU$) Dieses edwardianische Gasthaus hat einfache, aber nette Zimmer im Stil der damaligen Zeit. Es gibt einen Gemeinschaftsbereich und ein gutes Restaurant sowie eine Küche für Selbstversorger.

Queenscliff Tourist Parks CAMPINGPLATZ, HÜTTEN $$
(☎ 03-5258 1765; www.touristparks.queenscliffe.vic.gov.au; 134 Hesse St; Stellplatz mit Strom/Hütte 32–52/124 AU$) Dieser wirklich freundliche, von der Gemeinde betriebene Campingplatz rund um das Rugbyfeld von Queenscliff liegt zu Fuß gerade einmal fünf Minuten von der Stadt entfernt und außerdem auch fast direkt am Strand.

Athelstane House BOUTIQUE-HOTEL $$
(☎ 03-5258 1024; www.athelstane.com.au; 4 Hobson St; Zi. mit Frühstück 175 AU$; 📶) Das Athelstane House hat elegante und komfortable Zimmer in einem wunderschön erhaltenen historischen Gebäude. Jedes Zimmer verfügt über ein Bad, und die mit Balkon sind besonders geräumig. Das zugehörige Restaurant mit Bar kümmert sich um das leibliche Wohl der Gäste.

Vue Grand HOTEL $$$
(☎ 03-5258 1544; www.vuegrand.com.au; 46 Hesse Street; traditionelles Zi. 200 AU$, Zi. mit Erker inkl. Frühstück ab 400 AU$) Die traditionellen Zimmer des Vue sind nichts im Vergleich zur Erker-Suite (mit 360-Grad-Aussicht) und zu den Zimmern mit Blick auf die Bucht (mit freistehender Badewanne im Wohnzimmer), aber die Preise liegen meilenweit auseinander. Wer sich das Erkerzimmer nicht leisten kann, sollte an sonnigen Tagen in der Bar auf der Dachterrasse des Turms einfach ein oder zwei Drinks zu sich nehmen.

Essen & Ausgehen

Café Gusto CAFÉ $
(☎ 03-5258 3604; 25 Hesse St; Hauptgerichte 15 AU$; ⏲ 8.30–16 Uhr) Dieses beliebte Café mit großem Garten nach hinten raus ist ein idealer Ort zum Frühstücken. Hier werden fast ausschließlich regionale Produkte verwendet, und alles vom Relish bis hin zu den Baked Beans wird vor Ort hergestellt.

Lix CAFÉ $
(Shop 6, 4 Wharf St, Queenscliff Harbour; Gerichte 5.50 AU$; ⏲ 7.30–17 Uhr) Dieses neue Café am Ufer serviert einfache getoastete Sandwichs, leckere Smoothies und Kaffee.

Vue Street Bar PIZZERIA $$
(46 Hesse St; Hauptgerichte 17 AU$; ⏲ Mi–Sa 11.30–20 & So 12–17 Uhr) Mit einem Bier in der einen und einem Stück Pizza in der anderen Hand einfach nur dasitzen und das bunte Treiben in Queenscliff beobachten; großartiges Essen, tolles Ambiente.

The Lounge@Salt COCKTAILBAR
(☎ 03-5258 3988; www.salt-art.com.au; 33-35 Hesse St; ⏲ Sa & So 12 Uhr–früher Abend) Diese glamouröse Bar beeindruckt mit hochwertigen Möbeln im Retro-Look, schönem Ausblick aufs Meer vom Balkon aus und Kunst an den Wänden. Hier heißt es bei einem leckeren, erfrischenden Cocktail oder einem guten Glas Wein aus der Region einfach nur entspannen.

Praktische Informationen

Queenscliff-Touristeninformation (☎ 03-5258 4843; www.queenscliffe.vic.gov.au; 55 Hesse St; ⏲ 9–17 Uhr) Internetzugang für 6 AU$ pro Stunde (das geht auch nebenan in der Bibliothek).

Point Lonsdale

2500 EW.

Sehenswertes & Aktivitäten

Point Lonsdale, 5 km südwestlich von Queenscliff, ist eine entspannte Gemeinde mit Cafés und einem noch in Betrieb befindlichen Leuchtturm, der 1902 errichtet wurde. Vom Parkplatz im Ufervorland führt ein Weg zum Aussichtspunkt Rip View hinauf, von dem aus man die Schiffe bei der Einfahrt in den berühmten Rip beobachten kann, zum Point Lonsdale Pier und zum Leuchtturm. Vor dem steinigen Strand unterhalb des Parkplatzes gibt es gute Wellen.

Unterhalb des Leuchtturms befindet sich Buckley's Cave, in der William Buckley 32 Jahre lang mit indigenen Völker lebte, nachdem er aus der Sträflingskolonie in Sorrento entkommen war.

Schlafen & Essen

Point Lonsdale Guest House PENSION $$
(☎ 03-5258 1142; www.pointlonsdaleguesthouse.com.au; 31 Point Lonsdale Rd; Zi. 110–250 AU$; 📶❄) Die große Auswahl an Zimmern in diesem ehemaligen Bahnhofsgebäude (1884) reicht von ganz einfachen Motelzimmern bis hin zum verschwenderischen Champagner-Zimmer. Und der Blick auf den Leuchtturm ist dann die Krönung des Ganzen. Es gibt außerdem eine Gemeinschaftsküche, einen Tennisplatz sowie verschiedene Grillmöglichkeiten.

Grow Naturally CAFÉ $
(59 Point Lonsdale Rd; Hauptgerichte 10–19 AU$; ⏲ Mi–So 9–15 Uhr) Es ist bestimmt nicht immer einfach, gesundes Essen zu günstigen Preisen zu servieren, aber diesem kleinen Café gelingt es durchaus.

Kelp MODERN-AUSTRALISCH $$
(67 Point Lonsdale Rd; Hauptgerichte 18–42 AU$; ⏲ 8–21 Uhr) Dieses moderne Café-Restaurant serviert Frühstück, Pita-Wraps und diverse Salate zur Mittagszeit. Auf der exklusiven Speisekarte fürs Abendessen findet man Gerichte mit Wildfleisch und Tintenfisch-Linguine.

Barwon Heads

3600 EW.

An der Mündung des breiten Barwon River liegt Barwon Heads, ein Paradies mit geschützten Stränden, Surfshops, den Gezeiten unterworfenen Flussströmungen und einer ganze Menge Urlaubern.

Sehenswertes

Strände STRAND
Surfer zieht es zum lebhaften **Thirteenth Beach**, 2 km westlich der Stadt. Um die Landzunge **Bluff** kann man kurze Wanderungen mit schöner Aussicht aufs Meer machen. Unter den Felsriffen gibt es schöne Flecken zum **Tauchen**.

Jirrahlinga Koala & Wildlife Sanctuary NATURSCHUTZGEBIET
(☎ 03-5254 2484; www.jirrahlinga.com.au; Taits Rd; Erw./Kind 18/10 AU$) 🍃 Dieses Koala-Schutzgebiet kümmert sich in der Klinik vor Ort um verletzte Koalas und beherbergt auch verschlafene Wombats und Reptilien.

Schlafen

Barwon Heads Caravan Park CAMPINGPLATZ $
(☎ 03-5254 1115; www.barwoncoast.com.au; Ewing Blyth Dr; Stellplatz ohne/mit Strom 41/55 AU$, DZ/FZ-Hütte 95/155 AU$, Strandhaus 275 AU$) Dieser Zeltplatz liegt direkt am Barwon River und verfügt über extravagante Strandhäuser, Stellplätze im Schatten von Teebäumen, mehrere Tennisplätze und Spielplätze. In der Nebensaison sind die Preise übrigens deutlich günstiger.

Seahaven Village APARTMENT $$
(☎ 03-5254 1066; www.seahavenvillage.com.au; 3 Geelong Rd; DZ 145–295 AU$; ❄📶) Das Seahaven besteht aus einer Reihe in sich abgeschlossener Apartments und Cottages. Die niedlichen Unterkünfte bieten tolle Annehmlichkeiten wie beheizte Decken, offene Kamine, komplett eingerichtete Küchen und Unterhaltungselektronik.

Essen

Starfish Bakery BÄCKEREI $
(78 Hitchcock St; Gerichte 7–10 AU$; ⏲ Mi–Mo 7–16 Uhr) Dieses entspannte und farbenfrohe Café mit Bäckerei stellt seine eigenen Backwaren und Brote her. Es gibt außerdem Gerichte zum Mitnehmen (14 AU$), die geradezu ideal für Camper sind.

Little Tuckles CAFÉ $
(☎0458 910 244; 1 Flinders Pde; Hauptgerichte 9 AU$; ⏲6.30–14 Uhr) Dieses niedliche, fröhliche Café liegt am Kreisverkehr in der Nähe des Strands. Der Kaffee ist ausgezeichnet, und es gibt jede Menge Köstlichkeiten zum Mitnehmen. Oder aber man isst gleich hier und tankt im Innenhof etwas Sonne.

At the Heads MODERN-AUSTRALISCH KÜCHE $$
(☎03-5254 1277; www.attheheads.com.au; Jetty Rd; Gerichte 26–32 AU$; ⏲8–21 Uhr) Dieses helle, luftige Café-Restaurant wurde auf Stelzen über der Flussmündung erbaut und bietet ein üppiges Frühstück, regionale Gerichte und atemberaubende Ausblicke. Die quirlige, familiäre Atmosphäre macht es zu einem sehr netten Lokal.

DAS YARRA VALLEY

Eine Stunde nordöstlich von Melbourne liegt das Yarra Valley, eine der besten Weinregionen Victorias. Sie ist umgeben von Nationalparks, die hervorragende Wander- und Radfahrmöglichkeiten bieten. Healesville und Yarra Glen sind die beiden Hauptstädte im Yarra Valley. Beide liegen zentral zu vielen Weingütern.

Die Nationalparks der Gegend eignen sich prima zum Wandern, z. B. der Warrandyte State Park, der Yarra Ranges National Park und der Kinglake National Park.

Aktivitäten

Einstündige Ballonfahrten zur Morgendämmerung mit Champagner-Frühstück kosten bei den folgenden Anbietern zwischen 250 und 315 AU$: **Balloon Sunrise** (☎03-9005 2212; www.hotairballooning.com.au); **Global Ballooning** (☎1800 627 661; www.globalballooning.com.au); **Go Wild Ballooning** (☎03-9739 0772; www.gowildballooning.com.au).

Geführte Touren

Eco Adventure Tours KULTURELLE TOUR
(☎03-5962 5115; www.ecoadventuretours.com.au; Touren ab 25 AU$) Bietet nächtliche Tierbeobachtungen und Spaziergänge in der Gegend von Healesville, Toolangi und den Dandenongs an.

Yarra Valley Winery Tours WEIN
(☎1300 496 105; www.yarravalleywinerytours.com.au; Führungen ab 105 AU$) Die täglichen Besichtigungen beinhalten vier oder fünf Weingüter.

Praktische Informationen

Yarra Valley-Touristeninformation (☎03-5962 2600; www.visityarravalley.com.au; Harker St, Healesville; ⏲9–17 Uhr) Direkt neben dem Highway in Healesville liegt diese Touristeninformation mit hilfsbereitem Personal.

An- & Weiterreise

Die Vorortzüge fahren bis nach Lilydale (Zone 1 und 2 mit dem Myki-Ticket). Die Linie 684 von **McKenzie's Bus Lines** (☎03-5962 5088; www.mckenzies.com.au) fährt täglich von Melbourne nach Healesville (1½ Std.) und Marysville (2 Std.). Die Linien 685 und 686 halten am Healesville Sanctuary.

Healesville

7900 EW.

Der hübsche kleine Ort Healesville ist der Hauptausgangspunkt für Ausflüge zu den Weingütern im Yarra Valley und für die Fahrt durch den Wald zu den Yarra Ranges. Außerdem kommt man von hier ins High Country im Norden. Es ist die „Hauptstadt" des Lower Yarra Valley.

Sehenswertes

Healesville Sanctuary NATURSCHUTZGEBIET
(☎03-5957 2800; www.zoo.org.au; Badger Creek Rd; Erw./Kind/Fam. 26/13/60 AU$; ⏲9–17 Uhr; 🚌685, 686) Dieser Naturschutzpark ist voll von Kängurus, Dingos, Leierschwänzen, Tasmanischen Teufeln, Fledermäusen, Koalas, Adlern, Schlangen und Eidechsen. Im Schnabeltierhaus gibt es die scheuen Unterwasserkreaturen zu sehen, und um 11.30 und 14 Uhr stehen Schnabeltier-Shows auf dem Programm. Bei den Greifvogelvorführungen (12 & 14.30 Uhr) fliegen Keilschwanzadler und Eulen hoch durch die Luft.

Schlafen & Essen

Die meisten Unterkünfte dieser Region liegen in Healesville, aber es sind auch ein paar B&Bs im Tal verstreut. Einige Weingüter bieten ebenfalls Übernachtungsmöglichkeiten an.

Badger Creek Holiday Park CAMPINGPLATZ $$
(☎03-5962 4328; www.badgercreekholidays.com.au; 419 Don Rd; Stellplatz mit Strom 43 AU$, Hütte 132–220 AU$; ❄📶🏊) Dieser hübsche BIG4-Platz liegt an einem kleinen Fluss und bietet Einrichtungen wie einen Abenteuerspielplatz, ein Spielzimmer, eine Küche für Camper, einen Pool und Tennisplätze an.

WEINGÜTER IM YARRA VALLEY

Im Yarra Valley gibt es über 80 Weingüter und 50 Weinkeller, die weit über die geschwungenen Hügel verteilt sind: Der erste Wein wurde 1838 bei Yering Station angebaut. Die Region erzeugt gute Tropfen wie Chardonnay und Pinot Noir, die sich auch erstklassig als Essensbegleiter eignen.

Aber auch Bier und Cider haben in der Region eine lange Geschichte: Bei Veranstaltungsorten einfach die Broschüre Yarra Valley Cider & Ale Trail (www.ciderandaletrail.com.au) als Info mitnehmen. Zu den besten Weingütern des Yarra Valley (mit Verkauf und Weinprobe im Weinkeller) gehören auch:

Domain Chandon (☎03-9738 9200; www.chandon.com.au; 727 Maroondah Hwy; ⊙10.30–16.30 Uhr) Die kostenlosen geführten Touren (11, 13 & 15 Uhr) in diesem professionellen Unternehmen sind die Teilnahme wert. Weinprobe 5 AU$.

Rochford (☎03-5962 2119; www.rochfordwines.com; 878 Maroondah Hwy; ⊙9–17 Uhr) Rochford ist bestens bekannt für seine Weingut-Konzerte.

Sticks (☎03-9730 1022; www.sticks.com.au; 179 Glenview Rd; ⊙10–17 Uhr) Kleines, temperamentvolles Weingut mit Livemusik am Sonntag, zu der die Weingläser klirren.

TarraWarra Estate (☎03-5957 3510; www.tarrawarra.com.au; 311 Healesville–Yarra Glen Rd; Eintritt Kunstgalerie 5 AU$; ⊙11–17 Uhr) TarraWarra verfügt über eine beachtliche, moderne Kunstgalerie mit wunderbaren Ausstellungen. Im angrenzenden Bistro und Weinkeller kann man sich stärken. Weinprobe 4 AU$.

Yering Farm Wines (☎03-9739 0461; www.yeringfarmwines.com; St Huberts Rd; ⊙10–17 Uhr) Ein rustikaler und freundlicher Weinkeller in einer alten Scheune mit schöner Aussicht.

Yering Station (☎03-9730 0100; www.yering.com; 38 Melba Hwy; ⊙Mo–Fr 10–17 Sa & So 10–18 Uhr) Hier kann man im Original-Weingut aus dem Jahr 1859 Wein probieren und über die wunderschöne Anlage zum modernen Restaurant mit ausgezeichnetem Essen schlendern.

Healesville Hotel HOTEL $$
(☎03-5962 4002; www.yarravalleyharvest.com.au; 256 Maroondah Hwy; DZ Mo–Do 110 AU$, Fr & So 130 AU$, Sa mit Abendessen 325 AU$; ❄📶) Dieses restaurierte Hotel aus dem Jahr 1910 ist ein Wahrzeichen von Healesville. Im Obergeschoss befinden sich sehr schöne Zimmer (nach einem mit Zugang zur Veranda fragen) mit Zinndecken und Gemeinschaftsbad. Am Wochenende gibt's im Restaurant Menüs ab 55 AU$.

Giant Steps & Innocent Bystander TAPAS, PIZZA $$
(☎1800 661 624; www.innocentbystander.com.au; 336 Maroondah Hwy; Hauptgerichte 20–45 AU$; ⊙10–22, Sa & So ab 8 Uhr; 📶) Das riesige Giant Steps & Innocent Bystander gleich außerhalb der Stadt ist ein belebtes Restaurant, ein Weingut und ein Weinkeller in Einem – der richtige Ort für Tapas, Pizza oder Käseplatten zum Mittagessen, einen entspannten Drink am Nachmittag oder einen Schluck Wein mit leckerer Käseprobe. Gegenüber vom Parkplatz gibt's in der White Rabbit Brewery gutes Bier.

Marysville & Lake Mountain

Marysville war das Zentrum der tragischen Buschbrände im Jahr 2009. 34 Menschen starben, die meisten Gebäude der Ortschaft wurden zerstört, aber die Gemeinde wird fortwährend neu aufgebaut. Sie hat eine schöne Lage und ist die wichtigste Basis für die Skilanglaufloipen um Lake Mountain.

Sehenswertes & Aktivitäten

Bruno's Art & Sculptures Garden GALERIE
(☎03-5963 3513; 51 Falls Rd; Erw./Kind 10/5 AU$; ⊙Garten tgl. 10–17 Uhr, Galerie Sa & So 10–17 Uhr) Bruno's Art & Sculptures Garden wurde durch die Brände von 2009 stark zerstört, aber mehr als 100 der Terrakotta-Skulpturen wurden inzwischen repariert, und Bruno stellt fleißig neue her. Ein herrlicher Ort zum Entspannen.

Steavenson Falls WASSERFALL
(⊙bis 23 Uhr) Dieser 84 m hohe Wasserfall gleicht kaum noch jenem Wasserlauf, der

2009 durch die verkohlte Umgebung geflossen ist. Die Infrastruktur wurde wieder aufgebaut und bietet hervorragende Einrichtungen für die Besucher. Der Wasserfall wird jeden Abend bis 23 Uhr beleuchtet.

Lake Mountain Resort SKIFAHREN
(☎ 03-5957 7222; www.lakemountainresort.com.au; Snowy Rd; ⏲ Okt.–Mai Mo–Fr 8–16.30 Uhr, Juni–Sept. bis 18.30 Uhr) Lake Mountain (1433 m) ist mit seinen 37 km langen Loipen und mehreren Rodelbahnen das beste Langlaufgebiet in Australien. Es gibt ein tolles neues Café und einen Skiverleih. Im Sommer findet man markierte Wander- und Mountainbike-Wege vor, aber das Café ist geschlossen.

Schlafen

Marysville Caravan & Holiday Park CAMPINGPLATZ, HÜTTEN $$
(☎ 03-5963 3247; www.marysvillecaravanpark.com.au; 1130 Buxton Rd; Stellplatz mit Strom 33 AU$, Hütte ab 105 AU$) Dieser kleine Park liegt beidseits eines hübschen Baches (ideal für eine Abkühlung). In ihm wachsen Gummibäume, die die Buschbrände überlebt haben. In den Ort ist es nur ein kurzer Spaziergang.

Praktische Informationen

Marysville-Touristeninformation (☎ 03-5963 4567; www.marysvilletourism.com; 5 Murchison St; ⏲ Mo–Fr 9–17, Sa & So 10–16 Uhr) Hier gibt's jede Menge Infos sowie regionales Kunsthandwerk und Souvenirs.

DIE DANDENONGS

An klaren Tagen kann man die Dandenong Ranges und ihren höchsten Gipfel, den Mt. Dandenong (633 m), von Melbourne aus sehen. Exotische und einheimische Pflanzen ragen aus dem Untergrund der Baumfarne hervor – die Dandenongs sind das am leichtesten zugängliche Wandergebiet vor der Haustür Melbournes, und die idyllischen Städtchen Olinda, Sassafras und Emerald verlocken zu einem Ausflug.

Sehenswertes & Aktivitäten

Puffing Billy ZUG
(☎ 03-9754 6800; www.puffingbilly.com.au; Old Monbulk Rd; hin & zurück Erw./Kind/Fam. 59/30/120 AU$) Puffing Billy ist ein wahnsinnig beliebter Dampfzug, der sich durch üppige Farne und Buschwerk schlängelt. In den Ferien verkehrt der Zug bis zu sechsmal am Tag zwischen Belgrave und Gembrook, sonst viermal täglich.

Trees Adventure ABENTEUERSPORT
(☎ 03-9752 5354; www.treesadventure.com.au; Glen Harrow Gardens, Old Monbulk Rd; 2 Std. Erw./Kind 39/33 AU$; ⏲ Mo–Fr 11–17, Sa & So 9–17 Uhr; 🚉 Belgrave) Neben dem Puffing Billy bietet Trees Adventure ein spannendes Erlebnis mit Baumklettern, Flying Fox und Hindernisparcour in einem umwerfenden alten Wald mit Mammutbäumen, Ebereschen und Japanischen Eichen.

DER SCHWARZE SAMSTAG

Am 7. Februar 2009 wurden Teile Victorias von einem tödlichen Feuersturm überrannt, der als Schwarzer Samstag in die Geschichte einging. Bei hohen Temperaturen, extremer Trockenheit und starken Winden erreichten die Brände ein solches Ausmaß und eine solche Geschwindigkeit, dass auch die Einwohner und die Behörden von ihnen überrascht wurden. Am schlimmsten betroffen waren die Yarra Ranges nordöstlich von Melbourne, wo innerhalb weniger schrecklicher Stunden die kleinen Ortschaften Marysville, Kinglake, Strathewen, Flowerdale und Narbethong von den Flammen verschlungen wurden. Marysville und Kinglake wurden praktisch ausradiert – das Feuer kam so schnell, dass viele Einwohner keine Möglichkeit zum Entkommen hatten. Viele Menschen verbrannten in ihren Häusern oder bei dem Versuch, mit dem Auto zu entkommen; in manchen Fällen blockierten umgestürzte Bäume die Straßen.

Die statistischen Zahlen des Unglücks sind erschütternd: 173 Menschen starben, mehr als 2000 Wohnhäuser wurden zerstört, ca. 7500 Menschen wurden obdachlos und mehr als 4500 km² Land wurden von den Flammen verwüstet. Auf die Schockstarre im ganzen Land folgten Trauer, humanitäre Hilfe und Wohltätigkeitsaktionen. Die Regierung setzte eine Untersuchungskommission ein, um sicherzustellen, dass aus der Katastrophe Lehren hinsichtlich der Brandbekämpfungsstrategien und der Warnung der Bevölkerung gezogen würden. Marysville, Kinglake und andere vom Feuer betroffene Gemeinden werden entschlossen wiederaufgebaut und die Menschen freuen sich auf die Rückkehr der Touristen. Auch die Natur in den verwüsteten Gebieten regeneriert sich schnell.

ABSTECHER

ST. ANDREWS

Dieses kleine, verschlafene Dorf liegt 35 km nördlich von Melbourne in den Hügeln versteckt und ist vor allem für seinen wöchentlichen **St. Andrews-Markt** (⌚Sa 8–14 Uhr) bekannt. Jeden Samstagmorgen konkurriert der Duft von Eukalyptus mit dem der Räucherstäbchen und der Gesang der Vögel mit den Klängen der Gitarren. Hippies kommen her, um sich unter die Leute zu mischen und Kunsthandwerk, Strickwaren und Schmuck, frische Lebensmittel und Second Hand-Sachen zu kaufen. Zur Hintergrundmusik der Straßenkünstler kann man sich im Chai-Zelt eine Shiatsu-Massage oder einen Chai-Tee gönnen.

Dandenong Ranges National Park PARK
(Upper Ferntree Gully, Belgrave) Dieser Park besteht aus den vier größten Teilen des verbliebenen Waldes in den Dandenongs. In der Ferntree-Gully-Region gibt es mehrere kurze Wanderungen, darunter auch den beliebten **1000 Steps/Kokoda Track Memorial Walk** rauf zum One-Tree-Hill-Picknickplatz (2 Std. hin & zurück), welcher der australischen Frauen und Männer gedenkt, die im Zweiten Weltkrieg in Neuguinea gedient haben. Im **Sherbrooke Forest** gibt es jede Menge aufragender Ebereschen. Etwa 1 km vom Bahnhof in Belgrave entfernt beginnt die östlichste Waldwanderung (7 km).

SkyHigh Mt Dandenong AUSSICHTSPUNKT
(03-9751 0443; www.skyhighmtdandenong.com.au; Observatory Rd; Fahrzeug 5 AU$; ⌚8 – 23 Uhr; 688) Mit dem eigenen Auto oder dem Bus geht es zum höchsten Punkt in den Dandenongs. Vom Restaurant und Café genießt man atemberaubende Ausblicke über Melbourne und die Port Phillip Bay.

Praktische Informationen

Dandenong Ranges & Knox-Touristeninformation (03-9758 7522; www.experiencethedandenongs.com.au; 1211 Burwood Hwy; ⌚9–17 Uhr; Upper Ferntree Gully) Die Touristeninformation liegt vor dem Upper-Ferntree-Gully-Bahnhof.

An- & Weiterreise

Die Züge der Belgrave-Linie fahren zu den Ausläufern der Dandenongs (Myki-Zone 1 und 2). Vom Upper-Ferntree-Gully-Bahnhof läuft man noch zehn Minuten zum Anfang des Ferntree-Gully-Bereichs im Nationalpark.

MORNINGTON PENINSULA

Die Mornington Peninsula – die stiefelförmige Landspitze zwischen Port Phillip und Western Port Bay – ist seit den 1870er-Jahren, als noch Raddampfer nach Portsea hinunterfuhren, die Sommerspielwiese der Melbourner. Heute ziehen die ruhigen „vorderen" Strände an der Port Phillip Bay immer noch die Familien an, die in den Orten Mornington, Rosebud, Dromana, Rye, Blairgowrie und Sorrento gerne Ferien machen. Die rauen, zum Meer hin offenen, „hinteren" Strände an der Bass Strait bieten herausfordernde Wellen für Surfer und Gelegenheit für eindrucksvolle Wanderungen an der Küste, die einen Teil des Mornington Peninsula National Park bildet.

Aber auch einen Trip ins Innere der Halbinsel sollte man nicht auslassen: Unberührter Busch wechselt sich hier mit Weinbergen und Obstplantagen ab; Gourmets lieben diese Region, in der ein Mittagessen auf einem Weingut zu den echten Highlights zählt.

Geführte Touren

Bunyip Tours (S. 590) veranstaltet Mornington-Peninsula-Explorer-Busfahrten von Melbourne aus. Da hat man die Wahl zwischen Delfinen und Seehunden, Tauchen, Schnorcheln und Kajakfahren, oder aber dem Bad in den Peninsula Hot Springs und Erdbeeren.

APT BUS
(1300 655 965; www.australiasightseeing.com; geführte Touren Erw./Kind ab 177/89 AU$) Tagestouren von Melbourne zur Mornington Peninsula; hier kann man zwischen dem Besuch der Weingüter oder Erdbeerenpflücken wählen. Mittagessen ist im Preis enthalten.

Praktische Informationen

Peninsula-Touristeninformation (03-5987 3078, 1800 804 009; www.visitmorningtonpeninsula.org; 359b Nepean Hwy, Dromana; ⌚9–17 Uhr) Bucht Unterkünfte und Touren.

Anreise & Unterwegs vor Ort

Die Metro fährt von der Flinders Street Station (Zone 1) zur Frankston Station (Zone 2). Der Bus 788 vom **Portsea Passenger Service** (03-

5986 5666; www.ptv.vic.gov.au) fährt von Frankston über Mornington, Dromana und Sorrento nach Portsea (2,30 AU$, 1½ Std.). Das ist eine der wenigen Strecken, auf der man eine Kurzstreckenfahrkarte von Myki im Bus kaufen kann.

Die Queenscliff Sorrento Ferry (S. 566) verbindet die Bellarine Peninsula mit der Mornington Peninsula. Inter Island Ferries (S. 579) fahren von Stony Point über French Island nach Cowes (Phillip Island).

Sorrento & Portsea

2000 EW.

Das historische Sorrento liegt auf der Mornington Peninsula und ist bekannt für seine schönen Kalksteingebäude, das Meer, die Strände in der Bucht sowie die quirlige Küstenatmosphäre im Sommer. Sorrento war die erste offizielle europäische Siedlung in Victoria und wurde von einer Expeditionsgruppe aus Sträflingen, Marinesoldaten, Zivilbeamten und freien Siedlern gegründet, die 1803 aus England hier ankamen.

Nur 4 km weiter westlich liegt das winzige Örtchen Portsea, ebenfalls mit schönen Stränden, Tauchunternehmen und Wassersportanbietern.

Sehenswertes & Aktivitäten

Zu den prächtigen Gebäuden aus dem 19. Jh. gehören das **Hotel Sorrento** (03-5984 2206; www.hotelsorrento.com.au; 5-15 Hotham Rd; Motelzi. 195–280 AU$, Apt. 220–320 AU$), das **Continental Hotel** (03-5984 2201; www.continentalhotel.com.au; 1-21 Ocean Beach Rd) und das Koonya; 1871, 1875 bzw. 1878 erbaut.

An den Sandstränden und Felsufern von Sorrento bieten sich viele Möglichkeiten zum Schwimmen und Wandern. Bei Ebbe ist der Felsenpool am hinteren Strand ein sicherer Ort zum Schwimmen und Schnorcheln. Der Surfstrand hier wird im Sommer bewacht. Die Fähre nach Queenscliff unternimmt die kurze Fahrt durch die Heads täglich.

Moonraker Charters DELFINTOUR
(03-5984 4211; www.moonrakercharters.com.au; 7 George St, Sorrento; Erw./Kind Besichtigung 55/45 AU$, Schwimmen mit Delfinen & Seehunden 125/115 AU$) Organisiert dreistündige Touren inklusive Schwimmen mit Delfinen und Seehunden vom Sorrento Pier aus.

Polperro Dolphin Swims DELFINTOUR
(03-5988 8437; www.polperro.com.au; Erw./Kind Besichtigung 55/35 AU$, Schwimmen mit Delfinen & Seehunden 125 AU$) Touren mit Delfin- und Seehundschwimmen am Vor- und Nachmittag vom Sorrento Pier aus.

Bay Play TAUCHEN, WASSERSPORT
(03-5984 0888; www.bayplay.com.au; 3755 Pt Nepean Rd, Portsea) Tauchausflüge, Schwimmen mit Delfinen, Kajakfahrten auf dem Meer (Erw./Kind 99/88 AU$) und Schnorchelausflüge zur Seedrachenkolonie (sie gehören zur Familie der Seenadeln und sind auch als Kleine Fetzenfische bekannt).

Dive Victoria TAUCHEN, SCHNORCHELN
(03-5984 3155; www.divevictoria.com.au; 3752 Point Nepean Rd, Portsea; Schnorcheln 85 AU$, Einzel-/Doppeltauchgang mit Ausrüstung 130/210 AU$) Tauch- und Schnorchelausflüge.

Schlafen

Von Mitte Dezember bis Ende Januar steigen mit den Temperaturen auch die Preise. Und das tun sie auch zu Ostern und während der Schulferien, wenn die Hotels in aller Regel ausgebucht sind.

Sorrento Foreshore Camping Ground CAMPINGPLATZ $
(03-5950 1011; Nepean Hwy; Stellplatz ohne/mit Strom 40/45 AU$; Nov.–Mai) Hüglige, von Büschen gesäumte Stellplätze zwischen dem Strand in der Bucht und der Hauptstraße nach Sorrento.

Sorrento Beach House YHA HOSTEL $$
(03-5984 4323; www.sorrento-beachhouse.com; 3 Miranda St; B/DZ 45/120 AU$) Dieses zweckmäßige Hostel in ruhiger, aber zentraler Lage hat sich seine entspannte Atmosphäre bewahrt. Die schöne Veranda im hinteren Be-

NICHT VERSÄUMEN

PENINSULA HOT SPRINGS

Peninsula Hot Springs (03-5950 8777; www.peninsulahotsprings.com; Springs Lane, Rye; Badehaus Erw./Kind Di–Do 25/15 AU$, Fr–Mo 30/20 AU$) Die Peninsula Hot Springs sind eine weitläufige, luxuriöse Anlage, die heißes, mineralienhaltiges Wasser nutzt, das aus den Tiefen des Bodens gepumpt wird. In den über 16 Bereichen kann man schon mal den Tag damit verbringen, sich in den verschiedenen Außenpools und dem Hammam zu entspannen. Außerdem gibt es ein privates Spa, ein Bad und Massagebehandlungen.

reich und der Garten sind wirklich super, um andere Traveller kennenzulernen.

Carmel of Sorrento PENSION $$
(☎ 03-5984 3512; www.carmelofsorrento.com.au; 142 Ocean Beach Rd; DZ 150–220 AU$, Apt. ab 220 AU$) Das hübsche alte Kalksteinhaus im Zentrum von Sorrento wurde in altmodischem Stil, aber sehr geschmackvoll restauriert und verbindet geschickt die Geschichte der Stadt mit zeitgenössischem Komfort.

Essen & Ausgehen

The Baths FISH & CHIPS $
(☎ 03-5984 1500; www.thebaths.com.au; 3278 Point Nepean Rd; Hauptgerichte 10 AU$; ⏲12–20 Uhr) Den Restaurantbesuch kann man sich sparen – lieber holt man sich gleich Fish & Chips zum Mitnehmen!

Smokehouse PIZZA $$
(☎ 03-5984 1246; 182 Ocean Beach Rd; Hauptgerichte 20–38 AU$; ⏲18–21 Uhr) Ausgezeichnete Pasta und Pizza sind die Spezialität dieses beliebten Restaurants. Kreative Beläge und der Duft aus dem Holzofen sagen alles.

The Sisters CAFÉ $$
(151 Ocean Beach Rd; Hauptgerichte 16 AU$) Hier kann man es sich zwischen den Gemüsebeeten gemütlich machen und köstlichen Kaffee und so Leckeres wie heimische Pilze genießen.

Portsea Hotel BISTRO $$
(☎ 03-5984 2213; www.portseahotel.com.au; Point Nepean Rd, Portsea; Hauptgerichte 26–32 AU$) Dieses weitläufige Kulthotel ist mit seiner großen Wiese und der Terrasse mit Blick auf die Bucht das Herz von Portsea. Es gibt ein ausgezeichnetes Bistro und Unterkünfte, deren Preis je nach Meerblick und Saison variiert.

Praktische Informationen

Sorrento-Touristeninformation (☎ 03-5984 5678; 2 St Aubins Way; ⏲10–16 Uhr) Die kleine Touristeninformation liegt an der Hauptstraße der Stadt.

Point Nepean & Mornington Peninsula National Parks

An der Spitze der Halbinsel liegt der wunderschöne **Point Nepean National Park** (www.parkweb.vic.gov.au; Point Nepean Rd), ursprünglich eine Quarantänestation und ein Armeestützpunkt. Die Straße ist auf weiten Abschnitten für Autos gesperrt und somit ideal für Radfahrer. Schöne Wanderwege führen zu den Stränden. Bei der Point Nepean-Touristeninformation kann man sich Räder leihen (25 AU$/Tag) oder man nimmt den Hop-On-Hop-Off-Shuttlebus (Erw./Kind hin & zurück 10/7,50 AU$).

Der **Mornington Peninsula National Park** (www.parkweb.vic.gov.au) erstreckt sich über den spektakulären Küstenstreifen zwischen Portsea und Cape Schanck, wo wilde Strände von Klippen und Steilhängen eingerahmt werden. Man kann den kompletten Coastal Walk von der London Bridge in Portsea bis zum Cape Schanck (30 km) entlang eines markierten Weges wandern.

Das 1859 errichtete **Cape Schanck Lighthouse** (☎ 03-5988 6184; www.capeschancklighthouse.com.au; 420 Cape Schanck Rd; nur Museum Erw./Kind/Fam. 13,50/9,50/37 AU$, Museum & Leuchtturm 16,50/10,50/44 AU$; ⏲10.30–16 Uhr) ist ein malerischer Leuchtturm mit Kiosk, Museum, Informationszentrum und regelmäßigen Führungen. Im **Cape Schanck B&B** (☎ 1300 885 259; www.capeschancklighthouse.com.au; 420 Cape Schanck Rd; DZ ab 150 AU$) im Kalksteinhaus des Leuchtturmwärters kann man Zimmer mieten.

PHILLIP ISLAND

9400 EW.

Phillip Island ist bekannt für seine Pinguine und die Rennstrecke des Motorrad-Grand-Prix. Es ist eine spektakuläre Umgebung, die eine bunte Mischung aus Surfern, Motorradfreaks und internationalen Touristen, die sich geradezu auf die kleinen Pinguine stürzen, anzieht.

Tief im Herzen ist das 100 km² große Phillip Island immer noch eine Gemeinde von Landwirten. Außer Pinguinen und Menschen gibt es hier aber auch noch eine große Seelöwen- und Koalakolonie. An der schroffen Südküste befinden sich ein paar fabelhafte Surfstrände, und die Sommerinvasion der Touristen zeugt davon, dass es überall auf der Insel auch jede Menge Attraktionen für Familien, massenhaft Unterkünfte und gemütliche Cafés gibt. Wer im Winter herkommt, wird sich an einem sehr ruhigen Ort wiederfinden, wo die einheimischen Bauern, Surfer und Hippies ihren eigenen Geschäften nachgehen. Die Insel war ursprünglich von den Boonwurrung besiedelt, die ausschließlich von Meerestieren und Kurzschwanz-Sturmtauchern lebten.

Phillip Island

Sehenswertes & Aktivitäten

Phillip Island Nature Parks

Die Naturparks umfassen drei der größten Attraktionen der Insel: die **Penguin Parade** (☎ 03-5951 2800; www.penguins.org.au; Summerland Beach, 1810 Phillip Island Rd, Cowes; Erw./Kind/Fam. 22/11/55 AU$; ⏲ 10 Uhr–Sonnenuntergang, Pinguine kommen bei Sonnenuntergang); das **Koala Conservation Centre** (☎ 03-5951 2800; www.penguins.org.au; Erw./Kind/Fam. 11/5,50/27,50 AU$; ⏲ 10–17 Uhr, im Sommer verlängerte Öffnungszeiten) mit erhöhten Holzstegen sowie **Churchill Island** (☎ 03-5956 7214; www.penguins.org.au; Phillip Island Rd, Newhaven; Erw./Kind/Fam. 11/5,50/27,50 AU$; ⏲ 10–17 Uhr), eine aktive Farm, auf der das erste Getreide in Victoria angepflanzt wurde. Heute sind hier alte Geräte und Arbeitsmethoden zu bestaunen, u.a. das Buttern und Schmieden.

Wer alle drei Attraktionen sehen will, sollte den **Three Parks Pass** (www.penguins.org.au; Erw./Kind/Fam. 38/19/94 AU$) kaufen, der online und bei Veranstaltungsorten auf Phillip Island erhältlich und sechs Monate lang gültig ist (die Penguin Parade kann man sich damit aber nur einmal anschauen).

Die meisten Leute kommen wegen der Zwergpinguine, der kleinsten Pinguinart der Welt. Zum Pinguinkomplex gehören zwei Amphitheater aus Beton mit Platz für

Phillip Island

Sehenswertes

1 Churchill Island D2
2 Grand Prix Motor Racing Circuit B2
3 Koala Conservation Centre C2
4 Nobbies Centre A3
5 Penguin Parade A2
6 Seal Rocks A3

Aktivitäten, Kurse & Touren

7 Amaze'n Things C2
Island Surfboards .... (siehe 11)
8 Island Surfboards C2
9 Phillip Island Chocolate Factory D2
10 Wildlife Coast Cruises B1

Schlafen

11 Chill House Backpackers B1
12 Surf & Circuit Accommodation B2
13 The Island Accommodation YHA D3
14 Waves Apartments B1

Essen

Cowes Tandoori Indian Restaurant .... (siehe 11)
15 Curry Leaf D3
16 Foreshore Bar & Restaurant C2
Infused .... (siehe 11)
Madcowes .... (siehe 10)
White Salt .... (siehe 15)

VÖGEL & LANDTIERE

Kurzschwanz-Sturmtaucher bilden von Ende September bis April Kolonien auf den Dünen rund um Cape Woolamai. Die beste Möglichkeit, diese Vögel zu beobachten, bietet sich bei der Pinguinparade, wenn sie in der Abenddämmerung ankommen, oder aber bei den Sturmtaucherkolonien bei Woolamai Beach.

Es gibt in der Gegend noch viele weitere Wasservogelarten, darunter Pelikane, die in San Remo Fisherman's Co-Op auf dem Festland täglich um 11.30 und 12 Uhr gefüttert werden. Sie sind aber auch in den Sümpfen bei Rhyll Inlet und Rhyll Wetland zu sehen.

bis zu 3800 Zuschauer, die hier beobachten, wie die kleinen Kerlchen gleich nach Sonnenuntergang aus dem Meer kommen und zu ihren Nistplätzen an Land watscheln. Die Zahl der Pinguine nimmt im Sommer nach der Brut zu, aber die Parade machen sie das ganze Jahr über. Von den Stegen aus kann man besser sehen, wie sie nach ihren Bruthöhlen und Partnern suchen. Es gibt eine Reihe spezialisierter Führungen, bei denen man die Tiere teils in Begleitung von Rangern, teils von einer Skybox (einem Hochstand) aus beobachten kann. Im Sommer rechtzeitig buchen und immer warme Klamotten anziehen.

Seal Rocks & die Nobbies

Die äußerste Südwestspitze von Phillip Island führt zu den Nobbies, hinter denen die von Australiens größter Seebärenkolonie besiedelten Seal Rocks liegen. Das **Nobbies Centre** (☎ 03-5951 2852; www.penguins.org.au; ⌚ 11 Uhr–eine Stunde vor Sonnenuntergang) GRATIS hat eine interessante Ausstellung mit interaktiven Tafeln und Spielen. Wer 5 AU$ (für 4 Min.) zahlt, kann über eine ferngesteuerte Kamera, die auf die Seal Rocks gerichtet ist, die 10 000 bis 20 000 Seebären beobachten. Am besten betrachtet man sie aber im Rahmen einer Tour (Wildlife Coast Cruise).

Motor Racing Circuit

Auch wenn hier gerade keine Rennen stattfinden, lieben Motorradfreaks den **Grand Prix Motor Racing Circuit** (☎ 03-5952 9400), auf dem jedes Jahr im Oktober der australische Motorrad-Grand Prix stattfindet. Die **Touristeninformation** (☎ 03-5952 9400; www.phillipislandcircuit.com.au; Back Beach Rd; ⌚ 9.30–17 Uhr) bietet 45-minütige **geführte Touren auf der Rennstrecke** (Erw./Kind/Fam. 19/10/44 AU$; ⌚ Führungen 11 & 14 Uhr) an, bei denen auch das History of Motorsport Display gezeigt wird. Außerdem kann man auf der Strecke auch ein paar Runden in aufgemotzten V8s drehen (195 AU$, unbedingt vorher buchen!).

Strände & Surfen

Einer der Strände an der Südseite der Insel ist **Woolamai**, ein beliebter Surfstrand mit gefährlichen Untiefen und Strömungen. Die Brandung am **Smiths Beach** ist familienfreundlicher, allerdings wird es hier an Sommerwochenenden recht voll. Beide Strände werden im Sommer überwacht. Bei Cowes gibt es aber auch ruhigere, geschütztere Strände.

Island Surfboards SURFEN
(www.islandsurfboards.com.au; Unterricht 60 AU$, Surfboardverleih pro Std./Tag 13/40 AU$) Mit Läden am **Smiths Beach** (☎ 03-5952 3443; 65 Smiths Beach Rd) und in **Cowes** (☎ 03-5952 2578; 147 Thompson Ave) bereitet Island Surfboards mit Neoprenanzügen und Unterricht für alle Niveaus jeden auf eine steile Karriere als Supersurfer vor.

Out There SURFEN
(☎ 03-5956 6450; www.outthere.net.au) Surfunterricht (60 AU$) und Surfboardverleih (35 AU$/Tag).

Weitere Attraktionen

Phillip Island Chocolate Factory FEINSCHMECKERTOUR
(☎ 03-5956 6600; www.phillipislandchocolatefactory.com.au; 930 Phillip Island Rd; geführte Touren Erw./Kind/Fam. 15/10/45 AU$; ⌚ 9–18 Uhr) Neben jeder Menge belgischer Schokolade gibt es hier auch eine Führung durch die Schokoladenherstellung. Zu sehen gibt's auch eine bemerkenswerte Galerie aus Schokoladenskulpturen – von der Nachbildung von Michelangelos *David* bis hin zu einem ganzen Miniaturdorf aus Schokolade! Natürlich kann man hier auch Schoko-Pinguine kaufen.

Amaze'n Things VERGNÜGUNGSPARK
(☎ 03-5952 2283; www.amazenthings.com.au; 1805 Phillip Island Rd; Erw./Kind/Fam. 33/23/99 AU$; ⌚ 9–18 Uhr, letzter Einlass 16 Uhr) Dieser verrückte Vergnügungspark ist mit einem Spiegellabyrinth, Minigolf, einer Puzzle-Insel und vielen weiteren Aktivitäten ideal für Kinder, lässt aber auch die Erwachsenen ihren Spaß haben.

Geführte Touren

Go West TAGESTOUR
(☎1300 736 551; www.gowest.com.au; 1-Tages-Tour 130 AU$) In der Tour ab Melbourne sind Lebensmittelverkostungen, Eintrittsgebühren und iPod-Kommentare in mehreren Sprachen inbegriffen. Man kommt zu verschiedenen Attraktionen der Insel, u.a. zur Penguin Parade.

Wildlife Coast Cruises BOOTSFAHRT
(☎03-5952 3501; www.wildlifecoastcruises.com.au; Rotunda Bldg, Cowes Jetty; Seehundbeobachtungen Erw./Kind 70/48 AU$) Zu den vielen Bootstouren ab Cowes gehört eine tägliche, zweistündige Fahrt zu den Seehunden. Von Oktober bis April kann man eine Fahrt in der Abenddämmerung (Erw./Kind 35/25 AU$) oder eine halbtägige Tour nach French Island (Erw./Kind 75/55 AU$) unternehmen.

Feste & Events

Pyramid Rock Festival MUSIK
(www.thepyramidrockfestival.com; 3-Tages-Ticket ab 314 AU$) Dieses viertägige Musikfestival findet jedes Jahr an Silvester statt. Hier treten einige der besten Bands Australiens auf.

Australian Motorcycle Grand Prix MOTORRADRENNEN
(www.motogp.com.au) Die bekannteste Veranstaltung auf der Insel: drei Oktobertage voller rasanter Motorrad-Action.

Schlafen

Die Preise auf Phillip Island erreichen während der Motorradrennen, zu Weihnachten, Ostern und in den Schulferien Spitzenwerte, darum frühestmöglich buchen! Die meisten Unterkünfte befinden sich in und um Cowes.

Chill House Backpackers HOSTEL $
(☎0431 413 275; www.chillhouse.com.au; 8 Watchorn Rd, Cowes; B/DZ 35/80 AU$;) Das gemütliche, einladende, entspannte und gut ausgestattete Chill House liegt in einer Seitenstraße der Settlement Road in der Nähe des Stadtzentrums.

The Island Accommodation YHA HOSTEL $$
(☎03-5956 6123; www.theislandaccommodation.com.au; 10-12 Phillip Island Rd; B/DZ 30/155 AU$;) Dieses riesige, zweckmäßige Backpackerhostel verfügt in jedem Stockwerk über nahezu identische Wohnbereiche mit Tischtennisplatten und gemütlichen Kaminen für den Winter. Von der Dachterrasse aus bieten sich grandiose Ausblicke, und die ökologischen Bewertungen sind ausgezeichnet. In den günstigsten Schlafsälen haben bis zu zwölf Personen Platz, die Doppelzimmer haben Motelstandard.

Surf & Circuit Accommodation APARTMENT $$
(☎03-5952 1300; www.surfandcircuit.com; 113 Justice Rd; Apt. 135–380 AU$;) Die acht geräumigen, modernen und komfortablen Apartments mit zwei oder drei Schlafzimmern sind ideal für Familien und bieten Platz für sechs bis zehn Personen. Sie sind mit Küche, Plasma-TV und Veranda ausgestattet, einige haben sogar ein Spa.

Waves Apartments APARTMENT $$
(☎03-5952 1351; www.thewaves.com.au; 1 Esplanade, Cowes; DZ/3BZ/4BZ ab 180/220/240 AU$;) Von einigen dieser schicken Apartments aus hat man Blick auf den Hauptstrand von Cowes. Wer eins mit Balkon und Strandblick nimmt, kann also nichts falsch machen. Die modernen Apartments für Selbstversorger verfügen über Spa und Balkon oder Veranda.

Essen & Ausgehen

Die meisten Restaurants befinden sich in Cowes – die Esplanade und die Thompson Avenue sind voll mit Fish-&-Chips-Läden, Cafés und Schnellimbissen. Es gibt aber auch ein paar Geheimtipps auf dem Rest der Insel.

Cowes

Madcowes CAFÉ, FEINKOST $
(☎03-5952 2560; 17 The Esplanade; Hauptgerichte 9–19 AU$; ⊙7–16 Uhr) Dieses ausgezeichnete Café liegt direkt am Hauptstrand. Die Pfannkuchen oder die Probierteller sind eine gute Wahl, um sich die Zeit in einem der beliebtesten Cafés der Stadt zu versüßen.

Cowes Tandoori Indian Restaurant INDISCH $
(03-5952 3896; 134 Thompson Ave; Hauptgerichte 14–16 AU$; ⊙Di–So 18–22 Uhr) Für sein Ambiente bekommt dieses Restaurant keinen Preis. Deshalb einfach etwas zum Mitnehmen kaufen (z.B. das Knoblauch-Chili-Shrimps-Curry) und es am Strand essen.

Infused MODERN-AUSTRALISCH $$
(☎03-5952 2655; www.infused.com.au; 115 Thompson Ave; Hauptgerichte 28–42 AU$; ⊙Mi–Mo 9 Uhr–open end) Die fetzige Einrichtung des

Infused besticht jeden mit ihrer Mischung aus Holz, Stein und hellgrüner Farbe und macht das Lokal zu einem schönen Ort für ein Mittag- oder Abendessen, oder einfach nur für einen Cocktail am späten Abend. Auf der umfassenden, modern-australischen Speisekarte stehen vor allem Meeresfrüchte. Aber hier gibt es nahezu alles – von frisch geöffneten Austern bis hin zu Rib-Eye-Steaks.

Cape Woolamai

White Salt FISH & CHIPS

(☎03-5956 6336; 7 Vista Pl; Fisch ab 5 AU$, Menüs zum Mitnehmen ab 15 AU$; ⌚Do–Di 12–20 Uhr, Mi ab 16.30 Uhr) Fish & Chips bekommt man wohl nirgendwo auf der Insel besser zubereitet – der Fisch mit handgemachten Pommes, Gemüse und Souvlakis ist ein Gaumenschmaus.

Curry Leaf INDISCH $

(☎03-5956 6772; 9 Vista Pl; Hauptgerichte 12–25 AU$; ⌚Mi–Mo 12–20 Uhr; ✎) Das fröhliche indische Restaurant mit Take Away ist bekannt für seine rasant zubereiteten Currys.

Rhyll

Foreshore Bar & Restaurant PUB $$

(☎03-5956 9520; www.theforeshore.com.au; 11 Beach Rd; Hauptgerichte 24–35 AU$; ⌚11 Uhr–open end) Die Aussicht aufs Wasser von der Holzterrasse dieses typischen Dorfpubs und Restaurants aus macht den Fish-&-Chips-Schmaus (für die Luxus-Variante entscheiden!) oder den Muschelteller zum Mittagessen perfekt.

Praktische Informationen

Phillip Island-Touristeninformation (☎1300 366 422; www.visitphillipisland.com; ⌚9–17 Uhr, Schulferien bis 18 Uhr) Die Haupttouristeninformation der Insel liegt an der Hauptstraße von **Newhaven** (895 Phillip Island Tourist Rd), außerdem gibt es eine kleinere Filiale bei **Cowes** (Ecke Thompson St & Church St).

Waterfront Internet Service (☎03-5952 3312; http://waterfront.net.au; Shop 1/130 Thompson Ave, Cowes; 8 AU$/Std.; ⌚Mo–Fr 9–17, Sa 10–13 Uhr; 📶) Hier gibt's Internetzugang.

An- & Weiterreise

Mit dem Auto kommt man über die Brücke bei San Remo vom Festland aus nach Phillip Island. Von Melbourne nimmt man den Monash Freeway (M1) und fährt bei Pakenham ab, um bei Koo Wee Rup auf den South Gippsland Highway zu gelangen.

V/Line (☎1800 800 007; www.vline.com.au) V/Line bietet Zugverbindungen von der Southern Cross Station in Melbourne zur Dandenong Station oder nach Koo Wee Rup,

Great Ocean Road & Southwest Coast

wo man in einen Bus nach Cowes (12,40 AU$, 2½–3½ Std.) umsteigen kann. Es gibt keine Direktverbindung.

Inter Island Ferries (☎ 03-9585 5730; www.interislandferries.com.au; hin & zurück Erw./Kind/Fahrrad 24/12/8 AU$) Die Inter Island Ferries verkehren über French Island zwischen Stony Point auf der Mornington Peninsula und Cowes (45 Min.). Montags und mittwochs fahren zwei Schiffe, an allen anderen Tagen drei.

Unterwegs vor Ort

Island E-bike Hire (☎ 0457 281 965; 142 Caltex, Thompson Ave, Cowes; pro Std./Tag 20/50 AU$) Mit einem Elektrorad kann man die ganze Insel erkunden. Helme sind inklusive.

Oz Bikes (☎ 0401 863 622; Waves, 1 The Esplanade, Cowes; pro Std./Tag 25/35 AU$) Jede Menge Fahrräder zum Ausleihen.

GREAT OCEAN ROAD

Die Great Ocean Road (B100) ist eine der berühmtesten Straßen Australiens für Touren mit dem Auto. Man fährt vorbei an erstklassigen Surfstränden, durch Regenwald und ruhige Orte am Meer und teilweise unter einem Blätterdach hindurch, in dem Koalas sitzen. Man sieht Heideland, Kuhfarmen, Kalksteinklippen und kommt den mächtigen, gefährlichen Brechern des Südpolarmeers ziemlich nahe. Ganz gleich, ob als Wanderer oder Autofahrer, man wird den Trip auf der Great Ocean Road genießen.

Geelong

173 000 EW.

Geelong ist eine selbstbewusste Stadt, die auf zwei Dinge besonders stolz ist: auf ihr Footballteam (genannt Cats) und auf die Ford Motor Company. Die Cats waren in letzter Zeit sehr erfolgreich in der Australian Football League und haben im Jahr 2007 (zum ersten Mal nach 44 Jahren!), 2009 und 2011 das Finale gewonnen. Die australische Automobilindustrie erlebt derzeit einen Abschwung, aber das andere blau-weiße Markenzeichen von Geelong – Ford – bleibt der Stadt trotzdessen treu.

Die Wathaurong – die Ureinwohner Geelongs – nannten die Gegend Jillong. Die Umgehungsstraße von Geelong macht es Reisenden möglich, die Stadt zu umfahren und direkt auf die Great Ocean Road zu kommen – aber es gibt eigentlich genügend Gründe für einen Zwischenstopp in der Stadt.

Sehenswertes & Aktivitäten

Wer die schöne **Uferpromenade** von Geelong entlangschlendert, kann die über 100 von Jan Mitchells **bemalten Hafenpoller** be-

GREAT OCEAN ROAD: ENTFERNUNGEN & FAHRZEITEN

STRECKE	ENTFERNUNG	FAHRZEIT
Von Melbourne nach Geelong	75 km	1 Std.
Von Geelong nach Torquay	21 km	15 Min.
Von Torquay nach Anglesea	21 km	15 Min.
Von Anglesea nach Aireys Inlet	10 km	10 Min.
Von Aireys Inlet nach Lorne	22 km	15 Min.
Von Lorne nach Apollo Bay	45 km	1 Std.
Von Apollo Bay nach Port Campbell	88 km	70 Min.
Von Port Campbell nach Warrnambool	66 km	1 Std.
Von Warrnambool nach Port Fairy	28 km	20 Min.
Von Port Fairy nach Portland	72 km	1 Std.
Von Portland nach Melbourne	440 km	6 ½ Std.

wundern. Am **Eastern Beach** heißt es beim erneuerten kostenlosen **Badepavillon** im Art-déco-Stil den Sprung ins Wasser wagen.

Geelong Art Gallery GALERIE
(www.geelonggallery.org.au; Little Malop St; ⌚ Mo–Fr 9.30–17, Sa & So 10–17 Uhr) GRATIS In dieser Galerie sind mehr als 400 Werke ausgestellt. Die australische Abteilung ist besonders gut und beinhaltet Frederick McCubbins *A Bush Burial* aus dem Jahr 1890 und *View of Geelong* von Eugene von Guérard.

National Wool Museum MUSEUM
(www.nwm.vic.gov.au; 26 Moorabool St; Erw./Kind/Fam. 7,50/4/25 AU$; ⌚ Mo–Fr 9.30–17, Sa & So 10–17 Uhr) Das Museum im hübschen Blausteingebäude informiert über Geschichte, Politik und die Tradition der Wollproduktion.

Geelong Helicopters RUNDFLÜGE
(☎ 0422 515 151; www.geelonghelicopters.com.au; Erw./Kind 45/35 AU$) Den Bells Beach mal aus der Vogelperspektive sehen! Am Strand.

WSUP STAND-UP PADDLING
(☎ 0439 113 457; www.wsup.com.au; Eastern Beach; Gruppenunterricht 50 AU$) Den Eastern Beach (zwischen den Booten) vom Stand Up Paddle-Board aus genießen.

Bay City Seaplanes RUNDFLÜGE
(☎ 0438 840 205; www.baycityseaplanes.com.au; Flüge ab 35 AU$/Pers.) Rund um den Leuchtturm des Aireys Inlet durch die Lüfte schweben. Am Strand von Geelong.

Schlafen

Irish Murphy's Geelong Hostel HOSTEL $
(☎ 03-5221 4335; www.irishmurphysgeelong.com.au; 30 Aberdeen St; B/EZ/DZ 50/60/80 AU$; 📶) Großartiges, wenn auch recht teures Backpacker-Hostel. Der Irish Pub hat sich aber sehr gemacht und ist nun mit 18 Betten im Obergeschoss ausgestattet. Hier erwarten einen hohe Wände, hübsches Bettzeug und neue Teppiche. Der Aufenthaltsraum mit TV ist hell, und das Hostel liegt nur fünf Minuten zu Fuß vom Bahnhof von Geelong entfernt. Es gibt ein Gemeinschaftsbad.

Gatehouse on Ryrie PENSION $$
(☎ 0417 545 196; www.gatehouseonryrie.com.au; 83 Yarra St; DZ mit Frühstück 100–130 AU$; @ 📶) Dieses große und gut erhaltene B&B wurde 1897 erbaut. Die Zimmer sind geräumig, und es gibt ein Gemeinschaftsbad, eine Küche sowie einen Aufenthaltsraum.

Essen

Fuel CAFÉ $
(Shed 2, Gore Pl; Hauptgerichte 10 AU$; ⌚ Mo–Fr 7.30–16 Uhr) Mit ausgezeichnetem Campos-Kaffee und seinem ständig lächelnden Personal verströmt das einladende Café eine Atmosphäre von industriell bis altmodisch-elegant.

Go! CAFÉ $
(www.cafego.com.au; 37 Bellarine St; Hauptgerichte ab 10 AU$; ⌚ Mo–Fr 7–16, Sa & So 8–16 Uhr) Das Go! ist ein lustiges Café, das in einem Tumult aus Farbe und Vergnügen großartiges Essen serviert. Der überdachte Innenhof im hinteren Bereich ist groß und gastlich, und das Personal könnte netter nicht sein.

Edge Geelong PUB $$
(www.edgegeelong.com.au; 6-8 Eastern Beach Rd; Hauptgerichte 15 AU$; ⌚ Mo–Do 9–23, Fr 9–1, Sa 8–1, So 8–23 Uhr) Serviert herzhaftes Pubessen wie Chicken Parma und Porterhouse Steak.

Geelong

Die Tapas sind himmlisch. Liegt in der Nähe eines Parks, bietet eine tolle Aussicht und ist bei den Einheimischen sehr beliebt.

Le Parisien FRANZÖSISCH $$$

(☎03-5229 3110; www.leparisien.com.au; 15 Eastern Beach Rd; Hauptgerichte 40–45 AU$; ⊙11–21.30 Uhr) In dem seit jeher beliebten Restaurant direkt am Wasser kann man klassische französische Küche *à l'Australienne* genießen (unbedingt das Kängurufilet probieren!).

Ausgehen

CQ COCKTAILBAR

(Level 1, Cunningham Pier, 10 Western Beach Foreshore Rd; ⊙Do–So 12 Uhr–open end) Wer die Stufen zum CQ erklimmt, kommt in den Genuss einer eleganten Einrichtung sowie von Cocktails und Leckerbissen.

Praktische Informationen

Geelong Otway Tourism Visitor Information Centre (www.visitgreatoceanroad.org.au; Princes Hwy; ⊙9–17 Uhr) Nützliche Infos über alles, was mit Geelong zu tun hat. Die Touristeninformation liegt an der Tankstelle in Little

Geelong

Sehenswertes

1 Geelong Art Gallery A2
2 National Wool Museum B2

Aktivitäten, Kurse & Touren

3 Bathing Pavilion D2
4 WSUP C2

Schlafen

5 Gatehouse on Ryrie B3

Essen

6 Edge Geelong B2
7 Fuel B2
8 Go! B3
9 Le Parisien B2

Ausgehen & Nachtleben

10 CQ B1

River, etwa 25 km nordöstlich. Es gibt auch Filialen im National Wool Museum und an der Uferpromenade.

An- & Weiterreise

AUTO

Die 25 km lange Geelong Ring Road führt von Corio nach Waurn Ponds und umgeht Geelong total. Wer in die Stadt hinein will, der muss auf dem Princes Highway (M1) bleiben.

BUS

Avalon Airport Shuttle (☎ 03-5278 8788; www.avalonairportshuttle.com.au) Der Shuttlebus verkehrt zum Avalon Airport und fährt nach Geelong (17 AU$, 35 Min.), Bellarine und zur Great Ocean Road (ab 30 AU$).

Gull Airport Service (☎ 03-5222 4966; www.gull.com.au; 45 McKillop St) Betreibt 12 bis 15 Busse pro Tag zwischen Geelong und dem Tullamarine Airport von Melbourne (30 AU$, 1¼ Std.).

V/Line (☎ 1800 800 007; www.vline.com.au) V/Line-Busse fahren von Geelong über Torquay (3,60 AU$, 30 Min.) und Lorne (10 AU$, 1½ Std.) nach Apollo Bay (16,40 AU$, 2 ½ Std., 2- bis 4-mal tgl.). Montags, mittwochs und freitags gibt es eine Weiterverbindung nach Port Campbell (28,60 AU$, 4½ Std.) und Warrnambool (32,20 AU$, 6 Std.).

FLUGZEUG

Jetstar (☎ 13 15 38; www.jetstar.com) betreibt Inlandsflüge vom nah gelegenen Avalon Airport.

ZUG

Züge von **V/Line** (☎ 1800 800 007; www.vline.com.au) fahren vom **Bahnhof von Geelong** (☎ 03-5226 6525; Gordon Ave) zur Southern Cross Station in Melbourne (11 AU$, 1 Std., regelmäßig). Es verkehren auch Züge nach Warrnambool (22,20 AU$, 2½ Std., 3-mal tgl.).

Torquay

13 600 EW.

In den 1960er- und 1970er-Jahren war Torquay nur irgendein verschlafenes Städtchen am Meer. Und Surfen war in Australien nur etwas für Gegner des Establishments, für hartgesottene Hippie-Aussteiger, die in klapprigen VW-Bussen lebten, Marihuana rauchten und mit den Töchtern des Bürgertums durchbrannten. Inzwischen ist das Surfen längst im Mainstream angekommen und weltweit ein Riesengeschäft. Torquays Nähe zum weltberühmten Bells Beach und sein Status als Heimat zweier prägender Surfzubehör-Marken – Ripcurl und Quiksilver, beide stellten anfangs Neoprenanzüge her – lassen keinen Zweifel daran, dass das Städtchen die unumstrittene Surferhauptstadt Australiens ist.

Sehenswertes & Aktivitäten

Surf World Museum MUSEUM
(www.surfworld.com.au; Surf City Plaza, Beach Rd; Erw./Kind/Fam. 10/6/20 AU$; ⏲ 9–17 Uhr) Diese Hommage an das Surfen in Australien liegt im hinteren Teil des Surf City Plaza und bietet wechselnde Ausstellungen, ein Theater und eine Sammlung mit alten Fotos und seltenen, einzigartigen Surfboards.

Spring Creek Horse Rides PFERDEREITEN
(☎ 03-5266 1541; www.springcreekhorserides.com.au; 245 Portheath Rd; 1-/2-stündige Ritte 45/65 AU$) Geführte Ausritte durch das Spring Creek Valley.

Go Ride a Wave SURFEN
(☎ 1300 132 441; www.gorideawave.com.au; 1/15 Bell St; 2-stündige Kurse inkl. Verleih 65 AU$; ⏲ Sommer 9–17 Uhr) Verleiht Surfausrüstung, verkauft gebrauchte Geräte und bietet Unterricht an (günstiger, wenn man im Voraus bucht).

Westcoast Surf School SURFEN
(☎ 03-5261 2241; www.westcoastsurfschool.com; 2-stündige Kurse 55 AU$; ⏲ Sommer 9–17 Uhr) Bietet von November bis Ostern jedes Wochenende Anfängerkurse an.

Torquay Surfing Academy SURFEN
(☎ 03-5261 2022; www.torquaysurf.com.au; 34a Bell St; 2-stündige Kurse 60 AU$; ⏲ 9–17 Uhr) Die Surfschule bietet Travellern Surfpässe für 99 AU$ (mit 2-stündigem Kurs und 4 Std. Surfbrettverleih) an; Hin- und Rücktransport von Melbourne aus kosten 149 AU$.

Schlafen

Home@Bells Beach HOSTEL $
(☎ 03-5261 4029; www.homehostels.com.au; 51-53 Surfcoast Hwy; B/DZ 28/90 AU$; @ 📶) Diese Budgetunterkunft wurde von der home@-Crew renoviert und wiederbelebt, liegt am Highway und verfügt über Gemeinschaftszimmer und einen Surfboardverleih. Das Personal der Rezeption geht meist zwischen 14 und 17 Uhr surfen.

Torquay Foreshore Caravan Park CAMPINGPLATZ, HÜTTEN $
(☎ 03-5261 2496; www.torquaycaravanpark.com.au; Stellplatz mit Strom 31–65 AU$, DZ-Hütte 75–275 AU$) Direkt hinter dem Back Beach, aber immer noch in der Nähe der Stadt liegt der größte Campingplatz der Surf Coast. Zu den

Einrichtungen gehören eine Küche für die Camper und ein Erholungsraum. Die teuren Luxushütten bieten außerdem Meerblick.

Beachside Accommodation Torquay APARTMENT $$
(☎03-5261 5258; www.beachsideaccommodation torquay.com.au; 24 Felix Cres; DZ 100 AU$; ❄📶) Die zwei Apartments sind sauber, kompakt und liegen nur zwei Minuten vom Fishermans Beach entfernt – hier gibt's ein gutes Preis-Leistungs-Verhältnis und die Unterkunft ist ideal für ein paar Tage Aufenthalt.

Bellbrae Harvest APARTMENT $$$
(☎0438 662 090; www.bellbraeharvest.com.au; 45 Portreath Rd; DZ 200 AU$; ❄) Weit weg von allem Trubel liegen diese drei umwerfenden mehrstöckigen Apartments mit Blick auf einen Damm. Hier erwarten einen Regenwasser-Duschen, Einbauküchen, riesige Flachbild-TVs und jede Menge Ruhe.

Essen

Cafe Moby CAFÉ $
(41 The Esplanade; Hauptgerichte 9–19 AU$; ⏲7–15 Uhr) Das alte Café an der Esplanade geht auf Zeiten zurück, in denen Torquay noch jung war. Wenn man hier die hausgemachten Leckereien genießt, kommt man sich vor wie in einer WG mit dem Konditormeister.

Scorched MODERN-AUSTRALISCH $$
(☎03-5261 6142; www.scorched.com.au; 17 The Esplanade; Hauptgerichte 26–36 AU$; ⏲Dez.–Jan. Mo–Do 15–21, Fr–So 10.30–21, Feb.–Nov. Mi–Do 15–21, Fr & Sa 10.30–21, So 10.30–15 Uhr) Dieses Restaurant bietet Blick aufs Wasser und hat große Fenster, durch die Seeluft hereinströmt. Hier werden regionale Speisen im Tapas-Stil serviert. Vorher reservieren und unbedingt die gemischte Platte probieren!

Shoppen

Quick Stop Shop KLEIDUNG
(17 Baines Crt; ⏲9–17.30 Uhr) Hier bekommt man Klamotten von Quiksilver zu günstigen Preisen.

Baines Beach Surf Seconds KLEIDUNG
(16 Baines Crt; ⏲9–17.30 Uhr) Bei Baines gibt es Schnäppchen von RipCurl.

Praktische Informationen

Torquay-Touristeninformation (www.great oceanroad.org; Surf City Plaza, Beach Rd; ⏲9–17 Uhr) In Torquay gibt es eine hilfreiche Touristeninformation neben dem Surf World Museum.

An- & Weiterreise

McHarry's Buslines (☎03-5223 2111; www.mcharrys.com.au) lässt zwischen 7 und 21 Uhr fast stündlich Busse von der Geelong Station nach Torquay (3,60 AU$, 30 Min.) fahren. Werktags fahren vier Busse von **V/Line** (☎1800 800 007; www.vline.com.au) ab Geelong nach Torquay – am Wochenende zwei.

Mit dem Auto liegt Torquay eine Viertelstunde südlich von Geelong an der B100.

VON TORQUAY NACH ANGLESEA

Rund 7 km außerhalb von Torquay befindet sich der Bells Beach. Er erstreckt sich entlang der Great Ocean Road. Die mächtigen Brecher des Bells sind Teil der internationalen Surferfolklore (in dem Film *Gefährliche Brandung*, der allerdings komplett in den USA gedreht wurde, kommt der Bells Beach als Schauplatz der letzten Auseinandersetzung zwischen Keanu Reeves und Patrick Swayze vor). Die Wellen sind notorisch unzuverlässig – wenn die lange, rechts brechende Welle aber kommt, dann kann man auf ihr so lange reiten wie fast nirgendwo sonst auf der Welt. Seit 1973 findet am Bells Beach jeweils zu Ostern die Rip Curl Pro (www.aspworld tour.com) statt – das glanzvollste Event der ASP World Tour. Wenn die Wellen am Bells lau sind, zieht die Rip Curl Pro zum Johanna Beach, zwei Stunden weiter westlich, um.

9 km südwestlich von Torquay liegt der Abzweig zum nur noch 3 km entfernten, spektakulären **Point Addis**. Der Strand, an dem nackt gebadet werden darf, lockt Surfer, Schwimmer und Drachenflieger gleichermaßen an. In Point Addis liegt außerdem der ausgeschilderte Koorie Cultural Walk, ein 1 km langer Rundweg, der durch das Naturschutzgebiet Ironbark Basin führt.

Der **Surf Coast Walk** (www.visitgreatocean road.org.au/surfcoastwalk) führt vom Point Impossible an der Küste entlang und durchs Hinterland nach Fairhaven. Die Wanderung kann in Etappen unternommen werden – die volle Länge beträgt 44 km. In Touristeninformationen gibt's die *Surf Coast Walk*-Karte.

Anglesea

2500 EW.

Angleseas **Main Beach** ist ein prima Ort, um surfen zu lernen, und der geschützte **Point Roadknight Beach** eignet sich gut

WAS FÜR EINE SCHINDEREI!

Die ersten Abschnitte der Great Ocean Road wurden von Soldaten, die aus dem Ersten Weltkrieg heimgekehrt waren, von Hand (mit Hacke, Schaufel und Brecheisen) angelegt. Die Arbeiten begannen im September 1919; die Straße zwischen Anglesea und Apollo Bay wurde 1932 fertiggestellt.

für Kinder. Man kann sich die Kängurus anschauen, die auf dem städtischen Golfplatz (oberhalb der Noble Street) grasen, oder ein Paddelboot mieten und damit gemütlich den Anglesea River hinaufpaddeln.

Aktivitäten

Go Ride A Wave SURFEN
(☎1300 132 441; www.gorideawave.com.au; 143b Great Ocean Rd; ⏲9–17 Uhr) Vermietet Kajaks und Surfbretter und bietet Surfunterricht (ab 65 AU$/2 Std.).

Schlafen

Anglesea Backpackers HOSTEL $$
(☎03-5263 2664; www.angleseabackpackers.com; 40 Noble St; B/DZ/FZ 35/115/150 AU$) Die saubere und helle Backpackerunterkunft verfügt über einen Schlafsaal, ein Doppel- und ein Familienzimmer. Vom Ort aus über die Brücke gehen und die erste Straße rechts nehmen.

Rivergums B&B B&B $$
(☎03-5263 3066; www.anglesearivergums.com.au; 10 Bingley Pde; DZ 100–160 AU$; ❄) Dieses B&B auf der anderen Seite des Flusses verfügt über einen Bungalow für Selbstversorger und ein Doppelzimmer Richtung Ufer mit Küchenzeile. Hier ist alles geräumig und einwandfrei sauber.

Essen

Red Till CAFÉ $
(143a Great Ocean Rd; ⏲Dez.–Jan. tgl. 7–16 Uhr, Feb.–Nov. Sa–Mo & Do; 📶) Das Café am Stadtrand ist in Sachen Kaffee und Einrichtung ebenso gut wie die Locations in Melbourne – nur die Lebensweise ist hier eine andere. Das Café ist z.B. für sein vegetarisches Frühstück bekannt. Im Sommer sollte man dem zugehörigen Strandkiosk bei Point Roadknight einen Besuch abstatten.

Locanda Del Mare ITALIENISCH $$
(5 Diggers Pde; Hauptgerichte 20–28 AU$; ⏲Dez.–Jan. tgl. 18–20.30 Uhr, Feb.–Nov. Mi geschl.) Dieses authentische italienische Restaurant liegt versteckt hinter der Tankstelle von Anglesea und bekommt besonders für seine wunderbaren Nachspeisen ausgezeichnete Kritiken.

Praktische Informationen

Anglesea-Touristeninformation (Anglesea River Bank, Great Ocean Rd; ⏲9–17 Uhr) Hier kann man sich erst ein paar Infos holen und dann in der angrenzenden Grillzone entspannt ein paar Würstchen grillen.

An- & Weiterreise

V/Line (☎1800 800 007; www.vline.com.au) verbindet Anglesea mit Geelong und der Great Ocean Road.

Wer auf der Umgehungsstraße um Geelong herumfährt, braucht 75 Minuten weniger von Melbourne nach Anglesea.

Aireys Inlet

700 EW.

Einen Ort, in dem die Einheimischen darauf bestehen, dass der Pub ihr ureigenster Besitz ist, muss man einfach lieben. Und nicht nur das, in Aireys Inlet gibt es auch einen **Leuchtturm** (etwa von 1891) und herrliche Strände, darunter den Abschnitt von **Fairhaven**, wo die Reiter unterwegs sind, und das Drachenflieger-Paradies **Moggs Creek**.

Sehenswertes & Aktivitäten

Blazing Saddles REITEN
(☎03-5289 7322; www.blazingsaddlestrailrides.com; Lot 1 Bimbadeen Dr; 1¼-/2½-stündige Ausritte 45/95 AU$) Rauf aufs Pferd! Und dann ab in den Busch oder zum herrlichen Strand (oder am besten beides).

Split Point Lighthouse Tours LEUCHTTURM
(☎1800 174 045; www.splitpointlighthouse.com.au; Erw./Kind 12/7 AU$; ⏲Jan. 10–16 Uhr, Feb.–Dez. 11–14 Uhr) Bei einer 45-minütigen geführten Tour zum 34 m hohen Leuchtturm hat man einen tollen Ausblick!

Schlafen

Cimarron B&B B&B $$
(☎03-5289 7044; www.cimarron.com.au; 105 Gilbert St; DZ mit Frühstück 150–175 AU$; 📶) Dieses Haus wurde 1979 von einheimischen Holzfällern mit Holzdübeln und Verschalungsbrettern errichtet und ist ein idyllischer Rückzugsort für Fans traditioneller B&Bs. Man hat die Wahl zwischen einem Doppelzimmer im Stil eines Lofts mit Gewölbede-

cke und Blick auf Point Roadknight und dem gemütlichen Apartment im Erdgeschoss. Hier draußen ist man umgeben von Wildnis und dem State Park. Die Unterkunft ist schwulenfreundlich, Kinder hingegen sind nicht erwünscht.

Lightkeepers Inn MOTEL $$
(☎ 03-5289 6666; www.lightkeepersinn.com.au; 64 Great Ocean Rd; DZ 110 AU$;) Hier findet man Motelzimmer, deren dicke Wände die nötige Ruhe gewährleisten. Der Betreiber Trevor kennt sich bestens mit den örtlichen Wanderwegen und Mountainbike-Pisten aus.

Essen

A La Grecque GRIECHISCH $$
(☎ 03-5289 6922; www.alagrecque.com.au; 60 Great Ocean Rd; Hauptgerichte 28–38 AU$; Dez.–März tgl. 9–11.30, 12.30–14.30 & 18–22 Uhr, April–Nov. Mi–So, Juni–Aug. geschl.) Diese moderne griechische Taverne ist einsame Spitze! Hier kommen Meze mit gepökeltem Königsdorsch in Apfel-, Sellerie- und Zitronendressing und Hauptgerichte wie Tintenfisch vom Holzkohlegrill auf den Tisch. Die Veranda ist der ideale Ort für ein Mittagessen.

Lorne

1400 EW.

Lorne punktet mit viel Natur: Hohe Eukalyptusbäume säumen die hügligen Straßen, und die Loutit Bay leuchtet verführerisch. Allerdings ist in Lorne viel los: Im Sommer muss man mit den Tagesausflüglern um Plätze in den Restaurants und diverse Schnäppchen buhlen – aber trotzdessen: Dieser Ferienort ist einfach schön.

Sehenswertes & Aktivitäten

Qdos Art Gallery GALERIE
(☎ 03-5289 1989; www.qdosarts.com; 35 Allenvale Rd; Dez. & Jan. tgl. 8.30–18 Uhr, Feb.–Nov. Do–Mo 9–17.30 Uhr) GRATIS Die Galerie liegt versteckt in den Hügeln hinter Lorne und hat immer etwas Kunstvolles zu präsentieren. Außerdem schmücken Skulpturen den australischen Busch rund herum. Das Essen im Café ist einfach köstlich, und die Nacht kann man in einem der luxuriösen Zen-Baumhäuser verbringen (225 AU$/Nacht, mind. 2 Nächte Aufenthalt, keine Kinder).

Erskine Falls WASSERFALL
Außerhalb des Ortes liegt dieser hübsche Wasserfall. Es gibt einen leicht zu meisternden Weg hinauf zur Aussichtsplattform, und 250 (nicht selten glitschige) Stufen führen hinunter zum Fuß des Wasserfalls. Unten angekommen kann man weiterwandern oder einfach wieder die Stufen hinaufsteigen.

Feste & Events

Falls Festival MUSIK
(www.fallsfestival.com; Tickets 310–410 AU$) Eine viertägige Party über Silvester auf einer Farm außerhalb der Stadt mit einem tollen Aufgebot an Rock- und Indie-Bands. Camping ist im Ticket inbegriffen.

Schlafen

In Lorne ist am Wochenende oft ein Mindestaufenthalt von zwei Nächten vorgeschrieben, und die Preise sind in der Hauptsaison fast doppelt so hoch wie im Winter. Die Touristeninformation kann mit Adressen anderer Optionen aushelfen.

Great Ocean Road Backpackers HOSTEL $
(☎ 03-5289 1070; 10 Erskine Ave; B/DZ 35/90 AU$;) Versteckt im Busch, zwischen Kakadus und Koalas, liegt diese zweistöckige Holzlodge mit einfachen Schlafsälen und Doppelzimmern. Es gibt eine schöne Sonnenterrasse und eine kleine Küche.

Lorne Foreshore Caravan Park CAMPINGPLATZ $
(☎ 1300 364 797; www.lornecaravanpark.com.au; 2 Great Ocean Rd; Stellplatz mit Strom 32–60 AU$, Hütte ab 70 AU$) Hier kann man seinen Platz auf einem der fünf Campingplätze von Lorne buchen. Der Erskine River Park ist der hübscheste. Er liegt, wenn man nach Lorne kommt, auf der linken Seite direkt vor der Brücke. Wer zur Hauptsaison kommen möchte, sollte rechtzeitig buchen.

Chapel COTTAGES $$$
(☎ 03-5289 2622; thechapellorne@bigpond.com; 45 Richardson Blvd; DZ 200 AU$;) Einfach überragend – dieser zeitgenössische Bau mit zwei Stockwerken überzeugt mit geschmackvollen asiatischen Möbeln, vielen bunten Farben und Erkerfenstern (ohne Vorhänge) mit Blick in den Wald. Die Unterkunft liegt abgeschieden und ist sehr romantisch.

Allenvale Cottages COTTAGES $$$
(☎ 03-5289 1450; www.allenvale.com.au; 150 Allenvale Rd; DZ ab 215 AU$) Die vier Holzhütten aus der Zeit der Wende zum 20. Jh. sind für Selbstversorger gedacht und bieten Platz für mindestens vier Personen. Die luxuriös renovierten Cottages liegen 2 km nordwestlich von Lorne unter schattigen Bäumen und auf

einer grünen Wiese, bei der es auch eine kleine Brücke, einen plätschernden Bach und gackernde Hühner gibt. Perfekt für Familien!

Essen

Bottle of Milk BURGER $

(www.thebottleofmilk.com; 52 Mountjoy Pde; Burger ab 8,50 AU$; ⌚Hauptsaison tgl. 6.30–21 Uhr, Nebensaison Mo–Fr 8–15, Sa & So 8–18 Uhr) In dieser coolen Variante eines Diners können sich die Gäste auf altmodischen Stühlen zurücklehnen und sich einen klassischen Burger mit frischen Zutaten schmecken lassen. Das Pizza Pizza am Fluss wird von denselben schlauen Köpfen betrieben und ist ebenfalls einen Besuch wert.

Mexican Republic MEXIKANISCH $

(☎03-5289 1686; 1a Grove Rd; große Teller 12–14 AU$; ⌚Hauptsaison 12–21 Uhr, Öffnungszeiten in der Nebensaison erfragen) Die mexikanische Küche ist nicht nur in Melbourne beliebt. Auch in Lorne wurde 2012 ein brandneues mexikanisches Restaurant eröffnet. Hier werden Tostaditas mit Schweineschulter oder Kürbis serviert, es gibt marinierte Chicken-Burritos und Quesadillas mit schwarzen Bohnen. Wein wird hier übrigens im Latte-Glas ausgeschenkt.

Praktische Informationen

Lorne-Touristeninformation (☎1300 891 152; www.visitsurfcoast.com.au; 15 Mountjoy Pde; ⌚9–17 Uhr) Hier gibt's jede Menge Infos, hilfsbereites Personal und die Möglichkeit zur Buchung von Unterkünften.

Cumberland River

Gerade einmal 7 km südwestlich von Lorne befindet sich **Cumberland River**. Allerdings findet man hier weder Läden noch Häuser, sondern nur den wunderbaren **Cumberland River Holiday Park** (☎03-5289 1790; www.cumberlandriver.com.au; Great Ocean Rd; Stellplatz ohne Strom 37 AU$, Hütte mit Bad ab 95 AU$). Der bewaldete Campingplatz hat eine tolle Lage neben einem schönen Fluss und hohen, verwitterten Klippen auf der anderen Seite.

Wye River

230 EW.

Die Great Ocean Road schlängelt sich hinter Cumberland River spektakulär um die Klippen und erreicht schließlich Wye River, eine kleine Ortschaft mit großen Ideen.

Wye River Foreshore Camping Reserve CAMPINGPLATZ $

(☎03-5289 0412; Stellplatz 30 AU$; ⌚Nov.–April) Dieser Campingplatz vermietet im Sommer Stellplätze direkt am Strand (mit Strom) und verströmt eine entspannte Atmosphäre.

★ **Wye General** CAFÉ $$

(www.thewyegeneral.com; 35 Great Ocean Rd; Abendessen 15–26 AU$; ⌚8–22 Uhr) Dieses grandiose Café mit Laden hat – vom Gebäck hinter der Ladentheke bis hin zu den Menüs zum Mitnehmen (11–15 AU$) – rein gar nichts Gewöhnliches an sich. Das elegante Wye General verfügt über polierte Betonböden, Holzelemente und ein beeindruckendes Selbstwertgefühl.

Kennett River

Nur 5 km hinter Wye River folgt Kennett River, wo man sogar im Ort prima **Koalas beobachten** kann. In Kennett River geht man gleich hinter dem Campingplatz 200 m die Grey River Road hinauf, und schon erblickt man die Koalas, wie sie sich verschlafen bündelweise an die Äste klammern. Bei Nacht (Taschenlampe mitnehmen!) kann man an gleicher Stelle **Glühwürmchen** leuchten sehen.

Kennett River Holiday Park CAMPINGPLATZ, HÜTTEN $

(☎1300 664 417, 03-5289 0272; www.kennettriver.com; Stellplatz ohne/mit Strom 50/55 AU$, Hütte ab 95 AU$; @📶) In dem freundlichen Ferienpark gibt's kostenloses WLAN, Grillmöglichkeiten und jede Menge Koalas. In der Nebensaison sinken die Preise um bis zu 40 %.

Apollo Bay

1100 EW.

Apollo Bay steht für Musikfestivals, die Otways und schöne Strände. Majestätische Hügel bilden einen postkartenreifen Hintergrund für das Städtchen, während im Vordergrund weiße, breite Sandstrände das Bild beherrschen. Der Ort ist ein idealer Ausgangspunkt für die Erkundung des malerischen Cape Otway und des Otway National Park.

Sehenswertes & Aktivitäten

Community Market MARKT

(www.apollobay.com/market_place; ⌚Sa 9–13 Uhr) Der Markt findet an der Hauptstraße statt und ist ideal, um Äpfel aus der Region, vor Ort gefertigte Souvenirs oder Dinge, von denen man gar nicht wusste, dass man sie immer schon haben wollte – z.B. aus Baumstümpfen geschnitzte Tischlampen – zu kaufen.

Apollo Bay Sea Kayaking KAJAKFAHREN
(☎0405 495 909; www.apollobaysurfkayak.com.au; 2-stünd. Touren 65 AU$) In einem 2-Sitzer-Kajak geht's vom Marengo Beach raus zu einer Seebärenkolonie. Ab zwölf Jahren.

Apollo Bay Fishing & Adventure Tours RUNDFAHRTEN
(☎03-5237 7888; www.apollobayfishing.com.au; 4-stünd. Trips Erw./Kind 110/90 AU$) Bei einem vierstündigen Abenteuer richtig große Kaliber angeln oder auf einer einstündigen Bootsfahrt Seelöwen treffen (35 AU$)!

Otway Expeditions ABENTEUERSPORT
(☎03-5237 6341; http://otwayexpeditions.tripod.com; Argo-Buggy-/Mountainbike-Touren 45/65 AU$) Hier hat man die Wahl zwischen einer Tour auf einem Dual Suspension-Bike durch die Otways, 15 Mountainbike-Tracks (mind. 5 Pers.) oder einer Höllenfahrt in dem Amphibiengeländewagen Argo-Buggy. Weitere Infos unter iRide Apollo Bay auf Facebook.

Feste & Events

Apollo Bay Music Festival MUSIK
(☎03-5237 6761; www.apollobaymusicfestival.com; Wochenendticket 125 AU$, unter 15 Jahren Eintritt frei) Das dreitägige Festival findet an einem Wochenende Anfang April statt und bietet Klassik-, Folk-, Blues, Jazz-, und Rockmusik sowie zeitgenössische Sounds. Zum Festival wird der Ort ziemlich umtriebig.

Schlafen

In den Western Otways gibt es elf Campingplätze, die von **Parks Victoria** (☎13 19 63; www.parkweb.vic.gov.au) betrieben werden. Einige verfügen über Sanitäranlagen, andere nicht. Aber das Beste ist: Sie sind alle kostenlos. Der nächstgelegene Campingplatz von Apollo Bay aus ist Beauchamp Falls im Landesinneren (Richtung Beech Forest).

★ **YHA Eco Beach** HOSTEL $
(☎03-5237 7899; 5 Pascoe St; B 35–42 AU$, DZ 85–102 AU$, FZ 100–122 AU$; @ 📶) Auch wer nicht auf sein Geld achten muss, kann gut und gerne in diesem von Architekten entworfenen 3-Mio.-Dollar-Hostel übernachten. Seine ökologischen Vorzüge sind zu zahlreich, um sie hier aufzulisten. Das Hostel ist ein wunderbares Stück Architektur mit tollen Wohnbereichen, Küchen, TV-Zimmern, einem Internetraum und einer Dachterrasse.

Surfside Backpackers HOSTEL $
(☎03-5237 7263; www.surfsidebackpacker.com; Ecke Great Ocean Rd & Gambier St; B 23–30 AU$, DZ 65 AU$; 📶) Unglaubliche Ausblicke aufs Wasser und Zimmer mit Charakter! Überall dort, wo es darauf ankommt, wurden Erneuerungen vorgenommen (z. B. bei der Küche). Das gemütliche Hostel ist zweifelsohne eine gute Wahl.

Nelson's Perch B&B B&B $$
(☎03-5237 7176; www.nelsonsperch.com; 54 Nelson St; DZ mit Frühstück 185 AU$; ❄ @ 📶) Das Nelson's schaut neuer aus als einige der deutlich schäbigeren B&Bs in der Stadt, liegt aber nicht in Küstennähe. Die drei eleganten Zimmer haben alle einen Hofzugang.

Essen

Apollo Bay Fishermen's Co-op SEAFOOD $
(Breakwater Rd; ⌚11–19 Uhr) Verkauft frischen Fisch und Meeresfrüchte vom Kai sowie superfrische Fish & Chips.

NICHT VERSÄUMEN

WANDERN ENTLANG DER GREAT OCEAN ROAD

Der **Great Ocean Walk** (www.greatoceanwalk.com.au) beginnt bei Apollo Bay und führt bis zu den Twelve Apostles – die ganze Strecke ist 104 km lang und die Wanderung dauert acht Tage. Es ist aber auch möglich, kürzere Abschnitte zu gehen. Am Wanderweg liegen ausgewiesene Campinglätze (25 AU$/Stellplatz), die über **Parks Victoria** (☎13 19 63; wwww.parkweb.vic.gov.au) zwei Wochen im Voraus gebucht werden können. Es besteht auch die Möglichkeit, an einem Punkt zu starten und sich an einem anderen abholen zu lassen (es fahren nur wenige öffentliche Verkehrsmittel): **Walk 91** (☎03-5237 1189; www.walk91.com.au) organisiert Transport, Ausrüstungsverleih und Gepäcktransport. **GOR Shuttle** (☎03-5237 9278, 0428 379 278) ist ein empfehlenswerter Shuttleservice für Gepäck und Personen – sie holen Wanderer am Ende der Tour ab.

Wickens Provedore & Deli CAFÉ $
(137 Great Ocean Rd; 7–12 AU$; ⌚Dez.–Jan. 8–17 Uhr, Feb.–Nov. Di geschl.; 📶) Was darf's denn für ein Kaffee sein? Man hat die Wahl zwischen ziemlich kühlem Chemex-Kaffee und – nun ja – eben dem herkömmlichen (aber die Bohnen sind gut). Hier kommt man sich vor wie in einem Melbourner Café, nur mit gebräunterer Kundschaft. Außerdem gibt's tolles Essen.

Chris's Beacon Point Restaurant GRIECHISCH $$
(☎03-5237 6411; www.chriss.com.au; 280 Skenes Creek Rd; Hauptgerichte 30–48 AU$; ⌚Sa & So 12–14, tgl. ab 18 Uhr) Ein feines und wunderschön gestaltetes Restaurant auf dem Hügel mit atemberaubender Aussicht über die Bass Strait und Apollo Bay in 6 km Entfernung. Hier gibt's Seafood mit griechischer Note.

La Bimba MODERN-AUSTRALISCH $$$
(☎03-5237 7411; 125 Great Ocean Rd; Hauptgerichte 36–42 AU$; ⌚8–15.30 & 18–22 Uhr) Dieses Restaurant mit moderner australischer Küche liegt im Obergeschoss und ist wirklich hervorragend – also auf jeden Fall sein Geld wert. Es ist ein gemütlicher, entspannter, eleganter Ort mit toller Aussicht, freundlichem Personal und einer guten Weinkarte.

ℹ Praktische Informationen

Great Ocean Road-Touristeninformation (☎1300 689 297; 100 Great Ocean Rd; ⌚9–17 Uhr) Verkauft verbilligte Tickets und hängt Infos zu freien Unterkünften aus – für die, die nicht zu den Öffnungszeiten ankommen.

Rund um Apollo Bay

17 km hinter Apollo Bay befindet sich der **Maits Rest Rainforest Boardwalk**, eine einfache, 20-minütige Wanderung durch eine Schlucht im Regenwald. Im Landesinneren, 5 km vom Beech Forest entfernt, liegt **Otway Fly** (☎03-5235 9200; www.otwayfly.com; Phillips Track; Erw./Kind/Fam. 24/9,50/55 AU$; ⌚9–17 Uhr, letzter Einlass 16 Uhr). Hier kann man auf dem 25 m hohen Baumkronenweg entlanglaufen, sich abseilen oder an einer 3½-stündigen Zipline-Tour teilnehmen (Erw./Kind 104/75 AU$). Toller Blick auf die Baumkronen vom 47 m hohen Turm aus!

Cape Otway

Cape Otway ist der zweitsüdlichste Punkt des australischen Festlands (nach Wilsons Promontory) und einer der feuchtesten Flecken des Staates. Die Küste dort ist besonders schön, rau und gefährlich. Zwischen den 1830-er und den 1930-er Jahren liefen zwischen Cape Otway und Port Fairy More über 200 Schiffe auf Grund, was der Gegend zu dem Spitznamen „Shipwreck Coast" (Schiffswrack-Küste) verhalf. Am Ende der Lighthouse Road steht Australiens ältester Leuchtturm, die **Cape Otway Lightstation** (☎03-5237 9240; www.lightstation.com; Lighthouse Rd; Erw./Kind/Fam. 19/8/47 AU$; ⌚9–17 Uhr) aus dem Jahre 1848. Vom Parkplatz aus kann man aber rein gar nichts sehen, und wer einen Blick auf den Leuchtturm erhaschen will, der muss Eintritt zahlen. Drinnen gibt es ein Café, eine Kunstgalerie, kostümierte Mitarbeiter und ein Leuchtturmwärterhäuschen, in dem es spukt.

Blanket Bay CAMPGINGPLATZ $
(☎13 19 63; www.parkweb.vic.gov.au; Hauptsaison & Ostern Stellplatz 14 $, Nebensaison frei) Der Platz ist meist sehr ruhig (je nach Zeltnachbarn), und der nahegelegene Strand wunderschön. Dieser Platz ist so beliebt, dass die Stellplätze für Weihnachten bis Ende Januar ausgelost werden (und zwar im Oktober).

Bimbi Park CAMPINGPLATZ, HÜTTEN $
(☎03-5237 9246; www.bimbipark.com.au; Manna Gum Dr; Stellplatz ohne/mit Strom 30/35 AU$, Hütte 60–185 AU$; 📶) 3 km vom Leuchtturm entfernt, eine Schotterstraße hinunter, liegen diese netten Unterkünfte. Hier kann man sein Zelt aufschlagen oder in einer der schicken (oder nicht so schicken) Hütten schlafen. Es gibt einen Kletterturm (15 AU$/Std.) und Reitmöglichkeiten (55 AU$/Std.).

Great Ocean Ecolodge ÖKO-LODGE $$$
(☎03-5237 9297; www.greatoceanecolodge.com; 635 Lighthouse Rd; EZ/DZ mit Frühstück ab 260/380 AU$) 🍃 Wer die typisch australischen Tiere liebt, der sollte hier ein Zimmer buchen – man trifft an der Rezeption vielleicht sogar einen kleinen Koala an. Das angrenzende Conservation Ecology Centre rettet wilde Tiere und päppelt sie wieder auf. Die Zimmer sind luxuriös und die Lodge aus Lehm wird mit Solarstrom versorgt. In den Preisen (die zur Finanzierung des Zentrums beitragen) sind ein geführter Abendspaziergang und Aktivitäten enthalten.

Lighthouse Keeper's Residence B&B $$$
(Cape Otway Lightstation; www.lightstation.com; Lighthouse Rd; DZ ab 255 AU$) An diesem windgepeitschten Ort kann man das komplette

Head Lightkeeper's House (mit Platz für 16 Pers.) oder das Manager's B&B (2 Pers.) buchen. Man sieht den Zimmern allerdings ihr Alter an. Für 25 AU$ kann man sein Fahrzeug hier über Nacht stehen lassen.

Von Cape Otway zum Port Campbell National Park

Nach Cape Otway verläuft die Great Ocean Road flacher, führt in die fruchtbaren Ebenen des Horden Vale und kehrt im winzigen **Glenaire** noch einmal kurz an die Küste zurück. Danach wendet sich die Straße wieder landeinwärts, und der Anstieg zum **Lavers Hill** beginnt. An bewölkten oder regnerischen Tagen kann sich in den Hügeln dichter Nebel bilden; dann sind die vielen Kurven und Schikanen mit Vorsicht zu genießen, weil man oft noch nicht einmal das Ende seiner Motorhaube richtig erkennt.

6 km nördlich von Glenaire führt ein 5 km langer Abstecher über die Red Johanna Road durch wellige Hügel – vorbei an grasenden Kühen und hinunter zur wild tosenden Brandung des **Johanna Beach**, an dem Schwimmen unmöglich ist. Der weltberühmte Rip-Curl-Pro-Surfwettbewerb findet immer dann hier statt, wenn die Wellen am Bells Beach nicht so recht mitspielen wollen.

Schlafen

Camping Ground CAMPING
(Parks Victoria; ☎13 19 63; www.parkweb.vic.gov.au) GRATIS Dieser Campingplatz am Johanna Beach liegt auf einer geschützten Grasfläche zwischen den Dünen und den Hügeln. Stellplätze sollte man vorab reservieren. Das Zelten ist kostenlos und eine Camperlaubnis ist nicht erforderlich. Es gibt sanitäre Anlagen, aber Feuermachen ist verboten, und man muss sein eigenes Trinkwasser mitbringen.

Boomerangs APARTMENT $$$
(☎03-5237 4213; www.theboomerangs.com; Ecke Great Ocean & Red Johanna Rd; DZ ab 230 AU$ ❄ 📶) Die bumerangförmigen Hütten haben Dielen aus Jarrahholz, Bleiglasfenster, Whirlpools und einen prima Ausblick auf das Johanna Valley. Die Betreiber wohnen vor Ort.

Port Campbell National Park

Nach dem Verlassen der Otways wird die Straße weniger steil und führt an der Küste zwischen Princetown und Peterborough in ein Gebiet mit schmalen, von Sträuchern bewachsenen Steilhängen, die über kahle Klippen 70 m tief zum Meer hin abfallen – hier herrscht eine ganz andere Landschaft vor. Man befindet sich jetzt im Port Campbell National Park mit den Twelve Apostles. Es ist auch der berühmteste und meistfotografierte Abschnitt der Great Ocean Road. Über Jahrtausende hinweg haben Wellen und Gezeiten den weichen Kalksteinfelsen erodiert und ausgehöhlt und so eine faszinierende Reihe von Felsnadeln, Schluchten, Bögen und Löchern geschaffen.

Die **Gibson Steps**, die im 19. Jh. vom Landbesitzer Hugh Gibson von Hand in die Klippen gehauen (und später durch Betonstufen ersetzt) wurden, führen hinunter an den wilden **Gibson Beach**, den man sich nicht entgehen lassen sollte. Dieser Strand ist allerdings, wie viele andere an diesem Küstenabschnitt, wegen starker Strömungen und Strudel ganz und gar nicht zum Schwimmen geeignet. Man kann am Strand spazieren gehen, muss sich jedoch vor der Flut und hohen Wellen in Acht nehmen. Die einsamen **Twelve Apostles** sind Felsnadeln, die als Reste der erodierten Landspitze übrig geblieben sind. Heute sind von den Aussichtsplattformen aus aber nur noch sieben dieser Felsnadeln zu sehen. An dem unscheinbaren **Aussichtspunkt** (Great Ocean Rd; ⌚9–17 Uhr) an der Straße, 6 km hinter Princetown, gibt es öffentliche Toiletten und ein Café. Helikopter fliegen um die Twelve Apostles und geben die Gelegenheit, sich die Felsen ganz aus der Nähe anzuschauen. **12 Apostles Helicopters** (☎03-5598 8283; www.12apostleshelicopters.com.au) hat seinen Sitz am Aussichtspunkt hinter dem Parkplatz; die 10-minütigen Rundflüge führen über Attraktionen wie die Twelve Apostles, die Loch Ard Gorge, den Sentinel Rock und Port Campbell (145 AU$/Pers. inkl. DVD).

An der nahegelegenen **Loch Ard Gorge** spielte sich die berühmteste Geschichte der Shipwreck Coast ab, denn hier gelangten zwei junge Überlebende vom trotz seines Eisenrumpfs gekenterten Klipper Loch Ard an den Strand.

Port Campbell

600 EW.

Der windgepeitschte Ort liegt in einer natürlichen Bucht von fast vollkommen rechteckiger Form, die durch die Erosion der umlie-

DER SCHIFFBRUCH DER LOCH ARD

Die Küste Victorias zwischen Cape Otway und Port Fairy war in den Tagen der Segelschifffahrt wegen der versteckten Riffe und des häufig sehr starken Nebels ein gefürchtetes und gefährliches Gewässer. In über 40 Jahren sanken mehr als 80 Schiffe an der 120 km langen Küste.

Der berühmteste Schiffbruch ereignete sich 1878: Um 4 Uhr morgens scheiterte der Klipper „Loch Ard", ein schneller Segler mit Eisenrumpf, nach der langen Reise aus England vor der Mutton Bird Island. Von den 37 Besatzungsmitgliedern und 19 Passagieren an Bord konnten sich lediglich zwei Personen retten. Eva Carmichael, die nicht schwimmen konnte, klammerte sich an Wrackteile und wurde mit ihnen in eine Schlucht gespült, wo der Offiziersanwärter Tom Pearce sie rettete. Heldenhaft kletterte Tom die nackte Felswand hinauf und schlug Alarm, aber weitere Überlebende konnten nicht gefunden werden. Eva und Tom waren beide 19 Jahre alt, und die Presse spekulierte über eine Romanze. Doch dazu kam es nicht: Die beiden sahen sich niemals wieder, und Eva kehrte bald danach nach Irland zurück – man kann ihr nicht verdenken, dass sie für die Heimfahrt lieber ein Dampfschiff nahm.

genden Kalksteinklippen entstanden ist. Port Campbell ist ein freundliches Fleckchen mit günstigen Unterkünften und bietet sich zur Entspannung nach dem Besuch bei den Twelve Apostles an. Die kleine Bucht hat auch einen Sandstrand – es ist die einzige sichere Badestelle an dieser stürmischen Küste.

Sehenswertes & Aktivitäten

Wunderbar **tauchen** lässt es sich in den Kelpwäldern, Canyons und Tunnels des **Arches Marine Sanctuary** sowie zum **Wrack der Loch Ard**. Am Strand tauchen kann man in der **Wild Dog Cove** und der **Crofts Bay**. Ein 4,7 km langer, beschilderter **Discovery Walk** gibt eine Einführung in die Natur und Geschichte der Gegend. Er befindet sich gleich außerhalb der Ortschaft auf dem Weg nach Warrnambool.

Geführte Touren

Die meisten Touren starten in Melbourne und widmen der Great Ocean Road nur einen einzigen Tag, darunter beispielsweise die „Classic"- oder die „Sunset"-Touren von **Bunyip Tours** (☎1300 286 947; www.bunyiptours.com).

Port Campbell Touring Company GEFÜHRTE TOUR
(☎03-5598 6424; www.portcampbelltouring.com.au; Halbtagestour 85 AU$) Abend- und Tagestouren von Port Campbell aus und zwei- bis dreitägige Touren ab Melbourne.

Port Campbell Boat Charters ANGELN
(☎03-5598 6411; www.portcampbellboatcharters.com.au; ab 50 AU$) Macht Tauch- und Angelausflüge sowie Rundfahrten.

Adventure Tours GEFÜHRTE TOUR
(☎1800 068 886; www.adventuretours.com.au; 130 AU$) Tagesausflüge von Melbourne entlang der Great Ocean Road zu den Twelve Apostles (und zurück).

Autopia Tours GEFÜHRTE TOUR
(☎03-9391 0261; www.autopiatours.com.au; geführte Touren 125 AU$) Ein Tag entlang der Great Ocean Road mit Abendessen (nicht im Preis enthalten) in Colac.

Go West Tours GEFÜHRTE TOUR
(☎1300 736 551; www.gowest.com.au; geführte Touren 120 AU$) Ganztägige Tour auf der Great Ocean Road mit Mittagessen und WLAN.

Otway Discovery Tour GEFÜHRTE TOUR
(☎03-9629 5844; www.greatoceanroadtour.com.au; geführte Touren 95 AU$) Eine günstige Tour entlang der Great Ocean Road mit Abstechern zum Bells Beach und zu den Twelve Apostles.

Ride Tours GEFÜHRTE TOUR
(☎1800 605 120; www.ridetours.com.au; geführte Touren 195 AU$) Zweitägige Great Ocean Road Trips mit Übernachtung. Der Preis versteht sich inklusive Frühstück, Abendessen und Unterkunft.

Schlafen & Essen

Port Campbell Guesthouse PENSION $
(☎0407 696 559; www.portcampbellguesthouse.com.au; 54 Lord St; EZ/DZ mit Frühstück 40/70 AU$; ❄@) Es ist einfach toll, sich woanders wie zu Hause zu fühlen. Dieses Anwesen in der Nähe der Stadt bietet ein gemütliches Haus mit vier Schlafzimmern und für Durchreisende einen separaten

„Flashpackers"-Bereich im Motel-Stil. Sauber und freundlich.

Port Campbell Hostel HOSTEL $
(☎ 03-5598 6305; www.portcampbellhostel.com.au; 18 Tregea St; B/DZ 25/72 AU$; @📶) Dieses zweckmäßige Hostel mit zwei Stockwerken verfügt über Zimmer gen Westen, eine riesige Gemeinschaftsküche und einen noch größeren Aufenthaltsraum mit Bar. Hier wird Recycling großgeschrieben, und auch die Toiletten sind umweltfreundlich. Im Aufenthaltsraum kann man sich beim Lesen der Tageszeitung oder einer Ausgabe von *Mills & Boon* ganz entspannt zurücklehnen.

12 Rocks Cafe Bar CAFÉ $$
(19 Lord St; Hauptgerichte 20–30 AU$; ⌚8.30–23 Uhr) Von diesem quirligen Café mit perfektem Strandblick aus kann man hervorragend beobachten, wie Treibgut am Strand angespült wird. Das einheimische Otways-Bier schmeckt am besten zu Pasta oder Seafood. Oder man trinkt einfach in aller Ruhe einen guten Kaffee.

Waves Restaurant MODERN-AUSTRALISCH, CAFÉ $$
(www.wavesportcampbell.com.au; 29 Lord St; Hauptgerichte 30 AU$; ⌚8–20 Uhr) Kein Ort für Leute, die es eilig haben. Aber auf der Speisekarte steht nahezu alles – von Scones und Marmelade am Nachmittag bis hin zu einer Seafood-Platte für zwei am Abend.

ℹ Praktische Informationen

Port Campbell-Touristeninformation (☎ 1300 137 255; www.visit12apostles.com.au; 26 Morris St; ⌚9–17 Uhr) Jede Menge Infos über die Region, ihre Unterkünfte sowie interessante Ausstellungen zu Schiffswracks – vor dem Haupteingang steht der Anker der Loch Ard, der 1978 geborgen wurde.

ℹ An- & Weiterreise

Züge von **V/Line** (☎ 1800 800 007; www.vline.com.au) fahren montags, mittwochs und freitags um 9 Uhr von der Southern Cross Station in Melbourne ab. Wer nach Port Campbell will, muss in Geelong in einen Bus umsteigen (33 AU$, 6½ Std.).

Von Port Campbell nach Warrnambool

Die Great Ocean Road verläuft hinter Port Campbell weiter in Richtung Westen und führt an mehreren Felsnadeln vorbei. Die erste ist der **Arch**, der direkt vor Point Hesse aus dem Meer herausragt.

In der Nähe befindet sich die eingestürzte **London Bridge**. Die heute gelegentlich auch als London Arch bezeichnete Plattform war über zwei Bögen mit dem Festland verbunden. Besucher konnten über die schmale, natürliche Brücke auf die Felsformation gelangen. Im Januar 1990 brach die Brücke

WIE VIELE APOSTEL?

Die Twelve Apostles sind nicht zu zwölft – und sie waren es allen Aufzeichnungen zufolge auch nie. Von der Aussichtsplattform aus kann man deutlich sieben ausmachen, aber vielleicht verstecken sich ja einige? Wir fragten bei Beamten von Parks Victoria nach, bei den Mitarbeitern von Touristeninformationen und sogar bei der Reinigungskraft am Aussichtspunkt, und doch ließ sich die Frage nicht klären. Die Einheimischen meinen, es hänge alles davon ab, von wo aus man schaue – und damit haben sie wohl auch recht.

In der geologischen Fachterminologie handelt es sich bei den Apostles um „Brandungspfeiler". Ursprünglich hießen sie die „Sow and Piglets", doch in den 1960er-Jahren meinte irgendjemand (niemand erinnert sich, wer das war), dass die Felsen bestimmt mehr Touristen anlocken würden, wenn sie einen ehrwürdigeren Namen hätten als „Sau mit Ferkeln". Also wurden sie in „The Apostles" umgetauft. Und da Apostel nun einmal im Dutzend auftreten, kam die Zahl zwölf etwas später auch noch dazu. Die beiden Felsnadeln östlich der Aussichtsplattform (Richtung Otway) sind eigentlich keine Apostel, sondern heißen Gog und Magog (man bleibt also auf dem Terrain der Legenden).

Es gibt hier also keine zwölf Felsen, aber vom Boot oder Helikopter aus kann man immerhin elf zählen. Die weichen Kalksteinklippen verändern sich weiter, denn die Erosion hört durch die unaufhörlich anbrandenden Wellen niemals auf – ein 70 m hoher Felsen stürzte im Juli 2005 ins Meer, und der Island Archway verlor im Juni 2009 seinen Bogen. Wenn man genau hinschaut, kann man sehen, wie die Wellen dem zugespitzten Teil des Klippensockels zusetzen und dabei sind, einen neuen Apostel zu erschaffen. Es wird aber noch viele tausend Jahre dauern, bis er fertig ist.

ein, und zwei verängstigte Touristen fanden sich gestrandet auf der neuesten Insel des Planeten – sie wurden per Helikopter aus ihrer misslichen Lage befreit. Ganz in der Nähe liegt auch die **Grotto**.

Die **Bay of Islands** befindet sich 8 km westlich des winzigen **Peterborough**, von dessen Parkplatz aus man auf kurzen Wegen zu tollen Aussichtspunkten kommt.

Man bewegt sich hier durch viele Morgen Farmland – beim Autofahren also auf abbiegende Milchlaster achten. Die kitschige, aber unterhaltsame **Cheese World** (www.cheeseworld.com.au; Great Ocean Rd, Allansford; ⏲Mo–Fr 9.30–16.30, Sa & So 10–15 Uhr) findet man 12 km vor Warrnambool, gegenüber der größten Molkerei der Gegend. Hier gibt es ein Museum, ein Restaurant, einen Käsekeller sowie schmackhafte Milchshakes für 5 AU$.

Ganz in der Nähe endet die Great Ocean Road. Sie trifft dort auf den Princes Highway, der durch das Land der Gunditjmara weiter nach South Australia führt.

Warrnambool

32 500 EW.

Warrnambool war ursprünglich ein Wal- und Robbenfängerort und erstrahlt heute als größtes regionales Kommerz- und Walbeobachtungszentrum in neuem Glanz. Seine historischen Gebäude, Kanäle und von Bäumen gesäumten Straßen sind besonders Richtung Ufer sehr hübsch. Außerdem gibt's eine riesige Studentengemeinde, die den Campus der Deakin University von Warrnambool bevölkert.

Sehenswertes & Aktivitäten

Flagstaff Hill Maritime Village DORFNACHBILDUNG
(☎03-5559 4600; www.flagstaffhill.com; Merri St; Erw./Kind/Fam. 16/7/39 AU$; ⏲9–17 Uhr) Diese Touristenattraktion ist einem alten australischen Küstenhafen nachempfunden. Es gibt Kanonen und Festungen zu sehen, wie sie 1887 gebaut wurden, um eine russische Invasion abzuwehren. Bei der bezaubernden abendlichen Sound-und-Laser-Show **Shipwrecked** (Erw./Kind/Fam. 26/14/6 AU$) wird der Untergang der Loch Ard nachgespielt.

Logan's Beach Whale-Watching Platform WALBEOBACHTUNG
Von Juli bis September kommen Südkaper in die Gewässer von Logan's Beach, um sich zu paaren und ihre Jungen großzuziehen. Sie tauchen dabei hin und wieder direkt vor dem Aussichtspunkt auf. Das Spektakel zieht viele Touristen an, aber Walsichtungen sind natürlich nicht garantiert. Die Touristeninformation kann einem jedoch sagen, ob sich gerade Wale in der Gegend aufhalten.

Warrnambool Art Gallery GALERIE
(www.warrnambool.vic.gov.au; 165 Timor St; ⏲Mo–Fr 10–17, Sa & So 12–17 Uhr) GRATIS Die Dauerausstellung australischer Künstler beinhaltet u. a. so namhafte Maler wie James Gleeson, Robert Dowling und Eugene von Guérard.

Rundell's Mahogany Trail Rides REITEN
(☎0408 589 546; www.rundellshorseriding.com.au; 2-stündiger Strandritt 70 AU$) Einige der ruhigsten Strandabschnitte von Warrnambool auf dem Pferderücken erkunden.

Schlafen

Warrnambool Beach Backpackers HOSTEL $
(☎03-5562 4874; www.beachbackpackers.com.au; 17 Stanley St; B/DZ 26/80 AU$; P@) Dieses ehemalige Museum liegt direkt am Meer und verfügt über einen großen Aufenthaltsraum mit Bar, Internetzugang und Küche. Gäste werden kostenlos abgeholt. Man kann ein Surfboard (20 AU$) oder ein Rad (15 AU$) ausleihen und die Gegend erkunden.

Atwood Motor Inn MOTEL $
(☎03-5562 7144; www.atwoodmotorinn.com.au; 8 Spence St; DZ ab 95 AU$; P) Hier gibt's geräumige Zimmer im Motel-Stil samt Flachbild-TVs und Badezimmern, die groß genug wären, um einen (kleinen) Wal darin zu waschen. Die Standard-Doppelzimmer sind die kleinsten, aber trotzdem komfortabel.

Hotel Warrnambool PUB $$
(☎03-5562 2377; www.hotelwarrnambool.com.au; Ecke Koroit St & Kepler St; DZ mit/ohne Bad 140/110 AU$; P) Die jüngsten Renovierungen in diesem historischen Pub aus dem Jahr 1894 haben vor allem in den Zimmern Wunder gewirkt: Diese haben jetzt Plasma-TV sowie Zugang zu einer Küche und einer Lounge. Einige verfügen über ein eigenes Bad und einen Balkon. Unten befindet sich einer der belebtesten Pubs der Stadt.

Essen & Ausgehen

Wyton Eating House CAFÉ $
(www.wytonevents.com; 91 Kepler St; Hauptgerichte 12 AU$; ⏲Mo–Sa 9–18.30 Uhr) In dieser Straße gibt es – zur allgemeinen Verwirrung – zwei Cafés mit demselben Namen. Beide bieten

großartiges Essen und ausgezeichneten Kaffee: Das Wyton Eating House bei Nr. 91 serviert gesunde Salate und Pasta zum Mitnehmen, im Wyton Cellars bei Nr. 127 (die Straße rauf) gibt es vorzügliche Muffins mit Himbeeren und weißer Schokolade.

Warrnambool Bowls Club PUB $
(☎ 03-5561 4586; www.warrnamboolbowls.com.au; 75 Timor St; Hauptgerichte 10 AU$; ⏲ tgl. 11.30–14, Di & Mi 17.30–19.30, Do–Mo 18–20 Uhr) Auch wer heute mal keine weißen Bowlinghandschuhe trägt, kann im begehrten Rasen-Bowling-Club von Warrnambool dinieren. Hier kostet ein Glas vernünftigen Weins weniger als 5 AU$, und mit den Specials spart man bestimmt 10 AU$. Man wird aber wohl nicht gerade zu den Ältesten im Raum gehören... Reservierung wird empfohlen.

Fishtales Café CAFÉ $
(☎ 03-5561 2957; 63 Liebig St; Hauptgerichte 7–16 AU$; ⏲ 7–21 Uhr) Ein fröhliches Café mit sonnigem Hinterhof, in dem Burger, Fish & Chips sowie vegetarische Specials auf die Tische kommen.

Praktische Informationen

Warrnambool-Touristeninformation (☎ 1800 637 725; www.visitwarrnambool.com.au; Merri St; ⏲ 9–17 Uhr) Diese Touristeninformation im Flagstaff-Hill-Komplex bietet eine nützliche Reisekarte und verleiht Fahrräder (30 AU$/Tag).

An- & Weiterreise

Züge von **V/Line** (☎ 1800 800 007; www.vline.com.au; Merri St) fahren von der Southern Cross Station in Melbourne nach Geelong, von wo aus man einen Bus entlang der Great Ocean Road nach Warrnambool (31 AU$, 8 Std.) nehmen kann. Ein Direktzug von V/Line verbindet Warrnambool mit Melbourne (31 AU$, 3½ Std., 3-mal tgl.).

Es fahren regelmäßig V/Line-Busse von Warrnambool nach Port Fairy (4,20 AU$, 25 Min.), und vier fahren weiter nach Portland (11 AU$, 1½ Std.). Montags, mittwochs und freitags fährt ein Bus nach Apollo Bay (19 AU$, 3½ Std.). Ein Bus verkehrt dienstags und freitags um 7.45 Uhr und sonntags um 8.15 Uhr von Warrnambool nach Halls Gap in den Grampians (25 AU$, 2 Std.).

Tower Hill Reserve

Der Tower Hill, 15 km westlich von Warrnambool, ist ein gewaltiger Krater, der bei einem Vulkanausbruch vor 35 000 Jahren entstanden ist. Artefakte der Aborigines, die in der Vulkanasche gefunden wurden, belegen, dass australische Ureinwohner zu jener Zeit hier lebten. Das Naturschutzgebiet ist einer der wenigen Orte, wo man so verschiedene Tiere wie Emus, Kängurus und Koalas gleichzeitig in freier Wildbahn erleben kann.

Es gibt ausgezeichnete Wege für Tageswanderungen, darunter den steilen, 30-minütigen **Gipfelaufstieg** – von dort oben hat man einen spektakulären Rundumblick.

Tower Hill Reserve Visitors Centre TOURISTENINFORMATION
(☎ 03-5561 5315; ⏲ 10–16 Uhr) Dieses Informationszentrum wird von der Worn Gundidj Aboriginal Cooperative betrieben und ist ein guter Ort, um alles über die Gegend vor ihrer Besiedelung zu lernen und auch, um Souvenirs zu kaufen. Hier hängt eine Kopie des Tower-Hill-Gemäldes von Eugene von Guérard aus dem Jahr 1855 (das Original hängt in der Warrnambool Art Gallery).

Port Fairy

3100 EW.

Das Küstenstädtchen an der Mündung des Moyne River wurde 1835 von Walfängern und Robbenjägern gegründet. Port Fairy besitzt auch heute noch eine beachtliche Fischereiflotte und – mit alten Basalt- und Sandsteingebäuden, weiß getünchten Hütten, bunten Fischerbooten und von Bäumen gesäumten Straßen – die entspannte Atmosphäre eines Hafenstädtchens. Der Ort ist vor allem ein Ziel für gut betuchte Touristen, die hier die Kunstgalerien, Antiquitätenläden und Boutiquen besuchen.

Sehenswertes & Aktivitäten

Das Besucherzentrum bietet verschiedene Broschüren und Karten an, auf denen der beliebte **Shipwreck Walk** und der **History Walk** ausgewiesen sind. Auf dem **Battery Hill** gibt es einen Aussichtspunkt sowie Kanonen und Befestigungsanlagen aus den 1860er-Jahren. Unten gibt es einen hübschen Weg (1 Std.), der um **Griffiths Island** herumführt, wo der Moyne River ins Meer fließt. Die Insel ist mit dem Festland über eine Fußgängerbrücke verbunden. Auf der Insel lebt eine **Kolonie der geschützten Kurzschwanz-Sturmtaucher**; die Vögel kommen jedes Jahr im Oktober hierher und bleiben bis April. Außerdem steht auf Griffiths Island noch ein **Leuchtturm**, der sich ebenfalls für eine Besichtigung anbietet.

Feste & Events

Port Fairy Folk Festival MUSIK
(www.portfairyfolkfestival.com; Erw./Kind 13–17 Jhr. 235/80 AU$) Australiens größtes Folkfestival wird Anfang März am langen Wochenende des Labour Day abgehalten. Rechtzeitig die Unterkünfte buchen!

Schlafen

Port Fairy YHA HOSTEL $
(☎03-5568 2468; www.portfairyhostel.com.au; 8 Cox St; B 26–30 AU$, DZ/FZ/Apt. mit 2 Schlafzimmern ab 80/130/250 AU$; @📶) Das freundliche, gut geführte Hostel (das älteste Australiens!) ist im weitläufigen, einstigen Haus des Kaufmanns William Rutledge aus dem Jahr 1844 untergebracht und hat eine große Küche, einen Billardtisch und Kabel-TV.

Pelican Waters HÜTTEN $$
(☎03-5568 1002; www.pelicanwatersportfairy.com.au; 34 Regent St; Hütte/Eisenbahnwagen ab 100 AU$; ❄) Warum in einem Hotel absteigen, wenn man auch im Zug schlafen kann? Auf diesem schön gestalteten Anwesen gibt es neben Hütten auch zwei Eisenbahnwaggons aus Melbourne, die zu je einer Wohneinheit mit zwei Zimmern umgebaut wurden.

Daisies by the Sea B&B B&B $$
(☎03-5568 2355; www.port-fairy.com/daisiesbythesea; 222 Griffiths St; DZ mit Frühstück ab 160 AU$; ❄📶) Zum Klang der brechenden Wellen einschlummern, die sich nur 50 m vor der Haustür befinden – das ist möglich in diesen zwei gemütlichen Apartments am Strand, nur 1,5 km von der Stadt entfernt.

GREAT SOUTH WEST WALK

Der 250 km lange, ausgeschilderte Rundgang beginnt und endet an der Touristeninformation in Portland und führt durch einige der schönsten Naturlandschaften des Südwestens, von der einsamen, stürmischen Küste über das Flusssystem des Lower Glenelg National Park und zurück durch das Hinterland nach Portland. Für den gesamten Rundgang würde man mindestens zehn Tage brauchen, man kann sich aber auch mit Teilstrecken begnügen. Wanderkarten gibt's im Portland Visitor Centre und beim Parks Victoria & Visitor Centre in Nelson. Siehe auch die Website der Wanderroute unter www.greatsouthwestwalk.com.

Essen

Rebecca's Cafe CAFÉ $
(70-72 Sackville St; Hauptgerichte 9–16 AU$; ⏲7–18 Uhr) Rebecca's Café eignet sich hervorragend für ein Frühstück oder ein leichtes Mittagessen und hat interessante Sachen auf der Speisekarte – z. B. Wildreis-Porridge mit Rhabarber. Natürlich gibt es auch die obligatorischen Kuchen, Muffins, Scones und Biskuits.

Merrijig Inn MEDITERRAN $$$
(☎03-5568 2324; www.merrijiginn.com; Ecke Campbell St & Gipps St; Hauptgerichte 30–38 AU$; ⏲Do–Mo 18–21 Uhr) Hier werden viele saisonale Zutaten verwendet: Die freundlichen Besitzer haben einen tollen Küchengarten, und jeder, der hier isst, bekommt definitiv etwas daraus auf den Teller. Die Bar im vorderen Bereich (von ca. 1842) öffnet täglich um 16 Uhr, und wer ein Mansardenzimmer unterm Dach (140 AU$ inkl. Frühstück) gebucht hat, kann es sich hier so richtig gemütlich machen.

Stag MODERN-AUSTRALISCH $$$
(☎03-5568 3229; 22 Sackville St; Hauptgerichte 32–38 AU$; ⏲Di–Sa 18–22 Uhr) Manchmal ist einfach zubereitetes Seafood alles, was man in einem Fischerort will. Und das kriegt das Stag prima hin. Es wird hier in eleganter Atmosphäre von aufmerksamem Personal serviert, und es gibt eine große Weinkarte.

Praktische Informationen

Port-Fairy-Touristeninformation (☎03-5568 2682; www.visitportfairy-moyneshire.com.au; Bank St; ⏲9–17 Uhr) Hier kann man sein Handy aufladen, während man mit genau den richtigen Informationen versorgt wird.

An- & Weiterreise

Busse von **V/Line** (☎1800 800 007; www.vline.com.au) fahren nach Portland (7,80 AU$, 1 Std.), Warrnambool (4,20 AU$, 25 Min.) und – dienstags, freitags und sonntags – nach Halls Gap (25 AU$, 2 Std.).

Port Fairy liegt 20 Minuten westlich von Warrnambool an der A1.

Portland

9800 EW.

Das recht große Portland hat durchaus seinen Reiz: Die Siedlung besitzt historische Häuser, beeindruckt mit Gespenstergeschichten und liegt unweit eines schönen Leuchtturms. Die Stadt ist außerdem Start und Ziel des Great South West Walk. Portland war die

NICHT VERSÄUMEN

CAPE BRIDGEWATER

Cape Bridgewater liegt 21 km abseits der Straße von Portland nach Nelson. Der beeindruckende, 4 km lange Bogen der **Bridgewater Bay** ist einer der schönsten Surfstrände Australiens, mit weißem Sand und hinter unberührten Dünen. Die windumtoste, von Farmen gesäumte Straße führt weiter zum **Cape Duquesne**, wo Fußwege zu einem **Blowhole** (Blasloch) und dem **Petrified Forest** hoch oben auf den Klippen führen. Eine etwas längere, etwa zweistündige Wanderung bringt einen zu einer **Robbenkolonie**, wo man Dutzende Seebären beim Sonnenbaden auf den Felsen betrachten kann.

Unterkünfte bieten das freundliche **Sea View Lodge B&B** (☎03-5526 7276; Bridgewater Rd; EZ/DZ mit Frühstück 110/140 AU$; 📶) oder das **Cape Bridgewater Coastal Camp** (☎03-5526 7247; www.capebridgewatercoastalcamp.com.au; Blowhole Rd; Stellplatz ohne Strom/B/Haus 20/30/150 AU$), das über glänzend saubere Zimmer, Häuser für Selbstversorger und eine riesige Küche für Camper verfügt. Das Camp betreibt auch lustige **Seals-by-Sea-Touren** (☎03-5526 7247; Erw./Kind $35/20).

erste europäische Siedlung in Victoria und diente im 19. Jh. zunächst als Station für Wal- und Robbenfänger. Im Jahr 1862 kam Mary MacKillop, die 2010 als erster Einwohner Australiens heiliggesprochen wurde, aus Melbourne in den Ort und gründete hier die erste australische Ordensgemeinschaft.

Schlafen & Essen

Portland Holiday Village CAMPINGPLATZ $
(☎03-5523 7567; www.holidayvillage.com.au; 37 Percy St; Stellplatz ohne/mit Strom ab 20/40 AU$, Hütte ab 85 AU$; ❄📶) Dieser zentrale Campingplatz überzeugt mit ordentlichen Einrichtungen, z. B einer großen Küche. Die billigeren Hütten haben Gemeinschaftsbäder.

★ **Annesley House** BOUTIQUE-HOTEL $$
(☎0429 852 235; www.annesleyhouse.com.au; 60 Julia St; DZ ab 145 AU$; ❄📶) Dieses kürzlich renovierte ehemalige Herrenhaus eines Arztes (von ca. 1878) bietet sechs sehr verschiedene Zimmer für Selbstversorger, einige davon mit freistehender Badewanne und wunderschöner Aussicht. Der Stil aller Zimmer ist einzigartig. Sehr zu empfehlen!

Deegan Seafoods FISH & CHIPS $
(106 Percy St; Hauptgerichte 10 AU$; ⏰Mo–Fr 11–20 Uhr) Dieser Fish-&-Chips-Laden serviert den vielleicht frischsten Fisch in Victoria.

Praktische Informationen

Portland-Touristeninformation (☎1800 035 567; www.glenelg.vic.gov.au; Lee Breakwater Rd; ⏰9–17 Uhr) Im Maritime Discovery Centre.

An- & Weiterreise

Busse von **V/Line** (☎1800 800 007; www.vline.com.au) verkehren dreimal täglich und am Sonntag einmal täglich zwischen Portland und Port Fairy (7.80 AU$, 55 Min.) und auch nach Warrnambool (11 AU$, 1½ Std.).

Nelson

230 EW.

Das winzige Nelson ist der letzte bevölkerte Vorposten an der Grenze nach South Australia. Hier gibt's gerade einmal einen Laden, einen Pub und einige Unterkünfte. Nelson ist beliebt als Ferien- und Angelort an der Mündung des **Glenelg River**, der durch den **Lower Glenelg National Park** fließt. Achtung: In Nelson gilt die Vorwahl für South Australia (☎08)! Warum? Keine Ahnung.

Sehenswertes & Aktivitäten

Nelson Boat & Canoe Hire BOOTFAHREN
(☎08-8738 4048; www.nelsonboatandcanoehire.com.au) Hier erhält man die nötige Ausrüstung für längere Campingausflüge auf dem Fluss. Kanus kann man ab 65 AU$ pro Tag mieten. Auch Paddelboote werden verliehen (20 AU$/30 Min.).

Glenelg River Cruises BOOTSTOUR
(☎08-8738 4191; Bootsfahrt Erw./Kind 30/10 AU$) Die 3½-stündigen, gemütlichen Bootsfahrten starten täglich (außer Do & Mo) um 13 Uhr in Nelson und führen zur **Princess Margaret Rose Cave** (☎08-8738 4171; www.princessmargaretrosecave.com; Erw./Kind/Fam. 14/9/32 AU$). Die Besichtigung der Höhle kostet extra. Wer sie auf eigene Faust besuchen will, fährt von Nelson aus etwa 17 km weit Richtung Grenze.

Schlafen & Essen

Zwischen Nelson und Dartmoor liegen neun **Campingplätze** entlang des Glenelg River,

NICHT VERSÄUMEN

CAPE NELSON LIGHTHOUSE

Das Cape Nelson Lighthouse ist ein wunderbarer Ort mit einer tollen Aussicht, und man bekommt hier sogar etwas zu essen. **Isabella's Cafe** (%03-55235119; ⏲10–16 Uhr) residiert am Fuß des Bauwerks und bietet innerhalb der dicken Basaltmauern ausgezeichnete Delikatessen feil. Bei den **Leuchtturmführungen** (Erw./Kind 15/10 AU$; ⏲10 & 14 Uhr) kann man einen weiten Blick auf die Gegend werfen. Wer länger verweilen will, mietet sich in dem separaten **Cottage des Leuchtturmwärtergehilfen** (www.capenelsonlighthouse.com.au; DZ ab 180 AU$) ein.

die besonders bei Kanufahrern sehr beliebt sind, aber dennoch auch von der Straße aus gut zugänglich sind. Sie haben Regenwassertanks, Toiletten und Feuerstellen (eigenes Holz mitbringen!). Der Forest Camp South direkt am Fluss ist der schönste Platz. Er beherbergt zahlreiche Vogelarten und ist von der Straße zwischen Portland und Nelson aus gut zu erreichen. Die Campinggenehmigungen werden von Parks Victoria in Nelson oder auch online ausgestellt.

Nelson Hotel PUB $
(☎08-8738 4011; www.nelsonhotel.com.au; Kellett St; DZ/Apt. mit Frühstück ab 60/110 AU$, Hauptgerichte 17–30 AU$; ⏲12–14 & 18–20.30 Uhr; 📶) In diesem Hotel gibt es einen verstaubten, ausgestopften Pelikan über der Bar und jede Menge Pfannengerichte auf der Speisekarte. Die Unterkünfte sind einfach, aber ausreichend und haben Gemeinschaftseinrichtungen. Das angrenzende Apartment ist für eine Nacht okay.

ℹ Praktische Informationen

Parks Victoria & Nelson-Touristeninformation (☎08-8738 4051; http://parkweb.vic.gov.au; ⏲9–17 Uhr) Gleich vor der Brücke über den Glenelg River.

DIE GRAMPIANS & DIE WESTERN DISTRICTS

Western Victoria ist eine riesige Fläche von Weizenfeldern, Getreidesilos, geschwungenem Ackerland und Schaffarmen. Das Gebiet ist auch bekannt als die Wimmera (im Westen) und die Mallee (im Nordwesten). Unterteilt wird die Fläche vom Western Highway (Rte A8), der Hauptverbindungsstraße im Inland zwischen Melbourne und Adelaide. Im entlegenen Nordwesten gehen riesige Bereiche in Wüstennationalparks über. Hier liegen auch Ausläufer der Great Dividing Range. Die Hauptattraktion hier draußen ist der Grampians National Park. Weiter im Westen liegt der Mt. Arapiles State Park, der besonders bei Kletterern sehr beliebt ist. Im Little Desert National Park kann man gut wandern und zelten.

ℹ An & Weiterreise

Der *Overland*, der Zug zwischen Melbourne und Adelaide, fährt durch die Wimmera und hält dreimal in der Woche in Ararat, Stawell, Horsham und Dimboola. Züge und Busse von **V/Line** (☎13 61 96; www.vline.com.au) verkehren zwischen Melbourne und allen größeren Städten.

Firefly Express (☎1300 730 740; www.fireflyexpress.com.au) und **Greyhound Australia** (☎1300 473 946; www.greyhound.com.au) fahren auf ihrer Strecke von Melbourne nach Adelaide auch täglich durch Horsham. Von Horsham aus kann man den Bus Richtung Norden nach Mildura und Richtung Süden nach Hamilton und Portland nehmen.

Grampians National Park

Die Grampians (bei den einheimischen Kories auch als Gariwerd bekannt) sind ein Paradies für Buschwanderer und Kletterer und eins der bedeutendsten Naturwunder von Victoria. Die große Vielfalt von Flora und Fauna, die einzigartigen Sandsteinformationen, die Felsenkunst der Aborigines sowie gut zugängliche Wanderwege haben für jeden etwas zu bieten. Wenn im Frühjahr alles von Wildblumen übersät ist, sehen die Grampians am schönsten aus.

Befestigte Zugangsstraßen im Park führen von Halls Gap in südlicher Richtung nach Dunkeld und Richtung Nordwesten durch den Park nach Wartook Valley und Horsham. Abseits dieser Straßen führen Nebenstraßen zu einigen der schönsten Attraktionen des Parks: zu den **McKenzies Falls**, zum **Reed Lookout** mit Wanderwegen zu den Balconies, zum **Boroka Lookout** und zur **Zumstein Picnic Area**.

In der Nähe von Halls Gap erfreut die **Wonderland Range** mit einer spektakulären und gut zugänglichen Landschaft. Von schönen Autostrecken bis hin zu traumhaften Wanderwegen wird hier alles aufgebo-

Die Grampians (Gariwerd)

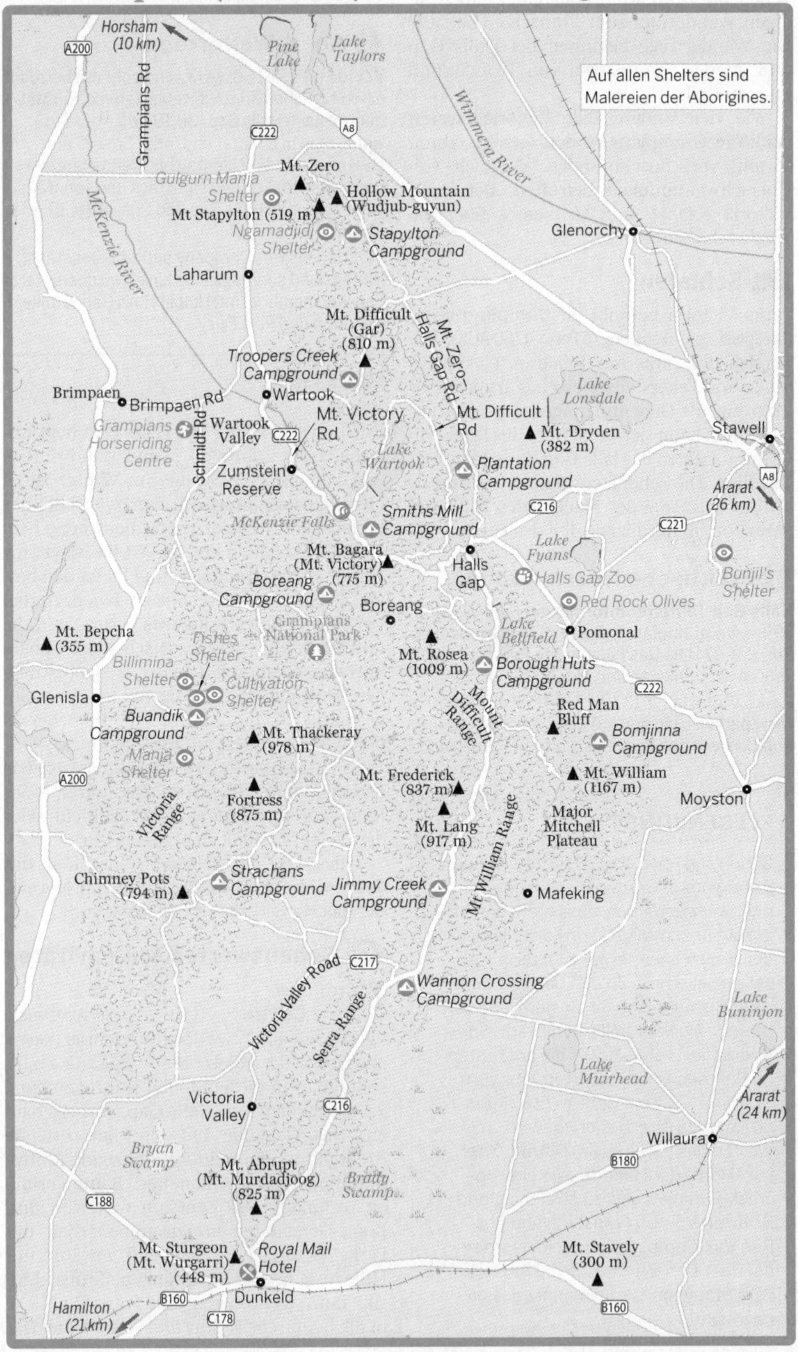

ten – wie wär's mit einem Spaziergang zum Venus Bath (30 Min.) oder einer fünfstündigen Wanderung zum Pinnacles Lookout? Die Wanderwege beginnen bei Halls Gap und an den Parkplätzen von Wonderland und Sundial.

Wie viele andere Teile Victorias waren auch die Grampians in den letzten Jahren sowohl von Buschbränden als auch von Überschwemmungen betroffen. Bei Parks Victoria erfährt man Genaueres über die Wegbeschaffenheit.

Schlafen

Parks Victoria betreibt elf **Campingplätze** (Stellplatz pro Fahrzeug/6 Pers. 17,60 AU$) im Bereich des Parks mit Toiletten, Picknicktischen und Feuerstellen (eigenes Trinkwasser mitbringen!). Genehmigungen sind erforderlich – man kann sich beim Büro des Brambuk Cultural Centre in Halls Gap anmelden und bezahlen. Die schönsten Plätze sind Smiths Mill in der Nähe der MacKenzies Falls und Stapylton im nördlichen Teil des Parks.

Praktische Informationen

Halls Gap-Touristeninformation (☎1800 065 599; www.grampianstravel.com.au; Grampians Rd; ⏲9–17 Uhr) Das hilfsbereite Personal kann Touren, Unterkünfte und Aktivitäten buchen.

Parks Victoria (☎13 19 63, 03-5361 4000; www.parkweb.vic.gov.au) Liegt im gleichen Komplex wie das Brambuk Cultural Centre und bietet Karten, Broschüren, Campinggenehmigungen und Angellizenzen.

FELSENKUNST

Schon seit über 20 000 Jahren wohnen Aborigines in Gariwerd – es ist also nicht verwunderlich, dass man hier die größte Ansammlung von Felsenkunst der Ureinwohner in ganz Victoria zu sehen bekommt. Zu den besten Plätzen zählt **Bunjil's Shelter** in der Nähe von Stawell, eine der heiligsten Stätten der Aborigines von Victoria, die am besten im Rahmen einer geführten Tour vom Brambuk Cultural Centre (Erw./Kind 50/30 AU$) aus besichtigt wird. Im Westen des Parks liegen **Manja Shelter** (Höhle der Hände), vom Harrop-Track-Parkplatz aus zu erreichen, und **Billimina Shelter** in der Nähe des Buandik-Campingplatzes. Im Norden befindet sich **Ngamadjidj Shelter**, vom Stapylton-Campingplatz aus erreichbar.

An- & Weiterreise

V/Line (☎13 61 96; www.vline.com.au) betreibt einen täglichen Zug-/Reisebusservice von Melbourne nach Halls Gap (30,10 AU$, 4–5 Std.), wobei man in Ballarat und/oder Stawell umsteigen muss. Von Montag bis Freitag fahren drei Busse täglich und samstags und sonntags einer zwischen Halls Gap und Stawell (6,30 AU$, 35 Min.).

Christians Bus Company betreibt dienstags, freitags und sonntags eine Linie zwischen Ararat und Warrnambool mit Halt in Halls Gap, Dunkeld, Hamilton und Port Fairy.

Halls Gap

305 EW.

Der hübsche kleine Ort Halls Gap liegt unterhalb der schroffen Wonderland Range und hat nur eine Straße. Im Winter ist es hier wie ausgestorben, aber während der Ferien kann es ganz schön heiß hergehen. Halls Gap dient oft als eine Art Basislager für Touren in die Grampians und bietet den besten Zugang zu den schönsten Teilen. In den Vorgärten hüpfen Kängurus herum, und die Luft ist erfüllt vom Gezwitscher der Kookaburras und Papageien. In der einzigen Straße des Ortes gibt es ein paar Shops, einen Supermarkt, Buchungsbüros für Abenteueraktivitäten sowie Restaurants und Cafés.

Es ist der beste Ort, um Aktivitäten wie Felsenklettern, Wandern, Radfahren oder Kajakfahren auf dem Lake Bellfield oder dem Lake Wartook zu organisieren.

Jedes Jahr im Februar findet hier das **Grampians Jazz Festival** und im November das **Halls Gap Film Festival** statt.

Sehenswertes & Aktivitäten

★ **Brambuk Cultural Centre** KULTURZENTRUM
(☎03-5361 4000; www.brambuk.com.au; Grampians Tourist Rd; ⏲9–17 Uhr) GRATIS Als erstes sollte man in diesem tollen Kulturzentrum, 2,5 km südlich von Halls Gap, vorbeischauen. Das Gebäude hat eine umwerfende Architektur, die zeitlose Aborigine-Motive mit modernen Formen und Baumaterialien verbindet. Das Zentrum wird von fünf Koori-Gemeinden in Zusammenarbeit mit Parks Victoria betrieben und gewährt mit Hilfe von Koorie-Erzählungen, Kunst, Musik, Tanz, Werkzeugen und Fotos Einblicke in die heimische Kultur und Geschichte. Das

Gariwerd Dreaming Theatre zeigt stündlich Filme zu Traumzeiterzählungen über Gariwerd und die Schöpfungsgeschichte Bunjil. Hier kann man außerdem **Touren** (Erw./Kind 35/22 AU$) zur Kultur und zur Felsenkunst buchen.

In dem Komplex befinden sich auch ein Büro von Parks Victoria, ein Souvenirladen und das **Brambuk Bushfoods Café** (Gerichte 11–26 AU$; ⏲9–16 Uhr) mit einer hübschen Terrasse und Blick auf den Garten.

Halls Gap Zoo ZOO
(☎5356 4668; www.hallsgapzoo.com.au; Erw./Kind/Fam. 18/9/45 AU$; ⏲Mi–Mo 10–17 Uhr) Hier kann man auf Tuchfühlung gehen mit bekannten australischen Tierarten – beispielsweise mit Wallabys, Grauen Riesenkängurus, Beutelmardern und Wombats. Es gibt hier aber auch exotische Tiere wie Erdmännchen, Klammeraffen, Bisons und Lisztaffen. Der Zoo unterhält Zucht- und Schutzprogramme und für ein zusätzliches Entgelt gibt's auch direkten Kontakt mit den Tieren – die Termine stehen auf der Website.

Geführte Touren

Absolute Outdoors ABENTEUER
(☎03-5356 4556; www.absoluteoutdoors.com.au; 105 Main Rd) Klettern, Abseilen, Mountainbiken, Kanufahren und geführte Wanderungen ab 60 AU$. Mountainbike-Verleih kostet 10/25/40 AU$ pro Std./halber Tag/ganzer Tag.

Eco Platypus Tours TAGESAUSFLUG
(☎1800 819 091; www.ecoplatypustours.com; geführte Touren 99 AU$) Ganztägige Busfahrt ab Melbourne mit Besuch der Hauptattraktionen in den nördlichen Grampians.

Fitopia ABENTEUER
(☎0408 838 950; www.grampiansactivitytours.com.au) Verleiht Kajaks, Katamarane und Mountainbikes, aber richtig cool sind die Fahrten mit dem „Blo-Kart" und dem „Dirt-Buggy".

Grampians Horseriding Adventures REITEN
(☎03-5383 9255; www.grampianshorseriding.com.au; 430 Schmidt Rd, Wartook Valley; 2½-stündige Ritte 100 AU$; ⏲10 & 14 Uhr) Ausritte auf einem großen Anwesen mit weiter Aussicht.

Grampians Mountain Adventure Company ABENTEUER
(GMAC; ☎0427 747 047; www.grampiansadventure.com.au; halber/ganzer Tag ab 95/145 AU$) Spezialisiert auf Klettern und Abseilen.

Grampians Personalised Tours & Adventures ABENTEUER
(☎0429 954 686, 03-5356 4654; www.grampianstours.com) Bietet jede Menge Jeep-Touren (halber/ganzer Tag ab 79/149 AU$), geführte Buschwanderungen, Nachtwanderungen (20 AU$) und Rundflüge über die Ranges (3/5 Pers. 170/280 AU$).

Hangin' Out KLETTERN
(☎03-5356 4535, 0407 684 831; www.hanginout.com.au; 4-stündige/ganztägige Klettertour 75/130 AU$) Am besten fängt man mit einer vierstündigen Einführung an.

Schlafen

★**Grampians YHA Eco-Hostel** HOSTEL $
(☎03-5356 4544; www.yha.com.au; Ecke Grampians Tourist Rd & Buckler St; B/DZ 34/89 AU$; @) Dieses architektonisch interessant gestaltete und umweltfreundliche Hostel nutzt Solarkraft und Regenwassertanks und holt das Beste raus aus Licht und Räumlichkeiten. Es ist mit einer schönen, geräumigen Lounge samt offenem Kamin, einer erstklassigen Küche und tadellosen Zimmern ausgestattet.

Brambuk Backpackers HOSTEL $
(☎03-5356 4250; www.brambuk.com.au; Grampians Tourist Rd; B/DZ 28/68 AU$; @ᯤ) Dieses von Aborigines geführte, freundliche Hostel liegt gegenüber vom Kulturzentrum und bietet seinen Gästen eine ruhige und entspannte Atmosphäre und von den Fenstern im Wohnbereich aus ein tolles Panorama auf die Felsen.

Tim's Place HOSTEL $
(☎03-5356 4288; www.timsplace.com.au; 44 Grampians Rd; B/EZ/DZ 27/55/70 AU$, Apt. ab 90 AU$; @ᯤ) Freundliches, einwandfreies Hostel mit gemütlicher Öko-Atmosphäre. Außerdem: Kostenloser Mountainbikeverleih, WLAN und Kräutergarten.

Halls Gap Caravan Park CAMPINGPLATZ $
(☎03-5356 4251; www.hallsgapcaravanpark.com.au; Grampians Rd; Stellplatz ohne/mit Strom ab 27/34 AU$, Hütte 85–150 AU$; ❄) Campingplätze und Hütten mitten im Ortszentrum.

D'Altons Resort COTTAGES $$
(☎03-5356 4666; www.daltonsresort.com.au; 48 Glen St; Studio-/Deluxe-/Familien-Cottage ab 110/125/160 AU$; ❄ᯤ) Die hübschen Holzcottages mit gemütlichen Clubsesseln, niedlichen Verandas und Feuerstellen liegen auf dem Hügel hinter der Hauptstraße. In den

Deluxe-Zimmern gibt es auch ein Spa. Tolles Preis-Leistungs-Verhältnis.

Pinnacle Holiday Lodge MOTEL **$$**
(☎ 03-5356 4249; www.pinnacleholiday.com.au; 21-45 Heath St; Apt. mit 1–2 Zi. 112–167 AU$, DZ mit Spa 140–175 AU$; ❄ 🏊) Dieses gut erhaltene, zentral gelegene Anwesen hinter den Stony Creek-Shops bietet ein etwas höheres Niveau als die meisten Motels von Halls Gap. Die geräumige Anlage verströmt ein ländliches Flair und verfügt über Grillplätze, ein Hallenbad und Tennisplätze.

Mountain Grand Guesthouse PENSION **$$**
(☎ 03-5356 4232; www.mountaingrand.com.au; Grampians Tourist Rd; EZ/DZ inkl. Frühstück 146/166 AU$; ❄ 📶) Die anmutige und altmodische Pension aus Holz rühmt sich damit, eine traditionelle Lodge zu sein, wo man vor dem Abendessen gemütlich einen Portwein in einem der Aufenthaltsräume trinken und mit den anderen Gästen quatschen kann. Die Zimmer sind klein, aber sauber.

Essen

Der kleine Reigen von Halls Gaps Lokalen (und der Supermarkt) befindet sich hauptsächlich entlang der Grampians Tourist Road und am Uferweg neben dem hübschen Stony Creek. In der Bäckerei dort gibt es hervorragende Vanilleteilchen und das Pink Panther Café macht gute Pizza. Im Smugglers-Hearth-Souvenirshop ist köstliches, hausgemachtes Fudge aus der Grampians Fudge Factory ein Renner.

Livefast Lifestyle Cafe CAFÉ **$**
(www.livefast.com.au; Shop 5 Stony Creek Stores; leichte Gerichte 8–16 AU$, Hauptgerichte 24–28 AU$; ⏲ 7–17 Uhr, Mi–So 7 Uhr–open end) Guter starker Kaffee, eine sonnige Atmosphäre und temperamentvolles Personal sind die Markenzeichen des Cafés. Hier bekommt man morgens Frühstück und mittags fette Focaccia. Oder man hört sich abends bei einem Wein aus den Grampians Livemusik an.

Kookaburra Restaurant MODERN-AUSTRALISCH **$$**
(☎ 03-5356 4222; www.kookaburrabarbistro.com.au; 125-127 Grampians Rd; Hauptgerichte 24–34 AU$; ⏲ Di–So ab 18, So auch 12–15 Uhr) Diese Institution von Halls Gap ist bekannt für ihre Ente mit knuspriger Haut, australische Gerichte wie Barramundi- oder Kängurufilet und die tavernenähnliche Bar. Wer vor 18.30 Uhr bestellt, bekommt einen „Frühesser-Rabatt".

Halls Gap Hotel PUB **$$**
(☎ 03-5356 4566; www.hallsgaphotel.com.au; 2262 Grampians Rd; Hauptgerichte 15–32 AU$; ⏲ Mi–So 12–14, tgl. ab 18 Uhr) Etwa 2 km nördlich des Ortes liegt dieser Pub, in dem es großzügig portioniertes, gutes Bistroessen sowie Pizzas gibt. Wer nach einem Wandertag im Busch sein wohlverdientes Bier mit Blick auf die Grampians genießen will, ist in diesem geselligen Pub genau richtig.

Dunkeld

Das südliche Einfallstor zu den Grampians bildet der verschlafene kleine Ort Dunkeld im Schatten der spektakulären Berge **Mt. Abrupt** und **Mt. Sturgeon**, die man beide besteigen kann. Die **Touristeninformation** (☎ 03-5577 2558; www.visitsoutherngrampians.com.au; Parker St) hält nützliche Informationen bereit.

Das **Royal Mail Hotel** (☎ 03-5577 2241; www.royalmail.com.au; Parker St; Baressen 18–34 AU$, Restaurantmenü 180 AU$; ⏲ Bar & Bistro 12–14 & 18–21 Uhr, Restaurant Mi–So ab 18 Uhr) ist ein ehemaliger Pub, der in ein elegantes, modernes Hotel mit schicker Bar, Bistro und einem der besten Restaurants von Victoria umgewandelt wurde.

In November findet hier der **Dunkeld Cup**, ein lustiges Querfeldeinrennen, statt.

Horsham

15 260 EW.

Horsham ist die größte Stadt im Nordwesten der Grampians und zugleich die Hauptstadt der Wimmera-Region. Hier gibt es gute Transportanbindungen und eine gute Ausgangsbasis für Erkundungen der umliegenden Nationalparks sowie des Mt. Arapiles.

Horsham Regional Art Gallery GALERIE
(☎ 03-5362 2888; www.horshamartgallery.com.au; 21 Roberts Ave; Goldmünzenspende; ⏲ Di–Fr 10–17, Sa & So 13–16.30 Uhr) Die örtliche Kunstgalerie beherbergt die Mack Jost Collection, zu der Werke bedeutender australischer Künstler gehören – beispielsweise von Rupert Bunny, Sir Sidney Nolan, John Olsen und Charles Blackman.

Grampians & Horsham Visitor Centre TOURISTENINFORMATION
(☎ 03-5382 1832; www.visithorsham.com.au; 20 O'Callaghan's Pde; ⏲ 9–17 Uhr) Hat Informationen über Unterkünfte und die Umgebung.

Mt. Arapiles State Park

Der Mt. Arapiles, eine Art Sandsteinklumpen in den ansonsten flachen Wimmera-Ebenen, liegt 37 km westlich von Horsham und ist Victorias beliebtestes Ziel für Kletterer. Mit einer Höhe von 369 m ist er nicht gerade ein hoher Berg, aber mit über 3000 Kletterrouten unterschiedlicher Schwierigkeitsgrade zieht er eifrige Kletterer aus der ganzen Welt an. Im nahe gelegenen, kleinen Ort Natimuk (12 km östlich) haben begeisterte Kletterer Einrichtungen für Touristen ins Leben gerufen, und der Ort hat sich außerdem zu so etwas wie einem Künstlerzentrum entwickelt.

Doch auch wer nicht klettert, kann zum Gipfel kommen – entweder laufen oder fahren (1,7 km vom Centenary Park aus) – und die sensationell schöne Aussicht über die Ebenen genießen.

ABSEITS DER ÜBLICHEN PFADE

DIE MALLEE

Der am wenigsten besiedelte Teil von Victoria, die weitläufige Mallee, hat ihren Namen von einem Gewächs, das einst die gesamte Region bedeckte: Die Mallee-Gummibäume verstehen etwas davon, wie man in der Wüste überlebt – 1000 Jahre alte Wurzelsysteme sind bei ihnen keine Seltenheit. Für die Aborigines lieferte die Region Nahrung in Hülle und Fülle. Wer durch die Gegend dieses komplett flachen Halbwüstenlands fährt, erlebt den Himmel riesengroß – man braucht also nicht unbedingt ins Landesinnere Australiens zu fahren, um das Outback zu erleben!

Da die nördliche Gegend auf das Wasser des Murray River angewiesen ist, hatten die Farmer des Distrikts zu Beginn des Jahrtausends nach mehreren Dürrejahren ein schweres Los gezogen. In den Jahren 2010 und 2011 kam schließlich der große Regen, erweckte den Wimmera River im Süden zu neuem Leben und füllte den Lake Hindmarsh wieder auf. Die Nationalparks in der Gegend sind sehr abgeschieden, wild und oftmals nur mit Allradantrieb zu erreichen. Im Voraus planen: Reisen im Sommer vermeiden, genug Wasser mitnehmen, sich nicht auf das GPS- oder Telefonsignal verlassen und Tipps von **Parks Victoria** (☎13 19 63; www.parkweb.vic.gov.au) annehmen.

Wyperfeld National Park

Wyperfeld ist ein riesiger, aber durchaus zugänglicher Nationalpark mit Roten Eukalyptusbäumen, Mallee-Sträuchern, Sanddünen und im Frühjahr mit unzähligen Wildblumen. Eine asphaltierte Straße führt vom südlichen Parkeingang bei Yaapeet zum Besucherzentrum am **Wonga Campground** (Stellplatz 17,60 AU$), wo auch Plumpsklos, Picknicktische und Feuerstellen zu finden sind. Der **Casuarina Campground** (Stellplatz kostenlos) im Norden ist über eine Schotterstraße zu erreichen, die von der Straße von Patchewollock nach Baring abzweigt.

Murray-Sunset National Park

Der 6630 km² große Park ist relativ schwer zu erreichen. Eine unbefestigte Straße führt von Linga am Mallee Highway hinauf zu den **Pink Lakes** am südlichen Rand des Parks, wo auch ein einfacher Campingplatz zu finden ist. Ansonsten kommt man nur mit Jeeps herum. **Shearer's Quarters** (☎03-5028 1218; Schlafsaal 61 AU$) im westlichen Abschnitt des Parks bietet schlichte Unterkünfte für Gruppen bis zu 14 Personen an.

Hattah-Kulkyne National Park

Der Hattah-Kulkyne National Park ist deutlich besser erreichbar und hat einige fruchtbare Ufergegenden zu bieten, die von Rotem Eukalyptus, Eucalyptus largiflorens (Black Box), Australischen Akazien und Zylinderputzern gesäumt sind. Das System der **Hattah Lakes** füllt sich, wenn der Murray Hochwasser führt. Diese Seen sind toll, um Vögel zu beobachten und als Ausgangspunkt für Buschwanderungen.

Die Zufahrtsstraße zum Park liegt bei **Hattah**, 70 km südlich von Mildura am Calder Highway. Die Touristeninformation befindet sich 5 km weiter innerhalb des Parks. Campingplätze findet man am Lake Hattah und am Lake Mournpoul (17,60 AU$), bei beiden steht aber Wasser nur begrenzt zur Verfügung. Man kann aber auch überall am Ufer des Murray campen.

Aktivitäten

Arapiles Mountain Shop KLETTERN
(☎ 03-5387 1529; 67 Main St) Verkauft und verleiht Kletterausrüstung.

Arapiles Climbing Guides KLETTERN
(☎ 03-5384 0376; www.arapiles.com.au; Natimuk) Professionelle Lehrer und Führer.

Natimuk Climbing Company KLETTERN
(☎ 03-5387 1329; www.climbco.com.au; 6 Jory St) Kurse für Fortgeschrittene sowie Ausrüstungsverleih.

Schlafen & Essen

Pines Camping Ground CAMPINGPLATZ $
(Centenary Park; Stellplatz 4 AU$) Die meisten Kletterer übernachten auf diesem beliebten Campingplatz am Fuß des Berges, der 2 km innerhalb des Parks liegt. Es gibt Wasser aus Behältnissen, aber keine Duschen.

National Hotel HOTEL $
(☎ 03-5387 1300; 65 Main St; DZ 65–75 AU$) Hinter dem Pub in Natimuk liegen saubere Hütten, und im Obergeschoss werden Pubzimmer vermietet. Außerdem wird Essen am Tresen angeboten.

Little Desert National Park

Unter den Wüstennationalparks im Westen von Victoria ist dies einer der am unprobematischsten erreichbaren. Die üppige Vielfalt an Pflanzen und Wildblumen hat allerdings mit „Wüste" nicht mehr viel zu tun. Zwischen dem Western und dem Wimmera Highway führen zwei befestigte Straßen durch den Park – oder man nimmt die Schotterstraße von Dimboola aus, die in einem ganz guten Zustand ist. Der bekannteste Bewohner des Parks ist wohl das Thermometerhuhn.

Einige gut ausgeschilderte Wanderwege bieten eine kurze Einführung in den Park: der **Pomponderoo Hill Nature Walk** südlich von Dimboola, der **Stringybark Nature Walk** südlich von Nhill und der **Sanctuary Nature Walk** südlich von Kiata.

Schlafen

Im östlichen Bereich bei Horseshoe Bend und Ackle Bend liegen die **Campingplätze** (Stellplatz 17,60 AU$) des Nationalparks, beide befinden sich am Wimmera River südlich von Dimboola und südlich von Kiata.

★ **Little Desert Nature Lodge** CAMPINGPLATZ, RESORT $
(☎ 03-5391 5232; www.littledesertlodge.com.au; Stellplatz 25 AU$, DZ in einer Schlafbaracke 44 AU$, EZ/DZ im B&B 115/125 AU$; ❄) Am nördlichen Ende der Wüste und 16 km südlich von Nhill gelegen, eignet sich dieses Resort im Busch ausgezeichnet als Ausgangspunkt für Erkundungen des Parks. Hier gibt es einen weitläufigen Campingplatz, eine Schlafbaracke, komfortable Motelzimmer mit Bad und ein Restaurant. Zu den Highlights zählen eine Führung durch die Voliere der Thermometerhühner (30 AU$), wo man die seltenen Vögel im Rahmen eines Aufzuchtprogramms sehen kann, eine Führung durch das Schutzgebiet der Thermometerhühner (130 AU$) sowie das Nocturnal Wildlife Encounter (30 AU$). Alle Preise gelten für zwei Personen.

Praktische Informationen

Little Desert Park Office (☎ 13 19 63; www.parkweb.vic.gov.au; Nursery Rd) Abseits des Western Hwy südlich von Dimboola.

Dimboola

Am Ufer des Wimmera River liegt Dimboola, ein typischer Ort auf dem Land, der durch Jack Hibberds Stück *Dimboola* und den gleichnamigen Film von John Duigan aus dem Jahr 1979 über eine Landhochzeit bekannt wurde. Der Eingang zum Little Desert National Park liegt 4 km südlich der Stadt an einer Straße, die geteert beginnt, dann aber zum Schotterweg wird.

Es gibt einen Campingplatz und günstige Zimmer im **Victoria Hotel** (☎ 03-5389 1630; 32 Wimmera St; EZ/DZ 35/60 AU$).

Riverside Host Farm HÜTTEN $
(☎ 03-5389 1550; 150 Riverside Rd; Stellplatz 25 AU$, DZ in einer Hütte 88 AU$; ❄) Die freundliche Farm an einer Biegung des Wimmera River ist eine sehr schöne Unterkunft mit gemütlichen Hütten für Selbstversorger, Stellplätzen und einem rustikalen, offenen Wohnbereich samt Küche mit Kanonenofen. Hier können die Gäste sich entweder Kanus ausleihen oder bei der Farmarbeit mithelfen.

Nhill

Nhill ist der Hauptausgangspunkt für den nördlichen Eingang des Little Desert National Park und den Kiata-Campingplatz.

Hindmarsh Visitor Centre TOURISTENINFORMATION
(☎ 03-5391 3086; www.hindmarsh.vic.gov.au; Victoria St; ⏲ 9–17 Uhr) Informationen über den Park sowie die örtlichen Sehenswürdigkeiten und Unterkünfte.

DER MURRAY RIVER

Der mächtige Murray ist nicht nur die längste und wichtigste Wasserstraße im australischen Binnenland, sondern fungiert auch als Staatsgrenze, wichtige Lebensader und als Erholungsgebiet mit mildem Klima. Er ist außerdem ein Magnet für Wasserskifahrer, Kanuten und Golfer. Es wimmelt hier geradezu vor Schaufelraddampfern, Hausbooten, Weingütern und Obstplantagen, Buschcampern, Anglern und Eukalyptuswäldern.

Der Fluss bewältigt von den Snowy Mountains zur Encounter Bay eine fast 2400 km lange Strecke und liefert das lebensnotwendige Wasser für Obstplantagen, Weinberge und Farmen. Einige der ersten Entdecker folgten seinem Lauf. Und lange bevor Straßen das Land durchzogen, transportierten Schaufelraddampfer essenzielle Güter zu entlegenen Schafzuchtfarmen. Auch heute noch kann man in Mildura, Swan Hill und Echuca auf gut erhaltenen Schaufelraddampfern an Bord gehen. Am besten verlässt man den Murray Valley Highway über eine der vielen Ausfahrten (oft als „River access" gekennzeichnet), die einen zum Ufer bringen, wo man unter Roten Eukalyptusbäumen campen und angeln kann.

Mildura

31360 EW.

Das sonnige Mildura ist eine wahre Fata Morgana – es ist genauso isoliert wie die meisten Orte in Victoria, aber nachdem man stundenlang durch ausgedörrtes Ackerland gefahren ist, wird man von kilometerlangen, fruchtbaren Weinbergen und Zitrusplantagen sowie einem gedeihenden Stadtzentrum am Fluss begrüßt. Backpacker kommen vor allem wegen der ganzjährigen Obstpflücksaison und der Farmarbeiten hierher.

Die Stadt entwickelt sich seit dem Ende der 1880er-Jahre, als William Chaffey das Bewässerungssystem auf den Weg brachte, immer weiter. Heute ist sie eine blühende Touristenstadt mit grünen Golfplätzen, Art-déco-Gebäuden, Flussfahrten und so viel Sonnenschein wie überall im Staat. Der Murray River ist die Hauptattraktion, aber hier gibt's noch viel mehr zu erleben – z.B. die kulinarische Szene der Langtree Avenue.

Sehenswertes & Aktivitäten

Mildura verdankt den Chaffey-Brüdern und ihren innovativen Bewässerungssystemen sehr viel. Bei der Touristeninformation gibt es die Broschüre *The Chaffey Trail*, mit deren Hilfe man auf ihren Spuren wandeln kann. Aus der Vision der Chaffeys gingen der **Mildura Wharf**, heute ein Ankerplatz für Paddelboote, das **Wehr** und die **Schleuse**, die um 11, 12.30, 14 und 15.30 Uhr betrieben werden, und die **Old Psyche Bend-Pumpenstation** bei Kings Billabong, 8 km südöstlich der Stadt, hervor.

Rio Vista & Mildura Arts Centre HISTORISCHES GEBÄUDE
(☎ 03-5018 8330; www.milduraartscentre.com.au; 199 Cureton Ave; ⏲ 10–17 Uhr) GRATIS Das prächtige Gehöft der Chaffeys – das historische Rio Vista im Stil von Queen Anne – wurde wunderschön restauriert. In jedem Zimmer gibt es alte Tafeln, die das Kolonialleben des 19. Jhs. beschreiben.

Das Mildura Arts Centre im selben Komplex wurde 2012 nach einer Rundum-Erneuerung wiedereröffnet. Neben jeder Menge Galerien mit Wechsel- und Dauerausstellungen gibt es hier noch ein hochmodernes Theater für darstellende Kunst und ein Café.

Old Mildura Homestead HISTORISCHE STÄTTE
(Cureton Ave; Eintritt gegen Spende; ⏲ 9–18 Uhr) Das Cottage am Fluss war das erste Haus von William B. Chaffey. Im historischen Park findet man auch einige andere alte Holzgebäude sowie Picknick- und Grillmöglichkeiten.

Apex Beach STRAND
Etwa 3 km nordwestlich vom Zentrum liegt ein Sandstrand am Murray, der zum Schwimmen und Picknicken einlädt. Kajaks und Kanus können beim Campingplatz ausgeliehen werden (ab 30 AU$).

Mildura Waves SCHWIMMEN
(☎ 03-5023 3747; www.mildurawaves.com.au; Ecke Deakin Ave & 12th St; Erw./Kind ab 5,75/3,25 AU$; ⏲ Mo–Do 6–21, Fr bis 19, Sa & So 8–18 Uhr) Tolle Pools, Wellenbad und Sprungbrett.

Geführte Touren

Paddelboote fahren am Mildura Wharf ab. Reservierungen unter ☎ 03-5023 2200 oder www.paddlesteamers.com.au.

Der Murray River

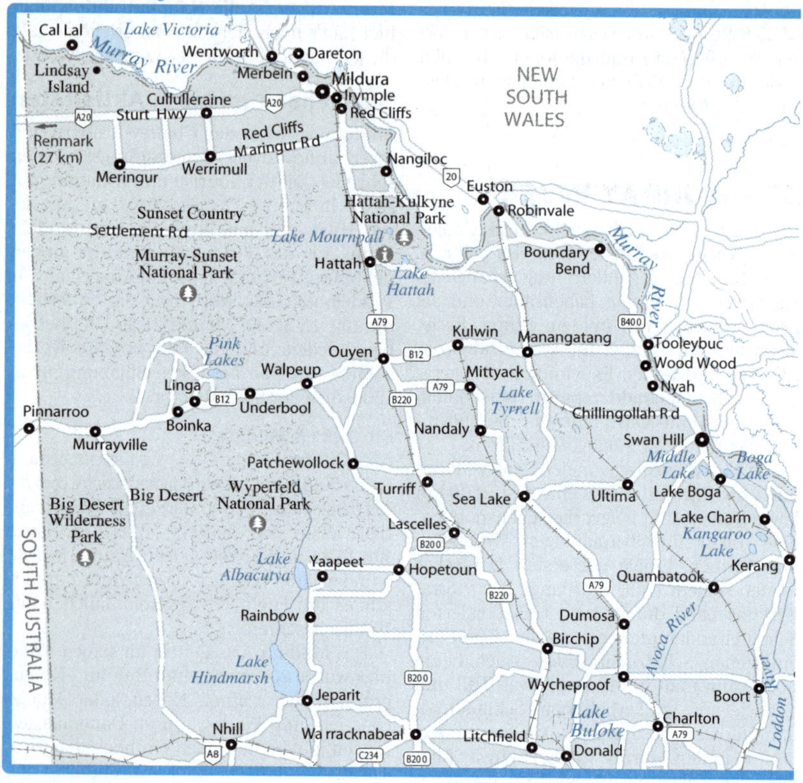

PS Melbourne BOOTSFAHRT
(2-stündige Bootsfahrt Erw./Kind 27/12 AU$; ⌚10.50 & 13.50 Uhr) Einer der Original-Raddampfer, und der einzige, der noch mit Dampfkraft betrieben wird. In der Nebensaison wird die Fahrt freitags und samstags an Bord der PV *Rothbury* angeboten.

PV Rothbury BOOTSFAHRT
(Winery Cruise Erw./Kind 62/30 AU$, Lunch Cruise 29/13 AU$) Der schnellste unter den Flussdampfern bietet donnerstags eine Fahrt mit dem Schwerpunkt Wein samt Besuch des Trentham Winery Estate und Mittagsgrillen bei Kings Billabong an. Dienstags gibt's einen Lunch Cruise zum Gol Gol Hotel.

PV Mundoo BOOTSFAHRT
(Dinner Cruise Erw./Kind 62/30 AU$) Dinner Cruise jeden Donnerstagabend ab 19 Uhr.

Harry Nanya Tours KULTUR
(☎03-5027 2076; www.harrynanyatours.com.au; geführte Touren Erw./Kind 180/110 AU$, ohne Führung $90/45) Der Führer Graham Clarke verzaubert die Besucher mit Traumzeit-Geschichten und tiefgründigem Wissen über die Mungo-Region (S. 247).

Moontongue Eco-Adventures KAJAKFAHREN
(☎0427 898 317; www.moontongue.com.au; Kajak-Touren 25–50 AU$) Auf einer Kajakfahrt bei Sonnenuntergang kann man den Fluss und seine Tier- und Pflanzenwelt besonders gut kennenlernen.

Wild Side Outdoors ABENTEUER
(☎0428 242 852, 03-5024 3721; www.wildsideoutdoors.com.au) Der umweltfreundliche Anbieter organisiert Kajaktouren zum Sonnenuntergang bei Kings Billabong (Erw./Kind 35/15 AU$) und verleiht Kanus/Kajaks/Mountainbikes für 30/20/20 AU$ pro Stunde.

Mildura Ballooning RUNDFLÜGE
(☎03-5024 6848; www.milduraballooning.com.au; Erw./Kind 295/195 AU$; ⌚Morgendämmerung)

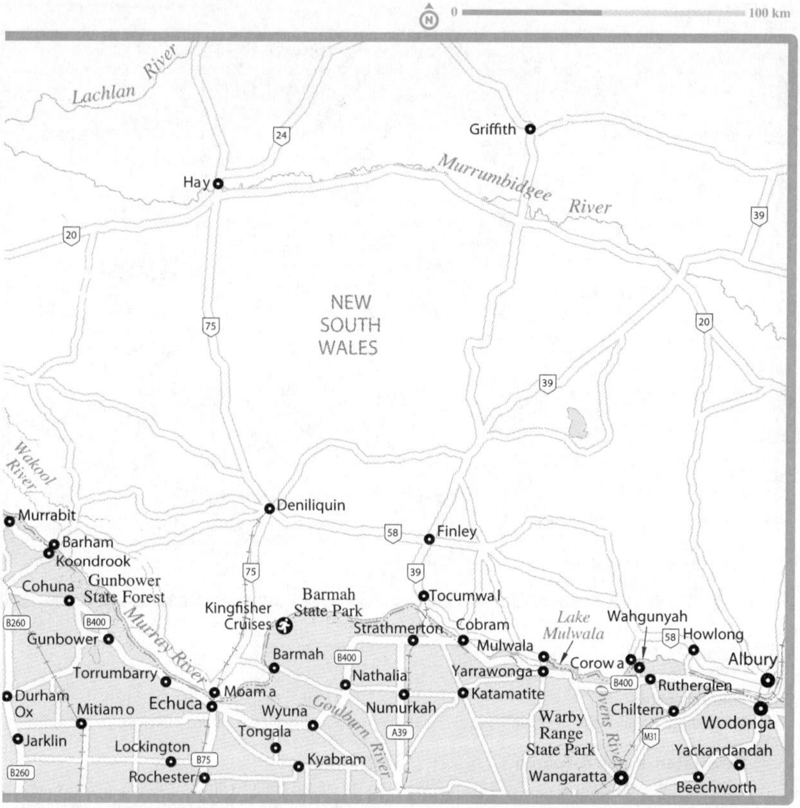

Auf einer einstündigen Ballonfahrt über den wundervollen Flickenteppich aus Weinbergen, Plantagen und dem Murray kann man den Sonnenaufgang aus der Luft bestaunen.

Feste & Events

Mildura Wentworth Arts Festival KÜNSTE
(www.artsmildura.com.au/mwaf) Magische Konzerte am Fluss; jeden Februar/März.

Mildura Country Music Festival MUSIK
(www.milduracountrymusic.com.au) Zehn Tage voller kostenloser Musik – immer Ende September/Anfang Oktober.

Mildura Jazz, Food & Wine Festival MUSIK
(www.artsmildura.com.au/jazz) Traditionelle Bands, leckeres Essen, guter Wein; jedes Jahr im Oktober oder November.

Schlafen

In Mildura gibt es rund ein Dutzend Hostels und eine günstige Pension (diese richtet sich eher an die Saisonarbeiter unter den Backpackern) sowie jede Menge Campingplätze, Motels, Hotels und Hausboote. Auf einem Hausboot zu schlafen, ist einfach nur grandios, und in der Gegend um Mildura gibt es mehr als ein Dutzend Anbieter, die Hausboote vermieten – von zwei bis zwölf Schlafkojen und von bescheiden bis luxuriös.

Apex RiverBeach Holiday Park CAMPINGPLATZ $
(☎ 03-5023 6879; www.apexriverbeach.com.au; Cureton Ave; Stellplatz ohne/mit Strom 33/38 AU$, Hütte 85–125 AU$; ❄ 📶) Dank der fantastischen Lage am Apex Beach ist dieser Park im Busch zu jeder Zeit beliebt.

Mildura City Backpackers HOSTEL $
(☎ 03-5022 7922; www.milduracitybackpackers.com.au; 50 Lemon Ave; B pro Nacht/Woche 22/140 AU$, DZ 55/330 AU$) Dieses Hostel in einem historischen Holzhaus verströmt scheinbar mühelos eine absolut einladende Atmosphäre.

Mildura

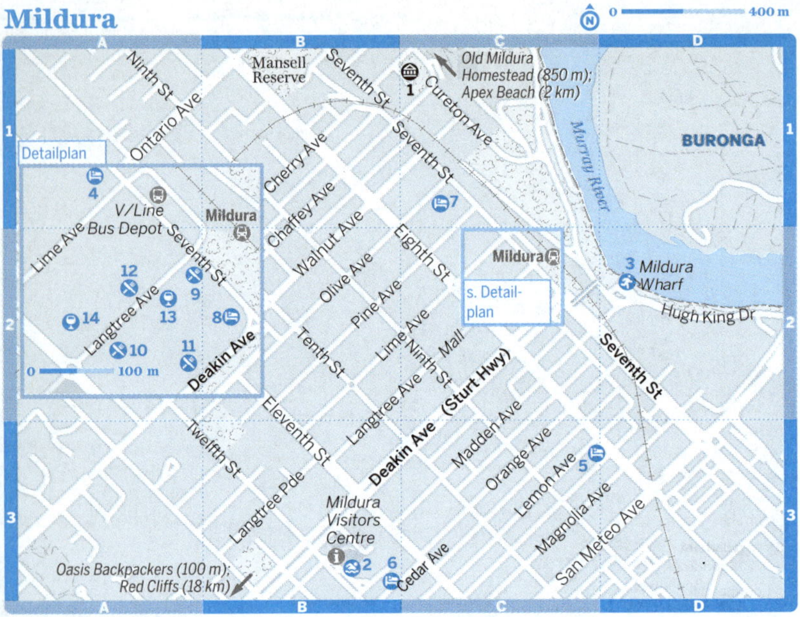

Mildura

Sehenswertes
1 Rio Vista & Mildura Arts Centre C1

Aktivitäten, Kurse & Touren
2 Mildura Waves B3
3 PS Melbourne D2
PV Mundoo .... (siehe 3)
PV Rothbury .... (siehe 3)

Schlafen
4 7th Street Motel A1
5 Mildura City Backpackers C3
6 Mildura International Backpackers B3
7 Misty's Manor & Ditto Daddy's C1
8 Quality Hotel Mildura Grand B2

Essen
9 New Spanish Bar & Grill A2
Pizza Café at the Grand .... (siehe 9)
10 Restaurant Rendezvous A2
11 Stefano's Café Bakery A2
Stefano's Restaurant .... (siehe 8)
12 Thai-riffic A2

Ausgehen & Nachtleben
13 Mildura Brewery A2
14 Sandbar A2

Oasis Backpackers HOSTEL $
(☎0401 344 251, 03-5022 8200; www.milduraoasisbackpackers.com.au; 230-232 Deakin Ave; B/DZ pro Woche 150/320 AU$;) Milduras bestausgestattetes, aber auch rüpelhaftestes Backpacker-Hostel mit tollem Pool und schöner Innenhofbar. Es richtet sich direkt an Arbeiter, die mindestens eine Woche bleiben. Die Besitzer helfen bei der Organisation von Saisonarbeit, können aber nichts garantieren.

Mildura International Backpackers HOSTEL $
(☎0408 210 132; www.mildurabackpackers.com.au; 5 Cedar Ave; B pro Nacht/Woche 25/129 AU$;) Einfaches, freundliches Haus, in dem die Zimmer zwei oder vier Betten haben. Die Betreiber helfen bei der Jobsuche.

7th Street Motel MOTEL $
(☎03-5021 1888; www.7thstreetmotelmildura.com.au; 153 Seventh St; EZ/DZ ab 90/95/130 AU$;) Die brillante Lage und das herzliche Willkommen machen dieses Motel zu einem der besseren von Mildura. Die Einrichtung ist altmodisch, aber die Ausstattung ist gut.

Acacia Holiday Apartments APARTMENT $
(☎03-5023 3855; www.acaciaapartments.com.au; 761 Fifteenth St; DZ-Hütte 80–110 AU$, Apt.

mit 1/2/3 Zi. ab 110/120/160 AU$; ❄@📶🏊) Die günstigen Hütten und geräumigen Apartments für Selbstversorger sind sehr preiswert. Bei längeren Aufenthalten gibt's Rabatt.

★ Quality Hotel Mildura Grand HOTEL $$
(☎1800 034 228, 03-5023 0511; www.qualityhotelmilduragrand.com.au; Seventh St; EZ/DZ/Suite mit Frühstück ab 80/145/180 AU$; ❄📶🏊) Die Standardzimmer im Grand sind zwar nicht die luxuriösesten der Stadt, aber wer in diesem charaktervollen Hotel übernachtet, bekommt das Gefühl, Teil etwas Besonderen zu sein. Viele Zimmer zeigen auf einen schönen Hofgarten hinaus, und es gibt Fitnessraum, Pool und Spa.

Misty's Manor & Ditto Daddy's APARTMENT $$
(☎0419 840 451; www.couplesretreatsmildura.com.au; 16 Olive Ave; DZ 165–185 AU$; ❄📶) Die beiden Apartments – nur für Paare – sind in puncto Design und Dekoration einfach grandios – eine seltsame Mischung aus Wellblech, Stein und wiederverwertetem Holz mit fantastischen Farbkompositionen.

Mildura Houseboats HAUSBOOT $$$
(☎1800 800 842, 03-5024 7770; www.milduahouseboats.com.au; 3 Nächte 550–1600 AU$) Dieses Unternehmen in Familienhand bietet mit seiner Schwesterfirma Willandra Houseboats eine große Auswahl an Hausbooten.

Essen

Milduras Cafés und Restaurants konzentrieren sich entlang der Langtree Avenue (auch als Feast Street bekannt) und rund um den Block, der vom Grand Hotel dominiert wird. Der italienische Geschichtenerzähler Stefano de Pieri hat die Gastroszene der Stadt praktisch im Alleingang geprägt, aber längst haben auch andere die Gelegenheit genutzt.

Wer auf sein Geld achten muss, sollte nach Pubs wie der Settlers Tavern Ausschau halten.

Stefano's Café Bakery CAFÉ $
(☎03-5021 3627; 27 Deakin Ave; Gerichte 10–23 AU$; ⏲Mo–Fr 7.30–16, Sa 7.30–15, So 8–14 Uhr) Jeden Tag frisch gebackenes Brot, kalabrische Eierspeisen, Gebäck und – natürlich – guter Kaffee. Stefanos gemütliches Café mit Bäckerei hält sich an frische und einfache Sachen. Mit Tischen im Freien, die von Weinreben beschattet werden. Lebensmittelladen, Galerie und Weinkeller in einem.

Pizza Café at the Grand PIZZA $
(☎03-5022 2223; www.pizzacafe.com.au; 18 Langtree Ave; Pizza & Pasta 13–19 AU$; ⏲Mo–Do 11–23, Sa 11–23.30, So 11.30–23 Uhr) Das Pizza Café bietet einfaches und günstiges italienisches Essen mit der ganzen Atmosphäre der Dinermeile rund ums Grand Hotel. Die Holzofenpizza ist perfekt, und außerdem gibt's noch Salate, Pasta oder Hühnchen.

Thai-riffic THAILÄNDISCH $$
(☎03-5021 5225; www.thai-riffic.com.au; 35 Langtree Ave; Hauptgerichte 14–23 AU$; ⏲Do & Fr 12–14, Mo–Sa 18–23 Uhr) Unaufgeregte Einrichtung, schneller Service und authentische Thai-Küche machen dieses Restaurant zu einem beliebten Asiaten in der Feast Street. Auf Wunsch machen die Köche das Essen auch scharf.

Restaurant Rendezvous FRANZÖSISCH $$
(☎03-5023 1571; www.rendezvousmildura.com.au; 34 Langtree Ave; Hauptgerichte 18–39 AU$; ⏲Mo–Fr 12–16, Mo–Sa 18 Uhr–open end) Dieses alteingesessene Restaurant steht zwar im Schatten des Grand Hotels, verströmt aber eine warme, lockere Atmosphäre, die das perfekt zubereitete mediterrane Seafood, die Grillteller, die Pasta und die Crêpes ergänzt.

★ Stefano's Restaurant ITALIENISCH $$$
(☎03-5023 0511; Quality Hotel Mildura Grand, Seventh St; Menü 110 AU$; ⏲ Fr–Sa 12–15, Mo–Sa ab 18 Uhr) Im ehemaligen Weinkeller des Grand Hotels kann man Stefano dabei zusehen, wie er seine wechselnde, sechs- bis achtgängige italienische Degustation zaubert. Alles ist dann mit Kerzen beleuchtet und die Gäste lieben die innige Stimmung – rechtzeitig reservieren. Freitags und samstags gibt es auch ein Zwei- oder Drei-Gänge-Mittagsmenü.

New Spanish Bar & Grill STEAKHOUSE $$$
(☎03-5021 2377; www.seasonsmildura.com.au; Ecke Langtree Ave & Seventh St; Hauptgerichte 29–39 AU$; ⏲Di–So ab 18 Uhr) Dieses Paradies für Fleischfans hat sich auf erstklassige Steaks und Grillteller spezialisiert, darunter Känguru- und Mallee-T-Bone-Steaks.

Ausgehen & Unterhaltung

Mildura hat ein quirliges Nachtleben auf engem Raum, das von Backpackern und umherziehenden Obstpflückern bestimmt ist.

★ Mildura Brewery BRAUEREI
(☎03-5022 2988; 20 Langtree Ave; ⏲12 Uhr–open end) Milduras angesagteste Kneipe befindet sich im ehemaligen Astor-Kino. Glänzende Edelstahlfässer, Rohre und die Brauereiausrüstung geben eine tolle Kulisse für die moderne Art-déco-Lounge ab. Und das Bier, das

hier gebraut wird – u.a. Honigweizenbier und das Mallee Bull – schmeckt großartig. Das Essen ist auch nicht zu verachten.

Sandbar LIVEMUSIK
(☎03-5021 2181; www.thesandbar.com.au; Ecke Langtree Ave & Eighth St; ⏲Di–So 12 Uhr–open end) An milden Abenden strömen die Einheimischen in den fantastischen Biergarten hinter der Lounge-Bar, die in einem Eckhaus im Art-déco-Stil – einem ehemaligen Bankgebäude – untergebracht ist. Von Donnerstag bis Sonntag spielen in der Bar vorne lokale, nationale und Mainstream-Bands.

Praktische Informationen

Mildura-Touristeninformation (☎03-5018 8380, 1800 039 043; www.visitmildura.com.au; Ecke Deakin Ave & 12th St; ⏲Mo–Fr 9–17.30, Sa & So bis 17 Uhr) Im Alfred Deakin Centre. Hier gibt es einen kostenlosen Buchungsservice für Unterkünfte, interessante Ausstellungen, ein Café und hilfsbereites Personal, das Touren und Aktivitäten organisieren kann. In der Bibliothek nebenan gibt's kostenlosen Internetzugang.

An- & Weiterreise

BUS & ZUG

Von einem Depot am Bahnhof in der Seventh Street fahren Langstreckenbusse ab, aber Zugverbindungen nach und ab Mildura gibt es im Moment keine.

V/Line (☎1800 800 007; www.vline.com.au) Zug-/Busverbindungen nach/ab Melbourne über Bendigo oder Swan Hill (41,40 AU$, 7½ Std., 3-mal tgl.). Der Murraylink von V/Line ist ein täglicher Busservice, der die Städte am Murray mit Mildura verbindet: Swan Hill (24,90 AU$, 3 Std., 3-mal tgl.), Echuca (34,10 AU$, 6 Std. über Kerang, 1-mal tgl.) und Albury-Wodonga (42,50 AU$, 10 Std., 1-mal tgl.).

Greyhound Australia (☎1300 473 946; www.greyhound.com.au) Die Busse halten montags, mittwochs, donnerstags und freitags auf der Strecke zwischen Adelaide (80 AU$, 5½ Std.) und Sydney (183 AU$, 18 Std.) in Mildura.

FLUGZEUG

Regional Express Airlines (Rex; ☎13 17 13; www.regionalexpress.com.au), **Qantas** (☎13 13 13; www.qantas.com.au) und **Virgin Australia** (☎13 67 89; www.virginaustralia.com) bieten alle täglich einen Flug zwischen Mildura und Melbourne an. Rex fliegt täglich auch nach Adelaide, Sydney und Broken Hill.

> ### SAISONARBEIT
>
> Mildura im Nordwesten von Victoria ist das Zentrum für Gelegenheitsarbeit bei der Obsternte. Erntezeit ist von Januar bis März, aber auf den Farmen und Obstplantagen finden sich das ganze Jahr über Jobs. Bei einigen Farmern kann man auf dem Gelände zelten, aber oft muss man irgendwo in der Stadt unterkommen, sodass Transportmittel nötig sind. Backpackerhostels in Mildura sind bei der Organisation von Jobs und Transportmitteln behilflich (meist gegen eine Gebühr).
>
> **Madec Harvest Labour Office** (☎03-5021 3472; www.madec.edu.au; 126–130 Deakin Ave) hat umfassende Listen mit Jobangeboten für Erntehelfer.

Swan Hill

9900 EW.

Swan Hill ist eine entspannte Gemeinde am Fluss ohne solche Touristenschwärme wie in Mildura oder Echuca. Trotzdem gibt es hier ein paar Sehenswürdigkeiten, z.B. Australiens ältestes Pioniermuseum. Seinen Namen bekam der Ort 1836 von dem unerschrockenen Entdecker Major Thomas Mitchell, nachdem er von den Schwänen in der nahe gelegenen Lagune die ganze Nacht wachgehalten wurde. Heute ist Swan Hill ein wichtiges regionales Zentrum, umgeben von Ackerland. Obstpflücker können etwa 25 km nordwestlich von Swan Hill auf den Farmen rund um Nyah Arbeit finden.

Sehenswertes & Aktivitäten

Pioneer Settlement HISTORISCHES DORF
(☎03-5036 2410; www.pioneersettlement.com.au; Horseshoe Bend; Erw./Kind/Fam. 26/20/70 AU$; ⏲9.30–16 Uhr) Swan Hills größte Attraktion ist die reizende Nachbildung einer Hafenstadt am Fluss. In den verstaubten Straßen gibt es Läden, eine Schule und eine Kirche, Oldtimer, ein Aborigine-Reservat und ein faszinierendes Kaiserpanorama. Freiwillige in alten Gewändern verstärken die Illusion.

Der Raddampfer *PS Pyap* unternimmt täglich um 14.30 Uhr (am Wochenende und in den Ferien zusätzlich um 10.30 Uhr) einstündige **Fahrten** (Erw./Kind 19,50/14 AU$) auf dem Murray. Jeden Tag bei Sonnenuntergang erweckt eine 45-minütige **Sound and Light Show** (Erw./Kind 19,50/14 AU$) die historische Altstadt zum Leben. Bucht man Schiffsfahrt und Show zusammen, bekommt man einen Rabatt.

Swan Hill Regional Art Gallery GALERIE
(☎ 03-5036 2430; www.swanhillart.com; Horseshoe Bend; Eintritt gegen Spende; ⏲ Di–So 10–17 Uhr) Diese Galerie in der Nähe der Pioniersiedlung stellt Werke von zeitgenössischen Künstlern aus.

Schlafen & Essen

Die meisten Backpacker, die auf der Suche nach Arbeit auf den Obstplantagen sind, kommen in die kleinen Orte Nyah und Nyah West, in denen es ein paar Hostels gibt. Im Nyah Recreation Reserve kann am Fluss kostenlos gezeltet werden.

In Swan Hill sollte man bei der Touristeninformation nach Privatunterkünften fragen. Günstiges Essen gibt es in ein paar Pubs von Swan Hill sowie im Swan Hill Club.

Riverside Caravan Park CAMPINGPLATZ $
(☎ 1800 101 012, 03-5032 1494; http://riverside-swanhill-holiday-park.vic.big4.com.au; 1 Monash Dr; Stellplatz ohne/mit Strom ab 31/35 AU$, Hütte 105–160 AU$) Dieser Park am Ufer des Murray und nahe der Pioniersiedlung verfügt über eine fabelhaft zentrale Lage.

Travellers Rest Motor Inn MOTEL $$
(☎ 03-5032 9644; www.bestwestern.com.au/travellersrest; 110 Curlewis St; DZ 145 AU$; ❄ 📶 🏊) Dieses moderne und gut ausgestattete Motel im Zentrum der Stadt liegt im Schatten des berühmten „Burke and Wills"-Baumes.

Jilarty Gelato Bar EIS $
(☎ 03-5033 0042; 233 Campbell St; ⏲ Mo–Sa 8–17.30, So 10–16 Uhr) Hat sich auf Eis mit lokalen Früchten spezialisiert und bietet großartigen Kaffee sowie spanische Churros an.

★ **Java Spice** THAILÄNDISCH $$
(☎ 03-5033 0511; www.javaspice.com.au; 17 Beveridge St; Hauptgerichte 19–32 AU$; ⏲ Fr & So 12–14, Di–So ab 18 Uhr; 🍷) Wer in den offenen, strohgedeckten Teakholzhütten im tropisch anmutenden Garten zu Abend isst, kommt sich vor wie in Südostasien. Die authentische Küche ist hauptsächlich thailändisch mit ein paar malaysischen und indonesischen Einflüssen.

Spoons Riverside Café MODERN-AUSTRALISCH $$
(☎ 03-5032 2601; www.spoonsriverside.com.au; Horseshoe Bend; Hauptgerichte mittags 9,50–17 AU$, abends 26–34 AU$; ⏲ So–Mi 8–17, Do–Sa 8–23 Uhr) Ein tolles Plätzchen mit großer Holzveranda und Blick auf den Little Murray River und die Pioniersiedlung. Neben den Sandwichs zum Mittagessen und einer Abendkarte mit Gerichten wie Risotto oder knuspriger Ente gibt es hier auch einen Lebensmittelladen, der frische Produkte und prima befüllte Picknickkörbe verkauft.

Praktische Informationen

Swan Hill Region-Touristeninformation
(☎ 03-5032 3033, 1800 625 373; www.swanhillonline.com; Ecke McCrae St & Curlewis St) In dieser Touristeninformation gibt's Karten, jede Menge Broschüren und Internetzugang.

An- & Weiterreise

Swan Hill liegt am Murray Valley Highway, 218 km von Mildura und 156 km von Echuca entfernt. **V/Line** (☎ 1800 800 007; www.vline.com.au) bietet zwei Direktzüge zwischen Melbourne und Swan Hill (35,80 AU$, 4½ Std.) und ein paar Zug-/Busverbindungen an, bei denen man in Bendigo umsteigen muss. V/Line-Busse fahren täglich nach Mildura (26,60 AU$, 3 Std.) und Echuca (16,40 AU$, 2½ Std.).

Echuca

12 613 EW.

Echuca ist Victorias Hauptstadt der Schaufelraddampfer und eine klassische Murray-River-Kleinstadt voller Geschichte, Nostalgie und natürlich Schiffen. Der Aborigine-Name bedeutet in etwa „Zusammenfluss der Gewässer", weil die Stadt am Zusammenfluss der drei großen Flüsse Goulburn, Campaspe und Murray liegt. Das Highlight hier sind so auch der historische Hafenbereich und die Flüsse. Die Stadt mag etwas touristisch wirken, besitzt aber eine nette Atmosphäre und einige gut Restaurants und Bars.

Echuca wurde 1853 vom Ex-Sträfling Harry Hopwood gegründet. In der Blütezeit der Flussschifffahrt waren mehr als 100 Schaufelraddampfer zwischen Echuca und den abgelegenen Schafzuchtfarmen unterwegs. Doch als 1864 die Eisenbahnstrecke Melbourne–Echuca in Betrieb genommen wurde, war es innerhalb von nur zehn Jahren mit dem Schiffshandel vorbei.

Sehenswertes

Auch wen es nicht so sehr zum Kai zieht, kann an der Murray Esplanade (nur für Fußgänger) entlangschlendern, die von historischen Gebäuden, Restaurants sowie einer Schmiede und einer Drechslerei gesäumt ist.

Wein und Essen aus der Region gibt es im **Customs House** (☎ 03-5482 5209; www.the

Echuca

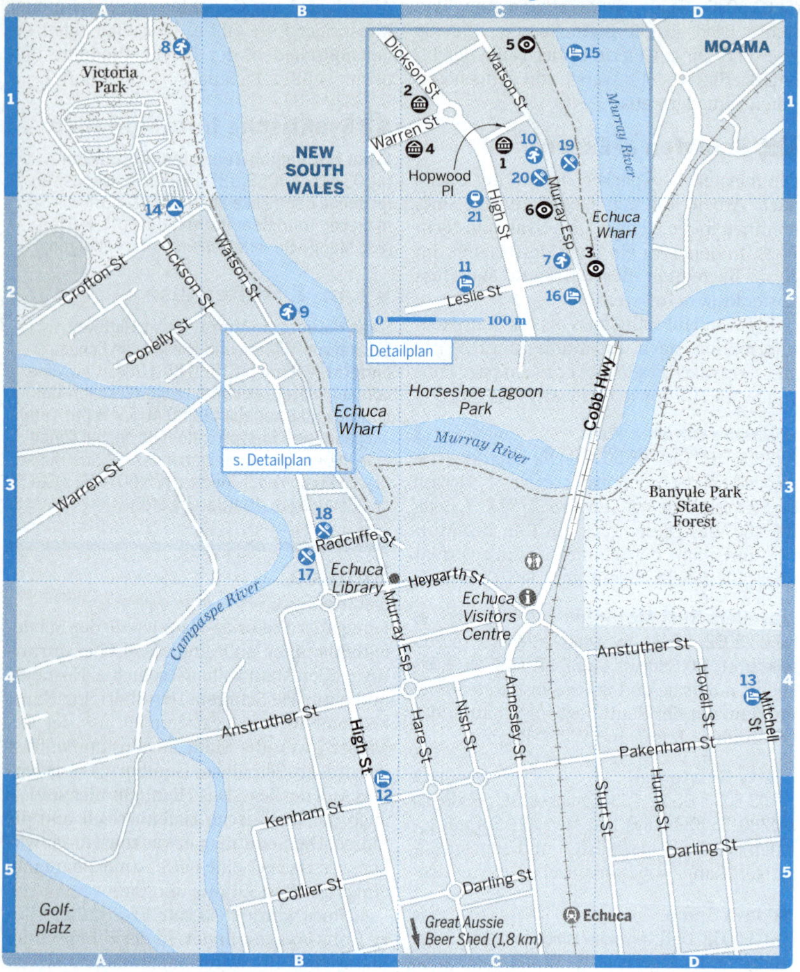

customshouseechuca.com.au; 2 Leslie St; ⌚9.30–17.30 Uhr) aus dem Jahr 1884 und bei **St. Anne's** (☎03-5480 6955; www.stanneswinery.com.au; 53 Murray Esplanade; ⌚10–18 Uhr), wo einen die riesigen Weinfässer dazu verleiten, die Auswahl an Portweinen, die in Bourbon- und Rumfässern reifen, zu kosten.

Historischer Hafen von Echuca HISTORISCHE STÄTTE
(☎03-03-5482 4248; www.portofechuca.org.au; Ecke Leslie St & Murray Esplanade; Wharf Walk; Eintritt Erw./Kind/Fam. 12,45/8,50/37,70 AU$, mit Schaufelraddampferfahrt 29/15/77 AU$; ⌚9–17 Uhr, geführte Tour 11.15 Uhr) Echucas größte Attraktion ist das alte Hafengebiet, wo die Schaufelraddampfer anlegen und wo man in die Hochzeit der Flussschifffahrt zurückversetzt wird. Und das Beste ist: Dies ist kein Themenpark – hier ist alles original!

Im Frachtschuppen am Kai zeigen Dioramen den Alltag der Flussboote, und am Kai selbst liegen restaurierte **Schaufelraddampfer** vor Anker. Wer will, kann im **Star Hotel** (1867) auf der anderen Straßenseite sogar durch einen Tunnel fliehen – wie zu Zeiten, als das Gasthaus noch illegal Alkohol ausschenkte und die Trunkenbolde durch den Tunnel flüchteten, wenn die Polizei kam.

Echuca

Sehenswertes
1 Bridge Hotel C1
2 Echuca Historical Museum C1
3 Historic Port of Echuca C2
4 National Holden Museum C1
5 Riverboat Dock C1
6 Sharp's Magic Movie House & Penny Arcade C2

Aktivitäten, Kurse & Touren
7 Customs House C2
8 Echuca Boat & Canoe Hire A1
9 PS Emmylou B2
10 St. Anne's C1

Schlafen
11 Campaspe Lodge C2
12 Echuca Backpackers B5
13 Echuca Gardens D4
14 Echuca Holiday Park A2
15 Rich River Houseboats C1
16 Steampacket B&B C2

Essen
17 Beechworth Bakery B3
18 Ceres B3
19 Oscar W's Wharfside C1
20 Star Hotel & Wine Bar C1

Ausgehen & Nachtleben
21 Shamrock Hotel C2

Mit derselben Eintrittskarte kann man im Obergeschoss des im Jahr 1859 von Harry Hopwood erbauten **Bridge Hotel** (1 Hopwood Pl) die Nachbildung einer historischen Wohnung des 19. Jhs. bewundern. Im Erdgeschoss gibt's einen Pub und ein Restaurant.

Sharp's Magic Movie House & Penny Arcade KINO
(☎03-5482 2361; 43 Murray Esplanade; Erw./Kind/Fam. 15/10/45 AU$; ⏲9–17 Uhr) Automaten jeglicher Sorte und kostenlose Fudge-Verköstigung. Im Kino werden alte Filme gezeigt.

Echuca Historical Museum MUSEUM
(☎03-5480 1325; www.echucahistoricalsociety.org.au; 1 Dickson St; Erw./Kind 5/1 AU$; ⏲11–15 Uhr) Das Museum ist in der alten Polizeiwache untergebracht und steht auf der National-Trust-Liste.

National Holden Museum MUSEUM
(☎03-5480 2033; www.holdenmuseum.com.au; 7 Warren St; Erw./Kind/Fam. 7/3/16 AU$; ⏲9–17 Uhr) Autoliebhaber sollten dieses Museum, das dem vierrädrigen Maskottchen Australiens gewidmet ist, unbedingt besuchen. Hier stehen über 40 wunderschön restaurierte Holdens, vom FJ bis hin zum Monaro.

Great Aussie Beer Shed MUSEUM
(☎03-5480 6904; www.greataussiebeershed.com.au; 377 Mary Ann Rd; Erw./Kind/Fam. 9,50/3,50/19 AU$; ⏲Sa, So & Feiertage 9–17 Uhr) In diesem riesigen Schuppen reihen sich Bierdosen und australische Memorabilien nahezu endlos aneinander. Sie sind das Ergebnis von 30 Jahren Sammlerwut – ein Stück stammt sogar noch aus den Zeiten der Föderation. Der Besitzer gibt gerne ein paar Geschichten zum Besten.

Aktivitäten & Geführte Touren

Eine Raddampferfahrt auf dem Murray ist hier schon fast ein Muss. Mindestens fünf Boote stehen täglich zur Auswahl, und neben normalen Fahrten kann man auch Lunch oder Wine Cruises buchen. Unten am Kai oder unter www.echucapaddlesteamers.net.au und www.emmylou.com.au stehen die Abfahrtszeiten.

Die PS *Alexander Arbuthnot,* die PS *Canberra,* die PS *Pevensey* und die *Pride of the Murray* sind allesamt regelmäßig in Betrieb (1-stündige Fahrten 23/10 AU$ pro Erw./Kind). Die **MV Mary Ann** (☎03-5480 2200; www.maryann.com.au) ist weniger ein traditioneller Raddampfer als ein schwimmendes Restaurant mit Mittag- und Abendessen.

PS Emmylou BOOTSFAHRT
(☎03-5482 5244; www.emmylou.com.au; 1½-stündige Fahrt Erw./Kind 33/15 AU$, 3-stündige Dinner-Fahrt 125/55 AU$) Ein vor Ort gebauter Raddampfer, der von einem Originalmotor aus dem Jahr 1906 angetrieben wird und der den Luxus eines Bordrestaurants bietet.

Echuca Moama Wine Tours WEIN
(☎1300 798 822; www.echucamoamawinetours.com.au; geführte Touren ab 85 AU$) Der Preis beinhaltet die Fahrt auf dem Raddampfer, ein Mittagessen und den Besuch von vier Weingütern.

Echuca Boat & Canoe Hire BOOTSVERLEIH
(☎03-5480 6208; www.echucaboatcanoehire.com; Victoria Park Boat Ramp) Vermietet kleine Aluminium-Boote (1/2 Std. 40/65 AU$), „Barbie-Boote" (10 Pers. 100/150 AU$), Kajaks (16/26 AU$) und Kanus (20/30 AU$).

ABSTECHER

BARMAH NATIONAL PARK

Ungefähr 40 km nordöstlich von Echuca liegt der über den Cobb Highway in New South Wales zu erreichende Park Barmah, ein bedeutendes Sumpfgebiet in den Auen des Murray. Dies ist der größte noch vorhandene Wald aus Roten Eukalyptusbäumen Au Das sumpfige Unterholz steht meist unter Wasser und ist ein ideales Laich- und Brutgebiet für viele Fische und Vögel.

Der Parkeingang liegt rund 5 km nördlich der winzigen Ortschaft Barmah (am Pub abbiegen). Vom tagsüber genutzten Bereich aus nimmt **Kingfisher Cruises** (☎ 03-5855 2855; www.kingfishercruises.com.au; Erw./Kind/Fam. 32/21/98 AU$; ⏲ So, Mo, Mi, Do & Sa 10.30 Uhr) Interessenten mit auf eine zweistündige Rundfahrt in einem Flachbodenboot.

Campen kann man kostenlos im Park oder auf dem Campingplatz Barmah Lakes, wo es auch Tische, Grillstellen und Plumpsklos gibt.

Kanu- und Campingturen auf eigene Faust, bei denen man stromaufwärts abgeladen wird und dann mit dem Kanu zurückfahren kann, werden ebenfalls angeboten.

Feste & Events

Riverboats Music Festival MUSIK
(www.riverboatsmusic.com.au) Festival mit zeitgenössischer Musik am Ufer des Murray – am dritten Wochenende im Februar.

Echuca-Moama Winter Blues Festival MUSIK
(www.winterblues.com.au) Bei Echucas größtem Winterfestival Ende Juli treten lokal und national bekannte Blueskünstler auf.

Schlafen

Etwa 7 km östlich der Stadt liegt **Christies Beach**, ein kostenloser Campingplatz am Ufer des Murray. Es gibt Plumpsklos, aber Wasser und Feuerholz muss man mitbringen.

Das Mieten eines Hausbootes ist eine tolle Möglichkeit, das Leben am Fluss kennenzulernen, und Echuca-Moama hat jede Menge davon. In den voll ausgestatteten Booten können vier bis zwölf Personen schlafen. Die Preise variieren je nach Größe und Saison – vier Nächte unter der Woche in der Nebensaison kosten je nach Boot zwischen 1200 und 2600 AU$. Am Wochenende und während der Hauptsaison sind die Preise mindestens doppelt so hoch. In der Touristeninformation gibt's Details und einen Buchungsservice.

Auch viele andere Unterkünfte berechnen von Freitag bis Sonntag einen Aufschlag.

Echuca Gardens HOSTEL, PENSION $
(☎ 03-5480 6522; www.echucagardens.com; 103 Mitchell St; B 30 AU$, Wohnwagen 80–150 AU$, Pension 110–180 AU$; @) Dieses durch und durch reizende Fleckcken Erde wird vom eingefleischten Weltenbummler Kym betrieben und ist teils Jugendherberge, teils Pension, gelegen in wunderschönen Gärten mit Teichen, Statuen, Hühnern und Obstbäumen. Die niedlichen Wohnwagen im Garten stellen eine einzigartige Unterkunft dar.

Echuca Backpackers HOSTEL $
(☎ 03-5480 7866; www.backpackersechuca.com.au; 410-424 High St; B 25 AU$, EZ/DZ mit Bad 55/60 AU$; ❄@) Das quirlige Hostel in einem ehemaligen Schulgebäude in Echucas Hauptstraße ist sauber und gut ausgestattet. Das Personal kann bei der Arbeitssuche behilflich sein.

Echuca Holiday Park CAMPINGPLATZ $
(☎ 03-5482 2157; www.echucacaravanpark.com.au; 51 Crofton St; Stellplatz ohne/mit Strom 32/35 AU$, Hütte 95–175 AU$; ❄📶🏊) Dieser Park neben dem Fluss ist nur einen kurzen Fußmarsch vom Ort entfernt und ziemlich gut besucht. Die Einrichtungen sind schwer in Ordnung.

Steampacket B&B B&B $$
(☎ 03-5482 3411; www.steampacketinn.com.au; Ecke Murray Esplanade & Leslie St; DZ mit Frühstück 155–205 AU$; ❄) Aus Echuca ist diese Unterkunft im alten Hafenviertel einfach nicht wegzudenken. Das National Trust-B&B aus dem 19. Jh. hat elegante Zimmer mit altmodischem Charme, Bettwäsche und Spitze sowie Bettgestelle aus Bronze. Oben drauf gibt's Klimaanlagen und Flachbild-TVs.

Campaspe Lodge MOTEL $$
(☎ 03-5482 1087; www.echucahotel.com; 567-571 High St; DZ wochentags/Wochenende ab 95/125 AU$; ❄📶) Diese Motel-Wohneinheiten hinter dem Echuca Hotel haben ein gutes Preis-Leistungs-Verhältnis, private

Veranden und große Fenster mit Blick auf den Campaspe River. Im Pub selbst gibt es günstige Zimmer für 40 AU$ pro Person.

Rich River Houseboats HAUSBOOT
(☎03-5480 2444; www.richriverhouseboats.com.au; Riverboat Dock; 4 Nächte ab 1200 AU$) Mitten in der Stadt mit einer großen Auswahl an schönen Booten; gute Angebote in der Nebensaison.

Essen & Ausgehen

Praktischerweise gibt es in der Hafengegend und am oberen Ende der High Street einige ausgezeichnete Restaurants und Cafés. Supermärkte, Pubs und Imbissstände befinden sich vor allem im Stadtzentrum rund um die Hare Street.

Beechworth Bakery BÄCKEREI $
(☎1300 233 784; 513 High St; Gerichte 5–12 AU$; ⏲6–18 Uhr) Die fröhliche Bäckerei in einem herrlich alten Gebäude samt umlaufender Veranda und Sonnenterrasse mit Blick auf den Campaspe River verzaubert mit frischem Brot, Pasteten, Kuchen und Sandwichs.

★ **Oscar W's Wharfside** MODERN-AUSTRALISCH $$
(☎03-5482 5133; www.oscarws.com.au; 101 Murray Esplanade; Hauptgerichte mittags 12–24 AU$, abends 22–44 AU$; ⏲11 Uhr–open end) Die grandiose Lage in der Hafengegend mit Terrasse und Blick auf den Murray ist unschlagbar. Das Oscar's besticht mit seinem Essen und dem Personal. Das Mittagessen in der Deck Bar besteht größtenteils aus kleinen Tellern mit mediterranen Gerichten, beim Abendessen im Red Gum Grill gibt es Spezialitäten wie Wachteln, Känguru und Steaks.

Star Hotel & Wine Bar BAR, BISTRO $$
(☎03-5480 1181; www.starhotelechuca.com.au; 45 Murray Esplanade; Hauptgerichte 12–26 AU$; ⏲8–14, Mi–So bis open end) Die historische „Star Bar" in der Hafengegend ist immer noch einer der lebhaftesten Orte der Stadt, besonders am Wochenende, wenn hier Livemusik gespielt wird. Es gibt warmes Frühstück und Gerichte wie Kalamari, Chicken-Parma und Holzofenpizza zu vernünftigen Preisen.

Ceres EUROPÄISCH $$
(☎03-5482 5599; www.ceresechuca.com.au; 554 High St; Hauptgerichte mittags 19–25 AU$, abends 25–35 AU$; ⏲Mo–Fr 10 Uhr–open end, Sa & So 9 Uhr–open end) Eins der besten Restaurants von Echuca: Das Ceres hat seine mediterrane Küche von einer prächtigen alten Mühle in die touristischere High Street verlegt – ein helles und belebtes, zweistöckiges Gebäude mit Balkon und Tischen auf dem Bürgersteig.

Shamrock Hotel PUB
(☎03-5482 1058; www.shamrockhotel.com.au; 583 High St) Das beliebte und freundliche Shamrock ist der richtige Ort für ein Guinness, Livemusik am Wochenende und Pub-Essen.

Praktische Informationen

Echuca-Touristeninformation (☎1800 804 446; www.echucamoama.com; 2 Heygarth St; ⏲9 – 17 Uhr) Die Touristeninformation in der alten Pumpenstation hat hilfsbereites Personal, einen Buchungsservice sowie Internetzugang.

An- & Weiterreise

V/Line (☎1800 800 007; www.vline.com.au) bietet unter der Woche einen und am Wochenende zwei Direktzüge von Melbourne nach Echuca (hin & zurück 23 AU$, 3½ Std.). Außerdem gibt es täglich noch sechs Bus-/Zugverbindungen, bei denen man in Bendigo, Murchison oder Shepparton umsteigen muss.

Rutherglen

2125 EW.

Rutherglen hat jede Menge Geschichte und einige herrliche Gebäude aus der Goldgräberzeit vorzuweisen (1860 wurde hier Gold gefunden), aber heute ist es der Rotwein, der durch die Adern der Region fließt. Es ist zweifellos eins der besten Weinbaugebiete von Nord-Victoria. In der Stadt kann man in ein paar ausgezeichneten Restaurants und Cafés essen, durch Antiquitäten- und Souvenirläden bummeln, oder mit dem Fahrrad auf den kilometerlangen, ebenen Wegen die Gegend erkunden. Der Fluss liegt etwa 10 km nordwestlich beim winzigen Uferstädtchen **Wahgunyah**, das praktischerweise durch einen Radweg mit Rutherglen verbunden ist.

Etwa 20 km südöstlich von Rutherglen liegt **Chiltern**, ein charmantes Goldgräberstädtchen von 1851, das wegen seiner Gebäude aus dem 19. Jh. einen Besuch wert ist.

Vier Weingüter (Pfeiffer, Cofield, Campbell und Rutherglen Estate) bieten von Montag bis Donnerstag um 14 Uhr abwechselnd kostenlose **Führungen durchs Weingut** an, die Einblick in die Weinherstellung gewähren. Vorab bei der Touristeninformation buchen!

Rutherglen Wine Experience WEIN
(☎1800 622 871; www.rutherglenvic.com; 57 Main St; ⏲9 – 17 Uhr) Die Rutherglen Wine Expe-

ROTWEIN AUS RUTHERGLEN

Auf den Weingütern von Rutherglen werden ausgezeichnete Likörweine (Port, Muskateller und Tokajer) sowie einige starke Durif- und Shiraz-Weine hergestellt, die von den größten, besten und stärksten Rotweinreben stammen. Mehr Infos gibt's unter www.winemakers.com.au. Zu den besten Weingütern gehören:

- **All Saints** (☎ 02-6035 2222; www.allsaintswine.com.au; All Saints Rd, Wahgunyah; ⌚ Mo–Sa 9–17.30, So 10–17.30 Uhr) Märchenschloss, Restaurant und Käseverkostung.
- **Cofield** (☎ 02-6033 3798; www.cofieldwines.com.au; Distillery Rd, Wahgunyah; ⌚ Mo–Sa 9–17, So 10–17 Uhr) Kleiner Familienbetrieb mit dem ausgezeichneten Pickled Sisters Café.
- **Morris** (☎ 02-6026 7303; www.morriswines.com.au; Mia Mia Rd, Rutherglen; ⌚ Mo–Sa 9–17, So 10–17 Uhr) Das Weingut gibt es seit 150 Jahren. Es ist für seinen Likörwein bekannt.
- **Pfeiffer** (☎ 02-6033 2805; www.pfeifferwinesrutherglen.com.au; 167 Distillery Rd, Wahgunyah; ⌚ Mo–Fr 9–17, So 10–17 Uhr) Am malerischen Sunday Creek gelegen.
- **Rutherglen Estates** (☎ 02-6032 8516; www.rutherglenestates.com.au; Tuileries Complex, Drummond St, Rutherglen; ⌚ 10–18 Uhr) Der von der Stadt aus nächstgelegene Weinkeller.
- **Vintara** (☎ 0447 327 517; www.vintara.com.au; Fraser Rd, Rutherglen; ⌚ 10–17 Uhr) Weingut und Restaurant.

rience ist Touristeninformation, Café und Degustationsraum in einem. Zum Erkunden der Weingüter kann man sich Räder mieten (halber/ganzer Tag 25/35 AU$), oder man nimmt die Broschüre mit den Spazierrouten zu Hilfe. Hier gibt es auch Informationen über Rutherglens Wein- und Feinschmeckerveranstaltungen, darunter **Tastes of Rutherglen** (März) und **Winery Walkabout** (Juni) sowie Weingut-Führungen.

Schlafen

Victoria Hotel PUB $

(☎ 02-6032 8610; www.victoriahotelrutherglen.com.au; 90 Main St; DZ ohne Bad 70–90 AU$, mit Bad 100–130 AU$; ❄) Der hübsche National Trust Pub bietet Geschichte, tolles Bistroessen und einige einladende Zimmer – die rausgeputzten Zimmer im vorderen Bereich haben ein eigenes Bad und einen breiten, mit Spitzenbordüren verzierten Balkon Richtung Main Street. Die meisten anderen Zimmer sind im Pubstil gehalten – mit Gemeinschaftsbad.

Rutherglen Caravan & Tourist Park CAMPINGPLATZ $

(☎ 02-6032 8577; www.rutherglentouristpark.com; 72 Murray St; Stellplatz ohne/mit Strom 25/32 AU$, Hütte 88–125 AU$; ❄) Der hübsche, kleine Platz liegt am Ufer des Lake King, in der Nähe vom Golfplatz, einem Swimmingpool und dem Stadtzentrum.

Motel Woongarra MOTEL $$

(☎ 02-6032 9588; www.motelwoongarra.com.au; Ecke Main St & Drummond St; DZ/FZ 105/140 AU$; ❄ 📶 🏊) In der Nähe vom Stadtzentrum bietet das Woongarra geräumige, hübsche Zimmer. Die freundlichen Besitzer organisieren auch Weingut-Touren mit der Limousine.

★ **Tuileries** BOUTIQUE-HOTEL $$

(☎ 02-6032 9033; www.tuileriesrutherglen.com.au; 13 Drummond St; DZ mit Frühstück 199 AU$, mit Abendessen 299 AU$; ❄ 📶 🏊) In diesem luxuriösen Hotel neben den Jolimont Cellars sind alle Zimmer individuell eingerichtet und in hellen, frischen Farbtönen gehalten. Es gibt eine Lounge, einen Tennisplatz, einen Pool und ein ausgezeichnetes Restaurant mit Café.

Essen

Die Main Street ist gesäumt von guten Cafés, Restaurants, Pubs und Imbissbuden. Das Vic ist der beste Pub der Stadt, und das Star Hotel punktet mit seinem chinesischen Restaurant. Auch einige Weingüter haben gute Restaurants, z. B. All Saints, Cofield und Vintara.

Parkers Pies BÄCKEREI $

(☎ 02-6032 9605; 86-88 Main St; Kuchen 5–7 AU$; ⌚ Mo–Fr 8–16.30, Sa 8–17, So 9–16 Uhr) Wer denkt, Kuchen sei gleich Kuchen, wird in der preisgekrönten Bäckerei eines Besseren belehrt. Unbedingt die Gourmet-Pasteten testen: mit Emu, Wild, Krokodil, Büffel und Curry.

Tuileries Restaurant & Cafe MEDITERRAN $$

(☎ 02-6032 9033; www.tuileriesrutherglen.com.au; 13 Drummond St; Hauptgerichte mittags 12,90 AU$, abends 23–35 AU$; ⌚ 12 Uhr–open end) Die Tuileries bestehen aus zwei hervorragenden

Einrichtungen: dem tollen Innenhof-Café, wo es von Gnocchi bis Nasi Goreng alles zu günstigen Preisen gibt (mittags 12,90 AU$, abends 23,90 AU$), und dem modernen australischen Restaurant, das nur abends geöffnet hat. Es ist Rutherglens bestes!

An- & Weiterreise

V/Line (1800 800 007; www.vline.com.au) hat eine Zug-/Busverbindung zwischen Melbourne und Rutherglen mit Umsteigen in Wangaratta (31 AU$, 3½ Std., 8-mal/Woche). Während der Festivals kann das Besucherzentrum Fahrten zu den Weingütern organisieren.

Täglich fährt ein Murraylink-Bus von Wodonga nach Mildura mit Halt in Rutherglen. Die Haltestelle liegt am westlichen Ende der Main Street.

Wodonga

26 500 EW.

Die Grenzstadt Wodonga ist von ihrem Zwilling Albury nur durch den Murray getrennt. Und obwohl es eine lebhafte Kleinstadt mit einem See am Wodonga Creek ist, liegen viele Attraktionen und Unterkünfte auf der Seite von New South Wales in Albury (S. 239).

Das **Wodonga Visitor Information Centre** (1300 796 222; www.alburywodongaaustralia.com.au; Gateway Village, Hume Hwy; 9–17 Uhr) auf der anderen Dammseite hat Infos zu Victoria und New South Wales. Hier beginnt der **High Country Rail Trail** (www.highcountryrailtrail.org.au), ein Rad- und Wanderweg um das Südende von Lake Hume bis Old Tallangatta.

Nach dem Zweiten Weltkrieg diente das 10 km östlich von Wodonga gelegene **Bonegilla** 24 Jahre lang als Australiens erstes Einwandereraufnahmelager, das rund 320 000 Migranten Unterkunft und Ausbildung bot. Bei der Führung **Bonegilla Migrant Experience** (02-6020 6912; www.bonegilla.org.au; Bonegilla Rd; Eintritt frei, Gruppen-Führung nach Vereinbarung 5 AU$; 10–16 Uhr) kann man ein paar Gebäude von Block 19 besichtigen und historische Zeugnisse bestaunen.

GOLDFIELDS

Die zentrale Region von Victoria wurde buchstäblich auf Gold gebaut. Die Entdeckung von angeschwemmten Gold nahe Ballarat im Jahr 1851 verwandelte das Provinznest mit Viehzüchtern und Sträflingen in den florierendsten Teil der Kolonien. In jener Blütezeit entstanden die größeren Städte der Region, z. B. Bendigo, Ballarat und Castlemaine, in denen noch heute viktorianische Gebäude zu sehen sind. Kleinere Orte wie Kyneton, Maldon und Maryborough schlagen Kapital aus ihrer Vergangenheit, während Daylesford und Hepburn Springs für ihre Mineralwasserquellen, um die Wellnesszentren entstanden, bekannt sind.

Die Region ist ab Melbourne gut erreichbar – per Auto über den Calder Highway und mit dem Zug nach Castlemaine und Bendigo.

Ballarat

86 000 EW.

Ballarat ist die größte Stadt im Landesinneren von Victoria und dafür berühmt, dass

THE MAN FROM SNOWY RIVER

Vielleicht hat man ja den Film gesehen oder das berühmte Gedicht *The Man from Snowy River* von Banjo Paterson gelesen, aber hier draußen bei **Corryong**, 120 km östlich von Wodonga, in der Nähe der Quelle des Murray River, wird die Legende gelebt. Corryong ist eine hübsche Gemeinde, umgeben von Berglandschaft – ein Naturspielplatz zum Forellenangeln, Kanufahren, Radfahren und Wandern. Einige sagen, es sei der Heimatort von Jack Riley, einem Schäfer, der als Inspiration für Paterson gedient haben soll.

Das **Man From Snowy River Museum** (03-6076 2600; www.manfromsnowyrivermuseum.com; 103 Hanson St; Erw./Kind 4/1 AU$; Sept.–Mai 10–16 Uhr, Juni–Aug. 11–15 Uhr) erzählt die Geschichte von Jack Riley.

In der **Corryong-Touristeninformation** (03-6076 2277; 50 Hanson St; 9–17 Uhr) gibt's Infos zur Region – u. a. zu **Jack Rileys Grab** (Corryong Cemetery) mit der Inschrift „In memory of the Man from Snowy River, Jack Riley, buried here 16th July 1914" („In Gedenken an den Mann vom Snowy River, Jack Riley, hier begraben am 16. Juli 1914").

Das **Man From Snowy River Bush Festival** (www.bushfestival.com.au) findet jedes Jahr an vier Tagen im März/April statt und bietet jede Menge Spaß mit Peitschen-Schnalzen, Pferdereiten und Seemansgarn.

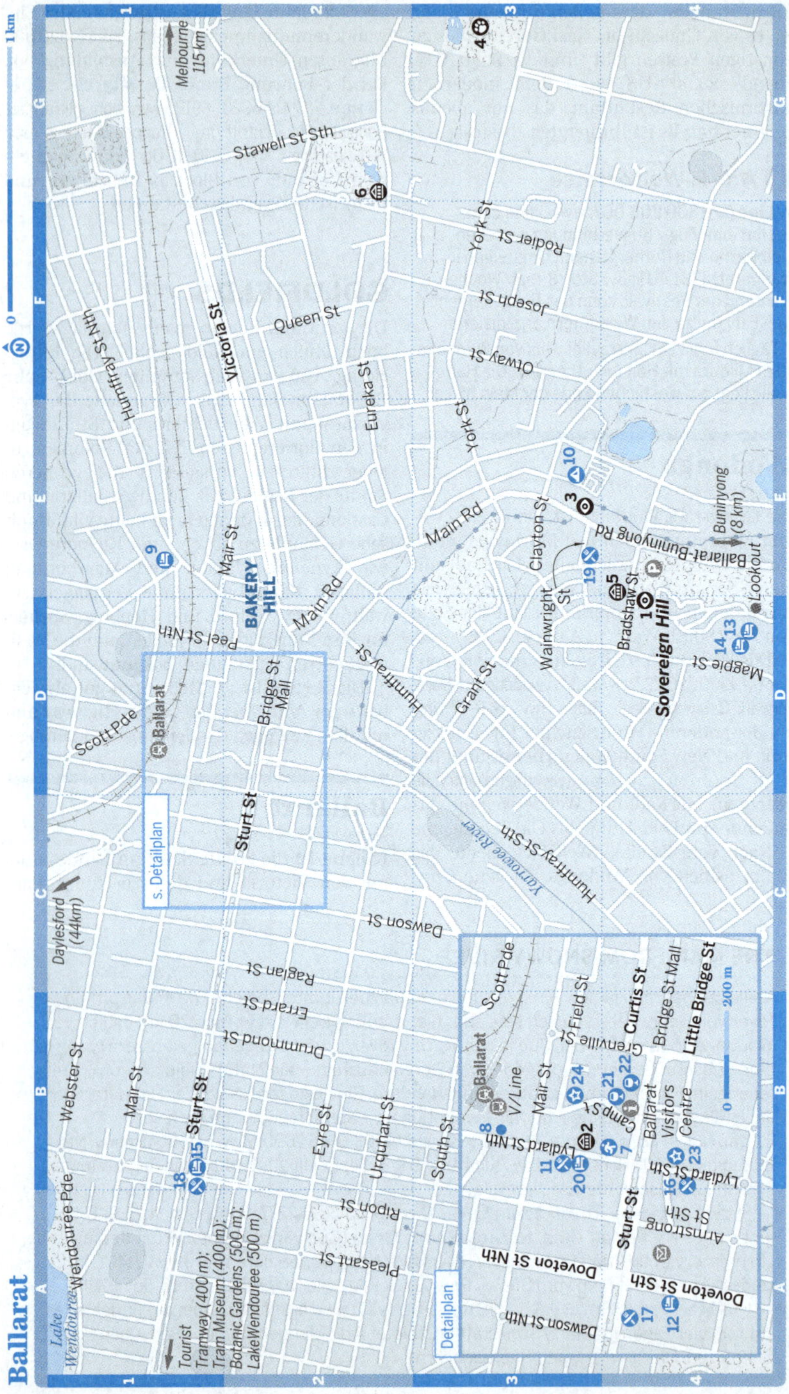
Ballarat
Lake Wendouree
Wendouree Pde
Webster St
Mair St
Sturt St
Tourist Tramway (400 m); Tram Museum (400 m); Botanic Gardens (500 m); LakeWendouree (500 m)
Melbourne 115 km
Daylesford (44km)
Humffray St Nth
Victoria St
Stawell St Sth
Queen St
Eureka St
York St
Rodier St
Joseph St
Otway St
Main Rd
Mair St
BAKERY HILL
Peel St Nth
Scott Pde
Ballarat
Bridge St Mall
Sturt St
s. Detailplan
Humffray St
Grant St
Clayton St
Wainwright St
Bradshaw St
Ballarat-Buninyong Rd
Buninyong (8 km)
Lookout
Sovereign Hill
Magpie St
Humffray St Sth
Yarrowee River
Dawson St
Raglan St
Errard St
Drummond St
Eyre St
Urquhart St
South St
Ripon St
Pleasant St
Detailplan
Scott Pde
Ballarat
V/Line
Mair St
Field St
Grenville St
Curtis St
Bridge St Mall
Little Bridge St
Camp St
Lydiard St Nth
Ballarat Visitors Centre
Lydiard St Sth
Armstrong St Sth
Sturt St
Doveton St Nth
Doveton St Sth
Dawson St Nth
0
200 m
1 km

hier im 19. Jh. die „Eureka Rebellion" stattfand, bei der die Bergarbeiter gegen die Behörden kämpften. Heute zeigt sich das Goldrauscherbe der Stadt in ihrer grandiosen viktorianischen Architektur und im äußerst beliebten Goldgräberdörfchen Sovereign Hill. Wer im Winter herkommt: dick einpacken! In Ballarat kann es sehr kalt werden.

Die Gegend rund um Ballarat nannten die einheimischen Koori „Ballaarat", was „Ruheplatz" bedeutet. Rund 25 Stämme der Urbevölkerung betrachten sich gemeinsam als das Volk der Wathaurong. 1837 kamen europäische Viehzüchter ins Land, und nach der Entdeckung von Gold im nahegelegenen Buninyong im Jahr 1851 strömten Tausende von Goldsuchern herbei. Nachdem die Gold-Schwemmfelder erschöpft waren, wurden bei Tiefenbohrungen sehr reichhaltige goldführende Quarzgänge erschlossen, die bis zum Ende des Ersten Weltkriegs ausgebeutet wurden.

Ballarat

Highlights
1 Sovereign Hill ... D4

Sehenswertes
2 Art Gallery of Ballarat ... B3
3 BADAC Cultural Education Centre ... E3
4 Ballarat Wildlife Park ... G3
5 Gold Museum ... E4
6 Museum of Australian Democracy at Eureka ... G2

Aktivitäten, Kurse & Touren
7 Gold Shop ... B4
8 Welcome Nugget ... B3

Schlafen
9 Ballarat Backpackers Hostel ... E1
10 Ballarat Goldfields Holiday Park ... E3
Craig's Royal Hotel ... (siehe 16)
11 George Hotel ... B3
12 Oscar's ... A4
13 Sovereign Hill Lodge ... D4
14 Sovereign Hill YHA ... D4
15 Western Hotel ... B1

Essen
16 Craig's Royal Hotel ... B4
17 L'Espresso ... A4
18 Olive Grove ... B1
19 Restaurante Da Uday ... E3
20 The Lane ... B3

Ausgehen & Nachtleben
21 Haida ... B4
22 Irish Murphy's ... B4

Unterhaltung
23 Her Majesty's Theatre ... B4
24 Karova Lounge ... B3

Sehenswertes & Aktivitäten

Die Hauptschlagader, die beeindruckende **Sturt Street** mit ihren inselartigen Gärten, wurde wegen der großen Wendekreise der Ochsenkarren einst drei Ketten (60 m) breit angelegt.

Die **Lydiard Street** verläuft von Nord nach Süd und ist in Sachen viktorianischer Architektur eine der schönsten Straßen in ganz Australien. Zu den eindrucksvollsten Gebäuden gehören Her Majesty's Theatre (S. 621; 1875), das Craig's Royal Hotel (1853), das George Hotel (S. 620; 1854), die Kunstgalerie (1890) und die Mining Exchange (S. 619; 1888).

Ballarats topmodernes Museum of Australian Democracy at Eureka (S. 618) wurde erst 2013 eröffnet.

★ **Sovereign Hill** HISTORISCHES DORF

(☎ 03-5337 1100; www.sovereignhill.com.au; Bradshaw St; Erw./Student/Kind/Familie 45/36/20.50/113 AU$; ⊙10–17 Uhr) Man sollte mindestens einen halben Tag einplanen, um den faszinierenden Nachbau eines Goldgräberstädtchens aus den 1860er-Jahren wirklich entdecken zu können. Die Mine war während des Goldrauschs aktiv, und ein Großteil der Ausrüstung sowie der Minenschacht sind erhalten geblieben. Die Hauptstraße ist ein großes, lebendiges Geschichtsmuseum: Die Angestellten sind wie zu damaligen Zeiten gekleidet, spielen das Leben in der Goldgräberstadt nach und interagieren mit den Besuchern. Im traditionellen Süßwarenladen, in der Goldwäscherei oder -gießerei und beim Straßentheater kann man die alten Zeiten hautnah erleben. Alle Aktivitäten im Dorf sind gratis, abgesehen von der **unterirdischen Minentour** (Erw./Kind 7,50/4 AU$) und den **Kutschfahrten** (5,50/4 AU$). Wer genügend Zeit hat, kann sein Ticket (kostenlos) um einen Tag verlängern lassen und den Besuch etwas ausdehnen. Abends präsentiert Sovereign Hill die beeindruckende Sound and Light Show **Blood on the Southern Cross** (☎ 03-5337 1199; Erw./Student/Kind/Familie 55/44/29,50/148,50 AU$, Kombiticket mit Sovereign Hill 100/80/50/261,50 AU$), bei der der Kampf der Eureka-Rebellion auf dramatische Weise nachempfunden wird. Jeden Abend finden zwei Shows statt, aber

DIE EUREKA-REBELLION

Das Leben auf den Goldfeldern war ziemlich egalitär – denn soziale Unterschiede spielten keine Rolle, als Ärzte, Kaufleute, Ex-Sträflinge und Tagelöhner Seite an Seite im Schlamm buddelten. Aber als das leicht erreichbare Gold knapp zu werden begann, wurden sich die Goldgräber ihrer Ungleichheit und der Privilegien von einigen wenigen, die das Land besaßen und die Verwaltung in der Hand hatten, bewusst.

Der begrenzte Umfang der Grubenfelder und die lästige Lizenzjagd, gepaart mit Polizeibrutalität und Besteuerung ohne politische Vertretung, führten zu Unruhen, die in der Eureka-Rebellion gipfelten.

Im September 1854 ordnete Gouverneur Hotham an, dass die verhassten Lizenzjagden zweimal wöchentlich durchzuführen seien. Im folgenden Monat wurde in der Nähe eines Hotels in Ballarat ein Goldsucher nach einem Streit mit dem Besitzer James Bentley ermordet. Bentley wurde vom Friedensrichter (einem Geschäftspartner Bentleys) für nicht schuldig befunden – daraufhin wütete eine Gruppe von Goldgräbern und brannte das Hotel nieder. Bentley wurde erneut vor Gericht gestellt und schuldig gesprochen, aber auch die aufständischen Goldgräber wurden ins Gefängnis gesteckt, was das Misstrauen gegenüber den Behörden weiter anstachelte.

Die Goldsucher gründeten die Ballarat Reform League und forderten die Abschaffung der Lizenzgebühren, das Wahlrecht für Goldgräber und bessere Chancen auf Landerwerb.

Am 29. November 1854 verbrannten ungefähr 800 Goldgräber unter der Führung des Iren Peter Lalor ihre Lizenzen bei einer Massenversammlung und errichteten eine Barrikade in Eureka, wo sie sich darauf vorbereiteten, für ihre Rechte zu kämpfen.

Am 3. Dezember gab die Regierung ihren Truppen den Befehl zur Stürmung. Hinter den Barrikaden befanden sich zu jener Zeit nur 150 Goldgräber. Der Kampf dauerte gerade einmal 20 Minuten und kostete 30 Goldgräber und fünf Soldaten das Leben.

Trotzdem war die kurzlebige Rebellion letztlich erfolgreich. Die Goldgräber gewannen die Sympathie der Einwohner Victorias, und die Regierung entschloss sich, die Anführer des Aufstands vom Vorwurf des Hochverrats freizusprechen.

Die Lizenzgebühren wurden abgeschafft und eine Schürfberechtigung für 1 £ pro Jahr gab den Goldgräbern das Recht, nach Gold zu suchen und ein kleines Stück Land einzuzäunen, zu bestellen und darauf eine Behausung zu errichten – und sie erhielten das Wahlrecht. Der Rebellenführer Peter Lalor wurde einige Jahre später Parlamentsmitglied.

Das neue **Museum of Australian Democracy at Eureka** (MADE; ☎1800 287 113; www.made.org) befindet sich an jener Stelle, an der einst die Palisaden standen, und beherbergt ein Kulturzentrum und die Überreste der originalen Eureka-Flagge.

die Zeiten können variieren, also besser vorab informieren und unbedingt reservieren.

Das Ticket berechtigt auch zum Eintritt ins **Gold Museum** (Bradshaw St; Erw./Kind 10,80/5,70 AU$; ⌚9.30–17.30 Uhr) ganz in der Nähe, das auf dem Gelände einer alten Mine steht. Es zeigt originelle Ausstellungen und Exponate aus alten Bergbauzeiten sowie Goldnuggets, Münzen und eine Ausstellung zur Eureka-Rebellion.

Art Gallery of Ballarat GALERIE

(☎03-5320 5858; www.balgal.com; 40 Lydiard St Nth; ⌚10–17 Uhr) GRATIS Dieses architektonische Schmuckstück aus dem Jahr 1890 ist die älteste Provinzgalerie Australiens und beherbergt eine wunderbare Sammlung früher kolonialer Gemälde sowie Werke bekannter australischer Künstler und zeitgenössische Arbeiten. Es gibt kostenlose iPod-Touren, und von Mittwoch bis Sonntag um 14 Uhr auch kostenlose Führungen.

Lake Wendouree SEE

Der Lake Wendouree ist der beliebteste Treffpunkt der Stadt. Er ist von Spazierwegen umgeben, und alte Bootshäuser, Spiel- und Picknickplätze gibt's auch.

Botanic Gardens GÄRTEN

(Wendouree Pde; ⌚Sonnenaufgang–Sonnenuntergang) Auf der Westseite des Sees liegen die wunderschönen, friedlichen Gärten von Ballarat, die 1858 angelegt wurden. Die 40 Hektar große Anlage mit perfekt gepflegten Rosengärten, weiten Grünflächen und bunten Wintergärten lädt zum Lustwandeln ein. Im gläsernen Robert Clark Conservatory befindet sich ein Besucherzentrum (geöffnet von 9–17 Uhr).

Ballarat Tramway Museum MUSEUM
(☎03-5334 1580; www.btm.org.au; Fahrten Erw./Kind 4/2 AU$; ⊙Sa & So 12.30–17 Uhr, täglich während der Ferien) Die Straßenbahn verkehrt auf einem kurzen Schienenabschnitt rund um den Lake Wendouree. Sie fährt am Tramway Museum ab, das eine Sammlung von Straßenbahnen, Fotografien und anderen Exponaten zeigt. Von Pferden gezogene Straßenbahnen fuhren in der Stadt erstmals im Jahre 1887. Sie wurden später durch elektrische Bahnen ersetzt, die bis 1971 verkehrten.

BADAC Cultural Education Centre KULTURZENTRUM
(☎03-5332 2755; www.badac.net.au; 407 Main Rd; ⊙Mo–Fr 9–17 Uhr) GRATIS Dieses ausgezeichnete Kulturzentrum umfasst ein Museum für Geschichte sowie Ausstellungen zum örtlichen Wathaurong-Volk und zur Kultur der Koorie. Das engagierte Personal bietet kostenlose Führungen an, und ein Café gibt's auch.

Kryal Castle THEMENPARK
(☎03-5334 7388; www.kryalcastle.com.au; 121 Forbes Rd, Leigh Creek; Erw./Kind/Familie 28,50/17/79 AU$; ⊙10–17 Uhr) Dieser fantasievolle Nachbau eines mittelalterlichen Schlosses wurde 1972 errichtet und 2013 als ambitionierter Themenpark wiedereröffnet. Er verzaubert mit einer Drachenhöhle, Rittern bei Lanzenkämpfen und einer Magierwelt – toll für Familien und Harry-Potter-Fans! Der Park liegt 8 km östlich von Ballarat.

Ballarat Wildlife Park ZOO
(☎03-5333 5933; www.wildlifepark.com.au; Ecke York & Fussell St; Erw./Kind/Familie 25/15/70 AU$; ⊙9–17.30, Tour 11 Uhr) Ein lustiger Zoo mit einheimischen Tieren, Reptilien und einigen Exoten. In den täglichen Shows kommen Schlangen, Koalas, Wombats und Krokodile zum Einsatz.

Ballarat Bird World VOGELGEHEGE
(☎03-5341 3843; www.ballaratbirdworld.com.au; 408 Eddy Ave, Mt. Helen; Erw./Kind/Familie 10/6/30 AU$; ⊙10–17 Uhr) Hier kann man 40 Vogelarten bewundern, die südlich der Stadt in einem friedlichen Vogelgehege mit Spazierwegen, Teichen und Wasserfällen wohnen.

Gold Shop AUSRÜSTUNGSVERLEIH
(☎03-5333 4242; www.thegoldshop.com.au; 8a Lydiard St Nth; ⊙Mo–Sa 10–17 Uhr) Hier können hoffnungsvolle Goldsucher Schürfrechte erwerben, Metalldetektoren ausleihen und im alten Gebäude der Mining Exchange echte Goldnuggets bestaunen.

Geführte Touren

Eerie Tours GEISTER
(☎1300 856 668; www.eerietours.com.au; Erw./Kind/Familie 25/15/65 AU$) Auf einer nächtlichen Geister- oder Friedhofstour kann man die schaurigen Aspekte von Ballarats Vergangenheit am eigenen Leib erfahren.

Welcome Nugget FAHRRAD
(☎0423 268 618; www.ballarat.com/ballaratonabike; 128 Lydiard St Nth; Fahrrad 3/8 Std. 13/18 AU$) Fahrradtouren und -verleih.

Feste & Events

Summer Sundays ist eine Veranstaltungsreihe mit kostenlosen Konzerten im botanischen Garten, die jeden Sonntagabend im Januar stattfinden.

Ballarat Beer Festival ESSEN, TRINKEN
(www.ballaratbeerfestival.com.au) Bei dem Festival im City Oval im Januar kann man Bier und Cider kosten und natürlich etwas essen.

Begonia Festival STRASSENFEST
(www.ballaratbegoniafestival.com) Ballarats größtes Festival findet am langen Labour-Day-Wochenende im März statt und bietet eine Parade, kostenlose Konzerte am Lake Wendouree sowie offene Gärten.

Schlafen

Ballarats grandiose alte Hotels, B&Bs und Cottages bieten stilvolle Unterkünfte, und darüber hinaus stehen zahlreiche Motels, ein paar Hostels im Pub-Stil und Campingplätze zur Auswahl.

Sovereign Hill YHA HOSTEL $
(☎03-5337 1159; ballarat@yha.com.au; Magpie St; B/EZ/DZ 35/49/68 AU$) Dieses hübsche, aber recht kleine YHA-Cottage in der Sovereign Hill Lodge verfügt über lediglich vier Zimmer rund um einen zentralen Koch- und Essbereich.

Western Hotel PUB $
(☎03-5332 2218; www.westernhotel.com.au; 1221 Sturt St; B/EZ/DZ 35/45/70 AU$) Die einfachen Pubzimmer sind preisgünstig (und noch einmal 10 AU$ billiger, wenn man eigene Bettwäsche mitbringt). Mit Gemeinschaftsküche.

Ballarat Backpackers Hostel HOSTEL $
(☎0427 440 661; www.ballarat.com/easternstation/index.htm; 81 Humffray St Nth; EZ/DZ/FZ 40/65/90 AU$) Diese renovierte Pension im alten Eastern Station Hotel ist gleichzeitig ein Pub, der gelegentlich Livemusik auf dem

Programm hat (am Wochenende kann's daher laut werden). Nahe der Bahnlinie.

Ballarat Goldfields Holiday Park CAMPINGPLATZ $
(☎ 03-5332 7888; www.ballaratgoldfields.com.au; 108 Clayton St; Stellplatz mit Strom 37 AU$, Hütten 77–113 AU$; ❄@📶🏊) Nahe Sovereign Hill, mit familiärer Urlaubsatmosphäre. Einige Unterkünfte sehen aus wie Goldgräberhütten.

George Hotel HOTEL $$
(☎ 03-5333 4866; www.georgehotelballarat.com.au; 27 Lydiard St Nth; DZ/FZ/Suite ab 135/215/260 AU$; ❄📶) Dieser tolle alte Pub von 1852 steckt voller Geschichte. Er liegt mitten im Getümmel der Lydiard Street, und die renovierten Zimmer sind geschmackvoll und gemütlich.

Sovereign Hill Lodge HISTORISCHES HOTEL $$
(☎ 03-5337 1159; www.sovereignhill.com.au; Magpie St; EZ 150 AU$, DZ ab 170 AU$; ❄📶) Hier kann man aus verschiedenen Unterkünften wählen. Im Dörfchen aus den 1850er-Jahren ist das **Steinfeld's** (EZ/DZ 150/170 AU$) die beste Wahl: sechs elegante Zimmer im alten Stil und eine Gemeinschaftslounge mit Blick auf das alte Städtchen. Das **Governor's Rooms** (DZ mit/ohne Whirlpool 235/200 AU$) bietet stilvolle Zimmer rund um eine gemütliche Lounge mit Kamin und Bar.

Oscar's BOUTIQUEHOTEL $$
(☎ 03-5331 1451; www.oscarshotel.com.au; 18 Doveton St; DZ 150–200 AU$, Zi. mit Whirlpool 225 AU$; ❄📶) Die 13 Zimmer dieses attraktiven Art-déco-Hotels wurden geschmackvoll renoviert und bieten Doppelduschen und Whirlpools (mit Blick auf den Flachbildfernseher). Unten gibt es ein gutes Restaurant.

Essen

Ballarat bietet rund um die Sturt bzw. Lydiard Street zahlreiche Restaurants, und auf dem „400er-Block" der Sturt Street, zwischen Dawson und Doveton Street, locken zahlreiche nette Cafés. Günstiges Essen findet man in Bakery Hill – einst das Herz des Goldgräber-Geschehens – in einer Reihe indischer, japanischer und Fastfood-Restaurants.

L'Espresso ITALIENISCH $
(☎ 03-5333 1789; 417 Sturt St; Hauptgerichte 11–20 AU$; ⏲ So–Do 7.30–18, Fr & Sa bis 23 Uhr) Dieses trendige, sehr geschäftige italienische Lokal ist eine Institution in Ballarats Cafészene und fungiert gleichzeitig als Plattenladen – man kann in aller Ruhe eine große CD-Auswahl mit Jazz, Blues und Weltmusik durchstöbern, während man auf Espresso, Falafel oder Risotto wartet.

★ **The Lane** CAFÉ, PIZZERIA $$
(☎ 03-5333 4866; 27 Lydiard St Nth; Pizza 16–23 AU$, Hauptgerichte 20–36 AU$; ⏲ 7 Uhr–open end) In der Gasse neben dem George Hotel wimmelt es nur so von ganztägig geöffneten Lokalen. Ganz vorne serviert das helle Café Frühstück und leichte Gerichte. Es gibt auch eine Bar und ganz hinten wartet eine tolle kleine Pizzeria auf Kunden. Abends verwandelt sie sich in ein À-la-carte-Restaurant.

Olive Grove FEINKOST, CAFÉ $$
(☎ 03-5331 4455; 1303 Sturt St; Gerichte 12–24 AU$; ⏲ 8–16 Uhr; 🖉) Das Olive Grove zieht Einheimische an, die bei Kaffee, Gourmet-Baguettes oder -Bagels verweilen und eifrig die leckere Auswahl an Kuchen, Aufschnitt und Käse durchprobieren.

Restaurante Da Uday INTERNATIONAL $$
(☎ 03-5331 6655; www.dauday.com; 7 Wainwright St; Hauptgerichte 18–26 AU$, Pizza 10–18 AU$; ⏲ Di–So 12–14 & 17.30 Uhr–open end) Dieses kleine Restaurant in der Nähe von Sovereign Hill serviert ausgezeichnete und authentische indische, thailändische und italienische Küche – je mit eigener Karte – in einem gemütlichen Holz-Cottage oder dem blumenreichen Garten. Das Mittagsangebot für 15 AU$ ist sein Geld wert.

Craig's Royal Hotel MODERN-AUSTRALISCH $$$
(☎ 03-5331 1377; www.craigsroyal.com.au; 10 Lydiard St Sth; Hauptgerichte 28–35 AU$; ⏲ 7–22 Uhr) Auch wer es sich nicht leisten kann, hier abzusteigen, kann sich in der historischen Craig's Bar einen Cocktail oder bei Craig's Café & Larder einen Kaffee bestellen und sich einmal wie ein König fühlen. Im grandiosen Atrium-Speisesaal des Gallery Bistro, das moderne australische und französisch inspirierte Küche anbietet, speist man sehr edel. Jeden Sonntag um 15.30 Uhr wird High Tea im Hotel serviert (59,50 AU$).

Ausgehen & Unterhaltung

Als Studentenstadt verfügt Ballarat über ein sehr reges Nachtleben. Überall in der Stadt warten traditionelle Pubs, aber das bunteste Treiben herrscht rund um die Lydiard Street und die nahe Camp Street.

Irish Murphy's PUB
(☎ 03-5331 4091; www.murphysballarat.com.au; 36 Sturt St; Hauptgerichte 18–30 AU$; ⏲ 11–23, Mi–So bis 3 Uhr) In diesem stimmungsvollen

Irish Pub fließt das Guinness in Strömen. Er ist wirklich einladend und zieht Gäste aller Altersklassen an. Mittag- und Abendessen gibt's täglich.

Haida LOUNGE
(☎03-5331 5346; www.haidabar.com; 12 Camp St; ⌚Mi–So 17 Uhr–open end) Das Haida ist eine Lounge-Bar auf zwei Ebenen, in der man mit einem Cocktail am offenen Kamin entspannen oder unten zu Livemusik oder DJ-Sound chillen kann.

Karova Lounge LIVEMUSIK
(☎03-5332 9122; www.karovalounge.com; Ecke Field & Camp St; ⌚Mi–Sa 21 Uhr–open end) Der beste Laden für Livemusik in Ballarat: Im angesagten Karova treten Bands in schäbig-industriell anmutender Umgebung auf.

Her Majesty's Theatre THEATER
(☎03-5333 5888; www.hermaj.com; 17 Lydiard St Sth) Das „Her Maj" ist seit 1875 Ballarats wichtigster Veranstaltungsort für darstellende Kunst. In dem wunderschönen viktorianischen Gebäude werden Theater, Livemusik und Comedy-Shows gespielt.

Shoppen

Trash & Trivia Market MARKT
(Creswick Rd; ⌚So 8–13 Uhr) Findet auf den Ballarat Showgrounds statt, 2 km nördlich des Stadtzentrums und gleich neben dem Midland Highway.

Praktische Informationen

Ballarat Visitor Centre (☎1800 446 633, 03-5320 5741; www.visitballarat.com.au; 43 Lydiard St; ⌚9–17 Uhr) Im ausgezeichneten Besucherzentrum kann man sich nach dem Ballarat Pass erkundigen, mit dem man im Sovereign Hill, Kryal Castle und Ballarat Wildlife Park weniger Eintritt bezahlt.

An- & Weiterreise

BUS

Busse von **Greyhound Australia** (☎1300 473 946; www.greyhound.com.au) zwischen Adelaide und Melbourne halten in Ballarat, wenn man den Fahrer darum bittet (Abfahrt Adelaide 20.15 Uhr, Erw. 86 AU$, 7½ Std.). Der **Airport Shuttle Bus** (☎03-5333 4181; www.airportshuttlebus.com.au) fährt vom Tullamarine Airport in Melbourne zum Bahnhof in Ballarat (Erw./Kind 32/17 AU$, 1½ Std., 10-mal tägl., am Wochenende 7-mal).

Außerdem verkehren regelmäßig Busse von **V/Line** (☎1800 800 077; www.vline.com.au) zu regionalen Ziele wie Bendigo, Castlemaine, Geelong und Ararat.

ZUG

V/Line (☎1800 800 007; www.vline.com.au) bietet regelmäßig Direktzüge zwischen Melbourne (Southern Cross Station) und Ballarat (17,80 AU$, 1½ Std., 13- bis 17-mal tägl.) an.

Bendigo

82 800 EW.

Man muss nicht lange suchen, um Zeugnisse von Bendigos Erbe zu finden – ein Blick auf das prächtige Shamrock Hotel, die Central Deborah Goldmine und die chinesischen Drachen, die zu Ostern zum Leben erwachen, reicht schon.

1851 wurde im nahen Ravenswood Gold gefunden. Und während des Booms zwischen den 1860er- und 1880er-Jahren pumpten Bergbaugesellschaften allerhand Geld in die Stadt. In der Folge entstand die viktorianische Architektur, die Bendigos Straßen heute ziert. In den 1860er-Jahren waren die Oberflächenvorkommen jedoch erschöpft, sodass die Goldsucher mit dem Untertagebau begannen. Gerüchten zufolge kann man unterirdisch von einem Ende der Stadt zum anderen gelangen. Heute ist Bendigo ein wohlhabendes Provinzzentrum mit schönen öffentlichen Grünanlagen und einer lebhaften Café- und Restaurantszene und mit einer der besten regionalen Kunstgalerie in Victoria.

Bendigo ist auch das Herz einer ausgezeichneten **Weingegend**, die sich bis Harcourt im Süden erstreckt. Näheres gibt's unter www.bendigowine.org.au – oder man holt sich am Besucherzentrum eine Tourenkarte.

Sehenswertes

Wer sämtliche Hauptattraktionen besuchen möchte, sollte sich den preisgünstigen **Bendigo Experience Pass** (Erw./Kind/Familie 50/26,50/128 AU$) besorgen. Näheres dazu gibt's beim Besucherzentrum.

★**Central Deborah Goldmine** HISTORISCHE STÄTTE
(☎03-5443 8322; www.central-deborah.com; 76 Violet St; Minenbesuch Erw./Kind/Familie 28,50/15/78,50 AU$; ⌚9.30–17 Uhr) Wer eine echte Tiefenerfahrung machen möchte, der kann mit einem Geologen in diese 500 m tiefe Mine absteigen. Hier wurde auf 17 Ebenen gearbeitet. Dabei kamen rund 1000 kg Gold zutage. Man kriegt einen Helm und eine Lampe und steigt 61 m tief in den Schacht ab, um sich die verschiedenen Ar-

Bendigo

beitsschritte inklusive Bohrvorführungen anzusehen. Wer besonders abenteuerlustig ist, kann auch das „Underground Adventure" (75/45/190 AU$) wagen, das bis auf die dritte Ebene führt und ein Mittagessen beinhaltet. An der Oberfläche gibt's ein interessantes Besucherzentrum, einen Förderturm und einen Maschinenraum, und man kann an der Oberfläche auch eine Tour in Eigenregie (14/7/38 AU$) machen.

Bendigo Talking Tram BAHN

(☎ 03-5442 2821; www.bendigotramways.com; Erw./Kind/Fam. 16/10/47 AU$, 2 Tage gültig; ⏲ 10–17 Uhr) Mit einer der restaurierten „sprechenden" Straßenbahnen kann man eine Stadtrundfahrt machen. Die Fahrkarte gilt zwei Tage und man kann beliebig oft ein- und aussteigen. Die Bahn fährt alle halbe Stunde von der Central Deborah Mine zum **Tramways Museum** (1 Tramways Rd; mit Straßenbahnfahrkarte Eintritt frei; ⏲ 10–17 Uhr) und stoppt unterwegs mehrfach.

★ Golden Dragon Museum & Gardens MUSEUM

(☎ 03-5441 5044; www.goldendragonmuseum.org; 1–11 Bridge St; Erw./Kind/Fam. 11/6/28 AU$; ⏲ 9.30–17 Uhr) Das unübersehbare chinesische Erbe unterscheidet Bendigo von anderen Goldgräberorten, und dieses fantastische Museum widmet sich genau dem. Durch ein Holztor betritt man eine ehrfurchterregende Kammer voller Drachen, darunter die kaiserlichen Exemplare Old Loong (der älteste der Welt) und Sun Loong (mit mehr als 100 m der längste der Welt). Draußen ist der klassische chinesische Garten Yin Yuan (Garten der Freude) – eine Oase der Ruhe mit Brücken, Wasserspielen und Ziersträuchern.

Bendigo Art Gallery GALERIE

(☎ 03-5434 6088; www.bendigoartgallery.com.au; 42 View St; Eintritt gegen Spende; ⏲ 10–17 Uhr, Führung 14 Uhr) In der Dauerausstellung gibt's hervorragende kolonialzeitliche und moder-

Bendigo

ne australische Kunst zu sehen, z. B. Werke von Charles Blackman, Fred Williams, Rupert Bunny und Lloyd Rees. Alljährlich gibt es topaktuelle Wechselausstellungen. Das Gallery Café schaut auf den Rosalind Park.

Sacred Heart Cathedral KIRCHE
(Ecke Wattle St & High St) Der hoch aufragende Kirchturm der herrlichen Kathedrale ist kaum zu übersehen. Unter der hohen, gewölbten Decke kann man einen prächtig geschnitzten Bischofsthron, ein paar wunderschöne Buntglasfenster und die Holzengel an den Deckenbögen bestaunen.

Joss House Temple TEMPEL
(☎ 03-5443 8255; www.bendigojosshouse.com; Finn St; Erw./Kind/Familie 5,50/3,50/11 AU$; ⏲ 11–16 Uhr) Dieser Tempel ist rot angestrichen – in der traditionellen Farbe der Kraft – und das einzige noch aktive „Joss House" in Zentral-Victoria. Er liegt 2 km nordwestlich des Zentrum an der Straßenbahnlinie.

Rosalind Park PARK
(Ecke View St & Pall Mall) Dieser hübsche Park im Stadtzentrum hat viele Grünflächen, große alte Bäume, Farne und den fabelhaften **Cascades Fountain**. Man kann zum **Aussichtspunkt** am Förderturm auf dem Hügel hinaufklettern und das sensationelle 360-Grad-Panorama genießen oder durch die **Conservatory Gardens** schlendern.

Lake Weeroona SEE
(Ecke Nolan & Napier St) Bendigos kleiner See, 1,5 km nordöstlich des Zentrums, eignet sich prima für Bootstouren und zum Kajakfahren, aber viele gehen auch einfach nur spazieren.

Bendigo Pottery TÖPFEREI
(☎ 03-5448 4404; www.bendigopottery.com.au; 146 Midland Hwy; ⏲ 9–17 Uhr) GRATIS Die Bendigo Pottery wurde 1857 gegründet, ist Australiens älteste Töpferei und steht auf der Liste des National Trust. Hier kann man töpfern lernen (12 AU$ für eine halbe Stunde Unterricht) oder das angeschlossene **Museum** (Erw./Kind 8/4 AU$) besuchen. Die Töpferei liegt 7 km nordöstlich des Zentrums.

White Hills Botanic Gardens GÄRTEN
Diese Gärten 2 km nördlich der Stadt beherbergen zahlreiche exotische und seltene Pflanzenarten, einen kleinen Tierpark, ein Vogelhaus und Grillmöglichkeiten.

Aktivitäten

Den **O'Keefe Rail Trail** kann man gut zu Fuß oder aber mit dem Fahrrad erkunden. Er beginnt auf dem Midland Highway nahe der Nordostecke des Lake Weeroona und schlängelt sich über 19 km nach Axedale.

Ironbark Horse Trail Rides REITEN
(☎ 03-5436 1565; www.bwc.com.au/ironbark; Watson St; 1-/2-stündige Ausritte 40/70 AU$; ⏲ Mo–Sa 8.30–17 Uhr) Organisiert diverse Ausritte, einschließlich des Great Australian Pub Ride zum Allies Hotel in Myers Flat (mit Mittagessen kostet das 100 AU$). Buschhütten für Selbstversorger stehen ebenfalls zur Verfügung.

Bendigo Gold World GOLDSCHÜRFEN
(☎ 03-5448 4140; www.bendigogold.com.au; Watson St; Halb-/Ganztagstour 280/380 AU$; ⏲ Mo–Sa 8.30–17 Uhr) Bendigo Gold World befindet sich im Ironbark-Komplex, veranstaltet

Goldgräber- und Entdeckertouren und verleiht Schürfausrüstung.

Feste & Events

Easter Festival KARNEVAL
Bendigos wichtigstes Fest wird seit 1871 alljährlich gefeiert. Es zieht mit seiner Karnevalsatmosphäre und den bunten, lauten Prozessionen mit chinesischen Drachen, die von Sun Loong – dem längsten chinesischen Drachen der Welt – angeführt werden, Tausende von Besuchern an.

Bendigo Cup PFERDERENNEN
(www.racingvictoria.net.au/vcrc/bendigo) Teil des Spring Racing Carnival; findet im November statt.

Schlafen

Diverse Unterkunftsvermittlungen bieten hübsche Maisonette-Wohnungen, Stadthäuser, Suiten und Apartments im Herzen der Stadt an. Man kann sein Glück zum Beispiel bei **Allawah Bendigo** (☎03-5441 7003; www.allawahbendigo.com; 45 View St) und **Bendigo Holiday Accommodation** (☎03-5443 7870; www.bendigoholidayaccommodation.com; 20 High St) versuchen.

Bendigo Backpackers HOSTEL $
(☎03-5443 7680; www.bendigobackpackers.com.au; 33 Creek St Sth; B/DZ/FZ 30/70/100 AU$; ❄) Dieses kleine, heimelige Hostel ist Bendigos Budget-Aushängeschild. Es ist in einem Holzhaus in zentraler Lage untergebracht.

Central City Caravan Park CAMPINGPLATZ $$
(☎1800 500 475, 03-5443 6937; www.centralcitycaravanpark.com.au; 362 High St, Golden Square; Stellplatz ohne/mit Strom 32/40 AU$, Hütten 100–185 AU$; ❄≋) Der Platz liegt der Stadt am nächsten und bietet schattige Stellplätze, eine Gemeinschaftsküche und Hütten mit Bad.

★**Shamrock Hotel** HOTEL $$
(☎03-5443 0333; www.hotelshamrock.com.au; Ecke Pall Mall & Williamson St; DZ 140–195 AU$, Suite 245 AU$) Das Shamrock ist eine von Bendigos historischen Legenden und vereinnahmt ein atemberaubendes viktorianisches Gebäude mit Buntglas, Originalgemälden, schicken Säulen und einer Treppe à la *Vom Winde verweht*. Die renovierten Zimmer oben reichen von kleinen Standardzimmern bis hin zu riesigen Luxus-Suiten mit Whirpool.

Flynn's Place BOUTIQUE-HOTEL $$
(☎03-5444 0001; www.flynnsplace.com.au; 104 Short St; DZ 165–195 AU$; ❄📶) Die beiden modernen Apartments des Flynn's sind schick ausgestattet und in einem historischen Gebäude untergebracht. Sie bieten französische Betten, Flachbild-TV, DVDs, Musikanlagen und gratis WLAN. Gute Lage!

City Centre Motel MOTEL $$
(☎03-5443 2077; www.citycentremotel.com.au; 26 Forest St; EZ/DZ ab 80/115 AU$, DZ am Wochenende 130 AU$) Dies ist eines der zentralsten Motels in Bendigo und liegt einen Block von der Kunstgalerie entfernt. Die billigeren Zimmer sind ein wenig veraltet, aber preiswert.

Lakeview Resort MOTEL $$
(☎03-5445 5300; www.lakeviewresort.com.au; 286 Napier St; DZ/FZ inkl. Frühstück 150/200 AU$; ❄📶≋) Der Lake Weeroona ist direkt gegenüber, die großzügigen Wohneinheiten liegen um einen Innenhof herum, und außerdem gibt's einen Pool und das Quills – ein edles Restaurant mit ausgezeichnetem Ruf.

Essen

Bendigo nennt eine ausgezeichnete Auswahl an Cafés, Pubs (etwa das Shamrock) und Restaurants sein Eigen, die sich praktischerweise größtenteils auf jenem Block konzentrieren, der von der Pall Mall, der Bull Street, der Hargreaves Street und der Mitchell Street begrenzt wird.

Piyawat Thai THAILÄNDISCH $
(☎03-5444 4450; 136 Mollison St; Hauptgerichte 12–18 AU$; ⏲Di–So 18–23 Uhr; 🖉) Dieses authentische Thai-Restaurant versteckt sich in einem gemütlichen Haus, nur ein paar Blocks südlich des Zentrums und serviert fantastisch duftende Currys, Nudeln und Pfannengerichte zu erschwinglichen Preisen.

Toi Shan CHINESISCH $
(☎03-5443 5811; 67 Mitchell St; Hauptgerichte 12–19 AU$, Büffet 12,50–15,50 AU$; ⏲12–14.30 & 17–22 Uhr) Das Toi Shan serviert günstige, leckere chinesische Küche und ist wohl schon seit dem Goldrausch im Geschäft. An Werktagen kann man sich am Mittagsbüffet satt essen, freitags und sonntags auch abends.

Gillies PIES $
(Hargreaves St Mall; Pies ab 4 AU$; ⏲Sa–Do 9–17.30, Fr bis 21 Uhr) Dieser Pie-Shop an der Ecke der Mall ist eine Institution in Bendigo.

★**GPO** MEDITERRAN $$
(☎03-5443 4343; www.gpobendigo.com.au; 60-64 Pall Mall; Tapas 7–16 AU$, Hauptgerichte 17–29 AU$; ⏲11 Uhr–open end; 📶) Essen und Atmosphäre

im GPO sind grandios und werden von den Einheimischen sehr geschätzt. Der Schwerpunkt liegt mit Tapas, origineller Pizza, Käse und Wurst eher auf mediterraner Küche, und die Getränkekarte ist vom Feinsten.

Wine Bank WEINBAR $$

(☎03-5444 4655; www.winebankonview.com; 45 View St; Hauptgerichte 13–38 AU$; ⏲Mo–Do 7.30–23, Fr 7.30–1, Sa 8.30–1, So 8.30–16 Uhr) Die Wände dieses ehemaligen Bankgebäudes aus dem Jahr 1876 sind von Weinflaschen belagert. Es ist gleichzeitig Weinladen und Bar und man hat sich hier auf Weine aus Zentral-Victoria spezialisiert. Im italienisch angehauchten Café werden Frühstück, Tapas und diverse Platten serviert.

Barzurk CAFÉ, BAR $$

(☎03-5442 4032; 66 Pall Mall; Tapas 7–13 AU$, Hauptgerichte 16–23 AU$; ⏲Mi–Mo 11 Uhr–open end) Ein angesagtes, aber entspanntes Straßencafé inklusive Bar, mit Decken aus Blech und einer Terrasse hinten. Auf der Speisekarte stehen vor allem Tapas, Pasta, Risotto und leckere Pizza.

Woodhouse STEAKHAUS, PIZZERIA $$

(☎03-5443 8671; www.thewoodhouse.com.au; 101 Williamson St; Pizza 13–20 AU$, Hauptgerichte 20–60 AU$; ⏲Do & Fr 12–14.30, Mo–Sa 17.30 Uhr–open end) Das Woodhouse mit seinem Grill aus rotem Eukalyptus ist das schickste Steakhaus in Bendigo und serviert Kobe-Rind, das 600 Tage lang ausschließlich mit Getreide gefüttert wurde. Mit Holzofenpizza geht's aber auch etwas bescheidener (und trotzdem gourmetwürdig). Wer sich mal richtig was gönnen will, ist hier goldrichtig.

Boardwalk CAFÉ $$

(☎03-5443 9855; www.theboardwalkbendigo.com.au; Nolan St; Hauptgerichte 16–30 AU$; ⏲Mo–Fr 7.30–17, Sa & So 8–17 Uhr) Hier kann man sich an einem sonnigen Tag einfach einen Tisch auf der Terrasse mit tollem Blick auf den Lake Weeroona schnappen und genießen. Man muss diesen Laden einfach lieben! Auch zum Frühstücken nach einer Joggingrunde um den See ist er sehr beliebt.

Bendigo Ninesevensix TRAM-RESTAURANT $$$

(☎03-5444 4655; www.bendigoninesevensix.com.au; festes Menü 98 AU$; ⏲Sa abends) Jeden Abend verwandelt sich diese „Melbourne W-class tram" aus dem Jahr 1952 in ein rollendes Restaurant. Serviert wird ein Drei-Gänge-Menü samt Getränken – eine tolle Art der Stadtbesichtigung!

ABSEITS DER ÜBLICHEN PFADE

GOLDFIELDS TRACK

Diese 210 km lange Wander- und Mountainbike-Route folgt den Wegen, die einst Bergarbeiter und Goldsucher nutzten und verbindet die wichtigsten Goldrauschstädte Zentral-Victorias miteinander. Die Route ist in drei Abschnitte unterteilt: Am Südende, in Ballarat (bzw. ein paar Kilometer südlich am Mt. Buninyong), beginnt der 90 km lange Wallaby Track, der über Creswick nach Daylesford führt. Von hier setzt sich der Dry Diggings Track über 62 km Richtung Norden nach Castlemaine fort, wo der 58 km lange Leanganook Track anfängt, der schließlich in Bendigo endet. Die gesamte Strecke ist gut ausgeschildert, führt durch Wälder und Buschland und kann auch in kleineren Etappen erwandert oder befahren werden. Nähere Informationen sowie Wanderkarten gibt's unter www.goldfieldstrack.com.au.

Ausgehen & Unterhaltung

Bendigos Nachtleben ist quirlig – einige Clubs sind bis 5 Uhr offen, aber nach 2 Uhr kommt niemand mehr rein. Der Großteil des Nachtlebens spielt sich rund um die Bull Street und entlang der Pall Mall ab; Studentenabende sind Dienstag und Donnerstag.

Metro & Pugg Mahones PUB

(☎03-5443 4916; 224 Hargreaves St; ⏲Mo–Sa 10.30 Uhr–open end) Das Puggs lockt mit einladender Atmosphäre und Guinness (und vielen anderen Bieren) vom Fass. Außerdem sind die Türsteher vernünftig, und es gibt einen Biergarten und einen Balkon. Im angeschlossenen Metro wird jeden Freitag- und Samstagabend bis 3 Uhr Livemusik gespielt.

★Dispensary Enoteca COCKTAILBAR

(☎03-5444 5885; www.thedispensaryenoteca.com; 9 Chancery Lane; ⏲Di–Sa 11.30 Uhr–open end, So & Mo 11.30–16 Uhr) Das Dispensary versteckt sich in der winzigen Chancery Lane und serviert den ganzen Tag über warme Gericte. Aber es ist auch eine angesagte kleine Bar mit einer schwindelerregenden Auswahl an Bier, Wein, Cocktails und Zigarren.

Capital THEATER

(☎03-5434 6100; www.bendigo.vic.gov.au; 50 View St) Das wunderschön restaurierte Capital Theatre ist Bendigos wichtigste Bühne für

Kleinkunst, und jedes Jahr finden hier Hunderte Aufführungen und Ausstellungen statt.

Star Theatre KINO
(☎ 03-5446 2025; www.starcinema.org.au; Eaglehawk Town Hall, 1 Peg Leg Rd; Erw./Kind 14/10 AU$; ⏲ ab 13.30 Uhr) In diesem klassischen Kino kann man sich mit einem Bierchen oder einem Glas Wein in einen der gemütlichen Sessel fläzen und einen Film anschauen. Es liegt 6 km nordöstlich des Stadtzentrums.

Praktische Informationen

Bendigo Visitor Centre (☎ 03-5434 6060, 1800 813 153; www.bendigotourism.com; 51-67 Pall Mall; ⏲ 9–17 Uhr) Das Besucherzentrum ist im ehemaligen Postgebäude untergebracht und bucht gratis Unterkünfte und Touren. Außerdem kann man die kostenlose Post Office Gallery besuchen.

Goldfields Library (☎ 03-5449 2700; 96-98 Pall Mall; ⏲ Mo–Fr 9–18, Sa 10–13 Uhr) Gratis Internet (höchstens 1 Std.).

An- & Weiterreise

V/Line (☎ 1800 800 007; www.vline.com.au) unterhält regelmäßige Zugverbindungen zwischen Melbourne und Bendigo (19 AU$, 2 Std., 18- bis 20-mal tägl.) über Kyneton und Castlemaine. Außerdem fahren V/Line-Busse vom Bahnhof zu regionalen Zielen wie Ballarat (14,80 AU$, 2 Std.), Daylesford (7,80 AU$, 1½ Std.), Shepparton (8,80 AU$, 1¾ Std.) und Echuca (5,40 AU$, 1¼ Std.).

Bendigo Airport Service (☎ 03-5444 3939; www.bendigoairportservice.com.au; Erw. einfach/hin & zurück 39/74 AU$, Kind 15/30 AU$) Direktbusse zwischen dem Tullamarine Airport in Melbourne und dem Bahnhof in Bendigo (2 Std., 7-mal tägl.). Reservierung erforderlich.

Castlemaine

9125 EW.

Castlemaine ist ein wirklich angenehmes Arbeiterstädtchen, in dem sich eine stetig wachsende Gemeinde von Künstlern, Schriftstellern und „Tree-Changers" (Städter, die aufs Land ziehen) inmitten inspirierender Goldrauscharchitektur und hübscher Gärten niedergelassen hat. Denn auch nachdem das Gold weg war, erhielt sich der Ort seinen Ruf als Stadt der Industrie und Innovation: Dies ist der Geburtsort der Bierbrauerei Castlemaine XXXX (die ihren Sitz inzwischen aber in Queensland hat – die Originalbrauerei war in der Elizabeth Street) und von Castlemaine Rock, einer Bonbonsorte, die seit 1853 von der Familie Barnes mit viel Liebe hergestellt wird. Außerdem ist die Stadt das „Street Rod Centre of Australia": Hier werden seit 1962 Autos frisiert und mit viel Stolz präsentiert.

Nachdem 1851 im Specimen Gully Gold entdeckt wurde, zog der Tagebau am Mt. Alexander rund 30 000 Goldgräber an, und Castlemaine verwandelte sich in die florierende Stadt der Goldfelder. Die Bedeutung der Stadt schwand, als das Oberflächengold in den 1860er-Jahren zur Neige ging, aber glücklicherweise war ihr Zentrum zu diesem Zeitpunkt bereits gut etabliert und ist bis heute relativ intakt geblieben.

Im März/April findet in Castlemaine in Jahren mit ungerader Jahreszahl das **State Festival** (www.castlemainefestival.com.au) statt, eins der wichtigsten Kunstevents Victorias.

Sehenswertes & Aktivitäten

Castlemaine Art Gallery & Historical Museum GALERIE, MUSEM
(☎ 03-5472 2292; www.castlemainegallery.com; 14 Lyttleton St; Erw./Student/Kind 4/2 $/frei; ⏲ Mo–Fr 10–17, Sa & So 12–17 Uhr) Diese beeindruckende Galerie befindet sich in einem grandiosen Art-déco-Gebäude und bietet eine Sammlung kolonialer und zeitgenössischer australischer Kunst, darunter auch Werke von Frederick McCubbin, Arthur Streeton, Tom Roberts und Russell Drysdale. Unten befindet sich ein Museum zur Lokalgeschichte.

Castlemaine Botanic Gardens GÄRTEN
In den weitläufigen Gärten nördlich des Zentrums kann man prima umherschlendern.

Buda MUSEUM
(☎ 03-5472 1032; www.budacastlemaine.org; 42 Hunter St; Erw./Kind/Familie 11/5/26 AU$; ⏲ Mi–Sa 12–17, So 10–17 Uhr) Das Buda stammt aus dem Jahr 1861 und war 120 Jahre lang das Zuhause des ungarischen Silberschmieds Ernest Leviny bzw. seiner Nachfahren. Hier sind die Kunst der Familie und Ausstellungen mit Kunsthandwerk und persönlichen Habseligkeiten zu sehen, und das Haus ist von einem hübschen Garten umgeben.

Restorers Barn ANTIQUITÄTEN
(☎ 03-5470 5667; www.restorersbarn.com.au; 129-133 Mostyn St; ⏲ Mo–Fr 10–17.30, Sa & So 10–16 Uhr) Sammler lieben den Laden: ein riesiger Schuppen, der vor Schnickschnack, Sammlerstücken und Werkzeugen fast überquillt.

Harcourt Region WEIN
10 km nordwestlich von Castlemain liegt Harcourt, das als das „Apfelzentrum" Victo-

rias bekannt ist. In jüngster Zeit hat es sich aber auch zu einer ausgezeichneten kleinen Weinregion gemausert – an der Touristeninformation gibt's eine Karte und eine Liste mit Weinkellereien. Die Äpfel und Trauben werden bei **Bress** (☎03-5474 2262; www.bress.com.au; 3894 Calder Hwy; ⏲Sa & So 11–17 Uhr) verarbeitet, einer prima Kellerei und Mosterei.

Schlafen

Der kostenlose **Mt. Alexander Buchungsservice für Unterkünfte** (☎1800 171 888; www.maldoncastlemaine.com) deckt Castlemaine, Maldon und die Umgebung ab.

Castlemaine Gardens Caravan Park CAMPINGPLATZ $
(☎03-5472 1125; castlemaine-gardens-caravan-park.vic.big4.com.au; Doran Ave; Stellplatz ohne/mit Strom 31/36 AU$, Hütten 85–135 AU$) In netter Lage neben dem botanischen Garten und öffentlichen Schwimmbad.

Midland Private Hotel PENSION $$
(☎0487 198 931; www.themidland.com.au; 2 Templeton St; DZ 150 AU$) Diese mit Spitze dekorierte Unterkunft aus dem Jahr 1879 liegt gegenüber vom Bahnhof und ist größtenteils original erhalten. Die Zimmer sind recht altmodisch und ein bisschen klein, aber die Räume versprühen jede Menge Charme, vom Art-déco-Eingang bis hin zur wunderschönen Lounge und der angeschlossenen Maurocco Bar.

Colonial Motel MOTEL $$
(☎03-5472 4000; www.castlemainemotel.com.au; 252 Barker St; EZ/DZ 115/125 AU$, Wohneinheit mit Whirlpool 155 AU$, Apt. 195 AU$; ❄📶) Das Colonial liegt praktisch und zentral und ist das beste Motel in Castlemaine. Es bietet moderne Zimmer (einige mit Whirlpool) und Apartments mit hohen Decken in einem wunderschön umgebauten, alten Schulhaus.

★**Theatre Royal Back Stage** BOUTIQUEHOTEL $$$
(☎03-5472 1196; www.theatreroyal.info; 30 Hargreaves St; DZ inkl. Frühstück 220–240 AU$; ❄📶) Wer in diesem früheren Theater aus dem Jahr 1854 absteigt, macht eine einzigartige Erfahrung. Die beiden Suiten sind zwar kompakt, aber wunderschön eingerichtet – mit alten Möbeln und Erinnerungsstücken aus dem Kino – und sie befinden sich im wahrsten Sinne des Wortes direkt hinter dem Samtvorhang. Im Preis ist auch der Eintritt zu allen Filmen inbegriffen, die während des Aufenthalts gezeigt werden.

Essen

Die kulinarische Szene von Castlemaine hat sich zu einer der besten in Zentral-Victoria entwickelt. Am besten beginnt man mit der Entdeckungsreise in der Mostyn oder der Barker Street.

Taste of the Orient CHINESISCH $
(☎03-5470 5465; www.tasteoftheorient.com.au; 223 Barker St; Yum Cha 2,50–10 AU$; ⏲Do–Sa 11–20.30, So 11–15 Uhr) Die köstlichen Dim-Sum-Gerichte verkaufen sich in diesem schlichten Yum-Cha-Lokal, das von einem Koch aus Hongkong geführt wird, praktisch von allein.

Saffs Cafe CAFÉ $
(☎03-5470 6722; 64 Mostyn St; Hauptgerichte 8–22 AU$; ⏲8–17 Uhr, Mi–So open end) Das Saffs ist ein Favorit der Einheimischen und ein helles, freundliches Café mit gutem Kaffee und Kuchen, tollem Frühstück, Werken lokaler Künstler an den Wänden und einer Terrasse im hinteren Bereich.

Apple Annie's BÄCKEREI, CAFÉ $
(☎03-5472 5311; www.appleannies.com.au; 31 Templeton St; Hauptgerichte 5–17 AU$; ⏲Mi–Sa 8–17, So 8–15 Uhr) Mit frischem Brot, köstlich duftendem Kuchen und handgemachten Croissants ist dieses Bäckerei-Café im ländlichen Stil nur schwer zu schlagen, und hinten lockt sogar eine helle Terrasse.

Good Table EUROPÄISCH $$
(☎03-5472 4400; www.thegoodtable.com.au; 233 Barker St; Hauptgerichte 14–37 AU$; ⏲Do–So

NICHT VERSÄUMEN

DIE GOLDFIELDS RAILWAY

Die Reise an Bord eines der wunderschön restaurierten Dampfzüge der **Victorian Goldfields Railway** (☎03-5470 6658; www.vgr.com.au; Erw./Kind/Familie einfach 25/10/55 AU$, hin & zurück 35/15/75 AU$; ⏲ab Maldon Mi, Sa & So 10.30 & 14.30 Uhr) ist pure Nostalgie. Die Züge fahren auf der Originalstrecke zwischen Maldon und Castlemaine durch den Muckleford Forest und über mehrere hübsche alte Jochbrücken. Wer etwas mehr bezahlt, kann in der 1 Klasse (Erw./Kind/Familie 45/25/100 AU$) in einem mit Eichenholz verkleideten Aussichtswaggon sitzen. Die einfache Fahrt dauert 45 Minuten, hin & zurück sind es zwei Stunden.

12–14, täglich ab 18 Uhr) Dieses hübsche Eckhotel ist schon mehrfach wieder auferstanden, aber die Good-Table-Inkarnation hat wirklich Stil. Die Karte ist europäisch beeinflusst, und die Hickster Bar oben ist megacool. Das Angebot ändert sich je nach Saison, und montag- bis mittwochabends kann man mit dem Zwei-/Drei-Gänge-Menü für 25/30 AU$ ein echtes Schnäppchen machen.

Public Inn MODERN-AUSTRALISCH **$$$**
(☎ 03-5472 3568; www.publicinn.com.au; 165 Barker St; Hauptgerichte 29–38 AU$; ⏲ 12–15 & 18 Uhr–open end) Das ehemalige Criterion Hotel wurde auf sensationelle Weise in ein schickes Restaurant mit Bar verwandelt, das mit seinen edlen Farben und den Chesterfield-Sofas auch in Manhattan nicht fehl am Platz wirken würde. Und das Essen könnte auch in einem edlen „Gastro-Pub" serviert werden – das zweigängige Mittagsmenü kostet 39 AU$. Die „Fässer-Wand", an der lokale Weine ausgeschenkt werden, ist auf jeden Fall einen Blick wert.

☆ Unterhaltung

Theatre Royal KINO
(☎ 03-5472 1196; www.theatreroyal.info; 28 Hargreaves St; Erw./Kind 15/12 AU$) Im dienstältesten Kino Australiens (ohne Unterbrechungen in Betrieb) kann man sich einen Film oder eine Liveshow anschauen. Die Sessel der „Goldklasse" kosten 5 AU$ mehr. Das Programm findet man auf der Website, und sonntagnachmittags gibt's im Innenhof Livemusik.

ℹ Praktische Informationen

Castlemaine Visitor Centre (☎ 03-5471 1795; www.maldoncastlemaine.com; Mostyn St; ⏲ 9–17 Uhr) Das Besucherzentrum findet man im wunderschönen alten Castlemaine Market, dem historischen Marktgebäude der Stadt. Seine Fassade erinnert an eine römische Basilika, die passenderweise eine Statue von Ceres krönt, der römischen Erntegöttin. Außerdem gibt's hier eine Galerie mit Wechselausstellungen, audiovisuelle Präsentationen und einen Fahrradverleih (halber/ganzer Tag 20/30 AU$).

ℹ An- & Weiterreise

Castlemaine liegt an der Bahnlinie zwischen Melbourne und Swan Hill: Züge von **V/Line** (☎ 1800 800 007; www.vline.com.au) verkehren stündlich über Woodend und Kyneton zwischen Melbourne und Castlemaine (13,80 AU$, 1½ Std., 18-mal tägl.) und fahren weiter nach Bendigo (4,20 AU$, 25 Min.). Der Bahnhof ist in der Kennedy Street, einen Block westlich des Zentrums.

Maldon

1236 EW.

Maldon ist ein gut erhaltenes Relikt aus der Zeit des Goldrauschs. Zahlreiche Gebäude wurden aus vor Ort abgetragenen Steinen erbaut. Die Einwohnerzahl ist inzwischen zwar weit entfernt von jenen 20 000, die einst auf den Goldfeldern arbeiteten, aber Maldon ist noch immer ein lebendiger Arbeiterort, in dem am Wochenende viele Touristen unterwegs sind. Unter der Woche geht es etwas verschlafener zu.

Das Zentrum besteht aus der High Street und der Main Street, die von Antiquitätenläden, Cafés, Spielzeug- und Süßwarengeschäften, Buchläden und den beiden noch verbliebenen Pubs gesäumt sind – dem Maldon und dem Kangaroo Hotel.

Folkfans werden beim alljährlichen **Maldon Folk Festival** (www.maldonfolkfestival.com; Tickets 1/2 Tage 60/110 AU$), das Anfang November stattfindet, ihren Spaß haben.

Sehenswertes & Aktivitäten

Man kann den 3 km langen Weg auf den **Mt. Tarrengower** entweder zu Fuß meistern oder hinauffahren, um das Panorama vom Aussichtspunkt auf dem Förderturm zu genießen. Die Überbleibsel von Maldons Bergbauvergangenheit kann man auf kurzen Spaziergängen durch die Stadt entdecken: Der 24 m hohe **Beehive Chimney** erhebt sich gleich östlich der Hauptstraßen, während südlich der Stadt die alte **North British Mine** steht, in der Schautafeln die Geschichte der Mine erzählen. Sie war einst eine der reichsten der Welt.

Carman's Tunnel HISTORISCHE STÄTTE
(☎ 03-5475 2656; off Parkin's Reef Rd; Erw./Kind 7,50/2,50 AU$; ⏲ Touren Sa & So 13.30, 14.30 & 15.30 Uhr, während der Schulferien tägl.) Ein 570 m langer Minentunnel, für den in den 1880er-Jahren zwei ganze Jahre lang gegraben wurde, führte am Ende nur zu Gold im Wert von 300 AU$. Heute kann man auf einer 45-minütigen Tour bei Kerzenlicht mit einem Guide hinabsteigen.

Schlafen & Essen

Butts Reserve Camp Site CAMPINGPLATZ
(Mt Tarrengower Rd) GRATIS Der Platz verfügt über Toiletten und Picknicktische. Von der High Street aus auf der Franklin Street nach Westen fahren und dann den Schildern zum Mt. Tarrengower folgen.

Maldon Holiday Cottages COTTAGES $
(☎ 03-5475 2927; smarsden@tadaust.org.au; 28 Sells Lane; DZ 80 AU$) Die drei Hütten sind einfache, aber gemütliche Budgetunterkünfte. Jede hat eine Küchenzeile und ein abgetrenntes Wohnzimmer mit TV und DVD-Spieler.

Gold Exchange Cafe CAFÉ $
(44 Main St; Gerichte 7–14 AU$; ⏲ Mi–So 9–17 Uhr) Dieses winzige Café mit Retro-Möbeln serviert guten Kaffee, Salate, Pies und Yabbie-Burger (mit Krebsfleisch).

Penny School Gallery & Cafe CAFÉ, GALERIE $
(☎ 03-5475 1911; www.pennyschoolgallery.com.au; 11 Church St; Mittagessen 11–16,50 AU$; ⏲ Mi–So 11–17, Fr & Sa 11–22 Uhr) Dieses lichtdurchflutete Café-Restaurant residiert in einem hübschen alten Gebäude abseits des Trubels der Main Street und beherbergt wechselnde Ausstellungen. Hier kann man zum Lunch moderne australische Küche oder Kaffee und Kuchen genießen.

Praktische Informationen

Maldon Visitor Centre (☎ 03-5475 2569; www.maldoncastlemaine.com; 95 High St; ⏲ 9–17 Uhr) Hier gibt's den *Information Guide* und die Broschüre zum *Historic Town Walk*.

An- & Weiterreise

Castlemaine Bus Lines (☎ 03-5472 1455) ES verkehren täglich drei Busse zwischen Castlemaine und Maldon, die Anschluss zu Zügen ab und nach Melbourne bieten.

Daylesford & Hepburn Springs

3265 EW.

Daylesford und Hepburn Springs – beide wunderschön inmitten der Hügel, Seen und Wälder des zentralen Hochlands gelegen – bilden das Kur- und Bäderzentrum Victorias. Inzwischen hat sich das Gebiet zu einem unkonventionellen Wochenendausflugsziel entwickelt, doch bereits in den 1870er-Jahren wussten die mondänen Melbourner die Mineralquellen der Region zu schätzen. Und selbst wenn man sich nicht mit einer Spa-Behandlung verwöhnen lässt – man findet hier viele tolle Wanderwege, fabelhafte Restaurants und eine künstlerisch angehauchte, alternative Atmosphäre. Die hiesige Bevölkerung ist eine interessante Mischung aus Hippies und altmodischen Leuten, und es gibt außerdem eine lebhafte Schwulen- und Lesbenszene.

Daylesford ist das eigentliche Zentrum, und der Großteil des Geschehens spielt sich auf der Vincent Street ab. 3 km nördlich liegt das charmante Örtchen Hepburn Springs. Am besten kann man seine Trinkflaschen an der Hepburn Springs Reserve und rund um den Lake Daylesford mit Mineralwasser auffüllen.

Sehenswertes & Aktivitäten

Am **Lake Daylesford** kann man Boote und Kanus leihen, aber das beliebte Boathouse Cafe ist leider 2012 abgebrannt. Der See ist von markierten Spazierwegen umgeben. Man kann aber auch zum **Jubilee Lake** rausfahren, der bei Schwimmbegeisterten beliebt ist und 3 km südöstlich liegt.

★ **Hepburn Bathhouse & Spa** SPA
(☎ 03-5321 6000; www.hepburnbathhouse.com; Mineral Springs Reserve, Hepburn Springs; ⏲ 9–18.30 Uhr) Das historische Hepburn Bathhouse & Spa erstrahlt jetzt in neuem Glanz und ist auf Entspannungsbäder und Hydrotherapien spezialisiert, wofür Mineralwasser genutzt wird, das aus uralten unterirdischen Höhlen gepumpt wird. Die zweistündige Nutzung des öffentlichen Schwimmbads und Spas kostet 25 AU$ (von Freitag bis Montag 37 AU$), ein privates Spa schlägt mit 70 AU$ zu Buche. Rund um die Anlage gibt es Picknickbereiche und mehrere **Mineralquellen**, an denen man seine Trinkflaschen wieder auffüllen kann, sowie das historische **Pavilion Cafe**. Ein paar schöne **Spazierwege** sind auch vorhanden; Karten und Infos gibt's am Besucherzentrum.

Convent Gallery GALERIE
(☎ 03-5348 3211; www.theconvent.com.au; 7 Daly St, Daylesford; Eintritt 5 AU$; ⏲ 10–16 Uhr) Dieses wunderschöne Kloster aus dem 19. Jh. wurde in eine Kunstgalerie mit wechselnden Ausstellungen verwandelt, und ein Café und die Altar Bar gehören ebenfalls dazu.

Daylesford Spa Country Railway TOURISTENZUG
(☎ 0421 780 100; www.dscr.com.au; Bahnhof Daylesford; Erw./Kind/Familie 10/8/25 AU$; ⏲ So 10–14.30 Uhr) Bietet jeden Sonntag einstündige Fahrten mit restaurierten Triebwagen an.

Wombat Hill Botanic Gardens GÄRTEN
(Central Springs Rd, Daylesford) Diese wunderschönen Gärten laden zu einem geruhsamen Spaziergang zwischen Eichen, Kiefern und Zypressen ein und locken mit einem neuen Café.

WELLNESS PUR

Die Region von Daylesford und Hepburn Springs ist bekannt für vitalisierende Wellnesskuren mit Mineralwasser. Außer für Bäder und Gesichtsbehandlungen kann man hier viel Geld für Kräuteranwendungen, Massagen und Schlammpackungen ausgeben.

➡ **Daylesford Day Spa** (☎ 03-5348 2331; www.daylesforddayspa.com.au; 25 Albert St, Daylesford) Erst eine Ganzkörper-Schlammpackung, dann ein Dampfbad in einem Körperpflege-Kokon. Eine Kopfmassage und eine Vichy-Dusche runden alles ab.

➡ **Endota Spa** (☎ 03-5348 1169; www.endotadayspa.com.au/daylesford; Ecke Vincent St & Central Springs Rd, Daylesford) Heiße Steine und traditionelle hawaiianische Lomi-Lomi-Massagen.

➡ **Massage Healing Centre** (☎ 03-5348 1099; www.massagehealing.com.au; 5/11 Howe St, Daylesford) Bescheidene, bodenständige Alternative zu den Glamour-Wellnessoasen.

➡ **Mineral Spa at Peppers** (☎ 03-5348 2100; www.mineralspa.com.au; Springs Retreat, 124 Main Rd, Hepburn Springs) Hier bekommt man eine Algenpackung, die auf uralter chinesischer Tradition basiert. Dann geht's in die Lavendel-Dampfsauna, oder man lässt sich einfach auf dem Wasser treiben.

➡ **Salus** (☎ 03-5348 3329; www.lakehouse.com.au; Lake House, King St, Daylesford) Das Verwöhnprogramm beginnt mit einem Spaziergang durch einen kleinen Regenwald. In einem von Zedern gesäumten Baumhaus mit Blick auf den See wartet dann schon ein exotisches Jasminblütenbad.

➡ **Shizuka Ryokan** (☎ 03-5348 2030; www.shizuka.com.au; 7 Lakeside Dr, Hepburn Springs) Das Wellnessrefugium im japanischen Stil bietet Shiatsu-Massagen, Gesichtsanwendungen von Geishas und Kuren mit natürlichem Meersalz, Algenextrakten, Ginseng und grünem Tee.

Daylesford Sunday Market MARKT
(⏲ So 8–15 Uhr) Jeden Sonntag findet am Bahnhof ein Flohmarkt statt.

Chocolate Mill ESSEN
(☎ 03-5476 4208; www.chocmill.com.au; 5451 Midland Hwy, Mt. Franklin; ⏲ 10–16.45 Uhr, Touren um 11 & 14 Uhr) Dieser Laden ist die zehnminütige Fahrt ab Daylesford dank seiner edlen Schokolade und seines Cafés auf jeden Fall wert. Bei den kostenlosen Vorführungen kann man zuschauen, wie belgische Schokolade von Hand hergestellt wird.

Mill Markets MARKT
(☎ 03-5348 4332; www.millmarkets.com.au; 105 Central Springs Rd, Daylesford; ⏲ 10–18 Uhr) In die riesigen Mill Markets würde glatt eine Boeing 747 passen. Hier wird eine geradezu schwindelerregende Auswahl an Möbeln, Sammlerstücken, Antiquitäten, Büchern und Retro-Mode geboten.

Feste & Events

ChillOut Festival SCHWUL-LESBISCHES FESTIVAL
(www.chilloutfestival.com.au) Dieses schwul-lesbische Festival findet am langen Labour-Day-Wochenende im März statt und ist das größte und bunteste alljährliche Event in Daylesford. Es zieht mit seinen Paraden, der Musik und den Partys Tausende von Besuchern an.

Swiss Italian Festa ITALIENISCH
(www.swissitalianfesta.com) Dieses Festival wird im Oktober gefeiert und besinnt sich mit literarischen Events, Musik, Essen, Wein und Kunst auf die europäischen Traditionen der Region.

Schlafen

Auch wenn in der Region 5000 Betten für Gäste bereitstehen, sind die Unterkünfte während der Feiertage schnell ausgebucht. Die meisten sind am Wochenende teurer und verlangen einen Mindestaufenthalt von zwei Tagen. Kostenlos campen kann man am Mt. Franklin, einem erloschenen Vulkan 10 km nördlich von Daylesford. Reservierungen für die Pensionen, Cottages und B&Bs kann man beispielsweise in folgenden Reisebüros in Daylesford vornehmen: **Daylesford Cottage Directory** (☎ 03-5348 1255; www.cottagedirectory.com.au; 16 Hepburn Rd); **Daylesford Getaways** (☎ 03-5348 4422; www.dayget.com.au; 14 Vincent St) und **Escapes Daylesford** (☎ 03-5348 1448; www.dabs.com.au; 94 Vincent St).

Daylesford

Jubilee Lake Holiday Park CAMPINGPLATZ $
(☎1800 686 376, 03-5348 2186; www.jubileelake.com.au; 151 Kale Rd; Stellplatz ohne/mit Strom 21/30 AU$, Hütten 75–160 AU$;) Dieser freundliche Platz liegt inmitten von Buschland am hübschen Jubilee Lake und wird von einer Gemeindekooperative geführt. Es ist der beste Campingplatz der Region, und Kanus kann man hier auch ausleihen.

Daylesford Central Motor Inn MOTEL $$
(☎03-5348 2029; www.daylesfordcentralmotorinn.com; 54 Albert St; DZ/FZ ab 110/160 AU$, mit Whirlpool 150 AU$;) Dieses standardmäßige, aber gemütliche Motel liegt nur einen kurzen Spaziergang von der Innenstadt entfernt.

Balconies B&B $$
(☎03-5348 1322; www.balconiesdaylesford.com.au; 35 Perrins St; B&B ab 160 AU$;) Die neun Zimmer dieses luxuriösen B&Bs bieten Countryschick in hübscher Umgebung.

★ **Lake House** BOUTIQUEHOTEL $$$
(☎03-5348 3329; www.lakehouse.com.au; King St; DZ inkl. Frühstück ab 550 AU$;) Man kann eigentlich nicht über Daylesford sprechen, ohne das Lake House zu erwähnen, ein ausgezeichnetes familiengeführtes Hotel mit Blick auf den Lake Daylesford. Es liegt inmitten weitläufiger Gärten mit Brücken und Wasserfällen, und die 33 Zimmer sind geräumige Unterkünfte mit Blick aufs Wasser und Balkon oder Lodge-Zimmer mit privater Terrasse. In der Nebensaison gibt's manchmal Angebote für einen erschwinglichen Aufenthalt in der Mitte der Woche.

Hepburn Springs

Continental House PENSION $
(☎03-5348 2005; www.hepburnretreatcentre.com.au; 9 Lone Pine Ave; EZ/DZ 55/90 AU$, Cottage 100/130 AU$) Diese großzügige Anlage mit Holzhäusern ist auch als Hepburn Retreat Centre bekannt und eine Art „veganer Zufluchtsort": ein kleines Paradies der alternativen Lebensweise für Budgetreisende und Yoga-Freunde. Im Haus stehen einfache Zimmer zur Verfügung, im Garten Cottages, und überall herrscht ein entspanntes Flair. Yoga- und vegane Kochkurse werden auch angeboten.

Mooltan Guesthouse PENSION $$
(☎03-5348 3555; www.mooltan.com.au; 129 Main Rd; EZ/DZ zur Wochenmitte ab 80/100 AU$, Wochenende ab 100/130 AU$) Dieses einladende edwardianische Countryhaus versteckt sich hinter einer gut gepflegten Hecke und bietet große Loungezimmer, einen Billardtisch und einen Tennisplatz. Von den Zimmern aus hat man Zugang zu einer breiten Veranda mit Blick Richtung Mineral Springs Reserve. Die günstigsten Optionen haben ein Gemeinschaftsbad.

Shizuka Ryokan PENSION $$$
(☎03-5348 2030; www.shizuka.com.au; 7 Lakeside Dr; DZ 280–380 AU$) Dieser minimalistische Zufluchtsort ist von traditionellen japanischen Häusern zur Regeneration und Verjüngung inspiriert und verfügt über sechs Zimmer mit privatem japanischem Garten, Tatami-Matten und jeder Menge grünem Tee. Wer mehrere Nächte bleibt oder ein Spa-Paket bucht, erhält Rabatt.

Essen & Ausgehen

Diese beiden Städte sind echte Gourmet-Paradiese. Jeder zweite Laden auf der Vincent St in Daylesford ist ein Café oder ein Lebensmittelladen, und am Wochenende herrscht hier eine sehr lebendige Atmosphäre.

Daylesford

Cliffy's Emporium FEINKOST, CAFÉ $
(☎03-5348 3279; www.cliffys.com.au; 30 Raglan St; Hauptgerichte 10–25 AU$; ⏲tägl. 9–17 Uhr, Sa open end;) Hinter der weinumrankten Veranda dieser örtlichen Institution versteckt sich ein Alte-Welt-Laden voller Bio-Gemüse, Käse und Marmeladen, in dem der durchdringende Geruch von fruchtigen Chutneys und frisch geröstetem Kaffee in der Luft liegt. Das geschäftige Café nimmt einen schmalen Seitenbereich ein und ist der perfekte Ort zum Frühstücken oder für Pies und Baguettes.

★ **Breakfast & Beer** CAFÉ, BAR $$
(☎03-5348 1778; www.breakfastandbeer.com.au; 117 Vincent St; Hauptgerichte 12–30 AU$; ⏲Mi–So 8–23 Uhr) Dieses europäisch inspirierte Café könnte auch in einer Gasse in Brügge stehen und serviert feine lokale und importierte Biere. Auf der anspruchsvollen Karte stehen viele regionale Erzeugnisse, darunter auch Kreatives zum Frühstück oder Brunch.

Koukla Café PIZZA $$
(☎03-5348 2363; www.frangosandfrangos.com; 82 Vincent St; Pizza 21 AU$; ⏲7.30 Uhr–open end) Dieses stimmungsvolle Eckcafé im europäischen Stil gehört zum *Frangos and Frangos*

und ist die perfekte Wahl für einen Kaffee auf der Couch oder Sauerteig-Holzofenpizza zum Mittag- oder Abendessen. Nebenan lockt die nicht minder coole Jimmy's Bar.

Lake House MODERN-AUSTRALISCH $$$
(☎03-5348 3329; www.lakehouse.com.au; King St; Hauptgerichte 36–40 AU$; ⏰12–14.30 & 18–21.30 Uhr) Das Lake House gilt seit Langem als das beste Restaurant in Daylesford, und es enttäuscht wirklich nicht: Die violetten Stühle mit hohen Lehnen sind sehr stilvoll, die Panoramafenster bieten einen tollen Blick auf den Lake Daylesford, die saisonale Karte ist phänomenal, auf der Weinkarte stehen preisgekrönte Weine und der Service ist beeindruckend. Probiermenüs ab 80 AU$.

Kazuki's JAPANISCH $$$
(☎03-5348 1218; www.kazukis.com.au; 1 Camp St; 2/3 Gänge 60/75 AU$, Probiermenü mit 5/6 Gängen 80/100 AU$; ⏰Fr–Mo 12–14, Do–Di 18 Uhr–open end) Die Fusion aus japanischer und französischer Küche mit lokalen Erzeugnissen ist eine kleine Sensation in Daylesfords Restaurantszene. Das intime Restaurant verfügt über zwei Räume, bietet eine Wein- und Sake-Bar sowie einen netten Innenhof. Für 65 AU$ kann man hier ein edles Mittagsmahl einnehmen.

Perfect Drop WEINBAR
(☎03-5348 3373; www.aperfectdrop.com; 5 Howe St; ⏰Mo–Fr 17 Uhr–open end, Sa & So ab 12 Uhr) Diese süße kleine Weinbar mit Restaurant ist wirklich der perfekte Ort für einen edlen Tropfen: Lokale Weine sind die Spezialität des Hauses. In der entspannten Lounge-Atmosphäre kann man wunderbar entspannen, plaudern, den Wein genießen und sich eine der zahlreichen gemischten Platten teilen.

Hepburn Springs

Red Star Café CAFÉ $$
(☎03-5348 2297; www.theredstar.com.au; 115 Main Rd; Hauptgerichte 10–22 AU$; ⏰8–16 Uhr) Von vorne sieht die Ladenfront aus, als würde jemand in dem Holzhäuschen wohnen: Hier gibt's gemütliche Sofas, Bücherregale, tolle Musik, einen Garten und die ortstypisch entspannte Atmosphäre.

Old Hepburn Hotel PUB
(☎03-5348 2207; www.oldhepburnhotel.com.au; 236 Main Rd; ⏰Mo & Di 16–24, Mi & Do 12–24, Fr & Sa 12–1, So 12–23 Uhr) Für die klassische Aussie-Pub-Erfahrung mit Livemusik. An den meisten Wochenenden spielen Bands.

Praktische Informationen

Daylesford Visitor Centre (☎1800 454 891, 03-5321 6123; www.visitdaylesford.com; 98 Vincent St; ⏰9–17 Uhr) Sehr freundlich – und dazu eine Fülle von Informationen.

Anreise & Unterwegs vor Ort

V/Line (☎1800 800 007; www.vline.com.au) bietet ab Melbourne täglich Züge nach Woodend; von dort aus geht's mit dem Bus weiter nach Daylesford (11 AU$, 2 Std.). An Werktagen fahren V/Line-Busse von Daylesford nach Ballarat (7,80 AU$, 1 Std.), Castlemaine (4,20 AU$, 35 Min.) und Bendigo (7,80 AU$, 1½ Std.). Die Bushaltestelle ist in der Bridport Street gegenüber der Feuerwehr.

GOULBURN VALLEY & RUND UM DEN HUME HIGHWAY

Der Hume Highway (M31) ist die mehrspurige Verbindung zwischen Melbourne und Sydney über Albury Wodonga. Die Meisten drücken hier aufs Gas und rauschen an allem vorbei. Dabei warten einige Attraktionen gleich neben der Autobahn – darunter das „Kelly Country“: Orte, die mit der Legende des Gesetzlosen Ned Kelly in Verbindung stehen. Im Osten erhebt sich das Hügelvorland von Victorias High Country. Wer nach Mansfield oder zum Mt. Buller möchte, fährt in Seymour ab, wer den Mt. Hotham oder Falls Creek besucht, in Wangaratta.

Westlich des Hume liegt das Goulburn Valley, Victorias Obstkammer und ein beliebtes Ziel für Saisonarbeiter. Das andere Haupterzeugnis des Tals ist Wein, und zahlreiche Weingüter lohnen den Besuch, besonders die beeindruckenden Kellereien Tahbilk und Mitchelton nahe Nagambie.

Aktivitäten

River Country Adventours KANUFAHREN
(☎03-5852 2736; www.adventours.com.au; Verleih halber/ganzer Tag 55/85 AU$, Safari 229 AU$ Kanu- und Campingsafaris auf dem Goldburn und dem Murray River ab Seymour, Shepparton, Wyuna, Nagambie und von anderswo aus.

Shepparton

42 740 EW.

Das entspannte, multikulturelle „Shepp“ ist die Hauptstadt des Goulburn Valley, in dem sich der Goulburn und der Broken River treffen. Die Stadt ist das Herz einer reichen Farm- und Obst-Region. Sie ist deshalb beliebt bei Travellern, die als Obstpflücker arbeiten wollen. Man sollte unbedingt nach den unglaublich bunten „Mooving Art"-Kühen Ausschau halten, die in der ganzen Stadt verstreut stehen – das nennen wir mal ironisch ländliche Kunst.

Sehenswertes & Aktivitäten

Shepparton Art Museum GALERIE
(☎03-5832 9861; www.sheppartonartmuseum.com.au; Eastbank Centre, 70 Welsford St; ⏲10–16 Uhr) GRATIS Diese Galerie zeigt eine besonders schöne Dauerausstellung mit Gemälden, Keramik und zeitgenössischer australischer Kunst.

Bangerang Cultural Centre KULTURZENTRUM
(☎03-5831 1020; www.bangerang.org.au; 1 Evergreen Way; ⏲Mo–Fr 9–16 Uhr) GRATIS Dieses indigene Kulturzentrum ist Galerie, Museum und Ort der Bewahrung in einem: Allein die einzigartige Sammlung mit Koorie-Kunst lohnt einen Besuch.

Schlafen & Essen

Shepparton Backpackers HOSTEL $
(☎03-5831 6556; www.sheppartonbackpackers.com.au; 139 Numurkah Rd; Schlafsaal 135 AU$ pro Woche/B/DZ ab 25/85 AU$; @) Das gut ausgestattete Hostel liegt versteckt hinter einer Autowaschanlage 3 km nördlich der Stadt. Es ist genau der richtige Platz, wenn man hier in der Landwirtschaft arbeiten will.

Victoria Lake Holiday Park CAMPINGPLATZ $
(☎03-5821 5431; www.viclakeholidaypark.com.au; 536 Wyndham St; Stellplatz ohne/mit Strom 27/32 AU$, DZ Hütte 100–140 AU$) Der freundliche Platz am Victoria Park Lake bietet jede Menge Grasflächen und Schatten, Fahrradwege und gute Einrichtungen.

Cellar 47 ITALIENISCH $$
(☎03-5831 1882; 170 High St; Hauptgerichte 15–32 AU$; ⏲Mo–Sa mittags & abends) Mit seiner glänzend schwarzen Bar mit viel Glas und der überaus köstlichen Holzofenpizza ist das Cellar 47 ein altbekannter Favorit.

Praktische Informationen

Shepparton Visitor Centre (☎03-5831 4400, 1800 808 839; www.discovershepparton.com.au; Wyndham St; ⏲9–17 Uhr) Das Besucherzentrum der Stadt liegt am Südende des Victoria Park Lake.

SAISONARBEIT

In der Region rund um Shepparton-Mooroopna können Traveller den größten Teil des Jahres bei der Ernte oder dem Obstbaumbeschnitt helfen. Die Hauptsaison für die Obsternte geht von Januar bis Mai (Äpfel, Pfirsiche und Birnen); der Baumschnitt wird zwischen Mai und August vorgenommen.

CVGT (☎1300 724 788; www.cvgt.com.au; Ecke Welsford St & Sobraon St) hat eine Hotline und eine umfassende Liste mit möglichen Erntehelferjobs. Auch die Backpackerhostels in Shepparton und Mooroopna können bei der Arbeitssuche helfen.

An- & Weiterreise

Der Bahnhof von Shepparton befindet sich in der Purcell Street in der Nähe des Zentrums. **V/Line** (☎1800 800 007; www.vline.com.au) bietet täglich Züge und Busse nach/von Melbourne (20 AU$, 2½ Std., 3-mal tägl.).

Nagambie

1550 EW.

Nagambie entstand durch den Bau des Goulburn Weir (Goulburn-Wehrs) im Jahr 1887 am **Lake Nagambie** und ist beliebt bei Wassersportlern und Fallschirmspringern.

Zwei ausgezeichnete Weinkellereien liegen gleich südlich der Stadt: Die **Tahbilk Winery** (☎03-5794 2555; www.tahbilk.com.au; 254 O'Neils Rd; ⏲Mo–Fr 9–17, Sa & So 10–17 Uhr) und **Mitchelton Wines** (☎03-5736 2222; www.mitchelton.com.au; 470 Mitchellstown Rd; ⏲10–17 Uhr) mit Restaurant und preisgekröntem Shiraz. Tahbilk grenzt zudem an das **Wetlands & Wildlife Reserve** (Eintritt per „Goldmünzenspende", Bootstour 5 AU$; ⏲Mo–Fr 11–16, Sa & So 10–16.30 Uhr), wo man auf Holzplanken durch die vogelreiche Natur spazieren oder eine Bootstour machen kann. Man betritt sie durch das sehr empfehlenswerte Tahbilk Cafe.

Skydive Nagambie FALLSCHIRMSPRINGEN
(☎03-5794 2626, 1800 266 500; www.skydivenagambie.com; 52 Kettles Rd) Bietet Tandemsprünge (399 AU$) ab 4200 m Höhe sowie Fallschirmsprungkurse an.

Praktische Informationen

Nagambie Visitor Information Centre (☎1800 444 647, 03-5794 1471; www.nagam

bielakesandstrathbogieranges.com.au; 3/317 High St; ⏲9–17 Uhr) Man merkt, dass das Personal den See, die Stadt und die Region liebt.

Glenrowan

300 EW.

Hier fanden Ned Kellys legendäre Raubzüge im Jahr 1880 ihr blutiges Ende. Die Geschichte von Ned und seiner Gang ist in dieser Ortschaft mit nur einer Straße ein Verkaufsschlager: Es ist unmöglich, Glenrowan zu passieren, ohne mit der Legende konfrontiert zu werden – sei es durch die Souvenirs oder durch die 2 m hohe Statue, die Kelly in seiner Rüstung zeigt. Die wichtigsten Stellen, die mit Kellys Gefangennahme im Zusammenhang stehen, sind ausgeschildert. Am besten man folgt seinen Spuren mit einem Stadtplan.

Ned Kelly's Last Stand (☎03-5766 2367; www.glenrowantouristcentre.com.au; 41 Gladstone St; Erw./Kind/Familie 27/20/70 AU$; ⏲9.30–16.30 Uhr, Shows alle 30 Min.) in der Touristeninformation ist ein Animationstheater: Neds Geschichte wird in verschiedenen Räumen von einer Truppe hölzerner, aber überraschend lebensechter Animatronic-Puppen erzählt und gipfelt in einer rauchigen Schießerei und Neds Hinrichtung am Galgen.

Ganz in der Nähe, hinter Kate's Cottage, zeigt ein **Museum** (☎03-5766 2448; 35 Gladstone St; Erw./Kind 6/1 AU$; ⏲9–17.30 Uhr) Kelly-Memorabilien, die aus dem ganzen Distrikt zusammengetragen wurden, sowie einen Nachbau von Kellys Haus.

Glenrowan bietet außerdem mehrere Cafés im Countrystil, ein paar Motels, einen Pub und eine kleines Weinbaugebiet.

DIE KELLY-GANG

Ned Kelly war zwar ein Straßenräuber und Gesetzloser, aber er ist wohl auch Australiens größter Volksheld und ein Symbol für den rebellischen Charakter der Australier.

Der 1855 in Beveridge als Sohn irischer Eltern (sein Vater war ein Ex-Sträfling) geborene Ned wurde zum ersten Mal mit 14 Jahren verhaftet und in den folgenden zehn Jahren immer wieder wegen verschiedener Delikte eingebuchtet. U. a. saß er im Beechworth Gaol ein. 1878 wurde wegen eines Pferdediebstahls ein Haftbefehl gegen ihn ausgestellt, woraufhin Ned und sein Bruder Dan untertauchten. Ihre Mutter und zwei ihrer Freunde hingegen wurden wegen Beihilfe verhaftet, verurteilt und eingesperrt.

Ned und Dan versteckten sich gemeinsam mit zwei anderen Kumpanen, Steve Hart und Joe Byrne, in den Wombat Ranges bei Mansfield. Als vier Polizisten – Kennedy, Lonigan, Scanlon und McIntyre – sie endlich aufspürten, kam es am Stringybark Creek zu einer Schießerei, bei der Ned drei der Polizisten – Kennedy, Lonigan und Scanlon – tötete. McIntyre konnte nach Mansfield entkommen und schlug dort Alarm.

Daraufhin setzte die Regierung für die Ergreifung der Bandenmitglieder jeweils eine Belohnung in Höhe von 500 £ aus – tot oder lebendig. Im Dezember 1878 raubte die Gang die National Bank in Euroa aus und flüchtete mit der Beute von 2000 £. Im Februar 1879 überfielen die Gangster die Polizeiwache in Jerilderie, sperrten die zwei Polizisten in die Zellen ein, stahlen ihre Polizeiuniformen und raubten als Polizisten verkleidet die Bank of New South Wales aus. Zu jener Zeit betrug das Kopfgeld für jeden von ihnen bereits 2000 £.

Am 27. Juni 1880 nahm die Bande in einem Hotel in Glenrowan 60 Geiseln. Für ihre Ergreifung wurde aus Melbourne eine ganze Zugladung mit Polizisten und Spürhunden geschickt. Von der Polizei umstellt, verschanzte sich die schwer bewaffnete Gang in ihren selbstgebastelten Rüstungen aus Pflugscharen in dem Hotel und leistete vier Stunden lang bewaffneten Widerstand. Bei der Schießerei wurde Ned an den Beinen getroffen und gefangengenommen; Dan Kelly, Joe Byrne und Steve Hart sowie auch mehrere Geiseln kamen ums Leben.

Ned Kelly wurde nach Melbourne gebracht, verurteilt und am 11. November 1880 gehenkt. Er sah seinem Ende mutig entgegen; seine berühmt gewordenen angeblich letzten Worte lauteten: „So ist das Leben!"

Seine Totenmaske, die Rüstung und der Galgen, an dem er starb, sind im Old Melbourne Gaol zu sehen (S. 521).

Als vorerst letztes Kapitel fanden Kellys sterbliche Überreste im Jahr 2013 auf dem Greta Cemetery in der Nähe von Wangaratta ihre letzte Ruhe.

Wangaratta

17 380 EW.

Wangaratta (oder schlicht „Wang", wie die Einheimischen sagen) ist ein lebendiges Geschäftszentrum am Hume Highway und an der Ausfahrt zu den Skigebieten an der Great Alpine Road und zur Weinregion Rutherglen. Der Name der Stadt bedeutet „Ruheplatz der Kormorane", und gleich in der Nähe fließen der Ovens River und der King River zusammen. Bekannt ist der Ort aber vor allem durch sein weltberühmtes Festival **Wangaratta Jazz & Blues** (☎ box office 03-5722 8199; www.wangarattajazz.com), einem viertägigen Jazzspektakel Anfang November.

Sehenswertes & Aktivitäten

Auf dem **Wangaratta Cemetery** liegen die sterblichen Überreste eines anderen berühmt-berüchtigten Gesetzlosen – Dan „Mad Dog" Morgan. Allerdings nicht alle: Sein Kopf wurde nach Melbourne geschickt, um seine kriminelle Veranlagung zu studieren, und sein Hodensack wurde angeblich zu einem Tabakbeutel verarbeitet.

In Wangaratta beginnt der Murray to Mountains Rail Trail, der nach Osten über Beechworth nach Bright führt.

Schlafen & Essen

In Wangaratta gibt's eine Reihe anständiger, typischer Motels, die man online auf www.visitwangaratta.com.au buchen kann.

Painters Island Caravan Park CAMPINGPLATZ $
(☎ 03-5721 3380; www.paintersislandcaravanpark.com.au; Pinkerton Cres; Stellplatz ohne/mit Strom ab 30 AU$, Hütten 80–150 AU$;) Dieser beeindruckende Platz liegt am Fluss des Ovens River nahe dem Stadtzentrum und verfügt über einen Spielplatz, eine Gemeinschaftsküche und ein paar gute Hütten.

Hermitage Motor Inn MOTEL $$
(☎ 03-5721 7444; www.hermitagemotorinn.com.au; Ecke Cusack & Mackay St; DZ/FZ ab 110/150 AU$;) Das Hermitage liegt in Zentrumsnähe und ist mit großzügigen Zimmern, zeitgenössischer Einrichtung, gratis WLAN und einem Pool das beste Motel in Wang.

Cafe Derailleur CAFÉ $
(☎ 03-5722 9589; www.cafederailleur.com.au; 38 Norton St; Gerichte 8,50–16,50 AU$; ⏲ Mo–Fr 7–16, Sa 7–14 Uhr) Dieses Retro-Café gegenüber vom Bahnhof ist bei Radfahrern und Einheimischen dank seines superstarken Bio-Kaffees, des Gourmet-Frühstücks und der Köstlichkeiten zum Mittagessen beliebt.

Vine Hotel PUB $
(☎ 03-5721 2605; www.thevinehotel.net.au; 27 Detour Rd; Hauptgerichte 13–24 AU$; ⏲ täglich 12–14, Mo–Sa 18–20 Uhr) Auch Ned Kelly und seine Gang haben schon in diesem Laden 3 km nördlich der Stadt gechillt. Heutzutage ist jedoch das Essen besser, und die Chance, dass man erschossen wird, ist viel geringer. Im Keller gibt's außerdem ein kleines Museum.

Rinaldo's Casa Cucina ITALIENISCH $$
(☎ 03-5721 8800; www.rinaldos.com.au; 8-10 Tone Rd; Hauptgerichte 19–33 AU$; ⏲ Fr & Sa 12–14, Di–Sa 18–22 Uhr) Im fabrikhallengroßen Speisesaal des Rinaldo's werden frische Pasta und moderne, mediterrane Steak- und Meeresfrüchtegerichte serviert, alle vom einheimischen Koch Adam Pizzini zubereitet. Und wer Lust hat, seine Kochkünste aufzumöbeln: einfach mal nach Kochkursen fragen.

Praktische Informationen

Wangaratta Visitor Centre (☎ 03-5721 5711, 1800 801 065; www.visitwangaratta.com.au; 104 Murphy St; ⏲ 9–17 Uhr) In der hilfsbereiten Touristeninformation kann man sich audiovisuelle Ausstellungen sowie Videos anschauen, die lokale Eisenbahnstrecken und Ausschnitte des Wangaratta Jazz & Blues Festival zeigen.

An- & Weiterreise

Der Bahnhof von Wangaratta liegt gleich westlich des Stadtzentrums in der Norton Street. **V/Line** (☎ 1800 800 007; www.vline.com.au) bietet täglich drei Direktzüge ab Melbourne (26,60 AU$, 2¾ Std.) an, die nach Albury weiterfahren. Täglich fährt lediglich ein einziger V/Line-Bus von Wangaratta nach Rutherglen (4,20 AU$, 35 Min.) und Bright (8,80 AU$, 2½ Std.).

HIGH COUNTRY

Victoria ist mit dem spektakulären High Country gesegnet, dessen höchste Gipfel sich zwischen den Snowy Mountains und dem Alpine National Park im Nordosten des Staates erheben. Die Region ist das ganze Jahr über einer der beliebtesten Gebirgsspielplätze Australiens. Im Winter ist sie perfekt für Skifahrer und Snowboarder, und im Sommer kommen die Buschwanderer und Mountainbiker.

High Country

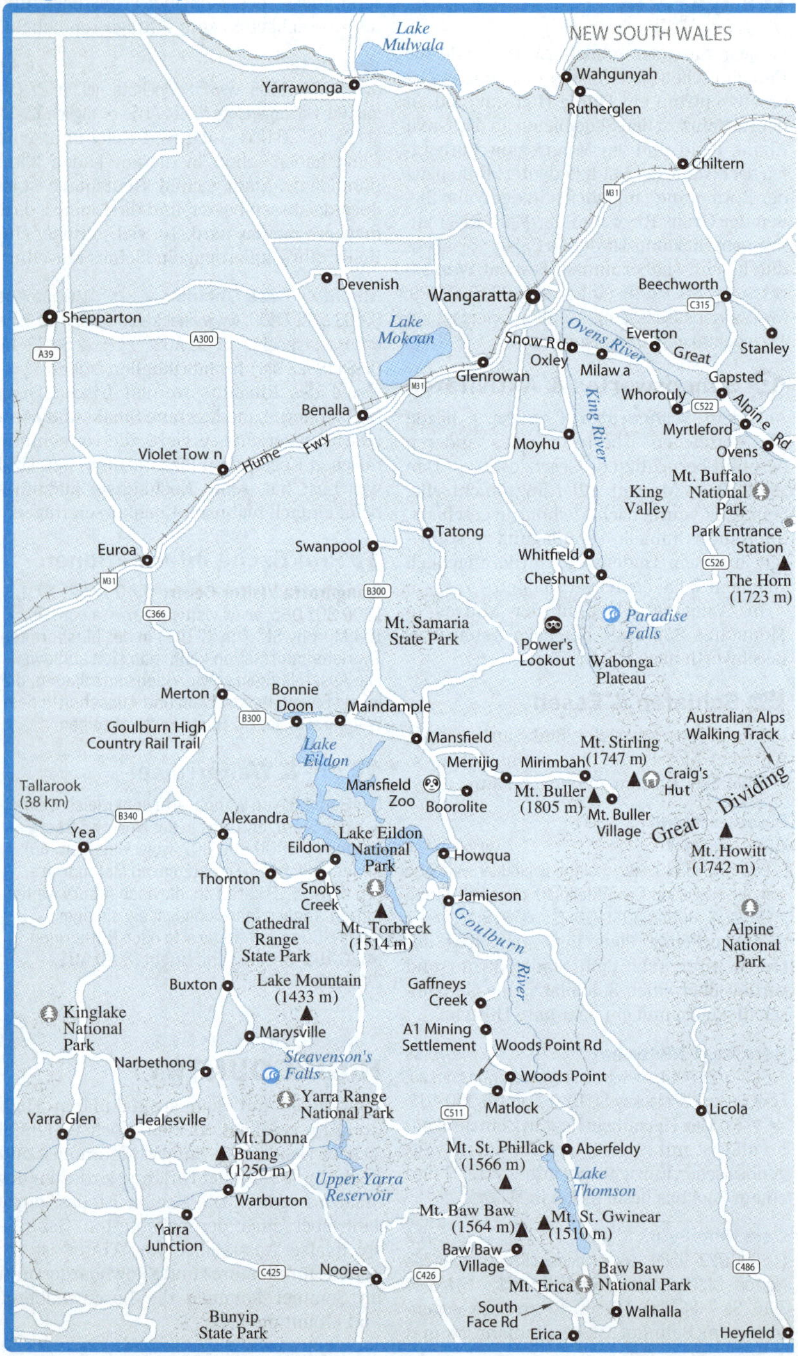

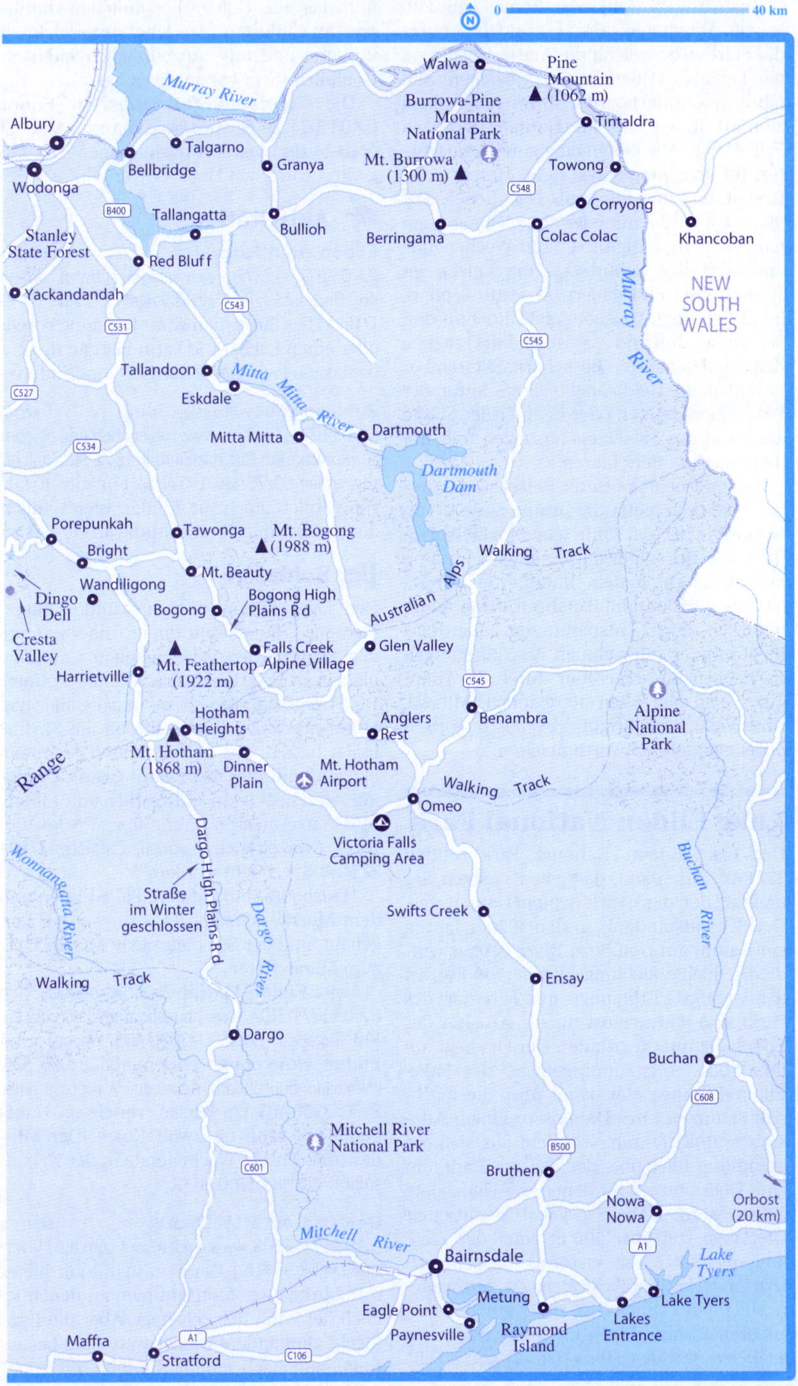
0
40 km
N
Murray River
Albury
Wodonga
Bellbridge
Talgarno
Granya
Walwa
Pine Mountain (1062 m)
Burrowa-Pine Mountain National Park
Mt. Burrowa (1300 m)
Tintaldra
Towong
Corryong
Khancoban
Colac Colac
Berringama
Bullioh
Tallangatta
B400
Stanley State Forest
Red Bluff
Yackandandah
C548
NEW SOUTH WALES
Murray River
C543
C531
C545
C527
Tallandoon
Eskdale
Mitta Mitta River
Mitta Mitta
Dartmouth
Dartmouth Dam
C534
Porepunkah
Bright
Tawonga
Mt. Bogong (1988 m)
Walking Track
Australian Alps
Mt. Beauty
Wandiligong
Dingo Dell
Cresta Valley
Bogong
Bogong High Plains Rd
Falls Creek Alpine Village
Glen Valley
Mt. Feathertop (1922 m)
Harrietville
C545
Alpine National Park
Hotham Heights
Mt. Hotham (1868 m)
Dinner Plain
Mt. Hotham Airport
Anglers Rest
Benambra
Range
Walking Track
Omeo
Victoria Falls Camping Area
Wonnangatta River
Dargo High Plains Rd
Straße im Winter geschlossen
Dargo River
Buchan River
Swifts Creek
Walking Track
Ensay
Dargo
Buchan
C608
Mitchell River National Park
B500
C601
Bruthen
Nowa Nowa
Orbost (20 km)
Mitchell River
Bairnsdale
A1
Lake Tyers
Eagle Point
Metung
Lake Tyers
Paynesville
Raymond Island
Lakes Entrance
Maffra
A1
Stratford
C106

Zur Auswahl steht zwar immer eine Fülle von Aktivitäten, aber es sind besonders die Skiresorts, welche die Massen während der kurzen „weißen Saison“ anziehen. Skifahrer und Snowboarder strömen vor allem zum Mt. Buller, zum Mt. Hotham und nach Falls Creek. Alle bieten eine gute Infrastruktur auf dem Berg sowie nette Unterkünfte, Restaurants und ein reges Nachtleben. Die Skisaison wird – mit oder ohne Schnee – am langen Trooping-the-Colour-Wochenende anlässlich des Geburtstags der Queen im Juni eröffnet und dauert bis Mitte September. Die besten Angebote gibt's im Juni und September. Juli und August sind die teuerste Zeit mit den meisten Besuchern. Skiurlauber mit kleinem Geldbeutel sollten Mitte der Woche herkommen oder in einer der Städte am Rand des Skigebiets absteigen und mit dem Bus zum Berg fahren.

Wer mit beinahe leerer Reisekasse unterwegs ist, dem bietet die „grüne Saison“ von November bis Mai zahlreiche Möglichkeiten für einen Adrenalinschub, sei es beim alpinen Wandern, Reiten, Kanufahren, Abseilen oder Mountainbikefahren. Man kann natürlich auch entspannteren, allerdings nicht minder angenehmen Beschäftigungen nachgehen und eine Tour durch die Weingüter und die Gourmetregionen Milawa, King Valley und Bright oder das historisch bedeutsame Beechworth machen.

Lake Eildon National Park

Der Lake Eildon National Park schützt 277 km² Buschland, das jenen riesigen See umgibt, der dem Park seinen Namen gab. Der See entstand, als in den 1950er-Jahren ein Damm am Goulburn River gebaut wurde. Die kleine Siedlung **Eildon** (730 Ew.) ist der wichtigste Erholungs- und Ferienort des Parks und wurde einst für die Arbeiter des Eildon-Damms gegründet. Der Ort liegt am Rand des „Aufstauungsgebiets“ des Lake-Eildon-Damms. Man kann über die mächtige Staumauer des Damms zu einem **Aussichtspunkt** fahren, von dem aus sich ein grandioser Blick über den See, die Stadt und jene Docks bietet, an denen die Hausboote gebaut werden. Der See selbst ist mit einer Uferlänge von über 500 m einer der Lieblingsspielplätze von Victorias Wassersportlern und Hausbootbesitzern. Zu den weiteren kleinen Gemeinden rund um den See gehören **Bonnie Doon** im Nordwesten (wo auch ein Teil des Films *The Castle* spielt) und das alte Goldgräberstädtchen **Jamieson** im Südosten, das eine ausgezeichnete Brauerei und tolle Angelmöglichkeiten am Goulburn River vorzuweisen hat.

Die **Touristeninformation in Eildon** (☎ 03-5774 2909; www.lakeeildon.com; Main St; ⊙ 10–14 Uhr) bietet Informationen zur Gegend sowie einen Hausbootverleih.

Aktivitäten

Eildon Trout Farm ANGELN
(☎ 03-5773 2377; www.eildontroutfarm.com.au; 460 Back Eildon Rd; Eintritt/Angeln 2/2 AU$; ⊙ 9–17 Uhr) Hier fängt man garantiert eine Forelle oder einen Lachs! Die Farm liegt an der Nebenstraße zwischen Thornton und Eildon.

Rubicon Valley Horse-Riding REITEN
(☎ 03-5773 2292; www.rubiconhorseriding.com.au; Rubicon Rd; Ritt mit Einführung/2 Std./halber/ganzer Tag 50/75/110/195 AU$) Für alle Erfahrungsstufen, auch für Kinder. Bietet außerdem Safaris mit Übernachtung an (475 AU$).

Schlafen

Der Lake Eildon ist ein wunderschönes Fleckchen für Buschcamper, die rund um den See aus den verschiedenen Campingplätzen des Nationalparks wählen können. Die **Fraser Camping Area** in der Coller Bay, 14 km nordwestlich von Eildon am Skyline Drive, besteht aus drei separaten Campingplätzen, und die **Jerusalum Creek Camping Area** liegt 8 km südwestlich von Eildon. Alle Plätze müssen online über **Parks Victoria** (www.parkweb.vic.gov.au; Zeltplätze 17,50–22,50 AU$) gebucht werden.

Hausboote sind auf dem Lake Eildon und dem Murray sehr beliebt – sie werden hier gebaut, und der See bietet jede Menge Platz zum Manövrieren.

Lake Eildon Marina & Houseboat Hire (☎ 03-5774 2107; www.houseboatholidays.com.au; 190 Sugarloaf Rd; 500–3800 AU$/Woche) und **Eildon Houseboat Hire** (☎ 0408 005 535; www.eildonhouseboathire.com.au; Winter/Sommer 2400/3500 AU$ pro Woche) verleihen Hausboote mit zehn bis zwölf Kojen. Der Mindestpreis für ein Wochenende in der Nebensaison beträgt 1700 AU$.

Golden Trout Hotel Motel MOTEL $
(☎ 03-5774 2508; www.goldentrout.com.au; 1 Riverside Dr; DZ 95 AU$) Der Pub in Eildon bietet standardmäßige Motelzimmer, an denen jedoch der Zahn der Zeit nagt. Aber die Lage macht alles andere wieder wett – am besten fragt man nach einem Zimmer mit „pon-

dage view" (Blick aufs Aufstauungsgebiet). Im Bistro gibt's gutes Pubessen (Hauptgerichte 17–30 AU$) und günstige Pizza.

Eildon Caravan Park CAMPINGPLATZ $
(☎ 03-5774 2105; www.eildoncp.com; Eildon Rd; Stellplatz ohne/mit Strom ab 15/32 AU$, Hütten 85–175 AU$) Rustikaler kleiner Campingplatz im Busch mit Blick aufs Aufstauungsgebiet.

Essen & Ausgehen

Aqua Bar & Cafe CAFÉ $$
(☎ 03-5774 2107; Sugarloaf Rd; Hauptgerichte 15–27 AU$; ⊙ Mi–So 12–14.30 & 18–20.30 Uhr) Diese neue Café-Bar im Hafen nördlich der Stadt bietet eine Terrasse mit Blick auf den See und die Hausboote – das perfekte Plätzchen bei schönem Wetter. Auf der etwas teureren Bistrokarte stehen Meeresfrüchtegerichte, Steaks und Salate.

Jamieson Brewery BRAUEREI
(☎ 03-5777 0515; www.jamiesonbrewery.com.au; Eildon-Jamieson Rd, Jamieson; ⊙ 11 Uhr–open end) Dieser ausgezeichnete Brauerei-Pub stellt vor Ort vier verschiedene Biere, darunter auch ein Himbeerbier, und leckeres Fudge her. Um 12.30 Uhr wird eine kostenlose Brauereiführung angeboten, und im Bistro werden Mittag- und Abendessen serviert.

Mansfield

3070 EW.

Mansfield ist das Tor zu den Schneefeldern des Mt. Buller und zu einem Teil des spektakulären High Country, aber auch die Stadt selbst lohnt in jeder Jahreszeit einen Besuch. Im Land des *Man from Snowy River* gibt's viel zu erleben: Im Sommer sind Reiten und Mountainbike fahren sehr beliebt, und wenn im Winter die „Schneehasen" in der Stadt einfallen, herrscht eine sehr lebendige Atmosphäre.

Sehenswertes & Aktivitäten

Mansfield Zoo ZOO
(☎ 03-5777 3576; www.mansfieldzoo.com.au; 1064 Mansfield Woods Point Rd; Erw./Kind/Familie 15/8/44 AU$; ⊙ 10–17.30, im Sommer bis 18.30 Uhr) Ein überraschend guter Tierpark mit jeder Menge einheimischer Arten und ein paar Exoten, etwa einem Paar weißer Löwen. Man kann auf einer Koppel im schlichten Zelt übernachten (Erw./Kind 65/45 AU$, inklusive Zooeintritt für zwei Tage) und bei Sonnenaufgang mit den wilden Tieren aufwachen.

GOULBURN RIVER HIGH COUNTRY RAIL TRAIL

Mit 134 km Länge ist dies Australiens längster zusammenhängender Rail Trail. Er führt von Tallarook über Yea und Bonnie Doon nach Mansfield. Der Kiesweg ist relativ eben und für Mountainbiker, Wanderer und Reiter geeignet. Näheres gibt's unter www.goulburnriverhighcountryrailtrails.com.au.

Mansfield Cemetery FRIEDHOF
Auf diesem Friedhof am Ende der Highett Street liegen die Gräber dreier Polizisten aus Mansfield, die 1878 von Ned Kelly und seiner Gang am Stringybark Creek getötet wurden.

All Terrain Cycles MOUNTAINBIKEFAHREN
(☎ 03-5775 2724; www.allterraincycles.com.au; 58 High St) Verleiht hochwertige Mountainbikes, Rail-Trail-Bikes und Sicherheitsausrüstung ab 45 AU$ pro Tag; die besten Downhill-Räder kosten 125 AU$. Bietet auch geführte Touren an.

Outdoor Pleasure ABENTEUER
(☎ 03-5775 2826; www.outdoorpleasure.com.au; 52 High St) Verleiht Kajaks (ab 60 AU$) und Stehpaddel-Boards (70 AU$).

Schlafen

Mansfield Holiday Park CAMPINGPLATZ $
(☎ 03-5775 1383; www.mansfieldholidaypark.com.au; Mt. Buller Rd; Stellplatz ohne/mit Strom ab 28/32 AU$, Hütten 70–120 AU$; 🏊) Dieser weitläufige Campingplatz liegt am Rand der Stadt und bietet einen Pool, Minigolf, eine Gemeinschaftsküche und gemütliche Hütten.

Mansfield Travellers Lodge HOSTEL, MOTEL $$
(☎ 03-5775 1800; www.mansfieldtravellerslodge.com.au; 116 High St; B 25 AU$, EZ/DZ/FZ ab 95/110/180 AU$; ❄) Diese Lodge ist bei Backpackern und Familien seit Langem beliebt. Die geräumigen Schlafsäle sind in einem renovierten alten Gebäude mit Küche untergebracht, während das Motel großzügige Wohneinheiten mit einem und zwei Zimmern bietet.

Banjo's Accommodation HÜTTEN $$
(☎ 03-5775 2335; www.banjosmansfield.com.au; Ecke Mt Buller Rd & Greenvale Lane; DZ/4BZ 120/180 AU$; 🏊) Diese familien- und backpackerfreundlichen Selbstversorgerunterkünfte am Rand der Stadt bieten in den Wohnstudios bis zu fünf, in den Wohneinheiten

HOCH ZU ROSS

Die Hügel rund um Mansfield sind das Land des *Man from Snowy River* und der beste Ort in ganz Victoria, um sich in den Sattel zu schwingen.

➡ **Hidden Trails** (☎ 03-5776 9867; www.hiddentrails.com.au; 462 Bunstons Rd, Tolmie; 1/2/3 Std. 50/70/100 AU$) Täglich Ausritte und ausgedehnte Touren durchs High Country.

➡ **High Country Horses** (☎ 03-5777 5590; www.highcountryhorses.com.au; Mt. Buller Rd; Ausritt 2 Std./halber Tag 90/120 AU$, mit Übernachtung ab 550 AU$; ⏲ Okt.–Mai) In Merrijig auf dem Weg Richtung Mt. Buller. Bietet das volle Programm – vom kurzen Trab bis hin zu Ausritten mit Übernachtung zur Craig's Hut, zum Howqua River und zum Mt. Stirling.

➡ **Lovick's** (☎ 03-5777 5150; www.lovicks.com.au; Merrijig; Wochenendtour 470 AU$) Ein echtes Original: Charlie Lovick war 1982 Stallmeister für den Film The *Man from Snowy River*. Auf ausgedehnte Reittouren spezialisiert.

➡ **McCormacks Mountain Valley Trail Rides** (☎ 03-5777 5542; www.mountainvalleytrailrides.com.au; 43 McCormack's Rd, Merrijig; Tagesausritt ab 240 AU$, mit Übernachtung ab 550 AU$; ⏲ Okt.–Mai) Erfahrene Einheimische führen Touren ins King Valley und ins High Country, und für 1000 AU$ kann man ein viertägiges Abenteuer erleben.

➡ **Watson's Mountain Country Trail Rides** (☎ 03-5777 3552; www.watsonstrailrides.com.au; Three Chains Rd; 1/2 Std. 40/80 AU$, Touren 1/2 Tage ab 200/555 $) Ein friedliches Anwesen südöstlich von Mansfield, in dem Kinder erste Erfahrungen beim Ponyreiten oder auf kurzen Ausritten sammeln können. Touren mit Übernachtung inklusive Verpflegung werden auch angeboten.

mit zwei Zimmern sogar sechs Personen Platz. Alle sind modern und geräumig, und auf der weitläufigen Anlage können Kinder prima toben.

Highton Manor BOUTIQUE-B&B **$$**
(☎ 03-5775 2700; www.hightonmanor.com.au; 140 Highton Lane; DZ Stall/Haupthaus/Turm inkl. Frühstück 130/$225/365 AU$; 🏊) Dieses stattliche zweistöckige Herrenhaus wurde 1896 von Francis Highett erbaut, der auch mit Dame Nellie Melba sang. Es bietet Stil und Romantik, nimmt sich selbst aber nicht zu ernst. Im umgebauten Stall stehen moderne Zimmer zur Verfügung, im Haupthaus üppige, altmodische Unterkünfte.

Essen & Ausgehen

An jedem vierten Samstag im Monat findet im Hof der Mansfield Primary School ein Bauernmarkt statt.

★ **Mansfield Regional Produce Store** CAFÉ **$**
(☎ 03-5779 1404; www.theproducestore.com.au; 68 High St; Hauptgerichte 12–18 AU$; ⏲ Di–So 9–17, Fr abends; 🍷) Dieser rustikale Laden ist die beste Wahl für einen Kaffee oder ein leichtes Mittagessen. Hier steht außerdem ein breites Sortiment lokaler Erzeugnisse in den Regalen, etwa Weine und frisch gebackenes Brot.

Deck on High MODERN-AUSTRALISCH **$$**
(☎ 03-5775 1144; www.thedeckonhigh.com.au; 13-15 High St; Hauptgerichte 25–36 AU$; ⏲ Mo & Mi–Fr 11 Uhr–open end, Sa & So 10 Uhr–open end) Ein stilvolles, aber dennoch entspanntes Bar-Restaurant. Das Deck serviert à la „Mod Oz" internationale Küche im Tapas-Stil und Hauptgerichte wie Schweinebauch, gebratene Ente oder Singapur-Tintenfisch. In der Bar oder auf der Terrasse kann man prima einen Drink genießen.

Mansfield Hotel PUB **$$**
(☎ 03-5775 2101; www.mansfieldhotel.com.au; 86 High St; Hauptgerichte 18–32 AU$; ⏲ 12–14 & 18–21 Uhr) Das Mansfield, das 2010 bei einem Brand starke Schäden erlitt, wurde erst kürzlich renoviert und begeistert jetzt mit einer riesigen Speisesaal, einer umfangreichen Bistrokarte und Pizza. Im Winter sollte man es sich vor dem Kamin auf einem Sofa gemütlich machen und im Sommer kann man es sich draußen im sonnigen Biergarten schmecken lassen.

Old Fire Station Restaurant INTERNATIONAL **$$**
(☎ 03-5779 1600; www.oldfirestation.net.au; 28 Highett St; Hauptgerichte 19–39 AU$; ⏲ Mi–So 16–23 Uhr) Man kann dieses gemütliche Bistro, das in einem umgebauten Feuerwehrgebäude untergebracht ist, durch die leuchtend roten Türen betreten oder aber sich einen

Platz auf der schattigen Terrasse suchen. Die Spezialität des Hauses ist Steak, aber es gibt auch eine Auswahl an Pasta sowie Hühnchengerichte und regionale Weine.

Unterhaltung

Mansfield Armchair Cinemas KINO
(☎ 03-5775 2049; www.the-mac.com.au; 1 Chenery St; Erw./Kind ab 16,50/12,50 AU$; ⏲ Di, Mi & Fr–So) Das coole, von der Gemeinde geführte Kino mit zwei Sälen bietet mehreren Studenten einen Job und zeigt Mainstream-Filme in digitaler Technik. Wer etwas mehr bezahlt, kann es sich auf einem „Goldklasse"-Sessel oder einem riesigen Sitzsack bequem machen.

Praktische Informationen

Mansfield & Mt Buller High Country Visitor Centre (☎ 1800 039 049; www.mansfield-mtbuller.com.au; Maroondah Hwy; ⏲ 9–17 Uhr) Neben dem alten Bahnhof. Das ausgestellte Wandbild aus Filz sollte man sich anschauen.

An- & Weiterreise

Busse von **V/Line** (☎ 1800 800 007; www.vline.com.au) fahren zweimal täglich (sonntags 1-mal) von Melbourne (24,60 AU$, 3 Std.) hierher. **Mansfield–Mt. Buller Bus Lines** (☎ 03-5775 2606; www.mmbl.com.au) schickt während der Skisaison täglich mindestens sieben Busse von Mansfield zum Mt. Buller (Erw./Kind hin & zurück 56/39 AU$).

Mt. Buller

1805 M

Victorias meistbesuchtes Skiresort brummt den ganzen Winter lang. Es entwickelt sich zudem auch zu einem sommerlichen Urlaubsziel, das Mountainbikern und Wanderern eine große Palette an Wegen, Geländepisten und Abfahrten zu bieten hat. Zum umfangreichen Netz an Skiliften gehört der Northside-Express-Sessellift, dessen Talstation am Parkplatz für Tagesbesucher liegt, von wo aus er seine Passagiere direkt bis zu den Pisten bringt. Langlaufloipen verbinden den Mt. Buller mit dem **Mt. Stirling**. Wer nicht Ski fährt, kann auch Schlitten fahren oder an Schneeschuhwanderungen teilnehmen. **Ducks & Drakes** (www.ducksanddrakes.net; Tour 45–55 AU$) veranstaltet anderthalbstündige, geführte Schneeschuhausflüge. Ausrüstung und heiße Schokolade sind inbegriffen; Treffpunkt ist am Uhrenturm.

Schlafen

High Country Reservations (☎ 1800 039 049; www.mansfieldmtbuller.com.au) und **Mt. Buller Alpine Reservations** (☎ 03-5777 6633; www.mtbullerreservations.com.au) buchen Lodge-Unterkünfte.

YHA Mt. Buller HOSTEL $
(☎ 03-5777 6181; www3.yha.com.au/hostels/vic/ski-region/mount-buller; The Ave; B 60–70 AU$) Das nur im Winter geöffnete YHA am Mt. Buller wurde kürzlich erst renoviert, man darf also eine nagelneue Einrichtung erwarten.

Mt. Buller Chalet CHALET $$$
(☎ 03-5777 6566; www.mtbullerchalet.com.au; Summit Rd; DZ inkl. Frühstück Sommer/Winter ab 215/530 AU$; 🏊) Das Chalet ist ganzjährig geöffnet und bietet eine Reihe hübscher Suiten, eine Bibliothek mit Billardtisch, renommierte Restaurants, ein beeindruckendes Sportzentrum und einen beheizten Pool. Innen warten die entspannte Apres Bar und das

RADFAHREN AM MT. BULLER

Der Mt. Buller hat sich zu einem von Australiens beliebtesten Sommerzielen für Mountainbiker entwickelt. Er bietet ein Streckennetz rund um den Gipfel und aufregende Abfahrten. Vom 26. Dezember bis Ende Januar ist an den Wochenenden der Northside-Express-Sessellift in Betrieb (Nutzung Lift und Wege pro Tag 58 AU$). Und auch wer nicht radelt, kann den Sessellift den ganzen Tag über nutzen (Erw./Kind 18/13 AU$).

Im selben Zeitraum verkehrt von Donnerstag bis Sonntag ab dem **Mirimbah Store** (☎ 03-5777 5529; www.mirimbah.com.au; pro Fahrt 13 AU$, ganzer Tag 30 AU$; ⏲ Sept.–Mai Do–So 8–16 Uhr, im Winter tägl.) am Fuß des Bergs auch ein Shuttlebus zum Parkplatz auf dem Gipfel, von wo aus man auf verschiedenen Wegen wieder bis ganz nach unten fahren kann. Die beliebteste Strecke ist der **Delatite River Trail**, der 1½ Stunden dauert und 13 Flussüberquerungen beinhaltet. Aber es gibt auch noch Dutzende weiterer Routen bergab und rund um den Berg. Die Besitzer des Mirimbah Store (der praktischerweise auch ein ganzjährig geöffnetes Café ist) sind erfahrene Radler und eine unerschöpfliche Informationsquelle zu den Radrouten.

Edelrestaurant Black Cockatoo. Zum Chalet gehört außerdem das **Buller Backpackers** (www.bullerbackpackers.com.au; B 55 AU$).

Hotel Enzian CHALET **$$$**
(☎03-5777 6924; www.hotelenzian.com.au; 69 Chamois Rd; Zi. ab 270 AU$) Das ganzjährig „blühende" Enzian bietet eine gute Auswahl an Zimmern und Apartments.

Essen & Ausgehen

In der Ortsmitte gibt's einen Supermarkt, und im ganzen Dorf verstreut liegen Cafés und Fastfood-Läden.

Pension Grimus ÖSTERREICHISCH **$$**
(☎03-5777 6396; www.pensiongrimus.com.au; Breathtaker Rd; Hauptgerichte 25–40 AU$; ⊙abends, Sa & So auch mittags) Ein echtes Original am Mt. Buller: Das österreichisch inspirierte Essen im Kaptan's Restaurant, die Musik und die geschäftige Bar geben ermüdeten Pistenhasen nach einem Tag im Schnee ein wunderbar warmes, wohliges Gefühl.

Kooroora Hotel PUB
(☎03-5777 6050; Village Sq; ⊙im Winter bis 3 Uhr) Während der Skisaison dauert die Party hier bis in die frühen Morgenstunden, und die beliebte Hoohah Kitchen serviert gute Bistrogerichte (8–22 Uhr).

Praktische Informationen

Mt. Buller Resort Management Board (☎03-5777 6077; www.mtbuller.com.au; Community Centre, Summit Rd; ⊙8.30–17 Uhr) Im Ortszentrum gibt's einen Infoschalter. Die Gebühr für den Horse-Hill-Parkplatz beträgt im Winter 37 AU$ pro Auto. Liftpässe kosten 108/59 AU$ für Erwachsene/Kinder. Kombipakete mit Unterricht und Liftnutzung beginnen bei 156/140 AU$.

CRAIG'S HUT

Viehtreiber haben schon seit den 1850er-Jahren überall im High Country Schutzhütten in den Bergen gebaut – da mutet es schon etwas ironisch an, dass eine der jüngeren heute die berühmteste ist. Die Craig's Hut auf dem Mt. Stirling wurde 1981 für den Film *The Man from Snowy River* errichtet und hat sich inzwischen zu einem beliebten Pilgerort für Wanderer entwickelt. 2006 brannte sie bei einem Buschfeuer nieder, wurde 2007 aber wieder aufgebaut. Heute kann man fast den ganzen Weg bis zur Hütte hinauffahren (die letzten 2 km geht man zu Fuß) oder aber vom Mt. Buller aus hinwandern. Die Aussicht ist grandios.

Anreise & Unterwegs vor Ort

Mansfield–Mt. Buller Buslines (☎03-5775 2606; www.mmbl.com.au) unterhält im Winter mittwochs, freitags und sonntags eine Verbindung ab Melbourne (Erw./Kind hin & zurück 180/140 AUS) und täglich ab Mansfield (56/39 AU$). Im Sommer gibt's außerdem Charterbusse.

Während der Skisaison parkt man unterhalb des Dorfes. Ein Taxi mit Allradantrieb transportiert die Gäste von dort aus in ihre Unterkünfte.

King Valley & Snow Road

Im Hügelland des Alpine National Park liegt das King Valley, eine erfolgreiche, aber relativ unbekannte Weingegend, welche auf italienische Rebsorten spezialisiert ist, die in kühlem Klima gedeihen – etwa Sangiovese, Barbera und Pinot Grigio. Außerdem wird hier prickelnder Prosecco hergestellt. Das Tal erstreckt sich in südlicher Richtung entlang des Kind River durch die winzigen Städtchen Mohyu, Whitfield und Cheshunt – die örtliche Tourismusbranche bezeichnet die Straße von Oxley nach Whitfield übrigens gerne als „Prosecco Road".

Zu den besten Kellereien gehören **Dal Zotto Estate** (☎03-5729 8321; www.dalzotto.com.au; Main Rd, Whitfield; ⊙10–17 Uhr) mit einer edlen Trattoria und **Pizzini** (☎03-5729 8278; www.pizzini.com.au; 175 King Valley Rd, Whitfield; ⊙10–17 Uhr), wo auch ein B&B und eine Kochschule vorhanden ist. Näheres gibt's unter www.winesofthekingvalley.com.au.

Das King Valley ist über den Hume Highway, die Snow Road oder die malerische Bergstrecke von Mansfield aus erreichbar, die am sensationellen **Power's Lookout** vorbeiführt.

Milawa Gourmet Region

Eingeweihte, die in die Berge unterwegs sind, umfahren einfach den ersten Teil der Great Alpine Road zwischen Wangaratta und Myrtleford. Sie wählen stattdessen die „Snow Road" und gönnen ihren Geschmacksknospen in der **Milawa Gourmet Region** (www.milawagourmet.com) ein echtes Verwöhnprogramm.

Zuerst passiert man Oxley, wo sich das King River Cafe (☎03-5727 3461; www.kingrivercafe.com.au; Snow Rd; Hauptgerichte 11–30 AU$; ⊙Mi–So 10 Uhr–open end, Mo 10–15 Uhr) mit köstlichen Gerichten, gutem Kaffee und lokalen Weinen als lässiger Zwischenstopp anbietet.

5 km weiter (an der Hauptstraße von Milawa) ist Milawa Mustard (☎03-5727 3202; www.milawamustards.com.au; The Cross Roads; ⊙10–17 Uhr) zu finden, wo es Verkostungen der hausgemachten, körnigen Senfsorten sowie der Kräuteressige und Marmeladen gibt. Im Olive Shop (☎03-5727 3887; www.theoliveshop.com.au; 1605 Snow Rd; ⊙10–17 Uhr) kann man Öle und Tapenaden probieren, und im Walkabout Honey (☎03-5727 3468; Snow Rd; ⊙10–17 Uhr) verschiedene Honigsorten.

Nächster Halt ist das bekannteste Weingut der Region: Brown Brothers (☎03-5720 5500; www.brownbrothers.com.au; Bobbinawarrah Rd, Milawa; ⊙9–17 Uhr). Der erste Jahrgang des Guts wurde 1889 gekeltert, und es ist noch immer im Besitz derselben Familie. Man kann eine Weinprobe machen oder das ausgezeichnete Restaurant Epicurean Centre besuchen. Außerdem gibt's einen wunderschönen Garten, Kinderspielgeräte sowie Picknick- und Grillmöglichkeiten.

Wieder auf dem Highway lockt das schicke, moderne Café Snow Road Produce (☎03-5727 3688; www.snowroadproduce.com; 1604 Snow Rd; leichte Gerichte 5,50–10,50 AU$; ⊙Mo–Do 7–18, Fr–So 7–22 Uhr) mit zugehörigem Lebensmittelmarkt. Der verkauft regionale Weine und Bier, und das Café serviert warmes Frühstück, belegte Brote und Käseplatten.

2 km weiter nördlich sind der weiche Bauernhof-Brie (aus Ziegen- oder Kuhmilch) und „Stinkekäse“ mit gewaschener Rinde die Spezialitäten der Milawa Cheese Company (☎03-5727 3589; www.milawacheese.com.au; Factory Rd; ⊙9–17 Uhr, Essen 9.30–15 Uhr). Eine Bäckerei gibt's hier auch, und im hervorragenden Restaurant sind verschiedene Pizzas mit Milawa-Käse das Highlight.

Gleich abseits der Snow Road und der Flussebene des Ovens River liegt die kleine ländliche Gemeinde Whorouly, in der das 2 Cooks Cafe (☎03-5783 6110; www.the2cooks-cafe.com.au; 577 Whorouly Rd; Gerichte 12,50–17,50 AU$; ⊙Fr–Mo 9–17 Uhr, Fr auch abends) auf Besuch wartet – ein hübsches Café mit Feinkostladen, in dem die beiden namensgebenden Köche ihre eigene Sauce und Marmelade verkaufen sowie guten Kaffee und innovative Gerichte wie Kobe-Würstchen mit Kartoffelbrei an den Mann bringen. Das nahe Whorouly Hotel (☎03-5727 1424; 542 Whorouly Rd; Hauptgerichte 8–25 AU$; ⊙Mi, Fr & Sa ab 18 Uhr), ein freundlicher Countrypub, hat herzhaftes Bistroessen im Angebot. Ein kleiner Umweg von 5 km führt vom beliebten Murray to Mountains Rail Trail hierher.

Beechworth

2790 EW.

Die historischen, honigfarbenen Granitgebäude von Beechworth und die wunderbaren Gourmet-Leckereien machen das altmodische Städtchen zu einem der angenehmsten Ziele im Nordosten Victorias. Der Ort ist auf der Liste des National Trust als eine der beiden „bemerkenswerten“ Städte Victorias verzeichnet (die andere ist Maldon). Und man erkennt schnell, warum: Das lebendige Erbe der Goldrausch-Ära versetzt die Besucher flugs in die Zeit der Bergarbeiter und *bushrangers* (Gesetzlose, die im Busch lebten) zurück.

Sehenswertes & Aktivitäten

In der Nähe des hübschen Lake Sambell findet man die Chinese Gardens, die zu Ehren der chinesischen Goldminenarbeiter angelegt wurden.

Das Besucherzentrum veranstaltet zweistündige Spaziergänge (Erw./Kind/Familie 10/7,50/25 AU$; ⊙10.15 & 13.15 Uhr), die auch den Goldrausch und die Verbindungen der Stadt zu Ned Kelly behandeln.

Beechworth liegt nicht nur am Murray to Mountains Rail Trail, es hat auch einen ausgewiesenen Mountainbike-Park, der sich 1,5 km nordöstlich des Stadtzentrums abseits der Alma Road befindet. Am Besucherzentrum gibt's eine Karte.

Historic & Cultural Precinct
HISTORISCHE STÄTTE

(☎1300 366 321; Ticket für alle Stätten und zwei geführte Touren Erw./Kind/Familie 25/15/50 AU$; ⊙9–17 Uhr) Beechworths Hauptattraktion ist das Ensemble gut erhaltener Gebäude, die sich zum Historic & Cultural Precinct vereinen und mit dem kombinierten „Golden Ticket“ besucht werden können. Das erste Bauwerk ist das Rathaus (Ford St), in dem sich auch das Besucherzentrum befindet und wo die kostenlose audiovisuelle Show *Echoes of History* zu sehen ist. Im hinteren Bereich kann man die Zelle besichtigen, in der der Gesetzlose Harry Power eingesperrt

ABSTECHER

YACKANDANDAH

Die allgemein nur „Yack" (950 Ew.) genannte alte Goldgräbersiedlung liegt östlich von Beechworth zwischen wunderschönen Hügeln und Tälern. Sie ist so ursprünglich, dass der National Trust sie auf seine Liste setzte. Mancher erkennt den Ort vielleicht wieder: Er diente als Kulisse für den Film *Schräge Bettgesellen* (2004) mit Paul Hogan und Michael Caton in den Hauptrollen.

In vielen der alten Geschäfte an der Hauptstraße haben sich heute Galerien, Antiquitäten-, Vintage- und Souvenirläden angesiedelt: **A Bear's Old Wares** (☎02-6027 1114; www.abearsoldwares.com; 12 High St; ⏲9–17.30 Uhr) ist ein faszinierender Laden voller buddhistischer und hinduistischer Figuren, Gebetsfahnen, tibetischem Schmuck und Wandbehängen.

Die **Karr's Reef Goldmine** (☎0408 975 991; Touren Erw./Kind 25/20 AU$; ⏲Sa & So 10, 13 & 16 Uhr) ist eine alte Mine aus dem Jahr 1857. Bei der anderthalbstündigen Führung steigt man mit Schutzhelm auf dem Kopf in die alten Stollen hinab und erfährt so dies und das über die Geschichte der Mine.

Das größte Event des Jahres ist das **Yackandandah Folk Festival** (www.folkfestival.yackandandah.com). Irgendwann zwischen Mitte und Ende März stehen drei Tage lang Musik, Umzüge, Workshops und jede Menge gute Laune auf dem Programm.

Das **Yackandandah Visitor Centre** (☎02-6027 1988; www.uniqueyackandandah.com.au; 27 High St; ⏲9–17 Uhr) residiert im alten Postamt. Hier erhält man die kostenlose Broschüre *A Walk in High Street*.

war. Auf der anderen Straßenseite steht das **Beechworth Courthouse** (Erw./Kind/Familie 8/5/16 AU$; ⏲9.30–17 Uhr), in dem vielen historischen Schlüsselfiguren der Prozess gemacht wurde, unter ihnen auch Ned Kelly und seine Mutter, deren Zellen man ebenfalls besichtigen kann. Von der **Telegraph Station** aus, die Morsezeichen hinaus in die Welt schickte, kann man ein Telegramm verschicken. Weitere Gebäude sind die **Sub-Treasury**, das **Chinese Protector's Office** und das **Gold Warden's Office**. Durch die Loch Street erreicht man das **Burke Museum** (Erw./Kind/Familie 8/5/16 AU$; ⏲10–17 Uhr), das eröffnet wurde, um an den Forscher Robert O'Hara Burke zu erinnern, der als Polizeichef von Beechworth diente, bevor er gemeinsam mit William Wills zu seiner schicksalhaften Reise gen Norden aufbrach.

Beechworth Gaol Unlocked MUSEUM
(☎1300 774 766; www.beechworthgaol.com.au; Ecke Ford & William St; Tour Erw./Kind/Familie ab 22,50/17,50/75 AU$; ⏲Touren 11 Uhr, 12 Uhr & 15 Uhr) Das Beechworth Gaol entließ 2006 seine letzten Gefangenen und öffnet heute für unheimliche Touren seine Tore, auf denen man auch die Zellen der ehemaligen Insassen Ned Kelly und Harry Power, die Wachtürme und den Galgen besucht. Vorab buchen.

Beechworth Honey Experience ESSEN
(☎03-5728 1432; www.beechworthhoney.com.au; Ecke Ford & Church St; ⏲9–17 Uhr) GRATIS Die Beechworth Honey Experience entführt ihre Besucher auf einer audiovisuellen Tour sowie mit einem lebendigen Bienenstock und Honigverkostungen in die faszinierende Welt des Honigs und der Bienen.

Beechworth Ghost Tours GEISTER
(☎0447 432 816; www.beechworthghosttours.com; Anstaltstour Erw./Kind/Familie 30/15/85 AU$, Mörder-Tour 25/15/75 AU$; ⏲ab 20 Uhr) Beechworths gruselige Vergangenheit wird auf den beliebten Spaziergängen durch eine einstige Irrenanstalt und zu Tatorten verschiedener Morde wieder lebendig. Besser vorab buchen.

Geführte Touren

Stick & Stones Adventures OUTDOOR
(☎02-6027 1483; www.sticksandstonesadventures.com.au; Erw./Kind 120/85 AU$; ⏲Touren Do–So) Dieser Anbieter ist auf Ausflüge rund um Essen, Wein und Abenteuer spezialisiert. Bei der sonntäglichen Tour „Day in the Wild" lernt man, im Busch zu überleben, Feuer zu machen und Nahrung in der Natur zu finden.

Schlafen

In Beechworth stehen allerhand Cottages und B&Bs zur Verfügung; Näheres dazu unter www.beechworth.com/accommodation.

Old Priory PENSION $
(☎03-5728 1024; www.oldpriory.com.au; 8 Priory Lane; B/EZ/DZ 45/65/95 AU$, Cottages

140 AU$) Dieses historische Kloster ist ein wirklich charmantes Plätzchen, das oft von Schulklassen genutzt wird. Es ist die beste Budgetunterkunft in ganz Beechworth.

Lake Sambell Caravan Park CAMPINGPLATZ $
(☎03-5728 1421; www.caravanparkbeechworth.com.au; Peach Dr; Stellplatz ohne/mit Strom 26/32 AU$, Hütten 90–135 AU$; ❄📶) Der schattige Park neben dem hübschen Lake Sambell besitzt tolle Einrichtungen, etwa eine Küche, einen Spielplatz und einen Rad- und Kajakverleih.

Armour Motor Inn MOTEL $$
(☎03-5728 1466; www.armourmotorinn.com.au; 1 Camp St; EZ/DZ/FZ 110/120/150 AU$; ❄📶🏊) Preiswertes, sehr zentrales Motel.

Freeman on Ford B&B $$$
(☎03-5728 2371; www.freemanonford.com.au; 97 Ford St; EZ/DZ inkl. Frühstück ab 255/275 AU$; 🏊) Die Oriental Bank aus dem Jahr 1876 beherbergt dieses grandiose B&B, das viktorianischen Luxus mitten in der Stadt anbietet.

Essen & Ausgehen

Für eine Stadt dieser Größe kann Beechworth mit einer fantastischen Gastroszene aufwarten, in deren Lebensmittelläden und Speisekammern frische lokale Produkte stehen und die mit wirklich edlen Restaurants in historischen Gebäuden auftrumpfen kann.

★ **Bridge Road Brewers** BRAUEREI, PIZZERIA $
(☎03-5728 2703; www.bridgeroadbrewers.com.au; Ford St; Pizza 12–21 AU$; ⏲Mo–Sa 11–17, So 11–23 Uhr) Diese Mikrobrauerei ist Beechworths Schmuckstück. Sie versteckt sich hinter dem imposanten Tanswells Commercial Hotel und produziert einige ausgezeichnete Biere. Von Mittwoch bis Sonntag werden zum Mittagessen (sonntags auch zum Abendessen) frisch gebackene Brezeln und sensationelle italienische Pizza serviert – die mit Apfel und Blauschimmelkäse sollte man probieren!

Beechworth Bakery BÄCKEREI $
(☎1300 233 784; 27 Camp St; leichte Gerichte 3–10 AU$; ⏲6–19 Uhr) Dieses Original gehört zu einer Kette und ist bei Einheimischen und Touristen sehr beliebt. Glücklicherweise ist der Laden so groß wie eine Scheune, und man findet immer ein Plätzchen. Pies, Torten, Sandwichs und die Spezialität des Hauses, Bienenstich, sind allesamt lecker.

Provenance MODERN-USTRALISCH $$$
(☎03-5728 1786; www.theprovenance.com.au; 86 Ford St; Hauptgerichte 25–37 AU$, Degustationsmenü 100 AU$; ⏲Mi–So 18.30 Uhr–open end) Das Provenance ist in einem ehemaligen Bankgebäude aus dem Jahr 1856 zuhause und bietet eine elegante, aber moderne kulinarische Erfahrung. Auf der innovativen Karte stehen Gerichte wie Milawa-Entenbrust und einige inspirierende vegetarische Alternativen.

Praktische Informationen

Beechworth Visitor Centre (☎1300 366 321; www.beechworthonline.com.au; 103 Ford St; ⏲9–17 Uhr) Dieses effiziente Besucherzentrum im alten Rathaus hilft bei der Buchung von Unterkünften und Aktivitäten. Hier kann man sich auch nach dem „Golden Ticket" erkundigen, das zum Eintritt in den historischen Distrikt und zur Teilnahme an zwei geführten Spaziergängen berechtigt (2 Tage lang gültig).

An- & Weiterreise

Beechworth liegt gleich abseits der Great Alpine Road, 36 km östlich von Wangaratta. **V/Line** (☎1800 800 007; www.vline.com.au) unterhält Züge/Busse zwischen Melbourne und Beechworth, aber man muss in Wangaratta umsteigen (31 AU$, 3½ Std., 4-mal tägl.). Ab Wangaratta (4,40 AU$, 35 Min., 5-mal tägl.) und Bright (4,20 $, 50 Min., 2-mal tägl.) fahren Direktbusse. Diese Verbindungen stehen am Wochenende allerdings nur einmal auf dem Fahrplan.

Myrtleford

2710 EW.

Myrtleford liegt an der Great Alpine Road nahe der Hügellandschaft rund um den Mt. Buffalo. Es ist ein weiteres Tor zu den Bergen und eine lohnende Option für einen Zwischenstopp, wenn man die Schneefelder oder die Gourmet Region erkunden möchte. Das **Myrtleford Visitor Centre** (☎03-5755 0514; www.visitmyrtleford.com; 38 Myrtle St; ⏲9–17 Uhr) hält Informationen bereit und bietet einen Buchungsservice an. Wer hier den Rail Trail in Angriff nehmen will, kann sich beim **Myrtleford Cycle Centre** (☎03-5752 1511; www.myrtlefordcycle.com; 59 Clyde St; pro Tag/Wochenende 25/45 AU$; ⏲Di–Sa 9–17.30, So 10–14 Uhr) ein Fahrrad ausleihen.

Butter Factory CAFÉ $
(☎03-5752 2300; www.thebutterfactory.com.au; Great Alpine Rd; Gerichte 6,50–18,50 AU$; ⏲Do–Di 8.30–17 Uhr; 📶🌶) Dieses ausgezeichnete Café mit Lebensmittelladen ist in einer alten Butterfabrik untergebracht. An den meisten Tagen kann man sogar sehen, wie gebuttert wird, und donnerstags kann man um 11 Uhr

auch eine Tour (5 AU$) machen und den Prozess noch genauer in Augenschein nehmen. Der Laden bietet ein breites Sortiment von Marmeladen, Saucen, Honig und eingelegtem Gemüse, und das Café ist der richtige Ort für ein ganz besonderes Bio-Frühstück. Alternativ kann man zum Mittagessen eine gemischte Platte, Burger oder andere leichte Gerichte genießen.

Mt. Buffalo National Park

1500 M

Der wunderschöne Mt. Buffalo ist das ganze Jahr über ein leicht zu erreichendes Ziel: Im Winter ist er ein übersichtliches, familienorientiertes Gebiet zum Langlaufen und Rodeln, und im Sommer der perfekte Ort zum Buschwandern, Mountainbikefahren und Felsenklettern. Besonders fitte Radler strampeln gerne zum Gipfel hinauf und lassen es bergab ganz entspannt laufen.

Der Berg wurde 1824 von den Entdeckern Hume und Hovell auf ihrer Expedition von Sydney nach Port Phillip getauft und 1898 zum Nationalpark erklärt. Am besten erreicht man ihn über Porepunkah, das zwischen Myrtleford und Bright liegt.

Zuerst sollte man an der **Gorge Day Visitor Area** Halt machen, von wo aus einige kurze Wanderwege zu Granitfelsvorsprüngen und Aussichtspunkten führen, von denen sich eine tolle Aussicht auf den Berg und das Tal bietet. Der **Big Walk**, ein 11 km langer, fünfstündiger Aufstieg auf den Berg, der an der Eurobin Creek Picnic Area beginnt, endet ebenfalls hier (aber es ist einfacher, hier anzufangen und bergab zu gehen). Außerdem gibt's einen leichten Wanderweg zum **Lake Catani**, der sich im Sommer zum Baden, Kanufahren und Picknicken anbietet.

Die Straße führt weiter zum Dingo Dell und ins Cresta Valley bis direkt unter den Gipfel des **Horn** (1723 m), des höchsten Bergs des Massivs. Der Aufstieg vom Parkplatz zum Gipfel ist ziemlich hart, aber oben bietet sich ein unschlagbares 360-Grad-Panorama über das High Country.

Aktivitäten

Am Parkplatz im Cresta Valley beginnt ein 14 km langes Netz aus **Langlaufloipen**. Im Sommer ist der Mt. Buffalo ein Paradies für **Drachenflieger**, und die beinahe senkrechten Wände der Gorge bieten einige der anspruchsvollsten Routen für **Felsenkletterer** in ganz Australien. Am Dingo Dell Café kann man sich das ganze Jahr über Kajaks ausleihen (ab 30/50 AU$ pro halber/ganzer Tag).

Adventure Guides Australia OUTDOOR
(☎0419 280 614; www.visitmountbuffalo.com.au) Dieser erfahrene, etablierte Anbieter deckt mit Abseilen und Felsenklettern (ab 88 AU$) oder Höhlentouren durch ein unterirdisches Flusssystem (ab 120 AU$) fast alles ab, was man am Berg so machen kann. Im Winter öffnet er außerdem seine Langlaufschule.

Eagle School of Microlighting ULTRALEICHTFLUGZEUGE
(☎03-5750 1174; www.eagleschool.com.au; Flüge 70–300 AU$) Aufregende Tandemflüge über das Gebiet rund um den Mt. Buffalo.

Schlafen

Das grandiose, hundert Jahre alte **Mt. Buffalo Chalet** blickt über das Gorge-Gebiet. Es wurde 2007 geschlossen und befindet sich in der Hand von Parks Victoria. Momentan wird nach einer Lösung gesucht, ihm wieder zu seiner einstigen Pracht zu verhelfen.

Der **Lake Catani Campground** (Zeltplatz pro Person 28 AU$; ⊙Nov.–April) ist ein beliebter Sommercampingplatz mit Toiletten und Duschen. Man muss ihn über **Parks Victoria** (☎13 19 63; www.parkweb.vic.gov.au) buchen.

Bright

2165 EW.

Bright liegt im Hügelvorland, ist für seine phänomenale Herbstfärbung berühmt und das ganze Jahr über ein beliebtes Ziel, das gerne als Ausgangspunkt gen Mt. Hotham und Falls Creek genutzt wird. Im Winter wimmelt es in Bright von Skifahrern, aber es ist ein wirklich nettes ganzjähriges Basislager zur Erkundung des Alpine National Park. Man kann hier prima Fallschirmspringen, in den Flüssen angeln, Kajak fahren, buschwandern und die Weingüter der Region entdecken. Zahlreiche Unterkünfte und einige schicke Restaurants und Cafés vervollständigen das Bild.

Sehenswertes & Aktivitäten

Zu den Wanderwegen rund um Bright gehören auch der 3 km lange **Canyon Walk** am Fluss, der 4 km lange **Cherry Walk** und die 6 km lange Route nach **Wandiligong**, die dem Morses Creek folgt.

Rund um Bright befinden sich einige gute Weinkellereien, aus denen **Boynton's Feathertop** (☎03-5756 2356; www.boynton.

com.au; 6619 Great Alpine Rd, Porepunkah; ⌚10–17 Uhr) in Porepunkah besonders hervorsticht. Dort laden ein mittags geöffnetes Freiluft-Restaurant, ein Feinkostladen, der lokalen Käse und andere Erzeugnisse verkauft, eine Brauerei und eine tolle Aussicht von der erhöhten Terrasse zu einem Besuch ein. Wer nach etwas ganz anderem sucht, kann bei **Great Alpine Liqueurs** (☎03-5755 1002; www.greatalpineliqueurs.com.au; 36 Churchill Ave; ⌚Fr–Mo 10–16.30 Uhr, tägl während der Ferien) Liköre, Schnäpse und Obstbrände verkosten, die vor Ort gebrannt werden.

Der Murray to Mountains Rail Trail beginnt (oder endet) hinter dem alten Bahnhof. Fahrräder, Tandems und Anhänger für Kinder kann man bei **Cyclepath** (☎03-5750 1442; www.cyclepath.com.au; 74 Gavan St; pro Std. ab 20 AU$, halber/ganzer Tag ab 24/32 AU$, Mountainbike/Straßenrad 44/60 AU$) ausleihen.

Bright ist das perfekte Basislager für alle möglichen Abenteueraktivitäten – Paraglider etwa nutzen die Thermik am nahen Mystic Mountain.

Active Flight PARAGLIDING
(☎0428 854 455; www.activeflight.com.au) Paraglidinggkurse für Anfänger (ab 245 AU$) und Tandemflüge (130–220 AU$).

Alpine Paragliding PARAGLIDING
(☎0428 352 048; www.alpineparagliding.com; 100 Gavan St; ⌚Okt.–Juni) Tandemflüge vom Mystic (130–250 AU$) aus sowie zweitägige Kurse (500 AU$).

Bright Microflights ULTRALEICHTFLUGZEUGE
(☎03-5750 1555; brightmicroflights@swiftdsl.com.au; Buckland Valley Rd, Porepunkah) Bietet Flüge über Porepunkah (70 AU$), den Mt. Buffalo (125 AU$) oder beide (155 AU$) an.

Geführte Touren

Bright Limousines WEIN
(☎03-5755 1144; www.brightlimousines.com.au; ab 75 AU$) Auf einer dieser Touren mit Stretch-Limousine kann man Weinkellereien oder Countrypubs stilgerecht besuchen.

Feste & Events

Bright Autumn Festival STRASSENFEST
(www.brightautumnfestival.org.au) Ein beliebter Festtag mit offenen Gärten, der im April oder Mai stattfindet.

Bright Spring Festival STRASSENFEST
(www.brightspringfestival.com.au) Hier feiert sich das strahlende Bright selbst. Das Fest wird Ende Oktober/Anfang November zwei Wochen lang gefeiert und erlebt seinen Höhepunkt am Wochenende des Melbourne Cup.

MURRAY TO THE MOUNTAINS RAIL TRAIL

Der **Murray to the Mountains Rail Trail** (www.murraytomountains.com.au) ist eine der besten Wander-/Mountainbike-Routen für Familien oder Freizeitradler – er ist asphaltiert, größtenteils relativ eben und führt durch eine spektakuläre Landschaft aus Farmen, Wäldern und Weinbaugebieten. Der 94 km lange Weg verbindet Wangaratta über Beechworth, Myrtleford und Porepunkah mit Bright. In Bright und Myrtleford kann man sich ein Fahrrad ausleihen, und wenn man bei **Riding High Cycling Tours** (☎03-5725 1343, 0402 858 268; www.ridinghigh.com.au; Fahrrad 30 AU$/Tag) anruft, bekommt man sogar eins geliefert. Sie bieten auch Radtouren und Transfers an.

Schlafen

Unterkünfte gibt's zuhauf, aber in den Weihnachts- und Osterferien und bei Festivals ist nur schwer ein Zimmer zu bekommen.

Bright Backpackers Outdoor Inn CAMPINGPLATZ $
(☎0418 528 631, 03-5755 1154; www.brightbackpackers.com.au; 106 Coronation Dr; Stellplatz ohne/mit Strom ab 16/18 AU$, EZ/DZ Hütten 33/55 AU$; 📶) Dieser schlichte, aber entspannte Platz am Fuß des Mystic Mountain ist bei Paraglidern beliebt und die günstigste Übernachtungsmöglichkeit der Stadt.

Bright Velo HOTEL $$
(☎03-57551074; www.brightvelo.mobi; 2 Ireland St; DZ ab 100 AU$, Apt. & historisches B&B 150–170 AU$) Dieses Haus hat eine Reihe preiswerter Unterkünfte im Angebot, die sich (wenn auch nicht ausschließlich) an Radfahrer richten. Gratis dazu gibt's Fahrradständer, einen Abstellraum und Tipps rund um die Gegend. Außerdem lockt ein tolles Café. Es stehen schlichte Motelzimmer, Wohneinheiten mit zwei Zimmern für bis zu fünf Personen sowie historische B&B-Zimmer im ehemaligen Oriental Hotel zur Verfügung.

Coach House Inn MOTEL $$
(☎1800 813 992; www.coachhousebright.com.au; 100 Gavan St; EZ/DZ 85/105 AU$, Motel DZ/3BZ/FZ 125/145/165 AU$; ❄ 🏊) Dieses zentral gele-

gene Haus bietet schlichte, aber preiswerte Zimmer sowie Selbstversorgerunterkünfte im Motelstil für zwei bis sechs Personen.

Elm Lodge Motel MOTEL **$$**
(☎03-5755 1144; www.elmlodge.com.au; 2 Wood St; DZ 120–150 AU$, Cottage mit Whirlpool 160 AU$; ❄) Diese etwas eigenwillige Ansammlung weinroter Holzhütten bietet Zimmer in allen Preisklassen, von günstigen Wohnstudios über geräumige Apartments für Selbstversorger mit zwei Zimmern und polierten Holzböden bis hin zu Zimmern mit Whirlpool.

Odd Frog BOUTIQUEHOTEL **$$**
(☎0418 362 791; www.theoddfrog.com; 3 McFadyens Ln; DZ 150–195 AU$, 4BZ 250 AU$) Die modernen, umweltfreundlichen Wohnstudios liegen nur einen kurzen Fußweg südlich der Stadt im Busch und bieten helle, luftige Räume, tolle Balkone inklusive Teleskop zum Sternegucken und Whirlpools. Mit ihrer skulpturartigen Stahlrahmenkonstruktion sind sie sehr clever an ihre Buschumgebung und die Hanglage angepasst.

Essen & Ausgehen

In der Ireland St gibt's Cafés, Essen zum Mitnehmen und das Alpine Hotel. Aber entlang der Gavan Street – dem Highway, der durch die Stadt führt – kann man auch ganz gut essen.

Cafe Velo CAFÉ **$**
(☎03-5755 1074; 2 Ireland St; Gerichte 6–15 AU$; ⌚7.30–16 Uhr) Dieses ultracoole Café mit Fahrrad-Motto serviert den vielleicht besten Kaffee der Stadt, leckeres Frühstück und vegetarische Gerichte. Es wird vom ehemaligen Radprofi Wayne Hildred geführt und ist genau der richtige Ort, wenn man auf zwei Rädern unterwegs ist und nicht nur eine Erfrischung, sondern auch ein paar Tipps gebrauchen kann.

Pepperleaf Bushtucker Restaurant MODERN-AUSTRALISCH **$$**
(☎03-5755 1537; 2a Anderson St; Tapas ab 6 AU$, Hauptgerichte 18–27 AU$; ⌚Do–Di 12–14 & 18 Uhr–open end, am Wochenende auch Frühstück) Das Pepperleaf ist auf heimische Zutaten spezialisiert, etwa Akaziensamen, Quandong, Szechuanpfeffer und Zitronenmyrte, die mit Wildfleisch wie Krokodil, Emu oder Känguru zu innovativen Gerichten vereint werden.

Thirteen Steps WEINBAR **$$**
(☎03-5750 1313; www.thirteensteps.com.au; 14 Barnard St; Hauptgerichte 15–22 AU$; ⌚Do–Mo 17–23 Uhr) In dieser intimen Weinbar kann man in den Keller hinabsteigen, um sich die Harrietville-Räucherforelle und Zucchini-Puffer schmecken zu lassen. Romantisch für ein Gläschen zu zweit.

Simone's Restaurant ITALIENISCH **$$$**
(☎03-5755 2266; www.simonesbright.com.au; 98 Gavan St; Hauptgerichte 32–37 AU$; ⌚Di–Sa ab 18.30 Uhr) Besitzerin und Köchin Patrizia Simone serviert im rustikalen Speiseraum dieses denkmalgeschützten Hauses seit 20 Jahren herausragende italienische Küche mit einem Schwerpunkt auf lokalen Zutaten und saisonalen Produkten. Reservierung ist erforderlich. Patrizia hat außerdem eine Kochschule eröffnet, die freitags, samstags und sonntags regelmäßig Kurse anbietet (150–180 AU$).

★ **Bright Brewery** BRAUEREI
(☎03-5755 1301; www.brightbrewery.com.au; 121 Gavan St; ⌚12–22 Uhr; 📶) Diese aufstrebende Brauerei produziert eine Reihe hochwertiger Biere und serviert auch gleich das passende Essen wie Pizza, Wurst und Nachos. Die jüngste Errungenschaft ist ein bereits jetzt renommiertes Restaurant. Es gibt Führungen, freitags um 15 Uhr eine Verkostung (18 AU$) und sonntags Livemusik. Außerdem kann man einen Tag lang lernen, wie man Braumeister werden kann (360 AU$).

Praktische Informationen

Alpine Visitor Information Centre (☎03-5755 0584, 1800 111 885; www.greatalpinevalleys.com.au; 119 Gavan St) Bietet einen umtriebigen Buchungsservice für Unterkünfte und Informationen zu Parks Victoria an. Dazu gehören auch das Riverdeck Café und Internetzugang.

An- & Weiterreise

V/Line (☎1800 800 007; www.vline.com.au) betreibt Züge/Busse nach Melbourne (32,20 AU$, 4½ Std, 2-mal tägl.) mit Umsteigen in Wangaratta (8,80 AU$, 1½ Std.). Während der Skisaison verkehrt der **Snowball Express** (☎1300 656 546; www.snowballexpress.com.au) von Melbourne nach Bright (hin & zurück 130 AU$), der zum Mt. Hotham (hin & zurück 50 AU$, 1½ Std.) weiterfährt.

Mt. Beauty & Kiewa Valley

1655 EW.

Nein, Mt. Beauty ist kein Berg, aber trotzdem wunderschön. Der Ort schmiegt sich an den Fuß des Mt. Bogong (Victorias höchsten

Berg) am Ufer des Kiewa River, und seine Zwillingsstädtchen Tawonga und Tawonga South sind die Tore zum Skiort Falls Creek. Auf der Fahrt von Bright bietet sich ein tolles Bergpanorama, besonders am Tawonga Gap Lookout. Eine malerische Schleife führt außerdem von Ovens über die **Happy Valley Tourist Road** nach Mt. Beauty.

Das **Mt. Beauty Music Festival** (www.musicmuster.org.au) lockt im April Folk-, Blues- und Countrymusiker in die Stadt.

Sehenswertes & Aktivitäten

Der 2 km lange **Tree Fern Walk** und der längere **Peppermint Walk** beginnen beide am Picknick- und Campingplatz Mountain Creek an der Mountain Creek Road abseits des Kiewa Valley Highway. 1 km außerhalb von Bogong Village (Richtung Falls Creek) führt der (hin & zurück) 1,5 km lange **Fainter Falls Walk** zu einem hübschen Wasserfall.

20 km von Mt. Beauty entfernt gibt's an einem noch aktiven Wasserkraftwerk, der **Bogong Power Station** (☎03-5754 3318; Bogong High Plains Rd; ⏲So & Mo 11–15 Uhr) GRATIS, ein interessantes Besucherzentrum.

Bogong Horseback Adventures REITEN
(☎03-5754 4849; www.bogonghorse.com.au; Mountain Creek Rd, Tawonga; 2/3 Std. 90/110 AU$, ganzer Tag inkl. Mittagessen 220 AU$) Reiter können diese wunderschöne Gegend mit Bogong Horseback Adventures erleben. Der Anbieter organisiert z. B. fünf- bis siebentägige Touren mit Packpferden.

Rocky Valley Bikes OUTDOOR
(☎03-5754 1118; www.rockyvalley.com.au; Kiewa Valley Hwy) Verleiht Mountainbikes und Cross-Country-Räder ab 35/50 AU$ für einen halben/ganzen Tag sowie Wintersportausrüstung und Schneeketten in der weißen Saison.

Schlafen

Entlang des Kiewa River gibt's Campingplätze und am Highway mehrere Motels.

Mount Beauty Holiday Centre CAMPINGPLATZ $
(☎03-5754 4396; www.holidaycentre.com.au; Kiewa Valley Hwy; Stellplatz ohne/mit Strom 28/33 AU$, Hütten & Jurten 100–150 AU$; ❄📶) Dieser familienorientierte Campingplatz in der Nähe der Stadt liegt direkt am Fluss und bietet Spielmöglichkeiten, einen Trockenraum und ein paar interessante Hütten, darunter sechseckige „Jurten".

Dreamers APARTMENTS $$$
(☎03-5754 1222; www.dreamersmtbeauty.com.au; Kiewa Valley Hwy; Apt. 200–490 AU$; 📶🏊) 🍃 Jedes der tollen Öko-Apartments des Dreamers bietet etwas Besonderes und ist architektonisch einzigartig: Versunkene Lounge-Bereiche, offene Kamine, Loft-Schlafzimmer und Whirlpools auf den Balkonen sind nur ein paar der Highlights. Die großartige Aussicht und die hübsche Lagune machen das traumhaft romantische Erlebnis perfekt.

Essen & Ausgehen

Flour + Water PIZZERIA $
(☎03-5754 4449; www.flourpluswater.com; 171 Kiewa Valley Hwy, Tawonga South; Pizza 10–15 AU$, Hauptgerichte 25 AU$; ⏲Winter und Schulferien 17 Uhr–open end) Leckere Pizza, darunter so exotische Kreationen wie „Sweet Chili Thai", sind das Markenzeichen dieses lässigen, aber charismatischen kleinen Lokals direkt vor den Toren der Stadt.

Å Skafferi SCHWEDISCH $
(☎03-5754 4544; 84 Bogong High Plains Rd, Mt. Beauty; Gerichte 6–18 AU$; ⏲Do–Mo 8–16 Uhr) Dieses coole schwedische Lokal mit Lebensmittelladen gehört zum Svärmisk-Spa-Komplex. Man kann sich zum Mittagessen schwedische Köttbullar schmecken lassen oder den Hering mit *knackebrod* probieren.

Roi's Diner Restaurant ITALIENISCH $$
(☎03-5754 4495; 177 Kiewa Valley Hwy, Tawonga; Hauptgerichte 27–35 AU$; ⏲Do–So 16–21.30 Uhr) Das Roi's, ein unauffälliger Holzschuppen am Highway in Tawonga, 5 km von Mt. Beauty entfernt, ist ein preisgekröntes Restaurant, das auf außergewöhnliche, moderne italienische Küche spezialisiert ist, etwa gegrillte marinierte Schweinelendchen.

Sweetwater Brewing Company BRAUEREI
(☎03-5754 1881; www.sweetwaterbrewing.com.au; 211 Kiewa Valley Hwy, Tawonga South; ⏲Fr–So 13–18 Uhr) Brauerei, die fünf sehr trinkbare Biere produziert.

Praktische Informationen

Mt. Beauty Visitor Centre (☎03-5755 0596, 1800 111 885; www.greatalpinevalleys.com.au; 31 Bogong High Plains Rd) Buchungsservice für Unterkünfte und eine Ausstellung zu Geschichte und Natur der Region.

An- & Weiterreise

V/Line (☎1800 800 007; www.vline.com.au) unterhält von Montag bis Freitag Verbindungen mit dem Zug/Bus/Taxi von Melbourne über Seymour und Bright nach Mt. Beauty (36,40 AU$, 5½ Std.). Der Taxiservice von Bright nach Mt. Beauty steht an Werktagen um 16.40 Uhr (5,40 $, 45 Min.) zur Verfügung. Im Winter bietet **Falls Creek Coach Service** (☎ 03-5754 4024; www.fallscreekcoachservice.com.au) täglich Direktbusse von Melbourne (einfach/hin & zurück 86/134 AU$) und Albury (34/53 AU$) nach Mt. Beauty an, die jeweils nach Falls Creek (37/58 AU$) weiterfahren.

Falls Creek

1780 M

Falls Creek, Victorias schillerndster, modebewusstester Urlaubsort, vereint eine malerische Bergkulisse mit beeindruckenden Skipisten und berüchtigter Après-Ski-Unterhaltung. Die Pisten liegen auf zwei größere Gebiete verteilt – Village Bowl und Sun Valley – und bieten insgesamt 19 Lifte, einen Höhenunterschied von 267 m und Australiens längste Anfängerpiste, **Wombat's Ramble**.

Aber hier dreht sich nicht alles nur um Wintersport: Falls bietet auch ein tolles Sommerprogramm, und man kann hier prima wandern und reiten. Auch **Mountainbikefahren** wird in der grünen Saison immer beliebter, und es entstehen immer mehr Downhill- und Cross-Country-Strecken.

Schlafen

Im Winter kann man in Falls mit den Skiern tatsächlich direkt bis zur Lodge fahren. Unterkünfte können über **Falls Creek Central Reservations** (☎ 1800 033 079; www.fallscreek.com.au/centralreservations) gebucht werden.

Alpha Lodge LODGE $

(☎ 5758 3488; www.alphaskilodge.com.au; B Sommer/Winter ab 30/109 AU$) Eine geräumige, erschwingliche Lodge mit Sauna, großer Lounge mit Panoramablick und Gemeinschaftsküche.

Viking Alpine Lodge LODGE $$

(☎ 03-5758 3247; 13 Parallel St; DZ/4BZ Sommer ab 110/200 AU$, Skisaison ab 320/500 AU$) Das Viking bietet das ganze Jahr über preiswerte Unterkünfte mit ausgezeichneten Gemeinschaftseinrichtungen. Es punktet auch mit seiner Lounge und der tollen Aussicht.

Quay West Resort & Spa HOTEL $$$

(☎ 03-5732 8000, 1800 630 882; www.quaywestfallscreek.com.au; 17 Bogong High Plains Rd; 1-Zi.-Apt. Sommer/Winter ab 225/600 AU$) Dieses Resort dominiert das Dörfchen Falls Creek und verfügt über luxuriöse Apartments mit grandioser Aussicht sowie ein Tages-Spa und das Restaurant Alta. Ganzjährig geöffnet.

Essen & Ausgehen

Tolle Kiosks, Cafés und Restaurants gibt's zuhauf, und für Selbstversorger steht ein Supermarkt mit Getränkeverkauf bereit.

Cafe Milch WEINBAR $

(☎ 0408 465 939; 50 Schuss St; Hauptgerichte 12–24 AU$; ⏲ 8–23 Uhr) In diesem hippen Laden heißt es „sehen und gesehen werden". Die Café-Bar bietet Mod-Oz-Küche, ein knisterndes Feuer und eine gute Weinkarte.

Three Blue Ducks CAFÉ $$

(☎ 03-5758 3863; www.huski.com.au; 3 Sitzmark St; Hauptgerichte 16–30 AU$; ⏲ 7.30–23 Uhr) Dieses schicke Café mit Lebensmittelladen im Huski-Apartments-Komplex ist der alpine Coup des erfolgreichen Unternehmens aus Sydney.

Man Hotel PUB

(☎ 03-5758 3362; www.themanfallscreek.com; 20 Slalom St; ⏲ 16 Uhr–open end) „The Man" gibt's schon seit Ewigkeiten. Es ist das ganze Jahr über geöffnet und stellt das Herz von Falls' Nachtleben dar. Im Winter haut es mit Club, Cocktailbar und Livemusik von beliebten Aussie-Bands so richtig auf die Pauke.

Praktische Informationen

Während der Skisaison kostet die Einfahrt ins Skigebiet pro Tag 39,50 AU$ je Auto. Liftpässe für einen Tag kosten 106/90/53 AU$ für Erwachsene/Studenten/Kinder, für zwei oder mehr Tage sind Rabatte zu kriegen. Kombipakete mit Liftnutzung und Unterricht gibt's für 160/136/109 AU$. Die Liftkarten sind auch am Mt. Hotham gültig. Zwischen der Haltestelle im Dorf und den Lodges steht ein Transportservice fürs Gepäck (33 AU$ hin & zurück) zur Verfügung. Der Besucherparkplatz befindet sich unten im Dorf neben den Skiliften.

Falls Creek Resort Management (☎ 03-5758 1200; www.fallscreek.com.au; 1 Slalom St; ⏲ Winter 8.30–17 Uhr, Sommer Mo–Fr 9–17, Sa & So 10–15 Uhr) Informationen für Besucher und nützliche Karten und Führer zu den Skipisten und Sommerwanderwegen.

Anreise & Unterwegs vor Ort

Falls Creek liegt 375 km von Melbourne entfernt, also ca. 4½ Stunden Fahrt. Im Winter unterhält **Falls Creek Coach Service** (☎ 03-5754 4024; www.fallscreekcoachservice.com.au) vier Mal pro Woche Busse zwischen Falls Creek und Melbourne (einfach/hin & zurück 105/170 AU$) und bietet außerdem Verbindungen nach und ab Albury (60/95 AU$) und Mt. Beauty (37/58 AU$) an. Im Sommer sind die Verbindungen seltener.

Wer einen Tag lang am Mt. Hotham Ski fahren möchte und einen gültigen Liftpass hat, kann für 125 AU$ hin & zurück HeliLink nutzen.

Harrietville

234 EW.

Harrietville, ein hübscher kleiner Ort am Ovens River unterhalb des Mt. Feathertop, ist der letzte Haltepunkt, ehe sich die Straße zum Mt. Hotham hinaufschlängelt. Das Dorf ist Start- und Zielpunkt diverser **Bergwanderwege**, z.B. des Mt. Feathertop Walk, des Razorback Ridge und des Dargo High Plains Walk. Fahrräder (50 AU$/Tag) gibt's beim Snowline Hotel, das auch Mountainbiketouren bietet und einen zum Berg transportiert.

Jedes Jahr Ende November macht das **Blue Grass Festival** (www.harrietvillablusgrass.com) Stimmung.

Snowline Hotel MOTEL **$**
(☎ 03-5759 2524; www.snowlinehotel.com.au; Great Alpine Rd; DZ ab 115 AU$) Das Snowline besteht seit über 100 Jahren und bietet abseits des Berges preisgünstig Unterkunft in komfortablen Motelzimmern. Das Pub-Bistro (Hauptgerichte 20–30 AU$) hat treue Gäste – dank Klassikern wie dem Hühnchen-Parmigiana, den Harrietville-Forellen und den Steaks vom tasmanischen Angus-Rind.

★ **Shady Brook Cottages** COTTAGES **$$**
(☎ 03-5759 2741; www.shadybrook.com.au; Mountain View Walk; Cottage mit 1/2 B ab 130/165 AU$; ❄ @) Ein prächtiger Garten umgibt die hübsche Gruppe romantischer Hütten im Landhausstil. Alle haben Balkon und moderne Ausstattung, zwei auch einen Whirlpool.

Mt. Hotham & Dinner Plain

1868 EW.

Geübte Wanderer, Skifahrer und Snowboarder strömen zum Mt. Hotham, wo es einige der besten und schwierigsten Abfahrtspisten im Land gibt – insgesamt 320 ha an Abfahrtshängen mit einem Höhenunterschied von 428 m. Rund 80 % der Pisten sind nur für fortgeschrittene oder sehr gute Skifahrer geeignet. Im 10 km von Hotham Village entfernten **Dinner Plain**, das mit diesem durch ein Shuttle verbunden ist, gibt es gute Langlaufloipen, beispielsweise den **Hotham-Dinner Plain Ski Trail**.

Von November bis Mai bieten Hotham und Dinner Plain Wanderern und Mountainbikefahrern tolle Bergstrecken. Die beliebteste Strecke ist der 22 km lange Rundweg zum **Mt. Feathertop** (1922 m) über Razorback Ridge. In Dinner Plain verleiht **Adventures with Altitude** (☎ 03-5159 6608; www.adventureswithaltitude.com.au; Fahrradverleih Std./halber/ganzer Tag 18/35/50 AU$) Mountainbikes, Ausrüstung und Karten. Im Angebot sind Mountainbiketouren (Tag/2 Tage 70/180 AU$), Buschwanderungen und Ausritte.

Schlafen

Während der Skisaison muss man seine Unterkunft grundsätzlich für mindestens zwei Tage buchen. Reservierungsbüros:

Dinner Plain Accommodation (☎ 1800 444 066; www.accommdinnerplain.com.au; Big Muster Dr)

Dinner Plain Central Reservations (☎ 1800 670 019; www.dinnerplain.com; Big Muster Dr)

Mt. Hotham Accommodation Service (☎ 1800 032 061; www.mthothamaccommodation.com.au)

Mt. Hotham Central Reservations (☎ 1800 657 547; www.skicom.com.au).

Leeton Lodge LODGE **$**
(☎ 03-5759 3283; www.leetonlodge.com; Dargo Ct, Mt. Hotham; B Sommer 40 AU$, Winter 60–80 AU$) Klassischer, familienorientierter Skiclub mit 30 Betten, Küche und schöner Aussicht. Ganzjährig geöffnet.

General Lodge LODGE **$$**
(☎ 03-5759 3523; www.thegeneral.com.au; Great Alpine Rd, Mt. Hotham; Apt. 150 AU$) Diese Apartments hinter dem General überzeugen mit Lounge und Küche und bieten eine tolle Aussicht vom Balkon.

Currawong Lodge LODGE **$$**
(☎ 1800 635 589, 03-5159 6452; www.currawonglodge.com.au; Big Muster Dr, Dinner Plain; Sommer EZ/DZ 80/130 AU$, Skisaison mind. 2 Nächte; DZ 210 AU$) Die Lodge hat einen Gemeinschaftsbereich mit Küche, Sitzecke, TV, DVD-Player, Stereoanlage und einem offenen Kamin. Zu diesem Preis kann man guten Gewissens Skiurlaub machen.

Arlberg Resort APARTMENT **$$$**
(☎ 03-5986 8200; www.arlberghotham.com.au; Mt Hotham; mind. 2 Nächte; DZ ab 430–830 AU$; 📶 🏊) Das Arlberg ist das größte Resort am

HIGHWAYS IM HIGH COUNTRY

Wer einmal das Gefühl haben will, sich auf dem Dach Victorias zu befinden, kann im High Country aus drei grandiosen „Highways" wählen, die auf und über die Berge und hinunter zur Gippsland-Küste führen. Alle drei passieren Omeo und werden dann zur Great Alpine Road, die nach Bairnsdale hinunterführt. Sie bereiten Auto- und Motorradfahrern viel Freude, begeistern aber auch immer mehr hartgesottene Radfahrer.

Great Alpine Road

Die High-Country-Version der Great Ocean Road: Diese sehr beliebte, 308 km lange Strecke beginnt in Wangaratta und folgt dem Ovens Valley durch Myrtleford, Bright und Harrietville, bevor sie über den Mt. Hotham und Dinner Plain nach Omeo und schließlich bis nach Bairnsdale in East Gippsland hinunterführt. Sie ist Australiens höchstgelegene ganzjährig befahrbare Asphaltstraße. Der Abschnitt von Omeo in Richtung Südosten nach Bruthen ist besonders malerisch. Er folgt dem Tal des Tambo River durch Farmland, Weingegenden und so hübsche Ortschaften wie Swifts Creek und Ensay. In Bruthen kann man die Reise bei einem Bier und einem Happen zu Essen in der **Bullant Brewery** (☎ 03-5157 5307; www.bullantbrewery.com; 46 Main St; Gerichte 16–28 AU$; ⏲ Mi, Do, So 11–17, Fr & Sa 11–22 Uhr) ausklingen lassen, einer ländlichen Brauerei, die Pizza und Gourmet-Burger serviert.

Omeo Highway

Der Omeo Highway erstreckt sich über fast 300 km vom Murray River bis an die Küste und passiert einige der malerischsten und vielfältigsten Landstriche in ganz Victoria. Der Highway ist teilweise nicht asphaltiert (nämlich zwischen Mitta Mitta und Glen Willis), und im Winter aufgrund von Schnee oft nur schwer oder gar nicht befahrbar.

In Anglers Rest, neben dem Cobungra River, ist das **Blue Duck Inn** (☎ 03-5159 7220; www.blueduckinn.com.au; Omeo Hwy; Hauptgerichte 18–27 AU$, Hütten 130–150 AU$; ⏲ Gerichte Mi–So 12–14 & 18–20 Uhr) bei Anglern, Motorradfahrern, Kajakfahrern und Buschwanderern dank seiner herzhaften Gerichte und der Grillstelle am Fluss beliebt. Auch die Selbstversorger-Hütten mit zwei Zimmern sind sehr gemütlich. Gleich neben dem Highway gibt's außerdem einen kostenlosen **Campingbereich**.

30 km südlich von Anglers Rest erreicht der Highway Omeo und vereint sich mit der Great Alpine Road.

Bogong High Plains Road

Seit 2009 ist die Bogong High Plains Road endlich auf der gesamten Strecke von Falls Creek bis zum Omeo Highway asphaltiert und im Sommer damit eine weitere fabelhafte Touristenroute (und für gewöhnlich von November bis April befahrbar). Die Route beginnt in Mt. Beauty und klettert durch das Dörfchen Bogong zum Skiort Falls Creek hinauf. Von dort umrundet sie den Rocky Valley Lake und schlängelt sich über 35 km zum Omeo Highway, mit dem sie sich 11 km nördlich von Anglers Rest vereint. Das Ergebnis ist eine grandiose Schleife durch die Berge, die von Bright über Omeo zum Mt. Hotham, weiter nach Falls Creek, hinunter nach Mt. Beauty und wieder zurück nach Bright führt – insgesamt rund 250 km. Unterwegs sollte man nach Wegweisern zu einigen alten Berghütten Ausschau halten, darunter zur **Wallace Hut** ein Stückchen hinter Falls Creek.

Berg und hat eine breite Auswahl an Apartments und Zimmern im Motelstil sowie Restaurants, Bars, einen Skiverleih und einen beheizten Pool. Nur während der Skisaison.

Rundell's Alpine Lodge LODGE $$$
(☎ 03-5159 6422; www.rundells.com.au; Big Muster Dr, Dinner Plain; Sommer DZ 200 AU$, Skisaison Minimum 2 Nächte 350 AU$;) Diese weitläufige Anlage ist ein gut geführtes Hotel mit allem Komfort – Spa, Sauna und Restaurant-Bar.

Essen & Ausgehen

Im Winter ist die Auswahl riesig, im Sommer sind einige Lokale zu. Es gibt hier auch einen Laden. Super für Aprés-Ski-Drinks sind das Jack Frost, die Avalanche Bar und das **Swindlers** (☎ 03-5759 4421; Hauptgerichte 16–40 AU$).

General PUB $
(☎ 03-5759 3523; Great Alpine Rd, Mt. Hotham; Gerichte 10–30 AU$; ⏲ mittags & abends) Das stets

zuverlässige „Gen" ist das ganze Jahr über geöffnet und allseits beliebt. Auf der Karte stehen Pizza und gute Bistrogerichte, und im Internet surfen kann man auch.

Dinner Plain Hotel PUB $$
(☎ 03-5159 6462; www.dinnerplainhotel.com.au; Dinner Plain; Hauptgerichte 10–28 AU$; ⏲ 12–14 & 18–21 Uhr) Dieser freundliche Pub ist so groß wie eine Scheune und bildet das Herz von Dinner Plain. Hier kann man das ganze Jahr über prima abhängen: Der Kamin knistert, und das Bistro serviert gutes Essen.

Praktische Informationen

Während der Skisaison beträgt die Einfahrtsgebühr 35 AU$ pro Auto und Tag bzw. 12 AU$ für Besucher, die mit dem Bus anreisen (manchmal im Fahrpreis inbegriffen). Liftkarten kosten 102/87/51 AU$ für Erwachsene/Studenten/Kinder und gelten auch für Falls Creek.

Dinner Plain Visitor Centre (☎ 1300 734 365; www.visitdinnerplain.com) Infos im Zentrum.

Mt. Hotham Alpine Resort Management Board (☎ 03-5759 3550; www.mthotham.com.au) Im Verwaltungszentrum gibt's Broschüren mit Karten zu diversen Touren.

Anreise & Unterwegs vor Ort

BUS

In der Skisaison schickt **Snowball Express** (☎ 03-9370 9055, 1800 659 009; www.snowballexpress.com.au) täglich Busse von Melbourne über Wangaratta, Myrtleford, Bright und Harrietville zum Mt. Hotham (180 AU$ hin & zurück, 6 Std.). **O'Connell's Bus Lines** (☎ 0428 591 377; www.omeobus.com.au) unterhält die „Alps Link"-Verbindung zwischen Omeo, dem Mt. Hotham (4,40 AU$) und Bright (5,60 AU$).

FLUGZEUG

Der Flughafen von Mt. Hotham bietet Verbindungen nach Hotham Heights und Dinner Plain, aber die momentan einzigen kommerziellen Flüge werden nur im Winter angeboten: QantasLink fliegt von Sydney (ab 189 AU$) hierher. Außerdem gibt's Charterflüge.

SHUTTLE

Zwischen 7 Uhr und 3 Uhr pendelt häufig ein kostenloses Shuttle durch den Ort, und außerdem gibt's eine Verbindung nach Dinner Plain.

Omeo

270 EW.

Das historische Omeo liegt hoch in den Hügeln zwischen dem Alpine National Park und Gippsland und bietet nach der kurvenreichen Fahrt von der Küste herauf oder von den Bergen herunter eine echte Überraschung. Es liegt an der Nebenstraße zum Mt. Hotham und ist der größte Ort am östlichen Abschnitt der Great Alpine Road. Während des Goldrauschs in den 1850er-Jahren besaß Omeo die abgeschiedensten Goldfelder des Bundesstaates. Es zog zahlreiche chinesische Goldgräber an, deren Erbe heute auf dem **Oriental Claims Walk** zu sehen ist. Man verspürt hier sofort das Bedürfnis, eine Weile zu bleiben, um durch die steile Hauptstraße zu spazieren und die klare Bergluft einzuatmen.

Im **Historic Park & Museum** (Great Alpine Rd; ⏲ 10–14 Uhr), zu dem auch das Gerichtsgebäude, das aus Holz erbaute Gefängnis (1858) und die Polizeiwache gehören, erfährt man ein wenig mehr über Omeos Goldrausch-Vergangenheit.

Schlafen & Essen

In Victoria Falls, 18 km westlich, kann man kostenlos zelten. Im Ort gibt's eine Bäckerei, einige Cafés und Essen zum Mitnehmen.

Omeo Caravan Park CAMPINGPLATZ $
(☎ 03-5159 1351; www.omeocaravanpark.com.au; Old Omeo Hwy; Stellplatz ohne/mit Strom 28/32 AU$, Hütten ab 100 AU$) Dieser Platz liegt 2 km außerhalb des Orts in einem hübschen Tal neben dem Livingstone Creek und bietet weitläufige Rasenstellplätze.

Golden Age Hotel HOTEL $$
(☎ 03-5159 1344; www.goldenageomeo.com.au; Day Ave; EZ/DZ ab 50/80 AU$, DZ mit Whirlpool 157 AU$) Das wunderschöne Eckhaus im Art-déco-Stil dominiert Omeos Hauptstraße. Oben stehen einfache, aber elegante Pubzimmer zur Verfügung, einige mit eigenem Bad und Whirlpool. Das einladende Restaurant (Hauptgerichte 16–29 AU$) serviert großzügige Portionen, etwa Steaks, Salate und Pizza.

Snug as a Bug Motel PENSION/MOTEL $$
(☎ 03-5159 1311; www.motelomeo.com.au; 188 Great Alpine Rd; DZ/FZ ab 100/180 AU$) Bietet eine Reihe von Unterkünften in einem hübschen historischen Gebäude im Countrystil. Neben der eigentlichen Pension stehen auch einige Motelzimmer zur Verfügung, die genügend Platz für Familien bieten, und ein nettes Selbstversorger-Cottage gibt's auch.

Praktische Informationen

Omeo Visitor Information Centre (☎ 03-5159 1679; www.omeoregion.com.au; 152 Day Ave; ⏲ Di–So 10–15 Uhr)

An- & Weiterreise

Omeo Bus Lines (☎ 0427 017 732) bietet an Werktagen eine Busverbindung zwischen Omeo und Bairnsdale (18 AU$, 2 Std.) an. **O'Connell's Bus Lines** (☎ 0428 591 377; www.omeobus.com.au) unterhält im Sommer montags, mittwochs und freitags eine „Alps Link“-Verbindung zwischen Omeo und Bright (10,40 AU$) über Mt. Hotham und Dinner Plain. Im Winter steht sonntags, mittwochs und freitags eine Verbindung nach Dinner Plain und Mt. Hotham auf dem Plan.

GIPPSLAND

Victorias Südostküste mag zwar nicht so bekannt sein wie die Great Ocean Road im Westen, aber sie bietet mit Abstand die besten Strände des Bundesstaates. Hinzu kommen unfassbar hübsche Dörfer an Seeufern sowie Victorias schönste Küsten-Nationalparks, deren Aushängeschild der phänomenale Wilsons Promontory ist. Auch wenn die meisten Besucher direkt die Küste zwischen Phillip Island und Mallacoota ansteuern – das ist nämlich die beliebteste Strecke zwischen Melbourne und Sydney – im Landesinneren hat Gippsland weite Landschaften mit Farmland, Kraftwerken, High-Country-Hügeln und wilden Wäldern zu bieten.

Westliches Gippsland & Latrobe Valley

Der Princes Highway folgt den zahlreichen Stromleitungen durch Landstriche mit viel Weideland bis hin zur Quelle im Latrobe Valley. Die Arbeiterregion zwischen Moe und Traralgon verfügt über eins der weltweit größten Vorkommen von Braunkohle, welche von den enormen Kraftwerken in Yallourn, Morwell, Hazelwood und Loy Yang verschlungen wird. Zusammen produzieren diese Riesen bis zu 85 % der Elektrizität in ganz Victoria.

Gippsland

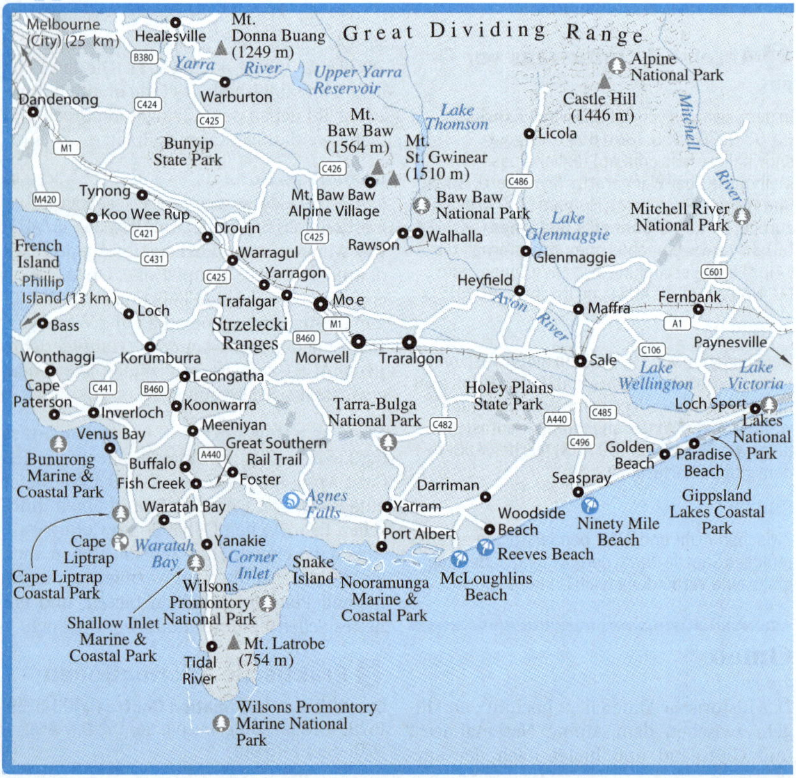

Mt. Baw Baw

1564 M

Victorias kleinstes (und günstigstes) Skigebiet liegt hoch oben im Baw Baw National Park und ist nicht nur eine entspannte Option für Anfänger, sondern auch ein schönes Ziel für Buschwanderungen im Sommer.

Aktivitäten

Das **Mt. Baw Baw Alpine Resort Management Board** (☎03-5165 1136; www.mountbawbaw.com.au) bietet eine Touristeninformation und einen Buchungsservice. Während der Saison gibt's mehrere Skiverleihe, z. B. **Mt. Baw Baw Ski Hire** (☎03-5165 1120; www.bawbawskihire.com.au). Die Gebühr beträgt während der Skisaison pro Auto und Tag 30/35 AU$ an Werktagen/am Wochenende. Die Skilifte sind nur in Betrieb, wenn Schnee liegt; Tagespässe kosten 67/47 AU$ für Erwachsene/Kinder an Werktagen und 72/52 AU$ am Wochenende. Im Sommer fällt keine Gebühr an.

Baw Baw bieten einige anspruchsvolle Abfahrten und Mountainbikestrecken. Der Höhenunterschied auf dem **Downhill Track** beträgt 300 m; er ist von Dezember bis April täglich geöffnet. Ein Shuttlebus (10 AU$) fährt halbstündlich, wenn sich genügend Passagiere finden. **Adventure Hub** (☎03-5165 1136; Fahrradverleih 2/4/8 Std. 28/45/70 AU$) verleiht Mountainbikes und verkauft Karten.

Schlafen & Essen

Es gibt einen **Buchungsservice für Unterkünfte** (☎1300 651 136).

Alpine Hotel HOTEL $$
(☎03-5165 1136; Currawong Rd; B/DZ ab 30/110 AU$) Günstige, ganzjährige Backpacker-Unterkunft (Bettwäsche für die Schlafsäle selbst mitbringen) über einem Pub.

Kelly's Lodge B&B $$
(☎03-5165 1129; www.kellyslodge.com.au; 11 Frosti Lane; Zi. Sommer/Winter ab 120/370 AU$) Die-

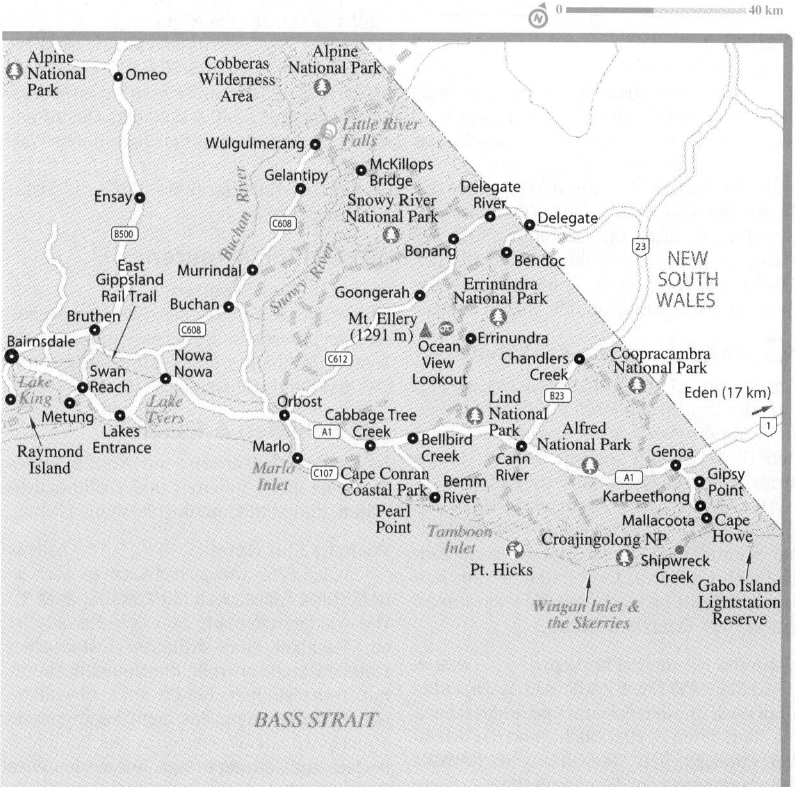

ABSTECHER

KOONWARRA

Koonwarra ist zwar nur ein kleiner Fleck am South Gippsland Highway, hat sich dank seines edlen Lebensmittelladens, der Bio-Kochschule, eines Spas und wegen seiner Weingüter aber inzwischen einen Namen gemacht.

Koonwarra Store (☎ 03-5664 2285; Ecke South Gippsland Hwy & Koala Dr; Hauptgerichte 14–22 AU$; ⊙ 8.30–17.30 Uhr) In diesem renovierten Holzhaus stehen lokale Erzeugnisse und Weine zum Verkauf. Neben dem Feinkostladen serviert das bekannte Café einfache Gerichte mit Flair. Draußen lockt ein hübscher Garten, und es gibt einen angeschlossenen Bauernmarkt, eine Galerie und einen Kunsthandwerksladen.

Milly & Romeo's Artisan Bakery & Cooking School (☎ 03-5664 2211; Koala Dr; ⊙ Do–So 9–16 Uhr) Dieses coole Bäckerei-Café ist gleichzeitig eine beliebte Kochschule mit Kursen, bei denen man lernt, wie man Kuchen, Brot und traditionelles Gebäck backt und Pasta herstellt.

ses unglaublich freundliche Haus ist seit Langem im Geschäft. Es liegt mitten im Geschehen, bietet vier gemütliche Zimmer, eine kuschelige Lounge und eine Küche. Das Ski-in-Café ist einer der Favoriten in Baw Baw und serviert legendäre Pizza und Lammschenkel.

Walhalla

20 EW.

Versteckt in den grünen Hügeln und Wäldern des westlichen Gippsland liegt das winzige Walhalla – eine der besterhaltenen und charmantesten historischen Goldgräbersiedlungen im Bundesstaat; in der Glanzzeit lebten hier bis zu 5000 Menschen. Geradewegs durch die Ortsmitte fließt der Stringer's Creek und bildet ein idyllisches Tal, umgeben von einer Reihe graubrauner historischer Gebäude an den Hügelhängen.

Sehenswertes & Aktivitäten

Am besten erkundet man den Ort zu Fuß auf dem **Circuit Walk** (45 Min.), der ab dem Informationsstand am Ortseingang gegen den Uhrzeigersinn verläuft. In der Hauptstraße gibt's einige restaurierte Läden.

Der 680 km lange **Australian Alps Walking Track** (www.australianalps.environment.gov.au) beginnt in Walhalla und erstreckt sich bis nach Canberra. Den ersten, 40 km langen Abschnitt bis nach Baw Baw kann man gut in zwei Tagen bewältigen.

Walhalla Historical Museum MUSEUM
(☎ 03-5165 6250; Eintritt 2 AU$; ⊙ 10–16 Uhr) Es befindet sich im alten Postamt und fungiert auch als Touristeninfo. Hier bucht man die beliebten samstäglichen **Geistertouren** (www.walhallaghosttour.info; Erw./Kind 25/18 AU$).

Long Tunnel Extended Gold Mine MINE
(☎ 03-5165 6259; abseits der Walhalla-Beardmore Rd; Erw./Kind/Fam. 19,50/13,50/49,50 AU$; ⊙ tgl. 13.30, feiertags zusätzlich 12 & 15 Uhr) Bei den Führungen erkundet man den Cohens Reef, eine der reichsten Goldfundstätten in Australien – fast 14 t Gold wurden hier gewonnen.

Walhalla Goldfields Railway ZUG
(☎ 03-9513 3969; www.walhallarail.com; hin & zurück Erw./Kind/Fam. 20/15/50 AU$; ⊙ ab Walhalla Station 11, 13 & 15 Uhr, ab Thomson Station Mi, Sa & So, feiertags 11.40, 13.40 & 15.40 Uhr) Die 20-minütige Fahrt zwischen den Bahnhöfen Walhalla und Thomson (an der Hauptstrecke, 3,5 km vor Walhalla) führt durch die Stringers Creek Gorge.

Geführte Touren

Mountain Top Experience JEEPTOUR
(☎ 03-5134 6876; www.mountaintopexperience.com) Jeeptouren in die Natur – darunter die Touren „Walhalla Copper Mine Adventure" (20 AU$) und „Geisterstadt" (25 AU$).

Schlafen & Essen

In den **North Gardens** am Nordende des Örtchens gibt's Toiletten und Grillmöglichkeiten, und man kann dort kostenlos zelten.

Walhalla Star Hotel HOTEL $$
(☎ 03-5165 6262; www.starhotel.com.au; Main St; DZ/3BZ inkl. Frühstück ab 180/269 AU$; ❄@☜) Das wiederaufgebaute Star (die Fassade ist ein Nachbau eines früheren historischen Hotels) ist eine stilvolle Boutiqueunterkunft mit französischen Betten und niveauvollem Designerdekor, das auch lokaltypische Materialien wie Wassertanks aus Wellblech bestens zur Geltung bringt. Ausgezeichnetes Restaurant!

Walhalla Lodge Hotel PUB $$
(☎03-5165 6226; Main St; Hauptgerichte 17–25 AU$; ⊙Mi–Mo 12–14 & 18–21 Uhr) Der Wally Pub ist eine gemütliche Kneipe, die mit Drucken des alten Walhalla dekoriert ist und preiswerte Bargerichte serviert.

Von Korumburra nach Fish Creek

In South Gippsland reihen sich an der Küste zwischen Inverloch und Wilsons Promontory mehrere echte Schmuckstücke aneinander – Cape Paterson, Venus Bay, der Cape Liptrap Coastal Park und Waratah Bay sind allesamt einen Abstecher wert. Im Landesinneren führt der South Gippsland Highway durch die wunderschönen „blauen" Hügel der Strzelecki Ranges, vorbei an Farmen und Dörfern wie Koonwarra und Fish Creek. Der 49 km lange Great Southern Rail Trail schlängelt sich zwischen Leongatha und Foster durch den Busch.

Die erste nennenswerte Stadt entlang des South Gippsland Highways ist Korumburra, das sich an den Rand der Strzelecki Ranges schmiegt. Das **Prom Country Information Centre** (☎03-5655 2233, 1800 630 704; www.visitpromcountry.com.au; South Gippsland Hwy) liegt außerhalb der Stadt neben dem **Coal Creek** (☎03-5655 1811; www.coalcreekvillage.com.au; ⊙Do–Mo 10–16.30 Uhr, während der Schulferien tägl.) GRATIS, einem interessanten Nachbau einer Bergbaustadt aus dem 19. Jh.

Ehrenamtliche halten die **South Gippsland Railway** (☎1800 442 211, 03-5658 1111; www.sgr.org.au; Erw./Kind/Familie hin & zurück 26/17/86 AU$) am Laufen, die sonntags und an Feiertagen mit alten Dieselzügen auf der Strecke von Korumburra nach Leongatha und Nyora verkehrt.

Abseits des South Gippsland Highways, in Richtung Wilsons Prom, wartet die kleine Künstlergemeinde **Fish Creek** mit Kunsthandwerksateliers, Buchläden, Galerien, einigen guten Cafés und dem beliebten Fishy Pub auf. Sie liegt am Great Southern Rail Trail.

Wilsons Promontory National Park

„The Prom", wie er liebevoll genannt wird, ist einer der beliebtesten Nationalparks in Australien und unser Favorit unter den Küstenparks. Das Buschland und die Küstenlandschaft scheinen beinahe nicht von dieser Welt zu sein, und die Wander- und Campingmöglichkeiten sind wirklich außergewöhnlich.

Wilsons Promontory ist ein wichtiges Gebiet für das Volk der Kurnai bzw. Boonwurrung. Leider werden an verschiedenen Stellen immer wieder Müllberge abgeladen,

DIE BESTEN FÜNF WANDERUNGEN IM „PROM"

Great Prom Walk Die beliebteste lange Wanderstrecke: Der mittelschwere, 45 km lange Rundweg führt von Tidal River hinüber zur Sealers Cove, dann hinunter zur Refuge Cove, zur Waterloo Bay, weiter zum Leuchtturm und über die Oberon Bay zurück nach Tidal River. Man sollte drei Tage einplanen und die Wanderung auf die Gezeiten abstimmen, weil es gefährlich sein kann, bestimmte Flussläufe bei Hochwasser zu überqueren.

Sealers Cove Walk Die beste zweitägige Wanderung beginnt am Telegraph Saddle und führt den Telegraph Track hinunter zur schönen Little Waterloo Bay (12 km, 4½ Std.), wo man übernachten kann. Am nächsten Tag wandert man über die Refuge Cove bis zur Sealers Cove und zurück zum Telegraph Saddle (24 km, 7½ Std.).

Lilly Pilly Gully Nature Walk Die leichte, 5 km lange Wanderung (2 Std.) führt durch Heideland und Eukalyptuswälder, in denen viele Wildtiere leben. Man startet am besten am Parkplatz oder beim Tidal River.

Mt. Oberon Summit Die mittelschwere bis schwere, 7 km lange Wanderung (2½ Std.) mit Start am Parkplatz Mt. Oberon bietet einen idealen Überblick über den Prom – vom Gipfel aus hat man einen tollen Rundumblick. Der kostenlose Mt.-Oberon-Shuttlebus bringt einen zum Parkplatz Telegraph Saddle und wieder zurück.

Squeaky Beach Nature Walk Der leichte, 5 km lange Rundweg ab Tidal River führt durch ein Gelände voller Kanuka und Banksia zu einem herrlichen weißen Sandstrand. Am besten den Umweg über den Tidal Outlook nehmen, um den ausgezeichneten Ausblick über Tidal River und den Squeaky Beach zu genießen.

Wilsons Promontory National Park

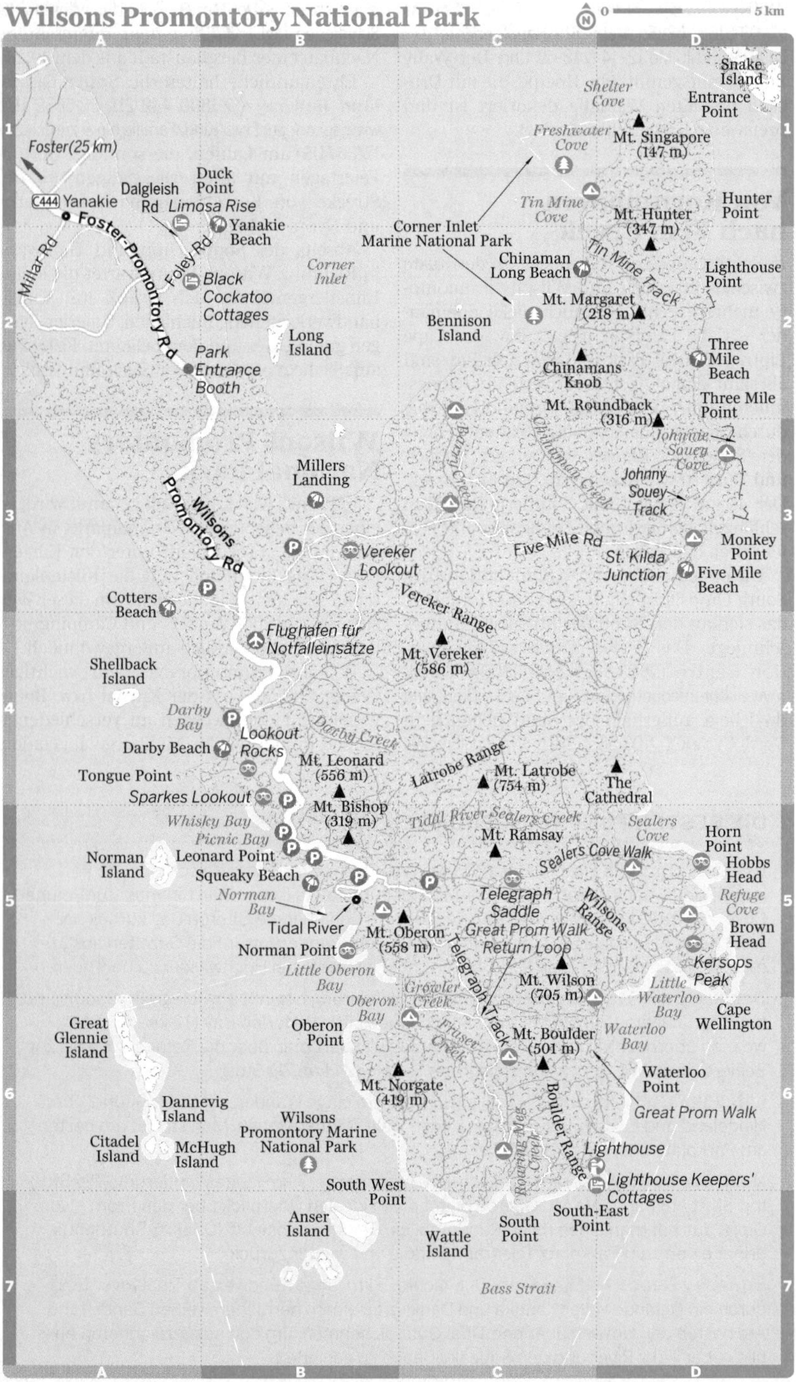

MELBOURNE & VICTORIA GIPPSLAND

u. a. am Cotters und Darby Beach und in der Oberon Bay. Der Prom ist der südlichste Zipfel des australischen Festlands und bildete einst eine Landbrücke, die es ermöglichte, Tasmanien zu Fuß zu erreichen.

Das 30 km vom Parkeingang entfernte **Tidal River** ist der Mittelpunkt des Ganzen. Hier gibt es ein Büro von Parks Victoria, einen Gemischtwarenladen, ein Café sowie Unterkünfte. Die Wildtiere rund um Tidal River sind bemerkenswert zahm: Die Rieseneisvögel und Plattschweifsittiche betrachten einen erwartungsvoll (man sollte dem Drang, sie zu füttern, aber widerstehen), und Wombats watscheln gemächlich aus dem Unterholz.

Zwar gibt es eine mit Personal besetzte **Entry Station** (9 Uhr–Sonnenuntergang), an der man eine Eintrittskarte erhält, aber der Eintritt ist frei. In Tidal River gibt's kein Benzin.

Aktivitäten

Auf mehr als 80 km an markierten **Wanderwegen** geht es durch Wälder, Sümpfe und Täler voller Farne, über niedrige Granithügel und an Stränden entlang, hinter denen sich Sanddünen auftürmen. Aber auch wer nicht wandern will, kann die Schönheit des Parks erleben, da man von den Parkplätzen an der Straße nach Tidal River leicht zu prachtvollen Stränden und Aussichtspunkten gelangt.

Sichere Badestellen sind die grandiosen Strände an der **Norman Bay** (bei Tidal River) sowie rund um die Landspitze am **Squeaky Beach** – der ultrafeine Quarzsand singt tatsächlich unter den Füßen!

Wer nicht genug dabei hat, kann Campingausrüstung (Zelt, Kocher, Schlafsack, Rucksäcke usw.) auch bei **Wilsons Prom Hiking Hire** (0400 377 993; www.wilsonsprom hikinghire.com.au; 3670 Prom Rd, Yanakie) mieten.

First Track Adventures ABENTEUERTOUR
(03-5634 2761; www.firsttrack.com.au) Dieser Anbieter aus Gippsland organisiert individuelle Buschwanderungen, Kanutouren und Abseil-Trips für Alleinreisende und Gruppen in den Prom. Die Preise variieren je nach Gruppengröße und Aktivität.

Geführte Touren

Bunyip Tours BUSTOUR
(1300 286 947; www.bunyiptours.com; ab 120 AU$; Mi & So) Bietet ab Melbourne eintägige Touren zum Prom an, auf denen man mehrere Stunden durch den Busch wandert und die Option hat, noch zwei Tage zu bleiben und den Park weiter zu erkunden.

Schlafen

Die meisten Unterkünfte gibt's in Tidal River, daneben aber auch elf Campingplätze im Busch, die sich über den Prom verteilen. Dort findet man Plumpsklos oder Komposttoiletten, aber keine weiteren Einrichtungen; Trinkwasser muss man selbst mitbringen. Wanderer, die im Busch übernachten wollen, brauchen eine Campinggenehmigung (Erw./Kind 10/5 AU$ pro Nacht), die vorab über Parks Victoria gebucht werden muss.

Tidal River

Tidal River liegt in der Norman Bay, nur einen kurzen Spaziergang von einem atemberaubenden Strand entfernt und ist allseits beliebt. Am Wochenende und in den Ferien sollte man vorab über Parks Victoria buchen. Für die Weihnachtsferien wird ausgelost, wer einen Platz bekommt (online bis zum 31. Juli bewerben).

Zu den Unterkünften gehören **Zeltplätze** (Stellplatz ohne Strom pro Auto & 3 Pers. 33 AU$, mit Strom pro Fahrzeug & bis 8 Pers. 55 AU$), **Hütten** (4/6 B 80/121 AU$), **Cottages** (DZ 207 AU$, weitere Pers. 28 AU$), luxuriöse **Safarizelte** (DZ 302 AU$, weitere Pers. 22 AU$) und das abgeschiedene **Lighthouse Keepers' Cottage** (Cottage mit 8 B 90–100 AU$, 20 B 120–134 AU$) an der Südspitze des Prom.

Yanakie & Foster

Prom Coast Backpackers HOSTEL $
(0427 875 735; www.promcoastyha.com.au; 40 Station Rd; B/DZ/FZ ab 30/70/90 AU$; @) Dieses gemütliche kleine YHA-Cottage in Foster verfügt über zehn Betten und ist das Hostel mit der kürzesten Entfernung zum Park. Wenn man Glück hat, findet man hier auch eine Mitfahrgelegenheit zum Prom.

Black Cockatoo Cottages COTTAGES $$
(03-5687 1306; www.blackcockatoo.com; 60 Foley Rd; DZ 160 AU$, Haus für 6 Pers. 180 AU$) In diesen stilvollen Cottages aus schwarzem Holz muss man sein gemütliches Bett gar nicht verlassen, um einen grandiosen Ausblick auf den Nationalpark zu genießen. Es stehen drei moderne Cottages und ein Haus mit drei Zimmern zur Verfügung.

Essen

Tidal River General Store & Café CAFÉ $
(Hauptgerichte 5–22 AU$; So–Fr 9–17, Sa 9–18 Uhr) Im Laden stehen Lebensmittel und ein bisschen Campingzubehör in den Regalen,

aber wenn man wandern oder länger bleiben will, kann man sich in Foster günstiger eindecken. Im angeschlossenen Café gibt's Essen zum Mitnehmen, z. B. Pies und Sandwichs. Am Wochenende und in den Ferien kann man auch frühstücken und Kleinigkeiten oder Bistrogerichte genießen.

Praktische Informationen

Parks Victoria (☎13 19 63; www.parkweb.vic.gov.au; ⏲8.30–16.30 Uhr) Das hilfsbereite Besucherzentrum bucht alle Unterkünfte im Park und stellt Genehmigungen zum Campen außerhalb von Tidal River aus.

An- & Weiterreise

Den Prom erreicht man am besten mit eigenem fahrbarem Untersatz oder im Rahmen einer Tour. Zur Zeit der Recherche gab es keinen öffentlichen Nahverkehr nach Tidal River, aber man kann von Melbourne mit einem Bus von **V/Line** (☎11800 800 007) nach Foster (19,80 AU$, 3 Std.) oder Fish Creek (17,60 AU$, 2½ Std.) fahren und versuchen, von dort per Anhalter weiterzukommen.

Gippsland Lakes

Die großartigen Gippsland Lakes bilden das größte Wasserstraßensystem des australischen Festlands: Es gibt drei große, miteinander verbundene Seen – den Lake King, den Lake Victoria und den Lake Wellington –, die eigentlich Lagunen und vom Meer durch einen schmalen Streifen von Sanddünen, den sogenannten Ninety Mile Beach, getrennt sind. Die Dünen wurden 1889 bei Lakes Entrance künstlich durchbrochen, damit die Fischer mit ihren Booten in den ruhigen Gewässern Zuflucht finden konnten. Der Lakes National Park schützt ein 2400 ha großen Lebensraum für Tiere und Pflanzen.

Sale

12 770 EW.

Als Tor zu den Gippsland Lakes hat Sale viele Unterkünfte, Läden, Restaurants und Pubs, sodass es sich als gute, kleinstädtische Basis für die Erkundung des Ninety Mile Beach, ungefähr 35 km südlich, anbietet.

Der **Sale Wetlands Walk** (4 km, 1½ Std.) ist eine gute Wanderstrecke um den Lake Gutheridge und das angrenzende Sumpfland herum, zu dem auch der **Indigenous Art Trail** gehört, der die Bedeutung der Sümpfe für die örtlichen Gunai/Kurnai ins Gedächtnis ruft. Das **Sale Common**, ein 300 ha großes Naturschutzgebiet mit Hochsitzen zur Vogelbeobachtung, Aussichtsturm, Wasserstelle und Wanderwegen, ist Teil eines international beachteten Systems von Feuchtgebieten.

MAFFRA

Maffra liegt 18 km nördlich von Sale und ist eine geschäftige kleine Gemeinde, die von Weideland umgeben ist. Die Gegend könnte von besonderem Interesse für jene sein, die einen Job in der Landwirtschaft suchen. Das **Cambrai Hostel** (☎03-5147 1600; www.maffra.net.au/hostel; 117 Johnson St; B pro Nacht/Woche 28/160 AU$; @) ist teils Pub, teils Hostel und richtet sich an „Work & Travel"-Gäste – der Besitzer kann den Kontakt zu örtlichen Farmern herstellen. Wer hier absteigt, hat garantiert Spaß – kein Wunder also, dass es das beliebteste Backpacker-Hostel in Gippsland ist.

Praktische Informationen

Wellington Visitor Information Centre (☎03-5144 1108; www.tourismwellington.com.au; 8 Foster St; ⏲9–17 Uhr) Internetzugang und kostenloser Buchungsservice für Unterkünfte.

Ninety Mile Beach

Der isolierte Ninety Mile Beach ist ein schmaler Sandstreifen vor einer Kulisse aus Dünen und Lagunen, der sich ununterbrochen über ungefähr 90 Meilen (150 km) vom McLoughlins Beach bis zum Kanal in Lakes Entrance erstreckt – vielleicht der längste zusammenhängende Strand Australiens. Die Gegend eignet sich prima zum Brandungsangeln, Campen und für lange Strandspaziergänge. Aufgrund der tosenden Brandung ist das Baden aber gefährlich, außer in Seaspray und Lakes Entrance, wo der Strand bewacht wird.

An der Straße zwischen Seaspray und Golden Beach verstecken sich mehrere kostenlose **Campingplätze** abseits des Strands unter Schatten spendenden Bäumen – in den Sommerferien bekommt man nur schwer einen Platz, aber sonst ist es hier herrlich friedlich. Einige Plätze haben Feuerstellen und Plumpsklos, aber man muss Wasser und Feuerholz mitbringen. Heiß duschen kann man am **Golden Beach** (2 AU$).

Loch Sport (780 Ew.) ist ein kleines, aber lebendiges Busch-Städtchen, das sich über eine schmale Landzunge erstreckt: Auf der einen Seite ist ein See, auf der anderen der Ozean. Hier gibt's ein paar Plätze, an denen Kinder prima baden können, und dazu einen Pub und einen kleinen Hafen.

Der **Lakes National Park**, eine von Seen und Meer umgebene Landzunge, nimmt eine Fläche von 2390 ha Küstenbuschland ein. Er ist über das Festland ab Loch Sport oder per Boot von Paynesville (5 km) aus erreichbar. Das Parks-Victoria-Büro befindet sich am Parkeingang bei Loch Sport. Der einzige Campingplatz des Parks ist in Emu Bight.

Bairnsdale

11 820 EW.

Bairnsdale ist das kommerzielle Herz von East Gippsland. Es liegt an der Abzweigung zur Great Alpine Road nach Omeo bzw. nach Paynesville und Raymond Island im Süden.

Sehenswertes & Aktivitäten

Der **MacLeod Morass Boardwalk**, ein Reservat in einem Feuchtgebiet, liegt am Stadtrand und bietet Wanderwege und Vogelbeobachtungsmöglichkeiten.

Der **East Gippsland Rail Trail** (www.eastgippslandrailtrail.com) ist der längste Rad- und Wanderweg in Gippsland. Er führt auf 97 km über Bruthen und Nowa Nowa Richtung Osten nach Orbost, aber man kann auch durch die Staatswälder nach Lakes Entrance abkürzen. **Snowy River Cycling** (☎0428 556 088; www.snowyrivercycling.com.au) in Orbost organisiert Rail-Trail-Touren inklusive Leihfahrrad (35 AU$) und den Transfer von Bairnsdale oder Orbost.

Das Städtchen **Paynesville** liegt 16 km südlich von Bairnsdale am See und ist einen Besuch wert. Man kann mit der kostenlosen Flachbodenfähre nach **Raymond Island** übersetzen, wo viele Koalas leben.

Krowathunkoolong Keeping Place KULTURZENTRUM
(☎03-5152 1891; 37-53 Dalmahoy St; Erw./Kind 3,50/2,50 AU$; ⏲Mo–Fr 9–17 Uhr) Ein Kulturzentrum, das sich mit dem täglichen Leben der Kurnai vor und nach der Ansiedlung der Weißen beschäftigt.

Schlafen & Essen

Grand Terminus Hotel PUB $
(☎03-5152 4040; www.grandterminus.com.au; 98 MacLeod St; EZ/DZ/3BZ 65/75/130 AU$, Hauptgerichte 12–28 AU$) Dieser tolle alte Eckpub mit Rundumbalkon bietet oben einige preiswerte Zimmer mit Bad, während das überdurchschnittliche Bistro köstliche Gerichte wie Osso Bucco und Parmahühnchen serviert.

River Grill MODERN-AUSTRALISCH $$
(☎03-5153 1421; 2 Wood St; Hauptgerichte 23–38 AU$; ⏲Mo–Sa 12–14 & 19 Uhr–open end) Das beste Restaurant in Bairnsdale bietet zeitgenössische Küche mit mediterranem Touch.

Praktische Informationen

Bairnsdale Visitor Centre (☎03-5152 3444, 1800 637 060; www.discovereastgippsland.com.au; 240 Main St; ⏲9–17 Uhr) Neben der St. Mary's Church; kostenloser Buchungsservice.

Metung

1010 EW.

Das winzige Metung umgibt die Bancroft Bay und ist einer der schönsten Orte an den Gippsland Lakes. Die begeisterten Einheimischen bezeichnen es auch gerne als Gippsland-Riviera, und mit seiner Lage am Wasser, dem funkelnden Jachthafen und dem entspannten Charme fühlt es sich wirklich an wie der perfekte Spielplatz für Jachtfans. Hier dreht sich alles nur um das Eine: raus aufs Wasser fahren.

Sehenswertes & Aktivitäten

Slipway Boat Hire (☎03-5156 2969) am Besucherzentrum verleiht kleine Motorboote für 55 AU$ pro Stunde und 165 AU$ pro Tag.

Mittags bietet sich ein grandioser Anblick, wenn die Pelikane wie Kampfjets im Sturzflug Fischen hinterhertauchen, die vor dem Metung Hotel ins Meer geworfen werden.

Director BOOTSTOUR
(☎03-5156 2628; www.thedirector.com.au; 2½-stündige Bootstour Erw./Kind/Familie 45/10/105 AU$; ⏲Di, Do & Sa 15 Uhr) Nachmittägliche Bootstouren mit Getränken und Käse. Verleiht auch kleine **Boote** (1/2/3 Std., 80/100/120 AU$) und **Kajaks** (1/2 Std. 25/45 AU$).

Riviera Nautic BOOTSVERLEIH
(☎03-5156 2243; www.rivieranautic.com.au; 185 Metung Rd; Motor- & Segeljachten für 3 Tage ab 1089 AU$) Riviera Nautic verleiht Boote und Jachten zum Cruisen, Angeln und Segeln auf den Gippsland Lakes.

Schlafen & Essen

Unterkünfte kann man über **Metung Accommodation** (Slipway Villas; ☎03-5156 2861; www.metungaccommodation.com.au) buchen. Der nächstgelegene Campingplatz ist in Swan Reach, 10 km nördlich.

Metung Holiday Villas HÜTTEN **$$**
(☎03-5156 2306; www.metungholidayvillas.com; Ecke Mairburn & Stirling Rd; Hütten 150–250 AU$; ❄🏊) Dieses Mini-Dorf mit recht schicken Hütten bietet vielleicht das beste Angebot in Metung. Online gibt's Rabatte.

★**Metung Galley** CAFÉ **$$**
(☎03-5156 2330; www.themetunggalley.com.au; 50 Metung Rd; Mittagessen 16–24 AU$, Abendessen 20–35 AU$; ⏰7 Uhr–open end) Großstadtflair trifft lokale Produkte und Küstencharme in diesem edlen, innovativen Café-Restaurant mit Weinbar. Es bietet super Kaffee, Tapas-Platten und hochwertige Gerichte mit Meeresfrüchten und Gippsland-Lamm. Es gibt auch ein Fenster mit Fish-&-Chips-Verkauf.

Metung Hotel PUB **$$**
(☎03-5156 2206; www.metunghotel.com.au; 1 Kurnai Ave; Hauptgerichte 14–33 AU$; ⏰mittags & abends) Die Lage mit Blick auf die Metung Wharf ist unschlagbar, und mit den großen Fenstern und der Holzterrasse holt der Laden das Beste aus dem Blick aufs Wasser heraus. Er bietet außerdem schlichte Doppelzimmer mit Gemeinschaftsbad für 85 AU$.

Praktische Informationen

Metung Visitor Centre (☎03-5156 2969; www.metungtourism.com.au; 3/50 Metung Rd; ⏰9–17 Uhr) Buchungsservice und Bootsverleih.

Lakes Entrance

5965 EW.

Lakes Entrance ist von malerischer Schönheit. Der flache Wasserlauf des Cunninghame Arm trennt den Ort und die Fischerboote von der tosenden Brandung am Meeresstrand und der Bass Strait. Die Lage ist ein Traum, aber in der Ferienzeit ist Lakes eine überfüllte Touristenhochburg mit vielen reizlosen Motels, Campingplätzen, Minigolfanlagen und Souvenirläden, die die Esplanade säumen. Am besten kommt man in der Nebensaison hierher, dann ist es herrlich ruhig: An einem sonnigen Tag verzaubern einen die schaukelnden Fischerboote, frischen Meeresfrüchte, endlosen Strände, Pelikane und Bootstouren durch die Buchten rettungslos.

Sehenswertes & Aktivitäten

Eine **Fußgängerbrücke** quert den Cunninghame Arm östlich des Zentrums und führt zum Ninety Mile Beach. Von Dezember bis Ostern gibt's auf der Ozeanseite der Brücke einen Kanu-, Ruder- und Segelbootverleih.

Wer die Seen erkunden will, kann an der Marine Parade (im hinteren Teil des Zentrums) aus drei **Bootsverleihen** (für 1/4/8 Std. 40/90/150 AU$) wählen.

Am Princes Highway, auf der Westseite der Stadt, liegt der **Kalimna Lookout**, ein beliebter Aussichtspunkt mit Münz-Ferngläsern. Wer über die Straße direkt gegenüber zum **Jemmy's Point Lookout** hinauffährt, wird aber mit einer noch schöneren Aussicht auf den Ozean und die Bucht belohnt.

Surf Shack SURFEN
(☎03-5155 4933; www.surfshack.com.au; 507 The Esplanade; 2-stündiger Unterricht 50 AU$) Surfladen, der Unterricht (samt Ausrüstung) und Touren nach Cape Conran anbietet.

Geführte Touren

Lonsdale Cruises BOOTSTOUR
(☎03-9013 8363; Post Office Jetty; 3-stündige Rundfahrt Erw./Kind/Familie 50/25/120 AU$; ⏰13 Uhr) 🍃 Idyllische, umweltverträgliche Bootstouren nach Metung und Lake King.

Peels Lake Cruises BOOTSTOUR
(☎0409 946 292; Post Office Jetty; 4-stündige Tour nach Metung zum Mittagessen Erw./Kind 50/14 AU$; ⏰Di–So 11 Uhr) Diese Bootstouren mit Mittagessen an Bord der Stormbird fahren um 11 Uhr nach Metung. Mittwochs und samstags führt der Lunch Cruise zur Wyanga Park Winery (55 AU$).

Sea Safari BOOTSTOUR
(☎0458 511 438; www.lakes-explorer.com.au; Post Office Jetty; 1-/2-stündige Rundfahrt 15/25 AU$) 🍃 Hier liegt der Schwerpunkt auf Forschung und Meeresökologie.

Schlafen

Lakes Entrance bietet zahlreiche Unterkünfte. Viele sind typische Motels, Ferienwohnungen und Campingplätze, die sich dicht an dicht an der Esplanade drängeln. Die Preise verdoppeln sich in den Ferien, aber in der Nebensaison gibt's prima Schnäppchen.

Riviera Backpackers YHA HOSTEL **$**
(☎03-5155 2444; www.yha.com.au; 660-71 The Esplanade; B/DZ 25/50 AU$; @📶🏊) Dieses YHA in guter Lage bietet saubere Unterkünfte in altmodischen Wohneinheiten, jede mit zwei oder drei Zimmern und Bad. Es gibt eine große Küche und einen Kajakverleih.

Eastern Beach Tourist Park CAMPINGPLATZ **$**
(☎03-5155 1581; www.easternbeach.com.au; 42 Eastern Beach Rd; Stellplatz ohne/mit Strom

31/35 AU$, Hütten 140–190 AU$; @) Auf den meisten Campingplätzen in Lakes geht es eng zu, aber dieser bietet viel Platz, schöne Rasenflächen und eine tolle Lage abseits des Trubels in der Nähe des Eastern Beach.

Killara APARTMENT $

(03-5155 1220; 4 Long St; DZ ab 75 AU$;) Die Wohneinheiten mit zwei Zimmern sind schlicht, aber ein Schnäppchen. Die Lage in der Nähe des Eastern Beach ist ruhig.

Lazy Acre Log Cabins HÜTTEN $

(03-5155 1323; www.lazyacre.com; 35 Roadknight St; DZ 89–118 AU$;) Nette Holzhütten für Selbstversorger, einen Block hinter der Esplanade im Schatten alter Gummibäume. Ausgezeichnetes Preis-Leistungs-Verhältnis außerhalb der Ferienzeit.

Kalimna Woods COTTAGES $$

(03-5155 1957; www.kalimnawoods.com.au; Kalimna Jetty Rd; DZ 130 AU$, mit Whirlpool 170 AU$;) Wer sich aus dem Stadtzentrum zurückzieht und 2 km in die Kalimna Woods fährt, stößt auf diese gemütlichen Selbstversorger-Cottages mit Kamin. Sie stehen in einem großen Garten mit Regenwald und Buschland; Opossums und Vögel wohnen auch hier.

Essen & Ausgehen

Lakes Entrance verfügt über die größte Fischerflotte in ganz Victoria und ist der perfekte Ort, um frische Meeresfrüchte zu genießen. Manchmal kann man Schalentiere (Krabben, Hummer usw.) direkt vom Boot kaufen, oder man versucht sein Glück an der Theke im Ferryman's.

Six Sisters & A Pigeon CAFÉ $

(03-5155 1144; 567 The Esplanade; Gerichte 9–18 AU$; Di–So 7–15 Uhr;) Allein der Name dürfte einige zu diesem skurrilen Café in der Esplanade gegenüber der Fußgängerbrücke locken. Hier gibt's guten Kaffee, den ganzen Tag Frühstück – „Mexikanische Eier", Arme Ritter oder spanisches Omelett – und zum Mittagessen Focaccia und Baguette.

★ **Ferryman's Seafood Cafe** SEAFOOD $$

(03-5155 3000; www.ferrymans.com.au; Middle Harbour, The Esplanade; Hauptgerichte 13–31 AU$; 10 Uhr–open end, Verkauf Meeresfrüchte 8.30–17 Uhr) Das wunderbare Ambiente auf dem Deck dieses schwimmenden Café-Restaurants ist eigentlich kaum zu übertreffen. Hier kann man sich den Bauch mit Meeresfrüchten vollschlagen, und auch mit den guten alten Fish & Chips. Unten werden die frischen Meeresfrüchte auch zum Mitnehmen verkauft.

Miriam's Restaurant STEAKHAUS, SEAFOOD $$

(03-5155 3999; www.miriamsrestaurant.com.au; Ecke The Esplanade & Bulmer St; Hauptgerichte 20–38 AU$; 18 Uhr–open end) Vom Speisesaal oben im Miriam's blickt man über die Esplanade, und die Gippsland-Steaks, die Meeresfrüchte und die lässige Cocktailbar-Atmosphäre sind allesamt exzellent.

Floating Dragon CHINESISCH $$

(03-5155 1400; www.floatingdragon.com.au; 160 The Esplanade; Hauptgerichte 25–39 AU$; Di–So 18 Uhr–open end, So 12–14 Uhr) Dieses schwimmende Restaurant serviert teure kantonesische Küche, und dazu hat man eine gute Aussicht durch die raumhohen Fenster. Super ist das Yum Cha am Sonntagmittag.

Waterwheel Beach Tavern PUB $$

(03-5156 5855; www.waterwheelbeachtavern.com; 577 Beach Rd; Hauptgerichte 18–34 AU$; 12–14 & 18–20 Uhr) Die zehnminütige Fahrt von Lakes Entrance raus zum Lake Tyers lohnt sich allein deshalb, weil man dann in diesem Strandpub ein Bierchen genießen kann. Die Lage ist genial, und auf den Tisch kommen herzhafte Pubklassiker.

Praktische Informationen

Lakes Entrance Visitor Centre (03-5155 1966, 1800 637 060; www.discovereastgippsland.com.au; Ecke Princes Hwy & Marine Pde; 9–17 Uhr) Buchungsservice für Unterkünfte und Touren. Mehr auf www.lakesentrance.com.

An- & Weiterreise

V/Line (1800 800 007; www.vline.com.au) bietet von Melbourne eine Zug-/Busverbindung über Bairnsdale nach Lakes Entrance (34,20 AU$, 4½ Std., 3-mal tägl.) an.

East Gippsland & Wilderness Coast

Hinter den Gippsland Lakes erstreckt sich eine Wildnis mit spektakulären Küsten-Nationalparks und Primärwäldern. Das Gros der Region wurde nicht für die Landwirtschaft gerodet, und hier finden sich einige der abgeschiedensten und ursprünglichsten Nationalparks Victorias – doch das Thema Abholzung ist in diesen uralten Wäldern ein ganz heißes Eisen. Dies ist der perfekte Ort zum Campen, Wandern und Runterkommen.

Buchan

385 EW.

Wenn man die Küste verlässt, stößt man auf Buchan, ein hübsches Örtchen im Hügelland der Snowy Mountains, 56 km nördlich von Lakes Entrance. Es ist für sein verschlungenes Höhlensystem aus Kalkstein berühmt, das seit 1913 für Besucher geöffnet ist.

Geführte Touren

Parks Victoria (☎13 19 63; www.parks.vic.gov.au; Touren Erw./Kind/Familie 18/10,50/49,80 AU$, 2 Höhlen 27/15,60/74,40 AU$; ⏰10, 11.15, 13, 14.15 & 15.30 Uhr) bietet geführte Touren an, die abwechselnd in die **Royal Cave** und die **Fairy Cave** führen. Kombinierte Höhlentouren sind insgesamt etwas günstiger. Die Ranger bieten während der Hochsaison außerdem Touren in die **Federal Cave** an.

Schlafen

Buchan Caves Reserve CAMPINGPLATZ $
(☎13 19 63; www.parks.vic.gov.au; Stellplatz ohne/mit Strom 23/30 AU$, Hütten 87 AU$, Wildnishütten 165 AU$; ❄) Auf diesem friedlichen Campingplatz kann man, umgeben von Staatswald und Wanderwegen, direkt neben den Höhlen übernachten.

Buchan Lodge HOSTEL $
(☎03-5155 9421; www.buchanlodge.com.au; 9 Saleyard Rd; B 25 AU$) Dieses einladende Hostel ist in einem Haus aus Kiefernholz untergebracht. Die Atmosphäre ist freundlich, die Schlafsäle großzügig und die Küche gut ausgestattet. Hier kann man prima entspannen und die ländliche Umgebung genießen.

An- & Weiterreise

Buchan Bus 'n' Freight (☎03-5155 0356) bietet mittwochs und freitags eine Verbindung von Bairnsdale nach Buchan (20 AU$, 1½ Std.) an, die Anschluss zum Zug aus Melbourne bietet. An anderen Tagen braucht man einen eigenen fahrbaren Untersatz.

Orbost & Marlo

2145 EW.

Die meisten Besucher rauschen an Orbost vorbei, weil der Princes Highway das Zentrum umfährt. Aber die Ortschaft ist ein wichtiger Knotenpunkt in East Gippsland: Die Bonang Road führt Richtung Norden zum Snowy River bzw. Errinundra National Park, während die Marlo Road dem Snowy River in südlicher Richtung nach Marlo folgt und weiter entlang der Küste zum Cape Conran führt. Hier kann man tanken und sich mit Vorräten eindecken.

15 km südlich von Orbost liegt Marlo, ein verschlafenes Strandörtchen mit toller Aussicht, an der Mündung des Snowy River. Abgesehen von der wunderschönen Küste ist die Hauptattraktion hier die **PS Curlip** (☎0411 395 903; www.paddlesteamercurlip.com.au; Erw./Kind/Familie 25/15/60 AU$), ein Nachbau eines Raddampfers aus dem Jahr 1890, der einst auf dem Snowy River gen Orbost tuckerte. Er wird ehrenamtlich betrieben und fährt für gewöhnlich nur während der Ferienzeit. Den Fahrplan gibt's auf der Website oder am Telefon. Tickets kann man im Laden in der Stadt kaufen.

Orbost Visitor Information Centre TOURISTENINFORMATION
(☎03-5154 2424; Ecke Nicholson & Clarke St; ⏰9–17 Uhr) Das nützliche Besucherzentrum befindet sich in einem historischen Holzbau aus dem Jahr 1872.

Cape Conran Coastal Park

Dieser herrlich wilde, aber leicht zugängliche Teil der Küste gehört mit seinen langen, abgeschiedenen Strandstreifen aus weißem Sand zu den schönsten Ecken von Gippsland. Die 19 km lange Küstenstrecke von Marlo zum Cape Conran ist besonders malerisch und von Banksien, Grasebenen, Sanddünen und dem Ozean gesäumt.

Ein kurzer Umweg führt abseits der Straße zwischen Cape Conran und dem Princes Highway zum **Cabbage Tree Palms**, dem einzigen Bestand heimischer Palmen in ganz Victoria – eine winzige Regenwaldoase.

Parks Victoria unterhält ausgezeichnete **Unterkünfte** (☎03-5154 8438; www.conran.net.au; Zeltplätze 26,80 AU$, Hütte für bis zu 4 Pers. 147 AU$, Lodge 291 AU$, Safarizelt 165 AU$), darunter auch Zeltplätze am Strand, Hütten und Safarizelte.

Mallacoota

1030 EW.

Das weitläufige Mallacoota ist ein echtes Schmuckstück – es ist die östlichste Siedlung in Victoria und befindet sich nur ein kleines Stück abseits der Strecke, wenn man gerade auf der Küstenroute zwischen Melbourne und Sydney unterwegs ist. Der Ort schmiegt sich an das weite Mallacoota Inlet und ist vom Buschland und den Stranddünen des wilden, wunderschönen Croajingolong Na-

ABSEITS DER ÜBLICHEN PFADE

SNOWY RIVER & ERRINUNDRA NATIONAL PARK

Die Nationalparks Snowy River und Errinundra liegen nördlich von Orbost und nehmen den Großteil der Ostecke Victorias zwischen den Bergen und dem Princes Highway ein. Die Parks sind im Norden durch die z. T. nicht asphaltierte MacKillops Road verbunden, sodass man eine grandiose Schleife von Orbost über Buchan fahren kann. Bei trockenem Wetter ist sie mit normalen Fahrzeugen passierbar, aber man muss sich vorab bei Parks Victoria über den Straßenzustand erkundigen (einige unbefestigte Straßen im Errinundra sind im Winter unbefahrbar), und wegen einer Engstelle bei der MacKillops Bridge, durch die nur ein Auto auf einmal passt, ist sie für Wohnmobile und Wohnwagen ungeeignet.

Snowy River National Park

Dieser Nationalpark nordöstlich von Buchan ist einer der abgeschiedensten und spektakulärsten in ganz Victoria. Er wird von tiefen Schluchten dominiert, die der Snowy River auf seinem Weg von den Snowy Mountains in NSW zu seiner Mündung in Marlo in den Kalk- und Sandstein gegraben hat. Der Park bietet unberührtes, grandioses Busch- und Bergland mit Hochwäldern, Eukalyptuswäldern und Regenwald.

Auf der Westseite des Parks, von den ausgeschilderten Aussichtspunkten aus, ist der Blick über **Little River Falls** und die **Little River Gorge** einfach atemberaubend. Von hier sind es 20 km bis zur **McKillops Bridge**, einer riesigen Brücke, die sich über den Snowy River spannt und es ermöglicht, in den Errinundra National Park hinüberzufahren (auch wenn es etwas unheimlich ist). Im Süden des Parks sind die **Raymond Falls** problemlos von Orbost aus über die Moresford Road zu erreichen.

Auf sechs schlichten Zeltplätzen, die im Park verstreut sind, kann man gratis campen, aber der Hauptcampingplatz mit Toiletten und Feuerstellen liegt an der McKillops Bridge.

Karoonda Park (☎ 03-5155 0220; www.karoondapark.com; 3558 Gelantipy Rd; EZ/DZ/3BZ 50/70/90 AU$, Hütte für 6 Pers. 115 AU$; ❄ @ ≋), 40 km nördlich von Buchan, ist eine Schaf- und Rinderfarm mit gemütlichen Backpackerunterkünften und Hütten, die auch Abenteuertouren und Farmaktivitäten anbietet.

Errinundra National Park

Zum Errinundra National Park gehört Victorias größter gemäßigter Regenwald, aber die Wälder rund um den Park sind ein umkämpftes Gebiet zwischen Holzfällern und Umweltschützern, die die alten Waldbestände retten wollen.

Der Park mit einer Fläche von 256 km² umfasst drei Granitberge, die bis in die Wolken ragen. Sie sorgen für viel Niederschlag, guten Boden und ein Netz von Bächen und Flüssen, die gen Norden, Süden und Osten fließen. Kombiniert man Autofahrten und Wanderungen, lässt sich der Park gut erkunden. Vom **Mt. Ellery** hat man eine tolle Aussicht; am **Errinundra Saddle** gibt' einen Plankenweg durch den Regenwald, und der **Ocean View Lookout** gibt den sagenhaften Blick auf den Goolengook River und den Bemm River frei.

Die **Frosty Hollow Camp Site** (Stellplatz kostenlos) ist der einzige Campingplatz im Nationalpark und liegt in dessen Osten. Es gibt aber auch noch kostenlose Campingplätze an den Rändern des Parks: am Ellery Creek in Goongerah sowie am Delegate River.

Das **Jacarri** (☎ 03-5154 0145; www.eastgippsland.net.au/jacarri; Ecke Bonang Hwy & Ellery Creek Track, Goongerah; DZ/FZ 90/100 AU$) 🍃 ist ein nettes Ökocottage mit zwei Zimmern auf der Biofarm der Umweltschützerin Jill Redwood.

Touren

Gippsland High Country Tours (☎ 03-5157 5556; www.gippslandhighcountrytours.com.au) Dieser mit einem Umweltpreis ausgezeichnete Anbieter organisiert leichte, mittelschwere und anspruchsvolle vier- bis siebentägige Wanderungen in den Nationalparks Errinundra, Snowy River und Croajingolong.

Snowy River Expeditions (☎ 03-5155 0220; www.karoondapark.com/sre; Karoonda Park; Touren pro Tag 85–150 AU$) Dieses etablierte Unternehmen ist im Karoonda Park stationiert und bietet Abenteuertouren mit ein-, zwei- oder viertägigen Raftingtrips auf dem Snowy River, Halb- oder Ganztagsausflüge mit Abseilen sowie Höhlenwanderungen an.

tional Park umgeben. Wer bis hierher fährt, wird mit langen, kaum besuchten Surfstränden, Mündungen von Gezeitenströmen und tollen Plätzen zum Schwimmen, Angeln und Bootfahren in der Bucht belohnt.

Sehenswertes & Aktivitäten

In der Stadt beginnen ein paar gute Wanderwege – z.B. der 4 km lange Spaziergang auf dem Holzsteg rund um die Bucht nach Karbeethong. Die nächsten Surfstrände liegen einen kurzen Fußweg gen Süden am **Bastion Point** und etwas weiter am **Betka Beach**.

Eine der besten Möglichkeiten, die Schönheit von Mallacoota und der Gewässer des Mündungsgebiets zu erkunden, ist eine Bootsfahrt. **Mallacoota Hire Boats** (☎0438 447 558; Main Wharf, Ecke Allan & Buckland Dr; Motorboot für 2/4/6 Std. 60/100/140 AU$) liegt zentral und verleiht kleine Motorboote sowie Angelausrüstung. Wer ein Fahrrad (ab 10 AU$) oder ein Kajak (15 AU$) leihen will, kann bei **Mallacoota Equipment Hire** (☎0488 329 611; www.mallacootahire.com) anrufen.

Die windumtoste, 154 ha große **Gabo Island Lightstation Reserve** auf Gabo Island, 14 km vor der Küste von Mallacoota, bietet zahlreichen Meeresvögeln und einer der weltweit größten Kolonien von Zwergpinguinen ein Zuhause – es gibt hier noch viel mehr Tiere als auf Phillip Island. Auf der Insel steht ein **Leuchtturm**, der 1862 erbaut wurde. Er ist der höchste auf der ganzen Südhalbkugel, und man kann im alten Wärterhäuschen absteigen; Näheres gibt's bei **Parks Victoria** (www.parkweb.vic.gov.au).

Geführte Touren

MV Loch-Ard BOOTSTOUR
(☎03-5158 0764; Main Wharf; Erw./Kind 2-stündige Bootsfahrt 30/12 AU$) Bietet ab der Main Wharf Bootstouren durch die Bucht an.

Porkie Bess BOOTSTOUR, ANGELN
(☎0408 408 094; 2-stündige Bootstour 30 AU$, Angelausflug 60 AU$) Wer mit einem Holzboot aus den 1940er-Jahren eine Angeltour oder eine Bootsfahrt auf den Seen machen möchte, ist hier vollkommen richtig. Außerdem gibt's einen Fährservice für Wanderer (20 AU$/Pers., mind. 4 Pers.) Abfahrt ist am Karbeethong Jetty.

Wilderness Coast Ocean Charters INSEL
(☎0417 398 068, 03-5158 0701) Bietet Ausflüge nach Gabo Island (Tagestrip hin & zurück 60 AU$/Pers.; 60 AU$ pro Strecke, wenn man über Nacht bleibt).

Schlafen

Mallacoota bietet zahlreiche Ferienunterkünfte, aber während der Oster- und Weihnachtsferien muss man weit im Voraus buchen und einen Aufschlag bezahlen.

★**Adobe Mudbrick Flats** APARTMENT $
(☎0409 580 0329, 03-5158 0329; www.adobeholidayflats.com.au; 17 Karbeethong Ave; DZ 75 AU$, 4BZ 90–110 AU$) Diese einzigartigen, in Lehmbauweise errichteten Wohneinheiten in Karbeethong, ein paar Kilometer nördlich von Mallacoota, sind ein Werk von Margaret und Peter Kurz und etwas ganz Besonderes. Hier liegt der Schwerpunkt auf Recycling und Umweltfreundlichkeit, und die skurrilen Apartments sind ebenso gemütlich wie preiswert. Rundum gibt's jede Menge Wildnis und obendrein einen Kajakverleih.

★**Mallacoota Foreshore Holiday Park** CAMPINGPLATZ $
(☎03-51580300;www.mallacootaholidaypark.com.au; Ecke Allan Dr & Maurice Ave; Stellplatz ohne Strom 20–29 AU$, Stellplatz mit Strom 26–38 AU$;) Die Stellplätze hier schmiegen sich an das Mallacoota Inlet, liegen wirklich direkt am Wasser und bilden einen der geselligsten und idyllischsten Campingplätze in ganz Victoria. Hütten gibt's keine, aber der Park ist unter Mallacootas zahlreichen Zeltplätzen die beste Wahl.

Karbeethong Lodge PENSION $$
(☎03-5158 0411; www.karbeethonglodge.com.au; 16 Schnapper Point Dr; DZ 110–220 AU$) Nur die Wenigsten werden auf der breiten Veranda dieser in einem Holzhaus aus dem frühen 20. Jh. untergebrachten Pension nicht von einem Gefühl des inneren Friedens erfasst. Der Blick auf das Mallacoota Inlet ist ungetrübt.

Mallacoota Wilderness Houseboats HAUSBOOT $$$
(☎0409 924 016; www.mallacootawildernesshouseboats.com.au; Karbeethong Jetty; 4 Nächte n unter der Woche ab 1050 AU$, 1650 AU$/Woche) Diese Hausboote mit sechs Kojen sind zwar nicht superluxuriös, aber es gibt wirklich keine bessere Art, Mallacootas Wasserwege zu erkunden.

Essen

★**Lucy's** ASIATISCH $
(☎03-5158 0666; 64 Maurice Ave; Gerichte 10–22 AU$; ⏲8–20 Uhr) Das Lucy's ist hier draußen eine echte Sensation. Es ist für seine köstlichen, preisgünstigen hausgemachten

Reisnudeln mit Hühnchen, Krabben oder Meeresschnecken und die leckeren, ebenfalls selbst gemachten Klöße berühmt.

Croajingolong Cafe CAFÉ $
(☎03-5158 0098; Shop 3, 14 Allan Dr; Hauptgerichte 6–14 AU$; ⌚Di–So 8.30–16 Uhr; 📶) Dieses Café schaut über die Bucht und ist der perfekte Ort, um in aller Ruhe einen Kaffee, ein Baguette oder Pfannkuchen zum Frühstück zu genießen.

Mallacoota Hotel PUB $$
(☎03-5158 0455; www.mallacootahotel.com.au; 51-55 Maurice Ave; Hauptgerichte 17–32 AU$; ⌚12–14 & 18–20 Uhr) Der örtliche Pub serviert allerhand herzhafte Gerichte. Im Sommer spielen regelmäßig Bands. Das angeschlossene **Motel** (EZ/DZ 80/100 AU$) ist ziemlich preiswert.

Praktische Informationen

Mallacoota Visitor Centre (☎03-5158 0800; www.visitmallacoota.com.au; Main Wharf, Ecke Allan & Buckland Dr; ⌚10–16 Uhr) Der ungewöhnlich bemalte Infokiosk unten am Kai wird von freundlichen Ehrenamtlichen betrieben – deshalb können die Öffnungszeiten schon mal variieren.

An- & Weiterreise

Mallacoota liegt 23 km südöstlich von Genoa. Von Melbourne aus fährt man mit einer Kombination aus Zug und Bus von V/Line (☎1800 800 007; www.vline.com.au) über Bairnsdale nach Genoa (41,40 AU$, 7½ Std., 1-mal tägl.). Der **Mallacoota–Genoa Bus Service** (☎1800 800 007) bietet montags, donnerstags und freitags Anschluss zum V/Line-Bus, während der Schulferien auch sonntags, und fährt weiter nach Mallacoota (3,50 AU$, 30 Min.).

Croajingolong National Park

Der Croajingolong National Park ist einer der schönsten Küstenparks Australiens und als Biosphärenreservat von der UNESCO anerkannt. Unberührte Strände, Meeresarme, Flussmündungen und üppig grüne Wälder sorgen dafür, dass man hier in völliger Abgeschiedenheit campen, wandern, angeln, baden und surfen kann. Der Park umfasst 87500 ha und erstreckt sich über rund 100 km vom Bemm River bis zur Grenze von New South Wales. Die fünf Meeresarme – **Sydenham**, **Tamboon**, **Mueller**, **Wingan** und **Mallacoota Inlet** – sind äußerst beliebte Orte zum Kanufahren und Angeln.

Point Hicks war der erste Punkt des australischen Kontinents, auf den Captain Cook und die Besatzung der *Endeavour* im Jahr 1770 einen Blick erhaschten, und wurde daher nach Zachary Hicks, dem Ersten Offizier des Schiffs benannt. Der **Leuchtturm** ist von Freitag bis Montag ab 13 Uhr für Führungen geöffnet; in den alten Leuchtturmwärterhütten kann man auch übernachten. In der Nähe des Leuchtturms findet man immer noch Trümmer der *SS Saros,* die hier 1937 auf Grund lief.

Schlafen

Es gibt vier ausgewiesene Campingplätze: Wingan Inlet und Shipwreck Creek kann man über **Parks Victoria** (☎13 19 63; www.parkweb.vic.gov.au; Zeltplatz 20 AU$) buchen, Thurra River und Mueller Inlet über das Point Hicks Lighthouse. Für die Weihnachtsferien wird ausgelost, wer einen Platz bekommt.

Point Hicks Lighthouse COTTAGES $$
(☎03-5158 4268, 03-5156 0432; www.pointhicks.com.au; Bungalow 120 AU$, Cottage 330 AU$) Zu diesem abgeschiedenen Leuchtturm gehören zwei gemütliche, denkmalgeschützte Cottages und ein Doppelbungalow. Die Cottages bieten Platz für sechs Personen, einen Kamin und eine sensationelle Aussicht aufs Meer.

An- & Weiterreise

Vom Princes Highway führen Zufahrtsstraßen unterschiedlicher Beschaffenheit in den Park. Abgesehen von der Strecke Genoa–Mallacoota und einem 17 km langen Abschnitt zwischen dem Cann River und Tamboon sind alle Straßen unbefestigt und können im Winter sehr schwer befahrbar sein. Man sollte sich vorab bei Parks Victoria über den Zustand der Strecke informieren – besonders bei oder nach starkem Regen. Der **Bemm River**, ein beliebter Platz zum Angeln auf der Westseite des Sydenham Inlet, ist über eine Asphaltstraße erreichbar.

Tasmanien

Inhalt ➡

Gut essen

- Pigeon Hole (S. 692)
- Garagistes (S. 690)
- Stillwater (S. 733)
- Red Velvet Lounge (S. 704)
- Cable Station Restaurant (S. 754)

Schön übernachten

- Astor Private Hotel (S. 688)
- All Angels Church House (S. 703)
- Freycinet Eco Retreat (S. 721)
- Two Four Two (S. 731)
- @VDL (S. 754)

Auf nach Tasmanien!

„Tassie" ist großartig, leicht erreichbar und wunderschön. Die Insel ist so klein, dass man sie in wenigen Wochen bereisen kann, aber so vielseitig, dass man immer wiederkommt: herrliche Strände, zerklüftete Bergkämme, vereinzelt alpine Hochplateaus, zahllose Wildtiere und unberührte Wildnis, die zum Großteil Welterbe ist. Tasmanien steht für Wein und Lebensmittel von Spitzenqualität, eine florierende Kunstszene und coole Städte mit dynamischen Zukunftsaussichten.

Tasmaniens Vergangenheit ist von der vielfach tragischen Geschichte der Aborigines und der Strafgefangenen geprägt, die auch wichtig für das Verständnis des ganzen Kontinents ist. Das Erbe Tasmaniens ist allgegenwärtig, auch durch einige sehr beeindruckende Kolonialbauten.

Tassie bietet Optionen für Bushwalking, Rafting, Rad- und Kajaktouren – es ist einer der besten Outdoor-Abenteuerspielplätze der Welt. Die Insel gehört zwar noch zu Australien, ist aber auf bezaubernde Weise ein bisschen anders.

Reisezeit

Hobart

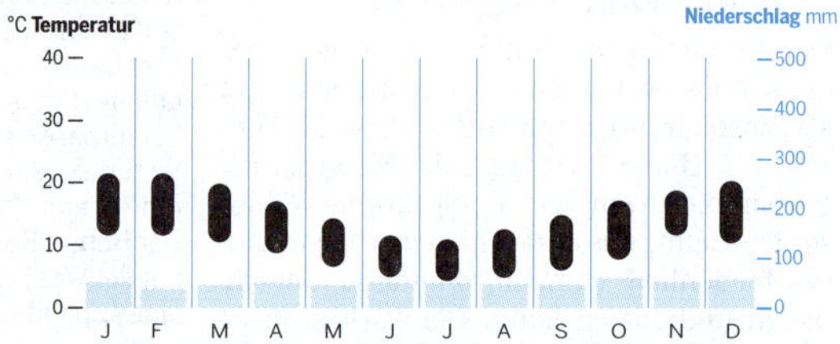

Feb. Sehr beständiges Wetter: Es sind Schwimmen, Bushwalking und Mountainbiken angesagt.

März Auf den Märkten gibt's frische Äpfel, Früchte und Beeren en masse.

Dez.–Jan. Die Festtage werden in Hobart mit Essen, Wein, Musik, Kunst und Kultur gefeiert.

Geschichte

Ungefähr 10 000 indigene Australier lebten in Tasmanien, als der holländische Seefahrer Abel Janszoon Tasman als erster Europäer die Insel sichtete. Am 24. November 1624 erreichten seine Schiffe die Nordwestküste und folgten dann der Süd- und der Südostküste. Tasman taufte die Insel nach dem niederländischen Generalgouverneur Anton van Diemen auf den Namen Vandiemensland. Da Tasmans Reisen keine verwertbaren Resultate für die Niederländische Ostindien-Kompanie erbrachten, ließen die Europäer Vandiemensland mehr als ein Jahrhundert lang links liegen. Nachdem sich die Briten 1788 in der Sydney Cove niedergelassen hatten, wurde die Insel zu einer bequemen Zwischenstation auf dem Weg nach New South Wales (NSW). Im Jahr 1798 umschiffte Matthew Flinders erstmals Vandiemensland und bewies damit, dass es sich um eine Insel handelte. 1803 wurde die Risdon Cove am Derwent River zum Standort der zweiten britischen Kolonie in Australien. Die Siedlung wurde jedoch schon ein Jahr später an die Stelle der heutigen Hauptstadt Hobart verlegt, weil dort die Zuflüsse vom Mt. Wellington eine reiche Versorgung mit Trinkwasser gewährleisteten.

Die ersten Siedler begleiteten Strafgefangene, die als Zwangsarbeiter eingesetzt wurden, aber die menschenverachtenden Sträflingskolonien wurden erst später errichtet: 1822 die Siedlung auf Sarah Island in Macquarie Harbour, 1825 jene auf Maria Island, und 1830 schließlich die Kolonie in Port Arthur. In den folgenden Jahrzehnten erlangte Vandiemensland traurige Berühmtheit für die scheußlichsten Bestrafungen und die unmenschlichste Behandlung von Strafgefangenen in britischen Kolonien: Die Insel galt als meistgefürchtetes, schrecklichstes Deportationsziel. In den 1850er-Jahren war jeder zweite Bewohner der Insel ein Sträfling, und ganze Industrien beuteten das Elend der Zwangsarbeiter auf Vandiemensland aus. Hobart Town und Launceston wurden von Seuchen, Prostitution, Trunksucht und auch von damit zusammenhängender Gewalt geplagt.

1856 wurde das „gesellschaftliche Experiment" der Deportation von britischen Sträflingen nach Vandiemensland schließlich aufgegeben. Um das Stigma als Insel inhumaner Sträflingskolonien loszuwerden, benannte man Vandiemensland nach seinem Entdecker in „Tasmanien" um. In jenen Jahren waren die Ureinwohner durch breit angelegte Vernichtungsaktionen, Seuchen, Zwangsarbeit und scheiternde Umsiedlungs- und Assimilierungspläne praktisch schon fast gänzlich ausgelöscht.

Nach der Entdeckung von Gold strömten in den 1870er- und 1880er-Jahren Schürfer ins Land. Bergleute und Holzfäller, die nach Kiefern, Myrte und Sassafras suchten, erschlossen den rauen, schlecht zugänglichen Westteil der Insel und begannen, ihre natürlichen Ressourcen auszubeuten. In den 1960er- und 1970er-Jahren versuchten Umweltschützer erfolglos zu verhindern, dass der Lake Pedder zur Stromerzeugung gestaut wird. In den 1980er-Jahren gelang es der wachsenden Naturschutz-Bewegung aber, ein ähnliches Vorhaben am Franklin River zu vereiteln.

Die Anführer dieser Kampagnen waren maßgeblich an der Gründung der United Tasmania Group 1972 beteiligt, die als weltweit erste grüne politische Partei gilt. Die Partei der Australian Greens ist heute eine Größe in der australischen Innenpolitik.

Die ewigen Debatten zwischen den Lobbyisten der Holz- und Zellstoffindustrie sowie den Umweltschützern über den Umgang mit den uralten Wäldern und wenig berührten Naturlandschaften nehmen kein Ende. Immerhin konnte 2012 ein „Friedensvertrag" zwischen der Forstwirtschaft, der Holzindustrie und den Umweltschutzorganisationen geschlossen werden. Damit wurde das Abholzen der für die Umwelt so wichtigen Urwälder zwar vorübergehend ausgesetzt, ist aber weiterhin heftig umstritten und teilt die Insel in unversöhnliche Lager.

Anfang 2013 genehmigte die tasmanische Regierung dann den Abbau von Bodenschätzen in der abgeschiedenen Wildnis des Tarkine-Gebiets im Nordwesten. Mit dieser Entscheidung ging die Schlacht zwischen Umweltschützern und Industrie in eine neue Runde und zeigt einmal mehr, wie schwierig es ist, die Erhaltung und Schaffung von Arbeitsplätzen mit der Bewahrung des einzigartigen Naturerbes auf Tasmanien in Einklang zu bringen.

Indigenes Tasmanien

Die Art, wie die frühen europäischen Siedler mit den einheimischen Völkern Tasmaniens umgingen, ist an Grauen und Schändlichkeit kaum zu überbieten. Nachdem die indigenen Inselbewohner vor 10 000 Jahren durch den steigenden Meeresspiegel vom

Highlights

1 Samstagmorgens gemütlich zwischen den vielen Ständen des **Salamanca Market** (S. 695) in Hobart umherschlendern

2 Den **Overland Track** (S. 763) in Angriff nehmen, das Wandererlebnis in Tasmanien schlechthin und ein Muss für jeden echten Australienurlauber

3 In **Port Arthur** (S. 710) über den Kontrast zwischen melancholischer Stille und atemberaubender Landschaft sinnieren

4 Die Herausforderung der bunten Mischung aus alter und neuer Kunst im faszinierenden **MONA** (S. 682) annehmen

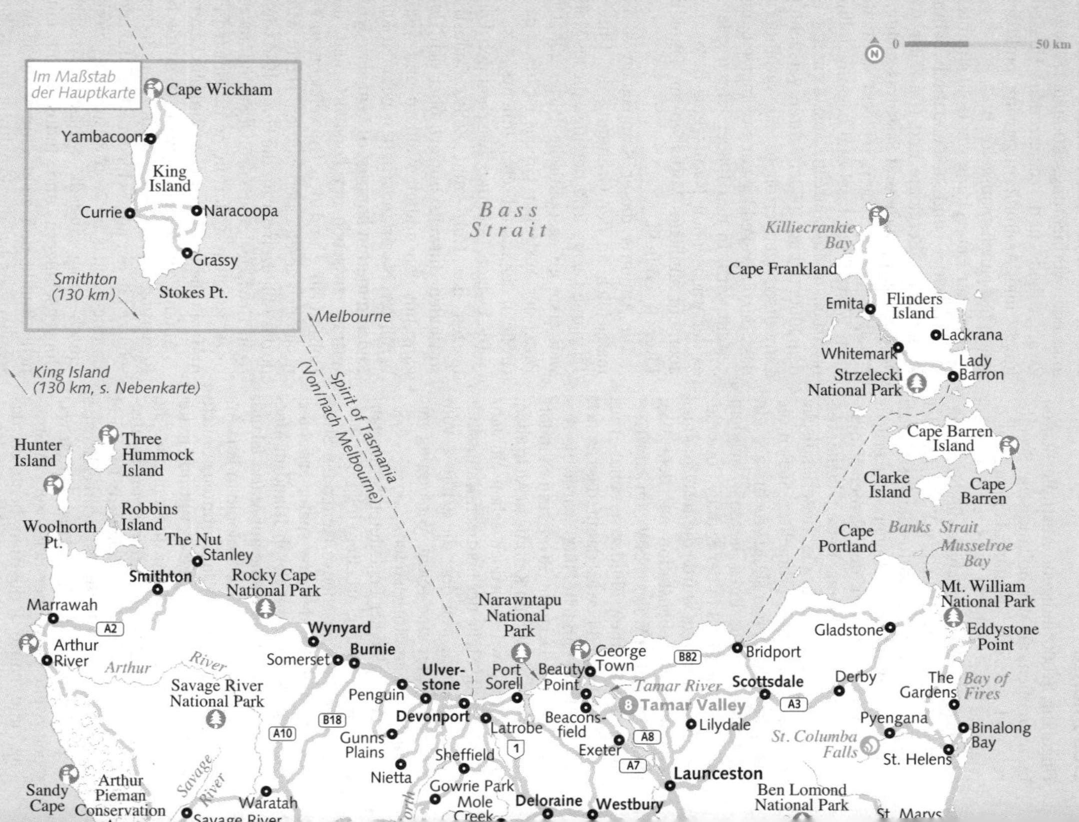

5 Einen Picknickkorb mit tasmanischen Köstlichkeiten packen und zur malerischen **Wineglass Bay** (S. 719) wandern

6 Mit einem Boot von **Bruny Island** (S. 701) durch das stürmische Südpolarmeer pflügen

7 Mit dem Seekajak im ruhigen, kristallklaren Wasser der Bucht von **Bathurst Harbour** (S. 701) paddeln

8 Im Weinanbaugebiet von **Tamar Valley** (S. 735) einen Gang zurückschalten und in aller Ruhe ein entspanntes Mittagessen genießen

australischen Festland abgeschnitten worden waren, entwickelten sie eine eigenständige, nachhaltige, am Lauf der Jahreszeiten orientierte Kultur als Jäger, Fischer und Sammler.

Nach ihrer Ankunft zäunten europäische Viehzüchter fruchtbare Landstriche als Weideland ein. Dadurch verloren die Ureinwohner immer mehr Teile ihrer rechtmäßigen Jagdgründe, was zum Ausbruch gewalttätiger Auseinandersetzungen zwischen ihnen und den Weißen (den sogenannten „Black Wars") führte. Der Vizegouverneur George Arthur rief 1828 das Kriegsrecht aus, und die Aborigines wurden systematisch umgebracht, eingekerkert oder mit Waffengewalt aus den von den Weißen besiedelten Distrikten vertrieben. Viele Ureinwohner fielen außerdem eingeschleppten Krankheiten zum Opfer.

Zwischen 1829 und 1834 wurde der Versuch unternommen, die übrigen tasmanischen Ureinwohner nach Flinders Island umzusiedeln, zu „zivilisieren" und zu christianisieren. Die meisten von ihnen starben jedoch infolge der Hoffnungslosigkeit, schlechter Ernährung oder an Erkrankungen der Atemwege. Von den 135 Aborigines, die auf die Insel gebracht worden waren, überlebten nur 47 Menschen. Diese wurden 1847 in eine weitere Siedlung in Oyster Cove im Süden Tasmaniens gebracht – 32 Jahre später war die gesamte indigene Bevölkerung ausgelöscht.

Seit 1798 jagten europäische Robbenfänger in der Bass Strait. Obwohl sie manchmal an der Küste lebende Stämme überfielen, trieben sie mit den Aborigines Handel. Auch wurden Aborigine-Frauen verkauft, und viele Robbenfänger siedelten sich mit ihren neuen Frauen auf den Inseln in der Bass Strait an und gründeten Familien.

Auf Bruny Island erinnert ein einfaches Denkmal an Truganini, die als letzte rein indigene Tasmanierin galt und 1876 im Alter von über 70 Jahren in Hobart starb (tatsächlich wurde sie jedoch von zwei weiteren Frauen rein indigener Abkunft überlebt). Über ihr trauriges Leben und ihren Tod wurde seinerzeit unter der Schlagzeile „Das Ende der Eingeborenenfrage" berichtet – ihr Skelett wurde im Museum von Hobart ausgestellt. Heute ist sie zu einem Symbol für die Schrecken des Völkermords an den indigenen Tasmaniern geworden.

Um das Jahr 1847 hatte sich auf Flinders Island und auf anderen Inseln der Furneaux-Gruppe eine indigene Gemeinschaft herausgebildet, deren Lebensstil auf den Traditionen ihrer gemischten Vorfahren (Ureinwohner und Europäer) beruhte. Auch wenn die letzten rein indigenen Tasmanier im 19. Jh. vollständig ausgestorben waren, sorgte die Stärke dieser Gemeinschaft dafür, dass die indigene Bevölkerung der Insel nicht ganz in Vergessenheit geriet. Heute leben Tausende ihrer Nachkommen in Tasmanien.

Die indigenen Tasmanier erheben auch weiterhin Anspruch auf ihr Land und auf eine Entschädigung für die erlittene Ungerechtigkeit. Als Eingeständnis der schlechten Behandlung der indigenen Bevölkerung durch die Europäer wurden den Aborigines Eigentumsrechte für ihr ehemaliges Land zugesprochen. Im Jahr 1995 gab die tasmanische Regierung zwölf wichtige Stätten an die tasmanischen Aborigines zurück, darunter auch Oyster Cove, Kutikina Cave und Steep Island. Wybalenna kam 1999 dazu und die Gebiete Cape Barren und die Clarke Islands folgten 2005.

NICHT VERSÄUMEN

TASMANIEN IM ADRENALINRAUSCH

Was das Angebot von Adrenalinkicks angeht, wächst Tasmanien zweifelsfrei über sich hinaus und bietet noch dazu im Hintergrund fast immer eine der schönsten Landschaften Australiens.

- Mit dem Mountainbike die Hänge des imposanten und kolossalen Mt. Wellington in Hobart hinunterholpern
- Durch die ungestümen Stromschnellen des Franklin River raften
- Sich an der nackten, 140 m hohen Betonwand des Gordon Dam abseilen
- Mit einem Drachenflieger an einem Kabel durch die Baumwipfel des Tahune Forest sausen
- In den nebligen und abgelegenen Buchten des Bathurst Harbour mit dem Kajak auf dem Meer paddeln

Nationalparks

Tasmanien hat prozentual gesehen mehr Nationalparks und Reservate als jeder andere Bundesstaat Australiens. Unter den hier möglichen Aktivitäten sind u.a. Wandern, Kanu- und Kajakfahren, Höhlenwandern, Schwimmen und Surfen. Die 19 Nationalparks der Insel bedecken insgesamt mehr als 1,4 Mio. ha – das sind fast 21% der Gesamtfläche Tasmaniens!

1982 wurden die vier größten Nationalparks Tasmaniens (Southwest, Franklin-Gordon Wild Rivers, Cradle Mountain-Lake St. Clair und Walls of Jerusalem) und große Teile des Central Plateau auf die Liste des UNESCO-Welterbes gesetzt. Durch diese Einstufung sind alle Parks zusammen als eine der weltweit letzten großen unberührten Naturgebiete der gemäßigten Klimazone anerkannt.

Alle hiesigen Nationalparks erheben eine Eintrittsgebühr. Die Tickets sind an den meisten Parkeingängen, in vielen Touristeninformationen, auf den Fähren von *Spirit of Tasmania* sowie in den Zweigstellen von **Service Tasmania** (☎1300 135 513; www.service.tas.gov.au) überall im Bundesstaat problemlos erhältlich.

Ein 24 Stunden lang gültiger Pass (der zum Betreten einer beliebigen Anzahl von Parks berechtigt) kostet 24 AU$ pro Auto (mit bis zu 8 Pers.) oder 12 AU$ pro Person (Busreisende, Wanderer, Rad- und Motorradfahrer). Für die meisten Traveller dürfte sich der acht Wochen gültige Pass anbieten (pro Pers./Auto 30/60 AU$).

Weiteres steht auf der Website des Parks & Wildlife Service (S. 696). In größeren Nationalparks bieten Ranger familienfreundliche Gratis-Aktivitäten (Mitte Dez.–Mitte Feb.) an.

Aktivitäten

Infos im Internet gibt's hier:

Parks & Wildlife Service INFORMATION
(www.parks.tas.gov.au) „Recreation" anklicken!

Tourism Tasmania INFORMATION
(www.discovertasmania.com) „Activities & Attractions" anklicken!

Angeln

Alle Infos zum Angeln in Tasmanien gibt's auf www.ifs.tas.gov.au.

Das Lake Country im zentralen Hochland lockt mit kalten Gletscherseen und glasklaren Flüssen, in denen es von Forellen nur so wimmelt. Dutzende Veranstalter organisieren Führer, Angelunterricht und Angeltouren. Eine gute Orientierung im Angebotsdschungel bietet **Trout Guides & Lodges Tasmania** (www.troutguidestasmania.com.au).

An der Ostküste sind Angeltouren auf Charterbooten der Renner.

Bushwalking

Der Overland Track ist die berühmteste Wanderstrecke Australiens und wird oft zu den zehn besten Trails der Welt gezählt. Er dauert sechs Tage und führt über 65 km durch den herrlichen Cradle Mountain-Lake St. Clair National Park. Auch der 85 km lange South Coast Track (6–8 Tage) ist toll.

Im Lonely Planet Band *Walking in Australia* finden sich Infos über einige der besten längeren Wanderstrecken in Tasmanien. Die unberührten Gebiete der Insel kann man aber auch auf kürzeren Strecken entdecken: Die Broschüre *60 Great Short Walks* des Parks & Wildlife Service listet tolle kürzere Wanderstrecken auf, von zehnminütigen Spaziergängen bis zu Eintageswanderungen. Weitere Infos bietet die Website des **Parks & Wildlife Service**.

Bei langen Wanderungen muss man bedenken, dass das Wetter zu jeder Jahreszeit schnell umschlagen kann. Warme Kleidung, wasserdichte Ausrüstung, ein Zelt, eine Karte und ein Kompass sind unbedingt erforderlich. **Tasmap** (www.tasmap.tas.gov.au) gibt ausgezeichnete Karten online oder über die Touristeninformationen heraus. In Hobart sind Karten bei **Service Tasmania** (Karte S. 684; ☎1300 135 513; www.service.tas.gov.au; 134 Macquarie St; ⏲Mo–Fr 8.15–17 Uhr) und im Tasmanian Map Centre (s. S. 695) erhältlich.

Rafting & Kajakfahren

Der Franklin River ist berühmt dafür, dass hier anspruchsvolle Wildwasser-Raftingtouren möglich sind; gute Infos liefert die Website des Parks & Wildlife Service. Weitere Flüsse, an deren Stromschnellen man sich wagen kann, sind der Derwent (von Hobart stromaufwärts), der Picton (südwestlich von Hobart) sowie der Mersey River im Norden.

Zu den Zentren fürs Kajakfahren auf dem Meer zählen Kettering südöstlich von Hobart, Bruny Island und die Südwestküste sowie Coles Bay auf der Freycinet Peninsula.

Schwimmen

An der Nord- und der Ostküste Tasmaniens gibt es unzählige geschützte weiße Sandstrände mit recht kaltem Wasser. Wunderschön sind z.B. die Wineglass Bay, die Bay of Fires (gefährliche Strömungen!), die Binalong Bay außerhalb von St. Helens, der Boat Harbour Beach und der Penguin Beach.

Segeln

Mit ihren unzähligen Buchten und Häfen sind der D'Entrecasteaux Channel und der

Huon River südlich von Hobart bestens zum Segeln geeignet. Wer einen kurzfristigen Liegeplatz in Hobart sucht, wendet sich an den **Royal Yacht Club of Tasmania** (☎03-6223 4599; www.ryct.org.au) in Sandy Bay.

Surfen

Tasmanien hat herrliche Surfspots mit Point- und Reefbreaks sowie Flussmündungen. Ein Ganzkörper-Neoprenanzug ist ein absolutes Muss. In der Nähe von Hobart sind die verlässlichsten Strände der Clifton Beach und der (nicht ausgeschilderte) Goats Beach auf dem Weg nach South Arm. Die südlichen Strände auf Bruny Island, besonders der Whalebone Point in der Cloudy Bay, bieten einen beständigen Wellengang. An der Nordküste findet man von Bicheno nordwärts bis St. Helens gute Brandung bei günstigen Bedingungen. Bei Marrawah an der Westküste sind die Wellen oft gewaltig. Die heftigsten Wellen Australiens gibt es wohl bei Shipstern Bluff, südlich von Port Arthur. Dahin wandert man auf der Halbinsel Tasman etwa zwei Stunden rund um die Raoul Bay durch den Tasman National Park.

Infos auf www.tassiesurf.com.

Tauchen

Das Wasser ist wirklich eiskalt, aber besonders an der Ostküste findet man ausgezeichnete Tauchspots. Ein großartiger neuer Spot wurde 2007 durch die Versenkung der *Troy D* vor der Westküste von Maria Island geschaffen (Infos unter www.troyd.com.au). Meeresbewohner in Hülle und Fülle lassen sich vor Rocky Cape an der Nordküste beobachten, und rund um King Island und Flinders Island liegen viele Schiffswracks im Meer.

Kurse sind in Tasmanien preiswerter als auf dem Festland. Anbieter findet man an der Bay of Fires, am Eaglehawk Neck, in Bicheno sowie auf King Island.

Weinanbaugebiete

Seit Mitte der 1950er-Jahre hat sich Tasmanien international einen Namen als Hersteller von Qualitätsweinen gemacht. Diese zeichnen sich durch ihr volles, fruchtiges Aroma und ihren hohen Säuregehalt aufgrund des kühlen, gemäßigten Klimas der Weinanbaugebiete aus. Mittlerweile keltern überall im Bundesstaat Weingüter preisgekrönte Weine wie Pinot Noir, Riesling und Chardonnay. Tassies Winzer bauen zudem die Trauben für viele der besten australischen Sektmarken an. Tasmanien kann in zwei wichtige Weinanbaugebiete aufgeteilt werden: den Norden und Osten rund um Launceston (das Tamar Valley) und Bicheno, und den Süden rund um Hobart (das Coal River Valley).

Geführte Touren

Die meisten geführten Touren beginnen in Hobart, manche aber auch in Launceston oder Devonport.

Herbaceous Tours ESSEN & WEIN
(☎0416 970 699; www.herbaceoustours.com.au; 55–130 AU$/Pers.) Die von Spezialisten geführten Wein- und Feinschmeckertouren führen u.a. nach Hobart, ins Weinanbaugebiet von Coal River Valley, nach Bruny Island und ins Huon Valley.

Jump Tours BACKPACKER
(☎0422 130 630; www.jumptours.com) Die auf Jugendliche und Rucksackreisende ausgerichteten Touren durch ganz Tasmanien dauern zwei bis fünf Tage. Es gibt aber auch einen Tagesausflug nach Port Arthur und in die spektakuläre Landschaft der Tasman Peninsula.

Tarkine Trails BUSHWALKING
(☎0405 255 537; www.tarkinetrails.com.au) Bei den geführten Wanderungen durch die Wildnis des Tarkine-Gebiets und auf dem Overland Track wird in (teilweise sehr luxuriösen) Zelten und gemütlichen Lodges im Wald übernachtet.

TASafari JEEPTOUR
(☎0417 002 508, 1300 882 415; www.tasafari.com.au) Die Jeep- und Campingtouren mit Ökosiegel dauern zwischen vier Tagen und zwei Wochen.

Tasmanian Expeditions OUTDOOR-AKTIVITÄTEN
(☎1300 666 856, 03-6339 3999; www.tasmanianexpeditions.com.au) Zu dem vielseitigen Angebot von Aktivtouren gehören Bushwalking, Wandern mit Hüttenübernachtungen, Canyoning, Rafting, Klettern, Radfahren und Seekajakfahren.

Tours Tasmania BACKPACKER
(☎1800 777 103; www.tourstas.com.au) Die auf Rucksackreisende ausgerichteten Tagestouren in kleinen Gruppen führen von Hobart in die Wineglass Bay, in den Mt. Field National Park, nach Port Arthur und ins Huon Valley. Ebenfalls im Angebot sind Touren von Launceston zum Cradle Mountain und an die Ostküste.

Under Down Under BACKPACKER (☎1800 064 726; www.underdownunder.com.au) Die backpackerfreundlichen Touren führen in drei bis neun Tagen an die Ost- und Westküste oder in die Wildnis Tarkines.

Saisonarbeit

Im Sommer ist es in den Touristenzentren meist nicht schwer, Gelegenheitsjobs in der Tourismusbranche, der Gastronomie, als Aushilfsarbeiter, Gärtner oder auf einer Farm zu finden. Saisonale Erntehelfer machen Knochenarbeit und werden nach Menge und Qualität der gepflückten Früchte bezahlt. Im Huon Valley und im Tamar Valley ist zwischen Dezember und April Erntezeit. Im Spätherbst und in den frühen Wintermonaten gibt es teilweise noch Jobs bei der Weinlese, da manche Weinkellereien ihre Trauben immer noch von Hand lesen.

ℹ Praktische Informationen

Tourism Tasmania (☎1300 827 743, 03-6230 8235; www.discovertasmania.com) Hier gibt's jede Menge nützlicher Infos zu Tasmanien.

In fast allen größeren Städten unterhält die Tourismusbehörde Büros, in denen es Hotelverzeichnisse, Veranstaltungskalender, Fahrpläne und Infos zu Aktivitäten und Touren gibt.

Nützliche Infos gibt es auch bei diesen Stellen:

Parks & Wildlife Service (www.parks.tas.gov.au) Alles über Wanderungen, Campingplätze, Einrichtungen und mögliche Aktivitäten in den Nationalparks und Naturschutzgebieten Tasmaniens.

Der **Royal Automobile Club of Tasmania** (RACT; ☎13 27 22; www.ract.com.au) bietet Pannenhilfe, aktuelle Verkehrs- und Wetterberichte sowie allgemeine Reiseinfos.

ℹ An- & Weiterreise

Aufgrund der strengen Quarantänebestimmungen zum Schutz der tasmanischen Landwirtschaft vor Seuchen und Krankheiten müssen alle Besucher vor oder bei der Einreise alle Arten von Pflanzen, Obst und Gemüse vernichten. Das gilt auch für alle Reisende, die vom australischen Festland kommen.

Wer mit einer Gruppe oder der Familie unterwegs ist und ein Fahrzeug mit nach Tasmanien nehmen möchte, bucht am besten günstige Flugtickets für die Mitreisenden und fährt in Melbourne allein mit dem Auto auf die Fähre.

FLUGZEUG

Es gibt keine internationalen Direktflüge von und nach Tasmanien. Folgende Unternehmen bieten Inlandsflüge vom australischen Festland an:

Jetstar (☎13 15 38; www.jetstar.com.au) Fliegt direkt von Melbourne und Sydney nach Hobart und Launceston.

Qantas (☎13 13 13; www.qantas.com.au) Fliegt direkt von Sydney, Brisbane und Melbourne nach Launceston und Hobart. Die regionale Tochter QantasLink verkehrt zwischen Melbourne und Devonport.

Regional Express (☎13 17 13; www.regionalexpress.com.au) Pendelt von Melbourne nach Burnie/Wynyard und King Island.

Sharp Airlines (☎1300 556 694; www.sharpairlines.com) Flüge von Launceston und dem Melbourner Essendon Airport nach Flinders Island und von Burnie/Wynyard nach King Island.

Tiger Airways (☎03-9999 2888; www.tigerairways.com.au) Fliegt von Melbourne nach Hobart.

Virgin Australia (☎13 67 89; www.virginaustralia.com) Bietet Direktflüge von Melbourne, Sydney, Brisbane, Canberra und Adelaide nach Hobart sowie von Melbourne, Brisbane, Perth und Sydney nach Launceston.

SCHIFF/FÄHRE

Die beiden Passagier- und Autofähren von **Spirit of Tasmania** (☎1800 634 906, 03-6421 7209; www.spiritoftasmania.com.au) schippern jede Nacht von Melbourne nach Devonport und umgekehrt. Sie legen jeweils um 19.30 Uhr ab und sind zehn Stunden unterwegs. In der Haupt- und Zwischensaison verkehren sie auch tagsüber. Die Preise sind saisonabhängig: Hauptsaison ist von Mitte Dezember bis Ende Januar, Zwischensaison von Ende Januar bis April und von September bis Mitte Dezember, Nebensaison ist von Mai bis August. Es gibt verschiedene Kabinen- und Sitzplätze sowie Ermäßigungen für Kinder, Studenten, Rentner und Senioren. Einige der Kabinen sind rollstuhlgerecht.

Der Fährhafen von Devonport liegt an der Esplanade im Osten der Stadt. In Melbourne legen die Fähren an der Station Pier im Hafen an. Die folgenden Preise für die einfache Strecke für Erwachsene sind nur grobe Anhaltspunkte, da sich der tatsächliche Preis nach der Verfügbarkeit und dem Reisetag richtet:

KATEGORIE	NEBENSAISON	HAUPTSAISON
Liegesessel mit Meerblick	99 AU$	128 AU$
4-B-Kabine	61 AU$	132 AU$
2-B-Kabine	94 AU$	165 AU$
Luxuskabine	329 AU$	358 AU$
Auto oder Wohnmobil (bis 5,3 m Länge)	79 AU$	89 AU$
Motorrad	64 AU$	64 AU$
Fahrrad	6 AU$	6 AU$

Unterwegs vor Ort

AUTO, WOHNMOBIL & MOTORRAD

Auto, Wohnmobil oder Motorrad sind ideale Verkehrsmittel auf Tasmanien, denn die Entfernungen sind relativ kurz und die Straßen zumeist in gutem Zustand. Man kann sein Fahrzeug mit der Fähre vom Festland mitbringen, günstiger ist es aber oft, vor Ort eines zu mieten, insbesondere bei einem kürzeren Aufenthalt. Die Mietpreise sind in der Regel auch niedriger als auf dem Festland. Mietet man ein Fahrzeug, sollte man bedenken, dass einige der landschaftlich schönsten Gegenden Tasmaniens nur über Schotterpisten zu erreichen sind, bei manchen Autovermietern auf unbefestigten Straßen aber kein Versicherungsschutz besteht.

Beim Fahren zwischen Abenddämmerung und Sonnenaufgang sollte man besonders auf die häufig nachtaktiven Wildtiere achten. Unfälle mit Tieren sind hier leider an der Tagesordnung. Erhöhte Vorsicht ist auch auf einspurigen Brücken über Landstraßen und bei Holztransportern geboten, die um die engen Kurven rasen. Bei kalter Witterung ist auf schattigen Bergpässen mit vereisten Stellen zu rechnen.

Die großen Autovermietungen haben sowohl am Flughafen als auch in den größeren Städten Büros. In der Hauptsaison im Sommer kostet ein Kleinwagen zwischen 50 und 80 AU$ pro Tag. Wer lange im Voraus und für eine Woche oder länger bucht, kann vor allem außerhalb der Hauptsaison eine Menge Geld sparen. Die Suchmaschine **Vroom Vroom Vroom** (www.vroomvroomvroom.com.au) hilft beim Preisvergleich.

Bei kleinen, einheimischen Firmen bezahlt man für ein älteres Auto gerade mal 40 AU$ pro Tag oder noch weniger, je nach Saison und Mietdauer. Dafür verlangen diese Firmen oft eine Kaution in Höhe von 300 AU$ oder mehr.

Schöne Landstraßen mit gutem Belag und relativ wenig Verkehr machen Tasmanien zu einem Paradies für Biker. Zu mieten gibt's die Zweiräder bei **Tasmanian Motorcycle Hire** (☎0418 365 210; www.tasmotorcyclehire.com.au).

Mit unzähligen Campingplätzen und den vielen Möglichkeiten, kostenlos am Straßenrand zu campen, ist Tasmanien ideal für einen Urlaub mit dem Wohnmobil, zumal Letztere recht günstig zu mieten sind (ab etwa 90 AU$/Tag).

Lo-Cost Auto Rent (www.locostautorent.com) Hobart (☎03-6231 0550; 94 Harrington St) Launceston (☎03-6391 9182; 7 Brisbane St)

Selective Car Rentals (☎1800 300 102, 03-6234 3311; www.selectivecarrentals.com.au; 47 Bathurst St, Hobart) Hat auch Büros in Launceston und Devonport.

Britz (☎1800 331 454; www.britz.com.au) Vermietet Wohnmobile und Geländewagen.

Campervan Hire Tasmania (☎03-6391 9357; www.campervanhiretasmania.com)

Maui (☎1300 363 800; www.maui.com.au)

Tasmanian Campervan Hire (☎1800 807 119; www.tascamper.com)

Tasmanian Campervan Rentals (☎03-6248 1867; www.tasmaniacampervanrentals.com.au)

Tasmanian Motor Shacks (☎03-6248 4418; www.tassiemotorshacks.com.au)

Cheap Motorhome Hire (www.cheaptasmaniamotorhomehire.com.au)

Fetch (www.fetchcampervanhire.com.au)

Getabout Oz (www.getaboutoz.com)

BUS

Redline Coaches (☎1300 360 000; www.tasredline.com.au) und **Tassielink** (☎1300 300 520, 03-6235 7300; www.tassielink.com.au) decken den Großteil der Insel ab. Beide verkehren das ganze Jahr über (an den Wochenenden nach eingeschränktem Fahrplan) auf den meisten wichtigen Fernstraßen Tasmaniens. Redline-Busse fahren auf dem Midland Hwy zwischen Hobart und Launceston, an der Nordküste zwischen Launceston und Smithton und von Launceston nordwärts nach George Town sowie zur Ostküste. Tassielink fährt von Hobart und Launceston zur West- und Ostküste sowie von Hobart nach Port Arthur und südwärts zum Huon Valley hinunter. Der Main Road Express von Redline fährt passend zur Ankunfts- bzw. Abfahrtszeit der Fähre über die Bass Strait in Devonport nach Launceston, Hobart und Burnie.

Außerdem schickt **Metro Tasmania** (☎13 22 01; www.metrotas.com.au) regelmäßig Busse von Hobart südwärts bis Woodbridge und Cygnet und nordwärts nach Richmond und New Norfolk. Kleinere Unternehmen bedienen wichtige Touristenrouten (s. entsprechende Abschnitte).

Eine einfache Fahrt von Devonport nach Launceston kostet ca. 20 AU$ (1½ Std.), von Hobart nach Launceston legt man 33 AU$ (2½ Std.) hin und von Hobart nach Devonport 56 AU$ (4 Std.).

FAHRRAD

Tasmanien hat die richtige Größe, um mit dem Drahtesel erkundet zu werden. Einige Gebiete sind recht hügelig, und das Wetter ist unberechenbar –, aber es gibt malerische Routen, und die einzelnen Ortschaften sind nicht zu weit voneinander entfernt. Eine Radtour zwischen Hobart und Launceston über die West- oder Ostküste (Letztere ist bei Radlern beliebter) dauert in der Regel zehn bis 14 Tage, für eine komplette Inselumrundung sind 18 bis 28 Tage anzusetzen.

Bicycle Tasmania (www.biketas.org.au) liefert weitere Infos.

FLUGZEUG

Flugreisen innerhalb Tasmaniens sind nicht üblich, doch manchmal heben Bushwalker mit kleinen Linienflugzeugen in den bzw. ab dem

TASMANIEN SCHMECKT

Die Entdeckungsreise durch das Eldorado für Feinschmecker und Weinliebhaber beginnt in Hobart. Eine gute Einführung ist **A Guide to Tasting Tasmania** (www.tastingtasmania.com) von Graeme Phillip, der jährlich aktualisiert wird und im Online-Versand oder in der Buchhandlung Fullers (S. 695) erhältlich ist.

- Auf der Sorell Fruit Farm (S. 709) darf man selbst gepflückte Beeren naschen.
- Fangfrische Austern schlürft man am besten auf der Freycinet Marine Farm (S. 721) oder bei Get Shucked (S. 702) auf Bruny Island.
- Köstliches tasmanisches Essen und herrliche Weine kann man auch bei den kulinarischen Festivals The Taste (S. 686) und Savour Tasmania (S. 686) in Hobart oder Festivale (S. 729) in Launceston verkosten.
- Regional und nachhaltig erzeugte Lebensmittel werden auf den Bauernmärkten in Hobart (Tas Farm Gate, S. 690) und Launceston (Harvest, S. 734) angeboten.
- Schließlich kann man die kulinarischen Schätze Tasmaniens im Rahmen von geführten Touren entdecken. Zu den Veranstaltern gehören Gourmania (S. 683), Herbaceous Tours (S. 674; für die Umgebung der Hauptstadt), Bruny Island Safaris (S. 702) und Long Lunch Tour Co (S. 720).

Südwesten der Insel ab. **Par Avion** (☎ 03-6248 5390; www.paravion.com.au) verbindet Hobart mit dem abgelegenen Melaleuca (einfache Strecke/hin & zurück 205/400 AU$).

HOBART

212 000 EW.

Die zweitälteste Stadt Australiens und zugleich die südlichste Hauptstadt eines australischen Bundesstaats liegt in den Ausläufern des Mt. Wellington am Ufer des Derwent River. Hobarts Gebiete am Ufer rund um die Sullivans Cove – Macquarie Wharf, Constitution Dock, Salamanca Place und Battery Point – sind mit ihren hübschen georgianischen Gebäuden vor der gewaltigen Kulisse des Mt. Wellington einfach prachtvoll. Zu dem reichen kolonialen Erbe und der reizvollen landschaftlichen Umgebung gesellt sich die ausgeprägte Feierlaune der Bevölkerung: Festivals, tolle Restaurants und hippe, modische Bars findet man in dieser Stadt en masse. Die Einwohner von Hobart sind absolut entspannt, sehr freundlich und bestimmt nicht so arrogant wie so mancher in Melbourne oder Sydney. An Sommernachmittagen wehen Brisen vom Meer her, und Jachten kreuzen auf dem Fluss; im Winter, wenn sich der dichte „Bridgewater Jerry"-Nebel morgens auflöst, blickt man auf den schneebedeckten Gipfel des Berges. In den letzten Jahren haben Hobarts aufkeimende Restaurantszene und die Topattraktionen des MONA (Museum of Old & New Art) der Stadt einen hohen internationalen Bekanntheitsgrad beschert.

Geschichte

Die halbnomadischen Mouheneer waren die ersten Menschen, die in dieser Gegend lebten. 1803 wurde mit Risdon Cove am Ostufer des Derwent River die erste europäische Siedlung hier gegründet, ein Jahr später verlegte man sie an die Stätte des heutigen Hobart.

In den 1820er-Jahren quollen die Gefängnisse Großbritanniens über, und Zehntausende Sträflinge wurden in heruntergekommenen Frachtern nach Hobart Town geschafft, wo sie unter menschenunwürdigen Bedingungen ihre Strafen verbüßten. In den 1850er-Jahren war der Ort voller Seemänner, Soldaten, Walfänger, Krawallmacher und Prostituierter, die in den zahllosen Hafenkneipen hemmungslos soffen, hurten und sich prügelten.

Richtig nüchtern geworden ist die Stadt bis heute nicht – in der legendären Kneipe Knopwood's gibt's Bier rund um die Uhr. Hobart hat durchaus seine Leichen im Keller; allerdings vergisst man das dank der relaxten Atmosphäre sehr schnell.

Sehenswertes

Das Stadtzentrum und das Ufergebiet von Hobart liegen nahe beieinander, sodass alle interessanten Orte leicht zu Fuß zu erreichen sind.

Den Salamanca Place säumen einige imposante georgianische Lagerhäuser aus

Sandstein. Sie bilden den südlichen Rand der Sullivans Cove, des Hafens und gesellschaftlichen Epizentrums der Stadt. Gleich südlich vom Salamanca Place liegt mit dem Battery Point ein aufstrebender Ortsteil aus der frühen Kolonialzeit.

Der Mt. Wellington belohnt Bergwanderer mit herrlicher Aussicht auf die Stadt.

Uferviertel & Salamanca Place

Salamanca Place HISTORISCHES GEBIET
(Karte S. 684) Die hübsche Reihe der vierstöckigen Lagerhallen aus Sandstein an der Sullivans Cove ist der am besten erhaltene historische Stadtbezirk Australiens. Der Salamanca Place war einst wichtigster Umschlagplatz für Handel und Gewerbe in Old Hobart Town. Mitte des 20. Jhs. waren jedoch viele der aus der Walfang-Ära der 1830er-Jahre stammenden Gebäude nicht viel mehr als marode Gemäuer. Erst in den 1970ern entwickelte Tasmanien ein Bewusstsein für sein „Erbe“, was dazu beitrug, die Lagerhäuser als Restaurants, Cafés, Bars und Läden neu zu beleben.

Das **Salamanca Arts Centre** (Karte S. 684; ☎03-6234 8414; www.salarts.org.au; 77 Salamanca Pl; ⏲Läden & Galerien 9–18 Uhr) birgt Galerien, Studios, Veranstaltungssäle für darstellende Künste und öffentliche Räume in insgesamt sieben örtlichen Lagerhäusern.

Vom Battery Point ist der Salamanca Place über die verwitterten **Kelly's Steps** zu erreichen.

Waterfront HISTORISCHES GEBIET
Rund um das **Victoria Dock** (einen aktiven Fischerhafen) und das **Constitution Dock** (voller „Imbisskähne“, die Fisch und Seafood verkaufen) lädt Hobarts Uferbereich zu tollen Erkundungen ein.

Die Feierlichkeiten anlässlich des Endes der Sydney-Hobart-Regatta werden jedes Jahr an Neujahr rund um das Constitution Dock abgehalten. In dieser Zeit findet auch das fabelhafte kulinarische Festival The Taste statt.

In der **Hunter Street** befinden sich einige hübsche Lagerhallen im georgianischen Stil, von denen die meisten zur ehemaligen Henry-Jones-IXL-Marmeladenfabrik gehörten. Heute sind hier die Kunstakademie der University of Tasmania und das todschicke Henry Jones Art Hotel mit seinen Restaurants und Galerien untergebracht.

SYDNEY-HOBART-REGATTA

Die wohl großartigste und tückischste Hochseesegelregatta der Welt, die Sydney-Hobart-Regatta (S. 686), endet jedes Jahr an Silvester am Constitution Dock in Hobart. Wenn sich die gebeutelten Maxi-Jachten über die Ziellinie schleppen, knallen die Sektkorken, und die Stadt wird von den erschöpften Seglern auf den Kopf gestellt. An Neujahr holt man sich am besten auf dem kulinarischen Festival The Taste (S. 686) ein Mittagessen, sucht sich ein sonniges Plätzchen im Hafen und zählt die Spinnaker, die hier vor Anker liegen.

★ **Tasmanian Museum & Art Gallery** MUSEUM
(Karte S. 684; www.tmag.tas.gov.au; 40 Macquarie St; ⏲10–17 Uhr) GRATIS Zu dem ausgezeichneten Museum, das Anfang 2013 nach einer 30 Mio. AU$ teuren Sanierung wiedereröffnet wurde, gehört auch der Commissariat Store von 1808, das älteste Gebäude Tasmaniens. Hier werden Gegenstände und Kunstwerke aus der Kolonialzeit und der Aborigines gezeigt. Die kostenlosen Führungen durch das Museum finden mittwochs bis sonntags jeweils ab 14.30 Uhr statt. Unbedingt sehenswert ist auch die Antarktis-Ausstellung *Islands to Ice*. Danach kann man sich im Museumscafé erholen und stärken.

Lark Distillery BRENNEREI
(Karte S. 684; ☎03-6231 9088; www.larkdistillery.com.au; 14 Davey St; Führung 15 AU$/Pers., Whisky-Tour 1/2 Tage ab 215/395 AU$; ⏲So–Mi 10–19, Do & Sa 10–20, Fr 10 Uhr–open end) Hier werden Obstliköre (Verkostung gratis) und Single-Malt-Whiskys (2,50 AU$/Verkostung) gebrannt. Die Führungen durch die Brennerei beginnen montags bis samstags um 14.30 Uhr. Es gibt auch Snacks, und an fast allen Freitag- und Samstagabenden wird die Brennerei zur Musikkneipe mit Auftritten von Blues- und Folkbands. Außerdem werden **Whisky-Touren** zur Erkundung der aufstrebenden Whisky-Produktion Tasmaniens organisiert.

Battery Point, Sandy Bay & South Hobart

Battery Point HISTORISCHES GEBIET
(Karte S. 680; www.batterypoint.net) Gleich beim einst berüchtigten Uferviertel Sullivans

Cove finden sich winzige Häuschen und Gassen aus dem 19. Jh. Das alte Seefahrerdorf Battery Point verdankt seinen Namen der Geschützbatterie (erb. 1818) auf dem Felsvorsprung.

Die alkoholschwangeren Bierkneipen des Battery Point entlang der **Hampden Rd** wurden mittlerweile restauriert und beherbergen jetzt Cafés und Restaurants mit vergleichsweise weniger wilden Gästen. Vom Salamanca Place führen die Kelly's Steps hinauf zur die **South St**, wo einst Tag und Nacht die roten Laternen brannten. Man kann eine Runde im malerischen **Arthur Circus** drehen, die **St. George's Anglican Church** an der Cromwell St besichtigen oder der **Napoleon St** hinab zum Ufer folgen. Ein belebendes Ale erwartet einen dann im 1846 eröffneten **Shipwrights Arms Hotel** in der Trumpeter St.

Narryna Heritage Museum MUSEUM
(Karte S. 680; ☎ 03-6234 2791; www.narryna.com.au; 103 Hampden Rd; Erw./Kind 10/4 AU$; ⏲ Mo–Fr 10.30–17, Sa & So 12.30–17 Uhr) Das stattliche georgianische Herrenhaus (erb. 1836) mit Sandsteinfassade steht auf einem sehr gepflegten Anwesen und beherbergt viele wertvolle Haushaltsgegenstände aus der Kolonialzeit.

Female Factory HISTORISCHE STÄTTE
(☎ 03-6233 6656; www.cascadefemalefactory.wordpress.com; 16 Degraves St; Historische Führung Erw./erm/Fam. 15/10/40 AU$, Vorführung „Her Story" Erw./erm./Fam. 20/12,50/60 AU$; ⏲ 9.30–16 Uhr) Es hat lange gedauert, bis das ehemalige Frauengefängnis endlich als bedeutende historische Stätte anerkannt wurde – und das, obwohl ein Viertel der Sträflinge, die ins damalige Vandiemensland deportiert wurden, weiblich war. Auch wenn die archäologischen Arbeiten noch nicht abgeschlossen sind, kann das Gebäude im Rahmen von zwei 45-minütigen Führungen besichtigt werden. Dabei führt die klassische *Heritage Tour* durch das gesamte Gebäude, während bei *Her Story* das harte Leben im Frauengefängnis nachgespielt wird. Beide Führungen müssen im Voraus gebucht werden. Die aktuellen Zeiten sind im Internet oder telefonisch zu erfahren.

Danach bietet sich die ganz in der Nähe liegende Cascade Brewery für einen Besuch an. Wer mit dem Bus 43, 44, 46 oder 49 herkommt, muss an der Station 16 aussteigen.

Cadbury Chocolate Factory WAHRZEICHEN
(☎ 1800 627 367; www.cadbury.com.au; Cadbury Rd; Erw./Kind/Fam. 7,50/4/17,50 AU$; ⏲ Mo–Fr außer Feiertage 8.30–15.30 Uhr) Die 15 km nördlich des Stadtzentrums gelegene Schokoladenfabrik ist ein absolutes Muss für alle Naschkatzen. Hier kann man sich durch das riesige Angebot probieren und preiswerte Schokolade in allen Variationen einkaufen.

Einige Tourveranstalter bieten den Besuch bei Cadbury im Rahmen eines Tagesausflugs mit Bootsfahrt an, man kann sich aber auch direkt per Telefon oder Internet bei der Fabrik anmelden und mit Bus 37, 38 oder 39 von der Haltestelle E in der Elizabeth St bis nach Claremont fahren.

Mt. Wellington PARK
(www.wellingtonpark.org.au) Der im Winter schneebedeckte Mt. Wellington (1270 m) thront über Hobart und gibt den Einwoh-

HOBART IN ...

... zwei Tagen

Beim Bummel durch das Altstadtviertel **Battery Point** kann man tief in die Geschichte eintauchen und sich danach beim Brunch im **Environs** entspannen und für die Erkundung des benachbarten **Salamanca Place** am Nachmittag stärken. Das historische Viertel sollte man im Rahmen einer Stadtführung besichtigen. Danach erkundet man Hobarts Seefahrtshistorie im **Maritime Museum of Tasmania**, bevor man sich nach einem Spaziergang an der Uferpromenade von Sullivans Cove die Meeresfrüchte im **Blue Eye** schmecken lässt. Den Tag beschließt ein „Tassie"-Bier im abgefahrenen **Preachers** oder ein gepflegter Single Malt in der **Nant Whisky Cellar & Bar**.

Tag zwei beginnt mit einem üppigen Frühstück im **Machine Laundry Café**, bevor man sich aufs Mountainbike schwingt und bei der rasanten Abfahrt den **Mt. Wellington** hinunter auch die letzten Reste von Müdigkeit vertreibt. Der Nachmittag ist dem anspruchsvollen Museum für alte und neue Kunst **MONA** gewidmet, bevor die **Republic Bar & Café** im Norden Hobarts zu Abendessen, Drinks und Livemusik einlädt.

Hobart

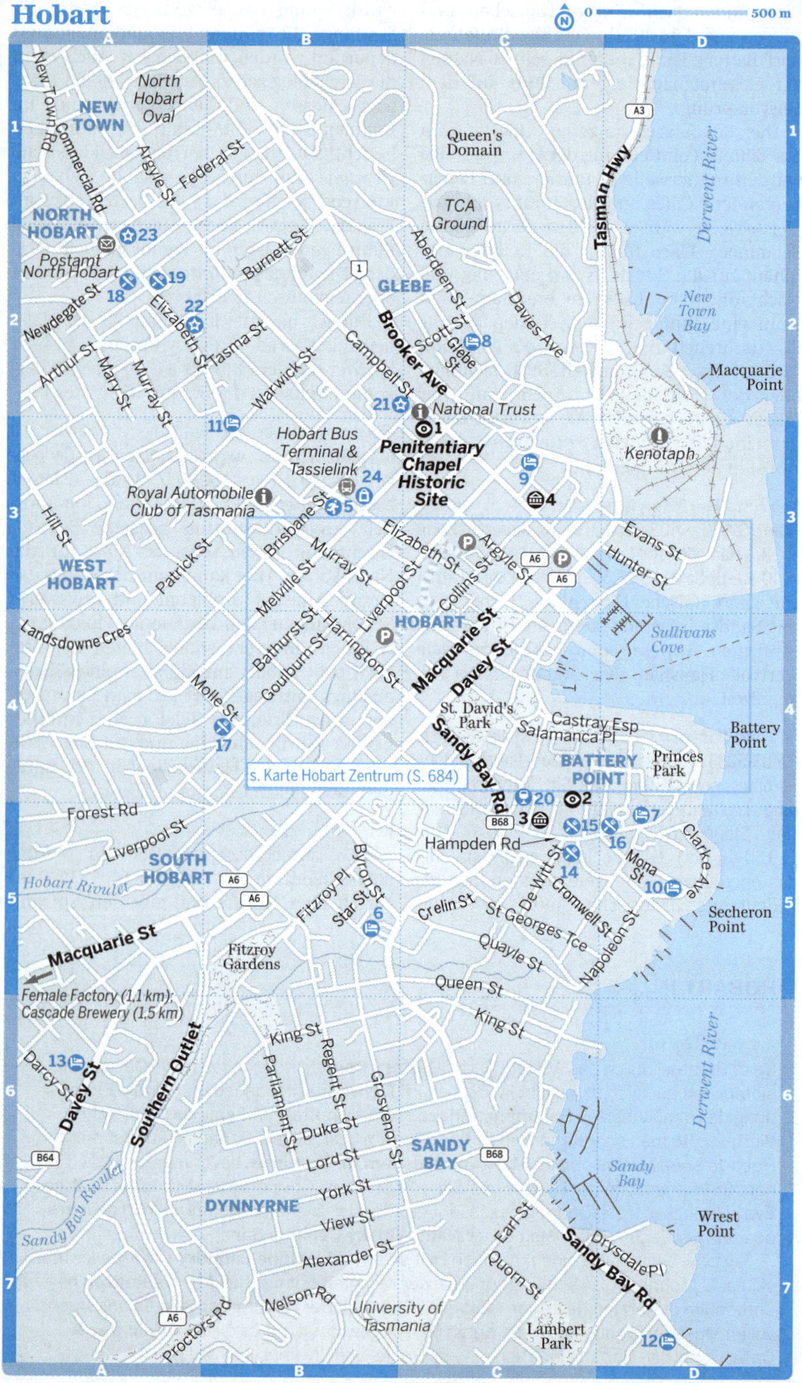
0
500 m
A
B
C
D
1
2
3
4
5
6
7
NEW TOWN
North Hobart Oval
New Town Rd
Commercial Rd
Argyle St
Federal St
Queen's Domain
A3
Tasman Hwy
Derwent River
TCA Ground
NORTH HOBART
23
Postamt North Hobart
18
19
1
Burnett St
Aberdeen St
GLEBE
Davies Ave
New Town Bay
Newdegate St
Elizabeth St
22
Tasma St
Brooker Ave
Scott St
8
Glebe St
Campbell St
Macquarie Point
Arthur St
Mary St
Murray St
Warwick St
21
National Trust
Kenotaph
11
1
Penitentiary Chapel Historic Site
Hobart Bus Terminal & Tassielink
24
9
Royal Automobile Club of Tasmania
5
4
Hill St
Brisbane St
Evans St
Elizabeth St
Argyle St
A6
Hunter St
WEST HOBART
Patrick St
Melville St
Murray St
Liverpool St
Collins St
A6
Landsdowne Cres
Bathurst St
HOBART
Macquarie St
Sullivans Cove
Harrington St
Goulburn St
Davey St
Molle St
St. David's Park
Castray Esp
Salamanca Pl
Battery Point
17
Sandy Bay Rd
BATTERY POINT
Princes Park
s. Karte Hobart Zentrum (S. 684)
20
2
Forest Rd
B68
3
15
16
7
Liverpool St
Hampden Rd
De Witt St
Clarke Ave
SOUTH HOBART
14
Mona St
Hobart Rivulet
A6
Byron St
Cromwell St
10
A6
Fitzroy Pl
Star St
6
Crelin St
St Georges Tce
Napoleon St
Secheron Point
Macquarie St
Quayle St
Fitzroy Gardens
Female Factory (1,1 km); Cascade Brewery (1,5 km)
Queen St
King St
King St
13
Darcy St
Davey St
Southern Outlet
Parliament St
Regent St
Grosvenor St
Derwent River
Duke St
SANDY BAY
B68
B64
Lord St
Sandy Bay
Sandy Bay Rivulet
DYNNYRNE
York St
View St
Earl St
Wrest Point
Alexander St
Drysdale Pl
Sandy Bay Rd
Quorn St
Nelson Rd
University of Tasmania
A6
Proctors Rd
Lambert Park
12

Hobart

Highlights
1 Penitentiary Chapel Historic Site C3

Sehenswertes
2 Battery Point C4
3 Narryna Heritage Museum C5
4 Theatre Royal C3

Aktivitäten, Kurse & Touren
5 Art Bikes B3

Schlafen
6 Apartments on Star B5
7 Battery Point Boutique Accommodation D5
8 Corinda's Cottages C2
9 Fountainside C3
10 Grand Vue Private Hotel D5
11 Lodge on Elizabeth B3
12 Motel 429 ..... D7
13 The Islington A6

Essen
14 Environs C5
15 Jackman & McRoss C5
16 Jam Jar Lounge D5
17 Pigeon Hole B4
18 Raincheck Lounge A2
19 Sweet Envy A2

Ausgehen & Nachtleben
20 Preachers C4

Unterhaltung
21 Brisbane Hotel B2
22 Republic Bar & Café A2
23 State Cinema A2

Shoppen
24 Tas Farm Gate Market B3

nern der Stadt mit seiner steten, soliden Anwesenheit eine gewisse Geborgenheit. Naturliebhaber können an den schattigen Hängen prima wandern und radeln. Und die Aussicht vom Gipfel ist einfach unglaublich! Auch bei bedecktem Himmel sollte man sich nicht abschrecken lassen – der Gipfel ragt oft über die Wolkendecke und damit über einen magischen Ozean aus weißen, wogenden Wolken hinaus.

Während der Weltwirtschaftskrise wurde die 22 km lange Straße zum Gipfel aus dem Berghang herausgestampft. Sie windet sich von der Stadt aus durch einen dichten, gemäßigten Regenwald den Berg hinauf und endet an dessen Spitze in einer felsigen Mondlandschaft. Wer ohne Auto unterwegs ist, kann Regionalbus 48 oder 49 nehmen, die beide bergan auf halber Strecke bei Fern Tree halten. Von dort aus sind es zu Fuß hin und zurück fünf bis sechs Stunden bis zum Gipfel. Einfach dem Fern Glade Track, dann dem Radfords Track, dem Pinnacle Track und zum Schluss dem steilen Zig Zag Track folgen! Der Organ Pipes Walk – sein Ausgangspunkt ist ein Chalet auf dem Weg zum Gipfel – ist ein flach verlaufender Weg, der unterhalb der beeindruckenden Felswände (den „Orgelpfeifen") verläuft. Beim Visitor Centre ist die Karte *Mt. Wellington Walks* (4,10 AU$) erhältlich; alternativ kann man unter www.wellingtonpark.com.au PDF-Karten herunterladen.

Einige Anbieter von Busrundfahrten haben den Mt. Wellington im Programm. Eine andere Möglichkeit ist der **Mt. Wellington Shuttle Bus Service** (☎0408 341 804; hin & zurück 25 AU$/Pers.), der täglich um 10.15 und 13.30 Uhr am Visitor Centre abfährt.

Kunden von **Mt. Wellington Descent** (☎1800 064 726; www.underdownunder.com.au; Erw./Kind 75/65 AU$) können die Hänge per Mountainbike hinunterbrettern: Mit einem Kleinbus geht's hinauf zum Gipfel, bevor man dann die 21 km lange Abfahrt (vorwiegend auf asphaltierter Straße, aber mit der Option auf einen Abstecher ins Gelände) in Angriff nimmt. Abfahrt ist täglich um 10 und 13 Uhr, im Januar und Februar zusätzlich um 16 Uhr.

Cascade Brewery BRAUEREI

(☎03-6224 1117; www.cascadebrewery.com.au; 140 Cascade Rd; 2-stündige Brauereiführung Erw./Student 22/17 AU$, 1-stündige historische Führung Erw./Kind/Fam. 15/12/42 AU$; ⏲Brauereiführung stündl. 10–14 Uhr, Historische Führung Mo–Fr 12.30 & 14.30 Uhr) In einem versteckt hinter einer Kurve im Süden Hobarts gelegenen Gebäude im überraschenderweise gotischen Stil befindet sich die älteste Brauerei Australiens. In dem 1832 neben dem kleinen, sauberen Flüsschen Hobart Rivulet gegründeten Unternehmen wird bis heute Bier gebraut und Limonade produziert. Bei der Führung muss man viele Treppen steigen, wird am Ende aber mit einer Verkostung belohnt. Besucher müssen mindestens 18 Jahre alt sein, flache, geschlossene Schuhe und lange Hosen (keine Shorts, keine Röcke) tragen. Die Führungen finden auch am Wochenende statt, allerdings stehen dann alle Maschinen still. An der einstündigen historischen Führung durch den herrlichen Garten der Brauerei dürfen auch junge Besucher teilnehmen. Beide Führungen müssen online oder telefonisch gebucht werden. Wer mit dem Bus 43, 44, 46 oder 49 vom Franklin Sq in der Elizabeth St herkommt, muss an der Haltestelle 18 aussteigen.

Stadtzentrum

Penitentiary Chapel Historic Site HISTORISCHE STÄTTE
(Karte S. 680; www.penitentiarychapel.com; Ecke Brisbane St & Campbell St; Führung Erw./Kind/Fam. 10/8/20 AU$; ⌚ Führungen So–Fr 10, 11.30, 13 & 14.30, Sa 13 & 14.30 Uhr) Beim Gedanken an die Gerichtssäle, Gefängniszellen und den Galgen hier schrieb der Schriftsteller T. G. Ford: „Als der Teufel durch Hobart Gaol ging, erblickte er eine Einzelzelle. Der Teufel freute sich, denn nun wusste er, wie er das Gefängnis der Hölle verbessern konnte." Der National Trust bietet eine hervorragende Führung an; parallel findet die einstündige Penitentiary Chapel Ghost Tour (S. 685; Mo & Fr abends, Reservierung erforderlich) statt.

Parliament House HISTORISCHES GEBÄUDE
(Karte S. 684; www.parliament.tas.gov.au; Salamanca Pl; 45-minütige Führung kostenlos; ⌚ Führungen Mo–Fr 10 & 14 Uhr außer an Sitzungstagen) Tasmaniens Parlamentsgebäude, aus Sandstein erbaut, erhebt sich über einen mit Eichen bewachsenen Park, der direkt an den Salamanca Place anschließt. Das 1840 fertiggestellte Gebäude diente früher als Zollhaus.

Theatre Royal HISTORISCHES GEBÄUDE
(Karte S. 680; www.theatreroyal.com.au; 29 Campbell St; 1-stündige Führung Erw./Kind 12/10 AU$; ⌚ Führungen Mo, Mi & Fr 11 Uhr) Bei einer Backstage-Tour kann man einen Blick hinter die Kulissen des prestigeträchtigsten Theaters von Hobart werfen. Es wurde 1837 erbaut und ist das älteste durchweg betriebene Theater Australiens.

Maritime Museum of Tasmania MUSEUM
(Karte S. 684; www.maritimetas.org; 16 Argyle St; Erw./Kind 7/5 AU$; ⌚ 9–17 Uhr) Hervorragendes Meeresmuseum mit faszinierender Sammlung von Fotos, Gemälden, Modellen und anderen Gegenständen.

Town Hall HISTORISCHES GEBÄUDE
(Karte S. 684; 50 Macquarie St) Das Rathaus wurde 1864 nach dem Vorbild des Palazzo Farnese in Rom gebaut.

St. David's Cathedral KIRCHE
(Karte S. 684; Ecke Murray St & Macquarie St) Das von dem bedeutenden viktorianischen Architekten George Bodley 1868 errichtete Gebäude gilt als eines seiner schönsten außerhalb Großbritanniens.

> NICHT VERSÄUMEN
>
> ### GUT ERHALTENE HISTORISCHE BAUTEN
>
> Im Vergleich zu anderen Städten Australiens ist Hobarts Sammelsurium an erstaunlich gut erhaltenen alten Gebäuden eine Besonderheit. Hier gibt es über 90 Bauten, die vom National Trust als historisch wertvoll eingestuft wurden. Allein 60 davon stehen entlang der Macquarie St und der Davey St. An der Kreuzung Macquarie St und Murray St ist an jeder Ecke ein tolles Sandsteingebäude zu finden. Detailliertere Infos zu den Bauten bekommt man entweder beim **National Trust** (Karte S. 680; ☎ 03-6223 5200; www.nationaltrust.org.au; Ecke Brisbane St & Campbell St; ⌚ Mo–Fr 9–13 Uhr) oder in der interessanten Broschüre *Hobart's Historic Places*, die im Visitor Centre erhältlich ist.

North & West Hobart

★ **MONA** KUNSTGALERIE
(☎ 03-6277 9900; www.mona.net.au; 655 Main Rd, Berriedale; Erw./erm./Kind unter 18 Jahren 20/18 AU$/frei; ⌚ Mi–Mo 10–18 Uhr, Jan. auch Di) Das 75 Mio. AU$ teure Museum für alte und neue Kunst, das der Eigentümer David Walsh selbst als „subversives Disneyland für Erwachsene" bezeichnet, wird immer mehr zur größten Touristenattraktion Tasmaniens. Das außergewöhnliche Museum ist komplett unterirdisch in einer Felsenhöhle eingerichtet worden. Auf drei Etagen stehen Altertümer aus der Antike neben modernen Werken von Sir Sidney Nolan und dem Enfant terrible der britischen Kunstszene, Damien Hirst.

Zum MONA fahren eine Expressfähre und ein Bus, die beide am **MONA-Brooke-St-Fährterminal** (Karte S. 684; 30 Min., hin & zurück 20 AU$/Pers.) starten. Oder man leiht sich am Fährhafen ein Fahrrad (20 AU$/

Pers.) und radelt 12 km auf dem Inter-City-Radweg am Derwent River entlang. Zurück in die Stadt kann man dann mit dem Bus oder der Fähre fahren.

Moorilla Estate WEINGUT & BRAUEREI
(☎ 03-6277 9900; www.mona.net.au; 655 Main Rd, Berriedale; Gratisverkostungen, Hauptgerichte Mittagessen 27–35 AU$, abends Degustationsmenüs 75–175 AU$; ⏲ 10–17 Uhr, The Source Mi–Mo 12–14.30, Mi–Sa ab 18 Uhr) Das in den 1950er-Jahren gegründete Weingut liegt 12 km nördlich der Stadtmitte von Hobart auf einer Halbinsel, die wie ein Pfannenstiel in den Derwent River hineinragt. Obwohl außerhalb gelegen, spielt es eine zentrale Rolle im gesellschaftlichen Leben der Hauptstadt. Die Besucher kommen, um Wein zu kaufen und das hauseigene *Moo Brew* zu verkosten, zum Mittag- oder Abendessen im ausgezeichneten Restaurant **The Source** oder zum Sommerkonzert unter freiem Himmel. Auf dem tollen Gelände befindet sich auch das MONA.

Aktivitäten

Radfahren

In der *Hobart Bike Map*, die für 4 AU$ beim Visitor Centre erhältlich ist, sind alle Radwege neben und auf den Straßen der Stadt eingezeichnet.

Art Bikes RADFAHREN
(Karte S. 680; www.artbikes.com.au; 146 Elizabeth St, Arts Tasmania; ⏲ Arts Tasmania Mo–Fr 9–16.30 Uhr, TMAG Mo–So 10–16.30 Uhr) Der Fahrradladen bietet neben modernen Hollandrädern auch einen ausgezeichneten und zudem kostenlosen Service. Die Räder können entweder bei **Arts Tasmania** oder beim Tasmanian Museum & Art Gallery (TMAG; S. 678) an der Uferpromenade abgeholt werden. Man braucht einen Personalausweis mit Lichtbild und eine Kreditkarte.

Hobart Bike Hire RADFAHREN
(Karte S. 684; ☎ 0447 556 189; www.hobartbikehire.com.au; Macquarie Wharf No 1, Franklin Wharf; pro Std./Tag/24 Std. ab 15/20/30 AU$) Der zentrale Fahrradverleih an der Promenade hält unzählige Vorschläge für Touren in der ganzen Stadt und entlang des Derwent River bereit. Es werden auch E-Bikes verliehen; Karte und Helm sind im Preis inbegriffen.

Segeln mit dem Windjammer

Lady Nelson SEGELN
(Karte S. 684; ☎ 03-6234 3348; www.ladynelson.org.au; Erw./Kind 25/10 AU$; ⏲ Okt.–März Sa–So 11, 13, 15 Uhr, April–Sept. nur 11 & 13 Uhr) Die Segeltörns finden auf einem Nachbau des überraschend kleinen Zweimasters Lady Nelson statt, das als eines der ersten Schiffe in der neuen Kolonie Tasmanien ankam. Bei längeren Touren wird an Bord übernachtet.

Windeward Bound SEGELN
(Karte S. 684; ☎ 03-6224 7965, 0418 120 399; www.windewardbound.com; 3-stündiger Törn inkl. Mittagessen Erw./Kind 75/35 AU$; ⏲ Do–So) Auf dem Nachbau des eleganten Windjammers bekommt man reichlich Gelegenheit, selbst mit Hand anzulegen. Gelegentlich wird auch acht Tage lang rund um Port Davey und die Recherche Bay gesegelt.

Geführte Touren

Captain Fell's Historic Ferries BOOTSFAHRTEN
(Karte S. 684; ☎ 03-6223 5893; www.captainfellshistoricferries.com.au) Die preiswerten Bootsfahrten mit Mittag- (ab 30 AU$/Erw.) oder Abendessen (45 AU$) finden auf hübschen, alten Fähren statt. Samstags und sonntags werden auch Tagesfahrten auf moderneren Schiffen nach Bruny Island angeboten. Ebenfalls im Programm sind Touren in Reise- und Doppeldeckerbussen in und um Hobart, zum Mt. Wellington, zur Schokoladenfabrik von Cadbury und nach Richmond.

Gourmania ESSEN
(☎ 0419 180 113; www.gourmaniafoodtours.com.au; ab 95 AU$/Pers.) Mary McNeill ist stolz darauf, dass ihre Familie schon seit sechs Generationen in Tasmanien lebt. Die ehemalige Konditormeisterin organisiert „leckere" Stadtspaziergänge rund um den Salamanca Place und ins Zentrum, bei denen sich unzählige Möglichkeiten bieten, typisch Tasmanisches zu probieren und sich mit den Besitzern von Lokalen, Cafés und Geschäften zu unterhalten. Eine solche Führung sollte man direkt nach der Ankunft mitmachen, um gleich die besten Lokale kennenzulernen.

Gray Line SEHENSWÜRDIGKEITEN
(☎ 1300 858 687; www.grayline.com.au) Stadtrundfahrten mit dem Bus (Erw./Kind ab 44/22 AU$) und Besuche des MONA (Erw. Kind ab 87/43,50 AU$) werden ebenso angeboten wie Touren zum Mt. Wellington, nach Richmond und ins Bonorong Wildlife Centre (S. 697).

Ghost Tours of Hobart & Battery Point GESCHICHTE
(☎ 0439 335 696; www.ghosttoursofhobart.com.au; Erw./Kind 25/15 AU$) Die zweistündige

Hobart Zentrum

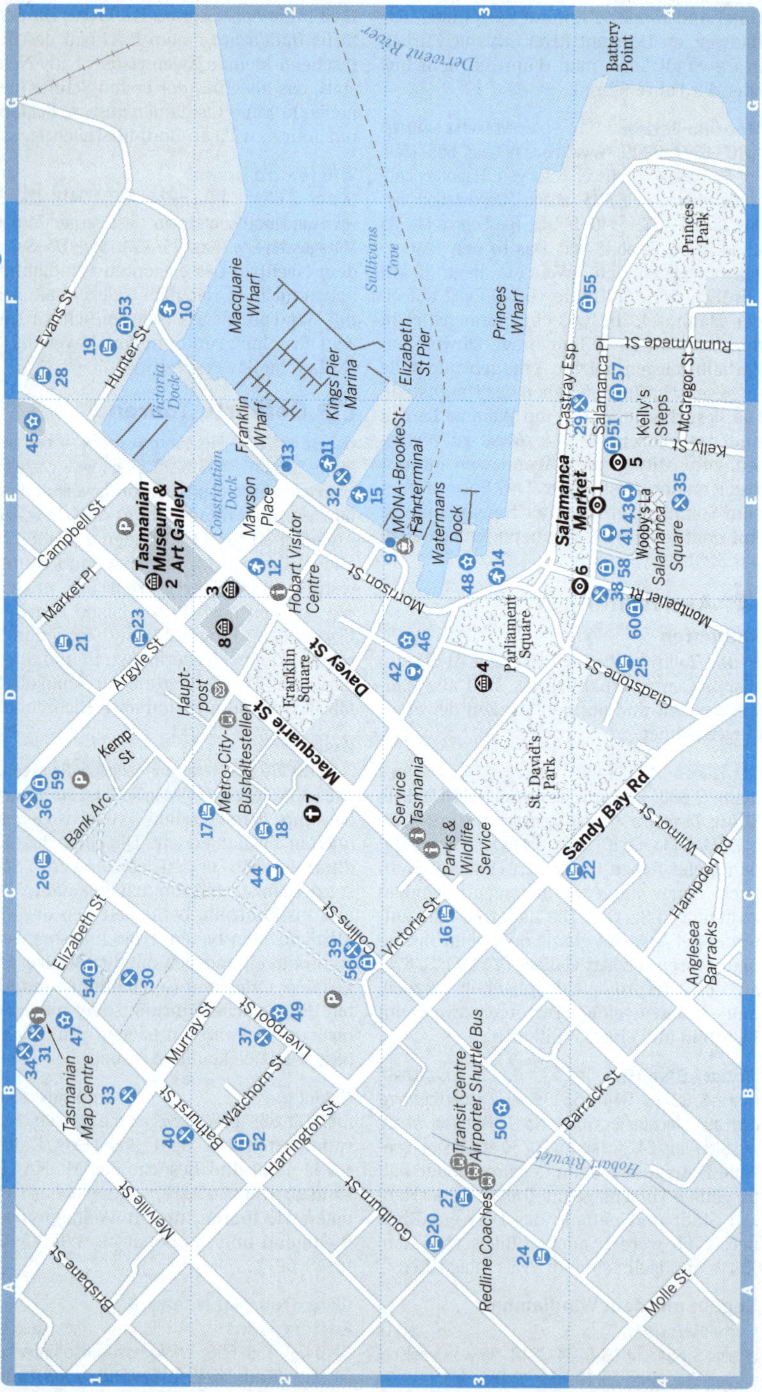

Hobart Zentrum

Highlights
1 Salamanca Market ... E4
2 Tasmanian Museum & Art Gallery ... E1

Sehenswertes
3 Maritime Museum of Tasmania ... E2
4 Parliament House ... D3
5 Salamanca Arts Centre ... E4
6 Salamanca Place ... E4
7 St. David's Cathedral ... C2
8 Town Hall ... D2

Aktivitäten, Kurse & Touren
9 Captain Fell's Historic Ferries ... E3
10 Hobart Bike Hire ... F1
11 Lady Nelson ... E2
12 Lark Distillery ... E2
13 Tasman Island Cruises ... E2
14 Wild Thing ... E3
15 Windeward Bound ... E2

Schlafen
16 Astor Private Hotel ... C3
17 Central Café Bar ... C2
18 Central City Backpackers ... C2
19 Henry Jones Art Hotel ... F1
20 Hobart Hostel ... A3
21 Hotel Collins ... D1
22 Mantra One ... C4
23 Montgomery's Private Hotel & YHA ... D1
24 Pickled Frog ... A3
25 Salamanca Inn ... D4
26 Tassie Backpackers ... C1
27 Transit Centre Backpackers ... A3
28 Zero Davey ... F1

Essen
29 Blue Eye ... E4
30 Criterion Street Café ... C1
31 ethos eat drink ... B1
32 Fish Frenzy ... E2
33 Garagistes ... B1
34 Ivory Cafe ... B1
35 Machine Laundry Café ... E4
36 Pilgrim Coffee ... C1
37 R. Takagi Sushi ... B2
38 Retro Café ... E4
39 Sawak ... C2
40 Sidecar ... B1
Tricycle Café Bar ... (siehe 5)

Ausgehen & Nachtleben
Barcelona ... (siehe 58)
IXL Long Bar ... (siehe 19)
41 Jack Greene ... E4
Knopwood's Retreat ... (siehe 58)
42 Lower House ... D3
43 Nant Whisky Cellar & Bar ... E4
44 Yellow Bernard ... C2

Unterhaltung
45 Federation Concert Hall ... E1
46 Mobius ... D3
47 New Sydney Hotel ... B1
48 Observatory ... E3
Syrup ... (siehe 58)
49 The Grand Poobah ... B2
50 Village Cinemas ... B3

Shoppen
51 A Common Ground ... E4
52 Antiques to Retro ... B2
53 Art Mob ... F1
54 Cool Wine ... C1
55 Despard Gallery ... F4
56 Fullers Bookshop ... C2
57 Handmark Gallery ... F4
58 Salamanca Fresh Fruit Market ... E4
59 Woolworths ... D1
60 Wursthaus ... D4

Geistertour mit gruseligen und übersinnlichen Geschichten beginnt in der Abenddämmerung beim Bakehouse am Salamanca Sq. Unbedingt im Voraus buchen!

Hobart Historic Tours GESCHICHTE
(☎03-6227 9029, 03-6224 2556; www.hobarthistorictours.com.au; Erw./Kind/Fam. 30/14/75 AU$; ⏱Okt.–April, Gruppen nur Mai–Sept.) Die 90-minütigen Stadtführungen durch Hobart (Di, Do & Sa 15, So 9.30 Uhr) und ins historische Viertel Battery Point (Sa 15 Uhr) sind äußerst aufschlussreich. Donnerstags bis samstags beginnt jeweils um 17 Uhr die *Old Hobart Pub Tour*, die durch verschiedene Kneipen an der Uferpromenade führt. Nicht für Kinder geeignet! Die Touren können im Hobart Visitor Centre (S. 696) gebucht werden.

Louisa's Walk GESCHICHTE
(☎03-6229 8959, 0437 276 417; www.livehistoryhobart.com.au; 1½ -stündige Führung pro Erw./Kind 35/17,50 AU$) Während der ausgezeichneten Führungen durch die Female Factory wird die Geschichte der weiblichen Sträflinge in Hobart von Schauspielerinnen nachgestellt. Los geht's um 11 Uhr in der Female Factory (S. 679).

Penitentiary Chapel Ghost Tour GESCHICHTE
(☎03-6231 0911; www.hobartghosts.com; Erw./Kind/Fam. 15/10/40 AU$; ⏱Mo & Fr 20.30 Uhr) Die historisch ausgerichtete Geisterjagd in

Hobarts ehemaligem Gefängnis muss unbedingt im Voraus gebucht werden.

Red Decker SEHENSWÜRDIGKEITEN
(☎03-6236 9116; www.reddecker.com.au) Die kommentierte Stadtrundfahrt in einem alten Londoner Doppeldeckerbus kann man entweder in einem Rutsch in 90 Minuten durchziehen oder bis zu 20-mal unterbrechen (Erw./Kind/erm. 30/16/25 AU$). Wer noch ein paar Moneten drauflegt, kann auch die Cascade-Brauerei oder die Schokoladenfabrik von Cadbury besuchen oder aber zum Mt. Wellington fahren. Die Tickets sind jeweils drei Tage lang gültig.

Sullivans Coves Walks GESCHICHTE
(☎03-6245 1208; www.sullivanscovewalks.com.au; Erw./Kind 20/12.50 AU$; ⏲Mo–Sa) Bei den interessanten Stadtführungen wird die Geschichte der Seefahrt in Hobart wieder lebendig.

Tasman Island Cruises BOOTSFAHRTEN
(Karte S. 684; ☎03-6250 2200; www.tasmancruises.com.au; Tagestour pro Erw./Kind 180/125 AU$) Zuerst geht's mit dem Bus nach Port Arthur, wo die dreistündige Öko-Bootstour rund um die Tasman Peninsula startet. Oder man fährt mit dem eigenen Fahrzeug direkt zur Ablegestelle des Schiffes (Erw./Kind 110/65 AU$). Teilweise wird auch noch die ehemalige Sträflingssiedlung Port Arthur Historic Site (S. 711) oder der Tasmanian Devil Conservation Park (S. 709) besucht. Das Unternehmen organisiert auch Tagestouren mit Bootsfahrten rund um Bruny Island, die in Hobart beginnen.

Wild Thing JETBOOT
(Karte S. 684; ☎1300 137 919; www.wildthingadventures.com.au) Die Fahrt mit dem roten Schnellboot auf dem Derwent River (39 AU$) ist ganz schön rasant.

Feste & Events

Hobart Summer Festival KUNST & MUSIK
Hobarts größtes Festival findet direkt am Wasser statt. Zwei Wochen lang gibt's dort Theateraufführungen, Kinderprogramme, Konzerte, Straßenmusikanten, ausgelassene Silvesterpartys und Leckeres zum Essen und zum Trinken.

Sydney-Hobart-Regatta SEGELN
(www.rolexsydneyhobart.com) Um den 29. Dezember laufen die Jachten, die an der jährlichen Hochseeregatta von Sydney nach Hobart teilnehmen, im Hafen von Hobart ein.

The Taste ESSEN & WEIN
(www.tastefestival.com.au) Rund um Silvester werden eine Woche lang die kulinarischen Köstlichkeiten Tasmaniens gefeiert. Meeresfrüchte, Wein, Bier und Käse sind natürlich die Highlights, aber es lohnt sich auch, nach Pilzen, Trüffeln und Himbeeren Ausschau zu halten. Kein Restaurant von Rang und Namen in Hobart lässt es sich nehmen, hier mit einem Stand vertreten zu sein.

MONA FOMA KULTUR
(www.mofo.net.au) Das Festival im Januar ist eine herrlich bunte Mischung aus Musik, Kunst und Kultur, pflegt einen hohen Anspruch und wartet mit so bekannten Namen wie John Cale, Nick Cave und David Byrne auf. Im Juni 2013 fand erstmals das entsprechende Winter-Festival **Dark MOFO** statt.

Australian Wooden Boat Festival TRADITION
(www.australianwoodenboatfestival.com.au) Alle zwei Jahre Mitte Februar (in ungeraden Jahren) stattfindendes Event, das auf denselben Termin wie die Royal Hobart Regatta fällt. Das Festival würdigt das Erbe der tasmanischen Bootsbauer und die Seefahrertraditionen.

Royal Hobart Regatta SEGELN
(www.royalhobartregatta.com) Dreitägiges Jachtspektakel mit allerlei Trubel auf dem Derwent River. Findet Mitte Februar statt und fällt jedes zweite Jahr mit dem Australian Wooden Boat Festival zusammen.

Ten Days on the Island KULTUR
(www.tendaysontheisland.com) Tassies wichtigstes Kulturfestival findet alle zwei Jahre statt (in ungeraden Jahren; Mitte–Ende März) und zelebriert z. B. Kunst oder Musik an Veranstaltungsorten im ganzen Bundesstaat.

Lumina KULTUR
(www.lumina.discovertasmania.com) Beim jüngsten Mitglied in Tasmaniens Reigen der Winterfeste wird Ende Mai das kulinarische **Savour Tasmania** (www.savourtasmania.com) und im Juli das musikalische **Festival of Voices** (www.festivalofvoices.com) gefeiert.

Tasmanian Beerfest BIER
(www.tasmanianbeerfest.com.au) Im November kann man über 200 Bier- und Cidre-Sorten aus Australien und der ganzen Welt testen.

Falls Festival MUSIK
(www.fallsfestival.com.au) Vom 29. Dezember bis 1. Januar spielen alternativ angehauchte

HOBART MIT KINDERN

Es ist kein besonders kostspieliges Unterfangen, Kinder in Hobart bei Laune zu halten. Freitagabends gibt's im Hof des Salamanca Arts Centre kostenlos familienfreundliche Musik, während Straßenkünstler, Musikanten und sonstige Attraktionen des Salamanca Market jeden Samstag Kinder aller Altersgruppen in ihren Bann ziehen. Auch am Ufer ist immer etwas los. Die Fischkähne am Constitution Dock verköstigen zudem die ganze Familie für wenig Geld.

An Regentagen geht's in die Tasmanian Museum & Art Gallery, ins Maritime Museum of Tasmania oder die Cadbury Chocolate Factory.

Alternativ kann man eine Bootstour auf dem Derwent River buchen, den Mt. Wellington oder Mt. Nelson besteigen, ein Rad mieten und die Radwege unsicher machen oder seine Teenager ins Auto packen und am Clifton Beach eine Runde surfen. Und kaum hat man Hobart hinter sich gelassen, eröffnen sich noch mehr kinderfreundliche Optionen: Tierparks, Strände, Höhlen, Wege durch die Natur und Irrgärten laden zu Entdeckungstouren ein. Näheres dazu erfährt man im Abschnitt „Rund um Hobart".

Wer auch mal Lust auf ein romantisches Dinner zu zweit hat, ruft ganz einfach die mobile Kinderbetreuung des **Mobile Nanny Service** (☎ 0437 504 064; www.mobilenanyservice.com.au) an.

Livebands aus Australien und der ganzen Welt in Marion Bay auf, eine Autostunde südlich von Hobart.

Schlafen

Die angesagtesten Viertel zum Übernachten sind das Ufergebiet an der Sullivans Cove und Salamanca Place, allerdings sind die Preise hier meist höher, und oft ist alles ausgebucht. Der CBD hat weniger Atmosphäre, dafür aber die meisten Backpackerhostels und auch Pubs mit Übernachtungsmöglichkeiten.

Im Norden der Stadt liegt North Hobart mit diversen Apartments, B&Bs und guten Restaurants. Am Ufer von Sandy Bay gibt es eine Reihe überraschend günstiger Optionen, die allerdings einen ordentlichen Fußmarsch vom Zentrum entfernt liegen.

Die Spitzenklassehotels von Hobart haben meist angemessene Preise: Für 230 AU$ kann man sich schon eine Nacht im Designerhotel, im historischen Gästehaus oder in einem modernen Apartment am Ufer leisten.

Stadtzentrum

Hobart Hostel HOSTEL $
(Karte S. 684; ☎ 1300 252 192; www.hobarthostel.com; Ecke Goulburn St & Barrack St; B 26–29 AU$, DZ/2BZ/3BZ ab 80 AU$; @ 📶) Das Hostel in einem ehemaligen Pub hat makellose, saubere und farbenfrohe Schlafsäle sowie preiswerte Doppel- und Zweibettzimmer im Obergeschoss. Zum Zeitpunkt der Recherche wollten die freundlichen Besitzer die Wohnmöglichkeiten für Paare erweitern. Dies ist wirklich eines der besten Hostels der Stadt.

Pickled Frog HOSTEL $
(Karte S. 684; ☎ 03-6234 7977; www.thepickledfrog.com; 281 Liverpool St; B 24–28 AU$, EZ/DZ 62/67 AU$; @ 📶) In dem heruntergekommenen Hostel in einem ehemaligen Pub am Rand des Geschäftsviertels ist immer Party. Billiges Bier, riesige Fernseher, Billardtische, leicht heimwehkranke Rucksacktouristen, die über Facebook und Twitter kommunizieren, kennzeichnen den „besoffenen Frosch".

Tassie Backpackers HOSTEL $
(Karte S. 684; ☎ 03-6234 4981; www.tassiebackpackers.com; 67 Liverpool St, Brunswick Hotel; B 21–27 AU$, EZ/DZ/2BZ 55/69/69 AU$; 📶) Zu den zahlreichen Gemeinschaftseinrichtungen des Hostels über dem Brunswick Hotel gehören auch eine Küche und ein Waschsalon. Im Erdgeschoss gibt's einen unterhaltsamen Außenbereich mit farbenfrohen Wandmalereien. In dem ebenfalls vor Kurzem renovierten Hotel Brunswick kann man sich an typischer Kneipenkost satt essen.

Central City Backpackers HOSTEL $
(Karte S. 684; ☎ 1800 811 507; www.centralcityhobart.com; 138 Collins St; B 21–27 AU$, EZ/DZ 55/69 AU$; @ 📶) Das zentral gelegene Hostel verfügt über ein Labyrinth von Gemeinschaftsräumen, eine tolle Küche, ordentliche Zimmer und freundliches Personal.

Transit Centre Backpackers HOSTEL $
(Karte S. 684; ☎ 03-6231 2400; www.transitbackpackers.com; 251 Liverpool St; B 19–27 AU$, 2BZ/

DZ ab 56/65 AU$; @) Der riesige Gemeinschaftsbereich des freundlichen Hauses ist voller Zweiersofas und Bücherregale. Eine Küche ist ebenso vorhanden wie ein Waschsalon. Die hilfsbereiten Inhaber sind eine unerschöpfliche Quelle für mögliche Unternehmungen in der Stadt. An der Haltestelle auf der anderen Straßenseite halten auch Überlandbusse aus ganz Tasmanien.

Montgomery's Private Hotel & YHA HOSTEL $

(Karte S. 684; ☎03-6231 2660; www.montgomerys.com.au; 9 Argyle St; B 28–30 AU$, EZ & DZ mit/ohne Bad ab 98/88 AU$; @) Das zum gleichnamigen Pub gehörende, zentral gelegene YHA-Hostel hat Schlafsäle in unterschiedlichen Größen, Einzel- und Doppelzimmer mit Bad und auch Familienzimmer. Freitag- und samstagabends gibt's im Erdgeschoss Karaoke.

★ Astor Private Hotel HOTEL $$

(Karte S. 684; ☎03-6234 6611; www.astorprivatehotel.com.au; 157 Macquarie St; EZ ab 77 AU$, DZ 93–140 AU$; 📶) Dieses weitläufige, charmante Hotel aus den 1920er-Jahren ist mit Buntglasfenstern, alten Möbeln und Stuckdecken ausgestattet und wird von der unverwüstlichen Tildy geführt. Bewohner der älteren Zimmer teilen sich ein Gemeinschaftsbad; die neueren Zimmer mit eigenem Bad weisen ein gutes Preis-Leistungs-Verhältnis auf.

Fountainside HOTEL $$

(Karte S. 680; ☎03-6213 2999; www.fountainside.com.au; 40 Brooker Ave; DZ ab 173 AU$; 📶) Hinter der altmodischen Rezeption und der Außenfassade aus den 1980er-Jahren verbergen sich große und überraschend moderne Zimmer. Das Gebäude steht an einem viel befahrenen Kreisverkehr, die gut isolierten Fenster helfen aber gegen den stärksten Verkehrslärm.

Central Café Bar HOTEL $$

(Karte S. 684; ☎03-6234 4419; www.centralcafebar.com; 73 Collins St; DZ & 2BZ 125 AU$; 📶) Die typisch australische Kneipe im Erdgeschoss ist mit Spielautomaten und einer Leinwand ausgestattet, auf der Sportereignisse übertragen werden. Die Doppelzimmer im Obergeschoss sind aber überraschend modern und mit Flachbild-TVs und Designermöbeln eingerichtet.

Mantra One APARTMENTS $$

(Karte S. 684; ☎03-6221 6000; www.mantraonesandybayroad.com.au; 1 Sandy Bay Rd; DZ ab 141 AU$; 📶) Diese großen, stilvollen Loft-Apartments sind in einem renovierten, denkmalgeschützten Gebäude untergebracht und liegen nur einen kurzen Fußweg von den Restaurants in Salamanca und in Battery Point entfernt. Dem gelegentlichen Verkehrslärm der viel befahrenen Davey St entgeht man am besten, wenn man ein Zimmer zur Südseite hinaus nimmt.

Hotel Collins HOTEL $$$

(Karte S. 684; ☎03-6226 1111; www.hotelcollins.com.au; 58 Collins St; DZ 225–253 AU$, Apt. 335–485 AU$; 📶) Das ganze Haus von der Rezeption bis zu den geräumigen Zimmern und Apartments sprüht nur so vor jugendlicher Energie. Von einigen Zimmern hat man einen sensationellen Blick auf den massiven Mt. Wellington. Im Erdgeschoss befindet sich die lässige Café-Bar Fifty8.

Hafenviertel & Salamanca Place

Henry Jones Art Hotel BOUTIQUEHOTEL $$$

(Karte S. 684; ☎03-6210 7700; www.thehenryjones.com; 25 Hunter St; DZ 255–399 AU$; @📶) Das piekfeine Hotel in einer ehemaligen Marmeladenfabrik direkt am Wasser ist ein Leuchtfeuer der Kultiviertheit im ansonsten eher verschlafenen Hobart. Moderne Kunst schmückt die Wände, die Einrichtungen und Annehmlichkeiten sind ebenso erstklassig wie die Bar, das Restaurant und das Café im Erdgeschoss. Zudem wird Recyclingmaterial geschickt genutzt.

Zero Davey APARTMENTS $$$

(Karte S. 684; ☎1300 733 422; www.escapesresorts.com.au; 15 Hunter St; Apt. ab 280 AU$; ❄📶) Die vor Kurzem renovierten, modernen, sehr schicken Apartments liegen am Rand des interessanten Hafenviertels. Manche haben einen Balkon, von dem aus man den Fischern beim Ausladen ihres Fanges zuschauen kann. Im Internet gibt's oft gute Sonderangebote.

Salamanca Inn APARTMENTS $$$

(Karte S. 684; ☎1800 030 944, 03-6223 3300; www.salamancainn.com.au; 10 Gladstone St; Apt. ab 280 AU$) Das Hotel ist nur einen kurzen Fußmarsch von den Galerien, Kunsthandwerksläden, Cafés, Bars und Restaurants des Salamanca Place entfernt. Traveller übernachten hier in preiswerten Apartments mit zwei Schlafzimmern, die im Übrigen ideal für Familien sind.

North & West Hobart

Lodge on Elizabeth B&B $$

(Karte S. 680; ☎ 03-6231 3830; www.thelodge.com.au; 249 Elizabeth St; Zi. inkl. Frühstück ab 130–150 AU$, Cottage 195 AU$; @) In dem 1829 errichteten Haus waren schon eine Schule, ein Internat und ein Rehabilitationszentrum untergebracht. Heute dient es als nette Pension mit gutem Preis-Leistungs-Verhältnis. Die Zimmer sind mit Antiquitäten möbliert und haben alle ein eigenes Bad. Jenseits des Hofes im hinteren Teil des Anwesens steht ein kleines Ferienhäuschen, das nur für mindestens zwei Nächte vermietet wird.

The Islington BOUTIQUEHOTEL $$$

(Karte S. 680; ☎ 03-6220 2123; www.islingtonhotel.com; 321 Davey St; DZ 395–595 AU$;) Das Islington ist eines der besten Hotels in Hobart. Hier sind ein denkmalgeschütztes Gebäude, interessante Antiquitäten, zeitgenössische Kunst und ein herrlicher Garten unangestrengt kombiniert. Der Service ist aufmerksam, aber nicht übertrieben; das Frühstück wird in einem großzügigen Wintergarten serviert.

Corinda's Cottages B&B $$$

(Karte S. 680; ☎ 03-6234 1590; www.corindascottages.com.au; 17 Glebe St; DZ inkl. Frühstück 250–300 AU$) Das traumhafte Corinda ist in einem renovierten viktorianischen Herrenhaus untergebracht, das von einem gepflegten Garten umgeben ist. Der Weg vom hoch aufragenden Glebe-Hügel in die Stadt ist kurz, aber steil. Die drei Cottages bieten jede Menge modernen Komforts. Für das Frühstück ist man selbst zuständig, kann aber aus zahlreichen leckeren Zutaten wählen (Eier, Muffins, frischer Kaffee etc.).

Battery Point, Sandy Bay & South Hobart

Battery Point Boutique Accommodation APARTMENTS $$

(Karte S. 680; ☎ 03-6224 2244; www.batterypointaccommodation.com.au; 27-29 Hampden Rd; DZ 175 AU$, zusätzl. Pers. 35 AU$;) Die vier lachsfarbenen Mittelklasse-Apartments mit Service in einem Kolonialgebäude mitten in Battery Point haben jeweils drei Betten und eine komplett ausgestattete Küche.

Motel 429 MOTEL $$

(Karte S. 680; ☎ 03-6225 2511; www.motel429.com.au; 429 Sandy Bay Rd; DZ 135–200 AU$; @) Einige Zimmer des Motels in der Nähe des Kasinos sind im schicken Designer-Stil eingerichtet. Die Standardzimmer sind nüchterner, aber völlig in Ordnung. Das Personal ist freundlich, und die Restaurants in Sandy Bay sind nur eine kurze Autofahrt entfernt.

Apartments on Star APARTMENTS $$$

(Karte S. 680; ☎ 03-6225 4799; www.apartmentsonstar.com.au; 22 Star St, Sandy Bay; Apt. 185–230 AU$;) In dem Wohnblock aus den 1970er-Jahren sind vier Apartments auf dem Stand des 21. Jhs. untergebracht, von denen aus man Ausblick auf die tollen Restaurants an der Sandy Bay am Fuß des Hügels hat. In der Designerküche kann man sich aber auch selbst etwas brutzeln und dann mit tasmanischem Wein und Blick aufs Meer genießen.

Grand Vue Private Hotel B&B $$$

(Karte S. 680; ☎ 03-6223 8216; www.grande-vue-hotel.com; 8 Mona St, Battery Point; DZ 225–250 AU$;) Von dem hübsch restaurierten Backsteinhaus hat man wirklich einen großartigen Blick auf die Sandy Bay und das Wrest-Point-Spielkasino. Es gibt schicke, moderne Badezimmer und superfreundliches Personal – da können vergleichbare Unterkünfte in der Gegend nicht mithalten. Zum Frühstück (12,50 AU$) bekommt man noch warmes Gebäck aus dem Ofen der Bäckerei Jackman & McRoss.

Außerhalb der Innenstadt

Barilla Holiday Park CAMPING $$

(☎ 1800 465 453; www.barilla.com.au; 75 Richmond Rd; Stellplatz ohne/mit Strom 30/37 AU$, Hütte od. Ferienwohnung 80–158 AU$; @) Der Campingplatz auf halber Strecke zwischen Hobart (12 km) und Richmond (14 km) ist auch für Rollstuhlfahrer gut geeignet. Der Flughafen, die Weingüter des Coal River Valley und ein paar schöne Wildtierparks rund um Richmond sind auch nicht weit. Kinder kann man mit Minigolf und Pizza im Restaurant des Campingplatzes bei Laune halten.

Hobart Cabins & Cottages HÜTTEN $$

(☎ 03-6272 7115; www.hobartcabinscottages.com.au; 19 Goodwood Rd; Hütte od. Cottage 120–130 AU$, DZ in einem Haus mit 3 Schlafzi. 200 AU$;) Gut 8 km nördlich des Stadtzentrums stehen diese Hütten, Häuschen und ein größeres Haus mit drei Schlafzimmern, in dem bis zu zehn Personen nächtigen können.

Essen

Hobarts Innenstadt bietet tagsüber reichlich Möglichkeiten zum Brunchen oder Mittagessen, und auch abends findet man mittlerweile ein paar geöffnete Restaurants.

Am Salamanca Place gibt es ausgezeichnete Cafés und Restaurants, die insbesondere während des großen Marktes am Samstag gut besucht sind. Auch die kleinen Cafés der Hampden Road in Battery Point sind zu empfehlen, während es in der Elizabeth St im Norden Hobarts eine Reihe kosmopolitscher Cafés und Restaurants mit allen Küchen der Welt gibt.

Das beste Kneipenessen in ganz Hobart servieren das New Sydney Hotel und die Republic Bar & Café.

Im sehr zentral gelegenen Supermarkt Woolworths (S. 695) finden Selbstversorger alles, was sie brauchen. Einmal in der Woche findet der **Tas Farm Gate Market** (Karte S. 680; www.tasfarmgate.com.au; Ecke Melville St & Elizabeth St; ⏲ So 9–13 Uhr) statt, und im Wursthaus (S. 695) und bei A Common Ground (S. 694) kann man sich mit tasmanischen Köstlichkeiten fürs Picknick eindecken.

Stadtzentrum

R. Takagi Sushi JAPANISCH $
(Karte S. 684; 155 Liverpool St; Sushi 7–10 AU$; ⏲ Mo–Fr 10.30–17.50, Sa 10.30–16.00, So 11.30–14.30 Uhr) Die tollen Meeresfrüchte aus Tasmaniens Gewässern werden hier zum besten Sushi der Stadt verarbeitet. Doch auch die Udon-Nudeln und die Misosuppe machen das schicke, kleine Restaurant zum Lieblingstreffpunkt der Büroangestellten in Hobarts City.

Pilgrim Coffee CAFÉ $
(Karte S. 684; 48 Argyle St; Snacks & kleine Gerichte 6–12 AU$; ⏲ Mo–Fr 6–16.30 Uhr) Mit freiliegenden Backsteinmauern, Holzbalken und rissigen Wänden ist dies eines der originellsten Cafés der Stadt. Zu essen gibt's interessante Wraps und Panini. Beim perfekt zubereiteten Kaffee kommt man an den großen Tischen schnell mit den freundlichen Einheimischen ins Gespräch.

Sawak MALAYSISCH $
(Karte S. 684; 131 Collins St; Hauptgerichte 8–13 AU$; ⏲ Mo–Sa 11–15 & 17–21 Uhr) Die preiswerten, scharfen malaysischen Gerichte sind besonders beliebt bei den asiatischen Studenten der University of Tasmania, die in dem geschäftigen Lokal ein Stück Heimat finden. Auf der Karte stehen Klassiker wie Garnelen-Laksa (scharfe Nudelsuppe) und *char kway teow* (gebratene Bandnudeln).

Ivory Cafe THAI $$
(Karte S. 684; ☎ 03-6231 6808; 112 Elizabeth St; Hauptgerichte 12–20 AU$; ⏲ Mo–Sa 11.30–15, Di–Sa 15–21 Uhr) Hobarts beliebtestes Asia-Restaurant ist zugleich auch eines der kleinsten Lokale der Stadt. Die treue Stammkundschaft weiß vor allem die typischen, herrlich zubereiteten Thai-Gerichte zu schätzen. Von den Tischen am Fenster kann man gut das – eher mäßige – Treiben in der Elizabeth St beobachten.

Criterion Street Café CAFÉ $$
(Karte S. 684; 10 Criterion St; Hauptgerichte 12–18 AU$; ⏲ Mo–Sa 7–16 Uhr) Ob Frühstück oder Mittagessen – hier ist alles gut. Und dazu wird den ganzen Tag frischer Kaffee serviert. Unbedingt probieren: Zimt-Porridge mit Rhabarber und Maisbratlinge mit Chili!

Sidecar TAPAS $$
(Karte S. 684; 129 Bathurst St; kleine Gerichte 10–18 AU$; ⏲ tgl. 17–open end, Fr mittags ab 12 Uhr) Aus dem „Wartesaal" der Gäste des benachbarten Restaurants Garagistes ist mittlerweile eine der besten Bars der Stadt geworden. Am Zinktresen des schicken „Beiwagens" im Industriedesign kommt man schnell ins Gespräch, das dann bei einem ausgezeichneten Glas Wein oder einem kühlen Bier fortgesetzt wird. Zu essen gibt's kleine Gerichte wie eine Wurstplatte, scharfe Schweinsohren und Wagyu-Hotdogs (aus japanischem Rindfleisch).

★ **Garagistes** MODERN-AUSTRALISCH $$$
(Karte S. 684; ☎ 03-6231 0558; www.garagistes.com.au; 103 Murray St; Tellergerichte 19–36 AU$; ⏲ Mi & Do ab 18, Fr & Sa ab 17 Uhr) Die äußerst kreativen Tellergerichte werden im schlichten, aber aufsehenerregenden Ambiente serviert. Inhaber Luke Burgess weitet die Grenzen des kulinarisch Machbaren beständig aus, indem er sich für sein stetig wechselndes Menü vom saisonalen Angebot in ganz Tasmanien inspirieren lässt. Daraus zaubert er dann marinierte Calamares, gestreiften Trompetenbarsch, zart gegartes Wagyu-Rindfleisch und vieles mehr. Reservierungen sind nicht möglich, und manchmal werden Gäste auch gebeten, im Sidecar nebenan etwas zu trinken, bis ein Tisch frei ist.

ethos eat drink MODERN-AUSTRALISCH $$$
(Karte S. 684; ☎ 03-6231 1165; www.ethoseatdrink.com; 100 Elizabeth St; ⏲ Di–Sa 12–14.30 & 18–open end, Sa 9–12, So 9–14 Uhr) Das in einem Backsteinhof versteckte Restaurant unterstützt konsequent die Bauern und Erzeuger der Region. Die Speisekarte richtet sich fast ausschließlich nach dem saisonalen Angebot, wobei die jeweils aktuellsten Produkte vorrangig behandelt werden. So besteht das Chefmenü für 65 AU$ aus verschiedenen kleinen Gerichten zum Probieren. Das Mittagsmenü für 35 AU$ ist nicht ganz so üppig. Unbedingt reservieren!

Hafenviertel & Salamanca Place

Feinkost aller Art gibt's im Wursthaus (S. 695), Obst und andere Lebensmittel auf dem **Salamanca Fresh Fruit Market** (Karte S. 684; 41 Salamanca Pl).

Retro Café CAFÉ $$
(Karte S. 684; 31 Salamanca Pl; Hauptgerichte 12–21 AU$; ⏲ 8–17 Uhr) In dem abgefahrenen Café inmitten der Marktstände trifft man sich samstags zum Brunchen. Königliches Frühstück, Bagels, Salate und Burger werden von immer lächelnden Bedienungen serviert. Den Sound dazu bilden cooler Jazz und das Blubbern der Kaffeemaschine.

Machine Laundry Café CAFÉ $$
(Karte S. 684; 12 Salamanca Sq; Hauptgerichte 10–18 AU$; ⏲ Mo–Fr 7.30–17, Sa & So 8.30–16 Uhr) In dem freundlichen Café im Retrostil stehen tatsächlich Waschmaschinen, und so kann man sich die Waschzeit mit frisch gepresstem Obstsaft, Suppe oder Kaffee vertreiben. Zum Frühstück gibt's chilischarfe Wraps mit gebratenem Fleisch.

Tricycle Café Bar CAFÉ $$
(Karte S. 684; 71 Salamanca Pl; Hauptgerichte 10–20 AU$; ⏲ Mo–Sa 8–15 Uhr) Das kleine, gemütliche, rot gestrichene Lokal neben dem Salamanca Arts Centre bietet eine große Auswahl typischer Bistrogerichte wie Sandwiches, Toasts, Salate und Omelettes aus Freilandeiern. Dazu kann man fair gehandelten Kaffee bestellen. In der Bar mit großem Wandspiegel wird Wein glasweise ausgeschenkt.

Blue Eye SEAFOOD $$
(Karte S. 684; ☎ 03-6223 5297; www.fishfish.com.au; 1 Castray Esplanade; kleine Gerichte 11–16 AU$, Hauptgerichte 22–35 AU$; ⏲ Di–Sa 12–15, Mo–Sa ab 17 Uhr) Die absoluten Highlights sind Lachs vom Holzkohlengrill, in Chilisalz eingelegter Tintenfisch und tasmanische Jakobsmuscheln. Aber auch die Austern von Bruny Island oder das Lachs-Sashimi aus dem Huon Valley sind nicht zu verachten. Dazu gibt's *Moo Brew* vom Fass und weitere Biere sowie Weine aus Tasmanien.

Fish Frenzy SEAFOOD $$
(Karte S. 684; www.fishfrenzy.com.au; Elizabeth St Pier; Hauptgerichte 12–25 AU$; ⏲ 11–21 Uhr) In dem lässigen Lokal direkt am Wasser bekommt man Fisch satt in allen Variationen: von Fish & Chips über Fischsalate mit frittierten Calamares oder warmem Tintenfisch bis hin zu Fischburgern. Wer sich nicht entscheiden kann, bestellt „Fish Frenzy" (17 AU$) und bekommt von allem etwas. Reservierungen sind nicht möglich. Und bitte nicht die Möwen füttern!

Battery Point, Sandy Bay & South Hobart

Jackman & McRoss BÄCKEREI $
(Karte S. 680; 57-59 Hampden Rd, Battery Point; Hauptgerichte 8–13 AU$; ⏲ 7–17 Uhr) Ein Besuch in der freundlichen, kleinen Bäckerei mit Café lohnt sich allein der Auslage wegen, in der sich Berge köstlicher Pasteten, Kuchen, Baguettes und sonstiger Backwaren türmen. Nach Kaffee und Kuchen am Morgen gibt's Quiche und Suppe zum Mittagessen.

Environs CAFÉ $$
(Karte S. 680; www.environs.biz; 38 Waterloo Crescent; Hauptgerichte 8–20 AU$; ⏲ Mo–Sa 7.30–16, So 8–16 Uhr) Das modern eingerichtete Café mit Gartenterrasse und flottem, freundlichem Personal ist ideal für ein gemütliches Frühstück – aus Pilzen mit Parmesan – vor dem Spaziergang durch Battery Point. Zum Mittagessen könnte man dann Enten-Orangen-Risotto oder Hamburger mit Wagyu-Rindfleisch und dazu Tassie-Bier oder Wein aus der Region nehmen.

Jam Jar Lounge CAFÉ $$
(Karte S. 680; www.jamjarlounge.com; 45 Hampden Rd; Hauptgerichte 10–22 AU$; ⏲ Mi & Do 7.30–16, Fr 7.30–22 Uhr, Sa & So 8–16 Uhr; 📶) Die freundliche Mischung aus Café und Bistro im Art-déco-Stil befindet sich in einem Häuschen aus dem 19. Jh. und ist bestens dafür geeignet, um bei der Erkundung von Battery Point eine Pause einzulegen und sich mit

ausgezeichnetem Kuchen, Kaffee und kleinen Gerichten zu verwöhnen. Freitagabends drängen sich die Einheimischen an den großen Tischen und stopfen sich mit asiatischen und mediterranen Tapas (9–15 AU$) voll.

North & West Hobart

★ Pigeon Hole CAFÉ **$**

(Karte S. 680; 93 Goulburn St; Hauptgerichte 10–13 AU$; ⌚ Mo–Sa 8–16.30 Uhr) Das freundliche, originelle Café ist die Art Kneipe, die in keiner Stadt fehlen darf. Die frisch zubereiteten Panini sind die besten in ganz Hobart, und die Inhaber würzen die traditionellen Bistrogerichte mit immer neuen Ideen. Zum gemütlichen Brunch unbedingt zu empfehlen sind die Eier *en cocotte* (aus dem Ofen) mit Serrano-Schinken.

Sweet Envy CAFÉ **$**

(Karte S. 680; www.sweetenvy.com; 341 Elizabeth St, North Hobart; Snacks & Kuchen 5–10 AU$; ⌚ Di–Fr 8.30–18, Sa 8.30–17 Uhr) Als Kontrastprogramm zu den Angeboten der unzähligen Restaurants in der Straße kommen hier luftige Macarons, köstliche Madeleines und Muffins sowie feine Pasteten und gefüllte Blätterteigtaschen auf den Tisch, z. B. mit Lammfleisch und Harissa. Die fantastischen Eiscremes und Sorbets sind ebenfalls hausgemacht.

Raincheck Lounge CAFÉ **$$**

(Karte S. 680; 392 Elizabeth St, North Hobart; Tapas 8–15 AU$, Hauptgerichte 12–28 AU$; ⌚ Mo–Fr 7.30–22, Sa & So. 8.30–22 Uhr) Im marokkanisch eingerichteten Innenraum und im Straßencafé werden starker Kaffee, üppiges Frühstück und Herzhaftes wie Wild- und Pilzpasteten serviert. Von Mittwoch bis Samstag kann man sich abends jeweils eine Kombination aus verschiedenen Tapas bestellen – oder das preiswerte Chefmenü mit vier Gängen für zwei Personen (65 AU$).

Ausgehen & Nachtleben

Rund um Salamanca Place und an der Uferpromenade wimmelt es nur so von tollen Kneipen und Bars. Auch North Hobart hat gute Pubs und Bars.

Ebenfalls zu empfehlen sind das New Sydney Hotel, die Republic Bar & Café und die Lark Distillery.

Preachers BIERKNEIPE

(Karte S. 680; 5 Knopwood St; ⌚ Mo–Sa 12–24, So 12–20.30 Uhr) Im Inneren lümmeln sich die Gäste auf nostalgischen Sofas, draußen sitzen sie auf klapprigen Bierbänken und probieren sich zusammen mit einheimischen Hipstern und Studenten durch die unzähligen australischen Biersorten, wobei die kleinen Brauereien in Tasmanien besonders stark vertreten sind. Mit Hamburgern für 15 AU$ und typischen Snacks für 12 AU$ wird das jüngere Publikum bei Laune gehalten.

Knopwood's Retreat KNEIPE

(Karte S. 684; www.knopwoods.com; 39 Salamanca Pl; ⌚ 10–open end) In Hobarts bester Kneipe kehrten schon die Seeleute der Sträflingstransporte ein. Den Großteil der Woche ist es einfach eine nette, gemütliche Kneipe mit knisterndem Kaminfeuer und ganz gutem Essen, doch freitagabends stehen die biertrinkenden Arbeiter aus der Innenstadt bis auf die Straße hinaus.

Nant Whisky Cellar & Bar BAR

(Karte S. 684; www.nantdistillery.com.au; Wooby's Lane; ⌚ Mi & Do 15–24, Fr–So 12–24 Uhr) In die winzige Bar mit tollem historischem Ambiente passen gerade einmal 36 Gäste. Wer sich dennoch hineinquetschen will, kann den in der Nant Distillery in den tasmanischen Midlands gebrannten Whisky mit unzähligen anderen Sorten aus der ganzen Welt vergleichen. Außerdem sind Werke einheimischer Künstler zu bestaunen, und es gibt tasmanische Spezialitäten zu essen.

Yellow Bernard CAFÉ

(Karte S. 684; www.yellowbernard.com; 109 Collins St; ⌚ Mo–Fr 7–16 Uhr) Dass Kaffee eine ernst zu nehmende Angelegenheit ist, beweist die große Auswahl interessanter Mischungen aus aller Welt. Aber es gibt auch herrlichen Tee, der hier mit Honig und einer speziellen Gewürzmischung zubereitet wird.

Barcelona BAR

(Karte S. 684; www.barcelonahobart.com; Salamanca Sq; ⌚ 11 Uhr–open end) Unzählige Biere vom Fass, eine feine Weinkarte und preiswerte Bistrokost machen die Bar zu einer der vielseitigsten Kneipen der Gegend und zum Renner vor allem beim jüngeren Publikum. Die Tische an der Straße sind ideal, um die Leute und das Treiben auf dem Salamanca Square zu beobachten.

Jack Greene BIERKNEIPE

(Karte S. 684; www.facebook.com/jackgreenebar; 47-48 Salamanca Place; Burger 18–20 AU$; ⌚ 11 Uhr–open end) Der Service ist schon mal zu (nach-)lässig, und die Feinschmecker-Burger sind ein bisschen teuer, aber die immer volle Kneipe lohnt den Besuch trotzdem, wenn man echter Bierfan ist. In den Kühlschränken stehen Unmengen Flaschenbiere und die 16 australischen und neuseeländischen Biere vom Fass wechseln ständig.

IXL Long Bar BAR
(Karte S. 684; 25 Hunter St; ⊙Mo–Do 17–22.30, Sa 15–22.30, So 17–21 Uhr) In der glanzvollen Bar des Henry Jones Art Hotel kann man Hobarts Modefreaks beim Schlürfen ihrer Cocktails beobachten. Wenn alle Barhocker an der nicht allzu langen Theke besetzt sind, einfach auf die Ledersofas in der Eingangshalle ausweichen!

Lower House BAR
(Karte S. 684; 9-11 Murray St, UG; ⊙Mo–Sa 12 Uhr–open end) In der Kellerbar gegenüber dem Parliament House ölen vor allem erschöpfte Abgeordnete ihre Stimmbänder mit teuren Whiskys, feinen Cocktails und edlen Weinen. Das Publikum ist schon etwas älter; manchmal legen DJs auf.

Observatory CLUB
(Karte S. 684; www.observatorybar.com.au; Murray St Pier, L1; ⊙Mi–So 15 Uhr–open end) In den kuscheligen Sitzecken des Nachtclubs kann man einen „Big O" und andere herrliche Cocktails schlürfen, vorausgesetzt, das Outfit war den Türstehern elegant genug. Freitags und samstags sorgen DJs für Stimmung.

Syrup CLUB
(Karte S. 684; 39 Salamanca Pl; Eintrittspreis variiert; ⊙Do–Sa 21 Uhr–open end) In dem Club, der sich über zwei Etagen oberhalb des Knopwood's Retreat erstreckt, bekommt man bis spät in die Nacht etwas zu trinken, während DJs Techno- und Housemusik spielen.

Mobius CLUB
(Karte S. 684; www.facebook.com/mobius.bar; 7 Despard St; Eintrittspreis variiert; ⊙Do–Sa 21 Uhr–open end) Die Mischung aus lautem Partykeller und cooler Loungebar ist in zweiter Reihe hinter der Uferpromenade zu finden. Hin und wieder legen namhafte DJs auf.

☆ Unterhaltung

Die Donnerstagsausgabe des *Mercury* enthält einen Veranstaltungskalender für Hobart, und das kostenlose, monatlich erschei-

NICHT VERSÄUMEN

TASMANISCHE BRAUKUNST

Das erste Bier Tasmaniens wurde auf der Moorilla Estate gebraut, weshalb das „Moo Brew" mit dem Slogan „Nichts für Hinterwäldler" beworben worden ist. Heute finden sich überall auf Tasmanien mehr oder weniger kleine Brauereien.

Deren Biere kann man vor allem in Hobarts Kneipen Preachers (S. 692), New Sydney Hotel (S. 694) und Jack Greene (S. 692) frisch gezapft genießen. Ein besonderes Erlebnis ist auch das Tasmanian Beerfest (S. 686) in Hobart im November.

Unbedingt probieren sollte man die folgenden Sorten:

- Das spritzige Hefeweizen und herbe Pils sowie all die anderen ausgezeichneten Biere von **Moo Brew** (www.moobrew.com.au) gibt's frisch vom Fass in der Lark Distillery und der IXL Long Bar im Henry Jones Art Hotel. Das jüngste Baby von Moo Brew heißt Belgo und ist ein helles, belgisch anmutendes, herbes Bier.
- **Seven Sheds** (www.sevensheds.com) hat sich auf ein malziges Bier nach britischem Vorbild spezialisiert, braut aber auch verschiedene Saisonbiere und Honigmet. Das New Sydney Hotel in Hobart bietet in der Regel Seven Sheds vom Fass an.
- Die **Ironhouse Brewery** (www.ironhouse.com.au) braut u. a. ein helles Bier und ein original tschechisches Pilsner. Beide werden im Blue Eye (S. 691) am Salamanca Place gezapft.
- Das helle Bier und der Cidre von **Two Metre Tall** (www.2mt.com.au) wird aus Zutaten hergestellt, die auf der firmeneigenen Farm im Derwent Valley angebaut werden. Beide schmecken hervorragend zu den Meeresfrüchten im Blue Eye.
- **Van Dieman Brewing** (www.vandiemanbrewing.com.au) braut das typisch englische, bernsteinfarbene Jacob's Ladder Ale und sechs weitere Sorten, die zumeist im Preachers zu bekommen sind.

nende Unterhaltungsblättchen *Sauce* liefert detaillierte Infos zu Events in der Kunstszene. Weitere Infos finden sich auf www.thedwarf.com.au. In der Lark Distillery gibt's freitags und samstags Livemusik.

Republic Bar & Café LIVEMUSIK
(Karte S. 680; www.republicbar.com; 299 Elizabeth St) Das im Art-déco-Stil eingerichtete Republic ist die Nummer eins der Livemusik-Pubs in Hobart. Oft treten internationale Nachwuchsbands auf. Hier gibt es unzählige Biersorten und tolles Essen – eine Kneipe, wie man sie gerne auch zu Hause hätte!

New Sydney Hotel LIVEMUSIK
(Karte S. 684; www.newsydneyhotel.com.au; 87 Bathurst St) Dienstag- und samstagabends treten hier – meist gratis – entspannte Folk-, Jazz-, Blues- und Comedy-Künstler auf. Auf der Website findet sich eine Liste mit anstehenden Liveauftritten. Das gute Kneipenessen wird durch eine ständig wechselnde Auswahl handgebrauter Tassie-Biere ergänzt.

The Grand Poobah LIVEMUSIK
(Karte S. 684; www.facebook.com/thegrandpoobahbar; 142 Liverpool St; ⏲Mo 19.30–22.30, Di 19 Uhr–open end, Fr & Sa 21 Uhr–open end, So 12–22 Uhr) Die schicke Künstlerbar wird regelmäßig zur Showbühne, wenn DJs und Livebands auftreten oder Tanz- und Comedy-Veranstaltungen stattfinden.

Brisbane Hotel LIVEMUSIK
(Karte S. 680; www.facebook.com/thebrisbanehotelhobart; 3 Brisbane St) Auf dem Programm der modernen Kneipe steht unverfälschte, unkonventionelle und unkommerzielle Livemusik wie Punk, Metal und Hip-Hop, aber es treten auch Liedermacher auf.

NICHT VERSÄUMEN

BUNTES MUSIKTREIBEN AM FREITAGABEND

Eine der besten Gelegenheiten, in Hobart Livemusik zu hören, bietet sich jeden Freitag zwischen 17.30 und 19.30 Uhr im Hof des Salamanca Arts Centre (S. 678) an der Wooby's Lane. Dieses kostenlose Event nahm um das Jahr 2000 unter dem Namen „Rektango" seinen Anfang – eigentlich der Name einer Band, die auch gelegentlich hier spielt. Jeden Monat gibt es hier andere Künstler zu sehen – sie spielen alles Mögliche, von afrikanischen Beats über Rockabilly, bis hin zu Folk und Gypsy Latino. Für Drinks ist gesorgt (Sangria im Sommer, Glühwein im Winter) – nur tanzen muss man selbst.

Federation Concert Hall KONZERTHALLE
(Karte S. 684; ☎1800 001 190; www.tso.com.au; 1 Davey St; ⏲Kasse Mo–Fr 9–17 Uhr) Hier ist das tasmanische Sinfonieorchester zu Hause.

State Cinema KINO
(Karte S. 680; ☎03-6234 6318; www.statecinema.com.au; 375 Elizabeth St) Das Programmkino zeigt anspruchsvolle Filme von einheimischen und ausländischen Regisseuren. Im Gebäude sind auch ein tolles Café und eine Bar untergebracht, nebenan ist ein ausgezeichneter Buchladen. Im Sommer werden die Filme teilweise unter freiem Himmel auf der Dachterrasse präsentiert.

Village Cinemas KINO
(Karte S. 684; ☎1300 555 400; www.villagecinemas.com.au; 181 Collins St) In dem Multiplex-Kino in der Innenstadt flimmern die aktuellen Kassenschlager über die Leinwand. Dienstags kostet der Eintritt nur 11,50 AU$.

Shoppen

Rund um Salamanca Place findet man Läden und Galerien, die allerlei Schnickschnack aus Huon-Pine-Holz, handgestrickte Mützen, Käse aus der Umgebung, Saucen, Marmeladen, Fondant und andere ausgewählte Leckereien anbieten.

An der Elizabeth St verkaufen zwischen der Melville St und der Bathurst St zahlreiche Geschäfte Outdoorkleidung und -ausrüstung.

A Common Ground ESSEN & TRINKEN
(Karte S. 684; www.acommonground.com.au; 77 Salamanca Place, Shop 3, Salamanca Arts Centre; ⏲Mo–Fr 10–16, Sa 8.30–15 Uhr) Käse von Bruny Island, Fleisch und Wurst aus ganz Tasmanien, Biere von Seven Sheds und viele andere Erzeugnisse aus der Region sind in dem vollgestopften Laden am Salamanca Place erhältlich.

Antiques to Retro ANTIQUITÄTEN
(Karte S. 684; ☎03-6236 9422; www.antiquestoretro.com.au; 128 Bathurst St; ⏲Mo–Fr 10–17, Sa & So 10–16 Uhr) Hier lohnt es sich wirklich, nach Antiquitäten zu suchen.

Art Mob KUNST & KUNSTHANDWERK
(Karte S. 684; ☎03-6236 9200; www.artmob.com.au; 29 Hunter St; ⏲10 Uhr–open end) Kunst und

NICHT VERSÄUMEN

SALAMANCA MARKET

Seit 1972 bieten Kunsthandwerker und farbenprächtig gekleidete Hippies jeden Samstagmorgen ihre Waren auf dem **Salamanca Market** (Karte S. 684; ⏲ Sa 8.30–15 Uhr) feil. Aus dem ganzen Süden Tasmaniens reisen sie mit ihren stets frischen Lebensmitteln, Secondhand-Klamotten, gebrauchten Büchern, kitschigen Souvenirs, CDs, billigen Sonnenbrillen, Antiquitäten und allem möglichen Trödel an. Auf www.salamanca.com.au kann man sich über das Angebot informieren, um nicht allzu viel Zeit in dem Wirrwarr aus Feinkostständen, Straßenmusikanten, Imbissbuden und Kunsthandwerksgeschäften zu vertrödeln.

Schmuck der Aborigines mit Schwerpunkt auf Arbeiten tasmanischer Künstler.

Cool Wine WEIN
(Karte S. 684; www.coolwine.com.au; Criterion St, Shop 8, Mid City Arcade; ⏲ Mo–Sa 9.30–18.30 Uhr) Hier werden herrliche Weine und Biere aus ganz Tasmanien feilgeboten.

Despard Gallery KUNST & KUNSTHANDWERK
(Karte S. 684; ☎ 03-6223 8266; www.despard-gallery.com.au; 15 Castray Esplanade; ⏲ Mo–Sa 10.30–17, So 11–16 Uhr) Zeitgenössische tasmanische Kunst.

Fullers Bookshop BÜCHER
(Karte S. 684; ☎ 03-6234 3800; www.fullersbookshop.com.au; 131 Collins St; ⏲ Mo–Fr 8.30–18, Sa 9–17, So 10–16 Uhr) Reiseführer und Literatur, darunter viele Werke tasmanischer Autoren, in denen man in dem schönen Café vor Ort gleich schmökern kann.

Handmark Gallery KUNST & KUNSTHANDWERK
(Karte S. 684; ☎ 03-6223 7895; www.handmarkgallery.com; 77 Salamanca Pl; ⏲ 10–18 Uhr) Keramik, Glas- und Holzwaren, Schmuck und Textilien sowie Gemälde und Skulpturen von einheimischen Künstlern.

Woolworths SUPERMARKT
(Karte S. 684; 42 Argyle St, Wellington Centre; ⏲ 7–22 Uhr) Der sehr zentral gelegene Supermarkt.

Wursthaus ESSEN
(Karte S. 684; www.wursthaus.com.au; 1 Montpelier Retreat; ⏲ Mo–Fr 8–18, Sa & So. 9–17 Uhr) Die feinen Wurst- und Käsespezialiäten, Brote, Weine und Fertiggerichte werden vorrangig von tasmanischen Erzeugern bezogen.

ℹ Praktische Informationen

GELD

Banken und Geldautomaten finden sich rund um die Elizabeth Street Mall.

INFOS IM INTERNET

Hobart City (www.hobartcity.com.au) Offizielle Website der Stadtverwaltung.

Rita's Bite (www.pc-rita.blogspot.com) Blog über Hobarts Restaurantszene.

The Dwarf (www.thedwarf.com.au) informiert über aktuelle Musikveranstaltungen.

INTERNETZUGANG

In den Internetcafés kostet des Surfen im Internet etwa 6 AU$ pro Stunde.

Drifters Internet Café (Salamanca Pl, Shop 9/33; ⏲ 9–18.30 Uhr) Hier können auch Dokumente ausgedruckt und eingescannt werden.

KARTEN & STADTPLÄNE

Im Visitor Centre bekommt man einfache Stadtpläne. Wesentlich ausführlicher ist das *Hobart & Surrounds Street Directory* und der *Tasmania Country Road Atlas* von UBD, die beide in Buchläden und größeren Zeitschriftenkiosken erhältlich sind. Reisende mit Behinderung sollten sich im Visitor Centre die sehr hilfreiche *Hobart CBD Mobility Map* besorgen.

Der **Royal Automobile Club of Tasmania** (RACT; Karte S. 680; ☎ 13 27 22; www.ract.com.au; Ecke Murray St & Patrick St; ⏲ Mo–Fr 8.45–17 Uhr) hat nützliche Infos für Autofahrer.

Tasmanian Map Centre (Karte S. 684; ☎ 03-6231 9043; www.map-centre.com.au; 100 Elizabeth St; ⏲ Mo–Fr 9.30–17.30, Sa 10.30–14.30 Uhr) Gute Karten zum Bushwalking.

MEDIEN

Hobarts etablierte Tageszeitung *Mercury* („The Mockery") informiert darüber, wo wann was los ist. So finden sich in der Donnerstagsausgabe immer eine Liste aktueller Veranstaltungen und Ausgehtipps. Die Zeitung ist auch im Internet unter www.themercury.com.au verfügbar.

In trendigen Läden, Bars und Cafés wie dem Yellow Bernard (S. 692) und dem Buchladen im State Cinema (S. 694) in North Hobart gibt's den tollen kostenlosen Stadtplan *We Are Hobart*, in dem die angesagtesten Restaurants, Kneipen und Geschäfte der Stadt aufgeführt sind.

MEDIZINISCHE VERSORGUNG

Australian Dental Association Emergency Service (☎ 03-6248 1546) Hilft bei Zahnschmerzen.

Chemist on Collins (93 Collins St) Sehr zentral im Geschäftsviertel der Innenstadt.

City Doctors & Travel Clinic (☎ 03-6231 3003; www.citydoctors.com.au; 93 Collins St) Eine normale Behandlung kostet 72 AU$.

Royal Hobart Hospital (☎ 03-6222 8423; www.dhhs.tas.gov.au; 48 Liverpool St; ⏱ 24 Std.) Der Eingang zur Notfallambulanz ist in der Argyle St.

Salamanca Medical Centre (☎ 03-6223 8181; 5a Gladstone St; ⏱ Mo–Fr 8.30–18, Sa 10–15, So 12–15 Uhr) Liegt zentral in Salamanca Place.

NOTFALL

Hobart Police Station (☎ 03-6230 2111; www.police.tas.gov.au; 43 Liverpool St; ⏱ 24 Std.)

Polizei, Feuerwehr & Krankenwagen (☎ 000)

POST

Die **Hauptpost** (Karte S. 684; Ecke Elizabeth St & Macquarie St) befindet sich in einem grandiosen historischen Gebäude.

TOURISTENINFORMATION

Hobart Visitor Centre (Karte S. 684; ☎ 1800 990 440; www.hobarttravelcentre.com.au; Ecke Davey St & Elizabeth St; ⏱ Mo–Fr 8.30–17.30, Sa & So 9–17 Uhr) Hat jede Menge Infos und bucht Touren und Unterkünfte in ganz Tasmanien.

Parks & Wildlife Service (Karte S. 684; ☎ 1300 135 513; www.parks.tas.gov.au; 134 Macquarie St; ⏱ Mo–Fr 9–17 Uhr) Alles über Bushwalking und sämtliche Nationalparks.

ℹ An- & Weiterreise

BUS

Es gibt zwei große Busgesellschaften, die ab und nach Hobart fahren. Fahrpläne und Preise finden sich auf den jeweiligen Websites oder sind beim Visitor Centre zu erfahren.

Redline Coaches (Karte S. 684; ☎ 1300 360 000; www.redlinecoaches.com.au; 230 Liverpool St) Hat seinen Sitz im Transit Centre.

Tassielink (☎ 1300 300 520; www.tassielink.com.au; 64 Brisbane St) Im Hobart Bus Terminal ansässig.

FLUGZEUG

Ausführliche Infos zu Inlandsflügen nach Hobart gibt's auf S. 675.

ℹ Unterwegs vor Ort

AUTO

Im Geschäftsviertel der Innenstadt sowie in Salamanca Place und entlang der Uferpromenade sind die Parkplätze meist gebührenpflichtig.

Die großen Autovermietungen haben alle ein Büro am Flughafen. Die günstigeren, kleinen Firmen mit Büros in der Innenstadt bieten Mietwagen bereits ab 40 AU$ pro Tag an.

BUS

Metro Tasmania (☎ 13 22 01; www.metrotas.com.au) ist für den recht zuverlässigen Stadtbusverkehr zuständig. Allerdings fahren die Busse außerhalb der Geschäftszeiten nicht mehr allzu häufig. Der **Metro Shop** (⏱ Mo–Fr 8.30–17.30 Uhr) im Gebäude der Hauptpost an der Ecke Elizabeth St und Macquarie St verkauft Fahrkarten und erteilt Auskünfte. Die Busse starten zumeist in diesem Abschnitt der Elizabeth St oder vom nahe gelegenen Franklin Sq.

Eine einfache Fahrt kostet je nach Entfernung *(sections)* zwischen 2,80 und 6 AU$. Die „Day Rover"-Karte für 5 AU$ gilt montags bis freitags ab 9 Uhr und samstags, sonntags und an Feiertagen den ganzen Tag für beliebig viele Fahrten. Tickets für einfache Fahrten kann man entweder beim Busfahrer kaufen (und passend bezahlen) oder bei Zeitungskiosken und vielen Postämtern; Tageskarten gibt's nur bei den beiden letzteren Einrichtungen. Wer sich länger in Hobart aufhält, sollte sich eine „Greencard" (10 AU$) besorgen, mit der man etwa 20 % Rabatt auf die normalen Fahrpreise erhält.

FAHRRAD

Infos zu Fahrradverleihern stehen auf S. 676.

VOM/ZUM FLUGHAFEN

Der **Flughafen von Hobart** (☎ 03-6216 1600; www.hobartairpt.com.au) befindet sich in Cambridge, 16 km östlich der Stadt. Der **Airporter Shuttle Bus** (Karte S. 684; ☎ 1300 385 511; www.redlinecoaches.com.au; einfache Strecke/hin & zurück 17/30 AU$), der zwischen dem Flughafen und dem Transit Centre (mit mehreren Haltestellen in der Stadt) verkehrt, ist auf alle Flüge abgestimmt. Unbedingt reservieren!

Ein Taxi vom Flughafen ins Stadtzentrum kostet werktags von 6 bis 20 Uhr um die 42 AU$, zu allen anderen Zeiten um die 50 AU$.

TAXI

City Cabs (☎ 13 10 08)

Maxi-Taxi Services (☎ 13 32 22; www.hobartmaxitaxi.com.au) Hat auch rollstuhlgerechte Fahrzeuge.

RUND UM HOBART

Siedlungen am Fluss, historische Ortschaften, hübsches Weideland und unberührte Waldstücke: All das liegt nur wenige Autominuten außerhalb von Hobarts Stadtgrenzen. Die Geister der früheren tasmanischen Sträflingskolonie holen einen trotz ihrer Fußfesseln auch im historischen Richmond ein, während sich der Mt. Field National Park mit seiner Natur, den Wildtieren, Wasserfällen und großartigen kurzen Wanderwegen für einen herrlichen Tagesausflug von der Inselhauptstadt aus anbietet.

Richmond

880 EW.

Das kleine Städtchen beiderseits des Coal River, 27 km nordöstlich von Hobart, war früher ein strategisch wichtiger Militärposten und eine Zwischenstation für die Sträflingstransporte nach Port Arthur. Mit den vielen schönen Gebäuden aus dem 19. Jh. ist es wohl die bedeutendste historische Siedlung Tasmaniens.

Im **Richmond Park Boat House** (☎03-6260 1099; www.richmondparkboathouse.com.au; 56 Bridge St, Millers Cottage; Ruderboot ab 25 AU$/30 Min.; ⌚10–16 Uhr) können Ruderboote und Fahrräder zur Erkundung der Stadt ausgeliehen werden. Als modernere Sehenswürdigkeiten bieten sich ein paar gute Wildparks und das Weinanbaugebiet Coal River Valley in der Umgebung an.

Weitere Infos gibt's auf www.richmond village.com.au.

Sehenswertes & Aktivitäten

Richmond Bridge WAHRZEICHEN

(Wellington St) Über diese klobige und dennoch elegante Brücke über den Coal River rollt immer noch der Verkehr. Sie wurde 1823 von Sträflingen erbaut, ist damit die älteste Kraftverkehrbrücke Australiens und somit auch der ganze Stolz der Stadt. Angeblich soll hier der Geist des 1832 verstorbenen „Geißlers von Richmond", George Grover, herumspuken.

Richmond Gaol HISTORISCHES GEBÄUDE

(www.richmondgaol.com.au; 37 Bathurst St; Erw./Kind 8/4 AU$; ⌚9–17 Uhr) Der Nordflügel des bemerkenswert gut erhaltenen Gefängnisses wurde 1825, fünf Jahre früher als die Strafanstalt von Port Arthur, errichtet. Ebenso wie Port Arthur ist auch dieses Kittchen ein historisch faszinierender Ort. Allerdings hängt in dem alten Gemäuer eine gewisse Schwere in der Luft.

Old Hobart Town Historic Model Village HISTORISCHER PARK

(www.oldhobarttown.com; 21a Bridge St; Erw./Kind/Fam. 14/3,50/30 AU$; ⌚9–17 Uhr) Eine peinlich genaue Miniaturnachbildung von Hobart Town in den 1820er-Jahren, die sich an die Originalpläne von damals hält. Bei Kindern extrem beliebt.

ZooDoo Wildlife Fun Park WILDPARK

(www.zoodoo.com.au; 620 Middle Tea Tree Rd; Erw./Kind 22/12 AU$; ⌚9–17 Uhr) In dem 6 km westlich von Richmond an der Straße nach Brighton gelegenen Park kann man mit dem „Safaribus" fahren und Löwen, Tiger, Lamas, Tasmanische Teufel, Wallabies und viele andere Tiere beobachten. Außerdem existieren Spielplätze und Picknickstellen.

Bonorong Wildlife Centre WILDPARK

(www.bonorong.com.au; 593 Briggs Rd; Erw./Kind/Fam. 24/10/60 AU$; ⌚9–17 Uhr) Der Name des 17 km westlich von Richmond gelegenen Parks stammt aus der Sprache der Aborigines und bedeutet soviel wie „einheimischer Begleiter". Hier leben vor allem Tasmanische Teufel, Koalas, Wombats, Echidnas und Beutelmarder. In dem Park, der sich vorwiegend um die Erhaltung der Tierarten und die Pflege kranker Tiere, aber auch die Sensibilisierung der Menschen für die Natur kümmert, werden auch nächtliche Fütterungstouren (Erw./Kind 149/49 AU$) angeboten. Näher kann man diesen zumeist nachtaktiven Tieren nicht kommen! Die Touren müssen im Voraus gebucht werden.

St. John's Church KIRCHE

(Wellington St) Die älteste katholische Kirche in ganz Australien wurde 1836 gebaut.

St. Luke's Church of England KIRCHE

(Edward St) Die anglikanische Kirche wurde 1834 fertiggestellt.

Courthouse HISTORISCHES GEBÄUDE

(Forth St) Das Gerichtsgebäude stammt aus dem Jahr 1825.

Old Post Office HISTORISCHES GEBÄUDE

(Bridge St) 1826 errichtet.

Richmond Arms Hotel HISTORISCHES GEBÄUDE

(Bridge St) Hier wird schon seit 1888 Bier ausgeschenkt.

Schlafen & Essen

Daisy Bank Cottages FERIENHAUS $$

(☎03-6260 2390; www.daisybankcottages.com; Daisy Bank, abseits der Middle Tea Tree Rd; DZ 160–170 AU$) In dem hübschen roten Sandsteinhaus von 1840 werden zwei blitzblanke, komplett ausgestattete Wohneinheiten vermietet, eine sogar mit Wellnessbad. Von den offenen Schlafzimmern unterm Dach hat man einen tollen Blick auf die Dächer

Richmonds. Und auf dem ländlichen Anwesen gibt's nicht nur für Kinder jede Menge zu entdecken.

Richmond Cottages FERIENHAUS **$$**
(☎03-6260 2561; www.richmondcottages.com; 12 Bridge St; DZ ab 150 AU$) Zur Auswahl stehen zwei eigenständige Wohneinheiten: Das Ivy Cottage ist ein familienfreundliches Haus mit drei Schlafzimmern und Bad mit einer frei stehenden Badewanne auf Krallenfüßen. Direkt dahinter steht The Old Stables, das tatsächlich der ehemalige Pferdestall war und nun ein rustikales Ferienhäuschen mit einem Schlafzimmer und einem Whirlpool ist.

Richmond Arms Hotel HOTEL & KNEIPE **$$**
(☎03-6260 2109; www.richmondarmshotel.com.au; 42 Bridge St; DZ ab 110 AU$) In den ehemaligen Stallungen neben der grandiosen alten Kneipe werden vier gute Zimmer im Stil eines Motels vermietet. Im Haupthaus steht sowohl ein gemütlicher Speiseraum (Hauptgerichte 20–27 AU$, mittags & abends) als auch eine sonnige Gartenterrasse zur Verfügung. Ausgeschenkt werden Weine aus dem Coal River Valley.

Ashmore on Bridge Street CAFÉ **$$**
(☎03-6260 2238; www.ashmoreonbridge.com.au; 34 Bridge St; Hauptgerichte 11–21 AU$; ⏲tgl. 9–16, Di & Mi abends ab 18 Uhr) Zum Frühstück gibt's Arme Ritter oder Eggs Florentine mit dem besten Kaffee in ganz Richmond, zum Mittagessen Fettucine mit Lachs oder marokkanisch gewürztes Hühnchen. Wer dienstag- oder mittwochabends hier essen will, muss vorher reservieren.

Anton's PIZZERIA **$$**
(42a Bridge St; Hauptgerichte 17–26 AU$; ⏲Mo–Do 10–14.30, Fr & Sa 10–21, So 11–19 Uhr) In dem kleinen Restaurant neben dem Richmond Arms Hotel kommen erstklassige Pizzas und leckere Nudelgerichte, Vorspeisen, Salate, Desserts und Eis auf den Tisch.

An- & Weiterreise

Die Busse von **Tassielink** (☎1300 653 633; www.tassielink.com.au) fahren montags bis freitags jeweils um 8, 8.30, 10.30, 12.30 und 14.30 Uhr vom **Hobart Bus Terminal** (64 Brisbane St) nach Richmond (45 Min., einfache Strecke 7,20 AU$). Samstags starten die Busse um 8.30 und 14.55 Uhr.

Der **Richmond Tourist Bus** (☎0408 341 804; www.hobartshuttlebus.com; Erw./Kind hin & zurück 30/20 AU$; ⏲9 & 12.20 Uhr) fährt zweimal täglich von Hobart nach Richmond, wartet dort drei Stunden und bringt die Fahrgäste dann wieder zurück. Die Plätze müssen telefonisch reserviert werden; bei dieser Gelegenheit lassen sich auch die Haltestellen in Hobart erfragen. Der Eintritt ins Richmond Gaol ist inklusive.

Mt. Field National Park

Mt. Field wurde 1916 zum Nationalpark erklärt und ist berühmt für seine spektakuläre Gebirgslandschaft, Hochmoore und Gebirgsseen, Regenwald, Wasserfälle und die reiche Tierwelt. Der Park liegt 80 km nordwestlich von Hobart und verspricht einen traumhaften Tagesausflug.

Im **Visitor Information Centre** (☎03-6288 1149; www.parks.tas.gov.au; 66 Lake Dobson

ABSTECHER

WEINTOUREN IM COAL RIVER VALLEY

Das kleine Richmond ist auch das Zentrum des tasmanischen Weinanbaugebiets Coal River Valley. Einige Weingüter betreiben auch Feinschmeckerrestaurants, andere sind winzige Familienbetriebe, die nur nach vorheriger Anmeldung besucht werden können. Ausführliche Infos gibt's auf winesouth.com.au.

Meadowbank Estate (☎03-6248 4484; www.meadowbankwines.com.au; 699 Richmond Rd, Cambridge; Hauptgerichte 35 AU$; ⏲Weinproben 10–17 Uhr, Mittagessen 12–15 Uhr) Das hoch gelobte Restaurant des Weinguts ist täglich zur Mittagszeit geöffnet und serviert zum Essen preisgekrönten Grauburgunder, Sauvignon Blanc und Spätburgunder. Sehenswert ist auch das in den Fußboden eingearbeitete Mosaik *Flawed History* des einheimischen Künstlers Tom Samek. Vor allem am Wochenende sollte man vorher reservieren.

Puddleduck Vineyard (www.puddleduckvineyard.com.au; 992 Richmond Rd, Richmond; ⏲10–17 Uhr) Der kleine Familienbetrieb produziert gerade einmal 12 000 Flaschen Wein im Jahr. Im Angebot sind Riesling, Merlot, Chardonnay und der weiße „Bubbleduck"-Sekt. Zu essen gibt's Käseteller (18 AU$), oder es werden die von den Gästen mitgebrachten Steaks und Würstchen gegrillt.

Rd; ⌚Nov.–April 8.30–17 Uhr, Mai–Okt. 9–16 Uhr) des Parks gibt's ein Café und eine Ausstellung über die Anfänge des Parks, außerdem erhält man Infos über die Wanderwege. Tagesbesucher finden Grillstellen, Schutzhütten und einen Spielplatz vor.

Sehenswertes & Aktivitäten

Russells Falls SPAZIERGÄNGE

Auf keinen Fall sollte man die herrlichen, abgestuften Russell Falls verpassen. Die 45 m hohe Kaskade ist im Rahmen eines 20-minütigen Spaziergangs (hin & zurück) zu erkunden. Der Weg beginnt hinter dem Visitor Information Centre und ist auch mit Kinderwagen und Rollstuhl zugänglich. Zudem gibt's hier weitere leichte Spaziergänge zu den **Lady Barron Falls** und den **Horseshoe Falls** sowie längere Wanderungen.

Mt. Mawson SKIFAHREN

(☎ telefonische Bandansage 03-6288 1166) Wenn der Himmel etwas Schnee schickt (was in den letzten Jahren eher selten der Fall war), kann man am Mt. Mawson Ski fahren. Schneeberichte gibt's online auf www.ski.com.au oder über eine telefonische Bandansage.

Schlafen & Essen

Selbstversorger müssen sich schon vor der Ankunft im Mt. Field National Park mit Vorräten eindecken. Gute Übernachtungsmöglichkeiten gibt's in Westerway, etwa 7 km vom Eingang des Parks entfernt.

Lake Dobson Cabins HÜTTEN $

(☎ 03-6288 1149; www.parks.tas.gov.au; Lake Dobson Rd; Hütte f. bis zu 6 Pers. 45 AU$) Die drei einfachen Hütten mit jeweils sechs Schlafplätzen stehen 14 km weit im Inneren des Nationalparks. Sie verfügen alle über Matratzen, kaltes Wasser, einen Holzofen und Brennholz. Es gibt keinen Strom und nur eine gemeinsame Toiletteneinheit. Gaslampen und -kocher sowie Kochutensilien muss man selbst mitbringen.

National Park Campground CAMPING $

(☎ 03-6288 1149; www.parks.tas.gov.au; Stellplatz ohne/mit Strom 16/20 AU$) Der Campingplatz mit Selbstregistrierung und ordentlichen Einrichtungen (Toiletten, Duschen, Waschsalon und kostenlose Grillstellen) liegt direkt am Parkeingang. Eine Reservierung ist nicht nötig. Zum Preis für den Stellplatz kommt noch der Eintritt in den Nationalpark hinzu.

Duffy's Country Accommodation HÜTTEN $$

(☎ 03-6288 1373; www.duffyscountry.com; 49 Clark's Rd; DZ 125–135 AU$, zusätzl. Erw./Kind 25/15 AU$; @) Schaut man aus einem Fenster dieser beiden makellosen, in sich abgeschlossenen Hütten, so schweift der Blick über ein Feld aus Himbeersträuchern. Eine der Hütten ist ein Wohnstudio und für Paare gut geeignet, die andere hat zwei Schlafzimmer und war ursprünglich eine Rangerhütte im Park. Die nötigen Zutaten für ein einfaches Frühstück sind vorhanden (Toast, Eier, hausgemachte Himbeermarmelade…).

Platypus Playground HÜTTE $$

(☎ 0413 833 700; www.riverside-cottage.com; 1658 Gordon River Rd; DZ 165 AU$) Dieses reizende, rote Cottage am Fluss ist nicht zu übersehen. Die umweltfreundlich betriebene Unterkunft liegt in Westerway und hat eine tolle Terrasse über dem Fluss, von der aus man mit etwas Glück Schnabeltiere erspähen oder eine Forelle fangen kann.

An- & Weiterreise

Die Fahrt zum Mt. Field National Park durch das Tal des Derwent River und den Bushy Park ist herrlich, denn überall sieht man Stromschnellen, und die Straße ist von Hopfenfeldern, Pappelalleen und Weißdornhecken gesäumt. Einige Veranstalter in Hobart bieten Tagestrips zum Nationalpark an.

DER SÜDOSTEN

Der Südosten begrüßt Traveller mit sanften Hügeln und Tälern, Ortschaften am Fluss sowie ruhigen Häfen und Meeresarmen. Die kleinen landwirtschaftlichen Gemeinden produzieren Kirschen, Aprikosen, Atlantiklachs und Wein, der in dem kühlen Klima gedeiht. Die von Obstplantagen bedeckten Hänge des Huon Valley weichen dann den glitzernden Armen des D'Entrecasteaux Channel. Vor der Küste findet man das bezaubernde Bruny Island und ein wenig weiter landeinwärts den Hartz Mountains National Park.

Detailliertere Informationen können unter www.huontrail.org.au abgerufen werden.

Anreise & Unterwegs vor Ort

Der Südosten setzt sich aus drei Teilen zusammen: der Halbinsel mit Kettering und Cygnet, Bruny Island und schließlich dem Küstenstreifen am Huon Hwy, der Huonville mit Cockle Creek verbindet.

Der Südosten

Busse von **Metro Tasmania** (☎13 22 01; www.metrotas.com.au) fahren werktags mehrmals von Hobart Richtung Süden nach Kettering (7,50 AU$, 50 Min.) und Woodbridge (9,70 AU$, 1 Std.). Von Hobart aus startet montags bis freitags je ein Bus nach Snug und fährt weiter durch das Binnenland bis nach Cygnet (11,50 AU$, 1 Std.).

Die Busse von **Tassielink** (☎1300 300 520; www.tassielink.com.au) bedienen von Hobart aus den Huon Hwy, wobei sie Huonville (9,90 AU$, 1 Std.; Mo–Fr regelm., Sa & So 1-mal tgl.) ansteuern. Einige Busse fahren weiter bis Geeveston (13 AU$, 1½ Std.) und Dover (20 AU$, 1¾ Std., tgl. außer So).

Kettering

400 EW.

Das verschlafene Dorf ist der Ausgangspunkt für Kajaktouren auf dem D'Entrecasteaux Channel, ansonsten aber nur interessant, wenn man nach Bruny Island übersetzen möchte.

Im Bruny D'Entrecasteaux Visitor Centre (S. 702) neben dem Fährhafen kann man die Unterkünfte auf der Insel buchen.

Aktivitäten

Roaring 40s Ocean Kayaking KAJAKFAHREN
(☎03-6267 5000; www.roaring40skayaking.com.au; Ferry Rd, Oyster Cove Marina; ⌚Aug. & Sept. geschl.) Das Unternehmen vermietet die komplette Ausrüstung für Kajakfahrer und organisiert Touren für alle – ob mit oder ohne Erfahrung. Beispielsweise kostet eine halbtägige Kajakfahrt rund um die Oyster Cove 95 AU$ und eine Tagestour auf dem D'Entrecasteaux Channel 165 AU$ inklusive Mittagessen und Rücktransport nach Hobart. Für eine Tagestour rund um die Tasman Peninsula mit Transfer von und nach Hobart muss man 275 AU$ hinlegen. Auf der Website sind weitere Angebote für Wochenendausflüge in der Gegend um Hobart und im gesamten Südosten Tasmaniens zu finden. Ebenfalls im Angebot sind drei- bis

siebentägige Touren rund um die Tasman Peninsula und im gesamten Südwesten einschließlich Bathurst Harbour.

Schlafen & Essen

Herons Rise Vineyard HÜTTEN **$$**
(☎ 03-6267 4339; www.heronsrise.com.au; 1000 Saddle Rd; DZ ohne/inkl. Frühstück 125/140 AU$, zusätzl. Pers. 30 AU$) Unmittelbar nördlich von Kettering stehen im Herons Rise Vineyard inmitten der Weinreben drei exklusive, separate Cottages für Traveller. Auf Anfrage können auch Abendessen arrangiert werden (42,50 AU$/Pers.).

Bruny Island

600 EW.

Bruny Island besteht genau genommen aus zwei Inseln, die durch die schmale, sandige Landenge *The Neck* miteinander verbunden sind. Das für seine Fauna (Zwergpinguine, Ameisenigel, Sturmtaucher, Albino-Wallabys) bekannte, windgepeitschte Eiland ist nur dünn besiedelt und kaum erschlossen. Im Süden gibt es regelmäßig starke Regenfälle, der Norden hingegen ist trocken und von Gestrüpp bedeckt. Ihren Namen verdankt die Insel dem französischen Entdecker Bruny D'Entrecasteaux.

Man sollte sich einige Tage Zeit nehmen, um Brunys abgelegene Küstengemeinden, die Schwimm- und Surfstrände sowie die Wälder und Wanderwege des **South Bruny National Park** (www.parks.tas.gov.au) zu erkunden – bloß nicht versuchen, alles in einen Tagesausflug zu packen! Zudem muss man an verlängerten Wochenenden lange auf die Fähren warten.

Vor Ort wird in Selbstversorgerhütten und Pensionen übernachtet. Ohne Auto oder Fahrrad kommt man hier nicht voran. Lebensmittel gibt's im gut ausgestatteten Gemischtwarenladen in Adventure Bay und bei einem kleinen Laden in Alonnah. Hinweis: Viele Straßen hier sind unbefestigt, was manchen Autovermietern ganz und gar nicht passt!

Sehenswertes & Aktivitäten

Bruny Island Neck Game Reserve NATURSCHUTZGEBIET
Nach 273 Stufen ist der Aussichtspunkt auf dem **Hügel** im Bruny Island Neck Game Reserve erreicht. Ringsum befinden sich Kolonien von Sturmtauchern und Zwergpinguinen, die in den Dünen nisten. In der Dämmerung kann man die Pinguine beobachten, wie sie aus dem Meer auftauchen. Hier befindet sich auch das **Truganini Memorial**, das einmal mehr Anlass ist, sich Tasmaniens schreckliche Geschichte in Erinnerung zu rufen.

Bligh Museum of Pacific Exploration MUSEUM
(www.southcom.com.au/~jontan/index.html; 876 Main Rd; Erw./Kind/Fam. 4/2/10 AU$; ⌚10–16 Uhr) Das Museum widmet sich den hiesigen Unternehmungen der Entdecker Bligh, Cook, Furneaux und – natürlich – Bruny d'Entrecasteaux.

Cape Bruny Lighthouse DENKMAL
(☎ 03-6298 3114; www.brunyisland.net.au/Cape_Bruny/Lightstation/lighthouse.html; Führung Erw./Kind 5/2 AU$; ⌚Reservat 10–16 Uhr) Einen Besuch lohnt auch der 1836 errichtete Leuchtturm in South Bruny. Entweder man schließt sich einer Tour an (am Vortag buchen!), oder man wandert durch das umliegende **Reservat**. Von der zerklüfteten Landspitze aus hat man einen schönen, weiten Blick über den äußersten Süden des tasmanischen Festlands.

Art at the Point KUNSTGALERIE
(☎ 03-6260 6424; www.artatthepoint.com.au; Dennes Pt; ⌚Sept.–April Fr–So 10–16 Uhr, im Winter verkürzte Öffnungszeiten) Die ausgezeichnete Galerie zeigt Werke von Künstlern der Insel und aus ganz Tasmanien. Über die regelmäßig stattfindenden Sonderausstellungen informiert die Homepage umfassend. Die Galerie befindet sich in dem modernen Gebäude am Dennes Point, in dem auch das Jetty Café (S. 703) untergebracht ist.

Geführte Touren

Bruny Island Cruises BOOTSFAHRTEN
(☎ 03-6293 1465; www.brunycruises.com.au) Während der spektakulären, dreistündigen Bootsfahrten rund um die Südostspitze von Bruny Island kann man Krähen- und Seelöwenkolonien, traumhafte Buchten, Höhlen und Klippen bestaunen. Die Boote legen das ganze Jahr über täglich um 11 Uhr am Adventure Bay Pier ab. Eine Fahrt kostet 110/65 AU$ pro Erwachsenem/Kind. Die Bootsfahrten werden auch in Form von Tagestouren von Hobart aus durchgeführt. Dann kosten sie 180 bzw. 125 AU$ für Erwachsene bzw. Kinder und enthalten ein Mittagessen sowie den Hin- und den Rücktransport.

BRUNY ISLAND AUF DEM SERVIERTELLER

Bruny zieht mit seiner schroffen Schönheit viele interessante Charaktere an. Einige von ihnen sind auch daran beteiligt, dass die Insel mit ihrem exquisiten Essen und dem Qualitätswein stetig an Ansehen gewinnt. Als kleine Starthilfe sind hier einige der besten Adressen für Feinschmecker aufgelistet.

➡ **Bruny Island Cheese Company** (www.brunyislandcheese.com.au; 1087 Main Rd, Great Bay; Pizza 15 AU$, Käseplatte 30 AU$; ⏲11–16 Uhr) Wen es nach einem leckeren Stück Käse aus Ziegen- oder Kuhmilch gelüstet, der ist in der Bruny Island Cheese Company genau richtig. Der Käsemacher Nick Haddow hat sich von vielen Reisen und seiner Arbeit in Frankreich, Spanien, Italien und Großbritannien inspirieren lassen. Neben Käse werden hier hausgebackenes Brot, Holzofenpizzas und (Apfel-)Wein aus der Umgebung verkauft.

➡ **Get Shucked Oyster Farm** (www.getshucked.com.au; 1650 Main Rd; ⏲Okt.–Mai 10–17 Uhr, Juni–Sept. Mo–Fr 10–16 Uhr) In den kühlen Gewässern des Südlichen Ozeans wird auf dieser Austernfarm der *Fuel of Life* („Brennstoff des Lebens") gezüchtet. In einem bescheidenen Wohnwagen kann man genüsslich ein halbes Dutzend Austern (8 AU$) mit Zitronensaft und Tabasco schlürfen und dazu ein (alkoholfreies) Chilibier trinken. Ein Traum!

➡ **Bruny Island Premium Wines** (☎03-6293 1008, 0409 973 033; www.brunyislandwine.com; 4391 Main Rd, Lunawanna; ⏲11–16 Uhr) Das südlichste Weingut Australiens verkauft seine edlen Tropfen direkt im Weinkeller. Die Öffnungszeiten können variieren. Um nicht ohne Weinprobe wieder abzureisen, sollte man deshalb vorher anrufen. Am besten sind der Pinot Noir und der Chardonnay.

➡ **Bruny Island Berry Farm** (www.brunyislandberryfarm.com.au; 562 Adventure Bay Rd, Adventure Bay; ⏲Ende Okt.–Ende April 10–17 Uhr) Ist man zur richtigen Zeit hier, stillt man seinen „Beerenhunger" entweder beim Selbstpflücken oder gönnt sich die saftigen Früchtchen mit Eiscreme, Gebäck oder Pfannkuchen.

Inala Nature Tours WANDERN & TREKKEN, JEEPTOUR
(☎03-6293 1217; www.inalabruny.com.au; 320 Cloudy Bay Rd) Die individualisierbaren Wanderungen und Jeeptouren auf der Insel haben einen ausgesprochen guten Ruf. Diese Ausflüge können von einem halben Tag bis zu drei Tagen dauern und konzentrieren sich vorrangig auf Brunys hochinteressante Flora und Fauna. Die Tour wird von einer Botanikerin, Zoologin und Umweltschützerin geleitet, auf deren 250 ha großem Anwesen ungefähr 140 verschiedene Vogelarten zu Hause sind.

Bruny Island Safaris GEFÜHRTE TOUREN
(☎0437 499 795; www.brunyislandsafaris.com.au; 140 AU$/Pers.) Die Tagestouren beginnen in Hobart und führen durch die Landschaft und Geschichte von Bruny Island. Außerdem wird die kulinarische Vielfalt der Insel erkundet.

Schlafen

Auf Bruny Island gibt's jede Menge komplett ausgestatteter Ferienhäuser, die zumeist für Gruppen mittlerer Größe geeignet und bei Buchung für eine Woche sehr günstig sind.

Sie müssen grundsätzlich im Voraus gebucht werden, da die Besitzer oder Verwalter mit den Schlüsseln nicht immer leicht zu finden sind. Am besten wendet man sich an das **Bruny D'Entrecasteaux Visitor Centre** (☎03-6267 4494; www.brunyislandaccommodationandtours.com; 81 Ferry Rd; ⏲9–17 Uhr). Eine Liste der Unterkünfte findet sich auch auf www.brunyisland.com.

Wer mit fahrbarem Untersatz und einem Zelt unterwegs ist, übernachtet am günstigsten in einem der kostenlosen Busch-Camps. Das Zelten ist auf der Insel nur an den dafür vorgesehenen Orten im South Bruny National Park (Eintritt für den Nationalpark muss bezahlt werden) erlaubt – und zwar an der Cloudy Bay oder am Jetty Beach, einer wunderschönen geschützten Bucht 3 km nördlich des Leuchtturms. Außerhalb des Nationalparks kann man auch am Neck Beach am südlichen Ende von The Neck zelten. Alle Zeltplätze haben einfache Toiletten und Feuerstellen; Wasser und Feuerholz müssen selbst mitgebracht werden.

Captain James Cook Memorial Caravan Park CAMPING $
(☎ 03-6293 1128; www.capcookolkid.com.au; 786 Main Rd; Stellplatz ohne/mit Strom 5/28 AU$, Mietwohnwagen 44–55 AU$, Hütte 140 AU$; 📶) Der Campingplatz mit dem vielversprechenden Namen liegt direkt am Strand. Ein paar mehr Bäume könnten nicht schaden, aber die Einrichtungen sind in Ordnung. Es gibt auch einige schicke neue Hütten mit einem Schlafzimmer und eigener Terrasse, und es können Angelboote ausgeliehen werden.

Explorers' Cottages MOTEL $$
(☎ 03-6293 1271; www.brunyisland.com; 20 Lighthouse Rd, Lunawanna; DZ 205 AU$) Die hübschen, komplett ausgestatteten Hütten mit Strandatmosphäre stehen südlich von Lunawanna an der Straße zum Leuchtturm. Sie verfügen jeweils über vier Schlafplätze, Wohnzimmer, Kaminofen und Holzterrasse.

★ **All Angels Church House** FERIENHAUS $$$
(☎ 03-6293 1271; www.brunyisland.com; 4561 Bruny Island Main Rd; DZ 235 AU$) Kaum zu glauben, aber wahr: Das Ferienhaus mit drei Schlafzimmern und einem großen, offenen Wohnraum mit hoher Decke ist tatsächlich in einer ehemaligen Dorfkirche untergebracht. Im geschützten Garten kann man den Grill anwerfen und direkt am rustikalen Gartentisch essen oder am riesigen Esstisch im Haus dinieren.

Essen

In den kleinen Supermärkten der Insel kann man sich mit Lebensmitteln und Gerichten zum Mitnehmen eindecken. Sehr zu empfehlen sind auch die herrlichen Feinschmeckerpasteten und Backwaren des winzigen Kiosks am Fähranleger.

Hotel Bruny KNEIPE $$
(www.hotelbruny.com; Main Rd; Hauptgerichte 21–29 AU$; ⏲ mittags & abends; 📶) Seit es vor Kurzem renoviert wurde, ist der typische Aussie-Pub noch besser als zuvor. Zu essen gibt's ausgezeichnete Meeresfrüchte wie die auf fünf verschiedene Arten zubereiteten Austern der Insel und hervorragenden gegrillten Lachs, der ebenfalls aus den Gewässern vor Bruny Island stammt. Die verschiedenen Biere und Weine gehören zum Besten, was Tasmanien zu bieten hat, und dann gibt es auch noch kostenloses WLAN. Die ebenfalls erst vor kurzer Zeit renovierten Motelzimmer (DZ 129 AU$) sind gut und ihr Geld wert.

Bruny Island Smoke House CAFÉ $$
(☎ 03-6260 6344; www.brunyislandsmokehouse.com.au; 360 Lennon Rd; ⏲ Nov.–Ostern tgl. mittags & abends, übriges Jahr Do–Sa bis 17 Uhr) Das zackig geführte „BISH" ist der Hit: Aus der Küche kommen geräucherter Fisch und Rauchfleisch, Bier, Wein und guter Kaffee – und eine Terrasse mit sagenhafter Aussicht ist ebenfalls vorhanden. Die Platten für mehrere Personen sind ideal für Gruppen. Am besten gleich nach der Ankunft mit der Fähre die aktuellen Öffnungszeiten erfragen!

Jetty Café at the Point CAFÉ $$
(☎ 03-6260 6245; www.jettycafebrunyisland.com; Dennes Pt; Mittagessen 15–20 AU$, Abendessen 28–30 AU$; ⏲ Do–So 10–21 Uhr) Die stilvolle Mischung aus Café-Restaurant und Feinkostgeschäft ist eine tolle Bereicherung der Restaurantszene auf Bruny Island. Je nach Saison werden hier Lachs, Lamm, Wallaby oder Austern aus der Region serviert, die alle gut zu tasmanischem Bier und Wein passen. Da auch die Öffnungszeiten saisonbedingt variieren, sollte man vorher kurz anrufen. Im gleichen Gebäude befindet sich auch die Galerie Art at the Point (S. 701).

Hothouse Café CAFÉ $$
(☎ 03-6293 1131; 46 Adventure Bay Rd; Mittagessen 16–18 AU$, Abendessen 28–30 AU$; ⏲ tgl. ab 10 Uhr, abends nach Vereinbarung); 🖉) Das Café der Morella Island Retreats bietet Meerblick und eine interessante Auswahl von Snacks und Hauptgerichten wie Feinschmecker-Burgern oder Lachs- und vegetarische Wraps. Fürs Abendessen muss man unbedingt reservieren.

Anreise & Unterwegs vor Ort

Die Insel ist mit der **Autofähre** (☎ 03-6272 3277) zu erreichen, die von Kettering nach Roberts Point im Norden der Insel übersetzt. Täglich gibt es mindestens zehn Fähren, die die einfache Strecke in 20 Minuten zurücklegen. Die erste Fähre legt morgens um 6.35 Uhr (So 7.45 Uhr), die letzte abends um 18.30 Uhr (Fr 19.30 Uhr) in Kettering ab. Von Bruny aus geht die erste Fähre morgens um 7 Uhr (So 8.25 Uhr), die letzte verlässt die Insel um 19 Uhr (Fr 19.50 Uhr). Da die Abfahrtszeiten von den hier genannten abweichen können, sollte man immer noch einmal nachfragen. Die Fahrt hin und zurück kostet mit dem Auto 30 AU$ (an Feiertagen und verlängerten Wochenenden 35 AU$), mit dem Motorrad 5 AU$ und mit dem Fahrrad 5 AU$. Fußgänger fahren gratis mit.

Traveller sollten beachten, dass sich an den Sommerwochenenden sowie an Weihnachten und Ostern trotz zusätzlich eingesetzter Fähren oft Schlangen bilden. Wer dann die Insel besuchen möchte, sollte sich dies auf keinen Fall als Tagestrip vornehmen, da er dann sehr viel Zeit damit verbringen wird, auf die Fähre zu warten.

Die Busse von **Metro Tasmania** (☎13 22 01; www.metrotas.com.au) verkehren meist nur an Wochentagen zwischen Hobart und Kettering und halten nur bei Bedarf am Fährhafen von Kettering. Samstags fährt nur vormittags und nachmittags jeweils ein Bus von Hobart nach Kettering. Da der Fährhafen von Bruny Island relativ weit ab vom Schuss liegt, reist man am besten mit dem eigenen Fahrzeug an.

Cygnet

840 EW.

Bruny D'Entrecasteaux gab dem kleinen Ort den Namen Port de Cygne Noir (Hafen des Trauerschwans), da sich in der Bucht so viele der schwarzen Schwäne tummelten. Unter dem abgekürzten Namen Cygnet (junger Schwan) hat sich die kleine, ländliche Siedlung zu einer künstlerisch angehauchten Enklave entwickelt, ist aber immer noch eines der wichtigsten Zentren des regionalen Obstanbaus. Aufgrund einiger hervorragender Restaurants lohnt es sich durchaus, vorbeizuschauen.

Das seit jeher beliebte **Cygnet Folk Festival** (www.cygnetfolkfestival.org) erfüllt den Ort im Januar drei Tage lang mit Poesie, Musik und Tanz. In den wärmeren Monaten gibt's zahllose Backpacker-Jobs als Erntehelfer.

Schlafen & Essen

Commercial Hotel PUB $

(☎03-6295 1296; 2 Mary St; EZ/DZ ohne Bad 65/85 AU$) Im Obergeschoss des gut besuchten alten Commercial findet man ein paar anständige, renovierte Gästezimmer mit Flachbild-TV, Kühlschrank und neuen Betten. In der Bar im Erdgeschoss verdrücken wortkarge Einheimische riesige Portionen Fischgerichte.

Cherryview HÜTTE $$

(☎03-6295 0569; www.cherryview.com.au; 90 Supplice Rd; DZ 160 AU$) Das separate Cottage liegt auf einem 10 ha großen Gelände und ist mit gemütlich wirkenden Holzmöbeln ausgestattet. Morgens eröffnet sich ein nebelverhangener Ausblick auf die nahe gelegenen Kirschgärten. Orientteppiche, Holzfußböden und ein schönes großes Doppelbett machen es zum perfekten Ort für ein romantisches Stelldichein.

Old Bank B&B B&B $$$

(☎03-6295 0769; www.oldbank.com.au; 20 Mary St; DZ inkl. Frühstück 225–250 AU$;) Die großartige, ehemalige Bank ist heute die beste Unterkunft des Ortes. Die drei geräumigen Zimmer sind mit viel Massivholz, orientalischen Teppichen und breiten Doppelbetten mit luxuriöser Bettwäsche ausgestattet. Besonders schön sind auch die Badezimmer mit glanzvollen Akzenten im Art-déco-Stil und Toilettentischen, die aus recyceltem Holz geschreinert wurden. In der Orangerie, einem modernen Wintergarten im Erdgeschoss, werden das Frühstück und der Aperitif vor dem Abendessen kredenzt.

Lotus Eaters Café CAFÉ $

(10 Mary St; kleine Gerichte 10–17 AU$; Do–Mo 9–16 Uhr) In dem ausgezeichneten Café werden ausschließlich Produkte der Saison und Erzeugnisse aus Biobetrieben, Freilandhaltung und der Region verwendet. Hier kann man sich bei einer Tasse Tee aufwärmen und dazu frisch gebackenen Kuchen genießen.

★ **Red Velvet Lounge** CAFÉ $$$

(☎03-6295 0466; www.theredvelvetlounge.com.au; 24 Mary St; Frühstück & Mittagessen 9–29 AU$, 4-Gänge-Menü abends 65 AU$; tgl. 9–17, Fr & Sa ab 18 Uhr) Das originelle Restaurant mit Café serviert leckere, herzhafte Gerichte, die aus Erzeugnissen des Huon Valley zubereitet werden. Jeden Tag gibt's ein gemütliches Frühstück und Mittagessen, freitag- und samstagabends wird's nobel: Dann zaubert die Küche ein Vier-Gänge-Menü aus Zucchiniblüten gefüllt mit Ziegenquark und auf Holzfeuer gebratenem Hühnchen aus Freilandhaltung. Dafür nimmt man gerne die 40-minütige Autofahrt von Hobart in Kauf.

Huonville & Umgebung

Huonville, an den Ufern des Huon River gelegen, ist mit 1940 Einwohnern die größte Ortschaft südlich von Hobart. Die hügelige Landschaft, die sie umgibt, ist von hübschen Obstplantagen an den Hängen und Dörfern am Flussufer geprägt. Früher war Huonville Zentrum des gewinnbringenden Apfelanbaus in Tasmanien, heute richten die Bauern der Gegend ihren Fokus zusätzlich auf Weinbau, Kirschen, Beeren und Steinobst. Folgt man der Straße am Ufer entlang etwas flussabwärts, ist nach kurzer Zeit das hübsche **Franklin** mit einigen guten Restaurants erreicht.

Das **Huon Valley Visitor Centre** (☎03-6264 0326; www.huontrail.org.au; 2273 Huon Hwy; ⊙Okt.–März 9–17 Uhr, April–Sept. 10–16 Uhr) befindet sich an der Straße, die von Hobart in die Stadt führt.

Sehenswertes & Aktivitäten

Huon Apple & Heritage Museum MUSEUM
(☎03-6266 4345; www.applemuseum.huonvalley.biz; 2064 Main Rd; Erw./Kind 5,50/3 AU$; ⊙8.30–17.30 Uhr) In dem Museum in Grove, 6 km nördlich von Huonville, sind Exponate zu fast 400 Apfelsorten und zum Leben der Obstbauern im 19. Jh. zu sehen.

Huon Jet JETBOOT
(☎03-6264 1838; www.huonjet.com; Erw./Kind 75/52 AU$; ⊙9–17 Uhr) Bei der 35-minütigen Fahrt mit dem Jetboot wird ordentlich Adrenalin freigesetzt. Die Boote legen auf dem Fluss an der Straße südlich von Cygnet ab.

Schlafen & Essen

Huon Bush Retreats HÜTTEN $$
(☎03-6264 2233; www.huonbushretreats.com; 300 Browns Rd; Tipi 2 Pers. 145 AU$, Hütte DZ ab 295 AU$, Stellplatz f. Zelt od. Wohnmobil 30 AU$) Der tier- und umweltfreundliche Campingplatz liegt mitten im Naturschutzgebiet des Mt. Misery. Zur Auswahl stehen komplett ausgestattete, moderne Hütten, eine größere behindertengerechte Hütte, luxuriöse Tipis und Stellplätze für Zelte und Wohnmobile. Das Gelände ist von Wanderwegen durchzogen, und überall stehen überdachte Grillstellen zur Verfügung.

DS Coffee House & Internet Lounge CAFÉ $
(34 Main Rd, Huonville; kleine Gerichte 8–15 AU$; ⊙Mo–Fr 7.30–17, Sa & So 9–16.30 Uhr; WLAN) Die skurrile Sammlung nostalgischer Möbelstücke erinnert an eine Studentenbude, tatsächlich ist der Laden aber ein praktisches Internetcafé mit WLAN und PCs zum Surfen. Jeden Freitag ist Curry-Abend.

Franklin Woodfired Pizza PIZZERIA $$
(Huon Hwy, Franklin; Pizzas 12–18 AU$; ⊙Do–So 17–21 Uhr) In der winzigen Blechhütte werden in einem ungewöhnlichen Wellblechofen fantastische Pizzas zum Mitnehmen gebacken. Sehr zu empfehlen ist die mit Lachs und Kapern.

Petty Sessions CAFÉ $$
(☎03-6266 3488; www.pettysessions.com.au; 3445 Huon Hwy, Franklin; Mittagessen 12–24 AU$, Abendessen 24–35 AU$; ⊙10–16 & 18–20.30 Uhr) Das idyllische Café in Franklins ehemaligem Gerichtsgebäude von 1860 ist von einem akkurat getrimmten Bilderbuchgarten mit Lattenzaun umgeben. Am besten sucht man sich einen Tisch auf der hübschen Terrasse und genießt die berühmten Pilze aus dem Huon Valley, Lachs aus dem Huon River und andere Produkte der Region. Dazu passt ein Wein aus dem Süden Tasmaniens.

Geeveston & Umgebung

Der kleine Ort mit 760 Einwohnern bemüht sich sehr, das Image des hinterwäldlerischen Holzfällerdorfs loszuwerden und sich stattdessen als touristisches Zentrum des äußersten Südens zu präsentieren. Dafür sprechen gute Unterkünfte und Restaurants, die sich in unmittelbarer Nähe zu den Hartz Mountains, dem Tahune Forest AirWalk und Eagle Glide befinden.

Sehenswertes & Aktivitäten

Tahune Forest AirWalk WANDERN
(☎1300 720 507; www.adventureforests.com.au; Erw./Kind 25/13 AU$; ⊙Nov.–März 9–17 Uhr, Sept.–April 10–16 Uhr) Im 29 km westlich von Geeveston gelegenen Tahune Forest kann man in 20 m Höhe auf einem 600 m langen Stahlsteg über den Baumwipfeln spazieren gehen. Neben dem Steg, den auch Rollstuhlfahrer benutzen dürfen, gibt's auch verschiedene Wanderwege am Boden und eine 6 km lange Mountainbike-Strecke durch den Regenwald. Wer kein eigenes Rad mitbringen kann oder will, leiht sich eines vor Ort (2 Std. 25 AU$).

Tahune Eagle Glide DRACHENFLIEGEN
(☎1300 720 507; www.adventureforests.com.au; ein/zwei Starts 13,50/25 AU$; ⊙Nov.–März 9–17 Uhr, Sept.–April 10–16 Uhr) Wie ein Adler in luftiger Höhe über den Tahune Forest schweben: Dazu werden die Hängegleiter in ein 220 m langes Kabel eingeklinkt, das in 30 m Höhe über den Huon River und den Regenwald gespannt ist.

Schlafen & Essen

Cambridge House B&B $$
(☎03-6297 1561; www.cambridgehouse.com.au; Ecke School Rd & Huon Hwy; DZ mit Gemeinschaftsbad 115 AU$, DZ mit Bad 140 AU$) Die malerische Pension aus den 1930er-Jahren vermietet im Obergeschoss drei Zimmer mit Gemeinschaftsbad, die ideal für Familien sind, und im Erdgeschoss ein weiteres Zimmer mit eigenem Bad. Die Holzdecken aus baltischer

Kiefer und das Holztreppenhaus sind einmalig schön. Im hintersten Teil des Gartens lebt ein freundliches Schnabeltier.

Masaaki's Sushi JAPANISCH **$$**
(20b Church St; Sushi 10–20 AU$; ⏲ Fr & Sa 11.30–18.30 Uhr) Ausgerechnet im verschlafenen Geeveston gibt's Tasmaniens bestes Sushi mit frischem Wasabi. Leider hat das Lokal nur an zwei Tagen der Woche geöffnet, doch das ausgezeichnete Sushi wird sonntagmorgens auch auf dem großen Tas Farm Gate Market (S. 690) in Hobart verkauft.

Contented Bear CAFÉ **$$**
(6 Church St; Snacks und kleine Gerichte 8–20 AU$; ⏲ 10–14 Uhr; 📶) Zum Mittagessen gibt's hausgemachte Jakobsmuschelpastete in Sauce Mornay, nachmittags echten Devonshire-Tee mit frisch gebackenen Scones. Achtung: In dem Café wimmelt es von Teddybären!

Hartz Mountains National Park

Dieser **Park** (www.parks.tas.gov.au) mit seiner unberührten Wildnis gehört zu dem als Welterbe ausgewiesenen Inselteil. Er liegt nur 84 km von Hobart entfernt, also in passender Entfernung für Tagesausflügler oder Wochenendwanderer. Der Park ist berühmt für seine schroffen Gipfel, Gletscherseen, Hochmoore und den dichten Regenwald. Plötzliche Wetterumschwünge sind an der Tagesordnung, deswegen ist wetterfeste und warme mehrschichtige Bekleidung unabdingbar, wenn man eine Tageswanderung unternehmen will.

Im Park gibt's einige herrliche Wanderwege und abgelegene Aussichtspunkte. Der **Waratah Lookout**, 24 km von Geeveston entfernt, ist von der Straße aus in einem fünfminütigen Spaziergang zu erreichen. Weitere gut befestigte, kurze Wege führen zu den **Arve Falls** (hin & zurück 20 Min.) und zum **Lake Osborne** (hin & zurück 40 Min.). Auf dem steileren Weg zum **Lake Esperance** (hin & zurück ca. 2 Std.) streift man durch prachtvolles Hochland von erhabener Schönheit.

Tagesausflügler finden im Park einfache Einrichtungen – Toiletten, Unterstände, Picknicktische, Grillplätze –, aber kampieren ist nicht gestattet. Vor dem Besuch sollte man sich die Broschüre *Hartz Mountains National Park* aus den Visitor Information Centres in Geeveston oder Huonville mitnehmen.

Dover & Umgebung

Dover (465 Ew.) ist ein entspanntes Örtchen und ein guter Ausgangspunkt für Erkundungstouren durch den Süden. Im 19. Jh. lebte der Ort von seinen Sägewerken, heute züchten hier Fischfarmen Atlantiklachs für den Export nach ganz Asien. Dover ist die letzte zivilisierte Bastion Tasmaniens: Wer weiter in den Süden reist, sollte sich hier mit Benzin und Lebensmitteln eindecken. Kommt man von Geeveston, lohnt sich der Abstecher um den Police Point herum, von wo aus man einen wunderschönen Blick über den Unterlauf des Huon River und den D'Entrecasteaux Channel mit seinen Lachsfarmen und Wasserfahrzeugen hat.

Mehr Infos gibt's auf www.farsouthtasmania.com.

Schlafen & Essen

Far South Wilderness Lodge & Backpackers HÜTTE **$**
(☎ 03-6298 1922; www.farsouthwilderness.com.au; Narrows Rd; DZ 80 AU$) Am bewaldeten Ufer des Esperance River gelegen, 5 km südlich von Dover, ist das Far South eine der besten Budgetunterkünfte Tasmaniens. In einer gemütlichen Lounge stapeln sich Unmengen von *National Geographic*-Zeitschriften, die Zimmer sind hochwertig und die Anlage zeichnet sich durch viel Umweltbewusstsein aus. Es werden auch Mountainbikes verliehen (15 AU$/Tag).

Dover Beachside Tourist Park CAMPING **$**
(☎ 03-6298 1301; www.dovercaravanpark.com.au; 27 Kent Beach Rd; Stellplatz ohne/mit Strom 22,50/32,50 AU$, Hütte ab 95 AU$; 📶) Der bestens gepflegte Campingplatz gegenüber einem feinen Sandstrand bietet grasbewachsene Stellplätze, makellos saubere Hütten und ein ganzes Regal voller schwülstiger Sommerliebesromane.

Jetty House B&B **$$**
(☎ 03-6298 3139; www.southportjettyhouse.com; Main Rd; EZ/DZ inkl. Frühstück 120/160 AU$, zusätzl. Pers. 25 AU$; 📶) Das verwinkelte, ringsum von einer Veranda umgebene Haus in Southport, 10 km südlich von Dover, wurde 1875 als Bauernhaus errichtet und wird noch heute von einer Familie geführt. Im Preis inbegriffen sind ein üppiges Frühstück mit Schinken und Ei sowie der Nachmittagstee. Abendessen gibt's nach Vereinbarung. Die Pension, in der man mindestens zwei

Nächte bleiben muss, ist die ideale Unterkunft vor oder nach dem beschwerlichen Southwest Track.

Post Office 6985 SEAFOOD & PIZZERIA $$
(☎ 03-6298 1905; Main Rd; Hauptgerichte 15–30 AU$; ⊙ Mi–So 10–20, Do–Sa Pizza ab 15 Uhr) Einfach unglaublich: Aus den Lautsprechern dudeln Leonard Cohen und Alternative Country-Musik, die Einrichtung ist obercool und es liegen jede Menge aktueller Musik- und Kochzeitschriften herum. Auf der Speisekarte stehen Meeresfrüchte aus der Region, Pizzas aus dem Holzbackofen und feinste Pasteten und Burger.

St. Imre WEINGUT $$
(☎ 03-6298 1781; www.stimrevineyard.com.au; 6900 Huon Hwy; ⊙ Weinproben Sa & So 10–17 Uhr, Fr abends) Das Weingut am Hügel hat sich auf Spätburgunder, Chardonnay und das kräftige, rustikale „Tigerblut" spezialisiert. Jeden Freitagabend wird ein Drei-Gänge-Menü (45 AU$) serviert, das zumeist die ungarischen Wurzeln der Inhaber erkennen lässt. Ein Tisch muss jeweils bis spätestens Donnerstag reserviert werden.

Hastings Caves & Thermal Springs

Die Höhlen und Thermalquellen von Hastings befinden sich 21 km südlich von Dover und sind ab dem Huon Highway gut ausgeschildert. Die Höhlen sind nur im Rahmen einer Führung zugänglich, die Eintrittskarten gibt's im **Hastings Visitor Information Centre** (☎ 03-6298 3209; www.parks.tas.gov.au; Erw./Kind 24/12 AU$; ⊙ Feb.–24. Dez. 10.30–15.30 Uhr, 26. Dez.–Jan. 9–17 Uhr). Die Führungen beginnen jeweils um 11.30, 12.30, 14.15 und 15.15 Uhr, im Januar auch häufiger.

Im Eintritt enthalten ist die 45-minütige Führung durch die faszinierende Tropfsteinhöhle **Newdegate Cave** und das Baden im **Thermalbecken** hinter dem Besucherzentrum. Das 28 °C warme Wasser stammt (vermutlich) aus den Thermalquellen der Gegend (nur Thermalbad 5/2,50 AU$ pro Erw./Kind).

Cockle Creek

Australiens südlichste befahrbare Straße ist eine 19 km lange, wellige Schotterpiste, die von Ida Bay aus, vorbei an den sanft plätschernden Wellen der **Recherche Bay**, nach Cockle Creek führt. Einst war für Cockle Creek ein großes Straßenraster geplant, schwindende Kohlevorkommen und der Rückgang der Wale ließen die Planungen allerdings absurd werden. Am Uferland der Recherche Bay darf kostenlos gecampt werden, aber auch im Southwest National Park ist Zelten erlaubt (dann wird allerdings der Eintritt für den Nationalpark fällig). Der stürmische **Whale Head** und das **South East Cape** sind zu Fuß zu erreichen.

Das Gebiet rund um Cockle Creek ist von zerklüfteten, wolkenverhangenen Bergen und herrlich langen Stränden geprägt; es eignet sich somit perfekt zum Zelten und Wandern. Hier beginnt (bzw. endet) der anspruchsvolle **South Coast Track**, der bis nach Melaleuca im Southwest National Park führt. Kombiniert man ihn mit dem **Port Davey Track**, kann man die ganze Strecke bis Port Davey im Südwesten auf Schusters Rappen bezwingen. **Evans Coaches** (☎ 03-6297 1335; www.evanscoaches.com.au) informiert über Wanderershuttles.

TASMAN PENINSULA

Die historische Stätte der ehemaligen Sträflingskolonie Port Arthur mag der Mittelpunkt und die Hauptsehenswürdigkeit der Tasman Peninsula sein, doch es gibt hier zudem 300 m hohe Felsenklippen über einsamen Surfstränden, dichten Urwald mit atemberaubenden Buschwanderwegen und abgeschiedene Küstenstreifen. Der größte Teil der Halbinsel gehört zum Tasman National Park (S. 709).

Im Januar 2013 wüteten verheerende Buschfeuer auf der Tasman Peninsula und zerstörten mehr als 100 Wohn- und Geschäftshäuser, insbesondere im Fischerdorf Dunalley auf der Landenge zur Halbinsel. Wenigstens gab es keine Todesopfer zu beklagen.

Mehr Infos gibt's auf www.tasmanregion.com.au und www.portarthur.org.au.

☞ Geführte Touren

Gray Line SEHENSWÜRDIGKEITEN
(☎ 1300 858 687; www.grayline.com.au; ganztägige Tour Erw./Kind ab 108/54 AU$) Im Preis für die Bustour ab Hobart sind eine Hafenrundfahrt um die Isle of the Dead, Eintritt und Führung in Port Arthur und ein Zwischenstopp bei Tasman Arch und Devil's Kitchen inbegriffen.

Tasman Peninsula

Navigators SEHENSWÜRDIGKEITEN
(☎ 03-6223 1914; www.navigators.net.au; Brooke St Pier; ganztägige Tour Erw./Kind ab 159/128 AU$; ⏲ Okt.–Mai Mi, Fr & Sa) Per Schiff geht es von Hobart nach Port Arthur, zurück mit dem Bus. Inbegriffen sind der Eintritt zur historischen Stätte, eine Führung und ein einfaches Frühstück. Von Port Arthur aus wird auch eine Bootsrundfahrt um Tasman Island angeboten.

Roaring 40s Ocean Kayaking KAJAKFAHREN
(☎ 03-62675000; www.roaring40stours.com.au; 1-/3-tägige Tour 275/1250 AU$) Dieser Anbieter mit Sitz in Kettering hat sagenhafte Kajaktouren um die Tasman Peninsula und entlang der beeindruckenden Küste im Programm. Die Ausrüstung, die Unterkunft und der Transport von Hobart aus sind im Preis enthalten.

Tours Tasmania SEHENSWÜRDIGKEITEN
(☎ 1800 777 103; www.tourstas.com.au; ganztägige Tour 110–120 AU$; ⏲ Di, Mi, Fr & Sa) Tours Tasmania veranstaltet Tagesausflüge in Kleingruppen speziell für Backpacker, etwa eine Tour nach Port Arthur und zum Tasmanian Devil Conservation Park oder einen Kombi-Trip nach Port Arthur, zur Remarkable Cave und zum Tasman Arch.

Tasman Island Cruises NATUR
(☎ 03-6250 2200; www.tasmancruises.com.au; ganztägige Tour pro Erw./Kind ab 210/140 AU$) Zunächst geht's mit dem Bus nach Port Arthur, dann drei Stunden lang auf einem Öko-Boot rund um die Tasman Peninsula, bevor die ehemalige Sträflingskolonie von Port Arthur besichtigt und danach mit dem Bus zurückgefahren wird. Im Preis inbegriffen ist der Tee am Vormittag, das Mittagessen und der Eintritt in Port Arthur. Man kann auch nur die Bootsfahrt ab Port Arthur buchen (Erw./Kind 110/65 AU$). Im Rahmen einer anderen Tour wird auch der Tasmanian Devil Conservation Park besucht (Erw./Kind 200/140 AU$).

Anreise & Unterwegs vor Ort

Während der Schulzeit fährt ein Bus von **Tassielink** (☎1300 300 520; www.tassielink.com.au) werktags um 15.55 Uhr von Hobarts Bus Terminal nach Port Arthur (23 AU$, 2¼ Std.); der Bus von Port Arthur nach Hobart fährt um 6 Uhr los. Samstags starten die Busse um 7.50 und 14.55 Uhr in Hobart. Während der Schulferien gelten andere Zeiten.

Sorell

1730 EW.

Sorell liegt an einer T-Kreuzung und ist das Tor zur Tasman Peninsula. Die Siedlung gibt es schon seit 1808, womit Sorell eine der ältesten Ortschaften in Tasmanien ist. Ein guter Grund, hier einen Halt einzulegen, ist die **Sorell Fruit Farm** (☎03-6265 3100; www.sorellfruitfarm.com; 174 Pawleena Rd; ⏲Ende Okt.–Mai 8.30–17 Uhr). Man kann auf einer intensiv bewirtschafteten, 5 ha großen Anbaufläche selbst 15 verschiedene (!) Sorten Obst pflücken (min. 6 AU$; saisonale Angebote s. Website) oder sich in der Teestube einen Snack und einen leckeren Kaffee gönnen. Um hinzukommen, in Sorell nach Osten in Richtung Port Arthur fahren! Nach der Ortsausfahrt geht die Pawleena Rd nach links ab (ausgeschildert).

Von Eaglehawk Neck nach Port Arthur

Die meisten Traveller denken bei der Tasman Peninsula nur an Port Arthur und vergessen dabei die vielen anderen Attraktionen, die hier zu finden sind. In dem Buch *Peninsula Tracks* von Peter und Shirley Storey (18 AU$) sind 35 Wanderwege in der Region beschrieben. Infos zu den historischen Stätten der Halbinsel finden sich in der Broschüre *Convict Trail*, die in den Visitor Information Centres zu bekommen ist.

Wer mit dem Auto unterwegs ist, steuert den Eaglehawk Neck von Norden aus an. In Richtung Osten geht es dann in den Pirates Bay Dr, der zu einem **Aussichtspunkt** führt. Dort hat man einen unbeschreiblichen Blick über die Pirates Bay und die zerklüftete Küste dahinter. Rund um den Eaglehawk Neck erheben sich bizarre, steil aufragende Küstenformationen. Sie sind gut ausgeschildert: **Tessellated Pavement**, **Blowhole**, **Tasman Arch** und **Waterfall Bay**. Südlich von Port Arthur liegt die vom Meer ausgespülte **Remarkable Cave**.

Sehenswertes & Aktivitäten

Tasman National Park NATURSCHUTZGEBIET
(www.parks.tas.gov.au) Dieser Park bietet einige spektakuläre Wanderwege (für die der Eintritt in den Nationalpark bezahlt werden muss). Ein sehr beliebter und stark frequentierter Wanderweg führt von der Fortescue Bay nach Osten zum **Cape Hauy** (hin & zurück 4–5 Std.) mit sensationellem Blick von den Klippen auf im Meer einzeln aufragende Felsen. Der Weg nach **Cape Raoul** (hin & zurück 5 Std.) lohnt sich ebenfalls.

Coal Mines Historic Site HISTORISCHE STÄTTE
(www.portarthur.com.au; ⏲Sonnenaufgang–Sonnenuntergang) GRATIS Die restaurierten Ruinen dieses Kohlebergwerks am Saltwater River sind, ebenso wie die Überreste der **Gefängnis-Außenstellen** von Eaglehawk Neck, Koonya, Premaydena und Saltwater River, einen Besuch wert.

Tasmanian Devil Conservation Park NATURSCHUTZGEBIET
(www.tasmaniandevilpark.com; Arthur Hwy; Erw./Kind 24/13 AU$; ⏲Okt.–März 9–18 Uhr, April–Sept. 9–17 Uhr) Dieser Park hat die Funktion einer Quarantäne-Aufzuchtstation für Tasmanische Teufel, wodurch die Tiere vor der drohenden Infektion mit der überaus gefährlichen DFTD (Devil Facial Tumour Disease) geschützt werden sollen. Außerdem leben hier noch zahlreiche andere einheimische Tiere, darunter viele Vögel. Den ganzen Tag über ist es möglich, bei Fütterungen zuzusehen.

Eaglehawk Dive Centre TAUCHEN
(☎03-6250 3566; www.eaglehawkdive.com.au; 178 Pirates Bay Dr) Tauchen ist in dieser Gegend sehr beliebt.

Schlafen

Taranna Cottages & Campervan Park HÜTTEN **$**
(☎03-6250 3436; www.tarannacottages.com.au; Ecke Arthur Hwy & Nubeena Rd; DZ 95 AU$, zusätzl. Erw./Kind 20/10 AU$, Stellplatz ohne Strom 20 AU$) Für eine Übernachtung auf der Halbinsel wohl der beste Deal: Die Anlage am südlichen Ende von Taranna hat drei wie aus dem Ei gepellte, in sich abgeschlossene Cottages, in denen früher Apfelpflücker nächtigten. Sie versprühen einen einfachen, rustikalen Charme, haben offene Kamine und liegen in einem ruhigen Waldstück. Für Frühstückszutaten (Freilandeier, hausgemachte Marmelade) legt man ein paar Dol-

VON TIGERN UND TEUFELN

Zur Geschichte des Beutelwolfs oder Tasmanischen Tigers *(Thylacinus cynocephalus)* gibt es zwei Versionen. Der Beutelwolf – ein gestreiftes, nachtaktives, äußerlich einem Hund ähnelndes Raubtier – war einst in Tasmanien weit verbreitet und durchstreifte bis vor etwa 2000 Jahren auch das australische Festland und Neuguinea. Die gängige Meinung ist, dass das Tier im 19. und frühen 20. Jh. bis zu seiner Ausrottung gejagt wurde und das letzte bekannte Exemplar 1936 im Zoo von Hobart starb. Trotz Hunderter angeblicher Sichtungen konnte seither nie mehr ein Vertreter dieser Gattung sicher identifiziert werden. Die zweite Version der Geschichte besagt, dass irgendwo in der tasmanischen Wildnis auch heute noch scheue Wölfe durch die Wälder huschen. Wissenschaftler verspotten solche Überlegungen zwar, tasmanische Legenden scheinen sich jedoch nicht so recht von dieser sagenhaften Vorstellung lösen zu wollen. David Owens *Thylacine* geht diesem Phänomen auf den Grund und zeichnet den Untergang der Spezies nach. Im Film *The Hunter* (2011) spielt Willem Dafoe einen Mann, der Tasmaniens letzten Beutelwolf sucht.

Den angriffslustigen Tasmanischen Teufel *(Sarcophilus harrisii)* gibt's dagegen noch, auch wenn bereits 75 % des Bestandes an wild lebenden Tieren von der *Devil Facial Tumour Disease* (DFTD), einer ansteckenden Krebserkrankung, befallen ist. (In Wirklichkeit sehen die Teufel übrigens ganz anders aus als die Zeichentrickfigur von Warner Bros.). In ganz Tasmanien wurden einzelne Populationen unter Quarantäne gestellt, doch alle Anstrengungen, ein Heilmittel gegen die schwerwiegende Seuche zu finden, waren bislang leider erfolglos. Bis es endlich soweit ist, kann man sich die Teufel zumindest noch in den Wildparks anschauen und sich dort auch über den Stand der Dinge in Sachen DFTD informieren.

lar drauf. Es gibt auch einen Parkplatz für Wohnmobile.

Norfolk Bay Convict Station B&B **$$**
(☎ 03-6250 3487; www.convictstation.com; 5862 Arthur Hwy; DZ inkl. Frühstück 160–180 AU$) Das herrliche, 1838 erbaute Gebäude diente einst als Hafenendstation für Züge und auch als Kneipe, heute ist hier in direkter Uferlage ein erstklassiges B&B untergebracht. Die Zimmer haben ihren ganz eigenen Stil und im Preis sind ein hausgemachtes Frühstücksbuffet und Portwein enthalten. Ausleihe von Angelausrüstung und einem Dingi möglich.

Port Arthur

300 EW.

Im Jahr 1830 wählte Vizegouverneur Sir George Arthur die Tasman Peninsula aus, um hier Gefangene zu internieren, die in der Kolonie noch weitere Straftaten begangen hatten. Die Halbinsel bildet eine Art „natürliches Gefängnis", da sie mit dem tasmanischen Festland nur über Eaglehawk Neck, eine nicht mal 100 m breite Landenge, verbunden ist. Um jede Flucht vollkommen unmöglich zu machen, wurden jenseits des Isthmus einige bissige Kettenhunde stationiert.

Von 1830 bis 1877 durchlitten 12 500 Sträflinge in Port Arthur eine harte, von Brutalität geprägte Haftzeit. Port Arthur wurde zum Zentrum einer Reihe von über die Halbinsel verteilten Strafanstalten. Die schönen Gebäude dienten blühenden, auf Zwangsarbeit beruhenden Industrien wie der Holzfällerei, dem Schiffsbau, dem Kohlebergbau, der Schuhproduktion, der Ziegelbrennerei und der Herstellung von Nägeln.

Australiens erste Eisenbahn „lief" – wortwörtlich, denn Sträflinge zogen und schoben die Wagen – auf der 7 km langen Strecke zwischen der Norfolk Bay und der Long Bay. Eine Kette von Signalmasten ermöglichte die sofortige Kommunikation zwischen Port Arthur, den anderen Strafanstalten auf der Halbinsel und Hobart. Auf Sträflingsfarmen wurde Gemüse angebaut. In Point Puer richtete man eine Besserungsanstalt für Knaben ein, in der die jungen Straftäter auch Berufe erlernten. Außerdem wurde eine Kirche erbaut.

Obwohl Port Arthur bei Travellern ungeheuer populär ist – pro Jahr kommen mehr als 300 000 Besucher hierher –, bleibt es ein düsterer, gespenstischer und auch abstoßender Ort. Besucher werden berührt sein von der unglaublichen Größe der Sträflingssiedlung einerseits und der trotzdem unbestreitbaren Schönheit des fein gearbeiteten Mauerwerks, der neugotischen Architektur sowie der Garten- und Rasenflächen.

Sehenswertes & Aktivitäten

Port Arthur Historic Site (☎03-6251 2310, Historic Ghost Tour 1800 659 101; www.portarthur.org.au; Arthur Hwy, Erw./Kind ab 32/16 AU$, Historic Ghost Tour Erw./Kind 25/15 AU$; ⏲Touren & Gebäude 9–17 Uhr, Gelände 8.30 Uhr–Sonnenuntergang) Das Visitor Centre hat ein Café und ein Restaurant. Im unteren Stockwerk gibt es eine Ausstellung, in der man mehr über die Deportation der Sträflinge von England nach Tasmanien erfahren kann. Geführte Touren (im Eintritt enthalten) beginnen regelmäßig am Visitor Centre. Man kann alle restaurierten Gebäude besichtigen, einschließlich des Old Asylum (jetzt ein Museum und Café) und des Model Prison. Eintrittskarten, die für zwei aufeinanderfolgende Tage gelten, berechtigen auch zu einer kurzen Hafenrundfahrt, bei der man die **Isle of the Dead** umfährt (aber nicht dort hält). Für weitere 15/8 AU$ pro Erwachsenem/Kind kann man die Insel auf 40-minütigen geführten Touren besuchen – Grabsteine zählen und den Geschichten lauschen! Für die gleichen Extrapreise ist es möglich, eine Tour durch das Jugendgefängnis **Point Puer** mitzumachen.

Extrem beliebt ist die 90-minütige **Historic Ghost Tour** bei Laternenschein. Sie startet jeden Abend bei Sonnenuntergang. Vorab buchen! Viele Besucher kaufen einen **After Dark Pass**, der die Ghost Tour mit einem Dinner im Felon's Bistro kombiniert.

Schlafen

Port Arthur Holiday Park CAMPING $
(☎03-6250 2340; www.portarthurhp.com.au; Garden Point Rd; B 20 AU$, Stellplatz ohne Strom 25 AU$, Stellplatz mit Strom 29–37 AU$, Hütte 115–130 AU$; 📶) Der großzügige, üppig grüne Platz liegt an einem sanft ansteigenden Hügel 2 km vor Port Arthur und ist auch nicht weit entfernt von einem geschützten Strand. Zu den vielen Einrichtungen gehören eine Campingküche, Feuerstellen und ein Laden. Der Campingplatz ist die einzige Budgetunterkunft in Port Arthur.

Sea Change Safety Cove B&B $$
(☎03-6250 2719; www.safetycove.com; 425 Safety Cove Rd; DZ 180–240 AU$) Von hier bietet sich ein fantastischer Blick auf nebelverhangene Klippen und von der See gepeitschte Strände. Die Pension liegt unmittelbar am Ende des Safety Cove Beach, 4 km südlich von Port Arthur. Es gibt eine wunderschöne, gemeinschaftlich genutzte Terrasse, einige B&B-Zimmer im Haus und eine große, separate Wohneinheit für bis zu fünf Personen.

Stewarts Bay Lodge RESORT $$$
(☎03-6250 2888; www.stewartsbaylodge.com.au; 6955 Arthur Hwy; DZ 173–390 AU$; @📶) Rund um eine wunderbar abgelegene Bucht breitet sich die Stewarts Bay Lodge aus, die neben etwas älteren, rustikaleren Wohneinheiten auch neuere Luxusunterkünfte bietet. Die modernen Küchen eignen sich optimal, um mit den hochwertigen Zutaten der Region zu kochen – trotzdem führt an einem Besuch im eleganten Taylor's Restaurant kein Weg vorbei.

Essen

Eucalypt CAFÉ $$
(6962 Arthur Hwy; Hauptgerichte 13–18 AU$; ⏲8–17 Uhr) Das sehr vielseitige Lokal bei der Abzweigung nach Port Arthur serviert kräftiges Frühstück, den besten Kaffee in der Gegend und herzhaftes Mittagessen wie Jakobsmu-

DAS MASSAKER VON PORT ARTHUR

Die Angestellten der Port Arthur Historic Site gehen nicht auf Fragen nach dem Massaker von 1996 ein. Viele von ihnen haben damals Verwandte oder Kollegen verloren, und der Name Martin Bryant wird nicht in den Mund genommen. Am Morgen des 28. April, eines Sonntags, fährt der 28 Jahre alte Bryant von Hobart nach Port Arthur; in einer Sporttasche trägt er halbautomatische Waffen bei sich. Im Verlauf des Vor- und Nachmittags tötet er in und rund um die historische Stätte 35 Menschen und verletzt 37 weitere. Er verbarrikadiert sich mit einer Geisel in einer Pension und hält die Polizei so weitere 18 Stunden auf Abstand. Bevor er sich ergibt, ermordet er die Geisel und setzt das Gasthaus in Brand. Gegen ihn wurde eine 35-fache lebenslange Haftstrafe verhängt, und er sitzt nördlich von Hobart im Gefängnis. Das Massaker von Port Arthur ist einer der blutigsten Amokläufe weltweit. Das Verbrechen war auch Auslöser für die Einführung strengerer Waffengesetze in Australien.

schelpastete mit Gemüse. Außerdem werden Erzeugnisse aus der Region und Kunsthandwerk verkauft.

Felons Bistro MODERN-AUSTRALISCH **$$**
(☎1800 659 101; Hauptgerichte 23–32 AU$; ⌚ab 17 Uhr) In dem Bistro im Visitor Centre von Port Arthur kann man sich noch mal stärken (und Mut antrinken), bevor es auf die gruselige Historic Ghost Tour geht. Die kreativen, feinen Gerichte mit viel Fleisch und Meeresfrüchten sowie Thunfisch und Lachs unterstreichen das zweideutige Motto des Restaurants „Dine with Conviction" (Essen „mit Überzeugung" oder „nach Verurteilung"). Reservierung empfohlen.

Taylor's Restaurant MODERN-AUSTRALISCH **$$$**
(☎03-6250 2771; 6955 Arthur Hwy, Stewarts Bay Lodge; Mittagessen 18–21 AU$ & Abendessen 28–38 AU$; ⌚12 Uhr–open end; 📶) In dem Restaurant wird Forelle aus Macquarie Harbour, Fleisch vom Cape Grim, Wild aus dem benachbarten Doo Town und vieles mehr aus ganz Tasmanien verarbeitet. Wer irgendwo auf der Halbinsel übernachtet, sollte hier unbedingt einkehren. Im Sommer muss man vorher reservieren.

DIE MIDLANDS

Tasmaniens Midlands sind das genaue Gegenteil der unberührten, bewaldeten Gebiete, für welche die Insel eigentlich bekannt ist. Die frühen Siedler rodeten das Gebiet vollständig, um Weideland für ihre Schafe und Rinder zu erschließen, und pflanzten rund um ihre Siedlungen und entlang der fruchtbaren Flusstäler Weiden, Pappeln und Weißdornhecken. Die sonnenverbrannten strohfarbenen Ebenen und Hügel und die großartigen georgianischen Herrenhäuser lassen die Region ausgesprochen englisch wirken.

Das landwirtschaftliche Potenzial der Midlands trieb die Besiedlung Tasmaniens voran: Postkutschenstationen, Garnisonsstädte, Dörfer mit gemauerten Häusern und ländliche Anwesen entstanden, als Kolonnen von Sträflingen die Straße zwischen Hobart und Launceston bauten.

Seit dem Ausbau des Midland Hwy (oder Heritage Highway) führt Tasmaniens wichtigste Nord-Süd-Verbindung nun um viele der alten Siedlungen herum, die früher an der Hauptstraße lagen. Deshalb lohnt es sich, vom Highway abzufahren und die georgianischen Straßen, Antiquitätenläden und hervorragend erhaltenen Kolonialbauten in Ross und Oatlands zu erkunden.

Mehr Infos gibt's auf www.southernmidlands.tas.gov.au und www.northernmidlands.tas.gov.au.

ℹ Anreise & Unterwegs vor Ort

Busse von **Redline Coaches** (☎1300 360 000; www.tasredline.com.au) donnern mehrmals täglich den Midland Hwy entlang und halten, mit Ausnahme der Express-Verbindungen, in allen wichtigen Ortschaften an. Der Fahrpreis von Hobart nach Launceston beträgt 39,70 AU$ (ca. 2½ Std.). Für die Fahrt von Hobart/Launceston nach Otlands werden 20,60/23,50 AU$ fällig, nach Ross sind es 29,30/13,30 AU$ und nach Campbell Town kommt man für 29,30/13,30 AU$.

Oatlands

540 EW.

Das 1832 als Garnisonsstadt gegründete Oatlands ist ein blühendes Touristenzentrum, gibt sich aber dennoch bodenständig und zurückhaltend. Die Stadtplaner wollten in dem kleinen Örtchen ursprünglich ein 80 km langes Straßennetz bauen. Heute sind hier die größte Ansammlung georgianischer Bauten in ganz Australien und viele prachtvolle alte Bruchsteinmauern zu sehen. Allein an der beeindruckenden Hauptstraße stehen 87 historische Gebäude, von denen manche heute Galerien und Kunsthandwerksläden beherbergen.

Das **Oatlands Visitor Centre** (☎03-6254 1212; www.heritagehighwaytasmania.com.au; Mill Lane; Stadtführung Erw./Kind/Fam. 12/8/25 AU$; ⌚9–17 Uhr) bei der Callington Mill bietet allgemeine Infos über die Stadt und kann Unterkünfte buchen. Außerdem werden regelmäßige Führungen zu den Sehenswürdigkeiten der Stadt (Erw./Kind/Fam. 12/8/25 AU$; min. 4 Pers.) organisiert, aber auch ausgezeichnete Stadtpläne und Broschüren für die Erkundung auf eigene Faust ausgegeben.

👁 Sehenswertes

Callington Mill WAHRZEICHEN
(www.callingtonmill.com.au; Mill Lane; Mühlenführung Erw./Kind/Fam. 12/8/25 AU$; ⌚9–17 Uhr) 🍃 In der weithin sichtbaren Mühle von 1837 wurde bis 1891 das Korn der Umgebung gemahlen. Nach jahrelanger Vernachlässigung wurde sie umfassend restauriert und 2010 wieder eröffnet. Die faszinierende Tech-

nik des Gebäudes wird bei den Führungen ausführlich erklärt. Tatsächlich wird in der Mühle heute wieder erstklassiges Biomehl produziert, das vor allem in der Companion Bakery auf der anderen Straßenseite zu feinen Backwaren verarbeitet wird.

History Room MUSEUM
(⌚9–17 Uhr) GRATIS Die ehemalige Garage ist voller Fotos, Erinnerungsstücke und altem Nippes. Außerdem gibt's hier die kostenlose Broschüre *Welcome to Historic Oatlands*, in der Vorschläge zu Rundgängen durch die Stadt beschrieben sind. Wechselnde Öffnungszeiten.

Schlafen & Essen

Wohnwagen und Wohnmobile können gratis im Picknickbereich neben dem Lake Dulverton am nördlichen Ende der Esplanade geparkt werden.

Oatlands Lodge B&B $$
(☎03-6254 1444; oatlandslodge@bigpond.com; 92 High St; EZ/DZ inkl. Frühstück 100/130 AU$) Die herzliche und einladende Oatlands Lodge ist in einem großartigen zweistöckigen Gebäude aus strukturiertem Sandstein untergebracht – der wohl schönsten Unterkunft im Ort. Im Preis inbegriffen sind ein üppiges Frühstück und die netten Gespräche mit den freundlichen Gastgebern.

Companion Bakery BÄCKEREI $
(www.companionbakery.com.au; 106 High St; Snacks & leichte Gerichte 6–15 AU$; ⌚Mi–So 9–16 Uhr) Hier gibt's Bioprodukte aus dem Holzofen und richtig guten Kaffee: Man muss die Companion Bakery einfach lieben. Neben Tasmaniens besten Sauerteig-Sandwiches finden sich noch viele andere verführerische Gründe, vor oder nach der Erkundung des historischen Oatlands hier auf einen Sprung vorbeizuschauen. Wie wär's mit marokkanischen Lammwraps, prima Süßgebäck oder einer Quiche?

Ross

270 EW.

Ross ist ein weiteres adrettes Dörfchen in den Midlands. Es liegt 120 km nördlich von Hobart und wurde 1812 als Garnisonsstadt gegründet, um Reisende auf der Straße zwischen Hobart und Launceston vor Wegelagerern zu schützen. Der Ort entwickelte sich zu einer wichtigen Postkutschenstation. In den alleenartigen Straßen sind der koloniale Charme und die bewegte Vergangenheit förmlich greifbar.

Die **Kreuzung** in der Ortsmitte bietet in jeder Himmelsrichtung etwas anderes: Man gelangt entweder zur Versuchung (Man O'Ross Hotel), zur Erlösung (katholische Kirche), zur Erholung (Gemeindehaus) oder zur Verdammnis (altes Gefängnis).

Sehenswertes & Aktivitäten

Bemerkenswerte historische Gebäude sind u.a. das 1832 errichtete **Scotch Thistle Inn** (Church St), das heute ein privates Wohnhaus ist, die 1830 erbauten **Kasernen** (Bridge St), die vom National Trust restauriert wurden und heute ebenfalls von Privatleuten bewohnt werden, die **Uniting Church** aus dem Jahr 1885 (Church St), die **St. John's Anglican Church** von 1868 (Ecke Church & Badajos St) und das 1896 erbaute **Postamt** (26 Church St), das immer noch genutzt wird.

Tasmanian Wool Centre MUSEUM
(www.taswoolcentre.com.au) Hier werden Kleidungsstücke, Schals und Mützen aus feinster Merinowolle verkauft. Auch das **Ross Visitor Information Centre** (☎03-6381 5466; www.visitross.com.au; Church St; ⌚9–17 Uhr) befindet sich vor Ort.

Ross Bridge DENKMAL
Die beeindruckende Ross Bridge (von 1836) ist die drittälteste Brücke Australiens. Wenn sie abends angestrahlt wird, wirft die Reflektion des Lichtes im Wasser gespenstische Schatten auf die 186 Reliefs, welche die Bögen der Brücke zieren.

Ross Female Factory MUSEUM
(⌚9–17 Uhr) GRATIS Abseits der Bond St liegt die Ross Female Factory. Sie war eine von nur vier Strafanstalten für Frauen in der Kolonie. Eines der Gebäude steht noch, und in der Anlage sind archäologische Ausgrabungen im Gange. Hinweistafeln vermitteln auch anhand von rührenden persönlichen Geschichten einen Einblick in das Leben der Gefangenen.

Schlafen & Essen

Ross Caravan Park CAMPING $
(☎03-6381 5224; www.rossmotel.com.au; Bridge St; Stellplatz ohne/mit Strom 24/28 AU$, Hütte 60 AU$; 📶) In den zweckmäßigen Wohnbaracken finden zwei bis vier Personen Platz. Jede Hütte hat ihre eigene Kochgelegenheit, die Bäder werden allerdings gemeinsam genutzt, und Bettwäsche muss selbst mitge-

bracht werden. Parallel stehen Gästen auch Campingmöglichkeiten zur Verfügung. Dies ist die günstigste Unterkunft im Ort; die Rezeption befindet sich im Ross Motel.

Stone Cottage HÜTTE $
(☎ 03-6381 5444; skummreow@hotmail.com; Church St; DZ 90 AU$, zusätzl. Erw./Kind 20/10 AU$) Für Familien eine der besten Optionen im Ort. Hier gibt's unzähliges Spielzeug für Kinder, DVDs und einen großen Garten voller bekannter und beliebter Obstsorten. Der lange Holztisch in der Landhausküche lädt sowohl mittags als auch abends zu ausgedehnten Mahlzeiten ein. Im Postamt von Ross nachfragen!

Country Style Cabin HÜTTE $
(☎ 03-6381 5453; www.rossaccommodationcabin.com.au; 13-17 Bridge St; DZ inkl. Frühstück 99 AU$) Das moderne, innen holzverkleidete Cottage hat ein offenes Wohnzimmer mit Flachbild-TV und stapelweise Zeitschriften. Blickt man aus dem Fenster in die ländliche Umgebung, erspäht man Schafe als nächste Nachbarn.

Ross Motel MOTEL $$
(☎ 03-6381 5224; www.rossmotel.com.au; 2 High St; DZ inkl. Frühstück 135 AU$; WLAN) Das Ross Motel bietet sehr saubere Cottage-Wohneinheiten im georgianischen Stil, die jeweils mit Mikrowelle, Kühlschrank, TV und DVD-Player ausgestattet sind. Die Frühstückszutaten sind im Preis inbegriffen. In den Familienwohneinheiten haben bis zu vier Personen Platz.

Bakery 31 CAFÉ $
(31 Church St; kleine Gerichte 5–10 AU$; ⏲ 7–17 Uhr) Der Laden im Stil der alten Zeit mit prasselndem Kaminfeuer bietet von allem etwas: Frühstück, Suppen, Sandwiches und frische Kuchen. Die Jakobsmuschelpastete ist in ganz Tasmanien berühmt.

Man O'Ross Hotel KNEIPE $$
(35 Church St; Hauptgerichte 18–24 AU$; ⏲ 12–21 Uhr; WLAN) Das altehrwürdige Pub hat eine überraschend vielseitige Speisekarte mit Leckereien wie tasmanischem Lamm im Salzmantel oder deftiges Curry aus Sri Lanka. Die schattige Gartenterrasse ist der ideale Platz für einen gemütlichen Nachmittag.

Campbell Town

770 EW.

Campbell Town, 12 km nördlich von Ross, wurde ebenfalls als Garnisonsstadt gegründet. Anders als in Oatlands und Ross führt hier der Midland Hwy immer noch direkt durch den Ort.

Die ersten weißen Siedler waren irische Holzfäller, die Gälisch sprachen und als besonders verdorben galten.

Auf einer Reihe **roter Ziegelsteine** im Gehwegpflaster der High St sind die Verbrechen, die Strafen und die Ankunftsdaten von Gefangenen wie Ephram Brain und English Corney nachzulesen. Nicht nur Mörder und Bigamisten wurden damals nach Vandiemensland verbannt, sondern auch Menschen, die nur ein paar Kartoffeln gestohlen hatten.

Die Brücke, die über den Elizabeth River führt, wurde 1838 fertiggestellt und ist damit fast genauso alt wie die Ross Bridge. Einheimische nennen sie die **Red Bridge**, da sie mit über 1,5 Mio. roten Ziegelsteinen erbaut wurde, die Gefangene vor Ort gebrannt hatten.

Mehr Infos gibt's auf www.campbelltowntasmania.com.

Schlafen & Essen

Fox Hunters Return B&B $$
(☎ 03-6381 1602; www.foxhunters.com.au; 132 High St; DZ 139–159 AU$; WLAN) In dem von Strafgefangenen 1833 als Relaisstation errichteten Haus werden heute geräumige Zimmer mit eigenem Bad und Wohnbereich vermietet. Im Keller unter dem Haupthaus waren die Strafgefangenen untergebracht, welche die Red Bridge nebenan bauen mussten. Heute ist hier ein „Buchkeller" eingerichtet, dessen Betreiber sich auf Werke über historische Wohnhäuser und Bücher über Tasmanien spezialisiert haben. Der Laden ist täglich von 10 bis 16 Uhr oder nach Vereinbarung geöffnet.

Red Bridge Café & Providore CAFÉ $
(www.redbridgecafe.com.au; 137 High St; kleine Gerichte 10–15 AU$; ⏲ 7.30–17 Uhr; WLAN) In der ehemaligen Brauerei ist nun ein riesiger Speiseraum mit großen Holztischen untergebracht. Tolle Backwaren wie bei Muttern, interessante Sandwiches und Feinschmeckerpasteten lohnen einen kurzen Zwischenstopp auf dem Weg in den Süden. Außerdem werden in dem Café die besten Spezialitäten, Weine und Biere aus ganz Tasmanien verkauft.

Zeps CAFÉ $$
(☎ 03-6381 1344; 92 High St; Hauptgerichte 15–27 AU$; ⏲ So & Mo 7–16, Di–Sa 7–20 Uhr)

Ebenfalls einen Abstecher wert ist dieser hyperaktive Laden, in dem es den ganzen Tag über Frühstück, Panini, Nudelgerichte, Feinschmeckerpasteten und guten Kaffee gibt. Abends kommen dann noch Pizza und üppigere Gerichte dazu. Wer länger in Ross bleibt und das Essen der hiesigen Kneipe schon kennt, findet mit dem Zeps eine gute Alternative vor.

DIE OSTKÜSTE

Die entspannte Ostküste von Tasmanien ist einfach umwerfend schön. Für Hartgesottene sind hier tolle Möglichkeiten geboten, im klaren, sauberen Wasser zu schwimmen – alle Normalsterblichen können derweil barfuß ganz entspannt an weißen Sandstränden entlangschlendern. Milde, sonnige Sommertage locken nicht nur Ausflügler aus Hobart an, sondern auch die Landsleute vom australischen Festland, die dann mit ihren Wohnmobilen die sauberen Strände und die Fischerdörfer erkunden. Wineglass Bay und die rosafarbenen Granitgipfel im Freycinet National Park sind aus gutem Grund weltbekannt.

Regionalinfos gibt's unter www.tasmaniaseastcoast.com.au.

Anreise & Unterwegs vor Ort

BUS

Die Busse des Unternehmens **Tassielink** (☎1300 300 520; www.tassielink.com.au) fahren mindestens dreimal pro Woche von Hobart aus die Ostküste entlang.

STRECKE	PREIS (AU$)	DAUER (STD.)
Hobart–Bicheno	36	3
Hobart–Abzweigung nach Coles Bay	34	2¾
Hobart–Orford	16	1¼
Hobart–St. Helens	51	4
Hobart–Swansea	29	2¼
Hobart–Triabunna	20	1½

Die Busse der Firma **Bicheno Coach Service** (☎03-6257 0293; www.freycinetconnections.com.au) verkehren zwischen Bicheno, Coles Bay und dem Freycinet National Park und sind so getimt, dass sie Anschluss an die bis zur Abzweigung nach Coles Bay fahrenden Busse von Tassielink bieten. Wer einen Platz in einem dieser Busse ergattern möchte, muss unbedingt im Voraus buchen.

STRECKE	PREIS (AU$)	DAUER (MIN.)
Bicheno–Coles Bay	9	35
Coles Bay–Freycinet NP	5	10
Abzweigung nach Coles Bay–Coles Bay	9	25
Abzweigung nach Coles Bay–Freycinet NP	11	35

Calow's Coaches (☎03-6372 5166; www.calowscoaches.com.au) verkehren zwischen Bicheno, St. Helens und Launceston. Die Busse von Bicheno nach St. Helens fahren über St. Marys. In manchen dieser Busse muss man einen Platz im Voraus buchen, genaue Infos sind auf der Website zu finden. Einige Busse haben auch Anschluss an die Busse von Tassielink und Redline, die weiter in Richtung Süden bis nach Hobart fahren.

STRECKE	PREIS (AU$)	DAUER (STD.)
St. Helens–Launceston	31,60	2½
Bicheno–Launceston	33,20	3
Bicheno–St. Helens	13,20	1

FAHRRAD

Der Tasman Highway entlang der Ostküste ist zugleich der beliebteste Radweg Tasmaniens und wunderbar abwechslungsreich. Der Weg führt beispielsweise durch hübsche Küstenstädtchen, dichte Wälder und an unzähligen Bademöglichkeiten vorbei. In der Regel herrscht nicht allzu viel Verkehr, und die Hügel sind nicht furchtbar steil, auch nicht der Abschnitt zwischen Chain of Lagoons und Falmouth (östlich von St. Marys).

Triabunna & Maria Island National Park

Etwa 8 km nördlich von Orford liegt Triabunna (800 Ew.), wo die Fähren zum Maria Island National Park ablegen. Im **Triabunna Visitor Information Centre** (☎03-6257 4772; Ecke Charles St & The Esplanade; ⏲9–12.30 & 13.30–17 Uhr) kann man Fährtickets kaufen und den Eintritt für den Nationalpark bezahlen, es gibt aber auch Touristeninformationen über die hiesigen Unterkünfte, Wanderungen, Aktivitäten und Angeltouren auf Maria Island.

Ein paar Kilometer vor der Küste liegt die autofreie Insel **Maria Island** (www.parks.tas.gov.au; Tageszugang 12 AU$/Pers.), die 1972 zum Nationalpark erklärt wurde. Ihre bewegte Geschichte spiegelt sich in interessanten

Die Ostküste

Gefängnis- und Industrieruinen wider, die verstreut inmitten wunderbarer Natur aus Wäldern, farnüberwucherten Schluchten, Sand- und Kalksteinfelsen voller Fossilien sowie einsamen Stränden liegen. Maria ist bei Wanderern, Mountainbikern und Vogelbeobachtern ausgesprochen beliebt, und auch Schnorchler und Taucher kommen hier voll auf ihre Kosten. Selbstverständlich muss der Eintritt für den Nationalpark bezahlt werden; Informationen über die Insel bekommt man am Besucherempfang im alten Commissariat Store in der Nähe des Fähranlegers.

Zwischen 1825 und 1832 war **Darlington** Tasmaniens zweitwichtigste Sträflingskolonie (die wichtigste war Sarah Island in der Nähe von Strahan). Die Überreste des Sträflingsdorfs sind gut erhalten und leicht zu erkunden.

Der **Maria Island Walk** (☎03-6234 2999; www.mariaislandwalk.com.au; 2250 AU$/Pers.) ist eine viertägige geführte Wanderung über die Insel. Die Touren haben den Schwerpunkt Natur, Geschichte und umweltbewusstes Wandern, finden von Oktober bis April statt und beinhalten den Transport der Teilnehmer von Hobart auf die Insel sowie sämtliche Mahlzeiten und Übernachtungen.

Auf keinen Fall sollte man sich die Wanderungen zur Spitze des **Bishop & Clerk** (hin & zurück 4 Std.), zu den **Fossil Cliffs** (hin & zurück 2 Std.) und zu den **Painted Cliffs** (hin & zurück 2½ Std.) entgehen lassen – man würde wunderbare Touren verpassen.

Die Gefängniszellen in Darlingtons alter Strafanstalt, dem **Penitentiary** (☎03-6257 1420; maria.island@parks.tas.gov.au; B/DZ/Wohneinheit mit 6 Betten 15/44/84 AU$), wurden mittlerweile in sehr einfache Schlafbaracken ohne Stromversorgung umgewandelt (Gaslampen, Kocher, Kochutensilien und Geschirr selbst mitbringen!). Rechtzeitig reservieren! Warmwasserduschen sind vorhanden.

Schlafen & Essen

Für die **Campingplätze** (Stellplatz ohne Strom 13 AU$) Darlington, French's Farm und Encampment Cove auf Maria Island ist keine Reservierung erforderlich. Darlington ist der einzige Platz, auf dem Travellern Kochmöglichkeiten (in Form von Gasgrills) zur Verfügung stehen. Außer im Sommer, wenn Feuer im Allgemeinen verboten ist, darf an ausgewiesenen Stellen Feuer entfacht werden.

Auf der Insel gibt's keinerlei Einkaufsmöglichkeiten. Vorräte muss man also selbst mitbringen.

Triabunna Cabin & Caravan Park CAMPING $
(☎03-6257 3575; www.mariagateway.com; 4 Vicary St; Stellplatz ohne/mit Strom 25/28 AU$, Mietwohnwagen 70 AU$, Hütte 120–130 AU$; 📶) Ein ordentlicher, kompakter Wohnwagenpark mit guten Einrichtungen und einem Schlafsaal für Backpacker.

Tandara Motor Inn MOTEL $$
(☎03-6257 3333; Tasman Hwy; DZ 135 AU$) Triabunnas beste Unterkunft hat helle, frisch renovierte Motelzimmer. Zudem können die zum Inn gehörenden Tennisplätze kostenlos genutzt werden.

An- & Weiterreise

Die Fähren von **Maria Island Ferry** (☎0419 746 668; www.mariaislandferry.com.au; hin & zurück Erw./Kind 35/25 AU$, Fahrrad 10 AU$; ⏲Dez.–April tgl. 9.30 & 15.30 Uhr, Mai–Nov. Mo, Mi, Fr, So 10.30 & 15 Uhr) legen im Hafen von Triabunna in der Nähe des Visitor Information Centre ab.

Auch **East Coast Cruises** (☎03-6257 1300; www.eastcoastcruises.com.au; hin & zurück Erw./Kind 35/25 AU$, Fahrrad 10 AU$; ⏲Dez.–April tgl. 9 & 10.30 Uhr, Mai–Nov. weniger häufig) betreibt Fähren, bietet aber vor allem eintägige Bootstouren, dreistündige Bootsfahrten rund um die Insel und eine geführte Wanderung auf der Insel an. Im Büro werden zudem Eintrittskarten für den Nationalpark und kleinere Snacks verkauft. Zusammen mit den Touren kann auch der Bustransfer von und nach Hobart (einfache Strecke/hin & zurück 25/40 AU$) gebucht werden.

Swansea

560 EW.

Das 1820 gegründete Städtchen liegt am geschützten Westufer der herrlichen Great Oyster Bay und bietet einen spektakulären Blick auf die Freycinet Peninsula. Der Aufschwung des einst verschlafenen Küstenortes ereignete sich im Zuge des Tourismus-Booms in ganz Tasmanien, sodass Traveller hier heute einige gute B&Bs, Restaurants und ein interessantes Museum vorfinden. Außerdem befinden sich einige der vortrefflichen Weingüter der Ostküste in unmittelbarer Nähe.

Sehenswertes

Historische Gebäude HISTORISCHE GEBÄUDE
Es gibt zahlreiche historische Gebäude, die immer noch genutzt werden, z.B. die 1860 erbauten **Council Chambers** (Noyes St), die **anglikanische Kirche** von 1871 (Noyes St) und das im Jahr 1838 errichtete Backsteingebäude des **Morris' General Store** (13 Franklin St).

Bark Mill Museum Swansea MUSEUM
(www.barkmilltavern.com.au; 96 Tasman Hwy; Erw./Kind 10/6 AU$; ⌚9–16 Uhr) In diesem hervorragenden Museum gibt es noch funktionstüchtige Maschinen zur Verarbeitung von Akazienrinde zu sehen, die einst beim Gerben von Leder verwendet wurden. Zudem wird anhand von Exponaten die frühe Geschichte Swanseas beleuchtet, z.B. die Entdeckung der Gegend durch die Franzosen sowie die Entwicklung der Landwirtschaft und Industrie.

Heritage Centre MUSEUM
(☎03-6256 5072; 22 Franklin St; ⌚10–16 Uhr) GRATIS Das 2012 wiedereröffnete Museum zeigt eine interessante und sehr aufschlussreiche Ausstellung zur Geschichte der Stadt und der Region. Hier befindet sich auch das **Visitor Information Centre** (9–17 Uhr).

Spring Vale Vineyards WEINGUT
(www.springvalewines.com; 130 Spring Vale Rd; ⌚11–16 Uhr) Das Weingut liegt in Cranbrook, etwa 15 km nördlich von Swansea. Verkauft werden die edlen Tropfen in einem ehemaligen Stall von 1842. Der hier gekelterte Grauburgunder gehört zu den genialsten Weinen in ganz Tasmanien.

Coombend Estate WEINGUT
(www.coombend.com.au; beim Tasman Hwy; ⌚Mi–So 10–17 Uhr) Mit 3000 ha Anbaufläche ist das Weingut hinter dem Aussichtspunkt an der Great Oyster Bay das größte auf der Insel Tasmanien. Es werden Weinproben angeboten, und Kaufwillige profitieren vom Direktverkauf. Auch Olivenöl wird hier gepresst und feilgeboten.

Milton Vineyard WEINGUT
(www.miltonvineyard.com.au; beim Tasman Hwy; ⌚10–17 Uhr) Das Weingut 13 km nördlich von Swansea lädt zur Verkostung in einen hübschen Pavillon mit Blick auf die Weinberge und einen See ein. Wer Hunger hat, kann eine Käseplatte bestellen oder ein Picknick am See machen. Unbedingt probieren sollte man den Rosé-Sekt.

Schlafen

Swansea Backpackers HOSTEL $
(☎03-6257 8650; www.swanseabackpackers.com.au; 98 Tasman Hwy; Stellplatz 15 AU$, B 31–37 AU$, DZ/FZ 87/150 AU$; @📶) Das Hostel neben der Swansea Bark Mill hat schicke, großzügige Gemeinschaftsbereiche und eine blitzblanke Küche aus Edelstahl. Die Zimmer liegen rund um eine schattige Terrasse und sind sauber und ruhig.

Redcliffe House B&B $$
(☎03-6257 8557; www.redcliffehouse.com.au; 13569 Tasman Hwy; DZ 150–180 AU$) Das restaurierte Bauernhaus von 1835 befindet sich gleich nördlich von Swansea. Die Zimmer sind hübsch eingerichtet und in der Gäste-Lounge findet man viele Bücher und eine Karaffe mit Portwein vor. Es gibt auch ein separates Apartment, in dem alle Frühstückszutaten bereitstehen.

Wagner's Cottages FERIENHAUS $$$
(☎03-6257 8494; www.wagnerscottages.com; Tasman Hwy; DZ 180–270 AU$) Die vier Steinhäuschen der Anlage stehen 1 km südlich der Stadt inmitten blühender Gärten. Jedes hat ein eigenes Bad mit einem tiefen Whirlpool und einen offenen Kamin. Es gibt frische Blumen, Unmengen von DVDs zum Ausleihen und kostenlosen Portwein. Das namensgebende „Wagner's Cottage" ist ein geräumiges Steinhaus von 1850 mit zwei Stockwerken und einem herrlichen, eigenen Garten.

Essen

Onyx CAFÉ $
(26 Franklin St; Snacks & kleine Gerichte 9–15 AU$; ⌚9.30–16 Uhr; 📶) Das gemütliche Café mit Backsteinwänden verkauft auch ausgezeichneten Wein aus der Region, Feinschmeckersaucen und weitere Leckereien fürs Picknick. Freundliches Bedienpersonal serviert den besten Kaffee der Stadt und dazu köstliche Wraps, Quiches und Suppen.

Kate's Berry Farm CAFÉ $
(www.katesberryfarm.com; 12 Addison St, am Tasman Hwy; Tee & Snacks 10–13 AU$; ⌚9.30–16.30 Uhr) Kates Beerenfarm gut 3 km südlich von Swansea ist zu einem beliebten Zwischenstopp bei Reisen entlang der Ostküste geworden. Neben selbst hergestellter Marmelade, Wein und Saucen gibt's hier auch ein nettes Café, in dem am Nachmittag beerenstarke Früchtetees mit herzhaften Pasteten serviert werden.

Banc MODERN-AUSTRALISCH $$
(☎ 03-6257 8896; www.thebancrestaurant.com.au; Ecke Franklin St & Maria St; Hauptgerichte 24–32 AU$; ⏲ ab 17.30 Uhr) Die neuen Besitzer haben einen gemütlichen Außenbereich – mit einem Holzbackofen für Pizzas – hinzugefügt und legen den Schwerpunkt auf mediterrane und asiatische Küche sowie gute Meeresfrüchte aus der Region.

Swansea Bark Mill Tavern & Bakery KNEIPE $$
(www.barkmilltavern.com.au; 96 Tasman Hwy; Hauptgerichte 12–32 AU$, Pizzas 15–23 AU$; ⏲ Bäckerei 6–16 Uhr, Restaurant 12–14 & 17.30–20 Uhr) Die historische Swansea Bark Mill bietet gleich zwei gute Möglichkeiten der Verpflegung für hungrige Reisende: In der Bäckerei bekommen diese bis 11 Uhr ein üppiges Frühstück mit Schinken und Ei, danach serviert das Restaurant ausgezeichnete Kneipenkost, hervorragende Pizzas aus dem Holzbackofen und Gerichte zum Mitnehmen.

Piermont Restaurant MODERN-AUSTRALISCH $$$
(☎ 03-6257 8131; www.piermont.com.au; Tasman Hwy; Hauptgerichte 32–40 AU$; ⏲ Do–Di ab 18 Uhr, Aug. geschl.) Das mehrfach ausgezeichnete Restaurant mit sagenhaftem Blick auf die Great Oyster Bay zaubert wahre Wunderwerke aus allem, was frisch ist und aus der Region stammt. Neben den vielen kreativen Gerichten auf der Speisekarte gibt's auch ein fantastisches Verkostungsmenü mit fünf Gängen (inkl. Wein 100 AU$, ohne Wein 75 AU$).

Coles Bay & Freycinet National Park

Hinter der winzigen Ortschaft Coles Bay (473 Ew.) erheben sich spektakuläre, rosa-orangefarbene Granitfelsen von 485 m Höhe, die sogenannten Hazards. Die herrliche Freycinet Peninsula (sprich: *fray*-sinay) ist für Traveller einer der Hauptanziehungspunkte Tasmaniens. Coles Bay ist der Zugangspunkt und die Versorgungsstation für den Nationalpark. Mit ihren herrlichen weißen Sandstränden, den geschützten Buchten, den Felsklippen und den tollen Wandermöglichkeiten ist die Halbinsel ein Muss für alle, die die Ostküste bereisen. Man muss allerdinsg beachten, dass Coles Bay touristisch und teuer ist.

Mehr Infos gibt's auf www.freycinetcolesbay.com.

Sehenswertes & Aktivitäten

Freycinet National Park NATURSCHUTZGEBIET
(www.parks.tas.gov.au) Umgeben von küstennahem Heideland, Orchideen und Wildblumen umfasst der Freycinet National Park die Freycinet Peninsula, die unbewohnte Schouten Island und die weniger bekannten Friendly Beaches nördlich von Coles Bay. Zwischen den Büschen flattern und hüpfen Rabenkakadus, Honigfresser, Gelblappen-Honigfresser und Bennett-Wallabys herum. Ein längerer Bushwalk ist z.B. der zweitägige, 31 km lange Rundwanderweg um die Halbinsel; zu den kürzeren Wanderwegen zählt der Weg zur **Wineglass Bay**, bei dem es über einen Sattel geht. Man kann entweder den Höhenrücken bis zum **Wineglass Bay Lookout** (hin & zurück 1–1½ Std., jede Richtung 600 Stufen) hinaufsteigen oder auf der anderen Seite zum Strand hinabsteigen (hin & zurück 2½–3 Std.). Alternativ bietet der 500 m lange, rollstuhlgerechte Plankenweg am **Cape Tourville** eine herrliche Aussicht über die Küste und im Vergleich zu den anderen Optionen einen weniger angestrengten Blick auf die Wineglass Bay. Wer die längeren Wanderungen in Angriff nimmt, sollte sich am Registrierungspunkt am Parkplatz ein- und danach auch wieder austragen. Der Eintritt für den Nationalpark muss bezahlt werden.

Coles Bay Gear Hire WASSERSPORT
(☎ 0419 255 604; Bootsrampe an der Garnett Ave) Verleiht Dingis mit Außenbordmotor sowie Sicherheitsausrüstungen (mit oder ohne Boot) und kann Tipps zu guten Angelplätzen entlang der Küste geben. War man erfolgreich, nimmt der Eigentümer den Fisch sogar aus und filetiert ihn. Außerdem Verleih von Schnorchelausrüstung und Kanadiern (für 2 Pers. 2/3 Std. 55/65 AU$).

Geführte Touren

Freycinet Adventures KAJAKFAHREN
(☎ 03-6257 0500; www.freycinetadventures.com.au; 2 Freycinet Dr) Freycinet Adventures veranstaltet zweimal täglich (morgens und in der Abenddämmerung – Zeiten saisonabhängig) dreistündige geführte Touren (95 AU$), bei denen man die Halbinsel mal vom Wasser aus betrachten kann. Erfahrene Paddler können sich hier auch Kajaks ausleihen (55 AU$/Pers. & Tag).

Freycinet Experience GEFÜHRTE WANDERUNG
(☎ 03-6223 7565, 1800 506 003; www.freycinet.com.au; ⏲ Nov.–Mai) Freycinet Experience

bietet eine viertägige Wanderung mit einer Länge von 37 km an, bei der es einmal über die gesamte Halbinsel geht (2275 AU$). Für die komplette Verpflegung ist gesorgt. Übernachtet wird jeden Abend in der abgeschiedenen und umweltfreundlichen Friendly Beaches Lodge. Hier kann man die wohlverdienten Gourmetgerichte und Weine aus der Region genießen.

All4Adventure QUADFAHREN
(☎ 03-6257 0018; www.all4adventure.com.au; Coles Bay Esplanade; 2-stündige Tour Erw./Kind 129/79 AU$, halbtägige Tour Erw./Kind 219/119 AU$) Mit dem Quad geht's abseits der üblichen Wege in die abgeschiedenen Ecken des Nationalparks. Die zweistündigen Touren (nach vorheriger 30-minütiger Probefahrt) finden täglich ab 13 und 16.30 Uhr statt (Letztere nur Nov.–März). Die Halbtagestouren zu den Friendly Beaches und in die hübsche Bluestone Bay beginnen jeweils um 8 Uhr. Ein Führerschein ist unbedingt erforderlich, und Kinder unter fünf Jahren dürfen nicht mitfahren.

Wineglass Bay Cruises BOOTSRUNDFAHRT
(☎ 03-6257 0355; www.freycinetseacharters.com; Abfahrt am Landungssteg an der Esplanade; Erw./Kind 110/75 AU$ ⏲ Sept.–Mai) Vierstündige Bootstouren zur Wineglass Bay inklusive Champagner, Austern und Knabbereien. Wer mitfährt, darf sich auf Delfine, Seeadler, Robben, Pinguine und, zur richtigen Jahreszeit und mit etwas Glück, auf vorbeiziehende Wale freuen. Die Abfahrtszeiten variieren je nach Jahreszeit (im Hochsommer 9 Uhr, in der Zwischensaison 10 Uhr). Mehrere Tage im Voraus buchen!

Long Lunch Tour Co. ESSEN
(☎ 0409 225 841; www.longlunchtourco.com.au) Der Feinschmecker Brad Bowden arrangiert entlang der Ostküste verschiedene Gastro-Abenteuer. Ein Angebot umfasst z. B. erstklassige Weine, verführerische Häppchen, Austern und Beeren (130 AU$). Es gibt auch eine Nachmittagstour mit „Wein und Knabberspaß" (99 AU$) und einen Ausflug ab Hobart mit Wine-and-Dine-Stopps (220 AU$).

Schlafen

Zu Weihnachten, im Januar und an Ostern sind die Unterkünfte am gefragtesten, also sollte man für diese Zeit weit im Voraus buchen. Die Preise für Unterkünfte sind hier höher als in anderen Regionen Tasmaniens.

Richardsons Beach CAMPING $
(☎ Visitor Centre 03-6256 700; www.parks.tas.gov.au; Stellplatz ohne Strom 2 Pers./Fam. 13/16 AU$, zusätzl. Erw./Kind 5/2,50 AU$, Stellplatz mit Strom 16/22 AU$, zusätzl. Erw./Kind 7/3,50 AU$) Überall am Richardsons Beach liegen gleich am Strand hübsche Stellplätze mit Toiletten und fließendem Wasser. Von Dezember bis nach Ostern werden die Plätze nach dem Losverfahren vergeben. Das Formular dafür kann auf der **Website des Nationalparks** heruntergeladen werden, oder man ruft im **Visitor Centre** an. Die Anmeldungen müssen bis zum 31. Juli vorliegen. Manchmal bleibt der eine oder andere Zeltplatz doch leer. Es lohnt sich also anzurufen, um zu sehen, ob man nicht doch noch ein Plätzchen ergattern kann. Außerhalb der genannten Zeit kann man ganz normal im Visitor Centre reservieren. Es muss der Eintritt für den Nationalpark entrichtet werden.

Es gibt auch mehrere tolle kostenlose Campingplätze (Eintritt für den Nationalpark muss bezahlt werden), die nur zu Fuß erreicht werden können: **Wineglass Bay** (1½ Std. vom Parkplatz), **Hazards Beach** (3 Std.), **Cooks Beach** (4½ Std.) und **Bryans Beach** (5½ Std.). Trinkwasser muss selbst mitgebracht werden. Zudem dürfen Besucher im Park nur mit Kochern, nicht über offenem Feuer kochen.

Iluka Holiday Centre CAMPING $
(☎ 1800 786 512, 03-6257 0115; www.iluka-holiday-centre.tas.big4.com.au; Coles Bay Esplanade; Stellplatz ohne/mit Strom 30/40 AU$, DZ in Hütte od. Wohneinheit 110–180 AU$; 📶) Der große, freundliche Campingplatz ist bei einheimischen Urlaubern sehr beliebt und deshalb schnell ausgebucht. Das Iluka Backpackers hat sechs Vierbettzimmer (30 AU$/Pers.) und ein Doppelzimmer (72 AU$). Gäste mit YHA-Ausweis zahlen weniger.

Freycinet Rentals FERIENHAUS $$
(☎ 03-6257 0320; www.freycinetrentals.com; 5 Garnet Ave; Ferienhaus 150–230 AU$) Hier werden Ferienhäuschen und Strandhütten in und um Coles Bay vermietet. Es gibt enorme Preisunterschiede zwischen Sommer und Winter. An langen Wochenenden und in den Weihnachtsferien ist eine Mindestanzahl von Übernachtungen vorgeschrieben.

Hubie's Hideaway FERIENHAUS $$
(☎ 03-6257 0344, 0427 570 344; www.nauticabutnice.com.au/hubies-hideaway; 33 Coles Bay Esplanade; DZ 150 AU$, zusätzl. Erw./Kind 20/10 AU$) In dem hübschen Blockhaus wird man vom

Geräusch der Wellen in den Schlaf gelullt. Es bietet Platz für bis zu sieben Personen und liegt praktischerweise in der Nähe von Läden und einer Bäckerei.

Edge of the Bay RESORT $$$
(www.edgeofthebay.com.au; 2308 Main Rd; DZ & Suite 218–298 AU$, Häuschen DZ 185–270 AU$, zusätzl. Pers. 30 AU$;) Die kleine, friedliche Ferienanlage befindet sich direkt am Strand, 4 km nördlich von Coles Bay. Die modern eingerichteten Suiten haben Fenster mit Meerblick; die kleinen Häuschen bieten Platz für bis zu fünf Personen. Für sportliche Aktivitäten stehen den Gästen Mountainbikes, Schlauchboote und zwei Tennisplätze mit Kunstrasen zur Verfügung. Zum Hotel gehört zudem ein ausgezeichnetes Restaurant.

★ **Freycinet Eco Retreat** APARTMENTS $$$
(0408 504 414, 03-6257 0300; www.mtpaul.com; DZ 220–360 AU$, Mindestaufenthalt 2 Nächte) Hier sagen sich Fuchs und Hase gute Nacht: Wer dem Trubel in Freycinet nichts abgewinnen kann, zieht sich in eine der beiden sorgfältig gezimmerten Öko-Lodges am Mount Paul zurück. Von den geräumigen, luftigen Zimmern, die fast ausschließlich mit Massivholz ausgestattet sind, hat man einen tollen Blick auf das grüne Buschland und das Meer. Außerdem wäre da noch die rustikalere Saltwater Shack, ein gemütliches, altes Häuschen inmitten eines herrlichen Wäldchens.

Eagle Peaks APARTMENTS $$$
(03-6257 0444; www.eaglepeaks.com.au; 11-13 Oyster Bay Crt; DZ 245–395 AU$) Mitten in der Landschaft südlich von Coles Bay stehen die Holzbauten dieser Luxusherberge. Jedes Apartment hat eine Küchenzeile, eine Holzterrasse und ein breites, bequemes Doppelbett. Im ebenso makellosen Beachhouse (DZ 235–370 AU$, zusätzl. Erw. 40 AU$) kommen bis zu vier Personen unter.

Essen

Freycinet Bakery & Café BÄCKEREI $
(Coles Bay Esplanade, Shop 2; Snacks & kleine Gerichte 4–15 AU$; 8–16 Uhr) Hier kann man Pasteten, Kuchen und Sandwiches kaufen oder gleich auf der Terrasse draußen frühstücken. Dafür kann man sich theoretisch den ganzen Tag Zeit lassen…

Tombolo CAFÉ & PIZZERIA $$
(6 Garnet Ave; Hauptgerichte 16–22 AU$; Di 8.30–16, Mi–So 8.30–20 Uhr) Meeresfrüchte und Weine aus der Region, Pizza aus dem Holzbackofen und der beste Kaffee der Stadt werden auf der großen Terrasse mit Blick aufs Meer serviert.

Freycinet Marine Farm SEAFOOD $$
(www.freycinetmarinefarm.com; 1784 Coles Bay Rd; Gerichte 14–25 AU$; Sept.–Mai tgl. 9–17 Uhr, Juni–Aug. auf Vertrauensbasis) Direkt an der Coles Bay Road befindet sich die Freycinet Marine Farm, die im Tidegewässer der Moulting Lagoon große, saftige Austern züchtet. Im Angebot sind frisch geknackte Austern (15 AU$/Dutzend), Miesmuscheln, Langusten und Seeohren. Passenden Wein oder Gerstensaft zum Meeresfrüchte-Picknick bringt man entweder mit oder kauft ihn vor Ort. Im Winter wirft man einfach das Geld in die Box und bedient sich am Kühlschrank.

Iluka Tavern KNEIPE $$
(Coles Bay Esplanade; Hauptgerichte 22–28 AU$; 11–22 Uhr;) Die freundliche, sehr beliebte Kneipe ist immer voller Touristen und Einheimischer. Neben dem üblichen Fisch, Rindfleisch und Hühnchen alla Parmigiana gibt's auch Schweinebauch mit Süßkartoffeln und Meeresfrüchte sowie ein richtig gutes Kindermenü.

Edge MODERN-AUSTRALISCH $$$
(03-6257 0102; www.edgeofthebay.com.au; 2308 Main Rd; Hauptgerichte 28–34 AU$; ab 18 Uhr;) Um einen Tisch mit Meerblick zu ergattern, muss man früh im Restaurant des Edge of the Bay Resort ankommen. Aus frischen Zutaten von der Ostküste und fangfrischem Fisch zaubern die Küchenchefs so leckere Gerichte wie Meeresfrüchte mit schwarzen Sepia-Nudeln und Fisch des Tages mit karamelisiertem Fenchel und Kapern-Anchovis-Püree. Natürlich bekommt man auch Fleischgerichte und Vegetarisches.

Praktische Informationen

Am Parkeingang befindet sich das **Freycinet National Park Visitor Centre** (03-6256 7000; www.parks.tas.gov.au; Freycinet Dr; Nov.–April 8–17 Uhr, Mai–Okt. 9–16 Uhr). Hier bezahlt man den Eintritt für den Park und kann im Sommer kostenlos an von Rangern geleiteten Aktivitäten teilnehmen.

In Coles Bay selbst befindet sich **Coles Bay Trading** (03-6257 0109; 1 Garnet Ave; März–Nov. 8–18 Uhr, Dez.–Feb. 7–19 Uhr), ein Gemischtwarenladen mit Postamt, Geldautomat und Café. **Freycinet Adventures** (S. 719) verleiht Camping-Grundausrüstung und schickt

Wassertaxis zum Hazards Beach, zum Cooks Beach oder nach Schouten Island.

An- & Weiterreise

Die Busse des Bicheno Coach Service (S. 715) verkehren zwischen Bicheno, Coles Bay und dem Freycinet National Park. An der Abzweigung nach Coles Bay besteht Anschluss an die Linien, die die Ostküste bedienen (Redline und TassieLink).

Bicheno

640 EW.

Im Gegensatz zu Swansea und Coles Bay ist Bicheno auch heute noch ein funktionierender Fischerhafen. Der Ort ist dank des tollen Meerblicks und der hübschen Strände bei Urlaubern wahnsinnig beliebt; Bicheno ist sich dabei aber immer treu geblieben und wirkt auch weiterhin rau und ungeschliffen. Immer noch steuert die geschäftige Fischfangflotte den Hafen am Gulch an und bringt Eimer voller Hummer und Schalentiere mit. Zudem sind die Preise für Essen und Unterkünfte in Bicheno auch weitaus vernünftiger als auf Freycinet.

Das **Bicheno Visitor Information Centre** (☎03-6375 1500; 41b Foster St; ⌚Mo–Fr 10–16, Sa 10–12, So 12–16 Uhr) versorgt Traveller mit Infos zum Ort und hilft bei der Buchung von Unterkünften.

Sehenswertes & Aktivitäten

Douglas-Apsley National Park NATURSCHUTZGEBIET
(☎03-6256 7000; www.parks.tas.gov.au) Die Abzweigung zum Douglas-Apsley National Park befindet sich 5 km nördlich von Bicheno. Im Naturschutzgebiet gibt es einen unberührten, trockenen Eukalyptuswald, Wasserfälle, Schluchten und zahlreiche Vögel sowie weitere Tiere. Man kann zu den Schwimmstellen an der **Apsley Gorge** (hin & zurück 2–3 Std.) oder am **Apsley River Waterhole** (hin & zurück 15 Min.) wandern. Es gibt im Park auch einfache Campingmöglichkeiten, die nur zu Fuß zu erreichen sind (kostenlos, aber der Eintritt für den Nationalpark muss bezahlt werden).

East Coast Natureworld NATURSCHUTZGEBIET
(☎03-6375 1311; www.natureworld.com.au; Erw./Kind/Fam. 22,50/10,50/56 AU$; ⌚9–17 Uhr) Das Schutzgebiet 7 km nördlich von Bicheno zählt zu den schönsten Naturparks auf Tasmanien. Zu den Highlights gehören eine begehbare Voliere und Gruben voller Schlangen, aber auch Tasmanische Teufel und unzählige andere einheimische Wildtiere sind zu entdecken. Auf der Website sind die aktuellen Fütterungszeiten zu finden, die der Tasmanischen Teufel sind jeweils um 10, 12.30 und 15.30 Uhr.

Bicheno Dive Centre TAUCHEN & SCHNORCHELN
(☎03-6375 1138; www.bichenodive.com.au; 2 Scuba Crt; ⌚9–17 Uhr) Vermietet Taucherausrüstung und organisiert Unterwasserabenteuer. Sehenswert sind die Unterwasserhöhlen und Felsformationen des **Governor Island Marine Reserve** nahe dem Gulch.

Foreshore Footway WANDERN & TREKKEN
Dieser 3 km lange Pfad beginnt am **Redbill Beach**, einem Sandstrand mit stetiger Brandung, und verläuft von dort südwärts zu **Peggys Point**, zum **Gulch** und weiter zum **Blowhole**; auf dem Rückweg hat man von den Fußwegen aus einen Panoramablick auf den Ort. Der **Whalers Hill** ist der Aussichtspunkt, von dem aus man früher nach den großen Meeressäugern Ausschau hielt. Bei Ebbe kann man über eine Sandbank hinüber nach **Diamond Island** am nördlichen Ende des Redbill Beach waten. Man muss allerdings die Gezeiten im Auge behalten, sonst passiert es leicht, dass man auf der Insel festsitzt.

Geführte Touren

Bicheno Penguin Tours VOGELBEOBACHTUNG
(☎03-6375 1333; www.bichenopenguintours.com.au; Erw./Kind 25/15 AU$; ⌚tgl. bei Sonnenuntergang) Die einstündigen Touren führen zu einer Kolonie von Zwergpinguinen am nördlichen Ende des Redbill Beach. Los geht's bei dem Surfladen neben Passini's im Stadtzentrum. Reservierung erforderlich.

Bicheno Glass Bottom Boat BOOTSFAHRT
(☎03-6375 1294; The Gulch; Touren Erw./Kind 20/5 AU$; ⌚10, 12 & 14 Uhr) Bei der 40-minütigen Küstentour kann man eine ganze Menge über die Unterwasserwelt lernen.

Schlafen & Essen

Bicheno Backpackers HOSTEL $
(☎03-6375 1651; www.bichenobackpackers.com; 11 Morrison St; B 27–29 AU$, DZ/3BZ 75/100 AU$) Dieses freundliche Hostel ist in zwei Gebäuden mit Wandmalereien untergebracht. Die Doppelzimmer wirken ziemlich feudal (das mit Meerblick ist die beste Wahl), und es können Fahrräder, Kajaks, Surfboards, Bodyboards und Angeln ausgeliehen werden.

Bicheno East Coast Holiday Park CAMPING $
(☎03-6375 1999; www.bichenoholidaypark.com.au; 4 Champ St; Stellplatz mit Strom 33 AU$, Wohneinheit DZ 105 AU$, Hütte DZ 138 AU$, Bungalow 165 AU$; 📶) Der schöne, zentral gelegene und freundliche Campingplatz hat grasbewachsene Stellplätze, eine Grillstelle, eine Campingküche, einen Waschsalon und einen Kinderspielplatz. Auch Nichtgäste dürfen hier duschen (5 AU$).

Bicheno by the Bay HÜTTEN $$
(☎03-6375 1171; www.bichenobythebay.com.au; Ecke Foster St & Fraser St; Wohneinheit mit 1 Schlafzi. 150–190 AU$, Wohneinheit mit 2 Schlafzi. 180–230 AU$, Motel DZ 110–160 AU$; 🏊) Mitten im Busch stehen 20 Hütten, einige davon mit Blick aufs Meer. Die Gäste können sich im beheizten Swimmingpool, auf dem Tennisplatz oder dem Kinderspielplatz austoben. Die 2010 fertiggestellten Motelzimmer sind moderner und ebenfalls ihr Geld wert.

Windows on Bicheno B&B $$$
(☎03-6375 2010; www.windowsonbicheno.com.au; 13 James St; DZ 250–350 AU$) Die fantastische Pension verfügt über zwei luxuriöse, stilvolle Suiten, die mit absoluter Liebe zum Detail eingerichtet sind und auch so geführt werden. Man kann auf dem Balkon nach Walen Ausschau halten, auf den gemütlichen Ledersofas entspannen oder zu zweit im eigenen Whirlpool abtauchen.

Blue Edge Bakery BÄCKEREI $
(55 Burgess St; Hauptgerichte 5–15 AU$; ⏲6–16 Uhr) Hier bekommt man Sandwiches, Pasteten, Kuchen und Salate. Besonders lecker sind das frisch gebackene Brot und die Hühnchen-Camembert-Pastete.

Passini's ITALIENISCH $$
(☎03-6375 1076; 70 Burgess St; Hauptgerichte 15–30 AU$; ⏲Mo–Sa 9 Uhr–open end, So 9–14 Uhr) Das italienische Restaurant bietet die üblichen Vorspeisen, Focaccia und Lasagne sowie richtig gute Pizza aus dem Holzbackofen. Besonders in der Hauptsaison im Sommer ist der Service schon mal etwas planlos, aber dann kann man sich immer noch im Direktverkauf mit Feinkost und Fertiggerichten zum Mitnehmen eindecken.

Sea Life Centre Restaurant SEAFOOD $$
(www.sealifecentre.com.au; 1 Tasman Hwy; Hauptgerichte 24–35 AU$; ⏲10–21 Uhr; 📶) Vom Restaurant des Sea Life Centre hat man einen tollen Blick auf das tiefblaue Wasser der Bucht von Gulch. Neben dem bei den Einheimischen schon immer heiß begehrten Eintopf mit Langusten und anderen Meeresfrüchten stehen seit einem Wechsel der Inhaber nun auch tasmanischer Lachs, thailändisches Meeresfrüchtecurry und Ähnliches auf der Speisekarte.

Sir Loin Breier FEINKOST $$
(57 Burgess St; ⏲Mo–Sa 9–17 Uhr) Die Theke dieses Gourmet-Metzgers quillt vor lauter gekochten heimischen Langusten, Räucherforellen, Austern, Gourmet-Pies, Käse und geräucherten Wachtelwürstchen förmlich über. Hier kann man prima für ein Picknick einkaufen.

St. Marys

520 EW.

Die meisten Touristen schenken St. Marys keine Beachtung, dabei ist die wunderschöne Fahrt von der Küste hinauf in die Berge definitiv ein lohnender Abstecher. Der 600 m über dem Meeresspiegel gelegene, unprätentiöse kleine Ort ist von der Küste gerade einmal 10 km entfernt, befindet sich ganz in der Nähe der St. Nicholas Range und besteht aus holzverkleideten Hütten, einer Kneipe und einem Postamt.

🛏 Schlafen & Essen

Mariton House B&B $$
(☎03-6372 2059; www.maritonhouse.com; 1 Irishtown Rd; DZ/2BZ 105–125 AU$) Die bezaubernde Pension in einem historischen Gebäude aus den 1880er-Jahren liegt praktisch direkt am A4 Esk Hwy, der vom St. Marys-Pass herunterführt. Alle Gäste, die älter als zwölf Jahre sind, können an Reitausflügen ins Gelände (1/2 Pers. 60/90 AU$) teilnehmen, die zwischen 90 Minuten und zwei Stunden dauern, oder aber auf eigene Faust an den benachbarten Stränden der Ostküste entlangreiten.

Purple Possum Wholefoods CAFÉ $
(www.purplepossum.com.au; 5 Story St; kleine Gerichte 7,50–15 AU$; ⏲Mo–Sa 9–16.30 Uhr; 🖉) 🍃 Eine überraschende Entdeckung ist dieses einladende Café, in dem es hausgemachte Suppen, vegetarische Wraps, ausgezeichneten Kaffee und sagenhafte Kuchen gibt. Besonders lecker ist der Rhabarberkuchen.

Mt. Elephant Fudge CAFÉ $
(7 Story St; ab 3 AU$; ⏲Mi–So 10–17 Uhr) In dem süßen Laden gibt's Karamellbonbons

in zehn verschiedenen Geschmacksrichtungen, hausgemachte Schokolade, belgischen Kakao, Smoothies, Eisbecher und köstlichen Käsekuchen.

DER NORDOSTEN

In den Nordosten Tasmaniens verirren sich relativ wenige Traveller, wodurch die Region weniger erschlossen und „wilder" wirkt als der Rest der Ostküste. Das hübsche, am Meer gelegene St. Helens ist der wichtigste Ort der Region und ein guter Ausgangspunkt, um den Nationalpark mit seinen Tieren, die Wasserfälle und die vielen Kilometer einsamer Küste zu erkunden. Angeln ist fast überall möglich, und es finden sich entsprechend viele gute Fischrestaurants.

Mehr Infos gibt's auf www.northeasttasmania.com.au.

Anreise & Unterwegs vor Ort

Die Busse von **Tassielink** (☎1300 300 520; www.tassielink.com.au) fahren von Hobart nach Bicheno (50,50 AU$, 4 Std.). Von dort geht es mit Calow's Coaches (S. 715) weiter die Ostküste entlang nach Norden. **Sainty's** (☎0437 469 186; www.saintysnortheastbusservice.com.au) verkehrt zwischen Launceston und Derby.

St. Helens

2050 EW.

Die einstige Walfängerstadt rund um die malerische Georges Bay wurde 1830 gegründet und war schon kurze Zeit später auch das Ziel von „Schwanenjägern", die es auf die weichen Daunen im Untergefieder der schwarzen Schwäne in der Bucht abgesehen hatten. Außerdem befindet sich hier seit Langem ein bedeutender Fischereihafen, in dem heute die größte Fischereiflotte Tasmaniens zu Hause ist.

Gut 26 km westlich von St. Helens liegt der winzige Ort **Pyengana** und noch etwas weiter der mit 90 m höchste Wasserfall Tasmaniens, die gischtsprühenden **St. Columba Falls**. Fährt man auf dem Tasman Highway A3 weiter, kommt man in die alte Zinnbergbaustadt **Derby**, die heute mit einigen Pensionen, Galerien und Kneipen aufwartet. Im vor Kurzem eröffneten **Tin Dragon Interpretation Centre** (www.trailofthetindragon.com; Main St; Erw./Kind 12/6 AU$; ⏲10–16 Uhr) wird die faszinierende Geschichte der Stadt zu Zeiten des Bergbau-Booms erzählt.

Sehenswertes & Aktivitäten

Zu den größten Anbietern von Angeltouren gehören **Professional Charters** (☎0419 383 362, 03-6376 3083; www.gamefish.net.au) und **Gone Fishing Charters** (☎03-6376 1553, 0419 353 041; www.breamfishing.com.au).

St. Helens History & Visitor Information Centre MUSEUM
(☎03-6376 1744; 61 Cecilia St;Eintritt gegen Spende; ⏲9–17 Uhr) Erinnerungsstücke und alte Fotografien dokumentieren die Stadtgeschichte von St. Helens.

East Lines WASSERSPORT
(☎03-6376 1720; http://eastlines.wordpress.com; 28 Cecilia St) Hier werden Surfbretter, Nassanzüge, Schnorchelausrüstung, Angelruten und Fahrräder verliehen. Wer abtauchen will, wendet sich an **Bay of Fires Dive** (☎03-6376 8335, 0419 372 342; www.bayoffiresdive.com.au; 291 Gardens Rd) in Binalong Bay.

Strände

Zum Schwimmen geeignete Strände finden sich in **Binalong Bay** (11 km nördlich der Stadt an der Binalong Bay Rd), am **Jeanneret Beach** und **Sloop Rock** (15 km nördlich an der Straße nach The Gardens, die von der Binalong Bay Rd abzweigt), in **Stieglitz** (7 km östlich des St. Helens Point), am **St. Helens Point** und am **Humbug Point**. Ebenfalls am St. Helens Point befinden sich die windgepeitschten **Peron Dunes** (8 km östlich der Stadt).

Schlafen

In der Humbug Point Nature Recreation Area nördlich von St. Helens darf man kostenlos campen. Die Abzweigung in das Naherholungsgebiet befindet sich 7 km außerhalb der Stadt an der Straße nach Binalong Bay. Zum Campingplatz am Dora Point führt eine 5 km lange Straße durch das Gebiet.

St. Helens Caravan Park WOHNWAGENPARK $
(☎03-6376 1290; www.sthelenscp.com.au; 2 Penelope St; Stellplatz ohne Strom & 2 Pers. 28–38 AU$, Stellplatz mit Strom 30–40 AU$, Hütte od. Ferienhaus DZ 80–200 AU$, zusätzl. Pers. 15 AU$; @ᯤ) Der Campingplatz mit guten, sauberen Einrichtungen liegt 1 km südlich des Stadtzentrums.

St. Helens Backpackers HOSTEL $
(☎03-6376 2017; www.sthelensbackpackers.com.au; 9 Cecilia St; B 30 AU$, DZ 65–80 AU$) Ein makelloses, ruhiges und weitläufiges Hostel für Backpacker, die Komfort schätzen

(„Flashpacker"). Es gibt Schlafsäle und Doppelzimmer mit hübschen Bädern. Die große Terrasse lädt zum Entspannen und einem netten Grillabend ein. Fahrräder können für 20 AU$ am Tag geliehen werden. Auf Anfrage werden Ausflüge zur Bay of Fires angeboten.

Kellraine Units APARTMENTS $
(☎ 03-6376 1169; www.kellraineunits.com.au; 72 Tully St; DZ 85 AU$, zusätzl. Erw./Kind 40/20 AU$) Die sauberen, komplett ausgestatteten Apartments (eines davon rollstuhlgerecht) sind preiswert und befinden sich an der Ausfallstraße in Richtung Norden.

Bay of Fires Character Cottages FERIENHAUS $$$
(☎ 03-6376 8262; www.bayoffirescottages.com.au; 64-74 Main Rd; DZ 180–270 AU$) Die acht modernen, farbenfrohen Bungalows mit ein bis drei Schlafzimmern oberhalb von Binalong Bay sind sehr schön eingerichtet und verfügen jeweils über Küche, Waschmaschine und Grill. Das beste überhaupt ist jedoch der sagenhafte Blick vom eigenen Balkon.

Essen & Ausgehen

Salty Seas SEAFOOD $
(18 Medeas Cove Esplanade; ⏲ Mo–Fr 10–17, Sa 10–14 Uhr) Spezialität des Hauses sind Langusten, die sich kurz vorm Verspeisen noch im Becken tummeln, aber es gibt auch Austern, Muscheln und fangfrischen Fisch. Von der schönen Holzterrasse blickt man direkt auf ein Vogelschutzgebiet. Die Preise schwanken je nach Angebot, aber alles ist immer ganz frisch und recht preiswert.

Blue Shed Restaurant SEAFOOD $$$
(☎ 03-6376 1170; www.blueshedrestaurant.com.au; Marina Pde; Hauptgerichte 34–38 AU$; ⏲ Restaurant ab 18 Uhr, Straßenverkauf 11.30–14.30 & 17–19.30 Uhr) Herzlich willkommen im besten Meeresfrüchterestaurant der Stadt, das zudem einen tollen Blick auf den kleinen Fischerhafen bietet! Als Vorspeise empfiehlt sich knusprig gebratener Tintenfisch mit Chilisalz, danach gegrillte Regenbogenforelle oder Languste mit Mascarpone-Kräuterbutter. Die Meeresfrüchte-Gerichte gibt's auch zum Mitnehmen.

Binalong Bay Cafe MODERN-AUSTRALISCH $$$
(☎ 03-6376 8116; 64a Main Rd, Binalong Bay; Frühstück & Mittagessen 12–24 AU$, Abendessen 30–38 AU$; ⏲ 9–20 Uhr) Die Lage mit Blick auf die Bay of Fires ist kaum zu übertreffen. Zum Glück sind die aufregend aufgepeppten Klassiker ebenso gut wie die Aussicht! Sehr zu empfehlen ist ein gemütlicher Brunch mit Strandkrabben-Omelett, asiatischem Krautsalat und Chili-Chutney. Das Café ist eine 15-minütige Autofahrt von St. Helens entfernt.

Crossroads BAR
(www.crossroadswinebar.com.au; 5/34 Quail St; ⏲ Sommer tgl. 15 Uhr–open end, Winter Di–So; 📶) Die einladende Bar ist eine der wenigen mit regelmäßiger Livemusik an der Ostküste. An fast jedem Freitagabend tritt eine Blues-, Country- oder Rock-Band auf. An den anderen Abenden sorgen in der Regel die musikbegeisterten Inhaber Steve und Jan mit Musik-DVDs und älteren CDs für Stimmung. Und im Fernsehen läuft garantiert kein Sport!

Bay of Fires

Die Binalong Bay Rd führt von St. Helens aus nach Nordosten über einen flachen Gezeitensumpf, ehe sie das hübsche Binalong Bay erreicht. Die einzige ständig bewohnte Siedlung an der Bay of Fires besteht freilich auch nur aus ein paar Ferienhäusern, dem tollen Binalong Bay Cafe und dem Unternehmen Bay of Fires Dive (S. 724) mit diversen Unterwasser-Abenteuern im Angebot. Um zur eigentlichen Bay of Fires zu kommen, folgt man der Straße zur verfallenen Barackensiedlung **The Gardens**; ihr nördliches Ende erreicht man über die C843, die Straße zur Siedlung Ansons Bay und zum Mt. William National Park.

Die Bay of Fires ist unglaublich schön! Man findet hier feine Sandstrände vor tiefblauem Wasser und dahinter struppiges Buschland und Lagunen vor. Anders als man vermuten könnte, benannten die frühen Entdecker die Bucht nicht nach den überall auf Felsspitzen und Landzungen lebenden orangeroten Flechten, sondern nach den Feuern der Aborigines, die sie am Strand gesichtet hatten. Die Meeresstrände bieten verlässliche Bedingungen zum Surfen, sind aber wegen unberechenbarer Strömungen und Untiefen für Schwimmer gefährlich. In den Lagunen kann man hingegen sicher planschen.

Wer die Wildnis erleben will, ohne auf gewohnten Komfort zu verzichten, schließt sich dem **Bay of Fires Walk** (☎ 03-6392 2211; www.bayoffires.com.au; ab 2125 AU$; ⏲ Okt.–Mai) an, einer viertägigen geführten Wanderung von Boulder Point südwärts nach Ansons Bay. Inbegriffen sind Vollverpflegung und zwei Übernachtungen in der zum Unternehmen gehörenden prachtvollen und umweltbewussten **Bay of Fires Lodge** (☎03-6392 2211; www.bayoffireslodge.com.au).

An der Bucht gibt's wundervolle, kostenlose **Campingplätze**, überwiegend ohne Toiletten und Trinkwasser. Gute Plätze finden sich auch unmittelbar nördlich von Binalong Bay, zu erreichen über die Straße von St. Helens (die Abzweigung nach The Gardens nehmen!). Im Norden bieten sich die Uferplätze am Policeman's Point an, zu erreichen über eine Nebenstraße, die vor Ansons Bay abgeht.

Mt. William National Park

Der abgeschiedene **Mt. William National Park** (www.parks.gov.tas.au) wartet mit langen Sandstränden, niedrigen Hügelketten und küstennahem Heideland auf. Die besten Zeiten für einen Besuch sind der Frühling und der Frühsommer, wenn die Wildblumen in voller Blüte stehen. Die höchste Erhebung im Park ist mit gerade einmal 216 m der Mt. William (hin & zurück 1½ Std. zu Fuß), von dem man aber eine schöne Aussicht hat. Vor allem, um die verbleibenden Bestände des Östlichen Grauen Riesenkängurus in Tasmanien zu schützen, wurde das Gebiet 1973 zum Nationalpark erklärt. Die Tiere waren in den 1950er- und 60er-Jahren durch eine Krankheit fast gänzlich ausgerottet. Wer ein bisschen mehr Bewegung möchte, kann beispielsweise Vögel und Wildtiere beobachten oder sich mit Angeln, Schwimmen, Surfen oder Tauchen beschäftigen.

Am Eddystone Point befindet sich der beeindruckende Leuchtturm **Eddystone Lighthouse**, der in den 1890er-Jahren aus Granitblöcken errichtet wurde. Von einem kleinen Picknickplätzchen aus schaut man auf den Strand mit seinen roten Granitfelsvorsprüngen. Campingmöglichkeiten bieten **Stumpys Bay** und das **Musselroe Top Camp**. Der Nationalpark liegt ein gutes Stück abseits der Hauptstraßen und ist sowohl von Norden als auch von Süden aus erreichbar. Das nördliche Ende liegt 17 km von Gladstone entfernt, das südliche rund 60 km von St. Helens. Nach Möglichkeit sollte man hier nachts nicht Auto fahren, da dann überall nachtaktive Tiere unterwegs sind.

Pipers River Region

Es gibt einen sehr guten Grund, diese Gegend zu besuchen, und das sind die herrlichen Weinberge.

Sehenswertes & Aktivitäten

Pipers Brook WEINGUT
(☎03-6382 7527; www.kreglingerwineestates.com; 1216 Pipers Brook Rd; Gerichte 14–25 AU$; ⏲10–17 Uhr, Winery Café 10–14 Uhr) Das berühmteste Weingut der Gegend erzeugt die Weine Pipers Brook, Ninth Island und Kreglinger in einem architektonisch interessanten Gebäude, in dem auch das **Winery Café** untergebracht ist.

Jansz Wine Room WEINGUT
(☎03-6382 7066; www.jansztas.com; 1216b Pipers Brook Rd; ⏲10–16.30 Uhr) Hier erfährt man alles über die *méthode Tasmanoise,* kann einen verdammt guten Sekt verkosten und bei einem Käseteller auf der Terrasse am See den fantastischen Ausblick genießen.

Bay of Fires Wines WEINGUT
(☎03-6382 7622; www.bayoffireswines.com.au; 40 Baxters Rd; ⏲10–17 Uhr, Juni–Aug. 11–16 Uhr) Gut 15 km südlich des Pipers River werden hier der renommierte Arras-Sekt und ausgezeichneter Riesling, Spätburgunder und Grauburgunder gekeltert.

Delamere WEINGUT
(☎03-6382 7190; www.delamerevineyards.com.au; 4238 Bridport Rd oder B82 Hwy, Pipers Brook; ⏲10–17 Uhr) Erstklassiger Chardonnay und Spätburgunder.

LAUNCESTON

71 400 EW.

In Tasmaniens zweitgrößter Stadt geht es gemächlich und unbekümmert zu – Hobart wirkt da viel kosmopolitischer. Aber Launceston ist gemütlich und hat bemerkenswerte Gebäude im viktorianischen, Federation-, edwardianischen und Art-déco-Stil.

Launcestons Anfänge waren freilich alles andere als kultiviert. Nach einem Besuch im Jahr 1822 schrieb Reverend Horton seinen Vorgesetzten: „Die Verderbtheit der Bewohner Launcestons spottet jeder Beschreibung. Würdet Ihr des Ausmaßes an Unwissenheit, Gotteslästerung, Trunksucht, sexuellen Ausschweifungen und Lastern aller Art gewahr, Ihr würdet nichts ungetan lassen, um mehr

Missionare zu schicken." Launceston ist seine Vergangenheit als rauer, kolonialer Vorposten noch nicht los, bemüht sich aber, das Image abzulegen und sich als prachtvolle historische Stadt zu präsentieren. Die University of Tasmania und die großartigen Restaurants, Galerien, Kulturinstitutionen und Sportvereine verleihen „Lonnie" dann auch einen etwas kosmopolitischeren Touch.

Das Grundraster Launcestons ist um die Brisbane St Mall angelegt, die von der Charles St und der St. John St begrenzt wird. Am alten Seehafen liegen eine Reihe trendiger Restaurants und ein Hotel. Westlich der Stadt befindet sich die Cataract Gorge, eine zerklüftete Schlucht, die zu den wichtigsten hiesigen Attraktionen zählt. Die Charles St südlich des CBD ist eine fetzige, koffeingetriebene Boheme-Enklave mit guten Restaurants und Cafés.

Weitere Infos sind unter www.visitlaunce stontamar.com.au abrufbar.

Sehenswertes & Aktivitäten

★Cataract Gorge PARK

(Karte S. 728; www.launcestoncataractgorge.com.au; Poolbenutzung gratis, Sessellift Erw./Kind einfache Strecke 12/8 AU$, hin & zurück 15/10 AU$; ⏲Schlucht & Sessellift 9 Uhr–Sonnenuntergang, Pool Nov.–März) Westlich der Stadt, nur einen zehnminütigen Fußmarsch entfernt, liegt die sagenhafte **Cataract Gorge**. Umgeben von einem Naturschutzgebiet ragen an den Ufern des South Esk River, dort wo er in den Tamar mündet, nahezu senkrechte Basaltklippen auf. Tagsüber springen Teenager in den Fluss, und Kletterer spotten der Schwerkraft. Abends sorgen die angestrahlten Klippen für ein raffiniertes Schattenspiel.

Wanderwege zu beiden Seiten der Schlucht führen von der Kings Bridge zum **First Basin**. Dort gibt's einen **Pool**, Picknickplätze, ein gutes Restaurant, auf dessen Gelände Pfauen herumstolzieren, und Pfade zu diversen schönen Aussichtspunkten. Eine Hängebrücke und ein **Sessellift** überspannen das First Basin. Ein Wanderweg (einfache Strecke ca. 45 Min.) führt weiter in die Schlucht bis hinauf zum **Second Basin** und dem alten Kraftwerk Duck Reach. An heißen Sommertagen verströmen die Schlucht und der Swimmingpool Strandatmosphäre.

★Queen Victoria Museum & Art Gallery MUSEUM

(Karte S. 730; ☎03-6323 3777; www.qvmag.tas.gov.au; Planetarium Erw./Kind 5/3 AU$; ⏲10–17 Uhr, Vorführungen Planetarium Di–Fr 14 & 16, Sa 14 & 15 Uhr) GRATIS Das wunderbare Museum verteilt sich auf zwei Standorte. In der stilvoll umgebauten, ehemaligen Lagerhalle der **Inveresk Railyards** (Karte S. 730; 2 Invermay Rd; ⏲10–17 Uhr) sind die naturkundlichen, sozialgeschichtlichen und technischen Sammlungen sowie (kostenpflichtige) Wanderausstellungen untergebracht. Außerdem befindet sich dort das **Planetarium** der Stadt, in dem in ständig wechselnden Vorführungen die Geheimnisse des Universums erklärt werden.

Das aus den 1890er-Jahren stammende, eigentliche Museumsgebäude im **Royal Park** (Karte S. 728; 2 Wellington St, Royal Park; ⏲10–17 Uhr, kostenlose Führungen So 11 & 14 Uhr) wurde vor Kurzem umfassend renoviert und erstrahlt nun wieder im Glanz der viktorianischen Architektur. Hier befindet sich nun die **QVMAG Art Gallery** mit ihrer Sammlung von Gemälden und dekorativer Kunst aus der Kolonialzeit.

★National Automobile Museum of Tasmania MUSEUM

(Karte S. 728; www.namt.com.au; 86 Cimitiere St; Erw./Kind 11,75/6,50 AU$; ⏲Sept.–Mai 9–17 Uhr, Juni–Aug. 10–16 Uhr) Autofans aufgepasst! Dieses Museum zeigt mit seinen zahllosen Oldtimern eine der besten Auto- und Motorradausstellungen Australiens. Beim Anblick der 69er-Corvette C2 steigt der Puls.

Franklin House HISTORISCHES GEBÄUDE

(www.nationaltrusttas.org.au; 413 Hobart Rd; Erw./Kind 10 AU$/frei; ⏲Mo–Sa 9–17, 12–16 Uhr) Etwas südlich der Stadt liegt das Franklin House, eines von Launcestons schönsten georgianischen Wohnhäusern. Für die Renovierung, Einrichtung und Verwaltung des 1838 erbauten Gebäudes war bzw. ist der National Trust verantwortlich. Die Metrobusse 40 und 50 in Richtung Franklin Village halten hier.

Design Centre of Tasmania GALERIE

(Karte S. 730; www.designcentre.com.au; Ecke Brisbane & Tamar St; Wood Design Collection Erw./Kind 5 AU$/frei ⏲Sommer Mo–Fr 9.30–17.30, Sa 10–16 Uhr) Am Rand des City Park befindet sich die hervorragende **Wood Design Collection**, in der Unmengen in der Region gefertigter Kunstwerke aus Sassafras und Huon Pine ausgestellt sind. Zudem wird hochwertiges Kunsthandwerk verkauft - ein tolles Tassi-Mitbringsel!

City Park PARK

(Karte S. 730; www.launceston.tas.gov.au; ⏲Japan-Makaken April–Sept. 8–16 Uhr, Okt.–März 8–16.30

Launceston

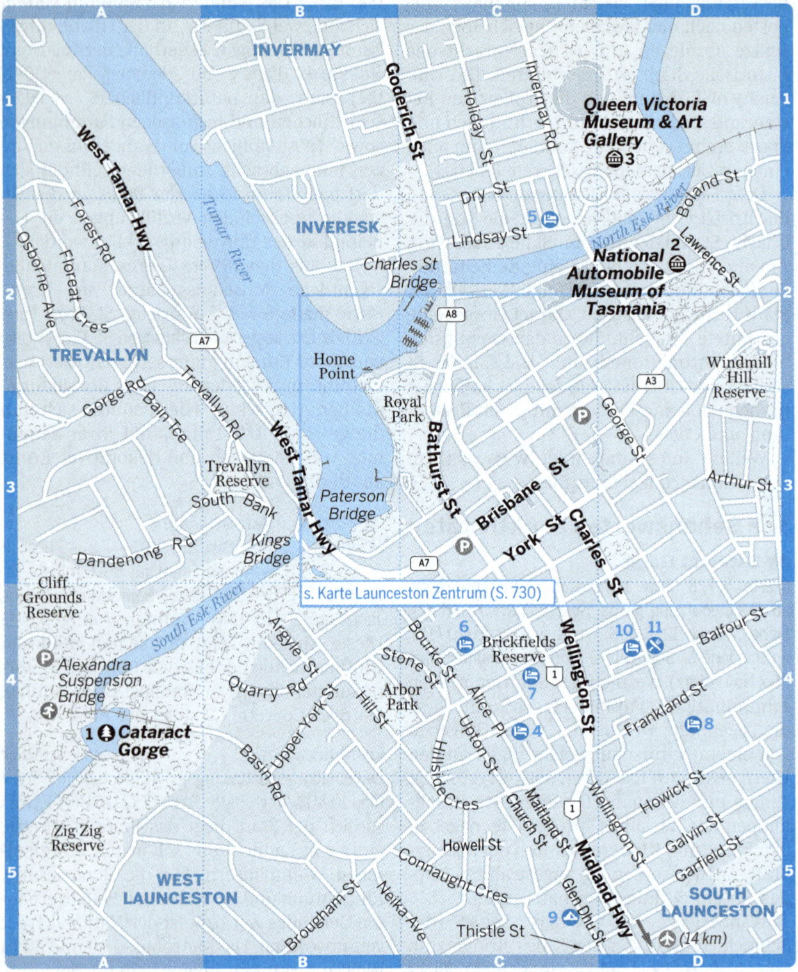

Uhr) Im wunderschönen grünen City Park finden sich riesige Eichen und Platanen, ein eleganter Brunnen, ein Gewächshaus mit wechselnden Pflanzenausstellungen, ein Musikpavillon im viktorianischen Stil und, für die Kleinen, ein Spielplatz und eine Miniaturbahn. Die **Japan-Makaken** in ihrem verglasten Gehege sind ein Geschenk der japanischen Partnerstadt Ikeda.

Tamar Island Wetlands NATURSCHUTZGEBIET
(West Tamar Hwy; Erw./Kind 3/2 AU$; ⌚ April–Sept. 10–16 Uhr, Okt.–März 9–17 Uhr) Nach zehn Minuten Autofahrt in Richtung Norden erreicht man einen rollstuhlgerechten Plankenweg, der 2 km lang durch das geschützte Sumpfgebiet führt, in dem es von Vögeln aller Art nur so wimmelt und über die man sich in dem ausgezeichneten Infozentrum informieren kann. Dank der vielen Grillstellen ist die Insel für ein Picknick geeignet.

Boag's Centre for Beer Lovers BRAUEREI
(Karte S. 730; ☎ 03-6332 6300; www.boags.com.au; 39 William St; 30 AU$/Pers.; ⌚ Führungen 9.30, 11.30, 13.30, 15 & 17 Uhr, im Winter seltener) Das Lieblingsbier der Tasmanier im Norden wird hier bereits seit 1881 gebraut. Im Rahmen einer Führung kann die Brauerei besichtigt und anschließend das Bier probiert werden.

Launceston

Highlights
1 Cataract Gorge A4
2 National Automobile Museum of Tasmania D2
3 Queen Victoria Museum & Art Gallery D1

Schlafen
4 Alice's Cottages & Spa Hideaways C4
5 Arthouse Backpacker Hostel C2
6 Auldington C4
7 Launceston Backpackers C4
8 The Charles D4
9 Treasure Island Caravan Park C5
10 Two Four Two D4

Essen
Blue Café Bar .... (siehe 3)
11 Burger Got Soul D4
Caffe Mondello .... (siehe 10)

Geführte Touren

Launceston City Ghost Tours STADTSPAZIERGANG
(☎0421 819 373; www.launcestoncityghosttours.com; Erw./Kind 25/15 AU$; ⊙Abenddämmerung) Die gespenstische, 90-minütige Tour mit verkleideten Stadtführern durch die Gässchen und Sträßchen der Stadt beginnt beim Royal Oak Hotel. Reservierung erforderlich.

Launceston Historic Walks STADTSPAZIERGANG
(Karte S. 730; ☎03-6336 2213; 15 AU$/Pers.; ⊙Mo 16, Di–Sa 10 Uhr) Bei der eineinhalbstündigen Führung durch die georgianischen, viktorianischen und moderneren Viertel der Stadt erfährt man viel über ihre Geschichte. Los geht's bei der 1842 Gallery an der Ecke St. John St und Cimitiere St. In dem Kunstgewerbeladen kann man die Führungen buchen.

Mountain Bike Tasmania MOUNTAINBIKEN
(☎0447 712 638; www.mountainbiketasmania.com.au) Bei den geführten Touren sind Transfers, Ausrüstung, Mittagessen und Snacks inklusive. Gefahren wird den Ben Lomond hinunter (225 AU$), durch das Naherholungsgebiet Trevallyn Reserve bei Launceston (120 AU$) oder einen Vormittag lang an den Flüssen Launcestons entlang (100 AU$).

Tamar River Cruises FLUSSKREUZFAHRTEN
(Karte S. 730; ☎03-6334 9900; www.tamarrivercruises.com.au; Home Point Pde) Die Bootsfahrten führen entweder in 50 Minuten zur Cataract Gorge (Erw./Kind 25/12 AU$) oder mit Mittag- und Abendessen über den Tamar River.

Feste & Events

Festivale ESSEN & KULTUR
(www.festivale.com.au) Anfang bis Mitte Februar dreht sich im City Park drei Tage lang alles um Essen, Trinken, Kunst und Unterhaltung.

Three Peaks Race SPORT
(www.threepeaks.org.au) Der Mannschaftswettbewerb, der über die vier Ostertage stattfindet, ist eine Kombination aus Segelregatta (von Beauty Point im Norden Launcestons nach Hobart) und Bergmarathon (auf drei Gipfel in vier Tagen). Insbesondere der Umweg über Flinders Island nordöstlich von Tasmanien sorgt für ein äußerst abwechslungsreiches Rennen.

Royal Launceston Show LANDWIRTSCHAFTSMESSE
(www.launcestonshowground.com.au) Bei dem traditionellen Fest im Oktober werden alle möglichen Nutz- und Haustiere präsentiert, landwirtschaftliche Fertigkeiten bewiesen und Reitturniere abgehalten.

Schlafen

Arthouse Backpacker Hostel HOSTEL $
(Karte S. 728; ☎03-6333 0222, 1800 041 135; www.arthousehostel.com.au; 20 Lindsay St; B in 4B-/6B-/8B-Zi, 27/25/23 AU$, EZ/DZ 55/65 AU$; @ 📶) 🍃 Das Hostel verfügt über freundliche, geräumige Schlafsäle, eine breite Veranda im Obergeschoss und einen Hof mit Grillplatz. Es können Fahrräder und Campingausrüstung geliehen werden. Auch für Reisende mit Behinderung geeignet.

Launceston Backpackers HOSTEL $
(Karte S. 728; ☎03-6334 2327; www.launcestonbackpackers.com.au; 103 Canning St; B 24 AU$, 2BZ/3BZ 28/25 AU$, EZ 52 AU$, DZ mit/ohne Bad 67/58 AU$; 📶) Das Haus steht zwar mitten im Grünen am Rand des Schutzgebiets Brickfields Reserve, ist aber nicht unbedingt das ansprechendste Hostel Tasmaniens. Immerhin sind die Zimmer freundlich und sauber, das Personal ist nett und hilfsbereit.

Treasure Island Caravan Park CAMPING $
(Karte S. 728; ☎03-6344 2600; www.treasureislandtasmania.com.au; 94 Glen Dhu St; Stellplatz ohne Strom 1/2 Pers. 20/20 AU$, Stellplatz mit

Launceston Zentrum

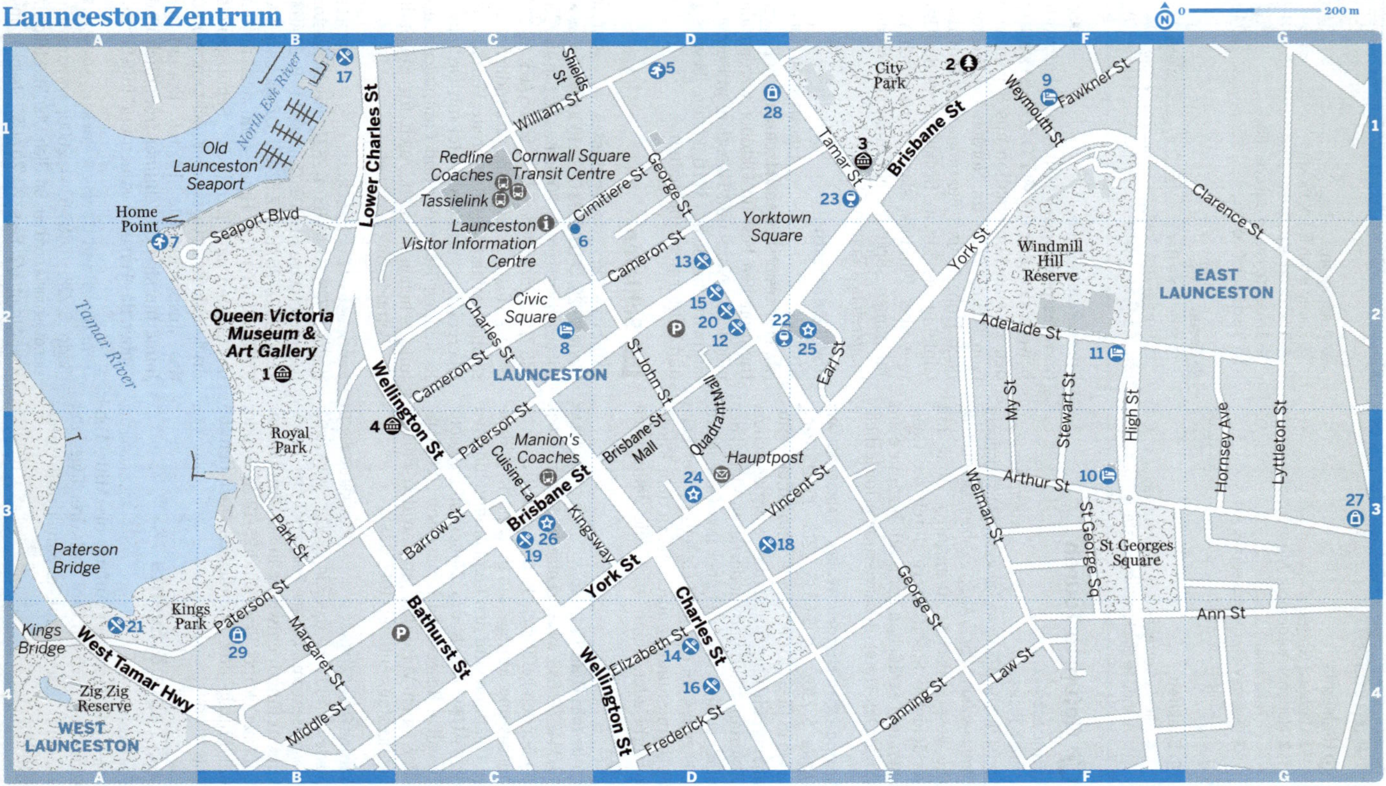

Launceston Zentrum

Strom 32 AU$, Wohnwagen 60 AU$, Hütte 90–100 AU$) Der Campingplatz ist nur 2,5 km vom Stadtzentrum entfernt und verfügt über einen Kinderspielplatz, eine Campingküche und einen Waschsalon.

Kurrajong House B&B **$$**
(Karte S. 730; ☎03-6331 6655; www.kurrajonghouse.com.au; Ecke High St & Adelaide St; DZ 145–200 AU$; 📶) Die eleganten Zimmer sind Erwachsenen vorbehalten: Kinder unter 16 Jahren dürfen hier nicht wohnen. Das Haus ist von einem duftenden Rosengarten und einem ruhigen Hof umgeben. Das herzhafte Frühstück wird im Wintergarten serviert.

Areca Boutique Hotel BOUTIQUEHOTEL **$$**
(Karte S. 730; ☎03-6331 2082; www.arecalaunceston.com.au; 12 York St; DZ 125 AU$; ❄📶) Die asiatisch angehauchte Inneneinrichtung passt nicht ins traditionelle Launceston, aber die geräumigen Zimmer des tollen, neuen Hotels sind blitzsauber und es liegt nur einen kurzen (steilen) Marsch vom Zentrum entfernt. Im Preis inbegriffen ist das üppige westliche Frühstück vom Buffet.

Alice's Cottages & Spa Hideaways BOUTIQUEHOTEL **$$**
(Karte S. 728; ☎03-6334 2231; www.alicescottages.com.au; 129 Balfour St; DZ 170–230 AU$) Die luxuriös eingerichteten Holzhäuschen heißen Camelot oder The Boudoir und haben alle einen eigenen Whirlpool, ein Himmelbett, einen Kamin und viel Privatsphäre.

Airlie on the Square B&B **$$**
(Karte S. 730; ☎03-6334 0577; www.airlielodge.com.au; Civic Sq; EZ 110 AU$, DZ 130–150 AU$; 📶) Von einer ganzen Reihe schöner alter Häuser am Civic Sq blieb nur eines vom Betonrausch der 1970er- und 80er-Jahre verschont. Hier ist heute das wunderbar ruhige Airlie untergebracht, das mit viel Liebe zum Detail eingerichtet ist. Der freundliche Eigentümer serviert ein fabelhaftes Frühstück.

Ashton Gate B&B **$$**
(Karte S. 728; ☎03-6331 6180; www.ashtongate.com.au; 32 High St; DZ 160–200 AU$, Hütte 200 AU$; 📶) Dieses durch und durch freundliche B&B im viktorianischen Stil versprüht ein heimeliges Flair. Jedes der Zimmer hat ein eigenes Bad und ist auf stilvolle Art im authentischen Dekor seiner Zeit eingerichtet. Das Cottage, in dem früher die Bediensteten schliefen, ist heute ein separates Apartment.

★ **Two Four Two** APARTMENTS **$$$**
(Karte S. 728; ☎03-6331 9242; www.twofourtwo.com.au; 242 Charles St; DZ inkl. Frühstück

220–250 AU$; ☎) Besitzer Alan hat all sein handwerkliches Geschick in den Ausbau der vier Apartments in einem hübschen Stadthaus eingebracht und sie mit viel dunklem Rosenholz, Myrte und tasmanischer Eiche ausgestattet. Flachbild-TVs, Edelstahlküchen, italienische Kaffeemaschinen und Wellnessbäder komplettieren die luxuriöseste Unterkunft der Stadt.

The Charles HOTEL $$$
(Karte S. 728; ☎ 03-6337 4100; www.hotelcharles.com.au; 287 Charles St; DZ ab 220 AU$; ☎) Das schickste Hotel der Stadt war einst ein trostloses Krankenhaus. Jetzt ist alles hell und freundlich, mit schicker Einrichtung, flottem Personal und einem stilvollen Restaurant (Hauptgerichte 15–35 AU$; morgens, mittags & abends). Die günstigeren Zimmer sind recht klein, es lohnt sich, etwas mehr für ein geräumiges Studio auszugeben.

Auldington HOTEL $$$
(Karte S. 728; ☎ 03-6331 2050; www.auldington.com.au; 110 Frederick St; DZ ab 230 AU$; ☎) Hinter einer historischen Fassade mit schmiedeeisernen Balkonen verbirgt sich ein kleines, sehr persönliches Hotel, das im Inneren wesentlich moderner und schicker ist. Das Haus ist sehr ruhig gelegen.

Essen

Milkbar CAFÉ $
(Karte S. 730; www.themilkbarcafeworkshop.blogspot.com; 139 St. John St; Snacks & kleine Gerichte 5–10 AU$; ⌚ Mo–Fr 8–16.30 Uhr) Eine gelungene Mischung aus nostalgischem Schick der 1960er-Jahre und angesagter Eleganz des 21. Jhs.: In der Milkbar gibt's ausgezeichneten Kaffee, riesige Milchshakes – der Chai-Milchshake ist fast schon eine kleine Mahlzeit – und hausgemachte Backwaren und Sandwiches. Die meisten Zutaten stammen aus nachhaltiger Produktion in der Region. Danach sollte man noch einen Blick in den Laden hinter dem Café werfen, wo Kunsthandwerk rund um den Weinanbau angeboten wird.

Cocobean Chocolate CAFÉ $
(Karte S. 730; www.cocobeanchocolate.com.au; 82 George St; Schokoladenprodukte 3–9,50 AU$; ⌚ Mo–Fr 9–17, Sa 9.30–14 Uhr) Die Probierteller mit allem Möglichen aus Schokolade sowie die Schokoeiscreme und die hausgemachten Schokokekse sind ebenso köstlich wie der Kaffee und (natürlich) die heiße Schokolade, die es auch in Weiß gibt.

Burger Got Soul BURGER $
(Karte S. 728; www.burgergotsoul.com; 243 Charles St; Burger 10,50–16,90 AU$; ⌚ 11–21 Uhr; ☎ ✎) Die besten Burger der Stadt werden in abgefahrenem Ambiente serviert und sind sogar richtig gesund: Sie werden aus gutem, magerem Fleisch, ofenfrischem Brot und knackigem Salat zusammengesetzt. Für Vegetarier gibt's „Soul Veggie Burgers" – und für alle kostenloses WLAN.

Monty's Food Hall ASIATISCH $
(Karte S. 730; Ecke Brisbane St & Wellington St; Hauptgerichte 10–15 AU$; ⌚ 10–21.30 Uhr) Gutes, preiswertes Essen aus Thailand, Indien, Japan und anderen asiatischen Ländern.

Fresh CAFÉ $$
(Karte S. 730; www.freshoncharles.com.au; 178 Charles St; Hauptgerichte 10–22 AU$, Platte für zwei 35–65 AU$; ⌚ Mo–Do & Sa 8.30–15, Fr 8.30 Uhr–open end; ☎ ✎) Das nostalgische, pseudokünstlerische Café bietet vegetarische und vegane Gerichte, die alle superlecker und mit Hinblick auf Nachhaltigkeit hergestellt sind. Der Tag beginnt mit einem kräftigen Frühstück, dann folgt das gemütliche Mittagessen, und dazwischen gibt's Kaffee und Kuchen. Freitagabends fließt das Aussie-Bier in Strömen, und es treten oft Livebands auf.

Blue Café Bar CAFÉ $$
(Karte S. 728; www.bluecafebar.com.au; Inveresk Railyards; Hauptgerichte 15–30 AU$; ⌚ So–Do 8–16, Fr & Sa 8 Uhr–open end) Die junge, pseudokünstlerische Kundschaft des stilvollen Restaurants schätzt den hervorragenden Kaffee und die genialen Gerichte aus biologisch-dynamisch Angebautem der Region. Zum Frühstück gibt's Kräuter-Schinken-Kroketten, zum Abendessen (am Wochenende) Schweinebauch mit Spanner-Krebsen und asiatischem Krautsalat. Das Bier- und Weinangebot ist ebenfalls sehr interessant.

Buddha THAI $$
(Karte S. 730; ☎ 03-6334 1122; 168 Charles St; Hauptgerichte 16–20 AU$; ⌚ Di–So 10 Uhr–open end) Die Außenterrasse des beliebten thailändischen Restaurants liegt direkt am grünen Princes Sq. Freitag- und samstagabends ist es immer sehr voll, deshalb unbedingt reservieren!

La Mezcla SPANISCH & TAPAS $$
(Karte S. 730; ☎ 03-6331 0557; www.lamezcla.com.au; 31 Seaport Blvd; Tapas 7 AU$, Hauptgerichte 18–24 AU$; ⌚ Mo–Fr 11 Uhr–open end, Sa & So 8

Uhr–open end) Ein Stück Spanien mitten in Launceston: In dem geräumigen Lokal direkt am Wasser werden original spanische Tapas zum günstigen Preis serviert. Bein einem guten Glas Wein oder einem der vielen interessanten Flaschenbiere bleibt man auf den gemütlichen Ledersofas gern wesentlich länger sitzen als geplant.

Pierre's FRANZÖSISCH $$
(Karte S. 730; ☎ 03-6331 6835; www.pierres.net.au; 88 George St; Mittagessen 18–25 AU$, Abendessen 20–35 AU$; ⌚ Di–Sa 8 Uhr–open end) Im vornehmen, dunklen Lederambiente mit gedämpfter Beleuchtung gibt's französische Klassiker wie *steak tartare* (Rinderhacksteak) mit Pommes, gegrillte Wachteln und *confit de canard* (ins eigene Fett eingelegtes Entenfleisch). Sehr stilvoll, dabei entspannt und einladend!

Caffe Mondello CAFÉ $$
(Karte S. 728; 242 Charles St; Hauptgerichte 13–20 AU$; ⌚ Di–So 7–16.30 Uhr) Das noch recht neue, schicke Café serviert den ganzen Tag über Frühstück und mittags auch Pizza, darunter eine besonders leckere Garnelenpizza. Diese kann man auch im Freien genießen und zum Nachtisch einen der besten Espressos der Stadt trinken.

Alchemy Bar & Restaurant BAR & TAPAS $$
(Karte S. 730; 90 George St; Tapas 6–12 AU$, Hauptgerichte 15–30 AU$; ⌚ 11 Uhr–open end) Eines der ältesten Pubs der Stadt ist heute eine schicke Bar mit den typischen Attributen des 21. Jhs. wie Livemusik, DJs, Bier aus kleinen Brauereien und Tapas. Während es im Inneren in den kleinen Nischen, Sitzecken und an großen Tischen recht geschäftig zugeht, sind die Tische draußen ideal an einem entspannenden Sommerabend. Zu essen gibt's typisches Thekenessen wie frittierte Calamares und Mini-Burger, aber auch ein gutes Mittagessen für nur 12 AU$.

★ Stillwater MODERN AUSTRALISCH $$$
(Karte S. 730; ☎ 03-6331 4153; www.stillwater.net.au; 2 Bridge Rd, Ritchie's Mill; Frühstück 8–23 AU$, Mittagessen 21–31 AU$, Abendessen 42–44 AU$; ⌚ tgl. 8.30–15, Di–Sa 18 Uhr–open end; 🍷) Das Restaurant in Ritchie's stilvoll renovierter Mühle aus den 1840er-Jahren direkt am Tamar serviert relaxtes Frühstück und lässiges Mittagessen, bevor es abends dem noblen Ritz Konkurrenz macht. Es gibt köstliche Meeresfrüchte, herzhafte Fleischgerichte und Vegetarisches, wobei der Schwerpunkt immer auf der Verarbeitung regionaler Erzeugnisse liegt. Glanzstück der Speisekarte ist das sechsgängige Verkostungsmenü (ohne/mit passendem Wein 125/185 AU$).

Black Cow STEAKS $$$
(Karte S. 730; ☎ 03-6331 9333; www.blackcowbistro.com.au; 70 George St; Hauptgerichte Abendessen 30–43 AU$; ⌚ 17.30 Uhr–open end) Das erstklassige Bistro-Steakhouse hat sich auf Steaks aus dem Fleisch tasmanischer Weiderinder spezialisiert. Die sechs verschiedenen Varianten sind eindeutig die besten Steaks in ganz Tasmanien. Sehr zu empfehlen ist das butterzarte Filetsteak mit Black-Cow-Butter oder der ganz besonderen Sauce Béarnaise mit Trüffeln. Wer hier essen will, muss unbedingt reservieren!

Ausgehen & Unterhaltung

Dickens Cider House BAR
(Karte S. 730; www.facebook.com/DickensCiderhouse; 63a Brisbane St; ⌚ Do & Fr ab 17, Sa & So ab 12 Uhr) In der gemütlichen Bar, die in einem Mix aus moderner Ausstattung und rustikaler Wandverkleidung mit Latten von alten Obstkisten eingerichtet ist, kommt der prickelnde und herrlich erfrischende Apfel- und Birnen-Cidre nicht aus der Flasche, sondern aus dem Zapfhahn. Das freundliche Thekenpersonal lässt die Gäste gerne probieren, bevor sie sich entscheiden. Wer keinen Cidre mag, kann auf Wein aus dem Tamar Valley oder tasmanisches Bier ausweichen.

Royal Oak Hotel KNEIPE
(Karte S. 730; 14 Brisbane St; ⌚ 11 Uhr–open end) Eindeutig die beste Kneipe der Stadt: schmuddelig, freundlich, gesellig, mit unzähligen Sorten Bier vom Fass, regelmäßigen Auftritten tasmanischer und australischer Musikgruppen und der Möglichkeit für alle, sich ebenfalls auf der Bühne zu verwirklichen. Anständige Kneipenkost und ein Kindermenü.

Hotel New York KNEIPE
(Karte S. 730; www.hotelnewyork.net.au; 122 York St; ⌚ Mo–Mi 15–24, Do–Sa 14–5.30 Uhr) In diesem Pub treten ganz regelmäßig tasmanische und australische Rockbands auf (unplugged oder mit voller Dröhnung). Im hinten angeschlossenen Reality-Nachtclub sorgen auch DJs für Stimmung (Do–Sa ab 23 Uhr).

Princess Theatre THEATER
(Karte S. 730; ☎ 03-6323 3666; www.theatrenorth.com.au; 57 Brisbane St) Zu dem 1911 er-

bauten Princess gehört auch das kleinere Earl Arts Centre. Gezeigt wird eine bunte Mischung aus Theater, Tanz und Comedy aus Tasmanien und vom australischen Festland.

Village Cinemas KINO

(Karte S. 730; ☎1300 555 400; www.villagecinemas.com.au; 163 Brisbane St; Tickets Erw./Kind 16,50/12 AU$) Hat die üblichen Hollywoodstreifen im Programm. Dienstags bezahlt man für jede Vorstellung nur 11,50 AU$.

Shoppen

Harvest MARKT

(Karte S. 730; www.harvestmarket.org.au; Parkplatz in der Cimitiere St, gegenüber der Albert Hall; ⏲Sa 8.30–12.30 Uhr) Auf dem ausgezeichneten Wochenmarkt verkaufen Bauern aus dem Norden und Westen Tasmaniens ihre Produkte aus nachhaltigem und biologisch-dynamischem Anbau. Ebenfalls im Angebot sind Wein, Bier kleiner Brauereien, Brot, Käse und Lachs sowie Obst und Gemüse.

Alps & Amici LEBENSMITTEL

(Karte S. 730; www.alpsandamici.com; Ecke Abbott St & Arthur St; ⏲Mo–Fr 7.30–18.30, So 8–14 Uhr) Der renommierte Küchenchef Daniel Alps bietet in dem schicken Laden die Gerichte seines Restaurants zum Mitnehmen an. Außerdem gibt's tolle Kuchen, Käse, Fleisch und Meeresfrüchte, superfrisches Obst und Gemüse sowie Bier und Wein aus ganz Tasmanien.

Mill Providore + Gallery LEBENSMITTEL

(Karte S. 730; www.millprovidore.com.au; 2 Bridge Rd; ⏲Mo–Fr 8.30–17, Sa & So 9–16 Uhr) In dem Schatzkästchen über dem Restaurant Stillwater im Gebäude von Ritchie's Mill gibt's die schönsten Sachen für Haus, Küche, Leib und Seele. Perfekt, um sich mit köstlichen Delikatessen und Schokoprodukten für ein Picknick einzudecken!

Pinot Shop WEIN

(Karte S. 730; www.pinotshop.com; 135 Paterson St; ⏲Mo–Do 10–18, Sa & So 10–19 Uhr) Die Spirituosen-Boutique hat sich auf Spätburgunder und andere exquisite Tropfen vornehmlich tasmanischen Ursprungs spezialisiert. Es sind aber auch internationale und australische Spitzenweine im Angebot.

Praktische Informationen

Banken und Geldautomaten gibt's in der St. John St und der Brisbane St in der Nähe des Einkaufszentrums. Postämter sind in der St. John St und der Cameron St zu finden.

Launceston Visitor Information Centre (Karte S. 730; ☎1800 651 827; www.visitlauncestontamar.com.au; Ecke St. John St & Cimitiere St; ⏲Mo–Fr 9–17, Sa & So 9–13 Uhr) Das Personal hier kann Unterkünfte in ganz Tasmanien organisieren sowie Touren und Transportmittel buchen.

An- & Weiterreise

BUS

Die Busse von **Redline Coaches** (Karte S. 730; ☎1300 360 000; www.tasredline.com.au) und **Tassielink** (Karte S. 730; ☎1300 300 520; www.tassielink.com.au) fahren alle am **Cornwall Square Transit Centre** (Karte S. 730; Ecke St. John St & Cimitiere St) hinter dem Visitor Information Centre ab. **Manion's Coaches** (Karte S. 730; ☎03-6383 1221; www.manionscoaches.com.au; 168 Brisbane St) bietet Verbindungen von Launceston ins West Tamar Valley.

Die wichtigsten Strecken und Preise von **Redline**:

STRECKE	PREIS (AU$)	DAUER (STD.)
Launceston–Burnie	38	2¼
Launceston–Deloraine	14	¾
Launceston–Devonport	24	1½
Launceston–George Town	12	¾
Launceston–Hobart	40	2½
Launceston–Stanley	58	4

Die wichtigsten Strecken und Preise von **Tassielink**:

STRECKE	PREIS (AU$)	DAUER (STD.)
Launceston–Bicheno (mit Anschluss an Busse von Calow's)	34	2½
Launceston–Cradle Mountain	59	3
Launceston–Devonport (auf Fähre abgestimmt)	24	1¼
Launceston–Hobart	34	2½
Launceston–Queenstown	72	6
Launceston–Sheffield	30	2
Launceston–Strahan	82	8¾

FLUGZEUG

Ausführliche Infos zu Inlandsflügen von und nach Hobart gibt's auf S. 675.

ℹ Unterwegs vor Ort

AUTO

Die bekannten Autovermietungen haben Büros am Flughafen oder in der Innenstadt. Zu den kleineren Anbietern (ab etwa 40 AU$/Tag) zählt **Lo-Cost Auto Rent** (☎1300 883 739; www.rentforless.com.au; 80 Tamar St).

BUS

Mit dem „Day Rover"-Tagesticket (5 AU$) von **Metro** (☎13 22 01; www.metrotas.com.au) kann man nach 9 Uhr unbegrenzt alle Nahverkehrsbusse nutzen. Diese fahren alle an der St. John St zwischen der Paterson St und der York St ab. Viele Routen werden abends und/oder sonntags eingestellt.

Der kostenlose Tiger Bus pendelt zwischen Inveresk, dem Princes Park und Windmill Hill hin und her (Mo–Fr 10–15.30 Uhr).

FAHRRAD

Das Arthouse Backpacker Hostel (S. 729) verleiht Fahrräder.

VOM/ZUM FLUGHAFEN

Der Launceston Airport liegt 15 km südlich der Stadt. **The Airporter** (☎03-6343 6677; Erw./Kind 15/8 AU$) ist ein Shuttle-Bus mit Abholservice. Ein Taxi in die bzw. aus der Stadt kostet um die 45 AU$.

RUND UM LAUNCESTON

Tamar Valley

Der breite Tamar River fließt von Launceston aus in die 64 km nördlich gelegene Bass Strait. Auf seinem Weg passiert er Obstgärten, Wälder, Weiden und Weinberge.

Das **Tamar Visitor Information Centre** (☎1800 637 989, 03-6394 4454; www.tamarvalley.com.au; Main Rd, Exeter; ⌚8.30–17 Uhr) befindet sich in Exeter im westlichen Tamar Valley.

Dies ist Tasmaniens wichtigstes Weinanbaugebiet, und die hier gekelterten Premiumweine erlangen internationale Anerkennung. Infos zu Weintouren gibt's auf der Website der **Tamar Valley Wine Route** (www.tamarvalleywines.com.au).

ℹ Anreise & Unterwegs vor Ort

Eine Radtour am Tamar River entlang in Richtung Norden ist einfach ein Traum.

Unter der Woche verkehren die Busse von **Manion's Coaches** (☎03-6383 1221; www.manionscoaches.com.au; 72 Shaw St, Beaconsfield) zwischen Launceston und dem westlichen Tamar Valley.

Lees Coaches (☎03-6334 7979; www.leescoaches.com) hat Busse vom östlichen Tamar Valley zum Cornwall Square Transit Centre in Launceston.

Rosevears

270 EW.

Das hübsche Dorf am Fluss liegt an einer kleinen Straße, die vom West Tamar Hwy abzweigt. Mit ein paar exquisiten Weingütern in der Umgebung ist es ein echtes Paradies für Liebhaber der edlen Tropfen.

Unbedingt anschauen sollte man sich die Kellerei **Ninth Island Vineyard Strathlynn** (www.kreglingerwineestates.com; 95 Rosevears Dr; ⌚Weinverkauf 10–17 Uhr), die zum Pipers Brook Vineyard gehört. Wieder auf der Hauptstraße folgt man den Schildern zum **Rosevears Estate** (☎03-6330 1800; www.rosevears.com.au; 1a Waldhorn Dr; ⌚Weinverkauf 10–17 Uhr), wo man nicht nur den Wein probieren (und kaufen), sondern auch nobel übernachten kann (Häuschen mit 1 od. 2 Schlafzi. 150–250 AU$).

Die 1831 erbaute **Rosevears Waterfront Tavern** (www.rosevearstavern.com.au; 215 Rosevears Dr; Hauptgerichte 20–25 AU$; ⌚mittags & abends) bietet anständiges Kneipenessen wie Hühnchen alla Parmigiana, aber auch feinere Gerichte wie Schweinebauch oder marinierte und gebratene Wachteln. Die Aussicht auf den Fluss ist sagenhaft, der Biergarten sehr schön; die Wandmalereien sind eher bizarr. Die Pizza-Variationen (18–23 AU$) reichen von toskanisch bis mexikanisch, und am Sonntagnachmittag gibt's meist Livemusik ab 14.30 Uhr.

Beauty Point & Umgebung

1500 EW.

In Beauty Point befindet sich die faszinierende **Seahorse World** (☎03-6383 4111; www.seahorseworld.com.au; Inspection Head Wharf; Erw./Kind 20/9 AU$; ⌚Sept.–April 9.30–16.30 Uhr, Mai–Aug. 10–15 Uhr), in der entzückende Seepferdchen für Aquarien auf der ganzen Welt gezüchtet werden.

Im **Platypus House** (☎03-6383 4884; www.platypushouse.com.au; Inspection Head Wharf; Erw./Kind 20/9 AU$; ⌚9.30–15.30 Uhr) direkt nebenan ist ein Tierpark mit Schnabeltieren und Ameisenigeln untergebracht.

Südlich von Beauty Point liegt das Bergarbeiterstädtchen **Beaconsfield**, das durch

Rund um Launceston

den Einsturz seiner Goldmine im April 2006 und die anschließende Rettungsaktion weltweit Schlagzeilen machte. Das **Beaconsfield Mine & Heritage Museum** (www.beaconsfieldheritage.com.au; West St; Erw./Kind 11/4 AU$; ⌚9.30–16.30 Uhr) beleuchtet die Geschichte des Bergbaus mittels interaktiver Exponate.

Alle drei genannten Attraktionen lassen sich mit dem **Triple Pass** (Erw./Fam. 43/115 AU$) des Tamar Visitor Information Centre (S. 735) in Exeter besuchen.

Beauty Point Tourist Park CAMPING **$**
(☎03-6383 4536; www.beautypointtouristpark.com.au; 36 West Arm Rd, Beauty Point; Stellplatz mit Strom 30 AU$, Wohnwagen f. 2 Pers. 99 AU$, Hütte 99–149 AU$;) Der geschützte Campingplatz liegt direkt am Fluss und verfügt auch über eine Reihe von Wohnwagen und Hütten.

Tamar Cove MOTEL **$$**
(☎03-6383 4375; www.tamarcove.com; 4421 Main Rd, Beauty Point; DZ 119–139 AU$, Hauptgerichte 15–30 AU$;) Das stilvolle Hotel hat auch ein tolles Restaurant, das für seinen Meeresfrüchte-Eintopf und die Jakobsmuscheln aus der Region weithin bekannt ist. Wer im Tamar Valley unterwegs und auf der Suche nach einem guten, preiswerten Mittagessen ist, sollte hier einkehren (Gerichte ab 12 AU$).

George Town

4270 EW.

Die historische Stadt am Ostufer der Mündung des Tamar River ist – nach Sydney und Hobart – die drittälteste Siedlung Australiens. Gegründet wurde sie 1804 von Lieutenant Colonel Paterson als Wachposten gegen die Franzosen, die damals in diese Gegend vordrangen. Leider ist kaum etwas von der ursprünglichen Siedlung übrig geblieben, an ihrer Stelle befindet sich heute eine Aluminiumschmelzerei. Das **Visitor Information Centre** (☎03-6382 1700; www.

provincialtamar.com.au; Main Rd; ⏲9–17 Uhr) verleiht Fahrräder zur Erkundung der Stadt und des benachbarten Low Head.

Außerdem gibt's dort Karten zum Heritage Trail, in denen die 200-jährige Geschichte des Ortes erläutert wird. Beim Besuch im **Bass & Flinders Centre** (8 Elizabeth St; Erw./Kind/Fam. 10/4/24 AU$), dem ausgezeichneten Stadtmuseum, können Traveller u.a. einen Nachbau der *Norfolk* besichtigen, des kleinen Bootes, mit dem Bass und Flinders 1897 einmal rund um Vandiemensland gesegelt waren.

Pier Hotel HOTEL **$$**
(☎03-6382 1300; www.pierhotel.com.au; 5 Elizabeth St; DZ 160–230 AU$, Hauptgerichte 20–33 AU$; 📶) Zu dem Hotel gehören komplett ausgestattete Ferienhäuser für bis zu vier Personen, blitzblanke Motelzimmer und ein bierseliges **Bistro** mit Terrasse am Fluss und ordentlicher Speisekarte.

Low Head

465 EW.

Low Head liegt an einer sandigen Landspitze nördlich von George Town und schließt unmittelbar an seinen Nachbarort an. Es ist viel attraktiver als dieser – ein richtiger Ferienort mit Strand und dem **Low Head Historic Precinct** als Zentrum.

Die **Low Head Pilot Station** ist die älteste Lotsenstation Australiens (von 1805) und dient dazu, den Schiffskapitänen bei der Einfahrt in den Tamar River zu helfen. Zudem ist hier ein tolles **Schifffahrtsmuseum** (☎03-6382 2826; Low Head Rd; Erw./Kind 5/3 AU$; ⏲10–16 Uhr) voller historischer Gegenstände und Exponate untergebracht. Die **Pilot's Row** (☎03-6382 2826; bookings@lowheadpilotstation.com; Low Head Rd; DZ ab 150–230 AU$) aus den 1860er-Jahren ist eine historische Bleibe mit neun separaten Cottages aus der Kolonialzeit.

In Low Head ist der Ausblick vom 1888 erbauten **Leuchtturm** ein echtes Highlight. Mit **Low Head Penguin Tours** (☎0418 361 860; http://penguintours.lowhead.com; Erw./Kind 18/10 AU$; ⏲Dämmerung) kann man zur Pinguinbeobachtung aufbrechen. Die Tiere kehren allabendlich zu ihren Nestern zurück. Gut surfen und sicher im Fluss schwimmen kann man am **East Beach** an der Bass Strait.

Low Head Tourist Park CAMPING **$**
(☎03-6382 1573; www.lowheadtouristpark.com.au; 136 Low Head Rd; Stellplatz ohne/mit Strom 18/32 AU$, B 25 AU$, Hütte 96–100 AU$, Cottage 120–130 AU$) Komfortable, holzvertäfelte Hütten plus Zelt- und Wohnmobilstellplätze (jeweils mit Flussblick).

Longford & Umgebung

Longford (3030 Ew.) ist eine denkmalgeschützte Ortschaft 27 km südlich von Launceston und war 1965 Austragungsort des Grand Prix von Australien. Die Rennwagen sind verschwunden, und auch sonst erinnert nichts mehr daran. Dafür ist die Gegend für ihre historischen Anwesen bekannt.

Das 1819 errichtete **Woolmers** (☎03-6391 2230; www.woolmers.com.au; Woolmers Lane, Longford; Eintritt Erw./Kind ab 14/5 AU$, Führung Erw./Kind/Fam. ab 20/7/45 AU$; ⏲10–16 Uhr, Führungen 11.15, 12.30 & 14 Uhr) ist UNESCO-Welterbe. Es verfügt über einen 2 ha großen Rosengarten und mehrere Gebäude voller alter Schätze.

Das nahe gelegene **Brickendon** (☎03-6391 1383; www.brickendon.com.au; Woolmers Lane, Longford; Eintritt Erw./Kind 12/4,50 AU$, DZ Hütte 130–190 AU$; ⏲Okt.–Mai 9.30–17 Uhr, Juni–Sept. 9.30–16 Uhr) ist ein etwas bescheideneres Anwesen aus dem Jahr 1824 mit historischem Park und einem immer noch intakten Bauerndorf. Woolmers und Brickendon vermieten jeweils in sich abgeschlossene, restaurierte **Cottages** aus der Kolonialzeit.

Rund 10 km westlich von Longford erstreckt sich das herrliche **Liffey Valley**. Ein kleiner Umweg zur Erkundung des **Liffey Falls State Reserve** lohnt sich allemal.

Das großartige, 1819 erbaute **Entally Estate** (www.entally.com.au; Old Bass Hwy, Hadspen; Erw./Kind 10/8 AU$; ⏲10–16 Uhr) befindet sich in staatlichem Besitz und liegt auf einem wunderschönen Anwesen. Es ist das Highlight des 15 km nördlich von Longford gelegenen **Hadspen**.

Schlafen & Essen

Racecourse Inn KNEIPE **$$**
(☎03-6391 2352; www.racecourseinn.com; 114 Marlborough St; EZ 140–170 AU$, DZ 160–200 AU$; 📶) Die Zimmer des herrlich restaurierten Gasthauses aus georgianischer Zeit sind mit Antiquitäten eingerichtet. Den Hotelgästen steht auch ein Restaurant zur Verfügung.

Red Feather Inn BOUTIQUEHOTEL **$$$**
(☎03-6393 6506; www.redfeatherinn.com.au; 42 Main St; DZ inkl. Frühstück 250–350 AU$) Eines der besten Boutiquehotels in ganz Tasmani-

en, in dem Hotelgäste auch zu Abend essen können (Drei-Gänge-Menü 85 AU$/Pers.). In der hauseigenen Kochschule kann man im Einzelunterricht oder im Rahmen der regelmäßig stattfindenden Kurse das Kochen lernen.

JJ's Bakery & Old Mill Café CAFÉ $$
(52 Wellington St; Hauptgerichte 12–20 AU$; ⌚Mo–Fr 7–17.30, Sa & So 7–17 Uhr) In der ehemaligen Mühle Old Emerald werden heute Pizzas und vorzügliche Backwaren hergestellt.

Evandale

1060 EW.

Die Bilderbuchstadt ist die am besten erhaltene, historische Ortschaft in ganz Tasmanien und liegt 20 km südlich von Launceston im South Esk Valley. Jeden Sonntag findet der bunte **Evandale Market** (www.evandaletasmania.com; ⌚8–13.30 Uhr) statt. Im **Visitor Information Centre** (☎03-6391 8128; www.evandaletasmania.com; 18 High St; ⌚Okt.–April 9–17 Uhr, Mai–Sept. 10–16 Uhr) sind Stadtpläne und Broschüren erhältlich, mithilfe derer man das architektonische Erbe der Stadt auf eigene Faust erkunden kann.

Höhepunkt der alljährlichen **Evandale Village Fair & National Penny Farthing Championships** (www.evandalevillagefair.com; Erw./Kind 7 AU$/frei; ⌚Feb.) ist das Penny-Farthing-Rennen, bei denen die Teilnehmer auf ihren Hochrädern von den Einwohnern in historischen Kostümen angefeuert werden.

Gut 11 km südlich der Stadt liegt das unter Denkmalschutz stehende **Clarendon Homestead** (☎03-6398 6220; www.nationaltrusttas.org.au; 234 Clarendon Station Rd; Erw./Kind 10 AU$/frei; ⌚Sept.–Juni 10–16 Uhr), ein grandioses, neoklassizistisches Gutshaus von 1838 inmitten einer beeindruckenden Parkanlage.

Schlafen & Essen

Wesleyan Chapel FERIENHAUS $$
(☎03-6331 9337; www.windmillhilllodge.com.au; 28 Russell St; DZ inkl. Frühstück 130–140 AU$) Die 1836 erbaute, winzige Kirche hat eine wechselvolle Geschichte hinter sich und ist heute eine stilvolle, romantische Unterkunft für zwei Personen.

Ingleside Bakery Café CAFÉ $$
(4 Russell St; Hauptgerichte 10–19 AU$; ⌚8.30–17 Uhr) Inmitten von Antiquitäten und Werken einheimischer Künstler werden den ganzen Tag über Frühstück und leichte Mittags-Snacks serviert. Im ausgezeichneten Laden des Cafés kann man jede Menge Gegenstände im rustikalen Landhausstil, tasmanische Weine und Bier aus der städtischen Brauerei Van Dieman Brewing kaufen.

Ben Lomond National Park

Der 165 km² große **Nationalpark** (www.parks.tas.gov.au) 55 km südöstlich von Launceston ist das schneesicherste Skigebiet Tasmaniens. Wenn im Frühjahr und Sommer kein Schnee liegt, marschieren Wanderer über die mit Wildblumen bedeckten, alpinen Bergwiesen.

Weitere Infos gibt's auf www.skibenlomond.com.au. Für den Nationalpark muss Eintritt bezahlt werden.

Schlafen & Essen

Creek Inn KNEIPE $$
(☎03-6390 6199; Winter DZ 200 AU$) Der nur in der Skisaison geöffnete Pub ist die höchstgelegene Kneipe Tasmaniens. Es gibt ein Restaurant mit Alkoholausschank und während der Skisaison von Juli bis September auch einen Kiosk und ein Skigeschäft. Ein Skipass kostet für einen Erwachsenen 230 AU$, für ein Kind 55 AU$ pro Tag, Leihski inklusive Skipass und Skikurs kosten 120/85 AU$ pro Erwachsenem/Kind.

An- & Weiterreise

In der Skisaison verkehrt ein Bus von Tasmanian Expeditions zwischen Launceston und dem Skigebiet (hin & zurück 45 AU$). In den Bus, der um 8 Uhr vor dem Visitor Information Centre (S. 734) in Launceston abfährt, kann man auch erst am Fuß des Ben Lomond einsteigen (hin & zurück 15 AU$). Eine Platzreservierung ab Launceston ist nur unter der Telefonnummer 1300 666 856 möglich.

Außerhalb der Skisaison ist man auf ein eigenes Fahrzeug angewiesen. Die Fahrt in den Hochgebirgsort führt auf einer unbefestigten, extrem kurvigen Straße über den haarsträubend steilen Anstieg der Jacob's Ladder – der im Winter nur mit Schneeketten zu bewältigen ist.

DER NORDEN

Tasmaniens Norden ist eine relativ bevölkerungsreiche Region mit Küstenstädten, großen, offenen Weiten und kleinen Siedlungen an den Hängen der Great Western Tiers. In weiten Teilen des Gebiets wird intensive Landwirtschaft betrieben, denn nördlich und westlich von Launceston erstrecken sich rostfarbener, eisenreicher Boden und grüne Wiesen. Es gibt aber auch bedeutende Wälder, Gletschertäler, Doleritgipfel und mächtige Flüsse. Da bietet es sich doch geradezu an, einfach vom Highway abzufahren und die ruhigen Nebenstraßen und kleinen Orte in Ruhe zu erkunden!

Anreise & Unterwegs vor Ort

Redline Coaches (1300 360 000; www.tasredline.com.au) bietet täglich mehrere Verbindungen im Norden:

STRECKE	PREIS (AU$)	DAUER (STD.)
Launceston–Burnie	38	2¾
Launceston–Deloraine	14	¾
Launceston–Devonport	24	1½
Launceston–Penguin	35	2¼
Launceston–Ulverstone	30	2

Tassielink (1300 300 520; www.tassielink.com.au) betreibt den täglich verkehrenden Main Road Express, der auf die Fähre über die Bass Strait abgestimmt ist. So fährt frühmorgens ein Expressbus von Devonport nach Launceston und Hobart. In umgekehrter Richtung fährt nachmittags ein Bus rechtzeitig zur Abfahrt der Abendfähre. Einige Beispiele für Strecken und Preise (einfache Strecke):

STRECKE	PREIS (AU$)	DAUER (STD.)
Devonport–Cradle Mountain	41	1½
Devonport–Hobart	57	4¼
Devonport–Launceston	24	1¼
Devonport–Sheffield	5	½
Devonport–Strahan	64	7¼

Devonport

24 300 EW.

Tasmaniens drittgrößte Stadt ist längst nicht so interessant wie Hobart oder Launceston, doch mehrere neu eröffnete Cafés und Restaurants haben ihr in letzter Zeit zumindest einen Hauch von weltoffener Großstadt verliehen. Hier legt jeden Morgen (und im Sommer auch jeden Abend) die Fähre *Spirit of Tasmania* aus Melbourne an.

Sehenswertes & Aktivitäten

Mersey Bluff WAHRZEICHEN

Der von einem Leuchtturm gekrönte Felsvorsprung Mersey Bluff ist die Hauptsehenswürdigkeit Devonports. Der rot-weiß-gestreifte Leuchtturm war 1889 gebaut worden, um die Einfahrt in den aufstrebenden Hafen zu erleichtern. In dem Hafen werden bis heute die landwirtschaftlichen Erzeugnisse aus dem gesamten Norden Tasmaniens verschifft.

Tiagarra MUSEUM

(03-6426 1004; michelle@sixriverscorporation.com.au; Bluff Rd; Erw./Kind 10/5 AU$) Die faszinierende Ausstellung dokumentiert die Geschichte der Aborigines in Tasmanien, seit einst die ersten Menschen die heute unter der Bass Strait liegende Landbrücke überquerten. Dabei werden erstaunlich offen auch die Dezimierung der Aborigines und die Zerstörung von deren traditioneller Kultur durch die europäischen Eindringlinge behandelt. Da es keine festen Öffnungszeiten gibt, sollten sich interessierte Besucher zuvor bei der Six Rivers Aboriginal Corporation erkundigen, wann die Ausstellung geöffnet ist.

House of Anvers SCHOKOLADENFABRIK

(www.anvers-chocolate.com.au; 9025 Bass Hwy; 7–19 Uhr) Das „Antwerpen-Haus" ist sowohl eine Schokoladenfabrik als auch ein Schokoladenmuseum. Hier gibt es jede Menge Karamellbonbons, Trüffel und schokolierte Orangenschnitze zu entdecken. Oder man lässt sich gemütlich ein echtes *pain au chocolat* (mit Schokolade gefülltes Croissant) mit einer Tasse heißer Schokolade schmecken. Das herrliche süße Paradies liegt am Bass Hwy 8 km südöstlich der Stadt.

Bass Strait Maritime Centre MUSEUM

(6 Gloucester Ave; Erw./Kind 5/2 AU$; Okt.–März 10–16.30 Uhr, April–Sept. 10–16 Uhr) Das Museum ist im ehemaligen Wohnhaus des Hafenmeisters untergebracht. Das um 1920 errichtete Gebäude auf dem Uferstreifen von Devonport diente auch als Lotsenstation. Glanzstück des Anfang 2013 wiedereröffneten Museums ist der restaurierte Zweimaster *Julie Burgess*, der unzählige Male die stürmische Bass Strait überquert hat. Außerdem wird die Entwicklung des Schiffsbaus anhand von zahlreichen Modellen gezeigt. Ein aufschlussreiches Informationszentrum und die Aussichtsplatt-

form vervollständigen die interessante Ausstellung.

Don River Railway MUSEUM
(www.donriverrailway.com.au; Forth Main Rd; Erw./Kind/Fam. 17/12/38 AU$; ⏲9–17 Uhr) Die Eisenbahnschienen liegen 4 km westlich der Stadt, praktisch direkt am Bass Hwy. Im Eintrittspreis enthalten ist eine 30-minütige Fahrt in einem Dieselzug, der von 10 bis 16 Uhr durch die Gegend rattert. An Sonn- und Feiertagen wird der Museumszug von einer Dampflok gezogen.

Devonport Regional Gallery KUNSTGALERIE
(www.devonportgallery.com; 45-47 Stewart St; ⏲Mo–Fr 10–17, Sa 12–17, So 13–17 Uhr) In der ausgezeichneten Galerie sind vor allem Gemälde tasmanischer Künstler aus dem 20. Jh., zeitgenössische Kunst aus Tasmanien und Australien sowie Keramiken und Glaswaren zu sehen.

Murray's Day Out AUTOFAHRT
(☎03-6424 5250; www.murraysdayout.com.au; Tagestour ab 150 AU$/Pers.) Der ebenso stolze wie begeisterte Tasmanier Murray bietet „Fahrten mit Humor" für bis zu sieben Personen in seinem gemütlichen Van an. Damit fährt er ganz in den Westen bis nach Marrawah, in den Cradle Mountain National Park oder einfach durch die kleinen Orte rund um Devonport.

Schlafen

Mersey Bluff Caravan Park CAMPING $
(☎03-6424 8655; www.merseybluff.com.au; 41 Bluff Rd; Stellplatz ohne/mit Strom f. 2 Pers. 12/32 AU$, Wohnwagen f. 2 Pers. 65–90 AU$) Der schöne, mit Bäumen bepflanzte Platz am Mersey Bluff ist nur ein paar Schritte vom Strand entfernt. Neben feststehenden Wohnwagen gibt's hier eine Campingküche und Grillstellen.

Tasman Backpackers HOSTEL $
(☎03-6423 2335; www.tasmanbackpackers.com.au; 114 Tasman St; B 20–25 AU$, 2BZ/DZ 50/52 AU$; @📶) Das weitläufige, ehemalige Schwesternheim ist heute ein freundliches Hostel mit internationalem Flair. Die Gäste werden kostenlos am Hafen oder Busbahnhof abgeholt, und es können auch Jobs auf Obstplantagen vermittelt werden.

Barclay Motor Inn MOTEL $$
(☎03-6424 4722; www.barclaymotorinn.com.au; 112 North Fenton St; DZ 140–180 AU$; 📶🏊) Das Motel ist nicht gerade eine architektonische Glanzleistung, aber der Empfang ist herzlich und die preiswerten Zimmer sind blitzblank. Außerdem gibt's einen Swimmingpool und einen Tennisplatz.

Essen

★**Laneway** CAFÉ $$
(www.lane-way.com.au; 2/38 Steele St; Hauptgerichte 10–20 AU$; ⏲7.30–16 Uhr) Das Café in einer ehemaligen Bäckerei dürfte eines der besten in ganz Tassie sein. Das hippe Personal serviert herzhaftes Frühstück mit pochierten Eiern, Avocadopüree und Schinkenspeck. Gleichzeitig ist in dem freundlichen, denkmalgeschützten Haus auch ein Feinkostladen untergebracht, in dem Bier, Wein und Kunsthandwerk aus der Region verkauft werden. Gelegentlich finden auch Abendveranstaltungen mit besonderen Menüs statt, die gegebenenfalls vor Ort angekündigt werden.

Drift MODERN-AUSTRALISCH $$
(www.drift.au.com; 41 Bluff Rd; Tapas 10–16 AU$, Hauptgerichte 24–30 AU$; ⏲10 Uhr–open end) 🍃 Das betriebsamste Restaurant der Stadt befindet sich im modernen Gebäude des Devonport Surf Club. Die verschiedenen Burger (8–16 AU$) gibt's auch zum Mitnehmen; im stilvollen Innenraum werden dann interessante Tapas und auch vollwertige Mahlzeiten serviert. Zu den Highlights der Speisekarte gehören frittierte Calamares und Tacos mit Ente. Es wird sehr viel Wert darauf gelegt, dass die Zutaten aus biologischem Anbau und Freilandhaltung in der Region stammen.

Tapas Lounge Bar CAFÉ & BAR $$
(www.tapasloungebar.com; 97a Rooke St Mall; Tapas 9,50–12,50 AU$, Hauptgerichte 17–22 AU$; ⏲Mi–So 16 Uhr–open end, Küche ab 18.30 Uhr) Die Bar im Obergeschoss des Einkaufszentrums in der Rooke St ist mit schwarzem Leder ausgestattet und wird mit funkiger Musik beschallt. Auf der von Tapas dominierten Speisekarte stehen auch Platten für zwei Personen (30–60 AU$) und Kindermenüs. Von Donnerstag bis Sonntag gibt's ab 21 Uhr Livemusik.

The Wagyu Pie Company CAFÉ $$
(www.wagyupiecompany.com.au; 11 Oldaker St; Snacks & kleine Gerichte 10–18 AU$; ⏲So–Do 7–16, Fr& Sa 7–21 Uhr) Ordentliche Auswahl von Pasteten, Pizzas und Sandwiches sowie vollwertigen Mahlzeiten (17–26 AU$) am Freitag- und Samstagabend.

Ausgehen & Unterhaltung

Central at the Formby BAR

(82 Formby Rd; ⌚14 Uhr–open end) Die beste Bar der Stadt ist lässig entspannt, weist ein künstlerisches Flair auf und ist mit schicken Ledersofas ausgestattet. An warmen Sommerabenden werden die gläsernen Türen geöffnet und geben den Blick auf den Fluss frei. Freitag- und samstagabends treten Livebands auf, sonntagnachmittags finden *unplugged*-Sessions statt, die ein eher reiferes Publikum anziehen.

Praktische Informationen

Devonport Visitor Information Centre (☎03-6424 4466, 1800 649 514; www.devonporttasmania.travel; 92 Formby Rd; ⌚7.30–17 Uhr) Die Touristeninformation am Ufer gegenüber dem Fährhafen öffnet jeweils zur Ankunft der Fähre und bewahrt das Gepäck der Reisenden kostenlos auf.

Online Access Centre (21 Oldaker St; ⌚Mo–Do 9.30–17.30, Fr 9.30–19, Sa 9.30–13.30, So 11–17 Uhr) Bietet Internetzugang in der Bücherei.

An- & Weiterreise

BUS

Die Busse von **Redline Coaches** (☎1300 360 000; www.tasredline.com.au) und **Tassielink** (☎1300 300 520; www.tassielink.com.au) verkehren regelmäßig zwischen Launceston und Devonport. Tassielink fährt auch von Devonport zum Cradle Mountain und weiter an die Westküste nach Zeehan, Strahan, Queenstown und in andere Orte.

Die Busse von Redline Coaches halten in der Edward St und am Fährhafen. Die Tassielink-Busse stoppen vor dem Devonport Visitor Information Centre und am Fährhafen.

FLUGZEUG

QantasLink (☎13 13 13; www.qantas.com.au) Fliegt regelmäßig nach Melbourne.

SCHIFF/FÄHRE

Die Fähren von **Spirit of Tasmania** (☎1800 634 906; www.spiritoftasmania.com.au; ⌚Kundenservicecenter Mo–Sa 8–20.30, So 9–20 Uhr) verkehren zwischen dem Station Pier in Melbourne und dem Fährhafen an der Esplanade im Osten Devonports.

Unterwegs vor Ort

Der Flughafen von Devonport liegt 5 km östlich der Stadt. Ein **Shuttle-Bus** (☎1300 659 878; 15 AU$/Pers.) verkehrt zwischen dem Flughafen und dem Fähranleger, der Touristeninformation und den Unterkünften der Stadt; man muss aber im Voraus gebucht haben. Eine **Taxifahrt** (☎03-6424 1431) von und zum Flughafen kostet um die 25 AU$.

Von einer Pontonbrücke beim Postamt setzt die Fähre über den Mersey zum Anleger der *Spirit of Tasmania* über. Sie fährt nach Bedarf montags bis samstags zwischen 7.30 und 18 Uhr, die einfache Fahrt kostet 2,50 AU$.

Autos vermieten diese Unternehmen:

Europcar (☎03-6427 0888; www.europcar.com.au) im Fährhafen.

Thrifty (☎1800 030 730, 03-6427 9119; www.thrifty.com.au) ebenfalls am Fährhafen.

Deloraine

2240 EW.

Das zu Füßen der Great Western Tiers gelegene Deloraine ist eine künstlerisch angehauchte ländliche Ortschaft. Ihre schönen georgianischen und viktorianischen Gebäude schmiegen sich an die Hügel rund um den hübschen Meander River. Die Hauptstraße ist von Skulpturen, hohen Bäumen europäischer Art, tollen Restaurants, Galerien und interessanten Läden mit allerlei Schnickschnack gesäumt. Achtung: Während der jährlich stattfindenden viertägigen **Tasmanian Craft Fair** (www.tascraftfair.com.au; ⌚Ende Okt.–Anfang Nov.) nehmen die Besucher der Festlichkeiten sämtliche Unterkünfte zwischen Launceston und Devonport in Beschlag.

Beim **Great Western Tiers Visitor Information Centre** (☎03-6362 5280; www.greatwesterntiers.net.au; 98 Emu Bay Rd; ⌚9–17 Uhr) kann man Unterkünfte buchen und Infos über schöne Wanderungen in der Gegend bekommen. Außerdem werden Mountainbikes verliehen (Std./Tag/Woche 10/25/140 AU$), und es ist eine Straßenkarte erhältlich, in der vier wunderbare, ein- und zweitägige Touren in die Umgebung beschrieben sind. Bevor man losradelt, sollte man sich die Karten und Podcasts der jeweiligen Touren auf der Website von Great Western Tiers anschauen.

Sehenswertes & Aktivitäten

Deloraine Folk Museum & YARNS: Artwork in Silk MUSEUM

(98 Emu Bay Rd; Erw./Kind 8/2 AU$; ⌚9.30–16 Uhr) Kernstück des Museums ist ein herrlicher gesteppter und mit Applikationen versehener Wandbehang, der aus vier Teilen besteht und das Leben im Meander Valley im Wechsel der Jahreszeiten zeigt. An jedem der vier Teile wurde 2500 Stunden lang ge-

arbeitet; das ganze Projekt dauerte insgesamt drei Jahre. Seitdem hängt er in einem eigens dafür gebauten Saal, in dem auch die Entstehung dieses faszinierenden Werkes erläutert wird. Vor Kurzem kam noch eine Ausstellung über die Zeit von 1843 bis 1847 hinzu, als in Deloraine die auf Bewährung aus dem Gefängnis entlassenen Sträflinge beaufsichtigt wurden.

41° South Aquaculture LACHSFARM
(www.41southtasmania.com; 323 Montana Rd; Snacks & kleine Gerichte 8–12 AU$; ⌚9–16 Uhr) Hier kann man geräucherten Lachs (kostenlos) probieren und dann im Verkostungsraum kaufen oder gleich als Burger im hauseigenen Café essen. Der interessante Betrieb kann auf eigene Faust besichtigt werden (Erw./Kind/Fam. 10/7/25 AU$). Außerdem werden Ginseng- und Honigprodukte verkauft. Die Farm liegt 6 km außerhalb der Stadt in Richtung Mole Creek und ist an der Montana Rd ausgeschildert.

Ashgrove Farm Cheese KÄSEREI
(www.ashgrovecheese.com.au; 6173 Bass Hwy; ⌚Okt.–April 7.30–18 Uhr, Mai–Sept. 7.30–17 Uhr) Die mit vielen Preisen ausgezeichnete Käserei befindet sich 15 km nördlich von Deloraine. Die Besucher dürfen bei der Käseherstellung zuschauen und das fertige Produkt im Verkostungsraum bzw. Hofladen auch probieren.

Schlafen & Essen

Deloraine Apex Caravan Park CAMPING $
(☎03-6362 2345; West Pde; Stellplatz ohne/mit Strom f. 2 Pers. 25/30 AU$) Dieser einfache Platz liegt am Ufer des Meander River am Ende der Hauptstraße. Nicht erschrecken, wenn plötzlich donnerndes Getöse ertönt: Die Bahnschienen sind gleich neben dem Campinggelände!

Bluestone Grainstore B&B $$
(☎03-6362 4722; www.bluestonegrainstore.com.au; 14 Parsonage St; DZ 155–170 AU$;) Hier wurde ein 150 Jahre altes Lagerhaus stilvoll umgebaut und renoviert. Nun darf man sich auf weiß getünchte Steinwände, gestärkte Bettwäsche und große, ovale Badewannen freuen. Es gibt sogar ein Miniaturkino mit freier Filmwahl! Zum Frühstück kommen regionale Bioprodukte auf den Tisch.

Tierview Twin Cottages FERIENHAUS $$
(☎03-6362 2377; 125 Emu Bay Rd; Häuschen DZ 120–140 AU$) Die gemütlichen, komplett ausgestatteten Häuschen stehen nicht weit von der Hauptstraße entfernt. Eines hat einen offenen Kamin, das andere einen Whirlpool.

Deloraine Deli CAFÉ & FEINKOST $$
(36 Emu Bay Rd; Hauptgerichte 10–20 AU$; ⌚Mo–Sa 8.30–17 Uhr) Ideal für ein spätes Frühstück mit unterschiedlich belegten bzw. gefüllten Baguettes, Bagels und Focaccia! Der starke Kaffee ist absolut erstklassig, und es gibt auch laktose- und glutenfreie Gerichte.

Restaurant Red ITALIENISCH $$$
(☎03-6362 3669; 81 Emu Bay Rd; Hauptgerichte 25–38 AU$, Pizza 18–32 AU$; ⌚12–22 Uhr) Das Restaurant im Gebäude der Bank of Australia von 1886 sieht super aus, duftet herrlich und serviert hervorragendes Essen. Das sagenhafte Angebot von typisch italienischen Köstlichkeiten reicht von Holzofenpizza über Saltimbocca und Kalbschnitzel bis hin zu ausgewählten Weinen, die perfekt dazu passen.

Mole Creek

220 EW.

Mole Creek ist ein wenig schmeichelhafter Name für die winzige Ortschaft etwa 25 km westlich von Deloraine. Der Ort liegt an einem Flüsschen in einer Ebene, die an die hoch aufragenden Felsen der Great Western Tiers grenzt – doch weit und breit ist kein Maulwurf *(mole)* in Sicht! Rund um den Ort warten Attraktionen (vor allem für Höhlenwanderer und Bushwalker). Mole Creek ist ein guter Ausgangspunkt für die Erkundung der Great Western Tiers und der Nationalparks Walls of Jerusalem und Cradle Mountain. (Die B12, die durch Mole Creek führt, ist eine interessante Alternativroute nach Cradle Mountain.)

Weitere Informationen gibt's unter www.molecreek.info

Sehenswertes & Aktivitäten

Mole Creek Karst National Park NATURSCHUTZGEBIET
(www.parks.tas.gov.au) Rund um Mole Creek, wo es einst von Beutelwölfen nur so wimmelte, finden sich Kalksteinhöhlen, Imkereien, die Leatherwood- (Scheinulmen-)Honig produzieren, sowie dieser tolle Wildpark.

Marakoopa Cave HÖHLE
Die feuchte Marakoopa-Höhle liegt 15 km von Mole Creek entfernt, ist von unterirdischen Strömen durchzogen und wird von

Glühwürmchen bewohnt. Die **King Solomons Cave** hingegen ist trocken, hat weniger Stufen und weist reflektierende Kalzit-Kristalle auf. Der Eintritt kostet jeweils 19 AU$ (Kind 9,50 AU$). Die Zeiten der Führungen sind an den Zufahrtsstraßen angeschlagen und können außerdem im **Mole Creek Caves Ticket Office** (☎ 03-6363 5182; www.molecreek.info; 330 Mayberry Rd, Mayberry) erfragt werden. Unbedingt warm anziehen: Die Temperatur in den Höhlen liegt durchschnittlich bei 9 °C!

R. Stephens IMKEREI
(www.leatherwoodhoney.com.au; 25 Pioneer Dr; ⌚ Jan.–April Mo–Fr 9–16 Uhr) Der Honig aus den Blüten der Tasmanischen Scheinulme *(leatherwood tree)*, die nur im feuchten Westen Tasmaniens wächst, ist eine Delikatesse. Jedes tasmanische Kind kennt das charakteristische Bienenetikett auf den Honiggläsern von R. Stephens. Eine Besichtigung der Imkerei ist nicht möglich, wohl aber die Verkostung und natürlich der Kauf des himmlischen Nektars.

Trowunna Wildlife Park NATURSCHUTZGEBIET
(www.trowunna.com.au; Erw./Kind/Fam. 20/10/50 AU$; ⌚ 9–17 Uhr, Führungen 11, 13, 15 Uhr) In dem großartigen Park 5 km östlich von Mole Creek an der B12 leben vor allem Tasmanische Teufel und Wombats.

Honey Farm FARM
(www.thehoneyfarm.com.au; 39 Sorell St; ⌚ So–Fr 9–17 Uhr) Die Honigfarm im benachbarten Chudleigh bietet in ihrem Hofladen kostenlose Honigproben an und präsentiert einen Bienenstock „zum Anfassen". Kosmetika und Hautpflegeprodukte aus Honig werden ebenso verkauft wie verschiedene Sorten Honigeis.

Devils Gullet WAHRZEICHEN
Eine Schotterpiste führt vom Lake Mackenzie auf das Hochgebirgsplateau der Western Tiers hinauf. Dort oben kann es das ganze Jahr über empfindlich kalt sein; das Wetter wechselt schnell. Folgt man dieser Straße bis zum Devils Gullet, erreicht man einen Rundwanderweg, der in 40 Minuten zu einer Plattform führt, die in schwindelerregender Höhe über einer atemberaubenden Schlucht schwebt.

Wild Cave Tours HÖHLENTOUREN
(☎ 03-6367 8142; www.wildcavetours.com; 165 Fernlea Rd) Für 95 bzw. 190 AU$ wandert man einen halben bzw. ganzen Tag durch die Höhlen der Umgebung. Die erforderliche Ausrüstung ist im Preis inbegriffen.

Schlafen & Essen

Mole Creek Caravan Park CAMPING $
(☎ 03-6363 1150; www.molecreek.net.au; Ecke Mole Creek Rd & Union Bridge Rd; Stellplatz ohne/mit Strom 20/25 AU$, Hütte 75 AU$; 📶) Der kleine, schmale Campingplatz befindet sich 4 km westlich der Stadt am Sassafras Stream, direkt an der Abzweigung zu den Höhlen und zum Cradle Mountain.

Mole Creek Hotel HOTEL & KNEIPE $
(☎ 03-6363 1102; www.molecreekhotel.com; Main Rd; EZ/DZ 55/90 AU$) Eine typische Dorfkneipe mit freundlichen Zimmern im Obergeschoss. In der mit alten Zeitungsartikeln tapezierten, düsteren Tiger Bar wird typische, herzhafte Kneipenkost serviert (Hauptgerichte 17–28 AU$). Das frisch gezapfte Tassie Tiger Dark Ale wird eigens für diese Kneipe gebraut.

★ **Mole Creek Guest House & Cafe** B&B $$
(☎ 03-6363 1399; www.molecreekgh.com.au; 100 Pioneer Dr; EZ 115–145 AU$, DZ 130–175 AU$; @ 📶) 🍃 Die geräumigen Zimmer sind wunderbar renoviert, das gemütliche Heimkino ist mit vielen guten DVDs bestückt. Im Restaurant im Erdgeschoss bekommen Gäste herzhaftes Frühstück und Mittagessen (13–18 AU$) sowie abends saftige Steaks und gegrillten Lachs (Hauptgerichte 16–32 AU$). Es gibt natürlich auch einige interessante Alternativen für Vegetarier. Durch den herrlichen Garten des Anwesens schlängelt sich ein Bach, an welchem sich Schnabeltiere tummeln.

Walls of Jerusalem National Park

In diesem abgeschiedenen **Nationalpark** (www.parks.tas.gov.au) des Central Plateau – er gehört zur Tasmanian Wilderness World Heritage Area – finden sich Gletscherseen und -täler, Bergflora und der zerklüftete Dolerit Mt. Jerusalem (1459 m). Erfahrene Buschwanderer sind begeistert von den hiesigen anspruchsvollen, einsamen Wandermöglichkeiten. Die beliebteste Wanderung ist der Ganztagesmarsch zu den Walls; im Park kann auch gezeltet werden. Der Nationalpark verlangt Gebühren.

Wer eine geführte Wanderung bevorzugt, kann mit Tasmanian Expeditions (S. 674) für 1545 AU$ einen sechstägigen Trip zu den Walls machen.

Die Walls sind von Sheffield oder Mole Creek aus zugänglich. Von Mole Creek nimmt man die B12 westwärts, die C138 gen Süden und dann die C171 (Mersey Forest Rd) zum Lake Rowallan; von dieser Straße aus folgt man der C171- (oder den „Walls of Jerusalem"-)Schildern zum Startpunkt des Weges. Am Mole Creek Caves Ticket Office gibt's die Karte *Walls of Jerusalem* (10,50 AU$)

Sheffield & Umgebung

1030 EW.

Sheffield wurde 1859 gegründet, doch in den 1980er-Jahren stand es schlecht um den Ort. Da schlug ein schlauer Kopf vor, die öffentlichen Wände des ländlichen Nestes mit großen Wandmalereien zu verzieren, um Touristen anzulocken – und das Schicksal des Ortes wendete sich. Heute ist Sheffield mit über 50 Wandmalereien geschmückt und hat mit dem **Muralfest** (www.muralfest.com.au; Ende März–Anfang April) sein eigenes jährlich stattfindendes Malereifestival.

Im **Kentish Visitor Information Centre** (03-6491 1036; www.sheffieldcradleinfo.com.au; 5 Pioneer Cres; 9–17 Uhr) bekommt man Stadtpläne mit einer Übersicht zu den Malereien, Audioführer und Infos zur Region.

Die Landschaft rund um Sheffield ist sehr schön. Der mächtige **Mt. Roland** (1234 m) erhebt sich über Farmland, Wälder und fischreiche Flüsse. Ebenfalls in der Nähe befindet sich der tiefe **Lake Barrington**, auf dem internationale Ruderregatten stattfinden.

Das **Tasmazia** (www.tasmazia.com.au; 500 Staverton Rd; Erw./Kind 20/10 AU$; April–Nov. 10–16 Uhr, Dez.–März 9–17 Uhr) liegt an der Abzweigung zum Lake Barrington und besteht aus Heckenlabyrinthen, einem unsagbar kitschigen Modelldorf mit dem Namen „Lower Crackpot", einem Lavendelfeld und einem Pfannkuchenstand.

Schlafen & Essen

Sheffield Cabins HÜTTEN $

(03-6491 2176; www.sheffieldcabins.com.au; 1 Pioneer Cres; DZ 100–105 AU$, zusätzl. Erw./Kind 15/10 AU$) Die einfachen, sauberen und mit allem Nötigen ausgestatteten Hütten stehen in der Nähe des Visitor Centres und weisen ein ausgezeichnetes Preis-Leistungs-Verhältnis auf.

Glencoe Rural Retreat B&B $$

(03-6492 3267; www.glencoeruralretreat.com.au; 1468 Sheffield Rd; DZ 175 AU$;) Das Anwesen in Barrington nördlich von Sheffield gehört dem berühmten französischen Meisterkoch Remi Bancal. Man schläft in romantischen Zimmern, in denen Kinder unter zwölf Jahren nicht erwünscht sind, und genießt – nach vorheriger Vereinbarung – ein leckeres Drei-Gänge-Menü (65 AU$). Im hauseigenen Café kommen auch Nichthotelgäste in den Genuss der französisch-kreolischen Küche (Hauptgerichte 25 AU$, Mi–Fr & So mittags).

Skwiz Café Gallery CAFÉ $

(www.fridaynitemusic.org; 63 Main St; Hauptgerichte 8–15 AU$; 8–16 Uhr) In dem freundlichen, künstlerisch angehauchten Café wird der beste Kaffee der Stadt zubereitet. Mit der nostalgischen Einrichtung und der lässigen Musik ist es perfekt, um zu entspannen, ausgiebig zu frühstücken, gemütlich zu Mittag zu essen und sich dazwischen mit Kaffee und Kuchen verwöhnen zu lassen. Freitagabends treten Livebands auf und spielen Blues- und Rootsmusik.

King Island

Auf dem schmalen, 64 km langen und 27 km breiten Inselstreifen mit 1700 Einwohnern geht es äußerst entspannt zu, und jeder kennt jeden. Die saftigen Weiden der grünen Insel, die von den Einheimischen einfach nur „KI" genannt wird, bilden die Grundlage für die florierende Milchwirtschaft, und die sie umgebenden Gewässer sorgen für ein reichhaltiges Angebot von frischen Meeresfrüchten. Außerdem trocknen die Inselbewohner Seetang, um seine begehrten Inhaltsstoffe zu extrahieren, und hegen und pflegen ihre vier Leuchttürme, die entlang der felsigen Küste stehen. Die konstante Brandung ist auch ideal zum Surfen. Zur Zeit der Recherche wurde auf der Insel der geplante Bau eines Windparks mit 200 Windrädern diskutiert, der mit 2 Mrd. AU$ eine bedeutende Investition in das abgeschiedene Eiland darstellen würde.

Sehenswertes

King Island Dairy MOLKEREI

(03-6462 0947; www.kidairy.com.au; North Rd; So–Fr 12–16 Uhr) Die Käsefabrik King Island Dairy liegt 8 km nördlich von Currie (gleich hinter dem Flugplatz). Hier können preisgekrönter Brie, Cheddar und Blauschimmelkäse gekostet und im Laden gekauft werden.

Leuchttürme & Schiffswracks HISTORISCHE STÄTTEN

Der letzte der vier Leuchttürme liegt am **Cape Wickham** und ist gleichzeitig der höchste seiner Art auf der Südhalbkugel. Der 48 m hohe Turm wurde 1861 erbaut, nachdem schon mehrere Schiffe an der tückischen Küste der Insel Schiffbruch erlitten hatten. Das **Currie Lighthouse** (☎0439 705 610; Erw./Kind 15/7,50 AU$; ⊙Führungen Mi & Sa 15.30 Uhr) stammt aus dem Jahr 1880, die anderen Leuchttürme stehen am **Stokes Point** und in **Naracoopa**. Mehr über Leuchttürme und Schiffswracks erfährt man im **King Island Museum** (Lighthouse St, Currie; Erw./Kind 5/1 AU$; ⊙14–16 Uhr, Juli & Aug. geschl.).

Aktivitäten

Im kühlen, klaren Gewässer vor der Küste lässt es sich prima **surfen**: Die Zeitschrift *Surfing Life* hat die Brandung am Martha Lavinia unter die Top 10 der Welt gewählt.

Beim **Angeln** im Meer oder in Binnengewässern ist der gute Fang fast garantiert – und **schwimmen** kann man an einem der zahlreichen menschenleeren Strände (Achtung: Strömung!) oder in den Süßwasserlagunen der Insel. Für legendäre **Tauch-** und **Schnorchelerlebnisse** muss man die eigene Ausrüstung mitbringen. Flusskrebse und Seeohren dürfen – mit Genehmigung – gefangen werden.

Buschwalking ist gut auf eigene Faust möglich oder aber im Rahmen einer von **King Island Rambles** (☎0439 705 610; www.kingislandrambles.wordpress.com; Erw./Kind/Fam. 30/10/70 AU$; ⊙Beobachtung von Schnabeltieren Sa & Di 8–9.30 Uhr) organisierten Tour. Im Angebot sind auch Schnabeltierexkursionen und Inselrundfahrten (115 AU$/Pers.). Reiten ist auf KI ebenso möglich.

Auch **Tiere in freier Wildbahn** können beobachtet werden. Auf der Insel leben Rotnacken- und Bennettwallabys, Filander, Schlangen, Echidnas, Schnabeltiere und sogar Seelöwen. Außerdem sind dort 78 Vogelarten heimisch, und an Sommerabenden watscheln Zwergpinguine durchs flache Wasser von Grassy Harbour.

Schlafen

Bass Cabins & Campground CAMPING $

(☎03-6462 1168; 5 Fraser Rd; Stellplatz 12 AU$/Pers., Hütte DZ 120 AU$) Auf dem kleinen Campingplatz stehen Gästen einige Zeltplätze mit angrenzenden Waschräumen und ein paar Hütten mit zwei Schlafzimmern zur Verfügung. Die Anlage ist 1,5 km vom Stadtzentrum von Currie entfernt.

Portside Links APARTMENTS, B&B $$

(☎03-6461 1134; www.portsidelinks.com.au; Grassy Harbour Rd; Apt. DZ 170 AU$) Die Pension und die beiden hübschen Apartments befinden sich in der Nähe des Strandes. Außerdem gibt es noch eine Kunstgalerie und ein Café (So & Di 10–16 Uhr).

Naracoopa Holiday Units HÄUSCHEN $$

(☎03-6461 1326; www.naracoopaholidayunits.com.au; 125 The Esplanade; DZ 130–140 AU$, zusätzl. Erw./Kind 25/15 AU$) Die ruhigen, freundlichen und sauberen Ferienhäuschen stehen an der Sea Elephant Bay. Ihre Besitzer sind eine unerschöpfliche Quelle für Infos über die Insel und können auch einen Mietwagen organisieren.

Essen

Unbedingt zu empfehlen sind natürlich der Käse und die Milchprodukte von der Insel, aber auch Langusten (während der Saison von November bis August), Austern, Krabben, das Fleisch der Weiderinder, der freilaufenden Schweine und des Wildes sind hier hervorragend.

Harbour Road Cafe CAFÉ $

(24 Edward St, Currie; Snacks 4–10 AU$; ⊙Mo–Fr 9–17, Sa & So 10–17 Uhr) Die originelle Mischung aus Café, Blumenladen und Souvenirgeschäft ist wirklich das tollste Café der Insel. Neben Quiche- und Suppenspezialitäten gibt's frisch gebackene Scones mit Marmelade und frisch geschlagener Sahne. Auf der Karte finden sich aber auch Focaccia-Sandwiches, Wein und Bier.

Renae's Cafe CAFÉ $$

(28 Edward St, Currie; Snacks & kleine Gerichte 10–22 AU$; ⊙Di–Sa 8.30–16, So 8.30–13 Uhr; ☎) Guter Kaffee und herzhaftes Frühstück mit Schinken und Ei – allerdings nur am Wochenende.

Kings Cuisine at Bold Head Brasserie MODERN-AUSTRALISCH $$

(☎03-6461 1003; www.kingscuisine.com.au; 10 Main Rd, Grassy; Hauptgerichte 24–28 AU$; ⊙Do–So 12–14, Mi–Mo ab 18 Uhr) In dem feinen Restaurant werden die Erzeugnisse der Insel äußerst kreativ verarbeitet. Reservierung empfehlenswert.

Boomerang by the Sea MODERN-AUSTRALISCH $$$
(☎ 03-6462 1288; www.boomerangbythesea.com.au; Golf Club Rd; Hauptgerichte 26–40 AU$; ⌚ Mo–Sa ab 18 Uhr) Neben einer ausgezeichneten Speisekarte mit Schwerpunkt auf Meeresfrüchten bietet das Restaurant auch eine fantastische Aussicht.

ℹ Praktische Informationen

King Island Tourism (☎ 03-6462 1355, 1800 645 014; www.kingisland.org.au; 5 George St, Currie) Hier ist die Karte *King Island Grazing Trails* erhältlich, in der historische, landschaftlich reizvolle und kulturell interessante Wanderungen auf der Insel beschrieben sind. Wertvolle Infos für die Planung einer solchen Wanderung finden sich auf der Website von King Island Tourism.

Online Access Centre (5 George St) WLAN steht auch in Renae's Cafe zur Verfügung.

ℹ An- & Weiterreise

King Island Airlines (☎ 03-9580 3777; www.kingislandair.com.au) fliegt von Melbourne Moorabbin nach King Island (einfache Strecke 210 AU$).

Regional Express (☎ 13 17 13; www.regionalexpress.com.au) fliegt von Melbourne Tullamarine nach King Island (einfache Strecke 160 AU$).

Sharp Airlines (☎ 1300 556 694; www.sharpairlines.com) fliegt sowohl von Launceston (einfache Strecke ab 261 AU$) als auch von Burnie/Wynyard nach King Island (einfache Strecke ab 200 AU$).

ℹ Unterwegs vor Ort

King Island Car Rental (☎ 1800 777 282, 03-6462 1282; kicars2@bigpond.com; 2 Meech St) Vermietet Autos ab etwa 80 AU$ pro Tag.

P&A Car Rental (☎ 03-6462 1603; 1 Netherby Rd) Vermietet ebenfalls Fahrzeuge ab etwa 80 AU$ pro Tag.

Ulverstone & Umgebung

In der ruhigen, entspannten Stadt mit ihren 9800 Einwohnern an der Mündung des Leven River geht es sehr gemächlich zu. Dabei befand sich hier einmal ein bedeutender Handelshafen, nachdem die Eisenbahn die Stadt 1890 erreicht hatte. Doch schon zehn Jahre später wurde die Strecke bis nach Burnie verlängert, und mit dem Verladegeschäft war's vorbei. Heute dümpeln hier ein paar Fischerboote im Wasser, an der Uferpromenade sitzen Ruheständler, und das Hafenbecken säumen ein paar hübsche, alte Häuser und ein ziemlich alberner Uhrenturm. Das **Ulverstone Visitor Information Centre** (☎ 03-6425 2839; www.centralcoast.tas.gov.au; 13 Alexandra Rd; ⌚ Sept.–Mai 9–17 Uhr, Juni–Aug. 10–16 Uhr) befindet sich dagegen in einem richtig noblen Gebäude. Auch ein paar gute Restaurants lohnen einen kleinen oder größeren Abstecher.

Sehenswertes & Aktivitäten

Gunns Plains Caves HÖHLE
(☎ 03-6429 1388; www.gunnsplainscaves.com.au; Erw./Kind 12/6 AU$; ⌚ 10–16 Uhr) Von der Küstenschnellstraße A1 zweigt die B17 ab und führt ins 25 km südlich von Ulverstone gelegene Gunns Plains. Im Rahmen einer Führung können die berühmten Kalksteinhöhlen mit ihren „Tuchformationen" besichtigt werden.

Wings Wildlife Park WILDPARK
(www.wingswildlife.com.au; 137 Winduss St; Erw./Kind 20/10 AU$; ⌚ 10–16 Uhr) In dem familienfreundlichen Park in Gunns Plains sind neben einem Bauernhof jede Menge einheimischer Tiere zu bestaunen, darunter auch Schlangen, Raubvögel und ein recht herrischer Hahn.

Leven Canyon Lookout WAHRZEICHEN
Südlich von Gunns Plains arbeitet sich der Leven River durch eine 274 m tiefe Schlucht. Der atemberaubende Aussichtspunkt auf dem Leven Canyon befindet sich hinter Nietta, 41 km südlich von Ulverstone. Ein 20-minütiger Rundweg führt zu der Plattform über der Schlucht.

Discover the Leven River Cruises BOOTSFAHRT
(☎ 0400 130 258; www.discovertheleven.com; Erw./Kind 55/25 AU$) Bei den zweistündigen Bootsfahrten wird die Geschichte, Tier- und Pflanzenwelt des Leven River erklärt. Bei den längeren, fünfstündigen Fahrten ist auch eine Mahlzeit an Bord inbegriffen (Erw./Kind 98/50 AU$).

Schlafen & Essen

Big 4 Ulverstone Holiday Park CAMPING $
(☎ 1800 008 028, 03-6425 2624; www.big4ulverstone.com.au; 57 Water St; Stellplatz ohne/mit Strom 35/38 AU$, Hütte ab 110 AU$, Wohneinheit 126–179 AU$; @ 📶) Der Platz mitten im Grünen und direkt hinter dem East Beach hat eine Campingküche, Spielplätze und weitere gute Einrichtungen.

Ulverstone River Retreat APARTMENTS $$
(☎ 03-6425 2999; www.ulverstoneriverretreat.com.au; 37 Lobster Creek Rd; DZ 130–165 AU$, zusätzl. Pers. 25 AU$) Hier kann man auf der Terrasse vor dem Haus Eisvögel beobachten, im Fluss angeln, mit dem Kajak paddeln oder einfach nur dem Zwitschern der Vögel lauschen und die Ruhe genießen. In dem prachtvollen Haus am Fluss steht Gästen ein hübsches Apartment im Obergeschoss zur Verfügung; ein freistehendes Ferienhaus gibt's auch. Die Unterkünfte haben jeweils eine eigene Terrasse und eine Grillstelle.

thirtythree cups CAFÉ $
(31 King Edward St; Frühstück 8,50–12,50 AU$, Mittagessen 14,50–16,50 AU$; ⌚ Mo–Fr 9–16, Sa 8–14 Uhr) Ulverstones Inbegriff eines großstädtischen Straßencafés hat ein schickes Ambiente im Retro-Stil und bietet kreative Salate und gesundes Mittagessen im Stil der mediterranen und asiatischen Küche. Der ausgezeichnete Kaffee schmeckt am besten mit hausgemachten Backwaren wie Muffins und Macarons. Und es gibt auch jede Menge biologisch-dynamisch hergestellte und glutenfreie Produkte!

Deli Central CAFÉ $$
(48b Victoria St; Hauptgerichte 10–18 AU$; ⌚ Mo–Do 8–16, Fr 8 Uhr–open end, Sa & So 8–17 Uhr) Zum Frühstück kommt weiches Sauerteig-Baguette mit pochierten Eiern von Hühnern aus Freilandhaltung und hausgemachtem Relish auf den Tisch, zum Mittagessen gebratener Kürbis und Röstzwiebelkuchen. An der großen Feinkosttheke kann man sich fürs Picknick eindecken, und freitagabends Tapas schlemmen.

Pier 01 MODERN-AUSTRALISCH $$
(www.pier01.com.au; 3 Wharf Rd; Mittagessen 16–23 AU$, Abendessen 28–36 AU$; ⌚ Mo–Fr 12 Uhr–open end, Sa & So 8 Uhr–open end) Das höhlenartige Café-Restaurant mit Bar ist Teil der nagelneuen, sehr schicken Uferpromenade. Am besten sucht man sich einen Tisch im Freien und bestellt eines der preiswerten Probiermenüs (22,50 AU$) oder Hauptgerichte mit Lachs bzw. Fleisch vom Cape Grim. Mittags gibt's auch interessante Burger und Salate. Hin und wieder treten sonntagnachmittags ab 16 Uhr Livebands auf.

Pedro's the Restaurant SEAFOOD $$$
(www.pedrostherestaurant.com.au; Wharf Rd; Mittagessen 10–18 AU$, Abendessen 29–38 AU$; ⌚ 12 Uhr–open end) Auf der Terrasse direkt am Fluss lässt sich herrlich der Sonnenuntergang beobachten. Die paradiesischen Meeresfrüchteplatten für zwei Personen (135 AU$) sind der absolute Renner. Bei **Pedro's Takeaway** (Hauptgerichte 5–14 AU$; ⌚ 11–19 Uhr) nebenan gibt's Fish & Chips zum Mitnehmen.

Penguin

3050 EW.

Besuchermagnet des reizenden Dörfchens am Meer sind seine fantastischen Strände – da dürfen der riesige Pinguin aus Beton an der Uferstraße und die Mülleimer in Pinguinform natürlich nicht fehlen.

Aus Ulverstone kommend, folgt man dem alten Bass Hwy an der Küste entlang. Je näher Penguin kommt, desto aufgeräumter und ländlicher wird die Umgebung: Es tauchen Cottages mit Gärten, Schienen einer Schmalspurbahn und schöne Strände auf.

Jeden Sonntag findet abseits der Arnold St der beliebte überdachte **Penguin Market** (⌚ 9–15.30 Uhr) statt, der zum Herumstöbern einlädt. Die Stände bieten Lebensmittel aus der Umgebung, Kunst und Kunsthandwerk, Geschenke und Sammlerobjekte. Weitere Informationen liefert das **Penguin Visitor Information Centre** (☎ 03-6437 1421; 78 Main Rd; ⌚ 9–16 Uhr).

Schlafen & Essen

The Madsen BOUTIQUEHOTEL $$$
(☎ 03-6437 2588; www.themadsen.com; 64 Main St; DZ 160–300 AU$; @ 📶) Das stilvolle Hotel ist Penguins beste Unterkunft. Die teuersten Zimmer sind geräumig, nach vorne raus gelegen (ehemalige Räumlichkeiten einer Bank) und haben Fenster zur Bass Strait.

Renaessance CAFÉ $
(95 Main Rd; Frühstück 6–10 AU$, Mittagessen 10–15 AU$; ⌚ Mo–Sa 9–17, So 10–16 Uhr) Mit der strahlend weißen Einrichtung und dem sonnendurchfluteten Wintergarten mit Backsteinwänden ist das beste Café der Stadt zugleich das vornehmste Lokal in der Gegend. Das schicke Personal serviert edlen Kaffee und vorzüglichen Kuchen. Zu den Probiermenüs mit Lachs und Pastete wird eine kleine, aber feine Auswahl von Bieren und Weinen kredenzt.

Wild Café Restaurant MODERN-AUSTRALISCH $$
(☎ 03-6437 2000; 87 Main Rd; Mittagessen 15–22 AU$, Abendessen 29–32 AU$; ⌚ Mi–So 12 Uhr–open end) In einem der besten Restaurants der Nordwestküste genießt man erstklas-

sige, moderne Aussie-Küche mit Blick aufs Meer. Unbedingt zu empfehlen sind der auf Holzkohle gegrillte Tintenfisch und alle anderen asiatisch zubereiteten Gerichte, z. B. Schweinebauch. Das einzig Störende ist der gelegentlich vorbeirasende Güterzug.

DER NORDWESTEN

In Tasmaniens Nordwesten peitschen die Winde der Roaring Forties übers Land, und jährlich prasseln über 2000 mm Regen auf die Heidelandschaften an der Küste, die Auen, die Feuchtgebiete und den dichten, gemäßigten Regenwald, der schon seit Jahrmillionen in unveränderter Form besteht. Die hiesigen Siedlungen sind entweder isolierte ländliche Vorposten oder aber aufgemotzte Touristenfallen. Je weiter man nach Westen vordringt, desto weniger Traveller wird man antreffen, bis schließlich die dichte Wildnis der tasmanischen Nordwestspitze mit ihren gewundenen Stränden und den winzigen Siedlungen erreicht ist. Und irgendwo, draußen in der Ferne, liegt Südamerika ...

Anreise & Unterwegs vor Ort

AUTO & MOTORRAD

Der Murchison Hwy (A10) ist die Hauptverkehrsverbindung von Nord nach West. Er führt von Somerset westlich von Burnie bis nach Queenstown. Western Explorer ist der Name der Straße, die im Landesinneren von Smithton durch die Wildnis bei Tarkine bis zur Westküste führt und unterwegs zwischen Arthur River und Corinna einen schwierigen, 50 km langen Abschnitt einschließt. Die als Touristenroute angepriesene Straße ist auch mit Autos ohne Allradantrieb zu meistern, aber einsam, überwiegend unbefestigt und voller Schlaglöcher – Vorsicht also bei schlechtem Wetter oder in der Dunkelheit! Tanken sollte man in Marrawah im Norden oder in Zeehan im Süden, da es dazwischen keine Tankstellen gibt. Der **Arthur River Parks & Wildlife Service** (☎ 03-6457 1225; www.parks.tas.gov.au) hat aktuelle Infos zu den Straßenbedingungen.

In Corinna überquert eine Autofähre den Pieman River, von wo aus es nach Zeehan und in den restlichen Westen weitergeht.

BUS

Abgesehen von **Redline Coaches** (☎ 1300 360 000; www.tasredline.com.au), die die größeren Städte im Nordwesten bedienen, fahren keine öffentlichen Nahverkehrsmittel nach Marrawah oder Arthur River.

STRECKE	PREIS (AU$)	DAUER (MIN.)
Burnie–Boat Harbour	10	30
Burnie–Smithton	23	90
Burnie–Stanley	20	60
Burnie–Wynyard	8	20
Launceston–Burnie	38	160

Von Montag bis Samstag fahren regelmäßig **Metro**-Busse (☎ 03-6431 3822; www.metrotas.com.au) von der Cattley St in Burnie nach Penguin, Ulverstone und Wynyard (einfache Strecke jeweils 5,60 AU$).

FLUGZEUG

Regional Express (☎ 13 17 13; www.regionalexpress.com.au) fliegt von Melbourne nach Burnie/Wynyard (einfache Strecke ab 149 AU$).

Burnie

19 060 EW.

Die Industrie- und Hafenstadt an der Emu Bay ist die viertgrößte Stadt Tasmaniens. Dank des Seehafens ist die Schifffahrt der wichtigste Wirtschaftsfaktor der Stadt, doch gab es hier bis 2010 auch eine riesige Papierfabrik. Fertigungsbetriebe und landwirtschaftliche Dienstleister prägen bis heute das Stadtbild. Dennoch hat man eher das Gefühl, sich in einem Badeort zu befinden, und eine aufstrebende Kunst- und Kulturszene sowie das zunehmende Umweltbewusstsein sorgen für einen schönen Ausgleich zur Industrie. Und östlich und westlich der Stadt erstrecken sich teilweise spektakuläre Küstenabschnitte. Nicht zuletzt gibt's in der Stadt selbst eine Menge hübscher Gebäude im Art-déco-Stil zu entdecken.

Sehenswertes & Aktivitäten

Makers Workshop MUSEUM

(☎ 03-6430 5831; www.discoverburnie.net; 2 Bass Hwy; Creative-Paper-Führung Erw./Kind 15/8 AU$; ⌚ 9–17 Uhr) Das eindrucksvolle Haus am westlichen Ende des Hauptstrands von Burnie ist halb Museum und halb Kunstzentrum. Außerdem ist im kreativen Mittelpunkt der Stadt auch die **Touristeninformation** untergebracht. Im sehr modernen, abgedunkelten Inneren des Museums stehen überall lebensgroße **Papierfiguren** herum. Sie sind das Werk von **Creative Paper**, einer Gruppe von Künstlern, die Papier noch von Hand schöpfen und weiterverarbeiten. In den **Künstlerwerkstätten**, die im gesamten Kunstzentrum verstreut sind, kann man ihnen bei der Arbeit zuschauen. Außerdem gibt's dort ein gutes Café mit Direktverkauf, wo man mit Blick auf den Strand den ebenfalls hier hergestellten Käse verkosten kann.

Burnie Regional Art Gallery KUNSTGALERIE
(www.burniearts.net; Wilmot St, Burnie Arts & Function Centre; ⏲Mo–Fr 10–16.30, Sa & So. 13.30–16.30 Uhr) GRATIS Die ausgezeichnete Kunstgalerie zeigt Werke zeitgenössischer tasmanischer Künstler und auch herrliche Drucke von berühmten australischen Künstlern.

Penguin Observation Centre TIERBEOBACHTUNG
Von Hilder Pde führt ein Plankenweg am Strand entlang zum westlichen Ende des West Beach. Dort kann man im Rahmen einer kostenlosen **Pinguinführung** (☎0437 436 803; ⏲Okt.–Feb. Sonnenuntergang) etwa eine Stunde nach Sonnenuntergang beobachten, wie die Pinguine von der Futtersuche im Meer zurückkehren und zu ihren Höhlen watscheln. Freiwillige Helfer informieren die Besucher dabei ausführlich über die Pinguine und ihre Lebensweise.

Hellyers Road Whisky Distillery BRENNEREI
(☎03-6433 0439; www.hellyersroaddistillery.com.au; 153 Old Surrey Rd; Führung Erw./Kind unter 16 Jahren 14 AU$/frei; ⏲10–16.30 Uhr) Die Brennerei ist bekannt dafür, dass sie einige der besten Whiskys in ganz Australien produziert. Bei einer Führung durch die Brennerei, die jeweils um 10.30 und 14 Uhr beginnt, erfährt man alles über die Kunst der Herstellung des golden schimmernden Single Malt und kann danach neben dem Whisky auch einen Whiskycream-Likör und den Wodka Southern Lights verkosten. Im hauseigenen Café gibt's Snacks und kleine Gerichte.

Schlafen

Burnie Oceanview CAMPING $
(☎03-6431 1925; www.burniebeachaccommodation.com.au; 253 Bass Hwy; Stellplatz ohne/mit Strom f. 2 Pers. 24/29,50 AU$, B 25 AU$, Wohnwagen f. 2 Pers. 55 AU$, Hütte od. Wohneinheit DZ 92–139 AU$; @) Der Campingplatz 4 km westlich des Stadtzentrums bietet neben grasbewachsenen Stellplätzen auch Hostelbetten, Wohnwagen mit Küchenzeile und Hütten.

Seabreeze Cottages FERIENHAUS $$
(☎0439 353 491; www.seabreezecottages.com.au; EZ/DZ ab 160/175 AU$) Die schicken, sehr modernen Ferienhäuser stehen westlich des Stadtzentrums. Das tolle, modern ausgestattete **Beach House** (243 Bass Hwy, Cooee) ist nur durch eine Straße vom Strand getrennt, und auch das hübsche Haus **Number Six** (6 Mollison St) ist nur zehn Gehminuten von der Stadtmitte entfernt.

Duck House FERIENHAUS $$
(☎03-6431 1712; www.duckhousecottage.com.au; 26 Queen St; EZ/DZ 120/160 AU$, zusätzl. Erw./Kind 30/20 AU$) In dem bezaubernden, kleinen Haus mit zwei Schlafzimmern lebten 30 Jahre lang die unerschütterlichen Kämpfer der Heilsarmee Bill und Winifred Duck – und ihr Geist ist noch immer zu spüren. Direkt nebenan ist **Mrs. Philpott's** (26 Queen St) Haus für bis zu sieben Personen, das mit Bleiglasfenstern, einer Badewanne auf Krallenfüßen und Bettgestellen aus Messing ausgestattet ist. Die Zimmerpreise sind die gleichen wie im Duck House.

Ikon Hotel BOUTIQUEHOTEL $$$
(☎03-6432 4566; www.ikonhotel.com.au; 22 Mount St; DZ 220 AU$;) Das zentral gelegene Hotel ist so schick wie ein Boutiquehotel in Burnie eben sein kann. Hinter der denkmalgeschützten Fassade des Gebäudes verbergen sich elegante, moderne und geräumige Suiten mit Ledergarnituren und kleinen Küchenzeilen. Die Wände sind mit ungewöhnlichen modernen und nostalgischen Kunstwerken geschmückt, die Bäder sind einfach nur riesig und die Zimmer freundlich und hell.

Essen & Ausgehen

Another Mother CAFÉ $
(14 Cattley St; Hauptgerichte 9–15 AU$; ⏲Di–Sa 7–16 Uhr;) Leuchtend rote Wände, bunt zusammengewürfeltes Mobiliar und Fotos aus der Gegend: In diesem Ambiente werden vollwertige, überwiegend vegetarische (und auch ein paar fleischhaltige) Gerichte serviert, für deren Zubereitung nur Zutaten aus der Region und möglichst aus biologischem Anbau verwendet werden. Im Tochterunternehmen **Hot Mother Lounge** (70 Wilson St; ⏲Mo–Fr 7–15 Uhr) gibt's ebenso gute Wraps und Suppen.

Rienos CAFÉ & BAR $
(☎03-6432 4575; 12 Cattley St; Snacks & kleine Gerichte 10–15 AU$; ⏲10 Uhr–open end) Ein ordentlicher Knoblauchduft empfängt die Gäste dieses Tapas- und Weinlokals. Es wird viel Wert darauf gelegt, dass die Suppen, Salate, Bruschettas und feinen Vorspeisentel-

Der Nordwesten

TASMANIEN DER NORDWESTEN

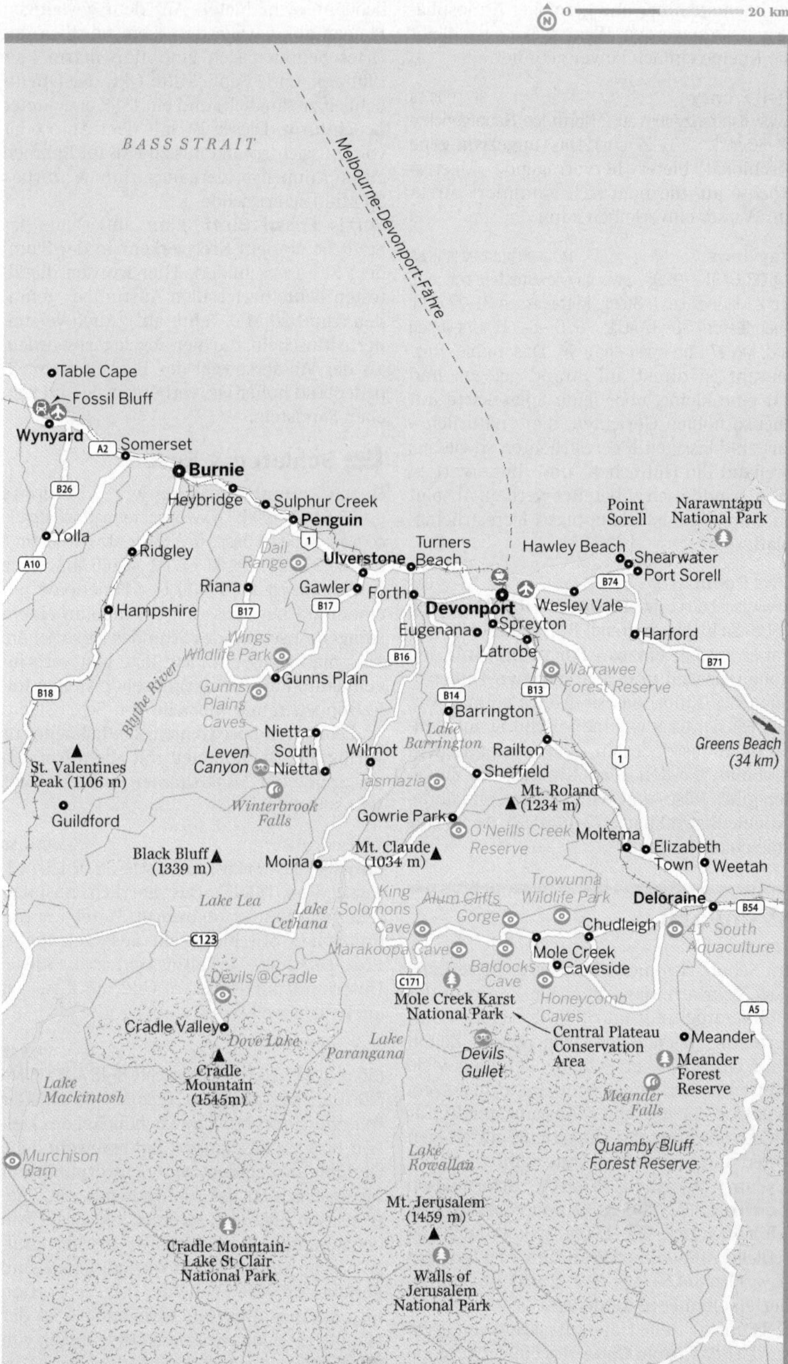
0
20 km
N
BASS STRAIT
Melbourne-Devonport-Fähre
Table Cape
Fossil Bluff
Wynyard
A2
Somerset
Burnie
B26
Heybridge
Sulphur Creek
Penguin
Yolla
Ridgley
A10
1
Dail Range
Ulverstone
Turners Beach
Point Sorell
Narawntapu National Park
Hawley Beach
Shearwater
Port Sorell
B74
Riana
Gawler
Forth
Devonport
Wesley Vale
Hampshire
B17
B17
Spreyton
Eugenana
Harford
Latrobe
Wings Wildlife Park
B16
Warrawee Forest Reserve
B71
Gunns Plain
B18
Blythe River
Gunns Plains Caves
B14
B13
Barrington
Lake Barrington
Nietta
St. Valentines Peak (1106 m)
Leven Canyon
South Nietta
Wilmot
Railton
1
Greens Beach (34 km)
Sheffield
Tasmazia
Mt. Roland (1234 m)
Guildford
Winterbrook Falls
Gowrie Park
O'Neills Creek Reserve
Moltema
Elizabeth Town
Weetah
Black Bluff (1339 m)
Moina
Mt. Claude (1034 m)
Trowunna Wildlife Park
Lake Lea
King Solomons Cave
Alum Cliffs Gorge
Deloraine
B54
Lake Cethana
Chudleigh
41° South Aquaculture
C123
Marakoopa Cave
Mole Creek
Baldocks Cave
Caveside
Devils @Cradle
C171
Honeycomb Caves
Mole Creek Karst National Park
A5
Cradle Valley
Dove Lake
Lake Parangana
Central Plateau Conservation Area
Meander
Devils Gullet
Meander Forest Reserve
Cradle Mountain (1545m)
Lake Mackintosh
Meander Falls
Murchison Dam
Lake Rowallan
Quamby Bluff Forest Reserve
Mt. Jerusalem (1459 m)
Cradle Mountain-Lake St Clair National Park
Walls of Jerusalem National Park

ler in entspannter und geselliger Atmosphäre genossen werden. Wenn viel los ist, bleibt die Kneipe einfach länger geöffnet.

Fish Frenzy SEAFOOD **$$**
(www.fishfrenzy.com.au; 2 North Tce; Hauptgerichte 12–30 AU$; ⌚11–21 Uhr) Das ungezwungene Fischlokal bietet hervorragende Meeresfrüchte an, die man sich garantiert direkt am Wasser einverleiben kann.

Bayviews MODERN-AUSTRALISCH **$$**
(☎03-6431 7999; www.bayviewsrestaurant.com.au; 2 Marine Tce, 1. Stock; Mittagessen 21–27 AU$, Abendessen 30–37 AU$; ⌚Di–Sa 11 Uhr–open end, Mo 17 Uhr–open end) Das noble Restaurant ist direkt am Strand gelegen und hat eine kleine, aber feine Speisekarte mit ebenso noblen Gerichten, die – natürlich – aus erstklassigen Meeresfrüchten sowie aus Freiland-Bio-Hühnchen und butterzartem Weiderindfleisch zubereitet werden. Absolut zu empfehlen ist die üppige Meeresfrüchteplatte.

Otis Room BAR
(www.facebook.com/theotisroom; 69 Mount St; ⌚Do–Sa 16 Uhr–open end) Burnies coolste (genauer gesagt: einzige) Bar prunkt mit den hohen Decken und den enormen Dimensionen des Kinos, das sie früher einmal war. Die Einrichtung ist eine Mischung aus schickem Industriedesign und nostalgischem Mobiliar wie den alten Kinosesseln. Zu essen gibt's Käse- und Wurstplatten und andere feine Bistro-Snacks (7–16 AU$). Ab 20 Uhr spielen oft Livebands.

Wynyard

4810 EW.

Im Schutz des monolithartigen Table Cape liegt Wynyard, das früher ein Zentrum der Holzverarbeitung und Sitz der ersten Butterfabrik Tasmaniens war. Diese Zeiten sind längst vorbei – heute kommen viele Menschen her, um sich zur Ruhe zu setzen. Wynyard ist ein guter Ausgangspunkt für die Erforschung der Umgebung mit einigen guten und preiswerten Unterkünften.

Zum **Wynyard Visitor Information Centre** (☎03-6443 8330; www.wowtas.com.au; 8 Exhibition Link; ⌚9–17 Uhr) gehört auch die schicke Ausstellung **Wonders of Wynyard** (Erw./Kind 8/4,50 AU$; ⌚9–17 Uhr) mit aufpolierten alten Ford-Modellen.

Unumstrittene Hauptattraktion von Wynyard ist das **Table Cape**, das eine unvergessliche Aussicht bietet. Auf dem gewaltigen Plateau aus Lavagestein 4 km nördlich des Ortes befinden sich eine Tulpenfarm (zur Blütezeit Ende Sept.–Mitte Okt. der Öffentlichkeit zugänglich) und ein 1888 errichteter Leuchtturm. Dieser ist mit dem Auto oder vom Aussichtspunkt aus zu Fuß im Rahmen eines Klippenspaziergangs (hin & zurück 30 Min.) zu erreichen.

Das **Fossil Bluff** 3 km außerhalb der Stadt ist ab dem Kreisverkehr in der Saunders St ausgeschildert. Hier wurden die ältesten Beuteltierfossilien Australiens gefunden (rund 20 Mio. Jahre alt!). Auch versteinerte Muscheln, die hier abgelagert wurden, als der Wasserspiegel der Bass Strait noch bedeutend höher lag, verbergen sich im weichen Sandstein.

Schlafen & Essen

Beach Retreat Tourist Park CAMPING **$**
(☎03-6442 1998; www.beachretreattouristpark.com.au; 30b Old Bass Hwy; Stellplatz mit Strom f. 2 Pers. 30 AU$, Hostel EZ/DZ 40/65 AU$, Hütte od. Wohneinheit ab 90 AU$) Der Ferienpark auf einem grasbewachsenen Gelände an einem ruhigen Abschnitt des Strandes ist so schön, dass man ruhig ein paar Tage hier verbringen kann. Für Rucksackreisende stehen tolle Doppelzimmer (anstelle von Schlafsälen) und eine grandiose Gemeinschaftsküche zur Verfügung. Die komplett mit allem Nötigen ausgestatteten Motelzimmer sind ebenfalls sehr schick.

Waterfront MOTEL **$$**
(www.thewaterfront.net.au; 1 Goldie St; DZ 125 AU$, zusätzl. Pers. 15 AU$) Das herrlich nostalgische, vollständig renovierte Motel im traditionellen Stil bietet ein ausgezeichnetes Preis-Leistungs-Verhältnis und ist die ideale Unterkunft für Familien. Und die Küste ist auch nicht weit weg.

Splash CAFÉ **$$**
(30a Old Bass Hwy; Hauptgerichte 8–18 AU$; ⌚Mo & Di 10–16, Mi–Sa 8.30–20.30, So 8.30–16 Uhr) Der freundliche schottische Küchenchef des kleinen Strandcafés zaubert außergewöhnliche Gerichte mit eindeutigem Schwerpunkt auf Meeresfrüchten. Ist freitagabends ein Themenessen angesagt, strömen die Gäste von der gesamten Nordwestküste hierher. Einige Tische stehen direkt im Sand und sind perfekt für eine schlichte, leckere Portion Fish & Chips. Das Café befindet sich an der Hauptstraße kurz vor dem Ortseingang von Wynyard.

Ladybugs Licensed Café CAFÉ $$
(8 Inglis St; Hauptgerichte 16–20 AU$; ⌚Mo–Sa 10–20 Uhr, Pizzas 17–20 Uhr) Im nostalgisch angehauchten „Marienkäfer" gibt's erstklassige Pizza und typische Bistrogerichte, die teilweise auch glutenfrei sind.

Boat Harbour

140 EW.

Das idyllische Boat Harbour liegt in einer wunderschönen Bucht mit leuchtend weißem Sandstrand und kristallklarem Wasser. Die urigen alten Fischerhütten aus Faserzement weichen aber langsam hässlichen Reihenhäusern und teuren B&Bs.

Küstennahe Heidelandschaft prägt den unweit gelegenen kleinen **Rocky Cape National Park** (www.parks.gov.tas.au), der für seine Wander-, Schnorchel- und Tauchmöglichkeiten, Schiffswracks und Unterwasserhöhlen bekannt ist. Ebenfalls in der Nähe liegt der **Sisters Beach**, ein 8 km langer Strand mit ausgebleichtem Sand, an dem man sicher schwimmen und gut angeln kann; außerdem gibt es eine Bootsrampe und einen Gemischtwarenladen.

Boat Harbour Beach House FERIENHAUS $$$
(☎03-6445 0913; www.boatharbourbeachhouse.com; DZ 200–220 AU$) Das Beach House besteht in Wirklichkeit aus zwei eigenständigen Strandhäusern mit jeweils mehreren Schlafzimmern: **The Waterfront** (314 The Esplanade) und **The Water's Edge** (320 The Esplanade). Beide wurden sorgfältig renoviert und haben eine Terrasse und eine Grillstelle.

Harvest & Cater CAFÉ $$
(1 Port Rd; Hauptgerichte 15–30 AU$; ⌚ab 8.30 Uhr) Das erst vor Kurzem eröffnete Café neben dem Surfclub bietet ausgezeichnete Burger und asiatisch inspirierte Salate. Im Sommer gibt's sonntags ab 17 Uhr akustische Livemusik. Samstagabends darf sich jeder auf der Bühne am grandiosen, halbrunden Strand von Boat Harbour blamieren.

Stanley

550 EW.

Bereits 1826, viele Jahre bevor andere Orte im Nordwesten gebaut wurden, wurde Stanley von den Europäern gegründet und war lange Zeit nur vom Meer aus zu erreichen. Einst besiedelte das Volk der Peerapper die Halbinsel und die kleine Landenge von Stanley; damals bedeckte noch Wald das ungewöhnliche Rundplateau des Circular Head (besser bekannt als „The Nut"). Das den kalten Winden des Ozeans ausgesetzte Stanley lebt von zwei Dingen: von der Fischerei (vorrangig Flusskrebse) und vom Tourismus. Jedes zweite Haus hier ist ein „Traditions-B&B", und es gibt mehrere gute Restaurants.

Sehenswertes & Aktivitäten

The Nut WAHRZEICHEN
(Sessellift Erw./Kind 12/10 AU$; ⌚Sessellift Okt.–Mai 9.30–17 Uhr, Juni–Sept. 10–16 Uhr) Die 152 m hohe, markante Felsformation aus Lavagestein ist schon von Weitem zu sehen. Auf das Plateau hinauf ist es ein 20-minütiger, steiler Anstieg. Der beste Aussichtspunkt liegt fünf Minuten südlich des **Sessellifts**; ein 2 km langer Pfad führt in 35 Minuten um das Plateau herum. Im Sommer kann man nach Einbruch der Dunkelheit Kurzschwanz-Sturmtaucher beobachten, wie sie nach einem langen Tag auf Fischfang in ihre Nester zurückkehren.

Seaquarium AQUARIUM
(Fisherman's Dock; Erw./Kind 12/6 AU$; ⌚10–16 Uhr) Mit seiner tollen Ausstellung über die Meeresflora und -fauna macht das Seaquarium nicht nur Spaß, sondern man lernt sogar noch etwas dabei. Perfekt also für die Kleinen! Ein Highlight ist das Becken, in dem man einige Meeresbewohner hautnah erleben und streicheln kann.

Highfield HISTORISCHES GEBÄUDE
(www.historic-highfield.com.au; Green Hills Rd; Erw./Kind 10/5 AU$; ⌚10–16 Uhr) Dieses Gehöft 2 km nördlich von Stanley wurde 1835 als Wohnsitz des Generalvertreters der Van Diemen's Land Company errichtet – ein seltenes Beispiel georgianischen Wohnbaus in Tasmanien. Das Haus, die Ställe, die Getreidespeicher, die Arbeiterhütten und die Kapelle können besichtigt werden.

Van Diemen's Land Company Store HISTORISCHES GEBÄUDE
(16 Wharf Rd) Im einstigen Lagerhaus am Ufer (erbaut 1844) bewahrte man für den Export bestimmte Wolle auf. Heute ist hier das schicke Boutiquehotel @VDL zu finden.

Tarkine Forest Adventures ABENTEUERZENTRUM
(☎1300 720 507; www.adventureforests.com.au; Erw./Kind 20/10 AU$; ⌚Nov.–März 9–17 Uhr, April–Okt. 10–16 Uhr) Dieses Abenteuerzentrum im Wald, das ehemalige Dismal Swamp,

liegt 54 km südwestlich von Smithton. Auf einer 110 m langen Rutsche saust man in den dichten Akazienwald hinunter – Adrenalinrausch garantiert! Um zu rutschen, muss man mindestens acht Jahre alt und 90 cm groß sein. Vor Ort gibt's auch ein Café, ein Informationszentrum und Plankenwege durch den Wald.

Geführte Touren

Stanley Seal Cruises TIERBEOBACHTUNG
(☎03-6458 1294, 0419 550 134; www.stanleysealcruises.com.au; Fisherman's Dock; Erw./Kind/Kind unter 5 Jahren 49/17/5 AU$) Bei dieser 75-minütigen Bootsfahrt kann man am Bull Rock bis zu 500 Australische Seebären beim Sonnen beobachten. Wenn es der Seegang zulässt, starten die Touren von Oktober bis April um 10 und um 15 Uhr (Mai–Juni & Sept. 10 Uhr).

Schlafen

Stanley Cabin & Tourist Park CAMPING $
(☎03-6458 1266; www.stanleycabinpark.com.au; Wharf Rd; Stellplatz ohne Strom f. 2 Pers. 25 AU$, Stellplatz mit Strom f. 2 Pers. 27 AU$, B 26 AU$, Hütte DZ 85–110 AU$; 📶) Der spektakulär schön gelegene Platz hat Stellplätze direkt am Wasser, saubere Hütten und ein einfaches Hostel mit sechs Zweibettzimmern.

Stanley Hotel HOTEL $
(☎1800 222 397, 03-6458 1161; www.stanleytasmania.com.au; 19 Church St; EZ/DZ mit Gemeinschaftsbad 50/70 AU$, DZ mit Bad 140 AU$) Die in leuchtenden Farben gestrichenen Zimmer sind eine erfrischende Alternative in dem verschlafenen Ort. Von der Terrasse im Obergeschoss hat man einen guten Blick auf das Treiben in Stanleys Straßen. Der Besitzer vermietet auch die sechs **Abbeys Cottages** (DZ 180–220) für Selbstversorger; das Bistro im Erdgeschoss hat einen ausgezeichneten Ruf.

Cable Station Restaurant & Accommodation BOUTIQUEHOTEL $$$
(☎03-6458 1312; www.oldcablestation.com.au; 435 Greenhills Rd, West Beach; DZ 155–300 AU$) Das ehemalige Telegrafenamt, das von 1935 an für mehr als 30 Jahre die telefonische Verbindung zum Festland sicherstellte, ist nun ein elegantes Hotel. Neben Zimmern mit eigenem Bad (eines davon mit Whirlpool) wird auch ein komplett ausgestattetes Ferienhaus für bis zu vier Personen vermietet, das ruhig und abgeschieden in Strandnähe steht. Zum Hotel gehört auch ein hervorragendes Restaurant.

★ **@VDL** BOUTIQUEHOTEL $$$
(☎0437 070 222, 03-6458 2032; www.atvdlstanley.com.au; 16 Wharf Rd; DZ 250–350 AU$; 📶) Ein ehemaliges Lagerhaus für Vitriol aus den 1840er-Jahren wurde in ein Boutiquehotel mit zwei Suiten und einem Apartment im Dachgeschoss umgewandelt. Von der Bettwäsche bis zu den Bildern an der Wand ist alles absolut erstklassig. Zwei ähnlich stilvolle Suiten befinden sich im **@The Base** (32 Alexander Tce; DZ 135–165 AU$), einem denkmalgeschützten Haus in der Nähe. Zum Zeitpunkt der Recherche wurde in diesem Gebäude gerade eine weitere exklusive Dachwohnung ausgebaut.

Essen

Hursey Seafoods SEAFOOD $
(2 Alexander Tce; Hauptgerichte 8–15 AU$; ⏲9–18 Uhr) In unzähligen Becken tummeln sich – noch – quicklebendige Fische, Langusten, Krabben, Aale und sonstiges Meeresgetier, das bald in Form von (rohen) Meeresfrüchten den Besitzer wechselt. Frischer kann man sich nicht selbst versorgen! Wer nicht kochen will, kann auch fertig zubereitete Langusten mitnehmen.

Julie & Patricks Cafe SEAFOOD $$
(Alexander Tce; Hauptgerichte 12–29 AU$; ⏲11.30–22 Uhr) Hier gibt's die besten und frischesten Langusten der Stadt, entweder natur oder in Sauce Mornay (70–170 AU$), sowie Garnelen, Jakobsmuscheln, Calamares und gemischte Platten für mehrere Personen. Im Erdgeschoss wird Essen zum Mitnehmen verkauft, das ebenfalls hervorragend ist.

Stanley's on the Bay MODERN-AUSTRALISCH $$$
(☎03-6458 1404; 15 Wharf Rd; Hauptgerichte 22–39 AU$; ⏲Sept.–Juni Mo–Sa ab 18 Uhr) Das noble Restaurant im historischen Ford-Laden von Stanley Village hat sich auf Steaks und Meeresfrüchte spezialisiert. Auf den wunderbaren Meeresfrüchteplatten für zwei Personen (100 AU$) türmen sich Jakobsmuscheln, Austern, Fische, Tintenfisch und Lachs aus der Region.

★ **Cable Station Restaurant** MODERN-AUSTRALISCH $$$
(☎03-6458 1312; www.oldcablestation.com.au; 435 Greenhills Rd, West Beach; 2-Gänge-Menü mittags 35 AU$, 2-/3-Gänge-Menü abends 55/65 AU$) Das äußerst elegante Restaurant in der altehrwürdigen Telegrafenstation bietet ausgezeichnete Köstlichkeiten wie im Holzofen gebratene Languste aus Stanley (nur auf

Vorbestellung) oder zartes Lamm aus Black River. Der auf Holzkohle gegrillte Tintenfisch mit Basilikumpesto ist in ganz Tasmanien legendär. Wer's lässiger mag, stattet dem Imbisswagen des Restaurants einen Besuch ab, der jeden Samstagmorgen auf dem Bauernmarkt in Launceston (S. 734) steht.

Xanders MODERN-AUSTRALISCH $$$
(☎03-6458 1111; 25 Church St; Hauptgerichte 36–40 AU$; ⏲Mi–So ab 18 Uhr) Das nobelste Restaurant der Stadt befindet sich in einem alten Gebäude an der Hauptstraße, das auf beiden Seiten eine schöne Aussicht bietet. Auf der Speisekarte stehen überwiegend Gerichte mit Fisch und Meeresfrüchten, aber auch die besten Rindfleischspeisen der Gegend und sogar Ente. Das Kindermenü ist auch sehr gut.

Praktische Informationen

Das **Stanley Visitor Information Centre** (☎1300 138 229, 03-6458 1330; www.stanley.com.au; 45 Main Rd; ⏲Mo–Fr 9–17, Sa & So 10–16 Uhr) befindet sich gleich am Ortseingang auf der linken Seite.

Marrawah

370 EW.

Bei Marrawah, wo auf offenem Weideland hier und da kleine Nadelwäldchen stehen, wirft das raue Südpolarmeer gelegentlich Trümmer von Schiffen an Land, die an der zerklüfteten Küste zerschellt sind. Die Gegend ist mit ihren Stränden und Felsvorsprüngen besonders in der Dämmerung unsagbar schön; die Brandung und das Meer gebärden sich oft schrecklich wild.

Geoff King von **King's Run Wildlife Tours** (☎03-6457 1191; www.kingsrun.com.au; 100–125 AU$/Pers.) bietet auf seinem 330 ha großen Grundstück abendliche Ausflüge zu einer abgelegenen Fischerhütte an. Dort kann man Tasmanische Teufel sehen, wie sie sich über totgefahrene Tiere hermachen. Allein um sie einmal zu Gesicht zu bekommen, lohnt sich der Weg nach Marrawah.

Einfache Gerichte – aber keine Zimmer – hat die **Marrawah Tavern** (☎03-6457 1102; Comeback Rd; Hauptgerichte 15–33 AU$; ⏲Mo–Mi 12–22, Do–Sa 12–24, So 12–21 Uhr) im Ort. Dafür gibt's am Green Point, 2 km von Marrawah entfernt, einen kostenlosen, sehr einfachen (und windigen!) Zeltplatz mit Toiletten und einer kalten Dusche direkt am Strand.

Das kompakte, innen blau gestrichene und mit Kiefernholz getäfelte **Marrawah Beach House** (☎03-6457 1285; DZ ab 160 AU$, zusätzl. Pers. 25 AU$) bietet einen wunderbaren Blick über den Strand, der sich am Horizont in der unendlichen Weite verläuft. In dem Selbstversorger-Strandhaus haben bis zu vier Personen Platz.

Arthur River

120 EW.

Arthur River ist eine abgelegene Ansammlung von gezimmerten Fischerhütten und Ferienhäusern, 15 km südlich von Marrawah. Der von salziger Meeresluft gepeitschte **Gardiner Point**, ausgeschildert an der Hauptstraße südlich der alten Holzbrücke, wird als „Ende der Welt" angekündigt. Von hier aus kann man auf der Western Explorer Rd rund 110 km lang südwärts bis nach Corinna an der Westküste fahren.

Aktivitäten

Arthur River Canoe & Boat Hire BOOTSVERLEIH
(☎03-6457 1312; 1429 Arthur River Rd; ⏲9–17 Uhr) Hier kann man Motorboote (Std./Tag 30/180 AU$), Kanus (18/80 AU$) und Kajaks (14/60 AU$) ausleihen und dann z.B. mit einem Kanu flussaufwärts paddeln und zelten, so lange man will. Wasserdichte Fässer werden gestellt, alles andere muss man selbst mitbringen. Ein „Tag" hat hier übrigens nur acht Stunden!

Geführte Touren

Arthur River Cruises BOOTSFAHRTEN
(☎03-6457 1158; www.arthurrivercruises.com; Erw./Kind 95/35 AU$; ⏲Sept.–Mai 10–15 Uhr) Wer nicht gerade angeln will, lässt sich gemütlich den Arthur River hinauf bis zum Zusammenfluss von Arthur und Frankland River schippern. Dort wird dann gegrillt und im Regenwald gewandert. Kinder unter sechs Jahren fahren kostenlos mit.

AR Reflections River Cruises BOOTSFAHRTEN
(☎03-6457 1288; www.arthurriver.com.au; Erw./Kind 95/48 AU$; ⏲10.15–16.15 Uhr) Zu den ausgezeichneten Bootstouren auf dem Arthur River gehören auch eine geführte Wanderung im Regenwald und ein Feinschmecker-Mittagessen. Kinder unter sechs Jahren dürfen nicht an Bord.

Schlafen & Essen

In Arthur River gibt's ordentliche Unterkünfte für Selbstversorger, Restaurants sind aber Fehlanzeige (es gibt nur zwei Imbisse). Zelten kann man rund um Arthur River auf den **Campingplätzen** (Stellplatz 13 AU$) Manuka, Peppermint und Prickly Wattle – man muss sich beim **Arthur River Parks & Wildlife Service** (☎03-6457 1225; www.parks.tas.gov.au; ⏲24-Std.-Registrierungspunkt) an der Hauptstraße registrieren.

Arthur River Caravan Park WOHNWAGENPARK $
(☎03-6457 1212; www.arthurrivercabinpark.com; 1239 Arthur River Rd; Stellplatz ohne/mit Strom 25/28 AU$, Hütte 90–105 AU$) Unmittelbar nördlich vom Ort gelegen; mit alten und neuen Hütten und vielen wilden Tieren, die ab und zu vorbeischauen.

Arthur River Holiday Units MOTEL $$
(☎03-6457 1288; www.arthurriver.com.au; 2 Gardiner St; DZ 120 AU$, zusätzl. Pers. 30 AU$) Bietet mehrere komfortable, etwas altmodische Wohneinheiten am Fluss mit ein bis drei Schlafzimmern.

DER WESTEN

Urtümlich, stürmisch, den Elementen preisgegeben – diese Region Tasmaniens unterscheidet sich von allen anderen Gegenden Australiens. Hohe, zerklüftete Gebirgsketten, karge alpine Hochplateaus, wilde, tanningefärbte Flüsse, undurchdringlicher Regenwald und dazu unaufhörlicher Regen: Das ist der wilde Westen der Insel. Den Menschen ist es nie gelungen, ihn zu zähmen. Heute gehört ein großer Teil zum Weltnaturerbe. Und abgesehen vom touristisch ausgerichteten Strahan sind die wenigen Orte und Siedlungen rau, urwüchsig, wettergegerbt und von der Wildnis geprägt.

Vor 1932 (als die Straße von Hobart nach Queenstown entstand) kam man nur übers Meer in das Gebiet, und zwar durch die gefährlichen Hells Gates bis in den Macquarie Harbour von Strahan. Bei der europäischen Besiedlung kamen Sträflinge, Soldaten, Holzfäller, Goldsucher, Bahnarbeiter und Fischer in die Region. Im vorigen Jahrhundert lockte die Wildnis Outdoor-Abenteurer, Naturforscher und Umweltaktivisten an. Pläne, den Franklin und den Lower Gordon River einzudämmen, entfachten in den 1980ern die größte Umweltdebatte der australischen Geschichte und lösten rund um Strahan einen wahren Ökotourismus-Boom aus.

Weitere Infos gibt's unter www.westernwilderness.com.au.

ℹ Anreise & Unterwegs vor Ort

Die Busse von **Tassielink** (☎1300 300 520; www.tassielink.com.au) fahren fünfmal wöchentlich von Hobart an die Westküste. Die Fahrtdauer nach Strahan hängt vom Aufenthalt in Queenstown ab.

STRECKE	PREIS (AU$)	DAUER (STD.)
Hobart–Abzweigung nach Bronte	37	2¼
Hobart–Derwent Bridge	44	3¼
Hobart–Lake St. Clair	51	2¾
Hobart–Queenstown	65	5
Hobart–Strahan	75	6–8¾

Von Launceston fahren jede Woche drei Busse von Tassielink in Richtung Westen:

STRECKE	PREIS (AU$)	DAUER (STD.)
Launceston–Cradle Mountain	59	3
Launceston–Devonport	24	1¼ (Anschluss zur Fähre)
Launceston–Gowrie Park	40	2¼
Launceston–Queenstown	72	6
Launceston–Sheffield	30	2
Launceston–Strahan	82	8¾
Launceston–Zeehan	62	5½

Wer mit dem Auto auf der unwegsamen Western Explorer Road in Richtung Norden unterwegs ist, sollte in Zeehan oder Waratah noch einmal tanken. Weder in Corinna noch in Arthur River gibt's eine Tankstelle, die nächste ist im weit entfernten Marrawah.

Corinna

5 EW.

Das winzige, mehr als ruhige Dorf am Nordufer des Pieman River war einmal eine blühende Goldgräbersiedlung mit mehr als 2500 Einwohnern. Heute ist es nur noch ein Touristenort, der sich dem Ökotourismus verschrieben hat. Die ehrgeizigen Besitzer haben die alte Kneipe renoviert und 14 komplett ausgestattete, mit Solarenergie betriebene **Hütten** (☎03-6446 1170; www.corinna.com.au; Hostel EZ/DZ 50/90 AU$, Hütte DZ 150–220 AU$, Haus f. 4 Pers. 250 AU$; zusätzl. Pers. 25 AU$) an einen Hügel gebaut. Davon abgesehen gibt's hier keine weitere Unterkunft und auch kein Restaurant.

Die von **Pieman River Cruises** (☎03-6446 1170; Erw./Kind 90/51 AU$; ⊙10–14.30 Uhr) hier angebotenen Bootsfahrten sind eine ungezwungene, rustikale Alternative zu den überfüllten Massenveranstaltungen von Strahan auf dem Gordon River. Die vierstündigen Bootsfahrten auf der *Arcadia II* führen auf dem Fluss durch eine grandiose Schlucht und Wälder voller Eucalyptus, Farne und Huon-Pinien bis nach Pieman Heads, wo man an dem mit Treibholz übersäten Strand spazieren gehen kann. Reservierung erforderlich! Ebenfalls im Angebot sind **Kanu- und Kajaktouren** auf dem Pieman River (halber/ganzer Tag 40/80 AU$), **Angelausflüge** (Leihangel halber/ganzer Tag 10/20 AU$) und Bootsfahrten auf der kleineren und schnelleren *Seawater* zu den **Lovers' Falls** (Erw./Kind 50/25 AU$), die zu einem Picknick einladen.

Die **Fähre** *Fatman* (Motorrad & Fahrrad/Auto/Wohnmobil 10/20/25 AU$; ⊙April–Sept. 9–17 Uhr, Okt.–März 9–17 Uhr), die nur bei Bedarf ablegt, ist die einzige Möglichkeit, den Fluss zu überqueren.

Queenstown

3400 EW.

Der eindrucksvolle Lyell Hwy windet sich aus den Bergen kommend nach Queenstown hinab und führt dabei durch eine unwirkliche Mondlandschaft mit Erosionsrinnen und kahlen Hängen. Sie ist das Vermächtnis eines Bergbaus, der keinerlei Rücksicht auf die Umwelt nahm. Inzwischen werden Bergbau und Schwefelemissionen überwacht – und langsam ist auch an den Hängen wieder ein grüner Hoffnungsschimmer zu sehen. Ironischerweise wollen manche Einheimische die neu aufkeimende Natur aufhalten, da sie glauben, dass kahle Hügel und Fußballfelder mit Schotterbelag die Touristen anlockten.

Obwohl Queenstown dem Tourismustrend folgt, versprüht es noch die Atmosphäre einer authentischen, rauen Bergbausiedlung. Kumpel gehen im Arbeitsoverall die Straße entlang, und irgendwie ist die bewegte soziale und industrielle Geschichte des Ortes zum Greifen nah.

Die größte (und teuerste) Sehenswürdigkeit der Stadt ist die West Coast Wilderness Railway, eine restaurierte Bahnlinie, die durch die ursprünglich belassene Wildnis zwischen Queenstown und Strahan führt. Allerdings hat der frühere Privateigentümer den Betrieb im April 2013 eingestellt. Angeblich sollte er im November 2013 für die Saison 2013/2014 wieder aufgenommen werden. Genauere Infos finden sich im Kasten unten.

NICHT VERSÄUMEN

WEST COAST WILDERNESS RAILWAY

Die alte Bahnlinie von Queenstown nach Strahan war eine bemerkenswerte Ingenieursleistung. Gebaut wurde sie zum Transport des in der Mount Lyell Mine in Queenstown abgebauten Kupfers zum Hafen von Macquarie Harbour bei Strahan. Sie führt noch heute durch dichte Wälder sowie über 40 Brücken über rauschende Flüsse und hält an den alten Bahnhöfen. Bei der 1896 eröffneten Zahnradbahnstrecke wurde das System „Abt" verwendet, bei dem eine dritte Lamellenzahnstange im Gleis liegt, damit auch voll beladene Bergbauwaggons eine Steigung von 16 % bewältigen.

Nach der Stilllegung 1963 verfiel die Bahnlinie, wurde dann aber sorgfältig restauriert und 2002 als Touristenattraktion wieder in Betrieb genommen. Aufgrund der hohen Kosten für die Instandhaltung der Gleise stellten die Betreiber im April 2013 den vierstündigen Bahnverkehr zwischen Strahan und Queenstown wieder ein.

Wegen der großen Bedeutung der Bahnlinie für den Tourismus an der Westküste und in großen Teilen von Tasmanien stellten die Regierungen in Hobart und Canberra daraufhin insgesamt 6 Mio. AU$ für vier Jahre zur Verfügung, um die notwendige Instandhaltung der Gleise und technische Verbesserungen im Winter 2013 sicherzustellen. Zur Zeit der Recherche wurde ein neuer privater Betreiber gesucht, damit die Züge mit Beginn der Sommersaison 2013/2014 wieder fahren können. Auskunft über den aktuellen Stand der Dinge geben die Touristeninformationen in Hobart, Launceston, Queenstown und Strahan oder die Internetseiten www.westcoastwildernessrailway.com.au, www.discovertasmania.com und www.westernwilderness.com.au. Die Bahnstation von Queenstown befindet sich in der Driffield St gegenüber dem Empire Hotel.

Sehenswertes

Eric Thomas Galley Museum MUSEUM
(☎03-6471 1483; 1 Driffield St; Erw./Kind/Fam. 6/4/13 AU$; ⏲Okt.–April Mo–Fr 9.30–17, Sa & So 12.30–17 Uhr, Winter verkürzte Öffnungszeiten) In dem Museum, das 1898 als Imperial Hotel errichtet wurde, sind interessante alte Fotografien mit recht eigenwilligen Bildunterschriften zu sehen. Außerdem ist hier die Touristeninformation der Stadt untergebracht.

LARQ Gallery KUNSTGALERIE
(☎03-6471 2805; www.landscapeartresearchqueenstown.wordpress.com; 8 Hunter St; ⏲Mitte Jan.–Mitte Juni Di–Sa 14–18 Uhr) GRATIS Die von dem weltbekannten tasmanischen Maler und Grafiker Raymond Arnold geführte Galerie präsentiert Werke einheimischer und ausländischer Künstler in wunderbaren Ausstellungen und veranstaltet gemeinsame Workshops für Grafiker und Maler. Alles dient der Förderung einer Kunst, die von der grandiosen Landschaft der Westküste inspiriert ist. Die Galerie ist wirklich eine tolle Einrichtung und unbedingt einen Besuch wert.

Spion Kop Lookout WAHRZEICHEN
Wer einen tollen Ausblick über die Stadt genießen möchte, folgt der Hunter St bergauf, biegt dann links in die Bowes St ab und noch einmal scharf links in die Latrobe St. Von einem kleinen Parkplatz aus führt ein kurzer, steiler Weg hinauf zu diesem Aussichtspunkt.

Geführte Touren

Mt. Lyell Mine Tours MINENTOUR
(☎0407 049 612; Führung 80 AU$; ⏲10 & 14 Uhr) Von einem Aussichtspunkt am Lyell Hwy kann man die verlassene Tagebaumine **Iron Blow** sehen. Tief unterhalb des gewaltigen Kraters von West Lyell geht die Förderung jedoch weiter. Dieser Veranstalter bietet zweistündige Führungen an. Das Mindestalter beträgt 14 Jahre; reservieren!

Schlafen

Empire Hotel HOTEL $
(☎03-6471 1699; 2 Orr St; EZ 30 AU$, DZ mit/ohne Bad 80/60 AU$) Die Zimmer sind zwar bei Weitem nicht so toll wie die prachtvolle, unter Denkmalschutz stehende Treppe aus dunklem Rosenholz, aber relativ sauber. Das Personal ist freundlich, und im Speiseraum wird großartiges Essen serviert.

Queenstown Cabin & Tourist Park CAMPING $
(☎03-6471 1332; www.westcoastcabins.com.au; 17 Grafton St; Stellplatz ohne/mit Strom 5/28 AU$, Wohnwagen f. 2 Pers. 70 AU$, Hütte DZ 80–100 AU$) Der einfache Campingplatz hat einen Schotteruntergrund, aber es gibt auch einen kleinen, grasbewachsenen Bereich zum Zelten.

Mt. Lyell Anchorage B&B $$
(☎03-6471 1900; www.mtlyellanchorage.com; 17 Cutten St; EZ 80–130 AU$, DZ 130–160 AU$) Das Wohnhaus aus den 1890er-Jahren wurde komplett umgebaut und ist heute eine wunderbare, kleine Pension mit prima Betten, toller Bettwäsche und einem luxuriösen, flauschigen Teppichboden. Es gibt auch zwei Selbstversorger-Apartments (max. 4/6 Pers. 150/200 AU$). Die Zutaten fürs Frühstück stehen bereit.

Penghana B&B $$
(☎03-6471 2560; www.penghana.com.au; 32 Esplanade; EZ 150 AU$, DZ ab 145 AU$, Suite 280 AU$; 📶) Das denkmalgeschützte Herrenhaus von 1898 liegt auf einem Hügel oberhalb der Stadt und ist von einem wunderschönen Garten umgeben. Im Haus gibt es einen Billardtisch und einen prachtvollen Speiseraum, in dem deftiges Frühstück und – auf Anfrage – Abendessen serviert wird.

Essen & Ausgehen

Café Serenade CAFÉ $$
(40 Orr St; Hauptgerichte 11–18 AU$; ⏲8.30–16 Uhr; 🌿) Hier gibt's leckere Suppen, Sandwiches aus getoastetem Sauerteigbrot, Salate, gute vegetarische Gerichte, herzhaften Schmorbraten und scharfe Currys. Einige der Köstlichkeiten sind gluten- und laktosefrei, und der Kaffee ist ausgezeichnet.

Empire Hotel KNEIPE $$
(☎03-6471 1699; 2 Orr St; Hauptgerichte 15–28 AU$; ⏲11–22 Uhr, Mittagessen 12–14, Abendessen 17.30–20 Uhr) Der traditionelle Pub der Bergarbeiter hat schon viel gesehen und ist doch immer der Alte geblieben. Die im historischen Speiseraum servierten, herzhaften Klassiker wie Braten, Nudelgerichte, Steaks und Spareribs wechseln ständig. Aus dem Zapfhahn fließt meist das Bier der kleinen tasmanischen Brauerei Seven Sheds.

Unterhaltung

Paragon Theatre KINO
(www.theparagon.com.au; 1 McNamara St; Snacks & Tapas 6–14 AU$; ⏲Filmvorführungen Fr 20, Sa 14,

16.30 & 20 Uhr) Wenn das herrlich renovierte Kino im Art-déco-Stil freitags und samstags die aktuellen Filme aus Hollywood zeigt, sind auch das Café und die Bar geöffnet. Dort gibt's Käse- und Wurstplatten zu Kaffee, Bier und Wein.

Strahan

700 EW.

Strahan, 40 km südwestlich von Queenstown am Macquarie Harbour, ist der letzte Vorposten der Zivilisation an Tasmaniens wilder Westküste. Die Besucher strömen in Scharen herbei, um Tasmaniens berühmte Wildnis kennenzulernen, ob mit dem Wasserflugzeug, per Schiff auf dem Gordon River oder mit der Wilderness Railway.

Der Macquarie Harbour wurde zu Beginn des 19. Jhs. von Seeleuten entdeckt, die nach Huon-Pinien suchten. Das Gebiet war vom Land her gar nicht und vom Meer aus nur schwer zu erreichen. Diese Gegebenheiten wurden mit der Einrichtung einer streng geführten Strafkolonie im Jahr 1821 in recht zweifelhafte Vorzüge verwandelt: Auf der mitten im Macquarie Harbour gelegenen Sarah Island wurden die gefährlichsten Sträflinge der Kolonie interniert und als Zwangsarbeiter beim Schlagen der Huon Pines in der näheren Umgebung eingesetzt. Die Sträflinge schufteten zwölf Stunden pro Tag, fällten die Bäume und flößten sie anschließend zu den Sägewerken auf der Insel, wo das Holz zum Bau erstklassiger Schiffe zurechtgesägt wurde. Im Jahr 1834, nach der Eröffnung der Strafkolonie in Port Arthur, wurde Sarah Island aufgegeben.

Strahans Hauptstraße am Hafen ist heute zweifellos attraktiv. Ihre starke Ausrichtung auf den Tourismus lässt die Stadt jedoch eventuell leicht überkommerzialisiert wirken. Hier kann auch im Sommer Schnee fallen oder unvermittelt ein Schneesturm lostoben; man sollte also unbedingt warme, wasserdichte Kleidung einpacken.

Weitere Infos gibt's unter www.destinationstrahan.com.au, www.strahanvillage.com.au oder www.strahantasmania.com.

Sehenswertes & Aktivitäten

West Coast Reflections MUSEUM
(Esplanade; Sommer 10–18 Uhr, Winter 12–17 Uhr) Das Visitor Centre von Strahan ist gleichzeitig auch ein Museum, dessen Ausstellung zur Geschichte der Westküste einerseits sehr kreativ wirkt, andererseits aber auch nachdenklich stimmt. Außerdem gibt's hier eine erfrischend ungeschminkte Darstellung der Niederlagen und Errungenschaften im Bereich des Umweltschutzes in der Region.

Strände WANDERN & TREKKEN, VOGELBEOBACHTUNG
Zu Strahans Attraktionen zählt z.B. der stürmische, 33 km lange **Ocean Beach**, der 6 km von der Stadt entfernt liegt. Die Strömung und der Sog sind hier so extrem, dass vom Schwimmen unbedingt abgeraten wird – nicht aber von einem Besuch bei Sonnenuntergang. Wenn zwischen Oktober und April die Vögel aus ihren Winterquartieren zurückkehren, siedelt in den hiesigen Dünen eine **Sturmtaucherkolonie**. Im Januar und Februar kann man im Visitor Information Centre nach von Rangern geführten Touren fragen. Der **West Strahan Beach** liegt näher an der Stadt und eignet sich mit seinem langsam abfallenden Sandboden auch eher zum Baden. Folgt man von Strahan der Straße nach Zeehan, sind nach etwa 14 km die spektakulären **Henty Dunes** erreicht. Die beeindruckenden Sandberge sind bis zu 30 m hoch.

The Ship That Never Was THEATER
(Esplanade; Erw./Kind 20/10 AU$; Sept.–Mai 17.30 Uhr, Kasse ab 17 Uhr) Ein absolutes Muss ist dieses Theaterstück, das die Geschichte der Sträflinge erzählt, die 1834 auf Sarah Island das Schiff, das sie gerade bauen mussten, kidnappten und damit bis Chile segelten. Das Ganze ist ein unterhaltsamer Spaß für jedes Alter, bei dem das Publikum kräftig mitmacht – was auch von Touristen erwartet wird. Auch nach mehr als 5000 Vorstellungen sind die Schauspieler immer noch mit enorm viel Energie und Begeisterung dabei.

Geführte Touren

Bootsfahrten führen zunächst den Gordon River hinauf, dann über den breiten Macquarie Harbour nach Hells Gates und kurz ins Südpolarmeer, bevor Sarah Island angesteuert wird, auf der sich einst die berüchtigtste und am grausamsten geführte Sträflingskolonie befand. Nach dem Mittagessen geht es mit dem Boot weiter flussaufwärts bis nach Heritage Landing, wo durch den Regenwald gewandert wird.

Außerdem werden in Strahan auch Rundflüge, Jeep- und Quadtouren, Kajakfahrten und Sandboarden auf den meterhohen Henty Dunes angeboten.

Gordon River Cruises BOOTSFAHRTEN
(☎1800 628 288, 03-6225 7016; www.puretasmania.com.au; The Esplanade) Die fünfeinhalbstündigen Bootsfahrten beginnen täglich um 8.30 Uhr, im Sommer auch noch um 14.45 Uhr. Der Preis hängt davon ab, wo und wie man sitzt. Ein normaler Sitzplatz samt ausgezeichnetem Mittagessen vom Buffet kostet mindestens 105/42 AU$ pro Erwachsenem/Kind. Etwas teurer sind die Liegesitze am Fenster, wobei Letztere immer beschlagen sind – da man auf dem Schiff sowieso immer unterwegs ist, lohnt sich diese Mehrausgabe eher nicht. Wer's ganz nobel will, bezahlt (grundsätzlich) 220 AU$ und sitzt dann auf dem Kapitänsdeck. Dort gibt's auch ein Mittagsbuffet, und alle Getränke sind inklusive.

World Heritage Cruises BOOTSFAHRTEN
(☎03-6471 7174; www.worldheritagecruises.com.au; The Esplanade) Fünfdreiviertel Stunden am Vormittag oder Nachmittag (nur im Januar) ist man auf dem Gordon River unterwegs und genießt dabei ein feines Mittagessen vom Buffet. Das Ganze kostet 105 bzw. 50 AU$ pro Erwachsenem bzw. Kind. Für 130/75 AU$ sitzt man auf einem Premiumplatz am Fenster. Oder man kauft ein Gold Pass Ticket (Erw./Kind 150/80 AU$) und bekommt dafür noch ein Glas Wein, die Broschüre *Story of Sarah Island* und einen Premiumsitz am Fenster.

Wild Rivers Jet JETBOOT
(☎03-6471 7396; www.wildriversjet.com.au; The Esplanade) Die 50-minütigen Fahrten mit dem Jetboot durch die von Regenwald gesäumten Schluchten des King River beginnen zwischen 9 und 16 Uhr jeweils zur vollen Stunde. Das rasante Abenteuer kostet 68/40 AU$ pro Erwachsenem/Kind. Es müssen mindestens zwei Leute mitfahren; Reservierung ist erforderlich.

West Coast Yacht Charters SEGELN
(☎03-6471 7422; www.westcoastyachtcharters.com.au; The Esplanade) Bei den gemütlichen Fahrten auf dem Gordon River wird auch an Bord der gut 18 m langen, modernen Segeljacht *Stormbreaker* übernachtet. Da auf dem Zweimaster nur zehn Leute mitfahren können, ist das Ganze ein wirklich tolles Erlebnis. Eine Fahrt mit Übernachtung, Besuch von Sarah Island und Vollpension kostet 350 bzw. 175 AU$ pro Erwachsenem bzw. Kind. Der Veranstalter bietet auch dreistündige Angelausflüge und Kajaktouren (90/70 AU$) an, bei denen jeweils ein Langustenessen inbegriffen ist. Außerhalb der Langustensaison reduzieren sich die Kosten auf 70/45 AU$. Bootsfahrten auf dem oberen Gordon River kosten mit einer Übernachtung 280/140 AU$ pro Erwachsenem/Kind.

Strahan Seaplanes & Helicopters RUNDFLÜGE
(☎03-6471 7718; www.adventureflights.com.au; ⏲Mitte Sept.–Mai) In Wasserflugzeugen und Hubschraubern sieht man die Gegend aus der Vogelperspektive. Die Wasserflugzeuge fliegen entweder 80 Minuten lang über den Frenchmans Cap, die Flüsse Franklin und Gordon sowie Sarah Island (Erw./Kind 245/150 AU$) oder 65 Minuten lang über die Gegend rund um den Cradle Mountain (300/170 AU$). Ein 60-minütiger Flug mit dem Hubschrauber über das Naturschutzgebiet des Teepookana Forest kostet 245/150 AU$, eine kurze Viertelstunde über Hells Gates und Macquarie Harbour 130/70 AU$.

Schlafen

Discovery Holiday Parks Strahan WOHNWAGENPARK $
(☎03-6471 7239; www.discoveryholidayparks.com.au; Ecke Andrew St & Innes St; Stellplatz ohne Strom f. 2 Pers. 20–35 AU$, Stellplatz mit Strom 30–45 AU$, Hütte 135–145 AU$; @) Die schöne, freundliche Anlage direkt am West Beach von Strahan verfügt über eine Campingküche, Grillstellen, einen Kinderspielplatz und weitere gute Einrichtungen.

Strahan Backpackers HOSTEL $
(☎03-6471 7255; www.strahanbackpackers.com.au; 43 Harvey St; Stellplatz ohne Strom f. 2 Pers. 20 AU$, B 27–30 AU$, DZ ab 65 AU$, Hütte ab 75 AU$; @☰) Die einfachen Schlafsäle und Doppelzimmer sowie hübschen Nurdachhäuschen stehen im Busch, sind aber nur 15 Gehminuten vom Stadtzentrum entfernt. Gäste mit YHA-Ausweis zahlen weniger.

Strahan Bungalows APARTMENTS $$
(☎03-6471 7268; www.strahanbungalows.com.au; Ecke Andrew St & Harvey St; DZ 90–170 AU$, zusätzl. Pers. 30 AU$) Die im nautischen Stil eingerichteten, preisgekrönten Bungalows sind hell, freundlich und gut ausgestattet. Zudem stehen sie in Strandnähe und weniger als 15 Gehminuten vom Stadtzentrum entfernt.

The Crays FERIENHAUS $$
(☎03-6471 7422, 0419 300 994; www.thecraysaccommodation.com; 11 Innes St & 59 Esplanade; DZ

180–220 AU$) In der Innes St warten zwei komplett ausgestattete Häuser und an der Esplanade gegenüber dem Risby Cove sechs nagelneue, helle, geräumige und von einem Architekten entworfene Ferienhäuschen auf Besucher. Wer sich hier einmietet, zahlt weniger für die Segeltörns auf der *Stormbreaker* von West Coast Yacht Charters.

West Coast Yacht Charters SCHWIMMENDES B&B **$**
(☎ 03-6471 7422, 0419 300 994; www.westcoastyachtcharters.com.au; The Esplanade; DZ 100 AU$, B Erw./Kind 50/25 AU$) Wer schon immer mal auf einer Jacht übernachten wollte, hat hier die einmalige Gelegenheit dazu. Da die Jacht tagsüber auf Segeltörn geht, kann man erst abends (ab 17 Uhr) einchecken und muss morgens früh wieder raus (vor 9 Uhr). Das Boot legt auch nicht jeden Abend im Hafen an, deshalb unbedingt im Voraus buchen! Im Preis inbegriffen ist ein kleines Frühstück.

Ormiston House B&B **$$$**
(☎ 03-6471 7077; www.ormistonhouse.com.au; The Esplanade; DZ 200–270 AU$) Die eindrucksvolle Villa wurde 1899 von Strahans Stadtgründer Frederick Ormiston gebaut und ist heute eine kleine, entspannte Pension mit fünf Zimmern voller Antiquitäten. Der sehr gepflegte Garten und der herzliche Empfang machen sie zum idealen Plätzchen, um sich von der Erkundung des rauen Hinterlands zu erholen.

Essen

Schwoch Seafoods SEAFOOD **$$**
(The Esplanade; Meeresfrüchte 10–15 AU$, Pizzas 18–26 AU$; ⏲ Mo–Sa 12–20, So 17–20 Uhr) Die besten Fish & Chips der Stadt werden gegrillt oder frittiert und sind superfrisch. Gelegentlich gibt's auch Langusten, und die Burger und Pizzas sind auch nicht zu verachten. Alles kann man direkt vor Ort essen oder mitnehmen. Und bitte nicht die Möwen füttern!

Risby Cove MODERN-AUSTRALISCH **$$**
(☎ 03-6471 7572; www.risbycove.com.au; The Esplanade; Hauptgerichte 23–36 AU$; ⏲ morgens & mittags, abends ab 18 Uhr) Den Einheimischen ist kein Weg zu weit, um hier zu speisen. Auf der Karte stehen so fantastische Gerichte wie Antarktischer Schwarzfisch mit Wasabi-Soufflé oder gebratene Ente mit Shiitake-Pilzen. Tasmanische Jakobsmuscheln und Austern von Bruny Island sind in der Regel ebenfalls im Angebot, auf jeden Fall aber fangfrische Regenbogenforelle aus Macquarie Harbour. Vor allem im Sommer sollte man vorher reservieren.

Regatta Point Tavern KNEIPE **$$**
(The Esplanade; Hauptgerichte 20–38 AU$; ⏲ 12–22 Uhr, Küche 12–14 & 18–20 Uhr) Der beliebte Treffpunkt der Einheimischen liegt am Ende der Bucht, 2 km vom Stadtzentrum entfernt. Zu essen gibt's die üblichen Steaks und Burger sowie guten, frischen Fisch. Etwas ganz Besonderes sind die Langusten in Sauce Mornay, die es aber nur während der Saison gibt. Auch ein ordentliches Kindermenü ist im Angebot.

Praktische Informationen

Parks & Wildlife Service (☎ 03-6471 7122; www.parks.tas.gov.au; The Esplanade; ⏲ Mo–Fr 9–17 Uhr) Im ehemaligen Zollhaus befinden sich auch das Postamt, ein Internetcafé und ein Geldautomat.

West Coast Visitor Information Centre (☎ 03-6472 6800; www.westcoast.tas.gov.au; The Esplanade; ⏲ Dez.–März 10–18.30 Uhr, April–Nov. 10–18 Uhr) Hier ist nicht nur die Touristeninformation, sondern auch das West Coast Reflections Museum untergebracht.

Franklin-Gordon Wild Rivers National Park

Dieser zum Weltnaturerbe gehörende, in den 1980er-Jahren vor Staudämmen bewahrte **Nationalpark** (www.parks.tas.gov.au) umfasst die Einzugsgebiete des Franklin River und des Olga River sowie Abschnitte des Gordon River – außergewöhnliche Gegenden zum Raften, Buschwandern und Klettern. Der höchste Punkt des Parks ist der schneebedeckte **Frenchmans Cap** (1443 m; anspruchsvoller 3- bis 5-tägiger Trek). Der Park rühmt sich auch vieler einzigartiger Pflanzenarten und der bedeutendsten indigenen archäologischen Ausgrabungsstätte Australiens, der **Kutikina Cave**.

Viele Gebiete des Parks bestehen aus tiefen Flussschluchten und undurchdringlichem Regenwald, allerdings durchquert der Lyell-Highway sein nördliches Ende. Einige kurze Wanderungen beginnen am Highway, u.a. zu den **Nelson Falls** (hin & zurück 20 Min.) und zum **Donaghys Hill** (hin & zurück 40 Min.). Von beiden Wegen aus kann man den Franklin River und die alles überragende weiße Quarzitspitze des Frenchmans Cap sehen.

RAFTING AUF DEM FRANKLIN

Raftingtrips auf den aufgewühlten Wogen des Franklin River sind aufregend und halsbrecherisch; für Greenhorns bieten die Pauschalreiseanbieter umfassende Rafting-Pakete an. Ob man mit einer unabhängigen Gruppe oder einem Veranstalter losfährt – in jedem Fall sollte man bei den Rangern des Parks im **Queenstown Parks & Wildlife Service** (☎03-6471 2511; Penghana Rd) oder dem **Lake St. Clair Visitor Information Centre** (☎03-6289 1172; Cynthia Bay) aktuelle Infos zu Genehmigungen, Wetterbedingungen, Bestimmungen und Umweltfragen einholen. Zudem kann man die detaillierten „Franklin River Rafting Notes" auf www.parks.tas.gov.au zurate ziehen.

Expeditionen sollten sich an dem Kiosk melden, der 49 km westlich von Derwent an der Stelle steht, wo der Lyell Hwy auf den Collingwood River trifft. Eine Raftingtour auf der gesamten Länge des Franklin River beginnt am Collingwood River und endet an den Sir John Falls und dauert acht bis 14 Tage; aber auch kürzere Trips sind möglich. Am Ziel kann man sich von einem Wasserflugzeug von Strahan Seaplanes & Helicopters (S. 760) abholen lassen oder mit der *Stormbreaker* von **West Coast Yacht Charters** (☎0419 300 994, 03-6471 7422; www.tasadventures.com) nach Strahan zurückfahren. Eine weitere Möglichkeit ist es, 22 km flussabwärts bis Heritage Landing zu paddeln und dort mit einem der Ausflugsschiffe zu fahren, die auf dem Gordon River umherschippern.

Touren gibt's hauptsächlich von Dezember bis März. Mehrere Tourveranstalter offerieren Rafting-Pauschalangebote ab Hobart.

➜ **Rafting Tasmania** (☎03-6239 1080; www.raftingtasmania.com) Fünf-/sieben-/zehntägige Trips für 1750/2100/2700 AU$.

➜ **Tasmanian Expeditions** (☎1300 666 856; www.tasmanianexpeditions.com.au) Neuntägige Touren (2595 AU$) plus elftägige Expeditionen mit Aufstieg zum Gipfel des Frenchmans Cap (2795 AU$).

➜ **Water By Nature** (☎1800 111 142, 0408 242 941; www.franklinrivertasmania.com) Fünf-/sieben-/zehntägige Touren für 1940/2240/2790 AU$.

Cradle Mountain-Lake St. Clair National Park

Tasmanien ist weltbekannt für das einzigartige, 168 000 ha große Weltnaturerbegebiet Cradle Mountain-Lake St. Clair. Bergspitzen, nasse Schluchten, unberührte Seen sowie Tümpel- und Heidelandschaften breiten sich majestätisch von den Great Western Tiers im Norden bis zur Derwent Bridge am Lyell-Highway im Süden aus. Der Park, einst eines der am stärksten vergletscherten Gebiete Australiens, kann auf zwei geografische Rekorde verweisen: den Mt. Ossa (1617 m), Tasmaniens höchsten Berg, und den Lake St. Clair, Australiens tiefsten natürlichem Süßwassersee (167 m).

Die Lorbeeren für die Erhaltung der Region als **Nationalpark** (www.parks.tas.gov.au) gebühren nicht zuletzt dem Österreicher Gustav Weindorfer. 1912 baute er ein Chalet aus Tasmanischen Zedern (King Billy Pine), nannte es Waldheim und lebte ab 1916 dauerhaft dort. Bis heute heißt der Standort des Chalets am nördlichen Parkende „Waldheim".

Es gibt einfach fabelhafte Tageswanderungen, sowohl am Cradle Valley im Norden als auch an der Cynthia Bay (Lake St. Clair) im Süden. Zum Mekka für Buschwanderer wurde der Park aber durch den herausragenden 80,5 km langen Overland Track, der die beiden Punkte verbindet.

Sehenswertes & Aktivitäten

Es ist vor allem das Bushwalking, das diesen Nationalpark so attraktiv macht. Neben dem Overland Track gibt es hier noch Dutzende anderer kurzer Wanderwege. Besucher des Cradle Valley können hinter dem Cradle Mountain Visitor Information Centre eine einfache, aber einzigartige 20-minütige Runde auf einem Holzsteg durch den angrenzenden Regenwald drehen. Dieser **Pencil Pine Falls & Rainforest Walk** ist auch für Rollstühle und Kinderwagen geeignet. In der Nähe befinden sich noch weitere Wege: ein Pfad, der zu den **Knyvet Falls** (hin & zurück ca. 45 Min.) führt, der **Enchanted Walk**, der am Pencil Pine Creek (hin & zurück 20 Min.) entlangverläuft, und der **King Billy Walk** (hin & zurück ca. 1 Std.).

Der **Cradle Valley Walk** (einfache Strecke 2½ Std.) ist ein 8,5 km langer Plankenweg, der vom Cradle Mountain Visitor Information Centre zum Dove Lake führt. Der **Dove Lake Walk** ist ein 6 km langer, etwa zweistündiger Rundweg um den See.

Devils@Cradle WILDPARK
(☎ 03-6492 1491; www.devilsatcradle.com; 3950 Cradle Mountain Rd; Erw./Kind/Fam. 16/10/40–55 AU$; ⊙tagsüber 10–16 Uhr, Nachtführungen auf Anfrage) In dem ausgezeichneten Park kommt man dem Tasmanischen Teufel nä-

DER OVERLAND TRACK

Australiens berühmteste Wanderung, die normalerweise in sechs Tagen und fünf Nächten in Angriff genommen wird, führt über 65 km vom Cradle Valley im Norden zum Lake St. Clair im Süden. Die Landschaft ist atemberaubend: Man stapft vorbei an den höchsten Gipfeln Tasmaniens, durch Wälder mit riesigen Eukalyptusbäumen und vielen Wildtieren, über offene Hochmoore und durch unvergleichlich schöne, mit Glatthafer bewachsene Täler.

Die beste Zeit für den Overland Track ist der Sommer (Dez.–April), wenn es wärmer ist, die Tage länger sind und die Wildblumen in voller Blüte stehen. Im Frühjahr und im Herbst sind allerdings weniger Mitwanderer unterwegs. Im Winter hingegen sollten sich nur sehr erfahrene Bushwalker dem Track stellen. Alle Wanderer müssen sich am Start und am Ziel ihrer Wanderung registrieren lassen.

Im Jahr 1953 wanderten noch weniger als 1000 Personen jährlich auf dem Overland Track, 2004 waren es dann schon 9000. Um die empfindliche Ökologie des Gebiets zu schützen sowie Umweltbeeinträchtigungen und eine Überlastung zu vermeiden, wurden gewisse Regeln für das Wandern eingeführt:

- Vom 1. Oktober bis 31. Mai gelten ein Buchungssystem und eine maximale Wanderanzahl pro Tag. Für die Saison kann ab dem 1. Juli gebucht werden.
- Außerdem müssen 200 AU$ (Kind 5–17 Jahre & erm. 160 AU$) zur Unterhaltung und Pflege der Strecke bezahlt werden (nur Okt.–Mai). Der Nationalparkeintritt ist jedoch nicht in dieser Gebühr enthalten.
- Die vorgegebene Marschrichtung von Oktober bis Mai ist von Norden nach Süden.

Im Cradle Valley beginnen manche Wanderer ihren Marsch am Dove Lake, die empfohlene Strecke startet jedoch am Ronny Creek in rund 5 km Entfernung vom Cradle Mountain Visitor Information Centre. Von der Hauptstrecke zweigen viele Wege ab, die auf Berge wie den Mt. Ossa führen oder Abstecher zu Seen, Wasserfällen und in Täler ermöglichen, sodass die Zeit, die man auf der Strecke verbringt, einzig begrenzt wird von der Menge der Verpflegung, die man mitschleppen kann.

Hat man die Narcissus Hut am Nordende des Lake St. Clair erreicht, kann man entweder um den See herum nach Cynthia Bay weiterwandern (5–6 Std.) oder hier die Fähre des Lake St. Clair Wilderness Resort nehmen. Den Platz auf der Fähre muss man vor Beginn der Wanderung buchen und die Reservierung dann bei der Ankunft in der Narcissus Hut über Sprechfunk bestätigen. In den ausgezeichneten Hütten entlang der Strecke kann man neue Kräfte sammeln. Im Sommer sind sie allerdings voller schnarchender Mitwanderer, vom Schweißfußaroma mal ganz zu schweigen. Wem das nicht zusagt, der nimmt ein Zelt mit und schlägt es auf den Holzplattformen auf, die es rund um jede Hütte gibt. Da Lagerfeuer verboten sind, ist ein Campingkocher unentbehrlich. An sauberem Trinkwasser herrscht unterwegs kein Mangel, trotzdem empfiehlt sich im Zweifel immer das Abkochen.

Man kann seine Wanderung auch online buchen auf www.overlandtrack.com.au. Unter dieser Adresse findet man außerdem viele Infos und kann die Broschüre *The Overland Track – One Walk, Many Journeys* (34,95 AU$) bestellen, die Details zu den einzelnen Etappen der Wanderung sowie zu Flora und Fauna enthält. Mitgeliefert werden zudem die *Lake St. Clair Map & Notes* (Maßstab 1:100 000) und ein schicker Anhänger für den Rucksack. Broschüre und Karte sind auch bei Touristeninformationen erhältlich; detaillierte Routenbeschreibungen findet man zudem im Lonely Planet Führer *Walking in Australia*.

her als anderswo. Während man die faszinierenden Tiere beobachtet, erfährt man alles über die schreckliche Krebserkrankung DFTD, die sie bedroht. Die zumeist nachtaktiven Teufel lassen sich am besten während der Fütterung um 17.30 (und 20.30 Uhr in der Sommerzeit) beobachten. Die nächtlichen Fütterungstouren kosten jeweils 27,50/15/15/65–87,50 AU$ für Erwachsene/mit Ermäßigung/Kinder bzw. Familien.

Larmairremener tabelti KULTURSPAZIERGANG
Der Weg auf den Spuren der Aborigine-Kultur führt rund um Cynthia Bay durch das Land des indigenen Larmairremener-Volkes. Die Wanderung, die hin und zurück etwa eine Stunde dauert, beginnt beim Visitor Information Centre. Eine schöne Alternative ist es, mit der Fähre zur **Echo Point Hut** oder **Narcissus Hut** überzusetzen und dann am Seeufer entlang zurück nach Cynthia Bay zu wandern. Von Echo Point dauert der Rückweg vier bis fünf Stunden, von Narcissus fünf bis sechs Stunden.

Geführte Touren

Fast alle Veranstalter bieten Tagesausflüge und längere Touren in die Umgebung an, darunter auch geführte Wanderungen auf dem Overland Track.

Cradle Country Adventures REITEN
(1300 656 069; www.cradleadventures.com.au) Die Ausritte dauern einen halben oder ganzen Tag oder auch mehrere Tage (2 Std. 95 AU$, ganzer Tag ab 220 AU$). Außerhalb des als Weltnaturerbe geschützten Gebiets sind auch Quadtouren möglich (www.cradlemountainquadbikes.com.au; 2 Std. 129 AU$).

Cradle Mountain Canyons CANYONING
(1300 032 384; www.cradlemountaincanyons.com.au; Erw./Kind 100/80 AU$; Start 8.30 & 13.30 Uhr) Im eng anliegenden Nassanzug klettert, kraxelt und seilt man sich über und in diverse Badebecken und Wasserfälle ab. Zur Auswahl stehen der Lost World Canyon (für Anfänger) und der Dove Canyon (für Fortgeschrittene). In beiden erlebt man hautnah die atemberaubende Schönheit der Natur in dieser Region. Das Büro des Veranstalters befindet sich direkt neben dem Visitor Information Centre des Cradle Mountain National Park.

Cradle Mountain Helicopters PANORAMAFLÜGE
(03-6492 1132; www.adventureflights.com.au; Cradle Mountain Rd; Flüge Ende Sept.–Juni) Ein 30-minütiger Rundflug kostet 245/150 AU$ pro Erwachsenem/Kind.

Cradle Mountain Huts BUSHWALKING
(03-6392 2211; www.cradlehuts.com.au; ab 2850 AU$; Okt.–Mai) Bei der sechstägigen Wanderung auf dem Overland Track übernachtet man fünfmal in privaten Hütten; das Gepäck wird transportiert.

Tasmanian Expeditions BUSHWALKING
(1300 666 856; www.tasmanianexpeditions.com.au; Nov.–April) Die sechstägige Wanderung mit fünf Übernachtungen auf dem Overland Track kostet 1995 AU$, die ebenfalls sechstägige Wanderung zum Cradle Mountain und den Walls of Jerusalem kostet 1545 AU$.

Schlafen & Essen

Cradle Valley

Wer sich ins Cradle Valley begibt, sollte sich zuvor mit Lebensmitteln eindecken, die – in geringer Auswahl – im Cradle Mountain Cafe, im Laden des Campingplatzes Discovery Holiday Parks und in der Cradle Mountain Lodge verkauft werden. Im Café des Cradle Mountain Visitor Information Centre gibt's zudem einen Geldautomaten.

Discovery Holiday Parks Cradle Mountain CAMPING $
(03-6492 1395; www.discoveryholidayparks.com.au; Cradle Mountain Rd; Stellplatz ohne/mit Strom 2 Pers. 35/49 AU$, B 32 AU$, Hütte ab 99 AU$, Ferienhaus ab 149 AU$; @) Der gut ausgestattete Campingplatz im Busch ist 2,5 km vom Nationalpark entfernt. Die Stellplätze sind gut voneinander abgetrennt, es gibt ein dem YHA angeschlossenes Hostel, eine Campingküche, einen Waschsalon und komplett ausgestattete Hütten.

★ **Cradle Mountain Highlanders Cottages** FERIENHAUS $$
(03-6492 1116; www.cradlehighlander.com.au; Cradle Mountain Rd; DZ 120–210 AU$, zusätzl. Erw./Kind 30/20 AU$) Die makellosen Holzhäuschen haben Holz- oder Gaskamine und breite Doppelbetten. Drei der Hütten verfügen über einen Whirlpool, und der Wald rundum ist voller neugieriger Tiere. Eine der besten Unterkünfte am Cradle Mountain!

Cradle Mountain Wilderness Village HÜTTEN $$$
(03-6492 1500; www.cradlevillage.com.au; Cradle Mountain Rd; DZ 220–360 AU$; @) Die

ziemlich luxuriösen Chalets und Hütten stehen inmitten eines friedlichen Eukalyptuswäldchens. Wer eines der neuen Premium-Chalets *last minute* übers Internet bucht, kann sich über einen ordentlichen Rabatt freuen.

Cradle Mountain Lodge RESORT $$$
(☎03-6492 2103, 1300 806 192; www.cradlemountainlodge.com.au; Cradle Mountain Rd; DZ 400–840 AU$, zusätzl. Erw. 72 AU$; @) Knapp 100 Hütten aus Holz und Stein verteilen sich rund um das Hauptgebäude der Ferienanlage, die sich in der Nähe des Eingangs zum Nationalpark befindet. Zum Hotel gehört das noble Restaurant **Highland** (2-/3-Gänge-Menü 59/69 AU$, Probiermenü mit 5 Gängen 90 AU$; ⌚morgens, mittags & abends) und die lässige **Tavern** (Hauptgerichte 16–26 AU$; ⌚11.30 Uhr–open end). Außerdem steht den Gästen eine Wellnessoase zur Verfügung, und es werden jede Menge Outoor-Aktivitäten und geführte Wanderungen angeboten, an denen auch Nichthotelgäste teilnehmen dürfen. Auf der Website finden sich immer mal wieder gute Sparangebote, Auskunft über geplante Aktivitäten erhält man per Telefon.

Cynthia Bay & Derwent Bridge

Lake St. Clair Lodge CAMPING $
(☎03-6289 1137; www.lakestclairlodge.com.au; Stellplatz ohne/mit Strom DZ 25/35 AU$, B/DZ 40/110 AU$, Ferienhaus & Studio DZ 190–330 AU$) Die Anlage direkt am See wird von spitzen Berggipfeln umrahmt. In der Umgebung gibt's jede Menge Wanderwege und eine vielfältige Tierwelt zu entdecken. Erst vor Kurzem wurden eine neue Campingküche und außerordentlich gemütliche Suiten mit Küchenzeile, offenem Kamin und Balkon eingerichtet. Eine solche Suite mit Whirlpool dürfte genau das Richtige nach der anstrengenden Bewältigung des Overland Tracks sein.

Derwent Bridge Wilderness Hotel HOTEL & KNEIPE $$
(☎03-6289 1144; www.derwentbridgewildernesshotel.com.au; Lyell Hwy; B 30 AU$, Bettwäsche 5 AU$, DZ mit/ohne Bad 140/120 AU$) Perfekt, um sich an einem eisig kalten Tag am knisternden Holzfeuer zu wärmen, ein kühles Bier zu genießen und sich mit ausgezeichneter Kneipenkost zu stärken. Die Zimmer sind einfach, aber gemütlich, und in dem Pub mit hoher Holzbalkendecke, Billardtisch und Jukebox herrscht eine lässig-entspannte Atmosphäre. Zur Belohnung für die Strapazen des Overland Track kann man sich das dicke Porterhousesteak „King Billy" gönnen.

NICHT VERSÄUMEN

EINE WAND MITTEN IN DER WILDNIS

Auf der Fahrt von Derwent Bridge nach Bronte Park sollte man unbedingt einen Abstecher zu **The Wall** machen (www.thewalltasmania.com; Erw./Kind 10/6 AU$; ⌚Sept.–April 9–17 Uhr, Mai–Aug. 9–16 Uhr). Dabei handelt es sich um ein Kunstwerk, das noch im Entstehen begriffen ist. Der Holzbildhauer Greg Duncan schnitzt die Geschichte des tasmanischen Hochlands in eine Wand aus Holztafeln. Die Dimensionen sind unglaublich: Das fertige Panoramabild wird 100 m lang sein, und es wird voraussichtlich zehn Jahre dauern, bis es vollendet ist. Trotz des riesigen Formats sind die Darstellungen unglaublich kunstvoll und detailreich geschnitzt. Von den Adern in den Händen der Arbeiter über die Knitterfalten in ihren Hemden bis hin zu den Haaren ihrer Bärte ist alles deutlich zu erkennen. The Wall steht 2 km östlich von Derwent Bridge.

Derwent Bridge Chalets & Studios FERIENHAUS $$$
(☎03-6289 1000; www.derwent-bridge.com; Lyell Hwy; DZ 175–245 AU$, zusätzl. Erw./Kind 40/25 AU$; @) Nur 5 km vom Lake St. Clair (und 500 m östlich der Abzweigung) befinden sich diese in sich abgeschlossenen Hütten und Studios mit einem, zwei oder drei Schlafzimmern. Alle haben eine komplett ausgestattete Küche und eine Waschmaschine, einige auch einen Whirlpool. Bei Sonnenuntergang kommen die Tiere aus dem Busch zu Besuch.

Hungry Wombat Café CAFÉ $
(Lyell Hwy; Hauptgerichte 6–15 AU$; ⌚Sommer 8–18 Uhr, Winter 9–17 Uhr) In dem freundlichen Café gibt's üppiges Frühstück und unendlich viele verschiedene hausgemachte Supppen sowie Fish & Chips und Snacks, mit denen man bestens für einen Tag voller Aktivitäten gerüstet ist. Außerdem kann man sich in dem kleinen Laden mit Lebensmitteln eindecken.

Praktische Informationen

Alle Wanderwege im Park sind ausgeschildert und gut zu erkennen – ihnen zu folgen ist grundsätzlich nicht schwer. Zur Sicherheit sollte man aber dennoch eine Karte dabeihaben. Diese ist in den Visitor Information Centres des Parks erhältlich.

CRADLE VALLEY

Im **Cradle Mountain Visitor Information Centre** (☎ 03-6492 1110; www.parks.tas.gov.au; Cradle Mountain Rd; ⌚ 8–17 Uhr, im Winter kürzer) bekommen Traveller ausführliche Informationen zu sämtlichen Wandermöglichkeiten. Man kann sich hier einen Pass für den Overland Track holen, sich vor dem Loswandern registrieren lassen und den Eintritt für den Nationalpark entrichten. Zudem sind interessante Schautafeln über Flora, Fauna und die Geschichte des Parks aufgestellt.

Gleich hinter dem Eingang zum Park liegt das **Rangers Station Interpretation Centre** (⌚ während der Sommerzeit 9–17 Uhr, Winter 9.30–16 Uhr). Ein kompaktes Auditorium zeigt hier Videos über die Naturgeschichte von Cradle Mountain und über die Wanderwege in der Umgebung. Zudem informieren Schautafeln über die traditionelle Kultur der örtlichen Ureinwohner.

Unabhängig von der Jahreszeit sollte man rund um das Cradle Valley immer auf kaltes, feuchtes Wetter gefasst sein. Das Regenrisiko liegt bei 70 %, neblig ist es an 80 % aller Tage, und die Wahrscheinlichkeit, dass einen ganzen Tag lang die Sonne scheint, liegt bei mageren 10 %. An 54 Tagen im Jahr schneit es sogar.

LAKE ST. CLAIR

Das **Lake St Clair Visitor Information Centre** (☎ 03-6289 1172; www.parks.tas.gov.au; Cynthia Bay; ⌚ 8–17 Uhr) belegt an der Cynthia Bay bei der südlichen Parkgrenze einen Gebäudeflügel. Hier gibt's zuverlässige Wanderinfos, Pässe für den Nationalpark und Schautafeln.

Daneben liegt die separat betriebene Lake St. Clair Lodge, in der man Unterkünfte, Fährtickets oder Bootsfahrten auf dem See buchen kann.

An- & Weiterreise

Busse von **Tassielink** (☎ 1300 300 520; www.tassielink.com.au) bedienen Cradle Mountain und den Lake St. Clair.

Saintys (☎ 03-6334 6456; www.saintyscoaches.com.au) bietet auf Anfrage einen Transportservice von Devonport nach Cradle Mountain, von Launceston nach Cradle Mountain und von Devonport oder Launceston zum Lake St. Clair an.

Wer sich in Wanderläden oder Hostels umhört, hat vielleicht Glück und kommt mit anderen zusammen günstiger ans Ziel.

Unterwegs vor Ort

CRADLE VALLEY

Um der Überlastung der schmalen Straße nach Cradle Mountain und dem Verkehrschaos am Parkplatz des Dove Lake entgegenzutreten, wurde ein Shuttleservice in den Park eingerichtet. Die Busse fahren im Sommer zwischen 8 und 20 Uhr (im Winter kürzer) alle 10 bis 20 Minuten am Cradle Mountain Transit Centre (dem Parkplatz beim Visitor Centre) ab. Das Angebot ist

SICHERES REISEN – SCHNEESTÜRME & UNTERKÜHLUNG

In den Bergen Tasmaniens kann es zu jeder Jahreszeit Schneestürme (Blizzards) geben. Wenn die Temperaturen unter den Gefrierpunkt fallen, müssen Wanderer besonders in abgelegenen Gegenden unbedingt gut darauf vorbereitet sein. Man sollte warme Kleidung (Thermounterwäsche und -jacken) sowie eine wind- und wasserfeste Schicht dabei haben. Das Zelt sollte von hoher Qualität und für das Campen im Schnee geeignet sein. Zudem gehören Lebensmittel für zwei zusätzliche Tage ins Gepäck – für den Fall, dass man aufgrund des schlechten Wetters irgendwo festsitzt.

Unterkühlung ist vor allem während der Wintermonate im Süden Australiens – und ganz besonders in Tasmanien – eine ernst zu nehmende Gefahr. Die heftigen Winde sind ein beträchtlicher Kältefaktor, der selbst bei nur mäßig kühlen Temperaturen zu Unterkühlung führen kann. Frühe Anzeichen sind u.a. Einschränkungen der Feinmotorik (etwa beim Zuknöpfen der Jacke), Schüttelforst und allgemeine Unbeholfenheit. Am wichtigsten ist es dann, die kalte Umgebung zu verlassen, nasse Kleidung durch trockene zu ersetzen, eine wind- und wasserdichte Schicht überzuziehen, für sonstige zusätzliche Isolierung zu sorgen und dem Körper „Brennstoff" (Wasser und Kohlenhydrate) zuzuführen, damit er – durch Zittern – wieder warm wird. Bei schwerer Unterkühlung hört der Betroffene auf zu zittern – dann handelt es sich um einen medizinischen Notfall, der über die genannten Maßnahmen hinausgehend sofort durch einen Arzt behandelt werden muss.

kostenlos, man muss allerdings im Besitz eines gültigen Nationalpark-Passes sein. Haltestellen sind das Rangers Station Interpretation Centre, Snake Hill, Ronny Creek und Dove Lake.

CYNTHIA BAY & DERWENT BRIDGE

Die **Lake St. Clair Lodge** (☎ 03-6289 1137; www.lakestclairlodge.com.au) betreibt eine Fähre für Wanderer zur und von der Narcissus Hut am nördlichen Ende des Lake St. Clair (30–40 Min., einfache Strecke Erw./Kind 40/20 AU$). Das Boot fährt zwischen Oktober und Anfang Mai dreimal täglich (9, 12.30 & 15 Uhr) an der Cynthia Bay ab (oder auf Anfrage, min. 6 Pers.) und erreicht 30 Minuten später die Narcissus Hut. Wer am Ende seiner Overland-Track-Wanderung die Fähre nehmen will, muss vorab reservieren und dem Betreiber auch unbedingt per Funk die Ankunft an der Narcissus Hut sowie die Rückfahrt bestätigen.

Saintys (S. 766) bietet bei Bedarf einen Shuttle-Service für die 5 km lange Strecke zwischen Cynthia Bay/Lake St. Clair und Derwent Bridge an. Reservierung erforderlich.

Flinders Island

Flinders Island und die anderen 51 Inseln der Furneaux-Gruppe sind Überbleibsel der Landbrücke, die bis vor 10 000 Jahren Tasmanien mit dem Festland Australiens verband. Zwischen 1829 und 1834 wurden 135 Ureinwohner von Flinders Island nach Wybalenna gebracht, um dort „zivilisiert und erzogen" zu werden. 14 Jahre später waren nur noch 47 von ihnen am Leben. Heute leben auf Flinders Island 900 Bauern und Fischer. Besucher können wandern, Tiere beobachten, angeln, Kajak fahren, schnorcheln und tauchen. Zu essen gibt's immer mehr Bioprodukte.

Sehenswertes

Wybalenna Historic Site HISTORISCHE STÄTTE

Ein paar Backsteinmauern, die kleine Kirche und der Friedhof sind alles, was von der einst zum „Wohle" der Aborigines errichteten Siedlung übrig geblieben ist. 87 Menschen starben hier an Unterernährung, Krankheiten und Verzweiflung.

Furneaux Museum MUSEUM

(8 Fowlers Rd; Erw./Kind 4 AU$/frei; ⏲ Ende Dez.–Jan. tgl. 13–17 Uhr, Feb.–Nov. Sa & So 13–16 Uhr) Das hochinteressante Museum im Nachbarort Emita zeigt eine Vielzahl von Kunst- und Gebrauchsgegenständen der Aborigines (darunter auch wunderbare Muschelketten) sowie alte Gerätschaften zur Robbenjagd und Teile von Schiffswracks. Eine Sonderausstellung ist dem früher weit verbreiteten Fang der Sturmtaucher gewidmet.

Schlafen

Flinders Island Cabin Park WOHNWAGENPARK $

(☎ 03-6359 2188; www.flindersislandcp.com.au; 1 Bluff Rd; Zeltplatz f. 2 Pers. 14 AU$, Hütte 35 AU$, DZ 60–95 AU$, zusätzl. Pers. 15 AU$) Der Park 4 km nördlich von Whitemark liegt in der Nähe des Flughafens. Die acht großen, für Familien geeigneten Hütten haben teilweise ein eigenes Bad, aber alle einen Herd und einen Fernseher. Der freundliche Besitzer verleiht auch Autos (66 AU$/Tag) und Fahrräder (25 AU$/Tag).

Vistas on Trousers Point LODGE $$

(☎ 03-6359 4586; www.vistasontrouserspoint.com.au; 855 Trousers Point Rd; DZ 155–185 AU$) Jedes Zimmer der gemütlichen Lodge ist individuell eingerichtet, viele im indischen oder asiatischen Stil. Mit Mountainbikes kann man die Gegend erkunden, bevor man sich im Whirlpool unter freiem Himmel entspannt und auf das erstklassige Essen im hoteleigenen Restaurant Chappells freut. Die selbst weit gereisten Besitzer Ken und Carolyn können ihre Gäste auch mit allem Notwendigen zum Wandern, Schnorcheln und Angeln versorgen.

Essen

Die Insel ist bekannt für frische Meeresfrüchte, Lamm- und Wildfleisch sowie biologisch angebautes Gemüse.

Freckles Cafe CAFÉ $

(7 Lagoon Rd, Whitemark; Snacks & kleine Gerichte 10–14 AU$; ⏲ Mo–Fr 7–17.30 Uhr) Das Café in der geschäftigen Innenstadt von Whitemark serviert guten Kaffee, Wraps und Sandwiches.

Shearwater Restaurant KNEIPE $$

(Furneaux Tavern, Franklin Pde, Lady Barron; Hauptgerichte 15–33 AU$; ⏲ 12–13.30 & 18–19.30 Uhr) Ausgezeichnete Bistroküche, schließt aber sehr früh. Die Inhaber betreiben auch das Weingut Unavele, das besichtigt werden kann. Dort erzeugte Sauvignon Blancs, Chardonnays und Rieslinge werden in der Regel auch im Restaurant ausgeschenkt.

Chappells Restaurant at Vistas MODERN-AUSTRALISCH $$$

(☎ 03-6359 4586; www.vistasintrouserspoint.com.au; 855 Trousers Point Rd; Hauptgerichte 32–37 AU$; ⏲ Do–So 18 Uhr–open end, Sa & So 12–

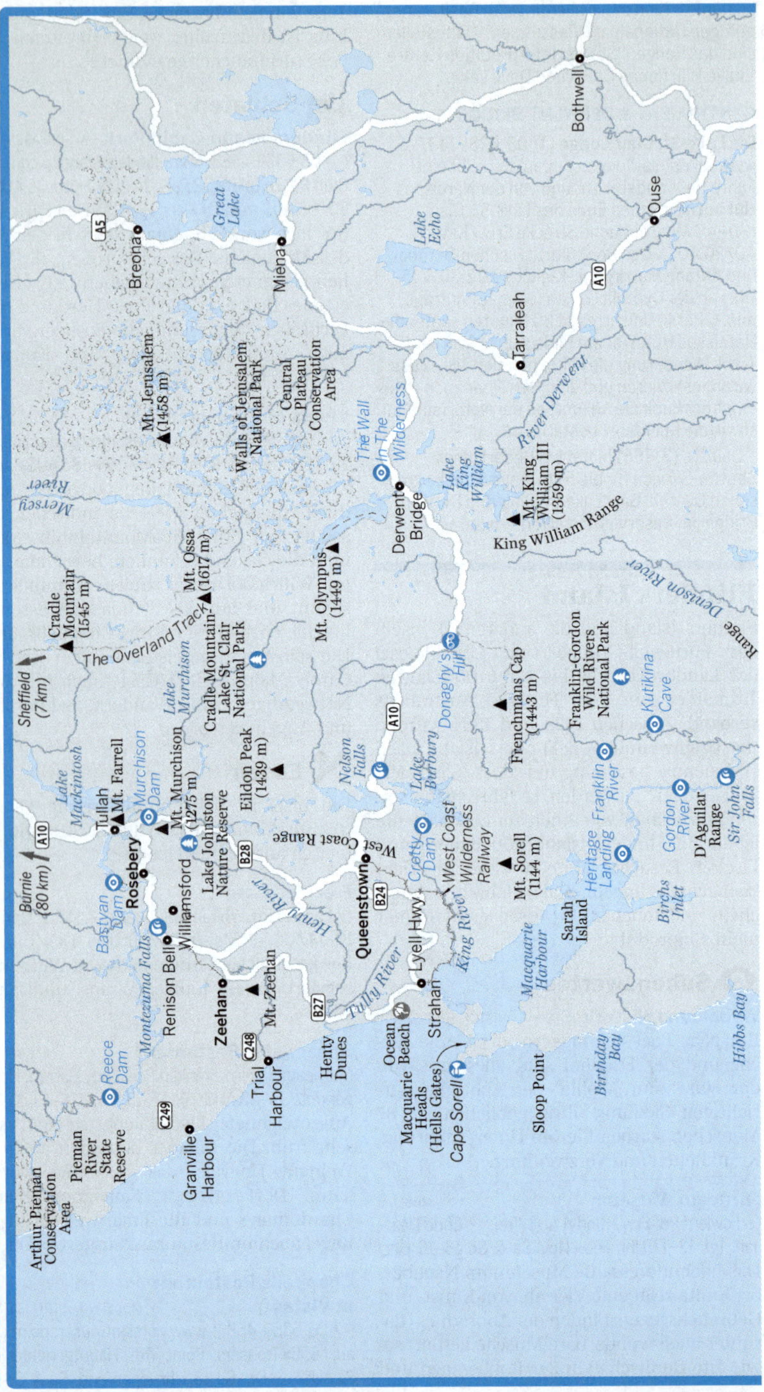
Der Südwesten
0
40 km
N
Arthur Pieman Conservation Area
Pieman River State Reserve
Granville Harbour
C249
Reece Dam
Montezuma Falls
Renison Bell
Zeehan
C248
Trial Harbour
Mt. Zeehan
Henty Dunes
B27
Tully River
Ocean Beach
Macquarie Heads (Hells Gates)
Cape Sorell
Strahan
Lyell Hwy
Queenstown
B24
Henty River
Williamsford
Bastyan Dam
Rosebery
Burnie (80 km)
A10
Tullah
Mt. Farrell
Murchison Dam
Mt. Murchison (1275 m)
Lake Johnston Nature Reserve
B28
West Coast Range
Cretty Dam
West Coast Wilderness Railway
King River
Macquarie Harbour
Sarah Island
Sloop Point
Mt. Sorell (1144 m)
Heritage Landing
Birchs Inlet
Birthday Bay
Hibbs Bay
Gordon River
D'Aguilar Range
Sir John Falls
Franklin River
Kutikina Cave
Franklin-Gordon Wild Rivers National Park
Frenchmans Cap (1443 m)
Lake Burbury
Nelson Falls
Donaghy's Hill
Eildon Peak (1439 m)
Lake Mackintosh
Lake Murchison
Sheffield (7 km)
Cradle Mountain (1545 m)
The Overland Track
Cradle Mountain-Lake St. Clair National Park
Mt. Ossa (1617 m)
Mt. Olympus (1449 m)
Mersey River
Mt. Jerusalem (1458 m)
Walls of Jerusalem National Park
Central Plateau Conservation Area
Breona
A5
Great Lake
Miena
The Wall In The Wilderness
Derwent Bridge
Lake King William
Mt. King William III (1359 m)
King William Range
Denison River
Range
River Derwent
Tarraleah
Lake Echo
A10
Ouse
Bothwell

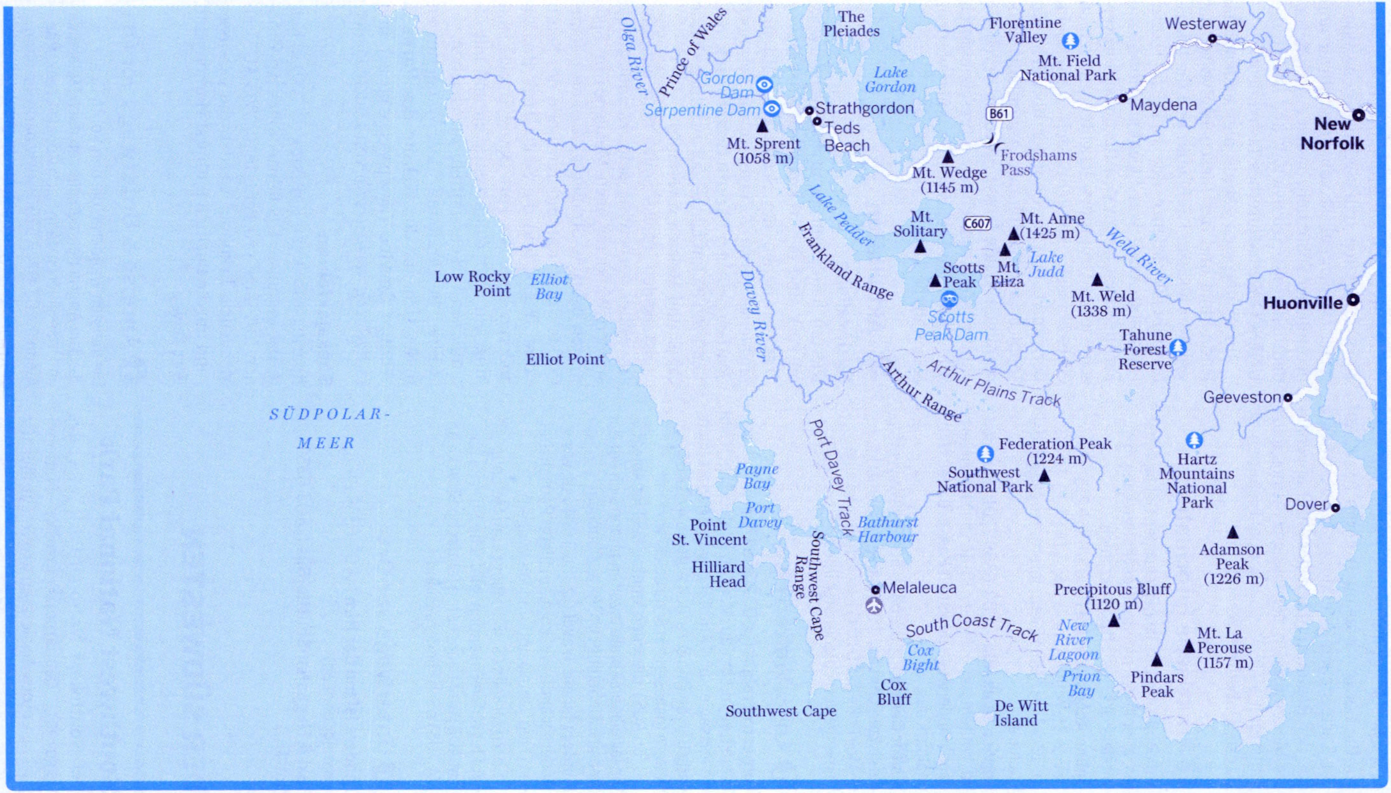

The Pleiades
Florentine Valley
Westerway
Mt. Field National Park
Maydena
New Norfolk
Olga River
Prince of Wales
Gordon Dam
Serpentine Dam
Lake Gordon
Strathgordon
Teds Beach
B61
Mt. Sprent (1058 m)
Frodshams Pass
Mt. Wedge (1145 m)
Lake Pedder
Mt. Solitary
C607
Mt. Anne (1425 m)
Weld River
Frankland Range
Scotts Peak
Mt. Eliza
Lake Judd
Mt. Weld (1338 m)
Huonville
Low Rocky Point
Elliot Bay
Davey River
Scotts Peak Dam
Tahune Forest Reserve
Elliot Point
Arthur Plains Track
Arthur Range
Geeveston
SÜDPOLAR-MEER
Port Davey Track
Federation Peak (1224 m)
Southwest National Park
Hartz Mountains National Park
Payne Bay
Port Davey
Dover
Point St. Vincent
Bathurst Harbour
Hilliard Head
Southwest Cape Range
Adamson Peak (1226 m)
Melaleuca
Precipitous Bluff (1120 m)
South Coast Track
New River Lagoon
Mt. La Perouse (1157 m)
Cox Bight
Prion Bay
Pindars Peak
Cox Bluff
Southwest Cape
De Witt Island

14.30 Uhr) Erstklassiges Essen mit Blick auf die Lodge Vistas on Trousers Point. Auf der Karte stehen jede Menge Meeresfrüchte aus der Region und auf der Insel angebautes Biogemüse. In der lässigen Atmosphäre fühlt man sich wie bei guten Freunden zu Hause. Unbedingt reservieren!

Praktische Informationen

Auf der Insel gibt's keinen einzigen Geldautomaten, aber in den meisten Geschäften kann man mit der Karte per Eftpos bezahlen.

Online Access Centre (03-6359 2151; 2 Davies St, Whitemark; Mo & Di 17–19, Mi–Fr 10–13 & 14–17 Uhr) Bietet Internetzugang in der Bücherei.

Service Tasmania (03-6359 2201; 2 Lagoon Rd, Whitemark; Mo–Fr 10–16 Uhr) Informiert über Wanderwege und stellt Pässe für den Nationalpark aus.

Visitor Centre (03-6359 5002; www.visitflindersisland.com.au; 4 Davies St, Whitemark; Mo–Fr 9–16.30 Uhr) Hier erhält man eine Unmenge verschiedenster Infos.

An- & Weiterreise

Furneaux Freight (03-6356 1753; www.furneauxfreight.com.au; Main St, Bridport) betreibt die Passagier- und Autofähre von Bridport nach Lady Barron (hin & zurück Auto ab 470 AU$, weitere Insassen hin & zurück Erw./Kind 110/65 AU$), die jeden Montag bei Flut ablegt. Die jeweiligen Abfahrtszeiten finden sich auf der Website. Unbedingt im Voraus buchen!

Flinders Island Travel (1800 674 719; www.flindersislandtravel.com.au) bietet Pauschalreisen (Flug, Unterkunft und Mietwagen).

Sharp Airlines (S. 675) fliegt vom Melbourner Flughafen Essendon (einfache Strecke ab 234 AU$) und Launceston (einfache Strecke ab 174 AU$) nach Flinders Island.

Unterwegs vor Ort

Flinders Island Car Hire (03-6359 2168; www.ficr.com.au)

Taxi & Flughafen-Shuttle-Bus (03-6359 3664)

DER SÜDWESTEN

Southwest National Park

Der **Southwest National Park** (www.parks.tas.gov.au), Tasmaniens größter Nationalpark, ist eines der letzten großen, unberührten Naturgebiete auf Erden und beheimatet eines der letzten gemäßigten Regenwaldgebiete. Die Region ist von unberührter und urtümlicher Schönheit, besitzt eine außerordentlich große Artenvielfalt und ist Teil des UNESCO-Weltnaturerbes Tasmaniens.

Im Südwesten sind die endemische Huon-Pinie und der Rieseneukalyptus, der weltweit höchste Laubbaum und die höchste blühende Pflanze der Welt, zu Hause. Etwa 300 Arten von Flechten, Moos- und Farnpflanzen lassen den Regenwald in verschiedenen Grüntönen leuchten. In kleinen Gletscherseen spiegeln sich verschneite Berggipfel, und im Sommer überzieht ein Teppich aus Wildblumen traumhaft schöne Almen. Wilde Flüsse rauschen durch die Landschaft, Stromschnellen preschen durch Schluchten und Wasserfälle stürzen über Felsen in die Tiefe.

Aktivitäten

Bushwalking

Die am häufigsten genutzten Wanderwege im Park sind der 70 km lange **Port Davey Track** zwischen der Scotts Peak Rd und Melaleuca (etwa 5 Tage) sowie der noch deutlich beliebtere **South Coast Track** (6–8 Tage) von 85 km Länge, der zwischen Cockle Creek und Melaleuca verläuft.

Bei beiden Tracks sollte man auf mieses Wetter vorbereitet sein. Kleinflugzeuge können Wanderer nach Melaleuca im Südwesten bringen. Straßen gibt es dort keine. Cockle Creek, am anderen Ende des South Coast Tracks, und die Scotts Peak Rd, am anderen Ende des Port Davey Tracks, sind hingegen über Zufahrtsstraßen und mit öffentlichen Verkehrsmitteln zu erreichen.

Eine Beschreibung der Wanderungen findet sich auf der Website des **Parks & Wildlife Service** (www.parks.tas.gov.au) und in *Walking in Australia* von Lonely Planet.

Seekajakfahren

Roaring 40s Ocean Kayaking (S. 700) in Kettering organisiert geführte Kajakexpeditionen (3/7 Tage pro Pers. 1650/2395 AU$) ab Melaleuca. Erkundet werden die Gewässer rund um die Buchten Bathurst Harbour und Port Davey.

Anreise & Unterwegs vor Ort

Die meisten Wanderer, die den South Coast Track in Angriff nehmen, fliegen nach Melaleuca und marschieren dann nach Cockle Creek. **Par Avion** (03-6248 5390; www.paravion.com.au) verbindet Hobart und Melaleuca (einfache

Strecke 190 AU$). Schöner sind die Panoramaflüge ab Hobart über den Südwesten, bei denen man auch Zeit am Boden verbringt. Die Spezialität von Par Avion ist die vierstündige „Heritage Tour" (Erw./Kind 240/210 AU$; inkl. kleiner Snacks), bei der man die hohen Gipfel und die von Wellen gepeitschte Südküste überfliegt und dann noch eine Bootsfahrt über den Bathurst Harbour macht. Ganztagestrips kosten 350 AU$ (Kind 310 AU$).

Zwischen Dezember und März fährt montags, mittwochs und freitags ein Bus von **Tassielink** (☎1300 300 520; www.tassielink.com.au) von Hobart nach Cockle Creek (73 AU$, 3½ Std.); Rückfahrt nach Hobart ist am gleichen Tag. Auch Evans Coaches (S. 707) hat Busse, die von November bis April zwischen Hobart und Cockle Creek (75 AU$) verkehren, und bietet zudem die einzige Busverbindung von Hobart zur Scotts Peak Rd am Ende des Port Davey Tracks an. Die vierstündige Fahrt mit diesem Charterbus kostet für eine Person 150 AU$ (ab 2 Pers. 100 AU$/Pers.).

Lake Pedder & Strathgordon

Der Lake Pedder liegt am nördlichen Rand des Southwest National Park. Er war einst ein atemberaubend schöner, natürlicher See, der für seine tollen Strände bekannt war und als ökologisches Juwel der tasmanischen Wildnis galt. Trotz Protesten der damals gerade aufkeimenden Umweltbewegung wurde er 1972 im Rahmen des Kraftwerksbaus am Gordon River aufgestaut.

Das winzige **Strathgordon** (30 Ew.) wurde zur Versorgung der Arbeiter während der Bauarbeiten für das Wasserkraftprojekt errichtet. An einem klaren Tag (also an einem von fünf) ist die Fahrt vom Mt. Field hierher – vorbei an kahlen Bergspitzen, kargen Buttongras-Ebenen und sanft welligen Seen – einfach überwältigend. Etwa 12 km westlich von Strathgordon befinden sich der **Gordon Dam Lookout** und das **Visitor Information Centre** (Gordon River Rd; ⌚9–18.30 Uhr), die beide oben auf dem 140 m hohen Gordon Dam liegen und Infos zum Projekt bereithalten.

Früher konnte das unterirdische Kraftwerk noch besichtigt werden. Das ist heute nicht mehr möglich, dafür kann man aber mit **Aardvark Adventures** (☎03-6273 7722, 0458 127 711; www.aardvarkadventures.com.au) über den Rand des Staudamms hüpfen. Der in Hobart ansässige Anbieter organisiert hier ganztägige Abseilabenteuer (210 AU$, auch für Anfänger, min. 2 Pers.). Dies ist die höchste kommerzielle Abseilroute der Welt. Abfahrt ist in Hobart.

Adelaide & South Australia

Inhalt ➡

Auf nach Adelaide & South Australia!

Genug von der schrillen Ostküste? Dann auf ins relaxte South Australia (SA)! Der trockenste Bundesstaat auf dem trockensten Kontinent lenkt mit den schönen Dingen des Lebens von der Hitze ab: mit Landschaft, Festen, Essen – und Wein.

Adelaide ist eine relaxte, kultivierte Stadt mit tollen Festivals, Restaurants, Kneipen und einer hedonistischen Kunstszene. Nur einen Tagesausflug entfernt liegen das McLaren Vale, das Barossa Valley und das Clare Valley – alles seit Langem etablierte Weinregionen. Etwas weiter weg finden sich die wilde Limestone Coast und der Murray River, der sich Richtung Meer schlängelt. Und gleich vor der Küste lockt Kangaroo Island mit Tieren, Wäldern und Meeresfrüchten.

Im Westen laden die Strände der Yorke Peninsula und der Eyre Peninsula zu einem Abstecher ein. Bei der Fahrt in die Flinders Ranges weichen die Weizenfelder dürren Weiden vor braunen Bergen. Weiter nördlich ragen Outback-Ortschaften wie Woomera und Coober Pedy aus der dunstigen Wüste auf.

Abseits der üblichen Pfade

- Port Lincoln (S. 857)
- Oodnadatta Track (S. 876)
- Melrose (S. 864)
- Burra (S. 851)

Schön übernachten

- Port Elliot Beach House YHA (S. 815)
- Stirling Hotel (S. 807)
- Wilpena Pound Resort (S. 869)
- Marion Bay Motel (S. 854)
- Largs Pier Hotel (S. 792)

Reisezeit

Adelaide

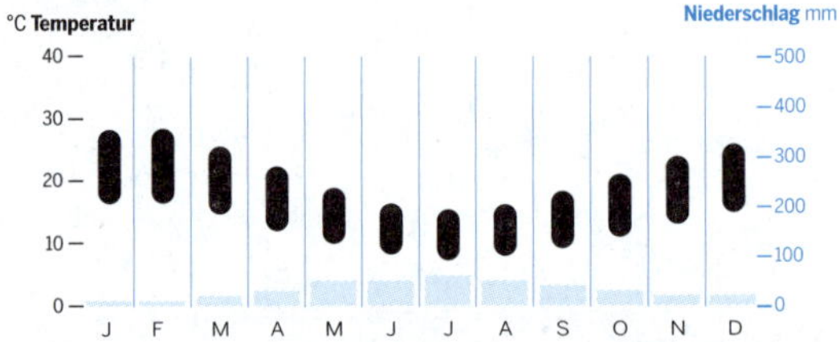

Feb.–März Adelaides Festsaison ist im Gange: Höhepunkte sind das Fringe und das WOMADelaide.

April–Mai Wenn die Herbstsonne untergeht und der Wein rostrot leuchtet, liegt die Ernte in der Luft.

Sept. Football-Endspiele: Von den Rängen aus (Bier und Essen inklusive) schreien sich alle heiser.

Geschichte

South Australia wurde am 28. Dezember 1836 zur Provinz ernannt, als die ersten britischen Kolonisten in der Holdfast Bay (heute Glenelg) landeten. Ihr erster Gouverneur, Captain John Hindmarsh, nannte die Hauptstadt des Staates „Adelaide“, nach der Frau des britischen Monarchen Wilhelm IV. Während die Oststaaten mit dem Stigma einer Sträflingsgesellschaft zu kämpfen hatten, waren South Australias Kolonisten freie Bürger – eine Tatsache, auf die viele Südaustralier auch heute noch gern aufmerksam machen.

Die Gründer formten die Kolonie nach dem utopischen Gesellschaftsideal aus dem 19. Jh. Die britische Regierung verkaufte Land zu festgesetzten Preisen, um so besonders junge verheiratete Paare anzulocken; das Konzept sah vor, dass eine gleiche Zahl Männer und Frauen, unbeeinflusst von politischer und religiöser Verfolgung, eine egalitäre Gesellschaftsordnung schaffen sollten.

Zwischen 1838 und 1841 erreichten 800 deutsche Farmer und Handwerker, darunter viele verfolgte Lutheraner aus Preußen, die Kolonie und gründeten den Ort Hahndorf in den Adelaide Hills (heute das am besten erhaltene deutsche Dorf in SA). In den folgenden zehn Jahren kamen noch viele mehr, und sie brachten Weinreben mit, die Wurzeln der berühmten Weingegenden des Bundesstaates.

Zunächst entwickelte sich die junge Kolonie schleppend – nur Zuschüsse der britischen Regierung retteten sie vor dem Bankrott – aber Mitte der 1840er-Jahre war sie schließlich autark und 1856 autonom. Nachdem einheimische Entdecker erfolgreich den Kontinent durchquert hatten, gewann SA den Wettbewerb um den Vertrag zur Verlegung der transaustralischen Telegrafenleitung von Port Augusta nach Darwin, durch die Australien per Telegramm (1872) und später telefonisch mit dem Rest der Welt verbunden wurde. Nach einer langen Rezession am Ende des 19. Jhs. führte die hiesige Regierung als Erste überhaupt die Einkommenssteuer ein – eine Tatsache, auf die die Südaustralier nur ungern aufmerksam machen …

SA hat sich seine sozial-progressive Überzeugung erhalten: Gewerkschaften wurden 1876 legalisiert, 1894 durften sich Frauen bei den Parlamentswahlen aufstellen lassen. Zudem war der Bundesstaat einer der ersten Orte, an dem Frauen wählen durften, und der Allererste in Australien, der Rassen- und Geschlechterdiskriminierung unter Strafe stellte, Abtreibungen legalisierte und gleichgeschlechtlichen Sex entkriminalisierte.

Aborigines in Adelaide & South Australia

In SA findet man großartige Möglichkeiten vor, mehr über die Kultur und das Glaubenssystem der Aborigines zu erfahren. Die besten Optionen sind u. a. die von indigenen Tourveranstaltern geführten Bookabee Tours (S. 777) durch Adelaide und die Flinders Ranges, die Kulturtouren auf der Yorke-Halbinsel, die von Adjahdura Land (S. 852) geführt werden, und die Touren des Tandanya National Aboriginal Cultural Institute (S. 782) in Adelaide. In der Stadt lässt sich auch die Australian Aboriginal Cultures Gallery im South Australian Museum (S. 780) besichtigen.

Die bekannteste Aborigine-Sprache in SA ist Pitjantjatjara (oder Pitjantjara); sie wird im ganzen Aboriginal Land der Anangu-Pitjantjarjara im Norden von SA und fast bis zur Großen Australischen Bucht (Great Australian Bight) gesprochen. Die traditionelle Sprache in der Gegend rund um Adelaide ist Kaurna. Viele Ortsnamen, die dem Kaurna entspringen, sind heute noch gebräuchlich: Aldinga kommt von *Ngultingga,* Onkaparinga von *Ngangkiparringga* und Noarlunga von *Nurlungga*. Das Gebiet der Adelaide Hills gehört zum Land der Peramangk.

Der Coorong National Park im Ngarrindjeri-Land besteht aus einer Reihe dicht an dicht gelegener Dünen und Salzpfannen, die durch die lange, schmale Younghusband Peninsula vom Meer getrennt sind. Der Name leitet sich vom Ngarrindjeri-Wort *kurangh* ab, das „langer Hals“ bedeutet. In Erzählungen der Ngarrindjeri heißt es, ihr Dreaming-Vorfahre Ngurundjeri habe den Coorong und den Murray River erschaffen.

Das kultige Ikara (Wilpena Pound), ein natürliches „Amphitheater“ im Flinders Ranges National Park, ist dem Volk der Adnyamathanha heilig, das seit mehr als 15 000 Jahren in dieser Region lebt. Dreaming-Geschichten erzählen von zwei *akurra* (Riesenschlangen), die sich während einer Initiationszeremonie um Ikara wickelten, einen Wirbelwind erschufen und die Zeremonieteilnehmer verspeisten. Nach ihrem Festmahl waren die Schlangen so voll, dass sie sich nicht mehr bewegen konnten und sich entschlossen, zu sterben; so entstand das Wahrzeichen.

Highlights

1. Auf Adelaides **Central Market** (S. 780) die Aromen von reifem Käse, prallem Obst und starkem Kaffee genießen
2. Im **McLaren Vale** (S. 809), einer der besten Weinregionen South Australias, von einer Weinprobe zur nächsten schwanken
3. Im **Coorong National Park** (S. 828) Pelikane, Dünen und Lagunen bewundern
4. Auf **Kangaroo Island** (S. 817) dem Prusten der Robben lauschen
5. Im Flinders Ranges National Park zu den erhabenen, einsamen Klippen des **Ikara** (**Wilpena Pound**; S. 868) wandern
6. Im umgebauten **Adelaide Oval** (S. 781) ein Cricket- oder AFL-Footballspiel anschauen
7. In der Mondlandschaft bei **Coober Pedy** (S. 872) nach Opalen schürfen
8. In **Coffin Bay** (S. 859) salzige Austern schlürfen
9. In **Victor Harbor** (S. 813) oder **Head of Bight** (S. 862), westlich von Ceduna, nach vorbeiziehenden Walen Ausschau halten

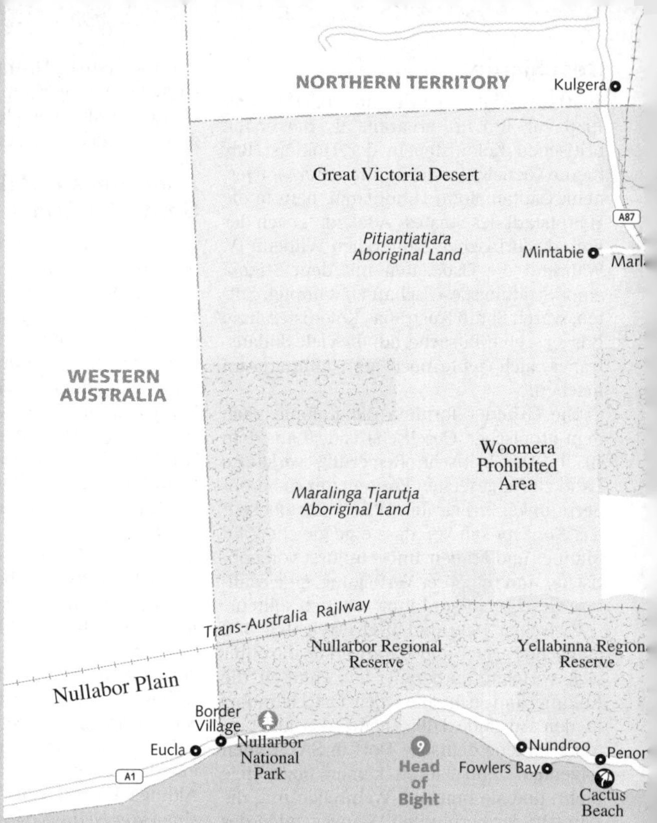

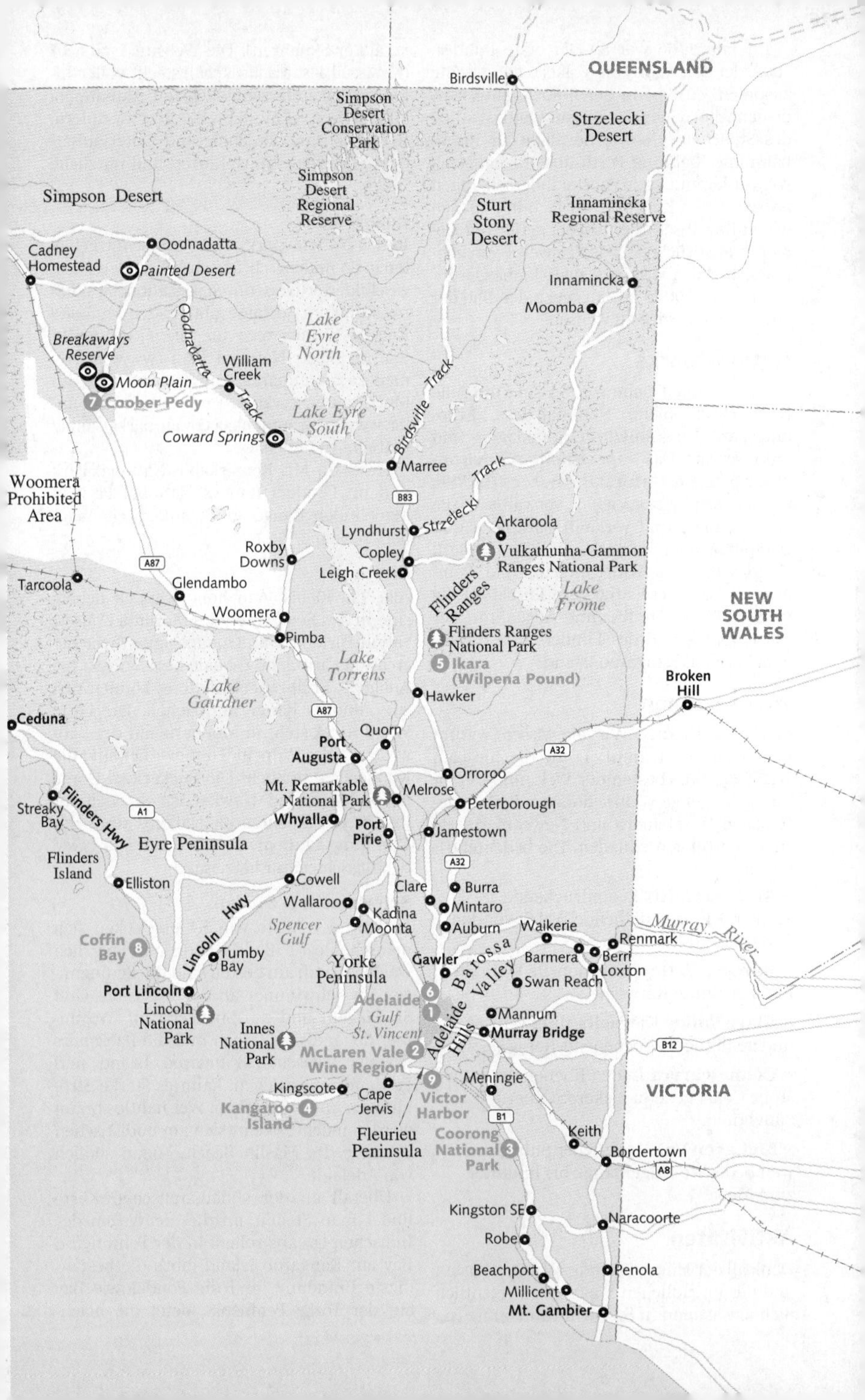
QUEENSLAND
Birdsville
Simpson Desert Conservation Park
Strzelecki Desert
Simpson Desert Regional Reserve
Simpson Desert
Sturt Stony Desert
Innamincka Regional Reserve
Oodnadatta
Cadney Homestead
Painted Desert
Innamincka
Moomba
Oodnadatta Track
Lake Eyre North
Breakaways Reserve
Moon Plain
William Creek
7 Coober Pedy
Lake Eyre South
Birdsville Track
Coward Springs
Marree
Strzelecki Track
B83
Woomera Prohibited Area
Lyndhurst
Arkaroola
Roxby Downs
Copley
Vulkathunha-Gammon Ranges National Park
Leigh Creek
A87
Tarcoola
Glendambo
Flinders Ranges
Lake Frome
NEW SOUTH WALES
Woomera
Pimba
Flinders Ranges National Park
Lake Torrens
5 Ikara (Wilpena Pound)
Lake Gairdner
Hawker
Broken Hill
A87
Ceduna
Quorn
A32
Port Augusta
Orroroo
Mt. Remarkable National Park
Melrose
Streaky Bay
Flinders Hwy
A1
Peterborough
Whyalla
Port Pirie
Jamestown
Eyre Peninsula
Flinders Island
A32
Elliston
Cowell
Clare
Burra
Wallaroo
Mintaro
Kadina
Lincoln Hwy
Moonta
Auburn
Waikerie
Murray River
Spencer Gulf
Renmark
Coffin Bay 8
Tumby Bay
Yorke Peninsula
Gawler
Barossa Valley
Barmera
Berri
Loxton
Port Lincoln
Swan Reach
6
Adelaide 1
Lincoln National Park
Mannum
Innes National Park
Gulf St. Vincent
Murray Bridge
Adelaide Hills
B12
McLaren Vale Wine Region 2
Kingscote
Cape Jervis
9 Victor Harbor
Meningie
VICTORIA
Kangaroo Island 4
B1
Fleurieu Peninsula
Coorong National Park 3
Keith
Bordertown
A8
Kingston SE
Naracoorte
Robe
Beachport
Penola
Millicent
Mt. Gambier

Im Jahr 1966 war SA der erste Bundesstaat, der den Aborigine-Völkern Landrechte zusprach. Zu Beginn der 1980er-Jahre wurde den Aborigines das meiste Land westlich des Stuart Hwy sowie nördlich der Eisenbahnlinie Richtung Perth übertragen. Nach wie vor kommt es zu Auseinandersetzungen zwischen den Kulturen, die sich in politisch wie kulturell sehr kontrovers geführten Debatten ausdrücken. Beispielsweise versuchten sich die Aborigines aus Glaubensgründen in den 1990er-Jahren gegen den Bau der Hindmarsh Bridge zu wehren.

Nationalparks

Etwa 22% der Fläche von SA sind offizielle Naturschutzgebiete: Nationalparks, Erholungsparks, geschützte Grünanlagen und Tierreservate. Das **Department of Environment Water & Natural Resources** (DEWNR; www.environment.sa.gov.au) verwaltet die Schutzgebiete und verkauft Parkpässe und Campinggenehmigungen. Der Two Month Holiday Pass (40 AU$/Fahrzeug; inkl. Camping 70 AU$) berechtigt zum Eintritt in die meisten Parks in SA, mit Ausnahme der Wüstenparks und des Flinders Chase National Park auf Kangaroo Island.

Weinregionen

Machen wir's kurz: Wir alle wissen, warum man nach SA kommt. Denn die hiesigen Weine sind die besten der Welt, und es gibt hier jede Menge Weinregionen mit alteingesessenen Weinbauern und Newcomern, die zu Verkostungen einladen. Die bedeutendsten sind:

- **Adelaide Hills** Beeindruckende, in kühlem Klima gedeihende Weine vor den Toren Adelaides.
- **Barossa Valley** Traditionelle Weingüter und berühmte Rotweine.
- **Clare Valley** Kleine Riesling-Winzer und gemütliche Wochenend-Refugien.
- **Coonawarrra** In den Ebenen der Limestone Coast gedeiht leckerer Cabernet Sauvignon.
- **McLaren Vale** Herrlicher Shiraz und weinbedeckte Hügelhänge bis hinunter zum Meer.

Aktivitäten

Dank all der Hügel, Strände, Wälder, Wüsten und der unendlichen Weite gibt's eigentlich nichts, was man in SA nicht tun könnte (na ja, außer Skifahren). Die Website **Trails SA** (www.southaustraliantrails.com) steckt voller Infos zu den unterschiedlichsten Aktivitäten, z.B. Reiten, Kanufahren, Buschwandern, Radfahren und Tauchen, und bietet außerdem Sicherheitstipps, Karten und nützliche Links.

Bushwalking

In den Nationalparks und Naturschutzgebieten in SA finden sich Tausende Kilometer ausgeschilderter Wege durch sensationelle Wildnis. Rund um Adelaide gibt's in den Mt. Lofty Ranges Wanderwege für alle Fitnesslevels, u.a. im Belair National Park (www.environment.sa.gov.au/parks/sanpr/belair) und im Morialta Conservation Park. Details sind unter www.environment.sa.gov.au/parks/sanpr/morialta zu finden.

Auch im Mt. Remarkable National Park und im Flinders Ranges National Park in den Flinders Ranges gibt's fantastische Wanderstrecken.

Klettern

Alle, die 10 bis 15 m hohe Klippen lieben, sind in den Schluchten des Morialta Conservation Park oder im Onkaparinga River Recreation Park richtig; beide liegen direkt bei Adelaide. Erfahrenere Kletterer können sich zur Flinders Range aufmachen. Die beste Wand in SA steht in Moonarie auf der Südwestseite des Wilpena Pound – hier sind die Klippen 120 m hoch! Die Buckaringa Gorge nahe Quorn und Hawker ist ein weiterer Favorit der Abenteurer. Näheres weiß der **Climbing Club of South Australia** (www.climbingclubsouthaustralia.asn.au).

Schwimmen & Surfen

Entlang der Küste von SA erstrecken sich menschenleere Badestrände mit herrlich weißem Sand; am besten sind die Bedingungen für Schwimmer an der Küste des Gulf St. Vincent und des Spencer Gulf. Wo immer der Indische Ozean und die Backstairs Passage (zwischen Kangaroo Island und Festland) mitmischen, kann es starke Strömungen und Soge geben. Wer nahtlos braun werden möchte, sonnt sich am nudistischen Südende des Maslin Beach, 40 km südlich von Adelaide.

Überall an der südaustralischen Küste findet man Stellen, an die die Wogen des Indischen Ozeans rollen. In der Pennington Bay auf Kangaroo Island gibt's die beständigste Brandung, und die Pondalowie Bay auf der Yorke Peninsula bietet die mächtigsten Brecher. Weitere Spots liegen zwischen Port Lincoln auf der Eyre Peninsula und dem berühmten Cactus Beach ganz im Westen verstreut. In der Nähe von Adelaide locken die Strände um Port Elliot mit sensationellen Wellen, die oft etwa 2 m hoch werden. Ähnlich raue Bedingungen gibt's am Waitpinga Beach und am Parsons Beach, 12 km westlich von Victor Harbor.

Die beste Surfzeit ist von März bis Juni, wenn die Nordwinde wehen. Nähere Infos gibt's unter www.southaustralia.com/regions/fleurieu-peninsula-surfing.aspx.

Surfunterricht und Ausrüstung gibt's auf der Fleurieu Peninsula.

Tauchen

Das Great Barrier Reef ist das hier zwar nicht, aber dennoch genial: Also Flossen an die Füße, Flasche aufgesetzt und auf zu den Großen Fetzenfischen, Seehunden, Nacktkiemern, Schwammfeldern, Delfinen und zahlreichen weiteren Tierarten!

Vor der Küste des Gulf St. Vincent gibt's tolle Tauchspots, u. a. in Second Valley, am Steg in Rapid Bay, in Cape Jervis und am ehemaligen Zerstörer **HMAS Hobart** (www.exhmashobart.com.au), der 2002 vor der Yankalilla Bay auf den Meeresgrund versenkt wurde. Gute Tauchmöglichkeiten bieten auch die Anleger auf der Yorke Peninsula und die Riffe vor Port Lincoln. Rund um Mt. Gambier kann man auch wunderbar in Höhlen mit Süßwasser tauchen. Weitere Infos gibt's bei der **Scuba Divers Federation of SA** (www.sdfsa.net).

Walbeobachtung

Zwischen Mai und Oktober ziehen Südliche Glattwale auf dem Weg zu bzw. von ihrer Kinderstube in der Great Australian Bight nur wenige Hundert Meter vor der Küste von SA vorbei. Da sie einst überaus zahlreich waren, durften die Riesen im 19. Jh. abgeschlachtet werden, was die Walpopulation bis 1935 von 100 000 auf wenige Hundert Exemplare dezimierte. Aber obwohl sie noch immer stark bedroht sind, halten sie sich tapfer, und so konnte ihre Zahl weltweit wieder auf etwa 7000 anwachsen.

Die besten Orte für Walbeobachtungen sind Victor Harbor, Port Lincoln und Head of Bight außerhalb von Ceduna am äußersten Ende der Westküste. Aktuelle Infos rund um Wal-Aktivitäten gibt's telefonisch unter der **Whale Information Hotline** (☎1900 942 537) oder beim South Australian Whale Centre in Victor Harbor.

Geführte Touren

In SA findet mit ziemlicher Sicherheit jeder eine Tour, die seinen Interessen und seinem Geschmack entspricht. Es gibt viele Führungen in und um Adelaide, z. B. Tagesausflüge in die Adelaide Hills, zur Fleurieu Peninsula, zum Murray River und ins Barossa oder Clare Valley.

Touren durchs Outback führen meist in die Flinders Ranges und nach Coober Pedy, manche gar bis nach Alice Springs und zum Uluru im Northern Territory. Einige der besten Anbieter sind die folgenden:

Adventure Tours WILDNIS
(☎08-8132 8230, 1800 068 886; www.adventuretours.com.au) Große Auswahl von Bustouren in SA und in andere Bundesstaaten, u. a. von Adelaide nach Alice Springs und zum Uluru, nach Darwin und in den Kakadu National Park, zur Kangaroo Island und zur Great Ocean Road. Die siebentägige Tour von Adelaide nach Alice kostet 1020 AU$, die 14-tägige Tour von Adelaide nach Darwin 2113,50 AU$.

Bookabee Tours ABORIGINES
(☎08-8235 9954; www.bookabee.com.au) Von Aborigines betriebener Veranstalter von Kulturtouren zu den Flinders Ranges (2/3/4/5 Tage 995/1520/2025/2500 AU$).

Earth Adventure KAJAKFAHREN
(☎08-8165 2024; www.earthadventure.com.au) Kurze und lange Kajak- und Kanutrips in den Gewässern von SA, vom Port River in Port Adelaide zum Murray River, zur Kangaroo Island und zur Coffin Bay.

Groovy Grape GEFÜHRTE TOUR
(☎1800 661 177; www.groovygrape.com.au) Bietet Touren für Kleingruppen an, u. a. einen dreitägigen Trip von Melbourne über die Great Ocean Road nach Adelaide (425 AU$) und eine siebentägige Tour von Adelaide über die Flinders Ranges, Coober Pedy und Uluru nach Alice Springs (975 AU$). Verpflegung, Camping und Parkeintritt sind im Preis inbegriffen. Es gibt auch Touren zur Kangaroo Island und zum Barossa Valley.

Heading Bush WILDNIS
(☎1800 639 933; www.headingbush.com) Auf den zehntägigen Kleingruppentouren von Adelaide nach Alice Springs (alles inkl. 1995 AU$) besucht man u. a. die Flinders Ranges, Coober Pedy, die Simpson Desert, Aborigine-Gemeinden, den Uluru und die West MacDonnell Ranges. Im Angebot sind

DER LANGE WEG ZUM ZIEL

In SA gibt's drei unglaublich lange Wander- und Radwanderwege:

➡ **Heysen Trail** (www.heysentrail.asn.au) Australiens längster Wanderweg: 1200 km zwischen Cape Jervis auf der Fleurieu Peninsula und der Parachilna Gorge in den Flinders Ranges. Mehrere Zugangspunkte entlang der Strecke machen ihn ideal für Halb- oder Ganztageswanderungen. Aber Achtung: Zwischen Dezember und April sind aufgrund von Feuervorschriften einige Teile des Wegs gesperrt!

➡ **Kidman Trail** (www.kidmantrail.org.au) Ein Rad- und Wanderweg mit zehn Abschnitten zwischen Willunga auf der Fleurieu Peninsula und Kapunda nördlich des Barossa Valley.

➡ **Mawson Trail** (www.southaustraliantrails.com) 900 km langer Radwanderweg zwischen Adelaide und Blinman in den Flinders Ranges, der durch die Adelaide Hills und das Clare Valley führt.

auch Touren zur Yorke Peninsula und zu den Flinders Ranges.

Swagabout Tours WILDNIS
(☎0408 845 378; www.swagabouttours.com.au) Solide Kleingruppentouren mit der Option, im Hotel oder im Zelt zu übernachten. Die fünf- bis zehntägigen Touren von Adelaide nach Alice Springs (All-inclusive-Camping/Hotel-Zi. pro Tag rund 300/500 AU$) führen ins Clare Valley, in die Flinders Ranges, zum Oodnadatta Track, zu den Dalhousie Springs und zum Uluru. Weitere ausgewählte Trips haben das Clare Valley, Kangaroo Island und die Eyre Peninsula zum Ziel.

ℹ Praktische Informationen

South Australian Visitor Information Centre (Karte S. 780; ☎1300 764 227; www.southaustralia.com; 108 North Tce, Adelaide; ⏲Mo–Fr 9–17, Sa 9–14, So 10–15 Uhr) Unmengen Infos (darunter tolle Broschüren zur Region) über Adelaide und SA.

Department of Environment, Water & Natural Resources (DEWNR; Karte S. 780; ☎08-8124 4972; www.environment.sa.gov.au; Level 1, 100 Pirie St, Adelaide; ⏲Mo–Fr 9–17 Uhr) Karten und Parkinfos.

Royal Automobile Association of South Australia (RAA; Karte S. 780; ☎08-8202 4600; www.raa.net; 41 Hindmarsh Sq, Adelaide; ⏲Mo–Fr 8.30–17, Sa 9–12 Uhr) Tipps für Autofahrer und jede Menge Karten.

ℹ Anreise & Unterwegs vor Ort

AUTO & MOTORRAD

Wer zwischen Adelaide und Melbourne unterwegs ist, sollte unbedingt die Great Ocean Road (www.visitvictoria.com) zwischen Torquay und Warrnambool in Victoria entlangfahren, eine der schönsten Küstenstraßen der Welt mit atemberaubenden Ausblicken und mehr Kurven und Wendungen als ein Hitchcock-Krimi.

Wer eine Mitfahrgelegenheit (um Spritkosten zu sparen) oder einen Gebrauchtwagen sucht, schaut in den Hostels aufs Schwarze Brett.

Die Great Ocean Road ist zwar wesentlich länger als die Strecke im Landesinneren über Horsham (rund 960 km und 12 Std. im Vergleich zu 730 km und 8 Std.), lohnt sich aber.

BUS

Busse sind in der Regel die günstigste Möglichkeit, um in SA von A nach B zu gelangen. Außerdem ist das Busnetz besser ausgebaut als das Schienennetz. An der Adelaide Central Bus Station (S. 803) gibt es Ticketschalter und Terminals aller großen regionalen und nationalen Busfirmen. Online-Fahrpläne findet man auf der Website von **Bus SA** (www.bussa.com.au).

Die wichtigsten Fernbusbetreiber sind:

Firefly Express (☎1300 730 740; www.fireflyexpress.com.au) Busse zwischen Adelaide und Melbourne (ab 65 AU$, 11 Std.) mit Weiterfahrt nach Sydney.

Greyhound Australia (☎1300 473 946; www.greyhound.com.au) Busse zwischen Adelaide und Melbourne (ab 56 AU$, 11 Std.) und weiter nach Sydney sowie zwischen Adelaide und Alice Springs (ab 190 AU$, 20 Std.) mit Weiterfahrt nach Darwin.

Premier Stateliner (☎08-8415 5555; www.premierstateliner.com.au) Busverbindungen im gesamten Bundesstaat.

V/Line (☎1800 800 007; www.vline.com.au) Bus- und Bus-Zug-Verbindungen zwischen Adelaide und Melbourne (ab 50 AU$, 12 Std.).

FLUGZEUG

Internationale, überregionale und regionale Flieger bedienen den Adelaide Airport (S. 803), 7 km westlich vom Stadtzentrum. Alle üblichen Autovermieter sind hier vertreten. Fluglinien:

Jetstar (www.jetstar.com.au) Direktflüge zwischen Adelaide und Perth, Darwin, Cairns, Brisbane, Sydney sowie Melbourne.

Qantas (www.qantas.com.au) Direktflüge zwischen Adelaide und Perth, Alice Springs, Darwin, Cairns, Brisbane, Sydney, Canberra sowie Melbourne.

Regional Express (Rex; www.regionalexpress.com.au) Fliegt von Adelaide zu regionalen Zentren in SA, darunter Kingscote (ab 110 AU$, 35 Min.), Coober Pedy (ab 235 AU$, 2 Std.), Ceduna (ab 180 AU$, 1½ Std.), Mt. Gambier (ab 200 AU$, 1¼ Std.), Port Lincoln (ab 100 AU$, 50 Min.) und Whyalla (135 AU$, 50 Min.).

Tiger Airways (www.tigerairways.com.au) Direktflüge zwischen Adelaide und Melbourne.

Virgin Australia (www.virginaustralia.com) Direktflüge zwischen Adelaide und Perth, Brisbane, Sydney, Canberra sowie Melbourne.

ZUG

Züge von **Great Southern Rail** (☎ 13 21 47; www.gsr.com.au) halten am Adelaide Parklands Terminal (S. 803), 1 km südwestlich des Zentrums. Zugverbindungen ab Adelaide:

The Ghan Nach Alice Springs (Sitzplatz/Schlafwagen 431/1190 AU$, 19 Std.)

The Ghan Nach Darwin (842/2290 AU$, 47 Std.)

The Indian Pacific Nach Perth (553/1750 AU$, 39 Std.)

The Indian Pacific Nach Sydney (375/850 AU$, 25 Std.)

The Overland Nach Melbourne (ab 116 AU$, 11 Std.)

ADELAIDE

1,29 MIO. EW.

Niveauvoll, kultiviert und lässig-adrett – so gibt sich Adelaide nach außen hin und bleibt damit seiner Vergangenheit als freie Siedlung ohne den Makel eines Strafkolonie-Status treu. Die Adelaider weisen gern auf diesen Umstand hin, dabei haben gerade diese spießigen, behüteten Ursprünge die Entwicklung der Stadt eher behindert als gefördert. Festgefahren im altmodischen, trübsinnigen Einerlei und schmerzlich frei von Charisma, war die Stadt ein sehr frommer, in sich gekehrter Ort.

Aber heute liegen die Dinge anders. Multikulti-Aromen durchdringen die lokalen Restaurants, die Kneipen-, Kunst- und Livemusik-Szene blüht, und langweilige Samstagabende wurden aus dem Veranstaltungskalender der Stadt gestrichen. Und dann ist da natürlich noch der Wein! Den Einwohnern laufen vor Begeisterung die Augen über, wenn sie an den kräftigen Shiraz aus dem McLaren Vale oder einen sommerlich duftenden Riesling aus dem Clare Valley nur denken.

Trotzdem, ein subtiler Konservativismus bleibt. „Auf welcher Schule warst du?“, ist ein üblicher Gruß, wenn man den Status seines Gegenübers nicht sofort einschätzen kann. Andererseits entstehen überall Gegenpole – Sexshops, Kung-Fu-Hallen und Spirituosenläden.

Entlang der Straßenbahnlinie liegt der Strandabschnitt Glenelg. Hier zeigt sich Adelaide ungeschminkt und in Surfershorts, und die historische Enklave Port Adelaide

ADELAIDE IN ...

... zwei Tagen

Wer während eines Festivals, etwa dem WOMADelaide oder dem Fringe hier ist, kann sich einfach treiben lassen. Zu allen anderen Zeiten beginnt der Tag auf dem **Central Market** (S. 780), dann schlendert man durch den **Adelaide Botanic Garden** (S. 781) und landet schließlich im **National Wine Centre** (S. 781). Nach ein paar Bierchen im **Exeter Hotel** (S. 798) ist es Zeit für ein schickes Abendessen in der **Rundle St**. Am nächsten Tag geht's dann zuerst ins **South Australian Museum** (S. 780), und dann sollte man schauen, ob das Bradman Collection Museum im **Adelaide Oval** (S. 781) wieder geöffnet hat. Auch ein Besuch des **Tandanya National Aboriginal Cultural Institute** (S. 782) ist eine gute Idee. Danach fährt man mit der Straßenbahn nach **Glenelg**, wo man im Meer baden und sich am Strand mit Fish & Chips vollstopfen kann.

... vier Tagen

Zunächst folgt man dem Zweitagesprogramm – vielleicht schiebt man noch die **Art Gallery of South Australia** (S. 780) und das **Jam Factory Contemporary Craft & Design Centre** (S. 783) ein –, dann füllt man seinen Picknickkorb auf dem Central Market mit frischem Obst und Gemüse und macht einen Tagesausflug in die nahen **Adelaide Hills** oder die Weinbaugebiete **McLaren Vale** oder **Barossa Valley**. Tags drauf geht's in die Museen und historischen Kneipen in **Port Adelaide**. Zurück in der Stadt, lauscht man im **Grace Emily Hotel** (S. 798) einer Band, bevor man in der Gouger St zu Abend isst.

Adelaide Zentrum

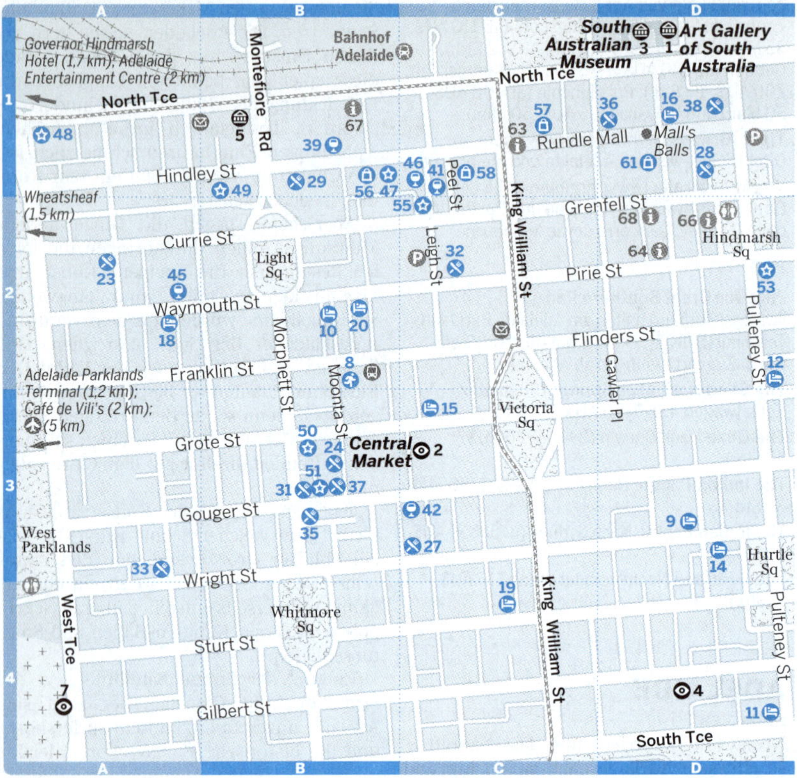

wird langsam, aber sicher zur SA-Version von Fremantle. Im Landesinneren gehen Adelaides Ebenen in die Adelaide Hills über, deren schöne Täler, altmodische Städte und Weingüter in nur zwölf Minuten über den Freeway zu erreichen sind.

Sehenswertes

Central & North Adelaide

★ Central Market MARKT

(Karte S. 780; www.adelaidecentralmarket.com.au; Gouger St; Di 7–17.30, Mi & Do 9–17.30, Fr 7–21, Sa 7–15 Uhr) An den über 250 Ständen auf Adelaides tollem Central Market kann jeder all seine offenkundigen und geheimen Gelüste befriedigen: Eine Scheibe Salami vom Mettwurst Shop, ein Stück englischen Stilton vom Smelly Cheese Shop, einen Becher Blaubeerjoghurt vom Yoghurt Shop – hier gibt's einfach alles! Viel Glück beim Versuch, den Markt zu verlassen, ohne etwas gegessen zu haben! Direkt daneben liegt Adelaides Chinatown.

★ Art Gallery of South Australia GALERIE

(Karte S. 780; www.artgallery.sa.gov.au; North Tce; 10–17 Uhr) GRATIS Unter dem Gewölbe dieser Kunstgalerie kann man stundenlang über das Parkett wandeln und Werke namhafter australischer Künstler bestaunen. Die Dauerausstellungen umfassen australische, modern-australische, zeitgenössische Aborigine-, asiatische, islamische und europäische Kunst (auch 19 Bronzeskulpturen von Rodin!). Im Untergeschoss sind moderne Wechselausstellungen zu sehen. Die Führungen (tgl. 11 & 14 Uhr) und Vorträge zur Mittagszeit (tgl. 12.30 Uhr) sind kostenlos.

★ South Australian Museum MUSEUM

(Karte S. 780; www.samuseum.sa.gov.au; North Tce; 10–17 Uhr) GRATIS Dieses Museum arbeitet

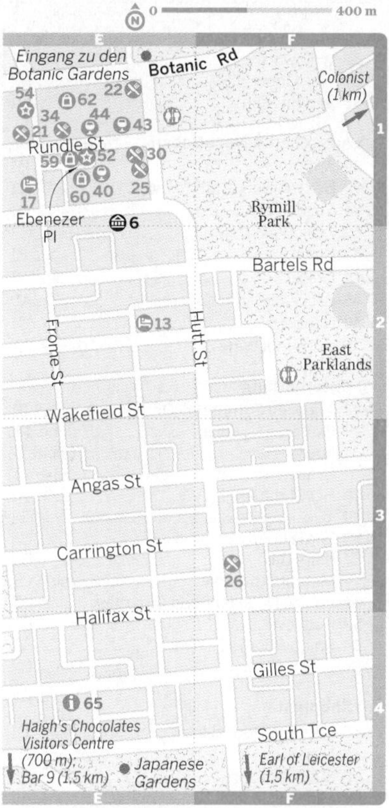

sich tief in die Naturgeschichte Australiens vor und hält Sonderausstellungen zu Walen und dem Antarktisforscher Sir Douglas Mawson ab. In der Aboriginal Cultures Gallery gibt's Artefakte der Ngarrindjeri aus dem Coorong National Park und der unteren Murray-Region zu sehen. Der Riesenkrake ist das unbestrittene Highlight der kostenlosen Führung (Mo–Fr 11, Sa & So 14 & 15 Uhr). Ein cooles Café gibt's auch.

Adelaide Zoo ZOO

(Karte S. 790; www.zoossa.com.au; Frome Rd; Erw./Kind/Fam. 31,50/18/85 AU$; ⌚9.30–17 Uhr) Etwa 1800 exotische und einheimische Säugetiere, Vögel und Reptilien brüllen, knurren und kreischen in Adelaides tollem Zoo, der 1883 erstmals die Tore öffnete. Jede halbe Stunde werden kostenlose geführte **Spaziergänge** (und einige längere Führungen oder Nachttouren mit Schwerpunkt auf besondere Habitate und Spezies) angeboten. Außerdem gibt's öffentliche Fütterungen und einen Streichelzoo. Bevor Wang Wang und Funi – Australiens einzige Große Pandas – 2009 in den Zoo kamen (Pandämonium!), war die Ausstellung über den südostasiatischen Regenwald die Hauptattraktion.

Vom Festival Centre aus kann man mit Popeye (S. 786) eine Flussfahrt zum Zoo unternehmen.

National Wine Centre of Australia WEINGUT

(Karte S. 790; www.wineaustralia.com.au; Ecke Botanic & Hackney Rd; ⌚9–17 Uhr) GRATIS Die in Eigenregie zu erkundende interaktive Ausstellung **Wine Discovery Journey** und die dazugehörige Verkostung australischer Weine (ab 10 AU$) in diesem sehr anregenden Weinzentrum (eigentlich eine Forschungseinrichtung der University of Adelaide und kein Besucherzentrum) sollte man sich nicht entgehen lassen. Man bekommt einen Einblick in die Arbeit der Winzer und kann sich sogar seinen eigenen virtuellen Jahrgang bewerten lassen. Täglich um 11.30 Uhr gibt es eine kostenlose 30-minütige Führung und freitags um 16.30 Uhr Verkostungen. Auf dem Gelände existiert auch ein cooles Café.

Adelaide Botanic Garden GARTEN

(Karte S. 790; www.botanicgardens.sa.gov.au; North Tce; ⌚Mo–Fr 7.15 Uhr–Sonnenuntergang, Sa & So ab 9 Uhr, Bicentennial Conservatory 10–16 Uhr) GRATIS In dem üppig-grünen botanischen Garten am Stadtrand kann man lustwandeln, joggen oder in einem Buch schmökern. Zu den Highlights zählen das restaurierte Palmenhaus von 1877, der Seerosenpavillon (mit der gigantischen *Victoria amazonica*), die Sammlung von Palmfarmen und der großartige Stahl- und Glasbogen des **Bicentennial Conservatory**, unter dem ein tropischer Regenwald nachgebildet wurde. Täglich um 10.30 Uhr beginnen kostenlose eineinhalbstündige Führungen am Schomburgk Pavilion.

Adelaide Oval WAHRZEICHEN

(Karte S. 790; ☎08-8300 3800; www.cricketsa.com.au; King William Rd, North Adelaide; Führung Erw./Kind 10/5 AU$; ⌚Führung Mo–Fr 10 Uhr) Das Adelaide Oval gilt als weltweit schönste Cricketarena. Hier werden im Sommer nationale und internationale Cricketspiele und im Winter die Footballspiele der South Australian National Football League (SANFL) ausgetragen. Derzeit wird das ganze Stadion umgebaut (www.adelaideovalredevelopment.com.au). Nach Abschluss der Bauarbeiten werden hier 50 000 Sitzplätze zur Verfügung stehen und die Spiele der Australian Football League (AFL) ausgetra-

Adelaide Zentrum

Highlights
1 Art Gallery of South Australia D1
2 Central Market C3
3 South Australian Museum D1

Sehenswertes
Australian Experimental Art Foundation .... (siehe 5)
4 Gilles Street Market D4
5 Jam Factory Contemporary Craft & Design Centre B1
6 Tandanya National Aboriginal Cultural Institute E1
7 West Terrace Cemetery A4

Aktivitäten, Kurse & Touren
8 Bicycle SA B2

Schlafen
9 Adelaide Backpackers Inn D3
10 Adelaide Central YHA B2
11 Adelaide City Park Motel D4
12 Backpack Oz D2
13 Clarion Hotel Soho E2
14 Hostel 109 .... D3
15 Hotel Metropolitan C3
16 Hotel Richmond D1
17 Majestic Roof Garden Hotel E1
18 My Place A2
19 Quest on Sturt C4
20 Shakespeare International Backpackers B2

Essen
21 Amalfi Pizzeria Ristorante E1
22 Botanic Café E1
Central Market .... (siehe 2)
23 Edinburgh Castle A2
24 Evergreen B3
25 Galaxy Lartay E1
26 Good Life F3
27 Hotel Wright Street C3
28 Jasmin Indian Restaurant D1
29 Jerusalem Sheshkabab House B1
30 Lemongrass Thai Bistro E1
Lucia's Pizza & Spaghetti Bar .... (siehe 2)
31 Mesa Lunga B3
32 Press C2
33 Prince Albert A3
Sosta .... (siehe 30)
34 Vego & Lovin' It E1
35 Village Indian B3
36 Woolworths D1
37 Ying Chow B3
38 Zen Kitchen D1

Ausgehen & Nachtleben
39 Apothecary 1878 .... B1
40 Belgian Beer Café E1
41 Casablabla C1
42 Cork Wine Café C3
43 Distill E1
44 Exeter E1
45 Grace Emily A2
46 Udaberri C1
Universal Wine Bar .... (siehe 30)

Unterhaltung
47 Adelaide Symphony Orchestra B1
Exeter .... (siehe 44)
Fowlers Live .... (siehe 5)
Grace Emily .... (siehe 45)
48 HQ Complex A1
49 Jive B1
50 Lotus Lounge B3
51 Mars Bar B3
Mercury Cinema .... (siehe 5)
52 Palace Nova Eastend Cinemas E1
53 RedLove D2
54 Rhino Room E1
55 Zhivago C2

Shoppen
56 Imprints Booksellers B1
57 Jurlique C1
58 Map Shop C1
59 Midwest Trader E1
60 Old Midwest E1
61 T'Arts D1
62 Title E1
Urban Cow Studio .... (siehe 54)

Praktisches
63 Adelaide Visitor Information Centre Rundle Mall C1
64 Department of Environment, Water & Natural Resources D2
65 Disability Information & Resource Centre E4
66 Royal Automobile Association of South Australia D2
67 South Australian Visitor Information Centre B1
68 Women's Information Service D2

gen werden. Eine Bronzestatue von **Don** (Sir Donald Bradman) schlägt draußen einen Cover Drive. Wenn keine Spiele stattfinden, kann man an einer zweistündigen **Führung** teilnehmen; sie beginnt am Nordtor an der Pennington Tce. Genauere Infos erhält man telefonisch oder auf der Website. Achtung: Bis Ende der Bauarbeiten bleibt auch das **Bradman Collection Museum** geschlossen!

Tandanya National Aboriginal Cultural Institute GALERIE
(Karte S. 780; ☎08-8224 3200; www.tandanya.com.au; 253 Grenfell St; ⏰10–17 Uhr) Hier erhält

man einen Einblick in die Kultur der indigenen Kaurna, deren Territorium sich bis nach Cape Jervis im Süden und nach Port Wakefield im Norden erstreckt. In dem Kulturinstitut illustrieren interaktive Ausstellungen den Umgang der Kaurna mit dem Land. Es gibt hier auch Galerien, Souvenirs und ein Café. Zudem finden Didgeridoo-Vorführungen, **kulturelle Darbietungen** (Erw./Kind 5/3 AU$, ⌚Di–So 12 Uhr) von Torres-Strait-Insulanern und bei Voranmeldung **Führungen** (5–10 AU$) statt. Im Kino werden zudem Kurzfilme der Aborigines und Dokus gezeigt.

Migration Museum MUSEUM

(Karte S. 790; www.migrationmuseum.com.au; 82 Kintore Ave; ⌚Mo–Fr 10–17, Sa & So 13–17 Uhr) Das spannende sozialgeschichtliche Museum erzählt die Geschichte vieler Einwanderer, die SA zu ihrem neuen Zuhause gemacht haben. Die Datenbank des Museums liefert Infos über mehr als 100 Nationalitäten (nicht über einzelne Personen) und einige sehr ergreifende persönliche Geschichten. Das Museum ist in einem ehemaligen Aborigine-Internat und Armenasyl untergebracht.

West Terrace Cemetery FRIEDHOF

(Karte S. 780; www.aca.sa.gov.au; West Tce; ⌚Nov.–April 6.30–18 Uhr, Mai–Okt. 6.30–20.30 Uhr) GRATIS Die meisten Einwohner Adelaides übersehen diesen schönen, alten Friedhof einfach. Er wurde 1837 angelegt und hat inzwischen 150 000 „Bewohner" – ein stilles, faszinierendes Ziel für einen Abstecher. Der 2 km lange, auf eigene Faust begehbare **Heritage Highlights Interpretive Trail** schlängelt sich an 29 bedeutenden Stätten vorbei – eine Broschüre gibt's am Eingang an der West Tce.

Adelaide Gaol MUSEUM

(Karte S. 790; ☎08-8231 4062; www.adelaidegaol.org.au; 18 Gaol Rd, Thebarton; Erw./Kind/Fam. 13/8/32 AU$, inkl. Führung 17/11/48 AU$, Gespenstertour 28 AU$; ⌚So–Fr 10–17 Uhr, letzter Einlass 15.30 Uhr, Führung So 11, 12 & 13 Uhr, Gespenstertour Do–Sa Sonnenuntergang) Der Knast wurde erst 1988 aufgegeben. Er hat eine düstere Atmosphäre, aber die ausgestellten, selbst gebastelten Bongs, Waffen und Fluchthilfemittel sind unglaublich. Der Audioguide ist im Preis inbegriffen; die **Führung** und die **Gespenstertour** (nur für Erw.) müssen im Voraus gebucht werden.

Haigh's Chocolates Visitors Centre FÜHRUNG

(Karte S. 794; ☎08-8372 7070; www.haighschocolates.com; 154 Greenhill Rd, Parkside; ⌚Mo–Fr 8.30–17.30, Sa 9–17 Uhr, Führung Mo–Sa 11, 13 & 14 Uhr) GRATIS Schokosüchtige werden in dieser legendären Fabrik schwach. Auf den kostenlosen **Führungen** bekommt man die Pralinenherstellung von der Kakaobohne bis zum handgemachten Trüffel gezeigt (wer brav ist, darf auch mal kosten). Reservieren!

Adelaide Parklands GARTEN

Die Innenstadt und das schicke North Adelaide umschließt ein breiter Ring aus Parkanlagen. Dieses Konzept des umstrittenen Stadtplaners von Adelaide, Colonel William Light, ist Segen und Fluch für die Stadt. Die Vorteile sind viele Grünflächen, saubere Luft und Sportplätze für Kids, die Nachteile die Trockenheit im Sommer, herumlungernde Penner und der Eindruck, dass die Vororte von der Stadt abgeschnitten sind. Anschauen sollte man sich die **Japanese Gardens** an der South Tce und die **Statue von Colonel William Light**, die vom Montefiore Hill auf die glänzenden Bürotürme der Stadt blickt.

Gilles Street Market MARKT

(Karte S. 780; www.gillesstreetmarket.com.au; 91 Gilles St, Gilles Street Primary School; ⌚3. So des Monats 10–16 Uhr) Der Markt für Kinderklamotten, Mode, Kunst und Kunsthandwerk wird mit viel Tohuwabohu zweimal im Monat im Sommer auf einem Schulgelände in East End abgehalten.

Jam Factory Contemporary Craft & Design Centre GALERIE

(Karte S. 780; www.jamfactory.com.au; 19 Morphett St; ⌚Mo–Sa 10–17, So ab 13 Uhr) GRATIS Hochwertige zeitgenössische Kunst und Kunsthandwerk aus der Region sowie Ateliers und eine Glasbläserei, in der Fantastisches aus Glas gezaubert wird (vom oberen Balkon aus kann man zuschauen).

Australian Experimental Art Foundation GALERIE

(AEAF; Karte S. 780; www.aeaf.org.au; Ecke Morphett St & North Tce, Lion Arts Centre; ⌚Di–Fr 11–17, Sa ab 14 Uhr) GRATIS Der Schwerpunkt liegt auf Neuheuten. Außerdem gibt's einen Buchladen mit Schwerpunkt auf Literatur über Film, Architektur, Kultur und Design.

Innerstädtische Vororte

Coopers Brewery BRAUEREI

(Karte S. 794; ☎08-8440 1800; www.coopers.com.au; 461 South Rd, Regency Park; 1½-stündige

Führung 22 AU$/Pers.; ⌚Führungen Di–Fr 13 Uhr) Man kann unmöglich Adelaide besuchen, ohne eine Besichtigung der Coopers Brewery zumindest in Erwägung zu ziehen. Man sieht dabei das Brauhaus, die Abfüllhalle und das historische Museum, in dem man bei der Verkostung der Stouts, Ales und Lagers (von denen einige sogar CO_2-neutral sind) leicht hängen bleiben kann. Reservierung erforderlich; Mindestalter 18 Jahre. Die Brauerei liegt in den nördlichen Vororten, man erreicht sie mit dem Taxi oder geht vom Bahnhof Islington 1 km zu Fuß.

Penfolds Magill Estate Winery WEINGUT
(Karte S. 794; ☎08-8301 5569; www.penfolds.com.au; 78 Penfolds Rd, Magill; Verkostung gratis–50 AU$; ⌚10–17 Uhr) Das 100 Jahre alte Weingut ist der Entstehungsort des bekanntesten australischen Weines – des legendären Grange. In der Kellerei kann man ihn probieren, im Restaurant zu Abend essen; man kann auch eine **Heritage Tour** (15 AU$) mitmachen oder seinen Geldbeutel für die **Great Grange Tour** (150 AU$) plündern. Wer an einer Besichtigungstour teilnehmen möchte, sollte unbedingt vorher buchen.

Glenelg

In Glenelg – auch „The Bay" genannt, da hier die ersten Kolonisten von SA anlegten – zeigt sich Adelaide Los Angeles am ähnlichsten. Der Strand ist gen Westen gerichtet, und wenn die Sonne im Meer versinkt, füllen sich die Kneipen und Bars mit Surfern, Backpackern und von der Sonne gezeichneten 60-Jährigen. Die Straßenbahn rumpelt aus der Innenstadt hierher, vorbei an der Einkaufsmeile Jetty Rd bis zu den Freiluftcafés am Moseley Sq.

Von der Innenstadt nach Glenelg gelangt man mit der Straßenbahn oder den Bussen 167, 168 und 190.

Glenelg Visitor Information Centre TOURISTENINFORMATION
(☎08-8294 5833; www.glenelgsa.com.au; Shop 22, Marina Pier, Holdfast Shores, Glenelg; ⌚Mo–Fr 9–16.30, Sa 10–15, So 10–14 Uhr) Hier gibt's allgemeine Infos zur Gegend und zum Tauchen und Segeln vor Ort.

Bay Discovery Centre MUSEUM
(Karte S. 794; www.baydiscovery.com.au; Moseley Sq, Town Hall; Eintritt gegen Spende; ⌚Sommer 10–17 Uhr, Winter 10–16 Uhr) Das bescheidene Museum ist in Glenelgs Rathaus von 1887 untergebracht und beleuchtet die Sozialgeschichte Glenelgs von der Kolonisierung bis heute. Es erinnert außerdem an das Schicksal der indigenen Kaurna, die Land und Stimme verloren. Unbedingt sehenswert sind die Relikte, die am ursprünglichen Pier ausgegraben wurden, und die gruseligen alten Jahrmarktautomaten.

Port Adelaide

Jahrzehntelang galt das 15 km nordwestlich der Stadt gelegene Port Adelaide als Proll-Hochburg. Heute steckt es mitten im Gentrifizierungsprozess, bei dem die Lagerhäuser in Kunstgalerien und Museen und schäbige Kneipen in edle Bierlokale umgewandelt werden. Langsam geht es also aufwärts!

Adelaides einzige Straßenbahnlinie soll irgendwann bis Port Adelaide verlängert werden. Bis dahin muss man von North Tce den Bus 150 oder den Zug nehmen.

Port Adelaide Visitor Information Centre TOURISTENINFORMATION
(☎08-8405 6560, 1800 629 888; www.portenf.sa.gov.au; 66 Commercial Rd; Port Walk Teilnahme gegen Spende; ⌚9–17 Uhr, Port Walk Do & So 14 Uhr; 📶) Das Personal des hilfreichen Besucherzentrums bucht geführte **Port Walks** durch das historische Viertel. Wer die Gegend selbst erkunden will, bekommt hier jede Menge Broschüren über die Geschichte, die historischen Kneipen und die Attraktionen des benachbarten Semaphore. Angeboten werden auch Aktivitäten wie Delfinbeobachtungstouren und Kajaktrips.

South Australian Maritime Museum MUSEUM
(Karte S. 794; www.samaritimemuseum.com.au; 126 Lipson St; Erw./Kind/Fam. 10/5/25 AU$; ⌚tgl. 10–17 Uhr, Leuchtturm So–Fr 10–14 Uhr) Das Meeresmuseum ist das älteste seiner Art in Australien. Zu den Highlights zählen das kultige Port Adelaide Lighthouse (Eintritt nur für den Leuchtturm 1 AU$, ansonsten im Museumseintritt inkl.), vollbusige Gallionsfiguren, die von überall auf der Welt von Londonderry bis Quebec kommen, Schiffswracks und Ausstellungen zu den Entdeckern sowie eine Datenbank über die frühen Einwanderer.

National Railway Museum MUSEUM
(Karte S. 794; www.natrailmuseum.org.au; Lipson St Sth; Erw./Kind/Fam. 12/6/32 AU$; ⌚10–17 Uhr) Eisenbahnfans werden jubeln: Das rei-

zende, verschrobene Museum ist mit allem möglichen Zeug zum Thema Eisenbahn vollgestopft. Und in dem Buchladen gibt es haufenweise Bücher wie *Thomas, die kleine Lokomotive*.

South Australian Aviation Museum MUSEUM
(Karte S. 794; www.saam.org.au; 66 Lipson St; Erw./Kind/Fam. 9/4,50/22 AU$; ⏲10.30–16.30 Uhr) In einem alten Hangar in einer Seitenstraße Port Adelaides stehen ausgemusterte alte Flieger (und Raketen aus Woomera).

Fishermen's Wharf Market MARKT
(Karte S. 794; www.fishermenswharfmarkets.com.au; Black Diamond Sq; ⏲So 9–17 Uhr) Wer an einem Sonntag in Port ist, kann in dieser zweistöckigen Markthalle am Wasser nach Antiquitäten, Schnickschnack und allerlei Krimskrams stöbern.

Aktivitäten

Radfahren & Wandern

Adelaide ist flach wie ein Pfannkuchen und folglich perfekt zum Radeln und Wandern geeignet (sofern es nicht zu heiß ist). Räder dürfen jederzeit mit in Züge genommen werden, in Bussen sind sie verboten. **Trails SA** (www.southaustraliantrails.com) bietet Unmengen Infos zu Rad- und Wanderwegen. Die Broschüre *40 Great South Australian Short Walks* sollte man sich unbedingt besorgen.

In den Adelaide Botanic Gardens werden kostenlose geführte Spaziergänge angeboten, außerdem gibt es im South Australian Visitor & Travel Centre detaillierte Broschüren zu Stadtspaziergängen auf eigene Faust. Der **Linear Park Trail** am Flussufer ist ein 40 km langer Wander- und Radweg von Glenelg bis zum Fuß der Adelaide Hills, der die meiste Zeit am Torrens River entlangführt. Eine beliebte Wanderung ist auch der steile **Waterfall Gully Track** (hin & zurück 3 Std.) zum Gipfel des Mt. Lofty und wieder zurück.

Eagle Mountain Bike Park PARK
(Karte S. 794; www.bikesa.asn.au; Mt. Barker Rd, Leawood Gardens; ⏲Sonnenaufgang–Sonnenuntergang) GRATIS Mountainbiker sollten im Eagle Mountain Bike Park in den Adelaide

ADELAIDE MIT KINDERN

Die kostenlose, monatlich erscheinende Zeitschrift **Adelaide's Child** (www.adelaideschild.com.au) bekommt man in Cafés und Bibliotheken. Sie ist zwar ziemlich anzeigenlastig, enthält aber auch eine umfangreiche Auflistung der aktuellen Veranstaltungen. *Adelaide for Kids: A Guide for Parents* von James Muecke liefert detaillierte Beschreibungen und ist in Buchläden erhältlich.

Es wird wohl kaum ein Kind geben, dem die **Straßenbahnfahrt** von der Stadt nach Glenelg nicht gefällt (Kinder unter 5 Jahren fahren kostenlos!) – vielleicht so gut, dass man es kaum zum Aussteigen bewegen kann. Die Aussicht auf ein Bad im flachen Wasser am **Glenelg Beach** und auf eine Portion Fish & Chips danach könnte aber helfen.

In den Schulferien bieten das South Australian Museum (S. 780), die **State Library of South Australia** (☎08-8207 7250; www.slsa.sa.gov.au; Ecke North Tce & Kintore Ave, 1. Stock; ⏲Mo–Mi & Fr 10–20, Do & Fr bis 18, Sa & So bis 17 Uhr), die Art Gallery of South Australia (S. 780), der Adelaide Zoo (S. 781) und der Adelaide Botanic Garden (S. 781) kinder- und familienfreundliche Programme mit leicht verständlichen interaktiven Ausstellungen an. In der Art Gallery gibt es am ersten Sonntag im Monat von 12 bis 15 Uhr auch das Kinderprogramm **START at the Gallery** mit Führungen, Musik und mehr.

Mit **Captain Jolley's Paddle Boats** (Karte S. 790; www.captainjolleyspaddleboats.com; Elder Park; Bootsverleih 15 AU$/30 Min.; ⏲Sommer tgl. 9.30–18 Uhr, Winter Sa & So 10–16 Uhr) kann man über den River Torrens schippern, was Kindern immer Spaß macht.

Bei einer Führung durch das Haigh's Chocolates Visitors Centre (S. 783) können sich die Kleinen (und vielleicht auch die Großen) wie in *Charlie und die Schokoladenfabrik* fühlen. Das ist für Kinder zwar nicht das beste Vorbild in Sachen gesunde Ernährung, aber die Schokolade hier würde selbst Willy Wonka zur Ehre gereichen.

In Port Adelaide kann man sich das Maritime Museum (S. 784), das National Railway Museum (S. 784) oder das South Australian Aviation Museum (s. oben) anschauen oder eine Rundfahrt zur **Beobachtung von Delfinen** machen.

Dial-An-Angel (☎08-8267 3700, 1300 721 111; www.dialanangel.com.au) vermittelt Kindermädchen und Babysitter in der ganzen Gegend.

Hills vorbeischauen, wo es 21 km Radwege gibt. Wegbeschreibungen finden sich auf der Website.

Bicycle SA FAHRRADVERLEIH
(Karte S. 780; 08-8168 9999; www.bikesa.asn.au; 111 Franklin St; 9–17 Uhr) Kostenlose „Adelaide City Bikes" (Führerschein oder Pass mitbringen!) sowie Radkarten und Tipps.

Bikeabout RADTOUREN
(0413 525 733; www.bikeabout.com.au) Tolle eintägige Mountainbiketouren „Radelaide" (ab 130 AU$), Mountainbike-Verleih (ab 30 AU$/Tag) und Touren durch die Weinregionen Barossa Valley, McLaren Vale und Clare Valley.

Escapegoat RADTOUREN
(08-8121 8112; www.escapegoat.com.au) Touren vom 710 m hohen Gipfel des Mt. Lofty hinunter nach Adelaide (90 AU$), eintägige Radtouren durch das McLaren Vale (120 AU$) und Radtouren durch die Flinders Ranges.

Glenelg Bicycle Hire FAHRRADVERLEIH
(Karte S. 794; 08-8376 1934; www.glenelgbicyclehire.com.au; 71 Broadway, Norfolk Motor Inn, Glenelg South) Mit einem Mountainbike (40 AU$/Tag) oder Tandem (65 AU$/Tag) kann man durch Port Adelaide radeln.

Linear Park Hire FAHRRADVERLEIH
(Karte S. 790; 0400 596 065; Elder Park; Fahrrad 30 AU$/Tag; 9–17 Uhr) Verleih von Fahrrädern inklusive Helm und Schloss.

Wassersport

In Adelaide wird's im Sommer richtig heiß. Abkühlung findet man am Strand von Glenelg oder beim Wassersport. Weitere Optionen sind Flussfahrten mit **Popeye** (Karte S. 790; www.thepopeye.com.au; hin & zurück Erw./Kind 12/6 AU$, einfache Strecke 4/2 AU$; 10–16 Uhr) und Captain Jolley's Paddle Boats (S. 785).

Adelaide Aquatic Centre SCHWIMMEN
(Karte S. 790; www.cityofadelaide.com.au; Jeffcott Rd, North Adelaide; Baden Erw./Kind/Fam. 7,50/6/21 AU$; Mo–Fr 6–21, Sa & So 7–19 Uhr) Das der Stadt am nächsten gelegene öffentliche Schwimmbad mit Schwimmhalle, Tauchbecken und natürlich auch Fitnessraum, Sauna und Spa.

Adventure Kayaking SA KAJAKFAHREN
(08-8295 8812; www.adventurekayak.com.au; Tour Erw./Kind ab 50/25 AU$, Kajakverleih Erw./Kind 45/30 AU$ pro 3 Std.) Familienfreundliche geführte Kajaktouren an der Mündung des Port River (man sieht Delfine, Mangroven und Wracks). Auch Kajakverleih.

Temptation Sailing DELFINBEOBACHTUNG
(Karte S. 794; 0412 811 838; www.dolphinboat.com.au; Holdfast Shores Marina, Glenelg; Beobachtungstour/mit Delfinen schwimmen 3½ Std. 68/98 AU$) Umweltzertifizierte Rundfahrten im Katamaran, bei denen man Delfine beobachten oder mit ihnen schwimmen kann. Im Angebot sind auch Touren bei Dämmerung und eineinhalbstündige Touren tagsüber.

Dolphin Explorer Cruises DELFINBEOBACHTUNG
(Karte S. 794; 08-8447 2366; www.dolphinexplorer.com.au; Commercial Rd, Port Adelaide; Rundfahrt 2 Std. Erw./Kind ab 10/6 AU$; tgl.) Die Rundfahrten zur Beobachtung von Großen Tümmlern beginnen an der Fishermen's Wharf in Port Adelaide. Im Angebot stehen auch diverse Rundfahrten in Kombination mit Mittag- oder Abendessen.

Adelaide Scuba TAUCHEN
(Karte S. 794; 08-8294 7744; www.adelaidescuba.com.au; Patawalonga Frontage, Glenelg North; Mo–Fr 9–17.30, Sa & So 8–17 Uhr) Verleiht Schnorchelausrüstung (30 AU$/Tag) und veranstaltet Tauchgänge (1/2 Tauchgänge 65/130 AU$).

Adelaide Gondola BOOTSFAHRT
(Karte S. 790; 08-8358 1800; www.adelaidegondola.com.au; War Memorial Dr, North Adelaide; 4 Pers. 110 AU$/40 Min.) Es sieht hier nicht wirklich aus wie in Venedig, aber eine Fahrt auf dem River Torrens macht trotzdem Spaß. Man kann sogar eine Flasche Wein bestellen!

Geführte Touren

Am besten lassen sich die wichtigsten Sehenswürdigkeiten Adelaides mithilfe der **kostenlosen Stadtbusse** (S. 804) erkunden. Einige Tagesausflüge führen aus der Stadt hinaus, z. B. in die Adelaide Hills, auf die Fleurieu Peninsula, ins Barossa Valley und ins Clare Valley. Achtung: Die eintägigen Trips zu den Flinders Ranges und auf die Kangaroo Island sind eher hektisch und ihr Geld oft nicht wert!

Adelaide's Top Food & Wine Tours ESSEN & WEIN
(08-8386 0888; www.topfoodandwinetours.com.au) Enthüllt die gastronomische Seele von SA mit Touren über den lebendigen Central

Market bei Sonnenaufgang (65 AU$ inkl. Frühstück) und am Vormittag (50 AU$), wenn die Händler ihre Waren anpreisen. Es sind auch Ausflüge zu den Adelaide Hills, ins McLaren Vale, zum Barossa Valley und zum Clare Valley im Angebot.

Bookabee Tours ABORIGINES
(☎08-8235 9954; www.bookabee.com.au) Die von Aborigines geleiteten halb-/ganztägigen Stadttouren (105/205 AU$) mit dem Schwerpunkt Bush Food führen in die Adelaide Botanic Gardens, zum Tandanya National Aboriginal Cultural Institute und zum South Australian Museum und gewähren einen tollen Einblick in die Kultur der Kaurna. Es werden auch längere Touren ins Outback angeboten.

Adelaide Sightseeing GEFÜHRTE TOUR
(☎1300 769 762; www.adelaidesightseeing.com.au) Bietet eine Führung zu den Highlights der Stadt an (62 AU$), u.a. North Tce, Glenelg, Haigh's Chocolates und das Adelaide Oval. Es gibt auch andere Touren, z.B. zum Central Market, ins Barossa Valley, zum McLaren Vale, in die Adelaide Hills und nach Kangaroo Island.

Enjoy Adelaide GEFÜHRTE TOUR
(☎08-8332 1401; www.enjoyadelaide.com.au) Halbtägige Stadtführung mit allen Highlights (45 AU$) und Abstechern zum Gipfel des Mt. Lofty sowie nach Hahndorf. Touren zum Barossa Valley gibt's auch.

Integrity Tours GEFÜHRTE TOUR
(☎0402 120 361, 08-8382 9755; www.integritytoursandcharter.com.au) Abendliche City-Lights-Tour durch Adelaide (64 AU$), halb-/ganztägige Touren durch die Adelaide Hills (ab 59/89 AU$) sowie Tagesausflüge ins McLaren Vale und zur Fleurieu Peninsula (ab 89 AU$).

Gray Line GEFÜHRTE TOUR
(☎1300 858 687; www.grayline.com.au) Halbtägige Stadtrundfahrt inklusive Bootsausflug (86 AU$) oder Straßenbahnfahrt und einem Mittagessen am Wasser in Glenelg (93 AU$). Auf Wunsch gibt's auch Abstecher in den Adelaide Zoo und in die Adelaide Hills.

Feste & Events

Tour Down Under RADFAHREN
(www.tourdownunder.com.au) Die weltbesten Radfahrer schwitzen beim Rennen durch sechs Städte in SA; das große Finale ist im Januar in Adelaide.

Adelaide Fringe KUNST
(www.adelaidefringe.com.au) Das alljährlich im Februar und März stattfindende unabhän-

INSIDERWISSEN

KUNST & FESTE IN ADELAIDE

Emma Fey, Development Manager der Art Gallery of SA, hat uns verraten, welche Highlights der Veranstaltungskalender von Adelaide zu bieten hat.

Festivalsaison

Das Adelaide Festival, das Fringe Festival, die Adelaide Writers' Week und das Clipsal 500 (V8-Rennen) finden alle im Februar und März statt. Dann brummt die Stadt: Alle sind draußen, und das Wetter ist gut. Ich kenne keinen anderen Ort, an dem sich kunstbeflissene Alternative und Autorennfans Seite an Seite amüsieren. Es macht einen Riesenspaß, die Leute zu beobachten!

Kunst in der Stadt

Die Art Gallery of South Australia befindet sich mitten im Viertel North Tce (neben dem Museum, der Universität, zwischen Stadt und Fluss). Die Galerie wurde kürzlich renoviert und die Ausstellungsflügel Elder und Melrose wurden neu bestückt. Die Ausstellungen fesseln immer ein breites Publikum. Vor allem junge Leute und Kinder sind von dem neuen „The Studio" begeistert, wo man selbst Kunst kreieren kann. In den kleinen Gassen überall im Viertel siedeln sich immer mehr kleine Galerien für moderne Kunst an.

Beste kostenlose Events

Überall in der Stadt finden alle möglichen unglaublichen kostenlosen Events statt, besonders während des Adelaide Festivals. Guerilla-Straßenkunst, gepaart mit gastronomischen Highlights, machen den sensationellen Nachtclub Adelaide Festival Club Barrio und die kostenlosen täglichen Angebote der Art Gallery of SA aus.

gige Kunstfestival wird nur noch vom Edinburgh Fringe getoppt. Funkig, unvorhersehbar und einfach nur ausgelassen!

Adelaide Festival KUNST
(www.adelaidefestival.com.au) Erstklassiges Festival im März mit Tanz, Theater, Oper, Literatur und Performances aus dem In- und Ausland. Keinesfalls versäumen sollte man die Northern Lights an der North Tce, wenn die alten Sandsteingebäude angestrahlt werden – und den Nachtclub Barrio.

Clipsal 500 MOTORSPORT
(www.clipsal500.com.au) PS-Freaks geraten außer Rand und Band, wenn Adelaides Straßen im März vier Tage lang zur Rennbahn werden und Holden gegen Ford antritt.

WOMADelaide MUSIK
(www.womadelaide.com.au) Eines der weltbesten Livemusikevents mit mehr als 300 Musikern und Performern aus der ganzen Welt. Im März.

Adelaide Cabaret Festival KABARETT
(www.adelaidecabaretfestival.com) Das einzige seiner Art im ganzen Land. Im Juni.

South Australian Living Artists Festival KUNST
(SALA; www.salafestival.com.au) Im August gibt's überall in der Stadt progressive Ausstellungen und Exponate.

Adelaide Guitar Festival MUSIK
(www.adelaideguitarfestival.com.au) Jährliches Axe-Fest mit viel Rock, Klassik, Country, Blues und Jazz. Im August.

City to Bay VOLKSLAUF
(www.city-bay.org.au) Jedes Jahr im September findet der 12 km lange Volkslauf von der Stadt nach Glenelg statt – da sind jede Menge Blut, Schweiß und Tränen im Spiel.

Royal Adelaide Show LANDWIRTSCHAFTSMESSE
(www.theshow.com.au) Landwirtschafts- und Gartenmesse. Im September.

OzAsia Festival KULTUR
(www.ozasiafestival.com.au) Essen, Kunst, Konversation, Musik und das faszinierende Moon Lantern Festival. Im September.

SANFL Grand Final FOOTBALL
(www.sanfl.com.au) Im September; Endspiel der South Australian National Football League.

Christmas Pageant KULTUR
(www.cupageant.com.au) Seit mehr als 70 Jahren eine Institution in Adelaide. Einen Tag lang im November ziehen kitschige Festwagen, Bands und Umzüge durch die Straßen.

Feast Festival SCHWULE & LESBEN
(www.feast.org.au) Dreiwöchiges Festival im November mit Karneval, Theater, Gesprächen und Tanz.

Schlafen

Die meisten Budgetunterkünfte Adelaides liegen im Stadtzentrum. Weil man sich in dieser Stadt aber leicht zurechtfindet, ist es auch möglich, außerhalb des CBD zu übernachten. North Adelaide liegt zwar in der Einflugschneise, ist ansonsten aber ruhig. Wer in Strandnähe wohnen will, ist in Glenelg richtig. Die „Motel Alley" liegt an der Glen Osmond Rd, der Hauptzufahrtsstraße aus dem Südosten. Infos zu B&Bs gibt's unter www.bandbfsa.com.au.

Central Adelaide

My Place HOSTEL $
(Karte S. 780; ☎08-8221 5299; www.adelaidehostel.com.au; 257 Waymouth St; B/DZ inkl. Frühstück ab 26/68 AU$; P ❄ @ ☜) Der Gegenpol zu den großen Ketten. Das My Place hat ein einladendes, persönliches Flair und ist nur einen Katzensprung vom Grace Emily entfernt, dem wohl besten Pub Adelaides. Es gibt hier einen gemütlichen TV-Raum, Grillmöglichkeiten oberhalb der Straße, einen Strandbus im Sommer und regelmäßig Pizza- und Kneipenabende – super für Alleinreisende!

Adelaide Central YHA HOSTEL $
(Karte S. 780; ☎08-8414 3010; www.yha.com.au; 135 Waymouth St; B ab 29 AU$, DZ ohne/mit Bad ab 79/95 AU$; P ❄ @ ☜) Das YHA ist nicht gerade wegen der hier herrschenden Geselligkeit bekannt, dafür schläft man in den geräumigen, komfortablen Zimmern gut. Ein wirklich cooles Hostel, in dem Sicherheit großgeschrieben wird. Es gibt auch eine große Küche, einen Gemeinschaftsbereich und makellose Badezimmer. Viel besser als die durchschnittlichen Backpackerabsteigen! Parken kostet 10 AU$ pro Tag.

Majestic Roof Garden Hotel HOTEL $$$
(Karte S. 780; ☎08-8100 4400; www.majestichotels.com.au; 55 Frome St; DZ ab 200 AU$; P ❄ @ ☜) In dem japanisch wirkenden Hotel wirkt alles nagelneu – ein Staubkörnchen würde sich da einsam fühlen. Die Zimmer zur Frome St haben Balkone und den bes-

ten Blick, und im Dachgarten kann man bei einer Flasche Wein den Sonnenuntergang genießen. Gute Angebote für Spontan- und Last-Minute-Kunden. Parken kostet ab 18 AU$ pro Tag.

Hotel Metropolitan HOTEL $
(Karte S. 780; ☎08-8231 5471; www.hotelmetro.com.au; 46 Grote St; EZ/2BZ/DZ ab 55/85/90 AU$) Der 1883 gegründete Metropolitan Pub sieht noch immer gut aus. Die 26 Zimmer oben sind mit gestreifter Bettwäsche, hohen Decken, kleinen Flachbildfernsehern und verschiedenen Betten ausgestattet. „Es war schon immer ein besonderes Erlebnis, hier unterzukommen", hat uns der Barmann mit hochgezogenen Augenbrauen gesagt. Was genau er damit gemeint hat, ist uns nicht ganz klar, aber wer heute hier absteigt, kann eine ordentliche Budgetunterkunft mit Gemeinschaftsbad in guter Stadtlage erwarten.

Hotel Richmond HOTEL $$
(Karte S. 780; ☎08-8215 4444; www.hotelrichmond.com.au; 128 Rundle Mall; DZ ab 165 AU$; P ❄ ᯤ) Das opulente Hotel in einem prächtigen Gebäude aus den 1920er-Jahren in der Mitte der Rundle Mall bietet modern-minimalistische Zimmer mit riesigen Betten, Marmorbädern, Möbeln aus amerikanischer Eiche und italienischen Einrichtungsgegenständen. Man kann sogar die Fenster öffnen – eine echte Seltenheit in Hotels. Im Preis inbegriffen sind Frühstück, Filme und Zeitungen. Parken kostet ab 16 AU$ pro Tag.

Clarion Hotel Soho HOTEL $$
(Karte S. 780; ☎08-8412 5600; www.clarionhotelsoho.com.au; 264 Flinders St; DZ 145–590 AU$; P ❄ ᯤ ≋) Hier soll das Flair des Londoner Viertels Soho heraufbeschworen werden. Die 30 superschicken Suiten (einige mit Spa, die meisten mit Balkon) verfügen über luxuriöse Bettwäsche, Zimmerservice rund um die Uhr, iPod-Anschlüsse und Bäder aus italienischem Marmor. Einen Whirlpool und ein fabelhaftes Restaurant gibt's auch. Wochentags sinken die Preise. Parkplätze sind vorhanden (ab 15 AU$).

Hostel 109 HOSTEL $
(Karte S. 780; ☎08-8223 1771, 1800 099 318; www.hostel109.com; 109 Carrington St; B/EZ/DZ/3BZ 30/60/80/99 AU$; ❄ @ ᯤ) Kleines, gut geführtes Hostel in einer ruhigen Ecke der Stadt mit ein paar winzigen Balkonen über der Straße und einem gemütlichen Gemeinschaftsbereich mit Küche. Das Haus ist makellos sauber, superfreundlich und bietet auch Schließfächer, Reiseinfos, viel Sicherheit und einen Gasherd. Der einzige Nachteil: Die Zimmer haben Fenster zu Lichtschächten und nicht zur Straße.

Quest on Sturt APARTMENTS $$$
(Karte S. 780; ☎08-8416 4200; www.questapartments.com.au; 14 Sturt St; Apt. mit 1/2/3 B ab 200/210/250 AU$; P ❄ ᯤ) Fast wie ein Mini-Viertel mitten im CBD wirkt diese Enklave aus zweistöckigen, mehrfarbigen Apartments. Pluspunkte bekommt sie für die absolut zentrale Lage, die Sicherheit und die Privatsphäre. Online gibt's diverse Angebote mit Frühstück, freiem Internet, kostenlosem Parkplatz, einer Flasche Wein... Top für Großstadtfamilien.

Backpack Oz HOSTEL $
(Karte S. 780; ☎1800 633 307, 08-8223 3551; www.backpackoz.com.au; Ecke Wakefield & Pulteney St; B/EZ/DZ ab 25/55/65 AU$; ❄ @ ᯤ) Von außen macht diese umgebaute Kneipe (das alte Orient Hotel) nicht viel her, aber sie bietet die richtige Mischung aus Party und Beschaulichkeit. Es gibt geräumige Schlafsäle und auf der anderen Straßenseite eine zusätzliche Pension (gut für Paare!). Gäste können in der Bar auch ein Erfrischungsgetränk bekommen oder Billard spielen. Außerdem gibt es einen Gemeinschaftsbereich und mittwochs kostenlose Barbecues.

Adelaide City Park Motel MOTEL $$
(Karte S. 780; ☎08-8223 1444; www.citypark.com.au; 471 Pulteney St; DZ ohne/mit Bad ab 99/120 AU$, 3BZ/FZ ab 160/210 AU$; P ❄ ᯤ) Makellose Bäder, Ledersitzecken, hübsche, französische Drucke – und all das in Gehweite zu den Lokalen an der Hutt St. Parkplätze, DVDs und WLAN sind gratis. Vermietet auch Apartments an der Route nach Glenelg (Apt. mit 1/2 Schlafzi. 175–225 AU$).

Adelaide Backpackers Inn HOSTEL $
(Karte S. 780; ☎1800 099 318, 08-8223 6635; www.abpi.com.au; 112 Carrington St; B/EZ/DZ/3BZ 27/60/70/99 AU$; ❄ @ ᯤ) Entspannte und überraschend saubere Unterkunft in einer Kneipe von 1841 (dem alten Horse & Jockey), die kürzlich aufgemöbelt wurde (neue Bäder, Kühlschränke, Teppiche, Waschmaschinen, kecke Wandfarben usw.). In praktischer Nähe zur Hutt St und zur Rundle St.

Shakespeare International Backpackers HOSTEL $
(Karte S. 780; ☎1800 556 889, 08-8231 7655; www.shakeys.com.au; 123 Waymouth St; B/EZ/DZ ab

North Adelaide

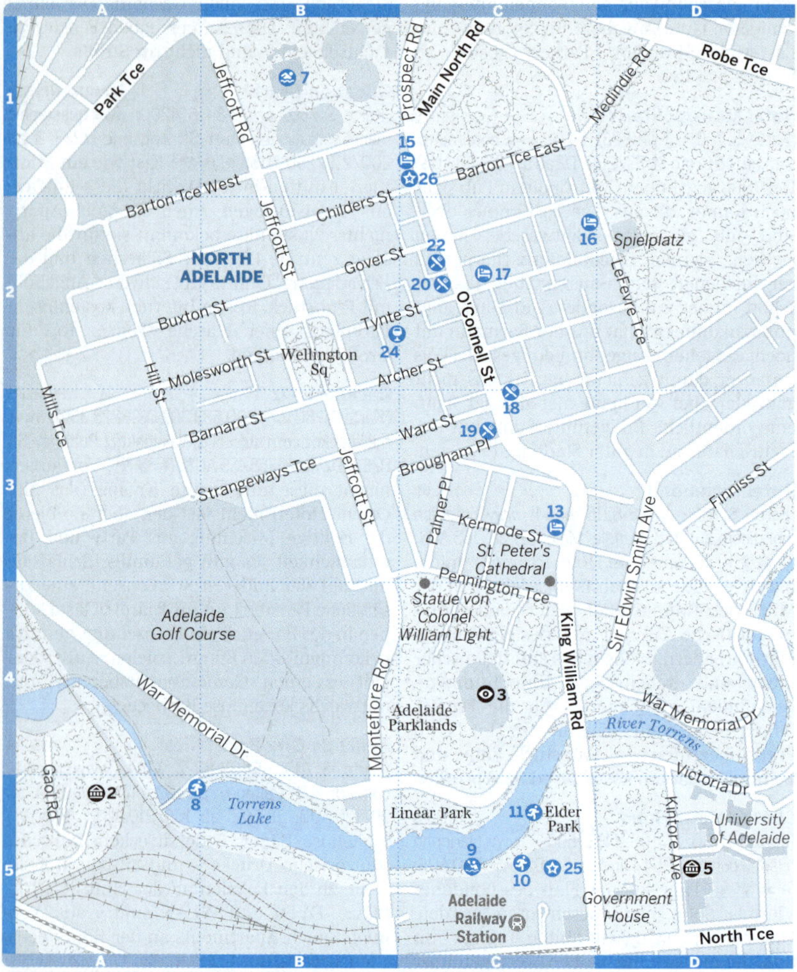

26/80/80 AU$; ❄ @ 📶) Das lässige Shakeys in einem alten Pub (1879) im Zentrum hat nettes Personal, eine gute Küche mit viel Edelstahl, kostenlose Bettwäsche und einen Balkon mit Blick auf die Straße (und die vielen Anzugträger). Bei unserem Besuch wurden unten gerade eine neue Bar und ein Reiseschalter gebaut.

North Adelaide

Greenways Apartments APARTMENTS **$$**

(Karte S. 790; ☎ 08-8267 5903; www.greenwaysapartments.com; 41-45 King William Rd, North Adelaide; 1-/2-/3-Zi.-Apt. 120/150/190 AU$; P ❄ 📶) Die Apartments von 1938 sind nicht luxuriös (Blümchenfliesen und 1970er-Jahre-Laminat), wer aber Aversionen gegen den offenen Wohnstil des 21. Jhs. hat, ist im Greenways gut aufgehoben: Wo sonst kann man zu solchen Preisen in derart sauberen, zweckmäßigen Apartments so nah am Zentrum wohnen? Ein Muss für Kricketfans, denn das Adelaide Oval ist nur ein paar Schritte weit weg. Tipp: Bei Testspielen früh buchen!

Minima Hotel HOTEL **$$**

(Karte S. 790; ☎ 08-8334 7766; www.majestichotels.com.au; 146 Melbourne St, North Adelaide;

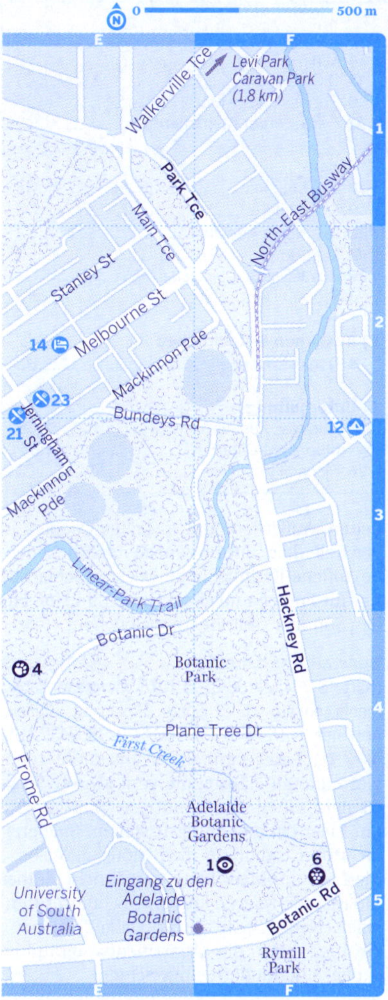

DZ ab 100 AU$; P ❄ @) Im guten alten North Adelaide ist ein Raumschiff gelandet! Das Minima ist erst ein paar Jahre alt und bietet kleine, aber superstylishe Zimmer in toller Lage in der Melbourne St. Do-it-yourself-Check-in über den Touchscreen in der Lobby. Begrenzte Parkmöglichkeiten für 9,50 AU$ pro Nacht.

Princes Lodge Motel MOTEL $
(Karte S. 790; ☎ 08-8267 5566; www.princeslodge.com.au; 73 LeFevre Tce, North Adelaide; EZ/DZ/FZ inkl. Frühstück ab 65/85/145 AU$; P ❄ ᯤ) Die freundliche, bunte Lodge in einem eleganten Haus von 1913 mit Blick auf die Parkanlagen hat hohe Decken, neue Fernseher und ist etwas verwohnt. In der Nähe der Schickimicki-Restaurants von North Adelaide und in Gehweite zur Stadt, tolles Preis-Leistungs-Verhältnis und viel Flair! Die billigeren Zimmer in der alten Remise hinten sind echte Schnäppchen.

Tynte Street Apartments APARTMENTS $$
(Karte S. 790; ☎ 08-8334 7783; www.majestichotels.com.au; 82 Tynte St, North Adelaide; DZ/Apt. mit 1 Schlafzi. ab 125/175 AU$, zusätzl. Erw. 20 AU$; P ❄ ᯤ) Die postmodernen, in sich abgeschlossenen Apartments für drei Personen sind in roten Backsteinhäusern an einer von Bäumen gesäumten Straße in der Nähe der Cafés und Kneipen der O'Connell St untergebracht. Check-in ist 1 km entfernt an der 9 Jerningham St. Parken ist kostenlos.

O'Connell Inn MOTEL $$
(Karte S. 790; ☎ 08-8239 0766; www.oconnellinn.com.au; 197 O'Connell St, North Adelaide; DZ ab 150 AU$; P ❄ ᯤ) In Adelaide ein ordentliches Motel zu finden, ist sehr schwierig (weil die meisten in den 1990er-Jahren steckengeblieben zu sein scheinen). Dieses hier ist aber eines. Es ist recht klein, freundlich, erschwinglich und hat eine schöne Lage – praktisch für Streifzüge Richtung Norden nach Barossa, Clare, Flinders usw.

Innerstädtische Viertel

Levi Park Caravan Park WOHNWAGENPARK $
(Karte S. 794; ☎ 08-8344 2209; www.levipark.com.au; 1a Harris Rd, Vale Park; Stellplatz ohne/mit Strom ab 33/35 AU$, Hütte/Apt. ab 102/145 AU$; ❄ @ ᯤ) Der begrünte, grasbewachsene Wohnwagenpark am Ufer des River Torrens liegt 5 km außerhalb der Stadt und hat unzählige Einrichtungen zu bieten, u. a. Tennisplätze und einen von Palmen gesäumten Cricketplatz. Die Apartments befinden sich im restaurierten Vale House, das angeblich Adelaides ältestes Wohnhaus sein soll.

Adelaide Caravan Park WOHNWAGENPARK $
(Karte S. 790; ☎ 08-8363 1566; www.adelaidecaravanpark.com.au; 46 Richmond St, Hackney; Stellplatz mit Strom 36–40 AU$, Hütte & Wohneinheit 119–166 AU$; ❄ @ ᯤ ≋) Kompakter Wohnwagenpark ohne Schnickschnack zwischen dem River Torrens und einer ruhigen Straße, 2 km nordöstlich vom Stadtzentrum. Sauber und gut geführt, aber mit nur wenig Grün, vor allem im Hochsommer.

North Adelaide

Sehenswertes
1 Adelaide Botanic Garden F5
2 Adelaide Gaol A5
3 Adelaide Oval C4
4 Adelaide Zoo E4
5 Migration Museum D5
6 National Wine Centre of Australia F5

Aktivitäten, Kurse & Touren
7 Adelaide Aquatic Centre B1
8 Adelaide Gondola A5
9 Captain Jolley's Paddle Boats C5
10 Linear Park Hire C5
11 Popeye C5

Schlafen
12 Adelaide Caravan Park F3
13 Greenways Apartments C3
14 Minima Hotel E2
15 O'Connell Inn C1
16 Princes Lodge Motel C2
17 Tynte Street Apartments C2

Essen
18 d'Artagnan C3
19 Good Life C3
20 IGA North Adelaide C2
21 Lion Hotel E2
22 Royal Oak C2
23 Store E2

Ausgehen & Nachtleben
24 Daniel O'Connell B2

Unterhaltung
25 Adelaide Festival Centre C5
Moonlight Cinema .... (siehe 1)
26 Piccadilly Cinema C1

Glenelg & Strandviertel

Glenelg Holiday & Corporate Letting (☎0417 083 634, 08-8376 1934; www.glenelgholiday.com.au; ❄) und **Glenelg Letting Agency** (Karte S. 794; ☎08-8294 9666; www.baybeachfront.com.au; ❄) vermitteln Ferienwohnungen am Strand von Glenelg (ab rund 140 AU$/Nacht).

★ **Largs Pier Hotel** HOTEL $$
(Karte S. 794; ☎08-8449 5666; www.largspierhotel.com.au; 198 Esplanade, Largs Bay; DZ/Apt. ab 159/199 AU$; P) Was für eine Überraschung! In dem ansonsten schlichten Strandort Largs Bay, 5 km nördlich von Port Adelaide, befindet sich dieses 130 Jahre alte dreistöckige Hotel, das wie eine Hochzeitstorte aussieht. In den letzten Jahren wurde hier viel Geld reingesteckt, und das hat sich gelohnt: Die Zimmer haben hohe Decken, große Betten, Meerblick und sind in Taupe- und Schokoladentönen gehalten. Es gibt auch einen niedrigeren Flügel mit Motelzimmern auf der einen und Apartments auf der anderen Straßenseite.

Glenelg Beach Hostel HOSTEL $
(Karte S. 794; ☎08-8376 0007, 1800 359 181; www.glenelgbeachhostel.com.au; 1–7 Moseley St, Glenelg; B/EZ/DZ/FZ ab 25/60/70/110 AU$; @📶) Ein paar Straßen hinter dem Strand befindet sich dieses schöne alte Haus (1879), Adelaides Perle unter den Budgetunterkünften. Die Zimmer sind mit Ventilatoren und historischen Details ausgestattet und haben keine Etagenbetten. Außerdem gibt es kaltes Coopers in der Kellerbar (mit Livemusik am Wochenende), offene Kamine, hohe Decken, Schlafsäle nur für Frauen und einen Garten im Hof. Für den Sommer weit im Voraus buchen!

Seawall Apartments APARTMENTS $$$
(Karte S. 794; ☎08-8295 1197; www.seawallapartments.com.au; 21–25 South Esplanade, Glenelg; Apt. mit 1/2/3/4 B ab 200/270/380/430 AU$; P❄📶) Leser empfahlen uns diese renovierten alten Häuser, die vom Mosely Sq in Glenelg einen fünfminütigen Spaziergang am Meer entlang entfernt stehen. Spielereien wären eigentlich nicht nötig gewesen – die Lage am Meer hätte ausgereicht –, aber die Fassaden zieren kitschige Seefahrerutensilien (Netze, Boote, Ruder, Haigebisse usw.). Drinnen sind die Apartments geräumig, sauber und modern eingerichtet.

Adelaide Shores WOHNWAGENPARK $
(Karte S. 794; ☎08-8355 7320, 1800 444 567; www.adelaideshores.com.au; 1 Military Rd, West Beach; Stellplatz mit Strom 36–57 AU$, Hütte mit 1/2 B ab 87/134 AU$; P❄@🏊) Die Anlage versteckt sich hinter den Dünen des West Beach. Ein Fuß- und Radweg führt in der einen Richtung nach Glenelg (3,4 km) und in der anderen zum Henley Beach (3,5 km). Eine gute Wahl im Sommer wegen der grünen Stellplätze, blitzblanken Einrichtungen und vorbeiziehenden Delfine.

Stamford Grand Hotel HOTEL $$$
(Karte S. 794; ☎08-8376 1222; www.stamford.com.au; Moseley Sq, Glenelg; DZ mit Stadt-/Meerblick

ab 200/250 AU$; P❄@📶🏊) Das vornehme, rosafarbene Hotel mit Blick auf den Gulf St. Vincent war der erste echte Wolkenkratzer in Glenelg. Die Pauschalangebote für ein Zimmer mit Frühstück und Abendessen sind relativ günstig; außerhalb der Saison gibt's gute Preisnachlässe. Die unechten Goldverzierungen und Sofas in der Lobby sollte man einfach ignorieren. Parkplätze kosten ab 15 AU$.

Essen

Gourmets strömen ins West End in die angesagte Gouger St (sprich „Gu-dscher"), nach Chinatown und zum Central Market. Es gibt hier auch ein paar tolle Kneipen. Sogar auf der künstlerisch angehauchten, alternativen Hindley St – Adelaides kleinem schmutzigen Geheimnis – findet man jede Menge gute Lokale. Im East End bieten die Rundle St und die Hutt St viele Freiluftcafés und Möglichkeiten zum Leutegucken. In North Adelaide gibt es auf der Melbourne St und der O'Connell St eine ganze Menge Bistros, Lebensmittelläden und Kneipen.

West End

Press MODERN-AUSTRALISCH $$$

(Karte S. 780; ☎08-8211 8048; www.pressfoodandwine.com.au; 40 Waymouth St; Hauptgerichte 16–46 AU$; ⏲Mo–Sa 12–21 Uhr) Das beste unter den aufstrebenden Restaurants an der von Büros dominierten Waymouth St. Es ist superstylish (mit Ziegelwänden, Glas und zitronenfarbenen Stühlen) und hat eine gewagte Speisekarte, auf der auch Innereien (in der Pfanne gebratenes Lammhirn, gegrillte Kalbszunge), Rohes (Rinder-Carpaccio, gebeizter Lachs) und Confit (Entenkeule mit Zwiebeln und Oliven) stehen. Zu empfehlen sind die hausgemachten würzigen Rindfleischwürste oder das leckere Verkostungsmenü (68 AU$/Pers.).

Mesa Lunga MEDITERRAN $$

(Karte S. 780; ☎08-8410 7617; www.mesalunga.com; Ecke Gouger & Morphett St; Tapas 4–14 AU$, Hauptgerichte 16–28 AU$; ⏲Fr 12–15, So 12–open end, Di–Sa 18 Uhr–open end) Im schicken Mesa Lunga werden in einem runden Eckzimmer mit einer unglaublichen dunklen, hölzernen Weinwand Tapas und erstklassige Pizzas serviert. Am besten bestellt man sich *gamba* (Garnelen mit schwarzem Salz und Chorizo im Teigmantel) und mit Manzanillo-Oliven gefüllte Sardellen und zum Runterspülen prickelnde Sangria. Herrlich!

Lucia's Pizza & Spaghetti Bar ITALIENISCH $

(Karte S. 780; www.lucias.com.au; 2 Western Mall, Central Market; Gerichte 8–13 AU$; ⏲Mo–Do & Sa 7–16, Fr bis 21 Uhr) Dieses kleine Stück Italien gab es hier schon, als Lucia noch viel jünger war. Ihre Pastas, Saucen und Pizzas sind authentisch und hausgemacht – stets perfekt! Nebenan kann man sich bei Lucia's Fine Foods mit Pasta für Zuhause eindecken.

Village Indian INDISCH $$

(Karte S. 780; ☎08-8212 2536; www.thevillagerestaurant.com.au; 125 Gouger St; Hauptgerichte 14–29 AU$; ⏲Di–Fr 12–14.30, Di–So 17.30–21 Uhr; ✎) Das Village an der geschäftigen Gouger St hat dem Jasmin den Rang als Adelaides bestes indisches Restaurant abgeluchst. Es bietet einen guten Service, hübsche Messer, ballonrunde Weingläser und ein paar ungewöhnliche indische Gerichte. Wie wär's mit

KNEIPENESSEN IM WEST END

Gutes, preiswertes Kneipenessen bekommt man in den Seitenstraßen von West End.

Edinburgh Castle (Karte S. 780; ☎08-8231 1435; www.edinburghcastlehotel.com; 233 Currie St; Hauptgerichte ab 10 AU$; ⏲Di–So 12–14 & 18–20 Uhr; ✎) Sehr preiswerte Menüs (10 AU$ – ein Renner bei Studenten). Es gibt Schnitzel, Burger, vegetarische Lasagne und Wittling in Bierteig. An den meisten Abenden stehen Livebands auf der Bühne.

Prince Albert (Karte S. 780; ☎08-8212 7912; www.princealberthotel.com.au; 254 Wright St; Hauptgerichte 10–20 AU$; ⏲12–14.30 & 18–20.30 Uhr) Billiges Kneipenessen in großen Portionen: Steaks, Frikadellen, Burger, riesige Schnitzel und die berühmten West-End-Würstchen. Intimpiercings sind nicht Pflicht.

Hotel Wright Street (Karte S. 780; ☎08-8211 8000; www.hotelwrightstreet.com.au; 88 Wright St; Hauptgerichte 17–28 AU$; ⏲Sa & So 8–12, tgl. 12–15 & 17.30–21 Uhr) In der modern-industriell renovierten Kneipe gehen jede Menge Schwule, stark geschminkte ältere Damen auf der Jagd nach jungen Männern und verrückte DJs ein und aus. Ach ja, tolle Fish & Chips, Steaks und Schnitzel gibt's auch!

Großraum Adelaide

Ziegengulasch aus Kaschmir (geschmort in Joghurt, Anis und Kardamon) oder Moreton-Bay-Krabben-Masala?

Evergreen CHINESISCH $
(Karte S. 780; ☎ 08-8212 1686; 31 Moonta St; Yum Cha 5–19 AU$; ⌚ Mo–Sa 11–15, Mo–So 17 Uhr–open end; ✎) Ein paar Schritte vom Trubel der Gouger St entfernt hat sich das Evergreen in Chinatown mit seinem fantastischen Yum Cha einen Namen gemacht. Auf der Karte stehen sage und schreibe 182 Gerichte (alles von Auberginen-Eintopf bis hin zu kurz gebratenen Jakobsmuscheln). Die Weinkarte

ist ganz passabel, und weil es hier der Papiertischdecken gibt, brauchen sich Kleckerfritzen nicht zu schämen.

Jerusalem Sheshkabab House NAHÖSTLICH $
(Karte S. 780; ☎08-8212 6185; 131 Hindley St; Hauptgerichte 10–15 AU$; ⏲Di–Sa 11.30–14.30 & 17.30–22, So 16–22 Uhr; ✎) Das winzige Lokal in der Hindley St existiert schon ewig. Serviert werden hier Leckerbissen aus dem Nahen Osten und dem Libanon, z. B. Falafel, Hummus, Taboulé, Tahina und (natürlich) Schisch-Kebab.

Ying Chow CHINESISCH $$
(Karte S. 780; 114 Gouger St; Hauptgerichte 11–17 AU$; ⏲Fr 12–14.45, tgl. 17–0.45 Uhr) Das Lokal mit den Leuchtstoffröhren und den zackigen Angestellten ist ein gastronomisches Juwel. Es serviert von der Guangzhou-Region beeinflusste Gerichte wie Tofu mit Saubohnen und chinesischem Chutney sowie gedünstete Ente in salziger Sauce. Es kann recht voll werden – manchmal reicht die Schlange bis auf die Straße –, aber das Warten lohnt sich (keine Reservierung möglich)!

East End

★**Galaxy Lartay** CAFÉ $
(Karte S. 780; 31 East Tce; Hauptgerichte 7–15 AU$; ⏲Di–So 12–16 Uhr; ✎) In einer hübschen alten Ladenzeile aus rotem Backstein im East End befindet sich unser neuestes Lieblingscafé vor Ort. Es hat zwar nur begrenzte Öffnungszeiten, aber das sollte einen nicht von einem Besuch abhalten. Die Atmosphäre ist künstlerisch, hippiemäßig, retro und gesellig. Es gibt große Portionen Tartes, Quiches, Currys und Pasteten sowie kreative Säfte, Lassis und guten Kaffee. Man bekommt hier sogar Bier.

Zen Kitchen VIETNAMESISCH $
(Karte S. 780; www.zenkitchen.com.au; Unit 7, Tenancy 2, Renaissance Arc; Hauptgerichte 6–14 AU$; ⏲Mo–Do 11–16, Fr bis 20, Sa bis 15 Uhr) Hier gibt's köstliche, frisch zubereitete kalte Frühlingsrollen, *pho*-Suppe und knusprig gegrilltes Schweinefleisch im Brötchen zum Mitnehmen oder sofort Essen. Runterspülen kann man das Ganze mit kalter Kokosmilch oder einem furchtbar starken vietnamesischen Kaffee mit gezuckerter Kondensmilch. Authentisch, erschwinglich und absolut lecker.

Jasmin Indian Restaurant INDISCH $$
(Karte S. 780; ☎08-8223 7837; www.jasmin.com.au; 31 Hindmarsh Sq, UG; Hauptgerichte 26–29 AU$; ⏲Do & Fr 12–14.30, Di–Sa 17.30–21 Uhr) Himmlische nordindische Currys und unglaublich professionelle Angestellte (manchmal erinnern sie sich sogar noch an Gäste, die vor Jahren mal da waren). Auf der Karte stehen keine Überraschungen, aber alles wird perfekt zubereitet. Reservierung erforderlich.

Großraum Adelaide

Sehenswertes
1 Bay Discovery Centre B5
2 Coopers Brewery C2
3 Fishermen's Wharf Market B1
4 Haigh's Chocolates Visitors Centre D4
5 National Railway Museum B1
6 South Australian Aviation Museum B2
South Australian Maritime Museum .... (siehe 3)

Aktivitäten, Kurse & Touren
7 Adelaide Scuba B5
Dolphin Explorer Cruises .... (siehe 3)
8 Eagle Mountain Bike Park F5
9 Glenelg Bicycle Hire B5
10 Penfolds Magill Estate Winery F3
11 Temptation Sailing B5

Schlafen
12 Adelaide Shores B4
Glenelg Beach Hostel .... (siehe 1)
13 Glenelg Letting Agency B5
14 Largs Pier Hotel A1
15 Levi Park Caravan Park D3
16 Seawall Apartments B5
Stamford Grand Hotel .... (siehe 1)

Essen
17 Bar 9 .... D4
18 Café de Vili's C4
Café Zest .... (siehe 1)
19 Earl of Leicester D4
Good Life .... (siehe 1)
20 Thuy-Linh B5
Zucca Greek Mezze .... (siehe 11)

Ausgehen & Nachtleben
21 Colonist D4
Pier One Bar .... (siehe 11)
22 Wheatsheaf C3

Unterhaltung
23 Adelaide Entertainment Centre C3
24 Governor Hindmarsh Hotel C3
Wheatsheaf .... (siehe 22)

Botanic Café
ITALIENISCH $$

(Karte S. 780; ☎08-8232 0626; www.botanicristorante.com; 4 East Tce; Hauptgerichte 25–40 AU$; ⏲Di–Fr 12–15, Do–Sa 18 Uhr–open end) Das blitzsaubere, moderne italienische Lokal gegenüber den Adelaide Botanic Gardens hat eine saisonal wechselnde Karte mit Gerichten aus hochwertigen Zutaten aus SA. Je nach Saison stehen Ziegenkäse-Tartletts mit Birnen-Chutney oder Parpadelle mit geschmorter Lammkeule und Thymian-Ragout zur Wahl. Das Probiermenü (2 Gänge & 1 Glas Wein 25 AU$) ist ein Schnäppchen. Nebenan gibt's eine tolle Bar.

Amalfi Pizzeria Ristorante
ITALIENISCH $$

(Karte S. 780; ☎08-8223 1948; 29 Frome St; Hauptgerichte 16–26 AU$; ⏲Mo–Fr 12–14.30, Mo–Sa 18–21 Uhr) Ein echter Klassiker: Authentische Pizza und Pasta, Bugholzstühle, Terrazzoboden, eine Tafel, auf der mit Kreide die Tagesgerichte angeschrieben sind, und richtiger Muntermacher-Kaffee. Und tagen da im Hinterzimmer etwa Mafiosi?

Sosta
ARGENTINISCH $$$

(Karte S. 780; ☎08-8232 6799; www.sostaargentiniankitchen.com.au; 291 Rundle St; Tapas 16–26 AU$, Hauptgerichte 33–45 AU$; ⏲Mo–Fr 12–14.30, tgl. 18–21.30 Uhr) Rind, Lamm, Schwein, Hühnchen, Fisch – Vegetarier werden das Weite suchen! Die abgehangenen, 1 kg schweren T-Bone-Steaks hier sind legendär. Mit seinen schneeweißen Tischdecken und den rotbraunen Dielen ist das Sosta ein elegantes Plätzchen, um einen nächtlichen Streifzug durchs East End zu beginnen.

Vego & Lovin' It
VEGETARISCH $

(Karte S. 780; 240 Rundle St, Level 1; Gerichte 7–13 AU$; ⏲Mo–Fr 10–15 Uhr; 🖉) In diesem künstlerisch angehauchten Lokal im Obergeschoss bekommt man seine Vitamindosis in Form von leckeren Veggie-Burgern, Wraps oder Focaccia. Aus der Stadt Geflüchtete mit Rastalocken ordern „extra Alfalfa, aber ohne Hummus". Ob das coole Mosaiken-Schild wohl inzwischen befestigt worden ist?

Lemongrass Thai Bistro
THAILÄNDISCH $$

(Karte S. 780; ☎08-8223 6627; www.lemongrassthaibistro.com.au; 289 Rundle St; Hauptgerichte 16–26 AU$; ⏲Mo–Fr 11.30–15, tgl. 17 Uhr–open end; 🖉) Fröhliches Thai-Bistro mit erschwinglichen Preisen mitten in der Rundle St. Es gibt Mango-Kokos-Hähnchen, rotes Curry mit Rindfleisch (oder Kängurufleisch), klapprige Stühle und viel lautes Geschnatter.

North Adelaide

Store
CAFÉ, BISTRO $$

(Karte S. 790; ☎08-8361 6999; www.thestore.com.au; 157 Melbourne St; Frühstück 8–19 AU$, Hauptgerichte 15–28 AU$; ⏲tgl. 7–15, Do–So 17.30–21

Uhr;) Das Store, eine Mischung aus gemütlichem Pariser Bistro und Jazzcafé, bringt die nötige Portion Coolness ins steife North Adelaide. Die Deko besteht aus Retro-Kitsch (Jugendstilposter, Hirschgeweihe, Tretchikoff-Drucke), und serviert werden feurige Pasta, Risotto, Burger und erstklassige Fisch-, Hühnchen- und Rindfleischgerichte, die zudem erschwinglich sind. Eine eindrucksvolle Weinkarte ist ebenfalls vorhanden.

d'Artagnan BISTRO **$$$**
(Karte S. 790; 08-8267 6688; www.dartagnan.net.au; 26 O'Connell St; Hauptgerichte 34–42 AU$; Di–Sa 18–24 Uhr) Das stimmungsvoll mit Spiegeln, Samt, dunklem Holz, Kerzen und Kronleuchtern ausgestattete d'Artagnan wirkt wie eine Schenke aus der Zeit König Ludwigs XIII. und fordert mit seinen mutigen Öffnungszeiten (fast nirgendwo sonst kann man nach 21 Uhr noch essen) die Adelaider Restaurantszene heraus. Auf der Karte stehen fleischlastige Hauptgerichte mit französischem Einfluss. Von den anderen Musketieren lässt sich keiner blicken…

Royal Oak KNEIPE **$$**
(Karte S. 790; 08-8267 2488; www.royaloakhotel.com.au; 123 O'Connell St; Hauptgerichte 12–34 AU$; Sa & So 8–12, tgl. 12–15 & 18–21.30 Uhr) In dieser seit Langem existierenden Kneipe kommen überzeugende Speisen aus der Küche: Steak-Sandwiches, vegetarische Lasagne, Lammauflauf, Eier mit Spinat sowie Arme Ritter mit Ahornsirup. Skurriles Retro-Flair: dienstags, mittwochs, freitags und sonntags gibt's Livejazz oder Indie-Rock.

Lion Hotel KNEIPE **$$$**
(Karte S. 790; 08-8367 0222; www.thelionhotel.com; 161 Melbourne St; Hauptgerichte 30–40 AU$; Mo–Fr & So 12–15, Mo–Sa 18–22 Uhr) Die gehobene Kneipe (mit großen Bildschirmen, Biergarten und vielen Geschäftsleuten) geht auf einer Seite über in ein schickes Restaurant mit Retro-Dekor und romantischem Ambiente. Zu den Hits auf der Speisekarte zählen Coorong-Angus-Steaks, Fisch frisch vom Markt und Maishühnchenbrust – alles serviert mit einer Professionalität, die man in einer Kneipe sonst kaum findet. Frühstück gibt's nebenan in der Bar (Hauptgerichte 10–26 AU$).

Innerstädtische Viertel

Bar 9 CAFÉ **$**
(Karte S. 794; 08-8373 1108; www.bar9.com.au; 96 Glen Osmond Rd, Parkside; Hauptgerichte 11–17 AU$; Mo–Fr 7.30–16, Sa & So 8.30–14 Uhr) Kaffeesüchtige sind in diesem Café, einen Katzensprung südöstlich vom Stadtzentrum, genau richtig. Essen ist hier Nebensache: Die hippen Kundinnen in Twin-Sets sind zu beschäftigt damit, die angebotenen Kaffeespezialitäten zu diskutieren. Aber wer hungrig ist, bekommt in der Bar 9 auch gute Eier mit Schinken, Vanille-Birchermüsli und Pilzcreme auf Toast.

Earl of Leicester KNEIPE **$$**
(Karte S. 794; 08-8271 5700; www.earl.com.au; 85 Leicester St, Parkside; Hauptgerichte 17–34 AU$; 12–15 & 18–21 Uhr) Die stimmungsvolle alte Kneipe (1886) in einem Haus aus Blaustein versteckt sich in einer Seitenstraße in Parkside. Man bekommt hier gutes Bier und riesige Schnitzel. Das Dekothema der „Bar der Lügner" (mit Bezug auf das Fehlverhalten von Clinton, Skase, Bond u. a.) wirkt ein bisschen 1990er-mäßig, aber was wirklich zählt, ist das, was auf dem Teller und im Glas ist.

Café de Vili's FAST FOOD **$**
(Karte S. 794; www.vilis.com; 2–14 Manchester St, Mile End St; Gerichte 3–14 AU$; 24 Std.) Die Pies des Vili's sind berühmt in SA. Dieser Diner neben der gleichnamigen Fabrik, direkt westlich von West End, ist die ganze Nacht hindurch geöffnet und serviert die beliebten „Pie Floaters" (Fleischpastete in Erbsensuppe mit Kartoffelpüree und Bratensauce – einfach spitze!) sowie Würstchen im Teigmantel, Pasteten, Burger, Pfannkuchen, warmes Frühstück, Puddingtörtchen und Donuts.

Glenelg

Café Zest CAFÉ **$**
(Karte S. 794; 08-8295 3599; www.zestcafegallery.com.au; 2a Sussex St; Gerichte 5–20 AU$; 7.30–17.30 Uhr;) Die Café-Galerie klemmt in einer winzigen Lücke zwischen Gebäuden, aber das relaxte Flair und das tolle Frühstück machen den Platzmangel wieder wett. Es gibt kreativ belegte Baguettes und Bagels. Seinen Kater kann man mit „Zesty Eggs" bekämpfen – Eier mit Senf, Sahne, geriebenen Orangenschalen und Räucherlachs auf Buttertoast. Großartiger Kaffee, Künstlertypen als Bedienung und vegetarische Spezialitäten runden das Ganze ab.

Good Life PIZZERIA **$$**
(Karte S. 794; 08-8376 5900; www.goodlifepizza.com; Ecke Jetty Rd & Moseley St, Level 1;

Pizzas 14–39 AU$; ⏲ Di–Fr & So 12–14.30, tgl. 18 Uhr–open end; ✎) In der großartigen Bio-Pizzeria oberhalb der Straßenbahngleise an der Jetty Rd gibt's Pizzas mit dünnem Boden und leckerem Belag wie gebratener Bio-Ente, „Monster"-Garnelen aus dem Spencer Gulf und würziger Angaston-Salami. So lässt sich das Leben genießen! Weitere Filialen gibt's im **Zentrum** (Karte S. 780; ☎ 08-8223 2618; 170 Hutt St; ⏲ Mo–Fr 12–14.30, tgl. 18 Uhr–open end; ✎) und in **North Adelaide** (Karte S. 790; ☎ 08-8267 3431; Shop 5, 11 O'Connell St, North Adelaide; ⏲ Di–Fr 12–14.30, tgl. 18 Uhr–open end; ✎).

Thuy-Linh VIETNAMESISCH **$$**
(Karte S. 794; ☎ 08-8295 5746; 168c Jetty Rd; Hauptgerichte 15–19 AU$, Bankett ab 24 AU$/Pers.; ⏲ Di–Fr 11.30–14.30, Di–So 17–22 Uhr) Erstaunlich schlichtes vietnamesisch-chinesisches Lokal am Innenstadtende der Jetty Rd. In Sachen Inneneinrichtung darf man nicht viel erwarten, dafür serviert die superfreundliche Bedienung frische Meeresfrüchte, Fleisch- und Nudelgerichte.

Zucca Greek Mezze GRIECHISCH **$$$**
(Karte S. 794; ☎ 08-8376 8222; www.zucca.com.au; Shop 5, Marina Pier, Holdfast Shores; Mezze 5–21 AU$, Hauptgerichte 32–45 AU$; ⏲ 12–15 & 18 Uhr–open end) Spartanische Tischtücher, Blick auf den Jachthafen, spitzenmäßige Bedienung und eine moderne Karte mit allen möglichen Vorspeisen – besser ginge es auch auf Santorin nicht. Der gegrillte zyprische Haloumi-Käse mit süßen Rosinen und salzigen Pistazienstückchen ist köstlich.

Selbstversorger

Central Market MARKT **$**
(Karte S. 780; www.adelaidecentralmarket.com.au; Gouger St; ⏲ Di 7–17.30, Mi & Do 9–17.30, Fr 7–21, Sa 7–15 Uhr) Der Markt ist eine Herausforderung für alle Sinne: Hier wimmelt es nur so von Gerüchen, Farben und lautstarken Standbesitzern, die frisches Gemüse, Brot, Käse, Meeresfrüchte und Feinkost verkaufen. Es gibt hier auch Cafés, hektische Food-Courts und einen Supermarkt.

IGA North Adelaide SUPERMARKT **$**
(Karte S. 790; www.iga.net.au; 113 O'Connell St, North Adelaide; ⏲ 8–22 Uhr) Ausschau nach dem Schalter des schicken Feinkostladens mit Metzgerei halten!

Woolworths SUPERMARKT **$**
(Karte S. 780; www.woolworths.com.au; 80 Rundle Mall; ⏲ Mo–Fr 7–21, Sa 7–17, So 11–17 Uhr)

Ausgehen & Nachtleben

Pubs & Bars

Wer Adelaide wirklich kennenlernen will, sollte in einer Bar ein großes Coopers – das örtliche Bier – oder ein Glas der beeindruckenden Weine South Australias bestellen. In der Rundle St gibt es ein paar kultige Kneipen, und in der Hindley St im West End treffen Grunge- und Rotlicht-Typen sowie studentische Energie und coole Bars zusammen. Die meisten Bars sind montags geschlossen.

★ **Exeter** KNEIPE
(Karte S. 780; ☎ 08-8223 2623; www.theexeter.com.au; 246 Rundle St; ⏲ 11 Uhr–open end) Die beste Kneipe in der Stadt. Der legendäre Schuppen hat ein bunt gemischtes Publikum: Angestellte, Punks und Studenten, die hier nach Feierabend die Strapazen des Tages abschütteln wollen. Einfach einen Hocker an der Bar oder einen Tisch in dem verratzten Biergarten in Beschlag nehmen und den Tag ausklingen lassen! Abends wird Livemusik gespielt; Spielautomaten gibt es nicht. Für die Curry-Abende im Restaurant oben (meist Mi) vorab reservieren!

Grace Emily KNEIPE
(Karte S. 780; www.graceemilyhotel.com.au; 232 Waymouth St; ⏲ 16 Uhr–open end) Das „Gracie" konkurriert mit dem Exeter um den Titel der besten Kneipe in Adelaide (es ist eine Qual, sich zwischen beiden entscheiden zu müssen). Hier spielen an den meisten Abenden aufstrebende australische Musiker. Die Inneneinrichtung ist ein Mix aus 1950er-Jahren und Voodoo; es gibt offene Kamine und tolles Bier. Regelmäßig finden Kinoabende mit Kultfilmen und Open-Mike-Abende statt. Keine Spielautomaten. Zu erkennen am UFO auf dem Dach.

Wheatsheaf PUB
(Karte S. 794; www.wheatsheafhotel.com.au; 39 George St, Thebarton; ⏲ Mo–Fr 11–24, Sa 12–24, So 12–21 Uhr; 📶) Ein verborgenes Juwel in der Einflugschneise des industriellen Thebarton mit künstlerisch angehauchtem Publikum aus Studenten, Jazzmusikern, Lesben, Punks und Rockern. Es gibt einen schönen Biergarten, Livemusik und offenes Feuer. Es geht das Gerücht, dass bald die neue Küche eröffnet wird. Hervorragende Bierauswahl.

Cork Wine Café WEINBAR
(Karte S. 780; www.facebook.com/corkwinecafe; 61a Gouger St; ⏲ Mo–Do 16–24, Fr & Sa 15–1, So

16–22 Uhr; 📶) Die kleine französische Weinbar fällt zwischen all den bunt beleuchteten China-Restaurants an diesem Abschnitt der Gouger St wirklich aus dem Rahmen. Abgenutzte Dielen, Bugholzstühle und Absinth-Plakate bilden die Kulisse für einen Vino vor dem Abendessen (das man praktischerweise gleich nebenan in einem der chinesischen Restaurants einnehmen kann).

Udaberri BAR

(Karte S. 780; www.udaberri.com.au; 11–13 Leigh St; ⊙Di–Do 16 Uhr–open end, Fr 15 Uhr–open end, Sa 18 Uhr–open end) In der kleinen Bar an der kompakten Leigh St fühlt man sich wie in Melbourne. Hier bekommt man spanische Weine im Glas, ein paar gute Biere aus dem Fass und Pintxos (baskische Tapas) wie Austern, Käse, *jamon* und Tortillas. Warum gibt es nicht mehr solche Bars in Adelaide?

Casablabla BAR

(Karte S. 780; www.casablabla.com; 12 Leigh St; ⊙Di–Fr 16 Uhr–open end, Sa 18 Uhr–open end) Das Casablabla bezeichnet sich selbst als „Multikulti-Tapas-Lounge-Bar", was in diesem Fall viel Gutes und vor allem ein ausgefallenes Ambiente bedeutet: exotische Kunst (aus Marokko, Bali und Brasilien), Wasserpfeifen, Fische in Aquarien, orangefarbene Wände und gute Musik wie Reggae, Funk, Soul und Jazz – genau die richtige Location, um ein paar Cocktails zu schlürfen.

Belgian Beer Café THEMENBAR

(Karte S. 780; www.oostende.com.au; 27–29 Ebenezer Pl; ⊙So–Do 11–24, Fr & Sa 11–2 Uhr) Glänzendes Messing, sexy Bedienung, schneller Gläserwechsel und mehr als 26 (irgendwann haben wir aufgehört zu zählen) importierte belgische Superbiere. Zum Weißbier passen Muscheln mit Pommes ganz hervorragend. Abseits der Rundle St.

Apothecary 1878 WEINBAR

(Karte S. 780; www.theapothecary1878.com.au; 118 Hindley St; ⊙Di–Sa 17 Uhr–open end) Die ehemalige Apotheke ist heute eine tolle Bar und serviert erstklassigen Kaffee und Wein. Medizinschränke, Bugholzstühle und Pariser Marmortische prägen den Innenraum – der perfekte Ort fürs erste Date.

Colonist PUB

(Karte S. 794; www.colonist.com.au; 44 The Parade, Norwood; ⊙9 Uhr–open end) Witzige, wunderbar verschlissene Multikulti-Kneipe mit Wandmalereien im Stil von Gustav Klimt an der ansonsten massenkompatiblen Parade in Norwood. Nach Ende der Aussie-Rules-Football-Spiele des Norwood FC auf dem Platz an der gegenüberliegenden Straßenseite strömen die Fans in diese Kneipe.

Universal Wine Bar WEINBAR

(Karte S. 780; www.universalwinebar.com.au; 285 Rundle St; ⊙12 Uhr–open end) In der legendären Bar tummeln sich trendige Gäste, die unter mehr als 400 südaustralischen und ausländischen Weinen und lauter Speisen aus SA wählen (Hauptgerichte 19–36 AU$). „Die Szene ist sehr italienisch", sagt der Barkeeper.

Daniel O'Connell PUB

(Karte S. 790; www.danieloconnell.com.au; 165 Tynte St, North Adelaide; ⊙11–24 Uhr) Ein irischer Pub von 1881 ohne jeden keltischen Kitsch – einfach nur gutes Guinness, offener Kamin, Akustikmusik und ein haushoher Pfefferbaum (der schon mindestens 166 Jahre auf dem Buckel hat) im Biergarten.

Distill COCKTAILBAR

(Karte S. 780; www.distillhealth.com.au; 286 Rundle St; ⊙Di, Mi, Fr & So 12–2.30, Do & Sa 17 Uhr–open end) Superschicke Bar in der Rundle St mit strengem Dresscode (unbedingt richtig aufbrezeln!) und umwerfender Bio-Cocktail-Karte. Es gibt auch Käseplatten und Pizza, aber hier sieht keiner so aus, als ob er regelmäßig etwas essen würde…

Pier One Bar BAR

(Karte S. 794; www.glenelgpier.com.au; 18 Holdfast Promenade, Glenelg; ⊙Mo–Do 12–24, Fr 12–2, Sa & So 11–2 Uhr) Höhlenartige Mainstream-Sportbar mit weitem Blick auf den Strand und Klappfenstern, um die Meeresbrise reinzulassen. Es gibt so viele Bildschirme wie Angestellte (also viele); sonntags geht's hoch her.

EIN PINT COOPERS, BITTE!

In den Bars von Adelaide kann einen schon mal ein Gefühl der Verwirrung beschleichen. Neben „Butchers" (200 ml bzw. 7 oz) – die erste Wahl alter Herren in düsteren Pubs mit schäbigen Teppichen – gibt's noch drei weitere Einheiten für Bier: „Schooners" („Pots" oder „Middies" im Rest von Australien; 285 ml bzw. 10 oz), „Pints" („Schooners" im Rest von Australien; 425 ml bzw. 15 oz) und „Imperial Pints" (traditionelle englische Pints; 568 ml bzw. 20 oz). Na dann Prost!

Clubs

Online gibt's Infos unter www.onion.com.au. Der Grundpreis variiert je nach Programm zwischen 0 und 15 AU$. Die meisten Clubs sind montags bis mittwochs geschlossen.

Zhivago CLUB
(Karte S. 780; www.zhivago.com.au; 54 Currie St; Fr–So 21 Uhr–open end) Unter den Clubs im West End (es gibt sehr viele, und manche sind ziemlich prollig) zählt das Zhivago zu den besten. Die DJs spielen alles von Reggae und Dub bis House, was bei den 18- bis 25-Jährigen super ankommt.

RedLove CLUB
(Karte S. 780; www.redlove.com.au; Level 1, 170 Pulteney St; Fr 16 Uhr–open end, Sa 21 Uhr–open end) Der coole Club im Obergeschoss war früher eine Billardhalle (es gibt also viel Platz hier). Gespielt werden guter alter R'n'B, Funk und House – sehr zur Freude der 25- bis 35-Jährigen (die sich noch an die 1990er erinnern, aber noch keinen Babysitter für den eigenen Nachwuchs brauchen).

Lotus Lounge CLUB
(Karte S. 780; www.lotuslounge.net.au; 268 Morphett St; Di–Sa 18 Uhr–open end) Hinter dem witzigen, schwach beleuchteten Neonschild – ein Martiniglas mit blinkender Olive – verbirgt sich eine glamouröse Lounge mit Cocktails und gutem Bier. Hier legen die Adelaider Mädels eine kesse Sohle aufs Parkett. Samstags reicht die Schlange bis um die Ecke.

HQ Complex CLUB
(Karte S. 780; www.hqcomplex.com.au; 1 North Tce; Mi & Sa 20 Uhr–open end) Adelaides größter Club nimmt fünf große Räume voller blitzender Lichter ein. Super Sound! Samstags steppt hier der Bär bei der größten und kitschigsten Clubnacht der Stadt, und mittwochs ist Retro-Abend.

Mars Bar CLUB
(Karte S. 780; www.themarsbar.com.au; 120 Gouger St; Do–Sa 21 Uhr–open end) Dreh- und Angelpunkt der Schwulen- und Lesbenszene Adelaides. Hier ist immer viel los. Glitzernde Deko, schrilles Publikum und überkandidelte Drag-Shows.

☆ Unterhaltung

Mit seiner lebendigen Kulturszene braucht sich Adelaide nicht hinter größeren Städten zu verstecken. Tickets für große Events bekommt man bei folgenden Einrichtungen:

BASS (13 12 46; www.bass.net.au)

Moshtix (1300 438 849; www.moshtix.com.au)

Venue Tix (08-8225 8888; www.venuetix.com.au)

Adelaide Now
(www.adelaidenow.com.au) Infos über Events, Galerien und das Kinoprogramm in der ganzen Stadt.

Adelaide Review
(www.adelaidereview.com.au) Veranstaltungsprogramm der Theater und Galerien.

Adelaide Theatre Guide
(www.theatreguide.com.au) Infos zu Reservierungen, Veranstaltungsorten und Kritiken zu Comedy, Theater und Musicals.

Music SA
(www.musicsa.com.au) Online-Veranstaltungskalender für Musikveranstaltungen aller Art.

Livemusik

Die Töchter und Söhne der Stadt (von Cold Chisel und Bon Scott bis hin zu den Audreys) beweisen es – Adelaide weiß, wie man die Bude rockt! Die kostenlosen Broschüren *Rip It Up* (www.ripitup.com.au) und *dB* (www.dbmagazine.com.au) – erhältlich in Plattenläden, Kneipen und Cafés – bieten einen Überblick über Band- und DJ-Auftritte sowie Kritiken. Die Eintrittspreise hängen von den Veranstaltungen ab.

★ **Governor Hindmarsh Hotel** LIVEMUSIK
(Karte S. 794; www.thegov.com.au; 59 Port Rd, Hindmarsh; 11 Uhr–open end) Die Geburtsstätte der Livemusik in Adelaide: Im „Gov" treten lokale und internationale Legenden auf: An der Bar fiedelt die eine oder andere irische Band, während auf der Haupttribüne Rock, Folk, Jazz, Blues, Salsa, Reggae und Dance gespielt werden. Trotz seiner Größe herrscht in dem Laden eine unerklärlich trauliche Atmosphäre. Es gibt auch gutes Essen.

Grace Emily LIVEMUSIK
(Karte S. 780; www.graceemilyhotel.com.au; 232 Waymouth St) Alternative Rock, Country, Acoustic und Open-Mike-Abende im West End. Spielen heute die Bastard Sons of Ruination?

Jive LIVEMUSIK
(Karte S. 780; www.jivevenue.com; 181 Hindley St; wechselnde Öffnungszeiten) Das Jive in ei-

nem umgebauten Theater wird von unkonventionellen Studenten frequentiert, die von der Musik – funkig, links und alternativ – angelockt werden. Von der Bar hat man die abgesenkte Tanzfläche gut im Blick.

Wheatsheaf LIVEMUSIK
(Karte S. 794; www.wheatsheafhotel.com.au; 39 George St, Thebarton; ⏲Mo–Fr 11–24, Sa 12–24, So 12–21 Uhr) Vielfältiges Angebot (Acoustic, Blues, Country … und eine tolle Bierkarte) im Gewerbegebiet von Thebarton. Vom Fluglärm in der Einflugschneise sollte man sich nicht stören lassen.

Exeter LIVEMUSIK
(Karte S. 780; www.theexeter.com.au; 246 Rundle St; ⏲11 Uhr–open end) Die rockende Seele des East End: Indie-Bands, Electronica und Acoustic im Biergarten.

Fowlers Live LIVEMUSIK
(Karte S. 780; www.fowlerslive.com.au; 68 North Tce; ⏲wechselnde Öffnungszeiten) Die ehemalige Fowler Flour Factory ist heute ein teuflischer Tempel des Hardrock, Punk und Metal mit Platz für 500 Menschen.

Jazz Adelaide LIVEMUSIK
(www.jazz.adelaide.onau.net) Groove-Schuppen.

Adelaide Symphony Orchestra ORCHESTER
(Karte S. 780; www.aso.com.au) Online-Veranstaltungsprogramm des ehrwürdigen ASO.

Kinos

Das aktuelle Kinoprogramm findet man unter www.my247.com.au/adelaide/cinemas. Eine Kinokarte kostet in der Regel rund 19 AU$, für Kinder 13 AU$ (dienstags ist Kinotag).

Palace Nova Eastend Cinemas KINO
(Karte S. 780; ☎08-8232 3434; www.palacenova.com; 250 & 251 Rundle St; ⏲10–24 Uhr) Die beiden einander gegenüberliegenden Kinokomplexe an der Rundle St zeigen anspruchsvolle Filme: neue Kunstfilme, fremdsprachige Streifen, Independent-Filme sowie ein paar Hollywoodhits. Alkoholausschank.

Moonlight Cinema KINO
(Karte S. 790; ☎1300 551 908; www.moonlight.com.au; Botanic Gardens; ⏲Mitte Dez.–Mitte Feb.) Im Sommer Picknickkorb und Insektenschutzmittel einpacken, sich auf die Wiese legen und unterm Sternenzelt alte und neue Filmklassiker anschauen! Mit dem etwas teureren „Gold-Grass"-Ticket sichert man sich einen Sitzsack in bester Lage.

Piccadilly Cinema KINO
(Karte S. 790; ☎08-8267 1500; www.wallis.com.au; 181 O'Connell St, North Adelaide) Ein schönes, altes Art-déco-Kino an der Hauptstraße North Adelaides mit einer herrlich geschwungenen Fassade, die von unzähligen Fenstern im Fischgrätmuster durchbrochen wird. Hauptsächlich Mainstream-Streifen.

Mercury Cinema KINO
(Karte S. 780; ☎08-8410 0979; www.mercurycinema.org.au; 13 Morphett St, Lion Arts Centre) Im Mercury laufen anspruchsvolle Filme. Hier ist auch die Adelaide Cinémathèque zu Hause, die Klassiker, Kultfilme und experimentelles Kino zeigt.

Theater & Comedy

Adelaide Festival Centre DARSTELLENDE KUNST
(Karte S. 790; www.adelaidefestivalcentre.com.au; King William Rd; ⏲wechselnde Öffnungszeiten) Das kristallweiße Festival Centre ist der Mittelpunkt der darstellenden Kunst in SA. Es wurde im Juni 1973 eröffnet, vier Monate vor dem Sydney Opera House. Hier ist die **State Theatre Company** (www.statetheatrecompany.com.au) zu Hause.

Adelaide Entertainment Centre KONZERTHALLE
(Karte S. 794; www.theaec.net; 98 Port Rd, Hindmarsh; ⏲wechselnde Öffnungszeiten) Mit Platz für rund 12 000 Menschen und Konzerten von den Wiggles bis Stevie Wonder.

Rhino Room COMEDY
(Karte S. 780; www.rhinoroom.com.au; 13 Frome St; ⏲Mo, Do & Fr 19.30 Uhr–open end) Donnerstags und freitags stehen australische und ausländische Stand-up-Comediens auf der Bühne, montags ist Open-Mike-Abend.

Sport

Wie die meisten australischen Städte definiert sich auch Adelaide über die Erfolge seiner Sportteams. In der **Australian Football League** (AFL; www.afl.com.au) erzielen die Adelaide Crows und das Team Port Adelaide Power gelegentliche Erfolge (ab 2014 spielen sie im Adelaide Oval). Die Teams aus den Vororten messen sich in der **South Australian National Football League** (SANFL; www.sanfl.com.au). Die Football-Saison dauert von März bis September.

In der **National Basketball League** (NBL; www.nbl.com.au) sind die Adelaide 36ers seit Jahrzehnten eine Größe, und im Fußball ist Adelaide United in der **A League** (www.a-league.com.au) ein ernst zu nehmender Gegner. Im Sommer spielen die Redbacks im Adelaide Oval in den eintägigen und mehrtägigen Turnieren der **Cricket SA** (www.cricketsa.com.au). In dem landesweiten Cricket-Turnier **T20 Big Bash** (www.bigbash.com.au) nennen die Redbacks sich Adelaide Strikers.

Shoppen

Geschäfte und Kaufhäuser (Myer, David Jones usw.) säumen die Rundle Mall. Die wunderschönen alten Arkaden zwischen der Mall und der Grenfell St haben nichts von ihrer ursprünglichen Pracht verloren; sie beherbergen viele kleine Geschäfte. In der Rundle St und den umliegenden Gassen finden sich Boutiquen und Geschäfte mit Retro-Klamotten.

★**Title** BÜCHER, MUSIK
(Karte S. 780; www.titlespace.com; 2/15 Vaughan Pl; Mo–Do & Sa 10–18, Fr 10–21, So 11–17 Uhr) Das linke, künstlerische und im besten Sinne subversive Title ist der Ort, an dem man diese fast unauffindbare Scheibe von Miles Davis oder einen bestimmten Charles-Bukowski-Band findet.

Imprints Booksellers BÜCHER
(Karte S. 780; www.imprints.com.au; 107 Hindley St; Mo & Di 9–18, Mi–Fr 9–21, Sa 9–17, So 11–17 Uhr) Der beste Buchladen von Adelaide mit der wohl schlechtesten Lage (unter den Strip-Clubs an der Hindley St). Jazz, Dielen, persische Teppiche, Lesungen und Buchvorstellungen prägen den Laden.

Midwest Trader BEKLEIDUNG, ACCESSOIRES
(Karte S. 780; www.midwesttrader.com.au; Shop 1 & 2 Ebenezer Pl; Mo–Do & Sa 10–18, Fr 10–21, So 12–17 Uhr) Tolles Sortiment von Punk-, Rock-, Skate- und Rockabilly-Klamotten. Der Schwesterladen **Old Midwest** (Karte S. 780; www.midwesttrader.com.au/old-midwest; 7 Ebenezer Pl; Mo–Do & Sa 10–18, Fr 10–21, So 12–17 Uhr) auf der anderen Straßenseite verkauft herrliche American-Vintage-Sachen.

Urban Cow Studio DESIGN
(Karte S. 780; www.urbancow.com.au; 11 Frome St; Mo–Do 10–18, Fr 10–21, Sa 10–17, So 12–17 Uhr) Der Slogan hier lautet „Handmade in Adelaide". Hervorragendes Sortiment von Gemälden, Schmuck, Glaswaren, Keramiken und Textilien. Im Obergeschoss gibt's noch eine Galerie.

Jurlique KOSMETIK
(Karte S. 780; www.jurlique.com.au; Shop 2Ga, 50 Rundle Mall Plaza, Rundle Mall; Mo–Do 9–18, Fr 9–21, Sa 9–17, So 11–17 Uhr) Eine internationale Erfolgsgeschichte sind die duftenden Hautpflegeprodukte (wie wär's mit etwas Rosewater Balancing Mist?) der südaustralischen Firma Jurlique. Sie sind zwar teuer, aber jeden Cent wert.

T'Arts DESIGN
(Karte S. 780; www.tartscollective.com.au; 10g Gays Arcade, Adelaide Arcade, Rundle Mall; Mo–Sa 10–17 Uhr) Textilien, Schmuck, Taschen, Karten und Bilder einer lokalen Kooperative aus 35 Künstlern, die man hier treffen kann.

Map Shop KARTEN
(Karte S. 780; www.mapshop.net.au; 6–10 Peel St; Mo–Fr 9.30–17, Sa 9–12.30 Uhr) Hier bekommt man Karten, Pläne und Führer für Wanderungen, Spaziergänge und Touren sowie GPS-Geräte und Tipps.

Praktische Informationen

GELD

American Express (www.americanexpress.com; Citi Centre Arcade, Rundle Mall; Mo–Fr 9–17, Sa bis 12 Uhr) Wechselstube.

Travelex (www.travelex.com.au; Beehive Corner, Rundle Mall; Mo–Fr 9–17.30, Sa bis 17 Uhr) Wechselstube.

INTERNETZUGANG

Arena Internet Café (264 Rundle St, 1. Stock; Mo–Do 11–24, Fr–So 10 Uhr–open end)

Internet Coffee (53 Hindley St; Mo–Fr 7–20, Sa 8–19 Uhr, Dez.–Feb. verlängerte Öffnungszeiten)

MEDIEN

Adelaides Tageszeitung ist der *Advertiser*, aber auch *Age*, *Australian* und *Financial Review* sind überall erhältlich.

Adelaide Review (www.adelaidereview.com.au) Anspruchsvolle Artikel zu Kultur und Kunst. Alle zwei Wochen, kostenlos.

Blaze (www.gaynewsnetwork.com.au) Straßenblatt für Schwule und Lesben.

dB (www.dbmagazine.com.au) Lokales Straßenblatt voller Infos zur Musikszene.

Rip it Up (www.ripitup.com.au) Konkurrenzblatt des dB mit viel Musikinfos.

MEDIZINISCHE VERSORGUNG

Emergency Dental Service (08-8222 8222; www.sadental.sa.gov.au) Zahnärztlicher Notdienst.

Midnight Pharmacy (13 West Tce; Mo–Sa 7–24, So 9–24 Uhr)

Royal Adelaide Hospital (08-8222 4000; www.rah.sa.gov.au; 275 North Tce; 24 Std.)

Notaufnahme (keine Bagatellen!) und Klinik für Geschlechtskrankheiten.

Women's & Children's Hospital (☎08-8161 7000; www.cywhs.sa.gov.au; 72 King William Rd, North Adelaide; ⏲24 Std.) Notaufnahme und Anlaufstelle für Opfer von Sexualdelikten.

NOTFALL

Ambulanz (☎Notfall 000, kein Notfall 1300 881 700; www.saambulance.com.au)

Feuerwehr (☎Notfall 000, kein Notfall 08-8204 3600; www.mfs.sa.gov.au)

Lifeline (☎13 11 14; www.lifeline.org.au; ⏲24 Std.) Krisentelefon.

Polizei (☎Notfall 000, kein Notfall 13 14 44; www.sapolice.sa.gov.au)

RAA Emergency Roadside Assistance (☎13 11 11; www.raa.net) Pannenhilfe.

POST

Adelaide General Post Office (Hauptpost; www.auspost.com.au; 141 King William St; ⏲Mo–Fr 8.30–17.30 Uhr)

Post (www.auspost.com.au; 61 North Tce; ⏲Mo–Fr 9–17 Uhr)

TOURISTENINFORMATION

Das South Australian Visitor Information Centre (S. 778) ist eine gute Infoquelle.

Adelaide Visitor Information Centre Rundle Mall (Karte S. 780; ☎08-8203 7611; www.southaustralia.com; Rundle Mall; ⏲Mo–Fr 10–17, Sa & So 10–16 Uhr) Infos zu Adelaide und kostenlose Stadtspaziergänge (Mo–Fr 9.30 Uhr). Am King-William-St-Ende der Mall.

Disability Information & Resource Centre (DIRC; Karte S. 780; ☎08-8236 0555, 1300 305 558; www.dircsa.org.au; 195 Gilles St; ⏲Mo–Fr 9–17 Uhr) Infos zu Unterkünften, Veranstaltungsorten und Reisen für Menschen mit Behinderung.

Women's Information Service (Karte S. 780; ☎08-8303 0590, 1800 188 158; www.wis.sa.gov.au; EG, 91–97 Grenfell St, Chesser House; ⏲Mo, Di, Do & Fr 10–16 Uhr)

ℹ An- & Weiterreise

AUTO & MOTORRAD

Alle internationalen Autovermieter haben Büros am Flughafen und in der Stadt. Einige Anbieter erlauben nicht, dass man den Mietwagen mit nach Kangaroo Island nimmt. Lokale Anbieter:

Acacia Car Rentals (www.acaciacarrentals.com.au; 91 Sir Donald Bradman Dr, Hilton; ⏲Mo–Fr 8–17, Sa 8–12 Uhr) Preisgünstige Leihwagen für Fahrten im Umkreis von 100 km rund um Adelaide; auch Motorroller erhältlich.

Access Rent-a-Car (www.accessrentacar.com; 464 Port Rd, West Hindmarsh; ⏲Mo–Fr 8–18, Sa & So 8–12 Uhr) Inklusive Kangaroo Island.

Cut Price Car & Truck Rentals (www.cutprice.com.au; Ecke Sir Donald Bradman Dr & South Rd, Mile End; ⏲Mo–Fr 7.30–17, Sa & So 8–15 Uhr) Geländewagenverleih.

Koala Car Rentals (www.koalarentals.com.au; 41 Sir Donald Bradman Dr, Mile End; ⏲Mo–Fr 7.30–17, Sa & So 8–15 Uhr)

BUS

Adelaide Central Bus Station (www.sa.gov.au; 85 Franklin St; ⏲6–21.30 Uhr) Am Busbahnhof gibt es Ticketschalter und Terminals aller wichtigen regionalen und nationalen Unternehmen. Weitere Infos gibt's unter Anreise & Unterwegs vor Ort (S. 778).

FLUGZEUG

Adelaide Airport (ADL; ☎08-8308 9211; www.aal.com.au; 1 James Schofield Dr) Regelmäßig gehen Flüge zu den meisten australischen Landeshauptstädten und größeren Städten. Infos zu den Fluglinien sind unter Anreise & Unterwegs vor Ort (S. 778) zu finden.

ZUG

Adelaides überregionaler Bahnhof ist der **Adelaide Parklands Terminal** (www.gsr.com.au; Railway Tce, Keswick; ⏲Mo, Mi & Fr 6–13.30, Di 7–18.30, Do 9–19, Sa 17.15–18.30, So 8.30–19 Uhr), 1 km südwestlich vom Stadtzentrum. Weitere Infos s. Anreise & Unterwegs vor Ort (S. 778).

ℹ Unterwegs vor Ort

FAHRRAD

Mit gültigem Reisepass oder Führerschein kann man sich bei **Bicycle SA** (☎08-8168 9999; www.bikesa.asn.au; 111 Franklin St; ⏲9–17 Uhr) kostenlos ein „Adelaide City Bike" ausleihen. Fahrradhelme und -schlösser werden gestellt.

Unten am Strand verleiht **Glenelg Bicycle Hire** (☎08-8376 1934; www.glenelgbicyclehire.com.au; 71 Broadway, Norfolk Motor Inn, Glenelg South; 40 AU$/Tag; ⏲9–17 Uhr) Fahrräder.

VOM/ZUM FLUGHAFEN & BAHNHOF

Der Privatunternehmer **SkyLink** (☎1300 383 783; www.skylinkadelaide.com) betreibt Minibusse zwischen Flughafen, Bahnhof und Innenstadt (nur mit Vorabreservierung; einfache Strecke 10 AU$; 6–23.30 Uhr). Der öffentliche JetBus von Adelaide Metro verkehrt auf derselben Strecke (3–5 AU$; 5–23 Uhr).

Eine Taxifahrt zur Innenstadt (15 Min.) kostet rund 25 AU$. Viele Hostels bieten ihren Gästen einen Transportservice an.

ÖFFENTLICHE VERKEHRSMITTEL

Adelaide Metro (☎1300 311 108; www.adelaidemetro.com.au; Ecke King William & Currie St; ⏲Mo–Fr 8–18, Sa 9–17, So 11–16 Uhr) Hier gibt's

Fahrpläne und Fahrkarten für das komplette Bus-, Zug- und Straßenbahnnetz von Adelaide.

Fahrkarten bekommt man auch direkt an Bord, an bemannten Bahnhöfen sowie in Feinkost- und Zeitungsläden. Es gibt Tageskarten (9,10 AU$), zwei Stunden für die Spitzenzeiten gültige Fahrkarten (4,90 AU$) und zwei Stunden außerhalb der Spitzenzeiten gültige Fahrkarten (3 AU$). Spitzenzeiten sind vor 9 Uhr und nach 15 Uhr. Kinder unter fünf Jahren fahren kostenlos mit.

Bus

Adelaides Busse sind sauber und verlässlich. Die meisten Linien verkehren von 6 bis 24 Uhr. Weitere Busse:

99C City Loop Bus (www.adelaidemetro.com.au; ⏲ Mo–Fr 8.30–21.30, Sa 9–17.30, So 10–17.30 Uhr) Der kostenlose 99C City Loop Bus der Adelaide Metro verkehrt vom Bahnhof Adelaide an der North Tce im und gegen den Uhrzeigersinn rund um den CBD, vorbei am Central Market (werktags alle 20 Min., Fr abends & Sa & So alle 30 Min.).

Adelaide Connector Bus (www.cityofadelaide.com.au; ⏲ Mo–Do 8–18, Fr 8–21, Sa & So 10–17 Uhr) Der kostenlose Bus von Adelaides Stadtverwaltung macht eine Runde durch den CBD und North Adelaide. Es gibt zwei Linien pro Stunde – die blaue und die rote –, die in entgegengesetzter Richtung dieselbe Strecke abfahren. Die wichtigsten Haltestellen: Adelaide Zoo, Rundle Mall, Hutt St, Central Market, Hindley St, North Tce und O'Connell St.

After Midnight Buses (www.adelaidemetro.com.au; ⏲ Sa 0–5 Uhr) Die Adelaide Metro betreibt auf ausgewählten Strecken Nachtbusse, erkennbar an einem „N" vor der Busnummer. Es gelten die Standardtarife.

Straßenbahn

Die von der Stadt betriebenen modernen Straßenbahnen rattern täglich von 6 bis 24 Uhr zum/vom Moseley Sq in Glenelg über den Victoria Sq in der Stadt und die North Tce bis zum Adelaide Entertainment Centre. Sie fahren wochentags alle sieben oder acht Minuten (an den Wochenenden alle 15 Min.). Es gelten die Standardtarife, aber im Bereich zwischen South Tce und dem Adelaide Entertainment Centre fährt man gratis.

Zug

Gemächliche alte Dieselzüge fahren an der **Adelaide Railway Station** (North Tce) ab und bedienen fünf Vorortstrecken (Belair, Gawler, Grange, Noarlunga, Outer Harbour). Meist verkehren die Züge zwischen 6 Uhr und Mitternacht (einige treten ihren Dienst sogar schon um 4.30 Uhr an).

TAXI

Adelaide Independent Taxis (☎13 22 11, Taxis für Rollstulhfahrer 1300 360 940; www.aitaxis.com.au)

Adelaide Transport (08-8212 1861; www.adelaidetransport.com.au) Minibustaxi für vier oder mehr Personen.

Suburban Taxis (☎13 10 08; www.suburbantaxis.com.au)

Yellow Cabs (☎13 22 27; www.yellowcabgroup.com.au)

ADELAIDE HILLS

Wenn die Ebenen Adelaides im Sommer unter wüstenartigem Klima ächzen, ist es in den Adelaide Hills (oder vielmehr in den Mt. Lofty Ranges) mit ihren labyrinthartigen Tälern immer ein paar Grad kühler, die Luft ist herrlich frisch, und die Wälder sind schattig. Die frühen Kolonisten haben rund um Stirling und Aldgate stattliche Sommerhäuser erbaut, und später kamen auch aus religiösen Gründen verfolgte deutsche Siedler hierher, die Orte wie Hahndorf und Lobethal mit den Werten und der Architektur Europas füllten.

Die Hills bieten sich von Adelaide aus für einen schönen Tagesausflug an. Man kann von Stadt zu Stadt hüpfen (in jeder gibt's mindestens eine Kneipe) und passiert unterwegs verschiedene Verkaufsstände mit frischem Obst und Gemüse, Steinhäuschen, Olivenhaine und Weingüter.

Unter www.visitadelaidehills.com.au und www.adelaidehillswine.com.au sind Listen der Weingüter zu finden.

ℹ Anreise & Unterwegs vor Ort

Adelaide Metro (www.adelaidemetro.com.au) Betreibt Busse zwischen der Innenstadt und den meisten Orten in den Hills. Die Busse 864 und 864F zwischen der Stadt und Mt. Barker halten in Stirling, Aldgate und Hahndorf. Der Bus 823 fährt von Crafers zum Gipfel des Mt. Lofty und zum Cleland Wildlife Park, der Bus 830F von der Stadt nach Oakbank, Woodside und Lobethal.

Alternativ gibt es ein paar gute Tagestouren ab Adelaide in die Adelaide Hills (s. S. 786).

Hahndorf

1810 EW.

Wie The Rocks in Sydney und Richmond in der Nähe von Hobart ist auch Hahndorf eine koloniale Enklave der „Alten Welt", die schamlos Profit aus ihrer Geschichte schlägt: eine kitschige Parodie ihrer selbst.

So, nachdem das klargestellt ist, kann man es ja zugeben: Hahndorf ist mit seiner teutonischen Sandsteinarchitektur, den eu-

Adelaide Hills

ropäischen Bäumen und all den Blumen, die aus halben Weinfässern ranken, einfach wunderschön. Und interessant: Australiens älteste noch existierende deutsche Siedlung (1839) wurde von 50 Lutheranerfamilien gegründet, die als religiös Verfolgte aus Preußen hierher geflohen waren. In Hahndorf wurde während des Ersten Weltkriegs das Kriegsrecht ausgerufen und den Namen änderte man in „Ambleside" (seit 1935 heißt der Ort wieder Hahndorf). Mit der Zeit ist es jetzt hier auch weniger kitschig und viel hipper geworden: Es gibt schon ein paar gute Cafés, und an den sonnigen Tagen tummelt sich viel Volk auf der Hauptstraße.

Sehenswertes & Aktivitäten

Hahndorf Academy & Heritage Museum MUSEUM

(www.hahndorfacademy.org.au; 68 Main St, Hahndorf; 10–17 Uhr;) Das Gebäude von 1857 beherbergt eine Kunstgalerie mit Wechselausstellungen und Originalskizzen von Sir Hans Heysen, dem berühmten Landschaftsmaler, der in Hahndorf aufwuchs (es gibt auch Führungen durch sein ehemaliges Atelier „The Cedars"). Das Museum illustriert das Leben der ersten deutschen Siedler anhand von kirchlichen Utensilien, puritanischen Trachten und bäuerlichem Gerät.

Hier befindet sich auch das Adelaide Hills Visitor Information Centre (S. 806).

Hahndorf Walking Tours SPAZIERGANG
(☎0477 288 011; hahndorfwalkingtours@gmail.com; ab 10 AU$/Pers.; ⏱Sa 10 & So 14 Uhr, Okt.–April zusätzl. Touren) Die 90-minütigen, 2 km langen geschichtsträchtigen Spaziergänge beginnen an der Hahndorf Academy und vermitteln einen guten Eindruck von dem alten Ort. Reservierung erforderlich.

The Lane WEINGUT
(☎08-8388 1250; www.thelane.com.au; Ravenswood Lane, Hahndorf; ⏱Mo–Do 10–16, Fr–So 10–17 Uhr) Wow! Was für ein cooles Gebäude und was für eine Lage! Das Weingut bietet fotogene Ausblicke und moderne Weine (Viognier, Pinot Grigio, Pinot Gris) sowie ein hervorragendes Restaurant (wer mittags kommen will, muss reservieren).

Beerenberg Strawberry Farm ERDBEERHOF
(☎08-8388 7272; www.beerenberg.com.au; Mount Barker Rd, Hahndorf; Erdbeeren pflücken Erw./Kind 3 AU$/frei, Erdbeeren ab 9,50 AU$/kg; ⏱9–17 Uhr, letzter Einlass 16.15 Uhr) Zwischen November und Mai kann man auf diesem berühmten, familienbetriebenen Hof Erdbeeren pflücken. Die gigantische Auswahl von Marmeladen, Chutneys und Saucen ist sensationell.

Schlafen & Essen

Im **German Arms Hotel** (☎08-8388 7013; www.germanarmshotel.com.au; 69 Main St; Hauptgerichte 16–29 AU$; ⏱8.30–21 Uhr) und im **Hahndorf Inn** (☎08-8388 7063; www.hahndorfinn.com.au; 35 Main St; Hauptgerichte 17–32 AU$; ⏱Mo–Fr 11–21, Sa & So 8–21 Uhr) bekommt man deutsche Bratwurst, Schnitzel und Strudel. S. auch unter „The Lane" (S. 806).

Rockbare Retreat APARTMENTS $$$
(☎08-8388 7155; www.rockbare.com.au; 102 Main St; 2/4/8 Pers. 400/400/520 AU$; ❄) Hinter der Kellertür des Rockbare verbirgt sich dieses renovierte frühere Restaurant – ideal, wenn man mit mehreren Personen unterwegs ist. Das Apartment für acht Personen hat Steinwände, zwei Bäder und eine Küche im Industriedesign. Alles ist in schicken urbanen Farben gehalten; freiliegende Holzbalken und abstrakte Kunst zieren es. Das Frühstück am ersten Morgen ist gratis.

Manna MOTEL $$
(☎08-8388 1000; www.themanna.com.au; 25 & 35a Main St; DZ mit/ohne Spa ab 160/220 AU$, Apt. mit 2 Schlafzi. ab 220 AU$; ❄📶🏊) Das sich auf zwei Adressen verteilende Manna an der Hauptstraße bietet stilvolle, moderne Motelsuiten. Die älteren (erschwinglicheren) Einheiten befinden sich in einem renovierten Komplex mit freiliegenden Ziegelwänden hinter der Straße.

Udder Delights CAFÉ $
(www.udderdelights.com.au; 91a Main St; Gerichte 11–18 AU$; ⏱9–17 Uhr; ✍) Das herrliche Café der Käserei serviert Salate, Tartes, Pasteten, Suppen, Kuchen, große Käseplatten und den besten Kaffee diesseits von Stirling. Kostenlose Käseproben gibt's auch.

Haus CAFÉ, WEINBAR $$
(☎08-8388 7555; www.haushahndorf.com.au; 38 Main St; Hauptgerichte morgens & mittags 13–28 AU$, abends 25–33 AU$; ⏱7.30–23 Uhr) Das Haus bringt urbanes Flair in die Hills. Es gibt rustikale Pizzas voller lokaler Köstlichkeiten und eine lange Weinkarte (mit vielen Tropfen aus den Hills). Im Angebot sind auch Baguettes, Pasta, Burger, Salate, Quiches sowie guter Kaffee.

Praktische Informationen

Adelaide Hills Visitor Information Centre (☎08-8388 1185, 1800 353 323; www.visitadelaidehills.com.au; 68 Main St; ⏱Mo–Fr 9–17, Sa & So 10–16 Uhr) Hat die üblichen Broschüren auf Lager, bucht Unterkünfte und bietet Internetzugang. Die Wanderkarte *Short Winery Trail* ist für Durstige genau das Richtige.

Rund um Stirling

Die fotogenen kleinen Dörfer hier – das altmodische Stirling (2870 Ew.) und das Kuhdorf Aldgate (3350 Ew.) – sind für ihre zauberhaften Herbstfarben bekannt: Diese entstehen durch die Laubbäume, welche die ersten Siedler hier pflanzten. Aldgate war einige Jahre lang der Wohnort von Bon Scott und Mel Gibson.

Sehenswertes & Aktivitäten

Cleland Wildlife Park ZOO
(www.clelandwildlifepark.sa.gov.au; 365 Mt. Lofty Summit Rd, Crafers; Erw./Kind/Fam. 20/10/50 AU$; ⏱9.30–17 Uhr, letzter Einlass 16.30 Uhr) In dem Tierpark innerhalb des steilen **Cleland Conservation Park** (www.environment.sa.gov.au; ⏱24 Std.) begegnet man allen möglichen australischen Tieren. Den ganzen Tag über veranstalten die Tierpfleger Vorträge und führen Fütterungen durch; wer will, kann

sich mit einem Koala fotografieren lassen (30 AU$, 14–16 Uhr). Es gibt hier auch ein Café. Aus der Stadt nimmt man Bus 864 oder 864F von der Grenfell St bis Crafers, wo man in Bus 823 umsteigt, der zum Park fährt.

Mt. Lofty Summit AUSSICHTSPUNKT
(www.environment.sa.gov.au/parks; Mt. Lofty Summit Rd, Crafers; ⏲24 Std.) Vom Cleland Wildlife Park führt eine Buschwanderung (2 km) oder eine kurze Fahrt mit dem Auto zum Mt. Lofty Summit (überraschende 710 m hoch), von wo aus man einen Ausblick über Adelaide hat. Das **Mt. Lofty Summit Visitor Information Centre** (☎08-8370 1054; www.mtloftysummit.com; ⏲9–17 Uhr) hält Infos über hiesige Sehenswürdigkeiten und **Wanderwege** bereit, u. a. über den steilen Waterfall Gully Track (hin & zurück 8 km, 2½ Std.) und den Mt. Lofty Botanic Gardens Loop Trail (Rundweg 7 km, 2 Std.). Das Video über die „Ash Wednesday"-Buschbrände, die hier am 16. Februar 1983 wüteten, ist erschütternd. Es gibt ein schickes Café.

Mt. Lofty Botanic Garden GARTEN
(www.botanicgardens.sa.gov.au; Tore am Mawson Dr & an der Lampert Rd, Crafers; ⏲Mo–Fr 8.30–16, Sa & So 10–17 Uhr) GRATIS Vom Mt. Lofty geht es über die kühlen Hänge des Botanischen Gartens 1,5 km nach Süden. Naturpfade schlängeln sich an einem See, exotischen Pflanzen, heimischen Eukalyptusbäumen und traumhaften Rhododendronblüten vorbei. Kostenlose geführte Spaziergänge beginnen am Parkplatz in der Lampert Rd. (Sept.–Okt. & März–Mai Do 10.30 Uhr).

Deviation Road WEINGUT
(www.deviationroad.com; 214 Scott Creek Rd, Longwood; ⏲10–17 Uhr) Die Weine hier können sich sehen bzw. schmecken lassen: Der Pinot Noir ist toll, der Shiraz kräftig, der Pinot Gris schwungvoll und der Sekt ordentlich. Am besten ein paar gute Tropfen mit einer Käseplatte in der Mittagssonne genießen!

Stirling Markets MARKT
(www.stirlingmarket.com.au; Druids Ave, Stirling; ⏲4. So des Monats 10–16 Uhr) Der Markt nimmt die eichengesäumte Druids Ave in Stirling ein. Es gibt Pflanzen, Musik, Pies, Kuchen und Schnickschnack aus den Hills (aber nicht viele Druiden …).

Schlafen & Essen

Mt. Lofty House HISTORISCHES HOTEL $$$
(☎08-8339 6777; www.mtloftyhouse.com.au; 74 Summit Rd, Crafers; DZ ab 229 AU$; ❄📶🏊) Wie es seinem Rang entspricht, thront das feudale Herrenhaus aus den 1850er-Jahren oberhalb des Mt. Lofty Botanic Garden (*grandioser* Blick!). Die historischen Zimmer und Gartensuiten sind prunkvoll eingerichtet, das Restaurant (ebenfalls mit Wahnsinnsaussicht) ist edel. Der perfekte Ort für Hochzeitsreisen oder unverschämt luxuriöse Wochenenden!

Mt. Lofty Wilderness Cottage YHA HÜTTE $$
(☎08-8414 3000; www.yha.com.au; Mt. Lofty Summit Rd, Crafers; 140 AU$/Nacht) Nur einen kurzen Abstecher von der Straße entfernt liegt dieses Steincottage von 1880 an einem steilen Abhang des Mt. Lofty. Die ehemalige Schäferhütte ist heute eine schlichte Hütte für acht Personen mit zwei Schlafzimmern und einem umwerfenden Blick durch Eukalyptusbäume auf Adelaide. Mindestaufenthalt zwei Nächte.

★ **Stirling Hotel** KNEIPE, BOUTIQUEHOTEL $$
(☎08-8339 2345; www.stirlinghotel.com.au; 52 Mt. Barker Rd, Stirling; Hauptgerichte 16–38 AU$; ⏲Mo–Fr 12–15 & 18–21, Sa & So 8–21 Uhr) Die Inhaber haben so viel Geld in diese alte Dame gesteckt, dass man sich wundert, wie sie noch das Personal bezahlen können. Aber die Investitionen haben sich gelohnt: Das geschäftige Bistro (mit erstklassigem Kneipenessen) und das romantische Restaurant (mit gehobener regionaler Küche) sind immer proppenvoll.

Oben gibt es fünf elegante, modern eingerichtete Suiten (DZ ab 220 AU$), drei mit offenem Kamin (gut im Winter) und luftigem Balkon (gut im Sommer). Alle verfügen über Flachbild-TV, hochwertige Bettwäsche und Luxusbäder. Hier möchte man so schnell nicht wieder weg.

Organic Market & Café CAFÉ $
(www.organicmarket.com.au; 5 Druids Ave, Stirling; Gerichte 8–18 AU$; ⏲8.30–17 Uhr; 🌿) Wer sich Stirlings pompösen Tendenzen entziehen möchte, weicht auf dieses lebendige Hippie-Café aus. Es ist das beliebteste im ganzen Ort – und das zu Recht. Das Essen ist köstlich, und alles ist liebevoll selbst gemacht. Zum Schlemmen gibt's Bruschetta, leckere Muffins, tollen Kaffee und sensationelle portugiesische Puddingtörtchen.

Oakbank & Woodside

Das lang gestreckte Oakbank (450 Ew.) lebt bei dem jährlichen **Oakbank Easter Racing**

Carnival (www.oakbankracingclub.com.au) auf, dem angeblich größten Amateur-Pferderennen der Welt. Bei dem zweitägigen Festival sieht man prachtvolle Pferde, gewagte Outfits und Teenies, die keinen Alkohol vertragen.

Das landwirtschaftlich geprägte Woodside (1830 Ew.) hat ein paar Verlockungen für vorbeigaloppierende Feinschmecker zu bieten. Das bescheidene **Woodside Cheese Wrights** (www.woodsidecheese.com.au; 22 Henry St, Woodside; Verkostung gratis, Käse ab 4 AU$; ⌚10–16 Uhr) stellt mit viel Leidenschaft aus Schafs- und Kuhmilch aus der Region klassischen, traditionellen und experimentellen Käse her (die Spezialität ist Weichkäse). In **Melba's Chocolate & Confectionery Factory** (www.melbaschocolates.com; 22 Henry St, Woodside; Verkostung gratis, Schokolade ab 2 AU$; ⌚9–16.30 Uhr) kann man sich mit Rocky Road (Milchschokolade mit Marshmallows), gebrannten Mandeln und eklig echt aussehenden Schoko-Kuhfladen vollstopfen.

Gumeracha, Birdwood & Lobethal

Die landschaftlich schöne Fahrt von Adelaide nach Birdwood führt durch die Torrens River Gorge und Gumeracha (400 Ew.), ein rustikales Dorf am Hang mit einer Kneipe am unteren Ende (was das Nachhauserollen leider schwierig macht). Der größte Reiz hier ist die Besteigung des 18,3 m hohen Schaukelpferds **Big Rocking Horse** (www.thetoyfactory.com.au; Birdwood Rd, Gumeracha; Eintritt 2 AU$; ⌚9–17 Uhr), das zwar nicht wirklich schaukelt, aber verglichen mit den üblichen „großen Touristenattraktionen" Australiens recht geschmackvoll ist.

In Birdwood (1130 Ew.) befindet sich hinter der eindrucksvollen alten Getreidemühle von 1852 das **National Motor Museum** (☎08-8568 4000; www.history.sa.gov.au; Shannon St, Birdwood; Erw./Kind/Fam. 12/5/30 AU$; ⌚9–17 Uhr) mit einer Sammlung makelloser Oldtimer (der DeLorean ist wirklich sehenswert!) und Motorräder. Das Museum markiert die Ziellinie des **Bay to Birdwood** (www.baytobirdwood.com.au), eines Oldtimer-Korsos, der jedes Jahr im September von der Stadt hier hinauftuckert.

In der Nähe liegt Lobethal (1660 Ew.), das 1842 vom lutheranischen Pastor Fritzsche und seinen Anhängern gegründet wurde. Wie Hahndorf wurde Lobethal im Ersten Weltkrieg umbenannt – in „Tweedvale". Beim weihnachtlichen Lichterspielfest **Lights of Lobethal** (www.lightsoflobethal.com.au) im Dezember erwacht Lobethal richtig zum Leben. Im **Lobethal Bierhaus** (☎08-8389 5570; www.bierhaus.com.au; 3a Main St, Lobethal; ⌚Fr & Sa 12–22, So 12–18 Uhr) kann man sich ganz den Errungenschaften dieser Kleinbrauerei hingeben.

FLEURIEU PENINSULA

Weinberge, Olivenhaine und Mandelplantagen, die sich bis zum Meer hinunterziehen,

ABSTECHER

WEINGÜTER IN CURRENCY CREEK & LANGHORNE CREEK

Einst als Hauptstadt von SA vorgeschlagen, begnügt sich das 10 km nördlich von Goolwa gelegene Currency Creek heute ganz mit der Herstellung preisgekrönter Weine. Zur **Currency Creek Winery** (☎08-8555 4069; www.currencycreekwinery.com.au; Winery Rd, Currency Creek; ⌚10–17 Uhr) gehören Weinberge auf knapp 65 ha (herrlicher Cabernet Sauvignon) und ein fabelhaftes Restaurant (Hauptgerichte 18–32 AU$, Do–So 12–15 & Fr & Sa 18–21 Uhr). Reservierung empfehlenswert.

Weiter nördlich ist das 16 km östlich von Strathalbyn gelegene Langhorne Creek eine der ältesten Weinbauregionen Australiens (www.langhornewine.com.au). Hier gedeihen Shiraz, Cabernet Sauvignon und Chardonnay. Im Folgenden eine Auswahl der über 20 Weingüter in diesem Gebiet:

➡ **Bleasdale Winery** (www.bleasdale.com.au; Wellington Rd, Langhorne Creek; ⌚10–17 Uhr) Das erste Weingut in der Region hat ein großes Sortiment, historische Weinkeller und eine alte Hebelpresse aus Eukalyptusholz.

➡ **Bremerton** (www.bremerton.com.au; Strathalbyn Rd, Langhorne Creek; ⌚10–17 Uhr) Das von zwei Schwestern betriebene Bremerton ist eine innovative Kellerei in einer Region, in der sonst die alte Schule gepflegt wird. Erstklassiger Chardonnay und Shiraz!

Fleurieu Peninsula

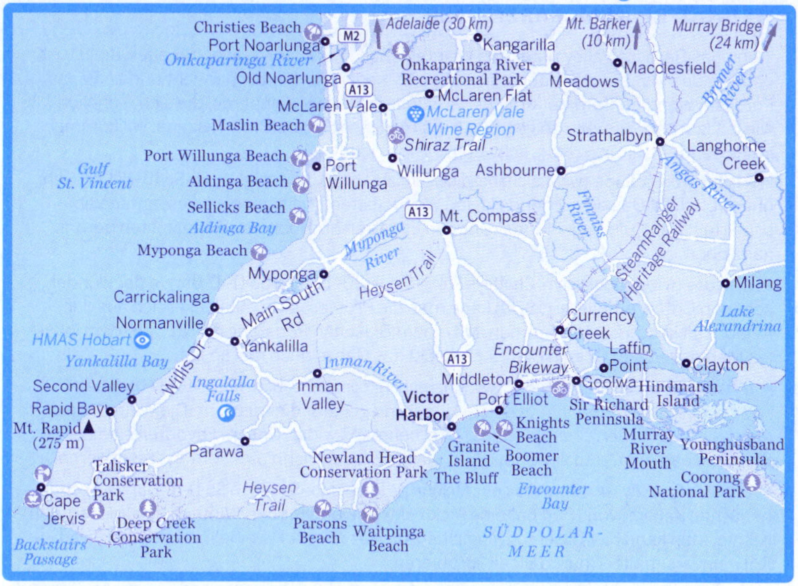

prägen die Fleurieu (sprich: „*flu*-ri-o") Peninsula, die Spielwiese der Wochenendausflügler aus Adelaide. Die Weinregion McLaren Vale boomt und produziert gewagte Rotweine (u.a. guten Shiraz), um den Weinen aus dem Barossa Valley Konkurrenz zu machen (unserer Meinung nach gewinnt das McLaren Vale spielend). Weiter östlich liegt die Encounter Coast der Halbinsel mit bezaubernden Surfstränden, historischen Ortschaften und Walen im Meer.

Online-Infos findet man unter www.fleurieupeninsula.com.au.

McLaren Vale

2910 EW.

Das von Weinbergen gesäumte und vom weizengelben Willunga Scarp flankierte McLaren Vale liegt nur 40 Minuten südlich von Adelaide. Als Servicezentrum der Weinbranche hat das energiegeladene, zweckmäßige Städtchen nicht viel Sehenswertes zu bieten, aber immerhin ein paar tolle Restaurants.

Sehenswertes & Aktivitäten

Die meisten Leute kommen nach McLaren Vale, um die **Weingüter** zu besuchen. Und allein damit könnte man Tage verbringen!

Wenn im Juni an einem langen Wochenende das **Sea & Vines Festival** (www.southaustralia.com/info.aspx?id=9001064) stattfindet, scheint ganz Adelaide durchzudrehen und in Bussen hierher zu strömen. Dann werden auf den örtlichen Weingütern köstliche Meeresfrüchte zubereitet, der Wein fließt in Strömen, und überall spielen Bands.

Shiraz Trail RADFAHREN

Wer das Flair des McLaren Vale flotter kennenlernen will, kann diesen 8 km langen Wander- und Radweg an den alten Bahngleisen zwischen McLaren Vale und Willunga erkunden. Ein Rad bekommt man bei **Oxygen Cycles** (☎08-8323 7345; www.oxygencycles.com; 143 Main Rd; Fahrradverleih halber/ganzer Tag 15/40 AU$; ⏲Di–Fr 10–18, Sa 9–17, So 11–16 Uhr) und eine Karte in der Touristeninformation.

Geführte Touren

Touren ins McLaren Vale lassen sich auch ab Adelaide organisieren (s. S. 786).

Bums on Seats GEFÜHRTE TOUR

(☎0438 808 253; www.bumsonseats.com.au; ab 75 AU$/Pers.) Tagestouren für Kleingruppen ins McLaren Vale und zur Fleurieu Peninsula.

Chook's Little Winery Tours GEFÜHRTE TOUR

(☎0414 922 200; www.chookslittlewinerytours.com.au; ab 90 AU$/Pers.) Mit Kleingruppen be-

NICHT VERSÄUMEN

WEINGÜTER IM MCLAREN VALE

Wenn das Barossa Valley unter den Weinregionen in SA der Kavalier der alten Schule ist, dann ist das McLaren Vale der aufmüpfige Teenager, der heimlich raucht und an Papas Portwein nippt. Im Sommer umgibt die wunderschönen Weinberge, die sich – ähnlich wie in Ligurien – bis zur ruhigen Küste erstrecken, ein Hauch von Toskana. Willkommen im Revier des Shiraz: kräftig, schwungvoll und richtig gut!

➡ **Alpha Box & Dice** (www.alphaboxdice.com.au; Lot 50 Olivers Rd; ⊙ Fr–So 10–17 Uhr) Sehr ungewöhnlich! Das erfrischende kleine Weingut steht mit seinen interessanten Verschnitten, funkigen Retro-Möbeln, urigen Etiketten und lockeren Angestellten bei uns ganz oben.

➡ **Coriole** (www.coriole.com; Chaffeys Rd; ⊙ Mo–Fr 10–17, Sa & So 11–17 Uhr) In der wunderschönen Cottage-Kellerei (1860) kann man die Probierplatte mit Leckereien aus der Region mit in den Garten nehmen. Mit einem Gläschen Redstone Shiraz oder dem lokalen Markenzeichen Chenin Blanc schmeckt das Ganze noch mal so gut.

➡ **d'Arenberg** (☎ 08-8329 4888; www.darenberg.com.au; Osborn Rd; ⊙ 10–17 Uhr) Das „d'Arry's" steht entspannt auf einem Hügel und genießt die Aussicht. Die Wein-Bezeichnungen spiegeln den Charakter des Unternehmens wider. Unsere Favoriten sind der Shiraz „Dead Arm" und der Sauvignon Blanc „Broken Fishplate". Mittags reservieren!

➡ **Wirra Wirra** (www.wirrawirra.com; McMurtrie Rd; ⊙ Mo–Sa 10–17, So 11–17 Uhr) Die scheunenartige Kellerei von 1894 hat eine Picknickwiese und für den Winter einen knisternden Kamin. Man kann hier die erschwinglichen *stickies* (Dessertweine) und den beliebten Rotweinverschnitt „Church Block" probieren.

➡ **Chapel Hill** (www.chapelhillwine.com.au; 1 Chapel Hill Rd; ⊙ 11–17 Uhr) Die restaurierte Kapelle von 1865 mit idyllischem Weinberg und Blick auf den Ozean steht oben auf einem Hügel. Der Shiraz „Vicar" ist einfach sündhaft!

sucht man ein paar der weniger bekannten Boutiqueweingüter im McLaren Vale.

McLaren Vale Tours GEFÜHRTE TOUR
(☎ 0414 784 666; www.mclarenvaletours.com.au) Auf Kundenwünsche zugeschnittene und von Ortsansässigen geführte Touren rund ums McLaren Vale und die Fleurieu Peninsula. Preise telefonisch erfragen!

Wine Diva Tours GEFÜHRTE TOUR
(☎ 08-8323 9806; www.winedivatours.com.au; ab 150 AU$/Pers.) Exklusive halb- oder ganztägige Weintouren in einem komfortablen Mercedes.

Schlafen & Essen

Man kann auch auf manchen der Weingüter im McLaren Vale etwas essen (s. Kasten oben).

Red Poles B&B $$
(☎ 08-8323 8994; www.redpoles.com.au; 190 McMurtrie Rd; DZ ohne/mit Bad 115/125 AU$; ❄ 📶) In einer mit Busch bewachsenen Ecke versteckt sich das exzentrische Red Poles – ein großartiges Plätzchen zum Übernachten (und zum Dinieren)! Am besten lässt man sich das rustikale Zimmer mit eigenem Bad geben – das ist größer als die anderen. Hungrige (Hauptgerichte 27–33 AU$, Mi–Fr 12–15, Sa & So ab 9.30 Uhr) können sich einen Gartenmelde-Salat mit Lammfleisch bestellen, und während sie warten, können sie sich Werke lokaler Künstler anschauen. Sonntagnachmittags gibt's Livemusik.

McLaren Vale Lakeside Caravan Park WOHNWAGENPARK $
(☎ 08-8323 9255; www.mclarenvale.net; 48 Field St; Stellplatz mit/ohne Strom/mit Bad 29/34/44 AU$, Hütte 115–135 AU$; ❄ 🏊) Einen kurzen Spaziergang vom Ort entfernt liegt dieser Wohnwagenpark an einem künstlichen See (ob er wohl diesen Sommer mit Wasser gefüllt ist?). Die günstigste Unterkunft im McLaren Vale bietet eine Gemeinschaftsküche, einen Pool, ein Spa, einen Tennisplatz und eine trashige Bücherbörse. Im Winter gibt's gute Preisnachlässe. Der Shiraz Trail führt hier vorbei.

McLaren Vale Motel & Apartments MOTEL, APARTMENTS $$
(☎ 08-8323 8265, 1800 631 817; www.mclarenvalemotel.com.au; Ecke Main Rd & Caffrey St; EZ/DZ/

FZ/Apt. ab 120/145/150/250 AU$;) Ein Verdauungsspaziergang von den Restaurants an der Hauptstraße aus führt zu diesem freundlichen Motel, das es schon seit den 1980ern gibt, aber immer noch in guter Form ist. Es bietet solide Doppelzimmer, neue Wohnstudios und Familiensuiten sowie einen von zerzausten Palmen gesäumten Pool.

Vale Inn MODERN-AUSTRALISCH $$
(08-8323 8769; www.mvbeer.com; 190 McMurtrie Rd; Hauptgerichte 16–28 AU$; Mo, Do & So 10–18, Fr & Sa 10–21 Uhr) Das alte, von Weinranken bedeckte Gasthaus wurde als Bierbar und Bistro wiedergeboren. Hier hat die McLaren Vale Beer Co. ihren Sitz, und auf keinen Fall sollte man abreisen, ohne das vielfach preisgekrönte Vale Ale, das gehaltreiche Vale Dark oder das weiche Vale IPA probiert zu haben. Zu Essen gibt's würzige Pizzas (die mit Ente, spanischen Zwiebeln und Brie probieren!), Currys, Steaks und Meeresfrüchte.

Blessed Cheese CAFÉ $
(www.blessedcheese.com.au; 150 Main Rd; Hauptgerichte 7–21 AU$; Mo–Do 8–16.30, Fr–So 8–17 Uhr) Das „gesegnete" Café serviert großartigen Kaffee, Croissants, Wraps, Salate, Tartes, Burger, Käseplatten, himmlischen Kuchen und ungewöhnliche Würstchen im Teigmantel. Alle paar Tage gibt's eine neue Speisekarte, aber immer stehen lokale Produkte im Vordergrund. Vom Käseschalter wehen lecker-käsige Düfte herüber.

Barn MODERN-AUSTRALISCH $$
(08-8323 8618; www.thebarnbistro.com.au; Tapas 6–16 AU$, Hauptgerichte 26–36 AU$) Retromoderne Drucke und Möbel schmücken dieses Bistro in einem Cottage aus den 1840er-Jahren, das zugleich auch Kellerei, Kunstgalerie und Weinbar ist. Die fisch- und fleischhaltigen Hauptgerichte werden mit modernem Touch zubereitet. Man kann sich aber auch nur ein paar Tapas mit ein, zwei Gläsern Wein aus der Region bestellen.

☆ Unterhaltung

Black Cockatoo Arthouse KINO, LIVEMUSIK
(08-8323 9294; www.blackcockatooarthouse.blogspot.com; 1 Park St; Eintritt 0–15 AU$; wechselnde Öffnungszeiten) In einer unscheinbaren Lagerhalle hinter der Polizeiwache befindet sich dieses unabhängige, gemeinnützige Kunst- und Kulturzentrum mit Kino, Livemusik, DJs und Ausstellungen.

Praktische Informationen

McLaren Vale & Fleurieu Visitor Information Centre (08-8323 9944; www.mclarenvale.info; 796 Main Rd; Mo–Fr 9–17, Sa & So 10–16 Uhr) Am Nordende des McLaren Vale. Infos zu Weingütern, Hilfe bei der Zimmersuche und beim Buchen von Sealink-Bussen und -Fähren nach Kangaroo Island.

An- & Weiterreise

Regelmäßig verkehren Vorortzüge von **Adelaide Metro** (www.adelaidemetro.com.au) zwischen Adelaide und Noarlunga (1 Std.). Von hier fahren die Busse 751 und 753 nach McLaren Vale und Willunga (45 Min.). Es gelten die Standardtarife von Adelaide Metro.

Willunga

2260 EW.

Das künstlerisch angehauchte Willunga ist ein Kuhdorf mit drei Kneipen (eine gute Kombination!). Als 1840 in der Nähe hochwertiger Schiefer entdeckt und nach ganz Australien ausgeliefert wurde, startete der Ort so richtig durch. Heute befinden sich in den alten Gebäuden an der gewundenen High St Gourmetrestaurants und Galerien. Hier beginnt der Kidman Trail (S. 778).

Sehenswertes & Aktivitäten

Willunga Farmers Market MARKT
(www.willungafarmersmarket.com; Willunga Town Sq; Sa 8–12.30 Uhr) Der Bauernmarkt mit Bio-Produkten aus der Region findet am Samstagmorgen an der Ecke High St und Main Rd statt.

Willunga Slate Museum MUSEUM
(www.nationaltrust.org.au/sa/willunga-slatemuseum; 61 High St; Erw./Kind 5 AU$/frei; Di, Sa & So 13–16 Uhr) Am oberen Ende der steilen High St befindet sich eine Ansammlung alter Steingebäude, die zu verschiedenen Zeiten als Polizeiwache, Gericht, Gefängnis und Knabenschule dienten. Heute widmen sie sich als Museen der Geschichte des Schieferabbaus in Willunga und den kornischen Minenarbeitern, die die Drecksarbeit verrichteten.

Schlafen & Essen

Willunga House B&B B&B $$$
(08-8556 2467; www.willungahouse.com.au; 1 St Peters Tce; DZ inkl. Frühstück 210–280 AU$;) Wer sich etwas Besonderes gönnen will, ist in diesem charmanten, zwei-

stöckigen Herrenhaus von 1850 abseits der Hauptstraße genau richtig: Hier gibt es Bodendielen aus Kiefernholz, Betten aus italienischem Kirschholz, offene Kamine, indigene Kunst und einen Pool. Das Frühstück ist ein Festmahl mit Bio-Müsli, Obstsalat und pochierten Birnen, gefolgt von warmen Leckereien.

Russell's Pizza PIZZERIA **$$**
(☎08-8556 2571; 13 High St; Pizzas ab 24 AU$; ⏲Fr & Sa 18–21Uhr) Es mag aussehen wie ein heruntergekommener Hühnerstall, aber das Russell's ist der angesagteste Ort, wenn man am Wochenende Appetit auf eine tolle Pizza aus dem Holzkohlenofen hat. Niemand stört sich daran, dass man auf das Essen (manchmal eine Stunde) warten muss, denn die Atmosphäre hier ist einfach einmalig. Irrsinnig beliebt, also ewig im Voraus reservieren!

Fino MODERN-AUSTRALISCH **$$**
(☎08-8556 4488; www.fino.net.au; 8 Hill St; Hauptgerichte 18–48 AU$; ⏲Di–So 12–15, Fr & Sa 18.30–21 Uhr) Das feine Fino steht regelmäßig auf der Liste der 100 besten Restaurants Australiens und hat einen ganzen Schrank voller regionaler Preise, die es für Essen und Weine abgeräumt hat. Das entspannte Lokal in einem umgebauten Stein-Cottage mit Schieferfußboden hat eine kleine, einfache Speisekarte mit kleinen, schlichten Gerichten, die soweit möglich mit Zutaten aus der Region zubereitet werden. Die Berkshire-Schweineschulter mit Krautsalat ist super.

ℹ Praktische Informationen

Willunga Environment Centre (☎08-8556 4188; www.willungaenviro.org.au; 18 High St; ⏲Mo–Fr 10–15, Sa 9–13 Uhr) Einfache Touristeninfos und Details zur Flora und Fauna vor Ort.

Strände am Gulf St. Vincent

Es gibt ein paar erstklassige Badestrände (keine Surfstrände) an der Küste des Gulf St. Vincent – vom vorstädtischen **Christies Beach** bis zum **Maslin Beach**, dessen südliches Ende ein FKK-Strand und Schwulentreff ist. Maslin liegt eine 45-minütige Autofahrt außerhalb Adelaides – weit genug weg, dass die ausufernden Einkaufszentren und neuen Wohnsiedlungen südlich der Stadt nicht mehr zu sehen sind.

In **Port Willunga** befindet sich oben auf den Klippen das stets gut besuchte, nach einem Schiffswrack benannte Fischrestaurant **Star of Greece** (☎08-8557 7420; www.starofgreececafe.com.au; 1 The Esplanade, Port Willunga; Hauptgerichte 28–34 AU$; ⏲Mi–So 12–15, Fr & Sa 17.30–21 Uhr) mit fetziger Deko, netten Angestellten und sonnenbeschienener Terrasse. Wir haben den Kellner gefragt, wo der Wittling gefangen wurde. Er blickte hinaus auf die Bucht und sagte: „Sehen Sie das Boot da draußen?“ Es gibt hier auch einen Imbissschalter (Snacks 5–10 AU$, 10–15 Uhr).

Direkt am Highway oberhalb vom **Sellicks Beach** steht eine schick renovierte Kneipe von 1858, das **Victory Hotel** (☎08-8556 3083; www.victoryhotel.com.au; Main South Rd, Sellicks Beach; Hauptgerichte 17–34 AU$; ⏲12–15 & 18–21 Uhr) mit herrlichem Blick auf den silbern schimmernden Golf, einer entspannten Atmosphäre und einem schönen Biergarten. Hinzu kommen hier noch kreative Gerichte, der eindrucksvolle Weinkeller und Weine, die man auch glasweise ausgeschenkt bekommt – was will man mehr? Als Übernachtungsoptionen dienen drei B&B-Hütten (DZ ab 150 AU$).

Etwas weiter südlich liegt das niedliche kleine **Yankalilla** mit dem regionalen **Yankalilla Bay Visitor Information Centre** (☎08-8558 0240; www.yankalilla.sa.gov.au; 163 Main South Rd, Yankalilla; ⏲Mo–Fr 9–17, Sa & So 10–16 Uhr). Dahinter befindet sich ein kleines **Museum** (Erw./Kind 3/1 AU$) zur Lokalgeschichte (Ausschau halten nach der Radarantenne der versenkten *HMAS Hobart,* heute eine Tauchstelle vor der Küste!). In „Yank“ findet sich auch das witzige **Lilla's Café** (☎08-8558 2525; www.lillascafe.com.au; 163 Main South Rd, Yankalilla; Hauptgerichte 15–25 AU$; ⏲So–Di & Do 8.30–16, Fr & Sa 8.30–21 Uhr) – perfekt für Kaffee und Kuchen oder für eine üppig belegte Holzofenpizza freitag- und samstagabends. Der Esel Jenny verputzt alles, was man nicht selbst schafft.

Rund 60 km südlich von Adelaide liegt **Carrickalinga** mit seinem wunderschönen weißen Sandstrand – ein sehr ruhiger Ort ohne Geschäfte. Vorräte und Unterkunft gibt es im benachbarten **Normanville**. Dort existieren eine brummende Kneipe, ein Supermarkt, ein paar Wohnwagenparks und der **Jetty Food Store** (☎08-8558 2537; www.jettyfoodstore.com; 48a Main Rd; Gerichte 8–16 AU$; ⏲7.30–17.30 Uhr). Das Motto hier lautet: „Frisches aus dem Meer direkt auf den Tisch.“ Wie wär's mit einer Tasse Bio-Kaffee, einem Dutzend Kangaroo-Island-Austern, Fish & Chips aus vor Ort gefangenem Fisch oder

Gourmet-Käse, Dips und Oliven? Rund 10 km hinter Normanville liegen an der Hay Flat Rd die malerischen kleinen **Ingalalla Falls** (von der Yankalilla-Seite der Stadt der Beschilderung folgen!).

Im 107 km von Adelaide entfernten **Cape Jervis** gibt's nicht viel mehr Attraktionen als die Fähre zur Kangaroo Island und den Anfang des Heysen Trail (S. 778). In der Nähe findet man im **Deep Creek Conservation Park** (www.environment.sa.gov.au; 10 AU$/Auto) einen grandiosen Blick auf die Küste, einen Wahnsinnswasserfall, mannshohe Grasbäume *(Xanthorrhoea semiplana tateana)*, Sandstrände, Kängurus, Jägerlieste und Campingplätze im Busch (ab 13 AU$/Auto) vor.

Abseits der Straße zum Deep Creek Conservation Park kommen die gewellten Dächer des großartigen **Ridgetop Retreats** (☎08-8598 4169; www.southernoceanretreats.com.au; DZ 245 AU$) in Sicht. Die drei in sich abgeschlossenen Luxus-Wellblechhäuschen im Busch sind mit Holzöfen, Ledersesseln und Arbeitsflächen aus Edelstahl ausgestattet.

Victor Harbor

11500 EW.

Die größte Stadt an der Encounter Coast ist Victor Harbor, ein schäbiges, lärmerfülltes Ferienziel mit drei riesigen Kneipen und vor der Küste vorbeiziehenden Walen. Im November tummeln sich beim **Schoolies Festival** (www.schooliesfestival.com.au) die halbwüchsigen Schulabgänger am grasbewachsenen Ufer und überlassen sich ihren Hormonen.

Sehenswertes & Aktivitäten

South Australian Whale Centre MUSEUM
(☎08-8551 0750; www.sawhalecentre.com; 2 Railway Tce; Erw./Kind/Fam. 8/4/20 AU$; ⏲10.30–17 Uhr) Victor Harbor liegt an der Wanderstrecke der Südkaper (Mai–Okt.). Das mehrstöckige South Australian Whale Centre zeigt beeindruckende Exponate (darunter auch den riesigen, miefigen Schädel eines Wals), und die Mitarbeiter wissen immer ganz genau, wo gerade Wale zu sehen sind. Wer zur „falschen" Jahreszeit hier ist, kann die riesigen Säuger im neuen 3D-Kino bestaunen.

Horse-drawn Tram „BAHN"
(www.horsedrawntram.com.au; hin & zurück Erw./Kind/Fam. 8/6/22 AU$; ⏲10–16 Uhr stündl.) Direkt vor der Küste liegt die mit Felsbrocken übersäte **Granite Island**, die seit 1875 über einen 632 m langen Damm mit dem Festland verbunden ist. Man kann rüber zur Insel laufen, lustiger aber ist die Fahrt mit der Doppeldeckerbahn von 1894, die von einem großen Pferd gezogen wird. Tickets erhält man beim Fahrer oder in der Touristeninformation.

Encounter Bikeway RADFAHREN
(www.tourismvictorharbor.com.au/walks_trails.html) Der viel befahrene Encounter Bikeway erstreckt sich von Victor Harbor bis zum 30 km entfernten Laffin Point hinter Goolwa. Karten bekommt man in der Touristeninformation, ein Fahrrad bei **Victor Harbor Cycle Skate Bay Rubber** (☎08-8552 1417; www.victorharborcycles.com; 73 Victoria St; Leihfahrrad 4/8 Std. 30/40 AU$; ⏲Mo & Mi–Fr 9–17, Sa & So 10–15 Uhr).

Big Duck BOOTSFAHRT
(☎0405 125 312; www.thebigduck.com.au; Tour 30 Min. Erw./Kind/Fam. 35/25/110 AU$, 1 Std. 55/45/180 AU$) Mit dem Festrumpfschlauchboot kann man eine Runde um die Insel drehen und die Seehunde, Delfine und Wale (leider leben hier nicht mehr viele Pinguine) beobachten. Termine und Reservierung per Telefon.

Encounter Coast Discovery Centre MUSEUM
(www.nationaltrust.org.au/sa; 2 Flinders Pde; Erw./Kind/Fam. 5/3/13 AU$; ⏲13–16 Uhr) In dem am Ufer gelegenen Customs House (Zollhaus) von 1866 zeigt der National Trust in diesem Museum interessante Ausstellungen zur Lokalgeschichte aus der Zeit vor der Ankunft der Europäer bis um 1900, darunter Exponate zum Walfang, zur Eisenbahn, zur Seefahrt und zur indigenen Lokalkultur. Top für einen regnerischen Tag!

Schlafen & Essen

Anchorage PENSION $
(☎08-8552 5970; www.anchorageseafronthotel.com; 21 Flinders Pde; EZ/DZ/Apt. ab 55/100/250 AU$; @) Diese grandiose alte Pension direkt am Meer ist allererste Sahne. Die außerordentlich gepflegten Zimmer, die von den langen Gängen abgehen, sind ihr Geld unbedingt wert. Die meisten haben Meerblick, einige einen Balkon (wofür man in Sydney ein Vermögen hinblättern müsste!). Die preiswertesten Zimmer mit Gemeinschaftsbad haben allerdings kein Fenster zum Meer. Das Café mit Bar im Erdgeschoss ist der Renner.

Victor Harbor Holiday & Cabin Park WOHNWAGENPARK $
(☎08-8552 1949; www.victorharborholiday.com.au; 19 Bay Rd; Stellplatz ohne/mit Strom 30/36 AU$, Wohnwagen/Hütte ab 52/85 AU$;) Der freundlichste Campingplatz der Stadt mit sauberen Einrichtungen, Gratis-Grillplätzen und einer großen Rasenfläche, auf der man sein Zelt aufschlagen kann. Diese Anlage schlägt die anderen Wohnwagenparks in Victor um Längen.

Nino's CAFÉ $$
(☎08-8552 3501; www.ninoscafe.com.au; 17 Albert Pl; Hauptgerichte 15–33 AU$; ⌚Mo–Do 10–22, Fr–So 10–24 Uhr) Das Nino's gibt's schon seit 1974, aber es gelingt dem Laden trotzdem, der Innenstadt von „VH" modernen Glanz zu verleihen. Hippe, junge Angestellte und moderne Inneneinrichtung bilden sozusagen die Kulisse für die Gourmetpizzas, Pasta, Salate, Risottos und viele italienische Fleischgerichte. Es gibt auch guten Kaffee, Kuchen und Snacks zum Mitnehmen.

Anchorage Café MODERN-AUSTRALISCH $$
(☎08-8552 5970; www.anchorageseafronthotel.com; 21 Flinders Pde; Tapas 7–14 AU$, Hauptgerichte 16–35 AU$; ⌚8–11, 12–14.30 & 17.30–20.30 Uhr) Im maritimen Lokal des Anchorage Hotel dient ein altes Walfangboot als Theke. Auf der Karte stehen mediterrane und modern-australische Gerichte (Baguettes, Pizza, Souvlaki) und viele Meeresfrüchte. Es gibt auch großartigen Kaffee, Tapas, Kuchen und europäische Biere sowie eine luftige Terrasse, auf der man das alles genießen kann.

Praktische Informationen

Victor Harbor Visitor Information Centre
(☎1800 557 094, 08-8551 0777; www.tourismvictorharbor.com.au; Foreshore; ⌚9–17 Uhr) Bucht Touren und Unterkünfte und hat die Broschüren *Beaches on the South Coast* sowie *Old Port Victor* auf Lager.

An- & Weiterreise

BUS

Premier Stateliner (www.premierstateliner.com.au) fährt von Adelaide nach Victor Harbor (22 AU$, 1¾ Std., 1- bis 3-mal tgl.) und weiter nach Goolwa.

ZUG

Von Juni bis November betreibt die **SteamRanger Heritage Railway** (☎01300 655 991; www.steamranger.org.au) jeweils am ersten und dritten Sonntag den Touristenzug *Southern Encounter* (hin & zurück Erw./Kind 69/36 AU$), der von Mt. Barker in den Adelaide Hills über Strathalbyn, Goolwa und Port Elliot nach Victor Harbor fährt. Der *Cockle Train* (hin & zurück Erw./Kind 28/14 AU$) fährt in den Schulferien täglich, ansonsten jeden Sonntag zwischen Victor Harbor und Goolwa über Port Elliot an der Encounter Coast entlang.

ABSEITS DER ÜBLICHEN PFADE

RAPID BAY

Folgt man rund 15 km südlich von Normanville den Schildern, gelangt man an kahlen Hügeln und Bauernhausruinen vorbei nach Rapid Bay. In den 1950er-Jahren boomte der Ort: Von dem riesigen Anlegesteg wurden pro Monat 60 000 t Kalkstein aus dem örtlichen Steinbruch verschifft. Seit der Abbau 1981 eingestellt wurde, herrscht in Rapid Bay eine gespenstische Geisterstadt-Atmosphäre. Leere Villen und Arbeiterwohnungen aus den 1950ern säumen die Straßen, und an dem (geschlossenen) örtlichen Laden werben Schilder für Softdrinks, die es schon längst nicht mehr gibt. Die kürzlich wiederaufgebaute Anlegestelle (www.rapidbayjetty.org) ist inzwischen ein beliebter Ort für Angler und Taucher.

In Rapid Bay ging übrigens 1836 der Begründer von Adelaide, Colonel William Light, mit seinem Schiff, der *Rapid*, an Land. Am Ufer markiert ein Stein mit der Inschrift „WL 1836" die Stelle, an der er das erste Mal einen Fuß auf den Boden von SA setzte.

Port Elliot

3100 EW.

Etwa 8 km östlich von Victor Harbor liegt das historische (und heute recht wohlhabende) Port Elliot an der **Horseshoe Bay**, einer schönen Bucht mit gutem Badestrand, sanfter Brandung und orangefarbenem Sand. Norfolktannen ragen in den Himmel, und an einer Wand im Pub ist zu lesen, ob Wale zu sehen sind. Dann kann man hinaus zum Aussichtspunkt **Freemans Knob** am Ende des Strandes gehen und kostenlos durchs Fernrohr nach den Walen Ausschau halten.

Aktivitäten

Am **Commodore Point** am Ostende der Horseshoe Bay sowie am nahe gelegenen **Boomer Beach** und am **Knights Beach** finden erfahrene Surfer verlässlich Wellen vor. Auch am Strand des ansonsten unspektakulären **Middleton**, des nächsten Ortes Richtung Goolwa, kommen kräftige Brecher auf. Wer surfen lernen will (2 Std. inkl. Ausrüstung rund 40 AU$), kann sich an die **South Coast Surf Academy** (☎ 0414 341 545; www.danosurf.com.au) oder an **Surf & Sun** (☎ 1800 786 386; www.surfandsun.com.au) wenden.

Wenn man sich für Geschichte interessiert, sollte man sich im Goolwa Visitor Information Centre (S. 817) die Broschüre *Walk Into History at Port Elliot* besorgen, in der historische Rundgänge durch den Ort beschrieben werden.

Big Surf Australia SURFEN
(☎ 08-8554 2399; info@bigsurfaustralia.com; 24 Goolwa Rd, Middleton; Surfbrett/Bodyboard/Neoprenanzug 30/20/15 AU$ pro Tag; ⏲ 9–17 Uhr) Surfausrüstung bekommt man bei Big Surf Australia in Middleton.

Port Elliot Bike & Leisure Hire FAHRRADVERLEIH
(☎ 0448 370 007; www.portelliotbikeleisurehire.myob.net; 85–87 Hill St; 40 AU$/Tag) Mit einem Mountainbike kann man den Encounter Bikeway (S. 813) entlangradeln, der durch Port Elliot nach Goolwa (15 km östlich) und Victor Harbor (7 km westlich) führt.

Schlafen & Essen

★ **Port Elliot Beach House YHA** HOSTEL $
(☎ 08-8554 1885; www.yha.com.au; 13 The Strand; B/DZ/FZ ab 28/90/125 AU$; ❄ @) Diese 1910 errichtete Sandsteinschönheit (das ehemalige Arcadia Hotel) bietet einen traumhaften Blick auf die Küste von Port Elliot. Wer es schafft, sein Augenmerk auf das Haus zu lenken, wird glänzende Holzdielen und ein farbenfrohes Interieur vorfinden. Dieses klassische Hostel ist die einzige Backpacker-Unterkunft auf der Fleurieu Peninsula! Selbstverständlich gibt's hier Surfunterricht, und das Flying Fish Café ist auch nur 200 m weit entfernt.

Port Elliot Holiday Park WOHNWAGENPARK $
(☎ 08-8554 2134; www.portelliotholidaypark.com.au; Port Elliot Rd; Stellplatz mit Strom/Hütte/Wohneinheit/Cottage ab 33/90/115/150 AU$; ❄ @ 📶) Der 5 ha große Wohnwagenpark in unschlagbarer Lage hinter den Dünen der Horseshoe Bay (es könnte ein wenig windig werden) mit saftig grünem Gras und gesund aussehenden Bäumen bietet alle erforderlichen Einrichtungen, darunter eine blitzblanke Campingküche und einen Allwetter-Grillplatz. Im Winter purzeln die Preise.

Royal Family Hotel KNEIPE $
(☎ 08-8554 2219; www.royalfamilyhotel.com.au; 32 North Tce; EZ/DZ 50/65 AU$) Es ist wohl kaum je ein König hier abgestiegen. Aber dafür gibt es hier überraschend ordentliche Zimmer mit sauberen Gemeinschaftsbädern, einen Fernsehraum und einen Balkon mit Blick auf die Hauptstraße. Im Bistro unten gibt's Kneipenessen, das eines Königs auf jeden Fall würdig wäre (Hauptgerichte 16–30 AU$, 12–14 & 18–20 Uhr).

Flying Fish Café MODERN-AUSTRALISCH $$
(☎ 08-8554 3504; www.flyingfishcafe.com.au; 1 The Foreshore; Snacks zum Mitnehmen 10–15 AU$, Hauptgerichte 20–40 AU$; ⏲ Sa & So 9–11, tgl. 12–15, Fr & Sa 18–21 Uhr) Es kann passieren, dass man sich hier zum Mittagessen hinsetzt und dann den ganzen Tag bleibt – so fesselnd ist der Blick auf die Horseshoe Bay. Man kann aber auch hervorragenden, in Coopers-Bierteig frittierten Krokodilsfisch mit Pommes zum Mitnehmen bestellen und zurück zum Strand laufen. Abends bietet das Restaurant etwas mehr Klasse mit Hauptgerichten von der Karte; die Zutaten stammen hauptsächlich von selbständigen südaustralischen Produzenten.

Cockles on North CAFÉ, MODERN-AUSTRALISCH $
(☎ 08-8554 3187; www.cocklescafe.com.au; 4/33 North Tce; Hauptgerichte 10–19 AU$; ⏲ 7.30–16 Uhr; 📶) Helles, luftiges und auf einer Seite offenes Lokal mit einer riesigen Terrasse und Blick auf die Hauptstraße. Es gibt guten Kaffee, den ganzen Tag über Frühstück, pfiffige Desserts und Hauptgerichte wie Falafel, Maiskrapfen mit Avocado und Räucherlachs sowie Pasta mit Riesengarnelen.

An- & Weiterreise

Premier Stateliner (www.premierstateliner.com.au) betreibt täglich Busse zwischen Adelaide und Port Elliot (22 AU$, 1 Std., 1–3-mal tgl.) über Victor Harbor mit Anschluss nach Goolwa.

Goolwa

6500 EW.

Viel entspannter und eleganter als das aufgedrehte Victor Harbor ist Goolwa, ein bescheidenes Städtchen an der Mündung des Murray River. Hinter den Dünen versteckt sich ein fantastischer Strand, an den viele Wellen branden. Beim **South Australian**

UMSTRITTENER BRÜCKENBAU

Als 1988 zum ersten Mal über den Bau der Hindmarsh Island Bridge in Goolwa gesprochen wurde, wehrten sich Ngarrindjeri-Frauen dagegen: Sie sorgten sich um den Erhalt der spirituellen und kulturellen Bedeutung des Ortes. Es folgte eine Reihe gerichtlicher Auseinandersetzungen, in der die Glaubenswelt der Aborigines dem Bauvorhaben entgegenstand. Die Prozesse führten zur Gründung einer Royal Commission (1995), die entschied, die „geheimnisvollen Geschichten der Aborigine-Frauen" seien frei erfunden. Die Ngarrindjeri gingen in Revision, und im August 2001 hob das Bundesgericht das Urteil der Royal Commission auf und erklärte die Einwände der Ngarrindjeri für legitim – aber leider erst fünf Monate nach der offiziellen Eröffnung der Brücke. Der zehn Jahre anhaltende Streit hatte den Aussöhnungsprozess einen großen Schritt zurückgeworfen; die Brücke bleibt ein Streitpunkt.

Wooden Boat Festival (www.woodenboatfestival.com.au), das in allen ungeraden Jahren im Februar stattfindet, treffen sich hier Bootsfans.

Sehenswertes & Aktivitäten

Am **Goolwa Beach** führt ein Steg über die Dünen, von dem aus man einen tollen Blick auf die Brandung hat. Surfbretter bekommt man bei **Goolwa Barrells** (08-8555 5422; www.barrellsurf.com.au; 10c Cadell St; Longboard/Bodyboard/Neoprenanzug pro Tag 25/10/15 AU$; 9.30–17.30 Uhr) und Surfstunden in der **Ocean Living Surf School** (0487 921 232; www.olsurfschool.com.au; 2/4 Std. 35/65 AU$).

Der 30 km lange **Encounter Bikeway** (www.tourismvictorharbor.com.au/walks_trails.html) führt zwischen Goolwa und Victor Harbor an der Küste entlang (Karten gibt's in der Touristeninformation Goolwa).

Steam Exchange Brewery BRAUEREI
(08-8555 3406; www.steamexchange.com.au; Goolwa Wharf; Verkostung 3 AU$; Mi–So 10–17 Uhr) Am Kai befindet sich diese Brauerei, die gute Starkbiere und Ales herstellt. Wie wär's mit einem Southerly Buster Dark Ale, während man aufs Flusswasser hinabblickt? Ob die Whiskey-Brennerei wohl schon läuft? Für Verkostungen wird eine kleine Gebühr fällig. Gruppenführungen nach Vereinbarung.

Canoe the Coorong KANUFAHREN
(0424 826 008; www.canoethecoorong.com; Erw./Kind 135/85 AU$) Ganztägige Paddeltouren durch den Coorong National Park und an der Mündung des Murray River mit Start in Goolwa. Inklusive Mittagessen und Bush-Tucker-Spaziergang über die Dünen.

Spirit of the Coorong BOOTSFAHRT
(08-8555 2203, 1800 442 203; www.coorongcruises.com.au; Goolwa Wharf) Veranstaltet umweltfreundliche Bootstouren auf dem Murray und in den Coorong National Park inklusive Mittagessen und geführten Spaziergängen. Die vierstündige Coorong Discovery Cruise (Erw./Kind 84/62 AU$) findet das ganze Jahr über donnerstags statt, von Oktober bis Mai auch montags, die sechsstündige Coorong Adventure Cruise (98/67 AU$) das ganze Jahr über sonntags, von Oktober bis Mai auch mittwochs. Von Oktober bis April gibt's auch samstags die zweistündige Murray Mouth Cruise (35/18 AU$). Reservierung erforderlich.

Goolwa Riverboat Centre BOOTSFAHRT
(08-8555 2108, 1300 466 592; www.oscar-w.info; Goolwa Wharf; Erw./Kind/Fam. 20/8/48 AU$; wechselnde Termine) Bietet einstündige Erkundungstouren auf dem Murray River an Bord des 130 Jahre alten Randdampfers *Oscar W.* Heute ist es schwer vorstellbar, aber 1875 tuckerten 127 solcher Dampfer zwischen hier und NSW den Fluss hinauf! Termine und Reservierung per Telefon.

Schlafen

Ferienhäuser in und um Goolwa lassen sich über **LJ Hooker** (08-8555 1785; www.ljh.com.au/goolwa; 25 Cadell St) und **Professionals** (08-8555 2122; www.goolwaprofessionals.com.au; 1 Cadell St) mieten, die beide Häuser ab 80 AU$ pro Nacht (die meisten kosten aber um die 130 AU$) bzw. zu guten Wochenpreisen im Angebot haben.

Australasian BOUTIQUEHOTEL **$$$**
(08-8555 1088; www.australasian1858.com; 1 Porter St; DZ inkl. Frühstück ab 325 AU$;) Das prachtvolle Steinhotel von 1858 am Anfang der Hauptstraße von Goolwa erlebt seinen zweiten Frühling als schickes B&B mit einer Reihe japanisch beeinflusster Terrassen und verglasten Anbauten sowie einem

stilvollen Speissaal. Von den fünf eleganten Suiten hat man einen schönen Ausblick, und das Frühstück macht süchtig. Mindestaufenthalt zwei Nächte.

Jackling Cottage B&B B&B $$
(☎08-8555 3489; www.goolwaheritagecottages.com; 18 Oliver St; B&B DZ ab 195 AU$, Ferienwohnung 2 Nächte 330 AU$; ❄) Das hübsche alte Cottage aus den 1860er-Jahren in einer nichtssagenden Seitenstraße in Goolwa (die Tankstelle auf der anderen Straßenseite einfach ignorieren!) ist umgeben von rankenden Rosen und Kalksteinwänden. Es gibt zwei Zimmer für je zwei Personen – genau das Richtige für Familien oder zwei Pärchen, die ein preiswertes Wochenende am Meer verbringen wollen. Zur Hauptstraße ist es nur ein kleiner Spaziergang. Auch als Ferienwohnung (ohne Frühstück) zu mieten.

Essen

Café Lime CAFÉ $
(1/11 Goolwa Tce; Gerichte 10–21 AU$; ⏲9–15 Uhr) Hier kann man sich ein fertiges Gourmetgericht zum Aufwärmen oder eine Tüte mit gesalzenen und gepfefferten Tintenfischringen samt Pommes und Zitronensalz zum Mitnehmen holen. Wer sich lieber bedienen lässt, schnappt sich einen Tisch und bestellt eine Coorong-Meeräsche in Bierteig. Es gibt auch Baguettes, Currys, Suppen, Pasta und tollen Espresso.

Hector's CAFÉ, MODERN-AUSTRALISCH $$
(☎08-8555 5885; www.hectorsonthewharf.com; Goolwa Wharf; Hauptgerichte 10–32 AU$; ⏲tgl. 9–15, Fr & Sa 18 Uhr–open end) Im mit Angelruten geschmückten Hector's direkt am Murray unter der Hindmarsh Island Bridge fühlt man sich wie im Bootshaus eines Kumpels. Der Meeresfrüchte-Eintopf und der Spinat-Käse-Auflauf passen wunderbar zu den lokalen Weinen. Das Ganze wird untermalt mit sanften Jazzklängen. Man bekommt hier auch guten Kaffee.

Praktische Informationen

Goolwa Visitor Information Centre (☎1300 466 592; www.visitalexandrina.com; 4 Goolwa Tce; ⏲Mo–Fr 9–17, Sa & So 10–16 Uhr) In dem ehemaligen Postamt von 1857 werden Infos über die Region (und über Unterkünfte) erteilt.

An- & Weiterreise

Premier Stateliner (www.premierstateliner.com.au) betreibt täglich Busse zwischen Adelaide und Goolwa (22 AU$, 2 Std., 1–3-mal tgl.).

Infos zur Touristendampflok zwischen Goolwa, Victor Harbor und den Adelaide Hills gibt's auf S. 814.

KANGAROO ISLAND

Von Cape Jervis aus schippern Autofähren über die Backstairs Passage zur Kangaroo Island (KI). Lange Zeit verirrten sich keine Touristen hierher, aber inzwischen ist die Insel immer mehr zu einem Paradies für Wildnis- und Naturfreaks geworden – ein wahrer Zoo voller Seehunde, Vögel, Delfine, Ameisenigel und (wen wundert's?) Kängurus. Aber noch ist die Insel ländlich entspannt und wenig erschlossen – ein Ort, an dem die Kinder mit dem Fahrrad zur Schule fahren und Farmer über Schwarze Bretter nach einer Frau suchen. Die lokalen Erzeugnisse sind wahrhaft fantastisch.

Näheres dazu gibt's unter www.tourkangarooisland.com.au.

Geschichte

Viele Ortsnamen auf KI sind französisch, was auf den gallischen Entdecker Nicholas Baudin zurückzuführen ist, der in den Jahren 1802 und 1803 vor der Küste auf Entdeckungsreise war. Baudins englischer Rivale, Matthew Flinders, gab der Insel 1802 ihren Namen, nachdem er sich und seiner Mannschaft ein Känguru zum Abendessen gegönnt hatte. Zu dieser Zeit war KI unbewohnt, aber Archäologen glauben, dass hier schon vor 2000 Jahren australische Ureinwohner gelebt haben. Weshalb sie die Insel verlassen haben, lässt sich nur vermuten, aber einen Hinweis könnte der Name der Ureinwohner für die Insel, „Karta", liefern – er bedeutet „Land der Toten". Zu Beginn des 19. Jhs. kehrten die Ureinwohner nach KI zurück, aber unter tragischen Umständen: Wal- und Robbenfänger entführten Aborigine-Frauen aus Tasmanien und brachten sie hierher.

Aktivitäten

Die sichersten **Badestellen** liegen an der Nordküste, wo das Wasser wärmer und die Strömung schwächer ist als im Süden. Empfehlenswert sind die Emu Bay, die Stokes Bay, der Snelling Beach und die Western River Cove.

Zum **Surfen** bieten sich die menschenleeren Wogen der Südküste an. In Pennington Bay gibt's starke, verlässliche Brecher; auch Vivonne Bay und Hanson Bay im Süd-

Kangaroo Island

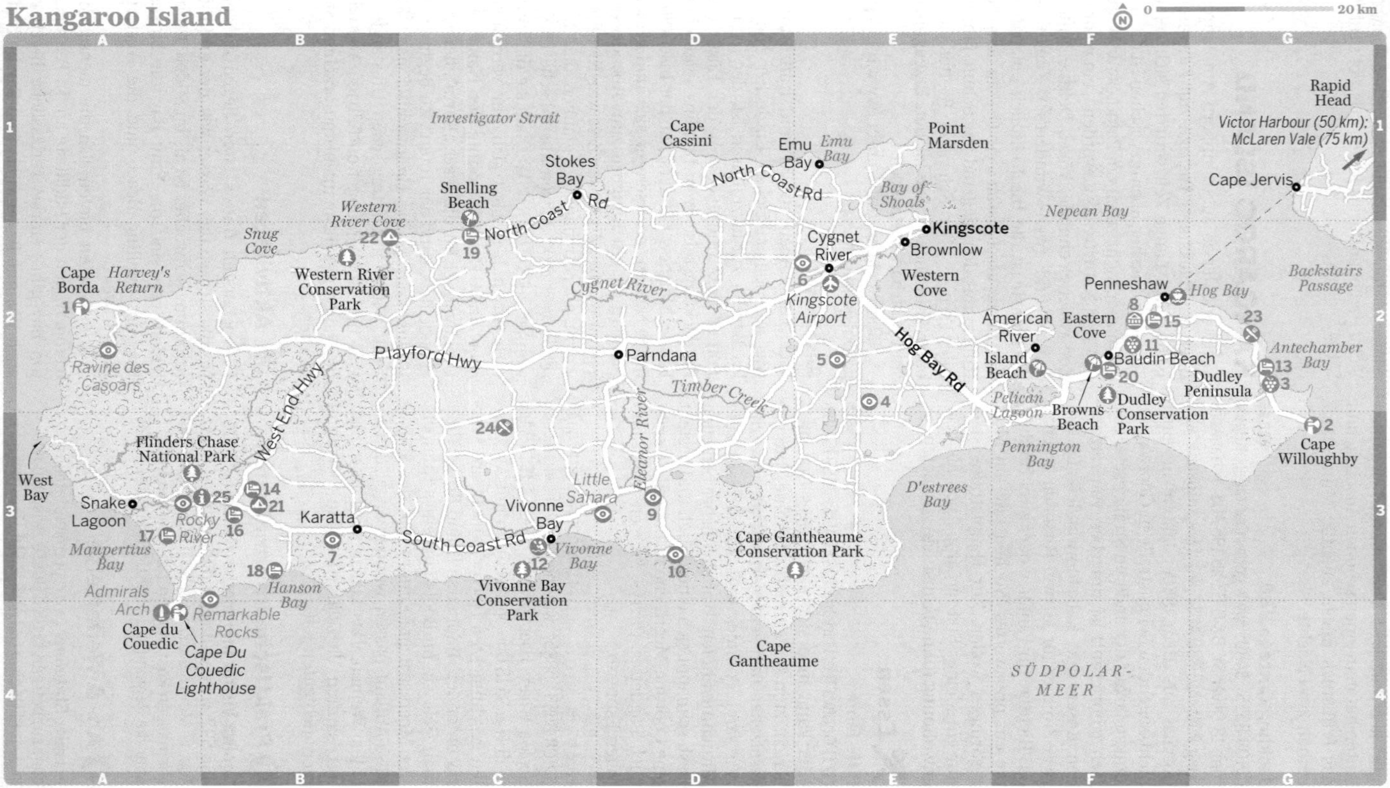

Kangaroo Island

Sehenswertes

1	Leuchtturm am Cape Borda	A2
2	Leuchtturm am Cape Willoughby	G3
3	Chapman River Wines	G2
4	Clifford's Honey Farm	E2
5	Emu Ridge Farm Eucalyptus Distillery	E2
6	Island Pure Sheep Dairy	E2
7	Kelly Hill Conservation Park	B3
8	Penneshaw Maritime & Folk Museum	F2
9	Raptor Domain	D3
10	Seal Bay Conservation Park	D3
11	Sunset Winery	F2

Aktivitäten, Kurse & Touren

12	Kangaroo Island Outdoor Action	C3

Schlafen

13	Antechamber Bay Ecocabins	G2
14	Flinders Chase Farm	B3
15	Gateway Visitor Information Centre	F2
16	Kangaroo Island Wilderness Retreat	B3
17	Rocky River	A3
18	Southern Ocean Lodge	B3
19	Stone House	C2
20	Wallaby Beach House	F2
21	Western Kangaroo Island Caravan Park	B3
22	Western River Cove Campsite	B2

Essen

23	Dudley Cellar Door	G2
24	Marron Café	C3

Praktisches

25	Flinders Chase Visitor Information Centre	B3
	Gateway Visitor Information Centre	(siehe 15)

westen bieten ein paar herrliche Wellen. In den Touristeninformationen erhält man die Broschüre *Kangaroo Island Surfing Guide*.

Die Insel kann man gut auf eigene Faust erkunden. Infos zu **Buschwanderungen** zwischen 1 km und 18 km Länge findet man unter www.tourkangarooisland.com.au/wildlife/walks.aspx.

Im Meer rund um Kangaroo Island leben 230 Fischarten sowie Korallen. Außerdem gibt's hier etwa 60 Wracks, die sich perfekt zum **Schnorcheln** und **Tauchen** eignen. **Kangaroo Island Dive & Adventures** (☎08-8553 3196; www.kangarooislanddiveandadventures.com.au; geführte Tauchgänge vom Ufer/Boot ab 195/320 AU$, Ausrüstungsverleih Schnorcheln/Tauchen ab 45/120 AU$) bietet Tauchausflüge und verleiht Ausrüstung.

Es macht einen Riesenspaß, in **Little Sahara** die Dünen hinunterzurutschen. **Kangaroo Island Outdoor Action** (☎08-8559 4296; www.kioutdooraction.com.au; Jetty Rd, Vivonne Bay) verleiht Sandboards/Schlitten (29/39 AU$ pro Tag) sowie Einer-/Zweierkajaks (4 Std. 39/69 AU$).

Rund um die Insel lässt es sich prima **angeln**, z. B. an den Stegen in Kingscote, Penneshaw, Emu Bay und Vivonne Bay. Im Preis für Angeltouren per Boot (halber/ganzer Tag ab 100/200 AU$) sind Ausrüstung und Erfrischungen enthalten; außerdem darf man den Fang behalten. Eine gute Adresse ist **Kangaroo Island Fishing Adventures** (☎08-8559 3232; www.kangarooislandadventures.com.au).

Geführte Touren

Infos stehen auch unter „Geführte Touren" auf S. 777. Man sollte auf der Insel mindestens eine Übernachtung einlegen, denn Tagestouren sind zu hektisch. Einige Anbieter:

Surf & Sun NATUR
(☎1800 786 386; www.surfandsun.com.au) Zweitägige Touren ab Adelaide/KI (alles inkl. 445/309 AU$) mit Fokus auf Natur und Aktivitäten.

Kangaroo Island Adventure Tours GEFÜHRTE TOUR
(☎08-8202 8678; www.kiadventuretours.com.au) Zweitägige Backpacker-Touren ab Adelaide (alles inkl. 389 AU$) mit vielen Aktivitäten.

Kangaroo Island Marine Tours NATUR
(☎0427 315 286; www.kimarineadventures.com) Bietet 90-minütige Bootstouren (82,50 AU$) und halbtägige Ausflüge (165 AU$). Dabei kann man mit Delfinen schwimmen, Seehundkolonien besuchen und entlegene Teile der Insel erkunden.

Cruising Kangaroo Island KAJAKFAHREN
(☎0439 507 018; www.cruisingkangarooisland.com; ⌚Okt.–April) Zwei- bis dreistündige Ka-

VON GROSSEN & KLEINEN TIEREN

Auf KI stolpert man (manchmal im wahrsten Sinne des Wortes) über unzählige Tiere. Nachts sind Kängurus, Wallabies, Beuteldachse und Kusus unterwegs, besonders in Gegenden wie dem Flinders Chase National Park. Koalas und Schnabeltiere wurden in den 1920er-Jahren in diesem Nationalpark angesiedelt, weil sie auf dem Festland auszusterben drohten. Im Unterholz lungern Ameisenigel herum, auch schuppige Warane und Tigerotter sind auf der Insel reichlich vertreten.

Viele der 267 Vogelarten der Insel sind selten oder bedroht. Der Zwergemu ist dem Dodo bereits in die Versenkung gefolgt. Die Braunkopfkakadus könnten schon bald die Nächsten sein, da ihr Habitat immer weiter schrumpft.

Vor der Küste tummeln sich Delfine und Südliche Glattwale in den Wellen, außerdem gibt's Kolonien von Zwergpinguinen, Neuseeländischen Seebären und Australischen Seelöwen.

jaktouren an ausgewählten Stellen vor Kangaroo Island (ab 80 AU$/Pers.).

Alkirna Nocturnal Tours NATUR
(☎08-8553 7464; www.alkirna.com.au; ⌚März–Jan.) Zweistündige nächtliche Touren (Erw./Kind 60/40 AU$) unter der Führung von Naturforschern zur Beobachtung von nachtaktiven Tieren rund um den American River.

Sealink SEHENSWÜRDIGKEITEN
(☎13 13 01; www.sealink.com.au) Das Fährunternehmen organisiert eine Reihe von Busreisen zu den Highlights der Kangaroo Island ab Adelaide (1/2 Tage ab 248/516 AU$). Im Angebot sind auch Geländewagentouren.

Schlafen

Übernachten auf KI ist teuer und reißt nach der ohnehin schon teuren Fährfahrt ein noch größeres Loch in die Geldbörse. Doppelzimmer in vereinzelt stehenden Cottages, B&Bs und Strandhäusern kosten ab 150 AU$ pro Nacht (in der Regel 2 Nächte Mindestaufenthalt). Auf der Insel gibt es aber auch ein paar tolle Campingplätze und einige wenige Mittelklassemotels. Gute Wohnwagenparks und Hostels sind selten. Unterkünfte buchen kann man über:

Gateway Visitor Information Centre UNTERKUNFTSVERMITTLUNG
(☎1800 811 080; www.tourkangarooisland.com.au/accommodation)

Kangaroo Island Holiday Accommodation UNTERKUNFTSVERMITTLUNG
(☎08 8553 9007; www.kangarooislandholidayaccommodation.com.au)

Sealink UNTERKUNFTSVERMITTLUNG
(☎13 13 01; www.sealink.com.au/kangaroo-island-accommodation)

Praktische Informationen

Das größte Gateway Visitor Information Centre (S. 822) ist in Penneshaw. Geldautomaten gibt es in Kingscote und Penneshaw. In Kingscote findet sich das **Kangaroo Island Hospital** (☎08-8553 4200; www.countryhealthsa.sa.gov.au; The Esplanade; ⌚24 Std.). Außerhalb der größeren Ortschaften ist auf der Insel der Handyempfang unzuverlässig (die beste Flächenabdeckung hat Telstra). Supermärkte gibt's in Penneshaw und Kingscote und einen Gemischtwarenladen am American River.

Kangaroo Island Pass (www.environment.sa.gov.au; Erw./Kind/Fam. 68/42/185 AU$) Berechtigt zum Eintritt in alle Parks und Naturschutzgebiete und zur Teilnahme an den von Rangern geführten Touren zur Seal Bay, zu den Höhlen von Kelly Hill, zum Cape Borda und zum Cape Willoughby. Erhältlich online und an den meisten Sehenswürdigkeiten.

An- & Weiterreise

BUS

Sealink betreibt morgens und nachmittags einen Bus zwischen der Adelaide Central Bus Station und Cape Jervis (hin & zurück Erw./Kind 50/26 AU$, einfache Strecke 2¼ Std.).

FÄHRE

Sealink (☎13 13 01; www.sealink.com.au) lässt zwischen Cape Jervis und Penneshaw auf Kangaroo Island täglich mindestens drei Autofähren in jede Richtung (hin & zurück Erw./Kind ab 96/48 AU$, Fahrrad/Motorrad/Auto 22/58/280 AU$, einfache Strecke 45 Min.) tuckern. Pro Wagen ist der Fahrer im Preis inbegriffen (also nur bei Autos, nicht bei Fahr- und Motorrädern).

FLUGZEUG

Regional Express (Rex; www.regionalexpress.com.au) bietet täglich Flüge zwischen Adelaide und Kingscote (hin & zurück ab 220 AU$).

ⓘ Unterwegs vor Ort

Auf der Insel gibt es keine öffentlichen Verkehrsmittel. Wer also keine Tour mitmacht, muss sich einen fahrbaren Untersatz mitbringen oder mieten. Die Hauptstraßen auf der Insel sind asphaltiert, ansonsten gibt's nur Schotterpisten wie die Straßen nach Cape Willoughby, Cape Borda und die North Coast Rd (langsam fahren, besonders nachts!). Tankstellen gibt's in Kingscote, Penneshaw, American River, Parndana und Vivonne Bay.

AUTOVERMIETUNG

Nicht alle Autovermieter in Adelaide erlauben die Mitnahme des Mietwagens nach Kangaroo Island. **Budget** (www.budgetki.com) und **Hertz** (www.hertz.com.au) sind in Penneshaw, Kingscote und am Kingscote Airport vertreten.

VON DER/ZUR FÄHRE

Sealink (S. 820) betreibt pro Tag zwei Shuttles zwischen Penneshaw und American River (Erw./Kind 14/7 AU$, 30 Min.) und Kingscote (17/9 AU$, 1 Std.). Reservierung erforderlich.

VOM/ZUM FLUGHAFEN

Der Kingscote Airport ist 14 km von Kingscote entfernt. **Kangaroo Island Transfers** (☎ 0427 887 575; www.kitransfers.com.au) betreibt Busse zwischen dem Flughafen und Kingscote (20 AU$/Pers., min. 2 Pers.), American River (30 AU$) und Penneshaw (40 AU$). Alleinreisende zahlen das Doppelte (z. B. Kingscote 40 AU$). Reservierung erforderlich!

Penneshaw & Dudley Peninsula

Von **Penneshaw** (300 Ew.) am Nordufer der **Dudley Peninsula** aus kann man über die Backstairs Passage zur Fleurieu Peninsula hinüberschauen. Hier kommen die Fähren an, und die Durchreisenden verursachen das etwas unbeständige Angebot hier, aber der Pub, das Hostel und der Gemischtwarenladen sind sehr authentisch und bodenständig – genau wie die kleinen hier ansässigen Pinguine. Die **Pennington Bay** liegt an der Strecke nach American River und empfängt eine beständige Brandung.

Sehenswertes & Aktivitäten

Penneshaw Penguin Centre ÖKOTOUR
(☎ 08-8553 1103; www.southaustralia.com/9005545.aspx; Ecke Middle Tce & Bay Tce, Penneshaw; Erw./Kind/Fam. 13/10/35 AU$; ⏲ März–Jan. 18–21.30 Uhr) Das Zentrum am Ufer nahe dem Fährhafen ermöglicht einen unaufdringlichen Blick auf die kleinen Watschler, die an der Küste nisten. Im Eintrittspreis inbegriffen ist eine Führung (vorab reservieren!). Für Kinder unter sieben Jahren ist der Eintritt frei.

Chapman River Wines WEINGUT
(www.goodfoodkangarooisland.com/wine/chapmanriverwines.asp; abseits der Cape Willoughby Rd, Antechamber Bay; ⏲ Sept.–Juni Do–Mo 11–16.30 Uhr) Die Betreiber des exzentrischen Weinguts in einem umgebauten Flugzeughangar keltern ausgezeichneten Merlot. Kunst und skurrile Fundstücke aus Kirchen, Kneipen und Wohnhäusern in ganz SA schmücken die Innenräume. Es gibt auch guten Kaffee.

Penneshaw Maritime & Folk Museum MUSEUM
(www.nationaltrustsa.org.au; 52 Howard Dr, Penneshaw; Erw./Kind/Fam. 3/2/7 AU$; ⏲ Sept.–Mai Mi–So 15–17 Uhr) Zeigt Artefakte aus Schiffswracks in der Region und aus den ersten Siedlungen (darunter wahrhaft kolossale Mühlsteine) sowie liebenswert unbedarfte Modelle von Flinders *Investigator* und Baudins *Geographe*.

Leuchtturm am Cape Willoughby LEUCHTTURM
(www.environment.sa.gov.au; Cape Willoughby Rd; Führung Erw./Kind/Fam. 14,50/9/38 AU$; ⏲ Führung 11.30, 12.30, 14, 15 & 16 Uhr) Der Leuchtturm rund 28 km südöstlich von Penneshaw (über eine unbefestigte Straße) sandte 1852 zum ersten Mal Leuchtsignale aus. Heute dient er als Wetterstation und informiert über Schiffswracks. Außerdem werden hier Zimmer in einfachen Cottages vermittelt (DZ ab 170 AU$; über DEWNR buchen).

Kangaroo Island Farmers Market MARKT
(www.goodfoodkangarooisland.com/tastingki/farmersmarket.asp; Lloyd Collins Reserve, Frenchmans Tce, Penneshaw; ⏲ 1. So des Monats 9–13 Uhr) Hier werden Backwaren, Chutneys, Meeresfrüchte, Olivenöl, Honig, Eier, Käse, Joghurt und natürlich Wein verkauft. Manchmal bietet Sealink (S. 820) an diesem Tag Hin- und Rückfahrttickets (keine Autofähre) für Marktbesucher vom Festland an.

Sunset Winery WEINGUT
(www.sunset-wines.com.au; Penneshaw–Kingscote Rd; ⏲ 11–17 Uhr) Wow, was für eine Aussicht! Wer es die steile Zufahrt hinaufgeschafft hat, wird mit einem grandiosen Panorama belohnt. Dazu gibt's sensationellen Sauvignon Blanc und spritzigen Shiraz sowie herzhaftes Essen.

Schlafen & Essen

Antechamber Bay Ecocabins HÜTTE $$
(☎ 08-8553 1557; www.kiecocabins.com; 142 Creek Bay Rd, Antechamber Bay; DZ ab 140 AU$, zusätzl. Erw./Kind 10 AU$/frei) Die beiden Acht-Bett-Hütten abseits der Cape Willoughby Rd werden von einem Paar verwaltet, das der IT-Branche den Rücken gekehrt hat. Die recht rudimentären, aber sehr gemütlichen Hütten auf einem 22 ha großen Gelände hinter den Dünen verfügen über Duschen unter freiem Himmel, Komposttoiletten, Solarstrom und Warmwasser. Kajaks und Angelausrüstung kann man sich ausleihen.

Kangaroo Island YHA HOSTEL $
(☎ 08-8553 1344; www.yha.com.au; 33 Middle Tce, Penneshaw; B 35 AU$, DZ ohne/mit Bad 75/110 AU$, FZ 220 AU$; ❄@📶) Diese Herberge in einem alten Motel aus den 1960er-Jahren mit einer imitierten Backstein-Fassadenverkleidung hat geräumige, frisch gestrichene Zimmer, die meisten mit eigenem Bad. Es gibt auch eine sonnige Gemeinschafsküche, eine kleine Lounge, eine Waschküche und unten im Garten sogar Pinguine.

Wallaby Beach House FERIENHAUS $$
(☎ 08-8362 5293; www.wallabybeachhouse.com.au; Browns Beach; DZ ab 180 AU$, zusätzl. Pers. 25 AU$; ❄) Das abgeschiedene Strandhaus mit drei Schlafzimmern für insgesamt sechs Personen steht 13 km westlich von Penneshaw am menschenleeren Browns Beach und ist einfach, aber stilvoll eingerichtet. Man hat einen tollen Blick auf den Sonnenuntergang und die vorbeiziehenden Robben, Delfine und Pinguine.

★ **Dudley Cellar Door** CAFÉ $$
(☎ 08-8553 1567; www.dudleywines.com.au; 1153 Cape Willoughby Rd, Cuttlefish Bay; Hauptgerichte 25–28 AU$; ⏲10–17 Uhr) Der erste Winzer auf KI hat 12 km östlich von Penneshaw ein neues Café eröffnet – einen raffinierten Wellblechschuppen mit atemberaubendem Blick aufs Festland. Serviert werden tolle Pizzas (zu empfehlen ist die mit Australischem Wittling), Austern und Garnelen – dazu noch eine Flasche Chardonnay auf der Terrasse, und der Genuss ist perfekt.

Fish SEAFOOD $
(☎ 0439 803 843; www.2birds1squid.com; 43 North Tce, Penneshaw; Hauptgerichte 13–18 AU$; ⏲ Mitte Okt.–Mai abends) Hier gibt's Fish & Chips zum Mitnehmen, wie man sie noch nie zuvor gegessen hat (Wittling und Hornhecht gegrillt, in Bierteig gebacken oder paniert), gigantische Jakobsmuscheln von der Insel, Krebse, Hummermedaillons, Garnelen, Austern und zum Dippen eine Reihe ausgezeichneter hausgemachter Saucen.

Praktische Informationen

Gateway Visitor Information Centre (☎ 08-8553 1185; www.tourkangarooisland.com.au; Howard Dr; ⏲ Mo–Fr 9–17, Sa & So 10–16 Uhr; 📶) Gleich außerhalb von Penneshaw an der Straße nach Kingscote. Hat viele Broschüren und Karten, vermittelt Unterkünfte und verkauft Eintrittskarten zu Parks sowie den Kangaroo Island Pass.

American River

230 EW.

Zwischen Penneshaw und Kingscote, mitten auf dem Weg ins Nirgendwo, liegt American River irgendwie unentschlossen an der glasklaren **Pelican Lagoon**. Die Stadt wurde nach einer amerikanischen Mannschaft von Robbenfängern benannt, die hier 1804 einen Handelsposten errichtete. Von der einstigen Geschäftigkeit ist nichts mehr übrig, bis auf den Gemischtwarenladen und viele Pelikane.

Am Ende des Scenic Dr führt ein **Küstenwanderweg** (einfache Strecke 2 km) durch natürliches Buschwerk, Gummibäume und Eichen zu den Ruinen einer alten Fischkonservenfabrik.

Schlafen & Essen

All Seasons Kangaroo Island Lodge MOTEL $$
(☎ 08-8553 7053, 1800 355 581; www.kilodge.com.au; Lot 2, Scenic Dr, American River; DZ inkl. Frühstück 149–279 AU$; ❄@📶🏊) Ordentliche Motelsuiten mit Blick auf den Pool oder auf die Lagune (die besten Zimmer sind die in dem Flügel aus Stampflehm). Das Restaurant tischt jede Menge Meeresfrüchte aus der Region auf (Hauptgerichte 20–30 AU$, 7.30–9 & 18–20 Uhr).

Island Coastal Units MOTEL, HÜTTEN $$
(☎ 08-8553 7010; www.kangarooislandcoastalunits.com.au; Tangara Dr, American River; Wohneinheit/Hütte ab 110/120 AU$, zusätzl. Pers. 20 AU$) Im Angebot sind einige niedrige, einfache Wohneinheiten im Motelstil mit einem oder zwei Schlafzimmern mitten unter Bäumen am Ufer sowie vier schöne, separat stehende Hütten mit solarbeheiztem Warmwasser, Gaskochern und Klimaanlage (die 10 AU$ mehr lohnen sich!).

American River Campsite CAMPING $
(☎08-8553 4500; www.kangarooisland.sa.gov.au; Tangara Dr, American River; Stellplatz ohne Strom 15 AU$/2 Pers., zusätzl. Pers. 5 AU$) Schattiger, von der Gemeinde betriebener Campingplatz an der Lagune mit Feuerstellen, Duschen und Toiletten. Die Bezahlung erfolgt bei der Registrierung.

Oyster Farm Shop SEAFOOD $
(☎08-8553 7122; www.goodfoodkangarooisland.com/food/kio_shop.asp; Tangara Dr; Gerichte 8,50–21 AU$; ⊙Mo–Fr 11–15 Uhr) In der von den Besitzern einer lokalen Austernfarm betriebenen kleinen Hütte werden nachhaltig gefangene Meeresfrüchte von Produzenten auf der ganzen Insel verkauft. Es gibt Austern, Krebse, Seeohren, Australische Wittlinge und sogar Barramundi – als Mahlzeit zubereitet oder roh zum Mitnehmen. Ein Dutzend frischer Austern mit Schale kostet gerade mal 8,50 AU$.

American River General Store SELBSTVERSORGER
(☎08-8553 7015; Scenic Dr; ⊙7.30–18 Uhr) Bis unter die Decke vollgepackt mit Vorräten, Ködern und Angelzeug. Außerdem gibt's Regale voller Haushaltswaren, Benzin und eine Getränkeabteilung.

Kingscote

1700 EW.

Das verschlafene Küstenörtchen Kingscote (sprich: „kings-coat") ist die größte Stadt auf KI und das Zentrum des Insellebens. Es ist ein fotogenes Städtchen mit wogenden Norfolktannen, ein paar Kneipen und anständigen Restaurants.

Sehenswertes & Aktivitäten

Kangaroo Island Penguin Centre ÖKOTOUR
(www.kipenguincentre.com.au; Kingscote Wharf; Erw./Kind/Fam. 17/6/40 AU$, Pelikanfütterung Erw./Kind 5/3 AU$; ⊙Führung Okt.–Jan. & März 20.30 & 21.30 Uhr, April–Okt. 19.30 & 20.30 Uhr, Feb. geschl., Pelikanfütterung 17 Uhr) Bietet einstündige Führungen durch seine Meerwasseraquarien und zur örtlichen Pinguinkolonie an. An klaren Abenden wird auch ein bisschen in die Sterne geschaut. Am Kai nebenan kann man an der informativen (und lustigen) **Pelikanfütterung** teilnehmen.

Hope Cottage Museum MUSEUM
(www.hopecottagemuseum.com; Centenary Ave; Erw./Kind 6/2 AU$; ⊙Sept.–Juli tgl. 13–16 Uhr, Aug. nur Sa) Das 1857 auf dem Hügel erbaute Cottage beherbergt heute ein perfekt geführtes Museum des National Trust. Es ist im historischen Stil eingerichtet und präsentiert einen nachgebauten Leuchtturm, einen umwerfenden alten Quilt, einen kleinen, eingefriedeten Rosengarten und das erste Klavier auf Kangaroo Island.

Kangaroo Island Spirits BRENNEREI
(KIS; www.kispirits.com.au; 856 Playford Hwy, Cygnet River; Verkostung gratis, Flasche ab 35 AU$; ⊙Mi–So 11–17 Uhr, während der Schulferien tgl.) Die nette kleine Brennerei macht aus einheimischen Wacholderbeeren Gin in kleinen Chargen sowie Wodka, Brandy und Liköre (sehr lecker ist der Honig-Walnuss-Likör mit Bio-Honig von Kangaroo Island).

Island Beehive BIENENHAUS
(www.island-beehive.com.au; 1 Acacia Dr, Kingscote; Führung Erw./Kind/Fam. 4,50/3/13 AU$; ⊙9–17 Uhr, Gruppenführung 9.30–16 Uhr alle 30 Min.) Bei den Gruppenführungen durch die Anlage kann man alles über duldsame, hart arbeitende Ligurische Bienen und die Bienenzucht erfahren und sich dann mit allen möglichen Bienenprodukten wie leckerem Bio-Honig und Honigwabeneis eindecken.

Island Pure Sheep Dairy MOLKEREI
(www.islandpure.com.au; 127 Gum Creek Rd, Cygnet River; Führung Erw./Kind/Fam. 6,50/5,50/22 AU$; ⊙12–16 Uhr) In der Molkerei nahe dem Cygnet River, 12 km von Kingscote entfernt, warten 1500 Schafe darauf, gemolken zu werden (tgl. etwa 14 Uhr). Bei der Führung durch die Anlage kann man auch Joghurt und Käse probieren (der Haloumi ist himmlisch!).

Kingscote Tidal Pool SCHWIMMEN
(www.kangarooisland.sa.gov.au/page.aspx?u=222; Chapman Tce; ⊙tagsüber) GRATIS Die Strände von Kingscote eignen sich nicht wirklich zum Baden. Die Einheimischen fahren daher lieber an die 18 km nordwestlich gelegene Emu Bay oder zu diesem 50 m langen Gezeitenbecken, wo es auch ein paar Pontons und ein grasbewachsenes Ufer zum Sonnenbaden gibt.

Schlafen & Essen

Aurora Ozone Hotel HOTEL $$
(☎08-8553 2011, 1800 083 133; www.aurorare sorts.com.au; Ecke Commercial St & Kingscote Tce; DZ Kneipe/Motel ab 129/165 AU$, Apt. mit 1/2/3 B ab 190/340/540 AU$; ❄@🛜≋) Der 100 Jahre alte Ozone Pub an der Küste mit

Traumblick verfügt oben über gute Gasthauszimmer, Motelzimmer und über stilvolle Luxus-Apartments in einem neuen Flügel auf der anderen Straßenseite. Im stets gut besuchten Bistro (Hauptgerichte 20–48 AU$) bekommen Gäste Grillgerichte und Meeresfrüchte vorgesetzt, und an der Bar kann man sich den einen oder anderen Wein von Kangaroo Island gönnen.

Kangaroo Island Central Backpackers HOSTEL $
(☎08-8553 2787; www.kicentralbackpackers.com; 19 Murray St, Kingscote; B/DZ ab 25/60 AU$; ❄ 📶) Nur ein paar Blocks von Kingscotes Hauptstraße entfernt befindet sich dieses kleine, bescheidene Hostel. Es hat saubere und erschwingliche Zimmer und bietet eine gemütliche Lounge, Rasenfläche und hinten eine hübsche Hütte mit zwei Zimmern und Bad. Hier fühlt man sich wie zu Besuch bei jemandem zu Hause – ob das gut oder schlecht ist, hängt davon ab, wie gesellig man gerade drauf ist.

Seaview Motel MOTEL, PENSION $$
(☎08-8553 2030; www.seaview.net.au; 51 Chapman Tce, Kingscote; Pension EZ/DZ 90/100 AU$, Motel 146/156 AU$, zusätzl. Erw./Kind 25/15 AU$; ❄📶) Das Seaview scheint immer voll belegt zu sein – und das ist sicher ein gutes Zeichen. Man hat die Wahl zwischen altmodischen Pensionszimmern von 1924 mit Gemeinschaftsbad (keine Klimaanlage) und renovierten Motelzimmern aus den 1980er-Jahren. Familienbetrieben und für KI-Verhältnisse recht erschwinglich.

Kingscote Nepean Bay Tourist Park WOHNWAGENPARK $
(☎08-8553 2394; www.kingscotetouristpark.com.au; Ecke First & Third St, Brownlow; Stellplatz ohne/mit Strom 32/38 AU$, Hütte/Wohneinheit ab 90/135 AU$; ❄📶) Der Wohnwagenpark hinter den Dünen in Brownlow, 3 km südwestlich von Kingscote, bietet die üblichen Annehmlichkeiten. Über den Küstenpfad kann man zurück nach Kingscote wandern. Die Stellplätze sind hier besser als die Hütten.

Yellow Ash 'n' Chili MEXIKANISCH $$
(59 Dauncy St, Kingscote; Hauptgerichte 16–22 AU$; ⏲Di–Sa 10–15 & 18–20, So 10–15 Uhr) Der gemütliche, bunt gestrichene Bungalow an der Hauptstraße von Kingscote bringt ein wenig Farbe in die Restaurantszene von KI. Das Lokal wird von einem Kalifornier geführt, der sich mit mexikanischem Essen ganz gut auskennt. Es gibt einfache, aber leckere Tostadas, Quesadillas, Enchiladas usw. mit selbst angebauten Tomaten und Chilis sowie Bio-Mehl. Das Wandgemälde „Day of the Dead" muss man einfach lieben.

Kangaroo Island Fresh Seafoods SEAFOOD $
(www.goodfoodkangarooisland.com/eatingout/kifreshseafood.asp; 26 Telegraph Rd, Kingscote; Gerichte 8–16 AU$; ⏲Mo–Sa 8–20 Uhr) Das bescheidene Lokal an einer Tankstelle serviert die besten Meeresfrüchte, die man wohl je essen wird. Ein Dutzend fetter Austern kostet gerade mal 1 AU$, und dann gibt es noch alle möglichen Meeresfrüchte zubereitet und frisch sowie gemischte Platten. Einfach super!

Bella ITALIENISCH $$
(☎08-8553 0400; www.restaurantbella.com.au; 54 Dauncey St, Kingscote; Pizzas 14–39 AU$, Hauptgerichte 26–32 AU$; ⏲Mo–Fr 9 Uhr–open end, Sa 10 Uhr–open end, So 11 Uhr–open end) Das muntere Bella ist italienisches Café, Restaurant und Pizzeria zugleich. Man kann drinnen oder im Freien sitzen. Pizza gibt's ab 11.30 Uhr (auch zum Mitnehmen), das Abendessen wird von der Karte gewählt, z. B. Austern aus American River, Riesengarnelen aus dem Spencer Gulf sowie Känguru und Wittling aus der Region.

ℹ Praktische Informationen

Natural Resources Centre (Department of Environment, Water & Natural Resources; ☎08-8553 4444, Unterkunftsbuchung 08-8553 4410; www.environment.sa.gov.au; 37 Dauncey St, Kingscote; ⏲Mo–Fr 9–17 Uhr) Verkauft den Kangaroo Island Pass und hat Infos zu den Nationalparks.

North Coast Road

Großartige Strände (ruhiger als die an der Südküste), Buschland und endlose Weideflächen prägen die North Coast Rd, die von Kingscote entlang der Küste zum Playford Highway 85 km westlich führt (der Asphalt endet in Emu Bay). Man kann hier nicht viel tun, außer am Strand rumzulümmeln – klingt gut, oder?

18 km von Kingscote entfernt liegt **Emu Bay**, ein winziges Feriennest. Sein 5 km langer weißer, von Dünen gesäumter Strand ist einer der besten Badeplätze auf KI. 36 km weiter westlich, in **Stokes Bay**, gibt's eine Pinguinkolonie und ein breites Felsenbecken, das man durch einen 20 m langen Tunnel in den Klippen (Vorsicht, Kopf!) am

Ostende der Bucht erreicht. Die Strömung außerhalb des Beckens kann tückisch sein.

Der Ausblick vom Constitution Hill aus über den **Snelling Beach** ist fantastisch. 7 km weiter westlich trifft man auf die Abzweigung zur **Western River Cove**, in der ein kleiner Strand von düsteren Basaltklippen umrahmt wird. Die Straße, die auf den Klippen hierher führt, ist unglaublich schön (und steil!).

Schlafen & Essen

Western River Cove Campsite CAMPING $
(www.kangarooisland.sa.gov.au; Stellplatz ohne Strom 15 AU$/2 Pers., zusätzl. Pers. 5 AU$) Der Campingplatz mit Selbstregistrierung ist nur einen kurzen Spaziergang vom Strand und einer Fußgängerbrücke über den Fluss entfernt (was zum Angeln verführt). Es gibt einen Toilettenblock und eine Grillhütte, aber keine Duschen.

Emu Bay Holiday Homes HÜTTE, FERIENHAUS $
(☎08-8553 5241; www.emubaysuperviews.com.au; 21 Bayview Rd, Emu Bay; Hütte 90 AU$, Ferienwohnung 115–145 AU$, zusätzl. Pers. 20 AU$; ❄ 📶) Sehr preisgünstige (wenn auch etwas kitschige) Hütten und Ferienwohnungen in einem großen Garten voller Blumen auf dem Hügel oberhalb vom Strand der Emu Bay (toller Blick!). Die separaten Hütten (aufgehübschte Wohnwagen ohne Klimaanlage) bieten Platz für vier bis sechs Personen, die Ferienhäuser für sechs bis zehn Personen.

Stone House FERIENHAUS $$$
(www.life-time.com.au; North Coast Rd, Snelling Beach; DZ ab 410 AU$; ❄) Das prächtige, einzeln stehende Haus aus Stein und Holz am Hang über dem schönen Snelling Beach ist teuer, aber seinen Preis wert (wenn man mit einer Gruppe unterwegs ist, kann man sich die Kosten teilen: ab 460 AU$ für 6 Pers. in 3 Schlafzi.). Es gibt bodentiefe Fenster, witzige Kunst zur Dekoration, ein paar Terrassen und einen mit Gänseblümchen übersäten Rasen.

Rockpool Café CAFÉ $$
(☎08-8559 2277; North Coast Rd, Stokes Bay; Hauptgerichte 15–27 AU$; ⏲Di–So 11–17 Uhr, während der Schulferien tgl.) In dem lockeren Freiluftcafé in Stokes Bay muss man sich über sandige Füße keine Gedanken machen. Auf die Frage nach der Spezialität des Hauses meinte der Koch „Wonach mir gerade ist!" Und das sind in der Regel Meeresfrüchte, die man mit einem guten Wein aus der Region und einem ordentlichen Espresso runterspülen kann.

South Coast Road

Die Südküste ist im Vergleich zur Nordküste rau und bekommt eine starke Brandung ab.

Sehenswertes & Aktivitäten

Seal Bay Conservation Park NATURSCHUTZGEBIET
(☎08-8553 4460; www.environment.sa.gov.au/sealbay; Seal Bay Rd; Tour ohne Führer Erw./Kind/Fam. 15/9/40 AU$, mit Führer 32/18/80 AU$, in der Dämmerung 60/36/165 AU$; ⏲Tour ganzjährig 9–16.15 Uhr, Dez.–Feb. zusätzl. Touren) Hier gilt das Motto „beobachten, ohne einzugreifen". Bei den geführten Touren geht es am Strand entlang (bei Touren ohne Führer über den Plankenweg) zu einer Kolonie von (meist schlafenden) Australischen Seelöwen. Die Touren in der Dämmerung werden nur im Dezember und Januar angeboten. Reservierung empfohlen.

Clifford's Honey Farm BIENENHAUS
(www.cliffordshoney.com.au; 1157 Elsegood Rd, Haines; ⏲9–17 Uhr) Für das Honigeis würde man sogar durch die Backstairs Passage schwimmen! Den Honig produziert ein Volk seltener Ligurischer Bienen. Die charmante, nicht kommerzielle Farm liegt ein wenig abseits der Touristenrouten.

Kelly Hill Conservation Park NATURSCHUTZGEBIET
(☎08-8553 4464; www.environment.sa.gov.au; South Coast Rd; Führung Erw./Kind/Fam. 15/9/40 AU$, Abenteuertour 65/39/176 AU$; ⏲Führung 10.30 Uhr, danach 11.15–16.15 Uhr stündl.) Die trockenen Kalksteinhöhlen wurden in den 1880er-Jahren durch Zufall entdeckt, als ein Pferd namens Kelly durch ein Loch in die Höhlen stürzte. Man kann an einer normalen **Höhlenführung** teilnehmen oder eine **Abenteuer-Höhlentour** (nach der normalen Führung um 14.15 Uhr; Reservierung erforderlich) mitmachen. Der **Hanson Bay Walk** (einfache Strecke 9 km) führt von den Höhlen durch Eukalyptusgestrüpp und vorbei an Süßwassersumpfgebieten.

Emu Ridge Farm Eucalyptus Distillery BRENNEREI, GALERIE
(www.emuridge.com.au; 691 Willsons Rd, MacGillivary; Eintritt frei, Rundgang ohne Führer Erw./Kind 4,50/2 AU$; ⏲9–14 Uhr) Ein Abstecher von der Straße nach Hog Bay oder Birchmore

führt zu diesem autarken (vollkommen solar-, dampf- und windenergiebetriebenen) Unternehmen, das aus den auf Kangaroo Island heimischen Eukalyptusgewächsen Eukalyptusöl gewinnt. In der angeschlossenen Galerie kann man Produkte aus Eukalyptusöl kaufen.

Raptor Domain VOLIERE
(www.kangarooislandbirdsofprey.com.au; Ecke South Coast Rd & Seal Bay Rd; Erw./Kind/Fam. Raubvögel 15/10/45 AU$, Reptilien 10/8/32 AU$; ⏲10.30–16 Uhr) Bei der einstündigen Raubvogelschau (11.30 & 14.30 Uhr) bekommt man ein paar auf der Insel heimische Keilschwanzadler, Schleiereulen und Jägerlieste zu Gesicht – und dann gibt es noch die einstündige Echsen- und Schlangenshow (13 Uhr).

Schlafen & Essen

Flinders Chase Farm HOSTEL, HÜTTE $$
(☎08-8559 7223; www.flinderschasefarm.com.au; 1561 West End Hwy; B/Hütte 25/70 AU$, DZ & 2BZ mit Bad 110 AU$) Eine Farm mit Charme nur eine kurze Autofahrt vom Flinders Chase National Park entfernt. Hier gibt es makellose Schlafsäle, ein paar gemütliche Hütten und in einer Lodge Zimmer mit eigenem Bad. Eine tolle Campingküche, Feuerstellen und Duschen im Freien stehen Gästen ebenfalls zur Verfügung.

Western Kangaroo Island Caravan Park CAMPING $
(☎08-8559 7201; www.westernki.com.au; 7928 South Coast Rd, Flinders Chase; Stellplatz ohne/mit Strom 22/28 AU$, Hütte 110–190 AU$; ❄) Ein paar Minuten Autofahrt östlich vom Flinders Chase National Park kampiert man in diesem freundlichen Wohnwagenpark unter Schatten spendenden Eukalyptusbäumen und zwischen hier lebenden Kängurus. Die Koala- und Lagunenwanderwege sind wirklich toll, auch die Telefonzelle in einem alten Bäckerlieferwagen ist sehenswert. Der Laden verkauft Lebensmittel, hausgemachte Fertiggerichte und (nur für Gäste) Bier und Wein.

Kangaroo Island Wilderness Retreat HOTEL, RESORT $$
(☎08-8559 7275; www.kiwr.com; Lot 1, South Coast Rd, Flinders Chase; DZ 176–360 AU$; ❄@📶) Das entspannte Resort im Blockhüttenstil, auf dessen Gelände Wallabys grasen, befindet sich vor den Toren des Flinders Chase National Park. Gästen stehen diverse Unterkünfte von einfachen Zimmern im Motelstil bis hin zu schicken Suiten mit Spa zur Verfügung. Es gibt auch eine Zapfsäule, eine Bar und ein Restaurant, das Frühstück (Hauptgerichte 17–25 AU$, 7.30–9.30 Uhr) und Abendessen (Hauptgerichte 28–35 AU$, 18–20.30 Uhr) serviert.

Marron Café MODERN-AUSTRALISCH $$
(☎08-8559 4114; www.andermel.com.au/cafe.htm; 804 Harriet Rd, Central Kangaroo Island; Hauptgerichte 16–38 AU$; ⏲11–16.30 Uhr) Rund 15 km nördlich von Vivonne Bay kann man sich seine Süßwasserkrebse selbst aus dem Zuchttank aussuchen. Das Krebsfleisch hat einen feinen, zarten Geschmack, nur die schweren Saucen passen nicht so richtig dazu. Es gibt auch Steak und Hühnchen, falls man Schalentiere nicht mag. Letzte Bestellung um 16 Uhr.

Flinders Chase National Park

Am Westende der Insel befindet sich der **Flinders Chase National Park**, einer der

SOUTHERN OCEAN LODGE

Millionäre, sattelt die Pferde! In der Tourismusgalaxie von SA leuchtet ein heller Stern: die **Southern Ocean Lodge** (☎08-9918 4355; www.southernoceanlodge.com.au; Hanson Bay; DZ ab 1980 AU$/Nacht; ❄@📶🏊). Die Anlage zieht sich wie eine Schlange über die Klippen der Hanson Bay – ein echtes Paradebeispiel für Exklusivität. Mindestaufenthalt sind zwei Nächte. Flughafentransfer, alle Mahlzeiten und Getränke sowie geführte Touren auf KI sind inklusive.

Wer nur einen Blick riskieren will, braucht das von der Straße aus erst gar nicht zu versuchen. Abgesehen von Stahltoren und einer unspektakulären Gegensprechanlage gibt's hier nichts zu gucken: Hier ist Privatsphäre angesagt, und dafür blättern die Gäste ja schließlich auch so einiges hin. (Hey, war das nicht gerade Teri Hatcher in dem Jeep da?) Vom Strand an der Hanson Bay aus kann man aber einen kleinen Blick auf die Lodge erhaschen.

besten Nationalparks in SA. Der Großteil des Parks besteht aus Eukalyptusgestrüpp, aber es gibt auch ein paar wunderschöne, hohe Eukalyptuswälder, besonders rund um Rocky River und die Ravine des Casoars, 5 km südlich vom Cape Borda.

Sehenswertes & Aktivitäten

Früher war Rocky River eine Farm, heute ist es ein Zufluchtsort für Kängurus, Wallabys und Hühnergänse. Das Getier buhlt um die Aufmerksamkeit der Besucher. Ein paar gute Wanderwege beginnen hinter dem Visitors Centre, z. B. der Rocky River Hike; hier begegnet man vielleicht sogar einem Schnabeltier (hin & zurück 9 km, 3 Std.).

Von Rocky River führt eine Straße gen Süden zum abgelegenen Leuchtturm von 1906 auf dem rauen Cape du Couedic. Ein Holzsteg windet sich zum Admirals Arch hinunter, einem riesigen Torbogen, der vom Meer ausgehöhlt wurde, und führt weiter zu einer Kolonie Neuseeländischer Seebären (angenehm riechen die ja nicht gerade ...).

Am Kirkpatrick Point, ein paar Kilometer östlich des Cape du Couedic, befinden sich die sehr oft fotografierten Remarkable Rocks, eine Ansammlung mächtiger, vom Wetter geformter Granitfelsen. Sie liegen auf einer Steinplatte, die 75 m über dem Meer thront.

In der Nordwestecke der Insel, auf dem Cape Borda befindet sich ein Leuchtturm (08-8553 4465; www.environment.sa.gov.au/parks; Eintritt frei, geführte Touren Erw./Kind/Fam. 14,50/9/38 AU$; 9–17, geführte Touren 11.00, 12.30 & 14.00 Uhr) aus dem Jahr 1858 hoch über der welligen Oberfläche des Indischen Ozeans. Man findet hier Wanderwege zwischen 1,5 und 9 km Länge vor. Während der Sommerferien werden zusätzlich Touren um 15.15 und 16 Uhr veranstaltet.

Am nahe gelegenen Harvey's Return erzählt ein Friedhof ergreifende Geschichten über die harte Realität der Isolation in früheren Zeiten. Von hier aus gelangt man zur Ravine des Casoars (wörtlich „Schlucht der Kasuaren", benannt nach den nun ausgestorbenen Zwergemus, die Baudin hier gesichtet hat). Der anspruchsvolle Ravine des Casoars Hike (hin & zurück 7 km, 3 Std.) führt durch die Schlucht zur Küste.

Schlafen & Essen

Die Campingplätze heißen Rocky River (9/27 AU$ pro Pers./Auto), Snake Lagoon (7/13 AU$ pro Pers./Auto), West Bay (7/13 AU$ pro Pers./Auto) und Harvey's Return (7/13 AU$ pro Pers./Auto); gebucht werden kann über das Department of Environment, Water & Natural Resources (DEWNR; 08-8553 4490; flinderschase@sa.gov.au).

Es stehen auch renovierte Cottages in Rocky River – das preiswerte Postmans Cottage (DZ 70 AU$) und das familienfreundliche Mays Homestead (DZ 133 AU$) – und die Leuchtturmwärter-Cottages am Cape du Couedic und am Cape Borda (schlichte Hütten bis Steincottages, DZ 22–170 AU$) zur Verfügung; sie sind ebenfalls über das Department of Environment, Water & Natural Resources (08-8553 4410; kiparksaccom@sa.gov.au) zu buchen.

An der kulinarischen Front ist die einzige Option für alle, die sich nicht selbst versorgen, das Chase Café (08-8559 7339; www.thechasecafe.com.au; Flinders Chase Visitor Information Centre; Gerichte 9–27 AU$; 9–15.30 Uhr) im Visitors Centre, das Burger, Wraps, Suppen, Kaffee und Weine im Glas serviert.

Praktische Informationen

Flinders Chase Visitor Information Centre (08-8559 7235; www.environment.sa.gov.au/parks; South Coast Rd, Flinders Chase; 9–17 Uhr) Infos, Karten und Reservierung von Stellplätzen bzw. Zimmern. Außerdem gibt's ein Café und eine Ausstellung zur Ökologie der Insel.

LIMESTONE COAST

Die langgezogene Limestone Coast des südöstlichen SA erstreckt sich zwischen dem flachen, olivgrünen Unterlauf des Murray und der Grenze zu Victoria. Dank der Highways lässt sich die seltsam bezaubernde Ebene schnell und stressfrei in nicht einmal einem Tag durchqueren. Allerdings begeistert dieser Landesteil vor allem im Detail: Abstecher durchs Gelände enden z. B. an Lagunen, Brandungsstränden und entlegenen Buchten, und überall verstecken sich Weinanbaugebiete, malerische Fischerhäfen und verschlafene Dörfer. Noch reizvoller ist aber die unterirdische Welt, eine bizarre Landschaft aus Kalksteinhöhlen, Dolinen und abgrundtiefen Kraterseen.

Infos im Internet unter www.thelimestonecoast.com.

An- & Weiterreise

Der Dukes Hwy (Rte A8) ist die direkte Straßenverbindung zwischen Adelaide und Melbourne

(729 km), aber der Princes Hwy (Rte B1; etwa 900 km) an der Küste nahe dem Coorong National Park ist deutlich schöner.

BUS

Premier Stateliner (www.premierstateliner.com.au) betreibt zwei Buslinien – eine an der Küste und eine durchs Landesinnere – zwischen Adelaide und Mt. Gambier (73 AU$, 7 Std.). Von Adelaide geht's (Di, Do, Fr & So) über Coorong, Meningie (36 AU$, 2 Std.), Robe (64 AU$, 4½ Std.) und Beachport (68 AU$, 5¼ Std.) die Küste entlang. Der Bus durchs Landesinnere fährt täglich über Naracoorte (71 AU$, 5 Std.) und Penola (70 AU$, 5¾ Std.).

FLUGZEUG

Regional Express (Rex; www.regionalexpress.com.au) fliegt täglich von Adelaide nach Mt. Gambier und zurück (einfache Strecke ab 160 AU$).

Coorong National Park

Die fruchtbare Lagunenlandschaft des **Coorong National Park** (www.environment.sa.gov.au) nimmt ab dem Lake Alexandrina etwa 145 km an der Küste in Richtung Kingston SE ein. Die mächtigen Dünen der Younghusband Peninsula trennen das weit verzweigte Feuchtgebiet mit Salzpfannen und mehr als 200 Wasservogelarten vom Meer. Hier wurde *Storm Boy – Kinder des Sturms* (1976) nach Colin Thieles gleichnamigem Roman gedreht, ein anrührender Film über die Freundschaft zwischen einem kleinen Jungen und einem Pelikan.

In den 1800er-Jahren ernährten die üppigen Ressourcen hier viele indigene Ngarrindjeri. Aufgrund ihrer tiefen Verbundenheit leben viele Angehörige dieses Volks bis heute im Coorong.

Am Rand des Nationalparks liegt am **Lake Albert** (einem großen Arm des Lake Alexandrina) **Meningie** (900 Ew.), das 1866 als kleiner Hafen gegründet wurde. Erst vor Kurzem erwachten diese „unteren Seen" wieder zum Leben, als die letzte Überschwemmung des Murray River 2011 wieder Wassernachschub brachte. Davor war der Wasserspiegel der Seen immer weiter gesunken, und das gesamte Ökosystem des Coorong drohte zu versalzen, was ein Artensterben nach sich gezogen hätte. Eine Gnadenfrist des Klimawandels? Das wird sich zeigen …

Wer auf dem Princes Hwy durch den Park fährt, sieht nicht viel von der Gegend. Die bessere Alternative ist der 13 km lange unbefestigte **Coorong Scenic Drive**. Die Panoramastraße zweigt 10 km südwestlich von Meningie als Seven Mile Rd von der Narrung Rd ab und führt direkt in die Landschaft mit stinkigen Lagunen, Küstennebel, Fischerhütten, Pelikanen und wilden Emus hinein. Die Straße trifft 10 km südlich von Meningie wieder auf den Princes Hwy.

Ebenfalls 10 km südlich von Meningie liegt das von der Ngarrindjeri Lands and Progress Association betriebene **Camp Coorong** (☎ 08-8575 1557; www.ngarrindjeri.net; Princes Hwy; Museumseintritt 5 AU$/Auto; ⌚ wechselnde Öffnungszeiten). Es wirkt etwas schäbig, hat aber ein Museum, das einen Einblick in die Kultur der Ngarrindjeri vermittelt. Telefonisch nach den Öffnungszeiten fragen!

Mit einem Geländewagen kann man zum **Ninety Mile Beach** fahren, der bei Surfern und Anglern sehr beliebt ist. Der einfachste Weg zum Meer: über den Princes Hwy bis zur Abzweigung bei 42 Mile Crossing, 19 km südlich von Salt Creek, dann sind's noch 3 km.

Am Südrand des Coorong liegt **Kingston SE** (www.kingstonse.com.au) mit seinen 2230 Einwohnern. Der Ort ist eine Hochburg des Hummerfangs, und im Mai steigt hier eine Woche lang das **Lobsterfest**. Ein prominenter „Bewohner" ist „Larry the Lobster", eine anatomisch perfekte Hummerskulptur und eines der berühmten „Big Things" Australiens.

Wer die Gegend vom Wasser aus erkunden will, kann sich an Spirit of the Coorong (S. 816) in Goolwa wenden. Das Unternehmen veranstaltet Ökotouren mit Mittagessen und geführter Wanderung in den Nationalpark. Es gibt Busverbindungen ab Adelaide.

Schlafen & Essen

Im Park existieren elf Busch-**Campingplätze** (www.environment.sa.gov.au; pro Pers./Auto 7/13 AU$), man braucht aber eine Genehmigung vom DEWNR, die man im Visitor Information Centre oder bei der Tankstelle in Meningie bekommt. Auf einigen der größeren Campingplätze gibt's auch „Honesty Boxes", in die man die Übernachtungsgebühr entrichten muss.

★ **Dalton on the Lake** B&B $$
(☎ 08-8575 1162, 0428 737 161; admason@lm.net.au; 30 Narrung Rd, Meningie; DZ ab 130 AU$; ❄) Die Betreiber des großzügigen, blitzsauberen B&Bs am See strengen sich mächtig an, um ihren Gästen einen angenehmen Aufenthalt zu bereiten, z.B. mit frischem Brot, selbst gemachten Keksen sowie einem

üppigen Frühstück mit Speck und Eiern. Im Anbau gibt's ein modernes, separat zugängliches Wohnstudio; zudem steht Besuchern eine renovierte Steinhütte zur Verfügung. Wer möchte, kann auch problemlos beides buchen!

Lake Albert Caravan Park WOHNWAGENPARK $
(☎08-8575 1411; www.lakealbertcaravanpark.com.au; 25 Narrung Rd, Meningie; Stellplatz ohne/mit Strom ab 23/30 AU$, Hütte ohne/mit Bad ab 70/95 AU$; ❄📶) Netter Wohnwagenpark mit herrlichem Blick auf den von Pelikanen bevölkerten Lake Albert. Die besten Stellplätze befinden sich direkt am Ufer, und die besten Hütten sind die vier Luxushütten mit je zwei Schlafzimmern (150 AU$).

Coorong Wilderness Lodge CAMPING, HÜTTE $$
(☎08-8575 6001; www.coorongwildernesslodge.com; abseits vom Princes Hwy; Stellplatz ohne/mit Strom 15/30 AU$, B/DZ/Hütte, 40/90/200 AU$; ❄) Am abgelegenen Hack Point, 25 km südlich von Meningie, befindet sich dieses Konferenzzentrum, das die Form eines Fisches hat und von einer ortsansässigen Ngarrindjeri-Familie betrieben wird. Die Schlafbaracke und der Campingplatz sind recht gewöhnlich, aber die neuen Hütten mit Küche sind wirklich hübsch. Veranstaltet werden außerdem Wanderungen mit Buschmahlzeit (30 AU$), und wer will, leiht sich ein Kajak (halber/ganzer Tag 40/60 AU$).

Cheese Factory Restaurant KNEIPE $$
(☎08-8575 1914; www.meningie.com.au; 3 Fiebig Rd, Meningie; Hauptgerichte 19–28 AU$; ⏲Di–So 12–14, Mi & So 17.30 Uhr–open end) Diese Kneipe in einer umgebauten Käsefabrik (wer hätte das gedacht!) lässt sich nicht lumpen. Entweder mischt man sich an der Bar vorne unter die Einheimischen oder man genießt im höhlenartigen Speiseraum Steak, Lasagne, Grillteller, Coorong-Meeräsche oder Coorong-Burger (mit Meeräsche). Vor Ort befindet sich auch das sehr schlichte **Meningie Cheese Factory Museum** (www.meningiecheesefactorymuseum.com; Eintritt 3 AU$; ⏲11–17 Uhr), in dem Butterfässer, alte Schreibmaschinen und ähnlicher häuslicher Kram ausgestellt sind.

ℹ Praktische Informationen

Meningie Visitor Information Centre (☎08-8575 1770; www.meningie.com.au; 14 Princes Hwy; ⏲10–16.30 Uhr) Neben Campinggenehmigungen für den Coorong National Park bekommt man hier auch Informationen über die Region.

Robe

1130 EW.

Der zauberhafte kleine Fischerhafen ist bei Urlaubern aus Adelaide und Melbourne schwer angesagt. Das Schild mit der Aufschrift „Drain L Outlet " („Abguss L") am Ortseingang schreckt ab, doch die Hauptstraße wird von tollen Restaurants und zahllosen Unterkünften gesäumt. In der Umgebung gibt's ein paar herrliche Strände und Seen. Über Weihnachten und Ostern quillt Robe förmlich über – dann geht hier ohne rechtzeitige Reservierung gar nichts.

👁 Sehenswertes & Aktivitäten

Robes Straßen sind von denkmalgeschützten Gebäuden aus den späten 1840er- bis 1870er-Jahren gesäumt, z.B. von dem kleinen **Customs House** (www.nationaltrustsa.org.au; Royal Circus; Erw./Kind 2/0,50 AU$; ⏲Feb.–Dez. Di & Sa 14–16 Uhr & Jan. Mo–Sa 14–16 Uhr) von 1863, in dem ein Seefahrtsmuseum untergebracht ist.

Der **Little Dip Conservation Park** (www.environment.sa.gov.au) erstreckt sich über einen 13 km langen Küstenstreifen südlich der Stadt. Er birgt zahlreiche Biotope wie Seen, Sümpfe und Dünen, einige schöne Strände, von den Aborigines aufgestapelte Muschelhaufen, Wanderrouten und Campingmöglichkeiten (pro Pers./Auto 7/13 AU$). Der Eingang zum Park ist über die Nora Creina Rd zu erreichen.

An Robes kleinem Stadtstrand kann man gefahrlos schwimmen. Der **Long Beach** (2 km vom Ort entfernt) eignet sich gut zum Surfen, Windsurfen und Faulenzen (an manchen Stellen kann man auch gefahrlos ins kühle Nass springen – vorher beim Visitor Centre nachfragen!). **Steve's Place** (☎08-8768 2094; stevesplace66@internode.on.net; 26 Victoria St; ⏲Mo–Fr 9.30–17, Sa 9–13, So 10–13 Uhr) verleiht Surfbretter/Bodyboards/Neoprenanzüge für 40/20/20 AU$ pro Tag. Hier ist auch der beste Ort, um Infos über SAs ältesten (seit 1968), alljährlich im April stattfindenden Surfwettbewerb **Robe Easter Classic** zu bekommen.

🛏 Schlafen

Zimmervermittlungen mit Unterkünften ab 80 AU$ sind u.a. **Happyshack** (☎0403 578 382, 08-8768 2341; www.happyshack.com.au), **SAL Real Estate** (☎08-8768 2737; www.salrealestate.com.au; 25 Victoria St) und **Robe Lifestyle** (☎1300 760 629; www.robelifestyle.com.au).

Caledonian Inn HOTEL $$
(☎08-8768 2029; www.caledonian.net.au; 1 Victoria St; Pub/Cottage/Villa DZ ab 85/185/500 AU$;) Die historische Unterkunft bietet alles unter einem Dach – obwohl es sich eigentlich ja um mehrere Dächer handelt. Oben gibt es ein halbes Dutzend heller und gemütlicher Pub-Zimmer mit Gemeinschaftsbad und zwischen Pub und Strand noch seperate zweistöckige Hütten mit Rattan- und weiß bemalten Holzmöbeln. In der schicken Villa kommen acht Leute unter. Auch das Kneipenessen ist gut (Hauptgerichte 18–36 AU$, 12–14 & 18–20 Uhr).

Grey Masts B&B $$$
(☎0411 627 146; www.greymasts.com.au; Ecke Victoria & Smillie St; DZ ab 200 AU$) Das hübsche, L-förmige Stein-Cottage aus den 1850er-Jahren befindet sich hinter dem hiesigen Buchladen. Es hat niedrige Decken, zwei Zimmer für je vier Personen, eine kompakte Küche, eine einladende Lounge und einen Garten voller Blumen. Hier lebte einst die Familie Savage (Herr und Frau Savage mit ihren zwölf (!) Söhnen).

Lakeside Tourist Park WOHNWAGENPARK $
(☎08-8768 2193; www.lakesiderobe.com.au; 24 Main Rd; Stellplatz ohne/mit Strom ab 32/34 AU$, Hütte/Villa ab 66/95 AU$; @) Direkt am Lake Fellmongery (ein *fellmonger* ist ein Wollwäscher) breitet sich dieser abstrakt angelegte Wohnwagenpark mit unter Naturschutz stehenden Kiefern, viel Rasen, schlichten Hütten und schicken Villen aus.

Robe Lakeview Motel & Apartments MOTEL $$
(☎08-8768 2100; www.robelakeviewmotel.com.au; 2 Lakeside Tce; DZ/Apt. mit 2 Schlafzi. ab 110/225 AU$, zusätzl. Pers. 15 AU$;) Das engagiert betriebene Lakeview ist das beste Motel in Robe. Es bietet direkten Blick auf den Lake Fellmongery, das Paradies für alle Wasserskifans. Die Einrichtung wird immer besser (langsam verschwinden die Dinge aus den 1990ern). Die Zimmer sind geräumig und blitzsauber, und im Sommer ist am Grill immer viel los.

Essen

Union Café CAFÉ $
(☎08-8768 2627; 4/17–19 Victoria St; Hauptgerichte 9–19 AU$; ⏰8–16 Uhr;) Den besten Kaffee in Robe bekommt man in diesem seltsam verwinkelten Café mit Spiegelglasstücken im Boden und improvisierten Kronleuchtern an der Decke. Man kann seinen Kater mit einem großen Frühstück (Beeren-Pancakes mit Speck und Ahornsirup), Pfannen-, Nudel- und Reisgerichten bekämpfen.

Vic Street Pizzeria PIZZERIA $$
(☎08-8768 2081; www.vicstreet.com.au; 6 Victoria St; Hauptgerichte 10–21 AU$; ⏰11–21 Uhr) Das Vic Street ist ein energiegeladenes Café, in dem den ganzen Tag über guter Kaffee und Gourmetpizza (top: die Pizza Humdinger mit Schinken, Salami, Hühnchen, roten Zwiebeln, Oliven, Paprika und Ananas) serviert werden. Moderne asiatische Details im Innenraum, coole Musik aus der Stereoanlage und Weine aus der Region runden das Ganze ab.

Robe Providore CAFÉ $
(☎08-8768 2891; 4 Victoria St; Hauptgerichte 13–18 AU$; ⏰8 Uhr–open end) Das weiß gestrichene Lokal mit poliertem Betonboden bringt ein wenig Großstadtflair nach Robe. Auf die Tische kommen guter Kaffee, großes Frühstück (Eggs Benedict, Selbstgebackenes), kreative Mittagsgerichte (Tintenfischsalat) und abends Holzofenpizza (zu empfehlen: Pizza mit Schweinefleisch- und Fenchelwürstchen). Es gibt Gemeinschaftstische und Sitzbänke.

Praktische Informationen

Robe Visitor Information Centre (☎08-8768 2465, 1300 367 144; www.robe.com.au; Mundy Tce, Public Library; ⏰Mo–Fr 9–17, Sa & So 10–16 Uhr;) Ausstellung, Broschüren und kostenloses Internet. Hier bekommt man die Infoblätter *Scenic Drive, Heritage Drive* und *A Walk Through History*.

Beachport

350 EW.

„Sehen und gesehen werden: rund um die Uhr Scheinwerfer an!" mahnen Schilder auf dem Weg nach Beachport. Ein verzweifelter Versuch der Ortschaft, wahrgenommen zu werden? Ein Schrei nach Aufmerksamkeit? Wir mögen das beschauliche Beachport jedenfalls so, wie es ist – mit seinen Stränden, der Brandung, dem berühmten, 800 m langen Anlegesteg, den trutzigen Steinbauten und den Norfolktannen. Und das mit dem Gesehenwerden kann man vergessen, denn hier bleibt man höchstens perfekt anonym.

Sehenswertes & Aktivitäten

Old Wool & Grain Store Museum MUSEUM
(☎08-8735 8029; www.nationaltrust.org.au/sa; 5 Railway Tce; Erw./Kind/Fam. 5/2/10 AU$; ⏰10–16

Uhr) Das Museum in dem National-Trust-Gebäude an der Hauptstraße zeigt Relikte aus der Zeit des Walfangs und der Seefahrt Beachports und Räume, die im Stil der 1870er-Jahre eingerichtet sind. Eine neue Ausstellung widmet sich den indigenen Buandi.

Beachport Conservation Park NATURSCHUTZGEBIET
(www.environment.sa.gov.au) Es gibt ein paar tolle Wanderwege in diesem 710 ha großen Park zwischen der Küste und dem 2 km nördlich vom Ort gelegenen Lake George. Hier lassen sich Muschelhaufen der Aborigines, geschützte Buchten, Lagunen und Busch-Campingplätze (7/13 AU$ pro Pers./Auto) besichtigen bzw. bewohnen.

Pool of Siloam SCHWIMMEN
(Bowman Scenic Dr) Das Becken in den Dünen am westlichen Ortsrand eignet sich hervorragend zum Baden. Das Wasser ist siebenmal salziger als das des Meeres. Anfahrtspläne hält das Visitor Information Centre bereit.

Schlafen & Essen

Bompas HOTEL, CAFÉ $
(08-8735 8333; www.bompas.com.au; 3 Railway Tce; DZ ohne/mit Bad ab 100/125 AU$;) Dies war einst Beachports erste Kneipe. Heute ist das Bompas kleines Hotel, Café und Restaurant mit Alkoholausschank in einem. Die Zimmer oben sind geräumig und mit moderner Kunst geschmückt (am schönsten ist Zimmer 3 – es ist zwar teurer, seinen Preis aber wegen der sagenhaften Aussicht und des breiten Balkons wert). Das Restaurant (Hauptgerichte 9–23 AU$, tgl. 12–14 & 18–20 Uhr, Sa & So auch morgens) im Erdgeschoss serviert Currys, Schnitzel und Aufläufe sowie Lokal- und Importbiere.

Southern Ocean Tourist Park WOHNWAGENPARK $
(08-8735 8153; sotp@bigpond.net.au; Somerville St; Stellplatz ohne/mit Strom 26/30 AU$, Hütte ab 105 AU$;) Der gut gepflegte, schattige Wohnwagenpark liegt am Fuß eines Hügels im Ortszentrum. Er verfügt über eine Waschküche, überdachte Grillplätze, Krebskocher und einen kleinen Spielplatz. Die hübschen, neuen Hütten mit Küche stehen oben auf dem Hügel.

Praktische Informationen

Beachport Visitor Information Centre (08-8735 8029; www.wattlerange.sa.gov.au; Millicent Rd; Mo–Fr 9–17 Uhr, Sa & So 10–16 Uhr) An der Ortseinfahrt. Hat viele Infos und die Broschüre *Beachport's Bowman Scenic Drive.*

Mt. Gambier

24 900 EW.

Mt. Gambier im Flachland unter einem erloschenen Vulkan ist die größte Stadt an der Limestone Coast und auch deren Dienstleistungszentrum. Manchmal wirkt „The Mount" nicht gerade großstädtisch, aber das, was Mt. Gambier ausmacht, sind nicht die oberirdischen Dinge, sondern der tiefe Blue Lake und die verblüffenden Höhlen, die sich unter der Stadt durch den Kalkstein ziehen.

Sehenswertes & Aktivitäten

Die Region rund um Mt. Gambier ist bekannt für ihre Kalksteinhöhlen und Dolinen.

Blue Lake SEE
(John Watson Dr; 24 Std.) GRATIS Mt. Gambiers Besuchermagnet ist der 75 m tiefe See, der im Sommer in unglaublich intensiven Blautönen erstrahlt. Ratlose Wissenschaftler gehen davon aus, dass dies etwas mit den Kalzitkristallen im Wasser zu tun hat, die sich in den wärmeren Monaten schneller ausbilden. Wer zwischen April und November hierher kommt, wird im Gegensatz dazu lediglich vor einen ganz normalen, stahlgrauen See stehen. Bei den stündlichen Führungen von **Acquifer Tours** (08-8723 1199; www.aquifertours.com; Ecke Bay Rd & John Watson Dr; Erw./Kind/Fam. 9/4/25 AU$; geführte Touren Nov.–Jan. 9–17 Uhr, Feb.–Mai & Sept.–Okt. 9–14 Uhr, Juni–Aug. 9–12 Uhr) fährt man in der Nähe des Ufers mit einem Glasaufzug in die Tiefe.

Riddoch Art Gallery GALERIE
(www.riddochartgallery.org.au; 1 Bay Rd; Mo–Fr 10–17, Sa & So 11–15 Uhr) GRATIS Bei schlechtem Wetter kann der Besuch in einer der besten Regionalgalerien Australiens einen wieder aufheitern. Es gibt hier drei Abteilungen (Wechsel- und Dauerausstellungen, avantgardistische Installationen, Ausstellungen zur Gemeinde) sowie historische Exponate und ein Kino, in dem Filme zur Lokalgeschichte laufen. Kostenlose Führungen gibt's donnerstags um 11 Uhr.

Cave Gardens HÖHLE
(Ecke Bay Rd & Watson Tce; 24 Std.) GRATIS Die 50 m tiefe Doline befindet sich mitten in der Stadt. Kein Wunder also, dass ungewollt hin

ABSEITS DER ÜBLICHEN PFADE

PORT MACDONNELL

Rund 30 km südlich von Mt. Gambier schlummert das Krebsfischerdorf Port MacDonnell (700 Ew.), die südlichste Ortschaft in SA, vor sich hin. Einst war es der zweitgrößte Hafen des Bundesstaats. Das erklärt das hübsche **Customs House** (☎08-8738 2475, 0418 854 595; www.thecustomshouse.com.au; 3 Charles St, Port MacDonnell; DZ ab 260 AU$) von 1863, in dem heute ein B&B untergebracht ist.

Seit 1844 sind etwa 40 Schiffe vor der Küste gesunken. Das **Port MacDonnell & District Maritime Museum** (www.dcgrant.sa.gov.au/page.aspx?u=449; 5–7 Charles St, Port MacDonnell; Erw./Kind 5/3 AU$; ⏲Mo–Do 9–17, Fr 9–20, Sa & So 10–16 Uhr) zeigt geborgene Gegenstände von Schiffswracks.

und wieder der ein oder andere Einkaufswagen hineinfällt! Man kann hinabsteigen und der allabendlichen Sound-&-Light-Show (20 Uhr) beiwohnen, bei der Geschichten aus der Traumzeit der Aborigines erzählt werden.

Engelbrecht Cave HÖHLE
(☎08-8723 5552; www.mtgambiersa.com.au/attractions/engelbrecht-cave; Jubilee Hwy W, abseits der Chute St; Führung Erw./Kind/Fam. 12/8/34 AU$; ⏲Führung stündl. 9–16 Uhr, Winter bis 15 Uhr) Unter dem Jubilee Hwy und 19 Wohnhäusern durchzieht ein Höhlensystem den Boden. Die Führungen dauern 45 Minuten und haben einen unterirdischen See zum Ziel (für Infos zum Höhlentauchen anrufen). Es gibt hier auch ein Café.

Umpherston Sinkhole HÖHLE
(☎0429 349 328; 2160 Jubilee Hwy E; Eintritt frei, Führung Erw./Kind/Fam. 9/4/20 AU$, Rundgang ohne Führer Erw./Kind 5 AU$/frei; ⏲24 Std., Führung Sommer 9–21 Uhr, Winter 10–16 Uhr) GRATIS Die Höhle auf dem schon vor langer Zeit aufgeteilten Anwesen von James Umpherston war einst ein netter Zufluchtsort vor der Sommerhitze. Die Besichtigung ist kostenlos; es gibt auch Führungen.

Schlafen

Park Hotel KNEIPE $$
(☎08-8725 2430; www.parkhotel.net.au; 163 Commercial St W; DZ ab 140 AU$; ❄📶) Die alte Eckkneipe in Mt. Gambiers westlicher Wüstenei hat drei sehr kostspielig renovierte Zimmer im Obergeschoss. Das Ergebnis kann sich sehen lassen: polierte Holzböden, Doppelglasfenster, Marmorbäder, Kaffee-Sahne-Farben … Schick!

Colhurst House B&B $$
(☎08-8723 1309; www.colhursthouse.com.au; 3 Colhurst Pl; DZ inkl. Frühstück ab 170 AU$; ❄) Den meisten Einheimischen sagt das Colhurst nichts: In einem Herrenhaus von 1878, das von walisischen Einwanderern erbaut wurde, versteckt es sich im Zentrum in der Seitengasse einer Nebenstraße (Wyatt St). Die altmodische, aber keinesfalls kitschige Unterkunft umläuft oben ein Balkon, der einen großartigen Blick über die Dächer eröffnet. Es gibt englisches Frühstück.

Old Mt. Gambier Gaol HOSTEL $
(☎08-8723 0032; www.hmgetaway.com.au; 25 Margaret St; B/2BZ/DZ ab 26/60/80 AU$; 📶) Wer vergessen kann, dass dies bis 1995 ein Gefängnis war (oder gerade das reizvoll findet), findet in diesen renovierten alten Gebäuden eine atmosphärische, erschwingliche Bleibe vor. In einem Gebäude ist ein spartanischer Schlafsaal für Backpacker untergebracht. Wer es gespenstisch mag, kann auch in einer der früheren Zellen übernachten. Es gibt eine Bar, in der manchmal auch Livebands auftreten.

Blue Lake Holiday Park WOHNWAGENPARK $
(☎08-8725 9856, 1800 676 028; www.bluelake.com.au; Bay Rd; Stellplatz ohne/mit Strom ab 31/36 AU$, Hütte/Wohneinheit/Bungalow ab 98/120/180 AU$; ❄@📶🏊) Neben dem Blue Lake, einem Golfplatz und Wander- und Radwegen bietet dieser freundliche Wohnwagenpark ein paar nette grau-weiße Hütten, einen gut gemähten Rasen und schicke, moderne, in sich abgeschlossene „Refugien" (ab 200 AU$) für vier Personen.

Essen

Yoeys CAFÉ $
(www.yoeys.com.au; 32 James St; Stücke 5–14 AU$; ⏲Mo–Fr 8.30–17.30, Sa 8.30–13.30 Uhr) Was für eine Entdeckung! Ein Gourmet-Café mit haufenweise Kuchen, Muffins, Brot, Schokolade, Pasta und Delikatessen. Der Kühlschrank ist übervoll mit hervorragendem Käse (wie wär's mit einem kräftigen italienischen Ziegenkäse?). Außerdem gibt's hier

den besten Kaffee der Stadt, Suppen, Pies und Gebäck.

Bullfrogs MODERN-AUSTRALISCH $$
(☎ 08-8723 3933; www.bullfrogs.com.au; 7 Percy St; Hauptgerichte 11–32 AU$; ⏲ 11 Uhr–open end) Das Restaurant erstreckt sich über drei Stockwerke einer wunderbaren, alten Mühle aus Stein und begeistert mit Grillgerichten vom Rind und vom Lamm, edlem Bier, Coonawarra-Weinen, Cocktails, gutem Kaffee und gelegentlichen Auftritten von Sängern. Kaum zu toppen!

Banana Tree Café & Terrace THAI $$
(☎ 08-8723 9393; www.bananatree.com.au; 53 Gray St; Hauptgerichte 16–33 AU$; ⏲ 11–14 & 18–21 Uhr) Ein echter Thailänder in Mt. Gambier! Das bunte und schön kitschige (mit unechten Rattanmöbeln, Kronleuchtern und Musik von einem kommerziellen Radiosender) Lokal in einer Seitenstraße serviert chiligewürzte Gerichte wie kurz gebratenes Rindfleisch mit Basilikum und super-scharfes grünes Hühnchencurry.

Jens Town Hall Hotel KNEIPE $$
(☎ 08-8725 1671; 40 Commercial St E; Hauptgerichte 15–29 AU$; ⏲ 12–14 & 18–20 Uhr) Das süffigste Bier serviert das Jens von 1884, eine der vielen alten Kneipen in Mount. In dem großen Speiseraum werden ebenso große Portionen Steak, Grillgerichte, Pasta, Meeresfrüchte und richtig gute Lasagne serviert. Die Mittagsgerichte kosten nur 12 AU$.

ℹ Praktische Informationen

Mount Gambier Visitor Information Centre (☎ 08-8724 9750, 1800 087 187; www.mountgambiertourism.com.au; 35 Jubilee Hwy E; ⏲ 9–17 Uhr) Bietet Infos zu lokalen Sehenswürdigkeiten, Aktivitäten, Transport und Unterkünften. Hier befindet sich auch das **Lady Nelson Discovery Centre** (Erw./Kind 2/1 AU$) mit einer Replik der historischen *Lady Nelson.*

Penola & Weinregion Coonawarra

Die aufstrebende ländliche Stadt (welch eine Seltenheit!) **Penola** (1670 Ew.) gehört zu den Orten, in denen man auf der Hauptstraße mindestens dreimal mit „Hallo“ begrüßt wird, bevor man überhaupt im Pub ankommt. Die Stadt ist für zwei Dinge bekannt: erstens für ihre Verbindung zum Orden der Sisters of St. Joseph of the Sacred Heart, der 1867 von der ersten Heiligen Australiens, Mary MacKillop, mitbegründet wurde. Und zweitens, weil sie mitten im Herzen der Weinregion Coonawarra liegt.

Sehenswertes & Aktivitäten

Mary MacKillop Interpretive Centre MUSEUM
(www.mackilloppenola.org.au; Ecke Portland St & Petticoat La; Erw./Kind 5 AU$/frei; ⏲ 10–16 Uhr) Das Zentrum ist in einem feschen Gebäude mit schöner Pergola am Eingang – in Mutter Marys Augen vielleicht etwas zu protzig – untergebracht. Es informiert umfassend über Australiens erste Heilige. Zudem gibt's hier das Woods-MacKillop Schoolhouse, Australiens erste Schule für sozial benachteiligte Kinder.

John Riddoch Centre MUSEUM
(www.wattlerange.sa.gov.au/tourism; 27 Arthur St; ⏲ Mo–Fr 9–17, Sa & So 10–16 Uhr) GRATIS Das Museum im Gebäude der Touristeninformation erläutert die Lokalgeschichte ab den 1850er-Jahren. Dabei erfährt man einiges über die hiesigen indigenen Pinejunga und den aus Penola stammenden Landbesitzer Riddoch, der „stets dem Unglück trotzte“ und immer „standhaft und beharrlich“ war. Das Museum war während unseres Besuchs aufgrund von Renovierungsarbeiten geschlossen.

Petticoat Lane STRASSE
Eine der ersten Straßen Penolas. Die meisten der Originalgebäude sind zwar längst verschwunden, aber ein paar alte Fachwerkhäuser, Bordsteine aus Eukalyptusholz und knorrige Bäume gibt es immer noch.

Schlafen & Essen

Eine Liste mit B&Bs findet man unter www.coonawarradiscovery.com. Zu vielen Weingütern in Coonawarra gehören auch Restaurants.

Must@Coonawarra MOTEL $$
(☎ 08-8737 3444; www.mustatcoonawarra.com.au; 126 Church St; Zi. ab 165 AU$; ❄ 📶) 🌿 Das schicke Must an der Straße hinauf zu den Weingütern ist eine neuere Bleibe mit fesch gewölbtem Dach, das an das Opernhaus in Sydney erinnert. Von Wohnstudios bis zu Apartments findet man hier so ziemlich alles. Ein weiteres Plus ist die Ausrichtung auf Nachhaltigkeit: Regenwasserduschen, Doppelverglasung und Wärmedämmung, solar beheiztes Warmwasser, natürliche Reinigungsprodukte usw. Es gibt auch einen Fahrradverleih (20 AU$/Tag).

Heyward's Royal Oak Hotel PUB $
(☎08-8737 2322; www.heywardshotel.com.au; 31 Church St; EZ 55 AU$, DZ & 2BZ 88 AU$) Das Royal Oak – ein mit Chichi aufgehübschter Klotz von 1872 – ist Penolas geselliger Treffpunkt. Die Zimmer im Obergeschoss sind zwar etwas verwohnt (und ihre Bewohner müssen sich die Badezimmer teilen), aber dennoch ihren Preis wert. Unten in dem großen Speiseraum mit Schottenkaroteppichen (Hauptgerichte 20–33 AU$, 11.30–14 & 18–20 Uhr) werden erstklassige Kneipengerichte (Känguru-Filets in Pfefferkruste mit Cabernet-Glasur) und riesige Schnitzel serviert. Im Sommer kann man im Biergarten sitzen.

Georgie's Cottage B&B $$
(☎08-8737 3540; www.georgiescottage.com; 1 Riddoch St; DZ ab 185 AU$; ❄) Lust auf Romantik? Das einen kurzen Spaziergang vom Zentrum entfernte Georgie's an der Straße nach Millicent ist ein niedliches, kleines Stein-Cottage mit Rosen und Malven davor. Als Gourmetüberraschung gibt's Schokolade und Wein – ob das wohl das Richtige zum Frühstück ist?

Pipers of Penola MODERN-AUSTRALISCH $$$
(☎08-8737 3999; www.pipersofpenola.com.au; 58 Riddoch St; Hauptgerichte 30–37 AU$; ⊙Di–Sa 18–21 Uhr) Das elegante, trauliche Restaurant wurde geschmackvoll in einer alten Methodistenkirche eingerichtet. Das freundliche Personal serviert leckere Gerichte aus saisonalen Zutaten. Auf der Speisekarte wimmelt es von Wörtern wie „Galette", „Kromeski" und „Rotollo" – alles Hinweise auf eine echte Gourmetküche! Die Preise steigen, aber die Qualität auch. Es gibt eine tolle Weinkarte mit vielen Tropfen aus der Region.

diVine CAFÉ $
(☎08-8737 2122; www.penola.org/divine.htm; 39 Church St; Hauptgerichte 10–19 AU$; ⊙9–17 Uhr) Das helle, moderne Café serviert Baguettes, den ganzen Tag über Frühstück, tollen Kaffee und international inspirierte Mittagsgerichte (zu empfehlen sind die chinesischen Dampfklöße mit Schweinefleisch). Bei Muffins und Käse aus der Region diskutieren die Einheimischen hier über die Nuancen der verschiedenen Weinjahrgänge.

ℹ Praktische Informationen

Penola Visitor Information Centre (☎08-8737 2855, 1300 045 373; www.wattlerange.sa.gov.au/tourism; 27 Arthur St; ⊙Mo–Fr 9–17, Sa & So 10–16 Uhr) Ist für die Region Coonawarra zuständig und hat Infos zu Rad-

NICHT VERSÄUMEN

WEINGÜTER IN COONAWARRA

Wenn es um vollmundigen Cabernet Sauvignon geht, ist die Weinregion Coonawarra (www.coonawarra.org) zweifellos die Nummer eins. In der fruchtbaren *terra rossa* (rote Erde) hier gedeiht unwiderstehlicher Shiraz und Chardonnay. Fünf der besten Weingüter in der Region:

➡ **Zema Estate** (www.zema.com.au; Riddoch Hwy; ⊙9–17 Uhr) Die Zemas gründeten ihr Traditionsweingut in den frühen 1980er-Jahren. Der Shiraz und der Cabernet Sauvignon zeigen die unaufdringliche handwerkliche Finesse.

➡ **Rymill Coonawarra** (www.rymill.com.au; Riddoch Hwy; ⊙10–17 Uhr) Das Rymill bringt mit dem besten Sauvignon Blanc aller Zeiten Schwung in die Runde. Vor der Tür des Weinguts steht eine Statue von zwei sich bekämpfenden Pferden – schon das verdeutlicht die Kampfansage.

➡ **Majella Wines** (www.majellawines.com.au; Lynn Rd; ⊙10–16.30 Uhr) Die Familie, die das Majella betreibt, lebt seit vier Generationen in Coonawarra und kennt sich bestens mit vollmundigen Rotweinen aus.

➡ **Balnaves of Coonawarra** (www.balnaves.com.au; Riddoch Hwy; ⊙Mo–Fr 9–17, Sa & So 12–17 Uhr) Die Weinbeschreibungen hier bedienen sich so blumiger Vergleiche wie „dunkler Seetang". Doch auch wer das nicht herausschmeckt, wird am hiesigen Cabernet Sauvignon und Chardonnay seine Freude haben.

➡ **Wynns Coonawarra Estate** (www.wynns.com.au; 2 Memorial Dr; ⊙10–17 Uhr) Die Tür des ältesten Weinguts von Coonawarra stammt von 1896 und wurde von dem Penola-Pionier John Riddoch persönlich gezimmert. Hier gibt's vor allem erstklassigen Shiraz, duftenden Riesling und goldenen Chardonnay.

wegen und Weintouren vor Ort. Hier befindet sich auch das John Riddoch Centre. Nach den Broschüren *Penola Cycle Trails* und *Walk With History* fragen!

Naracoorte Caves National Park

Etwa 10 km südöstlich von Naracoorte, unweit der Straße nach Penola, befindet sich die einzige Welterbestätte von SA. Die Entdeckung eines versteinerten Urbeutlers in den hiesigen Kalksteinhöhlen faszinierte die Paläontologen der Welt und war Thema in David Attenboroughs BBC-Serie *Life on Earth.*

Das **Wonambi Fossil Centre** (☎08-8762 2340; www.environment.sa.gov.au/naracoorte; Hynam-Caves Rd; Erw./Kind/ Fam. 13/8/36 AU$; ⌚9–17 Uhr) dient gleichzeitig als Besucherzentrum. Es porträtiert den hiesigen Regenwald von vor 200 000 Jahren: Eine Rampe führt vorbei an brüllenden, lebensgroßen Nachbildungen ausgestorbener Tiere, u. a. einem Beutellöwen, einem riesigen Ameisenigel, einem *Diprotodon australis* (Koala-Grizzly-Mischung) und einem *Megalania prisca* – einem 500 kg schweren Monsterwaran.

Die 26 Kalksteinhöhlen, u. a. die **Alexandra Cave**, die **Cathedral Cave** und die **Victoria Fossil Cave**, weisen bizarre Tropfsteinformationen auf. Möchtegern-Bruce-Waynes werden von der **Bat Cave** begeistert sein, aus der im Sommer bei Sonnenuntergang Tausende der bedrohten Südlichen Langflügelfledermäuse herausschwärmen. Die **Wet Cave** kann man auf eigene Faust erkunden (Erw./Kind/Fam. 9/5,50/25 AU$), aber in den anderen Höhlen muss man sich einer Ranger-Führung (1 Höhle Erw./Kind/Fam. ab 20/12/55 AU$) anschließen. Eine preisgünstige Unterkunft findet man im **Wirreanda Bunkhouse** (☎08-8762 2340; www.environment.sa.gov.au/naracoorte; B/Stellplatz mit Strom ab 22/25 AU$), das oft voller Schulkinder ist, aber auch von Travellern gebucht werden kann.

Weitere Infos über die Region und Tipps zu Unterkünften sind im **Naracoorte Visitor Information Centre** (☎08-8762 1399; www.naracoortelucindale.com; 36 MacDonnell St; ⌚Mo–Fr 9–17, Sa & So 10–16 Uhr) in Naracoorte erhältlich.

MURRAY RIVER

Mit dem geringsten Gefälle aller australischen Flüsse windet sich der langsam dahinströmende Murray auf 650 km durch SA. Gezähmt durch Wehre und Schleusen, bewässert er im Norden die Früchte und Reben der Region Riverland. Richtung Süden säumen die Weiden der Murraylands seine Kurven. In lärmenden Schwärmen erheben sich Nacktaugen- und Rosakakadus von Felsen am Ufer oder aus Eukalyptusbäumen über üppige Obst- und Weinplantagen.

Vor der europäischen Kolonisation siedelten die indigenen Meru an den Ufern, später legten flachgängige Raddampfer in Murray Bridge ab, um Wolle, Weizen und Vorräte auf dem Darling bis ins zentrale Queensland zu bringen. Mit dem Bau neuer Bahnstrecken verschwanden die Transportschiffe. Heute wird der Murray vor allem im Sommer massenhaft von Hausbooten, Wasserskifahrern und Jetskis heimgesucht. Wer Ruhe sucht und sich an röhrenden V8-Bootsmotoren stört, sollte die größeren Städte und Campingplätze an Wochenenden sowie zur Ferienzeit meiden.

Infos gibt's auch auf www.themurrayriver.com.

Sehenswertes & Aktivitäten

Miethausboote sind en vogue am Murray. Es macht einfach einen Heidenspaß, mit einem Hausboot auf dem Fluss herumzuschippern. Man muss nur mindestens 18 Jahre alt sein und einen gültigen Führerschein besitzen. In den meisten Ortschaften am Fluss gibt es Hausboote. Vorab buchen, besonders zwischen Oktober und April!

Auf der Website der **Houseboat Hirers Association** (☎08-8231 8466, 1300 665 122; www.houseboatbookings.com) gibt es Fotos aller Boote; dort kann man auch gleich selbst buchen. Für ein Wochenende mit drei Übernachtungen zahlt man etwa ab 670 AU$ für zwei Personen; ein Luxusboot mit Platz für zehn Personen kostet bis zu 2700 AU$. Die meisten Boote sind für mindestens zwei Pärchen ausgelegt, und fast immer muss man eine Kaution (ab 200 AU$) hinterlegen. Oft wird Bettwäsche gestellt; für Verpflegung und guten Wein muss man selbst sorgen. Die Broschüre *Houseboat Holidays* von SA Tourism enthält detaillierte Listen der Hausboote und ihrer Vermieter.

An- & Weiterreise

LinkSA (www.linksa.com.au) betreibt täglich mehrere Busse zwischen Adelaide und Murray Bridge (20 AU$, 1¼ Std.) und von Montag bis

ROLLIN' ON THE RIVER

Bis 2011 war der Old Man Murray in ernsten Schwierigkeiten – Trockenperioden, Versalzung, Verdunstung, Bewässerungssysteme am Oberlauf und Wasserentnahmen, um die Haushalte von SA mit dem feuchten Nass zu versorgen, machten dem Fluss ziemlich zu schaffen. Das Ökosystem war aus den Fugen geraten und Farmer kämpften ums Überleben. Es wurde heiß über Lösungen debattiert: Sollte die Regierung die Kontrolle über das Murray-Darling-Becken übernehmen? Sollten strenge Quoten für die Bewässerungswirtschaft am Oberlauf erlassen oder ein Wehr bei Wellington gebaut werden? Sollten die Dämme bei Goolwa geöffnet und die Lower Lakes mit Salzwasser überflutet werden? Die Lage war wirklich ernst.

2011 wurde die Dürre unterbrochen: Der tropische Wirbelsturm Yasi sorgte für starke Regenfälle und Hochwasser am Oberlauf des Flusses in Queensland, New South Wales und Victoria. Jetzt fließt der alte Herr wieder, die Schlamm- und Salzrückstände konnten abgewaschen werden und die Feuchtgebiete füllten sich wieder mit Leben. Aber was bringt die Zukunft? Die neuesten Ideen, wie man den Old Man Murray am Fließen halten kann, stehen unter www.savethemurray.com.

Freitag auch nach Mannum (27 AU$, 2½ Std., in Mt. Barker in den Adelaide Hills umsteigen). **Premier Stateliner** (www.premierstateliner.com.au) lässt täglich Busse von Adelaide ins Riverland rollen, mit Halt in Waikerie (42 AU$, 2½ Std.), Barmera (52 AU$, 3¼ Std.), Berri (52 AU$, 3½ Std.) und Renmark (52 AU$, 4 Std.). Außer samstags halten die Busse auch in Loxton (52 AU$, 3¾ Std.).

Murray Bridge

18 370 EW.

SAs größte am Fluss gelegene (und die fünftgrößte überhaupt in SA) Stadt ist ein weitläufiges Regionalzentrum mit vielen alten Kneipen, einem kaum erschlossenen Flussufer, einem Gefängnis und wenig Charme.

Sehenswertes

Murray Bridge Regional Gallery GALERIE
(www.murraybridgegallery.com.au; 27 6th St; Di–Sa 10–16, So 11–16 Uhr) GRATIS Die Galerie ist das kulturelle Epizentrum der Stadt mit Wechselausstellungen und Werken einheimischer Künstler: Gemälde, Keramik, Glaskunst, Schmuck und Drucke.

Monarto Zoo ZOO
(www.monartozoo.com.au; Princes Hwy, Monarto; Erw./Kind/Fam. 31,50/18/85 AU$; 9.30–17 Uhr, letzter Einlass 15 Uhr) Rund 14 km westlich der Stadt tummeln sich in den Freigehegen des ausgezeichneten Zoos australische und afrikanische Tiere wie Geparden, Nashörner und Giraffen (und ihr niedlicher Nachwuchs). Im Eintrittspreis inbegriffen ist eine Safaritour im Bus. Den ganzen Tag über halten Tierpfleger Vorträge.

Captain Proud Paddle Boat Cruises BOOTSFAHRT
(0466 304 092; www.captainproud.com.au; Wharf Rd; Bootsfahrt 1/2/3 Std. 25/45/49 AU$) Im Angebot sind Rundfahrten auf dem Fluss, von einstündigen Sightseeing-Touren bis hin zu längeren Ausflügen mit Mittagessen, Nachmittagstee oder Getränken und Käseplatten. Termine und Buchung per Telefon.

Schlafen

Adelaide Road Motor Lodge MOTEL $
(08-8532 1144; www.adelaiderdmotorlodge.com; 212 Adelaide Rd; DZ ab 80 AU$, 3BZ & 4BZ 130–215 AU$) Wenn man schon hier übernachten muss, dann ist die beste Option dieses skurrile Motel aus den 1960er-Jahren, das auf den Stand des 21. Jhs. gebracht wurde. Es ist eines von mehreren Motels an der Straße zur Autobahn zwischen Murray Bridge und Adelaide.

Praktische Informationen

Murray Bridge Visitor Information Centre (1800 442 784, 08-8339 1142; www.murraybridge.sa.gov.au; 3 South Tce; 9–17 Uhr) Hier gibt's die Broschüren *Murray Bridge Accommodation Guide* und *Eating Out in Murray Bridge* sowie Infos zu Anbietern von Flusstouren.

Von Mannum nach Waikerie

Etwa 84 km östlich von Adelaide klebt auf einem schmalen Uferstreifen das unheimlich malerische **Mannum** (6750 Ew.), die inoffizielle Welthauptstadt der Hausboote. Hier wurde 1853 die *Mary Ann*, Australiens erstes Flussschiff, gebaut, die auch die erste Raddampferfahrt auf dem Murray unternahm. Das Visitor Information Centre von Mannum beherbergt das **Mannum Dock Museum of River History** (www.psmarion.com; 6 Randell St, Mannum; Erw./Kind 7,50/3,50), das über die hiesigen Aborigine-Gemeinden der Ngarrindjeri informiert. Außerdem sind ein Trockendock von 1876 und der restaurierte Raddampfer *PS Marion,* der manchmal noch mit Gästen auf dem Fluss rumschippert, zu bewundern.

Breeze Holiday Hire (☎0438 802 668; www.murrayriver.com.au/breeze-holiday-hire-1052) verleiht Kanus und Kajaks (75 AU$/Tag), Schlauchboote mit Außenbordmotoren (95 AU$/Tag) und Angelausrüstung (15 AU$/Tag). Wasserskikurse werden ebenfalls angeboten.

Zwischen Mannum und Swan Reach verläuft die östliche Uferstraße an vielen Stellen ziemlich weit östlich vom Fluss, aber die vielen Aussichtspunkte an der Strecke ermöglichen einen Überblick über die Landschaft. Etwa 9 km südlich von Swan Reach beschreibt der Murray eine enge Kurve namens **Big Bend**, die von zerklüfteten, ockerfarbenen Klippen gesäumt wird.

Das verschlafene, alte Swan Reach (850 Ew.) liegt 70 km südwestlich von Waikerie. Der Name ist etwas unpassend, denn hier gibt's kaum Schwäne, dafür aber eine alte Kneipe und viele Pelikane.

Waikerie (4630 Ew.) mit seinem seltsamen Wald aus Fernsehantennen ist ein Zentrum des Zitrusfrüchteanbaus. In der Sprache der Aborigines bedeutet sein Name „alles, was fliegt", und tatsächlich flattern hier viele Vögel durch die Luft. Im **Gluepot Reservat** (☎08-8892 9600; www.riverland.net.au/gluepot; Gluepot Rd; Auto pro Tag/Nacht 5/10 AU$; ⏲8–18 Uhr), einem Eukalyptus-Buschland 64 km nördlich von Waikerie (an der Lunn Rd), wurden 180 Vogelarten registriert. Das Reservat ist Teil des UNESCO-Biosphärenreservats. Bevor man sich auf den Weg macht, sollte man sicherheitshalber an der Shell-Tankstelle in der Peake Tce in Waikerie nachfragen, ob man einen Schlüssel für das Eingangstor benötigt.

Geführte Touren

Jester Cruises BOOTSFAHRT
(☎0419 909 116, 08-8569 2330; www.jestercruises.com.au; 1¾-/2½-stündige Tour 30/60 AU$) Mit der Jester, die Platz für 40 Personen bietet und an den meisten Tagen Touren durchführt, kann man von Mannum aus den Fluss hinauf- und hinunterschippern.

Proud Mary BOOTSFAHRT
(☎08-8406 444; www.proudmary.com.au; 1½-stündige Tour Erw./Kind 55/40 AU$) Fahrten mit Mittagessen in einem großen Boot ab Mannum. Dabei kann man seine Textsicherheit bei den Songs von Creedence Clearwater Revival wieder auffrischen.

Schlafen & Essen

Mannum Motel MOTEL $$
(☎08-8569 1808; www.mannummotel.com.au; 76 Cliff St, Mannum; DZ/FZ ab 130/150 AU$; ❄📶) Die bescheidene, aus den 1980er-Jahren stammende Anlage aus braunen Ziegelsteinen befindet sich auf einer Anhöhe oberhalb der Fähranlegestelle in Mannum. Manche der größeren Wohneinheiten haben Kochnischen, falls man keine Lust hat, ins hauseigene Bistro oder eine Kneipe zu gehen.

Mannum Caravan Park WOHNWAGENPARK $
(☎08-8569 1402; www.mannumcaravanpark.com.au; Purnong Rd, Mannum; Stellplatz ohne/mit Strom 25/29 AU$, Hütte/Villa ab 64/120 AU$; ❄@📶) Ein adretter Wohnwagenpark mit vielen schattenspendenden Eukalyptusbäumen direkt am Fluss neben der Fähranlegestelle von Mannum. Auf dem Rasen tummeln sich Enten und Teichhühner. Wenn es regnet, kann man sich die Zeit mit einer Partie Billard im Spielezimmer vertreiben.

Waikerie Hotel Motel HOTEL-MOTEL $
(☎08-8541 2999; www.waikeriehotel.com; 2 McCoy St, Waikerie; DZ 79–139 AU$; ❄📶) Waikeries

DER FÄHRMANN WILL KEIN GELD

Auf seinem kurvenreichen Weg durchs östliche SA wird der Murray zwangsläufig (von sehr viel gerader verlaufenden) Straßen geschnitten. Seit Ende des 19. Jhs. gelangen Fahrzeuge mit Seilfähren über den Fluss – kostenlos und rund um die Uhr. Kräftige Fährmänner mit Bart und leuchtenden Westen dirigieren die Autos an Bord, verriegeln die Sicherheitsbügel und schippern dann auf die andere Flussseite. Es sind elf Fähren in Betrieb, am praktischsten sind die in Mannum, Swan Reach und Waikerie. Nachts bitte mit ausgeschaltetem Licht am Ufer warten, um den nahenden Kapitän nicht zu blenden.

Pub an der Hauptstraße bietet saubere, erschwingliche Hotelzimmer (alle mit Bad, was eher ungewöhnlich ist) und renovierte Motelzimmer hinter dem Haus. Der älteste Teil des Pubs brannte 2012 nieder, zwei Tage vor seinem 100. Geburtstag! Im Bistro gibt's typische Kneipenkost (Hauptgerichte 16–35 AU$, 12–14 & 18–20 Uhr).

Murray River Queen FLUSSSCHIFF $
(☎08-8541 2651; www.murrayriverqueen.com.au; Leonard Norman Dr, Waikerie; B 30 AU$, DZ ohne/mit Bad ab 55/90 AU$) Wenn er nicht gerade über den Murray schippert, liegt dieser Raddampfer von 1974 in Waikerie vor Anker und bietet einfache Schlafkojen (etwas schäbig und düster, aber zweifellos originell) und etwas bessere Doppelzimmer. Wer Lust hat, kann im Café an Bord ein leichtes Mittagessen (6–15 AU$, Mi–So 8.30–16 Uhr) zu sich nehmen. Betreiber ist der hiesige Wohnwagenpark.

Pretoria Hotel PUB $$
(☎08-8569 1109; www.pretoriahotel.com.au; 50 Randell St, Mannum; Hauptgerichte 16–28 AU$; ⏲12–14 & 18–20 Uhr) Das familienfreundliche Pretoria von 1900 hat ein großes Bistro und eine Terrasse mit Blick auf den Fluss. Aufgetischt werden große Steaks, Känguru- und Parmawallaby-Filets, asiatische Salate sowie gute Meeresfrüchte. Als 1956 die Flut über die Stadt hereinbrach, wurde hier auf dem Balkon im 1. Stock weiter Bier ausgeschenkt!

Praktische Informationen

Mannum Visitor Information Centre (☎08-8569 1303, 1300 626 686; www.psmarion.com; 6 Randell St, Mannum; ⏲Mo–Fr 9–17, Sa & So 10–16 Uhr) Buchung von Bootstouren und Hausbooten. Hat die Broschüre *Mannum Historic Walks* auf Lager. Hier befindet sich auch das **Museum of River History**.

Barmera & Umgebung

Donald Campbell, der Inhaber des Geschwindigkeitsweltrekords zu Lande, versuchte 1964 vergeblich, auf dem Lake Bonney seine eigene Wasserbestmarke zu brechen. Das heute ziemlich verschlafene Barmera (4290 Ew.) war früher ein wichtiger Knotenpunkt des Langstrecken-Viehtriebs ab NSW. Heute wirkt der Ort trist: Die lokale Leidenschaft für Musik (Country *und* Western) sorgt dennoch für eine gewisse Stimmung. Das winzige Nest Kingston-On-Murray (alias Kingston OM; 260 Ew.) liegt in Richtung Waikerie.

Sehenswertes & Aktivitäten

Der einst nur zeitweise gefüllte **Lake Bonney** enthält durch menschliches Zutun heute durchgängig Wasser. Er ist von großen, abgestorbenen Roten Eukalyptusbäumen mit kahlen Ästen gesäumt, in denen sich Unmengen Vögel tummeln. Wer es kleiderlos mag, kann sich am FKK-Strand des **Pelican Point Holiday Park** (www.riverland.net.au/pelicanpoint) am Westufer des Sees im Sand räkeln.

Naturschutzgebiete mit Wanderwegen und Campingmöglichkeiten (6 AU$/Auto) sind **Moorook** an der Straße nach Loxton und **Loch Luna** am anderen Flussufer gegenüber von Kingston-On-Murray. Am hinteren Rand von Loch Luna steht das Overland Corner Hotel. Beide Schutzgebiete warten mit Naturlehrpfaden auf. Natürlich kann man hier auch ganz wunderbar Vögel beobachten und Kanu fahren. Genehmigungen für Campingplätze mit Selbstregistrierung sind am Eingang erhältlich.

Es gibt auch Wanderwege zum Overland Corner Hotel.

★ **Banrock Station Wine & Wetland Centre** WEINGUT
(www.banrockstation.com.au; Holmes Rd, Kingston OM; ⏲Mo–Fr 9–16, Sa & So 9–17 Uhr) Das CO_2-neutrale Banrock mit Blick auf renaturierte, umzäunte Feuchtgebiete abseits des Sturt Hwy in Kingston OM ist ein stilvolles Weinverkostungszentrum in einem Stampflehmbau (der Tempranillo ist himmlisch!) mit einem Mittagsrestaurant (Hauptgerichte 17–25 AU$ – unbedingt das Schweinefleisch mit Kumquats probieren!), das Produkte aus der Region nutzt. Es gibt drei Wanderwege durchs Feuchtgebiet, die 2,5 km, 4,5 km (3 AU$) bzw. 8 km (5 AU$) lang sind.

Rocky's Hall of Fame Pioneers Museum MUSEUM
(www.murrayriver.com.au/barmera/rockys-hall-of-fame-pioneers-museum; 4 Pascoe Tce, Barmera; Erw./Kind 2/1 AU$; ⏲Mi–Mo 10–12 & 13–15 Uhr) In Barmera ist Country-Musik schwer angesagt. Im Juni steigt hier das **South Australian Country Music Festival & Awards** (www.riverlandcountrymusic.com), und aus den Außenlautsprechern des Rocky's Museum schallen ländliche Klänge auf die Hauptstraße. Sehenswert ist der 35 m lange botanische Garten in Gitarrenform hinter dem Haus, in dem 160 Country-Musiker von Slim Dusty bis Kasey Chambers ihre Handabdrücke hinterlassen haben.

Schlafen & Essen

Discovery Holiday Parks Lake Bonney WOHNWAGENPARK $
(☎ 08-8588 2234; www.discoveryholidayparks.com.au; Lakeside Ave, Barmera; Stellplatz ohne/mit Strom ab 22/29 AU$, Hütte ab 94 AU$; ❄📶🏊) In dem mit viel Liebe verwalteten Park direkt am See stehen Gästen schmale Strände (Baden ist hier ungefährlich), Elektrogrills, eine Campingküche, eine Waschküche und viel Platz für herumtobende Kids zur Verfügung. Stellplätze direkt am Wasser und jede Menge Schatten spendende Bäume fehlen natürlich auch nicht.

Barmera Lake Resort Motel MOTEL $
(☎ 08-8588 2555; www.barmeralakeresortmotel.com.au; Lakeside Dr, Barmera; DZ 90–145 AU$, FZ ab 185 AU$; ❄🏊) Das preisgünstige Motel an der Straße gegenüber vom See bietet Grillplatz, Pool, Waschküche und Tennisplatz. Die Zimmer sind nicht sonderlich schick, aber sauber und die meisten mit Seeblick.

Overland Corner Hotel KNEIPE $$
(☎ 08-8588 7021; www.murrayriver.com.au/overland-corner; Old Coach Rd; Hauptgerichte 16–28 AU$; ⏲ Di–So 12–14, Do–Sa 18–20 Uhr) Die stimmungsvolle Kneipe von 1859 abseits der Morgan Rd, 19 km nordwestlich von Barmera, ist nach einer Biegung des Murray River benannt, an der einst Viehtreiber campierten. Der Laden strotzt nur so vor Charme, und das Kneipenessen wird in Riesenportionen serviert. Außerdem gibt's ein Museum, einen Hausgeist und einen schönen Biergarten. Der 8 km lange **Overland Corner Walking Trail** führt zum Fluss hinab; eine Broschüre dazu bekommt man im Pub und in der Touristeninformation Barmera.

Praktische Informationen

Barmera Visitor Information Centre (☎ 08-8588 2289, 1300 768 468; www.barmeratourism.com.au; Barwell Ave, Barmera; ⏲ Mo–Fr 9–17, Sa & So 10–14 Uhr) Hilft bei der Buchung von Transportmitteln und Unterkünften. Hier gibt's auch die Broschüre *Historic Overland Corner Walking Trail*.

Loxton

4100 EW.

Das ruhige Loxton liegt oberhalb einer weiten Schleife des langsam dahinströmenden Murray. Die selbst ernannte „Gartenstadt des Riverland" ist ländlich und wenig touristisch geprägt. Hier gibt's vor allem Geschäfte, die Reifen, Haushaltswaren und Leitungen für Bewässerungssysteme verkaufen.

Sehenswertes & Aktivitäten

Von Loxton aus kann man im Kanu zum Katarapko Creek und zum Katarapko Game Reserve im **Murray River National Park** hinüberpaddeln (www.environment.sa.gov.au). Das hierfür benötigte Kanu ist im Loxton Riverfront Caravan Park ausleihbar.

Tree of Knowledge WAHRZEICHEN
In dem „Baum der Erkenntnis" unten am Fluss in der Nähe des Wohnwagenparks sind die Wasserstände der vergangenen Jahre eingeritzt. Die Spitzenpegel von 1931, 1973, 1974, 1975 und 2011 sind gar nichts im Vergleich zur Flut aller Fluten im Jahr 1956 mit einem Pegel von 4 m!

Loxton Historical Village MUSEUM
(www.loxtonhistoricalvillage.com.au; Allen Hosking Dr; Erw./Kind/Fam. 12/6/30 AU$; ⏲ Mo–Fr 10–16, Sa & So bis 17 Uhr) Das leicht kitschige (aber trotzdem sehenswerte) historische Dorf versetzt die Besucher mit verstaubten, rostigen alten Gebäuden und kostümierten Darstellern zurück ins Jahr 1945.

Schlafen & Essen

Harvest Trail Lodge HOSTEL $
(☎ 08-8584 5646; www.harvesttrail.com; 1 Kokoda Tce; B 1 Nacht/Woche 45/125 AU$; ❄) In einem umgebauten Wasserwerksgebäude aus den 1960er-Jahren kommen Gäste in den Genuss von Vier-Bett-Schlafsälen mit TV und Kühlschrank sowie einem großen Balkon, auf dem gegrillt werden darf. Die Angestellten vermitteln Jobs als Obstpflücker und fahren einen auch dorthin und zurück.

Loxton Hotel HOTEL-MOTEL $$
(☎ 08-8584 7266, 1800 656 686; www.loxtonhotel.com.au; 45 East Tce; Hotel EZ/DZ ab 80/105 AU$, Motel ab 120/135 AU$; ❄📶🏊) Die Gewinne, die mit diesem großen Komplex mit makellos sauberen Zimmern und reizvollen Wochenendangeboten erzielt werden, fließen komplett wieder zurück in die Gemeinde Loxton. Der Original-Bau stammt von 1908, wurde aber rigoros ausgebaut. Man bekommt morgens, mittags und abends Bistrokost (Hauptgerichte 17–28 AU$).

Loxton Riverfront Caravan Park WOHNWAGENPARK $
(☎ 08-8584 7862, 1800 887 733; www.lrcp.com.au; Sophie Edington Dr; Stellplatz ohne/mit Strom ab 22/32 AU$, Hütte ohne/mit Bad ab 62/75 AU$;

) Der rund 2 km von der Stadt entfernte freundliche Wohnwagenpark am mit Eukalyptusbäumen übersäten Flussufer des Habels Bend bezeichnet sich selbst als „Der Ruhige". Hier gibt's auch einen Kanuverleih (pro Std./Tag 11/55 AU$) und einen kostenlos bespielbaren Neun-Loch-Golfplatz (der eigentlich sandig ist, manchmal aber auch unter Wasser steht).

Praktische Informationen

Loxton Visitor Information Centre (08-8584 8071, 1300 869 990; www.loxtontourism.com.au; Bookpurnong Tce, Loxton Roundabout; Mo–Fr 9–17, Sa 9–16, So 10–16 Uhr) Das freundliche Personal informiert über Unterkünfte, Verkehrsmittel und Nationalparks. Es gibt hier auch eine kleine Kunstgalerie und die Broschüre *Historic Walks of Loxton*.

Berri

7440 EW.

Berri verdankt seinen Namen dem indigenen Begriff *berri berri* (was „große Flussbiegung" bedeutet). Früher machten hier viele Raddampfer fest, um Brennholz für ihre Kessel zu bunkern. Heute ist der wohlhabende Ort ein regionales Zentrum für bundesstaatliche und private Vermittler von Gelegenheitsjobs in der Landwirtschaft – mit anderen Worten: eines der besten Pflaster für potenzielle Erntehelfer.

Sehenswertes & Aktivitäten

Die Zufahrt zum malerischen Katarapko-Creek-Abschnitt des **Murray River National Park** (www.environment.sa.gov.au) zweigt zwischen Berri und Barmera vom Stuart Hwy ab. Dies ist ein schönes Plätzchen zum Buschcampen (Auto 7 AU$), Kanufahren und Vogelbeobachten.

Riverland Farmers Market MARKT
(www.riverlandfarmersmarket.org.au; Crawford Tce, Senior Citizens Hall; Sa 7.30–11.30 Uhr) Hier gibt's all die guten Sachen, die in der Region angebaut werden, zur Stärkung z. B. Brötchen mit Schinken und Eiern und frisch gepressten Orangensaft.

A Special Place for Jimmy James GARTEN
(Riverview Dr; 24 Std.) Einen kurzen Bummel vom Visitor Information Centre entfernt steht ein Denkmal für den indigenen Fährtensucher Jimmy James, der „den Busch wie eine Zeitung las". In die Granitblöcke sind skurrile Fährten und Spuren eingraviert.

River Lands Gallery GALERIE
(www.countryarts.org.au; 23 Wilson St; Mo–Fr 10–16 Uhr) Wie die Wandgemälde und Totempfähle an den Pfeilern der Berri Bridge beweisen, ist Berri eine Stadt voller künstlerischer Talente. Diese Galerie zeigt Wechselausstellungen von Gemälden, Skulpturen, Webereien und digitalen Medieninstallationen lokaler und indigener Künstler.

BMS Tours BOOTSFAHRT
(0408 282 300; www.houseboatadventure.com.au/BMStours.php; Tour ab 60 AU$;) Touren auf dem Murray River ab Berri auf dem Sumpfboot *Elka* im Everglades-Stil.

Schlafen & Essen

Berri Backpackers HOSTEL $
(08-8582 3144; www.berribackpackers.com.au; 1081 Old Sturt Hwy; B pro Nacht/Woche 25/160 AU$;) Das vielseitige Hostel auf der Seite von Berri, auf der Barmera liegt, ist die Anlaufstelle *numero uno* für Arbeit suchende Traveller. Müde Erntehelfer können hier nach einem Tag harter Arbeit in schrägem New-Age-Ambiente entspannen. Die Unterkünfte zum Einheitspreis reichen von chaotischen Schlafsälen und Doppelzimmern über Gemeinschaftshäuser bis hin zu einem Tipi und einer Jurte. Die Betreiber vermitteln auch Erntehelferjobs (anrufen!).

Berri Resort Hotel HOTEL-MOTEL $$
(08-8582 1411, 1800 088 226; www.berriresorthotel.com; Riverview Dr; Hotel EZ & 2BZ 75 AU$, Motel DZ 155–175 AU$;) An der Straße gegenüber vom Fluss bietet dieser Monolith in Senfgelb und Kastanienbraun Hotelzimmer mit Gemeinschaftsbad und einen Flügel voller geräumiger Motelzimmer mit Bad. Das höhlenartige Bistro serviert gehobene Kneipenkost (Hauptgerichte 10–33 AU$, morgens, mittags & abends). Eigentlich ist es hier recht schön, auch wenn das Ganze irgendwie an Las Vegas erinnert.

Sprouts Café CAFÉ $
(08-8582 1228; www.sproutscafe.com.au; 28 Wilson St; Hauptgerichte 6–14 AU$; Mo–Fr 8.30–16, Sa 9.30–13 Uhr) Das muntere, neue Café in flottem Limettengrün auf dem Hügel ein paar Blocks vom Fluss entfernt serviert Suppen, Quiches, Burger, Currys, Wraps und Kaffee sowie hausgemachten Kuchen und Scones.

Praktische Informationen

Berri Visitor Information Centre (1300 768 582, 08-8582 5511; www.berribarmera.sa.gov.

au; Riverview Dr; ⏲Mo–Fr 9–17, Sa 9–14, So 10–14 Uhr) Direkt am Fluss. Hat Broschüren, Internetzugang, Karten, wasserfeste Kanuführer (10 AU$) und sachkundige Angestellte.

Renmark

9870 EW.

Renmark, die erste größere Stadt am Fluss hinter der Grenze zu Victoria, ist etwa 254 km von Adelaide entfernt. Der Ort verströmt ein entspanntes Flair. Am grasbewachsenen Ufer kann man Hausboote mieten. Renmark ist das Zentrum der Weinregion Riverland, und das sieht man: An den Zufahrtsstraßen stehen Schilder mit Aufschriften wie „Buy 6 Get 1 Free!" und „Bulk port $4/litre!".

Sehenswertes & Aktivitäten

Riverland Leisure Canoe Tours KANUFAHREN
(☎08-8595 5399; www.riverlandcanoes.com.au; Tour halber/ganzer Tag 75/120 AU$) Gemächliche geführte Kanutouren auf dem Murray ab Paringa, das am Flussufer gegenüber von Renmark liegt. Es gibt einen Kanu- und Kajakverleih (pro Tag 65/55 AU$) sowie Abend- und Nachttouren.

Chowilla Game Reserve NATURSCHUTZGEBIET
(www.environment.sa.gov.au) Im flussaufwärts gelegenen Chowilla Game Reserve kann man prima campen (7 AU$/Auto), Kanu fahren und durch den Busch wandern. Der Zugang erfolgt über das Nordufer von Renmark oder über das Südufer von Paringa. Weitere Infos sind im **Department of Environment, Water & Natural Resources** (DEWNR; ☎08-8595 2111; 28 Vaughan Tce, Berri) in Berri erhältlich.

Schlafen & Essen

Renmark Hotel HOTEL-MOTEL $$
(☎08-8586 6755, 1800 736 627; www.renmarkhotel.com.au; Murray Ave; Hotel/Motel DZ ab 90/110 AU$; ❄@📶≋) Was für eine Schönheit! Die reizenden Art-déco-Kurven von Renmarks gigantischem Pub kommen dank der 3,5 Mio. AU$ teuren Renovierung wieder richtig zur Geltung. Zur Wahl stehen Hotelzimmer älteren Stils und schicke Motelzimmer. An schwülen Abenden gibt's kaum etwas Besseres als ein kaltes Bier und gegrillten Barramundi auf dem Balkon des Nanya Bistros (Hauptgerichte 18–28 AU$, 12–14.30 & 17.30–21 Uhr).

Renmark Riverfront Caravan Park WOHNWAGENPARK $
(☎08-8586 6315, 1300 664 612; www.big4renmark.com.au; Sturt Hwy; Stellplatz ohne/mit Strom ab 30/35 AU$, Hütte 72–285 AU$; ❄@📶≋) Zu den Highlights des schicken Wohnwagenparks am Flussufer, 1 km östlich der Stadt, zählen eine Campingküche, ein Kanuverleih (pro Std. Einer/Zweier 10/15 AU$), Paddelboote (20 AU$/Std.), Hütten direkt am Wasser und Stellplätze mit Strom. Die recht neuen Wellblechhütten unter zotteligen Palmen sind erste Sahne und erinnern irgendwie an die Riviera. In den Ferien strömen Wasserskifahrer in Scharen hierher.

OBSTERNTE IM RIVERLAND

Die Obst- und Traubenanbauzentren in Berri, Barmera, Waikerie, Loxton und Renmark brauchen saisonal immer Erntehelfer. Außer in den ruhigeren Zeiten von Mitte September bis Mitte Oktober und von Mitte April bis Mitte Mai gibt es eigentlich immer irgendetwas zu pflücken (Steinobst, Orangen, Trauben, Äpfel ...). Wer ein gültiges Arbeitsvisum hat und das Schwitzen auf Plantagen nicht scheut, kann in Backpacker-Hostels nachfragen oder beim **MADEC Jobs Australia Berri Harvest Labour Office** (☎1800 062 332; www.madec.edu.au; 3 Riverview Dr) und dem **National Harvest Information Service** (☎1800 062 332; www.jobsearch.gov.au/harvesttrail).

Praktische Informationen

Renmark Paringa Visitor Information Centre
(☎08-8586 6704, 1300 661 704; www.visitrenmark.com; 84 Murray Ave; ⏲Mo–Fr 9–17, Sa 9–16, So 10–16 Uhr) Hier gibt's alle üblichen Broschüren und Infos sowie eine Ausstellung und den wieder in Betrieb genommenen Raddampfer *PS Industry* (Spende erbeten) von 1911. Es gibt Gerüchte über einen Umzug – gegebenenfalls anrufen und nachfragen!

BAROSSA VALLEY

Heiße, trockene Sommer und kühle, gemäßigte Winter machen das kompakte Barossa Valley zu einer der großen Weinregionen der Erde und damit zu einem Pflichtstopp für alle, die sich zumindest ansatzweise für gute Tropfen interessieren. Auf nur 25 km Länge werden hier stolze 21% aller australischen Weine produziert. Man kann sie von Adelaide aus, das 65 km weiter südwestlich liegt, stressfrei im Rahmen von Tagesausflügen besuchen.

Die deutliche deutsche Prägung der Ortschaften geht auf das Jahr 1842 zurück. Damals flohen religiös verfolgte Preußen und Schlesier als erste Siedler hierher – sie hatten Rebzweige mit im Gepäck. Diese Siedler schufen ein protestantisches Kernland, in dem alte deutsche Traditionen bis heute existieren. Steinhütten und gotische Kirchtürme fungieren überall als stumme Zeugen der Kolonisation, und das Kulturerbe der frühen Tage äußert sich beispielsweise in einer seltsamen Passion für Polkabands oder dem Faible für Wurst, Brezeln und Sauerkraut.

Online-Infos hat www.barossa.com.

Geführte Touren

Es gibt unzählige Weintouren, die in Adelaide oder im Tal selbst beginnen. Buchen kann man über die Touristeninformation von Barossa. Hier eine Auswahl:

Barossa Epicurean Tours ESSEN & WEIN
(☎ 08-8564 2191; www.barossatours.com.au; geführte Touren ganzer/halber Tag 100/70 AU$) Touren in kleinen Gruppen zu selbst gewählten Weingütern und zum Aussichtspunkt Mengler Hill. Gutes Preis-Leistungs-Verhältnis.

Barossa Classic Cycle Tours RADTOUR
(☎ 0427 000 957; www.bccycletours.com.au; geführte Touren pro Tag ab 260 AU$/Pers.) Ein- und zweitägige Radtouren durchs Tal. Pro Tag werden ca. 30 km geradelt. Größere Gruppen bekommen einen Rabatt.

Barossa Wine Lovers Tours WEIN
(☎ 08-8270 5500; www.wineloverstours.com.au; geführte Touren inkl. Mittagessen ab 70 AU$) Touren mit einem Minibus oder dem Auto zu Weingütern, Aussichtspunkten, Geschäften und historischen Gebäuden… Eine echt gute Mischung!

Barossa Experience Tours SEHENSWÜRDIGKEITEN
(☎ 08-8563 3248; www.barossavalleytours.com; geführte Touren halber/ganzer Tag ab 85/ 120 AU$) Der lokale Tourveranstalter führt kleine Gruppen zu den wichtigsten Sehenswürdigkeiten. Die Food & Wine Experience (240 AU$) beinhaltet ein Mittagessen, Käseproben und ein Glas Wein.

Balloon Adventures BALLONFAHREN
(☎ 08-8389 3195; www.balloonadventures.com.au; Fahrt Erw./Kind 300/195 AU$) Hier kann man das Barossa Valley aus der Vogelperspektive erleben. Ab Tanunda fährt man eine Stunde in einem Heißluftballon durch die Lüfte und bekommt außerdem ein Champagner-Frühstück.

Feste & Events

Barossa under the Stars MUSIK
(www.barossaunderthestars.com.au) Im Januar können Wein schlürfende Picknicker Schnulzengrößen wie Chris Isaak oder Sting lauschen.

Barossa Vintage Festival ESSEN & WEIN
(www.barossavintagefestival.com.au) Zu Ostern in ungeraden Jahren gibt's eine Woche lang Musik, Tanz um den Maibaum, Tauziehwettbewerbe usw.

Barossa Gourmet Weekend ESSEN & WEIN
(www.barossagourmetweekend.com.au) Auf ausgewählten Weingütern bekommt man fabelhaftes Essen und dazu passende gute Weine. Findet im Spätwinter oder zu Frühlingsbeginn statt.

A Day on the Green MUSIK
(www.adayonthegreen.com.au) Im Dezember geraten im Weingut Peter Lehmann Junggebliebene bei Auftritten von Größen wie Simply Red oder Diana Krall völlig aus dem Häuschen.

Anreise & Unterwegs vor Ort

BUS & ZUG

Adelaide Metro (www.adelaidemetro.com.au) betreibt täglich Züge nach Gawler (4,90 AU$, 1 Std.), wo man Anschluss an die Busse von **LinkSA** (www.linksa.com.au) nach Tanunda (9,50 AU$, 45 Min.), Nuriootpa (12 AU$, 1 Std.) und Angaston (14,50 AU$, 1¼ Std.) hat.

TAXI

Barossa Taxis (☎ 0411 150 850) Betreibt rund um die Uhr Taxis, in denen bis zu neun Leute Platz finden.

Tanunda

4690 EW.

Als geografischer und sozialer Mittelpunkt im Barossa Valley ist Tanunda die Touristenhochburg schlechthin in der Region. Tanunda gelingt es, die Sachlichkeit von Nuriootpa mit dem Charme von Angaston ohne jegliche Selbstherrlichkeit zu vereinen. Aber der eigentliche Grund für einen Besuch hier sind natürlich die Weingüter – na dann Prost!

Barossa Valley

Barossa Valley

Sehenswertes

Barossa Farmers Market .... (siehe 30)
1 Barossa Museum B3
2 Barossa Regional Gallery B3
3 Barossa Valley Cheese Company D2
4 Goat Square A3
5 Kaiserstuhl Conservation Park C4
6 Keg Factory A4
7 Mengler Hill Lookout C3
8 Penfolds C1
9 Peter Lehmann Wines B2
10 Rockford Wines B4
11 Seppeltsfield Road A1
12 St. Hallett A4

Aktivitäten, Kurse & Touren

13 Para Road Wine Path B2

Schlafen

14 Barossa Backpackers B3
15 Barossa Valley Tourist Park C1
16 Doubles d'Vine C1
17 Marble Lodge D2
18 Stonewell Cottages A2
19 Tanunda Caravan & Tourist Park B3
20 Tanunda Hotel B3
21 Vine Court C1
22 Vine Inn C1
23 Whistler Farm B1

Essen

24 1918 Bistro & Grill B3
25 Angas Park D2
26 Angaston Hotel D2
27 Blond Coffee D2
Die Barossa Wurst Haus Bakery .... (siehe 28)
28 Ferment Asian B3
29 Maggie Beer's Farm Shop B1
30 Vintners Bar & Grill C2

Sehenswertes & Aktivitäten

Mengler Hill Lookout AUSSICHTSPUNKT
(Mengler Hill Rd; 24 Std.) Auf der Fahrt von Tanunda über die malerische Straße via Bethany nach Angaston bietet sich ein unglaublicher Blick auf das neblige Tal (die geschmacklosen Skulpturen im Vordergrund einfach ignorieren!). Die Straße führt durch eine schöne ländliche Gegend mit riesigen Eukalyptusbäumen.

Barossa Museum MUSEUM
(www.barossamuseum.com.au; 47 Murray St; Erw./Kind 2/1 AU$; Di–Fr 10–17.30, Sa 9–12.30 Uhr) In dem Postgebäude von 1856 werden Besteck mit Knochengriffen, Geräte zur Butterherstellung, Fotos von Einheimischen mit Zylinder, ein nachgebautes Schlafzimmer aus der Kolonialzeit und eine unglaubliche Karte von Deutschland gezeigt, auf der die Herkunftsregionen der Barossa-Siedler markiert sind. Über die indigene Bevölkerung erfährt man leider aber wenig. Der Zugang erfolgt über den Fahrradladen vorne.

Goat Square HISTORISCHE STÄTTE
(John St) In Tanunda gibt's zahlreiche historische Gebäude, u.a. die Cottages rund um den Goat Square in der John St. Mit dem „Ziegenmarkt" als Versammlungs- und Marktplatz entstand hier 1842 das frühere Ortszentrum von Tanunda.

Keg Factory FABRIKFÜHRUNG
(www.thekegfactory.com.au; Lot 10, St. Halletts Rd; 10–16 Uhr) GRATIS In der Fabrik 4 km südlich der Stadt kann man waschechten Küfern beim Herstellen und Reparieren von Weinfässern zusehen.

Barossa Regional Gallery GALERIE
(www.freewebs.com/barossagallery; 3 Basedow Rd, Soldiers Memorial Hall; Di–So 11–16 Uhr) GRATIS Zeigt eine bunte Zusammenstellung von Gemälden, Kunsthandwerk und Wechselausstellungen. Der hintere Bereich beherbergt eine beeindruckende Sammlung von Orgelpfeifen.

Whispering Wall INDUSTRIEANLAGE
(abseits der Yettie Rd; 24 Std.) Der Barossa-Staudamm befindet sich rund 7 km südwestlich von Lyndoch, das wiederum 13 km südlich von Tanunda liegt. Der riesige Betonbogen wird auch Whispering Wall genannt – und das liegt an seiner unglaublichen Akustik: Wenn an dem einen Ende etwas geflüstert wird, hört man das noch 150 m weit weg am anderen Ende klar und

NICHT VERSÄUMEN

WEINGÜTER IM BAROSSA VALLEY

Das Tal ist vor allem für seinen Shiraz bekannt, und bei den Weißen dominiert der Riesling. Es gibt hier rund 80 Weinberge und 60 Weingüter, von kleinen, schicken Weinstuben bis hin zu riesigen Anlagen. Das seit Langem etablierte, große und draufgängerische „Barossa Barons" führt die Liste an; die kreativen jungen Boutiqueweinstuben sind schwerer zu finden. Fünf der besten Adressen:

➜ **Rockford Wines** (www.rockfordwines.com.au; Krondorf Rd, Tanunda; 11–17 Uhr) Das Weingut aus den 1850er-Jahren verkauft ein kleines Sortiment traditionell hergestellter Weine, u.a. spritzige Rote. Der Black Shiraz ist umwerfend weich und vollmundig.

➜ **Henschke** (www.henschke.com.au; Henschke Rd, Keyneton; Mo–Fr 9–16.30, Sa 9–12 Uhr) Das rund 10 km südöstlich von Angaston im Eden Valley gelegene Henschke ist für seinen roten „Hill of Grace" bekannt, der schon fast Kultstatus hat. Aber auch die anderen Weine hier sind fast alle Klassiker.

➜ **Penfolds** (www.penfolds.com.au; 30 Tanunda Rd, Nuriootpa; 10–17 Uhr) Den Namen hat bestimmt jeder schon einmal gehört. Die Führungen „Make your own Blend" (65 AU$) und „Taste of Grange" (150 AU$) inklusive Grange-Hermitage-Verkostung vorab buchen.

➜ **St. Hallett** (www.sthallett.com.au; St. Halletts Rd, Tanunda; 10–17 Uhr) Hier gibt's relativ preiswerte, aber durchweg gute Weißweine (unbedingt den Poacher's Blend probieren!) sowie den hervorragenden Gamekeeper's Reserve Shiraz-Grenache. Unprätentiös und ausgesprochen gutes Preis-Leistungs-Verhältnis!

➜ **Peter Lehmann** (www.peterlehmannwines.com.au; Para Rd, Tanunda; Mo–Fr 9.30–17, Sa & So 10.30–16.30 Uhr) Die mehrfach preisgekrönten Shiraz- und Riesling-Jahrgänge (und natürlich auch der Semillon) sind die wohl besten und günstigsten im Barossa Valley.

deutlich. Eigentlich der perfekte Ort für einen Antrag, oder?

Schlafen

Tanunda Hotel KNEIPE $
(☎08-8563 2030; www.tanundahotel.com.au; 51 Murray St; DZ ohne/mit Bad 70/80 AU$, Apt. ab 200 AU$; ❄) Die lärmige alte Kneipe von 1846 im Stadtzentrum ist ein echter Lokaltreff. Die Zimmer oben sind sauber und preisgünstig; hinten gibt es noch neun schicke in Malventönen gehaltene Apartments. Unten dröhnt Duran Duran aus der Jukebox, und die Schnitzel lappen über den Tellerrand (Hauptgerichte 17–28 AU$, 12–14 & 18–20 Uhr).

Barossa Backpackers HOSTEL $
(☎08-8563 0198; www.barossabackpackers.com.au; 9 Basedow Rd; Stellplatz ohne Strom/B/DZ ab 20/27/80 AU$; @📶) Endlich eine Backpackerbleibe im Barossa Valley! Das saubere Hostel befindet sich in einem umgebauten u-förmigen Verwaltungsbau einer Kellerei, 500 m von der Hauptstraße entfernt (es wirkt noch immer ein wenig wie ein Büro und ist etwas spartanisch). Die Angestellten vermitteln auch Jobs als Erntehelfer und Pflücker. Es gibt einen Fahrradverleih (20 AU$/Tag).

Stonewell Cottages B&B $$$
(☎0417 848 977; www.stonewellcottages.com.au; Stonewell Rd; Cottage-DZ inkl. Frühstück ab 355 AU$; ❄) Die romantischen Spa-Refugien am Ufer sind von Weinreben umgeben. Gäste genießen Privatsphäre, Komfort und Ruhe. Die hauseigenen Enten watscheln zwischen rostigen Pflügen herum, und Wasservögel tummeln sich auf dem See. Teuer, aber jeden Cent wert (Online-Buchungen sind günstiger)!

Tanunda Caravan & Tourist Park WOHNWAGENPARK $
(☎08-8563 2784; www.tanundacaravantouristpark.com.au; Barossa Valley Way; Stellplatz ohne/mit Strom ab 33/36 AU$, Hütte ohne/mit Bad ab 77/108 AU$, Villa ab 285 AU$; ❄@📶🏊) Der weitläufige Wohnwagenpark ist mit alten Bäumen übersät, in deren Schatten man gut relaxen kann. Es gibt einen Spielplatz, Grillstellen, eine Waschküche und einen Fahrradverleih (30 AU$/Tag). Die schicken neuen Villen für bis zu sechs Personen müssen für mindestens zwei Nächte gebucht werden.

Essen

Ferment Asian SÜDOSTASIATISCH $$
(☎08-8563 0765; www.fermentasian.com.au; 90 Murray St; Hauptgerichte 22–26 AU$; ⏲Di–So 12–14.30, Mi–Sa 18–21.30 Uhr) Seit das Ferment in der Zeitschrift *Weekend Australian* zu einem der 50 besten Restaurants der Region gekürt wurde, ist es heiß begehrt. Was zunächst exotisch klingt, ist eigentlich erfrischend einfach: *Goi bo den* ist gegrilltes Angus-Rind aus dem Barossa Valley mit Kräutersalat, *ca ri vit* rotes Entencurry mit Litschis und Ananas. Die modern-vietnamesischen Speisen kommen in einer alten Steinvilla auf die Tische.

Die Barossa Wurst Haus Bakery BÄCKEREI $
(86a Murray St; Gerichte 4–18 AU$; ⏲7–16 Uhr) In der schlichten Bäckerei bekommen Hungrige Mettwurstbrötchen, Käse, Pasteten, Kuchen, Strudel und den ganzen Tag über Frühstück. Den Brötchen mit Krakauer, Sauerkraut, Käse und Senf kann man nur schwer widerstehen. Über der Theke baumelt eine verführerische Auswahl von Würsten.

1918 Bistro & Grill MODERN-AUSTRALISCH $$
(☎08-8563 0405; www.1918.com.au; 94 Murray St; Hauptgerichte 27–35 AU$; ⏲12–14.30 & 18.30–21 Uhr) Das bewährte Restaurant befindet sich in einer hübschen alten Villa ein Stück abseits der Straße unter einer großen Norfolktanne. Es ist ein cooler Laden mit abenteuerlichen Hauptgerichten wie Schweinebauch-Confit mit gedünstetem Kohl und Blutwurststückchen. Am besten reserviert man einen Tisch auf der Veranda.

Praktische Informationen

Barossa Visitor Information Centre (☎08-8563 0600, 1300 852 982; www.barossa.com; 66–68 Murray St, Tanunda; ⏲Mo–Fr 9–17, Sa & So 10–16 Uhr; 📶) Infos zum Tal, Internet, Fahrradverleih, Unterkunfts- und Tourbuchung sowie die Broschüre *A Town Walk of Tanunda*.

Nuriootpa

5030 EW.

Nuriootpa, Barossas Geschäftszentrum, säumt eine endlose Hauptstraße am nördlichen Talende. Auf den ersten Blick wirkt es nicht ganz so reizvoll wie Tanunda oder Angaston, dennoch hat es einen gewissen ländlichen Charme. In Nuri regiert der Protestantismus, unterstützt durch ein Schild mit der Aufschrift „God has invested in you – are you showing any interest?"

Sehenswertes & Aktivitäten

Seppeltsfield Road STRASSE
(www.seppeltsfieldroad.com) Die merkwürdig inkongruent wirkende Palmenallee windet

sich hinter Nuri durch die Weinberge. Hinter Marananga zweigen die Palmen von der Straße ab und führen bergauf zum Seppelt Family Mausoleum, einem griechischen Tempel mit dorischen Säulen.

Para Road Wine Path WANDERN, RADFAHREN
(www.pararoadwinepath.com.au) Der kleine, hübsche Wander- und Radweg zwischen Nuriootpa und Tanunda führt an vier Weingütern vorbei.

Schlafen & Essen

Doubles d'Vine COTTAGE $
(☎08-8562 2260; www.doublesdvine.com.au; Ecke Nuraip Rd & Barossa Valley Way; Lodge-/Cottage-DZ 80/90 AU$; ❄📶≋) Erschwingliche Unterkunft 1,5 km südlich von Nuri. Es handelt sich um ein in sich abgeschlossenes Cottage mit einer separaten „Lodge" (ein renovierter Aprikosenschuppen) mit zwei Doppelzimmern, jeweils mit eigenem Bad, sowie einer Gemeinschaftslounge und Küche. Beide Quartiere verfügen über Holzofen, Grillstellen und Zugang zum Pool. Ab zwei Übernachtungen gibt's Rabatt. Ein Fahrradverleih für Gäste (25 AU$/Tag) existiert ebenfalls.

Whistler Farm B&B $$
(☎0415 139 758; www.whistlerfarm.com.au; 616 Samuel Rd; DZ inkl. Frühstück 195 AU$; ❄📶) Dieses B&B auf einem Gehöft inmitten von Weinreben und einheimischem Gebüsch hat einen privaten Flügel mit Gästezimmern. Die beiden Zimmer im Countrystil mit sichtbaren Holzbalken besitzen jeweils getrennte Gästeeingänge. Auf der breiten Veranda können Traveller hervorragend vor sich hindösen und von einer tollen Weintour träumen.

Barossa Valley Tourist Park WOHNWAGENPARK $
(☎08-8562 1404; www.barossatouristpark.com.au; Penrice Rd; Stellplatz ohne/mit Strom ab 29/34 AU$, Hütte ohne/mit Bad ab 59/72 AU$; ❄@📶) Es gibt mindestens sechs unterschiedliche Arten von Hütten in diesem schattigen, von Kiefern gesäumten Wohnwagenpark neben dem Football-Platz von Nuriootpa (Go Tigers!). Alle Hütten sind mit TV, Kühlschrank, Kochgelegenheit und kleinem Balkon ausgestattet. Witzig ist das „Haus auf Rädern", eigentlich ein Dodge von 1930 – der Vater aller Wohnmobile?

Vine Inn MOTEL $$
(☎08-8562 2133; www.vineinn.com.au; 14 Murray St; EZ/DZ/Apt. mit 1/2 Schlafzi. ab 95/105/155/210 AU$; ❄📶≋) Standardmotel mit Pool. In dem hell beleuchteten Pub-Bistro (Hauptgerichte 15–30 AU$, 7–9, 12–14.30 & 18–20 Uhr) bekommt man zwischen Palmen und Spielautomaten Kneipenkost. Das Schwestermotel **Vine Court** (49 Murray St; ❄📶) liegt weiter oben an der Murray St (gleiche Preise).

ABSEITS DER ÜBLICHEN PFADE

REGIONALPARKS IM BAROSSA VALLEY

Wer genug von Trauben und Wein hat, kann die Parks im Barossa Valley erkunden. Sonntagsspaziergänger wie Hardcore-Buschwanderer finden hier passende Wege. Karten und Anfahrtspläne sind im Barossa Visitor Information Centre (S. 845) erhältlich.

Kaiserstuhl Conservation Park (☎08-8280 7048; www.environment.sa.gov.au; Tanunda Creek Rd, Angaston; ⏲tagsüber) Der 390 ha große Park an der Straße von Mengler Hill nach Angaston ist für seine exzellenten Wanderwege bekannt. Der Stringybark Loop Trail (2,4 km) und der Wallowa Loop Trail (6,5 km) beginnen am Parkeingang, und oben von den Barossa Ranges bietet sich ein fantastischer Blick. Ausschau halten nach Graubartfalken und Westlichen Grauen Riesenkängurus!

Para Wirra Recreation Park (☎08-8280 7048; www.environment.sa.gov.au; Humbug Scrub Rd, One Tree Hill; Pers./Auto 4/10 AU$; ⏲8 Uhr–Sonnenuntergang) Der 1417 ha große Park in den nördlichen Mt. Lofty Ranges, 45 km südlich von Tanunda, ist voller Wanderwege, Panoramastraßen, Grill- und Tennisplätze. Emus staksen hoffnungsvoll um die Picknickplätze, und abends grasen hier Westliche Graue Riesenkängurus.

Warren Conservation Park (☎08-8280 7048; www.environment.sa.gov.au; Watts Gully Rd, Kersbrook; ⏲tagsüber) GRATIS In der Nähe des Para Wirra finden sich in dem ruhigen, 363 ha großen Park Akazien, Banksien und Frühlingsheidekraut sowie Rosa, Blaue und hünenhafte Rote Eukalyptusbäume. Erfahrene Wanderer werden die steilen Tracks mögen.

Maggie Beer's Farm Shop FEINKOST $
(www.maggiebeer.com.au; 50 Pheasant Farm Rd; Stücke 5–20 AU$; ⌚10.30–17 Uhr) SAs Gourmet-Star Maggie hat es mit ihren Gewürzen, Konserven und Pâtés (und ihren TV-Auftritten) zu großem Erfolg gebracht. Das Flair hier ist nicht ganz so relaxt wie früher, dennoch sind die Probierhappen, das Eis, die Kochdemos und die leckeren Fresskörbe einen Besuch wert. Abseits der Samuel Rd.

Angaston

1870 EW.

Das fotogene Angaston ist nach dem regionalen Viehzuchtpionier George Fife Angas benannt. In direkter Umgebung liegen relativ wenige Weingüter, sodass hier ein eher ländliches Ambiente vorherrscht: auf den Koppeln an den Enden der Straßen grasen Kühe, und immer hängt ein Hauch von Dünger in der Luft. An der Hauptstraße gibt's zwei Kneipen, ein paar tolle Restaurants und einige B&Bs in alten Steinhäusern (auf Doppelglasfenster und Geister achten – wir jedenfalls hatten eine schlaflose Nacht!).

Sehenswertes

Barossa Valley Cheese Company KÄSEREI
(www.barossacheese.com.au; 67b Murray St; ⌚Mo–Fr 10–17, Sa 10–16, So 11–15 Uhr) In dem wundervoll streng riechenden Verkaufsraum gibt es selbst gemachten Käse aus Kuh- und Ziegenmilch aus der Region. Probieren darf man gratis, aber es ist ziemlich unwahrscheinlich, dass man den Laden verlässt, ohne ein Stück Washington Washed Rind (ja, so heißt der!) gekauft zu haben.

Barossa Farmers Market MARKT
(www.barossafarmersmarket.com; Ecke Stockwell & Nuriootpa Rd; ⌚Sa 7.30–11.30 Uhr) Der Markt wird immer samstags in der Nähe von Vintners Bar & Grill abgehalten. Es gibt herzhafte deutsche Spezialitäten und viel Regionales.

Schlafen & Essen

Marble Lodge B&B $$
(☎08-8564 2478; www.marblelodge.com.au; 21 Dean St; DZ ab 185 AU$; ❄@📶) Die grandiose Villa im Federation Style aus regionalem rosafarbenen und weißen Granit stammt von 1915 und steht auf dem Hügel hinter der Stadt. Hinter dem Haus gibt es zwei schicke Suiten – je nach Sichtweise sehr kolonialzeitlich oder sehr kitschig. Das Frühstück wird im Haupthaus serviert.

Angaston Hotel PUB $$
(☎08-8564 2428; www.plushgroup.com/angaston.html; 59 Murray St; Hauptgerichte 13–24 AU$; ⌚12–14 & 18–20 Uhr) Von den zwei Kneipen in der Stadt wirkt das freundliche Angaston von 1846 erheblich netter. Hier werden Weine aus dem Barossa Valley und die günstigsten Steaks jenseits von Argentinien kredenzt. Das Wandgemälde *Triumph of Silenus* im Speiseraum einfach ignorieren (selbst die Barfrau sagt, dass es scheußlich sei)! Oben gibt es einfache Unterkünfte mit Gemeinschaftsbad (EZ/DZ 50/70 AU$).

Blond Coffee CAFÉ $
(www.blondcoffee.com.au; 60 Murray St; Hauptgerichte 8–22 AU$; ⌚Mo–Fr 7.30–17.30, Sa 8.30–17.30, So 9–17.30 Uhr) In dem eleganten, luftigen Café mit großen Fenstern an der Hauptstraße werden kräftiger Kaffee und ganztägig Bistrokost serviert, darunter göttliche Kürbis-, Paprika- und Feta-Muffins. Außerdem steht hier ein Regal voller regionaler Produkte (Essig, Olivenöl, Kekse und Süßwaren). Blondierte und gebotoxte Touris teilen sich die Fensterplätze mit bodenständigen Stammgästen.

Vintners Bar & Grill MODERN-AUSTRALISCH $$
(☎08-8564 2488; www.vintners.com.au; Ecke Stockwell & Nuriootpa Rd; Hauptgerichte 18–39 AU$; ⌚tgl. 12–14.30, Mo–Sa 18.30–21 Uhr) Das Vintners ist eines der bekanntesten Restaurants im Barossa Valley. Hier ist schlichte Eleganz angesagt – sowohl beim Essen als auch beim Ambiente. Im Speiseraum sitzt man zwischen einem offenen Kamin und Fenstern mit Blick in die Weinberge an Tischen mit gestärkten weißen Tischdecken. Auf der Karte stehen vorwiegend lokale Produkte (das Entenkeulencurry ist einfach himmlisch!).

Angas Park FEINKOST $
(www.angaspark.com.au; 3 Murray St; ⌚Mo–Sa 9–17, So 10–17 Uhr) Das Angas Park am oberen Ende der Hauptstraße ist ein für SA typisches Unternehmen (erkennbar an den kleinen gelben Tüten), das überwiegend Trockenfrüchte, Schokolade und Nüsse aus Australien verkauft. Hier kann man sich gut für ein Picknick eindecken.

CLARE VALLEY

Für das Clare Valley, zwei Autostunden nördlich von Adelaide, sollte man sich schon ein paar Tage Zeit nehmen. In dem schmalen Tal im Herzen der fruchtbaren Landwirtschaftsregion Mid-North werden erstklassige Rieslinge und Rotweine produziert. In dieser umwerfenden Landschaft wogen unter weitem Himmel zwischen runden Hügeln und großen Eukalyptusbäumen die Weizenfelder im Wind. Die Städte hier datieren aus den 1840er-Jahren, viele von ihnen dienten als Versorgungszentren für Burras Kupferminen.

Geführte Touren

Auch ab Adelaide gibt es Touren ins Clare Valley (s. S. 786).

Clare Valley Experiences SEHENSWÜRDIGKEITEN
(☎08-8842 1880; www.clarevalleyexperiences.com; Tour ab 75 AU$) Bietet die halbtägige Tour „Grape Express" durchs Clare Valley und Fahrten auf dem Riesling Trail an. Gute Preise für Gruppen.

Clare Valley Tours SEHENSWÜRDIGKEITEN
(☎0418 832 812, 08-8843 8066; www.cvtours.com.au; Tour 4/6 Std. 86/100 AU$) Mit Minibussen klappert man Weingüter im Clare Valley, Martindale Hall und Burra ab.

Swagabout Tours SEHENSWÜRDIGKEITEN
(☎0408 845 378; www.swagabouttours.com.au) Zuverlässiger Veranstalter von ganztägigen Ausflügen ins Clare Valley für Kleingruppen (ab 150 AU$).

Feste & Events

A Day on the Green MUSIK
(www.adayonthegreen.com.au) Das beliebteste Festival des Barossa Valley steigt im Februar auch im Clare Valley. Es spielen Lionel Ritchie, Crowded House, Daryl Braithwaite…

Clare Valley Gourmet Weekend ESSEN & WEIN
(www.clarevalleywinemakers.com.au/gourmet.php) Ausgelassenes Fest mit Wein, Essen und Musik im Mai.

Clare Show LANDWIRTSCHAFTSMESSE
(www.sacountryshows.com) Die größte eintägige Messe in SA findet im Oktober statt.

Anreise & Unterwegs vor Ort

BUS

Yorke Peninsula Coaches (☎08-8821 2755; www.ypcoaches.com.au) fährt dienstags bis donnerstags und sonntags von Adelaide nach Auburn (28 AU$, 2¼ Std.) und Clare (36 AU$, 2¾ Std.). Donnerstags geht's weiter bis nach Burra (36 AU$, 3¼ Std.).

DER RIESLING TRAIL

Der 24 km lange, fabelhafte Riesling Trail führt an einem stillgelegten Bahngleis zwischen Auburn und Clare entlang und ist geprägt von Wein und Wundern. Er ist in erster Linie ein Radweg, aber seine sanfte Steigung macht ihn auch angenehm für Fußgänger (mit oder ohne Kinderwagen). Schnelle Radler brauchen für die Strecke zwei Stunden – aber warum hetzen? Unterwegs laden drei abzweigende Rundwege und Dutzende Weinkeller zu Abstechern und Verschnaufpausen ein.

Clare Valley Cycle Hire (S. 850) und Riesling Trail Bike Hire in Clare sowie Cogwebs (S. 848) in Auburn verleihen Fahrräder.

FAHRRAD

In Auburn und Clare kann man sich ein Fahrrad leihen (halber/ganzer Tag rund 25/40 AU$) und die Weingüter abklappern.

TAXI

Clare Valley Taxi Service (☎0419 847 900) Lädt Fahrgäste überall am Riesling Trail aus und ein.

Auburn

320 EW.

Das verschlafene Auburn (1849) ist das südlichste Dorf des Clare Valley. Hier lässt man die Haustür stets offen und den Zündschlüssel stecken. Die historische Atmosphäre erinnert an alte Schwarzweißfotos: Zeitreisen in die Vergangenheit scheint man zu unternehmen, wenn man durch Straßen mit wunderschön erhaltenen, von Hand erbauten Steinhäusern bummelt. Die Gärten der Cottages sind wahre Blütenmeere. Nicht vergessen, im Clare Valley Visitors Information Centre die Broschüre *Walk with History at Auburn* mitzunehmen!

Heute liegt Auburn an der Hauptroute zu den Weingütern des Tals. Ursprünglich diente es Cowboys und südamerikanischen Maultiertreibern, die zwischen Burras Kupferminen und Port Wakefield unterwegs waren, als Versorgungsstation.

Der großartige, 25 km lange Riesling Trail beginnt bzw. endet an Auburns restauriertem Bahnhof. **Cogwebs** (☎0400 290 687, 08-8849 2380; www.cogwebs.com.au; 30 Main North Rd; Leihfahrräder halber/ganzer Tag 25/40 AU$,

Tandems 35/65 AU$; ⌚Do–Di 8.30–18 Uhr) verleiht Fahrräder.

Schlafen & Essen

Auburn Shiraz Motel MOTEL $
(☎08-8849 2125; www.auburnshirazmotel.com.au; Main North Rd; EZ/DZ/3BZ ab 80/90/120 AU$; ❄📶) Das kleine Motel auf der Adelaide-Seite der Stadt prunkt seit der Renovierung mit shirazfarbenen Wänden und cabernetroten Türen. Es gibt hier neun helle Wohneinheiten, freundliche Gastgeber und einen Fahrradverleih (40 AU$/Tag).

Rising Sun Hotel KNEIPE $$
(☎08-8849 2015; www.therisingsunhotel.com.au; 19 Main North Rd; Hauptgerichte 16–35 AU$; ⌚12–14 & 18–20 Uhr; 📶) Die klassische Kneipe von 1850 hat sich mit ihrer Atmosphäre, dem Essen und den Unterkünften weithin einen Namen gemacht. Die schlichte Kneipenkost ist eigentlich nichts Besonderes, aber dazu gibt's viele Weine aus der Region. Man übernachtet in Zimmern mit eigenem Bad oder in den Cottages, die einst die Stallungen waren (DZ ab 90 AU$ bzw. 125 AU$).

Cygnets at Auburn CAFÉ $
(☎08-8849 2030; www.cygnetsatauburn.com.au; Main North Rd; Hauptgerichte 10–20 AU$; ⌚Fr–Mo 9.30–16 Uhr) Das Gourmet-Café verkauft und serviert lokale Produkte und hat den besten Kaffee in der Stadt. Die Scones mit hausgemachter Himbeermarmelade sind der absolute Renner (so leicht!). Es gibt auch B&B-Unterkünfte in Cottages in den ehemaligen Stallungen von 1860 (DZ ab 125 AU$).

Mintaro

230 EW.

Das denkmalgeschützte Mintaro (gegründet 1849) ist ein hübsches Dorf, das mit seinen Steinhäusern direkt aus den englischen Cotswolds in den australischen Busch verpflanzt worden sein könnte. Es gibt hier nur wenige architektonische Zeugnisse aus der Zeit ab 1900 – alles wirkt, als ob es sich selbst überlassen wurde. Übrigens: Mintaro-Schiefer wird international bei der Herstellung von Billardtischen verwendet. Die Broschüre *Historic Mintaro* gibt's überall.

Sehenswertes

Martindale Hall HISTORISCHES GEBÄUDE
(☎08-8843 9088; www.martindalehall.com; 1 Manoora Rd; Erw./Kind 10/2,50 AU$; ⌚Mo–Fr 11–16, Sa & So 12–16 Uhr) Martindale Hall ist ein beeindruckendes Herrenhaus 3 km von Mintaro entfernt. Es wurde 1880 für den jungen Viehbaron Edmund Bowman Jr. erbaut, der anschließend das Familienvermögen verprasste (zwar spielten auch Dürreperioden und abstürzende Wollpreise eine Rolle, aber was Bowman das Genick brach, waren die vielen Partys…). Das Anwesen beherbergt originale Einrichtungsgegenstände, einen herrlichen Treppenaufgang aus Schwarzholz-Akazien, einen Billardtisch mit Mintaro-Schiefer und ein opulentes Raucherzimmer, das wie ein Museum wirkt. In Peter Weirs Film *Picknick am Valentinstag* von 1975 diente Martindale Hall als Appleyard College. Für Gruselfreunde gibt's Übernachtungsangebote (B&B/DB&B 120/250 AU$). *Mirandaaa…*

Mintaro Maze LABYRINTH
(www.mintaromaze.com; Jacka Rd; Erw./Kind 10/7 AU$; ⌚Mo–Do & Schulferien 10–16 Uhr) Für das Heckenlabyrinth braucht man einen guten Orientierungssinn. Ein Café versorgt Hungrige.

Schlafen & Essen

Reilly's MODERN-AUSTRALISCH $$
(☎08-8843 9013; www.reillyswines.com.au; Ecke Hill St & Leasingham Rd; Hauptgerichte 16–28 AU$; ⌚10–16 Uhr) Das Reilly's begann 1856 als Schusterei. Heute ist es ein Restaurant, das mit lokaler Kunst dekoriert ist und kreative, saisonale Gerichte der Mod-Oz-Küche (Antipasti, Kaninchenterrine, Spanikopita) serviert. Das Bio-Gemüse kommt aus dem eigenen Garten gleich hinter dem Haus. Die Inhaber vermieten auch vier wunderschöne alte Stein-Cottages an der Hill St (DZ ab 145 AU$).

Magpie & Stump Hotel KNEIPE $$
(☎08-8843 9014; www.mintaro.sa.au/eateries; Burra St; Hauptgerichte 12–26 AU$; ⌚Di–So 12–14, Mo–Sa 18–20 Uhr) Das alte Magpie & Stump bekam 1851 erstmals eine Schanklizenz und war eine wichtige Zwischenstation für dehydrierte Kupfertransporteure auf dem Weg von Burra nach Port Wakefield. Schnitzel und Steaks, Holzofen, Billardtisch, Mintaro-Schiefer-Böden und ein sonniger Biergarten davor – kurz: der perfekte Pub!

Clare

5460 EW.

Clare wurde 1842 gegründet und ist nach der gleichnamigen Grafschaft in Irland be-

NICHT VERSÄUMEN

WEINGÜTER IM CLARE VALLEY

Das kühle Mikroklima (an den Flüssen, Bächen und Wasserlöchern) im Clare Valley hat einen starken Einfluss auf den Wein. Dadurch behalten die lokalen Weißweine auch nach langer Lagerzeit ihr hervorragendes Aroma. Aus dem Tal kommen einige der weltbesten Rieslinge sowie großartiger Semillon und Shiraz. Unsere Favoriten:

Skillogalee (☎08-8843 4311; www.skillogalee.com.au; Trevarrick Rd, Sevenhill; ⊙10–17 Uhr) Der kleine Familienbetrieb ist bekannt für seinen vollmundigen Shiraz, sein fantastisches Essen und seinen erstklassigen Riesling. Am besten macht man es sich bei einem langen, entspannten Mittagessen auf der Veranda gemütlich (Hauptgerichte 20–30 AU$; vorab reservieren!).

Pikes (www.pikeswines.com.au; Polish Hill River Rd, Sevenhill; ⊙10–16 Uhr) Die geschäftigen Pikes haben ihr Unternehmen 1984 gegründet und keltern seitdem ungemein beliebten Riesling (und Shiraz, Sangiovese, Pinot Grigio, Viognier usw.). Die Familie füllt auch das schwungvolle „Oakbank Pilsener" ab, falls einem der Sinn mal nicht nach Wein steht.

Knappstein (www.knappstein.com.au; 2 Pioneer Ave, Clare; ⊙Mo–Fr 9–17, Sa 11–17, So 11–16 Uhr) Knappstein hat sich mit minimalinvasiven Keltermethoden einen Namen gemacht. Der Shiraz und der Riesling sind die Highlights, aber es gibt hier auch einen ganz guten Verschnitt aus Semillon und Sauvignon Blanc (und sogar Bier!).

Sevenhill Cellars (☎08-8843 4222; www.sevenhill.com.au; College Rd, Sevenhill; ⊙Mo–Fr 9–17, Sa & So 10–17 Uhr) Beim Trinken auch etwas Religion gefällig? Die Kellerei wurde 1851 von den Jesuiten gegründet, was sie zum ältesten Weingut im Clare Valley macht (unbedingt die unglaubliche St. Aloysius Church von 1866 anschauen!). Oh, und der Wein ist natürlich auch gut.

Taylors Wines (www.taylorswines.com.au; Taylors Rd, Auburn; ⊙Mo–Fr 9–17, Sa 10–17, So 10–16 Uhr) O. k., es handelt sich um ein großes, landesweites Unternehmen in einem hässlichen Pseudoschloss, aber der Wein hier mundet auch königlichen Gaumen (ausgezeichneter Cabernet Sauvignon).

nannt. Es ist die größte Ortschaft im Tal, wirkt aber eher praktisch als charmant. Hier sind alle wichtigen Einrichtungen vorhanden: Post, Supermarkt, Tankstellen, Internetzugang usw. Aber um das Clare Valley richtig zu erleben, übernachtet man besser außerhalb.

Sehenswertes & Aktivitäten

Riesling Trail Bike Hire FAHRRADVERLEIH
(☎0418 777 318; www.rieslingtrailbikehire.com.au; 10 Warenda Rd; Fahrrad halber/ganzer Tag 25/40 AU$, Tandem 40/60 AU$) Gute Fahrräder (auch Tandems) direkt am Riesling Trail.

Clare Valley Cycle Hire FAHRRADVERLEIH
(☎0418 802 077, 08-8842 2782; www.clarevalleycyclehire.com.au; 32 Victoria Rd; Fahrrad halber/ganzer Tag 17/25 AU$) Hat auch Babysitze und Anhänger für die Kleinen.

Spring Gully Conservation Park NATURSCHUTZGEBIET
(www.environment.sa.gov.au; ⊙24 Std.) In dem 400 ha großen Park rund 3 km südwestlich von Sevenhill wachsen Blaue und Rote Eukalyptusbäume, und im Winter stürzen 18 m hohe Wasserfälle in die Tiefe. Zudem gibt es viele Vögel, Kriechtiere und Trails.

Old Police Station Museum MUSEUM
(www.nationaltrustsa.org.au; Ecke Victoria & Neagles Rock Rd; Erw./Kind 2/0,50 AU$; ⊙Sa & So 10–12 & 14–16 Uhr) Das Museum im Polizeirevier und Gerichtsgebäude von 1850 zeigt viktorianische Bekleidung, alte Fotos, Möbel und diverse Haushaltsgegenstände.

Schlafen

Bungaree Station B&B $
(☎08-8842 2677; www.bungareestation.com.au; Main North Rd; 44–99 AU$/Pers.;) Auf dem 1214 ha großen, 170 Jahre alten, wunderschönen Gutshof rund 12 km nördlich von Clare werden immer noch Schafe gezüchtet. Einst war dies die nördlichste Siedlung von SA und hatte 50 Bewohner, einer Kirche und eine Schule. Wer hier übernachtet, kommt in schlichten, sauberen, renovierten und denkmalgeschützten Häusern unter (1–4 Schlafzi., einige mit Gemeinschaftsbad). Man kann die Tiere füttern, an einer Audio-

führung (ab 11 AU$/Pers.) teilnehmen oder einfach in den Pool springen.

Battunga B&B B&B $$
(☎08-8843 0120; www.battunga.com.au; Upper Skilly Rd, Watervale; DZ/4BZ inkl. Frühstück 195/315 AU$; ❄) Die 80 ha große Farm liegt 2 km westlich von Watervale hinter den Hügeln und ist etwas schwer zu finden (nach dem Weg fragen!). Gästen stehen vier moderne Apartments in zwei Stein-Cottages mit Mintaro-Schiefer-Böden, Grillstellen, Kochnischen und Holzöfen zur Verfügung. Rundherum ist nicht viel mehr zu sehen als wunderschönes hügeliges Ackerland mit mächtigen Eukalyptusbäumen.

Riesling Trail & Clare Valley Cottages B&B $$
(☎0427 842 232; www.rtcvcottages.com.au; 9 Warenda Rd; Cottage-DZ mit 1/2/3 Schlafzi. & Frühstück ab 150/230/320 AU$; ❄) Ziemlich neue Unterkunft mit sieben modernen Cottages inmitten von Landschaftsgärten direkt am Riesling Trail. Praktischerweise betreiben die Inhaber auch den Fahrradverleih Riesling Trail Bike Hire.

Clare Caravan Park WOHNWAGENPARK $
(☎08-8842 2724; www.clarecaravanpark.com.au; Main North Rd; Stellplatz ohne/mit Strom ab 20/29 AU$, Hütte ab 89 AU$; ❄📶🏊) Auf der riesigen, effizient geführten Anlage 4 km südlich vom Ort Richtung Auburn finden Traveller abgelegene Stellplätze, Hütten mit eigenem Bad, einen Bach und gigantische Eukalyptusbäume vor. Es gibt auch einen in den Boden eingelassenen Pool, in dem man sich nach einer Radtour perfekt abkühlen kann. Der Park liegt nur einen Steinwurf von der Touristeninformation Clare Valley entfernt.

Essen

Taminga Hotel KNEIPE $$
(☎08-8842 2808; www.tamingahotel.com.au; 302 Main North Rd; Hauptgerichte 16–30 AU$; ⏲12–14 & 18–20 Uhr) Was das Essen angeht, ist das Taminga die zuverlässigste Kneipe in Clare. Nach der Renovierung sieht es jetzt hier auch richtig gut aus. Aus der Küche kommt Kneipenkost wie Surf 'n' Turf, Steak mit Kidneybohnen-Pastete und Schnitzel.

Wild Saffron CAFÉ $
(☎08-8842 4255; www.wildsaffron.com.au; 288 Main North Rd; Hauptgerichte 7–18 AU$; ⏲Mo–Fr 8.30–17.30, Sa & So 8.30–12.30 Uhr) Dass im Clare Valley wirklich wilder Safran wächst, ist wohl eher unwahrscheinlich (das Tal ist schließlich von Weinbergen bedeckt), aber das neue Café ist trotzdem weithin beliebt. Auf der Karte stehen keine Überraschungen (Focaccias, Baguettes, Sandwiches mit Schinken, Salat und Tomate, Suppen, hausgemachte Kuchen), aber die einfachen Speisen sind solide.

Artisans Table MODERN-AUSTRALISCH $$
(☎08-8842 1796; www.artisanstable.com.au; Lot 3, Wendouree Rd; Hauptgerichte 28–32 AU$; ⏲Sa & So 12–15, Mi–Sa 18–21 Uhr) Das moderne, luftige Bar-Restaurant am Hang hat einen großen, sonnenbeschienenen Balkon – perfekt für eine Flasche Riesling aus der Region und ein paar Häppchen aus Thailand, Indien, Brasilien … Viele saisonale und regionale Produkte und erstaunlich gute Meeresfrüchte für die Lage so weit im Landesinneren!

Praktische Informationen

Clare Valley Visitor Information Centre
(☎08-8842 2131, 1800 242 131; www.clarevalley.com.au; Ecke Spring Gully & Main North

ABSEITS DER ÜBLICHEN PFADE

BURRA

Das 43 km nordöstlich von Clare gelegene Burra (1110 Ew.) quillt vor historischen Stätten förmlich über. Zwischen 1847 und 1877 boomte die Stadt mit der kornischen Gemeinde dank des Kupferabbaus. Ortschaften wie Mintaro und Auburn dienten zur Versorgung der Minenarbeiter, die zwischen Burra und Port Wakefield unterwegs waren, von wo das Kupfer verschifft wurde. Die Bergleute hatten es schwer: Sie mussten sich selbst Wohnhöhlen ausheben.

Das **Burra Visitor Information Centre** (☎08-8892 2154, 1300 775 540; www.visitburra.com; 2 Market St; ⏲Mo–Fr 9–17, Sa & So 10–16 Uhr) verkauft den **Burra Heritage Passport** (Erw./Kind 25 AU$/frei), der Zugang zu acht historischen Stätten und drei Museen gewährt. Es vermietet auch Fahrräder (halber/ganzer Tag 20/35 AU$) und vermittelt Unterkünfte.

Rd; ⌚ Mo–Fr 10–17, Sa & So 10–16 Uhr) Infos über die Region, Internetzugang und Buchung von Unterkünften im ganzen Tal.

YORKE PENINSULA

Die stiefelförmige Yorke Peninsula (besser bekannt als „Yorkes") ein paar Autostunden westlich von Adelaide wird mit dem Slogan „Landwirtschaftliche Vielfalt – landschaftliche Schönheit" beworben. Gelbe Weizenfelder an wolkenverhangenen, sanft wogenden Hügeln unter tief azurblauem Sommerhimmel verleihen ihr eine attraktive Ländlichkeit. Kosmopolitische Highlights und Touristenfallen sind hier dagegen rar.

Der weitläufige Innes National Park am Südende der Halbinsel ist aber auf jeden Fall einen Besuch wert. Seine herrliche Küste mit der tollen Brandung bevölkern Emus, Kängurus, Fisch- und Seeadler. Außerdem ziehen hier Glattwale und Delfine vorbei.

Im Norden der Halbinsel bilden drei Ortschaften das historische Copper Triangle: Moonta (mit der Mine), Wallaroo (mit der Schmelze) und Kadina (das Versorgungszentrum). Während des Kupferbooms in den 1860er-Jahren ließen sich dort Minenarbeiter aus Cornwall nieder und kurbelten die regionale Wirtschaft an.

Infos gibt's unter www.yorkepeninsula.com.au.

Geführte Touren

Adjahdura Land ABORIGINES
(☎ 0429 367 121; www.adjahdura.com.au; Tour halber/1/2 Tag 65/130/320 AU$) Angesehene „Kultouren": In Begleitung indigener Führer erforscht man die lange Verbindung der Aborigines mit diesem Land. Es werden auch drei- und fünftägige Touren angeboten.

Schlafen

Auf der Halbinsel gibt es 15 Gemeinde-**Campingplätze** (☎ 0408 170 414, 08-8832 0000; www.yorke.sa.gov.au; kostenlos–10 AU$/Nacht). Ferienwohnungen sind schon ab 90 AU$ pro Nacht zu haben. Hilfreich sind **Accommodation on Yorkes** (☎ 08-8852 2000; www.accommodationonyorkes.com.au) und **Country Getaways** (☎ 08-8832 2623; www.countrygetaways.info).

Anreise & Unterwegs vor Ort

BUS

Yorke Peninsula Coaches (☎ 08-8821 2755; www.ypcoaches.com.au) Betreibt täglich Busse von Adelaide über Kadina (32 AU$, 2¼ Std.), Wallaroo (32 AU$, 2½ Std.) und Moonta (32 AU$, 3 Std.) bis nach Yorketown (48 AU$, 4 Std., tgl. außer Mi) ganz im Süden.

FÄHRE

SEASA (☎ 08-8823 0777; www.seasa.com.au; einfache Strecke Erw./Kind/Auto 35/10/140 AU$) Täglich pendeln Autofähren zwischen Wallaroo (Yorke Peninsula) und Lucky Bay (Eyre Peninsula) – im Vergleich zur Fahrt über Port Augusta eine Ersparnis von 350 km und mehreren Stunden. Die Überfahrt dauert rund 105 Minuten (einfache Strecke).

West Coast

An der West Coast am Spencer Gulf liegen eine Reihe seichter Badestrände und die Ortschaften im sogenannten Copper Triangle, die alle nur eine kurze Autofahrt voneinander entfernt sind. In Jahren mit ungerader Jahreszahl findet hier im Mai das **Kernewek Lowender** (www.kernewek.org), auch das Copper Coast Cornish Festival genannt, statt.

Kadina

4030 EW.

Im landeinwärts gelegenen Kadina ist es heiß wie in einem Backofen. Es gibt ein paar beeindruckende öffentliche Gebäude aus der Zeit des Kupferabbaus und einige schöne alte Kneipen, Autohöfe und Tankstellen. Hier befindet sich auch das **Copper Coast Visitor Information Centre** (☎ 08-8821 2333, 1800 654 991; www.yorkepeninsula.com.au; 50 Moonta Rd; ⌚ Mo–Fr 9–17, Sa & So 10–16 Uhr), die größte Touristeninformation auf der Halbinsel. Das dahinter liegende **Farm Shed Museum** (www.nationaltrust.org.au/sa; 50 Moonta Rd; Erw./Kind/Fam. 8/3/20 AU$; ⌚ Mo–Fr 9–17, Sa & So 10–15.30 Uhr) gewährt anhand von alten Landwirtschafts-, Bergbau- und Haushaltsgegenständen einen interessanten Einblick in den Alltag der guten alten Zeit.

Einfache, saubere Unterkunft finden Traveller im **Kadina Village Motel** (☎ 08-8821 1920; www.kadinavillagemotel.websyte.com.au; 28 Port Rd; EZ/DZ 80/90 AU$; ❄ 📶) vor, einem u-förmigen Gebäude im Retrostil an der Straße nach Wallaroo.

Wallaroo

3050 EW.

Wallaroo ist noch immer ein wichtiger Weizenhafen, und das Städtchen ist im Kommen: Die Eyre-Peninsula-Fähre läuft wie am Schnürchen, und das Leben tobt hier. Nördlich der Stadt gibt es eine neue riesige Vorortsiedlung, und in der schicken, neuen **Copper Cove Marina** (www.coppercove.com.au) schaukeln unzählige teure Jachten im Wasser. In dem Jachthafen findet zudem im Oktober das **Copper Cove Marina Festival** statt.

Im Postamt von 1865 ist das **Heritage & Nautical Museum** (www.nationaltrust.org.au/sa; Ecke Jetty Rd & Emu St; Erw./Kind 6/3 AU$; ⌚Mo–Fr 10–16, Sa & So 14–16 Uhr) untergebracht, in dem man sich über englische Rahsegler und den präparierten Riesentintenfisch George informieren kann.

Schlafen & Essen

Sonbern Lodge Motel HOTEL-MOTEL $
(☎08-8823 2291; www.sonbernlodgemotel.com.au; 18 John Tce; EZ/DZ/FZ ab 75/90/125 AU$; ❄) Das Sonbern, ein großes Hotel aus der Zeit der Abstinenzbewegung, ist bis hin zu seinem alten Holzbalkon und dem Telefon mit Wählscheibe ein durch und durch altmodischer Charmeur. Es hat oben schlichte Pub-Zimmer (mit Bad) und hinten neuere Motel-Wohneinheiten.

Wallaroo Marina Apartments HOTEL, APARTMENTS $$
(☎08-8823 4068; www.wallarooapartments.com.au; 11 Heritage Dve; DZ/Apt. ab 100/174 AU$; ❄) Die neuen, mehrstöckigen Wallaroo Marina Apartments am Jachthafen am nördlichen Stadtrand bieten schicke Suiten sowie kaltes Bier, Kneipenessen und einen schönen Blick auf den Jachthafen. Unten im **Coopers Alehouse** (☎08-8823 2488; www.wallaroomarinahotel.com/dining; Hauptgerichte 15–38 AU$; ⌚12–14.30 & 18–20.30 Uhr) treten hin und wieder Livebands auf.

Moonta

3350 EW.

Im späten 19. Jh. besaß Moonta die reichste Kupfermine Australiens. Heute ist Australiens „Little Cornwall“, wie sich die Stadt selbst nennt, von verblichener Pracht; ein paar ordentliche Kneipen existieren auch. Dann gibt es 1 km westlich vom Zentrum noch die seichte Moonta Bay, wo man am Steg gut angeln und dank der schützenden Netze im Wasser baden kann.

Im **Moonta Visitor Information Centre** (☎08-8825 1891; www.moontatourism.org.au; Blanche Tce, Old Railway Station; ⌚9–17 Uhr) sind ein paar Broschüren zur Lokalgeschichte und Infos zur 1,5 km östlich der Stadt gelegenen Moonta Heritage Site erhältlich. Auf dem Gelände der Stätte finden sich zudem das exzellente **Moonta Mines Museum** (www.nationaltrust.org.au/sa; Verran Tce; Erw./Kind 6/2 AU$; ⌚Sa–Do 13–16, Fr 10–16 Uhr), einst eine große Schule mit 1100 Schülern, auf der anderen Straßenseite der **Moonta Mines Sweet Shop** (Verran Tce; ⌚10–16 Uhr) von 1946 und das vollständig restaurierte **Miner's Cottage** (Verco St; Erw./Kind 3/1 AU$; ⌚Mi, Sa & So 13.30–16 Uhr, während der Schulferien tgl.).

Schlafen & Essen

Seagate Bistro Motel MOTEL $$
(☎08-8825 3270; www.seagatemoontabay.com.au; 171 Bay Rd; DZ ab 170 AU$; ❄📶) Das schrille Seagate ist ein achteckiges (oder gequetschtes zwölfeckiges?) Motel direkt an der Anlegestelle der Moonta Bay. Von den besten Zimmern oben hat man einen umwerfenden Blick auf den Ozean, genau wie vom sich darunter befindenden Bistro (Hauptgerichte 18–37 AU$, 12–14 & 18–20 Uhr), in dem überdurchschnittlich gutes Kneipenessen serviert wird – perfekt für ein Bier bei Sonnenuntergang!

Moonta Bay Caravan Park WOHNWAGENPARK $
(☎08-8825 2406; www.yorkepeninsula.net.au; Foreshore, Moonta Bay; Stellplatz ohne/mit Strom ab 30/32 AU$, Hütte ohne/mit Spa ab 107/145 AU$; ❄📶) Der Wohnwagenpark liegt in praktischer Nähe zum Strand und zur Anlegestelle. Gästen stehen hübsche Luxushütten mit Spa zur Verfügung. Die grünen Stellflächen befinden sich fast schon am Strand (allerdings kann der WLAN-Empfang hier unbeständig sein).

Cornish Kitchen FAST FOOD $
(10–12 Ellen St; Stück 4–8 AU$; ⌚Mo–Fr 9–16, Sa 9–14 Uhr) Nach einem harten Tag in der Kupfermine kann man es sich im Cornish Kitchen gemütlich machen und Berge der ultimativen Cornish Pasties (kornische Fleischpasteten) verdrücken.

Point Turton

Point Turton (250 Ew.) im entlegenen Südwesten verspricht echtes Yorke-Peninsula-Feeling: Hier finden sich die flotte **Tavern on Turton** (☎08-8854 5063; www.tavernonturton.com; 154 Bayview Rd; Hauptgerichte 18–36 AU$; ⌚9–14 & 18–20 Uhr) und der supernette **Point Turton Caravan Park** (☎08-8854 5222; www.pointturtoncp.com.au; Bayview Rd; Stellplatz ohne/mit Strom 22/29 AU$, Hütte 55–150 AU$; ❄📶) mit hübschen grünen Stellplätzen und Hütten mit Blick aufs Meer. Wer surfen lernen will, kann sich an **Neptunes Surf Coaching** (☎0417 839 142; www.neptunes.net.au; Kurs 2 Std. ab 45 AU$) wenden.

East Coast

Die Ostküstenstraße entlang dem Gulf St. Vincent folgt der Küste in einem Abstand von 1 bis 2 km. Unterwegs führen Nebenstraßen ostwärts zu Sandstränden und Ferienorten. Wie Adelaides Vorstadtstrände am gegenüberliegenden Ufer des Golfes ist auch diese Gegend ganz groß in der Krabbenfischerei.

Die meisten Küstenorte – so auch das bescheidene **Port Vincent** (480 Ew.) – verfügen über einen Pub und einen Wohnmobilpark oder Campingplatz. Auf der Yorke Peninsula kommt das **Tuckerway Hostel** (☎08-8853-7285; tuckerway14@bigpond.com; 14 Lime Kiln Rd, Port Vincent; B ab 21 AU$; ❄) einer Backpackerbleibe am nächsten – ein zweckmäßig-nüchterner Betonkasten auf dem Hügel oberhalb des Ortes mit schlichten Schlafsälen und einer großen Küche.

Weiter südlich liegt **Edithburgh** (400 Ew.) etwa auf dem gleichen Breitengrad wie Adelaide; der Ort besitzt ein **Gezeitenbecken** in einer kleinen Bucht. Von den Klippen schweift der Blick bis zum sandigen **Troubridge Island Conservation Park** (www.environment.sa.gov.au) vor der Küste. Übernachten kann man im **Troubridge Island Lighthouse** (☎08-8852 6290; www.lighthouse.net.au; Erw./Kind inkl. Überfahrt 80/30 AU$, min. 320 AU$). Hier finden zehn Personen Platz; Essen und Bettzeug muss man selbst mitbringen. Auf der Insel leben immer noch Zwergpinguine, doch erodiert sie ständig weiter – was die See will, bekommt sie letztendlich ...

Auf dem Festland verfügt das überraschend schicke **Tipper's B&B** (☎08-8852 6181; www.tippersedithburgh.com.au; 35 Blanche St; DZ ab 150 AU$; ❄) an der Hauptstraße von Edithburgh über zwei Suiten in einer ockerfarbenen ehemaligen Schmiede aus den 1890ern.

South Coast & Innes National Park

Da die Südküste der Halbinsel dank Kangaroo Island weitestgehend vom Toben des Südpolarmeers verschont bleibt, gibt's hier ein paar traumhafte **Badestrände**. Bei Troubridge Point trifft die Brandung aber ungehindert aufs Festland, genau wie bei Cape Spencer, wo jeden Oktober der Surfwettbewerb **Cutloose Yorkes Classic** stattfindet.

Cape Spencer ist ein Teil des **Innes National Park** (☎08-8854 3200; www.environment.sa.gov.au; Stenhouse Bay Rd, Stenhouse Bay; 10 AU$/Auto; ⏲Besucherzentrum Mi–So 10.30–15 Uhr), in dem steile Klippen in indigofarbenes Wasser übergehen und sich kleine Buchten und Sandstrände hinter vorgelagerten Felsinseln verstecken. **Marion Bay** (www.marionbay.com.au) direkt vor den Toren des Parks und **Stenhouse Bay** sowie **Pondalowie Bay**, beide im Park, sind hier die größten Siedlungen. In der Pondalowie Bay dümpeln Hummerkutter und es gibt einen rauen Surfstrand (beim Schwimmen immer die Dünung im Auge behalten!).

Unmittelbar südlich von Pondalowie Bay ragen die rostigen Spanten der 1904 gestrandeten 711 t schweren Stahlbark *Ethel* verloren aus dem Sand. Gleich hinter der Abzweigung zum Cape Spencer weist ein Schild den Weg zur Geisterstadt **Inneston**. Bei diesen Ruinen handelt es sich um eine Gipsmine, die 1930 stillgelegt wurde.

Schlafen & Essen

★ **Marion Bay Motel & Tavern** MOTEL $$
(☎08-8854 4044; www.marionbaymotel.com.au; Jetty Rd, Marion Bay; EZ/DZ/3BZ 120/140/160 AU$; ❄📶) Die Herberge ist das Highlight im winzigen Marion Bay. Nach hinten hinaus gibt es einen Flügel mit fünf schicken Motelzimmern (weiße Wände, neue Fernseher, hübsches Bettzeug). Durch die Glasfront der Schenke nebenan (Hauptgerichte 16–32 AU$, 12–14 & 18–20 Uhr) blickt man hinaus auf die Bucht. Es gibt die übliche Kneipenkost mit südostasiatischem Einschlag (zu empfehlen ist der vietnamesische Hühnchensalat).

Innes National Park CAMPING, LODGE $
(☎08-8854 3200; www.environment.sa.gov.au; Camping Pers./Auto 5/16 AU$, Lodge 100–170 AU$) Im Innes National Park gibt es sieben waldbestandene Campingplätze. Unser Lieblingsplatz ist Pondalowie Bay, aber auch Cable Bay (wegen des Strandzugangs), Surfers Bay (zum Surfen) und Browns Beach (zum Angeln) sind nicht zu verachten. Eine Alternative sind die historisch aufgemachten Lodges in Inneston mit Platz für vier bis

zehn Personen, Duschen und Kochgelegenheiten. Man bucht sie vorab über das Besucherzentrum des Parks. Im Sommer muss man sein Trinkwasser selbst mitbringen.

Rhino's Tavern & Innes Park Trading Post PUB $$
(☎ 08-8854 4078; www.rhinostavern.com.au; 1 Stenhouse Bay Rd, Stenhouse Bay; Hauptgerichte 18–30 AU$; ⏲ 12–14 & 18–20 Uhr) In diesem Laden bekommt man Benzin, Angelköder, Lebensmittel und Essen zum Mitnehmen. Man kann sich aber auch zu einem Bier und einem Kneipengericht (Laksa und Rippchen!) hier niederlassen.

EYRE PENINSULA & WEST COAST

Über dem riesigen, strohfarbenen Dreieck der Eyre Peninsula erstreckt sich ein unendlicher Himmel. Begeisterte Gourmets bezeichnen die Gegend als gelobtes Land der Meeresfrüchte: Kaum eine Mahlzeit kommt hier ohne Austern, Thunfisch oder Wittling aus. Entlang der Küste liegen beeindruckende Nationalparks, tolle Surfspots und verschlafene Urlaubsorte. Deren Zahl nimmt westwärts bzw. in Richtung Great Australian Bight, Nullarbor Plain und Western Australia allmählich ab.

Die wilde, fotogene Westseite der Eyre Peninsula ist eine bedeutende Kinderstube für Glattwale, Australische Seelöwen und große Weiße Haie – hier wurden die gruseligsten Szenen des Films *Der weiße Hai* (1975) gedreht. Unterwegs bieten sich unvergessliche Möglichkeiten zum Beobachten all dieser Meeresbewohner.

Infos gibt's auch auf www.eyrepeninsula.info.

Geführte Touren

Wilderness Wanders WILDNIS
(☎ 08-8684 5001; www.wildernesswanders.com.au) Ein- bis achttägige Erkundungen der Eyre Peninsula ab Port Lincoln mit viel Wandern, Natur und Wildnis. Im Preis der acht Tage langen Tour „Walking on Eyre" (2350 AU$) sind Transport, Unterkunft, die Eintrittsgebühren für den Nationalpark und die meisten Mahlzeiten enthalten.

Southern Blue Tours SEHENSWÜRDIGKEITEN
(☎ 08-8683 1330; www.southernblue.travel) Ganztägige Touren durch den Lincoln National Park (395 AU$) und die Coffin-Bay-Region (245 AU$) sowie halbtägige Führungen durch Port Lincoln (135 AU$).

An- & Weiterreise

Infos über die Autofähre zwischen der Yorke Peninsula und der Eyre Peninsula gibt's auf S. 852.

BUS

Premier Stateliner (www.premierstateliner.com.au) fährt täglich von Adelaide nach Port Augusta (54,50 AU$, 4¼ Std.), Whyalla (62 AU$, 5½ Std.), Port Lincoln (108,50 AU$, 9¾ Std.), Streaky Bay (113,50 AU$, 10 Std.) und Ceduna (126,50 AU$, 11¼ Std.).

FLUGZEUG

Regional Express (Rex; www.regionalexpress.com.au) fliegt täglich von Adelaide nach Whyalla (einfache Strecke 140 AU$), Port Lincoln (ab 99 AU$) und Ceduna (ab 180 AU$).

ZUG

Der berühmte *Ghan*, der Adelaide mit Darwin verbindet, hält in Port Augusta, wo der Anschluss an den *Indian Pacific* gewährleistet ist, der zwischen Perth und Sydney verkehrt; Einzelheiten gibt's auf S. 1191. Die **Pichi Richi Railway** (☎ 1800 440 101; www.prr.org.au; einfache Strecke Erw./Kind/Fam. 52/19/122 AU$) fährt samstags zwischen Port Augusta und Quorn (2 Std.).

Port Augusta

13 900 EW.

Port Augusta am nördlichen Ende des Spencer Gulf befindet sich gerade in einer Identitätskrise. Ist es nun das Tor ins Outback oder der Beginn der südlichen Flinders Ranges? Ist es der erste Ort auf der Eyre Peninsula oder die letzte größere Stadt bis Kalgoorlie? Wie man es auch dreht und wendet – die Antwort lautet „ja". Von der „Kreuzung Australiens" führen Highways und Bahnstrecken Richtung Westen über die Nullarbor Plain nach WA, nach Norden zu den Flinders Ranges oder nach Darwin, Richtung Süden nach Adelaide oder Port Lincoln und schließlich gen Osten nach Sydney. Eine Spitzenlage!

Das alte Stadtzentrum ist mit den eleganten, alten Gebäuden und dem neu belebten Uferbereich, wo Einheimische im Meer angeln und indigene Kids von den Stegen einen Rückwärtssalto ins Wasser machen, äußerst reizvoll. Die Stadt hatte früher Probleme mit Alkohol (die Straßen sind jetzt

Eyre Peninsula & Yorke Peninsula

„trocken"), aber heute ist die Atmosphäre recht friedlich.

Sehenswertes & Aktivitäten

Australian Arid Lands Botanic Garden GARTEN
(www.aalbg.sa.gov.au; Stuart Hwy; Führung Erw./Kind 8/5,50 AU$; Mo–Fr 9–17, Sa & So 10–16 Uhr, Führung Mo–Fr 10 Uhr) GRATIS Gleich nördlich der Stadt erstreckt sich auf 250 ha dieser ausgezeichnete botanische Garten voller Sandhügel und Salztonebenen, in denen Wüstentiere und -pflanzen leben. Es ist möglich, den Park kostenlos auf eigene Faust zu erkunden, einer Führung anschließen kann man sich aber auch. Vor Ort gibt es sogar ein Café.

Wadlata Outback Centre MUSEUM
(www.wadlata.sa.gov.au; 41 Flinders Tce; Erw./Kind/Fam. 16,50/10/38,50 AU$; Mo–Fr 9–17.30, Sa & So 10–16 Uhr) Das Highlight in dieser Kombination aus Museum und Infozentrum ist der „Zeittunnel", der anhand audiovisueller Vorführungen, interaktiver Exponate und einer beunruhigend großen Schlange die westliche und die Geschichte der örtlichen Aborigines kartiert.

Port Augusta Aquatic & Outdoor Adventure Centre OUTDOORAKTIVITÄTEN
(0427 722 450, 08-8642 2699; www.augustaoutdoors.com.au; 4 El Alamein Rd; Mo–Fr 9–16 Uhr) Kurse und Ausrüstungsverleih fürs Kajakfahren, Windsurfen, Klettern, Abseilen, Schnorcheln, Buschwalking und Segeln. Auch Fahrradverleih (55 AU$/Tag).

Geführte Touren

Flinders & Outback Water Cruises BOOTSFAHRT
(0438 857 001; www.augustawestside.com.au; 3 Loudon Rd; Erw./Kind 50/30 AU$) Zweistündige umweltverträgliche Bootsfahrten am Morgen zur Spitze des Golfes (schon Delfine gesichtet?).

Schlafen & Essen

Oasis Apartments APARTMENTS $$
(☎08-8648 9000, 1800 008 648; www.majestichotels.com.au; Marryatt St, Uferbereich; Apt. 145–215 AU$;) Die hauptsächlich für Tagungsgäste gedachte, flott gestaltete Anlage mit 75 Luxuswohnungen (Wohnstudios & Apt. mit 2 Schlafzi.) liegt direkt am Wasser. Alle Zimmer sind wie eine Festung gesichert, schick gestaltet und mit Waschmaschine, Trockner, TV, Kühlschrank und Mikrowelle ausgestattet.

Best Western Standpipe MOTEL $$
(☎08-8642 4033; www.standpipe.com.au; Ecke Stuart Hwy & Hwy 1; DZ/Apt. mit 2 Schlafzi. ab 128/233 AU$;) Die große Anlage – zweifellos das beste Motel der Stadt – lockt mit ihren 85 recht schicken Wohneinheiten Regierungsbeamte und Geschäftsleute an. Das indische Restaurant vor Ort (Hauptgerichte 18–38 AU$, 17.30–20 Uhr) ist ein echter Traum!

Shoreline Caravan Park WOHNWAGENPARK $
(☎08-8642 2965; www.shorelinecaravanpark.com.au; Gardiner Ave; Stellplatz ohne/mit Strom 30/33 AU$, B 40 AU$, Hütte 65–130 AU$;) Der Platz ist staubig und liegt ein gutes Stück von der Stadt (und bei Ebbe auch vom Ufer) entfernt, aber die Hütten sind ordentlich, und es gibt zudem schlichte Vier-Bett-Schlafsäle für Backpacker. Die Anlage bietet damit die billigsten Betten vor Ort, sofern man nicht dafür schwärmt, direkt über einer Kneipe zu nächtigen.

Hot Peppers Café CAFÉ $
(34 Commercial Rd; Hauptgerichte 7–16 AU$; ⏲Mo–Fr 8.30–17, Sa 8.30–13.30 Uhr) Das Personal des munteren kleinen Cafés an der Hauptstraße serviert Salate, Quiches, gute hausgemachte Lasagne, Backkartoffeln und große Sandwiches.

Praktische Informationen

Port Augusta Visitor Information Centre (☎1800 633 060, 08-8641 9193; www.portaugusta.sa.gov.au; 41 Flinders Tce, Wadlata Outback Centre; ⏲Mo–Fr 9–17.30, Sa & So 10–16 Uhr) Die wichtigste Touristeninformation für die Eyre Peninsula, die Flinders Ranges und das Outback gehört zum Wadlata Outback Centre.

Department of Environment, Water & Natural Resources (DEWNR; ☎08-8648 5300; www.environment.sa.gov.au; 9 Mackay St, 1. OG; ⏲Mo–Fr 9–17 Uhr) Infos, Karten und aktuelle Auskünfte über den Straßenzustand in den Flinders Ranges und im Outback.

Whyalla

21130 EW.

Eine einstündige Autofahrt südlich von Port Augusta liegt Whyalla. Die drittgrößte Stadt South Australias besitzt einen Tiefwasserhafen, Stahlwerke, Öl- und Gasraffinerien, unzählige qualmende Schornsteine sowie Hafen- und andere Industrieanlagen. Das alles ist hässlich, zugegeben, aber in der Altstadt gibt es ein paar nette Kneipen, gut erhaltene alte Wohnhäuser und in den Gewässern vor der Küste ist die Wanderung der Riesensepien (Mai–Aug.) zu sehen.

Im **Whyalla Visitor Information Centre** (☎08-8645 7900, 1800 088 589; www.whyalla.com; Lincoln Hwy; ⏲Mo–Fr 9–17, Sa & So 9.30–16 Uhr) bekommt man Infos zu den Riesensepien und eine Liste der Unterkünfte. Man kann sich aber auch gleich zum nüchternen **Foreshore Motor Inn** (☎08-8645 8877; www.whyallaforeshore.com.au; Watson Tce; DZ/FZ ab 145/170 AU$;) unten an Whyallas breitem, weißem Sandstrand begeben.

Neben der Touristeninformation befindet sich das **Whyalla Maritime Museum** (☎08-8645 8900; www.whyallamaritimemuseum.com.au; Lincoln Hwy; Erw./Kind/Fam. 12/7/31 AU$; ⏲10–16 Uhr, Schiffstour 10–14 Uhr stündl.) mit der HMAS *Whyalla*, dem angeblich größten auf Land gesetzten Schiff Australiens (wer weiß das schon genau?).

Port Lincoln

15000 EW.

Das wohlhabende Port Lincoln säumt die breite Boston Bay am südlichen Ende der Eyre Peninsula. Die „Welthauptstadt des Thunfischs“ gibt sich bis heute recht rüde, hat aber einen energetischen (wenn nicht gar progressiv zu nennenden) Vibe. Ihr grasbewachsener Uferbereich dient als belebte Promenade, und für Abwechslung sorgen zahlreiche hervorragende Kneipen, Restaurants und Wassersportmöglichkeiten.

Ohne den hier herrschenden Mangel an Süßwasser wäre Port Lincoln wohl die Hauptstadt von SA geworden. Da es anders kam, halten nun eben das Meer und der Thunfisch die Geschäfte am Laufen. Wer sich Freunde machen möchte, spricht die Einheimischen auf Dean Lukin an: Direkt vom Thunfischkutter reiste Big Dean 1984 nach Los Angeles und holte olympisches Gold im Gewichtheben – was für ein großer Held!

Sehenswertes & Aktivitäten

Beim jährlichen **Tunarama Festival** (www.tunarama.net) werden am Australia-Day-Wochenende im Januar alle Aspekte des Thunfischfangs gefeiert.

Gute **Surfstellen** für Anfänger und Fortgeschrittene finden sich an der Fisheries Bay, am Lone Pine und am Wreck Beach. Infos gibt's bei **Lincoln Surf** (☎08-8682 4428; 1 King St; ⏲Mo–Fr 9–17.30, Sa 9–14 Uhr). Angeblich soll das Büro demnächst umziehen; wenn es nicht mehr in der King St sein sollte, kann man telefonisch nachfragen.

Wer lieber auf dem Wasser als im Wasser ist, kann vor Ort prima **angeln**. Was wo anbeißt, erfährt man bei **Spot On Fishing Tackle** (www.spotonfishing.com.au; 39 Tasman Tce; ⏲Mo–Fr 8.30–17.30, Sa & So 8–16 Uhr).

Adventure Bay Charters ABENTEUERTOUR
(☎08-8682 2979; www.adventurebaycharters.com.au) Der umweltfreundliche Anbieter nimmt Traveller mit hinaus zum Schwimmen mit Seelöwen (Erw./Kind 195/135 AU$) und zu Port Lincolns berühmten Thunfischen (95/65 AU$), die man in einer Fischfarm auch füttern kann. Auch Käfigtauchen zu Haien (295 AU$) steht auf dem Programm.

Swim With The Tuna ABENTEUERTOUR
(☎1300 788 378; www.swimwiththetuna.com.au; Erw./Kind 80/55 AU$) Die dreistündigen Bootstouren haben ein schwimmendes Thunfisch-Gehege zum Ziel, in dem man die großen Fische von einem Unterwasser-Observatorium aus beobachten oder auch zu ihnen ins Salzwasser springen kann.

Calypso Star Charters ABENTEUERTOUR
(☎08-8682 3939, 1300 788 378; www.sharkcagediving.com.au; Tauchen 1 Tag 420 AU$) Geschützt durch einen Tauchkäfig kann man die großen Weißen Haie rund um die Neptune Islands besuchen. Vorab buchen!

Kuju Aboriginal Arts GALERIE
(www.visitaboriginalart.com; 30 Ravendale Rd; ⏲Mo–Fr 10–17 Uhr) GRATIS Die Galerie, die Aborigines gehört und von ihnen geführt wird, hat ausgezeichnete indigene Kunstwerke auf Lager. Wer will, kann den Künstlern bei der Arbeit über die Schulter schauen.

Schlafen & Essen

★**Tanonga** B&B $$$
(☎0427 812 013; www.tanonga.com.au; Charlton Gully; DZ inkl. Frühstück ab 310 AU$, Mindestaufenthalt 2 Nächte; ❄) Die zwei luxuriösen, von Architekten entworfenen und mit Solarstrom versorgten Öko-Lodges stehen auf den Hügeln hinter Port Lincoln, inmitten von altem Buschland mit Wanderwegen und unzähligen Vögeln. Zum Abendessen muss man in die Stadt fahren oder auf die verfügbaren Pakete mit regionalen Lebensmitteln zurückgreifen.

Port Lincoln Hotel HOTEL $$
(☎08-8621 2000, 1300 766 100; www.portlincolnhotel.com.au; 1 Lincoln Hwy; DZ 139–250 AU$; ❄📶🏊) Die siebenstöckige Nobelherberge wurde von ein paar AFL-Footballspielern der Adelaide Crows AFL finanziert und ragt in Port Lincoln eindeutig aus dem Durchschnitt heraus. Das topmoderne Hotel mit aufmerksamem Personal hat Klasse. Zudem gibt es vor Ort gute Bars und ganztägig geöffnete Restaurants (Hauptgerichte 16–37 AU$), in denen man hinter seiner Speisekarte hervor nach Mark Ricciuto spähen kann.

Port Lincoln YHA HOSTEL $
(☎08-8682 3605; www.yha.com.au; 24–26 London St; B/DZ/FZ ab 36/100/125 AU$; ❄@📶) Das eindrucksvolle neue 84-Betten-Hostel wird von einem sehr agilen Paar geführt, das viel Geld für die Renovierung des 100 Jahre alten Hauses und des dahinter liegenden ehemaligen Squash-Platzes ausgegeben hat. Zu den netten Extras zählen richtig große Betten, Leselampen, Steckdosen in den Schließfächern (zum Aufladen von Handys) und ein Café mit Bar. Die Betreiber sind auch bei der Buchung von Aktivitäten behilflich.

Pier Hotel PUB $
(☎08-8682 1322; www.portlincolnpier.com.au; 33 Tasman Tce; DZ/Apt. mit 2 Schlafzi. ab 80/130 AU$; ❄) Das alte Hotel wurde aufgemöbelt; die zwölf Zimmer mit Bad im Obergeschoss präsentieren sich nun hell und sauber, mit glänzenden Dielen und TV. Das Bistro (Hauptgerichte 17–33 AU$, 12–14 & 18–20 Uhr) im Erdgeschoss steht ganz im Zeichen lokaler Meeresfrüchte: Austern, Tintenfisch und Muscheln sind der Renner.

Port Lincoln Tourist Park WOHNWAGENPARK $
(☎08-8621 4444; www.portlincolntouristpark.com.au; 11 Hindmarsh St; Stellplatz ohne/mit Strom 23/35 AU$, Hütte & Wohneinheit 70–140 AU$; ❄@📶) Lincolns bester Wohnwagenpark befindet sich auf einem luftigen Ufergelände und umfasst auch ein paar schöne Luxushütten am Wasser. Gästen genießen hier viel

Ellbogenfreiheit, können vom Bootssteg aus angeln und am Strand baden. Wer in den schlichten Hütten übernachten will, braucht eigenes Bettzeug.

GLO CAFÉ $
(☎08-8682 6655; www.goodlivingorganics.net; 23 Liverpool St; Stücke 5–10 AU$; ⏲Mo–Fr 8.30–17.30, Sa 9–12 Uhr; ☑) Das Café, ein beliebter Treff der Einheimischen, liegt einen Block vom Strand entfernt und wird daher von Travellern oft übersehen. Das nette, in schwarze T-Shirts gekleidete Personal des GLO (Good Living Organics) serviert Quiches, Wraps, Salate, Falafel, Couscous und den besten Kaffee in Port Lincoln.

Praktische Informationen

Port Lincoln Visitor Information Centre
(☎08-8683 3544, 1300 788 378; www.visitportlincoln.net; 3 Adelaide Pl; ⏲9–17 Uhr) Die Touristeninformation bucht Unterkünfte und hat Infos und Pässe für die Nationalparks sowie den *Port Lincoln & Districts Cycling Guide*. Nach den örtlichen Eisenbahn-, Meeres- und historischen Museen fragen!

Von Port Lincoln nach Streaky Bay

Rund um Port Lincoln

Etwa 50 km nördlich von Port Lincoln liegt **Tumby Bay** (www.tumbybay.com), ein ruhiger kleiner Ort mit Strand, Anleger, Kneipe, Wohnwagenpark und Motel. Hier gibt's Erholung pur!

Ca. 15 km südlich von Port Lincoln ist der **Lincoln National Park** (www.environment.sa.gov.au; 10 AU$/Auto), in dem sich Emus, Kängurus und Bürstenrattenkängurus tummeln. Hier gibt's auch sichere Badebuchten und Surfspots mit tosenden Wellen. Man muss sich am Eingang selbst registrieren.

Als Übernachtungsmöglichkeit bietet sich das **Donnington Cottage** (85 AU$/Nacht, Mindestaufenthalt 2 Nächte) an der Spalding Cove an. In diesem 1899 errichteten Cottage mit Traumaussicht können bis zu sechs Personen übernachten. Buchungen nimmt das Port Lincoln Visitor Information Centre entgegen. Bettwäsche und Proviant muss man mitbringen. Das Visitor Centre kann auch Tipps zu **Buschcamping** (17 AU$/Auto) im Park geben, z. B. am **Fisherman's Point**, **Memory Cove**, **September Beach** und **Surfleet Cove**.

Das Port Lincoln Visitor Information Centre verkauft Genehmigungen für das **Mikkira Station & Koala Sanctuary** (www.mikkirakoalas.com; Fishery Bay Rd; Tagesgenehmigung/Camping 15/25 AU$), die älteste Schaffarm auf der Eyre Peninsula und Heimat des Port-Lincoln-Papageis (und einiger Koalas), sowie Genehmigungen für **Whalers Way** (24-Std.-Pass inkl. 1 Übernachtung auf dem Campingplatz 30 AU$/Auto), eine landschaftlich schöne, 14 km lange Küstenstraße, 32 km südwestlich von Port Lincoln.

Coffin Bay

650 EW.

Coffin Bay ist ein Muss für Austernfans! Der Ortsname „Sargbucht" mutet zwar etwas makaber an, aber eigentlich ehrte Matthew Flinders damit nur einst seinen Kumpel Sir Isaac Coffin. Das Fischernest brutzelt verschlafen in der Sonne, bis jeden Januar etwa 2500 Urlauber hier einfallen. Die schlüpfrig-salzigen Schalentiere von den nahen Austernbänken werden in alle Welt exportiert. Direkt vor Ort dürfte man maximal 1 AU$ pro Stück hinblättern. Infos gibt's auch auf www.coffinbay.net.

Die wilde Küstenlandschaft auf Coffin Bays Seeseite gehört größtenteils zum **Coffin Bay National Park** (www.environment.sa.gov.au; 9 AU$/Auto), in dem jede Menge Kängurus, Emus und dicke Warane leben. Nach **Point Avoid** locken Aussichtspunkte am Meer, felsige Klippen, eine prima Brandung und vorbeiziehende Wale (Mai–Okt.). Die felsige **Yangie Bay** mit ihren Wanderwegen führt ziemlich wenig Wasser. Achtung: Nur diese beiden Parkbereiche sind mit normalen Autos zugänglich – für alle anderen braucht man Allradantrieb! Und auch die einsamen **Campingplätze** (6 AU$/Auto) des Parks erreicht man generell nur auf nicht asphaltierten Straßen.

Coffin Bay Explorer (☎0428 880 621, 1300 788 378; www.coffinbayexplorer.com; Erw./Kind 85/45 AU$) veranstaltet halbtägige Natur- und Seafood-Touren unter dem Motto „Austern und Delfine". Details dazu siehe Earth Adventure (S. 777).

Schlafen & Essen

Ferienhütten rund um den Ort (50–300 AU$/Nacht) vermieten u. a. **Coffin Bay Holiday Rentals** (☎0427 844 568; www.coffinbayholidayrentals.com.au) und **Flinders Keepers** (☎1300 986 849, 08-8685 4063; www.flinderskeepers.com.au).

Coffin Bay Caravan Park WOHNWAGENPARK $
(☎08-8685 4170; www.coffinbay.net/caravanpark; 91 Esplanade; Stellplatz ohne/mit Strom 24/34 AU$, Hütte ohne/mit Bad 75/105 AU$, Villa 130 AU$; ❄) Die hiesigen Kakadus, Rosakakadus und Papageien kreischen in den Kasuarinen, die den Stellplätzen Schatten spenden. Die Hütten sind ihr Geld wert (eigenes Bettzeug mitbringen!). Es gibt auch hübsche Familienvillen mit zwei Schlafzimmern.

Coffin Bay Hotel MOTEL $
(☎08-8685 4111; www.coffinbay.net/accommodation/hotel.html; Ecke Jubilee Dr & Shepperd Ave; EZ/DZ 85/95 AU$; ❄) Der große örtliche Pub (der sich sehr bemüht, gar keine Aussicht zu bieten) hat hinten acht Wohneinheiten aus braunem Backstein mit Teak-Furnier und tischt ordentliche Kneipenkost (Hauptgerichte 16–27 AU$, 12–14 & 18–20 Uhr) auf. Was wird wohl aus der Baustelle vor dem Haus werden?

Oysterbeds SEAFOOD $$
(☎08-8685 4000; www.oysterbeds.com.au; 61 Esplanade; Hauptgerichte 18–28 AU$; ⏲Mi–So 10.30–14, Fr & Sa 18–20 Uhr, Juni–Aug. geschl.) Das Personal dieses geselligen kleinen Lokals, das in Orangerot und Meerblau gehalten und mit Likörflaschen dekoriert ist, serviert die besten Meeresfrüchte. Ein Dutzend Austern kosten ohne/mit Schale 14/10 AU$.

Von Coffin Bay nach Streaky Bay

Coulta liegt 40 km nördlich von Coffin Bay. Südlich davon stößt man auf die verlässlichen Surfspots am **Greenly Beach**. Dieser wilde Küstenstrich bietet zudem prima Möglichkeiten zum Lachsangeln, vor allem bei **Locks Well**, wo der **Staircase to Heaven** über 283 (möchte jemand nachzählen?) steile Stufen vom Parkplatz hinunter zum fantastischen, orangefarbenen, mit Muscheln übersäten Strand führt. Etwa 15 km weiter nördlich kommt das winzige Fischernest **Elliston** (380 Ew.; www.elliston.com.au) an der ruhigen Waterloo Bay in Sicht. Dort gibt's einen wundervollen Badestrand und einen Anglersteg, an dem Geduldige auf Wittlinge hoffen können. Der ziemlich kleine **Waterloo Bay Tourist Park** (☎08-8687 9076; www.visitelliston.net; 10 Beach Tce; Stellplatz ohne/mit Strom 25/29 AU$, Hütte 60–110 AU$; ❄📶) am Ufer hat anständige Hütten (auf den Dünen) und verkauft Angelgerätschaften.

Gleich nördlich von Elliston führt ein 7 km langer Weg, genannt „Ellistons Great Ocean Tourist Drive", zur Küstenidylle der **Anxious Bay**. Unterwegs passiert man die **Blackfellows**, deren Brandung zu den besten an der West Coast zählt. An dieser Stelle schweift der Blick hinaus zur ca. 36 km² großen **Flinders Island**. Rund 35 km vor der Küste gibt's dort eine Schaffarm und ein **Ferienhaus** (☎0428 261 132; www.flindersgetaway.com; ab 90 AU$/Pers.) mit neun Betten für Selbstversorger. Die Insel ist nur per Charterboot (ab Elliston) oder -flugzeug (ab Port Lincoln) erreichbar. Die Transportkosten sollten beim Buchen erfragt werden.

Geschützte Strände und der etwas wildere Mount Camel Beach säumen die **Venus Bay**, wo es Pelikanschwärme, einen kleinen Campingplatz und den obligatorischen Anglersteg gibt.

Wer planschen oder mit Seelöwen und Delfinen schwimmen möchte, wendet sich an **Baird Bay Ocean Eco Experience** (☎08-8626 5017; www.bairdbay.com; 4-stündige geführte Touren Erw./Kind 140/70 AU$; ⏲Sept.–Mai). 🍃 Der Touranbieter an der Baird Bay vermietet auch Unterkünfte.

Wer lieber trockene Füße hat, nimmt die Straße zum **Point Labatt** 43 km südlich von Streaky Bay, wo sich vom Klippenrand aus eine der wenigen ständigen Seelöwenkolonien des australischen Festlands beobachten lässt. Fernglas nicht vergessen!

Auf dem Weg zum Point Labatt erblickt man nach wenigen Kilometern die **Murphy's Haystacks**, eine eindrucksvolle Gruppe kugelrunder „Inselberge" – farbenfrohe Granitfelsen, die über Jahrmillionen von Wind und Wetter geformt wurden.

Streaky Bay

1150 EW.

Der reizende kleine Ort (am Blanche Port) ist nach den öligen Seetangstreifen benannt, die der vorbeisegelnde Matthew Flinders einst in der Bucht erspähte. Der bei Ebbe sichtbare Seetang lockt Meerestiere an und jene größeren Kreaturen, die wiederum die Meerestiere essen – kurz gesagt: Man kann hier prima angeln. Touristische Infos erhält man im **Streaky Bay Visitor Information Centre** (☎08-8626 7033; www.streakybay.com.au; 21 Bay Rd; ⏲Mo–Fr 9–12.30 & 13.30–17 Uhr).

Das **Streaky Bay Museum** (www.nationaltrust.org.au/sa; 42 Montgomery Tce; Erw./Kind 3,50/0,50 AU$; ⏲Di & Fr 14–16, Sa 9–12 Uhr) in einem alten Schulhaus von 1901 zeigt eine voll eingerichtete Hütte aus Lehm und Kiefernholz, eine alte Eiserne Lunge und viele Exponate zur Piniergeschichte.

Schlafen & Essen

Streaky Bay Hotel/Motel HOTEL-MOTEL $
(08-8626 1008; www.streakybayhotel.com.au; 33 Alfred Tce; Hotel EZ/DZ 50/65 AU$, Motel DZ 110–135 AU$, alle inkl. Frühstück; ❄) Die Hotelzimmer im Obergeschoss dieses wunderschönen Backsteinhauses von 1866 bieten eine sagenhafte Aussicht und einen großen Balkon. Die Zimmer im Erdgeschoss können nicht mit Aussicht aufwarten, sind aber ansonsten einwandfrei. Die Motelzimmer hinter dem Haus mögen nichts Besonderes sein, aber man hat hier mehr Privatsphäre. Das Bistro ist täglich morgens, mittags und abends geöffnet (Hauptgerichte 15–30 AU$, 7–9, 12–14 & 18–20.30 Uhr).

Foreshore Tourist Park WOHNWAGENPARK $
(08-8626 1666; www.streakybayftpark.com.au; 82 Wells St; Stellplatz ohne/mit Strom ab 23/28 AU$, Hütte & Wohneinheit 85–110 AU$; ❄) Der sandige Platz am Doctors Beach gleich östlich der Stadt wird im Sommer von Urlauberfamilien geradezu überrannt. Doch gibt es hier Platz und jede Menge Badespaß.

★ **Mocean** CAFÉ $$
(08-8626 1775; www.moceancafe.com.au; 34b Alfred Tce; Hauptgerichte 16–32 AU$; Di–So 10–15, Do–Sa 18–20 Uhr) Von der Straße sieht das fesche Café mit seiner Wellblechfassade wie ein großer Container aus, tatsächlich aber ist es mit Wandmalereien, marokkanischen Windlichtern und Blick aufs Wasser von der offenen Terrasse der gesellige Mittelpunkt des Städtchens. Die Speisekarte dominieren leckere Meeresfrüchte aus der Region, z. B. Tintenfisch mit Chili und Limettensaft. Der Kaffee ist auch gut.

Ceduna

3800 EW.

Trotz aller Bemühungen der Einheimischen bleibt Ceduna ein schäbiges Fischerstädtchen, dem es nicht gelingt, seinen Ruf als bloßer Zwischenstopp auf dem Weg nach WA loszuwerden. Aber die Austern sind prima. Das **Oysterfest** (www.ceduna.net/site/page.cfm?u=167) Ende September ist die unumstrittene Nummer eins der australischen Austernpartys. Und wenn man in der Walsaison (Mai–Okt.) gen Westen fährt, ist Ceduna *der* Ort, um aktuelle Infos über Sichtungen am Head of Bight einzuholen.

Infos zum Ort bekommt man im **Ceduna Visitor Information Centre** (08-8625 2780, 1800 639 413; www.cedunatourism.com.au; 58 Poynton St; Mo–Fr 9–17.30, Sa & So 9.30–17 Uhr).

Sehenswertes

Ceduna Museum MUSEUM
(www.nationaltrust.org.au/sa; 2 Park Tce; Erw./Kind/Fam. 3,50/2/7 AU$; Mo, Di, Fr & Sa 10–12, Mi 14–16, Do 10–16 Uhr) In dem kleinen Museum sind Objekte aus der Pionierzeit, indigene Artefakte und Exponate zu den verheerenden Folgen der britischen Atombombentests in Maralinga ausgestellt.

Ceduna Aboriginal Arts & Culture Centre GALERIE
(www.visitaboriginalart.com; 2 Eyre Hwy; Mo–Fr 9–17 Uhr) GRATIS Das Highlight in diesem zwanglosen Kulturzentrum sind die vom Meer inspirierten Kunstwerke indigener Küstenbewohner.

Schlafen & Essen

Ceduna Foreshore Hotel/Motel MOTEL $$
(08-8625 2008; www.cedunahotel.com.au; 32 O'Loughlin Tce; DZ 150–195 AU$, FZ 220 AU$; ❄ 📶) Das renovierte Foreshore hat 54 Zimmer und ist die luxuriöseste Unterkunft vor Ort. Geboten werden ein toller Ausblick und ein Bistro (Hauptgerichte 16–32 AU$, 6.30–9, 12–14 & 18–20.30 Uhr), in dem hauptsächlich Meeresfrüchte von der Westküste auf den Tisch kommen. Von der Terrasse blickt man durch Norfolktannen über die Bucht.

Ceduna Oyster Bar SEAFOOD $
(08-8626 9086; www.ceduna.net/site/page.cfm?u=493; Eyre Hwy; 12 Austern 12 AU$; Mo–Fr 9.30–17, Sa 10–16 Uhr) Man kauft sich eine Schachtel frisch geknackter Schalentiere und geht damit ans Ufer oder setzt sich gleich hier am Highway hin und schaut zu, wie die Lastzüge vorbeirauschen. Die Öffnungszeiten sind nicht unbedingt verlässlich – besser vorher anrufen!

Von Ceduna zur Grenze zu Western Australia

Zwischen Ceduna und Western Australia liegen 480 km. Betten und Bier findet man unterwegs in Penong (72 km ab Ceduna), Nundroo (151 km), beim Nullarbor Roadhouse (295 km) am Head of Bight und im Border Village an der eigentlichen Grenze.

Gelbe Weizenfelder und grüne Schafweiden säumen die Straße nach Nundroo. Die nächsten 100 km sind von Mallee aus Eukalyptussträuchern geprägt, nach weiteren 20 km weichen diese den niedrigen Blaubüschen *(Kochia sedifolia)* des eigentlichen Nullarbor (von lat. *nullus arbor*, „kein Baum"). Wer dort aufs Gas tritt und in Richtung Sonnenuntergang brettert, trifft höchstens auf ellenlange Fernlastzüge, Wohnmobile und offenbar durchgeknallte Radfahrer.

Bei **Penong** (200 Ew.) zweigt eine unbefestigte, 20 km lange Piste vom Highway ab. Sie führt nach Point Sinclair und zum **Cactus Beach**, an dem sich drei der berühmtesten Surfspots Australiens befinden. Caves ist ein fieser Right-Hand-Break für erfahrene Surfer. Die Einheimischen schätzen hereinschneiende Fremde jedoch nicht sonderlich. Nahe den Breaks ist auf einem Privatgelände Buschcamping (10 AU$/Pers.) möglich. Trinkwasser muss man selbst mitbringen.

Von den Aussichtsplattformen am **Head of Bight** (☎ 0407 832 297; www.yalata.org; Erw. 20 AU$ Kind unter/über 15 Jahre frei/15 AU$; ⏱ 8–17 Uhr) kann man sich eine bedeutende Kinderstube der Glattwale ansehen. Die Tiere wandern aus der Antarktis ab, um ihren Nachwuchs von Mai bis Oktober im örtlichen **Great Australian Bight Commonwealth Marine Reserve** (www.environment.gov.au/coasts/mpa/gab) aufzuziehen. Hierbei handelt es sich um das weltweit zweitgrößte Meeresschutzgebiet (nach dem Great Barrier Reef).

Der Head of Bight gehört zur Yalata Indigenous Protected Area. Wenn man den Eintritt bezahlt hat, kann man in der **White Well Ranger Station** zwischen Eingang und Aussichtsplattformen aktuelle Infos zu den Walen einholen. Die ausgeschilderte Abzweigung beginnt 14 km östlich vom Nullarbor Roadhouse.

Nahe dem Head of Bight gibt's noch weitere Sehenswürdigkeiten: Hinter dem Nullarbor Roadhouse kann z.B. die **Murrawijinie Cave**, ein riesiger Felsüberhang, bewundert werden, und am oberen Rand der 80 m hohen **Bunda Cliffs** sind diverse Aussichtspunkte mit Meerblick ausgeschildert.

Wer westwärts nach WA hineinfahren möchte, sollte unbedingt beachten: Aufgrund von Quarantänebestimmungen müssen Obst, Gemüse, Käse und Pflanzen komplett im Border Village zurückbleiben, außerdem besteht bei Nachtfahrten Gefahr für und durch freilaufende Tiere. Ostwärts findet der südaustralische Quarantänecheck erst in Ceduna statt.

Schlafen & Essen

Penong Caravan Park WOHNWAGENPARK $
(☎ 08-8625 1111; www.nullarbornet.com.au/towns/penong.html; 5 Stiggants Rd, Penong; Stellplatz ohne/mit Strom 23/27 AU$, fest abgestellter Van/Hütte ab 50/78 AU$; ❄) Der gepflegte Platz unweit von Ceduna gilt bei manchen Travellern als der beste in der Nullarbor-Ebene. Die Hütten sind in gutem Zustand, und auf dem Campingplatz gibt es eine Waschküche und Grillstellen. Bettwäsche wird extra berechnet.

Fowlers Bay Caravan Park WOHNWAGENPARK $
(☎ 08-8625 6143; www.nullarbornet.com.au/towns/fowlersBay.html; Fowlers Bay; Stellplatz mit Strom 25 AU$, Wohneinheit 65–75 AU$; ❄) In Fowlers Bay, das nahezu eine Geisterstadt ist, gibt es einfache Unterkunft, einen Laden, einen Imbiss, historische Gebäude, gute Angelmöglichkeiten und weitläufige Dünen. Um hinzukommen, 106 km hinter Ceduna die Abzweigung Fowlers Bay nehmen!

Nundroo Hotel/Motel MOTEL $
(☎ 08-8625 6120; www.nundrooaccommodation.com; Eyre Hwy, Nundroo; Stellplatz ohne/mit Strom 8/20 AU$, DZ 90 AU$; ❄📶) Auf dem Weg nach Westen existiert in Nundroo diese ordentliche Unterkunft – und die letzte Autowerkstatt vor dem 1038 km entfernten Norseman in WA. Es gibt hier einen sehr schlichten Schlafsaal, abgewohnte, aber komfortable Motelzimmer mit renovierten Bädern und ein Bar-Restaurant (Gerichte 15–35 AU$, 11 Uhr–open end).

Nullarbor Roadhouse MOTEL $
(☎ 08-8625 6271; www.nullarbornet.com.au/towns/nullarbor.html; Eyre Hwy, Nullarbor; Stellplatz ohne/mit Strom 20/25 AU$, Budget-Zi. EZ/DZ/3BZ 47/57/67 AU$, Motel EZ/DZ/3BZ 125/145/165 AU$; ❄) Nahe dem Walbeobachtungsgebiet am Head of Bight ist dieses Rasthaus mit Bar-Restaurant (Gerichte 15–30 AU$, 7–22 Uhr) eine echte Oase.

Border Village Motel MOTEL $
(☎ 08-9039 3474; www.nullarbornet.com.au/towns/borderVillage.html; Eyre Hwy, Border Village; Stellplatz ohne/mit Strom 15/20 AU$, Budget-Zi. EZ/DZ/3BZ 40/60/70 AU$, Motel EZ/DZ/FZ ab 95/110/120 AU$; ❄@🏊) Nur 50 m von der Grenze nach WA entfernt, verfügt dieses Motel über verschiedenartige moderne Zimmer und Hütten sowie ein Restaurant mit

Alkohollizenz (Gerichte 13–25 AU$, 12–14 & 18–20 Uhr).

FLINDERS RANGES

Die schroffen Gipfel und Steilstufen der uralten „Flinders" sind charakteristisch für die Landschaft von SA. Dieser 400 km lange Gebirgszug beginnt nördlich von Port Augusta und erstreckt sich nordwärts bis zum Mt. Hopeless. Im Lauf des Tages wechseln die Berge die Farben: Aus Violett am Morgen wird am Mittag Schokoladenbraun, und beim Sonnenuntergang leuchtet rötliches Ocker auf.

Vor Ankunft der Europäer nutzten die indigenen Adnyamathanha die Rötelvorkommen der Flinders für medizinische und rituelle Zwecke und verehrten die Berge deshalb sehr; in der ganzen Region zeugen heilige Höhlen, Felsmalereien und -reliefs davon. Die neu entstandenen Dörfer, Kneipen, Bauernhöfe und Weizen- und Rinderfarmen der Kolonisten gingen unter der gnadenlosen Sonne häufig zugrunde.

Roter Eukalyptus und zauberhafte Weiler prägen die kühleren Southern Ranges, und in den trockenen Northern Ranges findet man eine öde Wüstenlandschaft, die gleichermaßen einsam und wunderschön ist.

Geführte Touren

S. Heading Bush (S. 777).

Bookabee Tours INDIGEN
(☎0408 209 593, 08-8235 9954; www.bookabee.com.au; Tour 2/3/4 Tage 995/1520/2025 AU$) Die renommierten Touren unter indigener Leitung beginnen in Adelaide und führen in die Flinders Ranges und ins Outback. Inbegriffen sind gute Unterkünfte, Mahlzeiten, Aktivitäten sowie Kulturexkursionen und -informationen.

Swagabout Tours WILDNIS
(☎0408 845 378; www.swagabouttours.com.au) Die soliden Trips in die Flinders Ranges führen nach Quorn und zum Wilpena Pound (bei der viertägigen Tour zusätzlich nach Arkaroola). Auf Wunsch kann die Tour bis Coober Pedy verlängert werden. Der Preis beträgt bei Unterkunft im Zelt/Hotel rund 300/500 AU$ pro Tag.

Wallaby Tracks Adventure Tours WILDNIS
(☎0428 486 655; www.wallabytracks.com; Tour 1/4 Tage 250/1200 AU$) Geländewagentouren in kleinen Gruppen durch die Ranges und den Wilpena Pound. Die eintägigen Ausflüge beginnen in Quorn oder Port Augusta, die viertägigen in Adelaide.

Adventure Tours Australia WILDNIS
(☎08-8132 8130, 1300 654 604; www.adventuretours.com.au) Die beliebten Kleingruppentouren führen durch die Flinders-Region und darüber hinaus. Eine siebentägige Exkursion von Adelaide nach Alice Springs kostet 1020 AU$.

Groovy Grape WILDNIS
(☎08-8440 1640, 1800 661 177; www.groovygrape.com.au) Die Tour von Adelaide über die Flinders Ranges nach Coober Pedy und zurück dauert vier Tage und kostet 495 AU$.

An- & Weiterreise

BUS

Premier Stateliner (www.premierstateliner.com.au) fährt täglich von Adelaide nach Port Pirie (43 AU$, 3¼ Std.).

Yorke Peninsula Coaches (☎08-8821 2755; www.ypcoaches.com.au) verkehrt freitags zwischen Port Augusta und Quorn (6 AU$, 40 Min.) und donnerstags zwischen Port Pirie und Melrose (6 AU$, 1¼ Std.).

ZUG

Pichi Richi Railway (S. 855) fährt jeden Samstag zwischen Port Augusta und Quorn (2 Std.).

Orte in den Southern Ranges

In **Port Pirie** (13 200 Ew.) am Rand der Southern Flinders Ranges steht die größte Blei- und Zinkhütte der Welt. Die Fabrik von Nyrstar beherrscht die Skyline der Stadt. Letztere hat aber auch ein paar hübsche alte Gebäude an der Ellen St zu bieten und ist der richtige Ort, um sich vor der Fahrt nach Norden mit Vorräten einzudecken. Infos zur Stadt gibt's im **Port Pirie Regional Tourism & Arts Centre** (☎08-8633 8700, 1800 000 424; www.piriehasitall.com.au; 3 Mary Elie St; ⏲Mo–Fr 9–17, Sa & So 10–16 Uhr).

In die eigentlichen Southern Ranges gelangt man in der Nähe von **Laura** (550 Ew.), das wie Supermans Smallville – ganz Bürgerstolz und 1950er-Jahre-Wohlstand – den Weizenfeldern entsteigt. Hier gibt's nicht viel zu tun, aber in der langen, geraniengeschmückten Hauptstraße existieren ein Supermarkt, eine Drogerie, eine Bäckerei, eine Bank, eine Post und sogar ein Schuhladen.

Flinders Ranges

Melrose (200 Ew.) ist der älteste Ort in den Flinders Ranges; seit 1853 schmiegt sich das kleine Städtchen an die Flanke des 960 m hohen Mt. Remarkable. Melrose hat alles, was eine Ortschaft ausmacht: ein paar gut erhaltene historische Bauten, einen tollen Pub, hochwertige Unterkünfte und sogar Parks mit echtem Gras. Wenn man hier ist, sollte man sich unbedingt die verfallenden mehrgeschossigen Ruinen der **Jacka's Brewery** (von 1878) in der Mount St anschauen– das Unternehmen beschäftigte einst 40 Arbeiter.

Online-Infos gibt's unter www.southern flindersranges.com.au.

Schlafen & Essen

North Star Hotel KNEIPE $$
(☎08-8666 2110; www.northstarhotel.com.au; 43 Nott St, Melrose; DZ 110–225 AU$, Wohn-Lkw 160 AU$; ❄📶) So willkommen wie ein Sommerregen: Das North Star Hotel in Melrose, ein fabelhafter Pub von 1854, wurde so renoviert, dass es an eine Mischung aus städtischem Stil und Schafstall erinnert. Man sitzt unter der mit Sackleinen bespannten Decke und surrenden Ventilatoren und genießt frisch zubereitete Speisen (Hauptgerichte 16–30 AU$, 12–14 & 18–20 Uhr), sehr guten Kaffee oder kaltes Bier. Die Unterkünfte rei-

chen von Quartieren im Bundaleer Cottage nebenan (mit Platz für 16 Pers.) über schicke Zimmer mit Bad über der Kneipe bis hin zu überraschend kühlen, metallverkleideten Unterkünften auf zwei alten Lastwagen hinter dem Haus.

Melrose Caravan Park WOHNWAGENPARK $
(☎08-8666 2060; www.members.westnet.com.au/venhoek/~melrose; Joe's Rd, Melrose; B 20 AU$, Stellplatz ohne/mit Strom 20/25 AU$, Hütte 60–120 AU$; ❄) Der kleine, ordentliche Wohnwagenpark bietet auf einem etwas über 2 ha großen Buschgelände Stellplätze und freistehende Hütten, die ein Überbleibsel der Olympischen Sommerspiele von 2000 in Sydney sind (alle haben TV und Kochgelegenheit, die billigeren aber kein eigenes Bad). Der Wanderweg auf den Mt. Remarkable (hin & zurück 12 km) beginnt gleich hinter der Anlage. Neben ihr sorgt eine umgebaute Scheune noch für weitere einfache Schlafgelegenheiten.

Old Bakery BÄCKEREI $
(☎08-8663 2165; www.oldbakerystonehut.com.au; 1 Main North Rd, Stone Hut; Stücke 4–10 AU$; ⏲7–18 Uhr) Rund 10 km nördlich von Laura findet sich in Stone Hut (290 Ew.) diese bemerkenswerte Bäckerei, die legendär dicke Rindfleischpasteten, Brote und Quandong-Tartes macht. Es gibt hier auch Hütten, in denen man wohnen kann (DZ ab 150 AU$).

Mt. Remarkable National Park

Buschfans schwärmen in höchsten Tönen von dem steilen, schroffen **Mt. Remarkable National Park** (www.environment.sa.gov.au; Pers./Auto 4/10 AU$) am Rand der Southern Flinders. Hauptanziehungspunkte sind hier die Natur und die unterschiedlichen Wanderwege (u.a. auch ein Abschnitt des **Heysen Trail**), die sich durch einsame, abgelegene Schluchten schlängeln.

Vom Parkplatz an der **Alligator Gorge** führt ein kurzer, steiler Wanderweg (2 km, 2 Std.) hinunter in die zerklüftete, krokodilfreie Schlucht. Dort beginnen auch ein Rundweg (9 km, 4 Std.) sowie ein Weg zur **Hidden Gorge** (18 km, 7 Std.) und zum **Mambray Creek** (13 km, 7 Std.). Die Strecke vom Mambray Creek zu **Davey's Gully** (2,5 km, 1 Std.) ist (buchstäblich und bildlich) ein Parkspaziergang. Gipfelstürmer nehmen den schweißtreibenden Aufstieg auf den 960 m hohen **Mt. Remarkable** (12 km, 5 Std.) in Angriff; der Weg beginnt hinter dem Melrose Caravan Park.

Die Eintrittsgebühr bezahlt man 21 km nördlich von Port Germein beim **Park Office** (☎08-8634 7068; www.environment.sa.gov.au) in Mambray Creek abseits des Hwy 1. Auf der Inlandsroute (Main North Rd A1 zwischen Melrose und Wilmington) gibt's eine Bezahlstation an der Alligator Gorge. An beiden Orten sind Broschüren über den Park erhältlich.

Im Park gibt's viele **Buschcampingplätze** (Pers./Auto 6/18 AU$) und zwei Lodges: eine am **Mambray Creek** (ab 55 AU$/Nacht, max. 4 Pers.) und eine an der **Alligator Gorge** (ab 150 AU$/Nacht, max. 10 Pers.). Beide bekommen ihren Strom über Solaranlagen. Die Lodge an der Alligator Gorge hat eine bessere Kücheneinrichtung und Duschen.

Quorn

1210 EW.

Ist Quorn eine Filmkulisse, die man nach Abschluss der Dreharbeiten einfach stehen ließ? In dem kinematografischen Outback-Nest gibt's zumindest mehr kreischende Krähen als Menschen. 1875 wurde hier mit dem Weizenanbau begonnen, und als die Great Northern Railway aus Richtung Port Augusta hierher führte, erlebte der Ort einen wahren Boom. Quorn (sprich: „Kworn") blieb ein wichtiger Bahnverkehrsknoten, bis die Zugverbindungen in die Flinders 1970 eingestellt wurden.

Sehenswertes & Aktivitäten

Quorns Straßenbild, insbesondere die **Railway Tce**, erteilt eine wahre Geschichtsstunde und war bereits in australischen Kultfilmen wie *Gallipoli* und *Sunday Too Far Away* zu sehen. Man sollte sich die Broschüre *Quorn Historic Buildings Walk* im Visitor Centre mitnehmen. Auf einem kleinen Abschnitt der längst stillgelegten Bahnstrecke pendelt heute die Pichi Richi Railway (S. 855) zwischen Port Augusta und Quorn hin und her.

Die bröckelnde Ruinen früher Siedlungen säumen die Straße von Quorn nach Hawker. Am eindrucksvollsten ist **Kanyaka**, eine einstmals florierende Schaffarm aus dem Jahr 1851. Von den Ruinen aus (41 km von Quorn entfernt) erreicht man zu Fuß in 20 Minuten ein Wasserloch im Schatten des gewaltigen **Death Rock**. Der Legende nach standen einheimische Aborigines dort ihren sterbenden Angehörigen in den letzten Stunden bei.

Pichi Richi Camel Tours KAMELREITEN
(☎0439 333 257, 08-8648 6640; www.pichirichi cameltours.com) Das Unternehmen veranstaltet zweistündige Kamel-Ausritte in den Sonnenuntergang (85 AU$), morgendliche Ausritte (55 U$) und halb-/ganztägige Kameltouren (75/125 AU$) durch die Umgebung von Quorn.

Flinders Bikes & Bytes FAHRRADVERLEIH
(☎0428 838 737, 08 8648 6349; www.bikesand bytes.com.au; 43 First St; 7 AU$/Std.; ⏲Mi–So 10–17.30 Uhr) Hier kann man sich ein Fahrrad ausleihen, um durch die Gegend zu fahren. Außerdem gibt es Internetzugang.

Schlafen & Essen

Quorn Caravan Park WOHNWAGENPARK $
(☎08-8648 6206; www.quorncaravanpark.com.au; 8 Silo Rd; B 20 AU$, Stellplatz ohne/mit Strom 23/29 AU$, Van 65 AU$, Hütte 90–120 AU$; ❄) Die engagierten Leiter der Anlage beschäftigen sich viel mit dem Klimawandel und sind daher sehr darum bemüht, Emissionen zu reduzieren und das natürliche Habitat wiederherzustellen. Der Platz bietet makellose Hütten, eine Backpacker-Hütte für acht Personen, eine Campingküche und schattige Stellplätze. Überall stehen Regenwassersammeltanks herum; ein paar Kängurus grasen unter den Eukalyptusbäumen.

Quandong Apartments APARTMENTS $$
(☎0432 113 473; www.quandongapartments.com; 31 First St; DZ 160 AU$; ❄) Gleich neben dem zugehörigen Quandong Café gibt es hier zwei Ferienwohnungen mit voll ausgestatteter Küche, hochwertiger Bettwäsche und großen Fernsehern. Der Einrichtungsstil bewegt sich in der Mitte zwischen Kitsch und asiatisch. Wer mindestens zwei Nächte bleibt, bekommt Rabatt.

Austral Inn HOTEL-MOTEL $
(☎08-8648 6017; www.australinn.info; 16 Railway Tce; DZ Motel/Pub ab 90/115 AU$; ❄) Hier werfen immer ein paar Einheimische die Jukebox an. Die schlichten, sauberen Zimmer des Pubs sind renoviert und mit frischer Bettwäsche versehen. Sie sind netter als die Motelzimmer hinter dem Haus. Im Bistro ist das Känguruschnitzel zu empfehlen (Hauptgerichte 15–30 AU$, 12–14 & 18–20 Uhr). Das Haus steht angeblich über einer alten Zisterne; nach Regenfällen muss man sich deshalb vor Moskitos hüten.

Quandong Café CAFÉ $
(www.quandongapartments.com/cafe.html; 31 First St; Gerichte 4–15 AU$; ⏲Mitte März–Mitte Dez. 8.30–16 Uhr) In dem traditionellen ländlichen Café mit knarrenden Dielen und surrenden Ventilatoren werden großes Frühstück und kleine Mittagsgerichte serviert. Man kann ein großzügig belegtes „Railway Sleeper“ (eine Art Jumbo-Pizza) oder ein großes Stück Zitronenbaiser oder Quandong-Pastete essen – gutes Preis-Leistungs-Verhältnis in bester Country-Tradition!

Praktische Informationen

Flinders Ranges Visitor Information Centre
(☎08-8648 6419; www.flindersranges.com;

TRAUMGESCHICHTEN DER ADNYAMATHANHA

Land und Natur sind ein wesentlicher Bestandteil der Kultur der traditionellen Eigentümer der Flinders Ranges. Unter dem kollektiven Oberbegriff Adnyamathanha (Hügelmenschen) tauschten die Stämme der Wailpi, Kuyani, Jadliaura, Piladappa und Pangkala einst Geschichten aus, die das spektakuläre Landschaftsbild ihrer Heimat erklärten.

Die Wände des Ikara (Wilpena Pound) sind in diesen Geschichten beispielsweise die Körper von zwei *akurra* (Riesenschlangen), die sich während eines Initiationsritus um den Ikara legten und den Großteil der Anwesenden verspeisten. Satt und bewegungsunfähig starben sie anschließend freiwillig und schufen so die charakteristische Geländeformation. Wegen der traditionellen Bedeutung möchten die Adnyamathanha nicht, dass Besucher den St. Mary Peak erklimmen, denn er soll der Kopf der weiblichen Schlange sein.

In einer weiteren Geschichte heißt es, dass eine andere *akurra* den Lake Frome leertrank und sich anschließend über das Land schlängelte und so Bäche und Schluchten schuf. Bei jedem Zwischenstopp entstand ein großes Wasserloch, z. B. die Arkaroola Springs. Durch die Sonnenwärme begann das Salzwasser im Bauch der Schlange zu gluckern – ein bis heute deutlich hörbares Geräusch, das von unterirdischen Quellen verursacht wird.

Railway Tce, Quorn Railway Station; ⌚ Mo–Fr 9–17, Sa & So 9–16 Uhr) Tipps, Karten, Broschüren und Internetzugang.

Hawker

300 EW.

Bis Wilpena Pound (55 km weiter im Norden) ist Hawker der letzte Außenposten der Zivilisation. Wie Quorn hat auch dieser topfebene Ort schon bessere Tage gesehen - vor allem als an seinem Bahnhof noch der alte *Ghan* hielt. Mit einem Geldautomaten und der wohl weltweit wertvollsten Tankstelle dient er Reisenden heute als Raststation.

Sehenswertes & Aktivitäten

Der interessanteste Teil Hawkers ist seine wilde Umgebung. Wer diese lieber mit einem Dach über dem Kopf bewundern möchte, sollte das leicht skurrile **Wilpena Panorama** (www.wilpenapanorama.com; Ecke Wilpena Rd & Cradock Rd; Erw./Kind 8/5,50 AU$; ⌚ Mo–Fr 9–17, Sa bis 16, So 11–14 Uhr, Jan. & Feb. geschl.) besuchen: In einem riesigen kreisrunden Raum hängt hier ein 360°-Panorama des Wilpena Pound.

Ungefähr 12 km südlich des Ortes liegen die **Yourambulla Caves** mit detaillierten Felsbildern (z.B. Emuspuren) der Aborigines. Drei dieser Stätten sind für Traveller zugänglich. Am einfachsten lassen sich die Malereien am **Yourambulla Peak** besichtigen, der vom Parkplatz aus in 30 Minuten zu Fuß zu erreichen ist.

Mit dem **Arkaroo Rock** ragt ca. 40 km nördlich von Hawker ein weiteres indigenes Heiligtum auf. Die Reptilien- und Menschenfiguren hier wurden mit Holzkohle, Vogelleim, Rötel und gelbem Ocker auf den Fels gemalt. Der Weg vom örtlichen Parkplatz ist relativ kurz (hin & zurück 2 km, 1 Std.).

Geführte Touren

Derek's 4WD Tours JEEPTOUR
(☎ 0417 475 770; www.dereks4wdtours.com; Tour halber/ganzer Tag ab 115/170 AU$) Die Geländewagentouren mit Öko-Touch haben u.a. die Schluchten von Bunyeroo und Brachina zum Ziel.

Skytrek Willow Springs JEEPTOUR
(☎ 08-8648 0016; www.skytrekwillowsprings.com.au) Sechsstündige Touren für Selbstfahrer auf einer bewirtschafteten Schaffarm (65 AU$/Fahrzeug), auf Wunsch kann man sich auch einer geführten Tour anschließen. Ferner gibt es Unterkunft in separaten Hütten (DZ ab 100 AU$).

Schlafen & Essen

BIG4 Hawker Caravan Park WOHNWAGENPARK $
(☎ 08-8648 4006; www.hawkerbig4holidaypark.com.au; Ecke Wilpena Rd & Chace View Tce; Stellplatz ohne/mit Strom 26/28 AU$, Suite mit Bad 39–45 AU$, Hütte 96–162 AU$; ❄📶🏊) Die freundliche, sehr gepflegte Anlage am Stadtrand Richtung Wilpena hat großzügige Kiesstellplätze, eine Reihe von Hütten und einen Pool!

Outback Motel & Chapmanton Holiday Units MOTEL $$
(☎ 08-8648 4100; www.hawkersa.info/biz/outback.htm; 1 Wilpena Rd; EZ/DZ Motel 110/125 AU$, Wohneinheit 120/150 AU$; ❄) Das Motel, das aus orangeroten Ziegelbauten besteht, wirkt, als befände es sich in Utah. Man kann direkt vorfahren. Die Zimmer sind die besten in der Stadt. Die Wohneinheiten mit zwei Schlafzimmern sind perfekt für Familien.

Flinders Ranges Accommodation Booking Service UNTERKUNFTSVERMITTLUNG $$
(FRABS; ☎ 08-8648 4022, 1800 777 880; www.frabs.com.au; DZ 75–225 AU$) Vermittelt Landhäuser und Unterkunft in Schafscahererhütten rund um Hawker.

Old Ghan Restaurant MODERN-AUSTRALISCH $$
(☎ 08-8648 4176; www.hawkersa.info/biz/ghan.htm; Leigh Creek Rd, Old Hawker Railway Station; Hauptgerichte 19–32 AU$; ⌚ Mi–Sa 17.30–20 Uhr, Jan. geschl.) Das rustikale Lokal am Stadtrand im stillgelegten alten *Ghan*-Bahnhof von 1884 ist so nobel, wie es in Hawker nur geht. Bestellen kann man Hauptgerichte wie Känguru-Medaillons mit Akaziensamen und Senf oder Hornhecht in Bierteig.

Praktische Informationen

Teague's Hawker Motors & Visitor Information Centre (☎ 1800 777 880, 08-8648 4014; www.hawkervic.info; Ecke Wilpena & Cradock Rd; ⌚ 7.30–18 Uhr) Die Tankstelle der Stadt (wer nach Norden fährt, sollte hier unbedingt auftanken!) fungiert zugleich als Touristeninformation.

Flinders Ranges National Park

Der **Flinders Ranges National Park** (www.environment.sa.gov.au; 9 AU$/Auto) gehört zu den beliebtesten Naturschutzgebieten in SA. Er lockt Besucher mit schroffen Schluchten, zerklüfteten Bergketten, verlassenen Gehöften, indigenen Stätten und einheimischen Tieren an. Nach Regenfällen sprießen hier außerdem Wildblumen. Das absolute Highlight ist jedoch der elliptische **Ikara (Wilpena Pound)**, der von gezackten Graten umgeben ist. Das natürliche, 80 km² große Talbecken entstand einst durch tektonische Senkung und ist kein Meteoritenkrater.

Das einzige öffentliche Transportmittel zum Pound, der **Shuttle-Bus** (Erw./Kind/Fam. hin & zurück 4/2,50/9 AU$; ⏲9, 11, 13, 15 & 17 Uhr) des Wilpena Pound Resorts, hält etwa 1 km vor dem alten **Hills Homestead**, von wo aus man zum **Wangarra Lookout** wandern kann. Kurz nach dem Absetzen der Passagiere brechen die Fahrzeuge wieder in Richtung Resort auf. Wer den letzten Bus um 17 Uhr nimmt und sich länger am Pound bzw. am Aussichtspunkt aufhalten möchte, muss daher zurücklaufen (8 km, 3 Std.).

Das freiliegende Sedimentgestein entlang des 20 km langen **Brachina Gorge Geological Trail** gestattet tolle Einblicke in 120 Mio. Jahre Erdgeschichte. Beim Visitors Centre gibt's informative Broschüren dazu.

Nördlich von Wilpena beginnt der **Bunyeroo-Brachina-Aroona Scenic Drive** an der Straße nach Blinman. Diese Panoramastrecke (hin & zurück 110 km) passiert das Bunyeroo Valley, die Brachina Gorge, das Aroona Valley und den **Stokes Hill Lookout**. Unterwegs sind viele kurze Wanderungen möglich. Ein Zwischenstopp am **Bunyeroo Valley Lookout** ist Pflicht!

Gleich jenseits des südöstlichen Parkrands kann man zur **Sacred Canyon Cultural Heritage Site** marschieren (hin & zurück 1 km, 1 Std.), um die vielen indigenen Felsbilder in Form von Tierspuren und -figuren zu bestaunen.

Sehenswertes & Aktivitäten

Bushwalking im Flinders Ranges National Park ist ein unvergessliches Erlebnis. Genügend Trinkwasser, Sonnenschutzmittel und ein Hut sind notwendig. Man sollte zudem jemanden über das jeweilige Ziel und den geplanten Zeitpunkt der Rückkehr unterrichten. Das Visitor Centre verteilt die Broschüre *Bushwalking in Flinders Ranges National Park*, die mithilfe einer detaillierten Karte 19 Parkrouten beschreibt; viele davon beginnen am Wilpena Pound Resort.

Einen Ausblick auf den Wilpena Pound ermöglicht der zum Teil anstrengende, aber großartige Aufstieg zum **Tanderra Saddle** (hin & zurück 15 km, 6 Std.). Der Saddle gehört zum Kamm des **St. Mary Peak** am Rand des Pound. Wanderer sollten sich unbedingt auf den Kamm beschränken: Der eigentliche St. Mary Peak hat für die indigenen Adnyamathanha eine traditionelle Bedeutung. Wer mehr Zeit hat, nimmt am besten den längeren Weg außen herum (hin & zurück 22 km, 9 Std.). Das Panorama ist ebenso atemberaubend, und man kann im **Cooinda Camp** zelten.

Auch der kurze, aber knackige Aufstieg am **Mt. Ohlssen Bagge** (hin & zurück 6,5 km, 4 Std.) belohnt Bergfans mit einer tollen Aussicht. Schöne kurze Wanderungen führen z. B. zum **Hills Homestead** (hin & zurück 6,5 km, 2 Std.) oder hinauf zur **Wilpena Solar Power Station** (hin & zurück 500 m, 30 Min.).

Die **Aroona Ruins** liegen 50 km nördlich vom Wilpena Pound Resort im Norden des Nationalparks. Sie sind Ausgangspunkt für ein paar weniger stark frequentierte Routen: Der **Yuluna Hike** (hin & zurück 8 km, 4 Std.) verläuft durch einen malerischen Teil der ABC Ranges, und entlang des anspruchsvollen **Aroona-Youngoona Track** (einfache Strecke 15,5 km, 7 Std.) blickt man auf die Trezona bzw. die Heysen Range und kann bei Youngoona kampieren.

Geführte Touren

Das Wilpena Pound Resort (halber/ganzer Tag ab 180/245 AU$) und die Rawnsley Park Station (halber/ganzer Tag ab 135/225 AU$) bieten beide **Geländewagentouren** an. Es gibt auch Touren ab Hawker.

Air Wilpena Scenic Flights PANORAMAFLÜGE
(☎08-8648 0004; www.wilpenapound.com.au/scenic-flights; Flug 20/30 Min./1 Std. 165/190/299 AU$) Die Rundflüge starten am Wilpena Pound Resort.

Central Air Services PANORAMAFLÜGE
(☎08-8648 0040; www.centralairservices.com.au; Flug 20/30 Min./1 Std. 160/180/350 AU$) Die Rundflüge starten an der Rawnsley Park Station.

Schlafen & Essen

Genehmigungen zum **Buschcampen** (Pers./Auto 7/13 AU$) innerhalb des Nationalparks (d. h. außerhalb des Resorts) erhält man in der Touristeninformation und an den

Selbstbedienungsstationen unterwegs. In Trezona, Aroona und Brachina East kann man am Bach unter großen Eukalyptusbäumen zelten. Youngoona im Norden des Parks ist ein guter Ausgangspunkt für Wanderungen. Der sicherlich ruhigste Platz befindet sich im abgelegenen Wilkawillina.

★ **Wilpena Pound Resort** RESORT **$$$**
(☎ 08-8648 0004, 1800 805 802; www.wilpenapound.com.au; Wilpena Rd über Hawker; Stellplatz ohne/mit Strom 22/32 AU$, Dauerzelt mit/ohne Bettwäsche 97/75 AU$, DZ 224–288 AU$; ❄@📶🏊) Zu den Unterkünften in diesem schicken Resort gehören Motelzimmer, elegante, voll ausgestattete Suiten und ein großer (sehr gut besuchter) Campingplatz. Wer keine Campingausrüstung dabei hat, kann auch in einem der Dauerzelte (für je 5 Pers.) unterkommen. Die Campinggenehmigung erwirbt man im Visitors Centre, wo man auch Benzin und Grundnahrungsmittel erhält (zu stolzen Preisen). Nicht auslassen sollte man ein Bad im Pool, die Happy Hour an der Bar (17–18 Uhr) und das Abendessen im ausgezeichneten Bistro (Hauptgerichte 19–29 AU$ – das Känguru ist wirklich ausgezeichnet).

Rawnsley Park Station RESORT **$$**
(☎ 08-8648 0030, Wohnwagenpark 08-8648 0008, Restaurant 08-8648 0126; www.rawnsleypark.com.au; Wilpena Rd über Hawker; Stellplatz ohne/mit Strom 22/33 AU$, Hostel EZ/DZ/FZ ab 50/75/95 AU$, Hütte/Wohneinheit/Villa ab 90/130/370 AU$; ❄@) Auf der riesigen, 35 km von Hawker entfernten Farm gleich südlich des Nationalparks gibt es die ganze Unterkunftspalette von Zeltstellplätzen bis hin zu luxuriösen Öko-Villen. Es stehen auch ein paar als Schlafsäle eingerichtete Wohnwagenpark-Hütten zur Verfügung; diese werden von der **YHA** (www.yha.com.au) verwaltet. Zu den angebotenen Outback-Aktivitäten zählen Mountainbiken (Verleih 15 AU$/Std.), Buschwalking (30 Min.–4 Std.), Fahrten im Heißluftballon, Geländewagentouren und Rundflüge. Das Woolshed Restaurant (Hauptgerichte 10–40 AU$, 12–14 & 18–20 Uhr) liefert tolle Buschkost, außerdem Currys, Meeresfrüchte und Pizzas.

ℹ Praktische Informationen

Wilpena Pound Visitor Information Centre
(☎ 08-8648 0048, 1800 805 802; www.wilpenapound.com.au; Wilpena Pound Resort; ⌚ 8–17 Uhr) Infos zum Park und zum Distrikt, Internetzugang und Fahrradverleih (halber/ganzer Tag 20/40 AU$). Hier kann man auch Rundflüge und Geländewagentouren buchen, Tipps für Wanderungen im Busch erhalten und den Parkeintritt bezahlen (9 AU$/Auto).

Blinman & Parachilna

Nördlich vom Wilpena Pound liegt das nette Blinman (30 Ew.) an einer asphaltierten Straße. Die Stadt verdankt ihre Existenz dem Kupfererz, das 1859 hier entdeckt wurde, und der 1903 errichteten Schmelzhütte. Aber der Boom endete, und 1500 Menschen zogen um. Heute kann sich Blinman nur noch rühmen, die am höchsten gelegene Ortschaft in SA zu sein (610 m über dem Meeresspiegel).

Große Teile der alten **Heritage Blinman Mine** (☎ 08-8648 4782; www.heritageblinmanmine.com.au; Main St, Blinman; Führung Erw./Kind/Fam. 25/10/60 AU$; ⌚ 9.30–17 Uhr) sind mit Aussichtspunkten, audiovisuellen Erläuterungen und Infotafeln erschlossen. Die einstündigen Führungen beginnen um 10, 12 und 14 Uhr (im Winter zusätzl. Führungen).

Schieferböden, alte Fotos und Zimmer im Kolonialstil prägen die Atmosphäre des renovierten **North Blinman Hotel** (☎ 08-8648 4867; www.blinmanhotel.com.au; Mine Rd, Blinman; Stellplatz ohne/mit Strom 10/20 AU$, DZ Motel/Hotel 90/155 AU$; ❄📶) von 1869. Hinter dem Haus gibt es Zeltstellplätze und – welche Freude – einen Pool *mit* Wasser! Das Bistro (Hauptgerichte 14–30 AU$, 12–14 & 18–20 Uhr) tischt leckeres Kneipenessen auf.

In einem 1883 errichteten Schulhaus serviert das **Wild Lime Café & Gallery** (☎ 08-8648 4679; www.wildlimecafe.com; Main St, Old Schoolhouse, Blinman; Hauptgerichte 8–20 AU$; ⌚ April–Nov. tgl. 9–16 Uhr, Dez.–März Di geschl.) großartigen Kaffee, Suppen, Salate, Pies, Pasteten, Kuchen und vom Busch inspirierte Gerichte wie rotes Känguru-Curry.

Die Straße von Blinman nach Parachilna führt durch die prachtvolle **Parachilna Gorge**, wo man kostenlose Campingstellen am Bach und nette Fleckchen zum Entspannen findet. Der nördliche Abschnitt des **Heysen Trail** beginnt bzw. endet hier.

„Nur echte Leute, keine Yuppies", lautet das Motto im **Angorichina Tourist Village** (☎ 08-8648 4842; www.angorichinavillage.com.au; Blinman–Parachilna Rd; Stellplatz ohne/mit Strom 22/26 AU$, B 42 AU$, Hütte ab 120 AU$; ❄@) 17 km westlich von Blinman in der Parachilna Gorge. Zu der weitläufigen Anlage gehören verschiedenartige Unterkünfte; im Laden gibt's auch Benzin. Der **Blinman Pools Walk** (hin & zurück 12 km, 5 Std.) beginnt hier; er folgt dem Lauf eines Baches, vorbei an verlassenen Schachtanlagen, Eukalyptusbäumen und Schmuckzypressen.

An der Straße von Hawker nach Leigh Creek liegt Parachilna (zwischen 4 und 7 Ew.), ein beliebtes Ziel in den Flinders Ranges. Abgesehen von ein paar Schuppen, einer Telefonzelle und einigen verrosteten Autowracks gibt es hier gar nichts, abgesehen vom legendären **Prairie Hotel** (08-8648 4895, 1800 331 473; www.prairiehotel.com.au; Ecke High St & West Tce, Parachilna; Stellplatz mit Strom 32 AU$, Hütte DZ/FZ ab 80/180 AU$, Hotel DZ 195–345 AU$;), einer Weltklasse-Unterkunft mit schicken Suiten, Stellplätzen und Arbeiterhütten auf der anderen Straßenseite. Unbedingt ein Essen und ein, zwei kalte Biere im Pub einplanen (Hauptgerichte 22–35 AU$, 11.30–15 & 18–20.30 Uhr)! Empfehlenswert ist der Wild-Grillteller (Kamelwürstchen, Kängurufilet und Emufleisch). Bei unserer Ankunft um 10.42 Uhr meinte der Barmann: „Zu früh für ein Bier!? Wer bestimmt das?"

Leigh Creek & Copley

In den frühen 1980er-Jahren wurde der Ort Leigh Creek (700 Ew.) von der Staatsregierung aus dem Boden gestampft: Nun erinnert die blühende Wüstenoase mit Grünflächen und Sackgassen ein wenig an Canberra. Die Stadt wurde wegen des Kohlebergbaus geschaffen und beliefert die Kraftwerke in Port Augusta. Das **Leigh Creek Visitor Information Centre** (08-8675 2315; www.loccleighcreek.com.au; Shop 2, Black Oak Dr, Leigh Creek; Mo–Fr 8.30–17.30, Sa 8.30–14 Uhr) befindet sich in Liz's Open Cut Café.

Der gesellige Mittelpunkt des Orts ist die **Leigh Creek Tavern** (08-8675 2025; leighcreektavern@alintaenergy.com.au; Black Oak Dr, Leigh Creek; Motel EZ/DZ 110/150 AU$, Hütte EZ/DZ/FZ 90/100/130 AU$;) mit flotten Motelzimmern im Stil der 1990er-Jahre, schlichten Hütten, die ein paar Hundert Meter abseits der Kneipe stehen, und Bergarbeiterportionen im Bistro (Hauptgerichte 12–24 AU$, 12–14 & 18–20 Uhr).

Rund 6 km nördlich von Leigh Creek liegt ein schnuckeliges Nichts namens Copley (80 Ew.). Der **Copley Cabin & Caravan Park** (08-8675 2288; www.copleycaravan.com.au; Railway Tce W, Copley; Stellplatz ohne/mit Strom 25/28 AU$, Hütte DZ 80–150 AU$;) ist ein kleiner, makelloser Wohnwagenpark, und seine Geschäfte laufen gut. Weiter die Straße hinunter bekommt man in der **Copley Bush Bakery & Quandong Café** (www.copleybushbakery.com.au; Railway Tce, Copley; Stücke 4–6 AU$; 8–16 Uhr) ordentlichen Kaffee und leckere Quandong-Pasteten.

Iga Warta (08-8648 3737; www.igawarta.com; Arkaroola Rd; Stellplatz ohne Strom 36 AU$, B & Zelt 36 AU$/Pers., Hütte/Safarizelt DZ 104/150 AU$), 57 km östlich von Copley auf dem Weg in den Vulkathunha-Gammon Ranges National Park, ist ein indigenes Unternehmen, das Adnyamathanha-Kulturtouren (25–75 AU$), Geländewagen- und Bushwalking-Exkursionen (52–228 AU$) veranstaltet. Die verschiedenen Unterkünfte vor Ort stehen aber allen Gästen offen.

Unmittelbar hinter Iga Warta und gleich vor dem Nationalpark liegt **Nepabunna**, eine Adnyamathanha-Gemeinde, die das umliegende Land verwaltet.

Vulkathunha-Gammon Ranges National Park

Die 1282 km^2 große Wüstenlandschaft des entlegenen **Vulkathunha-Gammon Ranges National Park** (www.environment.sa.gov.au) birgt tiefe Schluchten, gezackte Gebirgszüge, Gelbfuß-Felskängurus und von Eukalyptusbäumen gesäumte Bäche. Der größte Teil des Parks ist nur schwer zugänglich (hier ist ein Jeep unerlässlich), auch gibt's nur wenige Einrichtungen. Die Ranger sind im **Balcanoona Park Office** (08-8648 4829, Informationen 08-8204 1910), 99 km von Copley entfernt, stationiert.

Weite Ausblicke und kahle Bergrücken prägen die Gegend um die Grindells Hut. Hin führt eine Jeep-Piste, die von der Straße nach Arkaroola abzweigt. Alternativ kann man auch durch die **Weetootla Gorge** hierher wandern. Dies ist eine 13 km lange Wanderung, sodass sich eventuell eine Übernachtung in der Grindells Hut anbietet. Vor Wander- oder Jeeptouren in dieser Gegend sollte man unbedingt mit einem Ranger sprechen.

Im Park gibt's sechs **Buschcampingplätze** (Pers./Auto 8/5 AU$), z. B. in der Italowie Gorge, an der Grindells Hut, in der Weetootla Gorge und am Arcoona Bluff. Campinggenehmigungen sind beim Balcanoona Park HQ erhältlich. Im Büro der Ranger kann man auch zwei Hütten buchen: Die **Grindells Hut** (max. 8 Pers. 145 AU$) und die

Balcanoona Shearer's Quarters (DZ/3BZ 40/65 AU$, alleinige Nutzung für max. 18 Pers. 265 AU$).

Arkaroola

Beim Arkaroola Wilderness Sanctuary (☎08-8648 4848, 1800 676 042; www.arkaroola.com.au) handelt es sich um ein privates Naturschutzgebiet mit Resort in einem besonders spektakulären Teil der Flinders Ranges. Es liegt 129 km östlich von Copley und ist nur über unbefestigte Straßen zu erreichen. Das Visitor Information Centre (9–17 Uhr) zeigt Ausstellungen über die hiesige Naturgeschichte und erklärt auf wissenschaftliche Weise, warum hier häufig die Erde bebt.

Eines der absoluten Highlights vor Ort, das man nicht versäumen sollte, ist die vierstündige Ridgetop-Jeeptour (120 AU$/Erw.) durch die wilde Bergwelt: Über halsbrecherische Anstiege und Abfahrten führt sie zum stimmungsvollen Sillers Lookout. Dort kann man erst einmal die verkrampften Hände vom Sitz lösen und nach Keilschwanzadlern und Gelbfuß-Felskängurus Ausschau halten. Daneben gibt's auch Auto- und Wandertouren, die auf eigene Faust oder mit Führer unternommen werden können. Die meisten Parkbereiche sind mit normalen Autos zugänglich und laden zu schweißtreibenden Wanderungen ein.

Das Resort Arkaroola Rd Camp; Stellplatz ohne/mit Strom 18/25 AU$, Hütte 40 AU$, Cottage 130–175 AU$, Motel DZ 145–175 AU$;) besteht aus einem Motelkomplex und einem Wohnwagenpark. Man findet Stellplätze auf staubigen Hügeln und am Bach; die gemütlichen Hütten sind eine gute, preiswerte Alternative. Zu den weiteren Annehmlichkeiten gehören ein Restaurant mit Bar (Hauptgerichte 15–30 AU$, Küche geöffnet 12–14 & 18–20 Uhr), ein Supermarkt und eine Tankstelle.

OUTBACK

Nördlich der Eyre Peninsula und der Flinders Ranges geht das Land in die leere Weite des südaustralischen Outbacks über. Wer sich entsprechend vorbereitet, wird einen Trip durch diese kaum besiedelte, raue Region kaum je wieder vergessen.

Der Stuart Hwy führt ins rote Herz Australiens hinein. Erste Zwischenstation ist Woomera mit seiner düsteren Atomtestgeschichte und einer glänzenden Sammlung übrig gebliebener Raketen. Weiter nördlich bietet Coober Pedy einen einmaligen Anblick: Inmitten der glühend heißen Wüste wirkt die trostlose Opalmine wie ein menschlicher Fehltritt. Wagemutige Outback-Fans können einen Teil des kultigen Oodnadatta Track absolvieren, der ein wenig wilde Abwechslung vom Asphalt des Stuart Hwy verspricht. Unterwegs warten warme Wüstenquellen, der riesige Lake Eyre (Kati Thanda) und tolle alte Pubs.

Infos unter www.flindersouthback.com.

Geführte Touren

Anbieter von Rundflügen im Outback stehen in den Abschnitten zu Coober Pedy, William Creek und Marree.

Arabunna Tours INDIGEN
(☎08-8675 8351; www.arabunnatours.com.au; Tour ab Adelaide 7 Tage 1695 AU$) Das von Aborigines geführte Unternehmen veranstaltet Kulturtouren von Adelaide in die Flinders Ranges, nach Marree, zum Oodnadatta Track sowie zum Kati Thanda-Lake Eyre.

Just Cruisin 4WD Tours INDIGEN
(☎08-8383 0962; www.justcruisin4wdtours.com.au; Tour ab Adelaide 5 Tage 3295 AU$) Aborigines veranstalten Kulturtouren zu indigenen Gemeinden und verschiedenen Outback-Stätten zwischen den Orten Adelaide und Coober Pedy.

Anreise & Unterwegs vor Ort

AUTO

Der Stuart Hwy ist zwischen Port Augusta und Darwin asphaltiert. In SA gibt es Benzin und Unterkunft in Pimba (171 km von Port Augusta), Glendambo (285 km), Coober Pedy (535 km), Cadney Homestead (689 km) und Marla (771 km). In Pimba, Coober Pedy und Marla kann man sogar rund um die Uhr tanken. Nach starken Regenfällen sind der Oodnadatta Track, der Birdsville Track und der Strzelecki Track oft gesperrt, daher aktuelle Infos zum Straßenzustand bei der Royal Automobile Association in Adelaide oder online unter www.dpti.sa.gov.au/OutbackRoads einholen!

BUS

Greyhound Australia (www.greyhound.com.au) Die täglichen Busse von Adelaide nach Alice Springs (331 AU$, 19½ Std.) halten unterwegs in Pimba (122 AU$, 7 Std.), Glendambo (153 AU$, 8¼ Std.) und Coober Pedy (197 AU$, 10½ Std.). Online-Tickets sind billiger.

FLUGZEUG

Regional Express (Rex; www.regionalexpress.com.au) Fliegt an den meisten Tagen zwischen Adelaide und Coober Pedy (235 AU$, 2 Std.).

ZUG

Der *Ghan* fährt zwischen Adelaide und Alice Springs durch das Outback von SA; Details gibt's auf S. 1191.

Woomera

450 EW.

Bei Pimba (50 Ew.; 485 km von Adelaide entfernt) kann man vom Stuart Hwy abfahren und einen Abstecher (6 km) nach Woomera machen, das 1947 als Koordinationszentrale für britische Raketen- und Atomwaffentests gegründet wurde. An Orten wie Maralinga litten die Aborigines danach extrem unter nuklearem Fallout. Heute ist Woomera eine düstere und künstliche Regierungssiedlung auf einem Testgelände des Verteidigungsministeriums, das immer noch benutzt wird.

Im **Woomera Heritage & Visitor Information Centre** (☎08-8673 7042; www.woomera.com.au; Dewrang Ave; Museum Erw./Kind 6/3 AU$; ⊙März–Nov. 9–17, Dez.–Feb. 10–14 Uhr) kann man sich anhand von Ausstellungsstücken über Woomeras Vergangenheit und Gegenwart informieren (und eine Runde Bowling spielen). Auf der anderen Seite des Parkplatzes befindet sich der **Lions Club Aircraft & Missile Park** mit diversen Überresten von Düsenflugzeugen und Raketen.

Das **Eldo Hotel** (☎08-8673 7867; www.eldohotel.com.au; Kotara Ave; DZ ab 95 AU$; ❄) wurde ursprünglich gebaut, um Raketenwissenschaftlern ein Dach über dem Kopf zu bieten. Heute gibt's hier in einer Reihe von Gebäuden aus den 1960ern gemütliche Motelzimmer. In dem recht schicken Bistro wird à la carte serviert (Hauptgerichte 16–32 AU$; 12–14 & 18–20.30 Uhr). Empfehlenswert sind die Känguru-Bratwürstchen!

Nördlich von Woomera taucht nach 90 km (Asphaltstraße) **Roxby Downs** (www.roxbydowns.com; 4500 Ew.) auf. Der überraschend reiche Wüstenort ist das Versorgungszentrum der riesigen Olympic Dam Mine, die Kupfer, Silber und Uran fördert.

Von Woomera nach Coober Pedy

Mitten im Nichts – nämlich rund 115 km nordwestlich von Pimba und 245 km vor Coober Pedy – liegt Glendambo (30 Ew.), das 1982 als Raststation am Stuart Hwy gegründet wurde. Hier befindet sich die letzte Tankstelle vor Coober Pedy.

Schlafen kann man im oasenartigen **Glendambo Hotel-Motel** (☎08-8672 1030; Stuart Hwy; Stellplatz ohne/mit Strom 18/22 AU$, DZ 99–120 AU$; ❄@≋). Zu ihm gehören Bars, ein Restaurant und eine Reihe ordentlicher Motelwohneinheiten. Vor dem Hotel gibt's staubige Stellplätze, drinnen im Bistro fleischlastige Gerichte (16–30 AU$, 12–14 & 18–20 Uhr).

Nördlich von Glendambo führt der Stuart Hwy durch die staatliche Woomera Prohibited Area. Die ungehinderte Durchfahrt auf dem Highway ist möglich, aber Abstecher ins Sperrgebiet hinein sind absolut tabu.

Coober Pedy

3500 EW.

Im Umfeld von Coober Pedy ist die kahle, ausgedörrte Wüste plötzlich von Ausschachtungen und dazugehörigen Abraumhalden durchzogen – angeblich von mehr als einer Million davon. Der Grund für diese intensive Wühltätigkeit sind die Opale, die die Kleinstadt zu einem Schürfermekka gemacht haben – jedoch nicht zu einem Touristenparadies: Mit Fliegenschwärmen, 50 °C an Sommertagen, Minusgraden in Winternächten, in Erdlöchern hausenden Einwohnern und rostigen Autos in den Vorgärten wirkt der baumlose Ort wie die Vorhölle. Aber interessant ist er auf alle Fälle!

DESERT PARKS PASS

Wer das Outback erkunden will, könnte gut beraten sein, einen **Desert Parks Pass** (☎1800 816 078; http://forms.bizgate.sa.gov.au/deh/parkspasses/desert.htm; 150 AU$/Auto) zu kaufen. Er ermöglicht Zugang zu sieben Parks im Outback (inkl. Camping); zudem bekommt man eine Landkarte und ein Handbuch. Den Pass gibt's in den DEWNR-Büros in Adelaide und Post Augusta. Man kann ihn aber auch online bestellen und ihn sich zuschicken lassen (aber nur in Australien) oder ihn bei regionalen Verkaufsstellen in den Flinders Ranges und im Outback von SA kaufen. Eine Liste dieser Verkaufsstellen findet sich unter www.environment.sa.gov.au/parks/park_entry_fees/parks_pass_outlets.

Coober Pedy

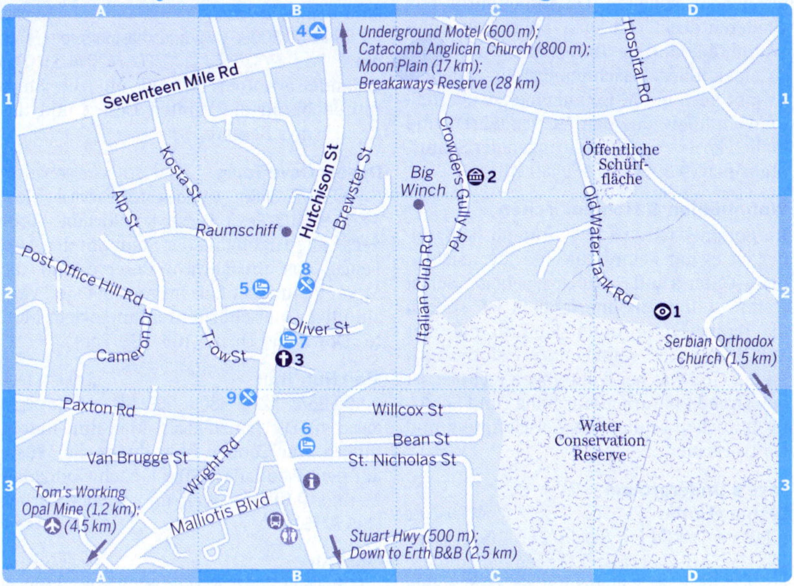

Tatsächlich ist Coober Pedy sehr kosmopolitisch, denn hier leben Menschen aus 44 Nationen. Nur wenige Einheimische verdienen ihr Geld ausschließlich mit dem Schürfen, viele fahren mehrgleisig: Der Typ, der den Flughafenbus fährt, lädt auch das Gepäck ein, sitzt an der Hotelrezeption und widmet sich am Wochenende seinem Opalfeld.

Die umliegende Wüste ist wirklich entsetzlich öde, ein Umstand, den sich Filmemacher nicht entgehen ließen, die hier Endzeitspektakel wie *Mad Max III – Jenseits der Donnerkuppel*, *Red Planet* oder *Pitch Black – Planet der Finsternis* in Szene setzten, aber auch Streifen wie Ground Zero oder *Priscilla – Königin der Wüste*.

Coober Pedy

Sehenswertes

1 Faye's Underground Display Home D2
2 Old Timers Mine C1
3 St. Peter & Paul Catholic Church B2

Schlafen

4 BIG4 Oasis Coober Pedy B1
5 Desert Cave Hotel B2
6 Mud Hut Motel B3
7 Radeka Downunder B2

Essen

8 John's Pizza Bar B2
9 Tom & Mary's Greek Taverna B3
Umberto's .... (siehe 5)

Sehenswertes & Aktivitäten

Opalabbau

Rund um die Stadt gibt's Hunderte Minen – hier dreht sich alles um die schwer auffindbaren Opale. Wer selbst suchen will, wird von Tourveranstaltern und eventuell Einheimischen auf deren Claims eingeladen, wo er in den Siebrückständen *(mullock)* wühlen kann. Vorsicht vor unmarkierten Schächten! Nie im Dunkeln durch Minengebiete laufen!

Tom's Working Opal Mine MINE
(www.tomsworkingopalmine.com.au; Lot 1993, Stuart Hwy; Führung Erw./Kind/Fam. 25/10/55 AU$; ⏲ Führung 8, 10, 14 & 16 Uhr) Der beste Ort, um zu erleben, wie es beim Schürfen zugeht, ist diese Mine 3 km südwestlich der Stadt: Die Profis lassen sich bei der Suche nach der Hauptader nicht stören, während die Besucher nach Glückstreffern wühlen. Der Rundgang ohne Führer kostet Erw./Kind 10/5 AU$.

Old Timers Mine MUSEUM
(www.oldtimersmine.com; 1 Crowders Gully Rd; Rundgang ohne Führer Erw./Kind 15/1 AU$; ⏲ 9–17 Uhr) Das interessante Gängelabyrinth wurde

1916 angelegt, dann aber von den Bergleuten geheim gehalten. Die Mine wurde erst wiederentdeckt, als man beim Bau einer Wohnhöhle auf die Tunnel stieß, die heute zu einer tollen Besichtigungstour einladen. Es gibt auch ein Museum, eine nachgestellte Wohnhöhle aus den 1920er-Jahren und täglich kostenlose Vorführungen der Schürfutensilien (9.30, 13.30 & 15.30 Uhr).

Wohnhöhlen & Höhlenkirchen

Im Sommer wird es hier brütend heiß, daher ist es gar keine schlechte Idee, sich in den Untergrund zurückzuziehen. Selbst wenn es draußen unerträglich ist, steigen die Temperaturen unter der Erde nie über 23 °C, und eine Klimaanlage erübrigt sich damit. Und was bei Wohnungen recht ist, ist bei Kirchen natürlich nur billig (und Schürfer brauchen schließlich viel Hoffnung und Gottvertrauen …).

Faye's Underground Display Home WOHNHÖHLE
(Old Water Tank Rd; Erw./Kind 5/2,50 AU$; ⏲ März–Okt. Mo–Sa 8–17 Uhr) Drei Frauen haben diese etwas kitschige Behausung mit dem tollen Wohnzimmerpool in den 1960er-Jahren von Hand ausgehoben!

Serbian Orthodox Church KIRCHE
(Saint Elijah Dr, abseits der Flinders St; Eintritt 5 AU$; ⏲ 24 Std.) Reliefs schmücken die größte und eindrucksvollste Höhlenkirche des Ortes. Sie befindet sich rund 8 km südlich der Stadt.

St. Peter & Paul Catholic Church KIRCHE
(Ecke Halliday Pl & Hutchison St; ⏲ 10–16 Uhr) GRATIS Coober Pedys erste Kirche wirkt immer noch niedlich.

Catacomb Anglican Church KIRCHE
(Catacomb Rd; ⏲ 24 Std.) GRATIS Predigten aus anderen Kirchen werden hier auf einem Großmonitor übertragen.

Noch mehr Sehenswertes

Vom markanten Aussichtspunkt **Big Winch** schweift der Blick weit über Coober Pedy und in Richtung Breakaways. Ein optimistisches *if*, das auf eine Seite eines riesigen Eimers gemalt wurde, spiegelt den Geist der Stadt wider.

Überall in der Stadt stößt man auf zurückgelassene Filmkulissen und -requisiten, z. B. auf das eindrucksvolle **Raumschiff** aus *Pitch Black – Planet der Finsternis,* das vor dem Laden Opal Cave in der Hutchison St notlanden musste.

Geführte Touren

Arid Areas Tours WILDNIS
(☎ 08-8672 3008; www.aridareastours.com; Tour pro 2 Pers. 2/4/6 Std. 100/200/420 AU$) Die Geländewagentouren rund um die Stadt führen bis in die Painted Desert und das Breakaways Reserve.

Desert Cave Tours SEHENSWÜRDIGKEITEN
(☎ 08-8672 5688; www.desertcave.com.au; Tour 4 Std. 90 AU$/Pers) Diese komfortable Tour deckt alle Highlights der Stadt ab: den Dog Fence, das Breakaways Reserve und die Moon Plain. Ebenfalls im Angebot sind vierstündige Opalschürftouren unter dem Motto „Down and Dirty" (105 AU$/Pers.).

Mail Run Tour GEFÜHRTE TOUR
(☎ 08-8672 5226, 1800 069 911; www.mailruntour.com) Die ganztägigen Mail-Run-Touren führen von Coober Pedy durch die Wüste auf dem Oodnadatta Track nach Oodnadatta und William Creek und wieder zurück (195 AU$).

Opal Air PANORAMAFLUG
(☎ 08 8670 7997; www.opalair.com.au; Flug ab 470 AU$/Pers.) Die halbtägigen Rundflüge beginnen in Coober Pedy und haben den Kati Thanda-Lake Eyre, William Creek und die Painted Desert zum Ziel.

Oasis Tours SEHENSWÜRDIGKEITEN
(☎ 08-8672 5169; Tour 3 Std. Erw./Kind 45/22,50 AU$) Die gute, günstige Stadtführung berücksichtigt die großen Sehenswürdigkeiten und gibt auch Gelegenheit, ein wenig nach Opalen zu schürfen. Bei den zweistündigen Fahrten bei Sonnenuntergang ins Breakaways Reserve (50/25 AU$) passiert man auch den Dog Fence und die Moon Plain. Angeboten werden die Touren vom Wohnwagenpark BIG4 Oasis Coober Pedy.

Coober Pedy Tours SEHENSWÜRDIGKEITEN
(☎ 08-8672 5223; www.cooberpedytours.com; Tour 4 Std. Erw./Kind 70/35 AU$) Stationen der vom Hostel Radeka Downunder veranstalteten geführten Wanderung sind eine Wohnhöhle, Opalsuche, die Breakaways, eine Höhlenkirche, der Dog Fence und eine bewirtschaftete Opalmine. Es gibt auch Touren bei Sonnenuntergang zum Sternegucken und ins Breakaways Reserve.

Schlafen

Down to Erth B&B B&B $$
(☎ 08-8672 5762; www.downtoerth.com.au; Monument Rd; DZ inkl. Frühstück 160 AU$, zusätzl. Pers.

25 AU$;) Das unterirdische Juwel liegt 4 km außerhalb der Stadt und verfügt über Wohnhöhlen mit zwei Schlafzimmern. Ein im Schatten gelegenes Tauchbecken sorgt für Abkühlung nach einem anstrengenden Erkundungstag; nachts kann man durch ein Teleskop in die Sterne gucken.

Underground Motel MOTEL $$
(08-8672 5324; www.theundergroundmotel.com.au; Catacomb Rd; EZ/DZ/FZ inkl. Frühstück ab 125/135/182 AU$;) In dem zweckmäßigen, freundlichen und billigen Motel mit weitem Panoramablick auf die Breakaways kann man zwischen Standardzimmern und Suiten (mit separatem Wohn- und Küchenbereich) wählen. Die Unterkunft ist aber einen gehörigen Fußmarsch vom Ort entfernt.

Desert Cave Hotel HOTEL $$$
(08-8672 5688; www.desertcave.com.au; Lot 1 Hutchison St; EZ & DZ 250 AU$, zusätzl. Pers. 35 AU$;) Das Hotel sorgt für willkommenen Luxus in der Wüste inklusive Pool, Fitnessraum, Heimkino, gut bestückter Minibar und dem ausgezeichneten Restaurant Umberto's. Das Personal ist sehr freundlich, und es werden auch viele Touren angeboten. Wer will, kann auch überirdisch übernachten.

Riba's CAMPING $
(08-8672 5614; www.camp-underground.com.au; William Creek Rd; unterirdischer Stellplatz 30 AU$, oberirdischer Stellplatz ohne/mit Strom 20/28 AU$, EZ & DZ 60 AU$;) Rund 5 km außerhalb der Stadt hat man im Riba's die einmalige Gelegenheit, unterirdisch zu campen! Außerdem gibt's hier ein unterirdisches Fernsehzimmer, zellenartige unterirdische Budgetzimmer und jeden Abend eine Opalminentour (Erw. 22 AU$, für Camper kostenlos).

Mud Hut Motel MOTEL $$
(08-8672 3003; www.mudhutmotel.com.au; St Nicholas St; DZ/Apt. mit 2 Schlafzi. 130/220 AU$;) Die rustikal wirkenden Wände dieser Unterkunft in zentraler Lage bestehen tatsächlich aus Stampflehm. Trotz des „schmuddeligen" Namens ist dieses Motel eines der saubersten vor Ort. Die Apartments mit zwei Schlafzimmern sind mit Kochplatte und Kühlschrank ausgestattet.

Radeka Downunder HOSTEL $
(08-8672 5223, 1800 633 891; www.radekadownunder.com.au; 1 Oliver St; B 35 AU$, DZ & 2BZ 85 AU$, Motel Zi. 130 AU$;) Die Besitzer begannen im Jahr 1960 damit, diese Anlage auszuhöhlen. Viele Opale haben sie nicht gefunden, aber eine tolle Backpacker-Unterkunft geschaffen. Auf mehreren Ebenen finden sich hier 6,5 m unter der Erdoberfläche Coober Pedys beste Budgetbetten, außerdem gute Privatzimmer und Motel-Wohneinheiten. Die Gemeinschaftsküche ist praktisch für Selbstversorger. Ferner gibt es eine Bar, einen Grill, ein Snooker-Zimmer und eine Waschküche.

BIG4 Oasis Coober Pedy WOHNWAGENPARK $
(08-8672 5169; www.oasiscooberpedy.com.au; Seventeen Mile Rd; Stellplatz ohne/mit Strom 30/33 AU$, Zi./Van ab 58/68 AU$, Hütte 106–126 AU$;) Viele Campingplätze gibt es in Coober Pedy nicht, aber dieser Platz liegt einigermaßen zentral (ein Stück die Hauptstraße hinunter gegenüber vom Autokino) und bietet den meisten Schatten sowie einen Swimmingpool. Täglich wird eine preisgünstige Tour angeboten.

Essen

John's Pizza Bar ITALIENISCH $
(08-8672 5561; www.johnspizzabarandrestaurant.com.au; Shop 24, 1 Hutchison St; Gerichte 7–31 AU$; 9–22 Uhr) An den tellergroßen Pizzas, der herzhaften Pasta und dem bei dieser Hitze wunderbaren Gelato dieses Restaurants kommt man nicht vorbei. Grillspeisen, Salate, Burger, Gyros sowie Fish & Chips sind ebenfalls erhältlich. Die Gäste sitzen drinnen im Innenraum oder draußen am Straßenrand zwischen traurig wirkenden Topfpflanzen. Das Essen gibt's auch zum Mitnehmen.

Tom & Mary's Greek Taverna GRIECHISCH $$
(08-8672 5622; Shop 4/2 Hutchison St; Gerichte 15–25 AU$; 18–21 Uhr) Auf der Karte des vielbesuchten griechischen Lokals steht alles von Moussaka bis zu Gyros, Meeresfrüchten, griechischen Salaten und Pasta mit hellenischem Einschlag. Hier kann man bei einem Glas kaltem Retsina entspannt zuschauen, wie die rote Sonne nach einem staubigen Tag hinter dem Horizont verschwindet.

Umberto's MEDITERRAN $$$
(08-8672 5688; www.desertcave.com.au; Lot 1 Hutchison St; Hauptgerichte 28–46 AU$; 18–21 Uhr) Das Dachrestaurant des Desert Cave Hotel ist genauso gut wie das Hotel selbst. Das beweisen erstklassige Gerichte wie der Eintopf mit Wallaby-Keule, Gemüse und Grilltomaten oder der Teller „Essential Tastes of the Outback": gegrilltes Känguru-,

Kamel-, Emu- und Rindfleisch mit Busch-Chutney und handgeschnittenen Fritten.

Praktische Informationen

Coober Pedy Visitor Information Centre (08-8672 4617, 1800 637 076; www.opalcapitaloftheworld.com.au; Hutchison St, Council Offices; Mo–Fr 8.30–17, Sa & So 10–13 Uhr) Neben detaillierten Infos zu Touren und Unterkünften bietet das Büro 30 Minuten kostenlosen Internetzugang und eine Ausstellung zur Geschichte des Ortes.

Coober Pedy Hospital (08-8672 5009; www.countryhealthsa.sa.gov.au; Lot 89 Hospital Rd; 24 Std.) Unfallversorgung und Notdienst.

24-Stunden-Wasserspender (Hutchison St; 0,20 AU$/30 l) Gegenüber dem Wohnwagenpark BIG4 Oasis Coober Pedy kann man seine Feldflasche zu jeder Tages- und Nachtzeit auffüllen.

Anreise & Unterwegs vor Ort

Budget (08-8672 5333; www.budget.com.au; Coober Pedy Airport) Vermietet Autos, Geländewagen und Campingfahrzeuge ab rund 80 AU$ pro Tag.

Cedrent (08-8672 3003; www.cedrent.com.au; St Nicholas St, Mud Hut Motel) Das Unternehmen mit Sitz im Mud Hut Motel vermietet Kombis, Nutzfahrzeuge und Geländewagen ab 125 AU$ pro Tag.

Von Coober Pedy nach Marla

Das karge, aber farbenfrohe **Breakaways Reserve** mit seinen trockenen Hügeln und Steilhängen liegt 33 km nördlich von Coober Pedy an einer Holperstraße – 22 km westlich der Stadt vom Highway abfahren! Ein Aussichtspunkt ist mit normalen Autos zu erreichen; von diesem fällt der Blick auf einen weiß-gelben Tafelberg namens **Castle**, der bereits in *Mad Max III – Jenseits der Donnerkuppel* und *Priscilla – Königin der Wüste* zu sehen war. Besuchsgenehmigungen (2,20 AU$/Pers.) sind beim Visitor Information Centre in Coober Pedy erhältlich.

Eine interessante, 70 km lange Rundfahrt über vorwiegend unbefestigte Straßen beginnt in Coober Pedy und führt in die Breakaways, zum **Dog Fence** (der Australiens Südosten dingofrei halten sollte) und zur tafelbergartigen **Moon Plain** an der Straße von Coober Pedy nach Oodnadatta. Nach Regenfällen benötigt man für diesen Trip ein Allradfahrzeug.

Wer auf dem Weg nach Oodnadatta ist, kann eine Abkürzung nehmen und beim Cadney Homestead (151 km nördlich von Coober Pedy) vom Stuart Hwy abfahren – auf diese Weise ist die Strecke über die unbefestigte Straße kürzer, als wenn man über Marla oder Coober Pedy fährt. Unterwegs kommt man an der passend benannten **Painted Desert** vorbei (Kamera nicht vergessen!).

Cadney Homestead (08-8670 7994; cadney@bigpond.com; Stuart Hwy; Stellplatz ohne/mit Strom 15/25 AU$, DZ Hütte/Motel 60/115 AU$;) selbst bietet Stellplätze für Wohnmobile und Zelte, zweckmäßige Motelzimmer und einfache Hütten an (Bettwäsche mitbringen; sanitäre Anlagen werden gemeinschaftlich genutzt). Außerdem gibt's hier Benzin, eine Reifenreparaturwerkstatt, Essen zum Mitnehmen, kaltes Bier, einen Geldautomaten und einen Swimmingpool. Geführte Touren durch die Painted Desert werden ebenfalls angeboten.

Etwa 82 km vom Cadney Homestead entfernt liegt **Marla** (245 Ew.) mitten im Mulga-Busch. Als 1980 die Bahnstrecke des *Ghan* hierher verlegt wurde, löste der Ort Oodnadatta als offizielles Zentrum der Region ab. **Marla Travellers Rest** (08-8670 7001; www.marla.com.au; Stuart Hwy; Stellplatz ohne/mit Strom/Hütte 15/25/40 AU$, DZ 100–120 AU$;) bietet Benzin, Motelzimmer, Stellplätze, Pool, ein Café und einen Supermarkt.

Das wildwestmäßige **Mintabie** (250 Ew.) ist eine Opalschürfsiedlung auf Aboriginal Land 35 km westlich von Marla. Hier findet man einen Gemischtwarenladen, ein Restaurant und einen einfachen Wohnwagenpark vor.

Von Marla zur Grenze zum NT sind es jetzt noch 180 km. In Kulgera, 20 km hinter der Grenze, gibt es eine Tankstelle.

Oodnadatta Track

Der legendäre, einsame Oodnadatta Track verläuft zwischen Marla am Stuart Hwy und Marree in den nördlichen Flinders Ranges. Die unbefestigte, 615 km lange Straße folgt der alten Overland Telegraph Line und der stillgelegten Great Northern Railway. Unweit der Straße liegt der **Lake Eyre** (der sechstgrößte See der Welt; normalerweise ausgetrocknet). Die Landschaft entlang des Tracks ist ungemein facettenreich: Auen südlich von Marla, Salzbuschebenen am William Creek, Dünen und rote Geröllwüsten in der Nähe von Coward Springs. Man kann die Strecke in einem normalen Auto bewältigen, ein Allradfahrzeug ist aber ratsamer, da der Track wirklich holprig, matschig, staubig und mit Schlaglöchern übersät ist.

Praktische Informationen

Der Oodnadatta Track ist eine holprige Piste aus Sand und Geröll. Er wird nach Regenfällen oft gesperrt, daher sollte man sich vor dem Losfahren unbedingt den aktuellen Straßenzustandsbericht besorgen – den gibt's im Visitor Information Centre in Coober Pedy, bei der Royal Automobile Association in Adelaide und online unter www.dpti.sa.gov.au./OutbackRoads.

Falls einem Staub und Schmutz irgendwann zu viel werden, führen Alternativrouten ab William Creek und Oodnadatta nach Coober Pedy am Stuart Hwy. Benzin, Übernachtungsmöglichkeiten und Verpflegung gibt's in Marla, Oodnadatta, William Creek und Marree.

Das Heft *Oodnadatta Track – String of Springs* von der South Australian Tourism Commission und die Broschüre *Travel the Oodnadatta Track* von Pink Roadhouse enthalten detaillierte Routeninfos.

Von Oodnadatta nach William Creek

Im rund 209 km von Marla entfernten **Oodnadatta** (280 Ew.) trennte sich einst die Hauptstraße von der alten Bahnstrecke. Im Zentrum steht das **Pink Roadhouse** (08-8670 7822, 1800 802 074; www.pinkroadhouse.com.au; 8–17.30 Uhr), in dem man gute Infos zum Track und Gerichte wie den eindrucksvollen Oodnaburger bekommt. Zum Rasthaus gehört der **Wohnwagenpark** (Stellplatz ohne/mit Strom ab 22/30 AU$, Budget-Hütte DZ/FZ ab 65/125 AU$, separate Hütte DZ ab 110 AU$;) mit Unterkünften von schlichten Stellplätzen bis zu voll eingerichteten Hütten. Einer der Betreiber des Rasthauses ist 2012 gestorben; die Zukunft der Einrichtung war zum Zeitpunkt unserer Recherche ungewiss.

Nach weiteren 70 km ist William Creek (6 Ew.) erreicht, wo man es sich am besten im verwitterten **William Creek Hotel** (08-8670 7880; www.williamcreekhotel.net.au; William Creek; Stellplatz ohne/mit Strom 25/35 AU$, Hütte EZ/DZ 35/70 AU$, Hotel 110/140 AU$;) bequem macht, einem kultigen Pub von 1887, dessen Wände mit Fotos, Visitenkarten, alten Auto-Nummernschildern und Geldscheinen tapeziert sind. Es gibt hier auch einen staubigen Campingplatz sowie bescheidene Hütten und Motelzimmer, außerdem Benzin, Ersatzreifen, kaltes Bier, Grundnahrungsmittel und den ganzen Tag über Essen (Hauptgerichte 16–32 AU$).

William Creek ist die Basis von **Wrightsair** (08-8670 7962; www.wrightsair.com.au; William Creek), einem Unternehmen, das Rundflüge über den Kati Thanda-Lake Eyre (Erw./Kind 260/234 AU$) veranstaltet.

Von Coward Springs nach Marree

Etwa 130 km vor Marree erreicht man den **Coward Springs Campground** (08-8675 8336; www.cowardsprings.com.au; Stellplatz ohne Strom Erw./Kind 10/5 AU$), den ersten Haltepunkt an der alten Coward-Springs-Bahnnebenstrecke. Hier kann man in Wannen aus alten Eisenbahnschwellen in **heißem Quellwasser** (2 AU$/Pers.) schwelgen oder eine sechstägige **Kameltour** (1500 AU$/Pers.) zum Kati Thanda-Lake Eyre unternehmen.

Nächster Halt ist der Aussichtspunkt über den **Kati Thanda-Lake Eyre South** – dieser Teil des Sees liegt 12 m unter dem Meeresspiegel. Wie weit der Kati Thanda-Lake Eyre (der Doppelname ist seit 2012 offiziell) gerade mit Wasser gefüllt ist, erfährt man unter www.lakeeyreyc.com. Rund 60 km vor Marree erreicht man den **Mutonia Sculpture Park** (24 Std.) GRATIS, in dem es u.a. einen witzigen, aus Motorteilen gebastelten Tramper und „Planehenge“ zu sehen gibt, zwei zusammengeschweißte, mit dem Heck im Boden verankerte Flugzeuge.

Marree (100 Ew.) war einst ein wichtiger Knotenpunkt für die von Afghanen geleiteten Kamelkarawanen und die Great Northern Railway und ist der Start- oder Zielpunkt des Oodnadatta Track sowie des Birdsville Track. Das große, 1883 aus Stein errichtete **Marree Hotel** (08-8675 8344; www.marreehotel.com.au; Railway Tce; Stellplatz ohne Strom kostenlos, Pub EZ/DZ 90/110 AU$, Hütte 110/130 AU$;) hat ordentliche Pub-Zimmer, brandneue Hütten mit angeschlossenem Bad und kostenlose (!) Stellplätze. Marree ist auch ein guter Ausgangspunkt für einen Rundflug (1½ Std. ca. 270 AU$): Anbieter sind z.B. **GSL Aviation** (1300 475 247; wwwgslaviation.com.au) und **Aus Air Services** (08-8675 8212; www.ausairservices.com.au).

Aus der Luft hat man auch einen guten Blick auf den **Marree Man**, eine 4,2 km lange Umrisszeichnung eines indigenen Pitjantjatjara-Kriegers, die in die Wüste nahe dem Kati Thanda-Lake Eyre geritzt wurde. Das Werk wurde erst 1998 entdeckt; sein Schöpfer ist unbekannt. Mittlerweile schreitet die Erosion mit Riesenschritten voran.

Marree liegt 80 km vor Lyndhurst, wo man endlich wieder Asphalt unter die Räder bekommt. Von dort sind es noch 33 km bis nach Copley am Nordrand der Flinders Ranges.

Birdsville Track

Diese alte Viehtrieb-Route führt über 517 km von Marree in SA nach Birdsville gleich hinter der Grenze zu Queensland; sie verläuft dabei zwischen der Simpson Desert im Osten und der Sturt Stony Desert im Westen. Der Track ist eine der klassischen Outback-Routen Australiens. Infos zum Straßenzustand gibt's unter www.dpti.sa.gov.au/OutbackRoads – aber ein Geländewagen ist in jedem Fall die richtige Entscheidung.

Strzelecki Track

Der 460 km lange Strzelecki Track windet sich durch die Sandhügel des **Strzelecki Regional Reserve** (www.environment.sa.gov.au). Er beginnt 80 km südlich von Marree in Lyndhurst und führt zum winzigen Außenposten **Innamincka**. Nach Erdöl- und Gasfunden bei **Moomba** (für Besucher nicht zugänglich) wurde aus dem ehemaligen Kamelpfad eine halbwegs anständige Schotterpiste mit heftigen Schlaglöchern, die von den schweren Lastwagen herrühren. Der neuere Moomba-Strzelecki Track ist besser in Schuss, aber auch länger und langweiliger als die alte Route entlang des Strzelecki Creek. Achtung: Unterkünfte, Essen und Benzin gibt's ausschließlich in Lyndhurst und in Innamincka!

Innamincka

130 EW.

Innamincka säumt den **Cooper Creek** am Nordende des Strzelecki Track. Ganz in der Nähe fanden Burke und Wills 1860 ihr tragisches Ende; der berühmte **Dig Tree** markiert das einstige Basislager ihrer Expedition, und auch wenn das Wort „Dig" mittlerweile verblichen ist, kann man ihre Campnummer noch erkennen. Der Baum steht bereits in Queensland; die Gedenkstätten bzw. Markierungen an den Todesorten von Burke und Wills liegen weiter flussabwärts in SA – genau wie die Stelle, an der King als einziger Überlebender gefunden wurde. Ein weiteres Denkmal markiert, wo A.W. Howitts Rettungsmannschaft am Ufer zeltete.

Der Cooper Creek führt nur Wasser, wenn es im zentralen Queensland stark regnet. Es gibt aber ein paar tiefe Wasserlöcher, die ständig gefüllt sind. Auch Teile der **Coongie Lakes**, die zum **Innamincka Regional Reserve** (www.environment.sa.gov.au) gehören, sind immer voller Wasser. Vor der europäischen Besiedlung lebten hier viele Aborigines, was Überreste wie alte Muschelhaufen *(middens)* und Mahlsteine bezeugen.

Der **Innamincka Trading Post** (☎08-8675 9900; www.innaminckatp.com.au; South Tce; März–Nov. 9–16 Uhr, Dez.–Feb. 10–15 Uhr) verkauft Benzin, Desert-Parks-Pässe, Campinggenehmigungen, Backwaren und Lebensmittel.

Das **Innamincka Hotel** (☎08-8675 9901; www.theoutback.com.au; 2 South Tce; EZ/DZ 130/155 AU$; ❄) im Stil der guten alten Zeit bietet anständige Motelzimmer. Es gibt deftige Kneipenkost (Hauptgerichte 20–30 AU$, 12–14 & 18–20 Uhr).

Am Cooper Creek laden viele schattige **Buschcampingplätze** (25 AU$/Auto) ein – die Genehmigungen gibt's beim Innamincka Trading Post, der Desert Parks Pass ist hier ebenfalls gültig. Vor dem Trading Post gibt's warme Duschen (2 AU$) und Toiletten.

Darwin & Uluru

Inhalt ➡

Gut essen

- Saffrron (S. 902)
- Char Restaurant (S. 901)
- Litchfield Cafe (S. 914)
- Fernanda's Café & Restaurant (S. 946)
- Hanuman (S. 958)

Schön übernachten

- Kings Creek Station (S. 968)
- Ormiston Gorge Camping Ground (S. 965)
- Rum Jungle Bungalows (S. 912)
- Lakeview Park (S. 928)
- Mt. Bundy Station (S. 915)

Auf nach Darwin & zum Uluru!

Zwischen Tropen und Wüste kann man im Northern Territory (NT) wunderbar den australischen Winter verbringen. Gute Straßen und Flugverbindungen machen den Zugang einfach. Allerdings garantieren die gigantischen Entfernungen eine gute Ladung Abenteuer bei jedem Besuch.

Das tropische Top End des NT hat eine wilde Seite: Krokodile lauern in den Flüssen, während viele Vögel die Luft mit Leben erfüllen. Zudem bestehen hier einmalige Möglichkeiten, zeitlose indigene Kultur zu erleben und Felskunst zu bewundern. Als Australiens Tor zu Asien feiert die kosmopolitische Hauptstadt Darwin ihren multikulturellen Mix mit leckerer Fusionküche und relaxter Tropenatmosphäre.

Das Red Centre ist das Herz des fünften Kontinents. Neben dem Uluru und den Kata Tjuta beheimatet die zentrale Wüste auch eine rätselhafte Kultur, die bis heute außergewöhnliche abstrakte Kunst hervorbringt. Alice Springs in ihrer Mitte erfreut Traveller mit schrägen Angeboten, Pioniergeist und einer Umgebung aus verwitterten Bergen.

Reisezeit

Darwin

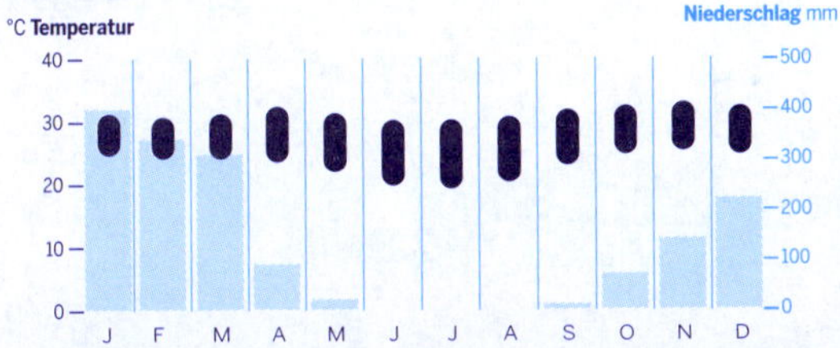

April–Aug. Hauptsaison mit einem weniger schwülen Norden und einem kühleren Red Centre.

Juni & Juli Beanie Festival und Camel Cup in Alice; Beer Can Regatta und Fringe Festival in Darwin.

Sept.–März Regen macht das Top End zur Wasserwelt; das Barramundi-Fischen startet durch.

Highlights

1 Den herrlichen **Uluru** (S. 974) und die **Kata Tjuta** (S. 976) bei Sonnenuntergang bewundern

2 Im **Nitmiluk (Katherine Gorge) National Park** (S. 937) per Kanu unter Sandsteinwänden entlangpaddeln

3 Bei Bootstouren im **Kakadu National Park** (S. 916) Riesenkrokodile beobachten

4 Satay auf dem **Mindil Beach Sunset Market** (S. 904) probieren

5 An prähistorischen Farnen und bizarren „Bienenkorbfelsen" vorbei zum **Kings Canyon** (S. 967) wandern

6 Im **Litchfield National Park** (S. 913) in Felsbecken mit kristallklarem Wasser baden

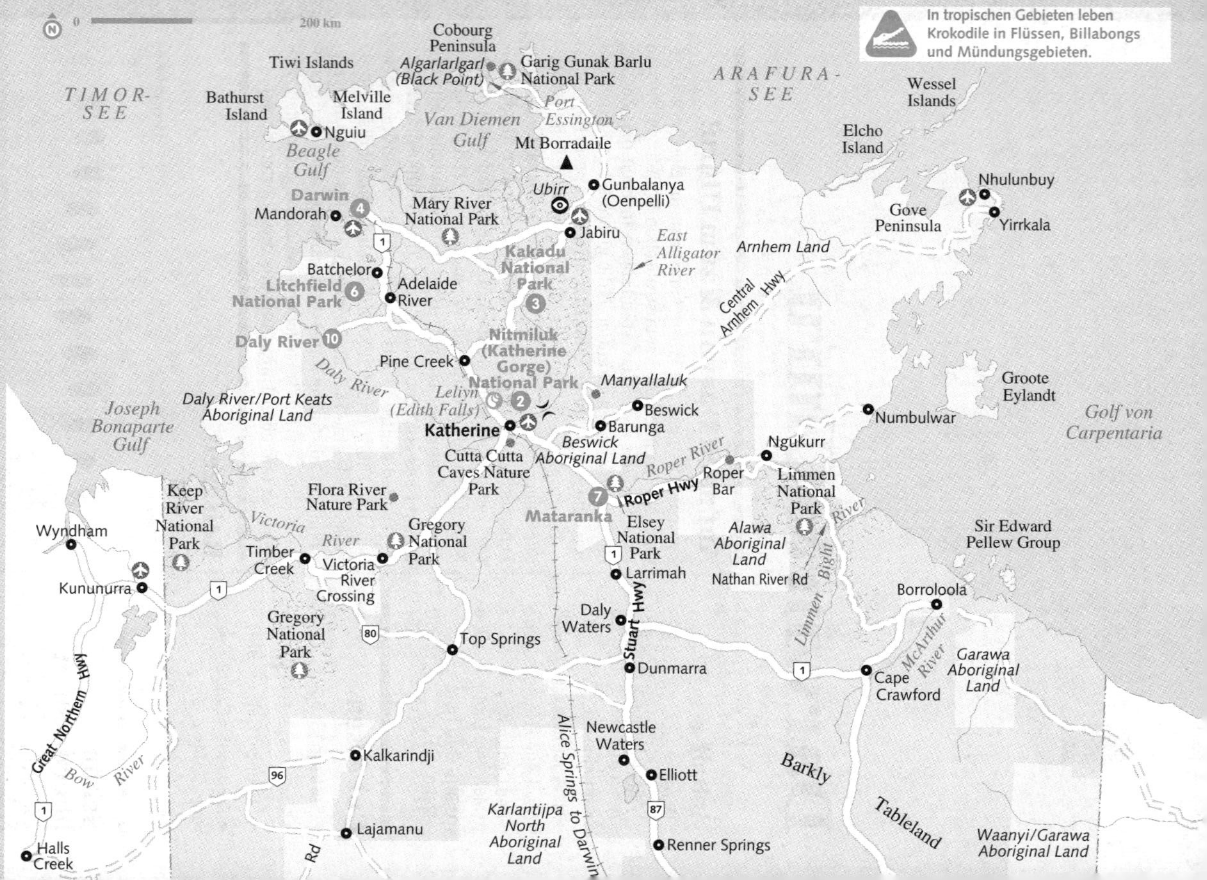

7 Bei **Mataranka** (S. 941) in Thermalquellen relaxen

8 Ghost-Gum-Eukalypten, Wellensittiche und Wallabys im **West MacDonnell National Park** (S. 964) bestaunen

9 Zwischen den Felsbrocken der **Devil's Marbles Conservation Reserve** (S. 946) umherspazieren

10 Am **Daly River** (S. 915) mit Barras kämpfen und das Tagesfanglimit erreichen

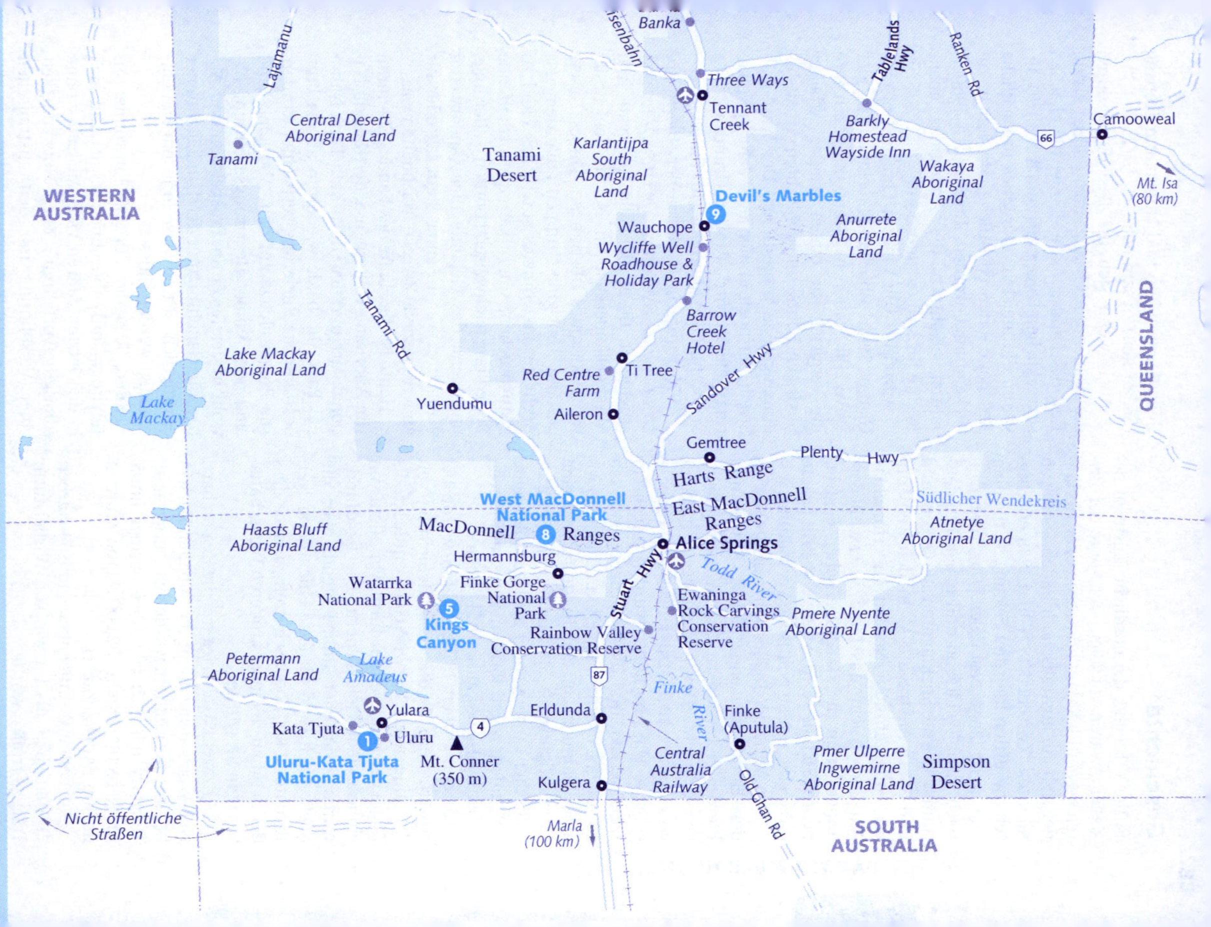

Geschichte

Frühe Versuche, die nördliche Küste zu besiedeln, waren vor allem der Sorge der Briten geschuldet, dass Franzosen oder Holländer sich auf australischem Boden festsetzen könnten. Zwischen 1824 und 1838 errichteten die Briten hier drei Festungen, die aber alle nicht lange bestanden. Das Verlangen nach mehr Weideland und neuen Handelsrouten spornte Spekulanten aus Queensland und South Australia (SA) an, den weitläufigen, ungezähmten Norden zu erforschen. Mit der Absicht, das Land zu erschließen, annektierten die südaustralischen Gouverneure 1863 die Nordregion; erst 1978 bekam diese eine eigene politische Verwaltung.

Von Mitte der 1860er-Jahre bis 1895 wurden Hunderttausende Schafe, Rinder und Pferde über Land zu großen Farmsiedlungen gebracht. Der Aufbau der Wirtschaft ging einher mit Vertreibungen und Entbehrungen: Die Aborigines wurden von ihrem Land verjagt, und die Viehzüchter standen vor diversen Schwierigkeiten. Einige Aborigines nahmen auf den Rinderfarmen eine Beschäftigung als Stockmen (eine Art australischer Cowboy) oder als Hausangestellte an, andere zogen fort, um ihre traditionelle Lebensweise bewahren zu können.

In den frühen 1870er-Jahren wurde bei Bauarbeiten für die Telegrafenleitung von Adelaide nach Darwin Gold entdeckt. Es folgte ein kleinerer Ansturm, vor allem von chinesischen Goldsuchern. Die Goldfunde waren zwar eher unbedeutend, aber die Suche nach Gold förderte einen derartigen Reichtum an Bodenschätzen zutage, dass der Bergbau zu einem größeren Wirtschaftszweig in SA wurde.

Der Zweite Weltkrieg traf die Region hart. Nur Wochen nachdem die Japaner Darwin bombardiert hatten, wurde fast das gesamte Territory nördlich von Alice Springs unter Kriegsrecht gestellt. 32000 Mann wurden im Top End stationiert.

Am ersten Weihnachtsabend 1974 starben 71 Menschen, als Darwin von Wirbelsturm Tracy getroffen wurde.

Indigenes Darwin & Uluru

Die australischen Aborigines haben bereits vor etwa 60000 Jahren Teile des NT besiedelt, die zentralen Regionen sind allerdings erst seit 24000 Jahren bewohnt. Der erste Kontakt mit Fremden lief friedlich ab und ereignete sich im 17. Jh., als makassarische Händler aus dem heutigen indonesischen Sulawesi zum Top End kamen, um Trepang (Seegurken) zu sammeln.

Auch wenn sich die Besiedlung durch die Weißen im NT langsamer vollzog als im Rest des Landes, hatte sie hier die gleichen schrecklichen Folgen. Bis zum frühen 20. Jh. waren die meisten Aborigines in staatliche Reservate oder christliche Missionen zurückgedrängt worden. Erst in den 1960er-Jahren begannen die Aborigines, mehr Rechte für sich einzufordern.

Angeführt von Vincent Lingiari trat eine Gruppe von Aborigine-Stockmen in der Wave Hill Station in Streik, um gegen ihre im Vergleich zu denen weißer Arbeiter niedrigen Löhne und schlechten Arbeitsbedingungen zu protestieren. Der Wave-Hill-Streik, der noch immer jedes Jahr in Kalkaringi gefeiert wird, war der „Grundstein" für den Kampf der Aborigines für ihr Land.

1976 wurde in Canberra der *Aboriginal Land Rights (Northern Territory) Act* verabschiedet, durch den alle Reservate und Missionsländereien im NT in den Besitz von Aborigines übergingen. Dieses Gesetz gestand Aborigine-Gruppen außerdem das Recht zu, ungenutztes staatliches Land zu beanspruchen, sofern sie eine fortlaufende Besiedlung nachweisen konnten – allerdings nur, wenn das Gelände nicht anderweitig verpachtet war, in einer Stadt lag oder für andere spezielle Zwecke freizuhalten war.

Heute ist die Hälfte des Landes Eigentum von Aborigine-Völkern, u.a. der Kakadu National Park und der Uluru-Kata Tjuta National Park, die beide wiederum an die bundesstaatliche Regierung verpachtet wurden. Die Bodenschätze auf dem Aborigine-Land sind noch immer Regierungseigentum, obwohl in der Regel für Prospektion und Abbau die Genehmigung der Landeigentümer erforderlich ist und diese in jedem Fall entschädigt werden müssen.

Rund 30% der 200000 Einwohner im Territory sind Aborigines. Zwar sind sich in den letzten Jahren viele Australier ohne Aborigine-Vorfahren der Notwendigkeit einer Versöhnung mit den australischen Ureinwohnern bewusst geworden, aber der Unterschied zwischen den Kulturen ist immer noch gewaltig. In manchen Aborigine-Gemeinden gibt es durch lange etablierte Benachteiligungen und Drogenmissbrauch große soziale Probleme.

Kurzzeitbesucher kommen oft nur schwer mit Aborigines in Kontakt, da diese daran meist auch nicht interessiert sind. Das unschöne Bild, das einige wenige Aborigines in den Straßen von Alice Springs, Katherine oder Darwin vermitteln, wo soziale Probleme, Alkoholismus und Drogenmissbrauch vorherrschen, kann keineswegs auf die gesamte Gemeinschaft der Aborigines übertragen werden.

Touren in Aborigine-Gebiete (meist von den dortigen Gemeinden selbst angeboten) und Ausflüge zu Kunstzentren werden zunehmend leichter möglich, weil die Gemeinden eine stärkere Bereitschaft entwickeln, andere an ihrer Kultur teilhaben zu lassen. Das bringt ihnen viele Vorteile: Sie können finanziellen Gewinn aus eigenem Unternehmergeist ziehen, und wenn Nicht-Aborigines die traditionelle Kultur und die Bräuche nahegebracht werden, hilft das, die Probleme zu überwinden, die in der Vergangenheit durch Ignoranz und Missverständnisse entstanden sind.

Nationalparks

Im NT dreht sich alles um Nationalparks: Hier liegen ein paar der größten und berühmtesten Naturlandschaften Australiens (u.a. Kakadu, Uluru-Kata Tjuta oder Nitmiluk). Parks Australia (S. 49) verwaltet Kakadu und Uluru-Kata Tjuta. Zuständig für die anderen Parks ist das Department of Natural Resources, Environment, the Arts and Sport (S. 884), das Infoblätter online und über seine diversen Büros herausgibt.

Aktivitäten

Angeln

Man braucht zwar keine Genehmigung, um in den Wasserläufen des Territory angeln zu können, aber es gibt Bestimmungen zur Mindestgröße und Anzahl der Fische, die man pro Person angeln darf. Travel NT gibt die exzellente Broschüre The EsseNTial *Guide* heraus (kostenlos in den Visitors Centres erhältlich) und gibt auch im Internet einige Infos (www.travelnt.com). Die **Amateur Fishermen's Association of the Northern Territory** (www.afant.com.au) stellt ebenfalls online Infos zur Verfügung.

Die lebhaften Barramundis (Barschartige) locken viele Angler ins Top End, vor allem nach Borroloola, an die Flüsse Daly und Mary. Zunehmend gehen die Freizeitangler zur Erhaltung der Bestände dazu über, die gefangenen Fische wieder freizulassen. Zahllose Tourveranstalter bieten Transport und Ausrüstung an, aber meist beginnen hier die Angebote erst bei 250 AU$.

Bushwalking

Die Nationalparks des Gebiets durchziehen gut ausgebaute Wanderwege von unterschiedlicher Länge und unterschiedlichem Schwierigkeitsgrad, die Wanderer in die vielfältigen Landschaften und in die Lebensräume der Tiere führen. Man sollte viel Wasser mitnehmen, den Müll wieder mit zurücknehmen und die Wege nicht verlassen.

Zu den besten Buschwanderwegen gehören der Barrk Sandstone Bushwalk im Kakadu National Park, der Jatbula Trail im Nitmiluk (Katherine Gorge) National Park, Ormiston Pound in den West MacDonnell Ranges, Trephina Gorge in den East MacDonnell Ranges, und das Valley of the Winds in Kata Tjuta.

Naturbeobachtung

Die besten Stellen, um garantiert Wildtiere, von Kaninchennasenbeutlern bis Emus, beobachten zu können, sind der hervorragende Territory Wildlife Park außerhalb von Darwin und der Alice Springs Desert Park.

Wer Tiere lieber in freier Wildbahn beobachtet, muss einige Mühe auf sich nehmen: Viele der Tiere sind nachtaktiv. Ausnahmen finden sich im Kakadu National Park, wo man wahrscheinlich bei der Cahill's Crossing oder den Yellow Waters Krokodile und in den weitläufigen Sümpfen zahlreiche Vogelarten zu Gesicht bekommt. Im ariden Zentrum des Northern Territory lassen sich auch Wallabys, Reptilien und Adler blicken. Das Auge ungehindert schweifen lassen kann man sehr gut in den West MacDonnell Ranges und im Watarrka National Park (Kings Canyon).

Schwimmen

Die erfrischenden Wasserfälle und Wasserstellen sowie die Thermalbecken überall im Northern Territory, die wie Jungbrunnen wirken, sind die perfekten Orte, um ins kühle Nass zu tauchen. Vor allem der Litchfield National Park im Top End und die West MacDonnell Ranges im Red Centre sind einen Besuch wert.

Salzwasserkrokodile leben im Top End sowohl in Salz- als auch in Süßwasser, aber es gibt auch viele sichere natürliche Badestellen. Vor dem Sprung ins Wasser sollte man aber unbedingt die Warnschilder lesen und Hinweise vor Ort einholen. Im Zweifel lieber kein Risiko eingehen!

Würfelquallen (Seewespen) bevölkern saisonal die Küste rund um Darwin. Am sichersten ist es an den Stränden der Stadt zwischen Mai und September.

Geführte Touren

Selbst überzeugte Individualreisende vertrauen ihre kostbare Zeit und ihr hart verdientes Geld mitunter einem sorgfältig ausgewählten Tourveranstalter an. Geführte Touren können einen unvergleichlichen Einblick bzw. Zugang zur Region bieten und fördern zudem die lokale Wirtschaft. Uluru Aboriginal Tours (S. 971) bietet hervorragende Touren zum berühmten Riesenfelsen.

World Expeditions ABENTEUERTOUR
(☎1300 720 000; www.worldexpeditions.com) Besucht z. B. Kakadu, die Katherine Gorge und das Arnhem Land ab Darwin; außerdem folgen diverse Touren dem Larapinta Trail ab Alice Springs.

Kakadu Animal Tracks ABORIGINES
(www.animaltracks.com.au) Buschtour im Kakadu National Park mit Schwerpunkt auf dem Umweltschutz. Die Einnahmen kommen der örtlichen Buffalo Farm zugute, die Lebensmittel an die umliegenden Gemeinden spendet.

Conservation Volunteers Australia FREIWILLIGENARBEIT
(CVA; ☎1800 032 501; www.conservationvolunteers.com.au) Freiwilligenprojekte mit dem Schwerpunkt Umwelt, die gleichzeitig geführte Touren sind: Man mäht, pflegt die Wanderwege und beobachtet Tiere. Die Tagestouren sind kostenlos. Mehrtägige Projekte kosten ab etwa 50 AU$ pro Nacht inklusive Essen, Unterkunft und Transport.

Magela Cultural & Heritage Tours ABORIGINES
(www.kakadutours.com.au) Der Aborigine-Veranstalter hat Touren ins Arnhem Land und rund um den Kakadu National Park im Programm.

Tiwi Tours ABORIGINES
Touren mit Einheimischen zu den Tiwi Islands.

Willis's Walkabouts BUSHWALKING
(☎08-8985 2134; www.bushwalkingholidays.com.au) Mehrtägige geführte Wanderungen in Kleingruppen, bei denen man die Ausrüstung selbst trägt. Es geht zum Kakadu, Litchfield, Watarrka oder West MacDonnell National Park.

Saisonarbeit

Für Backpacker gibt's im NT viele Möglichkeiten, im Urlaub zu arbeiten – beim Obsternten, als Farmgehilfe, Hilfsarbeiter oder in der Gastronomie.

Die meiste Arbeit fällt bei der Mango- und Melonenernte auf den Plantagen zwischen Darwin und Katherine an. Bis zu 2000 Arbeiter werden jede Saison (Ende Sept.–Nov.) bei der Mangoernte eingesetzt. Um auf einer Farm zu arbeiten, braucht man meist spezielle Fertigkeiten (z. B. Erfahrungen im Handel o. Ä.). Das gilt auch für Tätigkeiten als Hilfsarbeiter oder in der Gastronomie. In der Regel verlangen Arbeitgeber, dass die Arbeitnehmer sich für mindestens einen Monat (manchmal für 3 Monate) verpflichten.

Praktische Informationen

GENEHMIGUNGEN FÜR ABORIGINAL LAND

Sofern keine öffentlichen Straßen benutzt werden, bedingt das Betreten bzw. Durchqueren indigener Gebiete (Aboriginal Land) eventuell eine Genehmigung. Deren Erteilung kann vier bis sechs Wochen dauern. Eine Besuchserlaubnis für das Injalak Arts Centre in Gunbalanya (Oenpelli) wird aber normalerweise sofort in Jabiru ausgestellt.

Central Land Council (www.clc.org.au) Alice Springs (S. 961); Tennant Creek (☎08-8962 2343; 63 Patterson St, Tennant Creek) Kümmert sich um alle Gebiete südlich der virtuellen Linie zwischen Kununurra (Western Australia) und Mt. Isa (Queensland).

Northern Land Council (www.nlc.org.au) Darwin (☎08-8920 5100; www.nlc.org.au; 45 Mitchell St); Jabiru (☎08-8979 2410; Flinders St, Jabiru; ⏲Mo–Fr 8–16.30 Uhr); Katherine (☎08-8971 9802; 5 Katherine Tce) Verantwortlich für alle Gebiete nördlich der virtuellen Linie zwischen Kununurra (Western Australia) und Mt. Isa (Queensland).

Tiwi Land Council (☎08-8919 4305; www.tiwilandcouncil.com) Genehmigungen für die Tiwi Islands.

INFOS IM INTERNET

Department of Natural Resources, Environment, the Arts and Sport (☎08-8999 5511; www.nretas.nt.gov.au/national-parks-and-reserves/) Details zu Parks und Naturschutzgebieten im NT (inkl. Infoblätter).

Exploroz (www.exploroz.com) Nützliche, von Handy-Usern erstellte Website mit Infos zu Tankstellen (samt Preisen), Straßen- und Wetterverhältnissen usw.

Road Report (www.ntlis.nt.gov.au/roadreport) Straßenzustandsbericht.

Tourism Top End (www.tourismtopend.com.au) Tourismusverband mit Sitz in Darwin.

Travel NT (www.travelnt.com) Offizielle Tourismus-Website.

Anreise & Unterwegs vor Ort

AUTO

Wer mit dem eigenen Fahrzeug durch das Northern Territory unterwegs ist, kann das Reisetempo selbst bestimmen und auch Abstecher zu weniger stark besuchten Orten abseits der Hauptstraßen machen. Um aber so richtig auf Erkundungstour gehen zu können, braucht man einen gut ausgerüsteten Geländewagen und etwas Know-how über das Outback. Die **Automobile Association of the Northern Territory** (AANT; www.aant.com.au; 79–81 Smith St, Darwin; ⏲ Mo–Fr 9–17 Uhr) gibt Tipps, welche Ausrüstungsteile zu empfehlen sind. Mitglieder von Automobilclubs anderer Länder können diesen Dienst ebenfalls in Anspruch nehmen.

Viele Straßen sind mit normalen Autos und Wohnwagen befahrbar, die man in Darwin und Alice Springs mieten kann. Wenn man in einer Gruppe unterwegs ist, kann man sich die Kosten teilen und kommt so recht günstig weg.

Es gibt einiges zu beachten, wenn man mit einem Fahrzeug in Northern Territory unterwegs ist. Die Straßen sind zwar wenig befahren und schnurgerade, aber die Entfernungen zwischen den einzelnen Ortschaften sind extrem groß. Es gilt, unbedingt die vier großen Gefahren im Straßenverkehr von NT zu vermeiden: überhöhte Geschwindigkeit (zumal außerhalb von Ortschaften nur noch maximal 130 km/h erlaubt sind), Müdigkeit am Steuer, Lastzüge und Tiere (am gefährlichsten ist das Fahren bei Nacht). Achtung: In der Regenzeit sind die Straßen regelmäßig wegen Überflutung gesperrt.

Aufgrund von Quarantänebestimmungen müssen Traveller bei der Einreise aus Western Australia (WA) Obst, Gemüse, Nüsse und Honig an der Grenze abgeben.

Bus

Busse von **Greyhound Australia** (www.greyhound.com.au) fahren regelmäßig über die Hauptstraßen durch das gesamte Territory, sie machen u. a. Abstecher zum Kakadu National Park und zum Uluru.

Eine Alternative sind Bustourveranstalter wie AAT Kings und Backpackerbusse, die über lange Strecken fahren und jeweils auf dem Weg liegende Sehenswürdigkeiten abklappern.

FLUGZEUG

In- und Auslandsflüge starten bzw. landen auf dem **Darwin International Airport** (www.darwinairport.com.au; Henry Wrigley Dr, Marrara). Hinzu kommen Verbindungen zwischen Darwin, Alice Springs und dem Connellan Airport am Uluru. Beispiele für hier vertretene Fluglinien:

Airnorth (www.airnorth.com.au) Verbindet Darwin mit Osttimor, dem Arnhem Land, der Gold Coast, Broome, Perth und Kununurra.

Jetstar (www.jetstar.com.au) Bedient die meisten Großstädte Australiens und diverse Metropolen Südostasiens.

Qantas (www.qantas.com.au) Steuert alle australischen Großstädte an und fliegt nach/ab Asien oder Europa.

Virgin Australia (www.virginaustralia.com) Direktflüge zwischen Darwin und Brisbane, Melbourne, Perth oder Sydney.

ZUG

Die **Great Southern Rail** (www.gsr.com.au), betreibt den berühmten Ghan auf der Route Darwin–Adelaide (über Katherine und Alice Springs). Unterwegs besteht dabei Anschluss zum *Indian Pacific* (Sydney–Perth; ab Port Augusta, SA) und zum *Overland* (Adelaide–Melbourne; ab Adelaide).

Im *Ghan* gibt's eine Chair Class und drei verschiedene Schlafwagenklassen.

DARWIN

127 500 EW.

Darwin ist die einzige Regionalhauptstadt Australiens, die in den Tropen liegt. Aufgrund ihrer Lage an der Timorsee ist sie Bali näher als Bondi und viele Leute aus den südlichen Bundesstaaten sehen in Darwin kaum mehr als einen am Grenzland liegenden Vorposten oder das Tor zum Kakadu National Park.

Darwin ist allerdings eine erstaunlich wohlhabende, kosmopolitische, jugendliche und lebendige Stadt. Das liegt nicht zuletzt an dem vom Bergbau und der Tourismusbranche ausgelösten Wirtschaftsaufschwung. Darwin ist eine Stadt im Aufbruch, hat aber die lakonisch-relaxte Atmosphäre einer Kleinstadt, die hervorragend zum tropischen Klima passt. Hier treffen Nicht-Aborigines auf Aborigines (die Larrakia), Urbanes auf Ländliches und Betriebsamkeit auf Muße.

Darwin hat Travellern viel zu bieten: Boote segeln rund um den Hafen, Tische und Stühle stehen überall draußen vor den Restaurants und Bars, Museen feiern die aufregende Vergangenheit der Stadt, und Galerien präsentieren indigene Kunstwerke aus der Region. Darwins kosmopolitischer Mix – über 50 Nationalitäten leben hier miteinander – spiegelt sich in den wundervollen Märkten wider, die während der Trockenzeit abgehalten werden.

Die Natur bildet einen wesentlichen Bestandteil der Kulisse Darwins – die berühmten Nationalparks Kakadu und Litchfield

Großraum Darwin

0 — 2 km

sind nur ein paar Autostunden und die einzigartigen Tiwi Islands nur eine Bootsfahrt weit weg. Für die Einwohner Darwins ist ein Ausflug zum Barramundi-Angeln in einem Tümpel mit einer Kühlbox voll kaltem Bier das perfekte Wochenende.

Geschichte

Die Larrakia-Aborigines lebten Tausende Jahre in Darwin: als Jäger, Fischer und Sammler. 1869 gründeten weiße Siedler hier eine Ortschaft und legten den Grundstein für eine neue Stadt. Ursprünglich hieß sie Palmerston und wurde 1911 in Darwin umbenannt. Die neue Stadt entwickelte sich schnell und veränderte die physische und soziale Landschaft.

Als im nahen Pine Creek Gold gefunden wurde, strömten viele Chinesen hierher, die sich bald anderen Wirtschaftszweigen zuwandten. Asiaten und Insulaner verdingten sich als Perlentaucher sowie beim Bau der Bahn- und Kaianlagen. In letzter Zeit fanden auch Menschen aus Osttimor und Papua Zuflucht in Darwin.

Während des Zweiten Weltkriegs bildete Darwin die Frontlinie der Alliierten gegen die Japaner im Pazifik. Darwin ist die einzige australische Stadt, die jemals bombardiert wurde, und offizielle Berichte aus jener

Großraum Darwin

Highlights
1 Museum & Art Gallery of the Northern Territory ... A4

Sehenswertes
2 24HR Art ... B4
3 Australian Aviation Heritage Centre ... C4
4 Crocodylus Park ... D3
5 East Point Reserve ... A3
6 Fannie Bay Gaol Museum ... A4

Aktivitäten, Kurse & Touren
7 Charles Darwin National Park ... B4
8 Darwin Sailing Club ... A4
9 Tiwi Land Council ... A4

Schlafen
10 Aurora Shady Glen Caravan Park ... C4
11 Feathers Sanctuary ... B3
12 Grungle Downs B&B ... D3

Essen
Cyclone Cafe ... (siehe 16)
Parap Fine Foods ... (siehe 16)
Saffrron ... (siehe 2)

Ausgehen & Nachtleben
Darwin Sailing Club ... (siehe 8)
13 Darwin Ski Club ... A4

Shoppen
14 Casuarina Square ... C2
15 Nightcliff Market ... B2
16 Parap Village Market ... B4
17 Rapid Creek Market ... B3
Tiwi Art Network ... (siehe 16)

Zeit spielten das Ausmaß der Zerstörung herunter, um die Moral der Australier nicht zu schwächen. Auch wenn die Stadt bei den 64 Angriffen nicht vollständig zerstört wurde, hatten die groß angelegten Militäraktionen doch enorme Auswirkungen auf Darwin.

Vernichtender war aber der Zyklon Tracy, der Darwin am Weihnachtsabend 1974 gegen Mitternacht traf. Am Morgen danach hatte Darwin als Stadt quasi aufgehört zu existieren: Nur 400 der zuvor 11200 Häuser standen noch und 71 Menschen waren umgekommen. Die Stadt wurde nach strengen Bauvorschriften wieder neu aufgebaut und ist in den letzten zehn Jahren stetig in die Breite und in die Höhe gewachsen. Das neueste Bauprojekt ist die viele Millionen Dollar teure Ufergestaltung am Darwin Harbour.

Sehenswertes

Zentrum

Crocosaurus Cove ZOO

(Karte S. 890; www.croccove.com.au; 58 Mitchell St; Erw./Kind 30/18 AU$; ⌚ 8–18 Uhr, letzter Einlass 17 Uhr) Wenn die Touristen nicht kommen, um sich die Krokos anzusehen, dann müssen die Krokos eben zu den Touristen. Direkt in der Mitte der Mitchell St befindet sich das Crocosaurus Cove, sodass man diesen äußerst faszinierenden Kreaturen problemlos ganz nahe kommt. Sechs der größten Krokodile in Gefangenschaft leben in den supermodernen Aquarien und Wasserbecken hier. Wer will, kann sich im transparenten **Cage of Death** (Todeskäfig; 1/2 Pers. 150/220 AU$) direkt zu ihnen in den Pool hinunterbefördern lassen. Wem das zu gruselig ist, der kann in einem anderen Becken schwimmen, in dem ihn eine Glaswand von den nicht ganz so fürchterlichen Baby-Krokos trennt. Darüber hinaus schwimmen im Aquarium noch Barramundis, Schildkröten und Stachelrochen herum, zudem gibt's ein riesiges Reptilienhaus (mit angeblich der größten Bandbreite von Reptilien aller Museen des Landes).

Aquascene AQUARIUM

(Karte S. 890; www.aquascene.com.au; 28 Doctors Gully Rd; Erw./Kind 15/10 AU$; ⌚ bei Flut; s. Website) Vom Nordende der Esplanade führt ein kurzer Fußmarsch zum Doctors Gully, wo Aquascene bei Flut eine eindrucksvolle Fischfütterung veranstaltet. Jung und Alt können dabei Schwärme von Meeräschen, Welsen, Fledermaus- oder großen Milchfischen von Hand verköstigen. Touristenbroschüren und die Website informieren über die genauen Zeiten.

The Esplanade STRASSE

Darwins Esplanade ist eine lange, gerade Straße mit schicken Hotels auf der einen und dem üppigen **Bicentennial Park** (Karte S. 890; www.darwin.nt.gov.au; ⌚ 24 Std.) am Wasser auf der anderen Seite. Der Park verläuft von Doctors Gully bis Lameroo Beach parallel zur Esplanade. Das Gebiet ist eine geschützte Bucht, die in den 1920er-Jahren beliebt war, als sich dort die Salzwasserbäder befanden. Traditionell ist sie auch ein Siedlungsareal der Larrakia. Beschattet von Tropenbäumen kann man in dem Park hervorragend spazieren gehen.

Am Herbert-St-Ende gibt es einen **Kenotaphen**, der an Australiens Anteil an Kriegsaktivitäten erinnert. Auch **200 Remarkable Territorians** werden hier geehrt: Handgemalte Fliesen auf Tafeln, die über die ganze Esplanade verteilt sind, nennen einige der „stillen Helden" der Region, darunter Pioniere, Kneipenwirte und Viehzüchter.

Lyons Cottage HISTORISCHES GEBÄUDE
(Karte S. 890; www.aboriginalbushtraders.com; Ecke Esplanade & Knuckey St; ⌚9–15 Uhr) GRATIS Gleich gegenüber vom Bicentennial Park entstand Darwins erstes Steingebäude im Jahr 1925 als Wohnhaus für Angestellte der British Australian Telegraph Company (verlegte u. a. 1872 ein Untersee-Telegrafenkabel zwischen Australien und Java). Heute ist es ein Museum mit Fotos aus dem alten Darwin und wird zusammen mit einem Kunsthandwerksshop von den Aboriginal Bush Traders betrieben.

Parliament House GEBÄUDE
(Karte S. 890; ☎08-8946 1434; www.nt.gov.au/lant; ⌚8–18 Uhr) GRATIS Der elegante Kasten (erb. 1994) am Südende der Mitchell St erinnert an die Kolonialarchitektur Südostasiens und ist so gestaltet, dass er Darwins Monsunklima widersteht. Reservierungsfreie Gratisführungen besichtigen das geräumige Innere (Sa 9 & 11 Uhr), das auch die **Northern Territory Library** beherbergt.

George Brown Botanic Gardens GARTEN
(Karte S. 890; www.nretas.nt.gov.au/national-parks-and-reserves/botanic; Geranium St, Stuart Park, ⌚7–19 Uhr, Informationzentrum: Mo–Fr 8–16, Sa & So 8.30–16 Uhr) GRATIS Die nach dem Kurator des Gartens (1971–1990) benannten, 42 ha großen Gärten zeigen Pflanzen vom Top End und aus der ganzen Welt – es gibt eine Regenwaldzone, ein Gebiet mit Mangroven und Küstenpflanzen, Baobabs sowie eine hervorragende Sammlung einheimischer und exotischer Palmen und Palmfarne.

Viele der hier gezeigten Pflanzen wurden traditionell von den Aborigines genutzt. Man hat **Aborigine Plat-Use Trails** angelegt, die mit Erläuterungen versehen sind – eine Broschüre liegt im **Information Centre** des Gartens beim Geranium-St-Eingang aus. Hier bekommt man außerdem Informationen zur **Vogelbeobachtung** und Karten von der Anlage.

Die Gärten sind eine einfache, 2 km lange Radtour vom Stadtzentrum entfernt. Man fährt entlang der Gilruth Ave und der Gardens Rd. Es gibt noch einen weiteren Eingang an der Geranium St, die vom Stuart Hwy in den Stuart Park abgeht. Alternativ hält Bus 7 aus der Stadt in der Nähe der Ecke Stuart Hwy/Geranium St.

Myilly Point Heritage Precinct HISTORISCHE STÄTTE
(Karte S. 890) Diese kleine, aber bedeutende Gebäudegruppe am äußersten Nordende der Smith St entstand zwischen 1930 und 1939. Somit haben die vier Häuser das Bombardement im Zweiten Weltkrieg und den Zyklon Tracy überstanden! Heute werden sie vom National Trust verwaltet. Eines davon – das **Burnett House** (Karte S. 890; www.nationaltrustnt.org.au; Eintritt gegen Spende; ⌚Mo–Sa 10–13 Uhr) – ist nun ein Museum. In den Gärten findet ein verlockender High Tea

DARWIN IN...

...zwei Tagen

Los geht's mit einem Frühstück im **Four Birds** (S. 900) oder in der **Roma Bar** (S. 900), wobei man die *Northern Territory News* durchblättert. Dann folgt ein Spaziergang durch die Innenstadt und den **Bicentennial Park** (S. 887). Nicht die Fischfütterung von **Aquascene** (S. 887) bei Flut verpassen – und wenn die Nachmittagssonne zu wärmen beginnt, auf zum **Waterfront Precinct** (S. 889), um in der **Wave Lagoon** (S. 889) zu baden. Zu Sonnenuntergang empfiehlt sich dann der **Mindil Beach Sunset Market** (S. 904), voller Imbissstände, Souvenirs und Straßenkünstler.

Am zweiten Tag geht's mit dem Leihfahrrad hinaus zum **Museum & Art Gallery of the Northern Territory** (S. 889). Entlang der Küste radelt man dann weiter zur **East Point Reserve** (S. 893) und zum **Darwin Military Museum** (S. 893). Abends locken die Bars an der Mitchell St; alternativ ein ruhiges Uferrestaurant an der Cullen Bay finden und im **Deckchair Cinema** (S. 903) Open-Air-Kino unterm Sternenzelt genießen.

à la Kolonialzeit statt (10 AU$; April–Okt. So 15.30–18 Uhr).

Chinese Museum & Chung Wah Temple MUSEUM, TEMPEL
(www.chungwahnt.asn.au; 25 Woods St; Eintritt gegen Spende; ⏲Museum 10–14 Uhr, Tempel 8–16 Uhr) Dieses hervorragende kleine Museum erläutert die Siedlungsgeschichte der Chinesen im Top End. Der benachbarte Tempel hat eine gedämpfte Atmosphäre; das Innere ist mit roten Laternen und qualmenden Räucherstäbchen akzentuiert. Der heilige Baum auf dem Gelände soll ein direkter Ableger des Bodhi-Baumes sein, unter dem Buddha saß, als er erleuchtet wurde.

Darwin Waterfront Precinct

Die kühne, Millionen Dollar teure Sanierung des Darwin Waterfront Precinct (www.waterfront.nt.gov.au) hat die Stadt verändert: Hier findet man nun ein Kreuzfahrtterminal, Boutiquen, Luxushotels, Nobelrestaurants, ein Wellenbad (Wave Lagoon) und die Sky Bridge. Letztere ist ein Promenaden- bzw. Verbindungssteg mit Aufzug und beginnt am Südende der Smit St.

Die alte Stokes Hill Wharf (S. 900) ist stets einen Nachmittagsspaziergang wert. Das Gastro-Zentrum im alten Hafenlagerhaus an ihrem Ende eignet sich ideal für ein Mittagessen unter freiem Himmel, ein Nachmittagsbierchen oder Seafood zu Sonnenuntergang. An der Wharf starten auch ein Jetboot und diverse Hafenrundfahrten.

Wave & Recreation Lagoons SPASSBAD
(www.waterfront.nt.gov.au; Wave Lagoon Erw./Kind halber Tag 5/3,50 AU$, ganzer Tag 8/5 AU$; ⏲Wave Lagoon 10–18 Uhr) Die Wave Lagoon ist bei Einheimischen und Touristen gleichsam äußerst beliebt. Ihre zehn verschiedenen Wellenprogramme dauern jeweils 20 Minuten; dazwischen sind stets zehn Minuten Pause. Hinzu kommen Rettungsschwimmer, ein Kiosk und ein Rasenstreifen zum Sonnenbaden. Die angrenzende **Recreation Lagoon** punktet mit Rettungsschwimmern, einem Sandstrand und Meerwasser, das Filter und Netze frei von Würfelquallen (Seewespen) halten (Achtung: dennoch keine hundertprozentige Schutzgarantie!).

WWII Oil-Storage Tunnels TUNNEL
(Karte S. 890; www.darwintours.com.au/tours/ww2tunnels.html; Tour auf eigene Faust 6 AU$/Pers.; ⏲Mai–Sept. 9–16 Uhr, Okt.–April 9–13 Uhr) In dieser Anlage aus dem Zweiten Weltkrieg kann man seine Hitchcock-Fantasien ausleben und der Hitze des Tages entkommen. Die Tunnel wurden 1942 als Marine-Öllager angelegt, aber nie benutzt. Heute sind hier Fotos aus Kriegstagen ausgestellt.

> GEHEIMTIPP
>
> **DER PARAP VILLAGE MARKET**
>
> Mehrere gute Restaurants, Bars und Cafés sowie das sehr empfehlenswerte Feinkostgeschäft Parap Fine Foods (S. 901) machen das Parap Village zum Gourmetparadies. Hauptmagnet für die Einheimischen ist jedoch der relaxte Markt am Samstagmorgen, bei dem das Frühstück nahtlos in Brunch bzw. Mittagessen übergeht. Zwischen Abstechern zu den Imbissständen (servieren meist pikante südostasiatische Snacks) decken sich die Besucher mit interessantem, tollem Tropenobst und -gemüse ein: Hier gibt's alles, was man für ein selbstgekochtes Laksa oder Rendang braucht – dank regionaler Herkunft mit Frischegarantie.

Indo-Pacific Marine Exhibition AQUARIUM
(Karte S. 890; www.indopacificmarine.com.au; 29 Stokes Hill Rd; Erw./Kind 22/10 AU$; ⏲10–16 Uhr) Das großartige Meeresaquarium im Waterfront Precinct lässt einen mit den Wasserbewohnern des Darwin Harbour auf Tuchfühlung gehen. Jedes kleine Becken ist ein komplettes Ökosystem, dem nur manchmal ein paar Extrafische als Futter für die Räuber (z. B. Stein- oder bizarre Anglerfische) hinzugefügt werden.

Ebenfalls empfehlenswert ist das Programm **Coral Reef by Night** (Erw./Kind 110/55 AU$; ⏲Mi, Fr & So 19 Uhr): Es umfasst eine Aquariumsführung, eine beeindruckende Leuchttiershow und ein Seafood-Abendessen auf biologisch abbaubaren (!) Tellern.

Fannie Bay

★ **Museum & Art Gallery of the Northern Territory** MUSEUM
(MAGNT; Karte S. 886; www.magnt.nt.gov.au; Conacher St, Fannie Bay; ⏲Mo–Fr 9–17, Sa & So 10–17 Uhr) GRATIS Dieses Spitzenmuseum mit Galerie zeigt schön gestaltete Ausstellungen rund um das Top End. Ein Highlight ist die **Aborigine-Kunstsammlung** mit Schnitze-

Darwin Zentrum

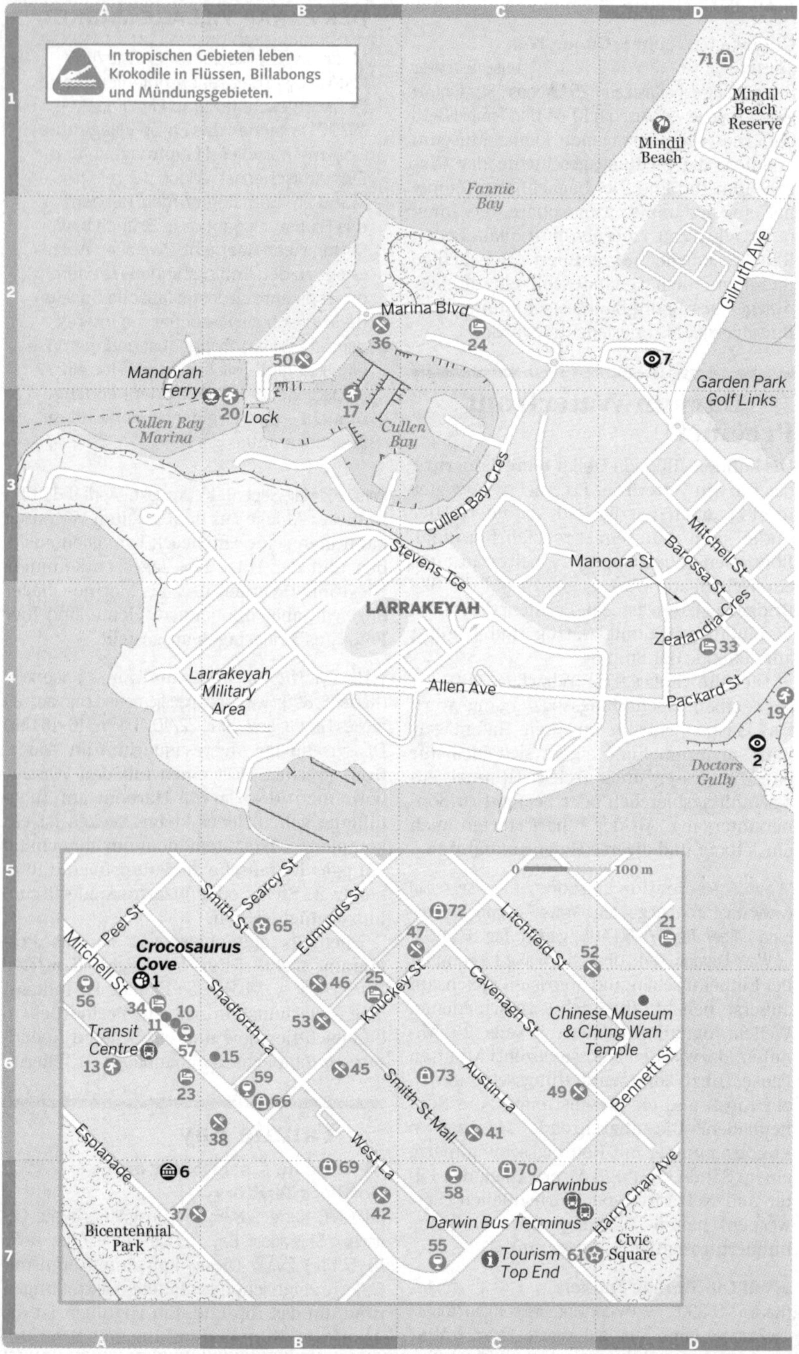

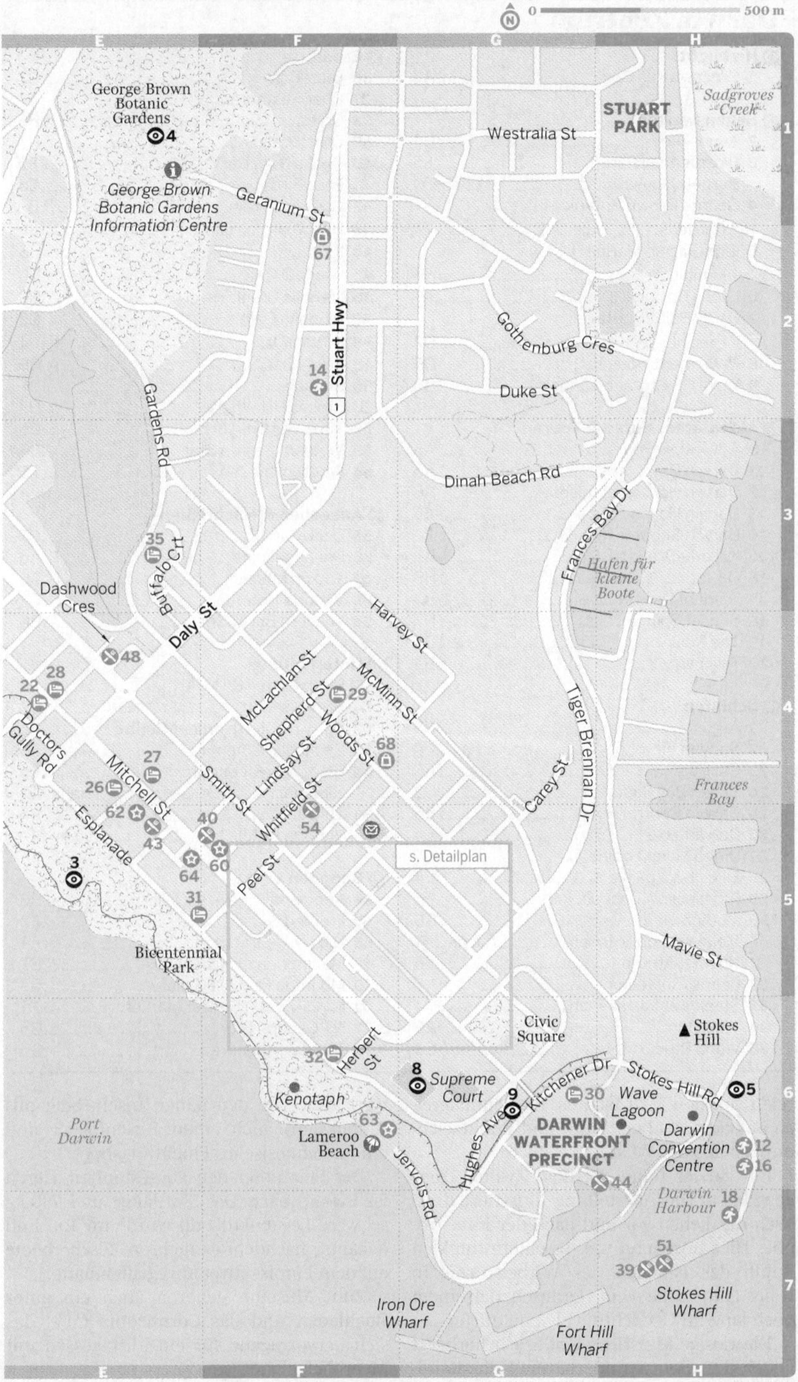
0
500 m
N
E
F
G
H
1
2
3
4
5
6
7
George Brown Botanic Gardens
4
George Brown Botanic Gardens Information Centre
Geranium St
67
STUART PARK
Westralia St
Sadgroves Creek
Gothenburg Cres
Stuart Hwy
14
1
Duke St
Gardens Rd
Dinah Beach Rd
Frances Bay Dr
35
Buffalo Crt
Hafen für kleine Boote
Dashwood Cres
Daly St
Harvey St
48
28
22
McLachlan St
Shepherd St
29
McMinn St
Tiger Brennan Dr
Doctors Gully Rd
27
Lindsay St
Woods St
68
Mitchell St
26
Smith St
Whitfield St
Carey St
Frances Bay
62
40
54
43
Esplanade
60
s. Detailplan
3
64
Peel St
31
Bicentennial Park
Mavie St
Stokes Hill
Civic Square
32
Herbert St
8
Supreme Court
Kitchener Dr
Stokes Hill Rd
5
Kenotaph
9
30
Wave Lagoon
Port Darwin
63
Hughes Ave
DARWIN WATERFRONT PRECINCT
Darwin Convention Centre
12
16
Lameroo Beach
Jervois Rd
44
Darwin Harbour
18
51
39
Stokes Hill Wharf
Iron Ore Wharf
Fort Hill Wharf

Darwin Zentrum

Highlights
1 Crocosaurus Cove A6

Sehenswertes
2 Aquascene D4
3 Bicentennial Park E5
Burnett House .... (siehe 7)
4 George Brown Botanic Gardens E1
5 Indo-Pacific Marine Exhibition H6
6 Lyons Cottage A7
7 Myilly Point Heritage Precinct D2
8 Parliament House G6
9 WWII Oil-Storage Tunnels G6

Aktivitäten, Kurse & Touren
10 Adventure Tours A6
11 Darwin Day Tours A6
12 Darwin Harbour Cruises H6
13 Darwin Holiday Shop A6
14 Darwin Scooter Hire F2
15 Kakadu Dreams B6
16 Oz Jet H6
17 Spirit of Darwin B3
18 Sunset Sail H7
19 The Rock D4
20 Tiwi Ferry B3

Schlafen
21 Argus D5
22 Banyan View Lodge E4
23 Chilli's A6
24 Cullen Bay Resorts C2
25 Darwin Central Hotel B6
26 Darwin YHA E4
27 Dingo Moon Lodge E4
28 Elkes Backpackers E4
29 Frogshollow Backpackers F4
30 Medina Vibe G6
Melaleuca on Mitchell .... (siehe 34)
31 Novotel Atrium E5
32 Palms City Resort F6
33 Steeles at Larrakeyah D4
34 Value Inn A6
35 Vitina Studio Motel E3

Essen
36 Buzz Café B2
37 Char Restaurant A7
38 Coles B6
39 Crustaceans H7
40 Ducks Nuts Bar & Grill F5
41 Four Birds C6
42 Go Sushi Train B7
43 Hanuman E5
44 Il Lido H6
45 Istanbul Cafe B6
46 Manolis Greek Taverna B6
47 Moorish Café C5
48 Nirvana E4
49 Roma Bar C6
50 Seadogs B2
51 Stokes Hill Wharf H7
52 Tim's Surf 'n' Turf C5
53 Vietnam Saigon Star B6
54 Woolworths F5

Ausgehen & Nachtleben
55 Deck Bar C7
56 Shenannigans A6
57 Tap on Mitchell A6
58 Victoria Hotel C7
59 Wisdom Bar & Grill B6

Unterhaltung
60 Birch Carroll & Coyle F5
61 Brown's Mart C7
62 Darwin Entertainment Centre E5
63 Deckchair Cinema F6
64 Discovery & Lost Arc E5
Nirvana .... (siehe 48)
65 Throb B5
Victoria Hotel .... (siehe 58)

Shoppen
66 Aboriginal Fine Arts Gallery B6
67 Framed F2
68 Happy Yess Market F4
69 Maningrida Arts & Culture B7
70 Mbantua Fine Art Gallery C7
71 Mindil Beach Sunset Market D1
72 NT General Store C5
73 Territory Colours C6

reien von den Tiwi Islands, Rindenmalereien aus dem Arnhem Land und Punktzeichnungen aus der Wüste.

Ein ganzer Raum ist dem Zyklon Tracy gewidmet: Die Ausstellung illustriert drastisch das Leben vor und nach der Katastrophe. Hier hört man u.a. in einem dunklen Raum das Fauchen des Wirbelsturms in voller Lautstärke – ein Geräusch, das einem noch lang im Gedächtnis bleiben dürfte.

Die riesige **Maritime Gallery** beherbergt neben skurrilem, wunderbarem Kunsthandwerk (u.a. von den nahen Inseln oder aus Indonesien) auch einen Perlenlogger und ein vietnamesisches Flüchtlingsboot.

Der Star unter den ausgestopften Tieren ist **Sweetheart**: Das 5 m lange und 780 kg schwere Leistenkrokodil wurde im Top End bekannt, nachdem es mehrere Fischerboote auf dem Finniss River angegriffen hatte.

Zum Museum gehören auch ein guter Buchladen und das Cornucopia Cafe, das sich hervorragend für ein Mittagessen mit Meerblick eignet.

Fannie Bay Gaol Museum MUSEUM
(Karte S. 886; www.ntsearch.com.au/darwin/attractions/fannie-bay-gaol-museum.asp; Ecke East Point Rd & Ross Smith Ave; Eintritt gegen Spende; ⌚10–15 Uhr) Das interessante (wenn auch leicht gruselige) Museum steht für fast 100 Jahre Einsamkeit: Von 1883 bis 1979 war es Darwins Hauptgefängnis. Die Schautafeln in den soliden Zellen geben Einblicke in die einzigartige Gesellschaftsgeschichte der Region. Unter den früheren Insassen waren z. B. Leprakranke, Flüchtlinge oder jugendliche Straftäter. Besichtigbar sind auch die alten Todeszellen nebst Galgen, die für zwei Hinrichtungen im Jahr 1952 gebaut wurden.

East Point Reserve GARTEN
(Karte S. 886; ⌚Mangrovenweg 8–18 Uhr) Diese Landzunge nördlich der Fannie Bay ist vor allem spätnachmittags reizvoll, wenn die Wallabys zum Grasen erscheinen und man den Sonnenuntergang über der Bucht bewundern kann.

Der **Lake Alexander** ist ein kleiner Salzwassersee, der für ganzjähriges Freizeitschwimmen ohne Angst vor Würfelquallen (Seewespen) angelegt wurde. Sein Ufer säumen ein schöner Kinderspielplatz und Picknickbereiche mit Grills. Am Parkplatz beginnt ein 1,5 km langer **Mangrovenweg.**

Auf der Nordseite der Landzunge liegen das faszinierende Darwin Military Museum und mehrere Geschützstellungen aus dem Zweiten Weltkrieg.

Darwin Military Museum MUSEUM
(www.darwinmilitarymuseum.com.au; 5434 Alec Fong Lim Dr; Erw./Kind 14/5,50 AU$; ⌚9.30–17 Uhr) Dieses Museum an der Tour-Tub-Route (S. 894) erinnert mit der ernüchternden **Defence of Darwin Experience** an den größten Angriff auf Australien im Zweiten Weltkrieg. Hierzu bedient es sich Augenzeugenberichten sowie einer interaktiven Sound- und Lightshow. Ansonsten gibt's u. a. auch diverses Militärgerät zu sehen.

24HR Art KUNSTGALERIE
(Karte S. 886; www.24hrart.org.au; Vimy Lane, Parap Shopping Village; ⌚Mi–Fr 10–16, Sa 10–14 Uhr) Anspruchsvolle Wechselausstellungen des Northern Territory Centre for Contemporary Art.

Outer East

Crocodylus Park ZOO
(Karte S. 886; www.crocodyluspark.com.au; 815 McMillans Rd, Berrimah; Erw./Kind 35/17,50 AU$; ⌚9–17 Uhr, Führungen 10, 12, 14 & 15.30 Uhr) Neben Hunderten von Krokodilen wartet hier auch ein Minizoo mit Großkatzen (z. B. Löwen oder Tiger), Klammeraffen, Marmosetten, Kasuaren und anderen großen Vögeln. Idealerweise plant man für die Besichtigung des Ganzen zwei Stunden ein und stimmt seinen Besuch auf eine der Führungen ab, die jeweils auch eine Fütterung umfassen. Zudem kann abgepacktes Kroko-Grillfleisch gekauft werden!

Der Park liegt ca. 15 km vom Zentrum entfernt und ist von Darwin aus mit Bus 5 erreichbar.

Australian Aviation Heritage Centre MUSEUM
(Karte S. 886; www.darwinsairwar.com.au; 557 Stuart Hwy, Winnellie; Erw./Kind 12/7 AU$; ⌚9–17 Uhr) Darwins Flugzeugmuseum ist etwas für Fans von Militärmaschinen. Im Mittelpunkt steht ein B52-Bomber – einer von nur zweien, die außerhalb der USA ausgestellt sind. Der Gigant wurde irgendwie in das Gebäude gequetscht und lässt die anderen Flieger winzig erscheinen. Zu diesen gehören u. a. ein japanischer Zero-Jäger (1942 abgeschossen) oder die Überreste eines Mirage-Jets der RAAF, der in einen nahegelegenen Sumpf gestürzt war. Um 10 und 14 Uhr starten **Gratisführungen.**

Hierher geht's mit den Bussen 5 und 8, die dem Stuart Hwy und manchmal auch der Tour-Tub-Route (S. 894) folgen.

Aktivitäten

Strände & Schwimmen

Darwin ist kein Strandparadies, da der Hafen naturgemäß keine Brandung hat. Nördlich vom Zentrum säumt jedoch eine Reihe von Sandstränden die kurvige Küstenlinie: Am populärsten sind **Mindil** und **Vestey's** an der Fannie Bay. Weiter nördlich ist ein Abschnitt des 7 km langen **Casuarina Beach** offiziell als FKK-Strand ausgewiesen. Die meisten Badestrände Darwins liegen so weit von Mangrovenflüssen entfernt, dass gefährliche Krokodilbegegnungen sehr unwahrscheinlich sind. Ein größeres Problem ist die tödliche Würfelqualle (Seewespe/Stinger), die das Schwimmen von Oktober bis März (oft auch schon früher und/oder bis Mai) höchst ungesund macht. Ganzjähriges Baden ohne Quallenrisiko ermöglicht der Westteil des **Lake Alexander** am East Point (S. 893), der vom Zentrum aus leicht per Fahrrad erreichbar ist. Dasselbe gilt für die Wave Lagoon (S. 889) im Herzen des Darwin

Wharf Precinct. Dort findet man auch die Recreation Lagoon (S. 889) mit natürlichem Salzwasser und Würfelquallen-Schutz durch Filter bzw. Netze.

Segeln

Darwin Sailing Club SEGELN
(Karte S. 886; ☎08-8981 1700; www.dwnsail.com.au) Hier kann man einheimische Jachtbesitzer treffen und ein Sonnenuntergangsbier schlürfen, aber keine Boote chartern. Dafür informiert ein Schwarzes Brett über Anheuer-Angebote und saisonale Regatta-Termine.

Radfahren

In Darwin kann man prima Fahrrad fahren (im Winter!). Auf den Straßen ist nicht viel los und ein Geflecht aus **Radwegen** bedeckt den größten Teil der Stadt. Der Hauptweg führt vom nördlichen Ende der Cavenagh St nach Fannie Bay, Coconut Grove, Nightcliff und Casuarina. In Fannie Bay geht eine Nebenstrecke hinaus zum **East Point Reserve**. Schön ist es auch im **Charles Darwin National Park** (Karte S. 886; www.nt.gov.au/nreta/parks/find/charlesdarwin.html) 5 km südöstlich der Stadt, wo ein paar Kilometer Weg rund um die Feuchtgebiete, Wälder und Bunker aus dem Zweiten Weltkrieg führen.

In einigen Pensionen werden Mountainbikes für 15 bis 25 AU$ pro Tag verliehen. Traveller können aber auch folgende Anbieter ausprobieren:

Darwin Scooter Hire RADFAHREN
(Karte S. 890; www.esummer.com.au; 9 Daly St; ⌚Mo–Fr 8–17, Sa 9–15 Uhr) Mountainbikes für 20 AU$ pro Tag (100 AU$ Kaution).

Darwin Holiday Shop RADFAHREN
(Karte S. 8901; ☎08-8981 0277; www.darwinholidayshop.com.au; Shop 2, Mantra on the Esplanade, 88 The Esplanade; ⌚Mo–Fr 9–17, Sa 9–13 Uhr) Mountainbikes für den halben/ganzen Tag kosten 20/25 AU$.

Klettern

The Rock KLETTERN
(Karte S. 890; www.rockclimbing.com.au; Klettern inkl. Ausrüstung 25 AU$; ⌚Di, Do & Sa 12–21, Mi, Fr & So 12–18 Uhr) In einem alten Öltank aus dem Zweiten Weltkrieg in Doctors Gully gelegen, ist The Rock *der* Platz, um sich mit Magnesia zu bestäuben, der Schwerkraft zu trotzen und an einer Kletterwand abzuhängen.

Fallschirmspringen

Top End Tandems FALLSCHIRMSPRINGEN
(☎0417 190 140; www.topendtandems.com.au; Tandemsprünge ab 380 AU$) Abflug für die Tandemsprünge ist am Darwin Airport. Wieder festen Boden unter die Füße bekommt man im Lee Point Reserve.

Jetboot fahren

Oz Jet JETBOOTFAHREN
(Karte S. 890; ☎1300 135 595; www.ozjetboating.com/dawrin; 30-minütige Fahrt Erw./Kind 55/30 AU$) Wem eine Hafenrundfahrt zu brav ist, der springt bei Oz Jet auf und macht eine heiße Tour rund um den Hafen – die definitiv eine harte Probe für den Magen darstellen wird. Los geht es normalerweise an der Stokes Hill Wharf. Unbedingt im Voraus buchen! Während der Regenzeit finden die Touren nicht statt.

Geführte Touren

Es werden Dutzende Touren in und um Darwin veranstaltet; viele schließen auch den Kakadu National Park, Arnhem Land, den Litchfield National Park und die Umgebung mit ein. Wer eine geeignete Tour sucht, wendet sich am besten zuerst an Tourism Top End (S. 906). Achtung: Viele Touren finden während der Regenzeit nicht so häufig (oder überhaupt nicht) statt!

Stadtrundfahrten

Darwin Walking & Bicycle Tours WANDERN, RADFAHREN
(☎08-8981 0227; www.darwinwalkingtours.com.au) Zweistündige geführte historische Rundgänge durch die Stadt für 25 AU$ (Kinder gratis). Dreistündige Radtouren (Erw./Kind 55/40 AU$), die hinaus nach Fannie Bay und East Point führen, werden ebenfalls angeboten.

Tour Tub SEHENSWÜRDIGKEITEN
(☎08-8985 6322; www.tourtub.com.au; Erw./Kind 45/20 AU$; ⌚April–Sept. 9–16 Uhr) Ein offener Minibus fährt den ganzen Tag an Darwins wichtigsten Sehenswürdigkeiten vorbei. Man kann jederzeit zu- und aussteigen. Wegen Reservierungen, der Abholzeiten und der Stationen ruft man am besten an. Gezahlt wird beim Fahrer an Bord – er nimmt nur Bargeld.

Sea Darwin ÖKOTOUR
(☎1300 065 022; www.seadarwin.com; Geführte Tour Erw./Kind ab 35/20 AU$) Ein-, Zwei-, oder Dreistündige Öko-Touren rund um die Stadt und Darwin Harbour, bei denen die Teilnehmer die Mangroven, eine Krokodilfalle, ein Schiffswrack und (mit ein wenig Glück) auch noch Seekühe und Delfine sieht.

ABORIGINE-FESTE & -EVENTS

Die meisten Feste in den Städten und Dörfern des Northern Territory sind stark von der Kultur der Aborigines geprägt, und zusätzlich gibt es noch einige spezielle Aborigine-Feste im Jahr. Viele finden zwar auf gesperrtem Aboriginal Land statt, doch die Genehmigungspflicht wird für diese Zeit meist gelockert. Das gilt auch für fast alle der unten genannten Feste. Alkohol ist in vielen Gemeinden verboten.

➡ **Tiwi Grand Final** Ende März auf Bathurst Island. Dieses Sportspektakel zeigt das große Können und die Leidenschaft der Tiwis in Sachen Aussie Rules Football. Tausende kommen an diesem Tag aus Darwin, an dem auch der **Tiwi Art Sale** (www.tiwiart.com) stattfindet.

➡ **Barunga Festival** (www.jawoyn.org/tourism/barunga-festival) Drei Tage (ein langes Wochenende) Mitte Juni in Barunga, 80 km östlich von Katherine. Gezeigt werden traditionelle Kunst und Handwerk, Tanz, Musik und Sportwettkämpfe. Campingausrüstung mitbringen! Alternativ kann man einen Tagesausflug von Katherine aus hierher machen.

➡ **Merrepen Arts & Sports Festival** (www.merrepenfestival.com.au) Die Nauiyu-Gemeinde am Ufer des Daly River ist der Schauplatz dieses Sport- und Kunstfests am ersten Juniwochenende. Das Merrepen Arts Centre präsentiert Einkaufsnetze, Gemälde und Drucke, während die Einheimischen bei Wettrennen, Basketball und Softball schwitzen.

➡ **Walking With Spirits** (www.djilpinarts.org.au/visit-us/walking-with-spirits) Ein zweitägiges Kulturfestival der Aborigines im Juli in Beswick Falls, 130 km von Katherine entfernt. In magischer Umgebung werden traditioneller Tanz und Musik mit Theater, Film und einer Lightshow kombiniert. Auf dem Gelände darf gecampt werden, aber nur während des Festivals. Ein Geländewagen empfiehlt sich für die letzten 20 km zu den Wasserfällen, man kann aber auch den Shuttle-Bus von Beswick aus nehmen.

➡ **Stone Country Festival** (www.injalk.com.) Dieses offene Kulturfestival findet im August in Gunbalanya (Oenpelli) außerhalb des Kakadu National Parks statt. Geboten sind traditionelle Musik, Tanz sowie Kunst- und Kunsthandwerksausstellungen. Nur an diesem Tag kommt man ohne Genehmigung hierher. Campen ist erlaubt; Alkohol nicht.

➡ **Garma Festival** (www.yyf.com.au) Ebenfalls im August findet dieses viertägige Fest im nordöstlichen Arnhem Land statt. Es ist eines der wichtigsten regionalen Feste zur Feier der Yolngu-Kultur. Dazu gehören Zeremonien, Buschkunde, eine *yidaki-* (Didgeridoo-) Meisterklasse und ein akademisches Forum. Man muss einen Besuch hier richtig gut planen, also besser frühzeitig damit anfangen!

Darwin Day Tours SEHENSWÜRDIGKEITEN
(Karte S. 890; ☎ 1300 721 365; www.darwintours.com.au; Nachmittagsstadttour Erw./Kind 69/55 AU$) Der Anbieter veranstaltet Nachmittagsstadttouren, die alle wichtigen Sehenswürdigkeiten beinhalten, u.a. Stokes Hill Wharf, Museum & Art Gallery und East Point Reserve. Die Touren können mit einer Hafenrundfahrt bei Sonnenuntergang kombiniert werden (144/110 AU$).

Hafenrundfahrten

Von April bis Oktober liegen reichlich Boote in der Cullen Bay Marina und der Stokes Hill Wharf, mit denen man eine Runde durch den Hafen drehen kann.

Anniki Pearl Lugger Cruises SEGELN
(☎ 0428 414 000; www.australianharbourcruises.com.au; Geführte Tour Erw./Kind 70/50 AU$) Die dreistündige Fahrt bei Sonnenuntergang auf diesem historischen Perlenfischerboot beginnt um 16.45 Uhr an der Cullen Bay Marina. Es gibt Sekt und Häppchen. Das Schiff ist aus dem Film *Australia* bekannt.

Sunset Sail SEGELN
(Karte S. 890; ☎ 0408 795 567; www.sailnt.com.au; Geführte Tour Erw./Kind 70/45 AU$) Diese dreistündige Nachmittagstour auf dem Katamaran *Daymirri* startet an der Stokes Hill Wharf. Erfrischungen sind inklusive, aber wer alkoholische Getränke möchte, muss sie sich mitbringen.

Darwin Harbour Cruises BOOTSFAHRTEN
(Karte S. 890; ☎ 08-8942 3131; www.darwinharbourcruises.com.au) Unter den verschiedenen Törns ab der Stokes Hill Wharf ist z.B. die Sonnenuntergangsfahrt „Tastes of the Ter-

ritory“ (Erw./Kind 70/45 AU$) an Bord des 20 m langen Schoners *Tumlaren*. Der 30-m-Schoner *Alfred Noble* legt um 17.30 Uhr zu einer Dinner-Tour (Erw./Kind 110/65 AU$) mit allen Schikanen ab.

Spirit of Darwin BOOTSFAHRTEN
(Karte S.890; ☎0417 381 977; www.spiritofdarwin.com.au; Erw./Kind 65/20 AU$) An der Stokes Hill Wharf bricht dieser klimatisierte Katamaran mit Ausschanklizenz täglich zu Sightseeing-Touren (14 Uhr, 2 Std.) und Sonnenuntergangsfahrten (17.30 Uhr) auf.

Regionaltouren

Davidson's Arnhemland Safaris ABORIGINES
(☎08-8927 5240; www.arnhemland-safaris.com) Der erfahrene Anbieter ist nördlich von Oenpelli in Mt. Borradaile ansässig und holt Kunden auf Wunsch auch in Darwin ab. Der Tagespreis (ca. 750 AU$) beinhaltet Essen, Unterkunft im komfortablen Safari-Camp, Angeln und geführte Touren (z. B. zu Felsbildern der Aborigines).

Tiwi Tours ABORIGINES
(☎1300 721 365; www.aussieadventures.com.au) Bietet u.a. Kulturexkursionen für Kleingruppen an, die die nahegelegenen Tiwi Islands unter der Leitung von Aborigine-Führern besuchen (inkl. Hin- & Rückflug Erw./Kind 498/449 AU$). Mit den Tochterfirmen Darwin Day Tours (S. 895) und Aussie Adventure geht's auch zu den Nationalparks Kakadu bzw. Litchfield.

Adventure Tours BACKPACKER
(Karte S. 890; ☎08-8132 8230, 1800 068 886; www.adventuretours.com.au) Die Jeeptouren für mutige Backpacker erkunden beispielsweise die Katherine Gorge (Tagestrip 157 AU$) oder die Nationalparks Litchfield (Tagestrip 119 AU$) und Kakadu (2/3 Tage 468/663 AU$). Auch längere Varianten sind im Angebot.

Northern Territory Indigenous Tours ABORIGINES
(☎1300 921 188; www.ntitours.com.au) Gehobene Aborigine-Touren zum Litchfield National Park, die unterwegs Station im Territory Wildlife Park machen (Erw./Kind 249/124 AU$).

Sacred Earth Safaris WILDNIS
(☎08-8981 8420; www.sacredearthsafaris.com.au) Veranstaltet mehrtägige Kleingruppen-Jeeptouren mit Camping rund um Kakadu, Katherine und Kimberley; zweitägige Kakadu-Trips gibt's ab 850 AU$, die fünftägige Top-End-Exkursion kostet 2250 AU$.

Kakadu Dreams BACKPACKER
(Karte S. 890; ☎1800 813 266; www.kakadudreams.com.au; 50 Mitchell St) Backpacker-Tagestrips nach Litchfield (119 AU$) plus anstrengende, längere Ausflüge nach Kakadu (2/3 Tage 387/400 AU$).

Wallaroo Tours SEHENSWÜRDIGKEITEN
(☎08-8983 2699; www.litchfielddaytours.com) Kleingruppentouren zum Litchfield National Park (130 AU$).

Feste & Events

WordStorm LITERATUR
(www.wordstorm.org.au) Bei dem alle zwei Jahre stattfindenden NT Writers' Festival im Mai (in Jahren mit geraden Jahreszahlen) stehen Gesang, Erzählungen, darstellende Kunst, Theater, Gedichtsvorträge, Geschichte, Biografien, Poesie und Fiktion auf dem Programm.

Arafura Games SPORT
(www.arafuragames.nt.gov.au) Der einwöchige vielseitige Sportwettbewerb findet im Mai der ungeraden Jahre statt. Hierzu treffen sich die aufstrebenden Athleten des Asien-Pazifik-Raumes. Leichtathletik, Basketball, Cricket, Fußball, Schwimmen, Volleyball ...

Darwin Blues Festival MUSIK
(www.darwinbluesfestivals.com) Ende Juni vibrieren Locations in ganz Darwin von Live-Blues. Viel Bier und zitternde Gitarrensaiten sind angesagt.

Beer Can Regatta LOKALE KULTUR
(www.beercanregatta.org.au) Ein absolut verrücktes und typisches Festival für das Territory: Alles dreht sich um ein Rennen mit Booten aus Bierdosen. Es findet im Juli in Mindil Beach statt und sorgt garantiert für einen superlustigen Tag.

Royal Darwin Show LANDWIRTSCHAFTSMESSE
(www.darwinshow.com.au) Diese Landwirtschaftsmesse findet auf dem Ausstellungsgelände in Winnellie am letzten Wochenende im Juli statt. Drumherum gibt's viele Fahrgeschäfte, Vorführungen, Wettbewerbe – und verhätschelte Nutztiere.

Darwin Cup Carnival PFERDERENNEN
(www.darwinturfclub.org.au) Der Darwin Cup Racing Carnival findet im Juli und August beim Darwin Turf Club in Fannie Bay statt. Die Highlights des achttägigen Programms

sind das Rennen um den Darwin Cup, die Mode und andere Frivolitäten.

Darwin Aboriginal Art Fair BILDENDE KÜNSTE
(www.darwinaboriginalartfair.com.au) Veranstaltungsort ist das Darwin Convention Centre. Bei dem zweitägigen Fest im August wird Kunst der Aborigines aus Gemeinden des gesamten Territory gezeigt.

Darwin Festival KUNST
(www.darwinfestival.org.au) Dieses vor allem unter freiem Himmel stattfindende Kunst- und Kulturfestival präsentiert die Highlights der großen Aborigine- und asiatischen Bevölkerungsgruppen Darwins. Es findet im August statt und dauert zwei Wochen.

Schlafen

In Darwin gibt's eine gute Auswahl von Unterkünften. Die meisten liegen in praktischer Nähe zum CBD. In der Hauptsaison (Mai–Sept.) kann es aber schwer sein, auf die Schnelle ein Bett zu finden – daher im Voraus buchen, zumindest für die erste Nacht! Die Preise für eine Unterkunft unterscheiden sich je nach Saison und Nachfrage sehr stark. Die hier angegeben Preise beziehen sich auf die Hauptsaison. Zwischen November und März gibt es oft große Preisnachlässe, vor allem für Unterkünfte in der Mittel- und Spitzenklasse.

Die kleinsten Preisschwankungen gibt's bei den Backpackerhostels. Zwischen denen sind auch kaum Preisunterschiede auszumachen, weil viele dicht gedrängt an der Mitchell St mit ihren zahlreichen Bars liegen – da drückt die Konkurrenz. Wer es ruhiger mag, sollte etwas weiter von dort entfernt absteigen – es gibt auch Unterkünfte in Gehweite zur Partymeile. Die Hostels verfügen in der Regel über Küche, Pool und Waschküche sowie Schalter, an denen man Touren buchen kann. Manche bieten auch einen im Voraus buchbaren Abholservice vom Flughafen, Bahnhof oder Busbahnhof, und bei den meisten gibt's YHA- und VIP-Rabatte.

In einem Radius von 10 km rund um das Stadtzentrum gibt es einige anständige Camping- bzw. Wohnwagenparkmöglichkeiten. Einige Wohnmobilfahrer versuchen ihr Glück auf den Parkplätzen an den Stränden rund um Fannie Bay und das East Point Reserve. Aber das ist eigentlich ein offizielles No-No, und wer Pech hat, wird von der Polizei entweder zum Weiterfahren aufgefordert oder bekommt eine saftige Strafe aufgebrummt.

Darwins größere Hotels haben ziemlich hohe Standardpreise, aber es gibt alle Arten von Specials, darunter Stand-by-, Wochenend- und Internettarife. Die meisten der großen Hotels befinden sich entlang der Esplanade.

Zentrum

Frogshollow Backpackers HOSTEL $
(Karte S. 890; ☎08-8941 2600, 1800 068 686; www.frogs-hollow.com.au; 27 Lindsay St; B 24–30 AU$, DZ ohne/mit Bad 80/100 AU$; ❄@📶🏊) Diese entspannte Backpacker-Bleibe steht an einem ruhigen Fleckchen Parkland. Relaxte Europäer braten hier am Pool in der Sonne oder chillen im Park auf der anderen Straßenseite. Die Balkone voller Topfpflanzen sind nachmittags heiß begehrt, wenn die Langschläfer unter den Gästen in der Küche herumhängen. Manche Zimmer haben eine Klimaanlage, die meisten einen Ventilator. Die Schlafsäle wirken teilweise etwas beengt.

Dingo Moon Lodge HOSTEL $
(Karte S. 890; ☎08-8941 3444; www.dingomoonlodge.com; 88 Mitchell St; B 31–36 AU$, DZ & 2BZ 100 AU$; jeweils inkl. Frühstück; ❄@📶🏊) In diesem tollen Zusatz zu Darwins Hostelspektrum heißt's den Mond anheulen. Mit insgesamt 65 Betten in zwei Gebäuden ist das Ganze groß bzw. klein genug für Geselligkeit ohne allzu wildes Benehmen. Hiesige Highlights sind die tolle Freiluftküche und der glitzernde Pool unter einem mächtigen Tempelbaum. Mangels TV-Zimmer muss man sich mit anderen Gästen unterhalten.

Melaleuca on Mitchell HOSTEL $
(Karte S. 890; ☎1300 723 437; www.momdarwin.com.au; 52 Mitchell St; B 31 AU$, DZ ohne/mit Bad 95/115 AU$; ❄@📶🏊) Ein Party-Paradies: Highlight des brummenden Hostels ist die Dachterrasse mit Inselbar, Pool, Wasserfall-Whirlpool, Großbild-TV und Blick auf die Mitchell St. Das moderne Haus ist blitzsauber, wirkt aber wegen klinisch weißer Wände und spartanischer Zimmer etwas steril. Dafür sind die Sicherheitsvorkehrungen und Einrichtungen vom Feinsten. Der 3. Stock ist den Damen vorbehalten.

Chilli's HOSTEL $
(Karte S. 890; ☎08-8980 5800, 1800 351 313; www.chillis.com.au; 69a Mitchell St; B 32 AU$, DZ & 2BZ

ohne Bad 100 AU$; ❄@📶) Das freundliche, unkonventionelle Chilli's punktet mit einer kleinen Sonnenterrasse mit einem Whirlpool (Gäste dürfen den Pool nebenan benutzen). Zudem gibt's hier saubere Kompaktzimmer, einen Pooltisch und eine luftige Küchen- bzw. Essterrasse mit Blick auf die Mitchell St.

Darwin YHA HOSTEL $
(Karte S. 890; ☎08-8981 5385; www.yha.com.au; 97 Mitchell St; B/DZ/FZ 33/115/145 AU$; ❄@📶🏊) Das Darwin YHA ist ein umgebautes Motel. So haben alle 34 Zimmer (auch die Schlafsäle) eigene Bäder und liegen rund um einen anständigen Pool. Küche und TV-Raum sind jeweils winzig. Dafür wartet die Globetrotters Bar nebenan mit günstigem Essen und Unterhaltung auf.

Banyan View Lodge HOSTEL $
(Karte S. 890; ☎08-8981 8644; www.banyanviewlodge.org.au; 119 Mitchell St; B 27–29 AU$, EZ/DZ ohne Bad ab 68/78 AU$, DZ mit Bad ab 110 AU$; ❄@🏊) Das große YWCA-Hostel im nüchternen Büroblock-Stil ist etwas für Partymuffel, verleiht Fahrräder und akzeptiert auch Männer. Die geräumigen Zimmer sind sauber und gepflegt. Wer nicht auf Klimaanlagen steht, sollte nach einem Quartier mit Ventilator fragen.

Elkes Backpackers HOSTEL $
(Karte S. 890; ☎1800 808 365; www.elkesbackpackers.com.au; 112 Mitchell St; B/3BZ 30/180 AU$, DZ & 2 BZ 85 AU$; ❄@📶🏊) Dieses freundliche, eigenständige Hostel besteht aus einer Gruppe wackliger, einfacher Holzgebäude. Inmitten dichter Vegetation kann man hier prima relaxen und andere Traveller treffen. Vor dem Buchen sollte das Zimmer jedoch genau unter die Lupe genommen werden. Das Personal ist mehrsprachig.

Value Inn HOTEL $$
(Karte S. 890; ☎08-8981 4733; www.valueinn.com.au; 50 Mitchell St; DZ ab 140 AU$; P❄🏊) Das Value Inn liegt mitten in der Action an der Mitchell St, wird seinem Namen aber mit Ruhe und Komfort gerecht (vor allem in der Nachsaison). Die kleinen Zimmer für maximal drei Personen haben eigene Bäder, Kühlschränke und TVs.

Palms City Resort RESORT $$$
(Karte S. 890; ☎08-8982 9200, 1800 829 211; www.citypalms.com; 64 The Esplanade; Motel DZ 195 AU$, Villa DZ 285 AU$; P❄📶🏊) Der Name ist Programm: Das zentral gelegene Resort liegt inmitten herrlicher Gärten mit vielen Palmen und Bougainvilleen, zwischen denen Schmetterlinge und Libellen umherfliegen. Bei Bedarf an einer Mikrowelle und mehr Platz lohnt sich der kleine Aufpreis für die hervorragenden Motelzimmer, während die sechseckigen Villen mit asiatischem Touch und Freiluft-Whirlpools ungemein mondän sind.

Medina Vibe HOTEL $$$
(Karte S. 890; ☎08-8941 0755; www.medina.com.au; 7 Kitchener Dr; DZ/Wohnstudio/Apt. ab 215/235/335 AU$; P❄@📶🏊) Zwei Hotels in einem Gebäude: Die Standard-Doppelzimmer befinden sich im Vibe, die Wohnstudios und Apartments im benachbarten Medina. Beide sind gehobene Optionen, die mit freundlichem Personal und toller Lage im Darwin Waterfront Precinct aufwarten. Falls einem der schattige Hotelpool zu harmlos sein sollte, lockt direkt nebenan die Wave Lagoon.

★ **Darwin Central Hotel** HOTEL $$$
(Karte S. 890; ☎info 1300 364 263, 08-8944 9000; www.darwincentral.com.au; 21 Knuckey St; DZ ab 180 AU$; P❄@📶🏊; 🚌4, 5, 8, 10) Das schicke, eigenständige Hotel im Herzen der Stadt bietet jede Menge modernen Stil und tadellose Einrichtungen (u. a. ein preisgekröntes Restaurant). Einige der eleganten Zimmer sind vorbildlich behindertengerecht gestaltet. Online-, Wochenend- und Langzeitrabatte (ab 3 Übernachtungen) sorgen trotz heftiger Standardraten für ein sehr gutes Preis-Leistungs-Verhältnis.

Argus APARTMENTS $$$
(Karte S. 890; ☎08-8925 5000; www.argusdarwin.com.au; 6 Cardona Ct; Apt. mit 1/2/3 Schlafzi. ab 280/360/590 AU$; P❄@🏊) Das Angus hebt sich mit Qualität von den vielen anderen Apartmenttürmen in dieser Ecke ab: Die *sehr* geräumigen Apartments überzeugen mit reizenden Bädern, kühlen Bodenfliesen en masse und schicken Küchen, die über alle notwendigen Geräte verfügen. Hinzu kommen Balkone mit schlichtem Wohn- und Essbereich. Der Pool in einer Ecke des Parkplatzes scheint nachträglich angelegt worden zu sein, ist aber schattig und toll an schwülen Top-End-Nachmittagen.

Novotel Atrium HOTEL $$$
(Karte S. 890; ☎08-8941 0755; www.novoteldarwin.com.au; 100 The Esplanade; DZ/Apt. mit 2 Schlafzi. ab 365/485 AU$; P❄@📶🏊) Zweifellos: Novotel ist eine internationale Kette mit nur wenigen Überraschungen. Ein traum-

hafter Meerblick und Stilelemente über dem üblichen Standard (u.a. raffinierte Beleuchtung, frische Blumen, interessante Aborigine-Kunst) machen das Atrium jedoch zu etwas Besonderem. Gäste können Meeresluft auf ihrem eigenen Balkon schnuppern oder unten in den nierenförmigen Pool steigen, der in Darwin zu den schönsten seiner Art gehört. Die Nachsaisonspreise sind echte Schnäppchen.

Stadtrand & Vororte

Aurora Shady Glen Caravan Park WOHNWAGENPARK $
(Karte S. 886; ☎ 08-8984 3330, 1800 662 253; www.shadyglen.com.au; Ecke Farrell Cres & Stuart Hwy, Winnellie; Stellplatz ohne/mit Strom 34/39 AU$, Budgetzi. 90 AU$, Hütte mit eigenem Bad ab 110 AU$;) Wohnwagenpark mit vielen Bäumen, tadellosen Einrichtungen, Campingküche, lizenziertem Laden und freundlichem Personal. Von einer nahegelegenen Straßenecke fährt der öffentliche Bus 8 ins Stadtzentrum.

FreeSpirit Resort Darwin WOHNWAGENPARK $
(☎ 08-8935 0888; www.darwinfreespiritresort.com.au; 901 Stuart Hwy, Berrimah; Stellplatz ohne/mit Strom 36/42 AU$, Hütte & Wohneinheit 135–295 AU$; @) Der eindrucksvolle Park mit zahllosen Einrichtungen (u.a. drei Pools) liegt zehn Fahrminuten vom Zentrum entfernt am Highway. Während der Trockenzeit erklingen hier regelmäßig Abendgesänge. Unter den Aktivitäten sind Wasser-Aerobic und Pfannkuchenfrühstücke.

Vitina Studio Motel MOTEL $$
(Karte S. 890; ☎ 08-8981 1544; www.vitinastudiomotel.com.au; 38 Gardens Rd; DZ/Suite 149/199 AU$; P@) Direkt am Stadtrand vermietet das komfortable Vitina neben hellen, stilvollen und modernen Motelzimmern auch größere Wohnstudios mit Kochgelegenheit. Der Golfplatz Gardens Park, die botanischen Gärten und der Mindil Beach liegen in praktischer Nähe. Nach Rabatten fragen.

Steeles at Larrakeyah B&B $$
(Darwin City B&B; Karte S. 890; ☎ 08-8941 3636; www.darwinbnb.com.au; 4 Zealandia Cres, Larrakeyah; DZ ab 175 AU$, Apt. mit 1/2 Schlafzi. 250/270 AU$;) Manche B&Bs sind reine Schlafstätten, in anderen scheint man bei Freunden zu übernachten. Zu letzteren gehört das Steeles in einem ruhigen Wohngebiet auf halbem Weg zwischen Zentrum, Cullen Bay und Mindil Beach. Das nette Haus im spanischen Missionsstil hat drei Gästezimmer mit eigenen Eingängen, Kühlschränken und Flachbild-TVs. Gefrühstückt wird im Tropengarten.

Cullen Bay Resorts HOTEL, APARTMENTS $$
(Karte S. 890; ☎ 08-8981 7999, 1800 625 533; www.cullenbayresortsdarwin.com.au; 26–32 Marina Blvd; Hotel DZ 165–190 AU$, Apt. mit 1/2 Schlafzi. ab 265/320 AU$; P) Die Cullen Bay ist Darwins beste Uferlocation (bzw. war es bis zur Eröffnung des Waterfront Precinct). Diese beiden Apartmenttürme bieten einen Traumblick auf den (Jacht-)Hafen, der für die nicht allzu schicke Inneneinrichtung entschädigt.

Grungle Downs B&B B&B $$
(Karte S. 886; ☎ 08-8947 4440; www.grungledowns.com.au; 945 McMillans Rd, Knuckey Lagoon; DZ 140–165 AU$, Hütte 400 AU$;) Das schmucke Landrefugium auf einem 2 ha großen Gelände liegt nur 13 km, aber gefühlte Lichtjahre von der Stadt entfernt. In praktischer Nähe findet man zudem den Crocodylus Park und den Flughafen. Die vier Lodgezimmer (eines davon mit eigenem Bad) werden durch ein tolles Cottage mit zwei Schlafzimmern (nur 200 AU$ in der Nachsaison) ergänzt. An heißen Tagen können Gäste in der Lounge oder am Pool abhängen.

Feathers Sanctuary BOUTIQUEHOTEL $$$
(Karte S. 886; ☎ 08-8985 2144; www.featherssanctuary.com; 49a Freshwater Rd, Jingili; DZ inkl. Frühstück 330 AU$;) Der Stil dieses herrlichen Schlupfwinkels für Vogel- und Naturfans lässt sich am besten mit „Bali trifft Busch" beschreiben. Die wunderschön gestalteten, luxuriös eingerichteten Hütten aus Holz und Metall verfügen über halboffene Bäder. In den üppigen Gärten steht eine Privatvoliere zur Zucht seltener Vögel. Hinzu kommt auch noch ein Wasserloch – mehr Tropenvögel sieht man sonst wohl kaum an einem einzigen Ort! Die Stars darunter sind anmutige, freilaufende Brolgakraniche und Riesenstörche.

Essen

Darwin ist das glitzernde Gastro-Juwel des NT: Seine Freiluftlokale machen das Beste aus der Tropenatmosphäre. Qualität und Vielfalt der Zutaten sind hier besser als anderswo im Territory.

In Darwin eröffnen immer mehr Cafés mit gutem Kaffee und Essen. Die Spitzenrestaurants der Stadt überraschen ihre Gäste mit exotischer, innovativer Fusionküche, während auf den berühmten Märkten alle möglichen multikulturellen Köstlichkeiten vor sich hinbrutzeln und -dampfen. Kneipen an der Mitchell St bieten Gratis-Grillbenutzung und locken Backpacker obendrein mit günstiger Kost zum Bier.

Die Cullen Bay am Rand des CBD wird von einer stilvollen, vielfältigen Restaurantmeile gesäumt. Das Gastro-Zentrum am Ende der Stokes Hill Wharf serviert asiatische Pfannengerichte und gute, günstige Fish & Chips. Außerdem verstecken sich ein paar Perlen in den Vororten nördlich der Stadt.

Zentrum

Im Zentrum findet man zwei große Supermärkte der Ketten **Coles** (Karte S. 890; 55–59 Mitchell St, Mitchell Centre; ⌚6–22 Uhr) und **Woolworths** (Karte S. 890; Ecke Cavenagh St & Whitfield St; ⌚6–22 Uhr).

Four Birds CAFÉ $
(Karte S. 890; 32 Smith St Mall, Shop 2, Star Village; Gerichte 4–8 AU$; ⌚Mo–Fr morgens & mittags, Juni–Aug. auch Sa) Das Minicafé quetscht sich in die Arkade am früheren Standort des alten Star Cinema (fiel dem Zyklon von 1974 zum Opfer). Sein schlichtes, aber sehr gutes Angebot umfasst Bagels, getoastete Sandwiches, Muffins, Paninis und den vielleicht besten Kaffee der Stadt. Traveller und lesende Bürohengste sitzen hier auf verstreuten Stühlen unter einem knospenden Tempelbaum.

Roma Bar CAFÉ $
(Karte S. 890; www.romabar.com.au; 9–11 Cavenagh St; Hauptgerichte 7–15 AU$; ⌚morgens & mittags; 📶) In dieser örtlichen Institution treffen sich Linke, Literaten und Traveller. Weitab der chaotischen Mitchell St warten hier Säfte, leckerer Kaffee und Gratis-WLAN. Das breitgefächerte Menü reicht von Müsli und Eiern Benedict zum Frühstück bis hin zu Fischcurry und tollem getoastetem Focaccia zum Mittagessen.

Stokes Hill Wharf SEAFOOD, FAST FOOD $
(Karte S. 890; www.darwinhub.com/stokes-hill-wharf; Stokes Hill Wharf; Hauptgerichte 8–16 AU$; ⌚mittags & abends) Das hektische Gastro-Zentrum am Ende der Stokes Hill Wharf empfängt Gäste mit einem halben Dutzend Theken und Freilufttischen am Pier. In belebter Atmosphäre kann man hier z. B. Fish & Chips, Austern, Wok-Gerichte, Laksa oder einfach ein kaltes Bier zum Sonnenuntergang genießen.

Vietnam Saigon Star VIETNAMESISCH $
(Karte S. 890; 21 Smith St, Shop 4; Hauptgerichte 12–18 AU$; ⌚Mo–Fr mittags, tgl. abends; 🖉) Darwins flottestes, schickstes Lokal mit vietnamesischer Küche serviert neben günstigen Frühlingsrollen auch viele verschiedene Saucen zu Rind, Schwein, Huhn oder Seafood. Hinzu kommen schmackhafte vegetarische Optionen und Mittagsangebote mit gutem Preis-Leistungs-Verhältnis.

Istanbul Cafe TÜRKISCH, FAST FOOD $$
(Karte S. 890; 12 Knuckey St; Hauptgerichte 11–25 AU$; ⌚morgens, mittags & abends) Im alten Gebäude der Country Women's Association (nirgendwo Scones oder eine Pavlova-Torte in Sicht!) gibt's hier Kebabs zum Mitnehmen, saftiges Grillfleisch, Dip-Teller, Köfte und superstarken türkischen Kaffee.

★ **Hanuman** INDISCH, THAI $$
(Karte S. 890; ☎08-8941 3500; www.hanuman.com.au; 28 Mitchell St; Hauptgerichte 16–38 AU$; ⌚Mo–Fr mittags, tgl. abends; 🖉) Wer Einheimische nach einem guten Restaurant in Darwin fragt, bekommt meist das kultivierte, aber keinesfalls abgehobene Hanuman empfohlen. Aus der Küche ziehen die appetitlichen Gerüche von Kreativem à la Indien oder Thailand (Nonya-Stil) durch den eleganten, offenen Speiseraum hinaus auf die Terrasse. Spezialität des Hauses sind Austern mit Zitronengras, Chili und Koriander. Auf der langen Karte stehen auch exotische vegetarische Optionen und mehrgängige Menüs.

Go Sushi Train JAPANISCH $$
(Karte S. 890; www.darwinhub.com/go-sushi-train; 28 Mitchell St, Shop 5; Sushi 4,50–6,50 AU$, Hauptgerichte 25–38 AU$; ⌚Di–Sa mittags & abends; 🖉) Obwohl sich der hippe Laden mit Fisch-Fließband an einer düsteren Nebengasse der Mitchell St versteckt, ist er ungemein populär. Dies gilt vor allem für den „Super Sushi Saturday" (10.30–15.30 Uhr alle Sushi-Sorten 4 AU$). Die Aal-Gurken-Röllchen sind der Kracher!

★ **Moorish Café** NAHÖSTLICH $$
(Karte S. 890; ☎08-8991 0010; www.moorishcafe.com.au; 37 Knuckey St; Tapas 4–12 AU$, Hauptge-

richte 20–40 AU$; ⏲Mo–Sa mittags & abends) In dem himmlischen Café mit Terrakottafliesen verbreiten nordafrikanische, mediterrane und nahöstliche Köstlichkeiten ihren verführerischen Duft. Viele Mittagsgäste laben sich hier an verlockenden Tapas und Tagesgerichten. Doch das Ambiente ist auch hervorragend für ein Abendessen geeignet, bei dem man am besten eine Tagine aus einheimischen Garnelen vor einem Zackenbarsch mit Kokosmilch und Limette vertilgt (und dazu Apfelwein trinkt). Alternativ empfiehlt sich das Viergängemenü (38 AU$/Pers., mind. 6 Pers. Reservierung erforderlich).

Manolis Greek Taverna GRIECHISCH $$
(Karte S. 890; www.manolisgreektaverna.com.au; Shop 4, 64 Smith St; Hauptgerichte 18–30 AU$; ⏲Di–Fr mittags, Mo–Sa abends) Das freundliche, familiengeführte Lokal serviert sein super Essen à la griechische Inseln im landestypischen Ambiente mit schwungvoller Bouzouki-Livemusik (Sa). Das Menü auf den blau-weißen Tischtüchern wird von frischem Seafood dominiert und umfasst auch kleine Gemeinschaftsteller mit Mezze. Die traditionellen Klassiker (z.B. gebackener Käse, Lammgyros, Tintenfisch, tolle Salate) enttäuschen ebenso wenig wie die wunderbar süßen Desserts.

Crustaceans SEAFOOD $$
(Karte S. 890; ☎08-8981 8658; Stokes Hill Wharf; Hauptgerichte 17–35 AU$; ⏲Mo–Sa abends) Das zwanglose, lizenzierte Lokal am äußersten Ende der Stokes Hill Wharf tischt frischen Fisch, Bärenkrebse, Austern, Steaks und sogar Krokodil auf. Die spießigen Bestellformulare senken den Romantikfaktor etwas. Dafür entschädigen das kalte Bier, die erstklassige Weinkarte und die Lage mit Blick auf den Sonnenuntergang über der Francis Bay.

Tim's Surf 'n' Turf STEAK, SEAFOOD $$
(Karte S. 890; ☎08-8981 1024; www.timssurfandturf.com.au; 10 Litchfield St; Hauptgerichte 18–40 AU$; ⏲tgl. abends) Dieser alteingesessene Einheimischentreff versteckt sich an einer Nebenstraße im Zentrum. Auf einer relaxten, grünen Terrasse mit künstlichem Wasserfall (einfach ignorieren) gibt's hier gute Meeresfrüchte, Steaks, Schnitzel und Nudelgerichte fürs Geld. Vorher muss man selbst ein Bestellformular ausfüllen und beim Kassierer abgeben.

Ducks Nuts Bar & Grill MODERN-AUSTRALISCH $$
(Karte S. 890; ☎08-8942 2122; www.ducksnuts.com.au; 76 Mitchell St; Hauptgerichte 15–25 AU$; ⏲morgens, mittags & abends) Der stets brummende Mix aus Bar und Bistro kreuzt Gerichte aus einheimischen Zutaten clever mit asiatischen bzw. mediterranen Einflüssen. Ergebnis ist typische Mod-Oz-Küche in Form von tollen Mittagsburgern, leichten Salaten (u.a. warmer Rindfleischsalat auf Thai-Art) und herzhaften Hauptgerichten (z.B. Lammkeulen). Frühstück und Kaffee sind ebenfalls prima.

Il Lido ITALIENISCH $$$
(Karte S. 890; ☎08-8941 0900; www.illidodarwin.com.au; Wharf One, f3/19 Kitchener Dr, Waterfront Precinct; Tapas 8–18 AU$, Pizzas 17–27 AU$, Hauptgerichte 28–44 AU$) An einem Ehrenplatz im Waterfront Precinct wird dieses moderne italienische Restaurant von denselben Leuten betrieben, die Darwin vor über 20 Jahren das Hanuman beschert haben. Neben leckerem Frühstück kann man hier auch Sundowner und Tapas auf einem schlichtweg umwerfenden Balkon genießen.

Char Restaurant STEAK $$$
(Karte S. 890; ☎08-8981 4544; www.charrestaurant.com.au; 70 The Esplanade; Hauptgerichte 28–54 AU$; ⏲Mi–Fr mittags, tgl. abends) Auf dem Gelände des historischen Admiralty House serviert dieses Fleischparadies seine Spezialität: gut abgehangene, perfekt auf dem Holzkohlegrill gegarte Steaks von mit Getreide gefütterten Rindern. Hinzu kommt ein „Jellyfish Menu" („Quallenkarte") mit clever komponierten Seafood-Optionen.

Stadtrand & Vororte

Parap Fine Foods SELBSTVERSORGER $
(Karte S. 886; www.parapfinefoods.com; 40 Parap Rd, Parap; ⏲Mo–Fr 8–18.30, Sa 8–18, So 9–13 Uhr) Perfekt für Picknicker: Der Feinkostmarkt im Parap Shopping Centre verkauft Delikatessen, sehr guten Wein, Bio- und Naturkost.

Cyclone Cafe CAFÉ $
(Karte S. 886; www.parapvillage.com.au; 8 Urquhart St, Parap; Gerichte 7–14 AU$; ⏲Mo–Sa morgens & mittags) Das unscheinbare Café in Parap ist komplett mit rostigem Riffelblech (die Lieblingsmunition des Zyklons Tracy) eingerichtet. Das starke, aromatische Kaffee (Tipp: der dreifache „Hypercino") wird von fröhlichem Personal serviert und gehört zu den besten der Stadt. Außerdem bekommt man hier leckere Frühstücks- und Mittagskost wie Croissants, Burritos, Schmelzkäse-Sandwiches oder Eier-Speck-Brötchen.

Seadogs ITALIENISCH $$
(Karte S. 890; ☎08-8941 2877; Marina Blvd, Cullen Bay; Hauptgerichte 15–27 AU$; ⊙Di–So mittags & abends) Dieses beliebte Lokal liegt zwar nicht direkt am Jachthafen, ist dafür aber vergleichsweise günstig. Spezialitäten des Hauses sind Pizza, Pasta, Risotto und ein paar Gerichte mit Garnelen oder Tintenfisch.

★ **Saffrron** INDISCH $$
(Karte S. 886; ☎08-8981 2383; www.saffrron.com; 34 Parap Rd, Shop 14, Parap; Hauptgerichte 14–26 AU$; ⊙Di–Fr mittags, Di–So abends, So Brunch; ☑) Darwins bestes indisches Restaurant wirkt modern und dennoch anheimelnd. Vom reichhaltigen Butterhuhn-Masala bis hin zum Barramundi-*mooli* deckt die Karte den ganzen Subkontinent ab. Der Sonntagsbrunch schickt den Gaumen auf Südindienreise. Alle Gerichte (u. a. viele vegetarische Optionen und traditionelle indische Süßigkeiten) gibt's auch zum Mitnehmen. Der Laden arbeitet nachhaltig: Möbel, Besteck, Teller, Schüsseln und Takeaway-Verpackungen sind hier biologisch abbaubar.

Nirvana THAI, INDISCH $$
(Karte S. 890; ☎08-8981 2025; www.nirvanarestaurantdarwin.com; 6 Dashwood Cres; Hauptgerichte 15–30 AU$; ⊙Mo–Sa abends; ☑) Das Nirvana punktet nicht nur mit Spitzenküche aus Thailand, Malaysia und Indien: Es gehört auch zu Darwins besten Kleinclubs für Livejazz und -blues. Hinter der unscheinbaren Fassade verbirgt sich ein anheimelndes Raumlabyrinth mit Sitznischen und orientalischem Dekor. Zur Musik genießt man am besten einen grünen Thai-Curry oder ein Masala mit Fisch.

Buzz Café MODERN-AUSTRALISCH $$
(Karte S. 890; ☎08-8941 1141; www.darwinhub.com/buzz-cafe; 48 Marina Blv, Cullen Bay; Hauptgerichte 18–40 AU$; ⊙tgl. mittags & abends, So morgens) Dieses schicke Barrestaurant ist mit indonesischem Teakholz und Lavastein vom Mt. Bromo eingerichtet. Die tolle, mehrstöckige Terrasse mit Jachthafenblick ist ein verführerisch sonniges Plätzchen für ein gediegenes Mittagessen oder ein paar Drinks. Das modern-australische Menüangebot umfasst auch ein paar flotte Salate und Teller für mehrere Personen. Am besten einen Terrassentisch über dem Wasser nehmen.

Ausgehen

Ausgehen spielt im tropischen Darwin eine wichtige Rolle (kaltes Bier und hohe Luftfeuchtigkeit sind quasi symbiotisch verbunden). Die Stadt hat Dutzende von Kneipen und Bars mit Terrassen, auf denen man den milden Abend genießen kann. So ziemlich alle Bars sind auch Restaurants, vor allem die entlang der Mitchell St – in dieser Straße ist eine Kneipe neben der anderen, und alle sind voller Traveller, die sich einen hinter die Binde kippen.

Tap on Mitchell BAR
(Karte S. 890; www.thetap.com.au; 51 Mitchell St) Eine der beliebtesten Terrassenbars der Mitchell St. Im Tap ist immer was los, und man bekommt auch günstiges Essen (Nachos, Burger, Calamares). Es gibt eine große Auswahl von Bieren und Wein.

Darwin Ski Club SPORTCLUB
(Karte S. 886; www.darwinskiclub.com.au; Conacher St, Fannie Bay) Wenn man die Mitchell St verlässt und auf den herrlichen Sonnenuntergang zugeht, kommt man zu diesem entspannten Wasserskiclub am Vestey's Beach. Der Blick vom Biergarten aus durch die Palmen ist der Hit; manchmal spielen Livebands.

Deck Bar BAR
(Karte S. 890; www.thedeckbar.com.au; 22 Mitchell St) Am weniger belebten Ende der Mitchell St ist in der Deck Bar zur Happy Hour wider Erwarten trotzdem was los, Pub-Quiz und regelmäßige Livemusik inklusive. Die Grenze zwischen Drinnen und Draußen verschwimmt hier komplett, und das namensgebende Deck ist perfekt, um Leute zu beobachten.

Darwin Sailing Club SPORTCLUB
(Karte S. 886; www.dwnsail.com.au; Atkins Dr, Fannie Bay) Etwas schicker als der Ski Club: Der Sailing Club ist immer voller Jachtbesitzer, die ihr Feierabendbierchen mit Blick auf die Timorsee genießen. Was die Anlage hergibt, klingt überraschend wenig nach Jachtclub (weder Christopher Cross noch Rod Stewart) und das Bistro am Ufer eignet sich gut für ein leckeres Abendessen. Man muss sich an der Tür als Besucher anmelden (Ausweis mitbringen!).

Shanannigans PUB
(Karte S. 890; www.shenannigans.com.au; 69 Mitchell St) Es mag ein langer Weg von hier nach Cork sein – aber in Darwin gibt's trotzdem ein paar Irish Pubs. Das Shenannigans geht mit einer großen Terrasse zur Mitchell St, herzhaftem Essen und fetten Partys ins Ren-

nen. Zu Livemusik und Rugby im Fernsehen fließt Guinness in Strömen.

Wisdom Bar & Grill BAR
(Karte S. 890; www.wisdombar.com.au; 48 Mitchell St) Strahlend blaue Wände, Samtsofas und eine Terrasse an der Straße, aus der ein Baum rauswächst, sorgen für eine traulichere Atmosphäre, als sie das Tap bietet.

Ducks Nuts Bar & Grill BAR
(Karte S. 904 f.; www.ducksnuts.com.au; 76 Mitchell St) Die große, schummrige Cocktailbar, die regelmäßige Livemusik und die schicke Wodkabar sorgen dafür, dass das Ducks Nuts immer Zulauf hat.

Victoria Hotel KNEIPE
(The Vic; Karte S. 890; www.thevic.com.au; 27 Smith St Mall) Im ehrwürdigen alten Vic können Traveller nett unter Einheimischen bechern. Der Laden scheint ständig renoviert zu werden und ist derzeit eher ein Allround-Unterhaltungstempel für Backpacker.

☆ Unterhaltung

Darwins milde Nächte laden zu spätabendlichen Entdeckungstouren ein. Und auch wenn es nur eine Handvoll Nachtclubs gibt, kann man doch jeden Abend der Woche einen anderen besuchen. Es gibt auch eine lebendige Kunst- und Unterhaltungsszene mit Theater, Filmen und Konzerten.

Das **Magazin Off the Leash** (www.offtheleash.net.au) listet alle Events der Stadt auf, ebenso wie **Darwin Community Arts** (www.darwincommunityarts.org.au). Besucher sollten auch auf die Aushänge an Anschlagtafeln und Laternenmasten achten, wo Tanz- und Vollmondpartys angekündigt werden.

Livemusik

In fast jeder Kneipe oder Bar der Stadt wird irgendeine Form von Livemusik gespielt, meist freitag- und samstagabends. In der Wochenmitte gibt's eher Karaoke; manchmal legen DJs auf.

Victoria Hotel ROCK, DJS
(The Vic; Karte S. 890; www.thevichotel.com; 27 Smith St Mall) Das Vic hat eine lange Geschichte – das Steingebäude stammt aus dem Jahr 1890 –, aber das ist heute nur noch schwer zu erkennen. Es ist Darwins beliebteste Backpacker-Kneipe: Hier geht's an jedem Tag der Woche rund. Spottbilliges Essen lockt die Traveller in die oben gelegene Bar, und dann bleiben sie wegen der Billardtische, der DJs und der Tanzfläche. Unten gibt es montags ein Pub-Quiz, Table-Dance, Livebands und DJs.

Nirvana JAZZ, BLUES
(Karte S. 890; ☎08-8981 2025; www.nirvanarestaurantdarwin.com; 6 Dashwood Cres) Hinter dem imponierenden höhlenartigen Eingang spielen in dieser gemütlichen Restaurantbar jeden Donnerstag, Freitag und Samstagabend Livebands Jazz oder Blues; dienstags darf jeder ans Mikro, der was zu bieten hat. Das thailändisch-indisch-malayische Essen ist traumhaft.

Clubs

Discovery & Lost Arc NACHTCLUB
(Karte S. 890; www.discoverydarwin.com.au; 89 Mitchell St; ⌚Fr & Sa 21–4 Uhr) In Darwins größtem, kitschigstem Disco-Nachtclub laufen Techno, Hiphop und R&B auf drei Etagen. Das Lost Arc ist die neonbeleuchtete Chillout-Bar mit Eingang an der Mitchell St. Es kommt ab ca. 22 Uhr in Schwung, wurde zum Zeitpunkt der Recherche aber gerade renoviert.

Throb NACHTCLUB
(Karte S. 890; www.throbnightclub.com.au; 64 Smith St; ⌚Fr & Sa 22–5 Uhr) Das Throb ist Darwins bester schwulen- und lesbenfreundlicher Nachtclub und eine Cocktailbar. Es lockt Partygäste jeden Geschlechts und jeder Neigung an, denn die DJs sind heiß und die Atmosphäre ist cool. Drag Shows gibt's auch, und manchmal treten Live-Acts auf, die auf Durchreise sind.

Kinos

★ **Deckchair Cinema** OPEN-AIR-KINO
(Karte S. 890; ☎08-8981 0700; www.deckchaircinema.com; Jervois Rd, Waterfront Precinct; Tickets Erw./Kind 15/7 AU$; ⌚Kasse April–Nov. ab 18.30 Uhr) Während der Trockenzeit betreibt die Darwin Film Society dieses tolle Open-Air-Kino unterhalb des südlichen Endes der Esplanade. Man kann sich einen Film unter dem Sternenhimmel ansehen, während man in einem Liegestuhl entspannt. Eine Bar mit Schanklizenz ist für das Essen zuständig – oder man bringt sich ein Picknick mit (Alkohol darf aber nicht mitgebracht werden). Freitag- und samstagabends werden meist Doppelvorstellungen gezeigt (Erw./Kind 22/10 AU$).

Birch Carroll & Coyle KINO
(Karte S. 890; www.eventcinemas.com.au; 76 Mitchell St; Tickets Erw./Kind 17/13 AU$) Darwins kommerziellstes Kino, in dem aktuelle Fil-

DARWINS MAGISCHE MÄRKTE

Mindil Beach Sunset Market (Karte S. 890; www.mindil.com.au; abseits der Gilruth Ave; ⌚ Mai–Okt. Do 17–22, So 16–21 Uhr) Wenn die Sonne an Donnerstagen und Sonntagen Richtung Horizont sinkt, pilgert halb Darwin hinunter zum Mindil Beach, mit Tischen, Stühlen, Decken, Grog und Kindern im Gepäck. Der Hauptgrund dafür ist das Essen – thailändisch, sri-lankisch, indisch, chinesisch und malaysisch, aber auch brasilianisch, griechisch, portugiesisch und mehr. Pro Teller zahlt man zwischen 5 und 10 AU$. Unbedingt einen Sate-Spieß von Bobbys Grill probieren! Dazu gibt's einen frischen Obstsalat, dekadenten Kuchen oder üppige Crêpes. Aber das ist nur die Hälfte des Spaßes – Kunst- und Kunsthandwerksstände quellen über von handgemachtem Schmuck, wunderbaren, in allen Regenbogenfarben gebatikten Kleidungsstücken, Artefakten der Aborigines und schönen Dingen aus Indonesien und Thailand. Man kann sich alles ansehen, spazieren gehen, sich zwischendurch eine Massage gönnen oder stehen bleiben, um der rhythmischen Livemusik zu lauschen. Mindil Beach liegt etwa 2 km vom Stadtzentrum, also nur einen kurzen Spaziergang davon entfernt. Oder man nimmt die Busse 4 oder 6, die am Markt entlang fahren.

Ähnliche Stände (viele der Standbetreiber erkennt man wieder) finden sich von Freitag bis Sonntag auch auf den verschiedenen Vorstadtmärkten:

Parap Village Market (Karte S. 886; www.parapvillage.com.au; Parap Shopping Village, Parap Rd, Parap; ⌚ Sa 8–14 Uhr) Dieser kompakte, überfüllte Markt, der auf Lebensmittel spezialisiert ist, ist ein Favorit der Einheimischen, denn hier bekommt man die komplette Bandbreite der südostasiatischen Küche sowie viele der Zutaten, die nötig sind, um seinen eigenen Tropensturm zusammenzubrauen …

Rapid Creek Market (Karte S. 886; www.rapidcreekshoppingcentre.com.au; 48 Trower Rd, Rapid Creek; ⌚ So 6.30–13.30 Uhr) Darwins ältester Markt ist eine weitere Fundgrube für Asiatisches. Es gibt eine unglaubliche Auswahl an tropischen Früchten. Über allem hängt der atemberaubende Duft von Gewürzen und Sate.

Nightcliff Market (Karte S. 886; www.nightcliffmarkets.com; Pavonia Way, Nightcliff; ⌚ So 8–14 Uhr) Ein weiterer beliebter Gemeindemarkt im Nightcliff Shopping Centre nördlich der Stadt; hier gibt's viele Gebrauchtwaren und Designerklamotten.

Happy Yess Market (Karte S. 886; http://happyyess.tumblr.com; 56 Woods St; ⌚ 14–18 Uhr am 1. So des Monats) Der populäre Markt findet in Zusammenarbeit mit der Darwin Visual Arts Association statt und eignet sich prima für einen faulen Sonntagnachmittag. Die oft skurrilen Stände verkaufen viele Secondhand-Schätze und Köstlichkeiten.

me in vier Sälen gezeigt werden. Am Tropical Tuesday zahlt man 12 AU$ Eintritt.

Theater

Darwin Entertainment Centre KUNSTZENTRUM
(Karte S. 890; ☎ 08-8980 3333; www.darwinentertainment.com.au; 93 Mitchell St; ⌚ Kasse Mo–Fr 10–17.30 Uhr & 1 Std. vor Beginn) Darwins wichtigstes Gemeindezentrum beherbergt das Playhouse Theatre und das Studio Theatre. Hier werden Events wie Modeschauen, Theateraufführungen, Rockopern, Komödien und Konzerte abgehalten. Auf der Website gibt's den Veranstaltungsplan.

Brown's Mart KUNSTZENTRUM
(Karte S. 890; ☎ 08-8981 5522; www.brownsmart.com.au; 12 Smith St) Dieses historische Gebäude (eine frühere Bergbauzentrale) ist nun ein Veranstaltungsort für Live-Theateraufführungen, Musik und Kurzfilme.

Shoppen

Man muss nicht weit auf der Smith St Mall laufen, um einen Souvenirladen zu finden, der kitschige regionale Souvenirs vertickt: Abtrockentücher, T-Shirts, Bierflaschenhalter und Aga-Kröten-Geldbeutel (das meiste davon *made in China*). Ebenfalls im Überfluss gibt es Läden, die Kunst und Handwerksprodukte der Aborigines verkaufen (man sollte sich über vertrauenswürdige Anbieter informieren). Auf Darwins herrlichen Märkten werden einzigartiges Handwerk wie die *seed-pod hats* (Hüte, die aussehen wie Samenkapseln), Muschelschmuck, Drachen, Bekleidung und Originalfotos angeboten.

Framed KUNST, DESIGN
(Karte S. 890; www.framed.com.au; 55 Stuart Hwy, Stuart Park) Umgeben von Sexshops, Parkplätzen und Läden für Klempnerbedarf bietet das Framed eine überraschend hochwertige Auswahl von Kunst und Kunsthandwerk aus dem Northern Territory an. Zum bunten und immer wechselnden, typisch tropischen Sortiment gehören zeitgenössische Aborigine-Kunst, Töpferwaren, Schmuck und so manche edle geschnitzte Möbel.

Casuarina Square EINKAUFSZENTRUM
(Karte S. 886; www.casuarinasquare.com.au; 247 Trower Rd, Casuarina) Das riesige Shoppingcenter beherbergt 170 Filialen der üblichen großen Kettenläden. Hinzu kommen Kinos und ein Food-Court. Das Center ist gut klimatisiert – perfekt an den klammen Nachmittagen in der Regenzeit. Die Busse 4 und 5 fahren in 20 Minuten hierher in den Norden von Darwin.

NT General Store OUTDOOR-AUSRÜSTUNG, KARTEN
(Karte S. 890; 42 Cavenagh St) In diesem lässigen Wellblech-Warenhaus sind die Regale vollgestopft mit Camping- und Bushwalking-Ausrüstung. Eine gute Auswahl von Karten gibt es auch.

Kunsthandwerk

Aboriginal Fine Arts Gallery KUNSTGALERIE
(Karte S. 890; www.aaia.com.au; 1. Stock, Ecke Mitchell St & Knuckey St; ⌚9–17 Uhr) Präsentiert und verkauft Kunst aus dem Arnhem Land oder der zentralen Wüstenregion.

Maningrida Arts & Culture KUNSTGALERIE
(Karte S. 890; www.maningrida.com; 32 Mitchell St, Shop 1; ⌚Mo–Fr 9–17, Sa 11.30–16. 30 Uhr) Verkauft Flechtskulpturen, Webwaren und Malereien der Kunibidji-Gemeinde, die in Maningrida am Liverpool River (Arnhem Land) lebt. Vollständig in indigenem Besitz.

Mbantua Fine Art Gallery KUNSTGALERIE
(Karte S. 890; www.mbantua.com.au; 2/30 Smith St Mall; ⌚Mo–Sa 9–17 Uhr) Lebhafte Fantasiedesigns auf einem Angebot von Gemälden bis hin zu Keramikwaren.

Territory Colours KUNSTGALERIE
(Karte S. 890; www.territorycolours.com; 46 Smith St Mall; ⌚Mo–Fr 10–17, Sa & So 10–15 Uhr) Gemälde und Kunsthandwerk von einheimischen Künstlern wie dem zeitgenössischen Aborigine-Maler Harold Thomas.

Tiwi Art Network KUNSTGALERIE
(Karte S. 886; www.tiwiart.com; 3/3 Vickers St, Parap; ⌚Mi–Fr 10–17, Sa 10–14 Uhr) Ausstellungs- und Verwaltungszentrum von drei Künstlerkommunen auf den Tiwi Islands.

Praktische Informationen

GELD

Es gibt rund um die Uhr funktionierende Geldautomaten im gesamten Stadtzentrum und eine Wechselstube in der Mitchell St.

INTERNETZUGANG

Die meisten örtlichen Unterkünfte bieten Internetzugang. In der Smith Street Mall gibt's Gratis-WLAN.

ABORIGINE-KUNST KAUFEN

Aborigine-Kunst mit nach Hause zu nehmen, kann eine enge Verbindung mit Australien herstellen. Für die Aborigine-Künstler ist die Malerei ein wichtiger Teil der Kultur und der Wirtschaft. Um sicherzustellen, dass man die Abzocke mit nicht-indigenem Ramsch nicht unterstützt, sollte man keine billigen, importierten Kühlschrankmagneten, Bierflaschenhalter, Boomerangs oder Didgeridoos kaufen. Man sollte sicher sein, dass man von einem authentischen Händler echte Kunst kauft, und wenn die Galerie die Künstler nicht vorab bezahlt, sollte man explizit danach fragen, wie viel des Kaufpreises beim Künstler oder der Gemeinde ankommt.

Ein guter Test ist die Frage nach biografischen Infos über den Künstler – wenn der Händler die nicht hat, sollte man weitersuchen. Ein authentisches Stück kommt inklusive Zertifikat mit dem Namen des Künstlers, seiner Sprachgruppe und Gemeinde sowie dem Titel des Werks, seiner Geschichte und wann es entstanden ist daher.

Man kann auch prüfen, ob die verkaufende Galerie einem Verband angeschlossen ist, z. B. der **Australian Commercial Galleries Association** (www.acga.com.au). Wo immer möglich, sollte man direkt bei den Kunstzentren oder Verkaufsstellen der Aborigines in der Stadt kaufen (www.ankaaa.org.au oder www.aboriginalart.org); hier ist es generell günstiger und die Echtheit ist sichergestellt. Außerdem sieht man die Werke in dem Umfeld, in dem sie entstanden sind.

Northern Territory Library (☎1800 019 155; www.ntl.nt.gov.au; Mitchell St, Parliament House; ⊙Mo–Fr 10–17, Sa & So 13–17 Uhr) Gratis-WLAN und -internet (Reservierung erforderlich).

MEDIZINISCHE VERSORGUNG

Royal Darwin Hospital (☎08-8920 6011; www.health.nt.gov.au; Rocklands Dr, Tiwi; ⊙24 Std.) Unfälle und Notfälle.

Travellers Medical & Vaccination Centre (☎08-8901 3100; www.traveldoctor.com.au; 1. Stock, 43 Cavenagh St; ⊙Mo–Fr 8.30–12 & 13.30–17 Uhr) Allgemeinmediziner mit Terminabsprache.

NOTFALL

AANT Roadside Assistance (☎13 11 11; www.aant.com.au)

Feuer (☎000; www.nt.gov.au/pfes)

Krankenwagen (☎000; www.stjohnnt.com.au)

Poisons Information Centre (☎13 11 26; ⊙24 Std.) Hilfe bei Vergiftung sowie Tierbissen und -stichen.

Polizei (☎000; www.nt.gov.au/pfes)

POST

Hauptpost (General Post Office, GPO; ☎13 13 18; www.auspost.com.au; 48 Cavenagh St; ⊙Mo–Fr 9–17, Sa 9–12.30 Uhr) Mit Service für Postlagerndes.

TOURISTENINFORMATION

Tourism Top End (☎08-8980 6000, 1300 138 886; www.tourismtopend.com.au; Ecke Smith St & Bennett St, Darwin, NT; ⊙Mo–Fr 8.30–17, Sa & So 9–15 Uhr) Hunderte Broschüren plus Tour- und Unterkunftsbuchungen.

An- & Weiterreise

AUTO & WOHNMOBIL

Ein normales Auto ist für Darwin und Umgebung völlig ausreichend. Bei den meisten Autovermietungen sind allerdings nur die ersten 100 km kostenlos, was einen nicht sehr weit bringt. Die Preise beginnen bei rund 40 AU$ pro Tag für einen Kleinwagen inklusive 100 km pro Tag.

In Darwin werden auch oft Geländewagen angeboten. Aber in der Regel muss man einen solchen im Voraus bestellen und auch die Gebühren (bzw. die Kaution) sind höher als bei einem normalen Fahrzeug. Größere Unternehmen räumen für teurere Fahrzeuge die Möglichkeit ein, sie nur für die Hinfahrt zu mieten, und haben auch spezielle Angebote für alle, die größere Entfernungen zurücklegen möchten. Wohnmobile sind toll, wenn man im Territory herumfahren will, und in der Regel werden sie selbst bei kürzerer Mietdauer ohne Kilometerbegrenzung vermietet. Die Preise liegen bei rund 50 AU$ pro Tag für ein einfaches Wohnmobil, bei 80 bis 100 AU$ für ein Hi-Top-Wohnmobil mit drei Kojen bzw. bei mindestens 200 AU$ für ein größeres Wohnmobil oder einen Buschcamper mit Allradantrieb. Zusatzversicherung oder Reduzierung der Selbstbeteiligung kosten extra.

Die meisten Autovermietungen sind täglich geöffnet und haben Filialen im Stadtzentrum. Ableger von Avis, Budget, Hertz und Thrifty gibt's am Flughafen.

Advance Car Rentals (www.advancecar.com.au; 86 Mitchell St) Kleines regionales Unternehmen mit ein paar guten Angeboten (nach Aufhebung der Kilometerbegrenzung fragen!).

Avis (www.avis.com; 89 Smith St)

Mighty Cars & Campervans(www.mightycampers.com.au; 17 Bombing Rd, Winnellie) In derselben Halle wie Britz zu finden. Der Billiganbieter hat kleine Wohnmobile und Hi-Top-Wohnwagen zu vernünftigen Preisen.

Britz Australia(www.britz.com.au; 17 Bombing Rd, Winnellie) Britz ist ein vertrauenswürdiger Vermieter mit einer großen Auswahl von Wohnwagen und Wohnmobilen, darunter auch Buschcamper mit Allradantrieb.

Budget (www.budget.com.au; Ecke Daly St & Doctors Gully Rd)

Europcar(www.europcar.com.au; 77 Cavenagh St)

Hertz (www.hertz.com.au; 55–59 Mitchell St; Shop 41, Mitchell Centre.)

Thrifty (www.rentacar.com.au; 50 Mitchell St)

Travellers Autobarn (www.travellers-autobarn.com.au; 13 Daly St) Wohnmobilspezialist.

Wicked Campers (www.wickedcampers.com.au; 75 McMinn St) Bunt bemalte, kleine Wohnwagen für Backpacker.

BUS

Greyhound Australia (www.greyhound.com.au) betreibt Langstreckenbusse ab dem **Transit Centre** (69 Mitchell St). Es gibt mindestens eine Fahrt pro Tag den Stuart Hwy hoch oder runter mit Halt in Pine Creek (75 AU$, 3 Std.), Katherine (94 AU$, 4½ Std.), Mataranka (132 AU$, 7 Std.), Tennant Creek (290 AU$, 14½ Std.) und Alice Springs (391 AU$, 22 Std.).

Richtung Kakadu National Park gibt's einen täglichen Service von Darwin nach Cooinda (87 AU$, 4½ Std.) über Jabiru (62 AU$, 3½ Std.).

Backpacker-Busse bringen einen auch zu weiter entfernten Orten:

Adventure Tours (www.adventuretours.com.au)

Oz Experience (www.ozexperience.com)

FLUGZEUG

Die folgenden großen Fluggesellschaften bedienen den Darwin International Airport (S. 885). Parallel verkehren regionale Anbieter auf Nebenrouten (bei Reisebüros nachfragen).

Airnorth (www.airnorth.com.au) Fliegt nach/ab Osttimor sowie nach Broome, Perth, Kununurra und zur Gold Coast.

Jetstar (www.jetstar.com) Direktflüge zu Großstädten bzw. Verkehrsdrehscheiben an der Ostküste und zu diversen Metropolen Südostasiens.

Qantas (www.qantas.com.au) Direktflüge nach Perth, Adelaide, Canberra, Sydney, Brisbane, Alice Springs und Cairns.

Skywest (www.skywest.com.au) Direktflüge nach Perth, Kununurra und Broome.

Virgin Australia (www.virginaustralia.com) Verbindet Darwin direkt mit Brisbane, Broome, Melbourne, Sydney und Perth.

ZUG

Der legendäre *Ghan*, der zur **Great Southern Rail** (www.gsr.com.au) gehört, fährt wöchentlich (Mai–Juli 2-mal wöchentl.) von Adelaide über Alice Springs nach Darwin. Der Bahnhof Darwins liegt an der Berrimah Rd, 15 km (20 Min.) vom Stadtzentrum entfernt. Eine Taxifahrt zum Zentrum kostet etwa 35 AU$, der Shuttleservice zum/vom Transit Centre nur 10 AU$.

Unterwegs vor Ort

VOM/ZUM FLUGHAFEN

Der **Darwin International Airport** (S. 885) liegt 12 km nördlich vom Zentrum. Hier starten und landen sowohl internationale als auch inländische Flieger. Der **Darwin Airport Shuttle** (☎08-8981 5066;1800 358945; www.darwinairportshuttle.com.au) holt oder setzt Traveller an fast jeder Stelle im Zentrum für 13 AU$ ab. Einen Tag vor dem Abflug aus Darwin reservieren! Eine Taxifahrt ins Zentrum kostet etwa 25 AU$.

MOTORROLLER

Darwin Scooter Hire (www.esummer.com.au; 9 Daly St) Verleiht Mountainbikes/50-ccm-Roller/Motorbikes für 20/60/180 AU$ pro Tag.

ÖFFENTLICHE VERKEHRSMITTEL

Darwinbus (www.nt.gov.au/transport) betreibt ein umfassendes Busnetzwerk; Startpunkt ist der **Darwin Bus Terminus** (Harry Chan Ave) gegenüber von Brown's Mart.

Mit einem Erwachsenenticket für 2 AU$ kann man innerhalb des Busnetzwerks für drei Stunden unbegrenzt fahren (beim ersten Einsteigen abstempeln!). Tages- (5 AU$) und Wochenkarten (15 AU$) gibt's an den Bushaltestellen, Zeitungskiosken und den Visitor Centres. Bus 4 (nach Fannie Bay, Nightcliff, Rapid Creek und Casuarina) und Bus 6 (Fannie Bay, Parap und Stuart Park) sind auch ganz nützlich, um zum Aquascene, zu den Botanic Gardens, Mindil Beach, der Museum & Art Gallery, zum Fannie Bay Gaol Museum, zum East Point Reserve und zu den Märkten zu kommen.

Alternativ gibt's den privaten **Tour Tub** (S. 894), einen Minibus, der tagsüber an Darwins Sehenswürdigkeiten entlangfährt und in den man jederzeit einsteigen kann.

TAXI

Taxis warten in der Knuckey St, schräg gegenüber dem Nordende der Smith St Mall, und können normalerweise leicht herangewinkt werden. Oder man ruft **Darwin Radio Taxis** (☎13 10 08; www.131008.com).

RUND UM DARWIN

Mandorah

Mandorah ist ein unauffälliger, relaxter Strandvorort gleich gegenüber dem Hafen von Darwin. Er liegt an der Spitze der Cox Peninsula – 128 km sind es auf der Straße von Darwin aus, aber nur 6 km quer durch den Hafen mit der Fähre. Die Hauptgründe für einen Besuch in Mandorah sind die Fährfahrt sowie ein paar Drinks oder ein Abendessen in der supernetten Kneipe hier. In der benachbarten Aborigine-Gemeinde Wagait leben etwa 400 Menschen.

Vom **Mandorah Beach Hotel** (☎08-8978 5044; www.mandorahbeachhotel.bigpondhosting.com; DZ/FZ 88/110 AU$; ❄@≋) hat man einen göttlichen Blick über den Strand und das türkisfarbene Wasser von Darwin. Alle Zimmer in dem umgebauten Motel sind mit Kühlschrank, TV und Klimaanlage ausgestattet. Auch wenn man nicht über Nacht bleibt, sind die Kneipe und das Restaurant (Hauptgerichte 13–26 AU$, geöffnet mittags bis 14 Uhr & abends) einen Abstecher wert. An einigen Wochenenden der Hauptsaison wird Livemusik gespielt.

Die **Mandorah Ferry** (www.fastferries.com.au; Erw./Kind hin & zurück 25/12,50 AU$) pendelt ein Dutzend Mal täglich. Morgens geht es ab der Cullen Bay Marina in Darwin um 6.30 Uhr los; die letzte Runde beginnt um 22 Uhr (Fr & Sa 24 Uhr). Die letzte Fähre zurück fährt um 22.20 Uhr (Fr & Sa 0.20 Uhr) ab. Reservieren ist nicht notwendig.

Tiwi Islands

Die Tiwi Islands – **Bathurst Island** und **Melville Island** – liegen ungefähr 80 km nördlich von Darwin. Hier leben die Tiwi-Aborigines. Die Tiwis („Wir Menschen")

Rund um Darwin

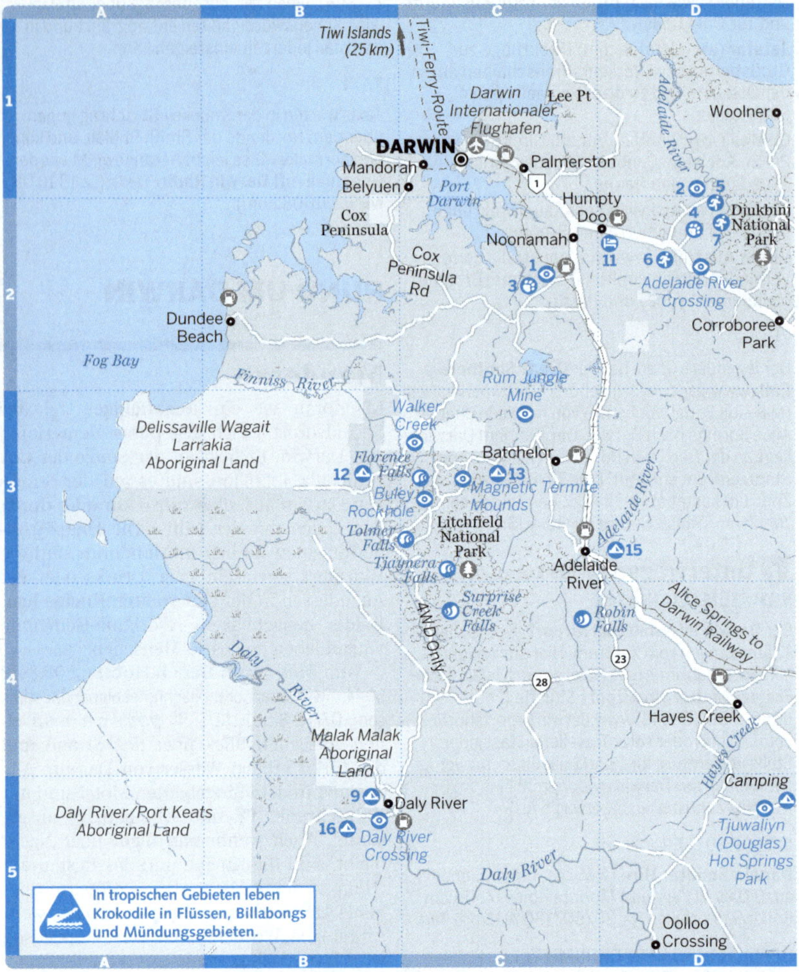

haben eine eigenständige Kultur und sind heute wegen ihrer lebendig wirkenden Kunstwerke und der Footballspieler, die zu diesem Volk gehören, bekannt.

Auf den Inseln sieht es mit der touristischen Infrastruktur ziemlich mau aus, und die meisten Traveller kommen nur auf die Inseln, wenn sie an einer der täglich stattfindenden organisierten Touren von Darwin aus teilnehmen.

Bis ins 20. Jh. waren die auf den Inseln lebenden Tiwis von den Entwicklungen auf dem Festland nahezu abgeschnitten, sodass sich in ihrer Kultur mehrere einzigartige Traditionen erhalten haben. Am bekanntesten sind wohl ihre *pukumani* (Grabpfeiler), die aus Holz geschnitzt, mit symbolischen und mythologischen Figuren bemalt und rund um die Gräber aufgestellt werden. Seit Kurzem stellen die Tiwis auch Kunsthandwerk zum Verkaufen her: Schnitzereien, Malereien, bedruckte Stoffe, Batik und Keramik. Sie benutzen dabei traditionelle Muster und Motive. Die Textilfabrik Bima Wear wurde 1969 ins Leben gerufen, um Tiwi-Frauen Arbeit zu verschaffen. Heute werden hier viele bunte Stoffe mit den charakteristischen Mustern hergestellt.

Die größte Siedlung auf den Inseln ist **Nguiu**. Sie liegt im Südosten von Bathurst

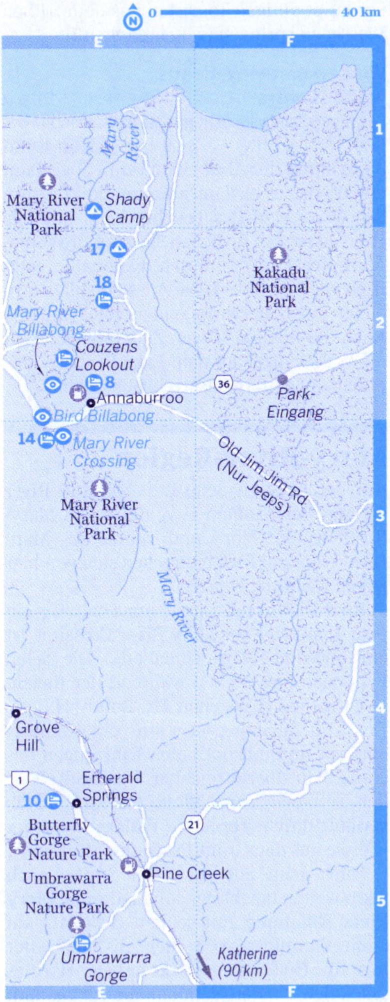

Rund um Darwin

Sehenswertes

1 Berry Springs Nature Park C2
2 Fogg Dam Conservation Reserve D1
3 Territory Wildlife Park C2
4 Window on the Wetlands Visitor Centre D2

Aktivitäten, Kurse & Touren

5 Adelaide River Cruises D2
6 Adelaide River Queen D2
7 Spectacular Jumping Crocodile Cruise D2

Schlafen

8 Bark Hut Inn E2
9 Daly River Mango Farm B5
10 Emerald Springs Roadhouse E4
11 Humpty Doo Hotel D2
12 Litchfield Safari Camp B3
13 Litchfield Tourist Park C3
14 Mary River Wilderness Retreat E3
15 Mt. Bundy Station D3
16 Perry's B5
17 Point Stuart Wilderness Lodge E2
18 Wildman Wilderness Lodge E2

Essen

Litchfield Cafe .... (siehe 16)

Island und wurde 1911 als eine katholische Mission gegründet. Auf Melville Island befinden sich die Siedlungen **Pularumpi** und **Milikapiti**.

Die meisten der insgesamt 2700 Tiwi-Insulaner leben auf Bathurst (auf Melville sind es etwa 900). Sehr viele haben einen kaum traditionell geprägten Lebensstil. Allerdings jagen sie noch immer Dugongs (Gabelschwanzseekühe) und sammeln Schildkröteneier. Das Erjagte und Gesammelte ergänzt nämlich auch heute noch die vom Festland bezogenen Lebensmittel.

Jedes Jahr ziehen sich die Tiwis für ein paar Wochen auf ihre angestammten Ländereien auf Melville Island zurück, um ihre Traditionen zu pflegen und weiterzugeben. Auf Melville leben auch einige Nachfahren der japanischen Perlentaucher, die zu Beginn des Jahrhunderts regelmäßig auf die Insel kamen.

Australian Football ist eine Passion der Insulaner. Eines der größten Events hier ist deshalb jedes Jahr Ende März das Endspiel im Tiwi-Football. Das ist übrigens der einzige Tag, an dem man die Insel ohne Genehmigung oder ohne, dass man an einer Tour teilnimmt, besuchen kann. Angesichts der Massen, die von überall vom Festland zu diesem Event anreisen, sollte man Tour und Fähre schon weit im Voraus buchen.

Geführte Touren

Es gibt keinen öffentlichen Personennahverkehr auf den Inseln. Man erkundet sie am besten in Rahmen einer Tour. Wer möchte, kann die Tiwi-Fähre hinüber nach Nguiu nehmen und sich dort auch ohne Tour oder Genehmigung die Stadt ansehen, aber wer weiter herumkommen will, braucht eine Genehmigung vom **Tiwi Land Council** (☎08-8981 4898; http://esvc001013.wic004ty.server-web.com; Armidale St, Stuart Park, Darwin).

Tiwi Tours KULTUR
(☎08-8923 623, 1300 721 365; www.aussieadventures.com.au; Tour Erw./Kind 465/418 AU$) Dieser Anbieter veranstaltet spannende Tagestouren zu den Tiwis, wobei sich die Interaktion mit den Einheimischen allerdings auf die Führer sowie das Personal der örtlichen Werkstätten und Geschäfte beschränkt. Eine Tagestour nach Bathurst Island beinhaltet einen Charterflug, die Genehmigung, Mittagessen, Tee und *damper* (Busch-Brot) mit den Tiwi-Frauen, Handwerkskurse, und Besuche der katholischen Missionsgebäude, des Patakijiyali Museum und einer Pukumani-Begräbnisstätte. Die Touren finden zwischen März und November montags bis freitags statt.

Tiwi Ferry KULTUR
(Karte S. 890; ☎0418 675 266; www.tiwiferry.com.au; Tour 149 AU$/Pers. zzgl. Fährpassage, nur Fähre hin & zurück Erw./Kind 180/120 AU$) Bei diesen Bootstouren ab der Cullen Bay (Mo, Mi & Fr hin/zurück 7.30/17 Uhr, einfache Strecke 2 Std.) verbringt man seinen ganzen Landaufenthalt in Nguiu. Dort werden die Kirche, das Museum und die Tiwi Design and Ngaruwanajirri Art Community besucht.

Arnhem Highway

Der Arnhem Hwy (Route 36) zweigt 34 km südöstlich von Darwin Richtung Kakadu National Park ab. Nach etwa 10 km kommt man an der kleinen Bauernsiedlung Humpty Doo vorbei. Das selbsternannte „weltbekannte" **Humpty Doo Hotel** (☎08-8988 1372; humptydoohotel@hotmail.com; Arnhem Hwy; DZ/Hütte 120/140 AU$; ❄ ≋) ist ein raubeiniges „Roadhouse", in dem große Portionen serviert werden (Hauptgerichte 17–30 AU$, geöffnet mittags & abends). Hinten hinaus befinden sich unspektakuläre Motelzimmer und Hütten.

Rund 15 km hinter Humpty Doo beginnt die Abzweigung zum fruchtbaren grünen Teppich der **Fogg Dam Conservation Reserve** (www.foggdamfriends.org). Fernglas mitbringen: Hier leben unglaublich viele Wasservögel. Wegen Krokodilgefahr sind die Dämme für Wanderer tabu. Dafür führen zwei Naturpfade (2,2 und 3,6 km) durch die Wälder. Von Dezember bis Juli ist die Vogelzahl am höchsten. Weitere 8 km nach dem Window on the Wetlands Visitor Centre kommt die **Adelaide River Crossing** in Sicht. Übrigens: Am bzw. auf dem Adelaide River werden große Krokodile dazu verlockt, vor knipswütigen Touristen aus dem trüben Wasser zu springen (s. Kasten S. 912).

Window on the Wetlands Visitor Centre NATURSCHUTZZENTRUM
(www.parksandwildlife.nt.gov.au/parks/windowwetlands; Arnhem Hwy; ⌚8–19 Uhr) GRATIS Rund 3 km hinter der Abzweigung zum Fogg Dam erklärt dieses elegant anmutende Zentrum das Ökosystem des Feuchtgebiets und die Geschichte der örtlichen Limilgnan-Wulna-Aborigines mit zahllosen Exponaten (statisch wie interaktiv). Die Aussichtsplattform bietet einen hervorragenden Blick auf die Auen des Adelaide River. Zudem lassen sich die Wasservögel auf dem Lake Beatrice mithilfe von Leihferngläsern beobachten.

Mary-River-Region

Auf der anderen Seite des Adelaide River verläuft der Arnhem Hwy durch die Mary-River-Region. Flora und Fauna des Mary River National Park erstrecken sich von hier aus in Richtung Norden.

Bird Billabong, direkt am Highway ein paar Kilometer vor Mary River Crossing, ist ein Rückstau-Totarm (Billabong). Die vielen Flüsschen hier fließen während der Regenzeit vom nahegelegenen Mt. Bundy Hill ab. Der Bird Billabong ist 4 km vom Highway entfernt und mit normalen Fahrzeugen das ganze Jahr über erreichbar. Der landschaftlich reizvolle **Loop Walk** (4,5 km, 2 Std.) verläuft durch **tropische Wälder** vor einer Kulisse aus den Granitfelsen des Mt. Bundy.

Fährt man auf derselben Straße noch 2 km weiter, taucht der smaragdgrüne **Mary River Billabong** mit seinem Grillplatz auf (kein Camping). Von hier aus führt der nur für Geländewagen geeignete Hardies Track tiefer in den Nationalpark hinein zum **Corroboree Billabong** (25 km) und zum **Couzens Lookout** (37 km).

Noch ein Stück weiter und nördlich des Arnhem Hwy führt die teilweise geteerte Point Stuart Rd zu einigen Terrassen, von denen aus man über den Fluss blicken kann, und zum **Shady Camp**. Der Damm, der das Trinkwasser davon abhält, ins Salzwasser zu fließen, schafft ideale Lebensbedingungen für die Barramundis und ist top zum Angeln.

Schlafen & Essen

Am Couzens Lookout und am Shady Camp gibt's einfache öffentliche **Campingplätze**

(Erw./Kind/Fam. 3,30/1,65/7,70 AU$) mit Grasstellplätzen unter Banyan-Bäumen. Camper sollten darauf vorbereitet sein, eine Mückeninvasion abwehren zu müssen.

Bark Hut Inn HOTEL $
(☎ 08-8978 8988; Stellplatz ohne/mit Strom 15/30 AU$, Budgetzi. EZ/DZ 65/85 AU$, Hütte 190 AU$) Der Riesenschuppen serviert üppige, fleischlastige Bistrokost (Hauptgerichte 15–26 AU$) und zeigt Interessantes zur Geschichte der Büffelzucht. Die Budgetzimmer lassen jedoch ein wenig zu wünschen übrig.

Mary River Wilderness Retreat RESORT $$
(☎ 08-8978 8877; www.maryriverpark.com.au; Arnhem Hwy, Mary River Crossing; Stellplatz ohne/mit Strom 22/30 AU$, Hütte 190–220 AU$; ❄ 📶 ≋) Dieses Buschrefugium säumt den Mary River über stolze 3 km und wird stetig luxuriöser. Insgesamt 26 komfortable Hütten mit eigenen Bädern ergänzen den grasbewachsenen Campingbereich unten am Fluss. Das professionelle Restaurant mit Ausschanklizenz (Hauptgerichte 12–30 AU$) lädt zum Abhängen auf einer tollen Terrasse ein. Gäste können an Kroko-Bootstrips teilnehmen und Angelkähne mieten bzw. chartern. Reservierung ist obligatorisch.

Point Stuart Wilderness Lodge CAMPING, HOTEL $$
(☎ 08-8978 8914; www.pointstuart.com.au; Point Stuart Rd; Stellplatz 34 AU$, DZ 120–170 AU$; ❄ ≋) Die abgeschieden wirkende Lodge liegt nur 36 km vom Arnhem Hwy entfernt und ist auch mit normalen Autos erreichbar. Sie gehört zu einer alten Rinderfarm und eignet sich ideal als Ausgangsbasis für das Erkunden der Mary-River-Region. Das Angebot reicht von Stellplätzen und Budgetzimmern bis hin zu anständigen Lodge-Quartieren. Hinzu kommen ein Bistro mit Bar (geöffnet morgens und abends), ein Bootsverleih und Sumpflandtouren auf dem Rockhole Billabong (1/2/3 Std. 40/50/65 AU$).

Wildman Wilderness Lodge RESORT $$$
(☎ 08-8978 8955; www.wildmanwildernesslodge.com.au; Point Stuart Rd; Safarizelt/Hütte 490/630 AU$; ❄ ≋) Die luxuriöse, rundum hervorragende Safari-Lodge punktet mit einem wahrhaft außergewöhnlichen Angebot an optionalen Touren und unterhaltsamen Aktivitäten. Zur Wahl stehen lediglich zehn stilvolle Hütten mit Klimaanlage und 15 Luxuszelte mit Ventilatorkühlung. Der Tagestarif beinhaltet Frühstück und ein dreigängiges Abendessen.

Vom Stuart Highway zum Litchfield National Park

Territory Wildlife Park & Berry Springs Nature Park

Die 10 km lange Straße zum Territory Wildlife Park und Berry Springs Nature Park zweigt 48 km hinter Darwin vom Stuart Hwy ab.

Sehenswertes & Aktivitäten

★ **Territory Wildlife Park** ZOO
(www.territorywildlifepark.com.au; 960 Cox Peninsula Rd; Erw./Kind/Fam. 26/13/45,50 AU$; ⏲ 8.30–18 Uhr, letzter Einlass 16 Uhr) Dieser Spitzenzoo präsentiert die Highlights der australischen Tierwelt. Zu den Hauptattraktionen gehört u.a. das Flight Deck, wo Raubvögel ihr Geschick demonstrieren (Flugshows tgl. 11 & 14.30 Uhr). Das Nachttierhaus beherbergt Kaninchennasenbeutler, Fledermäuse und andere Kreaturen der Dunkelheit. Die insgesamt zwölf Volieren repräsentieren jeweils einen anderen Lebensraum; eine davon ist eine begehbare Riesenanlage, die einen Monsun-Regenwald nachbildet. Der absolute Hit ist aber das Aquarium, in dem man in einem durchsichtigen Tunnel zwischen gigantischen Barramundis, Saratogas (Leichhardts Knochenzünglern), Stachel- und Sägerochen hindurchläuft. Ein 3,8 m langes Leistenkrokodil wohnt in einem separaten Becken. Wer alles sehen möchte, kann entweder dem 4 km langen Rundweg folgen oder einen der Shuttlezüge nehmen (alle 15–30 Min.), die beliebiges Ein- und Aussteigen an allen Zoobereichen ermöglichen.

Berry Springs Nature Park NATURSCHUTZGEBIET
(www.nretas.nt.gov.au/national-parks-and-reserves/parks/find/berrysprings; ⏲ 8–18.30 Uhr) In Zoonähe erstreckt sich diese wunderbare Reihe von durch Quellen gespeisten Badelöchern unter Myrtenheiden und Schraubenbäumen, in denen zahllose Vögel zwitschern. Unter den Einrichtungen sind ein Kiosk, ein Picknickbereich mit Grill, Toiletten, Umkleiden und Duschen.

Batchelor

538 EW.

Die Regierung verschenkte in der Gegend von Batchelor einst parzellenweise Land,

SPRINGENDE KROKOS

Anscheinend können nur wenige Menschen widerstehen, wenn es darum geht, ein 3 m langes Salzwasserkrokodil zu sehen, das sich selbst aus dem Wasser herauskatapultiert, um nach einem Brocken Fleisch zu schnappen. Wie eine gut trainierte Zirkusattraktion wissen diese Krokodile genau, wo es was umsonst zu fressen gibt – und unten am Adelaide River ist die Kroko-Sprung-Show garantiert.

Der Sprung aus dem Wasser, um nach Futter zu schnappen, gehört zum natürlichen Verhalten der Krokos. Sie erwischen so normalerweise überraschte Vögel oder Tiere auf über dem Wasser hängenden Zweigen. Mit ihren kräftigen Schwänzen katapultieren sich die Reptilien aus ihrer Position direkt unter der Wasseroberfläche heraus, wo sie liegen und ihre Beute beobachten.

Es gibt mehrere Veranstalter am Adelaide River. Der Modus Operandi ist überall ähnlich – ein Mitarbeiter (oder ein nervöser Tourist) hält das eine Ende eines langen Stocks, an dessen anderem Ende ein paar Meter Schnur befestigt sind. Am Ende der Schnur wiederum hängt ein ganz gewöhnliches Stück Schweinefleisch – nicht wirklich Buschgetier, aber die Krokos lieben es. Die ganze Sache wirkt ziemlich gestellt – aber ein beeindruckender Anblick ist es dann doch. Und wenn man Glück hat, wird man einen der mehr als 5 m großen alten Bewohner zu Gesicht bekommen. Diese alten Genossen sind nicht so rüstig wie ihre Nachkommen, aber ein toller Anblick.

Adelaide River Cruises (☎08-8983 3224; www.adelaiderivercruises.com.au; Touren Erw./Kind 35/25 AU$; ⏰Mai–Okt. 9, 11, 13 & 15 Uhr) Auf privatem Land am Fluss hinter der Fogg-Dam-Abzweigung. Auch ganztägige Kleingruppentouren.

Adelaide River Queen (☎08-8988 8144; www.jumpingcrocodilecruises.com.au; Touren Erw./Kind 40/28 AU$; ⏰Nov.–Feb. 9, 11, 13 & 15 Uhr) Etablierter Veranstalter am Highway kurz vor der Adelaide River Crossing.

Spectacular Jumping Crocodile Cruise (☎08-8988 9077; www.jumpingcrocodile.com.au; Touren Erw./Kind 35/20 AU$; ⏰9, 11, 13 & 15 Uhr) Der Veranstalter bietet einstündige Touren entlang der Window-on-the-Wetlands-Zugangsstraße an. Nach Touren außerhalb von Darwin fragen!

um die Ansiedlung in dieser kleinen Stadt voranzutreiben. Das war allerdings, bevor hier das Uran entdeckt und die benachbarte **Rum Jungle Mine** ausgebaut wurde (sie schloss 1971 nach fast 20 Jahren). Heute ist Batchelor der Zugangspunkt und gleichzeitig das Versorgungszentrum für den benachbarten Litchfield National Park. Außerdem ist in dem Örtchen das **Batchelor Institute for Indigenous Education** ansässig.

Gegenüber vom Gemischtwarenladen befindet sich ein kleines und nur sporadisch besetztes **Visitor Information Centre** (Tarkarri Rd; ⏰8.30–17 Uhr), das Traveller mit Broschüren versorgt, u.a. auch mit Informationen zu den Nationalparks.

Schlafen & Essen

Obwohl die meisten Reisenden natürlich in Richtung Litchfield unterwegs sind, bietet Batchelor gute Übernachtungsmöglichkeiten und eine Kneipe. Der **Batchelor General Store** (Ecke Tarkarri Rd & Nurndina Rd; ⏰6–18 Uhr) ist gut ausgestatteter Supermarkt, Take-Away-Restaurant, Zeitungsladen und Postamt zugleich.

Rum Jungle Bungalows B&B $$
(☎08-8976 0555; www.rumjunglebungalows.com.au; 10 Meneling Rd; DZ 160 AU$; ❄🏊) Die sechs olivfarbenen Bungalows, die von Schmetterlingen umflattert werden, sind einfach, elegant und makellos sauber. Jeder bietet einen kleinen Kühlschrank und ein eigenes Bad, und es ist nur ein kurzer Weg durch den tropischen Garten (mit einheimischen Pflanzen und Kräutern) zum privaten Pool und dem luftigen Frühstücksraum (es gibt frisches Obst der Saison, einheimischen Honig, hausgemachtes Müsli und heißen Kaffee).

Batchelor Butterfly Farm RESORT $$
(☎08-8976 0199; www.butterflyfarm.net; 8 Meneling Rd; DZ 110–160 AU$; ❄@📶🏊) Dieses kompakte Refugium besteht aus einer schlichten Touristenattraktion und einem freundlichen Resort im Tropenstil. Kinder werden sich über die Schmetterlingsfarm mit Minizoo freuen (Erw./Kind 10/5 AU$,

für Übernachtungsgäste gratis). Außerdem gibt's hier Hütten mit eigenen Bädern, Zimmer in einem großen Haupthaus und ein brummendes Caférestaurant (Hauptgerichte 12–34 AU$, morgens, mittags & abends) mit asiatisch angehauchtem Essen. Buddhastatuen, Entspannungsmusik und Korbstühle auf einer schattigen Terrasse lassen das Ganze leicht Zen-mäßig wirken.

Historic Retreat B&B B&B **$$**
(☎08-8976 0554; www.historicretreat.com.au; 19 Pinaroo Cres; DZ inkl. Frühstück 120–160 AU$; ❄) Das wunderschön restaurierte ehemalige Wohnhaus der Rum-Jungle-Minenmanager steht (im Tropenstil) auf Pfeilern und verfügt über Fensterläden, glänzende Holzböden, alte Möbel und viele Minen-Artefakte als Deko. Die Gäste in den fünf Gästezimmern teilen sich zwei Bäder.

Litchfield Tourist Park WOHNWAGENPARK **$**
(☎08-8976 0070; www.litchfieldtouristpark.com.au; 2916 Litchfield Park Rd; Stellplatz ohne/mit Strom 24/32 AU$, Schlafbaracke 65 AU$, Hütte mit eigenem Bad 125–140 AU$; ❄@📶🏊) Ein Farmhaus mit zwei Schlafzimmern (300 AU$) ist das Highlight des hübschen Parks in nur 4 km Entfernung zu Litchfield. Das luftige, offene Barrestaurant (Hauptgerichte 13–22 AU$, morgens & abends) serviert Burger, Bier und Bohnenkaffee.

Batchelor Resort RESORT **$$**
(☎08-8976 0123; www.batchelor-resort.com; 37–49 Rum Jungle Rd; Stellplatz ohne/mit Strom 30/38 AU$, Hütte/Motel-DZ 130/170 AU$; ❄📶🏊) Am Stadtrand findet man hier u.a. einen Wohnwagenpark, dessen Stellplätze und Hütten eigene Bäder haben. Ansonsten umfasst der weitläufige Komplex aus rotem Backstein auch separate Motelzimmer, zwei Restaurants, eine Bar und einen Gemischtwarenladen. Familien werden sich über die beiden Pools und die Vogelfütterungen freuen.

Litchfield National Park

Der Litchfield National Park ist vielleicht nicht so bekannt wie der Kakadu National Park, aber viele Bewohner des Territory mögen diesen Nationalpark sogar noch lieber. Es gibt sogar einen regionalen Spruch: „Litchfield-do, Kaka-don't". Wir können dem zwar so nicht ganz zustimmen, denn es müsste heißen „Kaka-do-too", aber der Litchfield National Park ist sicher einer der schönsten Orte im ganzen Top End zum Buschwandern, Campen und vor allem zum **Schwimmen**. Es gibt hier nämlich großartige Wasserfälle, die in prächtige und vor allem sichere Wasserbecken hinunterstürzen.

Das 1500 km² große Gelände des Nationalparks nimmt den größten Teil der spektakulären Tabletop Range ein, eines weiten Sandsteinplateaus, das fast vollkommen von Felsen umringt ist. Die Wasserfälle, die vom Rand des Plateaus in die Tiefe stürzen, sind ein Highlight des Parks. Das Wasser fällt in kristallklare und krokodilfreie Wasserbecken.

Die beiden Straßen vom Stuart Hwy zum Litchfield National Park (115 km südlich von Darwin) vereinen sich und ziehen dann eine Schleife durch den Park. Die südliche Zufahrt über Batchelor ist durchgehend asphaltiert, die von der Cox Peninsula Rd abzweigende nördliche nur teilweise. In der Regenzeit ist Letztere oft auch gesperrt.

Etwa 17 km hinter der Einfahrt in den Park von Batchelor aus kommt man zu etwas, das wie Grabsteine aussieht. Aber nur der obere Teil dieser **magnetischen Termitenhügel** wird zum Begraben der Toten benutzt – ganz unten befinden sich der König und die Königin, die Arbeiterinnen leben dazwischen. Die Hügel sind so angelegt, dass die Temperatur darin optimal geregelt ist: Wie Kompassnadeln (deshalb „magnetisch") stehen sie in perfekter Nord-Süd-Ausrichtung, sodass sie die Morgensonne einfangen, es den Bewohnern aber auch möglich ist, die Mittagshitze zu ertragen. In der Nähe befinden sich sehr große Hügel, die von den treffend benannten Cathedral-Termiten errichtet wurden.

6 km weiter befindet sich die Abzweigung zum **Buley Rockhole** (2 km), wo Wasser durch eine Reihe von Felsbecken nach unten fällt, die groß genug sind, um sich darin zu aalen. Diese Abzweigung führt auch zu den **Florence Falls** (5 km), die man nach einem 15-minütigen Abstieg über 135 Stufen zu einem tiefen, wunderschönen Pool erreicht, der von tropischem Regenwald umgeben ist. Alternativ kann man sich die Wasserfälle auch von einem Aussichtspunkt aus ansehen, der 120 m vom Parkplatz entfernt ist. Es gibt einen Wanderweg (1,7 km, 45 Min.) zwischen den beiden Sehenswürdigkeiten, der dem Florence Creek folgt.

Etwa 18 km hinter der Abzweigung zu den Florence Falls befindet sich die Abzweigung zu den spektakulären **Tolmer Falls**, die man sich allerdings nur ansehen kann. Ein 1,6 km langer Rundweg (45 Min.) eröffnet herrliche Ausblicke ins Tal.

Nochmal 7 km weiter auf der Straße kommt die Abzweigung zu Litchfields größter Attraktion in Sicht, den **Wangi Falls** (sprich: *Wong*-gei); man erreicht sie nach 1,6 km Fahrt auf einer Seitenstraße. Das Wasser fällt das ganze Jahr über an beiden Seiten eines großen, orangefarbenen Felsvorsprungs vorbei und in ein riesiges Schwimmbecken, das an den Regenwald grenzt. Die Taucherbrille nicht vergessen, sonst kann man die hiesigen Fische nicht ansehen! In der Trockenzeit kommen ziemlich viele Leute hierher (dann gibt's auch einen mobilen Kiosk mit Erfrischungen); in der Regenzeit steigt der Wasserspiegel gefährlich an – die Warnschilder beachten!

Im Park gibt es viele Möglichkeiten zum Buschwandern, darunter den **Tabletop Track** (39 km), einen Rundweg durch den Park, den man in drei bis fünf Tagen ablaufen kann – das hängt davon ab, wie viele Seitenwege man einschlägt. Man erreicht den Track über die Florence Falls, die Wangi Falls oder den Walker Creek. Wanderer, die draußen übernachten wollen, sollten sich registrieren (☎1300 650 730); Camping ist kostenpflichtig. Von September bis März ist der Track gesperrt.

Geführte Touren

Viele Tourveranstalter besuchen Litchfield ab Darwin (S. 894).

Schlafen & Essen

Im Park gibt's tolle öffentliche **Campingplätze** (Erw./Kind 6,60/3,30 AU$). Zu den Optionen mit Toiletten und Feuerstellen gehören z.B. Florence Falls, Florence Creek, Buley Rockhole oder Tjaynera Falls (Sandy Creek; Geländewagen erforderlich) – ebenso Wangi Falls (besser für Wohnmobile als für Zelte geeignet), wo zum Zeitpunkt der Recherche gerade ein Besucherzentrum mit Café entstand. Vergleichsweise einfacher sind Surprise Creek Falls (Geländewagen erforderlich) und Walker Creek, wo Camper ein eigenes Badeloch finden und in einer Buschwanderung zu ein paar herrlich einsamen Stellplätzen am Fluss gelangen.

Litchfield Safari Camp CAMPING $
(☎08-8978 2185; www.litchfieldsafaricamp.com.au; Litchfield Park Rd; Stellplatz ohne/mit Strom 30/35 AU$, B 30 AU$, Safarizelt DZ 130 AU$, zzgl. 10 AU$/weitere Pers.;) Die schattigen, grasbewachsenen Stellplätze sind eine gute Alternative zum Buschcamping im Park (vor allem, wenn man Strom möchte). Die Safarizelte bieten komfortablen Platz für bis zu vier Personen und bieten daher ein tolles Preis-Leistungs-Verhältnis. Zudem gibt's hier einen Kiosk, einen Minipool und eine heruntergekommene Campingküche.

★**Litchfield Cafe** CAFÉ $$
(www.litchfieldcafe.com.au; Litchfield Park Rd; Hauptgerichte 16–35 AU$; ⏰April–Sept. morgens, mittags & abends, Okt.–März nur mittags) Die Blätterteigtaschen (idealerweise mit Hühnchen, Mango und Macadamia-Nüssen) sind ein leckeres Mittagessen. Ansonsten serviert das lizenzierte Spitzencafé u.a. auch einheimischen Barramundi oder Kängurufilet vom Grill. Klasse Mango-Käsekuchen und guter Kaffee runden das Mahl dann ab.

Von Adelaide River nach Katherine

Adelaide River

238 EW.

Rund 111 km südlich von Darwin erreicht man dieses völlig unscheinbare Highway-Nest, das früher eine wichtige Station der Overland Telegraph Line war und im Zweiten Weltkrieg als Nachschubdepot fungierte. Der **Adelaide River War Cemetery** (Memorial Tce) ist eine bedeutende Gedenkstätte: Zahllose kleine Messingtafeln erinnern hier an diejenigen, die zwischen 1942 und 1943 bei den Luftangriffen auf Nordaustralien starben.

Schlafen & Essen

Adelaide River Inn KNEIPE $
(☎08-8976 7047; www.adelaideriverinn.com.au; 106 Stuart Hwy; Stellplatz ohne/mit Strom 18/25 AU$, Budget-DZ 85 AU$, Motel/Hütte DZ 110/140 AU$;) Der nette kleine Pub (Hauptgerichte 9–32 AU$, morgens, mittags & abends) versteckt sich hinter der BP-Tankstelle und vermietet auf der anderen Straßenseite diverse Quartiere mit eigenen Bädern (u.a. hübsche Hütten). Der ausgestopfte Wasserbüffel Charlie auf der Tresenecke lebte hier relativ unbehelligt, bis er durch den Film *Crocodile Dundee* weltberühmt wurde. Als das Tier im Jahr 2000 starb, erhielt es der Besitzer für die Nachwelt.

★Mt. Bundy Station CAMPING $
(☎08-8976 7009; www.mtbundy.com.au; Haynes Rd; Stellplatz ohne/mit Strom 22/26 AU$, EZ/DZ 50/85 AU$, Hütte DZ 145 AU$, Safarizelt 202 AU$; ❄🏊) Wenn man auf Reiten, Angeln und ländliche Gastfreundschaft steht, ist die Mt. Bundy Station hinter Adelaide River das ideale Ziel für einen Abstecher. Rund 3 km abseits vom Highway wurden hier frühere Farmgebäude zu blitzsauberen Gästequartieren umgebaut. Hinzu kommen luxuriöse Safarizelte, Geländewagentouren, viele Tiere und geführte Ausritte (60 AU$/Std.; nach Vereinbarung auch mit Übernachtung).

Daly River

512 EW.

Der Daly River gilt als eines der besten **Barramundi-Angelreviere** des Territory. Diese kleine Siedlung mit Laden und Tankstelle, die 117 km südwestlich von Hayes Creek liegt und ab der Dorat Rd (Old Stuart Hwy; Rte 23) über eine schmale Asphaltstraße erreichbar ist, fungiert als regionales Zentrum. Die meisten Einwohner sind Nauiyu-Nambiyu-Aborigines, die gemeinsam nahe der Daly River Crossing leben. Zum Recherchezeitpunkt entstand gerade eine neue Brücke, die den alten Überfahrtsdamm ersetzen soll. Wichtig: Besucher benötigen keine Genehmigung, müssen aber beachten, dass hier striktes Alkoholverbot herrscht.

Die zweite Hauptattraktion (neben dem Angeln) ist die Galerie **Merrepen Arts** (☎08-8978 2533; www.merrepenarts.com.au; ⏱10–17 Uhr) GRATIS, die einheimisches Kunsthandwerk wie Kupferstiche, Siebdrucke, Acrylmalereien, Schnitzereien, Webwaren und Textilien präsentiert. Morgens kann man den Künstlern normalerweise bei der Arbeit zusehen. Ein Anruf vorab stellt sicher, dass gerade geöffnet ist.

Das **Merrepen Arts & Sports Festival** (www.merrepenfestival.com.au) zelebriert Kreatives aus vielen regionalen Gemeinden (z. B. Nauiyu, Wadeye, Peppimenarti) mit Ausstellungen, Kunstauktionen, Workshops, Musik und Tanz.

Schlafen & Essen

Daly River Mango Farm CAMPING $
(☎08-8978 2464; www.mangofarm.com.au; Stellplatz ohne/mit Strom 30/35 AU$, DZ 100–175 AU$, Familienhütte mit 2 Schlafzi. 350 AU$; ❄🏊) Im Schatten eines herrlichen Hains aus fast 100 Jahre alten Mangobäumen liegt der hiesige Campingplatz rund 9 km von der Flussdurchfahrt entfernt am Daly River. Zum Gelände gehören auch Budget- und Selbstversorgerhütten. Gäste können Boote ausleihen und an geführten Angeltrips teilnehmen.

Daly River Roadside Inn KNEIPE $
(☎08-8978 2418; dalyriverpub@bigpond.com; Stellplatz ohne/mit Strom 15/30 AU$, Zi. 100–130 AU$; ❄) In Daly River selbst steht dieser urig-rustikale Pub mit einfachen Zimmern, kleinem Campingplatz, Kneipenessen (8–20 AU$; auch zum Mitnehmen) und Benzin.

Perry's CAMPING $
(☎08-8978 2452; www.dalyriver.com; Mayo Park; Stellplatz ohne/mit Strom 28/24 AU$, Wohneinheit 120 AU$; ❄🏊) Dieser äußerst friedvolle Park mit Gärten voller umherhüpfender Wallaby-Waisen säumt das Flussufer über 2 km. Inhaber Dick Perry ist ein bekannter Angelexperte, der geführte Touren und Leihboote anbietet. Die Wohneinheit für Selbstversorger hat eine Terrasse mit Grill. Bei sieben Übernachtungen in Folge müssen nur sechs bezahlt werden.

Pine Creek

381

Einen kurzen Abstecher vom Stuart Hwy entfernt liegt Pine Creek, das einst einen fanatischen Goldrausch erlebte. Obwohl der lokale Goldtagebau 1995 eingestellt wurde, gehen Gold- und Eisenerzförderung bzw. -suche in der nahen Umgebung bis heute weiter. Vor Ort stehen immer noch paar Holz- und Wellblechhäuser aus dem 19. Jh. Da hier der Kakadu Hwy (Rte 21) in Richtung Cooinda und Jabiru vom Stuart Hwy abzweigt, ist Pine Creek eine praktische Ausgangsbasis für regionale Erkundungen.

Sehenswertes & Aktivitäten

Railway Museum & Stream Train MUSEUM
(Railway Tce; ⏱Mai–Sept. Mo–Fr 10–14 Uhr) GRATIS Das Museum von 1889 zeigt eine Ausstellung zur Eisenbahn von Darwin nach Pine Creek, die von 1889 bis 1976 in Betrieb war. Die liebevoll restaurierte Dampflok, die 1877 in Manchester gebaut wurde, steht in einem Schuppen neben dem Museum.

Pine Creek Museum MUSEUM
(www.nationaltrustnt.org.au; 11 Railway Tce; Erw./Kind 2,20 AU$/frei; ⏱Mo–Fr 11–17, Sa 11–13 Uhr) Dieses Museum ist der Minengeschichte der Stadt und ihren chinesischen Einwohnern gewidmet. Es war früher Krankenhaus, Apotheke und militärisches Kommunikations-

zentrum, jetzt ist es das älteste Wellblech-Fertighaus in Australien: Es wurde in England gebaut und 1889 hierher verschifft

Umbrawarra Gorge Nature Park NATURSCHUTZGEBIET
(www.nretas.nt.gov.au/national-parks-and-reserves/find/umbrawarragorge.html; Stellplatz Erw./Kind 3,30/1,65 AU$) Rund 3 km südlich von Pine Creek beginnt am Stuart Hwy die 22 km lange Abzweigung zur hübschen Umbrawarra Gorge, wo ein sicheres Badeloch, ein kleiner Strand und ein einfacher Campingplatz warten. Die holperige Zufahrtspiste Richtung Südwesten ist in der Trockenzeit gerade noch mit normalen Autos meisterbar und in der Regenzeit oft gar nicht zu passieren. Zudem heißt's reichlich Wasser und Mückenschutzmittel mitbringen.

Aussichtspunkt AREAL
Den kurzen, aber steilen Weg bergauf ab der Moule St kann man hinauffahren oder -laufen. Von oben sieht man die alte offene Mine, die jetzt voller Wasser ist (135 m tief!).

Schlafen & Essen

Lazy Lizard Tourist Park & Tavern CAMPINGPLATZ $
(☎ 08-8976 1008; www.lazylizardpinecreek.com.au; 299 Millar Tce; Stellplatz ohne/mit Strom 17/25 AU$;) Der kleine, grüne Campingplatz am Lazy Lizard ist eigentlich viel weniger spektakulär als die coole Kneipe nebenan: Das Dach der bei den Einheimischen beliebten Bar wird von beschnitzten Eisenholzsäulen gestützt. Es gibt einen Billardtisch und über den Sparren hängen Sättel. Aus der Küche kommt hochwertiges Kneipenessen (Hauptgerichte 16–30 AU$, geöffnet mittags & abends), z.B. große Steaks und Barramundi.

Emerald Springs Roadhouse RASTSTÄTTE $
(☎ 08-8976 1169; www.emeraldsprings.com.au; Stuart Hwy; Stellplatz ohne/mit Strom 10/20 AU$, Hütte ab 65 AU$;) Etwa 25 km nördlich von Pine Creek gibt sich dieses hervorragende Rasthaus (Hauptgerichte 16–32 AU$) Mühe, mehr als ein normaler Vertreter seiner Art zu bieten: Neben Burgern und Bier gibt's hier auch eine Kreidetafel mit vielen tollen „Spezialangeboten". Hinter dem Haus liegen anständige Unterkünfte und eine schöne Terrasse, auf der man etwas trinken und z.B. Steak-Sandwiches oder Gemüse aus dem Wok genießen kann. Das selbstgemachte Eis ist der Hit!

Pine Creek Railway Resort BOUTIQUEHOTEL $$
(☎ 08-8976 1001; www.pinecreekrailwayresort.com.au; EZ/DZ 85/110 AU$, Hütte 130–150 AU$;) Dieses charmante Hotel hat moderne Einzel-, Doppel- und Familienzimmer, die stilvoll mit Roheisen, Stahl und Holz eingerichtet sind. Bei der Gestaltung des äußerst attraktiven Speiseraums mit Prägeblech und prächtigen Kronleuchtern an der Decke hat die Romantik einstiger Bahnreisen als Vorbild gedient. Das Menü (u.a. Pizzas, asiatisch angehauchte Gerichte) ist allerdings modern.

KAKADU NATIONAL PARK & ARNHEM LAND

Zusammen mit den benachbarten Arnhem Land verkörpert der Kakadu National Park die bemerkenswerte Landschaft und das Kulturerbe des Top End. Beide Gebiete sind nicht nur Schatztruhen in Sachen Naturgeschichte und Aborigine-Kunst, sondern auch bedeutende Zentren der zeitgenössischen indigenen Kultur.

Kakadu National Park

Der Kakadu National Park ist weit mehr als ein Naturschutzgebiet: Auf lebhafte, lebendige Art bestätigt er auch die elementare Beziehung zwischen den indigenen Hütern und dem Land, das letztere seit Jahrtausenden gepflegt, erduldet und respektiert haben. Seine fast 20 000 km² (ca. 200 km Nord nach Süd, 100 km von Ost nach West) beheimaten ein spektakuläres Ökosystem und eine unglaubliche Konzentration von uralter **Felskunst**. Je nach Jahreszeit wirkt der sich ständig wandelnde Landschaftsteppich vorübergehend verbrannt, überflutet, scheinbar karg oder unübersehbar fruchtbar.

In nur wenigen Tagen kann man hier Bootstrips auf extrem artenreichen Billabongs (periodisch wasserführenden Flussarmen) unternehmen, mithilfe indigener Führer 25 000 Jahre alte Felsbilder bewundern, in Naturpools unter herabstürzenden Wasserfällen baden und zwischen uralten Sandsteinfelsen hindurchwandern.

Zumindest in der Trockenzeit hat der Nationalpark aber einen gewissen Nachteil: Er ist extrem beliebt. So können die Resorts, Campingplätze und Felskunststätten stark überlaufen sein. Doch dank der riesigen

Kakadu National Park

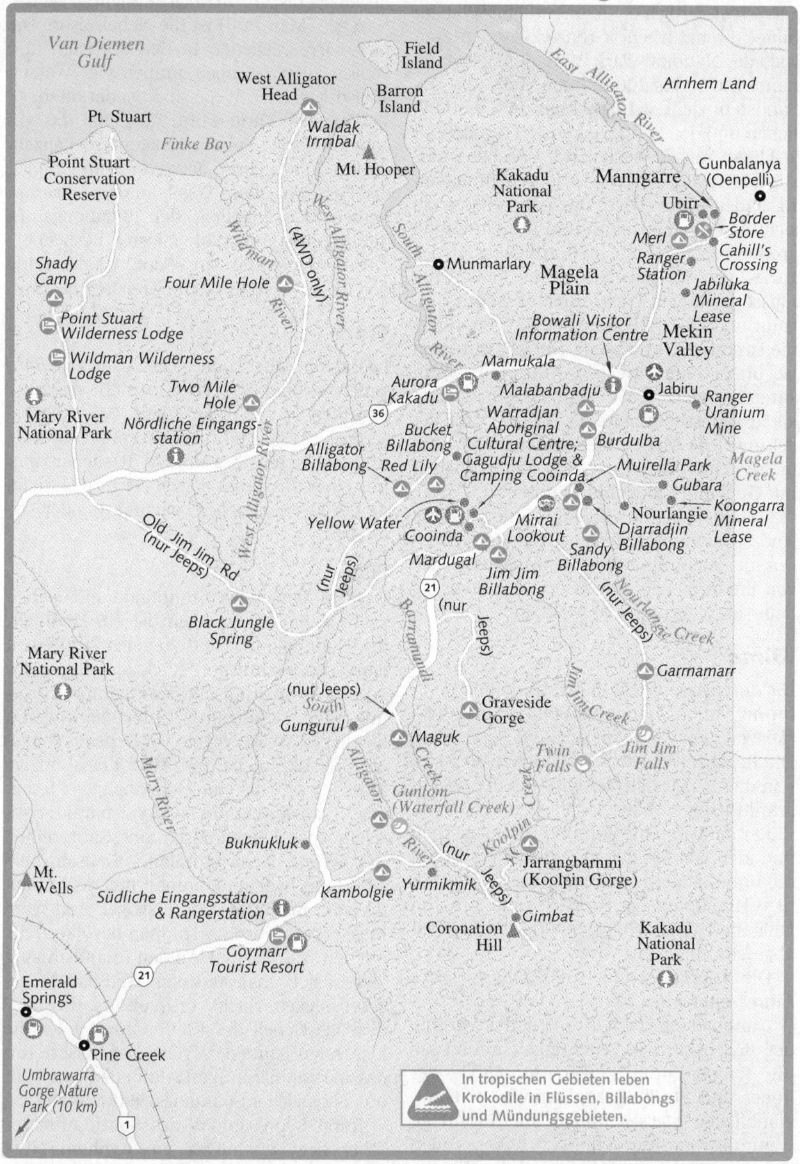

Landschaftsfläche führt einen etwas Abenteuerlust schnell weg von den Touristenpfaden und hinein in die menschenleere Natur.

Der Arnhem Hwy und der Kakadu Hwy durchziehen den Park; beide Straßen sind asphaltiert und ganzjährig befahrbar. Die nur für Geländewagen geeignete Old Jim Jim Rd ist eine alternative Zufahrtsroute ab dem Arnhem Hwy, der 7 km südlich von Cooinda auf den Kakadu Hwy trifft.

Hinweis: Alkohol ist im ganzen Nationalpark astronomisch teuer. Wer einen Drink auf seinem Campingplatz genießen will, sollte daher entsprechend in Darwin einkaufen.

Geografie

Das langgezogene Arnhem-Land-Plateau bildet die natürliche Grenze zwischen dem Kakadu National Park und dem Arnhem Land. Die 30 bis 200 m hohe Steilwand aus Sandstein zieht sich 500 km durch den östlichen und den südöstlichen Teil des Parks.

Flüsse rauschen über die Felsebene und stürzen in der Regenzeit in schäumenden Kaskaden in die Tiefe. Danach ergießen sie sich über das Flachland und überfluten die großen Feuchtgebiete im nördlichen Teil des Parks. Von Westen nach Osten heißen die Flüsse Wildman, West Alligator, South Alligator und East Alligator (Letzterer markiert die Parkgrenze im Osten). Die Küstenregion ist über weite Strecken mit Mangrovensümpfen bedeckt. Sie sind extrem wichtig als Erosionsschutz und als Brutplatz für Vögel und jede Menge Meeresgetier. Der Südteil des Parks besteht aus trockenen Ebenen mit Gras und Eukalyptusbäumen.

Mehr als 80 % des Kakadu National Parks sind Savannenwaldgebiet. Insgesamt wachsen hier mehr als 1000 Pflanzenarten. Viele von ihnen dienen den Aborigines noch bis heute als Nahrung oder Medizin.

Klima

Die durchschnittliche Jahreshöchsttemperatur im Nationalpark liegt bei 34 °C. Die Trockenzeit geht etwa von April bis September. Die Regenzeit dauert von Oktober bis März – in dieser Zeit fällt der Großteil der durchschnittlichen Niederschlagsmenge von 1500 mm. Wenn die Sümpfe sich ausdehnen und die Wasserfälle anschwellen, werden die unbefestigten Straßen unpassierbar. Einige Highlights des Parks wie die Jim Jim Falls sind dann völlig von der Außenwelt abgeschnitten.

Die Aborigines teilen das Jahr in sechs Jahreszeiten ein:

Gunumeleng (Okt.–Dez.) ist der Vorbote der Regenzeit. Die Feuchtigkeit nimmt zu, die Temperaturen steigen auf 35 °C oder höher und Stechmücken schwirren in unglaublichen Massen umher. Im November, wenn die Gewitter eingesetzt haben, füllen sich die Billabongs wieder und die Wasservögel und Fische verteilen sich.

Gudjewg (Jan.–März) läutet die eigentliche Regenzeit mit heftigen Gewittern ein. Flora und Fauna gedeihen in dem heißen und feuchten Klima prächtig.

Banggerreng (April) drückt mit Stürmen (bekannt als *knock 'em down* – „Plattmacher") das Gras nieder, das in der Regenzeit bis zu 2 m hoch gewachsen ist.

Yegge (Mai–Juni) ist die Nebelsaison. Die Luft wird trockener. In den Sümpfen und Wasserfällen ist noch immer viel Wasser, aber die meisten Wege sind wieder offen.

Wurrgeng (Juni–Mitte Aug.) hat das angenehmste Klima in der späten Trockenzeit, die im Juli beginnt. Jetzt versammeln sich die Tiere, vor allem Vögel, an den schrumpfenden Wasserstellen, den Billabongs. In dieser Zeit kommen die meisten Besucher.

Gurrung (Mitte Aug.–Sept.) ist das Ende der Trockenzeit; der neue Kreislauf beginnt.

Tiere

In Kakadu leben zahlreiche Arten von Säugetieren (über 60), Vögeln (mehr als 280), Reptilien (ca. 120), Fröschen (25), Süßwasserfischen (55) und Insekten (mind. 10 000). Bis auf letztere bekommen Besucher aber nur einen Bruchteil dieser Tiere zu Gesicht, da der Großteil scheu, nachtaktiv oder selten ist.

Vögel

Das wunderschöne Sumpfland mit seinen zahlreichen Wasservögeln ist ein Highlight des Nationalparks und zugleich landesweit eines der wichtigsten Rückzugsgebiete für Vögel wie Australische Zwergenten, Spaltfuß- oder Radjahgänse. Unter den anderen herrlichen Wasservögeln vor Ort sind Pelikane, Brolgakraniche und Australiens einzige Storchenart: der langschnäbelige Riesen- bzw. Großstorch mit seinen charakteristischen roten Beinen. Fisch- und Silberreiher, Kormorane, Schwarzmilane, Keilschwanzadler und -weihen kommen hier recht häufig vor. Bienenfresser, Eisvögel und vom Aussterben bedrohte Trappen bevölkern die offenen Waldflächen. An den Inlandsflüssen lassen sich majestätische Weißbauch-Seeadler blicken. Nachts ertönen u. a. das hundeartige Gebell des Kläfferkauzes oder die klagenden Laute der Triele. Der heisere Ruf des spektakulären Banks-Rabenkakadus gilt oft als typischer Sound des Nationalparks.

Rund 8 km südlich des South Alligator River liegt Mamukala am Arnhem Hwy. Dort warten ein 3 km langer Wanderweg, ein toller Beobachtungsbau und getarnte Unterstände auf Vogelfans.

Fische

Nicht zu übersehen sind die silberfarbenen Barramundis und die von ihnen verursachten typischen Wirbel unter der Wasseroberfläche. Diese berühmten Sportfische können über 1 m lang werden und wechseln im Alter von fünf oder sechs Jahren ihr Geschlecht: Aus Männchen werden Weibchen.

Säugetiere

In Kakadu National Park leben mehrere Arten von Kängurus und Wallabys. Das scheue Schwarze Bergkänguru kommt nur im Nationalpark und im Arnhem Land vor – unter den Felsüberhängen des Nourlangie Rock lassen sich ruhende Einzeltiere beobachten. Bei Ubirr gibt's frühmorgens Kurzohr-Felskängurus zu sehen. In Waldgebieten kann man tagsüber eventuell Kurzkopfgleitbeutler oder einen scheuen Dingo erspähen. Von den 26 Fledermausarten des Parks sind vier vom Aussterben bedroht.

Reptilien

Die selten über 3 m langen Süßwasserkrokodile an den Twin und Jim Jim Falls haben schmale Schnauzen. Das gefährliche Leistenkrokodil bevölkert den ganzen Park.

Zu den anderen Reptilienarten von Kakadu zählen die Kragenechse, elf Waranspezies und fünf verschiedene Süßwasserschildkröten, von denen die Siebenrock-Schlangenhalsschildkröte am weitesten verbreitet ist. Die vielen Schlangen des Parks sind zumeist nachaktiv und daher kaum zu sehen. Der großartige Oenpelli-Python wurde 1976 erstmals von Nicht-Aborigines gesichtet. Die sonderbare Arafura-Warzenschlange lebt in Billabongs und ist als Buschessen sehr gefragt. Sie hat einen eckigen Kopf, winzige Augen und eine schlaffe Haut mit kleinen, rauen Minischuppen (daher der Name). Zudem bewegt sie sich sehr langsam (an Land gar nicht), frisst nur einmal pro Monat und pflanzt sich nur alle zehn Jahre fort.

Felsmalerei

Der Kakadu National Park ist eine der größten und am besten zugänglichen Fundstellen von Felsmalereien: Sie sind an mehr als 5000 Stellen zu finden. Die ältesten Darstellungen entstanden vor 20000 Jahren, die jüngsten vor zehn Jahren. Zu den allermeisten kommt man aber schlecht oder gar nicht. Ein Muss sind die Galerien am Ubirr Rock und am Nourlangie Rock, die auch sehr leicht zu erreichen sind.

Die Felsmalereien lassen sich grob in drei Perioden einteilen: die Prä-Ästuarperiode mit den frühesten Malereien bis vor ca. 6000 Jahren, die Ästuarperiode – als ein Anstieg des Meeresspiegels die heutigen Küsten entstehen ließ – mit 2000 bis 6000 Jahre alten Malereien und das Freshwater, das vor 2000 Jahren begann und bis in die Gegenwart reicht.

Für die hiesigen Aborigines stellen diese Stätten der Felskunst eine wichtige Quelle traditionellen Wissens dar und sind gewissermaßen ihre Archive. Heute hinterlassen die Aborigines nur noch selten Zeichnungen auf den Felsen, weil sie nicht mehr in Felshöhlen leben. Außerdem kennen sich nur noch wenige mit der Felsmalerei aus. Einige der älteren Zeichnungen, so glauben viele Aborigines, sollen von *mimi*-Geistern gemalt worden sein und im Zusammenhang mit Schöpfungslegenden und der Entwicklung des Rechts der Aborigines stehen.

Da die Malereien aus wasserlöslicher natürlicher Ockerfarbe bestehen, kann Wasser hier viel Schaden anrichten. Deshalb wurde über den Malereien an den Felsen eine durchsichtige Silikon-„Spur" angebracht, um sie vor Regen zu schützen. Da zu den zugänglichsten Stellen wöchentlich bis zu 4000 Besucher kommen, sind Holzstege gebaut worden. Auf diese Weise wird weniger Staub aufgewirbelt, und die Menschen halten einen angemessenen Abstand.

Geführte Touren

Es werden Dutzende Touren durch den Park angeboten. Wenn möglich, mindestens einen Tag im Voraus buchen! Die Veranstalter holen einen normalerweise an der Unterkunft ab. Es gibt zahlreiche Touren ab Darwin.

Aborigine-Touren & Sehenswürdigkeiten

Kakadu Animal Tracks ABORIGINES
(☎08-8979 0145; www.animaltracks.com.au; geführte Touren Erw./Kind 205/135 AU$) Der Veranstalter aus Cooinda bietet Touren mit einem Aborigine-Führer an, die eine Kombination aus Tiersafari und Kulturtour sind. Man sieht Tausende von Vögeln, darf Buschbeute jagen, ausnehmen, zubereiten und essen und grüne Ameisen vernaschen.

Magela Cultural & Heritage Tours ABORIGINES
(☎08-8979 2548; www.kakadutours.com.au; geführte Touren Erw./Kind 245/196 AU$) Ein von Aborigines geleitetes Unternehmen, das Tagestouren mit dem Jeep in den nördlichen Kakadu National Park und nach Arnhem Land veranstaltet (inkl. Injalak Hill und einer Bootsfahrt auf dem Inkiyu Billabong).

Gagudju Adventure Tours SEHENSWÜRDIGKEITEN
(☎08-8979 0145; www.gagudju-dreaming.com; Erw./Kind 195/145 AU$) Jeeptouren zu den Jim Jim und Twin Falls (April–Okt.).

Top End Explorer Tours SEHENSWÜRDIGKEITEN
(☎08-8979 3615, 1300 556 609; www.kakadutours.net.au; Erw./Kind 195/150 AU$) Jeeptouren zu den Jim Jim und Twin Falls (ab Jabiru oder Cooinda).

Ayal Aboriginal Tours ABORIGINES
(☎0429 470 384; www.ayalkakadu.com.au; Erw./Kind 220/99 AU$) Bei den ganztägigen Nationalparktouren unter indigener Leitung beleuchtet der einheimische Ex-Ranger Victor Cooper die örtliche Kunst, Kultur und Natur.

Kakadu Air PANORAMAFLUG
(☎1800 089 113; www.kakaduair.com.au) Veranstaltet neben Touren mit normalen Kleinflugzeugen (30/60 Min. pro Erw. 140/230 AU$) auch teurere Hubschraubertouren (20–45 Min., 210–460 AU$/Pers.) mit vergleichsweise besserem Blick auf die Landschaft. Hinzu kommen ein- bis zweitägige Optionen, bei denen man ab Darwin zum Nationalpark fliegt, um sich dort über festen und sumpfigen Boden führen zu lassen.

Sumpf- & Flusstouren

Yellow Water Cruises BOOTSFAHRTEN
(☎1800 500 401; www.gagudju-dreaming.com) Diese Bootstouren mit Tierbeobachtung (2 Std. Erw./Kind 99/70 AU$, 6.45, 9 & 16.30 Uhr; 1½ Std. Erw./Kind 68/47 AU$, 11.30, 13.15 & 14.45 Uhr) folgen dem South Alligator River und dem Yellow Water Billabong. Tickets gibt's bei der Gagudju Lodge in Cooinda, wo auch der Shuttlebus zum Abfahrtspunkt aufbricht.

Guluyambi Cultural Cruise ABORIGINES
(☎1800 895 175; www.kakaduculturaltours.com.au; Erw./Kind 61/40 AU$; ⏲Mai–Nov. 9, 11, 13 & 15 Uhr) Die Bootstouren auf dem East Alligator River werden von Aborigines geleitet und starten am Anleger kurz oberhalb der Cahill's Crossing.

Kakadu Culture Camp ABORIGINES
(☎Nachtfahrten 1800 811 633, mit Übernachtung 0428 792 048; www.kakaduculturecamp.com) Die Bootstouren der Aborigines gehörenden Firma folgen dem Djarradjin Billabong ab dem Campingplatz Muirella Park. Im Angebot sind u.a. dreistündige Nachtfahrten (Erw./Kind 80/50 AU$) und fünfstündige Touren mit Abendessen (Erw./Kind 260/180 AU$).

Ubirr & Umgebung

Es braucht schon mehr als ein paar Busladungen Touristen, um die Anmut von Ubirr zu stören. Mehrere Schichten von **Felskunst**, die in unterschiedlichen Stilen ausgeführt wurden und aus verschiedenen Jahrhunderten stammen, strahlen eine faszinierende Ruhe aus. Teile der Hauptgalerie lesen sich wie eine Speisekarte – mit Bildern von Kängurus, Schildkröten und Fischen im Röntgenstil, der vor etwa 8000 Jahren vorherrschend wurde. Noch älter sind die Zeichnungen der *mimi*-Geister: freche, dynamische Figuren, die, so der Glaube, als erste der Urahnen Zeichnungen auf den Felsen hinterließen (da es vor 8000 Jahren noch keine Hebekräne gab, stellt sich durchaus die Frage, wer, wenn nicht Geister, in dieser Höhe und in einem derartigen Winkel die Zeichnungen angefertigte). Einen Blick wert sind die vor ca. 15 000 Jahren entstandenen Kartoffelkopf-Figuren – der Körper eines Menschen oder eines Tieres mit einer Süßkartoffel als Kopf.

Zum Aussichtspunkt **Nardab Lookout** muss man von der Hauptgalerie aus mühsam 250 m nach oben klettern. Von dort überblickt man die Überflutungsebene und kann den Sonnenuntergang und den aufgehenden Mond beobachten – Sonne und Mond scheinen auf einer unsichtbaren Waage zu schweben: ein grandioser Anblick.

Ubirr (⏲April–Nov. 8.30 Uhr–Sonnenuntergang, Dez.–März ab 14 Uhr) liegt 39 km nördlich des Arnhem Hwy und ist über eine befestigte Straße zu erreichen. Unterwegs kommt man an der Abzweigung zum Campingplatz Merl Camping Ground vorbei, der nur in der Trockenzeit geöffnet ist und Sanitäranlagen hat, und zum Border Store (S. 927), wo man Lebensmittel und fertige Gerichte zum Mitnehmen kaufen kann (Benzin gibt's hier nicht).

Aktivitäten

Bardedjilidji Sandstone Walk WANDERN & TREKKEN
Der Weg (2,5 km, 90 Min., leicht) beginnt am Parkplatz des Picknickplatzes und führt durch die Feuchtgebiete des East Alligator River und zu einigen interessanten erodierten Sandsteinbrocken der Klippen des Arnhem Land. Informative Schilder weisen auf Besonderheiten am Wegesrand hin.

(Fortsetzung auf S. 927)

Reisen im Outback

Kein Straßenschild verrät, wo das legendäre australische Outback beginnt, und keine Karte verzeichnet seine Grenzen. Gleichwohl ist das Outback mit seinen weiten Entfernungen, seinen einsamen Straßen, seinem roten Sand, seinen einmaligen Tieren und Pflanzen und seiner uralten, geheimnisvollen Kultur real und erkennbar – es wartet nur darauf, entdeckt zu werden.

Inhalt

Kata Tjuta (die Olgas; S. 976)

1

2

LYNN GAIL / GETTY IMAGES ©

1. Wave Lagoon (S. 889) 2. Die Sunset Markets am Mindil Beach (S. 904) 3. Fütterung von Diamantschuppen-Meeräschen, Aquascene (S. 887)

Darwin

Darwin ist eine junge Stadt voller Potenzial, die sich voll Selbstvertrauen dem nahen Asien zuwendet. Die Vergangenheit als Vorposten im Grenzland ist längst Geschichte. Aber manche Dinge ändern sich nie, und die Einheimischen sind im Handumdrehen dabei, sich mit einem kalten Drink zu entspannen. Die Wirtschaft mag boomen, aber Darwin versteht sich auch prächtig auf Spaß und Spiel.

Mindil Beach

Der palmengesäumte Strand ist die Heimat einer Institution Darwins – der Sunset Markets. Wenn die Würstchen und Satays brutzeln, liegt der Duft von allerlei Leckerbissen in der schwülen Abendluft, begleitet von uriger Musik.

Mitchell Street

In Darwins munterstem Viertel quellen die Tische der Bars, Cafés und Restaurants bis auf den Bürgersteig. Die Hostels sehen einen stetigen Strom von Backpackern, die hier auf Asienreisen Station machen und dafür sorgen, dass in der Straße immer etwas los ist. Und wo sonst kann mitten im Geschäftsviertel einer Stadt mit einem Krokodil schwimmen?

Waterfront Precinct

Der ideale Ort, um der tropischen Hitze zu entkommen: Die Wave Lagoon hat eine künstliche Brandung, in der man Bodyboarden oder Bodysurfen oder sich auch einfach nur auf und ab schaukeln lassen kann. Gleich daneben befindet sich die Recreation Lagoon (Eintritt frei), ein sicherer Ort, um ein Bad in Darwins Hafengewässern zu riskieren. Am nahegelegenen Stokes Wharf gibt's Restaurants und weitere im Umfeld des Parks an der Lagune.

Aquascene

Unten am Doctor's Gully geht es entschieden fischig zu. Aber nur bei Flut. Mit dem Flutwasser strömt eine Armee hungriger Fische herbei, die man von Hand füttern kann. Größe, Dreistigkeit und Gier der Meerestiere sind erstaunlich.

Indigene Kunst & Kultur

Die vielschichtige und mitreißende Kunst, die Gesänge und Tänze der unterschiedlichen Aborigine-Völker auf dem ganzen Kontinent verraten die tiefe Verbundenheit der indigenen Australier mit ihrem angestammten Land. Mithilfe der Kunst kann man sich in die Geschichten der Traumzeit versenken, egal ob es sich um uralte Felsmalereien oder abstrakte Kompositionen in Acrylfarben handelt.

Felskunst

Bemerkenswerte Zeugnisse der uralten indigenen Kultur Australiens finden sich in den Felskunststätten im Outback. Zu den Höhepunkten gehören die über 5000 Stätten im Kakadu National Park, die Schöpfungsgeister aus der Traumzeit, ausgestorbene Tierarten, aber als „Kontaktkunst" auch Begegnungen zwischen indigenen Australiern, Fischern, die dem Volk der Makassaren auf Sulawesi angehörten, und frühen europäischen Siedlern dokumentieren. Zu den wichtigsten Felskunst-Stätten im Kakadu zählen Ubirr und Nourlangie. Weitere Orte mit Felskunst sind der Nitmiluk und der Keep River National Park, die MacDonnell Ranges bei Alice Springs und der Uluru.

Zeitgenössische Aborigine-Kunst

Zeitgenössische Aborigine-Kunst, die größtenteils im Outback entsteht, erlangte in den letzten Jahren internationales Renommee. Aus der strikten Einhaltung traditioneller Methoden und einer hohen Spiritualität entstehen authentische Interpretationen traditioneller

1

Geschichten und Riten. Am leichtesten zugänglich sind Werke der Punktmalerei (Acrylfarbe auf Leinwand), ferner gibt es Acrylgemälde, Webarbeiten, Stücke aus Baumrinde, Waffen, Bumerangs und Skulpturen.

In den Städten kosten manche Kunstwerke ein Vermögen. Wer direkt bei den Community Centres der Aborigines im Outback kauft, spart Geld und unterstützt direkt die Gemeinden.

Kulturtouren

Das Angebot von kulturellen Touren indigener Veranstalter überall in Australien zeigt, wie stark sich der Tourismus bei den Aborigines weiterentwickelt hat. Man kann von den Menschen etwas über das Land erfahren, die es am besten kennen. Zu den Orten, an denen indigene Führer im Northern Territory Kulturtouren anbieten, gehören Darwin, der Kakadu National Park und Arnhem Land im Top End sowie Alice Springs und der Uluru-Kata Tjuta National Park in CA.

Indigene Feste

Für ein unvergessliches Erlebnis sollte man seinen Besuch im Outback so planen, dass er mit einem traditionellen Aborigine-Fest zusammenfällt. Bei diesen Festen erhalten die Besucher einen Einblick in das Leben der indigenen Kultur. Der Rhythmus der uralten Tänze schickt einen auf eine Reise jenseits von Raum und Zeit. Im Northern Territory gibt es mehrere indigene Feste und Events, z. B. das beliebte Walking With Spirits in Beswick und das Merrepen Arts & Sports Festival in Daly River.

1. Punktmalerei, Northern Territory **2.** Barunga Festival (S. 895)

Kings Canyon (S. 967)

Ultimatives Outback

„Outback" bedeutet in verschiedenen Teilen Australiens Verschiedenes: Wüsten, tropische Savannen, sogar Sumpfgebiete. Aber stets ist die Vorstellung präsent, dass diese Gebiete weitab liegen vom Komfort und den Menschenmassen der Städte. Das „Outback" liegt weit draußen, und es hält viele Überraschungen bereit.

Uluru (Ayers Rock)

Der Uluru-Kata Tjuta National Park ist das unumstrittene Highlight in Central Australia. Über den Uluru ist schon alles gesagt worden; man hat ihn in allen Details erforscht und dokumentiert. Und doch überrascht er mit seiner schieren Masse, seiner Spiritualität, seiner Form und der Kraft seiner Farben alle Besucher.

Kata Tjuta (Die Olgas)

Der höchste Gipfel der Kata Tjuta überragt den Uluru (546 m im Vergleich zu 348 m), und manche meinen, dass die Erkundung der 36 Monolithe ein anrührenderes Erlebnis ist. Wege ziehen sich durch die Felsen, enthüllen Stellen von Schönheit in einem Ort von spiritueller Bedeutung.

Kings Canyon

Im Watarrka National Park, rund 300 km nördlich des Uluru, wirkt der Kings Canyon wie ein umgekehrter Uluru. Hinter den 270 m hohen Felswänden verbirgt sich ein von Palmen gesäumtes Tal mit über 600 Pflanzenarten und Tieren. Die 6 km lange Wanderung entlang der Kante des Canyon dauert vier Stunden.

MacDonnell Ranges

Die „Macs" erstrecken sich östlich und westlich von Alice Springs. In den Einschnitten der uralten Gebirgszüge verbergen sich geheime Welten. Felskängurus und farbenprächtige Vögel finden hier auch an den heißesten Tagen Wasser.

(Fortsetzung von S. 920)

Manngarre Monsoon Forest Walk WANDERN & TREKKEN
Los geht's am Bootsanleger beim Border Store. Der Weg (hin & zurück 1,5 km, 30 Min., leicht) führt hauptsächlich an der Uferpromenade entlang und windet sich durch Schatten spendende Vegetation voller Palmen und Kletterpflanzen.

Sandstone & River Rock Holes WANDERN & TREKKEN
Diese Verlängerung (6,5 km, 3 Std., mittelschwer) des Bardedjilidji Walk führt an Sandsteinfelsen, Niaouli-Baum-Sümpfen und Flüssen vorbei. In der Regenzeit geschlossen.

Schlafen & Essen

Merl Camping Ground CAMPING $
(Erw./Kind 10 AU$/gratis) Rund 1 km vor dem Border Store ist die Abzweigung zu diesem Campingplatz, der aus einem ruhigen Teil und einem Generatorbereich (jeweils mit sanitären Anlagen) besteht. Das Gelände ist in der Regenzeit geschlossen und kann zu Spitzenzeiten extrem betriebsam sein. Achtung: Hier lauern höllische Moskitos!

★ Border Store CAFÉ $$
(☎08-8979 2474; Gerichte 6–26 AU$; ⏲April–Nov. Mo 8–18, Di–So 8–20 Uhr) Das charmante kleine Café ist für Gäste des benachbarten Merl Camping Ground eine tolle Sache: Hier warten viele Überraschungen wie Bohnenkaffee, süße Kuchen und leckere Thai-Küche (von Thais zubereitet). Zudem kann man einheimischen Künstlern draußen vor der Tür beim Arbeiten zuschauen und eine Guluyambi Cultural Cruise auf dem East Alligator River oder Touren durchs Arnhem Land buchen. Zukünftig sollen auch noch Safarizelte und Stellplätze mit Strom hinzukommen.

Jabiru

1129 EW.

Es mag überraschen, eine Stadt von der Größe und Struktur Jabirus in der Mitte einer Nationalparkwildnis zu finden – und sie

URANABBAU

Es klingt wie ein schlechter Scherz, dass die größten Uranvorkommen der Welt ausgerechnet in einem der schönsten Nationalparks Australiens liegen. 1953 wurde in der Kakadu-Region Uran entdeckt. An zwölf kleinen Stellen im Süden des Parks wurde in den 1960er-Jahren Uran abgebaut, was man aber aufgab, als das Woolwonga Wildlife Sanctuary eingerichtet wurde.

1970 wurden riesige Lagerstätten – Ranger, Nabarlek und Koongarra – entdeckt, gefolgt von Jabiluka im Jahr 1971. Bei Nabarlek (Arnhem Land) baute man ab den späten 1970ern Uran ab; in der Ranger Uranium Mine begann man 1981, Eisenerz zu fördern.

Die gesamten Abbauaktivitäten im Park waren umstritten, und Jabiluka lenkte schließlich die internationale Aufmerksamkeit auf die Kakadu-Region. Naturschützer und die ursprünglichen Landeigentümer stellten sich der Regierung und den Minengesellschaften entgegen. Nachdem in Jabiluka Uran entdeckt worden war, hatte man einen Vertrag mit den hiesigen Aborigines ausgehandelt. Die Jabiluka-Mine wurde 1998 Schauplatz von Demonstrationen, bei denen viele Menschen verhaftet wurden. 2003 wurde Eisenerzabraum zurück in die Mine gebracht und der Tunnel, der zu den Vorkommen führte, wurde wieder aufgefüllt. Die Minengesellschaft begann, mit den ursprünglichen Besitzern, dem Volk der Mirrar, zu verhandeln.

Als derzeitiger Inhaber der Abbaukonzession für Jabiluka unterschrieb Energy Resources of Australia (ERA) im Februar 2005 einen Vertrag, die den Mirrar das entscheidende Stimmrecht bezüglich jeglicher Wiederaufnahme des umstrittenen Minenprojekts zusprach. Vereinbarungsgemäß darf ERA das Jabiluka-Territorium weiterhin erkunden, solange die Mirrar dem zustimmen. Die traditionellen Eigentümer des Koongarra-Pachtgebiets bei Nourlangie lehnten 2011 viele Millionen Dollar ab, die der französische Atomkonzern Areva in Aussicht gestellt hatte; stattdessen verlangten sie die Integration des Lands in den Nationalpark. Das dafür nötige Rechtsprozedere kam 2012 gut voran. Die Ranger-Mine gehört offiziell nicht zum Nationalpark, wird aber von diesem umgeben. Ende 2012 begann ihre Umwandlung vom Tagebau zur unterirdischen Anlage. Eine Erweiterung ist jedoch nicht garantiert. Nach aktuellem Rechtsstand soll die Mine 2021 geschlossen und bis 2026 vollständig saniert werden.

existiert auch nur wegen der benachbarten Ranger Uranium Mine. Jabiru ist die Hauptversorgungsstation des Parks und bietet eine Bank, eine Zeitungsredaktion, Ärzte, einen Supermarkt, eine Bäckerei und eine Tankstelle. Man kann hier sogar eine Runde Golf spielen.

Aktivitäten

Ranger Uranium Mine Tour MINENTOUR
(☎1800 089 113; Erw./Kind 30/10 AU$; ⊙Mo–Sa 9, 11 & 13 Uhr) Tourteilnehmer sehen eines der umstrittenen Minenprojekte im Park aus nächster Nähe und erfahren etwas zu Themen rund um den Uranabbau. Los geht's 8 km südlich des Orts am Flugplatz Jabiru.

Schlafen & Essen

★**Lakeview Park** HÜTTEN $$
(☎08-8979 3144; www.lakeviewkakadu.com.au; 27 Lakeside Dr; Stellplatz mit Strom & eigenem Bad 35 AU$, Bungalow/DZ/Hütte 120/130/235 AU$; ❄) Trotz kaum vorhandenen Seeblicks gehört dieser Park im Besitz von Aborigines zu den besten des Nationalparks. Üppig grüne Gärten umgeben hier Bungalows im Tropenlook. Die Doppelzimmer teilen sich eine Küche, Bad und Lounge, haben aber eigene TVs und Kühlschränke. Die nicht klimatisierten, erhöht stehenden „Busch-Bungalows" (max. 4 Pers.) mit Außenbädern kommen im stilvollen Safari-Design daher. Ein Pool ist noch nicht vorhanden, aber geplant. Allerdings sind's nur 50 m bis zum öffentlichen Schwimmbad von Jabiru.

Aurora Kakadu Lodge & Caravan Park RESORT, CAMPING $$$
(☎1800 811 154; www.auroraresorts.com.au; Jabiru Dr; Stellplatz ohne/mit Strom 26/38 AU$, Hütte ab 240 AU$; ❄@≋) Der tadellose Mix aus Resort und Wohnwagenpark punktet z.B. mit schattigen Rasenstellplätzen oder Filmabenden (Fr) am Lagunenpool. Zum Gelände gehören auch eine Bar, ein Bistro und Selbstversorgerhütten (max. 5 Pers.), die aber oft lang im Voraus ausgebucht sind.

Gagudju Crocodile Holiday Inn HOTEL $$$
(☎08-8979 9000; www.gagudju-dreaming.com; 1 Flinders St; DZ ab 285 AU$; ❄🛜≋) Dieses Hotel ist vor Ort als „The Croc" bekannt und in Form eines Krokodils gebaut (natürlich nur aus der Luft oder mit Google Earth erkennbar). Die sauberen, komfortablen Zimmer sind etwas langweilig für ihren Preis, während der Regenzeit aber deutlich günstiger. Idealerweise ergattert man ein Erdgeschossquartier mit direktem Zugang zum zentralen Pool. Das hauseigene **Escarpment Restaurant** (Hauptgerichte 24–38 AU$; ⊙morgens, mittags & abends) ist Jabirus bestes Lokal.

Jabiru Sports & Social Club KNEIPE $$
(☎08-8979 2326; Lakeside Dr; Hauptgerichte 16–32 AU$; ⊙tgl. mittags & abends) Zusammen mit dem Golfclub ist die niedrige Baracke der beste Ort, um Einheimische beim Bier zu treffen. Die Bistrogerichte sind erstaunlich kreativ (Tipp: der Tempura Croc Tail mit Bohnensalat und Chili-Ketchup). Von der Freiluftterrasse fällt der Blick auf den See und auf Sport im TV.

Kakadu Bakery BÄCKEREI $
(Gregory Pl; Gerichte 5–17 AU$; ⊙tgl. morgens & mittags, Mo–Sa abends) Hervorragende Burger, Schnitten, Pizzas, Kuchen, warmes Frühstück, einfache Salate und leckere, frisch zubereitete Mitnehm-Sandwiches auf selbstgebackenem Brot.

Foodland SUPERMARKT $
(Jabiru Plaza; ⊙Mo–Fr 9–17.30, Sa 9–15, So 9–13 Uhr) Der örtliche Supermarkt.

Nourlangie

Beim Anblick dieses hoch aufragenden Felsvorsprungs an den Steilhängen des Arnhem Land versteht man plötzlich, warum er für die Aborigines eine so große Bedeutung hat. Der langgestreckte Felsen aus rotem Sandstein, der an manchen Stellen orange, weiß und schwarz gestreift ist, erhebt sich aus dem Wald und fällt an einer Seite in gestuften Klippen ab. Darunter findet sich die bekannteste Sammlung von **Felsenmalereien** der Aboriginals im Kakadu National Park.

„Nourlangie" ist eine Abwandlung von *nawulandja*, einem Wort der Aborigines für ein Gebiet, das größer ist als der Berg selbst. Der 2 km lange Rundweg (geöffnet 8 Uhr–Sonnenuntergang) führt zuerst zum **Anbangbang Shelter**, der 20 000 Jahre lang als Zufluchtsort und Leinwand genutzt wurde. Daneben ist die **Anbangbang Gallery**, die Traumfiguren zeigt, die in den 1960er-Jahren nachgemalt wurden. Der männliche Nabulwinjbulwinj, ein gefährlicher Geist, der Frauen gefressen hat, nachdem er ihnen mit einer Wurzel auf den Kopf geschlagen hatte, ist gut zu erkennen. Von hier aus ist man schnell beim **Gunwarddehwarde Lookout** mit Blick auf den Arnhem-Land-Steilhang.

Der Nourlangie befindet sich am Ende einer 12 km langen, befestigten Straße, die vom

Kakadu Hwy Richtung Osten abbiegt. 7 km südlich ist die Abzweigung zum Campingplatz **Muirella Park** (Erw./Kind 10 AU$/frei) am **Djarradjin Billabong**. Er hat Grillplätze und sehr gute sanitäre Anlagen. Hier beginnt der 5 km lange **Bubba Wetland Walk**.

Aktivitäten

Nawurlandja Lookout WANDERN & TREKKEN

Nach einer mittelschweren Kurzwanderung (hin & zurück 600 m, 30 Min.) an einem allmählich ansteigenden Hang kann man hier den Sonnenuntergang zusammen mit einem großartigen Blick auf die Felslandschaft von Nourlangie genießen.

Anbangbang Billabong Walk WANDERN & TREKKEN

Dieser malerische, mit Seerosen bedeckte Billabong befindet sich in der Nähe des Nourlangie. Die Picknicktische, die an seinem Ufer verteilt sind, machen ihn zu einem bliebten Plätzchen für die Mittagspause. Der Weg (2,5 km, 45 Min., leicht) umrundet den Billabong und führt durch einen Niaoulibaum-Sumpf.

Barrk Walk WANDERN & TREKKEN

Ein langer Tagesmarsch (Rundweg, 12 km, 5–6 Std., schwierig) durch das Nourlangie-Gebiet bringt einen weg von den Menschenmassen. „Barrk" wird das männliche Bergkänguru genannt, und wenn man früh genug unterwegs ist, kann man dieses scheue Beuteltier auch zu Gesicht bekommen. Los geht's am Nourlangie-Parkplatz. Der anspruchsvolle Weg windet sich an der Anbangbang-Felskunst vorbei, bevor er steil auf den Nourlangie führt. Man überquert das flache Bergplateau und schlängelt sich an Sandsteinsäulen vorbei. Dann folgt man einem während der Regenzeit gefüllten Wasserlauf wieder nach unten. Der Weg geht am Fuß des Berges an der Nanguluwur Gallery und den westlichen Ausläufern vorbei, bevor er am Parkplatz endet. Im Bowali Visitor Centre kann man Broschüren mitnehmen.

Nanguluwur Gallery WANDERN & TREKKEN

Diese schöne Felskunststätte besuchen viel weniger Menschen als die von Nourlangie, weil der Weg (hin & zurück 3,5 km, 1½ Std., leicht) dorthin länger ist. Hier findet man Zeichnungen in sämtlichen Stilen, die im Park vertreten sind, u. a. sehr frühe dynamische Werke, Röntgenarbeiten und ein gutes Beispiel für „Kontakt-Kunst": das Bild eines Zweimasters, der ein Dinghi zieht.

Jim Jim Falls & Twin Falls

Einsam gelegen, aber spektakulär – diese beiden Wasserfälle sind der Inbegriff des rauen Top Ends. Die **Jim Jim Falls**, ein 215 m hoher Wasserfall, sind vor allem nach dem Regen unglaublich (dann kann man ihn nur von oben betrachten). Im Juni tröpfelt es hier nur noch mager. Die Twin Falls sind das ganze Jahr über schön (baden verboten!), wobei die Anreise an sich schon ein Highlight ist, denn dazu gehören eine kurze **Bootsfahrt** (Erw./Kind 2,50 AU$/frei, ⏲7.30–17 Uhr) und ein Steg über das Wasser.

Die berühmten Wasserfälle liegen an einem nur mit Jeeps befahrbaren Weg, der zwischen den Abzweigungen nach Nourlangie bzw. Cooinda nach Süden vom Kakadu Hwy abgeht. Die Jim Jim Falls sind ca. 56 km von der Abzweigung entfernt (der letzte Kilometer ist Fußweg); zu den **Twin Falls** sind es weitere 5 km. Die Strecke ist nur während der Trockenzeit befahrbar und kann bis Ende Mai geschlossen sein. Für die meisten Mietwagen ist sie tabu (das Kleingedruckte prüfen!). Einige Tourveranstalter fahren in der Trockenzeit hierher. Es gibt einen Campingplatz, **Garrnamarr** (Erw./Kind 5 AU$/frei), nahe den Jim Jim Falls.

Cooinda & Yellow Water

Cooinda ist bekannt für Touren (S. 920) durch ein Sumpfgebiet, das auch Yellow Water genannt wird und mittlerweile ein schickes Resort geworden ist. Etwa 1 km vom Resort entfernt befindet sich das **Warradjan Aboriginal Cultural Centre** (www.kakadu-attractions.com/warradjan; Yellow Water; ⏲9–17 Uhr), das die Entstehungsgeschichte erläutert und eine tolle Ausstellung zeigt, zu der Schlaghölzer, Zuckertütchenhalter und Beispiele für Felskunst gehören. Besucher können sich über das Moiety-System (interne Gliederung der Stämme), über Sprachen und Skin-Groups informieren, und es gibt ein kleines Kino mit einer großen Filmauswahl. Im Hintergrund dudelt ein hypnotischer Soundtrack aus Gesängen und Digeridoo-Musik. Warradjan ist einen einfachen, 2 km langen Fußmarsch vom Cooinda-Resort entfernt.

Die **Gagudju Lodge & Camping Cooinda** (☎08-8979 0145; 1800 500 401, 08-8979 0145; www.gagudjulodgecooinda.com.au; Stellplatz ohne/mit Strom 36/46 AU$, B 57 AU$, Budget/Lodge Zi. ab 155/295 AU$; ❄@≋) ist das beliebteste Resort im Park, eine moderne Oase. Aber auch die 380 Stellplätze sind schnell ausgebucht! Bewohner der günstigen Wohneinheiten mit Klimaanlage teilen sich die sanitären Anlagen mit den Campingplatzbewohnern. Die Wohneinheiten sind kompakt und recht komfortabel (das sollten sie aber für *den* Preis auch sein). Die Zimmer für bis zu vier Personen in der Lodge sind geräumig und gemütlicher. Es gibt auch einen Lebensmittelladen, einen Tourbuchungsschalter, eine Zapfsäule und die hervorragende Open-Air-**Barra Bar & Bistro** (Hauptgerichte 15–36 AU$; ⏲ morgens, mittags & abends).

Die Abzweigung zum Cooinda-Resort und zu den Yellow-Water-Sümpfen kommt 47 km hinter der Arnhem-Hwy-Kreuzung auf dem Kakadu Hwy in Sicht. Abseits des Kakadu Hwy, 2 km südlich der Abzweigung nach Cooinda, liegt der einfache **Campingplatz Mardugal** (Erw./Kind 10 AU$/frei) – ein schöner, ganzjährig betriebener Platz mit Duschen und Toiletten.

Von Cooinda nach Pine Creek

Obwohl dieser südliche Parkteil weitaus weniger Tourbusse verzeichnet, hat man das traumhafte Maguk (Barramundi Gorge; 45 km südlich von Cooinda) wohl kaum ganz für sich allein. Wer jedoch der 10 km langen, holperigen Geländewagenpiste dorthin zur richtigen Zeit folgt, trifft an dem herrlichen Naturbecken mit Wasserfall eventuell nur wenige andere Besucher. Allradantrieb empfiehlt sich auch für die unbefestigte Abzweigung zum Wasserfall Gunlom (Waterfall Creek; 37 km), die etwa 40 km weiter südlich beginnt. Am Ende warten eine Steilkante mit dem Wasserfall, ein Badeloch, ein Campingplatz und der steile **Waterfall Walk** (1 km, 1 Std.) mit einer grandioser Aussicht.

Kurz außerhalb der südlichen Parkgrenze liegt das **Goymarr Tourist Resort** (☎ 08-8975 4564; Kakadu Hwy; Stellplatz ohne/mit Strom 20/30 AU$, B 20 AU$, Budget-DZ/Motel-DZ 65/125 AU$) mit verschiedenen Unterkünften, einem Bistro und einer Bar. Bei Anfahrt von Süden her kann man seinen Pass für den Kakadu National Park in einer orangefarbenen Baracke mit kleiner Besucherinformation und Kunstgalerie kaufen.

Aktivitäten

Yurmikmik Walks WANDERN & TREKKEN

An der Straße zu den Gunlom Falls beginnen einige miteinander verbundene Wanderwege, die zuerst durch Wald- und Regenwaldgebiete nach **Boulder Creek** (2 km, 45 Min.), dann weiter zum **Aussichtspunkt** (5 km, 1½–2 Std.) mit Blick über die zerklüfteten Klippen und schließlich zu den **Motor Car Falls** (7,5 km, 4 Std.) führen.

Praktische Informationen

Etwa 200 000 Menschen besuchen den Kakadu National Park zwischen April und Oktober, daher ist mit einigen Tourbussen zu rechnen, z. B. bei Ubirr und Yellow Water. Etwas Zeit zum Wandern und Campen im Südteil des Parks einplanen – der ist weniger überlaufen und sehr schön!

Um in den Park zu kommen, braucht man einen 14 Tage gültigen **Parkpass** (Erw./Kind 25 AU$/frei): Man erhält ihn (zusammen mit dem hervorragenden *Visitor Guide*) am Bowali Visitor Information Centre, bei Tourism Top End in Darwin, der Gagudju Lodge Cooinda, im Goymarr Tourist Resort, oder beim Katherine Visitor Information Centre. Man muss ihn jederzeit bei sich tragen, denn die Ranger kontrollieren stichprobenartig (wer keinen hat, zahlt Strafe). Benzin gibt's im Kakadu Resort, in Cooinda, Goymarr Tourist Resort und Jabiru. Jabiru verfügt über eine Einkaufsmeile mit Supermarkt, Post, einer Westpac Bank und einer Pressestelle.

Die Preise für Unterkünfte im Park schwanken extrem je nach Jahreszeit – die Resort-Preise fallen während der Regenzeit um bis zu 50 %.

Das erstklassige **Bowali Visitor Information Centre** (☎ 08-8938 1121; www.kakadunationalparkaustralia.com/bowali_visitors_center.htm; Kakadu Hwy, Jabiru; ⏲ 8–17 Uhr) zeigt eine Ausstellung zu sämtlichen hiesigen Landschaften und das Ökosystem aus der Perspektive der Aborigines und der Nicht-Aborigines. Die hilfsbereiten Angestellten am Infoschalter kennen Details zu den Wanderungen, Tieren und Pflanzen. Auf dem Flyer „What's on" steht, wann und wo der Vortrag eines Park-Rangers stattfindet. Das Zentrum liegt etwa 2,5 km südlich der Arnhem-Hwy-Kreuzung. Ein 1 km langer Wanderweg verbindet es mit Jabiru.

Der Northern Land Council stellt Genehmigungen zum Besuch von Gunbalanya (Oenpelli) auf der anderen Seite des East Alligator River aus (Erw./Kind 16,50 AU$/frei).

Anreise & Unterwegs vor Ort

Viele Leute kommen im Rahmen einer Tour in den Park – mit minimalem Aufwand kommt man so zu den wichtigsten Sehenswürdigkeiten. Man kommt aber auch genauso gut mit dem eigenen Auto klar, wenn man weiß, welche Straßen es bewältigen kann (für die Jim Jim Falls und die Twin Falls braucht man z. B. einen Geländewagen).

Greyhound Australia (www.greyhound.com.au) fährt täglich von Darwin über Jabiru (65 AU$, 3½ Std.) nach Cooinda (89 AU$, 4½ Std.).

Arnhem Land

Das Arnhem Land ist eine riesige, überwältigende und mysteriöse Ecke des Northern Territory. Das Aborigine-Reservat hat etwa die Größe des Bundesstaats Victoria und nur ca. 17000 Bewohner, von denen die meisten Yolngu sind. Es ist eines der größten unberührten Wildnisgebiete Australiens. Die meisten Menschen hier leben in entlegenen Siedlungen und verbinden traditionelle Lebensweisen mit modernen. Sie gehen z.B. auf die Jagd, sind aber rechtzeitig zu den 18-Uhr-Nachrichten zurück. Dass zu viel Kommerzielles oder zu viele Besucher in das Gebiet kommen, verhindert das Genehmigungssystem. Damit sollen die Umwelt, die Felskunst und die Zeremonienplätze geschützt werden. *Balanda* (Weiße) kennen die Stellen der Begräbnis- und Zeremonienstätten nicht. Man muss einen genauen Grund (z.B. den Besuch eines Kunstzentrums) angeben können, um eine Genehmigung zu erhalten. Wer so weit ins Land reist, dass eine Übernachtung nötig wird, muss sich eine Unterkunft organisieren (und die sind knapp!). Problemlos kommt man aber im Rahmen einer Tour oder auf eigene Faust nach Gunbalanya (Oenpelli) gleich hinter der Grenze und zum dortigen Kunstzentrum. Alles andere besucht man besser auf einer Tour; die Organisatoren kümmern sich dann um alles.

Geführte Touren

Arnhemlander Cultural & Heritage Tour SEHENSWÜRDIGKEITEN
(☎1800 895 179; www.kakaduculturaltours.com.au; Erw./Kind 229/183 AU$) Jeeptouren zum Mikinj (Crocodile Nest) Valley und zum Injalak Art Centre in Gunbalanya (Oenpelli).

Davidson's Arnhemland Safaris SEHENSWÜRDIGKEITEN
(☎08-8927 5240; www.arnhemland-safaris.com) Mit diesem erfahrenen Anbieter geht's nach Mt. Borradaile nördlich von Oenpelli. Der Tagespreis (750 AU$) beinhaltet das Übernachten in einem Safaricamp, alle Mahlzeiten, Angeln und geführte Touren (u.a. zu Stätten mit indigener Felskunst). Bei Bedarf sind Shuttles ab Darwin möglich.

Venture North Australia WILDNIS
(☎08-8927 5500; www.northernaustralia.com; 4-/5-tägige Tour 2290/2590 AU$) Die Jeeptouren zu entlegenen Gebieten werden von Experten in Sachen Felskunst begleitet. Die Firma betreibt auch ein Safaricamp bei Smith Point auf der Cobourg Peninsula.

Lord's Kakadu & Arnhemland Safaris SEHENSWÜRDIGKEITEN
(☎08-8948 2200; www.lords-safaris.com; Erw./Kind ab Jabiru 215/170 AU$, ab Darwin 245/195 AU$) Die Tagestouren ins Arnhem Land (Gunbalanya) besuchen auch Oenpelli, wo die Felskunststätte Injalak Hill zu Fuß unter indigener Leitung umrundet wird.

Nomad Tours SEHENSWÜRDIGKEITEN
(☎08-8987 8085; www.banubanu.com; Touren ab 2188 AU$, mind. 3 Tage) Luxuriöse Kleingruppentouren ab Nhulunbuy (z.B. Geländewagenttouren, Kulturexkursionen oder Angeln per Charterboot).

Gove Diving & Fishing Charters ANGELN
(☎08-8987 3445; www.govefish.com.au) Angeln (halber/ganzer Tag 205/305 AU$), Tauchen, Schnorcheln und Wildnistouren ab Nhulunbuy.

Gunbalanya (Oenpelli)

1121 EW.

Gunbalanya ist eine kleine Aborigine-Gemeinde im Arnhem Land, die 17 km vom Border Store im Kakadu National Park entfernt auf der anderen Seite des East Alligator River liegt. Schon die Fahrt durch leuchtend grünes Sumpfland und vorbei an tollen Felsformationen lohnt sich. Die Straße ist nur zwischen Mai und Oktober passierbar. Vor dem Aufbruch sollte man nachfragen, wann am Cahill's Crossing am East Alligator River Flut ist, damit man auch wirklich auf die andere Seite kommt.

Um den Ort zu besuchen, braucht man eine Genehmigung. Diese wird in der Regel für eine Stippvisite des **Injalak Arts & Crafts Centre** (www.injalak.com; ⏲Mo–Fr 8–17, Sa 8.30–14 Uhr) ausgestellt. In dem Zentrum werden traditionelle Gemälde auf Baumrinde und Papier, Didgeridoos, Gewebtes und Korbwaren aus den Fasern des Schraubenbaums sowie im Siebdruckverfahren bedruckte Stoffe verkauft, die Künstler und Kunsthandwerker vor Ort oder in abgelegenen Filialen überall im Arnhem Land herstellen.

Wenn man um die Veranda des Kunstzentrums herumläuft, kann man die Künstler bei ihrer Arbeit beobachten (nur vormittags). Hinter dem Zentrum schweift der Blick weit über das Sumpfland zu den Felsformationen und zum **Injalak Hill** (Long Tom Dreaming). Erfahrene Einheimische leiten Touren zu den hiesigen Felskunststätten. Die zweistündige Führung (Reservierung erforderlich) kostet 150 AU$ pro Gruppe. Es ist zwar möglich, sich vor Ort einer Gruppe anzuschließen, aber am besten bucht man die Tour schon in Jabiru oder Darwin.

Der **Northern Land Council** (☎08-8938 3000, 1800 645 299; www.nlc.org.au; 3 Government Bldg, Flinders St, Jabiru; ⏲Mo–Fr 8–16.30 Uhr) stellt Genehmigungen (Erw./Kind 16,50 AU$/frei) für den Besuch von Injalak aus, meist sofort. Hier bekommt man auch Gezeitentabellen für den East Alligator River, der bei Flut nicht passierbar ist.

Cobourg Peninsula

Die Wildnis dieser Halbinsel sowie die angrenzenden Meeresgebiete gehören zum **Garig Gunak Barlu National Park** (www.nretasnt.gov.au/national-parks-and-reserves/parks/find/gariggunak). Im türkisfarbenen Wasser sichtet man sehr wahrscheinlich Delfine und Schildkröten. Außerdem kann man prima Riesenfederflosser angeln – deshalb kommen die meisten Menschen hierher.

An der Küste vor **Port Essington** finden sich Ruinen und Grundsteine der Siedlung Victoria – Großbritanniens Versuch, hier 1838 einen Militärposten einzurichten.

In **Algarlarlgarl** (Black Point) gibt's eine **Rangerstation** (☎08-8979 0244) mit einem Besucher- und Kulturzentrum und dem **Garig Store** (☎08-8979 0455; ⏲Mo–Sa 16–18 Uhr), der Grundnahrungsmittel, Eis und Campinggas verkauft.

Um die Cobourg Peninsula zu besuchen, braucht man zwei Genehmigungen: den Transit Pass (12,10 AU$/Auto) zur Fahrt durch Aborigine-Land erhält man im Northern Land Council (S. 884); die Erlaubnis, über Nacht im Nationalpark zu bleiben, gibt's beim **Cobourg Peninsula Sanctuary & Marine Park Board** (☎08-8999 4814; www.nretas.nt.gov.au/national-parks-and-reserves/parks/find/gariggunak). Die Übernachtungsgebühr beträgt 232,10 AU$ pro Fahrzeug; sie gilt für fünf Personen und sieben Tage und beinhaltet das Campen und den Transit Pass.

Es gibt hier zwei Campingplätze mit Duschen, Toiletten, Grills und einem begrenzten Vorrat an Brunnenwasser. In einer Ecke sind auch Generatoren erlaubt. Die Campinggebühren (16,50 AU$/Pers. & Tag) sind in der Fahrzeuggebühr enthalten, aber wer mit dem Flugzeug anreist, muss sie noch bezahlen. Weitere – teurere – Übernachtungsmöglichkeiten gibt es im Angelresort.

ℹ An- & Weiterreise

Am schnellsten kommt man mit einem Charterflieger her, was von den Unterkunftsanbietern organisiert werden kann. Die Straße nach Cobourg beginnt in Gunbalanya (Oenpelli) und ist nur per Jeep und nur von Mai bis Oktober befahrbar. Die 270 km lange Fahrt nach Black Point vom East Alligator River aus dauert vier Stunden.

Östliches Arnhem Land

Die schöne, wilde Küste und das Hinterland des östlichen Arnhem Land (www.ealta.org) sind absolut abgelegen. Rund 4000 Menschen leben in Nhulunbuy, der größten Siedlung der Region, die der Bauxit-Mine wegen hier errichtet wurde. Die Pläne von 1963, hier eine Mangan-Mine anzulegen, stießen bei den Yolngu, den traditionellen Eigentümern, auf heftigen Protest. Obwohl der Abbau dann trotzdem vorangetrieben wurde, war der Fall ein bedeutender Schritt zur Durchsetzung der Landrechte der Aborigines. Auch einige der schönsten Kunsthandwerksgegenstände stammen aus der Region, u.a. Rindenmalereien, *mimi*-Figuren, *yidaki* (Didgeridoos), Flechtkörbe und -matten sowie Schmuck.

Die **Nambara Arts & Crafts Aboriginal Gallery** (Melville Bay Rd, Nhulunbuy) verkauft Kunsthandwerk aus dem nordöstlichen Arnhem Land. Oft sind Künstler vor Ort. Das **Buku Larrnggay Mulka Art Centre & Museum** (www.yirrkala.com; Yirrkala; Museum Eintritt 2 AU$; ⏲Mo–Fr 8–16.30, Sa 9–12 Uhr), 20 km südöstlich von Nhulunbuy in Yirrkala, ist eines der besten Zentren im Arnhem Land. Für einen Besuch von Nhulunbuy oder vom Gove Airport aus braucht man keine Genehmigung.

Für die Fahrt durch das Arnhem Land muss man sich beim **Northern Land Council** (S. 884) eine (kostenlose) Genehmigung holen. Die **Dhimurru Land Management Aboriginal Corporation** (☎08-8987 3992; www.dhimurru.com.au; Arnhem Rd, Nhulunbuy) stellt Urlaubsgenehmigungen (7 Tage/2 Monate 35/45 AU$) für den Besuch von bestimmten Erholungsgebieten im östlichen Arnhem Land aus – Details stehen auf der Website.

ℹ An- & Weiterreise

Airnorth (☎1800 627 474; www.airnorth.com.au) und Qantaslink (S. 907) fliegt täglich ab Darwin nach Gove (Nhulunbuy); das kostet ab 355 AU$ für die einfache Strecke. Über Land ist es ein zehnstündiger Trip mit dem Geländewagen (nur in der Trockenzeit möglich). Der Central Arnhem Hwy nach Gove verlässt den Stuart Hwy (Rte 87) 52 km südlich von Katherine.

VON KATHERINE NACH ALICE SPRINGS

Der Stuart Hwy zwischen Darwin und Alice Springs heißt allgemein einfach nur „The Track" – und das seit dem Zweiten Weltkrieg, als er wirklich nur ein staubiger Weg war, der die zwei wichtigsten Orte des Territory miteinander verband und mehr oder weniger dem Verlauf der Telegrafenleitung folgte. Die meiste Zeit geht's geradeaus, und je weiter man nach Süden kommt, desto trockener und flacher wird das Gelände. Unterwegs gibt's ein paar nette Abstecher.

Katherine

9187 EW.

In diesem Teil der Welt gilt Katherine als große Stadt, und wer die lange Fahrt über den Highway hinter sich hat, ist auch wirklich froh, endlich irgendwo anzukommen. Der namensgebende Fluss ist der erste permanente Wasserlauf an der Straße von Alice Springs nach Norden. In der Regenzeit schwillt der Katherine River ordentlich an und hat schon einige Überschwemmungen verursacht. Die schlimmste Überschwemmung seit Menschengedenken ereignete sich am Australia Day 1998: Das Wasser überflutete die ganze umliegende Gegend und hinterließ an den Häusern in Katherine noch in 2 m Höhe seine Spuren.

Am bekanntesten ist Katherine wohl wegen des östlich des Orts gelegenen Nitmiluk (Katherine Gorge) National Park. Wer den besuchen möchte, findet in Katherine ein ideales Basislager mit Unterkünften und ein paar ordentlichen Restaurants vor. Der Ort besitzt auch einige Attraktionen, die schon für sich sehenswert sind, darunter eine lebendige indigene Künstlergemeinde, die Thermalquellen und ein paar Museen.

Das Gebiet rund um Katherine ist die traditionelle Heimat der Jawoyn- und Dagoman-Aborigines. Nachdem sie vor Gericht geklagt hatten, wurde ihnen der Besitz großer Landstriche zugesprochen, zu denen auch der Nitmiluk National Park gehört. Vor der Stadt findet man viele Aborigines, die für einige Tage aus abgelegenen Gemeinden in die Stadt kommen und Freunde besuchen oder einfach nur abhängen. Tag und Nacht dröhnt Musik aus den Lautsprechern auf der Hauptstraße – ein schräger Mix aus Country und Retro-Pop, der scheinbar niemanden stört.

Sehenswertes & Aktivitäten

Katherine Low Level Nature Park PARK
(www.ourterritory.com/katherine_nt/low_level.htm) Der Park ist ein hübsches Plätzchen am Ufer des Katherine River, abseits des Victoria Hwy (Rte 1), 4 km von der Stadt entfernt. In der Trockenzeit gibt es dort eine beliebte Badestelle, die über einen von Bäumen gesäumten Fahrrad- bzw. Fußweg mit den kristallklaren **Thermalquellen** (Zugang über die Murray St) verbunden ist

Djilpin Arts KUNSTGALERIE
(www.djilpinarts.org.au; Katherine Tce; ⌚Mo–Fr 9–16 Uhr) Diese Galerie in Katherine gehört Aborigines und zeigt u.a. Malereien, Webereien oder von Termiten ausgehöhlte Didgeridoos. Die Stücke stammen aus dem Ghunmarn Culture Centre in der entlegenen Gemeinde Beswick.

Top Didj Cultural Experience & Art Gallery KUNSTGALERIE
(www.topdidj.com, http://topdidj.com/files/Cultural-Experience_German.pdf; Ecke Gorge & Jaensch Rd; Kulturerfahrung Erw./Kind/Fam. 50/28/140 AU$; ⌚Mai–Okt. 9–18 Uhr, Kulturerfahrung So–Fr 9.30 & 14.30, Sa 9.30 & 13.30 Uhr) Die Inhaber der Katherine Art Gallery geben Besuchern hier eine gute Möglichkeit, Aborigine-Künstler bei der Arbeit zu beobachten. Die „Kulturerfahrung" umfasst eigenhändiges Speerwerfen, Malen, Korbflechten und Benutzen von Feuerstöcken.

Katherine Museum MUSEUM
(Gorge Rd; Erw./Kind 7,50/3,50 AU$; ⌚9–16 Uhr) Das Museum befindet sich im alten Flughafenterminal, etwa 3 km von der Stadt entfernt, an der Straße Richtung Schlucht. Hier lässt sich der echte Gypsy-Moth-Doppeldecker von Dr. Clyde Fenton, dem ersten Flying Doctor, besichtigen. Außerdem sieht man einige weitere interessante alte, rostige Maschinen. Historische Fotos und eine Tafel zur Flut von 1998 gibt es ebenfalls.

School of the Air SCHULE
(☎08-8972 1833; www.schools.nt.edu.au/ksa; Giles St; Erw./Kind 5/2 AU$; ⌚März–Nov.) In der School of the Air, 1,5 km vom Zentrum entfernt, kann man beim Unterricht zuhören und sich ansehen, wie die Kids im Outback

Katherine

0
400 m
In tropischen Gebieten leben Krokodile in Flüssen, Billabongs und Mündungsgebieten.
Giles Park
Cameron St
Clarke Cres
Donegan Cres
Giles St
McDonald St
Rapide St
Dakota Cres
Dove St
Heron Cres
Auster St
Lockheed Rd
Lockheed Park
Cox Cres
Parks & Wildlife
Katherine River
O' Shea Park
O' Shea Tce
Fourth St
Third St
Giles St
Second St
Warburton St
First St
Lindsay St
Chambers Dr
Katherine Public Art & Craft Gallery (500 m)
Katherine Tce
Railway Tce
Shepherd St
Stuttard St
Walter Young St
Pearce St
Victoria Hwy
Katherine Visitor Information Centre
Katherine Transit Centre
Sport- & Erholungsgebiet
Golfplatz
Rennbahn & Messegelände
Thermal Springs (1 km); Katherine Low Level Nature Park (3 km); Katherine Low Level Caravan Park (3,9 km);
(6 km)
(8 km)

Katherine

Sehenswertes
1 Djilpin Arts ... A5
2 Katherine Museum ... D1
3 Railway Museum & Stream Train ... B6
4 School of the Air ... C2

Aktivitäten, Kurse & Touren
5 Nitmiluk Tours ... A5
6 Travel North ... B6

Schlafen
7 Coco's International Backpackers ... B5
8 Katherine River Lodge Motel ... C4
9 Knott's Crossing Resort ... C1
10 Palm Court Kookaburra Backpackers ... C5
11 Paraway Motel ... A5
12 St. Andrews Apartments ... B5

Essen
13 Coffee Club ... B5
14 Katherine Club ... B5
15 Katherine Country Club ... B7
Savannah Bar & Restaurant ... (siehe 9)

virtuell unterrichtet werden. Führungen werden von Montag bis Freitag um 9, 10 und 11 Uhr veranstaltet. Man sollte sich vorher anmelden!

Katherine Public Art & Craft Galley KUNSTGALERIE
(www.ktc.nt.gov.au; Civic Centre, Stuart Hwy; Mo–Fr 8–15 Uhr) GRATIS Die schlichte Galerie zeigt die Katherine Collection, eine der Gemeinde gehörende Sammlung interessanter heimischer Kunst. Hier finden sich ebenfalls ein paar hervorragende Fotos von der Flut im Jahr 1998.

Springvale Homestead GEHÖFT
(www.travelnorth.com.au; Shadforth Rd) Alfred Giles gründete Springvale Homestead im Jahr 1879, nachdem er innerhalb von 19 Monaten 2000 Rinder und Pferde sowie 12 000 Schafe von Adelaide bis hierher getrieben hatte. Dies soll die älteste Rinderfarm des Northern Territory sein. Das steinerne Gehöft steht am Fluss, ungefähr 7 km südwestlich der Stadt, und am umgebenden Flussufer finden sich jetzt Wohnwagen- und Campinganlagen. Von Mai bis September findet täglich um 15 Uhr eine kostenlose Tour über die Farm statt. Leihkanus kosten pro Stunde/zwei Stunden/Tag 20/25/75 AU$. Man kann hier auch übernachten.

Geführte Touren

Gecko Canoeing & Trekking KANUFAHREN, BUSHWALKING
(08-8972 2224, 1800 634 319; www.geckocanoeing.com.au) Die tollen geführten Kanutrips folgen den einsameren Abschnitten des Katherine River (810 AU$/3 Tage) oder alternativ dem Daly und Flora River (1390 AU$/6 Tage). Im Angebot sind auch Treks entlang des Jatbula Trail im Nitmiluk National Park (1290 AU$/5 Tage). Wer den Jatbula Trail abwandert, kann sich zudem von den Edyth Falls aus zurück nach Katherine (50 AU$) oder zur Verwaltung des Nitmiluk National Park (66 AU$) bringen lassen. Mindestteilnehmerzahl bei allen Optionen!

Crocodile Night Adventure BOOTSFAHRT
(1800 089 103; www.travelnorth.com.au; Erw./Kind 69/45 AU$; Mai–Okt. 18.30 Uhr) Die abendlichen Bootsfahrten vom Springvale Homestead aus beobachten Krokos und anderes nächtliches Tierleben am Katherine River. Der Preis beinhaltet Getränke und Essen vom Grill.

Travel North SEHENSWÜRDIGKEITEN
(08-8971 9999, 1800 089 103; www.travelnorth.com.au; 6 Katherine Tce, Transit Centre) Dieser Touranbieter mit Sitz in Katherine veranstaltet dort ganztägige Stadtführungen. Hinzu kommen Touren nach Kakadu, Arnhem Land und Litchfield. Die Firma bucht außerdem Tickets für Greyhound und den *Ghan*.

Feste & Events

Katherine Country Music Muster MUSIK
(www.kcmm.com.au; Mai od. Juni) „Wir mögen beide Musikrichtungen: Country und Western." Reichlich davon gibt's live in den örtlichen Pubs – ergänzt durch Unterhaltung im Lindsay Street Complex (Tick Market) am selben Wochenende. Die Website informiert über aktuelle Termine.

Katherine District Show LANDWIRTSCHAFT
(www.katherineshow.org.au; Katherine Showgrounds; Juli) Alljährliche Landwirtschaftsschau mit den üblichen Fahrgeschäften, Ständen und streng riechenden Tieren.

Schlafen

Coco's International Backpackers HOSTEL $
(08-8971 2889; www.21firstst.com; 21 First St; Stellplatz Zelt 18 AU$/Pers., B 28 AU$) Diese echte Backpacker-Bleibe in einem umgebauten Wohnhaus ist unter Langstreckenradlern sehr bekannt und wirkt wie eine alte Ab-

steige an einer asiatischen Überlandroute: Traveller schrammeln hier träge auf Gitarren herum und tauschen dabei Geschichten übers Outback aus. Der Inhaber unterhält sich gern mit seinen Gästen und gibt sachkundige Hinweise zu den Didgeridoos in seiner Blechschuppen-Galerie: Er stellt die Instrumente selbst her und lässt sie oft von indigenen Gastkünstlern bemalen.

Palm Court Kookaburra Backpackers HOSTEL $
(☎ 08-8972 2722, 1800 626 722; www.palmcourtbackpackers.com; Ecke Third & Giles St; B/Motel-DZ 27/89 AU$, separate Wohneinheit 89 AU$;) Das gut ausgestattete, einladende Hostel in einem früheren Motel hat eine künstliche Steinfassade, die es wie eine Art Burg aussehen lassen soll. Von der Reise gezeichnete Ritter bzw. Jungfern aus aller Welt erfreuen sich hier an Zimmern mit Kühlschrank, TV und eigenem Bad. Das Stadtzentrum liegt in kurzer Laufentfernung; zum Transit Centre fährt ein kostenloser Shuttlebus.

Katherine Low Level Caravan Park WOHNWAGENPARK $
(☎ 08-8972 3962; www.katherinelowlevel.com.au; Shadforth Rd; Stellplatz ohne/mit Strom 37/40 AU$, Hütten-DZ mit eigenem Bad 175;) Tolle Extras machen den gepflegten Wohnwagenpark zum besten von mehreren vor Ort: Hier gibt's viele schattige Stellplätze und einen Pool, der an eine Bar und ein Bistro (Hauptgerichte 20–25 AU$) unter einem herrlichen Feigenbaum grenzt. Um ab der Stadt hierherzukommen, dem Victoria Hwy folgen (ca. 5 km) und die Low Level Bridge überqueren.

Springvale Homestead WOHNWAGENPARK, MOTEL $
(☎ 1800 089 103, 08-8972 1355; www.travelnorth.com.au; Shadforth Rd; Stellplatz ohne/mit Strom 20/27 AU$, DZ/FZ 69/79 AU$;) Das historische Gehöft auf einem Stück Buschland am Katherine River ist eine schöne Option für Camper. Rund 7 km westlich der Stadt empfängt es Gäste mit jeder Menge Platz, einem Bistro (Hauptgerichte 19–25 AU$, morgens & abends) und einem Pool unter Palmen. Die Zimmer im Motelstil sind alt, aber sauber und ihr Geld wert. In der Trockenzeit finden Gratisführungen über das Gelände statt (So–Fr 15 Uhr).

Knott's Crossing Resort RESORT $$
(☎ 08-8972 2511, 1800 222 511; www.knottscrossing.com.au; Ecke Cameron St & Giles St; Stellplatz ohne/mit Strom 27/39 AU$, Hütte/Motel-DZ ab 99/149 AU$;) Das sehr professionell geführte Knott's Crossing ist eher Motel und Hüttenresort als Campingplatz, eignet sich aber dennoch bestens für Wohnmobile und -wagen. Im Tropengarten drängen sich Bar, Bistro und alles andere auf ziemlich engem Raum.

Katherine River Lodge Motel MOTEL $
(☎ 08-8971 0266; www.katheriniverlodge.net; 50 Giles St; EZ/DZ ab 95/105 AU$;) Dies ist eines von Katherines günstigsten Motels – und definitiv das freundlichste. Auf der großen Anlage (3 dreistöckige Blöcke) wohnt man in makellosen Zimmern in einem tropischen Garten. Im zugehörigen Restaurant (Hauptgerichte 18–28 AU$) werden abends sättigende Gerichte serviert, wer will, kann aber auch draußen den Grill anwerfen. Die Zimmer sind nicht gerade *up to date*, aber sie sind ordentlich und sauber.

Paraway Motel MOTEL $$
(☎ 08-8972 2644; www.parawaymotel.com.au; Ecke First St & O'Shea Tce; DZ ab 135 AU$;) Das elegante Motel mit anständigem Restaurant wirkt wie aus dem Ei gepellt und ist trotz praktischer Nähe zur Hauptstraße angenehm ruhig. Fliesen und Tagesdecken mit Blumenmustern verleihen den sehr sauberen Standardzimmern einen typischen Tropenlook. Alternativ gibt's Quartiere mit eigenen Whirlpools.

St. Andrews Apartments APARTMENTS $$$
(☎ 08-8971 2288, 1800 686 106; www.standrewsapts.com.au; 27 First St; Apt. 220–260 AU$;) Die Apartments mit Zimmerservice liegen im Herzen der Stadt und eignen sich sehr gut für Familien oder Traveller, die etwas Komfort wie zu Hause bevorzugen. Sie haben jeweils zwei Schlafzimmer und bieten Platz für vier Personen (bzw. für 6 bei Benutzung der Schlafcouch). Die übrige Einrichtung umfasst komplett ausgestattete Küchen, Wohnzimmer mit Essbereich und im Erdgeschoss auch hübsche kleine Grillterrassen.

Essen

Coffee Club CAFÉ $
(www.coffeeclub.com.au; Ecke Katherine Tce & Warburton St; Gerichte 12–18 AU$; ⏲ Mo–Fr 6.30–17, Sa & So 7–16 Uhr) Obwohl dieses Café zu einer Kette gehört, ist es das beste der Stadt. Hierfür sorgen üppiges, leckeres Frühstück, anständiger Kaffee und viele Optionen für ein leichtes oder magenfüllendes Mittagessen.

Katherine Country Club CLUB MIT ALKOHOLAUSSCHANK $$
(www.katherinecountryclub.com.au; 3034 Pearce St; Hauptgerichte 15–25 AU$; ⏲10 Uhr–open end) Das Bistro mit trinkfesten Gästen und Blick auf Katherines Golfplatz (9 Löcher) ist ein echter Einheimischentreff. Man muss kein Clubmitglied sein und nicht einmal einen Schläger schwingen können: Hier darf jedermann große Steaks, Burger oder Schnitzel zu Aerosmith aus der Jukebox genießen. „Im Golfy sind die Burger besser!"

Savannah Bar & Restaurant MODERN-AUSTRALISCH $$
(☎08-8972 2511; www.knottscrossing.com.au/restaurant; Knott's Crossing Resort, Ecke Giles St & Cameron St; Hauptgerichte 24–46 AU$; ⏲17.30 Uhr–open end) Das anheimelnde kleine Bistro im Knott's Crossing Resort ist ein lokaler Favorit. Wagyu-Rindfleisch, Hummer-Garnelen-Pasta, Kroko-Frühlingsrollen und gegrillter Barramundi lassen sich im Savannah drinnen oder draußen am Swimmingpool vertilgen.

Katherine Club CLUB MIT ALKOHOLAUSSCHANK $$
(www.katherineclubinc.com; Ecke Second St & O'Shea Tce; Hauptgerichte 19–32 AU$; ⏲Mo–Fr 11.30–14, Mo–Sa 18.30–20.30 Uhr) Der zentrumsnahe und kinderfreundliche Club ist nicht sonderlich schick, serviert aber verlässlich gute Bistrokost wie Steak und Barramundi. Abends gibt's u.a. Braten (Di), Pizza (Mi) oder Schnitzel (Do). Interessenten müssen sich an der festungsartigen Rezeption als Besucher eintragen oder sich von einem Clubmitglied mit reinnehmen lassen.

ℹ Praktische Informationen

Katherine Art Gallery (☎08-8971 1051; www.katherineartgallery.com.au; 12 Katherine Tce; ⏲Mai–Okt. tgl. 9–18 Uhr, Nov.–April Mo–Fr 10–17, Sa 10–14 Uhr) Kommerzielle Aborigine-Galerie, die auch als Internetcafé fungiert.

Katherine Hospital (☎08-8973 9211; www.health.nt.gov.au; Giles St) Hat eine Notaufnahme und liegt ca. 3 km nördlich der Stadt.

Katherine Visitor Information Centre (☎1800 653 142; www.visitkatherine.com.au; Ecke Lindsay St & Stuart Hwy; ⏲Trockenzeit tgl. 8.30–17 Uhr, Regenzeit Mo–Fr 8.30–17, Sa & So 10–14 Uhr) Modernes, klimatisiertes Infozentrum mit Details zu allen NT-Regionen und dem praktischen *Katherine Region Visitor Guide*.

Parks & Wildlife (☎08-8973 8888; www.nt.gov.au/nreta/parks; 32 Giles St; ⏲8–16.20 Uhr) Infos und Hinweise zu den Nationalparks.

ℹ Anreise & Unterwegs vor Ort

Katherine ist ein wichtiger Knotenpunkt: Von hier aus verläuft der Stuart Hwy Richtung Norden und Süden, während der Victoria Hwy westwärts nach Kununurra (WA) führt.

Greyhound Australia (www.greyhound.com.au) verbindet Darwin regelmäßig mit Alice Springs, Queensland und WA. Die Busse halten am **Katherine Transit Centre** (☎08-8971 9999; 6 Katherine Tce). Beispiele für Ziele und Preise (jeweils einfache Strecke) ab Katherine: Darwin (94 AU$, 4 Std.), Alice Springs (315 AU$, 16 Std.), Tennant Creek (207 AU$, 8½ Std.), Kununurra (146 AU$, 4½ Std.).

Die **Great Southern Rail** (www.gsr.com.au) lässt den Ghan (Adelaide–Darwin, 2-mal wöchentl.) jeweils vier Stunden lang hier halten – genug für eine Stippvisite zur Katherine Gorge! Der Bahnhof liegt 9 km südwestlich der Stadt am Victoria Hwy. Zugreisen nach/ab Katherine und nach/ab Darwin kosten dasselbe. **Nitmiluk Tours** (☎1300 146 743; www.nitmiluktours.com.au; Katherine Tce; ⏲Mo–Sa 9–17 Uhr) betreibt Shuttlebusse zwischen Bahnhof und Stadt.

Rund um Katherine

Cutta Cutta Caves Nature Park

Etwa 30 km südlich von Katherine sollte man der sengenden Sonne den Rücken zuwenden und 15 m unter die Erde abtauchen: in das labyrinthartige Höhlensystem aus Kalkstein. Die 1499 ha des **Cutta Cutta Caves Nature Park** (☎08-8972 1940; www.nretas.nt.gov.au/national-parks-and-reserves/parks/find/cuttacuttacaves; geführte Touren Erw./Kind 17/8,50 AU$; ⏲8.30–16.30 Uhr, Touren um 9, 10, 11, 13, 14 & 15 Uhr) sind ein einzigartiges Ökosystem: Besucher betreten den Lebensraum von Braunen Nachtbaumnattern, Pythons und von deren Beute, den vom Aussterben bedrohten Gespenstfledermäusen und Hufeisennasen. Cutta Cutta ist ein Jawoyn-Name, der „viele Sterne" bedeutet; für Aborigines war es verboten, die Höhlen zu betreten, denn sie glaubten, hier würden tagsüber die Sterne aufbewahrt. Zutritt hat man nur im Rahmen einer Tour.

Nitmiluk (Katherine Gorge) National Park

Die spektakuläre Katherine Gorge bildet den Rücken des 2920 km² großen **Nitmiluk (Katherine Gorge) National Park** (www.nt.gov.au/nreta/parks/find/nitmiluk.html) und ist etwa 30 km von Katherine entfernt. 13 tiefe Sandstein-Schluchten hat der Katherine River auf seinem Weg vom Arnhem Land zur Timorsee ins Gestein gefräst – ein gespenstisch schöner Ort (auch wenn es in der Hauptsaison voll wird) und ein Muss, wenn man in Katherine ist! In der Trockenzeit kann man prima auf dem Fluss paddeln, aber in der Regenzeit wird das sonst ruhige Wasser zu einer reißenden Sturzflut, die durch die Schlucht peitscht. Mindestens einen ganzen Tag zum Kanufahren oder Paddeln und zum Bushwalken einplanen!

Die angestammten Besitzer sind die Jawoyn-Aborigines, die den Park zusammen mit Parks & Wildlife betreiben. **Nitmiluk Tours** (s. rechte Spalte) kümmert sich um Unterkünfte, Touren und Aktivitäten im Park.

Sehenswertes

Leliyn (Edith Falls) NATURSCHUTZGEBIET

Zum Wasserfall kommt man, indem man den Stuart Hwy von Katherine aus 40 km nach Norden fährt und dann 20 km einer befestigten Straße folgt. Hier kann man in idyllischer Umgebung sicher baden und prima wandern. Der mittelschwere **Leliyn Trail** (Rundweg, 2,6 km, 1½ Std.) steigt an bis zur Steilstufe und führt an Grevilleen (Silbereichen) und Spinifex sowie an malerischen Aussichtspunkten vorbei (Bemang ist nachmittags am schönsten) zum Upper Pool, von wo der mittelschwere **Sweetwater Pool Trail** (hin & zurück 8,6 km, 3–5 Std.) abzweigt. Am ruhigen Sweetwater Pool gibt es einen kleinen **Campingplatz** (3,30 AU$/Pers. zzgl. 50 AU$ Pfand); Übernachtungsgenehmigungen sind am Kiosk erhältlich.

Den größeren Lower Pool – eine herrliche, spiegelglatte Lagune zum Schwimmen – erreicht man in einem schnellen, 150 m langen Abstecher vom Parkplatz aus. Der **Campingplatz** von Parks & Wildlife (☎08-8975 4869; Erw./Kind 12/6 AU$) neben dem Parkplatz bietet Grasstellplätze, viel Schatten, Toiletten, Duschen, eine Waschmaschine und sanitäre Einrichtungen für Behinderte. Gebühren zahlt man am **Kiosk** (⌚Mai–Okt. 8–18 Uhr, Nov.–April 9.30–15 Uhr), an dem Snacks und Grundnahrungsmittel verkauft werden. Nebenan gibt's einen Picknickplatz mit Grill und Tischen.

Aktivitäten

Bootsfahrten durch die Schlucht

Nitmiluk Tours BOOTSFAHRTEN

(☎08-8972 1253, 1300 146 743; www.nitmiluktours.com.au; 2-stündige Fahrt Erw./Kind 73/41 AU$, 4-stündige Fahrt Erw./Kind 91/46 AU$, Frühstücksfahrt Erw./Kind 88/58 AU$, Sonnenuntergangsfahrt Erw./Kind 142/126 AU$) Bei einer Bootsfahrt lässt sich die Schlucht sehr einfach bewundern. Wichtig: In der Hauptsaison sind einige Touren äußerst gefragt – darum spätestens am Vortag buchen! Die zweistündige Variante zur zweiten Schlucht (tgl. 9, 11, 13 & 15 Uhr je nach Wasserstand; ganzjährig) besucht in einem 800 m langen Fußmarsch auch eine Felskunststätte. Für Rollstuhlfahrer ist nur der obere Teil der ersten Schlucht zugänglich. Der vierstündige Ausflug zur dritten Schlucht (April–Nov. tgl. 9 Uhr,

DIE KULTURZENTREN GHUNMARN & MANYALLALUK

Wer sich für echte Aborigine-Kunst interessiert, wie sie von den örtlichen Gemeinschaften hergestellt wird, kann den Stuart Hwy auf einen Abstecher verlassen, um dieses entlegene Kulturzentrum zu besuchen.

Das kleine Beswick ist über den befestigten Central Arnhem Hwy zu erreichen, 56 km östlich vom Stuart Hwy an den südlichen Ausläufern des Arnhem Land. Hier liegt das **Ghunmarn Cultural Centre** (☎08-8977 4250; www.djilpinarts.org.au; Beswick; ⌚April–Nov. Mo–Fr 9.30–16 Uhr), eröffnet 2007, in dem die hiesige Kunst, Drucke, Schnitzereien, Webstücke und Didgeridoos aus dem westlichen Arnhem Land gezeigt werden. Das Zentrum präsentiert auch die Blanasi Collection, eine ständige Ausstellung von Arbeiten der Stammesobersten der westlichen Arnhem-Land-Region. Besucher dürfen das Zentrum auch ohne Genehmigung betreten – vorher aber besser telefonisch prüfen, ob geöffnet ist! Wenn man es nicht besuchen kann, sollte man sich Djilpin Arts (S. 933) in Kathrin ansehen.

Ein ganz besonderes Festival in Beswick ist Walking With Spirits (S. 895). Dabei werden in Zusammenarbeit mit der Australian Shakespeare Company traditionelle Corroborees (Zeremonien) durchgeführt. Die Veranstaltung findet am ersten Wochenende im August statt. Campen kann man während des Wochenendes in Beswick Falls, man muss aber auf jeden Fall vorher reservieren.

Mai–Aug. auch 11 & 13 Uhr) beinhaltet Erfrischungen und Badepausen.

Hinzu kommen eine etwas entspanntere Frühstücksfahrt (2 Std.; Mai–Okt. 7 Uhr) sowie ein Sonnenuntergangstrip (Mai–Dez. Mo, Mi, Fr, Sa & So 16.30 Uhr) inklusive Abendbuffet und Schampus bei Kerzenlicht.

Bushwalking

Der Park bietet ein Netz von etwa 120 km markierter Wanderwege. Es gibt Wege von 2 km Länge, aber auch bis zu 66 km lange Strecken für mehrtägige Wanderungen. Wer im Park übernachten will, muss sich im Nitmiluk Centre registrieren. Für die Übernachtung hinterlegt man 50 AU$ Pfand; die Campinggebühr beträgt 3,30 AU$ pro Nase und Nacht. Das Nitmiluk Centre hat Karten und Infos zu allen Wandermöglichkeiten.

Barrawei (Lookout) Loop BUSHWALKING

Mittelschwere Rundwanderung (3,7 km, 2 Std.), die mit einem kurzen, steilen Anstieg beginnt und eine schöne Aussicht auf den Katherine River bietet.

Butterfly Gorge BUSHWALKING

Anspruchsvoller Marsch (hin & zurück 12 km, 4½ Std.) durch schattige Monsun-Regenwälder, in denen man oft Schmetterlinge sieht. Ziel ist eine tiefe Badestelle im Zentrum der zweiten Schlucht.

Jawoyn Valley BUSHWALKING

Schwierige Rundroute durch die Wildnis (40 km, mit Übernachtung), die ab der Eighth Gorge in ein Tal mit Felsvorsprüngen und -malereien hineinführt.

Jatbula Trail BUSHWALKING

Der berühmte, schwierige Trek (einfache Strecke 66 km, 5 Tage; April–Okt. geschl.) nach Leliyn (Edith Falls) erklimmt die Steilkante des Arnhem Land. Unterwegs passiert er die von Sümpfen gespeisten Biddlecombe Cascades, die Crystal Falls, das Amphitheatre und den Sweetwater Pool. Wanderer können nur in einer Richtung laufen (d.h. nicht von Leliyn zur Katherine Gorge) und müssen mindestens zu zweit sein. Los geht's mit einer Bootsfahrt (7 AU$) über die Schlucht.

Kanufahren

Schluchterkundungen mit einem eigenen Boot sind unschlagbar. Viele Traveller paddeln zumindest bis zur ersten oder zweiten Klamm. Achtung: Unbedingt die sengende Sonne berücksichtigen! Zudem muss man das Kanu eventuell über die Felsriegel und Stromschnellen zwischen den Schluchten tragen. Das Nitmiluk Centre verteilt den empfehlenswerten *Canoeing Guide*. Wer sein eigenes Boot benutzen will, muss eine Registrierungsgebühr (5,50 AU$/Pers.) bezahlen und eine Kaution (50 AU$) hinterlegen.

Nitmiluk Tours KANUFAHREN

(☎1300 146 743, 08-8972 1253; www.nitmiluktours.com.au) Von April bis November vermietet der Anbieter Einzel-/Doppelkanus für einen halben Tag (48/71 AU$, Abfahrt 8 & 13 Uhr) oder den ganzen Tag (62/90 AU$, Abfahrt 8 Uhr). Inklusive sind eine „wasserfeste" Tonne für Kameras und sonstige Ausrüstung (bei unserem Test war sie allerdings nicht ganz wasserdicht), eine Karte und eine Schwimmweste. Während der halbtägigen Tour kann man nur bis zur ersten Schlucht paddeln. Wer einen ganzen Tag bucht, kommt bis zur dritten Schlucht, wenn er fit genug ist – früh starten! Der Kanuschuppen befindet sich am Bootsanleger beim Hauptparkplatz, etwa 500 m hinter dem Nitmiluk Centre. Bei den Halbtagestouren kommen noch 50 AU$ Pfand dazu.

Wer etwas abenteuerlustiger ist, kann das Kanu auch über Nacht mieten (Einzel-/Doppelkanu 119/133 AU$ zzgl. 3,30 AU$ für die Campingerlaubnis) – es gibt Campingplätze an der fünften, sechsten, achten und neunten Schlucht. Auf jeden Fall reservieren, denn die Übernachtungsgenehmigungen sind limitiert! Man muss 60 AU$ Pfand hinterlegen. Diese Tour sollte man auf keinen Fall leichtfertig angehen!

Panoramaflüge

Nitmiluk Tours PANORAMAFLÜGE

(☎1300 146 743; www.nitmiluktours.com.au; ab 85 AU$/Pers.) Die Palette der Panoramaflüge reicht vom achtminütigen Abstecher über die erste Schlucht (85 AU$/Pers.) bis hin zur 18-minütigen Tour über alle 13 Schluchten (232 AU$/Pers.). Bei der Adventure Swim Tour (449 AU$/Pers.) wird man für ca. eine Stunde an einem einsamen Badeloch abgesetzt. Ausgedehntere Trips besuchen z.B. den Kakadu National Park oder Stätten mit Aborigine-Felskunst. Das Nitmiluk Centre nimmt Buchungen entgegen.

Schlafen

Im ganzen Park gibt's Buschcampingplätze für Wanderungen mit Übernachtung. Hinzu kommen durchgängig betriebene Gelände in Leliyn (Edith Falls) und beim Nitmiluk Visitor Centre. 2013 soll außerdem die neue, interessante Cicada Lodge eröffnen.

Nitmiluk National Park Campground CAMPING $
(☎08-8972 1253, 1300 146 743; www.nitmiluktours.com.au; Stellplatz ohne/mit Strom 36/40 AU$, Safarizelt 124 AU$;) Bietet viel Rasen bzw. Schatten, Warmwasserduschen, Toiletten, Grills, eine Waschküche, einen Kiosk an einem einladenden Pool und ein „Dorf" aus fest aufgebauten Safarizelten. Oft schauen Wallabys und Warane vorbei. Gebucht wird über das Nitmiluk Centre.

Nitmiluk Chalets HÜTTEN $$
(☎08-8972 1253, 1300 146 743; www.nitmiluktours.com.au; Hütte mit 1/2 Schlafzi. 195/245 AU$;) Diese Hütten sind eine gute Wahl, wenn man ein festes Dach über dem Kopf und einen Flachbild-TV bevorzugt. Gäste können alle Einrichtungen (Pool, Kiosk, Grills usw.) des benachbarten Wohnwagenparks nutzen.

Cicada Lodge BOUTIQUEHOTEL $$$
(☎1300 146 743; www.cicadalodge.com.au; Nitmiluk National Park; DZ inkl. Frühstück 645 AU$;) Ebenfalls nahe beim Visitor Center liegt diese Luxus-Lodge, deren Architekturdesign moderne Eleganz mit Traditionselementen der Jawoyn mixt. Die nur 18 Nobelzimmer bieten Aussicht auf den Katherine River. Auch Pauschalangebote mit Schlucht- oder abendlichen Bootsfahrten sind buchbar.

ℹ Praktische Informationen

Das **Nitmiluk Centre** (☎08-8972 1253, 1300 146 743; www.nitmiluktours.com.au; ⏲7–18 Uhr) hat hervorragende Ausstellungen und Informationen zur Geologie, den Tieren, den angestammten Besitzern (den Jawoyn) und zur neueren Geschichte des Parks. Es gibt hier auch ein Restaurant (Snacks & Gerichte 5–20 AU$). Im Büro von **Parks & Wildlife** (☎08-8972 1886) bekommt man Informationsblätter zu diversen markierten Wanderwegen, die hier beginnen und quer durch die malerische Landschaft südlich der Schlucht führen. Für Wanderungen über Nacht und Campinggenehmigungen (3,30 AU$/Nacht) kann man sich zwischen 7 und 13 Uhr registrieren. Kanugenehmigungen werden ebenfalls hier ausgestellt. Im Zentrum erfährt man zudem, wann Vorträge der Ranger stattfinden.

ℹ An- & Weiterreise

Es sind 30 km auf einer befestigten Straße von Katherine zum Nitmiluk Centre, und noch ein paar hundert Meter weiter bis zum Parkplatz, wo die Schlucht – und die Bootsfahrten – beginnen.

Nitmiluk Tours (☎08-8972 1253, 1300 146 743; www.nitmiluktours.com.au; 27 Katherine Tce, Shop 2, Katherine; Erw./Kind hin & zurück 27/19 AU$) fährt täglich zwischen Katherine und der Schlucht. Los geht's am Nitmiluk Town Booking Office; auf Wunsch wird man auch vom Hotel abgeholt. Die Busse verlassen Katherine um 7.30, 12.15 und 17 Uhr. Rückkehr aus Nitmiluk ist um 8, 13.15 und 17.30 Uhr.

Von Katherine nach Western Australia

Der befestigte Victoria Hwy – ein Teil des Savannah Way – erstreckt sich 513 km von Katherine nach Kununurra in WA. Er windet sich durch unterschiedlichste Landschaften und wurde beträchtlich ausgebaut, als in den 1880er-Jahren viele Rinderfarmen entstanden, die in den 1950er-Jahren zum wirtschaftlichen Rückgrat wurden.

Mit einem Geländewagen kommt man in einige der einsamen Nationalparks abseits des Victoria Hwy. Wer möchte, folgt der Straße durch die semiaride Wüste und an Sandsteinfelden vorbei, bis dicke Affenbrotbäume davon künden, dass man nun in Western Australia angekommen ist. Obst, Gemüse, Nüsse und Honig müssen bei der Quarantänestation an der Grenze abgegeben werden. In Western Australia ist es eineinhalb Stunden früher als im Northern Territory.

Flora River Nature Park

Das blaugrün schimmernde, mineralreiche Wasser des Flora River lagert Kalziumkarbonat auf Wurzeln und abgebrochenen Ästen ab. So entstehen Riegel aus porösem Kalksteintuff, die eine Reihe hübscher Wasserfälle erzeugen. Achtung: Wegen Krokodilgefahr ist Baden im Fluss verboten! Der **Flora River Nature Park** (www.nretas.nt.gov.au/national-parks-and-reserves/parks/find/florariver) hat auch einen **Campingplatz** (bei Djarrung; Erw./Kind 6,60/3,30 AU$) mit sanitären Einrichtungen. In naher Zukunft wird er Giwining heißen.

Die unbefestigte Abzweigung zum Parkeingang (32 km) befindet sich 90 km südwestlich von Katherine. Die Strecke ist recht gut in Schuss und während der Trockenzeit auch mit normalen Autos befahrbar.

Victoria River Crossing

Rote Sandsteinklippen umgeben die Stelle, an der der Highway über den Victoria River (194 km westlich von Katherine) verläuft – ein atemberaubender Anblick. Der größte Teil des Gebiets gehört zum östlichen

Bereich des Gregory National Park. Der **Victoria River Roadhouse Caravan Park** (☎08-8975 0744; Fax 08-8975 0819; Victoria Hwy; Stellplatz ohne/mit Strom 15/20 AU$, DZ 125 AU$) westlich der Brücke bietet einen Laden, eine Bar und Essen (12–29 AU$).

Timber Creek

231 EW.

Das kleine Timber Creek ist die einzige Stadt zwischen Katherine und Kununurra. Für ein so kleines Örtchen hat es eine recht „große" Geschichte: Ein frühes europäisches Expeditionsschiff, die *Tom Tough*, benötigte Reparaturen, die mit hiesigem Holz (engl. *timber*) durchgeführt werden sollten. Das Oberhaupt der Expedition, A.C. Gregory, kratzte das Datum seiner Ankunft in einen Affenbrotbaum, den **Gregory's Tree** 15 km nordwestlich der Stadt. Es ist noch immer lesbar und wird detailliert durch Schautafeln erläutert.

Das **Old Police Station Museum** (www.nationaltrustnt.org.au; Erw./Kind 4 AU$/frei; ⌚Mai–Okt. Mo–Fr 10–12 Uhr), gegründet um die Beziehungen zwischen Viehhaltern und Ureinwohnern zu verbessern, ist jetzt ein Museum, in dem alte Polizei- und Minenausrüstungen gezeigt werden.

Ein Highlight in Timber Creek ist der **Victoria River Cruise** (☎08-8975 0850; www.victoriarivercruise.com; Erw./Kind 85/45 AU$; ⌚Mo–Sa 16 Uhr). Man fährt 40 km flußabwärts und beobachtet Tiere. Zum glutroten Sonnenuntergang ist man wieder zurück.

Die Stadt wird von dem an der Straße gelegenen **Timber Creek Hotel & Circle F Caravan Park** (☎08-8975 0722; www.timbercreekhotel.com.au; Victoria Hwy; Stellplatz ohne/mit Strom 25/27,50 AU$, Budget Zi. 66 AUS$, Motel-DZ 95 AU$; ❄ ≋) dominiert. Riesige Bäume bieten Schatten für Teile des Campingplatzes, der neben einer kleinen Schlucht liegt, wo jeden Abend (17 Uhr) Krokodile gefüttert werden. Zum Komplex gehören das Timber Creek Hotel und Fogarty's Store.

Gregory National Park

Die einsame Wildnis des wenig besuchten **Gregory National Park** (www.nretas.nt.gov.au/national-parks-and-reserves/parks/find/gregory) ist absolut umwerfend. Mit 12 860 km² Fläche umfasst er den Übergangsbereich zwischen der tropischen und der semiariden Zone. Der Park, der vielleicht bald Judbarra National Park heißen wird, wurde auf ehemaligem Weideland eingerichtet und hat zwei getrennte Bereiche: den Ostteil (Victoria River) und das viel größere Bullita-Gebiet im Westen. Einige Parkbereiche sind für normale Fahrzeuge zugänglich. Allerdings sind die unglaublich holprigen, nur in der Trockenzeit von Jeeps befahrbaren Wege das, was hier wirklich sehenswert ist. Um diese zu befahren, muss man als Selbstversorger unterwegs sein und sich registrieren (☎1300 650 730).

Parks & Wildlife (☎08-8975 0888; ⌚7–16.30 Uhr) in Timber Creek hat Infos zum Park und für Geländewagenfahrer sowie eine Karte mit den verschiedenen Spazierwegen, Campingplätzen, Fährten, historischen Farmen und romantischen, im Original erhaltenen Viehhöfen – das muss man gesehen haben! Hier gibt's Krokos, schwimmen ist also nicht zu empfehlen.

Zum Campen fährt man nach **Big Horse Creek** (Erw./Kind 3,30/1,75 AU$), 7 km westlich von Timber Creek.

Keep River National Park

Der entlegene **Keep River National Park** (www.nretas.nt.gov.au/national-parks-and-reserves/parks/find/keepriver) ist bekannt für seine Sandsteinformationen, seine wunderbare Kargheit und die Felsmalereien. Broschüren mit Infos zu den Wanderungen gibt es am Beginn eines jeden der hervorragenden Wege. Auf jeden Fall empfehlenswert sind der **Rock-art Walk** (hin & zurück 5,5 km, 2 Std.) bei Jarnem und der **Gorge Walk** (hin & zurück 3 km, 2 Std.) in Jinumum.

Der Parkeingang befindet sich nur 3 km von der Grenze zu Western Australia entfernt. Alle wichtigen Punkte im Park sind während der Trockenzeit mit normalen Fahrzeugen erreichbar. Eine **Rangerstation** (☎08-9167 8827) liegt 3 km im Inneren des Parks, und es gibt einfache, von Sandstein umgebene **Campingplätze** (Erw./Kind 3,30/1,65 AU$) in Gurrandalng (18 km im Inneren des Parks) und Jarnem (32 km). Kühlwasser kriegt man in Jarnem.

Mataranka & Elsey National Park

244 EW.

Die sanften, warmen Thermalquellen inmitten von Palmen und tropischer Vegetation sind ein Grund, auf jeden Fall hier haltzumachen: Wenigstens für ein paar Stunden hat man dann den Straßenstaub vom Körper runter. In der kleinen Siedlung wimmelt es von mit Handtüchern bewaffneten Besuchern, die zum Thermalbecken oder zum Elsey National Park mit seinen Quellen schlappen. Mataranka wird auch als „Hauptstadt des Never Never" bezeichnet – eine Anspielung auf Jeannie Gunns 1908 erschienenes autobiografisches Buch *Die kleine schwarze Prinzessin aus dem Never-Never* über das Leben als Pionierfrau auf der Elsey Station. Die Landrechte sind mittlerweile wieder an die ursprünglichen Besitzer, die Mangarayi-Aborigines, zurückgegeben worden.

Sehenswertes & Aktivitäten

Matarankas kristallklares **Thermalbecken** liegt 10 km außerhalb der Stadt neben dem Mataranka Homestead Resort versteckt im Regenwald. Das warme, klare Wasser erscheint gesprenkelt vom Licht, das durch die überhängenden Palmwedel scheint – eine Wohltat für müde Körper! Man erreicht das Becken über einen Fußweg vom Resort aus; es kann aber sehr voll werden. Etwa 200 m entfernt (dem Fußweg weiter folgen) fließt der Waterhouse River. Dort kann man für 10 AU$ pro Stunde ein Kanu mieten. **Stevie's Hole**, ein natürliches Schwimmloch im kühleren Waterhouse River, etwa 1,5 km von der Farm entfernt, ist nicht so überfüllt.

Elsey Station Homestead HISTORISCHES GEBÄUDE
(Eintritt gegen Spende; bei Tageslicht) Vor dem Eingang zum Mataranka Homestead Resort befindet sich eine Nachbildung des Elsey Station Homestead, aufgebaut für die Dreharbeiten zum Film *Land hinter dem Horizont*, der täglich um 12 Uhr in der Bar auf dem Gelände gezeigt wird.

Never Never Museum MUSEUM
(120 Roper Tce; Erw./Kind 3,50/1,50 AU$; Mo–Fr 9–16.30 Uhr) In der Stadt zeigt das Never Never Museum eine Ausstellung zur Eisenbahn hier im Norden, zum Zweiten Weltkrieg und zur örtlichen Geschichte. Hinein kommt man durchs Transaction Centre nebenan.

Elsey National Park NATURSCHUTZGEBIET
(www.nretasnt.gov.au/national-parks-and-reserves/parks/find/elsey) Der Nationalpark grenzt an das Thermalbadschutzgebiet und bietet Ruhe zum **Campen**, **Angeln** und **Wandern** am Waterhouse River und am Roper River. Bitter Springs ist ein ruhiges, palmengesäumtes Thermalbecken innerhalb des Nationalparks, 3 km von Mataranka entfernt und zu erreichen über die befestigte Martin Rd. Die fast unnatürlich blaugrüne Farbe des 34 °C warmen Wassers entsteht durch aufgelöste Kalksteinpartikel.

Schlafen & Essen

Jalmurark Camping Area CAMPING $
(John Hauser Dr; Erw./Kind 6,60/3,30 AU$) Gelegen bei 12 Mile Yards im Elsey National Park, bietet dieser hügelige, strauchbewachsene Campingplatz viel Schatten, Toiletten und Duschen sowie Zugang zum Roper River und zu den Wanderwegen. In der Trockenzeit hat ein Kiosk geöffnet, an dem man Kanus mieten kann.

Mataranka Homestead Resort CAMPING $
(08-8975 4544; www.matarankahomestead.com.au; Homestead Rd; Stellplatz ohne/mit Strom 24/29 AU$, B/DZ/Hütte 25/89/115 AU$;) Nur ein paar Meter vom Hauptthermalbecken entfernt. Die Anlage bietet eine große Auswahl von günstigen Unterkünften und ist eine sehr beliebte Option. Der große Campingplatz ist staubig, hat aber auch schattige Stellplätze und anständige sanitäre Einrichtungen. Die ventilatorgekühlten Hostelzimmer sind sehr einfach (Bettwäsche wird gestellt). Die klimatisierten Motelzimmer (auch ziemlich einfach) besitzen Kühlschrank, TV und Bad. Die Hütten verfügen über eine Küchenzeile und fassen bis zu sechs Personen. Im Voraus buchen!

Mataranka Cabins HÜTTEN $$
(08-8975 4838; www.matarankacabins.com.au; 4705 Martin Rd, Bitter Springs; Stellplatz ohne/mit Strom 25/30 AU$, Hütte 120 AU$;) Am Ufer des Little Roper River, nur ein paar hundert Meter von Bitter Springs entfernt, verzieren auf diesem ruhigen Platz im Busch ein paar beeindruckende Termitenhügel die vordere Koppel (und eine Seite und das hintere Ende ...). Die Hütten mit dem offenen Grundriss und TV sind mit Bettwäsche, Badezimmern und Küchen ausgestattet und zwei davon können bis zu fünf Personen beherbergen.

Territory Manor Motel & Caravan Park CAMPING, MOTEL $$
(08-8975 4516; www.matarankamotel.com; Martin Rd; Stellplatz ohne/mit Strom 26/30 AU$, EZ/DZ 100/115 AU$;) Matarankas bester Wohnwagenpark punktet mit schattigen Rasenstellplätzen und hübschen Moteleinheiten aus Stampferde. Die Barramundis im hauseigenen Billabong werden zweimal pro Tag auf spektakuläre Weise von Hand gefüt-

tert. Ihre Cousins kommen zusammen mit Steaks, Salaten usw. im lizenzierten Bistro (Hauptgerichte 20–35 AU$) auf den Tisch.

Stockyard Gallery CAFÉ $
(www.stockyardgallery.com.au; Stuart Hwy; Snacks 5–10 AU$; ⌚Mai–Okt. tgl. morgens & mittags, Nov.–April nur mittags) Dieses lässige kleine Juwel serviert neben leckeren, selbstgemachten Snacks (Focaccia, Sandwiches, Kuchen, Muffins) auch frisch gebrühten Espresso und göttliche Mango-Smoothies. Die dazugehörige Galerie verkauft Bücher, Souvenirs und Aborigine-Kunst.

Barkly Tableland & Gulf Country

Östlich vom Stuart Hwy erstreckt sich eines der entlegensten Weidegebiete des Territory. Teile davon sind jedoch über befestigte Straßen erreichbar. Die Inlandsgewässer der Golfküste gehören zu den besten Angelrevieren des Landes.

Roper Highway

Wenn man von Mataranka aus auf dem Stuart Hwy ein Stück nach Süden fährt, kommt der überwiegend befestigte Roper Hwy in Sicht. Der führt nach 175 km Richtung Osten nach **Roper Bar**, wobei er den von Niaouli- und Pandan-Bäumen gesäumten Roper River quert, wo Süß- auf Salzwasser trifft. Diese Strecke ist nur in der Trockenzeit passierbar. Wer gern angelt, hält hier; Unterkunft, Benzin und Vorräte bekommt man im **Roper Bar Store** (☎08-8975 4636; www.roperbar.com.au; Stellplatz ohne Strom 20 AU$, EZ/DZ 95/115 AU$; ⌚Mo–Sa 9–18 Uhr). Von Roper Bar aus hat man Zugang nach Borroloola. Auf der holprigen Nathan River Rd Richtung Süden durch den **Limmen National Park** (www.nt.gov.au/nreta/parks/find/limmen.html) fahren – hoher Radstand und zwei Reservereifen sind die Voraussetzung – und dann ab ins südöstliche Arnhem Land!

Nach weiteren 45 km Richtung Osten auf dem Highway erreicht man die Aborigine-Gemeinde **Ngukurr**, wo um die 1000 Menschen aus neun verschiedenen Sprachgruppen und Kulturen leben. Diese kulturelle Vielfalt beeinflusst die einzigartigen Kunstwerke, die man im **Ngukurr Arts Centre** (www.ngukurrarts.com.au; ⌚Mo–Fr 9–14 Uhr) auch kaufen kann. Zum Besuch des Zentrums ist keine Genehmigung nötig.

Carpentaria & Tablelands Highways

Südlich von Daly Waters führt der befestigte Carpentaria Hwy (Hwy 1) 378 km Richtung Osten nach Borroloola, in die Nähe des Golf von Carpentaria. Barramundi-Angler sind hier genau richtig! Nach 267 km trifft der Carpentaria Hwy auf den befestigten Tablelands Hwy in Cape Crawford. An dieser Kreuzung steht das bekannte **Heartbreak Hotel** (☎08-8975 9928; Stellplatz ohne/mit Strom 16/26 AU$, EZ/DZ 70/80 AU$; ❄). Hier kann man das Zelt auf einer schattigen, grünen Wiese aufstellen und dann packt man sich mit einem kühlen Bier in der Hand auf die große Veranda. Frühstück, Mittag- und Abendessen (Gerichte 15–30 AU$) gibt's auch.

Cape Crawford Tourism (☎0400 156 685; www.capecrawfordtourism.com.au) bietet Hubschrauberrundflüge (ab 160 AU$) zu den sonst unzugänglichen Sandsteinformationen der Lost City an.

Von hier aus geht es öde 374 km nach Süden durch das Barkly Tableland zum Barkly Hwy (Rte 66) und zum **Barkly Homestead Roadhouse** (☎08-8964 4549; www.barklyhomestead.com.au; Stellplatz ohne/mit Strom 20/28 AU$, Hütten- & Motel-DZ 140 AU$; ❄≋), eine überraschend gepflegten Raststätte. Von hier aus sind es 210 km Richtung Westen nach Tennant Creek und 252 km Richtung Osten zur Grenze nach Queensland.

Borroloola

927 EW.

Am McArthur River, ganz in der Nähe des Golfs, liegt Borroloola – eine Spielwiese für **Angler**. Aber wenn man nicht gerade unbedingt etwas an den Haken kriegen (die Barramundi-Saison dauert von Feb. bis April) oder den entlegenen, bevorzugt mit einem Jeep zu befahrenden Savannah Way nach Queensland abfahren will, ist es ein weiter Weg ohne großes Ziel bis hierher.

Etwa drei Viertel der Bevölkerung von Borroloola sind Aborigines. Die bunte Geschichte der Stadt wird im **Borroloola Museum** (www.nationaltrustnt.org.au; Robinson Rd; Eintritt 2 AU$; ⌚Mai–Sept. Mo–Fr 9–17 Uhr) in der 1886 erbauten Polizeistation erläutert.

Das **Savannah Way Motel** (☎08-8975 8883; www.savannahwaymotel.com.au; Robinson Rd; Zi. 80–120 AU$, Hütte 130 AU$; ❄s) an der Hauptstraße durch die Stadt ist sauber und komfortabel. Es bietet Hütten, Lodge-Zimmer und tropische Gärten. Wer in einer Gruppe unterwegs ist, kann die ganze Lodge für 440 AU$ buchen. Ein Restaurant gibt es auch.

Vor Ort gibt's zudem den **McArthur River Caravan Park** (☎08-8975 8712; mcarthurcaravanpark.com.au; Robinson Rd; Stellplatz ohne/mit Strom 22/28 AU$, Budget-Wohneinheit EZ/DZ 75/85 AU$, Wohneinheit mit eigenem Eingang EZ/DZ 98/110 AU$) und einen lärmigen Pub: Das **Borroloola Hotel** (166 Robinson Rd; Gerichte 10–28 AU$; ⊙mittags & abends) serviert Burger, Koteletts und Gemischtes vom Grill in einer mit Baustahl geschützten Loungebar.

Von Mataranka nach Tennant Creek

Larrimah

18 EW.

Es war einmal eine Eisenbahn, die von Darwin bis nach Birdum, 8 km südlich des kleinen Larrimah, fuhr, welches sich wiederum 185 km südlich von Katherine befindet. Das **Larrimah Museum** (Mahoney St; Eintritt gegen Spende; ⊙7–21 Uhr) in der ehemaligen Telegrafenstation gegenüber vom Larrimah Hotel erzählt, wie der Ort mit der Eisenbahn, dem Überlandtelegrafen und dem Zweiten Weltkrieg in Zusammenhang steht. Der Ort wurde 1940 erbaut, er war wichtig für das benachbarte Gorrie Airfield.

Das **Larrimah Hotel** (☎08-8975 9931; Stellplatz ohne/mit Strom 18/22 AU$, DZ 60–75 AU$; ❄🏊), das während des Zweiten Weltkriegs das Offizierskasino war, ist ein fröhlicher, schräger, rustikaler Pub mit einfachen Zimmern, Kneipenessen (Hauptgerichte 10–29 AUS$) und vielen Tieren. **Fran's Devonshire Teahouse** (Stuart Hwy; Gerichte 4–15 AU$; ⊙8–16 Uhr) ist perfekt für ein Mittagessen. Zu empfehlen sind die legendäre Kamel- oder Büffelpastete, gegrilltes Lamm mit *damper* (Buschbrot), ein Devonshire-Tee oder auch nur ein frisch gebrühter Kaffee.

Daly Waters

25 EW.

Etwa 3 km abseits des Highways und 160 km südlich von Mataranka liegt Daly Waters, das in den Anfangsjahren der Luftfahrt eine wichtige Rolle spielte. Hier landete Amy Johnson 1930 nach ihrem epischen Flug von England nach Australien. Fast alle Besucher statten dem berühmten **Daly Waters Pub** (☎08-8975 9927; www.dalywaterspub.com; Stellplatz ohne/mit Strom 14/24 AU$, DZ 60–95 AU$, Hütte 125–165 AU$; ❄🏊) einen Besuch ab. Die mit Visitenkarten, BHs, Geldscheinen und allem möglichen Krimskrams von Travellern dekorierte Kneipe soll die älteste im Territory sein (seit 1893 hat sie eine Schanklizenz) und ist zu einer Legende auf dem Track geworden – auch wenn diese Popularität etwas übertrieben scheint. Zwischen April und September gibt's jeden Abend das beliebte Beef 'n' Barra BBQ (28 AU$). Ansonsten wird herzhaftes Essen (Hauptgerichte 10–25 AU$, geöffnet mittags & abends) serviert, z. B. der sättigende Barra-Burger. Neben dem Gasthaus liegt ein staubiger Campingplatz mit ein paar schattigen Stellen – man muss im Voraus buchen oder zeitig eintreffen, um sich einen Stellplatz mit Stromanschluss zu sichern. Die Unterkünfte reichen von einfachen Dongas (kleine, transportable Gebäude) bis zu geräumigen freistehenden Hütten.

Von Daly Waters nach Three Ways

Wenn man Richtung Süden fährt, erreicht man 3 km westlich des Highways die faszinierende Geisterstadt Newcastle Waters. Das 1932 aus Teilen stillgelegter Windmühlen zusammengezimmerte Junction Hotel ist nur eines der historischen Gebäude voller Atmosphäre hier. Südlich des Viehtreiberorts Elliott wird die Landschaft zunehmend trockener und die Vegetation spärlicher. Die einlullende Monotonie wird bei Renner Springs unterbrochen – der Ort gilt als Grenze zwischen dem saisonal feuchten Top End und dem trockenen Centre, wo es eine gute Raststätte gibt.

Banka Banka (☎08-8964 4511; Erw./Kind 10/5 AUS$) ist eine historische Viehstation 100 km nördlich von Tennant Creek. Hier gibt's einen grasbedeckten Campingplatz ohne Strom, markierte Wanderwege (einer führt zu einem Wasserbecken), eine offizielle Bar und einen Kiosk mit einfachen Erfrischungen.

Three Ways, 537 km nördlich von Alice Springs, ist die Kreuzung des Stuart Hwy und des Barkly Hwy. Hier geht's südwärts nach Alice, nordwärts nach Darwin (988 km) oder ostwärts nach Mt. Isa in Queensland (643 km). Wer will, kann an der Raststätte **Threeways Roadhouse** (☎08-8962 2744; www.threewaysroadhouse.com.au; Stuart Hwy; Stellplatz ohne/mit Strom 24/32 AU$, Hütten 90–113 AUS$, Motel-DZ 91–108 AU$; ❄@🏊) mit Bar und Restaurant einen Zwischenstopp einlegen; bis nach Tennant Creek sind es aber nur noch 26 km Richtung Süden.

Tennant Creek

3061 EW.

Als einzige Stadt zwischen Katherine (680 km nördlich) und Alice Springs (511 km südlich) ist Tennant Creek das Dienstleistungszentrum für eine Region etwa von der Größe Großbritanniens mit Rinderfarmen und Aborigine-Gemeinden. Hier kann man prima Rast machen und die wenigen Attraktionen der Stadt erforschen.

Einer hiesigen Legende zufolge wurde Tennant Creek auf Bier gegründet: Es heißt, die Siedlung wäre entstanden, als sich die Fahrer eines kaputt gegangenen Bierlasters in den 1930er-Jahren hier niederließen, um die Ladung zu „löschen". Die Wahrheit ist viel prosaischer: Die Stadt entstand infolge eines kleine Goldrauschs in der Gegend. Auch wenn der kurzlebig war, wurde hier immer mal wieder Bergbau betrieben. In der Region sind auch heute noch Prospektoren unterwegs.

Die einheimischen Warumungu nennen Tennant Creek „Jurnkurakurr". Fast die Hälfte der Einwohner hat indigene Wurzeln. Wenn die Stadt in den Nachrichten auftaucht, dann meistens aus negativen Gründen – im Zusammenhang mit Alkoholismus und Gewalt. Aber hier passiert auch viel Positives – auf jeden Fall ist Tennant Creek einen Besuch wert, weil man sich hier die Vielfalt der Aborigine-Kunst und -Kultur ansehen kann.

Sehenswertes & Aktivitäten

Nyinkka Nyunyu KUNSTGALERIE

(www.nyinkkanyunyu.com.au; Paterson St; Führung 15 AU$; Mo–Fr 8–16, Sa & So 9–16 Uhr) Dieses innovative Museum mit Galerie stellt die dynamische Kunst und Kultur der einheimischen Warumungu in den Mittelpunkt. Die fesselnde Sammlung konzentriert sich auf zeitgenössische Kunst, traditionelle Artefakte (viele wurden aus staatlichen Museen zurückgeholt), Buschmedizin und regionale Geschichte. Die Dioramenserie – oder das Buschfernsehen, wie sie hier genannt wird – ist etwas ganz Besonderes. Das Nyinkka Nyunyu liegt neben einer heiligen Stätte des Stachelschwanzwarans. Besucher lernen von ihrem persönlichen Tourguide etwas über Bush Tucker (Buschnahrung) und das Dreaming. Es gibt außerdem einen Museumsladen und das nette **Jajjikari Café** (8–15 Uhr), in dem Espresso und Snacks serviert werden.

Julalikari Arts Centre KUNSTZENTRUM

(North Stuart Hwy; Mo–Do 8–12 Uhr) Am besten besucht man den „Pink Palace" am Eingang der Ngalpa-Ngalpa-Gemeinde (auch bekannt als Mulga Camp) am Vormittag, wenn die Künstler da sind und an ihren Werken im traditionellen Stil arbeiten. Man kann sich mit ihnen unterhalten und direkt bei ihnen kaufen.

Battery Hill Mining Centre MINE

(Peko Rd; Erw./Kind 25/15 AU$; 9–17 Uhr) Wie das Leben im Tennant Creek während des Goldrauschs in den 1930er-Jahren gewesen sein muss, können Traveller sich in dieser Mine, 1,5 km vom Stadtzentrum entfernt, anschauen. Es werden **Untertagetouren** sowie Audiotouren zum Zehnkopf-Pochwerk angeboten. Außerdem befindet sich hier ein ausgezeichnetes **Minerals Museum**, und wer will, kann sich im Goldwaschen versuchen. Der Eintrittspreis gilt für alles Genannte. Man kann auch nur das Minerals und das Social History Museum (Erw./Fam. 7/15AU$) besuchen oder nur Gold waschen (2 AU$/Pers.) gehen.

Wenn man schon mal da ist, sollte man sich gegen 20 AU$ Pfand den Schlüssel für die alte **Telegraphenstation** gleich neben dem Highway, etwa 12 km nördlich der Stadt, ausleihen. Sie ist eine von vier noch erhaltenen der ursprünglich elf Stationen des Territorys. Direkt nördlich der Station befindet sich die Abzweigung Richtung Westen nach **Kundjarra** („Die Kiesel"). Diese Formation aus Granitblöcken sieht aus wie eine Bonsai-Version der wesentlich bekannteren Devil's Marbles, die 100 km weiter südlich zu finden sind. Kundjarra ist bei den Warumungu eine heilige Dreaming-Stätte für Frauen.

Kelly's Ranch REITEN

(08-8962 2045; www.kellysranch.com.au; 5 Fazaldeen Rd; Ausritt 150 AU$/Pers., Reitstunde 50 AU$) Barkly kann man hervorragend bei einem Ausritt mit dem einheimischen Warumungu Jerry Kelly kennenlernen. Die zweistündige Unternehmung beginnt mit einer Einführung, dann folgt der Ritt durch traumhafte Outback-Landschaft mit gelegentlichen Stopps zum Essen. Jerry unterhält seine Gruppe mit Geschichten über Aborigine-Kultur und das Leben auf den Rinderfarmen.

Schlafen & Essen

Tourist's Rest Youth Hostel HOSTEL $
(08-8962 2719; www.touristrest.com.au; Ecke Leichhardt St & Windley St; B/DZ 26/56 AU$;) Das kleine, nette und ein wenig verwohnte Hostel bietet helle, saubere Zimmer, kostenloses Frühstück und VIP-Rabatte. Das Hostel organisiert auch Touren zu den Goldminen und den Devil's Marbles. Man wird von der Bushaltestelle abgeholt.

Outback Caravan Park CAMPING $
(08-8962 2459; Peko Rd; Stellplatz ohne/mit Strom 25/33 AU$, Hütte 60–140 AU$;) In einer Stadt, die sich oft wie ausgetrocknet anfühlt, ist es nett, in diesem grünen, schattigen Park zu wohnen, etwa 1 km vom Zentrum entfernt. Es gibt einen gut ausgestatteten Kiosk, eine Campingküche und Brennstoff. Manchmal kommt man sogar in den Genuss von Buschpoesie und Buschnahrung – dank Geschichtenerzähler Jimmy Hooker (19.30 Uhr; 5 AU$). Es gibt Rabatt, wenn man länger als drei Nächte bleibt.

Safari Lodge Motel MOTEL $
(08-8962 2207; safari@switch.com.au; Davidson St; EZ/DZ 90/100 AU$;) Das familiengeführte Motel in zentraler Lage steht direkt neben dem besten Restaurant der Stadt. Die sauberen, recht gewöhnlichen Zimmer haben Kühlschränke, TV und Telefon. Die Eigentümer bemühen sich momentan um ein Öko-Zertifikat. Reservierung ist ratsam.

Desert Sands MOTEL $$
(08-8962 1346; www.desertsands.com.au; 780 Stuart Hwy; EZ/DZ 105/115 AU$, zzgl. 10 AU$/weitere Pers.;) Die riesigen, modernen Wohneinheiten für bis zu acht Personen haben komplett ausgestattete Küchen, Bäder mit Waschmaschinen und TV mit hauseigenem Filmkanal. Wegen der Lage am südlichen Stadtrand müssen Gäste ohne Auto ganz schön weit laufen. Zudem kann's in dieser Ecke abends schon mal ruppiger zugehen.

Woks Up CHINESISCH $$
(08-8962 3888; 108 Paterson St; Hauptgerichte 14–24 AU$; 17 Uhr–open end) Ein unverhofftes Juwel: Eine ellenlange Karte und üppige Portionen in sauberen, hellen Räumlichkeiten machen das Woks Up zu einem der besten China-Lokale des Territory.

★ **Fernanda's Café & Restaurant** MEDITERRAN $$
(08-8962 3999; 1 Noble St; Hauptgerichte 18–34 AU$; Mo–Sa 17.30–21.30 Uhr;) Diese Überraschung mit mediterranem Touch versteckt sich in den Tennant Creek Squash Courts (ja, Squashplätze!) und ist definitiv ein lokales Highlight. Die lebhafte Inhaberin Fernanda serviert Verführerisches wie portugiesische Seafood-Eintöpfe.

Tennant Food Barn SUPERMARKT $
(185 Paterson St; 8–17 Uhr) Gegenüber der Post finden Selbstversorger hier eine ziemlich große Auswahl.

Praktische Informationen

Leading Edge Computers (08-8962 3907; 145 Paterson St; 2 AU$/20 Min.; Mo–Fr 9–17, Sa 9–12 Uhr) Internetzugang.

Polizei (08-8962 4444; Paterson St)

Tennant Creek Hospital (08-8962 4399; Schmidt St)

Touristeninformation (08-8962 3388; www.barklytourism.com.au; Peko Rd; 9–17.30 Uhr) Rund 2 km östlich der Stadt in Battery Hill.

An- & Weiterreise

Alle Fernbusse halten am **Transit Centre** (08-8962 2727; 151 Patterson St; Mo–Fr 9–17, Sa 8.30–11.30 Uhr), an dem man auch Tickets bekommt. **Greyhound Australia** (1300 473 946; www.greyhound.com.au) verbindet Tennant Creek regelmäßig mit Alice Springs (195 AU$, 6 Std.), Katherine (207 AU$, 8½ Std.), Darwin (282 AU$, 14 Std.) und Mt. Isa (165 AU$, 8 Std.).

Der wöchentlich verkehrende *Ghan* (Alice Springs–Darwin) setzt Passagiere in Tennant Creek ab; allerdings können Autos hier weder zu- noch ausgeladen werden. Da der Bahnhof ca. 6 km südlich der Stadt liegt, muss man dorthin ein **Taxi** (0432 289 369, 08-8962 3626; 6–17.30 Uhr) nehmen.

Leihwagen gibt's bei **Thrifty** (08-8962 2207; Davidson St, Safari Lodge Motel). Das **Bridgestone Tyre Centre** (08-8962 2361; Paterson St) verkauft und repariert Reifen.

Von Tennant Creek nach Alice Springs

Die neben dem Stuart Hwy, 105 km südlich von Tennant Creek, in gefährlich wackeligen Haufen aufgetürmten Felsbrocken heißen **Devil's Marbles**, „Karlu Karlu" in der Sprache der Warumungu. Diese offizielle heilige Stätte ist von großer kultureller Bedeutung. Es heißt, die Felsen seien die Eier der Regenbogenschlange.

Wissenschaftlern zufolge sind die Marbles die rundgeschliffenen Überreste einer im Laufe der Jahrmillionen erodierten Lavaschicht. Ein 15-minütiger Spaziergang führt um die Formation herum. Dieses geologische Phänomen ist bei Sonnenauf- bzw. -untergang besonders hübsch, wenn die Bollen im warmen Licht leuchten. Der **Campingplatz** (Erw./Kind 3,30/1,65 AU$) hat einen *sehr* harten Boden, Plumpsklos und Feuerstellen (Holz selbst mitbringen!).

In Wauchope (*wor*-kup), 10 km südlich der Devil's Marbles, lebt Bruce, der gesellige Gastwirt des **Wauchope Hotel** (☎08-8964 1963; www.wauchopehotel.com.au; Stuart Hwy; Stellplatz ohne/mit Strom 14/20 AU$, Budget Zi. 45 AU$, en Suite EZ/DZ 85/95 AU$; ❄☒). Die Budgetzimmer sind Dongas; die teureren Zimmer sind geräumiger und haben ein Bad. Die Gerichte des **Restaurants** (Hauptgericht 18–33 AU$) sind wirklich gut.

Rund 17 km südlich von Wauchope wartet das verrückte **Wycliffe Well Roadhouse & Holiday Park** (☎1800 222 195, 08-8964 1966; www.wycliffe.com.au; Stellplatz ohne/mit Strom 34/35 AU$, Budget-EZ/DZ 50/60 AU$, EZ/DZ in Hütte mit eigenem Bad 110/117 AU$; ⏲6.30–21 Uhr; ❄@☒) mit Benzin und Essen (Hauptgerichte 15–20 AU$) auf. Bei Bedarf kann man auch übernachten und nach den UFOs spähen, die hier offenbar mit erstaunlicher Regelmäßigkeit vorbeifliegen. Der ganze Laden ist mit Alienfiguren und Zeitungsausschnitten über UFO-Sichtungen dekoriert. Ansonsten bietet die Anlage Rasenstellplätze, ein Hallenbad, ein Café, einen Kinderspielplatz und Biere aus aller Welt.

Weiter im Süden ist das rustikale **Barrow Creek Hotel** (☎08-8956 9753; Stuart Hwy; Stellplatz mit Strom/EZ/DZ 15/ 50/65 AU$; ⏲7–23 Uhr) einer der schrulligsten Outback-Pubs am Highway. Früher pinnten Schafscherer hier Geldscheine mit ihren Namen an die Wand, um sicherzugehen, dass sie sich beim nächsten Besuch einen Drink leisten konnten. Heute folgen Traveller der Tradition, indem sie Fotos und Nachrichten hinterlassen. Vor Ort gibt's auch Essen und Benzin. Nebenan liegt eine der originalen **Telegrafenstationen** der Overland Telegraph Line.

Das nächste Nest am Highway ist Ti Tree, wo man ein Rasthaus und abseits der Straße auch den Ti Tree Food Store (Espresso!) findet. Rund 12 km weiter südlich verkauft die **Red Centre Farm** (Shatto Mango; ☎08-8956 9828; www.redcentrefarm.com; Stuart Hwy; ⏲7–19 Uhr) einzigartigen, regionaltypischen Wein – gekeltert aus Mangos! Wer das etwas zu bizarr findet, sollte die anderen Mango-Produkte wie die leckere Eiscreme probieren.

Der australischen Tradition folgend, sehr große Dinge an den Straßenrand zu bauen, um Autofahrer anzulocken, steht im Hinterhof des **Aileron**, 135 km nördlich von Alice Springs, der Naked Charlie Quartpot am Weg. Der 12 m hohe Anmatjere-Mann wacht hier zusammen mit seiner überlebensgroßen Familie. Die **Outback Art Gallery** (☎08-8956 9111; Stuart Hwy; ⏲Mo–Sa 8–17, So 10–16 Uhr) verkauft günstige Gemälde der ansässigen Anmatjere-Gemeinde und Arbeiten der Warlpiri-Gemeinde von Yuendumu.

Das **Aileron Hotel Roadhouse** (☎08-8956 9703; www.aileronroadhouse.com.au; Stuart Hwy; Stellplatz ohne/mit Strom 10/12 AU$, B 36 AU$, EZ/DZ 110/120 AU$; ⏲5–21 Uhr; ❄☒) hat Stellplätze (Strom bis 22 Uhr), einen Zehnbettschlafsaal und anständige Moteleinheiten. Es gibt einen Geldautomaten, eine Bar, einen Laden, ein Restaurant mit Schanklizenz (Gerichte 10–25 AU$) und nicht zu vergessen Bozo, den Keilschwanzadler. Die große Sammlung von Namatjira-Aquarellen (mindestens 10 Werke von Albert Namatjira) ist im Restaurantbereich ausgestellt.

70 km nördlich von Alice Springs führt der Plenty Hwy nach Osten in Richtung **Harts Range**. Der Hauptgrund für einen Umweg ist, dass man hier, 78 km östlich des Stuart Hwy, nach Edelsteinen suchen kann. Mit etwas Glück findet man Zirkone oder Granate. Garantiert glücklich wird man im beliebten **Gemtree Caravan Park** (☎08-8956 9855; www.gemtree.com.au; Gemtree; Stellplatz ohne/mit Strom 22/30, Hütte 85 AU$).

Wer das Gefühl von Freiheit und Abenteuer auf australische Art braucht, sollte seinen Besuch auf die jährlichen **Harts Range Races** (letztes Wochenende im Juli) abstimmen, eines der besten Outback-Rodeos im Territory.

Tanami Road

Die 1000 km lange Tanami Rd, quasi das Synonym für einsame Fahrten durchs Outback, verbindet Alice Springs mit Halls Creek in WA. Sie ist im Wesentlichen eine Abkürzung zwischen Zentralaustralien und Kimberley. Bei trockenen Bedingungen ist die Strecke mit einem gut vorbereiteten normalen Pkw zu bewältigen. Immer aufpassen – hier überschlagen sich Autos gern mal! Man sollte außerdem ausreichend Sprit, Reifen sowie Essen und Wasser dabeihaben.

Der Straßenabschnitt im Northern Territory ist im Allgemeinen gut befestigt und beginnt 20 km nördlich von Alice Springs. Die Straße ist bis **Tilmouth Well** (☎08-8956 8777; www.tilmouthwell.com; Stellplatz ohne/mit Strom 25/35 AU$, Hütte ohne Bad 70 AU$; ❄@≋) asphaltiert. Die Anlage befindet sich am Rand der Napperby Station und bewirbt sich selbst als „Oase in der Wüste", denn sie hat einen glitzernden Pool und große Grünflächen!

Der nächste Tankstopp ist in **Yuendumu**, der größten abgelegenen Gemeinde der Region und Heimat des Warlpiri-Volkes, das berühmt ist für seine **Bush Mechanics** (www.bushmechanics.com). Auch ein Besuch im **Warlukurlangu Art Centre** (☎08-8956 4133; www.warlu.com; ⏲Mo–Fr 9–17 Uhr), das Einheimischen gehört, die sich auf Acrylmalerei spezialisiert haben, lohnt sich.

Ab hier gibt es noch einmal 600 km weit kein Benzin, bis man über die Grenze zu WA fährt und in **Billiluna** (☎08-9168 8076; www.billiluna.org.au) ankommt. Übrigens: Das Rabbit Flat Roadhouse hat seine Pforten für immer geschlossen! Nach weiteren 170 km können Traveller ihren müden Knochen in Halls Creek eine Pause gönnen.

ALICE SPRINGS

25 186 EW.

Vor 140 Jahren nahm Alice Springs (oft kurz „The Alice" genannt) einen bescheidenen Anfang als einsame Telegrafenstation an der transaustralischen Overland Telegraph Line (OTL). Doch trotz ihrer weiterhin berühmten Entlegenheit ist die Stadt heute nicht mehr die legendäre Grenzsiedlung von einst: Der boomende Abenteuertourismus, das unersättliche Interesse an zeitgenössischer Aborigine-Kunst und der verbesserte Zugang haben Alice eine sehr schnelle, teilweise erschreckende Modernisierung beschert. Das weite Umland aus roter Wüste und bräunlichen Bergketten betont jedoch bis heute die Abgeschiedenheit.

Diese schöne, schroffe Stadt ist geprägt durch ihre mythischen Landschaften, die lebendige Aborigine-Kultur (wo sonst hört man sechs einzigartige australische Sprachen auf der Hauptstraße?) und ihre Pioniervergangenheit. Alice Springs ist der beste Ausgangspunkt, um Zentralaustralien und den in vier Stunden Fahrzeit erreichbaren – also relativ nahen – Uluru-Kata Tjuta National Park zu erkunden. Die faszinierenden MacDonnell Ranges erstrecken sich im Osten und Westen des Stadtzentrums, und man muss nicht weit laufen, um sich in ockerfarbenen Schluchten, auf pastellfarbenen Hügeln und unter gespenstisch weißen Eukalyptusbäumen wiederzufinden.

Für das Volk der Arrernte, die traditionellen Eigentümer der Region Alice Springs, heißt der Ort Mparntwe. Das Herz von Mparntwe ist der Zusammenfluss des Charles River (Anthelke Ulpeye) und des Todd River (Lhere Mparntwe) direkt nördlich des Anzac Hill (Untyeyetweleye). Die topgrafischen Merkmale der Stadt sollen Legenden der Ureinwohner zufolge durch die recht kreativen Ahnen – bekannt als die Raupen Yeperenye, Ntyarlke und Utnerrengatye – geformt worden sein, während sie, von Emily Gap (Anthwerrke) kommend, quer durch die Landschaft in die südöstlich gelegenen MacDonnell Ranges krochen. Viele Reisende aus Australien und aus aller Welt machen in Alice Springs erstmals Bekanntschaft mit dem zeitgenössischen indigenen Australien und seiner bezaubernden Kunst, der faszinierenden Kultur und den aktuellen Herausforderungen.

Sehenswertes

Alice Springs Desert Park NATURPARK

(www.alicespringsdesertpark.com.au; Larapinta Dr; Erw./Kind 25/12,50 AU$, Nachtführung Erw./Kind 25/12,50 AU$; ⏲7.30–18 Uhr, letzter Einlass 16.30 Uhr, Greifvogelshow 10 & 15.30 Uhr, Nachtführung 19.30 Uhr) Wer auf seinen Reisen noch nie einen Tüpfelgrunzbarsch oder Marmorierten Fettschwanzgecko gesehen hat, sollte den Desert Park besuchen: Hier wird die ganze Fauna Zentralaustraliens auf einem Fleck gezeigt. Die größtenteils im Freien befindlichen Gehege sind sehr realistisch den natürlichen Lebensräumen bzw. Habitaten (Süßwasserfluss, Wüste, Wald) der Tiere nachempfunden.

Idealerweise schließt der Besuch die großartige **Greifvogelshow** mit freifliegenden Graubartfalken, Milanen und herrlichen Keilschwanzadlern ein. Das hervorragende **Nachttierhaus** beherbergt seltene, scheue Parkbewohner wie den Kaninchennasenbeutler. Bei Gefallen kann man abends zurückkehren und an einer **Nachtführung** (Reservierung erforderlich) mit Schwerpunkt auf bedrohten Arten teilnehmen.

Für ein perfektes Parkerlebnis empfehlen sich ein kostenloser Audioguide (in mehreren Sprachen verfügbar) und die Gratisvorträge unter der Leitung von Rangern (ganztägig).

Die 2,5 km hinaus zum Gelände sind leicht per Fahrrad meisterbar. Alternativ bietet **Desert Park Transfers** (☎08-8952 1731, 1800 806 641; www.tailormadetours.com.au; Erw./Kind 48/33 AU$) während der Öffnungszeiten einen Shuttleservice an (5-mal tgl.). Der Preis beinhaltet den Parkeintritt plus Hin- und Rückfahrt zur Unterkunft.

Araluen Cultural Precinct KULTURZENTRUM
(Karte S. 950; www.araluen.nt.gov.au; Ecke Larapinta Dr & Memorial Ave; Precinct Pass Erw./Kind 15/10 AU$) Das Außengelände rund um den Friedhof und das eigentliche Zentrum kann man gratis erkunden. Mit dem „Precinct Pass" (innerhalb von 14 Tagen 2 Tage lang gültig) sind auch die Ausstellungen und Präsentationen zugänglich.

Araluen Arts Centre KUNSTGALERIE
(Karte S. 950) Für eine Kleinstadt hat Alice Springs eine bemerkenswert lebendige Kunstszene – und das Araluen Arts Centre ist ihr Herz. Es gibt ein Theater mit 500 Plätzen und vier Galerien, in denen die Kunst der zentralen Wüstenregion im Zentrum steht.

Die Albert Namatjira Gallery zeigt Arbeiten des Künstlers, der in den 1930er-Jahren in Hermannsburg Aquarelle zu malen begann. Es werden auch Vergleiche zwischen Namatjira und seinem ursprünglichen Mentor Rex Battarbee sowie anderen Künstlern der Hermannsburger Schule gezogen. Außerdem kann man sich 14 frühe Acrylarbeiten aus der Papunya Community School Collection anschauen.

Andere Galerien zeigen Werke lokaler Künstler, Wanderausstellungen und neuere Arbeiten aus Gemeindekunstzentren der Aborigines.

Museum of Central Australia MUSEUM
(Karte S. 950; ⏲10–17 Uhr, Bibliothek Mo–Fr 10–16 Uhr) Die naturkundliche Sammlung in diesem Museum erinnert an die Zeit der Megafauna, als nilpferdgroße Wombats und 3 m lange flugunfähige Vögel das Land durchstreiften. Unter den Exponaten sind Meteoritenfragmente und Fossilien. Es gibt eine kostenlose Audiotour, deren Text einer der Paläontologen eingesprochen hat, die halfen, diese Ausstellung zusammenzustellen.

Es existiert auch eine Ausstellung über das Wirken von Professor T.G.H. Strehlow, Linguist und Anthropologe, geboren in der Hermannsburger Mission bei Angehörigen des Arrernte-Stammes. Während seines Lebens hat er die am besten dokumentierte Sammlung von Aborigine-Artefakten, Liedern, Ahnendokumenten, Filmen und Soundaufnahmen der Welt zusammengetragen. Die Ausstellung befindet sich oben im **Strehlow Research Centre**, wo es eine Bibliothek gibt, die für die Öffentlichkeit zugänglich ist.

Central Australia Aviation Museum MUSEUM
(Karte S. 950; Memorial Ave; ⏲Mo–Fr 9–17, Sa & So 10–17 Uhr) GRATIS Im Connellan Airway Hangar, Alices ehemaligem Flughafen, sind historische Flugzeuge aus dem Territory ausgestellt, einschließlich Fliegern des Royal Flying Doctor Service (RFDS).

Das ohne Zweifel interessanteste Stück der Sammlung ist das Wrack der **Kookaburra**, eines winzigen Flugzeugs, das 1929 während der Suche nach Charles Kingsford Smith und seinem Kopiloten Charles Ulm, die mit ihrer *Southern Cross* notlanden mussten, in der Tanami-Wüste abstürzte. Die *Kookaburra*-Piloten Keith Anderson und Bob Hitchcock kamen in der Wüste ums Leben, während Kingsford Smith und Ulm gerettet werden konnten.

Alice Springs Memorial Cemetery FRIEDHOF
(Karte S. 950) Der Friedhof grenzt an das Flugmuseum. Hier sind einige lokale Prominente beerdigt, u. a. Albert Namatjira (1902–1959) und Harold Lasseter (1880–1931), ein exzentrischer Prospektor, dessen leidenschaftliche Suche nach einer sagenhaften Goldader (Lasseter's Reef) ihm das Leben kostete. Der Anthropologe Olive Pink (1884–1975), der sich für die Rechte der Aborigines einsetzte, ist in die entgegengesetzte Richtung begraben – ein Rebell bis zum Schluss.

Telegraph Station Historical Reserve GESCHICHTSPARK
(Karte S. 950; Erw./Kind 9/4,50 AU$; ⏲8–21 Uhr, Museum 9–17 Uhr) Die alte Telegrafenstation, die früher die Nachrichten aus Darwin und Adelaide weiterleitete, bietet einen faszinierenden Rückblick auf die europäischen Anfänge der Stadt. Erbaut in den 1870er-Jahren entlang der Overland Telegraph Line, tat die Station bis 1932 ihren Dienst. Bis 1963 war das Gebäude dann ein Heim für Kinder mit einem weißen und einem indigenen Elternteil. Die Station wurde originalgetreu restauriert; Führungen finden zwischen 9 und 16.30 Uhr etwa jede Stunde statt (April–Okt.). Nebenan ist die originale **„Alice" Spring** („Thereyurre" für die Arrernte-Aborigines) zu sehen, ein teilweise trockenes Wasserloch im Todd River, nach dem die Stadt benannt ist.

Alice Springs

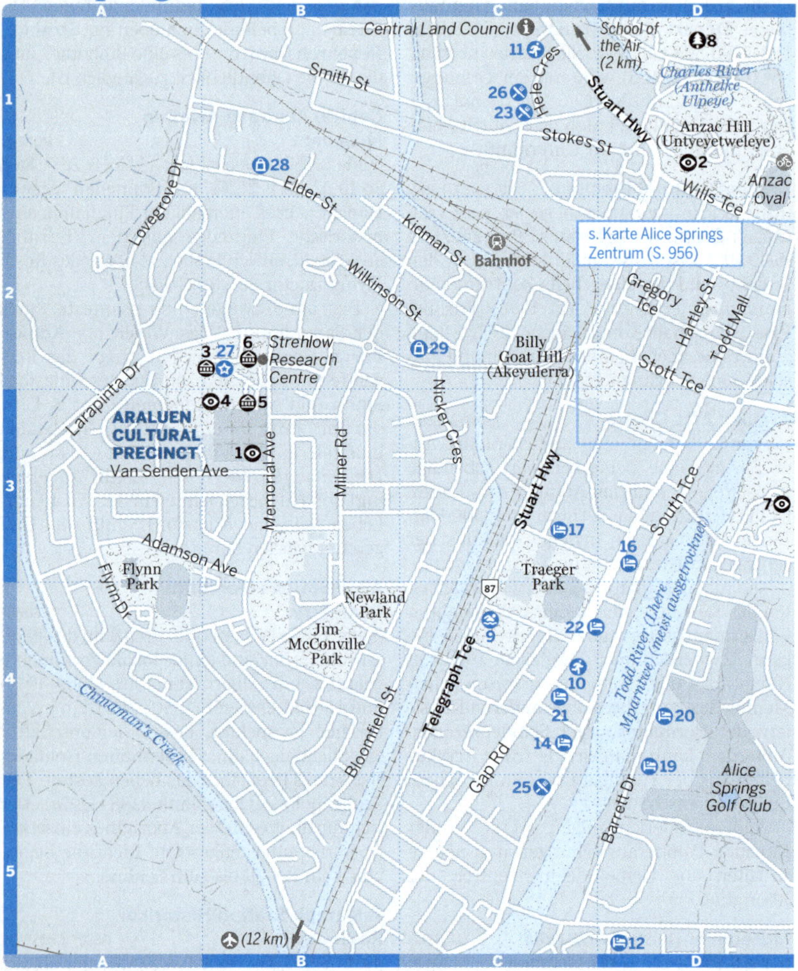

Alles in allem stehen hier 450 ha schattige Parklandschaft zur Verfügung, komplett mit kostenlosen Grillplätzen und Wanderwegen. Der beste Weg ist die 30-minütige Schleife zum **Trig Hill**, bei der man auf dem Rückweg über den originalen Stationsfriedhof läuft.

Zur Station führt ein 4 km langer Weg gen Norden, der leicht zu laufen oder mit dem Rad zu bewältigen ist; einfach dem Pfad auf der Westseite des Flussbettes folgen!

Royal Flying Doctor Service Base MUSEUM
(RFDS; Karte S. 956; www.flyingdoctor.net; Stuart Tce; Erw./Kind 12/6 AU$; ⏲Mo–Sa 9–17, So 13–17 Uhr; Café Mo–Sa 9–16.30 Uhr) Dies ist die Heimatbasis des Royal Flying Doctor Service, dessen engagiertes medizinisches Personal für einen 24-Stunden-Notdienst sorgt – und das für ein Gebiet von rund 1,25 Mio. km². Das Visitor Centre können Traveller im Rahmen einer halbstündigen Tour besichtigen, zu der eine Videopräsentation, ein Blick in den Kontrollraum sowie einige uralte medizinische Gerätschaften und ein Flugsimulator gehören. Es gibt einen angeschlossenen Souvenirladen und ein Café.

School of the Air SCHULE
(www.assoa.nt.edu.au; 80 Head St; Erw./Kind 7,50/5 AU$; ⏲Mo–Sa 8.30–16.30, So 13.30–16.30

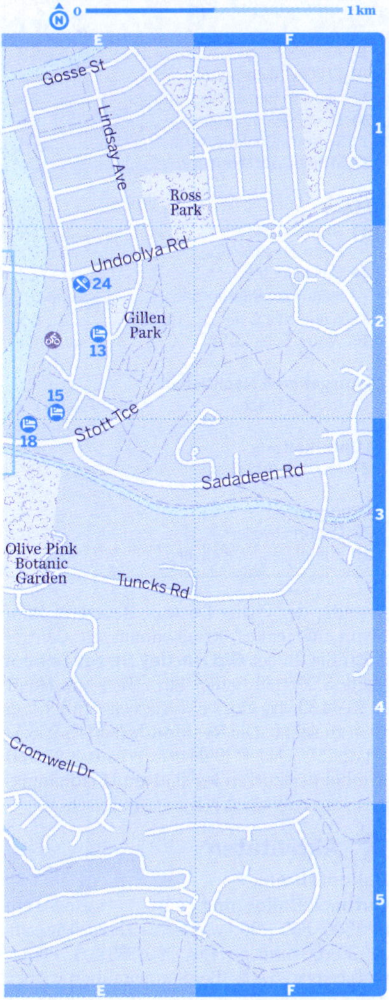

Uhr) Gegründet 1951, war dies die erste Schule ihrer Art in Australien, die den Unterricht über ein Gebiet von 1,3 Mio. km² verbreitete. Wurde früher noch alles per Kurzwelle übertragen, sitzen die Kinder heute dank Satelliten-Breitbandinternet und Webcams in einem virtuellen Klassenzimmer. Die Führung durch die Schule beinhaltet einen Film. Wer in der Schulzeit kommt, kann zwischen 8.30 und 14.30 Uhr eine Livesendung beobachten. Die Schule liegt 3 km nördlich des Zentrums.

Alice Springs Reptile Centre ZOO

(Karte S. 956; www.reptilecentre.com.au; 9 Stuart Tce; Erw./Kind 14/7 AU$; ⏲ 9.30–17 Uhr, Vorführungen mit Anfassen 11, 13 & 15.30 Uhr) Es mag zwar klein sein, dafür aber präsentiert dieses Reptilienzentrum mit seiner beeindruckenden Sammlung mehr giftige Schlangen, Dornteufel und Bartagamen pro Quadratmeter, als jede andere Gegend Australiens zu bieten hätte. Innerhalb des Höhlenraums leben elf verschiedene Geckoarten, und draußen lauern Terry, ein 3,3 m langes Krokodil, sowie Bub, ein wunderschöner Riesenwaran, Australiens größte Echsenart. Die begeisterten Führer hängen einem während der Vorführungen gern mal einen Python um den Hals – und wer wollte nicht immer schon mal einen Schwarzgelben Blauzungenskink streicheln?

Alice Springs Transport Heritage Centre MUSEUM

Am MacDonnell Siding, etwa 10 km südlich von Alice und 1 km westlich des Stuart Hwy, gibt es zwei Museen, die sich großen Autos und alten Zügen widmen. Wer beide Museen besichtigen will, sollte die **Halbtagestour** (☎ 08-8955 5047; Touren 55 AU$; ⏲ 10–14 Uhr) buchen, die Eintritt, einen Führer und Mittagessen beinhaltet.

Das **Old Ghan Rail Museum** (1 Norris Bell Ave; Erw./Kind 10/6 AU$; ⏲ 9–17 Uhr) stellt eine Sammlung restaurierter *Ghan*-Loks (ursprünglich hieß der Zug *Afghan Express*, benannt nach den Kameltreibern, die die Route anlegten) aus. In der reizenden Stuart Railway Station gibt es auch noch die Old Ghan Tea Rooms und eine zusammengewürfelte Kollektion von Eisenbahn-Devotionalien zu sehen.

Alle, die schon immer etwas über Lastwagen erfahren wollten, sind in der **National Road Transport Hall of Fame** (www.roadtransporthall.com; 2 Norris Bell Ave; Erw./Kind 15/8 AU$; ⏲ 9–17 Uhr) richtig. Hier gibt es eine Sammlung von schweren Lastzügen zu besichtigen, einschließlich einiger altertümlicher Road Trains. Das Ticket gilt auch für das Kenworth Dealer Truck Museum. Gezeigt werden über 100 restaurierte Lkws und Oldtimer, darunter viele Wagen aus der Pionierzeit.

Olive Pink Botanic Garden NATURSCHUTZGEBIET

(Karte S. 950; www.opbg.com.au; Tuncks Rd; Eintritt frei, Spenden erbeten; ⏲ 8–18 Uhr) Ein Netzwerk von verschlungenen Wegen führt durch diesen schönen ariden botanischen Garten, gegründet von der prominenten Anthropologin Olive Pink. Im Garten wachsen über 500 zentralaustralische Pflanzenarten, und

Alice Springs

Sehenswertes
1 Alice Springs Memorial Cemetery ... B3
2 Anzac Hill ... D1
3 Araluen Arts Centre ... B2
4 Araluen Cultural Precinct ... B3
5 Central Australia Aviation Museum ... B3
6 Museum of Central Australia ... B2
7 Olive Pink Botanic Garden ... D3
8 Telegraph Station Historical Reserve ... D1

Aktivitäten, Kurse & Touren
9 Alice Aquatic & Leisure Centre ... C4
10 Dust Bowl ... C4
11 Ultimate Ride ... C1

Schlafen
12 Alice in the Territory ... D5
13 Alice Lodge Backpackers ... E2
14 Alice on Todd ... C4
15 Alice's Secret Traveller's Inn ... E2
16 All Seasons Oasis ... D3
17 Annie's Place ... C3
18 Chifley Alice Springs ... E3
19 Crowne Plaza Alice Springs ... D4
20 Desert Palms Resort ... D4
21 Toddy's Backpackers ... C4
22 White Gum Motel ... C4

Essen
23 Afghan Traders ... C1
Bean Tree Cafe ... (siehe 7)
24 Casa Nostra ... E2
Hanuman Restaurant ... (siehe 19)
25 Kwerralye Cafe ... C5
26 Water Tank Cafe ... C1

Ausgehen & Nachtleben
Annie's Place ... (siehe 17)

Unterhaltung
27 Araluen Arts Centre ... B2

Shoppen
28 Desert Dwellers ... B1
29 Tjanpi Desert Weavers ... C2

es werden Buschnahrung und Heilpflanzen kultiviert, z. B. das einheimische Zitronengras, Quandong und Buschpassionsfrüchte. Wer den sanften Anstieg zum Meyers Hill nicht scheut, wird mit einem schönen Blick über Alice und Ntyarlkarle Tyaneme belohnt, eine der ersten Stätten, die von den Raupen erschaffen worden sein sollen.

Das kleine Visitor Centre zeigt übers Jahr verschiedene Ausstellungen, und das tolle **Bean Tree Cafe** (⌚8–13 Uhr) ist allein schon einen Besuch wert.

Anzac Hill WAHRZEICHEN
(Karte S. 950) Der herrliche Blick, besonders zu Sonnenauf- und -untergang, lohnt den Spaziergang hier hinauf (Lions Walk ab der Wills Tce); wer nicht laufen will oder kann, fährt mit dem Auto zum Gipfel des Anzac Hill („Untyeyetweleye"). Vom Kriegsdenkmal bietet sich ein Panoramablick über die Stadt bis zur Heavitree Gap und den Ranges.

Heritage Walk GEBÄUDE
(Eintritt gegen Spende) Um ein Gefühl für das einstige Alice Springs zu bekommen, können sich Besucher eine Reihe historischer Gebäude bzw. Minimuseen ansehen, in die man reinschauen kann, während man durch die Stadt läuft.

An der Todd Mall steht das **Adelaide House** (Karte S. 956; ⌚Mo–Fr 10–16, Sa 10–12 Uhr), erbaut in den 1920er-Jahren vom Gründer der Flying Doctors, Reverend John Flynn, als erstes Krankenhaus in Central Australia. In der **Old Hartley Street School** (Karte S. 956; 39 Hartley St; ⌚Feb.–Nov. Mo–Fr 10.30–14.30 Uhr) gibt's ein Klassenzimmer von 1938 zu sehen. Die **Residency** (Karte S. 956; 12 Parsons St; ⌚Mo–Fr 10–14 Uhr), erbaut 1927 und Symbol der kurzen legislativen Unabhängigkeit vom restlichen NT, ist wunderschön.

Aktivitäten

Ballonfahren

Outback Ballooning BALLONFAHREN
(☎1800 809 790; www.outbackballooning.com.au; 30-/60-minütiger Flug 290/385 AU$, Pflichtversicherung 25 AU$) Bei Sonnenaufgang über Alice zu schweben, ist etwas, das man so schnell nicht vergisst (das dazugehörende Champagnerfrühstück schon eher). Der Transport ab dem Hotel ist inklusive.

Bowling

Dust Bowl BOWLING
(Karte S. 950; ☎08-8952 5051; 29 Gap Rd; 11 AU$/Spiel; ⌚10 Uhr–open end) Nach dem Umlegen der Kegel warten hier Getränke in einer Bar und Burger in einem Café. Das Red Tomato serviert Holzofenpizzas unter dem selben Dach.

Bushwalking

Durch den Busch rund um Alice führen leichte Erkundungsspaziergänge ab dem

Olive Pink Botanic Garden und der Telegrafenstation. An letzterer beginnt auch der erste Abschnitt des Larapinta Trail.

Alice Springs Bushwalkers Association BUSHWALKING
(http://home.austarnet.com.au/longwalk) Lokale Buschwandergruppe, deren viele verschiedene Regionaltouren vor allem durch die West MacDonnell Ranges führen (März–Nov.).

Kamelreiten

Kamele haben bei der Erschließung Central Australias eine wesentliche Rolle gespielt, als es noch keine Straßen und keine Eisenbahn gab. Wagemutige Traveller können herausfinden, wie sich das anfühlte.

Pyndan Camel Tracks KAMELREITEN
(☎0416 170 164; www.cameltracks.com; Jane Rd) Kameltreiber Marcus Williams bietet einstündige Ausritte (Erw./Kind 50/25 AU$) und Halbtagstouren (95 AU$/Pers.) an.

Radfahren & Mountainbiken

Räder sind das perfekte Fortbewegungsmittel in und um Alice Springs. Es gibt Radwege entlang des Todd River zur Telegrafenstation, nach Westen zum Alice Springs Desert Park und hinaus zur Simpsons Gap. Für Radler und Wanderer gibt's im Visitor Information Centre spezielle Karten namens *Active in Alice*.

Dank dem trockenen Weideland und dem Netz von Einzelstrecken macht sich Alice Springs gerade einen Namen in der Mountainbikeszene. Das jährliche fünftägige MTB Enduro Race ist das Highlight. Die Wege sind von der Stadt aus einfach zu erreichen. Wer will, kann einen **Social Sunset Ride** (☎08-8952 5800; centralaustralianroughriders.asn.au; Scout Hall, Ecke Larapinta Dr & Lovegrove Dr; Fahrt 5 AU$; ⏱Winter Mi 18 Uhr, Sommer 17 Uhr) des Central Australian Rough Riders' Club mitmachen.

Longhorn FAHRRADVERLEIH
(☎0439 860 735; halber/ganzer Tag 20/35 AU$) Bietet einen Bring- und Abholservice für alle Sorten von Rädern einschließlich Tandems, Kinderrädern und Babysitzen an.

Ultimate Ride FAHRRADLADEN
(Karte S. 950; ☎08-8953 7297; 2/30 North Stuart Hwy; ⏱Mo–Fr 9–18, Sa 9–14 Uhr) Ultimate Ride, die Basisstation der Rough Riders, verkauft Räder und Zubehör und führt Reparaturen durch. Hier kann man sich auch Tipps zu Radstrecken holen.

Schwimmen

Alice Aquatic & Leisure Centre SCHWIMMEN
(Karte S. 950; ☎08-8953 4633; Speed St; Erw./Kind 5/2,55 AU$; ⏱Mo–Fr 6–19, Sa & So 9–19 Uhr) Mit Aussicht auf die Ranges und einer großen Liegewiese ist das Leisure Centre eine attraktive Alternative zum Hotelpool. Das solarbeheizte Hallenbad hat ganzjährig geöffnet.

Geführte Touren

Rund um Alice & die MacDonnell Ranges

Alice Wanderer OUTBACK
(Karte S. 956; ☎1800 722 111; www.alicewanderer.com.au; Gregory Tce) Diese Firma betreibt u. a. den Alice Explorer (44 AU$; beliebiges Zu- und Aussteigen), der auf seinem ständigen Rundkurs alle wichtigen Sehenswürdigkeiten der Stadt abklappert. Zudem bietet sie Tagestrips durch die West MacDonnell Ranges, die bis hinüber zur Glen Helen Gorge (Erw./Kind 117/72 inkl. Morgentee & Mittagessen) führen. Im Angebot sind auch Halbtagstouren zur Simpsons Gap und Standley Chasm (Erw./Kind 68/42 AU$). Das Büro liegt gegenüber der Touristeninformation.

Dreamtime Tours ABORIGINES
(☎08-8953 3739; www.rstours.com.au; Erw./Kind 85/42 AU$, Selbstfahrer 66/33 AU$; ⏱8.30–11.30 Uhr) Bei der Dreamtime & Bushtucker Tour (3 Std.) trifft man Angehörige der Warlpiri-Aborigines und erfährt etwas über deren Traditionen. Da die Tour für große Busgruppen ausgelegt ist, wirkt sie eventuell etwas unpersönlich. Allerdings können sich Selbstfahrer hinten dranhängen.

★ **Foot Falcon** STADTSPAZIERGANG
(☎0427 569 531; www.footfalcon.com; 2-stündiger Stadtspaziergang 30 AU$; ⏱Mo & Do 8.30, Di, Mi & Fr 16, So 15 Uhr) Die Stadtspaziergänge der einheimischen Historikerin, Lehrerin und Autorin Linda Wells geben Einblicke in die Aborigine- bzw. Pioniergeschichte von Alice.

L'Astragale STADTSPAZIERGANG
(☎08-8953 6293; eroullet@gmail.com; Stadtspaziergang 27 AU$) Evelyne Roullet spricht Französisch und leitet Stadtspaziergänge durch Alice, die an der Touristeninformation starten und auch individuell gestaltet werden können.

Rainbow Valley Cultural Tours ABORIGINES
(☎1800 011 144; www.rainbowvalleyculturaltours.com; Selbstfahrer morgens Erw./Kind 50/25 AU$,

nachmittags 70/50 AU$) Bei dieser Tour durch das herrliche Rainbow Valley zeigen die traditionellen Landbesitzer den Teilnehmern auch Felskunststätten, die nicht für die breite Öffentlichkeit zugänglich sind. Die Selbstfahrertouren zu Sonnenuntergang gibt's optional auch mit Abendessen und Camping (Erw./Kind zzgl. 30/20 AU$).

RT Tours ESSEN
(☎08-8952 0327; www.rttoursaustralia.com; 150 AU$/Pers.) Die beliebten Lunch- bzw. Dinner-Touren von Bob Taylor besuchen die Simpsons Gap und die Telegraph Reserve. Unterwegs zaubert der Chefkoch und Arrernte-Führer jeweils ein vom Busch inspiriertes Mahl. Außerdem sind auch noch weitere Touren im Angebot.

Trek Larapinta WANDERN & TREKKEN
(☎1300 133 278; www.treklarapinta.com.au; ab 1895 AU$/6 Tage) Diese Firma folgt Teilen des Larapinta Trail mit geführten Mehrtagestreks. Zudem unterhält sie Freiwilligenprojekte, die sich der Wanderwegspflege und der Buschregeneration in abgelegenen Aborigine-Gemeinden widmen.

Uluru, Kings Canyon & Palm Valley

Emu Run Tours OUTBACK
(Karte S. 956; ☎1800 687 220, 08-8953 7057; www.emurun.com.au; 72 Todd St) Bietet u.a. Tagestouren zum Uluru (215 AU$) oder Zweitagestouren zum Uluru und Kings Canyon (520 AU$). Die Preise beinhalten Kost, Logis und den Parkeintritt. Parallel gibt's empfehlenswerte Kleingruppen-Tagesausflüge durch die West MacDonnell Ranges (110 AU$) oder das Palm Valley (189 AU$; jeweils inkl. Teefrühstück, Mittagessen und Parkeintritt).

The Rock Tour OUTBACK
(☎1800 246 345; www.therocktour.com.au) Backpackerfreundliche Campingsafari (3 Tage/2 Übernachtungen 350 AU$), die den Kings Canyon, die Curtin Springs, den „Felsen" und Kata Tjuta besucht. Los geht's täglich um 6 Uhr in Alice.

Wayoutback Desert Safaris JEEPTOUR
(☎08-8952 4324, 1300 551 510; www.wayoutback.com) Zu den Jeepsafaris für Kleingruppen gehört z.B. die tolle Variante Culture and Country (670 AU$, 2 Tage) unter indigener Leitung. Hinzu kommen Dreitagestouren zum Uluru und Kings Canyon (695 AU$) sowie fünftägige Ausflüge (1125 AU$), die letztere noch um das Palm Valley und die West MacDonnell Ranges erweitern.

Feste & Events

Alice Springs Cup Carnival PFERDERENNEN
(www.alicespringsturfclub.org.au; Pioneer Park Racecourse; ⏲Mai) Am ersten Montag im Mai heißt es einen Hut aufsetzen und zum Hauptderby des fünftägigen Spektakels galoppieren.

Finke Desert Race MOTOCROSS
(www.finkedesertrace.com.au; ⏲Juni) Bei dem verrückten Rennen (240 km) entlang der Old South Rd rasen titelgierige Motorrad- und Buggyfahrer von Alice nach Finke; am nächsten Tag geht's dann wieder zurück. Zuschauer campen entlang der Strecke und feuern die Piloten kräftig an.

Alice Springs Beanie Festival KUNST
(www.beaniefest.org) Das viertäge Festival im Juni/Juli findet im Araluen Art Centre statt und feiert den schlichten Beanie (gestickte Wollmütze) – handgefertigt von den Damen in der Central Desert.

Camel Cup KAMELRENNEN
(www.camelcup.com.au) „Karneval im Juli" könnte das Motto dieser Veranstaltung im Blatherskite Park sein.

Alice Springs Rodeo RODEO
Bullenreiten, Jungstierringen und Barrel Racing der Damen stehen im August im Blatherskite Park auf dem Programm.

Old Timers Fete FEST
Nachschub an Häkeldeckchen und Geschirrtüchern kann man sich bei diesem Festival der großmütterlichen Künste zulegen, das am zweiten Samstag im August im Old Timers Village stattfindet.

Alice Desert Festival KUNST
(www.alicedesertfestival.com.au) Ein echter Kracher unter den Festivals: mit Zirkus, Musik, Film, Comedy und der sehr beliebten Desert-Mob-Kunstaustellung. Findet jedes Jahr im September statt.

Henley-on-Todd Regatta REGATTA
(www.henleyontodd.com.au) Dieses Bootsrennen im September ist ein Paradebeispiel für die typisch australische, völlig unbeschwerte totale Verleugnung der Realität. Die Regatta findet im Bett des ausgetrockneten Todd River statt: Die teilnehmenden Teams stehen in „Booten" ohne Boden und laufen den Parcours ab.

Schlafen

Wer in der Hauptsaison unterwegs ist (Juni–Sept.), sollte unbedingt im Voraus buchen. Wer auf gut Glück herkommen möchte, sollte im Internet nach Last-Minute-Angeboten Ausschau halten – da sind manchmal Spitzenklasseunterkünfte zu Mittelklassepreisen zu ergattern.

Alice Lodge Backpackers HOSTEL $
(Karte S. 950; ☎08-8953 1975, 1800 351 925; www.alicelodge.com.au; 4 Mueller St; B 22–26 AU$, DZ/3BZ 65/80 AU$; ❄@☎≋) Das schlichte, höchst empfehlenswerte kleine Hostel liegt lässige zehn Gehminuten vom Zentrum entfernt in einem schönen Wohngebiet jenseits des Todd River. Das Personal ist so nett wie die Zimmerauswahl: Neben Schlafsälen (nur für Frauen oder gemischt; drei, vier oder sechs Betten) gibt's hier auch komfortable Doppel- und Zweibettzimmer rund um einen zentralen Pool.

Pioneer YHA Hostel HOSTEL $
(Karte S. 956; ☎08-8952 8855; www.yha.com.au; Ecke Leichhardt Tce & Parsons St; B 24–31 AU$, DZ & 2BZ 75 AU$; ❄@≋) Highlight des freundlichen, gut geführten YHA-Hostels ist die Lage: Im alten Pioneer-Freiluftkino können Gäste hier immer noch Filmabende unterm Sternenzelt genießen. Hinzu kommen komfortable Doppelzimmer mit Gemeinschaftsbädern, ein schöner Freiluftbereich mit kleinem Pool, eine geräumige Küche und Wochenrabatte.

Alice in the Territory RESORT $
(Karte S. 950; ☎08-8952 6100; www.alicent.com.au; 46 Stephens Rd; B 22,50 AU$, EZ od. DZ 89–99 AU$; ❄@☎≋) Das weitläufige Resort mit sehr engagiertem, hilfsbereitem Management hat das beste Preis-Leistungs-Verhältnis der Stadt: Die komfortablen Einzel-, Doppel- oder Vierbettzimmer mit Minibädern sind hell und blitzsauber. Zudem punkten sie mit zwei kostenlosen Spielfilmkanälen. Zum Gelände gehören auch eine tolle Bar, ein Multicuisine-Restaurant und ein großer Pool am Fuß der Ranges.

Alice's Secret Traveller's Inn HOSTEL $
(Karte S. 950; ☎08-8952 8686, 1800 783 633; www.asecret.com.au; 6 Khalick St; B 23–26 AU$, EZ/DZ/3BZ 60/65/90 AU$; ❄@≋) Gegenüber vom Zentrum wird hier am anderen Ufer des Todd River nicht wild gefeiert, sondern am Pool relaxt, ins Didgeridoo geblasen und im Hängemattengarten gedöst. Einfache, komfortable und saubere Haupthauszimmer ergänzen die etwas beengten Donga-Quartiere.

Toddy's Backpackers HOSTEL $
(Karte S. 950; ☎1800 027 027; www.toddys.com.au; 41 Gap Rd; B 22–26 AU$, DZ 78 AU$; ❄@≋) Das große Unterkunftsspektrum des weitläufigen Hostels reicht von Schlafsälen und Budget-Doppelzimmern bis hin zu einem Motelbereich. Das Toddy's ist bei Reisegruppen sehr beliebt und hat einen gewissen Party-Vibe, den die Freiluftbar jeden Abend mit günstigem Essen (8 AU$) und Bier anheizt. Obwohl es hier viele Betten gibt, sind die Motelquartiere oft ausgebucht – daher rechtzeitig reservieren! Die Preise schließen ein leichtes Frühstück mit ein.

Annie's Place HOSTEL $
(Karte S. 950; ☎08-8952 1545, 1800 359 089; www.anniesplace.com.au; 4 Traeger Ave; B 20 AU$, DZ & 2BZ 55–75 AU$; ❄@≋) Der grüne Biergarten ist bei Touristen und Einheimischen gleichermaßen beliebt. Auch sein toller Poolbereich macht das Annie's die ganze Woche über zum belebten Abendtreff – das ist aber dann ein Problem, wenn man unbedingt ruhig schlafen will. Die umgebauten Motelzimmer (alle mit Bad, teilweise auch mit Kühlschrank) liegen direkt über der Bar. Das neue Management dürfte nunmehr die früheren Hygieneprobleme gemeistert haben.

Heavitree Gap Outback Lodge WOHNWAGENPARK $
(☎08-8950 4444, 1800 896 119; www.aurora resorts.com.au; Palm Circuit; Stellplatz ohne/mit Strom 24/30 AU$, B 26 AU$, DZ 130–180 AU$; ❄@☎≋) Am Fuß der Ranges warten hier Eukalyptusbäume, umherhüpfende Felskängurus und schattige Zelt- bzw. Wohnmobilstellplätze. Hinzu kommen Schlafsäle mit vier Betten, Lodge-Zimmer und spartanische Quartiere mit Kochnische, die Platz für maximal sechs Personen bieten. Ein Gratisshuttle fährt zum 4 km entfernten Stadtzentrum. Fast jeden Abend spielen Countrybands in der Kneipe nebenan.

MacDonnell Range Holiday Park WOHNWAGENPARK $
(☎08-8952 6111, 1800 808 373; www.macran ge.com.au; Palm Pl; Stellplatz ohne/mit Strom 39/45 AU$, Hütten-DZ 84–256 AU$; ❄@≋) Wohl das größte und am besten gehütete Geheimnis der Stadt: Dieser Park punktet mit Rasenstellplätzen, blitzsauberen Sanitäranlagen und einer Unterkunftspalette,

Alice Springs Zentrum

Alice Springs Zentrum

Sehenswertes
1 Adelaide House C2
2 Alice Springs Reptile Centre A4
3 Old Hartley Street School C2
4 Residency C2
5 Royal Flying Doctor Service Base A4

Aktivitäten, Kurse & Touren
6 Alice Wanderer C3
7 Emu Run Tours C3

Schlafen
8 Aurora Alice Springs D2
9 Pioneer YHA Hostel D2

Essen
10 Montes C4
11 Overlanders Steakhouse B3
12 Page 27 Cafe C3
13 Red Ochre Grill C2
14 Soma C2
15 Tea Shrine C4
16 Thai Room C3

Ausgehen & Nachtleben
17 Bojangles C3
18 Todd Tavern D1

Unterhaltung
19 Alice Springs Cinema D1
20 Sounds of Starlight Theatre C2

Shoppen
21 Aboriginal Art World C2
22 Central Australian Aboriginal Media Association C4
23 Mbantua Gallery C3
24 Papunya Tula Artists C2
25 Todd Mall Market C2

die von einfachen Hütten mit Gemeinschaftsbädern bis hin zu separat stehenden Villen mit zwei Schlafzimmern reicht. Das Ganze hat zwar seinen Preis, ist aber auch wegen der täglichen Aktivitäten (z. B. Sternegucken, Pfannkuchensonntag) sein Geld wert. Kinder können sich auf dem Abenteuerspielplatz, dem BMX-Parcours und dem Basketballplatz austoben, während ihre Eltern am Pool relaxen.

White Gum Motel MOTEL **$$**
(Karte S. 950; ☎ 08-8952 5144, 1800 624 110; www.whitegum.com.au; 17 Gap Rd; EZ/DZ/3BZ/4BZ 100/115/130/145 AU$; ❄📶🏊) Das tadellos gepflegte, altmodische Motel liegt zehn bis 15 Gehminuten von der Mall entfernt und ist schlicht perfekt, wenn man eine bezahlbare Bleibe mit komplett ausgestatteter Küche sucht. Die geräumigen, blitzsauberen Zimmer mit eigenen Eingängen sind ideal für Familien.

Alice on Todd APARTMENTS **$$**
(Karte S. 950; ☎ 08-8953 8033; www.aliceontodd.com; Ecke Strehlow St & South Tce; Wohnstudio 128 AU$, Apt. mit 1/2 Schlafzi. 156/195 AU$, Deluxe-Apt. mit 1/2 Schlafzi. 170/210 AU$; ❄@📶🏊) Der hübsche, sichere Apartmentkomplex am Todd River bietet seinen Gästen Selbstversorger-Wohneinheiten mit Küche, Lounge und einem oder zwei Schlafzimmern. Die Varianten mit Balkon haben Platz für bis zu sechs Personen und sind daher sehr gut für Familien geeignet. Der Deluxe-Tarif bringt eine Steigerung in puncto Dekor und Komfort. Auf dem parkähnlichen Gelände gibt's zudem einen Grillbereich, einen Spielplatz und einen Spieleraum.

Chifley Alice Springs HOTEL **$$**
(Karte S. 950; ☎ 08-8951 4545; www.chifleyhotels.com.au; 34 Stott Tce; DZ Standard/Superior/Deluxe 140/190/250 AU$; ❄@📶🏊) Die zweistöckige Gebäudegruppe rund um eine Rasenfläche mit Eukalyptusbäumen verbreitet den relaxten Vibe eines Country-Clubs. Statt einem Standardzimmer bucht man am besten eins der kürzlich renovierten Superior- oder Deluxe-Quartiere mit Blick auf den Fluss. Das Hotel hat auch ein Seafood-Restaurant und einen hübschen Poolbereich mit anschwimmbarer Bar.

All Seasons Oasis HOTEL **$$**
(Karte S. 950; ☎ 08-8952 1444; www.allseasons.com.au; 10 Gap Rd; DZ ab 140 AU$; ❄@📶🏊) Hier herrscht überzeugendes Oasen-Feeling: Der zentral gelegene der beiden Pools wird von Sonnensegeln überschattet und von Rasen unter Palmen umgeben. Die standardmäßigen Zimmer sind ausreichend komfortabel, um häufig von Reisegruppen belegt zu sein. Zum Restaurant gehört eine Billard-Bar, deren Happy Hour auch Einheimische anlockt. Onlinebuchung führt zu den besten Preisen.

Desert Palms Resort HOTEL **$$**
(Karte S. 950; ☎ 1800 678 037, 08-8952 5977; www.desertpalms.com.au; 74 Barrett Dr; Villa 140 AU$; ❄@🏊) Schattige Palmen, wogende Bougainvilleen und Villen im indonesischen Stil verleihen dem Desert Palms ein relaxten Inselgefühl. Die Zimmer mit Spitzgiebeldecken, Kochnischen, Minibädern, TV und Privatbalkon wirken jedoch ziemlich betagt. Der Inselpool ist der Renner bei Kids.

Alice Station Bed & Breakfast B&B **$$**
(☎ 08-8953 6600; www.alicestation.com; 25 The Fairway; EZ/DZ/Suite 180/195/260 AU$; ❄@📶🏊) Da das reizende B&B aus alten *Ghan*-Schlafwagen hinten an den Busch grenzt, hat die Inhaberin tatsächlich Kängurus in ihrem Garten. Eine Gemeinschaftslounge und stilvolle Zimmer mit Aborigine-Lokalkunst an den Wänden bescheren dem skurrilen Gebäudekonstrukt eine relaxte Atmosphäre. Das kontinentale Frühstück ist so hervorragend wie die selbstgebackenen Kuchen und die acht verschiedenen Teesorten.

Crowne Plaza Alice Springs HOTEL **$$**
(Karte S. 950; ☎ 08-8950 8000, 1300 666 545; www.crowneplaza.com.au; Barrett Dr; DZ ab 150 AU$, Suite 88–328 AU$; ❄@📶🏊) Dank umfangreicher Einrichtungen im Resortstil gilt das Crowne Plaza weithin als bestes Hotel in Alice. Zur Wahl stehen Zimmer mit Gartenblick und bessere Varianten mit Aussicht auf die Bergkette. Letztere punkten mit deckenhohen Fenstern, Rattanmöbeln und Pastellfarben. Vorhanden sind auch ein schöner Poolbereich mit Spa, ein gut ausgestatteter Fitnessraum mit Sauna, Tennisplätze und ein hauseigener Pfau. Die Lobby beherbergt mit dem Hanumans (S. 958) das beste Restaurant der Stadt.

Aurora Alice Springs HOTEL **$$$**
(Karte S. 956; ☎ 08-8950 6666, 1800 089 644; www.auroraresorts.com.au; 11 Leichhardt Tce; DZ Standard/Deluxe/Executive 210/230/299 AU$; ❄@📶🏊) Das moderne Hotel mit entspannter Atmosphäre liegt mitten im Zentrum: Hinten geht's zur Todd Mall, vorne schaut man auf den Todd River. Die komfortab-

len, gepflegten Standardzimmer mit Kühlschrank, Telefon und hauseigenem Spielfilmkanal (gratis) werden durch das tolle Restaurant Red Ochre Grill (S. 959) ergänzt.

Bond Springs Outback Retreat B&B $$$
(☎08-8952 9888; www.outbackretreat.com.au; Cottage-DZ 230 AU$; ❄≋) Rund 25 km von Alice entfernt vermittelt dieses Refugium einen Eindruck vom Farmleben im Outback: In dem separat stehenden, renovierten privaten Cottage wohnten einst Viehzüchter. Gäste bekommen ein komplettes Frühstück, müssen sich aber ansonsten selbst versorgen. Zudem können sie z.B. eine Runde Tennis spielen oder das riesige Gelände erkunden. Darauf steht auch die originale Farmschule, die früher von der School of the Air (S. 933) betrieben wurde.

Essen

Kwerralye Cafe CAFÉ $
(Karte S. 950; 6 South Tce; Hauptgerichte 6–12 AU$; ⏲Mo–Fr 7.30–15 Uhr) Das hervorragende Café ist Teil eines gastronomischen Ausbildungsprogramms für junge NT-Aborigines. Auf den Tisch kommen ein tolles leichtes Frühstück, selbstgemachte Pies, Gourmetsalate, Espresso und Tagesgerichte.

Bean Tree Cafe CAFÉ $
(Karte S. 950; Tuncks Rd, Olive Pink Botanic Garden; Hauptgerichte 9–12 AU$; ⏲8–15 Uhr) Das großartige Freiluftcafé im Olive Pink Botanic Garden lässt einen erholsam unter Vögeln frühstücken. Die gesunde Hausmannskost (z.B. Känguruburger, Apfel-Streuselkuchen) ist das Warten auf den mitunter lahmen Service vollauf wert.

Page 27 Cafe CAFÉ $
(Karte S. 956; Fan Lane; Hauptgerichte 9–16 AU$; ⏲Di–Fr 7.30–15, Sa & So 8–15 Uhr; ✎) Unter dieser Arkade genießen Einheimische leckeren Kaffee, frisch gepresste Säften, Fladenbrot-Wraps, Pies, Salate, tolles vegetarisches Essen und ein gesundes, gutbürgerliches Frühstück (u.a. Pfannkuchen, Eier in allen Variationen).

Water Tank Cafe CAFÉ $
(Karte S. 950; Hele Cres; Hauptgerichte 8–16 AU$; ⏲Mo–Fr 10–15, Sa 9–15 Uhr; ☰) Das versteckte, freundliche Café in der Landschaftsgärtnerei Bloomin' Deserts serviert frische Salate, Burger und selbstgebackenen Kuchen. Auf den Sofas bzw. Sitzsäcken schlürfen Einheimische starken Kaffee und machen Gebrauch vom Gratis-WLAN.

Tea Shrine VEGAN $
(Karte S. 956; 113 Todd St; Hauptgerichte 8–15 AU$; ⏲Mo–Sa 9–16 Uhr; ✎) Im fleischliebenden Alice fühlen sich Vegetarier eventuell etwas vernachlässigt. Abhilfe schafft da das Tea Shrine, ein ruhiger Mix aus veganem Asia-Restaurant und Teesalon. Die Tages- und Yum-Cha-Gerichte sind bei Hippies oder Angestellten im Gesundheitswesen sehr beliebt.

★ **Hanuman Restaurant** THAI $$
(Karte S. 950; ☎08-8953 7188; Barrett Dr, Crowne Plaza Alice Springs; Hauptgerichte 18–36 AU$; ⏲Mo–Fr 12.30–14.30, tgl. ab 18.30 Uhr; ✎) Wer in dem stilvollen Restaurant die großartige Küche mit thailändischem und indischem Touch probiert, wähnt sich wohl kaum im Outback. Die Thai-Hauptgerichte sind so überragend wie das Seafood (vor allem die Hanuman-Garnelen). Doch trotz thailändischen Schwerpunkts gibt's hier auch genügend Indisches, um eine eventuelle Currygier zu befriedigen. Hinzu kommen eine gute Weinkarte und diverse vegetarische Optionen.

Tinh & Lan Alice Vietnamese Restaurant VIETNAMESISCH $$
(☎08-8952 8396; 1900 Heffernan Rd; Hauptgerichte 16–30 AU$; ⏲Di–So 11–14 & 17–22 Uhr) Rund 14 km südlich der Stadt (ab dem Colonel Rose Dr ausgeschildert) liegt dieser Vietnamese in einer Gärtnerei. Unter leuchtenden Laternen bekommt man hier alle Klassiker wie Reispapier-Röllchen, Pho oder Tintenfisch mit Salz und Pfeffer – jeweils sehr appetitlich und dank lokal angebauter Zutaten maximal frisch.

Casa Nostra ITALIENISCH $$
(Karte S. 950; ☎08-8952 6749; Ecke Undoolya Rd & Sturt Tce; Hauptgerichte 14–28 AU$; ⏲Mo–Sa 18–22 Uhr) Jenseits des Todd River versetzt die altmodische Pizzeria ihre Gäste ins Italien der 1970er-Jahre. Sie serviert auch Pasta und ist am Wochenende extrem beliebt (Reservierung ratsam). Rot-weiße Karotischtücher und von der Decke hängende Weintrauben aus Plastik verleihen ihr ein urgemütliches Ambiente. Die ultra leckeren Vanilla Slices (Tompouce-Kuchen) sind schnell ausverkauft und sollten daher früh bestellt werden. Wein muss man selbst mitbringen.

Montes MODERN-AUSTRALISCH $$
(Karte S. 956; Ecke Stott Tce & Todd St; Hauptgerichte 12–17 AU$; ⏲11 Uhr–open end) Das besonders familienfreundliche Montes paart einen

Wanderzirkus mit einer Outback-Farm, einem grünen Biergarten, diversen Biersorten, vertraulichen Separees und einem Spielbereich für Kinder. In kühlen Wüstennächten wärmen Heizgeräte die Gäste auf der Veranda. Die Karte reicht von leckeren Burgern, Pizzas und Tapas bis hin zu Currys oder Seafood.

Thai Room THAI **$$**
(Karte S. 956; Fan Lane; Hauptgerichte 12–20 AU$; ⌚ Mo–Fr 11–14, Mo–Sa 18–22 Uhr) Das Arkadenlokal punktet mit flotter Thai-Küche, die überdurchschnittlich schnell serviert wird. Das schlichte Menü kombiniert die typischen Gewürze mit Gemüse, Fleisch oder Seafood verschiedener Art. Die Mittagsgerichte sind echte Schnäppchen. Alkohol selbst mitbringen.

Soma CAFE **$**
(Karte S. 956; 64 Todd Mall; Hauptgerichte 12–17 AU$; ⌚ 8–15 Uhr; ✎) Das Café in der Todd Mall ist super zum Leutegucken und noch besser zum Essen: Neben hervorragedem Kaffee und Ganztagsfrühstück serviert es auch kultivierte, teilweise glutenfreie Küche mit Schwerpunkt auf Bio-Zutaten. Das Mittagsangebot reicht von Kamelfleisch-Panini bis zum leckeren veganen Rührtofu.

Red Ochre Grill MODERN-AUSTRALISCH **$$**
(Karte S. 956; Todd Mall; Hauptgerichte 14–32 AU$; ⌚ 6.30–21.30 Uhr) Die innovativen Fusiongerichte mit starkem Outback-Touch bestehen meistens aus traditionellen Fleischsorten und lokal gezüchtetem Protein (z. B. Emu, Känguru). Verfeinert werden sie mit einheimischen Gewächsen wie Zitronenmyrte, Pfefferbeeren oder Buschtomaten. Den Ganztagsbrunch im Innenhof prägt Konventionelleres wie hervorragende Eier Benedikt.

Overlanders Steakhouse STEAK **$$$**
(Karte S. 956; ☎ 08-8952 2159; 72 Hartley St; Hauptgerichte 21–40 AU$; ⌚ 18 Uhr–open end) Alices beste Adresse für große, saftige Steaks (u. a. vom Krokodil, Kamel, Känguru oder Emu) ist im Stil einer Ranch mit Sätteln, Brandeisen usw. dekoriert. Mutige wagen sich an den viergängigen Drover's Blowout, der auch eine Platte mit den oben erwähnten Fleischsorten aus dem australischen Busch umfasst.

Afghan Traders NATURKOST **$**
(Karte S. 950; Ecke Smith St & Helle Cres; ⌚ Mo–Fr 9–18, Sa 9–15 Uhr) Klasse Angebot an Naturkost und Bioprodukten.

Ausgehen

Annie's Place BAR
(Karte S. 950; 4 Traeger Ave; ⌚ 17 Uhr–open end) Brummende Backpacker-Bar mit guter Musik (mitunter live), schattigem Biergarten, günstigen Humpen und Bechern am Pool.

Bojangles BAR
(Karte S. 956; 80 Todd St; ⌚ 11.30 Uhr–open end) Hinter Saloon-Schwingtüren trifft hier der Wilde Westen auf Australiens Outback: Zur Einrichtung gehören Kuhfellsitze, Rinderranchnippes und ein lebendiger, 3 m langer Rautenpython hinter der Bar. Viele Backpackergruppen und Aussie-Cowboys machen den Laden an den meisten Abenden rappelvoll.

Montes BAR
(Ecke Stott Tce & Todd St) Alices größte Fassbierauswahl, leckeres Essen (s. S. 958), viele gemütliche Sitznischen und ein schattiger, vorgelagerter Straßenbiergarten.

Todd Tavern KNEIPE
(Karte S. 956; www.toddtavern.com.au; 1 Todd Mall; ⌚ 10–24 Uhr) Diese schon ewig existierende klassische Aussie-Kneipe bietet eine immer umschwärmte Bar, Spielautomaten und anständiges Thekenessen. Hin und wieder gibt's am Wochenende Livemusik.

Unterhaltung

Der Veranstaltungskalender im Entertainment-Teil des *Centralian Advocate* (Di & Do) listet alles auf, was in Alice und drum herum so los ist.

Araluen Arts Centre KUNSTZENTRUM
(Karte S. 950; ☎ 08-8951 1122; www.araluen.nt.gov.au; Larapinta Dr) Das kulturelle Herz von Alice schlägt im Araluen Theatre. Vor bis zu 500 Zuschauern treten unterschiedliche Künstler auf, von Tanzkompanien bis zu Comedians. Das Art House Cinema zeigt jeden Sonntagabend ab 19 Uhr Filme (Erw./Kind 15/12 AU$).

Sounds of Starlight Theatre LIVEMUSIK
(Karte S. 956; ☎ 08-8953 0826; www.soundsofstarlight.com; 40 Todd Mall; Erw./Fam. 30/90 AU$; ⌚ Di, Fr & Sa 20 Uhr) Die eineinhalbstündige stimmungsvolle Vorführung, die mit Didgeridoo, Trommeln und Keyboards, wunderbaren Fotos und Lichteffekten den Geist des Outbacks erweckt, ist eine Institution in Alice Springs. Der Musiker Andrew Langford gibt sogar kostenlose Didgeridoo-Stunden (Mo–Fr, 10.30 & 14.30 Uhr).

Alice Springs Cinema KINO
(Karte S. 956; ☎ 08-8952 4999; Todd Mall; Erw./Kind 17/13 AU$, Di alle Tickets 12 AU$) Aktuelle Hollywood-Blockbuster.

Shoppen

Alice ist das Hauptzentrum für Aborigine-Kunst aus Zentralaustralien. Einige Läden gehören Gemeindekunstzentren und werden auch von diesen betrieben. So wird sichergestellt, dass die Künstler und deren Gemeinden einen größeren Gewinnanteil bekommen. Das schwarz-rote Symbol des Indigenous Art Code (www.indigenousartcode.org) kennzeichnet Händler, die fair und transparent mit den Produzenten umgehen.

Aboriginal Art World ABORIGINE-KUNST
(Karte S. 956; ☎ 08-8952 7788; www.aboriginalartworld.com.au; 89 Todd Mall) Spezialist für die Werke von ca. 70 Künstlern, die in South Australia und der zentralen Wüste des NT leben (vor allem in der Region Pitjantjatjara). Zu den meisten Stücken gibt's eine DVD, die den jeweiligen Herstellungsprozess zeigt.

Central Australian Aboriginal Media Association MUSIKLADEN
(CAAMA; Karte S. 956; ☎ 08-8951 9711; www.caama.com.au; 101 Todd St; ⌚ Mo–Fr 9–17 Uhr) Das hiesige CAAMA-Studio hat einen eigenen Radiosender (8KIN FM) und verkauft fast alle CDs von Zentralaustraliens Aborigine-Musikern.

Desert Dwellers OUTDOOR-AUSRÜSTUNG
(Karte S. 950; ☎ 08-8953 2240; www.desertdwellers.com.au; 38 Elder St; ⌚ Mo–Fr 9–17, Sa 9–14 Uhr) Hier wird praktisch alles verkauft, was Camper und Wanderer für Outback-Ausflüge so brauchen – z. B. Karten, Zelte, Swags (Einmann-Biwakzelte), tragbare Kühlschränke oder Campingkocher.

Mbantua Gallery ABORIGINE-KUNST
(Karte S. 956; ☎ 08-8952 5571; www.mbantua.com.au; 64 Todd Mall; ⌚ Mo–Fr 9–18, Sa 9.30–15 Uhr) Die Privatgalerie mit Café zeigt neben vielen Werken aus der berühmten Region Utopia auch Landschaftsaquarelle der Namatjira-Schule. Die Educational & Permanent Collection (Eintritt frei) im oberen Stockwerk ist eine hervorragende Kulturausstellung mit Schautafeln zu Mythologie und Brauchtum der Aborigines.

Papunya Tula Artists ABORIGINE-KUNST
(Karte S. 956; ☎ 08-8952 4731; www.papunyatula.com.au; 63 Todd Mall; ⌚ Mo–Fr 9–17, Sa 10–14 Uhr) Die Western-Desert-Kunstbewegung begann 1971 bei Papunya Tula. Heute präsentiert die Galerie in Aborigine-Besitz ein paar der begehrtesten Stücke. Sie vertritt ca. 120 Maler, die zumeist in Kintore im äußersten Westen arbeiten.

Tjanpi Desert Weavers ABORIGINE-KUNST
(Karte S. 950; ☎ 08-8958 2377; www.tjanpi.com.au; 3 Wilkinson St; ⌚ Mo–Fr 10–16 Uhr) Diese kleine Firma beschäftigt und unterstützt Weber aus 18 entlegenen Gemeinden in der zentralen Wüste. Ihr besuchenswerter Laden verkauft beispielsweise wunderbare Flechtkörbe und skurrile Skulpturen aus heimischen Gräsern.

Todd Mall Market MARKT
(Karte S. 956; ⌚ Mai–Dez. 9–13 Uhr am 2. So des Monats) Straßenkünstler, Kunsthandwerksstände, brutzelnde Woks, qualmende Satay-Spieße, Aborigine-Kunst, Schmuck und Nippes sorgen auf diesem Markt für entspanntes Bummeln.

Praktische Informationen

Gefahren & Ärgernisse

Bei Dunkelheit nirgendwo allein in der Stadt herumlaufen (vor allem nicht im Bereich der Gap Rd)! Nachtschwärmer sollten grundsätzlich per Taxi zurück zur Unterkunft fahren.

Geld

Großbanken (z. B. ANZ, Commonwealth, National Australia, Westpac) unterhalten Filialen mit Geldautomaten in der zentral gelegenen Todd Mal und deren Umgebung.

Infos im Internet

Alice Online (www.aliceonline.com.au) Wunderbare Geschichten – neue und alte – über Central Australia.

Internetzugang

JPG Computers (☎ 08-8952 2040; Bath St, Coles Complex; 6 AU$/Std.; ⌚ Mo–Fr 9–17.30, Sa 10–14 Uhr)

Water Tank Café (Hele Cres) Gratis-WLAN in der Landschaftsgärtnerei Bloomin' Deserts.

Medizinische Versorgung

Alice Springs Hospital (☎ 08-8951 7777; Gap Rd)

Alice Springs Pharmacy (☎ 08-8952 1554; 36 Hartley St, Shop 19, Yeperenye Shopping Centre; ⌚ 8.30–19.30 Uhr)

Notfall

Rettungsdienst (☎ 000)

Polizei (☎ 08-8951 8888, 000; Parsons St)

Post

Hauptpost (☎13 13 18; 31-33 Hartley St; ⌚Mo–Fr 8.15–17 Uhr) Alle üblichen Dienstleistungen.

Touristeninformation

Central Land Council (☎08-8951 6211; www.clc.org.au; PO Box 3321; 31-33 Stuart Hwy, NT; ⌚8.30–12 & 14–16 Uhr) Hier bekommt man Genehmigungen für Stippvisiten auf Aboriginal Land und für das Durchfahren solcher Gebiete.

Tourism Central Australia Visitor Information Centre (☎1800 645 199; www.centralaustraliantourism.com; 60 Gregory Tce; ⌚Mo–Fr 8.30–17, Sa & So 9.30–16 Uhr) Die hilfreiche Touristeninformation überhäuft Traveller mit Broschüren und kostenlosen Reiseführern. Wettervorhersagen und Straßenzustandsberichte hängen an der Wand, und es werden Mereenie Tour Passes (3,50 AU$) und Schürfgenehmigungen (kostenlos) ausgestellt. Tourism Central Australia hat auch Schalter am Flughafen und am Bahnhof. Wer ein Auto mieten möchte, sollte sich die hiesigen Angebote ohne Kilometerbeschränkung mal genauer anschauen.

ℹ An- & Weiterreise

AUTO & MOTORRAD

Alice Springs ist von überall weit entfernt. Es sind 1180 km bis nach Mt. Isa in Queensland, 1490 km bis nach Darwin und 441 km (4½ Std.) nach Yulara (Richtung Uluru/Ayers Rock). Auch wenn die Straßen nach Norden und Süden geteert und in einem guten Zustand sind – das hier ist das Outback, und man tut gut daran, nur mit einem gut präparierten Auto auf die Reise zu gehen, insbesondere da es außerhalb von Alice Springs oder Yulara keinen Handyempfang mehr gibt. Immer und jederzeit sehr viel Wasser und Notrationen dabeihaben!

Alle großen Verleihfirmen haben Niederlassungen in Alice Springs und viele auch noch einen Schalter am Flughafen. Die Preise fallen zwischen November und April oft um 20 %, aber der Wagen wird nicht wirklich billig, da die meisten Firmen nur 100 Freikilometer pro Tag anbieten, was einen nicht wirklich weit bringt. Das **Visitor Centre** (☎08-8952 5199, 1800 645 199) hat ein Angebot für Mietautos ohne Kilometerbegrenzung – einfach vor dem Buchen mal nachfragen! Mit einem normalen Pkw kommt man über geteerte Straßen zu fast allen Sehenswürdigkeiten in den MacDonnell Ranges und zum Uluru und zum Kings Canyon. Wer allerdings weiter raus will, z. B. zum Chambers Pillar, zur Finke Gorge oder gar über die Mereenie Loop Rd, für den ist ein Geländewagen unerlässlich.

Alice Camp 'n' Drive (☎08-8952 0098; www.alicecampndrive.com; 76 Hartley St) Bietet voll ausgestattete Autos fürs Camping, einschließlich Swags (oder echter Zelte), Schlafsäcke, Kochgeschirr, Klappstühle usw. Es gibt keine Kilometerbegrenzung. Die Fahrzeuge können an der eigenen Unterkunft abgegeben werden.

Avis (☎08-8953 5533; www.avis.com.au; Crowne Plaza Hotel) Hat auch einen Flughafenschalter.

Britz (☎08-8952 8814; www.britz.com.au; Ecke Stuart Hwy & Power St) Campervans und Autos; auch am Flughafen. Hier stehen auch die Wohnmobile von **Maui** (www.maui.com.au) und **Mighty** (www.mightycampervans.com.au).

Budget (☎ 08-8952 8899, 13 27 27; www.budget.com.au; 79 Todd Mall & Flughafen)

Central Car Rentals (☎08-8952 0098; www.centralcarrentals.com.au; 76 Hartley St) Ein lokaler Anbieter (arbeitet mit Alice Camp 'n' Drive zusammen) mit Fahrzeugen mit normalem und mit Allradantrieb, die mit Campingausrüstung bestückt werden können. Tarife ohne Kilometerbegrenzung sind verfügbar.

Europcar (☎13 13 90; www.europcar.com.au; Flughafen)

Hertz (☎08-8952 2644; www.hertz.com; 34 Stott Tce & Flughafen)

Territory Thrifty Car Rental (☎08-8952 9999; www.rentacar.com.au; Ecke Stott Tce & Hartley St)

BUS

Greyhound Australia (☎1300 473 946; www.greyhound.com.au; 113 Todd St, Shop 3; ⌚Büro Mo–Fr 8.30–11.30 & 13.30–16 Uhr) startet regelmäßig in Alice Springs (Fahrpläne und Rabatte s. Website). Ankunft und Abfahrt erfolgen vor dem Firmenbüro an der Todd St.

ZIEL	EINFACHE STRECKE (AU$)	DAUER (STD.)
Adelaide	331	20
Coober Pedy	192	8
Darwin	391	22
Katherine	315	16½
Tennant Creek	195	6½

Emu Run (S. 954) verbindet Alice Springs täglich am günstigsten mit Yulara (Erw./Kind 215/108 AU$) und dem Kings Canyon (Erw./Kind 189/95 AU$). **Gray Line** (☎1300 858 687; www.grayline.com; Capricornia Centre 9 Gregory Tce) fährt ebenfalls zwischen Alice und Yulara (Erw./Kind 226/113 AU$, optional nur einfache Strecke 156/113 AU$).

Auf dem Weg nach bzw. ab Alice punkten Backpackerbusse mit Partyatmosphäre und der Chance, einige Sehenswürdigkeiten abzuklappern. Auf der Route Alice–Adelaide bietet **Groovy Grape Getaways Australia** (☎1800 661 177; www.groovygrape.com.au) siebentägige Campingtrips für Backpacker an (945 AU$).

FLUGZEUG

Viele Flüge von **Qantas** (☎ 08-8950 5211, 13 13 13; www.qantas.com.au) verbinden Alice Springs täglich mit australischen Großstädten. Auch andere Gesellschaften bedienen die Stadt zeitweise (zum Zeitpunkt der Recherche war das allerdings gerade nicht der Fall). Fluglinien-Filialen findet man direkt am Alice Springs Airport. Websites informieren über aktuelle Flugpläne und Preise. Beispiele für Ziele und Tarife (jeweils einfache Strecke): Darwin (ab 300 AU$), Melbourne (ab 280 AU$), Sydney (ab 280 AU$), Brisbane (ab 310 AU$), Perth (ab 350 AU$).

ZUG

Die klassische Art, das Territory zu bereisen, ist eine Fahrt mit dem *Ghan*, die bei **Great Southern Rail** (☎ 13 21 47; www.greatsouthernrail.com.au) oder auch **Travelworld** (☎ 08-8953 0488; 40 Todd Mall) gebucht werden kann. Manchmal gibt es Rabatte, besonders in der Nebensaison (Feb.–Juni). Reservierungen sind obligatorisch.

Abseits des Larapinta Dr liegt der Bahnhof am Ende der George Cres.

ℹ Unterwegs vor Ort

Alice ist kompakt genug, um die meisten Stadtteile zu Fuß zu erreichen. Zu einigen näher gelegenen Attraktionen geht's auch ganz gut mit einem Fahrrad.

BUS

Die öffentlichen Nahverkehrsbusse von **Asbus** (☎ 08-8952 5611) starten vor dem Yeperenye Shopping Centre (alle Routen Erw./Kind 2/0,50 AU$; Mo–Fr 7–18, Sa 9–12.45 Uhr, ca. alle 90 Min.). Für Traveller sind drei Linien interessant: Die 400/401 macht einen Abstecher zum Cultural Precinct, die 100/101 passiert die School of the Air. Entlang von Gap Rd und Palm Circuit rollt die 300/301 an vielen Hotels bzw. Wohnwagenparks im Süden der Stadt vorbei. Die Touristeninformation verteilt Fahrpläne.

Der **Alice Explorer** (☎ 08-8952 2111, 1800 722 111; www.alicewanderer.com.au; Erw./Kind 44/35 AU$; ⏲ 9–16 Uhr) ist ein Sightseeingbus, bei dem an elf Hauptattraktionen (u. a. Telegraph Station, School of the Air, Old Ghan Rail Museum, Araluen) beliebig zu- und ausgestiegen werden kann. Das Ticket gilt zwei Tage lang; die Rundfahrt beginnt ca. alle 70 Minuten vor der Touristeninformation an der Gregory Tce. Man kann sich auch am Hotel abholen lassen.

VOM/ZUM FLUGHAFEN

Der Alice Springs Airport liegt 15 km südlich der Stadt (Taxi ca. 40 AU$). Der **Airport Shuttle** (☎ 08-8952 2111; Gregory Tce; einfache Strecke 1/2 Pers. 18,50/30 AU$, zzgl. 10 AU$/weitere Pers.) ist auf alle Lande- bzw. Startzeiten abgestimmt und bringt Passagiere direkt zu Unterkünften in der Stadt. Abholen am Hotel muss spätestens am Vortag gebucht werden.

TAXI

Taxis (Bestellung unter ☎ 13 10 08 oder 08-8952 1877) sammeln sich nahe der Touristeninformation.

MACDONNELL RANGES

Die herrlich verwitterten MacDonnell Ranges erstrecken sich über 400 km quer durch die Wüste. Die spektakulären Schluchten, seltenen Tiere und das Aborigine-Erbe dieser versteckten Welt sind allesamt per Tagestrip ab Alice bewunderbar. Dort starten auch viele Touren zu den East und West McDonnell Ranges, die beide nicht von öffentlichen Verkehrsmitteln angesteuert werden.

East MacDonnell Ranges

Auch wenn sie von den beliebteren West Macs überschattet werden, sind die East MacDonnell Ranges nicht weniger pittoresk und können durchaus die vergnüglichere Outback-Tour abgeben, weil hier weniger Leute hinkommen. Der befestigte Ross Hwy verläuft 100 km entlang der Ranges, die von mehreren reizvollen Felsspalten und Schluchten durchbrochen werden. Die Goldgräbergeisterstadt Arltunga ist 33 km vom Ross Hwy entfernt; um hinzukommen, muss man eine unbefestigte Straße entlangfahren, die jedoch mit einem normalen Wagen noch gut zu bewältigen ist. Die Strecke zum John Hayes Rockhole (im Trephina Gorge Nature Park), zur N'Dhala Gorge und zur Ruby Gap ist nur mit einem Geländewagen zu bewältigen.

Emily & Jessie Gaps Nature Park

Beide Felsspalten werden mit dem Raupen-Traumpfad der Ost-Arrernte-Aborigines in Verbindung gebracht. Die **Emily Gap** liegt 16 km außerhalb der Stadt. In der engen Schlucht finden sich stilisierte Felszeichnungen und ein recht tiefes Wasserloch. Die Arrernte nennen die Schlucht Anthwerrke; sie ist eine der bedeutendsten Aborigine-Kultstätten in der Region um Alice Springs. Von hier stammen die Raupenahnen von Mparntwe, die später über die Landschaft krochen und so die topografischen Formen von heute erschufen. Der Spalt ist eine heilige Stätte; die gut erhaltenen Zeichnungen finden sich an der Ostwand. Die **Jessie Gap** 8 km weiter ist ähnlich reizvoll und normalerweise weit weniger stark besucht. Beide Stätten sind mit Toiletten versehen, aber campen ist nicht erlaubt. Und beides zieht Vögel an, die Wasserstellen suchen. Ein 8 km langer nicht markierter Buschpfad führt um den Rücken der beiden Felsspalten.

Corroboree Rock Conservation Reserve

Hinter der Jessie Gap fährt man über erodierte Ebenen, bevor es in ein Tal zwischen zwei roten Hügeln geht. Der **Corroboree Rock**, 51 km von Alice entfernt, ist einer von vielen seltsam geformten Dolomitfelsen, die über den ganzen Talboden verteilt sind. Trotz des Namens (*corroboree* heißt in etwa „Versammlung") darf bezweifelt werden, dass der Felsen jemals als Versammlungsort genutzt wurde. Aber er steht mit dem Traumpfad des Riesenwarans in Zusammenhang. Der Riesenwaran wird über 2,5 m lang und sucht Zuflucht unter den überall verstreuten Felsbrocken. Es gibt einen kurzen Wanderweg (15 Min.) um den Felsen herum.

Trephina Gorge Nature Park

Wer nur Zeit für einige wenige Stopps in den East MacDonnell Ranges hat, sollte den Trephina Gorge Nature Park (75 km von Alice) zu einem davon machen. Die Kontraste zwischen den fahlen, sandigen Flussbetten, den purpurroten Wänden der Schluchten, den weißen Baumstämmen, dem grünen Laub des Eukalyptus und dem blauen Himmel sind spektakulär. Es gibt auch tiefe Wasserlöcher zum Baden und jede Menge Tiere. Der Trephina Gorge Walk (2 km, 45 Min.) umgibt den Rand der Schlucht. Der Ridgetop Walk (einfache Strecke 10 km, 5 Std.) führt über die Bergkämme von der Schlucht bis zum John Hayes Rockhole; der 8 km lang Rückweg die Straße entlang dauert zwei Stunden.

Am reizenden **John Hayes Rockhole**, 9 km von der Trephina-Gorge-Abzweigung entfernt (die letzten 4 km schafft nur ein Jeep), gibt es drei einfache **Campingplätze** (Erw./Kind 3,30/1,65 AU$). Von hier aus führt der herrliche **Chain of Ponds Walk** (Rundweg, 4 km, 1½ Std.) an Wasserbecken im Fels vorbei zu einem Aussichtspunkt hoch über der Schlucht.

Es gibt eine **Rangerstation** (☎08-8956 9765) und **Campingplätze** (Erw./Kind 3,30/1,65 AU$) mit Grillplätzen, Wasser und Toiletten am Trephina Gorge und am Bluff.

N'Dhala Gorge Nature Park

Kurz vor dem Ross River Resort führt eine ausschließlich (!) Geländewagen vorbehaltene Piste über 11 km südwärts zur **N'Dhala Gorge**. Diese tiefe, schmale Schlucht beherbergt einige seltene endemische Pflanzen und über 5900 uralte, schwer zu entdeckende Aborigine-Felsreliefs. Hinzu kommt ein kleiner, ungeschützter **Campingplatz** (Erw./Kind 3,30/1,65 AU$) mit unzuverlässiger Wasserversorgung.

Ross River

Etwa 9 km hinter der Abzweigung Richtung Arltunga erreicht man das abgeschiedene **Ross River Resort** (☎08-8956 9711; www.rossriverresort.com.au; Stellplatz ohne & mit Strom 36 AU$, Schlafbaracke 25 AU$, Hütten-DZ/-FZ 120/150 AU$; ❄ ≋) rund um ein historisches Gehöft aus Stein. Einfache Holzhütten mit einem Pool in der Mitte werden hier durch eine herrliche Campingwiese unter Eukalpytusbäumen ergänzt. Hinzu kommen außederdem noch ein Laden mit Benzin sowie die empfehlenswerte Stockman's Bar (Hauptgerichte 15–20 AU$) mit Bier und Mittagessen.

Arltunga Historical Reserve

Am Ostende der MacDonnell Ranges, 110 km östlich von Alice, liegt die alte Goldgräberstadt **Arltunga** (40 km auf unbefestigter Straße vom Ross Hwy), heute eine Geisterstadt. Ihre Geschichte von der Entdeckung alluvialen (oberflächennahen) Goldes 1887 bis ins Jahr 1912, als der Abbau endete, ist faszinierend. **Alte Gebäude**, ein paar **Friedhöfe** und viele verlassene **Schachtanlagen** in ausgedörrter Landschaft vermitteln Besuchern einen Eindruck davon, wie das Leben für die Bergleute hier gewesen sein muss. Es gibt Wanderwege und alte Schächte (mit Fledermäusen!) zu erkunden, also eine Taschenlampe mitbringen!

Das unbemannte **Visitor Information Centre** zeigt alte Fotografien über den Prozess der Goldgewinnung und eine Diashow zur Geschichte der Gegend; Trinkwasser und Toiletten gibt's auch. Im Reservat selbst darf nicht gezeltet werden.

Von Arltunga aus kann man auf dem Rückweg nach Alice eine Schleife auf dem Arltunga Tourist Dr machen, der dann etwa 50 km nördlich der Stadt auf den Stuart Hwy trifft. Die Straße führt an dem freundlichen **Old Ambalindum Homestead** (☎08-8956 9993; www.oldambalindumhomestead.com.au; Stellplatz ohne/mit Strom 25/30 AU$, B 75 AU$; ❄☒) vorbei, wo Gäste in Selbstversorgerunterkünften für bis zu zwölf Personen im Haus selbst oder in der Schlafbaracke dieser noch betriebenen Ranch übernachten können. Man muss reservieren und selbst für Verpflegung sorgen.

Ruby Gap Nature Park

Dieser entlegene Park lockt Besucher mit wilden, schönen Landschaften an. Das Sandbett des Hale River funkelt von Tausenden winzigen Granaten. Die Granate sorgten hier im 19. Jh. für einen kleinen Rubinrausch und einige Schürfer hatten sogar richtig Glück, bis sich herausstellte, dass die Rubine quasi wertlose Granate waren. Das hier ist ein sehr stimmungsvolles Fleckchen, das den vergleichsweise hohen Aufwand der Anreise wirklich wert ist. Man braucht einen Geländewagen mit viel Bodenfreiheit. Die Wasserbecken bei der **Glen Annie Gorge** sind im Allgemeinen tief genug für einen Sprung ins kühle Nass.

Camping (Erw./Kind 3,30/1,65 AU$) ist überall entlang des Flusses erlaubt, nur sollte man unbedingt dafür sorgen, genug Trinkwasser und einen Campingkocher dabei zu haben. Für die 44 km von Arltunga sollte man zwei Stunden pro Strecke einplanen.

West MacDonnell Ranges

Die West MacDonnell Ranges mit ihrer betörenden Schönheit und der Vielzahl von Pflanzen und Tieren dürfen bei keiner Tour durch die Gegend fehlen. Sie sind auch mit normalen Fahrzeugen gut zugänglich, was sie bei Tagesausflüglern besonders beliebt macht. Von Alice aus führt der Namatjira Dr nach Westen und biegt hinter dem Larapinta Dr, 6 km hinter der Standley Chasm, nach Nordwesten ab. Er ist bis zum Tylers Pass geteert.

Die meisten Orte in den West MacDonnell Ranges liegen innerhalb des **West MacDonnell National Park**. Rangerstationen finden sich an der Simpsons Gap und an der Ormiston Gorge.

Larapinta Trail

Der 230 km lange Larapinta Trail verläuft entlang des Rückgrats der West MacDonnell Ranges und ist einer von Australiens schönsten Fernwanderwegen. Der Weg ist in zwölf Abschnitte mit unterschiedlichen Schwierigkeitsgraden unterteilt, beginnt bei der Telegrafenstation in Alice Springs und endet am zerklüfteten, 1380 m hohen Gipfel des Mt. Sonder. Jeder Abschnitt ist in ein oder zwei Tagen zu bewältigen und führt zu vielen Sehenswürdigkeiten der West MacDonnells:

Abschnitt 1 Alice Springs Telegraph Station–Simpsons Gap (23,8 km)

Abschnitt 2 Simpsons Gap–Jay Creek (24,5 km)

Abschnitt 3 Jay Creek–Standley Chasm (13,6 km)

Abschnitt 4 Standley Chasm–Birthday Waterhole (17,7 km)

Abschnitt 5 Birthday Waterhole–Hugh Gorge (16 km)

Abschnitt 6 Hugh Gorge–Ellery Creek (31,2 km)

Abschnitt 7 Ellery Creek–Serpentine Gorge (13,8 km)

Abschnitt 8 Serpentine Gorge–Serpentine Chalet Dam (13,4 km)

Abschnitt 9 Serpentine Chalet Dam–Ormiston Gorge (28,6 km)

Abschnitt 10 Ormiston Gorge–Finke River (9,9 km)

Abschnitt 11 Finke River–Redbank Gorge (25,2 km)

Abschnitt 12 Redbank Gorge–Mt. Sonder (hin & zurück 15,8 km)

Wanderhinweise und Karten gibt's bei **Parks & Wildlife** (www.nt.gov.au/nreta/parks/walks/larapinta/index.html). Wanderer sollten sich (und ihre Route) unter ☎1300 650 730 melden. Nicht vergessen, nach der Tour Bescheid zu geben! Mit öffentlichen Verkehrsmitteln kommt man nicht hierher, aber **Alice Wanderer** (☎08-8952 2111, 1800 722 111; www.alicewanderer.com.au) kann den Transport arrangieren. Wegen geführter Wanderungen samt Transport ab Alice Springs kann man sich an Trek Larapinta (S. 954) wenden.

Simpsons Gap

Fährt man von Alice Springs auf dem Larapinta Dr nach Westen, kommt man zum

Grab von John Flynn, dem Gründer des Royal Flying Doctor Service, das mit einem Findling geschmückt ist. Dieser wurde vom Volk der Arrernte hier abgelegt (der Originalfelsblock war ein Devil's Marble, der mittlerweile wieder zurückgebracht wurde). Gegenüber dem Parkplatz beginnt der geteerte Radweg zur Simpsons Gap, eine schöne, drei- bis vierstündige Tour.

Über die Straße ist die Simpsons Gap 22 km von Alice Springs und 8 km vom Larapinta Dr entfernt. Viele Besucher picknicken hier oder gehen spazieren. Der frühe Morgen und der späte Nachmittag sind die besten Zeiten, um das schwarzfüßige Felsenkänguru zu beobachten. Das Visitor Information Centre liegt 1 km vom Parkeingang entfernt.

Standley Chasm (Angkerle)

Die Standley Chasm (☎08-8956 7440; Erw./Kind unter 12 Jahren/erm. 10/5/8 AU$, 4-köpfige Fam. 25 AU$; ⏲8–17 Uhr, letzter Einlass 16.30 Uhr) rund 50 km westlich von Alice Springs gehört den in der Nähe beheimateten Iwupataka und wird auch von diesen verwaltet. Die schmale Klamm mit glatten, bis zu 80 m hohen Wänden durchschneidet den Hügel auf spektakuläre Weise. Der felsige Zugangsweg (15 Min.) folgt einem Bachbett, das von Ghost-Gum-Eukalypten und Palmfarnen gesäumt wird. Optional kann man zu einer zweiten Kluft weiterlaufen (hin & zurück 1 Std.) oder den Larapinta Hill erklimmen (hin & zurück 45 Min.) und die schöne Aussicht genießen. In Parkplatznähe gibt's Picknicktische, Toiletten und ein Café.

Namatjira Drive

Nicht weit hinter der Standley Chasm muss man sich zwischen dem nordwestlichen Namatjira Dr (der nach einer Schleife westlich von Hermannsburg wieder auf den Larapinta Dr stößt) und dem Larapinta Dr entscheiden. Der Namatjira Dr bringt einen zu einer ganzen Reihe von Schluchten und Klüften in der Range. Ein Ziel ist z.B. das Ellery Creek Big Hole, 91 km von Alice Springs entfernt: Das ist ein permanentes Wasserloch und ein beliebtes Plätzchen zum Baden an heißen Tagen (das Wasser ist normalerweise eiskalt). Noch 11 km weiter führt eine grobe Schotterpiste zur engen Serpentine Gorge, deren Eingang durch ein Wasserloch blockiert wird. Außerdem gibt's hier am Ende eines kurzen, steilen Aufstiegs einen Aussichtspunkt, von dem aus man über die Palmfarne sehen kann.

Die Ochre Pits säumen ein trockenes Bachbett 11 km westlich von Serpentine und waren einst eine Farbenquelle für die Aborigines. Die verschiedenen Ocker – hauptsächlich Gelb, Weiß und Rotbraun – sind verwitterte Kalksteine, denen Eisenoxid die jeweilige Färbung verleiht.

Der Parkplatz für die majestätische Ormiston Gorge befindet sich 25 km hinter den Ochre Pits. Diese Schlucht ist die beeindruckendste in den West MacDonnells. Es gibt ein von Eukalyptusbäumen beschattetes Wasserloch. Die Schlucht umgibt den Ormiston Pound. Der ist ein Paradies für Wildtiere; fast sicher sieht man einige Exemplare unter den mit Stachelkopfgras bewachsenen Hängen und in den Mulgawäldchen. Es gibt einige Wanderwege, u.a. einen zum Ghost Gum Lookout (20 Min.), von dem aus man einen tollen Blick auf die Schlucht hat, und den großartigen Pound Walk (Rundweg, 3 Std., 7,5 km). Service-Einrichtungen sind ein Visitor Centre (☎08-8956 7799) und ein Kiosk, der von 11–16 Uhr geöffnet ist (Mittwochs geschlossen).

Nach weiteren 2 km kommt die Abzweigung zur Glen Helen Gorge in Sicht, wo der Finke River durch die MacDonnells schneidet. Nur 1 km hinter Glen Helen liegt ein guter Aussichtspunkt auf den Mt. Sonder; Sonnenauf- und -untergang sind hier besonders beeindruckend.

Die Abzweigung (nur Geländewagen!) zur vielfarbigen kathedralenähnlichen Redbank Gorge erreicht man nach 25 km Fahrt in Richtung Nordwesten. Das permanente Wasserloch windet sich kilometerweit durch das Schluchtenlabyrinth und sorgt an heißen Tagen für ein unglaubliches Schwimm- und Kraxelvergnügen. Der Namatjira Dr führt dann weiter nach Süden und ist bis zum Tylers Pass Lookout befestigt, der ein dramatisches Panorama des Tnorala (Grosse Bluff) eröffnet, das das Ergebnis eines erderschütternden Kometeneinschlags ist.

Schlafen & Essen

Es gibt einfache Campingplätze (Erw./Kind 3,30/1,65 AU$) am Ellery Creek Big Hole, an der Redbank Gorge und 6 km westlich der Serpentine Gorge in Serpentine Chalet (man braucht einen Geländewagen oder ein Auto mit großer Bodenfreiheit, um die Ruinen des Chalets zu erreichen). Der noble Campingplatz (Erw./Kind 6,60/3,30 AU$) an der

Ormiston Gorge bietet Duschen, Toiletten, Gasgrills und Picknicktische.

Glen Helen Resort HOTEL $
(☎08-8956 7489; www.glenhelen.com.au; Namatjira Dr; Stellplatz ohne/mit Strom 24/30 AU$, B/Zi. 30/160 AU$; ❄☒) Dieses beliebte, komfortable Resort am Nationalparkrand hat hinten eine idyllische Veranda mit Blick auf die spektakuläre Schlucht. Hinzu kommt eine gut besuchte Restaurantbar (Gerichte morgens & mittags 8–20 AU$, abends 30–35 AU$) mit herzhafter Kost und Livemusik am Wochenende. Gäste können auch an Jeeptouren und Hubschrauberflügen (ab 5 Min.; 55–425 AU$) teilnehmen. Bei letzteren hat der Trip über die Ormiston Gorge (145 AU$) das beste Preis-Leistungs-Verhältnis.

RED CENTRE WAY (MEREENIE LOOP)

Der Red Centre Way ist die „Nebenstrecke“ zwischen Alice und dem Uluru. Seine „innere Schleife“ aus Namatjira (S. 965) und Larapinta Drive wird durch die staubige Mereenie Loop Rd (Abkürzung zum Kings Canyon) erweitert. Diese extrem holperige Strecke sollte man nicht auf die leichte Schulter nehmen – fast alle Autovermieter verbieten eine Benutzung mit ihren normalen Fahrzeugen.

Larapinta Drive

Südlich der Standley Chasm kreuzt der Larapinta Dr den Namatjira Dr und den Hugh River, bevor er die Abzweigung zur Gemeinschaft der Western Arrernte in **Wallace Rockhole**, 18 km von der Hauptstraße und 109 km von Alice Springs entfernt, erreicht.

Es ist so gut wie sicher, dass man im **Wallace Rockhole Tourist Park** (☎08-8956 7993; www.wallacerockholetours.com.au; Stellplatz ohne/mit Strom 20/24 AU$, Hütte 130 AU$; ❄) mehr oder weniger allein ist. Der Campingplatz hier hat gute Einrichtungen. Touren müssen im Voraus gebucht werden. Es gibt eine nette eineinhalbstündige Felskunst- und Buschmedizin-Tour (Erw./Kind 15/13 AU$), bei der man mit Tee aus der Thermoskanne und Buschbrot versorgt wird.

Nach weiteren 26 km ab der Wallace-Rockhole-Abzweigung auf dem Larapinta Dr erreicht man das einsame **Namatjira Monument**, das etwa 8 km von Hermannsburg entfernt ist.

Hermannsburg

625 EW.

Die Aborigine-Gemeinschaft von Hermannsburg (Ntaria), 125 km von Alice Springs entfernt, ist berühmt, weil sie einst die Heimat des Künstlers Albert Namatjira war. Außerdem befindet sich hier die Hermannsburg-Mission.

Die kalkweißen Wände der **Mission** (☎08-8956 7402; www.hermannsburg.com; Erw./Kind 10/5 AU$; ⊙März–Nov. 9–16 Uhr, Dez.–Feb. 10–16 Uhr) werden von majestätischem Rotem Eukalyptus und Dattelpalmen beschattet. Das faszinierende Monument früher lutheranischer Missionsarbeit besteht aus einem Schulgebäude, einer Kirche und verschiedenen Nebengebäuden. Das „Manse“ beherbergt eine Kunstgalerie und erzählt vom Leben Albert Namatjiras. Arbeiten von 39 Hermannsburger Künstlern sind hier ebenfalls ausgestellt.

Der **Kata-Anga Tea Room** (Gerichte 8–12 AU$; ⊙9–16 Uhr) im alten Missionsgebäude serviert leckeren Apfelstrudel und Devonshire-Tees. Charakteristische Gemälde und Töpferwaren der Einheimischen sind Teil der hiesigen Verkaufsausstellung.

Im Westen von Hermannsburg befindet sich **Namatjiras Haus**.

Finke Gorge National Park

Mit seiner urzeitlichen Landschaft ist der südlich von Hermannsburg gelegene Finke Gorge National Park eines von Australiens schönsten Naturschutzgebieten. Das absolute Highlight des Parks ist das **Palm Valley**, das für seine Marienpalmen berühmt ist, die nirgendwo sonst in der Welt wachsen. Diese Relikte aus prähistorischen Zeiten machen das Tal zu einer Bilderbuchoase.

Zu den Wanderwegen gehören der **Arankaia Walk** (Rundweg, 2 km, 1 Std.), der das Tal quert und über das Sandsteinplateau zurückführt, der **Mpulungkinya Track** (5 km Rundweg, 2 Std.), der in die Schlucht führt, bevor er auf den Arankaia Walk trifft, und der **Mpaara Track** (Rundweg, 5 km, 2 Std.), der zum Finke River, zum Palm Bend und zu einem „Amphitheater“ (einem Halbkreis aus Sandstein, geformt von einem nicht mehr existierenden Seitenarm des Palm Creek), geht. Hier befindet sich auch ein beliebter **Campingplatz** (Erw./Kind 6,60/3,30 AU$).

Da die Zufahrt zum Park ein paar steinigen Pisten und dem sandigen Bett des Finke

River folgt, ist ein Geländewagen mit hoher Bodenfreiheit absolute Pflicht. Wer keinen hat, kommt mit diversen Touranbietern ab Alice Springs zum Palm Valley. Die Abfahrt zum Palm Valley befindet sich ca. 1 km westlich der Hermannsburg-Abzweigung am Larapinta Dr.

Mit angemessener Ausrüstung kann man den Nationalpark auch auf der anspruchsvollen Route entlang des sandigen Finke-River-Betts durchqueren. Die malerische Tour durch die Einsamkeit führt dabei zunächst zur Ernest Giles Rd. Dort geht's dann entweder westwärts weiter Richtung Kings Canyon und Uluru oder nach Osten zurück zum Stuart Hwy. Da Steckenbleiben ein Teil des Abenteuers ist, empfiehlt es sich, im Konvoi zu fahren. Zudem sollte man sich unbedingt die Broschüre *Finke River 4WD Route* (www.nretas.nt.gov.au) holen.

Mereenie Loop Road

Von Hermannsburg aus kann man in westlicher Richtung weiterfahren bis zur Abzweigung nach Areyonga (kein Besuch möglich) und dann die Mereenie Loop Rd zum Kings Canyon nehmen. Dies ist eine Alternativstrecke von Alice zum Kings Canyon. Die Regierung des Bundesstaats plant, die Straße zu befestigen, aber die Einheimischen sagen, dass sie das erst glauben, wenn sie es sehen… Die Strecke hat tiefe, sandige Abschnitte und zahllose Bodenwellen (aktueller Straßenzustand unter ☎ 1800 246 199) und wird am besten mit einem Geländewagen mit großer Bodenfreiheit befahren. Man sollte sich im Klaren darüber sein, dass für normale Fahrzeuge auf dieser Strecke kein Versicherungsschutz besteht.

Wer dennoch hier fahren möchte – die Straße führt durch Aboriginal Land –, benötigt den Mereenie Tour Pass (3,50 AU$), der einen Tag gültig ist und eine Broschüre zur lokalen Aborigine-Kultur sowie eine Straßenkarte beinhaltet. Der Pass wird normalerweise am Reisetag im Visitor Information Centre in Alice Springs, im Glen Helen Resort, im Kings Canyon Resort oder an der Hermannsburger Tankstelle ausgestellt.

Kings Canyon & Watarrka National Park

Der gähnende Abgrund des **Kings Canyon** im Watarrka National Park ist das Highlight entlang dieser Route und eine der spektakulärsten Attraktionen Zentralaustraliens. Alternativ führen zwei weitere Strecken hierher: Die unbefestigte Ernest Giles Rd zweigt 140 km südlich von Alice Springs westwärts vom Stuart Highway ab, während am Lasseter Hwy Richtung Uluru die befestigte Luritja Rd beginnt. Letztere ist zwar am längsten, aber bei Weitem am bequemsten und beliebtesten.

Unabhängig von der Routenwahl will man sich am Ziel garantiert die Fahrt aus den Knochen schütteln und die Landschaft bewundern. Der **Kings Canyon Rim Walk** (Rundweg, 6 km, 4 Std.) wird von vielen Travellern als Highlight ihrer Tour ins Herz Australiens betrachtet und belohnt Wanderer mit herrlicher Aussicht. Nach einem kurzen, aber steilen Anstieg (einziger „schwieriger" Teil) folgt der Pfad dem oberen Schluchtrand und führt dann über hölzerne Stufen hinunter zum **Garden of Eden**. Dessen idyllisches Wasserbecken wird von üppigem Bewuchs aus Palmen und prähistorischen Palmfarnen umgeben. Der nächste Wegabschnitt windet sich zwischen einer Gruppe riesiger, verwitterter Sandsteinformationen in Bienenkorbform hindurch, die für die Luritja-Aborigines die Männer der Kuniya-Traumzeitlegende repräsentieren.

Der **Kings Creek Walk** (hin & zurück 2 km) ist ein kurzer Spaziergang entlang des steinigen Bachbetts zu einer erhöhten Plattform mit Blick auf den Rand des Canyons hoch oben.

Etwa 10 km östlich des Parkplatzes beginnt der **Kathleen Springs Walk** (hin & zurück 2,6 km, 1 Std.), ein netter, für Rollstuhlfahrer geeigneter Weg, der zu einem Wasserloch am Ende einer Schlucht führt.

Der **Giles Track** (einfache Strecke 22 km, mit Übernachtung) ist ein markierter Weg, der sich durch die George Gill Range zwischen Kathleen Springs und dem Canyon windet. Bevor man loswandert, sollte man sich beim **Overnight Walker Registration Scheme** (☎ 1300 650 730) anmelden.

☞ Geführte Touren

Zwischen Alice Springs und dem Uluru (s. S. 954) machen viele Touranbieter am Kings Canyon Station.

Kings Creek Helicopters HUBSCHRAUBERFLUG (☎ 08-8956 7083; www.kingscreekstation.com.au; 60–445 AU$/Pers.) Startet an der Kings Creek Station und bietet u.a. einen atemberaubenden Flug über den Canyon an (275 AU$, 30 Min.).

Kings Canyon

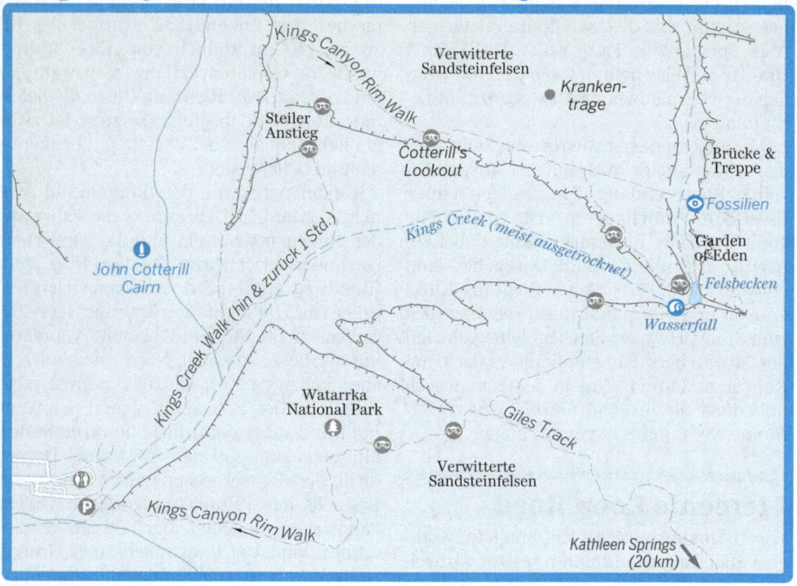

Professional Helicopter Services HUBSCHRAUBERFLUG
(PHS; ☎08-8956 7873; www.phs.com.au; 95–275 AU$/Pers.) Brummt vom Kings Canyon Resort aus über die Schlucht (8/15 Min. 95/145 AU$).

Schlafen & Essen

Kings Creek Station HÜTTEN $$
(☎08-8956 7474; www.kingscreekstation.com.au; Luritja Rd; Stellplatz ohne/mit Strom 17/19 AU$, Safarihütte EZ/DZ inkl. Frühstück 103/165 AU$;) Rund 35 km vor dem Canyon gelegen, ermöglicht diese familiengeführte Farm nettes Buschcamping unter Wüstenkasuarinen. Die gemütlichen Safarihütten (kleine Planenzelte mit festem Boden) teilen sich sanitäre Anlagen sowie einen Küchenbereich mit Grill. Der Laden (geöffnet 7–19 Uhr) verkauft Benzin, Eis, Bier, Wein, Grillpakete und Mahlzeiten. Die Gäste können mit einem Quad durch die Wüste sausen (93 AU$/Std.) oder im Vergleich dazu deutlich ruhigere Kamelritte genießen (60 AU$/Std.). Zudem sollten sich die Besucher über **Conways' Kids** (www.conwayskids.org.au) informieren: Die Inhaber der Kings Creek Station haben diese wohltätige Stiftung gegründet, um einheimischen Aborigine-Kindern eine Schulausbildung in Adelaide zu ermöglichen.

Kings Canyon Resort RESORT $$$
(☎1300 863 248; www.kingscanyonresort.com.au; Luritja Rd; Stellplatz ohne/mit Strom 38/42 AU$, B/Budget-DZ 35/139 AU$, DZ mit Whirlpool Standard/Deluxe 279/339 AU$;) Dieses schmucke Resort liegt nur 10 km vor dem Canyon. Sein breites Unterkunftsspektrum reicht von einer Campingwiese mit eigenem Pool und Bar bis hin zu Deluxe-Zimmern mit Beinahe-Freiluft-Whirlpools. Das ebenfalls große Gastro-Angebot umfasst ein Café, ein Restaurant (Frühstücksbuffet & Abendessen), eine Bar (serviert auch Pizzas) und einen Grillplatz im Outback, der mit großen Steaks nebst Liveunterhaltung aufwartet. Bei **Under the Desert Moon** (160 AU$/Pers.; April–Okt.) genießt man exklusives, sechsgängiges Candlelight-Dinner am Lagerfeuer. Vorhanden sind auch eine Rezeption mit Geldautomat und ein Gemischtwarenladen mit Tankstelle.

Kings Canyon Wilderness Lodge RESORT $$$
(☎1800 891 121; www.aptouring.com.au; Luritja Rd; Zelthütte EZ/DZ 599/740 AU$;) Das Luxus-Refugium in einer versteckten Ecke der Kings Creek Station besteht aus zehn stilvollen Zelthütten mit eigenen Bädern und Terrassen mit einem erholsamen Buschblick. Da es von APT betrieben wird, fühlen sich

Individualreisende hier mitunter zwischen Tourgruppen hineingequetscht. Preise inklusive Frühstück und Abendessen.

SÜDLICH VON ALICE SPRINGS

Old South Road

Die Old South Rd, die nahe an der alten *Ghan*-Eisenbahntrasse verläuft, ist ziemlich holprig, sodass man wirklich einen Geländewagen braucht. Es sind nur 339 km von Alice Springs nach Ewaninga, wo prähistorische Aborigine-Felszeichnungen in den Sandstein gemeißelt wurden. Die Felsmalereien, die hier und an der N'Dhala Gorge gefunden wurden, sind vermutlich von Stämmen angefertigt worden, die vor den heute hier ansässigen Gemeinschaften in der Region lebten, nämlich vor etwa 1000 bis 5000 Jahren.

Die seltsame Sandsteinsäule **Chambers Pillar**, südwestlich der Maryvale Station, ragt 50 m über die Ebene auf und ist übersät mit den Namen von Forschern und den Daten, an denen sie hier waren – und leider auch mit weniger wertvollen neuzeitlichen Graffiti. Für die ansässigen Aborigines ist die Säule ein Überbleibsel von Itirkawara, einem mächtigen Gecko-Ahnen. Da die Chambers Pillar zu Sonnenauf- und Sonnenuntergang am fotogensten ist, lohnt sich eine Übernachtung auf dem **Campingplatz** (Erw./Kind 3,30/1,65 AU$). Es sind 160 km von Alice Springs bis hierher, und für die letzten 44 km von der Abzweigung an der Maryvale Station braucht man einen Offroader.

Zurück auf der Hauptstraße Richtung Süden kommt man nach Finke (Aputula). Die kleine Aborigine-Gemeinde liegt 230 km von Alice entfernt. Als der *Ghan* noch fuhr, war sie eine florierende Stadt; heute liegt sie im Dämmerschlaf, wenn nicht gerdae das **Finke Desert Race** (S. 959) stattfindet. Treibstoff gibt's im **Aputula Store** (☎08-8956 0968; ⏲Mo–Fr 9–12 & 14–16, Sa 9–12 Uhr), in dem auch Werke lokaler Künstler angeboten werden.

Von Finke geht es auf der Goyder Stock Rte Richtung Westen und bei Kulgera (150 km) auf den Stuart Hwy. Eine andere Möglichkeit ist es, nach Osten zur Old Andado Farm am Rand der Simpson Desert (120 km) zu fahren. 21 km westlich von Finke, nach 12 km auf einer ausgeschilderten Piste nördlich der Straße liegt das Lambert Centre. Dieser Punkt ist die geografische Mitte Australiens und durch eine 5 m hohe Version der Fahnenstange markiert, die ganz oben auf dem Parliament House in Canberra steht.

Rainbow Valley Conservation Reserve

Die frei stehenden Sandsteinfelsen und -klippen in vielen Farbschattierungen von Beige bis Rot sind eine der eher außergewöhnlichen Sehenswürdigkeiten Australiens. Ein mit Schildern versehener Spazierweg führt vorbei an Lehmpfannen und zwischen bunten Felsen hindurch zum **Mushroom Rock**, dessen Name durchaus gerechtfertig ist. Das Rainbow Valley ist am frühen Morgen oder zu Sonnenuntergang am eindrucksvollsten, aber die Stille dieses Ortes überwältigt einen wohl zu jeder Tageszeit.

Das Schutzgebiet ist 24 km vom Stuart Hwy entfernt und über eine 77 km südlich von Alice Springs gelegene Geländewagenpiste zu erreichen. Es gibt einen **Campingplatz** (Erw./Kind 3,30/1,65 AU$), der zwar ziemlich ungeschützt ist, aber einen tollen Blick auf den Sonnenuntergang bietet.

Stuarts Well

Rund 90 km südlich von Alice Springs werden Autofahrer aufgefordert, eine Weile in Stuarts Well zu verbringen („Have a Spell"). Es lohnt sich, auf einen Burger und ein Bier bei **Jim's Place** (☎08-8956 0808; 08-8952 2111; Stellplatz ohne/mit Strom 20/25 AU$, Budgetzi. bei mitgebrachtem Schlafsack/mit gestellter Bettwäsche 15/30 AU$, Hütten-EZ/-DZ 75/95 AU$; ❄@≋) vorbeizuschauen. Inhaber ist der bekannte Outback-Charakter Jim Cotterill, der den Kings Canyon einst zusammen mit seinem Vater für Touristen erschloss. Eventuell erlebt man auch einen Auftritt von Dinky, dem singenden und klavierspielenden Dingo.

Wer Lust auf Kamelreiten hat, kann mit **Camels Australia** (☎08-8956 0925; www.camels-australia.com.au; ⏲7–17 Uhr) kurz über den Hof traben (Erw./Kind 6/5 AU$) oder auch längere Touren unternehmen (Erw./Kind 30 Min. 25/20 AU$, 1 Std. 45/35 AU$).

Ernest Giles Road

Die Ernest Giles Rd führt 140 km südlich von Alice vom Stuart Hwy in westliche Richtung und ist eine kürzere, aber holprigere Strecke zum Kings Canyon. Nur für Geländewagen zu empfehlen!

HENBURY METEORITE CRATERS

11 km westlich vom Stuart Hwy führt eine buckelige Piste 5 km hinter der Ernest Giles Rd zu diesen zwölf kleinen Kratern, die entstanden sind, als hier vor 4700 Jahren ein Meteorit einschlug. Der größte Krater ist 180 m groß und 15 m tief.

Hier finden sich keine Fragmente der Meteoriten mehr, aber im Museum of Central Australia in Alice Springs (S. 949) ist ein kleiner Brocken von 46,5 kg ausgestellt.

In der Gegend gibt einige ziemlich ungeschützte und steinige – **Campingplätze** (Erw./Kind 3,30/1,65 AU$).

Lasseter Highway

Ab Erldunda führt der Lasseter Hwy (244 km) westwärts vom Stuart Hwy zum Uluru-Kata Tjuta National Park. Das örtliche **Desert Oaks Resort** (☎ 08-8956 0984; www.desertoaksresort.com; Stuart Hwy, Erldunda; Stellplatz ohne/mit Strom 22/32 AU$, B 18 AU$, Motel-EZ/-DZ ab 100/118 AU$; ❄ 🏊) wartet mit Unterkunft, Essen und Benzin auf.

Mt. Conner, der Tafelberg, der 350 m über der Wüste aufragt, ist der am häufigsten irrtümlich fotografierte Berg der Welt – auf den ersten Blick halten ihn viele Reisende für den Uluru. Er hat für die hiesigen Aborigines große Bedeutung; bei ihnen heißt er Atila.

Das **Curtin Springs Wayside Inn** (☎ 08-8956 2906; www.curtinsprings.com; Lasseter Hwy; Stellplatz ohne/mit Strom frei/25 AU$, EZ/ DZ 65/95 AU$, Zi. mit Bad 150 AU$; ❄) ist der letzte Stopp vor dem etwa 80 km entfernten Yulara und die dem Ayers Rock Resort nächste Alternative. Zelten darf man kostenlos (Duschen 3 AU$); wer will, kann auch eine der gepflegten Hütten nehmen. Es gibt Benzin, einen Laden mit begrenzten Vorräten, Essen zum Mitnehmen und ein Bistro (Hauptgerichte 20–32 AU$) mit Bar.

ULURU-KATA TJUTA NATIONAL PARK

Für viele Besucher, Australier wie Auswärtige, steht der Uluru (Ayers Rock) ganz oben auf der Liste der Dinge, die man gesehen haben *muss*. Der Berg, der zum Weltnaturerbe gehört, hat mittlerweile den Status einer Pilgerstätte. Aber der ihn umgebende Park hat viel mehr zu bieten als nur die gigantische Größe des Uluru. Zusammen mit den ebenso (manche behaupten noch stärker) beeindruckenden Kata Tjuta (Olgas) hat die gesamte Gegend eine tief verwurzelte kulturelle Bedeutung für die traditionellen Landeigentümer, die Pitjantjatjara- und Yankuntjatjara-Aborigines (die sich selbst Anangu nennen). Offiziell gehört der Park den Anangu, doch er wurde an Parks Australia verpachtet und wird gemeinschaftlich verwaltet.

Auch wenn viele der jährlich 400 000 Besucher hier in 24 Stunden durchhecheln, sollte man unbedingt die drei Tage bleiben, für die die Eintrittskarte gilt. Es gibt viel zu sehen und zu erleben: verschlungene Pfade, geführte Touren, Wüstenkultur… Man kann auch einfach nur über die wechselnden Farben und Stimmungen des großen Monolithen nachsinnen.

Die einzige Unterkunft ist das Ayers Rock Resort (S. 976) in Yulara, 20 km vom Felsen entfernt. Die Preisen spiegeln die Abgeschiedenheit der Sehenswürdigkeit wider.

ℹ Praktische Informationen

Der **Park** (www.environment.gov.au/parks/uluru; Erw./Kind 25 AUAU$/frei) öffnet täglich eine halbe Stunde vor Sonnenaufgang und schließt bei Sonnenuntergang (Nov.–März 5–21 Uhr, April–Okt. 6–19.30 Uhr). Die Zutrittsgenehmigung gilt für drei Tage und ist am Zugang an der Straße von Yulara erhältlich.

Der erste Halt sollte das **Uluru-Kata Tjuta Cultural Centre** (☎ 08-8956 1128; ⏲ 7–18 Uhr) sein, 1 km vor dem Uluru an der Straße aus Yulara. Der Schwerpunkt der Ausstellungen und Exponate liegt auf *tjukurpa* (Gesetz, Religion und Brauchtum der Aborigines) und der Geschichte sowie der Verwaltung des Nationalparks. Der Infoschalter im Nintiringkupai-Haus ist mit Park-Rangern besetzt, die Besucher mit dem informativen *Visitor Guide* sowie Broschüren und Erläuterungen zu Wanderwegen versorgen. An Werktagen hält einer der einheimischen Anangu-Ranger einen Vortrag über die Nahrungsmittel, die man im Busch findet, und über die Geschichte der Aborigines (10 Uhr).

Zum Kulturzentrum gehört auch der Kunsthandwerksladen **Maruku Arts** (☎ 08-8956 2558; www.maruku.com.au; ⏲ 8.30–17.30 Uhr), der etwa 20 Anangu-Gemeinden aus ganz Central Australia (u. a. auch der hiesigen Mutitjulu-Gemeinde) gehört. Hier werden handgefertigte Holzschnitzereien, Schüsseln und Bumerangs verkauft. Das **Walkatjara Art Centre** (☎ 08-

8956 2537; ⏲ 9–17.30 Uhr) ist ein Kunstzentrum der örtlichen Mutitjulu-Gemeinde, in dem vor allem Malereien und Keramiken von Mutitjulu-Frauen verkauft werden. Im **Ininti Cafe & Souvenirs** (☎ 08-8956 2214; ⏲ 7–17 Uhr) bekommt man u. a. T-Shirts, Keramik, Hüte, CDs sowie eine Auswahl von Büchern über den Uluru, die Kultur der Aborigines, über Bush Food und die Flora und Fauna in dem Gebiet. Das angeschlossene Café serviert Eis, Pasteten und kleine Mahlzeiten.

Geführte Touren

Bustouren

Seit Outback Australia BUSTOUR

(☎ 08-8956 3156; www.seitoutbackaustralia.com.au) Unter den vielen Kleingruppentouren sind z. B. Sonnenuntergangstrips rund um den Uluru (Erw./Kind 139/110 AU$) oder genauso teure Sonnenaufgangsfahrten zu den Kata Tjuta (inkl. Frühstück und Wanderung durch die Walpa Gorge).

AAT Kings BUSTOUR

(☎ 08-8956 2171; www.aatkings.com) Hat die größte Auswahl an Bustouren und veranstaltet Halb- oder Ganztagstrips ab Yulara; das dortige Tour & Information Centre und die AAT-Website liefern Details.

Kameltouren

Uluru Camel Tours KAMELTOUR

(☎ 08-8956 3333; www.ulurucameltours.com.au; kurzer Kamelritt Erw./Kind 15/10 AU$; ⏲ 10.30–14.30 Uhr) Lässt Kunden den Uluru und die Kata Tjuta aus der Ferne von Kamelen aus bewundern (75 AU$, 1½ Std.); eine Alternative sind die beliebten Touren in der Morgen- oder Abenddämmerung (119 AU$, 2½ Std.).

Kulturexkursionen

★ Uluru Aboriginal Tours ABORIGINE-TOUREN

(☎ 0447 878 851; www.uluruaboriginaltours.com.au; ab 45 AU$/Pers.) Anangu der Mutitjulu-Gemeinde sind die Inhaber und Betreiber dieser Firma. Die verschiedenen Touren vermitteln aus erster Hand, welche Bedeutung der Felsen für die traditionellen Eigentümer hat. Ein Ausgangspunkt und Veranstalter ist das Cultural Centre. Los geht's aber auch am Yulara Ayers Rock Resort (über AAT Kings) oder in Alice Springs (über Adventure Tours Australia).

BESTEIGEN ODER NICHT BESTEIGEN – DAS IST HIER DIE FRAGE

Viele Besucher halten das Besteigen des Uluru für ein Highlight – manche sogar für eine Art Initiationsritus – während der Reise durch Central Australia. Aber für die Anangu ist der Uluru heilig. Der Pfad an der Flanke des Felsens nach oben ist Teil der Route, die die Mala-Ahnen bei ihrer Ankunft am Uluru nahmen, und hat daher große spirituelle Bedeutung – menschliche Füße haben dort nichts zu suchen. Bei der Ankunft am Uluru sieht man sofort ein Schild der Anangu, auf dem „Wir klettern nicht!" steht, verbunden mit der Bitte, Besucher mögen es auch nicht tun.

Die Anangu sind die Wächter des Uluru und haben die Verantwortung für die Sicherheit der Besucher. Alle Verletzungen und Todesfälle, die sich hier ereignen sind ihnen ein Quell der Verzweiflung und Traurigkeit. Aus Gründen der öffentlichen Sicherheit möchten auch die Mitarbeiter von Parks Australia nicht, dass Besucher hier klettern. Der Aufstieg ist sehr steil und darf nicht auf die leichte Schulter genommen werden. Jedes Jahr gibt es mehrere Luftrettungsaktionen, meist müssen Kletterer wegen eines Herzinfarkts abgeholt werden. Parks Australia muss den Weg ständig beobachten und ihn an Tagen sperren, an denen die Temperatur auf über 36 °C klettert oder starke Winde erwartet werden.

Wenn die Anangu nicht wollen, dass hier geklettert wird, und Parks Australia den Weg auch lieber gesperrt sähe – warum ist er dann noch zugänglich? Ganz einfach: wegen der Touris. Die Tourismusindustrie befürchtet, dass die Besucherzahlen sinken würden – jedenfalls zu Beginn –, würde der Aufstieg verboten. Insbesondere jene Leute würden wegbleiben, die glauben, hier gäbe es nichts anderes zu tun.

Das Ganze ist in den letzten Jahren immer schärfer diskutiert worden. Man hat sich verpflichtet, den Aufstieg für immer zu sperren – aber erst, wenn neue angemessene Besucherattraktionen geschaffen wurden oder wenn der Anteil der Kletterer auf unter 20 % sinkt. Bis dahin bleibt es eine persönliche Entscheidung eines jeden und eine Frage des Respekts. Bevor man sich entscheidet, kann man ja mal das Cultural Centre besuchen oder eine geführte Anangu-Tour mitmachen. Vielleicht ändert sich ja die Meinung …

Südlich von Alice Springs

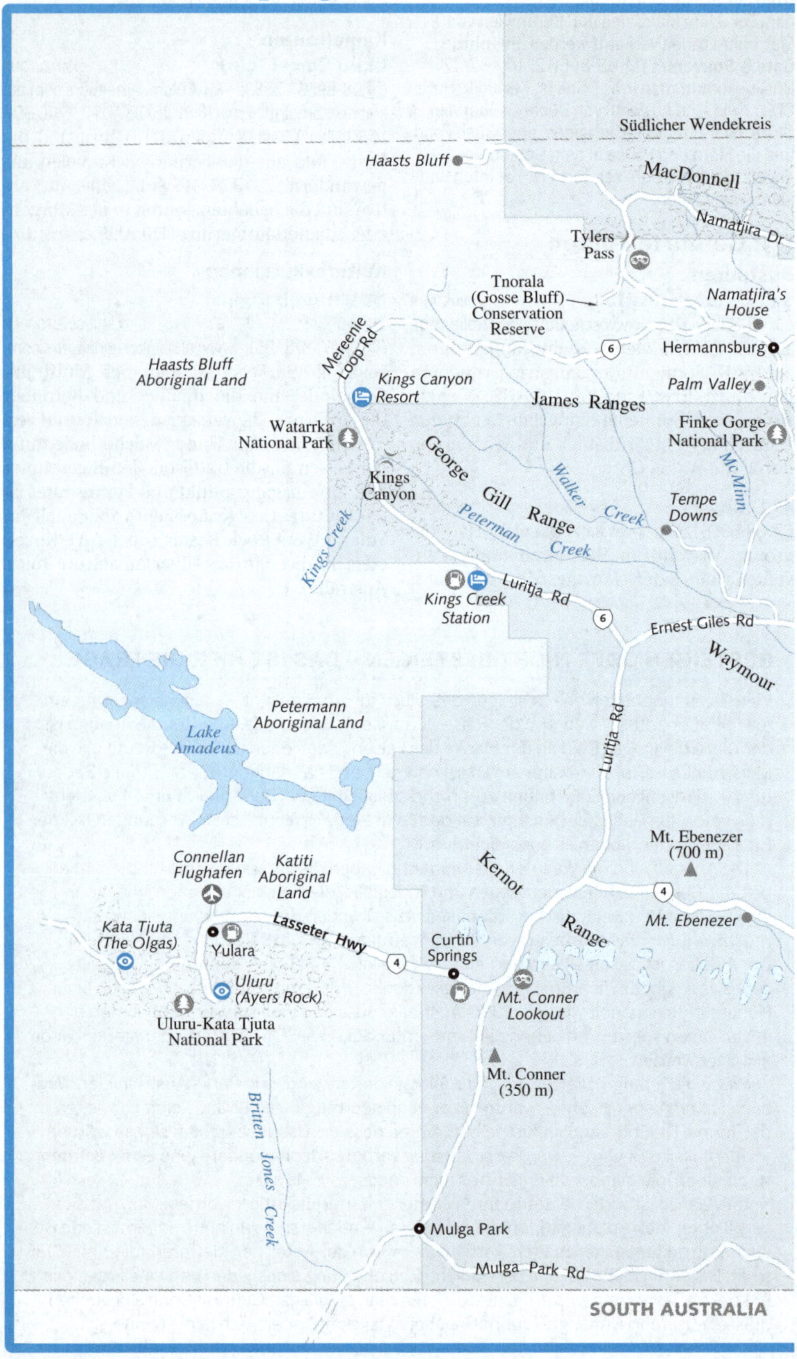

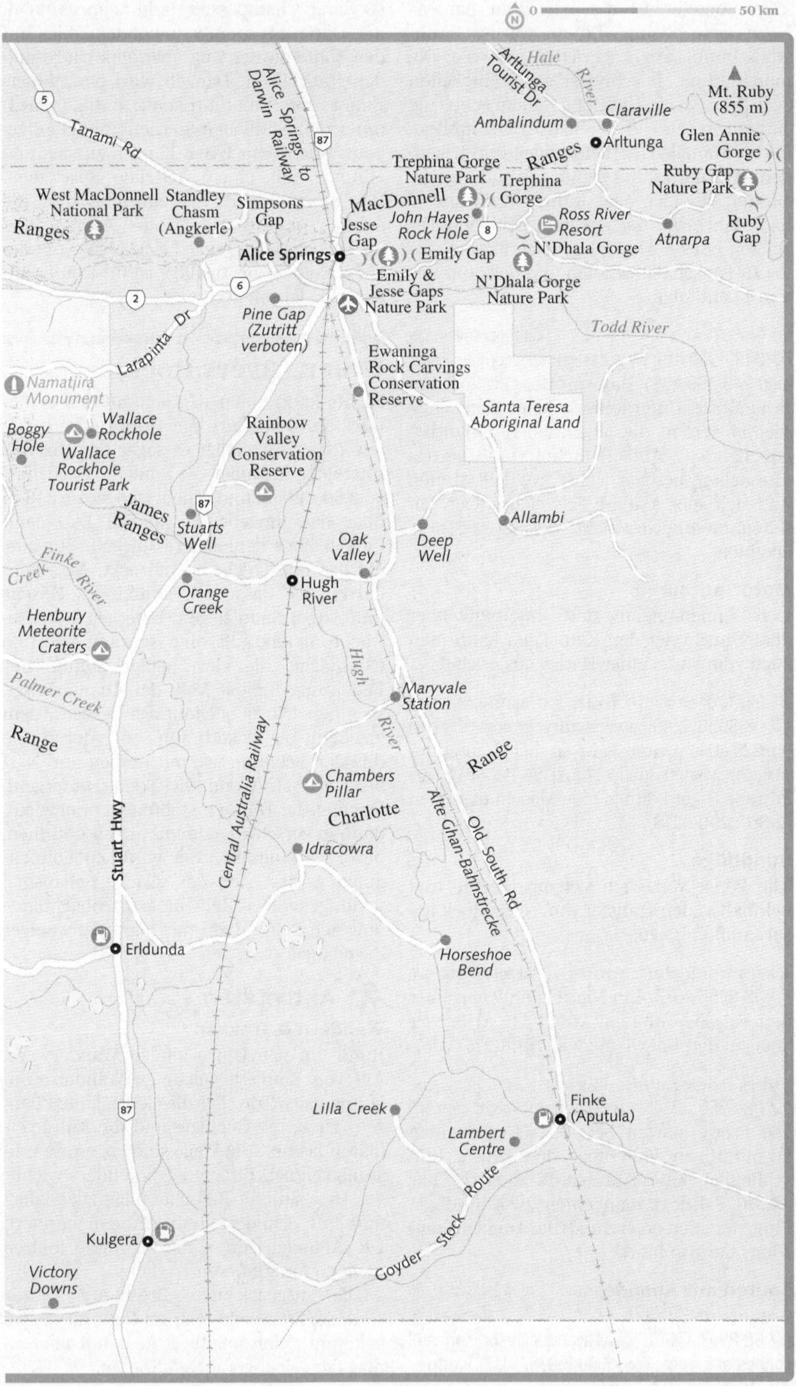
0
50 km
N
Arltunga Tourist Dr
Hale River
Mt. Ruby (855 m)
Claraville
Ambalindum
Arltunga
Glen Annie Gorge
Alice Springs to Darwin Railway
Tanami Rd
Trephina Gorge Nature Park
Ranges
Ruby Gap Nature Park
Trephina Gorge
West MacDonnell National Park
Standley Chasm (Angkerle)
Simpsons Gap
MacDonnell
John Hayes Rock Hole
Ross River Resort
Ruby Gap
Atnarpa
Ranges
Jesse Gap
Alice Springs
Emily Gap
N'Dhala Gorge
Emily & Jesse Gaps Nature Park
N'Dhala Gorge Nature Park
Pine Gap (Zutritt verboten)
Todd River
Larapinta Dr
Namatjira Monument
Ewaninga Rock Carvings Conservation Reserve
Santa Teresa Aboriginal Land
Boggy Hole
Wallace Rockhole
Wallace Rockhole Tourist Park
Rainbow Valley Conservation Reserve
James Ranges
Stuarts Well
Allambi
Oak Valley
Deep Well
Finke River
Creek
Orange Creek
Hugh River
Henbury Meteorite Craters
Palmer Creek
Hugh River
Maryvale Station
Range
Range
Chambers Pillar
Charlotte
Central Australia Railway
Alte Ghan-Bahnstrecke
Old South Rd
Stuart Hwy
Idracowra
Erldunda
Horseshoe Bend
Lilla Creek
Finke (Aputula)
Lambert Centre
Goyder Stock Route
Kulgera
Victory Downs
5
87
8
6
2
87
87

Im Angebot ist u.a. eine Tour namens New Dawn Rising, die ein warmes Frühstücksbuffet am Lagerfeuer und die Demonstration buschtypischer Fähigkeiten (z. B. Speerwerfen) enthält. Zudem geben die einheimischen Führer einzigartige Einblicke in traditionelle Überlieferungen und Legenden. Alternativ gibt's geführte Wanderungen entlang des Liru oder Kuniya Walk und je nach Jahreszeit noch weitere Optionen. Per Telefon oder E-Mail lassen sich aktuelle Infos zu Pauschalangeboten und Selbstfahrertouren einholen.

Desert Tracks KULTUREXKURSIONEN
(☎ 0439 500 419; www.deserttracks.com.au; Erw./Kind 249/199 AU$) Das von den Pitjantjatjara geführte Unternehmen leitet ganztägige Jeepfahrten in die abgelegenen Pitjantjatjara Lands, wo die Teilnehmer auf die traditionellen Besitzer von Cave Hill treffen und sich spektakuläre Felszeichnungen ansehen, die die Geschichte der Seven Sisters erzählen.

Motorradtouren

Den Sonnenaufgang und -untergang über dem Uluru oder den Kata Tjuta kann man auch vom Sattel einer Harley aus erleben.

Uluru Motorcycle Tours MOTORRADFAHREN
(☎ 08-8956 2019; www.ulurucycles.com; Fahrten 95–325 AU$) Leitet Fahrten bei Sonnenuntergang zum Uluru (170 AU$, 1½ Std.). Erfahrene Biker können eine Maschine mieten (2 Std. 290 AU$).

Rundflüge

Alle Preise verstehen sich pro Person und beinhalten den Transfer vom Ayers Rock Resort zum Flugfeld.

Ayers Rock Helicopters HUBSCHRAUBERFLUG
(☎ 08-8956 2077) Ein Viertelstündchen über den Felsen brummen kostet 145 AU$; wer auch zu den Kata Tjuta will, zahlt 275 AU$.

Ayers Rock Scenic Flights RUNDFLUG
(☎ 08-8956 2345; www.ayersrockflight.com.au) Die Preise starten bei 100 AU$ für einen 20-minütigen Flug über den Uluru. Einschließlich Kata Tjuta sind's 200 AU$. Für 495 AU$ kriegt man einen zweistündigen Flug, der auch noch zum Lake Amadeus und Kings Canyon führt.

Touren mit Abendessen

Sounds of Silence ABENDESSEN
(☎ 08-8957 7448; www.ayersrockresort.com.au/sounds-of-silence; Erw./Kind 169/87 AU$) Kellner servieren Champagner und Kanapees auf einer Düne mit atemberaubendem Blick auf den Sonnenuntergang über dem Uluru und den Kata Tjuta. Danach wird ein Dinner-Buffet (mit Emu, Krokodil und Känguru) unter dem südlichen Sternenhimmel aufgebaut. Nach dem Essen kann man sich den Himmel mit einem Teleskop anschauen. Wer morgens gern früh aufsteht, kann die ähnlich organisierte **Desert Awakenings 4WD Tour** (Erw./Kind 158/122 AU$) mitmachen. Keiner der Ausflüge ist für Kinder unter zehn Jahren geeignet.

Uluru (Ayers Rock)

Nichts kann einen wirklich auf den ersten Blick auf den Uluru am Horizont vorbereiten – hier verschlägt es sogar dem hartgesottensten Traveller die Sprache. Der Uluru ist 3,6 km lang und erhebt sich stolze 348 m über das umgebende sandige Buschland (867 m über dem Meeresspiegel). Für alle, die das noch nicht beeindruckt: Man geht davon aus, dass zwei Drittel des Felsens unter dem Sand liegen. Eine genauere Betrachtung enthüllt eine seltsam geformte Oberfläche, die viele heilige Stätten mit Bedeutung für das Volk der Anangu birgt. Wer den Uluru nachmittags besucht, dem erscheint er ockerbraun und durch die dunklen Schatten wie mit Kerben und Narben übersät. Wenn die Sonne untergeht, leuchtet der Felsen erst glühend orange auf, dann in verschiedenen intensiven Rottönen, bevor er langsam grau wird. Zu Sonnenaufgang lässt sich das gleiche Schauspiel in umgekehrter Reihenfolge beobachten – anwesend sind dann nur marginal weniger Zuschauer.

Aktivitäten

Wandern & Trekken

Rund um den Uluru gibt es Wanderwege. Auf von Rangern geleiteten Wanderungen können sich Traveller die Gegend, die Pflanzen, Tiere, die Geologie und die Kultur erklären lassen. Alle Wege sind eben und rollstuhlgeeignet. Einige der besonders wichtigen Orte sind für Besucher nicht zugänglich und mit Schildern und Zäunen markiert. Die Ananagu bitten darum, diese Stätten nicht zu fotografieren.

Die ausgezeichnete Broschüre *Visitor Guide & Maps*, die man im Cultural Centre bekommt, gibt detailliert Auskunft über einige der selbst-geführten Routen.

Uluru (Ayers Rock)

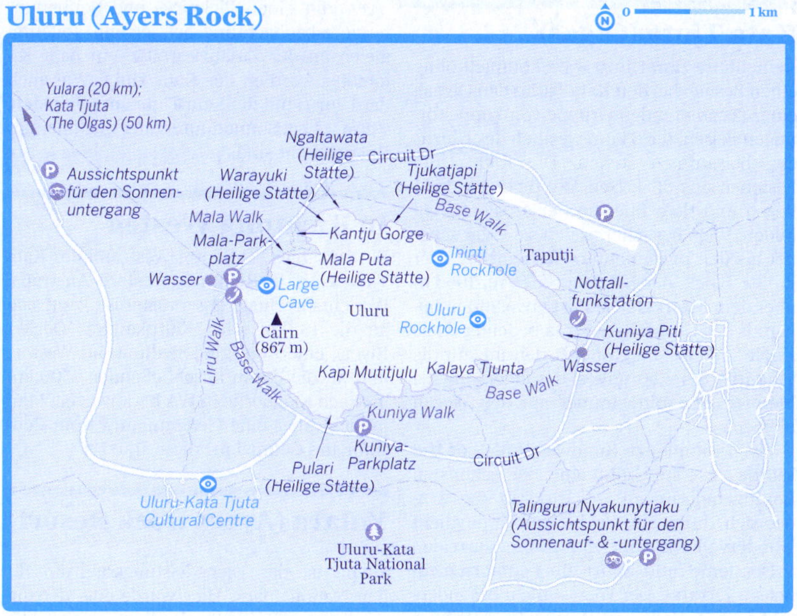

Base Walk
WANDERN & TREKKEN

Dieser 10,6 km lange Weg führt in drei bis vier Stunden einmal rund um den Felsen herum, vorbei an Höhlen, Zeichnungen, Sandsteinkanten und verwittertem Gestein.

Liru Walk
WANDERN & TREKKEN

Verbindet das Cultural Centre mit dem Startpunkt des Mala Walks und des Aufstiegs und windet sich durch Gebiete mit Mulga-Bäumen, bevor er nahe dem Uluru endet (hin & zurück 4 km, 1½ Std.).

Mala Walk
WANDERN & TREKKEN

Am Start dieses Wegs nach oben (hin & zurück 2 km, 1 Std.) erläutern Schautafeln die Tjukurpa (Traumzeit) der Mala, die für die Anangu von sehr großer Bedeutung ist, sowie einige tolle Beispiele von Felsenkunst. Eine von Rangern geführte (kostenlose) Wanderung entlang dieses Weges beginnt um 10 Uhr (Okt.–April 8 Uhr) am Parkplatz.

Kuniya Walk
WANDERN & TREKKEN

Ein kurzer Weg (hin & zurück 1 km, 45 Min.) vom Parkplatz an der Südseite führt zum Mutitjulu, einem fast ganzjährig gefüllten Wasserloch. Dies soll die Heimat der Wasserschlangen-Ahnen sein. Vogelbeobachtung und einige tolle Felsmalereien sind die Attraktionen hier.

Uluru Climb
WANDERN & TREKKEN

Die Anangu wünschen sich, dass Besucher die Regeln der Aborigines respektieren und den Felsen nicht besteigen. Der steile und sehr schwer zu begehende Pfad (hin & zurück 1,6 km, 2 Std.) folgt der traditionellen Route, die die Ahnen der Mala-Männer nahmen. Der Aufstieg ist häufig wegen der Wetterbedingungen oder wegen Anangu-Zeremonien gesperrt (manchmal kurzfristig). Im Januar und Februar wird der Aufstieg um 8 Uhr gesperrt.

Sonnenaufgang & Sonnenuntergang beobachten

Etwa auf halber Strecke zwischen Yulara und Uluru bietet der Aussichtspunkt für den Sonnenuntergang haufenweise Platz für Autos und Busse, in denen die Leute sitzen, die das berühmte Panorama ablichten wollen. Der Aussichtspunkt Talinguru Nyakunytjaku befindet sich auf einer Sanddüne; von hier hat man Blick auf den Felsen und auf die Kata Tjuta in all ihrer Pracht. Es gibt auch zwei großartige Wanderwege mit Infotafeln (1,5 km) zu den Themen „Frauensachen“ (z. B. Nahrung sammeln, Kinderspiele) und „Männersachen“ (z. B. Werkzeugherstellung, Jagd). Ein schattiger Aussichtsbereich, Toiletten und ein Picknickplatz stehen ebenfalls zur Verfügung.

Kata Tjuta (Olgas)

Keine Reise zum Uluru wäre komplett ohne einen Besuch bei den Kata Tjuta (den Olgas), einer faszinierenden Gruppe von kuppelförmigen Felsen, die 35 km westlich des Ulurus eng beisammen stehen. Die Kata Tjuta bestehen aus 36 Felsen, die dicht an dicht liegen und tiefe Täler und enge Schluchten bilden. Viele Besucher finden sie sogar schöner als den prominenten Nachbarberg. Der größte Block, der **Mt. Olga** (546 m, 1066 m über dem Meeresspiegel) ist etwa 200 m höher als der Uluru. Kata Tjuta bedeutet „viele Köpfe" und ist von großer Bedeutung für die Tjukurpa der Aborigines, besonders für die Männer. Also bitte immer auf den Wegen bleiben!

Der 7,4 km lange Rundweg **Valley of the Winds** (2–4 Std.) gibt eine der schönsten Buschwanderungen im Park ab. Er windet sich durch die Schluchten, ermöglicht wundervolle Ausblicke auf die surrealen Felsendome und führt über unterschiedlichste Terrains. Der Weg ist nicht besonders schwierig, trotzdem sollte man festes Schuhwerk tragen und natürlich auch in diesem Fall viel Wasser mitnehmen. Wer die Wanderung frühmorgens beginnt, wird mit herrlicher Einsamkeit belohnt – man hört nur das Vogelgezwitscher, das der Wind durchs Tal trägt.

Der kurze, ausgeschilderte Pfad unterhalb der sich auftürmenden Felsen führt in die hübsche **Walpa Gorge** (hin & zurück 2,6 km, 45 Min.) und ist nachmittags besonders schön, wenn die Schlucht in Sonnenlicht gebadet ist.

Kata Tjuta (Olgas)

Es gibt einen Picknick- und Sonnenuntergangsbeobachtungsbereich mit Toiletten gleich an der Zufahrtsstraße, ein paar Kilometer westlich der Kata Tjuta. Wie auch der Uluru sind die Kata Tjuta am schönsten, wenn sie bei Sonnenuntergang in glühendes Rot getaucht sind.

In Richtung Westen

Ein einsames Schild am Westrand der Kata Tjuta zeigt in Richtung Western Australia. Wer entsprechend ausgerüstet ist, kann sich an die 181 km nach Kaltukatjara (Docker River), eine Aborigine-Siedlung im Westen, und an die daran anschließenden 1500 km bis nach Kalgoorlie in WA heranwagen. Man braucht aber eine Genehmigung vom Central Land Council für diese Tour.

Yulara (Ayers Rock Resort)

887 EW.

Yulara ist das Dienstleistungszentrum für den Nationalpark. Hier wurde eine der unwirtlichsten Regionen der Welt sehr effektiv in einen Ort verwandelt, der sich leicht und bequem besuchen lässt. Direkt außerhalb des Parks gelegen, 20 km vom Uluru und 53 km von den Kata Tjuta entfernt, ist dieser Komplex die beste Basis, um den Park zu erkunden. Yulara bietet die einzigen Unterkünfte, Lebensmittelläden und Service-Einrichtungen in dem Gebiet. Wäre man hier nicht mitten in der Wüste und so nah am Uluru, hielte man die Preise für absolut unverschämt.

Sehenswertes & Aktivitäten

Den ganzen Tag über veranstaltet das Ayers Rock Resort viele Gratisaktivitäten wie Didgeridoo-Kurse, Tanzprogramme, Bumerang- oder Speerwerfen. Übersichtsbroschüren gibt's bei der eigenen Unterkunft.

Mulgara Gallery KUNSTGALERIE
(Sails in the Desert Hotel) Zeigt hochwertiges Aussie-Kunsthandwerk und rückt jeden Monat einen neuen Künstler ins Rampenlicht.

Uluru Outback Sky Journey STERNGUCKEN
(☎08-8956 2563; Tour & Information Centre; Erw./Kind 38 AU$/gratis; ⏲30 Min. nach Sonnenuntergang) Lehrreiche Tour ab dem Yulara Town Square, auf der man den verblüffend klaren Nachthimmel über dem Outback eine Stunde lang mithilfe eines Teleskops und eines Astronomen beobachtet.

DEN SONNENUNTERGANG GENIESSEN

Der Uluru ist bei Sonnenuntergang absolut faszinierend, aber es ist ziemlich schwierig, den knipswütigen Massen mit der Fotoausrüstung zu entkommen. Hier verraten Park-Ranger, wo sich der Sonnenuntergang noch einsam genießen lässt:

Talinguru Nyakunytjaku Diese Stelle ist so beliebt bei Frühaufstehern, dass man sich fragt, warum hier abends keiner herkommt, um die Silhouetten des Uluru und der Kata Tjuta auf ein Bild zu bannen.

Kantju Gorge Am Ende des Mala Walk taucht die untergehende Sonne die Felswände in glühendes Rot.

Kata Tjuta Sunset Viewing Man kann in einem der privaten Bereiche Platz nehmen und dem Uluru beim Farbwechsel zuschauen.

Mutitjulu Waterhole Wer tiefen Frieden sucht, folgt dem Kuniya Walk bis zu diesem traumhaften Wasserloch.

Schlafen

Alle Unterkünfte in Yulara, einschließlich des Campingplatzes und des Hostels, gehören zum Ayers Rock Resort. Für wen die Möglichkeit zum kostenlosen Campen an der Curtin Springs Station wegen des Risikos ausscheidet, bei Dunkelheit zum Sonnenauf- oder -untergang am Uluru fahren zu müssen, dem bleiben keine Alternativen. Obwohl es fast 5000 Betten gibt, empfiehlt es sich zu reservieren, insondere während der Schulferien. Buchungen sind über die **zentrale Reservierung** (☎1300 134 044; www.ayersrockresort.com.au) möglich. Wenn man zwei, drei Tage oder länger bleibt, gibt's in der Regel beträchtliche Rabatte, und man kann auch einiges sparen, wenn man Sonderangebote auf Internetseiten wahrnimmt.

Ayers Rock Resort Campground CAMPING $
(☎08-8957 7001; camp.ground@ayersrockresort.com.au; Stellplatz ohne/mit Strom 36/41 AU$, Hütte 150 AU$; ❄@≋) Eine Rettungsinsel für Traveller mit knappem Budget: Dieser großzügige Platz liegt zwischen Gärten, es gibt gute sanitäre Anlagen sowie einen Kiosk, einen kostenlos nutzbaren Grill, eine Campingküche und einen Pool. In der Hauptsaison ist der Platz rappelvoll, und die unvermeidliche Sonnenaufgangsprozession Richtung Uluru kann einen unsanft aus dem Morgenschlummer reißen. Die beengten Hütten (mit Gemeinschaftsbad) bieten sechs Schlafplätze, sind aber nur für Familien geeignet.

Outback Pioneer Hotel & Lodge HOSTEL $
(☎1300 134 044; B 38–46 AU$, DZ 220–280 AU$; ❄@≋) Mit der belebten Bar und einem Grillrestaurant samt musikalischer Unterhaltung ist dieses Hostel die Budgetoption für alle, die nicht campen wollen. Am günstigsten schläft man in den 20-Betten-Unisex-Schlafsälen oder in den beengten Vierbetthütten mit Kühlschrank, TV und Gemeinschaftsbad. Gästen stehen auch geräumigere motelartige Zimmer zur Verfügung, in denen bis zu vier Personen Platz haben. Für jede Person über zwölf Jahren müssen 50 AU$ extra pro Nacht hingelegt werden.

Emu Walk Apartments APARTMENTS $$$
(☎1300 134 044; Apt. mit 1-/2-Schlafzi. ab 380/480 AU$; ❄) Der einsame Spitzenreiter bei Familien, die eine Selbstversorgerunterkunft suchen. Angeboten werden komfortable, moderne Apartments, jedes mit Wohnzimmer (samt TV) und einer gut ausgestatteten Küche mit Waschmaschine und Trockner. Das Einzimmerapartment hat Platz für vier Personen, in das mit zwei Schlafzimmern passen sechs Traveller.

Desert Gardens Hotel HOTEL $$$
(☎1300 134 044; Zi. 380–480 AU$; ❄@≋) Das Deserts Gardens ist eines von Yularas ältesten Hotels. Die Standardzimmer (vor allem deren Bäder) wirken schon recht betagt. Zum Zeitpunkt der Recherche war aber eine baldige Generalrenovierung geplant. Momentan sind die geräumigen Deluxe-Quartiere mit Balkonblick auf die Wüste oder den Uluru am besten. Das Restaurant serviert ein großes Frühstücksbuffet; Eukalypten überschatten den netten Poolbereich.

Sails in the Desert HOTEL $$$
(☎1300 134 044; Standard-DZ/Suite 400/780 AU$; ❄@📶≋) Trotz Renovierung (2011/12) erscheinen die hiesigen Zimmer weiterhin überteuert. Die besten Varianten haben Balkone mit Blick auf den Uluru (gleich beim Buchen nachfragen). Klares

Yulara (Ayers Rock Resort)

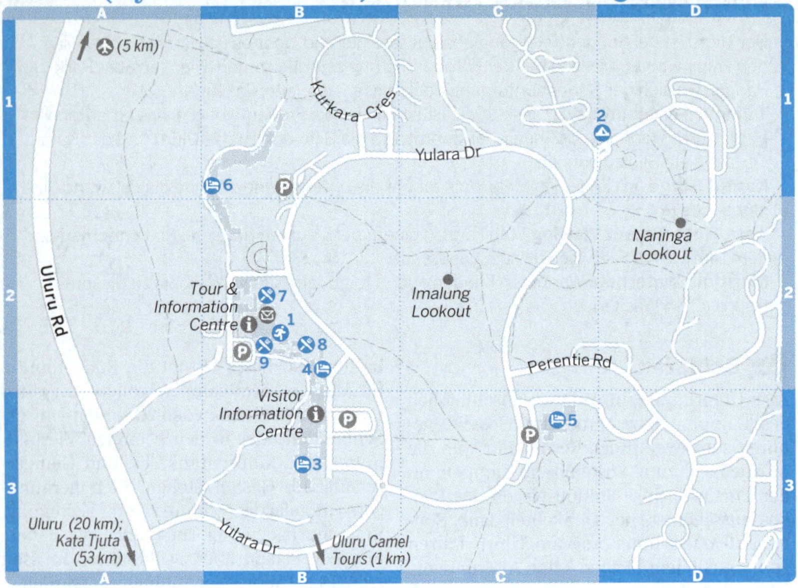

Yulara (Ayers Rock Resort)

Sehenswertes
Mulgara Gallery (siehe 6)

Aktivitäten, Kurse & Touren
1 Uluru Outback Sky Journey B2

Schlafen
2 Ayers Rock Resort Campground D1
3 Desert Gardens Hotel B3
4 Emu Walk Apartments B2
5 Outback Pioneer Hotel & Lodge C3
6 Sails in the Desert B1

Essen
Arngulli Flame Grill (siehe 3)
Bough House (siehe 5)
7 Geckos Cafe B2
Kuniya (siehe 6)
Outback Pioneer Barbecue (siehe 5)
Pioneer Kitchen (siehe 5)
8 Red Rock Deli B2
Rockpool (siehe 6)
White Gums (siehe 3)
Winkiku (siehe 6)
9 Yulara IGA Supermarket B2

Ausgehen & Nachtleben
Bunya Bar (siehe 3)
Pioneer Barbecue Bar (siehe 5)
Tali Bar (siehe 6)

Hotel-Highlight ist der reizende und exklusive Poolbereich, den Rasenflächen im Schatten von Sonnensegeln und Bäumen umgeben. Vorhanden sind auch Tennisplätze, mehrere Restaurants, ein Wellnessbereich und eine Pianobar.

Essen

Red Rock Deli FEINKOST $

(Resort Shopping Centre; Snacks 5–10 AU$; 8–16 Uhr) Morgens gibt's hier dampfend heißen Espresso und Croissants, mittags gefüllte Panini und Wraps. Mit Anstehen ist zu rechnen.

Geckos Cafe MEDITERRAN $$

(Resort Shopping Centre; Hauptgerichte 18–28 AU$; 11–21 Uhr;) Das brummende, lizenzierte Café, das ein hervorragendes Preis-Leistungs-Verhältnis bietet, empfiehlt sich für leckeres Essen (auch zum Mitnehmen) in freundlicher Atmosphäre. Nach eigener Aussage bietet es etwas für jedermann – z. B. Holzofenpizzas, Salate oder Nudelgerichte, zu denen prima ein Krug Sangria passt. Diverse fleisch- und glutenfreie Gerichte sind ebenfalls zu haben. An den Tischen auf dem Hof kann man wunderbar die nächtliche Wüstenluft genießen.

Outback Pioneer Barbecue BARBECUE $$
(Outback Pioneer Hotel & Lodge; Hauptgerichte 20–35 AU$, nur Salat 16 AU$; ⌚6–21 Uhr) Einen lustigen, lässigen Abend verbringt man in diesem Laden, der bei allen beliebt ist – vom Backpacker bis zum Oldie. Man hat die Wahl zwischen Känguruspießen, Garnelen, vegetarischen Burgern, Steaks und Emuwürstchen und darf das Erworbene dann auch noch selbst auf einen der Gemeinschaftsgrills werfen. Im Preis inbegriffen ist Salat von der Salatbar. Im selben Komplex ist auch die **Pioneer Kitchen** (Gerichte 10–22 AU$; ⌚mittags & abends) untergebracht, die wegen ihrer Burger, Pizzas und Kindermenüs fleißig frequentiert wird.

White Gums BUFFET $$
(☎08-8957 7888; Desert Gardens Hotel; Buffet 27–33 AU$; ⌚6.30–10.30 Uhr) Üppiges Frühstücksbuffet (warm und kalt) für Hotelgäste.

Arngulli Flame Grill MODERN-AUSTRALISCH $$
(Desert Gardens Hotel; 2/3 Gänge 55/65 AU$; ⌚18.30–22.30 Uhr) Dieses Lokal ist Spezialist für Abendmenüs mit Seafood und Fleisch (darunter Einheimisches wie Känguru oder Krokodil). Seine Fusionküche kombiniert asiatische, mediterrane und australische Elemente.

Rockpool TAPAS $$$
(Sails in the Desert; 3 Tapas-Teller ohne/mit Dessert 45/50 AU$; ⌚11–22 Uhr) Das legere Poolrestaurant unter den Sonnensegeln serviert neben Tapas im asiatischen oder mediterranen Stil auch ein paar dekadente Desserts.

Winkiku BUFFET $$$
(Sails in the Desert; Frühstücks-/Abendbuffet 38/70 AU$; ⌚6.30–10.30 & 18.30–21.30 Uhr) Das zwanglose, aber stilvolle Winkiku in Yularas Fünfsternehotel serviert extravagante Seafood-Buffets, die auch Fleischfans nicht vernachlässigen. Dazu werden alle erdenklichen Beilagen und Desserts gereicht. Weil Kinder gratis mitessen, ist das Ganze auch potentiell familienfreundlich. Zum Zeitpunkt der Recherche war gerade eine Namensänderung im Gespräch.

Bough House BUFFET $$$
(Outback Pioneer Hotel & Lodge; Frühstücks-/Abendbuffet 30/52 AU$; ⌚6.30–10 & 18.30–21.30 Uhr) Ein familienfreundliches Lokal im Landhausstil mit Blick über den Pool des Outback Pioneer und großen Buffets zum Frühstück und zum Abendessen. Beim „Tastes of Australia" sind typische Buschnahrungsmittel dabei – Känguru, Emu, Krokodil und Barramundi. Auch hier zahlen Kinder unter zwölf Jahren nichts – perfekt für Familien!

Kuniya MODERN-AUSTRALISCH $$$
(☎08-8956 2200; Sails in the Desert; Hauptgerichte 45–60 AU$; ⌚18–21.30 Uhr) Yularas feinstes Restaurant ist *der* Ort für ein romantisches Abendessen zu besonderen Anlässen. Die Wände sind mit zeitgenössischer australischer Kunst verziert und die inspirierende Karte beinhaltet Aussie-Cuisine, gewürzt mit Zutaten aus der Region. Ergänzt wird alles durch eine lange Liste australischer Weine.

Yulara IGA Supermarket SUPERMARKT $
(Resort Shopping Centre; ⌚8–21 Uhr) Der gut ausgestattete Supermarkt hat eine Delikatessenabteilung und bietet auch Picknickportionen, frisches Obst und Gemüse, Fleisch, Eis und Campingausrüstung an.

Ausgehen

Pioneer Barbecue Bar KNEIPE
(Outback Pioneer Hotel & Lodge; ⌚10–24 Uhr) Die langen Sitzbänke der lärmigen Bar bieten viele Chancen zum Kennenlernen anderer Traveller. Parallel gibt's hier Billardtische und jeden Abend Livemusik (meist von Gitarren geprägt).

Tali Bar BAR
(Sails in the Desert; ⌚11–24 Uhr) Die hiesigen Cocktails (18–21 AU$) sind teilweise lokal inspiriert (z. B. der „Desert Oasis"). In der Hauptsaison ist das Piano meist ab 20 Uhr besetzt.

Bunya Bar BAR
(Desert Gardens Hotel; ⌚10.30–22 Uhr) Diese Bar in einer Hotellobby ist recht charakterlos, weiß aber um die Wichtigkeit gut gekühlten Biers. Zudem kosten Cocktails hier ein paar Dollar weniger als in der Tali Bar.

Praktische Informationen

Hotelrezeptionen und die Touristeninformation verteilen die nützliche Broschüre *Welcome to Ayers Rock Resort*. Das Einkaufszentrum beherbergt die meisten Dienstleistungseinrichtungen des Orts (u. a. die Post und die lokale Jobbörse).

ANZ Bank (☎08-8956 2070) Mit Umtauschservice und Geldautomaten (24 Std. in Betrieb).

Internetcafé (Outback Pioneer Hotel; 2 AU$/ 10 Min.; ⌚5–23 Uhr) Im Gemeinschaftsraum des Hostels. Internet gibt's ansonsten in allen Unterkünften und im Tour & Information Centre.

Notfall (☎ Rettungsdienst 0420 101 403, Polizei 08-8956 2166)

Post (☎ 08-8956 2288; Resort Shopping Centre; ⏲ Mo–Fr 9–18, Sa & So 10–14 Uhr) Vertritt auch die Commonwealth und NAB Bank. Draußen vor der Tür findet man Münztelefone.

Royal Flying Doctor Service Medical Centre (☎ 08-8956 2286; ⏲ Mo–Fr 9–12 & 14–17, Sa & So 10–11 Uhr) Medizinisches Zentrum und Rettungswache des Resorts.

Tour & Information Centre (☎ 08-8957 7324; Resort Shopping Centre; ⏲ 8–20 Uhr) Die meisten Tour- und Mietwagenfirmen unterhalten hier Schalter.

Touristeninformation (☎ 08-8957 7377; ⏲ 8.30–16.30 Uhr) Verkauft Bücher und Regionalkarten. Eine kurze Audiotour (2 AU$) ergänzt die Schautafeln zu Geografie, Natur und Geschichte der Gegend.

An- & Weiterreise

Auto & Motorrad

Eine Route von Alice nach Yulara ist komplett asphaltiert: Sie folgt zuerst dem Stuart Hwy bis Erldunda (200 km) und von dort aus dem Lasseter Hwy nach Westen (245 km). Während der Fahrt (4–5 Std.) passiert man regelmäßig Raststätten mit Essen und Benzin.

Gruppenreisen zum Uluru und zurück machen das Mieten eines Autos in Alice Springs recht erschwinglich.

BUS

AAT Kings (☎ 1300 556 100; www.aatkings.com) bietet täglich Shuttles („Mini Tours"; Erw./Kind 150/75 AU$) zwischen Alice Springs und Yulara. Mit Emu Run (S. 954) kommt man täglich am günstigsten von Alice Springs zum Uluru (Erw./Kind 215/108 AU$).

FLUGZEUG

Der Connellan Airport liegt ca. 4 km nördlich von Yulara. **Qantas** (☎ 13 13 13; www.qantas.com.au) fliegt direkt ab Alice Springs, Melbourne, Perth, Adelaide und Sydney dorthin, **Virgin Australia** (☎ 13 67 89; www.virginaustralia.com) täglich ab Sydney.

Unterwegs vor Ort

Ein kostenloser Shuttle holt Traveller vom Flughafen ab und bringt sie bis zu jeder Unterkunft im Resort; zurück geht es jeweils 90 Minuten vor dem Flug. Ein weiterer kostenlos nutzbarer Shuttlebus fährt durch das Resort und hält an allen Unterkünften und dem Shoppingcenter (tgl. 10.30–18 & 18.30–0.30 Uhr, alle 15 Min.).

Der **Uluru Express** (☎ 08-8956 2152; www.uluruexpress.com.au) ist so etwas wie eine Kreuzung aus Shuttle und organisierter Tour. Er fährt vom Resort zum Uluru und zurück (Erw./Kind 50/30 AU$, Sonnenaufgangs- & -untergangstour 60/30 AU$). Morgendliche Shuttles zu den Kata Tjuta kosten 80/45 AU$; Nachmittagsshuttles halten bei Sonnenuntergang am Uluru und kosten 90/45 AU$. Es gibt auch Zwei- und Dreitagespässe (2 Tage 170/90 AU$, 3 Tage 195/90 AU$), mit denen man beliebig oft fahren kann. Die Fahrpreise beinhalten nicht den Parkeintritt.

Ein Mietwagen sorgt für die nötige Flexibilität, um den Uluru und die Olgas so oft sehen zu können, wie man möchte und egal zu welcher Zeit. **Hertz** (☎ 08-8956 2244) hat einen Schalter im Tour & Information Centre, das wiederum direkt telefonisch mit den Schaltern von **Avis** (☎ 08-8956 2266) und **Thrifty** (☎ 08-8956 2030) im Connellan Airport verbunden ist.

Fahrräder kann man sich am **Ayers Rock Resort Campground** (☎ 08-8957 7001; 7 AU$/Std., halber/ganzer Tag 15/20 AU$; ⏲ 7–20 Uhr) ausleihen.

Perth & Western Australia

Inhalt ➡

Gut essen

- Greenhouse (S. 999)
- Cantina 663 (S. 999)
- Pepper & Salt (S. 1039)
- Whalers Restaurant (S. 1085)
- Karijini Eco Retreat (S. 1093)

Schön übernachten

- Eight Nicholson (S. 997)
- Burnside Organic Farm (S. 1029)
- Cape Howe Cottages (S. 1039)
- Gnaraloo Station (S. 1076)
- Mornington Wilderness Camp (S. 1110)

Auf nach Perth & Western Australia!

Strandfans werden Western Australia, kurz WA, lieben. Der Bundesstaat hat eine 12 500 km lange, traumhaft schöne Küste. WA ist nicht einfach groß – es ist riesig. Schon für sich allein genommen wäre es der zehntgrößte Staat der Welt! Man kann stundenlang am Strand entlangspazieren, ohne eine einzige Fußspur im Sand zu entdecken, und tagelang im Busch wandern, ohne einer Menschenseele zu begegnen.

Oben in Kimberley erstrecken sich weite, offene Landschaften voller fantastischer Schluchten, Wasserfälle und Gesteinsformationen. Im Süden, am anderen Ende des Staates, liegen verträumte weiße Sandstrände und herrlich grüne, stille Wälder. Dort finden sich Spitzenweingüter, und im Frühling verwandeln sich die Wiesen in Wildblumenmeere. Perth und das angrenzende Fremantle sind weltoffene Städte, die sich aber ihr entspanntes Flair bewahrt haben. Besucher sollten sich dem gemütlichen Tempo anpassen und einfach ein paar Gänge runterschalten.

Reisezeit

Perth

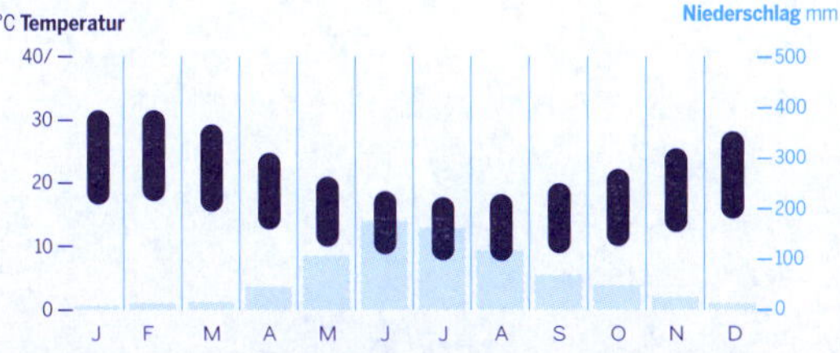

März Im Norden nass, doch sonst ist überall Strandwetter. In Perth ist es nicht ganz so furchtbar heiß.

Aug. Trockenzeit im Norden, Feste und Blumen im Süden sowie super Surfbedingungen in Gnaraloo.

Sept. Der wohl schönste Monat: Wildblumen, Wale, Wärme. Im Norden ist's immer noch trocken.

Highlights

1 Im **Ningaloo Marine Park** (S. 1085) mit den „sanften Giganten“ – den Walhaien – schwimmen

2 In der **Weinregion Margaret River** (S. 1026) den hervorragenden Wein und das gute Essen genießen

3 Bei **Monkey Mia** (S. 1073) wildlebende Delfine beim Fressen beobachten

4 An Broomes **Cable Beach** (S. 1099) auf einem Kamel in den Sonnenuntergang reiten

5 Sich in **Perth** (S. 987), Western Australias aufgeweckter und kulturbegeisterter Hauptstadt treiben lassen

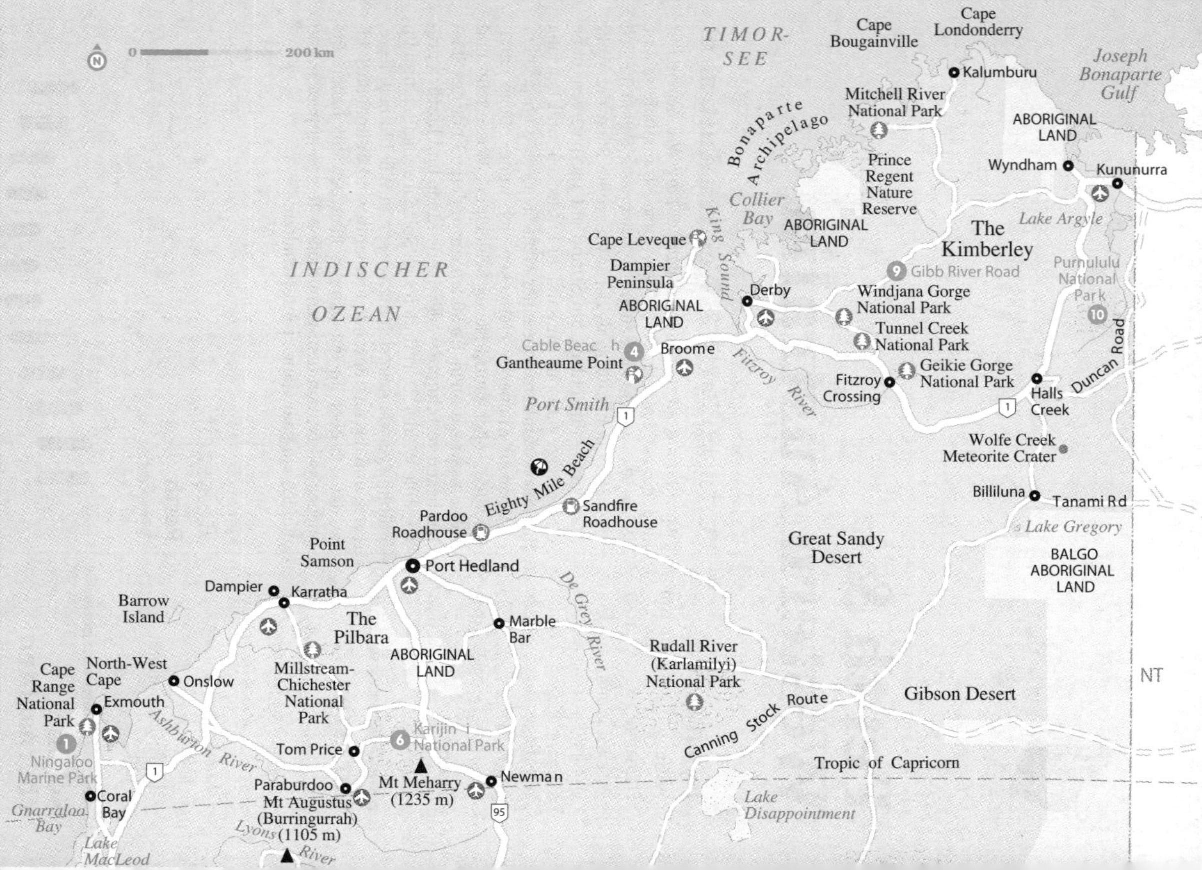

6 Im Rahmen einer Abenteuertour im **Karijini National Park** (S. 1090) zum „Mittelpunkt der Erde" hinabsteigen

7 Den wundervollen Sonnenuntergang über **Pinnacles Desert** (S. 1059) betrachten – irgendwie nicht von dieser Welt

8 Beim „Tree Top Walk" im **Valley of the Giants** (S. 1036) zwischen den gigantischen Eukalyptusbäumen herumlaufen

9 Es in einem Geländewagen mit der berüchtigten **Gibb River Road** (S. 1109) aufnehmen

10 Sich zwischen den eigenartigen, bienenstockähnlichen, ockerfarbenen Felsformationen des **Purnululu National Park** (S. 1116) verlieren

Geschichte

Archäologische Funde lassen darauf schließen, dass die ersten Aborigines den Kontinent zunächst im Nordwesten für sich entdeckten; spätestens ab dem 17. Jh. dürften sie Handelsbeziehungen mit indonesischen Fischern gepflegt haben. Der Niederländer Dirk Hartog war 1616 einer der ersten Europäer in WA. Sein Landsmann Abel Tasman vermaß 1644 Teile der Küste.

Berichte über die „unfruchtbare, öde Landschaft" verhallten vor den britischen Behörden scheinbar unvernommen (Grund dafür war der laufende Wettstreit mit den Franzosen). Sie beauftragten den in Sydney stationierten Major Edmund Lockyer, mit ein paar Truppen und Strafgefangenen die erste Siedlung in Albany zu gründen (1826).

Zu einem Zeitpunkt, als in anderen Teilen Australiens bereits keine Gefangenen mehr umgesiedelt wurden, verschiffte man mehr als 10000 Verurteilte nach WA. Nachdem sie ihre Strafen verbüßt hatten, bauten sie eigene Unternehmen auf und bildeten eine große, stabile Siedlergemeinschaft.

Ende des 19. Jhs. nahm das Schicksal Western Australias jedoch eine entscheidende Wende: Goldfunde ließen die Bevölkerungszahl in die Höhe schießen. Plötzlich galt der Staat als gute Alternative zu den entlegenen östlichen Kolonien. Aufgrund des neu erworbenen Wohlstands und der isolierten geographischen Lage wurde 1933 ein Referendum zur Unabhängigkeit Western Australias abgehalten *(Secession Referendum)*. Zwei Drittel der Wähler wollten nicht länger dem Commonwealth angehören. Obwohl WA zuletzt doch nicht unabhängig wurde, pflegen die Bewohner nach wie vor einen ausgeprägten Lokalpatriotismus, der vor allem immer dann zum Vorschein kommt, wenn sie sich von den östlichen Bundesstaaten oder der Regierung übergangen fühlen.

Die Bevölkerung von WA ist klein, doch dank der Bergbauindustrie ist der Bundesstaat in den letzten Jahren der stärkste Wirtschaftsstandort Australiens gewesen. Das durchschnittliche Familieneinkommen ist höher als im übrigen Land. Dies ist einer der Gründe, warum die Bevölkerung hier schneller wächst als die der anderen australischen Bundesstaaten.

Indigenes Western Australia

Malereien, Radierungen und steinerne Werkzeuge zeigen, dass indigene Australier bereits vor etwa 40000 Jahren bis in die Gegend des heutigen Perth vorgedrungen waren. Sie wurden enteignet und schlecht behandelt, doch sie haben den europäischen Siedlern die Stirn geboten und alle Widrigkeiten überdauert.

Heute hat WA mit 72000 Menschen einen der größten indigenen Bevölkerungsanteile Australiens. Die Aborigines haben sich vor allem in Pilbara und Kimberley angesiedelt; dort leben in vielen Städten mehr Aborigines als weiße Australier. Selbst in Perth und im Südwesten, wo die nichtindigene Bevölkerung überwiegt, sind die dort ansässigen Noongar deutlich präsenter als z. B. die Kooris in Sydney.

Wie überall in Australien hat die Kolonisierung das Leben der Aborigines auch in WA grundlegend verändert. Überall im Staat bot sich das gleiche Bild: Es kam zu Zusammenstößen mit den Siedlern, die sich zu Massakern ausweiteten – und wer überlebte, landete im Gefängnis. Die Ureinwohner wurden gezwungen, ihre angestammten Gebiete zu verlassen, und manche Stämme wurden von Krankheiten regelrecht dahingerafft, die die Siedler aus Europa mitgebracht hatten. Der *Aborigines Act 1905* (WA) gestattete es den Behörden, Kinder aus ihren Familien zu reißen und die Arbeitsplatzvergabe und Mobilität zu kontrollieren.

Nach dem Zweiten Weltkrieg schlossen sich viele indigene Stämme zusammen, um gegen die grausamen Arbeitsbedingungen auf den Rinderfarmen zu protestieren. Doch ihr Aufstand wurde niedergeschlagen. Heute werden die Besitzrechte der Ureinwohner zunehmend akzeptiert. Immer mehr Aborigines in WA erheben Anspruch auf das Land, das ihnen rechtmäßig zusteht. Dennoch sind die Ureinwohner nach wie vor die am stärksten benachteiligte Bevölkerungsgruppe in Western Australia. Sie leben meist in jämmerlichen Verhältnissen, regelmäßig brechen in den Gemeinden vermeidbare Epidemien aus, und die Kindersterblichkeit ist höher als in diversen Entwicklungsländern.

1993 erkannte die Bundesregierung an, dass Aborigines, die eine ununterbrochene Bindung zum Land ihrer Vorfahren haben, dessen rechtmäßige Eigentümer sind – es sei denn, das Land wurde zwischenzeitig an jemand anderen verkauft. Trotz dieser Anerkennung können die Beziehungen zwischen den Behörden und bestimmten indigenen und nichtindigenen Gemeinschaften problematisch sein, was mancher Reisender als sehr kompliziert ansehen mag. Das Interesse und die Bereitschaft, die Hintergründe dieser (fast immer) lokalen Schwierigkeiten zu verstehen, kann weiterhelfen.

Nationalparks

Western Australia wartet mit 96 Nationalparks auf, die vom **Department of Environment & Conservation** (DEC; www.dec.wa.gov.au) verwaltet werden. Für den Eintritt in 30 dieser Parks wird je eine Gebühr verlangt (Auto/Motorrad 11/5 AU$). Das Ticket ist aber am jeweiligen Tag auch in allen anderen Schutzgebieten gültig. Wer auf dem Parkgelände zeltet, muss den Eintritt nur am ersten Tag zahlen (hinzu kommen aber die Gebühren fürs Campen). Wer mehr als drei kostenpflichtige Parks besuchen möchte (was ziemlich wahrscheinlich ist, wenn man mehr als eine Woche außerhalb von Perth verbringt), sollte sich den vier Wochen gültigen Holiday Pass für 40 AU$ zulegen. Er ist in allen DEC-Büros erhältlich. Hat man in den vorangegangenen sieben Tagen bereits eine Tagesgebühr bezahlt (Beleg aufheben!), wird dieser Betrag von den 40 AU$ abgezogen.

Weinbaugebiete

Margaret River ist eines der namhaftesten (und möglicherweise auch schönsten) Weinbaugebiete Australiens. Das Aroma der hier gekelterten Weine erinnert an französische Bordeauxweine. Das Anbaugebiet Great Southern ist riesig; die wichtigsten Städte sind Denmark, Mt. Barker und Porongurup. Nicht ganz so vielgepriesen, aber dafür besser erreichbar ist das Swan Valley an den östlichen Ausläufern von Perth.

Aktivitäten

Bushwalking

WA ist perfekt, wenn man ausgedehnte Buschwanderungen unternehmen möchte, z.B. in den schattigen, fruchtbaren Wäldern im Südwesten oder im wilden, tropischen Kimberley ganz im Norden des Landes. Gleichgesinnte Wanderfans findet man beispielsweise über **Bushwalking Australia** (www.bushwalkingaustralia.org).

Wer ein paar Wochen zur Verfügung hat (acht, um genau zu sein), könnte den **Bibbulmun Track** (www.bibbulmuntrack.org.au) absolvieren. Der unzweifelhaft lange Wanderweg (963 km) führt von Kalamunda, ca. 20 km östlich von Perth, gen Süden durch eine völlig unberührte Landschaft bis nach Walpole und von dort aus an der Küste entlang nach Albany. Campingplätze finden sich in regelmäßigen Abständen; meist sind sie mit Wasservorrat, Komposttoilette und auf drei Seiten geschlossenen Schutzhütten (für 8–16 Pers.) ausgestattet. Am besten nimmt man den Track zwischen August und Oktober in Angriff.

Camping

In diesem riesigen Bundesstaat hat man jede Menge Gelegenheit, sich aufs Wesentliche zu besinnen, vor allem in den Nationalparks. Mal in einem *swag* unterm Sternenzelt zu übernachten, ist eigentlich ein Muss!

Radfahren

In WA kann man wunderbare Fahrradtouren machen – ob man nun ein, zwei Tage oder sogar mehrere Wochen Zeit hat. In Perth werden immer mehr Fahrradwege angelegt. Der Südwesten des Staates eignet sich besonders gut für Radtouren. Doch obwohl man auf guten, nahezu leeren und fast durchgehend ebenen Straßen unterwegs ist, die sich Tausende von Kilometern durch WA ziehen, gestaltet sich die Planung von Touren aufgrund der gewaltigen Distanzen zwischen den Städten oft schwierig.

Besonders interessant für Mountainbiker ist der **Munda Biddi Trail** (www.mundabiddi.org.au), der ab Mundaring (am Rand von Perth) 1000 km lang durch die Wälder des Südwestens nach Alberny führt.

Surfen & Windsurfen

Entlang der Küsten findet sich für Anfänger, Fortgeschrittene und (Möchtegern-)Profis

ABSEITS DER ÜBLICHEN PFADE

WESTERN AUSTRALIA

Sich abseits ausgetretener Pfade zu bewegen, ist inmitten der riesigen Weiten Western Australias natürlich nicht allzu schwierig. Folgende Ziele verdienen die Aufmerksamkeit unerschrockener Traveller allerdings ganz besonders:

- Dryandra Woodland (S. 1057)
- Canning Stock Route (S. 1056)
- Steep Point (S. 1071)
- Marble Bar (S. 1094)
- Kalumburu (S. 1112)
- Mt. Augustus National Park (S. 1075)
- Duncan Road (S. 1115)
- Tanami Road (S. 1118)

auf jeden Fall die „richtige" Welle, sprich: die zum Können passenden Bedingungen. Da die Wellen vor WAs Stränden ganz schön hoch werden (häufig über 3 m), ist es besonders wichtig, ein geeignetes Surfgebiet zu finden. Starke Strömungen, große Haie und einheimische „Platzhirsche" mit Surfbrett sind die größten Gefahren – Letztere sind manchmal gefährlicher als ein hungriger Weißer Hai!

Western Australias liebste Spielwiese für Surfer ist der Südwesten – besonders die Strände zwischen Yallingup und Margaret River. Die bekanntesten Stellen weiter nördlich sind Jake's Point bei Kalbarri, Gnaraloo Station, 150 km nördlich von Carnarvon, und Surfers Beach in Exmouth.

Auch Wind- und Kitesurfer müssen sich in WA nicht langweilen. Vor allem Kitesurfer werden die langen, einsamen Strände und die der Küste vorgelagerten, menschenleeren Riffe lieben. Die beste Location ist das windumtoste Lancelin nördlich von Perth.

Tauchen & Schnorcheln

In der Nähe von Perth können Taucher die Schiffswracks und die Meeresfauna vor der Küste von Rottnest Island kennenlernen. Gute Alternativen sind der Shoalwater Islands Marine Park oder die Geographe Bay weiter südlich. Besonders artenreich ist der Ningaloo Marine Park an der Coral Coast – gerade mal 100 m vor der Küste lassen sich Unmengen von Meerestieren blicken – eine Topadresse für Schnorchler und Taucher!

Walbeobachtung

Für viele Besucher Western Australias sind Begegnungen mit Südkapern und Buckelwalen ein Highlights ihrer Tour. Die Tiere sind hier so zahlreich (mehr als 30 000), dass der Küstenstreifen auch als Humpback Highway (Buckelwal-Schnellstraße) bezeichnet wird. Im Juni machen sie sich auf die Reise von der Antarktis in die tropischen Gewässer vor der australischen Nordwestküste. Im Frühsommer kann man sie ebenfalls sehen, wenn sie auf dem Rückweg sind. Walmütter beziehen jedes Jahr (häufig zwischen Juli und Oktober) mit ihren Kälbern Quartier in den Buchten des King George Sound in Albany.

Wildblumen

Wenn im Süden von WA der Frühling beginnt, verschwindet der Boden unter einem Teppich aus Wildblumen. Zwischen August und Oktober sorgen diese für eine wahre Farbenexplosion im Busch! Es ist eine super Zeit, um einen Teil des Bibbulmun Tracks zu begehen oder Parks im Inland, z. B. Stirling Range oder Mt. Lesueur bei Cervantes, zu besuchen.

Geführte Touren

Keine Lust, alles allein zu machen und selbst zu organisieren? Kein Problem! Das Tourangebot ist groß, und für jeden Geschmack und jedes Budget ist etwas dabei. Es gibt „Safaris" mit Geländewagen, bei denen Traveller in sonst schwer zugängliche Gegenden vordringen. Das staatliche Visitor Centre in Perth hat allerhand Broschüren, und die Mitarbeiter empfehlen Touren in ganz WA.

AAT Kings Australian Tours BUSTOUR, JEEPTOUR
(☎1300 228 546; www.aatkings.com.au) Begleitete Bustouren und Jeepabenteuer.

Adventure Tours JEEPTOUR
(☎1800 068 886; www.adventuretours.com.au) Jeeptouren ab Perth, Exmouth, Broome und Kununurra.

Outback Spirit LUXUSTOUR
(☎1800 688 222; www.outbackspirittours.com.au) Luxuriöse Abenteuer auf verschiedensten Terrains, z. B. eine Western Wildflowers Discovery Tour oder eine Erkundung der Pilbara-, Karijini- und Ningaloo-Reef-Regionen.

Red Earth Safaris MINIBUS
(☎1800 501 968; www.redearthsafaris.com.au) Sechstägige Bustour nach Exmouth.

Saisonarbeit

In Western Australia herrscht Arbeitermangel, sodass Reisende das ganze Jahr über einen Job ergattern können.

WAS	SAISON	REGION(EN)
Trauben	Feb.–März	Denmark Margaret River Mt. Barker Manjimup
Äpfel/ Birnen	Feb.–April	Donnybrook Manjimup
Krabbenkutter	März–Juni	Carnarvon
Bananen	April–Dez.	Kununurra
Bananen	ganzjährig	Carnarvon
Gemüse	Mai–Nov.	Kununurra, Carnarvon
Tourismus	Mai–Dez	Kununurra
Bumen	Sep.–Nov.	Midlands
Hummer	Nov.–Mai	Esperance

Praktische Informationen

Tourism Western Australian (www.westernaustralia.com) Umfassende Website mit allgemeinen Infos rund um WA.

An- & Weiterreise

Von Europa aus bietet sich Perth als Zielflughafen an. 18 Airlines fliegen direkt zum **Perth Airport** (☎08-9478 8888; www.perthairport.com). In Port Hedland werden internationale Flüge nach/ab Bali abgewickelt. Inlandsflüge starten in Perth, Kalgoorlie, Port Hedland und Broome.

Die einzige Busverbindung von Bundesstaat zu Bundesstaat bietet **Greyhound** (☎1300 473 946; www.greyhound.com.au). Man kann täglich von Darwin via Kununurra, Fitzroy Crossing und Derby nach Broome fahren (ab 361 AU$, 25 Std.).

Der einzige Zug, der die West- mit der Ostküste verbindet, ist der *Indian Pacific*. Er wird von **Great Southern Railway** (☎13 21 47; www.greatsouthernrail.com.au) betrieben. Von Kalgoorlie bis Perth sind es zehn Stunden, von Adelaide aus zwei Tage, von Broken Hill zweieinviertel Tage und die komplette Strecke von Sydney nach Perth (4352 km) nimmt drei Tage in Anspruch.

Unterwegs vor Ort

AUTO

Mit keinem anderen Transportmittel kann man WA besser erkunden als mit dem Auto. Allerdings darf man nicht vergessen, dass WA nicht nur riesig, sondern auch sehr dünn besiedelt ist. Wer lange Strecken zurücklegen will, sollte sicherheitshalber also entsprechende Vorkehrungen treffen. Der Staat besitzt viele schöne Ecken ohne gepflasterte Straßen. Vielerorts ist ein Allradfahrzeug empfehlenswert, z. B. im wunderschönen Kimberley (selbst während der Trockenzeit).

Department of Aboriginal Affairs (DAA; ☎1300 651 077; www.daa.wa.gov.au; 151 Royal St, East Perth) Aboriginal Land darf man in WA nur mit Genehmigung durchqueren. Diese kann online angefordert werden.

Mainroads (☎13 81 38; www.mainroads.wa.gov.au) Gibt Berichte zum Zustand der Straßen im gesamten Staat heraus. Die Informationen werden täglich aktualisiert (oder auch mehrmals täglich – sofern dazu Anlass besteht).

Royal Automobile Club (RAC; ☎13 17 03; www.rac.com.au) Praktische Tipps für Auto- und Motorradfahrer zu Themen wie Verkehrssicherheit, Autokauf und -verkauf sowie Infos zu den vor Ort geltenden Bestimmungen.

BUS

Das Busnetz in Western Australia umfasst weitaus mehr Ziele als das Schienennetz.

Greyhound (☎1300 473 946; www.greyhound.com.au) Fährt von Perth nach Broome über Geraldton, Carnarvon, Karratha und Port Hedland, und von Broome nach Darwin über den Great Northern Highway (Route 1).

Integrity Coach Lines (☎1800 226 339; www.integritycoachlines.com.au) Wöchentliche Verbindung zwischen Perth und Port Hedland via Great Northern Highway sowie zusätzlich Fahrten von Perth nach Lancelin, Cervantes, Geraldton und Exmouth.

South West Coach Lines (☎08-9261 7600; www.veoliatransportwa.com.au) Steuert von Perth aus alle größeren Städte im Südwesten an. Erste Wahl, wenn's nach Margaret River gehen soll.

Transwa (☎1300 662 205; www.transwa.wa.gov.au) Perth–Augusta, Perth–Pemberton, Perth–Albany (3 Routen), Perth–Esperance (2 Routen), Albany–Esperance, Kalgoorlie–Esperance, Perth–Geraldton (3 Routen) und Geraldton–Meekathara.

FLUGZEUG

Airnorth (☎1800 627 474; www.airnorth.com.au) Perth–Kununurra, Karratha–Port Hedland, Karratha–Broome, Port Hedland–Broome und Broome–Kununurra.

Cobham (☎1800 105 503; www.cobham.com.au) Flüge von Perth nach Kambalda.

Qantas (☎13 13 13; www.qantas.com.au) Fliegt in WA u. a. Perth, Kalgoorlie, Para-burdoo, Newman, Exmouth, Karratha, Port Hedland und Broome an.

Skippers Aviation (☎1300 729 924; www.skippers.com.au) Perth–Leonora–Laverton, Perth–Wiluna–Leinster, Perth–Mt Magnet–Meekatharra, Perth–Carnarvon, Perth–Geraldton–Carnarvon und Perth–Kalbarri–Monkey Mia.

Virgin Australia (☎13 67 89; www.virginaustralia.com) Fliegt nach Perth, Busselton, Albany, Esperance, Geraldton, Exmouth (Learmonth), Port Hedland, Kalgoorlie, Karratha, Kununurra, Derby und Broome.

ZUG

Transwa (☎1300 662 205; www.transwa.wa.gov.au) bietet folgende Zugverbindungen: *Prospector* (Perth–Kalgoorlie), *AvonLink* (Perth–Northam) und *Australind* (Perth–Bunbury). Südlichstes Ziel der Transperth-Züge ist Mandurah.

PERTH

1,8 MIO. EW.

Der Himmel über dieser modernen, aufstrebenden Stadt am Swan River ist fast immer strahlend blau. Vom schicken Geschäftsviertel (*central business district*, CBD) aus wird Australiens Wirtschaft ordentlich befeuert, und dennoch hat sich Perth eine entspannte Atmosphäre bewahrt. Das Le-

Perth

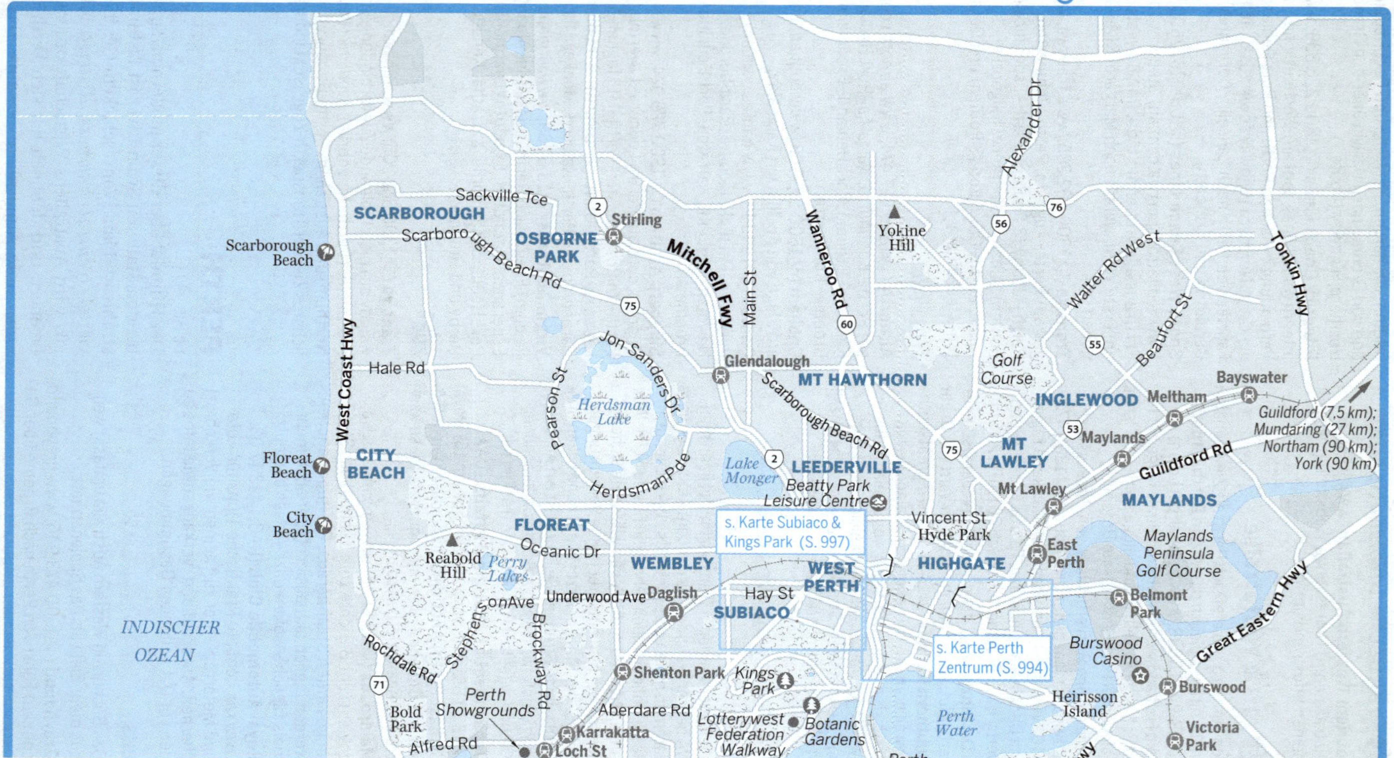
0
4 km
N
SCARBOROUGH
Scarborough Beach
Sackville Tce
Scarborough Beach Rd
OSBORNE PARK
Stirling
Mitchell Fwy
Main St
Wanneroo Rd
Yokine Hill
Alexander Dr
Walter Rd West
Beaufort St
Tonkin Hwy
West Coast Hwy
Hale Rd
Jon Sanders Dr
Herdsman Lake
Pearson St
Herdsman Pde
Glendalough
MT HAWTHORN
Scarborough Beach Rd
Golf Course
INGLEWOOD
Meltham
Bayswater
Guildford (7,5 km);
Mundaring (27 km);
Northam (90 km);
York (90 km)
Maylands
MT LAWLEY
Mt Lawley
Guildford Rd
MAYLANDS
Floreat Beach
CITY BEACH
City Beach
Lake Monger
LEEDERVILLE
Beatty Park Leisure Centre
FLOREAT
Oceanic Dr
Reabold Hill
Perry Lakes
WEMBLEY
s. Karte Subiaco & Kings Park (S. 997)
Vincent St
Hyde Park
HIGHGATE
East Perth
Maylands Peninsula Golf Course
WEST PERTH
Hay St
SUBIACO
Underwood Ave
Daglish
Stephenson Ave
Brockway Rd
Belmont Park
Burswood Casino
Great Eastern Hwy
s. Karte Perth Zentrum (S. 994)
INDISCHER OZEAN
Rochdale Rd
Shenton Park
Kings Park
Burswood
Perth Showgrounds
Aberdare Rd
Heirisson Island
Bold Park
Lotterywest Federation Walkway
Botanic Gardens
Perth Water
Victoria Park
Karrakatta
Alfred Rd
Loch St
Perth

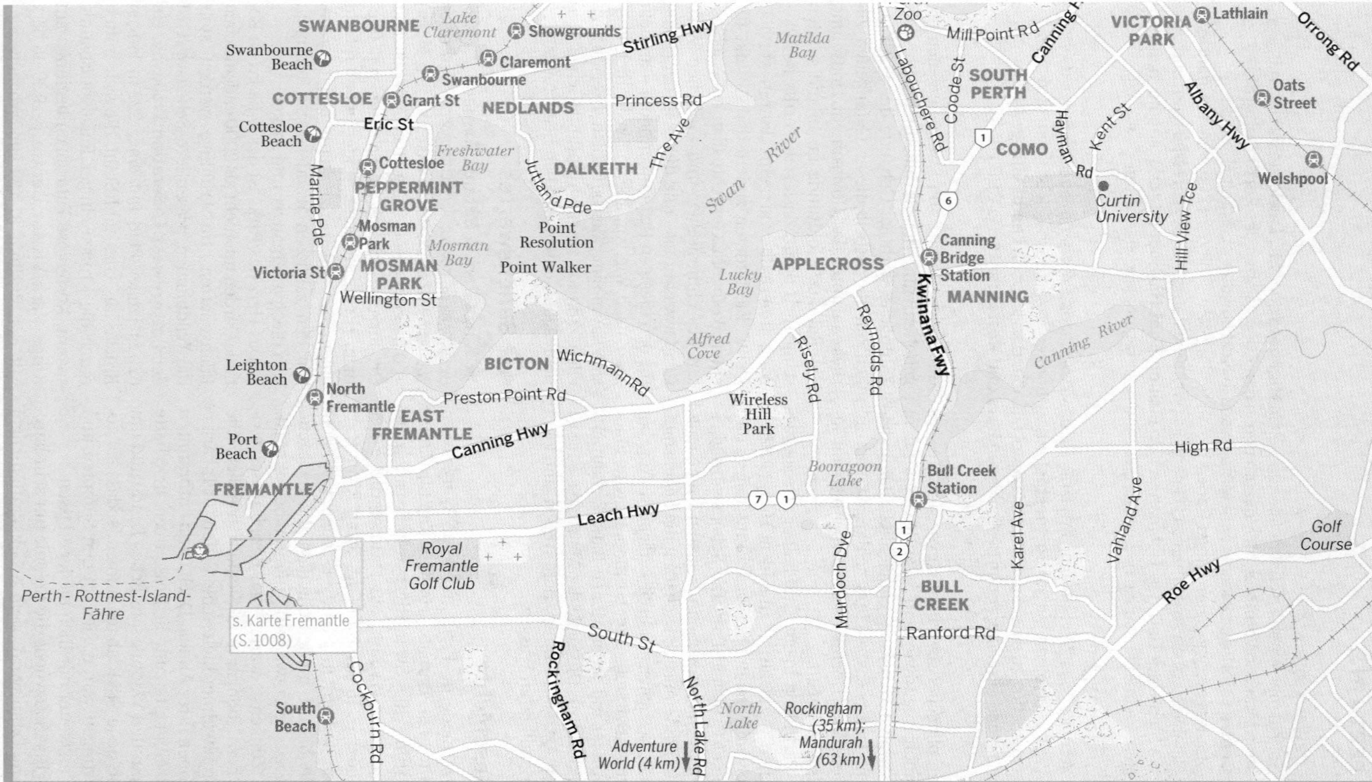
SWANBOURNE
Lake Claremont
Showgrounds
Stirling Hwy
Swanbourne Beach
Claremont
Swanbourne
COTTESLOE
Grant St
NEDLANDS
Princess Rd
Cottesloe Beach
Eric St
Marine Pde
Freshwater Bay
Cottesloe
PEPPERMINT GROVE
Jutland Pde
DALKEITH
The Ave
Swan River
Mosman Park
Mosman Bay
Point Resolution
Point Walker
Victoria St
MOSMAN PARK
Wellington St
Lucky Bay
APPLECROSS
Alfred Cove
BICTON
WichmannRd
Leighton Beach
North Fremantle
Preston Point Rd
EAST FREMANTLE
Canning Hwy
Port Beach
Wireless Hill Park
Risely Rd
Reynolds Rd
FREMANTLE
Leach Hwy
Booragoon Lake
Royal Fremantle Golf Club
Perth - Rottnest-Island-Fähre
s. Karte Fremantle (S. 1008)
South St
Rockingham Rd
North Lake Rd
Cockburn Rd
South Beach
North Lake
Adventure World (4 km)
Rockingham (35 km); Mandurah (63 km)
Murdoch Dve
Zoo
Labouchere Rd
Mill Point Rd
Coode St
SOUTH PERTH
Canning Hwy
COMO
Hayman Rd
Kent St
Curtin University
Canning Bridge Station
Kwinana Fwy
MANNING
Canning River
Hill View Tce
VICTORIA PARK
Lathlain
Albany Hwy
Oats Street
Orrong Rd
Welshpool
High Rd
Bull Creek Station
Karel Ave
Vahland Ave
BULL CREEK
Ranford Rd
Roe Hwy
Golf Course

PERTH IN ...

...zwei Tagen

Sobald man einen Tisch fürs Abendessen in **Highgate** oder **Mt. Lawley** reserviert hat, kann man den Vormittag im Museum und in den Kunstgalerien des **Perth Cultural Centre** verbringen. Nach einem Mittagessen in **Northbridge** ist es Zeit für unseren Stadtspaziergang zum **Kings Park**. Am zweiten Tag geht's mit dem Zug nach **Fremantle**. Nicht verpassen sollte man das Gefängnis (Welterbestatus!), das Meeresmuseum und die Shipwreck Galleries. Hat man sich im **Fishing Boat Harbour** gestärkt, könnte man in den Kneipen Ausschau nach einer Liveband oder regionalem Bier halten.

...vier Tagen

Wer vier Tage Zeit hat, kann in aller Ruhe das Zwei-Tages-Programm absolvieren und zusätzlich einen Tag auf **Rottnest Island** verbringen. Wenn noch Zeit ist, lohnt sich auch ein Ausflug zu einem der **Stadtstrände**. Ein Abend sollte dann **Leederville** gewidmet sein und ein weiterer den besten neuen **Bars und Restaurants** des CBD.

ben plätschert beschaulich vor sich hin – es ähnelt irgendwie dem Swan River, auf dem schwarze Schwäne gemächlich dahingleiten. Der besagte Fluss schlängelt sich an modernen Hochhäusern vorbei bis zum Indischen Ozean.

Perth liegt in etwa auf halber Strecke zwischen Südostasien und den Hauptstädten der östlichen Bundesstaaten Australiens und bietet Großstadtflair und Sehenswürdigkeiten in einer angenehm relaxten Umgebung. Die Einheimischen schätzen die Lebensqualität, Besucher das breit gefächerte Angebot an Aktivitäten. Die kosmopolitische Stadt punktet mit jeder Menge Bars, Restaurants und Kultur. Die Seele der Metropole aber ist geprägt vom Strand, den Wellen und dem kristallklaren Wasser.

Geschichte

Das moderne Perth hat seine Wurzeln im Jahr 1829. Damals gründete Kapitän James Stirling die Swan-River-Kolonie auf dem Land der Wadjuk, einer Untergruppe der Noongar. In der Nähe des Swan River wurden außerdem Steinwerkzeuge gefunden, die darauf hindeuten, dass diese Gegend bereits seit etwa 40 000 Jahren bewohnt ist.

Zunächst waren die Beziehungen zwischen Noongar und Siedlern friedlich. Die Ureinwohner hielten die Briten für Inkarnationen ihrer Ahnen. Doch dann entbrannten Streitigkeiten um die Ressourcen. 1843 hatte man den Wadjuk sämtliches Land rund um die neue Stadt abgenommen, sodass sie gezwungen waren, sich an den Sümpfen und Seen weiter nördlich niederzulassen.

Bis 1850 wuchs die Kolonie nur sehr langsam. Dann wurde dem Arbeitskräftemangel durch den Einsatz von Strafgefangenen abgeholfen, und die Bevölkerungszahl stieg. Zahlreiche wichtige Gebäude der Stadt gehen auf die Arbeit dieser Gefangenen zurück, darunter das Government House und das Rathaus. Goldfunde im Inland sorgten schließlich dafür, dass sich Perths Bevölkerung innerhalb von zehn Jahren vervierfachte. Sie bildeten zudem den Auftakt für einen Bauboom. Gerüchte über ein Nachlassen des chinesischen und indischen Wirtschaftswachtums – und dieses ist der Grund für den hiesigen Ressourcenboom – brodeln zwar nach wie vor, aber offensichtlich lässt sich kaum einer der bezüglich ihrer finanziellen Zukunft ziemlich optimistischen Einheimischen davon wirklich beunruhigen.

Sehenswertes

★ **Kings Park & Botanic Garden** PARK
(www.bgpa.wa.gov.au; Lotterywest Federation Walkway 9–17 Uhr, Geführte Touren 10, 12 & 14 Uhr) 400 ha groß ist der Kings Park, ein beliebter Ort für ein Picknick im Schatten von Bäumen. Hier kann man Kinder unbesorgt auf einem der Spielplätze herumtollen lassen. Auf den zahllosen Wanderwegen tummeln sich die Spaziergänger und Jogger.

Das Herz des Parks ist der 17 ha große Botanic Garden mit mehr als 2000 endemischen Pflanzenarten. Im Frühling werden stolz die Wildblumen präsentiert. Sehenswert ist der **Lotterywest Federation Walkway**, ein 620 m langer Pfad mit einer 222 m langen Brücke aus Glas und Stahl, die sich mitten durch die Kronen einiger Eukalyptusbäume spannt. Kostenlose Führungen beginnen am **Kings Park Visitor Centre** (9.30–16 Uhr). Mit der Buslinie 37 (39 am Wochenende) in Richtung Westen und St. Georges Tce (S-Stand), kommt man bis zum Visitor Centre. Man kann auch zu Fuß von der Stadt über die (steile) Mount Street gehen – oder Jacob's Ladder von der Mounts Bay Road aus, in der Nähe des Adelphi Hotels, erklimmen.

★ Art Gallery of Western Australia — GALERIE

(Karte S. 994; www.artgallery.wa.gov.au; Perth Cultural Centre; ⏲ Mi–Mo 10–17 Uhr) GRATIS Diese hervorragende Galerie gibt es seit 1895. Hier werden die besten vor Ort geschaffenen Kunstwerke ausgestellt. Das Highlight hier ist die indigene Kunst. Von August bis Dezember gibt's Beiträge der jährlichen WA Indigenous Art Awards zu sehen.

Führungen gibt's sonntags, montags, mittwochs und donnerstags um 11 und um 13.00 Uhr, freitags um 12.30 und 14.00 Uhr, und samstags um 13.00 Uhr.

Western Australian Museum – Perth — MUSEUM

(Karte S. 994; www.museum.wa.gov.au; Perth Cultural Centre; ⏲ 9.30–17 Uhr) GRATIS Dies ist einer von sechs Ablegern des Western Australian Museums. Die verschiedenen Bereiche widmen sich Dinosauriern, Säugetieren, Schmetterlingen und Vögeln. Außerdem gibt's ein **Erlebniszentrum für Kinder** und die tolle Ausstellung **WA Land and People** („Land und Leute"), in der sich alles um die Geschichte der Ureinwohner und die Kolonialisierung dreht. Auf dem Gelände befindet sich auch Perths altes **Gefängnis** von 1856.

Aquarium of Western Australia — AQUARIUM

(AQWA; ☎ 08-9447 7500; www.aqwa.com.au; Hillarys Boat Harbour; Erw./Kind 28/16 AU$; ⏲ 10–17 Uhr) Im AQWA hat man die Möglichkeit, die hiesige Meeresfauna kennenzulernen, ohne nass – bzw. verspeist, vergiftet oder gebissen – zu werden. Ein 98 m langer Unterwassertunnel führt vorbei an gigantischen Stachelrochen, Schildkröten und (Hai-) Fischen – oder auch unter ihnen hindurch. Ganz Mutige können eine Runde mit Haien tauchen; vorab reservieren (mit eigener Ausrüstung 159 AU$, Miete für Schnorchel/Tauchausrüstung 20/40 AU$; 13 & 15 Uhr). Von Montag bis Freitag kann man den Joondalup-Zug bis zur Warwick Station nehmen und dort in den Bus 423 umsteigen. Mit dem Auto geht's entweder auf dem Mitchell Freeway in nördlicher Richtung bis zur Ausfahrt Hepburn Avenue oder vom Scarborough Beach auf der Küstenstraße gen Norden bis zum Hillarys Boat Harbour. Dort liegt das AQWA hinter dem Hillarys Shopping Centre am Meer.

Perth Institute of Contemporary Arts — GALERIE

(PICA; Karte S. 994; www.pica.org.au; Perth Cultural Centre; ⏲ Di–So 11–18 Uhr) GRATIS Gemeinhin unter seiner Abkürzung bekannt, mutet das PICA von außen eher klassischtraditionell an (es ist in einer eleganten Schule von 1896 untergebracht). Drinnen zeigt sich jedoch sein wahres Gesicht: Dies ist eine der Topadressen für brandaktuelle moderne Kunst in Australien – Installationen, Performance, Skulpturen, Videoarbeiten und dergleichen. Das PICA fördert aktiv neue und experimentelle Kunst und stellt alljährlich Exponate von Absolventen aus.

Bell Tower — WAHRZEICHEN

(Karte S. 994; www.thebelltower.com.au; Erw./Kind 14/9 AU$; ⏲ 10–16 Uhr, läutet Sa–Di & Do 12–13 Uhr) In dem von Kupfersegeln ummantelten, spitzen Glasturm läuten die königlichen Glocken der Londoner Kirche St.-Martin's-in-the-Fields, von denen die älteste aus dem Jahr 1550 stammt. Sie wurden WA im Jahr 1988 von der britischen Regierung übergeben, und sind wohl das einzige Ensemble dieser Art, das England je verlassen hat. Wer in den Turm hinaufsteigt, hat einen super Panoramablick auf Perth und den Fluss.

Perth Mint — HISTORISCHES GEBÄUDE

(Karte S. 994; www.perthmint.com.au; 310 Hay St; Erw./Kind 15/5 AU$; ⏲ 9–17 Uhr) Perths Münzstätte (von 1899) ist wirklich interessant. Zu sehen gibt's Münzen, Nuggets und Goldbarren. Unter letzteren ist einer, der mehr als 200 000 AU$ wert ist und den Besucher auch anfassen können. Außerdem kann man selbst Münzen prägen und beim Goldgießen zuschauen (ab 10 Uhr einmal stündl.).

Swan Valley — WEINGÜTER, MIKROBRAUEREIEN

In dem recht ländlichen Tal am östlichen Stadtrand genießen Perths Einwohner Alkohol, gutes Essen und jede Menge Natur. Es wird stillschweigend akzeptiert, dass die hiesigen Weine nicht in der obersten Liga mitspielen können (das Klima im Swan Valley ist nicht ideal), dieses Manko wird aber durch ein tolles Angebot von Galerien, Brauereien, Geschäften und Restaurants ausgeglichen.

Das Tor zum Tal ist das unter Denkmalschutz stehende **Guildford**, gegründet 1829. Seine historischen Gebäude – eins davon beherbergt das **Visitor Centre** (☎ 08-9379

PERTH MIT KINDERN

Perth ist eine tolle Stadt für Kinder: Das Klima ist meist angenehm mild und es gibt reichlich Platz zum Herumtollen, z.B. an einem der zahlreichen Strände. Am sichersten ist der Cottesloe Beach. Für etwas ältere Kids eignen sich die Fahrradwege am Fluss und an der Küste. Im Kings Park finden sich auch jede Menge Spazierwege und Spielplätze.

Ein beliebtes Familienfest ist die Perth Royal Show (Ende Sept.), eine Art Jahrmarkt mit Geflügelschau. Viele von Perths Attraktionen sind auch interessant für kleine Leute, beispielsweise das AQWA, das WA Museum und die Art Gallery of Western Australia.

Ein Ausflug in den **Perth Zoo** (www.perthzoo.wa.gov.au; 20 Labouchere Rd, South Perth; Erw./Kind 28/14 AU$; ⏲9–17 Uhr) ist schon deshalb toll, weil man mit der Fähre hinfahren kann. **Scitech** (Karte S. 997; www.scitech.org.au; Sutherland St, City West Centre; Erw./Kind 14/9 AU$; ⏲10–16 Uhr) bietet 160 interaktive Präsentationen zu Wissenschaft und Technik.

Adventure World (www.adventureworld.net.au; 179 Progress Dr; Erw./Kind 51/43 AU$; ⏲Ende Sept.–Anfang Mai Do-Mo 10–17 Uhr; Ferien & Dez. tgl.) ist ein Potpourri aus Karussells, Schwimmbecken, Rutschen und einem Schloss. Von Perth aus verlässt man den Kwinana Freeway an der Ausfahrt Farrington Road, biegt rechts ab und folgt den Schildern.

Mit 26 km² ist der **Whiteman Park** (www.whitemanpark.com; Zugänge an der Lord St oder der Beechboro Rd, West Swan; ⏲8.30–18 Uhr) der größte Stadtpark in Perth. Die Spazier- und Fahrradwege dort sind insgesamt mehr als 30 km lang und es gibt viele Picknick- und Grillplätze. Weitere Attraktionen sind der **Caversham Wildlife Park** (www.cavershamwildlife.com.au; Erw./Kind 23/10 AU$; ⏲9–17.30 Uhr, letzter Einlass 16.30 Uhr), die **Bennet Brook Railway** (www.whitemanpark.com; Erw./Kind 8/4 AU$; ⏲Mi, Do, Sa & So 11–13 Uhr), **Tramfahrten** (www.pets.org.au; Erw./Kind 5/2,50 AU$; ⏲Di & Fr–So 12–14 Uhr) und das **Motor Museum of WA** (www.motormuseumofwa.asn.au; Erw./Kind 10/7 AU$; ⏲10–16 Uhr).

Es lohnt sich, im WA Visitor Centre (S. 1005), nach der *LetsGoKids*-Broschüre (www.letsgokids.com.au) zu fragen. Darin gibt's viele Infos und Tipps für Familien mit Kindern.

9400; www.swanvalley.com.au; Old Courthouse, Ecke Swan St & Meadow St; ⏲9–16 Uhr) – machen es zum Startpunkt für Tagesausflügler. Guildford liegt 12 km von Perths Zentrum entfernt und ist per Vorstadtzug erreichbar.

Cottesloe Beach STRAND

Am sichersten Strand hier gibt's Cafés, Kneipen, Pinien und fantastische Sonnenuntergänge. Von Cottesloe Station (Fremantle-Linie) sind es knapp 1000 m bis zum Strand.

Aktivitäten

Im Kings Park, am Swan River bis nach Fremantle und an der Küste sind gute Radwege. Räder werden auf den Fähren kostenlos transportiert. Gleiches gilt in den Zügen (außer Mo–Fr 7–9 & 16–18.30 Uhr). Straßenkarten gibt's unter www.transport.wa.gov.au/cycling/. Fahrradverleiher sind auch aufgeführt.

Die Walsaison geht von Mitte September bis Anfang Dezember.

Mills Charters WALBEOBACHTUNG

(☎08-9246 5334; www.millscharters.com.au; Erw./Kind 80/65 AU$) Die informative drei- bis vierstündige Fahrt beginnt mittwochs um 9 Uhr an Hillarys Boat Harbour. Beim AQWA gibt's eine Anfahrtsbeschreibungzum Startpunkt.

Surf Sail Australia WINDSURFEN, KITESURFEN

(Karte S. 997; ☎1800 686 089; www.surfsailaustralia.com.au; 260 Railway Pde; ⏲Mo–Sa 10–17 Uhr) Wenn der Wind auffrischt, geht's zum Swan River, nach Leighton und an die nördlichen Strände. Hat Ausrüstung im Angebot.

Oceanic Cruises WALBEOBACHTUNG

(Karte S. 994; ☎08-9325 1191; www.whalewatching.com.au; Erw./Kind 77/34 AU$; ⏲Mi & Fr–So, in den Ferien tgl.) Los geht's am Barrack Street Jetty um 8.30 Uhr, zurück um 17.45 Uhr. Der Nachmittag ist Fremantle gewidmet.

Cycle Centre FAHRRADVERLEIH

(Karte S. 994; ☎08-9325 1176; www.cyclecentre.com.au; 313 Hay St; 25/65 AU$ pro Tag/Woche; ⏲Mo–Fr 9–17.30, Sa 9–15 Uhr, So 13–16 Uhr) Auf der Website gibt's Tipps für Trips.

About Bike Hire FAHRRADVERLEIH

(☎08-9221 2665; www.aboutbikehire.com.au; 1-7 Riverside Dr, Causeway Carpark; ab 38/80 AU$ pro Tag/Woche; ⏲9–17 Uhr) Vermietet auch Kajaks (pro Std./Tag 16/65 AU$).

Gecko Bike Hire FAHRRADVERLEIH

(☎0439 989 610; www.geckobikehire.com.au) Vier Niederlassungen in der Stadt. Routenpläne findet man auf der Website.

Australasian Diving Academy TAUCHEN
(☎08-9389 5018; www.ausdiving.com.au; 142 Stirling Hwy) Ausrüstung (Tag/Woche 75/200 AU$) und Kurse (4 Tage 495 AU$). Tauchspots sind u.a. Rottnest Island und vier Wracks.

Funcats SEGELN
(☎0408 926 003; www.funcats.com.au; Coode St Jetty; 40 AU$/Std.; ⏲Okt.–April) Verleiht Katamarane (bis 3 Pers.) im Süden von Perth.

Surfschool SURFEN
(☎08-9447 5637; www.surfschool.com; Scarborough Beach; Erw./Kind 55/50 AU$) Zweistündige Unterrichtseinheiten am Scarborough Beach. Brett und Neoprenanzug sind inbegriffen.

WA Skydiving Academy FALLSCHIRMSPRINGEN
(☎1300 137 855; www.waskydiving.com.au; 458 William St; ⏲Mo–Do) Tandemsprünge aus einer Höhe von 2440/3050/3660 m für 300/340/380 AU$.

Geführte Touren

Indigenous Tours WA ABORIGINE-KULTUR
(www.indigenouswa.com) Perth mit den Augen der indigenen Wadjuk sehen – das geht mit der **Indigenous Heritage Tour** (☎08-9483 1106; Erw./Kind 25/15 AU$; ⏲13.30), die durch den Kings Park führt und 90 Minuten dauert, oder mit einem Spaziergang durch Fremantle zum Thema indigene Kultur (S. 1011).

Beer Nuts BRAUEREITOUR
(☎08-9295 0605; www.beernuts.com.au) Auf dem Progamm stehen fünf Swan-Valley-Mikrobrauereien und ein Rumbrennerei.

City Sightseeing Perth Tour STADTRUNDFAHRT
(☎08-9203 8882; www.citysightseeingperth.com; Erw./Kind 28/10 AU$) Rundfahrt im Doppeldeckerbus (aus- und zusteigen jederzeit) durch das Zentrum, den Kings Park und Burswood. Die Tickets gelten zwei Tage. Zum Park gibt's auch ein Extraticket (Erw./Kind 6/3 AU$).

Captain Cook Cruises BOOTSFAHRTEN
(Karte S. 994; ☎08-9325 3341; www.captaincookcruises.com.au) Auf dem Fluss geht's ins Swan Valley oder nach Fremantle.

Golden Sun Cruises BOOTSFAHRTEN
(Karte S. 994; ☎08-9325 9916; www.goldensuncruises.com.au) Günstigere, aber auch „rustikalere" Fahrten als die von Captain Cook Cruises.

Out & About WEIN
(☎08-9377 3376; www.outandabouttours.com.au) Touren ins Swan Valley und das historische Guildford – Wein spielt dabei die Hauptrolle.

Swan Valley Tours ESSEN, WEIN
(☎03-9274 1199; www.svtours.com.au) Touren mit Themenschwerpunkt Essen und Wein.

Two Feet & A Heartbeat STADTRUNDGANG
(☎1800 459 388; www.twofeet.com.au; 40–50 AU$/Pers.) Spaziergänge durch Perth und nach Sonnenuntergang (sehr beliebt!) eine Small-Bars-Tour.

Rottnest Air Taxi PANORAMAFLUG
(☎08-9292 5027; www.rottnest.de) 30-minütige Rundflüge über die Stadt, Kings Park und Fremantle (88–115 AU$).

Feste & Events

Perth Cup PFERDERENNEN
(www.perthracing.org.au) Am Neujahrstag findet Perths wichtigstes Pferderennen statt.

Summadayze MUSIK
(www.summadayze.com) Elektronische Klänge und Beats. Anfang Januar.

Australia Day Skyworks NATIONALFEIERTAG
(www.perth.wa.gov.au/skyworks) Am Nationalfeiertag (26. Januar) gibt's ein Unterhaltungsprogramm für die ganze Familie. Der Höhepunkt ist das 30-minütige Feuerwerk über dem Fluss.

Big Day Out MUSIK
(www.bigdayout.com; Claremont Showgrounds) Australiens größtes Musikfestival zieht große Namen der alternativen Musikszene an und bietet den lokalen Stars der Zukunft eine Bühne. Anfang Februar.

Perth International Arts Festival KUNST
(www.perthfestival.com.au) Künstler wie Laurie Anderson und Philip Glass treten neben lokalen Toptalenten auf. Das Fest beginnt Mitte Februar und dauert 25 Tage. Geboten werden Theater, Klassik und Jazz, Kunst, Tanz, Film und Literatur.

Good Vibrations MUSIK
(www.goodvibrationsfestival.com.au; Claremont Showground) Eintägiges Festival Ende Februar mit Künstlern aus aller Welt.

Laneway MUSIK
(http://perth.lanewayfestival.com.au) Anfang Februar machen Perths Skinny-Jeans-Hipster Party zur Musik aufstrebender Indie-Acts.

Kings Park Festival WILDBLUMEN
(www.kingsparkfestival.com.au) Ein Monat für die Wildblumen. In der Festivalzeit gibt's jeden Sonntag Livemusik, geführte Spaziergänge und Vorträge.

Perth Zentrum

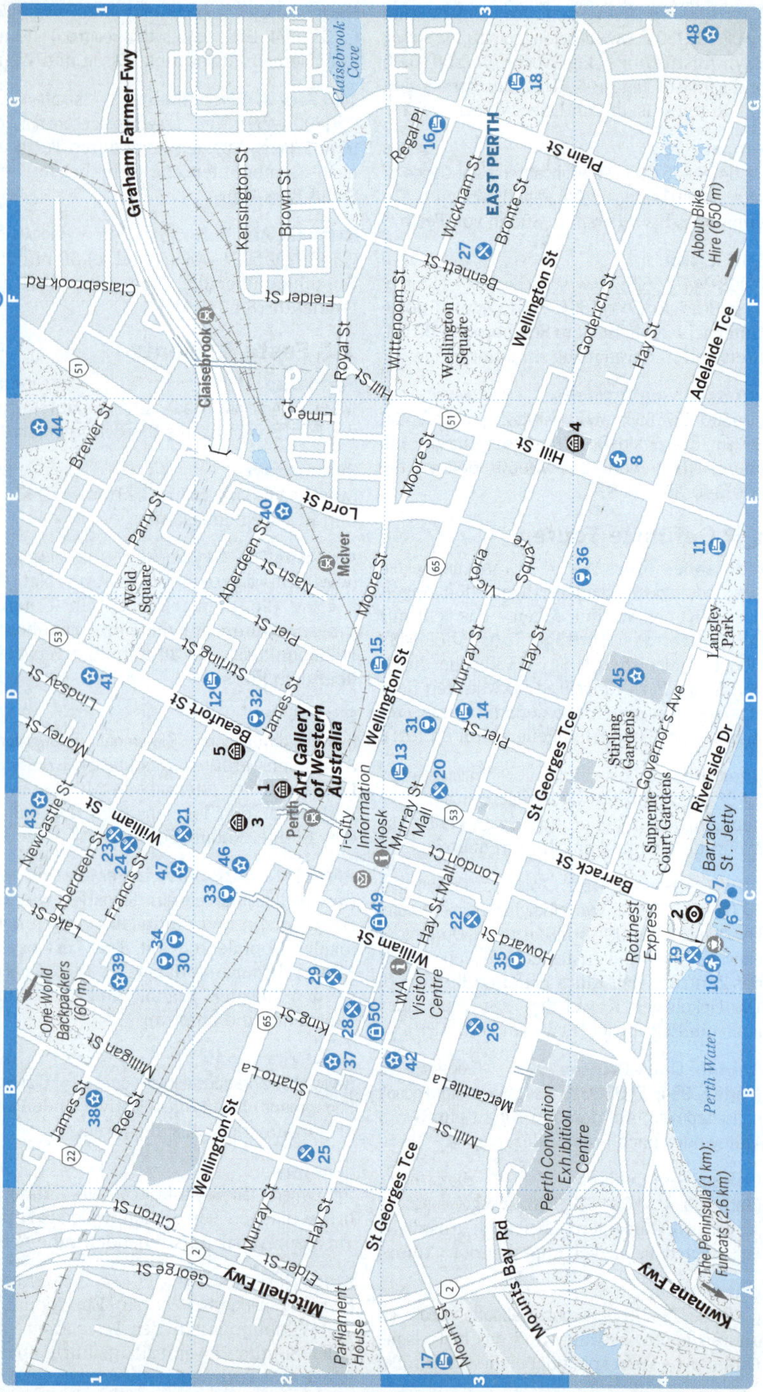

Perth Royal Show LANDWIRTSCHAFTSMESSE
(www.perthroyalshow.com.au; Claremont Showground) Im September bestimmen eine Woche lang Karussells und Nutztiere das Bild.

Parklife MUSIK
(www.parklife.com.au; Wellington Sq) Ebenfalls Ende Spetember. Indies spielen Tanzbares.

Schlafen

Perth ist eine weitläufige Stadt, die Lage der Unterkunft sollte also mit Bedacht gewählt werden. Northbridge ist okay, wenn man kein Problem mit Lärm hat. Außerdem hat man dort und im CBD eine gute Anbindung an die öffentlichen Verkehrsmittel und ist schnell in innerstädtischen Vierteln wie Leederville oder Mt. Lawley. Wer viel am Strand ist, sollte sich dort eine Bleibe suchen, da Fahrten mit Bus und Bahn viel Zeit kosten.

Dank des Bergbaubooms sind die Übernachtungspreise ziemlich hoch. Also so früh wie möglich buchen, bedenken, dass viele Hotels von Freitag bis Sonntag deutlich billiger sind als unter der Woche, dass B&Bs in der Regel günstiger sind als Hotels – und schließlich, dass Fremantle ein besseres Preis-Leistungs-Verhältnis bietet als Perth.

Zentrum

Wickham Retreat HOSTEL $
(Karte S. 994; ☎08-9325 6398; www.facebook.com/WickhamRetreatBackpackers; 25-27 Wickham St; B 35–40 AU$, DZ 70–100 AU$; @☎) Das Wickham Retreat liegt in einer Wohngegend im Osten des Zentrums und bietet eine ruhigere Atmosphäre als viele andere Hostels der Stadt. Die meisten Gäste sind internationale Traveller, die von den farbenfrohen Zim-

Perth Zentrum

Highlights
1 Art Gallery of Western Australia D2

Sehenswertes
2 Bell Tower C4
3 Perth Institute of Contemporary Arts C2
4 Perth Mint E4
5 Western Australian Museum – Perth D2

Aktivitäten, Kurse & Touren
6 Captain Cook Cruises C4
7 Captain Cook Cruises C4
8 Cycle Centre E4
9 Golden Sun Cruises C4
10 Oceanic Cruises C4

Schlafen
11 City Waters E4
12 Emperor's Crown D2
13 Medina Executive Barrack Plaza D3
14 Pensione Hotel D3
15 Perth City YHA D2
16 Regal Apartments G3
17 Riverview on Mount Street A3
18 Wickham Retreat G3

Essen
19 Annalakshmi C4
20 Cabin Fever D3
21 Flipside C1
22 Greenhouse C3
23 La Cholita C1
24 Little Willy's C1
25 Mama Tran B2
26 Print Hall B3
27 Restaurant Amusé F3
28 Tiger, Tiger B2
29 Venn Cafe & Bar C2
Viet Hoa .... (siehe 43)

Ausgehen & Nachtleben
30 Air C1
31 Ambar D3
Bird .... (siehe 33)
Cheeky Sparrow .... (siehe 28)
32 Court D2
33 Ezra Pound C2
34 Geisha C1
Greenhouse .... (siehe 22)
35 Helvetica C3
36 Hula Bula Bar E4
Mechanics Institute .... (siehe 21)
Wolfe Lane .... (siehe 28)

Unterhaltung
37 Amplifier B2
38 Bakery B1
39 Cinema Paradiso C1
40 Devilles Pad E2
41 Ellington Jazz Club D1
42 His Majesty's Theatre B3
43 Moon C1
44 NIB Stadium E1
45 Perth Concert Hall D4
46 State Theatre Centre C2
47 Universal C1
48 WACA G4

Shoppen
49 78 Records C2
Perth Map Centre .... (siehe 49)
Pigeonhole .... (siehe 20)
50 Wheels & Doll Baby B2

mern und Schlafsälen (und dem abgedrehten Garten mit Kunstrasen) angezogen werden.

Perth City YHA HOSTEL $
(Karte S. 994; ☎ 08-9287 3333; www.yha.com.au; 300 Wellington St; B 39 AU$, Zi. mit/ohne Bad 120/95 AU$;) Am Rand der Innenstadt steht dieses imposante Art-déco-Gebäude aus den 1940er-Jahren. Irgendwie muss man auf den Fluren an ein Internat denken, die Zimmer sind aber sauber, und Einrichtungen wie ein Fitnessstudio bringen diesem YHA Extrapunkte ein.

Regal Apartments APARTMENTS $$
(Karte S. 994; ☎ 08-9221 8614; www.regalapartments.com.au; 11 Regal Pl; Apt. ab 230 AU$;) Östlich des Stadtzentrums und versteckt hinter preiswerten asiatischen Restaurants gelegen. Die Ein- bzw. Zweizimmerwohnungen sind geräumig und modern. Voll ausgestattete Küchen machen das Regal ideal für Familien, die auf ihr Budget achten.

Medina Executive Barrack Plaza APARTMENTS $$
(Karte S. 994; ☎ 08-9267 0000; www.medina.com.au; 138 Barrack St; Apt. ab 229 AU$;) Die sorgfältig eingerichteten, großen Zimmer sind minimalistisch, aber gemütlich. Alle Einbettzimmer haben einen Balkon, und in die zur Barrack Street hin ausgerichteten Zimmer fällt am meisten Sonnenlicht.

Riverview on Mount Street APARTMENTS $$
(Karte S. 994; ☎ 08-9321 8963; www.riverviewperth.com.au; 42 Mount St; Apt. ab 140 AU$;) An der Mount Street riecht es seit Neuestem förmlich nach Geld, doch das Riverview stammt noch aus den 1960er-Jahren. Von allen Unterkünften in Perth hat es am meisten Flair. Die renovierten „Junggesellenbuden" befinden sich über einem modernen Foyer mit relaxtem, minimalistischem Café.

Pensione Hotel BOUTIQUEHOTEL $$
(Karte S. 994; ☎ 08-9325 2133; www.pensione.com.au; 70 Pier St; DZ ab 155 AU$;) Die Standardzimmer sind klein, aber gemütlich und edel eingerichtet. Mit der guten Lage ergibt das eindeutig Pluspunkte in dieser teuren Stadt.

City Waters MOTEL $$
(Karte S. 994; ☎ 08-9325 1566; www.citywaters.com.au; 118 Terrace Rd; EZ/DZ 130/150 AU$;) Die kleinen, einfachen Zimmer sind zu einem Parkplatz hin ausgerichtet, aber sauber und luftig, und die Lage am Wasser ist Gold wert. Die Zimmer ganz oben sind am besten und die mit Blick auf den Fluss selten frei.

Northbridge, Highgate & Mt. Lawley

Die meisten Hostels liegen in Northbridge. Man kann sich hier problemlos ein paar Unterkünfte ansehen, bevor man eine auswählt.

Emperor's Crown HOSTEL $
(Karte S. 994; ☎ 08-9227 1400; www.emperorscrown.com.au; 85 Stirling St; B 36 AU$, Zi. mit/ohne Bad ab 130/110 AU$;) Eins der besten Hostels in Perth – auch dank seiner idealen Lage: nicht mitten im Trubel, aber ganz in der Nähe von Northbridges Bar- und Kneipenszene. Das nette Personal hält viel von Hygiene.

Witch's Hat HOSTEL $
(☎ 08-9228 4228; www.witchs-hat.com; 148 Palmerston St; B/2BZ/DZ $34/88/99;) Das Gebäude von 1897 erinnert an ein Knusperhaus. Die Mehrbettzimmer sind hell und groß. Im Grillbereich gibt's einen Backsteingrill.

One World Backpackers HOSTEL $
(☎ 08-9228 8206; www.oneworldbackpackers.com.au; 162 Aberdeen St; B 28–30 AU$, DZ 80 AU$;) In diesem schön renovierten Haus ist es blitzsauber. Die Mehrbettzimmer sind groß und lichtdurchflutet. Die Küche ist ebenfalls geräumig und bietet alles, was man braucht.

Durack House B&B $$
(☎ 08-9370 4305; www.durackhouse.com.au; 7 Almondbury Rd; Zi. inkl. Frühstück 195–215 AU$;) Das B&B an einer ruhigen Straße hat drei Zimmer, die altmodischen Charme versprühen (und trotzdem moderne Bäder haben). Vom Bahnhof Mt. Lawley läuft man 250 m und biegt links in die Railway Parade ein. Die erste Straße rechts ist die Almondbury Road.

Pension of Perth B&B $$
(☎ 08-9228 9049; www.pensionperth.com.au; 3 Throssell St; EZ/DZ inkl. Frühstück ab 150/165 AU$;) Luxus pur verspricht diese Pension im Stil der Belle Époque: Gäste dürfen sich auf Blumenteppiche, Brokatvorhänge, offene Kamine und Spiegel mit Goldrahmen freuen. Zwei Doppelzimmer mit Erkern und kleinen Bädern bieten Ausblick auf den Hyde Park. Zwei Zimmer haben Spa-Bäder.

Above Bored B&B $$
(☎ 08-9444 5455; www.abovebored.com.au; 14 Norham St; DZ inkl. Frühstück 190–200 AU$;) Das in einer Wohngegend gelegene Haus von 1927 gehört einem freundlichen Drehbuchautoren. Es gibt auch eine gemütliche Hütte mit Küchenzeile.

Subiaco & Kings Park

★ **Eight Nicholson** BOUTIQUEHOTEL $$$
(☎ 08-9382 1881; www.8nicholson.com.au; 8 Nicholson Rd; Zi. inkl. Frühstück ab 369 AU$; ❄ 📶) Dieses stilvolle Haus ist teils luxuriöses Boutiquehotel, teils B&B. Modernes, elegantes Dekor und interessante Kunstwerke zeugen vom Geschmack seines weitgereisten Besitzers.

Richardson HOTEL $$$
(Karte S. 997; ☎ 08-9217 8888; www.therichardson.com.au; 32 Richardson St; Zi. ab 520 AU$; ❄ 📶 🏊)

Subiaco & Kings Park

Subiaco & Kings Park

Sehenswertes
1 Scitech D2

Aktivitäten, Kurse & Touren
2 Surf Sail Australia C2

Schlafen
3 Richardson C3

Essen
4 Boucla A4
5 Chutney Mary's A3
6 Duende D1
7 Sayers D1
8 Snags & Sons D1
9 Subiaco Hotel A3

Ausgehen & Nachtleben
10 Honey Lounge D1

Unterhaltung
11 Luna C1
12 Patersons Stadium B2

Shoppen
Atlas Divine .... (siehe 14)
13 Indigenart B3
14 Oxford St Books C1

Das Richardson bietet luxuriöse Zimmer und verströmt mit blassen Marmorfliesen, cremefarbenen Wänden und viel Kunst ein leichtes, sommerliches Flair. Hauseigenes Wellnesscenter.

Strände

Ocean Beach Backpackers HOSTEL $

(08-9384 5111; www.oceanbeachbackpackers.com; 1 Eric St; B/EZ/DZ 26/70/80 AU$;) Zwar spielt Meerblick bei diesem großen, hellen Hostel eine Nebenrolle, dafür liegt es im Herzen von Cottelsloe, und mit wenigen Schritten ist man am Strand. Man kann sich ein Rad leihen oder die Surfboards des Hostels kostenlos nutzen.

Trigg Retreat B&B $$

(08-9447 6726; www.triggretreat.com; 59 Kitchener St; Zi. inkl. Frühstück 190 AU$;) Das Trigg hat Klasse, protzt aber nicht damit. Drei schöne, gemütliche Zimmer mit Queensize-Betten stehen Gästen in diesem modernen Haus in Strandnähe zur Verfügung.

Andere Viertel

Discovery Holiday Parks – Perth CAMPING $

(08-9453 6877; www.discoveryholidayparks.com.au; 186 Hale Rd; Stellplatz mit Strom 38–45 AU$ f. 2 Pers.; Mobilheim 125–187 AU$;) Der gepflegte Campingplatz liegt 15 km außerhalb von Perth und verfügt über verschiedene, schick aufgemachte Mobilheime (viele davon haben eine eigene Terrasse und sind mit TV und DVD-Player ausgestattet).

Peninsula APARTMENTS $$

(08-9368 6688; www.thepeninsula.net; 53 South Perth Esplanade; Apt. ab 205 AU$;) Nur die wenigen Apartments nach vorn bieten einen tollen Blick, aber das Peninsula ist wegen seiner Lage am Wasser in jedem Fall eine gute Option. Gemütliche Fährfahrten bieten sich hier an, und ebenso abendliche Spaziergänge am Flussufer. Die weitläufige, etwas altmodische Anlage ist gut in Schuss.

Essen

In den meisten australischen Großstädten gibt es nur eine Handvoll Nobelrestaurants, in denen ein Hauptgericht über 40 AU$ kostet. In Perth hingegen sind diese Preise in jedem Restaurant, das sich auch nur ansatzweise für überdurchschnittlich hält, fast schon die Norm.

Leider ist dies nicht unbedingt ein Garant für Qualität. Minderwertiger und nachlässiger Service sind weiter verbreitet, als man es sich erhofft. Das heißt aber nicht, dass das Essen generell teuer ist. Lecker essen für wenig Geld kann man beispielsweise im „Little Asia"-Abschnitt der William Street in Northbridge.

Bei vielen Restaurants ist „BYO" angesagt: Bring Your Own, also „selbst mitbringen", meint oftmals den Wein; bei Reservierung sollte man danach fragen.

Es muss nicht immer ein Restaurant sein: Cafés bieten nicht selten anständiges Essen zu anständigen Preisen.

Bei einigen der unter Ausgehen & Unterhaltung aufgeführten Adressen ist die Grenze zwischen Bar, Café und Restaurant fließend; auch hier kann man oft gut essen.

Zentrum

Mama Tran VIETNAMESISCH $

(Karte S. 994; www.mamatran.com.au; 36-40 Milligan St; Snacks & Hauptgerichte 8–12 AU$; 7–16 Uhr) Im angesagten Mama Tran gibt's herzhafte *pho* (vietnamesische Nudelsuppe), ausgezeichneten Kaffee, frische Frühlingsrollen und asiatische Salate.

Tiger, Tiger CAFÉ $

(Karte S. 994; 08-9322 8055; www.tigertigercoffeebar.com; Murray Mews; Hauptgerichte 8–20 AU$; Mo & Sa 7–17, Di–Do bis 20, Fr bis 24 Uhr;) Der Innenraum (klein und auf Shabby-Chic getrimmt) ist nicht so beliebt wie die Sitzgelegenheiten draußen. Die Tische stehen in einer Gasse, die von der Murray Street abgeht. Pluspunkte gibt's für das kostenlose WLAN – und das wirklich gute Essen. Man kriegt die üblichen Frühstücksklassiker, mittags stehen Pasta- und Curry-Gerichte, Kuchen, leckere Baguettes und Kuchen auf der Karte.

Cabin Fever CAFÉ $

(Karte S. 994; Bon Marche Arcade, 88 Barrack St; Snacks 5–10 AU$; Mo–Fr 7–17, Sa 10–17 Uhr;) Im Cabin Fever erwartet einen schrulliges Retrodekor, wie man es aus Filmen der frühen 1970er-Jahre kennt. Coole junge Leute tun sich hier an kostenlosem WLAN, frisch Gebackenem und ausgezeichnetem Kaffee gütlich.

Annalakshmi INDISCH $

(Karte S. 994; 08-9221 3003; www.annalakshmi.com.au; 1. Stock, Western Pavilion; Spende erbeten; Di–So 12–14.30 & 18.30–21 Uhr;) Der

Panoramablick auf den Swan River ist Gold wert, und das Essen kostet – nichts! Man sollte das von Freiwilligen geführte Annalakshmi aber mit dem Geldbetrag unterstützen, den man für angemessen hält. Vegetarische Currys, duftendes Dhal, gekühlte Kokosmilch und Kardamom-Desserts locken eine interessante Mischung aus Hippies, Hindus und einfach nur Hungrigen an.

Venn Cafe & Bar CAFÉ $$

(Karte S. 994; www.venn.net; 16 Queen St; Hauptgerichte 13–28 AU$, Pizza 15 AU$; ⌚Mo & Di 7–17, Mi–Fr 7–24, Sa 9–24 Uhr) Eine Mischung aus Designerladen, Galerie, Bar und Café. Ob zum Frühstück oder zum Mittagessen – guten Kaffee gibt's hier immer. Außerdem könnte man Pfannkuchen mit Banane und Quinoa versuchen, oder Carpaccio vom Wagyu-Rind aus Margaret River. Am Abend kommen Pizza und Wurst mit australischem Wein und Bieren aus Mikrobrauereien auf den Tisch.

★Greenhouse TAPAS $$

(Karte S. 994; ☎08-9481 8333; www.greenhouseperth.com; 100 St Georges Tce; Tapas 10–19 AU$; ⌚Mo–Sa 7–24 Uhr) Zuerst spricht man wohl über das revolutionäre Design dieser hippen Tapasbar, dann aber auch über das exquisite Essen. Asiatische und nahöstliche Einflüsse, kombiniert mit Zutaten aus nachhaltiger Produktion, lassen faszinierende Gerichte entstehen, wie würziges Lamm mit Joghurt und Quinoa oder Lamm mit Pistazien und Granatapfel.

Print Hall ASIATISCH, MODERN-AUSTRALISCH $$$

(Karte S. 994; www.printhall.com.au; 125 St Georges Tce; Snacks 10–18 AU$, Hauptgerichte 25–45 AU$; ⌚Mo–Fr 12–24, Sa 16–24 Uhr) In der weitläufigen Anlage im Brookfield Place-Komplex erwarten einen das Apple Daily mit dem von südostasiatischen Straßengerichten inspirierten Angebot und das geräumige Print Hall-Restaurant, mit Austernbar, Gegrilltem und Meeresfrüchten aus WA. Einen Drink in Bob's Bar auf der Dachterrasse sollte man sich nicht entgehen lassen.

Restaurant Amusé MODERN-AUSTRALISCH $$$

(Karte S. 994; ☎08-9325 4900; www.restaurantamuse.com.au; 64 Bronte St; Degustationsmenü 125 AU$; ⌚Di–Sa 18.30–open end) Die Kritiker lieben dieses Restaurant, in dem es ausschließlich Degustationsmenüs gibt. Sie küren es regelmäßig zum besten Restaurant in Western Australia. Man muss (sehr rechtzeitig!) reservieren und sollte auf ein kulinarisches Abenteuer vorbereitet sein – am besten kommt man mit völlig leerem Magen. Aktuellste Auszeichnung: „Bestes Restaurant von Perth 2013" (Good Food Guide).

Northbridge, Highgate & Mt. Lawley

Veggie Mama VEGETARISCH $

(www.veggiemma.com.au; Ecke Beaufort St & Vincent St; Hauptgerichte 10–20 AU$; ⌚Mo–Fr 7–17, Sa & So ab 8 Uhr; 📶✍) Jede Menge sehr leckere vegane und glutenfreie Speisen gibt's in diesem netten Café. Die Speisekarte umfasst Salate, Smoothies, vegetarische Currys und Burger.

Little Willy's CAFÉ $

(Karte S. 994; 267 William St; Hauptgerichte 5–14 AU$; ⌚Mo–Fr 6–18, Sa & So 8–16 Uhr) Idealerweise genießt man hier die besten Frühstücks-Burritos der Stadt draußen, an einem der Tische auf dem Bürgersteig. Das gilt übrigens auch für die leckeren Bircher Müslis. Bevorzugter Kaffeetreff der Hipster aus Northbridges Indieszene.

Viet Hoa VIETNAMESISCH $

(Karte S. 994; 349 William St; Hauptgerichte 10–23 AU$; ⌚10–22 Uhr) Von der spartanischen Aufmachung dieses vietnamesischen Restaurants sollte man sich nicht abschrecken lassen. Es wäre zu schade, wenn einem die frisch zubereiteten Reispapierrollen und die erstklassige *pho* (Suppe mit Rindfleisch und Nudeln) entgingen!

Flipside HAMBURGER $

(Karte S. 994; www.flipsideburgerbar.com.au; 222 William St; Hamburger 10,50–14,50 AU$; ⌚Di–Sa 11.30–22, So bis 21 Uhr) Gourmet-Burger im Obergeschoss der Mechanics Institute (S. 1002). Auch zum Mitnehmen.

★Cantina 663 MEDITERRAN $$

(☎08-9370 4883; www.cantina663.com; 663 Beaufort St; Mittagessen 12–28 AU$, Abendessen 26–34 AU$; ⌚Mo–Sa 8 Uhr–open end, So bis 15 Uhr) Wenn man die Speise- und Weinkarte anschaut, fällt sofort ins Auge, dass sich Spanien, Portugal und Italien in diesem entspannten und (gelegtlich, was den Service angeht, zu) lässigen Lokal einen Wettstreit liefern. Es erwarten einen kleine Wunder wie Ortiz-Sardellen mit Zitrone und getoastem Brot.

La Cholita MEXIKANISCH $$

(Karte S. 994; Ecke Aberdeen St & William St; Snacks 6–12 AU$, Hauptgerichte 26–28 AU$; ⌚Mi–So 17–open end) Die feurige Kombination aus mexikanischen Küchenklassikern, eiskalter *cerveza* (Bier) und gewagten Tequilas macht einfach Spaß. Einen ruhigen Abend sollte man hier nicht erwarten, Tische teilt man sich zuweilen mit anderen Gästen. Reservierungen werden keine angenommen, weshalb man früh kommen sollte.

Beaufort Street Merchant CAFÉ **$$**

(☎08-9328 6299; www.beaufortmerchant.com; 488 Beaufort St; Frühstück 13–22 AU$, Hauptgerichte 24–37 AU$; ⏲7–22 Uhr) Unser Lieblings-Café in Mt. Lawley, vor allem für ein gemütliches Frühstück mit Zeitungslektüre und einigen Tassen Kaffee. Man sollte die Chorizo und die Manchego-Käse-Tortilla probieren und anschließend Pläne schmieden, was man noch Leckeres versuchen möchte: Denn man wird ziemlich sicher wiederkommen wollen.

★Namh Thai THAILÄNDISCH **$$$**

(☎08-9328 7500; 223 Bulwer St; Hauptgerichte 22–40 AU$; ⏲Mo–Sa 6–22 Uhr) Das hier ist mit Sicherheit kein 0815-Thai, denn die Köche führen spannende Geschmacksexperimente durch (z. B. Ente mit Litschi). Die Ergebnisse werden in einem eleganten Raum mit Kerzenbeleuchtung verputzt. Am Freitag- und Samstagabend werden wahre Festbankette auf die Beine gestellt.

Must Winebar FRANZÖSISCH **$$$**

(☎08-9328 8255; www.must.com.au; 519 Beaufort St; Hauptgerichte 39–46 AU$; ⏲12–24 Uhr) Der Must Winebar reicht es offenbar einfach nicht, das beste Weinlokal in Perth zu sein – nein, es ist auch noch eins der Toprestaurants der Stadt. Das Flair ist mal hip, mal schick und mal frech, und auf der Speisekarte stehen klassische Bistrogerichte mit hervorragenden Zutaten aus der Region.

Mt. Hawthorn & Leederville

Snags & Sons FAST FOOD **$**

(Karte S. 997; www.snagsandsons.com.au; 749 Newcastle St; Würstchen 5–10 AU$; ⏲Di–Sa 11–22, So & Mo bis 21 Uhr) Sollte es einen Himmel für Wurstliebhaber geben, dann muss er ziemlich genau so sein wie Snags & Sons. Fans von Wurst & Co. erwarten leckere und überraschende Varianten, die nicht selten mit Bio-Zutaten zubereitet wurden, darunter geräucherte Käsekrainer, solche mit rotem Thai-Curry oder welche aus nordafrikanischem Lamm. Gesunde Salate stehen ebenfalls auf der Karte.

Kitsch ASIATISCH **$$**

(www.kitschbar.com.au; 229 Oxford St; Kleine Teller 5–19 AU$; ⏲Di–Sa 17–24 Uhr) Klassisches südostasiatisches Straßenessen, Thaibiere und ein Garten machen das Kitsch zum idealen Ort für ein paar entspannende Stunden. Besonders gut: frittierte Eier mit Tamarinde und Grieben oder das Fünf-Gewürze-Schweinefleisch mit Pflaumen und Ingwer-Chili-Karamell.

★Duende TAPAS **$$**

(Karte S. 997; ☎08-9228 0123; www.duende.com.au; 662 Newcastle St; Tapas & Hauptgerichte 14–29 AU$; ⏲7.30 Uhr–open end) Grandiose Tapas mit modernem Touch, an denen man sich satt essen kann. Am späteren Abend gönnt man sich ein Gläschen Dessertwein und *churros* (spanisches Spritzgebäck). Überzeugend sind auch die Krabben nach Art des Hauses oder das Chorizo-Omelett zum Brunch.

Sayers CAFÉ **$$**

(Karte S. 997; www.sayersfood.com.au; 224 Carr Pl; Hauptgerichte 10–27 AU$; ⏲7–15 Uhr) Die Auslage dieses klassischen Cafés biegt sich förmlich unter der Last von zig verschiedenen Kuchen. Auf der Frühstückskarte stehen ein paar echte Delikatessen, z. B. Omelett mit Rote Bete und Lachs; mittägliche Highlights sind saftige Calamari, Wassermelone und frischer Minze-Salat.

Divido ITALIENISCH **$$$**

(☎08-9443 7373; www.divido.com.au; 170 Scarborough Beach Rd; Hauptgerichte 33–39 AU$, Sechs-Gänge-Degustationsmenü 95 AU$; ⏲Mo–Sa 18 Uhr–open end) In diesem tollen, romantischen Restaurant kommt vor allem, aber nicht ausschließlich, italienische Küche auf die Tische. Es gibt hausgemachte Pasta oder andere leckere Hauptgerichte. Für 65 AU$ pro Person gibt's montags ein „Champagner-Special", bestehend aus besagtem Getränk und einem Drei-Gänge-Menü.

Subiaco & Kings Park

Boucla CAFÉ **$**

(Karte S. 997; www.boucla.com; 349 Rokeby Rd; Hauptgerichte 11–22 AU$; ⏲Mo–Fr 7–17, Sa bis 15.30 Uhr) Himmlische, griechisch und levantinisch geprägte Gerichte, die man angenehmerweise etwas abseits des Trubels der Rokeby Road genießen kann. Baklava und Kuchen locken, und Pasteten mit Gorgonzola und gebratenem Gemüse verschönern die Teller.

Subiaco Hotel GASTHAUS $$
(Karte S. 997; ☎ 08-9381 3069; www.subiacohotel.com.au; 465 Hay St; Hauptgerichte 19–34 AU$; ⏰ 7-open end) In „Subis" gut besuchtem Speisesaal erwartet einen ein gehobenes Angebot, darunter Schweinebauch à la Asia, perfekt zubereitete Steaks und ausgezeichnete Fischgerichte.

Chutney Mary's INDISCH $$
(Karte S. 997; www.chutneymarys.com.au; 67 Rokeby Rd; Hauptgerichte 15–28 AU$; ⏰ Mo–Sa 12–14.30, tgl. 17.30 Uhr–open end; ✎) Die authentische indische Küche hier hat viele Fans. Die Speisekarte umfasst jede Menge vegetarischer Klassiker.

Ausgehen

Einst waren die Ausschanklizenzen in Western Australia stark reglementiert und kosteten ein kleines Vermögen. Damit sich die Investition rentierte, errichtete man Lokale mit enormen Ausmaßen, und riesige Alkoholschuppen waren bald Teil der lokalen Kultur. Vor ein paar Jahren wurden die Bestimmungen geändert. Dies war der Startschuss für die Entstehung einer neuen Gattung von ausgefallenen, kleinen Bars, die überall eröffneten, selbst im Zentrum, in dem ehemals nach Einbruch der Dunkelheit Grabesstille herrschte. Wer will, findet in Northbridge einige recht eigenwillige Trinkgelegenheiten.

Ein Nebeneffekt des örtlichen Bergbaubooms sind junge Männer mit viel Geld für dicke Autos, Bier und Drogen. Und nachdem etliche Leute verprügelt und mit Gläsern beworfen worden sind, haben sich viele Kneipenbesitzer (vor allem in Northbridge) dazu entschlossen, mehr für die Sicherheit ihrer Gäste zu tun. In vielen Kneipen gibt es jetzt z. B. Lockouts – nach Mitternacht kommt keiner mehr rein. Außerdem muss man eventuell seinen Ausweis (mit Foto) vorlegen.

Zentrum

Greenhouse COCKTAILBAR
(Karte S. 994; www.greenhouseperth.com; 100 St Georges Tce; ⏰ Mo–Sa 7–24 Uhr) Eigentlich merkwürdig, dass in einer Stadt wie Perth, wo man sich so gerne im Freien aufhält, nicht schon früher jemand auf die Idee kam, eine Dachbar im Stadtzentrum aufzumachen. Das hippe Greenhouse setzt auf Nachhaltigkeit. Inmitten von Pflanzen werden hier leckere Drinks gemixt und die Bier- und Weinkarte ist einfach toll.

Helvetica BAR
(Karte S. 994; www.helveticabar.com.au; Rear 101 St Georges Tce; ⏰ Di–Do 15–24, Fr 12–24, Sa 18–24 Uhr) Clevere Künstlertypen wippen in dieser nach einer berühmten Schrifttype benannten Bar zu alternativem Pop im Takt. Die hiesigen Spezialitäten sind Whisky und Cocktails. Der Eingang befindet sich in einer Seitenstraße der Howard Street (nach dem Kronleuchter in der Gasse hinter der Tapasbar Andaluz Ausschau halten).

Wolfe Lane COCKTAILBAR
(Karte S. 994; www.wolflane.com.au; Wolfe Lane; ⏰ Di–Sa 16–24 Uhr) Freiliegendes Mauerwerk, Retromöbel und hohe Decken machen aus dem Wolfe Lane eine ziemlich anständige Western-Australia-Ausgabe eines New Yorker Lofts. Cocktails und Weinen widmet man sich hier mit dem gebotenen Ernst. Zudem gibt's eine faszinierende Auswahl an Bierspezialitäten. Unter den Snacks reizen vor allem die Käse- und Chorizo-Platten für mehrere Personen.

Cheeky Sparrow BAR, CAFÉ
(Karte S. 994; www.cheekysparrow.com.au; 1/317 Murray St; ⏰ Mo 6.30–12 Uhr, Di–Fr 6.30 Uhr–open end, Sa 16–24 Uhr) Das Cheeky Sparrow ist ein mehrgeschossiges Labyrinth aus Lederbänken und Holzstühlen. Hier trifft man sich zum Brunch, einer Pizza, Käse- und Wurstplatten, oder auch nur auf eine Tasse Kaffee. Wen am späten Abend der kleine Hunger packt, der findet hier sättigende (und relativ ausgefallene) Snacks wie Chorizo-Kroketten und in Teig ausgebackene Kichererbsen. Der Zugang erfolgt über das Wolfe Lane.

Hula Bula Bar COCKTAILBAR
(Karte S. 994; www.hulabulabar.com; 12 Victoria Ave; ⏰ Mi–Fr 16–24, Sa 18–1 Uhr; 📶) Bambus, Palmblätter und Tikis schaffen in dieser winzigen Bar ein echtes „Polynesien-Feeling", in dem ein lässiges, entspanntes Publikum Cocktails aus Affenköpfen genießt (letztere sind zum Glück aus Keramik).

Air CLUB
(Karte S. 994; www.airclub.com.au; 139 James St; ⏰ Fr & Sa ab 21 Uhr) Hier gibt's House, Techno und Trance nonstop.

Ambar CLUB
(Karte S. 994; www.boomtick.com.au/ambar; 104 Murray St; ⏰ Fr & Sa 22–5 Uhr) Dieser Club ist die beste Anlaufstelle der Stadt, wenn es um Breakbeat, Drum & Bass sowie international bekannte DJs geht.

Geisha CLUB

(Karte S. 994; www.geishabar.com.au; 135a James St; ⌚Fr & Sa 23–6 Uhr) Ein kleiner Club, in dem DJs auflegen und Homosexuelle willkommen sind.

Northbridge, Highgate & Mt. Lawley

Northbridge ist das etwas raue Zentrum von Perths Nachtleben. Insbesondere die William Street und die James Street sind von Dutzenden Kneipen und Clubs gesäumt. Die Gegend ist so beliebt, dass sie sogar ihre eigene Website hat (www.onwilliam.com.au)! Einige Neueröffnungen haben in letzter Zeit das Niveau der Gegend positiv beeinflusst.

★ Mechanics Institute BAR

(Karte S. 994; www.mechanicsinstitutebar.com.au; 222 William St; ⌚Di–So 12–24 Uhr) Eine der bodenständigen kleinen Bars von Perth. Man setzt sich zu anderen an einen der großen Tische oder auf einen Hocker an der Bar. Wer mag, kann sich einen Gourmet-Burger vom Flipside (S. 999), eine Etage tiefer, bestellen.

Five Bar BIER, CAFÉ

(www.fivebar.com.au; 560 Beaufort St; ⌚11–24 Uhr) Mehr als 50 internationale und australische Bierspezialitäten – und ein paar interessante Apfelweine – machen die Five Bar zu einem lohnenden Ziel für den anspruchsvollen Genießer. Weinliebhaber werden sich ebenfalls gut versorgt fühlen. Die Speisekarte preist herzhafte, aber noble Seelennahrung (Comfort Food) an.

Ezra Pound BAR

(Karte S. 994; www.epbar.com.au; 189 William St; ⌚Do–Di 13–24 Uhr) Die graffitibesprühte Gasse, an der das Ezra Pound liegt, geht von der William Street ab. Northbridges Bohemiens lieben die Bar. Gespräche über Kerouac und Kafka sind hier möglich, aber völlig optional.

Brisbane PUB

(www.thebrisbanehotel.com.au; 292 Beaufort St; ⌚11.30–open end) Ein gewiefter Architekt hat aus dieser typischen Eckkneipe von 1898 ein durch und durch modernes Lokal gemacht, in dem die einzelnen Räume harmonisch ineinander übergehen. Das Highlight ist der riesige Hof, in dem Palmen und Teiche ein entspanntes Urlaubsgefühl erzeugen.

399 BAR

(www.399bar.com; 399 William St; ⌚Mo–Sa 10–24, So bis 22 Uhr; 📶) Diese einladende Bar serviert kunstvoll gestaltete Cocktails und bietet eine recht anständige Auswahl an Bieren und Weinen. Und 19 AU$ für drei Tapas sind wirklich ein Angebot. Tagsüber sind super Espresso und WLAN gute Gründe, um herzukommen.

Bird BAR

(Karte S. 994; www.williamstreetbird.com; 181 William St; ⌚13–24 Uhr) Grundsolide Indie-Bar, die immer einen Besuch wert ist, wenn man sich für lokale Bands und DJs interessiert. Im Obergeschoss bietet sich von einer ummauerten Terrasse aus ein Blick auf die Stadt.

Flying Scotsman KNEIPE

(www.theflyingscotsman.com.au; 639 Beaufort St; ⌚11–24 Uhr) Die altmodische Kneipe hat ziemlich alternative Stammgäste. Ideal für einen Drink vor einer Veranstaltung im Astor.

Court BAR

(Karte S. 994; www.thecourt.com.au; 50 Beaufort St; ⌚So–Do 12–24, Fr & Sa bis 2 Uhr) Eine geräumige Bar, bestehend aus einer alten Eckkneipe und einem großen, teilweise überdachten Hof. Hier herrscht Clubatmosphäre. Mittwochs ist „Drag-Night", bei der diese „Königinnen" vor ihrem kleinen Publikum Hof halten.

Velvet Lounge BAR

(www.theflyingscotsman.com.au; 639 Beaufort St) Hinter dem Flying Scotsman (s. oben) befindet sich eine kleine Lounge, in der fast alles von Hip Hop bis hin zu Ska gespielt wird. Oben gibt's in der Defectors Bar Cocktails zu entspannten Dub- und Dance-Beats.

Subiaco & Kings Park

Honey Lounge BAR

(Karte S. 997; 663 Newcastle St; ⌚Di–So) An jedem ersten Donnerstag des Monats ist „Queen Bee Night" – das heißt: ladies only.

Strände

Cottesloe Beach Hotel KNEIPE

(www.cottesloebeachhotel.com.au; 104 Marine Pde; ⌚Mo–Sa 11–24, So bis 22 Uhr) Am besten ist es, man sichert sich hier sein Plätzchen in dem riesigen Biergarten oder aber man beobachtet vom Balkon aus den wunderschönen Sonnenuntergang. Seit einer kürzlich durchgezogenen Verjüngungskur gibt's unten außerdem eine Bar ganz speziell für Bier aus Mikrobrauereien.

☆ Unterhaltung

Livemusik

Ellington Jazz Club LIVEMUSIK
(Karte S. 994; www.ellingtonjazz.com.au; 191 Beaufort St; ⌚ Mo–Do 19–1, Fr & Sa bis 3, So 17–24 Uhr) In diesem schönen Club mit gemütlicher Atmosphäre wird jeden Abend Livejazz gespielt.

Bakery LIVEMUSIK
(Karte S. 994; www.nowbaking.com.au; 233 James St; ⌚ 19–open end) Beliebte Indie-Konzerte, und das fast jedes Wochenende.

Amplifier LIVEMUSIK
(Karte S. 994; www.amplifiercapitol.com.au; rear 383 Murray St) Livebands (vor allem Indie). Nebenan ist das Capitol, in dem DJs auflegen.

Moon LIVEMUSIK
(Karte S. 994; www.themoon.com.au; 323 William St; ⌚ Mo & Di 18 Uhr–open end, Mi–So 11 Uhr–open end) Unspektakuläres Nachtcafé. Mittwochs treten Singer-Songwriter auf, donnerstags steht Jazz auf dem Programm und samstagsnachmittags gibt's Gedichtvorträge.

Universal LIVEMUSIK
(Karte S. 994; www.universalbar.com.au; 221 William St; ⌚ 7–open end) Jazz- und Bluesfans lieben das Universal.

Rosemount Hotel LIVEMUSIK
(www.rosemounthotel.com.au; Ecke Angove & Fitzgerald Sts; ⌚ 12–open end) Hier rocken lokale and internationale Gruppen.

Astor KONZERTBÜHNE
(www.liveattheastor.com.au; 659 Beaufort St) Künstlerauftritte in herrlichem Art-déco-Ambiente.

Kabarett & Comedy

Devilles Pad KABARETT
(Karte S. 994; www.devillespad.com; 3 Aberdeen St; ⌚ Do 18–24, Fr & Sa bis 2 Uhr) In einer Ecke der Stadt, in der nachts sonst eigentlich gar nichts los ist, versteckt sich dieser extrem abgedrehte Laden. Die Gäste sind dazu aufgefordert, sich passend zu der ausgesprochen kitschigen Innenausstattung (samt ausbrechendem Vulkan) zu kleiden. Für Unterhaltung sorgt ein bunter Mischmasch aus Burlesque, Zauberern, Livebands und recht außergewöhnlichen Persönlichkeiten.

Lazy Susan's Comedy Den COMEDY
(www.lazysusans.com.au; The Brisbane, 292 Beaufort St; ⌚ Di, Fr & Sa 20.30) Dienstags präsentieren sowohl Bühnenneulinge als auch alte Hasen ihre Neuheiten, die Freitage sind „seriösen" Stand-up-Programmen vorbehalten. Samstags ist dann lauthals lachen angesagt („Big Hoohaa") – Komikerteams liefern sich einen Schlagabtausch.

Theater & Klassische Musik

Was wo und wann stattfindet, steht in der Zeitung *West Australian*. Tickets lassen sich über www.ticketek.com.au. beziehen.

State Theatre Centre THEATER
(Karte S. 994; www.statetheatrecentrewa.com.au; 174 William St) Dieser Komplex umfasst das Heath Ledger Theatre und das Studio Underground. Außerdem ist er Sitz der Black Swan State Theatre Company und der Perth Theatre Company.

His Majesty's Theatre THEATER
(Karte S. 994; www.hismajestystheatre.com.au; 825 Hay St) Hier sind das **West Australian Ballet** (www.waballet.com.au) und die **West Australian Opera** (www.waopera.asn.au) zu Hause.

Perth Concert Hall KONZERTHALLE
(Karte S. 994; www.perthconcerthall.com.au; 5 St Georges Tce) Dies ist die Heimat des **Western Australian Symphony Orchestra** (WASO; www.waso.com.au).

Kino

Somerville Auditorium KINO
(www.perthfestival.com.au; 35 Stirling Hwy; ⌚ Dez.–März) Das Filmprogramm des Perth Festivals wird auf einem hübschen Gelände gezeigt, das von Pinien umgeben ist.

Luna KINO
(Karte S. 997; www.lunapalace.com.au; 155 Oxford St) Arthouse-Kino; montags gibt's Double-Features.

Cinema Paradiso KINO
(Karte S. 994; www.lunapalace.com.au; 164 James St) Arthouse-Kino.

Moonlight Cinema KINO
(www.moonlight.com.au; Synergy Parklands, Kings Park) Nur im Sommer.

Camelot Outdoor Cinema OPEN-AIR-KINO
(www.lunapalace.com.au; 16 Lochee St, Memorial Hall; ⌚ Dez.–Ostern) Open-Air-Kino im Mosman Park.

Sport

Wer in WA von „Football" spricht, der meint Aussie Rules – australischen Football –, und während der AFL-Saison sprechen die Einheimischen eigentlich über nichts anderes als über die beiden hiesigen Teams: die **West**

Coast Eagles (www.westcoasteagles.com.au) und die **Fremantle Dockers** (www.fremantlefc.com.au). Ausführliche Infos zu den Spielen beinhaltet die *West Australian*.

Patersons Stadium AUSSIE RULES
(Subiaco Oval; Karte S. 997; ☎ 08-9381 2187; www.patersonsstadium.com.au; 250 Roberts Rd) Die Heimat von Aussie Rules. Hier finden außerdem große Konzerte statt.

WACA KRICKET
(Western Australian Cricket Association; Karte S. 994; ☎ 08-9265 7222; www.waca.com.au; Nelson Cres) Hier werden Test- und nationale Spiele ausgetragen.

NIB Stadium FUSSBALL, RUGBY
(Perth Oval; Karte S. 994; www.nibstadium.com.au; Lord St) Sowohl das Team der **Perth-Glory**-Fussballmannschaft (www.perthglory.com.au), als auch das **Western-Force**-Super-15-Rugby-Union-Team (www.westernforce.com.au) sind hier daheim. Stadion der WA Rugby League.

Challenge Stadium KORBBALL
(www.venueswest.wa.gov.au; Stephenson Ave, Mt Claremont) Korbball-Stadion von **West Coast Fever** (www.westcoastfever.com.au) .

Shoppen

Stadtzentrum

Das beste Jagdrevier für Shoppingsüchtige sind die Murray Street und die Hay Street Malls; schicke Boutiquen findet man auf der King Street. Wer Opale und Souvenirs sucht, sollte die London Court Arcade ansteuern.

Wheels & Doll Baby BEKLEIDUNG
(Karte S. 994; www.wheelsanddollbaby.com; 26 King St; ⌚ Mo–Sa 10–18, So 11–17 Uhr) Für Liebhaberinnen des Punk- und Rockstils mit verspielter Note (Marke Baby Doll): Wheels & Doll Baby ist der vielleicht coolste Modeexport aus Perth. Courtney Love hat Klamotten aus diesem Laden, aber auch Katy Perry und Debbie Harry („Blondie") sind Kundinnen.

78 Records MUSIK
(Karte S. 994; www.78records.com.au; Obergeschoss 255 Murray St Mall; ⌚ Mo–Sa 9–17, Sa ab 11 Uhr) Großer Independent-Plattenladen mit einer riesigen CD-Auswahl. Auch Fans von Vinyl werden hier fündig – und diejenigen, die Eintrittskarten für Rock- und Indie-Konzerte suchen.

Pigeonhole BEKLEIDUNG, ACCESSORIES
(Karte S. 994; www.pigeonhole.com.au; Shop 16, Bon Marche Arcade, 80 Barrack St; ⌚ Mo–So 10–17.30 Uhr) Angesagte Klamotten, stilvolle Retroaccessoires und Geschenke. Es gibt fünf Läden in der Stadt – das Stammhaus befindet sich neben dem dazugehörigen Cabin Fever Café (S. 998) in der Bon Marche Arcade.

Perth Map Centre BÜCHER, KARTEN & STADTPLÄNE
(Karte S. 994; www.mapworld.com.au; 900 Hay St; ⌚ Mo–Fr 9–17.30, Sa 10–15 Uhr) Hat Karten und Reiseführer vorrätig.

Northbridge, Highgate & Mt. Lawley

William Topp DESIGN
(www.williamtopp.com; 452 William St; ⌚ Di–Fr 11–18, Sa bis 17, So bis 16 Uhr) Sehr cooler Krimskrams – und zwar massenweise!

Future Shelter HAUSHALTSWAREN
(www.futureshelter.com; 56 Angove St, North Perth; ⌚ Mo–Sa 1–18 Uhr) Skurrile Kleidung, Geschenke und vor Ort designte und hergestellte Haushaltswaren.

Planet BÜCHER, MUSIK
(www.planetvideo.com.au; 636-638 Beaufort St; ⌚ 10 Uhr–open end) Im Planet gibt's Bücher und Unmengen schräger Filme – und direkt nebenan ein klasse Café.

Leederville

An der Oxford Street in Leederville finden sich angesagte Boutiquen, aber auch gute Musik- und Buchläden.

Atlas Divine BEKLEIDUNG
(Karte S. 997; www.atlasdivine.com; 121 Oxford St; ⌚ 9–21 Uhr) Hier gibt's die aktuellen Trends für Frauen und Männer sowie Jeans, ausgefallene Oberteile, Kleider etc.

Oxford St Books BÜCHER
(Karte S. 997; 119 Oxford St) Belesenes Personal, viel Belletristik und Reiseliteratur.

Subiaco & Kings Park

An der Rokeby Road und der Hay Street finden sich Mode-, Kunst- und Souvenirläden.

Indigenart ABORIGINE-KUNST
(Karte S. 997; www.mossensongalleries.com.au; 115 Hay St; ⌚ Mo–Fr 10–17, Sa 11–16 Uhr) Im angese-

henen Indigenart gibt's Werke von Künstlern aus ganz Australien, im Zentrum aber stehen diejenigen aus WA.

Aboriginal Art & Craft Gallery ABORIGINE-KUNST
(www.aboriginalgallery.com.au; Fraser Ave; ⌚Mo–Fr 10.30–16.30, Sa & So 11–16 Uhr) Zumeist ist eher Durchschnittliches im Angebot, es gibt wenig Interessantes für beflissene Sammler.

Praktische Informationen

INFOS IM INTERNET

www.heatseeker.com.au Konzert-Guide und Tickets.

www.perth.citysearch.com.au Unterhaltung und Restaurants.

www.perthnow.com.au News aus Perth und ganz WA sowie Restaurantkritiken.

www.scoop.com.au Unterhaltung.

www.whatson.com.au Veranstaltungen und Infos für Traveller.

INTERNETZUGANG

Viele Restaurants und Unterkünfte bieten inzwischen kostenloses WLAN an. In der **State Library of WA** (www.slwa.wa.gov.au; Perth Cultural Centre; ⌚Mo–Do 9–20, Fr–So 10–17.30 Uhr; 📶) findet man neben einem solchen kostenfreien WLAN auch feste Computer, die einen Internetanschluss haben.

MEDIEN

Zu den gratis erhältlichen Publikationen gehört *Your Guide to Perth & Fremantle.*

Drum Media (www.facebook.com/drumperth) Musik-, Film- und Kulturprogramm.

Go West (www.gowesternaustralia.com.au) Backpacker-Magazin mit Infos zu Erntehelferjobs und Aktivitäten in WA.

Urban Walkabout (www.urbanwalkabout.com) Praktische, kostenlose Pocket Guides mit Infos zu den aktuell angesagtesten Plätzen zum Essen, Ausgehen und Shoppen.

West Australian (www.thewest.com.au) Tageszeitung mit Kinoprogramm und Informationen zu kulturellen Veranstaltungen.

X-Press Magazine (www.xpressmag.com.au) Infos zum Thema Livemusik.

MEDIZINISCHE VERSORGUNG

Lifecare Dental (☎08-9221 2777; www.dentistsinperth.com.au; 419 Wellington St; ⌚8–20 Uhr)

Royal Perth Hospital (☎08-9224 2244; www.rph.wa.gov.au; Victoria Sq) Im CBD.

Travel Medicine Centre (☎08-9321 7888; www.travelmed.com.au; 5 Mill St; ⌚Mo–Fr 8–17 Uhr)

NOTFALL

Polizei (☎13 14 44; www.police.wa.gov.au; 60 Beaufort St)

Sexual Assault Resource Centre (☎08-9340 1828, kostenlos 1800 199 888; www.kemh.health.wa.gov.au/services/sarc; ⌚24 Std.)

POST

Hauptpost (GPO; Karte S. 994; ☎13 13 18; 3 Forrest Pl; ⌚Mo–Fr 8.30–17, Sa 9–12.30 Uhr)

TOURISTENINFORMATION

i-City Information Kiosk (Karte S. 994; Murray St Mall; ⌚Mo–Do & Sa 9.30–16.30, Fr bis 20, So 11–15.30 Uhr) Freiwillige Mitarbeiter geben Auskunft und veranstalten Führungen.

WA Visitor Centre (Karte S. 994; ☎08-9483 1111, 1800 812 808; www.bestofwa.com.au; 55 William St; ⌚Mo–Fr 9–17.30, Sa 9.30–16.30, So 11–16.30 Uhr) Informationen über ganz WA.

An- & Weiterreise

Alles zum Thema Flüge, Busse und Züge nach Perth findet sich auf S. 987.

FLUGZEUG

Weiteres zu Flügen von und nach Perth steht im Kapitel „Verkehrsmittel & -wege" (S. 1179).

ZUG

Transwa (☎1300 662 205; www.transwa.wa.gov.au) unterhält die folgenden Verbindungen:

Australind (2-mal tgl.) Perth nach Pinjarra (16 AU$, 1¼ Std.) und Bunbury (30 AU$; 2½ Std.).

AvonLink (2-mal wöchentl.) East Perth nach Toodyay (16 AU$; 1¼ Std.) und Northam (19 AU$; 1½ Std.).

Prospector (tgl.) East Perth nach Kalgoorlie-Boulder (82 AU$, 7 Std.).

Unterwegs vor Ort

AUTO & MOTORRAD

Sich mit dem Auto oder dem Motorrad in Perth zurechtzufinden, ist anfangs gar nicht so einfach: Es gibt jede Menge Einbahnstraßen und oft fehlen die Straßennamen. Im Zentrum gibt's zahlreiche Parkhäuser, kostenlose Parkplätze sucht man allerdings vergeblich. Wer nichts zahlen möchte, muss sich ein ganzes Stück von den Haupteinkaufsstraßen entfernt auf die Suche nach einem Plätzchen am Straßenrand machen (die Schilder aufmerksam lesen!).

Im Folgenden die wichtigsten Autovermietungen in Perth:

Backpacker Car Rentals (☎08-9430 8869; www.backpackercarrentals.com.au; 235 Hampton Rd, South Fremantle) Günstige Autovermietung.

Bayswater Car Rental (☎ 08-9325 1000; www.bayswatercarrental.com.au) Anbieter mit insgesamt vier Niederlassungen in Perth und in Fremantle.

Britz Rentals (☎ 1800 331 454; www.britz.com.au) Verleiht komplett ausgestattete Wohnmobile mit Allradantrieb – das obligatorische Fortbewegungsmittel auf den Straßen im Norden von WA. Britz hat Niederlassungen in Perth, Broome und allen australischen Hauptstädten. Ein Fahrzeug one-way zu mieten, ist also möglich.

Campabout Oz (☎ 08-9477 2121; www.campaboutoz.com.au) Wohnmobile, Geländewagen und Motorräder. Niederlassungen in Perth, Broome und Darwin.

Scootamoré (☎ 08-9380 6580; www.scootamore.com.au; 356a Rokeby Rd, Subiaco; 1 Tag/3 Tage/Woche/Monat 45/111/200/400 AU$) Verleiht Roller mit 50 ccm inkl. Helm (es besteht Helmpflicht!). Die Versicherung ist inbegriffen (für Fahrer über 21 Jahre; 500 AU$ Selbstbehalt).

Wicked Campers (☎ 1800 246 869; www.wickedcampers.com.au) Auf der Website gibt's gute Last-Minute-Angebote.

VOM/ZUM FLUGHAFEN

Das nationale Flugterminal liegt 10 km, das internationale 13 km östlich von Perth (nahe Guildford). Eine Taxifahrt in die Stadt kostet ca. 40 AU$ vom Inlands-/internationalen Terminal, bis Fremantle zahlt man ca. 60 AU$.

Connect (☎ 1300 666 806; www.perthairportconnect.com.au) betreibt Shuttles zwischen dem Flughafen und den Hotels und Hostels im Stadtzentrum (einfach/hin & zurück 18/30 AU$, alle 50 Min.) und in Fremantle (einfach/hin & zurück 33/58 AU$, alle 2½ Std.). Die Fahrt zum nationalen Terminal ist ein kleines bisschen günstiger. Ordentliche Rabatte gibt's für Gruppen mit zwei bis vier Personen (mehr dazu auf der Website). Sämtliche Fahrten zum Flughafen müssen im Voraus gebucht werden. Eine Buchung empfiehlt sich auch, wenn man nach Fremantle fahren will. In den Shuttles ins Stadtzentrum von Perth können aber keine Sitzplätze reserviert werden.

Der Transperth-Bus 37 fährt von der St. Georges Tce nahe der William Street zum nationalen Flughafen (4,55 AU$, 44 Min., alle 10–30 Min., ab 19 Uhr im Stundentakt).

ÖFFENTLICHE VERKEHRSMITTEL

Transperth (☎ 13 62 13; www.transperth.wa.gov.au) heißt der Betreiber der Nahverkehrsbusse, -Züge und Fähren. Infoschalter von Transperth finden sich an der Perth Station (Wellington St), der Wellington Street Bus Station, der Perth Underground Station (unweit der Murray St) und dem Esplanade Busport (Mounts Bay Rd). Die Website verfügt über eine praktische elektronische Fahrplanauskunft.

Für Fahrten mit allen öffentlichen Verkehrsmitteln zahlt man ab dem Zentrum folgende Preise:

Free Transit Zone (FTZ) Fahrten innerhalb des zentralen Geschäftsviertels, das sich zwischen Fraser Avenue, Kings Park Road, Thomas Street, Newcastle Street, Parry Street, Lord Street und dem Fluss erstreckt (inkl. der Bahnhöfe City West und Claisebrook im Osten), sind kostenlos.

Zone 1 Zentrum und angrenzende Vororte (2,70 AU$).

Zone 2 Fremantle, Guildford und die Strände bis Sorrento im Norden (4 AU$).

Zone 3 Hillarys Boat Harbour (AQWA), Swan Valley und Kalamunda (4,90 AU$).

Zone 5 Rockingham (7,10 AU$).

Zone 7 Mandurah (9,40 AU$).

DayRider Tagesticket. Beliebig viele Fahrten in allen Zonen, wochentags ab 9 Uhr, am Wochenende ohne Beschränkung (11 AU$).

FamilyRider Kostet nur 11,60 AU$ für zwei Erwachsene und bis zu fünf Kinder. Keine Beschränkung an Wochenenden, von Montag bis Freitag darf man ab 18 Uhr fahren, während der Schulferien wochentags ab 9 Uhr.

Wer plant, sich längere Zeit in Perth aufzuhalten, könnte sich eine SmartRider-Karte (10 AU$) zulegen, die in Bussen, Zügen und auf der Fähre gilt. Man lädt beliebig viel Guthaben auf die Karte, und die elektronischen Lesegeräte in den Bussen bzw. an den Ein- und Ausgängen der Fährterminals oder Bahnstationen ziehen dann den fälligen Betrag ab (die Karte beim Ein- und Aussteigen an den Sensor halten – auch innerhalb der FTZ). Wenn man die morgendliche Rush Hour meidet, wird der günstigere DayRider-Tarif vom Guthaben abgezogen. Einzeltickets sind 15 % teurer als Fahrten mit SmartRider-Karten.

BUS

In der FTZ verkehren neben „normalen" Bussen tagsüber auch regelmäßig drei kostenlose CAT-Busse (CAT = Central Area Transit). Die Routen der gelben und roten CATs führen von Osten nach Westen und umgekehrt, wobei sich der Yellow CAT vor allem an der Wellington Street orientiert, der Red CAT hingegen fährt auf der Murray Street nach Osten und auf der Hay Street nach Westen; so ergibt sich eine Rundfahrt. Die Strecke des Blue Cat erinnert an eine Acht: Es geht durch Northbridge und dann in den Süden. Nur die blaue Linie fährt bis spät abends (Fr & Sa bis 1 Uhr). In den Bussen, aber auch anderswo bekommt man Gratis-Fahrpläne. Besonders praktisch ist, dass die CATs werktags alle fünf bis acht Minuten fahren und an den Wochenenden im 15-Minuten-Takt. Digitale Anzeigen an den Haltestellen zeigen, wann der nächste Bus kommt.

Das übrige Stadtgebiet wird von den Transperth-Bussen bedient und das Liniennetz ist groß. Fahrpläne bekommt man in den Transperth-Informationszentren. Alternativ kann man die elektronische Fahrplanauskunft auf der Website nutzen.

SCHIFF/FÄHRE

Die einzige Fähre verkehrt alle 20 bis 30 Minuten zwischen dem Barrack Street Jetty und dem Mends Street Jetty in South Perth – praktisch, wenn man in den Zoo gehen oder für kleines Geld einen Blick vom Fluss aus auf die Skyline von Perth werfen will.

TAXI

In Perth sind viele Taxis unterwegs, häufige Fahrten im Stadtgebiet gehen allerdings schnell ins Geld, und an den Wochenenden dauert es abends manchmal eine Weile, bis man an der Straße einen Wagen anhalten kann. Taxistände sind über ganz Perth verteilt. Die größten Unternehmen heißen **Swan Taxis** (☎13 13 30; www.swantaxis.com.au) und **Black & White** (☎13 10 08; www.bwtaxi.com.au). Beide haben rollstuhlgerechte Fahrzeuge.

ZUG

Transperth betreibt fünf Zuglinien, die wochentags von 5.20 bis 24 Uhr und samstags und sonntags bis etwa 2 Uhr morgens in Betrieb sind. Die Zugfahrkarte gilt auch in den Transperth-Bussen und auf den Fähren, solange man in der jeweiligen Zone bleibt. Außerhalb der Stoßzeiten dürfen Räder kostenlos mitgenommen werden. Linien und nützliche Haltestellen:

Armadale Thornlie Line Perth, Burswood.

Fremantle Line Perth, City West, West Leederville, Subiaco, Shenton Park, Swanbourne, Cottesloe, North Fremantle, Fremantle.

Joondalup Line Esplanade, Perth Underground, Leederville.

Mandurah Line Perth Underground, Esplanade, Rockingham, Mandurah.

Midland Line Perth, East Perth, Mt Lawley, Guildford, Midland.

FREMANTLE

28 100 EW.

Perth ist so stark gewachsen, dass Fremantle mittlerweile als eine Art Vorort betrachtet werden kann – dabei hat die Hafenstadt aber nach wie vor ihre eigene Persönlichkeit. Hier ist man stolz auf die enge Bindung zu allem, was mit der Schifffahrt zu tun hat, auf die Wurzeln in der Arbeiterklasse, das Boheme-Flair und – natürlich – auf die hiesige Football-Mannschaft. Eine Baisse im 20. Jh. hatte eine durchaus positive Nebenwirkung: Eine Reihe ehemals stattlicher viktorianischer und edwardianischer Gebäude ist bis heute erhalten – ein historisches Viertel solchen Ausmaßes ist eine echte Seltenheit in Australien!

„Freo" ist ein gemütlicher Heimathafen für Performer, Geschäftsleute, Künstler sowie Exzentriker und hat eine Menge zu bieten: fantastische Museen, Galerien mit revolutionären Arbeiten, Kneipen, in denen Livemusik gespielt wird, und eine lebendige Cafészene.

Geschichte

Dies war früher eine wichtige Gegend für das Volk der Wadjuk Noongar, da hier mehrere Handelsrouten zusammenliefen. Vor allem im Sommer herrschte geschäftiges Treiben; dann schlugen die Wadjuk ihr Quartier in Freo auf, um zu fischen. Im Winter zogen sie sich ins Inland zurück, um den saisonalen Überschwemmungen zu entgehen.

Die ersten Europäer kamen 1829 an Bord der HMS *Challenger* nach Fremantle. Ähnlich wie Perth wuchs die Stadt nur langsam, bis die ersten Strafgefangenen als Arbeiter umgesiedelt wurden. Der Hafen boomte während des Goldrauschs; in dieser Zeit entstanden viele der Prachtbauten. 1987 war Fremantle Austragungsort des America's Cup. Dieses Ereignis veränderte das Gesicht der Stadt: Aus dem verschlafenen Hafennest wurde eine lebhafte Künstlerdomäne.

Sehenswertes

★ **Fremantle Prison** HISTORISCHES GEBÄUDE
(☎08-9336 9200; www.fremantleprison.com.au; 1 The Terrace; Pförtnerhaus Eintritt frei, Fackeltouren Erw./Kind 25/15 AU$; ⌚9–17.30 Uhr) Das alte Gefängnis aus der Zeit der Besiedlung durch Strafgefangene ist nach wie vor Fremantles auffälligstes Gebäude. Das fast 6 ha große Gelände ist von 5 m hohen Mauern umgeben. Seit 2010 hat es den Welterbestatus, und mit ihm zehn weitere Gefängnisse (sie sind auf der Liste der UNESCO unter dem Begriff „Australian Convict Sites" zusammengefasst).

Die ersten Strafgefangenen waren für den Bau ihres Gefängnisses verantwortlich. Der blasse Kalkstein stammt von dem Hügel, auf dem das Gebäude steht. Zwischen 1855 und 1991 saßen hier 350 000 Menschen ein. Insgesamt 43 Männer und eine Frau wurden hingerichtet (die letzte Hinrichtung war 1964).

Der Zutritt zum **Pförtnerhaus**, zur **Prison Gallery**, zum **Souvenirladen** (dort bekommt man z. B. Gefangenen-Pyjamas –

Fremantle

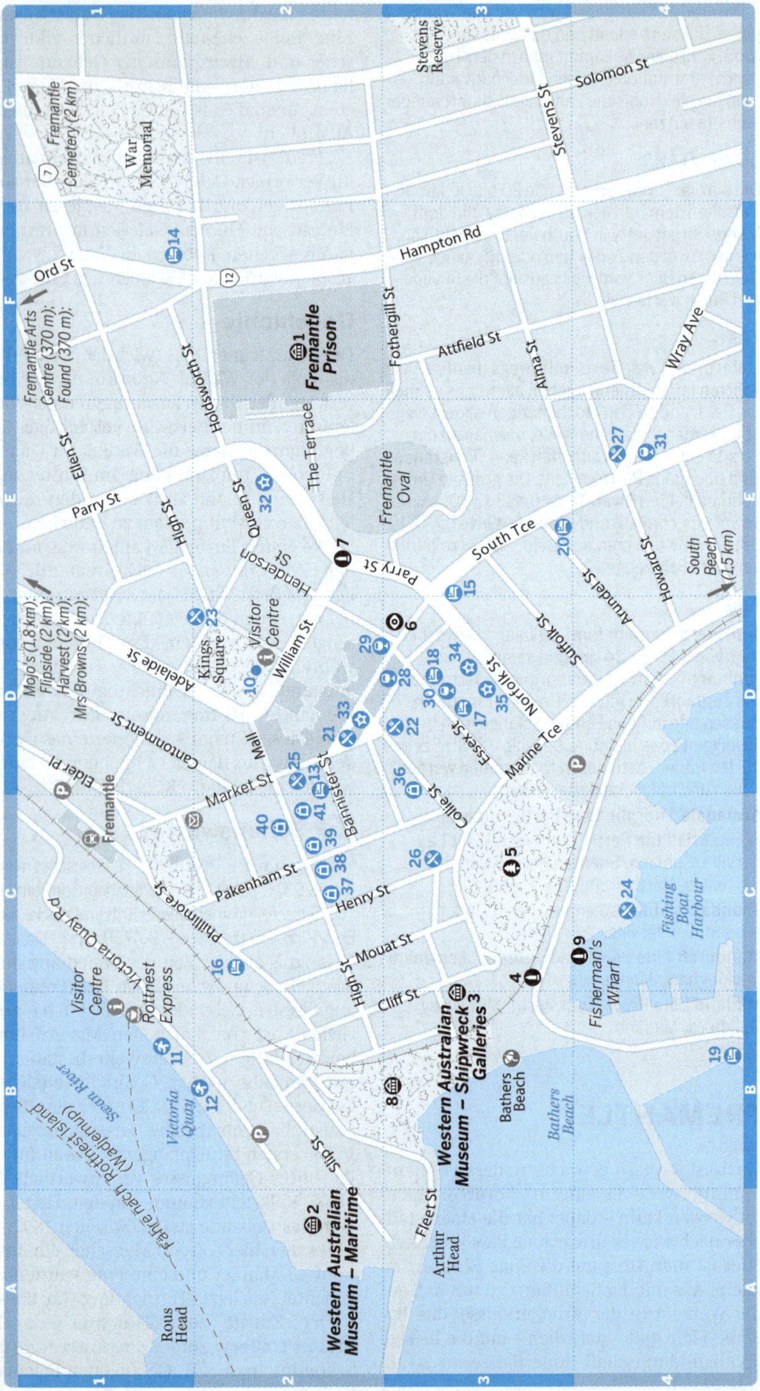
0
200 m
N
Fremantle Cemetery (2 km)
7
War Memorial
Stevens Reserve
Solomon St
Stevens St
Hampton Rd
Ord St
14
12
Fremantle Arts Centre (370 m); Found (370 m);
Ellen St
Holdsworth St
1
Fremantle Prison
Fothergill St
Attfield St
Alma St
Wray Ave
27
31
The Terrace
Fremantle Oval
Parry St
High St
Queen St
32
Henderson St
7
South Tce
20
Howard St
South Beach (1.5 km)
Arundel St
15
Suffolk St
Mojo's (1.8 km); Flipside (2 km); Harvest (2 km); Mrs Browns (2 km);
Adelaide St
23
Kings Square
Visitor Centre
10
William St
29
6
18
34
28
30
Norfolk St
35
17
Essex St
Marine Tce
33
22
21
Mall
Cantonment St
Elder Pl
Fremantle
Market St
25
13
41
40
Bannister St
36
Collie St
39
38
37
Pakenham St
26
5
24
Fishing Boat Harbour
Henry St
Phillimore St
Victoria Quay Rd
16
Mouat St
High St
Cliff St
4
9
Fisherman's Wharf
3
Western Australian Museum – Shipwreck Galleries
Visitor Centre
Rottnest Express
11
12
Victoria Quay
Swan River
Fähre nach Rottnest Island (Wadjemup)
8
Bathers Beach
19
Slip St
Fleet St
2
Western Australian Museum – Maritime
Arthur Head
Rous Head
A
B
C
D
E
F
G
1
2
3
4

Fremantle

Highlights	**Essen**
1 Fremantle Prison ... F2	21 Gino's ... D2
2 Western Australian Museum – Maritime ... A2	22 iPho ... D3
3 Western Australian Museum – Shipwreck Galleries ... B3	23 Juicy Beetroot ... D2
	24 Little Creatures ... C4
Sehenswertes	25 Maya ... D2
4 Bon Scott Statue ... C3	26 Moore & Moore ... C3
5 Esplanade Reserve ... C3	27 Wild Poppy ... E4
6 Fremantle Markets ... D3	
7 Mark of the Century ... E2	**Ausgehen & Nachtleben**
8 Round House ... B3	Little Creatures ... (siehe 24)
9 To the Fishermen ... C4	28 Monk ... D3
	Norfolk Hotel ... (siehe 15)
Activities, Courses & Tours	29 Sail & Anchor ... D2
10 Fremantle Tram Tours ... D2	30 Whisper ... D3
11 Oceanic Cruises ... B1	31 Who's Your Mumma ... E4
12 STS Leeuwin II ... B2	
	Unterhaltung
Schlafen	32 Fly by Night Musicians Club ... E2
13 Bannister Suites Fremantle ... D2	33 Kulcha ... D2
14 Fothergills of Fremantle ... F1	34 Luna on SX ... D3
15 Norfolk Hotel ... E3	35 X-Wray Cafe ... D3
16 Old Firestation Backpackers ... C2	
17 Pirates ... D3	**Shoppen**
18 Port Mill B&B ... D3	36 Chart & Map Shop ... D3
19 Quest Harbour Village ... B4	37 Japingka ... C2
20 Terrace Central B&B Hotel ... E3	38 Jarrahcorp ... C2
	39 Love in Tokyo ... C2
	40 New Edition ... C2
	41 Record Finder ... C2

faszinierend!) und zum **Convict Cafe** ist kostenlos. Wer das eigentliche Gefängnis besichtigen will, muss sich einer Führung anschließen. Tagsüber finden nacheinander zwei tolle 75-minütige Touren statt: Doing Time („die Strafe absitzen") und Great Escapes („großartige Ausbrüche"). Eine Führung kostet 19/10 AU$ (Erw./Kind), für beide zahlt man 26/17 AU$.

Dann gibt es noch zwei weitere, längere Führungen, für die man reservieren muss: Die Torchlight Tours (90 Min., Erw./Kind 25/21 AU$, Mi & Fr abends) bringen einen Hauch Grusel mit, die zweieinhalbstündige Tunnels Tour (Erw./Kind über 12 Jahre 60/40 AU$) führt in die Tunnel 20 m unter der Erdoberfläche und umfasst eine unterirdische Bootsfahrt.

★ Western Australian Museum – Maritime
MUSEUM

(www.museum.wa.gov.au; Victoria Quay; Erw./Kind Museum 10/3 AU$, U-Boot 10/3 AU$, Museum & U-Boot 16/5 AU$; ⌚9.30–17 Uhr) Die Exponate in dem wie ein Segel geformten Gebäude am Hafen, gleich westlich des Zentrums, widmen sich WAs tiefer Verbundenheit mit dem Meer. Man kann Boote besichtigen und eine einstündige Tour an Bord eines U-Boots der australischen Marine unternehmen, der *HMAS Ovens* (10–15.30 Uhr alle 30 Min.). Nichts für Leute mit Klaustrophobie!

★ Western Australian Museum – Shipwreck Galleries
MUSEUM

(www.museum.wa.gov.au; Cliff St; Eintritt gegen Spende; ⌚9.30–17 Uhr) Im ehemaligen Kommissariatsladen von 1852 sind heute die Shipwreck Galleries untergebracht, die „Schiffswrack-Galerien". Hier finden sich die schönsten Beispiele für Meeresarchäologie der gesamten südlichen Hemisphäre. Das Highlight ist die Batavia Gallery, in der ein Rumpfteil des niederländischen Handelsschiffs *Batavia* ausgestellt ist. Es verunglückte 1629.

Round House
HISTORISCHES GEBÄUDE

(☎08-9336 6897; www.fremantleroundhouse.com.au; Spende erbeten; ⌚10.30–15.30 Uhr) Der Bau des eigentümlichen Gefängnisses mit den zwölf Seiten begann 1830, kurz nach Gründung der Kolonie. Damit ist es das älteste erhaltene Gebäude in WA. Die ersten Hinrichtungen fanden hier statt (die Straftäter wurden erhängt). Außerdem wurden Aborigines in dem Steinbau festgehalten, bevor man sie nach Rottnest Island verbrachte.

Auf dem Hügel davor befindet sich die Signal Station, wo einst täglich um 13 Uhr mit Zeitball und dem Schuss aus einer Kanone Seeleuten die korrekte Zeit angezeigt wurde. Die Zeremonie findet auch heute noch statt – für Touristen. Wer selbst mal eine Kanone abfeuern will, kann das im Voraus buchen.

Fremantle Arts Centre GALERIE

(www.fac.org.au; 1 Finnerty St; ⏲10–17 Uhr) GRATIS Der beeindruckende Bau wurde in den 1860er-Jahren von Strafarbeitern errichtet – ursprünglich als Irrenanstalt. In den 1960er-Jahren konnte er vor dem Abriss bewahrt werden. Heute beherbergt das Kunst- und Kulturzentrum, das von einem entzückenden Ulmengarten umgeben ist, interessante Ausstellungen und das ausgezeichnete Café Canvas (S. 1012). Während der Sommermonate werden hier Konzerte, Kurse und Workshops veranstaltet.

Fremantle Markets MARKT

(www.fremantlemarkets.com.au; Ecke South Tce & Henderson St; ⏲Fr 8–20, Sa & So bis 18 Uhr) Erstmals fand hier im Jahre 1897 ein bunter Markt statt; 1975 wurde die Tradition wiederbelebt. Die Menschenmenge drückt sich vorbei an Souvenirs wie Plastik-Bumerangs und schwanenförmigen Magneten. Der Frischwarenteil eignet sich bestens für den kleinen Imbiss zwischendurch.

Gold Rush Buildings HISTORISCHES GEBÄUDE

Ende des 19. Jhs., zu Zeiten des Goldrauschs in Western Australia, boomte Fremantle. Aus dieser Epoche sowie aus der Zeit kurz davor und kurz danach, sind noch etliche Gebäude erhalten: In der High Street, besonders am unteren Ende, finden sich einige schöne Bauten, darunter mehrere alte Hotels.

Public Sculptures DENKMÄLER

Zahlreiche Bronzeskulpturen lockern das Stadtbild auf. Viele stammen vom einheimischen Künstler Greg James (www.gregjamessculpture.com). Die beliebteste unter ihnen ist die Statue von **Bon Scott** (1946–80) auf einem Marshall-Verstärker in Fishing Boat Harbour. Der AC/DC-Sänger lebte seit 1956 mit seiner Familie in Fremantle; seine Asche wurde auf dem **Fremantle Cemetery** (Carrington St) beigesetzt. Vermutlich ist Scotts Grab die meistbesuchte Grabstätte Australiens – viele Besucher schauen „auf ein Bier mit Bon“ vorbei. Durch den Eingang an der Ecke High/Carringston Street und dann links den Weg entlang. St. Bons letzte Ruhestätte kommt nach etwa 15 m.

Ebenfalls beliebt sind die Skulpturen **To The Fishermen** (Fishing Boat Harbour) und **Mark of the Century** (Parry St) am Fremantle Oval.

Esplanade Reserve PARK

(Marine Tce) In dem langgestreckten Park zwischen der Stadt und dem Fishing Boat Harbour spenden Norfolk-Tannen Schatten.

Bathers Beach STRAND

Eigentlich kann man auch hier schwimmen gehen, die meisten Leute bevorzugen aber die Strände weiter nördlich zum Baden (diese sind weiter vom Hafen entfernt).

South Beach STRAND

Geschützt, zum Baden geeignet und nur 1,5 km vom Zentrum entfernt. Praktisch: Der Strand liegt an der Route des kostenlosen CAT-Busses.

Coogee Beach STRAND

Coogee liegt 6 km südlich des South Beach.

Aktivitäten

Fremantle Trails WANDERN

(www.fremantlewa.com.au) Karten zu elf Wanderwegen gibt's im Visitor Centre.

Oceanic Cruises WALBEOBACHTUNG

(☎08-9325 1191; www.oceaniccruises.com.au; Erw./Kind 67/29 AU$; ⏲Mitte Sept.–Abfang Dez.) Abfahrt bei B Shed, Victoria Quay um 10.15 Uhr. Die Tour dauert zwei Stunden; an welchen Tagen sie stattfindet, variiert von Monat zu Monat. Mehr dazu auf der Internetseite des Veranstalters.

STS Leeuwin II SEGELN

(☎08-9430 4105; www.sailleeuwin.com; Berth B; Erw./Kind 95/60 AU$) Ausfahrt auf einem 55 m langen Dreimaster.

Geführte Touren

Fremantle Tram Tours STADTRUNDFAHRT

(☎08-9433 6674; www.fremantletrams.com.au; Abfahrt Town Hall; Erw./Kind 24/5 AU$, Ghostly Tour 70/50 AU$, Lunch & Tram 79/42 AU$, Triple Tour 85/40 AU$, Tram & Gefängnis Erw./Kind 42/13 AU$) Der Bus – aufgemacht wie eine alte Straßenbahn – startet vor der Town Hall und fährt quer durch die Stadt. Man kann an verschiedenen Punkten ein- und aussteigen. Die **Ghostly Tour** beginnt um 18.45 Uhr und dauert bis 22.30 Uhr. Sie führt zum

Gefängnis, zum Round House und zum Fremantle Arts Centre, der ehemaligen Irrenanstalt. Das Ganze findet bei Fackelschein statt.

Captain Cook Cruises BOOTSFAHRTEN
(Karte S. 994; ☎08-9325 3341; www.captaincookcruises.com.au; C Shed) Bootsfahrten zwischen Fremantle und Perth (Erw./Kinder 25/15 AU$). Der dreistündige Lunch Cruise beginnt um 12.45 Uhr (Erw./Kind 62/41 AU$).

Fremantle Indigenous Heritage Tours STADTRUNDGANG
(☎08-9431 7878; www.indigenouswa.com; Erw./Kind 25/15 AU$; ⏲10.30 Uhr) Hochangesehene Geschichtstour zum Thema Fremantle, die Noongar und die Wadjuk. Buchbar im Fremantle Visitor Centre.

Two Feet & A Heartbeat WALKING TOUR
(☎1800 459 388; www.twofeet.com.au; 20–40 AU$/Pers.; ⏲10 Uhr) Hier liegt der Fokus auf der bewegten Geschichte der Stadt. Sparfüchse sollten sich den Dienstag vormerken.

Feste & Events

West Coast Blues 'n' Roots Festival MUSIK
(www.westcoastbluesnroots.com.au) Mit internationalen Künstlern Ende März/Anfang April.

Blessing of the Fleet RELIGION
(Esplanade Reserve, Fishing Boat Harbour) Eine Oktobertradition seit 1948. Eingeführt haben sie italienische Immigranten aus Molfetta.

Fremantle Festival KULTUR
(www.fremantle.wa.gov.au) Im November finden Festumzüge in den Straßen statt, außerdem werden Konzerte und andere Veranstaltungen geboten.

Schlafen

Old Firestation Backpackers HOSTEL $
(☎08-9430 5454; www.old-firestation.net; 18 Phillimore St; B 27–31 AU$, Zi. 72 AU$; @ ☜) In diesem umgebauten Feuerwehrhaus wird jede Menge geboten: kostenloser Internetzugang, Billard für lau, Filmvorführungen und ein sonniger Innenhof. Die Schlafräume sind lichtdurchflutet, und am Nachmittag weht eine Meeresbrise herein. Es gibt auch einen Bereich nur für Frauen. Hippie-Feeling verbreitet sich besonders bei den gelegentlichen, spätabendlichen Gesangssessions mit Gitarre am Lagerfeuer.

Pirates HOSTEL $
(☎08-9335 6635; www.piratesbackpackers.com.au; 11 Essex St; B 29–31 AU$, Zi. 65 AU$; @ ☜) Das sonnendurchflutete Hostel bietet seinen internationalen Gästen jede Menge Spaß im Herzen von Freo. Hier lernt man schnell neue Leute kennen. Die Zimmer sind klein und schlicht, die Bäder frisch und sauber.

Woodman Point Holiday Park CAMPING $
(☎08-9434 1433; www.aspenparks.com.au; 132 Cockburn Rd; Stellplatz 45 AU$ für 2 Pers., DZ 135–255 AU$; ❄ @ ☜ ≋) Besonders angenehmer Campingplatz 10 km südlich von Fremantle. Normalerweise schön ruhig und mit mehr Sommer-Sonne-Strand-Feeling als die Plätze weiter außerhalb.

Fothergills of Fremantle B&B $$
(☎08-9335 6784; www.fothergills.net.au; 18-22 Ord St; Zi. 175–225 AU$; ❄ ☜) Im Vorgarten wird man von Bronzestatuen nackter Frauen empfangen, und auf der Veranda der Nachbargebäude auf dem Hügel steht die lebensgroße, geblümte Figur einer Kuh. Die Innenausstattung passt da schon eher zu dem Gebäude aus den Jahr 1892 – von einigen modernen Kunstobjekten abgesehen.

Terrace Central B&B Hotel B&B $$
(☎08-9335 6600; www.terracecentral.com.au; 79-85 South Tce; DZ 190–215 AU$; ❄ @ ☜) Das Terrace Central ist zwar ein B&B mit Persönlichkeit, erinnert aber aufgrund seiner Größe eher an ein Boutiquehotel. Der Hauptteil ist in einer ehemaligen Bäckerei aus dem Jahr 1888 untergebracht, dahinter liegen Terrassenhäuser und moderne Apartments mit einem oder zwei Schlafzimmern.

Port Mill B&B B&B $$
(☎08-9433 3832; www.portmillbb.com.au; 3/17 Essex St; Zi. 179–299 AU$; ❄ ☜) Eines der luxuriösesten B&Bs der Stadt, und geradezu ein Abbild der Liebe zwischen Freo und Paris. Die ehemalige Mühle – ein Kalksteinbau aus dem Jahr 1862 – bietet heutzutage modernen Pariser Stil mit zeitgenössischem französischen Mobiliar und schmiedeeisernen Balkons. Auf die Terrassen kommt man durch große Fenstertüren.

Norfolk Hotel HOTEL $$
(☎08-9335 5405; www.norfolkhotel.com.au; 47 South Tce; EZ/DZ ohne Bad 100/140 AU$, DZ mit Bad 180 AU$; ❄ ☜) Das Norfolk Hotel bewegt sich jenseits herkömmlicher Gasthäuser. Die Zimmer sind geschmackvoll eingerichtet – in gedämpften Tönen und mit weißem Leinen. Im Gemeinschaftswohnzimmer kann's am Wochenende laut werden. Die Bar schließt um Mitternacht.

Bannister Suites Fremantle HOTEL $$
(☎08-9435 1288; www.bannistersuitesfremantle.com.au; 22 Bannister St; Zi. ab 199 AU$; ❄) Das moderne Bannister bringt mit seinem hippen Boutiqueflair frischen Wind in die Hotelszene des Zentrums. Es lohnt sich, etwas mehr zu zahlen und dafür eine der Suiten mit Balkon zu mieten. Von hier aus hat man einen tollen Blick auf die Dächer von Fremantle.

Number Six APARTMENTS $$
(☎08-9299 7107; www.numbersix.com.au; Studios/Apt. mit 1 Zi. ab 105/150 AU$; ❄) Abgeschlossene, stilvolle Studios, Apartments und Häuser rund um Fremantle, die tageweise, aber auch für länger angemietet werden können.

Quest Harbour Village APARTMENTS $$$
(☎08-9430 3888; www.questharbourvillage.com.au; Mews Rd, Challenger Harbour; Apt. ab 292 AU$; ❄ 📶) Am Ende der Werft steht ein hübscher, zweistöckiger Wohnblock aus Sandstein und Ziegeln, der mit seinen Ein- bis Drei-Bett-Apartments das Beste aus seiner Lage macht. Die Einzimmerwohnungen blicken über den Parkplatz auf den Fishing Boat Harbour, die anderen direkt auf den Hafen.

Essen

Stadtzentrum & South Fremantle

★ **Moore & Moore** CAFÉ $
(www.mooreandmoorecafe.com; 46 Henry St; Hauptgerichte 8–22 AU$; ⏲8–16 Uhr; 📶) Das schicke Café mit urbanem Flair erstreckt sich bis in die angrenzende Kunstgalerie und auf den gefliesten Innenhof. Kaffee, warmes Frühstück, Gebäck und Wraps schmecken ausgezeichnet. Kostenloses WLAN.

iPho VIETNAMESISCH $
(1/25 Collie St; Hauptgerichte 12,50–22 AU$; ⏲Di–So 11.30–21.30 Uhr) Modernes, asiatisches Dekor. Die Karte bietet unter anderem knuspriges *cha gio* (Frühlingsrollen), prall gefüllte *banh xeo* (Crepes) und herzhafte *pho* (Suppen mit Einlage).

Juicy Beetroot VEGETARISCH $
(Hauptgerichte 10–15 AU$; ⏲Mo–Fr 10–16 Uhr; 🖉) 🌿 Das Juicy ist eine beliebte „fleischfreie Zone" mit den unterschiedlichsten schmackhaften vegetarischen und veganen Gerichten (Tofu-Burger, Curry usw.) sowie frischen Säften. Es liegt an einer Gasse neben der High Street. Man sitzt draußen.

Canvas CAFÉ $$
(www.canvasatfremantleartscentre.com; Fremantle Arts Centre; Hauptgerichte 12–25 AU$; ⏲8.30–16 Uhr) Im Fremantle Arts Centre findet sich das beste Café von Fremantle. Hier kommen kulinarische Einflüsse aus Nahost, Spanien und Nordafrika zum Tragen. Die Frühstücks-Highlights sind die Eiergerichte: das Red Shakshuka aus Israel oder die Spanish Eggs Flamenco. Zu Mittag gibt's alles Mögliche – vom geräucherten Lachs bis hin zu Muscheln.

Maya INDISCH $$
(☎08-9335 2796; www.mayarestaurant.com.au; 77 Market St; Hauptgerichte 18–29 AU$; ⏲Di–So 18 Uhr–spät, Fr 12–15 Uhr) Die weißen Tischdecken und die Holzstühle signalisieren Klasse und Stil, ohne dabei aufdringlich zu wirken. Das Maya gilt als das beste indische Restaurant in WA und genießt seit Jahren einen ausgezeichneten Ruf.

Wild Poppy CAFÉ $$
(2 Wray Ave; Frühstück 6–16 AU$, Mittagessen 16–22 AU$; ⏲7–16 Uhr; 📶) Hier gibt es Suppen und Salate, aber auch guten Kaffee, Bier und Most. Mit den Chilli Eggs fängt der Tag gleich gut an. Mittags lohnt es sich, nach dem Cape Malay Fish Curry zu fragen.

Gino's CAFÉ $$
(www.ginoscafe.com.au; 1 South Tce; Hauptgerichte 15–30 AU$; ⏲18 Uhr–open end; 📶) Das altmodische Gino's ist das berühmteste Café der Stadt und inzwischen sogar eine Art Touristenattraktion. Für die Einheimischen ist es nach wie vor ihr zweites Wohnzimmer – nur eben mit besserem Kaffee.

Fishing Boat Harbour

Little Creatures KNEIPENESSEN $$
(www.littlecreatures.com.au; 40 Mews Rd; Pizzas 18–34 AU$, Gerichte zum Teilen 9–24 AU$; ⏲10–24 Uhr) Typisch Freo: Blick auf den Hafen, lokales Bier und leckere Speisen. In dem verwinkelten Bootsschuppen geht es ab und an etwas chaotisch zu, aber es lohnt sich, auf das Pake Ale und die Holzofenpizza zu warten. Extragroße Portionen gibt's bei der Kichererbsen-Tajine oder dem Bauchfleisch mit Fenchel. Reservierungen werden nicht angenommen.

North Fremantle

Flipside HAMBURGER $
(www.flipsideburgers.com.au; 239 Queen Victoria St; Hamburger 10,50–13,50 AU$; ⏲Di–Do 17.30–

21.30, Do 12–14.30, Fr–So 12–21 Uhr) Gourmet-Burger, die man auch in der Bar nebenan (Mrs. Browns) essen kann.

Harvest MODERN-AUSTRALISCH $$$
(☎08-9336 1831; www.harvestrestaurant.net.au; 1 Harvest Rd; Hauptgerichte 38–42 AU$; ⏰Di–Do 18 Uhr–open end, Fr 12 Uhr–open end, Sa 8 Uhr–open end, So 8–15 Uhr) Durch schwere, fuchsiafarbene Metalltüren betritt man den mit viel dunklem Holz, Kunstwerken und Kuriositäten bestückten Speisesaal. Die reichhaltige, ambitionierte Mod-Oz-Küche schmeckt vorzüglich. Frühstück und Mittagessen sind billiger.

Ausgehen & Unterhaltung

Die meisten großen Kneipen in Fremantle gibt's an der South Tce und der High St. Hier tummelten sich schon jugendliche Rocker, die später als Bands Erfolge feierten, darunter das John Butler Trio, San Cisco und Tame Impala.

★ **Sail & Anchor** KNEIPE
(www.sailandanchor.com.au; 64 South Tce; ⏰Mo–Sa 11–24, Sa bis 22 Uhr) Aus mehr als 40 Zapfhähnen strömen heimische und internationale Biere. Das Ziel schlechthin für Biertrinker in WA. Gelegentlich gibt's Livemusik, und recht anständige Kneipengerichte runden das Ganze ab.

Little Creatures KLEINBRAUEREI
(www.littlecreatures.com.au; 40 Mews Rd, Fishing Boat Harbour; ⏰10–24 Uhr) Das Pale Ale und das Pilsner sollte man hier unbedingt probieren, genau wie andere Biere und Apfelweine der Labels White Rabbit und Pipsqueak. Das Creatures Loft ist eine nahegelegene Bar mit regelmäßiger Livemusik und DJs. Sonntags gibt's ab 16 Uhr Jazz live.

Who's Your Mumma BAR
(Ecke Wray Ave & South Tce; ⏰Mo–Do 16 Uhr–open end, Fr–So 8 Uhr–open end) Die Glühbirnen und der polierte Betonboden verstömen Industrieschick, der aber durch die holzgetäfelte Decke der coolen Bar etwas abgemildert wird. Das bunt gemischte Publikum aus South Freo kommt vor allem wegen der tollen Specials (ca. 15 AU$) her, beispielsweise am „Taco Tuesday" oder am „Schnitzel Monday".

Norfolk Hotel KNEIPE
(www.norfolkhotel.com.au; 47 South Tce; ⏰Mo–Sa 11–24, So bis 22 Uhr) In der Bar von 1887 kann man sich bei einem Bier bestens an das typische, entschleunigte Freo-Tempo gewöhnen. Für den unentschlossenen Bierfreund gibt es Interessantes zu kosten und die Pizzen und auch die anderen Gerichte sind sehr gut.

Monk MIKROBRAUEREI
(www.themonk.com.au; 33 South Tce; ⏰11.30 Uhr–open end) Hier gibt's sowohl Biere aus der eigenen Brauerei (Kölsch, Mild, Weizen, Porter, Rauch, Helles) als auch andere Biersorten. Snacks und Pizzen sind ebenfalls prima.

Mrs. Browns BAR
(www.mrsbrownbar.com.au; 241 Queen Victoria St, North Fremantle; ⏰Di–Do 16.30 Uhr–open end, Fr–Sa 13 Uhr–open end) Nackte Ziegelsteine, die kupferfarbene Bar, Retromöbel und Antiquitäten – all das macht die stimmungsvollste Bar im Norden Fremantles aus. Große Auswahl verschiedenster Biere, Weine und Tapas zielen eher auf das anspruchsvollere, etwas ältere Publikum ab. Man kann sich auch einen Burger vom benachbarten Flipside bestellen.

Whisper WEINBAR
(www.whisperwinebar.com.au; 1/15 Essex St; ⏰Mi–So 12 Uhr–open end) Die stilvolle französisch anmutende Weinbar in einem entzückenden alten Gebäude hat auch feine Wurst- und Käseplatten im Angebot.

Fly by Night Musicians Club LIVEMUSIK
(www.flybynight.org; Parry St) Hier dreht sich alles um Abwechslung. Es handelt sich um einen gemeinnützigen Club, der schon seit Jahren von Musikern für Musiker betrieben wird. Schon so mancher Band aus der Umgebung hat dieser Club als Sprungbrett gedient.

Kulcha LIVEMUSIK, NACHTCLUB
(☎08-9336 4544; www.kulcha.com.au; 1st fl, 13 South Tce) Musik aus aller Welt – davon lebt das Kulcha. Zur Zeit unseres Besuchs standen Gypsy Swing, australischer Reggae und Pop sowie der melancholische portugiesische *fado* auf dem Programm. Unbedingt vorher reservieren!

X-Wray Cafe LIVEMUSIK
(www.xwraymusic.tumblr.com; 3-13 Essex St; ⏰Mo–Mi 10–23, Do–Sa 9–24, So 8–21 Uhr) Hier ist jeden Abend was los (Live Jazz, Rock oder Klavierkonzerte). Der Hipstertreff hat einen kleinen Innenbereich und eine große Terrasse unter einem Segeltuchdach. Außerdem kann man leichte Mahlzeiten bestellen.

Mojo's LIVEMUSIK
(www.mojosbar.com.au; 237 Queen Victoria St, North Fremantle; ⏰19 Uhr–open end) Das Mojo's gehört zu den ältesten Livemusik-Locations

in Freo. DJs und Bands aus ganz Australien treten in diesem kleinen Schuppen auf. Hinten befindet sich ein Biergarten mit toller Atmosphäre.

Luna on SX KINO
(www.lunapalace.com.au; Essex St) Programmkino in einer kleinen Gasse zwischen der Essex und der Norfolk Street.

Shoppen

Am unteren Ende der High Street finden sich interessante und ausgefallene Läden. Diverse Modegeschäfte gibt's an der Market Street in Richtung Bahnhof. Wer nach Antiquitäten sucht, sollte in der Queen Victoria Street in North Fremantle vorbeischauen.

Japingka ABORIGINE-KUNST
(www.japingka.com.au; 47 High St; ⏲Mo–Fr 10–17.30, Sa & So 12–17 Uhr) Spezialgeschäft für erlesene Aborigine-Kunst aus WA und anderen Gegenden. Zu den erworbenen Gegenständen gibt's je eine genaue Beschreibung sowie Informationen zum Künstler.

Jarrahcorp MÖBEL
(www.jarrahcorp.com.au; cnr High & Pakenham Sts; ⏲Mo–Sa 11–16, So 12–16 Uhr) Traditionelle und zeitgenössische Möbel und Geschenkartikel aus Eukalyptusholz, das aus alten Gebäuden geborgen wurde oder aus dem Wald stammt.

Found KUNST & KUNSTHANDWERK
(www.fac.org.au; 1 Finnerty St; ⏲10–17 Uhr) Der Laden im Fremantle Arts Centre bietet eine faszinierende Auswahl an Kunst und Kunsthandwerk aus WA.

Love in Tokyo KLEIDUNG
(www.loveintokyo.com.au; 61-63 High St; ⏲Mo–Sa 10–17, So 13–17 Uhr) Wunderschöne Damenbekleidung von einheimischen Designern.

New Edition BÜCHER
(www.newedition.com.au; 82 High St; ⏲Mo–Sa 7.30–18, So 9–18 Uhr) Der Traum eines jeden Bücherwurms! Man kann in gemütlichen Sesseln schmökern. Angeschlossen ist ein flippiges Café.

Record Finder MUSIK
(87 High St; ⏲10–17 Uhr) Das Record Finder ist eine wahre Schatzkiste voller Platten – darunter befinden sich auch Raritäten und Sammlerstücke.

Chart & Map Shop KARTEN
(www.chartandmapshop.com.au; 14 Collie St; ⏲10–17 Uhr) Karten und Reiseführer.

Praktische Informationen

Fremantle City Library (☎08-9432 9766; www.frelibrary.wordpress.com; Town Hall, Kings Sq; ⏲Mo, Fr & Sa 9.30–17, Di–Do bis 20 Uhr; 📶) Kostenloses WLAN und Computer mit Internetzugang.

Fremantle Hospital (☎08-9431 3333; www.fhhs.health.wa.gov.au; Alma St)

Post (☎13 13 18; 1/13 Market St; ⏲Mo–Fr 9–17 Uhr)

Visitor Centre (☎08-9431 7878; www.fremantlewa.com.au; Town Hall, Kings Sq; ⏲Mo–Fr 9–17, Sa 10–15, So 11.30–14.30 Uhr) Kostenlose Karten und Broschüren sowie Buchung von Unterkunft und Touren.

An- & Weiterreise

Fremantle befindet sich in Zone 2 des öffentlichen Verkehrsmittelnetzes **Transperth** (☎13 62 13; www.transperth.wa.gov.au). Mit dem Zug braucht man von Perth aus 30 Minuten bis Fremantle. Es verkehren mehrere Buslinien zwischen den Zentren von Perth und Fremantle, darunter die Linien 103, 106, 107, 111 und 158. Außerdem gibt's ein Flughafen-Shuttle von Connect.

Sehr bequem kommt man auch mit dem Schiff von Perth nach Fremantle. Die Fahrt dauert 1¼ Stunden. Der Betreiber heißt Captain Cook Cruises (S. 1011).

In Freo gibt es jede Menge Einbahnstraßen und Parkuhren. Es ist leichter, zu Fuß zu gehen oder die kostenlosen CAT-Busse zu nehmen. Die fahren alle wichtigen Sehenswürdigkeiten an und verkehren unter der Woche von 7.30–18.30 Uhr, freitags sogar bis 21 Uhr und am Samstag und Sonntag von 10–18.30 Uhr im 10-Minuten-Takt.

Kostenlose Leihfahrräder gibt es im **Fremantle Visitors Centre** (Kings Sq; ⏲Mo–Fr 9.30–16.30, Sa bis 15.30, So 10.30–15.30 Uhr). Eine ideale Art und Weise, die geschichtsträchtigen Straßen von Fremantle zu erkunden! Als Pfand muss man 200 AU$ hinterlegen, die man bei unversehrter Rückgabe zurückbekommt.

RUND UM PERTH

Rottnest Island (Wadjemup)

475 EW.

„Rotto" ist schon seit Langem der bevorzugte Urlaubsort für Familien aus Perth. Die Insel liegt zwar nur ca. 19 km vor Fremantle, aber man hat das Gefühl, Lichtjahre von der Stadt entfernt zu sein, denn hier fahren keine Autos und ringsum breiten sich einsame Strände und Buchten aus.

Die 11 km lange und 4,5 km breite Insel mit dem Fahrrad zu erkunden, macht richtig Spaß. Man kann munter drauflos strampeln und sich einen oder mehrere Strände zum Entspannen und Baden aussuchen. Unterwegs wird man zig Quokkas begegnen, den einzigen heimischen Landsäugetieren. Manchmal tummeln sich vor dem **West End** auch neuseeländische Robben, Delfine und – je nach Jahreszeit – Wale. Sehr häufig nehmen Skinke (Glattechsen) Sonnenbäder auf den Straßen.

Rund um Perth

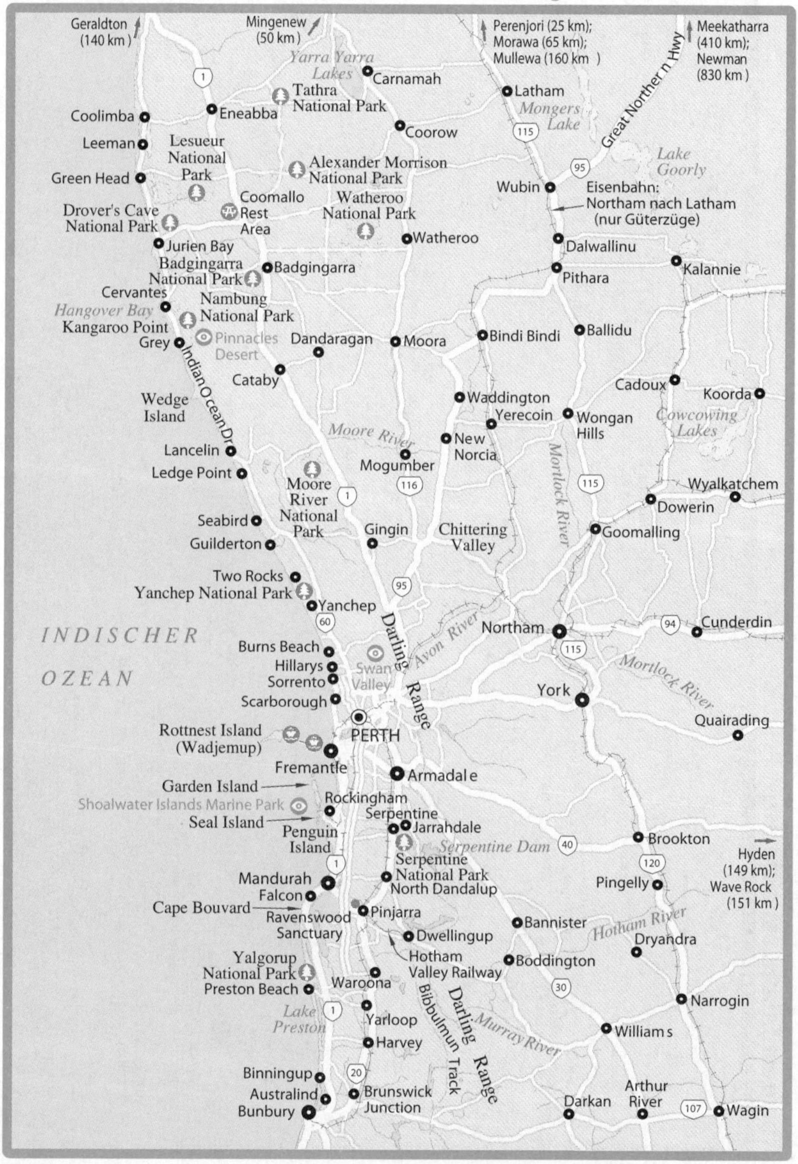

Rottnest Island (Wadjemup)

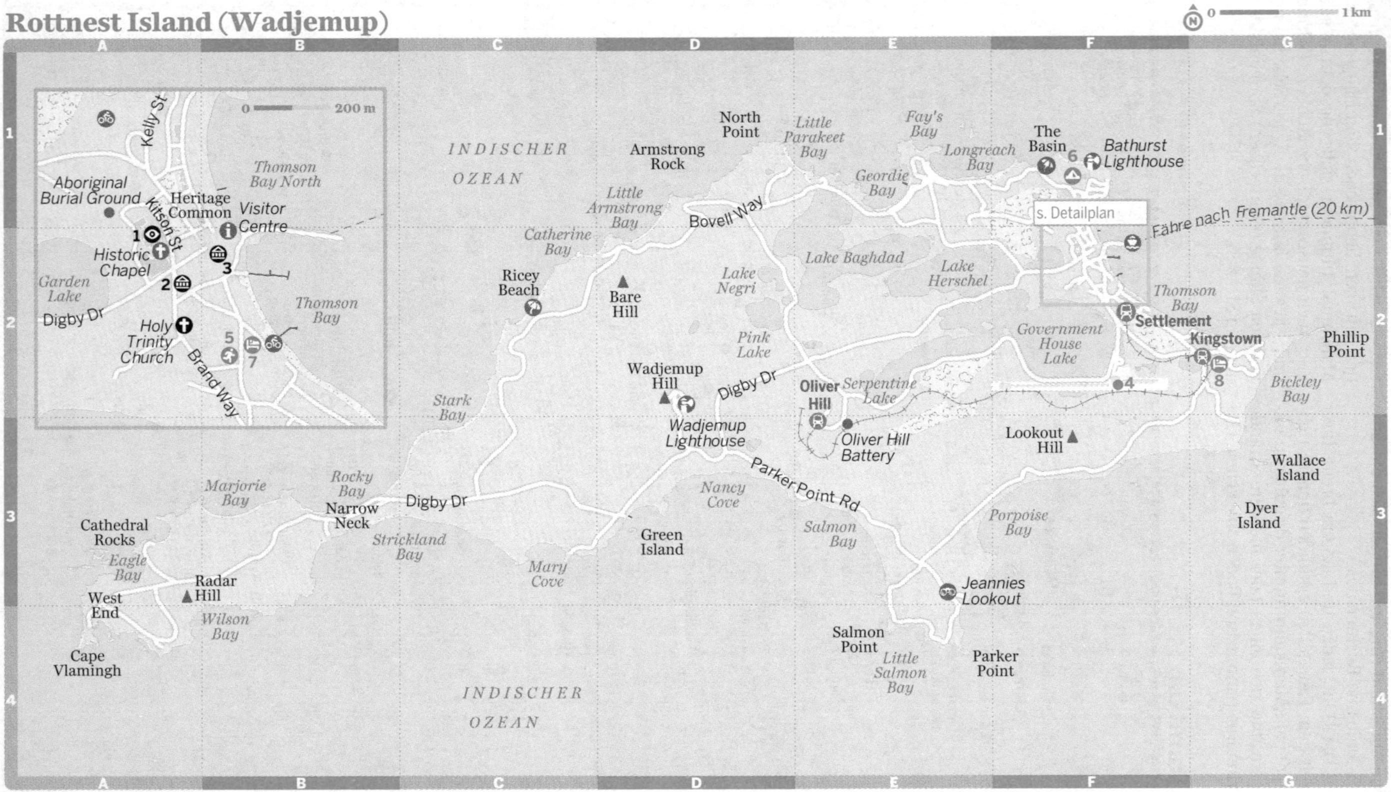

Rottnest Island (Wadjemup)

Sehenswertes
1 Quod & Aboriginal Burial Ground A2
2 Rottnest Museum A2
3 Salt Store B2

Aktivitäten, Kurse & Touren
4 Rottnest Air Taxi F2
5 Rottnest Island Bike Hire B2
Rottnest Voluntary Guides .... (siehe 3)

Schlafen
6 Allison Tentland F1
7 Hotel Rottnest B2
8 Kingstown Barracks Youth Hostel G2
Rottnest Lodge .... (siehe 1)

Essen
Riva .... (siehe 1)

Wem nach mehr Programm zumute ist, könnte schnorcheln, fischen, surfen oder tauchen gehen. Tatsächlich spielt sich das Leben auf Rotto in erster Linie unter freiem Himmel ab. Wenn das Wetter schlecht ist, sollte man den Ausflug auf die Insel lieber verschieben (vor allem der Wind kann hier echt unangenehm sein).

Rotto ist auch Schauplatz für die jährlichen Abschlusspartys von Schülern und Studenten. Dann fällt eine Meute junger Wilder ein, die vor allem eines will: sich betrinken *(getting blotto on Rotto)*. Je nach eigenen Vorlieben wird man also die beste Party aller Zeiten erleben oder einfach nur die Krise kriegen (deshalb am besten vorher den Kalender checken!).

Geschichte

Den mündlichen Überlieferungen der Wadjuk nach wurde Rotto einst durch das steigende Wasser vom Festland abgetrennt. Wissenschaftler haben herausgefunden, dass dies vor mehr als 6500 Jahren war – und demzufolge ist diese Überlieferung eine der ältesten weltweit. Archäologische Funde belegen, dass hier schon vor 30 000 Jahren Menschen lebten. Die Besiedlungsgeschichte endete aber, nachdem Rottnest vom Festland abgeschnitten wurde.

Der niederländische Entdecker Willem de Vlamingh erklärte 1696, das Eiland gefunden zu haben, und nannte es *Rotte-nest* (Rattennest), weil er die zahllosen Quokkas für überdimensionale Ratten hielt.

Ab 1838 diente Rotto als Gefangenenlager für Aborigines – Männer und Jungen – aus dem ganzen Staat. Mindestens 3670 Menschen wurden hier festgehalten. Die Bedingungen waren furchtbar. Rund 370 Gefangene starben, mindestens fünf wurden gehängt. Schon vor dem Bau des Gefängnisses galt Wadjemup als ein heiliger „Ort der Geister", doch nachdem hier so viele Menschen den Tod gefunden hatten, gewann er für die Aborigines zusätzlich an Bedeutung. Viele meiden die Insel bis heute.

Sehenswertes

Quod & Aboriginal Burial Ground HISTORISCHE STÄTTE
(Kitson St) Das achteckige Gebäude aus dem Jahr 1864 mit dem zentralen Hof diente einst als Aborigine-Gefängnis. Heute ist es Teil eines Hotels. Früher wurden mehrere Männer zusammen in die 5,1 m² kleinen Zellen gepfercht und es gab keine Toiletten – darum waren die meisten Todesfälle krankheitsbedingt. Gleich neben dem Quod ist eine **bewaldetes Gelände**, auf der Hunderte von Aborigine-Insassen anonym beigesetzt wurden. Das Waldstück soll in Zusammenarbeit mit den Aborigine-Ältesten zu einer Gedenkstätte werden.

Rottnest Museum MUSEUM
(Kitson St; Eintritt gegen Spende; 11–15.30 Uhr) Das kleines Museum zur Geschichte von Natur und Bevölkerung der Insel ist in einem alten Heuschober untergebracht.

Salt Store HISTORISCHES GEBÄUDE
(Colebatch Ave) GRATIS Die Fotoausstellung in diesem Gebäude aus dem 19. Jh. beleuchtet ein anderes Kapitel der Geschichte: Zwischen 1838 und 1950 wurde ganze WA mit dem Salz aus den Salzseen versorgt.

Aktivitäten

Klasse Sichtweite, angenehme Temperaturen, Korallenriffe und Schiffswracks machen Rottnest zu einem super Ziel zum **Tauchen** und **Schnorcheln**. Schnorchelpfade mit Unterwasserschildern gibt's in der **Little Salmon Bay** und am **Parker Point**.

Mehr als ein Dutzend Schiffe sind an den Riffen vor Rottnest schon auf Grund gelaufen. Zahlreiche **Schilder** informieren darüber, wann und warum sich die Havarien ereigneten. Das einzige Wrack, zu dem

Schnorchler auch ohne Boot gelangen können, liegt in der **Thomson Bay**.

Die besten Surfbedingungen herrschen in den Buchten **Strickland, Salmon** und **Stark** am westlichen Ende der Insel.

Rottnest Island Bike Hire AUSRÜSTUNG
(08-9292 5105; www.rottnestisland.com; Ecke Bedford Ave & Welch Way; 8.30–16, im Sommer bis 17.30 Uhr) Verleih von Masken, Schorcheln und Flossen (20 AU$/Tag) sowie Surfboards (50 AU$/Tag).

Geführte Touren

Rottnest Voluntary Guides WANDERN & TREKKEN
(08-9372 9757; www.rvga.asn.au) Täglich gibt es Themenwanderungen vom Salt Store aus. Man kann aber auch Wanderungen zum Wadjemup Leuchtturm (Erw./Kind 7/3 AU$) unternehmen oder die Oliver Hill Gun & Tunnels Tour (Erw./Kind 8/3,50 AU$) mitmachen.

Oliver Hill Train & Tour ZUG
(www.rottnestisland.com; Erw./Kind 28/16 AU$) Mit dem Zug geht's nach Oliver Hill (Abfahrt 2-mal tgl. vom Bahnhof aus), die Gun & Tunnels Tour ist im Preis inbegriffen.

Discovery Coach Tour BUS
(www.rottnestisland.com; Erw./Kind 35/17 AU$; Abfahrt 11.20, 13.40 & 13.50 Uhr) Abfahrt dreimal täglich, Buchung im Visitor Centre. Die Fahrt wird kommentiert. Eine Pause wird am West End eingelegt.

Rottnest Adventure Tour BOOTSFAHRT
(www.rottnestexpress.com.au; Erw./Kind 50/25 AU$; Ende Sept.–Anfang Juni) 90-minütige Fahrt entlang der Küste mit Themenschwerpunkt Fauna. Im Oktober und November bekommt man dabei vielleicht sogar Wale zu sehen. Es gibt Pauschalangebote ab Perth (Erw./ Kind 130/67 AU$) und Fremantle (115/57 AU$).

Rottnest Air Taxi PANORAMAFLUG
(0411 264 547, 1800 500 006; www.rottnest.de) Zehnminütiger Flug über die Insel (38 AU$).

QUOKKAS

Früher waren sie im gesamten Südwesten des Kontinents beheimatet, heutzutage beschränkt sich die Quokka-Population auf die Wälder auf dem Festland – und auf Rottnest Island. Auf der Insel leben 8000 bis 10 000 Exemplare der Kleinbeutler, die es nicht immer leicht hatten. Erst bezeichnete die Crew des niederländischen Forschungsreisenden Willem de Vlamingh sie als Ratten. Dann prägten sich die britischen Siedler den falschen Namen ein (das Noongar-Wort war vermutlich *quak-a* oder *gwaga*). Am schlimmsten war jedoch, dass sich grausame Sadisten in den 1990er-Jahren ein neues Spiel ausdachten: *quokka soccer*, also Quokka-Fußball. Viele Tiere wurden dabei getötet, bis endlich ein Bußgeld von 10 000 AU$ für dieses brutale Vergehen verhängt wurde.

Schlafen & Essen

Rotto ist im Sommer und während der Schulferien ein beliebter Ausflugsort – häufig sind da alle Unterkünfte schon lange im Voraus ausgebucht. Die meisten Rotto-Besucher sind Selbstversorger. Es gibt einen kleinen Supermarkt, in dem man sogar Alkohol bekommt – doch wer vorhat, länger zu bleiben, bringt lieber seine eigenen Vorräte mit. Unter www.rottnestgeneralstore.com.au kann man auch Lebensmittel vorbestellen.

Allison Tentland CAMPING $
(08-9432 9111; www.rottnestisland.com; Thomson Bay; Stellplatz 13 AU$/Pers.) Zelten ist auf der Insel ausschließlich auf diesem baumbestandenen Bereich mit Grillstellen erlaubt. Auf sein Hab und Gut sollte man hier aber besser ein Auge haben – besonders auf die Lebensmittel: Die Kurzschwanzkängurus sind wirklich dreiste Plünderer.

Kingstown Barracks Youth Hostel HOSTEL $
(08-9432 9111; www.rottnestisland.com; B/FZ 50/106 AU$) Dieses Hostel ist zu einem Teil in ehemaligen Militärbaracken untergebracht (was recht institutionell anmutet), zum anderen in neuen Gebäuden. Ehe man den 1,8 km langen Marsch nach Kingston antritt – oder auch mit dem Rad oder Bus hinfährt, unbedingt im Visitor Centre fragen, ob noch etwas frei ist.

Rottnest Lodge HOTEL $$
(08-9292 5161; www.rottnestlodge.com.au; Kitson St; Zi. 190–300 AU$;) Angeblich spukt es in diesem gemütlichen Hotel in einem ehemaligen Gefängnis bzw. einer früheren Besserungsanstalt für Knaben. Wer Angst vor Gespenstern hat, kann aber auch nach einem Zimmer im neuen Flügel fragen. Dort hat man Blick auf den Salzsee.

Rottnest Island Authority Cottages FERIENHAUS **$$**
(☎08-9432 9111; www.rottnestisland.com; Hütte 100–228 AU$) Auf der Insel befinden sich mehr als 250 Villen und Häuschen, die man mieten kann. Manche liegen direkt am Wasser und wirken wie kleine Paläste, andere erinnern eher an Strandhütten. Die Preise steigen am Wochenende um etwa 60 AU$. In der Hochsaison (Ende Sept. bis April) schießen sie um bis zu 120 AU$ in die Höhe.

Hotel Rottnest HOTEL **$$$**
(☎08-9292 5011; www.hotelrottnest.com.au; 1 Bedford Ave; Zi. 270–320 AU$; ❄) Das ehemalige „Quokka Arms" war die Sommerresidenz der Gouverneure von Western Australia und stammt aus dem Jahr 1864. Inzwischen wurde es elegant renoviert. Die blendend weißen Zimmer sind schick und modern, wenn auch etwas teuer. Ein großer gläserner Anbau macht das Haus offen und einladend. Die Bistroküche (Hauptgerichte 19–38 AU$) ist für die Lage einigermaßen preiswert. Bands und DJs sorgen während der Sommermonate für Stimmung.

Riva SEAFOOD **$$**
(Rottnest Lodge, Kitson St; Hauptgerichte 27–34 AU$; ⏲12 Uhr–open end) Klassisch italienisches Restaurant mit Schwerpunkt auf Meeresfrüchten. Garnelen, Tintenfisch, Muscheln und Austern werden mit mediterraner Eleganz zubereitet. Es gibt aber auch Holzofenpizza sowie interessante Enten-, Hühner- und Lammgerichte.

ℹ Praktische Informationen

Neben der Hauptanlegestelle gibt es Einkaufsmöglichkeiten und Geldautomaten.

Ranger (☎08-9372 9788)

Visitor Centre (www.rottnestisland.com) Thomson Bay (☎08-9372 9732; ⏲Sa–Do 7.30–17, Fr 7.30–19 Uhr, im Sommer länger) Fremantle (☎08-9432 930; E Shed, Victoria Quay) Hier kann man den Check-in für sämtliche Unterkünfte der Island Authority vornehmen. Im Büro in Fremantle gibt es einen Reservierungsschalter; in der Nähe legt die Fähre ab.

ℹ An- & Weiterreise

FLUGZEUG

Rottnest Air-Taxi (☎0411 264 547; www.rottnest.de) Bietet Flüge ab dem Flughafen Jandakot. Entweder im Viersitzer (bis zu 3 Pers. einfach/mit Rückflug am selben Tag/mit Rückflug an einem anderen Tag 230/330/430 AU$) oder aber im Sechssitzer (bis zu 5 Pers. einfach/Rückflug an einem anderen Tag 350/550 AU$).

SCHIFF/FÄHRE

Rottnest Express (☎1300 467 688; www.rottnestexpress.com.au) Fremantle (B Shed, Victoria Quay; Erw./Kind 72,50/40 AU$); Northport (1 Emma Pl, Rous Head; Erw./Kind 72,50/40 AU$); Perth (Karte S. 994; Pier 2, Barrack St Jetty; Erw./Kind 92,50/50 AU$) Die genannten Preise gelten für Hin- und Rückfahrt. Soll die Rückfahrt an einem anderen Tag erfolgen, kommen 10 AU$ hinzu.

Die Fahrpläne sind saisonal unterschiedlich. Aber mindestens verkehrt der Rottnest Express wie folgt: Nach Perth zweimal täglich, 1¾ Std., nach Fremantle fünfmal täglich, 30 Min., und nach North Fremantle dreimal täglich, 30 Min. Es gibt verschiedene Pauschalangebote, z. B. inklusive Leihfahrrad, Schnorchelausrüstung, Mahlzeiten und Touren.

Rottnest Fast Ferries (☎08-9246 1039; www.rottnestfastferries.com.au; Erw./Kind 83/45 AU$) Abfahrt vom Hillarys Boat Harbour (40 Min, 3-mal tgl.). Auch hier gibt es Pauschalangebote. Der Hillarys Boat Harbour liegt etwa 40 Autominuten nördlich von Perth. Mehr zu den öffentlichen Verkehrsmitteln unter www.hillarysboatharbour.com.au.

ℹ Unterwegs vor Ort

Fahrräder können online reserviert oder bei der Ankunft vor Ort bei **Rottnest Island Bike Hire** (☎08-9292 5105; www.rottnestisland.com; Ecke Bedford Ave & Welch Way; 1 Std./1/2/3/4/5 Tage 16/28/45/56/67/79 AU$; ⏲8.30–16, im Sommer bis 17.30 Uhr) gemietet werden. Rottnest Express verleiht ebenfalls Fahrräder (1/2/3 Tage 28/41/56 AU$).

Ein kostenloses Shuttle verkehrt zwischen der Thomson Bay und den wichtigsten Unterkünften. Der **Bayseeker** (Tagesticket Erw./Kind 14/6 AU$) fährt einmal pro Stunde rund um die Insel.

Rockingham & Peel District

Jarrah-Wälder und Strandorte prägen diese Gegend, die man von Perth aus bei einem Tagesausflug besuchen oder zur ersten Station auf dem Weg gen Südwesten machen kann. Wenn man den Peel District erreicht, verlässt man das Gebiet der Wadjuk und betritt das ihrer Noongar-Nachbarn, der Pinjarup.

Rockingham

100 000 EW.

Dieser 46 km südlich von Perth gelegene Küstenort hat ein paar nette Strände und eine recht große britische Auswanderergemeinde. Das allein reicht zwar nicht aus, um Reisende zu ködern, wohl aber der **Shoalwater Islands Marine Park** mit seinen Delfinen, Seelöwen und Pinguinen.

Vom Festland aus muss man nur ein Stückchen paddeln, schwimmen oder mit der **Fähre** (Mersey Point Jetty; 12 AU$/Pers.; ⌚ Sept.–Mai stündl. 9–15 Uhr) fahren, um nach **Penguin Island** zu gelangen, wo mehr als 600 Pinguinpärchen und mehrere Tausend Silberkopfmöwen brüten. Man kann hier in kristallklarem Wasser schwimmen und schnorcheln. Bei Ebbe besteht auch die Möglichkeit, über eine Sandbank zur Insel zu waten. Aber Vorsicht: Bei starkem Wind und hohem Wasserstand sind schon einige Menschen von der Sandbank gezerrt worden und ertrunken!

Aktivitäten

Rockingham Wild Encounters NATURBEOBACHTUNG
(☎ 08-9591 1333; www.rockinghamwildencounters.com.au; Ecke Arcadia Dr & Penguin Rd) Bietet verschiedene umweltfreundliche Events an. Am beliebtesten ist das **Schwimmen mit Delfinen** (Abfahrt am Val St Jetty; Touren 205–225 AU$; ⌚ Sept.–Mai 8 Uhr). Trocken bleibt man bei den zweistündigen **Delfinbeobachtungen** (Abfahrt am Mersey St Jetty, Shoalwater; Erw./Kind 85/50 AU$; ⌚ 1Sept.–Mai 10.45 Uhr). Man kann sich auch von den Hotels in Perth abholen lassen.

Außerdem ist die 45-minütige Tour **Penguin & Sea Lion Cruise** (Abfahrt Penguin Island; Erw./Kind 36,50/27,50 AU$; ⌚ Sept.–Mai 10.15, 11.15 & 13.15 Uhr) im Angebot, bei der es mit einem Glasbodenboot rund um die Inseln geht.

West Coast Dive Park TAUCHEN
(www.westcoastdivepark.com.au; Genehmigung pro Tag/Woche 25/50 AU$) Seit die *Saxon Ranger*, ein 400 t schweres Fischerboot, gesunken ist, haben Taucher im Meerespark noch mehr zu sehen. Die Australasian Diving Academy (S. 993) organisiert Ausflüge zu diesem und drei anderen Wracks, zwei Flugzeugen und diversen Riffs in der Nähe.

> ABSTECHER
>
> **YALGORUP NATIONAL PARK**
>
> 50 km südlich von Mandurah erstreckt sich dieser 12 000 ha große Küstenpark, der zehn Seen sowie Waldgebiete und Sanddünen umfasst. Viele Zugvögel suchen in dem international bedeutenden Feuchtgebiet Zuflucht. Hobbywissenschaftler interessieren sich vielleicht für die **Thromboliten** des Lake Clifton; sie stammen von den ältesten Organismen der Erde. Die an Steine erinnernden Strukturen sieht man am ehesten bei Niedrigwasser (vor allem im März & April). Auf der Mt. John Road (geht von der Old Coast Road ab) befindet sich eine Aussichtsplattform.

Praktische Informationen

Visitor Centre (☎ 08-9592 3464; www.rockinghamvisitorcentre.com.au; 19 Kent St; ⌚ 9–17 Uhr) Hier kann man Unterkünfte buchen.

Anreise & Unterwegs vor Ort

Rockingham befindet sich in Zone 5 von Perths öffentlichem Nahverkehrsverbund **Transperth** (☎ 13 62 13; www.transperth.wa.gov.au). Regelmäßig fahren Züge der Mandurah-Linie bis Perth Underground/Esplanade (7,10 AU$, 34 Min.) und Mandurah (4,90 AU$, 18 Min.).

Der Bahnhof von Rockingham liegt ca. 4 km südöstlich von Rockingham Beach und ca. 6 km östlich von Mersey Point (dort legen die Fähren nach Penguin Island ab); die Buslinien 551 und 555 fahren zum Strand, die 551 fährt weiter bis Mersey Point.

Mandurah

68 300 EW.

Mandurah versucht, seinen Ruf als muffige Rentnerenklave loszuwerden und sich stattdessen als nobler Strandort neu zu erfinden; wobei die neue Zugverbindung auch eine Rolle spielt. Zwar wirken die aufgehübschten *precincts* (autofreien Zonen) und *quarters* (Viertel) erst mal ein wenig künstlich, doch eigentlich ist das Resultat ziemlich cool.

Die Stadt liegt am Mandurah Estuary, der das Peel Inlet, ein großes Binnengewässer, mit dem Ozean verbindet. Dies ist eine der besten Gegenden in der Region zum Angeln bzw. zum Krebs- oder Garnelenfang (März & April) sowie zur Delfinbeobachtung.

Sehenswertes & Aktivitäten

Australian Sailing Museum MUSEUM
(www.australiansailingmuseum.com.au; Ormsby Tce; Erw./Kind 10/5 AU$; ⌚ 9–17 Uhr) In diesem interessanten Gebäude sind Modelle von 200 Jachten und großen Schiffen untergebracht, außerdem eine Hommage an den America's Cup. Ein Café gibt's dort auch.

Hall's Cottage HISTORISCHES GEBÄUDE
(Leighton Pl, Halls Head; Eintritt durch Spende (Goldmünzen); ⏲So 10–15 Uhr) Das Cottage aus den 1830er-Jahren war eins der ersten Wohnhäuser im gesamten Staat.

Mandurah Ferry Cruises BOOTSFAHRTEN
(☎08-9535 3324; www.mandurahferrycruises.com; Boardwalk) Empfehlenswert ist der einstündige **Dolphin & Mandurah Waterways Cruise** (Erw./Kind 28/14 AU$; ⏲Abfahrt 10–16 Uhr, stündl.) sowie der halbtägige **Murray River Lunch Cruise** (Erw./Kind 79/49 AU$; ⏲Sept.–Mai). Bei anderen Touren wiederum werden die berühmten blauen Schwimmkrabben gefangen und zubereitet.

Mandurah Boat & Bike Hire BOOTSFAHRTEN, RADFAHREN
(☎08-9535 5877; www.mandurahboatandbikehire.com.au; Boardwalk) Verleih von Jollen mit vier Sitzplätzen und Schwimminseln für sechs Personen (pro Std./Tag ab 50/320 AU$) sowie Fahrräder 10/33 AU$.

Essen

Taste & Graze CAFÉ $$
(www.tasteandgraze.com.au; Shop 3/4, 16 Mandurah Tce; Hauptgerichte 15–30 AU$, Gerichte zum Teilen, Menüs 45 AU$/Pers.; ⏲So–Do 9–16 Uhr, Fr & Sa bis spät) Im Stadtgebiet des „alten" Mandurah. Ein idealer Ort, um draußen die Nachmittagssonne zu genießen. Vielseitige, moderne australische Karte mit Frühstück, Mittagessen und Platten für mehrere Personen. Cooles Café für Weltenbummler.

Praktische Informationen

Visitor Centre (☎08-9550 3999; www.visitmandurah.com; 75 Mandurah Tce; ⏲9–17 Uhr)

An- & Weiterreise

Es gibt Direktzüge nach Perth Underground/Esplanade (9,40 AU$, 50 Min.) und Rockingham (7,10 AU$, 18 Min.). Außerdem halten Busse von **Transwa** (☎1300 662 205; www.transwa.wa.gov.au) und **South West Coach Lines** (☎08-9261 7600; www.veoliatransportwa.com.au) in Mandurah.

Dwellingup

550 EW.

Dwellingup, 100 km südlich von Perth, ist ein kleines, von Wäldern umgebenes Dorf mit viel Charme. Es gilt als Outdoorparadies: Diesen Ruf verdankt es vor allem den hartgesottenen Wanderern und Radfahrern, die auf dem Bibbulmun Track bzw. dem Munda Biddi Trail unterwegs sind.

Sehenswertes & Aktivitäten

Forest Heritage Centre NATURSCHUTZGEBIET
(www.forestheritagecentre.com.au; 1 Acacia St; Erw./Kind 5,50/2,20 AU$; ⏲10–15 Uhr) Mitten im Jarrah-Wald steht dieser interessante Stampflehmbau, der aussieht wie ein dreiblättriger Gummibaumzweig. Drinnen gibt's Darstellungen zur örtlichen Flora und Fauna sowie einen Laden mit Kunsthandwerk von Einheimischen. Kurze Pfade führen in den Wald, z. B. der Canopy Walk durch die Baumkronen in 11 m Höhe.

Hotham Valley Railway HISTORISCHER ZUG
(☎08-9221 4444; www.hothamvalleyrailway.com.au; Forest Train Erw./Kind 24/12 AU$, Restaurant Train 79 AU$, Steam Ranger Erw./Kind 34/17 AU$; ⏲Abfahrt: Forest Train 10.30 & 14 Uhr, Restaurant Train 19.45 Uhr, Steam Ranger 10.30 Uhr) An den Wochenenden (während der Schulferien auch dienstags und donnerstags), legt der **Forest Train** 8 km durch den Wald zurück (hin & zurück 90 Min.). Immer samstags – manchmal auch freitags – fährt der **Restaurant Train** auf dieser Strecke. Im Speisewaggon von 1919 wird ein Fünf-Gänge-Menü serviert. Eine dritte Option ist der **Steam Ranger**, der 14 km lang über Western Australias steilste Eisenbahnstrecke zum Isandra Siding fährt. Der Steam Ranger fährt von Mai bis Oktober nur sonntags.

Dwellingup Adventures KAJAKFAHREN, RAFTEN
(☎08-9538 1127; www.dwellingupadventures.com.au; Kajak für 1 Pers. & Kanu für 2 Pers./Tag 45 AU$; ⏲8.30–17 Uhr) Diese Art, den wunderschönen Murray River kennenzulernen, sollte man sich auf keinen Fall entgehen lassen. Man kann hier Campingausrüstung, Fahrräder, Kajaks und Kanus ausleihen, eine Tour in Begleitung eines erfahrenen Paddlers machen (Einerkajak ganztägig 90 AU$) oder eine Radtour unternehmen (ganztägig 1/2/3 Teilnehmer 97/124/174 AU$). Rafting-Touren werden nur in der Zeit zwischen Juni und Oktober angeboten (130 AU$/Pers.).

Praktische Informationen

Visitor Centre (☎08-9538 1108; www.murray-tourism.com.au; Marrinup St; ⏲9–15 Uhr) Hier gibt es Bilder und Informationen zu den Buschbränden, die im Jahr 1961 75 Häuser in Dwellingup zerstörten – Todesopfer gab es damals nicht.

SOUTHWEST

Das Ackerland, die Wälder, Flüsse und die Küste des fruchtbaren Südwestens stehen in einem starken Kontrast zu jenem sonnenverbrannten Boden, der für weite Teile des Staates so typisch ist. Im Südwesten kann man erstklassige Weingüter besuchen und im Schatten hoher Bäume wandern oder einfach wunderbare Spritztouren mit dem Auto unternehmen. An der Küste suchen Surfer unablässig nach der perfekten Welle (und sie werden hier ziemlich oft fündig!) und im offenen Meer schwimmen Große Tümmler und jede Menge Wale umher.

Im Südwesten von WA sind die Distanzen zwischen den verschiedenen Sehenswürdigkeiten vergleichsweise kurz und die Fahrtzeiten entsprechend erträglich. Es ist somit eine Gegend, die man durchaus auch in ein paar Tagen erkunden kann. Allerdings ist es hier sehr sinnvoll, einen eigenen fahrbaren Untersatz zur Verfügung zu haben. Im Sommer fallen die Besucher in Scharen im Südwesten ein, im Winter hingegen schrumpft ihre Zahl erheblich – dann sinken natürlich auch die Preise, die Öffnungszeiten von Geschäften und Co. werden unregelmäßiger und es geht insgesamt um einiges gemütlicher zu.

Southwest

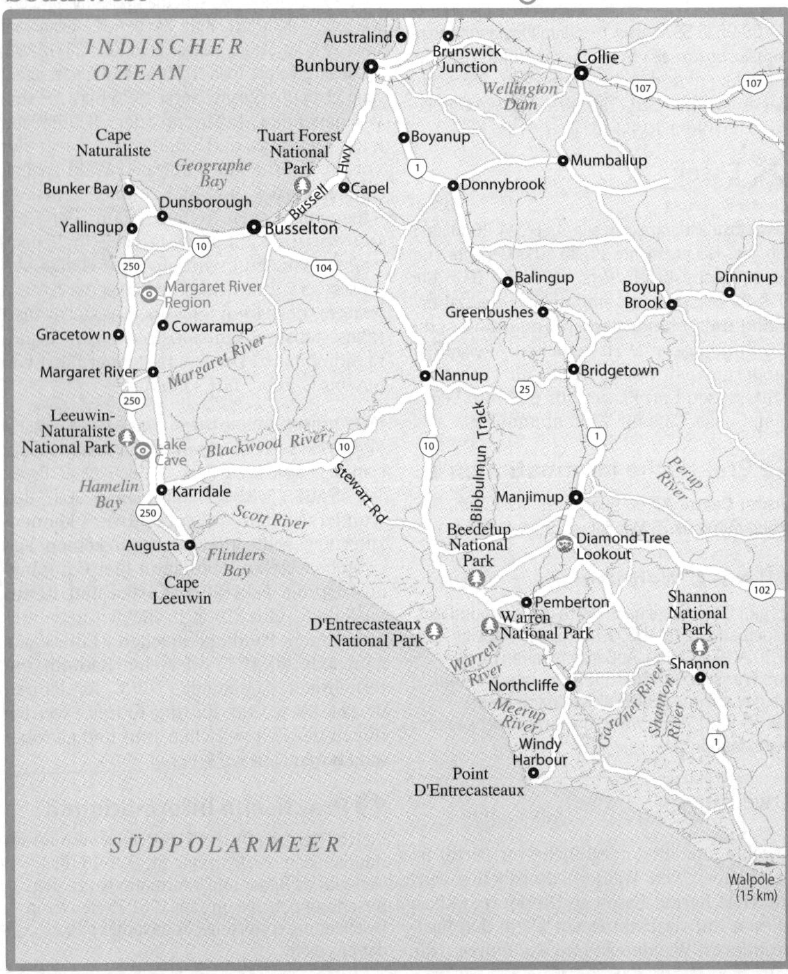

Geschichte

55000 Jahre lang gehörte das Land den Wardandi, einem Noongar-Stamm. Sie führten ein Nomadenleben, dessen Rhythmus von den Jahreszeiten diktiert wurde. Im Sommer ging es zum Fischen an die Küste, in den feuchten Wintermonaten zogen sie landeinwärts.

Dass einige Ortsnamen französisch klingen, geht auf die Expeditionsschiffe *Géographe* und *Naturaliste* zurück, die im frühen 19. Jh. die Westküste erreichten. Die Bucht und das Kap sind nach ihnen benannt. Auch den Namen Thomas Vasse wird man mehrfach lesen; das Crewmitglied verschwand auf hoher See. Die Wardandi erzählen, dass sie Vasse fanden und ihm zu essen gaben, doch angeblich starb er am Strand, als er vergeblich auf die Rückkehr seines Schiffs wartete.

An- & Weiterreise

BUS

Transwa (☎1300 662 205; www.transwa.wa.gov.au) Das Unternehmen bietet folgende Verbindungen an:

SW1 East Perth nach Bunbury, Busselton, Dunsborough, Margaret River und Augusta. Zwölfmal pro Woche; dreimal wöchentlich Weiterfahrt nach Nannup und Pemberton.

SW2 East Perth nach Bunbury, Balingup, Bridgetown, Manjimup und Pemberton; dreimal pro Woche.

GS3 Bunbury nach Balingup, Bridgetown, Manjimup, Pemberton, Walpole, Denmark und Albany; täglich.

South West Coach Lines (☎08-9261 7600; www.veoliatransportwa.com.au) bietet folgende Strecken::

- Perth (Esplanade Busport) nach Bunbury, Busselton, Margaret River und Augusta.
- Perth nach Bunbury, Busselton und Dunsborough.
- Bunbury nach Balingup, Bridgetown und Manjimup.
- Bunbury nach Busselton und Nannup.

TransBusselton (☎08-9754 1666; 39 Albert St) Bus 903 fährt von Busselton die Küste entlang nach Dunsborough (4-mal tgl., Mo–Sa).

FLUGZEUG

Virgin Australia (☎136789; www.virginaustralia.com) Fliegt von Perth und Albany aus nach Busselton.

ZUG

Bunbury ist Endhaltestelle des *Australind*, der nach Perth fährt (30 AU$, 2½ Std; 2-mal tgl.).

Geographe Bay

Das türkisfarbene Wasser des Indischen Ozeans und wunderbar weißer Sand – das sind die auffälligsten Merkmale dieser herrlichen Bucht. Sie wartet mit großartigen Badestränden auf, die sich auf insgesamt 30 km belaufen. Hinter den Küstenstädten Busselton und Dunsborough erheben sich die Weinberge. Die Ferienorte hier sind sehr beliebt bei Travellern, die Sand zwischen den Zehen spüren möchten und einen edlen Tropfen zu schätzen wissen.

Bunbury

66100 EW.

Die einzige Stadt im Südwesten mausert sich allmählich von einer Industriehafenstadt zu einem Ferienort am Meer. Bunbury liegt 170 km von Perth entfernt. Man kann hier gut essen und es gibt ein paar durchaus sehenswerte Dinge.

Sehenswertes & Aktivitäten

Dolphin Discovery Centre NATURRESERVAT

(☎08-9791 3088; www.dolphindiscovery.com.au; Koombana Beach; Erw./Kind 10/5 AU$; ⏲Juni–Sept. 9–14 Uhr, Okt.–Mai 8–16 Uhr) Etwa 60 Große Tümmler leben in der Bucht. Im Sommer können es sogar bis zu 260 Tiere werden. Und es gibt einen Küstenabschnitt, an dem die Delfine regelmäßig zu den Menschen ins Flachwasser kommen. Unter der Aufsicht ausgebildeter freiwilliger Helfer kann man sich dann mit ihnen im Wasser tummeln.

Wer mag, kann einen eineinhalbstündigen **Eco Cruise** (Erw./Kind 53/35 AU$; ⏲Sa & So Juni–Sept. 11 Uhr, Okt.–Mai 11 & 15 Uhr) oder aber dreistündige **Swim Encounter Cruises** (Bootstouren 185 AU$; ⏲Mitte Okt.–Jan. 7.30 Uhr, Mitte Dez.–April 11.30 Uhr) mitmachen.

Bunbury Wildlife Park ZOO

(Prince Philip Dr; Erw./Kind 8/5 AU$; ⏲10–17 Uhr) Papageien, Kängurus, Wallabys, Opossums, Eulen und Emus – sie alle leben hier. Auf der anderen Straßenseite, im **Big Swamp**, gibt's gute Wanderwege durchs Feuchtland. Hier kann man gut Vögel beobachten.

Bunbury Regional Art Galleries GALERIE

(www.brag.org.au; 64 Wittenoom St; ⏲10–16 Uhr) GRATIS Die Galerie in dem restaurierten, pink gestrichenen Kloster zeigt eine Ausstellung, die beispielsweise Werke der australischen Kunstkoryphäen Arthur Boyd und Sir Sidney Nolan beinhaltet.

Schlafen

Dolphin Retreat YHA HOSTEL $

(☎ 08-9792 4690; www.dolphinretreatbunbury.com.au; 14 Wellington St; B/EZ/DZ 27/47/68 AU$; @) Vom Strand aus gleich um die Ecke liegt dieses kleine Hostel in einem älteren Haus. Auf der rückwärtigen Veranda gibt's Hängematten und einen Grill.

Mantra APARTMENTS $$$

(☎ 08-9721 0100; www.mantra.com.au; 1 Holman St; Apt. ab 209 AU$; @) Eines der ungewöhnlichsten Gebäude, die wir je zu Gesicht bekommen haben. Das Mantra besteht aus einer Reihe moderner Studios und Apartments, die um vier Silos am Hafen herumgebaut wurden. Die Luxuszimmer verfügen über Whirlpools und voll ausgestattete Küchen.

Essen & Trinken

Happy Wife CAFÉ $$

(www.thehappywife.com.au; 98 Stirling St; Hauptgerichte 10–20 AU$; ⊙ Mo–Fr 6.30–15.30, Sa 7.30–14.30 Uhr) Es lohnt sich, einen Blick in den Garten dieses Cottages im Cape-Cod-Stil zu werfen. Vom Stadtzentrum hierher ist es nur eine kurze Fahrt, und die ausgezeichneten, selbstgemachten Backwaren und die ordentlichen Mittagsangebote sind den Ausflug absolut wert.

Café 140 CAFÉ $$

(140 Victoria St; Hauptgerichte 12–21 AU$; ⊙ Mo–Fr 7.30–16, Sa & So 8–14 Uhr) Das flippige Café 140 ist was für Leute, die guten Kaffee mögen und Lust auf eines der besten Lachs-Omeletts in ganz Western Australia haben. Zur Mittagszeit nehmen vor allem die Gourmet Burger und die Grilled-Turkish-Sandwichs Spitzenplätze ein.

Mash MIKROBRAUEREI

(www.mashbrewing.com.au; 2/11 Bonnefoi Blvd; ⊙ Mo & Di 11–15, Mi–Sa bis 21 Uhr) Diese moderne Kleinbrauerei bietet – und das auch noch direkt am Wasser – immer sieben normale Biersorten an. Zusätzlich werden stets interessante saisonale Eigenkreationen kredenzt. Donnerstags gibt's den „Pint & Parma"-Deal (25 AU$) – und der lohnt sich ganz bestimmt.

Praktische Informationen

Visitor Centre (☎ 08-9792 7205; www.visitbunbury.com.au; Carmody Pl; ⊙ Mo–Sa 9–17, So 10–14 Uhr) Im historischen Bahnhof aus dem Jahr 1904.

Busselton

15 400 EW.

Einfach, unkompliziert und mit dem Charme des leicht Verfallenen präsentiert sich das familienfreundliche Busselton. Das Wasser ringsum ist ruhig, und weiße Sandstrände laden zum Entspannen ein. Während der Schulferien ist hier der Teufel los: Dann halten sich viermal so viele Menschen in Busselton auf wie gewöhnlich, und die Übernachtungspreise steigen beträchtlich.

Sehenswertes & Aktivitäten

Busselton Jetty ANLEGESTEG

(☎ 08-9754 0900; www.busseltonjetty.com.au; Erw./Kind 2,50 AU$/frei, Zugfahrt hin & zurück Erw./Kind 11/6 AU$; im Interpretive Centre Eintritt frei; ⊙ Interpretive Centre 9–17 Uhr) Der Busseltoner Holzsteg aus dem Jahr 1865 ist mit seinen 1841 Metern der längste der südlichen Halbkugel. Ein kleiner **Zug** tuckert zum **Underwater Observatory** (Erw./Kind inkl. Zugfahrt 29,50/14 AU$; ⊙ 9–16.25 Uhr), wo Touren etwa acht Meter unter dem Meeresspiegel angeboten werden.

Dive Shed TAUCHEN

(☎ 08-9754 1615; www.diveshed.com.au; 21 Queen St) Bietet Tauchausflüge am Steg an, aber auch zum Four Mile Reef (ein etwa 40 km langer Kalkfelsen etwa 6,5 km vor der Küste) sowie zum Wrack des vor Dunsborough versenkten Zerstörers HMAS *Swan* der Royal Australian Navy.

Feste & Events

Southbound MUSIK

(www.southboundfestival.com.au) Hier kann man beim Zelten drei Tage lang das neue Jahr mit alternativer Musik begrüßen.

CinéfestOZ KINO

(www.cinefestoz.com.au) Während dieses merkwürdig glamourösen Festivals des französischen und australischen Films verwandelt sich Busselton Ende August kurzzeitig scheinbar in St. Tropez.

Schlafen

Im Sommer ist die Hölle los, im Winter hingegen ist Busselton wie ausgestorben. Zu beiden Seiten des Ortes finden sich Unterkünfte am Strand, die z. T. einige Kilometer von der eigentlichen Stadt entfernt sind; wer kein eigenes Auto hat, sollte sich vor dem Buchen also nach der genauen Lage erkundigen.

Beachlands Holiday Park CAMPING $
(☎1800 622 107; www.beachlands.net; 10 Earnshaw Rd, West Busselton; Stellplatz 42 AU$ für 2 Pers., Hütte ab 132 AU$;) Dieser besonders familienfreundliche Park bietet vielfältige Übernachtungsmöglichkeiten zwischen Schatten spendenden Bäumen, Palmen und Flachsbüschen.

Blue Bay Apartments APARTMENTS $$
(☎08-9751 1796; www.bluebayapartments.com; 66 Adelaide St; Apt. ab 125 AU$;) Strandnahe, preiswerte und helle Apartments mit Hofzugang und Grill.

Essen

★**Laundry Cafe** CAFÉ $$
(www.laundrycafe.com.au; 43 Prince St; Gerichte zum Teilen 14–39 AU$) Ziegelwände und die honigfarbene Jarrah-Baum-Bar – hier genießt man Biersorten und Weine aus Margaret River sowie tolle Cocktails und Platten für mehrere Personen, angerichtet mit paniertem Tintenfisch und Känguru-Tataki.

Goose CAFÉ $$
(www.thegoose.com.au; Geographe Bay Rd; Frühstück 11–24 AU$, Hauptgerichte 29–39 AU$; ⏲Mo & Di 7–17 Uhr, Mi–So bis open end;) Das nicht weit vom Anlegesteg ansässige, hippe Café hat eine reichhaltige, interessante Karte – und Seeblick. Zwischendurch kann man dort auch Kaffee, Wein, Bier und Tapas (15–20 AU$) bestellen.

Praktische Informationen

Visitor Centre (☎08-9752 5800; www.geographebay.com; 38 Peel Tce; ⏲Mo–Fr 9–17, Sa & So bis 16.30 Uhr)

Dunsborough

3400 EW.

Das entspannte Dunsborough baut voll und ganz auf seine Strand- und Badekultur. Ende November herrscht hier allerdings das Mega-Chaos, wenn um die 7000 *schoolies* (Schulabgänger) einfallen – aber wenn man nicht gerade über betrunkene, quiekende Teenager klettern muss, ist es wirklich nett hier. Die Strände sind hübscher als die in Busselton, dafür ist das Unterkunftsangebot begrenzter.

Aktivitäten

Cape Dive TAUCHEN
(☎08-9756 8778; www.capedive.com; 222 Naturaliste Tce) In der Geographe Bay kann man ausgezeichnet tauchen – besonders, seitdem im Jahr 1997 dort der Zerstörer HMAS *Swan* als künstliches Riff versenkt wurde. Inzwischen hat sich am Wrack, das 2,5 km vor der Küste in 30 m Tiefe liegt, eine ganze Menge Meeresbewohner angesiedelt.

Naturaliste Charters WALBEOBACHTUNG
(☎0419 186 133; www.whales-australia.com; Erw./Kind 80/50 AU$; ⏲Sept.–Dez. 10 & 14 Uhr) Bietet von September bis Dezember zweistündige Touren an. Von Januar bis März kann man auf der **Eco Wilderness Tour** Strände, Kalksteinhöhlen mit einheimischer Kunst und wilde Tiere sehen. Es gibt auch Touren von Augusta aus.

Schlafen

Je nach Jahreszeit stehen in der Stadt unterschiedliche Unterkünfte für Selbstversorger zur Verfügung; im Visitor Centre gibt's die jeweils aktuellen Listen.

Dunsborough Beachouse YHA HOSTEL $
(☎08-9755 3107; www.dunsboroughbeachouse.com.au; 205 Geographe Bay Rd; B 32–34 AU$, EZ/DZ 55/80 AU$;) Am Quindalup Strand befindet sich ein nettes Hotel, dessen Grünfläche bis ans Wasser heranreicht. Vom Zentrum aus sind die zwei Kilometer dorthin leicht zu bewältigen.

Dunsborough Central Motel MOTEL $$
(☎08-9756 7711; www.dunsboroughmotel.com.au; 50 Dunn Bay Rd; Zi. 120–175 AU$) Gut geführtes, preiswertes Motel mitten in Dunsborough. Besonders günstig wird es, wenn man online den Preisnachlass zur Wochenmitte erwischt.

Essen & Ausgehen

Samudra CAFÉ $$
(www.samudra.com.au; 226 Naturaliste Tce; Hauptgerichte 14–20 AU$; ⏲7.30–16, Fr & Sa zusätzl. 17.30–20 Uhr;) Extrem gesundes vegetarisches Angebot mit Salaten, Currys, Wraps und Smoothies, alles mit den Aromen aus Mexiko, Nahost und Asien. Man kann hier gut im Schatten sitzen, lesen oder schreiben. Das Samudra bietet zudem entspannende und belebende Yoga-Kurse und Spa-Anwendungen an.

Pourhouse BISTRO $$
(www.pourhouse.com.au; 26 Dunn Bay Rd; Hauptgerichte 19–28 AU$; ⏲16 Uhr–open end) Hip, ohne zu protzen. Gemütliche Sofas, regelmäßig spielen Live-Bands, und oben gibt's eine Terrasse. Die Pizza schmeckt großartig, und die erstklassigen Burger werden mit vor Ort gebackenen Sauerteigbrötchen gemacht. Das

Bier kommt von den besten Brauereien in Western Australia.

Information

Visitor Centre (☎ 08-9752 5800; www.geographebay.com; Seymour Blvd; ⌚ Mo–Fr 9–17, Sa & So 9.30–16.30 Uhr) In demselben Gebäude wie die Post.

Cape Naturaliste

Nordwestlich von Dunsborough führt die Cape Naturaliste Road zu den wunderbaren Stränden **Meelup**, **Eagle Bay** und **Bunker Bay** und weiter zum Cape Naturaliste. Bunker Bay wartet mit dem **Bunkers Beach Cafe** (www.bunkersbeachcafe.com.au; Farm Break Lane; Frühstück 14–24 AU$, Mittagessen 16–34 AU$; ⌚ 11.30–16 Uhr) auf. Dort werden abenteuerliche Gerichte serviert – und das nur wenige Meter vom Ufer entfernt.

Im Rahmen geführter Touren (zwischen 9.30 & 16 Uhr alle 30 Min.) kann man den **Leuchtturm Cape Naturaliste** (Erw./Kind 13/7 AU$), erbaut 1903, besichtigen. Die **Above and Below**-Pauschalangebote (Erw./Kind 27/14 AU$) beinhalten auch den Eintritt zur Höhle Ngilgi Cave bei Yallingupan.

Bierfans sollten unbedingt die **Eagle Bay Brewing Co** (www.eaglebaybrewing.com.au; Eagle Bay Rd, Dunsborough; ⌚ 11–17 Uhr) besuchen; hier genießt man Ländlichkeit, großartige Bier- und Weinsorten sowie Pizza aus dem Holzofen.

Margaret River Wine Region

Margaret River ist unser Lieblingsweinbaugebiet in Australien und zugleich eins der absoluten Highlights in WA. Im Schatten alter Bäume winden sich malerische Straßen durch die Landschaft, Surfer genießen die hervorragenden Bedingungen und Weinkenner die exzellenten Chardonnays und Rotweine in bester Bordeaux-Manier. Und da, wo es guten Wein gibt, gibt es natürlich auch gute Restaurants – und außerdem findet man hier Käsegeschäfte, Kleinbrauereien, Kunstgalerien und Kunsthandwerk. Margaret River zeigt zwar fast alle typischen Merkmale der Gentrifizierung, man scheint jedoch bislang nicht vergessen zu haben, dass man sich auf dem Land befindet und nicht irgendwo in Perths mondänem Stadtteil Subiaco. In den hiesigen Kneipen geht es daher unverändert bodenständig zu und Weinproben sind in den allermeisten Fällen weiterhin kostenlos.

In Margaret River gibt es eine ganze Reihe von Tourveranstaltern; alle Infos sind im Visitor Centre erhältlich.

Yallingup & Umgebung

1070 EW.

Der Strandort Yallingup ist gleichsam ein Mekka für Surfer und Weinliebhaber. Beim ersten Blick auf die wellengepeitschte Küste darf einem ruhig ein „wow!" entfleuchen. Ein nettes Detail für alle Romantiker: Das Wort Yallingup bedeutet so viel wie „Ort der Liebe".

Sehenswertes & Aktivitäten

Wardan Aboriginal Centre ABORIGINE-KULTUR
(☎ 08-9756 6566; www.wardan.com.au; Injidup Springs Rd, Yallingup; Erw./Kind 20/10 AU$; ⌚ 15. Okt.–15. März tgl. 10–16 Uhr, 15. März–15.Okt. Di & Sa geschl.) GRATIS Bietet Einblick in das Leben der indigenen Wardandi. Es gibt eine Ausstellung über die sechs Jahreszeiten des Wardandi-Kalenders (Eintritt 5 AU$). Außerdem kann man sich zeigen lassen, wie man Steinwerkzeug herstellt oder Bumerang und Speer richtig wirft. Auf geführten Buschwanderungen erfährt man mehr über den Glauben der Wardandi, ihren Lebensstil sowie über Nutz- und Heilpflanzen.

Ngilgi Cave HÖHLE
(☎ 08-9755 2152; www.geographebay.com; Yallingup Caves Rd; Erw./Kind 21/11 AU$; ⌚ 9.30–16.30 Uhr) Die 500 000 Jahre alte Höhle zwischen Dunsborough und Yallingup ist für ihre schönen Kalksteinformationen bekannt. Die Besichtigungen erfolgen zweimal pro Stunde, halb geführt und halb selbstständig. Abenteuerlichere Höhlenwanderungen findet man auf der Webseite. Von der Ngilgi Höhle gehen auch gut markierte Buschwanderwege aus.

Schlafen & Essen

Yallingup Beach Holiday Park CAMPINGPLATZ $
(☎ 08-9755 2164; www.yallingupbeach.com.au; Valley Rd; Stellplatz 31 AU$ für 2 Pers., Hütte 100–150 AU$; 📶) Hier wiegt einen das Wellenrauschen in den Schlaf – zwischen Strand und Zeltplatz liegt nämlich nur eine Straße.

Wildwood Valley Cottages & Cooking School COTTAGES $$
(☎ 08-9755 2120; www.wildwoodvalley.com.au; 1481 Wildwood Rd; Cottage ab 220 AU$; 📶) Die von Sträuchern gesäumten Luxushütten sind

über ein fast 50 ha großes Gebiet verteilt. Im Hauptgebäude ist auch die Mad About Food Cooking School von Sioban und Carlo Baldini untergebracht. Die kulinarischen Schwerpunkte sind Thai- oder italienische Küche; die Kurse kosten pro Person ab 85 AU$.

★ Studio Bistro MODERN-AUSTRALISCH $$$
(☎ 08-9756 6164; www.thestudiobistro.com.au; 7 Marrinup Dr; Hauptgerichte 35 AU$, Degustationsmenü inkl./ohne Wein 125/90 AU$;) Der Ausstellungsschwerpunkt der Galerie liegt auf Werken australischer Künstler. Die Küche präsentiert raffinierte Gerichte wie gerösteten Fisch mit Blumenkohlcreme, Radicchio, Erbsen und Krabbenfleisch. Fünfgängige Degustationsmenüs gibt's am Freitag- und Samstagabend. Reservierung wird empfohlen.

Cowaramup & Wilyabrup

990 EW.

Cowaramup besteht aus nicht viel mehr als ein paar Geschäften am Bussell Highway. Die meisten davon haben in irgendeiner Form mit dem Thema Essen und Trinken zu tun – ein untrügliches Zeichen dafür, dass man sich hier im Zentrum des Weinbaugebiets befindet. Die rustikale Gegend im Nordwesten ist unter dem Namen Wilyabrup bekannt. Dort entstand in den 1960er-Jahren die Weinindustrie von Margaret River.

Aktivitäten

Margaret River Regional Wine Centre WEINLADEN
(www.mrwines.com; 9 Bussell Hwy, Cowaramup; 10–19 Uhr) Die einzige zentrale Anlaufstelle für Weine aus Margaret River. Hier kann man täglich wechselnde Weine aus kleineren Weingütern verkosten.

Schlafen

Noble Grape Guesthouse B&B $$
(☎ 08-9755 5538; www.noblegrape.com.au; 29 Bussell Hwy, Cowaramup; EZ 135–155 AU$, DZ 150–190 AU$;) Eher ein nobles Motel als ein traditionelles B&B. Die Zimmer bieten viel Privatsphäre, und jedes hat Zugang zu einem gepflegten Gartenhof.

Essen & Ausgehen

Providore FEINKOST $
(www.providore.com.au; 448 Tom Cullity Dr, Wilyabrup; 9–17 Uhr) Das *Australian Traveller*-Magazin zählt diesen Laden zu den Top 100 der Gourmettempel Australiens. Kein Wunder: Die Auswahl an regionalen Erzeugnissen (darunter Bio-Olivenöl, Tapenaden und eingelegte Früchte) ist famos.

Margaret River Chocolate Company SCHOKOLADE $
(www.chocolatefactory.com.au; Harman's Mill Rd; 9–17 Uhr) Hier kann man bei der Trüffelherstellung zusehen, Schokolade probieren oder Kaffee trinken.

Vasse Felix WEINGUT, RESTAURANT $$$
(☎ 08-9756 5050; www.vassefelix.com.au; Ecke Caves Rd & Harmans Rd S, Cowaramup; Hauptgerichte 29–39 AU$; 10–15 Uhr) Viele halten das Restaurant von Vasse Felix für das beste der Gegend. Auf dem Gelände stehen Skulpturen, und in der Galerie sind Werke aus der Holmes-à-Court-Sammlung ausgestellt.

Cullen Wines WEINGUT, RESTAURANT $$$
(☎ 08-9755 5277; www.cullenwines.com.au; 4323 Caves Rd, Cowaramup; Hauptgerichte 33–39 AU$; 10–16 Uhr) 1966 wurden hier die ersten Reben gepflanzt. Cullen bekennt sich zu organischen und biodynamischen Prinzipien in Sachen Essen und Wein. Das Essen hier ist großartig; das verwendete Obst und Gemüse stammt zum Großteil aus eigenem Anbau.

Cowaramup Brewing Company KLEINBRAUEREI
(www.cowaramupbrewing.com.au; North Treeton Rd, Cowaramup; 11–17 Uhr) Moderne Klein-

SURFEN IM SÜDWESTEN

Die Strände zwischen Cape Naturaliste und Cape Leeuwin sind für fantastische Surfbedingungen bekannt, insbesondere für Left Hand Reef Breaks. Die Surfer sprechen von den „Yals" (rund um Yallingup) und den „Margs" (rund um die Mündung des Margaret River).

In Dunsborough herrschen die besten Bedingungen zwischen Eagle und Bunker Bay. Bei Yallingup werden Three Bears, Rabbits (ein Beach Break im Norden von Yallingup Beach), Yallingup, Injidup Car Park und Injidup Point empfohlen. Guillotine bzw. Gallows, nördlich von Gracetown, sind nur mit einem Wagen mit Allradantrieb zu erreichen. Weitere Anlaufstellen bei Gracetown sind Huzza's, South Point und Lefthanders. Der jährliche Wettkampf für Surfprofis findet um Margaret River Mouth und Southside („Suicides") statt.

brauerei mit preisgekröntem Pilsner und einem Spezial-Hellen, das an englisches Bier erinnert und irgendwie nach mehr schmeckt. Außerdem gibt es vier Spezialsorten sowie gelegentlich Saisonbiere.

Margaret River

4500 EW.

Obwohl die Touris in Margaret River gegenüber den Einheimischen meist in der Überzahl sind, hat sich der Ort das Flair eines ländlichen Nests bewahrt. Hier zu übernachten hat einen großen Vorteil: Nach 17 Uhr, wenn die umliegenden Weingüter die Pforten schließen, werden in Margaret River längst noch nicht die Bürgersteige hochgeklappt.

Schlafen

Margaret River Lodge YHA HOSTEL $

(08-9757 9532; www.mrlodge.com.au; 220 Railway Tce; B 31–34 AU$, Zi. mit/ohne Bad 74/85 AU$;) Dieses saubere, gut geführte Hostel liegt etwa 1,5 km außerhalb des Stadtzentrums und bietet einen Swimmingpool, einen Volleyball-Platz und ein Fußballfeld. Neben den Schlafsälen gibt's eine große

Margaret River

Margaret River

Schlafen
1 Edge of the Forest C1
2 Margaret River Lodge YHA B4
3 Vintages C3

Essen
4 Margaret River Bakery C2
5 Margaret River Farmers Market B3
6 Morries Anytime C3
7 Settler's Tavern C2

Shoppen
8 Tunbridge Gallery C2

Gemeinschaftsküche sowie einen ruhigeren Bereich mit kleineren Zimmern und einer weiteren Küche samt Aufenthaltsraum.

Edge of the Forest MOTEL $$
(☎08-9757 2351; www.edgeoftheforest.com.au; 25 Bussell Hwy; Zi. 120–180 AU$; ❄📶) Die neuen Besitzer haben dem Motel, das einen gemütlichen Bummel vom Stadtgebiet entfernt liegt, neues Leben eingehaucht. Alle sechs Zimmer wurden renoviert, manche sogar mit asiatischem Touch.

Vintages MOTEL $$
(☎08-9758 8333; www.vintagesmargaretriver.com.au; Ecke Willmott Ave & Le Souef St; Zi. 157–220 AU$; ❄) Ein weiteres makelloses Motel – diesmal inmitten tropischer Gärten.

★ **Burnside Organic Farm** BUNGALOWS $$$
(☎08-9757 2139; www.burnsideorganicfarm.com.au; 287 Burnside Rd; DZ 275 AU$; ❄) Die Bungalows aus Lehm und Kalkstein verfügen über großzügige Terrassen und Designerküchen. Auf der Farm gibt es verschiedene Tiere sowie Bio-Avocado- und Macadamia-Plantagen.

Essen & Ausgehen

Margaret River Farmers Market MARKT $
(www.margaretriverfarmersmarket.com.au; Ecke Tunbridge & Farrelly Sts; ⏲Sa 8–12 Uhr) Die Biobauern und Kunsthandwerker der Region bieten in der Stadt ihre Erzeugnisse an. Im Internet kann man sich seine eigene Hitliste der Leckereien zusammenstellen.

Margaret River Bakery CAFÉ $
(89 Bussell Hwy; Hauptgerichte 10–18 Uhr; ⏲Mo–Sa 7–16 Uhr; ✎) Hier röhrt Elvis aus den Boxen, das Mobiliar ist retro, und dazu gibt's kitschige Handarbeiten. Die MRB ist ländlich-verspielt eingerichtet. Die perfekte Kulisse für die hausgemachten Backwaren, von denen viele vegetarisch oder glutenfrei sind.

Settler's Tavern KNEIPE $$
(www.settlerstavern.com; 114 Bussell Hwy; Hauptgerichte 15–29 AU$; ⏲Mo–Sa 11–24, So bis 22 Uhr) Donnerstags bis sonntags wird hier Livemusik gespielt. Ansonsten gibt's gute Imbissgerichte und eine reichhaltige Bier- und Weinkarte. Da es in Margaret River nicht allzu viele Möglichkeiten zum Abendessen gibt, ist das Settler's oft ziemlich voll.

Morries Anytime CAFÉ $$
(www.morries.com.au; 2/149 Bussell Hwy; Hauptgerichte 15–34 AU$) Kosmopolitische Clubatmosphäre. Hier gibt's Frühstück und Mittagessen, später am Abend auch Cocktails, Tapas und Dinner.

Shoppen

Tunbridge Gallery ABORIGINE-KUNST
(www.tunbridgegallery.com.au; 101 Bussell Hwy; ⏲Mo–Sa 10–17, So bis 15 Uhr) Hervorragende Galerie, überwiegend mit Werken von Aborigine-Künstlern aus WA.

Praktische Informationen

Visitor Centre (☎08-9757 2911; www.margaretriver.com; Bussell Hwy; ⏲9–17 Uhr) Dieses schicke Besucherzentrum hat sogar einen Showroom mit Wein.

Unterwegs vor Ort

Margaret River Beach Bus (☎08-9757 9532; www.mrlodge.com.au) Der Minibus pendelt dreimal täglich zwischen Margaret River und den Stränden rund um Prevelly (10 AU$); nur im Sommer, Reservierung erforderlich.

Rund um Margaret River

Westlich von Margaret River lädt die Küste zum Surfen (super Bedingungen!) und Wandern ein. Die größte Gemeinde der Gegend ist Prevelly. Dort haben sich ein paar Hotels und Restaurants niedergelassen.

Sehenswertes & Aktivitäten

CaveWorks & Lake Cave HÖHLE
(www.margaretriver.com; Conto Rd; Höhlenbesichtigung Erw./Kind 22/10 AU$; ⏲9–17 Uhr, Lake Cave-Touren stündl. 9.30–15.30 Uhr) Die Haupt-Kartenverkaufsstelle für drei der beeindruckendsten Höhlen der Gegend (Lake, Mammoth und Jewel) bietet auch Informationen über die Höhlen, deren Erhalt sowie fossile Funde vor Ort.

Die Lake Cave befindet sich gleich hinter dem Infozentrum. Im ruhigen Wasser eines unterirdischen Flusses spiegeln sich Kalksteingebilde.

Mit einem Einzelticket kommt man ins CaveWorks. Der **Grand Pass** (Erw./Kind 50/22 AU$) gilt für CaveWorks sowie alle drei Höhlen und ist eine Woche lang gültig. Der **Ultimate Pass** (Erw./Kind 65/27 AU$) berechtigt auch zum Eintritt zum Leuchtturm von Cape Leeuwin.

Mammoth Cave HÖHLE
(www.margaretriver.com; Caves Rd; Erw./Kind 22/10 AU$; ⏲9–16 Uhr) In der Mammoth Cave gibt es neben Fossilien auch die beeindru-

ckende Steinformation Mammoth Shawl zu sehen. Man erkundet die Höhle auf eigene Faust; Audioguides werden bereitgestellt.

Calgardup & Giants Caves HÖHLEN
Auch diese beiden Höhlen besucht man ohne Führer. Sie unterstehen der Schirmherschaft des Department of Environment and Conservation (DEC). Helme und Taschenlampen werden zur Verfügung gestellt. In der **Calgardup Cave** (www.dec.wa.gov.au; Caves Rd; Erw./Kind 15/8 AU$; ⌚9–16.15 Uhr) erstreckt sich jahreszeitabhängig ein unterirdischer See. Die **Giants Cave** (www.dec.wa.gov.au; Caves Rd; Erw./Kind 15/8 AU$; ⌚nur in den Ferien & an Feiertagen 9.30–15.30 Uhr) liegt weiter südlich und ist tiefer und länger.

Ellensbrook Homestead HISTORISCHES GEBÄUDE
(www.ntwa.com.au; Ellensbrook Rd; Erw./Kind 4/2 AU$; ⌚Sa & So 10–16 Uhr) Das Gebäude von 1857 gehört der nationalen Denkmalschutzbehörde. Zu Anfang der Besiedelungsgeschichte wohnten hier Pioniere, später diente es als Aborigine-Mission. Das Wort „wackelig" wird dieser Konstruktion kaum gerecht: Als Baumaterialien wurden nämlich Rinde, Treibholz und andere Bretter, Tierkot und Haare verwendet. Nach kurzem Fußmarsch gelangt man zur Grotte **Meekadarribee** („Badestelle des Mondes"), die von einer Art Wasserschleier verhüllt ist.

Boranup Drive WALDTOUR
Die 14 km lange Strecke führt über eine ungepflasterte Straße durch einen wunderschönen Karri-Wald im Leeuwin-Naturaliste National Park. Kurz vor dem südlichen Ende liegt ein Aussichtspunkt mit Blick aufs Meer.

Eagles Heritage VOGELPARK
(☎08-9757 2960; www.eaglesheritage.com.au; Erw./Kind 15/7,50 AU$; ⌚10–17 Uhr) Australiens größter Greifvogelpark liegt 5 km südlich von Margaret River. Jedes Jahr werden hier viele Raubvögel neu eingegliedert. Um 11 und um 13 Uhr finden kostenlose Flugschauen statt.

Schlafen

Surfpoint HOSTEL $
(☎08-9757 1777; www.surfpoint.com.au; Reidle Dr, Gnarabup; B/DZ 32/105 AU$; @📶🏊) Das Surfpoint ist ein angenehm heller, luftiger Schlafplatz für kleines Geld. Die Zimmer sind sauber und durchaus präsentabel, außerdem gibt's hier einen wirklich netten, kleinen Pool.

National Park Campgrounds CAMPING $
(www.dec.wa.gov.au; Stellplatz pro Erw./Kind 7/2 AU$) Das DEC betreibt drei einfache Campingplätze im Leeuwin-Naturaliste National Park: **Conto Campground** (Conto Rd), **Boranup Campground** (abseits des Boranup Dr) und **Point Road Campground** (nur zu Fuß oder mit Allradantrieb vom nördlichen Ende des Boranup Drive aus zu erreichen).

★ **Acacia Chalets** CHALETS $$$
(☎08-9757 2718; www.acaciachalets.com.au; 113 Yates Rd; DZ 250–270 AU$; ❄) Mitten in privatem Buschland – heimische Beuteltiere gehören zur Szenerie – gibt es drei Luxus-Chalets, die sich bestens als Basislager eignen, um Weingüter, Höhlen und die nahe Küste zu erforschen. Hier gibt's Kalksteinwände und honigfarbene Jarrah-Böden, außerdem großzügige Terrassen mit Gasgrill.

Essen & Ausgehen

Watershed Premium Wines RESTAURANT $$
(www.watershedwines.com.au; Ecke Bussell Hwy & Darch Rd; Café 17–22 AU$, Restaurant 38–42 AU$; ⌚10–17 Uhr) Berühmt für seinen Cabernet Sauvignon wird das Watershed regelmäßig als eins der besten Winzerrestaurants in WA klassifiziert. Wer hier isst, kann anschließend in aller Ruhe Kaffee trinken und vom Restaurant aus in die Weinberge schauen.

Voyager Estate WEINGUT
(☎08-9757 6354; www.voyagerestate.com.au; Stevens Rd; ⌚10–17 Uhr) Die stattlichste Kellerei von Margaret River. Gepflegte Gärten und Gebäude im Cape-Dutch-Stil. Touren werden auch angeboten (25 AU$ inkl. Verkostung).

Leeuwin Estate WEINGUT
(☎08-9759 0000; www.leeuwinestate.com.au; Stevens Rd; ⌚10–17 Uhr) Der Art Series Chardonnay gehört zu den besten des Landes. Touren und Verkostungen starten um 11, 12 und 15 Uhr (Erw./Kind 12,50/4 AU$). Außerdem finden regelmäßig Open-Air-Konzerte statt.

Cheeky Monkey Brewery KLEINBRAUEREI
(www.cheekymonkeybrewery.com.au; 4259 Caves Rd; ⌚10–18 Uhr) Die Biere und Apfelweine der jüngsten Kleinbrauerei in Margaret River überzeugen. An einem See gelegen und mit viel Platz zum Herumtollen für die Kids.

Augusta & Umgebung

1700 EW.

Augusta liegt an der Mündung des Blackwood River, 5 km nördlich von Cape Leeuwin. Ringsum befinden sich einige Weingüter; die Atmosphäre hier ist allerdings wenig genussbetont – eher etwas träge.

Sehenswertes & Aktivitäten

Cape Leeuwin Lighthouse LEUCHTTURM
(www.margaretriver.com; Erw./Kind 5/3 AU$, Geführte Touren 17/7 AU$; 8.45–16.45 Uhr) Das Cape Leeuwin, an dem Indischer Ozean und Südpolarmeer aufeinandertreffen, ist ein wilder und windiger Ort und der südwestlichste Punkt des australischen Kontinents. Der Leuchtturm von 1896 bietet den besten Ausblick über die Küste von WA. Alle 40 Minuten starten Touren (9–16.30 Uhr). Mit dem **Ultimate Pass** (Erw./Kind 65/27 AU$) kommt man in den Leuchtturm sowie in die Höhlen Jewel, Lake und Mammoth.

Jewel Cave HÖHLE
(www.margaretriver.com; Caves Rd; Erw./Kind 22/10 AU$; Touren stündl., 9.30–15.30 Uhr) Die spektakulärste Höhle der Gegend liegt etwa 8 km nördlich von Augusta und besticht mit einem 5,9 m hohen Strohhalmstalaktit.

Die nahegelegene **Moondyne Cave** (www.margaretriver.com; Caves Rd; Erw./Kind 12–16 Jahre 150/120 AU$; Juni–Dez. Di & Fr 10–14 Uhr) kann man mit Moondyne Experience besuchen. Für die unterirdische Abenteuertour bekommt man Overall, Helme und Taschenlampen. Unbedingt vorher reservieren! Das Mindestalter für die Tour liegt bei 12 Jahren.

Naturaliste Charters WALBEOBACHTUNG
(0419 186 133; www.whales-australia.com.au; Erw./Kind 80/50 AU$; Sept.–Dez. 10 & 14 Uhr) Von September bis Dezember kann man bei einer Schiffstour zwei Stunden lang nach Walen Ausschau halten. Von Januar bis März richtet sich das Interesse eher auf eine Eco-Wilderness-Tour. Touren beginnen auch in Dunsborough.

Absolutely Eco River Cruises BOOTSFAHRT
(08-9758 4003; cdragon@westnet.com.au; Erw./Kind 30/10 AU$) Blackwood River; Oktober bis Mai.

Miss Flinders BOOTSFAHRT
(0409 377 809; Erw./Kind 40/15 AU$) Blackwood River; ebenfalls von Oktober bis Mai.

Schlafen & Essen

Hamelin Bay Holiday Park CAMPING $
(08-9758 5540; www.mronline.com.au/accom/hamelin; Hamelin Bay West Rd; Stellplatz für 2 Pers. 20–25 AU$, Hütten 80–180 AU$) Nordwestlich von Augusta, direkt am Strand. Während der Ferien geht's auch an diesem abgeschiedenen Platz ganz schön heiß her.

Baywatch Manor YHA HOSTEL $
(08-9758 1290; www.baywatchmanor.com.au; 9 Heppingstone View; B 29 AU$, DZ mit/ohne Bad 93/73 AU$; @) Saubere, moderne Zimmer mit cremefarbenen Wänden und einzelnen Antiquitäten. Von der Veranda aus hat man Blick auf die Bucht. Im Winter sorgt ein Feuer im Gemeinschaftswohnraum für Wärme. Einige Doppelzimmer haben eigene kleine Balkone.

Deckchair Gourmet CAFÉ, FEINKOST $
(Blackwood Ave; Hauptgerichte 7–16 AU$; 8.30–16 Uhr;) Ausgezeichneter Kaffee, feine Speisen und kostenloses WLAN.

Praktische Informationen

Visitor Centre (08-9758 0166; www.margaretriver.com; Ecke Blackwood Ave & Ellis St; 9–17 Uhr)

Southern Forests

Die Wälder im Südwesten von WA sind einfach traumhaft schön. Im kühlen Schatten der Karri-, Jarrah- und Marri-Wälder (allesamt Eukalyptusarten) sprießen und gedeihen Unmengen von Pflanzen. In den weit verstreut liegenden Kleinstädten lassen sich nach wie vor Zeugnisse der langen Holzindustrie- und Tagebautradition erkennen. Viele Orte haben sich inzwischen neu erfunden und sich zu kleinen Tourismuszentren gemausert, die zum Wandern, Kanufahren oder Fischen (Forellen und Marron-Krebse) einladen. Ein weiteres Highlight hier sind natürlich die Weinverkostungen.

Nannup

500 EW.

Nannups historische Bretterhäuser und Cottage-Gärten liegen idyllisch am Ufer des Blackwood River. Der Name des Ortes leitet sich von einem Noongar-Wort ab und bedeutet „ein Ort zum Anhalten und Rasten". Das passt gut! Nannup ist allerdings auch eine gute Basis für Buschwanderer und Kanuten. **Blackwood River Canoeing** (08-9756 1209; www.blackwoodrivercanoeing.com; Leihausrüstung ab 25 AU$/Tag) stellt Ausrüstung zur Verfügung und organisiert den Kanutransport für Paddelabenteuer.

Immer wieder behauptet jemand, in dieser Gegend ein gestreiftes, wolfsartiges Tier

ELVIS LEBT – IN BOYUP BROOK

Das hübsche Boyup Brook (540 Ew.), 31 km nordöstlich von Bridgetown, ist WAs Zentrum der Countrymusik. Das **Harvey Dickson's Country Music Centre** (www.harveydickson.com.au; Erw./Kind 8/2 AU$; ⌚9–17 Uhr) ist herrlich überzogen aufgemacht, komplett mit lebensgroßem Elvis und Johnny Cash, einem Elvis-Zimmer sowie drei 13,5 m hohen Gitarristen. Regelmäßig finden Rodeos statt (das größte ist im Oktober) sowie viele wichtige Countrymusik-Ereignisse, u.a. das **WA Country Music Festival** (www.countrymusicwa.com.au) im Februar. Man kann im **Busch zelten** (Stellplatz 8 AU$) – das ist malerisch, wenn auch ganz schön rustikal.

gesichtet zu haben – den sogenannten Nannup-Tiger. Deshalb machen sich Tierfreunde Hoffnungen, dass es möglicherweise doch noch einen solchen Beutelwolf in freier Wildbahn gibt (das letzte bekannte Exemplar starb 1936 im Hobart Zoo) – also für alle Fälle die Kamera bereithalten!

Das **Nannup Music Festival** (www.nannupmusicfestival.org) steigt Anfang März. Im Vordergrund stehen Folk- und Weltmusik.

Schlafen & Essen

Visitor Centre Caravan Park CAMPING $
(☎08-9756 1211; www.nannupwa.com; 4 Brockman St; Stellplatz für 1/2 Pers. ab 15/25 AU$, Hütte 66–77 AU$) Im Visitor Centre nachfragen!

Holberry House B&B $$
(☎08-9756 1276; www.holberryhouse.com; 14 Grange Rd; Zi. inkl. Frühstück 120–190 AU$; 📶🏊) Die Deko wirkt vielleicht etwas altbacken, doch das große Haus auf dem Hügel bietet komfortable Zimmer und ist von einem weitläufigen Garten mit schrägen Skulpturen umgeben (Eintritt für Nichtgäste: 4 AU$). Die Besitzer sind sehr liebenswert.

Nannup Bridge Cafe CAFÉ $$
(1 Warren Rd; Frühstück & Mittagessen 9–18 AU$, Abendessen 16–38 AU$; ⌚Di–So 9–14, Mi–Sa zusätzlich 18–20 Uhr) Rechts gegenüber vom Touristenbüro wird aus diesem coolen Strandcafé abends ein Bistro. Zu den besten Gerichten gehören Schweinebauch und Sticky Date Pudding.

Praktische Informationen

Visitor Centre (☎08-9756 1211; www.nannupwa.com; 4 Brockman St; ⌚10–16 Uhr) verwaltet den benachbarten Campingplatz.

Bridgetown

2400 EW.

Bridgetown ist eine der niedlichsten Kleinstädte im Südwesten. Sie erstreckt sich am Blackwood River und ist von Karri-Wäldern und Ackerland umgeben. An den Wochenenden ist hier immer eine Menge los, und am zweiten Wochenende im November platzt der Ort förmlich aus allen Nähten: Dann steigt das jährliche **Blues at Bridgetown Festival** (www.bluesatbridgetown.com) mit familiärer Atmosphäre.

Schlafen & Essen

Bridgetown Hotel HOTEL $$
(☎08-9761 1034; www.bridgetownhotel.com.au; 157 Hampton St; Zi. 165–265 AU$, Hauptgerichte 17–29 AU$; ❄) Eigentlich rechnet man nicht damit, in einem australischen Countrypub wie diesem Pizza, Limette und Tequila oder Lamm und Zaziki vorgesetzt zu bekommen. Und man erwartet hier irgendwie auch keine großen, modernen Zimmer mit Luxusbädern – aber im Bridgetown gibt es das alles. Die Generalüberholung hat dem Gebäude aus den 1920er-Jahren also sichtlich gut getan!

Bridgetown Riverside Chalets FERIENHÄUSER $$
(☎08-9761 1040; www.bridgetownchalets.com.au; 1338 Brockman Hwy; Hütte ab 125 AU$) Auf einem ruhigen Grundstück am Fluss, 5 km von Nannup entfernt, stehen vier separate Holzhütten (2 Zi., max. 6 Pers.), ausgestattet mit großen Öfen und Waschmaschinen.

Nelsons of Bridgetown MOTEL $$
(☎08-9761 1645; www.nelsonsofbridgetown.com.au; 38 Hampton St; EZ 95–145 AU$, DZ 130–195 AU$; ❄📶🏊) Die zentrale Lage des nelsons ist super. Wir empfehlen die geräumigen neuen Zimmer, die an das Hotel im Kolonialstil von 1898 angebaut wurden.

Cidery CAFÉ $$
(www.thecidery.com.au; 43 Gifford Rd; Hauptgerichte 10–25 AU$; ⌚Sa–Do 11–16, Fr bis 20 Uhr) An den Tischen im Freien, direkt neben dem Fluss, werden Cider und Bier aus eigener Herstellung sowie leichtes Mittagessen serviert. Freitags wird hier ab 17.30 Uhr Livemusik geboten.

Praktische Informationen

Visitor Centre (08-9761 1740; www.bridge-town.com.au; 154 Hampton St; Mo–Fr 9–17, Sa 10–15, So 10–13 Uhr)

Pemberton

760 EW.

Tief in den Karri-Wäldern liegt das verschlafene Pemberton, das sich der Weinherstellung verschrieben hat. Die hier produzierten Tropfen können qualitativ durchaus mit denen aus Margaret River mithalten, der Weintourismus steckt allerdings noch in den Kinderschuhen. Ein paar der besseren Güter veranstalten Weinproben nur nach vorheriger Anmeldung. Im Visitor Centre ist eine kostenlose Karte mit den Öffnungszeiten erhältlich.

Die Nationalparks rings um Pemberton sind beeindruckend. Man sollte einen oder zwei Tage für den Karri Forest Explorer (S. 1035) sowie für Wanderungen und Picknicke im Grünen einplanen.

Sehenswertes & Aktivitäten

Salitage Winery WEINGUT
(08-9776 1195; www.salitage.com.au; Vasse Hwy; 10–16 Uhr) Der Pinot Noir von Salitage wurde zur Nr. 1 im Staat gekürt, aber auch der Chardonnay und der Sauvignon Blanc können sich sehen lassen. Einstündige Führungen beginnen immer um 11 Uhr. Man sollte vorher anrufen.

Pemberton Tramway PANORAMATOUR
(08-9776 1322; www.pemtram.com.au; Erw./Kind 18/9 AU$; 10.45 & 14 Uhr) Die Strecke wurde zwischen 1929 und 1933 eingerichtet und führt durch wunderbare Karri- und Marri-Wälder zum Warren River. Die Fahrt wird kommentiert. Die spaßige, wenn auch nicht gerade geruhsame Rückfahrt dauert 1¾ Stunden.

Pemberton Wine Centre WEINPROBE
(www.marima.com.au; 388 Old Vasse Rd; Mo–Fr 12–16 Uhr) Im Herzen des Warren National Park befindet sich dieses nette Zentrum, in dem regionale Weine verkostet werden können. Im Anschluss kann man sich eine Kiste mit seinen Favoriten zusammenstellen lassen.

Geführte Touren

Pemberton Hiking & Canoeing WANDERN, KANUFAHREN
(08-9776 1559; www.hikingandcanoeing.com.au; halb-/ganztags 50/100 AU$) Umweltfreundliche Touren in die Nationalparks Warren und D'Entrecasteaux sowie zu den Yeagarup-Sanddünen. Außerdem werden vom Veranstalter verschiedene Thementouren angeboten (diese beschäftigen sich z. B. mit Wildblumen, Fröschen und seltener Fauna). Bei den nächtlichen Kanufahrten (75 AU$) kann man nachtaktive Wildtiere sehen.

Pemberton Discovery Tours JEEPTOUR
(08-9776 0484; www.pembertondiscoverytours.com.au; Erw./Kind 95/50 AU$) Halbtages-Touren im Geländewagen zu den Yeagarup-Sanddünen und zur Mündung des Warren River.

Donnelly River Cruises BOOTSFAHRTEN
(08-9777 1018; www.donnellyrivercruises.com.au; Erw./Kind 65/35 AU$) Auf dem Pro-

ABSTECHER

D'ENTRECASTEAUX NATIONAL PARK

Dieser ruhige, herrliche Nationalpark (Zufahrt pro Auto/Motorrad 11/5 AU$) 60 km südlich von Pemberton ist nach dem französischen Admiral Bruny d'Entrecasteaux benannt, der 1792 eine Expedition in dieses Gebiet leitete. Das Schutzgebiet erstreckt sich 130 km entlang der Küste und ist eine willkommene Abwechslung von den allgegenwärtigen Wäldern mit den hohen Wipfeln: Hier fließen fünf Flüsse und es gibt Abschnitte mit Küstenheide, Sanddünen, Felsklippen und Stränden.

Gepflasterte Straßen führen nach **Windy Harbour**, das nur eine Ansammlung wackeliger Ferienhäuschen mit solchen Namen wie „Wywurk" ist. Dort kann man zelten, man muss allerdings sämtlichen Proviant und die Ausrüstung selbst mitbringen. Von hier aus geht's auf dem D'Entrecasteaux Drive (6 km) oder zu Fuß an der Küste entlang (3 km) nach Point d'Entrecasteaux.

Ein paar mit dem Geländewagen befahrbare Wege gehen von der Pemberton-Northcliffe Road ab, an deren Ende sich Busch- oder Strandzeltplätze befinden. Vor der Fahrt sollte man beim DEC in Pemberton (S. 1034) nach eventuellen Sperrungen fragen.

gramm stehen hier 12 km lange Bootsfahrten durch den D'Entrecasteaux National Park zu den Klippen im Südpolarmeer.

Schlafen & Essen

In Pemberton findet man ein paar wirklich tolle Übernachtungsmöglichkeiten. Die hiesigen Spezialitäten sind Forelle und Marron-Krebse; und so stehen sie auch auf fast jeder Speisekarte.

Pemberton Backpackers YHA HOSTEL $
(08-9776 1105; www.yha.com.au; 7 Brockman St; B/EZ/DZ 28/62/65 AU$; @) Das Haupthotel ist für Erntehelfer reserviert, man muss also nach einem Zimmer im separaten **Cottage** (8 Dean St) für „ganz normale" Reisende fragen. Dieses wiederum ist recht niedlich und gemütlich, allerdings geht ohne Reservierung so gut wie gar nichts – denn es gibt hier nur drei Zimmer.

★ **Foragers** COTTAGES $$
(08-9776 1580; www.foragers.com.au; Ecke Roberts & Northcliffe Rds; Cottage 160–270 AU$;) Bei Foragers hat man die Wahl zwischen sehr netten, schlichten Karri-Cottages und hochwertigen Öko-Luxus-Chalets. Letztere sind hell, luftig und zeitgenössisch-elegant eingerichtet und verfügen über ein umweltbewusstes Abwassersystem sowie passive Solartechnik. Diverse Leckerbissen kommen in der angrenzenden **Foragers Field Kitchen** (08-9776 1503; www.foragers.com.au; Ecke Roberts & Northcliffe Rds; Abendessen 55–75 AU$) auf den Tisch.

ABSTECHER

MANJIMUP

Bei **Wine & Truffle Co** (08-9777 2474; www.wineandtruffle.com.au; Seven Day Rd; Hauptgerichte 20-33 AU$; 10–16.30 Uhr) erfährt man alles über die Ernte des wohl teuersten Naturprodukts der Welt. Von Juni bis August kann man samstags und sonntags auch auf „Trüffeljagd" gehen (2½ Std., 95 AU$/Pers.; vorab reservieren!) und anschließend Rührei mit Trüffel frühstücken. Das Angebot im angeschlossenen Restaurant (ganzjährig geöffnet) reicht von der Trüffel-Probier-Platte bis zu Trüffel-Fettuccine. Manjimup liegt auf dem Weg von Bridgetown nach Pemberton, die Abzweigung zu Wine & Truffel Co liegt rund 3 km südlich der Stadt.

Old Picture Theatre Holiday Apartments APARTMENTS $$
(08-9776 1513; www.oldpicturetheatre.com.au; Ecke Ellis & Guppy Sts; Apt. 170–300 AU$;) Das frühere Kino hat sich in einen schön aufgemachten Apartmentkomplex mit geräumigen und sehr gut ausgestatteten Wohneinheiten verwandelt. Die Gäste dürfen sich hier auf viel Jarrah-Holz und schwarzweiße Filmaufnahmen freuen. Das Preis-Leistungs-Verhältnis ist ausgezeichnet. Besondere Extras sind die Waschküche für Gäste und das Spa.

Marima Cottages COTTAGES $$$
(08-9776 1211; www.marima.com.au; 388 Old Vasse Rd; Cottage 225–245 AU$) Genau in der Mitte des Warren National Parks befinden sich diese vier Cottages im Countrystil, erbaut aus Lehm und Zedernholz – und mit den großen Öfen und einer ganzen Menge Privatsphäre sind es wirklich luxuriöse Zufluchtsorte.

Forest Fresh Marron SELBSTVERSORGUNG $
(0428 887 720; www.forestfreshmarron.com.au; Pump Hill Rd; Mo–Fr 10–17, Sa & So 16.30–17.30 Uhr) Hier bekommt man nachhaltig gezüchtete Marron-Krebse sowie Transportboxen, in denen die Tiere bis zu 30 Stunden überleben können – und sogar die passenden Kochtöpfe sind hier erhältlich. Der Laden befindet sich 300 m links vom Campingplatz.

Holy Smoke! SELBSTVERSORGUNG $
(www.holysmoke.com.au; 3/19 Brockman St; Snacks 5–15 AU$; Mo–Sa 9–17 Uhr) Guter Kaffee, Sauerteigbrot, hausgeschlachtetes Fleisch sowie Huhn und Fisch. Hier kann man sich also bestens für ein Picknick eindecken!

Sadie's INTERNATIONAL, INDISCH $$
(Ellis St; Hauptgerichte 25–35 AU$; 18–21 Uhr) Forellen und Marron-Krebse aus der Region. Der indische Koch macht ein superleckeres Curry. Am Gloucester Motel.

Praktische Informationen

DEC (08-9776 1207; www.dec.wa.gov.au; Kennedy St; 8–16.30 Uhr) Ausführliche Informationen zu den örtlichen Parks. Hier gibt's auch die nützliche *Pemberton Bushwalks* Broschüre.

Visitor Centre (08-9776 1133; www.pembertonvisitor.com.au; Brockman St; 9–16 Uhr) mit Pionier-Museum und Informationen zum Karri-Wald.

ABSTECHER

KARRI FOREST EXPLORER

Diese Touristenstraße ist 86 km lang (teilweise nicht asphaltiert) und windet sich durch drei Nationalparks (Zufahrt 11 AU$/Fahrzeug). Auf der Strecke hat man immer wieder die Gelegenheit zu wandern und zu picknicken, bekommt fantastische Bäume zu sehen und findet jede Menge Schilder mit Erklärungen vor.

Ein Highlight ist der **Gloucester Tree**; wer fit und furchtlos ist, kann bis in die Krone klettern (58 m). Der höchste „Kletterbaum" aber ist der **Dave Evans Bicentennial Tree** (68 m). Er steht im Warren National Park, 11 km südlich von Pemberton. Der Bicentennial-Tree-Rundweg führt via **Maiden Bush** zum **Heartbreak Trail**. Man passiert 250 Jahre alte Karri-Bestände; Drafty's Camp und Warren Campsite bieten sich zum Übernachten an (Stellplatz Erw./Kind 7/2 AU$).

Den **Beedelup National Park**, 15 km westlich von Pemberton am Vasse Highway (Rte 104), sollte man sich nicht entgehen lassen. Ein kurzer Weg kreuzt den Beedelup Brook bei den **Beedelup Falls**. Nördlich der Stadt wartet das **Big Brook Arboretum** (Eintritt frei) mit hohen Bäumen aus der ganzen Welt auf.

Der Wanderweg trifft immer wieder auf die Hauptstraßen, sodass man kurze Strecken mit dem Wagen zurücklegen kann. Im Visitor Centre von Pemberton gibt's eine Broschüre.

Shannon National Park

Bis 1968 befand sich auf dem 535 km² großen Gelände des **Shannon National Park** (Zufahrt pro Auto/Motorrad 11/5 AU$) Western Australias größtes Holzwerk. Sommergrüne Bäume aus der nördlichen Hemisphäre erinnern noch heute an diese Siedlung.

Der 48 km lange **Great Forest Trees Drive** ist ein Rundweg (nur eine Fahrtrichtung), der durch den Highway geteilt wird. Infos liefert der Radiosender 100 FM. Los geht's am Rastbereich nördlich des Highways. Eine einfache Wanderung führt zum Shannon Dam (3,5 km), vorbei an einem Quokka-Ausguck. Steiler ist der 5,5 km lange Rundweg nach Mokare's Rock (schöne Aussicht!). Ein Stück weiter beginnt der **Great Forest Trees Walk**, der den Shannon River quert (hin & zurück 8 km). Abseits des südlichen Abschnitts der Autoroute blickt man bei **Snake Gully** und **Big Tree Grove** von Holzstegen aus auf riesige Karri-Bäume.

Wo einst die Holzfällersiedlung war, befindet sich heute ein **Campingplatz** (Stellplatz pro Erw./Kind 9/2 AU$) mit Duschen. Eine Schlafbaracke, die **Shannon Lodge** (Nacht 66 AU$, Kaution 150 AU$), kann von Gruppen mit bis zu acht Personen genutzt werden; Buchungen beim DEC in Pemberton.

SOUTH COAST

Auf den Klippen der wilden Südküste zu stehen und zuzuhören, wie unten die Wellen gegen den Stein donnern, ist ein unvergleichliches Erlebnis. Ein ganz anderes Gefühl wiederum lassen ruhige Tage entstehen, wenn das Meer in changierenden Aquamarintönen leuchtet und die unberührten Traumstrände zum Sonnenbaden einladen. Wer die Einsamkeit sucht, wird feststellen, dass es im „Great Southern" selbst während der Ferien entspannt zugeht – den Urlaubern aus Perth ist die Anreise hierher einfach einen Tick zu lang. Das gilt nicht für gewisse Meeresbewohner: In den Wintermonaten ziehen stetig Wale auf der Durchreise an der Südküste vorbei.

ℹ An- & Weiterreise

BUS

Beispiele für Verbindungen mit **Transwa** (☎1300 662 205; www.transwa.wa.gov.au):

GS1 & GS2 Täglich nach/ab Perth, Mt. Barker und Albany.

GS3 Täglich nach/ab Bunbury, Bridgetown, Pemberton, Walpole, Denmark und Albany.

GE1 Zwischen Perth und Esperance (87 AU$, 10¼ Std., 3-mal wöchentl.).

GE2 Dreimal wöchentlich nach/ab Perth, Hyden und Esperance.

GE3 Nach/ab Kalgoorlie, Coolgardie, Norseman und Esperance.

GE4 Zwischen Albany und Esperance (64 AU$, 6½ Std., 2-mal wöchentl.).

FLUGZEUG

Virgin Australia (☎13 67 89; www.virginaustralia.com) fliegt täglich von Perth aus nach Albany (75 Min.) und Esperance (1¾ Std.). Zweimal wöchentlich gibt es zudem Verbindungen zwischen Albany und Busselton.

South Coast

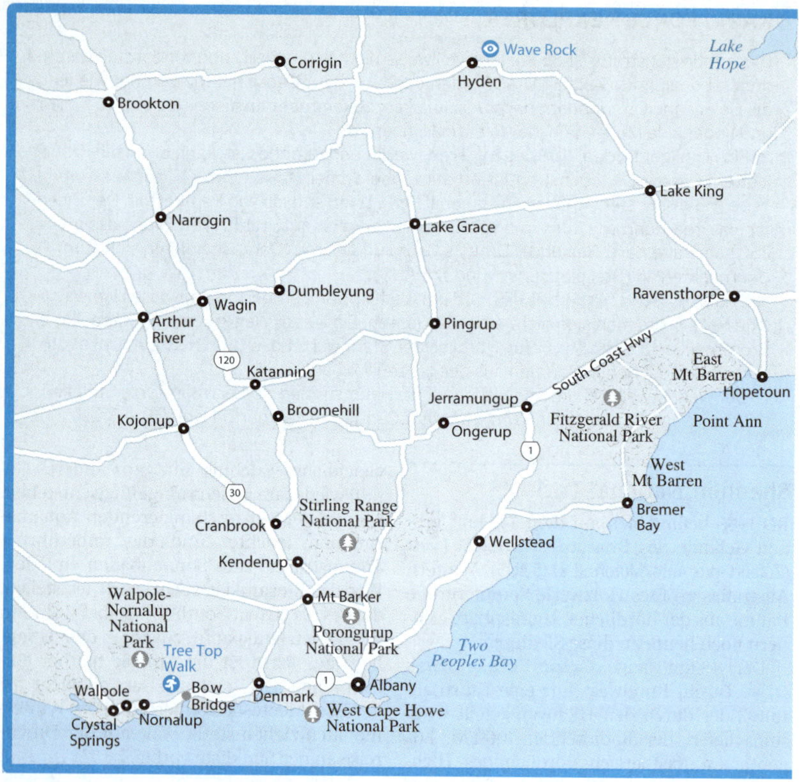

Walpole & Nornalup

320 & 50 EW.

Die schmalen Buchten von Walpole und Nornalup bieten sich als Basis für Ausflüge in die dicht bewaldete Walpole Wilderness Area an, ein gewaltiges Areal mit zerklüfteter Küstenlinie, mehreren Nationalparks und Meeres- bzw. Waldschutzgebieten auf stolzen 3630 km² Fläche. Das DEC gibt eine Broschüre aus: *Exploring the Walpole Wilderness and Surrounding Area.*

Walpole ist der größere der beiden Orte; hier wird aus dem South Western Highway (Route 1) der South Coast Highway.

Sehenswertes & Aktivitäten

Walpole-Nornalup National Park NATURSCHUTZGEBIET

Unter den riesigen Bäumen in diesem Park befinden sich auch einige Exemplare roter und gelber Eukalyptus, und in Küstennähe blüht der Rotgummibaum.

Im **Valley of the Giants** (www.valleyofthegiants.com.au; Valley of the Giants Tree Top Walk Erw./Kind 12,50/5 AU$; Valley of the Giants Tree Top Walk 9–16.15 Uhr) stellt der **Tree Top Walk** das Highlight von Walpole dar: Eine 600 m lange Rampe führt vom Talboden in die Baumkronen hinauf. Auf dem höchsten Punkt befindet man sich 40 m über der Erde. Die „Wanderung“ ist nicht anstrengend – die Rampe kann mit etwas Hilfe sogar von Rollstuhlfahrern genutzt werden. Wer Höhenangst hat, könnte aber eventuell etwas nervös werden: Die Konstruktion bewegt sich leicht im Wind, um ein Gefühl für das Leben in den Baumkronen zu vermitteln. Wieder auf dem Boden, kann man dem **Ancient Empire**-Steg zu ein paar sehr alten Red-Tingle-Eukalyptusbäumen folgen; manche haben einen Umfang von 16 m.

In der Umgebung verlaufen zahlreiche tolle Wanderwege; der **Bibbulmun Track** führt z.B. durch Walpole zum Coalmine Beach. Lust auf eine Spritztour? Nett sind

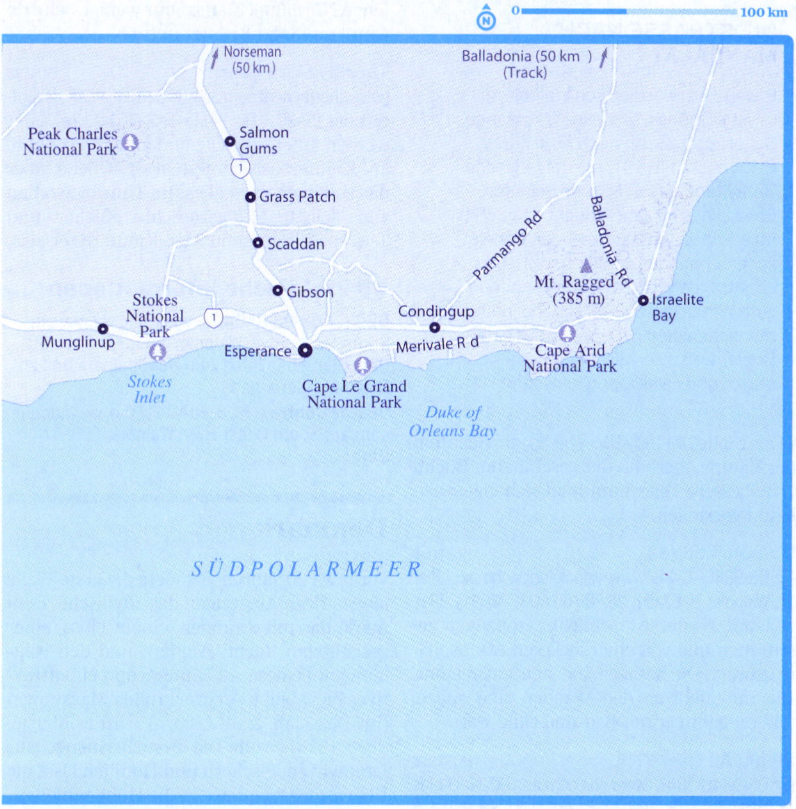

der **Knoll Drive** (3 km östlich von Walpole), die **Valley of the Giants Road** und die Landstraße zum **Mt. Frankland** (29 km nördlich von Walpole). Vom Gipfel aus hat man einen schönen Panoramablick, und am Fuß des Bergs erstreckt sich ein Wanderweg. Gegenüber vom Knoll Drive geht's auf der Hilltop Road erst zu einem **riesigen Tingle Tree** und dann zum **Circular Pool** am Frankland River – der Fluss ist super zum Kanufahren. Nornalup Riverside Chalets verleiht Kanus.

Auf halber Strecke zwischen Nornalup und Peaceful Bay findet man die **Conspicuous Cliffs**. Dort kann man zwischen Juli und November Wale beobachten – es gibt zu diesem Zweck einen Steg und einen Aussichtspunkt auf einem Hügel. Ein relativ steiler Weg führt zum Strand (800 m).

Geführte Touren

WOW Wilderness Ecocruises BOOTSFAHRTEN
(08-9840 1036; www.wowwilderness.com.au; Erw./Kind 40/15 AU$) Die großartige Landschaft und das Leben darin werden den Teilnehmern mit Anekdoten über die Aborigines, Lachsfischer und schiffbrüchige Piraten nahegebracht. Zweieinhalb Stunden lang geht's durch Buchten und über Flüsse. Abfahrt ist täglich um 10 Uhr – im Visitor Centre buchen.

Naturally Walpole Eco Tours JEEPTOUR
(08-9840 1019; www.naturallywalpole.com.au) Halbtägige Touren durch die Wildnis (Erw./Kind 75/40 AU$), je nach Kundenwunsch gibt's auch Touren zu Weingütern oder spezielle Wildblumen-Touren.

Schlafen & Essen

In der Wildnis befinden sich Zeltplätze mitten im Busch (Erw./Kind 7/2 AU$) – etwa bei Crystal Springs und Fernhook Falls.

Coalmine Beach CAMPING $
(08-9840 1026; www.coalminebeach.com.au; Coalmine Beach Rd, Walpole; Stellplatz 31–35 AU$ für

DIE STRASSE NACH MANDALAY

Etwa 13 km westlich von Walpole, in Crystal Springs, geht eine 8 km lange Schotterstraße ab nach **Mandalay Beach**. Dort ist 1911 die norwegische Bark *Mandalay* auf Grund gelaufen. Etwa alle zehn Jahre taucht das Schiff im seichten Wasser auf – das unheimliche Schauspiel entsteht, weil Sand abgetragen wird. Bei Ebbe kann man zum Wrack laufen. Der schöne, häufig menschenleere Strand ist über einen Bohlenweg zu erreichen, der über Sanddünen und Felsklippen hinwegführt.

2 Pers., Hütte 115–180 AU$; ❄@📶) Im Schatten der Bäume oberhalb der geschützten Bucht. Eine bessere Lage kann man sich eigentlich kaum vorstellen.

Walpole Lodge HOSTEL $
(☎08-9840 1244; www.walpolelodge.com.au; Pier St, Walpole; B/EZ/DZ 26/45/65 AU$; @📶) Das beliebte Hostel ist schlicht, großzügig geschnitten und von einer lockeren Atmosphäre geprägt. Die Besitzer sind stets gut gelaunt. Die Infotafeln an den Wänden sind spitze, und die Zimmer mit Bad sind Gold wert.

Tingle All Over YHA HOSTEL $
(☎08-9840 1041; www.yha.com.au; 60 Nockolds St, Walpole; B/EZ/DZ 31/54/74 AU$; @📶) Im Garten dieses sauberen, einfachen Hostels kann man sich an der Natur bedienen und Zitronen oder Chilis pflücken. In der Nähe des Highways. Man kriegt hier jede Menge Tipps zu Spaziergängen in der Umgebung.

Riverside Retreat CHALETS $$
(☎08-9840 1255; www.riversideretreat.com.au; South Coast Hwy, Nornalup; Chalet 140–200 AU$) Die gut ausgestatteten Chalets stehen abseits der Straße am Ufer des wunderschönen Frankland River. Für sein Geld bekommt man hier einiges geboten: Die Zimmeröfen sorgen im Winter für gemütliche Wärme, und man kann Tennis spielen oder Kanu fahren. Oft schauen tierische Besucher vorbei – das macht das Riverside Retreat zu einer perfekten Familienunterkunft.

Nornalup Riverside Chalets CHALETS $$
(☎08-9840 1107; www.walpole.org.au/nornalupriversidechalets; Riverside Dr, Nornalup; Chalet 110–180 AU$) Diese komfortablen, voll ausgestatteten Chalets befinden sich im verschlafenen Nornalup. Man ist nur wenige Schritte vom Frankland River entfernt.

Thurlby Herb Farm CAFÉ $$
(www.thurlbyherb.com.au; 3 Gardiner Rd; Hauptgerichte 15–20 AU$; ⊙Mo–Fr 9–16.30 Uhr) Hier werden ätherische Öle und andere Produkte auf Kräuterbasis hergestellt – z. B. Seife. Aber das ist längst nicht alles: Im Thurlby werden auch leichte Mittagsgerichte, Kuchen und Tees aus frisch gepflückten Kräutern serviert.

ℹ Praktische Informationen

DEC (☎08-9840 0400; www.dec.wa.gov.au; South Coast Hwy, Walpole; ⊙Mo–Fr 8–16.30 Uhr) Hier gibt's Infos zum Nationalpark und zu Buschwanderungen.

Visitor Centre (☎08-9840 1111; www.walpole.com.au; South Coast Hwy, Walpole; ⊙9–17 Uhr)

Denmark

2800 EW.

Vor etwa 20 Jahren gründete die erste Welle alternativer Aussteiger das idyllische Denmark, das mit Stränden, einem Fluss, einer geschützten Bucht, Wäldern und den weitläufigen Feldern im Hintergrund ein attraktives Ziel abgibt. An drei großen Markttagen (im Dez., Jan. & an Ostern) wird es hier jedoch richtig voll: Die Besuchermenge aus Landwirten, Fischern und Familien lässt die Übernachtungspreise in die Höhe schießen.

In Denmark herrscht das für die Great Southern Wine Region typische kühle Klima. Namhafte Weingüter sind **Howard Park** (www.howardparkwines.com.au; Scotsdale Rd; ⊙10–16 Uhr) und **Forest Hill** (www.foresthillwines.com.au; Ecke South Coast Hwy & Myers Rd; ⊙10–17 Uhr).

Denmark wurde einst gegründet, um von hier aus die Goldminen mit Holz zu versorgen. Die indigenen Minang Noongar nennen den Ort indes Koorabup („Ort des schwarzen Schwans"). Und im Wilson Inlet wurden Fischreusen gefunden, die davon zeugen, dass hier schon vor 3000 Jahren Menschen gelebt haben.

Sehenswertes & Aktivitäten

Surfer und Angler steuern normalerweise sofort den wunderschönen **Ocean Beach** an. Der anerkannte einheimische Surflehrer Mike Neunuebel erteilt **Privatunterricht** (☎0401 349 854; www.southcoastsurfinglessons.com.au; 2 Std. inkl. Ausrüstung ab 50 AU$).

Um sich zu orientieren, kann man den **Mokare Heritage Trail** (3 km langer Rundweg am Denmark River) oder aber den **Wilson Inlet Trail** (12 km hin & zurück, Ausgangspunkt an der Flussmündung) laufen. Letzterer gehört zum längeren **Nornalup Trail**. Einen tollen Ausblick auf die Küste gewährt der **Mt. Shadforth Lookout**. Und hübsche Fahrtrouten sind die **Mt. Shadforth Road** vom Stadtzentrum bis zum South Coast Highway westlich von Denmark und die längere **Scotsdale Road**. Unterwegs kommt man an Alpaka-Farmen, Weingütern, Käsereien und Kunsthandwerksgeschäften vorbei.

Der **William Bay National Park**, ca. 20 km westlich der Stadt, wartet mit geschützten Bademöglichkeiten im herrlichen **Greens Pool** und bei **Elephant Rocks** auf. Außerdem gibt's ein paar schöne Wanderwege. In **Bartholomews Meadery** kann man sich mit hausgemachter Eiscreme verwöhnen.

Geführte Touren

Out of Sight! JEEPTOUR
(☎08-9848 2814; www.outofsighttours.com) Auf dem Programm stehen hier Exkursionen in die Wildnis rund um Walpole (Erw./Kind 90/45 AU$; 3 Std.), nach West Cape Howe (Erw./Kind 150/75 AU$; 6 Std.) oder in die Stirling Range (Erw./Kind 200/100 AU$; 8 Std.). Außerdem gibt's Sightseeing-Touren rund um Denmark (Erw./Kind 50/25 AU$; 2 Std.) sowie ganztägige Ausflüge zu den Weingütern der Umgebung (100 AU$). Im Eco-Discovery Shop im Visitor Centre von Denmark kann man Kanus und Fahrräder leihen. 2013 wurde der Munda Biddi Trail bis nach Denmark verlängert, er ist jetzt insgesamt 1000 km lang.

Denmark Wine Lovers Tour BUSTOUR
(☎0410 423 262; www.denmarkwinelovers.com.au) Ganztages-Ausflüge zu den Weingütern bei Denmark (95 AU$). Preise für Touren zum weiter entfernten Porongurup oder zum Mt. Barker auf Anfrage.

Schlafen

Blue Wren Travellers' Rest YHA HOSTEL $
(☎08-9848 3300; www.denmarkbluewren.com.au; 17 Price St; B/DZ 27/73 AU$) Unter dem Holzhaus haben sich Hühner eingenistet, und der gutmütige Haushund wird von allen verwöhnt. An den Wänden hängen tolle Info-Tafeln, und mit seinen 20 Betten ist das Haus klein genug, um noch gemütlich zu sein. Man kann hier auch Fahrräder mieten (für 25 AU$/Tag, bzw. 15 AU$ für Gäste). Für Fahrradreparaturen hat der nette Besitzer Graham wirklich ein Händchen.

Denmark Rivermouth Caravan Park CAMPING $
(☎08-9848 1262; www.denmarkrivermouthcaravanpark.com.au; Inlet Dr; Stellplatz 30 AU$ für 2 Pers., Hütte/Chalet 130–200 AU$) Gleich neben der Bootsrampe des Wilson Inlet liegt dieser Campingplatz – und ist damit ideal für Wasserratten und -sportler! Manche Unterkünfte sind richtiggehend luxuriös, wenn auch sehr nah beieinander. Extras sind ein Spielplatz und der Kajakverleih.

★**Cape Howe Cottages** COTTAGES $$
(☎08-9845 1295; www.capehowe.com.au; 322 Tennessee Rd S; Cottage 170–280 AU$; ❄) Wer Lust auf Abgeschiedenheit hat, wird die fünf Hütten im Busch, etwas südöstlich von Denmark (abseits der Lower Denmark Road), lieben. Sie sehen ganz unterschiedlich aus. Das schönste Cottage ist nur 1,5 km vom Lowlands Beach entfernt, an dem gern Delfine vorbeischauen. Die Ausstattung (Grill auf der Veranda, Geschirrspüler und die Möglichkeit, Wäsche zu waschen) ist geradezu luxuriös.

Essen & Ausgehen

Mrs. Jones CAFÉ $$
(☎0467 481 878; www.mrsjonescafe.com; 12 Mt Shadforth Rd; Frühstück 9–18 AU$, Mittagessen 14–21 AU$; ⌚7–16 Uhr) Das beste Café in Denmark ist dank der hohen Decken und der freiliegenden Balken sehr weitläufig. Hier gibt's interessante Snacks wie Türkische Eier mit geröstetem Kürbis, Chorizo und Linsen oder auch asiatische Enten-Pfannkuchen mit Pflaumensoße.

★**Pepper & Salt** MODERN-AUSTRALISCH $$$
(☎08-9848 3053; www.matildasestate.com; 18 Hamilton St, Matilda's Estate; Hauptgerichte 35–40 AU$; ⌚12–22 Uhr) Unter den Highlights finden sich Chili-Kokosnuss-Garnelen und die hochwertige Probierplatte (48 AU$), die gekonnt einen kulinarischen Bogen von Asien nach Nahost spannt. Ehe man zum Essen einkehrt, kann man sich noch im angrenzenden Matilda's Estate mit Wein eindecken.

★**Boston Brewery** BRAUEREI
(www.willoughbypark.com.au; Willoughby Park Winery, South Coast Hwy; Pizza 18–23 AU$, Hauptgerichte 24–32 AU$; ⌚Mo–Do 10–19, Fr & Sa bis 22, So bis 21 Uhr) Die schicke Industrieanlage er-

innert fast an ein Weingut. Die Gerichte passen hervorragend zu den vier Bostoner Biersorten. Jeden zweiten Samstagnachmittag gibt's zwischen 16 und 20 Uhr Livemusik.

Information

Visitor Centre (☎08-9848 2055; www.denmark.com.au; 73 South Coast Hwy; ⏲9–17 Uhr) Man sollte nach der Broschüre *The Wine Lovers' Guide to Denmark* fragen – und sich dann auf Entdeckungsreise begeben.

Albany

25 200 EW.

Albany wurde 1826 – also kurz vor Perth – gegründet und ist damit die älteste europäische Siedlung im Staat und die wichtigste Stadt im Süden von WA. Sie hat viele Gesichter: Es gibt ein prächtiges Viertel mit Kolonialbauten, einen Hafen inmitten sanierter Gebäude und etliche überlaufene Einkaufsstraßen und Fast-Food-Restaurants. Die Küste bei Albany ist aber vor allem eins: traumhaft schön.

Vor dem Visitor Centre beginnt und endet der Bibbulmun Track.

Geschichte

Die Minang Noongar nannten diesen Ort Kinjarling („Ort des Regens"). Sie glaubten, die Landschaft sei von widerstreitenden Wargals (mystischen Riesenschlangen) geschaffen worden. Sie positionierten zudem ausgeklügelt konstruierte Fischreusen am Oyster Harbour; Reste davon sind noch sichtbar.

Zunächst pflegte man friedliche Beziehungen zu den Europäern. Zwischen 1622 und 1826 legten mehr als 60 Schiffe in Albany an. Die Ankunft britischer Siedler wurde begrüßt, da sie die Robben- und Walfänger in ihre Schranken wiesen, die für Entführungen, Vergewaltigungen und Morde verantwortlich gewesen waren. Doch gegen Ende des Jahrhunderts waren die Minang eine Randgruppe; sie hatten z. B. zu keinem Geschäft in Albany Zutritt.

Albany war ein florierender Walfängerhafen, diente später als Kohleversorgungsstation für britische Schiffe und im Ersten Weltkrieg nahm die australische Flotte von hier aus Kurs auf Ägypten und Gallipoli.

Sehenswertes

★Western Australian Museum – Albany MUSEUM
(www.museum.wa.gov.au; Residency Rd; Eintritt gegen Spende; ⏲10–16.30 Uhr) Diese Niederlassung des staatlichen Museums ist in zwei benachbarten Gebäuden untergebracht. Im neueren Eclipse gibt es einen Erlebnisbereich für Kinder, eine Leuchtturmausstellung und eine Galerie für wechselnde Ausstellungen. Im restaurierten Wohnhaus des britischen Magistrats (erbaut in den 1850er-Jahren) werden die Tradition der Minang Noongar, die Naturgeschichte und das örtliche Seemannsgarn näher beleuchtet.

Brig Amity SCHIFF
(www.historicalbany.com.au; Erw./Kind 5/2 AU$; ⏲9–16 Uhr) Neben dem Museum befindet sich eine maßstabsgetreue Kopie der Brigg, mit der die ersten britischen Siedler 1826 von Sydney nach Albany reisten. Der Nachbau wurde zum 150-jährigen Bestehen der Stadt fertiggestellt. Ein Audioguide lässt die Geschichte des Schiffes lebendig werden.

Stadtzentrum HISTORISCHE GEBÄUDE
Die Stirling Tce wird von viktorianischen Ladenfassaden dominiert. Ebenfalls sehenswert sind das **Gerichtsgebäude** und die **Alte Post**. An der York Street stehen die anglikanische Kirche **St. John's** und das **Rathaus** von Albany (www.albanytownhall.com.au; 217 York St). Im Visitor Centre gibt's eine Broschüre mit Infos zu einem Stadtspaziergang.

Patrick Taylor Cottage MUSEUM
(www.historicalbany.com.au; 39 Duke St; Eintritt 2 AU$; ⏲11–15 Uhr) Dies soll das älteste Siedlerhaus in WA sein. Der Lehmbau von 1832 ist vollgestopft mit Antiquitäten, schrägen Verkleidungen und Darstellungen der ehemaligen Bewohner.

Albany Convict Gaol MUSEUM
(www.historicalbany.com.au; Stirling Tce; Erw./Kind 5/2,50 AU$; ⏲10–16 Uhr) Das Gebäude wurde 1851 als Bleibe für Gefangene im offenen Vollzug erbaut. 1855 waren die meisten dieser Gefangenen allerdings schon in der Privatwirtschaft beschäftigt. 1872 wurde der Bau erweitert und als Zivilgefängnis neu eröffnet. Heute dient es als Volkskundemuseum.

Princess Royal Fortress HISTORISCHE STÄTTE
(www.forts.albany.wa.gov.au; Forts Rd; Erw./Kind 12/4,50 AU$; ⏲9–17 Uhr) Albany war eine strategisch bedeutende Hafenstadt, die seit jeher als verwundbar galt. Darum wurde 1893 zum Schutz vor Angriffen diese Anlage auf dem Mount Adelaide errichtet. Die restaurierten Gebäude, die Geschützstellungen und die Fotos von Truppentransportern auf dem Weg nach Gallipoli sind sehenswert.

Albany

Albany

Highlights

1 Western Australian Museum – Albany B3

Sehenswertes

2 Albany Convict Gaol B3
3 Brig Amity B3
4 Old Post Office C3
5 Patrick Taylor Cottage B2
6 Town Hall B2

Aktivitäten, Kurse & Touren

7 Albany Whale Tours C3
8 Southcoast Diving Supplies B1

Schlafen

9 1849 Backpackers B2
10 Albany Harbourside B2

Essen

11 14 Peels Place C2
12 Vancouver Cafe & Store A2
13 White Star Hotel C2
14 York Street Cafe C2

Ausgehen & Nachtleben

15 Liberté B2

Middleton & Emu Beaches STRÄNDE

Hinter der Landzunge östlich der Stadt erstrecken sich diese beiden tollen Strände mit Blick auf den King George Sound. Sie sind ein Paradies für Familien. Im Winter hat man oft die Gelegenheit, Walmütter mit ihren Kälbern zu erspähen. Jenseits von Emu Point, im Oyster Harbour, ist das Meer noch ruhiger; die Pontons schaukeln hier ganz sanft auf dem Wasser.

Aktivitäten

Nachdem der Walfang im Jahr 1978 verboten worden war, kehrten die riesigen Säuger langsam wieder in die Gewässer vor Albany zurück. Zwischen Juli und Mitte Oktober kann man sie für gewöhnlich vom Strand aus sehen. Wem das nicht nah genug ist, sollte einen der im Folgenden genannten Touranbieter auswählen und kontaktieren.

Albany ist ein erstklassiges Ziel für Taucher. Diesen Ruf hat die Stadt vor allem durch das 2001 nach Plan versenkte Schiff **HMAS Perth** (www.hmasperth.com.au) erhalten. Die Riffe können mit jenen Korallenarten aufwarten, die in gemäßigten und tropischen Klimazonen vorkommen. Ein weiteres Highlight sind die bizarren Großen und Kleinen Fetzenfische.

Albany Dolphin & Whale Cruises WALBEOBACHTUNG
(☎0428 429 876; www.whales.com.au; Erw./Kind 80/45 AU$; ⏲Juli–Mitte Okt.) Bietet während der Walsaison regelmäßig Whale-Watching-Touren an.

Albany Whale Tours WALBEOBACHTUNG
(☎08-9845 1068; www.albanywhaletours.com.au; Albany Waterfront Marina, Ecke Princess Royal Dr & Toll Pl; Erw./Kind 80/45 AU$; ⏲Ende Mai–Anfang Okt.) Walbeobachtungs-Touren starten von der Albany Marina und von jenem Anlegesteg aus, wo sich das Ticketbüro befindet.

Southcoast Diving Supplies TAUCHEN
(☎08-9841 7176; www.divealbany.com.au; 84b Serpentine Rd) Unter den Tauchzielen ist auch die als künstliches Riff versenkte HMAS *Perth*.

Kalgan Queen BOOTSFAHRTEN
(☎08-9844 3166; www.albanyaustralia.com; Emu Point; Erw./Kind 75/40 AU$; ⏲Sept.–Juni 9 Uhr) Vierstündige Touren auf dem Kalgan River mit den Themenschwerpunkten Geschichte und wilde Tierwelt.

Schlafen

★1849 Backpackers HOSTEL $
(☎08-9842 1554; www.albanybackpackersaccommodation.com.au; 45 Peels Pl; B ab 25 AU$, Zi. ab 70 AU$; @📶) Große Flaggen aus aller Herren Länder heißen die Besucher in diesem gut geführten Hostel bunt und international willkommen. Eine große, moderne Küche, sonnendurchflutete Zimmer und ein entspanntes Miteinander sprechen für sich. Für das kostenlose Barbecue am Sonntagabend unbedingt reservieren.

Albany Discovery Inn PENSION $
(☎08-9842 5535; www.discoveryinn.com.au; 9 Middleton Rd, Middleton Beach; EZ 55 AU$, DZ 80–90 AU$; @📶) Die Gäste können sich im zentralen Gewächshaus tummeln, die renovierten Zimmer sind farbenfroh gestaltet. Neu ist das Café vor Ort, hier kann man für 20 AU$ zu Abend essen. Gäste von außerhalb sind willkommen, sollten aber vorher reservieren. Im Zimmerpreis ist ein warmes Frühstück inbegriffen.

Emu Beach Holiday Park CAMPING $
(☎08-9844 1147; www.emubeach.com; 8 Medcalf Pde, Emu Point; Stellplatz 35 AU$ für 2 Pers., Chalet 130–190 AU$; ❄) Familien lieben die Gegend bei Emu Beach und ebenso diese tolle Ferienanlage in Strandnähe. Die Anlage mit Grillplatz und Kinderspielplatz ist gut in Schuss, der neu errichtete Motel-Teil bietet geräumige, moderne Zimmer.

Albany Harbourside APARTMENTS $$
(☎08-9842 1769; www.albanyharbourside.com.au; 8 Festing St; DZ 159–219 AU$; ❄) Das Resort verfügt über geräumige, tadellose Apartments in der Festing Street sowie drei weitere, separate Varianten rund um Albany. Die Wohneinheiten sind modern und farbenfroh eingerichtet, einige haben Meerblick.

Beach House at Bayside BOUTIQUEHOTEL $$$
(☎08-9844 8844; www.thebeachhouseatbayside.com.au; 33 Barry Ct, Collingwood Park; Zi. 249–335 AU$; ❄) In einer ruhigen Einbahnstraße beim Strand und dem Golfplatz, auf halber Strecke zwischen Middleton Beach und Emu Point, bietet dieses moderne Haus einen absolut wunderbaren Service.

Essen & Ausgehen

York Street Cafe CAFÉ $$
(www.184york.com; 184 York St; Mittagessen 10–22 AU$, Abendessen 22–36 AU$; ⏲Mo & Di 7.30–15, Mi–Fr 7.30 Uhr–open end, Sa & So 8.30–14.30 Uhr) Zum Mittagessen gibt's z. B. gebratene Tomaten und Prosciutto-Salat oder Hühnerpastete. Abends stehen eher Bistro-Köstlichkeiten wie Krabben mit Pasta oder eine herzhafte Ziegen-Tagine auf dem Speiseplan. Den Wein bringt man selbst mit.

Vancouver Cafe & Store CAFÉ $$
(☎08-9841 2475; 65 Vancouver St; Hauptgerichte 12–25 AU$; ⏲7.30–15.30 Uhr) Dieses kleine, alteingesessene Café liegt oberhalb der Küste und bietet köstliche hausgemachte Backwaren. Auf der Veranda hat man eine wunderbare Aussicht. Als nahrhafte Mittagsgerichte bieten sich Knoblauch-Garnelen-Risotto oder Würstchen mit Kartoffelbrei an. Jeden Donnerstagabend gibt's Musik und Pizza-Specials. Hierfür unbedingt reservieren!

White Star Hotel KNEIPE $$
(72 Stirling Tce; Hauptgerichte 16–34 AU$; ⏲11–open end) Die altbewährte Kneipe hat stolze 20 Biersorten vom Fass (darunter auch eigene Kreationen) sowie tolle Kneipengerichte im Angebot – dafür gibt's allerhand Extrapunkte. Sonntagabends kann man bei Folk und Blues live mit den entspannten Einwohnern von Albany ein Bierchen trinken.

14 Peels Place CAFÉ $$
(14 Peels Pl; Frühstück 7–21 AU$, Mittagessen 14–22 AU$; ⏲Mo–Fr 8.30–16, Sa & So bis 13 Uhr; 🖉) 🍃 Eine kunterbunte Location für ein-

geweihte Feinschmecker. Hier gibt's guten Kaffee und coolen Jazz für den perfekten Start in den Tag. Von den frisch gebackenen Kuchen gibt's oft auch glutenfreie Varianten.

Liberté CAFÉ, BAR
(London Hotel,162 Stirling Tce; ⌚Mo & Di 8.30–17 Uhr, Mi–Sa open end) Samtenes Mobiliar – wie in einem verruchten Pariser Café des ausgehenden 19. Jhs. Tagsüber regieren hier Kaffee und Kuchen, zum Abend hin Bier, starke Cocktails und mediterrane Tapas.

Praktische Informationen

DEC (☎08-9842 4500; 120 Albany Hwy; ⌚Mo–Fr 8–16.30 Uhr) Informationen zum Nationalpark.

Visitor Centre (☎08-9841 9290; www.amazingalbany.com; Proudlove Pde; ⌚9–17 Uhr) Im alten Bahnhof.

Rund um Albany

Sehenswertes

Whale World Museum MUSEUM
(☎08-9844 4019; www.whaleworld.org; Frenchman Bay Rd; Erw./Kind 29/10 AU$; ⌚9–17 Uhr) Als die Cheynes Beach Whaling Station im November 1978 den Betrieb einstellte, konnte noch niemand ahnen, dass das ehemals blutverschmierte Gelände einmal von Touristen bevölkert sein würde. Die verrenken sich den Nacken, um die Wale – zum Greifen nah – am ehemaligen Walschlachthaus vorbeiziehen zu sehen. Im Museum werden diverse Filme über die Meeresfauna und den Walfang gezeigt. Außerdem sind riesige Skelette, Harpunen, Modelle von Walfangbooten und Walknochenschnitzereien ausgestellt. Draußen rosten das Walfangschiff *Cheynes IV* sowie die ehemalige Ausrüstung der Walfangstation vor sich hin. Von 10–15 Uhr finden stündlich kostenlose Führungen statt.

Direkt angeschlossen ist der Walk On The Wild Side Park. Im Eintritt zur Whale World ist der Besuch des Parks inbegriffen.

Torndirrup National Park NATIONALPARK
(Frenchman Bay Rd) GRATIS Der Torndirrup National Park nimmt fast komplett jene Halbinsel ein, die die südliche Begrenzung des King George Sound darstellt. Er ist bekannt für seine windgepeitschten und vom Ozean geformten Klippen. „The Gap" ist eine natürliche Spalte im Fels: Das Wasser fließt durch die mächtigen Granitwände wie durch einen Kanal. In der Nähe ist auch die Natural Bridge, eine gewaltige Brücke aus Stein. Durch die Blowholes weiter östlich schießt bei hohem Wellengang das Wasser in die Höhe. Dieses Schauspiel ist es wert, die 78 Stufen rauf und wieder runter zu klettern!

Felsige Buchten mit grünem Wasser – wie Jimmy Newells Harbour und Salmon Holes – sind beliebt bei Surfern, für Schwimmer aber furchteinflößend. Wer baden will, sollte besser Misery Beach oder Frenchman Bay an der geschützten Seite der Halbinsel aufsuchen.

Für Wanderer ist die anstrengende Buschwanderung (hin & zurück 10 km, mind. 5 Std.) über den Isthmus Hill nach Bald Head am östlichen Rand des Parks eine echte Herausforderung.

Two Peoples Bay NATURSCHUTZGEBIET
(Two Peoples Bay Rd) Etwa 20 km östlich von Albany liegt dieses 46 km² große Schutzgebiet. Die Küste ist hübsch hier, und es gibt einen schönen Badestrand.

Waychinicup National Park NATIONALPARK
(Cheyne Beach Rd; Parkeintritt frei, Campen Erw./Kind 7/3 AU$) Das DEC betreibt einen wunderschön gelegenen Campingplatz (Erw./Kind 7/3 AU$) an einer Bucht des Waychinicup River. Achtung: Es gibt dort zwar Toiletten, aber kein Trinkwasser.

Mt. Barker

1770 EW.

Mount Barker (50 km nördl. von Albany) ist das Tor zu den Nationalparks Porongurup und Stirling Range. Darüber hinaus ist dieser Ort das Zentrum eines Weinbaugebiets, das immer beliebter wird (gehört zur Weinregion Great Southern). Wer Lust hat, könnte **Plantagenet Wines** (www.plantagenetwines.com; Albany Hwy; ⌚10–16.30 Uhr), – praktischerweise mitten in Mount Barker gelegen – einen Besuch abstatten.

Der Ort wurde in den 1830er-Jahren besiedelt. Die 1868 von Strafgefangenen errichtete Polizeiwache und das Gefängnis dienen heute als **Museum** (Albany Hwy; Erw./Kind 5 AU$/frei; ⌚Sa & So 10–15 Uhr).

Es gibt 78 verschiedene Arten und 24 Unterarten der seltsam schönen australischen Banksien, die auf der **Banksia Farm** (☎08-9851 1770; www.banksiafarm.com.au; Pearce Rd; Eintritt 11 AU$; ⌚März–Juni Mo–Fr 9.30–16.30 Uhr, Aug.–Nov. tgl.) bestaunt werden können. Man kann sich hier z. B. einer geführten Tour anschließen (25 AU$) und in dem gemütlichen B&B übernachten (EZ/DZ ab 95/150 AU$).

Morgens und nachmittags werden dort leichte Mahlzeiten serviert.

Den namensgebenden **Mount Barker**, 5 km südlich der Stadt, zu besteigen ist ebenfalls nett. Man hat einen schönen Blick auf die umliegenden Berge. Südwestlich, auf dem weitläufigen Egerton-Warburton-Anwesen, steht die bildhübsche **St. Werburgh's Chapel** von 1872/73.

Eher ungewöhnlich ist der Anblick der authentischen mongolischen Jurte auf dem Gelände des **Nomads Guest House** (08-9851 2131; www.nomadsguesthousewa.com.au; 12 Morpeth St; EZ/DZ/Jurte/Chalet 70/90/100/110 AU$). In der Galerie ist darüber hinaus mongolische und chinesische Kunst ausgestellt.

Porongurup National Park

Der 24 km² große und 12 km lange **Porongurup National Park** (Zufahrt Auto/Motorrad 11/5 AU$) hat 1100 Mio. Jahre alte Granitfelsen, umwerfende Panoramablicke, riesige Karri-Bäume und tolle Buschwanderungen zu bieten. In den Wäldern wachsen im Frühling 65 Orchideenarten, im September und Oktober blühen die Wildblumen zwischen den Bäumen. In unmittelbarer Nähe befinden sich elf Weingüter.

Schlafen & Essen

Auf dem eigentlichen Parkgelände gibt es keine Übernachtungsmöglichkeiten, doch die unten angegebenen Adressen sind ganz in der Nähe. Restaurants sind spärlich gesät.

Porongurup Village Inn, Shop & Tearooms B&B $
(08-9853 1110; www.porongurupinn.com.au; EZ/DZ/Hütte 30/60/100 AU$) In diesem ländlichen B&B werden hausgemachte Speisen mit Gemüse aus dem Biogarten angeboten (Frühstück 5–14 AU$, Mittagessen 16–18 AU$). Unbedingt die Lachs-Pastetchen probieren! Für die jüngeren Besucher gibt's ein Trampolin.

Porongurup Range Tourist Park CAMPING $
(08-9853 1057; www.porongurupranagetouristpark.com.au; 1304 Porongurup Rd; Stellplatz 30 AU$ für 2 Pers., Hütte 90–110 AU$;) Gepflegter Platz mit guten sanitären Anlagen.

Ty-Jarrah CHALETS $$
(08-9853 1255; www.tyjarrah.com; 3 Bolganup Rd; Chalet 1/2 Zi. ab 125/145 AU$) Die sehr gemütlichen und bequemen, abgeschlossenen Nurdachbauten sind im schattigen Wald gelegen. In der Dämmerung gesellen sich oft heimische Beuteltiere zu den Gästen.

Maleeya's Thai Cafe THAILÄNDISCH $$
(08-9853 1123; www.maleeya.com.au; 1376 Porongurup Rd; Hauptgerichte 25–30 AU$; Fi–So 11.30–15 & 18–21 Uhr;) Currys, Suppen und Pfannengerichte mit frischen Kräutern aus dem hauseigenen Garten. Die anderen Zutaten sind ebenfalls Freiland-Produkte. Reservierung empfohlen.

Stirling Range National Park

Der 1156 km² große Nationalpark umfasst eine 10 km breite und 65 km lange Bergkette, die unvermittelt aus der Ebene aufragt. Bluff Knoll (Bular Mai) ist mit 1095 m der höchste Punkt im Südwesten. Dank Höhe und Klima hat der Park viele endemische Pflanzenarten.

Der Farbwechsel zwischen Blau, Rot und Violett fasziniert in der Wildblumensaison (Ende Aug.–Anfang Dez.) die Fotofreaks. Für die Noongar hat dieser Ort eine ganz besondere Bedeutung: Jedem Gipfel ist ein Vorfahre zugeordnet. Besucher sollten sich daher respektvoll verhalten.

Die Parkgebühren werden am Anfang der Bluff Knoll Road fällig (Auto/Motorrad 11/5 AU$). Wanderer müssen gut ausgerüstet und erfahren sein: Temperatureinbrüche, Platzregen und plötzliche Schneefälle sind in den Stirling Ranges keine Seltenheit. Vorm Losmarschieren (und nach der Rückkehr) sollte man sich zur eigenen Sicherheit bei den **Rangern** (08-9827 9230) an- und abmelden.

Schlafen & Essen

Die Auswahlmöglichkeiten sind hier begrenzt. Am besten besorgt man sich ausreichend Proviant in Mount Barker.

Stirling Range Retreat CAMPING $
(08-9827 9229; www.stirlingrange.com.au; 8639 Chester Pass Rd; Stellplatz ohne/mit Strom 30/32 AU$ für 2 Pers., Hütte 55–79 AU$, Wohneinheit 145–175 AU$;) Am nördlichen Ende des Platzes gibt es schattige Unterkünfte in Form von Zeltplätzen, schlichten Hütten oder Wohnwagen. Außerdem finden sich hier separate Lehmbauten. Von Mitte August bis Ende Oktober werden Wildblumen- und Orchideen-Touren angeboten sowie geführte Rundwanderungen (49 AU$/Pers.; 3 Std.).

Mount Trio Bush Camping & Caravan Park CAMPING $
(☎ 08-9827 9270; www.mounttrio.com.au; Salt River Rd; Stellplatz ohne/mit Strom 12/14 AU$ pro Pers.) Rustikaler Buschcampingplatz auf einem Farmgrundstück in der Nähe der Wanderwege und nördlich vom Zentrum des Parks.

Moingup Springs CAMPING $
(Chester Pass Rd; Stellplatz Erw./Kind 7/2 AU$) Der einzige DEC-Campingplatz im Park. Keine Duschen, kein Strom.

Lily COTTAGES $$
(☎ 08-9827 9205; www.thelily.com.au; Chester Pass Rd; Cottage 139–169 AU$) Diese Cottages 12 km nördlich des Parks sind um eine aktive Windmühle herum gruppiert. Gäste können auch im benachbarten Restaurant speisen (36 AU$). Vorher anrufen, an welchen Abenden und um welche Uhrzeit das Lokal öffentlich zugänglich ist.

Fitzgerald River National Park

Dieses UNESCO-Biosphärenreservat liegt auf halbem Weg zwischen Albany und Esperance. Auf dem 3300 km² großen Gelände sind 22 Beuteltier- und 200 Vogelarten heimisch sowie 1700 verschiedene Pflanzenspezies (das sind 20 % der erfassten Pflanzenarten Western Australias!). Das ganze Jahr über blüht hier etwas; Wildblumen sprießen vor allem im Frühling.

Wanderer dürfen sich auf eine herrliche Küstenlandschaft, Sandebenen, zerklüftete Hügel am Meer und tiefe Flusstäler freuen. In der entsprechenden Jahreszeit wird man vom Aussichtspunkt am **Point Ann** aus wahrscheinlich Wale und ihre Kälber erspähen. Ein Pfad folgt einem kurzen Abschnitt des 1164 km langen **No 2 Rabbit-Proof Fence** (das ist ein „kaninchensicherer“ Zaun).

Die drei Hauptzugangspunkte für Wagen ohne Allradantrieb sind der South Coast Highway (Quiss Road & Pabelup Drive), Hopetoun (Hamersley Drive) und Bremer Bay (entlang der Swamp & Murray Road). Diese Straßen sind unbefestigt und nach Regenfällen häufig unpassierbar – am besten rechtzeitig nach den aktuellen Bedingungen fragen.

Am Parkende warten **Bremer Bay** (250 Ew.) und **Hopetoun** (590 Ew.) mit weißem Sand und grünem Wasser auf. Östlich von Hopetoun führt der malerische, aber teilweise äußerst holprige **Southern Ocean East Drive** zu Strandcampingplätzen an der **Mason** und der **Starvation Bay**. Achtung: Ohne Geländewagen sollte man auf keinen Fall diese Route nach Esperance nehmen!

Schlafen

Quaalup Homestead CAMPING $
(☎ 08-9837 4124; www.whalesandwildflowers.com.au; Quaalup Rd; Stellplatz ab 12 AU$/Pers., Wohnwagen 60 AU$, Zi. 90–120 AU$) Das Gehöft aus dem Jahr 1858 liegt inmitten der südlichen Ausläufer des Parks. Der Strom kommt von der Solaranlage, und Handyempfang gibt's hier keinen. Es gibt Buschzeltplätze mit Gasgrill sowie gemütliche Hütten und Chalets.

DEC Camp sites CAMPING $
(Stellplatz 7/2 AU$ pro Erw./Kind) Von fünf Campingplätzen im Nationalpark ist nur dieser mit Zweiradantrieb zu erreichen. Die beiden am Hamersley Inlet sowie die am Whale Bone Beach, am Quoin Head und am Fitzgerald Inlet erreicht man nur mit Allradfahrzeugen – oder zu Fuß.

Hopetoun Motel & Chalet Village MOTEL $$
(☎ 08-9838 3219; www.hopetounmotel.com.au; 458 Veal St; Zi. 140–200 AU$; 📶) Lehmbauten mit gemütlichen Betten und anständiger Bettwäsche. Für Familien gibt's ein größeres Townhouse (310 AU$).

Esperance

9600 EW.

Esperance thront an der hübschen Bay of Isles, einer Meereslandschaft mit aquamarinblauem Wasser und schneeweißen Stränden. Trotz seiner Abgeschiedenheit im Südosten nehmen seine Liebhaber unerschrocken den weiten Weg von Perth hierher auf sich, um die ungezwungene, gesellige Atmosphäre zu erleben. In Kalgoorlie würde niemand infrage stellen, dass sich die 390 km lange Fahrt zu den Stränden von Esperance lohnt. Auf dem Weg entlang der Küste gen Osten ist dies die letzte größere Stadt vor der Nullarbor Plain.

Ein paar der schönsten Strände des Landes erstrecken sich an den Küsten der weiter entfernten Nationalparks Richtung Südosten. Das Recherche Archipelago in der Bucht ist ursprünglich und wild. Manchmal ist es sehr windig, in anderen Fällen zeigt es sich von seiner malerisch-ruhigen Seite. Auf den 105 Inseln des Archipels leben ganze Kolonien von Seehunden, Pinguine und jede Menge anderer Meeresvögel.

Geschichte

Der Aborigine-Name für Esperance ist Kepa Kurl („Wasserbumerang") und spielt auf die Form der Bucht an. Ihren heutigen Namen erhielt die Stadt 1792, als die Schiffe Recherche und l'Espérance bei stürmischem Wetter Schutz in der Bucht suchten. In den 1820er- und 1830er-Jahren war das Recherche Archipelago das Revier von Black Jack Anderson, dem einzigen Piraten Australiens. Von seiner Basis auf Middle Island aus überfiel er Schiffe und hielt sich einen Harem von Aborigine-Frauen, deren Ehemänner er umgebracht hatte. Er starb im Schlaf – einer seiner eigenen Männer hat ihn umgebracht.

Die ersten Siedler kamen schon 1863 nach Esperance, doch erst während des Goldrauschs der 1890er-Jahre entwickelte sich hier ein wichtiger Hafen. Als das Goldfieber sank, wurde es ruhig um Esperance. In den 1950er-Jahren entwickelte sich die Gegend zu einem wichtigen agrarischen Zentrum. Noch heute werden Getreide und Mineralien aus dem Umland exportiert.

Sehenswertes & Aktivitäten

Esperance Museum MUSEUM
(Ecke James & Dempster Sts; Erw./Kind 6/2 AU$; 13.30–16.30) In den Glasschaukästen stapeln sich Muscheln, Froschfiguren, Tennisschläger und Bettpfannen. Bei den größeren Exponaten handelt es sich um Boote, Eisenbahnfahrgestelle und Überreste der US-amerikanischen Raumstation Skylab, die 1979 auf Balladonia, östlich von Esperance, vom Himmel stürzten.

Museum Village HISTORISCHES GEBÄUDE
Galerien und Cafés nehmen hier verschiedene denkmalgeschützte, restaurierte Gebäude ein, und sonntagmorgens findet ein Markt statt. In der von Aborigines geführten **Kepa Kurl Art Gallery** (www.kepakurl.com.au; Ecke Dempster St & Kemp St; Mo–Fr & an Marktsonntagen 10–16 Uhr) werden Werke von Künstlern aus der Umgebung und dem Central Desert zu fairen Preisen verkauft.

Lake Warden Wetland System SEEN
Esperance ist von großflächigen Feuchtgebieten mit sieben großen und 90 kleineren Seen umgeben. Der **Kepwari Wetland Trail** (abseits der Fisheries Rd, hin & zurück 7,2 km) führt zum **Lake Wheatfield** und zum **Woody Lake**. Man kann dort Vögel beobachten und die Infotafeln sind prima. Der **Lake Monjimup** 14 km nordwestlich (über den South Coast Hwy) wird durch die Telegraph Road in eine Naturschutzzone und ein Naherholungsgebiet geteilt. Im Naturschutzgebiet führen Stege über tiefschwarzes Wasser. Das Erholungsgebiet bietet z. B. Banksia-, Hakea- und Grevilleengärten, ein Heckenlabyrinth und Grasflächen für Ballspiele.

Great Ocean Drive PANORAMASTRASSE
Die gut ausgeschilderte, 40 km lange Schleife führt an vielen Sehenswürdigkeiten von Esperance vorbei. Vom Ufer aus geht's Richtung Südwesten an einem atemberaubend schönen Küstenstreifen mit zahlreichen tollen Surf- und Badegelegenheiten entlang, darunter **Blue Haven Beach** und **Twilight Cove**. Zwei lohnende Aussichtspunkte sind **Observatory Point** und **Wireless Hill**. Eine Abzweigung führt zum **Windpark**, in dem ungefähr 23 % der für Esperance nötigen Elektrizität erzeugt werden. Ein Spaziergang bei den Turbinen ist an einem windigen Tag eine Erfahrung für sich.

Geführte Touren

Esperance Island Cruises BOOTSFAHRT
(08-9071 5757; www.woodyisland.com.au; 72 The Esplanade; Ende Sept.–Mai tgl.) Mit einem Motorkatamaran geht's durch die Esperance Bay und nach Woody Island (halber/ganzer Tag 95/150 AU$). Man kommt ganz dicht an Seehunde und -löwen, Hühnergänse und mit etwas Glück sogar an Delfine heran. Betreibt im Januar eine Fähre nach Woody Island (Erw./Kind hin & zurück 60/30 AU$).

Kepa Kurl Eco Cultural Discovery Tours ABORIGINE-KULTUR
(08-9072 1688; www.kepakurl.com.au; Museum Village) Das Land aus Sicht eines Ureinwohners kennenlernen: Besucher können sich Felsmalereien anschauen und Wasserlöcher aufsuchen, die typische „Buschküche" kosten und alten Überlieferungen lauschen (Erw./Kind 105/90 AU$, mind. 2 Teilnehmer).

Eco-Discovery Tours JEEPTOUR
(0407 737 261; www.esperancetours.com.au) Im Geländewagen geht es am Strand entlang bis zum Cape Le Grand National Park (halber/ganzer Tag 95/165 AU$, mind. 2/4 Teilnehmer). Außerdem stehen hier zweistündige Rundfahrten auf dem Great Ocean Drive (Erw./Kind 55/40 AU$) auf dem Programm.

Aussie Bight Expeditions JEEPTOUR
(0427 536 674; www.aussiebight.com; halber/ganzer Tag 90/160 AU$; Aug.–April) Jeeptouren zu den Wildblumen und in den Cape Le Grand National Park. Von Mitte Dezember

bis April bietet Aussie Bight auch Sandboarding an.

Esperance Diving & Fishing TAUCHEN, ANGELN
(☎08-9071 5111; www.esperancedivingandfishing.com.au; 72 The Esplanade) Bietet Wracktauchen zur Sanko Harvest an. Zwei Tauchgänge kosten 260 AU$ (Ausrüstung inkl.). Auch Angeltouren im Archipel sind möglich.

Schlafen

Woody Island Eco-Stays CAMPING $
(☎08-9071 5757; www.woodyisland.com.au; Stellplatz 25 AU$/Pers., Leihzelt 41–61 AU$, Hütte 140–165 AU$; ⊙Ende Sept.–April; ❄) Man hat die Wahl zwischen schattigen Stellplätzen für Zelte oder Buschhütten, die teilweise mit eigener Terrasse ausgestattet sind. Hier gibt's vor allem Solarstrom und die Insel wird mit Regenwasser versorgt. Für die Fähre werden hin und zurück 60 AU$ fällig.

Blue Waters Lodge YHA HOSTEL $
(☎08-9071 1040; www.yha.com.au; 299 Goldfields Rd; B/EZ/DZ 28/50/70 AU$) Am Strand, ca. 1,5 km vom Zentrum entfernt, steht dieses weitläufige Hostel mit dem leicht institutionellen Flair. Aber jenseits des gepflegten Rasens ist gleich das Meer. Mit Leihrädern kann man an der Küste entlang radeln.

Esperance B&B by the Sea B&B $$
(☎08-9071 5640; www.esperancebb.com; 34 Stewart St; EZ/DZ 120/170 AU$; ❄) Das Haus am Strand hat einen Flügel eigens für Gäste. Der Blick von der Terrasse auf den Blue Haven Beach ist überwältigend. Bis zum Meer ist es nur ein kurzer Fußmarsch. Von der Dempster St braucht man fünf Minuten mit dem Auto.

Clearwater Motel Apartments MOTEL $$
(☎08-9071 3587; www.clearwatermotel.com.au; 1a William St; EZ 110 AU$, DZ 140–195 AU$; ❄) Die hellen, geräumigen Zimmer und Apartments besitzen Balkone und sind vollständig ausgestattet. Der Grillbereich wird gemeinschaftlich genutzt. Die Unterkunft ist stadt- und strandnah.

Driftwood Apartments APARTMENTS $$
(☎0428 716 677; www.driftwoodapartments.com.au; 69 The Esplanade; Apt. 165–220 AU$; ❄) Jedes der sieben schicken Apartments gleich gegenüber vom Ufer wartet mit einem eigenen Grillbereich und Tischen im Freien auf. Die zweistöckigen Wohnungen mit zwei Schlafzimmern und Terrassen bieten etwas mehr Privatsphäre.

Essen

Taylor's Beach Bar & Cafe CAFÉ $$
(Taylor St Jetty; Mittagessen 7–24 AU$, Abendessen 24–32 AU$; ⊙Mi 7–14, Do–Mo bis 21 Uhr; 📶) In dem hübschen, geräumigen Café am Pier werden Gäste mit kleinen Gerichten, Tapas, Meeresfrüchten und Salaten verwöhnt. Man kann an den Tischen auf dem Rasen oder auf der überdachten Terrasse Platz nehmen. Die Sandwichs (6,50–9,50 AU$) bieten viel für (verhältnismäßig) wenig Geld. Man kann sich ein paar schnappen und sie auf dem Weg zum Strand oder gleich hier genießen, und zwar bei einem entspannten Little Creatures Pale Ale.

Alimento CAFÉ $$
(94 Dempster St; Hauptgerichte 13–18 AU$; ⊙Mo–Fr 7–15, Sa 8–13, So 7.30–11.30 Uhr) Ausgezeichneter Kaffee und bunte, einheimische Kunst machen dieses zentral gelegene Café zu einem angenehmen Ort. Man sollte die Probierplatte mit hausgemachtem Hummus und warmem Fladenbrot versuchen – oder das beliebte „Curry of the Day".

Ocean Blues CAFÉ $$
(19 The Esplanade; Hauptgerichte 22–34 AU$; ⊙Di–Sa 9.30–20.30, So 8–16 Uhr) Man kann einfach mit sandigen Füßen reinschlendern, sich einen Burger bestellen – oder lieber einen Salat oder Wraps? Das Angebot zum Abendessen ist ausgefallener und bietet ein gutes Preis-Leistungs-Verhältnis.

Pier Hotel KNEIPE $$
(www.pierhotelesperance.net.au; 47 The Esplanade; Hauptgerichte 20–35 AU$; ⊙11.30–open end) Viele verschiedene Biere vom Fass, Pizza aus dem Holzofen und leckere Bistro-Gerichte sind der Grund, warum der Pub so beliebt ist.

Praktische Informationen

DEC (☎08-9083 2100; 92 Dempster St) Infos zu den Nationalparks.

Visitor Centre (☎08-9083 1555; www.visitesperance.com; Ecke Kemp St & Dempster St; ⊙Mo–Fr 9–17, Sa bis 14, So bis 12 Uhr)

Rund um Esperance

Cape Le Grand National Park

Der **Nationalpark** (Zufahrt Auto/Motorrad 11/5 AU$, Stellplatz Erw./Kind 9/2 AU$) eignet sich bestens für einen Tagesausflug ab Esperance. Er erstreckt sich 60 km östlich von Esperance und wartet mit Küstenlandschaft, wunderschönen Stränden und super Wanderwegen auf. An der **Lucky Bay** und am **Le Grand Beach** lässt es sich prima angeln, schwimmen und campen. An der tollen **Hellfire Bay** finden Tagesausflügler alles, was sie brauchen. Wer den steilen Aufstieg zum **Frenchman Peak** (hin & zurück 3 km, 2 Std.) auf sich nimmt, wird – besonders am späten Nachmittag – mit einem sensationellen Ausblick auf den Gipfel und durch das „Auge" belohnt.

An der **Rossiter Bay** trafen der Brite Edward John Eyre und der Aborigine Wylie bei ihrer legendären Landüberquerung 1841 zufällig auf das französische Walfangschiff *Mississippi*, auf dem sie sich zwei Wochen lang ausruhten. Der 15 km lange **Küstenwanderweg Le Grand** verbindet die Buchten miteinander; zwischen den Stränden kann man auch kürzere Abschnitte abwandern.

Cape Arid National Park

Weiter östlich, am Anfang der Great Australian Bight und am Rand der Nullarbor Plain liegt der wilde, abgeschiedene Nationalpark **Cape Arid** (Zufahrt Auto/Motorrad 11/5 AU$, Stellplatz Erw./Kind 7/2 AU$) mit guten Buschwanderwegen, Campingplätzen und großartigen Stränden.

Hier lassen sich Wale (in der Saison), Seehunde und Hühnergänse erspähen. Der Großteil des Parks ist nur mit Geländewagen befahrbar, die Thomas River Road hingegen, die zum ländlichen Campingplatz führt, auch mit normalen Autos. Der schwierige Aufstieg am **Tower Peak** des Mt. Ragged (hin & zurück 3 km, 3 Std.) führt über das Terrain, auf dem 1930 die primitivste Ameisenart der Welt entdeckt wurde.

Für alle, die die Nullarbor Plain überqueren möchten, bieten sich der Balladonia Track und die Parmango Road als Alternative zum Eyre Highway an. Die äußerst holprige Route ist allerdings nur mit Allradantrieb zu bewältigen, und man sollte sich vorher beim Visitor Centre in Esperance unbedingt über die aktuellen Straßenbedingungen informieren.

Peak Charles National Park

Der Zutritt zu dieser Wildnis aus Granit, 130 km nördlich von Esperance, ist für Besucher und Camper gratis. Hier gibt's nur einfache Einrichtungen (Plumpsklos); ansonsten ist man ganz auf sich selbst angewiesen.

SOUTHERN OUTBACK

Das südliche Outback ist eine Australien-Erfahrung par excellence. Im Sommer flimmert ein schimmernder Hitzeschleier über der Wüste. Zur Jahresmitte hin verwandelt der frostige Winter das Rot und Blau der Landschaft in kaltes Violett und Grau. Menschenleere, endlos erscheinende Straßen führen über die Nullarbor Plain nach South Australia (SA) und hoch zum Northern Territory (NT). Dies war (und ist) das Goldrauschland, und sein Hauptort heißt Kalgoorlie-Boulder. Überall tauchen kleine, abgelegene Goldstädte auf, die einsam und wie an einem Sonnenstich leidend in der verlassenen Gegend liegen. Seit Ewigkeiten leben Aborigines hier, was die ersten Kolonisten abschreckte. Das änderte sich aber mit dem Goldrausch, der den Siedlern Anreiz genug war, sich hier niederzulassen.

Geschichte

1888 wurde in Southern Cross Gold gefunden. Es war so ziemlich der letzte Goldrausch weltweit, und er zog in den nächsten paar Jahren Goldsucher aus vielen anderen Bundesstaaten und Nationen an. In den östlichen Goldgebieten entstanden aus dem Nichts um die 50 Städte. Aber das Leben war hart. Enthusiasmus – oder Gier – waren oft stärker als der gesunde Menschenverstand, und Krankheiten wie Typhus breiteten sich in den Goldgräbercamps rasant aus. Der Mangel an Wasser, Unterkünften, Nahrung und Medizin bescherte vielen einen staubigen Tod.

Die Bevölkerung verschwand im Lauf der Zeit wie das Gold, nur Kalgoorlie-Boulder überlebte. Weitere Ortschaften und verblüffende Minenanlagen kann man entlang des 965 km langen **Golden Quest Discovery Trail** (www.goldenquesttrail.com) entdecken.

Die **Golden Pipeline** (www.goldenpipeline.com.au) von 1903, die Wasser zu den Goldfeldern brachte, begann in den Bergen bei Perth und war 560 km lang. Die Pipeline war für die Städte, durch die sie führte, die Lebensader und für Kalgoorlie der Beginn der Zukunft – mit oder ohne Gold. Der heutige Great Eastern Highway folgt der Pipeline und führt vorbei an alten Pumpstationen und Informationstafeln.

ℹ An- & Weiterreise

FLUGZEUG

Qantas (☎ 13 13 13; www.qantas.com.au) Perth–Kalgoorlie (1 Std., zwei- bis dreimal tgl.).

Skippers Aviation (☎1300 729 924; www.skippers.com.au) Perth–Leonora–Laverton (4-mal wöchentl.) und Perth–Wiluna–Leinster (3-mal wöchentl.).

Virgin Australia (☎13 67 89; www.virginaustralia.com)

BUS

Transwa (☎1300 662 205; www.transwa.wa.gov.au) Dreimal wöchentlic von Perth nach Kalgoorlie und Esperance (56 AU$, 5 Std.), über Coolgardie und Norseman.

Goldrush Tours (☎1800 620 440; www.goldrushtours.com.au) Bietet eine wöchentliche Verbindung von Kalgoorlie nach Laverton (über Menzies und Leonora); die Hinfahrt erfolgt donnerstags, die Rückfahrt freitags.

ZUG

Transwa betreibt auch die Prospector-Linie vom Bahnhof East Perth nach Kalgoorlie (82 AU$, 7 Std., tgl.).

Norseman

860 EW.

In Norseman teilt sich die Straße: Gen Süden geht's nach Esperance, gen Norden nach Kalgoorlie, gen Westen nach Hyden und Wave Rock, oder in östlicher Richtung über die Nullarbor.

Am **Beacon Hill Mararoa Lookout**, an dem ein Wanderweg beginnt, kann man sich erst einmal eine Runde die Beine vertreten. Ein Zwischenstopp am **Historical Museum** (Battery Rd; Erw./Kind 3/1 AU$; ⊙Mo–Sa 10–13 Uhr) lohnt sich. Wer noch zwei Stunden erübrigen kann, besorgt sich die Broschüre **Dundas Coach Road Heritage Trail** und macht sich auf die 50 km lange Rundfahrt, die an verschiedenen interessanten Infotafeln vorbeiführt.

Schlafen

Great Western Motel MOTEL $
(☎08-9039 1633, 1800 755 423; www.goldenchain.com.au; Prinsep St; Zi. 120 AU$; ❄📶) Die „Budget"- und „Lodge"-Unterkünfte im alten Trakt sind absolut akzeptabel, die Motelzimmer in Lehmbauart jedoch noch sehr viel hübscher. Zur Anlage gehört auch ein Restaurant.

Gateway Caravan Park CAMPING $
(☎08-9039 1500; www.acclaimparks.com.au; 23 Prinsep St; Stellplatz 33–38 AU$ für 2 Pers., Hütte 80–131 AU$; ❄) Dieser Campingplatz bietet seinen Gästen ordentliche Hütten und eine Menge Buschflair.

DER LÄNGSTE GOLFPLATZ DER WELT

Wasserhindernisse sucht man auf diesem 18-Loch-Golfplatz (72 Par) vergeblich – man muss vielmehr aufpassen, selbst nicht zu verdursten. Der **Nullarbor Links** (www.nullarborlinks.com; 18 Löcher 50 AU$) erstreckt sich ab Kalgoorlie 1362 km lang in südliche Richtung nach Norseman über die einsame Nullarbor Plain nach Ceduna und sorgt für eine Golferfahrung der ungewöhnlichen Art.

Nutzer erwerben eine Score-Karte beim Visitor Centre von Kalgoorlie, Norseman oder Ceduna und folgen den Schildern entlang der Route. Wer unterwegs die entsprechenden Stempel sammelt, hat Anspruch auf ein Abschluss-Zertifikat.

An jedem Loch werden Schläger verliehen (5 AU$). Wer lieber seinen eigenen benutzen möchte, sollte einen möglichst alten einpacken – der ausgetrocknete Boden ist manchmal hart wie Stahl.

Praktische Informationen

Visitor Centre (☎08-9039 1071; www.norseman.info; 68 Roberts St; ⊙Mo–Fr 9–17, Sa & So 9.30–16 Uhr) Ausgezeichnete Infos über die Nullarbor Plain.

Eyre Highway (Nullarbor Plain)

Ob von London nach Moskau oder von Perth nach Adelaide – kilometermäßig ist das kein großer Unterschied. Der 2700 km lange Eyre Highway führt durch den südlichen Zipfel der **Nullarbor Plain** und verläuft parallel zur **Trans-Australia Railway** im Norden.

John Eyre war der erste Europäer, der die knüppelharte Strecke bewältigte (1841). Nachdem 1877 eine Telegrafenleitung gelegt worden war, zogen Goldsucher auf dem Weg zu den Goldfeldern sowohl bei glühender Hitze als auch im bitterkalten Winter durch die Ebene. 1912 folgte ihnen das erste Auto. Bis 1941 befuhr täglich eine Handvoll Fahrzeuge die provisorische Straße, 1962 bewältigte der erste Radfahrer die Strecke. 1969 asphaltierte die Regierung von WA die Straße bis zur Grenze von South Australia, 1976 wurde das letzte Stück fertiggestellt. Heute

ROADTRIP ÜBER DIE NULLARBOR PLAIN

Die Durchquerung der Nullarbor-Wüste gehört zu den typisch australischen Roadtrips. Hier ist der Weg mit seinem weitläufigen Himmel und dem weiten Horizont das Ziel. CDs und Hörspiele sorgen in der märchenhaften Stille für Unterhaltung, und um die verspannten Muskeln zu lockern, winkt man einfach den anderen Fahrern oder (den nur sehr selten anzutreffenden) Radfahrern und Wanderern zu, oder gönnt sich ein paar Abschläge auf dem riesigen Golfplatz Nullarbor Links – eine witzige Erfahrung!

Alle Roadhouses bieten Verpflegung, Benzin und Unterkunft. Zimmer gibt's von der Budgetkategorie (oft sehr einfach) bis zum Motel, die Campingplätze erinnern nicht selten an Mad-Max-Kulissen. Etwa alle 250 km gibt es am Straßenrand kostenlose Campingplätze mit Toiletten, Tischen und ein bisschen Schatten. Umfassendere Infos sind unter www.nullarbornet.com.au nachzulesen.

Ein paar simple Vorbereitungen sind ein Muss: Man sollte sorgfältig prüfen, ob das Auto der Strecke gewachsen ist und genügend Trinkwasser mitnehmen! Im Fall einer Panne muss man es eventuell ganz schön lange am Straßenrand aushalten. Auch für ausreichend Benzin muss gesorgt sein, denn die Preise sind hoch in dieser Gegend und die Tankstellen liegen rund 200 km auseinander.

verläuft sie nahe der Küste und endet in der Region Nullarbor an den Klippen der Great Australian Bight.

Von Norseman sind es 725 km bis zur Grenze von South Australia und weitere 480 km nach Ceduna („Ort der Erholung" in der hiesigen Aborigine-Sprache). Ab dort sind es noch 793 km bis nach Adelaide.

Von Norseman nach Eucla

100 km hinter Norseman liegt die **Fraser Range Station** (☎08-9039 3210; www.fraserrangestation.com.au; Stellplatz ohne/mit Strom 22/30 AU$, Budget-EZ/-2BZ/-DZ/-FZ 55/95/95/75 AU$, Hütte 155 AU$) der erste (bzw. letzte) und beste Stopp in der Nullarbor Plain. Der Campingplatz und die historischen Gebäude der Schaffarm sind fantastisch. Benzin gibt's zwar nicht, dafür kann man sich mit ein bisschen frischem Gemüse aus dem Garten versorgen. Als nächstes erreicht man **Balladonia** (193 km) und das **Balladonia Hotel Motel** (☎08-9039 3453; balladoniahotelmotel.com.au; Stellplatz ohne/mit Strom 19/28 AU$, B 50 AU$, Zi. ab 130 AU$; ❄@≋). Dort zeigt ein kleines Museum u. a. Trümmer des 1979 in der Nähe zerschellten Skylabs.

Von Balladonia nach Cocklebiddy sind es rund 210 km. Von den ersten 160 km bis nach **Caiguna** verlaufen 145 km am Stück nur geradeaus – es ist eine der längsten geraden Strecken der Welt, die sogenannte Ninety Mile Straight. An ihrem Ende liegt Caigunas **John Eyre Motel** (☎08-9039 3459; caigunarh@bigpond.com; Stellplatz ohne/mit Strom 20/25 AU$, DZ 80–115 AU$, 3BZ/4BZ 125/135 AU$; ❄). Picknicktische im Schatten und ein gemütliches Restaurant finden sich beim **Cocklebiddy Wedgetail Inn** (☎08-9039 3462; cocklebiddy@bigpond.com; Stellplatz ohne/mit Strom 15/25 AU$, Zi. 70–100 AU$; ❄). Hier gilt Central Western Time, man ist Perth also 45 Minuten voraus und Adelaide 45 Minuten hinterher.

Das von Birds Australia betriebene **Eyre Bird Observatory** (☎08-9039 3450; www.eyrebirds.org) liegt abgeschieden in der hübschen ehemaligen Eyre Telegraph Station von 1897, 50 km südlich von Cocklebiddy. Unterkunft mit Vollpension kostet angemessene 90 AU$ pro Person und Nacht – im Voraus buchen! Tagesgäste sind willkommen (10 AU$/Fahrzeug), doch für die letzten 10 km Sandpiste benötigt man Allradantrieb. Wer diesen nicht hat und dennoch hier übernachten möchte, kann sich von den Aufsehern abholen lassen. Campen kann man hier nicht.

Das winzige **Madura** liegt 91 km östlich von Cocklebiddy, nahe den Hampton Tablelands – ein Halt am Aussichtspunkt lohnt sich! Das **Madura Pass Oasis Inn** (☎08-9039 3464; maduraoasis@bigpond.com; Stellplatz ohne/mit Strom 15/25 AU$, Zi. 105–125 AU$; ❄≋) bietet einen grünen, schattigen Zeltplatz und einen hübschen Pool.

In **Mundrabilla**, 116 km weiter östlich, befindet sich das **Mundrabilla Motel Hotel** (☎08-9039 3465; mundrabilla@bigpond.com.au; Stellplatz ohne/mit Strom 20/25 AU$, Zi. 80–110 AU$; ❄). Gut zu wissen: Hier sind die Benzinpreise in nahezu allen Fällen niedriger als an verschiedenen Raststätten weiter westlich.

Kurz vor der Grenze zu SA liegt Eucla – und zwar zwischen eindrucksvollen Sanddünen und unberührten Stränden. 5 km südlich der Stadt sind die faszinierenden Ruinen der **Telegrafenstation** (1877) einen Besuch wert, die allmählich in den Dünen versinken. 15 Gehminuten entfernt liegen die Überreste des alten Anlegestegs. Hübsche Stellplätze und geräumige Zimmer hat das **Eucla Motor Hotel** (☎08-9039 3468; euclamotel@bigpond.com; Stellplatz ohne/mit Strom 15/20 AU$, Zi. 45–110 AU$; ❄) zu bieten.

Coolgardie

800 EW.

1898 war das verschlafene Coolgardie mit seinen 15 000 Einwohnern, sechs Zeitungen, zwei Börsen, über 20 Hotels und drei Brauereien die drittgrößte Stadt in Western Australia. Der Boom begann nur ein paar Stunden, nachdem Arthur Bayley 1892 nach Southern Cross geritten war und dem Minenaufseher 554 Unzen Gold auf den Tresen gelegt hatte. Heute erinnern daran nur noch ein paar historische Gebäude entlang der breiten Hauptstraße sowie Infotafeln zur glorreichen Vergangenheit.

Sehenswertes & Aktivitäten

Goldfields Museum & Visitor Centre MUSEUM

(☎08-9026 6090; www.coolgardie.wa.gov.au; Bayley St, Warden's Court; Erw./Kind 4/2 AU$; ⏲Mo–Fr 8.30–16.20, Sa & So 10–15 Uhr) Das Museum zeigt Exponate zur Goldsuche und informiert über die Zeit, die der ehemalige US-Präsident Herbert Hoover auf den Goldfeldern in Gwalia verbrachte. Außerdem wäre da noch die faszinierende Geschichte des Modesto Varischetti, des „Verschütteten Bergmanns".

Warden Finnerty's Residence HISTORISCHES GEBÄUDE

(2 McKenzie St; Erw./Kind 4/2 AU$; ⏲11–16 Uhr) Das bezaubernde, vom National Trust verwaltete Gebäude wurde 1895 für Coolgardies ersten Minenaufseher und Friedensrichter errichtet und ist heute wunderschön restauriert.

Schlafen & Essen

Coolgardie Goldrush Motel MOTEL $$

(☎08-9026 6080; www.coolgardiemotels.com.au; 49-53 Bayley St; Zi 110–125 AU$; ❄📶🏊) In den erst kürzlich renovierten, kleinen, aber gemütlichen Zimmern sorgen bunte Bettwäsche, blitzsaubere Bäder und Flatscreen-TVs für Komfort. Das angeschlossene Restaurant serviert das beste Essen vor Ort, darunter die besonders leckeren, hausgemachten Kuchen und die Würstchen im Teigmantel.

Kalgoorlie-Boulder

28 300 EW.

Kalgoorlie-Boulder (für die Einheimischen kurz „Kal") liegt etwa 600 km von Perth entfernt und gilt als eine Erfolgsgeschichte des Outbacks. Die wohlhabende Stadt schmücken gut erhaltene historische Gebäude, und es gibt Straßen, die so breit sind, dass Kamelkarawanen auf ihnen wenden können – eine Notwendigkeit in den Goldgräberstädten der Jahrhundertwende. Die beständigste der westaustralischen Goldstädte ist noch heute das Zentrum des Bergbaus in diesem Teil von WA.

Früher kamen die Minenarbeiter in die Stadt, um das Wenige, was sie hatten, in Kalgoorlies berüchtigen Bordellen zu verprassen – oder in Kneipen zu verflüssigen, wo sie von nur spärlich bekleideten Damen bedient wurden. Inzwischen ist die Stadt sehr viel familienfreundlicher. Minenarbeiter müssen hier wohnhaft sein; „fly-in, fly-out"-Arbeiter werden nicht geduldet. Zudem hat der Bergbau in den vergangenen Jahren viele Neuseeländer und Iren angezogen.

Noch immer wirkt alles hier ein bisschen wie im Wilden Westen. Kal erinnert an seine eigene Vergangenheit, wo der Busch und grobschlächtige Burschen den Ton angaben – nicht zuletzt wegen der vielen Kneipen, in denen das Personal oft auch heute noch von Kleidung Abstand hält.

Kalgoorlie-Boulder ist zweifellos interessant, aber vielleicht nicht jedermanns Sache. Doch es gibt zahlreiche historische und moderne Bergbaustätten zu erkunden; zudem eignet sich der Ort als Basis für Ausflüge in die Geisterstädte im umliegenden Outback.

Geschichte

Lange Zeit schon war Paddy Hannan Goldschürfer, als er Coolgardie verließ, um einen neuen Ort zum Schürfen zu finden. Dann stolperte er geradezu über jenes Gold, das den Goldrausch von 1893 auslöste. So wählte er die Gegend von Kalgoorlie für den Bau einer Siedlung.

Als die glitzernden Stückchen nicht mehr einfach an der Oberfläche lagen, mussten die Goldsucher tiefer graben und dem Gestein das wertvolle Metall mit teuren und komplexen Verfahren abtrotzen. Aus Kalgoorlie wurde schnell eine reiche Stadt, und die grandiosen öffentlichen Gebäude, die am Ende des 19. Jhs. gebaut wurden, zeugen noch von jenem unglaublichen Reichtum.

Trotz des schleichenden Rückgangs nach dem Ersten Weltkrieg ist „Kal" noch immer der größte Goldlieferant Australiens, und aus der einstigen Golden Mile mit alten Minenaufbauten und Wellblechhütten wurde die überwältigend große, 3,8 km lange, 1,35 km breite und 500 m tiefe Goldmine Super Pit.

Sehenswertes & Aktivitäten

Super Pit AUSSICHTSPUNKT
(www.superpit.com.au; Outram St; 7–19 Uhr) Der Ausblick ist beeindruckend und von ganz eigenartiger Schönheit: Die haushohen Lastwagen, die in der riesigen Grube umherdüsen, wirken von hier aus wie Spielzeugautos. Die freigelegten Felswände sind rot, schwarz und grau gefärbt. Kalgoorlie Tours & Charters bieten Touren an.

Western Australian Museum – Kalgoorlie-Boulder MUSEUM
(www.museum.wa.gov.au; 17 Hannan St; erbetene Spende 5 AU$; 10–16.30 Uhr) Der beeindruckende Förderturm der Ivanhoe Mine markiert den Eingang zu diesem ausgezeichneten Museum. Mit einem Lift gelangen Besucher nach oben, von wo aus man Ausblick über die Stadt und die Minen hat. In einem unterirdischen Gewölbe erinnert eine Ausstellung mit riesigen Nuggets und Goldbarren an die Gründe für den Minenboom, zudem gibt's eine fantastische Sammlung mit Gewerkschaftsbannern sowie umgesetzte historische Gebäude zu sehen, z. B. eine Minenhütte und eine mobile Polizeistation in einem Zug. Die halbstündigen Führungen starten um 11 Uhr.

Hannan Street HISTORISCHE GEBÄUDE
Die Hauptstraße der Stadt, die Hannan Street, schmücken viele Originalgebäude aus der Goldrauschzeit, darunter prächtige Hotels und das imposante **Rathaus**. Davor steht ein Wasserbrunnen in Form einer **Statue**, die Paddy Hannan mit einem Wasserbeutel in der Hand darstellt. Im Visitor Centre gibt's die Ausrüstung für eine **Audio-Tour** mit Wegbeschreibung (10 AU$).

School of Mines Mineral Museum MUSEUM
(Ecke Egan St & Cassidy St; Mo–Fr 9–12 Uhr, in den Ferien geschl.) GRATIS Diese Einrichtung zeigt eine geologische Ausstellung mit Nachbildungen von großen Nuggets, die in der Gegend gefunden wurden.

Goldfields Arts Centre GALERIE
(http://gac.curtin.edu.au; Cheetham St; Mo–Fr 10–15, So 12–15 Uhr) GRATIS Beherbergt sehr interessante Ausstellungen lokaler, westaustralischer und nationaler Künstler.

Royal Flying Doctor Service VISITOR CENTRE
(RFDS; www.flyingdoctor.org.au; Kalgoorlie-Boulder Airport; Spende erbeten; Mo–Fr 10–15 Uhr) Hier wird die Arbeit der fliegenden Ärzte im Outback erläutert; Führungen beginnen um 10.15 Uhr und um 14 Uhr.

Hammond Park PARK
(Lyall St; 9–17 Uhr) Der Park sorgt mit seinen Spielplätzen, Vogelhäusern, Kängurus und Emus bei Kindern für gute Laune.

Karlkurla Park PARK
Am nordwestlichen Stadtrand durchziehen diesen Park mit roter Erde und regeneriertem Buschland 4 km Wanderwege.

Kalgoorlie Arboretum PARK
(Hawkin St) Der 26 ha große Park wird vom DEC verwaltet. Rund um einen See wachsen hier 50 heimische Baumarten.

Goldfields Oasis Centre SCHWIMMBAD
(www.goldfieldsoasis.com.au; 99 Johnston Rd; Pools Erw./Kind 5,50/3,50 AU$; Mo–Fr 5.45–21, Sa & So 7–19 Uhr) Bei sengender Hitze und 390 km vom nächsten Strand entfernt, übt dieses Hightech-Schwimmbad eine fast magische Anziehung aus. Lust auf Surfen in der Wüste? Dann auf ins Wellenbecken **Flowrider**. Außerdem gibt's hier **Wasserrutschen**.

Geführte Touren

Kalgoorlie Tours & Charters BUS-TOUR
(08-9021 2211; www.kalgoorlietours.com.au; 250 Hannan St) Wer Super Pit erkunden will: Normale 2½-Stunden-Touren (Erw./Kind 70/45 AU$) starten um 9.30 Uhr und um 13.30 Uhr (Mo–Sa); kürzere Touren (1½-Std.; Erw./Kind 40/25 AU$) gibt's, entsprechend der Nachfrage, während der Schulferien. Alle Teilnehmer müssen lange Hosen und geschlossene Schuhe tragen.

Goldrush Tours BUS-TOUR
(1800 620 440; www.goldrushtours.com.au) Bietet alle Arten von Touren an, z. B. halbtägige Ausflüge zu den Sehenswürdigkeiten rund um Kalgoorlie-Boulder (Erw./Kind 50/25 AU$) und Tagestrips zu den

Skulpturen am Lake Ballard (Erw./Kind 150/75 AU$).

Questa Casa HISTORISCHE TOUR

(☎ 08-9021 4897; www.questacasa.com.au; 133 Hay St; Führungen 20 AU$; ⏲ Führungen 15 Uhr) Inzwischen gehört es für viele Kalgoorlie-Besucher einfach dazu, dem ältesten noch betriebenen Bordell am Ort einen Besuch abzustatten. Von solchen Etablissements existierten einst eine ganze Reihe entlang der Hay Street. Selbstredend müssen interessierte Besucher mindestens 18 Jahre alt sein.

Feste & Events

Kalgoorlie Market MARKT

(Hannan St, St Barbara's Sq) Am ersten Sonntag im Monat.

Boulder Market Day MARKT

Am dritten Sonntag im Monat.

Kalgoorlie-Boulder Racing Round PFERDERENNEN

(www.kbrc.com.au) Dieses Highlight im Veranstaltungskalender zieht im September jede Menge hübsch zurechtgemachter Einheimischer und Besucher an – und es wird deutlich schwieriger, ein Zimmer zu bekommen.

Schlafen

Viele Unterkünfte in Kalgoorlie sind auf die Bergbauindustrie ausgerichtet. Die netteren Quartiere sind in der Regel für das, was sie bieten, stark überteuert. In Hostels und Gasthäusern mieten sich meist Dauergäste der derberen Sorte ein.

York Hotel GASTHAUS $

(☎ 08-9021 2337; www.yorkhotel.com.au; 259 Hannan St; EZ/DZ/3BZ 65/89/140 AU$) Das Hotel ist in einem der eindrucksvollsten historischen Gebäude Kalgoorlies untergebracht. Das atmosphärische Labyrinth aus hohen Zimmern, Gemeinschaftsbädern, Holztreppen und verzierten Balkonen bietet ein gutes Preis-Leistungs-Verhältnis – beispielsweise ist ein kleines Frühstück inklusive.

Kalgoorlie Backpackers HOSTEL $

(☎ 08-9091 1482; www.kalgoorliebackpackers.com.au; 166 Hay St; B/EZ/DZ 33/50/75 AU$; ❄@≋) Die Zimmer liegen in einem ehemaligen Bordell. Das zentrale Kalgoorlie Backpackers ist prima, um sich nach Jobs zu erkundigen.

Golddust Backpackers YHA HOSTEL $

(☎ 08-9091 3737; www.yha.com.au; 192 Hay St; B/EZ/DZ 33/50/70 AU$; ❄@≋) An der Eingangstür aufgereihte Stiefel und Schutzhelme lassen auf das Stammpublikum schließen. Die einfachen Zimmer sind sauber, und es gibt gute Gemeinschaftsbereiche.

Discovery Holiday Parks CAMPING $

(www.discoveryholidayparks.com.au; Stellplatz 21–41 AU$, Bungalow 169–199 AU$; ❄@≋) In beiden Anlagen gibt es geräumige, gut ausgestattete Nurdachhäuser und Hütten, grasbewachsene Stellplätze, Spielplätze und Pools. Der Park in **Boulder** (☎ 08-9093 1266; 201 Lane St) liegt günstig am südlichen Ende der Stadt. Wer in dem Park in **Kalgoorlie** (☎ 08-9039 4800; 286 Burt St) unterkommt, hat etwas mehr Platz zur Verfügung.

Rydges Kalgoorlie HOTEL $$

(☎ 08-9080 0800; www.rydges.com; 21 Davidson St; Zi. ab 189 AU$; ❄@☰≋) Die einfache Hotelanlage zwischen Kalgoorlie und Boulder ist die beste Unterkunft vor Ort. Die großen Räumlichkeiten liegen inmitten üppiger Buschlandschaft und sind gemütlich.

Quest Yelverton Kalgoorlie APARTMENTS $$

(☎ 08-9022 8181; www.questkalgoorlie.com.au; 210 Egan St; Apt. ab 195 AU$; ❄☰≋) Das Quest liegt nahe der Hannan Street und doch weit genug von ihr entfernt, dass die Nachtruhe gewährleistet ist. Zur Auswahl stehen voll ausgestattete Apartments.

Railway Motel MOTEL $$

(☎ 08-9088 0000; www.railwaymotel.com.au; 51 Forrest St; Zi/Apt. 160/250 AU$; ❄≋) Die Anlage gegenüber vom Bahnhof verfügt über helle, fein herausgeputzte Zimmer. Die geräumigen und komfortablen Apartments liegen nur ein paar Blocks entfernt und bieten Küche, Bad und zwei Schlafzimmer.

Langtrees BOUTIQUEHOTEL $$$

(☎ 08-9026 2181; www.langtreeshotel.com; 181 Hay St; DZ 300 AU$) Kalgoorlies neuestes Hotel war einst das berühmteste Bordell der Stadt. Zehn Zimmer präsentieren sich thematisch in durchaus exzentrischem Dekor, u.a. in Gestalt eines afghanischen Boudoirs sowie in einem Raum, der insbesondere Autofetischten ansprechen sollte. Weniger ungewöhnliche Zimmer sind ebenfalls verfügbar.

Essen

Feinschmecker kann Kalgoorlie wahrscheinlich eher nicht beeindrucken. Anhänger einfacher, fleischlastiger, in großzügigen Portionen servierter Gerichte kommen hingegen voll auf ihre Kosten.

★Relish CAFÉ $
(162 Hannan St; Frühstück 8–16 AU$, Mittagessen 10–14 AU$; ⏱Mo–Fr 6–15, Sa & So 7–14 Uhr;) Als sei es aus dem kosmopolitischen Perth hierher gebeamt worden, bietet dieses hervorragende Café den besten Kaffee der Stadt – und faszinierende Snacks zum Mittagessen. Als da wären: Spanische Fleischbällchen, Tandoori-Chicken-Spieße und Veggie Frittata (ein italienisches Gemüseomelette). Auch die Frühstücks-Omeletts sind ein Genuss! Übrigens ... lokale Künstler stellen ihre Bilder in der weiß getünchten Gasse beim Relish aus. Vorbeischauen lohnt sich!

Hoover's Cafe KNEIPE $
(www.palacehotel.com.au; 137 Hannan St; Hauptgerichte 10–25 AU$; ⏱Mo–Sa 8–17 Uhr;) Diese Kneipe der alten Schule gehört zum Palace Hotel und serviert leckere Küche zu fairen Preisen sowie überraschend guten Kaffee. Im Obergeschoss befindet sich das schickere **Balcony Bar & Restaurant** (Hauptgerichte 32–49 AU$; ⏱Mo–Sa ab 6 Uhr), wo klassische Steak- und Seafood-Gerichte die Küche verlassen.

Hannan Street Gourmet FEINKOST $
(147 Hannan St; Hauptgerichte um die 12 AU$; ⏱Mo–Sa 9.30–17, Sa 10–14 Uhr;) In diesem Feinkostladen stehen Salate, ausgezeichnete Sandwichs und Tagesmenüs, die man mitnehmen oder an den Tischen im hinteren Bereich verspeisen kann, zur Auswahl.

Paddy's Ale House KNEIPE $$
(Exchange Hotel, 135 Hannan St; Hauptgerichte 17–30 AU$; ⏱11–open end) Große Auswahl von Fassbieren und gute klassische Kneipengerichte wie Steaks und Würstchen mit Kartoffelbrei. Und will man Sport Live im TV verfolgen, ist man hier gut aufgehoben.

Lemongrass ASIATISCH $$
(5/84-90 Brockman St; Hauptgerichte 19–24 AU$; ⏱5.30–22 Uhr) Anständige vietnamesische und thailändische Küche, die von den freundlichen Besitzern mit viel Herzlichkkeit serviert wird. Eine gesunde und leichte Option – und das in einer Stadt, die ansonsten doch mehr für Kneipenessen bekannt ist.

Ausgehen & Unterhaltung

Noch ein Beweis gefällig, dass in Kalgoorlie die Zeit stehen geblieben ist, und zwar irgendwo zwischen dem Wilden Westen und den 1970er-Jahren? Dann auf in eine der vielen klassischen Kneipen aus Goldrauschzeiten auf der Hannan Street. In Kals Kneipen wird nicht nur der Durst gestillt, sondern auch die Schaulust der Gäste: Trinkfeste Kerle lassen sich hier von Damen in Strapsen und High Heels bedienen. Wer vollständig bekleidetes Personal bevorzugt, sollte bei der Wahl des Lokals Vorsicht walten lassen.

Judd's KNEIPE
(www.kalgoorliehotel.com.au; Kalgoorlie Hotel, 319 Hannan St) In dieser Bar mit Biergarten und Fenstern zur Straße gibt's Livemusik und DJs.

Palace Hotel KNEIPE
(www.palacehotel.com.au; 137 Hannan St) Von der ruhigen Balkonbar aus kann man den Trubel auf der Straße beobachten, und unten in der Gold Bar sorgen Livebands, DJs und knapp bekleidete Damen für Stimmung.

Wild West Saloon KNEIPE
(Exchange Hotel, 135 Hannan St) Der Name ist hier Programm: Die Bar im Exchange Hotel hat Damen mit wenig Stoff am Körper (manche tragen immerhin Cowboyhüte), Sportübertragungen sowie gelegentlich Livemusik. Trinkfeste Minenarbeiter sind das Publikum.

Orana Cinema KINO
(☎08-9021 2199; www.oranacinemas.com.au; 26 Oswald St) Klimatisiertes Kinovergnügen.

Goldfields Arts Centre KUNSTZENTRUM
(☎08-9088 6900; http://gac.curtin.edu.au; Cheetham St) Darstellende Kunst – manchmal auch mit nationalen Künstlern.

Praktische Informationen

DEC (☎08-9080 5555; 32 Brookman St; ⏱Mo–Fr 8–17 Uhr)

Kalgoorlie Regional Hospital (☎08-9080 5888; Piccadilly St)

Visitor Centre (☎08-9021 1966; www.kalgoorlietourism.com; Town Hall, Ecke Hannan St & Wilson St; ⏱Mo–Fr 8.30–17, Sa & So 9–14 Uhr)

Nördlich von Kalgoorlie-Boulder

Der Goldfields Highway, der von Kalgoorlie-Boulder nach Norden führt, ist bis Wiluna (580 km nördlich) asphaltiert. Hier beginnen die Canning Stock Route und der Gunbarrel Highway, die nur mit einem Geländewagen passierbar sind. In Leonora zweigt eine Straße vom Highway nach Osten ab. Sie ist bis Laverton (367 km nordöstlich) geteert; dort beginnt außerdem die unbefestigte Great Central Road (Outback Way).

Abseits der Hauptstraße sieht man höchstens mal einen Minenlaster, ansonsten gibt's hier so gut wie keinen Verkehr. Viele der Schotterstraßen sind mit jedem Fahrzeug zu bewältigen, Regen kann sie aber schnell gänzlich unpassierbar machen. In allen (bewohnten) Städten gibt es Gasthäuser, Campingplätze (meist mit Hütten), Tankstellen und Lebensmittelgeschäfte.

Kanowna, Broad Arrow & Ora Banda

Von Kalgoorlie aus kann man Tagesausflüge in Richtung Norden unternehmen, die zu den Geisterstädten Kanowna (18 km nordöstlich), Broad Arrow (38 km nördlich) und Ora Banda (65 km nordwestlich) führen. Von Kanowna ist – abgesehen von den Fundamenten von 16 (!) Hotels und ein paar anderen öffentlichen Gebäuden – wenig übrig. Der Friedhof aus der Pionierzeit mit einigen alten japanischen Gräbern ist aber recht interessant. Broad Arrow war ein Schauplatz in *The Nickel Queen* (1971), dem ersten Spielfilm, der in WA gedreht wurde. Der Ort ist heute nur noch ein Schatten seiner selbst: Anfang des 20. Jhs. lebten hier 2400 Menschen, heute gibt's noch eine Kneipe, in der sich am Wochenende Besucher aus Kal treffen, sowie ein paar baufällige Häuser. Das 1911 errichtete **Ora Banda Historical Inn** (☎08-9024 2444; www.orabanda.com.au; Stellplatz für 2 Pers. 120–130 AU$, Zi. 75–120 AU$) hat einen Biergarten, einfache Unterkünfte in einem dongaähnlichen Bau (einem transportablen Gebäude) und einen staubigen Campingplatz.

Menzies & Lake Ballard

Die einst florierende, heute winzige Stadt **Menzies** liegt 132 km von Kalgoorlie entfernt. Hier geht die Straße zu den eindrucksvollen **Skulpturen von Antony Gormley** am **Lake Ballard** ab, einem glitzernden Salzsee 51 km nordwestlich. Man kann kostenlos campen und es gibt Toiletten und einen Grillbereich – allerdings keine Duschen.

Im **Visitor Centre von Menzie** (☎08-9024 2702; www.menzies.wa.gov.au; Shenton St; ⏲Mo–Fr 9–16.30, Sa & So 10–14 Uhr) gibt es Internetzugang und Infos zur Besichtigung der Skulpturen und anderer interessanter Ziele der Umgebung. Zudem betreibt das Personal den benachbarten **Campingplatz** (Stellplatz f. 2 Pers. 20–26 AU$) und die **Spinifex Art Gallery**, die allerhand Arbeiten der 750 km weiter östlich und tief in der Wüste lebenden Tjuntjuntjarra-Gemeinschaft ausstellt.

GENEHMIGUNGEN

Die Canning Stock Route und der Outback Way führen durch Stammesgebiete der Ureinwohner (Aboriginal Land). Reisende benötigen deshalb für die Durchquerung eine Genehmigung vom **Department of Aboriginal Affairs** (DAA; www.daa.wa.gov.au). Meist lässt sich das schnell per Internet organisieren, wer jedoch einen längeren Aufenthalt plant, benötigt zusätzliche Genehmigungen von der entsprechenden Gemeinschaft; die Bearbeitungszeit kann dann bis zu zwei Wochen betragen.

Kookynie

Zwischen Menzies und Leonora führt eine gute, 25 km lange Schotterstraße nach Kookynie, einer weiteren Geisterstadt. Dort schenkt das **Kookynie Grand Hotel** (☎08-9031 3010; EZ/DZ 77/93 AU$) Bier aus und stellt Unterkünfte zur Verfügung. Das ruhige **Niagara Dam**, 10 km von Kookynie entfernt, ermöglicht Buschcamping.

Leonora

Weiter nördlich, ziemlich genau 237 km von Kalgoorlie entfernt, liegt Leonora, das größte Handelszentrum für Bergbau und ländliche Industrie in der Region. Bemerkenswert sind vor allem die alten öffentlichen Gebäude und Kneipen an der Hauptstraße in der Nähe des **Visitor Centre** (☎08-9037 7016; Tower St; ⏲Mo–Fr 9–16 Uhr). Nur 4 km südwestlich der Stadt liegt die **Gwalia Historic Site**. Dieser Ort wurde 1896 gegründet und mit der Schließung der Mine 1963 schlagartig verlassen. Die noch fast intakten Häuser samt Hausrat machen ihn zu einer eigenartigen, faszinierenden und unheimlichen Geisterstadt. Das **Museum** (Erw./Kind 10/5 AU$; ⏲9–16 Uhr) beherbergt seltsame und zugleich wunderbare Dinge. Vertiefen lassen sich die Eindrücke dank einer guten Audio-Tour (2 AU$). Das schön restaurierte **Hoover House** (☎08-9037 7122; www.gwalia.org.au; EZ 120–140 AU$, DZ 130–150 AU$; ❄), das Haus des Geschäftsführers der Mine aus dem Jahr 1898, ist nach Gwalias erstem Minendirektor Herbert Hoover benannt. Dieser wurde später der 31. Präsident der Vereinigten Staaten von Amerika. Heute beherbergt das Haus ein B&B mit drei Zimmern voller Antiquitäten.

ABSEITS DER ÜBLICHEN PFADE

CANNING STOCK ROUTE & GUNBARREL HIGHWAY

In Wiluna, 300 km nördlich von Leonora, beginnen und enden zwei von Australiens aufregendsten Geländewagenrouten, die Canning Stock Route und der Gunbarrel Highway. Die unwegsamen, abgelegenen Strecken führen über Tausende Kilometer durch die unerbittliche Wildnis und sind nur von April bis September sicher befahrbar. Vor der Abfahrt muss man sich in jedem Fall bei Visitor Centres und DEC-Büros informieren, da die Straßen nur bei günstigem Wetter passierbar sind. Die detaillierte Karte *Great Desert Tracks – North West Sheet* von HEMA Maps ist bei beiden Touren ein absolutes Muss.

Die **Canning Stock Route** (www.exploroz.com/TrekNotes/WDeserts/Canning_Stock_Route.aspx) verläuft 2006 km gen Nordosten durch die Great Sandy Desert und die Gibson Desert bis nach Halls Creek. Achtung: Diese Route verlangt allergrößten Respekt! Wer in Wiluna losfährt, informiert sich im **Shire Office** (☎08-9981 8000; www.wiluna.wa.gov.au; Scotia St) über Streckenbedingungen und Sicherheitsvorkehrungen. Für die Durchquerung des Birrilburru-Stammesgebiets ist eine Genehmigung nötig.

Der alte **Gunbarrel Highway** (www.exploroz.com/TrekNotes/WDeserts/Gunbarrel_Highway.aspx) führt von Wiluna nach Warakurna nahe der Grenze zum NT, wo er in den Outback Way übergeht. Auf der langen, holprigen und hügeligen Straße geht's durch jede Menge Sanddünen. Wie die Canning Stock Route sollte auch diese Strecke aus Sicherheitsgründen im Konvoi mit anderen Fahrzeugen befahren werden. Zudem gehören sämtliche Vorräte ins Gepäck, darunter Benzin und Wasser für die gesamte Zeit. Man sollte die Polizeiposten an beiden Enden der zwei Strecken über die Reisepläne informieren.

Laverton

Am Rand der Great Victoria Desert versteckt sich Laverton. An das **Visitor Centre** (☎08-9031 1361; Augusta St; ⏲Mo–Fr 9.30–16.30, Sa & So 9–13 Uhr) ist die **Great Beyond – Explorers' Hall of Fame** (Erw./Kind 10/5 AU$) angeschlossen, die mit technischer Unterstützung Geschichten aus der Pionierzeit erzählt. Die gemeinnützige **Laverton Outback Gallery** (www.laverton-outback-gallery.com.au; 4 Euro St; ⏲9–17 Uhr) verkauft tolle Bilder, Halsketten, Wumeras und Bumerangs; 80 % des Gewinns gehen direkt an die Aborigine-Künstler.

Laverton markiert den Beginn des Outback Way. Hier kann man übernachten und/oder seine Wasser- und Benzinvorräte auffüllen. Unbedingt sollte man sich außerdem im Visitor Centre über die aktuellen Straßenbedingungen informieren.

Outback Way (Great Central Rd)

Der unbefestigte **Outback Way** (www.outbackway.org.au), ehemals auch Great Central Road genannt, führt durch eine eindrucksvolle Landschaft mit rotem Sand, Spinifexgräsern, Mulga und Wüstenkasuarinen. Er verbindet Laverton mit Winton in Central Queensland und verläuft durch das rote Zentrum des Northern Territory. Ab Laverton sind es 1098 km nach Yulara, 1541 km nach Alice Springs und ganze 2720 km nach Winton!

Die Straße ist teilweise sandig und holprig, jedoch breit und für jedes Fahrzeug passierbar. Nach Regenfällen wird sie aber manchmal für mehrere Tage gesperrt. Diesel bekommt man auf der westaustralischen Seite etwa alle 300 km, ebenso Opalbenzin, welches anstelle von bleifreiem Benzin benutzt wird (Opalbenzin wird verwendet, weil man es nicht schnüffeln kann; so soll der Sucht des Benzinschnüffelns in den lokalen Gemeinden entgegengewirkt werden).

Die drei **WA Roadhouses** (www.ngaanyatjarraku.wa.gov.au) hinter Laverton – **Tjukayirla** (☎08-9037 1108; tjukayirlaroadhouse@bigpond.com) nach 315 km, **Warburton** (☎08-8956 7656) nach 567 km und **Warakurna** (☎08-8956 7344; warakurnaroadhouse@bigpond.com) nach 798 km – offerieren Verpflegung, Benzin und in begrenztem Umfang auch Reparaturen. Zum Übernachten können Gäste zwischen Campingplätzen (ca. 15 AU$/Pers.), Budgetzimmern (ca. 50 AU$) und voll eingerichteten Wohneinheiten mit Küche (ca. 150 AU$) wählen; die Auswahl ist begrenzt, deswegen sollte vorab gebucht werden. Das Tjukayirla Roadhouse veranstaltet Touren zu 5000 Jahre alter Höhlenkunst.

In Warburton empfiehlt sich das **Tjulyuru Cultural & Civic Centre** (☎08-8956 7966; www.tjulyuru.com; ⏲Mo–Fr 8.30–16.30 Uhr) in der Nähe des Roadhouse. Die Kunstgalerie beherbergt eine umfangreiche Sammlung von Gemälden der Aborigine-Gemeinschaft Ngaanyatjarra. In **Giles**, 231 km nordöstlich von Warburton und 105 km westlich der Grenze zum Northern Territory, gibt es eine meteorologische Station; dort werden täglich um 9.30 und 14.30 Uhr Wetterballons steigen gelassen.

In Warakurna, Warburton und Giles gilt Northern-Territory-Zeit, die der in Western Australia eineinhalb Stunden voraus ist.

VON DRYANDRA NACH HYDEN

Herrlicher Wald, seltene Beuteltiere, eindrucksvolle Granitformationen, Salzseen, schöne Nebenstraßen und der einzigartige Wave Rock sind die Highlights dieser weiten, landwirtschaftlich geprägten Region.

An- & Weiterreise

Das beste Transportmittel ist ein eigenes Fahrzeug. Wave Rock bietet sich als Ziel für einen langen Tagesausflug von Perth aus an.

Transwa (☎1300 662 205; www.transwa.wa.gov.au) Die Busse verkehren sporadisch zwischen Perth und der Südküste.

Western Travel Bug (☎9486 4222; www.travelbug.com.au; Touren 175 AU$) Bietet eintägige Touren.

Western Xposure (☎08-9414 8423; www.westernxposure.com.au) Im Rahmen der Fünf-Tages-Rundtour in den Südwesten geht es auch zum Wave Rock (750 AU$).

Hyden & Wave Rock

Mächtige Granitfelsen prägen das Gebiet des zentralen und südlichen Weizengürtels. Der bekannteste unter ihnen ist die 350 km von Perth entfernte, vielfarbige Granitwelle des **Wave Rock**. Er entstand vor etwa 60 Mio. Jahren durch Verwitterung und Wassererosion und verdankt seine farbigen Streifen dem mineralhaltigen Wasser der lokalen Quellen.

Um möglichst viel über den Wave Rock zu erfahren, empfiehlt sich die Broschüre *Walk Trails at Wave Rock and The Humps*, die beim **Visitor Centre** (☎08-9880 5182; www.waverock.com.au; Wave Rock; ⌚9–17 Uhr) ausliegt. Um zum Wave Rock zu gelangen, parkt man (gebührenfrei) beim Hippos Yawn und folgt dann dem 1 km langen schattigen Weg am Fuß des Felsens.

Die Unterkünfte inmitten der Eukalyptuswälder von **Wave Rock Cabins & Caravan Park** (☎08-9880 5022; www.waverock.com.au; Stellplatz ohne/mit Strom ab 28/35 AU$, Hütte ab 140 AU$, Cottage ab 160 AU$; ❄🏊) können schnell belegt sein; darum unbedingt vorher telefonisch einen Platz reservieren.

ABSEITS DER ÜBLICHEN PFADE

DRYANDRA WOODLAND

164 km südöstlich von Perth breitet sich dieses großartige Überbleibsel der Eukalyptuswälder aus und erinnert mit kleinen Populationen bedrohter Tierarten wie Ameisenbeutlern, Bürstenkängurus und Derbywallabys an jene Zeiten, bevor die Ökosysteme des Weizengürtels durch großflächige Rodungen und eingeschleppte Wildtiere bedroht waren. Das Gebiet eignet sich mit seinen zahlreichen Wanderwegen bestens als Ziel für einen Wochenendausflug ab Perth.

Im großartigen **Barna Mia Animal Sanctuary** leben bedrohte Kaninchennasenbeutler, Beuteltiere und Bürstenkängurus. Auf 90-minütigen Nachtwanderungen mit Taschenlampen kann man die Tierchen aus der Nähe betrachten. Die Touren finden montags, mittwochs, freitags und samstags nach Sonnenuntergang statt und werden über das **DEC** (☎wochentags 08-9881 9200, Wochenende 08-9881 2064; www.dec.wa.gov.au; Hough St, Narrogin; Erw./Kind/Familie 14/7,50/37,50 AU$; ⌚9–16 Uhr) gebucht; in der Hauptsaison muss man sich frühzeitig darum kümmern.

Als Nachtquartier bietet sich der hübsche **Congelin Camp Ground** (☎08-9881 9200; 10 AU$/Pers.) an. Allerdings lohnt es sich durchaus, etwas tiefer in die Tasche zu greifen: Im **Lions Dryandra Village** (☎08-9884 5231; www.dryandravillage.org.au; Erw./Kind 30/15 AU$, Hütte für 2/4/8–12 Pers 70/90/130 AU$), einer forstwirtschaftlichen Siedlung aus den 1920er-Jahren mitten im Wald, wohnen Gäste in voll ausgestatteten, renovierten Holzfällerhütten mit Kühlschrank, Herd, Kamin und Bad in der Nähe grasender Wallabys. Narrogin, 22 km südöstlich, wird von Transwa-Bussen angefahren.

NICHT VERSÄUMEN

MULKAS CAVE & THE HUMPS

Die großartige Mulkas Cave und The Humps liegen 16 km vom Wave Rock entfernt. Bei der Mulkas Cave, einen kurzen Spaziergang vom Parkplatz entfernt, handelt es sich um eine bedeutende Stätte der Höhlenkunst mit über 450 Zeichnungen und Handabdrücken. Abenteuerlustige haben die Wahl zwischen zwei Wanderwegen. Der **Kalari Trail** (hin & zurück 1,6 km) führt hinauf auf einen riesigen Granitfelsen (gehört zu The Humps) mit ausgezeichneter Aussicht auf eine etwas wildere, eindrucksvollere Landschaft als die beim Wave Rock. Der **Gnamma Trail** (hin & zurück 1,2 km) führt durchs Flachland zu natürlichen Wasserbecken mit Infotafeln über die Noongar-Kultur.

In **Hyden** (190 Ew.), das 4 km östlich des Wave Rock liegt, befindet sich das in den 1970er-Jahren aus Backstein erbaute **Wave Rock Motel** (☎ 08-9880 5052; www.waverock.com.au; 2 Lynch St; EZ/DZ ab 105/150 AU$; ❄ ≋). Es verfügt über gut ausgestattete Zimmer, einen gemütlichen Aufenthaltsraum mit Kamin und ein Buschbistro.

Ein Transwa-Bus verkehrt jeden Dienstag von Perth nach Hyden (51 AU$, 5 Std.) und weiter nach Esperance (53 AU$, 5 Std.); die Rückfahrt ist am Donnerstag.

Bei Reisen nach bzw. von Nullarbor kann man die direkte, unbefestigte **Hyden–Norseman Road** nehmen und spart sich etwa 100 km. In den Visitor Centres von Norseman oder Wave Rock liegt die Broschüre *The Granite and Woodlands Discovery Trail* aus.

SUNSET & TURQUOISE COASTS

Der Indian Ocean Drive verbindet Perth mit schönen Stränden, verschlafenen Fischerdörfern, außergewöhnlichen geologischen Formationen, schroffen Nationalparks und einer unglaublich artenreichen Flora.

ℹ An- & Weiterreise

Greyhound (☎ 1300 473 946; www.greyhound.com.au) Fährt nach/von Perth mit Stopps in Lancelin, Cervantes, Geraldton und Carnarvon.

Integrity (☎ 1800 226 339; www.integritycoachlines.com.au) Die Busse verkehren von Perth über Lancelin nordwärts nach Cervantes, Jurien Bay und Geraldton.

Yanchep National Park

In den Wäldern und Sumpfgebieten des **Yanchep National Park** (www.dec.wa.gov.au/yanchep; Wanneroo Rd; 11 AU$/Auto; ⏱ Visitor Centre 9.15–16.30 Uhr) gibt es Hunderte von Pflanzen- und Tierarten, darunter Koalas, Kängurus, Emus und Kakadus. Zudem können auf 45-minütigen Führungen Höhlen besichtigt werden (Erw./Kind 10/5 AU$; 5-mal tgl.). Am Wochenende bieten lokale Noongar-Führer tolle **Touren** (Erw./Kind 10/5 AU$; ⏱ 14 & 15 Uhr) zu Geschichte, Lebensweise und Kultur der Aborigines an und geben **Didgeridoo- und Tanzvorführungen** (Erw./Kind 10/5 AU$).

Guilderton

150 EW.

Etwa 43 km nördlich vom Yanchep National Park liegt Guilderton, ein beliebter Urlaubsort für Familien. Nahe der Mündung des Moore River können Kinder ungefährdet paddeln, während ihre Eltern angeln, surfen und am Meer am weißen Sandstrand sonnenbaden können. Der **Guilderton Caravan Park** (☎ 08-9577 1021; www.guildertoncaravanpark.com.au; 2 Dewar St; Stellplatz für 2 Pers. 29–40 AU$, Hütte 165 AU$) ist mit seinen komplett ausgestatteten Hütten, einem Café und einem Gemischtwarenladen ein beliebter Urlaubertreffpunkt. Hinzu kommt ein ehrenamtlich betriebenes **Visitor Centre** (unregelmäßig geöffnet).

Lancelin

670 EW.

Nachmittagswinde und seichtes Wasser, geschützt von einem der Küste vorgelagerten Riff, machen den verschlafenen Strand zu einem Paradies für Wind- und Kitesurfer. Jedes Jahr im Januar lockt das **Lancelin Ocean Classic** (www.lancelinoceanclassic.com.au) Adrenalinjunkies aus der ganzen Welt an. Schnorcheln kann man hier auch bestens.

Aktivitäten

Surfschool SURFEN
(☎ 1800 198 121, 08-9444 5399; www.surfschool.com.au; 69 Casserley Way; drei- bis sechsstündige Kurse 40/75 AU$; ⏱ 8 Uhr) Die sanften Wellen

am Hauptstrand eignen sich gut für Anfänger, die surfen lernen möchten, während erfahrenere Surfer meist die größeren Wellen in der Umgebung bevorzugen. In den drei- bis sechsstündigen Kursen sind Surfbrett und Neoprenanzug inbegriffen. Angeboten werden auch Pakete mit Surfen und Campen, inkl. Kurs, Transfer von Perth und Übernachtung.

Makanikai Kiteboarding KITESURFEN
(☎0406 807 309; www.makanikaikiteboarding.com; Unterricht/Kurse ab 60/200 AU$, Verleih pro Std./Tag 20/60 AU$) Verleih der Ausrüstung sowie Unterricht im Kitesurfing. Angeboten werden auch Pakete mit Unterkunft.

Schlafen & Essen

★**Lancelin Lodge YHA** HOSTEL $
(☎08-9655 2020; www.lancelinlodge.com.au; 10 Hopkins St; B/DZ/FZ 30/80/98 AU$; @📶🏊) Das Lancelin Lodge YHA ist ein gut ausgestattetes, komfortables Hostel mit großen Veranden und mehreren Gemeinschaftsräumen zum Entspannen. Zu den vorzüglichen Einrichtungen zählen eine große Küche, eine Grillstelle, ein Pizza-Holzofen, ein Pool, Tischtennisplatten, ein Volleyballfeld sowie Fahrräder und Bodyboards.

Endeavour Tavern PUB $$
(58 Gingin Rd; Hauptgerichte 18–34 AU$) Eine typisch australische Strandkneipe mit einem Biergarten samt Blick auf den Ozean. Im legeren Lokal werden anständige Meeresfrüchte-Gerichte und typisches Kneipenessen serviert.

Cervantes & Pinnacles Desert

480 EW.

Die gemütliche Krebsfischerstadt Cervantes ist ein besonders günstiger Ausgangspunkt für die Erforschung des **Pinnacles Desert** und des **Kwongan**, der wildblumenreichen Heidelandschaft im Landesinneren bei **Lesueur** und in den **Badgingarra National Parks**. Außerdem gibt's einige nette Strände zu entdecken.

Am besten schnappt man sich ein Exemplar der *Turquoise Coast Self Drive Map* in Cervantes' **Post mit Visitor Centre** (☎08-9652 7700, gebührenfreier Anruf unter 1800 610 660; www.visitpinnaclescountry.com.au; Cadiz St; ⊙8–17 Uhr), wo man interessante Informationen zu Unterkünften und geführten Touren erhält.

Sehenswertes & Aktivitäten

★**Nambung National Park** NATURSCHUTZGEBIET
(11 AU$/Auto) Der 19 km von Cervantes entfernte Nambung National Park ist die Heimat des spektakulären **Pinnacles Desert**, wo Tausende von Kalksteinsäulen scheinbar unwirklich aus dem Wüstenboden aufragen und der kalkreiche Sand den Überrest zusammengedrückter und im Laufe von Jahrtausenden erodierter Muschelschalen darstellt. Eine Rundtour führt zwischen den Felsformationen durch, aber es macht am meisten Spaß, zu Fuß und vor allem bei Sonnenuntergang, Vollmond oder in der Morgendämmerung unterwegs zu sein, wenn die Lichtverhältnisse ganz außergewöhnlich und die Besuchermassen verschwunden sind.

Kangaroo Point und **Hangover Bay** sind nette Picknickspots mit Grillstellen und Tischen, während die Stromatolithen den Uferbereich des **Lake Thetis** säumen; beim **Hansen Bay Lookout** bieten sich wunderbare Ausblicke auf die Küste. In der Stadt schlängeln sich verschiedene Wege entlang des Küstenverlaufs und bieten Zugang zu den Stränden.

Lesueur National Park NATURSCHUTZGEBIET
(11 AU$/Auto) Dieses botanische Paradies liegt 50 km nördlich von Cervantes und umfasst unglaubliche 820 Pflanzenarten, von denen viele sehr selten sind oder endemisch vorkommen, etwa die Banksia-Art *banksia tricuspis* und die Silbereichen-Art *grevillea batrachioides*. Hier ist auch der bedrohte Carnabys-Weißohr-Rabenkakadu heimisch. Entlang des 18 km langen Rundwegs gibt es etliche Aussichtspunkte und Picknickplätze. Vom Tafelberg **Mt. Lesueur** (hin & zurück 4 km) aus bietet sich ein Panoramablick auf die Küste.

Geführte Touren

Viele Veranstalter mit Sitz in Perth bieten Tagestouren zu den Pinnacles an.

Turquoise Coast Enviro Tours SEHENSWÜRDIGKEITEN
(☎08-9652 7047; www.thepinnacles.com.au; 59 Seville St; dreistündige Pinnacles-Tour 60 AU$, Kwongan-Tagestour 170 AU$) Mike Newton, ehemaliger Ranger und gebürtig in Cervantes, organisiert morgens (8 Uhr, 3 Std.) und abends (2½ Std., vor Sonnenuntergang) informative Ausflüge zu den Pinnacles sowie eintägige Touren zur Kwongan-Heide, mit

ABSTECHER

DIE KWONGAN-HEIDE UND IHRE WILDBLUMEN

Egal welcher Straße von der Turquoise Coast ins Landesinnere man folgt, man erreicht bald die Kwongan-Heide, wo je nach Jahreszeit am Straßenrand heimische Wildblumen wie Banksien, Grevilleen, Hakea, Calothamnus, Kängurublumen und Smokebush wachsen. Der Lesueur National Park ist in botanischer Hinsicht eindeutig die erste Wahl, lohnend sind aber auch folgende Ziele:

Badgingarra National Park Es gibt 3,5 km lange Wanderwege mit Kängurublumen, Banksien, Grasbäumen, Verticordia und einer seltenen Mallee-Art. Entlang der Nebenstraße, die Badgingarra mit Lesueur verbindet, gedeihen besonders viele Pflanzenarten. Infos dazu erhält man beim Badgingarra Roadhouse. Außerdem gibt's an der Bibby Road einen Picknickplatz.

Alexander Morrison National Park Der Park ist nach dem ersten Botaniker Westaustraliens benannt. Es gibt keine Wanderwege, man kann aber langsam auf der Coorow Green Head Road entlangfahren, die ab dem Lesueur Nationalpark von zahlreichen Pflanzenarten gesäumt wird. Zu sehen sind dabei Dryandra, Banksien, Grevilleen, Smokebush, Lechenaultia und Myrtenheiden.

Tathra National Park Hier wachsen ähnliche Pflanzen wie im Alexander Morrison National Park. Entlang der Straße, die beide Nationalparks miteinander verbindet, gedeihen Banksien, Kängurublumen und Grevilleen.

Coomallo Rest Area Orchideen, Ventricordia, Schwarze Kängurublumen, Wandoos und Roten Eukalyptus findet man stromaufwärts und an den Hängen des kleinen Hügels.

Brand Highway (Route 1) Diese Route ist zwar nicht sehr geeignet für langsames Fahren, aber der Streifen entlang des Brand Highway weist, vor allem auf beiden Seiten von Eneabba, eine überraschende Artenvielfalt auf.

Wildflower Way (Rte 115) Entlang der Ränder und der Nebenstraßen der Route 116 und Route 115 (darunter in Moora und im hübschen Perenjori) gedeihen zahlreiche spektakuläre Pflanzen, von den Verticordia in den Wongan Hills und der Lechenaultia macrantha in Mullewa bis hin zu den Strohblumen im Coalseam National Park.

Wer von der Pflanzenvielfalt überwältigt und zugleich frustriert ist, weil er all diese seltsamen neuen Pflanzen nicht identifizieren kann, ist im **Western Flora Caravan Park** (☎08-9955 2030; wfloracp@activ8.net.au; Brand Hwy, North Eneabba; Stellplatz ohne/mit Strom 24/26 AU$, DZ 65 AU$, Mobilheim 75 AU$, Chalet 120 AU$) bestens aufgehoben. Hier organisieren die engagierten Besitzer jeden Nachmittag um 16.30 Uhr kostenlos zweistündige Wildblumenführungen auf ihrem 65 ha großen Landbesitz.

Abstechern in den Lesueur National Park und an die Küste bis hinauf nach Leeman.

Schlafen & Essen

Die Preise steigen in den Schulferien.

★Cervantes Lodge & Pinnacles Beach Backpackers HOSTEL $
(☎1800 245 232; www.cervanteslodge.com.au; 91 Seville St; B 30 AU$, DZ mit/ohne Bad 130/90 AU$; @) Das entspannte Hostel in guter Lage hinter den Dünen hat eine breite Veranda, kleine, gepflegte Schlafräume, eine nette Gemeinschaftsküche und einen gemütlichen Aufenthaltsraum. Helle, große Zimmer, einige mit Ausblick, gibt's nebenan in der Lodge.

Pinnacles Caravan Park CAMPING $
(☎08-9652 7060; www.pinnaclespark.com.au; 35 Aragon St; Stellplatz ohne/mit Strom ab 27/32 AU$, Mobilheim/Hütte 50/75 AU$; WLAN) Ausgezeichnete Lage gleich hinter dem Strand mit jeder Menge Schatten, Grasstellplätzen und einem Café.

★Amble Inn B&B $$
(☎0429 652 401; 2150 Cadda Rd, Hill River; DZ mit/ohne Spa 165/150 AU$; ❄) Hoch oben im Heideland, etwa 25 km östlich von Cervantes liegt dieses versteckte Juwel mit seinen schönen, dicken Steinmauern, den kühlen, breiten Veranden und den überaus stilvoll eingerichteten Zimmern. Vom nahen Hügel aus kann man bei einem Glas Wein (kos-

tenlos) in aller Ruhe den Sonnenuntergang über der Küste genießen.

Lobster Shack SEAFOOD $$
(☎08-9652 7010; www.lobstershack.com.au; 11 Madrid St; ⊙Laden 9–17 Uhr, mittags 11.30–14.30 Uhr) Wer sich nach dem Genuss von Flusskrebsen sehnt, findet sie nirgendwo frischer als hier, wo früher Hummer verarbeitet wurde und wo jetzt köstlich gegrillte Flusskrebse, Pommes und Salat mit 25 AU$ zu Buche schlagen. Außerdem gibt's hier Audioguides (Erw./Kind 15/7,50 AU$) und tiefgefrorenes Seafood zum Mitnehmen.

Cervantes Country Club SEAFOOD $$
(☎08-9652 7123; Aragon St; Seafoodplatten ab 55 AU$; ⊙6–21 Uhr) Die Seafoodplatten in diesem einfachen Sportclub sind hervorragend; serviert werden u.. Garnelen, Austern, Fisch, Tintenfisch, Flusskrebse (saisonal), Salat und Berge von Pommes Frites. Man sollte zum Essen einen hungrigen Freund mitbringen.

An- & Weiterreise

Integrity-Busse verkehren täglich nach Perth (26 AU$, 3 Std.), Dongara (28 AU$, 2 Std.) und Geraldton (32 AU$, 3 Std.) sowie zweimal wöchentlich nachts nach Exmouth (162 AU$, 14 Std.).

Greyhound-Busse fahren dreimal wöchentlich nach Perth (37 AU$, 3 Std.) und Dongara ($40 AU$, 2 Std.) und weiter nach Broome ($380 AU$, 31 Std.). Beide Busse halten in Jurien Bay (20 Min.), Green Head (40 Min.) und Leeman (55 Min.).

Jurien Bay, Green Head & Leeman

Nördlich von Cervantes liegt das aufstrebende **Jurien Bay** (1500 Ew.), das eine große Fischereiflotte und angenehme Spazierwege direkt am Meer besitzt. Ferienhäuser und Apartments kann man über lokale **Makler** (☎08-9652 2055; www.jurienbayholidays.com; Shop 1A, 34 Bashford St) buchen. Der **Jurien Bay Tourist Park** (☎08-9652 1595; www.jurienbaytouristpark.com.au; Roberts St; Stellplatz ohne/mit Strom 28/33 AU$, Mobilheim ab 90 AU$, 1-/2-Zi.-Chalet 115/145 AU$) hat gemütliche Chalets unmittelbar hinter dem Strand. Gleich nebenan gibt's im **Jetty Cafe** (☎08-9652 1999; Mahlzeiten 5–17 AU$; ⊙7.30–17 Uhr) ordentliches Frühstück, Burger und gegrillten Fisch.

Das winzige **Green Head** (280 Ew.) hat einige schöne Badebuchten und das nahe gelegene **Leeman** (400 Ew.) ist bei Surfern beliebt.

In Green Head kann man am besten schlafen und essen, darunter im **Centrebreak Beach Stay** (☎08-9953 1896; www.centrebreakbeachstay.com.au; Lot 402 Ocean View Dr; B/DZ/FZ 35/150/190 AU$, Mahlzeiten 14–35 AU$; 📶) mit seinem Café, im netten **Seaview** (☎08-9953 1487; 25 Whiteman St; 65 AU$/Pers.), das ein B&B und großartige Ausblicke bietet, sowie im entspannten und schattigen **Green Head Caravan Park** (☎08-9953 1131; 9 Green Head Rd; Stellplatz ohne/mit Strom 20/28 AU$, fMobilheim ab 70 AU$).

Der nahe, baumreiche **Leeman Caravan Park** (☎08-9953 1080; 43 Thomas St; Stellplatz ohne/mit Strom 20/25 AU$, Mobilheim 60 AU$, Hütte 70–90 AU$) bietet jede Menge Schatten, grasbewachsene Stellplätze und eine gute Camping-Küche – und alles liegt unweit der Dünen.

Wer mit einem Geländewagen unterwegs ist, kann zu den 30 km entfernten **Stockyard Gully Caves** fahren, die abseits der Coorow–Green Head Road liegen, um mit einer Fackel den unterirdischen Wasserlauf und die Höhlen zu erkunden. Vorsicht: Es gibt hier Bienen und Fledermäuse.

★**Sea Lion Charters** (☎08-9953 1012; http://sealioncharters.biz; 24 Bryant St, Green Head; Halbtagestour Erw./Kind 120/60 AU$) bietet ein unvergessliches Erlebnis: Traveller können sich im seichten Wasser mit verspielten Seelöwen tummeln, die jede Bewegung des Menschen nachzuahmen versuchen. Es ist dabei vorteilhaft, gut schnorcheln zu können. Neoprenanzüge kosten 10 AU$ extra.

GREAT NORTHERN HIGHWAY

Die direkte Route gen Norden wird von Travellern kaum genutzt, weil die meisten die malerische Küste dem Landesinneren mit seiner kargen Landschaft und den Bergbaustädten vorziehen. Die friedliche Siedlung (samt hübscher Kneipe) New Norcia liegt nicht allzu weit von Perth entfernt und eignet sich bestens für einen Wochenendausflug.

An- & Weiterreise

BUS

Integrity (☎1800 226 339; www.integritycoachlines.com.au) fährt mittwochs von Perth über den Great Northern Highway

(Route 95) nach Mt. Magnet (105 AU$, 8 Std.), Cue (118 AU$, 9 Std.), Meekatharra (136 AU$, 11 Std.), Newman (235 AU$, 16 Std.) und schließlich nach Port Hedland (255 AU$, 22 Std.); freitags geht's wieder zurück.

Transwa (☎1300 662 205; www.transwa.wa.gov.au) Die Busse fahren montags und donnerstags auf der Route 123 von Geraldton nach Mt. Magnet (51 AU$, 4 Std.), Cue (61 AU$, 6 Std.) und Meekatharra (73 AU$, 7 Std.), dienstags und freitags fahren sie wieder zurück. Außerdem existieren diverse Verbindungen nach Perth über Mullewa (69 AU$, 7 Std.) und Geraldton.

FLUGZEUG

Skippers (☎1300 729 924; www.skippers.com.au) Fliegt regelmäßig zwischen Perth, Mt. Magnet und Meekatharra.

New Norcia

70 EW.

Die idyllische Klostersiedlung New Norcia, 132 km von Perth entfernt, besteht aus einer Ansammlung von verschnörkelten Gebäuden im spanischen Stil, die im australischen Busch etwas deplatziert wirken. Sie wurde 1846 von spanischen Benediktinermönchen zur Missionierung der Aborigines gegründet. Noch heute erklingen im Kloster Gebete und es finden Klausuren statt, ganz nebenbei werden außerdem fantastisches Brot und Gourmet-Süßigkeiten hergestellt.

Im Rahmen der zweistündigen **Stadttouren** (www.newnorcia.wa.edu.au; Erw./Kind 15/10 AU$; ⌚11–13.30 Uhr) werden auch verschiedene Kapellen mit bemerkenswerten Wandmalereien besucht; Tickets sind beim Museum erhältlich.

Im Gebäude von **New Norcia Museum & Art Gallery** (☎08-9654 8056; www.newnorcia.wa.edu.au; Great Northern Hwy; Kombi-Tour Museum & Stadtrundfahrt Erw./Fam. 25/60 AU$; ⌚10–16.30 Uhr) erfährt man viel über die Geschichte des Klosters und kann eine der landesweit größten Sammlungen religiöser Kunst aus der Zeit nach der Renaissance bewundern. Im Shop werden Souvenirs, Honig und leckeres Brot angeboten.

Schlafen

New Norcia Hotel HOTEL $
(☎08-9654 8034; www.newnorcia.wa.edu.au; Great Northern Hwy; EZ/DZ 75/95 AU$) Ausladende Treppen, hohe Decken, zurückhaltend eingerichtete Zimmer und breite Veranden erinnern an alte, elegantere Zeiten. In der Bar oder im vornehmen (auch zum Frühstück geöffneten) Speisesaal wird internationale Küche (15–30 AU$) serviert. Die Terrasse ist der perfekte Ort, um das köstliche, aber starke Bier New Norcia Abbey Ale zu genießen.

Monastery Guesthouse PENSION $
(☎08-9654 8002; www.newnorcia.wa.edu.au; VP, empfohlene Spende 80 AU$) Die Abtei serviert Vollpension in ihrem Gästehaus, das sich im Südflügel befindet.

An- & Weiterreise

Transwa-Busse fahren dienstags, donnerstags, samstags und sonntags nach Perth (22 AU$, 2 Std.) und sonntags, dienstags und donnerstags wieder zurück. Integrity-Busse nach/ab Perth (26 AU$, 2 Std.) halten mittwochs (in Richtung Norden) und samstags (in Richtung Süden) zu recht unchristlichen Zeiten in New Norcia.

Von New Norcia nach Meekatharra

An der 1000 km langen, trockenen Straße zwischen New Norcia und Newman liegt eine Handvoll langgezogener, staubiger Bergbaustädte. In **Mt. Magnet** gibt's ein paar Kneipen, einen Supermarkt, einen Flughafen und einen staubigen Campingplatz. Meekatharra, wo die kürzeste Route zum Mt. Augustus beginnt, ist ähnlich aufgebaut.

Zwischen beiden Orten ist **Cue** mit seiner hübschen Architektur aus Goldgräberzeiten zu bewundern. Dort gibt es eine Kneipe, ein B&B – das imposante **Queen of the Murchison** (☎08-9963 1625www.queenofthemurchisonhotel.com; Austin St; EZ/DZ 88/120 AU$; ❄) – und ebenfalls einen staubigen Campingplatz.

BATAVIA COAST

Zwischen Dongara, Port Denison und den abgeschiedenen, windgepeitschten Zuytdorp Cliffs erstreckt sich eine dramatische Küstenlandschaft mit einer faszinierenden Geschichte, einzelnen Schiffswracks und einer facettenreichen Meeresfauna. Für viele frühe europäische Siedler bedeutete sie das Verderben, doch heute ist hier eine lukrative Langustenindustrie ansässig.

Anreise & Unterwegs vor Ort

BUS

Integrity (☎1800 226 339; www.integritycoachlines.com.au) unterhält entlang der Küste täglich eine praktische Verbindung zwischen

Perth und Geraldton und bietet zweimal wöchentlich Nachtfahrten nach Exmouth an.

Greyhound (☎1300 473 946; www.greyhound.com.au) verkehrt dreimal wöchentlich entlang der Küste zwischen Broome und Perth.

Transwa (☎1300 662 205; www.transwa.wa.gov.au) Regelmäßiger Busverkehr zwischen Perth und Kalbarri, Geraldton und Dongara auf dem Brand Highway (Route 1).

FLUGZEUG

Skippers (☎1300 729 924; www.skippers.com.au) fliegt Kalbarri, Geraldton, Shark Bay und Carnarvon an.

Qantas (☎13 13 13; www.qantas.com.au) fliegt täglich von Perth nach Geraldton.

Virgin Australia (☎13 67 89; www.virginaustralia.com) fliegt regelmäßig nach Geraldton.

Dongara & Port Denison

3100 EW.

Die benachbarten Küstenorte Dongara und Port Denison, 359 km von Perth entfernt, haben schöne Strände, historische Gebäude und eine entspannte Atmosphäre. In Port Denison sind mehr Strände und Unterkünfte, an Dongaras von alten Feigenbäumen gesäumter Hauptstraße wiederum liegen viele Banken, Internetcafés und Restaurants.

Sehenswertes & Aktivitäten

Im Visitor Centre sollte sich die kostenlose Broschüre *Walk Dongara Denison* schnappen und unter den zwölf verschiedenen Geschichts- und Naturtouren wählen. Dazu zählt auch der reizvolle **Irwin River Nature Trail** samt Begegenung mit Schwänen, Pelikanen und Kormoranen. Die Broschüre *Heritage Trail* (2 AU$) enthält eine detaillierte Beschreibung der 1,6 km langen Strecke, die diverse Gebäude wie das **Russ Cottage** (Point Leander Dr) aus den 1860er-Jahren und die **Royal Steam Flour Mill** (Brand Hwy; ⊙geschl.) miteinander verbindet.

In der Denison Beach Marina ankern Boote für den Langustenfang (die Haupteinnahmequelle hier). Vom nahen **Fishermens Lookout** sieht man tolle Sonnenuntergänge.

Schlafen & Essen

An Feiertagen und in den Ferien sind die Preise höher. Auf der Moreton Tce gibt's einen Supermarkt, Cafés und Snacks. In der Waldeck Street in Dongara ist eine Bäckerei, und der **Port Store** (☎08-9927 1030; 52 Point Leander Dr; ⊙7.30–18 Uhr) in Port Denison führt Dinge für den täglichen Bedarf.

Dongara Backpackers HOSTEL $
(Breeze Inn; ☎08-9927 1332; www.dongarabackpackers.com.au; 32 Waldeck St, Dongara; B/DZ/FZ 30/85/130 AU$) In diesem beliebten, preiswerten Hostel schaut man von den billigsten Betten der Stadt in einen Garten hinaus. Es gibt elegante Doppelzimmer, rustikale Schlafsäle (in einem historischen Bahnwagen) und kostenlose Leihfahrräder für Gäste.

Dongara Tourist Park CAMPING $
(☎08-9927 1210; www.dongaratouristpark.com.au; 8 George St, Port Denison; Stellplatz ohne/mit Strom 25/33 AU$, Hütte mit 1-/2-Schlafzi. 105/145 AU$; ❄📶) Der beste Campingplatz hier hat schattige, große Stellplätze hinter dem South Beach. Auf dem Hügel stehen Hütten mit zwei Schlafzimmern, die großartige Ausblicke bieten; außerdem gibt's eine grüne Pergola, wo man abends im Freien essen kann.

Priory Hotel PENSION $
(☎08-9927 1090; www.prioryhotel.com.au; 11 St Dominics Rd, Dongara; Zi. 70–130 AU$, Hauptgerichte 20–32 AU$; ❄@≋) Es weht ein Hauch von *Picknick am Valentinstag* über dem ehemaligen Nonnenkloster und Mädcheninternat mit antiken Möbeln, polierten Holzdielen, Schwarz-Weiß-Fotos und breiten Veranden.

Port Denison Holiday Units APARTMENTS $$
(☎08-9927 1104; www.portdenisonholidayunits.com.au; 14 Carnarvon St, Port Denison; DZ 110–120 AU$; ❄📶) Die tadellosen, geräumigen Wohneinheiten mit Küche, einige mit Meerblick, sind einen Block vom Strand entfernt.

Little Starfish CAFÉ $
(☎0448 344 215; White Tops Rd, Port Denison; Hauptgerichte 6–18 AU$; ⊙Mi–Mo 8–16 Uhr) Im South Beach Car Park bietet die lässige Imbissbude Kaffee, Jaffles, Suppen und Salate.

Dongara Hotel Motel MOTEL $$
(☎08-9927 1023; www.dongaramotel.com.au; 12 Moreton Tce, Dongara; DZ 130 AU$, Hauptgerichte 20–40 AU$; ⊙morgens, mittags & abends; ❄📶) Einheimische lieben die berühmten Gerichte aus frischen Meeresfrüchten, die Steaks und die Asian-Corner-Currys. Die Motelzimmer sind beliebt bei Geschäftsreisenden und akzeptabel, wenn auch nicht außergewöhnlich.

Praktische Informationen

An der Moreton Tce, Dongara, gibt's mehrere Banken mit Geldautomaten.

Telecentre (Community Resource Centre; ☎08-9927 2111; 11 Moreton Tce, Dongara; Internet 5 AU$/Std.; ⊙Mo–Fr 8.30–16.30 Uhr)

Visitor Centre (☎ 08-9927 1404; www.irwin.wa.gov.au; 9 Waldeck St, Dongara; ⏱ Mo–Fr 9–17, Sa bis 12 Uhr)

Anreise & Unterwegs vor Ort

Nach Dongara & Port Denison geht' über den Brand Highway, den Indian Ocean Drive oder die Midlands Road (Route 116).

Greyhound-Busse fahren nach Broome (356 AU$, 29 Std., Mo, Mi & Fr) und Perth (60 AU$, 5 Std., Mi, Fr & So). Transwa verkehrt täglich nach Perth (53 AU$, 5 Std.) und Geraldton (13 AU$, 1 Std.). Integrity rollt täglich nach Perth (49 AU$, 5 Std.) und Geraldton (16 AU$, 1 Std.) sowie nach Exmouth (149 AU$, 12 Std.; 2-mal wöchentl., nachts). Busbahnhof beim Visitor Centre.

Taxis gibt' bei **Dongara Taxi** (☎ 08-9927 1555).

Geraldton

39 000 EW.

Umgeben von Stränden bietet das sonnenverwöhnte „Gero", die Hauptstadt des mittleren Westens, zahlreiche Optionen für Wassersportarten wie Schwimmen, Wind- und Kitesurfen sowie Tauchen. Die größte Stadt zwischen Perth und Darwin is besonders im Weizenhandel und der Fischerei aktiv. Während der Langustensaison überschwemmen Wanderarbeiter die Stadt. Gero, das sich in einer Phase des Umbruchs befindet, verbindet den Anspruch einer Großstadt mit der Freundlichkeit einer Kleinstadt und bietet dabei ein gut entwickeltes Kulturleben, eine blühende Foodszene und gute Musik.

Sehenswertes

★ Western Australian Museum – Geraldton MUSEUM
(☎ 08-9921 5080; www.museum.wa.gov.au; 1 Museum Pl; Eintritt gegen Spende; ⏱ 9.30–16 Uhr) Eines der sehenswertesten Museen des Bundesstaates: Wohl durchdachte Multimediaschautafeln präsentieren Natur, Kultur und die Geschichte der Aborigines der Ge-

Geraldton

gend. Die Shipwreck Gallery dokumentiert die tragische Geschichte der *Batavia*, während eine Videoaufzeichnung die gesunkene HMAS *Sydney II zeigt.*

Cathedral of St Francis Xavier Church KIRCHE
(☎08-9921 3221; www.geraldtondiocese.org.au; Cathedral Ave; ⏲Geführte Touren Mo–Fr 10, Mi 16 Uhr) Das wohl gelungenste Beispiel für die architektonischen Leistungen von Monsignor John Hawes.

Geraldton Regional Art Gallery GALERIE
(☎08-9964 7170; 24 Chapman Rd; ⏲Di–Sa 10–16, So ab 13 Uhr) GRATIS Eine vorzügliche Dauerausstellung wird durch provokative zeitgenössische Kunstwerke sowie Wechselausstellungen ergänzt.

HMAS Sydney II Memorial DENKMAL
(Mt. Scott; ⏲Geführte Touren um 10 Uhr; Teilnahme gratis) Das Denkmal beherrscht jenen Hügel, der die Stadt Geraldton überragt, und wurde zur Erinnerung an die Sydney, die 1941 nach einem Angriff des deutschen Kreuzers Kormoran sank und 645 Männer in den Tod riss, errichtet.

Aktivitäten

Zwar sind die meisten Aktivitäten an den Wassersport gebunden, dennoch bietet Geraldton ein vorzüglich ausgebautes Netz von Radwegen, darunter den 10 km langen Radweg entlang der Küste vom **Tarcoola Beach** zum **Chapman River**. Traveller sollten sich den *Local Travelsmart Guide* im Visitor Centre sichern. Fahrräder kann man bei **Revolutions** (☎08-9964 1399; 1/27 Chapman Rd; Fahrradverleih 20 AU$/Tag; ⏲Mo–Fr 9–15.30, Sa bis 12 Uhr) leihen.

G-Spot Xtreme WINDSURFEN
(☎08-9965 5577; www.gspotxtreme.com.au; 241a Lester Ave; Leihgebühr pro Tag für Windsurfausrüstung 100 AU$, Stehpaddel 100 AU$, Elektrobikes 25 AU$) Hier wird Windsurfausrüstung ausgeliehen und verkauft.

Batavia Coast Dive Academy TAUCHEN
(☎08-9921 4229; www.bcda.com.au; 153 Marine Tce; Tauchgänge mit/ohne Ausrüstung 140/100 AU$) Tauchkurse (kompletter PADI-Tauchschein 630 AU$) und eine Reihe von Tauchausflügen, z. B. zu den Abrolhos Islands (ab 300 AU$/Tag pro Pers. und Tag).

KiteWest KITESURFEN
(☎0449 021 784; www.kitewest.com.au; Unterricht ab 80 AU$/Std.) Kitesurfkurse und Jeeptouren mit Camping.

Schlafen

Während der Ferien und an Feiertagen ist mit drastischen Preissteigerungen zu rechnen.

Foreshore Backpackers HOSTEL $
(☎08-9921 3275; www.foreshorebackpackers.bigpondhosting.com; 172 Marine Tce; B/EZ/DZ 30/45/65 AU$; @) Etwas chaotisch, weitläufig und dabei voller Charakter präsentiert sich dieses zentrale Hotel mit vielen versteckten Nischen, sonnigen Balkonen und müden Weltenbummlern. Das kürzlich renovierte Hotel wird von einem neuen Management geführt und ist immer noch die beste Adresse, um einen Job, eine Mitfahrgelegenheit oder einen Reisekumpel zu finden.

Geraldton

Highlights
1 Western Australian Museum C1

Sehenswertes
2 Cathedral of St. Francis Xavier Church C4
3 Geraldton Regional Art Gallery C3
4 HMAS Sydney II Memorial D2

Aktivitäten, Kurse & Touren
5 Batavia Coast Dive Academy B3
6 G-Spot Xtreme B4
7 Revolutions C2

Schlafen
8 Foreshore Backpackers B3

Essen
9 Go Health Lunch Bar B2
10 Provincial B3
11 Saltdish C2
12 Topolinis Caffe B3

Ausgehen & Nachtleben
13 Freemasons Hotel C2
14 Vibe B4

Unterhaltung
15 Breakers Bar C2
16 Camel Bar C3
17 Orana Cinemas B3
18 Queens Park Theatre C4

Sunset Beach Holiday Park CAMPING $
(☎1800 353 389; www.sunsetbeachpark.com.au; Bosley St; Stellplatz mit Strom 35 AU$, Hütte 100–152 AU$) Rund 6 km nördlich vom CBD gelegen, bietet Sunset Beach große, schattige Stellplätze nur wenige Schritte vom netten Strand entfernt sowie eine hochmoderne Campingküche mit dem wohl größten Plasma-TV der ganzen Küste.

★ **Ospreys Beach Chalet** HÜTTE $$
(☎0447 647 994; enerhkalm@gmail.com; 40 Bosuns Cr, Point Moore; für 2 Pers. ab 145 AU$) Sowohl Fischadler als auch den Strand findet man unweit dieser ökologisch nachhaltig renovierten Hütte, die als Pilotprojekt gilt. Im Zuge der Renovierung wurden neben wiederverwertbaren Materialien auch Regenwassertanks und Sonnenkollektoren eingebaut, wobei es in der Hütte durchaus nicht an Komfort mangelt. Es gibt mehrere Außenbereiche und der Garten hinter der Hütte ist ein Schmuckstück.

Ocean West APARTMENTS $$
(☎08-9921 1047; www.oceanwest.com.au; 1 Hadda Way; Apt. mit 1/3 Zi. ab 135/215 AU$;) Man sollte sich nicht von den Backsteinen im Stil der 1960er-Jahre abschrecken lassen: Die voll ausgestatteten Wohneinheiten wurden allesamt geschmackvoll renoviert und zählen zu den besten Optionen der Stadt. Der schöne, wilde Strand befindet sich direkt auf der gegenüberliegenden Straßenseite.

Essen

Geraldton hat ein breites gastronomisches Angebot, z.B. mit asiatischer Küche, Takeaway-Restaurants, Cafés, Bäckereien und Supermärkten. Entlang des Strandes gibt es Grillstellen und Picknicktische.

Go Health Lunch Bar CAFÉ $
(☎08-9965 5200; 122 Marine Tce; leichte Gerichte ca. 10 AU$; ⏲Mo–Fr 8.30–15, Sa bis 13 Uhr;) Besonders Vegetarier werden hocherfreut sein über die große Auswahl an frischen Säften und Smoothies. Außerdem gibt's in dieser beliebten Lunchbar mitten in einem Einkaufszentrum vorzüglichen Espresso, gesunde Burritos, Linsenburger, Focaccia und andere leichte Gerichte.

★ **Saltdish** CAFÉ $$
(☎08-9964 6030; 35 Marine Tce; Frühstück 6–20 AU$, Mittagessen 18–30 AU$; ⏲Mo–Sa 7.30–14.30 Uhr;) Im hippsten Café der Stadt gibt's innovatives Frühstück, leichte Mittagsgerichte, starken Kaffee und an Sommerabenden werden Filme im Innenhof gezeigt. Alkohol bringt – wer will – selbst mit (BYO).

Provincial MODERN-AUSTRALISCH $$
(☎08-9964 1887; www.theprovincial.com.au; 167 Marine Tce; Tapas 8–12 AU$, Pizza 24–30 AU$, Hauptgerichte 28–42 AU$; ⏲tgl. 5.30 Uhr–open end, Fr–So mittags, Sa & So morgens) Durch Schablonen gesprühte Motive schmücken die stimmungsvolle Weinbar, in der Tapas, Holzofenpizza und moderne australische Gerichte mit mediterranem Einschlag serviert werden. Freitagabend gibt's Livemusik.

Topolinis Caffe ITALIENISCH $$
(☎08-9964 5866; 158 Marine Tce; Hauptgerichte 22–36 AU$; ⏲8.30–open end;) Dieses gemütliche Bistro eignet sich bestens für einen Nachmittagskaffee mit Kuchen (und WLAN!), einen Snack für den kleinen Hunger zwischendurch oder auch ein entspanntes Essen. Beliebt sind das Dinner-and-Movie-Menü für 34 AU$ (Sonntag bis Donnerstag) und die Pasta zum halben Preis (Montag).

Ausgehen & Unterhaltung

Livemusik gibt's bei **Breakers** (☎08-99218924; 41 Chapman Rd; ⏲ab 21 Uhr), der **Camel Bar** (☎08-9965 5500; 20 Chapman Rd), **Provincial** und **Freemasons** (☎08-9964 3457; www.freemasonshotel.com.au; Ecke Marine Tce & Durlacher St; ⏲11 Uhr–open end). Außerdem locken ein **Kino** (☎08-9965 0568; www.oranacinemas.com.au; Ecke Marine Tce & Fitzgerald St; Karten 16 AU$), ein **Theater** (☎08-9956 6662; Ecke Cathedral Ave & Maitland St) und ein **Nachtclub** (☎08-9921 3700; 38-42 Fitzgerald St; ⏲Do–So ab 23 Uhr).

Praktische Informationen

Den besten WLAN-Zugang hat man in der **Bibliothek** (☎08-9956 6659; library.cgg.wa.gov.au; 37 Marine Tce; WLAN 1. Std. kostenlos; ⏲Di–Sa ab 9, So–Mo ab 13 Uhr;). Entlang der Marine Tce gibt's mehrere Banken mit Geldautomaten.

Visitor Centre (☎08-9921 3999; www.geraldtontourist.com.au; Bill Sewell Complex, Chapman Rd; ⏲Mo–Fr 9–17, Sa & So 10–16 Uhr) Eines der besten seiner Art, mit vielen guten Prospekten und einem hilfsbereiten Personal, das auch Buchungen für Übernachtungen, geführte Touren und Transportmittel vornimmt.

An- & Weiterreise

BUS

Integrity-Busse fahren täglich nach Perth (54 AU$, 6 Std.)an der Küste entlang sowie zweimal wöchentlich nach Carnarvon (99 AU$,

6 Std.) und Exmouth (135 AU$, 11 Std.). Transwa unterhält täglich Busverbindungen nach Perth (61 AU$, 6 Std.) und dreimal wöchentlich nach Kalbarri (27 AU$, 2 Std.). Außerdem fährt ein Bus zweimal wöchentlich nach Meekatharra (73 AU$, 7 Std.). Greyhound-Busse fahren dreimal wöchentlich nach Perth (65 AU$, 6 Std.) und nordwärts nach Carnarvon (105 AU$, 6 Std.) und Broome (350 AU$, 27 Std.). **Batavia Tickets** (☎ 08-9964 8881; www.bataviatickets.com.au; ⏱ Mo–Fr 8–16.30, Sa bis 9.30 Uhr) verkauft am alten Bahnhof Tickets für Langstreckenbusse; Abfahrt außerhalb des Bahnhofs. **Transgeraldton** (☎ 08-9923 2225; www.buswest.com.au) unterhält acht Verbindungen zu den Vororten.

FLUGZEUG

Virgin und Qantas fliegen beide täglich nach/ab Perth. Skippers fliegt mehrmals pro Woche direkt nach/ab Carnarvon. Der Flughafen befindet sich 12 km von der Marine Tce entfernt.

TAXI

Bei **Geraldton Associated Taxis** (☎ 131 008) anrufen, um abgeholt zu werden.

Kalbarri

2000 EW.

Wunderschöne rote Sandsteinklippen stürzen in den Indischen Ozean, während sich der hübsche Murchison River durch steile, enge Schluchten schlängelt, bevor er ganz unvermittelt in die Gantheaume Bay mündet. Wildblumen säumen die Pfade, die auch von Kängurus, Emus und Dornteufeln aufgesucht werden, während seltene Orchideen auf dem felsigen Untergrund ums Überleben kämpfen. Im offenen Meer hingegen tummeln sich Wale. Nördlich von hier erheben sich die ursprünglichen, rauen und dominanten Kalksteinfelsen der Zuytdorp Cliffs.

Kalbarri, im Land der Nhanda gelegen, ist von einer überwältigenden Natur umgeben, und sowohl am Ort selbst als auch im Kalbarri National Park gibt's prima Möglichkeiten zum Surfen, Schwimmen, Angeln, Buschwandern, Reiten und Kanufahren. Während es sonst meist gemächlich zugeht, ist in Kalbarri in den Ferien schwer was los.

Sehenswertes & Aktivitäten

Kalbarri verfügt über ein dichtes Netz an Radwegen entlang der Küste; man kann zum Schnorcheln zu den **Blue Holes** fahren, zum **Jakes Point**, um zu surfen und zu angeln und außerdem lohnt sich ein Besuch am **Red Bluff Beach** (5,5 km). Jeder der Aussichtspunkte an der Küste ist bestens geeignet, um Sonnenuntergänge zu bewundern. Wildblumen kann man entlang der Siles Road, der River Road und in der Nähe des Flughafens beobachten. Das Visitor Centre informiert über die in der betreffenden Jahreszeit blühenden Wildblumen.

★ Kalbarri National Park NATIONALPARK
(11 AU$/Auto) Neben wunderschönem Roten Eukalyptus und Tumblagooda-Sandstein umfasst der zerklüftete Park fast 2000 km² wildes Buschland, atemberaubende Schluchten und bizarr geformte Küstenklippen. Unzählige Tiere leben hier, darunter 200 Vogelarten, und zwischen Juli und November blühen wunderschöne Wildblumen.

Mehrere Aussichtspunkte säumen die eindrucksvolle Küste südlich der Stadt. Der leicht zu meisternde **Bigurda Trail** (8 km) verläuft an den Klippen zwischen der **Natural Bridge** und der **Eagle Gorge**; von Juli bis November sind dort manchmal Wale auf Wanderschaft zu sehen. Näher an der Stadt liegen **Pot Alley**, **Rainbow Valley**, **Mushroom Rock** und **Red Bluff**. Zu Letzterem gelangt man über einen Wanderweg ab Kalbarri (5,5 km).

Die Canyons liegen östlich von Kalbarri, abseits der Ajana Kalbarri Road. Wer sich den **Loop Trail** (hin & zurück 8 km) vornimmt, benötigt jede Menge Wasser, denn es gibt keinerlei Schatten. Unbedingt den tollen natürlichen Felsbogen des **Nature's Window** (hin & zurück 1 km) bestaunen! Beim **Z-Bend** gibt's einen atemberaubenden Aussichtspunkt (hin & zurück 1,2 km), zudem führt ein steiler Weg hinab zum unteren Teil der Schlucht (hin & zurück 2,6 km). Bei der Hauptstraße bietet **Hawk's Head** tolle Ausblicke sowie Picknicktische, zum Fluss hingegen gelangt man von **Ross Graham** aus. Von dort verläuft eine geradezu legendäre Vier-Tages-Wanderung zum Loop; die anspruchsvolle Route ist 34 km lang und umfasst nicht ausgeschilderte Pfade und mehrere Flussüberquerungen.

Pelikanfütterung NATURBEOBACHTUNG
(☎ 08-9937 1104; ⏱ 8.45 Uhr) GRATIS Kalbarris beliebteste Attraktion!

Kalbarri Boat Hire KANUFAHREN
(☎ 08-9937 1245; www.kalbarriboathire.com; Grey St; Kajak, Kanu, Surfcat, Motorboot 15/15/45/50 AU$/Std.) Wer ins Wasser möchte, ist hier genau richtig. Angeboten werden beispielsweise vierstündige Kanutrips samt Frühstück und Mittagessen auf dem Murchison River (Erw./Kind 65/45 AU$).

Kalbarri

Kalbarri

Aktivitäten, Kurse & Touren

1 Kalbarri Air Charter ... C3
2 Kalbarri Boat Hire ... C3
3 Kalbarri Wilderness Cruises ... C3
4 Pelican Feeding ... C3

Schlafen

5 Anchorage Caravan Park ... C1
6 Kalbarri Backpackers ... D2
7 Kalbarri Reef Villas ... C2
8 Pelican Shore Villas ... B4
Pelican's Nest ... (siehe 6)
9 Ray White Kalbarri Accommodation Service ... B4

Essen

Angies Cafe ... (siehe 9)
10 Finlay's Fresh Fish BBQ ... C4
11 Gorges Café ... C1

Kalbarri Adventure Tours KANUFAHREN
(☎ 08-9937 1677; www.kalbarritours.com.au; Erw./Kind 90/70 AU$) Kombiniert Kanufahren, Buschwandern und Schwimmen im Nationalpark in der Gegend des Z-Bend/Loop.

Big River Ranch REITEN
(☎ 08-9937 1214; www.bigriverranch.net; 1½ stündige Ausritte 85 AU$) Auf dem Pferderücken die Schwemmlandschaft des Murchison River erkunden! Alle Schwierigkeitsgrade werden angeboten, aber das Highlight sind die Ausritte mit Übernachtung. Zur Verfügung stehen ein Campingplatz (10 AU$/Pers., mit Strom 25 AU$) und einfache Barackenräume (ab 25 AU$/Pers.). Bei der Ajana Kalbarri Road.

Geführte Touren

Hier nur eine kleine Auswahl; das Visitor Centre bietet eine komplette Liste an und nimmt Buchungen vor.

Kalbarri Abseil CANYONING
(☎ 08-9937 1618; www.abseilaustralia.com.au; Abseilen 80 AU$, ganztägige Kanutouren (April–Nov.) 135 AU$) Zuerst Abseilen in den steilen Schluchten des Kalbarri National Park und sich dann auf dem Wasser treiben lassen.

Kalbarri Air Charter PANORAMAFLUG
(☎ 08-9937 1130; www.kalbarriaircharter.com.au; 62 Grey St; Flüge 65–300 AU$) Bietet 20-minütige Panoramaflüge über die Klippen an der Küste sowie längere Flüge über diverse Schluchten, die Zuytdorp Cliffs, Monkey Mia und die Abrolhos Islands an.

Kalbarri Wilderness Cruises BOOTSFAHRT
(☎ 08-9937 1601; kalbarricruises@westnet.com.au; Erw./Kind 44/22 AU$) Veranstaltet beliebte zweistündige Fahrten auf dem Murchison River.

Schlafen

Es gibt eine gute Auswahl an Unterkünften, man sollte aber die Ferien meiden, da die Preise dann in die Höhe schießen. Das Visitor Centre hilft bei der Quartiersuche.

Kalbarri Backpackers HOSTEL $
(☎ 08-9937 1430; www.yha.com.au; Ecke Woods & Mortimer Sts; B/DZ 29/77 AU$; @) Dieses nette, kühle Hostel mit anständigem Pool und einer Grillstelle befindet sich eine Straße hinter dem Strand. Man kann Fahrräder mieten (20 AU$) und mit dem Shuttle nach Binnu (41 AU$) fahren.

Anchorage Caravan Park CAMPING $
(☎ 08-9937 1181; www.kalbarrianchorage.com.au; Ecke Anchorage Lane & Grey St; Stellplatz mit Strom 34 AU$, Hütte mit/ohne Bad 100/70 AU$;) Anchorage ist die beste Wahl für Camper– hier gibt's große, schattige Stellplätze, von denen aus man die Flussmündung überblickt.

★ **Pelican's Nest** MOTEL $$
(☎ 08-9937 1430; www.pelicansnestkalbarri.com.au; 45-47 Mortimer St; DZ 100–140 AU$; @) Neben den Kalbarri Backpackers gelegen, bietet das „Pelikannest" gepflegte Zimmer im Motelstil (einige davon verfügen auch über eine Kochnische) und sehr ordentliche Gemeinschaftseinrichtungen.

Pelican Shore Villas APARTMENTS $$
(☎ 08-9937 1708; www.pelicanshorevillas.com.au; Ecke Grey & Kaiber Sts; Villa 136–188 AU$;) Diese schicken und gepflegten Wohneinheiten haben allen nur erdenklichen Komfort und bieten die beste Aussicht auf die Stadt.

Kalbarri Reef Villas APARTMENTS $$
(☎ 08-9937 1165; www.reefvillas.com.au; Ecke Coles & Mortimer Sts; Apt. 130–180 AU$;) Eine Straße hinter der Küste gelegen, schauen diese gut ausgestatteten, zweigeschossigen Apartments mit zwei Schlafzimmern auf einen Garten voller Palmen.

Ray White Kalbarri Accommodation Service BUCHUNGSSERVICE $$$
(☎ 08-9937 1700; www.kalbarriaccommodation.com.au; Kalbarri Arcade, 44 Grey St; Ferienhaus ab 460 AU$/Woche) Bietet eine große Auswahl an komplett ausgestatteten Apartments und Ferienhäusern.

Essen

In den Einkaufszentren gibt's Supermärkte, Restaurants mit Straßenverkauf und Bistros.

Angies Cafe CAFÉ $
(☎ 08-9937 1738; Shop 6, 46 Grey St; Mahlzeiten 8–20 AU$; ⊙8–16 Uhr;) Das kleine, aber großartige Café bereitet leckere Mahlzeiten mit einer reichen Auswahl an Salaten zu.

★ **Gorges Café** CAFÉ $$
(☎ 08-9937 1200; Marina Complex, Grey St; Mahlzeiten 8–25 AU$; ⊙ Mo & Mi–Fr 7–17, Sa & So bis 14 Uhr) In diesem luftigen Café – es liegt gegenüber der Anlegestelle – unbedingt Frühstück bestellen. Man wird nicht enttäuscht sein.

Finlay's Fresh Fish BBQ SEAFOOD $$
(☎ 08-9937 1260; 24 Magee Cres; Hauptgerichte 15–30 AU$; ⊙ Di–So 5.30–20.30 Uhr) Traveller werden es entweder lieber oder hassen, aber sich bestimmt an das einfache Dinner mit gegrilltem Fisch erinnern, wo die riesigen Portionen (meist, aber nicht immer) mit jeder Menge Selbstironie serviert werden.

Praktische Informationen

In den Einkaufsmalls auf der Grey Street und der Porter Street stehen Geldautomaten; Internet gibt's bei **CRC** (☎ 08-9937 1933; Hackney St; Internet 5 AU$/Std.; ⊙ Mo–Fr 9–15 Uhr), **Book Nook** (☎ 08-9937 2676; Internet 5 AU$/Std.; ⊙ Mo–Fr 10–17, Sa & So bis 16 Uhr) und in der Bibliothek.

Visitor Centre (☎ 1800 639 468; www.kalbarri.org.au; Grey St; ⊙ Mo–Sa 9–117 Uhr) Infos zu Wildblumen und Aktivitäten, aber auch Buchungen für Unterkünfte und geführte Touren. Internet gibt's nebenan in der Bibliothek.

Anreise & Unterwegs vor Ort

Skippers fliegt mehrmals wöchentlich nach Perth, Shark Bay und Carnarvon.

Am einfachsten reist man mit dem Bus von Transwa nach/ab Perth (76 AU$, 9 Std.) und Geraldton (27 AU$, 2 Std.), Haltestelle am Visitor Centre. Greyhound sitzt weiter nördlich und hält 77 km weiter in Binnu am Highway – deshalb über Kalbarri Backpackers einen Shuttleservice buchen. Von Binnu gibt's eine Verbindung zum Overlander Roadhouse (für Monkey Mia, 52 AU$, 2 Std.), Coral Bay (106 AU$, 8 Std.) und Broome (325 AU$, 26 Std.). Integrity fährt auf dem Weg nach Exmouth (126 AU$, 10 Std.) durch Ajana.

Das **Kalbarri Auto Centre** (☎ 08-9937 1290) vermietet Geländewagen und Limousinen ab 60 AU$/Tag. Motorräder und Motorroller kann man beim **Kalbarri Air Charter** (☎ 08-9937 1130; 62 Grey St; Motorrad halb-/ganztags 10/20 AU$, Motorroller halb-/ganztags 45/85 AU$) mieten, Motorräder aber auch beim YHA und dem **Entertainment Centre** (☎ 08-9937 1105; 15 Magee Cres). Für ein Taxi den **Kalbarri Taxi Service** (☎ 0419 371 888) anrufen.

SHARK BAY

Die zum Weltkulturerbe gehörende Shark Bay zieht mit einer über 1500 km langen, unberührten Küste, kargen Halbinseln, weißen Stränden und einer vielfältigen Meeresfauna Besucher aus aller Welt an. Das türkisfarbene Meer und die langgezogenen Inseln im äußersten Westen des Kontinents beherbergen eins der facettenreichsten Biotope von WA.

Seegras und Buchten dienen Seekühen, Meeresschildkröten, Buckelwalen, Rochen, Haien und anderen Meeresbewohnern als Lebensraum. Uralte Stromatolithen (Sedimentgesteine aus einst lebendigen Materialien) sprenkeln das salzreiche Wasser des Hamelin Pool. Das Project Eden, ein ambitioniertes Programm zur Wiederherstellung des Ökosystems, schützt gefährdete Beuteltiere, indem fremde Tierarten zurückgedrängt und heimische Arten gestärkt werden.

Das Gebiet wurde ursprünglich von den Malgana, Nhanda und Inggarda bewohnt, heute zeigen geführte Touren das Land aus der Sicht der Ureinwohner. An der Shark Bay gingen frühe europäische Entdecker an Land, wovon die geografischen Namen zeugen. 1616 hinterließ der Niederländer Dirk Hartog z. B. eine mittlerweile berühmte Hartzinn-Plakette beim Cape Inscription auf der Insel, die heute seinen Namen trägt.

ℹ An- & Weiterreise

Der Shark-Bay-Flughafen liegt zwischen Denham und Monkey Mia. Skippers fliegt sechsmal wöchentlich nach Perth, wobei einige Rückflüge über Kalbarri erfolgen.

Der nächstgelegene Anschluss an Greyhound und Integrity ist das Overlander Roadhouse, 128 km entfernt am North West Coastal Highway gelegen. **Shark Bay Car Hire** (☎ 0427 483 032; www.carhire.net.au; 65 Knight Tce, Denham; Shuttle 67 AU$, Auto/Jeep 95/185 AU$ pro Tag) betreibt ein Shuttle dorthin (Vorausbuchung!).

Vom Overlander Roadhouse nach Denham

Im Meeresschutzgebiet **Hamelin Pool** liegt die weltweit bekannteste Kolonie von **Stromatolithen**. Die niedrigen, korallenähnlichen Strukturen bestehen aus Cyanobakterien, die fast identisch sind mit jenen Mikrorganismen, die vor 3,5 Mrd. Jahren lebten und als Hauptgrund für die Schaffung der Erdatmosphäre durch Photosynthese angesehen werden und die damit die Grundlagen für komplexere Lebensformen bildeten. Es gibt einen ausgezeichneten Wandersteg mit Infotafeln; am besten sieht man die Stromatolithen bei Ebbe.

Das nahegelegene **Telegraph Office** (Eintritt 5.50 AU$) aus dem Jahr 1884 beherbergt ein faszinierendes Museum zu den Stromatolithen. Im Shop nach den Öffnungszeiten fragen. Die Postmaster's Residence dient auch als Büro für den winzigen **Hamelin Pool Caravan Park** (☎ 08-9942 5905; Hamelin Pool; Stellplatz ohne/mit Strom 22/27 AU$); hier werden auch Devonshire-Tee, Kuchen und Eis serviert.

Die **Hamelin Station** (☎ 08-9948 5145; www.hamelinstationstay.com.au; Stellplatz 12 AU$/Pers., EZ/DZ/FZ 60/90/120 AU$) ganz in der Nähe hat nette Zimmer in einem umgewandelten Schafschererquartier, beste Ausstattung und trockene Stellplätze. Das Wasserbecken nebenan wird oft von Vögeln besucht.

Die Shark Bay Road biegt dann nach Norden ab und man kommt vorbei an der Abfahrt nach **Useless Loop** (einer aufgegebenen Salzbergwerk-Siedlung), **Edel Land** und **Steep Point**, dem westlichsten Zipfel des australischen Festlandes.

Wieder zurück auf der Hauptstraße erreicht man die zusammengepressten Muschelschalen von **Shell Beach**, die früher als Baumaterial herausgebrochen und in Denham verkauft wurden.

Man fährt zunächst an einigen Abfahrten zu Campingplätzen vorbei und erreicht dann **Eagle Bluff**; und von den Klippen er-

ABSEITS DER ÜBLICHEN PFADE

IM ÄUSSERSTEN WESTEN: EDEL LAND

Die westlichste Spitze des australischen Festlands ist **Steep Point**, gleich unterhalb von **Dirk Hartog Island**. Es ist eine wilde, windgepeitschte, öde Steilküste von einer Schönheit, die der Trostlosigkeit und Abgeschiedenheit entsprungen ist. Nach Süden hin erstrecken sich die **Zuytdorp Cliffs**, deren Kalkstein mit Löchern übersät ist, während an den windgeschützten Stellen weiße Buchten gute Campingmöglichkeiten bieten. Das ganze Gebiet ist bekannt als **Edel Land** und soll bald zum Nationalpark erklärt werden. Angler kehren immer wieder hierher zurück, um vor den schroffen Klippen zu fischen, aber nur wenige Traveller nehmen die 140 km lange, beschwerliche Fahrt in einer Sackgasse in Kauf.

Die Zufahrt zu diesem Gebiet erfolgt über die Useless Loop Road und wird vom **Department of Environment and Conservation** (DEC; ☎08-9948 3993; Genehmigung 11 AU$/Auto, Stellplatz 7 AU$/Pers.) kontrolliert. Ranger-Farmen gibt es bei der **Shelter Bay**, daneben ist auch ein Campingplatz – und ebenso am Steep Point (felsig und dem Wind ausgesetzt) und südlich davon bei **False Entrance**. Die Stellplätze sindnicht sehr zahlreich und müssen im Voraus gebucht werden. Man braucht einen Wagen mit Allradantrieb und großem Abstand zum Boden, denn nach der Abzweigung beim Useless Loop (etwa 100 km von der Shark Bay Road) verschlechtert sich der Straßenzustand. Auch sollte der Reifendruck um 1,45 Bar reduziert werden. Ebenso sollte sichergestellt werden, dass man ausreichende Wasservorräte und Kraftstoffreserven mitführt, um zum Overlander Roadhouse (185 km) oder nach Denham (230 km) zurückkehren zu können. Im Winter verkehrt ein Boot von der Shelter Bay nach Dirk Hartog Island (unbedingt im Voraus buchen!). Die Website www.sharkbay.org.au enthält zusätzliche Infos und PDFs zum Herunterladen der Genehmigungen. Leihwagenunternehmen schließen für diese Strecke keine Versicherung ab, dennoch können (allerdings teure) Touren in Denham gebucht werden. Die Fahrt hierher ist Abenteuer pur und Steep Point ist sicherlich mit weniger Aufwand per Boot zu erreichen – aber wo bliebe dann der Nervenkitzel?

öffnet sich ein spektakulärer Blick auf eine azurblaue Lagune, in der sich Schildkröten, Haie und Mantarochen aufhalten.

Denham

1500 EW.

Das schöne, gemütliche Denham eignet sich mit seinem tiefblauen Meer und dem palmengesäumten Strand vorzüglich als Ausgangspunkt für Ausflüge zum angrenzenden Shark Bay Marine Park, zu den Nationalparks François Peron und Dirk Hartog Island sowie zum 26 km entfernten Monkey Mia.

Australiens westlichste Stadt war ursprünglich ein Zentrum der Perlenfischerei – die Straßen waren einst gar mit Perlenmuschelschalen gepflastert. Auf der Knight Tce, der nun natürlich geteerten Hauptverkehrsader, findet man alles, was man braucht.

Sehenswertes & Aktivitäten

★Shark Bay World Heritage Discovery Centre MUSEUM
(☎08-9948 1590; www.sharkbayvisit.com; 53 Knight Tce; Erw./Kind 11/6 AU$; ⏲Mo–Fr 9–17, Sa & So 10–16 Uhr) Informative und anschauliche Präsentation der Ökosysteme in der Shark Bay, der Meeresbewohner, der Tierwelt, der heimischen Kultur, der frühen Entdecker, Siedler und natürlich der Schiffswracks.

Ocean Park AQUARIUM
(☎08-9948 1765; www.oceanpark.com.au; Shark Bay Rd; Erw./Kind 20/12 AU$; ⏲9–17 Uhr) Auf einer Landzunge vor der Stadt gelegen, besitzt diese familiengeführte Fischzuchtfarm eine künstliche Lagune, in der Besucher im Rahmen einer einstündigen Führung Haifütterungen, Seeschildkröten, Stachelrochen und Fische beobachten können. Das Café bietet sensationelle Ausblicke.

Geführte Touren

Aussie Off Road Tours JEEPTOUR
(☎0429 929 175; www.aussieoffroadtours.com.au) Kultur, Geschichte, Natur und Nahrung sind die Schwerpunkte dieser ausgezeichneten, von Aborigines organisierten Jeeptouren; dazu zählen Naturtouren bei Sonnenuntergang (90 AU$), Touren mit Übernachtung im François Peron National Park (189/300 AU$) und zum Steep Point (390 AU$).

Shark Bay Scenic Flights PANORAMAFLUG
(☎0417 919 059; www.sharkbayair.com.au) Im Angebot sind mehrere Panoramaflüge, darunter ein 15-minütiger Flug über Monkey Mia (59 AU$) und ein sensationeller 40-Minuten-Flug über Steep Point und die Zuytdorp Cliffs (175 AU$).

Shark Bay Coaches & Tours SEHENSWÜRDIGKEITEN
(☎08-9948 1081; www.sbcoaches.com; Bus/Quad 80/90 AU$) Halbtägige Bustouren zu allen wichtigen Sehenswürdigkeiten sowie zweistündige Quadtouren nach Little Lagoon.

Schlafen & Essen

Denham bietet Unterkünfte in allen Preisklassen. Hier steht auch Australiens westlichster **Pub** (☎08-9948 1203; www.sharkbayhotelwa.com.au; 43 Knight Tce; abends 22–38 AU$; ⌚22 Uhr–open end), und es gibt einen Supermarkt, eine Bäckerei, Cafés und Take-Aways auf der Knight Tce.

★**Bay Lodge** HOSTEL $
(☎08-9948 1278; www.baylodge.info; 113 Knight Tce; B/DZ ab 26/68 AU$; ❄@🏊) Jedes Zimmer dieses YHA-Hostels hat ein eigenes Bad, eine Küchenzeile und TV mit DVD. Es liegt ideal gegenüber vom Strand und hat einen Pool, eine Gemeinschaftsküche und einen Shuttlebus, der nach Monkey Mia fährt.

Denham Seaside Tourist Village CAMPING $
(☎1300 133 733; www.sharkbayfun.com; Knight Tce; Stellplatz ohne Strom/mit Strom/mit Bad 30/37/45 AU$, DZ-Hütte 80 AU$, 1-/2-Zi.-Chalet 125/135 AU$; ❄) Der tolle, schattige Campingpark am Meer ist der beste hier, auch wenn man sich einen Bohrer für die Zeltheringe leihen muss. In der Nacht vor Insekten schützen! Wer nach 18 Uhr kommt, muss klingeln.

Oceanside Village HÜTTEN $$
(☎1800 680 600; www.oceanside.com.au; 117 Knight Tce; Hütte 160–200 AU$; ❄📶🏊) Die sauberen Cottages mit sonnigen Balkonliegen befinden sich direkt gegenüber vom Strand.

★**Old Pearler Restaurant** SEAFOOD $$$
(☎08-9948 1373; 71 Knight Tce; Gerichte 30–49 AU$; ⌚Mo–Sa abends) In dem stimmungsvollen, aus Muschelblöcken erbauten Hafenlokal werden fantastische Meeresfrüchte serviert. Auf den vorzüglichen Platten sind vertreten einheimische Snapper, Weißfisch, Flusskrebse, Austern, Garnelen und Tintenfisch - allesamt gegrillt und nicht gebraten. Getränke mitbringen.

Ocean Restaurant CAFÉ $$
(www.oceanpark.com.au; Shark Bay Rd; Hauptgerichte 19–32 AU$; ⌚9–17 Uhr; 📶) Das vorzüglichste Mittagessen vemählt sich hier mit dem schönsten Ausblick. Im Ocean Park, wo der Blick über türkisfarbenes Wasser schweift, kann man zwischen köstlichen Tapas, Frühstück, das den ganzen Tag über serviert wird, und verlockenden Gerichten mit Meeresfrüchten wählen. Das Restaurant hat volle Alkoholausschanklizenz.

Praktische Informationen

Im Heritage Resort und dem Shark Bay Hotel gibt es Geldautomaten; WLAN-Zugang bieten **CRC** (☎08-9948 1787; 67 Knight Tce) und das Postamt an.

DEC (☎08-9948 1208; www.dec.gov.au; 89 Knight Tce; ⌚Mo–Fr 8–17 Uhr) Parkpässe, Informationen und Campinggenehmigungen.

Shark Bay Home Page (www.sharkbay.org.au) Sehr gute Informationen, interaktive Karten und herunterladbare Genehmigungen.

Shark Bay Visitor Centre (☎08-9948 1590; www.sharkbayvisit.com; 53 Knight Tce; ⌚Mo–Fr 9–17, Sa & So 10–16 Uhr) Befindet sich im Foyer des Discovery Centre; das sehr kundige Personal kümmert sich um Unterkunft und Tourenbuchungen und stellt Genehmigungen zum Campen und für South Peron aus.

François Peron National Park

Die gesamte Halbinsel nördlich von Denham ist von niedrigem Buschland, Salzseen und roten Sanddünen bedeckt und bildet den Lebensraum für den seltenen Kaninchennasenbeutler, das Thermometerhuhn und den Woma-Python. Es gibt ein paar verstreut liegende, einfache **Campingplätze** (7 AU$/Pers.) entlang der strahlend weißen Strände, die alle nur mit Geländewagen zu erreichen sind (Reifendruck um 1,45 Bar verringern). Man sollte den tollen **Wanamalu Trail** (hin & zurück 3 km) nicht versäumen, der oben auf den Klippen zwischen Cape Peron und Skipjack Point verläuft und von wo aus man die Meerestiere im kristallklaren Wasser beobachten kann. Wer ein Fahrzeug ohne Allradantrieb hat, gelangt nur bis zum alten **Peron Homestead**. Hier gibt es einen kurzen „Lifestyle"-Spazierweg um Schafschererschuppen und ein artesisches Wasserbecken, in dem man baden kann. Die Gebühr beträgt 11 AU$ pro Fahrzeug. Touren ab Denham oder Monkey Mia beginnen ab etwa 180 AU$, und wenn man nicht allein unterwegs ist, lohnt es sich, zum selben Preis ab Denham einen Jeep zu mieten.

Monkey Mia

Es ist für jeden Traveller das Highlight: jener Moment, in dem die wilden Delfine jeden Morgen im seichten Wasser von **Monkey Mia** (Erw./Kind.Fam. 8/3/16 AU$), 26 km nordöstlich von Denham, auftauchen. Die erste Fütterung findet gegen 7.45 Uhr statt, aber die Delfine kommen meist schon etwas früher. Vom Pier aus hat man eine gute Sicht auf das Schauspiel. Nach der ersten Fütterung sollte man sich die Zeit noch etwas vertreiben, denn oft kommen die Delfine noch ein zweites und gelegentlich auch ein drittes Mal zurück, um noch mehr Futter zu ergattern.

Man kann als **Freiwilliger** ganztags zwischen vier Tagen und bis zu zwei Wochen mit den Delfinen arbeiten. Da der Job sehr beliebt ist, sollte man sich einige Monate im Voraus bewerben (auch wenn es manchmal noch kurzfristig freie Stellen gibt) und mit dem **Koordinator für Freiwilligenarbeit** (☎08-9948 1366; monkeymiavolunteers@westnet.com.au) Kontakt aufnehmen.

Das **Monkey Mia Visitor Centre** (☎08-9948 1366; ⏲8–16 Uhr) hat eine breite Auswahl an Publikationen und nimmt auch Buchungen von Touren vor.

Geführte Touren

Wula Guda Nyinda Aboriginal Cultural Tours ABORIGINE-KULTUR
(☎0429 708 847; www.wulaguda.com.au; 90-minütige Touren Erw./Kind ab 50/25 AU$) Unter der Leitung des einheimischen Aborigine-Führer Darren „Capes" Capewell lernt man auf diesen verblüffenden Buschwanderungen einige Worte der Ureinwohnersprache Malgana und erfährt so manches über Nahrung and traditionelle Medizin. Die abendlichen „Didgeridoo Dreaming"-Wanderungen (Erw./Kind 60/30 AU$) sind großartig.

Wildsights ABENTEUERTOUR
(☎1800 241 481; www.monkeymiawildsights.com.au) Auf dem kleinen Katamaran *Shotover* lernt man die Natur aus nächster Nähe kennen. Die Preise starten ab 79 AU$ (2½ Std.).

Aristocat II BOOTSFAHRTEN
(☎1800 030 427; www.monkey-mia.net; 1-/2½-stündige Touren 45/80 AU$) Man fährt mit diesem großen Katamaran ganz bequem und könnte dabei Dugongs, Delfine und Unechte Karettschildkröten zu Gesicht kriegen. Man hält auch vor der **Blue Lagoon Pearl Farm** an.

Schlafen & Essen

Monkey Mia ist ein Resort und keine Stadt, deshalb sind die Ess- und Übernachtungsmöglichkeiten auch auf das Monkey Mia Dolphin Resort beschränkt. Selbstversorgung ist dabei eine gute Option.

Monkey Mia Dolphin Resort RESORT $$$
(☎1800 653 611; www.monkeymia.com.au; Stellplatz Zelt 15 AU$/Pers., Stellplatz Wohnmobil ab 39 AU$, B/DZ $30/89 AU$, Wohneinheit im Garten 223 AU$, Strandvilla 315 AU$; ❄@🛜≋) Eine tolle Lage, freundliches Personal und günstige Doppelzimmer für Backpacker sind die Highlights dieses Resorts. Leider ist es manchmal etwas überfüllt und gelegentlich scheint hier eine Party ohne Ende zu steigen. Das Restaurant bietet einen überwältigenden Blick aufs Wasser, die Gerichte sind aber eher langweilig und überteuert. Die Gebühr für WLAN kann man sich sparen.

An- & Weiterreise

Es gibt keine öffentlichen Verkehrsmittel. Denham's Bay Lodge (S. 1072) unterhält jeden zweiten Tag einen Shuttle-Service für Gäste. Die Alternativen: einen Wagen mieten, Rad fahren oder trampen.

GASCOYNE COAST

Die wilde, zerklüftete, größtenteils unbewohnte Küstenlandschaft erstreckt sich von der Shark Bay bis nach Ningaloo und bietet tolle Angelmöglichkeiten. Die Wellen hier locken außerdem Surfer aus der ganzen Welt an. Das subtropische Carnarvon, der Verkehrsknotenpunkt der Region, ist ein bedeutendes Anbaugebiet für Obst und Gemüse; die Farmen hier suchen immer Saisonarbeiter. Fruchtbar ist der Boden durch den 760 km langen Gascoyne River, den längste n Fluss WAs, der fast das ganze Jahr über unterirdisch fließt. Im Landesinneren erwarten Reisende große Distanzen, hohe Temperaturen, die alten, erodierten Felsen der Kennedy Range und der Mt. Augustus.

Carnarvon

9000 EW.

Auf dem Land der Yinggarda, an der Mündung des Gascoyne River, liegt das fruchtbare Carnarvon mit seinen Obst- und Gemüseplantagen und einer blühenden Fischereiindustrie. Die Stadt eignet sich als angenehmer Zwischenstopp auf dem Weg von Denham nach Exmouth. Der freundliche, pulsierende Ort hat eigenartige Sehenswürdigkeiten, viele anständige Übernachtungsmöglichkeiten, gut sortierte Supermärkte und zahlreiche lokale Erzeugnisse. Die lange Erntezeit von März bis Januar sichert viele Saisonarbeitsplätze.

Sehenswertes & Aktivitäten

Am Stadtrand steht die 1966 zusammen mit der NASA errichtete **OTC Dish** (Mahony Ave); sie diente als Bodenstation zur Verfolgung der Gemini- und Apollo-Missionen sowie des Halleyschen Kometen und wurde 1987 geschlossen. Unmittelbar daneben befindet sich das kleine, aber faszinierende **Carnarvon Space and Technology Museum** (Mahony Ave; Eintritt 5 AU$; 10–15 Uhr).

Carnarvons üppige Plantagen entlang der North River Road und der South River Road liefern das Gros der Früchte und des Obstes von Westaustralien; im Visitor Centre gibt's die Broschüre *Gascoyne Food Trail* (www.gascoynefood.com.au). **Bumbak's** (08-9941 8006; 449 North River Rd; 1-stündige Führung 8,80 AU$; Laden Mo–Fr 9–16 Uhr, Führungen April–Okt. Mo, Mi, Fr 10 Uhr) bietet Plantagentouren an und verkauft frisches und getrocknetes Obst, Obstkonserven sowie leckeres Eis. Probieren kann man die köstlichen Produkte auf dem **Gascoyne Arts, Crafts & Growers Market** (Civic Centre Parkplatz; Mai–Okt. Sa 8–11.30 Uhr).

Wenn man eine Strecke von 2,5 km entlang der alten Tramgleise zu Fuß zurücklegt oder fährt, erreicht man den **Heritage Precinct** auf Babbage Island, den einstigen Hafen der Stadt. **One Mile Jetty** (Eintritt mit Tramfahrt/zu Fuß 7/4 AU$; 9–16.30 Uhr) bietet tolle Angelmöglichkeiten und Ausblicke; zum Ende des Piers kommt man mit einer historischen Tram. Das nahe **Lighthouse Keepers Cottage** (10–13 Uhr) wurde sorgfältig restauriert; die tolle Aussicht von der Spitze des betagten Wasserturms im **Railway Station Museum** (9–17 Uhr) sollte man sich nicht entgehen lassen.

Gwoonwardu Mia (08-9941 1989; gahcc@gahcc.com.au; 146 Robinson St; Mo–Fr 10–15 Uhr), erbaut als Darstellung eines Wirbelsturms, verkörpert die fünf Sprachgruppen der lokalen Aborigines und beherbergt ein Kulturzentrum, eine Kunstgalerie, einen interpretativen Garten und das Yallibiddi Café, wo Fachkräfte ausgebildet werden.

Von September bis März zieht es die Windsurfer zum Pelican Poin, während angehende (oder fortgeschrittene) Kitesurfer neue Tricks bei **Kitemix** (0400 648 706; www.kitemix.com; Kurse ab 80 AU$/Std.; Sept.–März) lernen können.

Der von Palmen gesäumte **Wanderweg** entlang der Fascine (das Ufer am Ende der Robinson Street) ist beliebt für Spaziergänge – vor allem bei Sonnenuntergang.

Schlafen

Die meisten Übernachtungsmöglichkeiten, darunter etliche Campingplätze, findet man entlang der 5 km langen Zubringerstraße vom Highway. Man sollte versuchen, vor 18 Uhr anzukommen.

★ Fish & Whistle HOSTEL $
(08-9941 1704; 35 Robinson St; B/EZ 30/45 AU$, Motel-Zi. 99 AU$;) Traveller schätzen diese große, luftige Backpacker-Unterkunft wegen ihrer großen Veranden, der Zimmer ohne Etagenbetten, der riesigen Gemeinschaftsbereiche, der ausgezeichneten Küche und der tollen Stimmung. Hinter dem Hotel gibt's auch einige Motelzimmer mit Klimaanlage. Für längere Aufenthalte werden Ermäßigungen eingeräumt und im aufpolierten **Port Hotel** im Erdgeschoss wird anständiges Bier serviert.

Capricorn Holiday Park CAMPING $
(08-9941 8153; www.capricornholidaypark.com.au; 1042 North West Coastal Hwy; Stellplatz DZ 36 AU$, Hütte 120 AU$;) Er liegt außerhalb der Stadt am Highway und hat viel Schatten, einen überdachten Pool, grasbewachsene Stellplätze und schöne Bougainvilleen.

Coral Coast Tourist Park CAMPING $
(08-9941 1438; www.coralcoasttouristpark.com.au; 108 Robinson St; Stellplatz mit Strom 35 AU$, Hütte 75–155 AU$;) Der angenehm schattige Park mit tropisch anmutendem Pool und Stellplätzen auf Gras liegt am nächsten zum Stadtzentrum. Es gibt viele verschiedene Typen gut ausgestatteter Hütten, eine ordentliche Campingküche und einen Fahrradverleih (halb-/ganztags 10/15 AU$).

Carnarvon Central Apartments APARTMENTS $$
(08-9941 1317; www.carnarvonholidays.com; 120 Robinson St; Apt. mit 2-Schlafzi. 140 AU$;) Moderne, sehr saubere und gut ausgestattete

Apartments, die besonders bei Geschäftsreisenden beliebt sind.

Essen

Dank der guten lokalen Erzeugnisse ist Selbstversorgung eine gute Möglichkeit. Entlang der Fascine und im Baxter Park gibt es **kostenlose Grillplätze**. Auf der Knight Tce gibt's einige Take-Aways und Cafés.

Morel's Orchard MARKT $
(☎08-9941 8368; 486 Robinson St; ⊙8.30–17.30 Uhr;) Eine große Auswahl an heimischem, frischem Obst und Gemüse sowie an Eissorten aus frischen Früchten.

Yallibiddi Café CAFÉ $$
(☎08-9941 3127; 146 Robinson St; Hauptgerichte 10–20 AU$; ⊙Mo–Fr 9–15 Uhr) Innerhalb des Gwoonwardu Mia gelegen, hat dieses Café früher großartige traditionelle Gerichte zubereitet; inzwischen scheint es sich allerdings mit wie am Band produzierten Känguru-Burgern und Satay-Hühnchen zufriedenzugeben.

Waters Edge MODERN-AUSTRALISCH $$
(☎08-9941 1181; www.thecarnarvon.com.au; 121 Olivia Tce; Hauptgerichte 25–46 AU$; ⊙Di–Sa 6–21 Uhr;) Dieses Restaurant hinter dem Carnarvon Hotel liegt ideal, um über der Fascine Abendsonne zu tanken, und bietet eine gute Auswahl an Meeresfrüchten und Steaks. Es gibt außerdem saubere, aber einfache Zimmer.

Hacienda Crab Shack SEAFOOD $$
(☎08-9941 4078; Small Boat Harbour; ⊙9–14 Uhr, So kürzere Öffnungszeiten) Wer eine Kühltasche sein Eigen nennt, der sollte sie mit frischen gedünsteten Krabben, leckeren Garnelen, Miesmuscheln, geöffneten Austern und Fischfilet vom hiesigen Fischhändler füllen.

Praktische Informationen

Auf der Camel Lane befindet sich ein Postamt und in der Robinson Street sind mehrere Geldautomaten zu finden.

Visitor Centre (☎08-9941 1146; www.carnarvon.org.au; Civic Centre, 21 Robinson St; ⊙Mo–Fr 9–17, Sa bis 12 Uhr) Sehr hilfreich, hat zahlreiche Infos, Karten, lokale Produkte und Bücher.

Anreise & Unterwegs vor Ort

Greyhound-Busse fahren dreimal wöchentlich nach Perth (175 AU$, 13 Std.), Broome (293 AU$, 21 Std.) und Coral Bay (37 AU$, 3 Std.). Integrity verkehrt zweimal wöchentlich nach Exmouth (79 AU$, 4 Std.), Geraldton (99 AU$, 6 Std.) und Perth (144 AU$, 12 Std.). Alle Busse fahren vom Visitor Centre ab.

Fahrräder kann man beim Coral Coast Tourist Park (S. 1074) ausleihen.

Skippers fliegt täglich nach Perth – weniger oft gehen Flüge nach Geraldton, Shark Bay und Kalbarri.

Für ein Taxi bei **Carnarvon Taxis** (☎131 008) anrufen.

ABSEITS DER ÜBLICHEN PFADE

MT. AUGUSTUS (BURRINGURRAH) NATIONAL PARK

Auf dem Gebiet der Wajarri ragt der riesige Monolith des **Mt. Augustus** (1105 m), der doppelt so groß wie der Uluru (Ayers Rock) und auch etwas abgelegener ist, 717 m über der umliegenden Ebene auf. Es gibt mehrere Wanderwege und Aborigine-Felsenkunst zu entdecken, z. B. den großartigen Summit Trail (hin & zurück 12 km, 6 Std.). Wer nicht mit einem Jeep unterwegs ist, hat auf einer holprigen, unbefestigten Straße ab Carnarvon über **Gascoyne Junction** einen 450 km langen Weg vor sich – oder er fährt über **Meekatharra** 350 km weit. Mit einem Jeep gibt es mindestens drei alternative Routen, darunter eine praktische Nebenstrecke nach Karijini über **Dooley Downs** und Tom Price. Doch all diese Wege sind kaum befahren, also muss man mit dem Schlimmsten rechnen. Im Nationalpark gibt es keine Campingplätze, man kann aber im nahegelegenen, staubigen **Mt. Augustus Tourist Park** (☎08-9943 0527; www.mtaugustustouristpark.com; Stellplatz ohne/mit Strom 22/33 AU$, Donga-DZ 88 AU$, Wohneinheit 176 AU$;) übernachten. Einen Besuch lohnt auch das 60 km westlich gelegene, historische **Cobra Bangemail Inn** (☎08-9943 9565; Stellplatz 15 AU$/Pers., DZ 160 AU$). Wer in Gascoyne Junction ankommt und eine Pause einlegen möchte, ist in der nahen **Bidgemia Station** (☎08-9943 0501; caunt@harboursat.com.au; Gascoyne Junction; Stellplatz 15 AU$/Pers., Schafschererquartier 65 AU$) gut aufgehoben, denn sie bietet Schafschererquartiere und schattige Campingstellplätze.

Von Point Quobba zur Gnarraloo Bay

Während der North West Coastal Highway ins Landesinnere führt, präsentiert sich die Küste nördlich von Carnarvon als wilde, windgepeitschte und verlassene Landschaft, die besonders von Surfern und Anglern geschätzt wird.

12 km nach der Gascoyne Bridge führt die Blowholes Road (49 km lang) zur Küste. Die **Blowholes** (Wasserfontänen, die durch Felsöffnungen aus Kalkstein nach oben gepresst werden) befinden sich gleich links von der T-Kreuzung. **Point Quobba**, das 1 km weiter südlich liegt, hat Strandhütten, beste Angelmöglichkeiten, ein paar sandige **Campingplätze** (Stellplatz 5,50 AU$), aber auch nicht viel mehr.

10 km nördlich der T-Kreuzung (und 2 km nach einem einsamen Steinhügel, errichtet zur Erinnerung an die HMAS *Sydney II*), liegt, an einer nicht asphaltierten Straße, die **Quobba Station** (☎08-9948 5098; www.quobba.com.au; Stellplatz ohne/mit Strom 11/13,50 AU$, Hütte 25–60 AU$/Pers.) mit einer Reihe von rustikalen Unterkünften, einem kleinen Laden und traumhaften Angelplätzen.

60 km weiter nördlich, aber immer noch zu Quobba gehörend, findet man **Red Bluff** (☎08-9948 5001; www.quobba.com.au; Stellplatz ohne Strom 12 AU$/Pers., Hütte ab 20 AU$/Pers., Bungalow/Safarizelt 170/345 AU$) vor. Die spektakuläre Landzunge mit tückischer Brandung und tollen Angelmöglichkeiten bildet die südliche Grenze des **Ningaloo Marine Park**. Die Auswahl an Unterkünften reicht von ungeschützten Campingplätzen und Palmenhütten bis hin zu exklusiven Luxuszelten mit Balkon und traumhaften Ausblicken.

Das eigentliche Juwel aber befindet sich am Ende der Straße, rund 150 km von Carnarvon entfernt: **Gnaraloo Station** (☎08-9942 5927; www.gnaraloo.com; Stellplatz ohne Strom 20 AU$/Pers., Hütte DZ 130–210 AU$; 📶). Surfer aus der ganzen Welt kommen im Winter hierher, um auf den berüchtigten **Tombstones** zu reiten, im Sommer dagegen kann man Schildkröten beobachten, während Surfer versuchen, die kräftige Nachmittagsbrise zu nutzen. Unweit vom Strand gibt es ausgezeichnete Schnorchelspots und die Küstenlinie nördlich der **Gnarraloo Bay** beeindruckt durch ihre Ursprünglichkeit. Übernachten kann man auf einfachen Campingplätzen neben dem Strand bei **3-Mile** oder aber in verschiedenen Unterkünften in Gnaraloo selbst; die nettesten sind die Steinhütten mit grenzenlosem Blick aufs Meer – ideal zur Beobachtung der vorbeiziehenden Wale (Juni–Nov.) und Seeadler. Gnaraloo hat sich dem nachhaltigen Tourismus verpflichtet und etliche zukunftsweisende Umweltprogramme umgesetzt. Es werden immer engagierte Arbeiter gesucht, und die tolle Stimmung hat dazu geführt, dass viele, die für eine Nacht kamen, schließlich mehrere Monate blieben. Wer könnte es ihnen auch verübeln?

CORAL COAST & PILBARA

Das seichte, türkisfarbene Wasser der Coral Coast am Rand des Indischen Ozeans beherbergt ein einzigartiges Unterwasserparadies. Das Ningaloo Reef, das zum UNESCO-Weltnaturerbe gehört, ist einer der wenigen Orte, wo man zusammen mit dem weltgrößten Fisch, dem sanften Walhai, schwimmen kann. Einsame Buchten, menschenleere Strände und kristallklare Lagunen bieten hervorragende Spots zum Schnorcheln und Tauchen inmitten zahlloser Meeresbewohner – darunter Buckelwale, Mantarochen und Unechte Karettschildkröten. Die Region ist noch unverfälscht, es gibt nur wenige, weit voneinander entfernte Städte und die Meeresfrüchte und die Sonnenuntergänge sind legendär.

Im Landesinneren, auf den hohen, erodierten Bergen Pilbaras wimmelt es von Bergleuten, während sich die mit Erz beladenen Züge hinunter zu den betriebsamen Häfen schlängeln, die sich zwischen Dampier und Port Hedland aufreihen. Zwischen den Hügeln verstecken sich aber zwei einzigartige Juwele – die Nationalparks Karijini und Millstream-Chichester mit spektakulären Schluchten, abgeschiedenen Gipfeln, tiefen, ruhigen Wasserbecken und einer reichen Tierwelt.

ℹ Anreise & Unterwegs vor Ort

BUS

Greyhound (☎1300 473 946; www.greyhound.com.au) Fährt dreimal wöchentlich entlang der Küste zwischen Broome und Perth.

Integrity (☎1800 226 339; www.integritycoachlines.com.au) Integrity verkehrt einmal wöchentlich zwischen Perth und Port Hedland über Newman im Landesinneren, und zwar auf dem Great Northern Highway. Zweimal wöchentlich wird Exmouth entlang der Küstenroute angesteuert.

FLUGZEUG

Folgende Fluglinien fliegen die Coral Coast und Pilbara an:

Airnorth (☎1800 627 474; www.airnorth.com.au)

Alliance Airlines (☎1300 780 970; www.allianceairlines.com.au) Von Perth nach Karratha.

Qantas (☎13 13 13; www.qantas.com.au)

Virgin Australia (☎13 67 89; www.virginaustralia.com)

Coral Bay

255 EW.

Der winzige Küstenort Coral Bay liegt reizvoll unmittelbar nördlich des südlichen Wendekreises und bietet dank seiner Lage eine der günstigsten Zugangsmöglichkeiten zum großartigen Ningaloo Marine Park. Das Städtchen hat nur eine einzige Straße und einen überwältigenden weißen Sandstrand und ist klein genug, um es zu Fuß zu entdecken, sodass es besonders bei Familien beliebt ist. Außerdem bietet es beste Voraussetzungen für Aktivitäten am äußeren Riff – beispielsweise Gerätetauchen, Angeln und Walbeobachtung (Juni–Nov.); in den Wintermonaten strömen die Touristen scharenweise herbei, um mit Walhaien (April–Juli) und Mantarochen zu schwimmen.

Die Ausbreitungsmöglichkeiten des Ortes sind streng begrenzt, darum muss man mit höheren Preisen bei Essen und Unterkunft rechnen. Dafür bietet das 118 km entfernte Exmouth schon mehr Möglichkeiten. Im Einkaufszentrum und im Lebensmittelladen des Peoples Park gibt es Geldautomaten; Internetzugang hat man bei einigen Tourveranstaltern und im Fins Cafe. Von April bis Oktober ist der Besucheransturm hier besonders groß.

Sehenswertes & Aktivitäten

Schwimmen sollte man nur am südlichen Ende der Bills Bay, denn das nördliche Ende (Skeleton Bay) dient den Riffhaien als Laichgrund. Gute Schnorchelmöglichkeiten gibt's in der Bucht, noch bessere Bedingungen findet man aber im Purdy Point vor. Dafür 500 m nach Süden entlang der Küste bis zum Hinweisschild „8 km/h" gehen und sich dann mit der Strömung zurück zur Bucht treiben lassen. Schnorchelausrüstung kann man überall im Ort ausleihen.

Fischfütterungen finden immer um 15.30 Uhr am Strand statt. Vom Aussichtspunkt über dem Strandparkplatz bietet sich ein herrlicher Ausblick auf den Sonnenuntergang.

Ningaloo Kayak Adventures KAJAKFAHREN
(☎08-9948 5034; www.ningalookayakadventures.com; 2-/3-stünd. Touren 50/70 AU$) Der am Hauptstrand ansässige Veranstalter bietet unterschiedlich lange Kajakfahrten und Schnorcheltrips an. Man kann auch ein Glasbodenkanu (25 AU$/Std.), Neoprenanzüge und Schnorchelausrüstung (15 AU$/Tag) mieten.

Ningaloo Reef Dive TAUCHEN
(☎08-9942 5824; www.ningalooreefdive.com) Der PADI- und ökozertifizierte Veranstalter organisiert Schnorcheltrips mit Walhaien (390 AU$, Ende März–Juli) und Mantarochen (150 AU$, ganzjährig), halbtägiges Rifftauchen (170 AU$) sowie ganz verschiedene Tauchgänge (ab 380 AU$).

Ningaloo Marine Interactions SCHNORCHELN
(☎08-9948 5190; www.mantaraycoralbay.com.au; 2 Std./halb-/ganztags 75/170/210 AU$; ⏲Juni–Okt., Mantarochenbesuch ganzjährig) Das Angebot mit informativen und nachhaltigen Touren zum Außenriff umfasst eine zweistündige Walbeobachtung, halbtägiges Schwimmen mit Mantarochen und ganztägige Naturbeobachtungen mit Schnorcheln.

Geführte Touren

Zu den beliebten Touren in Coral Bay zählen Schwimmen mit Walhaien, die Beobachtung der Meeresfauna (Wale, Delfine, Dugongs, Meeresschildkröten und Mantarochen), Korallentouren in Glasbodenbooten und Quad-Ausflüge. Die Büros der Tourenveranstalter befinden sich im Einkaufszentrum und auf den Campingplätzen – dies ist nur eine kleine Auswahl aus dem großen Angebot.

Coral Bay Ecotours BOOTSFAHRT
(☎08-9942 5885; www.coralbayecotours.com.au; 1/2/3 Std. 9/54/75 AU$, ganztägig 140 AU$) Zu den ökozertifizierten, umweltfreundlichen Touren zählen Ausflüge in Glasbodenbooten mit Schnorcheltrips sowie ganztägige Naturbeobachtungen inklusive Schwimmen mit Mantarochen.

Coral Coast Tours JEEPTOUR
(☎0427 180 568; www.coralcoasttours.com.au; Halbtagestourmit dem Jeep Erw./Kind 135/78 AU$, Schnorcheln 2/3 Std. 55/75 AU$) Die Natur lässt

Coral Coast & Pilbara

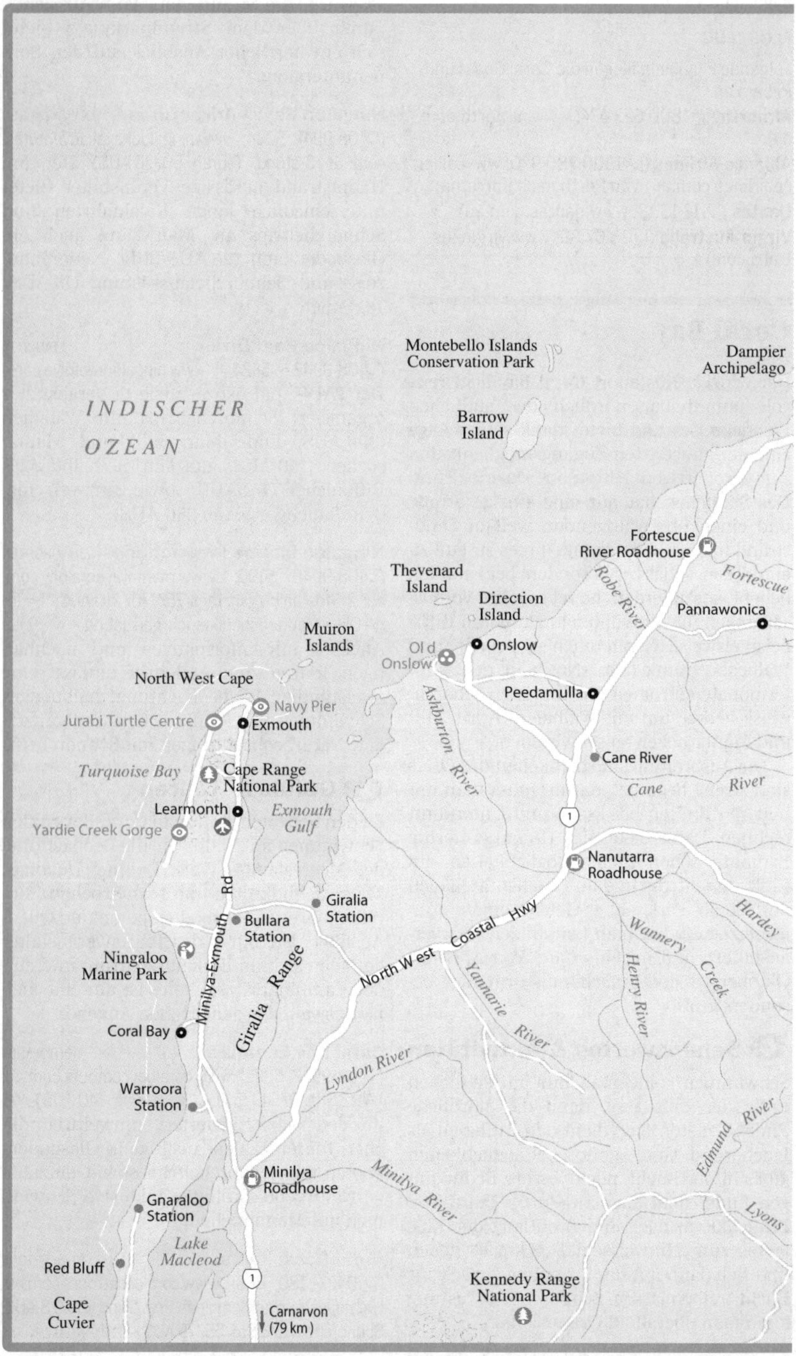

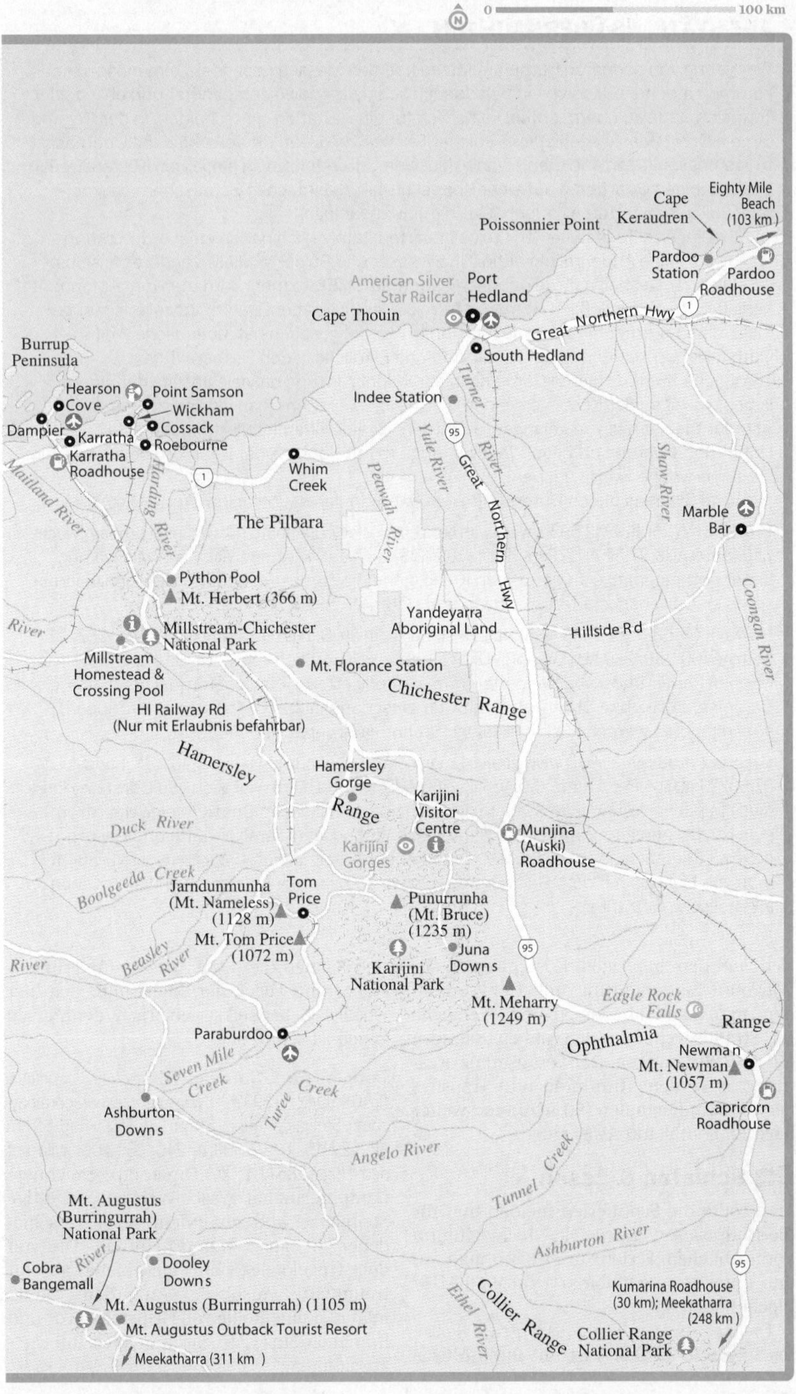
0
100 km
Eighty Mile Beach (103 km)
Cape Keraudren
Poissonnier Point
Pardoo Station
Pardoo Roadhouse
American Silver Star Railcar
Port Hedland
Cape Thouin
Great Northern Hwy
South Hedland
Burrup Peninsula
Hearson Cove
Point Samson
Wickham
Dampier
Cossack
Karratha
Roebourne
Karratha Roadhouse
Indee Station
Turner River
Yule River
Great Northern Hwy
Whim Creek
Peawah River
Shaw River
Maitland River
Harding River
The Pilbara
Marble Bar
Python Pool
Mt. Herbert (366 m)
Coongan River
Yandeyarra Aboriginal Land
Hillside Rd
River
Millstream-Chichester National Park
Millstream Homestead & Crossing Pool
Mt. Florance Station
Chichester Range
HI Railway Rd (Nur mit Erlaubnis befahrbar)
Hamersley Range
Hamersley Gorge
Karijini Visitor Centre
Duck River
Munjina (Auski) Roadhouse
Karijini Gorges
Boolgeeda Creek
Jarndunmunha (Mt. Nameless) (1128 m)
Tom Price
Punurrunha (Mt. Bruce) (1235 m)
Mt. Tom Price (1072 m)
Juna Downs
River
Beasley River
Karijini National Park
Mt. Meharry (1249 m)
Eagle Rock Falls
Ophthalmia Range
Paraburdoo
Newman
Mt. Newman (1057 m)
Seven Mile Creek
Turee Creek
Capricorn Roadhouse
Ashburton Downs
Angelo River
Tunnel Creek
Mt. Augustus (Burringurrah) National Park
Ashburton River
Cobra Bangemall
River
Dooley Downs
Kumarina Roadhouse (30 km); Meekatharra (248 km)
Mt. Augustus (Burringurrah) (1105 m)
Ethel River
Collier Range
Mt. Augustus Outback Tourist Resort
Collier Range National Park
Meekatharra (311 km)

AUF STATIONS ÜBERNACHTEN

Wer genug von beengten Campingplätzen hat, den Massen reisender Zeitgenossen entkommen möchte oder sich einfach danach sehnt, irgendwo entspannter und abseits der Touristenpfade zu übernachten, sollte sich für eine „Station" entscheiden. In der Gegend um die Coral Coast liegen etliche solcher Farmen verstreut, die verschiedene Übernachtungsmöglichkeiten anbieten – von exklusiven Unterkünften an einsamen Küstenstreifen und staubigen Quartieren auf einer Koppel bis hin zu einfachen Schafschererzimmern oder voll ausgestatteten Ferienhäusern mit Klimaanlage.

Allerdings sollte man keinen Luxus erwarten; tatsächlich haben etliche Unterkünfte so gut wie keine Annehmlichkeiten. Und Wasser und Strom sind alles andere als selbstverständlich. Deshalb gilt: Je unabhängiger man ist, desto mehr wird man den Aufenthalt genießen, denn schließlich ist man ja fernab aller Zivilisation. Dafür gibt es jede Menge Tiere, einen Sternenhimmel, wie man ihn früher nie gesehen hat, unendliche Weiten, Outbacklandschaften wie auf Postkarten und Einblicke in den Farmeralltag.

Manche Stations bieten Camping in der Wildnis an; und da viele abseits der eigentlichen (meist an der Küste gelegenen) Farm liegen, braucht man ein Fahrzeug mit Allradantrieb, um hin zu gelangen, außerdem ist eine Chemietoilette wichtig. Solche Unterkünfte werden oft besonders von Anglern mit Booten oder Rentnern bevorzugt, die sie gerne wochenweise buchen.

Einige Stations bieten Unterkünfte nur während der Hauptsaison (April–Okt.) an.

Warroora (☎ 08-9942 5920; www.warroora.com; Minilya Exmouth Rd; Camping pro Tag/Woche 7,50/37,50 AU$, Zi. 30 AU$/Pers., Hütte 130 AU$) Sie liegt 47 km nördlich von Minilya und bietet Campingplätze an der wilden Küste, günstige Zimmer in Schafschererquartieren sowie ein voll ausgestattetes Cottage und Unterkünfte auf der Farm selbst an.

Bullara (☎ 08-9942 5938; www.bullara-station.com.au; Burkett Rd; Camping 12 AU$, 2BZ/DZ/Cottage 100/130/220 AU$; ⏲ April–Okt.) Liegt 70 km nördlich von Coral Bay und bietet vier Doppelzimmer und zwei Zweibettzimmer in renovierten Schafschererquartieren sowie Campingplätze ohne Strom, aber mit Gemeinschaftsküche (Essen selbst mitbringen) an. Angeboten werden auch halbtägige Station-Führungen (110 AU$).

Giralia (☎ 08-9942 5937; www.giraliastation.com.au; Burkett Rd; Camping 10 AU$, Budget EZ/DZ 60/70 AU$, 4-Pers.-Hütte 160 AU$, Zi. 260 AU$; ❄ 🏊) 110 km nördlich von Coral Bay liegt diese besucherfreundliche Station, die Campingstellplätze im Busch (einige mit Strom), eine Küche, günstige Zimmer mit Gemeinschaftsbad, eine Familienhütte und Gästezimmer mit Klimaanlage sowie Frühstück und Abendessen anbietet. Bis zur Küste braucht man von hier aus mit dem Geländewagen etwa 40 Minuten. Außerdem gibt's hier auch alkoholische Getränke.

sich auf den holprigen Küstenwegen der Warroora Station prima mit Jeeps erkunden, man kann aber auch erste Versuche im Strandsegeln auf den nahen Salzseen (50 AU$/Std.) wagen. Der Veranstalter organisiert außerdem Rifftouren und Transfer-Service zum Flughafen (80 AU$) und weiter nach Exmouth (100 AU$) an.

Schlafen & Essen

Man sollte die Schulferien meiden und für die Hauptsaison (April–Okt.) rechtzeitig im Voraus buchen. Ferienkäuser kann man online unter www.coralbay.org (ab 950 AU$/Woche) mieten.

Die **Bäckerei** im Einkaufszentrum (Robinson St; ⏲ 6.30–17.30 Uhr) ist mit ihren Müslis und Salaten die beste Adresse für Frühaufsteher und Vegetarier. Man sollte sich hier wirklich lieber selbst versorgen, denn essen gehen ist sehr teuer.

Peoples Park Caravan Village CAMPING $
(☎ 08-9942 5933; www.peoplesparkcoralbay.com; Stellplatz ohne Strom 36 AU$, mit Strom 42–52 AU$, 1-/2-Zi.-Hütte 240/260 AU$, Villa auf dem Hügel 285 AU$; ❄) Dieser ausgezeichnete Campinglatz hat grasbewachsene, schattige Stellplätze und außerdem noch verschiedene gut ausgestattete Hütten. Die auf dem Hügel gelegenen Villen bieten absolut traumhafte Ausblicke. Außerdem findet man hier eine Reihe von Grillstellen vor und im nahen Fins Café hat man auch Internetanschluss.

Ningaloo Club HOSTEL $
(☎08-9948 5100; www.ningalooclub.com; Robinson St; B 27–30 AU$, DZ mit/ohne Bad 120/95 AU$; ❄@≋) Dieses besonders bei Partyfans beliebte Hostel ist ein prima Ort, um Menschen zu treffen. Es hat einen Pool, eine gut ausgestattete Küche und eine Bar mit Livemusik. Aber: Die Zimmer könnten sauberer sein, und an Nachtruhe ist nicht zu denken, solange die Bar noch geöfnet hat. Man kann hier auch Bustickets kaufen (der Bus hält vor der Tür) und Touren buchen, meist bekommt man dabei eine Ermäßigung.

Ningaloo Reef Resort RESORT $$$
(☎1800 795 522; www. ningalooreefresort.com. au; DZ/Apt. ab 216/276 AU$, Penthouse 385 AU$; ❄@⌔≋) Zwischen Palmen und direkt oberhalb des Strandes gelegen, bietet das Ningaloo Reef Resort mit angeschlossener Kneipe neben gut ausgestatteten Zimmern im Motelstil auch größere Apartments an, die entweder Garten- oder Meerblick haben. Das **Shades Restaurant** serviert Hausmannskost.

Fins Cafe INTERNATIONAL $$
(☎08-9942 5900; Peoples Park; Hauptgerichte 28–36 AU$; ⏲morgens, mittags & abends) Wer in diesem gemütlichen BYO-Café im Freien essen möchte, sollte besser schon im Voraus einen Tisch reservieren. Es wird für seine sich ständig ändernde Menükarte geschätzt, auf der regionale Meeresfrüchte, asiatische Currys und mediterran-australische Fusion-Gerichte stehen.

Reef Cafe ITALIENISCH $$
(☎08-9942 5882; Hauptgerichte 21–36 AU$; ⏲18 Uhr–open end) Dieses familienfreundliche Bistro mit Schanklizenz serviert zwar Meeresfrüchte und Steaks, die meisten Gäste halten sich hier allerdings lieber an Pizza und Eis.

An- & Weiterreise

Coral Bay liegt 1144 km nördlich von Perth und 152 km südlich von Exmouth abseits der Minilya–Exmouth Road.

Integrity-Busse verkehren zweimal wöchentlich nach Perth (176 AU$, 15 Std.) und Exmouth (45 AU$, 90 Min.). Greyhound-Busse fahren dreimal wöchentlich zwischen Perth (198 AU$, 16 Std.) und Broome (265 AU$, 19 Std.).

Sowohl Qantas als auch Virgin fliegen den 118 km nördlich gelegenen Learmonth Airport von Exmouth an; die meisten Resorts an der Coral Bay können auf Wunsch einen privaten Shuttleservice organisieren.

Exmouth

2500 EW.

Exmouth wurde im Zweiten Weltkrieg gegründet, weil die USA hier einen U-Boot-Stützpunkt errichteten. Der Aufschwung der Stadt begann aber erst in den 1960er-Jahren, als am North West Cape eine Längstwellenfunkstation (VLF) in Betrieb genommen wurde. Fischerei (Schwerpunkt Garnelen) sowie Erdöl- und Gasförderung begannen zu boomen und sind bis heute erfolgreich – davon zeugen auch die Flammen der Gasplattformen bei Vlamingh Head, die nachts zu sehen sind.

Seitdem das unberührte Ningaloo Reef unter Naturschutz gestellt wurde, reisen Besucher hier scharenweise an, viele davon nur um die großartigen, rätselhaften Walhaie zu beobachten (April–Juli). In der Hauptsaison (April–Okt.) wächst die entspannte Stadt enorm an. Man sollte sich davon aber nicht abschrecken lassen, denn Exmouth ist der perfekte Ausgangspunkt für die Erkundung der nahegelegenen Nationalparks Ningaloo Marine und Cape Range. Andererseits kann man hier nach all dem Staub einer langen Roadtour wunderbar relaxen und die herrliche Natur genießen: Emus spazieren auf der Straße herum, Kängurus ruhen sich im Schatten aus, Eidechsen überqueren gemächlich den Highway, während Nacktaugenkakadus, Rosakakadus und Ringsittiche krächzend zwischen den Bäumen flattern.

Sehenswertes & Aktivitäten

Exmouth ist eben, heiß und weitläufig, wobei die meisten Attraktionen außerhalb der Stadt liegen und es keine öffentlichen Verkehrsmittel gibt. Ein leichter Spaziergang führt nach 1 km in östlicher Richtung zur **Town Beach**. Schwimmer und Angler hingegen machen sich gewöhnlich zum **Bundegi Beach** auf, der 14 km nördlich im Schatten der VLF-Sendeanlage liegt. Mehrere Radwege umgeben ringförmig die Stadt und führen zur **Harold E Holt Naval Base** (HEH), wo man auf der Straße in Richtung Bundegi weiterradelt (Achtung: Dingos!). Fahrräder kann man bei **Exmouth Minigolf** (☎08-9949 4644; www.exmouthminigolf.com.au; Murat Rd; Fahrrad/Kajak/Schnorchelausrüstung 20/50/10 AU$ pro Tag; ⏲9–17 Uhr) ausleihen.

Das Gebiet um die Kläranlage und der Golfplatz sind gut geeignet zur Vogelbeobachtung. Zwischen November und Januar nehmen viele Traveller als Freiwillige an

Exmouth

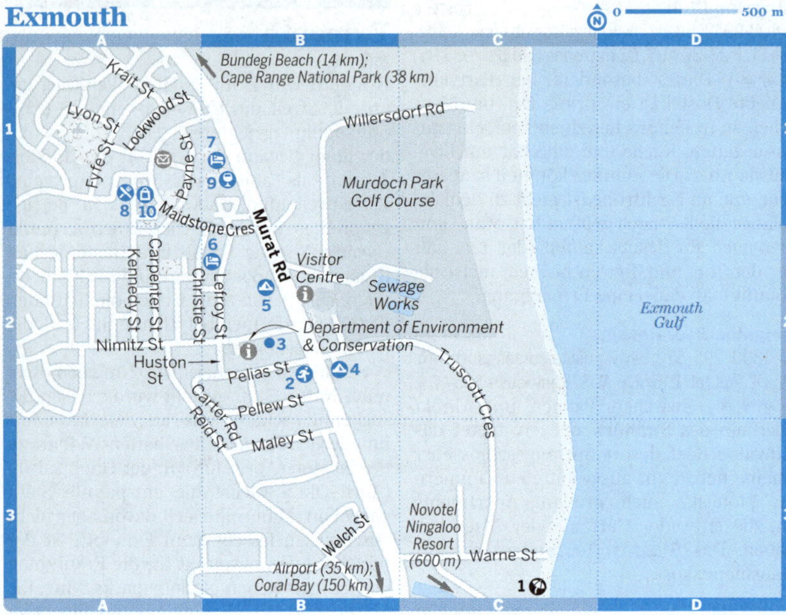

Exmouth

Sehenswertes

1 Town Beach C3

Aktivitäten, Kurse & Touren

2 Exmouth Minigolf B2
3 Ningaloo Kite & Board B2

Schlafen

4 Exmouth Cape Holiday Park B2
Exmouth Holiday Accommodation/Ray White ....(siehe 10)
5 Exmouth Ningaloo Caravan & Holiday Resort B2
6 Ningaloo Lodge B2
7 Potshot Hotel Resort B1

Essen

8 Ningaloo Health A1
Pinocchio .... (siehe 5)
Whalers Restaurant .... (siehe 8)

Ausgehen & Nachtleben

9 Potshot Hotel B1

Shoppen

10 Exmouth Shopping Centre.................... A1

Schildkrötenprojekten teil. Informationen dazu erhält man im ausgezeichneten **Jurabi Turtle Centre** (JTC; Yardie Creek Rd). Ganz in der Nähe ragt auf einem Hügel das **Vlamingh Head Lighthouse** auf, das sich bestens zur Beobachtung der Wale und des Sonnenuntergangs eignet.

Schnorchler und Taucher schätzen den **Ningaloo Marine Park** und die **Muiron Islands**. Mit einer Genehmigung vom DEC in Exmouth darf man auf South Muiron campen. Es lohnt sich, dessen informatives Buch *Dive and Snorkel Sites in Western Australia* aufzutreiben. Der **Navy Pier** beim **Point Murat**, unweit vom Bundegi Beach, ist ein vorzüglicher Tauchspot. In Exxmouth bieten mehrere Läden für Tauchausrüstung PADI-Kurse an.

Im Winter strömen Surfer nach **Dunes** am westlichen Kap, während es in den Sommermonaten Wind- und Kitesurfer hierher zieht.

Ningaloo Kite & Board KITESURFEN
(✆ 08-9949 2770; www.ningalooexcape.com.au; 16 Nimitz St; 2-stünd. Kurse 200 AU$; ⊙ Mo–Sa 10–13 Uhr) Experten informieren über die Hotspots zum Wind- und Kitesurfen, organisieren Kurse oder verkaufen gebrauchte Kitebretter.

Capricorn Kayak Tours KAJAKFAHREN
(☎ 0427 485 123; www.capricornseakayaking.com.au; halb-/1-/2-/5-tägige Tour 89/169/665/1650 AU$) Capricorn bietet ein- und mehrtägige Kajak- und Schnorcheltouren entlang der Lagunen des Ningaloo Reef an.

Ningaloo Whaleshark-N-Dive TAUCHEN
(☎ 1800 224 060; www.ningalooowhalesharkndive.com.au) Angeboten werden neben täglichen Tauchausflügen zur Lighthouse Bay (165 AU$) und zu den Muiron Islands (200 AU$) auch längere Tauchsafaris (Liveaboard). Dieser Anbieter hat derzeit die exklusive Lizenz für den Navy Pier (145 AU$). Man kann außerdem unterschiedliche Tauchkurse buchen – Anfängerkurse (215 AU$) ebenso wie komplette PADI-Kurse (600 AU$).

Geführte Touren

Zum Angebot gehören das Schwimmen mit Walhaien, Tierbeobachtungen, Tauchen, Seekajaktouren, Angeln, Surfen und Fahrten in Glasbodenbooten zu den Korallen. Manche Veranstalter bieten ihre Dienste nur in der Hauptsaison an. Vor der Buchung sollte man sich über die Vertragsbedingungen bezüglich Stornierung und des Falls, dass keine Tiere gesichtet werden, genau informieren.

Außerhalb der Walhaisaison bildet der Besuch bei Mantarochen den Schwerpunkt der Touren. Um diese Trips voll genießen zu können, sollte man aber recht gut schnorcheln können. Wer lieber nicht ins Wasser steigt, erhält meist einen Nachlass von 30 %. Zu beachten ist, dass das Schnorcheln hier ansonsten nicht viel bringt, weil alles Interessante in Tauchtiefe liegt. Die meisten Ozeantouren starten in Tantabiddi am Westkap und enthalten auch kostenlose Transfers ab Exmouth. Die folgende Aufzählung enthält nur eine Auswahl der Anbieter; eine vollständige Liste findet man im Visitor Centre.

Kings Ningaloo Reef Tours NATUR
(☎ 08-99491764; www.kingsningalooreeftours.com.au; Schnorcheln/Beobachten 385/285 AU$) Der erfahrene Veranstalter Kings erhält immer noch überschwängliches Lob für seine Walhaitouren. Er ist bekannt dafür, dass er länger als alle anderen draußen bleibt und dass er eine „Ersatztour" anbietet, falls man das erste Mal keine Walhaie gesichtet hat.

Ningaloo Ecology Cruises BOOTSFAHRT
(☎ 1800 554 062; www.ningalootreasures.com.au; 1–2½ Std. 40/60 AU$) Dieser Anbieter hat einstündige Fahrten im Glasbodenboot (April–Okt.) und zweieinhalbstündige Fahrten (ganzjährig) mit Schnorcheln im Programm.

WestTreks JEEPTOUR
(☎ 08-99492659; www.westtreksafaritours.com.au; Nacht-/Halbtages-/Ganztages-Jeeptouren 90/110/199 AU$) Höhlen, Canyons, eine Bootsfahrt und Schnorcheln – das sind nur einige Highlights dieser ganztägigen Jeeptour, bei der man das Cape Range zur Westküste durchquert. Die Tour eignet sich bestens für alle ohne Fahrzeug. Man kann auch kürzere Touren buchen.

Schlafen

Die Unterkunftsmöglichkeiten hier sind begrenzt; man sollte daher im Voraus buchen, vor allem für die Hauptsaison (April–Okt.).

Exmouth Ningaloo Caravan & Holiday Resort CAMPING $
(☎ 08-9949 2377; www.exmouthresort.com; Murat Rd; Stellplatz ohne/mit Strom 38/48 AU$, B/DZ 39/80 AU$, Chalet 200 AU$;) Gegenüber vom Visitor Centre gelegen, bietet dieser freundliche, weitläufige Park grasbewachsene Stellplätze, voll ausgestattete Chalets, Schlafsäle mit vier Betten, ein Restaurant und sogar einen Bereich für Haustiere. Und wer zeltet, hat hier die beste Wahl getroffen.

Exmouth Cape Holiday Park CAMPING $
(Blue Reef Backpackers; ☎ 1800 621 101; www.aspenparks.com.au; Ecke Truscott Cres & Murat Rd; Stellplatz ohne/mit Strom/mit Bad 35/49/76 AU$, B/DZ 32/100 AU$, Hütte DZ 130–297 AU$; @) Das Cape bietet Wohnwagenstellplätze mit eigenen Bädern sowie Schlafsäle mit vier Betten, preiswerte Zweibettzimmer und verschiedene Hütten. Es gibt eine gute Campingküche und einen ausgezeichneten Pool. Die wenigen Stellplätze ohne Strom sind aber eher beengt.

Ningaloo Lodge PENSION $$
(☎ 1800 880 949; www.ningaloolodge.com.au; Lefroy St; DZ 140 AU$;) Die sauberen, geschmackvoll eingerichteten Motelzimmer sind eine durchaus gute Wahl. Es gibt eine moderne Gemeinschaftsküche, eine Grillstelle, einen beschatteten Pool und kostenloses WLAN in jeder zu Fuß erreichbaren Kneipe am Ort.

Potshot Hotel Resort RESORT $
(☎ 08-9949 1200; www.potshotresort.com; Murat Rd; B/DZ 30/70 AU$, Motel-DZ 120 AU$, Wohnstudio 225 AU$, Apt. ab 245 AU$; @) Das

BEI SCHUTZPROGRAMMEN FÜR SCHILDKRÖTEN MITMACHEN

Alljährlich zwischen November und März werden von Freiwilligen an der Nordwestküste Schildkrötenschutzprogramme auf die Beine gestellt, die eine tolle Erfahrung für all jene darstellen, die über ausreichend Zeit dafür verfügen. Man arbeitet zu ungewöhnlichen Tageszeiten, in der heißesten Jahreszeit und an abgeschiedenen Orten mit nur wenig Komfort – aber zu wissen, dass man aktiv zum Schutz dieser großartigen Meeresbewohner beiträgt, ist unglaublich bereichernd. Die Anmeldefristen beginnen meist im August, es empfiehlt sich aber, sich den zeitlichen Ablauf der einzelnen Programme im Voraus genauer anzusehen.

➡ Freiwillige in **Exmouth** müssen sich für fünf Wochen verpflichten und bereit sein, die meiste Zeit auf einer abgelegenen Station zu verbringen. Ein Arbeitstag beginnt bei Sonnenaufgang und dauert fünf Stunden. Dabei sammelt man Daten über das Nist- und Jagdverhalten sowie über den Lebensraum der Schildkröten. Den Rest des Tages hat man frei und kann die Umgebung erkunden. Die Freiwilligen zahlen etwa 1300 AU$; darin sind alle Kosten für Ausrüstung, Verpflegung, Transport ab Exmouth und Versicherung inbegriffen. Man übernachtet meist in Zelten oder Swags (Schlafsäcke mit integrierter Matratze) auf einer Forschungsstation des Department of Environment and Conservation (DEC) oder an einem abgelegenen Strand. Weitere Infos findet man auf der Website des **Ningaloo Turtle Program** (NTP; www.ningalooturtles.org.au).

Wer dagegen gern mit Menschen arbeitet, sollte beim NTP-Programm für Schildkrötenguides mitmachen. Dazu muss man zumindest das erste Modul des offiziellen TAFE-Ausbildungskurses von Exmouth, den Turtle Tour Guiding, absolvieren, bevor es zum Jurabi Turtle Centre (JTC; S. 1082) geht, wo man die nötigen Credits für ein Certificate III im Bereich Tourismus sammelt. DAS JTC setzt sich dafür ein, störende Faktoren für nistende Schildkröten und ihre Nachkommen zu verringern, indem man Touristen aufklärt und die Brutzeit der Tiere überwacht.

➡ In **Port Hedland** können sich Freiwillige für Tierüberwachungsprogramme von **Pendoley Environmental** (www.penv.com.au) bewerben, die in der Nähe von Erdöl- und Gasanlagen wie Barrow Island durchgeführt werden. Meistens dauern die Aufenthalte 17 Tage, wobei sämtliche Ausgaben übernommen werden. Es gibt ein strenges Auswahlverfahren und man arbeitet überwiegend in der Nacht und hat kaum Freizeit. Die Umweltschutzgruppe **Care for Hedland** (☎ 0439 941 431; www.careforhedland.org.au) führt ebenfalls Programme zur Schildkrötenüberwachung durch; die Trainingsseminare beginnen im November.

➡ Absolventen naturwissenschaftlicher Fächer (aller Fachrichtungen), die bereit sind, sich für sechs Monate zu verpflichten, können sich für das **Turtle Conservation Program** (GTCP; www.facebook.com/pages/Gnaraloo-Turtle-Conservation-Program/108817312525609) der Gnaraloo Station bewerben. Dabei werden Unterkunft, Verpflegung und Trainingseinheiten angeboten und die Freiwilligen können am weltweit drittgrößten Brutplatz von Unechten Karettschildkröten arbeiten.

beliebte Resort gleicht einer eigenständigen Stadt und verfügt über Schlafsäle mit sieben Betten, klassische Motelzimmer, luxuriöse Osprey-Apartments und mehrere Bars für jeden Geschmack. In den Backpacker-Zimmern kann es recht laut werden.

Exmouth Holiday Accommodation/Ray White FERIENHAUS **$$**
(☎ 08-9949 1144; www.exmouthholidays.com.au; 3 Kennedy St; ab 600 AU$/Woche; ❄) Ray White hat ein breites Angebot an wochenweise zu vermietenden Ferienhäusern – von Hütten aus Faserzement bis zu zweistöckigen Villen.

Novotel Ningaloo Resort RESORT **$$$**
(☎ 08-9949 0000; www.novotelningaloo.com.au; Madaffari Dr; DZ/Apt. ab 275/355 AU$; ❄ 📶 🏊) Das Novotel Ningaloo liegt am Jachthafen und ist die eleganteste (und teuerste!) Unterkunft in Exmouth. Die geschmackvoll gestalteten Zimmer sind geräumig, gut ausgestattet und haben Balkone.

Essen & Trinken

Im **Exmouth Shopping Centre** (Maidstone Cres) gibt's einen Supermarkt, eine Bäckerei und mehrere Imbissstände.

Graces Tavern und das Potshot Hotel eignen sich gut, um einen Drink zu nehmen.

Ningaloo Health CAFÉ $
(☎ 08-9949 1400; www.ningaloohealth.com.au; 3A Kennedy St; Hauptgerichte 7–19 AU$; ⊙ 7.30–16 Uhr;) In diesem winzigen Café beginnt das Frühstück mit einem Paukenschlag: Serviert werden Chili-Eier mit Blauschimmelkäse-Toast oder eine Schüssel mit vietnamesischem *pho*. Die weniger Experimentierfreudigen können sich den Pfannkuchen mit Beeren, einem Bircher-Müsli oder einem gesunden Fruchtsaft hingeben. Angeboten werden auch leichte Mittagsgerichte, Salate, Smoothies, Picknickkörbe (bestens geeignet für eine Ganztagestour zum Cape Range National Park) und der beste Kaffee der Stadt.

★ **Whalers Restaurant** SEAFOOD $$
(☎ 08-9949 2416; www.whalersrestaurant.com.au; 5 Kennedy St; Hauptgerichte mittags 8–24 AU$, abends 29–40 AU$; ⊙ 9–14 & 18 Uhr–open end) Köstliche, von der kreolischen Küche beeinflusste Meeresfrüchtegerichte sind das Highlight dieses alteingesessenen Restaurants in Exmouth. Auf der schattigen Veranda kann man gut entspannen und eine schmackhafte Meeresfrüchteplatte mit Butterkrebsen und Garnelen oder die Spezialität des Hauses, New-Orleans-Gumbo, genießen. Wer nicht so auf Fisch steht, kann sich auf Holzkohle gegrilltes Kängurufleisch oder mexikanische Fajitas bestellen. Zur Mittagszeit kommen Bistrogerichte auf den Tisch.

Pinocchio ITALIENISCH $$
(☎ 08-9949 2577; Murat Rd; Hauptgerichte 16–35 AU$; ⊙ 6–21 Uhr) Das *Ristorante* mit Schanklizenz und Außenbereich auf dem Gelände des Exmouth Ningaloo Caravan & Holiday Resort ist bei Einheimischen und Travellern gleichermßen beliebt. Für Familien ist bestens gesorgt, es gibt eine angenehme Terrasse am Pool und die Pasta- und Pizzaportionen sind einfach riesig!

Praktische Informationen

Internetzugang gibt's in der **Bibliothek** (☎ 08-9949 1462; 22 Maidstone Cres; ⊙ Mo–Fr 8.30–16, Sa bis 12 Uhr), im **Exmouth Diner** (Maidstone Cr; Internet kostenlos bei Einkauf im Wert von mind. 5 AU$; ⊙ 4.30–20.30 Uhr;), im **Potshot Hotel** (☎ 08-9949 1200; Murat Rd) und in den Tauchshops.

Cape Conservation Group (www.ccg.org.au) Diese Website stellt eine gute Übersicht zu den Umweltschutzprogrammen rund um das Kap bereit.

Department of Environment & Conservation (DEC; ☎ 08-9947 8000; www.dec.wa.gov.au; 20 Nimitz St; ⊙ Mo–Fr 8–17 Uhr) Stellt Karten, Broschüren und Genehmigungen für Ningaloo, Cape Range und die Muiron Islands samt ausgezeichnetem Naturführer zur Verfügung. Es informiert außerdem über Freiwilligenarbeit beim Schildkrötenschutz.

Visitor Centre (☎ 08-9949 1176; www.exmouthwa.com.au; Murat Rd; ⊙ Mo–Sa 9–17, So bis 13 Uhr) Buchung von Touren, Bustickets und Unterkünften sowie Informationen über die Nationalparks.

An- & Weiterreise

Learmonth Airport, der Flughafen von Exmouth, liegt 37 km südlich der Stadt. Qantas und Virgin fliegen beide täglich nach Perth. Das **Airport Shuttle** (☎ 08-9949 4623; 25 AU$) bedient alle Flüge.

Integrity-Busse fahren zweimal wöchentlich über Coral Bay (45 AU$, 90 Min.) nach Perth (200 AU$, 17 Std.). Greyhound hält nicht mehr in Exmouth, sodass man, wenn man nach Norden will, am einfachsten mit einem Shuttleservice (100 AU$, 2 Std.) von Coral Bay startet. Busse fahren vom Visitor Centre ab.

Red Earth Safaris (☎ 1800 501 968; www.redearthsafaris.com.au) bietet einmal wöchentlich einen Express nach Perth an, der sonntags um 7 Uhr in Exmouth abfährt (einfach 200 AU$, 30 Std.) und über Nacht einen Zwischenstopp einlegt.

Unterwegs vor Ort

Allens (☎ 08-9949 2403; rear 24 Nimitz St) Mietwagen ab 60 AU$/Tag mit 150 km frei. Budget, Avis und Europcar haben hier auch Büros.

Exmouth Camper Hire (☎ 08-9949 4050; www.exmouthcamperhire.com.au; 16 Nimitz St; 4 Tage ab 600 AU$) Wohnmobile mit der für einen Aufenthalt im Cape Range National Park nötigen Ausrüstung, Solarmodule inklusive.

Scooters2go (☎ 08-9949 4488; www.scooters2go.com.au; Ecke Murat Rd & Pellew St; pro Tag/Woche 80/175 AU$) Für die 50 ccm-Motorroller benötigt man lediglich einen Kfz-Führerschein; es ist um einiges günstiger, wenn man sie gleich für eine Woche leiht.

Ningaloo Marine Park

Der Ningaloo Marine Park wurde kürzlich erweitert und ins UNESCO-Welterbe aufgenommen. Er schützt nun das eindrucksvolle Ningaloo Reef auf seiner vollen Länge von 300 km, vom Bundegi Reef am Ostzipfel der Halbinsel bis zum Red Bluff auf der Quobba Station im äußersten Süden.

Das Ningaloo Reef ist Australiens größtes Saumriff und liegt mancherorts nur 100 m von der Küste entfernt. Seine Lage und die atemberaubende Vielfalt von **Meerestieren** sind für seine große Beliebtheit verantwortlich. 500 Fischarten gibt es hier, und die tierischen Highlights sind Haie, Mantarochen, Buckelwale, Schildkröten, Dugongs und Delfine.

Das ganze Jahr über ist im Ningaloo Marine Park ganz schön was los:

- **Nov.–März** Schildkröten – drei bedrohte Arten nisten in den Dünen.
- **März** Korallenblüte – dieses unglaubliche Ereignis findet sieben Tage nach Vollmond statt.
- **Mitte März–Juli** Walhaie – die größten Fische der Welt kommen pünktlich, wenn die Korallen ablaichen.
- **Mai–Nov.** Mantarochen – das ganze Jahr über präsent; im Winter und Frühling ist ihre Zahl besonders groß.
- **Juni–Nov.** Buckelwale – pflanzen sich in den warmen tropischen Gewässern fort und ziehen dann zur Nahrungsaufnahme zurück gen Süden in die Antarktis.

Über 220 Arten von **Steinkorallen** wurden in Ningaloo gezählt, von bauchigen Hirnkorallen auf den Riffen bis hin zu filigranen, verzweigten Geweihkorallen und langsam wachsenden Riesenkorallen. Die Hartkorallen sind zwar weniger farbenprächtig als die Weichkorallen (die überwiegend in größeren Tiefen am äußeren Riff leben), sie haben aber unglaubliche Formen. Das Laichen findet immer nach Voll- und Neumond zwischen Februar und Mai statt, wenn die Äste der zwittrigen Korallen gleichzeitig Eier und Sperma ins Wasser absondern, den Höhepunkt bilden aber in der Regel die sechs bis zehn Tage nach dem Vollmond im März.

Und es ist gerade das Ablaichen, das die größte Attraktion des Parks anlockt, nämlich den gepunkteten **Walhai** (*Rhincodon typus*). Ningaloo zählt zu den wenigen Orten weltweit, an denen die sanften Riesen sich alljährlich zur selben Zeit einfinden. Hauptsächlich ernähren sie sich von Plankton und kleinen Fischen. Zu dieser Zeit wird die Gegend zu einem Mekka für Meeresbiologen und Besucher gleichermaßen. Der Walhai, der größte Fisch der Welt, kann bis zu 21 t schwer werden. Die meisten Exemplare wiegen zwischen 13 und 15 t, haben eine Länge von 18 m und erreichen ein Alter von 70 Jahren.

Man kann seine Walhaifotos auf die Website von **Ecocean** (www.whaleshark.org) laden, die den betreffenden Walhai identifiziert und dessen Weg weiterverfolgt. Weitere Infos über die tierischen Bewohner Ningaloos findet man in der DEC-Broschüre *The Marine Life of Ningaloo Marine Park and Coral Bay*.

Aktivitäten

Die meisten Traveller besuchen den Ningaloo Marine Park, um zu **schnorcheln**. Ein Stopp beim **Milyering Visitor Centre** (☎08-9949 2808; Yardie Creek Rd; ⌚9–15.45 Uhr), wo es Karten und Infos über die besten Spots und Bedingungen gibt, lohnt sich. Es empfiehlt sich, die Karte mit den Gezeitenströmungen genau zu studieren und sich nicht selbst zu überschätzen, denn die Strömung kann gefährlich sein. Der Laden neben dem Parkbüro verkauft und verleiht Schnorchelausrüstung (10 AU$/Tag, 15 AU$/über Nacht).

Die beliebtesten Schnorchelspots sind:

Lakeside SCHNORCHELN

Vom Parkplatz aus 500 m in südlicher Richtung den Strand entlanggehen, dann mit der Strömung hinausschnorcheln und schließlich wieder zum Ausgangspunkt zurückschnorcheln.

Oyster Stacks SCHNORCHELN

Diese spektakulären Riffe liegen nur wenige Meter vor der Küste. Man braucht jedoch eine Wasserhöhe von mindestens 1,2 m und scharfkantige Felsen erschweren das Hinein- und Hinausschnorcheln. Wer sich kurz ausruhen will, sollte sich aber nicht auf die Riffe stellen, sondern ein Fleckchen Sand suchen.

Turquoise Bay SCHNORCHELN

Die Tourquoise Bay eignet sich für Schnorchler aller Stufen und wartet gleich rechts vom Parkplatz mit Myriaden von Fischen und Korallen unmittelbar vor der Küste auf. Geübtere Schwimmer zieht es zur Drift Snorkel Area: Vom Drift Parkplatz aus läuft man etwa 300 m entlang des Strandes nach Süden, schwimmt dann etwa 40 m hinaus und lässt sich zurücktreiben. Die Strömung trägt einen über Korallenriffe und eine artenreiche Unterwasserwelt. Vor der Sandbank aus dem Wasser gehen und entlang des Strandes bis zum Ausgangspunkt zurücklaufen. Jetzt kann, wer mag, auch noch eine Runde schnorcheln. Auf die starke Strömung achten; wer den Ausstiegspunkt verpasst, wird durch die schmale Öffnung ins Riff getragen!

Lighthouse Bay GERÄTETAUCHEN

Bei der Lighthouse Bay gibt's tolle Tauchspots – beispielsweise Labyrinth, Blizzard Ridge und Mandu Wall. Weitere Anregungen findet man in der DEC-Broschüre *Dive and Snorkel Sites in Western Australia.*

Geführte Touren

Darüber informieren die Abschnitte „Exmouth" (S. 1081) und „Coral Bay" (S. 1077).

Cape Range National Park

Die zerklüfteten Kalksteingipfel und die Schluchten des 510 km² großen **Cape Range National Park** (11 AU$/Auto) stellen eine interessante Abwechslung vom ansonsten flachen, ausgedörrten North West Cape dar. Sie bieten Lebensraum für eine artenreiche Tierwelt, darunter das Schwarzpfoten-Felskänguru, fünf Fledermaus- und über 200 Vogelarten. Spektakuläre, steil abfallende Schluchten durchschneiden die Höhenzüge, bevor sie abflachen und in die windgepeitschten Küstendünen und das türkisfarbene Wasser des Ningaloo Reef übergehen.

Der Hauptzugang zum Nationalpark erfolgt über die Yardie Creek Road. Mehrere Teile im Osten des Parks kann man auch über nicht asphaltierte Straßen erreichen, die von der Minilya–Exmouth Road südlich von Exmouth abzweigen. Im Milyering Visitor Centre (S. 1086) gibt's umfassende naturkundliche und kulturelle Ausstellungsstücke sowie Karten und Broschüren.

Sehenswertes & Aktivitäten

An der Ostküste, 23 km südlich von Exmouth, führt die malerische, teilweise sogar spektakuläre **Charles Knife Road** hinauf zum **Canyon** desselben Namens. Die Straße folgt dem superschmalen Felsgrat vorbei an schwindelerregenden Fleckchen und traumhaften Ausblicken, die immer wieder zu Stopps einladen.

Bemerkenswert ist der wunderschöne **Shothole Canyon** (16 km südlich von Exmouth abbiegen) mit seinen bunten Wänden und einem besonders hübschen Picknickbereich.

An der Westküste kann man im **Mangrove Bay Bird Hide**, 8 km vom Eingang entfernt, Vögel beobachten. Vom Parkplatz 20 km südlich des Milyering Visitor Centre führt ein netter, wenn auch schweißtreibender Spaziergang zur **Mandu Mandu Gorge** (hin & zurück 3 km).

Noch um einiges hübscher ist allerdings der Weg zur **Yardie Creek Gorge** (hin & zurück 2 km). Er führt an einem Fluss mit steilen Klippen und spektakulären Ausblicken entlang. Entspannter ist der einstündige **Yardie Creek Cruise** (☎ 08-9949 2808; Erw./Kind 25/12 AU$; ⏲ 11 Uhr tgl.) die kurze, steile Schlucht hinauf, wo die seltenen Schwarzpfoten-Felskängurus zu sehen sind.

Schlafen

Im Park gibt es entlang der Küste eine Reihe sandiger, kleiner **Campingplätze** (7 AU$/Pers.) mit nur sehr einfacher Ausstattung und wenig Schatten; immerhin haben die meisten Toiletten. Man sollte zur Hauptsaison die langen Warteschlagen vermeiden, die sich am Eingang (ab 7 Uhr!) bilden, indem man über den **DEC** (www.dec.wa.gov.au/campgrounds) mindestens 48 Stunden im Voraus seinen Stellplatz bucht. Gegenwärtig können aber nur einige Stellplätze online gebucht werden; der Rest wird nach Ankunft an der Eingangsstation vergeben. Wer es gerne ruhig hat, sollte nach einem Stellplatz ohne Generator fragen.

Ningaloo Lighthouse Caravan Park CAMPING **$$**

(☎ 08-9949 1478; www.ningaloolighthouse.com; Yardie Creek Rd; Stellplatz ohne/mit Strom 29/35 AU$, Hütte 95 AU$, Bungalow 125 AU$, Leuchtturm/Chalet mit Ausblick 150/245 AU$; ❄ ≋) Außerhalb des Parks, jedoch wunderschön am westlichen Kap unter dem Vlamingh Lighthouse nahe dem Surfers Beach gelegen, bieten die Chalets traumhafte Ausblicke. Für den kleineren Geldbeutel gibt's jede Menge schattige Zeltstellplätze.

Sal Salis LUXUS IN DER WILDNIS **$$$**

(☎ 1300 790 561; www.salsalis.com; Wildniszelt EZ/DZ 1088/1450 AU$; ⏲ März–Dez.) Lust, den blutroten Sonnenuntergang über dem Indischen Ozean im 500-fädigen Baumwollbettzeug zu genießen? Für jene, die nicht auf einem engen Camp übernachten wollen, gibt's einen Mindestaufenthalt von zwei Nächten, drei Gourmet-Mahlzeiten pro Tag, eine Bar mit kostenlosen Getränken (!) und fast alles, wonach einem vielleicht sonst so der Sinn steht.

Von Dampier nach Roebourne

Der vom Bergbau geprägte Küstenabschnitt wird nur selten bereist, schließlich gibt's hier bis auf die riesigen Industrieanlagen nur wenig zu sehen. Unterkünfte sind extrem überteuert und wegen des Minenbooms und der ständig an- und abreisenden Arbeiter (engl. *fly-in, fly out;* FIFO) kaum zu ergattern. Immerhin hat die Gegend gute Verkehrsanbindungen, bestens sortierte Supermärkte und (allerdings meist ausgebuchte) Reparaturwerkstätten.

Dampier

1300 EW.

Dampier, der wichtigste Hafen der Region, erstreckt sich um die King Bay und bietet Ausblick auf die 42 unberührten Inseln des **Dampier Archipelago**. Im korallengetupften Meer ist eine facettenreiche Fauna beheimatet – allerdings wurde die Küste durch die Schwerindustrie verschandelt. Auf der nahen **Burrup Peninsula** ist die wohl weltweit größte Anzahl prähistorischer Felszeichnungen zu bewundern, allerdings sind diese durch den weiteren Ausbau der Industrie gefährdet (Infos dazu auf www.burrup.org.au). Die am leichtesten zugängliche Stätte befindet sich bei der **Deep Gorge** nahe der Hearson Cove, wo auch die **Staircase to the Moon** zu sehen ist. Der Rest der Insel lässt sich nur per Jeep erkunden.

Der **Dampier Transit Caravan Park** (☎ 08-9183 1109; The Esplanade; Stellplatz ohne/mit Strom 18/22 AU$) hat ein paar Rasenstellplätze mit Blick aufs Wasser.

Karratha

17 000 EW.

Die meisten Traveller heben hier Geld ab, stocken ihre Vorräte auf, lassen Reparaturen ausführen und verlassen die Stadt, bevor ihre Geldbörse noch stärker belastet wird.

Hinter dem Visitor Centre führt der **Jaburara Heritage Trail** (3,5 km einfacher Weg) die Besucher zu bedeutenden traditionellen Stätten und vermittelt Informationen zur Umsiedlung und zum Verschwinden des Jaburara-Volkes. Viel Wasser mitnehmen und früh aufbrechen!

Das **Karratha Visitor Centre** (☎ 08-9144 4600; www.pilbaracoast.com; Karratha Rd; ⏲ Mo–Fr 9–17, Sa & So 10–13 Uhr, Nov.–April kürzer) gibt interessante Infos über die Gegend, stellt Genehmigungen für die Nutzung der Hamersley Iron (HI) Road aus, bucht Touren (besonders zum Thema Bergbau) und kann eventuell auch bei der Suche nach einem Zimmer behilflich sein.

Schlafen & Essen

Die Chancen auf eine Unterkunft in Karratha stehen sehr schlecht; man sollte stattdessen versuchen, im hübschen Point Samson unterzukommen. Ansonsten kann man versuchen, online ein Last-Minute-Angebot zu bekommen oder sich im Visitor Centre nach einem Quartier erkundigen. Dank der FIFO-Pendler sind die Wochenenden meist preiswerter als die Wochenmitte.

Im Einkaufszentrum findet man fast alles, was man braucht. Der Kaffee im **JavaVan** auf dem Parklplatz am Visitor Centre ist super!

Pilbara Holiday Park CAMPING **$**
(☎ 08-9185 1855; www.aspenparks.com.au; Rosemary Rd; Stellplatz mit Strom 40 AU$, Motel/Studio DZ 229/220 AU$; ❄@≋) Sauber, ordentlich geführt und mit guten Einrichtungen.

An- & Weiterreise

Karratha hat außergewöhnlich gute Verkehrsanbindungen. Virgin, Qantas und Alliance fliegen täglich nach Perth, während Qantas auch einmal wöchentlich Direktflüge in die anderen Bundeshauptstädte anbietet. Airnorth fliegt einmal wöchentlich nach Broome (mit Anschlussflug nach Darwin) und Port Hedland.

Greyhound-Busse verkehren dreimal wöchentlich nach Perth (286 AU$, 22 Std.), Port Hedland (61 AU$, 3 Std.) und Broome (168 AU$, 11 Std.).

Roebourne

850 EW.

Roebourne, 40 km östlich von Karratha gelegen, ist die älteste noch bestehende Pilbara-Stadt und wurde 1886 auf dem Land der Ngaluma gegründet. Hier lebt eine große Aborigine-Gemeinschaft mit Yindjibarndi als wichtigster Sprachgruppe. In der Stadt gibt es einige schöne, alte Gebäude, darunter das einstige Gefängnis Old Gaol, in dem heute das **Visitor Centre** (Old Gaol; ☎ 08-9182 1060; www.pilbaracoast.com/towns/roebourne-visitor-centre; Queen St; ⏲ Mo–Fr 9–16, Sa & So bis 15 Uhr, Nov.–April kürzer) und das Museum untergebracht sind. Sehenswert ist das Exponat über Mineralien im Hof.

Roebourne hat eine lebendige Aborigine-Kunstszene und am Highway kommt man an einer ungewöhnlichen Galerie vorbei. Weitere Infos unter www.roebourneart.com.au.

Cossack

Die malerische, an der Mündung des Harding River gelegene Geisterstadt Cossack war früher der wichtigste Hafen des Bezirks, wurde dann aber von Point Samson abgelöst und schließlich aufgegeben. Viele der historischen Basaltgebäude stammen aus dem späten 18. Jh. Durch die Stadt führt der 6 km lange **Heritage Trail**, der alle Hauptattraktionen miteinander verbindet. Im Roebourne Visitor Centre ist eine entsprechende Broschüre erhältlich. Zu den Sehenswürdigkeiten gehören das **Social History Museum** (Erw./Kind 2/1 AU$; ⌚9–16 Uhr) und der **Friedhof** aus der Pionierzeit mit einem winzigen japanischen Bereich, der von jener Zeit zeugt, als die Stadt ein bedeutendes Perlenzentrum war. Hinter dem Friedhof bietet der **Reader Head Lookout** tolle Ausblicke auf die Flussmündung und die Staircase to the Moon.

Die fünf einfachen Zimmer der stimmungsvollen **Cossack Budget Accommodation** (☎08-9182 1190; www.roebourne.wa.gov.au/cossack.aspx; DZ mit/ohne Klimaanlage 110/90 AU$; ❄) sind in einer ehemaligen Polizeikaserne untergebracht. Essen muss man selbst mitbringen.

Point Samson

300 EW.

Der kleine, industriefreie Küstenort Point Samson, der für seine leckeren Meeresfrüchte und die sauberen Strände bekannt ist, ist in dieser Gegend der hübscheste Ort zum Übernachten. Bei Point Samson kann man wunderbar **schnorcheln**, und der geschwungene Strand der Honeymoon Cove ist ganz besonders malerisch.

Schlafen & Essen

Cove CAMPING $
(☎08-9187 0199; www.thecovecaravanpark.com.au; Macleod St; Stellplatz 49,50 AU$, 1-/2-Zi.-Wohneinheit 240/310 AU$) Dieser Campingpark ähnelt zwar einer „Wohnwagenstadt“, aber die modernen, sauberen Anlagen ergänzen seine wirklich großartige Lage. Bis zu sämtlichen Attraktionen sind es von hier aus nur wenige Gehminuten.

Samson Beach Chalets HÜTTEN $$$
(☎08-9187 0202; www.samsonbeach.com.au; Samson Rd; Chalet 250–600 AU$; ❄📶🏊) Für sein Geld bekommt man geschmackvoll eingerichtete, voll ausgestattete Chalets (unterschiedlicher Größe), und das nur wenige Gehminuten vom Strand entfernt. Es gibt einen beschatteten Pool, kostenloses WLAN und allerhand Filme.

Samson Beach Bistro SEAFOOD $$
(☎08-9187 1435; Hauptgerichte 11–44 AU$; ⌚Mo–Fr 11–14 & 17–20.30, Sa & So 11–20.30 Uhr) Serviert tolle Meeresfrüchte auf einer schattigen Veranda mit Meerblick.

Millstream-Chichester National Park

Inmitten trockener, mit Spinifexgräsern bedeckten Hochebenen und Basaltberge zwischen Karijini und der Küste bilden die ruhigen Millstream-Wasserlöcher des Fortescue Rivers kühle, grüne Oasen. Der malerische **Crossing Pool** (Stellplatz 7 AU$/Pers.; 🏊) mit seinen Palmen, Pelikanen und Gasgrills ist ein idyllischer Campingplatz, auch wenn manche den größeren **Milliyanha Campground** (Stellplatz 7 AU$/Pers.) mit Campingküche und dem nahegelegenen Visitor Centre bevorzugen. Der **Murlamunyjunha Trail** (hin & zurück 7 km, 2 Std.) verbindet beide Campingplätze und wurde von Angehörigen des Yindjibarndi-Stammes mit Info-Tafeln versehen.

Das stets unbesetzte **Visitor Centre** (☎08-9184 5144; ⌚8–16 Uhr) befindet sich in einem ehemaligen Siedlerhof und stellt historische, ökologische und kulturelle Zeugnisse aus. Der Park ist ein Rettungsanker für Flora und Fauna in Trockenzeiten und zugleich eine der bedeutendsten Aborigine-Stätten WAs. Der nahegelegene, von Lilien und Palmen gesäumte **Jirndarwurrunha Pool** ist von besonderer Bedeutung – es ist aber verboten, darin zu schwimmen.

Schwimmen darf man jedoch im **Deep Reach Pool** (Nhangganggunha), der als Ruhestätte von Warlu, der Schlange der Schöpfung, gilt. Die Tische im Schatten sowie die Grillstellen eignen sich bestens für ein gemütliches Picknick.

Im Norden des Parks erstrecken sich die eindrucksvollen Felsen und die abgetragenen Tafelberge der **Chichester Range**. Ein Muss ist das einzigartige Panorama auf der Spitze des **Mt. Herbert**. Der Aussichtspunkt befindet sich zehn Gehminuten vom Parkplatz an der Strecke nach Roebourne entfernt. Man kann von hier weiter zum McKenzie Spring, hin und zurück 4,5 km, wandern. Weiter unten liegt der sehenswerte **Python Pool**; bevor man darin badet, sollte man ihn aber nach Algenblüten abchecken. Das Wasserbecken ist mit dem Mt. Herbert über den Chichester Range Camel Trail (hin & zurück 16 km/6 Std.) verbunden.

Karijini National Park

Der **Karijini National Park** (11 AU$/Auto) ist eine der beeindruckendsten Attraktionen in WA und besticht durch seine subtile Schönheit. Schroffe Gebirgszüge, von der Natur aufgehäuft und gewunden, glühen hier in der untergehenden Sonne. Keilschwanzadler kreisen über grüngrauen Spinifexgräsern und Warane suchen Schutz unter verwirbelten Mulgas. Kängurus hüpfen in den von Wildblumen gesprenkelten Ebenen herum, die von tiefen, dunklen Klüften durchzogen sind, aus denen das verlockende Geräusch fernen Wassers dringt.

Der Park wartet nicht nur mit atemberaubend engen Schluchten auf, in denen sich steinerne Wasserbecken verstecken, sondern dient außerdem einer facettenreichen Flora und Fauna als Lebensraum. Hier gedeihen 800 Pflanzenarten, darunter rund 50 verschiedene Akazien. Eidechsen huschen über Felsen, Felskängurus schmiegen sich an schroffe Klippen und die bedrohten Olivpythons sonnen sich an den Wasserstellen. In dem Park befinden sich zudem die drei höchsten Gipfel Western Australias: der Mt. Meharry, der Mt. Bruce und der Mt. Frederick.

Der Banyjima Drive, die Hauptdurchgangsstraße des Parks, trifft an zwei Eingangsstationen auf den Karijini Drive. Die östliche Zugangsstraße ist bis zum Visitor Centre und zur Dales Gorge asphaltiert, die restlichen Straßen im Park sind unbefestigt. Auf jeden Fall vorsichtig und nachts gar nicht fahren! Touristen verursachen hier relativ häufig Unfälle.

Wanderer sollten ihre Route sorgfältig wählen, sich entsprechend kleiden, niemals gesperrte Gebiete ohne einen offiziellen Führer betreten und während und nach Regenfällen die Schluchten meiden, da es zu sehr plötzlichen Überschwemmungen kommen kann.

Karijini National Park

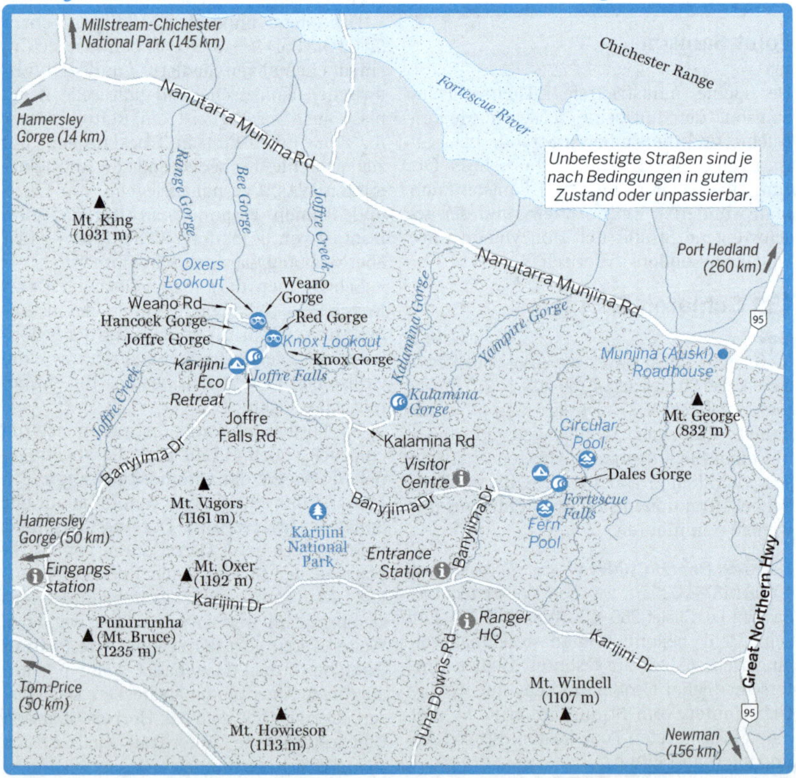

TOM PRICE & NEWMAN

Den Karijini National Park umschließen die zwei aufgeräumten, von Bergbauunternehmen errichteten Orte Tom Price und Newman. Newman, östlich vom Great Northern Highway gelegen, ist der größere der beiden Orte und hat bessere Transport- und Unterkunftsmöglichkeiten, obwohl er deutlich weiter entfernt von Karijini liegt. Beide Städte haben gute (mit Klimaanlagen versehene) Supermärkte, Tankstellen und ausgezeichnete Visitor Centres, welche für Traveller, die riesige Höhlen lieben, geführte Minentouren buchen. Die örtlichen Bibliotheken haben Internetzugang und die Campingplätze von Newman sind durchaus in Ordnung, um sein Zelt aufzuschlagen.

Newman Visitor Centre (☎08-9175 2888; www.newman-wa.org; Fortescue Ave; ⏲8–17 Uhr, im Jan. So geschl.) Nach der Karte mit den lokalen Sehenswürdigkeiten fragen.

Tom Price Visitor Centre (☎08-9188 1112; www.tompricewa.com.au; Central Rd; ⏲Mo–Fr 8.30–17, Sa & So bis 12.30 Uhr, Nov.–April kürzer) Kann Genehmigungen für die Nutzung der Hamersley Iron (HI) Road ausstellen und Touren buchen.

Sehenswertes & Aktivitäten

Die malerische **Dales Gorge** und der Campingplatz dort liegen 19 km vom Osteingang entfernt. Ein kurzer, steiler Abstieg führt zu den **Fortescue Falls**; dahinter verläuft ein schattiger Spazierweg stromaufwärts zum wunderschönen **Fern Pool**. Wer ab den Fortescue Falls stromabwärts läuft, gelangt zum malerischen **Circular Pool**; danach geht's hinauf zum **Three Ways Lookout** und zurück entlang der Felskuppe.

Einfach zugänglich und für Familien geeignet ist die breite **Kalamina Gorge**, 24 km vom Visitor Centre entfernt, mit einem kleinen ruhigen Becken und diversen Wasserfällen. Die Joffre Falls Road führt zur atemberaubenden **Knox Gorge**, vorbei am Aussichtspunkt auf die spektakulären **Joffre Falls**. Die von Feigenbäumen gesäumte Knox Gorge besitzt mehrere hübsche Badebecken; die kalten Becken der **Joffre Gorge** liegen immer im Schatten.

Die Abzweigung zur Weano Road ist 32 km vom Visitor Centre entfernt und befindet sich in der Nähe des **Eco Retreat**. Auf den letzten 13 km zum atemberaubenden **Oxers Lookout** ist die Straße recht holprig, dafür wird man aber mit einem traumhaften Ausblick auf die Red Gorge, Weano Gorge, Joffre Gorge und Hancock Gorge etwa 130 m tiefer entschädigt.

Der steile Abstieg in die **Hancock Gorge** (teils über Leitersprossen) führt zuerst zum sonnenbeschienenen **Amphitheater**. Danach folgt der rutschige **Spider Walk** zum herrlichen **Kermits Pool**. Auf der anderen Seite des Parkplatzes windet sich ein unwegsamer Pfad hinab zum surreal anmutenden **Handrail Pool** in der **Weano Gorge**. Dort zu schwimmen, ist eine wahrhaft magische Erfahrung – dabei aber unbedingt alle Schilder beachten und niemals in gesperrtes Gebiet vordringen!

Hamersley Gorge SCHWIMMEN
In der nordwestlichen Ecke des Karijini Parks, abseits der Nanutarra-Wittenoom Road, liegen, wenige Minuten vom Parkplatz entfernt, idyllische Schwimmlöcher und ein Wasserfall.

Punurrunha WANDERN
(Mt. Bruce) Wer gerne hoch hinaus will, ist auf Westaustraliens zweithöchstem Gipfel (1235 m) genau richtig. Eine herrliche Kammwanderung mit fantastischen Ausblicken führt auf den Gipfel. Man sollte früh aufbrechen, viel Wasser mitnehmen und etwa fünf Stunden dafür einplanen (hin & zurück 9 km). Die Zugangsstraße geht vom Karijini Drive, gegenüber vom westlichen Ende des Banyjima Drive, ab.

Geführte Touren

Um die magische Schönheit der Schluchten des Karijini in vollen Zügen genießen zu können, sollte man eine genehmigte Abenteuertour durch die ansonsten gesperrten Gebiete buchen.

★ **West Oz Active Adventure Tours** ABENTEUERTOUR
(☎0438 913 713; www.westozactive.com.au; Karijini Eco Retreat; 1-/3-/5-tägige Touren 245/745/1450 AU$; ⏲April–Okt.) Angeboten werden actionreiche Tagestouren durch gesperrte Schluchten mit Zutaten wie Wandern, Schwimmen, Driften auf Autoreifen, Klettern, Hinunterrutschen von Wasserfällen und Abseilpartien. Die gesamte Ausrüstung und Verpflegung sind inklusive. Organisiert

ABSEITS DER ÜBLICHEN PFADE

WEIHNACHTSINSEL & KOKOSINSELN (KEELING ISLANDS)

Weihnachtsinsel

Die Weihnachtsinsel (Christmas Island, CI; 1600 Ew.) – ein bergiger Brocken mit allerhand Vogelkot – liegt im Indischen Ozean, unweit von Java, und wurde erstmals 1888 von Bergleuten besiedelt, die Guano (Phosphat) abbauten; eine Tätigkeit, die auch heute noch den wichtigsten Wirtschaftszweig der Insel darstellt. Bewohnt wird sie von Chinesen, Malaien und Australiern europäischer Herkunft – ein Mix, der sich auch im Essen, in den Sprachen und den Bräuchen der Insel widerspiegelt. In den letzten Jahren erlangte die Weihnachtsinsel als Ziel asylsuchender Bootsflüchtlinge traurige Berühmtheit, was zu einem Zustrom von Regierungsangestellten führte.

Die Natur hier ist atemberaubend und mehr als die Hälfte der Insel ist durch den **Christmas Island National Park** geschützt. Regenwälder bedecken die Hochebene, und Kalksteinklippen und Terrassen bieten seltenen und endemischen Seevögeln Lebensraum. Ein Netz von Wegen durchzieht den Park und am **Dolly Beach** kann man campen. CI ist berühmt für die spektakuläre Wanderung von Millionen **roter Landkrabben**, die im November und Dezember aus dem Wald hinunter an die Küste ziehen, um sich zu vermehren, und gleich einem riesigen Teppich alles bedecken. Am Rand des **Java Trench** kann man das ganze Jahr über tauchen. In der Trockenzeit locken die Saumriffe Schnorchler an, und in der Regenzeit (Dez.–März) kann man ganz gut surfen.

Die Insel versucht zwar, ihr Image als Auffanglager abzulegen und Touristen anzulocken, aber Tatsache ist, dass die meisten Anlagen von Regierungsunternehmen übernommen wurden. Man kann nur hoffen, dass sich die Lage bald ändern wird. CI liegt eine Zeitzone hinter Perth (Western Standard Time; WST).

Christmas Island Tourism (☎08-9164 8382; www.christmas.net.au) ist die beste Stelle, um ein Zimmer, ein Auto oder ein Boot zu mieten, eine Fahrt zum Flughafen oder anderes zu organisieren.

Kokosinseln (Keeling Islands)

2750 km westlich von Perth liegen die Kokosinseln (Cocos Keeling Islands) (CKI, 650 Ew.). 27 idyllische, flache Inseln reihen sich sich wie eine Perlenkette um eine blaue Lagune aneinander und regten Charles Darwin zu seiner Theorie der Entstehung von Korallenatollen an. Die CKI wurden 1826 von John Clunies-Ross besiedelt. Seine Familie hatte bis 1978, als die CKI Teil von Australiens Territorien im Indischen Ozean wurden, die Herrschaft über die Inseln und die malaiischen Arbeiter. Heute leben über 500 Malaiien und 100 Australier europäischer Herkunft auf **Home Island** und **West Island**. Es ist ein toller Ort zum Wandern, Schnorcheln, Tauchen, Angeln Windsurfen, Vögelbeobachten und Relaxen. Die meisten Besucher kommen zwar als Pauschalreisende, man kann die Inseln aber auch auf eigene Faust erkunden. Campen ist im Scout Park auf West Island sowie auf **Direction Island** und **South Island** erlaubt. Ausrüstung muss man selbst mitbringen. Da es keine Geldautomaten gibt, sollte man ausreichend Bargeld mitführen, auch wenn man mancherorts mit Kreditkarte zahlen kann. Die CKI liegen 90 Min. hinter der WST.

Cocos-Keeling Islands (☎08-9162 6790; www.cocos-tourism.cc) Die hervorragende Website der CKI enthält Infos zu Unterkünften, geführten Touren und Aktivitäten.

Cocos Dive (☎08-9162 6515; www.cocosdive.com; ab 210 AU$/Tag) arrangiert Einzeltauchgänge, einwöchige Komplettangebote oder SSI-Kurse.

An- & Weiterreise

Virgin Australia (☎13 67 89; www.virginaustralia.com.au) fliegt mehrmals wöchentlich ab Perth zu beiden Zielen. Die Tickets kosten etwa 500 AU$ aufwärts und ab 220 AU$ für den Flug zwischen den Inseln. Außerdem gibt's samstags einen Charterflug von Kuala Lumpur nach CI und zurück, buchbar über **Island Explorer Holidays** (☎1300 884 855; www.islandexplorer.com.au). Vogelbeobachter können bei **Birding Tours Australia** (☎02-4927 1808; www.birdingtours.com.au; 14-täg. Geführte Tour 3800 AU$; ⏲Feb.–März & Nov.–Dez.) eine All-inclusive-Tour für beide Ziele buchen. Es gelten die australischen Visumsbestimmungen.

werden auch mehrtägige Touren mit Abholservice vom Flughafen und einer Option für einen Besuch im Ningaloo Marine Park.

Lestok Tours BUS
(☎08-9188 1112; www.lestoktours.com.au; Touren 155 AU$) Tagestouren ab Tom Price nach Karijini.

Schlafen & Essen

Dales Gorge CAMPING $
(Stellplatz Erw./Kind 7/2 AU$) Dieser große DEC-Campingplatz bietet schattige, geräumige Stellplätze mit Toiletten und Picknicktischen. Heringe braucht man hier nicht – man befestigt die Zelte mit Steinen.

Karijini Eco Retreat RESORT $$$
(☎08-9425 5591; www.karijiniecoretreat.com.au; Stellplatz 35 AU$, Zelt DZ Neben-/Hauptsaison 177/315 AU$) Das Resort wird von Aborigines betrieben und steht für nachhaltigen Tourismus. In der angeschlossenen Bar und dem Restaurant werden köstliche Speisen zubereitet. Camper finden Warmwasserduschen und einen ähnlich steinigen Untergrund wie auf dem DEC-Campingplatz vor. Im Sommer, wenn im Resort weniger Betrieb herrscht und die Temperaturen steigen, sinken die Preise.

Praktische Informationen

Visitor Centre (☎08-9189 8121; Banyjima Dr; April–Okt. 9–16 Uhr, Nov.–März ab 10 Uhr) Das von Aborigines betriebene Zentrum zeigt ausgezeichnete Exponate zur Kultur der Banyjima und der Tierwelt des Parks; zudem gibt's gute Karten, Infos zu Wanderungen, ein öffentlich zugängliches Telefon und eine wirklich gute Klimaanlage.

An- & Weiterreise

Öffentliche Verkehrsmittel existieren nicht. Die nächsten Flughäfen sind die der Minenstädte Paraburdoo (101 km südwestlich) und Newman (201 km südöstlich).

Integrity-Busse halten donnerstags (in Richtung Norden) und freitags (in Richtung Süden) in Munjina (Auski). Dort hat man auch die besten Chancen auf eine Mitfahrgelegenheit.

Port Hedland

16 000 EW.

Port Hedland ist kein besonders hübscher Ort. Und beim Anblick der Rangierbahnhöfe, Eisenerzlager, Salzberge, Hochöfen und des riesigen Tiefseehafens nimmt der Durchschnittstourist instinktiv Reißaus. Dennoch ist Hedland nicht einfach eine weitere von Pilbaras Retortenstädten. Es blickt auf eine 115 Jahre lange Geschichte zurück, in der es von Wirbelstürmen heimgesucht, von Perlentauchern geplündert und von Japan bombardiert wurde – und sogar Royals waren hier zu Besuch.

Eisenerz ist die Haupteinnahmequelle der Stadt, und Port Hedland profitiert vom aktuellen Ressourcenboom. Das hat nicht nur Preissteigerungen und Unterkunftsmangel zur Folge, sondern geht auch mit einer gewissen Renaissance einher: Alte Kneipen werden renoviert, die Kunst-, Café- (es gibt echten Kaffee!) und Restaurantszene erlebt einen Aufschwung, Cocktail- und Tapasbars öffnen und an der Küste entstehen Radwege. Den roten Staub einfach ignorieren!

Sehenswertes & Aktivitäten

Die ausgezeichnete Broschüre *Port Hedland Cultural & Heritage Sites* des Visitor Centre ist eine prima Hilfe, um das zentrale Geschäftsviertel auf eigene Faust zu erkunden. Man kann auch mit einem Leihrad auf dem **Richardson Street Bike Path** entlangfahren und sich anschließend im **Yacht Club** (☎08-9173 1198; Sutherland St; Do–So) ein kühles Bier gönnen.

Zwischen November und Februar nisten die **Wallriffschildkröten** an den nahen Stränden. Über Möglichkeiten zur Freiwilligenarbeit informiert das Visitor Centre.

Die Goode Street in der Nähe des Pretty Pools eignet sich gut für einen Blick auf Port Hedlands **Staircase to the Moon**.

★**Courthouse Gallery** GALERIE
(☎08-9173 1064; www.courthousegallery.com.au; 16 Edgar St; Mo–Fr 9–16, Sa & So bis 14 Uhr) Das schattige Kunstzentrum ist mehr als nur eine Galerie: Denn es ist mit das Beste, was Hedland zu bieten hat. Im Inneren werden moderne Exponate und Aborigine-Kunst gezeigt, während im schattigen Außenbereich gelegentlich Kunsthandwerksmärkte stattfinden. Und wenn etwas in der Stadt los ist, wissen die Leute hier darüber Bescheid.

Marapikurrinya Park PARK
Im Visitor Centre hängen die Fahrpläne der irre großen Tanker aus, die hier vorbeiziehen. Nachts hat man vom **Finucane Lookout** im Park einen Blick auf BHP Billitons glühendes Werk zur Herstellung von Eisenerzbriketts auf Finucane Island. Der Park liegt am Ende der Wedge Street.

ABSEITS DER ÜBLICHEN PFADE

MARBLE BAR

Marble Bar, 196 Einwohner und ein gutes Stück abseits aller ausgetretenen Pfade gelegen, blieb den Australiern als heißeste Stadt des Landes im Gedächtnis, seitdem im Jahr 1921 die Quecksilbersäule 161 Tage hintereinander nicht unter 37,8°C fiel. Die Stadt hat ihren Namen von einer 5 km südwestlich gelegenen Felsformation aus Jaspis (der aber irrtümlich für Marmor gehalten wurde) an einem Pool am Coongan River.

Die meiste Zeit über ist hier nicht viel los. Man kann sich in der 8 km außerhalb der Stadt gelegenen **Comet Gold Mine** (☎08-9176 1015; Hillside Rd; Zutritt 3 AU$; ⏲9–16 Uhr) dem Studium der Mineralien hingeben oder sich im **Ironclad Hotel** (☎08-9176 1066; 15 Francis St; DZ 120 AU$) mit Foxie an der Bar unterhalten. Der klassische Outback-Pub bietet auch bequeme Motelzimmer, anständige Gerichte und wird von preisbewussten Travellern besonders geschätzt.

Wer am ersten Wochenende im Juli anreist, erlebt, wie die Stadt auf das Zehnfache ihrer normalen Größe anwächst. Und für die Dauer eines Wochenendes geht es nur noch ums Trinken, um Glücksspiele, die Modeschau, Countrymusic, nackte Haut und Pferderennen. Letztere sind als **Marble Bar Cup** bekannt. Der **Caravan Park** (☎08-9176 1569; 64 Contest St) ist dann rappelvoll und das Ironclad ist belagert, weil Gäste von nah und fern herkommen, um zu tanzen.

Das **Shire Office** (☎08-9176 1008) unterhält eine wöchentliche Busverbindung (über Nullagine) nach Port Hedland und Newman und gibt auch Informationen an Touristen heraus. Wer nach Süden und zurück auf eine asphaltierte Straße will, folgt der einsamen, aber reizvollen Hillside Road.

Pretty Pool ANGELN, PICKNICKPLATZ
Eine beliebte Ecke zum Angeln und Picknicken (Obacht vor den giftigen Steinfischen!), 7 km östlich vom Stadtzentrum gelegen.

Geführte Touren

BHP Billiton EISENERZWERK
(Erw./Kind 26/20 AU$; ⏲Mi & Fr 9.30 Uhr) Die beliebte Führung durch das Eisenerzwerk beginnt beim Visitor Centre.

Schlafen & Essen

Eine Unterkunft in Hedland zu finden ist weder einfach noch billig – bessere Optionen sind der 80 km lange Strand oder Point Samson.

Supermärkte, Cafés und Imbisse gibt's in den Einkaufszentren **Boulevard** (Ecke Wilson & McGregor Sts) und **South Hedland** (Throssell Rd). Eine Überlegung wert ist auch das All-you-can-eat-Büfett im **Esplanade Hotel** (☎08-9173 9700; www.theesplanadeporthedland.com.au; 2–4 Anderson St; DZ Fr–So ab 295 AU$, Mo–Do ab 495 AU$; ⏲abends ab 18 Uhr; ❄@📶).

Cooke Point Caravan Park CAMPING $$
(☎08-9173 1271; www.aspenparks.com.au; Ecke Athol & Taylor Sts; Stellplatz mit Strom 52 AU$, DZ ohne Bad 150 AU$, Wohneinheit DZ ab 320 AU$; ❄📶🏊) Wer Glück hat, ergattert hier einen staubigen Wohnmobilstellplatz oder einen Zeltplatz; alle anderen Möglichkeiten sind meistens belegt. Vom Park bietet sich ein schöner Ausblick auf die Mangrovenwäler unweit des Pretty Pool. Auch die Anlagen hier sind gut gepflegt.

★ **Silver Star** CAFÉ $$
(☎0411 143 663; Edgar St; morgens 12–18 AU$, mittags 18–24 AU$; ⏲tgl. 8–14 Uhr, Fr & Sa Tapas ab 18 Uhr) Das vielleicht coolste Café Pilbaras befindet sich neben der Courthouse Gallery und ist in einem amerikanischen Silver-Star-Zug der 1930er-Jahre untergebracht. Im original Aussichtsabteil werden ordentlicher Kaffee, Frühstück und Burger serviert. Freitag- und Samstagabend gibt's auch Tapas (40 AU$/Pers.).

Praktische Informationen

Internetzugang bietet das Visitor Centre an, außerdem die **Bibliothek** (☎08-9158 9378; Dempster St; ⏲Mo–Fr 9–17, Sa 10–13 Uhr) und das **Seafarers Centre** (☎08-9173 1315; www.phseafarers.org; Ecke Wedge & Wilson Sts; ⏲9–21 Uhr).

Visitor Centre (☎08-9173 1711; www.phvc.com.au; 13 Wedge St; ⏲Mo–Fr 9–16, Sa 10–14 Uhr) Im erst kürzlich überholten Visitor Centre werden Bustickets verkauft, Schiffsfahrpläne ausgehängt, diverse Führungen durch Eisenerzwerke organisiert, Übernachtungen vermittelt und Schildkrötenbeobachtungen (Nov.–Feb.) arrangiert. Hier kann man auch Fahrräder leihen.

An- & Weiterreise

Virgin und Qantas fliegen beide täglich nach Perth; Quantas bietet dienstags zusätzlich je einen Direktflug nach Brisbane und Melbourne an, während Virgin sonntags nach Broome fliegt. Airnorth fliegt nach Broome (Di & Fr) mit Anschluss nach Darwin und freitags nach Karratha.

Greyhound-Busse verkehren dreimal wöchentlich nach Perth (258 AU$, 26 Std.) und Broome (87 AU$, 8 Std.). Integrity fährt mittwochs in Perth ab und benutzt die etwas schnellere Route (232 AU$, 22 Std.) über das im Landesinnere gelegene Newman; die Rückfahrt erfolgt freitags. Die Busse beider Unternehmen fahren vom Visitor Centre und dem South Hedland Shopping Centre ab.

Unterwegs vor Ort

Der Flughafen ist 13 km von der Stadt entfernt; der **Airport Shuttle Service** (☎ 08-9173 4554; 22 AU$/Pers.) bedient alle Flüge. **Hedland Taxis** (☎ 08-9172 1010) verlangt etwa 35 AU$ für eine Fahrt. **Hedland Bus Lines** (☎ 08-9172 1394) verkehrt werktags zwischen Port Hedland und Cooke Point (mit einem Halt am Visitor Centre) und weiter nach South Hedland (3,50 AU$). **McLaren Hire** (☎ 08-9140 2200; www.rawhire.com.au) vermietet viele Arten von Geländewagen. Motorroller kann man bei **Port Hedland Scooter Hire** (☎ 0450 481 765; www.phsh.com.au; ab 45 AU$/Tag) leihen.

BROOME & KIMBERLEY

Australiens „Ende der Welt" ist eine wilde, ungezähmte Region abgeschiedener, spektakulärer Landschaften und wer sich dort bewegt, muss riesige Entfernungen überbrücken. Das Klima ist rau, die Bevölkerungsdichte äußerst gering und eine Infrastruktur kaum vorhanden. Kimberley, das größer als 75% aller Länder der Erde ist, wird von einem undurchdringlichen Küstenstreifen und lebensfeindlichen Wüsten begrenzt. Dazwischen erstrecken sich ausgedehnte, von Affenbrotbäumen übersäte Spinifexebenen, von palmengesäumte Schluchten und öde Berge. Herrliche Wasserfälle runden das Bild ab. Eine Reise durch diese Region ist ein echtes Abenteuer und in der Trockenzeit machen sich immer wieder Scharen von Wagemutigen entlang der legendären Gibb River Road auf die Suche nach dem echten Outback.

Die Kultur der Aborigines ist in der gesamten Region tief verwurzelt, von der Dampier Peninsula, wo die Gemeinden Traveller willkommen heißen, bis zum entlegenen Mitchell Plateau, wo uralte Wandjina- und Gwion-Gwion-Felsmalereien über den heiligen Wasserlöchern wachen.

Das verwegene Broome, Heimat des legendären Cable Beach, leuchtender Sonnenuntergänge und bernsteinfarbener Wasserlöcher sowie das praktische Kununurra mit seinem Bewässerungswunder bilden das Zentrum der Region.

Beides sind ideale Orte, um zu entspannen, einen Job zu finden oder anderen Travellern zu begegnen.

Anreise & Unterwegs vor Ort

BUS

Greyhound (☎ 1300 473 946; www.greyhound.com.au) Die Busse verkehren dreimal wöchentlich auf der Strecke Broome–Perth und täglich zwischen Broome und Darwin.

FLUGZEUG

Folgende Airlines fliegen nach Kimberley:

Airnorth (☎ 1800 627 474; www.airnorth.com.au)

Qantas (☎ 13 13 13; www.qantas.com.au)

Virgin Australia (☎ 13 67 89; www.virginaustralia.com)

Skippers (☎ 1300 729 924; www.skippers.com.au) Fliegt zwischen Broome, Derby, Halls Creek und Fitzroy Crossing.

Slingair (Heliwork; ☎ 1800 095 500; www.slingair.com.au) führt Panoramaflüge mit Hubschraubern und Starrflügelflugzeugen über der Region Kimberley durch.

Von Port Hedland nach Broome

Der Big Empty Highway erstreckt sich von Port Hedland bis nach Broome und streift das Great Sandy Desert. Er besteht aus 609 km voller Sandstürme, Staub und nicht viel mehr. Es gibt nur zwei Roadhouses – Pardoo (148 km) und Sandfire (288 km) –, also unbedingt für einen vollen Tank sorgen. Die wilde, unberührte Küste ist auf dieser Fahrt nie weit entfernt.

Schlafen

Die folgenden Orte sind zwischen Mai und September rappelvoll:

Eighty Mile Beach Caravan Park CAMPING $
(☎ 08-9176 5941; www.eightymilebeach.com.au; Stellplatz ohne/mit Strom 32/37 AU$, Hütte 180 AU$; 📶) Dieser 250 km von Port Hedland

Kimberley

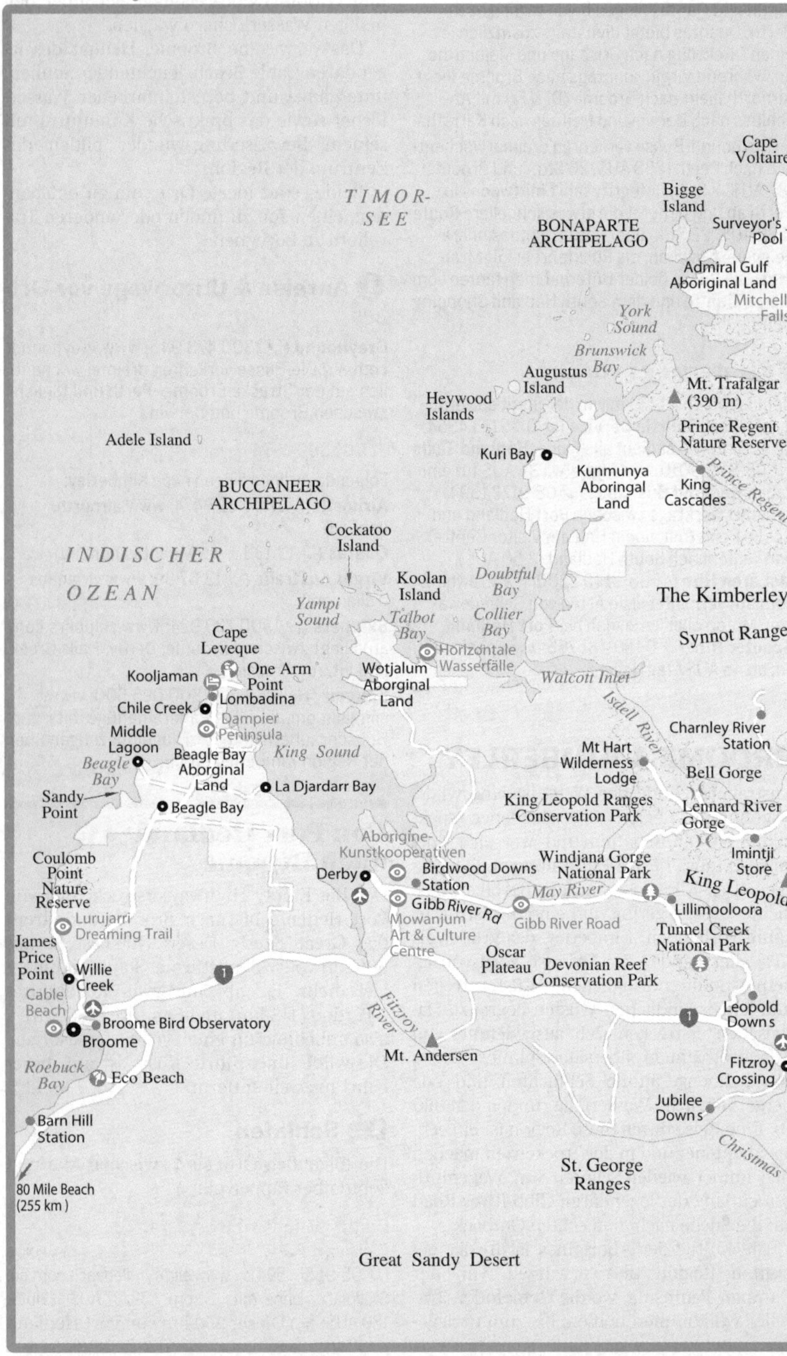
Cape Voltaire
TIMOR-SEE
Bigge Island
BONAPARTE ARCHIPELAGO
Surveyor's Pool
Admiral Gulf Aboriginal Land
Mitchell Falls
York Sound
Brunswick Bay
Augustus Island
Mt. Trafalgar (390 m)
Heywood Islands
Prince Regent Nature Reserve
Adele Island
Kuri Bay
Kunmunya Aboringal Land
King Cascades
Prince Regent
BUCCANEER ARCHIPELAGO
Cockatoo Island
INDISCHER OZEAN
Koolan Island
Doubtful Bay
The Kimberley
Yampi Sound
Talbot Bay
Collier Bay
Synnot Range
Cape Leveque
Horizontale Wasserfälle
One Arm Point
Kooljaman
Wotjalum Aborginal Land
Walcott Inlet
Lombadina
Chile Creek
Isdell River
Dampier Peninsula
Charnley River Station
Middle Lagoon
King Sound
Mt Hart Wilderness Lodge
Beagle Bay
Beagle Bay Aborginal Land
Bell Gorge
La Djardarr Bay
Sandy Point
Beagle Bay
King Leopold Ranges Conservation Park
Lennard River Gorge
Aborigine-Kunstkooperativen
Imintji Store
Coulomb Point Nature Reserve
Birdwood Downs Station
Windjana Gorge National Park
Derby
King Leopold
May River
Gibb River Rd
Lillimooloora
Lurujarri Dreaming Trail
Mowanjum Art & Culture Centre
Gibb River Road
Tunnel Creek National Park
James Price Point
Oscar Plateau
Devonian Reef Conservation Park
Willie Creek
Cable Beach
Fitzroy River
Leopold Downs
Broome Bird Observatory
Broome
Mt. Andersen
Fitzroy Crossing
Roebuck Bay
Eco Beach
Jubilee Downs
Barn Hill Station
St. George Ranges
Christmas
80 Mile Beach (255 km)
Great Sandy Desert

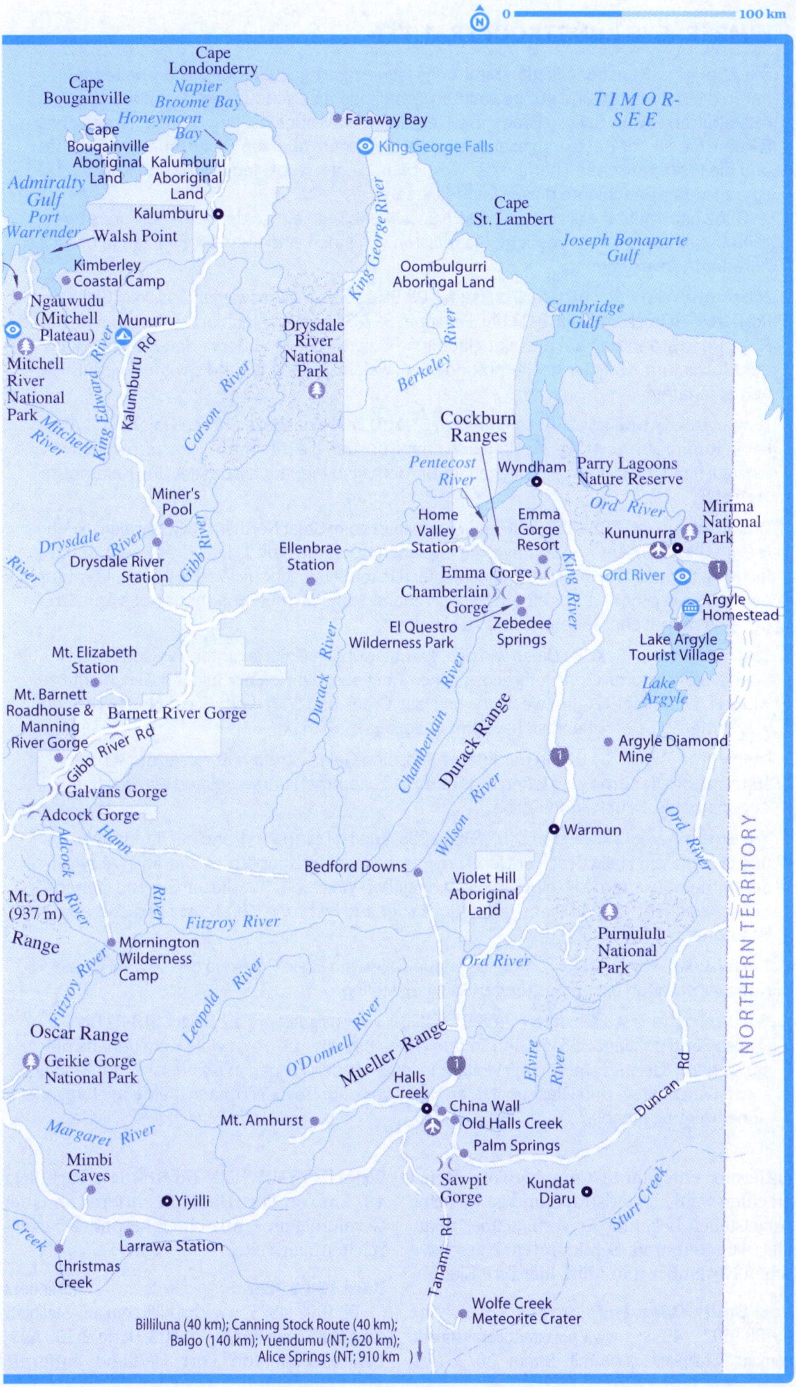
0
100 km
N
TIMOR-SEE
Cape Londonderry
Cape Bougainville
Napier Broome Bay
Honeymoon Bay
Cape Bougainville Aboriginal Land
Kalumburu Aboriginal Land
Faraway Bay
King George Falls
Admiralty Gulf
Port Warrender
Kalumburu
Walsh Point
Cape St. Lambert
Joseph Bonaparte Gulf
Kimberley Coastal Camp
Oombulgurri Aboringal Land
Ngauwudu (Mitchell Plateau)
Munurru
King George River
Cambridge Gulf
Mitchell River National Park
Kalumburu Rd
King Edward River
Carson River
Drysdale River National Park
Berkeley River
Mitchell River
Cockburn Ranges
Pentecost River
Wyndham
Parry Lagoons Nature Reserve
Ord River
Mirima National Park
Miner's Pool
Home Valley Station
Emma Gorge Resort
Kununurra
Drysdale River
Drysdale River Station
Gibb River
Ellenbrae Station
Emma Gorge
Ord River
King River
Chamberlain Gorge
Argyle Homestead
Zebedee Springs
El Questro Wilderness Park
Lake Argyle Tourist Village
Mt. Elizabeth Station
Durack River
Chamberlain River
Lake Argyle
Mt. Barnett Roadhouse & Manning River Gorge
Barnett River Gorge
Durack Range
Argyle Diamond Mine
Gibb River Rd
Galvans Gorge
Adcock Gorge
Wilson River
Warmun
Hann River
Adcock River
Ord River
Bedford Downs
Violet Hill Aboriginal Land
Mt. Ord (937 m)
Fitzroy River
Range
Mornington Wilderness Camp
Purnululu National Park
Ord River
Fitzroy River
Leopold River
NORTHERN TERRITORY
Oscar Range
O'Donnell River
Mueller Range
Geikie Gorge National Park
Elvire River
Duncan Rd
Halls Creek
China Wall
Mt. Amhurst
Old Halls Creek
Margaret River
Palm Springs
Mimbi Caves
Sawpit Gorge
Kundat Djaru
Yiyilli
Sturt Creek
Creek
Larrawa Station
Christmas Creek
Tanami Rd
Wolfe Creek Meteorite Crater
Billiluna (40 km); Canning Stock Route (40 km); Balgo (140 km); Yuendumu (NT; 620 km); Alice Springs (NT; 910 km)

KIMBERLEYS KUNSTKOOPERATIVEN

Die Aborigine-Kunst der Region Kimberley ist einzigartig. Zu den Besonderheiten gehören die mächtigen und gut bewachten Wandjina-Felszeichnungen, die zahlreichen rätselhaften Gwion Gwion (Bradshaw-Gemälde), aber auch die leuchtenden, tropischen Farben, die an der Küste eingesetzt wurden, die feinen, dunklen Ockertöne des Busches und die topografischen Themen der westlichen Wüste, wobei jedes einzelne Kunstwerk einen Teil der Geschichte dieses Landes erzählt.

Ganz unmittelbar erlebt man diese Kunst, wenn man einige der von Aborigines betriebenen Kooperativen besucht; die meisten von ihnen sind auch für Fahrzeuge ohne Allradantrieb erreichbar:

Mowanjum Art & Culture Centre (☎ 08-9191 1008; www.mowanjumarts.com; Gibb River Rd, Derby; ⏲ Trockenzeit tgl. 9–17 Uhr, Regenzeit Sa & So geschl.) Nach nur 4 km auf der Gibb River Road stößt man auf diese unglaubliche Galerie, deren Äußeres den Kunstwerken der Mowanjum-Künstler nachempfunden ist, welche Wandjina- und Gwion-Gwion-Bilder neu erschaffen.

Waringarri Aboriginal Arts Centre (S. 1115) Diese ausgezeichnete Galerie mit Atelier in Kununurra zeigt Werke einheimischer Künstler, die mit ihren Ockerfarben einen einzigartigen abstrakten Stil pflegen. Außerdem sind hier auch Künstler aus Kalumburu vertreten.

Warmun Arts (☎ 08-9168 7496; www.warmunart.com; Great Northern Hwy, Warmun; ⏲ Mo–Fr 9–16 Uhr) In dieser Kooperative, die zwischen Kununurra und Halls Creek liegt, schaffen Künstler aus Warmun unter Einsatz von Ockertönen schöne Werke, um die Identität der Gija zu ergründen. Vor einem Besuch zuerst vom Warmun Roadhouse aus anrufen, um eine mündliche Genehmigung zu erhalten.

Laarri Gallery (S. 1113) Diese winzige, gemeinnützige Galerie hinter der Community School stellt interessante zeitgenössische Kunst aus, die sich der lokalen Geschichte widmet. Laari liegt 120 km westlich von Halls Creek und 5 km vom Great Northern Highway entfernt. Es empfiehlt sich, vorher anzurufen.

Mangkaja Arts (S. 1113) In der Fitzroy Crossing Galerie treffen Künstler der Wüstenstämme und der am Fluss lebenden Stämme zusammen und erzeugen einzigartige Acrylgemälde, Drucke und Körbe.

Yaruman Artists Centre (☎ 08-9168 8208; Kundat Djaru) Am Rand der Tanami-Wüste und 162 km von Halls Creek entfernt, zeigt die Yaruman-Kooperative Werke in Acryl, in deren thematischem Mittelpunkt die zahlreichen Wasserlöcher dieser Gegend stehen. Einmal wöchentlich hält hier (Ringer Soak) der aus Richtung Kununurra verkehrende Postbote.

Yarliyil Gallery (S. 1113) Großartige neue Galerie in Halls Creek, in der sowohl lokale Künstler als auch einige aus Ringer Soak ausstellen.

Warlayirti Artists Centre (☎ 08-9168 8960; www.balgoart.org.au; Balgo; ⏲ 9–17 Uhr) Dieses Zentrum liegt 255 km den Tanami Track hinunter und eint viele Künstler aus dieser Gegend. Gezeigt werden Acrylbilder in leuchtenden Farben in pointillistischer Manier sowie Lithografien und Glaskunst. Man muss vor dem Besuch zunächst eine telefonische Genehmigung einholen.

entfernte, entspannte Campingplatz grenzt an einen weißen Sandstrand und ist für seine Angelstellen bekannt. Er verfügt über relatv viel Schatten und Schildkröten legen zwischen November und März hier ihre Eier ab.

Port Smith Caravan Park CAMPING $
(☎ 08-9192 4983; www.portsmithcaravanpark.com.au; Stellplatz ohne/mit Strom 30/35 AU$, Donga DZ 75 AU$, Hütte 175 AU$) Der Park liegt 487 km von Port Hedland entfernt an einer Gezeitenlagune mit einer besonders artenreichen Tierwelt.

Barn Hill Station RINDERFARM $
(☎ 08-9192 4975; www.barnhill.com.au; Stellplatz ohne/mit Strom 20/25–30 AU$, Hütte ab 100 AU$) Das 490 km von Port Hedland entfernte

Darn Hill ist eine Rinderfarm, die immer noch bewirtschaftet wird und die ihre eigenen „Mini-Pinnacles" hat.

Broome

16 000 EW.

Wie ein künstliches Juwel in einer Krone aus natürlicher Schönheit grenzt Broome an einen schmalen Streifen roten Sandes am äußersten Westrand von Kimberley – und zwar dort, wo die ursprüngliche Dampier Peninsula ansetzt. Umgeben vom aquamarinblauen Indischen Ozean, von Mangroven und dem Watt der Roebuck Bay, liegt dieses Yawuru-Land gut 2000 km von der nächsten Hauptstadt entfernt.

Broomes Friedhöfe sind trauriges Mahnmal seiner Vergangenheit als Zentrum der Perlenfischerei, wobei viele japanische, chinesische, malaiische und Aborigine-Taucher ihr Leben ließen. Heute werden Perlen in die ganze Welt exportiert, sie stammen allerdings aus Zuchtfarmen im Meer.

Der Cable Beach lockt in der Trockenzeit (April–Okt.) mit seinen luxuriösen Resorts jede Menge Besucher an, die auf Kamelritte, Surfabenteuer und romantische Sonnenuntergänge aus sind. Broome ist jedoch viel mehr als nur eine tolle Postkartenkulisse. Viele sind überrascht, wenn sie in unmittelbarer Nähe das Buschland Pindan vorfinden.

Broomes Zentrum ist Chinatown an der Küste der Roebuck Bay. Der Cable Beach liegt mit seinen Resorts 6 km weiter westlich am Indischen Ozean. Der Flughafen erstreckt sich zwischen beiden Gebieten, der Hafen und **Gantheaume Point** wiederum befinden sich 7 km weiter südlich.

In der Trockenzeit gibt's viele Gelegenheitsjobs im Gastgewerbe und in der Perlenzucht. In der Regenzeit ist es, als befände man sich unter einer warmen, feuchten Decke. Vieles ist dann geschlossen oder eingeschränkt geöffnet; allerdings bringt der Preissturz z. T. prima Schnäppchen mit sich.

Allabendlich kommt die Stadt zur Ruhe und man hebt gemeinsam die Gläser, während die Sonne langsam im Meer versinkt.

Sehenswertes & Aktivitäten

Cable Beach

★Cable Beach STRAND

Die vielleicht berühmteste Sehenswürdigkeit WAs bietet fantastisch türkisblaues Wasser und herrlichen, weißen Strand, der abends mit dem Sonnenuntergang zu verschmelzen scheint. Nördlich der Felsen ist auch Nacktbaden erlaubt, und im Süden führen Wanderwege durch die roten Dünen des **Minyirr Park** – einem spirituellen Ort für die Angehörigen des Stammes der Rubibi. Cable Beach wird in einem Atemzug mit Kamelen genannt und ein abendlicher Ritt am Strand ist für viele ein großes Highlight.

Gantheaume Point & Dinosaurierspuren AREAL

Dieser friedvolle Aussichtspunkt strahlt eine besondere Schönheit aus, wenn die roten Klippen in der Morgendämmerung oder bei Sonnenuntergang scharlachrot aufleuchten; und zugleich birgt er ein 135 Mio. Jahre altes Geheimnis: In der Nähe findet sich eine der weltweit reichsten Ansammlungen von Dinosaurierspuren, welche man allerdings nur bei Ebbe aufspüren kann.

Lurujarri Dreaming Trail WANDERN

(☎ Frans 0423 817 925; www.goolarabooloo.org.au; ⌚ Mai–Juli) Der 82 km lange Weg folgt der Küste gen Norden, und zwar von Gantheaume Point (Minyirr) nach Coulomb Point (Minarriny). Die Goolarabooloo organisieren jedes Jahr eine geführte neuntägige Tour (1600 AU$) mit Übernachtungen in traditionellen Zeltlagern. Wer sich auf eigene Faust auf den Weg machen will, sollte sich erst bei den Goolarabooloo nach den Straßenverhältnissen erkundigen. Wasser ist dort knapp.

Chinatown

Mehrere Friedhöfe zeugen von der multikulturellen Vergangenheit von Broome. Am eindrucksvollsten ist der **japanische Friedhof** (Frederick St) mit 919 Gräbern (meistens von Perlentauchern); ganz in der Nähe befinden sich der **chinesische Friedhof** (Frederick St) und der **muslimische Friedhof** (Frederick St). Es gibt auch einen **Pionierfriedhof** bei der Town Beach mit Blick auf die Bucht.

Town Beach eignet sich für ein kühles Bad, aber nur außerhalb der Quallensaison, und die Mole am **Hafen** ist ein guter Platz zum Angeln und zur Walbeobachtung.

Sun Pictures HISTORISCHES GEBÄUDE

(☎ 08-9192 1077; www.sunpictures.com.au; 27 Carnarvon St; Erw./Kind 16,50/11,50 AU$, History Tour 5 AU$/Pers.; ⌚ History Tours Mo–Fr 10.30 & 13 Uhr) Bequem in einem der Segeltuch-Klappstühle sitzend, kann man sich im weltweit ältesten Open-Air-Kino die neuesten Filme

Broome

0 200 m
Flughafen
Macpherson St
Coghlan St
Broome Hwy
Bagot St
Weld St
Broome Visitor Centre
Coach Stop
Hamersley St
Short St
Short Street Gallery
Male Oval
Gray St
Carnarvon St
Dampier Tce
Johnny Chi La
CHINATOWN
Napier Tce
Frederick St
Boulevard Shopping Centre (200 m); Friedhöfe (1 km); Cable Beach (5 km)
Stewart St
Barker St
OLD BROOME
Mary St
Herbert St
Robinson St
Haas St
Anne St
Bedford Park
Louis St
Watt- & Mangroven
Walcott St
Saville St
Roebuck Bay
Hopton St
Robert St
Town Beach Markets
Town Beach
Mangrove Pt.
Flugzeugwracks aus dem Zweiten Weltkrieg

Broome

Highlights

1 Short Street Gallery ... C1

Sehenswertes

2 Broome Museum ... B6
3 Pioneer Cemetery ... B7
4 Sun Pictures ... D2

Schlafen

5 Kimberley Klub ... B2
6 Old Broome Guesthouse ... A6
7 Roebuck Bay Caravan Park ... A7

Essen

8 Aarli ... C2
9 Noodlefish ... C2
10 Town Beach Cafe ... A7
11 Yuen Wing ... D1

Ausgehen & Nachtleben

12 Matso's Broome Brewery ... C4
13 Tides Garden Bar ... C4

Unterhaltung

14 Roebuck Bay Hotel ... D2

Shoppen

15 Courthouse Markets ... C2
16 Gecko Gallery ... C1
17 Kimberley Bookshop ... D2
18 Magabala Books ... C1
19 Paspaley Shopping Centre ... D1

ansehen. Die Geschichte des Sun-Gebäudes ist auch die Geschichte von Broome selbst – man sollte sich die informativen historischen Touren dort also nicht entgehen lassen.

Broome Museum MUSEUM
(☎08-9192 2075; www.broomemuseum.org.au; 67 Robinson St; Erw./Kind 5/1 AU$; ⌚Juni–Sept. Mo–Fr 10–16, Sa & So bis 13 Uhr, Okt.–Mai tgl. bis 13 Uhr) In diesem ungewöhnlichen Museum lernt man anhand der Exponate zur Geschichte der Perlenfischerei und der Bombenangriffe im Zweiten Weltkrieg vieles über Cable Beach und die Ursprünge von Chinatown.

★**Short Street Gallery** GALERIE
(☎08-9192 2658; www.shortstgallery.com.au; 7 Short St; ⌚Mo–Fr 10–17, Sa bis 14 Uhr) Die älteste Galerie von Broome organisiert alljährlich mehrere Ausstellungen.

Geführte Touren

Kamelausritte

Kameltouren sind manchmal ein kurzlebiges Geschäft, aber bei der letzten Zählung gab es am Cable Beach drei Anbieter, die vergleichbare Touren im Programm hatten.

Broome Camel Safaris KAMELTOUR
(☎0419 916 101; www.broomecamelsafaris.com.au; 30-minütige Ausritte am Nachmittag 25 AU$, einstündige Ausritte bei Sonnenuntergang Erw./Kind 70/55 AU$) Alison ist die einzige Frau in Broome, die Kameltouren organisiert.

Red Sun Camels KAMELTOUR
(☎1800 184 488; www.redsuncamels.com.au; Erw./Kind 40-minütige Morgenritte 55/35 AU$, einstündige Ausritte bei Sonnenuntergang 75/55 AU$) Red Sun veranstaltet Ausritte morgens und bei Sonnenuntergang sowie eine kürzere Tour um 16 Uhr (30 Min. 30 AU$).

Ships of the Desert KAMELTOUR
(☎08-9192 2958; www.shipsofthedesert.com.au; Erw./Kind 40-minütiger Morgenritt 50/30 AU$, einstündiger Ritt bei Sonnenuntergang 70/50 AU$) Der älteste Kameltouren-Veranstalter am Ort bietet Ausritte morgens und bei Sonnenuntergang sowie einen kürzeren Nachmittagsausritt (30 Min. 30 AU$) an.

Touren ohne Kamele

Es gibt schier unendliche Möglichkeiten; über die riesige Auswahl informiert das Visitor Centre.

Kujurta Buru ABORIGINE-KULTUR
(☎08-9192 1662; www.kujurtaburu.com.au; Erw./Kind ab 77/39 AU$; ⌚Di, Do & So) Auf den halbtägigen Nagula-Touren erkundet man das Gebiet und die Kultur der Yawuru; inbegriffen sind Speerwerfen und Kostproben von typischen Speisen im Busch.

Broome Adventure Company KAJAKFAHREN
(☎1300 665 888; www.broomeadventure.com.au; 3-/4-stündige Touren 70/90 AU$) Auf diesen ökozertifizierten Kajakfahrten paddelt man entlang der Küste auf den Spuren der Schildkröten.

Kimberley Dreamtime Adventure Tours ABORIGINE-KULTUR
(☎0447 214 681; www.kimberleydreamtimeadventures.com.au; 1-/2-tägige Touren 299/492 AU$) Auf diesen tollen geführten Touren zum Mt. Anderson am Fitzroy River tauchen die Teilnehmer in die Kultur der Nyikina ein und

lernen Buschtricks kennen. Es werden auch längere Touren und Kameltrecks organisiert.

Kimberley Birdwatching VOGELBEOBACHTUNG
(☎08-9192 1246; www.kimberleybirdwatching.com.au; 3-/5-/10-stündige Touren 100/150/290 AU$) Die Teilnehmer begleiten den Vogelkundler George Swann auf seinen Naturtouren von Broome aus. Man kann auch Touren mit Übernachtung buchen.

Feste & Events

Die Termine (und auch die Feste!) ändern sich von Jahr zu Jahr. Genauere Infos gibt's beim Visitor Centre und auf der Website von Broome (www.broome.wa.au).

Staircase to the Moon MONDFEST
Von März bis Oktober erlebt man jeden Monat zu Vollmond drei magische Nächte.

Gimme Fest MUSIK
(www.goolarri.comy) Bei dem im Mai stattfindenden Fest gibt's prima Aborigine-Musik.

Kullari NAIDOC Week ABORIGINE-KULTUR
(www.goolarri.com) Ende Juni oder im Juli wird die Kultur der Aborigines und der Inselbewohner der Torres Strait gefeiert.

Environs Annual Art Auction KUNST
(www.environskimberley.org.au) Bei der Auktion im Juli werden Werke von Künstlern aus Kimberley zugunsten des Umweltschutzes versteigert.

Broome Race Round PFERDERENNEN
(www.broometurfclub.com.au) Kimberley Cup, Ladies Day und Broome Cup sind die Highlights der im Juli und August stattfindenden Pferderennen.

Corrugated Lines SCHREIBEN
(http://broome.wa.au/events/corrugated-lines) Im August stattfindendes, dreitägiges Fest des geschriebenen Wortes.

Opera Under the Stars OPER
(www.operaunderthestars.com.au) Ein Opernabend im August am Cable Beach.

Shinju Matsuri Festival of the Pearl PERLEN
(www.shinjumatsuri.com.au) Gegen Ende August oder im September feiert Broome eine Woche lang seine Perlen mit Umzügen, Essen, Kunst, Konzerten, Feuerwerk und Drachenbootrennen.

Mango Festival MANGOFEST
Am letzten Wochenende im November wird die Frucht mit all ihren Facetten gefeiert.

Schlafen

Es gibt recht viele Unterkünfte in Broome, dennoch sollte man im Voraus buchen oder flexibel sein. Wer in einer kleinen Gruppe reist, sollte sich für ein Apartment entscheiden. Zur Regenzeit sinken die Preise.

Kimberley Klub HOSTEL $
(☎08-9192 3233; www.kimberleyklub.com; 62 Frederick St; B 26–33, DZ 95–135 AU$; ❄@📶🏊) Die günstige Lage in der Nähe des Flughafens macht die große, entspannte Backpackerunterkunft mit tropischem Flair zu einem optimalen Ort, anderen Travellern zu begegnen. Zur Ausstattung gehören eine Poolbar, ein Spieleraum, eine sehr große Küche, eine hilfreiches Schwarzes Brett und ein Unterhaltungsprogramm an fast jedem Abend.

Tarangau Caravan Park CAMPING $
(☎08-9193 5084; www.tarangaucaravanpark.com; 16 Millington Rd; Stellplatz ohne/mit Strom 34/42 AU$) Tarangau, eine ruhigere Alternative zu den oft lauten Campingplätzen am Cable Beach, hat grasbewachsene, etwa 1 km vom Strand entfernte Stellplätze. Manches hier wirkt allerdings etwas aufgesetzt.

Cable Beach Backpackers HOSTEL $
(☎1800 655 011; www.cablebeachbackpackers.com; 12 Sanctuary Rd; B 30 AU$, DZ 85 AU$; ❄@📶🏊) Nur einen Steinwurf entfernt von der Cable Beach befindet sich dieses entspannte Hostel mit üppigem, tropischem Innenhof, einem Pool, einer großen Gemeinschaftsküche und einer Bar.

Roebuck Bay Caravan Park CAMPING $
(☎08-9192 1366; www.roebuckbaycp.com.au; 91 Walcott St; Stellplatz ohne/mit Strom 28–40/37–50 AU$, Mobilheim für 2 Pers. 90 AU$) Unmittelbar neben dem Town Beach gelegen, bietet dieser schattige, beliebte Campingplatz verschiedene Übernachtungsmöglichkeiten, allerdings können die Sandfliegen hier ziemlich störend sein.

★ **Beaches of Broome** HOSTEL $$
(☎1300 881 031; www.beachesofbroome.com.au; 4 Sanctuary Rd, Cable Beach; B 32–45, Motel-DZ 140–180 AU$; ❄@📶🏊) Beaches of Broome gleicht eher einem Resort als einem Hostel und verfügt neben tadellosen Zimmern mit Klimaanlage auch über schattige Gemeinschaftsbereiche, eine Poolbar und eine moderne Gemeinschaftsküche. Die Schlafsäle gibt es in diversen Größen und die Motelzimmer sind geschmackvoll eingerichtet. Außerdem werden Motorroller vermietet.

★Old Broome Guesthouse BOUTIQUE $$$
(☎08-9192 6106; www.oldbroomeguesthouse.com.au; 64 Walcott St; EZ/DZ $265/285; ❄📶🏊) Hier gibt's exotisch eingerichtete Zimmer im südostasiatischen Look, einen schattigen Gemeinschaftsbereich und einen von Grün umgebenen Pool. Hohe Decken, in den Boden eingelassene Badewannen, eine blitzsaubere Gemeinschaftsküche und Palmen schaffen ein tropisches Paradies.

Bali Hai Resort & Spa SPA-RESORT $$$
(☎08-9191 3100; www.balihairesort.com; 6 Murray Rd, Cable Beach; DZ 298–525 AU$; ❄📶🏊) Das ruhige, von üppigem Grün umgebene kleine Resort hat herrlich eingerichtete Wohnstudios und Villen, die alle über einen eigenen Essbereich im Freien und ein Open-Air-Bad verfügen. Der Schwerpunkt liegt auf Erholung und der Spa-Bereich bietet vielfältige exotische Anwendungen an. In der Nebensaison bekommt man richtige Schnäppchen.

Broome Beach Resort APARTMENTS $$$
(☎08-9158 3300; www.broomebeachresort.com; 4 Murray Rd, Cable Beach; 1-/2-/3-Zi-Apt. 300/340/375 AU$; ❄📶🏊) Bestens geeignet für Familien und Gruppen und nur wenige Gehminuten vom Cale Beach entfernt. Große, spartanisch eingerichtete Apartments umgeben den zentralen Pool.

Essen

Traveller haben hier mit (exorbitanten) „Broome-Preisen", kreativen Öffnungszeiten (wenn etwas eigentlich geöffnet sein sollte, kann es auch geschlossen sein) und mit Aufpreisen für Zahlungen mit der Kreditkarte und für schlechtes Karma sowie mit saftigen Feiertagszuschlägen zu kämpfen. Die Servicequalität kann stark schwanken, weil die Mehrheit des Personals nur auf der Durchreise ist. Fast alle Lokale sind während der Regenzeit geschlossen.

In den Seitengassen von Chinatown, vor allem rund um die **Johnny Chi Lane**, gibt es werktags preiswertes Mittagessen. Alle Kneipen und Resorts verfügen über eigene Restaurants; einige davon bieten ein gutes Preis-Leistungs-Verhältnis, in anderen zahlt man vorrangig für den Ausblick.

Selbstversorger können sich freuen: Die Supermärkte und Bäckereien in den Einkaufszentren Paspaley und Boulevard sind gut sortiert; **Yuen Wing** (☎08-9192 1267; 19 Carnarvon St; ⏲Mo–Fr 8.30–17.30, Sa & So bis 14 Uhr) ist die beste Adresse für asiatische Lebensmittel.

Cable Beach General Store CAFÉ $
(☎08-9192 5572; www.cablebeachstore.com.au; Ecke Cable Beach & Murray Rds; Internet 4 AU$/Std.; ⏲6–20.30 Uhr; 📶) Cable Beach pur – ein anspruchsloses, typisch australisches Eckcafé, in dem es Kaffee, Pfannkuchen, Barra-Burger, Pasteten, Internet und keine versteckten Aufpreise gibt. Man kann hier sogar eine Runde **Minigolf** (Erw./Kind/Familie 7/5/20 AU$) spielen.

★12 Mile Cafe CAFÉ $$
(☎08-9192 8552; 12milecafe@westnet.com.au; 53 Yamashita Rd, 12 Mile; Hauptgerichte 16–30 AU$; ⏲Trockenzeit Do–Mo 8–16 Uhr, Regenzeit Sa & So; 🖊) 🍃 Inmitten der Mango-Plantagen von 12 Mile werden asiatische Aromen mit lokalen Bioprodukten vermählt, was einmalige Geschmackserlebnisse garantiert, die Kinder von Süßigkeiten schwärmen machen und alte Hippies bei himmlischem Teegebäck vom Nirwana träumen lassen.

★Aarli TAPAS $$
(☎08-9192 5529; 2/6 Hamersley St, Ecke Frederick St; Tapas 13–19 AU$, Pizza 20 AU$, Fisch nach Gewicht; ⏲Trockenzeit 8 Uhr–open end; 🖊) Die im Aarli (der Name bedeutet in der Sprache der Bardi-Aborigines „Fisch") zubereiteten Gerichte zählen zu den kreativsten und köstlichsten in Broome. Die mediterran-asiatischen Tapas passen gut zu einem kalten Bier oder einem Glas Wein, während die Pizza schlicht, aber knusprig ist. Man sollte sich das hiesige Highlight nicht entgehen lassen: den am Stück gebackenen Fisch, der wirklich einmalig schmeckt. Zuvor sollte man aber einen Blick auf den Preis werfen!

Noodlefish ASIATISCH $$
(☎08-9192 1697; 6 Hamersley St, Ecke Frederick St; Hauptgerichte 21–36 AU$; ⏲Di–Sa 6-21 Uhr) In diesem ungewöhnlichen BYO-Lokal werden fantastische modern-asiatische Gerichte mit Zutaten aus Kimberley zubereitet. Man sollte früh kommen, da man nicht reservieren kann. Es ist nur Bargeldzahlung möglich.

Town Beach Cafe CAFÉ $$
(☎08-9193 5585; Robinson St; morgens 11–20 AU$, Mittagessen 18–24 AU$; ⏲Di–So 7.30–14, Fr & Sa ab 18 Uhr) Die Tische im Freien bieten einen großartigen Blick auf die Roebuck Bay und sind bestens geeignet für ein leckeres Frühstück.

Wharf Restaurant SEAFOOD $$$
(☎08-9192 5800; Port of Pearls House, Port Dr; Hauptgerichte 20–42 AU$; ⏲11–23 Uhr) In ma-

ritimem Ambiente und mit der Chance, von hier aus Wale zu erspähen, kann man hier ein langes, gemütliches Mittagessen mit Meeresfrüchten einnehmen. Die Gerichte sind zwar recht teuer, aber dafür ist der Wein gut gekühlt, das Meer überwältigend und die Chili-Krabben sind sensationell. Austern kann man erst ab 14 Uhr bestellen.

Ausgehen & Unterhaltung

Einen Veranstaltungskalender findet man unter www.broome.wa.au. Man sollte es hier vermeiden, nachts allein und ohne Handy spazierenzugehen. Die Gegend ist nicht so sicher, wie sie zu sein scheint!

Tides Garden Bar BAR
(☎08-9192 1303; www.mangrovehotel.com.au; 47 Carnarvon St) Die legere Freiluftbar des Mangrove Resort ist der perfekte Ort für einen Feierabenddrink mit Ausblick auf die Roebuck Bay. Ordentliche Bistrogerichte, Austern zum halben Preis (17.30–18.30 Uhr) sowie Livemusik (Do.–So.) ergänzen das fantastische Naturschauspiel beim Staircase to the Moon.

Sunset Bar & Grill BAR
(☎08-9192 0470; Cable Beach Club Resort, Cable Beach Rd) Gäste, die gegen 16.45 Uhr kommen, könnten vielleicht noch einen Platz in der ersten Reihe erwischen, einen Drink bestellen und das bunte Treiben verfolgen: Backpacker, Pauschaltouristen, Einheimische, Kamele und ein glühendroter Sonnenuntergang über dem Indischen Ozean samt importierten Kokospalmen.

Matso's Broome Brewery PUB
(☎08-9193 5811; www.matsos.com.au; 60 Hamersley St; ⏲Musik So 15–18 Uhr) In dieser gemütlichen Backpackerkneipe könnnen Gäste bei einem Glas Smokey Bishop entspannt der Livemusik auf der Veranda lauschen. Man sollte allerdings etwas gegen die Sandfliegen mitbringen.

Roebuck Bay Hotel LIVEMUSIK
(☎08-9192 1221; www.roebuckbayhotel.com.au; 45 Dampier Tce; ⏲12 Uhr–open end) In den labyrinthischen Bars des Roey gibt's Sportprogramme, Livemusik, DJs, Cocktails und durchgeschwitzte T-Shirts – und zwar bis in die frühen Morgenstunden.

Diver's Tavern LIVEMUSIK
(☎08-9193 6066; www.diverstavern.com.au; Cable Beach Rd; ⏲12–0 Uhr) Vor allem Taucher verbringen hier die Abende. Die Jam-Sessions am Mittwoch und am Sonntag sollte man sich nciht entgehen lassen.

ZeeBar CLUB
(☎08-9193 6511; www.zeebar.com.au; 4 Sanctuary Rd; ⏲18 Uhr–open end) Die stylishe Bar mit Bistro unweit des Cable Beach hat leckere Cocktails, tolle Tapas und DJs. Dienstag ist Quizabend.

Shoppen

Die alten Blechbaracken an der Short Street und Dampier Tce sind proppenvoll mit außergewöhnlicher Aborigine-Kunst, schönem, teurem Schmuck und natürlich billigen, recht schäbigen Souvenirs.

Gecko Gallery ABORIGINE-KUNST
(☎08-9192 8909; www.geckogallery.com.au; 9 Short St; ⏲Mo–Fr 10–18, Sa & So bis 14 Uhr in der Trockenzeit, in der Regenzeit kürzere Öffnungszeiten) Gecko ist spezialisiert auf Kunst aus dem östlichen Kimberley und dem Western Desert, darunter sind auch Leinwandgemälde, Drucke und Radierungen.

Kimberley Bookshop BÜCHER
(☎08-9192 1944; www.kimberleybookshop.com.au; 4 Napier Tce; ⏲Mo–Fr 9–17, Sa 10–14 Uhr) Reichhaltige Auswahl an Büchern über Broome und Kimberley.

Kimberley Camping & Outback Supplies OUTDOOR-AUSRÜSTUNG
(☎08-9193 5909; www.kimberleycamping.com.au; Ecke Frederick St & Cable Beach Rd) Hier findet man Campingkocher, Toasteisen und alles, was man sonst noch für eine erfolgreiche Expedition benötigt.

Magabala Books BÜCHER
(☎08-9192 1991; www.magabala.com; 1 Bagot St; ⏲Mo–Fr 9–16.30 Uhr) Aborigine-Verleger zeigen eine Auswahl von Romanen, Büchern zur Sozialgeschichte, Biografien und Kinderbüchern.

Courthouse Markets MARKT
(Hamersley St; ⏲ morgens, von April bis Okt. zusätzl. So) Kunst und Kunsthandwerk aus der Gegend, Musik und Hippie-Kram.

Praktische Informationen

In den Hostels, bei **Fongs** (29 Saville St) und bei Yuen Wing Asian Grocery findet man sehr gute Anschlagtafeln.

INTERNETZUGANG

Broome Community Resource Centre (CRC; ☎08-9193 7153; 40 Dampier Tce; 5 AU$/Std.;

⌚ Mo–Fr 9–17, Sa bis 12 Uhr; 📶) Preiswerte Ausdrucke und günstiges WLAN.

Galactica DMZ Internet Café (☎ 08-9192 5897; 4/2 Hamersley St; 5 AU$/Std.; ⌚ 10–20 Uhr; 📶) Der übliche technische Schnickschnack; Zugang hinter dem McDonalds.

GENEHMIGUNGEN

Department of Aboriginal Affairs (DAA; ☎ 1300 651 077; www.daa.wa.gov.au) Anträge am besten online stellen, um kostenlose Genehmigungen für den Besuch von Aborigine-Gemeinden zu erhalten. Die Bearbeitungsdauer beträgt drei Tage.

TOURISTENINFORMATIONEN

Broome Visitor Centre (☎ 08-9195 2200; www.broomevisitorcentre.com.au; Male Oval, Hamersley St; ⌚ Mo–Fr 8.30–17, Sa & So bis 16.30 Uhr in der Trockenzeit, in der Regenzeit kürzere Öffnungszeiten) Das Zentrum befindet sich am Stadteingang beim Kreisverkehr und bietet gute Infos zu den Straßenverhältnissen, dem Staircase to the Moon, den Dinosaurier-Abdrücken, den Wracks aus dem Zweiten Weltkrieg und den Gezeiten. Es nimmt auch die diverse Buchungen vor.

NÜTZLICHE WEBSITES

Broome Community Website (www.broome.wa.au) Website mit großartigem Veranstaltungskalender.

Chunes of Broome (www.chunesofbroome.com.au) Musik aus Kimberley sowie DVDs.

Environs Kimberley (www.environskimberley.org.au) Hier kriegt man Informationen zu den neuesten Umweltaufgaben und -projekten in Kimberley.

ℹ An- & Weiterreise

Greyhound-Busse starten täglich vom Visitor Centre nach Darwin sowie dienstags, donnerstags und samstags nach Perth. Der lokale Derby-Bus (S. 1109) verkehrt montags, mittwochs und freitags. Broome ist ein beliebtes Ziel für Fahrgemeinschaften (www.findalift.com.au).

Virgin und Qantas fliegen täglich nach Perth; Qantas hat auch saisonale Direktflüge zu den Hauptstädten im Osten. Airnorth fliegt täglich (außer Sa) nach Darwin und Kununurra und zweimal wöchentlich (am Di & Fr) nach Karratha und Port Hedland. Es unterhält auch eine praktische wöchentliche Verbindung nach Bali (über Port Hedland). Skippers fliegt viermal wöchentlich nach Fitzroy Crossing, Halls Creek und Port Hedland.

ℹ Unterwegs vor Ort

Town Bus Service (☎ 08-9193 6585; www.broomebus.com.au; Erw./Kind 3.50/1.50 AU$, Tageskarte 10 AU$) verbindet Chinatown stündlich mit dem Cable Beach (ganzjährig 7.10–18.23 Uhr), und zusätzlich halbstündlich (8.40–18.40 Uhr) von Mai bis Mitte Oktober. Kinder unter 16 Jahren fahren in Begleitung eines Erwachsenen gratis.

Keine Autovermietung bietet eine unbeschränkte Kilometeranzahl. Der lokale Anbieter **Broome Broome** (☎ 08-9192 2210; www.broomebroome.com.au; Autos/Jeeps/Motorroller ab 63/153/40 AU$) verleiht Autos, Jeeps und Motorroller. **Britz** (☎ 08-9192 2647; www.britz.com; 10 Livingston St) vermietet Wohnmobile sowie Jeeps des Typs Toyota Land Cruiser (ab 176 AU$/Tag) – und ein Jeep ist für die Gibb River Road unerlässlich.

Broome Cycles (www.broomecycles.com.au) hat Büros in **Chinatown** (☎ 08-9192 1871; 2 Hamersley St, Chinatown; 24/84 AU$ pro Tag/Woche, Kaution 50 AU$; ⌚ Mo–Fr 8.30–17, Sa bis 14 Uhr) und am **Cable Beach** (☎ 0409 192 289; Old Crocodile Park car park, Cable Beach; ⌚ Mai–Okt. 9–12 Uhr).

Taxis kann man telefonisch bei **Broome Taxis** (☎ 131 008) oder **Chinatown Taxis** (☎ 1800 811 772) bestellen.

Rund um Broome

Besucher betreten durch das Maul eines riesigen „Krokodils" den etwa 30 ha großen **Malcolm Douglas Wilderness Park** (☎ 08-9193 6580; www.malcolmdouglas.com.au; Broome Hwy; Erw./Kind/Fam. 35/25/95 AU$; ⌚ tgl. 14–17, ab 10 Uhr in der Trockenzeit), der 16 km nordöstlich von Broome liegt. Der Wildpark bietet einen Lebensraum für Dutzende von Krokodilen (eine Fütterung findet um 15 Uhr statt) sowie für Kängurus, Kasuare, Emus, Dingos, Jabirus und natürlich zahllose Vogelarten.

An der Roebuck Bay, 25 km von Broome entfernt, befindet sich das großartige **Broome Bird Observatory** (☎ 08-9193 5600; www.broomebirdobservatory.com; Crab Creek Rd; Eintritt gegen Spende, Stellplatz 15 AU$/Pers., Donga EZ/DZ 50/85 AU$, Chalet 165 AU$; ⌚ 8–17 Uhr), eine sehr wichtige Zwischenstation für Hunderte von Zugvogelarten, von denen einige über 12 000 km zurücklegen. Hier werden vielfältige geführte Touren angeboten. Das Spektruk reicht von ausgezeichneten zweistündigen Wanderungen (75 AU$) bis hin zu einem fünftägigen All-inclusive-Kurs (1090 AU$). Außerdem findet man hier Wanderwege für Touren auf eigene Faust sowie diverse Unterkünfte. Auch Ferngläser sind erhältlich. Die staubige Zugangsstraße kann während der Regenzeit manchmal geschlossen sein.

Dampier Peninsula

Die nördlich von Broome gelegene, rote Landschaft der Dampier Peninsula endet jäh oberhalb einsamer Strände, abgeschiedener Mangrovenbuchten und Klippen, die bei Sonnenuntergang glutrot aufleuchten. Die Halbinsel ist die Heimat der blühenden Aborigine-Gemeinschaften der Ngumbarl, Jabirr Jabirr, Nyul Nyul, Nimanburu, Bardi, Jawi und Goolarabooloo.

Der Zugang zu diesem Gebiet erfolgt über die 215 km lange, größtenteils unbefestigte Cape Leveque Road, die nur mit Geländewagen befahrbar ist. Um Aborigine-Gemeinschaften zu besuchen, sind Genehmigungen des DIA und der Gemeinschaft selbst erforderlich, die bei der Ankunft im Büro zu bezahlen sind. Die Gemeinden können plötzlich schließen, daher sollte man immer im Voraus beim Broome Visitor Centre buchen (S. 1105; möglichst die Broschüre *Ardi – Dampier Peninsula Travellers Guide* mitnehmen). Man sollte alle nötigen Vorräte bei sich haben, auch wenn Lebensmittel in begrenztem Maß verfügbar sind.

Auf der Cape Leveque Road nach 14 km links in die Manari Road abbiegen und in Richtung Norden entlang der spektakulären Küste fahren. Es gibt **Buschzeltplätze** (ohne sanitäre Einrichtungen) bei Barred Creek, Quandong Point, James Price Point und Coulomb Point, wo es auch ein **Naturschutzgebiet** gibt. Gewöhnliche Autos schaffen es meist bis zum **James Price Point**. Dies ist Kimberleys bedeutendster Schauplatz für Umweltaktionen, weil hier die Errichtung einer großen Flüssigerdgasanlage geplant ist. Daher sollte man diesen Flecken unberührter Natur besuchen, so lange es noch möglich ist.

Zurück auf der Cape Leveque Road erreicht man nach 110 km **Beagle Bay** (☎08-9192 4913), bekannt für den außergewöhnlich schönen Perlmuttaltar der hiesigen Kirche, die 1918 von Pallottiner-Mönchen errichtet wurde. Es gibt hier keine Unterkünfte, dafür aber Kraftstoff (nur werktags). Nach der Ankunft sollte man sich im Büro melden.

Die ★**Middle Lagoon** (☎08-9192 4002; www.middlelagoon.com.au; Stellplatz ohne/mit Strom 30/40 AU$, Strandunterkunft DZ 50 AU$, Hütte DZ 140–240 AU$), 180 km von Broome entfernt und von einsamen Stränden umgeben, eignet sich bestens zum Schwimmen, Schnorcheln und Angeln. Außerdem gilt hier: dolce far niente. Es gibt viel Schatten, eine artenreiche Vogelwelt und Hütten mit gutem Preis-Leistungs-Verhältnis, auch wenn sich die Zufahrtsstraße in einem furchtbaren Zustand befindet. Weitere Optionen sind das ruhige **Gnylmarung Retreat** (☎0429 411 241; www.gnylmarung.org.au; Stellplatz 20 AU$/Pers., Bungalow ab 90 AU$) und das renovierte **Mercedes Cove** (☎08-9192 4687; www.mercedescove.com.au; Öko-Zelt/Hütte mit Klimaanlage 150/300 AU$). Nicht versäumen sollte man das **Whale Song Cafe** (☎08-9192 4000; Munget; leichte Gerichte 7–25 AU$, Stellplatz 20 AU$/Pers.; ⌚Juni–Aug. 9–15 Uhr; ✎) 🍃 im nahe gelegenen Munget mit Blick auf die herrliche Pender Bay. Das Öko-Café serviert köstliches Mango-Gebäck, liebevoll gemachte Pizza und den besten Kaffee der ganzen Halbinsel. Es gibt einen winzigen Busch-Campingplatz mit wundervollem Ausblick, einem tollen Bad im Freien und es ist kein einziges Wohnmobil in Sichtweite.

Zwischen Middle Lagoon and Cape Leveque, 200 km von Broome entfernt, liegt **Lombadina** (☎08-9192 4936; www.lombadina.com; Eintritt 10 AU$/Auto, EZ/DZ 80/150 AU$, 4-Pers.-Hütte 200–260 AU$; ⌚Büro Mo–Fr 8–12 & 13–16 Uhr). Das von Bäumen umgebene Dorf bietet verschiedene organisierte Aktivitäten an (mind. 3 Pers.), darunter Angeln, Walbeobachtung, Jeeptouren, im Schlick Krabben sammeln, Kajakfahren und Wandern. Übernachten kann man in Zimmern im Lodge-Stil und Hütten mit Küchen; es gibt aber keine Campingplätze. Kraftstoff gibt es werktags. Im Arts Centre kann man verschiedene Kunstgegenstände erwerben.

Ein verwitterter Weg führt 7 km hinter Lombadina hinunter zum winzigen **Chile Creek** (☎08-9192 4141; www.chilecreek.com; Stellplatz 16,50 AU$/Pers., Busch-Bungalow 100 AU$, 4-Pers.-Safarizelt 185 AU$). Hier gibt es einfache Buschstellplätze, moderne Safarizelte mit zwei Zimmern sowie renovierte Bungalows – alles nur einen kurzen Fußweg von einem idyllischen Strand entfernt. Man kann Roma fragen, ob sie ihre berühmten Kulturtouren noch organisiert.

Das **Cape Leveque** zeigt sich mit großartigen weißen Stränden und beeindruckenden roten Klippen spektakulär. **Kooljaman** (☎08-9192 4970; www.kooljaman.com.au; Eintritt 10 AU$/Auto, Stellplatz ohne/mit Strom DZ 38/43 AU$, Kuppelzelt 65 AU$, Hütte mit/ohne Bad DZ 170/145 AU$, Safarizelt DZ 275 AU$; 📶), das mit dem Preis für Ökotourismus ausgezeichnet wurde, bietet Grasstellplätze, Strandhütten aus Treibholz, Safarizelte auf dem Hügel mit herrlichem Ausblick sowie stickige, aber preiswerte Zelte. Es gilt ein Mindestaufenthalt von zwei Nächten und von Juni bis Oktober ist hier alles rappelvoll. Das **Restaurant** (☎08-9192 4970; Hauptgerichte 29–38 AU$, Grillpaket 22–26 AU$; ⊙April–Okt. 11.30–13.30 & 18 Uhr–open end) serviert Mittag- und Abendessen; man kann sich aber auch für ein Grillpaket zum Mitnehmen entscheiden.

Wer es schlichter mag, findet Campingplätze auf einigen Außenstationen zwischen Cape Leveque und Ardiyooloon (One Arm Point). **Goombading** (☎0457 138 027; Stellplatz ohne/mit Strom 15/20 AU$/Pers.) bietet einen fantastischen Meerblick und Entspannung pur. Die Gastgeber Unja und Jenny teilen gern ihre Kenntnisse über die Kultur der Bardi und bieten Kurse in Pfeilherstellung sowie Angel- und Krabbentouren an.

In **Ardiyooloon** (One Arm Point; 10 AU$/Pers.) kann man zwar nicht campen, aber der Besuch der hübschen Gemeinde mit einem gut sortierten Laden, Kraftstoff, einer Barramundi-Zucht und tollen Angel- und Schwimmspots nebst Ausblick auf das Buccaneer Archipelago lohnt sich trotzdem.

Ein paar weitere Außenstationen bieten ebenfalls Möglichkeiten zum Campen, Angeln und Krabbensuchen.

Chomley's Tours (☎08-9192 6195; www.chomleystours.com.au; 1-/2-tägige Tour 260/490 AU$) bietet mehrere ein- und zweitägige Touren (inkl. Krabbensuchen) auf der Halbinsel an, führt aber auch den Transport von Broome hierher (ab 110 AU$) durch. **Kujurta Buru** (☎08-9192 1662; www.kujurtaburu.com.au) bietet sonntags, dienstags und donnerstags den Transport von Broome nach Beagle Bay (95 AU$) sowie nach Lombadina, Kooljaman und Ardiyooloon (jeweils 155 AU$) an; die Rückkehr erfolgt noch am selben Tag.

Derby

5000 EW.

Spät nachts, wenn Derby schläft, erwachen die Affenbrotbäume zum Leben, ziehen marodierend durch die Stadt und recken bedrohlich ihre vielen Glieder gegen ein Heer riesiger Killerkrokodile, das aus den umliegenden Untiefen auftaucht ... Schön wär's!

Krokodile verstecken sich aber sehr wohl zwischen den Mangroven, wahrscheinlicher ist es jedoch, die über 200 Vogelarten zu Gesicht zu bekommen, während die Affenbrotbäume tief verwurzelt die beiden parallelen Hauptstraßen Loch Street und Clarendon Street säumen. Das am King Sound gelegene Derby bildet den Ausgangspunkt für geführte Touren zu den horizontalen Wasserfällen und zum Buccaneer Archipelago und ist außerdem die westliche Zufahrt zur Gibb River Road (GRR). Derby ist ferner das Verwaltungszentrum des westlichen Kimberley und das Flüchtlingszentrum im nahe gelegenen RAAF Curtin zieht zahlreiche Unternehmen an, die Arbeitskräfte brauchen.

Sehenswertes & Aktivitäten

Der ausgezeichnete Stadtplan im Visitor Centre listet alle möglichen Sehenswürdigkeiten auf.

★ Norval Gallery GALERIE
(Loch St; ⊙Unregelmäßige Öffnungszeiten) Die berühmten Kimberley-Künstler Mark und Mary Norval haben am Stadtrand in einer alten Wellblechhütte ein entzückendes Café mit Galerie eingerichtet. Die verblüffenden Kunstwerke, exquisiten Schmuckstücke, der ordentliche Kaffee und die 5000 Schallplatten (die in Themennächten aufgelegt werden) machen jeden Besuch hier zu einem Erlebnis für die Sinne.

Wharefinger Museum MUSEUM
(Eintritt gegen Spende) Den Schlüssel dazu gibt's im Visitor Centre; Besucher erhalten im Museum dank der eindrücklichen Exponate einen Einblick in die Schiff- und Luftfahrt.

Jachthafen AREAL
Den mit 11,5 m gewaltigen Tidenhub des King Sound kann man besonders gut vom runden Jachthafen aus beobachten. Er liegt 1 km nördlich des Ortes und ist ein beliebter Platz, um zu angeln, Krabben zu suchen, Vögel zu beobachten oder einfach nur in die Ferne zu gucken. Und ja, es stimmt: In den Mangroven verstecken sich Krokodile.

Kimberley School of the Air SCHULE
(Marmion St; Eintritt 5 AU$) Ein faszinierender Einblick, wie für die Kinder aus entlegenen Siedlungen Schulunterricht über Funk funktioniert. Die Uhrzeiten variieren, daher sollte man sich vorher im Visitor Centre danach erkundigen.

Bird Hide VOGELBEOBACHTUNG
Am Ende der Conway Street, bei den Abwasserbecken, gibt es einen Vogelbeobachtungsstand.

Old Derby Gaol HISTORISCHES GEBÄUDE
(Loch St) Zusammen mit dem **Boab Prison Tree** (7 km südlich gelegen) ist dieses ehe-

malige Gefängnis ein trauriger Zeuge jener Grausamkeiten, die Menschen anderen Menschen antun können.

Joonjoo Botanical Trail WANDERN
Der 2,3 km lange Wanderweg gegenüber der Abzweigung zur GRR hat tolle Infotafeln über die Nyikina.

Geführte Touren

Die horizontalen Wasserfälle sind Derbys Hauptattraktion und die meisten Bootsfahrten führen außerdem zu den Naturwundern des abgeschiedenen King Sound und des Buccaneer Archipelago. Man kann unter vielen Anbietern wählen (eine komplette Liste bekommt man im Visitor Centre). Die meisten Touren werden nur während der Hauptsaison angeboten.

Horizontal Falls Seaplane Adventures PANORAMAFLUG
(☎08-9192 1172; www.horizontalfallsadventures.com.au; sechsstündige Flüge ab Derby/Broome 695/745 AU$) Auf dem Programm stehen hier Flüge zu den horizontalen Wasserfällen einschließlich einer Schnellbootfahrt durch die Wasserfälle. Es gibt auch die Option (ab Derby), eine Tour mit Übernachtung zu buchen (845 AU$).

Bush Flight PANORAMAFLUG
(☎08-9193 2680; www.bushflight.com.au; Flug ab 352 AU$) Auf dem Programm stehen bei diesem Veranstalter die Wasserfälle und das Buccaneer Archipelago; man überfliegt sie jedoch nur, in unmittelbare Nähe der Naturwunder kommt man auf diese Art und Weise nicht.

Derby Bus Service BUSTOUR, CAMPING
(West Kimberley Tours/Windjana Tours; ☎08-9193 1550; www.derbybus.com.au; Tagesausflüge 150 AU$, Campingtour ab 200 AU$/Tag) Das lokale Busunternehmen hat eine ganztägige Fahrt zur Windjana Gorge und zum Tunnel Creek sowie zwei- bis siebentägige Campingtouren durch Kimberley im Programm.

Sehenswertes & Aktivitäten

Boab Festival MUSIK, KULTUR
(www.derbyboabfestival.org.au) Derby wird im Juli richtig lebhaft: Auf dem Programm stehen Konzerte, Schlammfußball, Pferde- und Krabbenrennen, Gedichtlesungen, Kunstausstellungen und Straßenumzüge. Man sollte versuchen, einen Platz beim Long-Table-Dinner draußen im Watt zu ergattern.

Schlafen & Essen

Alle anständigen Unterkünfte sind meist von Leiharbeitern belegt. Man kann es auch mal mit einer Anfrage im Visitor Centre versuchen, aber wer zur Gibb River Road unterwegs ist bzw. von dort kommt, sollte lieber in der Birdwood Downs Station (20 km entfernt) übernachten.

Entlang der Loch Street und Clarendon Street gibt es mehrere Imbisse und Cafés.

Kimberley Entrance Caravan Park CAMPING $
(☎08-9193 1055; www.kimberleyentrancecaravanpark.com; 2 Rowan St; Stellplatz ohne/mit Strom 32/38 AU$) Man findet hier eigentlich immer einen Platz, auch wenn nicht alle Stellplätze im Schatten liegen. Es gibt einen netten Außenbereich mit Tischen, aber wegen der

NICHT VERSÄUMEN

HORIZONTALE WASSERFÄLLE

Eine der faszinierendsten Attraktionen der Küste von Kimberley ist das Phänomen des „horizontalen Wasserfalls". Allerdings sind die Wasserfälle nur Flutwellen, die im Buccaneer Archipelago nördlich von Derby in die engen Schluchten schwappen. Das Faszinierende hier ist der enorme Tidenhub von etwa 11 m. Das Wasser fließt mit einer Geschwindigkeit von ca. 30 Knoten, da es durch zwei schmale Schluchten von 20 bzw. 10 m Breite gepresst wird – das Resultat ist ein Wasserfall mit bis zu 4 m Höhe.

In der Trockenzeit führen viele Touren ab Derby und teils auch ab Broome mit dem Flugzeug oder Boot (oder mit beidem) zu den Wasserfällen. Besonderer Beliebtheit erfreuen sich „Gezeitenritte" durch die Schlucht auf einem leistungsstarken Schnellboot. Das ist jedoch sehr riskant – es kam bereits zu Unfällen! Die schnellste und günstigste Option sind Panoramaflüge. Manche der Seeflugzeuge bringen abenteuerlustige Passagiere zu wartenden Schnellbooten. Alternativ gibt es längere Bootsfahrten durch den Archipel mit Zwischenstation bei den Wasserfällen. Die Touren können in den Visitor Centres in Derby und Broome gebucht werden.

Nähe zum Watt muss man leider mit vielen lästigen Insekten rechnen.

Spinifex Hotel RESORT $$
(☎08-9191 1233; www.spinifexhotel.com.au; Clarendon St; Donga/Motel-Zi. 160/250 AU$; ❄@≋) Wie ein Phönix aus der Asche alter Spinifex-Pflanzen erhebt sich dieses schicke Resort mit seinem Restaurant. Einige der Zimmer haben auch eine Küche.

★ **Desert Rose** B&B $$$
(☎08-9193 2813; 4 Marmion St; DZ 250 AU$; ≋) Die beste Unterkunft im Ort sollte man bereits im Voraus buchen. Geboten werden hier geräumige, individuell eingerichtete Zimmer, ein netter Pool, Buntglasfenster und ein üppiges Frühstück. Gastgeberin Anne teilt gerne ihr Wissen über die Region.

Boab Inn PUB $$
(☎08-9191 1044; www.derbyboabinn.com; Loch St; mittags 16–18 AU$, abends 22–39 AU$, DZ $225; ❄📶) Vorzügliche Thekengerichte und kostenloses WLAN machen diesen Pub zum perfekten Mittagslokal. Die Zimmer im Motelstil sind sauber, gemütlich und in der Regel ausgebucht.

Jila Gallery ITALIENISCH $$
(☎08-9193 2560; 18 Clarendon St; Pizza 19–25 AU$, Hauptgerichte 19–35 AU$; ⌚Di–Fr 10–14 & 18 Uhr–open end, Sa 18 Uhr–open end) Großartige Pizza im Holzofen, schattiger Essbereich im Freien und wunderbare Kuchen sind die Highlights dieser freundlichen Trattoria.

Catch SEAFOOD $$
(☎08-9191 2664; Gerichte 18–25 AU$; ⌚10–21 Uhr) Herrlicher Blick auf den Jachthafen. Vor allem die Meeresfrüchte-Gerichte sind recht annehmbar, auch wenn deren Qualität mitunter schwankt. Es gibt auch Gerichte zum Mitnehmen.

ℹ Praktische Informationen

Supermarkt und Geldautomaten befinden sich an der Loch Street und Clarendon Street.

Derby Visitor Centre (☎1800 621 426; www.derbytourism.com.au; 30 Loch St; ⌚Mo–Fr 8.30–17, Sa & So 9–16 Uhr) Das überaus hilfreiche Centre, das erst kürzlich umgezogen ist, hat beste Infos über Straßenverhältnisse, Unterkünfte, Transport und Tourenbuchungen.

ℹ An- & Weiterreise

Greyhound-Busse nach Darwin (350 AU$, 25 Std.) und Broome (68 AU$, 2 Std.) halten beim Visitor Centre. **Derby Bus Service** (☎08-9193 1550; www.derbybus.com.au; einfach/hin & zurück 50/80 AU$; ⌚Mo, Mi & Fr) fährt dreimal wöchentlich nach Broome, Abfahrt frühmorgens und Rückfahrt am selben Tag.

Virgin fliegt von Montag bis Freitag nach Perth. Skippers hat mehrmals wöchentlich Flüge nach Broome, Fitzroy Crossing und Halls Creek im Angebot. Es gibt auch einen **Flughafen-Shuttleservice** (☎08-9193 2568; 30 AU$/Pers.) nach/ab Curtin.

Für ein Taxi unter ☎131 008 anrufen.

Gibb River Road

Die legendäre Gibb River Road (die „Gibb" oder GRR) bahnt sich wie eine rotbraune Schneise durch das karge Innere Kimberleys und ist eine der eindrucksvollsten Outback-Straßen Australiens. Die größtenteils nicht asphaltierte GRR erstreckt sich auf einer Länge von rund 660 km zwischen Derby und Kununurra und gibt den Blick auf schier endlose Landschaften, weiten Himmel und dramatische schönes Terrain frei. Holprige, teils verwitterte Nebenstraßen führen zu abgeschiedenen Schluchten und Wasserfällen, beschatteten Wasserbecken und Rinderfarmen. Bei Niederschlägen kann die Gibb gesperrt werden, und in der Regenzeit ist sie nicht befahrbar. Gute Planung und viele Vorräte sind hier Pflicht, denn Reisende erwartet echte Wildnis gepaart mit minimaler Infrastruktur.

Mehrere Farmen bieten von Mitte April bis Ende Oktober Unterkünfte an; in der Hauptsaison von Juni bis August sollte man unbedingt im Voraus buchen! Der *Kimberley Atlas & Guide* von Hemas Maps ist der umfangreichste Führer für die Gegend und in den Visitor Centres ist der *Gibb River & Kalumburu Road Guide* (5 AU$) erhältlich.

Zwingend erforderlich sind ein Geländewagen mit großer Bodenfreiheit (z.B. ein Toyota Land Cruiser) und – für den Fall einer Panne – zwei Ersatzreifen, Werkzeug sowie Wasser (mind. 20 l) und Verpflegung für mehrere Tage. Britz (S. 1105) in Broome ist ein renommierter Ausrüstungsverleih. Benzin ist nur begrenzt verfügbar und teuer, die meisten Handys haben keinen Empfang und die Hitze kann höllisch sein. Vorräte besorgt man sich in Broome und Kununurra.

Reicht doch eine kleine Outback-Kostprobe? Dann den „Tourist Loop" abfahren, der ab Derby entlang der GRR zur Fairfield Leopold Downs Road führt, dieser zu den Nationalparks Windjana Gorge und Tunnel Creek folgt und schließlich nahe Fitzroy Crossing in den Great Northern Highway mündet.

Geführte Touren

Kimberley Wild Expeditions JEEPTOUR
(☎1300 738 870; www.kimberleywild.com.au) Beständiger, prämierter Anbieter. Die Bandbreite der von Broome ausgehenden Touren reicht von eintägigen Ausflügen (250 AU$) bis hin zu neuntägigen Trips auf der GRR (2050 AU$).

Kimberley Adventure Tours JEEPTOUR
(☎1800 083 368; www.kimberleyadventures.com.au) Touren zwischen Broome und Darwin, darunter entlang der GRR und in den Purnululu National Park (1825 AU$, 9 Tage).

Praktische Informationen

Informationen findet man online unter www.gibbriverroad.net und www.kimberleyaustralia.com sowie auf den Websites der Visitor Centres von Derby und Kununurra.

Unter den Karten ist der *Kimberley Atlas & Guide* (35 AU$) oder die *Regional Map – The Kimberley* (10 AU$) von Hema Maps zu empfehlen.

Department of Environment & Conservation (DEC; www.dec.wa.gov.au) Genehmigungen, Campinggebühren, Infos. Ein Holiday Pass (40 AU$) zahlt sich aus, wenn man innerhalb eines Monats mehr als drei Parks besucht.

Mainroads Western Australia (MRWA; ☎138 138; www.mainroads.wa.gov.au; ⏲24 Std.) Infos zum Zustand der Highways und der GRR.

Shire of Derby/West Kimberley (☎08-9191 0999; www.sdwk.wa.gov.au) Informiert über den Zustand der Nebenstraßen.

Shire of Wyndham/East Kimberley (☎08-9168 4100; www.swek.wa.gov.au) Informiert über den Zustand der Straßen nach Kalumburu und zu den Mitchell Falls.

Von Derby nach Wyndham & Kununurra

Die ersten 100 km ab Derby sind asphaltiert.

Bereits nach 4 km lohnt ein Stopp beim Mowanjum Art & Culture Centre mit seinen bemekenswerten Wandjina- und Gwion-Gwion-Bildern. Neun Kilometer weiter bietet die 2000 ha große **Birdwood Downs Station** (☎08-9191 1275; www.birdwooddowns.com; Camping 13 AU$, Savannenhütte inkl. Frühstück & Dinner 135 AU$/Pers.) rustikale Hütten und staubige Stellplätze. WWOOFer sind willkommen, außerdem bietet die **Kimberley School of Horsemanship** Reitstunden, Reitcamps und Ausritte (zweistündiger Ritt bei Sonnenuntergang 99 AU$).

An der 40-km-Markierung führt ein holpriger Weg nach links, bis nach 12 km einige Busch-Campingplätze am **May River** auftauchen. Bei der 119-km-Markierung folgt die Abzweigung zur Windjana Gorge – dies ist die letzte Chance, wieder zurück zum Highway zu gelangen. Die Landschaft verändert sich nach Überquerung des Lennard River und dem Betreten der Napier Downs Station, denn die uralte Bergkette **King Leopold** ragt nun steil empor. Gleich hinter **Inglis Gap** führt eine Abzweigung (etwa 50 km) zur abgelegenen **Mt. Hart Wilderness Lodge** (☎08-9191 4645; Stellplatz 18 AU$/Pers., Zi. inkl. Abendessen & Frühstück 200 AU$/Pers.; ⏲Trockenzeit) mit Grasstellplätzen, schönen Schluchten, Bade- und Angellöchern. Sieben Kilometer hinter der Abzweigung zum Mt. Hart erscheint die enge **Lennard River Gorge** (3 km langer Rückweg).

Bei Km 204 liegt der **March Fly Glen**, ein angenehm schattiger, von Schraubenbäumen gesäumter Picknickbereich. Man sollte nicht die eindrucksvolle **Bell Gorge** mit dem malerischen Wasserfall und einem beliebten Tauchbecken versäumen, die man nach 29 km auf einer holprigen, Straße bergab erreicht. Campen ist in **Silent Grove** (Erw./Kind 11/2 AU$) möglich. Tanken (nur Diesel) und ein Eis essen kann man im **Imintji Store** (☎08-9191 7471; ⏲Trockenzeit 7–16.30 Uhr, kürzer während der Regenzeit), der die letzte Gelegenheit ist, seine Vorräte aufzustocken. Nebenan befindet sich **Over the Range Repairs** (☎08-9191 7887; ⏲8–17 Uhr Trockenzeit), wo Neville den besten (und wohl auch den einzigen) Reparaturservice an der ganzen Gibb unterhält.

Das tolle **Mornington Wilderness Camp** (☎08-9191 7406; www.awc.org.au; Gebühr 25 AU$/Fahrzeug, Stellplatz Erw./Kind 17,50/8 AU$, Safarizelt inkl. VP EZ/DZ 315/540 AU$; ⏲Trockenzeit) ist Teil des Australian Wildlife Conservancy und liegt besonders abgeschieden am Fitzroy River. Ein holpriger, aber unglaublich malerischer und 95 km langer Weg südlich der Gibb führt ab der Markierung „Km 247" hierher. Fast 400 000 ha sind hier für den Schutz der gefährdeten Tierwelt von Kimberley reserviert; außerdem kann man bestens Kanu fahren, Vögel beobachten und Buschwanderungen unternehmen. Als Unterkünfte kann man zwischen schattigen Stellplätzen und geräumigen Zelten mit Veranden wählen. Bar und Restaurant bieten Picknickkörbe und die beste Käseplatte diesseits des Margaret River.

Knapp 4 km hinter derAusfahrt nach Mornington befindet sich der Eingang zur historischen **Charnley River Station** (☎ 08-9191 4646; www.charnleyriverstation.com; Stellplatz DZ 35 AU$, Rundhütte & Gästehaus inkl. VP EZ/DZ 230/310 AU$, Tagesbesuch 20 AU$) mit ihren verlockenden Schluchten. Zu den grasbewachsenen Stellplätzen gehören auch Warmwasserduschen. Man kann sich auch für Vollpension auf der Farm entscheiden. Es gibt auch Einzelgerichte sowie Gemüse aus eigenem Anbau.

Die schöne **Galvans Gorge** mit Wasserfall, Wasserbecken, Felskängurus und Wandjina-Kunst ist die am leichtesten zugängliche aller Schluchten, da sie weniger als 1 km von der Straße entfernt liegt. Tanken kann man beim **Mt. Barnett Roadhouse** (☎ 08-9191 7007; 8–17 Uhr) bei Km 300, und wer sich entscheidet, bei der **Manning River Gorge** (20 AU$/Pers.), 7 km hinter dem Roadhouse, zu übernachten, sollte sich hier auch den Campingausweis besorgen. Der Campingplatz ist oft voller Traveller, die darauf warten, tanken zu können. Hier gibt es ein schönes Wasserbecken und sogar Warmwasserduschen. Besser sind aber immer noch die kostenlosen Buschcampingplätze bei der **Barnett River Gorge**; vom Roadhouse aus fährt man 29 km und nimmt dann die sandige Straße, an der sie einige Kilometer weiter zu finden sind.

Weiter auf der Gibb (bei Km 338) erreicht man die Abzweigung zur **Mt. Elizabeth Station** (☎ 08-9191 4644; www.mountelizabethstation.com; Stellplatz 15 AU$/Pers, EZ/DZ inkl HP 170/340 AU$; Trockenzeit), eines der wenigen noch in Privathand verbliebenen Pachtgrundstücke in Kimberley. Peter Lacys 200 000 ha großer Landbesitz ist bestens geeignet als Ausgangsbasis zur Erkundung der nahen Schluchten, der Wasserfälle und der Zeugnisse von Aborigine-Kunst. Nicht versäumen sollte man außerdem eine Jeeptour (50 AU$). Wallabys huschen oft übers Camp und der Hit hier sind die köstlichen Drei-Gänge-Menüs zum Abendessen (45 AU$).

Bei Km 406 liegt die Abzweigung nach Kulumburu. Wer gleich auf der Gibb weiterfährt, erreicht die idyllische **Ellenbrae Station** (☎ 08-9161 4325; Stellplatz 15 AU$/Pers., Bungalow DZ 155 AU$), wo man Gebäck und ungewöhnliche Bungalows vorfindet. Im weiteren Verlauf führt die GRR durch spektakuläre Landschaften und überquert den mächtigen Durack River. Bei Km 579 bieten sich Panoramablicke auf die Cockburn Ranges, den Cambridge Gulf und den Pentecost River.

ABSTECHER

MITCHELL PLATEAU & DRYSDALE RIVER

In der Trockenzeit ist die Kalumburu Road normalerweise bis zu Km 59 der Gibb River Road (GRR) bei der **Drysdale River Station** (☎ 08-9161 4326; www.drysdaleriver.com.au; Stellplatz 10–15 AU$, DZ 150 AU$; ⏲ April–Dez. 8–17 Uhr) gut befahrbar, wo es Kraftstoff, Verpflegung und Unterkunft gibt und man sich über die weiteren Straßenverhältnisse informieren kann. Panoramaflüge zu den Mitchell Falls werden von April bis September (ab 400 AU$/Pers.) veranstaltet.

Die Abzweigung zum **Ngauwudu** (Mitchell Plateau) befindet sich bei Km 160 der GRR und schon nach 6 km geht es über eine tiefe, steinige und zu Beginn der Trockenzeit furchteinflößende Furt über den **King Edward River**. Zwei Kilometer weiter empfängt einen der angenehme, schattige **Munurru Campground** (Erw./Kind 7/2 AU$), in dessen Nähe es außergewöhnliche Felszeichnungen gibt. Viele Traveller ziehen es vor, hier zu campen, und die Mitchell Falls im Rahmen eines Tagesausflugs zu besuchen. Auf der holprigen Kalumburu Road geht es 87 km weiter, vorbei an Aussichtspunkten und Wäldern mit *Livistona*-Palmen, zum staubigen Campingplatz im **Mitchell River National Park** (Eintritt 11 AU$/Fahrzeug, Camping Erw./Kind 7/2 AU$).

Wenn man zu den **Mitchell Falls** (Punamii-unpuu) will, sollte man früh aufbrechen. Der leicht begehbare Weg (hin & zurück 8,6 km) windet sich durch Spinifexgräser, Wald, Schluchten, übersät mit Felskunst-Stätten der Wandjina and Gwion Gwion, vorbei an abgeschiedenen Wasserbecken, Eidechsen, Wallabys und Brolgakaninchen. Die Wasserfälle sind beeindruckend, und zwar sowohl in der Trockenzeit, wenn sie zu einem Rinnsal verkümmern, als auch in der Regenzeit mit ihrem tosenden Schauspiel (wenn sie nur aus der Luft besichtigt werden können). In dem langen Becken oberhalb der Wasserfälle darf man schwimmen, nicht aber in den unteren Becken, denn für die Wunambal sind sie von großer Bedeutung. Die meisten Traveller schaffen die Wanderung in drei Stunden.

ABSEITS DER ÜBLICHEN PFADE

KALUMBURU

Die Straße nach Kalumburu verschlechtert sich bald nach der Abzweigung zum Mitchell Plateau und wird schließlich sehr felsig. Um Kalumburu zu besuchen, braucht man eine Genehmigung des DAA (S. 1105) und bei der Ankunft einen Besucherpass (7 Tage gültig) von der **Kalumburu Aboriginal Community** (KAC; ☎ 08-9161 4300; www.kalumburu.org; 50 AU$/Auto). Kalumburu ist ein malerisch zwischen riesigen Mangobäumen und Kokospalmen gelegener Missionsort und hat zwei Läden sowie eine **Tankstelle** (⏲ Mo–Fr 7.30–11.30 & 13.30–16.30). Wessen Gefährt eine Reparatur braucht, sollte herumfragen. In der Nähe gibt es interessante Felsenkunst sowie das Wrack eines Bombers aus dem Zweiten Weltkrieg. Übernachten kann man in der **Kalumburu Mission** (☎ 08-9161 4333; kalumburumission@bigpond.com; Stellplatz 20 AU$/Pers., Donga-EZ/-DZ 120/175 AU$), die ein kleines **Museum** (Eintritt 10 AU$; ⏲ 8.30–10.30) hat. Mit einer Genehmigung des KAC darf man in der **Honeymoon Bay** (☎ 08-9161 4378) oder 20 km weiter auf dem Zeltplatz **McGowan Island** (☎ 08-9161 4748; www.mcgowanisland.com.au) entlang der Küste am Ende der Straße übernachten. In Kalumburu besteht Alkoholverbot.

Die Mühen der Gibb sind vergessen, sobald man die großartige **Home Valley Station** (☎ 08-9161 4322; www.homevalley.com.au; Stellplatz Erw./Kind 17/5 AU$, 4-Pers.-Ökozelt 190 AU$, DZ auf der Farm ab 250 AU$; ❄@📶🏊) betritt. Sie ist ein Aborigine-Ausbildungszentrum für das Gastgewerbe und bietet eine großartige Auswahl an Luxusunterkünften. Außerdem gibt es Grasstellplätze und Zimmer im Motelstil, ein fantastisches Freiluft-Bistro, es werden Autoreifen repariert und diverse Aktivitäten wie Ausritte, Angeln oder Eintreiben von Rindern organisiert.

Bei Km 589 überquert man den berüchtigten **Pentecost River**. Hier ist Vorsicht geboten: Der Wasserpegel ist unvorhersehbar und Süßwasserkrokodile tauchen hier auch mal auf. Etwas weiter folgt der 400 000 ha große **El Questro Wilderness Park** (☎ 08-9169 1777; www.elquestro.com.au; Genehmigung für 7 Tage 20 AU$; ⏲ Trockenzeit), eine riesige ehemalige Rinderfarm mit malerischen Schluchten (Amelia, El Questro) und den Zebedee-Thermalquellen (nur morgens). Auf Bootsfahrten erkundet man die **Chamberlain Gorge** (Erw./Kind 64/34 AU$; ⏲ 15 Uhr), man kann aber auch ein eigenes Boot mieten (70 AU$). Schattige Stellplätze und Bungalows mit Klimaanlage gibt es in der **El Questro Station Township** (Stellplatz 20–25 AU$/Pers, Bungalow DZ ab 329 AU$; ❄), außerdem eine Freiluftbar und ein renoviertes **Steakhouse** (Hauptgerichte 28–42 A$). Es gibt eine unendliche Vielfalt an Aktivitäten, aber für die meisten muss man separat bezahlen.

Ab hier ist die GRR asphaltiert. Nach 10 km kommt El Questros **Emma Gorge Resort** (Safari-Hütte DZ ab 289 AU$; ⏲ Trockenzeit; 🏊). Von hier aus gelangt man nach einer 40-minütigen Wanderung zu einem herrlichen Wasserbecken und einem der schönsten Wasserfälle in ganz Kimberley. Das Resort hat eine Freiluftbar und ein Restaurant, die Hütten ohne Klimaanlage sind aber recht stickig und überteuert.

Bei Km 630 wird der King River überquert und bei Km 647 stößt man endlich auf den Highway – nach links geht es nach Wyndham (48 km) und nach rechts nach Kununurra (53 km).

Devonian Reef National Parks

Die drei Nationalparks mit den drei atemberaubenden Schluchten waren im Devon vor 350 Mio. Jahren Teil einer Art westlichem Great Barrier Reef. Der Zugang zu den Nationalparks Windjana Gorge und Tunnel Creek erfolgt über die Fairfield Leopold Downs Road (die den Great Northern Highway mit der Gibb River Road verbindet), während der Geikie Gorge National Park gleich nordöstlich von Fitzroy Crossing liegt.

Die Wände der schönen **Windjana Gorge** (11 AU$/Auto) ragen 100 m über dem Lennard River auf, der zur Regenzeit anschwillt, in der Trockenzeit jedoch nur aus einer Reihe von Wasserbecken besteht. Entlang seiner Ufer tummeln sich scharenweise Süßwasserkrokodile. Wenn man vom **Campingplatz** (10 AU$/Pers.) die 7 km zurückwandern will, sollte man genug Wasser mitnehmen.

Und wer genug von der Sonne hat, findet Abkühlung am Grund des **Tunnel Creek** (11 AU$/Auto, Campen verboten), wo sich der unberechenbare Fluss Jandamarra versteckt, der sich über fast 1 km seinen Weg durch die Napier Range bahnt. In der Trockenzeit kann man ihn ganz durchlaufen, wobei man stellenweise durch knietiefes Wasser waten muss. Zugleich sollte man auf Fledermäuse achten und gute Schuhe sowie eine starke Taschenlampe mitführen. An beiden Enden gibt es Aborigine-Malereien; außerdem kann man eine **Wanderung** (☎ 08-9191 5355; www.bungoolee.com.au; 2 Std. Erw./Kind 50/20 AU$) buchen.

Ein Muss ist auch die großartige **Geikie Gorge** (⏲ April–Dez.); sie befindet sich 22 km nördlich von Fitzroy Crossing. Die Wanderpfade sind sandig und heiß, aber **DEC** (☎ 08-9191 5121; 1-stündige Tour Erw./Kind 30/7,50 AU$; ⏲ Bootsfahrten von Mai bis Okt. ab 8 Uhr) bietet täglich auch Bootsfahrten an. Im Rahmen der überaus informativen Bootstouren von **Darngku Heritage Tours** (☎ 0417 907 609; www.darngku.com.au; 2-stündige Bootstour Erw./Kind 65/55 AU$, 3-stündige Bootstour Erw./Kind 80/65 AU$, Halbtagestour Erw./Kind 160/128 AU$; ⏲ April–Dez.) führen lokale Guides vom Stamm der Bunuba in die Kultur der Aborigines und die Zubereitung von Buschnahrung ein. In der Übergangszeit (April & Okt.–Dez.) wird eine kürzere, einstündige Bootstour (Erw./Kind 30/5 AU$) organisiert.

Von Fitzroy Crossing nach Halls Creek

Angehörige der Stämme Gooniyandi, Bunuba, Walmatjarri und Wangkajungka leben in jener kleinen Siedlung, bei der der Great Northern Highway über den mächtigen Fitzroy River führt. Es ist ein geeigneter Ausgangspunkt für Ausflüge zu den Devonian Reef National Parks. Einen Besuch lohnt sowohl **Mangkaja Arts** (☎ 08-9191 5833; www.mangkaja.com; 8 Bell Rd, Fitzroy Crossing; ⏲ Mo–Fr 11–16 Uhr) mit einzigartigen Acrylgemälden als auch **Dr. Sawfish** (⏲ Mo–Fr 8.30–16.30Uhr, Sa & So kürzer), der sich neben einer Reifenwerkstatt befindet und exquisite Glas- und Keramikarbeiten ausstellt. Campingplätze und Zimmer gibt's im gemütlichen **Crossing Inn** (☎ 08-9191 5080; www.crossinginn.com.au; Skuthorpe Rd; Stellplatz ohne/mit Strom 26/30 AU$, Zi. ab 180 AU$; ❄ @) und jenseits des Flusses in der aufgehübschten **Fitzroy River Lodge** (☎ 08-9191 5141; www.fitzroyriverlodge.com.au; Great Northern Hwy; Stellplatz 15 AU$/Pers., Zelt DZ 155 AU$, Motel DZ 199 AU$, Mahlzeiten 20–34 AU$; ❄ @ 📶 ≋), die auch ordentliches Kneipenessen bietet. Es gibt einen neuen Supermarkt und das Visitor Centre (☎ 08-9191 5355; www.sdwk.wa.gov.au; ⏲ ganzjährig Mo–Fr 8.30–16.30 Uhr & zusätzl. während der Trockenzeit Sa 9–13 Uhr) sowie die Bushaltestelle befinden sich gleich neben dem Highway.

Eins der bestgehüteten Geheimnisse von Kimberley ist das riesige unterirdische Höhlenlabyrinth der **Mimbi Caves**, 90 km südöstlich von Fitzroy Crossing. Die Höhlen befinden sich mitten in der Mt. Pierre Station, auf dem Gebiet der Gooniyandi, und beherbergen eine bedeutende Ansammlung von Felsmalereien der Aborigines und einige der eindrucksvollsten Fischfossilien der südlichen Halbkugel. Das im Besitz der Aborigines befindliche Unternehmen **Girloorloo Tours** (Erw./Kind 80/40 AU$; ⏲ April–Sept. Di–Sa) bietet geführte Touren mit einer Einführung in lokale Dreaming-Geschichten, Buschnahrung und traditionelle Medizin an. Die Touren kann man in den Visitor Centres in Fitzroy Crossing oder Halls Creek buchen.

Die nahe **Larrawa Station** (☎ 08-9191 7025; Great Northern Hwy; Stellplatz 20 AU$, EZ mit/ohne Mahlzeiten 120/70 AU$), auf halber Strecke zwischen Fitzroy Crossing und Halls Creek gelegen, eignet sich als angenehmer Übernachtungsstopp, denn es gibt Warmwasserduschen, Stellplätze und Zimmer für Schafscherer. Nach weiteren 30 km in Richtung Halls Creek erreicht man die Siedlung **Yiyilli** mit der **Laarri Gallery** (☎ 08-9191 7195; yiyilischool@activ8.net.au; ⏲ Schultage 8–16 Uhr).

Am Rand des Great Sandy Desert gelegen, ist **Halls Creek** ein kleiner Ort, in dem Angehörige der Kija, Jaru und Gooniyandi leben. Das ausgezeichnete **Visitor Centre** (☎ 08-9168 6262; www.hallscreektourism.com.au; Great Northern Hwy; ⏲ 8–17 Uhr) kann Buchungen für geführte Touren zu den Bungles vornehmen und Tickets für die Mimbi Caves ausstellen. E-Mails kann man nebenan im **Community Resource Centre** (⏲ Mo–Fr 8.15–15.45 Uhr) checken. Jenseits des Highways lohnt es sich allemal, einen Blick in die **Yarliyil Gallery** (☎ 08-9168 6723; www.yarliyil.com.au; Great Northern Hwy; ⏲ Mo–Fr 9–16.30 Uhr) zu werfen.

Das **Kimberley Hotel** (☎ 08-9168 6101; www.kimberleyhotel.com.au; Roberta Ave; Zi. ab 172 AU$, Restaurant Hauptgerichte 16–42 AU$; ❄ 📶 ≋) ist die beste Wahl für ein Mittagessen. Ein Bett findet man hier ebenfalls – oder im **Best Western** (☎ 08-9168 9600; www.bestwestern.com.au; DZ 260 AU$; ❄ ≋). Es gibt zwar auch einen Campingplatz am Ort, aber es ist eigentlich besser, außerhalb zu übernachten.

Es gibt Flüge ab Fitzroy Crossing und Halls Creek nach Broome und die Greyhound-Busse fahren hier täglich durch.

Wyndham

900 EW.

Wyndham, das seine Entstehung dem längst verflogenen Goldrausch verdankt und heute ein schlichtes Dasein führt, liegt etwa 100 km nordwestlich von Kununurra, malerisch eingebettet zwischen schroffen Hügeln und dem Cambridge Gulf. Sonnenuntergänge kann man am spektakulären **Five Rivers Lookout** auf dem Mt. Bastion (325 m) genießen; er überragt den King River, den Pentecost River, den Durack River, den Forrest River und auch den Ord River, die allesamt in den Cambridge Gulf münden.

Ein riesiges, 20 m großes Krokodil begrüßt die Besucher beim Betreten der Stadt – echte Exemplare bekommt man zu Gesicht, wenn die **Wyndham Crocodile Farm** (☎08-9161 1124; Barytes Rd; ⏲Fütterungszeit 11 Uhr) geöffnet ist. Im Hafenbereich gibt's ein kleines **Museum** (☎08-9161 1857; Old Courthouse; ⏲Trockenzeit tgl. 10–15 Uhr) und das **Wyndham Town Hotel** (☎08-9161 1202; O'Donnell St; DZ 143 AU$, Mahlzeiten 18–38 AU$; ❄) mit seinen sagenhaften Speisen und den überteuerten Zimmern.

In der Stadt bekommt man im **Five Rivers Cafe** (☎08-9161 2271; 12 Great Northern Hwy; Mahlzeiten 6–16 AU$; ⏲Mo–Fr 6–15, Sa & So ab 7 Uhr) große Portionen von Kaffee, Frühstück und Barra-Burgern, während der etwas versteckte **Wyndham Caravan Park** (☎08-9161 1064; Baker St; Stellplatz ohne/mit Strom 25/30 AU$, Donga DZ 70 AU$; 🏊) schattige Stellplätze auf Rasenuntergrund bietet.

Greyhound-Busse setzen ihre Passagiere 56 km weiter, an der Victoria Highway Junction, ab. Internet gibt's im **Telecentre** (CRC; ☎08-9161 1166; www.wyndham.crc.net.au; 26 Koojarra Rd; ⏲Mo–Fr 8–16 Uhr). Mit einem der Postflüge, die dienstags und mittwochs verkehren, könnte man nach Kununurra gelangen. Ein Taxi ruft man unter ☎0408 898 638.

Kununurra

6000 EW.

Auf dem Land der Miriwoong gelegen, präsentiert sich Kununurra als eine entspannte Ortschaft inmitten einer Oase aus üppigem Farmland und tropischen Obst- und Sandelholzplantagen, die dem Bewässerungssystem des Ord River zu verdanken sind. Das gute Transport- und Kommunikationsnetz, die ausgezeichneten Serviceleistungen sowie die gut sortierten Supermärkte machen den Ort für Traveller zu einem willkommenen Stück Zivilisation zwischen Broome und Darwin.

Kununurra dient auch als Ausgangspunkt für die meisten geführten Touren ins östliche Kimberley, und aufgrund der vielen Plantagen gibt's jede Menge Saisonarbeit. Nicht vergessen: Hier ist man der Zeit im Northern Territory 90 Minuten voraus.

Sehenswertes & Aktivitäten

Auf der anderen Seite des Highways erstreckt sich die **Lily Creek Lagoon**, ein kleines Feuchtgebiet mit einer beeindruckenden Vogelwelt, Bootsfahrten und Süßwasserkroko-

ABSTECHER

PARRY LAGOONS NATURE RESERVE

Dieses reizvolle, auf der Ramsar-Liste aufgeführte Feuchtgebiet liegt 15 km von Wyndham entfernt. Zur Regenzeit sammeln sich hier scharenweise Zugvögel, einige davon kommen sogar aus dem fernen Sibirien. Beim **Marlgu Billabong** (nur mit dem Geländewagen zu erreichen) gibt es einen Beobachtungsstand und einen Plankenweg; außerdem genießt man vom **Telegraph Hill** aus tolle Ausblicke. Wieder zurück am Highway führen Treppen hinunter zum **Grotto**, einem tiefen, ruhigen Wasserbecken in einer kleinen Schlucht, das sich bestens für ein kurzes Bad eignet.

Inmitten eines Naturschutzgebiets gelegen, zieht die ruhige **Parry Creek Farm** (☎08-9161 1139; www.parrycreekfarm.com.au; Stellplatz ohne/mit Strom 34/37 AU$, Zi. 125 AU$, Hütte 210 AU$; ❄🏊) zahlreiche Tiere an. Es gibt Grasstellplätze und die bequemen Zimmer und Hütten mit Klimaanlage sind untereinander durch einen Steg verbunden, der über ein Wasserloch führt und zur Vogelbeobachtung einlädt. Das Café mit Schanklizenz serviert köstlichen gebackenen Barramundi, Pizza aus dem Holzofen und andere leckere Spezialitäten.

ABSEITS DER ÜBLICHEN PFADE

DUNCAN ROAD

Die Duncan Road, die sich von Halls Creek aus gen Osten dahinschlängelt, bevor sie schließlich nach Norden abbiegt und die Genze zum Northern Territory (NT) bildet, ist Kimberleys anderes großes Fahrerlebnis im Outback. Sie ist auf ihrer gesamten Länge (445 km) unbefestigt und wird im Vergleich zur Gibb River Road (GRR) nur von einem Bruchteil der Traveller besucht – aber jene, die die Entbehrungen in Kauf nehmen, werden mit einer überwältigenden Landschaft, großartigen Schluchten, friedlichen Wasserlöchern und atemberaubend einsamen Campingplätzen belohnt.

Technisch gesehen ist sie keineswegs anspruchsvoller als die Gibb; es gibt zwar etliche Creek- und Flussüberquerungen, aber diese haben Betonmarkierungen und es gibt keine Süßwasserkrokodile. Man fährt einfach eine Schleife, wenn man den Great Northern Highway hinunter Richtung Purnululu fährt und dann nach Kununurra und bzw. oder ins NT zurückkehren möchte. Entlang der gesamten Strecke der Duncan Road gibt es keine Versorgungsstationen, also sollte man unbedingt Reservekraftstoff für mindestens 500 km mitführen und sich vor den langen Lkw in Acht nehmen. Bei den Visitor Centres von Halls Creek oder Kununurra sollte man sich nach den Straßenverhältnissen erkundigen.

dilen. Der **Lake Kununurra** (Diversion Dam) verfügt über nette Picknickplätze und hervorragende Angelspots. Für Gruppen könnte es sich lohnen, ein eigenes Boot bei **Kununurra Self Drive Hire Boats** (☎0409 291 959; Lakeside Resort; ab 88 AU$/Std.) zu mieten.

Vom Lake Argyl aus kann man auf eigene Faust zwei- bis dreitägige Kanuausflüge auf dem malerischen **Ord River** nach Kununurra unternehmen und auf ausgewiesenen Campingplätzen am Ufer übernachten. Kanus, Campingausrüstung und Transport werden zur Verfügung gestellt, Verpflegung und Schlafsack muss man jedoch selbst mitbringen. Man kann den ganzen Rückweg paddeln, früher aussteigen, aber auch einen zusätzlichen Tag dranhängen.

Nicht versäumen sollte man das ausgezeichnete Kunstzentrum **Waringarri Aboriginal Arts** (☎08-9168 2212; www.waringarriarts.com.au; 16 Speargrass Rd; ⌚Mo–Fr 8.30–16.30, Sa 10–14 Uhr in der Trockenzeit, nur werktags in der Regenzeit) an der Speargrass Road, gegenüber der Straße nach **Kelly's Knob**, einem beliebten Aussichtspunkt bei Sonnenuntergang.

Mirima National Park NATIONALPARK
(11 AU$/Auto) Eine eindrucksvolle Gegend mit schroffen Sedimentformationen, die Mini-Bungle-Bungles ähnlich sind. Die verwitterten Schluchten des Hidden Valley sind die Heimat scharfkantiger roter Gipfel, von Spinifexgräsern, Affenbrotbäumen und einer vielfältigen Tierwelt. Mehrere Wanderwege führen zu Aussichtspunkten und Morgengrauen oder Abenddämmerung sind die beste Zeit, die Tiere zu beobachten.

Red Rock Art Gallery GALERIE
(☎08-9169 3000; 50 Coolibah Dr; ⌚Mo–Fr 10–16 Uhr) Mit etwas Glück kann man in dieser Galerie Aborigine-Künstler in Aktion sehen, die Ockerkunst aus dem östlichen Kimberley ausstellen.

Kununurra Historical Society Museum MUSEUM
(Coolibah Dr; Eintritt gegen Spende einer Goldmünze) Alte Fotografien und Zeitungsartikel illustrieren die Geschichte Kununurras, darunter auch die Story vom Absturz einer Wirraway während des Zweiten Weltkriegs und der anschließenden Rettungsmission. Das Museum befindet sich gegenüber vom Ausgang des Country Club.

Big Waters KANUFAHREN
(☎1800 650 580; www.bigwaters.com.au; 3 Tage 185 AU$) Bietet Kanuausflüge ohne Guide auf dem Ord River mit Übernachtung an.

Go Wild KANUFAHREN, ABENTEUERSPORT
(☎1300 663 369; www.gowild.com.au; 3-tägige Kanutouren 180 AU$) Kanufahrten ohne Guide auf dem Ord River, Höhlenklettern mit einer Gruppe (200 AU$), Abseiltouren (ab 150 AU$) oder Bushwalking (ab 40 AUS).

☞ Geführte Touren

Kununurra Cruises BOOTSFAHRT
(☎08-9168 1718; www.thebbqboat.com.au; Erw./Kind 95/45 AU$) Der Veranstalter organisiert beliebte BBQ-Dinner-Touren bei Sonnenuntergang in der Lily Creek Lagoon und auf dem Ord River. Getränke muss man allerdings selbst mitbringen!

NICHT VERSÄUMEN

PURNULULU NATIONAL PARK & BUNGLE BUNGLE RANGE

Der **Purnululu National Park** (11 AU$/Auto; ⏲April–Dez.) gehört zum Weltnaturerbe und erinnert an eine Reihe halb zerlaufener Jaffa-Torten. Dies liegt an den unglaublichen, ocker und schwarz gestreiften „Bienenkorbkuppeln" der Bungle Bungle Range.

Die abgerundeten Steintürme bestehen aus Sandstein und Kieseln, die der Regen über Jahrmillionen formte. Die Streifen stammen von oxidierten Eisenverbindungen und Algen. In der Sprache der einheimischen Kidja bedeutet *purnululu* Sandstein. Bungle Bungle geht eventuell auf den Begriff *bundle bundle* zurück, der eine Grassorte bezeichnet. Von den Weißen wurde die Bergkette erst Mitte der 1980er-Jahre „entdeckt".

Über 3000 km² uralten Landes bilden die Heimat für eine vielfältige Tierwelt, darunter allein mehr als 130 Vogelarten. Der **Kungkalahayi Lookout** bietet einen schönen Ausblick auf die Bergketten. Oben an den Felswänden der palmengesäumten **Echidna Chasm** (hin & zurück 1 Std.) im Norden kann man winzige Fledermäuse entdecken, aber noch beeindruckender ist das südliche Gebiet mit der treffend bezeichneten **Cathedral Gorge** (hin & zurück 45 Min.). Die abgelegene und ursprüngliche **Piccaninny Gorge** kann man am besten im Rahmen einer Wanderung mit Übernachtung (hin & zurück 30 km) erleben; Details dazu gibt's beim Visitor Centre des Parks. Die gesperrten Schluchten im Norden des Parks kann man nur aus der Luft bestaunen.

Park-Ranger sind hier von April bis Dezember zu finden; in den übrigen Monaten des Jahres ist der Park aber geschlossen. Die Abzweigung vom Highway befindet sich 53 km südlich von Warmun und für die Tour auf der kurvigen, unbefestigten Straße zum Visitor Centre (52 km) braucht man einen Geländewagen mit großer Bodenfreiheit. Man muss fünf tiefe Wasserläufe durchqueren, deshalb sollte man mit etwa 2½ Stunden Wegzeit rechnen. Die **Kurrajong Camp Site** (⏲Mai–Sept.) und die **Walardi Camp Site** (⏲April–Dez.) haben Frischwasser und Toiletten. Stellplätze (11 AU$/Pers.) bucht man online über den **DEC** (www.dec.wa.gov.au/campgrounds), und zwar am besten mindestens 48 Stunden im Voraus. Als Alternative bietet sich die **Mabel Downs Station** (Bungle Bungle Caravan Park; ☎08-9168 7220; www.bunglebunglecaravanpark.com.au; Zelt/Stellplatz mit Strom 30/45 AU$, Safarizelt mit/ohne Bad 225/120 AU$) an; sie liegt nur 1 km vom Highway (außerhalb des Parks) entfernt. In den Zelten sollte man nicht auf zu viel Privatsphäre hoffen: Sie sind eingequetscht zwischen Choppern und unglaublich langen Sattelzügen.

Geführte Touren

Die meisten Veranstalter in Kimberley nehmen Purnululu in mehrtägige Touren auf. Man kann die Touren auch in Warmun Roadhouse, Halls Creek und Mabel Downs beginnen. Hubschrauber bringen die Gäste näher ans Ziel als Flugzeuge.

East Kimberley (☎08-9168 2213; www.eastkimberleytours.com.au; Touren ab 180 AU$) Bietet eine ganze Reihe von Touren von Kununurra und von Warmun aus an.

Sling Air (☎1800 095 500; www.slingair.com.au; 18-/30-/48-minütige Flüge 225/299/495 AU$) Organisiert Helikopterflüge vom Behelfsflugplatz Bellburn in den Park sowie Flüge mit dem Flugzeug von Warmun und Kununurra aus.

Bungle Bungle Expeditions (☎08-9168 7220; www.bunglebungleexpeditions.com.au; Tag/mit Übernachtung 250/695 AU$, Hubschrauber ab 250 AU$) Verschiedene Touren mit Allradbussen und Hubschrauber starten vom Campingplatz Mabel Downs neben dem Highway.

Shoal Air PANORAMAFLUG
(☎08-9169 3554; www.shoalair.com.au; ab 295 AU$/Pers.) Flüge über die Bungles, den Cambridge Gulf, Kalumburu und die majestätischen Mitchell und die King George Falls.

Triple J Tours BOOTSFAHRT
(☎08-9168 2682; www.triplejtours.net.au; Erw./Kind einfache Strecke 165/125 AU$, hin & zurück 150/115 AU$) 55 km lange Touren auf dem Ord River zwischen Kununurra und Lake Argyle Dam.

Schlafen

Es gibt eine große Auswahl an Unterkünften, und je mehr sie kosten, desto größer sind die Preisnachlässe, die man während der Regenzeit bekommt. Wer nahe dem See campt, sollte sich vor Moskitos in Acht nehmen.

Hidden Valley Tourist Park CAMPING $
(☎08-9168 1790; www.hiddenvalleytouristpark.com; 110 Weaber Plains Rd; Stellplatz ohne/mit Strom 24/30 AU$, Hütten-DZ 125 AU$; @ 📶 🏊) Unterhalb der schroffen Felsen des Mirima National Park gelegen, bietet dieser wunderbare, kleine Platz nette grasbewachsene Stellplätze; außerdem ist er bei Saisonarbeitern beliebt. Die voll ausgestatteten Hütten haben ein gutes Preis-Leistungs-Verhältnis.

Kimberley Croc Backpackers HOSTEL $
(☎1300 136 702; www.kimberleycroc.com.au; 120 Konkerberry Dr; B 27–33 AU$, DZ 89–125 AU$; ❄ @ 📶 🏊) Diese schicke, moderne und gesellige Jugendherberge hat einen großen Pool, einen Grillbereich und eine bestens ausgestattete Küche. Die Verwalter betreiben auch die nahe **Kimberley Croc Lodge** (B 160 AU$/Woche) für Saisonarbeiter.

Freshwater APARTMENTS $$
(☎1300 729 267; www.freshwaterapartments.net.au; 19 Victoria Hwy; Wohnstudio/Apt. mit 1/2/3 Zi. 218/249/304/399 AU$; ❄ 📶 🏊) Die neuesten Quartiere von Kununurra sind exklusive, voll ausgestattete Wohneinheiten und haben ausgefallene Freiluftduschen.

Lakeview Apartments APARTMENTS $$
(☎08-9168 0000; www.lakeviewapartments.net; 31 Victoria Hwy; Apt. mit 1/2/3 Zi. 230/280/380 AU$; ❄ 📶 🏊) Die geräumigen Apartments liegen gegenüber der Lily Creek Lagoon und haben moderne Extras, voll ausgestatete Küchen und kostenloses Internet. Am Wochenende muss man mindestens zwei Nächte buchen.

Essen

Alle großen Resorts bieten eine gehobene Küche an. Es gibt zwei gut sortierte Supermärkte und mehrere Imbissstände. Während der Regenzeit haben die meisten Restaurants kürzere Öffnungszeiten und man hat Mühe, nach 14 Uhr irgendwo noch ein Mittagessen zu bekommen.

★ **Wild Mango** CAFÉ $
(☎08-9169 2810; 20 Messmate Way; Frühstück 9–23 AU$, Mittagessen 6–13 AU$; ⏲ Mo–Fr 7.30–16, Sa & So 8–13 Uhr; 📶 🌱) Hier gibt es das angesagteste und gesündeste Essen der Stadt, darunter auch Currywraps, köstliche Pfannkuchen, Chai-Smoothies, richtigen Kaffee und Eis. Obendrauf bekommt man kostenloses WLAN. Rein kommt man über den Konkerberry Drive.

Ivanhoe Cafe CAFÉ $$
(☎0427 692 775; Ivanhoe Rd; Hauptgerichte 11–20 AU$; ⏲ Di–Fr 8–16, Sa & So bis 14 Uhr; 🌱) Am besten setzt man sich an einen Tisch unter einem der Mangobäume und lässt es sich bei köstlichen Wraps, Salaten und Burgern so richtig schmecken. Die Gerichte werden allesamt aus frischen, lokalen Produkten zubereitet.

★ **PumpHouse** MODERN-AUSTRALISCH $$$
(☎08-9169 3222; www.ordpumphouse.com.au; Lakeview Dr; Mittagessen 18–30 AU$, Abendessen 33–42 AU$; ⏲ Mi–Fr 11.45–13.45 & 18 Uhr–open end, Sa & So ab 20 Uhr, Di nur abends; 📶) Das idyllisch am Lake Kununurra gelegene PumpHouse serviert köstliche Gerichte mit hochwertigen heimischen Zutaten. Und wenn einem mal ein Stückchen davon von der Veranda fällt, sind die gierigen Welse sofort zu Stelle. Es lohnt sich auch, hier bei einem Bier den Sonnenuntergang zu genießen. Außerdem kann man sich über eine vorzügliche Weinkarte und kostenloses Internet freuen.

ABSTECHER

LAKE ARGYLE

Der riesige Lake Argyle, wo die kahlen roten Felswände spektakulär ins tiefblaue Wasser des aufgestauten Ord River stürzen, ist Australiens zweitgrößtes Süßwasserreservoir. Er fasst 18-mal so viel Wasser wie der Hafen von Sydney Harbours und sichert Kununurra das ganze Jahr über eine ausreichende Bewässerung. Zugleich ist er ein wichtiger Lebensraum für Wasservögel, Süßwasserkrokodile und Beuteltierkolonien.

Man kann den Damm entlangfahren, eine **Bootsfahrt** (☎08-9168 7687; www.lakeargylecruises.com; Erw./Kind morgens 70/45 AU$, mittags 155/90 AU$, Sonnenuntergang 85/50 AU$) unternehmen oder einfach herumspazieren. Das **Lake Argyle Village** (☎08-9168 7777; www.lakeargyle.com; Lake Argyle Rd; Stellplatz ohne/mit Strom 28/35 AU$, Hütten 139–199 AU$, Wohneinheiten ab 299 AU$; ❄ @ 🏊) bietet etliche Unterkunftsmöglichkeiten und überwältigende Ausblicke, vor allem im **Infinity Pool**. Das nahe **Argyle Homestead** (☎08-9167 8088; Erw./Kind 4/1 AU$; ⏲ April–Okt. 8–16 Uhr) wurde in ein Museum umgewandelt.

Shoppen

Artlandish ABORIGINE-KUNST
(☎08-9168 1881; www.aboriginal-art-australia.com; Ecke Papuana St & Konkerberry Dr; ⏲ Mo–Fr 9–16.30, Sa bis 13 Uhr) Erstaunliche Sammlung von Acrylbildern mit dem Western Desert und Kimberley-Ocker in allen Preisklassen.

Kununurra Markets MARKT
(Whitegum Park; ⏲ Trockenzeit Sa 8–12Uhr) Im Park gegenüber dem Visitor Centre gelegen, bietet es lokal produziertes Kunsthandwerk.

Bush Camp Surplus OUTDOOR-AUSRÜSTUNG
(☎08-9168 1476; Ecke Papuana St & Konkerberry Dr) Die beste Auswahl an Campingausrüstung zwischen Broome und Darwin.

Praktische Informationen

Geldautomaten gibt es neben den Supermärkten und im **BP Roadhouse** (Messmate Way), wo auch ein rund um die Uhr geöffneter Waschsalon zu finden ist. Mehrere Cafés bieten kostenloses WLAN an; ansonsten kann man es auch in der **Bibliothek** (☎08-9169 1227; Mangaloo St; ⏲ Mo–Sa ab 8 Uhr) oder dem **CRC** (☎08-9169 1868; Coolibah Dr; 6 AU$/Std.; ⏲ Mo–Fr 8–17, Sa 9–13 Uhr; WLAN) versuchen.

DEC (www.dec.wa.gov.au; ☎08-9168 4200; Lot 248 Ivanhoe Rd; ⏲ Mo–Fr 8–16.30 Uhr) erteilt Infos und Genehmigungen für Parks.

Visitor Centre (☎1800 586 868; www.visitkununurra.com; Coolibah Dr; ⏲ April–Okt. Mo–Fr 8.30–16, Sa & So 9–13 Uhr, Nov.–März kürzere Öffnungszeiten) Es informiert über Übernachtungsmöglichkeiten, Touren, Saisonarbeit und Straßenverhältnisse.

Anreise & Unterwegs vor Ort

Greyhound-Busse fahren täglich nach Darwin (191 AU$, 13 Std.) und Broome (237 AU$, 13 Std.) und halten am BP Roadhouse. Zu den Zielen gehören Halls Creek (86 AU$, 4 Std.), Fitzroy Crossing (181 AU$, 7 Std.), Derby (212 AU$, 10 Std.) und Katherine (129 AU$, 8 Std.).

Die Autovermieter **Avis** (☎08-9168 1999), **Budget** (☎08-9168 2033) und **Thrifty** (☎1800 626 515) sind im Ort vertreten.

Airnorth fliegt täglich nach Broome und Darwin sowie samstags nach Perth. Virgin fliegt von Sonntag bis Freitag nach Perth, 3-mal wöchentlich nach Broome und montages nach Darwin.

Taxis kann man unter ☎13 10 08 rufen.

Die Tanami Road

Mit viel Sorgfalt und zusätzlichen Kraftstoffreserven können auch Fahrzeuge mit Zweiradantrieb diese trostlose, wellige, 1000 km lange Abkürzung nach Alice Springs schaffen. Und wer beim Anblick des Wolfe Creek ausflippt, sollte kehrtmachen – denn besser wird's auf keinen Fall. Auf S. 947 gibt's mehr Informationen dazu.

Wolfe Creek Meteorite Crater

Den Überlieferungen des Jaru-Volkes nach markiert der **Kandimalal**, wie der Krater traditionell genannt wird, jene Stelle, an der eine riesige Regenbogenschlange aus dem Boden aufstieg. Der Krater (800 m Durchmesser, 60 m tief) wirkt eindrucksvoll und ein bisschen schaurig. Man kann auch auf den Grund hinabsteigen. **Stellplätze** (7 AU$/Pers.) und Toiletten sind hier vorhanden, aber kein Wasser. Es sind von hier aus noch 137 km südwärts auf der Tanami, wobei die letzten 23 km recht beschwerlich sind. **Northwest Regional Airlines** (☎08-9168 5211; www.northwestregional.com.au) bietet 70-minütige Panoramaflüge von Halls Creek aus (270 AU$/Pers., mind. 2 Pers.).

Australien verstehen

Australien aktuell

Australiens Identität wurde durch einen jahrtausendelangen Überlebenskampf und Isolation geprägt. Seit sich das Land vor über 45 Mio. Jahren von Antarktika löste, wurde die raue, aber wunderschöne Landschaft immer wieder von verheerenden Bränden, extremen Dürren und gewaltigen Überflutungen heimgesucht. Widerstandsfähigkeit charakterisiert die Australier, doch sie verbergen sie hinter rauem Witz und freundlicher Ungezwungenheit. In den letzten Jahren hat sich auch die australische Wirtschaft als robust erwiesen und dank eines Bergbau-Booms die Weltfinanzkrise gut überstanden.

Beste Filme

Lantana (Regie: Ray Lawrence; 2001) Ein Krimi für Anspruchsvolle: eine Meditation über Liebe, Wahrheit und Trauer.

Gallipoli (Regie: Peter Weir; 1981) Nationale Identität im Ersten Weltkrieg.

Mad Max (Regie: George Miller; 1979) Mel Gibson ist ganz schön sauer.

Two Hands (Regie: Gregor Jordan; 1999) Ein Film mit schwarzem Humor über Sydneys Unterwelt.

10 Kanus (Regie: Rolf de Heer und Peter Djigirr; 2006) Erster australischer Film, der ausschließlich in einer Aborigine-Sprache gedreht wurde.

Beste Bücher

Der singende Baum (Tim Winton; 2002) Packender Roman aus Western Australia.

Oscar & Lucinda (Peter Carey; 1988) Mit dem Man Booker Prize ausgezeichneter Roman über die Umsetzung einer aus Glas gebauten Kirche.

Montebello (Robert Drewe; 2012) Teils Autobiografie, teils Exposé der britischen Nukleartests in Western Australia.

Der verborgene Fluss (Kate Grenville; 2005) Roman über das Leben der Sträflinge rund um Sydney im 19. Jh.

Tod auf dem Fluss (Richard Flanagan; 1997) Letzte Gedanken eines Ertrinkenden in Tasmanien.

Stadtgespräch

Überall im Land sprechen die Menschen vom Wetter, das in den letzten Jahren offenbar verrücktspielt. Australien war schon immer ein Land der klimatischen Extreme, aber eine Vielzahl an jüngsten Ereignissen hat da noch einen drauf gesetzt. Ein Jahrzehnt der Dürre – das seinen schockierenden Höhepunkt 2009 mit den Buschfeuern in Victoria am „Black Saturday" erreichte – endete 2010 mit gewaltigen Überschwemmungen im Osten Australiens. 2011 setzten sich die Überschwemmungen fort, und zudem richtete in Queensland der tropische Zyklon Yasi gewaltige Schäden an. Der tropische Wirbelsturm (Kategorie Fünf) hatte die gleiche Stärke wie der Hurrikan Katrina, der 2005 in New Orleans schwere Verwüstungen anrichtete. Im Jahr 2013 wurde der Südosten Queenslands wiederum überflutet, diesmal vom tropischen Zyklon Oswald, der in Bundaberg und Teilen von Brisbane die Flüsse über die Ufer treten ließ. Zur gleichen Zeit wüteten Buschbrände in Tasmanien, während Teile von Western Australia (WA) unter Dürre litten – und Ende des Jahres brannte es rund um Sydney. Da ist es kein Wunder, wenn sich die Leute ratlos am Kopf kratzen.

Auch die politische Landschaft heizte sich im Vorfeld der australischen Parlamentswahl im September 2013 auf. Inzwischen haben die Wähler die bisherige Regierung der linksgerichteten Labor Party in die Opposition verabschiedet und sich für einen neuen Start mit einer rechtsgerichteten Koalition aus Liberal und National Party entschieden. Zuvor hatte die Labor-Premierministerin Julia Gillard im Juni 2013 bei internen Fraktionskämpfen ihr Amt an Kevin Rudd verloren, den sie selbst im Jahr 2010 aus dem Amt gejagt hatte. Doch Rudd gelang es nicht, die Stimmung im Land wieder in Richtung Labor zu drehen, sodass nun der Konservative Tony Abbott in den nächsten Jahren die Geschicke des Landes lenken wird.

Die einzelnen Staaten & Territorien

Natürlich stehen in jedem Bundesstaat regionale Themen im Vordergrund. In New South Wales (NSW) sorgen die schwache Wirtschaft, der schlechte Zustand des Transportwesens und der allgemeinen Infrastruktur für Ungemach. Die Labor-Regierung, die seit 1995 im Bundesstaat regierte, wurde 2011 aus dem Amt gejagt. Aber geht es dem Land unter dem rechtsgerichteten Liberalen Barry O'Farrell wirklich besser? Zwar wird das Ende der kitschigen, aber liebenswerten Darling Harbour Monorail (2013) betrauert, aber davon abgesehen ist die Stimmung in den Straßen gelassen. Ansonsten hängen die Einwohner Sydneys den guten alten Tagen nach, an denen sie ihre Hauptleidenschaft – das Verlangen nach Immobilien – voll ausleben konnten.

Queensland trocknet immer noch seine Schwingen, nachdem die Überschwemmungen von 2013 Flughäfen zur Schließung zwangen und viele Einwohner zur Verzweiflung trieben, die gerade erst ihre Häuser nach der Katastrophe von 2011 wiederaufgebaut hatten. Der neue konservative Premier Campbell Newman, dessen Beliebtheit bereits zurückgeht, hat alle Hände voll zu tun. Seine Pläne, das Wahlrecht in Queensland zu ändern, und seine Entscheidung, in dem Bundesstaat keine Sommerzeit einzuführen, sorgten landesweit für Irritation. Unterdessen kommen Brisbane und die Gold Coast weiterhin gut voran.

In Victoria stürzte 2013 der konservative Premier Ted Ballieu nach längeren Querelen über mangelnde Führungskraft und Streitigkeiten über seinen angriffslustigen Stil. Der neue Premierminister Denis Napthine kennt das Geschäft schon lange – er war bereits im Jahr 2002 der Führer der konservativen Opposition. Heißt es in Victoria also zurück in die Zukunft? Den Saisonbeginn der Australian Football League (AFL) überschatteten 2013 Doping-Anschuldigungen gegen Spieler.

In Tasmanien liegen sich Umweltschutzorganisationen und die staatlichen Behörden für Forstwirtschaft und Wasserkraftwerke schon seit Jahrzehnten in den Haaren. Bäume oder Arbeitsplätze? Oder kann man nicht auch beides haben? 2010 schlossen das Holzunternehmen Gunns und Naturschutzorganisationen ein Friedensabkommen, das ein Moratorium in den tasmanischen Urwäldern vorsah. Doch 2012 scheiterte das Abkommen und Gunns meldete Insolvenz an. So ist abgesehen von den immer wieder auftretenden Buschfeuern die weitere Zukunft der tasmanischen Wälder ungewiss, und die Wirtschaft des Bundesstaats schwächelt nach wie vor.

In South Australia (SA) – Australiens trockenstem Bundesstaat – sind die Seen an der Mündung des Murray durch die gewaltigen Regenfälle weiter nördlich zu neuem Leben erwacht. Der Murray liefert einen Großteil des Trinkwassers für Adelaide: Die Regierung des Bundesstaats denkt offenbar, dass

BEVÖLKERUNG: **23 MIO.**

FLÄCHE: **7 692 024 KM²**

BIP: **1,57 BILLIONEN US$**

BIP-WACHSTUMSRATE: **3,3%**

INFLATION: **2,1%**

ARBEITSLOSENQUOTE: **5,2%**

Gäbe es nur 100 Australier, würden ...

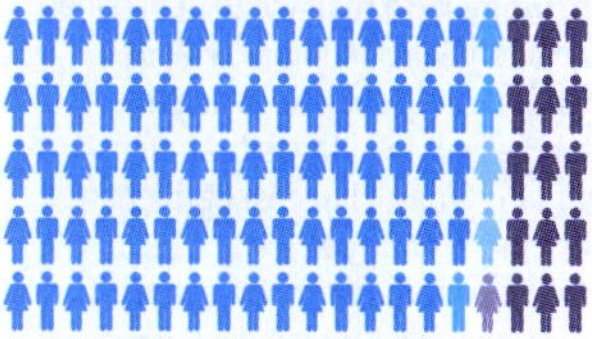

79 zu Hause Englisch sprechen
3 zu Hause Chinesisch sprechen
2 zu Hause Italienisch sprechen
1 zu Hause Vietnamesisch sprechen
15 zu Hause andere Sprachen sprechen

Religion

(% der Bevölkerung)

Einwohner pro km²

Aufstrebende Aussie-Bands

The Rubens Bluesig, lyrisch und unglaublich eingängig: mit *Lay It Down* kam der Durchbruch.
Boy & Bear Brillante Folkrock-Balladen aus Sydney.
San Cisco Sonniger Indie-Pop aus Fremantle, Western Australia.
Tame Impala Abwechselnd heftig und schräg (und in den besten Stücken beides).
Wolf & Cub Noch eine tolle Band aus Adelaide.

Verhaltensregeln

Begrüßung Wird man vorgestellt, sind (bei beiden Geschlechtern) Händeschütteln, ein Lächeln und Augenkontakt angesagt. In Alltagssituationen sagt man „G'day", bei geschäftlichen Anlässen „Hello" oder „Hi".
Mate! So nennt jedermann einen hier, gleichgültig ob man die Person überhaupt kennt oder nicht.
BBQs Bier, Wein oder Würstchen (in Aussie-Englisch *snags*) mitbringen, kommt gut an.
Ausgehen Wer mit einer Gruppe unterwegs ist, gibt (*shout*) im Pub eine Runde aus.

Aussie-Englisch

bludger Faulpelz
bogan Aussie-Proll
crack the shits wütend werden
crook krank oder schlecht
dead set stimmt genau
flat out total beschäftigt oder schnell
hard yakka harte Arbeit
shoot through abhauen
take the piss humorvolle Täuschung

der Wasserzustrom in Zukunft anhalten wird, denn sie ließ eine 1,8 Mrd. teure Meerwasserentsalzungsanlage, die 50 % des Wasserbedarfs von Adelaide decken sollte, einfach einmotten, weil man die Wasserversorgung der Stadt vorerst für gesichert hält.

Im Northern Territory (NT) lebt die indigene Bevölkerung weiterhin in furchtbaren Verhältnissen. Die Raten von Drogenmissbrauch, häuslicher Gewalt, Suizid und Kindersterblichkeit sind in den indigenen Gemeinden nach wie vor beträchtlich höher als überall sonst. Die Lebenserwartung der hiesigen Indigenen liegt um rund 10 Jahre niedriger als die der nicht-indigenen Australier. Beflügelt von den Dollars aus dem Export von Erdgas blüht Darwin auf und neue Hochhäuser entstehen. Trotz seiner munteren Kunstszene wirkt Alice Springs etwas heruntergekommen; in der Todd St stehen viele Läden leer.

Western Australia ist ein Phänomen: Zwar wird der Bundesstaat immer noch von Dürren geplagt, aber dank seiner reichen Bodenschätze boomt die regionale Wirtschaft und sorgt für einen landesweiten Auftrieb. Das durchschnittliche Familieneinkommen liegt hier höher als im gesamten Osten – um einen ganzen Kasten Bier pro Woche! Das Lebensgefühl zeigt sich in riesigen Eigenheimen, glänzenden Booten, die im Vorgarten abgestellt werden und selbstbewusst auftretenden Einwohnern.

Stadtleben

Australien ist ein urbanisiertes Land: rund 90 % der Australier leben in größeren und kleineren Städten. Die Städte wachsen ständig, verändern sich, erfinden sich neu und nehmen Einflüsse aus allen Ecken der Welt auf. Das Gefühl, das Eigene sei dem Fremden unterlegen, jener typische kulturelle Minderwertigkeitskomplex, ist heute weniger ausgeprägt als noch vor 30 Jahren. Trotz der enttäuschenden Vorstellung bei den Olympischen Spielen in London 2012 erlebt der Nationalstolz einen Aufschwung, der sich in der Kunst- und Restaurantszene der Städte zeigt. Diese präsentieren sich nach wie vor multikulturell, aber ganz unterschiedlich: Sydney sinnlich, Melbourne glamourös, Brisbane verspielt, Adelaide elegant und Perth freigeistig. Nicht vergessen darf man auch das intellektuelle Hobart, das hedonistische Darwin und das auf seine Museen stolze Canberra.

Geschichte

Dr. Michael Cathcart

Australien ist ein uralter Kontinent. Manche Felsen entstanden vor dem Archaikum, also vor 3,8 Mrd. Jahren; die Aborigines siedelten sich hier vor über 50 000 Jahren an. Angesichts dieser Dimensionen scheint dieser Blick auf die Geschichte etwas kurz gegriffen, jedoch nicht minder interessant.

Die Besiedlung der Küste mit Sträflingskolonien, die Erschließung des Landesinneren, die Goldrauschzeiten und die Unabhängigkeit von Großbritannien waren wichtige Etappen in der Entwicklung Australiens. Das 20. Jh. prägten Kriege in Europa und im Pazifik, die Große Depression sowie die Entwicklung der Städte, der Industrie und Kultur. Vor allem in dieser Zeit veränderte das moderne Australien die ursprüngliche Landschaft und das Leben der Ureinwohner grundlegend.

Dr. Michael Cathcart unterrichtet Geschichte am Australian Centre der University of Melbourne. Außerdem ist er als Moderator von ABC Radio National bekannt und hat Geschichtssendungen auf ABC TV präsentiert.

Eindringlinge

Bei Sonnenaufgang legte sich der Sturm. Zachary Hicks hielt gerade Wache auf dem britischen Schiff *Endeavour*, als er plötzlich stutzte. Er rief seinen Kommandanten James Cook – vor ihnen lag ein unbekanntes Land mit bewaldeten Hügeln und sanften Tälern. Es war der 19. April 1770. In den folgenden Tagen zeichnete Cook als erster Europäer eine Landkarte von der Ostküste Australiens. Für die Aborigines war damit das Ende ihrer Unabhängigkeit besiegelt.

Als Cook mit ein paar Männern an Land ging, wurden sie von zwei Aborigines mit Speeren bedroht. Cook antwortete mit Musketenschüssen. Die Aborigines und die Eindringlinge beäugten sich misstrauisch.

Cooks Schiff, die *Endeavour*, war als Außenstelle der Royal Society unterwegs, der führenden wissenschaftlichen Organisation in London. Zu den Passagieren gehörten Ingenieure, Naturwissenschaftler, ein Astronom und ein Botaniker namens Joseph Banks. Mit seinen Kollegen streifte Banks durch das Territorium der Ureinwohner – sie waren begeistert von der Vielzahl unbekannter Pflanzen.

Bei den Ureinwohnern hieß der Ort Kurnell, Cook aber nannte ihn „Botany Bay". Die Ostküste ist heute gespickt mit Ortsnamen, die von

ZEITLEISTE

vor 45 Mio. Jahren

Viele Jahrmillionen nach der Abtrennung Australiens vom prähistorischen Gondwana löst es sich vor rund 45 Mio. Jahren auch von Antarktika und bewegt sich nordwärts.

vor 50 000 Jahren

Die ersten Spuren von Aborigines auf dem Kontinent. Sie trafen auf riesige Beuteltiere, darunter Wombats von Nashorngröße, üppige Wälder und Seen mit artenreichem Leben.

1616

Die Niederländer nutzen auf ihrer Handelsroute über den Indischen Ozean nach Indonesien die „Roaring Forties"-Winde, die auch Kapitän Dirk Hartog an die Westküste Australiens bringen.

Cook stammen: Point Hicks, Hervey Bay (nach einem englischen Admiral), Endeavour River und Point Solander (nach einem Wissenschaftler dieser Expedition).

Als die *Endeavour* die Nordspitze von Cape York erreichte, war nach Westen nur noch das Meer zu sehen, und Cook und seine Leute hatten den Seeweg in die Heimat vor Augen. Auf einer kleinen Insel („Possession Island") hisste Cook den Union Jack. Feierlich und mit Kanonendonner nahm er die Osthälfte des Kontinents für König Georg III. in Besitz.

Cook hatte nicht die Absicht, den Ureinwohnern das Land einfach wegzunehmen. Die Vorstellung, die er von ihnen hatte, war ziemlich verklärt: „Sie sind viel glücklicher als wir Europäer", schrieb er. „Sie meinen, alles Lebensnotwendige zu besitzen und haben nichts Überflüssiges." Mit der patriotischen Zeremonie wollte er allenfalls den territorialen Ambitionen der Franzosen und Niederländer Grenzen setzen: Sie hatten in den zwei Jahrhunderten zuvor große Teile der West- und Südküste bereist und kartiert. Die Westhälfte Australiens war Cook sogar unter dem Namen „Neuholland" bekannt.

Mitglieder der tasmanischen Aborigine-Gruppe der Palawa versuchen, anhand der spärlichen Aufzeichnungen über die Sprachen der tasmanischen Ureinwohner – die letzte Muttersprachlerin einer solchen Sprache starb 1905 – eine typische tasmanische Sprache zu rekonstruieren, die sie *palawa kani* nennen.

Die Sträflingskolonie

1788, 18 Jahre nach Cooks Erkundungsfahrt, kehrten die Engländer zurück. Sie kamen mit einer Flotte von elf Schiffen, die beladen waren mit Vorräten, Waffen, Werkzeug, Baumaterial und Vieh. An Bord befanden sich 751 Sträflinge, 250 Soldaten, Beamte und deren Ehefrauen. Diese bunt gemischte „First Fleet" stand unter dem Kommando des gewissenhaften Marinekapitäns Arthur Phillip. Befehlsgemäß ankerte er in der Botany Bay. Doch das Paradies, das Joseph Banks einst so begeistert hatte, fand Phillip eher frustrierend. Die Gegend war sumpfig, Trinkwasser gab es kaum und der Ankerplatz war Wind und Sturm ausgesetzt. Phillip verließ das Schiff und machte sich im Beiboot auf die Suche nach einer besseren Anlegestelle. Ein Stück weiter nördlich fand er, was er suchte. Er segelte geradewegs in eine kleine Bucht, die einen natürlichen Hafen bildete. Dieses idyllische Gebiet gehörte den Eora. Hier gründete Phillip eine britische Sträflingskolonie und benannte den Ort nach dem britischen Innenminister Lord Sydney.

Die Fremden rodeten, bauten Häuser und bestellten Felder. Phillip hatte die Anweisung, den Ureinwohnern friedlich zu begegnen, doch diese kamen über den Verlust ihres Landes nicht hinweg. Viele starben an Pocken, andere gingen am Alkohol und an der Verzweiflung zugrunde.

Eine zweite Sträflingskolonie errichteten englische Offiziere 1803 in „Van Diemen's Land" (heute Tasmanien). Schnell füllten Wiederholungstäter das üble Gefängnis von Port Arthur an der herrlichen, wilden Küste bei Hobart. In dieser Zeit litten andere Sträflinge Qualen im Gefängnis auf der abgelegenen Pazifikinsel Norfolk Island.

David Unaipon (Ngarrindjeri; 1872–1967), der „australische Leonardo da Vinci", war Anwalt für die Rechte der Aborigines, Schriftsteller und Erfinder. Er meldete 19 provisorische Patente an – seine Entwürfe für einen vom Bumerang inspirierten Hubschrauber entstanden noch vor dem Ersten Weltkrieg. Sein Antlitz schmückt die australische 50-Dollar-Note.

1770

Captain James Cook kartografiert als erster Europäer die Ostküste, sein „New South Wales". Überzeugt, in der „Botany Bay" den idealen Siedlungsort gefunden zu haben, kehrt er nach England zurück.

ANDREW HOLT / GETTY IMAGES ©

➡ Captain Cook, Sydney

1788

Die First Fleet bringt britische Gefangene und Offizielle ins Land des Eora-Volks, in dem Gouverneur Arthur Phillip eine Sträflingssiedlung gründet. Er nennt sie Sydney.

1789

Eine Pockenepidemie sucht die Aborigine-Völker rund um Sydney heim. Britische Offiziere berichten, dass die Leichen der Ureinwohner in den Hafenbuchten verwesen.

Die Zeit Australiens als Sträflingskolonie war derart grauenvoll, dass die Australier sie lange als Ära der Schande empfunden haben. Heute ist das anders: Die meisten weißen Australier sind sogar etwas stolz, wenn sie im Stammbaum ihrer Familie einen Sträfling von damals entdecken. Und jedes Jahr feiern Australier die Ankunft der First Fleet in Sydney Cove am 26. Januar 1788 als „Australia Day". Es ist keine Überraschung, dass die Ureinwohner diesen Tag als „Invasion Day" bezeichnen.

Aus den Fesseln in die Freiheit

Anfangs waren Sydney und die kleineren Siedlungen auf Schiffe angewiesen, die sie mit Nachschub aus der Alten Welt versorgten. Um eine leistungsfähige Landwirtschaft aufzubauen, teilte die Regierung Soldaten, Beamten und freigelassenen Sträflingen Land zu. Es vergingen 30 Jahre voller Anstrengungen und Fehlschläge – dann warfen die Farmen endlich Erträge ab. Einer der skrupellosesten unter den frischgebackenen Grundbesitzern war John Macarthur. Gemeinsam mit seiner Ehefrau Elizabeth leistete er auf seinem Weideland bei Sydney Pionierarbeit: Er züchtete Merinoschafe.

Macarthur war außerdem führendes Mitglied des Rum Corps. Diese Clique mächtiger Offiziere schikanierte den jeweils amtierenden Gouverneur (darunter William Bligh, den berühmt-berüchtigten Kapitän der Bounty). Eine goldene Nase verdienten sie sich dadurch, dass sie den Handel in Sydney kontrollierten, vor allem die Geschäfte mit Rum. Erst 1810 machte ein neuer Gouverneur – Lachlan Macquarie – den Machenschaften des Corps ein Ende. Macquarie war es auch, der die Hauptstra-

Historische Straflager

Port Arthur, Tasmanien

Parramatta, Sydney

Rottnest Island, Western Australia

Hyde Park Barracks, Sydney

BENNELONG

Bennelong war einer der Ureinwohner, die Gouverneur Phillip als Mittelmänner einsetzte. Der einflussreiche Eora hatte sich viel von den Gebräuchen und Umgangsformen der Weißen abgeguckt. Nach seiner Gefangennahme lernte Bennelong, Englisch zu sprechen und zu schreiben, und diente sowohl in Australien als auch auf einer Reise nach Großbritannien 1792 als Vermittler zwischen seinem Volk und den Briten. Ein Brief, den er 1796 Mr. und Mrs. Phillips schrieb, ist der erste bekannte, von einem Aborigine auf Englisch verfasste Text.

Nach seiner Rückkehr nach Sydney lebte Bennelong viele Jahre lang in einer für ihn gebauten Hütte auf einem Stückchen Land, das heute als Bennelong Point bekannt und Standort des Sydney Opera House ist. Er war Anführer eines hundertköpfigen Stammes und später als Berater von Gouverneur Hunter tätig. Er wurde als mutig, intelligent, beherzt, humorvoll und kinderlieb beschrieben, in seinen späteren Jahren hatte jedoch Alkohol negative Auswirkungen auf seinen Charakter und seine Gesundheit. Er wurde 1813 im Obstgarten seines Freundes James Squire, einem Bierbrauer, beerdigt.

1804

In Van Diemen's Land (dem heutigen Tasmanien) verlegt David Collins die neue Sträflingskolonie von Risdon Cove an jene Stelle, an der heute Hobart liegt.

1820er-Jahre

In Van Diemen's Land kämpfen Aborigines und Siedler in den Black Wars gegeneinander. Der blutige Konflikt löscht die Aborigine-Bevölkerung fast aus, nur wenige überleben.

1829

Ein von Captain James Stirling geführtes Unternehmen gründet die Siedlung Perth an Australiens Westküste. Das Umland ist trocken, und die Entwicklung der Kolonie kommt nur schleppend voran.

1835

John Batman segelt von Van Diemen's Land nach Port Phillip, wo er ein Landabkommen mit den Ältesten des Kulin-Volkes erzielt. Die Siedlung Melbourne entsteht noch im selben Jahr.

ßen des heutigen Sydney anlegte, herrliche öffentliche Bauwerke errichten ließ (viele entworfen vom talentierten Architekten und ehemaligen Sträfling Francis Greenway) und dazu beitrug, die Basis für eine geordnetere Zivilgesellschaft zu schaffen.

Inzwischen drang nach England die Nachricht vor, Australien biete Land günstig an und habe viele Arbeitsplätze, woraufhin sich Abenteurer aufmachten, um am anderen Ende der Welt ihr Glück zu versuchen. Der britische Staat verschiffte weiterhin Sträflinge nach Australien.

1825 gründeten Soldaten und Sträflinge eine Strafkolonie auf Yuggera-Territorium in der Nähe der heutigen Stadt Brisbane. Bald danach zog diese warme, fruchtbare Region auch freie Siedler an, die mit Ackerbau, Viehzucht, Holzwirtschaft und Bergbau Geld verdienten.

Die Website www.portarthur.org.au ist eine prima Einführung für Besucher dieses geschichtsträchtigen Orts, wo sich von den 1830er-Jahren bis zu dem schrecklichen Amoklauf von 1996 immer wieder Tragödien abspielten.

Zwei neue Siedlungen: Melbourne & Adelaide

Auch im kühleren Grasland Tasmaniens florierte die Schafzucht; bald suchten die Bauern neues Land. Im Jahr 1820 zettelten sie einen blutigen Kampf gegen die Ureinwohner der Insel an und löschten diese fast völlig aus. Fortan hungerten die Siedler nach mehr Land. 1835 segelte John Batman, ein ehrgeiziger junger Mann, nach Port Phillip Bay. Am Ufer des Flusses Yarra bestimmte er den Ort, an dem später Melbourne entstehen sollte, und sprach dort den legendären Satz: „Das ist der Platz für ein Dorf." Batman gelang es, die Ureinwohner zu überreden, ihr traditionelles Gebiet von 250 000 ha für eine Kiste Decken, Messer und Krimskrams zu „verkaufen".

Zur selben Zeit legte eine private britische Gesellschaft den Grundstein für Adelaide in South Australia (SA). Stolz, mit Sträflingen nichts zu tun zu haben, verkaufte die Gesellschaft Land an Siedler. Mit den Einnahmen sollten arme britische Arbeiter bei der Auswanderung unterstützt werden. Sobald diese genug Geld verdient hätten, um Land zu kaufen, sollte aus dem Erlös weiteren Arbeitern die Überfahrt finanziert werden. Das blieb jedoch Theorie; die South Australian Company ging bankrott und kam 1842 unter staatliche Verwaltung. Mittlerweile hatten Bergleute in Burra, Kapunda und Mt. Lofty Range große Silber-, Blei- und Kupfervorkommen entdeckt. Allmählich warf die neue Siedlung Gewinne ab.

J.C. Beaglehole schrieb die brillante Biografie *The Life of Captain James Cook* (1974) und gab auch die Tagebücher des Entdeckers heraus. Auch online ist einiges über Cook zu erfahren, u.a. im Wikipedia-Artikel.

Weitere Landnahme

Immer weiter drangen die Siedler (man nannte sie *squatters*) in das Land der Aborigines vor. Sie besetzten die Gebiete der Ureinwohner und verteidigten ihr neues Land oft mit Waffengewalt. Die Behörden, um Ruhe und Ordnung bemüht, erlaubten den *squatters* seit den 1830er-Jahren, gegen

1836

Colonel William Light wählt eine Stelle am Ufer des River Torrens auf dem Land der Kaurna für die Siedlung Adelaide aus. Anders als in Sydney sind alle Siedler freie, optimistische Auswanderer.

1851

Goldsucher werden im Zentrum Victorias fündig und lösen einen Goldrausch aus, der Siedler aus aller Welt anlockt. In dieser Zeit wird der Gouverneur in den Ostkolonien durch eine demokratische Regierung ersetzt.

1854

Die Bergleute im Lager Eureka Stockade bei Ballarat protestieren gegen die teuren Goldgräberlizenzen. Es gibt Tote und Anklagen wegen Verrats. Die Öffentlichkeit ist auf der Seite der Aufständischen.

1861

Die Forscher Burke und Wills durchqueren Australien als erste Europäer von Süden nach Norden. Die Expedition endet als Katastrophe, die viele Menschenleben fordert, auch die der Forscher.

Zahlung einer Pacht auf dem *Crown Land* zu bleiben. Die Aborigines erlebten, wie weiße Männer als Vergeltung für getötete Schafe oder Siedler die Ureinwohner regelrecht niedermetzelten. Die Anführer ihres Widerstands wurden im ganzen Land zu Legenden: Yagan vom Swan River, Pemulwuy aus Sydney und Jandamarra, der Outlaw-Held von Kimberley.

Doch mit der Zeit rauften sich Siedler und Ureinwohner zusammen. Aborigines arbeiteten als schlecht bezahlte Viehtreiber und Hausangestellte und durften dafür auf ihrem angestammten Land bleiben. Ihr Leben passten sie den neuen Umständen an.

Vom ersten Tag an träumten die Neuankömmlinge von den Wundern, die sie entdecken würden. Ein paar ganz schlichte Seelen glaubten sogar, dass jenseits der Blue Mountains China liegen müsse – bis 1813 dann die ersten Entdecker das Gebirge überquerten. Forscher, Landvermesser und Wissenschaftler spekulierten wild über das Landesinnere Australiens. Die meisten erwarteten einen australischen Mississippi, andere prognostizierten Wüste. Und der unerschütterliche Forscher Charles Sturt – eine schöne Statue auf dem Victoria Square in Adelaide zeigt ihn etwas verloren dreinblickend – glaubte an ein fast mystisches Binnenmeer.

Die Forschungsreisen ins Inland waren fast alle enttäuschend. Trotzdem machten die Australier Helden aus jenen Abenteurern, die in der Wildnis starben (etwa Ludwig Leichhardt, Robert O'Hara Burke oder William John Wills, um die berühmtesten zu nennen). In viktorianischer Zeit glaubte man wohl, eine Nation könne nicht geboren sein, bevor Männer ihr Blut im Kampf vergossen haben – und wenn es ein Kampf mit dem Land selbst war.

Beste Geschichtsmuseen

Rocks Discovery Museum, Sydney

Western Australian Museum, Perth

Museum of Sydney

Commissariat Store, Brisbane

Goldrausch & Rebellion

Der Sträflingstransport nach Ostaustralien endete in den 1840er-Jahren. Und das war auch ganz gut so: 1851 entdeckten Schürfer Gold in New South Wales und Victoria. Diese Nachricht schlug ein wie eine Bombe. Junge Männer und abenteuerlustige Frauen aller Schichten begaben sich auf Schatzsuche, ein Strom von Goldgräbern, Unterhaltungskünstlern, Wirten, Schnapsschmugglern, Prostituierten und Gaunern folgte. Der britische Gouverneur von Victoria war entsetzt. Nicht nur die Standesgesellschaft geriet völlig durcheinander, er musste auch noch für Recht und Ordnung auf den Goldfeldern sorgen. Dafür fand er eine simple Lösung: Die Goldgräber sollten jeden Monat eine teure Schürflizenz kaufen. Er hoffte wohl im Stillen auch, dass so die unteren Chargen zu ihrer Arbeit in die Stadt zurückkehren würden.

Aber der Reiz des Goldes war zu groß. Zuerst schreckte die Schürfer nicht einmal, dass berittene Polizei die staatliche Schürflizenz brutal durchsetzte. Es rumorte erst, als in Ballarat nach drei Jahren das leicht zugängliche Gold erschöpft war. Die Goldgräber, die jetzt in tiefen, was-

Tasmaniens Ureinwohner wurden nach der letzten Eiszeit, als der Meeresspiegel stieg, vom australischen Festland abgeschnitten. In der Folge entwickelten sie ihre eigenen Sprachen und Kulturen.

1872

Der Ingenieur Charles Todd baut eine Telegrafenleitung von Adelaide nach Darwin, die Australien an das europäische Netz anschließt. Die Ära der elektronischen Information beginnt.

1880

Die Polizei nimmt in Glenrowan, Victoria, den berüchtigten, im Busch lebenden Gesetzlosen Ned Kelly fest. Er wird als Krimineller gehängt – und fortan als Volksheld verehrt.

1895

Die Ballade *The Man from Snowy River* von A. B. „Banjo" Paterson wird veröffentlicht. Er und sein Rivale Henry Lawson führen die Literaturbewegung an, durch die die Legende vom australischen Busch entsteht.

1901

Die Kolonien schließen sich zu einer Staatenföderation zusammen. Das Bundesparlament erlässt den „Immigration Restriction Act" und verfolgt eine „Politik des weißen Australiens".

sertriefenden Schächten schufteten, hassten das korrupte und brutale Rechtssystem, das sie mit Verachtung abstrafte. Unter der Führung des charismatischen Iren Peter Lalor hissten sie ihre eigene Flagge, das „Southern Cross". Sie schworen, ihre Rechte und Freiheiten zu verteidigen, bewaffneten sich, verschanzten sich in Eureka hinter Palisaden und warteten auf die Reaktion der Staatsmacht.

In abgelegenen Regionen Australiens, aber auch in Zentren wie Alice Springs und Darwin sprechen viele Aborigines auch heute noch statt Englisch ihre traditionellen Sprachen. Viele Aborigines sind mehrsprachig. Einst gab es mehr als 300 Aborigine-Sprachgruppen auf dem australischen Kontinent.

Am 3. Dezember 1854, einem Sonntag, stürmte eine Polizeitruppe im Morgengrauen die Befestigung. Innerhalb von 15 schrecklichen Minuten war alles vorbei. Die brutale und einseitige Schlacht forderte das Leben von 30 Goldgräbern und fünf eigenen Männern. Doch Demokratie lag bereits in der Luft – die Öffentlichkeit stand auf Seiten der Goldgräber. In Melbourne kam es zum Prozess gegen 13 der Rebellen. Ihnen drohte die Todesstrafe, die Geschworenen aber sprachen sie frei. Viele Australier betrachten heute den Aufstand als Beispiel für den Kampf um nationale Unabhängigkeit und Demokratie – wieder um zu illustrieren, dass jede „echte" Nation blutig geboren werden muss. Dabei waren diese Opfer eigentlich völlig unnötig. In den Ostkolonien entstanden bereits die ersten demokratischen Parlamente, mit Unterstützung der britischen Behörden. 1880 wurde Peter Lalor selbst Sprecher des Parlaments von Victoria.

Der Goldrausch lockte auch schiffsladungsweise chinesische Goldgräber an. Manchmal bekamen sie die Feindseligkeit der Weißen zu spüren. Auf den Goldfeldern von Lambing Flat (heute Young) in New South Wales kam es 1860/61 zu schweren Rassenunruhen. Schnell entwickelten sich die „China Towns" in den Seitenstraßen Sydneys und Melbournes. In Büchern liest man die wildesten Geschichten über Opiumhöhlen, zwielichtige Spielhallen und Bordelle. Aber viele Chinesen fassten dort als Geschäftsleute und vor allem als Gemüsegärtner Fuß. Heute ist in den chinesischen Vierteln der Städte immer viel los; auch die Chinarestaurants in vielen Orten des Landes weisen auf die wichtige Rolle hin, die Chinesen seit den 1850er-Jahren in Australien spielen.

Seit 1882 werden alle zwei Jahre die „Ashes", der Länderkämpf zwischen Australien und England im Cricket, in jeweils einer Serie von Tests ausgetragen. Obwohl beide Seiten immer mal wieder längere Zeit dominierten, lautet das Allzeit-Ergebnis 31 Siege für Australien und 30 für England. Wer weiß, wie der Kampf im Jahr 2013 ausgehen wird?

Gold und Wolle brachten Melbourne und Sydney Geld und Stil. Bereits in den 1880er-Jahren waren beide moderne Städte: Es gab Gaslaternen, Eisenbahn, Strom und eine geniale neue Erfindung: den Telegrafen. Die Hauptstadt von South Australia wurde von Zeitgenossen wegen ihrer prachtvollen Theater, Hotels, Kunstgalerien und Modegeschäfte „Marvellous Melbourne" (fabelhaftes Melbourne) genannt. Aber der Bogen des wirtschaftlichen Booms war überspannt. Viele Politiker und Spekulanten machten korrupte Grundstücksgeschäfte, Investoren steckten Geld in waghalsige Unternehmungen. Das konnte nicht von Dauer sein.

Zur selben Zeit im Westen ...

Western Australia hinkte den Ostkolonien um ca. 50 Jahre hinterher. Zwar gründeten Siedler vornehmer Herkunft 1829 Perth, die wirtschaftliche

1915

Am 25. April unterstützen Truppen des Australian and New Zealand Army Corps (ANZAC) die Briten dabei, in die Türkei einzudringen – ein militärisches Desaster, das zur nationalen Legende wird.

PHILLIP HAYSON / GETTY IMAGES ©

➡ Anzac Bridge, Sydney

1919

Die australischen Flieger Ross und Keith Smith werden nach ihrem Flug im Vimy-Doppeldecker von England nach Australien zu Nationalhelden und mit dem Ritterschlag geehrt.

1932

Francis de Groot aus dem rechten Flügel stiehlt Jack Lang, dem Premier von NSW, die Schau, indem er in Uniform und zu Pferd bei der Einweihung der Sydney Harbour Bridge das Band durchschneidet.

Entwicklung wurde aber durch Isolation, Widerstand der Aborigines und das trockene Klima gebremst. Es dauerte jedenfalls bis in die 1880er-Jahre, bis die Entdeckung von Goldfeldern auch dieser entlegenen Kolonie eine rosige Zukunft bescherte. Zu jener Zeit hatte der Westen gerade seine Selbstverwaltung verwirklicht. Der erste Premier war der energische, wettergegerbte Entdecker James Forrest. Ihm war klar, dass der Bergbau nur Erfolg haben konnte, wenn der Staat für einen erstklassigen Hafen, eine leistungsfähige Eisenbahn und eine zuverlässige Wasserversorgung sorgte. Den brillanten C.Y. O'Connor machte er zu seinem Chefingenieur, der für die Regierung alle drei Projekte planen und ausführen sollte.

Wachsender Nationalismus

Gegen Ende des 19. Jhs. idealisierten australische Nationalisten den „Busch" und seine Bewohner. Extrem populär war damals die Zeitschrift *Bulletin* – Sprachrohr des *bush nationalism*. Sie vertrat eine egalitäre, demokratische und republikanische Politik und beschrieb den Alltag mit viel Humor und Gefühl. Ihre Artikel wurden verfasst von namhaften Autoren wie Henry Lawson und A.B. „Banjo" Paterson.

Die 1890er-Jahre brachten schwere Zeiten. Der Spekulationsboom brach zusammen. Vor allem die Arbeiterfamilien im Osten Australiens litten unter Arbeitslosigkeit und Hunger. Doch mittlerweile forderten die Arbeiter einen gerechten Anteil am Wohlstand des Landes. Als die Wirtschaftskrise sich verschärfte, verteidigten die Gewerkschaften die Arbeiterrechte militant. Gleichzeitig gründeten Aktivisten die Australian Labor Party (ALP), um Gesetzesreformen durchzusetzen.

Der Australische Bund

Am 1. Januar 1901 wurde Australien ein föderativer Staat. Als die Abgeordneten des neuen Bundesparlaments in Melbourne zusammentraten, sahen sie es als ihr oberstes Ziel an, Identität und Werte eines europäisch geprägten Australiens gegen den Einfluss von Asiaten und Südseeinsulanern zu schützen. Ihre „White Australia Policy" galt für die folgenden 70 Jahre als rassistisches Glaubensbekenntnis.

Für die Weißen, die innerhalb der behüteten Bürgerschaft lebten, sollte unter dem schützenden Mantel des British Empire eine Gesellschaft mit Modellcharakter entstehen. Schon ein Jahr später bekamen weiße Frauen das Wahlrecht bei bundesweiten Wahlen. Mit radikalen Neuerungen führte die Regierung ein umfassendes Sozialsystem ein und schützte die australischen Löhne durch Zölle. Die Mischung aus kapitalistischer Dynamik und sozialistischer Fürsorge wurde als *Australian settlement* bekannt.

Die meisten Australier lebten an der Küste des Kontinents. Das trockene Binnenland war so unwirtlich, dass der große Trockensee Lake

Zwei sehr unterschiedliche, aber kluge Einführungen in die Geschichte Australiens sind Stuart Macintyres *A Concise History of Australia* und Geoffrey Blaineys *A Shorter History of Australia.*

1936

Der letzte in Gefangenschaft lebende Beutelwolf stirbt im Zoo von Hobart. Vermutlich haben Beutelwölfe in freier Wildbahn bis in die 1960er-Jahre überlebt, Nachweise dafür konnten aber keine erbracht werden.

1939

Premierminister Robert Menzies verkündet, dass Großbritannien in den Krieg gegen Hitler-Deutschland gezogen sei und „Australien sich demzufolge ebenfalls im Krieg befindet".

1941

Die Japaner greifen Pearl Harbor an. Australien sieht sich von Großbritannien im Stich gelassen und schließt sich mit den USA zusammen, die in Australien Stützpunkte errichten.

1945

Der Krieg endet. Australien ruft die Devise „Populate or Perish" (bevölkern oder untergehen) aus. In den folgenden 30 Jahren kommen über 2 Mio. Einwanderer ins Land, ein Drittel von ihnen sind Briten.

Eyre „das tote Herz" des Landes genannt wurde – ein Herz, das eigentlich Wasser durch das Landesinnere pumpen sollte, jedoch ohne Leben war. Vor allem Premier Alfred Deakin (1903–1910) war fest entschlossen, es mit dem Klima aufzunehmen. Bereits in den 1880er-Jahren, also noch vor Gründung des Australischen Bundes, hatte Deakin sich in Mildura für eine Bewässerung der Felder am Murray River stark gemacht. Schon bald wuchsen in der Region Früchte und Weinreben.

Australien betritt die Bühne der Weltpolitik

Die am einfachsten verständliche Version der ANZAC-Legende ist Peter Weirs australisches Epos *Gallipoli* (1981) mit dem jungen Mel Gibson.

Die Australier lebten am Rand eines trockenen, unwirtlichen Landes. Vom Rest der Welt waren sie weitgehend isoliert. Dominion des British Empires zu sein, war daher höchst beruhigend. Und so folgten Tausende australische Männer dem Ruf des Empires, die Waffen zu ergreifen, als 1914 in Europa der Erste Weltkrieg ausbrach. Ihre erste Begegnung mit dem Tod war am 25. April 1915: Das Australian and New Zealand Army Corps (ANZAC) kämpfte neben britischen und französischen Truppen auf der Halbinsel Gallipoli in der Türkei. Es dauerte acht Monate, bis die britischen Kommandeure das Scheitern ihrer Taktik eingestanden – da hatten schon 8141 junge Australier ihr Leben gelassen. Kurz darauf kämpfte die Australian Imperial Force auf den Schlachtfeldern Europas. Bis Kriegsende starben 60 000 Australier – zu ihren Ehren finden am Anzac Day (25. April) im ganzen Land Gedenkfeiern statt.

Die 1920er-Jahre waren in Australien eine Zeit chaotischen Wandels: Autos verdrängten Pferde von den Straßen, in neuen Kinos sahen die jungen Australier amerikanische Filme und in einer Atmosphäre sexueller Freizügigkeit (vergleichbar mit den 1960er-Jahren) tanzten sie auf Partys zu amerikanischem Jazz. Zur selben Zeit wuchs die Begeisterung

PHAR LAPS LETZTE RUNDE

Mitten in der grauen Zeit der Großen Depression bot der Sport den spiel- und wettbegeisterten Australiern Abwechslung. Ein leistungsstarkes, kastanienbraunes Pferd namens Phar Lap gewann ein Rennen nach dem anderen. Mühelos holte es 1930 auch den Melbourne Cup – bis heute wird der jährliche Wettbewerb als „the race that stops a nation" bezeichnet. Das Wunderpferd sollte 1932 die amerikanischen Rennbahnen erobern, starb dort aber unter mysteriösen Umständen. In Australien hielten sich Gerüchte, dass neidische Amerikaner das Tier vergiftet hätten, und so war die Legende eines Helden des Rennsports, der auf dem Höhepunkt seiner Karriere zu Fall gebracht wurde, geboren. Phar Lap wurde ausgestopft und ist heute im Melbourne Museum ausgestellt; sein Skelett wurde in sein Geburtsland Neuseeland gebracht.

1948

Der Cricketspieler Don Bradman beendet mit einem Test-Durchschnitt von 99,94 Runs seine Laufbahn. Der nächste ist der Südafrikaner Graeme Pollock, der 1970 abtrat, es aber nur auf den Schnitt von 60,97 Runs brachte.

1956

In Melbourne werden die Olympischen Spiele ausgetragen. Das Olympische Feuer wird vom Weltklasseläufer Ron Clarke entzündet und Australien mit 13-mal Gold Dritter im Medaillenspiegel.

1965

Premierminister Menzies schickt australische Truppen in den Vietnamkrieg und spaltet so die Nation. 426 Australier werden während des Einsatzes getötet, 2940 verletzt.

1967

Die Mehrheit der Australier stimmt dafür, den Ureinwohnern die Staatsbürgerschaft zuzuerkennen. Die Worte „ausgenommen Angehörige der Aborigines jedes Staates" werden aus der Verfassung gestrichen.

für das British Empire, als wäre imperialer Eifer ein Allheilmittel gegen den Kummer. Radikale und Reaktionäre prallten aufeinander und wirbelten Australien durch die wilden Zwanziger. Das dicke Ende kam 1929 mit der Weltwirtschaftskrise: Die Weltmarktpreise für Weizen und Wolle rutschten in den Keller, Arbeitslosigkeit brachte in jeden dritten Haushalt Not und Elend. Schon wieder bekamen die Arbeiter die Grausamkeit eines Systems zu spüren, das sie nicht mehr brauchte. Wer Geld (oder Arbeit) hatte, merkte von der Krise fast nichts. Durch die extreme Deflation nahm die Kaufkraft der Löhne sogar zu.

Auch auf dem Cricketfeld war 1932 Verrat ein Thema. Das englische Team mit seinem Mannschaftskapitän Douglas Jardine setzte eine brutale neue Wurftechnik namens *bodyline* ein. Ziel war es, den umwerfend treffsicheren australischen Star-Schlagmann Donald Bradman aus der Fassung zu bringen. Am Ende stand eine handfeste diplomatische Krise mit Großbritannien. Bradman jedenfalls machte 1948 weiter – mit unübertroffenen 99,94 Runs im Durchschnitt.

Der Zweite Weltkrieg

Nach 1933 erholte sich die Wirtschaft. Doch kaum lief der Alltag wieder in ruhigeren Bahnen, stürzte Hitler Europa im Jahr 1939 wieder in einen Krieg. Die Australier hatten die Japaner schon lange gefürchtet. Aber sie verließen sich auf den Schutz durch die britische Marine. Im Dezember 1941 bombardierte Japan die US-Flotte in Pearl Harbor. Wenige Wochen später bröckelte auch der „unüberwindliche" britische Marinestützpunkt Singapur. Lange dauerte es nicht, bis Tausende Soldaten Australiens und der Alliierten in die grauenhaften japanischen Kriegsgefangenenlager kamen.

Die Japaner drangen bis nach Papua Neuguinea vor – und die Briten erklärten, ihnen fehlten die Möglichkeiten, Australien zu verteidigen. Doch der legendäre US-Kommandeur General Douglas MacArthur sah in Australien den perfekten Stützpunkt für amerikanische Pazifikeinsätze. In einer Reihe heftiger Kämpfe schlugen alliierte Streitkräfte die japanische Offensive nach und nach zurück. Entscheidend war: Nicht das British Empire, sondern die USA retteten Australien. Die Tage des Bündnisses mit Großbritannien waren gezählt.

Ein visionärer Friede

Nach dem Zweiten Weltkrieg kam ein neuer Slogan auf: „Populate or Perish" – bevölkern oder untergehen. Die australische Regierung hatte ehrgeizige Pläne. Tausende Einwanderer sollten ins Land geholt werden, und mit staatlicher Hilfe kamen sie auch – Briten und viele Menschen aus nicht englischsprachigen Ländern: Griechen, Italiener, Slawen, Ser-

Während des Zweiten Weltkriegs wurde Darwin im Northern Territory durch 64 japanische Bombenangriffe (1942–43) zerstört. Statt der offiziell angegebenen 17 gab es 243 Todesopfer und Hunderte von Verletzten. Die Hälfte der Bevölkerung floh nach Adelaide River. Am Morgen des 25. Dezember 1974 erlitt Darwin erneut eine schwere Katastrophe, als der Zyklon Tracy die Stadt verheerte.

Der gewaltige, 2756 km lange Murray River fließt durch drei Bundesstaaten (New South Wales, Victoria und South Australia) und ist auf 1986 km schiffbar. Ab 1853 diente er ein halbes Jahrhundert lang als Wasserweg ins Landesinnere.

1973

Nach dem konfliktbeladenen Bau öffnet das Sydney Opera House seine Tore. Das Wahrzeichen Sydneys wird 2007 zum UNESCO-Weltkulturerbe erklärt.

1975

Wegen radikaler Reformen und einer unkontrollierten Inflation setzt Generalgouverneur Sir John Kerr die Whitlam-Labor-Regierung ab und ordnet Parlamentswahlen an, die die Konservativen gewinnen.

1983

Die Pläne der tasmanischen Regierung für eine Wasserkraftanlage am Franklin River prägen den Wahlkampf. Der Labor-Kandidat Bob Hawke ist gegen den Bau der Dämme und wird Premierminister.

1992

Entgegen dem Rechtsbegriff der „Terra Nullius" erkennt der Oberste Gerichtshof von Australien im Mabo-Fall das Prinzip des „Native Title" (dauerhaftes Landrecht der Aborigines) an.

Britische Wissenschaftler zündeten in den 1950er- und frühen 1960er-Jahren sieben Atombomben im abgelegenen Maralinga, South Australia, was verheerende Folgen für die örtlichen Maralinga-Tjarutja-Aborigines hatte. Weniger bekannt sind die drei Atombombenabwürfe der 1950er-Jahre auf die Montebello Islands, Western Australia. Mehr zu diesem Thema erfährt man in Robert Drewes Buch *Montebello* (2012).

ben, Kroaten, Holländer, Polen, Türken, Libanesen und viele weitere aus anderen Nationen.

Viele Einwanderer fanden Arbeit in der wachsenden verarbeitenden Industrie. Großzügige Zollbestimmungen unterstützten produzierende Unternehmen wie General Motors und Ford. Der Staat investierte in kühne Bauprojekte wie das Wasserkraftwerk Snowy Mountains in den Bergen bei Canberra. Heute beklagen Umweltschützer die verheerenden Auswirkungen dieses riesigen Netzwerks aus Tunneln, Staudämmen und Kraftwerken. Andererseits war das Projekt ein Ausdruck von Optimismus. Und es bezeugt, dass hier die Männer und Frauen vieler Länder erfolgreich zusammengearbeitet haben.

Die Ära des wirtschaftlichen Wachstums und Wohlstands wurde von Robert Menzies geprägt, Gründer der modernen Liberal Party und der Premier Australiens, der es auf die meisten Dienstjahre brachte. Menzies war bis in die Haarspitzen von britischer Geschichte und Tradition durchdrungen und gab sich gerne als sentimentaler Monarchist. Darüber hinaus war er ein scharfer Gegner des Kommunismus. Als der Kalte Krieg Asien erreichte, schlossen Australien und Neuseeland im Jahr 1951 ein Militärbündnis mit den USA, das ANZUS-Abkommen. Als sich die USA in den Vietnamkrieg stürzten, schickte Menzies australische Truppen in den Kampf und führte die Wehrpflicht für den Militäreinsatz im Ausland ein. Ein Jahr später trat er zurück und hinterließ seinen Nachfolgern ein schweres Erbe. Die Antikriegsbewegung spaltete Australien.

Viele Künstler, Intellektuelle und Jugendliche fanden Menzies Australien langweilig und arrogant – mehr mit amerikanischer und britischer Kultur verbunden als mit den eigenen Talenten und Geschichten. Jugendliche Rebellion und ein neues Nationalgefühl lagen in der Luft. Mit den Wahlen 1972 kam die Labor Party unter Führung des Juristen Gough Whitlam an die Macht. Er regierte nur vier Jahre, krempelte in dieser Zeit aber das Land völlig um. Allgemeine Wehrpflicht und Studiengebühren schaffte er ab. Neu waren ein allgemeines, kostenloses Gesundheitssystem, ein Scheidungsrecht ohne Schuldfrage, Landrechte für Aborigines und die Lohnanpassung für Frauen. Die White Australia Policy spielte kaum noch eine Rolle; unter Whitlam wurde sie endgültig abgeschafft. Gut 1 Mio. Einwanderer waren inzwischen aus nicht englischsprachigen Ländern nach Australien gekommen und hatten neue Sprachen, Kulturen, Essgewohnheiten und Ideen im Gepäck. Unter Whitlam wurde das als „multikulturell" gefeiert.

Whitlams Regierung kam 1975 ins Schleudern. Der Grund waren Inflation und Skandale. Am Ende des Jahres 1975 entließ der Generalgouverneur die Regierung in einer umstrittenen Entscheidung. Aber Whitlams Nachfolger führten seine Sozialreformen weiter. Die Landrechte der Aborigines wurden ausgeweitet. Immer mehr asiatische Einwande-

2000

Die Olympischen Spiele von Sydney werden zu einem grandiosen Spektakel. Die Aborigine-Weltklasseläuferin Cathy Freeman entzündet die Flamme und gewinnt Gold über 400 Meter.

2007

Kevin Rudd wird Premierminister. Er verfolgt einen anderen Kurs als sein konservativer Vorgänger, entschuldigt sich bei den Ureinwohnern und ratifiziert das Kyoto-Protokoll.

OLIVER STREWE / GETTY IMAGES ©

➡ Sorry Day

2009

Am 7. Februar sterben bei 400 Buschbränden in Victoria 173 Menschen – keine Naturkatastrophe in Australien kostete bisher mehr Leben. Der Tag geht als „Black Saturday" in die Geschichte ein.

rer kamen ins Land und Multikulti wurde großgeschrieben. Als Handelspartner waren China und Japan wichtiger als Europa – Australiens wirtschaftliche Zukunft lag in Asien.

Herausforderungen

Heute steht Australien vor neuen Herausforderungen. In den 1970er-Jahren begann das Land, sein protektionistisches Gerüst abzubauen. Mit neuer Effizienz kam auch neuer Wohlstand. Gleichzeitig wurden Löhne und Arbeitsbedingungen, die zuvor durch ein unabhängiges Gericht geschützt waren, angreifbarer, als das Gleichheitsprinzip dem Wettbewerb Platz machte. Nach zwei Jahrhunderten der Entwicklung wurden auch die negativen Auswirkungen auf die Umwelt sichtbar – Wasserversorgung, Wälder, Boden- und Luftqualität sowie die Meere waren und sind betroffen.

Unter dem konservativen John Howard, dessen Amtszeit als australischer Premierminister die zweitlängste in der Geschichte war (1996–2007), wuchs das Land enger als je zuvor mit den USA zusammen. Man zog sogar gemeinsam mit den Amerikanern in deren Irakkrieg. Die Asylpolitik der Regierung, ihre Weigerung, die Realität des Klimawandels anzuerkennen, ihre Anti-Gewerkschaftsreformen und das mangelnde Einfühlungsvermögen des Premierministers in die Belange der indegenen Australier erschreckte viele linksgerichtete Australier. Aber Howard regierte in einer Phase des Wirtschaftswachstums, in der Werte wie Eigenständigkeit betont wurden, was ihm die dauerhafte Unterstützung von Australiens Mitte sicherte.

Im Jahr 2007 wurde Howard von Kevin Rudd, dem Kandidaten der Labor Party geschlagen, einem ehemaligen Diplomaten, der sich sogleich offiziell bei den indigenen Australiern für das Unrecht entschuldigte, das sie in den letzten 200 Jahren erlitten hatten. Die neue Regierung versprach umfassende Reformen im Umweltschutz und im Bildungswesen, kam aber angesichts der Weltfinanzkrise von 2008 in Schwierigkeiten. Im Juni 2010 verlor Rudd sein Amt an die innerparteiliche Konkurrentin Julia Gillard, die sich nun, mit den anderen Führern der Welt, vornehmlich mit drei zusammenhängenden Fragen beschäftigen musste: dem Klimawandel, dem zurückgehenden Angebot an Erdöl und einer schrumpfenden Wirtschaft. Die Premierministerin verlor an Popularität und Rufe nach der Rückkehr Rudds wurden laut, der Gillard dann im Juni 2013 stürzte.

In Melbourne kann man sich im augezeichneten Chinese Museum (www.chinesemuseum.com.au) und im Immigration Museum (www.museumvictoria.com.au/immigrationmuseum) über die Einwanderung nach Australien informieren.

Australiens erste Premierministerin –Julia Gillard von der Labor Party– hatte das Amt von 2010 bis 2013 inne. Ihr Heimatstaat South Australia war 1895 die erste Kolonie, die das aktive und passive Wahlrecht für Frauen einführte.

2010

Australiens erste Premierministerin Julia Gillard leistet ihren Amtseid. Sie wurde in Wales geboren, ihre Familie wanderte jedoch aus gesundheitlichen Gründen ins wärmere Australien aus.

2011

Der tropische Wirbelsturm Yasi der Kategorie 5 fegt über Mission Beach an der Nordküste Queenslands hinweg. Häuser, Infrastruktur und Ernten werden stark beschädigt.

2012

Trotz der Erwartungen war die Goldmedaillen-Ausbeute Australiens bei den Londoner Olympischen Spielen mager: Es wurden nur sieben, während es 2008 in Beijing 14, 2004 in Athen 17 und 2000 in Sydney 16 waren.

2013

Premierministerin Julia Gillard kündigt um acht Monate vorgezogene Parlamentswahlen an – wird aber noch vor der Wahl durch den Parteirivalen Kevin Rudd ersetzt, der die Wahlen schließlich verliert.

Das Australien der Ureinwohner

Cathy Craigie

Die Reise nach Australien wäre unvollständig, wenn man nichts über die prächtigen Kulturen der Aborigines und der Torres-Strait-Insulaner erfahren würde, den ältesten durchgehenden Kulturen der Weltgeschichte. Besucher lernen eine Lebensweise kennen, die seit über 50000 Jahren existiert. Es gibt in den Städten sowie im Busch viele Möglichkeiten, Australiens Ureinwohnern nahe zu kommen. Sei es bei einer Kunstausstellung, im Museum oder bei einer Tour durch das Aborigine-Land – überall warten einzigartige australische Erfahrungen.

Cathy Craigie ist Angehörige der Gamilaroi/Anaiwon aus dem nördlichen New South Wales. Sie ist freischaffende Autorin, kulturelle Beraterin und hat umfassende Erfahrungen in Aborigine-Angelegenheiten.

Kultur der Aborigines

Die Kulturen der Aborigines haben sich über Jahrtausende entwickelt und starke Verbindungen zwischen dem spirituellen, wirtschaftlichen und sozialen Leben der Menschen geschaffen. Dieses Erbe wurde durch alle Generationen hindurch am Leben erhalten, indem Wissen und Fertigkeiten mit Hilfe von Ritualen, Kunst, Bildung und Sprache weitergegeben wurden. Die Aborigines hatten ursprünglich eine mündliche Überlieferung, aus diesem Grund spielte die Sprache bei ihnen eine wichtige Rolle, um ihre Kulturgüter zu erhalten.

Heute gibt es eine nationale Bewegung, um die Sprachen der Aborigines wieder aufleben zu lassen und einen großen Kunstsektor mit Werken der Ureinwohner. Das überlieferte Wissen ist Bestandteil von Wissenschaft, Umweltmanagement und Regierungsprogrammen. Die Kultur der Aborigines war niemals statisch und entwickelt sich mit dem Wandel der Zeiten und der Umwelt weiter. Die Geschichten der Ureinwohner werden heute mit neuen Technologien und Medien erzählt, und durch Kulturtourismus und Projekte können die Gäste das Leben der Aborigines aus ihrer Perspektive erleben. Man lernt an Naturdenkmälern etwas über die Ahnen, bewundert jahrtausendealte Felskunst, genießt traditionelle Gerichte oder besucht ein Festival oder eine Aufführung der Aborigines. Viele Angebote, die der Öffentlichkeit zugänglich sind, werden in den regulären und den Aborigine-Medien beworben.

Die Regierung unterstützt die Kulturprogramme nur sporadisch, je nach ihrer politischen Ausrichtung. Doch die Aborigines sind fest entschlossen, ihre Verbindungen mit der Vergangenheit zu bewahren und

TORRES-STRAIT-INSULANER

Die Gesellschaften der Ureinwohner bilden keine homogene Gruppe, sondern einige hundert unterschiedliche, souveräne Nationen. Die Torres-Strait-Insulaner sind ein melanesisches Volk, dessen Kultur sich von der der australischen Aborigines unterscheidet, aber sie haben eine gemeinsame Geschichte und bilden mit den Aborigines zusammen die Ureinwohner Australiens. Dieses Kapitel beschäftigt sich zwar auch im weiteren Sinn mit Angelegenheiten der Ureinwohner, die beide Völker betreffen, konzentriert sich jedoch hauptsächlich auf den australischen Hauptkontinent, der Aborigine-Land ist.

auch mit ihren kulturellen Kenntnissen eine bessere Zukunft zu formen.

Das Land

Die Land-Ethik der Aborigines beruht auf der Überzeugung, dass Menschen sich ihrer Umwelt anpassen müssen und nicht außerhalb von ihr leben können. Alles ist miteinander verbunden und wird nicht nur als Erde oder Felsen betrachtet, sondern als umgebende Welt, die das spirituelle, wirtschaftliche und kulturelle Leben der Menschen aufrechterhält. Die Aborigines ihrerseits unterstützen das Land durch Zeremonien, Rituale, Lieder und Geschichten. Diese wechselseitige Beziehung wurde über Tausende von Jahren entwickelt und gelebt. Für die Aborigines ist das Land essenziell mit ihrer Identität und Spiritualität verbunden. In den Überlieferungen der Aborigines spiegelt sich ganz Australien, aber einige Orte sind von besonderer Bedeutung für Religion und Kultur. Zu diesen Stätten gehören die Felsformation der Three Sisters in den Blue Mountains und die Warreen Cave in Tasmanien mit rund 40 000 Jahre alten Artefakten.

Heilige Stätten können Teile von Felsen, Hügeln, Bäumen oder Wasser sein, die mit einem Ahnen oder einem Ereignis, das dort stattgefunden hat, verbunden sind. Häufig sind diese Stätten Teil einer Traumzeit-Geschichte und verbinden Menschen über Kulturareale hinweg. Die Bergketten rund um Alice Springs sind Teil der Raupen-Traumzeit, zu der viele Stätten gehören, etwa der Akeyulerre (Billy Goat Hill), Atnelkentyarliweke (Anzac Hill) und die Felsmalereien am Emily Gap. Die bekanntesten Stätten sind Uluru und Kata Tjuta, das Heim der Schlange Wanambi. Ihr Atem ist der Wind, der durch die Schlucht bläst. Pirla Warna Warna, eine für den Stamm der Warlpiri wichtige Stätte in der Tanami Wüste, liegt 435 km nordwestlich von Alice und ist der Mittelpunkt mehrerer Traumzeit-Geschichten der Walpiri.

Auf kulturellen Touren kann man die Sehenswürdigkeiten der Aborigines besuchen, etwas über Pflanzen und Tiere lernen, jagen und fischen. Selbst Workshops über Buschnahrung oder Tänze werden angeboten.

Achtung: Viele Aborigine-Stätten sind gesetzlich geschützt und dürfen in keiner Weise gestört werden.

Kunst

Im Mittelpunkt der Aborigine-Kunst steht die australische Landschaft. Ihre Werke werden inzwischen auf nationalen und internationalen Ausstellungen gezeigt und als bedeutender Teil der australischen Kultur gefeiert. Durch die Ausstellung in staatlichen Institutionen, unabhängigen Theatern und Galerien wird die Kunst der Aborigines immer häufiger öffentlich ausgestellt. Sie hat immer noch die Aufgabe, Wissen weiterzugeben, ist aber heute auch aus ökonomischen, bildungsrelevanten und politischen Gründen wichtig. Durch die Kunst wurden Themen wie die Gesundheit ins Bewusstsein gerückt, und sie war das wichtigste Werkzeug des

SCHLÜSSEL-EREIGNISSE

1928

Anthony Martin Fernando, erster Aborigine-Aktivist, der gegen die Rassendiskriminierung in Australien kämpft, wird 1928 wegen seiner Proteste vor dem Australia House in London verhaftet.

26. Januar 1938

Die Aborigines Progressive Association hält anlässlich des 150. Jahrestages der Ankunft der Briten ein Treffen in der Australia Hall in Sydney ab (*A Day of Mourning and Protest*).

15. August 1963

Auf einer Baumrinde überreicht der Stamm der Yolngu (Northern Territory) dem Abgeordnetenhaus eine Petition, mit der sie gegen den Bauxitabbau auf ihrem Land Einspruch erheben.

27. Mai 1967

Ein Bürgerentscheid erlaubt dem Commonwealth, Gesetze in Aborigine-Angelegenheiten zu erlassen und die Ureinwohner in die Volkszählung aufzunehmen. Sie haben jetzt die gleichen Bürgerrechte wie andere Australier.

12. Juli 1971

Die Aborigine-Flagge weht zum ersten Mal (National Aborigines Day in Adelaide). Sie wurde von Harold Thomas (Zentralaustralier) entworfen und symbolisiert die Identität aller Aborigines.

26. Januar 1972

Aborigines stellen ein Zelt auf den Rasen des Parliament House in Canberra. Der Protest richtet sich gegen die Behandlung ihres Volks und gegen die Regierung, die einen Vorschlag zu den Landrechten der Ureinwohner zurückgewiesen hat.

DIE BEDEUTUNG DES GESCHICHTENERZÄHLENS

Da die Aborigine-Kultur auf mündlichen Überlieferungen beruhte, war das Erzählen von Geschichten wichtig um zu lernen. Geschichten verliehen dem Leben Bedeutung, mit ihnen wurden die Botschaften der Ahnenwesen gelehrt. Auch wenn Glaubensinhalte und kulturelle Praktiken je nach Region und Sprachgruppe variieren, gibt es die gemeinsame Überzeugung, dass diese Ahnen Land, Meer und alles Lebendige erschaffen haben. Dieses spirituelle Denken wird oft als *Traumzeit* bezeichnet und die Aborigines führen ihre Ursprünge und ihre Existenz auf diese Ahnenwesen zurück. Durch die Geschichten werden Wissen und Glaubensinhalte von Generation zu Generation weitergegeben und damit die moralischen Maßstäbe gesetzt, nach denen sich die Ureinwohner richten sollen. Sie erinnern auch an vergangene Ereignisse. Zeitgenössische Künstler haben diese Tradition mit neuen Medien wie Film und Literatur fortgeführt. David Unaipon (geboren 1872) vom Stamm der Ngarrindjeri aus South Australia (SA) war der erste Aborigine, dessen Bücher veröffentlicht wurden. Er war Autor, Wissenschaftler und ein Anwalt für sein Volk. 1927 erschien von ihm *Aboriginal Legends* und 1929 *Native Legends*.

Weitere Aborigine-Autoren der ersten Stunde waren Oodgeroo Noonuccal, Kevin Gilbert und Jack Davis. Zu zeitgenössischen Schriftstellern von Bedeutung gehören Alexis Wright, Kim Scott, Anita Heiss und Ali Cobby Eckerman. Preisgekrönte Romane sind Kim Scotts *Deadman Dancing* (US-Ausgabe: That Deadman Dance) und *Benang*, Alexis Wrights *Carpentaria* (Giramando) sowie Ali Cobby Eckermans *Little Bit Long Time* (Picaro Press) und *Ruby Moonlight*.

In den 1980er-Jahren wurden einige gefeierte Künstler aus Papunya Tula eingeladen, Arbeiten für das neue Parlamentsgebäude in Canberra anzufertigen. Michael Nelson Jagamarras „Possum and Wallaby Dreaming" ist in die Mosaiken des Vorplatzes eingelassen.

Aussöhnungsprozesses in Australien. In vielen Gemeinschaften wurde die Kunst zu einer wichtigen Beschäftigungs- und Einkommensquelle.

Bildende Kunst

Es ist nicht leicht, die Kunst der Aborigines einem Stil zuzuordnen, weil Form und Ausführung je nach Gebiet variieren. Bestanden die ursprünglichen Kunstformen noch aus Felsmalereien, Schnitzereien und Körperschmuck, hat sich die dynamische zeitgenössische Kunstindustrie zu einer Erfolgsgeschichte der australischen Ureinwohner entwickelt.

Felskunst

Die Felsmalerei ist die älteste menschliche Kunstform. Die Stätten mit Felszeichnungen der Aborigines sind in jedem Bundesstaat zu finden, manche von ihnen Tausende von Jahren alt. Für die Aborigines ist ihre Felskunst eine direkte Verbindung zu ihrem Leben bevor die Europäer kamen. Die Kunst und ihr Entstehungsprozess sind Teil von Liedern, Geschichten und Bräuchen, die eine Verbindung der Menschen mit dem Land erschaffen. Quer durch Australien gibt es eine ganze Reihe verschiedener Stile der Felskunst, etwa Gravuren in Sandstein und Schablonen, Drucke und Zeichnungen in Felsnischen. Die Felskunst war für die Aborigines ein Teil von Ritualen oder Zeremonien oder sie erinnerten damit an bestimmte Ereignisse.

Einige der ältesten Gravuren sind in der Pilbara-Region in Western Australia (WA) und in Olary in South Australia (SA) zu finden, wo man die Gravur eines Krokodils bewundern kann – ziemlich verblüffend, weil es in diesem Teil Australiens keine Krokodile gibt. Die Felskunst in den Kimberleys konzentriert sich auf die Wandjina, die alten Schöpfungsgeister. In allen Nationalparks rund um Sydney kann man leicht zugängliche Felsgravuren betrachten. Im Gariwerd (dem Grampians-Nationalpark) in Victoria gibt es Handdrucke und -schablonen. Der Tourenveranstalter Guurrbi Tours (S. 495), der den Aborigines gehört, führt Besucher zu den Felsmalereien von Wangaar-Wuri in der Nähe von Cooktown in Queensland.

Im Northern Territory (NT) weisen viele der Felskunststätten Muster und Symbole auf, die in Bildern, Schnitzereien und anderen Kulturmaterialien wieder auftauchen. Im Kakadu Nationalpark sind mehr als 5000 Stätten bekannt und man nimmt an, dass es noch viel mehr gibt. Einige davon sind über 20 000 Jahre alt. Der Nationalpark steht auf der Weltkulturerbe-Liste und wird weltweit wegen seiner kulturellen Bedeutung sehr geschätzt.

In Zentralaustralien haben Felszeichnungen noch immer eine religiöse Bedeutung. Für die Menschen hier ist die Kunst immer noch Teil eines Rituals und notwendig, um sie mit den Geschichten zu verbinden. In den meisten anderen Gegenden malen die Menschen keine Felsbilder mehr, sondern arbeiten auf Rinde, Papier und Leinwand.

Besucher der Felskunststätten sollten sorgsam darauf achten, die Kunstwerke nicht zu berühren oder zu beschädigen und die Stätten sowie ihre Umgebung respektieren.

Zeitgenössische Kunst

Die zeitgenössische Kunstindustrie begann in einer winzigen Kommune namens Papunya in Zentralaustralien. Der Ort wurde von Mitgliedern verschiedener Sprachgruppen bewohnt, die von ihrem angestammten Land vertrieben worden waren. 1971 unterstützte ein Kunstlehrer an der Schule Papunyas das Malen und einige der älteren Männer zeigten Interesse. Damit begann der Prozess, Sand- und Körperzeichnungen auf moderne Materialien zu übertragen, der Anfang des modernen „Dot-Painting"-Stils. Die Entstehung der „Punkt-Malerei" gilt als die bedeutendste Kunstbewegung des 20. Jhs. und die Künstler von Papunya Tula wurden zum Modell für andere Aborigine-Gemeinschaften.

Die National Gallery of Australia in Canberra zeigt eine fantastische Sammlung, aber zeitgenössische Aborigine-Kunst wird auch in jeder öffentlichen Kunstgalerie oder in einer der vielen unabhängigen Galerien ausgestellt, die mit den Werken der Aborigines handeln. Zeitgenössische Künstler arbeiten mit allen Medien und die Kunst der Ureinwohner taucht auch in ungewöhnlichen Umgebungen auf, etwa auf einem BMW oder einem Qantas-Flugzeug. Im Gebiet der Central Desert schlägt immer noch das Herz der Aborigine-Kunst und Alice Springs ist einer der besten Orte, um die Kunstwerke zu sehen und zu kaufen. Auch in Cairns findet man viele innovative Kunstwerke der Ureinwohner.

Beim Kauf der Kunstwerke sollte man darauf achten, dass die Herkunft der Arbeiten angegeben ist. Dazu gehören die Namen der Künstler, die Gemeinde oder die Sprachengruppe, der sie entstammen und die Geschichten der Werke. Wenn es eine authentische Arbeit ist, erhält der Künstler alle Erlöse daraus. Australien hat ein System eingeführt, das auch bei Wiederverkäufen Lizenzgebühren vorsieht.

10. August 1987

Ein Untersuchungsausschuss beschäftigt sich mit Todesfällen unter den Aborigines in Haft. Aborigines sind in der Kriminalstatistik überrepräsentiert.

3. Juni 1992

Der High Court of Australia verwirft mit seiner Entscheidung im Mabo-Fall das bisherige Konzept des Terra Nullius (unbewohntes Land) und erklärt, dass Australien schon vor der britischen Besiedlung bewohnt war.

26. Januar 1988

Australien feiert den 200. Jahrestag der Besiedlung, 40 000 Aborigines und ihre Anhänger demonstrieren in Sydney, um an 200 Jahre Invasion zu erinnern.

28. Mai 2000

Mehr als 300 000 Menschen laufen über die Sydney Harbour Bridge um zu zeigen, wie wichtig eine Versöhnung zwischen Aborigines und den anderen Australiern ist.

21. Juni 2007

Die Regierung setzt den Racial Discrimination Act aus, um die Northern Territory Emergency Response in Kraft zu setzen, mit der man auf den Kindesmissbrauch in Aborigine-Gemeinschaften in den NT reagiert.

13. Februar 2008

Der Premierminister entschuldigt sich im Namen des Volkes bei den Aborigines für die Herausnahme ihrer Kinder aus den Familien und für begangene Ungerechtigkeiten.

10. Juli 2010

Der Kopf des Aborigine-Führer Yagan wird in einem Park in Perth zur letzten Ruhe gebettet. Er wurde 1833 ermordet und sein Kopf danch nach England geschickt.

Musik

Die Musik war schon immer ein wesentlicher Teil der Aborigine-Kultur. Lieder waren wichtig um Wissen zu lehren und weiterzugeben und Musikinstrumente wurden häufig für Heilungen, Zeremonien und Rituale verwendet. Das bekannteste Instrument ist das Yidaki (Didgeridoo), das traditionell nur von Männern im nördlichen Australien gespielt wird. Weitere Instrumente sind Clapsticks (Schlaghölzer), Rasseln und Bumerangs; in Südaustralien spannen Spieler Tierhäute über ihren Schoß und trommeln darauf.

Dieses reiche musikalische Erbe findet heute in einer starken Musikindustrie seine Fortsetzung. Ähnlich den anderen Kunstformen haben sich auch in der Musik der Aborigines neue Ideen und Stile mit der starken kulturellen Identität verbunden. Zeitgenössische Künstler wie Dan Sultan und Jessica Mauboy haben erfolgreich den Schritt in den Mainstream geschafft – sie haben bedeutende Musikpreise gewonnen und tauchen regelmäßig in beliebten Programmen und auf den großen Musikfestivals auf. Das Aborigine-Radio ist der beste und am leichtesten zugängliche Weg, die Musik der Ureinwohner zu hören.

Darstellende Künste

Tanz und Theater sind ein wesentlicher Teil des sozialen wie des zeremoniellen Lebens und daher wichtige Elemente der Aborigine-Kultur. Aus historischer Sicht erzählten Tänze häufig Geschichten, mit denen Wissen weitergegeben wurde. Die Stile variierten von Stamm zu Stamm und je nach Anlass – es gab soziale und rituelle Tänze. Die Nachahmung

DIE GESTOHLENEN GENERATIONEN

Als Australien 1901 eine Föderation wurde, führte die Regierung die sogenannte „White Australia Policy" (Politik des weißen Australiens) ein. Eigentlich sollte damit die Einwanderung von Nicht-Weißen nach Australien verhindert werden, doch die Auswirkungen trafen auch die australischen Ureinwohner. Alle Behörden „ermutigten" die Anpassung an die weiße Gesellschaft mit der Absicht, die Aborigines als Rasse nach und nach verschwinden zu lassen. Die zwangsweise Herausnahme der Kinder von Aborigines und Torres-Strait-Insulanern aus ihren Familien war von 1909 bis 1969 offizielle Politik, kam jedoch auch davor und danach vor. Genaue Zahlen wird es wohl niemals geben, aber man schätzt, dass etwa 100 000 Aborigine-Kinder ihren Familien entrissen wurden.

Eine Regierungsbehörde (das Aborigines Protection Board) war mit der Umsetzung dieser Politik beauftragt. Sie konnte die Kinder ohne Zustimmung der Eltern und ohne Gerichtsbeschluss aus den Familien holen. Viele Kinder sahen ihre Familien niemals wieder und diejenigen, denen es gelang, einen Weg zurück zu finden, hatten oft große Schwierigkeiten, die Beziehungen aufrechtzuerhalten. Diese Generationen der Kinder, die aus ihren Familien genommen wurden, werden als gestohlene Generationen („*Stolen Generations*") bezeichnet.

In den 1990er-Jahren untersuchte die Australian Human Rights Commission diese Praxis des Kindesentzugs. Der Abschlussbericht „*Bring Them Home*" wurde dem Parlament im Mai 1997 vorgelegt und schilderte die zerstörerischen Auswirkungen dieser Politik auf die Kinder und ihre Familien. An der zwangsweisen Herausnahme der Kinder waren Regierungen, Kirchen und Wohlfahrtsorganisationen gleichermaßen beteiligt. Sexueller und körperlicher Missbrauch und Quälereien waren in vielen Institutionen, in die die Kinder gebracht wurden, an der Tagesordnung. Noch heute leiden viele aus den gestohlenen Generationen an Traumata aus ihrem frühen Leben.

Am 13. Februar 2008 entschuldigte sich der damalige Premierminister Australiens im Namen der ganzen Nation bei den gestohlenen Generationen. Für viele Aborigines war das der Beginn eines nationalen Heilungsprozesses, und heute gibt es viele Organisationen, die mit den gestohlenen Generationen arbeiten.

von Tieren, Vögeln und den Elementen war in ganz Australien üblich, aber die Abfolge der Bewegungen von Armen, Beinen und Körper unterschieden sich stark. Zeremonielle oder rituelle Tänze waren überaus genau strukturiert und völlig anders als die Gesellschaftstänze bei den Corroborees. Wie die anderen Kunstformen hat sich auch der Tanz an die moderne Welt angepasst, und heutige Tanzensembles und Gruppen haben die traditionellen Formen in eine moderne Interpretation umgewandelt. Das bekannteste Ensemble ist das international gefeierte Bangarra Dance Theatre.

Auch das Theater knüpft an die Tradition des Geschichtenerzählens an. Gegenwärtig gibt es zwei bedeutende Theaterensembles der Aborigines: Ilbijerri in Melbourne und Yirra Yakin in Perth. Außerdem haben sich mehrere Ensembles der Weißen auf Geschichten der Aborigines spezialisiert und konnten schon einige Erfolge im In- und Ausland vorweisen. Australien hat eine blühende Aborigine-Theaterindustrie und viele Schauspieler und Autoren der Ureinwohner arbeiten in und für Mainstream-Inszenierungen. Traditionell vereinten sich Drama und Tanz in Zeremonien oder Corroborees und das geschieht auch heute noch in vielen Inszenierungen.

Als die ersten Europäer einen Corroboree beobachteten, beschrieben sie ihn als „Buschoper". Bei diesen gesellschaftlichen Events verbinden sich Musik, Tanz und Drama mit Körperkunst. Einer der ersten Corroborees, über die berichtet wurde, fand 1791 am Bennelong Point statt – heute steht dort Sydneys berühmtes Opernhaus.

TV, Radio & Film

Die Aborigines haben sich schnell auf elektronische Rundfunksendungen eingestellt und ein ausgedehntes Mediennetzwerk aus Funk-, Print- und TV-Diensten entwickelt. Es gibt über 120 Radiostationen und Programme der Aborigines, deren Sendegebiet von den Städten über ländliche Gegenden bis in die entlegensten Gemeinschaften reichen. Die Programmformate unterscheiden sich von Ort zu Ort. Einige senden nur in den Sprachen der Ureinwohner oder bedienen nur einen speziellen Musikgeschmack.

Die Aborigines haben eine florierende Filmindustrie und in den letzten Jahren waren einige Filme auch beim breiten Publikum ein Erfolg, etwa *The Sapphires, Bran Nue Dae* und *Samson and Delilah (2009)*. Im Jahr 2007 ging der erste Fernsehkanal der Aborigines (NITV) auf Sendung, was immer mehr Filmemacher dazu bringt, ihre Geschichten erzählen zu wollen.

Geschichte der Ureinwohner Australiens

Bevor die ersten Europäer nach Australien kamen, waren die indigenen Völker des Kontinents durch ihre Kultur verbunden. Viele Aspekte waren allen Gruppen gemeinsam und durch diese Gemeinsamkeiten konnten die Ureinwohner aufeinander einwirken. Im postkolonialen Australien sind die Aborigines auch durch ihr geteiltes Schicksal miteinander verbunden.

Die meisten Australier feiern den 26. Januar als Australia Day im Gedenken an die ersten britischen Siedler, aber die Ureinwohner nennen ihn „Invasion Day", „Survival Day" oder „Day of Mourning".

Die ersten Australier

Viele Forscher gehen davon aus, dass die Aborigines ursprünglich von anderswo auf den australischen Kontinent kamen; wissenschaftlich nachweisen lässt sich, dass die Ureinwohner seit mindestens 40 000 bis 50 000 Jahren hier siedeln. Die Aborigines selbst glauben jedoch, sie hätten das Land schon immer bewohnt.

Zur Zeit des ersten Kontakts mit den Europäern bestand die Aborigine-Bevölkerung aus 300 oder mehr unterschiedlichen Nationen mit verschiedenen Sprachen und Landesgrenzen. Die meisten Ureinwohner hatten keine festen Siedlungen, sondern wanderten innerhalb ihres Territoriums umher und folgten dabei den jahreszeitlichen Vorgaben durch Wanderungen der Tiere und Verfügbarkeit von Pflanzen. Bedingt durch die sehr unterschiedlichen Landschaften Australiens unterschieden sich die Nationen in ihren Lebensstilen und Kulturen. Bei allen kulturellen

Unterschieden gab es jedoch auch sehr viele gemeinsame Elemente. Jede Nation hatte einige Clans oder Familienverbände, die für bestimmte Bereiche verantwortlich waren. Jahrtausende lang lebten die Aborigines in einem komplexen Verwandtschaftssystem, das sie mit ihrer natürlichen Umgebung verband. Von der Wüste bis zum Meer richteten die Ureinwohner ihr Leben nach ihrer Umwelt aus und entwickelten unterschiedliche Fähigkeiten und ein weitreichendes Wissen über ihr Territorium.

In der *Macquarie PEN Anthology of Aboriginal Literature* (www.macquariepenanthology.com.au) stecken über 200 Jahre Kultur, Geschichte und Leben der Aborigines. Sie beginnt mit Bennelongs Brief aus dem Jahr 1796 und enthält Arbeiten von einigen der besten Aborigine-Autoren Australiens.

Die Kolonisierung

Die Auswirkungen der Kolonisation machten sich sofort nach der Ankunft der Europäer bemerkbar. Es begann mit der Aneignung von Land und Wasservorkommen und mit Krankheitswellen. Die Pocken töteten etwa 50 % der ursprünglichen Bewohner von Sydney Harbour. Eine Zeitlang leisteten die Aborigines Widerstand und kämpften um ihr Land und ihre Lebensweise. Eine Welle der Gewalt und Massaker fegten durch das Land, und viele Ureinwohner wurden von ihrem angestammten Land vertrieben. Nach einem Jahrhundert war die Aborigine-Bevölkerung um 90 % dezimiert.

Am Ende des 19. Jhs. befand sich der größte Teil des fruchtbaren Landes in den Händen der Weißen und die meisten Aborigines lebten in Armut am Rand der Siedlungen oder auf Land, das zur Besiedlung ungeeignet war. Die Ureinwohner sollten sich an die neue Kultur anpassen, wurden jedoch als Bürger zweiter Klasse behandelt. Sie fanden nur selten eine Beschäftigung und arbeiteten häufig als Hilfsarbeiter oder Hausangestellte. Diese Benachteiligungen gibt es immer noch und auch eine entsprechende Regierungspolitik und fortlaufende Programme zur Unterstützung der Ureinwohner hatten nur wenig Erfolg darin, ihre Lebensumstände zu verbessern.

Rechte & Versöhnung

Das Verhältnis der Aborigines zu den anderen Australiern war nicht immer einfach. Über die Jahre wurden einige systematische Verordnungen in Kraft gesetzt, die aber oft einen tieferliegenden Zweck erfüllten, etwa Kontrolle über das Land, Dezimierung der Bevölkerung, Schutz, Anpassung, Selbstbestimmung und Selbstverwaltung.

YABUN

Yabun findet jedes Jahr am Australia Day (26. Januar) im Victoria Park in Sydney statt. Das Ureinwohner-Festival feiert das Überleben der Aborigine-Kulturen mit Musik, Tanz, bildender Kunst und Kunsthandwerk, dem Erzählen von Geschichten, politischen Diskussionen und Spielen.

Die Geschichte der erzwungenen Umsiedlung, Wegnahme der Kinder und Verlust von Land und Kultur kann nicht ungeschehen gemacht werden, auch wenn die Regierung manche Themen anpackt. Die gegenwärtige Politik konzentriert sich darauf, „die Lücke zu schließen" und mit einer besseren Versorgung notwendiger Dienstleistungen die Lebensbedingungen zu verbessern. Dennoch gibt es noch immer eine große Ungleichheit zwischen den Aborigines und den anderen Australiern, etwa geringere Bildung, höhere Arbeitslosigkeit, schlechtere Gesundheits- und Lebensbedingungen, hohe Inhaftierungs- und Selbstmordraten und eine niedrigere Lebenserwartung.

Doch trotz allem ist es den Aborigines gelungen, ihre Identität und ihre Verbindung zu Land und Kultur zu bewahren. Es wird zwar zunehmend anerkannt und akzeptiert, dass den Ureinwohnern ein Platz in diesem Land gebührt, aber es bleibt noch ein weiter Weg. Aborigines haben keine wirkliche politische oder wirtschaftliche Macht, aber ihre Kämpfe um Rechtsansprüche und Kulturrechte gehen weiter und stehen in der Politik immer im Vordergrund. Jeder Fortschritt für die Aborigines war hart erkämpft und von den Ureinwohnern selbst in Gang gesetzt, weil sie die Themen in die Öffentlichkeit trugen.

Natur & Umwelt

Tim Flannery

Australiens Tier- und Pflanzenwelt kommt außerirdischem Leben auf der Erde wohl am nächsten. Das liegt daran, dass Australien schon sehr lang von den anderen Kontinenten getrennt ist (ca. 80 Mio. Jahre). Anders als Lebewesen auf den Kontinenten, die durch Landbrücken verbunden sind, sind die hiesigen Vögel, Säugetiere Reptilien und Pflanzen ihren ganz eigenen Evolutionsweg gegangen. Heute resultiert dies in einem der charakteristischsten und vielfältigsten Naturreiche der Welt.

Die ersten Naturforscher, die Australien erkundeten, staunten nicht schlecht über ihre Funde. Hier waren die Schwäne schwarz – für Europäer paradox – und man entdeckte, dass manche Säugetiere, etwa Schnabeltiere und Ameisenigel, Eier legten. Hier stand die Welt wirklich Kopf: Größere Tiere bewegten sich hüpfend vorwärts und jedes Jahr ließen die meisten Bäume statt ihrer Blätter die Rinde fallen.

Wer Australien nur für kurze Zeit besucht, muss sich möglicherweise richtig Mühe geben, um wenigstens ein Stück seines Naturreichtums kennenzulernen. Das liegt daran, dass Australien unaufdringlich ist und ein Teil der Natur – besonders rund um die Städte – zerstört oder durch Pflanzen und Tiere aus Europa ersetzt wurde. Städte wie Sydney haben hingegen einige außergewöhnliche Elemente ihrer ursprünglichen Natur bewahrt, die auch relativ leicht zugänglich sind. Bevor man sie genießt, ist es jedoch sinnvoll, sich ein paar Grundlagen über die Besonderheiten der australischen Natur anzueignen. Denn dieses Land ist einzigartig, und wer seine Ursprünge und die natürlichen Rhythmen verstanden hat, wird es erst richtig würdigen können.

Tim Flannery ist Wissenschaftler, Forscher und Autor. Zu seinen preisgekrönten Büchern gehören *Dschungelpfade*, *Wir Wettermacher* und *Throwim Way Leg* (ein Bericht über seine Arbeit als Biologe in Papua-Neuguinea). Er lebt in Sydney und lehrt dort als Professor an der Wissenschaftsfakultät der Macquarie University.

Eine einzigartige Natur

Zwei Dinge waren besonders wichtig für die Entwicklung von Australiens Natur: der Boden und das Klima. Beide sind etwas ausgesprochen Besonderes.

Böden

In anderen Erdteilen entstanden in der jüngeren geologischen Vergangenheit neue Bodenschichten durch Vulkanismus, die Bildung von Gebirgen oder Gletscheraktivitäten – z.B. die aus Gletschern entstandenen Böden in Nordamerika, Nordasien und Europa. Die fruchtbaren Böden in Indien und in Teilen von Südamerika kamen durch Flüsse zustande, die ganze Gebirge aushöhlten. Und Java in Indonesien verdankt seine außergewöhnliche Fruchtbarkeit den Vulkanen.

All diese bodenbildenden Prozesse fehlten in jüngerer Vergangenheit in Australien fast völlig. Nur Vulkane haben einen Beitrag geleistet, aber der nimmt weniger als 2% der Landfläche ein. Australien liegt seit 90 Mio. Jahren – tief in der Zeit der Dinosaurier – im geologischen Koma. Es war zu flach, zu warm und zu trocken für Gletscher, seine Erdkruste war zu alt und zu dick für Vulkane oder Gebirge – der Uluru (Ayers Rock) und die Kata Tjuta zeigen es. Beide sind Reste von Bergen, die vor 350 Mio. Jahren so hoch waren wie die Anden. Aber seit Jahrmillionen sind sie nicht viel mehr als bessere Hügel.

UMWELT- & NATURSCHUTZGRUPPEN

- Die **Australian Conservation Foundation** (ACF; www.acfonline.org.au) ist Australiens größte NRO in Sachen Umweltschutz.
- Bei **Bush Heritage Australia** (www.bushheritage.org.au) oder **Australian Wildlife Conservancy** (AWC; www.australianwildlife.org) kann man mit Geldspenden und persönlichem Einsatz zum Schutz einheimischer Arten beitragen.
- Lust auf schmutzige Hände? **Conservation Volunteers Australia** (www.conservationvolunteers.com.au) ist eine nicht kommerzielle Organisation mit Schwerpunkt auf praktischem Umweltschutz (u. a. Bäumepflanzen, Anlegen von Wanderwegen, naturkundliche Bestandserhebungen).
- **Ecotourism Australia** (www.ecotourism.org.au) erteilt Ökosiegel an umweltfreundliche und nachhaltige Tourismusangebote. Das Online-Verzeichnis mit ökobewussten Touren, Unterkünften und Attraktionen ist nach Bundesstaaten sortiert.
- Die **Wilderness Society** (www.wilderness.org.au) widmet sich vor allem dem Wildnis- und Waldschutz.

Unter solchen Bedingungen kann kein neuer Boden entstehen, und dem alten rauben Regen und Wind alle Nährstoffe. Selbst wenn jedes Jahr nur 30 cm Niederschlag fällt, ist die Wassersäule, die durch den Boden sickert, nach 100 Mio. Jahren über 30 Mio. km hoch – eine solche Menge kann einiges auswaschen! Fast alle Gebirge Australiens sind über 90 Mio. Jahre alt. Deshalb gibt es Sand in Hülle und Fülle und große Gebiete, in dem das steinerne „Gerippe" des Landes aus dem Boden ragt. Australien ist alt und unfruchtbar, und das Leben hier passt sich diesen Bedingungen nun schon seit Äonen an.

Der Uluru (Ayers Rock) wird oft für den weltgrößten Monolithen gehalten. Tatsächlich belegt er aber nur den zweiten Platz: Zweieinhalbmal größer und damit Rekordhalter ist der Burringurrah (Mt. Augustus) in Western Australia.

Klima

Australiens Pech in Bezug auf seinen Boden spiegelt sich im Klima wider. In den meisten Teilen der Welt außerhalb der feuchten Tropen richtet sich das Leben nach dem Rhythmus der Jahreszeiten – Sommer und Winter oder Regen- und Trockenzeit. Ein großer Teil Australiens erlebt Jahreszeiten – manchmal ausgeprägte –, aber das Leben richtet sich nicht nur nach ihnen. Dies ist sehr gut daran erkennbar, dass es hier trotz jeder Menge Schnee und kalter Gegenden fast keine Bäume gibt, die im Winter ihre Blätter verlieren, und kein einziges Tier, das Winterschlaf hält. Stattdessen gehorcht das Leben einem viel stärkeren klimatischen Einfluss: El Niño.

El Niño ist ein komplexes Klimasystem, das rund um den Südpazifik starke Auswirkungen aufs Wetter hat. Der Kreislauf aus Flut- und Dürrephasen, den El Niño Australien beschert, beeinflusst unterschiedliche Bereiche. Die Flüsse – selbst der mächtige Murray River, der größte Fluss des Landes, der durch den Südosten fließt – können in einem Jahr noch mehrere Meilen breit sein, während man im nächsten beinahe drüberhüpfen kann. Hier zeigt sich die Macht von El Niño, und in Verbindung mit den schlechten Böden Australiens hat sie riesige Auswirkungen.

Flora & Fauna

Australiens Tier- und Pflanzenarten sind in ihrer Verschiedenheit perfekt an die Boden- und Klimabedingungen des Landes angepasst.

Säugetiere

Kängurus

Australien ist – natürlich – als Heimat des Kängurus (kurz: *Roo*) und anderer Beuteltiere berühmt. Wenn man keinen Wildpark besucht, sind diese Tiere nur schwer zu finden, da die meisten nachtaktiv sind. Sie sind jedoch ausgezeichnet an die rauen australischen Bedingungen angepasst. Aber warum ist das Känguru das einzige größere Säugetier der Welt, das sich hüpfend fortbewegt? Mittlerweile weiß man, dass Hüpfen die effizienteste Fortbewegungsart bei mittlerer Geschwindigkeit ist. Das liegt daran, dass die Energie des Sprungs in den Beinsehnen gespeichert wird – fast wie bei einem Springstock. Die Eingeweide gehen dabei wie Kolben hoch und runter und leeren und füllen so die Lungen, ohne dass die Brustmuskulatur arbeiten müsste. Wenn für ein bisschen Nahrung lange Entfernungen zurückgelegt werden müssen, ist eine solche Effizienz ein Muss.

Koalas

Beuteltiere sind so energieeffizient, dass sie ein Fünftel weniger Nahrung brauchen als Plazentatiere ähnlicher Größe. Aber einige Beuteltiere haben die Sache noch weitergetrieben. Beim Besuch eines Wildparks oder Zoos fällt einem vielleicht der abwesende Blick eines Koalas auf. Das wirkt irgendwie so, als sei im Oberstübchen gerade keiner zuhause – und das kommt der Wahrheit sogar ziemlich nahe. Vor einigen Jahren haben Biologen verkündet, Koalas seien die einzigen Lebewesen mit einem Gehirn, das ihren Schädel nicht ausfüllt. Stattdessen hätten sie eine Art verschrumpelte Walnuss als Hirn, die in ihrem Schädel herumklappert. Andere Forscher widersprechen dem jedoch und weisen darauf hin, dass die Hirne untersuchter Koalas möglicherweise geschrumpft seien, weil das Organ so weich ist. Ob sie aber nun ein weiches oder ein leeres Hirn haben – der Koala ist nicht gerade der Einstein der Tierwelt. Mittlerweile glaubt man, dass sein Gehirn der Energieeffizienz zum Opfer gefallen ist. Sie fressen Eukalyptusblätter, die so giftig sind, dass die Tiere allein 20 % ihrer Energie dazu verwenden, ihre Nahrung zu entgiften – da bleibt für das Gehirn nicht viel übrig; aber da Koalas glücklicherweise in den Baumwipfeln leben, wo es keine Raubtiere gibt, kommen sie gut mit wenig Grips aus.

Wombats

Die Gegebenheiten der australischen Natur haben aber nicht alle zu Trotteln gemacht. Der nächste Verwandte des Koalas, der Wombat (drei Arten), hat für Beuteltierverhältnisse ein großes Gehirn. Die Tiere leben in komplexen Bauen und können bis zu 35 kg schwer werden – sie sind die größten in einem Bau lebenden Pflanzenfresser der Welt. Da der Bau immer gut klimatisiert ist, wenden sie dort einen cleveren Trick an: Sie fahren ihren Stoffwechsel runter. Ein Physiologe, der ihre Schilddrüsen-

AUSTRALIAN MUSEUM

Die zahllosen Infos auf der Website des Australian Museum (www.australianmuseum.net.au) decken Australiens Tierwelt von der Kreidezeit bis heute ab. Zudem finden Kinder dort Online-Spiele, Filme und Fakten zu vielen Einzelthemen.

VÖGEL ALS BRUTHELFER

Nur wenige Vogelarten in Australien sind Saisonbrüter und Zugvögel eher selten. Die Vögel brüten, wenn der Regen kommt, und ein großer Prozentsatz folgt dem Regen wie Nomaden durch den ganzen Kontinent.

Die ökologischen Bedingungen in Australien stellen die Vögel vor enorme Herausforderungen und viele legen ein außergewöhnliches Verhalten an den Tag. Kookaburras, Elstern und Staffelschwänze – um nur einige der häufigeren zu nennen – haben das Brutsystem „Nesthelfer" entwickelt. Die Helfer sind die jungen erwachsenen Vögel der vorangegangenen Brut, die ihren Eltern dabei helfen, die neuen Küken aufzuziehen. Weshalb sie das tun, blieb ein Rätsel, bis man verstand, dass bei den harten Bedingungen im Land mehr als zwei ausgewachsene Vögel nötig sind um die Kleinen durchzufüttern. Dieses Verhaltensmuster ist in Asien, Europa und Nordamerika nur sehr selten zu beobachten, in Australiens Vogelwelt aber weit verbreitet.

WAL IN SICHT

Die Jagd auf Wale – ein wichtiger Wirtschaftszweig im größten Teil Südaustraliens seit dem Beginn der Kolonisation – wurde 1979 in Australien verboten. Hauptsächlich fanden sich Buckel-, Blau-, Südliche Glatt- und Pottwale am Ende der Harpunen. Dort, wo die Wale traditionell ihre Jungen zur Welt brachten, der Hafen von Sydney, die Küste um Albany in Westaustralien und die Mündung des Derwent River in Hobart, wurden sie in riesiger Zahl erlegt. Das Geschäft blieb bis Mitte des 19. Jh. profitabel, doch dann machten sich langsam die drastisch sinkende Walpopulation, die Verlockung des Goldrausches im Landesinneren und das Aufkommen des Erdöls als Brennstoffalternative bemerkbar.

In den letzten Jahren (und zur Freude der Einheimischen) sind die Wale vorsichtig sowohl in den Hafen von Sydney als auch in den Derwent River zurückgekehrt. Ironischerweise erweist sich die Walbeobachtung als lukratives Touristenangebot entlang der Hauptstrecken der Walwanderung wie Head of Bight in Südaustralien, Warrnambool in Victoria, Hervey Bay in Queensland und auf dem Meer außerhalb des Hafens von Sydney.

hormone untersucht hat, fand heraus, dass sich die biologische Aktivität bei schlafenden Wombats so weit absenkt, dass sie aus hormoneller Sicht quasi tot sind! Wombats können bis zu einer Woche unter der Erde bleiben und mit nur einem Drittel der Nahrung auskommen, die ein Schaf ähnlicher Größe braucht. Effizient denkende Farmer halten vielleicht eines Tages Wombats statt Schafe. Im Moment ist das jedoch (noch) nicht möglich, denn die größte Wombatart, der Haarnasenwombat, gehört zu den seltensten Lebewesen der Welt. In einem Naturschutzgebiet im Zentrum von Queensland leben nur noch etwa 150 Exemplare.

In R. Strahans Buch *The Mammals of Australia* steht alles über Australiens rätselhafte Säugetiere: Jede einzelne Art wird mit Bildern vorgestellt und von australischen Experten beschrieben.

Andere Säugetiere

Zu den weniger seltenen Beuteltieren, die man in den Nationalparks – rund um die größeren Städte Australiens – vielleicht zu sehen bekommt, gehören die Angehörigen der Beutelmausfamilie. Die Männchen dieser nachtaktiven, rattengroßen Tiere leben nur elf Monate lang und in den ersten zehn konzentrieren sie sich ausschließlich aufs Fressen und Wachsen. Wie bei menschlichen Teenagern kommt auch bei ihnen der Zeitpunkt, an dem sie nur noch an Sex denken, aber bei den Beutelmäusen wird das zur Besessenheit. Wenn sie auf der Suche nach einem Weibchen sind, vergessen sie zu fressen und zu schlafen. Stattdessen warten sie zwischen Bäumen auf vorbeikommende Weibchen und quieken ihnen hinterher. Ende August – zwei Wochen nachdem sie die „Pubertät" erreicht haben – sind alle Männchen tot, völlig erschöpft vom Sex und dem Herumschleppen ihrer geschwollenen Männlichkeit.

In Australien leben zwei einzigartige Kloakentiere: der Ameisenigel, der einem Stacheltier ähnelt, und das Schnabeltier, das an einen Otter mit Schwimmfüßen und entenähnlichem Schnabel erinnert. Ameisenigel sieht man häufig entlang der Straßen im Busch, aber Schnabeltiere machen sich rar.

H. Coggers *Reptiles and Amphibians of Australia* ist die kaltblütige Bibel für alle, die sich für Australiens Reptilien interessieren (oder Todesangst vor ihnen haben). Dieses dicke Buch hilft dabei, die verschiedenen Arten zu erkennen – und im Notfall lässt es sich auch prima als Verteidigungswaffe einsetzen!

Reptilien

In Australien bekommt man viele Reptilien zu Gesicht. Es gibt zahlreiche Schlangen und darunter sind einige der giftigsten Arten der Welt: Wo die Möglichkeiten, Futter zu finden ziemlich rar sind, darf die Beute möglichst keine Chance haben – daher das starke Gift. Schlangen greifen normalerweise nicht an, sofern sie nicht gestört oder gereizt werden. Wer sie still beobachtet und sich ruhig zurückzieht, sollte keine Probleme bekommen.

Manche Traveller verwechseln Echsen mit Schlangen und tatsächlich sehen einige australische Echsen bizarr aus. Häufiger zu finden ist die Tannenzapfenechse. Diese Tiere, die in den südlichen Trockenregionen zu finden sind, sehen, wie der Name schon sagt, wie lebendige Tannenzapfen aus. Sie sind das australische Äquivalent zu Schildkröten und völlig harmlos. Andere Echsen sind viel größer. Außer auf der indonesischen Insel Komodo kann man nirgendwo größere Echsen sehen als die in der Wüste lebenden Riesenwarane. Diese Tiere tragen leopardenartige Flecken und können über 2 m lang werden. Sie sind sehr geschickt bei der Jagd nach Kaninchen, Wildkatzen und ähnlicher Beute.

Das Salzwasser- bzw. Leistenkrokodil fühlt sich im Kakadu National Park pudelwohl und ist das größte lebende Reptil der Welt: Alte Männchen können einschüchternde 6 m lang sein.

Pflanzenwelt

Australiens Pflanzen können faszinierend sein. Wer im Frühling in Perth ist, sollte unbedingt eine Wildblumentour machen. Die schönsten Blumen wachsen auf den trockenen, monotonen Sandebenen, und das Farbenmeer, das die Känguru-Pfoten, Banksien und andere heimische Pflanzen zaubern, kann Schwindel erregend schön sein. Schon die Vielfalt der Blumen ist unglaublich, allein im Südwesten wachsen 4000 Arten. Sie scheint ebenfalls auf Australiens kargen Boden zurückzuführen zu sein und fasziniert Botaniker seit Langem. Der Boden der Sandebenen – beinahe reiner Quarz – ist vermutlich der nährstoffärmste Australiens. So dominiert keine schnell wachsende Einzelart. Stattdessen haben Tausende spezialisierter Pflanzen eine Nische gefunden und existieren friedlich nebeneinander. Manche leben am Fuß meterhoher Sanddünen, einige auf deren Gipfel, andere auf dem Ost- und wieder andere auf dem Westhang. Ihre Blüten müssen wunderschön sein, um Insekten anzulocken, denn in dieser Sandwüste ist Nahrung so rar, dass selbst Bienen selten sind.

Wer durch die Wildblumen-Region des Südwestens wandert, sollte nach dem Sonnentau Ausschau halten. Nur in Australien findet sich eine solche Vielfalt dieser fleischfressenden Pflanzen. Sie holen die Nährstoffe nicht mehr aus dem Boden, sondern locken mit der süßen Flüssigkeit auf ihren Blättern Insekten an, die sie dann verdauen, um Stickstoff und Phosphor aufzunehmen.

Wenn man viel Glück hat, sieht man einen Honigbeutler. Dieses winzige Beuteltier ist ein großes Rätsel. Es gewinnt alle Nährstoffe aus Nektar und Pollen und findet im Südwesten immer genügend Blumen, um zu überleben. Niemand weiß allerdings, wofür die Männchen Spermien brauchen, die größer sind als die des Blauwals, oder weshalb ihre Hoden riesig sind. Wären Menschen so gut ausgestattet, müssten Männer mit einem 4 kg schweren Sack zwischen den Beinen herumlaufen!

Offizielle Blumensymbole

Australheide (Victoria)

Cooktown-Orchidee (Queensland)

Rot-grüne Känguru-Pfote (WA)

Royal Bluebell (ACT)

Blauer Eukalyptus (Tasmanien)

Sturt's Wüstenerbse (SA)

Sturt's Wüstenrose (NT)

Telopea (NSW)

Umweltprobleme

Die europäische Kolonisation Australiens begann 1788 und damit eine Ära katastrophaler Eingriffe in die Umwelt. So kämpfen Australier heu-

HAIE

Keine Angst vor Haien! Trotz des Medienhypes hat Australien seit 1791 nur durchschnittlich einen Haiangriff mit tödlichem Ausgang pro Jahr zu verzeichnen. In den Ozeanen der Welt schwimmen etwa 370 Haiarten – ungefähr 160 davon tummeln sich in australischen Gewässern. Nur wenige von ihnen sind für Menschen gefährlich: Die üblichen Verdächtigen sind Hochsee-Weißflossenhai, Weißer Hai, Tiger- und Bullenhai.

Wo mehr Menschen sind, gibt es, klar, auch mehr Haiangriffe. NSW und Sydney im Besonderen haben einen schlechten Ruf. Zwischen 1920 und 1940 gab es besonders viele Angriffe, aber nachdem seit 1937 Hainetze angebracht wurden, gab es nur noch einen Todesfall (1963). Sichtungen der Rückenflosse sind selten genug, um es in die Abendnachrichten zu schaffen. Da ist es wahrscheinlicher, von einem Bus überfahren zu werden – also hinein ins kühle Nass und viel Spaß!

te mit einigen der größten Umweltproblemen weltweit. Es mag seltsam erscheinen, dass eine Bevölkerung von 23 Mio., verteilt auf einen Kontinent von der Größe der USA ohne Alaska, ihrer Umwelt derart schaden kann, aber die lange Isolation Australiens, seine empfindlichen Böden und die schwierigen klimatischen Verhältnisse ließen das Land extrem anfällig werden.

Die Schäden sind auf mehrere Faktoren zurückzuführen. Die wichtigsten sind: eingeschleppte Schädlinge, Zerstörung der Wälder, Überweidung und Eingriffe in den Wasserhaushalt.

Kurz nach 1788 flohen die ersten Hauskatzen in den australischen Busch; bald liefen Horden von Schädlingen – von Füchsen über wilde Kamele bis zu Aga-Kröten – in der freien Natur herum und haben viele Arten der heimischen Fauna ausgerottet. Jede zehnte Säugetierart, die vor der europäischen Kolonisation in Australien lebte, ist inzwischen verschwunden, viele weitere sind stark bedroht. Ebenso sind zahlreiche heimische Pflanzen, Vögel und Amphibien ausgestorben.

Auch die Vernichtung der Wälder hatte Auswirkungen auf die Umwelt. Die meisten australischen Regenwälder wurden gerodet, und Umweltschützer kämpfen mit der Holzindustrie um das Schicksal der letzten ungeschützten Urwaldbestände.

Australiens Grasland wird seit mehr als einem Jahrhundert chronisch überweidet. Das Resultat: Die Böden der ländlichen Regionen reagieren extrem empfindlich auf den typisch australischen Wechsel von Dürre und Überschwemmung. Außerdem wurden dadurch viele einheimische Arten ausgerottet. Um neue Ackerflächen zu gewinnen, wurde Land gerodet und bewässert: Die Rodungen begannen vor nicht einmal einem Jahrhundert in den artenreichen Gegenden des sogenannten Weizengürtels von Westaustralien. Heute ist ein Drittel dieser Fläche versalzen

Gerade einmal 1,5% der Landfläche Australiens liefern über 95% seiner landwirtschaftlichen Erträge; der größte Teil davon liegt in den bewässerten Gebieten des Murray-Darling-Beckens, dem landwirtschaftlichen Herz Australiens. Auch hier drohen die Böden und Flüsse zu versalzen. Das Wasser der Bewässerungsanlagen dringt in Sedimentschichten eines Urmeeres ein und trägt Salz in die Wasserreservoirs und Felder. Auch der Snowy River in NSW und Victoria kämpft ums Überleben.

Trotz der ungeheuerlichen Ausmaße des ökologischen Desasters, das Australien heimsucht, reagieren Staat und Gesellschaft nur langsam. In den 1980er-Jahren wurden erste Gegenmaßnahmen ergriffen, aber erst in den 1990er-Jahren wurden Schritte in Angriff genommen. Mit **Landcare** (www.landcareaustralia.com.au) wurde eine Organisation geschaffen, durch die Menschen auf lokale Umweltprobleme wirkungsvoller aufmerksam machen können. Außerdem investierte die staatliche Initiative **Caring for our Country** (www.nrm.gov.au) mehr als 2 Mrd. AU$ (1,5 Mrd. €). Allerdings sind einige der Probleme so gewaltig, dass der Versuch, den Zerstörungsprozess zu stoppen, bislang nur wenig erfolgreich war.

Australiens Umweltprobleme sind so schwerwiegend, dass für ihre Bewältigung eine Revolution notwendig ist. Denn Nachhaltigkeit muss sich in jedem Lebensbereich durchsetzen, in der Landwirtschaft, in Wohngebieten und Städten. Im Zentrum der Veränderungen stehen erneuerbare Energien, nachhaltige Landwirtschaft und sorgsamer Umgang mit Wasser. Erst jetzt entwickeln Australier einen Fahrplan zur Nachhaltigkeit – und ohne die werden die Menschen langfristig keine Zukunft auf diesem Kontinent haben.

BUSCH-BRÄNDE

In jüngster Zeit hat Australien einige verheerende Buschbrände erlebt: Der „Schwarze Samstag" in Victoria (2009) forderte 173 Todesopfer. 2013 wurden in Tasmanien ein Feuerwehrmann getötet und Hunderte Gebäude zerstört.

Welterbe

Great Barrier Reef (Queensland)

Southwest Wilderness (Tasmanien)

Uluru-Kata Tjuta National Park (NT)

Kakadu National Park (NT)

Aktuelle Umweltprobleme

Aktuell stehen auf der Liste der Umweltprobleme, die Australiens empfindliche Natur bedrohen, Klimawandel, Wasserknappheit, Atomenergie

DAS LEIDEN DES MURRAY-DARLING

Das Murray-Darling Basin ist Australiens größtes Flusssystem und erstreckt sich auf 1,05 Mio. km² (ca. 14 % der Landesfläche) durch Queensland, NSW, das ACT, Victoria und schließlich SA. Es stillt nicht nur ca. ein Drittel des landwirtschaftlichen und urbanen Dursts, sondern bewässert auch wertvolle Regenwälder, Sümpfe, subtropische Gegenden und verbrannte Trockengebiete.

Doch Dürre, Bewässerung und Klimawandel haben den Wasserpegel des Murray-Darling sinken lassen. Manche Feuchtgebiete rund um den Darling River wurden früher alle fünf Jahre überflutet; dies passiert inzwischen wohl nur noch alle 25 Jahre und deshalb sind sogar fruchtbare Arten vom Aussterben bedroht. Zudem besteht die Gefahr, dass das ganze System zu stark versalzt und nicht mehr genutzt werden kann.

Durch Regenfälle und großflächige Überflutungen in ganz Ostaustralien sind die Pegel der Flüsse wieder angestiegen (vor allem seit 2010/11). Die heikle Aufgabe ein Gleichgewicht zwischen landwirtschaftlichen und ökologischen Interessen herzustellen, verursacht weiterhin politische und soziale Turbulenzen in fünf Bundesstaaten bzw. Territorien.

und Uranabbau ganz oben. Alle hängen zusammen. Für Australien bedeuten die wärmeren Temperaturen durch den Klimawandel eine weitere Katastrophe für eine ohnehin anfällige Umwelt. Ein durchschnittlicher Temperaturanstieg um 2 °C wird auf dem trockensten Kontinent der Erde zu einer noch trockeneren Südhälfte und zu noch größerer Wasserknappheit führen. Wissenschaftler sagen auch, dass heißeres und trockeneres Klima die Buschbrände verschlimmert und zu heftigeren Wirbelstürmen führen wird.

Australien ist ein großer Treibhausgasproduzent, weil es sich bei der Energieversorgung auf Kohle und andere fossile Brennstoffe stützt. Die häufigste und umstrittenste alternative Energiequelle ist die Atomenergie, die weniger Treibhausgase produziert und auf Uran basiert – und davon besitzt Australien jede Menge. Bis der radioaktive Müll, der in den Atomkraftwerken entsteht, jedoch harmlos ist, können bis zu 1000 Jahre vergehen. Darüber hinaus ist Uran eine endliche Energiequelle (im Gegensatz zu noch saubereren erneuerbaren Energiequellen, etwa der Solar- und der Windenergie) und selbst wenn Australien jetzt genügend Kernkraftwerke baute, um weniger abhängig von der Kohle zu sein, würde es Jahre dauern, bevor sich die ersten positiven Auswirkungen für Umwelt und Wirtschaft zeigten.

Die Coastal Studies Unit der University of Sydney schätzt, dass Australien unglaubliche 10 685 Strände hat. Als Strand definiert sie dabei jeden Sandstreifen, der über 20 m lang ist und bei Flut trocken bleibt.

Der Uranabbau polarisiert die Menschen ebenfalls. Da sich auch andere Länder rund um den Erdball auf die Atomenergie verlassen, ist Australien in der Position, den Export seiner gewinnträchtigsten Ressource ausweiten zu können. Der Uranabbau hat im Land jedoch entschiedene Gegner, nicht nur, weil das Erzeugnis ein Schlüsselelement für den Bau von Atomwaffen ist, sondern auch, weil sich ein großer Teil der australischen Uranvorkommen unter heiligem Aborigine-Land befindet. Befürworter des verstärkten Uranabbaus und -exports argumentieren, der beste Weg, den Gebrauch von Uran zu kontrollieren, sei es, seinen gesamten Lebenskreislauf zu überwachen, d.h. das Roherzeugnis an internationale Abnehmer zu verkaufen und dann eine Gebühr für die Entsorgung des Mülls zu erheben. Beide großen politischen Parteien denken über eine Ausweitung der Uranexportindustrie nach, da sie aus wirtschaftlichen Gründen angeblich unumgänglich ist.

Nationalparks & Naturschutzgebiete

In Australien gibt es über 500 Nationalparks – geschützte Wildnis, die von großer Bedeutung für Natur und Umwelt ist. Jeder Bundesstaat ernennt und verwaltet seine Nationalparks selbst. Die Nationalparks umfassen Regenwälder, weite Flächen leeren Outbacks, Küstenstreifen mit Sanddünen und zerklüftete Gebirgsketten.

Die Öffentlichkeit soll Nationalparks besuchen, solange sie Sicherheits- und Umweltschutzmaßnahmen beachtet. Meist stehen den Besuchern Campingplätze (oft mit Toiletten und Duschen), Wanderwege und Informationszentren zur Verfügung. In den meisten Nationalparks gibt es Einschränkungen, was das Mitbringen von Haustieren betrifft.

Einige von Australiens schönsten Nationalparks und wichtigsten Stätten gehören zum Unesco-Welterbe. Eine UN-Liste, die ökologische oder kulturelle Orte mit einem universellen Wert registriert (Verzeichnisse unter http://whc.unesco.org).

Die State Parks und State Forests gehören der australischen Regierung, deshalb herrschen dort weniger strenge Regeln. Obwohl auch viele State Forests bewirtschaftet werden, sind sie oft Erholungsgebiete mit Campingplätzen, Wanderwegen und ausgeschilderten Straßen. In einigen sind sogar Pferde und Hunde erlaubt.

Wildtiere beobachten

Einige Regionen Australiens bieten einzigartige Gelegenheiten, die hiesige Tier- und Pflanzenwelt kennenzulernen – eine der besten ist Tasmanien. Auf der Insel wimmelt es von Wallabies, Wombats und Beutelratten, vor allem weil Füchse, die die Beuteltierpopulationen auf dem Festland stark dezimiert haben, sehr lange brauchten, um die Insel zu erreichen (der erste Fuchs wurde erst 2001 dort entdeckt). Sie ist außerdem das Zuhause des Tasmanischen Teufels. Die Tiere sind auf der Insel sehr zahlreich vertreten und in einigen Nationalparks kann man sie dabei beobachten, wie sie überfahrene Wombats zerfleischen. Ihre Zankereien sind fürchterlich, ihr Gekreische ist ohrenbetäubend. Sehr viel näher kommt man in Australien so einem eindrucksvollen Erlebnis nicht. Unglücklicherweise verringert sich die Teufel-Population durch die Devil Facial Tumour Disease, bei der sich Krebsgeschwüre im Gesicht der Beuteltiere bilden.

Wer von der Vielfalt tropischer Regenwälder fasziniert ist, sollte auf jeden Fall den Weltnaturerbestätten in Queensland einen Besuch abstatten. Paradiesvögel, Kasuare und eine Vielzahl anderer Vögel sind tagsüber zu beobachten, während man nachts nach Baumkängurus (ja, einige Känguruarten leben in Baumkronen) Ausschau halten kann. Auf einer Nachtwanderung sieht man außerdem mit großer Wahrscheinlichkeit neugierige Beutelratten – von denen einige wie Stinktiere aussehen – und andere Beuteltiere, die nur noch in einem kleinen Gebiet im Nordosten von Queensland anzutreffen sind.

Baumwipfelpfade

- *Valley of the Giants Tree Top Walk (Western Australia)*
- *Tahune Airwalk (Tasmanien)*
- *Otway Fly (Victoria)*
- *Illawarra Fly Tree Top Walk (New South Wales)*

In Australiens Wüsten wilde Tiere zu erspähen, ist das reinste Glücksspiel. Wer in einem trockenen Jahr durch das Land reist, sieht vielleicht nur staubige Ebenen, hier und da ein Känguru oder einen Emu und ein paar unverwüstliche Bäume. Wer jedoch nach ergiebigen Regenfällen zu Besuch kommt, findet beinahe einen Garten Eden vor. Wiesen voller weißer und gelber Gänseblümchen erstrecken sich in der Ferne. Die Salzseen füllen sich mit Süßwasser und man kann Millionen von Wasservögeln – Pelikane, Stelzenläufer, Kormorane und Möwen – beobachten, die sich die im Überfluss vorhandenen Fische und Insekten schmecken lassen. Es ist wie eine Fata Morgana und wie eine solche verschwindet es, sobald das Land wieder austrocknet, nur um nach ein paar Jahren oder einem Jahrzehnt wieder zum Leben zu erwachen. Wer nach zuverlässigeren, aber ebenso spektakulären Möglichkeiten sucht, Vögel zu beobachten, sollte dem Kakadu National Park einen Besuch abstatten, am besten gegen Ende der Trockenzeit im November.

Die größten Lebewesen, die sich rund um Australien blicken lassen, sind Meeressäuger wie Wale und Seehunde. Nirgendwo sieht man sie besser als in Südaustralien. Während des Frühlings versammeln sich Südliche Glattwale in der Great Australian Bight. In der Nähe der abgeschiedenen Aborigine-Gemeinde Yalata kann man sie besonders gut beobachten, während sie sich paaren, herumtollen oder ihre Jungen säugen. Kangaroo Island, südlich von Adelaide gelegen, ist ein fantastischer Ort, um Seehunde und Seelöwen zu beobachten. Es gibt gut ausgestattete Besucherzentren, die solche Beobachtungen erleichtern. Und dort, wo erwachsene Zwergpinguine ihre Nester bauen, sind die Pinguine nachts in ganzen Pinguin-Paraden unterwegs. Die Strände auf Kangaroo Island sind magische Orte, wo man inmitten von Seetang wunderschöne Muscheln, Walknochen und sogar Fetzenfische findet.

Die fantastische Vielfalt am Great Barrier Reef vor Queensland ist legendär. Eine Bootsfahrt von Cairns oder Port Douglas zum Riff ist ein unvergessliches Erlebnis. Ebenso außergewöhnlich, aber weniger bekannt, ist die Vielfalt der südlichen australischen Gewässer: In der Great Australian Bight leben mehr Meeresbewohner als irgendwo sonst auf der Erde.

Essen & Wein

In einem noch nicht allzu fernen Jahrzehnt waren die Australier stolz darauf, mit der Ernährungsweise „Fleisch und dreimal Gemüse" zu überleben. Gutes Essen war ein Sonntagsbraten, Lasagne galt als exotisch. Glücklicherweise hat die Esskultur im Land Fortschritte gemacht. Die australische Gastronomie lebt heute davon, Regeln zu brechen, unterstützt von weltbekannten Weinen, ausgezeichnetem Kaffee und einer wachsenden Brauereiszene.

Top Schlemmerfestivals

The Taste (S. 686), Hobart, Tasmanien

Melbourne Food & Wine Festival (S. 539), Melbourne, Victoria

Clare Valley Gourmet-Wochenende (S. 848), Clare Valley, South Australia

Mod Oz („Modern Australian")

Der Begriff „Modern Australian" (Mod Oz) wurde geprägt, um die heutige australische Küche zu klassifizieren: eine Mischung aus Ost und West, ein Strudel aus Atlantik und pazifischem Raum, ein Schnörkel authentische französische und italienische Küche.

Der Schlüssel für diese kulinarische Zubereitung heißt Immigration. Der Zustrom seit dem 2. Weltkrieg aus Europa, Asien, dem Nahen Osten und Afrika hat neue Zutaten gebracht und neue Wege, vorhandene Lebensmittel zu verwenden. Vietnam, Japan, Fidschi – woher das Nahrungsmittel auch kommt, es gibt Einwanderer und Einheimische, die wild darauf sind, es zu kochen und zu essen. Man findet Jamaikaner, die Scotch Bonnets („Schottenmützen", karibische Chilischoten) verwenden und Tunesier, die ein Tajine-Gericht zubereiten.

Mit dem Appetit der Australier nach Vielfalt und neuen Erfindungen wächst auch die Esskultur. Kochbücher und Gourmetmagazine sind Bestseller und Australiens gefeierte Küchenchefs – im Ausland sehr gesucht – reflektieren mit ihrem Background und ihren Gerichten Australiens Multikulturalismus.

Das hört sich überwältigend an? Keine Angst! Die Bandbreite des Angebots ist ein echter Gewinn. Die Gerichte sind von starken und interessanten Aromen sowie frischen Zutaten geprägt. Für alle Geschmäcker ist gesorgt: Das Chilimeter reicht von sanft bis extrem, Fisch und Meeresfrüchte gibt es massenhaft, alle Arten von Fleisch sind vollmundig und auch die vegetarischen Bedürfnisse werden gestillt (vor allem in den Städten).

Frische Lebensmittel vor Ort

Australien ist riesig (etwa so groß wie die USA), das Klima reicht vom tropischen Norden bis zum gemäßigten Süden. Deshalb ist das Angebot an frischen Lebensmitteln das ganze Jahr über extrem vielfältig. Man nehme beispielsweise Obst: Im Sommer biegen sich die Bäume vor Nektarinen, Pfirsichen und Kirschen. In Queensland werden so viele Mangos geerntet, dass die Leute sie irgendwann nicht mehr sehen können. Am Murray erstrecken sich Obstplantagen mit Zitrusfrüchten, Trauben und Melonen. Tasmaniens kühleres Klima eignet sich hervorragend für Erdbeeren und Steinobst. Und die Tomaten in South Australia (SA) sind die besten des Landes. Die lokalen Supermärkte verkaufen die Besten.

Meeresfrüchte sind natürlich in Meeresnähe am frischesten – und da Australien eine Insel ist, gibt es sie auch überall. Vor allem Austern sind populär: Kenner schätzen die Sydney-Felsenauster, die tatsächlich an der gesamten Küste von New South Wales (NSW) zu finden ist. Exzellente Austern gibt es in sieben Regionen von South Australia, nicht zu vergessen die tasmanische Pazifikauster. Australiens südlichster Bundesstaat ist außerdem berühmt für seine Forellen, seine Seeohren und auch seinen Lachs.

Eine Spezialität mit komischem Namen sind *bugs* (Bärenkrebse). Sie sehen aus wie Hummer mit Schaufelnasen, sind aber nicht so teuer (vor allem die Arten an der Balmain und der Moreton Bay sind zu empfehlen). *Marrons* sind prähistorisch aussehende Flusswasserkrebse aus Western Australia (WA). Sie haben ein subtiles Aroma, das von den beliebten schweren Dressings nicht immer verbessert wird. Überaus köstlich sind auch Garnelen, besonders die süßen School Prawns oder die Eastern King (Yamba) Prawns, die es an der Nordküste von NSW gibt. Hinzu kommen unzählige wilde Fischarten wie der wunderbare Barramundi aus dem Northern Territory (NT). Und selbst solch unspektakuläre Arten wie Snapper, Stachelmakrele oder Weißfisch schmecken gegrillt fantastisch.

Es gibt immer mehr sehr exklusive, kleine Käsereien in den Milchwirtschaftsregionen des Landes. Allein Tasmanien produziert inzwischen 50 verschiedene Käsesorten.

Trinkgeld wird nicht erwartet, ist aber allgemein üblich, wenn der Service mit einem Lächeln geleistet wurde. 5 bis 10 % sind angemessen – lieber mehr wenn die Kinder verrückt gespielt und den Speisesaal verwüstet haben.

Essen im Restaurant

Ein Essen im Restaurant ist in Australien eine entspannte Angelegenheit. Innerhalb von 15 Minuten kann man bestellen, 20 Minuten später kommt der erste Gang. Eine halbe Stunde danach wird das Hauptgericht serviert. Ein Sakko ist selbst in einem Restaurant der obersten Kategorie nirgendwo Pflicht (aber auch nicht verpönt).

Wenn ein Restaurant BYO anbietet, darf man seinen eigenen Alkohol mitbringen. Wird dort ebenfalls Alkohol verkauft, ist BYO gewöhnlich auf Flaschenweine begrenzt (kein Bier, keinen Weinschlauch) und die Rechnung enthält Korkengeld. Der Betrag gilt entweder pro Person oder

ESSEN AUS DEM BUSCH (BUSH TUCKER): EINHEIMISCHE NAHRUNGSMITTEL *JANELLE WHITE*

Es gibt im australischen Busch schätzungsweise 350 einheimische Nahrungspflanzen. In den Nahrungsmitteln aus dem Busch schmeckt man die australischen Landschaften. Es gibt Trockenfrüchte und mageres Fleisch aus der Wüste, Schalentiere und Fisch von den Meeresküsten, alpine Beeren und Bergpaprika aus den Hochlagen und Zitrusfrüchte, Obst und Kräuter aus den Regenwäldern. Diese Küche basiert auf dem tiefen Verständnis der Aborigines für ihre Umgebung, das sich auf von Generation zu Generation weitergegebenes Kulturwissen gründet. In langen Jahren des „Versuchs und Irrtums" haben sie gelernt, diese Nahrungsmittel richtig einzuschätzen und sind Meister der Zubereitung geworden.

Für kommerzielle Zwecke werden die Nahrungsmittel aus dem Busch erst seit etwa 30 Jahren geerntet. In Zentralaustralien sind dafür in erster Linie die älteren und alten Aborigine-Frauen zuständig. Hier und in anderen Regionen werden Buschfleisch von Känguru, Emu und Krokodil, Fisch wie Barramundi und Buschfrüchte wie Wüstenrosinen, Quandongs, Riberrys und Kakadupflaumen je nach Saison gejagt und gesammelt – zur eigenen Freude wie auch zur Versorgung der örtlichen, nationalen und internationalen Märkte.

Janelle White ist Anthropologin, die gegenwärtig über die Beteiligung der Aborigines an einer Reihe von Firmen promoviert, die auf der Grundlage von Buschprodukten u. a. Buschnahrungsmittel, Buschmedikamente und Buschschmuck herstellen. Sie teilt ihre Zeit zwischen Adelaide und dem Land 200 km nordwestlich von Alice Springs auf.

pro konsumierte Flasche und kann in schickeren Etablissements bis zu 20 AU$ betragen.

Auf die Schnelle

In den großen Städten ist der Straßenverkauf auf dem Vormarsch – Kaffeestände haben inzwischen Gesellschaft durch Transporter bekommen, die Tacos, Burritos, Bratkartoffeln, Burger und mehr verkaufen. Überall in den Städten gibt es Fast-Food-Ketten, Feinkost-Sandwichbars, Food-Courts in Einkaufszentren und Markthallen, Bäckereien sowie Sushi-, Nudel- und Salatbars. Anderswo sind die Möglichkeiten auf traditionelle Milchbars beschränkt (in SA und WA *delis* genannt), die altmodische Hamburger (mit Schinken, Ei, Ananas und roter Beete!) und andere Dinge zum Mitnehmen anbieten.

Da es fast eine Million Australier mit italienischen Wurzeln gibt, ist es nachvollziehbar, dass Pizza wohl das beliebteste Fast-Food-Gericht in Australien ist. Die meisten Pizzas, die nach Hause geliefert werden, sind eher amerikanisch (dick und mit viel Belag) als italienisch zubereitet. Aber sogar in Kleinstädten findet man immer noch die dünne Holzofenpizza Napoli.

Fish & Chips sind immer noch schwer angesagt. Meist wird dazu eine Haifischart verwendet (oft als „Flake" bezeichnet; keine Angst, das ist köstlich), gegrillt oder paniert.

Bei einem Rugby- oder Footballmatch sind Bier und Fleischpasteten mindestens ebenso zwingend wie das passende Outfit in den Farben des Lieblingsvereins.

Wenn man bei jemandem zu Hause zum Essen eingeladen ist, sollte man immer ein Geschenk dabei haben (auch wenn der Gastgeber versucht einen davon abzubringen): eine Flasche Wein, ein Sixpack Bier, einen Blumenstrauß oder Schokolade.

Essen mit den Einheimischen

Zum Frühstück gibt es bei den meisten Australiern Müsli, Toast und/oder Obst, an Wochenenden oft auch Eier und Schinken, dazu Tee und Kaffee. Mittags verschlingen sie Sandwiches, Salate und Sushi, abends ist alles möglich.

Das Barbecue (kurz BBQ oder *barbie*) hat Kultstatus und ist nahezu verpflichtend. Im Sommer laden die Australier abends ihre Freunde ein und werfen den Grill an, um Burger, Würstchen (*snags*), Steaks, Meeresfrüchte oder auch Gemüse-, Fleisch- oder Meeresfrüchtespieße zuzu-

ESSEN: WANN, WO & WIE

- Preiswerte Lokale bieten normalerweise Hauptgerichte für unter 15 AU$ an, Mittelklasserestaurants liegen im allgemeinen zwischen 15 und 32 AU$ und die teuren Adressen verlangen mehr als 32 AU$.
- Die Cafés servieren an den Wochenenden etwa ab 8 Uhr Frühstück, an den Wochentagen etwas früher, und schließen gegen 17 Uhr.
- Pubs und Bars öffnen gewöhnlich um die Mittagszeit und haben bis mindestens 22 Uhr geöffnet, von Donnerstag bis Samstag auch länger. In Pubs gibt es normalerweise zwischen 12 und 14 Uhr sowie zwischen 18 und 20 Uhr etwas zu essen.
- Die meisten Restaurants öffnen gegen 12 Uhr fürs Mittagessen und ab 18 Uhr fürs Abendessen. Die Australier essen meist kurz nach 12 Uhr zu Mittag. Reservierungen fürs Abendessen legt man zwischen 19 und 20 Uhr, obwohl einige Restaurants in den Großstädten auch bis nach 22 Uhr geöffnet haben.
- In den großen Städten gibt es viele vegetarische Restaurants und bei den anderen vegetarische Gerichte (auch eine Auswahl für Veganer und bei Gluten-Unverträglichkeit). Das ländliche Australien bleibt bei seiner Fleischvorliebe.
- Das Rauchen ist in Cafés, Restaurants, Clubs, Pubs und in einer steigenden Anzahl von Einkaufszentren untersagt.

WEINREGIONEN

Die meisten australischen Bundesstaaten hegen inzwischen ihre Weinindustrie. Manche Weingüter sind schon fast 200 Jahre alt. Viele von ihnen bieten umsonst oder gegen geringes Entgelt Verkostungen an. Auch wenn viel guter Wein von den großen Herstellern kommt, die den größenbedingten Kostenvorteil auf ihrer Seite haben, werden die interessantesten Weine von kleinen Winzern gekeltert. Hier folgt ein erster Überblick.

South Australia

Die Weinindustrie in SA ist ein riesiger Global Player, was ein Besuch im National Wine Centre in Adelaide bestätigt. Weltweit führend sind etwa der Cabernet Sauvignon aus Coonawarra, der Riesling aus dem Clare Valley, der Sauvignon Blanc aus den Adelaide Hills und der Shiraz aus dem Barossa Valley und McLaren Vale.

New South Wales & Australian Capital Territory

Das Hunter Valley ist Australiens älteste Weinregion, bewirtschaftet seit den 1820er-Jahren. Das untere Tal ist bekannt für Shiraz und nicht im Holzfass gereiften Semillon. Die Winzer im Upper Hunter haben sich auf Cabernet Sauvignon und Shiraz spezialisiert, mit Vorstößen Richtung Verdelho und Chardonnay. Weiter im Landesinneren liegen die preisgekrönten Weingüter Griffith, Mudgee und Orange. Canberra ist umgeben von einer wachsenden Zahl hervorragender Weingüter.

Western Australia

Margaret River ist ein Synonym für unglaubliche Cabernets und Chardonnays. In alten Wäldern haben sich die Weingüter in Pemberton versteckt und keltern hier Cabernet Sauvignon, Merlot, Pinot Noir, Sauvignon Blanc und Shiraz. Mt. Barker an der Südküste ist eine weitere knospende Weinregion.

Victoria

In Victoria gibt es mehr als 500 Weingüter. Gleich außerhalb von Melbourne wird im Yarra Valley ausgezeichneter Chardonnay und Pinot Noir gekeltert, ebenso wie auf der Mornington Peninsula. Die Weingüter in Rutherglen produzieren tolle Dessertweine, aber auch Shiraz und Durif.

Tasmanien

Die Pipers River Region und das Tamar Valley im Norden lohnen sich, ebenso die wachsende Weinindustrie im Coal River Valley rund um Richmond, nahe Hobart. Im kühlen Klima gedeihende Tropfen sind hier vor allem der Pinot Noir und der Sauvignon Blanc.

Queensland

Die Darling Downs sind das Kernland der kleinen, aber feinen Weinindustrie von Queensland. Stanthorpe ist sein Zentrum, aber auch in Tamborine Mountain in der Nähe von Brisbane finden sich ein paar Weinkellertüren.

bereiten (wer zu einem BBQ eingeladen wird, bringt Fleisch und kaltes Bier mit). An Wochenenden wird der Grill das ganze Jahr über auch für gemütliche Mittagessen aufgebaut. In den Grünanlagen im ganzen Land findet man münzbetriebene und kostenlose Grills – eine hervorragende Option für Traveller.

Cafés & Kaffee

Cafés servieren im allgemeinen gutes Essen – man bekommt eine anständige Mahlzeit für etwa 15 AU$. Kinder sind in der Regel mehr als willkommen.

Ganz Australien ist mittlerweile kaffeesüchtig. Praktisch jedes Café besitzt eine italienische Espressomaschine, Kaffeeröstereien mit Ausschank sind der letzte Schrei und in städtischen Gebieten ist der qualifizierte Barista allgegenwärtig (es gibt sogar Baristas in Cafés, die an

Delicious (www.taste.com.au/delicious) ist ein monatlich erscheinendes Magazin der Australian Broadcasting Corporation (ABC), in dem sich Rezepte, Restaurantkritiken, Ess- und Weintrends sowie aufs Essen bezogene Reiseberichte finden.

Tankstellen angeschlossen sind). In Sydney und Melbourne hat sich eine ganze Generation an Kaffee-Snobs gebildet, beide Städte rivalisieren um das Recht, mit dem Titel „Australiens Kaffeehauptstadt" anzugeben. Melbournes Café-Szene gibt sich besonders künstlerisch; am besten schlendert man einfach durch die von Cafés gesäumten Straßen der Innenstadt. Aber auch in anderen größeren und kleineren Städten ist der Kaffee nicht zu verachten, und selbst auf dem Land stehen die Chancen auf eine gute Tasse inzwischen ganz gut.

Kneipen & Getränke

Egal welchen Stoff man bevorzugt: Wer etwas zu trinken sucht, ist in Australien genau richtig. Australiens Wein gilt schon lange als einer der besten der Welt und hat sich zum Exportschlager gemausert. Die australischen Biere haben sich den immer anspruchsvoller werdenden Biertrinkern angepasst: heute gibt es eine große Bandbreite an unterschiedlichen Biersorten und Brauereien.

Die meisten Biere haben einen Alkoholgehalt von 3,5 bis 5,5 %. Das ist weniger als bei vielen europäischen Bieren, aber mehr als bei den meisten nordamerikanischen Sorten. Light-Biere enthalten weniger als 3,5 % Alkohol – sie sind vor allem bei denen beliebt, die sich an die strengen Alkoholvorschriften im Straßenverkehr halten.

Wie man ein Bier bestellt, variiert je nach Bundesstaat. In NSW ordern die ganz Durstigen einen „Schooner" (425 ml). Wer noch nicht völlig ausgetrocknet ist, nimmt einen „Middy" (285 ml). In Victoria hat der bestellte „Pot" 285 ml, in Tasmanien heißt die gleiche Menge „10-ounce". Pints haben je nach Region 425 oder 568 ml. Fast überall im Land kann man auch einfach nur ein Bier bestellen und abwarten was kommt.

Shouting ist ein in Australien sehr beliebter Brauch, bei dem die Leute abwechselnd eine Runde ausgeben. Bei einem Toast muss man mit den Gläsern anstoßen und dabei jedem in die Augen schauen – wer es vergisst, dem drohen angeblich sieben Jahre schlechter Sex.

Mahlzeiten in Pubs (die oft als Thekengerichte bezeichnet werden) sind häufig eine deftige und preiswerte Sache; Standardessen wie Würstchen mit Kartoffelbrei oder Schnitzel mit Salat gibt es für 15 bis 25 AU$.

Ein konkurrenzlos günstiger Ort zum Essen ist ein Club – Returned and Services League (RSL) oder Surf Life Saving Clubs sind eine gute Wahl. Man bestellt in der Küche, zieht eine Nummer und wartet, bis sie über die Theke oder Lautsprecher ausgerufen wird. Man holt sich sein Essen selbst und erspart dem Restaurant Personalkosten und sich selbst eine hohe Rechnung.

Sport

Australier investieren eine Menge in den Sport – Geld wie Emotionen –, ob sie nun in Stadien sitzen, in Kneipen vor der Leinwand kleben oder auf dem Sofa vor dem Fernseher. Die Regierung unterstützt den Sport jährlich mit über 300 Mio. AU$, damit die Nation mit der weltweiten Konkurrenz mithalten kann. Weil Australien im Medaillenspiegel der Olympischen Spiele 2012 in London auf den zehnten Platz abgerutscht war, freuen sich die Menschen schon auf die Wiedergutmachung 2016 in Rio.

Australian Rules Football

Der Sport mit den meisten Stadionbesuchern und eine der beiden Sportarten mit den höchsten Einschaltquoten ist Australian Rules Football („Aussie Rules"). Ursprünglich war die Sportart eng mit der Kultur und Identität Victorias verflochten, doch durch die Australian Football League (AFL) hat sich ihre Popularität in alle Bundesstaaten ausgebreitet, selbst ins eigentlich vom Rugby dominierte New South Wales (NSW) und nach Queensland. Lange Kicks, hohe Marks und brutale Zusammenstöße stacheln die Massen zum Mitfiebern an: Mehr als 50 000 Fans, die „Baaall!!!" brüllen, lassen die Hunde noch kilometerweit entfernt nervös anschlagen.

„Footy" kann in Australien eine ganze Menge bedeuten: In NSW und Queensland ist gewöhnlich Rugby League Football gemeint, aber der Begriff wird auch für Australian Rules Football, Rugby Union und Fußball verwendet.

Rugby

National Rugby League (www.nrl.com.au) ist die populärste Football-Variante nördlich des Murray. Das Highlight der Saison ist jedes Jahr die State of Origin Series zwischen NSW und Queensland. Wer sich ein NRL-Spiel anschaut, bekommt die Newtonschen Gesetze sehr anschaulich demonstriert – da krachen die Knochen!

Die Nationalmannschaft im Rugby Union, die Wallabies, hat den Rugby World Cup 1991 und 1999 gewonnen und kam 2003 auf den zweiten Platz, verpasste aber seither die Finals. Australien, Neuseeland und Südafrika bestreiten den überaus populären Clubwettbewerb **Super 15s** (www.superxv.com), an dem fünf australische Teams teilnehmen: die Waratahs (Sydney), die Reds (Brisbane), die Brumbies (Australian Capital Territory, ACT), die Force (Perth) und die Rebels (Melbourne).

Fußball

Australiens Fußballnationalmannschaft, die Socceroos, qualifizierte sich (nach einer langen Reihe gescheiterter Anläufe) nach 2006 und 2010 auch für die Weltmeisterschaft 2014 in Brasilien. Der Stolz auf das Team bleibt also weiter ungeschmälert. Die australische **A-League** (www.a-league.com.au) kann in den letzten Jahren eine wachsende Popularität verzeichnen und hat erfolgreich einige bekannte Spieler aus dem Ausland geködert, die den heimischen Nachwuchstalenten hilfreich zur Seite stehen.

Cricket

Das australische Cricketteam war im Test- und im One-Day-Cricket in den 1990er-Jahren dominierend und in diesem Jahrzehnt meist die

SURFEN IST ANGESAGT

Australien steht fürs Surfen, seitdem die Beach Boys in *Surfin' USA* überschwänglich Australia's Narrabeen besangen, einen von Sydneys nördlichen Stränden. Auch andere Surfer-Hotspots wie Bells Beach, Margaret River, Pass an der Byron Bay und Burleigh Heads an der Gold Coast stehen bei der internationalen Surf-Elite hoch im Kurs. Iron-Man- und Surf-Life-Saving-Wettbewerbe werden ebenfalls an Stränden im ganzen Land veranstaltet und ziehen die entsprechenden Fans an.

Nur wenige australische Surfer haben Weltmeisterstatus erlangt, darunter legendäre Surfer wie Mark Richards, Tom Carroll, Joel Parkinson, der Champion von 2012, und bei den Frauen Wendy Botha, die siebenmalige Weltmeisterin Layne Beachley und die Gewinnerin von 2012 (und fünf weiteren Jahren), Stephanie Gilmore.

Nummer eins der Weltrangliste. Doch der Rücktritt von Jahrhundertspielern wie Shane Warne und Ricky Ponting zwang das Team zu einem grundlegenden Neuaufbau. Niederlagen in den Test-*series* 2009 und 2011 gegen den Erzfeind England ließen das ganze Land Trübsal blasen. Diese alle zwei Jahre stattfindenden *series* werden „The Ashes" genannt, und die inoffizielle Trophäe ist eine winzige Terrakotta-Urne mit den verbrannten Überresten eines Cricket-Bail (Querholz) von 1882 (die perfekte Gesprächseröffnung bei einem australischen Barbecue ist es, einen Einheimischen zu fragen was ein *bail* ist).

Australiens Big Bash League (www.bigbash.com.au), die „Twenty20"-Form des Cricket, wird bei den traditionellen Five- und One-Day-Varianten des Spiels immer beliebter. Es ist schnell, auffällig und gewürzt mit Pyrotechnik – genau das Richtige für einen lustigen Abend.

Auch wenn das australische Team einen schlechten Ruf hat, weil es seine Gegner auf dem Feld gern verbal niedermacht, ist Cricket immer noch das Spiel der Gentlemen. Wer noch nie ein Spiel gesehen hat, sollte sich die Zeit dafür nehmen – allein wegen der taktischen Nadelstiche, all der Nuancen, der Eleganz…

Tennis

Jedes Jahr im Januar locken die **Australian Open** (www.australianopen.com) in Melbourne mehr Menschen nach Australien als jedes andere sportliche Ereignis. Ein Australier (Mark Edmondson) gewann das Turnier letztmals 1976, und der ehemalige Weltranglisten-Erste Lleyton Hewitt, die größte Hoffnung der Australier in den letzten Jahren, hat seine beste Zeit jetzt auch hinter sich (startet allerdings gerade eine Karriere als Kommentator). Die Australierin Sam Stosur gewann 2011 die US Open und hält sich seitdem hartnäckig in der Nähe der Top-10-Spielerinnen.

Schwimmen

Australien, von Meer umgeben und mit unzähligen Schwimmbädern ausgestattet, hat eine schwimmbegeisterte Bevölkerung. Die bekannteste Schwimmerin des Landes ist Dawn Fraser. „Our Dawn", wie sie allgemein genannt wird, gewann dreimal nacheinander die Goldmedaille über 100 m Freistil bei den Olympischen Spielen (1956–1964) und 1956 auch Gold mit der 4-x-100-m-Freistilstaffel. Ihr männliches Pendant ist Ian Thorpe (auch Thorpie oder Thorpedo genannt), der 2006 mit 24 Jahren und dekoriert mit fünf olympischen Goldmedaillen zurücktrat. Anfang 2011 kündigte er mit Blick auf die Olympischen Spiele 2012 in London sein Comeback an, konnte sich aber in den Ausscheidungskämpfen nicht für sein Team qualifizieren. Er verließ das Becken erneut, um seine Autobiografie zu beenden.

Pferderennen

Australier lieben es, auf die *nags* (Gäule) zu wetten – tatsächlich sind Pferdewetten so alltäglich und leicht abzuschließen, dass man fast von einem Hobby der Einheimischen sprechen könnte! Rennplätze finden sich im ganzen Land, und in Victoria, Tasmanien und South Australia sind manche Rennveranstaltungen sogar örtliche Feiertage.

Am ersten Dienstag im November ist das ganze Land wegen eines einzigen Pferderennens wie gelähmt – der **Melbourne Cup** (www.racingvictoria.net.au) ist Australiens bedeutendstes Pferderennen. Der berühmteste Cupgewinner war der in Neuseeland geborene Phar Lap, der 1930 siegte und kurz darauf in Amerika an einer rätselhaften Krankheit starb (vermutlich an einer Arsenvergiftung). Das Pferd ist heute als ausgestopftes Ausstellungsstück im Melbourne Museum zu sehen. Der jüngste Star ist die in Großbritannien gezüchtete (aber in Australien trainierte) Stute Makybe Diva, die drei Cups in Folge gewann, bevor sie 2005 ihren wohlverdienten Ruhestand antrat.

Praktische Informationen

Tödlich & Gefährlich

Pessimisten achten vielleicht vorrangig auf das, was sie in Australien beißen, stechen, verbrennen, ertränken oder ausrauben könnte. Aber die Chancen stehen gut, dass die schlimmsten Begegnungen für Reisende die mit ein paar lästigen Fliegen und Moskitos sind. Mit etwas Insektenschutzmittel bewaffnet kann man sich mutig hinauswagen!

Wo die wilden Kerle wohnen

Australiens Fülle an gefährlichen Kreaturen ist legendär. Schlangen, Spinnen, Haie, Krokodile, Quallen ... Traveller müssen sich trotzdem keine Sorgen machen – sie werden eher wenige dieser Tiere in freier Wildbahn sehen, geschweige denn von ihnen angegriffen werden.

Krokodile

An der nordaustralischen Küste sind Salzwasserkrokodile (*salties*) eine echte Gefahr. Sie kommen auch in Mündungsgebieten, Bächen und Flüssen vor, manchmal auch weit landeinwärts. Man sollte die Warnschilder beachten und Einheimische fragen, ob jene so einladende Wasserstelle oder der Fluss krokofrei ist, bevor man hineinspringt.

Quallen

Versehen mit bis zu 3 m langen Gifttentakeln treibt die Würfelqualle (auch Seewespe oder Stinger genannt) das ganze Jahr über durch die tropischen Gewässer Australiens. Besonders häufig sind sie in der Regenzeit (Okt.–März), da sollte man das Meer an vielen Stellen meiden. Manche Strände sind mit Netzen vor den Quallen geschützt, aber bevor man das nicht überprüft hat, sollte man nicht schwimmen gehen. Sogenannte *stinger suits* (Ganzkörperanzüge aus Lycra) schützen ebenso wie Neoprenanzüge vor den Stichen. Wer gestochen wurde, sollte die Haut mit Essig abwaschen und dann ein Krankenhaus aufsuchen.

Die Würfelqualle hat eine winzige, tödliche Verwandte, die Irukandji-Qualle, doch konnten ihr bis heute nur zwei Todesfälle an der Nordküste unmittelbar zugeschrieben werden.

Haie

Trotz ausführlicher Berichte in den Medien ist das Risiko eines Haiangriffs in Australien nicht größer als in anderen Ländern mit vergleichbarer Küstenlänge. Surf-Life-Saving-Gruppen geben Auskunft über die Risiken vor Ort.

Schlangen

Es lässt sich nicht leugnen: In Australien gibt es jede Menge Giftschlangen. Am häufigsten kommen Braunschlangen und Tigerottern vor, aber nur wenige Arten sind aggressiv. Solange man sie nicht ärgert oder aus Versehen auf eine tritt, ist es extrem unwahrscheinlich, dass man gebissen wird. Beim Umgang mit Schlangen hält man es am besten mit den Beatles: Let it be. Nach einem Biss verhindert man die Ausbreitung des Giftes, indem man Druck auf die Wunde ausübt und den Körperteil mit einem Stecken oder einer Schlinge ruhigstellt und dann medizinische Hilfe sucht.

Spinnen

In Australien gibt es einige Giftspinnen, deren Biss normalerweise mit einem Gegenserum behandelt werden kann. Die tödliche Trichternetzspinne kommt in New South Wales und Sydney vor – die Erste Hilfe bei einem Biss gleicht der nach einem Schlangenbiss (Druck und Ruhigstellung, dann Transport ins Krankenhaus). Die Rotrückenspinne kommt in ganz Australien vor; ihr Biss verursacht Schmerzen, Schweißausbrüche und Übelkeit. Eis oder Kühlpacks auf die Bissstelle, dann ab ins Krankenhaus. Der Biss einer White-Tail-Spinne soll unter Umständen eine langsam wachsende und schwer zu behandelnde Krebsart auslösen können. Man sollte die Bisswunde reinigen und ärztliche Hilfe in Anspruch nehmen. Die verstörend große Huntsman- oder Riesenkrabbenspinne ist harmlos, doch schon ihr Anblick kann unangenehme Auswirkungen auf den Blutdruck und/oder die Unterhose haben.

Draußen unterwegs

Am Strand

Die Brandungsströmung ist ein Problem beim Surfen, aber die beliebten Strände werden von den Surf-Life-Savers überwacht. Die bewachten Strandabschnitte sind durch rotgelbe Fahnen markiert. Wer vom Sog hinausgetragen wird, sollte sich immer parallel zur Küste halten bis man aus der Strömung heraus ist und dann zurück zum Strand schwimmen.

Jedes Jahr tragen Menschen Lähmungen davon, weil sie ins seichte Wasser springen und auf Sandbänke prallen. Vor einem Sprung immer die Wassertiefe überprüfen!

Buschfeuer

Überall in Australien kommt es regelmäßig zu Buschbränden. Bei heißem, trockenem und windigem Wetter sowie an Tagen mit totalem Feuerverbot sollte man mit offenem Feuer (auch Zigarettenkippen) extrem vorsichtig sein und man sollte keine Campingkocher, Lagerfeuer oder Grills benutzen. Buschwanderer sollten ihre Ausflüge auf kühlere Tage verschieben. Wer draußen im Busch ist und Rauch sieht, nimmt das besser ernst und sucht das nächste offene Gelände auf (wenn möglich hügelabwärts). Bewaldete Berggrate sind gefährlich.

Kälte

In Australien sterben mehr Buschwanderer durch Kälte als durch Feuer. Selbst im Sommer kann das Wetter, besonders im tasmanischen Hochland sowie in Victoria und NSW, sehr schnell umschlagen, die Temperaturen können unter den Gefrierpunkt fallen und Blizzards auslösen. Unterkühlung ist ein echtes Risiko. Zu den ersten Anzeichen gehören Schwierigkeiten bei feinmotorischen Bewegungen (z.B. Knöpfe schließen), Zittern und Probleme beim Gehen und Sprechen. Dann ist es Zeit, aus der Kälte zu kommen, nasse Klamotten aus- und trockene anzuziehen und etwas zu essen und zu trinken, um sich aufzuwärmen.

Kriminalität

Australien ist für Besucher relativ sicher, dennoch sollte man vernünftige Vorkehrungen treffen. Dazu gehört, nachts nicht allein herumzulaufen, Hotelzimmer und Autos abzuschließen und Wertsachen nicht sichtbar im Auto liegen zu lassen.

Manche Kneipen in Sydney und anderen Großstädten warnen vor mit Drogen versetzten (*spiked*) Getränken: Vorsicht ist angesagt, wenn einem jemand in einer Bar einen Drink spendieren will!

KEIN GRUND ZUR PANIK!

Schätzungsweise ein Haiangriff und eine Krokodilattacke im Jahr enden in Australien tödlich. Tote durch den Blaugeringelten Kraken sind seltener – nur zwei im letzten Jahrhundert. Die Quote der Quallen ist besser – etwa zwei Tote im Jahr –, aber die Wahrscheinlichkeit, zu ertrinken, ist über hundertmal höher. Spinnen haben in den letzten 20 Jahren niemanden getötet. Durch Schlangenbisse sterben ein oder zwei Menschen im Jahr, so viel wie durch Bienenstiche. Die Gefahr, auf den Straßen des Landes zu verunglücken, ist über tausendmal größer.

Infektionskrankheiten

Es wäre ausgesprochenes Pech, sich bei einem Aufenthalt eine der folgenden Krankheiten einzufangen, aber ein paar davon treten hin und wieder in Australien auf:

Australisches Zeckenbissfieber

Das Australische Zeckenbissfieber kommt überwiegend in Queensland und NSW vor. Dabei entwickelt sich eine dunkle Zone um einen Zeckenbiss herum, gefolgt von Ausschlag, Fieber, Kopfschmerzen und einer Entzündung der Lymphknoten. Die Krankheit wird mit Antibiotika (Doxycyclin) behandelt.

Denguefieber

Das Denguefieber tritt im nördlichen Queensland auf, besonders während der Regenzeit. Die Viruserkrankung verursacht heftige Muskelschmerzen und wird von einer tagaktiven Moskitoart verbreitet. Die meisten Kranken erholen sich nach einigen Tagen, doch es gibt auch schwere Verlaufsformen.

Giardiasis

Der Giardia-Erreger findet sich häufig in australischen Gewässern. Es ist nicht ratsam, unbehandeltes Wasser aus Flüssen und Seen zu trinken. Zum Schutz vor Giardiasis sollte man Wasserfilter und abgekochtes Wasser verwenden oder das Wasser mit Jod behandeln. Symptome der Krankheit sind unregelmäßiger, schlecht riechender Durchfall und Blähungen. Es gibt eine wirkungsvolle Behandlung (mit Tinidazol oder Metronidazol).

Hepatitis C

Immer noch ein wachsendes Problem bei Süchtigen, die sich ihre Drogen spritzen. Aus diesem Grund untersuchen Blutbanken alle Blutkonserven sorgfältig vor der Verwendung.

HIV-Infektion

In Australien haben sich die HIV-Infektionsraten stabilisiert und liegen etwa auf dem Niveau anderer westlicher Staaten. Saubere Nadeln und Spritzen sind in nahezu allen Apotheken erhältlich.

Meningokokken-Erkrankungen

Stellen ein geringes Risiko dar, wenn man längere Zeit in Mehrbett-Zimmern übernachtet. Gegen Meningokokken bestimmter Serogruppen (A, C, Y und W135) gibt's Impfstoffe, nicht aber für die virale Meningitis.

Ross-River-Fieber

Das Ross-River-Virus ist in Australien weit verbreitet und wird von in Sümpfen lebenden Stechmücken übertragen. Es verursacht Fieber, Kopf-, Gelenk- und Muskelschmerzen sowie einen Ausschlag, der nach fünf bis sieben Tagen wieder verschwindet.

Virale Enzephalitis

Die von Stechmücken übertragene Krankheit kommt in Nordaustralien sehr häufig vor (besonders während der Regenzeit), ist aber für Traveller kein besonders hohes Risiko. Zu den Symptomen können beispielsweise Kopf- und Muskelschmerzen sowie Lichtempfindlichkeit zählen. Es kann durch diese Krankheit zu bleibenden neurologischen Schäden kommen. Eine spezielle Behandlung gibt es nicht.

Allgemeine Informationen

Arbeiten in Australien

Arbeitsvisa Inhaber eines Touristenvisums dürfen in Australien keine bezahlte Arbeit annehmen. Wer hier arbeiten möchte, benötigt eine der Visumvarianten „Working Holiday" (Kategorie 417) oder „Work and Holiday" (Kategorie 462). Details hierzu gibt's unter www.immi.gov.au.

Arbeit finden Backpacker-Magazine, Zeitungen und Schwarze Bretter in Hostels eignen sich gut für die Suche nach lokalen Arbeitsmöglichkeiten. Während der Hauptsaison finden sich oft Gelegenheitsjobs in Touristenhochburgen (z. B. Alice Springs, Cairns, Ferienorte an Queenslands Küste, Skigebiete in Victoria oder NSW). Potenziell kann man auch als Fabrik- oder Bauarbeiter, Barkeeper, Kellner, Haushaltshilfe in Outback-Rasthäusern, Kinderbetreuer, Farmhelfer und Spendensammler für wohltätige Zwecke vorübergehend Geld verdienen. Erfahrung in Bereichen wie IT, Sekretariat, Krankenpflege oder Lehrtätigkeit ermöglicht zudem die Registrierung bei entsprechenden Zeitarbeitsagenturen in Großstädten.

Infos im Internet

Career One (www.careerone.com.au) Stellen für alle Berufsgruppen (vor allem in Großstädten).

Gumtree (www.gumtree.com.au) Tolles Kleinanzeigenverzeichnis mit Jobs, Unterkünften und Verkaufsinseraten.

MyCareer (www.mycareer.com.au) Stellen für alle Berufsgruppen (vor allem in Großstädten).

Seek (www.seek.com.au) Stellen für alle Berufsgruppen (vor allem in Großstädten).

Travellers at Work (www.taw.com.au) Super Seite für WHM-Visuminhaber.

Saisonarbeit

Bei der Obsternte baut man in Australien auf Saisonarbeiter. Das ganze Jahr über muss hier immer irgendwas gepflückt, beschnitten oder angepflanzt werden. Bei dieser definitiv anstrengenden Arbeit steht man sehr früh auf und wird in der Regel nach Pflückmenge (z. B. pro Eimer, Kübel oder Kilo) bezahlt. Anfänger kommen auf ca. 50 bis 60 AU$ pro Tag; mit wachsender Erfahrung steigen Tempo und Verdienst. Bei Tätigkeiten wie Beschnitt oder Sortieren gibt's Zeitlohn (ca. 15 AU$/Std.).

Der **National Harvest Telephone Information Service** (☎1800 062 332) liefert telefonisch Details zum Ernte- bzw. Arbeitsbeginn an bestimmten Orten.

Grunt Labour (www.gruntlabour.com) Vermittlungsspezialist für Stellen in Bergbau, Produktion, Landwirtschaft und saisonaler Ernte.

Harvest Trail (www.jobsearch.gov.au/harvesttrail) Erntejobs in ganz Australien.

QITE (www.qite.com.au) Nichtkommerzielle Queenslander Arbeitsagentur, die rund um Cairns, Innisfail und die Atherton Tablelands tätig ist.

Viterra (www.viterra.com.au) Saisonale Mithilfe bei der Getreideernte in Victoria und SA (Okt.–Jan.).

Workabout Australia (www.workaboutaustralia.com.au) Sortiert Saisonjobs nach Bundesstaaten.

Beste Regionen für Saisonarbeiter

New South Wales In den Skigebieten sind Saisonkräfte vor allem rund um Thredbo gefragt. Zudem kann man in Narrabri und Moree bei der Ernte helfen oder Wein im Hunter Valley lesen. Rund um Tenterfield, Orange und Young wird Obst gepflückt.

Northern Territory Die meisten Möglichkeiten für WHM-Backpacker bietet das NT in den Bereichen Obsternte, Farmarbeit, Produktion und Hotelgewerbe.

Queensland Hier gibt's große Farmen und Obstplantagen: Rund um Stanthorpe, Childers, Bundaberg und Cairns warten Früchte auf Pflücker. Wer auf härtere Arbeit für deutlich mehr Geld aus ist, hört sich in aufstrebenden Bergbaustädten wie Weipa oder Cloncurry um.

South Australia Gute Saisonjobs findet man auf der Fleurieu Peninsula, in der Region Coonawarra, im Barossa Valley (Weingüter) und entlang des Murray River bei Berri (Obsternte).

Tasmanien Die Apfelplantagen im Süden (vor allem rund um Cygnet und Huonville) sind die besten Möglichkeiten.

Victoria Erntejobs in Mildura und Shepparton.

Western Australia Perth hat großen Aushilfsbedarf in Tourismus, Hotelgewerbe, Verwaltung, IT, Produktion, Bauwesen, Kinderbetreuung und Krankenpflege. Außerhalb der Stadt finden Traveller leicht Stellen als Saisonkräfte oder in der Tourismus- und Hotelbranche. Die Weingüter rund um Margaret River brauchen Traubenpflücker.

Steuern

STEUERNUMMER

WHM-Visuminhaber sollten sich eine Steuernummer (Tax File Number; TFN) zulegen: Ohne TFN greift bei sämtlichen Löhnen der Höchstsatz. Nach dem Online-Beantragen beim **australischen Finanzamt** (Australian Taxation Office, ATO; www.ato.gov.au) dauert die Bearbeitung bis zu vier Wochen.

STEUERZAHLUNGEN & -RÜCKERSTATTUNGEN

Wer kein australischer Staatsbürger ist, bezahlt selbst mit Steuernummer und WHM-Visum einen deutlich höheren Steuersatz als die meisten Einheimischen. Mangels Freibetrag ist jeder einzelne Dollar zu versteuern.

Wer Geld in Australien verdient hat, muss einen Antrag auf Steuerrückerstattung beim ATO stellen. Dessen Website erklärt u.a., wie man das erforderliche Payment Summary des Arbeitgebers (gibt offiziell Auskunft über den Gesamtverdienst und alle Steuerzahlungen) bekommt. Zudem erfährt man dort alle Fristen bzw. Termine für die Antragsabgabe und die Vorgehensweise zum Erhalt des Steuerbescheids.

Achtung: Ein Rückerstattungsanspruch besteht nur, wenn zu viel Steuer vom Lohn abgezogen wurde. Wer zu wenig Steuer berappt hat, muss nachzahlen. Allerdings sind alle entrichteten Rentenbeiträge erstattbar.

PRAKTISCH & KONKRET

- **DVDs** Australische DVDs laufen auf Playern, die den PAL-Regionalcode 4 (Mexiko, Neuseeland, Karibik, Pazifikraum, Süd- und Mittelamerika) akzeptieren. Deutschland, Österreich und die Schweiz verwenden den PAL-Regionalcode 2.
- **Fernsehen** Frei empfangbar sind ABC (staatlich), SBS (multikulturell), die drei Privatsender Seven, Nine und Ten sowie viele Zusatzkanäle dieser verschiedenen Hauptanbieter.
- **Maße & Gewichte** In Australien gilt das metrische System.
- **Radio** Unter www.abc.net.au/radio informiert die ABC über ihr Radioprogramm.
- **Rauchen** Verboten in Kneipen, Bars, Restaurants, öffentlichen Verkehrsmitteln und auf manchen öffentlichen Freiflächen.
- **Währung** Ein Australischer Dollar (AU$) entspricht 100 Cent. Münzen gibt's zu 5, 10, 20 und 50 Cent sowie zu 1 oder 2 AU$. Scheine haben einen Wert von 5, 10, 20, 50 oder 100 AU$.
- **Zeitungen** Zu den Tageszeitungen gehören der *Sydney Morning Herald*, *Age* aus Melbourne und der landesweit im Großformat erscheinende *Australian*.

Botschaften & Konsulate

Neben ihren Botschaften in Canberra unterhalten einige Länder auch Konsulate in anderen Großstädten.

Es folgen die Adressen der wichtigsten diplomatischen Vertretungen. Die Gelben Seiten (Yellow Pages) liefern weitere Kontaktdaten. Zudem lohnt sich ein Blick auf die Website des eigenen Außenministeriums.

Deutschland Canberra (☎02-6270 1911; www.canberra.diplo.de; 119 Empire Circuit, Yarralumla, ACT 2600); Sydney (☎02-9328 7733; 13 Trelawney St, Woollahra, NSW 2025); Melbourne (☎9864 6888; www.melbourne.diplo.de; 480 Punt Rd, South Yarra, VIC 3141)

Neuseeland Canberra (☎02-6270 4211; www.nzembassy.com; Commonwealth Ave, Yarralumla, ACT); Sydney (☎1300 559 535; L10, 55 Hunter St, Sydney, NSW)

Österreich Canberra (☎02-6295 1533; www.aussenministerium.at/canberra; 12 Talbot Street, Forrest, ACT 2603); Sydney (☎02-9251 3363; Level 10, 1 York Street, Sydney, NSW 2000); Melbourne (☎03-9349 5999; 93 Nicholson Street, Carlton, VIC 3052)

Schweiz Canberra (☎02-6162 8400; www.eda.admin.ch/australia; 7 Melbourne Ave, Forrest, ACT 2603); Sydney (☎02-8383 4000; Tower 2, Level 23, Ecke 101 Grafton/Grosvenor St, Bondi Junction, NSW 2022); Melbourne (☎03-9824 7527; 697 Toorak Road, Kooyong, VIC 3144)

Ermäßigungen

Mit entsprechendem Altersnachweis erhalten Traveller über 60 Jahren oft Ermäßigung. Bei den meisten Greyhound-Expressbusreisen gibt's mindestens 10 % Rabatt für ausländische Pensionäre.

Der weltweit anerkannte **Internationale Studentenausweis** (International Student Identity Card; ISIC; www.isic.org) berechtigt Vollzeitstudenten oder Schüler ab zwölf Jahren zu Ermäßigungen bei Unterkünften, Verkehrsmitteln und diversen Sehenswürdigkeiten. Der Internationale Jugendreiseausweis (International Youth Travel Card; IYTC) der gleichen Organisation bringt ähnliche Rabatte für Touristen unter 26 Jahren, die keine Vollzeitstudenten oder Schüler sind. Dasselbe gilt für die International Teacher Identity Card (ITIC) für hauptberufliche Lehrer. Alle drei Ausweise sind vor allem bei studentischen Reisebüros erhältlich.

Essen

Bei den Restaurantverzeichnissen in diesem Buch gelten folgende Preiskategoreien jeweils für ein normales Hauptgericht:

- **$** unter 15 AU$
- **$$** 15–32 AU$
- **$$$** über 32 AU$

Feiertage & Ferien

Die genauen Termine von öffentlichen Feiertagen können regional variieren und sollten daher direkt vor Ort erfragt werden. Rein lokale Varianten sind im Folgenden mit einem Sternchen (*) markiert.

LANDESWEIT

Neujahr 1. Januar

Australia Day 26. Januar

Ostern (Karfreitag bis einschließlich Ostermontag) Ende März/Anfang April

Anzac Day 25. April

Geburtstag der Königin Zweiter Montag im Juni (außer in WA)

Geburtstag der Königin Letzter Montag im September (WA)

Weihnachten 25. Dezember

Boxing Day (Weihnachtsfeiertag) 26. Dezember

AUSTRALIAN CAPITAL TERRITORY

Canberra Day Zweiter Montag im März

Bank Holiday Erster Montag im August

Labour Day Erster Montag im Oktober

NEW SOUTH WALES

Bank Holiday Erster Montag im August

Labour Day Erster Montag im Oktober

NORTHERN TERRITORY

May Day Erster Montag im Mai

Show Day* Erster Freitag im Juli (Alice Springs); zweiter Freitag im Juli (Tennant Creek); dritter Freitag im Juli (Katherine); vierter Freitag im Juli (Darwin)

Picnic Day Erster Montag im August

QUEENSLAND

Labour Day Erster Montag im Mai

Royal Queensland Show Day* Zweiter oder dritter Mittwoch im August (Brisbane)

SOUTH AUSTRALIA

Adelaide Cup Day Dritter Montag im Mai

Labour Day Erster Montag im Oktober

Proclamation Day Letzter Montag oder Dienstag im Dezember

TASMANIEN

Regatta Day* 14. Februar (Hobart)

Launceston Cup Day* Letzter Mittwoch im Februar

Eight Hours Day Erster Montag im März

Bank Holiday Dienstag nach Ostermontag

King Island Show* Erster Dienstag im März

Launceston Show Day* Donnerstag vor dem zweiten Samstag im Oktober

Hobart Show Day* Donnerstag vor dem vierten Samstag im Oktober

Recreation Day* Erster Montag im November (nördliches Tasmanien)

VICTORIA

Labour Day Zweiter Montag im März

Melbourne Cup Day Erster Dienstag im November

WESTERN AUSTRALIA

Labour Day Erster Montag im März

Foundation Day Erster Montag im Juni

Schulferien

- Die Urlaubsperiode um Weihnachten fällt in die australischen Sommerferien (Mitte Dez.–Ende Jan.).
- Pro Jahr gibt's noch drei weitere, kürzere Schulferien (ca. Anfang–Mitte April, Ende Juni–Mitte Juli, Ende Sept.–Anfang Okt.), die je nach Bundesstaat sieben bis 14 Tage früher oder später beginnen.

Fotos & Video

Bücher Der Lonely Planet Band *Travel Photography* enthält nützliche Tipps.

Etikette Wie überall auf der Welt ist taktvolles Fotografieren bzw. Filmen auch in Australien angebracht. Vor Personenaufnahmen daher bitte immer erst nachfragen – vor allem bei Aborigines, die das Ablichten aller Art eventuell als extreme Belästigung empfinden. Auch Aufnahmen von indigenen Bräuchen, Bildern,

Zeremonien und Stätten mit kultureller oder religiöser Bedeutung können höchst heikel sein. Grundsätzlich immer um Erlaubnis bitten und eine Ablehnung akzeptieren!

Verfügbarkeit & Ausdrucken Digitalkameras, Speichersticks und Batterien gibt's in Großstädten bzw. Ballungsräumen überall. Diesbezüglich empfehlen sich Elektronikketten (z. B. Dick Smith, Tandy) oder größere Kaufhäuser. Viele Internetcafés, Fotoläden und große Schreibwarenhändler (z. B. Officeworks, Harvey Norman) bieten die Möglichkeit, Digitalfotos auszudrucken und auf CD zu brennen.

Frauen unterwegs

Obwohl Frauen in Australien generell sehr sicher reisen, gelten die üblichen Vorsichtsmaßnahmen auch hier.

Nachts Frauen sollten in größeren oder großen Städten nachts möglichst nie allein herumlaufen und stets genug Geld für ein Taxi zurück zur Unterkunft dabeihaben.

Pubs Einfache Kneipenzimmer immer meiden, sofern Zweifel bezüglich der eigenen Sicherheit und der Vertrauenswürdigkeit des Managements bestehen.

Sexuelle Belästigung Zwar selten, aber seitens echter (und insbesondere betrunkener) Aussie-Machos bis heute der Fall.

Ländliche Gegenden Generell gilt: Je weiter sich frau von den großen Städten entfernt, desto geringer des Durchschnittsaustraliers Bewusstsein für weibliche Rechte und Belange. Trotzdem berichten viele Touristinnen, dass sie gerade in den Kneipen und Rasthäusern des Outback die freundlichsten und bodenständigsten Typen getroffen haben.

Trampen Wie überall sonst auf der Welt auch in Australien nicht zu empfehlen; selbst zu zweit sollten Tramperinnen grundsätzlich auf der Hut sein.

Drogen in Getränken In Sydney und anderen Großstädten warnen manche Pubs vor gepanschten bzw. mit Drogen versetzten Getränken *(spiked drinks)*. Obwohl Paranoia nicht nötig ist, sollten Frauen in Bars sicherheitshalber lieber keine Getränke von Fremden annehmen.

Freiwilligenarbeit

Der englischsprachige Lonely Planet Band *Volunteer: A Traveller's Guide to Making a Difference Around the World* liefert nützliche Infos für freiwillige Helfer.

Australian Volunteers International (www.australianvolunteers.com) Vermittelt ehrenamtliche Fachkräfte an Aborigine-Gemeinden in Nord- und Zentralaustralien (meist für längere Zeit); mitunter können aber auch Freiwillige ohne Fachkenntnisse kurzfristig in Rasthäusern unter indigener Leitung aushelfen.

Conservation Volunteers Australia (CVA; www.conservationvolunteers.com.au) Gemeinnützige Organisation, die z. B. Bäume pflanzt, Wanderwege anlegt oder naturkundliche Bestandserhebungen durchführt.

Earthwatch Institute Australia (www.earthwatch.org) Ehrenamtliche Exkursionen mit Schwerpunkt auf Natur- und Tierschutz.

Go Volunteer (www.govolunteer.com.au) Verzeichnis mit verschiedenen Freiwilligenjobs im ganzen Land.

i to i Volunteering (www.i-to-i.com) Ehrenamtliche Umweltschutzferien in Australien.

Responsible Travel (www.responsibletravel.com) Ermöglicht freiwilliges Engagement im Urlaub.

STA (www.statravel.com.au) Organisiert u. a. Freiwilligenferien in Australien (auf „Planning" und „Volunteer" klicken).

Volunteering Australia (www.volunteeringaustralia.org) Unterstützung, Training und Tipps für Freiwillige.

Willing Workers on Organic Farms (WWOOF; www.wwoof.com.au) Beim „WWOOFing" arbeitet man für Kost und Logis (meist zwei Mindestübernachtungen) pro Tag mehrere Stunden auf einer (oft familiengeführten) Farm. Wie der Name schon sagt, geschieht dies theoretisch auf Farmen mit ökologischer Ausrichtung (inkl. Permakultur und biodynamischem Anbau). Konkret sieht's ab und zu aber anders aus – manche Betriebe sind nicht einmal Farmen. So hilft man dann eventuell in einer Töpferei oder der Buchhaltung eines Saatguthändlers aus. Doch egal, ob die Arbeitgeber nun ganze Felder oder nur kleine Gemüsebeete bewirtschaften: Die meisten davon pflegen in gewissem Maß alternative Lebensmodelle. Interessenten können sich online oder bei diversen WWOOF-Agenturen anmelden (Details s. Website). Für die Teilnahmegebühr (65 AU$) gibt's eine Mitgliedsnummer und ein Handbuch, das teilnehmende Unternehmen aufführt. Der Postversand nach Übersee kostet 5 AU$ extra.

Gefahren & Ärgernisse

Im internationalen Vergleich ist Australien ein sehr sicheres Reiseland: Extreme Kriminalität oder Kriegsgefahr sind hier kein Thema. Allerdings kam es in jüngster Zeit zu schweren Verwüstungen durch Naturkatastrophen. Die meisten Bundesstaaten bzw. Territorien leiden immer wieder unter Buschbränden, Überflutungen und Wirbelstürmen. Wer die Warnungen der örtlichen Behörden beachtet und betroffene Gebiete meidet, wird aber höchstwahrscheinlich keine Probleme bekommen.

Geld

Der sehr stabile Australische Dollar (AU$) ist die Basis für alle Preisangaben in diesem Buch.

Geld umtauschen

Fremdwährung oder Reiseschecks einzutauschen, ist in australischen Banken oder lizenzierten Wechselstuben wie Travelex oder AmEx in den Metropolen und größeren Städten kein Problem.

Geldautomaten & Eftpos

Bankfilialen & Geldautomaten Die vier australischen Großbanken (ANZ, Commonwealth, National Australia Bank, Westpac) und daran angeschlossene Kreditinstitute unterhalten landesweit Filialen. Viele davon haben Geldautomaten (Automatic Teller Machines; ATM), die rund um die Uhr in Betrieb sind. Allerdings gibt's nicht überall Automaten – vor allem nicht in entlegenen Ecken und kleinen Ortschaften. Die meisten Geräte sind international vernetzt und akzeptieren Karten anderer Banken (gegen Gebühr).

Eftpos (Electronic Funds Transfer at Point of Sale) Dieses System wird heute von den meisten Tankstellen, Supermärkten, Restaurants, Cafés und Geschäften verwendet. Neben Bezahlen per Kredit- oder Lastschriftkarte erlaubt es sogar Barabhebungen. Hierfür ist jeweils die eigene PIN-Nummer erforderlich.

Gebühren Wichtig: Über die potenziell hohen Gebühren bei Barabhebungen per Geldautomat oder Eftpos sollte man sich vor Reiseantritt bei der eigenen Bank genau informieren.

Ein Konto eröffnen

Innerhalb der ersten sechs Wochen Wer plant, etwas länger in Australien zu bleiben (z. B. mit einem Working-Holiday-Visum), sollte sich vielleicht überlegen, ein Konto bei einer australischen Bank zu eröffnen. Für Reisende aus Übersee ist das in der Regel kinderleicht, sofern sie das Konto innerhalb der ersten sechs Wochen nach Ankunft im Land eröffnen. Einfach den Reisepass vorlegen und der Bank eine gültige Postanschrift nennen – schon hat man sein eigenes Konto und bekommt eine Karte für den Geldautomaten.

Nach den ersten sechs Wochen Jetzt wird es etwas komplizierter. Dann nämlich tritt ein Punktesystem in Kraft, und es müssen erst mindestens 100 Punkte erreicht werden, bevor einem eine Bank ihr Vertrauen schenkt. Pässe und Geburtsurkunden sind 70 Punkte wert, ein internationaler Führerschein mit Foto bringt 40 Punkte, andere Dokumente wie etwa Kreditkarten 25 Punkte. Mindestens ein gültiges Ausweisdokument mit Foto ist obligatorisch. Ist das Konto dann erst mal eröffnet, sollte man – natürlich nicht ohne entsprechende Gebühr – in der Lage sein, Geld vom Konto zu Hause auf das australische zu überweisen.

Vor der Reise Es ist auch möglich, vor Antritt einer internationalen Reise ein australisches Bankkonto zu eröffnen. Details zu solchen „Traveller Accounts" gibt's z. B. auf diesen Websites:

ANZ (www.anz.com.au)

Commonwealth Bank (www.commbank.com.au)

National Australia Bank (www.nab.com.au)

Westpac (www.westpac.com.au)

Kreditkarten

Mit Kreditkarten wie Visa und MasterCard kommt man eigentlich fast überall durch – ob in Hostels, Restaurants, auf Ausflügen oder bei Tourveranstaltern. Dementsprechend sind diese Karten anstelle einer hohen Kaution auch beim Mieten eines Wagens ziemlich unentbehrlich. Sie sind auch nützlich für sofortige Bargeldauszahlungen an Bankschaltern und Geldautomaten. Allerdings hängt das auch von der jeweiligen Karte ab und es fallen Gebühren an. Diners Club und American Express werden seltener akzeptiert.

Kontaktdaten bei Verlust der Kreditkarte:

American Express (☎1300 132 639; www.americanexpress.com.au)

Diners Club (☎1300 360 060; www.dinersclub.com.au)

MasterCard (☎1800 120 113; www.mastercard.com.au)

Visa (☎1800 450 346; www.visa.com.au)

Bankkarten/Debitkarten

Ob am Geldautomat, Bankschalter oder Eftpos-Terminal: Bei Abhebung per Bankkarte wird der jeweilige Betrag direkt vom heimischen Bankkonto abgebucht. Das funktioniert mit der eigenen PIN-Nummer und praktisch allen Karten international vernetzter Anbieter (Cirrus, Maestro, Plus oder Eurocard). Allerdings ist dabei mit hohen Gebühren zu rechnen.

Parallel gibt's Bankkarten mit festen Abbuchungsgebühren und einem Guthaben, das sich unterwegs direkt übers eigene Konto auffüllen lässt. Dies gilt z. B. für die Cash-Passport-Karte von Travelex.

Steuern & Erstattungen

Die Goods and Services Tax (GST) ist eine Pauschalsteuer von 10 % auf alle Waren und Dienstleistungen – egal ob Unterkunft, Restaurantrechnung,

Verkehrsmittel, elektrische und andere Geräte, Bücher, Möbel, Bekleidung usw. Ausnahmen gibt's z. B. für Grundnahrungsmittel (Brot, Obst, Gemüse u. a.). Nach dem Gesetz müssen alle angegebenen Preise diesen Steuersatz bereits beinhalten. Entsprechend sind auch alle genannten Preise inklusive GST.

Internationale Flug- und Schiffsreisen ab bzw. nach Australien sind von dieser Steuer ausgenommen, ebenso Binnenflüge, sofern sie von Nicht-Australiern im Ausland gebucht worden sind.

Wer innerhalb von 30 Tagen vor der Abreise neue oder gebrauchte Waren mit einem Mindestgesamtwert von 300 AU$ bei einem einzigen Händler gekauft hat, kann sich nach dem Tourist Refund Scheme (TRS) die mitbezahlte Mehrwert- oder Weinausgleichssteuer (Wine Equalisation Tax, WET) zurückerstatten lassen. Dieses System umfasst jedoch nicht alle Waren. Artikel, die darunter fallen, müssen bei der Rückreise per Flieger oder Schiff getragen (Bekleidung) oder als Handgepäck mit an Bord genommen werden. Rückerstattungen sind auch dann möglich, wenn man bei verschiedenen Händlern eingekauft und jeweils mindestens 300 AU$ ausgegeben hat. Mehr Details zu Rückerstattungen stehen auf der Website des **Australian Customs & Border Protection Service** (☎1300 363 263, 02-6275 6666; www.customs.gov.au).

Wer in Australien als Ausländer Geld verdient und Steuer bezahlt hat, muss beim **australischen Finanzamt** (Australian Taxation Office, ATO; www.ato.gov.au) einen Rückerstattungsantrag stellen. Achtung: Etwas zurück gibt's jedoch nur, wenn zu viel Steuer vom Lohn abgezogen wurde – bei zu geringer Entrichtung ist stattdessen eine Nachzahlung fällig. Die ATO-Website liefert weitere Details.

Reiseschecks

➡ Wie praktisch: In Australien kann nahezu überall per Kreditkarte oder Lastschrift bezahlt werden. Aufgrund der zahlreichen international vernetzten Einrichtungen spielen Reiseschecks hier eine untergeordnete Rolle.

➡ Schecks von AmEx, anderen internationalen Großunternehmen und großen Banken lassen sich problemlos einlösen.

➡ Dazu muss jeweils der Reisepass vorgelegt werden

Gesundheit

Obwohl Australien zu großen Teilen in den Tropen liegt, ist es in puncto Gesundheit ein sehr sicheres Reiseland. Die meisten Touristen bekommen daher allerhöchstens eine Magenverstimmung oder einen üblen Kater. Bei ernsthaften Gesundheitsproblemen helfen Kliniken und medizinische Versorgung auf hohem Niveau.

Empfohlene Impfungen

Spätestens vier bis acht Wochen vor der Abreise sollte man seinen Arzt aufsuchen und um einen Internationalen Impfpass (alias „gelbes Büchlein") bitten, der alle erhaltenen Schutzimpfungen aufführt.

➡ Wenn die Einreise nach Australien innerhalb von sechs Tagen nach dem Aufenthalt in einem Gelbfiebergebiet erfolgt, ist eine Gelbfieberimpfung nachzuweisen. Die **Centers for Disease Control & Prevention** (www.cdc.gov/travel) und das **Centrum für Reisemedizin** (www.crm.de) informieren online über alle Risikoregionen.

➡ Unabhängig vom jeweiligen Reiseziel empfiehlt die **Weltgesundheitsorganisation** (World Health Organisation, WHO; www.who.int/wer) generell Impfungen gegen Diphterie, Tetanus, Masern, Mumps, Röteln, Windpocken, Polio (Kinderlähmung) und Hepatitis B. Diese Krankheiten treten auch in Australien gelegentlich auf, obwohl die meisten Einheimischen schon im Kindesalter einen umfassenden Impfschutz erhalten haben.

Reisekrankenversicherung

Eine umfassende Reisekrankenversicherung ist für alle Traveller ein absolutes Muss (s. S. 1177).

Infos im Internet

Das Internet liefert zahllose Infos zur Gesundheit auf Reisen. Einen guten Einstieg ermöglicht **Lonely Planet** (www.lonelyplanet.com). Per Gratis-Download veröffentlicht die **Weltgesundheitsorganisation** (World Health Organisation, WHO; www.who.int/ith) den Führer *International Travel and Health*, der jährlich aktualisiert wird. Nützliche, aktuelle Hinweise zu vielen Reiseländern erteilen auch **MD Travel Health** (www.mdtravelhealth.com), die **Deutsche Gesellschaft für Reise- und Touristikmedizin e. V.** (www.drtm.de), **Fit for Travel** (www.fit-for-travel.de) oder **mediScon** (www.mediscon.de). Zudem empfiehlt sich stets ein Blick auf die Reisewebsite des eigenen Außenministeriums:

➡ **Deutschland** (www.auswaertiges-amt.de/DE/Laenderinformationen/01-Laender/Gesundheitsdienst/Uebersicht_node.html)

➡ **Österreich** (www.bmeia.gv.at/aussenministerium/buergerservice/reiseinformation.html)

➡ **Schweiz** (www.eda.admin.ch/eda/de/home/travad.html)

Medizinische Versorgung & Kosten

Einrichtungen Australiens hervorragendes Gesundheitssystem besteht aus Privatkliniken und öffentlichen, staatlich finanzierten Krankenhäusern. In Ballungszentren kommen sehr gute öffentliche Spezialeinrichtungen für Frauen und Kinder hinzu.

Medicare Dieses System ersetzt australischen Staatangehörigen einen Teil ihrer medizinischen Behandlungskosten – ebenso Bürgern bestimmter Länder, die mit Australien wechselseitige Gesundheitsabkommen getroffen haben. Da Deutsche, Österreicher und Schweizer nicht darunter fallen, benötigen sie eine eigene, umfassende Reisekrankenversicherung.

Medikamente Landesweit sind Schmerzmittel, Hautsalben und Antihistaminika für Allergiker rezeptfrei bei Apotheken erhältlich. Arzneien, die man anderswo eventuell ohne Rezept bekommt, können in Australien verschreibungspflichtig sein (z. B. die Antibabypille, alle Antibiotika und manche Asthmamittel).

Medizinische Versorgung in entlegenen Gebieten

Bei schweren Unfällen oder ernsten Erkrankungen in entlegenen Regionen Australiens kann es ziemlich lange dauern, bis ein Notarzt eintrifft: Die riesigen Entfernungen zwischen den meisten Outback-Siedlungen sind nicht zu unterschätzen. Touren durch einsame Ecken erfordern daher unbedingt angemessene Vorbereitung, Vorsichtsmaßnahmen und Ausrüstung. Der **Royal Flying Doctor Service** (www.flyingdoctor.net) leistet wichtige Notfallhilfe für abgelegene Gemeinden.

Spezielle Erste-Hilfe-Kurse für Notfälle in der Wildnis werden z. B. von **Wilderness First Aid Consultants** (www.equip.com.au) angeboten und sind äußerst sinnvoll. Zudem sollte man immer eine Erste-Hilfe-Ausrüstung mitnehmen, die angemessen auf die geplanten Aktivitäten abgestimmt ist!

Geeignete Kommunikationsmittel sind ein absolutes Muss. Obwohl Australiens Handynetz gut ausgebaut ist, braucht man in abgeschiedenen Gegenden auf jeden Fall eine zusätzliche Funkausrüstung.

Am Strand

Vor dem Gang in die teilweise sehr starke Brandung sollte man stets Erkundigungen bei örtlichen Rettungsschwimmern einholen und seine eigenen Fähigkeiten bzw. Grenzen genau kennen. Ein absolutes Muss ist auch Sonnencreme mit mindestens Lichtschutzfaktor 30: Immer eine halbe Stunde vor dem Sonnenbad auftragen und dann regelmäßig nachcremen!

Durchfallerkrankungen

Australisches Leitungswasser ist allgemein unbedenklich. Jedes andere Wasser sollte stets abgekocht, gefiltert oder chemisch mit Jodtabletten desinfiziert werden, um Reisedurchfall und Giardiasis vorzubeugen.

Wer Durchfall bzw. öfter als vier- oder fünfmal pro Tag Stuhlgang hat, sollte viel trinken – am besten eine orale Rehydrationslösung mit hohem Salz- und Zuckergehalt. Gleichzeitig empfiehlt sich die Einnahme eines Antibiotikums (normalerweise aus der Chinolon-Gruppe) und eines Durchfallmittels wie Loperamid. Wenn Durchfall blutig ist, länger als 72 Stunden anhält oder mit Fieber, Schüttelfrost oder starken Unterleibsschmerzen einhergeht, heißt es schnell ärztliche Hilfe suchen.

Hitzekollaps & Hitzschlag

Zu den Symptomen eines Hitzekollapses zählen Schwindel, Ohnmacht, Erschöpfung, Übelkeit und Erbrechen. Zudem ist die Haut meist blass, kalt und klamm. Gegenmaßnahmen: einen kühlen, schattigen Ort aufsuchen und ausreichend Wasser oder verdünnte Sportgetränke trinken.

Ein Hitzschlag ist ein gefährliches Hitzeproblem und ein ernster medizinischer Notfall: Die Überhitzung des Gehirns kann zu Orientierungslosigkeit, Halluzinationen und Krampfanfällen führen. Hitzschläge lassen sich vermeiden, indem vor allem bei körperlicher Anstrengung eine angemessene Flüssigkeitszufuhr erfolgt. Infolgedessen sollte der Körper regelmäßig eine ausreichende Menge möglichst klaren Urins ausscheiden.

Insekten als Krankheitsüberträger

Diverse Insekten können in Australien bestimmte Krankheiten übertragen (z. B. Denguefieber, virale Enzephalitis oder den Ross-River-Virus). Vorbeugend wirken weite, langärmelige Bekleidung und Insektenschutzmittel (30 % DEET) auf allen freiliegenden Hautpartien.

Reiseapotheke

- Acetaminophen (Paracetamol) oder Aspirin
- Antibakterielle Salbe für Schnitt- und Schürfwunden
- Antibiotika
- Antihistaminika (gegen Heuschnupfen und allergische Reaktionen)
- Durchfallmittel (z. B. Loperamid in Form von Imodium akut)
- Entzündungshemmer (z. B. Ibuprofen-Präparate)
- Fieberthermometer
- Heftpflaster, medizinisches Klebeband (z. B. Leukoplast)
- Insektenschutzmittel mit DEET für die Haut
- Insektenschutzspray mit Permethrin für Bekleidung, Zelte und Moskitonetze
- Jodtabletten oder Wasserfilter (zur Wasserentkeimung)

- Orales Rehydrationssalz
- Pinzette, Schere, Sicherheitsnadeln
- Sonnenschutzmittel
- Steroid- oder Kortisonsalbe (bei allergisch bedingten Hautausschlägen)
- Taschenmesser
- Verbandszeug, Mullbinden

STAATLICHE REISEINFORMATIONEN

Die Reisewebsite der eigenen Regierung erteilt Tipps und Warnungen zu Ländern in aller Welt.

- **Deutschland** (www.auswaertiges-amt.de/DE/Laenderinformationen/SicherheitshinweiseA-Z-Laenderauswahlseite_node.html)
- **Österreich** (www.bmeia.gv.at/aussenministerium/buergerservice/reiseinformation.html)
- **Schweiz** (www.eda.admin.ch/eda/de/home/travad.html)

Internetzugang

Internetcafés & öffentliche Terminals

Wegen iPhones bzw. iPads und WLAN sind Internetcafés (6–10 AU$/Std.) in Australien inzwischen seltener als noch vor fünf Jahren. Dennoch findet man sie bis heute in den meisten größeren Städten. Wie die meisten Hostels warten auch viele Hotels und Wohnwagenparks mit Internetzugang plus WLAN auf.

Die Online-Terminals der meisten öffentlichen Bibliotheken sind generell zur Recherche und nicht für Facebook-Sessions gedacht. Wer länger surfen will, sollte daher entsprechend reservieren oder gleich ein Internetcafé aufsuchen.

Eigene Laptops

ISPs Traveller mit eigenem Palm- oder Laptop sollten sich bei ihrem Internet Service Provider (ISP) rechtzeitig nach Einwahlnummern für Australien erkundigen. Alternativen sind folgende australische Großanbieter:

- **Australia On Line** (☎1300 650 661; www.ozonline.com.au)
- **Dodo** (☎13 36 36; www.dodo.com)
- **iinet** (☎13 19 17; www.iinet.net.au)
- **iPrimus** (☎13 17 89; www.iprimus.com.au)
- **Optus** (www.optus.com.au)
- **Telstra BigPond** (☎13 76 63; www.bigpond.com)

Modems Wichtig: Mitgebrachte PC-Modemkarten funktionieren in Australien eventuell nicht. Am sichersten ist es, vor der Abreise ein gutes „globales" Modem oder vor Ort eine entsprechende Karte zu kaufen.

Stecker In Australien wird neben RJ-45-Telefonsteckern (Standard) auch noch die vierpolige Variante Telstra EXI-160 benutzt. Beides gibt's bei Elektronikketten wie Tandy oder Dick Smith.

WLAN

Drahtloses Internet ist in entlegenen Landesteilen immer noch rar, bei großstädtischen Unterkünften aber zunehmend die Norm. Auch Cafés, Bars und selbst manche öffentliche Parks haben WLAN-Zugänge (oft gratis für Gäste bzw. Besucher). Die Website www.freewifi.com.au nennt lokale Hotspots.

Kinder

Wenn man die riesigen Entfernungen zwischen den Großstädten entsprechend meistert, können Australientrips mit Kindern eine feine Sache sein. Drinnen und draußen warten jede Menge Attraktionen und Aktivitäten.

Der englischsprachige Lonely Planet *Travel with Children* enthält Nützliches.

Praktisch & Konkret

Betreuung Vor Ort gibt's viele offiziell zugelassene Einrichtungen bzw. Agenturen für Babysitting und Kinderbetreuung, die staatlich kontrolliert werden und normalerweise sehr professionell arbeiten. Die Gelben Seiten (*Yellow Pages*) der Telefonbücher enthalten Kontaktadressen unter „Baby Sitters" und „Child Care Centres". Auch Stadtverwaltungen führen Verzeichnisse mit entsprechenden Optionen. Um Anbieter ohne Lizenz macht man am besten einen Bogen.

Ermäßigungen Bei Unterkünften, geführten Touren, Eintrittsgebühren und Verkehrsmitteln gibt's oft Kinder- oder Familienrabatte, die bis zu 50 % Ersparnis bringen können. Die obere Altersgrenze für „Kinder" kann dabei aber zwischen zwölf und 18 Jahren liegen. Unterkünfte gewähren üblicherweise Ermäßigung, wenn Kinder unter zwölf Jahren im Zimmer ihrer Eltern übernachten.

Essen Cafés und Restaurants servieren oft Kinderteller oder normale Hauptgerichte als kleine Portion. Teilweise sind auch Hochstühle vorhanden.

Kindersitze Große Autovermieter stellen und montieren Kindersitze (einmalige Gebühr ca. 25 AU$). Bei Taxiunternehmen sollten Kindersitze vorab telefonisch angefordert werden. Die gesetzlichen Bestimmungen für Taxitrips mit Kids variieren je nach Bundesstaat und schreiben meist keine Kindersitze vor. Wenn sie jedoch vorhanden sind, müssen sie benutzt werden.

Medizinische Versorgung Australien hat einen hohen

medizinischen Versorgungsstandard. Babyartikel (z. B. Nahrung, Einwegwindeln) sind überall erhältlich.

Stillen & Wickeln Alle großen und die meisten größeren Städte haben öffentliche Räume in zentraler Lage, in denen Eltern ihre Babys füttern und wickeln können. Lokale Touristeninformationen oder Stadtverwaltungen liefern hierzu Details. Australier sehen Stillen und Wickeln in der Öffentlichkeit größtenteils recht relaxt.

Unterkunft Viele Motels und besser ausgestattete Wohnwagenparks warten mit Spielplätzen, Pools, Kinderbetten und Babybadewannen auf. Manche Motels empfangen Kinder auch mit geeigneten Videos und hauseigener Betreuung. Spitzenklassehotels und viele (aber nicht alle) Mittelklassehotels sind bestens auf Gäste mit Nachwuchs eingerichtet. B & Bs vermarkten sich dagegen oft als „kinderfrei".

Öffungszeiten

In den einzelnen Bundesstaaten können die Öffnungs- und Geschäftszeiten leicht von den folgenden Standardangaben abweichen. Achtung: Fast alle australischen Attraktionen haben an Weihnachten (25. Dez.) geschlossen – viele auch an Neujahr und Karfreitag.

Banken Mo–Do 9.30–16, Fr 9.30–17 Uhr; manche große City-Filialen: werktags 8–18 Uhr (Fr z. T. bis 21 Uhr).

Cafés Meist ca. 7–17 Uhr (z. T. auch Abendbetrieb).

Geschäfte & Firmen Mo–Fr 9–17, Sa 9–12 od. 17 Uhr; in Großstädten, Ballungsräumen oder Touristenzentren kann oft sonntags und spätabends (meist Do od. Fr bis 21 Uhr) eingekauft werden.

Kneipen Küche meist 12–14 & 18–20 Uhr; viele Kneipen und Bars schenken Alkohol von der Mittagszeit bis zum späten Abend aus (vor allem Do–Sa).

Postfilialen Mo–Fr 9–17 Uhr (teilweise auch Sa 9–12 Uhr); Briefmarken gibt's auch bei Zeitungshändlern und manchen Gemischtwarenläden *(delis)*.

Restaurants Meist mittags ca. 12–min. 14 Uhr, abends ca. 18–min. 20 Uhr; vor allem in Großstädten jeweils oft länger.

Supermärkte Meist 7–min. 20 Uhr (teilweise 24 Std.); Gemischtwarenläden haben ebenfalls lange geöffnet.

Tankstellen & Raststätten Meist 8–22 Uhr (Tankstellen in Ballungsräumen oft 24 Std.).

Post

Die **Australia Post** (www.auspost.com.au) verschickt Sendungen landes- und weltweit. Ihre Website informiert über alle Zonen und Preise für internationale Briefe bzw. Pakete. Postfilialen bewahren Sendungen für Besucher auf; beim Abholen muss man sich ausweisen (z. B. mit Reisepass oder Führerschein).

Rechtsfragen

Die meisten Traveller werden mit Australiens Polizei und Rechtssystem gar nicht in Berührung kommen – falls doch, dann wahrscheinlich als Verkehrsteilnehmer.

Drogen Wer erstmals mit einer kleinen Menge illegaler Drogen erwischt wird, kommt oft mit einer Geldstrafe davon. Allerdings kann jedes polizeilich registrierte Vergehen den Visumstatus beeinträchtigen.

Bei Festnahme Verhaftete haben vor jeder Vernehmung das Recht, einen Freund, Verwandten oder Anwalt anzurufen. Rechtsbeistand wird nur in gravierenden Fällen und für wirklich Mittellose gewährt (für Anlaufstellen von Legal Aid siehe www.nla.aust.net.au). Viele Rechtsanwälte bieten jedoch eine kostenlose Erstberatung an.

Verkehrsdelikte Auf australischen Hauptstraßen ist die Polizeipräsenz recht hoch. Die Beamten können einen jederzeit anhalten, sich den Führerschein (stets mitzuführen!) zeigen lassen, das Fahrzeug auf Verkehrssicherheit überprüfen und einen Atemalkoholtest durchführen. Gelegentlich wird man auch auf illegale Drogen überprüft.

Visa Wer über die Gültigkeitsdauer hinaus im Land bleibt, gilt als *overstayer* und muss mit Festnahme plus Ausweisung rechnen. Zudem kann in diesem Fall ein Einreiseverbot von bis zu drei Jahren verhängt werden.

Reisen mit Behinderung

- Australien pflegt ein großes und stetig wachsendes Bewusstsein für behinderte Menschen.
- Nach dem Gesetz müssen alle neuen Unterkünfte standardmäßig für Reisende mit eingeschränkter Mobilität geeignet sein. Außerdem verstößt deren Benachteiligung durch Tourismusanbieter gegen geltendes Recht.
- Viele australische Top-Attraktionen (u. a. zahlreiche Nationalparks) sind für Besucher mit körperlichem Handicap zugänglich. Vielerorts wird auch auf die besonderen Bedürfnisse von Sehbehinderten oder Hörgeschädigten eingegangen. Dennoch sollte man sich rechtzeitig nach vorhandenen Einrichtungen an geplanten Zielen erkundigen.
- In Großstädten verfügen Tourveranstalter meist über spezielle Fahrzeuge für Kunden mit eingeschränkter Mobilität.
- Immer mehr Unterkünfte sind mittlerweile rollstuhlgerecht gestaltet, während der erforderliche Umbau vieler älterer Adressen noch auf sich warten lässt.

Infos im Internet

Deaf Australia (www.deafau.org.au) Für Hörgeschädigte.

Easy Access Australia (www.easyaccessaustralia.com.au) Bruce Camerons Ratgeber (erhältlich in vielen Buchläden) informiert detailliert über behindertengerechte Verkehrsmittel, Unterkünfte und Sehenswürdigkeiten.

e-Bility (www.ebility.com) Kleinanzeigen, Links und Infoquellen für Reisende mit Handicap.

National Information Communication & Awareness Network (NICAN; www.nican.com.au) Gesamtaustralisches Verzeichnis mit Infos zu barrierefreien Einrichtungen, Unterkünften, Verkehrsmitteln, Sport- und Freizeitaktivitäten sowie spezialisierten Tourveranstaltern.

National Public Toilet Map (www.toiletmap.gov.au) Führt über 14 000 öffentliche Toiletten im ganzen Land auf (inkl. rollstuhlgerechte Varianten).

Spinal Cord Injuries Australia (SCIA; www.spinalcordinjuries.com.au) Unterstützung für Patienten mit Rückenmarksverletzungen.

Vision Australia (www.visionaustralia.org.au) Beistand für Blinde und Sehbehinderte.

Für allgemeine Informationen zum Reisen mit Behinderung empfehlen sich:

Mobility International Schweiz (www.mis-ch.ch)

MyHandicap Deutschland (www.myhandicap.de)

MyHandicap Schweiz (www.myhandicap.ch)

Nationale Koordinierungsstelle Tourismus für Alle e. V. (Natko; www.natko.de)

Flugzeug

Qantas (www.qantas.com.au) gewährt Passagieren mit Behinderung und deren Begleitpersonen jeweils eine Ermäßigung auf Economy-Listenpreise. Beim NICAN gibt's Antragsformulare und Infos zu Berechtigungskriterien.

Qantas, **Jetstar** (www.jetstar.com.au), **Virgin Australia** (www.virginaustralia.com) und deren Tochtergesellschaften nehmen Blindenhunde gratis mit. Alle australischen Großflughäfen haben neben Behindertenparkplätzen auch rollstuhlgerechte Terminals und Toiletten. Zudem befördern Hebelifte Passagiere mit Handicap sicher über die Fluggastbrücken an Bord.

Zug

In New South Wales haben alle XPT-Züge von CountryLink mindestens einen Waggon mit Rollstuhlplatz und behindertengerechter Toilette (meist der Speisewagen). Auch der *Tilt Train* der Queensland Rail (Route Brisbane–Cairns) hat einen rollstuhlgerechten Waggon.

In Melbourne sind die Vorortzüge für Rollstuhlfahrer zugänglich. Dort bietet die **Metlink** (PTV; ☎1800 800 007; http://ptv.vic.gov.au; Southern Cross Station; 🚉Southern Cross) zudem Gratispässe für Sehbehinderte an. Behindertenbegleithunde dürfen in allen öffentlichen Verkehrsmitteln Victorias mitfahren.

BUNDESSTAATLICHE QUARANTÄNE

Ob bei Inlandsreisen auf dem Land- oder Luftweg: Vor allem an Flughäfen, Fernbahnhöfen und Staatsgrenzen warnen Schilder vor potenziellen Gefahren durch die Mitnahme von Obst, Gemüse oder Pflanzen zwischen den Bundesstaaten. Bestimmte Schädlinge oder Krankheiten (z.B. Fruchtfliegen, Fransenflügler, Rebläuse) treten bisher nur in manchen australischen Regionen auf; die Regierung will der Verbreitung entgegenwirken. Inspektionsposten der Quarantänebehörden gibt's an einigen Staatsgrenzen und ab und zu auch anderswo. Die Kontrolle baut oft auf die Ehrlichkeit der Reisenden. Viele Stationen sind aber mit mehreren Beamten besetzt, die Fahrzeuge nach nicht deklarierten Waren durchsuchen dürfen. Da frisches Obst und Gemüse meist komplett konfisziert wird, kauft man solche Produkte am besten erst im nächsten Ort hinter der Kontrollstelle.

Schwule & Lesben

Australien ist ein beliebtes schwul-lesbisches Reiseziel. Der alljährliche, hochkarätige und spektakuläre Sydney Gay & Lesbian Mardi Gras macht Sydney zu einem Zentrum des sogenannten „Pink Tourism". Allgemein sind Australier Schwulen und Lesben gegenüber aufgeschlossen. Doch je weiter man ins Landesinnere reist, desto höher ist die Wahrscheinlichkeit, mit Homophobie konfrontiert zu werden.

Landesweit gibt's Touranbieter, Reisebüros und Unterkünfte, die auf schwule und lesbische Reisende spezialisiert sind, vor allem an der Ostküste.

Homosexuelle Handlungen sind landesweit legal; das gesetzliche Mindestalter variiert jedoch von Bundesstaat zu Bundesstaat.

Medien & Kontakte

In Großstädten sind szenespezifische Printmedien bei Nachtclubs, Cafés, Veranstaltungs-Locations und Zeitschriftenhändlern erhältlich. Zu den schwul-lesbischen Lifestylemagazinen gehören *DNA*, *Lesbians on the Loose (LOTL)*, *SX* (Sydney), *MCV* (Melbourne), *Queensland Pride* (Queensland), *OutinPerth* (gratis; Perth) und *Blaze* (Adelaide).

Gay and Lesbian Counselling & Community Services of Australia (GLCCS;

www.glccs.org.au) Telefonberatung.

Gay & Lesbian Tourism Australia (GALTA; www.galta.com.au) Zahllose Infos zu schwul-lesbischen Australientrips.

Same Same (www.samesame.com.au) News, Events und Lifestyle-Themen.

Schwul-lesbische Großevents

Midsumma Festival (www.midsumma.org.au; ⏲Mitte Jan.–Mitte Feb.) Melbournes schwul-lesbisches Kunstfestival umfasst jedes Jahr über 100 Events; krönender Abschluss ist der Pride March.

Sydney Gay & Lesbian Mardi Gras (www.mardigras.org.au; ⏲Feb.–März) Highlight des weltberühmten, einmonatigen Festivals ist die schrille, glamouröse Parade entlang der Oxford St.

Pridefest (www.pridewa.asn.au; ⏲Okt.) In Perth.

Feast Festival (www.feast.org.au; ⏲Nov.) Drei Wochen lang Jahrmarkt, Theater, Tanz und Gesprächsrunden in Adelaide.

Strom

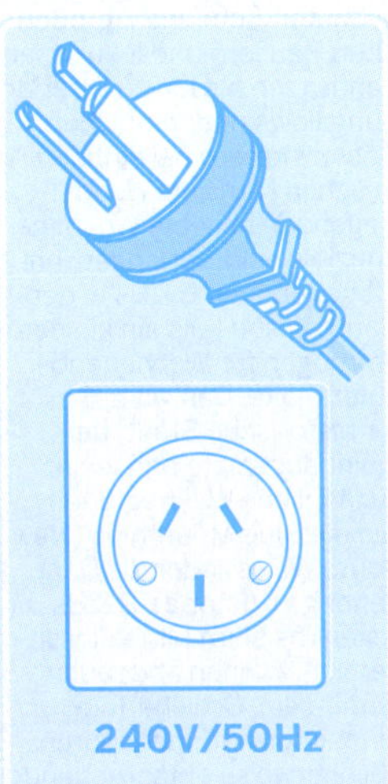

Telefon

Australiens größte Telefonunternehmen:

Telstra (www.telstra.com.au) Größter Anbieter von Festnetz- und Mobilfunkdiensten.

Optus (www.optus.com.au) Telstras Hauptkonkurrent mit Festnetz- und Mobilfunkdiensten.

Vodafone (www.vodafone.com.au) Mobilfunkbetreiber.

Virgin (www.virginmobile.com.au) Mobilfunkbetreiber.

Auslandsgespräche

Öffentliche Fernsprecher erlauben meist Auslandsgespräche per ISD (International Subscriber Dialling), bei denen Tarife und Vorwahlcodes je nach Kartenanbieter variieren. ISD-Telefonkarten sind überall bei Internetcafés und Gemischtwarenläden erhältlich.

Festnetzanschlüsse in Australien gestatten ebenfalls relativ günstige Auslandsgespräche. Auch hierbei gibt's oft Sonderangebote; die Tarife variieren je nach Anbieter.

Vorwahlen Anrufe nach Übersee beginnen mit dem australischen Code für Auslandsgespräche (☎0011 oder ☎0018). Anschließend folgen der jeweilige Ländercode (Deutschland ☎49, Österreich ☎43, Schweiz ☎41), die Ortsvorwahl ohne die Null am Anfang und die schließlich eigentliche Anschlussnummer. Gespräche nach Berlin beginnen also beispielsweise mit der Zahlenfolge ☎0011-49-30 (Wien ☎0011-43-1, Bern ☎0011-41-31). Die Dienste bestimmter Anbieter erfordern zusätzliche Vorwahlen. Bei Auslandstelefonaten nach Australien sind der Ländercode ☎0061, die Regionalvorwahl des jeweiligen Bundesstaats bzw. Territoriums ohne Null und dann die Anschlussnummer einzugeben.

LAND	LÄNDERCODE
Deutschland	☎49
Österreich	☎43
Schweiz	☎41

Ferngespräche & Ortsvorwahlen

Ab ca. 50 km Verbindungsdistanz gelten Inlandstelefonate als Ferngespräche. Sie werden nach Zeit berechnet und lassen sich ohne Vermittlung führen (Subscriber Trunk Dialling; STD). Es gibt vier verschiedene Regionalvorwahlen (Area Codes). STD-Verbindungen sind an allen öffentlichen Fernsprechern möglich und während der Nebenzeiten (19–7 Uhr, Wochenende) allgemein günstiger. Wichtigste Regionalvorwahlen:

BUNDESSTAAT/ TERRITORIUM	VORWAHLEN
Australian Capital Territory (ACT)	☎02
New South Wales (NSW)	☎02
Northern Territory (NT)	☎08
Queensland (QLD)	☎07
South Australia (SA)	☎08
Tasmanien (TAS)	☎03
Victoria (VIC)	☎03
Western Australia (WA)	☎08

Die Grenzen der Vorwahlregionen decken sich nicht unbedingt mit denen einzelner Bundesstaaten. Beispiel: In manchen Teilen von New South Wales gelten die Vorwahlen der Nachbarstaaten.

Gebührenfreie Nummern & Auskunftsdienste

➡ Von Anschlüssen im ganzen Land aus sind viele Firmen entweder gebührenfrei (die Nummern beginnen mit

☎1800) oder zum Ortstarif (die Nummern beginnen mit ☎13 od. 1300) erreichbar. In beiden Fällen kann jedoch nicht aus dem Ausland angerufen werden.

➡ Unter ☎1800 738 3773 oder ☎12 550 sind R-Gespräche von allen öffentlichen und privaten Anschlüssen aus möglich.

➡ Bei Nummern mit ☎190 am Anfang handelt es sich meist um Bandansagen bzw. elektronische Auskunftsdienste (min. 0,35–5 AU$/Min., mehr bei Anrufen von Handys oder öffentlichen Telefonen).

Handys

Anbieter Mit Prepaid-Angeboten großer Mobilfunkfirmen lassen sich die hiesigen Handynetze kurzfristig, unkompliziert und recht günstig nutzen.

Empfang An der Ostküste sowie im Südosten und -westen gut; anderswo (bis auf größere Städte) nur sporadisch oder nicht vorhanden. An Verbesserungen wird jedoch gearbeitet.

Netze Australiens GSM- und 3G-Mobilfunknetze werden von über 90% der Bevölkerung genutzt, decken aber weite Landesteile nicht ab. Zu europäischen Dualband-Geräten (GSM 900 und 1800; üblich in Deutschland, Österreich oder der Schweiz) besteht Kompatibilität.

Nummern Australische Handynummern beginnen mit ☎04xx.

Ortsgespräche

Anrufe von Privatanschlüssen kosten 0,15 bis 0,30 AU$, Ortsgespräche von öffentlichen Telefonen 0,50 AU$ – jeweils bei unbegrenzter Gesprächsdauer. Die höheren Tarife bei Mobiltelefonnummern werden jedoch nach Zeittakt abgerechnet.

Telefonkarten & Öffentliche Telefone

Zeitungshändler, Hostels und Postfilialen verkaufen zu Fixpreisen (10 AU$, 20 AU$ usw.) diverse Telefonkarten, die man an allen privaten und öffentlichen Anschlüssen benutzen kann: Einfach die gebührenfreie Zugangsnummer wählen, dann die auf der Karte stehende PIN eingeben.

Die meisten öffentlichen Telefone funktionieren mit Telefonkarten (teilweise auch mit Kreditkarten). Altmodische Münzfernsprecher werden immer seltener und sind – wo noch vorhanden – oft defekt (beispielsweise wegen Vandalismus oder Kaugummi im Einwurfschlitz).

Toiletten

➡ Sitztoiletten im westlichen Stil sind landesweit die Norm, in entlegenen Outback-Nestern sind sie aber teilweise ziemlich unappetitlich.

➡ Unter www.toiletmap.gov.au gibt's ein Verzeichnis mit öffentlichen Toiletten.

Touristeninformation

Als staatliche Tourismusbehörde erleichtert die **Australian Tourist Commission** (ATC; www.australia.com) die Reiseplanung mit einer hervorragenden Website. Neben verlässlichen Reisebüros in aller Welt sind dort auch Infos zu Visum-, Arbeits- und Zollbestimmungen aufgeführt.

Innerhalb Australiens werden Touristeninfos von verschiedenen Regional- und Lokalbüros erteilt. Offenbar unterhält jede größere Stadt eine Art von Besucherzentrum (Visitor Centre, Tourist Office usw.). Häufig arbeitet dort sehr kompetentes und auskunftsfreudiges Personal (oft freiwillige Pensionäre), das staatliche Büros in puncto konkrete Lokalinfos aussticht. Wer Unterkünfte oder Touren vor Ort bucht, sollte jedoch bedenken: In vielen Fällen werden nur Anbieter vermittelt, die zahlende Mitglieder des jeweiligen regionalen Tourismusverbands sind.

Unterkunft

Australiens allumfassendes Unterkunftsangebot reicht von kleinen Zeltstellplätzen auf Campinggeländen, Gemeinschaftsschlafsälen in Hostels und Pensionen mit Gourmetfrühstück bis hin zu heimeligen Farmquartieren oder Resorts mit allen Schikanen. Hinzu kommen alle möglichen Hotels und Motels.

Während der Hauptsaison im Sommer (Dez.–Feb.) und anderer Spitzenzeiten (vor allem Schulferien, Ostern) sind die Preise normalerweise am höchsten. Im übrigen Jahr gibt's angenehme Rabatte und niedrigere Last-Minute-Tarife. Bemerkenswerte Ausnahmen sind Zentralaustralien, das Top End und die Skiorte: Dort ist jeweils der Sommer die Nachsaison und daher mit kräftigen Preisstürzen verbunden.

B&Bs (Pensionen)

Australiens B&B-Angebot reicht von restaurierten Bergmannshäuschen, umgebauten Scheunen, großen alten Häusern und luxuriösen Landsitzen bis hin zu Strandbungalows oder einfachen Gästezimmern bei einheimischen Familien. Wenn Gegenden beliebte Wochenendziele sind, verlangen ihre oft gehobenen B&Bs in der Hauptsaison teils ein kleines Vermögen für Wochenendaufenthalte. Das gilt z.B. für historische Städtchen, Weinbaugebiete und leicht zugängliche Waldregionen wie die Blue Mountains (New South Wales) oder die Dandenongs (Victoria). B&Bs liegen meist im Mittelklassebereich, können aber auch teurer sein. Örtliche Touristeninformationen führen üblicherweise entsprechende Verzeichnisse.

Infos im Internet liefern:

Bed & Breakfast Accommodation in Australia (BABS; www.babs.com.au)

Hosted Accommodation Australia (www.australianbedandbreakfast.com.au)

OZ Bed & Breakfast (www.ozbedandbreakfast.com)

Camping & Caravaning

Am günstigsten übernachtet man im Freien. Ein Stellplatz für zwei Personen kostet normalerweise 15 bis 30 AU$, mit Strom etwas mehr. Bei Australientrips ist Buschcamping ein Highlight. Im Outback oder Norden des Landes braucht's oft nicht einmal ein Zelt: Lagerfeuernächte unterm Sternenhimmel sind unvergesslich.

Beste Campingzeit ist in ganz Nordaustralien der Winter (Trockenperiode), im Süden des Landes der Sommer.

Preise Sofern nicht anders angegeben, gelten die genannten Stellplatzpreise normalerweise für zwei Personen. Ausgewiesene Plätze in Nationalparks kosten zumeist 7 bis 15 AU$ pro Nase.

Einrichtungen Wohnwagen- oder Ferienparks haben fast immer Zeltstellplätze, Wohnwagenstellplätze mit Strom, Hütten, Warmwasserduschen, WCs, Waschküchen und oft auch einen Pool. Hüttengröße und -ausstattung variieren: Für kleine Varianten mit Kochecke bezahlt man 70 bis 80 AU$. Hütten mit zwei oder drei Schlafzimmern, Betten für maximal sechs Personen, Komplettküche, Wohnzimmer und TV kosten bis zu 170 AU$.

Lage Die meisten Großstadt-Campingplätze liegen üblicherweise einige Kilometer vom Zentrum entfernt und sind somit nur für Selbstfahrer praktisch. Für die beliebten Wohnwagenparks der Küstenregionen muss man vor allem im Sommer und über Ostern rechtzeitig reservieren. Wer intensiv mit Zelt oder Wohnmobil bzw. -wagen urlauben möchte, sollte sich die Mitgliedschaft bei einer großen Kette überlegen, um deren Rabatte nutzen zu können.

Infos im Internet Empfehlenswert ist der praktische Führer **Camps Australia Wide** (www.campsaustraliawide.com) mit Karten und Infos zu Campingplätzen in ganz Australien.

Genehmigungen Heutzutage werden Campinggenehmigungen für Nationalparks oft online von den zuständigen Behörden erteilt – z. B. in Queensland vom Department of National Parks, Recreation, Sport & Racing (www.nprsr.qld.gov.au) oder in WA vom Department of Environment & Conservation (www.dec.wa.gov.au/campgrounds). Die Unterkunftsverzeichnisse der Regionenkapitel enthalten entsprechende Buchungshinweise.

Große Camping-Ketten

Big 4 (www.big4.com.au)

Discovery Holiday Parks (www.discoveryholidayparks.com.au)

Top Tourist Parks (www.toptouristparks.com.au)

Ferienapartments

Preise Apartments mit zwei Schlafzimmern kosten durchschnittlich 140 bis 200 AU$ pro Übernachtung. Spitzenzeiten oder großstädtischer Zimmerservice lassen die Preise aber kräftig steigen.

Angebote In sich abgeschlossene Ferienapartments eignen sich sehr gut für längere Aufenthalte. Das Angebot reicht von einfachen, studioartigen Zimmern mit kleinen Kochnischen bis zu Varianten mit zwei Schlafzimmern, komplett ausgestatteten Waschküchen und topmodernen Unterhaltungssystemen. Solche Quartiere befinden sich teilweise in kleinen, einstöckigen Gebäudekomplexen. In Touristenhochburgen (z. B. an der Gold Coast) bilden sie ein ganzes Meer von Hochhäusern.

Hostels

Backpacker-Hostels sind in Australiens Großstädten und an der Küste schwer angesagt, in ländlichen Gegenden oder im Outback aber rar. Zahllose Gäste zwischen 18 und 30 Jahren sorgen dort normalerweise für Leben. Inzwischen zielen manche Hostels aber auch auf andere Traveller ab, die nur günstig übernachten möchten.

Preise Pro Übernachtung kosten Schlafsaalbetten üblicherweise 25 bis 35 AU$, Doppelzimmer (in der Regel ohne eigenes Bad) 70 bis 90 AU$.

Einrichtungen Das vielfältige Hostelspektrum reicht von spartanischen Varianten in der Wildnis bis zu Gebäuden in Großstadtzentren, die Cafébars und Zimmer mit eigenen Bädern besitzen. Übernachtet wird größtenteils in Schlafsälen mit vier bis zwölf Betten. Oft gibt's

PREISKATEGORIEN: UNTERKÜNFTE

Die folgenden Preisspannen gelten jeweils für ein Doppelzimmer mit eigenem Bad in der Hauptsaison (Sommer).

- **$** unter 100 AU$
- **$$** 100–200 AU$
- **$$$** über 200 AU$

In teuren Gegenden (vor allem Sydney, Perth und Teilen des nördlichen WA) kommen oft 20 bis 50 AU$ hinzu.

UNTERKÜNFTE ONLINE BUCHEN

Weitere Unterkunftsbewertungen von Lonely Planet Autoren gibt's unter www.lonelyplanet.com/australia/hotels. Dort findet man unabhängig recherchierte Infos und Empfehlungen zu den besten Adressen. Zudem kann online gebucht werden.

aber auch Zweibett- und Doppelzimmer. Generell sind Gäste- und Waschküchen sowie Gemeinschaftsbereiche mit Fernseher vorhanden. Teils kommen noch Reisebüros und Jobbörsen hinzu.

Bettwäsche wird oft gestellt. Aus Hygienegründen sind Schlafsäcke nicht gern gesehen.

ORGANISATIONEN & KETTEN

Die **Youth Hostels Association** (YHA; ☎02-9261 1111; www.yha.com.au) mit ca. 60 australischen Hostels gehört wiederum zu **Hostelling International** (HI; www.hihostels.com). Mitglieder nationaler Jugendherbergsverbände können in entsprechenden australischen Hostels zu YHA-Preisen übernachten (10–15 % Ermäßigung). Am besten besorgt man sich schon in der Heimat einen internationalen Jugendherbergsausweis (HI Card). Er ist aber auch direkt vor Ort bei Regionalbüros bzw. großen Hostels der YHA oder online erhältlich (einjährige Mitgliedschaft für Reisende unter/über 26 Jahren 32/42 AU$). HI und YHA informieren auf ihren Websites über Details – ebenso die nationalen Verbände: das **Deutsche Jugendherbergswerk** (DJH; www.jugendherberge.de), der **Österreichische Jugendherbergsverband** (ÖJHV; www.oejhv.at) und die **Schweizer Jugendherbergen** (SJH; www.youthhostel.ch).

Weitere internationale Organisationen mit australischen Hostels:

Base Backpackers (www.stayatbase.com)

Nomads Backpackers (www.nomadsworld.com)

VIP Backpackers (www.vipbackpackers.com)

Hotels

Hotels in australischen Großstädten und Touristenhochburgen gehören meist zu Business- oder Luxusketten – mehrstöckige Klötze mit gesichtslosen, komfortablen und modern ausgestatteten Mittel- oder Spitzenklassezimmern. Für solche Optionen nennt dieser Band stets die offiziell ausgewiesenen Listenpreise (*rack rates*; meist über 150 AU$/Übernachtung). Ruhige Perioden können aber kräftige Rabatte bringen.

Motels

Landesweit gibt's komfortable Mittelklasse-Motels mit Parkplätzen vor der Zimmertür. Da diese Bleiben fast nie Ermäßigung bei Einzelbelegung gewähren, eignen sie sich finanziell besser für Paare oder dreiköpfige Gruppen. Ein einfaches Zimmer mit Wasserkessel, Kühlschrank, TV, Klimaanlage und eigenem Bad kostet meist 100 bis 150 AU$.

Mietwohnungen & Unterkünfte für längere Aufenthalte

Wer ein entsprechendes Visum hat und länger an einem Ort in Australien bleiben möchte, kann mit Quartieren in Mietshäusern oder -wohnungen ordentlich sparen. Dazu durchforstet man am besten mittwochs und samstags die Wohnungsanzeigen der Tageszeitungen. Zudem lohnt sich ein Blick auf die Schwarzen Bretter von Universitäten, Hostels, Buchläden und Cafés. Bei Vermittlung durch einen Immobilienmakler beträgt die Mindestmietdauer ein halbes Jahr. Zudem werden dann eine Kaution und die erste Monatsmiete im Voraus fällig.

CityHobo (www.cityhobo.com) Findet anhand eines Persönlichkeitschecks den perfekten Vorort für Aufenthalte in Melbourne, Adelaide, Brisbane, Perth oder Sydney.

Couch Surfing (www.couchsurfing.com) Füllt freie Sofas mit neuen Freunden aus aller Welt.

Flatmate Finders (www.flatmatefinders.com.au) Verzeichnisse mit Optionen für längerfristige WG-Aufenthalte.

Gumtree (www.gumtree.com.au) Kleinanzeigen mit WG-Plätzen, Jobs und anderen Angeboten in Großstädten.

Stayz (www.stayz.com.au) Für Ferienwohnungen.

Pubs

Australische Hotels bzw. Gasthäuser mit Bierausschank werden allgemein als Pubs (abgeleitet von *public house*) bezeichnet und stammen oft aus wirtschaftlichen Blütezeiten. So gehören sie häufig zu den größten und prächtigsten Gebäuden einer Stadt. Trotz der Restaurierung mancher Pubs wirken die meisten Zimmer bis heute klein und abgenutzt. Das Bad befindet sich oft am Ende eines langen Flures. Solche Quartiere sind normalerweise günstig (EZ/DZ mit Gemeinschaftsbad ab 50/80 AU$, mit eigenem Bad teurer) und zentral gelegen. Gäste mit leichtem Schlaf nehmen aber besser keines direkt über der Bar und erkundigen sich vorher, ob abends eine Liveband auftritt.

Noch mehr Unterkünfte

Landesweit gibt's viele unkonventionellere und teils typisch australische Übernachtungsmöglichkeiten.

Manche Farmen bieten Gästebetten an. Auf entlegenen Outback-Stationen kann man mitunter in den Wohngebäuden oder Schafscherer-Quartieren schlafen und an Aktivitäten wie Ausritten teilnehmen. Bei der Auswahl helfen **Hosted Accommodation Australia** (www.australianbedandbreakfast.com.au), **Farmstay Camping Australia** (www.farmstaycampingaustralia.com.au) und staatliche Touristeninformationen.

Innerhalb von Großstädten ist manchmal Übernachten in Studentenwohnheimen bzw. -hostels möglich – vorausgesetzt, der Aufenthalt fällt auf die längeren Semesterferien.

Versicherung

Die weltweit gültige Reiseversicherung unter www.lonelyplanet.com/travel_services kann jederzeit online abgeschlossen, erweitert und in Anspruch genommen werden – selbst wenn die Reise schon begonnen hat.

Versicherungsumfang Eine gute Reiseversicherung, die Diebstahl, Verlust und medizinische Behandlungskosten abdeckt, ist ein absolutes Muss. Manche Policen schließen „Risikosportarten" wie Tauchen, Skifahren oder sogar Bushwalking ausdrücklich aus. Somit ist es wichtig, dass die gewählte Versicherung auch wirklich vollen Schutz bei den geplanten Aktivitäten bietet.

Krankenversicherung Zu empfehlen ist eine Variante, die direkt mit medizinischen Behandlungsstellen im Ausland abrechnet. Ansonsten muss man bei späterer Rückerstattung in Vorleistung gehen. In diesem Fall sollten sämtliche Dokumente unbedingt sorgfältig aufbewahrt werden. Zudem ist darauf zu achten, dass die jeweilige Police auch Krankenwagentransporte, Luftrettung und Notfallflüge in die Heimat abdeckt.

Visa

Jeder Australienreisende benötigt ein Visum. Anträge gibt es in den diplomatischen Vertretungen Australiens im Ausland, außerdem in Reisebüros oder über die Website des **Department of Immigration & Citizenship** (www.immi.gov.au).

eVisitor (Kategorie 651)

Deutsche, Österreicher und Schweizer können kostenlose eVisitor-Visa beantragen, die innerhalb einer zwölfmonatigen Gültigkeitsdauer jeweils maximal dreimonatige Australienaufenthalte zu touristischen oder geschäftlichen Zwecken erlauben. Anträge müssen online (www.immi.gov.au/e_visa/evisitor.htm) gestellt werden. Das sollte allerspätestens 14 Tage vor der geplanten Abreise geschehen. Da die elektronische Speicherung auch die Reisepassnummer erfasst, entfällt der herkömmliche Visumstempel.

Touristenvisa (Kategorie 676)

Das eVisitor-System ersetzt inzwischen die meisten Touristenvisa mit kurzer Gültigkeitsdauer. Man braucht aber dennoch eines, wenn man beabsichtigt, länger als drei Monate in Australien zu bleiben. Die Standardvariante (115 AU$) berechtigt je nach Ausführung zur ein- oder mehrmaligen Einreise und ist ab Ausstellungsdatum maximal zwölf Monate lang gültig. Auch in diesem Fall sind Anträge übers Internet (www.immi.gov.au/e_visa/e676.htm) möglich.

Visumverlängerungen

Wer über die Ablaufdauer seines Visums hinaus in Australien bleiben will, muss beim Department of Immigration & Citizenship unter www.immi.gov.au/visitors/tourist) eine neue Aufenthaltserlaubnis (meist ein Touristenvisum, Kategorie 676; Bearbeitungsgebühr 290 AU$) beantragen. Am besten macht man das spätestens zwei bis drei Wochen vor dem Auslaufen des ersten Visums.

Visa für Working Holiday Maker (Kategorie 417)

Deutsche Australienurlauber im Alter von 18 bis 30 Jahren können ein WHM-Visum beantragen, das zur Annahme von Gelegenheitsjobs während eines maximal einjährigen Aufenthalts berechtigt. Staatsbürger Österreichs und der Schweiz haben diese Möglichkeit bislang noch nicht.

Diese Visumvariante erlaubt ausschließlich das Annehmen von maximal sechsmonatigen Gelegenheitsjobs bei beliebigen Arbeitgebern und gilt nicht für Vollzeitstellen. Das erste WHM-Visum muss bereits vor der Einreise erlangt werden (Details unter www.immi.gov.au/visitors/working-holiday). Achtung: Auf australischem Boden kann man ein Touristenvisum nicht mehr in die WHM-Version umwandeln!

Anträge (365 AU$) lassen sich bis zu zwölf Monate im Voraus stellen. Interessenten müssen u. a. ein Rückflugticket oder ausreichende finanzielle Mittel für die Rück- bzw. Weiterreise vorweisen.

Zweites WHM-Visum

Wer ein erstes WHM-Visum besitzt und mindestens drei Monate lang als Saisonarbeiter in „Regional Australia" tätig gewesen ist, kann direkt vor Ort ein zweites WHM-Visum beantragen (365 AU$). Als „Regional Australia" gelten die allermeisten Landesteile, nicht aber die Großstädte. „Saisonarbeit" ist dagegen etwas komplizierter definiert. Verbindliche Details gibt's online unter www.immi.gov.au/visitors/working-holiday/417/eligibility-second.htm.

Zeit

Zeitzonen Australien ist in drei Zeitzonen unterteilt: Western Standard Time (MEZ +7 Std.; Western Australia), Central Standard Time (MEZ +8½ Std.; Northern Territory, South Australia) und Eastern Standard Time (MEZ +9 Std.; Tasmanien, Victoria, New South Wales, Queensland, Australian Capital Territory). Zu den wenigen Ausnahmen gehört Broken Hill (New South Wales), wo die Central Standard Time gilt. Einen Überblick über alle internationalen Zeitzonen gibt's unter www.weltzeituhr.de.

Sommerzeit Mit Beginn der australischen Sommerzeit (Daylight Saving Time) stellen einige Bundesstaaten ihre Uhren in den wärmeren Monaten (Okt.–Anfang April) um eine Stunde vor. Das kann für Verwirrung sorgen: Western Australia, das Northern Territory und Queensland bleiben bei der Standardzeit, während Tasmanien einen Monat vor South Australia, Victoria, New South Wales und dem Australian Capital Territory auf Sommerzeit umstellt.

Zoll

Detaillierte Infos zu Zoll- und Quarantänebestimmungen erteilen die **Zoll- & Grenzschutzbehörde** (Australian Customs & Border Protection Service; ☎1300 363 263, 02-6275 6666; www.customs.gov.au) oder das **Ministerium für Landwirtschaft, Fischerei & Forstwirtschaft** (Department of Agriculture, Fisheries & Forestry; www.daff.gov.au).

Einreisende können die meisten Artikel zollfrei einführen – vorausgesetzt, die Beamten lassen sich überzeugen, dass die Waren rein für den persönlichen Gebrauch bestimmt sind und bei der Ausreise wieder mitgenommen werden. Zollfreie Einfuhrmengen pro Person:

Alkohol 2,25 l (ab 18 Jahren)

Tabak 50 Zigaretten (ab 18 Jahren)

Zollpflichtige Waren Bis zum Gesamtwert von 900 AU$ (450 AU$ unter 18 Jahren)

Jegliche Drogen sind illegal! Australiens gewiefte Zöllner setzen bei der Suche danach ständig hervorragend ausgebildete Spürhunde ein. Gemäß den strengen Quarantänevorschriften sind alle Pflanzen- und Tierprodukte anzugeben (z. B. Holzlöffel, Strohhüte). Der Import von Blumen und Frischwaren (u. a. Fleisch, Käse, Obst, Gemüse) ist strikt untersagt. Wer keine Kontrolle über sich ergehen lassen will, kann alle zweifelhaften Artikel direkt am Flughafen in spezielle Entsorgungsbehälter werfen. Ab einem Gesamtwert von 10 000 AU$ (Fremdwährungen mit eingerechnet) müssen Barbeträge ebenfalls beim Zoll angemeldet werden.

Verkehrsmittel & -wege

AN- & WEITERREISE

Von fast überall her ist Australien weit weg – die Anreise bedeutet in aller Regel einen Langstreckenflug. Wer nur begrenzte Zeit zur Verfügung hat, sollte Inlandsflüge in Erwägung ziehen: Sie sind (verglichen mit Benzin- und Mietwagenkosten) durchaus günstig, werden in der Regel mit CO_2-Kompensation angeboten und ersparen einem auf jeden Fall sehr viel Zeit hinterm Steuerrad. Flüge, geführte Touren und Zugfahrkarten können online unter www.lonelyplanet.com/bookings gebucht werden.

Einreise

Die Einreise geht normalerweise schnell und problemlos, nur die üblichen Zollformalitäten müssen erledigt werden – mit gültigem Reisepass und Visum sollte nichts schiefgehen.

Flugzeug

Die Hauptsaison (mit den höchsten Preisen) für Flüge nach Australien entspricht ungefähr dem dortigen Sommer (Dez.–Feb.), die Nebensaison den Wintermonaten (Juni–Aug.) – diese sind aber die Spitzensaison in Central Australia und dem Top End. Australiens internationale Fluggesellschaft ist **Qantas** (www.qantas.com.au), deren Unfallstatistik hervorragend ist: „Quantas ist nie abgestürzt", erklärte schon Dustin Hoffman in dem Film *Rain Man*.

Internationale Flughäfen

Australien hat zahlreiche internationale Flughäfen, von denen Sydney und Melbourne das größte Verkehrsaufkommen aufweisen. Abgesehen von den hier aufgelisteten Flughäfen der Großstädte bieten auch einige kleinere Städte (vor allem an der Gold Coast) internationale Flüge.

Adelaide Airport (www.aal.com.au)

Brisbane Airport (www.bne.com.au)

Cairns Airport (www.cairnsairport.com)

Darwin Airport (www.darwinairport.com.au)

Melbourne Airport (Tullamarine; www.melbourneairport.com.au)

Perth Airport (www.perthairport.net.au)

Sydney Airport (Kingsford Smith; www.sydneyairport.com.au)

Übers Meer

Zwischen Australien und Zielen im Pazifikraum (z. B. Papua-Neuguinea, Indonesien, Neuseeland, diverse Inseln) sind hin und wieder Jachten unterwegs, auf denen man mitfahren oder anheuern kann. Diese Methode ist jedoch weder entspannt

REISEN & KLIMAWANDEL

Jedes Verkehrsmittel mit Verbrennungsmotor erzeugt CO_2 – die Hauptursache für den Klimawandel durch Menschenhand. Reisen ist heute vom Flugzeug abhängig, das pro Passagier zwar weniger Benzin verbrauchen mag als die meisten Autos, aber viel größere Entfernungen zurücklegt. Flugzeuge fördern den Klimawandel auch durch die Höhe, in der sie Partikel plus Gase wie CO_2 freisetzen. Die „Emissionsrechner" vieler Websites erlauben das Einschätzen und Ausgleichen der anfallenden CO_2-Menge pro Reise: Wer möchte, kann Letztere proportional in einen Spendenbeitrag umrechnen lassen, der Klimaschutzprojekten in aller Welt zugute kommt. Dieses Ausgleichsprinzip wird bei allen Lonely Planet Autoren und Angestellten angewendet.

noch sicher und erfordert in der Regel zumindest eine Beteiligung am Preis für den Bordproviant. Interessenten können Jachthäfen und Segelclubs z.B. in Coffs Harbour, Airlie Beach, Darwin oder Cairns abklappern. Weitere Optionen sind Great Keppel Island oder die Whitsundays. Der April empfiehlt sich als Suchzeitraum, wenn man eine Koje auf einem Schiff im Großraum Sydney entern will.

Alternativ verbinden die Urlauber-Kreuzfahrtschiffe von **P&O Cruises** (www.pocruises.com.au) Brisbane, Melbourne und Sydney mit Zielen in Neuseeland und dem Pazifikraum. Noch alternativer ist die Mitfahrt als Passagier auf einem Frachtschiff, das Güter von/nach Australien transportiert: Optionen dieser Art findet man z.B. auf den Websites www.freighterexpeditions.com.au und www.freighter cruises.com.

UNTERWEGS VOR ORT

Auto & Motorrad

Führerschein

Fahren in Australien erfordert einen gültigen nationalen Führerschein. Falls dieser keine englischsprachigen Angaben enthält, ist zusätzlich eine internationale Fahrerlaubnis (International Driving Permit; IDP) erforderlich, die im eigenen Heimatland, z.B. von Automobilclubs, ausgestellt wird.

Ein Fahrzeug auswählen

Allradantrieb Geländewagen („4WDs") eignen sich sehr gut für Touren durch das Outback, da sie fast alle gewünschten Strecken meistern und eventuell sogar Schlafplätze im Heck haben. Von Nachteil sind der recht hohe Spritverbrauch, das schwierige Einparken und der höhere Anschaffungs- bzw. Mietpreis.

Motorrad Australiens Klima ist hervorragend für Biker geeignet (sie kommen zudem im Stadtverkehr schneller voran). Nachteile: Begrenzte Gepäckmitnahmekapazität, nicht vorhandener Schutz vor den Elementen und die Tatsache, dass Aussie-Autofahrer in der Regel nicht sonderlich auf Zweiräder achten.

Wohnmobil Diverse Annehmlichkeiten (z.B. Waschbecken, Kühlschrank, Küche, Schränke, Betten) und Raum zum Relaxen gibt's direkt an Bord. Leider sind Wohnmobile langsam, brauchen oft viel Sprit, sind wenig geländegängig und besitzen unpraktische Maße für Stadtfahrten.

Zweiradantrieb Je nach Reiseroute bzw. -ziel reicht eventuell auch ein normales Auto mit Zweiradantrieb aus. „2WDs" sind in puncto Anschaffung bzw. Mietpreis, Unterhalt und Spritverbrauch günstiger als Fahrzeuge mit Allradantrieb. Zudem lassen sie sich leichter auftreiben, reparieren und wieder verkaufen. Nachteile: Keine Geländegängigkeit und kein Platz zum Übernachten!

Kaufen

Ein eigenes Fahrzeug gewährt maximale Reisefreiheit und kann auf Dauer auch günstiger sein als ein Mietwagen. Zu den Nachteilen zählt u.a. das komplizierte und teure Prozedere, das Zulassung, TÜV und Versicherung mit sich bringen. Ein Auto muss außerdem gewartet bzw. repariert werden und lässt sich zuweilen schwerer wiederverkaufen als gedacht.

Gebrauchtwagenkäufer sollten unbedingt die Zusatzkosten für Stempelgebühr *(stamp duty)*, Zulassung, *(registration)*, Überschreibungsgebühr *(transfer fee)*, Versicherung *(insurance)* und Wartung mit einkalkulieren.

WORAUF MAN ACHTEN SOLLTE

Es ist grundsätzlich ratsam, ein Auto vorab von neutraler Seite fachmännisch überprüfen zu lassen. Automobilclubs bieten Fahrzeugchecks an; Straßenverkehrsbehörden führen Verzeichnisse mit offiziell zugelassenen Werkstätten. Ansonsten sollte man folgende Aspekte berücksichtigen:

- Wie ist das Reifenprofil (auch das des Reserverads)?
- Wie hoch ist der Kilometerstand?
- Gibt es Rost- und/oder Unfallschäden?
- Ist das Öl klar und honigfarben?
- Ist das Kühlwasser sauber und rostfrei?
- Ist der Motor in gutem Zustand sowie vollständig dicht (bzgl. Abgase und Flüssigkeiten)? Qualmt, stottert oder rattert er? Springt er gleich an? Sehen die Abgase normal aus?
- Ist das Auspuffsystem extrem laut und/oder klappert es bei laufendem Motor?
- Hat die Windschutzscheibe Risse und/oder Steinschlagschäden?
- Sind im Innen- und/oder Kofferraum Anzeichen für Feuchtigkeit zu sehen?
- Wann wurden Zylinderkopfdichtung, Zahn- und Keilriemen zum letzten Mal ausgetauscht?
- Wie lange liegt der letzte Ölwechsel zurück?
- Wie alt ist die Batterie?

Bei einer Probefahrt ist außerdem zu beachten:

- Erzeugen Karosserie, Federung und/oder der Motor irgendwelche verdächtigen Geräusche?
- Sind Federung und/oder Lenkung ausgeschlagen?
- Sind Spurstabilität bzw. Geradeauslauf einwandfrei?
- Gibt es bei warmgefahrenem Motor Anzeichen für

Überhitzung und Öl-, Benzin-, Abgas- oder Kühlwasserlecks?

➡ Funktionieren alle Instrumente, Anzeigen und Warnlampen korrekt?

➡ Funktionieren Sicherheitsgurte und Beleuchtung (inkl. Bremslichter, Blinker, Nebelscheinwerfer) korrekt?

➡ Funktionieren Heizung, Scheibenwischer, Klima- und Scheibenwaschanlage einwandfrei?

➡ Funktionieren die Bremsen (inkl. Handbremse) korrekt? Treten beim Bremsen Spurveränderungen, Vibrationen oder Geräusche auf?

➡ Lassen sich alle Gänge leicht und geräuschlos einlegen?

ONLINE-INSERATE

Car Sales (www.carsales.com.au) Angebote von Privatleuten und Händlern.

Trading Post (www.tradingpost.com.au) Angebote von Privatleuten und Händlern.

PRIVATANZEIGEN

Ein Auto von einem Privatanbieter zu kaufen, kann zeitaufwendig sein, weil man herumfahren muss, um jedes einzelne Angebot zu prüfen. Dafür sollte man aber zu einem niedrigeren Preis kaufen können als bei einem lizenzierten Autohändler. Der Verkäufer sollte einem eine Verkehrssicherheitsbescheinigung *(roadworthy certificate)* aushändigen (falls sie in dem jeweiligen Bundesstaat Pflicht ist), aber man hat weder eine Kaufrücktrittsfrist *(cooling-off period)* noch einen gesetzlichen Gewährleistungsanspruch *(statutory warranty)*.

Der Käufer muss sich selbst davon überzeugen, dass das Fahrzeug nicht gestohlen und nicht mit Schulden belastet ist: Die Einzelheiten über das Auto erfährt man beim **Personal Property Securities Register** (☎1300 007 777; www.ppsr.gov.au).

Von Sydney nach Melbourne via Princes Hwy

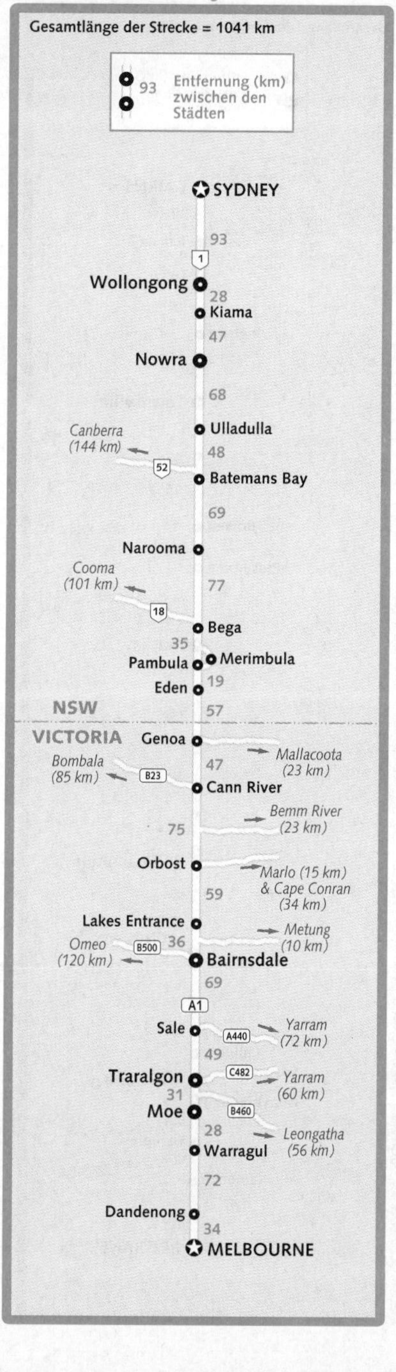

Von Brisbane nach Cairns via Bruce Hwy

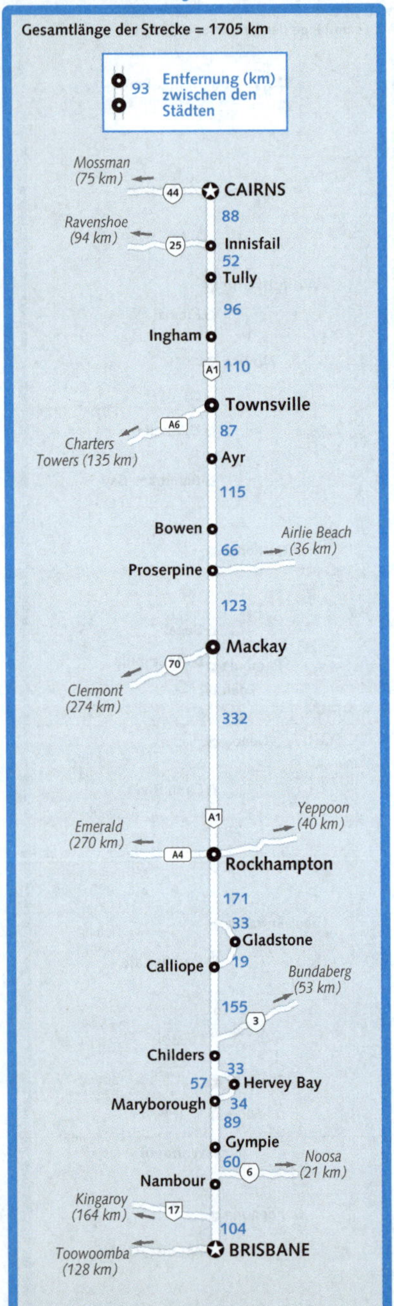

BACKPACKERSZENE & MITFAHRGELEGENHEITEN

Gebrauchtwagen lassen sich recht gut über Schwarze Bretter in Hostels und das Thorn-Tree-Forum unter lonelyplanet.com auftreiben. An vielen Tourbuchungsschaltern gibt's ebenfalls Aushänge.

Alternativ sind Mitfahrgelegenheiten eine gute Möglichkeit, den eigenen Geldbeutel und die Umwelt zu schonen. Auch in diesem Fall empfehlen sich Schwarze Bretter oder Online-Inserate auf Websites wie:

Catch A Lift (www.catchalift.com)

Coseats (www.coseats.com)

Need A Ride (www.needaride.com.au)

HÄNDLER

Offizielle Autohändler müssen garantieren, dass auf dem jeweiligen Fahrzeug keine Altschulden lasten. Zudem gibt's oft eine *cooling-off period* (meist dreitägiger Zeitraum, in dem der Kaufvertrag rückgängig gemacht werden kann) und je nach Fahrzeugalter bzw. Laufleistung auch eine *statutory warranty* (gesetzliche Verpflichtung lizenzierter Händler, bestimmte Schäden innerhalb von drei Monaten nach dem Autokauf zu beheben). Vor dem Unterschreiben des obligatorischen Kaufvertrags sollte man unbedingt sicher sein, dessen Details genau verstanden zu haben. Manche Händler veräußern Autos mit der Zusage, sie später zu einem vereinbarten Preis zurückzukaufen. Auch in diesem Fall keinesfalls auf mündliche Versprechen vertrauen, sondern alles schriftlich festhalten lassen!

TRAVELLERMÄRKTE

Viele Traveller beginnen oder beenden ihre Rundreise in Cairns, Sydney, Darwin oder Perth. Somit sind diese Städte (vor allem Cairns) genau das richtige Pflaster für den

Kauf oder Verkauf eines Fahrzeugs.

Es gibt eine Reihe großer Backpacker-Automärkte in Sydney. Die dort angebotenen Fahrzeuge können durchaus schon mehrfach kreuz und quer durch Australien gefahren sein, ein Kauf ist also nicht ohne Risiko.

Kings Cross Car Market (☎1800 808 188; www.carmarket.com.au; 110 Bourke St, Woolloomooloo; ⏲9–17 Uhr)

Sydney Travellers Car Market (☎02-9331 4361; www.sydneytravellerscarmarket.com.au; L2, Ward Ave Car Park, Kings Cross; ⏲Mo–Sa 9–17 Uhr)

FORMALITÄTEN

Zulassung Wer in Australien ein Fahrzeug kauft, muss die Zulassung innerhalb von 14 Tagen auf seinen Namen umschreiben lassen. Die genauen Vorschriften und die zuständigen Stellen unterscheiden sich von Bundesstaat zu Bundesstaat. Auch beim Verkauf eines Fahrzeugs ist die zuständige bundesstaatliche/territoriale Straßenverkehrsbehörde über Verkauf und Besitzerwechsel zu informieren.

In NSW, im NT, in Queensland, Tasmanien, Victoria und WA müssen Käufer und Verkäufer ein Überschreibungsformular (Transfer of Registration Form) ausfüllen und unterzeichnen. Im ACT und in SA gibt es kein Überschreibungsformular, dort müssen Käufer und Verkäufer die Rückseite der Zulassung ausfüllen und unterzeichnen.

Verkehrssicherheitsbescheinigung *(roadworthy certificate)* Bei der Übertragung der Zulassung muss der Verkäufer eine Verkehrssicherheitsbescheinigung vorlegen:

➡ ACT – ab einem Fahrzeugalter von sechs Jahren

➡ NSW – ab einem Fahrzeugalter von fünf Jahren

➡ NT – ab einem Fahrzeugalter von drei Jahren

➡ Queensland – immer (dort: *safety certificate*)

➡ Victoria – immer (dort: *certificate of roadworthiness*)

➡ WA, SA und Tasmanien – Inspektionen/Sicherheitsbescheinigungen sind nur unter bestimmten Bedingungen erforderlich

Wenn für das Fahrzeug, das man kaufen will, keine Verkehrssicherheitsbescheinigung vorliegt, lassen sich böse Überraschungen durch eine Inspektion vor dem Kauf ausschließen. Ein solcher Check kostet ab 100 AU$, kann aber Gold wert sein. Die Straßenverkehrsbehörden führen Listen der zugelassenen Prüfstellen.

Gas Certificate In Queensland ist für die Übertragung der Zulassung eines gasbetriebenen Autos ein vom Verkäufer vorzulegendes *gas certificate* erforderlich. Im ACT müssen gasbetriebene Fahrzeuge jährlich einer Inspektion unterzogen werden.

Wegfahrsperre *(immobiliser)* In WA müssen die meisten Fahrzeuge (ausgenommen Motorräder) eine zugelassene Wegfahrsperre haben, damit die Zulassung umgeschrieben werden kann. Die Montage bzw. Umrüstung obliegt dem Käufer.

Änderung der Zulassung auf einen anderen Bundesstaat Eine derartige Änderung ist schwierig, zeitaufwendig und teuer.

Verlängerung der Zulassung Die gebührenpflichtige Verlängerung gilt landesweit für ein Jahr; in den meisten Bundesstaaten/Territorien gibt es auch die Möglichkeit einer Verlängerung nur für sechs oder manchmal auch nur drei Monate.

STRASSENVERKEHRSBEHÖRDEN

Für weitere Informationen zu den Abläufen und Kosten wendet man sich an:

Rego ACT (☎13 22 81; www.rego.act.gov.au) im ACT

Transport, Roads & Maritime Services (☎13 27 01; www.rta.nsw.gov.au) in NSW

Department of Transport (☎1300 654 628; www.transport.nt.gov.au; 🐾) im NT

Department of Transport & Main Roads (☎13 23 80; www.tmr.qld.gov.au) in Queensland

Department of Transport, Planning & Infrastructure (☎13 10 84; www.dpti.sa.gov.au) in SA

Department of Infrastructure, Energy & Resources (☎1300 135 513; www.transport.tas.gov.au) in Tasmanien

VicRoads (☎13 11 71; www.vicroads.vic.gov.au) in Victoria

Department of Transport (☎13 11 56; www.transport.wa.gov.au) in WA

Ein Fahrzeug mieten

Die großen Autovermieter haben Filialen in den größeren Ortschaften und Städten. Bei den meisten Unternehmen müssen die Kunden mindestens 21 Jahre, bei manchen mindestens 18 oder 25 Jahre alt sein.

Hilfreiche Tipps für Fahrzeugmieter:

➡ Den Vertrag sorgsam und vollständig durchlesen, eventuell eine Kopie verlangen.

➡ Die Kautionsart prüfen: Manchen Firmen genügt ein unterschriebener Kreditkartenbeleg, andere belasten die Kreditkarte direkt; wenn dies der Fall ist, sollte man unbedingt nach dem Zeitpunkt der Rückerstattung fragen.

➡ Erkundigen, ob der Mietpreis eine Kilometerbegrenzung enthält; falls ja, den Tarif pro Zusatzkilometer erfragen!

➡ Die Höhe der Selbstbeteiligung und deren eventuelle Minderung (z. B. durch Aufpreis/Tag) ermitteln; diese Option wird einem in der Regel auch ohne Nachfrage angeboten. Zudem feststellen, ob die eigene Reiseversicherung Unfälle mit Kraftfahrzeugen und die

Von Sydney nach Brisbane via Pacific Hwy

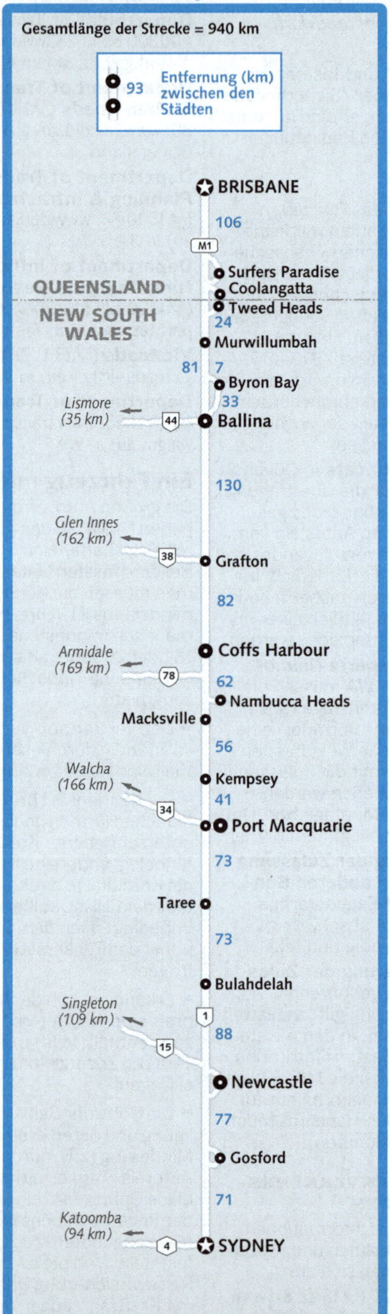

Selbstbeteiligung bei Mietwagen bzw. -motorrädern abdeckt.

- Nach Ausnahmen (z. B. Unfälle mit Kängurus, Schäden auf unbefestigten Straßen) fragen und herausfinden, ob unvermeidbare Fahrten auf unbefestigten Pisten (z. B. bei der Zufahrt zu Campingplätzen) abgedeckt sind. Manche Firmen schließen auch einzelne Fahrzeugteile wie Unterboden, Reifen oder die Windschutzscheibe von der Deckung aus.
- Beim Abholen das Fahrzeug sorgsam auf bereits vorhandene Schäden untersuchen und den Zustand vor dem Unterschreiben detailliert im Vertrag vermerken.
- Nach den notwendigen Maßnahmen bei Pannen und Unfällen fragen.
- Das Fahrzeug möglichst während der Geschäftszeiten zurückgeben und auf eine Inspektion in eigener Anwesenheit bestehen.

In Australien sind die üblichen internationalen Großvermieter (Avis, Budget, Europcar, Hertz, Thrifty) vertreten. Last-Minute-Angebote gibt's z. B. hier:

Carhire.com (www.carhire.com.au)

Drive Now (☎1300 547 214; www.drivenow.com.au)

Webjet (www.webjet.com.au)

GELÄNDEWAGEN

Ein Geländewagen ist zum Befahren von Nebenstrecken im Outback unverzichtbar. Die großen Autovermieter verleihen auch Geländewagen.

Einen Geländewagen zu mieten, ist erschwinglich, wenn sich ein paar Leute zusammentun: Für ein Fahrzeug von der Art eines Nissan X-Trail (der für die meisten Pisten durchaus ausreicht) zahlt man ca. 100 bis 150 AU$ pro Tag, für einen Toyota Landcruiser ungefähr zwischen 150 und 200 AU$ (mit unbegrenzter Kilometerzahl).

Man sollte unbedingt die Versicherungsbedingungen prüfen, vor allem den Selbstbehalt – er kann bis zu 5000 AU$ betragen. Die Versicherungen decken möglicherweise auch keine Schäden bei Fahrten abseits der Straßen ab. Häufig wird eine rückzahlbare Schuldverschreibung verlangt (in einer Höhe von bis zu 7500 AU$).

WOHNMOBILE

Zu den Unternehmen, die Wohnmobile – zu Preisen ab etwa 90 AU$ (mit 2 Schlafkojen) oder 150 AU$ (mit 4 Schlafkojen) pro Tag mit üblicherweise einer Mindestmietdauer von fünf Tagen und unbegrenzter Kilometerzahl – vermieten, gehören u. a.:

Apollo (☎1800 777 779; www.apollocamper.com)

Britz (☎1800 331 454; www.britz.com.au)

Jucy Rentals (☎1800 150 850; www.jucy.com.au)

Maui (☎1300 363 800; www.maui.com.au)

Mighty Cars & Campers (☎1800 670 232; www.mightycampers.com)

Spaceships (☎1300 132 469; www.spaceshipsrentals.com.au)

Travel Wheels (☎1800 289 222; www.travelwheels.com.au)

Wicked Campers (☎1800 246 869; www.wickedcampers.com.au)

FAHRZEUGÜBERFÜHRUNGEN

Fahrzeugüberführungen sind in der Regel günstig, sorgen aber für einen unflexiblen Reiseplan. Die meisten großen Autovermieter bieten diese Möglichkeit an, ansonsten kann man sich an folgende Unternehmen wenden:

Drive Now (☎1300 547 214; www.drivenow.com.au)

Relocations2Go (☎1800 735 627; www.relocations2go.com)

Standbycars (☎1300 789 059; www.standbycars.com.au)

Transfercar (☎02-8011 1870; www.transfercar.com.au)

Versicherung

Unfallhaftpflichtversicherung Mit Ausnahme von NSW ist eine Unfallhaftpflichtversicherung für Personenschäden *(third-party personal-injury insurance)* im Preis der Fahrzeugzulassung enthalten, um sicherzustellen, dass alle zugelassenen Fahrzeuge wenigstens diesen Versicherungsschutz haben (bei der Zulassung in NSW muss man diese Versicherung privat abschließen). Wir empfehlen, den Versicherungsschutz zumindest um eine Haftpflichtversicherung für Sachschäden *(third-party property insurance)* zu erweitern, denn schon kleinere Zusammenstöße können sehr teuer werden.

Mietwagen Mietwagenkunden sollten sich ihrer Haftbarkeit bei einem Unfall bewusst sein. Wer nicht riskieren will, Tausende Dollar aus eigener Tasche berappen zu müssen, sollte eine umfassende Fahrzeugversicherung abschließen oder gegen einen Aufschlag auf die Tagesmietkosten den Selbstbehalt von 2000 bis 5000 AU$ auf einige Hundert Dollar drücken.

Versicherungsausschluss Schäden bei der Fahrt auf unbefestigten Straßen sind in der Regel von der Versicherung ausgeschlossen, sofern es sich nicht um einen Geländewagen handelt (das Kleingedruckte lesen!). Viele Versicherungen decken auch Glasbruch (gilt auch für die Windschutzscheibe) und Reifenschäden nicht ab.

Automobilclubs

Unter dem Dach der **Australian Automobile Association** (AAA; ☎02-6247 7311; www.aaa.asn.au) gibt es Automobilclubs in allen Bundesstaaten, die praktisch sind, wenn es um Versicherungen, Vorschriften, Karten und Pannenhilfe geht. Die Mitgliedschaft (ca. 100–150 AU$) kann einem bei technischen Problemen mit dem Auto viel Ärger ersparen. Wer zu Hause Mitglied eines Automobilclubs ist, sollte prüfen, ob dieser eine Gegenseitigkeitsvereinbarung mit den australischen Clubs hat. Die größeren australischen Automobilclubs in den Bundesstaaten und Territorien arbeiten auf der Basis der Wechselseitigkeit zusammen.

AANT (Automobile Association of the Northern Territory; ☎08-8925 5901; www.aant.com.au)

NRMA (☎13 11 22; www.mynrma.com.au) In NSW und dem ACT.

RAC (Royal Automobile Club of WA; ☎13 17 03; www.rac.com.au)

RACQ (Royal Automobile Club of Queensland; ☎13 19 05; www.racq.com.au)

RACT (Royal Automobile Club of Tasmania; ☎13 27 22; www.ract.com.au)

RACV (Royal Automobile Club of Victoria; ☎13 72 28; www.racv.com.au)

Verkehrsregeln

Da in Australien Linksverkehr herrscht, ist das Lenkrad stets auf der rechten Seite.

Alkohol- oder Drogeneinfluss Die Polizei ist

CO_2-AUSGLEICH

Reisen verursacht immer eine gewisse Emission, die sich über die CO_2-Rechner verschiedener Organisationen einschätzen und auf finanziellem Weg ausgleichen lässt.

Carbon Neutral (www.carbonneutral.com.au)

Carbon Planet (www.carbonplanet.com)

Elementree (www.elementree.com.au)

Greenfleet (www.greenfleet.com.au)

ENTFERNUNGEN (KM)

	Adelaide	Albany	Alice Springs	Birdsville	Brisbane	Broome	Cairns	Canberra	Cape York	Darwin	Kalgoorlie	Melbourne	Perth	Sydney	Townsville
Albany	2649														
Alice Springs	1512	3573													
Birdsville	1183	3244	1176												
Brisbane	1942	4178	1849	1573											
Broome	4043	2865	2571	3564	5065										
Cairns	3079	5601	2396	1919	1705	4111									
Canberra	1372	4021	2725	2038	1287	5296	2923								
Cape York	4444	6566	3361	2884	2601	5076	965	3888							
Darwin	3006	5067	1494	2273	3774	1844	2820	3948	3785						
Kalgoorlie	2168	885	3092	2763	3697	3052	5234	3540	6199	4896					
Melbourne	728	3377	2240	1911	1860	4811	3496	637	4461	3734	2896				
Perth	2624	411	3548	3219	4153	2454	6565	3996	7530	4298	598	3352			
Sydney	1597	4246	3109	2007	940	5208	2634	289	3599	3917	3765	862	3869		
Townsville	3237	5374	2055	1578	1295	3770	341	2582	1306	2479	4893	3155	5349	2293	
Uluru	1559	3620	441	1617	2290	3012	2837	2931	3802	1935	3139	2287	3595	2804	2496

	Bicheno	Cradle Mountain	Devonport	Hobart	Launceston
Cradle Mountain	383				
Devonport	283	100			
Hobart	186	296	334		
Launceston	178	205	105	209	
Queenstown	443	69	168	257	273

Die angegebenen Entfernungen sind die kürzesten über Straßen; andere Strecken können erheblich länger sein. Über Entfernungen mit dem Bus informieren die Broschüren der Unternehmen.

berechtigt, jederzeit stichprobenartige Atem- oder Drogentests bei Fahrern vorzunehmen; sie macht von diesem Recht auch oft Gebrauch. Wer mit Drogen und/oder mehr als 0,5 ‰ im Blut erwischt wird, muss mit einer Geldstrafe und dem Führerscheinentzug rechnen.

Handys Die Benutzung am Steuer ist in Australien nur mit geeigneter Freisprecheinrichtung erlaubt.

Sicherheitsgurte und Sitze Gurtpflicht gilt auf allen Vorder- und Rücksitzen. Bei Verstößen gibt's höchstwahrscheinlich ein Bußgeld. Kleine Kinder sind korrekt in zugelassenen Kindersitzen zu sichern.

Tempolimit Das Tempolimit liegt innerhalb geschlossener Ortschaften allgemein bei 50 km/h (manchmal auch 40 km/h), in der Nähe von Schulen bei 25 km/h (morgens & nachmittags); auf den Highways darf man normalerweise 100 oder 110 km/h fahren (im NT 110 od. 130 km/h). An strategisch günstigen Stellen benutzt die Polizei gern Radarpistolen und Kameras.

Vorfahrt Allgemein gilt „rechts vor links": An Kreisverkehren und unbeschilderten Kreuzungen (kommen eher selten vor) hat der von rechts kommende Verkehr Vorfahrt.

Gefahren & Vorsichtsmaßnahmen

Ermüdung Langstreckenfahrten können, zumal in großer Hitze, so anstrengend sein, dass man am Steuer einnickt. Bei einer langen Fahrt sollte man daher alle zwei Stunden eine Pause einlegen, etwas Gymnastik treiben, sich am Steuer abwechseln oder einen Kaffee trinken.

Road Trains Bei der Überholung von Road Trains (Lastwagen mit 2 oder 3 Anhängern, die eine Länge von 50 m erreichen können) sind Abstand und hohes Tempo gefragt. Auf einspurigen Straßen sollte man sich so weit wie möglich von der Fahrbahn entfernen, wenn einem solch ein Ungetüm entgegenkommt.

Unbefestigte Straßen Die Bedingungen auf unbefestigten Straßen können sehr unterschiedlich sein, und Autos verhalten sich anders als gewohnt, wenn man auf dem Schotter bremsen oder wenden will. Auf unbefestigten Pisten nie schneller als 80 km/h fahren, sonst bleibt keine Zeit mehr, um auf eine scharfe Kurve, Tiere auf der Fahrbahn, ein plötzlich auftauchendes Gatter oder einen Viehzaun zu reagieren.

GEFAHREN DURCH TIERE

➡ Wildunfälle sind in Australien ein großes Problem, das vor allem Queensland, NSW, SA, Tasmanien und das NT betrifft. Wegen des dann höheren Unfallrisikos durch nachtaktive Tiere auf der Straße fahren viele Einheimische möglichst nicht nach Sonnenuntergang.

- Auf Landstraßen sind Kängurus eine so alltägliche Gefahr wie Kühe und Schafe im zaunlosen Outback. Kängurus sind in der Morgen- bzw. Abenddämmerung am aktivsten und oft in Gruppen unterwegs. Wenn also eines über die Straße hüpft, bitte sofort bremsen: Wahrscheinlich kommen noch mehr Tiere hinterher!
- Wer ein Tier versehentlich durch An- oder Überfahren getötet hat, sollte es unbedingt von der Straße entfernen, damit andere Verkehrsteilnehmer nicht mit dem Kadaver kollidieren können. Falls das Opfer nur verletzt und klein genug ist – z. B. ein verwaister Joey (Känguru-baby) –, wickelt man es am besten in ein Handtuch oder eine Decke ein und bittet bei der zuständigen Wildtierrettungsstelle um Hilfe:

Department of Environment & Conservation (08-9474 9055; www.dec.wa.gov.au) WA

Department of Environment & Heritage Protection (1300 130 372; www.ehp.qld.gov.au) Queensland

Fauna Rescue of South Australia (08-8289 0896; www.faunarescue.org.au)

NSW Wildlife Information, Rescue & Education Service (WIRES; 1300 094 737; www.wires.org.au)

NT Wildlife Rescue Wildlife Rescue Darwin (0409 090 840; www.wildlifedarwin.com.au); Katherine Wildlife Rescue Service (0407 934 252; www.fauna.org.a); Wildcare Inc Alice Springs (0419 221 128; www.fauna.org.au)

Wildlife Care (03-6233 6556; www.fnpw.org.au) Tasmanien

Wildlife Victoria (1300 094 535; www.wildlifevictoria.org.au)

Benzin

Treibstofftypen Die Tankstellen internationaler Marken führen immer bleifreies Benzin und Diesel. Flüssiggas *(liquefied petroleum gas)* ist an entlegeneren Tankstellen nicht immer erhältlich, daher ist ein Fahrzeug mit Vielstoffmotor sicherer.

Preis Die Preise variieren. Zum Zeitpunkt unserer Recherche kostete ein Liter bleifreies Benzin zwischen 1,30 und 1,50 AU$. Auf dem Land sind die Preise aber deutlich höher: In den Outback-Gebieten des NT, von WA und Queensland muss man bis zu 2,20 AU$ bezahlen.

Tankstellen In Großstädten und größeren Ortschaften gibt es viele Tankstellen, aber im Outback ist der Abstand zur nächsten oft sehr groß. Dort gibt es an den Hauptstraßen nur ungefähr alle 150 bis 200 km eine kleine Ortschaft oder eine Raststätte mit Zapfsäule. Viele Tankstellen, aber nicht alle, sind rund um die Uhr geöffnet.

Infos im Internet

Australian Bureau of Meteorology (www.bom.gov.au) Wetterbericht.

Green Vehicle Guide (www.greenvehicleguide.gov.au) Bewertung von Autos nach Schadstoffemission und Auswirkung auf den Treibhauseffekt.

Live Traffic NSW (13 27 01; http://livetraffic.rta.nsw.gov.au) Straßenzustandsbericht für NSW.

Main Roads Western Australia (13 81 38; www.mainroads.wa.gov.au) Straßenzustandsbericht für WA.

Motorcycle Riders Association of Australia (MRAA; www.mraa.org.au)

Road Report (1800 246 199; www.roadreport.nt.gov.au) Straßenzustandsbericht für das NT.

Traffic & Travel Information (13 19 40; http://highload.131940.qld.gov.au) Straßenzustandsbericht für Queensland.

Department of Planning, Transport & Infrastructure (1300 361 033; www.transport.sa.gov.au) Straßenzustandsbericht für SA.

Bus

Australiens umfangreiches Busnetz ist eine verlässliche Möglichkeit, vor Ort herumzukommen. Allerdings sind Busfahrten keineswegs immer billiger als ein Flug und können bei langen Strecken sehr ermüdend sein. Die meisten Busse sind mit Klimaanlage, Toiletten und Videos ausgestattet; das Rauchen ist verboten. Klassenunterschiede in den Bussen gibt's im demokratischen Australien nicht, und die Fahrzeuge der verschiedenen Gesellschaften sehen sich alle ziemlich ähnlich.

In kleinen Ortschaften gibt es meist statt eines Busbahnhofs einfach nur eine Haltestelle zum Ein- und Aussteigen (z. B. vor dem Postamt, einem Zeitungskiosk oder Eckladen).

Greyhound Australia (www.greyhound.com.au) betreibt ein landesweites Busnetz (das nur die Nullarbor Plain zwischen Adelaide und Perth nicht abdeckt). Online gebuchte Tickets sind günstiger. Weitere Busunternehmen:

Firefly Express (www.fireflyexpress.com.au) Fährt zwischen Sydney, Canberra, Melbourne und Adelaide.

Premier Motor Service (www.premierms.com.au) Fährt an der Ostküste zwischen Cairns und Melbourne.

V/Line (www.vline.com.au) Verbindet Victoria mit NSW, SA und dem ACT.

Buspässe

Greyhound bietet verschiedene Buspässe mit diversen Routen- und Reiseoptionen an (Details unter www.greyhound.com.au/australia-bus-pass). Mitglieder von YHA, VIP, Nomads und anderen anerkannten Organisationen erhalten dabei oft 10 % Ermäßigung.

Wichtige Bus- & Zugverbindungen

KILOMETRE PASS

In der Kategorie „Oz-Flexi Travel" sind dies die einfachsten Pässe. Man kauft eine bestimmte Streckenlänge, und zwar mindestens 500 km (108 AU$), danach geht es in Schritten von 1000 km bis zu einem Maximum von 25 000 km (2600 AU$). Ein 5000-km-Pass kostet 814 AU$; 10 000 km schlagen mit 1397 AU$ zu Buche. Die Pässe sind zwölf Monate (die für 500 km und 1000 km nur 90 Tage) lang gültig. Man kann den Pass bei Fahrten überall im Land in jede Richtung einsetzen und die Fahrten beliebig oft unterbrechen. Die Online-Kilometertabelle hilft bei der Auswahl der passenden Option. Plätze sollte man mindestens einen Tag vor der geplanten Fahrt telefonisch reservieren.

MINI TRAVELLER PASS

In der Kategorie „Oz-Choice Travel" gibt es diese 90 Tage lang gültigen Pässe, bei denen man die Busreise beliebig oft unterbrechen kann, für ein paar Dutzend beliebter Strecken (hauptsächlich an der Ostküste). Die Reiserichtung ist vorgegeben. Die Fahrt von Melbourne nach Cairns kostet 450 AU$, die von Perth nach Broome 405 AU$ und die von Sydney nach Brisbane 147 AU$.

Preise

In der folgenden Tabelle stehen die Durchschnittspreise (ohne Rabatt) einiger beliebter Busrouten (einfache Strecke):

STRECKE	ERW./KIND/ BACKPACKER
Adelaide–Darwin	631/532/575 AU$
Adelaide–Melbourne	90/78/83 AU$
Brisbane–Cairns	292/249/267 AU$
Cairns–Sydney	470/398/430 AU$
Sydney–Brisbane	178/150/162 AU$
Sydney–Melbourne	100/88/94 AU$

Fahrrad

Down Under hat Bikern einiges zu bieten: Das vielseitige Routenspektrum reicht in den meisten Metropolen von kurvigen Radwegen bis zu gut befahrbaren Landstraßen, die intensiven Radsport über Tausende von Kilometern ermöglichen. Mit seinen vielen flachen Landstrichen und sanften Hügeln ist Australien weniger bergig als z. B. Frankreich oder die Schweiz. Dennoch finden Mountainbiker auch hier Waldwege und höher gelegenes Terrain en masse. Für richtige Radfreaks ist eventuell auch das Outback eine Option.

Fahrradtransport Beim Mitbringen eines eigenen Bikes sollte die Fluglinie rechtzeitig zwecks Transportkosten und erforderlicher Verpackung bzw. Demontage kontaktiert werden. Australische Busfirmen bestehen auf zerlegten Drahteseln. Zudem befördern sie Letztere und deren Besitzer mitunter in getrennten Fahrzeugen.

Gesetzliche Bestimmungen In allen Bundesstaaten und Territorien herrscht Helmpflicht. Fahrten bei Dunkelheit erfordern landesweit ein weißes Vorderlicht und ein rotes Rücklicht.

Karten Normale Straßenkarten reichen meist aus. Unbefestigte Holperpisten umgeht man aber am besten, indem man offizielle Karten der Regierung nutzt. Ein Maßstab von 1:250 000 ist gut geeignet, erfordert bei langen Touren aber eine Menge Material. Karten im nächstgrößeren Maßstab (1:1000 000) gibt's überall in Fachgeschäften.

Klima Vor allem im Sommer sollte man ausreichend Trinkwasser mitnehmen und einen Helm mit Sonnenschutz bzw. Schirmmütze darunter tragen. Immer Sonnencreme benutzen und die Mittagshitze meiden! Achtung: Starke Nordwinde können das Radeln bei sommerlichen Touren Richtung Norden zur Hölle machen. Im April setzen Passatwinde aus Südosten ein, die einem (zumindest theoretisch) Rückenwind bis hinauf nach Darwin bescheren. Da es in den Bergen von Victoria, Tasmanien, SA (Süden) und NSW sehr kalt werden kann, ist dort angemessene Bekleidung ratsam.

Mieten In Großstädten lassen sich Leihfahrräder leicht auftreiben. Wer aber nicht nur ein paar Stunden bzw. mindestens einen Tag lang im Sattel sitzen möchte, kommt mit einem eigenen Drahtesel günstiger weg.

Praktische Informationen

Nationaler Fahrradverband ist die **Bicycle Federation of Australia** (www.bicycles.net.au). Alle Bundesstaaten und Territorien haben Radwanderorganisationen, die weitere Infos liefern und Kontakte zu örtlichen Vereinen herstellen:

Bicycle Network Victoria (www.bicyclenetwork.org.au)

Bicycle NSW (www.bicyclensw.org.au)

Bicycle Queensland (www.bq.org.au)

Bicycle SA (www.bikesa.asn.au)

Bicycle Tasmania (www.biketas.org.au)

Bicycle Transportation Alliance (www.btawa.org.au) In WA.

Cycling Northern Territory (www.nt.cycling.org.au)

Pedal Power ACT (www.pedalpower.org.au)

Ein Fahrrad kaufen

Neue, zuverlässige Straßenräder oder Mountainbikes sind ab ca. 600 AU$ zu haben. Nötige Zusatzausrüstung (Schutzhelm, Gepäcktaschen usw.) erhöht die Kosten schnell auf ca. 1600 AU$. In Großstädten lohnt sich die Suche nach Gebrauchtfahrrädern. Bei Schlussverkäufen (z. B. nach Weihnachten oder nach Inventuren um die Jahresmitte) gibt's neue Drahtesel teils zu echten Spottpreisen.

Für den Wiederverkauf oder Gebrauchtbike-Erwerb empfehlen sich z. B. **Trading Post** (www.tradingpost.com.au), **Gumtree** (www.gumtree.com.au) oder die Schwarzen Bretter in Hostels.

Flugzeug

Australische Inlandsfluglinien

Australiens wichtigste Inlandsfluglinien **Qantas** (www.qantas.com.au) und **Virgin Australia** (www.virginaustralia.com) fliegen regelmäßig alle wichtigen Zentren an; beide sind sehr sicher und professionell. **Jetstar** (www.jetstar.com.au), eine Tochtergesellschaft von Qantas, und **Tiger Airways** (www.tigerairways.com), an der Singapore Airlines beteiligt ist, sind generell etwas preiswerter und fliegen zwischen den meisten Hauptstädten der australischen Bundesstaaten. Infos zu Fluglinien, die regional innerhalb der einzelnen Bundesstaaten und Territorien operieren, stehen im jeweiligen Regionenkapitel.

Air Pass

Qantas bietet den günstigen **Walkabout Air Pass** für Passagiere, die aus Übersee mit Qantas oder American Airlines nach Australien fliegen. Mit dem Pass kann man bis zu 80 inländische Flugziele anschließen und zahlt weniger, als wenn man die Flüge einzeln bucht.

Geführte Touren

Bustouren im Backpackerstil oder auch in besseren Reisebussen sind bequem, um von A nach B zu kommen und die Sehenswürdigkeiten unterwegs kennenzulernen. In der folgenden Liste stehen landesweite Anbieter; Infos zu kleineren Unternehmen, die in den einzelnen Bundesstaaten operieren, stehen in den Regionenkapiteln.

AAT Kings (☎1300 556 100; www.aatkings.com) Das Unternehmen veranstaltet mit großen Bussen unzählige Touren in ganz Australien, die besonders bei Älteren beliebt sind.

Adventure Tours Australia (☎1800 068 886; www.adventuretours.com.au) Das Unternehmen bietet günstige Touren in allen Bundesstaaten. Die zweitägige Red-Centre-Tour mit Start und Ziel in Alice Springs führt über den Uluru, Kata Tjuta und Kings Canyon und kostet 490 AU$. Die zehntägige Tour von Perth nach Broome kostet 1645 AU$.

Autopia Tours (☎03-9391 0261; www.autopiatours.com.au) Die dreitägigen Touren auf der Great Ocean Road von Melbourne nach Adelaide oder von Melbourne nach Sydney kosten 425 AU$.

Groovy Grape Getaways Australia (☎1800 661 177; www.groovygrape.com.au) Das Unternehmen mit Sitz in SA bietet Kleingruppentouren, z. B. eine dreitägige Tour von Melbourne über die Great Ocean Road nach Adelaide (425 AU$) und eine Tour von Adelaide über den Uluru nach Alice Springs (975 AU$).

Nullarbor Traveller (☎1800 816 858; www.the-traveller.com.au) Das kleine Unternehmen mit Umweltzertifikat veranstaltet entspannte Kleinbustrips durch die Nullarbor Plain. Die zehntägige Tour von Adelaide nach Perth kostet 1495 AU$; im Preis sind Wanderungen im Busch, Surfen, Walbeobachtungstouren, die Mahlzeiten und der Eintritt in die Nationalparks enthalten.

Oz Experience (☎1300 300 028; www.ozexperience.com) Bei den geselligen Fahrten im Osten Australiens kann man beliebig aus- und zusteigen, solange man sich in einer Reiserichtung bewegt. Die Buspässe gelten bis zu zwölf Monate und erlauben beliebig viele Zwischenstopps. Der Pass für die Strecke Sydney–Cairns kostet 669 AU$, der „Fish Hook Pass" für die Strecke von Sydney über Melbourne, Adelaide und den Uluru nach Darwin 2465 AU$.

Nahverkehr

Alle größeren Städte Australiens verfügen über ein verlässliches und preisgünstiges öffentliches Busnetz. In Sydney, Melbourne, Brisbane, Adelaide und Perth fahren außerdem auch Vorortzüge. In Melbourne gibt es eine Straßenbahn, in Sydney Hafenfähren und eine Stadtbahn. Taxis findet man überall in Australien.

Schiff/Fähre

Australien ist zwar rundum von Wasser umgeben, aber wenn man nicht gerade mit Glück auf einer Jacht mitfahren kann, ist die Fortbewegung auf dem Wasserweg kaum möglich. Abgesehen von kurzen regionalen Fährverbindungen (z. B. zur Kangaroo Island in SA, zur Rottnest Island in WA, zur Bruny Island in Tasmanien, zur North Stradbroke Island in Queensland) gibt es nur eine Langstreckenverbindung: die beiden Hochgeschwindigkeitsautofähren von **Spirit of Tasmania** (www.spiritoftasmania.com.au), die zwischen Melbourne und Devonport an der Nordwestküste Tasmaniens verkehren.

Trampen

Trampen ist generell gefährlich und nie zu empfehlen. Wer sich dennoch dazu entschließt, sollte wissen, dass er ein zwar geringes, aber durchaus vorhandenes Risiko eingeht. Wenn es trotzdem sein muss: wenigstens zu zweit losziehen und vorab jemanden über das jeweilige Ziel informieren!

Zug

Lange Zugfahrten in Australien sind nicht sonderlich praktisch, günstig oder zeitsparend. Somit unternimmt man sie bewusst und genießt dabei auch noch mehr Komfort als an Bord eines Busses. Bestimmte Fernstrecken bieten hier echte, lebendige Eisenbahnromantik. In den meisten Bundesstaaten verkehren zudem staatlich oder privat betriebene Züge auf kürzeren Strecken.

Great Southern Rail (☎13 21 47; www.gsr.com.au) unterhält mit dem *Indian Pacific* (Sydney–Perth), dem *Overland* (Melbourne–Adelaide) und dem *Ghan* (Adelaide–Darwin; über Alice Springs) die drei längsten überregionalen Bahnverbindungen des Landes. Die **Queensland Rail** (☎1800 872 467; www.queenslandrail.com.au) schickt den *Sunlander* (Brisbane–Cairns) auf die Reise. Zwischen Sydney und Brisbane, Melbourne oder Canberra pendeln die Züge von **CountryLink** (www.countrylink.info).

Preise

Die folgende Liste nennt die Standardtarife bei Online-Buchung für die einfache Strecke. Billigere Tickets für Sitzplätze werden immer angeboten, sind aber in der Regel nicht erstattungs- oder änderungsfähig. Es gibt auch Rabatte für Backpacker.

Adelaide–Darwin Sitzplatz Erw./Kind 862/403 AU$; im Abteil ab 2290/1582 AU$

Adelaide–Melbourne Sitzplatz Erw./Kind 116/60 AU$

Adelaide–Perth Sitzplatz Erw./Kind 553/310 AU$; im Abteil ab 1750/1202 AU$

Brisbane–Cairns Sitzplatz Erw./Kind ab 269/135 AU$; im Abteil ab 349/215 AU$

Sydney–Brisbane Sitzplatz Erw./Kind 130/65 AU$; im Abteil 271/180 AU$

Sydney–Canberra Sitzplatz Erw./Kind 57/28 AU$

Sydney–Melbourne Sitzplatz Erw./Kind 130/65 AU$; im Abteil 271/180 AU$

Sydney–Perth Sitzplatz Erw./Kind 783/575 AU$, im Abteil ab 2178/1936 AU$.

Zugpässe

Nur für ausländische Reisende bietet Great Southern Rail den **Ausrail Pass** an. Mit ihm kann man drei oder sechs Monate unbegrenzt das überregionale Bahnnetz nutzen (inkl. CountryLink und *Sunlander*). Der Pass ist nur für Sitzplätze im Großraumwagen, nicht in einem Abteil gültig und kostet für drei/sechs Monate 795/1045 AU$ pro Erwachsener – ein günstiges Angebot angesichts der vielen Streckenkilometer, die man damit fahren kann. Zum Kauf dieses Zugpasses ist die Vorlage des Reisepasses erforderlich.

Great Southern Rail hat für ausländische Traveller noch eine Reihe weiterer Pässe auf Lager, vor allem den **Rail Explorer Pass** (Erw. 495/649 AU$ für 3/6 Monate). Er gilt für den *Ghan*, den *Overland* und den *Indian Pacific* (auch hier für einen Platz im Großraumwagen, nicht im Abteil).

CountryLink bietet diverse Pässe für verschiedene Regionen, wobei teilweise auch Züge von Great Southern Rail eingeschlossen sind.

Der sechs Monate gültige **East Coast Discovery Pass** berechtigt zu einer Fahrt in der Economy Class von Melbourne bis Cairns (oder umgekehrt, aber nur in einer Reiserichtung) mit beliebig vielen Zwischenstopps; die gesamte Strecke kostet 450 AU$, die Teilstrecken Sydney–Cairns 370 AU$ und Brisbane–Cairns 280 AU$. Nur für ausländische Reisende gibt es den **Backtracker Pass**, der das gesamte CountryLink-Netz abdeckt und in vier Varianten angeboten wird (Gültigkeit 14 Tage/1/3/6 Monate 232/275/298/420 AU$).

Sprache

Briten, Amerikaner, Australier und Neuseeländer, deutsche Geschäftsleute und norwegische Wissenschaftler, der indische Verwaltungsbeamte und die Hausfrau in Kapstadt – fast jeder scheint Englisch zu sprechen. Und wirklich: Englisch ist die am weitesten verbreitete Sprache der Welt (wenn's auch nur den zweiten Platz für die am meisten gesprochene Muttersprache gibt – Chinesisch ist die Nr. 1).

Logisch, dass es bei einer solchen Verbreitung nicht *das* Englische gibt, sondern vielmehr eine Unmenge von lokalen Eigenheiten in der Aussprache und im Wortschatz. Ein texanischer Ranger wird also wahrscheinlich seine Schwierigkeiten haben, einen australischen Jugendlichen aus Sydney zu verstehen.

Hier folgen nur die wichtigsten Begriffe und Wendungen, um sich in Australien durchschlagen zu können – Fortgeschrittene werfen für den letzten Schliff noch einen Blick ins Glossar auf S. 1198, wo typische Aussi-Ausdrücke aufgelistet sind.

Konversation & Nützliches

Hallo.	*Hello.*
Guten ...	*Good ...*
Tag	*day*
Tag (nachmittags)	*afternoon*
Morgen	*morning*
Abend	*evening*
Auf Wiedersehen.	*Goodbye.*
Bis später.	*See you later.*
Tschüss.	*Bye.*
Wie geht es Ihnen/dir?	*How are you?*
Danke, gut.	*Fine. And you?*
Und Ihnen/dir?	*... and you?*
Wie ist Ihr Name?/ Wie heißt du?	*What's your name?*
Mein Name ist ...	*My name is ...*
Wo kommen Sie her?/ Wo kommst du her?	*Where do you come from?*
Ich komme aus ...	*I'm from ...*
Wie lange bleiben Sie/ bleibst du hier?	*How long do you stay here?*
Ja.	*Yes.*
Nein.	*No.*
Bitte.	*Please.*
Danke/Vielen Dank.	*Thank you (very much).*
Bitte (sehr).	*You're welcome.*
Entschuldigen Sie, ...	*Excuse me, ...*
Entschuldigung.	*Sorry.*
Es tut mir leid.	*I'm sorry.*
Verstehen Sie (mich)?	*Do you understand (me)?*
Ich verstehe (nicht).	*I (don't) understand.*
Könnten Sie ...?	*Could you please ...?*
bitte langsamer sprechen	*speak more slowly*
das bitte wiederholen	*repeat that*
es bitte aufschreiben	*write it down*

NOCH MEHR GEFÄLLIG?

Noch besser kommt man mit dem *Sprachführer Englisch* von Lonely Planet durch Australien. Man findet den Titel unter **http://shop.lonelyplanet.de** und im Buchhandel.

Fragewörter

Wer?	*Who?*
Was?	*What?*

Wo?	*Where?*
Wann?	*When?*
Wie?	*How?*
Warum?	*Why?*
Welcher?	*Which?*
Wie viel/viele?	*How much/many?*

Gesundheit

Wo ist der/die/das nächste ...?
Where's the nearest ...?

Apotheke	*chemist*
Zahnarzt	*dentist*
Arzt	*doctor*
Krankenhaus	*hospital*

Ich brauche einen Arzt.
I need a doctor.

Gibt es in der Nähe eine (Nacht-)Apotheke?
Is there a (night) chemist nearby?

Ich bin krank.	*I'm sick.*
Es tut hier weh.	*It hurts here.*
Ich habe mich übergeben.	*I've been vomiting.*
Ich habe ...	*I have ...*
Durchfall	*diarrhoea*
Fieber	*fever*
Kopfschmerzen	*headache*
(Ich glaube,)	*(I think)*
Ich bin schwanger.	*I'm pregnant.*
Ich bin allergisch ...	*I'm allergic ...*
gegen Antibiotika	*to antibiotics*
gegen Aspirin	*to aspirin*
gegen Penizillin	*to penicillin*

Mit Kindern reisen

Ich brauche ...	*I need a/an ...*
Gibt es ...?	*Is there a/an ...?*
einen Wickelraum	*baby change room*
einen Babysitter	*babysitter*
einen Kindersitz	*booster seat*
eine Kinderkarte	*children's menu*
einen Kinderstuhl	*highchair*
(Einweg-)Windeln	*(disposable) nappies*
ein Töpfchen	*potty*
einen Kinderwagen	*stroller*

Stört es Sie, wenn ich mein Baby hier stille?
Do you mind if I breastfeed here?

NOTFALL

Hilfe!
Help!

Es ist ein Notfall!
It's an emergency!

Rufen Sie die Polizei!
Call the police!

Rufen Sie einen Arzt!
Call a doctor!

Rufen Sie einen Krankenwagen!
Call an ambulance!

Lassen Sie mich in Ruhe!
Leave me alone!

Gehen Sie weg!
Go away!

Sind Kinder zugelassen?
Are children allowed?

Papierkram

Name	*name*
Staatsangehörigkeit	*nationality*
Geburtsdatum	*date of birth*
Geburtsort	*place of birth*
Geschlecht	*sex/gender*
(Reise-)Pass	*passport*
Visum	*visa*

Shoppen & Service

Ich suche ...
I'm looking for ...

Wo ist der/die/das (nächste) ...?
Where's the (nearest) ...?

Wo kann ich ... kaufen?
Where can I buy ...?

Ich möchte ... kaufen.
I'd like to buy ...

Wie viel (kostet das)?
How much (is this)?

Das ist zu viel/zu teuer.
That's too much/too expensive.

Können Sie mit dem Preis heruntergehen?
Can you lower the price?

Ich schaue mich nur um.
I'm just looking.

Haben Sie noch andere?
Do you have any others?

Können Sie ihn/sie/es mir zeigen?
Can I look at it?

mehr	*more*
weniger	*less*
kleiner	*smaller*
größer	*bigger*

Nehmen Sie ...?	*Do you accept ...?*
Kreditkarten	*credit cards*
Reiseschecks	*traveller's cheques*
Ich möchte ...	*I'd like to ...*
Geld umtauschen	*change money*
einen Scheck einlösen	*cash a cheque*
Reiseschecks einlösen	*change traveller's cheques*

Ich suche ...	*I'm looking for ...*
einen Arzt	*a doctor*
eine Bank	*a bank*
die ... Botschaft	*the ... embassy*
einen Geldautomaten	*an ATM*
das Krankenhaus	*the hospital*
den Markt	*the market*
ein öffentliches Telefon	*a public phone*
eine öffentliche Toilette	*a public toilet*
die Polizei	*the police*
das Postamt	*the post office*
die Touristen-information	*the tourist information*
eine Wechselstube	*an exchange office*

Wann macht er/sie/es auf/zu?
What time does it open/close?

Ich möchte eine Telefonkarte kaufen.
I want to buy a phone card.

Wo ist hier ein Internetcafé?
Where's the local Internet cafe?

Ich möchte ...	*I'd like to ...*
ins Internet	*get Internet access*
meine E-Mails checken	*check my email*

Uhrzeit & Datum

Wie spät ist es?	*What time is it?*
Es ist (ein) Uhr.	*It's (one) o'clock.*
Zwanzig nach eins	*Twenty past one*
Halb zwei	*Half past one*
Viertel vor eins	*Quarter to one*
morgens/vormittags	*am*
nachmittags/abends	*pm*

jetzt	*now*
heute	*today*
heute Abend	*tonight*
morgen	*tomorrow*
gestern	*yesterday*
Morgen	*morning*
Nachmittag	*afternoon*
Abend	*evening*

Montag	*Monday*
Dienstag	*Tuesday*
Mittwoch	*Wednesday*
Donnerstag	*Thursday*
Freitag	*Friday*
Samstag	*Saturday*
Sonntag	*Sunday*

Januar	*January*
Februar	*February*
März	*March*
April	*April*
Mai	*May*
Juni	*June*
Juli	*July*
August	*August*
September	*September*
Oktober	*October*
November	*November*
Dezember	*December*

Unterkunft

Wo ist ...?	*Where's a ...?*
eine Pension	*bed and breakfast guesthouse*
ein Campingplatz	*camping ground*
ein Hotel/Gasthof	*hotel*
ein Privatzimmer	*room in a private home*
eine Jugend-herberge	*youth hostel*

Wie ist die Adresse?
What's the address?

Ich möchte bitte ein Zimmer reservieren.
I'd like to book a room, please.

Für (drei) Nächte/Wochen.
For (three) nights/weeks.

EIN ZIMMER RESERVIEREN

(per Brief, Fax oder E-Mail)

An ...	*To ...*
Vom ...	*From ...*
Datum	*Date*

Ich möchte reservieren ...
I'd like to book ...

auf den Namen ...	*in the name of ...*
vom ... bis zum ...	*from ... to ...*

(Bett-/Zimmeroptionen s. Liste Unterkunft)

Kreditkarte	*credit card*
Nummer	*number*
gültig bis	*expiry date*

Bitte bestätigen Sie Verfügbarkeit und Preis.
Please confirm availability and price.

Haben Sie ein ...?	*Do you have a ... room?*
Einzelzimmer	*single*
Doppelzimmer	*double*
Zweibettzimmer	*twin*

Wieviel kostet es pro Nacht/Person?
How much is it per night/person?

Kann ich es sehen?
May I see it?

Kann ich ein anderes Zimmer bekommen?
Can I get another room?

Es ist gut, ich nehme es.
It's fine. I'll take it.

Ich reise jetzt ab.
I'm leaving now.

Verkehrsmittel & -Wege

Öffentliche Verkehrsmittel

Wann fährt ... ab?
What time does the ... leave?

das Boot/Schiff	*boat/ship*
die Fähre	*ferry*
der Bus	*bus*
der Zug	*train*

Wann fährt der ... Bus?
What time's the ... bus?

erste	*first*
letzte	*last*
nächste	*next*

Wo ist der nächste U-Bahnhof?
Where's the nearest metro station?

Welcher Bus fährt nach ...?
Which bus goes to ...?

U-Bahn	*metro*
(U-)Bahnhof	*(metro) station*
Straßenbahn	*tram*
Straßenbahnhaltestelle	*tram stop*
S-Bahn	*suburban (train) line*

Eine ... nach (Sydney).
A ... to (Sydney).

einfache Fahrkarte	*one-way ticket*
Rückfahrkarte	*return ticket*
Fahrkarte 1. Klasse	*1st-class ticket*
Fahrkarte 2. Klasse	*2nd-class ticket*

Der Zug wurde gestrichen.
The train is cancelled.

Der Zug hat Verspätung.
The train is delayed.

Ist dieser Platz frei?
Is this seat free?

Muss ich umsteigen?
Do I need to change trains?

Sind Sie frei?
Are you free?

Was kostet es bis ...?
How much is it to ...?

Bitte bringen Sie mich zu (dieser Adresse).
Please take me to (this address).

Private Transportmittel

Wo kann ich ein ... mieten?
Where can I hire a/an ...?

Ich möchte ein ... mieten.
I'd like to hire a/an ...

Allradfahrzeug	*4WD*
Auto	*car*
Fahrrad	*bicycle*
Fahrzeug mit Automatik	*automatic*
Fahrzeug mit Schaltung	*manual*
Motorrad	*motorbike*

VERKEHRSSCHILDER

Danger	*Gefahr*
No Entry	*Einfahrt verboten*
One-way	*Einbahnstraße*
Entrance	*Einfahrt*
Exit	*Ausfahrt*
Keep Clear	*Ausfahrt freihalten*
No Parking	*Parkverbot*
No Stopping	*Halteverbot*
Toll	*Mautstelle*
Cycle Path	*Radweg*
Detour	*Umleitung*
No Overtaking	*Überholverbot*

Wieviel kostet es pro Tag/Woche?
How much is it per day/week?

Wo ist eine Tankstelle?
Where's a petrol station?

Benzin	*petrol*
Diesel	*diesel*
Bleifreies Benzin	*unleaded*

Führt diese Straße nach ...?
Does this road go to ...?

Wo muss ich bezahlen?
Where do I pay?

Ich brauche einen Mechaniker.
I need a mechanic.

Das Auto hat eine Panne.
The car has broken down.

Ich habe einen Platten.
I have a flat tyre.

Das Auto/Motorrad springt nicht an.
The car/motorbike won't start.

Ich habe kein Benzin mehr.
I've run out of petrol.

Wegweiser

Können Sie mir bitte helfen?
Could you help me, please?

Ich habe mich verirrt.
I'm lost.

Wo ist (eine Bank)?
Where's (a bank)?

In welcher Richtung ist (eine öffentliche Toilette)?
Which way's (a public toilet)?

Wie kann ich da hinkommen?
How can I get there?

Wie weit ist es?
How far is it?

Können Sie es mir (auf der Karte) zeigen?
Can you show me (on the map)?

links	*left*
rechts	*right*
nahe	*near*
weit weg	*far away*
hier	*here*
dort	*there*
an der Ecke	*on the corner*
geradeaus	*straight ahead*
gegenüber ...	*opposite ...*
neben ...	*next to ...*
hinter ...	*behind ...*
vor ...	*in front of ...*

Norden	*north*
Süden	*south*
Osten	*east*
Westen	*west*

Biegen Sie ... ab.	*Turn ...*
links/rechts	*left/right*
an der nächsten Ecke	*at the next corner*
bei der Ampel	*at the traffic lights*

Zahlen

0	*zero*
1	*one*
2	*two*

SCHILDER

Police	*Polizei*
Police Station	*Polizeiwache*
Entrance	*Eingang*
Exit	*Ausgang*
Open	*Offen*
Closed	*Geschlossen*
No Entry	*Kein Zutritt*
No Smoking	*Rauchen verboten*
Prohibited	*Verboten*
Toilets	*Toiletten*
Men	*Herren*
Women	*Damen*

3	*three*	**20**	*twenty*
4	*four*	**21**	*twentyone*
5	*five*	**22**	*twentytwo*
6	*six*	**23**	*twentythree*
7	*seven*	**24**	*twentyfour*
8	*eight*	**25**	*twentyfive*
9	*nine*	**30**	*thirty*
10	*ten*	**40**	*fourty*
11	*eleven*	**50**	*fifty*
12	*twelve*	**60**	*sixty*
13	*thirteen*	**70**	*seventy*
14	*fourteen*	**80**	*eigthy*
15	*fifteen*	**90**	*ninety*
16	*sixteen*	**100**	*hundred*
17	*seventeen*	**1000**	*thousand*
18	*eighteen*	**2000**	*two thousand*
19	*nineteen*	**100 000**	*hundred thousand*

GLOSSAR

Jeder, der meint, Australisch *(Strine)* sei nur eine etwas seltsam klingende Variante des Englischen, wird überrascht sein: Die australische Umgangssprache ist ein merkwürdiges Labyrinth, in dem man schnell den Faden verliert. Einige Wörter haben eine völlig andere Bedeutung als in den übrigen englischsprachigen Ländern. Häufig benutzte Wörter werden zumeist bis zur Unkenntlichkeit abgekürzt, andere leiten sich aus der Sprache der Ureinwohner oder der frühen Siedler ab.

Wer als Aussie durchgehen will, sollte Folgendes versuchen: nasal sprechen, alle Wörter auf höchstens zwei Silben verkürzen, an jedes Wortende einen Vokal hängen, wo immer es geht Verniedlichungsformen verwenden und jeden Satz mit einem Kraftausdruck garnieren.

Der englischsprachige Lonely Planet Band *Australian Phrasebook* gibt eine Einführung ins australische Englisch und in einige Sprachen der Aborigines. Die folgende Liste könnte auch hilfreich sein.

4WD – Wagen mit Allradantrieb

ACT – Australian Capital Territory

Akubra hat – Hut der australischen Buschmänner; heute häufiger auf dem Kopf deutscher Rentner auf Urlaub zu sehen

ALP – Australian Labor Party

Anzac – Australian and New Zealand Army Corps

Aussie rules – Australian Rules Football; eine Variante des Rugby; das Team besteht aus 18 Spielern

award wage – Mindestlohn

Banana Bender – Einwohner Queenslands

bastard – allgemeine Form der Anrede mit unterschiedlicher Bedeutung: Sie drückt Lob oder Respekt aus (z. B. „He's the bravest bastard I know!" – „Er ist der tapferste Kerl, den ich kenne!"), kann aber auch beleidigend sein (z. B. „You bastard!" – „Du Idiot!"). Wer sich nicht sicher ist, ob der Ausdruck passt, sollte ihn eher vermeiden.

bathers – Badebekleidung (in Victoria)

B&B – Bed and Breakfast

BBQ – Barbecue

bêche-de-mer – Seegurke

bevan – s. *bogan* (in Queensland)

billabong – Wasserloch in einem Flussbett während der Trockenzeit

billy – Blechkessel zum Wasserkochen im *bush*

bitumen – Asphaltstraße

bogan – sehr einfach gestrickter Mensch

bombora – „bommie"; separates küstennahes Riff

boogie board – kleines Surfbrett

boom netting – Passagiere werden in einem Netz am Bug oder Heck eines Bootes durch die Brandung gezogen

boomerang – Bumerang

booner – s. *bogan* (im ACT)

bora ring – ein kreisförmiger, von aufgehäufter Erde begrenzter Bereich, dient den Aborigines zu zeremoniellen Zwecken; hauptsächlich in NSW und im Südosten Queenslands zu finden

bottle shop – Getränkeladen, Wein- und Spirituosenhandlung

box jellyfish – eine tödliche Quallenart; auch *sea wasp, box jelly, sea jelly, stinger*

brekky – Frühstück

budgie smuggler – kleine, enge Männerbadehose

bug – *Moreton Bay/Balmain bug*; essbarer, kleiner Krebs

bunyip – mythisches Tier oder Wesen im *bush*

bush, the – Land voller Bäume und Sträucher; alles, was sich außerhalb der Stadt befindet

bush tucker – einheimische Nahrung, die man im *outback* findet

bushranger – das australische Äquivalent zu den Gesetzlosen des amerikanischen Wilden Westens

BYO – „Bring your own"; Restaurant, bei dem Gäste ihren *grog* selbst mitbringen

camp-o-tel – ein Zelt mit Betten und Beleuchtung

chook – Huhn

Cockroaches – Australier in und um Sydney

counter meal – Essen in der Kneipe, wird meist an der Theke verspeist

cozzie – Badebekleidung (in NSW)

cuppa – „cup of"; eine Tasse Tee, Kaffee o. Ä.

dag – schmutziger Wollklumpen am Hintern eines Schafs; nett gemeintes Schimpfwort für jemanden, der sich nicht an gesellschaftliche Konventionen hält

damper – Buschbrot aus Wasser und Mehl, oft in einem *camp oven* gebacken

DEET – Permethrinhaltiges Insektenschutzmittel

didjeridu (didgeridoo), didj – Blasinstrument aus einem hohlen Holzstück; traditionelles Instrument der Aborigines

donga – kleine, mobile Hütte, oft im *outback* verwendet

Dreamtime – Traumzeit; Grundlage des Glaubens der Aborigines: Geisterwesen erschufen die Welt und leben als ewige Kräfte fort; der Begriff „Dreaming" wird alternativ benutzt, da er keine Verbindung zur „Zeit" herstellt

Dry, the – Trockenzeit im nördlichen Australien (April–Okt.)

dunny – Freilufttoilette

Eftpos – *Electronic Funds Transfer at Point of Sale* (Geldkarte, mit der man bargeldlos die Rechnungen für Einkäufe und Dienstleistungen begleichen kann)

EPA – *Environmental Protection Agency* (Umweltschutzbehörde; in QLD QPWS)

Esky – große Kühltasche für Essen und Getränke

flake – Haifleisch; oft in Fish-&-Chips-Läden erhältlich

freshie – Süßwasserkrokodil (harmlos, es sei denn, man provoziert es); neue Bier-*tinny*

galah – lauter Papagei; nerviger Idiot

grog – allgemein für alkoholische Getränke

gum tree – Eukalyptusbaum

jackaroo – männlicher Trainee in einer *outback station*

jillaroo – weiblicher Trainee in einer *outback station*

jumper – Sweatshirt; Pulli

Koorie – Aborigines aus Südostaustralien; in NSW *Koori*; s. auch *Murri*

lamington – quadratischer Biskuitkuchen mit Schokoguss und Kokosraspeln

larrikin – Rowdy, Jugendlicher mit Blödsinn im Kopf

lay-by – in einem Laden für einen Kunden Zurückgelegtes

live-aboard – Tauchsafari mit Übernachtungsoptionen

long black – doppelter Espresso

mal – Abkürzung für „Malibu surfboard"

mangrove – ein in Küstennähe zu findender Baum, der in Salzwasser wächst

mate – gebräuchliche familiäre Anrede

Mexicans – Leute aus Victoria

middy – kleines Glas Bier (285 ml), NSW; s. auch *pot*

milk bar – kleiner Laden, der Milch und andere Grundnahrungsmittel verkauft

Mod Oz – moderne australische Küche, die von vielen ausländischen Stilen beeinflusst wird, aber alles mit einer regionalen Note versetzt

mozzies – Mücken

Murri – Aborigines aus Australiens Nordosten; s. auch *Koorie*

NRMA – *National Roads and Motorists Association* (Automobilclub von NSW)

NSW – New South Wales

outback – einsame Gegend im *bush*

paddock – Viehweide

PADI – *Professional Association of Diving Instructors* (international anerkannte Organisation für Tauchkurse)

piss – Bier

pokies – Spielautomaten

pot – Glas Bier (in Victoria und Queensland); s. auch *middy*

QPWS – *Queensland Parks & Wildlife Service* (s. *EPA*)

Queenslander – Holzhaus auf Stelzen und mit großer Veranda

RACQ – *Royal Automobile Club of Queensland*

RACV – *Royal Automobile Club of Victoria*

rashie – *rash-vest* (UV-beständiges enges Oberteil für Surfer)

road train – Sattelschlepper mit mehreren Anhängern

RSL – *Returned Servicemen's League* (Bund australischer Veteranen) bzw. das Vereinshaus, das vom Bund betrieben wird

saltie – Salzwasserkrokodil; auch *estuarine crocodile*; s. auch *freshie*

scar tree – ein Baum, von dem die Rinde entfernt wurde, um daraus Kanus, Geschirr usw. herzustellen

schoolies – ein paar Wochen Ende November/Anfang Dezember, in denen australische Teenager ihren Abschluss in Massen am Strand feiern und sich hemmungslos betrinken

schooner – großes Glas Bier (in New South Wales)

scrub – *bush*; Bäume, Sträucher und andere Pflanzen, die in einem trockenen Gebiet wachsen

sea wasp – Seewespe; s. auch *box jellyfish*

sealed road – befestigte Straße; s. auch *bitumen*

Session – eine lange Zeitspanne intensiven Trinkens

shout – eine Runde Bier ausgeben („Your shout!")

SLSC – *Surf Life Saving Club*; ein Ableger der *Surf Life Saving Association*

station – große Farm

stinger – tödliche Qualle; s. auch *box jellyfish*

Stolen Generations – Kinder von Aborigines und Torres Straiters, die während der Assimilationspolitik der Regierung von ihren Familien getrennt wurden

stubby – 375-ml-Flasche Bier

Surf Life Saving Association – Organisation, die für den Wasserschutz und Rettung von Menschenleben zuständig ist und hauptsächlich von Freiwilligen betrieben wird

surf 'n' turf – ein Steak, das mit Meeresfrüchten garniert wird; meist in Kneipen zu bekommen

swag – Bettrolle zum Übernachten im *outback*; große Menge

swagman – Vagabund (veraltet); umherziehender Arbeiter

terra nullius – die britische Krone legte fest, dass Australien niemandem gehörte, und nahm es für sich selbst in Anspruch

thongs – Flip-Flops

tinny – 375-ml-Bierdose; kleines Beiboot aus Alu

tucker – Essen

veggie – Gemüse; Vegetarier

walkabout – lange, einsame Wanderung

wattle – australische Akazienart mit haarigen gelben Blüten

Wet, the – Regensaison im Norden (Nov.–März)

yabbie – kleiner Süßwasserkrebs

yum cha – klassisches chinesisches Festessen im Süden

Hinter den Kulissen

WIR FREUEN UNS ÜBER EIN FEEDBACK

Post von Travellern zu bekommen, ist für uns ungemein hilfreich – Kritik und Anregungen halten uns stets auf dem Laufenden und helfen, unsere Bücher zu verbessern. Unser reiseerfahrenes Team liest alle Zuschriften genau durch, um zu erfahren, was an unseren Reiseführern gut und was schlecht ist. Wir können solche Post zwar nicht individuell beantworten, aber jedes Feedback wird garantiert schnurstracks an die jeweiligen Autoren weitergeleitet, rechtzeitig vor der nächsten Auflage.

Wer uns schreiben will, erreicht uns über **www.lonelyplanet.de/kontakt**.

Hinweis: Da wir Beiträge möglicherweise in Lonely Planet Produkten (z. B. Reiseführer, Websites, digitale Medien) veröffentlichen, gegebenenfalls auch in gekürzter Form, bitten wir um Mitteilung, falls ein Kommentar nicht veröffentlicht oder ein Name nicht genannt werden soll. Wer näheres über unsere Datenschutzpolitik wissen will, erfährt das unter www. lonelyplanet.com/ privacy.

DANK VON LONELY PLANET

Vielen Dank den Reisenden, die uns nach der letzten Auflage des Reiseführers hilfreiche Hinweise, nützliche Ratschläge und interessante Anekdoten schickten:
Sylvie Addor, Melissa-Kate Ashwell-Meijer, Dennis Balemans, Bettina Bergmann-Remy, Aida Bour, Nicola Broderick, Nico Bryant-Stevens, Raymond Chan, Jane Coffey, Patricia Collé, Nicolas Combremont, Florian Cottez, Colin Davies, Richard Devlin, Anke Dijkstra, Silvia Disch, Missy Dugan, Lacroix Elodie, Maurici Espinar, Robert Eustace, Orly Flax, Stephen Gates, Sarah Hatherell, Len Kirby, Yero Kuethe, Irina Kulina, Ellen Lemson, Jane Luckraft, Megan Mann, Jeroen Martens, Molly Massingham, Bruce McKay, Javier Mendez, Charlotte Middleton, Erica Minarik, Dagmar Moehring, Domitille Motte, Konrad Nerger, Kim Niggemeyer, Kim Price, Christian Proulx, Summer Read, Michael Reeves, Ilona Renwick, Bo Rud Nielsen, Elisabeth Schiske, Marianne Schmid, Trevor Scott, Rob Seabourne, Justyn Shaw, Stine Skovgaard, Kevin Smythe, Heather Stafford, Johanna Teichmann, Steve Tervet, Marie Umbricht, Corrine Van Vliet, Jeroen van Heeren, Melissa Verrier Daunais, Timothy Wei, Alastair Weston, Jay Wiener, Malcolm Wilcock, Pennie Williams, Hansie Wong

DANK DER AUTOREN

Charles-Rawlings Way

Ein riesiges Dankeschön an Maryanne für den Auftrag und an unsere Mitautoren, die höllisch viele Kilometer auf der Suche nach dem perfekten Bericht abgefahren haben. Danke auch an das wunderbare Produktionsteam von Lonely Planet und in Brisbane an Christian, Lauren, Rachel, Brett und alle Kids. Ein besonderer Dank geht wie immer an meinen reiselustigen Liebling Meg und unsere Töchter Ione und Remy, die unterwegs für viel Gelächter, ungeplante Boxenstopps und Bodenhaftung sorgten.

Meg Worby

Danke Maryanne für den Auftrag! Und ein großes Dankeschön an das Lonely Planet-Team im Verlag, das unsere mehrwöchige Erkundungsreise in den praktischen Reiseführer verwandelt hat, den man jetzt in Händen halten kann. In Brisbane herzlichen Dank an Lauren, Christian, Orlando, Ilaria und die Freunde für die wunderbare Gesellschaft und die Insidertipps. Für unsere kleinen Töchter Ione und Remy war es die bislang beste Reise – schöne Sache, den eigenen Koffer ziehen zu können! Und zuletzt, wie stets, einen ganz lieben Dank an Charles, der sowohl zu Hause als auch unterwegs immer dafür sorgt, dass schwere Arbeit leicht erscheint.

Brett Atkinson

Ein Dankeschön an die eifrigen und professionellen Mitarbeiter in den Touristeninformationen in Western Australia, die es leicht machten, Infos zu sammeln, so dass ich mich auf die lebenswichtige Aufgabe konzentrieren konnte, die Mikrobrauereien von Margaret River gründlich zu studieren. In Perth gilt mein Dank Amanda Keenan für die Hitliste vor Reiseantritt. Ein besonderer Dank geht an meinen Autorenkollegen Steve Waters und an das Produktionsteam von Lonely Planet, insbesondere an Maryanne Netto, für deren Unterstützung. Mein letzter Dank gilt Carol, die zu Hause in Auckland die Stellung hielt.

Lindsay Brown

Danke an Lizzie und Phoebe in Alice sowie an Jenny, Sinead und Pat zu Hause. Ein Hoch auf all die Nationalpark-Ranger, die meine Fragen beantworteten, sowie an die tollen Mitarbeiter in allen Touristeninformationen im Northern Territory. Schließlich noch ein Dank an Meg, Charles und Maryanne, die dieses Ding ins Rollen brachten.

Jayne D'Arcy

Sharik D'Arcy – wieder einmal vielen Dank, dass du all das möglich gemacht und mich klein Ruby und den großen Miles in dieses Abenteuer hast mitnehmen lassen. Und selber mitgekommen bist. Danke, Miles, dass du mich daran erinnert hast, wie cool Koalas und Pinguine sind! Danke an Dave Carswell, James Smith und Matt Holden, die ihr Melbourne mit mir teilten, und an die wunderbaren Leute, die das Reisen zu einem Vergnügen machten. Ein weiterer Dank gilt meinem Mitautor Paul und Maryanne, die mir den Auftrag gab.

Anthony Ham

Ein Dank an Maryanne Netto, die mich an so wundervolle Orte schickte, an David Andrew für die vielen Naturtipps und an all die Menschen unterwegs – von den kundigen und geduldigen Mitarbeitern in den Touristeninformationen bis hin zu anderen Travellern. Ein weiterer Dank geht an Ron und Jan für ihre unendliche Gastfreundschaft und Geduld. Der letzte Dank gebührt Marina, Carlota und Valentina – mein Zuhause ist dort, wo ihr seid.

Paul Harding

Mein Dank gilt allen, die mich mit Tipps und Ratschlägen unterstützten. Danke an Brian, Kerry, Martyn und Braidyn in Swan Hill, an Matt, Simone, Xavier und Remy in Yack, an Chad, Kylie, Amy, Parker Will; Phil, Ashleigh und Dan in Central Victoria und an Mum und Dad in Castlemaine. Danken möchte ich auch meiner Mitautorin Jayne. Und vor allem auch meinen gelegentlichen Mitreisenden Hannah und Layla.

Shawn Low

Mein Dank gilt wie stets den Mitarbeitern von Lonely Planet. Danke an Maryanne, die die Tür öffnete, und an Charles und Meg, die den Weg dahinter erhellten. Danke natürlich auch dem Produktionsteam, das das Herz von Lonely Planet ist! Vielen Dank den zahllosen Travellern, denen ich unterwegs begegnete und deren Tipps, Gesellschaft und Ratschläge

ÜBER DIESES BUCH

Der erste Australien-Reiseführer von Lonely Planet erschien 1977: Tony Wheeler, der Mitbegründer des Unternehmens, schrieb über den gesamten Kontinent noch allein. In den letzten 36 Jahren haben wir Hunderte von Autoren losgeschickt, um die größte Insel der Welt zu erkunden. Dies ist die 5. deutschsprachige Auflage von *Australien*, basierend auf der mittlerweile 17. Auflage von *Australia*, für die elf Lonely Planet Autoren unterwegs waren. Im Kapitel „Die Autoren" (S. 1218) steht, wer welchen Text verfasst hat. Für ihre Beiträge möchten wir außerdem Dr. Michael Cathcart, Dr. Tim Flannery und Cathy Craigie danken. Unser Dank gilt auch Andrew Tudor für den Abschnitt zum Surfen im Kapitel „Outdoor-Aktivitäten". Dieser Reiseführer wurde von Lonely Planet Melbourne in Auftrag gegeben und von den folgenden Personen betreut:

Verantwortliche Redakteurin Maryanne Netto

Leitende Redakteurin Alison Ridgway

Leitende Kartografinnen Julie Sheridan, Diana Von Holdt

Leitender Layoutdesigner Carlos Solarte

Redaktion Barbara Delissen, Martine Power

Layoutdesign Chris Girdler

Redaktionsassistenz Susie Ashworth, Penny Cordner, Andrea Dobbin, Lauren Hunt, Anne Mason, Alan Murphy, Jenna Myers, Kirsten Rawlings, Gabbi Stefanos

Kartografieassistenz Enes Bašić, Fatima Bašić, Jeff Cameron, Mick Garrett, Corey Hutchison

Bildrecherche Kylie McLaughlin

Dank an Sasha Baskett, Nicholas Colicchia, Brigitte Ellemor, Ryan Evans, Larissa Frost, Jane Hart, Martin Heng, Trent Holden, Errol Hunt, Genesys India, Jouve India, Ali Lemer, James Maffesconi, Katherine Marsh, Virginia Moreno, Catherine Naghten, Karyn Noble, Darren O'Connell, Trent Paton, Suzannah Shwer, Rebecca Skinner, Kerrianne Southway, Marg Toohey, Sam Trafford, Tasmin Waby, Gerard Walker, Jeanette Wall

mir hochwillkommen waren. Und schließlich Dank an Wyn, weil er so wundervoll ist.

Virginia Maxwell

Vielen Dank Maryanne Netto, Diana von Holdt, Charles Rawlings-Way, Meg Worby, Elizabeth Maxwell, Matthew Clarke, Bridget Smyth, Christopher Procter, Peter Handsaker und Max Handsaker.

Tom Spurling

Dank an Maryanne Netto, die mich wieder einmal in Schwung brachte. Ein Hoch auf Bob und Bulldog für ihre politische Weisheit und dafür, mich an meine Wurzeln zu erinnern. Auf Adam D. und Familie für die tollen Pfannkuchen. Auf Goose und Pop für das Abhängen im Noosa-Stil. Und auf all die Queenslander, die uns umstandslos halfen. Und schließlich Umarmungen für Lucy, Oliver und Poppy. Wer braucht Ferien? Einfach weitermachen …

Steve Waters

Danke an Karen von der RACWA, weil sie nicht auflegte, an Mick für das Abschleppseil, an Leonie und Nev für Bier und Wassermelonen, an Dave und Thuman aus Djarindjin für die Rettung aus dem Sand, an Travis für die Antriebswelle, an John in dem Subaru für das WD-40, an Colleen und Karen für das Abendessen und das tolle Gespräch. Danke auch an Trace und Heath, Brodie, Abbidene, Meika und Kaeghan für ALLES, Roz, Megan und Batty fürs Aufpassen, Friz und Ian fürs Aushalten.

QUELLENNACHWEIS

Die Illustration S. 120–121 stammt von Javier Zarracina.
Titelfoto: Surfer, Tamarama Beach, New South Wales, Kokkai Ng, Getty Images ©.

Register

C

Verweise auf Karten **000**
Verweise auf Fotos 000

N

Verweise auf Karten **000**
Verweise auf Fotos 000

Verweise auf Karten **000**
Verweise auf Fotos 000

Verweise auf Karten **000**
Verweise auf Fotos 000

Verweise auf Karten **000**
Verweise auf Fotos 000

Kartenlegende

Sehenswertes
- buddhistisch
- christlich
- Denkmal
- hinduistisch
- islamisch
- jüdisch
- Museum/Galerie
- Ruine
- Schloss
- Strand
- Weingut/Weinberg
- Zoo
- andere Sehenswürdigkeit

Aktivitäten, Kurse & Touren
- Kanu/Kajak fahren
- Schwimmbecken
- Ski fahren
- surfen
- tauchen/schnorcheln
- wandern
- windsurfen
- andere/r Aktivität/Kurs/Tour

Schlafen
- Camping
- Unterkunft

Essen
- Lokal

Ausgehen
- Bar/Kneipe
- Café

Unterhaltung
- Unterhaltung

Shoppen
- Shoppen

Praktisches
- Bank
- Botschaft/Konsulat
- Internetzugang
- Krankenhaus/Arzt
- Polizei
- Post
- Telefon
- Toilette
- Touristeninformation
- andere Einrichtung

Verkehrsmittel
- Bus
- Einschienenbahn
- Fähre
- Fahrrad
- Flughafen
- Grenzübergang
- Metro
- Parkplatz
- Seilbahn/Gondelbahn
- Straßenbahn
- Taxi
- Tankstelle
- Zug
- anderes Verkehrsmittel

Verkehrswege
- Mautstraße
- Autobahn
- Hauptstraße
- Landstraße
- Verbindungsstraße
- sonstige Straße
- unbefestigte Straße
- Platz/Promenade
- Treppe
- Tunnel
- Fußgängerüberführung
- Stadtspaziergang
- Abstecher vom Stadtspaziergang
- Pfad

Geografisches
- Aussichtspunkt
- Berg/Vulkan
- Hütte/Unterstand
- Leuchtturm
- Oase
- Park
- Pass
- Picknickplatz
- Wasserfall

Städte
- Hauptstadt (Staat)
- Hauptstadt (Bundesland/Provinz)
- Großstadt
- Kleinstadt/Ort

Grenzen
- Internationale Grenze
- Bundesstaat/Provinz
- umstrittene Grenze
- Region/Vorort
- Meerespark
- Klippen
- Mauer

Gewässer
- Fluss/Bach
- periodischer Fluss
- Sumpf/Mangrove
- Riff
- Kanal
- Wasser
- Trocken-/Salz-/periodischer See
- Gletscher

Gebietsformen
- Friedhof
- Friedhof (christlich)
- Highlight (Gebäude)
- Park/Wald
- Sehenswürdigkeit (Gebäude)
- Sportgelände
- Strand/Wüste

DIE LONELY PLANET STORY

Ein ziemlich mitgenommenes, altes Auto, ein paar Dollar in der Tasche und eine Vorliebe für Abenteuer – 1972 war das alles, was Tony und Maureen Wheeler für die Reise ihres Lebens brauchten, die sie durch Europa und Asien bis nach Australien führte. Die Tour dauerte einige Monate, und am Ende saßen die beiden – pleite, aber voller Inspiration – an ihrem Küchentisch und schrieben ihren ersten Reiseführer *Across Asia on the Cheap*. Innerhalb einer Woche hatten sie 1500 Exemplare verkauft. Lonely Planet war geboren.
Heute hat der Verlag Büros in Melbourne, London und Oakland und mehr als 600 Mitarbeiter und Autoren. Und alle teilen Tonys Überzeugung: „Ein guter Reiseführer sollte drei Dinge tun: informieren, bilden und unterhalten."

DIE AUTOREN

Charles Rawlings-Way
Hauptautor, Queensland & Great Barrier Reef, Adelaide & South Australia Als Junge durchfror Charles in Shorts die tasmanischen Winter und zählte im Sommer die Tage, bis er seine Großeltern in Adelaide besuchen durfte. Mit den brütend heißen Tagen, kühlen Swimmingpools, Teigtaschen mit Tomatensauce in der Mitte und vier Fernsehsendern war die Stadt in der Ebene von South Australia für ihn ein Paradies. Er wusste damals noch nicht, dass das südöstliche Queensland nicht weniger reizvoll ist – davon konnte er sich später in Brisbanes Buchläden, Bars und Band-Studios überzeugen. Als unterschätzter Rockgitarrist und stolzer Vater von Töchtern hat Charles an mehr als 20 Bänden für Lonely Planet mitgewirkt.

Meg Worby
Hauptautorin, Queensland & Great Barrier Reef, Adelaide & South Australia Bei Megs erstem Abstecher nach Queensland fand sie sich unter Wasser Auge in Auge mit einer Suppenschildkröte wieder. 28 Jahre und sechs Trips später sind die Bewohner von Queensland immer noch so charmant wie eh und je, aber viel kosmopolitischer. Natürlich machte es ihr auch Spaß, wieder über South Australia zu schreiben. Meg arbeitete früher im Sprachen-, Lektorats- und Redaktionsteam von Lonely Planet. Dies ist der siebte Lonely Planet Band über Australien, an dem sie beteiligt war.

Brett Atkinson
Tasmanien, Perth & Western Australia Bei seinen früheren Besuchen in Western Australia hatte er sich u. a. die Museen und Bars von Fremantle angeschaut und die mächtige Nullarbor-Ebene durchquert. Dieses Mal erweiterte er seinen WA-Horizont, indem er in die Restaurants und Cafés von Perth abtauchte, die Kleinbrauereien im Swan Valley mit gründlichem Forscherdurst durchtestete und überall in Margaret River und dem Südwesten vom Strand in den Wald und wieder zurück an den Strand zog. Als Autor von Reiseführern, Gastro-Kritiker und Reiseschriftsteller hat sich Brett schon mit mehr als 45 Ländern beschäftigt. Was für ihn als nächstes auf dem Programm steht, erfährt man unter www.brett-atkinson.net.

Lindsay Brown
Darwin & Uluru, Outback-Trip Der frühere Naturschutzbiologe und Lektor von Outdoor-Guides bei Lonely Planet liebt nichts mehr, als sich in seinem verlässlichen alten Geländewagen ins Outback aufzumachen und das Landesinnere zu fotografieren. Als Lonely Planet Autor war Lindsay an diversen Bänden beteiligt, darunter *Australien, Central Australia, Northern Territory, Queensland & the Great Barrier Reef, Australien Ostküste, Sydney & New South Wales* sowie *Walking in Australia*.

Jayne D'Arcy
Melbourne & Victoria Melbourne gibt sich jeden Tag anders, und Jayne tut ihr Bestes, um das in Wort und Bild einzufangen. Als Fan von Radtouren durch die Stadt lernte sie, dass man in Melbourne genau hinschauen muss – nach oben (wegen der Dachbars), nach unten (wegen der Graffiti) und auch in schmuddelige Gassen (in denen sich Nobelrestaurants verbergen). Jayne lebte schon auf der Mornington Peninsula und an der Great Ocean Road, fühlt sich heute aber in Melbourne besonders glücklich.

Anthony Ham
Sydney & New South Wales Anthony wurde in Melbourne geboren, wuchs in Sydney auf und reist nun durch die ganze Welt. Nach zehnjährigem Aufenthalt in Madrid ist er vor Kurzem nach Australien zurückgekehrt. In NSW kann er seiner Leidenschaft für Naturlandschaften frönen: Die Küstenregenwälder, die breiten Sandstrände und der weite Horizont des Outback machten ihm klar, wie sehr er sein Geburtsland vermisst hatte. Für diesen Führer konnte er so die Sichtweise von jemandem beisteuern, der das Land zwar wie seine Westentasche kennt, es nun aber neu mit den Augen eines Außenstehenden entdeckt.

Paul Harding
Melbourne & Victoria Paul wuchs in der viktorianischen Goldrauschsiedlung Castlemaine auf, verbrachte als Kind die Sommerferien an den Gippsland Lakes, unternahm später Campingtouren zum Murray River und fuhr im Winter zum Skifahren ins High Country. Er ist also genau der Richtige, um seinen Heimatstaat zu erkunden. Als freier Reiseautor hat Paul einen großen Teil der Welt gesehen und lebt heute in Melbourne, wo er wiederum genau an der richtigen Stelle ist, um Victoria zu erkunden. Paul war an mehr als 40 Lonely Planet Bänden beteiligt, darunter vielen über Australien.

Shawn Low
Queensland & Great Barrier Reef, Trips zum Great Barrier Reef Man muss warten können, heißt es. Nachdem Shawn die Möglichkeit zur Mitarbeit an der vorigen Auflage dieses Reiseführers verpasst hatte, füllte er die freie Zeit mit Erkundungstouren durch Singapur, Korea und China. Seine Geduld wurde belohnt, und neben kräftiger Sonnenbräune hat Shawn nun viele neue Reisegeschichten auf Lager, mit denen er seine Kumpels bei der nächsten Kneipentour fesseln (oder nerven) kann. Wo er aktuell unterwegs ist, erfährt man unter Twitter@shawnlow.

Virginia Maxwell
Sydney & New South Wales, Canberra & Umgebung Obwohl Virginia in Melbourne geboren wurde, aufwuchs und wieder dort wohnt, kennt und liebt sie auch Sydney. Da sie dort früher gelebt hat und immer wieder gerne auf Besuch dorthin kommt, kennt sie die Sehenswürdigkeiten, Strände, Unterkünfte und Partyzonen der Stadt ganz genau. Den uralten Konkurrenzkampf zwischen Sydney und Melbourne ignoriert sie einfach. Für sie sind beide Städte wunderbar, vor allem seitdem es Sydney endlich auch zu einer munteren Café-Szene gebracht hat.

Tom Spurling
Queensland & Great Barrier Reef Tom Spurling hat für Lonely Planet schon zehn Reiseführer verfasst, die auf fünf Kontinenten angesiedelt sind. Er lebt in Perth, Western Australia, in gefährlicher Nähe zu einer Trabrennbahn. Für diesen Band ist er mit seiner Frau und den beiden Kindern nach Queensland zurückgekehrt – eine Fahrt von 3000 km auf dem Highway an der Küste, die mit vielen Kinderliedern verbracht wurde. Er kam gerade noch durch, ehe die Überflutung einsetzte. Bei der Autotour durchs Outback nahm er seinen Vater mit; der schnarchte viel, bezahlte aber meist das Bier.

Steve Waters

Perth & Western Australia Vom holprigen Tanami Hwy bis zu den gespenstischen Pinnacles im Nambung National Park legte Steve 15 000 km in Ezy, seinem Subaru L, zurück. Die Scheinwerfer fielen ab, Stoßdämpfer, Reifen und Antriebswelle gaben den Geist auf, und fast wäre er bei der Einfahrt in den Purnululu National Park ertrunken. Einmal fing das Auto Feuer. Er schlief und aß darin, auf der Dampier Peninsula wurde es von roter Erde begraben, in Pilbara schluckte es Staub, in Cervantes wurde es von der Polizei gestoppt, aber Ezy ließ sich nicht unterkriegen. Für Lonely Planet war Steve an früheren Auflagen der Führer *Australien, Indonesia* und *Great Adventures* beteiligt, und wenn er nicht gerade unterwegs ist, arbeitet er im Melbourner LP-Büro.

Beiträge von…

Michael Cathcart Michael lehrt Geschichte am Australian Centre der University of Melbourne. Er ist ein bekannter Moderator bei ABC Radio National und präsentiert Fernsehsendungen mit historischen Themen auf ABC TV. Michael ist der Autor des Kapitels „Geschichte".

Cathy Craigie Cathy ist eine Angehörige des Volkes der Gamilaroi/Anaiwon aus dem nördlichen New South Wales. Sie ist freie Autorin und Kulturberaterin mit umfangreicher Erfahrung in den Belangen der Aborigines. Cathy ist die Autorin des Kapitels über das indigene Australien.

Tim Flannery Tim ist Naturkundler, Forscher und Schriftsteller. Er schrieb mehrere preisgekrönte Bücher, darunter *The Future Eaters, Dschungelpfade* (ein Bericht über seine Arbeit in Neuguinea) und *Wir Wettermacher*. Er lebt in Sydney und arbeitet als Professor an der naturwissenschaftlichen Fakultät der Macquarie University. Tim ist der Autor des Kapitels „Natur & Umwelt".

Lonely Planet Publications,

Locked Bag 1, Footscray,
Melbourne, Victoria 3011,
Australia

Verlag der deutschen Ausgabe:
MAIRDUMONT, Marco-Polo-Str. 1, 73760 Ostfildern,
www.lonelyplanet.de
lonelyplanet@mairdumont.com

Chefredakteurin deutsche Ausgabe: Birgit Borowski
Übersetzung: Julie Bacher, Berna Ercan, Tobias Ewert, Derek Frey, Karen Gerwig, Marion Gref-Timm, Christina Kagerer, Laura Leibold, Marion Matthäus, Ute Perchtold, Dr. Christian Rochow, Erwin Tivig
An früheren Auflagen haben außerdem mitgewirkt: Peter Beyer, Ulrike Bischoff, Trixi Bücker, Dorothee Büttgen, Imke Früh, Joachim Henn, Birgit Herbst, Birgit Janka, Stephanie Kramer, Jürgen Kucklinski, Annika Plank, Gabriele Räbiger, Andrea Schleipen, Christina Schmidt, Dr. Frauke Sonnabend, Marc Staudacher, Katja Weber
Redaktion: Annegret Gellweiler, Adriana Popescu, Olaf Rappold, Sylvia Scheider-Schopf, Julia Wilhelm (red.sign, Stuttgart)
Redaktionsassistenz: Tobias Ewert, Dr. Dirk Mende, Karin Rappold, Thomas Tilsner
Satz: Gerhard Junker, Susanne Junker, Anette Vogt (red.sign, Stuttgart)

Australien

5. deutsche Auflage März 2014, übersetzt von *Australia, 17th edition*, November 2013, Lonely Planet Publications Pty

Printed in China